NomosKommentar

Prof. Dr. Tristan Barczak, LL.M. [Hrsg.]

BKAG

Gesetz über das Bundeskriminalamt und die Zusammenarbeit des Bundes und der Länder in kriminalpolizeilichen Angelegenheiten

Prof. Dr. Tristan Barczak, LL.M., Lehrstuhl für Öffentliches Recht, Sicherheitsrecht und das Recht der neuen Technologien, Universität Passau | **Dr. Lisa-Maria Bleiler**, Staatsanwältin beim Bundesgerichtshof, Leitungsbereich des Generalbundesanwalts, Karlsruhe | **Prof. Dr. Johannes Buchheim**, LL.M. (Yale), Lehrstuhl für Öffentliches Recht und Recht der Digitalisierung, Philipps-Universität Marburg | **Antonia Buchmann**, Leiterin der Stabsstelle Europa/Internationales und Referentin im Bereich Sicherheit und Justiz beim Landesbeauftragten für den Datenschutz und die Informationsfreiheit Rheinland-Pfalz, Mainz | **Prof. Dr. Johannes Eichenhofer**, Professur für Öffentliches Recht, insbesondere Recht der Digitalisierung der Verwaltung, Universität Leipzig | **Greta Hansel**, Staatsanwältin beim Bundesgerichtshof, Abteilung Terrorismus beim Generalbundesanwalt, Karlsruhe | **PD Dr. David Kuch**, Julius-Maximilians-Universität Würzburg | **Prof. Dr. Dieter Kugelmann**, Landesbeauftragter für den Datenschutz und die Informationsfreiheit Rheinland-Pfalz, Mainz | **Dr. Philipp Lassahn**, LL.M. (Harvard), Referent Abteilung für Verfassungs- und Verwaltungsrecht im Bundesministerium des Innern und für Heimat, Berlin | **Jun.-Prof. Dr. Fabian Michl**, LL.M. (Edinburgh), Professur für Staats- und Verwaltungsrecht mit Schwerpunkt Recht der Politik, Universität Leipzig | **Dr. Kolja Naumann**, Richter am Bundesverwaltungsgericht, Leipzig | **Prof. Dr. Erol Pohlreich**, Lehrstuhl für Strafrecht, Strafprozessrecht und Nebengebiete, Europa-Universität Viadrina, Frankfurt (Oder) | **Dr. Sebastian Schulenberg**, LL.M. (Cambridge), Leiter der Abteilung für Öffentliches Recht, Zivilrecht und Gesetzgebung sowie Senatsrat bei der Senatorin für Justiz und Verfassung, Bremen | **Dr. Timo Schwander**, Richter am Verwaltungsgericht Gelsenkirchen | **Judith Sikora**, Johannes Gutenberg-Universität Mainz | **Maria Wilhelm-Robertson**, Leiterin Stabsstelle Europa, Landesbeauftragte für den Datenschutz und die Informationssicherheit in Baden-Württemberg, Stuttgart | **Dr. Philipp Wittmann**, Richter am Verwaltungsgerichtshof Baden-Württemberg, Mannheim

Nomos

Zitiervorschlag: NK-BKAG/Bearbeiter § ... Rn. ...

Die Deutsche Nationalbibliothek verzeichnet diese Publikation in der Deutschen Nationalbibliografie; detaillierte bibliografische Daten sind im Internet über http://dnb.d-nb.de abrufbar.

ISBN 978-3-8487-6571-3

1. Auflage 2023

Vorwort

Mit dem Urteil des Bundesverfassungsgerichts im Jahr 2016 ist das Bundeskriminalamtgesetz (BKAG) in den Fokus rechtswissenschaftlicher und rechtspolitischer Betrachtung gerückt. Das Sicherheitsrecht des Bundes erfährt indes schon seit längerer Zeit einen erheblichen Bedeutungszuwachs. Dies zeigt sich zum einen bei einem Blick auf das BKAG, dessen normtextlicher Umfang ebenso exponentiell zunimmt wie seine Regelungsdichte. So hat sich der Normtext seit dem Beginn der 2000er Jahre annähernd verdreifacht. Zum anderen lässt sich die gewandelte Bedeutung des Bundessicherheitsrechts auch bei einem Blick auf die Behörde selbst ablesen: Im Verhältnis zum Jahr 1970 hat sich das Personal des BKA annähernd versieben- und sein Haushaltsvolumen fast vervierzigfacht. In diesen Zahlen spiegelt sich der erhebliche Aufgaben- und Befugniszuwachs der Behörde wider, die sich längst von ihrer angestammten Zentralstellen- und Servicefunktion emanzipiert hat. Hatte das BKA als Zentralstelle ursprünglich das Handeln der Polizeibehörden des Bundes und der Länder lediglich zu koordinieren und informationell zu verklammern, verfügt es mittlerweile über umfangreiche eigene präventive wie repressive Kompetenzen. Auf diese Weise wird das BKA mehr und mehr als eine multifunktionale Sonderpolizeibehörde erkennbar, während das BKAG zunehmend den Charakter eines „Musterpolizeigesetzes“ gewinnt, das auf Struktur und Gestalt der Polizeigesetze der Länder zurückwirkt.

Zum Zeitpunkt der Veröffentlichung dieses Kommentars befindet sich das BKAG in einem laufenden Umbruch- und Transformationsprozess. Das Gesetz steht dabei im Zeichen sicherheitsrechtlicher Zentralisierung und Spezialisierung, Dogmatisierung und Konstitutionalisierung sowie Europäisierung und Digitalisierung, ohne bislang zu einer normativ überzeugenden und effektiv handhabbaren Struktur gefunden zu haben. Das BKAG atmet noch immer an zahlreichen Stellen den Geist des limitierten, aber mittlerweile überkommenen Sonderpolizeirechts des Bundes, während andernorts der Paradigmenwechsel hin zu einer multifunktionalen Polizei- und Sicherheitsbehörde zutage tritt. Daran schließt sich ein Umbau der polizeilichen Informationsordnung mit offenem, noch nicht absehbarem Ende an. Die vorliegenden Kommentierungen sind somit eine – ebenso notwendige wie notgedrungene – Momentaufnahme im Laufe dieses Reformprozesses. Sie befinden sich auf dem Stand von Februar 2023. Die letzten Änderungen des BKAG durch das Terroristische-Online-Inhalte-Bekämpfungs-Gesetz, das Sanktionsdurchsetzungsgesetz II sowie das SIS-III-Gesetz konnten dabei noch allesamt berücksichtigt werden. Das Gleiche gilt für die jüngste Rechtsprechung des Bundesverfassungsgerichts im Bereich des Polizei- und Sicherheitsrechts, namentlich den Beschluss vom 9.12.2022 zu erweiterten polizeilichen Ermittlungs- und Überwachungsbefugnissen in Mecklenburg-Vorpommern (1 BvR 1345/21) sowie das Urteil vom 16.2.2023 zur automatisierten Datenanalyse in Hamburg und Hessen (1 BvR 1547/19 und 1 BvR 2634/20).

Für die gute Betreuung des Kommentarprojekts verdient zunächst Dr. Matthias Knopik vom Nomos Verlag besonderen Dank. Seine Geduld ebenso wie seine wohlwollende und sachgerechte Begleitung haben die Arbeit an diesem Kommentar sehr gefördert. Großer Dank gebührt ferner den Mitarbeiterinnen und Mitarbeitern meines Lehrstuhls, namentlich Jana Behnke, Julia Groß, Marina Preiß, Maya Schwichtenberg, Johannes Baumgardt, Johannes Forck, Benedikt Metzl, Jakob Noll und Tim Seidel. Sie haben mich bei der Endredaktion des vorliegenden Werkes auf herausragende und überobligatorische Weise unterstützt. Für verbleibende Fehler trägt allein der Herausgeber die Verantwortung. Hinweise auf selbige sowie Anregungen und Kritik sind jederzeit sehr willkommen, sei es per E-Mail (*tristan.barczak@uni-passau.de*) oder auf dem Postweg (*Prof. Dr. Tristan Barczak, LL.M., Lehrstuhl für Öffentliches Recht, Sicherheitsrecht und das Recht der neuen Technologien, Dr.-Hans-Kapfinger-Str. 14c, 94032 Passau*).

Passau, im Frühjahr 2023 *Tristan Barczak*

Inhaltsverzeichnis

Gesetz über das Bundeskriminalamt und die Zusammenarbeit des Bundes und der Länder in kriminalpolizeilichen Angelegenheiten (Bundeskriminalamtgesetz – BKAG)

Abschnitt 1
Zentrale Einrichtungen zur Zusammenarbeit in kriminalpolizeilichen Angelegenheiten, Aufgaben des Bundeskriminalamtes

Abschnitt 2
Allgemeine Befugnisse zur Datenverarbeitung

Unterabschnitt 1
Datenerhebung

Unterabschnitt 2
Weiterverarbeitung von Daten

Unterabschnitt 3
Datenübermittlung

Abschnitt 3
Zentralstelle

Abschnitt 4
Befugnisse im Rahmen der Strafverfolgung

Abschnitt 5
Befugnisse zur Abwehr von Gefahren des internationalen Terrorismus

Verzeichnis der Bearbeiterinnen und Bearbeiter

Barczak	§§ 1, 2, 5, 29–33b, 38, 47, 88–91
Bleiler	§§ 4, 52, 53, 62
Buchheim	§§ 9–11, 39–42
Buchmann	§§ 69–73 (gemeinsam mit Kugelmann)
Eichenhofer	§§ 13–24
Hansel	§§ 43, 44, 50
Kuch	§§ 54, 57
Kugelmann	§§ 69–73 (gemeinsam mit Buchmann)
Lassahn	§§ 6–8, 48, 63–68
Michl	§§ 58–61
Naumann	§§ 46, 49, 51
Pohlreich	§§ 34–37
Schulenberg	§§ 12, 45
Schwander	§ 3
Sikora	§§ 25–28
Wilhelm-Robertson	§§ 74–86
Wittmann	§§ 55, 56, 87

Abkürzungsverzeichnis / Verzeichnis der abgekürzt zitierten Literatur

aA	anderer Ansicht
aaO	am angegebenen Ort
abl	ablehnend
ABl.EG	Amtsblatt der Europäischen Gemeinschaften
ABl.EU	Amtsblatt der Europäischen Union
Abs.	Absatz
Abschn.	Abschnitt
abw.	abweichend
aE	am Ende
AEMR	Allgemeine Erklärung der Menschenrechte
AEUV	Vertrag über die Arbeitsweise der EU
aF	alte Fassung
AFIS	Automatisiertes Fingerabdruck-Identifizierungssystem
AfP	Archiv für Presserecht
AG	Arbeitsgruppe; Amtsgericht
AGVwGO	Ausführungsgesetz zur Verwaltungsgerichtsordnung
Ahlf/Daub/Lersch/Störzer BKAG	Ahlf/Daub/Lersch/Störzer (Hrsg.), Bundeskriminalamtgesetz – BKAG, Kommentar 2000
AK-GG	Alternativkommentar zum Grundgesetz (Stein/Denninger/Hoffmann-Riem)
AL	Ad Legendum
allgem.	allgemein
allgM	allgemeine Meinung
ALR	Allgemeines Landrecht für die Preußischen Staaten
Alt.	Alternative
Anh.	Anhang
Anl.	Anlage
Anm.	Anmerkung
AnwBl.	Anwaltsblatt
AO	Abgabenordnung
AöR	Archiv des öffentlichen Rechts
APuZ	Aus Politik und Zeitgeschichte
ARSP	Archiv für Rechts- und Sozialphilosophie
Art.	Artikel
AT	Allgemeiner Teil
ATD	Antiterrordatei
ATDG	Gesetz zur Errichtung einer standardisierten zentralen Antiterrordatei von Polizeibehörden und Nachrichtendiensten von Bund und Ländern
AufenthG	Gesetz über den Aufenthalt, die Erwerbstätigkeit und die Integration von Ausländern im Bundesgebiet
Aufl.	Auflage
ausf.	ausführlich
AVR	Archiv des Völkerrechts
AWG	Außenwirtschaftsgesetz
Az.	Aktenzeichen
AZR	Ausländerzentralregister
AZRG	Gesetz über das Ausländerzentralregister (AZR-Gesetz)
BaFin	Bundesanstalt für Finanzdienstleistungsaufsicht
BAMF	Bundesamt für Migration und Flüchtlinge
BArch	Bundesarchiv
BArchG	Gesetz über die Nutzung und Sicherung von Archivgut des Bundes (Bundesarchivgesetz)
Bay	Bayern, bayerisch
BayObLG	Bayerisches Oberstes Landesgericht
BayPAG	Gesetz über die Aufgaben und Befugnisse der Bayerischen Staatlichen Polizei
BayVBl.	Bayerische Verwaltungsblätter
BayVerfGH	Bayerischer Verfassungsgerichtshof

BayVerfGHE	Amtliche Entscheidungssammlung des Bayerischen Verfassungsgerichtshofs
BayVGH	Bayerischer Verwaltungsgerichtshof
BayVSG	Bayerisches Verfassungsschutzgesetz
Bbg	Brandenburg(isch)
BbgPolG	Gesetz über die Aufgaben, Befugnisse, Organisation und Zuständigkeit der Polizei im Land Brandenburg
Bd., Bde.	Band, Bände
BDBOS	Bundesanstalt für den Digitalfunk der Behörden und Organisationen mit Sicherheitsaufgaben
BDSG	Bundesdatenschutzgesetz
BeamtStG	Gesetz zur Regelung des Statusrechts der Beamtinnen und Beamten in den Ländern (Beamtenstatusgesetz)
BeckOK	Beck'scher Onlinekommentar
BeckRS	Elektronische Entscheidungsdatenbank in beck-online (publizistische Verwendung Verlag C.H. BECK)
Begr.	Begründung, Begründer
Beil.	Beilage
Berl	Berlin(er)
BerlASOG	Allgemeines Gesetz zum Schutz der öffentlichen Sicherheit und Ordnung in Berlin
BerlK-GG	Berliner Kommentar zum Grundgesetz (Friauf/Höfling)
Berner/Köhler/Käß BayPAG	Berner/Köhler/Käß, Polizeiaufgabengesetz – Handkommentar, 20. Aufl. 2010
Beschl.	Beschluss
BfDI	Bundesbeauftragte/r für den Datenschutz und die Informationsfreiheit
BFH	Bundesfinanzhof
BfJ	Bundesamt für Justiz
BfV	Bundesamt für Verfassungsschutz
BGB	Bürgerliches Gesetzbuch
BGBl.	Bundesgesetzblatt
BGebG	Bundesgebührengesetz
BGH	Bundesgerichtshof
BGHSt	Entscheidungen des Bundesgerichtshofs in Strafsachen
BGHZ	Entscheidungen des Bundesgerichtshofs in Zivilsachen
BGSG	Gesetz über den Bundesgrenzschutz (Bundesgrenzschutzgesetz)
BHO	Bundeshaushaltsordnung
BJagdG	Bundesjagdgesetz
BKA	Bundeskriminalamt
BKADV	Verordnung über die Art der Daten, die nach den §§ 8 und 9 des Bundeskriminalamtgesetzes gespeichert werden dürfen (BKA-Daten-Verordnung)
BKAG	Gesetz über das Bundeskriminalamt und die Zusammenarbeit des Bundes und der Länder in kriminalpolizeilichen Angelegenheiten
BK-GG	Bonner Kommentar zum Grundgesetz
BMI	Bundesministerium des Innern und für Heimat
BMIBGebV	Besondere Gebührenverordnung des Bundesministeriums des Innern, für Bau und Heimat für individuell zurechenbare öffentliche Leistungen in dessen Zuständigkeitsbereich (Besondere Gebührenverordnung BMI)
BMJV	Bundesministerium der Justiz und für Verbraucherschutz
BND	Bundesnachrichtendient
BNDG	Gesetz über den Bundesnachrichtendienst (BND-Gesetz)
bpb	Bundeszentrale für politische Bildung
BPolBG	Bundespolizeibeamtengesetz
BPolBGVO	Verordnung zu § 1 Abs. 1 des Bundespolizeibeamtengesetzes (Bundespolizeibeamtenverordnung)
BPolG	Gesetz über die Bundespolizei (Bundespolizeigesetz)
BPolZollV	Verordnung über die Übertragung von Bundespolizeiaufgaben auf die Zollverwaltung
BR-Drs.	Bundesrats-Drucksache

Brem	Bremen, bremisch
BremPolG	Bremisches Polizeigesetz
BSG	Bundessozialgericht
BSIG	Gesetz über das Bundesamt für Sicherheit in der Informationstechnik (BSI-Gesetz)
Bsp.	Beispiel
bspw.	beispielsweise
BT	Besonderer Teil
BT-Drs.	Bundestags-Drucksache
BtMG	Gesetz über den Verkehr mit Betäubungsmitteln (Betäubungsmittelgesetz)
Buchst.	Buchstabe
BVerfG	Bundesverfassungsgericht
BVerfGG	Gesetz über das Bundesverfassungsgericht
BVerfGE	amtliche Sammlung der Entscheidungen des BVerfG
BVerfGK	amtliche Sammlung der Kammerentscheidungen des BVerfG
BVerfSchG	Gesetz über die Zusammenarbeit des Bundes und der Länder in Angelegenheiten des Verfassungsschutzes und über das Bundesamt für Verfassungsschutz
BVerwG	Bundesverwaltungsgericht
BVerwGE	amtliche Sammlung der Entscheidungen des BVerwG
BVwR	Besonderes Verwaltungsrecht
BW	Baden-Württemberg(isch)
bzgl.	Bezüglich
BZRG	Gesetz über das Zentralregister und das Erziehungsregister (Bundeszentralregistergesetz)
bzw.	beziehungsweise
ca.	circa
CDU	Christlich Demokratische Union
CSU	Christlich Soziale Union
cUAS	counter-Unmanned Aircraft System
DAD	DNA-Analyse-Datei
DDR	Deutsche Demokratische Republik
ders.	derselbe
dh	das heißt
dies.	dieselbe(n)
DJT	Deutscher Juristentag
DJZ	Deutsche Juristenzeitung
DÖV	Die Öffentliche Verwaltung
Dok.	Dokument
Dreier GG	Dreier (Hrsg.), Grundgesetz Kommentar in 3 Bänden, 3. Auflage, 2013–2018
Drewes/Malmberg/Wagner/Walter, BPolG	Drewes/Malmberg/Wagner/Walter, Bundespolizeigesetz (BPolG), 6. Auflage, 2018
Drews/Wacke/Vogel/Martens, Gefahrenabwehr	Drews/Wacke/Vogel/Martens, Gefahrenabwehr, 9. Auflage, 1986
DRiZ	Deutsche Richterzeitung
Drs.	Drucksache
DS-GVO	Verordnung (EU) 2016/679 des Europäischen Parlaments und des Rates vom 27.4.2016 zum Schutz natürlicher Personen bei der Verarbeitung personenbezogener Daten, zum freien Datenverkehr und zur Aufhebung der Richtlinie 95/46/EG (Datenschutz Grundverordnung)
DSRL-JI	Richtlinie (EU) 2016/680 des Europäischen Parlaments und des Rates vom 27.4.2016 zum Schutz natürlicher Personen bei der Verarbeitung personenbezogener Daten durch die zuständigen Behörden zum Zwecke der Verhütung, Ermittlung, Aufdeckung oder Verfolgung von Straftaten oder der Strafvollstreckung sowie zum freien Datenverkehr und zur Aufhebung des Rahmenbeschlusses 2008/977/JI des Rates (JI-Richtlinie)
DuD	Datenschutz und Datensicherheit

Dürig/Herzog/Scholz	Dürig/Herzog/Scholz (Hrsg.), Grundgesetz – Kommentar, Loseblatt, Stand: 99. Ergänzungslieferung, November 2022
DuR	Demokratie und Recht
DV	Die Verwaltung
DVBl.	Deutsches Verwaltungsblatt
ebd.	Ebenda
EGGVG	Einführungsgesetz zum Gerichtsverfassungsgesetz
EGMR	Europäischer Gerichtshof für Menschenrechte
EGMR-E	Deutschsprachige Sammlung der Rechtsprechung des Europäischen Gerichtshofs für Menschenrechte im N.P. Engel Verlag
Ehlers/Fehling/Pünder BVwR	Ehlers/Fehling/Pünder (Hrsg.), Besonderes Verwaltungsrecht, 4. Auflage, 2021
Einf.	Einführung
eingef.	Eingefügt
EinlALR	Einleitung zum Allgemeinen Landrecht für die Preußischen Staaten
EJG	Gesetz über Eurojust und das Europäische Justizielle Netz in Strafsachen (Eurojust-Gesetz)
EKMR	Europäische Kommission für Menschenrechte
EMRK	Europäische Menschenrechtskonvention
e-privacy-RL	Richtlinie 2002/58/EG des Europäischen Parlaments und des Rates vom 12.7.2002 über die Verarbeitung personenbezogener Daten und den Schutz der Privatsphäre in der elektronischen Kommunikation (Datenschutzrichtlinie für elektronische Kommunikation)
Erbs/Kohlhaas	Erbs/Kohlhaas (Hrsg.), Strafrechtliche Nebengesetze, Stand: 240. Ergänzungslieferung, April 2022
Erg.-Lfg.	Ergänzungs-Lieferung
Erl.	Erläuterung(en)
ErwG	Erwägungsgrund
EstG	Einkommensteuergesetz
et al.	Und andere
etc.	et cetera
EU	Europäische Union
EuG	Gericht (der Europäischen Union)
EuGH	Gerichtshof (der Europäischen Union)
EuGRCh	Charta der Grundrechte der Europäischen Union
EuGRZ	Europäische Grundrechte-Zeitschrift
EuR	Europarecht
EurLawRev	European Law Review
EUV	Vertrag über die Europäische Union
f., ff.	folgende, fortfolgende
FamFG	Gesetz über das Verfahren in Familiensachen und in den Angelegenheiten der freiwilligen Gerichtsbarkeit
FAS	Frankfurter Allgemeine Sonntagszeitung
FAZ	Frankfurter Allgemeine Zeitung
FDP	Freie Demokratische Partei
FeV	Verordnung über die Zulassung von Personen zum Straßenverkehr (Fahrerlaubnis-Verordnung)
FG	Festgabe, Freundesgabe
Fischer StGB	Fischer, Strafgesetzbuch: StGB mit Nebengesetzen, 70. Auflage, 2023
FIU	Financial Intelligence Unit (Zentralstelle für Finanztransaktionsuntersuchungen)
FlugDaG	Gesetz über die Verarbeitung von Fluggastdaten zur Umsetzung der Richtlinie (EU) 2016/681 (Fluggastdatengesetz)
FTE	Forschungs- und Beratungsstelle Terrorismus/Extremismus
G 10	Gesetz zur Beschränkung des Brief-, Post- und Fernmeldegeheimnisses (Artikel 10-Gesetz)
GA	Goltdammer's Archiv für Strafrecht
GBA	Generalbundesanwalt beim Bundesgerichtshof
GBl.	Gesetzblatt

gem.	gemäß
GETZ	Gemeinsames Extremismus- und Terrorismusabwehrzentrum
GewArch	Gewerbearchiv
GG	Grundgesetz
ggf.	gegebenenfalls
GIZ	Gemeinsames Internetzentrum
GK	Große Kammer (EGMR, EuGH)
GLJ	German Law Journal
GLKA	Gemeinsames Landeskriminalamt der Länder Brandenburg, Mecklenburg-Vorpommern, Sachsen, Sachsen-Anhalt und Thüringen
Götz/Geis, POR	Götz/Geis, Allgemeines Polizei- und Ordnungsrecht, 17. Auflage, 2022
Grabitz/Hilf/Nettesheim	Grabitz/Hilf/Nettesheim (Hrsg.), Das Recht der Europäischen Union: EUV/AEUV, 75. Auflage, 2022
grds.	grundsätzlich
GS	Gedächtnisschrift, Gesammelte Schriften
GSZ	Zeitschrift für das Gesamte Sicherheitsrecht
GTAZ	Gemeinsames Terrorismusabwehrzentrum
Gusy, POR	Gusy, Polizei- und Ordnungsrecht, 10. Auflage, 2017
GVBl.	Gesetz- und Verordnungsblatt
GVG	Gerichtsverfassungsgesetz
GVwR	Hoffmann-Riem/Schmidt-Aßmann/Voßkuhle (Hrsg.), Grundlagen des Verwaltungsrechts, 3 Bände, 2. Auflage, 2013; Voßkuhle/Eifert/Möllers (Hrsg.), Grundlagen des Verwaltungsrechts, 2 Bände, 3. Auflage, 2022
GW	Grundwerk
GwG	Gesetz über das Aufspüren von Gewinnen aus schweren Straftaten (Geldwäschegesetz)
hA	herrschende Ansicht
Hbg	Hamburg(isch)
HbgPolDVG	Hamburgisches Gesetz über die Datenverarbeitung der Polizei
HbgSOG	Hamburgisches Gesetz zum Schutz der öffentlichen Sicherheit und Ordnung
HdB	Handbuch
HdbDSchR	Roßnagel (Hrsg.), Handbuch Datenschutzrecht, 2003
HdbSicherheitsR	Dietrich/Fahrner/Gazeas/von Heintschel-Heinegg (Hrsg.), Handbuch Sicherheits- und Staatsschutzrecht, 2022
HdbVerfR	Herdegen/Masing/Poscher/Gärditz (Hrsg.), Handbuch des Verfassungsrechts – Darstellung in transnationaler Perspektive, 2021
Hess	Hessen, hessisch
Hessel BKAG	Hessel, Gesetz über die Einrichtung eines Bundeskriminalpolizeiamtes (BKA-Gesetz), Kommentar, 1979
HessSOG	Hessisches Gesetz über die öffentliche Sicherheit und Ordnung
HGR	Merten/Papier (Hrsg.), Handbuch der Grundrechte in Deutschland und Europa, 12 Bände, 2004–2017
Hinw.	Hinweis
hL	herrschende Lehre
hM	herrschende Meinung
HRRS	Onlinezeitschrift für Höchstrichterliche Rechtsprechung zum Strafrecht
Hrsg.	Herausgeber
hrsgg.	herausgegeben (von)
Hs.	Halbsatz
HStR	Isensee/Kirchhof (Hrsg.), Handbuch des Staatsrechts der Bundesrepublik Deutschland, 13 Bände, 3. Auflage, 2003–2014
HVwR	Kahl/Ludwigs (Hrsg.), Handbuch des Verwaltungsrechts, derzeit 5 Bände, 2021–2023
idF	in der Fassung
idR	in der Regel
idS	in diesem Sinne

iE	im Ergebnis
ieS	im engeren Sinne
IFG	Informationsfreiheitsgesetz
iHv	in Höhe von
IKPO	Internationale Kriminalpolizeiliche Organisation (Interpol)
IMEI	International Mobile Equipment Identity
IMSI	International Mobile Subscriber Identitiy
InfAuslR	Informationsbrief Ausländerrecht
INPOL	Informationssystem der Polizei
insb.	insbesondere
insg.	Insgesamt
IntFamRVG	Gesetz zur Aus- und Durchführung bestimmter Rechtsinstrumente auf dem Gebiet des internationalen Familienrechts
IPbpR	Internationaler Pakt über bürgerliche und politische Rechte
IPE	Handbuch IuS Publicum Europaeum
IPwskR	Internationaler Pakt über wirtschaftliche, soziale und kulturelle Rechte
iRd	im Rahmen des
iRe	im Rahmen einer/eines
IRG	Gesetz über die internationale Rechtshilfe in Strafsachen
IS	Islamischer Staat
iS	im Sinne
iSd	im Sinne des/der
iSe	im Sinne einer/eines
IStGHG	Gesetz über die Zusammenarbeit mit dem Internationalen Strafgerichtshof (IstGH-Gesetz)
iSv	im Sinne von
ITÜ	Informationstechnische Überwachung
iVm	in Verbindung mit
iVz	im Verhältnis zu
iwS	in weiterem Sinne
IYHR	Israel Yearbook on Human Rights
JA	Juristische Arbeitsblätter
Jarass/Pieroth	Jarass/Pieroth, GG-Kommentar, 16. Auflage, 2022
JBl.	Justizblatt; Juristische Blätter
JBÖS	Jahrbuch Öffentliche Sicherheit
jM	juris Die Monatszeitschrift
JoJZG	Journal der Juristischen Zeitgeschichte
JöR	Jahrbuch des öffentlichen Rechts der Gegenwart
JRP	Journal für Rechtspolitik
Jura	Juristische Ausbildung
juris	Juristisches Informationssystem für die Bundesrepublik Deutschland (elektronische Entscheidungsdatenbank)
JuS	Juristische Schulung
JVEG	Gesetz über die Vergütung von Sachverständigen, Dolmetscherinnen, Dolmetschern, Übersetzerinnen und Übersetzern sowie die Entschädigung von ehrenamtlichen Richterinnen, ehrenamtlichen Richtern, Zeuginnen, Zeugen und Dritten (Justizvergütungs- und -entschädigungsgesetz)
JW	Juristische Wochenschrift
JZ	Juristenzeitung
KAN	Kriminalaktennachweis
Kap.	Kapitel
KG	Kammergericht; Kommanditgesellschaft
Kingreen/Poscher, Grundrechte	Kingreen/Poscher, Grundrechte – Staatsrecht II, 38. Auflage, 2022
Kingreen/Poscher, POR	Kingreen/Poscher, Polizei- und Ordnungsrecht mit Versammlungsrecht, 12. Auflage, 2022
KJ	Kritische Justiz
KK-StPO	Karlsruher Kommentar zur Strafprozessordnung, 8. Auflage, 2019
Knemeyer, POR	Knemeyer, Polizei- und Ordnungsrecht, 11. Auflage, 2007

KPABrZ	Kriminalpolizeiamt für die britische Zone
KPD	Kommunistische Partei Deutschlands
KPMD-PMK	Kriminalpolizeilicher Meldedienst in Fällen politisch motivierter Kriminalität
KpS	Kriminalpolizeiliche Sammlung
KrimJ	Kriminologisches Journal
KriPoZ	Kriminalpolitische Zeitschrift
krit.	Kritisch
KritV	Kritische Vierteljahresschrift für Gesetzgebung und Rechtswissenschaft
KrWaffG	Kriegswaffenkontrollgesetz
KTI	Kriminaltechnisches Institut
Kugelmann, BKAG	Kugelmann, BKA-Gesetz, Nomos-Onlinekommentar, 2014
Kugelmann, POR	Kugelmann, Polizei- und Ordnungsrecht, 2. Auflage, 2011
KWG	Gesetz über das Kreditwesen (Kreditwesengesetz)
Lackner/Kühl StGB	Lackner/Kühl, Strafgesetzbuch, Kommentar, 29. Auflage, 2018
lat.	Lateinisch
lfd.	laufend
LfDI	Landesbeauftragte/r für den Datenschutz und die Informationsfreiheit
LG	Landgericht
Lisken/Denninger HdbPolR	Lisken/Denninger, Handbuch des Polizeirechts, 7. Auflage, 2021
lit.	Buchstabe
Lit.	Literatur
LKA	Landeskriminalamt
LK-StGB	Leipziger Kommentar zum Strafgesetzbuch, 13 Bände, 12. Auflage, 2007–2019
LKV	Landes- und Kommunalverwaltung
LR-StPO	Löwe/Rosenberg, Die Strafprozessordnung und das Gerichtsverfassungsgesetz, 27 Bände, 27. Auflage, 2016–2022
Ls.	Leitsatz
Lt.	laut
LTO	Legal Tribune Online
LuftSiG	Luftsicherheitsgesetz
LuftVG	Luftverkehrsgesetz
LuftVO	Luftverkehrs-Ordnung
LVerf	Landesverfassung
LVerfG	Landesverfassungsgericht
LVerfGE	Entscheidungen der Verfassungsgerichte der Länder (Sammlung)
LVwG SH	Allgemeines Verwaltungsgesetz für das Land Schleswig-Holstein
MAD	Militärischer Abschirmdienst
maW	mit anderen Worten
MDR	Monatsschrift für Deutsches Recht
mE	meines Erachtens
MEPolG	Musterentwurf für ein einheitliches Polizeigesetz des Bundes und der Länder
Meyer-Goßner/Schmitt StPO	Meyer-Goßner/Schmitt, Strafprozessordnung, 65. Auflage, 2022
Min.Bl.	Ministerialblatt
MiStra	Anordnung über Mitteilungen in Strafsachen
MMR	MultiMedia und Recht
MüKo	Münchener Kommentar
MV	Mecklenburg-Vorpommern
mwN	mit weiteren Nachweisen
mWv	mit Wirkung vom
Nachw.	Nachweis(e)
NATO	North Atlantic Treaty Organization
NCAZ	Nationales Cyber-Abwehrzentrum
Nds	Niedersachsen, niedersächsisch
NdsPOG	Niedersächsisches Polizei- und Ordnungsbehördengesetz
NdsVBl.	Niedersächsische Verwaltungsblätter

NetzDG	Gesetz zur Verbesserung der Rechtsdurchsetzung in sozialen Netzwerken (Netzwerkdurchsetzungsgesetz)
nF	neue Fassung, neue Folge
NJ	Neue Justiz
NJW	Neue Juristische Wochenschrift
NJW-RR	Neue Juristische Wochenschrift – Rechtsprechungsreport
NK	Neue Kriminalpolitik
noeP	nicht offen ermittelnder Polizeibeamter
NordÖR	Zeitschrift für Öffentliches Recht in Norddeutschland
NPD	Nationaldemokratische Partei Deutschlands
Nr.	Nummer
NRW	Nordrhein-Westfalen
N.SIS	Nationaler Teil des Schengener Informationssystems
NStZ	Neue Zeitschrift für Strafrecht
NStZ-RR	Neue Zeitschrift für Strafrecht – Rechtsprechungsreport
NVwZ	Neue Zeitschrift für Verwaltungsrecht
NVwZ-RR	Neue Zeitschrift für Verwaltungsrecht – Rechtsprechungsreport
NWVBl.	Nordrhein-Westfälische Verwaltungsblätter
NZA	Neue Zeitschrift für Arbeits -und Sozialrecht
NZS	Neue Zeitschrift für Sozialrecht
NZWehrr	Neue Zeitschrift für Wehrrecht
NZZ	Neue Züricher Zeitung
o.a.	oben angegeben
o.ä.	oder ähnlich
o.g.	oben genannt
OLG	Oberlandesgericht
OVG	Oberverwaltungsgericht
OWiG	Gesetz über Ordnungswidrigkeiten
PartG	Parteiengesetz
PDV	Polizeidienstvorschrift
PIAV	Polizeilicher Informations- und Analyseverbund
PJZS	Polizeiliche und Justizielle Zusammenarbeit in Strafsachen
PKGrG	Gesetz über die parlamentarische Kontrolle nachrichtendienstlicher Tätigkeit des Bundes
PKS	Polizeiliche Kriminalstatistik
PKV	Paulskirchenverfassung
POG RhPf	Polizei- und Ordnungsbehördengesetz Rheinland-Pfalz
PolG BW	Polizeigesetz Baden-Württemberg
PolG NRW	Polizeigesetz des Landes Nordrhein-Westfalen
POR	Polizei- und Ordnungsrecht
PostG	Postgesetz
Pr	Preußisch
PrG	Pressegesetz
Prot.	Protokoll
PrOVG	Preußisches Oberverwaltungsgericht
PrOVGE	Entscheidungssammlung des Preußischen Oberverwaltungsgerichts
PrPVG	Preußisches Polizeiverwaltungsgesetz
PrVBl.	Preußisches Verwaltungsblatt
PUAG	Gesetz zur Regelung des Rechts der Untersuchungsausschüsse des Deutschen Bundestages
PVS	Politische Vierteljahresschrift
RAF	Rote Armee Fraktion
RED-G	Gesetz zur Errichtung einer standardisierten zentralen Datei von Polizeibehörden und Nachrichtendiensten von Bund und Ländern zur Bekämpfung des gewaltbezogenen Rechtsextremismus (Rechtsextremismus-Datei-Gesetz)
Reg.	Regierung
RegBl.	Regierungsblatt
RepSchG	Republikschutzgesetz

RiStBV	Richtlinien für das Strafverfahren und das Bußgeldverfahren
RiVASt	Richtlinien für den Verkehr mit dem Ausland in strafrechtlichen Angelegenheiten
RG	Reichsgericht
RGBl.	Reichsgesetzblatt
RGSt	Entscheidungen des Reichsgerichts in Strafsachen
RGZ	Entscheidungen des Reichsgerichts in Zivilsachen
RhbZS	Gusy/Kugelmann/Würtenberger (Hrsg.), Rechtshandbuch Zivile Sicherheit, 2017
RhPf	Rheinland-Pflaz, rheinland-pfälzisch
Riegel Bundespolizeirecht	Riegel, Bundespolizeirecht – Bundeskriminalamtgesetz, Bundesgrenzschutzgesetz, Gesetz über den unmittelbaren Zwang, 1985
RKPA	Reichskriminalpolizeiamt
RKPG	Reichskriminalpolizeigesetz
RL	Richtlinie
Rn.	Randnummer
Rs.	Rechtssache
RSHA	Reichssicherheitshauptamt
Rspr.	Rechtsprechung
RStGB	Reichsstrafgesetzbuch
RuP	Recht und Politik
RW	Rechtswissenschaft, Zeitschrift für rechtswissenschaftliche Forschung
s.	siehe
S.	Satz
Saarl	Saarland, saarländisch
SaarlPolG	Saarländisches Polizeigesetz
Sachs GG	Sachs (Hrsg.), Grundgesetz – Kommentar, 9. Auflage, 2021
Sächs	sächsisch
SächsPBG	Gesetz über die Aufgaben, Organisation, Befugnisse und Datenverarbeitung der Polizeibehörden im Freistaat Sachsen (Sächsisches Polizeibehördengesetz)
SächsPVDG	Gesetz über die Aufgaben, Befugnisse, Datenverarbeitung und Organisation des Polizeivollzugsdienstes im Freistaat Sachsen
SächsVBl.	Sächsische Verwaltungsblätter
Schenke, POR	Schenke, Polizei- und Ordnungsrecht, 11. Auflage, 2022
Schenke/Graulich/Ruthig	Schenke/Graulich/Ruthig (Hrsg.), Sicherheitsrecht des Bundes, 2. Auflage, 2019
SchlHA	Schleswig-Holsteinische Anzeigen
Schmidbauer/Steiner, BayPAG	Schmidbauer/Steiner, Polizeiaufgabengesetz, Polizeiorganisationsgesetz, 6. Auflage, 2023
Schoch BVwR	Schoch (Hrsg.), Besonderes Verwaltungsrecht, 2018
SDÜ	Schengener Durchführungsübereinkommen
SG	Sozialgericht
SH	Schleswig-Holstein(isch)
SIRENE	Supplementary Information Request at the National Entry
SIS	Schengener Informationssystem
SK-StGB	Wolter/Hoyer (Hrsg.), Systematischer Kommentar zum Strafgesetzbuch, 6 Bände, 9. Auflage, 2017
SK-StPO	Wolter (Hrsg.), Systematischer Kommentar zur Strafprozessordnung, 10 Bände, 5. Auflage, 2016/2017
Slg	Amtliche Sammlung der Entscheidungen des EuGH
sog.	sogenannt(er/e/es)
SOG LSA	Gesetz über die öffentliche Sicherheit und Ordnung des Landes Sachsen-Anhalt
SOG MV	Gesetz über die öffentliche Sicherheit und Ordnung in Mecklenburg-Vorpommern
Sp.	Spalte
SPD	Sozialdemokratische Partei Deutschlands
SprengG	Gesetz über explosionsgefährliche Stoffe (Sprengstoffgesetz)
st.	ständige

StenProt.	Stenographisches Protokoll
StGB	Strafgesetzbuch
StPO	Strafprozessordnung
str.	strittig, streitig
StraFo	Strafverteidiger Forum
StrEG	Gesetz über die Entschädigung für Strafverfolgungsmaßnahmen
StRspr.	ständige Rechtsprechung
StV	Strafverteidiger
StVollzG	Strafvollzugsgesetz
SÜG	Gesetz über die Voraussetzungen und das Verfahren von Sicherheitsüberprüfungen des Bundes und den Schutz von Verschlusssachen (Sicherheitsüberprüfungsgesetz)
SZ	Süddeutsche Zeitung
Teilbd.	Teilband
TerrOIBG	Gesetz zur Durchführung der Verordnung (EU) 2021/784 des Europäischen Parlaments und des Rates vom 29.4.2021 zur Bekämpfung der Verbreitung terroristischer Online-Inhalte (Terroristische-Online-Inhalte-Bekämpfungs-Gesetz)
Thiel, POR	Thiel, Polizei- und Ordnungsrecht, 5. Auflage, 2022
Thür	Thüringen, thüringer/thüringisch
ThürPAG	Thüringer Gesetz über die Aufgaben und Befugnisse der Polizei
ThürVBl.	Thüringer Verwaltungsblätter
TKG	Telekommunikationsgesetz
TKÜ	Telekommunikationsüberwachung
TKÜV	Verordnung über die technische und organisatorische Umsetzung von Maßnahmen zur Überwachung der Telekommunikation (Telekommunikations-Überwachungsverordnung)
TMG	Telemediengesetz
TTDSG	Gesetz über den Datenschutz und den Schutz der Privatsphäre in der Telekommunikation und bei Telemedien (Telekommunikation-Telemedien-Datenschutz-Gesetz)
tw.	teilweise
Tz.	Textziffer
ua	unter anderem, und andere, und andernorts
übereinst.	übereinstimmend
Umbach/Clemens GG	Umbach/Clemens (Hrsg.), Grundgesetz – Mitarbeiterkommentar und Handbuch, 2 Bände, 2002
umstr.	umstritten
UN-BRK	Übereinkommen der Vereinten Nationen über die Rechte von Menschen mit Behinderungen (UN-Behindertenrechtskonvention)
unbestr.	unbestritten
unkrit.	unkritisch
unstr.	unstreitig/unstrittig
Urt.	Urteil
usw	und so weiter
uU	unter Umständen
uVm	und Verschiedenes mehr
UZwG	Gesetz über den unmittelbaren Zwang bei Ausübung öffentlicher Gewalt durch Vollzugsbeamte des Bundes
v.	vom, von
Var.	Variante
VBl.	Verwaltungsblatt/-blätter
VBlBW	Verwaltungsblatt Baden-Württemberg
VE	Verdeckter Ermittler
VereinsG	Vereinsgesetz
Verf	Verfassung
VerfBlog	Verfassungsblog.de
VersG	Versammlungsgesetz
VerwArch	Verwaltungsarchiv

VfZ	Vierteljahreshefte für Zeitgeschichte
VG	Verwaltungsgericht
VGH	Verwaltungsgerichtshof
vgl.	vergleiche
vH	vom Hundert
VO	Verordnung
VOBl.	Verordnungsblatt
von Mangoldt/Klein/Starck GG	von Mangoldt/Klein/Starck, Grundgesetz-Kommentar, 3 Bände, 7. Auflage, 2018
von Münch/Kunig GG	von Münch/Kunig, Grundgesetz-Kommentar, 2 Bände, 7. Auflage, 2021
Vorbem.	Vorbemerkung
VP	Vertrauensperson
VR	Verwaltungsrundschau
vs.	versus
VS-NfD	Verschlusssache – Nur für den Dienstgebrauch
VStGB	Völkerstrafgesetzbuch
VVDStRL	Veröffentlichungen der Vereinigung der Deutschen Staatsrechtslehrer
VwGO	Verwaltungsgerichtsordnung
VwR	Verwaltungsrecht
VwVfG	Verwaltungsverfahrensgesetz
VwVG	Verwaltungs-Vollstreckungsgesetz
VwZG	Verwaltungszustellungsgesetz
WaffG	Waffengesetz
Wehr BPolG	Wehr, Bundespolizeigesetz, Nomos-Onlinekommentar, 3. Auflage, 2021
WRV	Weimarer Reichsverfassung
ZaöRV	Zeitschrift für ausländisches öffentliches Recht und Völkerrecht
ZAP	Zeitschrift für die Anwaltspraxis
ZAR	Zeitschrift für Ausländerrecht und Ausländerpolitik
zB	zum Beispiel
ZD	Zeitschrift für Datenschutz
ZFdG	Gesetz über das Zollkriminalamt und die Zollfahndungsämter (Zollfahndungsdienstgesetz)
ZfP	Zeitschrift für Politik
ZfRS	Zeitschrift für Rechtssoziologie
ZfV	Zeitschrift für Verwaltungsrecht
ZG	Zeitschrift für Gesetzgebung
Ziff.	Ziffer
ZIS	Zeitschrift für Internationale Strafrechtsdogmatik
zit.	zitiert
ZJS	Zeitschrift für das Juristische Studium
ZKA	Zollkriminalamt
ZollVG	Zollverwaltungsgesetz
ZP	Zusatzprotokoll (zur EMRK)
ZParl	Zeitschrift für Parlamentsfragen
ZPO	Zivilprozessordnung
ZPol	Zeitschrift für Politikwissenschaft
ZRP	Zeitschrift für Rechtspolitik
ZSHG	Gesetz zur Harmonisierung des Schutzes gefährdeter Zeugen (Zeugenschutz-Harmonisierungsgesetz)
ZStV	Zentrales Staatsanwaltschaftliches Verfahrensregister
ZStVBetrV	Verordnung über den Betrieb des Zentralen Staatsanwaltschaftlichen Verfahrensregisters
ZStW	Zeitschrift für die gesamte Strafrechtswissenschaft
zT	zum Teil
zust.	zustimmend
zutr.	zutreffend

Gesetz über das Bundeskriminalamt und die Zusammenarbeit des Bundes und der Länder in kriminalpolizeilichen Angelegenheiten (Bundeskriminalamtgesetz – BKAG)*, **

Vom 1. Juni 2017 (BGBl. I S. 1354, ber. 2019 S. 400)
(FNA 2190-3)
zuletzt geändert durch Art. 3 SIS-III-G vom 19. Dezember 2022 (BGBl. I S. 2632)

Abschnitt 1
Zentrale Einrichtungen zur Zusammenarbeit in kriminalpolizeilichen Angelegenheiten, Aufgaben des Bundeskriminalamtes

§ 1 Zentrale Einrichtungen zur Zusammenarbeit in kriminalpolizeilichen Angelegenheiten

(1) Der Bund unterhält ein Bundeskriminalamt zur Zusammenarbeit des Bundes und der Länder in kriminalpolizeilichen Angelegenheiten.

(2) [1]Die Länder unterhalten für ihr Gebiet zentrale Dienststellen der Kriminalpolizei (Landeskriminalämter) zur Sicherung der Zusammenarbeit des Bundes und der Länder. [2]Mehrere Länder können ein gemeinsames Landeskriminalamt unterhalten.

(3) Die Verfolgung sowie die Verhütung von Straftaten und die Aufgaben der sonstigen Gefahrenabwehr bleiben Sache der Länder, soweit gesetzlich nichts anderes bestimmt ist.

* Verkündet als Art. 1 G v. 1.6.2017 (BGBl. I S. 1354, ber. 2019 S. 400); Inkrafttreten gem. Art. 13 Abs. 1 dieses G am 25.5.2018, mit Ausnahme des § 20, der am 9.6.2017 in Kraft tritt, vgl. Art. 13 Abs. 2 dieses G.

** **Amtl. Anm. an der Überschrift des MantelG:** Dieses Gesetz dient der Umsetzung der Richtlinie (EU) 2016/680 des Europäischen Parlaments und des Rates vom 27. April 2016 zum Schutz natürlicher Personen bei der Verarbeitung personenbezogener Daten durch die zuständigen Behörden zum Zwecke der Verhütung, Ermittlung, Aufdeckung oder Verfolgung von Straftaten oder der Strafvollstreckung sowie zum freien Datenverkehr und zur Aufhebung des Rahmenbeschlusses 2008/977/JI des Rates (ABl. L 119 vom 4.5.2016, S. 89).

A. Vorbemerkung

I. Das BKAG als funktional limitiertes Sonderpolizeirecht

1 Das Bundeskriminalamtgesetz (BKAG) regelt einen Teil des Polizei- und Sicherheitsverwaltungsrechts des Bundes.[1] Anders als der Gesetzestitel in seiner Ursprungsfassung vom 8.3.1951 („Gesetz über die Einrichtung eines Bundeskriminalpolizeiamtes“[2]) noch insinuierte, ist das BKAG mehr als ein formeller Einrichtungsakt oder ein bloßes Organisationsstatut. Mit seiner für das Polizeirecht ebenso typischen wie – vor dem Hintergrund des rechtsstaatlichen Vorbehalts des Gesetzes[3] – verfassungsrechtlich konstitutiven Trennung zwischen näher definierten kriminalpolizeilichen Aufgaben (§§ 2–8 BKAG) und mit diesen korrespondierenden Befugnisnormen (§§ 9–68 BKAG) fügt sich das BKAG vielmehr in das **Polizei- und Sicherheitsrecht des Bundes** ein und stattet dieses mit materiellrechtlichen Regelungen aus. Das BKAG in seiner gegenwärtigen Gestalt geht im Wesentlichen auf das Gesetz zur Neustrukturierung des Bundeskriminalamtes vom 1.6.2017[4] zurück. Mit diesem reagierte der Normgeber auf die Rechtsprechung des Bundesverfassungsgerichts (→ Rn. 8 f.) und überarbeitete das BKAG bei der Gelegenheit allgemein in systematischer Hinsicht.[5] Bereits mit dem Gesetz zur Abwehr von Gefahren des internationalen Terrorismus durch das Bundeskriminalamt vom 25.12.2008[6] verfolgte der Gesetzgeber den Anspruch, „das modernste und rechtsstaatlich anspruchsvollste Polizeigesetz der Bundesrepublik“[7] zu schaffen. Auch im Schrifttum gilt das BKAG mitunter als „ein vorrangig datenschutzorientiertes, modernes Polizeigesetz“.[8] Dass das Ergebnis – bis heute – diesem Anspruch nicht durchgehend gerecht werden kann, wird sich an verschiedener Stelle dieses Gesetzeskommentars zeigen.

2 **1. Zentralisierung und Spezialisierung.** Das Bundeskriminalamt steht – begrifflich wie institutionell – für zwei das Sicherheitsverwaltungsrecht seit geraumer Zeit prägende Tendenzen: der Zentralisierung von Sicherheitsaufgaben beim Bund sowie ihrer Zuweisung zu spezialisierten Sicherheitsbehörden.[9] Das BKAG begründet demgemäß keinen „Allgemeinen Teil“ eines Bundessicherheitsrechts, denn ebenso wenig wie es eine allgemeine Bundespolizei gibt, existiert ein allgemeines Polizei- oder Sicherheitsrecht des Bundes.[10] Die **Polizeihoheit der Länder** ist das prägende Merkmal der deutschen Sicherheitsarchitektur und zugleich eine charakteristische Ausdrucksform des deutschen Exekutivföderalismus.[11] Der Bund verfügt nur über bereichsspezifische Gesetzgebungs- und Verwaltungskompetenzen auf den Gebieten von Gefahrenabwehr und Strafverfolgung. Im Übrigen bleibt es nach der bundesstaatlichen Zuständigkeitsordnung (Art. 30, 70 Abs. 1, 83 GG) bei der Polizeihoheit der Länder. Nach dieser verfassungsrechtlichen Ausgangslage kommen dem Bund nur einzelne, an Bedeutung allerdings sukzessive zunehmende Aufgaben der Sicherheitsadministration zu, die dem Prinzip der funktional limitierten Einzelfallzuweisung der Art. 86 ff. GG folgen,[12] aber aus Gründen der Rechtsstaatlichkeit, der Bundesstaatlichkeit und des Grundrechtsschutzes prinzipiell nicht dazu führen dürfen, eine mit den Landespolizeibehörden konkurrierende „Polizei des Bundes“ derart auszubauen, dass sie als mit begrenzten Aufgaben ausgestattete Sonderpolizei nicht mehr erkennbar ist.[13]

3 Dies gilt auch mit Blick auf „neuartige“[14] Bedrohungsphänomene wie **Organisierte Kriminalität** oder **internationaler Terrorismus**, die mit ihren grenzüberschreitenden, entindividualisierten Netzwerkstrukturen,

1 Statt aller Schoch BVwR/Schoch 1. Kap. Rn. 93 ff., 98 ff.

2 BGBl. I 1951 S. 165.

3 Nach der aus dem Rechtsstaatsprinzip (Art. 20 Abs. 3, 23 Abs. 1 S. 1, 28 Abs. 1 S. 1 GG), namentlich aus dem Vorbehalt des hinreichend bestimmten Gesetzes herzuleitenden Trennung von Aufgabe und Befugnis trifft die Zuweisung einer Aufgabe („Ob“) noch keine Entscheidung darüber, mit welchen Befugnissen diese Aufgabe verwirklicht und gegebenenfalls zwangsweise erfüllt werden kann („Wie“), vgl. näher Gusy, POR, Rn. 12 f.; s. auch Schoch BVwR/Schoch 1. Kap. Rn. 190; Thiel, POR, § 6 Rn. 3; F. Reimer in FS-Würtenberger, 2013, S. 1047 ff.

4 BGBl. I 2017 S. 1354.

5 BT-Drs. 18/11163, 2.

6 BGBl. I 2008 S. 3083.

7 So der Abgeordnete Frank Hofmann, Deutscher Bundestag, Plenarprotokoll 16/186 der Sitzung v. 12.11.2008, 19845, (B).

8 Schütte in Lange (Hrsg.), Wörterbuch zur Inneren Sicherheit, 2006, S. 26 (27); der Sache nach übereinstimmend Lersch in FS-Herold, 1998, S. 35 ff.

9 Überblicksweise Wolff VVDStRL 81 (2022), 437 (445 ff.); näher unter besonderer Bezugnahme auf das BKA Coenen, Bundesrechtliche Terrorismusabwehrmaßnahmen im Schnittbereich von Prävention und Repression, 2022, S. 111 ff., 206 ff.

10 Kingreen/Poscher, POR, § 4 Rn. 1.

11 Götz in HStR IV, 3. Aufl. 2006, § 85 Rn. 33.

12 Gusy KritV 95 (2012), 247 (253); im Einzelnen Schoch BVwR/Schoch 1. Kap. Rn. 92 ff.; Kingreen/Poscher, POR, § 2 Rn. 36 ff.

13 BVerfG Beschl. v. 28.1.1998 – 2 BvF 3/92 –, BVerfGE 97, 198 (218).

14 Hinsichtlich des Terrorismus BVerwG Beschl. v. 21.3.2017 – 1 VR 1/17 –, BVerwGE 158, 225 (233, Rn. 16); Urt. v. 22.8.2017 – 1 A 3.17 –, BVerwGE 159, 296 (301, Rn. 22); Beschl. v. 19.9.2017 – 1 VR 7/17 –, NVwZ 2017, 1798 (1799); Urt. v. 6.2.2019 – 1 A 3.18 –, BVerwGE 164, 317 (327, Rn. 31; 330, Rn. 33); Dörig jM 2019, 238 (240); Schmidbauer NJW-aktuell 20/2017, 17 (17).

komplexen Ausgangsbedingungen und den erweiterten sozialen Handlungsmöglichkeiten (→ § 5 Rn. 1)[15] ein dezentral strukturiertes Polizeimodell – vorgeblich – an seine Leistungsgrenzen bringen und auf diese Weise sowohl die **Tendenzen zur Zentralisierung**[16] von Sicherheitsaufgaben als auch den Trend zur **Spezialisierung,**[17] **Akademisierung,**[18] **Digitalisierung**[19] und **Internationalisierung**[20] der Polizeiarbeit unverkennbar befördert haben.[21] Dass insbesondere die terroristische Bedrohung zu einem „Katalysator der Rechtsentwicklung“[22] und zur „Hauptantriebsfeder“[23] für den **Umbau der deutschen Sicherheitsarchitektur** geworden ist, wird speziell bei einem Blick auf das gewandelte Aufgaben- und Befugnisprofil des BKA sinnbildlich (→ Rn. 10 ff.). In den Bereichen Organisierte Kriminalität und Terrorismus tritt der Bund demgemäß zunehmend in Konkurrenz zu den Ländern und geriert sich mehr und mehr als „gleichwertiger ‚Mitspieler‘“[24] der Gefahrenabwehr. Eine parallele Aufgabenwahrnehmung und Doppelzuständigkeiten sind die Folge (→ Rn. 53; → § 5 Rn. 6 f.).

Je mehr das Polizei- und Sicherheitsrecht an entsprechenden Großlagen wie Terrorismus oder Organisierter 4
Kriminalität orientiert wird, umso mehr erhält das **BKAG** tatsächlich den **Charakter eines Musterpolizeigesetzes,** das auf die Gestaltung der Länderpolizeigesetze zurückwirkt.[25] Als das BKAG im Jahr 2008 auf die präventive Abwehr von Gefahren des internationalen Terrorismus ausgerichtet und das BKA mit umfassenden präventivpolizeilichen Befugnisse ausgestattet wurde, „war bereits absehbar, dass das BKAG das neue Mustergesetz für die Länder sein wird“.[26] Dies gilt in der Rückschau umso mehr, als das Bundesverfassungsgericht am Maßstab des BKAG seine polizeirechtliche Rechtsprechung zusammengefasst, konsolidiert und zu einer allgemeinen verfassungsrechtlichen Dogmatik des Sicherheitsrechts fortgeschrieben hat, die in einem nächsten Schritt vom Gesetzgeber im novellierten BKAG detailgenau umgesetzt wurde (näher → Rn. 7 ff.). Insofern kann es nicht überraschen, dass sich in der weiteren Folge zahlreiche Bundesländer bei der Novellierung ihrer Polizeigesetze an der Kodifikation der verfassungsgerichtlichen Maßstabsbildung im BKAG – sowohl in Bezug auf die **Eingriffsschwellen** für präventivpolizeiliche Befugnisse als auch hin-

15 Vgl. an dieser Stelle nur Gärditz, Strafprozeß und Prävention, 2003, S. 15 f.; Kniesel in Bull (Hrsg.), Sicherheit durch Gesetze?, 1987, S. 105 (110 f.); Gross in Daniels/Macklem/Roach (Hrsg.), Essays on Canada's Anti-Terrorism Bill, 2002, S. 39 (43 ff.); Ogorek JZ 2019, 63 (69).

16 Bezogen auf das BKAG deutlich Kniesel Die Polizei 2018, 265 (268): „[D]ie zentralistische Schubkraft des umfassendsten Polizeigesetzes der Bundesrepublik [darf] nicht unterschätzt werden. Zwar steht es derzeit nur für den überschaubaren Bereich der gefahrenabwehrrechtlichen Bekämpfung des internationalen Terrorismus zur Verfügung, doch kann es für jede weitere Zuständigkeitserweiterung des Bundes zur Gefahrenabwehr genutzt werden. Das zum Polizeigesetz erweiterte BKA-Gesetz muss insoweit als Ergebnis zentralistischer Bestrebungen des Bundes gesehen werden“; vgl. ferner Würtenberger in Masing/Jouanjan (Hrsg.), Terrorismusbekämpfung, Menschenrechtsschutz und Föderation, 2008, S. 27 (48); Busche, Die Zentralisierung polizeilicher Aufgaben auf dem Gebiet der Strafverfolgung beim Bundeskriminalamt, 2013; Danne, Prävention und Repression im Sicherheitsrecht, 2022, S. 31 ff.: „Entföderalisierung“; Mehde JZ 2005, 815 (817); Roggan NJW 2009, 257 ff.; Zabel JR 2009, 453 (454): „zentralistische[s] Diktat“; Bäcker GSZ 2018, 213 ff.; Gärditz AöR 144 (2019), 81 (85 ff.); Kugelmann, Im Netz der Sicherheit: das BKA-Gesetz und die Grenzen der Zentralisierung, VerfBlog, 2017/3/29; unter Einbezug der europarechtlichen Perspektive Sikora in Ferreau/Brings-Wiesen (Hrsg.), 40 Jahre „Deutscher Herbst“, 2019, S. 59 (64 ff.); aus politikwissenschaftlicher Sicht ferner Münch in FS-Bonß, 2019, S. 271 (276 ff.).

17 Ebert LKV 2018, 399 (401).

18 Ammermann in Feltes (Hrsg.), Neue Wege, neue Ziele – Polizieren und Polizeiwissenschaft im Diskurs, 2009, S. 11 ff.; Schnell/Schäfer Journal für Wissenschaft und Bildung 28 (2019), 78 ff.; Kemme/Clasen/Groß et al. NK 34 (2022), 140 ff.

19 Statt vieler Albers in Seckelmann (Hrsg.), Digitalisierte Verwaltung – Vernetztes E-Government, 2. Aufl. 2019, 23. Kap. Rn. 8 ff.; der Nachholbedarf in der Praxis ist indes nicht zu unterschätzen, vgl. dazu den – im Ergebnis abgelehnten – Antrag der FDP-Fraktion im Deutschen Bundestag „Smart Police – Digitalisierung der deutschen Polizei anschieben“ v. 2.3.2021, BT-Drs. 19/27172.

20 Dazu Schöndorf-Haubold, Europäisches Sicherheitsverwaltungsrecht, 2010, S. 179 ff.; Thiel, Die „Entgrenzung“ der Gefahrenabwehr, 2011, S. 399 ff.; s. ferner die Beiträge in Möllers/van Ooyen (Hrsg.), Europäisierung und Internationalisierung der Polizei II, 3. Aufl. 2011.

21 Zusammenfassend zu aktuellen Entwicklungen im Polizeibereich Groß APuZ 69 (2019), 4 (8 f.); zu den Aufgaben und Herausforderungen des BKA im 21. Jahrhundert programmatisch auch Ziercke in Schwarz (Hrsg.), 10 Jahre 11. September – Die Rechtsordnung im Zeitalter des Ungewissen, 2012, S. 71 ff.

22 Wolff in Kugelmann (Hrsg.), Polizei und Menschenrechte, 2019, S. 417 ff.; vgl. auch Thiel GSZ 2019, 1 (1): „Mega-Trend“.

23 Bäcker in Scherzberg/Can/Doğan (Hrsg.), Der Rechtsstaat in Zeiten von Notstand und Terrorabwehr, 2019, S. 117 (120); vgl. auch ders. GSZ 2018, 213 (213): „Schrittmacher“.

24 K. Graulich GSZ 2019, 9 (15).

25 Mit teilweise unterschiedlicher Konnotation, aber der Sache nach wie hier Piltz/Pfister RuP 45 (2009), 4 (4); K. Graulich KriPoZ 2016, 75 (75): „[zwingt] die Länder zu einer Schwachstellenanalyse“; vgl. auch Kugelmann, Im Netz der Sicherheit: das BKA-Gesetz und die Grenzen der Zentralisierung, VerfBlog, 2017/3/29: „In dem am 1. Februar 2017 vom Bundeskabinett verabschiedeten Entwurf der Neufassung des BKA-Gesetzes ist neben einer Vielzahl von informationsbezogenen Bestimmungen eine Regelung zur Fußfessel für sog. Gefährder enthalten, die als Modell für die Landesgesetzgebung dienen soll. Die Vorlage einer verfassungsrechtlich umstrittenen Regelung durch den Bund soll die Länder sicherheitsrechtlich inspirieren“. Zur Rezeption des BKAG-Urteils des BVerfG (Urt. v. 20.4.2016 – 1 BvR 966/09 ua –, BVerfGE 141, 220) in den Polizeigesetzen der Länder s. auch Lisken/Denninger/Bäcker, HdbPolR, D Rn. 273 ff.; Reuter Die Polizei 2020, 159 ff.; vgl. in diesem Kontext ferner Buermeyer, Stellungnahme im Rahmen der öffentlichen Anhörung des Innenausschusses des Deutschen Bundestages zum Entwurf eines Gesetzes zur Neustrukturierung des Bundeskriminalamtgesetzes (BT-Drs. 18/11163) v. 16.3.2017, Ausschuss-Drs. 18(4)806 E, 3, der noch ausdrücklich davor gewarnt hatte, den „Terrorismusteil“ des BKAG als Musterpolizeigesetz für die Länder anzusehen.

26 Baum/Schantz ZRP 2008, 137 (137).

sichtlich des **polizeilichen Datenschutzes** – ein Beispiel genommen haben.[27] Eine entsprechende Vorbildwirkung war seitens der Bundespolitik aber auch schon bei Verabschiedung des BKAG 2008 durchaus intendiert.[28] Sie zeigte sich nicht nur hinsichtlich der Einführung neuer präventivpolizeilicher Befugnisse wie der Online-Durchsuchung, Quellen-Telekommunikationsüberwachung sowie Aufenthaltsvorgaben, Kontaktverboten und der elektronischen Aufenthaltsüberwachung.[29] Vielmehr hat das BKAG Rückwirkungen auf die etablierte Gefahr-Störer-Dogmatik im überkommenen Polizeirecht gezeitigt und dazu geführt, dass sich die Landesgesetzgeber zur Rechtfertigung der Ausdehnung aktioneller, nicht bloß informatorisch-aufklärender Befugnisse in das Vorfeld einer konkreten Gefahr an der Regelungsstruktur der kriminalpolizeilichen Eingriffsschwellen und -befugnisse orientiert haben.[30]

5 Aufgrund der Residualkompetenz der Länder, zu deren Hausgut das Polizeirecht zählt,[31] ist die Zuweisung einer gefahrenabwehrrechtlichen Aufgabe an eine Sicherheitsbehörde des Bundes nach der Kompetenzordnung des Grundgesetzes besonders begründungs- und rechtfertigungsbedürftig.[32] Da eine entsprechende Aufgabenzuweisung an das BKA und die Hochzonung einer Aufgabe auf die Bundesebene allfällige Zentralisierungstendenzen im Bereich des Gefahrenabwehrrechts befördern,[33] wurde bereits der **Erlass des Gesetzes über die Einrichtung eines Bundeskriminalpolizeiamtes vom 8.3.1951** im Schrifttum als ein „kühn in die Landespolizeihoheit eingreifende[r] Entwurf"[34] kritisiert. Dieser zeichnete sich dadurch aus, dass er die Aufgaben des BKA in „sehr globaler, wenig detaillierter Form"[35] umschrieb. Auch in seiner – zwischenzeitlich mehrfach novellierten Form – war das BKAG „in Diktion und Gliederung eher geeignet, zusätzliche Verwirrung zu schaffen, als eine Klärung dieser wahrhaft zentralen Fragestellung herbeizuführen".[36] Bei der Kritik blieb allerdings außer Acht, dass das Grundgesetz mit der ausschließlichen Gesetzgebungskompetenz für die Zusammenarbeit des Bundes und der Länder in der Kriminalpolizei (Art. 73 Abs. 1 Nr. 10 lit. a GG) sowie der Kompetenz zur Errichtung von Zentralstellen für das polizeiliche Auskunfts- und Nachrichtenwesen und die Kriminalpolizei (Art. 87 Abs. 1 S. 2 GG[37]) seit seinem Inkrafttreten die Möglichkeit zur Einrichtung eines „Bundeskriminalpolizeiamts" enthielt und insofern die Landespolizeihoheit unter

27 **Baden-Württemberg:** Gesetz zur Änderung des Polizeigesetzes v. 28.11.2017 (GBl. S. 624); **Bayern:** Gesetz zur effektiveren Überwachung gefährlicher Personen v. 24.7.2017 (GVBl. S. 388), geändert durch Gesetz zur Neuordnung des bayerischen Polizeirechts (PAG-Neuordnungsgesetz) v. 18.5.2018 (GVBl. S. 301, 434), LT-Drs. 17/16299, 2: „Derzeit bereitet der Bund […] eine präventivpolizeiliche Regelung [der elektronischen Aufenthaltsüberwachung] im Bundeskriminalamtgesetz (BKAG) vor. Da im polizeilichen Gefahrenabwehrrecht nur ein möglichst flächendeckendes und länderübergreifend abgestimmtes Vorgehen nachhaltige Wirkung verspricht, sind auch die Bundesländer gehalten, unverzüglich entsprechende Regelungen in ihren Polizeigesetzen zu verankern"; **Hessen:** Gesetz zur Neuausrichtung des Verfassungsschutzes in Hessen v. 25.6.2018 (GVBl. S. 302); **Mecklenburg-Vorpommern:** Sechstes Gesetz zur Änderung des Sicherheits- und Ordnungsgesetzes v. 22.3.2018 (GVOBl. S. 114); **Niedersachsen:** Gesetz zur Änderung des Niedersächsischen Gesetzes über die öffentliche Sicherheit und Ordnung und anderer Gesetze v. 20.5.2019 (GVBl. S. 88), LT-Drs. 18/850, 33: „Ein weiterer wichtiger Teil des Gesetzentwurfs dient der Umsetzung der Entscheidung des Bundesverfassungsgerichts (BVerfG) zum Bundeskriminalamtgesetz (BKAG)"; **Nordrhein-Westfalen:** Gesetz zur Stärkung der Sicherheit in Nordrhein-Westfalen v. 13.12.2018 (GV. NRW. S. 684), LT-Drs. 17/2576, 2: „Neben dem EU-Gesetzgeber hat auch das Bundesverfassungsgericht (BVerfG) in seinem sog. BKA-Urteil vom 20. April 2016 grundsätzliche Aussagen zum polizeilichen Datenschutz getroffen. Wenngleich sich das Urteil formal lediglich auf das bestehende Gesetz über das Bundeskriminalamt und die Zusammenarbeit des Bundes und der Länder in kriminalpolizeilichen Angelegenheiten (BKAG) bezieht, gelten die Vorgaben mittelbar auch für die vergleichbaren Regelungen in den Polizeigesetzen der Länder und müssen dementsprechend auch dort umgesetzt werden"; **Sachsen:** Gesetz zur Neustrukturierung des Polizeirechtes des Freistaates Sachsen v. 11.5.2019 (GVBl. S. 358); **Sachsen-Anhalt:** Siebentes Gesetz zur Änderung des Gesetzes über die öffentliche Sicherheit und Ordnung des Landes Sachsen-Anhalt v. 18.10.2018 (GVBl. S. 376).

28 Vgl. insoweit den damaligen Bundesinnenminister Wolfgang Schäuble, Deutscher Bundestag, Plenarprotokoll 16/186 der Sitzung v. 12.11.2008, 19844, (A): „Alle Länder werden entsprechende Gesetze machen. Sie werden diese Befugnisse alle brauchen".

29 Exemplarisch zur Vorbildwirkung des § 56 BKAG für die Einführung der elektronischen Aufenthaltsüberwachung nach § 34c PolG NRW vgl. BeckOK-POR NRW/Barczak PolG NRW § 34c Rn. 2 (2022).

30 Zu diesem Konzept, das sich maßgeblich in der – mittlerweile formal wieder aufgegebenen, der Sache nach aber fortlebenden – Kategorie der „drohenden Gefahr" niederschlug Wegner/Hunold KriPoZ 2017, 367 (373); Löffelmann BayVBl. 2018, 145 (146 ff.); Möstl BayVBl. 2018, 156 (157): „fügt der überkommenen Dogmatik der Gefahrbegriffe eine neue Facette hinzu"; Waechter NVwZ 2018, 458 (458): „eine neue Schicht des Polizeirechts"; Austermann/Schlichte KJ 51 (2018), 479 (482): „eine neue Gefahrenkategorie"; Ogorek JZ 2019, 63 ff.

31 Vgl. nur SächsVerfGH Urt. v. 10.7.2003 – 43-II-00 –, LVerfGE 14, 333 (380); Kugelmann in Härtel (Hrsg.), Handbuch Föderalismus III, 2012, § 52 Rn. 9 ff., 12; Schoch BVwR/Schoch 1. Kap. Rn. 90; Kingreen/Poscher, POR, § 2 Rn. 33 ff.; Kniesel/Braun/Keller, Besonderes Polizei- und Ordnungsrecht, 2018, Rn. 19; Kniesel, Kriminalitätsbekämpfung durch Polizeirecht, 2022, S. 175 ff.

32 So explizit auch Kugelmann BKAG § 1 Rn. 1.

33 Dazu die Nachw. in → Fn. 18.

34 Kern DVBl. 1950, 257 (260).

35 Klink in Groß/Frevel/Dams (Hrsg.), Handbuch der Polizeien Deutschlands, 2008, S. 516 (534); vgl. auch Lersch in FS-Herold, 1998, S. 35 (35): „Der damalige Gesetzesinhalt umfaßt zwei Halbseiten des Bundesgesetzblattes, hätte also gut auf eine einzige Seite gepaßt".

36 So das Fazit im Jahr 1979 von Hessel BKAG Allgemeines Anm. 4.

37 Bei Art. 87 Abs. 1 S. 2 GG handelt es sich um eine ausschließliche Gesetzgebungskompetenz des Bundes außerhalb des Katalogs des Art. 73 Abs. 1 GG, die zugleich als Verwaltungskompetenz gelesen wird, vgl. BVerfG Urt. v. 24.4.2013 – 1 BvR 1215/07 –, BVerfGE 133, 277 (320, Rn. 104).

einen bundesverfassungsrechtlichen **Koordinierungs- und Kooperationsvorbehalt** stellte.[38] Während das Grundgesetz in Art. 35 Abs. 1 und Art. 91 Abs. 1 GG Formen der horizontalen Kooperation zwischen den Ländern vorsieht, eröffnet die Kompetenz zur Einrichtung von Sonderpolizeien des Bundes nach Art. 87 Abs. 1 S. 2 GG Möglichkeiten zur vertikalen Kooperation zwischen Bund und Ländern. Im Ergebnis entsteht so ein Verbund von wechselseitig in horizontaler und vertikaler Kooperation verklammerten dezentralen und zentralen Polizeieinheiten.[39]

6 Mit dem im Zuge der **Föderalismusreform I** (2006[40]) eingefügten Art. 73 Abs. 1 Nr. 9a GG sind diese eher verwaltungstechnischen Kompetenztitel um die Möglichkeit ergänzt worden, das BKA zu einer „echten" Gefahrenabwehrbehörde mit weitreichenden präventivpolizeilichen Befugnissen auszubauen, freilich beschränkt auf die Abwehr von Gefahren des internationalen Terrorismus sowie ausschließlich in Fällen, in denen eine länderübergreifende Gefahr vorliegt, die Zuständigkeit einer Landespolizeibehörde nicht erkennbar ist oder die oberste Landesbehörde um eine Übernahme ersucht.[41] Von diesem Kompetenztitel hat der Normgeber mit dem Gesetz zur Abwehr von Gefahren des internationalen Terrorismus durch das Bundeskriminalamt vom 25.12.2008[42] Gebrauch gemacht und das BKA als Polizeibehörde des Bundes erheblich gestärkt.[43]

7 **2. Dogmatisierung und Konstitutionalisierung.** Obschon dem BKA für den Bereich der präventiven Terrorismusbekämpfung seither sämtliche Befugnisse zur Verfügung stehen, über die die Polizeien der Länder für jegliche Art der Gefahrenabwehr verfügen,[44] leidet das Rechtsgebiet des Kriminalpolizeirechts an einem **Mangel an Dogmatisierung und systematischer Durchdringung.** Ein maßgeblicher Grund dafür ist, dass die Informationserhebung mittels verdeckter Maßnahmen (vgl. §§ 45 ff. BKAG) im Zentrum der Befugnisnormen zur präventiven Terrorismusbekämpfung steht.[45] Die aufgrund der Heimlichkeit erheblich eingeschränkten Möglichkeiten, individuellen Rechtsschutz gegen die betreffende Überwachungstätigkeit des BKA zu erlangen, hatten zur Folge, dass sich dieses Rechtsgebiet in dem für das Sicherheitsrecht charakteristischen Wechselspiel[46] von Gesetzgebung, gerichtlicher Kontrolle, behördlicher Anwendungspraxis und rechtswissenschaftlicher Aufarbeitung nur in sehr überschaubarem Maße ausformen konnte.[47] Einschlägige verwaltungsgerichtliche Entscheidungen sucht man annähernd vergebens, im Schrifttum erfährt das BKAG erst allmählich die notwendige Aufmerksamkeit. So bleibt es zwangsläufig der verfassungsgerichtlichen Rechtsprechung überlassen, die erforderliche Dogmatisierung nachzuholen, was – funktionsbedingt – zugleich eine Konstitutionalisierung des Rechtsgebiets samt einer erschwerten legislatorischen Korrigierbarkeit und einer demokratisch legitimierten Neuausrichtung nach sich zieht.

8 Das Konzept, tiefgreifende Befugnisse für den eng umgrenzten Anwendungsbereich der Terrorismusbekämpfung zu normieren, muss sich in der Praxis noch bewähren.[48] Die verfassungsgerichtliche Prüfung hat dieses Konzept demgegenüber weitgehend überstanden. Das **Bundesverfassungsgericht** hat die präventivpolizeilichen Befugnisse des BKA in seinem **Urteil vom 20.4.2016**[49] zwar verschiedentlich verfassungsrechtlich

38 Drews/Wacke/Vogel/Martens, Gefahrenabwehrrecht, § 5, S. 64. Diese Art des Vorbehalts nimmt die Polizeihoheit der Länder der Sache nicht zurück, sondern bekräftigt sie im Gegenteil, vgl. von Mangoldt/Klein/Starck/Heintzen GG II Art. 73 Rn. 109.

39 BeckOK-Datenschutzrecht/Albers, Syst. L. Datenschutzbestimmungen der Polizei- und Nachrichtendienstgesetze des Bundes, Rn. 4 (2021); Möstl DV 41 (2008), 309 (311).

40 BGBl. I 2006 S. 2034.

41 Erste präventive Befugnisse hatte das BKA allerdings schon zuvor im Zusammenhang mit dem Schutz der Mitglieder von Verfassungsorganen erhalten, → Rn. 13.

42 BGBl. I 2008 S. 3083.

43 Von einer „fundamentale[n] Änderung des BKAG" spricht Kugelmann BKAG § 1 Rn. 4.

44 Vgl. näher Bäcker, Terrorismusabwehr durch das Bundeskriminalamt, 2009, S. 50 ff.; Piltz/Pfister RuP 45 (2009), 4 (4); Wolff DÖV 2009, 597 (599 f.); Zabel JR 2009, 453 (453); Schmidt KJ 43 (2010), 307 (312 ff.).

45 Schoch BVwR/Schoch 1. Kap. Rn. 101; Bäcker, Terrorismusabwehr durch das Bundeskriminalamt, 2009, S. 51. Die betreffenden Normen polemisch als „Geschäftsgrundlage einer Bundesgeheimpolizei" kennzeichnend Roggan Bürgerrechte & Polizei/CILIP 2/2008, 13 (13).

46 Vgl. Wolff DVBl. 2017, 1076 (1077, 1084), der den Gesetzgeber hier „in ständiger Zwiesprache mit den Verfassungsgerichten" sieht.

47 BVerfG Urt. v. 20.4.2016 – 1 BvR 966/09 ua –, BVerfGE 141, 220 (265, Rn. 94); mit identischer Schlussfolgerung für das Recht der Nachrichtendienste BVerfG Urt. v. 19.5.2020 – 1 BvR 2835/17 –, BVerfGE 154, 152 (238, Rn. 137).

48 Kugelmann, POR, 4. Kap. Rn. 30.

49 BVerfG Urt. v. 20.4.2016 – 1 BvR 966/09 ua –, BVerfGE 141, 220 (272, Rn. 112).

beanstandet, in ihrer Grundausrichtung aber für mit dem Grundgesetz vereinbar erklärt,[50] und zwar auch insoweit, als mit den zur Überprüfung gestellten Befugnisnormen ein Abrücken vom klassischen Modell des Polizeirechts mit seinen Idiomen „Gefahr" und „Störer" verbunden war. Zugleich hat sich das Gericht mit kleinteiligen Vorgaben für eine verfassungskonforme Neuregelung, die es relativ freihändig aus dem Verhältnismäßigkeitsgrundsatz deduzieren will, weit auf polizeirechtsdogmatisches Terrain vorgewagt.[51] Der Berichterstatter des BKAG-Urteils hat die Detailverliebtheit der Entscheidung im Nachgang gerade im Vergleich mit den deutlich weiterreichenden Anti-Terror-Befugnissen in Frankreich und England als eine „deutsche Besonderheit" gekennzeichnet und diese mit dem Hinweis gerechtfertigt, dass das Bundesverfassungsgericht bei heimlichen Ermittlungsmaßnahmen die einzige wirkungsvolle Kontrollinstanz sei und deshalb zwangsläufig „kleinräumige" Vorgaben machen müsse.[52] Polizeirecht und Verfassungsrecht bilden nach dieser Lesart eine Einheit und werden in der verfassungsgerichtlichen Rechtsprechung zunehmend untrennbar zu einem Polizeiverfassungsrecht[53] bzw. Sicherheitsverfassungsrecht[54] verwoben.

9 In den Prozess der **Konstitutionalisierung des Polizei- und Sicherheitsrechts**[55] ist spätestens mit dem Urteil vom 20.4.2016 auch das BKAG geraten, das sich in Zukunft an den verfassungsgerichtlichen Maßgaben messen lassen muss. Der **Entscheidungs- und Gestaltungsspielraum des demokratisch legitimierten Bundesgesetzgebers** für das Kriminalpolizeirecht wird hierdurch deutlich **eingeengt**.[56] Vielmehr ist die Sicherheitsgesetzgebung angesichts der detailgenauen verfassungsgerichtlichen Vorgaben rechtlich gut beraten, diese entweder als Textbausteine oder gar eins-zu-eins zu übernehmen, will sie nicht sehenden Auges eine neuer-

50 Zur ambivalenten Bewertung der Entscheidung vgl. auszugsweise etwa Graulich KriPoZ 2016, 75 (76): „Die Verfassungsmäßigkeit seines Ansatzes wird [dem Gesetzgeber] ausdrücklich bescheinigt: Die Ermächtigung des BKA zum Einsatz von heimlichen Überwachungsmaßnahmen [...] ist zur Abwehr von Gefahren des internationalen Terrorismus im Grundsatz mit den Grundrechten des Grundgesetzes vereinbar"; Buchholtz NVwZ 2016, 906 (908): „Obwohl der Gesetzgeber wegen seiner handwerklichen Mängel eine gehörige Ohrfeige einstecken muss, sind die Karlsruher Richter mit dem eingeschlagenen Sicherheitskurs grundsätzlich einverstanden"; Rusteberg KritV 100 (2017), 24 (24): „Die BKA-Entscheidung gab dem Ersten Senat Gelegenheit, seine bisherige Rechtsprechung im Sicherheitsrecht zusammenzufassen, zu konsolidieren und weiterzuentwickeln. [...] Sie zeichnet den Weg zu einer allgemeinen Dogmatik des Sicherheitsrechts"; Möllers in van Ooyen/Möllers (Hrsg.), „Der Staat ist von Verfassungs wegen nicht gehindert..." – National-liberaler Etatismus im Staatsverständnis des Bundesverfassungsgerichts, 2021, S. 153 (163): „Das Urteil legt jedenfalls endgültig fest, dass die Sicherheit von Staat und Bevölkerung mit anderen hochwertigen Verfassungsgütern im gleichen Rang stehen. Im Ergebnis ist aber wieder ein Stück Freiheit aus *etatistischen* Gründen auf der Grundlage vermeintlich zeitlos-allgemeingültiger Maßstabsbildung auf der Strecke geblieben und das Trennungsgebot zwischen Polizei und Nachrichtendiensten ist weiter aufgeweicht. Ob aber tatsächlich mehr Sicherheit erreicht worden ist, muss sich in der Zukunft erst noch erweisen" (Hervorhebung im Original); Spiecker gen. Döhmann, Bundesverfassungsgericht kippt BKA-Gesetz: Ein Pyrrhus-Sieg der Freiheitsrechte?, VerfBlog, 2016/4/21: „Im Ergebnis handelt es sich um eine weitere ‚Ja-aber'-Entscheidung des Verfassungsgerichts im Bereich der Sicherheitsgesetzgebung: [...] Datenschutz, Privatsphäre und Freiheit haben konkret gewonnen, aber generell verloren"; Durner DVBl. 2016, 780 (784): „[D]er gerichtliche Trend zur Anordnung immer speziellerer Normen und immer umfassenderer Richtervorbehalte hält ungebrochen an. In dem Maße, in dem sich das BVerfG im Bereich der Privatsphäre letztlich zu einem Ersatz- oder jedenfalls Ergänzungsgesetzgeber aufschwingt, wird es sich aber zunehmend auch der Frage nach der Effektivität seiner eigenen Maßstabsetzungen stellen müssen". Mit Kritik und Gegenkritik am BKAG-Urteil befasst sich eigens Beaucamp DVBl. 2017, 534 (538 ff.).

51 So zuvor bereits Möstl DVBl. 2010, 808 (816); konkret mit Blick auf das BKAG-Urteil Wiemers NVwZ 2016, 839 (840): „Polizeischule Karlsruhe". Vgl. auch die Kritik im Sondervotum Eichberger, BVerfG Urt. v. 20.4.2016 – 1 BvR 966/09 ua –, BVerfGE 141, 220 (354, Rn. 2 f.): „Vorgaben dieser Strenge und Detailgenauigkeit an den Gesetzgeber ließen und lassen sich nach meiner Überzeugung der Verfassung [...] nicht entnehmen [...]. Die vom Senat aufgestellten Grundsätze sind fast ausschließlich auf der Stufe der Verhältnismäßigkeitsprüfung im engeren Sinne vorgenommene Ableitungen aus der Abwägung zwischen den Belastungen eingriffsintensiver Maßnahmen für die Grundrechte der Betroffenen einerseits und den Schutzpflichten des Staates bei der Abwehr terroristischer Gefahren andererseits. Dabei berücksichtigt der Senat nicht ausreichend, dass dem Gesetzgeber auch auf dieser Stufe der Verhältnismäßigkeitsprüfung eine Einschätzungsprärogative in Bezug auf die tatsächliche Beurteilung einer Gefahrenlage und ihre prognostische Entwicklung zukommt. Auch hat der Gesetzgeber einen ersten Zugriff bei der Gewichtung des mit dem Gesetz verfolgten Regelungsziels. Zwar unterliegt die vom Gesetzgeber vorgenommene Abwägung auf der Ebene der Verhältnismäßigkeitsprüfung im engeren Sinne einer grundsätzlich strengen Kontrolle durch das BVerfG, ohne jedoch die Kontrollperspektive im Hinblick auf tatsächliche Einschätzungsprärogative und den Wertungsspielraum bei der Gewichtung des legitimen Ziels zu verlassen".

52 Vgl. die Stellungnahme des Berichterstatters Johannes Masing auf dem 68. Deutschen Anwaltstag, zitiert nach Rath AnwBl. 2017, 761 (761).

53 Kutscha NVwZ 2005, 1231 ff., im Anschluss an Lisken ZRP 1998, 270 ff.; vgl. zuvor schon ders. ZRP 1990, 15 ff.; von einem „unlösbare[n] Zusammenhang von Verfassungsrecht und Polizeiverständnis" spricht auch Gusy, POR, Rn. 3.

54 Tanneberger, Die Sicherheitsverfassung, 2014; Poscher in Daase/Engert/Kolliarakis (Hrsg.), Politik und Unsicherheit, 2014, S. 165 ff.; HdbVerfR/Bäcker § 28 Rn. 1 ff.; ders. in Scherzberg/Can/Doğan (Hrsg.), Der Rechtsstaat in Zeiten von Notstand und Terrorabwehr, 2019, S. 117 (119 ff.); Schenke in FS-Wolter, 2. Aufl. 2019, S. 1077 (1093, 1094); Gärditz EuGRZ 2018, 6 ff.; Kniesel Die Polizei 2018, 265 (274).

55 Zu der Frage einer verfassungsrichterlichen Überkonstitutionalisierung HdbVerfR/Bäcker § 28 Rn. 184 ff.; ders. in Scherzberg/Can/Doğan (Hrsg.), Der Rechtsstaat in Zeiten von Notstand und Terrorabwehr, 2019, S. 117 (149 ff.).

56 Dazu Ehlers/Fehling/Pünder BVwR III/Pünder § 69 Rn. 17 f. sowie die Kritik im Sondervotum Schluckebier, BVerfG Urt. v. 20.4.2016 – 1 BvR 966/09 ua –, BVerfGE 141, 220 (363, Rn. 2): „Der Senat setzt mit zahlreichen gesetzgebungstechnischen Detailanforderungen letztlich seine konkretisierenden eigenen Vorstellungen von dem Regelwerk in meines Erachtens zu weitgehender Weise an die Stelle derjenigen des demokratisch legitimierten Gesetzgebers, der sich für seine Konzeption politisch zu verantworten hat und diese gegebenenfalls auch leicht korrigieren kann".

liche verfassungsgerichtliche Kassation riskieren.[57] Das Gesetz zur Neustrukturierung des Bundeskriminalamtes vom 1.6.2017,[58] das am 25.5.2018 in Kraft getreten ist, lehnt sich insofern eng an die Vorgaben des Bundesverfassungsgerichts an und zeichnet diese nach.[59] Dies zeigt sich paradigmatisch am Konzept der „hypothetischen Datenneuerhebung" nach § 12 Abs. 2–5 BKAG und wurde im Gesetzgebungsverfahren – nicht zu Unrecht – als „Bundesverfassungsgerichtsschematismus" kritisiert.[60] Das Gleiche gilt für die jüngste Gesetzesänderung, die die „Anpassung der Regelungen über die Bestandsdatenauskunft an die Vorgaben aus der Entscheidung des Bundesverfassungsgerichts vom 27.5.2020"[61] bereits im Titel trägt. In diesen Fällen hängt die Tragfähigkeit des legistischen Konzepts somit davon ab, dass die Linien der verfassungsgerichtlichen Rechtsprechung konstant bleiben.

II. Das BKA als multifunktionale Sonderpolizeibehörde

1. Organisationsstruktur und Aufgabenbereiche. Als von Verfassungs wegen bereichsspezifisch begrenzte 10
„Sonderpolizei des Bundes"[62] bzw. „Vollzugspolizei des Bundes im engeren Sinne"[63] tritt das BKA neben die Bundespolizei, das Zollkriminalamt sowie die Polizei beim Deutschen Bundestag.[64] Ohne dass dies normtextlich an irgendeiner Stelle explizit gemacht würde,[65] konstruiert der Gesetzgeber das BKA dabei als **Bundesoberbehörde** (vgl. Art. 87 Abs. 3 S. 1 GG) ohne eigenen Verwaltungsunterbau im Geschäftsbereich des Bundesministeriums des Innern (BMI).[66] Dem BMI obliegen danach sowohl die Rechts- als auch die Fachaufsicht über das BKA.[67] Organisations- und kompetenzrechtlich ist das BKA zugleich **Zentralstelle** iSd Art. 87 Abs. 1 S. 2 GG (vgl. § 2 BKAG) sowie das in Art. 73 Abs. 1 Nr. 9a und Nr. 10 Hs. 2 GG vorgesehene **„Bundeskriminalpolizeiamt"**.[68]

An der Spitze des auf die Standorte Wiesbaden, Meckenheim und Berlin verteilten BKA steht der Präsident, 11
der zusammen mit den Vizepräsidenten die Amtsleitung bildet. Auf Ebene der Amtsleitung angesiedelt ist der Leitungsstab, der aus fünf referatsähnlichen Organisationseinheiten besteht. Ebenfalls auf Leitungsebene rangieren die Gleichstellungsbeauftragte, der Datenschutzbeauftragte, der Betriebsärztliche- und Sicherheitstechnische Dienst sowie das Programm Polizei 2020, welchem der Programmstab untergeordnet ist.[69] Der Leitungsebene nachgeordnet sind insgesamt **11 Fachabteilungen**: Polizeilicher Staatsschutz (ST), Islamistisch motivierter Terrorismus/Extremismus (TE), Schwere und Organisierte Kriminalität (SO), Cybercrime (CC), Sicherungsgruppe (SG), Zentraler Informations- und Fahndungsdienst (ZI), Operative Einsatz- und Ermittlungsunterstützung (OE), Internationale Koordinierung, Bildungs-/Forschungszentrum (IZ), Kri-

57 Von einer „copy and paste-Kultur" spricht Löffelmann BayVBl. 2018, 145 (155); s. auch ders. JR 2018, 60 (63): „Als Reaktion auf echte, vermeintliche und vorgebliche Sicherheitslücken und in Anbetracht der Gefahr eines nicht mehr akzeptablen Verlustes von Freiheitsrechten sucht der Gesetzgeber – nicht selten in Ermangelung eigenen gestalterischen Vermögens angelehnt an Gedanken und Formulierungen des BVerfG, die er in den Rang von Gesetzen erhebt – sein Heil in immer neuen, immer ausdifferenzierteren Spezialregelungen"; der Kritik iE folgend Wehr Jura 2019, 940 (949); s. auch Darnstädt DVBl. 2017, 88 (89): „vom Gesetzgeber des BKA-Gesetzes teilweise wörtlich übernommen"; Aden/Fährmann ZRP 2019, 175 (176 f.): „Patchwork-Gesetzgebung"; vgl. im Vorfeld der Neuregelung auch Wittmann AnwBl. 2016, 497 (497), die betont, dass das BVerfG in seinem BKAG-Urteil lediglich die „äußersten Grenzen" des gesetzgeberischen Handelns aufgezeigt habe und „nicht als Handlungsanweisung für erforderliche Neuregelungen verstanden werden" dürfe; daran anschließend auch Albrecht jurisPR-ITR 16/2016 Anm. 2: „Der Gesetzgeber ist vielmehr berufen, sorgsam abzuwägen, ob die Gewährleistung der Sicherheit wirklich der geforderten freiheitsbeschränkenden Maßnahmen bedarf. Eine alternative Sicherheitspolitik ist in Erwägung zu ziehen".

58 BGBl. I 2017 S. 1354.

59 Vgl. auch die Einleitung der Gesetzesbegründung, BT-Drs. 18/11163, 1: „Der Gesetzentwurf dient der Umsetzung des Bundesverfassungsgerichtsurteils vom 20.4.2016 […]".

60 Gärditz, Stellungnahme im Rahmen der öffentlichen Anhörung des Innenausschusses des Deutschen Bundestages zum Entwurf eines Gesetzes zur Neustrukturierung des Bundeskriminalamtgesetzes (BT-Drs. 18/11163) v. 14.2.2017, Ausschuss-Drs. 18(4)806 F, 1.

61 BGBl. I 2021 S. 448. Bezogen auf BVerfG Beschl. v. 27.5.2020 – 1 BvR 1873/13 ua –, BVerfGE 155, 119.

62 Schenke/Graulich/Ruthig/K. Graulich BKAG § 1 Rn. 2; Gemmerich, Die Sonderpolizeien des Bundes, 2019, S. 131 ff., im Anschluss an die Begriffsbildung in BVerfG Beschl. v. 28.1.1998 – 2 BvF 3/92 –, BVerfGE 97, 198 (218).

63 Drews/Wacke/Vogel/Martens, Gefahrenabwehrrecht, § 5, S. 63.

64 Vgl. jeweils überblicksweise HdbSicherheitsR/Thiel § 7 Rn. 11 ff.; Mann in Kugelmann (Hrsg.), Polizei und Menschenrechte, 2019, S. 91 (91); Ebert LKV 2018, 399 (400).

65 Anders etwa § 1 Abs. 1 BPolG; § 1 Abs. 1 S. 1 BNDG; § 2 Abs. 1 S. 2 BVerfSchG.

66 Schenke/Graulich/Ruthig/K. Graulich BKAG § 1 Rn. 2; Lisken/Denninger/Rachor/Roggan, HdbPolR, C Rn. 80; Ehlers/Fehling/Pünder BVwR III/Pünder § 69 Rn. 45.

67 Knapp Cremer in HStR XII, 3. Aufl. 2014, § 278 Rn. 18. Näher Schenke/Graulich/Ruthig/K. Graulich BKAG § 1 Rn. 5a; Tellenbröker/Ebeling DVBl. 2012, 1545 ff.

68 Statt aller Gade/Kieler, Polizei und Föderalismus, 2008, S. 44. Dass das BKA einfach-rechtlich überwiegend als „Bundeskriminalamt", verfassungstextlich ausschließlich als „Bundeskriminalpolizeiamt" (vgl. Art. 73 Abs. 1 Nr. 9a und Nr. 10 Hs. 2 GG) adressiert wird, ist eine rechtsbegriffliche Kuriosität, die ohne weitere normative Bedeutung ist. Das BKA wird von seinen Aufgaben und Befugnissen her bestimmt und muss sich mit diesen in den grundgesetzlich vorgegebenen Grenzen halten, nicht von seiner wenig glücklichen uneinheitlich Bezeichnung; wie hier Dreier/Hermes GG III Art. 87 Rn. 50; tendenziell anders Dürig/Herzog/Scholz/Ibler GG Art. 87 (2012) Rn. 128.

69 Vgl. hierzu das Organigramm des BKA, Stand: 1.2.2022, abrufbar unter www.bka.de.

minaltechnisches Institut (KT), Informationstechnik (IT), Zentrale Verwaltung (ZV). Die Abteilungen Polizeilicher Staatsschutz (ST), Islamistisch motivierter Terrorismus/Extremismus (TE) und Schwere und Organisierte Kriminalität (SO) nehmen dabei in ihrem jeweiligen Fachbereich die präventiven oder repressiven Befugnisse sowie die Zentralstellenfunktion des BKA wahr. Im Jahr 2022 beschäftigte das BKA insgesamt 8.139 Mitarbeiter, davon rund die Hälfte als Kriminalbeamte. Im Vergleich mit dem Jahr 2000 (4.529) hat das BKA einen **Personalzuwachs** von 44,4 Prozent erfahren; im Verhältnis zum Jahr 1970 (1.211) hat sich das Personal sogar annähernd versiebenfacht.[70] Darin spiegelt sich der erhebliche **Aufgabenzuwachs** der Behörde wider (→ Rn. 13), was auch bei einem Blick auf das **Haushaltsvolumen** des BKA deutlich wird: Beliefen sich die Gesamtausgaben der Behörde im Jahr 2000 noch auf 298,1 Mio. Euro, betrugen sie im Jahr 2021 791,6 Mio. Euro. Im Vergleich mit dem Jahr 1970 (19,9 Mio. Euro) hat sich das Haushaltsvolumen damit annähernd vervierzigfacht.[71]

12 Die Einrichtung einer zentralen Polizeibehörde folgt der Logik, dass ein föderalistisch strukturiertes Polizeimodell ohne Kooperation und Koordination nicht funktionsfähig ist. Diese Erkenntnis reicht historisch wenigstens bis in die Zeit der Weimarer Republik zurück.[72] Sowohl hinsichtlich der Behördenorganisation als auch mit Blick auf die Aufgabenzuweisung steht das BKAG in der Tradition des zwar verkündeten, wenngleich nie in Kraft getretenen **Reichskriminalpolizeigesetzes (RKPG)** vom 21.7.1922.[73] Etwas anderes gilt hingegen mit Blick auf die im RKPG vorgesehenen, sehr weitreichenden Befugnisse der Reichskriminalpolizei.[74] Das BKA selbst kann sich vor allem auf institutionelle Kontinuitätslinien zum **Kriminalpolizeiamt für die britische Zone (KPABrZ)**[75] berufen, das nach dem Selbstverständnis seiner Bediensteten seinerseits jedoch in der Tradition des Reichskriminalpolizeiamtes (RKPA, → Rn. 34) stand.[76] Die Einsicht in die Notwendigkeit länderübergreifender Strukturen gilt nicht zuletzt in Ansehung grenzüberschreitender Gefährdungen. Man kann das BKA insofern als eine „im föderalen System unverzichtbare Kommunikations- und Koordinationsinstitution“[77] betrachten. Noch erkennbar inspiriert von Tätertypenlehre und NS-Gewohnheitsverbrechergesetz,[78] brachte dies bereits § 1 S. 2 des BKAG in der Fassung vom 8.3.1951 deutlich zum Ausdruck, der die Aufgabe des BKA wie folgt normierte: „Seine Aufgabe ist die Bekämpfung des gemeinen Verbrechers, soweit er sich über das Gebiet eines Landes hinaus betätigt oder voraussichtlich betätigen wird“.[79] In der Gesetzesbegründung hierzu hieß es ergänzend: „Die Betätigung des nicht auf bestimmte Landesgebiete beschränkten Verbrechertums und die Begehung von Straftaten, die ihrer Natur nach überlokalen Charakter tragen, verlangen eine einheitliche, durch Bezirksgrenzen nicht gebundene kriminalpolizeiliche Bekämpfung“.[80]

13 Stand historisch die Funktion als Zentralstelle in einem dezentral strukturierten Polizeisystem und als „Bindeglied zwischen [...] souveränen Landeskriminalämtern“[81] ganz im Vordergrund, führten die zunehmende

70 S. hierzu https://www.bka.de/DE/DasBKA/FaktenZahlen/faktenzahlen_node.html#doc20668bodyText2. Kritische Analyse der Personalentwicklung des BKA bei Möllers/van Ooyen APuZ 48/2008, 26 (30).

71 S. hierzu https://www.bka.de/DE/DasBKA/FaktenZahlen/faktenzahlen_node.html#doc20668bodyText2.

72 Im Einzelnen Abbühl, Der Aufgabenwandel des Bundeskriminalamtes, 2010, S. 30 ff.; s. auch Riegel Bundespolizeirecht/BKAG Vorb. S. 1 f.; Klink in Groß/Frevel/Dams (Hrsg.), Handbuch der Polizeien Deutschlands, 2008, S. 516 (534); bisweilen wird die Traditionslinie sogar bis zu den Karlsbader Beschlüssen gezogen und die „Central-Untersuchungs-Commission“ nach dem Beschluß betreffend die Bestellung einer Centralbehörde zur nähern Untersuchung der in mehreren Bundesstaaten entdeckten revolutionären Umtriebe („Bundes-Untersuchungsgesetz“) vom 20.9.1819 als Frühform einer länderübergreifenden polizeilichen Zentralstelle betrachtet, vgl. Ahlf, Das BKA als Zentralstelle, 1985, S. 135 ff.; Baldus, Transnationales Polizeirecht, 2001, S. 32; Kern DVBl. 1950, 257 (258, 260).

73 RGBl. 1922 I S. 593 (formal aufgehoben durch § 10 BKAG 1951). Zu seiner Vorbildwirkung vgl. nur §§ 1 f. RKPG:
§ 1. Zur Bekämpfung des Verbrechertums, das sein Tätigkeitsfeld nicht auf bestimmte Orte oder Landesgebiete beschränkt, wird ein Reichskriminalpolizeiamt errichtet. Es hat seinen Sitz in Berlin und wird dem Reichsminister des Innern unterstellt.
§ 2. Die Landesregierungen errichten Landeskriminalpolizeiämter; diese unterstehen den Landesregierungen. Mehrere Länder können ein gemeinsames Landeskriminalpolizeiamt errichten. Als Vollzugsorgane werden von den Landesregierungen Landeskriminalpolizeistellen eingerichtet.

74 Vgl. auch Hessel BKAG S. 7 (BKAG-Geschichte), der betont, dass das RKPG als direkter Vorläufer des BKAG „bestenfalls als Formulierungshilfe“ gedient haben mag, während es „als gedankliche Orientierungshilfe [...] den Politikern der jungen Bundesrepublik eher suspekt erschienen sein“ werde.

75 Vgl. § 1 Abs. 1 der Verordnung zur Überführung des Kriminalpolizeiamtes für die britische Zone in Hamburg v. 31.10.1951 (BGBl. I S. 888): „Das Kriminalpolizeiamt für die britische Zone in Hamburg (Kriminalpolizeiamt) wird in die Verwaltung des Bundes überführt. Es wird in das Bundeskriminalamt eingegliedert und behält als dessen Außenstelle vorläufig seinen Sitz in Hamburg“.

76 Insgesamt 48 ehemalige Angehörige des RKPA bildeten den personellen Grundstock des KPABrZ, vgl. Voßschmidt Kriminalistik 2012, 378 (379), mwN.

77 Groß/Frevel/Dams in dies. (Hrsg.), Handbuch der Polizeien Deutschlands, 2008, S. 11 (37).

78 Gesetz gegen gefährliche Gewohnheitsverbrecher und über Maßregeln der Sicherung und Besserung v. 24.11.1933 (RGBl. I S. 995). Zum Fortwirken der kriminalpolitischen NS-Grundidee in der Frühphase des BKA vgl. Jaschke, in Bundeskriminalamt (Hrsg.), Das Bundeskriminalamt stellt sich seiner Geschichte, 2008, S. 46, 51; zu personellen Kontinuitäten Baumann/Reinke/Stephan/Wagner, Schatten der Vergangenheit, 2011, S. 87 ff. et passim.

79 BGBl. I 1951 S. 165.

80 BT-Drs. I/1273, 5.

81 Hessel BKAG S. 8 (BKAG-Geschichte).

europäische und internationale Kooperation und der rasante Bedeutungszuwachs technischer Methoden sowie der Sammlung und Verarbeitung von Informationen in der Polizeiarbeit bald zu einer **Änderung des Rollenverständnisses** und einer deutlichen **Ausweitung der Aufgaben des BKA.**[82] Die Geschichte des BKA lässt sich in der Rückschau insgesamt als die „Geschichte [...] eines kontinuierlichen Ausbaus“[83] der Behörde und ihrer Kompetenzen erzählen. Seit seiner Gründung im Jahr 1951 wurden dem BKA im Konsens zwischen Bund und Ländern – unter Billigung des Bundesverfassungsgerichts – immer mehr Aufgaben überantwortet, die in zunehmendem Maße die Wahrnehmung repressiver wie präventiver Ermittlungs- und Eingriffsbefugnisse beinhalteten.[84] Im Zuge dessen wurde das Amt schrittweise „von einer reinen polizeilichen Zentralstelle zu einer der wichtigsten kriminalpolizeilichen Behörden im System der Inneren Sicherheit der Bundesrepublik aufgewertet“.[85] War das BKA ursprünglich noch als eine reine „Serviceeinrichtung“[86] mit einem exklusiven sonderpolizeilichen Auftrag zur Koordinierung der deutschen Polizeien sowie als bloßer „Briefkasten“[87] für den internationalen Dienstverkehr der Länder mit dem Ausland konzipiert, wurde es ab 1972 zunächst zur polizeilichen Zentralstelle für den elektronischen Datenverbund zwischen Bund und Ländern erweitert und anschließend durch die BKAG-Novelle vom 28.6.1973[88] sowohl mit der kriminaltechnischen Forschung und Entwicklung als auch mit einer Reihe originärer Ermittlungskompetenzen und Auftragszuständigkeiten für die Strafverfolgung betraut.[89] Um eine wirksamere Verbrechensbekämpfung zu ermöglichen, könnten sich die Aufgaben des BKA nicht länger „auf bloße Hilfsfunktionen für die polizeiliche Arbeit beschränken“.[90] Zeitgleich kamen erste präventivpolizeiliche Befugnisse hinzu, mit denen die Maßnahmen zum Schutz von Verfassungsorganen, die die Sicherungsgruppe des BKA seit Gründung der Behörde vorgenommen hatte, nachträglich auf eine rechtliche Grundlage gestellt wurden.[91] Ein weiterer Entwicklungsschritt wurde mit dem Gesetz über das Bundeskriminalamt und die Zusammenarbeit des Bundes und der Länder in kriminalpolizeilichen Angelegenheiten vom 7.7.1997[92] gegangen, mit dem der Gesetzgeber nach einem langwierigen, mehr als zwölfjährigen Gesetzgebungsverfahren auf das Volkszählungsurteil des Bundesverfassungsgerichts aus dem Jahr 1983 reagierte.[93] Nach dem verfassungsrichterlichen Judikat konnten wesentliche Teile der Zentralstellenfunktion des BKA im Bereich Datenerhebung, -verarbeitung und -übermittlung, die bislang auf eine bloße Aufgabenzuweisung gestützt wurden, nicht mehr als Grundrechtseingriff minderen Gewichts durchgehen.[94] Erklärtes Ziel der Gesetzesänderung war es demgemäß, „klare, bereichsspezifische Rechtsgrundlagen für die polizeiliche Informationsverarbeitung zu schaf-

82 Kugelmann BKAG § 1 Rn. 2.

83 Aden Bürgerrechte & Polizei/CILIP 1/1999, 6 (6).

84 Kugelmann BKAG § 1 Rn. 1; näher Klink in Groß/Frevel/Dams (Hrsg.), Handbuch der Polizeien Deutschlands, 2008, S. 516 (521 ff.).

85 Lange in Grunow (Hrsg.), Politikfeldbezogene Verwaltungsanalyse, 2003, S. 225 (230).

86 Kugelmann BKAG § 1 Rn. 2. Vgl. auch Bäcker, Terrorismusabwehr durch das Bundeskriminalamt, 2009, S. 19 („informationelle und koordinierende Servicefunktion“), 20 („informationelles Servicezentrum“); Kniesel, Kriminalitätsbekämpfung durch Polizeirecht, 2022, S. 193 („Koordinierungsaufgabe in Servicefunktion“).

87 Lersch in FS-Herold, 1998, S. 35 (37). S. auch Hessel BKAG S. 5 (Einl.): „Es dürfte kaum übertrieben sein, wenn behauptet wird, daß der weit überwiegende Teil der deutschen Bevölkerung fast zwei Jahrzehnte vom Bestehen eines Bundeskriminalamts (BKA) entweder keine oder nur höchst verschwommene Vorstellungen hatte, Insider werteten das BKA lange Zeit als weitgehend passive Briefkastenbehörde mit permanenter Profilneurose“.

88 Zweites Gesetz zur Änderung des Gesetzes über die Einrichtung eines Bundeskriminalpolizeiamtes (Bundeskriminalamtes), BGBl. I 1973 S. 701.

89 Näher Schmidt-Jortzig, Ermittlungskompetenzen des BKA, 2009. Das BKAG enthielt in seiner ursprünglichen Fassung von 8.3.1951 bereits eine eigenständige, wenngleich eng begrenzte Strafverfolgungskompetenz. Nach § 4 Abs. 2 BKAG aF verfolgte das BKA eine Straftat nur auf ausdrückliches Ersuchen der zuständigen Landesbehörde oder bei einer expliziten Anordnung des Bundesministers des Innern.

90 BT-Drs. 7/178, 5. Vgl. zeitgenössisch auch Wehner Kriminalistik 1976, 197 ff., der das BKA zu dieser Zeit als „Spätentwickler“ kennzeichnet.

91 § 6 Abs. 3 S. 1 BKAG (1973) verwies hierzu auf die Eingriffsermächtigungen im Gesetz über den Bundesgrenzschutz (§§ 10–32 BGSG). Zu dieser nachholenden Verrechtlichung auch Riegel DVBl. 1982, 720 (722). Mittlerweile sind die Befugnisse zum Schutz von Mitgliedern der Verfassungsorgane in das BKAG integriert und beschränken sich auf die in §§ 63–65 BKAG geregelten Maßnahmen.

92 BGBl. I 1997 S. 1650. Ambivalente Beurteilung der Gesetzesnovelle bei Schreiber NJW 1997, 2137 ff. („überfälliges Gesetz“) und Riegel NJW 1997, 3408 (3409: „mit besonderer Vorsicht zu handhaben“). Zum ursprünglichen Gesetzesentwurf Steinke ZRP 1995, 212 ff.

93 BVerfG Urt. v. 15.12.1983 – 1 BvR 209/83 ua –, BVerfGE 65, 1. Dazu auch Lersch in FS-Herold, 1998, S. 35 (38 f., 63); Zöller, Informationssysteme und Vorfeldmaßnahmen von Polizei, Staatsanwaltschaft und Nachrichtendiensten, 2002, S. 154 f.

94 Thiel, POR, § 8 Rn. 62 f.; Darnstädt GSZ 2017, 16 (18). Deutlich auch schon Riegel Bundespolizeirecht/BKAG Vorb. S. 3: „Novellierung des BKAG unumgänglich“; Bäumler JR 1984, 361 (365): „[...] Regelungen sind vor allem für das Bundeskriminalamt (BKA) notwendig, das als Zentralstelle eine sehr umfangreiche Datenverarbeitung betreibt. Die hierfür bislang maßgeblichen Rechtsvorschriften, insbesondere der § 2 des Gesetzes über die Einrichtung eines Bundeskriminalpolizeiamtes (BKAG), werden unter dem Gesichtspunkt der Normenklarheit den Anforderungen nicht gerecht. Aus den dort geregelten Aufgaben des BKA kann man in keiner Weise klar erkennen, wessen Daten das BKA unter welchen Voraussetzungen verarbeiten darf. Für die neu zu schaffenden Vorschriften würde sich auch hier empfehlen, soviel wie möglich in speziellen, präzisen Vorschriften abschließend zu regeln und daneben eine generalklauselartige Auffangnorm zu formulieren, die andere, in der Spezialnorm nicht erfaßte und nicht erfaßbare Bereiche regelt, sofern dies zur Erfüllung der gesetzlichen Aufgaben erforderlich ist“.

fen".[95] Durch die Ergänzung entsprechender Befugnisnormen wurde der Umfang des bis zu diesem Zeitpunkt lediglich sieben Paragrafen umfassenden BKAG auf insgesamt 38 Normen erweitert und insofern mehr als verfünffacht. Die nächste Evolutionsstufe im Aufgaben- und Befugnisprofil des BKA – es ist auch von einem „Funktionswandel"[96] und einem „Paradigmenwechsel"[97] die Rede – war mit dem Gesetz zur Abwehr von Gefahren des internationalen Terrorismus durch das Bundeskriminalamt vom 25.12.2008[98] erreicht. Mit der Normierung einer Zuständigkeit für die Abwehr von Gefahren des internationalen Terrorismus nach § 4a BKAG aF (jetzt § 5 BKAG) und der Verankerung entsprechender präventivpolizeilicher Eingriffsbefugnisse in §§ 20a–20x BKAG aF (jetzt §§ 38–62 BKAG), die dem tradierten sicherheitsrechtlichen Modell von Generalklausel und Standardermächtigungen folgen, war das BKA endgültig zu einer **multifunktionalen Polizeibehörde** ausgebaut und **mit weitreichenden repressiven wie präventiven Befugnissen** ausgestattet worden, die denen der Länderpolizeien gleichkamen oder noch über diese hinausragten.[99] Ob man mit dem Schrifttum von einer „multifunktionalen Intelligence-Behörde des Bundes"[100] oder einer „Polizeibehörde eigener Art"[101] sprechen mag, ist Geschmacksfrage. Verfehlt erscheinen diese Qualifizierungen freilich nicht. Die – vorläufig – letzte Erweiterung der präventivpolizeilichen Aufgaben des BKA erfolgte durch das Gesetz über die Vereinfachung des Austausches von Informationen und Erkenntnissen zwischen den Strafverfolgungsbehörden der Mitgliedstaaten der Europäischen Union vom 21.7.2012;[102] danach erstreckt sich der Personen- und Objektschutz nicht mehr allein auf den Schutz der Mitglieder der Verfassungsorgane und deren ausländischer Gäste, sondern auch auf die Amtsleitung des BKA (§ 6 Abs. 1 Nr. 1 lit. d BKAG, näher → § 6 Rn. 35).

14 **Polizei- und sicherheitsrechtliche Aufgabennormen** haben allgemein die Funktion, zu bestimmen, zu welchen Zwecken die entsprechende Behörde handeln soll. Sie stecken auf diese Weise den Handlungsraum der Polizei- und Sicherheitsbehörden ab, begründen die sachliche Zuständigkeit der jeweiligen Polizeibehörde und legen einen normativen Rahmen für die polizeiliche Tätigkeit fest.[103] Dieser Rahmen wird dann durch Befugnisnormen ausgefüllt, welche die Polizei zu bestimmten Maßnahmen ermächtigen und die im Lichte der Aufgabennorm auszulegen sind.[104] Das im geltenden BKAG normierte Aufgabenfeld des BKA ist weit gefächert, heterogen ausgestaltet und umfasst sowohl präventive als auch repressive Tätigkeiten.[105] Mit Blick auf das Aufgabenspektrum des BKA lassen sich den §§ 2–8 BKAG – die Eingangsnorm des § 1 BKAG selbst enthält mit der Koordination der Zusammenarbeit des Bundes und der Länder in kriminalpolizeilichen Angelegenheiten allenfalls eine „allgemeine Aufgabenbeschreibung", aber keine Aufgabenzuweisung ieS[106] – insgesamt **vier Aufgabenbereiche** entnehmen, die weithin unverbunden nebeneinander rangieren.[107] Aufgrund der begrenzten polizeilichen Kompetenzen des Bundes kann die Zuständigkeitszuweisung an das BKA nicht – wie in den Polizeigesetzen der Länder üblich – durch eine Aufgabengeneralklausel geschehen; vielmehr müssen die Aufgaben einfach-gesetzlich hinreichend normenklar ausbuchstabiert und ihrerseits jeweils auf einen verfassungsgesetzlichen Kompetenztitel hinsichtlich Gesetzgebung und Vollzug zurückgeführt werden.[108] Dies hat den **charakteristischen Aufbau des BKAG** zur Folge, wonach – *cum grano salis* –

95 BT-Drs. 13/1550, 1.
96 Schmidt KJ 43 (2010), 307 (307, 308 f.).
97 So von Denkowski NK 20 (2008), 82 (82).
98 BGBl. I 2008 S. 3083.
99 Lisken/Denninger/Bäcker, HdbPolR, B Rn. 126; HdbVerfR/Bäcker § 28 Rn. 74; Gemmerich, Die Sonderpolizeien des Bundes, 2019, S. 199; K. Graulich KriPoZ 2016, 75 (75): „Zur Abwehr von Gefahren des internationalen Terrorismus hat das Bundeskriminalamt [...] eine normative Ausstattung erhalten, die typologisch derjenigen in den Länderpolizeigesetzen zumindest ebenbürtig, allerdings bereichsspezifisch beschränkt ist. [...] Diese bereichsspezifischen Standardbefugnisse enthalten erstmals für eine der Polizeien des Bundes das gesamte Arsenal an polizeilichen Handlungsermächtigungen, die – ausgehend von der Entwicklung der Länderpolizeigesetze – in den letzten vier Jahrzehnten entstanden sind". Zu dem phasenweisen Ausbau des BKA vgl. auch Götz in HStR IV, 3. Aufl. 2006, § 85 Rn. 37; Mann in Kugelmann (Hrsg.), Polizei und Menschenrechte, 2019, S. 91 (99); F. Graulich, Die Zusammenarbeit von Generalbundesanwalt und Bundeskriminalamt bei dem Vorgehen gegen den internationalen Terrorismus, 2013, S. 99 ff.
100 Abbühl, Der Aufgabenwandel des Bundeskriminalamtes, 2010, S. 353 ff. sowie im Untertitel der Studie.
101 Roggan NJW 2009, 257 (262).
102 BGBl. I 2012 S. 1566.
103 Zur Bedeutung der Aufgabenzuweisungen im Allgemeinen Kingreen/Poscher, POR, § 3 Rn. 11 f.
104 Näher Albers, Die Determination polizeilicher Tätigkeit in den Bereichen der Straftatenverhütung und der Verfolgungsvorsorge, 2001, S. 21 ff.
105 HdbSicherheitsR/Thiel § 7 Rn. 16; ders., POR, § 3 Rn. 4.
106 Der Sache nach wie hier K. Graulich KriPoZ 2017, 278 (279); aA Kingreen/Poscher, POR, § 4 Rn. 3. → Rn. 29.
107 Die Zählweise folgt Lisken/Denninger/Bäcker, HdbPolR, B Rn. 127–152; abweichend Kingreen/Poscher, POR, § 4 Rn. 3 („sechs Aufgaben"); Schenke/Graulich/Ruthig/K. Graulich BKAG § 1 Rn. 5 („acht unterscheidbare Funktionen"); F. Graulich, Die Zusammenarbeit von Generalbundesanwalt und Bundeskriminalamt bei dem Vorgehen gegen den internationalen Terrorismus, 2013, S. 105 („neun wesentliche Funktionen"); Götz/Geis, POR, § 16 Rn. 26 („drei Aufgabenbereiche"); vgl. schließlich – allerdings vor Einführung der Aufgabe zur präventiven Terrorismusabwehr – Kretschmer Jura 2006, 336 (337: „fünf Funktionen").
108 Zur Gesetzgebungskompetenz für § 1 BKAG → Rn. 32 ff. sowie jeweils bei der Kommentierung der §§ 2 ff. BKAG.

mit jeder Aufgabenbeschreibung ein Abschnitt mit Befugnisnormen korrespondiert.[109] Im Gegensatz zum BPolG und den Polizeigesetzen der Länder werden die zur Erfüllung der jeweiligen Aufgabe erforderlichen **Befugnisse** nicht einheitlich für sämtliche dem BKA obliegende Aufgabenbereiche, sondern für **jedes Aufgabengebiet gesondert geregelt** und durch die aufgabenübergreifend geltenden Bestimmungen der §§ 69 ff. BKAG lediglich partiell verklammert.[110] Dies zeigt sich eindrücklich bei einem Blick auf die Bestandsdatenauskunft, die als Befugnisnorm für die Aufgaben der Zentralstelle (§ 10 BKAG), der präventiven Terrorismusbekämpfung (§ 40 BKAG), des Schutzes von Mitgliedern der Verfassungsorgane und der Amtsleitung (§ 63a BKAG) sowie des Zeugenschutzes (§ 66a BKAG) jeweils eine separate und detaillierte Regelung erfahren hat.

15 Die Themenfelder skizzieren die Aufgaben des BKA dabei zwar im Wesentlichen, allerdings nicht abschließend.[111] Die erste – und wichtigste[112] – Aufgabe des BKA liegt in seiner Funktion als **Zentralstelle** für das polizeiliche Auskunfts- und Nachrichtenwesen und für die Kriminalpolizei im innerstaatlichen wie auch im zwischenstaatlichen Bereich (§§ 2, 3 iVm §§ 9 ff., 29 ff. BKAG). Zur Zentralstellenfunktion des BKA zählen auch die kriminaltechnische Forschung und Entwicklung einschließlich der Unterstützung der Länder auf diesen Gebieten (§ 2 Abs. 6 Nrn. 2 und 3 BKAG). Daneben nimmt das BKA die polizeilichen Aufgaben auf dem Gebiet der **Strafverfolgung** bei bestimmten, entweder international organisierten oder politisch motivierten Straftaten wahr (§ 4 iVm §§ 34 ff. BKAG). Darüber hinaus kommt dem BKA – in Wahrnehmung der ausschließlichen Bundeskompetenz nach Art. 73 Abs. 1 Nr. 9a GG[113] – die Aufgabe der **Abwehr von Gefahren des internationalen Terrorismus** in Fällen zu, in denen eine länderübergreifende Gefahr vorliegt, die Zuständigkeit einer Landespolizeibehörde nicht erkennbar ist oder die oberste Landesbehörde um eine Übernahme ersucht (§ 5 iVm §§ 38 ff. BKAG). Schließlich ist das BKA für bestimmte **Schutzaufgaben** verantwortlich, namentlich den Schutz von Mitgliedern der Verfassungsorgane des Bundes sowie ihrer Gäste (§ 6 iVm §§ 63 ff. BKAG), den Zeugenschutz (§ 7 iVm §§ 66 f. BKAG[114]) sowie den behördlichen Eigenschutz (§ 8 iVm §§ 67 f. BKAG).

16 Neben die in den §§ 2–8 BKAG genannten Hauptaufgaben treten verschiedene **untergeordnete spezialgesetzliche Aufgaben** wie die Erteilung von Unbedenklichkeitsbescheinigungen nach § 33d Abs. 2 GewO,[115] die Funktion als sog. Fluggastdatenzentralstelle nach § 1 Abs. 1 S. 1 FlugDaG,[116] die Zulassung einer Ausnahme vom Verbot, mit bestimmten Waffen umzugehen, gem. § 40 Abs. 4 WaffG, die Feststellung der Anwendbarkeit des WaffG in Zweifelsfällen nach § 2 Abs. 5 iVm § 48 Abs. 3 WaffG[117] oder die Meldung bekanntgewordener Sicherstellungen von Betäubungsmitteln gegenüber dem Bundesinstitut für Arzneimittel und Medizinprodukte nach § 27 Abs. 1 BtMG.[118]

17 **2. Vernetzung und Vernachrichtendienstlichung.** Wendet man den Blick von der Mikroperspektive der Einzelaufgaben des BKA auf eine Makroebene, so lässt sich die Aufgabe des Amts – wie es sowohl im Gesetzestitel als auch in § 1 Abs. 1 BKAG heißt – mit der Gewährleistung der **„Zusammenarbeit des Bundes und der Länder in kriminalpolizeilichen Angelegenheiten“** beschreiben. Kooperation und Koordination stehen im Zentrum des gesetzlichen Auftrags des BKA, namentlich seiner Funktion als Zentralstelle. Weil die föderale Ordnung des Polizei- und Sicherheitsrechts Grenzen setzt, die durch entgrenzende Gefahren- und Bedrohungslagen wie Terrorismus, Organisierte Kriminalität und Cyberangriffe herausgefordert werden (→ Rn. 3), kommt dem BKA die Aufgabe zu, die Polizeiarbeit in diesen Phänomenbereichen zu koordinieren, zu standardisieren, zu harmonisieren – oder kurz – zu „vernetzen“. Vernetzung ist ein Kernelement und wesentliches Kennzeichen einer modernen Sicherheitsarchitektur. Vernetzung im Bereich des Polizei-

109 Eine **Ausnahme** bildet in diesem Zusammenhang die **internationale Zusammenarbeit** nach § 3 BKAG, mit der kein eigenständiger Befugnisabschnitt mehr einhergeht. Während die erforderlichen Befugnisnormen vor der BKAG-Reform 2017 noch in einem eigenständigen Abschnitt gebündelt waren (**§§ 14–15a BKAG aF**), finden sie sich nunmehr integriert in die übrigen Abschnitte, insbesondere in den §§ 26 ff. BKAG (→ § 3 Rn. 1; vgl. für die Zentralstellenfunktion etwa § 29 Abs. 2 S. 2 und § 33 BKAG).

110 Zaremba, Die Entwicklung polizeirelevanter datenschutzrechtlicher Bestimmungen, 2014, S. 361.

111 Vgl. auch K. Graulich KriPoZ 2017, 278 (279).

112 Lisken/Denninger/Bäcker, HdbPolR, B Rn. 127; HdbVerfR/Bäcker § 28 Rn. 76; Riegel NJW 1983, 656 (656).

113 Eingehend Tams DÖV 2007, 367 ff.; Uhle DÖV 2010, 989 ff.

114 Ergänzend hinzu tritt hier noch das Gesetz zur Harmonisierung des Schutzes gefährdeter Zeugen (Zeugenschutz-Harmonisierungsgesetz – ZSHG) v. 11.12.2001 (BGBl. I S. 3510). Zum ZSHG näher Soiné/Engelke NJW 2002, 470 ff.; → § 7 Rn. 5 f., 18 ff.

115 S. dazu VG Wiesbaden Urt. v. 10.12.2007 – 5 E 1417/05 –, BeckRS 2008, 36684.

116 Dazu zuletzt VG Wiesbaden Urt. v. 6.12.2022 – 6 K 805/19.WI –, BeckRS 2022, 38323, Rn. 39 ff.

117 Dazu wiederum VG Wiesbaden Urt. v. 15.6.2015 – 6 K 650/14 –, NVwZ-RR 2015, 892 ff.; Urt. v. 11.7.2016 – 6 K 102/15 –, BeckRS 2016, 110813; Urt. v. 19.1.2022 – 6 K 1004/21.WI –, BeckRS 2022, 5197; aus der Literatur näher Heller/Soschinka NVwZ 2007, 1386 ff., die betonen, dass den Feststellungsbescheiden des BKA kein Rechtsnormcharakter zukommen kann.

118 Zu den spezialgesetzlich zugewiesenen Aufgaben bereits Riegel DVBl. 1982, 720 (726 f.).

und Sicherheitsrechts meint in erster Linie **informationelle Vernetzung.**[119] Bei dieser kommt dem **BKA** eine **Schlüsselstellung** zu. So vollzieht sich die Vernetzung im innerstaatlichen Rahmen primär über Übermittlungs- und Empfangsvorschriften (vgl. § 9 Abs. 4–6, §§ 25–28 BKAG), über das Informationssystem des BKA und den polizeilichen Informationsverbund (vgl. § 13, §§ 29–33 BKAG) sowie über Gemeinsame Dateien von Polizeien und Nachrichtendiensten, bei denen es sich entweder um projektbezogene Dateien (vgl. § 17 BKAG) oder um ständige Verbunddateien (Antiterrordatei, Rechtsextremismus-Datei) handelt (→ § 2 Rn. 26 ff.). Daneben lässt das BKAG auch eine – begrenzte – **Vernetzung im europäischen und internationalen Rahmen** zu (vgl. §§ 3, 26 f. BKAG).

18 Neben diesen im BKAG angelegten Formaten der Vernetzung erfolgt die Vernetzung in der Praxis über eher **informelle Formen und opake Foren des Informationsaustausches,** an denen das BKA ebenfalls maßgeblich koordinierend beteiligt ist. Dabei wird das Amt allerdings weder in seiner Zentralstellenfunktion noch in Wahrnehmung einer sonstigen, in §§ 2–8 BKAG normierten Aufgabe tätig.[120] Bei den angesprochenen Foren des Informationsaustausches handelt es sich nicht um eigenständige Behörden, sondern um Kooperationsplattformen (**„Netzwerke“**[121]), in denen der Austausch von Informationen zwischen den teilnehmenden Behörden jeweils auf Grundlage der für sie bestehenden gesetzlichen Regelungen zur Übermittlung von Informationen erfolgt.[122] Ob die gesetzlichen Übermittlungsregelungen als Rechtsgrundlage ausreichen oder es einer spezifischen Grundlage für diese **Gemeinsamen Zentren** bedarf, ist nach wie vor umstritten.[123] Die Gemeinsamen Zentren dienen insofern einer „administrativen Wissensgenerierung durch kooperative Informationsbeschaffung“.[124] Mit Blick auf das **informationelle Trennungsprinzip,**[125] nach dem ein Wissenstransfer zwischen Nachrichtendiensten und Polizeibehörden grundsätzlich nicht stattfinden darf, sind die Zentren jeweils intern in eine Polizeiliche Informations- und Analysestelle (PIAS) sowie eine Nachrichtendienstliche Informations- und Analysestelle (NIAS) aufgeteilt, die über definierte Arbeitsgruppen funktional verknüpft sind.[126] Gleichwohl befördern die Gemeinsamen Zentren – zusammen mit den Gemeinsamen Dateien – ein Zusammenrücken von Polizeien und Nachrichtendiensten und tragen zur „Verpolizeilichung der Nachrichtendienste“ ebenso bei wie zur „Vernachrichtendienstlichung der Polizei“.[127]

19 a) **Gemeinsames Terrorismusabwehrzentrum (GTAZ).** Im GTAZ, das im Jahr 2004 gegründet wurde, wirken insgesamt 40 Behörden von Bund und Ländern aus den Bereichen Polizei, Strafverfolgung und Nachrichtendienst zusammen und tauschen sich über Entwicklungen im Phänomenbereich islamistischer Terrorismus aus.[128] Das GTAZ ist in verschiedenen **Arbeitsgruppen (AG)** organisiert, mit divergierenden geschäftsführenden Zuständigkeiten der beteiligten Behörden. Das BKA ist dabei geschäftsführend für die Arbeitsgruppen „Tägliche Lagebesprechung“, „Risikomanagement“ und „Operativer Informationsaustausch“ zuständig.[129]

20 Zentrales Gremium des Informationsaustauschs im GTAZ ist die vom BKA geführte **AG „Tägliche Lagebesprechung“**, in der arbeitstäglich in etwa halbstündigen Besprechungen aktuelle Sachverhalte sowohl aus dem nationalen als auch dem internationalen Bereich erörtert werden, die bei den beteiligten Behörden an-

119 Näher BeckOK-Datenschutzrecht/Albers, Syst. L. Datenschutzbestimmungen der Polizei- und Nachrichtendienstgesetze des Bundes, Rn. 117 ff. (2021); dies. in Seckelmann (Hrsg.), Digitalisierte Verwaltung – Vernetztes E-Government, 2. Aufl. 2019, 23. Kap. Rn. 15 ff.; HdbSicherheitsR/Golla § 30 Rn. 1 ff.

120 Schenke/Graulich/Ruthig/K. Graulich BKAG § 2 Rn. 16.

121 Übereinstimmend Weisser NVwZ 2011, 142 (145); Rathgeber DVBl. 2013, 1009 (1012).

122 BT-Drs. 17/5694, 2; BT-Drs. 19/3530, 2; BT-Drs. 19/10856, 2.

123 Ablehnend für das GTAZ Weisser NVwZ 2011, 142 (145 f.); ablehnend für das NCAZ Linke DÖV 2015, 128 (139); ablehnend für GTAZ und GETZ Rathgeber DVBl. 2013, 1009 (1012 f.); Dombert/Räuker DÖV 2014, 414 (416 f.); ablehnend für sämtliche Gemeinsame Zentren Klee, Neue Instrumente der Zusammenarbeit von Polizei und Nachrichtendiensten, 2010, S. 115 f., 118 f., 123 f., 128 ff.; aA und bejahend für sämtliche Gemeinsame Zentren hingegen die Kommissionmitglieder Bäcker/Giesler/Hirsch/Wolff in Bericht der Regierungskommission zur Überprüfung der Sicherheitsgesetzgebung in Deutschland v. 28.8.2013, S. 172 ff.; wie diese Lisken/Denninger/Bergemann, HdbPolR, H Rn. 134c; Roggan ZRP 2017, 208 (210); Fremuth AöR 139 (2014), 32 (68).

124 Entlehnt bei Gärditz AöR 139 (2014), 329 (362). Mit Blick auf die Gemeinsamen Zentren auch Albers in BeckOK-Datenschutzrecht Syst. L. Rn. 114: „Generierung neuen Wissens durch […] informationelle Vernetzung“. Überblicksweise zu den Gemeinsamen Zentren auch HdbSicherheitsR/Dimroth § 31 Rn. 4 ff.

125 Ein solches in mittlerweile stRspr. aus dem Grundrecht auf informationelle Selbstbestimmung (Art. 2 Abs. 1 iVm Art. 1 Abs. 1 GG) ableitend BVerfG Urt. v. 24.4.2013 – 1 BvR 1215/07 –, BVerfGE 133, 277 (329, Rn. 123); Urt. v. 19.5.2020 – 1 BvR 2835/17 –, BVerfGE 154, 152 (267 f., Rn. 218 f.); Beschl. v. 10.11.2020 – 1 BvR 3214/15 –, BVerfGE 156, 11 (50, Rn. 101); ein solches noch explizit ablehnend Wolff DÖV 2009, 597 (601 f.); ders./Scheffczyk JA 2008, 81 (84).

126 BT-Drs. 17/11857, 2; BT-Drs. 19/10856, 2, 7.

127 Zu beiden Tendenzen HdbVerfR/Bäcker § 28 Rn. 33 ff.; zur nachrichtendienstlichen Aufklärung des internationalen Terrorismus durch das BKA s. auch Möllers/van Ooyen APuZ 48/2008, 26 (31): „Annäherung zwischen Polizei und Nachrichtendiensten“; Wolff DÖV 2009, 597 (602, 605): „Polizeibehörde mit nachrichtendienstlichem Auftrag“; Zabel JR 2009, 453 (455): „partielle […] *Aufgabenkonvergenz* zwischen BKA und Nachrichtendiensten“ (Hervorhebung im Original); Kauffmann/Lalissidou JR 2014, 507 (514): „teilweise Aufweichung des Trennungsgebots“, „Überschneidung der Sachkompetenz“.

128 BKA, BfV, BND, Bundespolizei, MAD, ZKA, BAMF, GBA, 16 LKA, 16 LfV.

129 Vgl. BT-Drs. 19/10856, 6; s. auch https://www.bka.de/DE/UnsereAufgaben/Kooperationen/GTAZ/gtaz_node.html.

gefallen sind.[130] Von wesentlicher Bedeutung für den Bereich der personenbezogenen Prävention ist zudem die **AG „Risikomanagement“** (AG RIMA), bei der es sich um eine Weiterentwicklung der Arbeitsgruppe „Gefährdungsbewertung“ handelt.[131] Die Arbeitsgruppe wurde mit dem Ziel eines maßnahmenorientierten Austauschs zu den mit dem Risikobewertungsinstrument RADAR-iTE bewerteten Personen eingerichtet. Zu den Tätigkeitsschwerpunkten der AG RIMA gehören: die Durchführung personenbezogener Fallkonferenzen auf Grundlage der RADAR-iTE-Bewertung, der maßnahmenorientierte Informationsaustausch mit den betroffenen Sicherheitsbehörden und gegebenenfalls weiterer Stellen sowie die Evaluierung der in der Fallkonferenz erörterten Maßnahmen.[132] Während die Tätigkeit der AG RIMA ausschließlich personenbezogen ist und regelmäßig nicht an einen konkretisierten, objektivierten Gefährdungssachverhalt anknüpfen kann, dient die ebenfalls vom BKA geleitete **AG „Operativer Informationsaustausch“** der Prüfung und Bewertung entsprechender Gefährdungssachverhalte. Hierdurch soll eine zuverlässige Evaluierung eines möglichen Handlungsbedarfs sowie eine beschleunigte Reaktion bei akuten Gefährdungslagen ermöglicht werden.

Die **Bewertung der Gefährdungssachverhalte** stützt sich in erster Linie auf das Sachverhalts- und Faktenwissen sowie die hiermit korrespondierenden, vorhandenen Erkenntnisse.[133] Da sich die im Phänomenbereich des islamistischen Terrorismus gefährdungsrelevanten Sachverhalte regelmäßig durch eine inhaltliche Vielschichtigkeit und unterschiedliche Detailtiefe auszeichnen, bilden die Bewertung der Glaubhaftigkeit einer Information, die Plausibilität des dargestellten Sachverhalts und die Bewertung der Herkunft einer Information wesentliche Eckpunkte der Gefährdungseinschätzung. Daneben finden polizeiliche Erfahrungswerte Eingang in die Gefährdungsbewertung. Die zu bewertenden Gefährdungssachverhalte werden, sofern erforderlich und tatsächlich möglich, mit einer **Wahrscheinlichkeitsaussage zum Schadenseintritt** versehen. Hierbei kommt das bundesweit abgestimmte Prognosemodell der **Polizeidienstvorschrift „Führung und Einsatz der Polizei“** (PDV 100 VS-NfD[134]) zum Tragen, das die Wahrscheinlichkeit eines Schadenseintritts in einem Einzelfall in einer achtstufigen Bewertungsskala einordnet. Grundlage für die Zuordnung ist das Ergebnis der Gefährdungseinschätzung.[135] Bei zeitunkritischen Sachverhalten wird die AG „Operativer Informationsaustausch“ zunehmend durch einen schriftlich erfolgenden Abstimmungsprozess ersetzt. Den jeweiligen Behörden wird hierbei ein Produkt (zB die Lagefortschreibung der Gefährdungslage islamistischer Terrorismus) zur Abstimmung schriftlich zugesandt und nach erfolgreicher Abstimmung an den vorgesehenen Verteiler versandt.[136] 21

b) **Gemeinsames Extremismus- und Terrorismusabwehrzentrum** (**GETZ**). Das im Jahr 2012 eingerichtete GETZ folgt dem Vorbild des GTAZ. Es ist aus dem Gemeinsamen Abwehrzentrum gegen Rechtsextremismus/-terrorismus (GAR[137]) hervorgegangen, dient jedoch nicht nur – hier unter dem Kürzel GETZ-R – der Bekämpfung des Rechtsterrorismus, sondern auch des Links- (GETZ-L) und Ausländerextremismus/-terrorismus (GETZ-A) sowie der Spionageabwehr (GETZ-SP) einschließlich proliferationsrelevanter Aspekte.[138] Die gegenwärtige **Amalgamierung einer Vielzahl höchst unterschiedlicher Phänomenbereiche** in diesem Gemeinsamen Zentrum überrascht.[139] Sie lässt das GETZ als eine Art Auffangbecken für alle staatsschutzrelevanten Kooperations- und Kommunikationsnotwendigkeiten jenseits des islamistischen Terrorismus erscheinen. Das Zentrum gliedert sich ebenfalls in **Arbeitsgruppen** („Phänomenbezogene Lagebesprechung“, „Operativer Informationsaustausch“, „Personenpotenzial“, „Gefährdungsbewertung“, „Fallanalyse“, „Analyse“, „Organisationsverbote“) und soll „ohne Schaffung weiterer Schnittstellen sowie 22

130 Bäcker/Giesler/Harms/Hirsch/Kaller/Wolff, Bericht der Regierungskommission zur Überprüfung der Sicherheitsgesetzgebung in Deutschland v. 28.8.2013, S. 168.
131 BT-Drs. 19/18195, 2.
132 BT-Drs. 19/10856, 4.
133 BT-Drs. 19/18195, 2.
134 Vgl. dazu Kubera/Thielmann, Handbuch zur PDV 100 VS-NfD, 2020; Baas Die Polizei 2004, 354 (357 f.).
135 BT-Drs. 19/18195, 3.
136 Zur Arbeitsweise der AG „Gefährdungsbewertung“ vgl. noch Bäcker/Giesler/Harms/Hirsch/Kaller/Wolff, Bericht der Regierungskommission zur Überprüfung der Sicherheitsgesetzgebung in Deutschland v. 28.8.2013, S. 169.
137 Das GAR war als unmittelbare Reaktion auf die rechtsterroristische Mordserie des „NSU“ am 16.12.2011 auf Initiative des Bundesministers des Innern eingerichtet worden. Ziel war es – in Anlehnung an die gewonnenen Erfahrungen mit dem GTAZ bei der Bekämpfung des islamistischen Terrorismus –, die Kooperation und Koordination der Sicherheitsbehörden von Bund und Ländern bei der Bekämpfung der Politisch motivierten Kriminalität-rechts (PMK-rechts) nachhaltig zu verbessern. Infolgedessen hatte die IMK in ihrer 196. Sitzung die Einrichtung eines Gemeinsamen Extremismus- und Terrorismusabwehrzentrums der Länder und des Bundes (GETZ) in allen Phänomenbereichen für erforderlich gehalten und beschlossen. Das vormalige GAR ging im Anschluss daran als GETZ-R im GETZ auf, vgl. zu den Hintergründen BT-Drs. 17/11857, 1 ff.; BT-Drs. 19/3530, 3.
138 Vgl. https://www.verfassungsschutz.de/DE/verfassungsschutz/auftrag/zusammenarbeit-im-in-und-ausland/getz/getz_artikel.html.
139 Kutscha NVwZ 2013, 324 (325).

unter Einhaltung des Trennungsgebotes zwischen Polizei und Nachrichtendiensten die Fachkompetenz aller relevanten Akteure" bündeln.[140]

23 c) **Gemeinsames Internetzentrum** (GIZ). Die Aufgabe des seit Januar 2007 bestehenden GIZ liegt darin, täglich und anlassunabhängig militant-islamistische Propagandaveröffentlichungen von jihadistischen Gruppierungen und Personen in Foren, Internetseiten und Sozialen Medien zu beobachten bzw. zu analysieren. Die Geschäftsführung des GIZ erfolgt durch das Bundesamt für Verfassungsschutz; ebenfalls im GIZ vertreten sind das BKA, der BND, der MAD sowie die Bundesanwaltschaft.[141] Das GIZ gliedert sich in **drei Arbeitsgruppen**: In der „AG OSINT" (Open Source Intelligence) werden offen verfügbare Inhalte gesichtet, gegebenenfalls übersetzt und an die beteiligten Behörden, das GTAZ und die Sicherheitsbehörden der Länder übermittelt. Die „AG ONI" (Offensive Nutzung des Internets) arbeitet seit 2010 ohne Beteiligung von BKA und GBA. Hier geht es um die Suche nach Personen, die als nachrichtendienstliche Quellen geeignet erscheinen und die gegebenenfalls angeworben und (via Internet) geführt werden. Ziel ist die Abstimmung der behördlichen Aktivitäten im Internet zur Vermeidung von Doppelarbeit, wobei auch die Landesämter für Verfassungsschutz einbezogen werden. Hinzu kommt eine „AG Technik" unter Beteiligung aller GIZ-Behörden (Analyse der Entwicklung des Internets in technischer Hinsicht, Beobachtung des Marktes bezüglich dort verfügbarer Tools und Erarbeitung eigener Softwarelösungen).[142]

24 Die gewonnenen Erkenntnisse bzw. relevante Themen werden durch das GIZ in **drei Berichtsformen** mit unterschiedlichen Erscheinungszyklen ausgearbeitet.[143] Die Berichte des GIZ gehen neben den am GIZ beteiligten Stellen (einschließlich des BKA) den folgenden Behörden zu: Bundeskanzleramt, Auswärtiges Amt, Bundesministerium des Innern, Bundesministerium der Justiz, Bundesministerium der Verteidigung, Bundespolizeipräsidium, Zollkriminalamt sowie den Landesämtern für Verfassungsschutz und den Landeskriminalämtern.[144]

25 d) **Nationales Cyber-Abwehrzentrum** (NCAZ). Das **BKA** ist schließlich **assoziierte Behörde** des Nationalen Cyber-Abwehrzentrums (NCAZ).[145] Das NCAZ wurde dem Vorbild des GTAZ ebenfalls strukturell nachgebildet. Es soll die in den Sicherheitsbehörden des Bundes vorhandene Expertise im Bereich Cybersicherheit bündeln und eine effektive Zusammenarbeit aller staatlichen Stellen zur Koordinierung von Schutz- und Abwehrmaßnahmen gegen IT-Vorfälle gewährleisten. Dabei hat es sich seit seiner Gründung im Jahr 2011 von einer schlichten **„Informationsdrehscheibe"**[146] zu einer **„zentralen Kooperations- und Koordinationsplattform"**[147] der IT-Sicherheitsbehörden weiterentwickelt, um den Wissenstransfer zwischen den im NCAZ vertretenen Behörden (neben dem BKA: Bundesamt für Sicherheit in der Informationstechnik, Bundesamt für Verfassungsschutz, Bundesamt für Bevölkerungsschutz und Katastrophenhilfe, Bundesnachrichtendienst, Bundespolizei, Zollkriminalamt, Bundesanstalt für Finanzdienstleistungsaufsicht) sicherzustellen.

26 Über den Informations- und Wissensaustausch sollen Risiken im Cyberraum ganzheitlich analysiert und bewertet werden. Am Ende dieses Prozesses steht eine konkrete Handlungsempfehlung, die auf den Erfahrungen und Kenntnissen der beteiligten Behörden beruht. Die Wissensgenerierung innerhalb des NCAZ äußert sich vor allem in der **„Cyber-Lage"**, einem tagesaktuellen Lagebericht zum Thema Cybersicherheit. Diesen legt das NCAZ dem Nationalen Cyber-Sicherheitsrat bzw. der Bundesregierung und den beteiligten Behörden vor.[148] Daneben fließen die Erkenntnisse in einen jährlich erscheinenden **Tätigkeitsbericht** sowie in Analysen konkreter Sachverhalte ein. Bei den Analysen des NCAZ werden sowohl nachrichtendienstliche als auch polizeiliche Informationen einbezogen.[149] „Alle beteiligten Behörden profitieren auf diesem Weg von dem gemeinsamen Wissen".[150]

140 Vgl. https://www.bka.de/DE/UnsereAufgaben/Kooperationen/GETZ/getz_node.html (zuletzt aufgerufen am 11.1.2022).
141 BT-Drs. 17/5695, 2.
142 Vgl. Fromm, Stellungnahme zur Vorbereitung der öffentlichen Anhörung im Untersuchungsausschuss am 17.5.2018, BT-Drs. 19(25)241(neu), 12.
143 Vgl. BT-Drs. 19/3530, 6: GIZlog (14-tägliche Erscheinung, 68 Ausgaben im Zeitraum 2007 bis 2018), GIZ-Spezial (anlassbezogen, 280 Berichte im Zeitraum 2007 bis 2018), GIZ-Spezial Fokus (anlassbezogen, 57 Berichte im Zeitraum 2013 bis 2018).
144 BT-Drs. 17/5695, 5.
145 Lisken/Denninger/Golla, HdbPolR, I Rn. 647, 671.
146 So noch BT-Drs. 17/5694, 3.
147 So jetzt https://www.bmvg.de/de/themen/cybersicherheit/partnerschaften-zur-cybersicherheit/nationales-cyber-abwehrzentrum.
148 BT-Drs. 17/5694, 4.
149 Zum Ganzen Herpig/Bredenbrock, Cybersicherheitspolitik in Deutschland, 2019, S. 6, mwN.
150 S. https://www.bmvg.de/de/themen/cybersicherheit/partnerschaften-zur-cybersicherheit/nationales-cyber-abwehrzentrum.

B. Kommentierung im Einzelnen

I. Überblick und Genese

Der etwas kryptisch mit „Zentrale Einrichtungen zur Zusammenarbeit in kriminalpolizeilichen Angelegenheiten" überschriebene § 1 BKAG geht in seiner bis heute geltenden Fassung auf das Gesetz über das Bundeskriminalamt und die Zusammenarbeit des Bundes und der Länder in kriminalpolizeilichen Angelegenheiten vom 7.7.1997[151] zurück. Er kann sich jedoch inhaltlich an Vorschriften anlehnen, die zum Teil seit der Ursprungsfassung von 1951, zum Teil seit der Novelle von 1973 im BKAG vorhanden und auf verschiedene Paragrafen verteilt waren. § 1 BKAG bündelt diese Bestimmungen in einer Vorschrift und enthält folgende **Grundregeln für das bundestaatliche Kriminalpolizeirecht:** 27

- die obligatorische Unterhaltung des Bundeskriminalamts zur Zusammenarbeit des Bundes und der Länder in kriminalpolizeilichen Angelegenheiten (Abs. 1[152]);
- die obligatorische Unterhaltung von Landeskriminalämtern einschließlich der Möglichkeit zur gemeinsamen Unterhaltung (Abs. 2);[153]
- die deklaratorische Klarstellung, dass die Verhütung von Straftaten und die Aufgaben der sonstigen Gefahrenabwehr vorbehaltlich anderweitiger gesetzlicher Regelung Sache der Länder bleiben (Abs. 3).[154]

II. Unterhaltung des Bundeskriminalamts (Abs. 1)

1. Funktion. Nach § 1 Abs. 1 BKAG unterhält der Bund ein Bundeskriminalamt zur Zusammenarbeit des Bundes und der Länder in kriminalpolizeilichen Angelegenheiten. Die Norm statuiert im Ausgangspunkt die **Pflicht des Bundes zur Unterhaltung** des BKA, dh zum Bereitstellen von sachlichen und personellen Mitteln sowie zur Fortentwicklung von Methoden und Verfahren zu einer sachangemessenen Aufgabenerledigung.[155] Nachdem der Bundesgesetzgeber mit Erlass des BKAG und Gründung des BKA von seiner – fakultativen – bundesverfassungsrechtlichen Errichtungskompetenz nach Art. 87 Abs. 1 S. 2 GG (→ Rn. 33 f.) Gebrauch gemacht hat, steht dem Bund die tatsächliche Unterhaltung des BKA nicht frei; vielmehr trifft ihn nach § 1 Abs. 1 BKAG eine entsprechende Rechtspflicht zur Unterhaltung. 28

Jenseits der Unterhaltungspflicht liegen Inhalt und Reichweite des § 1 Abs. 1 BKAG jedoch im Dunkeln. Dass die Norm nach Wortlaut, Telos und Systematik keine polizeiliche Generalklausel iS einer allgemeinen Befugnisermächtigung statuieren kann und will, liegt dabei noch vergleichsweise klar auf der Hand.[156] Nach der Gesetzesbegründung beschreibt § 1 Abs. 1 BKAG mit der Zusammenarbeit des Bundes und der Länder in kriminalpolizeilichen Angelegenheiten die „Hauptaufgabe des Bundeskriminalamtes in seiner Eigenschaft als ‚Bundeskriminalpolizeiamt'".[157] Damit verbunden ist jedoch nach der Vorstellung des Gesetzgebers **keine spezifische Aufgabenzuweisung**, sondern lediglich eine „allgemeine Aufgabenbeschreibung",[158] dh eine Grundlegung für den „allgemeinen Umkreis der Aufgaben des Bundeskriminalamtes",[159] die in den nachfolgenden Bestimmungen der §§ 2 ff. BKAG näher konkretisiert werde.[160] Die in Abs. 1 normierte „Zusammenarbeit des Bundes und der Länder in kriminalpolizeilichen Angelegenheiten" soll danach einen verklammernden Oberbegriff für die einzelnen Aufgabengruppen des BKA bilden. 29

Bereits im Zeitpunkt der Neufassung des § 1 BKAG im Jahr 1997 war diese Sichtweise indes überholt. Sie spiegelt vielmehr den **Rechtsstand bei Gründung des BKA** im Jahr 1951 wider.[161] Mit der Normierung eigenständiger Ermittlungskompetenzen und Auftragszuständigkeiten für die Strafverfolgung durch die BKAG-Novelle aus dem Jahr 1973 (→ Rn. 13 sowie → § 4 Rn. 4 f.) hatte sich das BKA von seiner ursprünglichen Rolle als Serviceeinrichtung zur vertikalen Kooperation zwischen Bund und Ländern emanzipiert. Gänzlich obsolet geworden ist diese Lesart, seitdem das BKA infolge des Gesetzes zur Abwehr von 30

151 BGBl. I 1997 S. 1650.
152 Entspricht inhaltlich § 1 Abs. 1 S. 1 BKAG (1973): „Der Bund errichtet ein Bundeskriminalamt zur Zusammenarbeit des Bundes und der Länder in der Kriminalpolizei".
153 Entspricht inhaltlich § 3 BKAG (1951): „(1) Zur Sicherung der Zusammenarbeit des Bundes und der Länder sind die Länder verpflichtet, für ihren Bereich zentrale Dienststellen der Kriminalpolizei (Landeskriminalämter) zu unterhalten. Diese haben dem Bundeskriminalamt die zur Erfüllung seiner Aufgaben erforderlichen Nachrichten und Unterlagen zu übermitteln. (2) Mehrere Länder können ein gemeinsames Landeskriminalamt im Sinne von Absatz 1 unterhalten".
154 Entspricht inhaltlich § 4 Abs. 1 BKAG (1973): „Die vorbeugende Verbrechensbekämpfung und die Verfolgung strafbarer Handlungen bleiben Sache der Länder, soweit gesetzlich nichts anderes bestimmt ist".
155 Ahlf/Daub/Lersch/Störzer/Ahlf BKAG § 1 Rn. 5; Erbs/Kohlhaas/Papsthart BKAG § 1 (2007) Rn. 11 f.; Hessel BKAG § 1 Anm. 1.
156 Schenke/Graulich/Ruthig/K. Graulich BKAG § 1 Rn. 1.
157 BT-Drs. 13/1550, 21.
158 BT-Drs. 13/1550, 21.
159 So zur Vorgängerregelung des § 1 S. 1 BKAG (1951) noch BT-Drs. I/1273, 6.
160 Vgl. insoweit auch noch Riegel DVBl. 1982, 720 (721 f., 723).
161 Wie hier Ahlf/Daub/Lersch/Störzer/Ahlf BKAG § 1 Rn. 2; Kugelmann BKAG § 1 Rn. 15.

Gefahren des internationalen Terrorismus durch das Bundeskriminalamt vom 25.12.2008 als Gefahrenabwehrbehörde mit weitreichenden präventivpolizeilichen Befugnisnormen fungiert (→ Rn. 13 sowie → § 5 Rn. 10 ff.).

31 Vor diesem Hintergrund kann § 1 Abs. 1 BKAG weder als Grund- noch als Auffangnorm zur Aufgabenbeschreibung des BKA dienen. Man kann der Norm eine Art **„Präambel-Funktion"**[162] beimessen, wenn man sich bewusst macht, dass sie lediglich die Motive und den Basiskonsens des historischen Gesetzgebers wiedergibt und mit der Zentralstellenfunktion die zweifellos nach wie vor bedeutsamste, aber bei Weitem nicht die einzige Aufgabe des BKA erfasst. Mit Blick auf den geltenden Rechtsstand des BKAG und die Aufgaben des BKA als multifunktionale Polizeibehörde im 21. Jahrhundert verschleiert die Norm allerdings mehr als sie erklärt. Eine **Angleichung,** die den weitgefächerten, repressive wie präventive Tätigkeiten einschließenden Aufgabenkanon des BKA erkennen lässt, erscheint vor diesem Hintergrund im Interesse der Rechtsklarheit und Normenwahrheit **überfällig.**

32 **2. Gesetzgebungskompetenz und Gesetzesbegriffe.** Aufgrund der Residualkompetenz der Länder für das Polizeirecht bestimmt die Kompetenzordnung des Grundgesetzes die Aufgaben und Befugnisse des BKA bis in die Einzelheiten.[163] Dies zeigt sich mustergültig an der Eingangsnorm des BKAG, die wörtlich eng an Art. 73 Abs. 1 Nr. 10 lit. a GG angelehnt und ausgehend vom grundgesetzlichen Kompetenztitel auszulegen ist.[164]

33 **a) „Unterhaltung des Bundeskriminalamts".** Soweit der Bund nach § 1 Abs. 1 BKAG ein Bundeskriminalamt zur Zusammenarbeit des Bundes und der Länder in kriminalpolizeilichen Angelegenheiten unterhält, verweist der Gesetzeswortlaut hier zunächst auf **Art. 73 Abs. 1 Nr. 10 lit. a GG.**[165] Der „Unterhaltung" denklogisch vorgelagert ist jedoch die **„Einrichtung" des BKA;**[166] die Gesetzgebungsbefugnis für die Einrichtung der kooperierenden Behörden von Bund und Ländern folgt indes nicht unmittelbar aus Art. 73 Abs. 1 Nr. 10 lit. a GG, sondern wird dort vielmehr als gegeben vorausgesetzt. Die Gesetzgebungskompetenz für die „Einrichtung eines Bundeskriminalpolizeiamtes" ist indes in **Art. 73 Abs. 1 Nr. 10 Hs. 2 GG** eigens verankert. Die verwaltungsmäßige Einrichtung und Unterhaltung eines Bundeskriminalamts sind dabei von Verfassungs wegen nicht zwingend vorgeschrieben; einen „Verfassungsauftrag zur Einrichtung des BKA" gibt es nicht.[167] Nach **Art. 87 Abs. 1 S. 2 GG** handelt es sich beim BKA als Zentralstelle für das polizeiliche Auskunfts- und Nachrichtenwesen und die Kriminalpolizei vielmehr um einen Gegenstand der fakultativen unmittelbaren Bundesverwaltung, der durch Bundesgesetz errichtet werden kann.[168] Dem ist der Bundesgesetzgeber mit § 1 Abs. 1 BKAG nachgekommen.

34 Mit Blick auf Art. 73 Abs. 1 Nr. 10 Hs. 2 GG und Art. 87 Abs. 1 S. 2 GG verfügt das BKA folglich über eine „doppelte verfassungsrechtliche Grundlage",[169] ohne dass sich diese beiden Titel über die ausschließliche Gesetzgebungskompetenz des Bundes sauber voneinander abgrenzen ließen. In Rechtsprechung und Schrifttum behilft man sich stattdessen mit weichen Formeln oder einer Gesamtschau der kompetenzrechtlichen Grundlagen.[170] Angesichts dieser zwar doppelten, aber im Detail ungesicherten verfassungsrechtlichen Fundierung war die Einrichtung des BKA in den 1950er Jahren in der politischen Debatte keineswegs unumstritten; Erinnerungen an das Reichssicherheitshauptamt (RSHA), in welches das im Juli 1937 geschaffene Reichskriminalpolizeiamt (RKPA) integriert worden war,[171] und die Sorge vor einer neuerlichen übermächtigen polizeilichen Zentralgewalt lösten bei einem Teil der Länder heftigen Widerstand aus.[172] Entsprechend bildete das neu geschaffene BKA-Gesetz nur den „kleinste[n] gemeinsame[n] Nenner".[173] Dem Ge-

162 Ahlf/Daub/Lersch/Störzer/Ahlf BKAG § 1 Rn. 1 f.; Erbs/Kohlhaas/Papsthart BKAG § 1 (2007) Rn. 11; solche Überlegungen für obsolet haltend Schenke/Graulich/Ruthig/K. Graulich BKAG § 1 Rn. 1.

163 Kugelmann BKAG § 1 Rn. 1.

164 Ahlf/Daub/Lersch/Störzer/Ahlf BKAG § 1 Rn. 1.

165 BT-Drs. I/1273, 6.

166 Ahlf/Daub/Lersch/Störzer/Ahlf BKAG § 1 Rn. 5.

167 Das übersehen Kubica/Leineweber NJW 1984, 2068 (2069).

168 Der Bund hat hierbei seinen bestehenden Organisationsspielraum genutzt und beide Zentralstellen (für das polizeiliche Auskunfts- und Nachrichtenwesen und für die Kriminalpolizei) im BKA vereinigt, → § 2 Rn. 4 („Doppelzentralstelle").

169 Dürig/Herzog/Scholz/Uhle GG Art. 73 (2010) Rn. 249; s. auch Kniesel, Kriminalitätsbekämpfung durch Polizeirecht, 2022, S. 168: „Doppelregelung".

170 Näher → § 2 Rn. 5.

171 Zu den Einzelheiten Abbühl, Der Aufgabenwandel des Bundeskriminalamtes, 2010, S. 43 f.

172 Zur Kritik Kern DVBl. 1950, 257 (259).

173 F. Graulich, Die Zusammenarbeit von Generalbundesanwalt und Bundeskriminalamt bei dem Vorgehen gegen den internationalen Terrorismus, 2013, S. 97. Dazu auch Bastian, Westdeutsches Polizeirecht unter alliierter Besatzung (1945–1955), 2010, S. 183; zeitgenössisch Wessel SJZ 1950, Sp. 531 (532): „Es wird nicht leicht sein, einen verfassungstreuen Ausgleich zwischen föderalistischen Verfassungsbestimmungen und praktischen Notwendigkeiten der Bekämpfung des internationalen Verbrechertums zu finden". Zu kompetenzrechtlichen Bedenken hinsichtlich der Polizeihoheit der Länder → Rn. 5.

setzgeber lag „nichts ferner, als eine Kopie der amerikanischen Bundespolizei zu schaffen“.[174] Dies kommt in den Worten des damaligen Bundesinnenministers *Gustav Heinemann* zu dem Entwurf eines Gesetzes über die Einrichtung eines Bundeskriminalpolizeiamtes wie folgt zum Ausdruck:

„Ich glaube, daß diese letzte Vorlage eine ruhige Partie wird. Es dreht sich nicht um etwas Grundsätzliches und auch nicht um die hohe Politik. Die Vorlage will lediglich ein unentbehrliches technisches Mittel zur Verbrechensbekämpfung schaffen. So sehr es richtig ist und auch richtig bleibt, daß jedes Verbrechen zunächst von der Polizeibehörde am Tatort zu verfolgen ist, so sehr bedarf es gegenüber dem nichtortsgebundenen Verbrechertum überörtlicher Hilfsmittel. Diese überörtlichen Hilfsmittel sind in erster Linie die Landeskriminalpolizeiämter. Aber es ist notwendig, daß zu diesen Landeskriminalämtern und, wenn Sie so wollen, über diesen Landeskriminalämtern auch ein Bundeskriminalamt etabliert wird. Unser Grundgesetz sieht das ausdrücklich vor. Dieses Bundeskriminalamt soll der zentralen Fahndung dienen, also besonders dem reisenden Verbrechertum, dem internationalen Verbrechertum, dem Berufsverbrechertum begegnen. Ich glaube, daß gegen die Errichtung dieses Amtes keinerlei Einwände bestehen werden“.[175]

b) „Zur Zusammenarbeit des Bundes und der Länder“. Die Aufgaben und Befugnisse, die dem BKA über- 35
tragen werden können, folgen wiederum nicht bereits aus den legislativen Einrichtungskompetenzen; vielmehr bedarf es hierzu eines ergänzenden – geschriebenen oder ungeschriebenen – Kompetenztitels im Grundgesetz.[176] Hinsichtlich der in § 1 Abs. 1 BKAG geregelten Unterhaltung des BKA zur Zusammenarbeit des Bundes und der Länder in kriminalpolizeilichen Angelegenheiten ergibt sich die Gesetzgebungskompetenz aus **Art. 73 Abs. 1 Nr. 10 lit. a GG** (zu der umstr. Frage, ob dem BKA auf der Grundlage des Art. 73 Abs. 1 Nr. 10 GG auch operative Eingriffs- und Zwangsbefugnisse zugewiesen werden können, → § 2 Rn. 8). Danach hat der Bund die ausschließliche Gesetzgebung über „die Zusammenarbeit des Bundes und der Länder in der Kriminalpolizei“. Unter **„Zusammenarbeit“** wird dabei eine auf Dauer angelegte Form der Kooperation verstanden, die die laufende gegenseitige Unterrichtung und Auskunftserteilung, die wechselseitige Beratung sowie gegenseitige Unterstützung und Hilfeleistung in den Grenzen der je eigenen Befugnisse umfasst sowie funktionelle und organisatorische Verbindungen, gemeinschaftliche Einrichtungen und gemeinsame Informationssysteme erlaubt.[177] Zusammenarbeit geht hiernach über eine punktuelle Amtshilfe, wie sie Art. 35 Abs. 1 GG vorsieht und wie sie auch auf dem Gebiet der inneren Sicherheit möglich ist, hinaus.[178]

Von „Zusammenarbeit“ iSd Art. 73 Abs. 1 Nr. 10 lit. a GG grundsätzlich nicht erfasst ist ein – wie auch 36
immer zu dosierendes – **Weisungsrecht des Bundes**; Zusammenarbeit vollzieht sich prinzipiell auf Augenhöhe im Verhältnis gleichgeordneter Rechts- und Verwaltungsträger, mit dem Bund in der Rolle des Koordinators.[179] Wo das Grundgesetz ein Weisungsrecht im Verhältnis von Bund und Ländern statuieren will, sieht es ein solches ausdrücklich vor (vgl. nur Art. 35 Abs. 3 S. 1, 84 Abs. 5 S. 1, 85 Abs. 3, 91 Abs. 2 S. 1 und 3 GG). Im BKAG ist ein Weisungsrecht lediglich in **§ 4 Abs. 4** ausdrücklich normiert. Danach kann das BKA im Rahmen seiner Strafverfolgungstätigkeit den Landeskriminalämtern Weisungen für die Zusammenarbeit erteilen (im Einzelnen → § 4 Rn. 56 f.). Diese Weisungsbefugnis soll „schon aus der durch das Grundgesetz der Bundesinstanz eingeräumten Befugnis“ folgen, „die Zusammenarbeit zwischen Bund und Ländern zu regeln“.[180] Im Schrifttum wird das Weisungsrecht allgemein für erforderlich gehalten, da das Amt im Zuge seiner Ermittlungstätigkeit idR darauf angewiesen ist, die örtlichen Polizeibehörden einzuschalten.[181] Eine ausdrückliche verfassungstextliche Grundlage dafür gibt es freilich nicht. Ob sich Art. 73 Abs. 1 Nr. 10 lit. a GG extensiv dahin gehend auslegen lässt,[182] dass er – wie vom Gesetzgeber angenommen – regelhaft oder zumindest in Ausnahmefällen, in denen ein Einvernehmen zwischen Bund und Ländern nicht erzielt werden kann, auch die gesetzliche Begründung von Weisungsbefugnissen zugunsten des Bundes rechtfertigt, sofern dies im Hinblick auf den intendierten Zweck der Koordinierung geeignet und

174 Gutschker, Verbrecherjagd mit Datenbanken. Vor 50 Jahren wurde das BKA gegründet, FAZ v. 8.3.2001, S. 12; s. auch Voßschmidt Kriminalistik 2012, 378 (383, mit Fn. 3).

175 Vgl. Deutscher Bundestag, Plenarprotokoll I/83 der Sitzung v. 12.9.1950, 3131, (A) f.

176 Dürig/Herzog/Scholz/Uhle GG Art. 73 (2010) Rn. 250, mwN.

177 BVerfG Urt. v. 24.4.2013 – 1 BvR 1215/07 –, BVerfGE 133, 277 (317 f., Rn. 97); Beschl. v. 10.11.2020 – 1 BvR 3214/15 –, BVerfGE 156, 11 (41, Rn. 76).

178 Dürig/Herzog/Scholz/Uhle GG Art. 73 (2010) Rn. 231; Jarass/Pieroth/Kment GG Art. 73 Rn. 34; Sachs/Degenhart GG Art. 73 Rn. 49.

179 Vgl. von Mangoldt/Klein/Starck/Heintzen GG II Art. 73 Rn. 111; s. auch Riegel Bundespolizeirecht/BKAG § 2 S. 37: „Koordinierung heißt nicht Weisung“.

180 BT-Drs. I/1273, 8.

181 Schenke/Graulich/Ruthig/K. Graulich BKAG § 4 Rn. 36; Kugelmann BKAG § 4 Rn. 29; Bäcker, Terrorismusabwehr durch das Bundeskriminalamt, 2009, S. 27, 40 f. (allerdings mit Zweifeln); Riegel DVBl. 1982, 720 (723); ders. NJW 1983, 656 (661); Kubica/Leineweber NJW 1984, 2068 (2069); Schreiber NJW 1997, 2137 (2140).

182 Zur Methodik der Interpretation der Kompetenztitel nach Art. 73, 74 GG allgemein BVerfG Beschl. v. 25.3.2021 – 2 BvF 1/20 ua –, BVerfGE 157, 223 (260 ff., Rn. 100 ff.).

erforderlich und mit dem Gebot eines rücksichtsvollen Umgangs mit den Landesbehörden vereinbar ist,[183] erscheint zweifelhaft und ist im Ergebnis zu verneinen.[184] Dagegen spricht insbesondere, dass der Vorschlag, Art. 87 Abs. 1 GG um einen S. 3 zu ergänzen („Die nach Satz 2 eingerichteten Zentralstellen können gegenüber den nach Art. 73 Nr. 10 GG zur Zusammenarbeit verpflichteten Landesbehörden Weisungen erteilen“), im Zuge der Beratungen zur Föderalismusreform I bewusst nicht in das Grundgesetz aufgenommen wurden.[185] Insofern ist § 4 Abs. 4 BKAG auf das vom Grundsatz der Bund-Länder-Treue (Art. 20 Abs. 1 GG) unverzichtbare Maß wechselseitiger Koordination zur Unterstützung der Strafverfolgungstätigkeit des BKA **verfassungskonform teleologisch zu reduzieren** (→ § 2 Rn. 7 sowie → § 4 Rn. 56). Einseitig hoheitliche Weisungen gegenüber den Ländern lassen sich demgegenüber verfassungsrechtlich nicht rechtfertigen. Für Weisungsbefugnisse besteht aufgrund vielfältiger Bund-Länder-Gremien im Übrigen schon „kein Bedürfnis, und Bund und Länder wären auch schlecht beraten, ihre gemeinsame Aufgabenerfüllung auf solch eine Basis zu stellen“.[186]

37 **c) „In kriminalpolizeilichen Angelegenheiten“.** Der Begriff der „kriminalpolizeilichen Angelegenheiten“ in § 1 Abs. 1 BKAG hat sich ebenfalls am verfassungsrechtlichen Begriffsverständnis auszurichten. **„Kriminalpolizei“** gem. Art. 73 Abs. 1 Nr. 10 lit. a GG ist nicht organisatorisch, sondern funktional – dh iSd materiellen Polizeibegriffs – zu interpretieren.[187] Der Begriff dient lediglich der Beschränkung auf Regelungen, die sich auf bedeutsame Straftaten von Gewicht beziehen.[188] Es muss sich um Straftatbestände handeln, bei denen es der durch Art. 73 Abs. 1 Nr. 10 lit. a GG erlaubten Zusammenarbeit bedarf oder eine solche naheliegt. Ausgeschlossen sind von vornherein die allgemeine Gefahrenabwehr oder die Bekämpfung von Kleinkriminalität, erst recht die Bekämpfung von Ordnungswidrigkeiten.[189]

38 Die Kompetenz für die Zusammenarbeit zwischen den verschiedenen Polizeibehörden beschränkt sich dabei nicht auf die Strafverfolgung. Art. 73 Abs. 1 Nr. 10 lit. a GG soll vielmehr die Möglichkeit schaffen, **föderale Zuständigkeitsgrenzen** bei der Erfüllung repressiver und präventiver Aufgaben zu **lockern**, und schließt damit auch präventivpolizeiliche Tätigkeiten ein.[190] Weil die drei Teilgebiete der inneren Sicherheit iSd Art. 73 Abs. 1 Nr. 10 lit. a–c GG vom Bundesverfassungsgericht in enger Verbundenheit gehandhabt werden, wird hiervon auch der Austausch von Informationen zwischen dem BKA, den Landeskriminalämtern, dem Bundesamt für Verfassungsschutz, den Landesverfassungsschutzbehörden sowie weiteren Polizeivollzugsbehörden auf dem Gebiet der Terrorismusabwehr einschließlich einer erweiterten Nutzung der gespeicherten Daten erfasst.[191]

III. Unterhaltung von Landeskriminalämtern (Abs. 2)

39 **1. Notwendige Kooperationsvoraussetzungen im Sicherheitsverbund (S. 1).** Nach § 1 Abs. 2 S. 1 BKAG unterhalten die Länder für ihr Gebiet zentrale Dienststellen der Kriminalpolizei, die als „Landeskriminalämter“ legaldefiniert werden. Die Norm statuiert nach Wortlaut und Telos eine an die Länder gerichtete **Pflicht zur Unterhaltung entsprechender Landeskriminalämter,** beschränkt diese jedoch gegenständlich auf die „Sicherung der Zusammenarbeit“ im Bund-Länder-Verhältnis (→ Rn. 42). Der Bundesgesetzgeber will damit in den Ländern diejenigen Einrichtungen sicherstellen, „die die Voraussetzung für eine ineinandergreifende Zusammenarbeit des Bundeskriminalamtes mit den Ländern bilden“.[192] § 1 Abs. 2 S. 1 BKAG schließt auf diese Weise nicht nur systematisch, sondern auch denklogisch an Abs. 1 an, denn eine Zusammenarbeit von Bund und Ländern im Bereich der kriminalpolizeilichen Angelegenheiten ist ohne **Ansprechpartner auf der Länderebene** zum Scheitern verurteilt.[193] Der kontinuierliche Bedeutungsgewinn des BKA

183 Dafür plädierend Dürig/Herzog/Scholz/Uhle GG Art. 73 (2010) Rn. 234; dem folgend Jarass/Pieroth/Kment GG Art. 73 Rn. 35; unentschieden Kubica/Leineweber NJW 1984, 2068 (2069 f.).

184 Wie hier Stern, Staatsrecht II, 1980, S. 826 (mit Fn. 451), zur Vorgängervorschrift des § 5 Abs. 5 BKAG. Zum Parallelproblem eines Weisungsrechts kraft der Rolle des BKA als „Zentralstelle“ iSd Art. 87 Abs. 1 S. 2 GG → § 2 Rn. 6 ff.

185 Vgl. Uhle DÖV 2010, 989 (995 f.), der daraus gleichwohl keinen zwingenden Schluss gegen eine Weisungsbefugnis ziehen will.

186 Kubica/Leineweber NJW 1984, 2068 (2070).

187 BT-Drs. 13/1550, 21. Aus der Literatur nur von Mangoldt/Klein/Starck/Heintzen GG II Art. 73 Rn. 114; Schenke/Graulich/Ruthig/K. Graulich BKAG § 1 Rn. 2.

188 BVerfG Urt. v. 24.4.2013 – 1 BvR 1215/07 –, BVerfGE 133, 277 (318, Rn. 98); Beschl. v. 27.5.2020 – 1 BvR 1873/13 –, BVerfGE 155, 119 (224, Rn. 241).

189 BVerfG Beschl. v. 10.11.2020 – 1 BvR 3214/15 –, BVerfGE 156, 11 (41, Rn. 77).

190 BVerfG Beschl. v. 10.11.2020 – 1 BvR 3214/15 –, BVerfGE 156, 11 (41, Rn. 77); von Mangoldt/Klein/Starck/Heintzen GG II Art. 73 Rn. 114.

191 BVerfG Urt. v. 24.4.2013 – 1 BvR 1215/07 –, BVerfGE 133, 277 (317 f., Rn. 97); Beschl. v. 10.11.2020 – 1 BvR 3214/15 –, BVerfGE 156, 11 (41 f., Rn. 76 ff.).

192 Zu § 3 BKAG (1951) BT-Drs. I/1273, 7.

193 Hessel BKAG § 3 Anm. 1; Riegel Bundespolizeirecht/BKAG § 3 S. 38 f.

(→ Rn. 13) geht mit einem schleichenden Bedeutungsverlust der Landeskriminalämter einher.[194] In seiner Funktion als Zentralstelle für das polizeiliche Auskunfts- und Nachrichtenwesen und für die Kriminalpolizei (→ § 2 Rn. 12 ff.) ist das BKA gleichwohl nach wie vor auf das Vorhandensein von Zentralstellen innerhalb der Länder angewiesen, die ihm die zu verarbeitenden Informationen zur Verfügung stellen (vgl. § 32 Abs. 1 BKAG). Aus demselben Grund enthält § 2 Abs. 2 BVerfSchG für den Verbund der Verfassungsschutzbehörden von Bund und Ländern eine Parallelnorm.

Die **Landeskriminalämter** bilden die Informationszentralen und **zentralen Dienststellen für die Kriminalitätsbekämpfung eines Landes.**[195] Nach den Polizeiorganisationsgesetzen der Länder[196] und den hierauf beruhenden Durchführungsverordnungen[197] ist ihnen ein breites Spektrum an Tätigkeitsfeldern zugeordnet: Sie sammeln Informationen für die vorbeugende Bekämpfung von Straftaten sowie die Strafverfolgung und werten diese aus, sie unterstützen die Polizeibehörden bei der Erforschung und Verfolgung von Straftaten sowie bei der Kriminalprävention und dem Opferschutz, sie nehmen Aufgaben des Personenschutzes für als gefährdet eingestufte Personen wahr, sie halten Spezialkräfte zur Einsatz- und Ermittlungsunterstützung (MEK, SEK) vor und sind als Ermittlungsbehörden selbst zuständig für die vollzugspolizeilichen Aufgaben auf dem Gebiet der Strafverfolgung in bestimmten Fällen schwerer Kriminalität (Organisierte Kriminalität, Staatsschutzdelikte, Straftaten nach dem VStGB, Wirtschaftskriminalität, Rauschgift-, Waffen- und Sprengstoffhandel, Geldfälschung und Geldwäsche, Nuklearkriminalität). Neben diesen eher operativen Bereichen ist einem Landeskriminalamt eine Vielfalt von Aufgaben zugewiesen, die überwiegend vorsorgenden, vorbereitenden und unterstützenden Charakter haben (Servicebereiche). Die Landeskriminalämter koordinieren überörtliche polizeiliche Fahndungsmaßnahmen, sie sind die zuständigen Stellen für die Zusammenarbeit mit ausländischen Polizei- und Justizbehörden, sie beraten alle anderen Polizeibehörden in Fragen der Kriminalprävention. Bei den Landeskriminalämtern werden die kriminalpolizeilichen personenbezogenen Sammlungen geführt, sie unterhalten kriminaltechnische, kriminalwissenschaftliche und erkennungsdienstliche Einrichtungen, führen Untersuchungen durch, erstatten Gutachten und gewährleisten im Rahmen der Fachaufsicht die landesweite Qualitätssicherung im Bereich der Kriminaltechnik. Sowohl die Art und das Ausmaß der Aufgaben als auch das Verhältnis der operativen Tätigkeitsbereiche zu den Servicebereichen fallen in die Organisationshoheit der Länder (→ Rn. 41 f.) und sind damit von Landeskriminalamt zu Landeskriminalamt verschieden. 40

§ 1 Abs. 2 S. 1 BKAG begegnet **keinen** durchgreifenden **kompetenzrechtlichen Bedenken.** Zwar umfasst die Polizeihoheit der Länder (→ Rn. 2) grundsätzlich auch die Organisation der Polizei und die Einrichtung bestimmter Ämter oder Behörden; die Organisationshoheit reicht jedoch nur soweit, wie die Kompetenzordnung des Grundgesetzes nichts Abweichendes vorsieht. Sowohl Art. 73 Abs. 1 Nr. 10 lit. a GG als auch Art. 87 Abs. 1 S. 2 GG setzen voraus, dass die Länder in den Bereichen der Zusammenarbeit jeweils eigene Behörden vorhalten und organisieren.[198] § 1 Abs. 2 S. 1 BKAG ist insofern „die notwendige Voraussetzung, um die […] Zusammenarbeit des Bundes und der Länder in der Kriminalpolizei zu ermöglichen", und daher „nur eine notwendige Folge" der genannten Bestimmungen des Grundgesetzes.[199] 41

Dem Bund kommt allerdings nicht die Befugnis zu, den Ländern die Organisation und Ausgestaltung ihrer Landeskriminalämter im Einzelnen vorzugeben. Die Länder verfügen sowohl über **Spielräume bei der Organisation** ihrer Landeskriminalämter als auch über **Entscheidungsfreiheit bei der Zuweisung von Aufgaben** an ihre Behörden.[200] Welche Aufgaben und Befugnisse dem jeweiligen LKA im Verhältnis zu den sonstigen Polizeibehörden zustehen, ist eine Entscheidung des betreffenden Landes. Die Unterhaltungspflicht reicht nur so weit, wie sie für eine effektive Kooperation im vertikalen Verbundsystem der inneren Sicherheit notwendig ist. Dem trägt § 1 Abs. 2 S. 1 BKAG mit der Beschränkung auf die „Sicherung der Zusammenarbeit des Bundes und der Länder" Rechnung, ohne den Ländern nähere Details der Behördenstruktur verbindlich vorzuschreiben.[201] Demgegenüber setzt das Grundgesetz für die föderale Zusammenarbeit voraus, dass die Landeskriminalämter – sachlich oder personell – **nicht bloß als „leere Hüllen" organisiert** sind und diejenigen Aufgaben wahrnehmen, die eine effektive und vertrauensvolle Zusammenarbeit mit dem BKA ermöglichen.[202] Mit Blick auf die personelle Ausstattung seines LKA ist das betreffende Land somit zwar grundsätzlich ebenfalls frei, allerdings darf die Zusammenarbeit mit dem BKA nicht durch die Personalpo- 42

194 Aden Bürgerrechte & Polizei/CILIP 1/1999, 6 (12).
195 Vgl. zusammenfassend Lisken/Denninger/Rachor/Roggan, HdbPolR, C Rn. 64 f.
196 Exemplarisch Art. 7 BayPOG; § 92 HessSOG; § 13 POG NRW; § 97 POG RhPf; § 13 ThürPOG.
197 Exemplarisch §§ 10 ff. DVO-BWPolG; § 3 SächsPolOrgVO.
198 Dürig/Herzog/Scholz/Uhle GG Art. 73 (2010) Rn. 235; von Mangoldt/Klein/Starck/Heintzen GG II Art. 73 Rn. 111.
199 So schon BT-Drs. I/1273,11 f.
200 Kugelmann BKAG § 1 Rn. 18.
201 Schenke/Graulich/Ruthig/K. Graulich BKAG § 1 Rn. 8.
202 Hessel BKAG § 3 Anm. 1; Zaremba, Die Entwicklung polizeirelevanter datenschutzrechtlicher Bestimmungen, 2014, S. 451.

litik faktisch erheblich erschwert oder unmöglich gemacht werden.[203] Die Führung von Dateien, die mit denen des BKA kompatibel sind, ist demgegenüber von der Unterhaltungspflicht umfasst und bei den Landeskriminalämtern zu verorten, da dies den Kern der Kooperation ausmacht.[204] Dagegen können bestimmte Zentralstellenaufgaben (zB die Kriminaltechnik) auch „outgesourct" und außerhalb des jeweiligen LKA angesiedelt werden.[205]

43 Ihre Zentralstellenaufgabe iSd § 1 Abs. 2 S. 1 BKAG nehmen die Landeskriminalämter primär über die sog. **Sammlungsaufgabe** wahr.[206] Nach dieser obliegt es dem jeweiligen LKA, Nachrichten und Unterlagen für die Verhütung und polizeiliche Verfolgung von Straftaten zu sammeln und auszuwerten sowie den Informationsfluss zu steuern.[207] Die zentrale Sammlung und Auswertung von Informationen im Bereich der Kriminalitätsbekämpfung soll frühzeitig überregionale Tatzusammenhänge und Täterverbindungen, neue Formen der Kriminalität oder den *modus operandi* von Tätergruppierungen aufdecken und Bekämpfungsstrategien entwickeln helfen.[208] Die daraus entstehenden **Lagebeurteilungen** des LKA erfüllen zugleich einen präventiven Zweck: Eine wesentliche Aufgabe des bei den Landeskriminalämtern angesiedelten vorbeugenden Staatsschutzes ist die Erstellung von **Gefährdungslagebildern, Gefährdungsanalysen und Gefährdungsbewertungen**, insbesondere für solche Personen, Objekte und Institutionen, die aus den Phänomenbereichen der politisch motivierten Kriminalität heraus gefährdet sind. Zu den Gefährdungsanalysen gehören die umfassende Informationssammlung, Schwachstellenanalyse, die Erstellung von Schutz- und Sicherheitskonzeptionen sowie Sicherheits- und Verhaltensgespräche mit den betroffenen Personen.[209]

44 **2. Gemeinsames Landeskriminalamt (S. 2).** Gem. Abs. 2 S. 2 können mehrere Länder ein gemeinsames Landeskriminalamt unterhalten. Diese ursprünglich in § 3 Abs. 2 BKAG (1951) enthaltene Regelung wurde „[a]us Gründen der Kostenersparnis"[210] aufgenommen. An ihr wurde bei der BKAG-Novelle 1997 festgehalten, um den Ländern weiterhin die **Möglichkeit zur Kooperation „unter einem Dach"** offenzuhalten.[211] Da der Begriff „mehrere Länder" zahlenmäßig nicht limitiert ist und die in Abs. 2 S. 1 normierte „Zusammenarbeit des Bundes und der Länder" zwei tatsächlich vorhandene Partner als notwendige, aber auch hinreichende Voraussetzung erscheinen lässt,[212] wäre es – theoretisch – zulässig, dass sich die 16 Länder ein gemeinsames Landeskriminalamt teilen. Ob dies kriminaltaktisch und verwaltungspraktisch sinnvoll wäre, ist eine andere Frage.[213]

45 Das Kostenargument spielte im Zuge der Deutschen Wiedervereinigung eine Rolle und führte zum bisher einzigen **Anwendungsfall der Norm.** Am 5.2.1990 wurde zunächst das Zentrale Kriminalamt (ZKA) durch den Befehl Nr. 0104/90 der Regierung Modrow gegründet. Keimzelle des ZKA war dabei die Hauptabteilung Kriminalpolizei des Ministeriums des Inneren, die zuvor zentralen Aufgaben der Kriminalitätsvorbeugung und -bekämpfung nachging und zentrale Weisungsgewalt gegenüber den Kriminalabteilungen der Volkspolizei auf Bezirks- und Kreisebene ausübte.[214] Das noch von der DDR-Volkskammer verabschiedete Gesetz über Aufgaben und Befugnisse der Polizei vom 13.9.1990[215] (DDR-PAG) sah in seinem § 82 unter Verweis auf § 3 Abs. 2 BKAG aF vor, dass das ZKA als **Gemeinsames Landeskriminalamt der Länder Brandenburg, Mecklenburg-Vorpommern, Sachsen, Sachsen-Anhalt und Thüringen (GLKA)** weitergeführt wird, „solange und soweit diese keine Landeskriminalämter errichtet haben". Mit Wirksamwerden des Einigungsvertrages am 3.10.1990 verlor das ZKA seine bisherige Funktion und wurde als GLKA mit veränderter Verantwortlichkeit, Befugnis, Funktion, Aufgabenstellung, Struktur und Arbeitsweise weitergeführt. Aufgaben und Zuständigkeiten des GLKA waren weder im Einigungsvertrag noch im DDR-PAG näher geregelt. In § 84 DDR-PAG hieß es lediglich, dass das GLKA bis zu einer anderweitigen Regelung durch die Länder deren kriminalpolizeiliche Aufgaben, insbesondere auch die Erstellung von Expertisen und Informationsverarbeitung mit überregionaler Bedeutung wahrnimmt. Einer „vorläufigen Vereinbarung" der fünf neuen Länder vom 16.10.1990 zufolge sollten vor allem Zuständigkeiten für Staatsschutzdelikte („Hochverrat", „Friedensverrat", etc.), aber auch für „Kernenergie-" und „Strahlungsverbrechen" geregelt wer-

203 Kugelmann BKAG § 1 Rn. 18.
204 Kugelmann BKAG § 1 Rn. 18.
205 Erbs/Kohlhaas/Papsthart BKAG § 1 (2007) Rn. 13.
206 HdbSicherheitsR/Barczak § 16 Rn. 36.
207 Vgl. Art. 7 Abs. 2 Nr. 1 BayPOG; § 87 Abs. 1 Nr. 1 NdsPOG iVm Ziff. 4.2.1 lit. a NdsPolORdErl v. 3.3.2021 – 21.11 – 01512 – (Nds. MBl. S. 546); § 13 Abs. 3 Nr. 5 POG NRW.
208 BeckOK-PolSiR Bayern/Gliwitzky/Schmid BayPOG Art. 7 Rn. 14 (2021).
209 Vgl. für Hessen: https://k.polizei.hessen.de/1269186553.
210 Zu § 3 Abs. 2 BKAG (1951) BT-Drs. I/1273, 7.
211 BT-Drs. 13/1550, 21.
212 Schenke/Graulich/Ruthig/K. Graulich BKAG § 1 Rn. 8.
213 Vgl. auch Hessel BKAG § 3 Anm. 4, der die Obergrenze insofern bei „mehr als zwei, höchstens drei" Bundesländern ziehen will.
214 Zum Ganzen Gill Bürgerrechte & Polizei/CILIP 38/1991, 34 ff.
215 DDR-GBl. I 1990 S. 1489.

den. Diese Vereinbarung konnte jedoch nie in Kraft treten, da sie vom Land Thüringen nicht unterschrieben wurde. Seine Tätigkeit stellte das GLKA am 1.12.1991 ein, nachdem die Aufbaustäbe/Landeskriminalämter der neuen Bundesländer verbindlich erklärt hatten, alle zentralen Aufgaben des GLKA zu übernehmen.

Heute verfügt **jedes Land** über ein **eigenes Landeskriminalamt.**[216] In verwaltungsorganisatorischer Hinsicht führt die überwiegende Anzahl der Länder das jeweilige LKA als dem Innenministerium nachgeordnete Landesoberbehörde.[217] In Brandenburg und dem Saarland ist das jeweilige LKA dagegen unselbstständiger Organisationsteil des Landespolizeipräsidiums; Ähnliches gilt für das LKA Berlin, das eine unselbstständige Außenstelle der Landespolizeibehörde darstellt; in Schleswig-Holstein ist das LKA ein teilselbstständiges, dem Landesinnenministerium zugeordnetes Amt.[218] 46

IV. Subsidiaritätsklausel (Abs. 3)

1. Grundsatz der Länderexekutive. Abs. 3 bestätigt den Grundsatz der Länderexekutive in den Bereichen der Verfolgung und Verhütung von Straftaten sowie der sonstigen Aufgaben der Gefahrenabwehr. Die Arbeit des BKA ist nach dem erklärten Willen des historischen Gesetzgebers „nicht gerichtet auf eine Zentralisation der Exekutive, sondern auf die der Kriminaltaktik, soweit sie der Bekämpfung des interlokalen und reisenden Verbrechertums" diene.[219] Bei der Regelung handelt es sich um eine **deklaratorische Klarstellung**[220] der verfassungsrechtlich verbrieften Kompetenzverteilung, die sich durch eine – die Gesetzgebungskompetenz einschließende – **Polizeihoheit der Länder** im Bereich der Gefahrenabwehr ebenso auszeichnet wie durch das **Modell des Exekutivföderalismus** im Bereich der Strafverfolgung, für die der Bund legislatorisch verantwortlich zeichnet.[221] Weil die Subsidiaritätsklausel ein Tätigwerden des Bundes in den von ihr angesprochenen Bereichen von einer ausdrücklichen gesetzlichen Bestimmung abhängig macht (→ Rn. 52 f.), sind die nachfolgenden Vorschriften als Ausnahme vom Grundsatz der Länderexekutive (§§ 2–8 BKAG) grundsätzlich restriktiv auszulegen.[222] 47

a) „Verfolgung von Straftaten". Mit der Verfolgung von Straftaten nach § 1 Abs. 3 BKAG sind nach Sinn und Zweck des Vorbehalts zugunsten der Länderexekutive die gesamten repressiven Aufgaben der Polizei gemeint.[223] Diese beziehen sich zunächst auf das Gebiet der **Strafverfolgung** iSd §§ 160, 163 Abs. 1 S. 1 StPO. Danach haben die Behörden und Beamten des Polizeivollzugsdienstes Straftaten zu erforschen und alle keinen Aufschub gestattenden Anordnungen zu treffen, um die Verdunkelung der Sache zu verhüten. Dem Begriff der „Straftat" kommt dabei keine kriminalpolizeispezifische Bedeutung zu. Er ist vielmehr im Einklang mit §§ 160, 163 Abs. 1 S. 1 StPO sowie nach Maßgabe des § 12 StGB auszulegen und umfasst Verbrechen wie Vergehen.[224] § 163 Abs. 1 S. 1 StPO leitet das nach § 152 Abs. 2 StPO für die Staatsanwaltschaft bei der Verfolgung von Straftaten geltende Legalitätsprinzip auf die Polizei über und begründet das „Recht des ersten Zugriffs". Neben der Strafverfolgung gehört die **Ahndung von Ordnungswidrigkeiten** zur repressiven Tätigkeit, die der Polizei durch § 53 Abs. 1 S. 1 OWiG übertragen wird. Dieser Aufgabenbereich wird von der Verfolgung von Straftaten iSd § 1 Abs. 3 BKAG sachgedanklich mitumfasst. 48

Die Verfolgung von Straftaten fällt kompetenzrechtlich unter **Art. 74 Abs. 1 Nr. 1 Var. 4 GG** („gerichtliches Verfahren"). Der Kompetenztitel ist weit zu verstehen.[225] Er reicht von der Einleitung des Verfahrens bis zur Vollstreckung der gerichtlichen Entscheidung und erfasst auch die Vorsorge für die spätere Verfolgung von Straftaten (sog. **Strafverfolgungsvorsorge**).[226] Hierzu werden Maßnahmen gerechnet, welche die Ahndung von Straftaten ermöglichen oder erleichtern sollen, die erst in Zukunft erwartet werden. Sie knüpfen nicht an eine bereits begangene Straftat oder einen Anfangsverdacht iSd § 152 Abs. 2 StPO an, sondern zie- 49

216 Lisken/Denninger/Rachor/Roggan, HdbPolR, C Rn. 64.
217 Exemplarisch § 6 Abs. 2 Nr. 1 LOG NRW.
218 § 5 Abs. 2 LVwG SH.
219 Zu § 4 Abs. 1 BKAG (1951) BT-Drs. I/1273, 7.
220 BT-Drs. 13/1550, 21; vgl. auch Ahlf/Daub/Lersch/Störzer/Ahlf BKAG § 1 Rn. 13; Schenke/Graulich/Ruthig/K. Graulich BKAG § 1 Rn. 10; Erbs/Kohlhaas/Papsthart BKAG § 1 (2007) Rn. 14: „deklaratorische Subsidiaritätsklausel"; zur Vorgängerregelung des § 5 Abs. 1 BKAG aF auch schon Riegel Bundespolizeirecht/BKAG § 5 S. 44.
221 Statt aller Lisken/Denninger/Bäcker, HdbPolR, B Rn. 101; HdbVerfR/Bäcker § 28 Rn. 59.
222 Ahlf/Daub/Lersch/Störzer/Ahlf BKAG § 1 Rn. 13.
223 Hessel BKAG § 5 Anm. 1.
224 Riegel Bundespolizeirecht/BKAG § 2 S. 36; Erbs/Kohlhaas/Papsthart BKAG § 2 (2007) Rn. 4.
225 BVerfG Beschl. v. 18.12.2018 – 1 BvR 142/15 –, BVerfGE 150, 244 (273, Rn. 67).
226 BVerfG Beschl. v. 14.12.2000 – 2 BvR 1741/99 –, BVerfGE 103, 21 (30); Urt. v. 27.7.2005 – 1 BvR 668/04 –, BVerfGE 113, 348 (370 f.); Beschl. v. 18.12.2018 – 1 BvR 142/15 –, BVerfGE 150, 244 (274, Rn. 68); Beschl. v. 9.12.2022 – 1 BvR 1345/21 –, juris, Rn. 166; aA Kniesel, Kriminalitätsbekämpfung durch Polizeirecht, 2022, S. 173 f. und ders./Paeffgen/Keppe/Zenker Die Polizei 2011, 333 (339 ff.), die die Erstreckung des „gerichtlichen Verfahrens" iSd Art. 74 Abs. 1 Nr. 1 Var. 4 GG auf die Strafverfolgungsvorsorge aus grammatikalischen und systematischen Gründen ablehnen.

len auf die Verfolgung noch nicht begangener, sondern in ungewisser Zukunft möglicherweise bevorstehender Straftaten. Die Strafverfolgungsvorsorge geschieht mithin in zeitlicher Hinsicht präventiv, betrifft aber gegenständlich das repressiv ausgerichtete Strafverfahren und ist damit der Verfolgung von Straftaten iSd § 1 Abs. 3 BKAG zuzurechnen.[227]

50 b) **„Verhütung von Straftaten“.** Die Verhütung von Straftaten (inkl. Ordnungswidrigkeiten, → Rn. 48) ist demgegenüber – als Unterfall der vorbeugenden Bekämpfung von Straftaten[228] – eine **genuin präventivpolizeiliche Aufgabe.** Sie fällt nicht in die konkurrierende Gesetzgebungskompetenz des Bundes nach Art. 74 Abs. 1 Nr. 1 Var. 4 GG, sondern steht den Ländern originär nach Art. 30, 70 Abs. 1 GG zu.[229] Die Straftatenverhütung bildet einen **Unterfall der Gefahrenvorsorge,** die kompetenzrechtlich bei den Ländern liegt. Bei dieser wird der Staat bereits im Vorfeld konkreter Gefahren aktiv, die zwar zum Zeitpunkt des Handelns noch nicht konkret drohen, aber später entstehen können. Durch das polizeiliche Handeln soll entweder das spätere Entstehen einer Gefahr verhindert oder zumindest deren wirksame Bekämpfung ermöglicht werden.[230] Dies schließt die Verhütung von Straftaten, die noch nicht konkret drohen, ein. Die Verhütung von Straftaten umfasst Maßnahmen, die in einen antizipierten Geschehensablauf eingreifen oder die Entstehungsbedingungen bestimmter Faktoren oder Ursachenketten beeinflussen sollen, so dass sich der Eintritt der Gefahr einer Straftat bereits im Vorfeld verhüten lässt.

51 c) **„Aufgaben der sonstigen Gefahrenabwehr“.** Bei den „Aufgaben der sonstigen Gefahrenabwehr“ handelt es sich um eine **Auffangklausel,** die auf Bestreben des Bundesrates im Zuge der BKAG-Novelle 1997 nachträglich aufgenommen wurde.[231] Sie stellt mit deklaratorischer Wirkung klar, dass der präventive Bereich im Übrigen – dh über die Straftatenverhütung hinaus (→ Rn. 50) – in der Regelungs- und Vollzugskompetenz der Länder verbleibt. Dies betrifft die Beseitigung und Verhinderung von Gefahren und Störungen der öffentlichen Sicherheit und Ordnung, unabhängig vom Grad der Konkretisierung, der zeitlichen Nähe oder dem tatsächlichen Ausmaß des drohenden Schadenseintritts. Die Gefahrenabwehr ist nicht repressiv-personenbezogen auf die Verfolgung von Straftätern ausgerichtet, sondern präventiv-objektiv unmittelbar auf den Schutz der Integrität der Rechtsordnung und der durch sie geschützten Rechtsgüter.[232]

52 **2. Vorbehalt abweichender bundesrechtlicher Regelung.** Der Grundsatz der Länderexekutiv im Bereich des präventiven und repressiven Sicherheitsrechts wird im 2. Halbs. („soweit gesetzlich nichts anderes bestimmt ist“) unter den Vorbehalt abweichender bundesgesetzlicher Regelung gestellt. Will der Bund von diesem Vorbehalt Gebrauch machen, ist er nach der grundgesetzlichen Kompetenzordnung auf einen **bereichsspezifischen Kompetenztitel** angewiesen (→ Rn. 14). Nach der verfassungsrechtlichen Grundentscheidung für die Polizeihoheit der Länder ist es dem Bund verwehrt, das BKA zu einer mit den Landespolizeibehörden konkurrierenden „Polizei des Bundes“ auszubauen.[233] Eine institutionelle und befugnisrechtliche Fortentwicklung des BKA zu einer Art „deutschem FBI“[234] ist unzulässig.

53 Gesetzlich vorgesehene Abweichungen iSd § 1 Abs. 3 Hs. 2 BKAG folgen aus den präventiven wie repressiven Aufgabenzuweisungen der §§ 2–8 BKAG und den an mit ihnen korrespondierenden einschlägigen Befugnissen. Nach dem von § 1 Abs. 3 BKAG deklaratorisch bekräftigen Regel-Ausnahme-Verhältnis der Kompetenzverteilung im Polizei- und Sicherheitsrecht sind die **§§ 2–8 BKAG eng auszulegen** (→ Rn. 47). Insbesondere dort, wo das BKA die polizeilichen Aufgaben auf dem Gebiet der Strafverfolgung (§ 4 BKAG) sowie der Abwehr von Gefahren des internationalen Terrorismus (§ 5 BKAG) wahrnimmt, tritt der Bund in **Konkurrenz mit den Ländern.** Beide Regelungen bieten Ansatzpunkte für umfangreiche – repressive wie präventive – Tätigkeiten des BKA, die parallel zu entsprechenden Tätigkeiten der Länderpolizeibehörden

227 Schenke/Graulich/Ruthig/K. Graulich BKAG § 1 Rn. 14.

228 Statt vieler Kniesel, Kriminalitätsbekämpfung durch Polizeirecht, 2022, S. 266 f.; mit Bezug zum BKAG auch schon Riegel JR 1981, 229 (232); ders. ZRP 1999, 216 (216).

229 BVerfG Beschl. v. 18.12.2018 – 1 BvR 142/15 –, BVerfGE 150, 244 (274, Rn. 69).

230 BVerwG Urt. v. 25.1.2012 – 6 C 9/11 –, BVerwGE 141, 329 (335, Rn. 29).

231 BR-Drs. 94/95 (Beschluß), 3; übernommen auf Empfehlung des Innenausschusses, vgl. BT-Drs. 13/7298, 39; kritisch dazu Riegel NJW 1997, 2137 (2141): „nicht gerade geglückt“; „nur als politischer Kompromiß erklärbar“.

232 BVerfG Beschl. v. 18.12.2018 – 1 BvR 142/15 –, BVerfGE 150, 244 (274, Rn. 69).

233 BVerfG Beschl. v. 28.1.1998 – 2 BvF 3/92 –, BVerfGE 97, 198 (218).

234 Mann in Kugelmann (Hrsg.), Polizei und Menschenrechte, 2019, S. 91 (97). Grenzüberschreitungen in diese Richtung wurden insbesondere im Zuge der BKAG-Novelle 2008 befürchtet oder konstatiert, vgl. nur Gisela Piltz, Deutscher Bundestag, Plenarprotokoll 16/186 der Sitzung v. 12.11.2008, 19835, (A): „Mit dem BKA-Gesetz entsteht darüber hinaus eine Polizei auf Bundesebene. Bisher war es so, dass der Bereich der Gefahrenabwehr der Länderebene vorbehalten war. Auch das ist eine Neuerung dieses Gesetzes. [...] Aus unserer Sicht war die Gefahrenabwehr auf der Länderebene bisher sehr gut aufgehoben. Eine Polizei des Bundes, nicht nur für besondere Fälle, sondern mittelfristig ein deutsches FBI – das ist etwas, was wir ablehnen“; aus der Literatur Baum/Schantz ZRP 2008, 137 (137): „ein entscheidender Schritt zur Schaffung einer Bundeszentralbehörde für die Terrorismusbekämpfung nach dem Muster des FBI“; von Denkowski NK 20 (2008), 82 (85): „geheimdienstliche Nachrichtenpolizei mit Exekutivbefugnissen“; den Vergleich dagegen für verfehlt haltend Hansen Jahrbuch Terrorismus 3 (2009), 293 (301 f.).

verlaufen können.[235] Indem namentlich Art. 73 Abs. 1 Nr. 9a GG darauf verzichtet, Kompetenzen entweder dem Bund oder den Ländern zuzuweisen, lässt er die Entstehung paralleler Zuständigkeiten von Bundes- und Landesbehörden zu und ermöglicht ein Nebeneinander auf dem Gebiet der Abwehr von Gefahren des internationalen Terrorismus.[236] Kompetenzkonflikte sollen dadurch vermieden werden, dass die Aufgabenwahrnehmung in gegenseitigem Benehmen erfolgt (→ § 5 Rn. 50 ff.). In der Praxis lassen sich mögliche Kompetenzkonflikte und ein ineffizientes institutionelles Nebeneinander durch Gesprächsforen wie das Gemeinsame Terrorismusabwehrzentrums (GTAZ) im Vorfeld entschärfen, in dem ua auch die 16 Landeskriminalämter vertreten sind (→ Rn. 19). Eine Rolle mag zudem die hohe polizeiliche Kompetenz und große fachliche Expertise des BKA spielen, die in vielen Fällen zumindest Kooperationen nahelegt.[237]

§ 2 Zentralstelle

(1) Das Bundeskriminalamt unterstützt als Zentralstelle für das polizeiliche Auskunfts- und Nachrichtenwesen und für die Kriminalpolizei die Polizeien des Bundes und der Länder bei der Verhütung und Verfolgung von Straftaten mit länderübergreifender, internationaler oder erheblicher Bedeutung.

(2) Das Bundeskriminalamt hat zur Wahrnehmung dieser Aufgabe

1. **alle hierfür erforderlichen Informationen zu sammeln und auszuwerten,**
2. **die Strafverfolgungsbehörden des Bundes und der Länder unverzüglich über die sie betreffenden Informationen und die in Erfahrung gebrachten Zusammenhänge von Straftaten zu unterrichten.**

(3) Das Bundeskriminalamt unterhält als Zentralstelle einen einheitlichen polizeilichen Informationsverbund nach Maßgabe dieses Gesetzes.

(4) [1]Das Bundeskriminalamt unterhält als Zentralstelle zur Unterstützung und Koordinierung der Polizeien des Bundes und der Länder bei der Verhütung und Verfolgung von Straftaten und der Gefahrenabwehr zentrale Einrichtungen und Sammlungen, insbesondere

1. **zentrale erkennungsdienstliche und kriminaltechnische Einrichtungen und Sammlungen sowie**
2. **zentrale Einrichtungen für die Fahndung nach Personen und Sachen.**

[2]Die zentralen Einrichtungen und Sammlungen können auch elektronisch geführt werden.

(5) [1]Das Bundeskriminalamt kann als Zentralstelle zur Unterstützung der Polizeien des Bundes und der Länder

1. **Aus- und Fortbildungsveranstaltungen auf kriminalpolizeilichen Spezialgebieten durchführen,**
2. **Kompetenzzentren für informationstechnische Systeme und Infrastrukturen sowie Einsatztechnik, technische Einsatzmittel und kriminaltechnische Untersuchungsmethoden im kriminalpolizeilichen Bereich aufbauen, unterhalten und deren Entwicklungen und Ergebnisse den Polizeien des Bundes und der Länder zur Verfügung stellen,**
3. **auf Ersuchen bei der Durchführung von kriminaltechnischen Untersuchungen unterstützen sowie**
4. **auf Ersuchen bei der Datenverarbeitung unterstützen.**

[2]Die Verarbeitung von personenbezogenen Daten in den Fällen von Satz 1 Nummer 3 und 4 erfolgt nach den Weisungen der Polizeien des Bundes und der Länder und nach deren Vorschriften über die Auftragsverarbeitung. [3]Die Behörden der Länder haben dem Bundeskriminalamt die durch die Inanspruchnahme der Leistungen nach Satz 1 Nummer 2, 3 und 4 entstehenden Kosten zu erstatten. [4]Im Einzelfall kann das Bundeskriminalamt aus Gründen des öffentlichen Interesses von der Erhebung der Kosten absehen.

(6) Das Bundeskriminalamt hat als Zentralstelle ferner zur Unterstützung der Polizeien des Bundes und der Länder bei der Verhütung und Verfolgung von Straftaten

1. **strategische und operative kriminalpolizeiliche Analysen, Statistiken, einschließlich der Kriminalstatistik, und Lageberichte zu erstellen und hierfür die Entwicklung der Kriminalität zu beobachten und auszuwerten,**

235 Kugelmann BKAG § 1 Rn. 20; ders. in Härtel (Hrsg.), Handbuch Föderalismus III, 2012, § 52 Rn. 52.
236 Dürig/Herzog/Scholz/Uhle GG Art. 73 (2010) Rn. 223 f.; RhbZS/Rusteberg 6. Kap. Rn. 25; Bäcker, Terrorismusabwehr durch das Bundeskriminalamt, 2009, S. 39 f.; Tams DÖV 2007, 367 (371); Schmidt KJ 43 (2010), 307 (314 f.).
237 Kugelmann BKAG § 1 Rn. 20.

2. die erforderlichen Einrichtungen für alle Bereiche kriminaltechnischer Untersuchungen und für kriminaltechnische Forschung zu unterhalten und die Zusammenarbeit der Polizei auf diesen Gebieten zu koordinieren,
3. polizeiliche Methoden und Arbeitsweisen der Kriminalitätsbekämpfung zu erforschen und zu entwickeln sowie
4. angemessene organisatorische und technische Vorkehrungen sowie Verfahren zur Umsetzung von Datenschutzgrundsätzen, insbesondere der Grundsätze der Datenvermeidung und Datensparsamkeit, einschließlich der Pseudonymisierung, zu entwickeln.

(7) Das Bundeskriminalamt erstattet erkennungsdienstliche und kriminaltechnische Gutachten für Strafverfahren auf Anforderungen von Polizeidienststellen, Staatsanwaltschaften und Gerichten.

A. Zentralstellenfunktion

I. Zweck und Bedeutung

1 Polizeiliche Arbeit ist im Kern Informationsverarbeitung.[1] Dies gilt zumal für die kriminalpolizeiliche Tätigkeit. Die Auswertung von Informationen bildet eine unverzichtbare Grundlage sowohl für die Erstellung von über den Einzelfall hinausreichenden, allgemeinen oder speziellen Lagebildern, in die internationale Beobachtungen, Trends und Bewertungen einfließen müssen, als auch für die Aufdeckung von Tat- und/oder Täterverbindungen in Bezug oder mit Zielrichtung auf einzelne strafrechtliche Ermittlungskomplexe.[2] In seiner Funktion als Zentralstelle für das polizeiliche Auskunfts- und Nachrichtenwesen und für die Kriminalpolizei besitzt das BKA primär – wenngleich nicht ausschließlich – eine **Servicefunktion** (→ § 1 Rn. 13).

1 Ahlf KritV 71 (1988), 136 (136).
2 Kersten in FS-Herold, 1998, S. 21 (23).

Es unterstützt die Polizeibehörden von Bund und Ländern dabei, Straftaten zu verfolgen und zu verhüten (Abs. 1). Hierzu sammelt das BKA Informationen, wertet sie aus und leitet sie weiter (Abs. 2), betreibt zentrale Dateien und Informationssysteme (Abs. 3 und 4) und gibt vielfältige kriminalistische Hilfestellungen (Abs. 5–7). Die polizeilichen Aufgaben werden dabei nicht auf das Amt übertragen, sondern dort nur **koordiniert und informationell verklammert,**[3] damit andere Polizeibehörden effektiv arbeiten und ihre Vollzugsaufgaben wirkungsvoll wahrnehmen können.

Die Zentralstellenfunktion ist eine hergebrachte Aufgabe des BKA. Sie bildete den Anlass für die Einrichtung der Behörde und kann damit als die „Urfunktion“[4] und „Kernaufgabe des Amtes“[5] sowie als der eigentliche **Identitätskern des BKA** bezeichnet werden.[6] Auch nachdem das BKA einen deutlichen Aufgabenzuwachs erfahren und eigene repressive wie präventive Befugnisse erhalten hat (→ § 1 Rn. 13), stellt die Speicherung, Veränderung und Nutzung von personenbezogenen Daten und Informationen, die zuvörderst von Polizeibehörden der Länder übermittelt werden, noch immer den rechtstatsächlichen Schwerpunkt der Tätigkeiten des BKA dar.[7] Aufgrund seiner Zentralstelleneigenschaft hat das BKA in konzeptionellen Angelegenheiten der Verfolgung und Verhütung von Straftaten eine Initiativ- und Führungsrolle wahrzunehmen. Die notwendige Abstimmung mit den Polizeien der Länder über solche konzeptionellen Fragen der Kriminalitätsbekämpfung findet dabei insbesondere im Rahmen der „Arbeitsgemeinschaft der Leiter der Landeskriminalämter mit dem Bundeskriminalamt“ (AG Kripo) statt.[8] 2

Die Bedeutung der **Zentralstellentätigkeit** des BKA hat seit Gründung der Behörde **stetig zugenommen.** Das polizeiliche Aufgabenprofil hat sich von der punktuellen und anlassbezogenen Gefahrenabwehr gelöst und setzt zunehmend auf übergreifende Präventionsmaßnahmen, die in erster Linie dazu dienen, kriminogene Strukturen oder Milieus aufzuklären und eine breite Informationsbasis für die Kriminalitätsbekämpfung zu beschaffen.[9] Dies gilt insbesondere für die Phänomenbereiche Organisierte Kriminalität und Terrorismus, die sich durch abgeschottete Netzwerkstrukturen ebenso auszeichnen wie durch die Nutzung neuer sozialer Handlungsmöglichkeiten infolge der Prozesse von Internationalisierung und Digitalisierung (→ § 1 Rn. 3). Die wachsende Kontingenz im Rechtstatsächlichen bedingt eine zunehmende Komplexität der Informationsverarbeitung und Wissensgenerierung im Sicherheitsrecht.[10] Darüber hinaus verlangt sie von einem modernen Präventionsstaat konkretes Handeln in der Jetztzeit, auch wenn die Bedrohung im Ungefähren der Zukunft liegt.[11] Um **„vor dem Täter am Tatort“** (*Horst Herold*) zu sein, es mit anderen Worten schon gar nicht erst zu gefährlichen Situationen kommen zu lassen oder auf den dennoch erfolgten Eintritt von Gefahren auch kurzfristig angemessen reagieren zu können, bedarf es des Wissens über Ursachenzusammenhänge und Kausalverläufe. Wirksames vorsorgendes polizeiliches Handeln setzt in der komplexen und vernetzten Lebenswirklichkeit die Erzeugung von Grundlagen- und Strukturwissen voraus.[12] Im Bereich des Sicherheitsrechts bilden Maßnahmen der Datenerhebung, Informationsgewinnung und Wissensgenerierung somit nicht nur in rechtstatsächlicher Hinsicht die Grundlage für spätere physisch geprägte Maßnahmen wie Ingewahrsamnahmen, Aufenthalts- und Kontaktverbote oder Durchsuchungen. Vielmehr verschafft diese Wissensbasis auch eine rechtsstaatlich notwendige Voraussetzung für das staatliche Gefahrenurteil und den Zugriff der Sicherheitsbehörden.[13] Die Prognose, ob eine Gefahr iSd Tatbestands sicherheitsbehördlicher, mit Befehl und Zwang verbundener Eingriffsbefugnisse vorliegt, setzt stets eine Diagnose vor- 3

3 BVerfG Beschl. v. 27.5.2020 – 1 BvR 1873/13 –, BVerfGE 155, 119 (212, Rn. 209); Bäcker, Terrorismusabwehr durch das Bundeskriminalamt, 2009, S. 22.
4 Walter Die Polizei 2011, 65 (67).
5 Steinke ZRP 1995, 212 (213); übereinstimmend Schröder, Europol als Akteur in der Sicherheitsarchitektur der EU, 2022, S. 254; s. auch Zöller, Informationssysteme und Vorfeldmaßnahmen von Polizei, Staatsanwaltschaft und Nachrichtendiensten, 2002, S. 136: „Grundfunktion“; Klink in Groß/Frevel/Dams (Hrsg.), Handbuch der Polizeien Deutschlands, 2008, S. 516 (516): „Hauptschwerpunkt“.
6 Ähnlich F. Graulich, Die Zusammenarbeit von Generalbundesanwalt und Bundeskriminalamt bei dem Vorgehen gegen den internationalen Terrorismus, 2013, S. 107: „bis heute prägend für die gesamte Arbeit des BKA“. Vgl. dazu auch BT-Drs. I/1273, 6: „Die kriminalpolizeilichen Nachrichten über alle anderen Rechtsbrecher, insbesondere die ‚reisenden Verbrecher‘, einschließlich der internationalen, faßt das Bundeskriminalamt zusammen und wertet sie aus. Die Ergebnisse dieser Auswertung werden den Landeskriminalpolizeiämtern und bei Gefahr im Verzuge auch den örtlichen Polizeidienststellen unmittelbar zur Verfügung gestellt […]. Das Bundeskriminalpolizeiamt (Bundeskriminalamt) ist die Stelle, die die Lücke in der Verbrechensbekämpfung auf der Bundesebene schließen soll“.
7 Kugelmann in Härtel (Hrsg.), Handbuch Föderalismus III, 2012, § 52 Rn. 54.
8 Kersten in FS-Herold, 1998, S. 21 (23).
9 Bäcker, Terrorismusabwehr durch das Bundeskriminalamt, 2009, S. 24; näher Stock in Schneider (Hrsg.), Internationales Handbuch der Kriminologie II, 2009, S. 339 (347).
10 Bäcker, Kriminalpräventionsrecht, 2015, 224.
11 Barczak, Der nervöse Staat, 2. Aufl. 2021, S. 35, mwN.
12 Schoch Der Staat 43 (2004), 347 (353). Zu Strategien der Wissensgenerierung durch das BKA näher HdbSicherheitsR/Barczak § 16 Rn. 40 ff.
13 Barczak, Der nervöse Staat, 2. Aufl. 2021, S. 499; Kugelmann, POR, 7. Kap. Rn. 1; ders. DV 47 (2014), 25 (39); Trute DV 46 (2013), 537 (538 ff.); Ogorek JZ 2019, 63 (64).

aus, dh die Feststellung des Sachverhalts und damit das Zusammentragen von Informationen.[14] Entsprechend wurden auch die rechtlichen Grundlagen der Zentralstellenaufgabe im BKAG über die Jahre hinweg **kontinuierlich ausgebaut** und **an die Fortschritte der Informationstechnologie angepasst**, um eine möglichst schnelle und praxisgerechte Bereitstellung der entsprechenden Daten zu ermöglichen.[15]

II. Gesetzgebungskompetenz und institutionelles Gepräge

4 **1. Verfassungsrechtlicher Begriff der Zentralstelle.** Die Zentralstellenfunktion des BKA ist verfassungsrechtlich vorgesehen und wird als polizeiliche Aufgabe einfachgesetzlich in § 2 BKAG aufgenommen.[16] § 2 BKAG findet einen kompetenzrechtlichen Aufhänger zunächst in Art. 87 Abs. 1 S. 2 GG. Danach hat der Bund die ausschließliche Gesetzgebungskompetenz zur Einrichtung von Zentralstellen für das polizeiliche Auskunfts- und Nachrichtenwesen sowie für die Kriminalpolizei. In Wahrnehmung seines Organisationsspielraums hat der Bund beide Zentralstellen (für das polizeiliche Auskunfts- und Nachrichtenwesen und für die Kriminalpolizei) im BKA vereinigt (vgl. § 2 Abs. 1 BKAG). Man spricht allgemein von einer **„Doppelzentralstelle“**.[17] Eine Zentralstelle iSd Art. 87 Abs. 1 S. 2 GG ist eine einem Bundesministerium nachgeordnete Verwaltungseinrichtung der unmittelbaren Bundesverwaltung, die über keinen Verwaltungsunterbau verfügt (was zB die Verselbstständigung kriminalistischer Einrichtungen und informationstechnischer Zentren ausschließt, → Rn. 66) und im Wesentlichen auf die Wahrnehmung von Koordinationsaufgaben beschränkt ist.[18] Als **charakteristische Merkmale** einer „Zentralstelle“ werden – auch ohne verfassungsgeschichtliche Vorprägung des Begriffs[19] – allgemein angesehen:

- die Zusammenarbeit von Bund und Ländern auf einem in Art. 87 Abs. 1 S. 2 GG genannten Gebiet der inneren Sicherheit (**Kooperation**);
- die **Koordination** der sicherheitsbehördlichen Zusammenarbeit von Bund und Ländern durch die Zentralstelle unter Durchbrechung des Verbots der Mischverwaltung;[20]
- eine **bundesweite**[21] und tendenziell ressortübergreifende **Tätigkeit** der Zentralstelle bei gleichzeitigem Ausschluss einer gemeinsamen Zentralstelle von Polizei und Nachrichtendiensten;[22]
- die Errichtung der Zentralstelle **auf bundesgesetzlicher Grundlage.**[23]

5 Die Zentralstellenaufgabe des BKA nach § 2 BKAG steht in besonders enger – und gleichzeitig besonders unsicherer – Verbindung zur Gesetzgebungskompetenz des Bundes für die Zusammenarbeit des Bundes und der Länder in der Kriminalpolizei (**Art. 73 Abs. 1 Nr. 10 lit. a GG**) und die Einrichtung die sicherheitsbehördliche Zusammenarbeit koordinierender Zentralstellen (**Art. 87 Abs. 1 S. 2 GG**). Sowohl bei der Einführung als auch im Zuge späterer Änderungen und Ergänzungen der Zentralstellenaufgabe hat sich der Gesetzgeber stets kumulativ auf beide Kompetenztitel berufen.[24] Rechtsprechung und Schrifttum gehen – da

14 Schucht, Generalklausel und Standardmaßnahme, 2010, 116.

15 Zuletzt durch das Gesetz zur Neustrukturierung des Bundeskriminalamtes v. 1.6.2017 (BGBl. I 2017 S. 1354).

16 Graulich KriPoZ 2017, 278 (279).

17 Ahlf/Daub/Lersch/Störzer/Ahlf BKAG § 2 Rn. 3; ders., Das Bundeskriminalamt als Zentralstelle, 1985, S. 55 f.; ders. KritV 71 (1988), 136 (150); im Anschluss an diesen Dürig/Herzog/Scholz/Ibler GG Art. 87 (2012) Rn. 128; F. Graulich, Die Zusammenarbeit von Generalbundesanwalt und Bundeskriminalamt bei dem Vorgehen gegen den internationalen Terrorismus, 2013, S. 107; Gemmerich, Die Sonderpolizeien des Bundes, 2019, S. 142; ähnlich Gade/Kieler, Polizei und Föderalismus, 2008, S. 44: „Doppelfunktion als Zentralstelle“.

18 Zusammenfassend BVerfG Beschl. v. 3.3.2004 – 1 BvF 3/92 –, BVerfGE 110, 33 (51); vgl. für das BKA auch BVerfG Beschl. v. 27.5.2020 – 1 BvR 1873/13 –, BVerfGE 155, 119 (212, Rn. 209; 225, Rn. 241); Umbach/Clemens/Jestaedt GG II Art. 87 Rn. 79. Im Einzelnen Dürig/Herzog/Scholz/Ibler GG Art. 87 (2012) Rn. 111–121, der im Ergebnis von einem „Behördentyp sui generis“ spricht (Rn. 120); übereinstimmend Kretschmer Jura 2006, 336 (336): „Behördentypus eigener Art“.

19 Darauf hinweisend Umbach/Clemens/Jestaedt GG II Art. 87 Rn. 13; Sachs/Sachs GG Art. 87 Rn. 47.

20 Zum Verbot der Mischverwaltung allgemein BVerfG Urt. v. 20.12.2007 – 2 BvR 2433/04 ua –, BVerfGE 119, 331; zur zulässigen Ausnahme im Rahmen des Art. 87 Abs. 1 Satz 2 GG Winkler, Verwaltungsträger im Kompetenzverbund, 2009, S. 47 f.; konkret für das BKA Hessel BKAG Allgemeines Anm. 2: „Ausnahmecharakter“; Ahlf/Daub/Lersch/Störzer/Ahlf BKAG § 2 Rn. 2; ders., Das Bundeskriminalamt als Zentralstelle, 1985, S. 26 f.; Kniesel, Kriminalitätsbekämpfung durch Polizeirecht, 2022, S. 192.

21 Insofern sind Zentralstellen mit Bundesoberbehörden iSd Art. 87 Abs. 3 S. 1 GG vergleichbar, vgl. Stern, Staatsrecht II, 1980, S. 825. Zwischen den beiden Organisationsformen besteht nach verfassungsgerichtlicher Rspr. ein Wahlrecht, vgl. BVerfG Beschl. v. 3.3.2004 – 1 BvF 3/92 –, BVerfGE 110, 33 (50); aA Dreier/Hermes GG III Art. 87 Rn. 46 (Subsidiarität des Art. 87 Abs. 3 S. 1 GG).

22 Dies kommt im Wortlaut des Art. 87 Abs. 1 S. 2 GG schon dadurch zum Ausdruck, dass das polizeiliche Auskunft- und Nachrichtenwesen von dem des Verfassungsschutzes getrennt wird, vgl. auch Götz in HStR IV, 3. Aufl. 2006, § 85 Rn. 39; Jarass/Pieroth/Kment GG Art. 87 Rn. 5; Kugelmann in Härtel (Hrsg.), Handbuch Föderalismus III, 2012, § 52 Rn. 58; offenlassend BVerfG Beschl. v. 28.1.1998 – 2 BvF 3/92 –, BVerfGE 97, 198 (217).

23 Zusammenfassend Jarass/Pieroth/Kment GG Art. 87 Rn. 5 ff.; Rathgeber DVBl. 2013, 1009 (1011); weitergehend Kugelmann BKAG § 2 Rn. 1.

24 Vgl. BT-Drs. I/1273, 6 f., 11; BT-Drs. 13/1550, 21; BT-Drs. 18/11163, 79: „Artikel 73 Absatz 1 Nummer 10 GG […] in Verbindung mit Artikel 87 Absatz 1 Satz 2 GG“.

eine saubere Abgrenzung ungeachtet vielfältiger Versuche[25] kaum möglich erscheint – ebenfalls überwiegend von einem „Zusammenspiel“,[26] einer verwaltungskompetenzrechtlichen „Zusammenschau“[27] bzw. „engem entstehungsgeschichtlich-systematischem Kontext“[28] von Art. 73 Abs. 1 Nr. 10 lit. a GG und Art. 87 Abs. 1 S. 2 GG aus und ziehen – sachbereichsbezogen – Art. 73 Abs. 1 Nr. 9a GG ergänzend heran. Nicht nur das Verhältnis der Kompetenztitel zueinander,[29] auch Funktion (Gesetzgebungs- und/oder Verwaltungskompetenz) und genauer Inhalt der maßgeblichen Rechtsbegriffe „Zusammenarbeit“ und „Zentralstelle“ sind bis heute nicht abschließend geklärt.[30]

2. Weisungs- und Exekutivbefugnisse? Die Frage nach dem Verhältnis von Art. 73 Abs. 1 Nr. 10 lit. a GG 6
und Art. 87 Abs. 1 S. 2 GG ist „keine rein akademische Frage“.[31] Von ihrer Beantwortung hängen das institutionelle Gepräge und die materielle Reichweite der zulässigen Zentralstellenfunktion des BKA wesentlich ab. Wenn man die Begriffe „Zusammenarbeit“ und „Zentralstelle“ mit der überwiegenden Auffassung im Schrifttum erweiternd auslegt,[32] wäre es verfassungsrechtlich zulässig, das BKA als Zentralstelle mit Weisungsbefugnissen gegenüber den Landesbehörden sowie mit Exekutivbefugnissen zu außenwirksamen Maßnahmen und Eingriffen in die Rechtspositionen der betroffenen Bürgerinnen und Bürger zu versehen. Dass dies **nach geltendem Recht nicht der Fall** ist, wird bei einem Blick auf Standort, Telos und Wortlaut des § 2 BKAG deutlich (→ Rn. 8).

Eine davon zu unterscheidende Frage ist, ob der Bundesgesetzgeber das BKA im Rahmen seiner Zentralstel- 7
lenfunktion kompetenzrechtlich zulässig mit entsprechenden Weisungsbefugnissen gegenüber den Ländern und außenwirksamen Exekutivbefugnissen ***de lege ferenda*** ausstatten könnte. Dagegen spricht, dass der Bund auf diese Weise präventivpolizeiliche Tätigkeiten in erheblichem Umfang an sich ziehen oder jedenfalls für die Länder verbindlich vorgeben könnte. Art. 87 Abs. 1 S. 2 GG ermöglicht für bestimmte Sondermaterien bundeseigene Sicherheitsbehörden; macht der Bund von seiner fakultativen Einrichtungskompetenz Gebrauch, fehlt den Ländern in dem betreffenden Bereich die Verwaltungskompetenz.[33] Je weiter man den Bereich der von Art. 87 Abs. 1 S. 2 GG erfassten Verwaltung zieht, umso mehr schwindet der exekutive Gestaltungs- und Regelungsspielraum der Länder. Legt man Art. 87 Abs. 1 S. 2 GG mit der herrschenden Auffassung erweiternd aus, wird dem Bund ein partielles Verfügungsrecht über die von Art. 30, 70 Abs. 1 GG geschützte Polizeihoheit der Länder durch die Hintertür einer fakultativen Bundeseigenverwaltungskompetenz eingeräumt.[34] Mit Blick auf die Polizeihoheit der Länder verlangt zwar auch die überwiegende Auffassung im Schrifttum bei der Einräumung von Weisungsrechten und außenwirksamen Exekutivbefugnissen einen sachlichen Zusammenhang mit dem Zentralstellencharakter des BKA sowie mit den in Art. 73 Abs. 1 Nr. 9a und 10 GG beschriebenen Aufgabenbereichen.[35] Damit würde jedoch keine verfassungsrechtliche Grenze aufgezeigt, vielmehr würden lediglich die verfassungsrechtlichen Grundlagen nachgezeichnet. Entsprechend ging auch der historische Gesetzgeber bei der Verabschiedung des BKAG im Jahr 1951 davon aus, dass das BKA nur im Rahmen seiner bereichsspezifischen strafrechtlichen Ermittlungskompetenz (§ 4 Abs. 1 BKAG, im Einzelnen → § 4 Rn. 14 ff.) als „echte Exekutivbehörde“ fungiere, im Übrigen jedoch „auf die Sammlung von Nachrichten beschränkt“ sei.[36]

Vorzugswürdig erscheint danach eine **restriktivere Interpretation**: Danach kann der Bund aufgrund seiner 8
beschränkten Gesetzgebungskompetenz nach Art. 73 Abs. 1 Nr. 10 GG und Art. 87 Abs. 1 S. 2 GG von vornherein nur solche Regelungen schaffen, die spezifisch die Zusammenarbeit von Bund und Ländern in

25 Anhänger dieser sog. Trennungstheorie (vgl. Abbühl, Der Aufgabenwandel des Bundeskriminalamtes, 2010, S. 76 f.) sind Ahlf, Das Bundeskriminalamt als Zentralstelle, 1985, S. 76; Baldus, Transnationales Polizeirecht, 2001, S. 108 ff.; Gusy DVBl. 1993, 1117 (1118 f.).

26 Schenke/Graulich/Ruthig/K. Graulich BKAG § 2 Rn. 1; von Mangoldt/Klein/Starck/Burgi GG II Art. 87 Rn. 46.

27 BVerfG Urt. v. 20.4.2016 – 1 BvR 966/09 ua –, BVerfGE 141, 220 (263 f., Rn. 89); Dreier/Hermes GG III Art. 87 Rn. 52.

28 Umbach/Clemens/Jestaedt GG II Art. 87 Rn. 78.

29 Ausdrücklich offenlassend BVerfG Urt. v. 20.4.2016 – 1 BvR 966/09 ua –, BVerfGE 141, 220 (263 f., Rn. 89).

30 Ausführlich zur Normgenese und dem umstrittenen Verhältnis beider Vorschriften zueinander Abbühl, Der Aufgabenwandel des Bundeskriminalamtes, 2010, S. 60 ff., 75 ff., mwN; zum Stand der Diskussion auch Lisken/Denninger/Bäcker, HdbPolR, B Rn. 127 ff., mwN.

31 So von Mangoldt/Klein/Starck/Burgi GG II Art. 87 Rn. 44.

32 Vgl. Dürig/Herzog/Scholz/Ibler GG Art. 87 (2012) Rn. 79; von Mangoldt/Klein/Starck/Burgi GG II Art. 87 Rn. 47; Umbach/Clemens/Jestaedt GG II Art. 87 Rn. 80 ff.; Jarass/Pieroth/Kment GG Art. 87 Rn. 5; Kugelmann BKAG § 2 Rn. 1; Kubica/Leineweber NJW 1984, 2068 (2068 ff.); zweifelnd Sachs/Sachs GG Art. 87 Rn. 40; differenzierend von Münch/Kunig/Broß/Mayer GG II Art. 87 Rn. 19 f.: Exekutivbefugnisse ja, Weisungsrecht nein.

33 Umbach/Clemens/Jestaedt GG II Art. 87 Rn. 74.

34 Wie hier Lisken/Denninger/Bäcker, HdbPolR, B Rn. 131. Für eine enge Auslegung auch Dreier/Hermes GG III Art. 87 Rn. 52; Becker DÖV 1978, 551 (555); Riegel NJW 1983, 656 (657); gegen ein Weisungsrecht ferner Stern, Staatsrecht II, 1980, S. 826 (mit Fn. 451); Steinke ZRP 1995, 212 (213).

35 Vgl. stellvertretend Riegel Bundespolizeirecht/BKAG § 1 S. 6 f.; Ahlf/Daub/Lersch/Störzer/Ahlf BKAG § 2 Rn. 12: „funktional beschränkte Weisungsrechte“.

36 BT-Drs. I/1273, 7.

der Kriminalpolizei oder die internationale Verbrechensbekämpfung zum Gegenstand haben.[37] Nur diese Sachbereiche können dem BKA danach als Aufgabe im BKAG zugewiesen werden. Die Kompetenznormen erlauben nur die Einrichtung „von Koordinierungsinstanzen für eine im Prinzip allein fortbestehende Landeskompetenz".[38] Aufgrund des von Verfassungs wegen zwingenden Bezugs zur vertikalen Kooperation zwischen Bund und Ländern im Verbund der inneren Sicherheit (→ § 1 Rn. 5, 12) ist das BKA darauf beschränkt, das Handeln der zuständigen Landespolizeibehörden „informationell zu verklammern, fachlich zu unterstützen, zu koordinieren und mit ausländischen Polizeibehörden zu vernetzen".[39] Dies schließt neben der Koordinierung im Einzelfall (vgl. § 2 Abs. 1–3 BKAG) auch fortlaufende Serviceleistungen wie die kriminalistische Forschung und Entwicklung, Fortbildungsangebote oder die Erstellung von Statistiken und kriminaltechnischen Gutachten ein (vgl. § 2 Abs. 4–7 BKAG). **Weisungsbefugnisse** gegenüber den Landespolizeibehörden sind dem BKA aber auch im Rahmen dieser Verklammerungs- und Koordinierungsaufgabe in Ermangelung einer ausdrücklichen verfassungsrechtlichen Grundlage (zum Erfordernis einer solchen → § 1 Rn. 36) verwehrt.[40] Erst recht ist es **kompetenzrechtlich ausgeschlossen**, dass das BKA in seiner Zentralstellenfunktion polizeiliche Verfahren aus eigener Initiative einleitet und mit eigenständig wahrzunehmenden **operativen Eingriffs- und Zwangsbefugnissen** betreibt.[41] Vorschriften über Bundesverwaltungskompetenzen können Grundrechtseingriffe weder rechtfertigen noch erleichtern.[42] Hierzu bedarf es anderer kompetenzrechtlicher Grundlagen, wie sich am Beispiel des im Jahr 2006 nachträglich in das Grundgesetz eingefügten Art. 73 Abs. 1 Nr. 9a GG zeigt (→ § 1 Rn. 13).[43]

B. Kommentierung im Einzelnen

I. Überblick und Genese

9 § 2 BKAG normiert die Aufgaben des BKA, die mit seiner Funktion als **Informations- und Kommunikationszentrale** zusammenhängen.[44] Die heutige Gestalt der Norm geht im Wesentlichen auf das Gesetz über das Bundeskriminalamt und die Zusammenarbeit des Bundes und der Länder in kriminalpolizeilichen Angelegenheiten vom 7.7.1997[45] zurück. Durch das Gesetz zur Neustrukturierung des Bundeskriminalamtes vom 1.6.2017[46] hat der Gesetzgeber die Absätze 3–6 geändert. Ziel war ein Ausbau und eine Modernisierung der Zentralstelle, um die polizeiliche Informationsverarbeitung zu standardisieren, zu harmonisieren und auf diese Weise weiter zu vernetzen.[47] **Vernetzung** gehört zu den zentralen Bausteinen einer modernen Sicherheitsarchitektur (→ § 1 Rn. 17 ff.). Zur Vernetzung trägt das BKA als Zentralstelle maßgeblich über den polizeilichen Informationsverbund (Abs. 3) bei und wird dabei – in sicherheitsarchitektonischer Perspektive – zunehmend als **„gemeinsames Datenhaus der deutschen Polizei"** erkennbar.[48] Insofern reflektiert § 2 BKAG in besonderer Weise die Entwicklung der Informationstechnologie und deren Auswirkungen auf die Polizei.[49]

37 Lisken/Denninger/Bäcker, HdbPolR, B Rn. 132; mit einer an den Entstehungszusammenhang des BKA angelehnten Argumentation auch Voßschmidt Kriminalistik 2012, 378 (379).

38 Meinel NVwZ 2018, 852 (857), für den Bereich des Verfassungsschutzes.

39 HdbVerfR/Bäcker § 28 Rn. 76; wie dieser Kniesel, Kriminalitätsbekämpfung durch Polizeirecht, 2022, S. 193.

40 Wie hier Zaremba, Die Entwicklung polizeirelevanter datenschutzrechtlicher Bestimmungen, 2014, S. 451; aA Hessel BKAG § 2 Anm. 1 (der sogar von einem § 2 BKAG immanenten Weisungsrecht auszugehen scheint); Lisken/Denninger/Bäcker, HdbPolR, B Rn. 132; ders. GSZ 2018, 213 (216 f.). Bäcker zufolge könnten sich entsprechende Weisungsbefugnisse zwar nicht auf außenwirksamen Maßnahmen im konkreten Einzelfall beziehen. Dem BKA könne jedoch ua ermöglicht werden, bestimmte Feststellungen oder Bewertungen – etwa über das von einer bestimmten Person ausgehende Bedrohungspotential – für die Landespolizeibehörden verbindlich vorzugeben. Soweit eine länderübergreifende Bedrohungslage bestehe, für deren Bewältigung mehrere Landespolizeibehörden zuständig seien, könne das BKA zumindest in Konfliktfällen auch ermächtigt werden, allgemeine verfahrenstaktische Fragen verbindlich zu entscheiden. Solche Befugnisse könnten die Risikomanagement- und Monitoring-Funktionen verstärken, die dem BKA bei der Zusammenarbeit gerade in der Terrorismusbekämpfung vermehrt zugedacht werden.

41 Lisken/Denninger/Bäcker, HdbPolR, B Rn. 132; ähnlich Becker DÖV 1978, 551 (553 ff.); Zaremba, Die Entwicklung polizeirelevanter datenschutzrechtlicher Bestimmungen, 2014, S. 451; unentschieden Kniesel, Kriminalitätsbekämpfung durch Polizeirecht, 2022, S. 168 f.

42 Dreier/Hermes GG III Art. 87 Rn. 54.

43 Art. 73 Abs. 1 Nr. 9a GG schließt die Regelung von Befugnissen ein, ermächtigt aber nicht zu Weisungen des BKA gegenüber den Landespolizeibehörden, vgl. Jarass/Pieroth/Kment GG Art. 73 Rn. 32, mwN.

44 BT-Drs. 7/178, 7.

45 BGBl. I 1997 S. 1650.

46 BGBl. I 2017 S. 1354.

47 BT-Drs. 18/11163, 81.

48 Vgl. BMI, Polizei 2020 – White Paper, 2018, S. 11; zum Stand der Umsetzung des Bundesprogramms „Polizei 2020" s. BT-Drs. 19/27083.

49 S. allgemein Küster in Zachert (Hrsg.), 40 Jahre Bundeskriminalamt, 1991, S. 107 ff.

10 Die geltende Ausgestaltung der Zentralstellenfunktion hält sich dabei im Rahmen der – restriktiv zu interpretierenden (→ Rn. 8) – Bundeskompetenz nach Art. 73 Abs. 1 Nr. 10 GG und Art. 87 Abs. 1 S. 2 GG.[50] Die Regelung des § 2 BKAG ist im systematischen Zusammenhang der Aufgabenzuweisungen verortet. Es handelt sich um eine schlichte **Aufgabennorm** (→ § 1 Rn. 29);[51] diese verleiht weder operative Befugnisse zu außenwirksamen Maßnahmen und Eingriffen,[52] noch begründet sie ein Weisungsrecht gegenüber den Ländern.[53] Dem BKA kommen kraft der Zentralstellenfunktion somit weder eigene Ermittlungs- noch besondere Anforderungskompetenzen zu.[54] Auch das Anlegen und Führen von polizeilichen Kriminalakten (→ Rn. 53) kann seit dem Volkszählungsurteil[55] nicht mehr als bloßes Polizeiinternum durchgehen und bedarf daher einer hinreichend bestimmten und normenklaren gesetzlichen Ermächtigungsgrundlage.[56] Umgekehrt ist die Koordinierungsaufgabe der Zentralstelle nicht auf die passive Entgegennahme und Registrierung anfallender Informationen beschränkt; sie umfasst vielmehr auch die tätige Sammlung und kriminalpolizeiliche Auswertung der für die Strafverfolgung und Gefahrenabwehr relevanten Daten.[57]

11 Dementsprechend gestattet § 2 Abs. 2 Nr. 1 BKAG zwar das Sammeln und Auswerten, nicht jedoch das Erheben, Speichern und Weiterverarbeiten von Informationen.[58] Informationelle Eingriffsbefugnisse liegen zwar in der Befugnis, zur Unterstützung der Polizeien des Bundes und der Länder Informationen zu übermitteln; dies erfolgt aber nach § 2 Abs. 5 S. 1 Nr. 4, S. 2 BKAG im Auftrag und damit auf der Grundlage der Rechtsvorschriften der beauftragenden Behörde, die verantwortliche Stelle für die Datenverarbeitung bleibt und demzufolge auch über etwaige Folgeansprüche (zB Auskunftsbegehren) zu entscheiden hat (→ Rn. 73). Das BKAG verwirklicht insofern mustergültig die verfassungsrechtlich radizierte **Trennung von Aufgabe und Befugnis** (→ § 1 Rn. 1, 29), indem es die Datenerhebungs-, Datenweiterverarbeitungs- und Datenübermittlungsbefugnisse – systematisch abgelöst von der Aufgabenzuweisung des § 2 BKAG – in §§ 9 ff. BKAG verankert.[59] Auch danach besitzt das BKA als Zentralstelle grundsätzlich **keine Befugnis zu eigeninitiierten Maßnahmen**, um selbst personenbezogene Daten zu erheben oder Befehls- oder Zwangsmaßnahmen zu treffen, die aufgrund des Informationsbestands angezeigt erscheinen mögen. Eine **Ausnahme** in diesem Kontext bildet **§ 9 Abs. 1 BKAG**, der das BKA dazu ermächtigt, personenbezogene Daten zur Ergänzung vorhandener Sachverhalte oder sonst zu Zwecken der Auswertung mittels Auskünften oder Anfragen bei öffentlichen oder nichtöffentlichen Stellen zu erheben (→ § 9 Rn. 58 ff.). Die Norm befugt tatbestandlich jedoch nicht zu Datenerhebungen, durch die völlig neue Erkenntnisse erstmals zu völlig neuen Zwecken gewonnen werden sollen, sondern bleibt auf den vorhandenen Daten- und Informationsbestand bezogen, der lediglich punktuell ergänzt oder ausgewertet werden soll. Damit hält sich § 9 Abs. 1 BKAG noch im Rahmen der Kompetenzordnung.[60]

II. Aufgabenzuweisung und allgemeine Aufgabenbeschreibung (Abs. 1)

12 Abs. 1 weist dem BKA die Aufgaben der in Art. 87 Abs. 1 S. 2 GG genannten Zentralstelle für das polizeiliche Auskunfts- und Nachrichtenwesen und für die Kriminalpolizei einfachrechtlich zu.[61] Der einfachgesetzliche Begriff der Zentralstelle ist **vom Verfassungstext her auszulegen** und folglich mit dem Zentralstellenbegriff iSd Art. 87 Abs. 1 S. 2 GG (→ Rn. 4) identisch.[62] Zugleich legt § 2 Abs. 1 BKAG, der teilweise § 2 Abs. 1 Nr. 7 BKAG aF übernimmt, zusammenfassend den Zweck der Zentralstelle fest, die Polizeien des Bundes und der Länder bei der Verfolgung (→ § 1 Rn. 48 f.) und Verhütung von Straftaten (→ § 1 Rn. 50) mit länderübergreifender, internationaler oder erheblicher Bedeutung zu unterstützen. Daraus folgt zum einen, dass die **Zentralstellenaufgabe** des BKA sowohl eine **repressive** („Verfolgung von Straftaten", „Zen-

50 Lisken/Denninger/Bäcker, HdbPolR, B Rn. 133.
51 Ahlf/Daub/Lersch/Störzer/Ahlf BKAG § 2 Rn. 23.
52 VGH Kassel Urt. v. 22.6.1995 – 6 UE 1668/92 –, BeckRS 1995, 22564, Rn. 30; VG Wiesbaden Urt. v. 13.1.1989 – IV E 733/87 –, StV 1989, 261 (261): „ohne Eingriffsermächtigungscharakter".
53 Schenke/Graulich/Ruthig/K. Graulich BKAG § 2 Rn. 1.
54 Kugelmann BKAG § 2 Rn. 3.
55 BVerfG Urt. v. 15.12.1983 – 1 BvR 209/83 ua –, BVerfGE 65, 1.
56 Ahlf KritV 71 (1988), 136 (156); ähnlich zuvor schon Denninger KJ 18 (1985), 215 (241).
57 Verfassungsrechtlich Umbach/Clemens/Jestaedt GG II Art. 87 Rn. 81; verwaltungsrechtlich Ahlf/Daub/Lersch/Störzer/Ahlf BKAG § 2 Rn. 11.
58 VG Wiesbaden Urt. v. 13.1.1989 – IV E 733/87 –, StV 1989, 261 (261).
59 Vgl. auch Zaremba, Die Entwicklung polizeirelevanter datenschutzrechtlicher Bestimmungen, 2014, S. 665.
60 Lisken/Denninger/Bäcker, HdbPolR, B Rn. 133; vgl. zur Vorgängernorm des § 7 Abs. 2 BKAG aF auch ders., Terrorismusabwehr durch das Bundeskriminalamt, 2009, S. 22 f.; sowie Zöller, Informationssysteme und Vorfeldmaßnahmen von Polizei, Staatsanwaltschaft und Nachrichtendiensten, 2002, S. 159; Middel, Innere Sicherheit und präventive Terrorismusbekämpfung, 2007, S. 251; F. Graulich, Die Zusammenarbeit von Generalbundesanwalt und Bundeskriminalamt bei dem Vorgehen gegen den internationalen Terrorismus, 2013, S. 123; ähnlich Gärditz, Strafprozeß und Prävention, 2003, S. 267 (mit Fn. 230).
61 BT-Drs. 13/1550, 21.
62 Schenke/Graulich/Ruthig/K. Graulich BKAG § 2 Rn. 3; ders. KriPoZ 2017, 278 (279).

tralstelle für die Kriminalpolizei") als auch eine **präventive Facette** („Verhütung von Straftaten", „Zentralstelle für das polizeiliche Auskunfts- und Nachrichtenwesen") besitzt, und zwar schon deshalb, weil sich die vom BKA als Zentralstelle wahrzunehmenden polizeilichen Informations- und Koordinationsaufgaben nicht immer exakt in repressive und präventive Bereiche aufgliedern lassen, sondern sich oft und in vielfältiger Hinsicht überschneiden.[63] Zum anderen wird der Charakter der Zentralstelle als „Serviceeinrichtung" unterstrichen, die nicht eigeninitiativ ermittelnd tätig wird, sondern die die Polizeien des Bundes und der Länder bei der Verhütung und Verfolgung von Straftaten „unterstützt". Dass sich die Tätigkeiten des BKA im Rahmen seiner Zentralstellenfunktion zugleich nicht auf reine „Serviceleistungen" beschränken, zeigt demgegenüber Abs. 2.

13 **1. Straftat mit länderübergreifender, internationaler oder erheblicher Bedeutung.** Mit dem Begriff der Straftat mit länderübergreifender, internationaler oder erheblicher Bedeutung zieht § 2 Abs. 1 BKAG die sog. **INPOL-Relevanz-Schwelle** ein, ab der das Amt unterstützend tätig werden darf (→ Rn. 22 f.). Der Begriff der „Straftat" besitzt im Kontext des BKAG zunächst keine spezifische Bedeutung; er ist vielmehr iSd §§ 160 Abs. 1, 163 Abs. 1 S. 1 StPO zu verstehen und umfasst nach § 12 StGB Vergehen wie Verbrechen (→ § 1 Rn. 48). Die Entscheidung darüber, ob eine Straftat mit länderübergreifender, internationaler oder erheblicher Bedeutung iSd Abs. 1 vorliegt, trifft das BKA nach Maßgabe seiner internen Zuständigkeitsordnung.[64] Bei den Qualifikationsmerkmalen „länderübergreifende", „internationale" und „erhebliche" Bedeutung der Straftat handelt es sich um unbestimmte Rechtsbegriffe. Diese sind sowohl mit Blick auf ihren jeweiligen **Inhalt** als auch hinsichtlich ihres **Verhältnisses zueinander konkretisierungsbedürftig**. Nach dem Wortlaut der Norm („oder") scheinen alle drei Merkmale alternativ nebeneinander zu stehen, müssen also scheinbar nicht kumulativ erfüllt sein. Eine solche Auslegung widerspräche jedoch der Entstehungsgeschichte des BKA, das institutionengeschichtlich nur dann tätig werden soll, wenn Straftaten über die Grenzen eines Landes hinaus Bedeutung erlangen.[65] Insofern setzt Abs. 1 stets eine länderübergreifende Straftat voraus, die – kumulativ – entweder von internationaler oder von erheblicher Bedeutung ist. Diese Interpretation wird durch die Gesetzesbegründung bestätigt, die von einem einheitlichen Merkmal „länderübergreifender und internationaler Kriminalität" in Abs. 1 ausgeht.[66]

14 Eine **länderübergreifende Bedeutung** innerhalb der Bundesrepublik Deutschland liegt dann vor, wenn bereits begangene oder künftig zu erwartende Straftaten Belange mehrerer Bundesländer berühren. Hierzu reicht es aus, wenn von einem Bundesland Straftaten in einem anderen Bundesland vorbereitet, unterstützt oder geleitet werden.[67] Straftaten haben **internationale Bedeutung**, wenn sie in mehr als einem Staat begangen werden oder Vorbereitung bzw. Begehungsform grenzüberschreitend sind oder sich grenzüberschreitend auswirken.[68]

15 Dem Begriff der **Straftat von erheblicher Bedeutung** kommt keine originär kriminalpolizeiliche Bedeutung zu. Er kann auch nicht räumlich gemeint sein, da diese Fälle durch die Merkmale „länderübergreifend" bzw. „international" bereits abgedeckt sind.[69] Es handelt sich vielmehr um ein qualitatives Merkmal, das im Einklang mit den strafprozessualen Eingriffsermächtigungen[70] auszulegen ist. Unter dem Begriff der Straftat mit erheblicher Bedeutung sind danach solche Taten zu verstehen, die den Rechtsfrieden empfindlich stören oder geeignet sind, das Gefühl der Rechtssicherheit der Bevölkerung erheblich zu beeinträchtigen. Die **Beeinträchtigung des Rechtsfriedens oder der Rechtssicherheit** kann sich etwa daraus ergeben, dass durch die Straftat bedeutsame Rechtsgüter, wie zB Leib, Leben, Gesundheit, Freiheit oder fremde Sachen von bedeutendem Wert verletzt werden oder ein besonderes mediales Interesse erzeugt wird.[71] Politisch, extremistisch oder terroristisch motivierte Straftaten kommen ebenso in Betracht wie seriell auftretende Kapitaldelikte.[72] Straftaten von erheblicher Bedeutung iSd § 2 Abs. 1 BKAG sind danach insbesondere Verbrechen, die in § 138 StGB genannten Vergehen, sowie die Delikte der Straftatenkataloge der §§ 98a,

63 Riegel JR 1981, 229 (234); Ahlf KritV 71 (1988), 136 (150).
64 Kugelmann BKAG § 2 Rn. 4.
65 Kugelmann BKAG § 2 Rn. 5.
66 BT-Drs. 13/1550, 21.
67 BT-Drs. 13/1550, 21.
68 BT-Drs. 13/1550, 21.
69 Kugelmann BKAG § 2 Rn. 5. Auch aus diesem Grund schlug der Bundesrat im Rahmen der BKAG-Novelle 1997 die Streichung dieses Merkmals vor, ohne jedoch damit durchzudringen, vgl. BR-Drs. 94/95 (Beschluß), 4. Kritik an der mangelnden Bestimmtheit dieses Kriteriums äußert auch Lindemann KJ 33 (2000), 86 (86, mit Fn. 3).
70 Vgl. §§ 81g Abs. 1, 98a Abs. 1 S. 1, 100h Abs. 1 S. 2, 110a Abs. 1 S. 1, 131 Abs. 3 S. 1, 131a Abs. 3, 131b Abs. 1 und 2, 160a Abs. 2 S. 1, 163e Abs. 1 und 2, 163f Abs. 1 S. 1, 163g Abs. 1 S. 1 StPO.
71 Kugelmann BKAG § 2 Rn. 5.
72 Kugelmann BKAG § 2 Rn. 5; weitergehend Zaremba, Die Entwicklung polizeirelevanter datenschutzrechtlicher Bestimmungen, 2014, S. 704 f.

100a, 110a StPO.[73] Umstritten ist, ob sich die einzustellenden Vergehen nach den Straftatenkatalogen aus § 138 StGB und §§ 98a Abs. 1 S. 1, 100a Abs. 2 und 110a Abs. 1 S. 1 StPO als Gesamtmenge aller Definitionen von Straftaten von erheblicher Bedeutung[74] oder lediglich nach § 100a Abs. 2 StPO aus der Schnittmenge sämtlicher Definitionen der Straftaten von erheblicher Bedeutung bestimmen.[75]

Da das polizeiliche Verständnis vom Begriff der „Straftaten von erheblicher Bedeutung" nicht bundeseinheitlich war, wurden in der INPOL-Richtlinie **drei Kategorien für die Zuordnung zu INPOL-neu** festgelegt: 16

- Muss-Fälle, die generell aufgrund ihrer Art bundesweit relevant sind und nach dem Landessystem automatisch nach INPOL-neu überführt werden können;
- Regel-Fälle, die grundsätzlich für INPOL-neu in Betracht kommen, bei denen die Sachbearbeiterin bzw. der Sachbearbeiter aber aufgrund bestimmter Umstände einen Zugang zu INPOL-neu versagen kann;
- Kann-Fälle, die grundsätzlich im Landessystem verbleiben, wobei die Sachbearbeiterin bzw. der Sachbearbeiter auch hier die Möglichkeit hat, eine andere Entscheidung zu treffen.[76]

Bei der Anlasstat muss es sich um ein Delikt handeln, das mindestens der mittleren Kriminalität zuzurechnen ist. In den **Fällen mittlerer Kriminalität** ist dabei das besondere Maß des Unrechts nach Lage des konkreten Einzelfalles entscheidend, weil es nicht so sehr auf den abstrakten Charakter des Straftatbestandes, sondern auf Art und Schwere der jeweiligen konkreten Tat gem. der Verdachtslage bei Anordnung der Maßnahme ankommt.[77] Die Anlasstat muss somit **auch im konkreten Einzelfall von erheblicher Bedeutung** sein.[78] Aus Gründen der Verhältnismäßigkeit muss sichergestellt sein, dass im Rahmen einer Einzelfallprüfung Fälle ausgeschieden werden, die zwar abstrakt betrachtet eine Straftat von erheblicher Bedeutung zum Gegenstand haben, bei denen mangels hinreichender Schwere im konkreten Einzelfall die Eröffnung der Zentralstellenfunktion aber nicht zu rechtfertigen ist. Indizien für ein besonderes Gewicht im Einzelfall können die Schutzwürdigkeit der verletzten Rechtsgüter und der Grad der Bedrohung der Allgemeinheit sein, aber auch die Art der Begehung der Straftat, die Anzahl der Geschädigten und das Ausmaß des Schadens.[79] Nach Lage des Einzelfalles sollen auch Eigentums- oder Vermögensdelikte mittlerer Kriminalität die genannten Voraussetzungen erfüllen, insbesondere wenn es sich um Straftaten mit Seriencharakter und entsprechend erheblichem (Gesamt-) Schaden für die Allgemeinheit handelt.[80] 17

2. Polizeien des Bundes und der Länder. Der Polizeibegriff im Rahmen des § 2 Abs. 1 BKAG ist – wie bei § 1 Abs. 1 BKAG (→ § 1 Rn. 37) – nicht in einem organisatorischen, sondern in einem **aufgabenbezogenen Sinne** zu verstehen. Das bedeutet, das BKA als Zentralstelle unterstützt auch die Schutzpolizeien der Länder, soweit diese kriminalpolizeiliche Aufgaben wahrnehmen.[81] 18

Der Begriff „Polizeien des Bundes" wird im BKAG an verschiedenen Stellen verwendet (→ § 3 Rn. 38 ff.; → § 25 Rn. 27; → § 32 Rn. 21). Im Regelfall ist der Begriff im **materiellrechtlichen Sinne** zu verstehen. Polizeien des Bundes sind demnach nicht nur das BKA, die Bundespolizei, die Polizeivollzugsbeamten beim Deutschen Bundestag zur Wahrnehmung der Polizeigewalt des Präsidenten des Deutschen Bundestages und der Inspekteur der Bereitschaftspolizeien der Länder, sondern ua auch der Zollgrenzdienst und der Zollfahndungsdienst. Soweit die Einbeziehung dieser Zolldienststellen nicht sachgerecht erscheint, werden diese aus dem Anwendungsbereich der jeweiligen Regelung ausdrücklich ausgenommen.[82] 19

3. Unterstützung als Zentralstelle. a) Zentralstelle für das „polizeiliche Auskunfts- und Nachrichtenwesen" und für die „Kriminalpolizei". Nach Abs. 1 wird das BKA als Zentralstelle für das polizeiliche Auskunfts- und Nachrichtenwesen und für die Kriminalpolizei unterstützend tätig. Der Begriff des „polizeilichen Auskunfts- und Nachrichtenwesens" **umschreibt die Aufgabe**, die sich auf Informationen zu Fragen der Gefahrenabwehr sowie der Strafverfolgung bezieht und die sowohl die Sammlung als auch die Auswertung und 20

73 Ahlf/Daub/Lersch/Störzer/Ahlf BKAG § 2 Rn. 30; Zaremba, Die Entwicklung polizeirelevanter datenschutzrechtlicher Bestimmungen, 2014, S. 705; Sehr Kriminalistik 1999, 532 (534).

74 Ahlf/Daub/Lersch/Störzer/Ahlf BKAG § 2 Rn. 30.

75 Kingreen/Poscher, POR, § 14 Rn. 26; Zöller, Informationssysteme und Vorfeldmaßnahmen von Polizei, Staatsanwaltschaft und Nachrichtendiensten, 2002, S. 141.

76 Zöller, Informationssysteme und Vorfeldmaßnahmen von Polizei, Staatsanwaltschaft und Nachrichtendiensten, 2002, S. 151; Zaremba, Die Entwicklung polizeirelevanter datenschutzrechtlicher Bestimmungen, 2014, S. 705; Sehr in FS-Herold, 1998, S. 135 (140); ders. Kriminalistik 1999, 532 (534); Busch Bürgerrechte & Polizei/CILIP 3/2003, 12 (15).

77 BT-Drs. 13/1550, 21.

78 Vgl. insoweit explizit §§ 95a Abs. 1 Nr. 1, 100g Abs. 1 S. 1 Nr. 1, 100i Abs. 1, 100k Abs. 1 S. 1 StPO.

79 Zu § 95a Abs. 1 Nr. 1 StPO s. BT-Drs. 19/27654, 64.

80 BT-Drs. 13/1550, 21.

81 BT-Drs. 13/1550, 21.

82 Vgl. § 32 Abs. 3 S. 2 BKAG.

Weitergabe entsprechender Informationen umfasst.[83] In dieser Funktion agiert das BKA als „Informations- und Kommunikationszentrale der deutschen Polizei".[84]

21 Demgegenüber soll zu den zulässigen Aufgaben des BKA als Zentralstelle für die „Kriminalpolizei" die Gesamtheit der Tätigkeiten gehören, die auf die Verhütung, Aufklärung und Verfolgung solcher Straftaten gerichtet sind, die aufgrund ihrer länderübergreifenden, internationalen oder sonst erheblichen Bedeutung (→ Rn. 13 ff.) einer koordinierenden Zentralstellenverwaltung durch den Bund bedürfen.[85] Eine **präzise Abgrenzung** zwischen „Kriminalpolizei" und dem „polizeilichen Auskunfts- und Nachrichtenwesen" ist **kaum möglich**; aus diesem Grund hat der Bundesgesetzgeber mit dem BKA eine einheitliche Zentralstelle („Doppelzentralstelle", → Rn. 4) geschaffen.[86] Eine unmittelbar außenwirksame Polizeitätigkeit geht mit der Funktion als Zentralstelle für die Kriminalpolizei nicht einher (→ Rn. 8).

22 b) **INPOL-Relevanz-Schwelle.** Ziel des § 2 Abs. 1 BKAG ist eine Effektuierung der Verhütung und Verfolgung von Straftaten.[87] Das Unterstützen erfolgt nach Maßgabe der Abs. 2–7 BKAG (→ Rn. 37 ff.). Daten, die das BKA anlässlich eigener Ermittlungstätigkeit in Wahrnehmung seiner Aufgaben nach §§ 3–8 BKAG erhebt, stellt es gem. § 2 Abs. 1 BKAG bei Überschreiten der INPOL-Relevanz-Schwelle in die von ihm geführten Dateien (→ Rn. 26 ff.) ein.[88] Zugleich bildet die INPOL-Relevanz-Schwelle eine **Schranke für die Wahrnehmung bestimmter Zentralstellenaufgaben und -befugnisse;**[89] so wird die Voraussetzung für die Eröffnung bestimmter Datenverarbeitungsbefugnisse von einer „Straftat mit länderübergreifender, internationaler oder erheblicher Bedeutung" abhängig gemacht, soweit auf § 2 Abs. 1 BKAG Bezug genommen wird (zB §§ 18 Abs. 1, 19 Abs. 1 S. 1 BKAG). Für den polizeilichen Informationsverbund (§§ 29–33 BKAG) wird die INPOL-Relevanz-Schwelle durch die **Verbundrelevanz** nach § 30 Abs. 1 BKAG näher konkretisiert.

23 Das Erreichen der INPOL-Relevanz-Schwelle wird von der zuständigen Sachbearbeiterin oder dem zuständigen Sachbearbeiter beurteilt. Dabei ist die in § 2 Abs. 1 BKAG normierte Beschränkung auf „Straftaten mit länderübergreifender, internationaler oder erheblicher Bedeutung" zu beachten (→ Rn. 13 ff.). Anknüpfungspunkt und Gegenstand der Einteilung in INPOL-relevante Informationen einerseits und **INPOL-irrelevante Informationen** andererseits sind entsprechende „Straftaten", nicht die einzelne Person, das „Gesamtbild einer Person" oder die „kriminelle Karriere einer Person". Der Gesetzeswortlaut bildet die Grenze der Auslegung. Daher ist es unzulässig, die Frage der INPOL-Relevanz unabhängig von der konkreten einzelnen Straftat zu beurteilen.[90]

24 c) **Polizeiliche Informationsordnung.** Das BKAG begründet eine normative Informationsordnung,[91] mittels derer das BKA seine ihm zugedachte Rolle als Zentralstelle für das polizeiliche Auskunfts- und Nachrichtenwesen und für die Kriminalpolizei erfüllen kann. Als polizeiliche Informationsordnung wird die **Gesamtheit der rechtlichen Regeln** bezeichnet, **die sich mit verfahrensexternen Datensammlungen der Polizei befassen.**[92] Eine verfahrensexterne Datensammlung enthält personenbezogene Daten, von denen die Polizei annimmt, dass sie zukünftig nützlich sein können, um polizeiliche Aufgaben zu erfüllen. Ein konkretes polizeiliches Verfahren, in dem die Daten genutzt werden sollen, muss hierfür weder schon begonnen haben noch auch nur absehbar sein. Hierin unterscheiden sich verfahrensexterne von verfahrensinternen Datensammlungen, die Informationsgrundlagen für ein bestimmtes polizeiliches Verfahren bereitstellen.[93]

25 Insbesondere in seiner Funktion als Zentralstelle führt das BKA seit jeher **verfahrensexterne Datensammlungen.** Diese Funktion umfasst als zentralen Baustein die informationelle Verklammerung und Versorgung der Landespolizeibehörden (→ Rn. 1). Darüber hinaus unterhält das BKA verfahrensexterne Datensammlungen auch zur Erfüllung seiner sonstigen Aufgaben wie der Strafverfolgung oder der präventiven Terrorismusabwehr. Der Datenbestand des BKA gliedert sich traditionell in Dateien. Allerdings sehen sich verfahrensexterne Datensammlungen einem spezifischen Transparenzproblem ausgesetzt, da solche Daten-

83 Dreier/Hermes GG III Art. 87 Rn. 50; Dürig/Herzog/Scholz/Ibler GG Art. 87 (2012) Rn. 129.
84 Schmidt-Jortzig, Ermittlungskompetenzen des BKA, 2009, S. 32; ähnlich BT-Drs. 7/178, 7.
85 Dürig/Herzog/Scholz/Ibler GG Art. 87 (2012) Rn. 130; Dreier/Hermes GG III Art. 87 Rn. 50; Gade/Kieler, Polizei und Föderalismus, 2008, S. 44.
86 Ahlf/Daub/Lersch/Störzer/Ahlf BKAG § 2 Rn. 3; Kniesel, Kriminalitätsbekämpfung durch Polizeirecht, 2022, S. 192 f., mwN.
87 Erbs/Kohlhaas/Papsthart BKAG § 2 (2007) Rn. 3.
88 Erbs/Kohlhaas/Papsthart BKAG § 2 (2007) Rn. 1.
89 Ahlf/Daub/Lersch/Störzer/Ahlf BKAG § 2 Rn. 23.
90 Darauf hinweisend die Entschließung der 59. Konferenz der Datenschutzbeauftragten des Bundes und der Länder v. 14./15.3.2000, abrufbar unter: https://www.datenschutz-bayern.de/dsbk-ent/inpol59.htm.
91 Instruktiv zu den öffentlich-rechtlichen Rahmenbedingungen einer Informationsordnung Schoch VVDStRL 57 (1998), 158 ff.
92 Bäcker, Schriftsatz der Verfassungsbeschwerde im Verfahren 1 BvR 1160/19, S. 9, abrufbar unter: https://freiheitsrechte.org/home/wp-content/uploads/2019/10/2019-05-21-BKA-Gesetz-VB-anonymisiert.pdf.; zu Begriff und Funktion der Informationsordnung der Sicherheitsbehörden ferner HdbVerfR/Bäcker § 28 Rn. 42 f.; ders., Kriminalpräventionsrecht, 2015, S. 473 f.; ders., Der Umsturz kommt zu früh: Anmerkungen zur polizeilichen Informationsordnung nach dem neuen BKA-Gesetz, VerfBlog, 2017/6/08.
93 Bäcker in Dreier/Fischer/van Raay/Spiecker gen. Döhmann (Hrsg.), Informationen der öffentlichen Hand – Zugang und Nutzung, 2016, S. 229 (229).

sammlungen in einzelnen außenwirksamen behördlichen Verfahren stets nur in kleinen Ausschnitten herangezogen werden. Ihr Umfang und analytisches Potenzial sowie die damit verbundenen Freiheitsgefährdungen lassen sich darum auf der Grundlage einzelner Verfahren nicht zuverlässig einschätzen.[94] Aus diesem Grund hat der Gesetzgeber die Informationsordnung des BKAG grundlegend novelliert: Er hat sie von der vertikalen Speicherung der Daten in zahlreichen Dateien, welche den Aufgabenzuschnitt der jeweiligen Organisationseinheiten abbilden (→ Rn. 26 ff.), auf ein horizontales Datenschutzkonzept umgestellt, welches für den Zugriff auf Daten nicht auf die Zugehörigkeit zu einer Organisationseinheit abstellt, sondern sich auf die Bindung an die für die Datenerhebung maßgebliche Aufgabe und die Anforderungen des Rechtsgüterschutzes konzentriert. Die Umsetzung dieser Umstellung steht allerdings noch aus, so dass aktuell innerhalb des BKAG **zwei polizeiliche Informationsordnungen** – vertikal und horizontal – **parallel existieren** (→ Rn. 36).

aa) Arten der vom BKA geführten Dateien. Beim BKA werden verschiedene Dateitypen zu präventiven wie repressiven Zwecken geführt. Sämtliche Dateien wurden noch auf Grundlage des BKAG aF vor der Novelle durch das Gesetz zur Neustrukturierung des Bundeskriminalamtes vom 1.6.2017,[95] das am 25.5.2018 in Kraft getreten ist, errichtet. Die Rechtsgrundlagen waren „kaskadenartig"[96] gegliedert und folgten aus den §§ 8 ff. BKAG aF.[97] Sie entsprachen dem überkommenen datenschutzrechtlichen Modell vertikaler Dateispeicherung und sollen in das horizontale Informationssystem (→ Rn. 35 f.) integriert werden, indem die bisherigen Einzeldatenbanken (→ Rn. 28 ff.) auf einen einheitlichen Informationsbestand umgestellt werden. Das BKAG in seiner seit dem Jahr 2018 geltenden Fassung verzichtet insofern auf die Errichtung neuer Dateien; die bereits existierenden Dateien werden aber nach § 91 BKAG auf Grundlage der jeweils erlassenen Errichtungsanordnungen (§ 34 BKAG aF) weitergeführt,[98] ohne dass das Gesetz genauere Vorgaben zu Zeitraum und Inhalt der Integration der Einzeldatenbanken in das neue Informationssystem enthielte (→ § 91 Rn. 4).[99] 26

Die betreffenden Dateien haben zum Teil eine lange Tradition und entstammen bisweilen vordigitaler Zeit. Im Zuge der fortschreitenden Digitalisierung sowie der wachsenden Anforderungen an eine effizientere Zusammenarbeit und Vernetzung der Sicherheitsbehörden werden die überkommenen Konzepte immer wieder umgestaltet und zunehmend ausgebaut.[100] Die Dateien sind auf unterschiedlichen technischen Dateisystemen abgebildet. Für die jeweiligen Systemauswertungen sind unterschiedliche Stellen/Abteilungen innerhalb des BKA zuständig.[101] Es lässt sich zunächst zwischen Zentraldateien, Verbunddateien und Amtsdateien abgrenzen. Die Unterscheidung erfolgt nach Art der Beteiligung anderer Behörden.[102] Die **Abgrenzung** ist jedoch **nicht trennscharf**, da insbesondere die Zentraldateien teilweise in Form von Verbunddateien geführt werden.[103] Darüber hinaus führt die vertikale Speicherung in verschiedenen Dateien dazu, dass die gleichen personenbezogenen Daten in vielen verschiedenen Dateien mehrfachgespeichert sind, wenn sie für das jeweilige Aufgabengebiet des betreffenden Fachreferats des BKA erforderlich sind.[104] Daneben treten die sog. Gemeinsamen Projektdateien, die nicht exklusiv beim BKA geführt werden, sondern von vornherein behördenübergreifend angelegt sind. Zur informationellen Vernetzung der Sicherheitsbehörden trägt darüber hinaus die Einrichtung gemeinsamer (Verbund-)Dateien in bestimmten Sachbereichen bei, die ebenfalls beim BKA geführt werden;[105] die Rechtsgrundlage für die betreffenden Dateien folgt indes nicht aus dem BKAG, 27

94 Bäcker in Dreier/Fischer/van Raay/Spiecker gen. Döhmann (Hrsg.), Informationen der öffentlichen Hand – Zugang und Nutzung, 2016, S. 229 (230).

95 BGBl. I 2017 S. 1354.

96 Bäcker, Schriftsatz der Verfassungsbeschwerde im Verfahren 1 BvR 1160/19, S. 9, abrufbar unter: https://freiheitsrechte.org/home/wp-content/uploads/2019/10/2019-05-21-BKA-Gesetz-VB-anonymisiert.pdf.

97 BT-Drs. 19/15346, 3. Im Einzelnen waren dies für Zentraldateien die Vorschriften der § 8 Abs. 1 und 2 BKAG aF, § 10 Abs. 1 und 2 BKAG aF iVm § 9 Abs. 1 Nr. 1 der Verordnung über die Art der Daten, die nach den §§ 8 und 9 des BKAG gespeichert werden dürfen (BKADV) sowie für Verbunddateien die Vorgaben der § 8 Abs. 1, 2, 4, 5 und 6 BKAG aF iVm § 2 Abs. 1, 2 und 3 BKAG aF, § 10 Abs. 1, 2 S. 1 Nr. 1 und S. 2, Abs. 3 und 4 BKAG aF iVm § 9 Abs. 1 Nr. 1 BKADV.

98 Dies ebenfalls betonend Schenke/Graulich/Ruthig/K. Graulich BKAG § 13 Rn. 2.

99 Schenke/Graulich/Ruthig/Ruthig BKAG § 91 Rn. 3.

100 BeckOK Datenschutzrecht/Albers, Syst. L. Datenschutzbestimmungen der Polizei- und Nachrichtendienstgesetze des Bundes, Rn. 125 (2021); dies. in Seckelmann (Hrsg.), Digitalisierte Verwaltung – Vernetztes E-Government, 2. Aufl. 2019, 23. Kap. Rn. 18 ff.

101 Dies macht eine genaue Übersicht von Anzahl und Inhalt der Dateien schwierig. So wurden beim BKA (Stand: November 2019) allein innerhalb der Abteilung Schwere und Organisierte Kriminalität (SO) 116 Zentral- und 32 Verbunddateien geführt, die im Zeitraum von 2008 bis 2018 errichtet wurden, vgl. BT-Drs. 19/15346, 3.

102 Vgl. BT-Drs. 16/2875, 2.

103 Riegel NJW 1983, 656 (657).

104 BT-Drs. 18/11163, 75.

105 Albers in Seckelmann (Hrsg.), Digitalisierte Verwaltung – Vernetztes E-Government, 2. Aufl. 2019, 23. Kap. Rn. 22; Stubenrauch, Gemeinsame Verbunddateien von Polizei und Nachrichtendiensten, 2009, S. 18 ff., 214 ff. et passim.

sondern aus Spezialgesetzen (vgl. § 1 Abs. 1 ATDG;[106] § 1 Abs. 1 RED-G[107]). Innerhalb des vom BKAG aF normierten und nach § 91 BKAG nF weitergeführten Dateien-Systems können danach **vier Arten**[108] von Dateien unterschieden werden:

28 (1) **Zentraldateien.** Zentraldateien sind Dateien, in die das BKA selbst die von anderen Behörden übermittelten personenbezogenen Daten als Zentralstelle einspeichert.[109] **Beispiele** für Zentraldateien des BKA sind die Bilddatenbank Kinderpornographie, die Zentraldateien GS (Gewalt- und Schwerkriminalität), OK (Organisierte Kriminalität), RG (Rauschgiftkriminalität) und GSL (Vermisstenwesen in Großschadenslagen) sowie zahlreiche Falldateien des BKA (FBK), etwa die FBK-Geiselnahme-Erpressung-Raub, die FBK-Falschgeld oder die FBK-Tötungs- und Sexualdelikte.[110] Hintergrund der Einrichtung entsprechender Zentraldateien ist es, dass es sich aus polizeilicher Sicht in herausragenden Kriminalitätsbereichen anbietet, zentrale Arbeits- und Recherchedateien zu schaffen, mit denen neben den Daten des Beschuldigten auch Daten über andere Personen, wie zB vom Opfer oder von Zeugen der Straftat sowie sonstigen Auskunftspersonen, oder aber über Orte und Sachen abgearbeitet werden können.[111]

29 Die **Übermittlung** der in Zentraldateien gespeicherten Daten durch das BKA an andere Polizeien des Bundes und der Länder richtet sich nach § 25 Abs. 1 BKAG (→ § 25 Rn. 25 ff.). Eine Übermittlung an andere Behörden und öffentliche Stellen ist unter den Voraussetzungen von § 25 Abs. 2 BKAG zulässig (→ § 25 Rn. 33 ff.). § 25 Abs. 7 BKAG enthält eine Sonderregelung für Fälle der Übermittlung personenbezogener Daten im automatisierten Abrufverfahren (→ § 25 Rn. 47 f.); diese lesenden Zugriffe auf Zentraldateien dürfen nur zur Erfüllung vollzugspolizeilicher Aufgaben eingerichtet werden, soweit dies unter Berücksichtigung der schutzwürdigen Interessen der Betroffenen wegen der Vielzahl der Übermittlungen oder wegen der besonderen Eilbedürftigkeit angemessen ist. Regelungen für die Übermittlung finden sich darüber hinaus auch in anderen Gesetzen (vgl. § 18 BVerfSchG).

30 (2) **Verbunddateien.** Verbunddateien sind die vom BKA in seiner Funktion als Zentralstelle geführten Dateien des polizeilichen Informationsverbundes (vgl. §§ 29–33 BKAG, → Rn. 47 ff.). Bei ihnen handelt es sich um vom BKA als Zentralstelle für den polizeilichen Informationsverbund zwischen Bund und Ländern geführte Dateien, wobei die jeweils von den Ländern in eigener Zuständigkeit gewonnenen Daten dezentral und unmittelbar in das Verbundsystem eingegeben und diese Daten im System für alle Verbundteilnehmer zum Abruf bereitgehalten werden (vgl. § 29 Abs. 2 S. 2 BKAG, → § 29 Rn. 12 f.). Das BKA stellt grundsätzlich lediglich die Datenverarbeitungsanwendung und die Rechnerkapazität zentral zur Verfügung; als Verbundteilnehmer kann jedoch auch das BKA seine Zentraldateien in den polizeilichen Informationsverbund eingeben, was in der Praxis nicht selten der Fall ist (→ Rn. 31). An das Verbundsystem schließt die Verteilung der datenschutzrechtlichen **Verantwortlichkeit** nach § 31 BKAG an. Das BKA als die Verbunddaten speichernde Zentralstelle trifft grundsätzlich eine Überwachungsfunktion (§ 31 Abs. 1 BKAG). Die Verantwortlichkeit für die Erhebung, Verarbeitung und Nutzung der Daten obliegt nach § 31 Abs. 2 BKAG der Stelle, die die Daten unmittelbar in den Verbund eingegeben hat (sog. Besitzerprinzip, → § 31 Rn. 7 ff.).[112]

31 Die in den polizeilichen Informationsverbund einzubeziehenden Daten werden durch das BMI im Einvernehmen mit den Innenministerien und Senatsinnenverwaltungen der Länder sowie im Benehmen mit der oder dem Bundesbeauftragten für den Datenschutz und die Informationsfreiheit bestimmt (§ 29 Abs. 2 S. 4 BKAG). Daneben können Dateien, die das BKA zum Zwecke der Wahrnehmung seiner polizeilichen Aufgaben auf dem Gebiet der Strafverfolgung (§ 4 BKAG) nach den Vorschriften der StPO (vgl. §§ 483 ff.) führt, ebenfalls als Dateien des polizeilichen Informationsverbundes ausgestaltet sein.[113] Art und Umfang der vom BKA im Verbundsystem erfassten Datensätze haben ein erhebliches Ausmaß angenommen. Zu den **wichtigsten Verbunddateien** zählen:[114]

106 Gesetz zur Errichtung einer standardisierten zentralen Antiterrordatei von Polizeibehörden und Nachrichtendiensten von Bund und Ländern (Antiterrordateigesetz – ATDG) v. 22.12.2006 (BGBl. I S. 3409).

107 Gesetz zur Errichtung einer standardisierten zentralen Datei von Polizeibehörden und Nachrichtendiensten von Bund und Ländern zur Bekämpfung des gewaltbezogenen Rechtsextremismus (Rechtsextremismus-Datei-Gesetz – RED-G) v. 20.8.2012 (BGBl. I S. 1798).

108 Wie hier Schmidbauer/Steiner/Schmidbauer, BayPAG, Art. 1 Rn. 46.

109 Ahlf/Daub/Lersch/Störzer/Daub BKAG § 11 Rn. 34; Riegel Bundespolizeirecht/BKAG § 2 S. 26; Lisken/Denninger/Arzt, HdbPolR, G Rn. 1276; Steinke ZRP 1995, 212 (213 f.).

110 Vgl. Kniesel/Paeffgen/Keppe et al. Die Polizei 2011, 333 (335). Aufstellung sämtlicher beim BKA geführter Zentraldateien (Stand 2013) in BT-Drs. 17/14735, 9 ff.

111 Zaremba, Die Entwicklung polizeirelevanter datenschutzrechtlicher Bestimmungen, 2014, S. 665 f.

112 VG Wiesbaden Beschl. v. 30.7.2021 – 6 K 421/21 –, BeckRS 2021, 21201, Rn. 1; Lisken/Denninger/Arzt, HdbPolR, G Rn. 1209 f.

113 Vgl. BT-Drs. 16/13563, 13 f.; im Einzelnen dazu Zaremba, Die Entwicklung polizeirelevanter datenschutzrechtlicher Bestimmungen, 2014, S. 671 ff.

114 Aufstellung nach: Wissenschaftliche Dienste des Deutschen Bundestages, Polizeiliche Datenbanken der Bundesländer, WD 3-3000-153/11, S. 6–8.

- **AFIS-P:** Das Automatisierte Fingerabdruck-Identifizierungssystem-Polizei dient dazu, über einen daktyloskopischen Vergleich Personen zu identifizieren.[115] In AFIS-P werden keine Personalien gespeichert. Die Einführung der „Livescan“-Technologie im Jahr 2004 ermöglichte es, die Fingerabdrücke (ebenso wie die der Handflächen) digital aufzunehmen und im zentralen AFIS des BKA zu speichern. Im Rahmen des sog. Fast-ID-Verfahrens können seit 2006 digital aufgenommene Fingerabdrücke ohne Zeitverzug im AFIS recherchiert werden.[116] Im Falle einer Übereinstimmung der Fingerabdrücke erfolgt eine Zuordnung zu den Personalien über die von INPOL vergebene und parallel in AFIS-P gespeicherte Kennnummer; die endgültige Entscheidung über einen „Spurentreffer“ treffen dabei jedoch immer daktyloskopische Sachverständige nach einer entsprechenden Überprüfung.[117]
- **APOK:** Die Arbeitsdatei Politisch Organisierte Kriminalität dient der Aufklärung und vorbeugenden Bekämpfung von Straftaten der organisierten Kriminalität.
- **DNA-Analyse-Datei:** Bei der DNA-Analyse-Datei (DAD) handelt es sich um eine erkennungsdienstliche Sammlung, die zugleich im polizeilichen Informationsverbund geführt wird (vgl. § 81g Abs. 5 StPO iVm § 29 Abs. 6 S. 2 Nr. 3 BKAG)[118] und der Identifizierung von Tätern und der Zuordnung von Tatortspuren dient (vgl. § 9 Abs. 1 Nr. 5 BKADV). Die in der DAD gespeicherten Identifizierungsmuster können mit anderen Identifizierungsmustern abgeglichen werden. Dies bezieht sich jedoch nur auf die eigentlichen Identifizierungsmuster; für eine Erkennung von „Beinahetreffern“ ist die DAD nicht geeignet.[119] Nicht in der DAD erfasst wird zudem, ob der Speicherung ein gerichtlicher Beschluss oder die Einwilligung der betroffenen Person zugrunde liegt.[120] Eine Einwilligung ersetzt dabei nicht die gesetzlichen Voraussetzungen, die DNA-Daten zu erheben und zu speichern.[121] Deshalb sind diese von der speichernden Polizeibehörde zu prüfen. Das Ergebnis dieser Prüfung sowie deren tragende Gründe sind im Aktenrückhalt zu dokumentieren.[122]
- **FDR Rauschgift:** Die Falldatei Rauschgift dient der Aufklärung und Verhütung von Straftaten nach dem Betäubungsmittelgesetz, dem Grundstoffüberwachungsgesetz, der unmittelbaren Beschaffungskriminalität sowie der Geldwäsche nach § 261 StGB iVm §§ 29 Abs. 1 Nr. 1, 29a, 30 oder 30a BtMG.
- **Erkennungsdienst:** Die Datei beruht auf § 9 Abs. 1 Nr. 4 BKADV. Sie dient als sog. E-Gruppe[123] dem Nachweis von Fingerabdrücken (Einzelfinger-, Zehnfingerabdrücke, Handflächenabdrücke), Lichtbildern, Personenbeschreibungen und Handschriften einschließlich der zugehörigen personenbezogenen Daten sowie der Information über bisherige erkennungsdienstliche Maßnahmen (dazu auch → § 43 Rn. 27).
- **ViCLAS:** Das „Violent Crime Linkage Analysis System“ dient der Erkennung von Tatzusammenhängen bei Gewaltdelikten, der Täteridentifizierung und der Zusammenführung von Serien im Bereich sexueller Gewalt- und Tötungsdelikte sowie der Gewinnung von Präventionsansätze. Es enthält neben den üblichen kriminalpolizeilichen Informationen auch Profilingdaten.
- **Gewalttäter links/rechts:** Die beiden Verbunddateien nach § 9 Abs. 1 Nr. 3 lit. a BKADV dienen der Aufklärung und Verhütung politisch motivierter Straftaten in den Phänomenbereichen politisch motivierte Straftaten links/rechts.[124] Die „Gewalttäterdateien“ stehen schon begrifflich für eine Personalisierung der Gefahrenabwehr mit dem Zweck, unter Auswertung aller in der Vergangenheit gesammelten Erkenntnisse und Daten möglichst genaue Vorhersagen darüber zu machen, von wem eine mögliche Gefahr ausgeht und wer in Zukunft als Täter einer Straftat in Erscheinung treten wird, um diese dann durch Einwirkung auf die Person zu verhindern.[125]
- **Gewalttäter politisch motivierter Ausländerkriminalität:** Diese Datei dient der Aufklärung und Verhinderung von Straftaten durch gewalttätige extremistische Gruppierungen, die politische oder religiöse

115 Im Einzelnen Loesing in FS-Herold, 1998, S. 441 ff.
116 Weichert DVBl. 2021, 1066 (1068).
117 Simmross/Schneiders in Vordermayer/von Heintschel-Heinegg/Schnabl et al. (Hrsg.), Handbuch für die staatsanwaltliche Tätigkeit, 7. Aufl. 2023, 6. Kap. Rn. 12.
118 Dazu Ahlf/Daub/Lersch/Störzer/Daub BKAG § 11 Rn. 18 f.; Busch NJW 2002, 1754 (1755); sowie Bosch Jura 2021, 41 (48), mit dem kritischen Hinweis, dass die Regelungen der §§ 81e ff. StPO bis heute nicht an die Neufassung des BKAG angepasst wurden.
119 BT-Drs. 19/4354, 6.
120 BT-Drs. 18/13411, 5.
121 VG Hannover Urt. v. 23.9.2013 – 10 A 2028/11 –, BeckRS 2013, 56156.
122 Lisken/Denninger/Arzt, HdbPolR, G Rn. 1231.
123 VG Köln Urt. v. 23.4.2015 – 20 K 3184/14 –, BeckRS 2015, 49013; Lisken/Denninger/Arzt, HdbPolR, G Rn. 1228.
124 Zur Rechtmäßigkeit der Speicherung personenbezogener Daten in „Gewalttäter“-Verbunddateien des BKA allgemein Arzt/Eier DVBl. 2010, 816 ff.; Ruch/Feltes NK 28 (2016), 62 (66 ff.).
125 Statt aller Volkmann NVwZ 2021, 1408 (1413). Zum konzeptuellen Umschwenken von der objektiven Gefahren- zur subjektiven Gefährderabwehr auch Barczak KrimJ 52 (2020), 97 (99 ff.), mwN.

Konflikte ihrer Heimatregionen in Deutschland austragen. Sie findet ihre verordnungsrechtliche Grundlage ebenfalls in § 9 Abs. 1 Nr. 3 lit. a BKADV.

- **Gewalttäter Sport:** Die Verbunddatei Gewalttäter Sport (DGS) dient der Verhinderung und Aufklärung gewalttätiger Auseinandersetzungen im Zusammenhang mit Sportveranstaltungen durch recherchefähige Erfassung anlasstypischer Ereignisse, soweit diese im Zusammenhang mit entsprechenden Sportereignissen, insbesondere Fußballspielen,[126] festgestellt werden.[127] Sie geht auf einen Beschluss der Innenministerkonferenz aus dem Jahr 1991/1992 zurück und stellt die wohl mit Abstand größte Verbunddatei im Bereich „Gewalttäter" dar.[128] Das BKA betreibt die DGS als Verbunddatei lediglich im Rahmen seiner Zentralstellenfunktion. Es handelt sich demnach um eine informationstechnische Dienstleistung an die Länder, allen voran die „Zentrale Informationsstelle Sporteinsätze" (ZIS). Diese ist als Spezialdienststelle beim Landesamt für zentrale polizeiliche Dienste der Polizei Nordrhein-Westfalen in Duisburg eingerichtet und für die DGS verantwortlich.[129] In der DGS erfasst werden Daten von Beschuldigten, rechtskräftig Verurteilten sowie von Personen, gegen die Personalienfeststellungen, Platzverweise und Ingewahrsamnahmen zur Verhinderung anlassbezogener Straftaten angeordnet wurden. Erfasst werden außerdem Personen, bei denen Waffen oder andere gefährliche Gegenstände sichergestellt bzw. beschlagnahmt wurden, sowie Personen, die aus vergleichbaren Dateien aus dem Ausland übermittelt wurden. Die Datei wurde über annähernd 20 Jahre hinweg ohne Rechtsgrundlage betrieben, da die dafür notwendige Rechtsverordnung (vgl. jetzt § 20 BKAG) nicht erlassen wurde; sie hat den Anlass für den Erlass der BKADV gegeben und ist seither in § 9 Abs. 1 Nr. 3 lit. b BKADV verankert.[130]
- **Gewalttäter Personenschutz:** Die Datei beruht auf § 9 Abs. 1 Nr. 3 lit. c BKADV. Sie dient der Aufklärung und Verhinderung von Straftaten mit länderübergreifenden Bezügen oder von erheblicher Bedeutung zum Nachteil von gefährdeten Personen. Erfasst werden Personen, die in Abgrenzung zu den Gewalttäterdateien „links", „rechts" und „Straftäter politisch motivierter Ausländerkriminalität" aus Motivlagen außerhalb der politisch motivierten Kriminalität handeln. Die der Erfassung zugrundeliegenden Tatsachen müssen in unmittelbarem Zusammenhang mit einer zu schützenden Person stehen.
- **Hash-Datenbank Pornografische Schriften (HashDB PS):** Die HashDB PS dient dem BKA dazu, in Ausübung der Zentralstellenfunktion durch die bundesweite Bereitstellung der Hashwerte von als kinder-/jugendpornografisch klassifizierten Dateien, die zeitgerechte kriminalistische Auswertung von sichergestellten elektronischen Massenmedien im Hinblick auf die Bekämpfung des sexuellen Missbrauchs von Kindern und Jugendlichen zu unterstützen. Es handelt sich um eine Sammlung von Hashwerten, dh des digitalen Fingerabdrucks bekannter kinder- und jugendpornografischer Dateien, die das BKA den Bundesländern für Abgleichzwecke zur Verfügung stellt.[131] Wird ein Datenträger in einem Bundesland sichergestellt, so kann dieser mit der Sammlung abgeglichen werden und gibt erste Hinweise auf den Inhalt des Datenträgers. Dies ermöglicht eine schnellere und effizientere Auswertung des sichergestellten Beweismaterials.[132] Ob es sich bei HashDB PS tatsächlich um eine Verbunddatei handelt, ist allerdings unklar; die dezentrale Struktur deutet allerdings darauf hin.
- **IFIS („Innere Sicherheit"):** IFIS dient der Verhütung und Aufklärung politisch motivierter Straftaten, die länderübergreifende, internationale oder erhebliche Bedeutung haben. Außerdem ist sie für den Schutz von Mitgliedern der Verfassungsorgane nach § 6 BKAG sowie dem Schutz von Personen nach § 7 BKAG im Zuständigkeitsbereich des polizeilichen Staatsschutzes von Bedeutung. Der Bereich der politisch motivierten Straftaten wird dabei weit gezogen. Diese sollen vorliegen, sobald Straftaten den demokratischen Willensbildungsprozess beeinflussen, mit ihnen bestimmte politische Ziele erreicht oder

126 Insofern ist die DGS insbesondere von der beim Deutschen-Fußball-Bund (DFB) geführten Datei zu bundesweiten Stadionverboten zu unterscheiden, vgl. BT-Drs. 19/5195, 7. Zur Übermittlung von „Gefährderdaten" durch die Polizei an Fußballveranstalter Kirchhoff NJW 2017, 294 ff. Zur Verfassungskonformität bundesweiter Stadionverbote BVerfG Beschl. v. 11.4.2018 – 1 BvR 3080/09 –, BVerfGE 148, 267.

127 BT-Drs. 19/10908, 2.

128 Mit Stand 4.2.2021 waren insgesamt 7.841 Personen in der DGS erfasst, davon insgesamt 3.248 Personen mit digitalem Bildmaterial, vgl. BT-Drs. 19/26771, 2, 4.

129 BT-Drs. 19/5195, 2.

130 Die BKADV wurde im Laufe des auf die Löschung von Daten aus der DGS gerichteten gerichtlichen Verfahrens verabschiedet und hat zur Abweisung der Klage geführt, vgl. BVerwG Urt. v. 9.6.2010 – 6 C 5/09 –, BVerwGE 137, 113 (117 f., Rn. 21 ff.); vgl. zum Zeitpunkt des Erlasses der BKADV Arzt Die Polizei 2010, 305 (309); ders. NJW 2011, 352 (353): „[E]inen Tag vor der mündlichen Verhandlung beim BVerwG im Bundesgesetzblatt veröffentlicht. Eine Punktlandung". Eingehend zu den Streitfragen und Rechtsgrundlagen Kehr, Datei Gewalttäter Sport, 2015, S. 82 ff., 118 ff.; Spiecker gen. Döhmann/Kehr DVBl. 2011, 930 ff.; Henseler NWVBl. 2015, 53 ff.

131 Wernert, Internetkriminalität, 4. Aufl. 2021, S. 145.

132 BT-Drs. 19/19105, 10. Im September 2018 enthielt die HashDB PS insgesamt 3.941.698 Dateien mit einer Gesamtgröße von ca. 10 Terabyte, wovon 387.877 kinder- und 19.840 jugendpornografische Dateien eindeutig kategorisiert sind, vgl. BT-Drs. 19/4175, 18.

verhindert werden sollen oder sie verhindern sollen, das politische Entscheidungen realisiert werden können.[133]

- **KAN (Kriminalaktennachweis):** Die Verbunddatei iSd § 9 Abs. 1 Nr. 2 BKADV dient dem Nachweis von Kriminalakten, die beim Bund und bei den Ländern angelegt sind über Beschuldigte oder sonst tatverdächtige Personen wegen schwerer oder überregional bedeutsamer Straftaten.[134] Kriminalakten bilden quasi das „polizeiliche Gedächtnis";[135] sie sind eines der klassischen Instrumente kriminalpolizeilicher Arbeit (→ Rn. 53). Das elektronische Fundstellenverzeichnis gibt dem sachbearbeitenden Beamten die Möglichkeit, die jeweilige Kriminalakte zu finden und durch deren Anforderung Erkenntnisse über eine verdächtigte Person zu erhalten.[136] Der Kriminalaktennachweis stellt zudem sog. personengebundene Hinweise (zB gewalttätig, bewaffnet, BtM-Konsument) zur Verfügung und gibt Auskunft über Familien-, Geburts- und Vornamen, Geburtsdatum und -ort, Geschlecht, Staatsangehörigkeit, Aliasnamen sowie Hinweise auf Fahndungsausschreibungen, gegenwärtige Inhaftierungen und vorhandene erkennungsdienstliche Unterlagen.[137]
- **INPOL-Falldateien:** Zu einzelnen Kriminalitätsbereichen werden die als Zentraldateien angelegten Falldateien (→ Rn. 28) über das INPOL-Verbundsystem zugleich als Verbunddateien geführt. Beispiele hierfür sind folgende Dateien:
  - Auswertung RG – Rauschgiftkriminalität
  - DEO – Dokumentation Europa Ost
  - DOMESCH – Dokumente, Menschenhandel, Schleusung
  - Falschgeld
  - FUSION – Rockerkriminalität
  - FUZ – Fälschung von unbaren Zahlungsmitteln
  - IuK – Informations- und Kommunikationskriminalität
  - Kinderpornographie
  - Korruption
  - SÄM-ÜT – Straftaten gegen ältere Menschen, überörtliche Täter
  - VERMI/UTOT – Vermisste, unbekannte Tote
  - WIKRI – Wirtschaftskriminalität

(3) **Amtsdateien.** Amtsdateien sind interne Dateien des BKA, die zur Erfüllung der spezifischen Aufgaben 32
des Amtes ohne Beteiligung anderer Dienststellen geführt werden. Sie sind **nicht Teil von INPOL.**[138] Auf die Amtsdateien des BKA erhalten andere Behörden also keinen Zugriff, so dass sich die Frage nach der datenschutzrechtlichen Verantwortlichkeit bei ihnen von vornherein nicht stellt.[139] Zu differenzieren ist zwischen Amtsdateien **mit und ohne polizeiliche Relevanz.** Amtsdateien ohne polizeiliche Relevanz werden auch als Verwaltungsdateien bezeichnet.[140] Bei den Amtsdateien mit polizeilicher Relevanz handelt es sich um Dateien mit Bezug zu den eigenen Aufgaben, die dem Amt nach dem BKAG oder nach Spezialgesetzen obliegen (→ § 1 Rn. 15 f.). Bei den Verwaltungsdateien darf es sich dagegen nur um solche handeln, in die ausschließlich personenbezogene Daten eingestellt werden, die keinen kriminal- oder ordnungspolizeilichen Bezug haben, dennoch aber der Aufgabenerfüllung des BKA dienen.[141]

(4) **Projektdateien.** Mit dem Gesetz zur Errichtung gemeinsamer Dateien von Polizeibehörden und Nach- 33
richtendiensten des Bundes und der Länder (Gemeinsame-Dateien-Gesetz) vom 22.12.2006[142] wurde ua in § 9a BKAG (jetzt: **§ 17 BKAG**[143]) die Möglichkeit geschaffen, befristet behördenübergreifende projektbezogene gemeinsame Dateien von Polizeien und Nachrichtendiensten einzurichten. Diese Dateien haben wie die Gemeinsamen Abwehrzentren sowie die Antiterror- und Rechtsextremismus-Datei den Zweck, pro-

133 Lisken/Denninger/Arzt, HdbPolR, G Rn. 1252.
134 Zöller, Informationssysteme und Vorfeldmaßnahmen von Polizei, Staatsanwaltschaft und Nachrichtendiensten, 2002, S. 141; Kniesel/Paeffgen/Keppe et al. Die Polizei 2011, 333 (334).
135 Lisken/Denninger/Arzt, HdbPolR, G Rn. 1215; s. auch Ahlf KritV 71 (1988), 136 (156): „Gedächtnis der Polizei".
136 Näher Lisken/Denninger/Arzt, HdbPolR, G Rn. 1213 ff.
137 Kniesel/Paeffgen/Keppe et al. Die Polizei 2011, 333 (334).
138 Ahlf/Daub/Lersch/Störzer/Daub BKAG § 11 Rn. 38; Riegel Bundespolizeirecht/BKAG § 2 S. 27, 33 f.; Lisken/Denninger/Arzt, HdbPolR, G Rn. 1276.
139 F. Graulich, Die Zusammenarbeit von Generalbundesanwalt und Bundeskriminalamt bei dem Vorgehen gegen den internationalen Terrorismus, 2013, S. 426; Riegel NJW 1983, 656 (659).
140 Riegel NJW 1983, 656 (659).
141 So zB Namen von Lieferanten für die Abwicklung von Verträgen oder Namen von Personen, die von Auskunftsrechten Gebrauch machen, vgl. Riegel NJW 1983, 656 (660).
142 BGBl. I 2006 S. 3409.
143 Komplementärnormen aus dem nachrichtendienstlichen Bereich: § 22a BVerfSchG; § 12 BNDG.

blembezogen eine **stärkere Zusammenarbeit der betroffenen Behörden** zu ermöglichen.[144] Sie sollen die Arbeit in den Analyseprojekten und Arbeitsgruppen von Polizeien und Nachrichtendiensten unterstützen, da zwar der Informationsaustausch auf Grundlage von Übermittlungsvorschriften stattfindet, jede Sachbearbeiterin bzw. jeder Sachbearbeiter aber dennoch gezwungen war, für seine Behörde eine eigene Datei zu führen. Um die Projektarbeit effizienter zu gestalten, ermöglicht § 17 BKAG die Einrichtung einer projektbezogenen gemeinsamen Datei, auf die verschiedene Behörden zugreifen können (→ § 17 Rn. 5 ff.).

34 Gemeinsame Projektdateien zwischen Polizeien und Nachrichtendiensten relativieren allerdings – ebenso wie die Gemeinsamen Dateien, die Gemeinsamen Abwehrzentren und die Weitergabenormen – die informationelle Trennung zwischen den beiden Behörden und **müssen** daher eine **Ausnahmeerscheinung bleiben.**[145] Darüber hinaus darf sich das betreffende „Projekt" nicht auf einen ganzen Phänomenbereich beziehen, wenn der Projektbegriff nicht uferlos werden soll. Danach wären etwa die Bekämpfung des islamistischen Terrorismus als solche oder eine Zusammenstellung aller islamistischen Gefährder in der Bundesrepublik Deutschland keine zulässigen Projekte für eine gemeinsame Projektdatei. Zulässig wären hingegen Projekte zur Auswertung einzelner islamistischer Gruppierungen oder zur Analyse punktueller Fragen im Zusammenhang mit dem Phänomenbereich, etwa von Finanzierungsmechanismen.[146]

35 **bb) Von der vertikalen zur horizontalen polizeilichen Informationsordnung.** Die in INPOL gebündelte, auf verschiedene Dateien verteilte Informationsordnung des BKA bedurfte sowohl aufgrund praktischer Bedürfnisse als auch aufgrund verfassungsgerichtlicher Vorgaben einer grundlegenden Reform. Das Bundesverfassungsgericht hatte in seinem Urteil vom 20.4.2016 das bisherige System für verfassungsrechtlich nicht ausreichend erachtet und an seiner Stelle ein horizontal wirkendes Datenschutzkonzept verlangt, welches durch den Grundsatz der hypothetischen Datenneuerhebung bestimmt und geprägt ist[147] (näher → § 12 Rn. 10 ff.). Da ein solches horizontal wirkendes Datenschutzkonzept im Rahmen der bestehenden IT-Infrastruktur des BKA technisch nicht umgesetzt werden konnte,[148] suchte der Gesetzgeber den Anforderungen mit einer vollständigen **Neustrukturierung und Umstellung der Informationsordnung** im Rahmen der BKAG-Novelle 2017 Rechnung zu tragen (vgl. §§ 13 ff., 29 ff. BKAG).[149] Als „dogmatisches Kernstück"[150] des neuen horizontal wirkenden Datenschutzkonzepts, mithilfe dessen die Grundrechtskonformität der Datenverwendung im Rahmen des neuen Verbundsystems gewährleistet werden soll, fungiert der Grundsatz der hypothetischen Datenneuerhebung nach § 12 BKAG. Durch das Informationssystem des BKA nach §§ 13 ff. BKAG sollen die bisherigen Amts- und Zentralstellendateien ablöst werden. Gleichzeitig sehen die §§ 29 ff. BKAG einen neuen bundesweiten Informationsverbund vor. Der künftige Informationsverbund und das Informationssystem werden dabei nicht mehr in „logische Dateien" (→ § 29 Rn. 4) gegliedert sein. An die Stelle des in Dateien gegliederten Informationssystems des BKA tritt vielmehr ein einheitliches Verbundsystem mit zentraler Datenhaltung im BKA, das durch ein abgestuftes System von Zugriffsrechten erschlossen wird („dynamisches Zugriffsmanagement"[151]). Bildlich gesprochen kommt die „Vielzahl unterschiedlicher ‚Datentöpfe'"[152] nun „in einen ‚großen Topf'".[153] Dies führt sowohl mit Blick auf die Rechtsfiguren der weiteren Nutzung als auch der hypothetischen Datenneuerhebung zu **datenschutz- und verfassungsrechtlichen Problemen,** da diese Figuren lediglich auf punktuelle Datennutzungen, nicht aber auf komplexe **Bevorratungen in Gestalt von „Datenpools"** zugeschnitten sind (eingehend dazu für den jeweiligen Kontext → § 12 Rn. 10 ff.; → § 13 Rn. 7 ff.; → § 16 Rn. 3 ff.). Ungeachtet dessen sollen mit der Umgestaltung der polizeilichen Informationsordnung zugleich die informationstechnischen Grundlagen für die notwendige Vernetzung aller an einer Ermittlung beteiligten Dienststellen geschaffen werden (sog. Interoperabilität der Datensysteme). Auf diese Weise könnten insbesondere phänomenübergreifende Abfrage- und Recherchemöglichkeiten auf der Grundlage eines einheitlichen technischen Austauschstandards (sog. XPoli-

144 Überblicksweise zu den Gemeinsamen Dateien der Sicherheitsbehörden Schoch BVwR/Schoch 1. Kap. Rn. 122 ff.

145 Grundlegend Bäcker/Giesler/Harms/Hirsch/Kaller/Wolff, Bericht der Regierungskommission zur Überprüfung der Sicherheitsgesetzgebung in Deutschland v. 28.8.2013, S. 197 f.

146 Bäcker/Giesler/Harms/Hirsch/Kaller/Wolff, Bericht der Regierungskommission zur Überprüfung der Sicherheitsgesetzgebung in Deutschland v. 28.8.2013, S. 197.

147 BVerfG Urt. v. 20.4.2016 – 1 BvR 966/09 ua –, BVerfGE 141, 220 (325 f., Rn. 281).

148 Vgl. hierzu BT-Drs. 19/ 15346, 10.

149 Vgl. BT-Drs. 18/11163, 75 und 76, 98 und 99; dazu näher Steinmayer, Der neue Informationsbestand des BKA, 2021, S. 85 ff., 93 ff.; vgl. auch Graulich KriPoZ 2017, 278 (285 ff.).

150 Möstl, Stellungnahme im Rahmen der öffentlichen Anhörung des Innenausschusses des Deutschen Bundestages zum Entwurf eines Gesetzes zur Neustrukturierung des Bundeskriminalamtgesetzes (BT-Drs. 18/11163 und 11326) v. 20.3.2017, Ausschuss-Drs. 18(4)806 B, 5; vgl. der Sache nach auch Steinmayer, Der neue Informationsbestand des BKA, 2021, S. 110 ff.

151 BT-Drs. 19/13659, 5.

152 Lisken/Denninger/Arzt, HdbPolR, G Rn. 1130.

153 Vgl. die Stellungnahme der Bundesbeauftragten für den Datenschutz und die Informationsfreiheit zum Entwurf eines Gesetzes zur Neustrukturierung des Bundeskriminalamtgesetzes (BR-Drs. 109/17 und BT-Drs. 18/11163) v. 10.3.2017, Ausschuss-Drs. 18(4)806 A, 2.

zei, → Rn. 52) geschaffen werden, um die Aussagekraft der Auswerteergebnisse der polizeilichen Ermittlungsarbeit zu optimieren.[154]

36 Die Neukonzeption der polizeilichen Informationsordnung ist **ambitioniert**. Sie „bricht [...] geradezu umsturzartig mit den regulatorischen Grundlagen der bisherigen polizeilichen Informationsordnung".[155] Insofern überrascht es nicht, dass die finale Umsetzung der Umstellung noch aussteht. Die neue polizeiliche Informationsordnung soll in einem **schrittweisen Transformationsprozess** eingeführt und das alte vertikale System zumindest solange aufrechterhalten werden, wie dies zur Sicherung der Funktionsfähigkeit der Polizei erforderlich ist.[156] Wann dieser unter dem irreführenden Motto **„Polizei 2020"** stehende Transformationsprozess tatsächlich abgeschlossen sein wird, ist derzeit nicht absehbar.[157] Zu Inhalt und Zeitraum enthält § 91 BKAG keine Vorgaben, so dass derzeit zwei parallele Informationsordnungen innerhalb des BKAG existieren.[158]

III. Aufgabenkonkretisierung (Abs. 2)

37 Abs. 2 konkretisiert – zusammen mit den Abs. 3 bis 7 – die Zentralstellenaufgabe des BKA, indem es diese in eine Sammlungs- und Auswertungsfunktion sowie eine Informationsfunktion untergliedert.[159] Eine **Befugnisnormierung** in Richtung einer exekutiven Informationserhebungsermächtigung geht damit **nicht** einher.[160]

38 **1. Sammlungs- und Auswertungsfunktion (Nr. 1).** Zur Wahrnehmung seiner Zentralstellenaufgabe hat das BKA zum einen alle hierfür erforderlichen Informationen zu sammeln und auszuwerten. Bei § 2 Abs. 2 Nr. 1 BKAG handelt sich nicht um eine Ermessensvorschrift, sondern um eine **gebundene Entscheidung**, die Ausdruck des verwaltungsverfahrensrechtlichen Amtsermittlungsgrundsatzes (§ 24 VwVfG) ist. Danach hat das BKA alle Informationen in Akten und in Dateien zu sammeln und auszuwerten, die für eine zentrale Auswertung zur Verhütung und Verfolgung von Straftaten mit erheblicher Bedeutung geeignet und erforderlich sind.[161] Hierzu zählen auch Informationen, die als solche noch nicht von länderübergreifender und internationaler oder erheblicher Bedeutung iSd Abs. 1 sind (→ Rn. 13 ff.). Es reicht vielmehr aus, dass sie im Zusammenhang mit anderen Informationen der Zentralstelle diese **Qualität erreichen können**.[162] Die Frage einer entsprechenden überregionalen Bedeutung von Nachrichten und Unterlagen wird sich nämlich in der Mehrzahl der Fälle abschließend immer erst nach einem Vergleich mit anderen vorliegenden Erkenntnissen beurteilen lassen.[163]

39 Bei seiner Sammlungsaufgabe ist das BKA auf die Mitwirkung der Landeskriminalämter angewiesen; das BKA kann seiner Aufgabe als Informations- und Kommunikationszentrale im föderalen Verbund der inneren Sicherheit nur gerecht werden, wenn ihm sämtliche Unterlagen über Straftaten und Straftäter zur Verfügung gestellt werden (→ § 1 Rn. 39 ff.). Im Gegensatz zu § 3 Abs. 1 S. 2 BKAG (1951), der die Landeskriminalämter ausdrücklich verpflichtete, dem BKA die zur Erfüllung seiner Aufgaben erforderlichen Nachrichten und Unterlagen zu übermitteln, kennt das geltende Recht eine explizite **Übermittlungspflicht** nicht mehr. Eine solche wohnt aber bereits der in § 1 Abs. 2 S. 1 BKAG normierten Sicherung der Zusammenarbeit des Bundes und der Länder inne. Im Übrigen „bleibt zu hoffen, daß die Länder nicht die Interessen des Gesamtstaats aus dem Auge verlieren und durch ungenügende Unterrichtungen des BKA [...] Informations- und Auswertungsdefizite entstehen, die sich dann letztlich in einer mangelhaften Qualität von Auskunftser-

154 BT-Drs. 18/11163, 76.

155 Bäcker, Der Umsturz kommt zu früh: Anmerkungen zur polizeilichen Informationsordnung nach dem neuen BKA-Gesetz, VerfBlog, 2017/6/08; s. auch ders., Stellungnahme im Rahmen der öffentlichen Anhörung des Innenausschusses des Deutschen Bundestages zum Entwurf eines Gesetzes zur Neustrukturierung des Bundeskriminalamtgesetzes (BT-Drs. 18/11163) v. 16.3.2017, Ausschuss-Drs. 18(4)806 D, 10: „Für mich ist derzeit nicht absehbar, ob und wie sich diese Neugliederung erreichen lässt, ohne entweder Grundrechte zu verletzen oder polizeipraktisch unerwünschte, verfassungsrechtlich nicht gebotene Verarbeitungsbarrieren zu errichten".

156 Vgl. BMI, Polizei 2020 – White Paper, 2018, S. 16: „Die (Weiter-) Entwicklung der Verfahren erfolgt evolutionär bzw. phasenweise. Das bestehende INPOL-System wird weiterbetrieben und gepflegt bis die phasenweise Übernahme durch die neuen Komponenten sichergestellt ist".

157 Vgl. dazu die Antwort der Bundesregierung, BT-Drs. 19/25651, 2: „[D]ie Erwartung, dass das Programm Polizei 2020 bereits nach drei Jahren abgeschlossen sein würde, [ist] verfehlt. Das Jahr 2020 ist vielmehr als der gemeinsame Ausgangspunkt und eigentliche Start des Programms Polizei 2020 zu sehen"; s. auch BfDI, 28. Tätigkeitsbericht zum Datenschutz 2019, BT-Drs. 19/19900, 48: „Zeitrahmen von mehr als 10 Jahren"; Lisken/Denninger/Arzt, HdbPolR, G Rn. 1140: „Entgegen der Bezeichnung des Programms wäre daher eine Bezeichnung des Projekts mit ‚Polizei 2030' nicht unrealistisch"; Weichert NVwZ 2022, 844 (846): „Umsetzung nicht absehbar".

158 Wie hier im Ergebnis HdbSicherheitsR/Golla § 30 Rn. 3.

159 BT-Drs. 13/1550, 21.

160 Ahlf/Daub/Lersch/Störzer/Ahlf BKAG § 2 Rn. 33. Zumindest missverständlich Kugelmann BKAG § 2 Rn. 10 f.

161 Zu den Handlungsfeldern kriminalpolizeilicher Auswertung s. näher Büchler/Meywirth/Vogt in FS-Herold, 1998, S. 103 (106 ff.).

162 BT-Drs. 13/1550, 21.

163 BT-Drs. 7/178, 8.

teilungen der Behörde als Zentralstelle niederschlagen. Mangelhafte Unterrichtungen führen [...] nicht nur zu Defiziten bei der Zentralstelle, sondern es besteht die Gefahr, daß die an einem dezentralen Dienstverkehr nicht beteiligten Länder ebenfalls ‚blind' werden".[164]

40 Der **Umfang** der vom BKA zu sammelnden und auszuwertenden Informationen orientiert sich an der Bedeutung der konkret in Rede stehenden Straftat und ist somit **von den Umständen des Einzelfalls abhängig.** Mit den Begriffen „sammeln" (→ Rn. 42) und „auswerten" (→ Rn. 43) von „Informationen" (→ Rn. 41) lehnt sich § 2 Abs. 2 Nr. 1 BKAG bewusst an die Rechtsbegriffe in § 3 Abs. 1 BVerfSchG an,[165] der wiederum auf die Zentralstellenfunktion für die Verfassungsschutzbehörden nach Art. 87 Abs. 1 S. 2 GG zurückzuführen ist. Ratio der recht **weiten und unbestimmten Rechtsbegriffe** ist es, dass das BKA als Zentralstelle seine breit gefächerten informationellen und koordinierenden Aufgaben möglichst effektiv erfüllen kann.[166]

41 Der Begriff der **„Information"** weicht von der Terminologie des allgemeinen Datenschutzrechts (vgl. Art. 4 Nr. 1 DS-GVO) ab.[167] Soweit bei der „Sammlung von Informationen" bestimmte Einzelangaben zu persönlichen oder sachlichen Verhältnissen einer bestimmbaren natürlichen Person gesammelt und ausgewertet werden (§ 3 Abs. 1 BDSG), handelt es sich um personenbezogene Daten. Die Information kann jedoch auch nur eine juristische Person oder schlicht eine Sache betreffen. Dann enthält sie nicht notwendig ein personenbezogenes Datum.[168]

42 **„Sammeln"** ist nicht wörtlich zu verstehen, dh nicht nur iS eines bloßen Zusammentragens und Aufbewahrens.[169] Die Begriffe sollen dem BKA vielmehr die notwendige Flexibilität und Reichweite geben, um in der Rolle als Zentralstelle tätig werden zu können. Mit „Sammeln" ist somit nicht nur die passive Entgegennahme von Informationen gemeint, sondern auch das zielgerichtete aktive Beschaffen.[170] Ein solches Erheben von Informationen lässt sich jedoch nicht auf die Aufgabenzuweisung stützen (→ Rn. 10 f.); vielmehr bedarf es hierzu einer eigenständigen Ermächtigungsgrundlage im Befugnisteil (vgl. § 9 Abs. 1 BKAG).[171]

43 Zur **„Auswertung"** iSd § 2 Abs. 2 Nr. 1 BKAG zählt die Sichtung der beim BKA selbst und/oder anderen Polizei- und Strafverfolgungsbehörden vorliegenden Auskünfte, Nachrichten und sonstigen Unterlagen daraufhin, ob sie unter dem Gesichtspunkt der in § 2 Abs. 1 BKAG genannten Straftaten, wenn auch nur als Mosaikstein, irgendeine kriminalistische Relevanz haben können.[172] Das Sammeln und Auswerten der Informationen zielt darauf, die Strafverfolgungsbehörden des Bundes und der Länder unverzüglich über die sie betreffenden Informationen und die in Erfahrung gebrachten Zusammenhänge von Straftaten unterrichten zu können (→ Rn. 44).

44 **2. Informationsfunktion (Nr. 2).** Nach § 2 Abs. 2 Nr. 2 BKAG hat das BKA die Strafverfolgungsbehörden (→ Rn. 45) des Bundes und der Länder unverzüglich über die sie betreffenden Informationen (→ Rn. 46) und die in Erfahrung gebrachten Zusammenhänge von Straftaten (zum Begriff → Rn. 13) zu unterrichten. Zweck dieser Informationspflicht ist es, den unterstützenden Charakter der Zentralstelle zu betonen und den **Mehrwert einer koordinierten Informationskooperation** zu sichern.[173] Dazu sind eine frühzeitige Kontaktaufnahme mit den jeweils tangierten Polizeien der Länder, gegebenenfalls die Benennung von „Projekt-Verbindungsbeamten", sowie – im weiteren Kontext – die Mitwirkung von Länderbeamten in Analyseprojekten des BKA, die Bildung gemeinsamer Auswerteteams und ähnliches denkbar, um die spätere Ermittlungsführung im Land weitestmöglich vorzubereiten.[174]

45 **„Strafverfolgungsbehörden"** iS dieser Vorschrift sind entsprechend der Aufgabenstellung des BKA zunächst die Staatsanwaltschaft und die Polizei (einschließlich der kommunalen Polizeibehörden). Dabei ist der Begriff „Polizei" hier ausnahmsweise nicht funktional, sondern institutionell zu verstehen; gemeint sind daher nicht Aufsichts- oder Ordnungsbehörden.[175] Diese können somit nicht im Rahmen der Zentralstellenfunktion, sondern allenfalls im Wege der Amtshilfe (§ 8 VwVfG) informiert werden. Eine Unterrichtungspflicht gegenüber der Staatsanwaltschaft besteht zudem nur in den Fällen, in denen dem BKA bereits bekannt ist, welche Staatsanwaltschaft die Ermittlungen leitet.[176] Zu den Strafverfolgungsbehörden des Bundes zählen

164 Riegel NJW 1997, 2137 (2142).
165 BT-Drs. 13/1550, 21.
166 Ahlf KritV 71 (1988), 136 (154).
167 Lisken/Denninger/Bergemann, HdbPolR, H Rn. 19.
168 Lisken/Denninger/Bergemann, HdbPolR, H Rn. 19.
169 Dürig/Herzog/Scholz/Ibler GG Art. 87 (2012) Rn. 141.
170 Lisken/Denninger/Bergemann, HdbPolR, H Rn. 20.
171 So auch BT-Drs. 13/1550, 21 f.
172 BVerwG Urt. v. 21.2.1984 – 1 C 37/79 –, BVerwGE 69, 53 (59), mit Blick auf den Verfassungsschutz; Hessel BKAG § 2 Anm. 6.
173 Kugelmann BKAG § 2 Rn. 11.
174 Kersten in FS-Herold, 1998, S. 21 (25).
175 Vgl. auch Hessel BKAG § 2 Anm. 9: „Annexpolizeien".
176 BT-Drs. 7/178, 8.

neben dem Generalbundesanwalt und der Bundespolizei auch die Zollfahndungsämter und das Zollkriminalamt.[177]

46 Der **Gegenstand der Unterrichtungspflicht** ist nach Sinn und Zweck des § 2 Abs. 2 BKAG beschränkt: Das BKA hat ausschließlich spezielle Erkenntnisse über bestimmte Täter und Taten zu übermitteln, nicht dagegen bloße Routinenachrichten und massenstatistisches Material.[178] Die Unterrichtung muss schließlich **„unverzüglich"** erfolgen, dh ohne schuldhaftes Zögern (vgl. § 121 Abs. 1 S. 1 BGB) nach Kenntniserlangung der die Strafverfolgungsbehörden betreffenden Informationen und Herstellung der notwendigen, strafrechtlich relevanten Zusammenhänge.[179] Grenzen werden der polizeilichen Kriminalaktenführung sowie der Unterrichtungspflicht des BKA durch die Tilgungsfristen des Bundeszentralregisters und das umfassende materiell-rechtliche **Vorhalte- und Verwertungsverbot des § 51 Abs. 1 BZRG** gesetzt. Dies gilt unmittelbar für den Bereich der Strafverfolgung, ist aber – unter Verhältnismäßigkeitsgesichtspunkten – auch im Rahmen von Gefahrenabwehrvorgängen zu berücksichtigen.[180]

IV. Polizeilicher Informationsverbund (Abs. 3)

47 Abs. 3 verpflichtet das BKA zur Unterhaltung eines einheitlichen polizeilichen Informationsverbunds nach Maßgabe dieses Gesetzes.[181] Die Regelungen der §§ 29–33 BKAG konkretisieren diese Aufgabe in detaillierter Form. Das auf dieser Rechtsgrundlage beruhende polizeiliche Informationssystem **INPOL** ist das wichtigste Instrument polizeilicher Arbeit in der Bundesrepublik (→ § 29 Rn. 1, 9). Die in seinem Rahmen geführten zahlreichen Verbunddateien (→ Rn. 30) ermöglichen eine **Vernetzung der Sicherheitsbehörden,** die über punktuelle Übermittlungs- und Empfangsvorgänge deutlich hinausgeht.[182]

48 **1. Vom elektronischen Datenverbund ....** Als Zentralstelle für den „elektronischen Datenverbund zwischen Bund und Ländern" wurde das BKA erstmals durch das Zweite BKAG-Änderungsgesetz vom 28.6.1973[183] eingerichtet. Der Gesetzgeber griff hiermit den **Beschluss der Ständigen Konferenz der Innenminister der Länder vom 27.1.1972** auf, nach dem das BKA zur Zentralstelle für den arbeitsteiligen elektronischen Datenverbund zu polizeilichen Zwecken zwischen Bund und Ländern (zunächst für den Bereich der Fahndung) ausgebaut werden sollte. Zu diesem Zeitpunkt hatte sowohl in einigen Ländern als auch beim BKA der Aufbau eigener Datenverarbeitungssysteme bereits begonnen bzw. waren Systementscheidungen für die Beschaffung von Datenverarbeitungsanlagen getroffen worden. Die Innenministerkonferenz beschloss deshalb, das Vorhaben auf der technischen Basis eines Verbundsystems zwischen den Datenverarbeitungsanlagen der Länder und des Bundes zu verwirklichen.[184] Die weiterreichenden Zielsetzungen der Innenministerkonferenz gingen kurze Zeit später in das am 16.6.1972 beschlossene „Programm für die Innere Sicherheit in der Bundesrepublik Deutschland" ein: Danach war ein gemeinsames Informations- und Auskunftssystem für die gesamte Polizei in der Bundesrepublik mit dem BKA als Zentralstelle zu schaffen, das für die Befriedigung sämtlicher Bedürfnisse der Polizei ausgelegt sein sollte.

49 Den ersten offiziellen Realisierungsschritt vollzog das BKA, als am 13.11.1972 mit einer Datenverarbeitungsanlage und 35 angeschlossenen Terminals, die bei Polizeidienststellen an der Grenze, auf dem Flughafen Frankfurt am Main und im BKA aufgestellt waren, das Personenfahndungssystem mit dezentraler Abfrage in Betrieb genommen wurde. Dies gilt als die „Geburtsstunde" des INPOL-Systems.[185] Nach Inkrafttreten der BKAG-Novelle 1997 sowie des StVÄG 1999[186] wurde **INPOL-alt** Mitte 2003 durch ein neu konzipiertes polizeiliches Informationssystem (**INPOL-neu**) ersetzt.[187] Dabei enthielten sowohl das BKAG (§§ 7 ff. BKAG aF) und das StVÄG (§§ 483 ff. StPO) erstmals normative Regelungen zu den Informationsinhalten, die INPOL-neu sowie sonstige vom BKA geführten Dateien enthalten durften.[188] INPOL-neu ist

177 Vgl. BT-Drs. 7/178, 8 und BT-Drs. 13/1550, 22.
178 BT-Drs. 7/178, 8.
179 Hessel BKAG § 2 Anm. 10; Riegel Bundespolizeirecht/BKAG § 2 S. 36.
180 Eingehend dazu Riegel JR 1979, 48 ff.; unklar Ahlf, Polizeiliche Kriminalakten (KpS), 1988, S. 75.
181 Erbs/Kohlhaas/Papsthart BKAG § 2 (2007) Rn. 5: „Unterstützungsverpflichtung".
182 BeckOK-Datenschutzrecht/Albers, Syst. L. Datenschutzbestimmungen der Polizei- und Nachrichtendienstgesetze des Bundes, Rn. 124 (2021).
183 BGBl. I 1973 S. 701 (§ 2 Abs. 1 Nr. 1 S. 2 BKAG aF).
184 Vgl. Küster in BKA-Vortragsreihe 28 (1983), S. 57 (57).
185 Küster in BKA-Vortragsreihe 28 (1983), S. 57 (58). Zu den Grundstrukturen des alten INPOL-Systems Riegel Bundespolizeirecht/BKAG § 2 S. 28 ff.
186 Gesetz zur Änderung und Ergänzung des Strafverfahrensrechts (Strafverfahrensänderungsgesetz 1999 – StVÄG 1999) v. 2.8.2000, BGBl. I 2000 S. 1253.
187 Zu den Neuerungen im Einzelnen Zöller, Informationssysteme und Vorfeldmaßnahmen von Polizei, Staatsanwaltschaft und Nachrichtendiensten, 2002, S. 149 ff.; Sehr in FS-Herold, 1998, S. 135 (136 ff.); ders. Kriminalistik 1999, 532 (534 ff.).
188 Zaremba, Die Entwicklung polizeirelevanter datenschutzrechtlicher Bestimmungen, 2014, S. 664; Sehr Kriminalistik 1999, 532 (533).

ein Verbundsystem und besteht aus den beiden Bereichen INPOL-Zentral (kurz: INPOL-Z) beim BKA und das bei der jeweiligen Landespolizei betriebene System INPOL-Land.[189]

50 **2. … zum einheitlichen polizeilichen Informationsverbund.** Die geltende Fassung des § 2 Abs. 3 BKAG geht auf die BKAG-Novelle 1997 zurück (→ Rn. 9); dabei ersetzte der Gesetzgeber den Begriff des „elektronischen Datenverbundes" durch den Begriff des „polizeilichen Informationssystems". Diese Begriffswahl war wenig glücklich, denn während der Begriff des „Verbundes" deutlich macht, dass die Polizeien des Bundes und der Länder auf die vom BKA bereitgestellte Informationsplattform Zugriff haben, ist dies bei einem „polizeilichen Informationssystem" nicht zwingend der Fall. Aus diesem Grund kehrte der Normgeber mit dem Gesetz zur Neustrukturierung des Bundeskriminalamtgesetzes vom 8.6.2017[190] zur **„Verbund"-Terminologie** zurück. Der seither in § 2 Abs. 3 BKAG verwandte Begriff des „Informationsverbundes" dient damit der deutlichen **Unterscheidbarkeit zum Informationssystem des BKA** (§ 13 BKAG).[191] Auf dieses haben die Polizeien des Bundes und der Länder grundsätzlich keinen Zugriff; das Informationssystem des BKA nimmt jedoch nach Maßgabe der §§ 29–33 BKAG am polizeilichen Informationsverbund teil (vgl. § 13 Abs. 3 BKAG, dazu → § 13 Rn. 17).

51 Darüber hinaus betont die Gesetzesfassung seit 2017 die **Einheitlichkeit** des polizeilichen Informationsverbunds. Mit der ergänzenden Klarstellung, dass es sich um einen einheitlichen Informationsverbund handele, will der Gesetzgeber der noch immer sehr heterogenen und zerklüfteten IT-Systemlandschaft im Polizeibereich entgegenwirken sowie die **Harmonisierung und Standardisierung** des polizeilichen Informationswesens fördern („gemeinsames Datenhaus").[192] Durch die damit verbundene zentrale Datenhaltung für die deutschen Sicherheitsbehörden sollen eine einheitliche und gute Datenqualität sowie eine Steigerung der Effizienz sichergestellt werden. Die polizeilichen Informationssysteme könnten auf diese Weise einfacher gepflegt und weiterentwickelt werden, da Anpassungen für das Verbundsystem nur einmal vorgenommen und nicht neunzehn Mal (in den Systemen der sechzehn Länder sowie bei den drei Polizeien des Bundes) nachvollzogen werden müssten. Doppeleingaben von Daten werden vermieden. Dies dient auch dem Prinzip der Datensparsamkeit. Zugleich soll damit den Anforderungen an Datensparsamkeit und IT-Sicherheit Rechnung getragen werden.[193]

52 Eine zentrale Rolle in diesem Zusammenhang kommt dem Programm „Polizei 2020"[194] zu (→ Rn. 36). Dieses umfasst sowohl die Entwicklung eines **einheitlichen Fallbearbeitungssystems (eFBS)** als auch den **Polizeilichen Informations- und Analyseverbund (PIAV)**. Letzterer wurde vor dem Hintergrund der Taten des sog. Nationalsozialistischen Untergrundes (NSU) auf der 196. Innenministerkonferenz 2012 beschlossen.[195] Der PIAV soll dazu dienen, kriminalpolizeiliche Daten bundesweit (auf der Grundlage eines einheitlichen technischen Austauschstandards, XPolizei) „mehrfach" bzw. „mehrdimensional" auszuwerten (zB zur Aufklärung nicht nur länder-, sondern auch phänomen- und dateiübergreifender Tat-Täter- bzw. Tat-Tat-Zusammenhänge).[196] Mit dem PIAV soll es möglich werden, frühzeitiger als bisher Serienstraftaten, Bandenkriminalität oder Strukturen der Organisierten Kriminalität zu erkennen und somit die Aufklärungsquote zu steigern bzw. das Entdeckungsrisiko für Straftäter zu erhöhen. Die erste Stufe von **PIAV-Operativ** ging im Mai 2016 mit den Deliktsbereichen Waffen- und Sprengstoffkriminalität in Betrieb. Das System wurde schrittweise um die Deliktsbereiche Gewaltdelikte/gemeingefährliche Straftaten und Rauschgiftkriminalität (2018) sowie Eigentumskriminalität/Vermögensdelikte, Cybercrime und Sexualdelikte sowie Schleusung/Menschenhandel/Ausbeutung und Dokumentenkriminalität (2020) ergänzt. Die weiteren Ausbaustufen, unter anderem mit den Deliktsbereichen Geldwäsche, Korruption, Politisch motivierte Kriminalität und Organisierte Kriminalität, befinden sich noch in der Vorbereitung und sollen bis Ende 2022 umgesetzt werden.[197] Neben dieser operativen Seite besitzt PIAV eine strategische Komponente, welche die Grundlagen sowohl für operative Schwerpunktsetzungen und Maßnahmenkonzepte als auch für die Beratung der polizeilichen und politischen Führungs- und Entscheidungsebene bildet. Die einheitliche und zentrale Datenbasis in **PIAV-Strategisch** soll es den Polizeien der Länder und des Bundes erlauben, eine länderübergreifende und bundesweite strategische Auswertung unter Einbeziehung der Daten der anderen PIAV-Teilnehmer zu

189 Für INPOL-Land gilt nicht das BKAG, vielmehr richtet sich die Datenverarbeitung nach dem jeweiligen Landesrecht, vgl. Zöller, Informationssysteme und Vorfeldmaßnahmen von Polizei, Staatsanwaltschaft und Nachrichtendiensten, 2002, S. 147.

190 BGBl. I 2017 S. 1354.

191 BT-Drs. 18/11163, 84; s. auch BT-Drs. 19/27083, 10.

192 BT-Drs. 18/11163, 84; s. auch BT-Drs. 19/25651, 2; BT-Drs. 19/27083, 10.

193 BT-Drs. 18/11163, 84.

194 Vgl. BMI, Polizei 2020 – White Paper, 2018; dazu Lisken/Denninger/Arzt, HdbPolR, G Rn. 1130 ff.

195 Vgl. Ziff. 10 der Sammlung der zur Veröffentlichung freigegebenen Beschlüsse der 196. Sitzung der Ständigen Konferenz der Innenminister und -senatoren der Länder v. 5.12.-7.12.2012 in Rostock-Warnemünde, abrufbar unter: https://www.innenministerkonferenz.de/IMK/DE/termine/to-beschluesse/20121207.html?nn=4812206.

196 BT-Drs. 17/14753, 2.

197 Zu den Entwicklungsstadien vgl. BT-Drs. 19/15346, 7 ff.; BT-Drs. 19/25651, 4.

betreiben. Im Zusammenhang mit der Umstellung von einer vertikalen zu einer horizontalen Informationsordnung (→ Rn. 26, 35 f.) sollen PIAV und INPOL-Z perspektivisch zu einem einheitlichen Verbund verschmelzen.

V. Zentrale Einrichtungen und Sammlungen (Abs. 4)

Zur Unterstützung und Koordinierung der Polizeien des Bundes und der Länder bei der Verhütung und Verfolgung von Straftaten und der Gefahrenabwehr unterhält das BKA nach Abs. 4 S. 1 zentrale Einrichtungen und Sammlungen. **Regelbeispielsartig** – und damit nicht abschließend („insbesondere")[198] – nennt das Gesetz zentrale erkennungsdienstliche und kriminaltechnische Einrichtungen und Sammlungen (Nr. 1) sowie zentrale Einrichtungen für die Fahndung nach Personen und Sachen (Nr. 2). Die bis heute teils sehr unterschiedlichen Vorgangsbearbeitungssysteme der Polizeien des Bundes und der Länder (→ Rn. 24 f.) bilden die Quelle der Daten, die in den sog. **Kriminalpolizeilichen Sammlungen (KpS)** verarbeitet werden.[199] Die KpS untergliedern sich in Kriminalakten,[200] die durch die sachbearbeitende Dienststelle oder einer übergeordneten Behörde geführt werden, sowie die polizeilichen Informationssysteme, die – begrenzt durch die örtlichen und sachlichen Zuständigkeiten – einerseits durch die Landeskriminalämter, das BKA sowie die Bundespolizei und andererseits durch das BKA in seiner Funktion als Zentralstelle betrieben werden.[201] 53

Anders als bei der Aufgabenzuweisung nach Abs. 1 wird das BKA im Rahmen der Zentralstellenaufgabe nach Abs. 4 **nicht nur unterstützend** (→ Rn. 20, 22), sondern ausdrücklich **auch koordinierend** tätig. Diese im Jahr 2017 eingefügte Klarstellung entspricht der gesetzgeberischen Vorstellung einer „Zentralstelle, die eine einheitliche Informationstechnik zur Verfügung stellt, Prozesse koordiniert und Diskussionsprozesse moderiert".[202] 54

Bei der Pflicht des BKA zur Unterhaltung zentraler Einrichtungen und Sammlungen geht es – ebenso wie bei Abs. 5 – um Zentralstellenaufgaben, die nach dem Wortlaut der Norm nicht unter der Einschränkung stehen, dass sie sich auf Straftaten mit länderübergreifender und internationaler oder erheblicher Bedeutung iSd Abs. 1 beziehen müssen. Sie fallen mithin **nicht** unter die **INPOL-Relevanz-Schwelle** (→ Rn. 22 f.);[203] eine Verarbeitung von personenbezogenen Daten zu erkennungsdienstlichen Zwecken sowie zu Zwecken der Fahndung nach Personen und Sachen im Rahmen des polizeilichen Informationsverbundes (§§ 29–33 BKAG) ist jedoch ausschließlich bei Erreichen der **Schwelle der Verbundrelevanz** (§ 30 BKAG) zulässig. 55

1. Erkennungsdienst und Kriminaltechnik (S. 1 Nr. 1). Dies gilt insbesondere für die in Nr. 1 erwähnten zentralen erkennungsdienstlichen Sammlungen, denn der mit der Auswertung von erkennungsdienstlichen Unterlagen verfolgte Zweck, Tatverdächtige zu identifizieren und Tatortspuren zuzuordnen, erfordert einen einheitlich geführten zentralen Vergleichsbestand.[204] Zum **„Erkennungsdienst"** idS gehören dabei nicht nur die technischen Geräte, sondern auch die stets zu aktualisierenden zentralen erkennungsdienstlichen Sammlungen, zB Fingerabdruck-, Lichtbild- und DNA-Profil-Sammlungen sowie Personenbeschreibungen und weitere Informationen über erkennungsdienstliche Behandlungen.[205] Darüber hinaus bildet § 2 Abs. 4 S. 1 Nr. 1 BKAG (iVm den Befugnisnormen gem. §§ 16 Abs. 5, 20 S. 1 Nr. 4 BKAG) die Rechtsgrundlage für die im Verbundsystem geführte **Datei „Erkennungsdienst"** (→ Rn. 31).[206] Die Richtlinien für die Führung kriminalpolizeilicher personenbezogener Sammlungen (KpS)[207] stellen demgegenüber nur verwaltungsinternes Recht dar und bilden daher mangels Rechtsnormqualität keine ausreichende Rechtsgrundlage.[208] 56

Unter **„Kriminaltechnik"** ist im Allgemeinen das Teilgebiet der Kriminalistik zu verstehen, dem es obliegt, unter Heranziehung und Nutzbarmachung bestehender technischer Verfahren sowie wissenschaftlicher Erkenntnisse und Praktiken, durch Sicherung und Untersuchung sachlicher Beweismittel (→ Rn. 70), teilweise 57

198 Kugelmann BKAG § 2 Rn. 13.
199 Der Begriff der „Kriminalpolizeilichen Sammlung" entspricht dem überkommenen Begriff der „Kriminalakte". Soweit beide Bezeichnungen freilich insinuieren, dass sie lediglich repressive Informationen und Unterlagen betreffen, entspricht dies nicht der Realität: Die „Kriminalpolizeiliche Sammlung" umfasst als sog. Einheitsakte die Gebiete der Strafverfolgung und der Gefahrenabwehr, vgl. dazu Ahlf, Polizeiliche Kriminalakten (KpS), 1988, S. 26; ders. KritV 71 (1988), 136 (137, mit Fn. 4).
200 Zu Funktion und Aufbau polizeilicher Kriminalakten Ahlf, Polizeiliche Kriminalakten (KpS), 1988, S. 23 ff.
201 Zaremba, Die Entwicklung polizeirelevanter datenschutzrechtlicher Bestimmungen, 2014, S. 638.
202 BT-Drs. 18/11163, 2.
203 Vgl. auch Ahlf/Daub/Lersch/Störzer/Ahlf BKAG § 2 Rn. 45; Lersch in FS-Herold, 1989, S. 35 (42); Zaremba, Die Entwicklung polizeirelevanter datenschutzrechtlicher Bestimmungen, 2014, S. 674, 684; Kubica/Leineweber NJW 1984, 2068 (2069); Steinke ZRP 1995, 212 (213); aA noch Riegel DVBl. 1982, 720 (723 f.); ders. NJW 1983, 656 (658).
204 BT-Drs. 13/1550, 22.
205 Zaremba, Die Entwicklung polizeirelevanter datenschutzrechtlicher Bestimmungen, 2014, S. 684, mwN.
206 BT-Drs. 17/14735, 18; Riegel NJW 1983, 656 (661).
207 Richtlinien v. 26.2.1981, GMBl. S. 120.
208 VGH Kassel Urt. v. 22.6.1995 – 6 UE 152/92 –, NVwZ-RR 1995, 661 (662); Urt. v. 16.12.2004 – 11 UE 2982/02 –, NJW 2005, 2727 (2729).

auch unter Erforschung und Entwicklung spezialisierter Untersuchungsmethoden (→ Rn. 83 f.), zur repressiven und präventiven Verbrechensbekämpfung beizutragen.[209] Mit dem Begriff der „kriminaltechnischen Sammlungen" sind ua die zentralen Sammlungen des Schusswaffen-Erkennungsdienstes und des Handschriften-Erkennungsdienstes, die forensische Pass- und Ausweisdatenbank sowie weitere Materialsammlungen zB im Bereich Sprengstoffe und Betäubungsmittel gemeint.[210] Sofern das BKA gem. § 2 Abs. 4 Nr. 1 BKAG eigene kriminalpolizeiliche Sammlungen führt, handelt es sich regelmäßig um **Doppelakten,** weil die in den Akten enthaltenen Unterlagen originär von den Ländern erstellt und die darin enthaltenen Daten zuvor dort erhoben wurden; das BKA als Zentralstelle erhält lediglich ein Doppel dieser Unterlagen als teilidentische Unterlagen.[211]

58 **2. Personen- und Sachfahndung (S. 1 Nr. 2).** Hatte das BKA bis zum Jahr 1997 lediglich zentrale Einrichtungen und Sammlungen im Bereich des Erkennungsdienstes zu unterhalten, wurde mit der Ergänzung um Einrichtungen für die Fahndung nach Personen und Sachen eine **Lücke geschlossen.**[212] Fahndung iSd § 2 Abs. 4 S. 1 Nr. 2 BKAG meint die planmäßige Suche nach Personen oder Sachen im Rahmen der Strafverfolgung oder Gefahrenabwehr.[213] Ziel ist es, fahndungsrelevante Erkenntnisse etwa über Täter, Tathergang, Zeugen, Geschädigte oder auch über polizeirechtlich Verantwortliche zu erlangen.[214]

59 Die **Fahndung nach Personen** dient ua der Festnahme oder Aufenthaltsermittlung von Straftätern (Strafverfolgung) oder dem Schutz von vermissten Personen (Gefahrenabwehr). Bereits vor der normativen Ergänzung hatte das BKA seine Fahndungshilfsmittel (INPOL-Fahndungsdateien, Deutsches Fahndungsbuch, Bundeskriminalblatt) nicht nur zur Fahndung für Zwecke der Strafverfolgung zur Verfügung gestellt, sondern auch Daten von Personen verarbeitet, die zur Ingewahrsamnahme oder Aufenthaltsermittlung für Zwecke der Gefahrenabwehr gesucht wurden, zB Personen, die sich einer gerichtlich angeordneten Unterbringung in einem psychiatrischen Krankenhaus entziehen oder vermisste Minderjährige in Fällen, in denen keine Anhaltspunkte für eine Straftat vorliegen. Die Personenfahndung ist „ein Kernstück des INPOL".[215] Für eine effektive Personenfahndung ist es notwendig, dass Informationen bundesweit und sofort zur Verfügung stehen, wenn eine Person in einer polizeilichen Kontrolle angetroffen wird. Auf der Grundlage des § 2 Abs. 4 S. 1 Nr. 2 BKAG wird das Amt seiner Aufgabe der Unterhaltung von zentralen Einrichtungen und Sammlungen zum Zwecke der Fahndung zum einen dadurch gerecht, dass es im INPOL die Dateien zur Personenfahndung, wie etwa Vermisste/unbekannte Tote ua betreibt.[216] Zum anderen erfüllt es diese Aufgabe durch entsprechende Internetauftritte und die Herausgabe der periodisch erscheinenden Ausgabe des BKA-Blattes.[217] Welche Daten konkret im sog. Fahndungsbestand[218] gespeichert werden dürfen, wird durch § 6 Abs. 1–3 BKADV geregelt. Gem. § 16 Abs. 2 S. 1 BKAG iVm § 9 Abs. 2 Nr. 1 BKADV ist zwischen den Alternativen der Ausschreibung zur Fahndung, zur polizeilichen Beobachtung sowie zur gezielten Kontrolle zu unterscheiden.[219]

60 Neben der Fahndung nach Personen sieht INPOL auch einen Fahndungsbestand für die **Fahndung nach Sachen** vor.[220] Die genauen Zwecke dieser Fahndung sind unterschiedlich. Dies kann einerseits die Eigentumssicherung bei Sachen sein, die gestohlen oder sonst abhandengekommen sind, zB durch Betrug oder Unterschlagung. Andererseits können dies auch weitere polizeiliche Zwecke oder das Strafverfahren als solches sein.[221] Vorgesehen ist die Sachfahndung auch für Kontrollen, soweit diese nach Polizeirecht zulässig sind, für die Beweissicherung, kriminaltechnische Untersuchungen, Einziehungen zB für die Vermögensabschöpfung oder die sonstige Sicherstellung oder Beschlagnahme.

61 **3. Digitalisierung und Automatisierung (S. 2).** Dem Umstand, dass die zentralen Sammlungen der Polizeien des Bundes und der Länder heute überwiegend elektronisch und zum Teil automatisiert geführt werden,

209 Statt aller Huelke in Sieverts/Schneider (Hrsg.), Handwörterbuch der Kriminologie, 2. Aufl. 1977, S. 138 (138) – „Kriminaltechnik".
210 BT-Drs. 18/11163, 85.
211 Ahlf/Daub/Lersch/Störzer/Ahlf BKAG § 2 Rn. 15; Zaremba, Die Entwicklung polizeirelevanter datenschutzrechtlicher Bestimmungen, 2014, S. 641.
212 BT-Drs. 13/1550, 22.
213 Ahlf/Daub/Lersch/Störzer/Ahlf BKAG § 2 Rn. 56.
214 Statt aller Lisken/Denninger/Arzt, HdbPolR, G Rn. 1222.
215 Lisken/Denninger/Arzt, HdbPolR, G Rn. 1223.
216 In der INPOL-Personenfahndungsdatei waren am 1.4.2021 insgesamt 270.021 Ausschreibungen zur Festnahme und 421.558 Ausschreibungen zur Aufenthaltsermittlung erfasst, vgl. https://www.bka.de/DE/KarriereBeruf/ArbeitenBeimBKA/Einblicke/PolizeilicheInformationssysteme/pol_infosystem_node.html.
217 Kugelmann BKAG § 2 Rn. 15.
218 Zur Unschärfe dieses Begriffs BVerfG Urt. v. 11.3.2008 – 1 BvR 2074/05 ua –, BVerfGE 120, 378 (409 ff.).
219 Zaremba, Die Entwicklung polizeirelevanter datenschutzrechtlicher Bestimmungen, 2014, S. 674.
220 In der INPOL-Sachfahndungsdatei waren am 1.4.2021 449.668 Kfz, 1.510.768 Fahrräder und 333.932 Schusswaffen registriert, vgl. https://www.bka.de/DE/KarriereBeruf/ArbeitenBeimBKA/Einblicke/PolizeilicheInformationssysteme/pol_infosystem_node.html.
221 Lisken/Denninger/Arzt, HdbPolR, G Rn. 1226.

trägt Abs. 4 S. 2 Rechnung.[222] So speichert das **Automatisierte Fingerabdruck-Identifizierungssystem (AFIS)** die Finger- und Handflächenabdrücke beim BKA und die Finger- und Handflächenspuren sowohl bei den Landeskriminalämtern als auch beim BKA.[223] AFIS-Datenbanken werden zentral beim BKA geführt und stehen auswertungsberechtigten Dienststellen für Vergleichszwecke zur Verfügung; AFIS wird zugleich als Verbunddatei vom BKA innerhalb von INPOL betrieben (→ Rn. 31). Die Recherche und der visuelle Vergleich werden vom BKA vorgenommen. Nach der daktyloskopischen Auswertung der Abdrücke erfolgen die Bestätigung der Auswertung an die Polizeidienststelle, welche die Daten erhoben hat, die Speicherung der zugehörigen Daten durch das BKA in INPOL und die Übermittlung der Ergebnisse an die zuständigen Stellen. Die eigentliche Identifizierung des Spurenverursachers bleibt die Aufgabe eines Daktyloskopen, der die gespeicherten Fingerabdrücke der vom System angebotenen Personen mit der Spur vergleicht.[224] Zu den elektronischen Datenbanken im Bereich des polizeilichen Erkennungsdienstes zählen zudem das seit 2008 im BKA betriebene **Gesichtserkennungssystem (GES)**, mit dem einzelne Lichtbilder automatisiert mit dem Lichtbild-Gesamtbestand abgeglichen werden können, sowie die **DNA-Analyse-Datei (DAD)**, in welcher aus der DNA-Analyse resultierende DNA-Identifizierungsmuster gespeichert werden.[225] In der DNA-Analyse-Datei darf das BKA gem. § 81g Abs. 5 S. 1 StPO DNA-Identifizierungsmuster, die nach § 81g Abs. 1–4 StPO durch das BKA, die Bundespolizei oder die Polizeien der Länder festgestellt wurden, für Zwecke künftiger Strafverfahren nach Maßgabe des BKAG speichern.[226]

Auch im Bereich der Personen- und Sachfahndung kann sich das Amt nach § 2 Abs. 4 S. 2 BKAG auf elektronisch geführte Einrichtungen und Sammlungen stützen. Im Bereich der Sachfahndung bedient sich das BKA etwa der Datenbank **Sichergestellte Kunst- und Wertgegenstände (Securius)**, in der bundesweit alle Polizeidienststellen sichergestellte Kunst- und Wertgegenstände aus dem In- und Ausland erfassen können. 62

VI. Unterstützungs- und Dienstleistungsaufgaben (Abs. 5)

Nach Abs. 5 S. 1 kann das BKA sowohl eigeninitiativ zur Unterstützung der Polizeien des Bundes und der Länder tätig werden als auch auf ein entsprechendes Ersuchen hin. Die Regelung **führt mehrere Zentralstellenaufgaben des BKA zusammen**, die zuvor auf mehrere Absätze verteilt waren. Durch die BKAG-Novelle 2017 neu hinzugekommen sind die Nr. 2 (Kompetenzzentren für informationstechnische Systeme und Infrastrukturen sowie Einsatztechnik) und die Nr. 3 (Unterstützung bei der Durchführung von kriminaltechnischen Untersuchungen). 63

1. Unterstützungsmaßnahmen des BKA als Zentralstelle. a) Eigeninitiative Unterstützungsmaßnahmen. Als Unterstützungsmaßnahmen, die das BKA aus eigener Initiative ergreifen kann, nennt Abs. 5 S. 1 die Durchführung von Aus- und Fortbildungsveranstaltungen auf kriminalpolizeilichen Spezialgebieten (Nr. 1) sowie den Aufbau und die Unterhaltung von Kompetenzzentren für informationstechnische Systeme und Infrastrukturen sowie Einsatztechnik, technische Einsatzmittel und kriminaltechnische Untersuchungsmethoden im kriminalpolizeilichen Bereich (Nr. 2). Die Aufzählung ist **abschließend**. 64

aa) Aus- und Fortbildungsveranstaltungen (S. 1 Nr. 1). Die Aufgabe des BKA zur Durchführung von Aus- und Fortbildungsveranstaltungen auf kriminalpolizeilichen Spezialgebieten gem. § 2 Abs. 5 S. 1 Nr. 1 BKAG lässt sich auf den Fortbildungsauftrag nach § 2 Abs. 1 Nr. 8 BKAG 1973 zurückführen, der durch § 2 Abs. 5 Nr. 4 BKAG 1997 um einen entsprechenden Ausbildungsauftrag ergänzt wurde. Danach hat das BKA als Zentralstelle seine Erkenntnisse und Erfahrungen auf Spezialgebieten wie zB der Kriminaltechnik, dem Erkennungsdienst, dem Staatsschutz, der Rauschgiftkriminalität und dem illegalen Waffenhandel für die Aus- und Fortbildung von Bediensteten der Polizei in Bund und Ländern nutzbar zu machen. Die Aus- und Fortbildungsaktivitäten des BKA sind dabei im Gesamtzusammenhang einer **Arbeitsteilung zwischen Bund und Ländern** zu sehen. Das BKA ist als zentrale Dienststelle in der Verbrechensbekämpfung wegen einer Vielzahl komplexer Tatzusammenhänge auf eine enge Zusammenarbeit mit den Ländern und auf einheitlich geschulte Beamtinnen und Beamte angewiesen. An den Fortbildungsmaßnahmen des BKA besteht deshalb ein **erhebliches Bundesinteresse**.[227] 65

bb) Kompetenzzentren für informationstechnische Systeme (S. 1 Nr. 2). Der Zentralstellenauftrag zum Aufbau und zur Unterhaltung von Kompetenzzentren für informationstechnische Systeme und Infrastrukturen sowie Einsatztechnik, technische Einsatzmittel und kriminaltechnische Untersuchungsmethoden im krimi- 66

222 Eingefügt durch das Gesetz zur Neustrukturierung des Bundeskriminalamtgesetzes vom 8.6.2017 (BGBl. I 2017 S. 1354).
223 Vgl. ED-Richtlinien der AG-Kripo Bundeskriminalblatt Nr. 244 – 2004 idF v. 18.8.2004, Sonderausgabe, ED-Richtlinien.
224 Kugelmann BKAG § 2 Rn. 14.
225 Zur DNA-Analyse-Datei im Einzelnen Lisken/Denninger/Arzt, HdbPolR, G Rn. 1230 ff.; Busch NJW 2002, 1754 ff. Zur Führung der DNA-Analyse-Datei als polizeiliche Verbunddatei → Rn. 31.
226 Zaremba, Die Entwicklung polizeirelevanter datenschutzrechtlicher Bestimmungen, 2014, S. 685.
227 BT-Drs. 7/178, 9.

nalpolizeilichen Bereich gem. § 2 Abs. 5 S. 1 Nr. 2 BKAG wurde durch die BKAG-Novelle 2017 eingefügt. Hierdurch soll erreicht werden, dass operative Mittel und Infrastrukturen auf dem aktuellen Stand der Technik für die kriminalpolizeiliche Arbeit **gebündelt beim BKA aufgebaut und vorgehalten** werden können.[228] Eine rechtliche und verwaltungsorganisatorische Verselbstständigung der Kompetenzzentren ist dabei aufgrund der begrenzten Gesetzgebungskompetenz für die Zentralstellenfunktion nach Art. 73 Abs. 1 Nr. 10 lit. a GG und Art. 87 Abs. 1 S. 2 GG ausgeschlossen (→ Rn. 4). Diese lässt es nicht zu, das BKA als Bundesoberbehörde mit einem eigenen – dezentralen – Verwaltungsunterbau zu versehen. Die „Kompetenzzentren" gem. § 2 Abs. 5 S. 1 Nr. 2 BKAG können daher keine selbstständigen Einrichtungen sein, sondern müssen als abhängige Organisationsformate innerhalb des BKA ausgestaltet bleiben. Eine fachliche Segmentierung (gegebenenfalls auch innerhalb von Außenstellen) erscheint insoweit möglich, eine territoriale Dezentralisierung, etwa zur regionalen und ortsnahen Unterstützung der Polizeibehörden der Länder wäre hingegen unzulässig.[229]

67 In den entsprechenden Kompetenzzentren soll das spezifische polizeiliche Fachwissen für den jeweiligen Bereich organisatorisch gebündelt werden, „um optimale Lösungen für die polizeiliche Arbeit selbst zu entwickeln oder am Markt befindliche Produkte zu erwerben und zielgerichtet auf den speziellen Bedarf der Polizeien weiterzuentwickeln".[230] Die Entwicklungen der Kompetenzzentren des BKA können auf Anfrage den Polizeien des Bundes und der Länder zur Verfügung gestellt werden. Dies soll den Aufbau von kostenintensiven Doppelstrukturen beim Bund und den Ländern entbehrlich machen und zu einer **Konsolidierung der Informationstechnik und Infrastrukturen** der Polizeien des Bundes und der Länder beitragen.[231] Mit Blick auf die von den Kompetenzzentren zur Verfügung zu stellenden Entwicklungen stehen **mobile Endgeräte** und **polizeiliche Anwendungen (Apps)** im Vordergrund, die den polizeilichen Einsatzkräften zur Verfügung gestellt werden müssen, um einsatzrelevante Informationen fortlaufend und multimedial in Echtzeit austauschen und mobil auf polizeiliche Informationssysteme zugreifen zu können.[232]

68 Das BKA verfügt im Rahmen der Zentralstellenaufgabe nach § 2 Abs. 5 S. 1 Nr. 2 BKAG nach derzeitigem Stand über zwei Kompetenzzentren. Zum einen unterhält es ein **Kompetenzzentrum polizeiliche Anwendungsbetreuung, IT-Koordination, Besondere Aufbauorganisation (BAO) und Logistik.**[233] Dieses bildet ein Referat der Gruppe S05, die sich mit deliktübergreifender Organisierter Kriminalität (DOK) beschäftigt. Zum anderen wurde behördenintern bereits im November 2011 mit der Einrichtung des **Kompetenzzentrums Informationstechnische Überwachung** (CC ITÜ) begonnen. Das Kompetenzzentrum nimmt Aufgaben der Telekommunikations- bzw. Informationstechnischen Überwachung (TKÜ/ITÜ) wahr. Es wurde im September 2012 in Form einer neuen Gruppe im BKA eingerichtet, welche sich aus fünf Fachreferaten zusammensetzt. Im Fachbereich „Softwareentwicklung und -pflege informationstechnische Überwachung (CC ITÜ)" werden die BKA-eigene Software zur Durchführung von Maßnahmen der Quellen-TKÜ entwickelt sowie die im BKA eigenentwickelte Software zur Durchführung von Maßnahmen der Online-Durchsuchung fortentwickelt und für den jeweiligen Einsatzfall bereitgestellt. Die Durchführung von Maßnahmen der TKÜ/ITÜ einschließlich der erforderlichen netzwerkforensischen Untersuchungen der dabei gewonnen Daten erfolgt verteilt auf die Fachbereiche „Telekommunikationsüberwachung (TKÜ)" und „Informationstechnische Überwachung (ITÜ)". Beide Fachreferate werden unterstützt durch den Fachbereich „ITÜ/TKÜ Service Berlin". Der Fachbereich „Monitoring informationstechnische Überwachung/CC Malware-Analyse" ist für die Gewährleistung der rechtskonformen Entwicklung und des rechtskonformen Einsatzes einschließlich der Protokollierung des Einsatzes von Software zur Durchführung von Maßnahmen informationstechnischer Überwachung zuständig (Qualitätssicherung).[234] Darüber hinaus werden Dienstleistungen im Zusammenhang mit der Untersuchung von Cyberangriffen, namentlich Hackingvorfällen und Schadsoftware, erbracht.[235]

69 **b) Unterstützungsmaßnahmen auf Ersuchen.** Neben dem Regelfall, dass das BKA aufgrund seiner Aufgaben eigeninitiativ tätig wird, tritt der Fall, dass es sich auf Ersuchen der Länder einschaltet.[236] Insbesondere bei § 2 Abs. 5 Nr. 4 BKAG handelt es sich nach den Motiven des Gesetzgebers um eine eng auszulegende

228 BT-Drs. 18/11163, 85 f.

229 Gärditz, Stellungnahme im Rahmen der öffentlichen Anhörung des Innenausschusses des Deutschen Bundestages zum Entwurf eines Gesetzes zur Neustrukturierung des Bundeskriminalamtgesetzes (BT-Drs. 18/11163) v. 14.2.2017, Ausschuss-Drs. 18(4)806 F, 3.

230 BT-Drs. 18/11163, 86.

231 BT-Drs. 18/11163, 86.

232 BT-Drs. 18/11163, 85.

233 S. hierzu https://www.bka.de/DE/DasBKA/OrganisationAufbau/Organigramm/organigramm_node.html;jsessionid=93C0D8BAB6119CA561E3C5626648D7BA.live602#doc178688bodyText1.

234 BT-Drs. 17/14714, 14; BT-Drs. 19/522, 9.

235 S. hierzu https://www.bka.de/DE/DasBKA/OrganisationAufbau/Fachabteilungen/OperativeEinsatzUndErmittlungsunterstuetzung/oe_node.html.

236 Kugelmann BKAG § 2 Rn. 16.

Ausnahmeregelung (→ Rn. 73). Die Unterstützungsmaßnahmen der Nrn. 3 und 4 hängen von einem entsprechenden Ersuchen der zuständigen Behörde ab. In diesen Fällen erfolgt eine Verarbeitung von personenbezogenen Daten nach den Weisungen der Polizeien des Bundes und der Länder und nach deren Vorschriften über die Auftragsverarbeitung (§ 2 Abs. 5 S. 2 BKAG).

aa) Unterstützung bei der Durchführung von kriminaltechnischen Untersuchungen (S. 1 Nr. 3). Nach § 2 Abs. 5 S. 1 Nr. 3 BKAG kann das BKA auf ein Ersuchen der Polizeien des Bundes und der Länder bei der Durchführung von kriminaltechnischen Untersuchungen unterstützen (zum Begriff der Kriminaltechnik → Rn. 57). Mit der im Jahr 2017 eingefügten Regelung des § 2 Abs. 5 S. 1 Nr. 3 BKAG, die in der Geschichte des BKAG ohne Vorbild ist, wird nicht nur eine unterstützende Tätigkeit des BKA in den Ländern („vor Ort") ermöglicht. Vielmehr können die Polizeien des Bund und der Länder **kriminaltechnische Untersuchungen beim BKA selbst vornehmen lassen**; dies erfolgt über das **Kriminaltechnische Institut (KTI)** des BKA (→ Rn. 81). Hierdurch sollen kurzfristig auftretende Kapazitätsengpässe in den jeweiligen Polizeibehörden im Rahmen der Kriminaltechnik, insbesondere im Bereich molekulargenetischer Untersuchungen, durch das BKA aufgefangen werden.[237] 70

bb) Unterstützung bei der Datenverarbeitung (S. 1 Nr. 4). Nach § 2 Abs. 5 S. 1 Nr. 4 BKAG kann das BKA auf Ersuchen bei der Datenverarbeitung unterstützen. Die Regelung entspricht – zusammen mit § 2 Abs. 5 S. 2 BKAG – dem § 2 Abs. 5 BKAG 1997. Im Rahmen der BKAG-Novelle 1997 war die Zentralstellenaufgabe der Unterstützung auf Ersuchen der Länder im ursprünglichen Gesetzesentwurf noch nicht enthalten;[238] sie wurde vielmehr erst nach einem Beschluss des Innenausschusses aufgenommen,[239] mit dem ein entsprechender **Vorschlag des Bundesrates** aufgegriffen wurde.[240] Mit der Ergänzung wurde deklaratorisch klargestellt, dass für die bereits in der Vergangenheit „in Einzelfällen geübte Praxis" einer Auftragsdatenverarbeitung für die Länder auch in der Zukunft Bedarf bestehe, etwa wenn für ein Verfahren in einem oder mehrerer Länder nur die Datenverarbeitungsanlagen und -anwendungen des BKA eine sachgerechte Verarbeitung der erhobenen Daten erwarten lassen.[241] In dieser Konstellation erfolgt die Verarbeitung und Nutzung der Informationen gem. § 2 Abs. 5 S. 2 BKAG nach den Weisungen der Länder und nach deren Vorschriften über die Auftragsverarbeitung. 71

§ 2 Abs. 5 S. 2 BKAG enthält eine vorrangige **Spezialregelung einer datenschutzrechtlichen Auftragsverarbeitung.** Diese geht den allgemeinen Regelungen nach §§ 52, 62 BDSG vor (vgl. § 1 Abs. 2 BDSG).[242] Die nationalen Regelungen über die Auftragsverarbeitung dienen der Umsetzung der **JI-Richtlinie** (vgl. **Art. 22, 23 DSRL-JI**).[243] Diese überlässt zwar die Regelung der Datenerhebungsbefugnisse dem mitgliedstaatlichen Recht, sie führt jedoch im Bereich der Datenverarbeitung – insbesondere Speicherung, Verwendung und Übermittlung – zu einer unionsrechtlichen Überformung (im Einzelnen → § 13 Rn. 2).[244] An ihren Vorgaben muss sich daher auch § 2 Abs. 5 S. 2 BKAG messen lassen. Bei der Auftragsdatenverarbeitung werden personenbezogene Daten durch einen Dienstleister („Auftragsverarbeiter"[245]) im Auftrag der verantwortlichen Stelle erhoben, verarbeitet oder genutzt. Der Auftraggeber ist für die Rechtmäßigkeit der Verarbeitung voll verantwortlich und hat den Auftragsverarbeiter daher zu kontrollieren.[246] Weil eine Datenverarbeitung „im Auftrag" die Verantwortung und Haftung der Verantwortlichen und der Auftragsverarbeiter verschleiern kann,[247] geht die DSRL-JI von einer Subsidiarität der Auftragsverarbeitung aus.[248] Diesem **spezifischen Gefährdungspotential der Auftragsverarbeitung** tragen die Art. 22, 23 DSRL-JI Rechnung, indem sie die Auftragsverarbeitung restriktiven Zulässigkeitsvoraussetzungen unterwerfen. Danach ist insbesondere gesetzlich sicherzustellen, dass der Auftragsverarbeiter nur auf Weisung des Verantwortlichen handelt (vgl. 72

237 BT-Drs. 18/11163, 86.
238 Vgl. BT-Drs. 13/1550, 5 f.
239 BT-Drs. 13/7208, 9, 39.
240 BR-Drs. 94/95, 6.
241 BR-Drs. 94/95, 6.
242 Auernhammer/Gerhold DS-GVO/BDSG, 7. Aufl. 2020, BDSG, § 52 Rn. 17. Demgegenüber erklären etwa § 27 Nr. 2 BVerfSchG, § 13 Nr. 2 MADG, § 64 Nr. 2 BNDG und § 36 Abs. 1 Nr. 2 SÜG die betreffenden Regelungen des BDSG für entsprechend anwendbar.
243 Richtlinie (EU) 2016/680 des Europäischen Parlaments und des Rates v. 27.4.2016 zum Schutz natürlicher Personen bei der Verarbeitung personenbezogener Daten durch die zuständigen Behörden zum Zwecke der Verhütung, Ermittlung, Aufdeckung oder Verfolgung von Straftaten oder der Strafvollstreckung sowie zum freien Datenverkehr und zur Aufhebung des Rahmenbeschlusses 2008/977/JI des Rates (ABl. L 119 S. 89, ber. 2018 L 127 S. 9 und 2021 L 74 S. 36).
244 Näher auch Golla KriPoZ 2019, 238 (238); Müller/Schwabenbauer NJW 2021, 2079 (2084). Zu den Kompetenzgrundlagen der DSRL-JI Johannes/Weinhold, Das neue Datenschutzrecht bei Polizei und Justiz, 2018, § 1 Rn. 6 ff.
245 Art. 3 Nr. 9 DSRL-JI.
246 Zu den Pflichten der Verantwortlichen und Auftragsverarbeiter vgl. Johannes/Weinhold, Das neue Datenschutzrecht bei Polizei und Justiz, 2018, § 1 Rn. 217 ff.
247 S. nur Paal/Pauly/Frenzel DS-GVO/BDSG, 3. Aufl. 2021, BDSG, § 52 Rn. 2: „Blackbox".
248 Vgl. ErwG 54 ff. DSRL-JI.

Art. 22 Abs. 3 S. 1 lit. a DSRL-JI). Man spricht in Bezug auf die Auftragsverarbeitung somit auch von einem „Verarbeitungsverbot unter Weisungsvorbehalt".[249]

73 Diesen Anforderungen wird § 2 Abs. 5 S. 1 Nr. 4 iVm S. 2 BKAG mit der dort statuierten Weisungsabhängigkeit grundsätzlich gerecht. Zudem hat die jeweils beauftragende Stelle als verantwortliche Stelle über etwaige Folgeansprüche, wie etwa Auskunftsbegehren, zu entscheiden.[250] Als unionsrechtlich problematisch wird jedoch angesehen, dass das BKA Datenverarbeitung „im Auftrag" der Länderpolizeien betreibt und hiervon Informationen betroffen sind, die nicht bundesweit relevant sind, sondern aus verfassungsrechtlichen Gründen nur auf Länderebene verarbeitet werden dürfen.[251] In diesem Fall bestehe die Gefahr, dass die von den jeweiligen Gesetzgebern getroffenen Aufgabenverteilungen zwischen Bundes- und Länderpolizeien unter dem „Etikett" der Auftragsverarbeitung unterlaufen werden. § 2 Abs. 5 S. 2 BKAG solle daher als Ausnahmeregelung für Einzelfälle verstanden werden.[252] Dass es sich bei **§ 2 Abs. 5 S. 2 BKAG** um eine **„Ausnahmevorschrift"**[253] handelt, kommt zu einen schon dadurch zum Ausdruck, dass das BKA hier nicht eigeninitiativ, sondern nur auf ein entsprechendes Ersuchen und bei einer grundsätzlichen Pflicht zur Kostenerstattung hin tätig wird (→ Rn. 74 f.); zum anderen beschränkt sich § 2 Abs. 5 S. 2 BKAG nach der ursprünglichen Intention des Normgebers von vorneherein auf solche „Ausnahmefälle",[254] in denen allein die Datenverarbeitungsanlagen und -anwendungen des BKA eine sachgerechte Verarbeitung der erhobenen Daten erwarten lassen (→ Rn. 71). Vor diesem Hintergrund erscheint eine weitere unionsrechtskonforme Reduzierung der Norm nicht angezeigt. Mit Blick auf § 2 Abs. 5 S. 2 BKAG bestehen somit **keine unionsrechtlichen Bedenken.**

74 **2. Kostenerstattung.** Für Unterstützungsmaßnahmen und Dienstleistungen nach den Nrn. 2, 3 und 4 des Satzes 1 sieht § 2 Abs. 5 S. 3 BKAG vor, dass die jeweilige Landespolizeibehörde dem BKA die aus der Inanspruchnahme entstehenden Kosten zu erstatten hat. Eine nähere Regelung zu Inhalt und Umfang der Kostenerstattung sieht das BKAG nicht vor; auch der Gesetzesbegründung ist hierzu nichts weiter zu entnehmen.[255] Zwar handelt es sich bei der Auftragsverarbeitung nicht um einen Fall der Amtshilfe;[256] aufgrund der vergleichbaren Interessenlage kann man jedoch die Regelung des **§ 8 VwVfG (Bund) analog** auf die ebenfalls auf Ersuchen erfolgende Auftragsverarbeitung anwenden.[257] Der Anspruch des BKA als der ersuchten Behörde auf Erstattung der Auslagen der Auftragsverarbeitung nach § 8 Abs. 1 S. 2 VwVfG (Bund) analog umfasst danach die auftragsbedingten Mehrkosten, nicht dagegen Anteile der laufenden Personal- und Sachkosten, die zum allgemeinen Verwaltungsaufwand zählen.[258] Die erstattungsfähigen Mehrkosten können dabei auch pauschaliert geltend gemacht werden, wenn die exakte Berechnung nicht möglich oder mit einem unverhältnismäßigen Aufwand verbunden ist. Sofern § 8 Abs. 1 S. 3 VwVfG (Bund) aus Gründen der Verwaltungsvereinfachung sowie der Kostenminderung ausnahmslos eine Erstattung zwischen Behörden desselben Rechtsträgers ausschließt, deckt sich dies mit § 2 Abs. 5 S. 3 BKAG, wonach allein die „Behörden der Länder" (nicht die Bundespolizei) dem BKA Kostenerstattung zu leisten haben.

75 S. 4 regelt, dass das BKA im Einzelfall aus Gründen des öffentlichen Interesses von der Erhebung der Kosten absehen kann. Der Verzicht auf die Kostenerstattung steht im Ermessen des BKA; als Kriterium für einen **Kostenverzicht** kann der Gesamtnutzen für die Sicherheitsverwaltung und damit berücksichtigt werden, ob an den betreffenden Unterstützungsmaßnahmen zugleich ein erhebliches Bundesinteresse besteht.[259] Während dies für Aus- und Fortbildungsveranstaltungen iSd Nr. 1 des Satzes 1 normativ unterstellt wird (→ Rn. 65), mit der Folge, dass eine Kostenerstattungspflicht hier nicht vorgesehen ist, muss sich der Verzicht auf die Kostenerstattung bei den übrigen Unterstützungsmaßnahmen nach dem Wortlaut der Norm auf Einzelfälle beschränken und mit einem entsprechenden öffentlichen Interesse begründet werden.

249 Sydow/Ingold DS-GVO, 2. Aufl. 2018, Art. 29 Rn. 1; übereinstimmend Sydow/Johannes/Weinhold, BDSG, 2020, § 52 Rn. 2.

250 VG Wiesbaden Urt. v. 24.4.2006 – 6 E 1581/01 V –, NVwZ-RR 2006, 693 (694); Erbs/Kohlhaas/Papsthart BKAG § 2 (2007) Rn. 7; Kugelmann BKAG § 2 Rn. 3.

251 Lisken/Denninger/Müller/Schwabenbauer, HdbPolR, G Rn. 507; dem folgend Schenke/Graulich/Ruthig/K. Graulich BKAG § 2 Rn. 48, der allerdings irrig von einer „verfassungsrechtlichen Kritik" ausgeht.

252 Lisken/Denninger/Müller/Schwabenbauer, HdbPolR, G Rn. 507.

253 So explizit Ahlf/Daub/Lersch/Störzer/Ahlf BKAG § 2 Rn. 57.

254 So erneut Ahlf/Daub/Lersch/Störzer/Ahlf BKAG § 2 Rn. 57.

255 Vgl. BT-Drs. 18/11163, 86.

256 Zu den Unterschieden zwischen beiden Rechtsinstituten BeckOK-Datenschutzrecht/Spoerr BDSG § 62 Rn. 20 (2022); BeckOK-POR NRW/Ogorek PolG NRW § 26 Rn. 9 f. (2022).

257 Demgegenüber von Spezialität des § 2 Abs. 5 S. 3 BKAG gegenüber § 8 VwVfG ausgehend Schenke/Graulich/Ruthig/K. Graulich BKAG § 2 Rn. 49.

258 Zum Auslagenbegriff sowie dem Umfang der Amtshilfekosten im Einzelnen BVerwG Urt. v. 27.6.2018 – 6 C 10/17 –, BVerwGE 162, 296.

259 Schenke/Graulich/Ruthig/K. Graulich BKAG § 2 Rn. 50.

VII. Sonstige Unterstützungspflichten (Abs. 6)

Nach Abs. 6 trifft das BKA weitere kriminalpolizeiliche, insbesondere kriminaltechnische Unterstützungspflichten gegenüber den Polizeien des Bundes und der Länder. Sie stehen im Zusammenhang mit der **Spezialisierung und Akademisierung der Polizeiarbeit** (→ § 1 Rn. 2 f.) sowie der besonderen Ressourcen an Infrastruktur, Technik und Personal, über die das BKA verfügt. Unter qualitativen und verwaltungsökonomischen Vorzeichen erscheint es sinnvoll, die betreffenden Aufgaben dem BKA als Zentralstelle zuzuweisen, das eine enge Verzahnung von wissenschaftlicher Forschung und Anschlussfähigkeit in der polizeilichen Praxis sicherstellen kann.[260] Unter den Vorzeichen von Spezialisierung, Akademisierung und Expertifizierung der Polizeiarbeit besitzen die Aufgaben **dynamischen Charakter** und sind somit im Lichte einer kontinuierlichen Modernisierung der Zentralstellenfunktion des Bundeskriminalamtes zu lesen.[261] Der Katalog ist abschließend.[262] Er bezieht sich sowohl auf den repressiven als auch auf den präventiven Bereich; aus dem Wort „ferner" ist abzuleiten, dass hier die INPOL-Relevanz-Schwelle des § 2 Abs. 1 BKAG nicht gilt.[263] 76

1. Kriminalpolizeiliche Analyse und Statistik sowie Kriminalitätsbeobachtung (Nr. 1). Nach § 2 Abs. 6 77
Nr. 1 BKAG hat das BKA strategische und operative kriminalpolizeiliche Analysen, Statistiken, einschließlich der Kriminalstatistik, und Lageberichte zu erstellen und hierfür die Entwicklung der Kriminalität zu beobachten und auszuwerten. Die Regelung entspricht dem Grunde nach **§ 2 Abs. 6 Nr. 2 BKAG 1997**, wurde aber durch die Novelle 2017 fortgeschrieben.

Kriminalitätsbeobachtung und **Kriminalstatistik** gehören zu den hergebrachten Zentralstellenaufgaben des 78
BKA. Dem BKA obliegt danach die Analyse statistischer Aussagen über Veränderungen und Entwicklungen der Kriminalität.[264] Die Wahrnehmung dieser Aufgabe setzt eine eingehende Beobachtung der Kriminalität und entsprechende statistische Erhebungen in Zusammenarbeit mit den Landeskriminalämtern voraus. Hierzu gehört hingegen nicht die statistische Erfassung von Verurteilungen. Das BKA gibt aufgrund der in den Ländern aufgestellten Statistiken jährlich in gedruckter und elektronischer Form die **Polizeiliche Kriminalstatistik (PKS)** heraus. Bei dieser handelt es sich um eine bloße Zusammenstellung der Landesstatistiken, die das BKA in seiner Funktion als Zentralstelle vornimmt.[265] Das BKA arbeitet somit selbst nicht empirisch; Informationssammlung und Informationsauswertung für die PKS fallen in die sachliche Zuständigkeit der Landeskriminalämter.[266] Vielmehr stellt es die aus den Ländern übermittelten Daten zusammen und wertet diese aus; innerhalb des BKA ist diese Aufgabe der Forschungs- und Beratungsstelle Polizeiliche Kriminalstatistik (PKS) und Dunkelfeldforschung (→ Rn. 83) übertragen. Die PKS enthält die der Polizei bekannt gewordenen rechtswidrigen Straftaten einschließlich der mit Strafe bedrohten Versuche, die Anzahl der ermittelten Tatverdächtigen und eine Reihe weiterer Angaben zu Fällen, Opfern oder Tatverdächtigen. Nicht enthalten sind Staatsschutzdelikte, Verkehrsdelikte, Ordnungswidrigkeiten, Delikte, die nicht zum Aufgabenbereich der Polizei gehören (zB Finanz- und Steuerdelikte) sowie Straftaten, die unmittelbar bei der Staatsanwaltschaft angezeigt werden.[267] Die PKS liefert Anhaltspunkte, um kriminalpolitische und präventive Maßnahmen zu ergreifen. Sie ist darüber hinaus ein wertvoller Datenschatz für kriminologisch-soziologische Forschung.

In der Neufassung wird die Aufgabe des BKA im Bereich der **kriminalpolizeilichen strategischen und operativen Auswertung** der Kriminalitätsentwicklung betont.[268] Insbesondere die strategische, dh generell-abstrakte und somit regelmäßig nicht personenbezogene kriminalpolizeiliche Analyse gewinnt im Bereich der Kriminalitätsbekämpfung ständig an Bedeutung. Sie leistet einen wichtigen Beitrag zur Lageanalyse sowie zur Früherkennung von deliktsspezifischen oder deliktsübergreifenden Kriminalitätsphänomenen und von zeitlichen oder geografischen Kriminalitätsbrennpunkten. Dies unterstützt eine Kriminalpolitik, die zu einer effektiven und effizienten Verhütung und Bekämpfung von Straftaten beiträgt. Die Beobachtung der objektiv messbaren Kriminalität bleibt von herausragender Bedeutung auch und gerade für die Verhütung künftiger Straftaten. Die operative, dh **konkret-individuell auf einzelne Ermittlungen bezogene Analyse** dient vor- 79

260 Kugelmann BKAG § 2 Rn. 17; Zachert in FS-Schneider, 1998, S. 17 (20); von „uneigentlichen Zentralstellenaufgaben" sprechen dagegen Ahlf/Daub/Lersch/Störzer/Ahlf BKAG § 2 Rn. 59 und Erbs/Kohlhaas/Papsthart BKAG § 2 (2007) Rn. 8.

261 Vgl. BT-Drs. 18/11163, 86.

262 Anders Ahlf/Daub/Lersch/Störzer/Ahlf BKAG § 2 Rn. 75.

263 Erbs/Kohlhaas/Papsthart BKAG § 2 (2007) Rn. 8.

264 BT-Drs. 7/178, 9.

265 Vgl. BT-Drs. 13/1550, 22. Zur Vorgeschichte, Entwicklung und Aussagekraft der PKS in einzelnen Kriminalitätsbereichen Dörmann in FS-Herold, 1998, S. 149 ff.

266 Exemplarisch Art. 7 Abs. 2 Nr. 1 BayPOG; § 13 Abs. 3 Nr. 5 POG NRW; § 87 Abs. 1 Nr. 1 NdsPOG iVm Ziff. 4.2.1 lit. a und lit. c NdsPolORdErl v. 3.3.2021 (Nds.MBl. S. 546); § 3 Abs. 4 Nr. 3 ThürPOG.

267 Zur Aussagekraft der PKS vgl. auch https://www.bka.de/DE/AktuelleInformationen/StatistikenLagebilder/PolizeilicheKriminalstatistik/bedeutungInhaltAussagekraft.html;jsessionid=4BE121306F4BA9FBF64859486B7EB820.live602?nn=46948.

268 BT-Drs. 18/11163, 86.

rangig dem Erkennen von Tat-Tat- und Tat-Täter-Zusammenhängen, der Identifizierung unbekannter Täter, dem Erkennen länder-, grenz- oder deliktsübergreifend handelnder Straftäter und Täterorganisationen sowie länderübergreifender oder grenzübergreifender Straftatenserien. Sie ist ein zentrales Element moderner kriminalpolizeilicher Fallarbeit,[269] was insbesondere im Polizeilichen Informations- und Analyseverbund (PIAV) Ausdruck findet (→ Rn. 52).

80 **2. Unterhaltung und Koordination kriminalistischer Untersuchungs- und Forschungseinrichtungen** (Nr. 2). Nach Nr. 2 hat das BKA eigene kriminaltechnische Einrichtungen zu unterhalten (zum Begriff der Kriminaltechnik → Rn. 57). Diese Zentralstellenaufgabe war bereits in der Ursprungsfassung des BKAG 1950 (§ 2 Nr. 3 BKAG aF) normiert. Sie trägt dem Umstand Rechnung, dass die forensische Kriminaltechnik spätestens seit Beginn des 20. Jahrhunderts[270] zu den **unverzichtbaren Disziplinen auf dem Gebiet der Verbrechensbekämpfung** zählt und stetig weiter ausgebaut wird. Dies gilt für kriminaltechnische Untersuchungen ebenso wie für die kriminaltechnische Forschung.

81 Der Zentralstellenaufgabe wird das BKA gerecht, indem es ein Kriminaltechnisches Institut (KTI) unterhält. Innerhalb des Behördenaufbaus bildet die **Abteilung „Kriminaltechnisches Institut“** (**KT**) eine von insgesamt elf Fachabteilungen (→ § 1 Rn. 11); sie ist in die Fachgruppen „Sichernde Kriminaltechnik, Tatortgruppe“, „Schusswaffen, Formspuren, Spreng- und Branddelikte“, „Biometrie“ (mit den Untergruppen DNA-Analytik, Daktyloskopie und Gesichtserkennung, Handschriften, Sprache und Audio), „Zentrale Analytik, Material und Mikrospuren“ sowie „Forensische Informations- und Kommunikationstechnik, Urkunden“ untergliedert.[271] Das wissenschaftlich interdisziplinär ausgestaltete KTI ist das Zentrum der fachlichen Expertise für die Sicherung, Untersuchung und Auswertung materieller Spuren im Zusammenhang mit geplanten, versuchten oder vollendeten Straftaten.[272] Das Institut beschäftigt derzeit ca. 430 Mitarbeiterinnen und Mitarbeiter, darunter Vollzugsbeamte, Chemiker, Physiker, Biologen, Ingenieure, Phonetiker, Psychologen, Mineralogen, IT-Spezialisten, Elektroniker, Techniker, technische Assistenten und Laboranten, die interdisziplinär zusammenarbeiten. Insgesamt sind nahezu 40 Berufsbilder vertreten. Ungefähr 15 Prozent des Personals sind für Querschnittsaufgaben und Infrastruktur verantwortlich.[273] Im Rahmen der Kernaufgabe „Fallbezogene KT-Untersuchung“ bearbeitet das KTI jährlich etwa 10.000 Untersuchungsaufträge. Der überwiegende Anteil der Anträge wird mithilfe von Sammlungsabgleichen (vor allem im Rahmen des Schusswaffen- und Handschriftenerkennungsdienstes) oder in der DNA-Analytik erledigt. Etwa 10 Prozent der Untersuchungsaufträge erfordern fachübergreifende und äußerst aufwändige, zuweilen besonders komplexe Begutachtungen in den Fachbereichen des Kriminaltechnischen Instituts.[274]

82 Über die Unterhaltung eigener kriminaltechnischer Einrichtungen hinaus soll das BKA auch die Funktion einer **Koordinierungsstelle für Kriminaltechnik** erfüllen.[275] Die Koordinierung geschieht in Absprache mit den Landeskriminalämtern und erfolgt ebenfalls über das Kriminaltechnische Institut (KTI). So ist die Geschäftsführung der **Bund-Länder-Kommission Kriminalwissenschaft und -technik/Erkennungsdienst** (**KKWT/ED**) im KTI angesiedelt. Diese Kommission ist Teil der nationalen Gremienstruktur des kooperativen Föderalismus im kriminaltechnischen Bereich.[276] § 2 Abs. 6 Nr. 2 BKAG setzt vor diesem Hintergrund voraus, dass **kriminaltechnische Untersuchungsstellen** nicht nur beim BKA, sondern auch **bei den Landeskriminalämtern** bestehen. Dem wird im Polizeiorganisationsrecht der Länder durch entsprechende Einrichtungsanordnungen Rechnung getragen.[277] Für die Intensivierung und Koordinierung der kriminaltechnischen Forschung soll die Federführung beim BKA liegen, das dabei engen Kontakt zur Deutschen Hochschule der Polizei (DHPol) sowie zu Universitäten und anderen wissenschaftlichen Einrichtungen zu halten hat.[278]

83 **3. Erforschung und Entwicklung polizeilicher Methoden und Arbeitsweisen der Kriminalitätsbekämpfung** (**Nr. 3**). Funktional wie institutionell eng verbunden mit der Nr. 2 ist die kriminaltechnische Forschung und Entwicklung (**FuE**) nach § 2 Abs. 6 Nr. 3 BKAG. Auf dem Gebiet der polizeilichen Erforschung und Ent-

269 BT-Drs. 18/11163, 86.
270 Zur Historie statt aller Spyra in von Hinckeldey-Stiftung (Hrsg.), Berliner Polizei – Von 1945 bis zur Gegenwart, 1998, S. 225 ff.
271 Zu Organisation, Aufbau und Funktion des KTI im Einzelnen Müller/Schlothauer/Knauer/Simmross, Münchener Anwaltshandbuch Strafverteidigung, 3. Aufl. 2022, § 63 Rn. 10 ff.; Simmross/Schneiders in Vordermayer/von Heintschel-Heinegg/Schnabl et al. (Hrsg.), Handbuch für die staatsanwaltliche Tätigkeit, 7. Aufl. 2023, 6. Kap. Rn. 83 ff.; Berthel Die Polizei 2014, 1 ff.
272 Im Einzelnen https://www.bka.de/DE/DasBKA/OrganisationAufbau/Fachabteilungen/KriminaltechnischesInstitut/kriminaltechnischesinstitut_node.html.
273 Müller/Schlothauer/Knauer/Simmross, Münchener Anwaltshandbuch Strafverteidigung, 3. Aufl. 2022, § 63 Rn. 11.
274 Müller/Schlothauer/Knauer/Simmross, Münchener Anwaltshandbuch Strafverteidigung, 3. Aufl. 2022, § 63 Rn. 12.
275 BT-Drs. 7/178, 8.
276 S. https://www.bka.de/DE/DasBKA/OrganisationAufbau/Fachabteilungen/KriminaltechnischesInstitut/kriminaltechnischesinstitut_node.html.
277 Exemplarisch Art. 7 Abs. 2 Nr. 4 BayPOG; § 7 Abs. 1 S. 2 POG MV; § 13 Abs. 3 Nr. 4 POG NRW.
278 BT-Drs. 7/178, 9.

wicklung nimmt das BKA in der Bundesrepublik eine wichtige Rolle ein. Dementsprechend unterhält das BKA in seiner Abteilung „Internationale Koordinierung, Bildungs-/Forschungszentrum" (IZ) mehrere **Forschungs- und Beratungsstellen** zu verschiedenen Sachbereichen:

- Forschungs- und Beratungsstelle Cybercrime;[279]
- Forschungs- und Beratungsstelle Terrorismus/Extremismus (FTE);[280]
- Forschungs- und Beratungsstelle Organisierte Kriminalität, Wirtschaftskriminalität und Kriminalprävention;[281]
- Forschungs- und Beratungsstelle Polizeiliche Kriminalstatistik (PKS) und Dunkelfeldforschung.[282]

Die Forschungs- und Beratungsstellen im BKA forschen zu Ausmaß, Entstehungsgründen und Tatbegehungsformen von Kriminalität und beraten Polizeibehörden und die politische Ebene zu kriminalstrategischen Themen und Fragestellungen. Zum Forschungsauftrag des BKA gehören ferner die **Veranstaltung fachspezifischer Kolloquien** sowie einer jährlichen großen **Fachtagung** (sog. BKA-Herbsttagung), die seit 1954 durchgeführt wird.[283] Mit „Polizei + Forschung" gibt das BKA schließlich eine eigene Buchreihe heraus.[284] 84

4. Entwicklung von Vorkehrungen zur Datenvermeidung und Datensparsamkeit (Nr. 4). § 2 Abs. 6 Nr. 4 BKAG enthält für das BKA die verpflichtende Aufgabe als zentraler Dienstleister der deutschen Polizeien, technische und organisatorische Vorkehrungen zur Umsetzung von Datenschutzgrundsätzen, einschließlich der Pseudonymisierung, insbesondere der Grundätze der Datenvermeidung und Datensparsamkeit, zu entwickeln und durch die Zurverfügungstellung zu einer bundesweiten Harmonisierung beizutragen. Damit trägt das BKAG den unionsrechtlichen Vorgaben eines Datenschutzes durch Technikgestaltung (**Privacy by Design**) Rechnung, wie sie sich aus **Art. 20 Abs. 1 DSRL-JI** verbindlich ergeben.[285] Danach hat der Verantwortliche unter Berücksichtigung des Stands der Technik, der Implementierungskosten und der Art, des Umfangs, der Umstände und der Zwecke der Verarbeitung sowie der unterschiedlichen Eintrittswahrscheinlichkeit und Schwere der mit der Verarbeitung verbundenen Risiken für die Rechte und Freiheiten natürlicher Personen sowohl zum Zeitpunkt der Festlegung der Mittel für die Verarbeitung als auch zum Zeitpunkt der eigentlichen Verarbeitung geeignete technische und organisatorische Maßnahmen – wie zB Pseudonymisierung – zu treffen, die dafür ausgelegt sind, Datenschutzgrundsätze wie etwa Datenminimierung wirksam umzusetzen und die notwendigen Garantien in die Verarbeitung aufzunehmen, um den Anforderungen dieser Richtlinie zu genügen und die Rechte der betroffenen Personen zu schützen. 85

Hiermit korrespondiert jedoch keine Pflicht der Länder, die vom BKA entwickelten technischen und organisatorischen Vorkehrungen zu übernehmen.[286] 86

279 Die Forschungs- und Beratungsstelle Cybercrime befasst sich mit der kriminalistisch-kriminologischen Betrachtung und Forschung zu Cybercrime-Delikten unter Berücksichtigung von Deliktstruktur, Tatverdächtigen, Tatgelegenheiten, Opferstrukturen, Viktimologie, Prävention, Fall-Quantität und -Qualität, Kriminalitätsentwicklung, Verlagerungseffekten sowie weiterer spezifischer Fragestellungen. Sie entwickelt etwa in Kooperation mit dem Fraunhofer Institut eine auf Künstlicher Intelligenz basierende Software, die in der Lage sein soll, kinderpornografisches Material aus einem Datenbestand herauszufiltern und führt hierzu eigene Machbarkeitsstudien durch, vgl. BT-Drs. 19/19105, 9.

280 Die FTE wurde im Jahr 2003 im BKA eingerichtet. Zentrale Aufgabe der FTE ist es, den Phänomenbereich Terrorismus/Extremismus betreffendes differenziertes Wissen zusammenzutragen und eigene Expertise in die Entwicklung von effektiven Präventionsmaßnahmen einzubringen. Die FTE wirkt in unterschiedlichen Arbeitsgruppen der polizeilichen Kriminalprävention der Länder und des Bundes mit; im europäischen Verbund ist die FTE zudem in das European Expert Network on Terrorism Issues (EENeT) eingebunden und somit zugleich grenzübergreifend vernetzt, vgl. im Einzelnen Stock in Schneider (Hrsg.), Internationales Handbuch der Kriminologie II, 2009, S. 339 (350 f.); Münch in Lüttig/Lehmann (Hrsg.), Rechtsextremismus und Rechtsterrorismus, 2020, S. 127 (150 ff.).

281 Neben der Forschung und Beratung zu den Phänomenbereichen gründete die Forschungs- und Beratungsstelle Organisierte Kriminalität, Wirtschaftskriminalität und Kriminalprävention im Jahr 2008 gemeinsam mit Forschungsstellen aus dem Vereinigten Königreich (Home Office) und den Niederlanden (WODC) das internationale OK-Forschungsnetzwerk, dem sich seit 2009 die schwedische Forschungsstelle (Brå) angeschlossen hat. Seitdem finden regelmäßig gemeinsame Treffen der Partner statt sowie Konferenzen zum Austausch zwischen Strafverfolgungsbehörden und Institutionen, die im Bereich der OK-Forschung und Bekämpfung tätig sind, vgl. https://www.bka.de/DE/UnsereAufgaben/Forschung/ForschungsUndBeratungsstellen/OKWikriPraevention/OKWikriPraevention_node.html.

282 Mit dieser Forschungs- und Beratungsstelle kommt das BKA seiner Zentralstellenaufgabe nach § 2 Abs. 6 Nr. 1 BKAG nach, → Rn. 77 ff.

283 S. https://www.bka.de/DE/AktuelleInformationen/Publikationen/BKA-Herbsttagungen/bka-herbsttagungen_node.html;jsessionid=24167C95141D851759C2909045330C57.live602.

284 Zur wissenschaftlichen Kriminalistik in Form von BKA-eigenen Publikationen und Symposien Kube/Störzer/Eyrich in Zachert (Hrsg.), 40 Jahre Bundeskriminalamt, 1991, S. 141 ff.

285 Schenke/Graulich/Ruthig/K. Graulich BKAG § 2 Rn. 55.

286 BT-Drs. 18/11163, 86.

VIII. Erstattung erkennungsdienstlicher und kriminaltechnischer Gutachten (Abs. 7)

87 Nach Abs. 7 erstattet das BKA Gutachten für Strafverfahren (vgl. § 256 Abs. 1 Nr. 1 lit. a StPO) auf Anforderungen von Polizeidienststellen, Staatsanwaltschaften und Gerichten. Die Erstattung entsprechender Behördengutachten ist eine ebenso hergebrachte wie **wesentliche Aufgabe polizeilicher Kriminaltechnik.**[287] Die Regelung des § 2 Abs. 7 BKAG geht auf die BKAG-Novelle vom 28.6.1973[288] zurück; mit ihr wurde die bereits zuvor praktizierte Gutachtertätigkeit des BKA auf eine gesetzliche Grundlage gestellt.[289] § 2 Abs. 7 BKAG normiert eine **gesetzliche Verpflichtung** zur Erstattung von Gutachten und ihre Vertretung vor Gericht, die **auf Strafverfahren beschränkt** ist.[290] Gutachtertätigkeiten des BKA für andere gerichtliche Verfahren können dessen ungeachtet im Rahmen der vorhandenen Möglichkeiten im Wege der Amtshilfe (§ 8 VwVfG) ausgeübt werden.[291] In zeitlicher Hinsicht reicht die Gutachtenpflicht von der Einleitung des Vorverfahrens[292] bis zum Abschluss des Vollstreckungsverfahrens.[293] Gegenstand entsprechender Gutachten können erkennungsdienstliche und kriminaltechnische Fragen sein, zB die Identifizierung Vermisster oder unbekannter Toter, die nach Naturkatastrophen, Unglücksfällen wie Flugzeugabstürzen und anderen Großschadensereignissen notwendig sein kann.[294] Für letzteres unterhält das BKA eine Identifizierungskommission (IDKO).[295]

§ 3 Internationale Zusammenarbeit

(1) Das Bundeskriminalamt ist Nationales Zentralbüro der Bundesrepublik Deutschland für die Internationale Kriminalpolizeiliche Organisation und nationale Stelle für Europol nach § 1 des Europol-Gesetzes.

(2) Das Bundeskriminalamt ist

1. die zentrale nationale Stelle für den Informationsaustausch nach Artikel 39 Absatz 3 und Artikel 46 Absatz 2 des Schengener Durchführungsübereinkommens (BGBl. 2000 II S. 1106),

2. die zentrale nationale Stelle für den Betrieb des nationalen Teils des Schengener Informationssystems

   a) nach Artikel 7 Absatz 1 der Verordnung (EU) 2018/1862 des Europäischen Parlaments und des Rates vom 28. November 2018 über die Einrichtung, den Betrieb und die Nutzung des Schengener Informationssystems (SIS) im Bereich der polizeilichen Zusammenarbeit und der justiziellen Zusammenarbeit in Strafsachen, zur Änderung und Aufhebung des Beschlusses 2007/533/JI des Rates und zur Aufhebung der Verordnung (EG) Nr. 1986/2006 des Europäischen Parlaments und des Rates und des Beschlusses 2010/261/EU der Kommission (ABl. L 312 vom 7.12.2018, S. 56) sowie

   b) nach Artikel 7 Absatz 1 der Verordnung (EU) 2018/1861 des Europäischen Parlaments und des Rates vom 28. November 2018 über die Einrichtung, den Betrieb und die Nutzung des Schengener Informationssystems (SIS) im Bereich der Grenzkontrollen, zur Änderung des Übereinkommens zur Durchführung des Übereinkommens von Schengen und zur Änderung und Aufhebung der Verordnung (EG) Nr. 1987/2006 (ABl. L 312 vom 7.12.2018, S. 14) und

3. das SIRENE-Büro

   a) nach Artikel 7 Absatz 2 der Verordnung (EU) 2018/1862 sowie

   b) nach Artikel 7 Absatz 2 der Verordnung (EU) 2018/1861.

(2a) [1]Das Bundeskriminalamt ist Vermögensabschöpfungsstelle nach Artikel 1 des Beschlusses 2007/845/JI des Rates vom 6. Dezember 2007 über die Zusammenarbeit zwischen den Vermögensabschöpfungsstellen der Mitgliedstaaten auf dem Gebiet des Aufspürens und der Ermittlung von Erträgen aus Straftaten oder anderen Vermögensgegenständen im Zusammenhang mit Straftaten (ABl. L 332 vom 18.12.2007, S. 103).

287 Vgl. Simmross/Schneiders in Vordermayer/von Heintschel-Heinegg/Schnabl et al. (Hrsg.), Handbuch für die staatsanwaltliche Tätigkeit, 7. Aufl. 2023, 6. Kap. Rn. 4; die Kritik von Eisenberg JA 2023, 238 (239, mit Fn. 17), der die fachliche Unabhängigkeit der Gutachtenerstellung durch das BKA und davon ausgehend sogar die gesetzliche Bezeichnung als „Gutachten" in Zweifel zieht, erscheint deutlich überzogen und geht an der Realität vorbei.

288 Zweites Gesetz zur Änderung des Gesetzes über die Einrichtung eines Bundeskriminalpolizeiamtes (Bundeskriminalamtes), BGBl. I 1973 S. 701.

289 BT-Drs. 7/178, 9.

290 Hessel BKAG § 2 Anm. 22; Riegel Bundespolizeirecht/BKAG § 2 S. 38.

291 BT-Drs. 7/178, 9.

292 Vgl. insoweit § 161a Abs. 1 S. 2 StPO.

293 Ahlf/Daub/Lersch/Störzer/Ahlf BKAG § 2 Rn. 83.

294 Kugelmann BKAG § 2 Rn. 20.

295 S. https://www.bka.de/DE/UnsereAufgaben/BesondereFunktionen/Identifizierungskommission/identifizierungskommission_node.html.

[2]Das Bundeskriminalamt nimmt im Rahmen der bestehenden Zuständigkeiten seine Aufgaben auch als benannte Behörde nach Artikel 3 Absatz 1 und 2 der Richtlinie (EU) 2019/1153 des Europäischen Parlaments und des Rates vom 20. Juni 2019 zur Festlegung von Vorschriften zur Erleichterung der Nutzung von Finanz- und sonstigen Informationen für die Verhütung, Aufdeckung, Untersuchung oder Verfolgung bestimmter Straftaten und zur Aufhebung des Beschlusses 2000/642/JI des Rates (ABl. L 186 vom 11.7.2019, S. 122) wahr.

(3) [1]Der zur Verhütung oder Verfolgung von Straftaten erforderliche Dienstverkehr der Polizeien des Bundes und der Länder mit den Polizei- und Justizbehörden sowie sonstigen insoweit zuständigen öffentlichen Stellen anderer Staaten und mit für die Verhütung oder Verfolgung von Straftaten zuständigen zwischen- und überstaatlichen Stellen obliegt dem Bundeskriminalamt. [2]Unberührt hiervon bleiben

1. besondere bundesgesetzliche Vorschriften, insbesondere die Vorschriften über die internationale Rechtshilfe in Strafsachen,
2. die internationale Zusammenarbeit der Zollbehörden,
3. Vereinbarungen der zuständigen obersten Landesbehörden mit den zuständigen ausländischen Stellen im Rahmen der vom Bund abgeschlossenen völkerrechtlichen Abkommen sowie
4. abweichende Regelungen durch Vereinbarungen des Bundeskriminalamtes mit den zuständigen Bundes- oder Landesbehörden, welche der Zustimmung der jeweils zuständigen obersten Bundes- oder Landesbehörden bedürfen.

[3]Die abweichenden Vereinbarungen nach Satz 2 Nummer 4 sollen vorsehen, dass das Bundeskriminalamt von dem Dienstverkehr automatisiert unterrichtet wird.

(4) [1]Absatz 3 Satz 1 gilt nicht für den Dienstverkehr mit den zuständigen Behörden der Nachbarstaaten und der Mitgliedstaaten der Europäischen Union, soweit dieser sich auf Kriminalität von regionaler Bedeutung im Grenzgebiet bezieht oder soweit Gefahr im Verzug ist. [2]Die übermittelnden Polizeien unterrichten das Bundeskriminalamt unverzüglich über den Dienstverkehr nach Satz 1.

(5) Bei regional abgrenzbaren Fallgestaltungen können die Polizeien des Bundes und der Länder zur Wahrnehmung ihrer Aufgaben abweichend von Absatz 3 Satz 1 im Einvernehmen mit dem Bundeskriminalamt den erforderlichen Dienstverkehr mit den zuständigen Behörden anderer Staaten und für die Verhütung oder Verfolgung von Straftaten zuständigen zwischen- und überstaatlichen Stellen führen.

A. Einführung

I. Überblick und Entstehungsgeschichte

§ 3 BKAG gestaltet die internationale Rolle des BKA näher aus. Die Norm enthält keine Befugnisse, sondern erschöpft sich im Wesentlichen in der Zuweisung diverser Aufgaben zum BKA. Rückschlüsse auf die damit verbundenen Befugnisse lassen sich daraus überwiegend nicht ziehen;[1] diese folgen vielmehr insbesondere aus den §§ 26 ff. BKAG. 1

Die **internationale Zusammenarbeit** ist aus der polizeilichen Tätigkeit nicht mehr wegzudenken und gewinnt umso größere Bedeutung, je schwerwiegender die aufzuklärenden Straftaten bzw. – im Falle präventivpolizeilichen Handelns – je größer die abzuwehrende Gefahr ist. Dass die inter- und supranationale Zusammenarbeit vor diesem Hintergrund eine herausgehobene Stellung im BKAG innehat, kann nicht überraschen. Diese Bedeutung korrespondiert aber nicht nur mit der Zuständigkeit des BKA für besondere, herausragende Bereiche der Strafverfolgung und Gefahrenabwehr; vielmehr ist dem BKA jenseits seiner „eige- 2

1 Zur Unterscheidung Heintzen VerwArch 81 (1990), 532 (533 f.).

nen" Kompetenzen eine zentrale Koordinations- und Filterfunktion zugewiesen, die auch den Dienstverkehr der übrigen Polizeien – insbesondere jene der Länder – betrifft (→ Rn. 29 ff.).

3 Die Zusammenarbeit polizeilicher Stellen über Staatsgrenzen hinweg ist dabei im Grundsatz **nichts Neues.**[2] So bestehen seit langem völkerrechtliche Abkommen, die im Falle der Flucht von Verdächtigen über die Staatsgrenze die **Nacheile** in fremdes Staatsgebiet zulassen.[3] Weiterentwickelt haben sich indes die Gegenstände dieser Zusammenarbeit. Zunehmend ist die **Übermittlung von Daten** zwischen Polizeien verschiedener Staaten sowie inter- und supranationalen Behörden in den Fokus gerückt.

4 Ungeachtet dessen wirft die internationale polizeiliche Zusammenarbeit vielfältige rechtliche Fragen auf. So besteht stets die Gefahr des **Unterlaufens rechtlicher Standards**, bis hin zum Vorwurf einer planmäßigen „Flucht ins Ausland".[4] Zugleich kann sich das Polizeirecht der internationalen Verflechtung von Gefahren und Straftaten nicht verschließen. In diesem Spannungsfeld stellen sich etwa Fragen nach der Grundrechtsbindung (vgl. Art. 1 Abs. 3 GG) bei internationaler Kooperation und der Verantwortlichkeit inländischer Stellen für die – womöglich hiesigen Standards zuwiderlaufende – Nutzung der gewonnenen Informationen im Ausland.[5] Auch hier zeigt sich aber, dass die rechtliche Sensibilität der internationalen polizeilichen Zusammenarbeit nichts grundlegend Neues ist. Schon die polizeiliche Nacheile stellt vielmehr ein gern diskutiertes Beispiel für die Bindung inländischer Behörden an Verfassungsrecht auch im Ausland dar.[6]

5 Die internationale Zusammenarbeit findet, wie § 3 BKAG eindrücklich zeigt, indes schon lange nicht mehr nur ad hoc statt, sondern hat in verschiedenen Organisationen ihren verstetigten Rahmen gefunden. Diese **Institutionalisierung** provoziert Fragen nach der demokratischen Verantwortlichkeit und der politischen Kontrolle, die etwa die in § 3 Abs. 1 BKAG genannte Internationale Kriminalpolizeiliche Organisation schon aufgrund ihres unklaren Rechtsstatus seit langem begleiten (→ Rn. 16). Sie schafft aber zugleich auch die Möglichkeit, für die Zusammenarbeit – insbesondere die Datenübermittlung – innerhalb dieser Organisationen feste Standards zu setzen, die dem demokratischen und rechtstaatlichen Niveau der Kooperationspartner Rechnung tragen, statt auf Grundlage von Generalklauseln diese Standards im Falle einer Ad-hoc-Zusammenarbeit stets von neuem bemessen zu müssen (→ § 26 Rn. 1).

6 § 3 BKAG entspricht größtenteils **§ 3 der alten Gesetzesfassung**. Die Norm fand 1997 Einzug in das BKAG; größere Änderungen waren im Zusammenhang mit der Reform des BKAG 2017 nicht angedacht und wurden auch nicht verwirklicht. Zwischen dem Referentenentwurf und der in den Deutschen Bundestag eingebrachten Fassung[7] finden sich nur wenige, zwischen der Einbringungsfassung und der verabschiedeten Fassung keine Änderungen. Durch das SIS-III-Gesetz vom 19.12.2022[8] wurde die Norm hingegen abermals geändert, um der Einrichtung der dritten Generation des Schengener Informationssystems und der Aufteilung der Rechtsgrundlagen auf drei verschiedene Verordnungen der Europäischen Union Rechnung zu tragen; dabei wurde Absatz 2 umstrukturiert.

II. Systematik und Funktion

7 Die Norm legt in Abs. 1 und Abs. 2 die Funktion des BKA als Anlaufstelle für bestimmte **inter- und supranationale Einrichtungen** fest. Abs. 3–5 regeln dagegen die Zuständigkeit des Bundeskriminalamts für den Informationsaustausch mit dem Ausland.[9] Dabei sieht Abs. 3 S. 1 die grundsätzliche Zuständigkeit des BKA vor; Abs. 3 S. 2–3, Abs. 4 und Abs. 5 regeln Ausnahmen.

8 Die in § 3 BKAG kodifizierte **Scharnierfunktion**[10] des BKA gegenüber zwischen- und überstaatlichen Einrichtungen sowie ausländischen Behörden auf der einen und den (inländischen) Bundes- und Landespolizeien auf der anderen Seite wird durch Art. 73 Abs. 1 Nr. 10 GG vorgezeichnet, folgt aber auch der sachlogischen Notwendigkeit, dass für derartige Zwecke die – für die Strafverfolgung und die polizeiliche Gefahrenabwehr grundsätzlich zuständigen – Behörden der Länder nicht in praktikabler Weise herangezogen

2 Dazu bereits näher Hoppe in FS-Herold, 1998, S. 209 ff.

3 Vgl. dazu insbesondere den Prümer Vertrag (Vertrag über die Vertiefung der grenzüberschreitenden Zusammenarbeit, insbesondere zur Bekämpfung des Terrorismus, der grenzüberschreitenden Kriminalität und der illegalen Migration BGBl. II 2006 S. 626). Zu den verfassungsrechtlichen Problemen der mit der polizeilichen Zusammenarbeit regelmäßig verbundenen Gestattung der Ausübung von Hoheitsrechten Cremer ZaöRV 60 (2000), 103 (127 ff.).

4 Dazu Schwander, Extraterritoriale Wirkungen von Grundrechten im Mehrebenensystem, 2019, S. 232.

5 Baldus, Transnationales Polizeirecht, 2001, S. 214 f.; Bormann, Transnationale Informationsgewinnung durch Nachrichtendienste und Polizei, 2016, S. 174; Schwander, Extraterritoriale Wirkungen von Grundrechten im Mehrebenensystem, 2019, S. 195 ff., 210 ff.; Ziegenhahn, Schutz der Menschenrechte bei der grenzüberschreitenden Zusammenarbeit in Strafsachen, 2002, S. 352 f.

6 Isensee in HStR V, 2. Aufl. 2000, § 115 Rn. 90.

7 BT-Drs. 18/11163, 11 f.

8 BGBl. I 2022 S. 2632.

9 Vom Informationsaustausch als einer „Keimzelle jeglicher internationalen polizeilichen Zusammenarbeit" spricht Hoppe in FS-Herold, 1998, S. 209 (212).

10 Vgl. auch Aden Bürgerrechte & Polizei/CILIP 1/1999, 6 (12): „Brückenfunktion".

werden können. Denn schon Belange der Verwaltungsorganisation erfordern es, diese Aufgaben in einer Behörde zu zentralisieren, die als **„Schnittstelle“**[11] fungiert. Es wäre auch ausländischen Stellen nicht zu vermitteln, zunächst die örtliche Zuständigkeit einer deutschen Behörde zu bestimmen, bevor sie mit hiesigen Stellen Informationen austauschen können. Hinzu kommt, dass internationale Abkommen sowie das Unionsrecht vielfach die Benennung einer einzelnen Behörde als „Zentralbüro“, „nationale Stelle“ oder ähnliches verlangt.

Die **Gesetzgebungskompetenz** des Bundes für § 3 BKAG folgt aus Art. 73 Abs. 1 Nr. 10 GG aE („internationale Verbrechensbekämpfung“). Der Kompetenztitel findet sich bereits seit 1949 im Grundgesetz. Dem Bund steht insoweit auch die Verwaltungskompetenz zu, die für den in § 3 BKAG geregelten Bereich überwiegend aus Art. 87 Abs. 1 S. 2 GG („Zentralstellen für das polizeiliche Auskunfts- und Nachrichtenwesen, für die Kriminalpolizei“) folgen dürfte.[12] 9

B. Kommentierung im Einzelnen

I. Die Funktion des BKA als Nationales Zentralbüro für Interpol bzw. nationale Stelle für Europol (Abs. 1)

1. Europol. § 3 Abs. 1 BKAG entspricht hinsichtlich der Benennung als nationale Europol-Stelle inhaltlich der Regelung des § 1 des Europol-Gesetzes.[13] Die Begründung verweist darauf, der Inhalt des § 3 Abs. 1 BKAG sei zuvor „lediglich“ dort geregelt worden;[14] in der Sache wäre dies freilich ausreichend, so dass § 3 Abs. 1 lediglich **deklaratorische, „bündelnde“ Wirkung** hat. 10

Europol ist eine – in Art. 88 AEUV auch primärrechtlich vorgesehene – **Agentur der Europäischen Union,**[15] deren Aufgabe es ist, die Tätigkeit der zuständigen Behörden der Mitgliedstaaten sowie deren Zusammenarbeit bei der Prävention und Bekämpfung von organisierter Kriminalität, Terrorismus und anderen Formen schwerer Kriminalität zu unterstützen und zu verstärken.[16] Auch Europol entfaltet seine Tätigkeit hauptsächlich durch die Sammlung und den Austausch von Informationen, kann aber darüber hinaus auch Mitgliedstaaten zu Ermittlungen auffordern und Beamte zu gemeinsamen Ermittlungsgruppen entsenden.[17] Nach Art. 7 Abs. 2 Europol-VO errichtet oder benennt jeder Mitgliedstaat eine nationale Stelle als einzige Verbindungsstelle zwischen Europol und dem Mitgliedstaat, wobei die Mitgliedsstaaten ergänzend auch direkte Kontakte zwischen Europol und den (übrigen) Behörden des Mitgliedstaates zulassen können. 11

Kritik an Europol wird seit langem vor allem aufgrund der – im Vergleich zu den inländischen Polizeien – nur gering ausgeprägten **Aufsicht und Kontrolle** laut.[18] Die Europol-VO sieht nunmehr einen gemeinsamen parlamentarischen Kontrollausschuss – die *Joint Parliamentary Scrutiny Group* – vor, der sich aus Mitgliedern des Europäischen Parlaments und der mitgliedstaatlichen Parlamente zusammensetzt und die Tätigkeit von Europol überwachen soll.[19] 12

Aufgabe der **nationalen Stelle** ist es, aus eigener Initiative relevante Informationen und Erkenntnisse, einschließlich Informationen zu Datenbanken, zu liefern, Ersuche von Europol zu beantworten, Informationen und Erkenntnisse auf dem neuesten Stand zu halten, Informationen von Europol auszuwerten und innerstaatlich weiterzugeben und an Europol Beratungs-, Informations-, Erkenntnis- und Analyseanfragen zu 13

11 Aden Bürgerrechte & Polizei/CILIP 1/1999, 6 (6); Zöller, Informationssysteme und Vorfeldmaßnahmen von Polizei, Staatsanwaltschaft und Nachrichtendiensten, 2002, S. 137.

12 Die Einzelheiten der Verwaltungskompetenz für den Vollzug des BKAG – insbesondere hinsichtlich der Reichweite des Zentralstellenbegriffs aus Art. 87 Abs. 1 S. 2 GG und der Frage, ob dem Begriff des „Bundeskriminalpolizeiamtes“ in Art. 73 Abs. 1 Nr. 10 GG über die Gesetzgebungskompetenz hinaus ein verwaltungskompetenzieller Gehalt zukommt – sind umstritten. Zu den Einzelheiten → § 2 Rn. 4 ff.

13 Gesetz zur Anwendung der Verordnung (EU) 2016/794 des Europäischen Parlaments und des Rates v. 11.5.2016 über die Agentur der Europäischen Union für die Zusammenarbeit auf dem Gebiet der Strafverfolgung (Europol) und zur Ersetzung und Aufhebung der Beschlüsse 2009/371/JI, 2009/934/JI, 2009/935/JI, 2009/936/JI und 2009/968/JI des Rates v. 23.6.2017, BGBl. I S. 1882.

14 BT-Drs. 18/11163, 87.

15 Zu den Einzelheiten Grabitz/Hilf/Nettesheim/Röben AEUV Art. 88 Rn. 31 ff. Mit seiner Gründung 1999 war Europol zunächst eine internationale Organisation, die auf dem Europol-Übereinkommen (BGBl. II 1997 S. 2150) beruhte. Seit Inkrafttreten des Beschlusses des Rates v. 6.4.2009 zur Errichtung des Europäischen Polizeiamts 2009/371/JI stellt Europol eine Agentur der EU dar. Zu den Einzelheiten Fischer in ders. (Hrsg.), Justiz und innere Sicherheit im EU-Recht – Die EU als Raum der Freiheit, der Sicherheit und des Rechts, 2014, Teil 5 Rn. 26 ff.; Schröder, Europol als Akteur in der Sicherheitsarchitektur der EU, 2022, S. 125 ff.; aus der Gründungszeit auch Tolmein StV 1999, 108 ff.

16 Erwägungsgrund 1 der VO (EU) 2016/794 v. 11.5.2016 über die Agentur der Europäischen Union für die Zusammenarbeit auf dem Gebiet der Strafverfolgung (Europol-VO).

17 Fischer in ders. (Hrsg.), Justiz und innere Sicherheit im EU-Recht – Die EU als Raum der Freiheit, der Sicherheit und des Rechts, 2014, Teil 5 Rn. 33 ff.

18 Ostendorf NJW 1997, 3418 (3419 f.); Gleß NStZ 2001, 623 (624); Albrecht/Janson EuR 47 (2012), 230 (232).

19 Schulze/Janssen/Kadelbach/Weißer, Europarecht, 4. Aufl. 2020, § 16 Abschn. 2 Rn. 76.

richten.[20] Die nationale Stelle trägt auch die Verantwortung für die Rechtmäßigkeit der Datenübermittlung (Art. 7 Abs. 3 Europol-VO).

14 **2. Interpol.** Die Funktion des BKA als Nationales Zentralbüro für die **Internationale Kriminalpolizeiliche Organisation (Interpol)** fand sich bereits in § 3 Abs. 1 BKAG aF in wortgleicher Weise.[21] Interpol ist eine Organisation mit derzeit 194 Mitgliedstaaten; ihr rechtlicher Status ist im Detail umstritten.[22] Ungeachtet dessen stellt Interpol jedenfalls im Ergebnis eine internationale Fachorganisation dar, die weltweit tätig ist, aber ein thematisch beschränktes Mandat hat.[23]

15 Während Interpol in Film, Fernsehen und Romanen regelmäßig in Gestalt weltweit operierender „Agenten" auftritt, entspricht dieses Bild nicht den Tatsachen. Die Organisation wird **nicht selbst unmittelbar operativ** tätig, insbesondere nicht durch Bedienstete mit hoheitlichen Durchgriffsbefugnissen. Vielmehr erschließt sich die Bedeutung von Interpol neben der Führung diverser Datenbanken[24] vor allem mit Blick auf die über die Organisation geleiteten **Fahndungsersuchen** anderer Staaten. Diese begründen selbst keine unmittelbaren Rechtsfolgen im Inland[25] (so stellt die „red notice", mit welcher nach einer Person zum Zweck der Festnahme gefahndet wird, keinen internationalen Haftbefehl dar[26]), zeitigt aber erhebliche praktische Wirkungen.[27] Die Organisation agiert auf der Grundlage der Interpol-Statuten; nach Art. 32 der Interpol-Statuten soll jeder Mitgliedstaat ein Nationales Zentralbüro benennen, das als Bindeglied zwischen Interpol und den Behörden des Mitgliedstaats agieren soll.[28] Diesem Auftrag kommt § 3 Abs. 1 BKAG nach.

16 Seit langem sieht sich Interpol deutlicher **Kritik** ausgesetzt, weil die Organisation auch Polizeibehörden aus (mindestens) autoritär regierten Staaten zu ihren Mitgliedern zählt.[29] Vor allem Menschenrechtsorganisationen beklagen, dass Interpol Versuchen dieser Staaten, internationale Fahndungsersuchen als Instrument politischer Repression einzusetzen, wenig entgegensetze.[30] Einer breiteren Öffentlichkeit wurde etwa der Fall des Schriftstellers *Dogan Akhanli* bekannt, der – als deutscher Staatsangehöriger – in Spanien anlässlich eines türkischen Fahndungsersuchens festgenommen wurde.[31] Die Möglichkeiten, bei der Organisation selbst gegen ein unberechtigtes Fahndungsersuchen vorzugehen, sind eher schwach ausgeprägt. Seit 2017 besteht nunmehr aber ein formalisiertes Verfahren, in welchem die Löschung eines Ersuchens beantragt werden kann.[32]

17 **3. Gemeinsamkeiten.** § 3 Abs. 1 BKAG beschränkt sich auf eine **Aufgabenzuweisung** zugunsten des BKA, schafft aber – soweit es insbesondere um die Übermittlung von Daten im Rahmen der Funktion als nationales Zentralbüro bzw. nationale Stelle geht – selbst keine Befugnisse. Vielmehr richten sich diese nach den §§ 25 ff. BKAG, insbesondere nach § 27 Abs. 1 BKAG.[33] Dabei gelten für die Übermittlung von Daten innerhalb der Europäischen Union grundsätzlich keine höheren Anforderungen mehr, als dies innerstaatlich der Fall ist (vgl. § 26 Abs. 1 S. 1 BKAG, → § 26 Rn. 6, 9).[34] Dass im Rahmen der Zuständigkeitsregelungen in § 3 BKAG – im Gegensatz zu den Befugnissen in den §§ 25 ff. BKAG – zwischen der unionsrechtlichen und der internationalen Ebene nicht getrennt wird, ist daher der Übersichtlichkeit abträglich, wenngleich im Ergebnis rechtlich unerheblich.[35]

20 Im Einzelnen Schröder, Europol als Akteur in der Sicherheitsarchitektur der EU, 2022, S. 253 ff.

21 Zu noch älteren Gesetzesfassungen (§ 1 Abs. 2 BKAG 1973) Hessel BKAG § 1 Anm. 7; Riegel Bundespolizeirecht/BKAG § 1 S. 10 ff.; ders. JZ 1982, 312 (313 ff.).

22 Meyer/Hüttemann ZStW 128 (2016), 394 (399); Lisken/Denninger/Arzt, HdbPolR, G Rn. 1265 ff.; Rosenthal/Schramm StraFo 2015, 450 ff.

23 Vgl. zum Begriff Ipsen in HStR X, 3. Aufl. 2012, § 220 Rn. 2.

24 Dazu Goger/Stock ZRP 2017, 10 ff.; Lisken/Denninger/Arzt, HdbPolR, G Rn. 1268; zum Datenschutzniveau von Interpol s. auch Petri GSZ 2020, 6 ff.

25 Zu den begrenzten Möglichkeiten des Durchgriffs Ipsen in HStR X, 3. Aufl. 2012, § 220 Rn. 25.

26 Stattdessen führt die Habhaftmachung der gesuchten Person regelmäßig zu einem Auslieferungsverfahren, in dessen Rahmen die erforderlichen Anordnungen ergehen. Vgl. exemplarisch BVerfG Beschl. v. 4.12.2019 – 2 BvR 1832/19 –, juris und OLG Hamm Beschl. v. 11.12.2017 – III-2 Ausl 147/17 ua –, juris.

27 Rosenthal/Schramm StraFo 2015, 450 ff.; Kruse StV 2021, 677 ff. Vgl. auch EuGH Urt. v. 12.5.2021 – C-505/19 –, juris, zum Datenschutzniveau und den faktischen Auswirkungen auf die Freizügigkeit bei Bestehen einer „red notice" bei Interpol.

28 Zu den Regelungen über die Zusammenarbeit der Nationalen Zentralbüros mit Interpol im Einzelnen Riegel JZ 1982, 312 (318 f.).

29 Vgl. https://www.dw.com/de/kritik-an-interpol-mal-wieder/a-59910334.

30 Vgl. https://www.theguardian.com/global-development/2021/oct/17/has-interpol-become-the-long-arm-of-oppressive-regimes.

31 Vgl. https://www.deutschlandfunkkultur.de/interpol-der-fall-dogan-akhanli-ist-leider-kein-einzelfall-100.html.

32 Schomburg/Lagodny/Riegel/Schomburg/Trautmann, Internationale Rechtshilfe, 6. Aufl. 2020, IRG, Vor § 19 Rn. 71 ff.

33 So auch Schenke/Graulich/Ruthig/Ruthig BKAG § 3 Rn. 6.

34 Unionsrechtlich vorgegeben ist dieser „Gleichlauf" durch Art. 3 des Rahmenbeschlusses 2006/960/JI des Rates v. 18.12.2006 über die Vereinfachung des Austauschs von Informationen und Erkenntnissen zwischen den Strafverfolgungsbehörden der Mitgliedstaaten der Europäischen Union.

35 So zurecht Schenke/Graulich/Ruthig/Ruthig BKAG § 3 Rn. 5.

II. Die Funktion des BKA als weitere zentrale nationale Stelle (Abs. 2)

§ 3 Abs. 2 BKAG sieht das BKA über Abs. 1 hinaus als zentrale nationale Stelle für **mehrere weitere Einrichtungen** und Systeme der Zusammenarbeit vor. Namentlich erwähnt die Norm in § 3 Abs. 2 Nr. 1 BKAG den Informationsaustausch nach Art. 39 Abs. 3 und Art. 46 Abs. 2 des Schengener Durchführungsübereinkommens (SDÜ), in Nr. 2 die Zuständigkeit für den nationalen Teil des Schengener Informationssystems (das sog. N.SIS) und in Nr. 3 das SIRENE-Büro für den Austausch von Zusatzinformationen. Die Norm entspricht ihrer Funktion nach § 3 Abs. 1a BKAG aF, wobei die Regelungen zum polizeilichen Informationsverbund in § 3 Abs. 1a S. 2 BKAG aF nunmehr in § 29 BKAG enthalten sind (→ § 29 Rn. 8 ff.). 18

Art. 39 SDÜ regelt die **gegenseitige Hilfeleistung zwischen Polizeibehörden** des Schengen-Raums sowohl bei der Vorbeugung als auch bei der Aufklärung von Straftaten. Dabei sieht Art. 39 Abs. 3 S. 1 SDÜ vor, dass entsprechende Ersuchen und Antworten über die zentralen Stellen der jeweiligen Mitgliedstaaten übermittelt werden; nach Art. 39 Abs. 3 S. 2 und 3 SDÜ ist daneben bei Gefahr im Verzug auch eine unmittelbare Kommunikation zwischen den zuständigen Polizeibehörden unter nachträglicher Information der zentralen Stellen möglich. Art. 46 SDÜ regelt demgegenüber den Informationsaustausch ohne vorheriges Ersuchen, dh die Mitteilung relevanter polizeilicher Informationen von Amts wegen. Art. 46 SDÜ regelt das Verfahren dabei im Wesentlichen entsprechend Art. 39 Abs. 3 SDÜ. 19

Das Schengener Informationssystem – zurzeit in dritter Generation (SIS III) – wird durch die Verordnungen (EU) 2018/1860, 2018/1861 und 2018/1862 geregelt.[36] Während die Verordnung 2018/1860 die Nutzung des Systems für die Rückkehr illegal aufhältiger Drittstaatenangehöriger regelt[37], betrifft die Verordnung 2018/1861 die Nutzung im grenzpolizeilichen Bereich. Die Verordnung 2018/1862 wiederum regelt die Nutzung im Bereich der polizeilichen sowie der justiziellen Zusammenarbeit in Strafsachen. Das in der dritten Generation nicht mehr nur an Polizeibehörden gerichtete System[38] (näher → § 33b Rn. 4 ff.) ermöglicht den **automatischen Abruf von Personen- oder Sachausschreibungen**. Diese Ausschreibungen werden über das BKA als zentrale nationale Stelle, die sog. N.SIS-Stelle, übermittelt (→ § 33a Rn. 4 f.; so auch der identische Art. 7 Abs. 1 sowohl der Verordnung 2018/1861 als auch der Verordnung 2018/1862). Weiterführende Informationen über eine Ausschreibung vermitteln die sog. SIRENE-Büros (*Supplementary Information Request at the National Entry*), die nach Art. 7 Abs. 2 beider Verordnungen einzurichten sind und an die dort besondere Anforderungen hinsichtlich der Verfügbarkeit gestellt werden (24 Stunden am Tag, 7 Tage die Woche).[39] 20

III. Das BKA als Vermögensabschöpfungsstelle (Abs. 2a)

§ 3 Abs. 2a BKAG, der erst mit Wirkung zum 1.8.2021 und damit **nach den übrigen Absätzen eingefügt** wurde,[40] sieht vor, dass das BKA die Funktion als Vermögensabschöpfungsstelle nach Art. 1 des Beschlusses 2007/845/JI des Rates vom 6.12.2007 über die Zusammenarbeit zwischen den Vermögensabschöpfungsstellen der Mitgliedstaaten auf dem Gebiet des Aufspürens und der Ermittlung von Erträgen aus Straftaten oder anderen Vermögensgegenständen im Zusammenhang mit Straftaten,[41] wahrnimmt. Darüber hinaus soll das BKA – indes nur im Rahmen seiner bestehenden Zuständigkeiten – auch benannte Behörde iSd Art. 3 Abs. 1 und 2 der Richtlinie (EU) 2019/1153 des Europäischen Parlaments und des Rates vom 20.6.2019 zur Festlegung von Vorschriften zur Erleichterung der Nutzung von Finanz- und sonstigen Informationen für die Verhütung, Aufdeckung, Untersuchung oder Verfolgung bestimmter Straftaten und zur Aufhebung des Beschlusses 2000/642/JI des Rates[42] sein. 21

Zweck der **Vermögensabschöpfungsstellen** soll die gegenseitige Unterstützung beim Aufspüren und der Ermittlung von Erträgen aus Straftaten und anderen Vermögensgegenständen im Zusammenhang mit Straftaten sein (Art. 1 Abs. 1 des Beschlusses). Die Benennung solcher Stellen soll es ermöglichen, ohne Verzug Informationen über derartige Vermögenswerte auszutauschen und den beteiligten Behörden in der Folge eine unmittelbare Kommunikation zu ermöglichen.[43] 22

§ 3 Abs. 2a BKAG wurde erforderlich, nachdem das BKA bereits als Vermögensabschöpfungsstelle (*Asset Recovery Office*) im oben genannten Sinne benannt worden ist, es aber an einer gesetzlichen Umsetzung 23

36 Zum Rechtsschutz gegen Einträge im SIS s. VG Wiesbaden Urt. v. 3.6.2013 – 6 K 396/13.WI –, juris.

37 Ein Verweis auf diese Verordnung unterbleibt in § 3 Abs. 2 Nr. 2 BKAG, da die Verordnung selbst in ihrem Art. 5 auf die Verordnung (EU) 2018/1861 verweist. Vgl. BT-Drs. 20/3707, 49.

38 BT-Drs. 20/3703, 2.

39 Zur Funktion der SIRENE-Büros als Informationskotenpunkt näher Tuffner in FS-Herold, 1998, S. 239 (248 ff.).

40 BGBl. I 2021 S. 2083.

41 ABl. 2007 C 332, 103.

42 ABl. 2019 L 186, 122.

43 Vgl. Erwägungsgründe 1 und 3 des Beschlusses.

dieser Benennung noch fehlte. Neben dem BKA wurde auch das Bundesamt für Justiz (BfJ) als Vermögensabschöpfungsstelle benannt. Dies soll eine **Doppelstruktur** ermöglichen, im Rahmen derer das BKA – nach der Benennung gegenüber dem Generalsekretariat des Rates konkret das Referat SO 35 – die operativen, das BfJ hingegen die justiziellen und beratenden Aufgaben einer solchen Stelle übernimmt.

24 Art. 3 Abs. 1 der **Finanzinformationsrichtlinie**[44] baut auf der Verpflichtung zur Benennung einer Vermögensabschöpfungsstelle auf und verpflichtet die Mitgliedstaaten, diejenigen seiner Behörden zu benennen, die befugt sind, auf sein nationales zentrales Bankkontenregister zuzugreifen und Abfragen darin durchzuführen. Nach Art. 3 Abs. 1 S. 2 der Richtlinie soll diese Benennung mindestens diejenigen Behörden umfassen, die bereits als Vermögensabschöpfungsstelle benannt sind. § 3 Abs. 2a BKAG trägt dem Rechnung, begrenzt aber die Benennung als benannte Behörde auf die bestehende Zuständigkeit des BKA, so dass die Vorschrift die bestehenden Aufgaben nicht erweitern soll.[45]

25 Die benannten Behörden nach Art. 3 Abs. 1 der Finanzinformationsrichtlinie stehen nach den Art. 7, 8 im Austausch mit den **zentralen Meldestellen für Geldwäsche**[46] und sind verpflichtet, deren Ersuchen um Mitteilung von Strafverfolgungsinformationen zeitnah zu beantworten; die zentralen Meldestellen sind ihrerseits verpflichtet, Ersuchen der benannten Behörden um Finanzinformationen oder Finanzanalysen im jeweiligen Mitgliedstaat zeitnah zu beantworten. Die Einzelheiten der Informationsweitergabe zwischen der zentralen Meldestelle und den benannten Behörden sind durch die §§ 32 ff. GwG geregelt.[47]

IV. Austausch mit öffentlichen Stellen anderer Staaten und inter-/supranationalen Stellen (Abs. 3)

26 **1. Grundsätzliche Zuständigkeit des BKA (S. 1).** Nach § 3 Abs. 3 BKAG obliegt dem BKA der **Austausch mit öffentlichen Stellen** anderer Staaten und inter-/supranationalen Stellen, die mit der Verfolgung oder Verhütung von Straftaten betraut sind.[48] Dabei sind diese zwischen- und überstaatlichen Stellen bewusst **nicht abschließend** aufgezählt. Die Offenheit der Formulierung ist bewusst gewählt worden, weil dem Gesetzgeber die Vereinheitlichung und Erleichterung des Informationsaustauschs auf der inter- und supranationalen Ebene ein besonderes Anliegen war.[49] In Betracht kommen hier etwa internationale Gerichte wie der IStGH oder die Ad-Hoc-Gerichtshöfe im Bereich des Völkerstrafrechts.

27 Auch die öffentlichen Stellen anderer Staaten, mit denen Daten ausgetauscht werden sollen, müssen „insoweit **zuständig**" sein, dh mit der Gefahrenabwehr oder Strafverfolgung betraut sein. Gespiegelt wird dies auf Befugnisebene in §§ 26 Abs. 1 S. 1 Nr. 2, 27 Abs. 1 S. 1 BKAG. Der allgemeine Informationsaustausch ohne polizeilichen Bezug ist nicht Aufgabe des BKA. Innerhalb der Europäischen Union soll zur Bestimmung, welche öffentlichen Stellen unter § 3 Abs. 3 S. 1 BKAG fallen, Art. 2 lit. a des Rahmenbeschlusses 2006/960/JI des Rates vom 18.12.2006 über die Vereinfachung des Austauschs von Informationen und Erkenntnissen zwischen den Strafverfolgungsbehörden der Mitgliedstaaten der Europäischen Union abgestellt werden können.[50] Danach geben die Mitgliedstaaten gegenüber dem Rat an, welche Stellen in ihrem Staat als Polizeibehörden oder sonstige für die Verhütung und Verfolgung von Straftaten betraute Stellen anzusehen sind. Die Bezugnahme auf den Rahmenbeschluss und die auf seiner Grundlage gemachten Meldungen stößt indes mit Recht auf Kritik, weil die Liste der gemeldeten Behörden nicht öffentlich ist.[51]

28 Die Vorschrift **entspricht grundsätzlich § 3 Abs. 2 BKAG aF**, wobei die zwischen- und überstaatlichen Stellen in Satz 1 ergänzt wurden, die in § 3 Abs. 3 S. 2 BKAG genannten Ausnahmen übersichtlicher geworden sind und die Pflicht zur Information des BKA nach § 3 Abs. 3 S. 3 BKAG neu aufgenommen wurde.

29 **2. Ausnahmen (S. 2 und 3).** § 3 Abs. 3 S. 2 BKAG nimmt verschiedene Konstellationen von der **Konzentration des Datenaustauschs** beim BKA aus. Dies erfolgt teils deklaratorisch, soweit etwa auf spezialgesetzliche Vorschriften verwiesen wird; insbesondere Ziff. 4 enthält indes eine „echte", konstitutive Ausnahme von § 3 Abs. 3 S. 1 BKAG.

44 Richtlinie (EU) 2019/1153 des Europäischen Parlaments und des Rates v. 20.6.2019 zur Festlegung von Vorschriften zur Erleichterung der Nutzung von Finanz- und sonstigen Informationen für die Verhütung, Aufdeckung, Untersuchung oder Verfolgung bestimmter Straftaten und zur Aufhebung des Beschlusses 2000/642/JI des Rates.

45 BT-Drs. 19/28164, 60 f.

46 In Deutschland ist dies die der Generalzolldirektion angegliederte Zentralstelle für Finanztransaktionsuntersuchungen (§ 27 GwG), deren Tätigkeit im Bundestagswahlkampf 2021 unerwartete Berühmtheit erlangte, vgl. https://www.deutschlandfunk.de/durchsuchungen-in-finanz-und-justizministerium-olaf-scholz-100.html.

47 Vgl. insbesondere § 32 Abs. 3a GwG, wonach die zentrale Meldestelle Daten aus Finanzinformationen und Finanzanalysen an die inländische benannte Behörde iSd Art. 3 Abs. 2 der Richtlinie (EU) 2019/1153 übermittelt.

48 Zum Rechtsschutz gegen strafverfolgungsbezogene Handlungen im Rahmen dieses Austauschs VG Berlin Beschl. v. 17.12.2015 – 34 K 425/15 –, juris.

49 BT-Drs. 18/11163, 87.

50 So die Gesetzesbegründung, BT-Drs. 18/11163, 105, bezüglich der Auslegung von § 26 Abs. 1 BKAG.

51 So etwa die Stellungnahme des Deutschen Anwaltvereins zum Gesetzentwurf, April 2017, abrufbar unter: https://www.bundestag.de/resource/blob/503172/da50937c39ff1c38533b3f2068f91d11/18-4-863-data.pdf.

Nach § 3 Abs. 3 S. 2 Nr. 1 BKAG sollen **spezialgesetzliche** Vorschriften unberührt bleiben. Diese können entweder den Datenaustausch bei einer anderen Behörde konzentrieren oder stattdessen einen umfassenden unmittelbaren Dienstverkehr zwischen nachgeordneten Stellen zulassen. Die überwiegend als Anwendungsfälle des § 3 Abs. 3 S. 2 Nr. 1 BKAG genannten Regelungen – etwa das Europol-Gesetz (→ Rn. 10) – betreffen aber überwiegend nicht unmittelbar den Regelungsinhalt der Vorschrift. Soweit diese Regelungen weitergehende Befugnisse betreffen, folgt ihr Vorrang aus allgemeinen normsystematischen Grundsätzen und nicht aus § 3 Abs. 3 S. 2 Nr. 1 BKAG, der nur abweichende Zuständigkeiten betrifft.[52] Art. 7 Abs. 5 S. 2 Europol-VO enthält allerdings eine weitere Ausnahme von § 3 Abs. 3 S. 1 BKAG, die man – ungeachtet ihres ohnehin bestehenden Anwendungsvorrangs – als Fall des § 3 Abs. 3 S. 2 Nr. 1 BKAG sehen mag. Da die Norm aber einen direkten Kontakt zwischen Europol und nationalen Behörden nur mit Zustimmung des Mitgliedstaates und unter Einhaltung der von diesem festgelegten Voraussetzungen zulässt, kann sie auch als kongruente Norm zu § 3 Abs. 3 S. 2 Nr. 4 BKAG gelesen werden. 30

Unter Nr. 1 fällt insbesondere die als Regelbeispiel aufgeführte **Rechtshilfe** in Strafsachen, die sich nach dem IRG vollzieht. Für die europäische Zusammenarbeit in Strafsachen (Eurojust) regelt Art. 7 der Eurojust-VO,[53] dass die Zentralstellenfunktion statt dem BKA dem nationalen Mitglied obliegt; die Bestimmung dieses nationalen Mitglieds sowie seiner Vertreter (sog. unterstützende Personen) regeln §§ 2, 3 EJG.[54] 31

§ 3 Abs. 3 S. 2 Nr. 2 BKAG nimmt die internationale Zusammenarbeit der **Zollbehörden** ebenfalls von der Konzentrationswirkung des Satzes 1 aus. Dies betrifft insbesondere das Zollinformationssystem (vgl. Art. 23 der Zollinformations-VO[55]). Die umfangreichen Aufgaben des Zollkriminalamts finden sich in dem – mit § 3 BKAG insoweit vergleichbaren – § 3 ZFdG. 32

Nach § 3 Abs. 3 S. 2 Nr. 3 BKAG bleiben auch Vereinbarungen der zuständigen obersten Landesbehörden mit den zuständigen ausländischen Stellen im Rahmen der vom Bund abgeschlossenen **völkerrechtlichen Abkommen** unberührt. Fälle, in denen völkerrechtliche Abkommen unmittelbar den Dienstverkehr zwischen nachgeordneten Behörden vorsehen, fallen unter Nr. 1; Nr. 3 schließt hingegen insoweit – nicht notwendigerweise zwingend erforderlich – eine Lücke, falls derartige Abkommen nur die Befugnis zu Vereinbarungen über einen unmittelbaren Dienstverkehr vorsehen. Dass § 3 Abs. 3 S. 2 Nr. 3 BKAG nur von völkerrechtlichen Abkommen spricht, die vom Bund abgeschlossen wurden, dürfte darauf beruhen, dass der Vertragsschluss mit ausländischen Staaten regelmäßig dem Bund obliegt (vgl. Art. 32 Abs. 1, 59 Abs. 1 GG). Denkbar ist aber auch, dass ein Land im Rahmen seiner Gesetzgebungskompetenz für das allgemeine Polizei- und Ordnungsrecht mit Zustimmung des Bundes nach Art. 32 Abs. 3 GG ein völkerrechtliches Abkommen mit einem ausländischen Staat schließt. Auch insoweit dürfte § 3 Abs. 3 S. 2 Nr. 3 BKAG – über den Wortlaut hinaus – Anwendung finden. 33

Anwendungsfälle für § 3 Abs. 3 S. 2 Nr. 3 BKAG sind vor allem zwischenstaatliche Verträge über die polizeiliche Zusammenarbeit im **grenznahen Bereich**; insoweit geht die Vorschrift § 3 Abs. 4 S. 1 und Abs. 5 BKAG vor. Auch diese Verträge bilden aber regelmäßig das Regel-Ausnahme-Verhältnis des § 3 Abs. 3 BKAG nach, indem sie den Dienstverkehr mit dem Ausland grundsätzlich dem BKA vorbehalten und nur in Ausnahmekonstellationen einen unmittelbaren Dienstverkehr zulassen.[56] 34

Schließlich sieht § 3 Abs. 3 S. 2 Nr. 4 BKAG auf Grundlage einer **Vereinbarung mit dem BKA** auch dann unmittelbar der Dienstverkehr zwischen nachgeordneten Bundes- oder Landesbehörden geführt werden, wenn die jeweils zuständige oberste Bundes- oder Landesbehörde zustimmt. Mit der „jeweils zuständigen obersten“ Behörde ist gemeint, dass sowohl das Einvernehmen mit der obersten Aufsichtsbehörde derjenigen Stelle, die den Dienstverkehr künftig führen soll (im Falle einer Landespolizeibehörde etwa das Innenministerium des betreffenden Landes) als auch das Einvernehmen mit der dem BKA übergeordneten Behörde – mithin des Bundesministeriums des Innern und für Heimat (BMI) – erforderlich ist. Dies geht zwar nicht allzu deutlich aus der Norm hervor, ergibt sich aber aus der Gesetzesbegründung. Die Beteiligung des BMI wird mit der Notwendigkeit begründet, die „außenpolitischen Belange der Bundesrepublik Deutschland zu prüfen und zu berücksichtigen“.[57] Die Norm verlangt damit im Ergebnis ein Einvernehmen zwischen dem BKA, dem BMI, der jeweils den Dienstverkehr künftig führenden Stelle und deren übergeordneter Bundes- oder Landesbehörde. 35

52 Anders Schenke/Graulich/Ruthig/Ruthig BKAG § 3 Rn. 15.

53 Verordnung (EU) 2018/1727 des Europäischen Parlaments und des Rates v. 14.11.2018 betreffend die Agentur der Europäischen Union für justizielle Zusammenarbeit in Strafsachen, ABl. L 295 S. 138, ber. ABl. 2019 L 215 S. 3.

54 Gesetz über Eurojust und das Europäische Justizielle Netz in Strafsachen (Eurojust-Gesetz – EJG) v. 9.12.2019 (BGBl. I S. 2010).

55 Verordnung (EG) 515/97 des Rates v. 13.3.1997 über die gegenseitige Amtshilfe zwischen Verwaltungsbehörden der Mitgliedstaaten und die Zusammenarbeit dieser Behörden mit der Kommission im Hinblick auf die ordnungsgemäße Anwendung der Zoll- und der Agrarregelung, ABl. L 82 S. 1, ber. ABl. L 123 S. 25 und ABl. 2015 L 121 S. 28.

56 Vgl. etwa Art. 10 des deutsch-schweizerischen Polizeivertrages BGBl. II 2001 S. 948 ff.

57 BT-Drs. 18/11163, 87.

36 **Überschneidungen** ergeben sich mit § 3 Abs. 5 BKAG (→ Rn. 38). Nach § 3 Abs. 3 S. 3 BKAG sollen Abkommen nach § 3 Abs. 3 S. 2 Nr. 4 BKAG vorsehen, dass das BKA von dem Dienstverkehr automatisiert unterrichtet wird. Gesollt ist also nicht die tatsächliche Unterrichtung – die Pflicht dazu ergibt sich aus dem Abkommen –, sondern die Aufnahme einer Verpflichtung hierzu in das Abkommen. Die Formulierung als **„Soll"-Bestimmung** führt dazu, dass in **atypischen Fällen** von einer Unterrichtungspflicht abgesehen werden kann. Dies kann angezeigt sein, wenn es sich um Dienstverkehr ohne übergeordnete Bedeutung für das BKA oder um nur sehr sporadischen, seltenen Dienstverkehr handelt, wobei im letztgenannten Fall statt der automatisierten eine manuelle Einzelfallunterrichtung denkbar ist. Im Hinblick auf das Telos des § 3 Abs. 3 BKAG insgesamt, das BKA als Zentralstelle auszugestalten, die über zwischen- und überstaatlich relevante Sachverhalte stets informiert ist, dürften Ausnahmen von § 3 Abs. 3 S. 3 BKAG indes nur selten in Betracht kommen.

V. Weitere Ausnahmen von der Zuständigkeit des BKA nach Abs. 3 (Abs. 4 und 5)

37 § 3 Abs. 4 BKAG nimmt den Dienstverkehr mit nachbarstaatlichen Behörden sowie Behörden der Mitgliedstaaten der Europäischen Union von der Konzentration beim BKA aus, soweit es um Kriminalität von **regionaler Bedeutung im Grenzgebiet** geht oder **Gefahr im Verzug** ist. Stattdessen besteht nach § 3 Abs. 4 S. 2 BKAG eine bloße Mitteilungspflicht gegenüber dem BKA. Die Vorschrift entspricht § 3 Abs. 3 S. 1 und 2 BKAG aF. Unter „Nachbarstaaten" sind Staaten zu verstehen, deren Territorium an das der Bundesrepublik Deutschland angrenzt.[58] Der Begriff der „Kriminalität von regionaler Bedeutung im Grenzgebiet" ist eng und in Anlehnung an § 2 Abs. 2 S. 1 Nr. 3 BPolG auszulegen, um die Zentralstellenfunktion des BKA nicht zu gefährden; ein Anwendungsfall liegt nur vor, wenn die Kriminalität ausschließlich regionale Bedeutung hat, dh nicht über das Gebiet eines Bundeslandes hinausweist.[59] „Gefahr im Verzug" soll iS dieser Vorschrift vorliegen, wenn „die mit der Einschaltung des Bundeskriminalamtes verbundene Zeitverzögerung dazu führen würde, daß der dem Dienstverkehr zugrunde liegende Zweck gefährdet würde".[60]

38 § 3 Abs. 5 BKAG enthält eine weitere Ausnahme zu § 3 Abs. 3 BKAG. Im **Einvernehmen mit dem BKA** können die übrigen Polizeien den Dienstverkehr bei regional abgrenzbaren Fallgestaltungen auch im Übrigen direkt mit den Behörden anderer Staaten oder über- bzw. internationalen Stellen führen. § 3 Abs. 5 BKAG geht insoweit gegenüber Abs. 4 deutlich weiter, weil sich Abs. 5 nicht nur auf andere Staaten, sondern auch auf über- und zwischenstaatliche Stellen bezieht.

39 Die Vorschrift entspricht § 3 Abs. 3 S. 3 BKAG aF, ist demgegenüber aber deutlich erweitert worden, da die Vorgängernorm direkten Dienstverkehr nur „im Rahmen regionaler Schwerpunktmaßnahmen" zuließ, zB die zeitlich und räumlich begrenzte Zusammenarbeit des Polizeipräsidiums München mit dem Polizeipräsidium Budapest zur Zerschlagung einer Bande, die in München gestohlene Luxusautos zunächst nach Budapest und von dort weiterverschiebt.[61] Die Neufassung soll nach der gesetzgeberischen Intention Unklarheiten beseitigen, die aus diesem Begriff entstanden sind.[62] Zugleich entstehen aber **Abgrenzungsschwierigkeiten** zu § 3 Abs. 4 S. 1 BKAG, die bei regionaler Kriminalität im Grenzgebiet ebenfalls einen direkten Dienstverkehr zulässt. Sofern es sich um Dienstverkehr mit einem Mitgliedstaat der Europäischen Union oder einem an die Bundesrepublik angrenzenden Staat handelt, der Kriminalität von regionaler Bedeutung im Grenzgebiet zum Gegenstand hat, dürfte § 3 Abs. 4 S. 1 BKAG vorrangig sein. Dies folgt schon daraus, dass § 3 Abs. 4 S. 1 BKAG einen direkten Dienstverkehr ohne Weiteres, § 3 Abs. 5 BKAG hingegen nur nach Herstellung eines Einvernehmens mit dem BKA zulässt. Auch systematische Erwägungen sprechen dafür, dass § 3 Abs. 5 BKAG nur dort Anwendung finden soll, wo § 3 Abs. 4 BKAG nicht bereits greift.

40 **Überschneidungen** weist § 3 Abs. 5 BKAG auch zu § 3 Abs. 3 S. 2 Nr. 4 BKAG auf: Danach kann durch Vereinbarungen des BKA mit den zuständigen Bundes- oder Landesbehörden mit Zustimmung der jeweils zuständigen obersten Bundes- und Landesbehörde von der grundsätzlichen Zuständigkeit des BKA für den zwischen- und überstaatlichen Dienstverkehr abgewichen werden. Im Hinblick auf die Zustimmungserfordernisse unterscheiden sich die Vorschriften primär dadurch, dass Abs. 5 nur ein Einvernehmen mit dem BKA, Abs. 3 S. 2 Nr. 4 darüber hinaus aber auch noch die Zustimmung der übergeordneten Behörden verlangt. Dem liegt – in materieller Hinsicht – zugrunde, dass § 3 Abs. 3 S. 2 Nr. 4 BKAG eine langfristige,

58 Lersch in FS-Herold, 1998, S. 35 (49).
59 So zur Vorgängervorschrift des § 3 Abs. 3 S. 1 BKAG aF BT-Drs. 13/1550, 23; Lersch in FS-Herold, 1998, S. 35 (49).
60 So BT-Drs. 13/1550, 23. Diese Definition entspricht im Wesentlichen der im Strafprozessrecht üblichen, vgl. BVerfG Beschl. v. 27.2.2003 – 2 BvR 1120/02 –, NVwZ-RR 2003, 495 f.
61 Vgl. Lersch in FS-Herold, 1998, S. 35 (50).
62 BT-Drs. 18/11163, 87.

weiterreichende Übertragung des Dienstverkehrs betreffen soll, § 3 Abs. 5 BKAG hingegen eine kurzfristige, stärker abgegrenzte Übertragung.[63]

§4 Strafverfolgung

(1) [1]Das Bundeskriminalamt nimmt die polizeilichen Aufgaben auf dem Gebiet der Strafverfolgung wahr

1. in Fällen des international organisierten ungesetzlichen Handels mit Waffen, Munition, Sprengstoffen, Betäubungsmitteln, neuen psychoaktiven Stoffen oder Arzneimitteln und der international organisierten Herstellung oder Verbreitung von Falschgeld, die eine Sachaufklärung im Ausland erfordern, sowie damit im Zusammenhang begangener Straftaten einschließlich der international organisierten Geldwäsche,
2. in Fällen von Straftaten, die sich gegen das Leben (§§ 211, 212 des Strafgesetzbuchs) oder die Freiheit (§§ 234, 234a, 239, 239b des Strafgesetzbuchs) des Bundespräsidenten, von Mitgliedern der Bundesregierung, des Deutschen Bundestages und des Bundesverfassungsgerichts oder der Gäste der Verfassungsorgane des Bundes aus anderen Staaten oder der Leitungen und Mitglieder der bei der Bundesrepublik Deutschland beglaubigten diplomatischen Vertretungen richten, wenn anzunehmen ist, dass der Täter aus politischen Motiven gehandelt hat und die Tat bundes- oder außenpolitische Belange berührt,
3. in den Fällen international organisierter Straftaten
   a) nach § 129a, auch in Verbindung mit § 129b Absatz 1, des Strafgesetzbuchs,
   b) nach den §§ 105 und 106 des Strafgesetzbuchs zum Nachteil des Bundespräsidenten, eines Verfassungsorgans des Bundes oder des Mitgliedes eines Verfassungsorgans des Bundes und damit im Zusammenhang stehender Straftaten,
4. in den Fällen der in § 129a Absatz 1 Nummer 1 und 2 des Strafgesetzbuchs genannten Straftaten und damit im Zusammenhang stehender Straftaten, soweit es sich um eine Auslandstat handelt und ein Gerichtsstand noch nicht feststeht,
5. in den Fällen von Straftaten nach den §§ 202a, 202b, 202c, 263a, 303a und 303b des Strafgesetzbuchs, soweit tatsächliche Anhaltspunkte dafür vorliegen, dass die Tat sich richtet gegen
   a) die innere oder äußere Sicherheit der Bundesrepublik Deutschland oder
   b) Behörden oder Einrichtungen des Bundes oder sicherheitsempfindliche Stellen von lebenswichtigen Einrichtungen, bei deren Ausfall oder Zerstörung eine erhebliche Bedrohung für die Gesundheit oder das Leben von Menschen zu befürchten ist oder die für das Funktionieren des Gemeinwesens unverzichtbar sind,
6. in den Fällen von
   a) Straftaten nach den §§ 81, 83 Absatz 1, §§ 87, 88 und 94 bis 100a des Strafgesetzbuchs und nach § 13 des Völkerstrafgesetzbuchs sowie
   b) Straftaten nach den §§ 211, 212, 234, 234a, 239, 239a, 239b des Strafgesetzbuchs, wenn anzunehmen ist, dass die Tat durch Angehörige des Geheimdienstes einer fremden Macht oder im Auftrag einer fremden Macht oder den Geheimdienst einer fremden Macht begangen worden ist.

[2]Die Staatsanwaltschaft kann im Benehmen mit dem Bundeskriminalamt die Ermittlungen einer anderen sonst zuständigen Polizeibehörde übertragen. [3]Die Wahrnehmung der Aufgaben nach Satz 1 Nummer 2 und 3 Buchstabe b bedarf der Zustimmung des Bundesministeriums des Innern, für Bau und Heimat; bei Gefahr im Verzug kann das Bundeskriminalamt vor Erteilung der Zustimmung tätig werden.

(2) [1]Das Bundeskriminalamt nimmt darüber hinaus die polizeilichen Aufgaben auf dem Gebiet der Strafverfolgung wahr, wenn

1. eine zuständige Landesbehörde darum ersucht,
2. das Bundesministerium des Innern, für Bau und Heimat es nach Unterrichtung der obersten Landesbehörde aus schwerwiegenden Gründen anordnet oder
3. der Generalbundesanwalt darum ersucht oder einen Auftrag erteilt.

[2]Satz 1 Nummer 1 und 3 gilt entsprechend für die Fahndung nach Verurteilten zum Zwecke der Vollstreckung.

63 BT-Drs. 18/11163, 87 f.

(3) [1]Die für die Strafrechtspflege und die Polizei zuständigen obersten Landesbehörden sind unverzüglich zu benachrichtigen, wenn das Bundeskriminalamt polizeiliche Aufgaben auf dem Gebiet der Strafverfolgung wahrnimmt; außerdem sind unverzüglich zu benachrichtigen die zuständigen Landeskriminalämter, der Generalbundesanwalt in den Fällen, in denen er für die Führung der Ermittlungen zuständig ist, und in den übrigen Fällen die Generalstaatsanwaltschaften, in deren Bezirken ein Gerichtsstand begründet ist. [2]Die Verpflichtung anderer Polizeibehörden zur Durchführung der notwendigen unaufschiebbaren Maßnahmen sowie die Befugnisse der Staatsanwaltschaft nach § 161 der Strafprozessordnung bleiben unberührt.

(4) [1]In den Fällen der Absätze 1 und 2 kann das Bundeskriminalamt den zuständigen Landeskriminalämtern Weisungen für die Zusammenarbeit geben. [2]Die oberste Landesbehörde ist unverzüglich zu benachrichtigen.

A. Überblick und Genese

1 Aus der **Kompetenzverteilung** des Grundgesetzes folgt, dass die Polizeihoheit nicht beim Bund, sondern bei den Ländern liegt (vgl. Art. 30 GG; im Einzelnen → § 1 Rn. 2 ff., 47 ff.). Dementsprechend ist die Aufgabe der Strafverfolgung dem BKA nur ausnahmsweise übertragen, nämlich in den Fällen des § 4 BKAG (vgl. § 1 Abs. 3 BKAG).

2 Als **verfassungsrechtliche Grundlage** für die repressive Ermittlungstätigkeit des BKA werden Art. 73 Abs. 1 Nr. 10 GG und Art. 87 GG herangezogen.[1] Auch hinsichtlich der Ermittlungszuständigkeit aufgrund eines Auftrags oder Ersuchens des GBA wird teilweise Art. 73 Abs. 1 Nr. 10 GG bemüht,[2] andere leiten sie aus der Ermittlungsbefugnis des GBA ab.[3] In den Fällen des § 4 Abs. 1 und 2 BKAG sind die Beamten des BKA Ermittlungspersonen der Staatsanwaltschaft **kraft Gesetzes** (§ 37 Abs. 1 S. 2 BKAG, § 152 Abs. 1 GVG).

3 Das **Gesetz über die Einrichtung eines Bundeskriminalpolizeiamtes** vom 8.3.1951[4] statuierte die Strafverfolgungskompetenz des BKA. Nach dessen § 4 Abs. 2 BKAG konnte die „zuständige Landesbehörde“ das BKA um Strafverfolgung ersuchen oder der Bundesminister des Innern diese „aus schwerwiegenden Gründen“ anordnen. Bereits zu dieser Zeit führte das BKA kriminalpolizeiliche Ermittlungen in Verfahren des Staatsschutzes – dies betraf insbesondere solche wegen des Verdachts des Hoch- oder Landesverrats und

1 Vgl. BK-GG/Wolff Art. 73 (2020) Rn. 283; Ahlf/Daub/Lersch/Störzer/Lersch BKAG § 4 Rn. 2; Riegel Bundespolizeirecht/BKAG § 5 S. 44; BeckOK-StPO/Krauß RiStBV 30 Rn. 1 (2021); kritisch Bäcker, Terrorismusabwehr durch das Bundeskriminalamt, 2009, S. 25; Kniesel, Kriminalitätsbekämpfung durch Polizeirecht, 2022, S. 194, jeweils mwN; s. auch BT-Drs. 18/4096, 19; zur Entstehung von Art. 73 Nr. 10 und Art. 87 GG s. Albrecht, Im Dienst der Inneren Sicherheit – Die Geschichte des Bundeskriminalamts, 1988, S. 17 ff., insbes. 27 ff.

2 Jarass/Pieroth/Kment Art. 87 Rn. 6.

3 Vgl. Bäcker, Terrorismusabwehr durch das Bundeskriminalamt, 2009, S. 26.

4 BGBl. I S. 165.

der Spionageabwehr.[5] Jedoch wurde von dieser Befugnis zur Übernahme der Ermittlungen wegen des von den Ländern befürchteten Angriffs auf ihre Polizeihoheit nur selten Gebrauch gemacht.[6]

Maßgebliche Bedeutung erlangte die Strafverfolgung durch das BKA mit dem Gesetz zur **Änderung des BKAG** vom 19.9.1969,[7] dessen § 4 Abs. 2 lit. c den GBA vor dem Hintergrund der ab 1969 bestehenden erstinstanzlichen Zuständigkeit der Oberlandesgerichte für Staatsschutzsachen[8] und des sich ausbreitenden Linksterrorismus[9] ermächtigte, das BKA mit Ermittlungen zu beauftragen. 4

Bedeutend für die Kompetenz des BKA zur Strafverfolgung war zudem die **Reformgesetzgebung** vom 28.6.1973.[10] Mit den dadurch statuierten originären Ermittlungszuständigkeiten haben die Strafverfolgungskompetenzen in den Bereichen der Bekämpfung schwerwiegender organisierter Delikte mit internationalem Bezug, darunter Rauschgift-, Waffen- und Falschgelddelikte, und bei politisch motivierten Anschlägen gegen Verfassungsorgane des Bundes oder ausländische diplomatische Vertretungen eine erhebliche Erweiterung erfahren. Dies trug „der sich wandelnden Kriminalität" Rechnung, die „in bestimmten [den im Gesetz benannten] Deliktsbereichen durch hohe Mobilität der Täter und durch internationale Zusammenarbeit der Verbrecher" gekennzeichnet ist.[11] Die „zentrale Strafverfolgungsaufgabe" wurde dementsprechend für Fälle begründet, in denen das Erfordernis der Sachaufklärung im Ausland bestand.[12] Ende der 1970er Jahre beauftragte der GBA das BKA mit zahlreichen Fällen der Spionageabwehr gegen das Ministerium für Staatssicherheit der DDR. 5

Die neuen Kompetenzen zogen im Jahr 1975 am damaligen Standort Bonn-Bad Godesberg den Aufbau einer **Abteilung zur Bekämpfung des Terrorismus** (TE) nach sich. Von 1970 bis 1980 erfuhr die Behörde einen bedeutenden Personalaufwuchs von knapp 1.000 auf 3.500 Planstellen,[13] die sich auf heute gut 8.000, davon etwa die Hälfte Kriminalbeamte/-innen, erhöht haben (näher zu Personalausstattung und -verteilung → § 1 Rn. 11).[14] 6

Mit der **Neufassung** des BKAG im Jahre 1997[15] hat der Gesetzgeber eine detaillierte Regelung für den Bereich der Strafverfolgung geschaffen. Danach führten insbesondere das Terrorismusbekämpfungsgesetz[16] und das 34. Strafrechtsänderungsgesetz[17] Erweiterungen des Katalogs der originären Zuständigkeit des BKA zur Strafverfolgung herbei.[18] 7

B. Kommentierung im Einzelnen

I. Allgemeines

Die Reichweite der repressiven Befugnisse des BKA ergibt sich aus der Strafprozessordnung (§§ 161, 163 StPO). Ein Tätigwerden des BKA als Strafverfolgungsbehörde setzt mithin stets den **Anfangsverdacht einer Straftat** voraus. Das Legalitätsprinzip berechtigt und verpflichtet die Staatsanwaltschaften und ihre Ermittlungspersonen (§ 161 Abs. 1 StPO), wegen aller verfolgbaren Straftaten einzuschreiten, sofern zureichende tatsächliche Anhaltspunkte vorliegen (§ 152 Abs. 2 StPO). Dabei gilt: Je gewichtiger das Rechtsgut ist und je weitreichender es durch die jeweiligen Handlungen beeinträchtigt würde oder worden ist, desto geringer darf die Wahrscheinlichkeit sein, mit der auf eine drohende oder erfolgte Verletzung geschlossen werden kann, und desto weniger fundiert dürfen gegebenenfalls die Tatsachen sein, die dem Verdacht zugrunde liegen.[19] Zwar reichen vage Anhaltspunkte und Vermutungen nicht aus. Ermittlungsverfahren werden jedoch 8

5 Vgl. Zachert, Historie des BKA – Von den Gründungsjahren zur Gegenwart, Vortrag, abrufbar unter: https://www.bka.de/SharedDocs/Downloads/DE/DasBKA/Historie/04_STVeranstaltungRedezachert.html, S. 4, 6 f.

6 Albrecht, Im Dienst der Inneren Sicherheit – Die Geschichte des Bundeskriminalamts, 1988, S. 231.

7 BGBl. I S. 1717.

8 Vgl. BGBl. I 1969 S. 1582, zu § 142a GVG aF vgl. dort S. 1583.

9 Vgl. Albrecht, Im Dienst der Inneren Sicherheit – Die Geschichte des Bundeskriminalamts, 1988, S. 239 f.

10 BGBl. I 1973 S. 704 ff.; zum Gesetzgebungsverfahren Albrecht, Im Dienst der Inneren Sicherheit – Die Geschichte des Bundeskriminalamts, 1988, S. 250 ff.

11 BT-Drs. 7/178, 1 und BT-Drs. 7/587, 2; vgl. auch Albrecht, Im Dienst der Inneren Sicherheit – Die Geschichte des Bundeskriminalamts, 1988, S. 173 f.

12 BT-Drs. 7/178, 10 f.

13 Zachert, Historie des BKA – Von den Gründungsjahren zur Gegenwart, Vortrag, abrufbar unter: https://www.bka.de/SharedDocs/Downloads/DE/DasBKA/Historie/04_STVeranstaltungRedezachert.html, S. 8; Albrecht, Im Dienst der Inneren Sicherheit – Die Geschichte des Bundeskriminalamts, 1988, S. 258 ff.

14 Angegebene Zahlen nach https://www.bka.de/DE/DasBKA/FaktenZahlen/faktenzahlen_node.html.

15 BGBl. I 1997 S. 1650.

16 BGBl. I 2002 S. 361.

17 BGBl. I 2002 S. 3390.

18 Vgl. im Einzelnen Busche, Die Zentralisierung polizeilicher Aufgaben auf dem Gebiet der Strafverfolgung beim Bundeskriminalamt, 2013, S. 31 ff.

19 BVerfG Urt. v. 14.7.1999 – 1 BvR 2226/94 ua –, BVerfGE 100, 313 (392).

regelmäßig auf der Grundlage von Indizien eingeleitet, wobei auch kriminalistische Erfahrungen herangezogen werden können.[20]

9 Das BKA nimmt die polizeilichen Aufgaben auf dem Gebiet der Strafverfolgung in den **abschließend** in § 4 BKAG aufgelisteten Fällen wahr. Dabei unterscheidet das Gesetz nach der **originären Ermittlungszuständigkeit** (§ 4 Abs. 1) und den Fällen, in denen das BKA **im Auftrag** oder **auf Ersuchen** einer anderen Behörde tätig wird (§ 4 Abs. 2).

10 Auf die örtliche und sachliche Zuständigkeit der Staatsanwaltschaft, die auch in den Fällen des § 4 BKAG **„Herrin des Ermittlungsverfahrens"** bleibt,[21] ist § 4 Abs. 1 BKAG ohne Einfluss. Die Richtlinien für das Straf- und Bußgeldverfahren sehen aber vor, dass der Staatsanwalt, der den Verdacht einer der in § 4 Abs. 1 S. 1 BKAG bezeichneten Straftaten begründet, das BKA und das LKA unverzüglich über einen solchen Sachverhalt unterrichtet und die Art der Ermittlungsführung in dem erforderlichen Umfang mit dem BKA erörtert (Ziff. 30 Abs. 1 RiStBV). Dadurch soll gewährleistet werden, dass das BKA seine originäre Ermittlungskompetenz wahrnehmen kann.[22]

11 **§ 4 Abs. 1 S. 2 BKAG** gestattet der Staatsanwaltschaft, die Ermittlungen **im Benehmen mit dem BKA einer anderen sonst zuständigen Polizeibehörde** zu übertragen. Dabei trägt § 4 Abs. 1 S. 2 BKAG auch praktischen Bedürfnissen Rechnung. Aufgrund des für komplexe Ermittlungsverfahren erforderlichen erheblichen Personalbedarfs besteht rein faktisch ein hoher Bedarf für die Möglichkeit, die Ermittlungen trotz der originären Zuständigkeit des BKA an Landespolizeibehörden abzugeben. Zwar mag der Gesetzgeber im Ausgangspunkt eine Pflicht des BKA zur Übernahme der Ermittlungen normiert haben (Abs. 1 S. 1 „nimmt [...] wahr"). § 4 Abs. 1 S. 2 BKAG aber ist angesichts der umfassenden Zuständigkeit des BKA für Ermittlungen im gesamten Bundesgebiet und der auch beim BKA nicht unbegrenzt zur Verfügung stehenden personellen Kapazitäten unabdingbar.

12 Bei der Entscheidung, ob die Ermittlungen trotz originärer Zuständigkeit des BKA einer „sonst zuständigen" Polizeibehörde übertragen werden, berücksichtigt die Staatsanwaltschaft, ob eine **rasche und wirksame Aufklärung** besser durch zentrale Ermittlungen des BKA oder durch Ermittlungen der Landespolizeibehörden erreicht werden kann (vgl. Ziff. 31 Abs. 2 RiStBV). Darunter sind etwa diejenigen Fälle zu subsumieren, in denen ein Landeskriminalamt oder eine andere Landespolizeidienststelle vorbefasst und die weitere Übernahme der Ermittlungen in einem „BKA-Fall" daher sachlich zu rechtfertigen ist.

13 Das BKA hat selbst dort, wo es originär zuständig ist, **keine ausschließliche Entscheidungsmöglichkeit** über das Führen der Ermittlungen.[23] Denn das „Benehmen" iSv § 4 Abs. 1 S. 2 BKAG ist – als schwächste Beteiligungsform – nicht mit Einvernehmen gleichzusetzen (näher → § 5 Rn. 50 ff.). Das BKA ist vielmehr von der Staatsanwaltschaft über eine Übertragung der Ermittlungen an eine andere zuständige Polizeibehörde lediglich zu informieren, was dazu führt, dass ein Fall auch gegen den Willen des BKA einer anderen Polizeibehörde zugewiesen werden könnte.[24]

II. Die originäre Zuständigkeit des BKA (Abs. 1)

14 Allgemein ist zu konstatieren, dass die originäre Zuständigkeit gem. § 4 Abs. 1 BKAG Bereiche der organisierten Kriminalität betrifft, bei denen **komplexe Täter- und Tatzusammenhänge** mit **überregionalen und internationalen Bezügen** aufzuklären sind.[25] Nicht ausreichend zur Begründung einer Zuständigkeit des BKA ist die Tatsache, dass eine Straftat mehrere Länder betrifft,[26] auch wenn dies ein Indiz sein mag. Im Einzelnen:

15 **1. International organisierter ungesetzlicher Handel (Abs. 1 S. 1 Nr. 1).** Das BKA ist **originär** für die Bearbeitung von Fällen des international organisierten (a) ungesetzlichen (c) Handels mit Waffen, Munition, Sprengstoffen, Betäubungsmitteln, neuen psychoaktiven Stoffen oder Arzneimitteln (b) und der international organisierten Herstellung oder Verbreitung von Falschgeld zuständig, die eine Sachaufklärung im Ausland (a) erfordern. Auch damit im Zusammenhang begangene Straftaten einschließlich der international organisierten Geldwäsche, sind erfasst (d).

20 Vgl. BVerfG Beschl. v. 1.8.2014 – 2 BvR 200/14 –, juris, Rn. 22; Beschl. v. 27.5.2020 – 1 BvR 1873/13 ua –, BVerfGE 155, 119 (189 f., Rn. 152 f.); Meyer-Goßner/Schmitt/Schmitt StPO § 152 Rn. 4, mwN.
21 Vgl. BeckOK-StPO/Krauß RiStBV 30 Rn. 1 (2021).
22 BeckOK-StPO/Krauß RiStBV 30 Rn. 4 (2021).
23 Vgl. BT-Drs. 17/14600, 502.
24 BT-Drs. 13/1550, 23.
25 Vgl. Ahlf/Daub/Lersch/Störzer/Lersch BKAG § 4 Rn. 1.
26 Vgl. den Hinweis des ehemaligen BKA-Präsidenten Ziercke in BT-Drs. 17/14600, 502.

a) **Internationale Organisation; Sachaufklärung im Ausland.** § 4 Abs. 1 S. 1 Nr. 1 BKAG setzt mit Blick auf die grundgesetzliche Kompetenzverteilung kumulativ[27] voraus, dass der Handel **„international organisiert"** und eine **Sachaufklärung im Ausland** erforderlich ist. 16

Bei der Bestimmung der originären Zuständigkeit des BKA sind mithin stets das Vorliegen **grenzüberschreitender Täterstrukturen** und **Tatzusammenhänge** sowie die internationale Aufgabenstellung relevant, für die das BKA nicht nur die Kompetenz, sondern auch die erforderlichen Kontakte hat.[28] Insoweit ist zu beachten, dass der Kompetenztitel des Art. 73 Abs. 1 Nr. 10 GG, der Bezug auf die „internationale Verbrechensbekämpfung" nimmt, ausdrücklich Bezug auf die **Verbrechensbekämpfung** nimmt, die **grenzüberschreitend** zu sein hat, und nicht auf die Internationalität des Verbrechens selbst.[29] Diese jedoch legt die Vermutung nahe, dass auch die Bekämpfung des Verbrechens (dh das repressive Vorgehen)[30] international erfolgt. Alleine der grenzüberschreitende Bezug eines Sachverhalts oder das Tätigwerden eines Einzeltäters reichen für die Zuständigkeitsbegründung nach Nr. 1 nicht aus. 17

Den Begriff „International organisiert" definiert der Gesetzgeber nicht. Die internationale Organisation einer Tat wird allgemeinhin bejaht, wenn diese von mindestens zwei Tatbeteiligten, zwischen denen ein organisatorischer Zusammenhang besteht, begangen wird und zumindest ein Land von der Tatbegehung und ein weiteres von der Tatplanung oder Tatbegehung betroffen ist,[31] die Tatbeteiligten also **„über nationale Grenzen hinweg"** handeln.[32] Damit ist – anders als bei einer „Bande" iSv § 244 Abs. 1 Nr. 3 StGB[33] oder der Vereinigung iSd § 129 Abs. 2 StGB – nicht erforderlich, dass mindestens drei Täter handeln. Die mutmaßliche Tat muss auch nicht der sog. Organisierten Kriminalität[34] zuzuordnen sein. 18

Für die Frage, ob eine „Sachaufklärung" iSd Gesetzes erforderlich sein wird, genügt eine dahingehende **Vermutung.** 19

b) **Handel.** Der Begriff des „Handels" ist **entsprechend der jeweils in Bezug genommenen Spezialgesetze** auszulegen.[35] Nach der weiten Definition der Rechtsprechung ist ein Handeltreiben mit Betäubungsmitteln jede eigennützige auf den Umsatz von Betäubungsmitteln gerichtete Tätigkeit.[36] Hinsichtlich des Waffenhandels etwa findet sich in Anlage 1 Abschn. 2 Nr. 9 zum Waffengesetz die Regelung, dass derjenige Waffenhandel treibt, der gewerbsmäßig oder selbstständig im Rahmen einer wirtschaftlichen Unternehmung Schusswaffen oder Munition ankauft, feilhält, Bestellungen entgegennimmt oder aufsucht, anderen überlässt oder den Erwerb, den Vertrieb oder das Überlassen vermittelt.[37] 20

c) **Ungesetzlich.** Der Handel mit Waffen, Munition, Sprengstoffen, Betäubungsmitteln, neuen psychoaktiven Stoffen oder Arzneimitteln umfasst auch Kriegswaffen, einschließlich Atomwaffen.[38] Er ist ungesetzlich, wenn er **gegen die Bestimmungen der jeweiligen Spezialgesetze verstößt**, also gegen 21

- das Waffengesetz (§§ 52, 53 WaffG),
- das Sprengstoffgesetz (§ 40 SprengG),
- das Kriegswaffenkontrollgesetz, insbesondere § 19 (Atomwaffen), § 20 (biologische und chemische Waffen), § 22a KrWaffG (sonstige Kriegswaffen),
- das Betäubungsmittelgesetz (vgl. §§ 29 ff. BtMG),
- das Arzneimittelgesetz (§ 95 AMG)[39] oder
- das Neue-psychoaktive-Stoffe-Gesetz (§ 4 NpSG; dies betrifft etwa die Herstellung synthetischer Cannabinoide).

Soweit das Gesetz auf die Herstellung oder Verbreitung von Falschgeld abstellt, nimmt es Bezug auf die Strafbarkeit gem. §§ 146 und 147 StGB. Teilweise wird – nicht fernliegend – wegen ihrer Gleichsetzung im 22

27 Vgl. Erbs/Kohlhaas/Papsthart BKAG § 4 (2015) Rn. 8.
28 BT-Drs. 16/5526, 8.
29 Vgl. BK-GG/Wolff Art. 73 (2020) Rn. 272 f.
30 BVerwG Urt. v. 20.2.1990 – 1 C 29/86 –, juris, Rn. 18.
31 Schenke/Ruthig/Graulich/K. Graulich BKAG § 4 Rn. 7; Ahlf/Daub/Lersch/Störzer/Lersch BKAG § 4 Rn. 8; Busche, Die Zentralisierung polizeilicher Aufgaben auf dem Gebiet der Strafverfolgung beim Bundeskriminalamt, 2013, S. 98.
32 Hessel BKAG § 5 Anm. 6.
33 BGH Beschl. v. 22.3.2001 – GSSt 1/00 –, BGHSt 46, 321 (325).
34 Zu diesem Begriff BT-Drs. 12/989, 24.
35 So auch Ahlf/Daub/Lersch/Störzer/Lersch BKAG § 4 Rn. 6; s. auch Hessel BKAG § 5 Anm. 6.
36 Vgl. BGH Beschl. v. 26.10.2005 – GSSt 1/05 –, BGHSt 50, 252 (256).
37 Vgl. im Einzelnen Heinrich in MüKoStGB, 3. Aufl. 2018, WaffG § 1 Rn. 195 ff.
38 BT-Drs. 13/1550, 23.
39 Dazu weiterführend BT-Drs. 16/5526, 7 f.: „[…] Zugleich wird der internationalen Dimension des Dopinghandels Rechnung getragen. […] [B]eim ungesetzlichen Handel mit Arzneimitteln agieren Kriminelle häufig über Grenzen hinweg. Sie operieren sogar gezielt und bevorzugt außerhalb des jeweiligen nationalen Hoheitsgebietes, um sich der Strafverfolgung zu entziehen. Die netzwerkartigen Strukturen haben vielfach internationale Hintergründe mit komplizierten Täter- und Tatzusammenhängen, die über die Grenzen der Bundesrepublik Deutschland hinausweisen; s. ferner Schenke/Graulich/Ruthig/K. Graulich BKAG § 4 Rn. 8.

Unwertgehalt vorgeschlagen, auch Straftaten wie die Wertzeichenfälschung (§ 152 StGB) oder die Fälschung von Zahlungskarten (§ 152a StGB) einzubeziehen.[40] Dies erscheint angesichts der ansonsten hohen Voraussetzungen des § 4 Abs. 1 Nr. 1 BKAG und der nur **ausnahmsweisen Kompetenz** aber fraglich. Eine entsprechende Ausdehnung des Gesetzeswortlauts dürfte in der Praxis aus hiesiger Sicht zudem nicht erforderlich sein, wenn solche Taten als Zusammenhangstaten iSv § 4 Abs. 1 Nr. 1 BKAG beurteilt werden können (→ Rn. 23).

23 d) **Zusammenhangstat.** Ob eine Zusammenhangstat iSv § 4 Abs. 1 S. 1 Nr. 1 BKAG vorliegt, ist nach **§ 3 StPO** zu beurteilen.[41] Sie kann sowohl dann vorliegen, wenn ein Delikt der Vorbereitung, Unterstützung etc. einer der im Katalog des § 4 Abs. 1 Nr. 1 BKAG genannten Taten dient oder wenn Straftaten von Tätern einer Katalogtat des § 4 Abs. 1 Nr. 1 BKAG, die nicht den Katalog erfüllen, „mitverfolgt" werden sollen.[42] Dabei stellt der Hinweis auf die international organisierte Geldwäsche einen Beispielsfall für im Zusammenhang begangene Straftaten dar, enthält also keine Kompetenzerweiterung.[43] Vor einer Entscheidung soll sich die Staatsanwaltschaft nach der RiStBV mit den beteiligten Polizeibehörden und dem BKA ins Benehmen setzen.[44]

24 **2. Politische Attentate zum Nachteil von Verfassungsorganen (Abs. 1 S. 1 Nr. 2).** Originär zuständig ist das BKA auch bei politisch motivierten Attentaten, die sich gegen das Leben (§§ 211, 212 StGB) oder die Freiheit (§§ 234, 234a, 239, 239b StGB) des Bundespräsidenten, von Mitgliedern der Bundesregierung, des Deutschen Bundestages und des Bundesverfassungsgerichts oder der Gäste der Verfassungsorgane des Bundes aus anderen Staaten oder der Leitungen und Mitglieder der bei der Bundesrepublik Deutschland beglaubigten diplomatischen Vertretungen richten, wenn anzunehmen ist, dass der **Täter aus politischen Motiven gehandelt hat** und die Tat **bundes- oder außenpolitische Belange** berührt.

25 a) **Geschützter Personenkreis.** Mit Ausnahme der Mitglieder des Bundesrates, hinsichtlich derer den zuständigen Landesbehörden eine Ermittlungsbefugnis verbleiben sollte,[45] deckt der genannte Personenkreis die durch das BKA nach **§ 6 Abs. 1 Nr. 1 BKAG** zu schützenden Personen ab. Soweit sich die Vorschrift auf Gäste bezieht, also solche Personen, die mit offizieller Einladung in Deutschland aufhalten,[46] deckt sie die Gäste sämtlicher Verfassungsorgane des Bundes ab. Hinzu kommen die Leitungen und Mitglieder diplomatischer Vertretungen iSv § 18 S. 1 GVG,[47] nicht also in den Botschaften tätige Hilfskräfte oder konsularische Vertretungen.[48]

26 b) **Politische Motive.** Die Zuständigkeit nach § 4 Abs. 1 S. 1 Nr. 2 BKAG ist nur begründet, wenn der Täter – dies deckt sich nicht mit dem Täterbegriff des Strafgesetzbuches (§ 25 StGB), sondern bezieht Teilnehmer iSd §§ 26, 27 StGB mit ein – aus **politischen Motiven** gehandelt hat und die Tat **bundes- oder außenpolitische Belange** berührt. Eine Person handelt politisch, wenn sie durch die Tat auf das soziale oder gesellschaftliche Zusammenleben einwirken will, um dadurch bestimmte Wertvorstellungen und Ziele zu verwirklichen.[49] Eine solche Motivation dürfte im Regelfall bei Angriffen auf die in Nr. 2 genannten Opfer anzunehmen sein.

27 c) **Zustimmung des Bundesministeriums des Innern (Abs. 1 S. 3).** Die Wahrnehmung der polizeilichen Aufgaben der Strafverfolgung durch das BKA setzt nach § 4 Abs. 1 S. 3 BKAG die Zustimmung des Bundesministeriums des Innern voraus, wobei S. 4 eine Befugnis des BKA zu Sofortmaßnahmen vorsieht. Zur Begründung des Zustimmungserfordernisses hat der Gesetzgeber ausgeführt, die Prüfung der Frage, ob politische Motive anzunehmen sind und ob die Tat bundes- oder außenpolitische Belange berührt, sollte (grundsätzlich) bei einer **politisch verantwortlichen Stelle** liegen, da hier das föderative Prinzip betroffen sei.[50] Der erste Teil dieser Begründung ist mit Blick auf die Sachleitungsbefugnis der Staatsanwaltschaft im Ermittlungsverfahren und der ihr obliegenden Pflicht zur Sachaufklärung (§ 160 Abs. 1, 3 StPO) nicht unbedenk-

40 Ahlf/Daub/Lersch/Störzer/Lersch BKAG § 4 Rn. 7.

41 Ziff. 31 Abs. 1 RiStBV; so auch Schenke/Graulich/Ruthig/K. Graulich BKAG § 4 Rn. 9; abw. Hessel BKAG § 5 Anm. 7, der eine Übertragung der Definition des § 3 StPO mit Blick auf die rationellere Arbeitsweise von Strafverfolgungsbehörden und Gerichten ablehnt. Eine Auslegung analog zu § 3 StPO laufe der Erwartungshaltung des Gesetzgebers zuwider, die „eben nur auf eine strafverfolgende Kompetenz in wenigen Ausnahmefällen abstellt". Gegen diese Argumentation ist einzuwenden, dass die Bearbeitung eines Sachverhalts, der von der zuständigen Staatsanwaltschaft nach § 3 StPO behandelt wird, sachdienlicher Weise auf Polizeiseite nicht von zwei die Ermittlungen jeweils führenden Polizeibehörden geleitet werden sollte.

42 Vgl. Ahlf/Daub/Lersch/Störzer/Lersch BKAG § 4 Rn. 9.

43 BT-Drs. 13/1550, 23.

44 Vgl. Ziff. 31 Abs. 1 RiStBV; zu § 3 StPO vgl. KK-StPO/Scheuten § 3 Rn. 3 f.

45 Vgl. dazu Ahlf/Daub/Lersch/Störzer/Lersch BKAG § 4 Rn. 10.

46 Ahlf/Daub/Lersch/Störzer/Lersch BKAG § 4 Rn. 11.

47 BT-Drs. 7/178, 11; vgl. auch Art. 1a, 1e, 37 Abs. 1 WÜD.

48 Hessel BKAG § 5 Anm. 8.

49 Vgl. zu dieser Definition Schneider in MüKoStGB, 4. Aufl. 2021, § 211 Rn. 91 mwN; vgl. auch die ausführliche Erläuterung in Ziff. 207 Abs. 3 RiStBV.

50 BT-Drs. 7/178, 14.

lich. Die Klärung der Frage, ob ein Täter aus politischen Motiven handelt, obliegt in einem Ermittlungsverfahren den Strafverfolgungsbehörden; die Beweggründe der Tat sind mindestens für die Zumessung der Strafe relevant (vgl. § 46 Abs. 2 StGB). Die gesetzgeberische Begründung mag jedoch angesichts der außerordentlich hohen politischen Brisanz von Übergriffen dieser Art[51] insoweit tragen, als auf politischer Ebene zu entscheiden ist, ob bundes- oder außenpolitische Belange berührt sind.

Die Zustimmung des Bundesministeriums des Innern wird **durch die Staatsanwaltschaft herbeigeführt** (vgl. Ziff. 32 RiStBV). 28

3. International organisierte Straftaten nach §§ 129a, 105, 106 StGB (Abs. 1 S. 1 Nr. 3). Ebenso wie die Zuständigkeitsbestimmung nach Nr. 1 setzt Nr. 3 voraus, dass Straftaten „international organisiert" sind (→ Rn. 18). Die **Strafverfolgungskompetenz** gem. § 4 Abs. 1 Nr. 3 BKAG ist im Jahr 1997 im Rahmen der Neufassung des BKAG eingefügt worden.[52] 29

a) Vereinigungsstraftaten nach §§ 129a, 129b StGB (Abs. 1 S. 1 Nr. 3 lit. a). § 4 Abs. 1 S. 1 Nr. 3 lit. a BKAG nimmt Bezug auf Straftaten nach § 129a StGB, auch iVm § 129b Abs. 1 StGB.[53] Nach dem Willen des Gesetzgebers ist die Zuständigkeit des BKA in diesen Fällen aber nicht allgemein begründet, sondern bei **terroristisch motivierten Handlungen gegen deutsche Interessen im Ausland**, bei denen sich jedenfalls zunächst entweder kein Bezug zu einem bestimmten Land herstellen lässt oder dieser sich nur aus dem Wohnsitz des oder der Opfer ableiten ließe, sowie bei **Aktionen ausländischer Terroristen im Inland**, deren Zielsetzung sich nicht einem bestimmten Land zuordnen lässt oder mehrere Bundesländer betroffen sind.[54] Handelt der (deutsche oder in Deutschland wohnhafte) Täter also unter Anbindung an eine terroristische Vereinigung in Deutschland, begründet dessen Handeln keine Zuständigkeit des BKA nach § 4 Abs. 1 S. 1 Nr. 3 BKAG, es sei denn, es liegen zureichende tatsächliche Anhaltspunkte für eine Steuerung aus dem Ausland vor.[55] Solche Anhaltspunkte dürften nur in den Fällen des § 129b StGB regelmäßig vorliegen. Ziff. 207 Abs. 1 RiStBV sieht jedoch unabhängig von der Ermittlungskompetenz des BKA vor, dass es von der der Einleitung eines Verfahrens wegen eines Organisationsdeliktes – darunter §§ 129, 129a, 129b StGB – zu **benachrichtigen** ist. Damit soll es in die Lage versetzt werden, auf Anfrage Auskünfte darüber zu geben, ob und wo wegen des gleichen oder eines damit zusammenhängenden Organisationsdeliktes ein weiteres Verfahren anhängig (gewesen) ist. 30

Das Erfordernis der Ermittlungsführung oder der Unterstützung anderer Polizeibehörden durch das BKA im Bereich der Organisationsdelikte wird bei einem Blick auf das Schutzgut von §§ 129a, 129b StGB anschaulich, das in der öffentlichen Sicherheit und Ordnung liegt.[56] So stellt insbesondere der islamistische Terrorismus eine Massenbewegung mit weltweitem Handlungsspielraum dar;[57] Terrororganisationen bergen ein Gefahrenpotential, das sich jederzeit in der Begehung von Anschlägen realisieren kann.[58] Bestehende **Vereinigungsstrukturen über Grenzen hinweg zu erkennen** und diese im Bedarfsfall von anderen Zusammenschlüssen abzugrenzen, erfordert umfangreiche **Strukturerkenntnisse**, die beim BKA erhoben werden und deren Zweck auch darin besteht, Beweise für dritte Staaten und die internationale Strafgerichtsbarkeit für den Fall zukünftiger Strafverfolgung zu sichern. Um das Ausmaß von Strukturermittlungen zu veranschaulichen, sei zB auf die Antwort der Bundesregierung vom 24.5.2017 auf eine Kleine Anfrage hingewiesen. Danach wurden im Strukturverfahren zu Syrien (also insbesondere zum „Islamischen Staat", aber auch zu anderen Vereinigungen wie der „Jabhat al-Nusra") bereits zu diesem Zeitpunkt nahezu 200 Personen als Zeugen vernommen, wobei die Bundesregierung ergänzend folgendes ausführte: „Eine Aussage zu der Anzahl noch ausstehender Zeugen ist nicht möglich, da eine Vielzahl von Zeugen noch nicht vernommen werden konnte und nahezu täglich neue hinzukommen. Der Kreis der potenziellen Zeugen in der Bundesrepublik Deutschland ist schon jetzt nicht überschaubar".[59] 31

Die Strafbarkeit wegen eines Vereinigungsdelikts setzt eine konkrete Gefahrensituation nicht notwendig voraus; sie ist in den Bereich abstrakter Gefährdung vorverlagert.[60] Daraus ergibt sich das Erfordernis, die **Strafverfolgung von der Gefahrenabwehr abzugrenzen** (vgl. ausführlich → § 5 Rn. 54 ff.). Das BKA ist zur Abwehr von Gefahren des internationalen Terrorismus auf der Grundlage des Kompetenztitels in Art. 73 Abs. 1 Nr. 9a GG ermächtigt. Dies ist einfachgesetzlich für bestimmte Fälle (zB länderübergreifende Gefahr) 32

51 Hessel BKAG § 5 Anm. 8.
52 Vgl. BGBl. I 1997 S. 1650, 1652; BT-Drs. 13/1550. Dazu Lersch in FS-Herold, 1998, S. 35 (55 ff.).
53 Vgl. zur Definition der Vereinigung Fischer StGB § 129 Rn. 8 ff. und zu den Voraussetzungen des Qualifikationstatbestandes § 129a StGB insbesondere ders. ebd. § 129a Rn. 4 ff.
54 BT-Drs. 13/1550, 23.
55 BT-Drs. 13/1550, 23.
56 BGH Beschl. v. 5.1.1982 – StB 53/81 –, BGHSt 30, 328 (331), und Urt. v. 14.8.2009 – 3 StR 552/08 –, BGHSt 54, 69 (110, Rn. 120).
57 Vgl. Griesbaum in FS-Nehm, 2006, S. 125 (125).
58 Vgl. dazu BGH Beschl. v. 7.6.1995 – StB 16/95 –, NStZ 1995, 601 (602).
59 BT-Drs. 18/12487, 6.
60 S. nur Fischer StGB § 129 Rn. 3.

in § 5 BKAG geregelt.[61] Soweit das BKA die „Gefahrenermittlungen" übernimmt und diese Bezüge zu einer in- oder ausländischen terroristischen Vereinigung ergeben, kollidiert der **Gefahrenverdacht** mit dem **Anfangsverdacht,**[62] und damit auch die Zuständigkeit des BKA mit der des GBA. Weder das BKAG noch die StPO enthalten Regelungen zur **Abgrenzung der Zuständigkeiten.**[63] Wird mitunter eine „eindeutige Abgrenzung" der Aufgaben der Gefahrenabwehr und der Strafverfolgung im Bereich der Bekämpfung des internationalen Terrorismus erwartet oder gar verlangt,[64] kann dem aufgrund des fließenden Übergangs von Gefahrenabwehr und Strafverfolgung nicht Rechnung getragen werden. Die Abgrenzung ist im Einzelfall vorzunehmen und eine Prüfung des Anfangsverdachts erforderlich, die frühzeitig ansetzen und wegen der bedrohten Rechtsgüter intensiv ausfallen muss. Eine wirksame Strafverfolgung gelingt insoweit nur, wenn sich Gefahrenabwehr und Strafverfolgung ergänzen.[65] Dem ist in der Praxis durch eine frühzeitige, möglichst unmittelbare Einbindung des GBA zu begegnen (→ § 5 Rn. 57 ff.).

33 Soweit eine **Verpflichtung des BKA zur unverzüglichen Benachrichtigung des GBA** „bei der Überprüfung von Gefahrenabwehraufgaben im Bereich der §§ 129a ff. StGB" gefordert wird,[66] ergibt sich ein solches Erfordernis schon daraus, dass es sich bei dem tatsächlichen Vorliegen von Anhaltspunkten für die Begehung eines Vereinigungsdelikts gem. §§ 129a ff. StGB mit hoher Wahrscheinlichkeit bereits um die Wahrnehmung von „Strafverfolgungsaufgaben" handeln würde, bezüglich derer das BKA nach § 4 Abs. 3 BKAG (→ Rn. 53) zur Unterrichtung des GBA verpflichtet ist. Denn **allein der GBA** vermag – dies gilt auch im Verhältnis zu den Staatsanwaltschaften der Länder – über das Vorliegen eines Anfangsverdachts von Straftaten zu entscheiden, die seine (ausnahmsweise) Zuständigkeit begründen;[67] dies ist bei §§ 129a, 129b StGB der Fall (vgl. §§ 142a Abs. 1 S. 1, 120 Abs. 1 Nr. 6 GVG). Seine Sachleitungsbefugnis bei Vorliegen dieses Anfangsverdachts aber kann er nur bei zeitnaher Unterrichtung wahrnehmen.[68]

34 **b) Nötigung von Verfassungsorganen, §§ 105, 106 StGB (Abs. 1 S. 1 Nr. 3 lit. b).** Unter § 4 Abs. 1 S. 1 Nr. 3 lit. b BKAG fallen insbesondere Fälle **politisch motivierter Aktivitäten grenzüberschreitend agierender oder ausländischer Tätergruppen** mit dem Ziel einer Nötigung von Verfassungsorganen oder ihrer Mitglieder (vgl. §§ 105, 106 StGB).[69] Während sich § 105 StGB auf die Nötigung von Verfassungsorganen in ihrer Gesamtheit bezieht und deren Funktionsfähigkeit und -freiheit schützt,[70] stellt § 106 StGB die Nötigung ua von Mitgliedern bestimmter Verfassungsorgane sowie des Bundespräsidenten unter Strafe.[71] Die originäre Zuständigkeit dient dem Zweck, ein polizeiliches „Vakuum" zu vermeiden, wenn kein konkreter örtlicher Bezug zu einer Polizeibehörde besteht.[72]

35 **4. Auffangtatbestand (Abs. 1 S. 1 Nr. 4).** Bei § 4 Abs. 1 S. 1 Nr. 4 BKAG handelt es sich um einen **subsidiären Auffangtatbestand.** Er regelt eine **Eilzuständigkeit** des BKA in den Fällen, in denen noch kein Gerichtsstand und damit keine konkrete örtliche landespolizeiliche Zuständigkeit feststeht.[73] Eine Auslandstat nach Nr. 4 liegt vor, wenn es sich um einen Fall des § 7 StGB handelt.[74] Danach gilt das deutsche Strafrecht unter bestimmten Voraussetzungen etwa für Taten im Ausland gegen einen Deutschen (§ 7 Abs. 1 StGB), zB bei Entführungen deutscher Staatsbürger im Ausland,[75] sofern eine zuständige Landesdienststelle in Deutschland noch nicht feststeht, oder Taten eines Deutschen im Ausland (§ 7 Abs. 2 Nr. 1 StGB).

36 **5. „Cyber-Terrorismus" (Abs. 1 S. 1 Nr. 5).** Bei tatsächlichen Anhaltspunkten für eine **Gefährdung der inneren oder äußeren Sicherheit** der Bundesrepublik Deutschland oder deren Bundesbehörden sowie anderer für die Allgemeinheit wichtiger Einrichtungen ist das BKA für die Ermittlungen in den Fällen von **Straftaten gem. §§ 202a, 202b, 202c, 263a, 303a und 303b StGB** zuständig.

37 Zunächst erfolgte die Erweiterung der Zuständigkeitsregelungen in § 4 Abs. 1 BKAG im Jahr 2002 durch die Erstreckung auf sicherheitsgefährdende Fälle der Computersabotage (§ 303b StGB).[76] Inhaltlich geht es

61 Zur Einführung von § 4a BKAG aF vgl. BGBl. I 2008 S. 3083.
62 Vgl. dazu Griesbaum/Wallenta NStZ 2013, 369 (374).
63 Vgl. dazu ausführlich Bäcker, Terrorismusabwehr durch das Bundeskriminalamt, 2009, S. 60 ff.
64 Vgl. Busche, Die Zentralisierung polizeilicher Aufgaben auf dem Gebiet der Strafverfolgung beim Bundeskriminalamt, 2013, S. 107.
65 Vgl. Keller/Griesbaum NStZ 1990, 416 (420).
66 Vgl. Busche, Die Zentralisierung polizeilicher Aufgaben auf dem Gebiet der Strafverfolgung beim Bundeskriminalamt, 2013, S. 108.
67 Vgl. § 142a Abs. 1 S. 3 GVG, Nr. 202 RiStBV im Verhältnis des GBA zu den Landesstaatsanwaltschaften und BT-Drs. 18/3007, 12 f.; s. auch Bäcker, Terrorismusabwehr durch das Bundeskriminalamt, 2009, S. 64.
68 Bäcker, Terrorismusabwehr durch das Bundeskriminalamt, 2009, S. 64.
69 Vgl. BT-Drs. 13/1550, 23.
70 Fischer StGB § 105 Rn. 2, mwN.
71 Fischer StGB § 106 Rn. 1, mwN.
72 Vgl. BT-Drs. 13/1550, 23; s. auch Ahlf/Daub/Lersch/Störzer/Lersch BKAG § 4 Rn. 13.
73 BeckOK-StPO/Krauß RiStBV 30 Rn. 2 (2021) unter Verweis auf Erbs/Kohlhaas/Papsthart BKAG § 4 (2015) Rn. 13; Lersch in FS-Herold, 1998, S. 35 (55).
74 So BT-Drs. 13/1550, 23.
75 Schenke/Ruthig/Graulich/K. Graulich BKAG § 4 Rn. 15.
76 Vgl. Terrorismusbekämpfungsgesetz v. 9.1.2002 (BGBl. I S. 361, 367).

um Fälle, die man unter dem Stichwort **„Cyber-Terrorismus"** zusammenfassen könnte.[77] Die Ermittlungsbefugnis bei dem Verdacht solcher Straftaten betrifft nach dem gesetzgeberischen Willen Angriffe, die sich gegen Stellen richten, bei denen ein Ausfall oder eine Störung für große Bevölkerungsgruppen nachhaltig wirkende Versorgungsengpässe oder andere kritische Folgen bedeuten kann (etwa Angriffe auf Einrichtungen der Energie- und Wasserversorgung oder sonstige sog. kritische Infrastrukturen). Zum Hintergrund verwies der Gesetzgeber darauf, dass die Zuständigkeit bei solchen Straftaten zwar regelmäßig dem BKA übertragen worden, ein Zeitverzug bei der Bestimmung einer zuständigen Landesbehörde aber zu vermeiden sei. Der Bezug zu einer bestimmten Landesbehörde sei wegen der globalen Datenverflechtung häufig nicht (oder nicht zeitnah) erkennbar.[78]

Das Bundesjustizministerium[79] sowie der Bundesrat[80] hatten an dem Gesetzentwurf – berechtigterweise – 38
deutliche Kritik geübt. Sie hatten eine uferlose Ausweitung der Ermittlungszuständigkeit des BKA zu verhindern und auf die Fälle zu beschränken versucht, in denen nicht lediglich die innere Sicherheit eines Landes beeinträchtigt ist, sondern das innere Gefüge des Gesamtstaates. Eine solche Beschränkung findet sich in § 4 Abs. 1 S. 1 Nr. 5 BKAG jedoch nicht. Vielmehr verabschiedete der Gesetzgeber die Zuständigkeitserweiterung insbesondere unter Bezugnahme auf den Missbrauch von Datennetzen durch Terroristen.[81]

Eine **zusätzliche Erweiterung** erfuhr der Katalog originärer Zuständigkeiten des BKA durch das IT-Sicher- 39
heitsgesetz im Jahr 2015,[82] durch das die Angabe „§ 303b" durch die Wörter „den §§ 202a, 202b, 202c, 263a, 303a und 303b" ersetzt wurde. Nach dem Willen des Gesetzgebers war diese Zuständigkeitsregelung insbesondere bei Angriffen auf bundesweite Einrichtungen notwendig, weil die örtliche Zuständigkeit zuvor oftmals dem Zufall überlassen wurde, abhängig davon, wo ein Vorfall zuerst entdeckt wurde.[83] Diese Zufälligkeit aber hätte mit Blick auf die nur ausnahmsweise Zuständigkeit des BKA hingenommen werden können. Nunmehr reicht die originäre Zuständigkeit gem. § 4 Abs. 1 S. 1 Nr. 5 BKAG weit in den Bereich der Bekämpfung allgemeiner Kriminalität hinein, auf die die Landespolizeibehörden eingerichtet sind.

6. Gefährdung der äußeren Sicherheit (Abs. 1 S. 1 Nr. 6). Die Ermittlungskompetenz gem. § 4 Abs. 1 S. 1 40
Nr. 6 BKAG ist im Jahr 2017 im Zuge der Neustrukturierung des BKAG ergänzt worden[84] und erstreckt die originäre Zuständigkeit des BKA auf Fälle des Hochverrats gegen den Bund (vgl. §§ 81 und 83 Abs. 1 StGB), des Landesverrats (§ 94 StGB) sowie der **Spionagebekämpfung** und auf Delikte, die damit in Zusammenhang stehen (§§ 87, 88, 95–100a StGB); praktisch relevant ist vor allem die geheimdienstliche Agententätigkeit gem. § 99 StGB.[85] Es handelt sich mithin um Straftaten, bei deren Vorliegen die **äußere Sicherheit** des Bundesrepublik gefährdet ist.[86]

§ 4 Abs. 1 S. 1 Nr. 6 BKAG erfasst zudem die Strafbarkeit wegen des Verbrechens der Aggression (**Angriffs-** 41
krieg) gem. § 13 VStGB.[87] Nach § 13 Abs. 1 VStGB wird derjenige bestraft, der einen Angriffskrieg führt oder eine sonstige Angriffshandlung begeht, die ihrer Art, ihrer Schwere und ihrem Umfang nach eine offenkundige Verletzung der Charta der Vereinten Nationen darstellt.

Die Kompetenznorm deckt schließlich den sog. **Staatsterrorismus** ab (§ 4 Abs. 1 S. 1 Nr. 6b BKAG). Darun- 42
ter werden allgemeine Delikte wie insbesondere Tötungsdelikte zusammengefasst, wenn anzunehmen ist, dass die Tat durch Angehörige des Geheimdienstes einer fremden Macht oder im Auftrag einer fremden Macht oder für den Geheimdienst einer fremden Macht begangen worden ist.[88] Der Gesetzgeber hat die

77 Vgl. F. Graulich, Die Zusammenarbeit von Generalbundesanwalt und Bundeskriminalamt bei dem Vorgehen gegen den internationalen Terrorismus, 2013, S. 131.

78 BT-Drs. 14/7386, 52; vgl. auch Bäcker, Terrorismusabwehr durch das Bundeskriminalamt, 2009, S. 26 f. (dort Fn. 55), mwN.

79 Vgl. dazu F. Graulich, Die Zusammenarbeit von Generalbundesanwalt und Bundeskriminalamt bei dem Vorgehen gegen den internationalen Terrorismus, 2013, S. 131.

80 BT-Drs. 14/7727, S. 8.

81 Vgl. zur Begründung im Einzelnen BT-Drs. 14/7386, 52.

82 BGBl. I 2015 S. 1324, 1330.

83 BT-Drs. 18/4096, 34.

84 BGBl. I 2017 S. 1354, 1357.

85 Vgl. BT-Drs 18/11183, 76, 88.

86 Vgl. bereits Schenke/Graulich/Ruthig/K. Graulich BKAG § 4 Rn. 23.

87 S. auch § 1 S. 2 VStGB, wonach das sog. Weltrechtsprinzip insoweit eingeschränkt ist, als das VStGB für Taten nach § 13 VStGB, die im Ausland begangen wurden, unabhängig vom Recht des Tatorts – nur dann – gilt, wenn der Täter Deutscher ist oder die Tat sich gegen die Bundesrepublik Deutschland richtet. Die Strukturermittlungen, die der GBA Anfang 2022 im Zusammenhang mit dem **Angriff Russlands auf die Ukraine** eingeleitet hat, können die Aggression mithin nicht umfassen, vgl. dazu https://www.sueddeutsche.de/politik/ukraine-russische-kriegsverbrechen-generalbundesanwalt-1.5543675. Das BKA hat die Ermittlungen insoweit „nur" aufgrund eines Auftrags des GBA (→ Rn. 48 ff.) übernommen, vgl. nur https://www.rnd.de/politik/bka-gefluechtete-sind-potenzielle-zeugen-von-kriegsverbrechen-JDMLQY35FBAHBDRTFDLFVRAABM.html.

88 Vgl. BT-Drs. 18/1183, 76, 88: „[…] Fälle des Staatsterrorismus, wie etwa Bombenanschläge im Auftrag eines fremden Nachrichtendienstes, oder sonstige von fremden Nachrichtendiensten gesteuerte schwere Straftaten gegen das Leben oder die persönliche Freiheit, wie etwa insbesondere gezielte Liquidationen oder Freiheitsberaubungen/Verschleppungen zum Nachteil von Regimekritikern, Exiloppositionellen oder sonstigen einer fremden Macht missliebigen Personen".

Ermittlungsbefugnis des BKA insoweit an die **Strafverfolgungszuständigkeit des GBA angeglichen**, der die Ermittlungen in solchen Fällen wegen der besonderer Bedeutung übernehmen und damit an sich ziehen kann,[89] so etwa im Fall des „Berliner Tiergartenmordes“, bei dem es sich ausweislich der Pressemitteilung vom 4.12.2019 um eine staatsschutzspezifische Tat von besonderer Bedeutung handelte.[90]

43 Sachlich ist die originäre Ermittlungsbefugnis des BKA nicht nur durch die **hohe politische Bedeutung** der genannten Taten gerechtfertigt, sondern ebenso durch ihre internationale Dimension und die erforderliche enge Zusammenarbeit mit den Nachrichtendiensten des Bundes.[91]

III. Die Ermittlungszuständigkeit des BKA aufgrund eines Ersuchens oder Auftrags (Abs. 2)

44 Das BKA kann gem. § 4 Abs. 2 BKAG bei fehlender eigener Ermittlungszuständigkeit nach Abs. 1 **auf Ersuchen oder aufgrund eines Auftrags** tätig werden. Allgemein gilt insoweit, dass die Ermittlungsführung durch das BKA mit Blick auf die grundgesetzliche Kompetenzverteilung nur dann zulässig ist, wenn über die formellen Voraussetzungen des § 4 Abs. 2 BKAG hinaus materielle Kriterien vorliegen, welche die Bundeszuständigkeit inhaltlich begründen.[92] Insofern ist der Zuständigkeitskatalog des § 4 Abs. 2 BKAG **restriktiv** auszulegen.[93]

45 **1. Ersuchen einer Landesbehörde (Abs. 2 S. 1 Nr. 1).** Das BKA übernimmt die Ermittlungen auf Ersuchen der zuständigen Landesbehörde. Welche Landesbehörde **„zuständig“ iSd Vorschrift** ist, hängt einerseits davon ab, ob die Kriminalpolizei – noch – alleine zuständig ist (§ 163 StPO) oder bereits eine Staatsanwaltschaft die Verfahrensleitung übernommen hat (§ 163 Abs. 2 S. 1 StPO).[94] Im Übrigen richtet sich die Zuständigkeit nach Landesrecht. So ist etwa im Hessischen Polizeigesetz[95] geregelt, dass das Hessische Landeskriminalamt die zuständige Landesbehörde iSv § 4 Abs. 2 S. 1 Nr. 1 BKAG ist.[96] In zahlreichen Bundesländern jedoch haben sich die Innenminister die Entscheidung vorbehalten, ein Ersuchen an das BKA zu stellen, oder die (General-)Staatsanwaltschaften sind seitens der Landesregierung dazu bevollmächtigt.

46 Trotz des Wortlauts („übernimmt“), der Gegenteiliges vermuten lassen könnte, besteht **keine Verpflichtung** des BKA, dem Ersuchen einer Landespolizeibehörde nachzukommen. Vielmehr hat das BKA aufgrund der grundsätzlichen Zuständigkeit der Landespolizeibehörden zu prüfen, ob eine Übernahme der Ermittlungen etwa wegen der überregionalen oder internationalen Bedeutung einer Sache oder wegen der Erforderlichkeit der Sachkunde des BKA erforderlich ist.[97] Die Übernahme der Ermittlungen in diesem Fall ist als Amtshilfe zu sehen und deswegen kompetenzrechtlich unbedenklich.[98]

47 **2. Anordnung des Bundesministeriums des Innern (Abs. 2 S. 1 Nr. 2).** Die in § 4 Abs. 2 S. 1 Nr. 2 BKAG vorgesehene Möglichkeit, dass das Bundesministerium des Innern und für Heimat die Übernahme der Ermittlungen durch das BKA – wenn auch nach Unterrichtung der „obersten Landesbehörde“, was der Vermeidung von Zuständigkeitskonflikten dienen soll[99] – **aus schwerwiegenden Gründen** anordnen kann, war bereits in der ersten Fassung des BKAG von 1951 vorgesehen.[100] Trotz der Verwendung des konturlosen Begriffs „schwerwiegend“, der nicht weiter ausgeführt ist,[101] war die Frage der Beauftragung durch den Bundesinnenminister im damaligen Gesetzgebungsverfahren nicht grundsätzlich umstritten, sondern nur hinsichtlich des konkreten Wortlauts.[102] Der Bundesrat drang mit seinem Antrag, diese Kompetenzregelung

89 Vgl. § 142a Abs. 1 S. 1 iVm § 120 Abs. 1 Nrn. 1, 2, 3, 8 GVG und im Einzelnen wiederum BT-Drs. 18/1183, 76, 88.

90 S. dazu https://www.GBA.de/SharedDocs/Pressemitteilungen/DE/2019/Pressemitteilung-vom-04-12-2019.html.

91 Vgl. BT-Drs. 18/1183, 76, 88; vgl. auch K. Graulich KriPoZ 2017, 278 (279 f.), der von einer „sinnvollen Angleichung an die bereits bestehende Kompetenz des GBA“ spricht.

92 BK-GG/Wolff Art. 73 Rn. 284 (2020).

93 So auch Erbs/Kohlhaas/Papsthart BKAG § 4 (2015) Rn. 14 f.

94 Schenke/Graulich/Ruthig/K. Graulich BKAG § 4 Rn. 28; vgl. auch F. Graulich, Die Zusammenarbeit von Generalbundesanwalt und Bundeskriminalamt bei dem Vorgehen gegen den internationalen Terrorismus, 2013, S. 137 Fn. 478.

95 § 92 Abs. 1 HessSOG.

96 Vgl. dazu bereits Ahlf/Daub/Lersch/Störzer/Lersch BKAG § 4 Rn. 18.

97 Ahlf/Daub/Lersch/Störzer/Lersch BKAG § 4 Rn. 18; Hessel, BKAG, § 5 Anmerkung 8, S. 50, weist jedoch darauf hin, dass eine Pflicht entstehen könnte, wenn ein Land seiner Verpflichtung zur Strafverfolgung nicht mehr in ausreichender Weise nachkommen kann. Ob dem BKA heutzutage allerdings ausreichend Ressourcen zur Verfügung stehen, um in solchen Fällen einzuspringen, erscheint mehr als fraglich.

98 F. Graulich, Die Zusammenarbeit von Generalbundesanwalt und Bundeskriminalamt bei dem Vorgehen gegen den internationalen Terrorismus, 2013, S. 137; Schenke/Graulich/Ruthig/K. Graulich BKAG § 4 Rn. 29.

99 BT-Drs. 13/1550, 23.

100 Vgl. BGBl. 1951 I S. 165; s. F. Graulich, Die Zusammenarbeit von Generalbundesanwalt und Bundeskriminalamt bei dem Vorgehen gegen den internationalen Terrorismus, 2013, S. 136 f.

101 Vgl. auch die in BT-Drs. 17/14600, 502, wiedergegebene Kritik des ehemaligen BKA-Präsidenten Ziercke.

102 Der Ausschuss für Innere Angelegenheiten des Bundesrates hatte danach die folgende Formulierung empfohlen: „[...] Der Bundesminister des Innern es anordnet, weil die Interessen des Bundes unmittelbar berührt werden und die öffentliche Sicherheit im besonderen Maße beeinträchtigt ist“, zitiert nach Albrecht, Im Dienst der Inneren Sicherheit – Die Geschichte des Bundeskriminalamts, 1988, S. 53.

abzuschaffen, weil sie einen massiven Eingriff in die Länderhoheit darstelle,[103] nicht durch. Auch vielfach in der Literatur geäußerte Bedenken, dass nach der gesetzlichen Regelung allein schwerwiegende Gründe die Bundeszuständigkeit zu begründen vermögen, führten bislang nicht zu einer Abschaffung des Kompetenztitels.[104] Dies mag an der fehlenden praktischen Bedeutung der Zuweisung nach § 4 Abs. 2 S. 1 Nr. 2 BKAG liegen. Bis zum Jahr 2013 war sie nur zweimal erfolgt, in einem Mordfall sowie hinsichtlich eines Computervirus mit dem Namen „ILOVEYOU".[105] Schwerwiegende Gründen können sich aus der Öffentlichkeitswirkung einer Straftat oder der außergewöhnlichen kriminellen Energie der Täter ergeben.[106]

3. Ersuchen oder Auftrag des GBA (Abs. 2 S. 1 Nr. 3). Das BKA übernimmt die Ermittlungen ferner nach § 4 Abs. 2 S. 1 Nr. 3 BKAG auf Ersuchen oder im Auftrag des GBA. Damit stellt sich – nach dem Sinn der Vorschrift[107] – zunächst die Frage nach der **Zuständigkeit des GBA.** Diese wird durch §§ 142a Abs. 1, 120 iVm 74a Abs. 2 GVG beantwortet, wonach in Staatsschutzstrafsachen im Interesse einer wirksamen Strafverfolgung eine zentrale Ermittlungszuständigkeit des GBA besteht.[108] Im Einzelfall kann der GBA die Verfolgung von Strafsachen minderer Bedeutung unter den in § 142a GVG genannten Voraussetzungen an die zuständige Landesstaatsanwaltschaft abgeben oder die Bearbeitung von Strafsachen besonderer Bedeutung an sich ziehen (vgl. §§ 74a Abs. 2, 120 Abs. 2 Nr. 1 GVG). 48

Kompetenzrechtlich ist die letztlich von der Verfolgungszuständigkeit des GBA abhängige Ermittlungszuständigkeit des BKA **unbedenklich**, weil die Strafverfolgungsaufgaben auf **Art. 96 Abs. 5 GG** zu stützen sind. Diese Norm begründet eine Strafgerichtsbarkeit des Bundes auf bestimmten Deliktsfeldern. Daraus ist zu schließen, dass auch das strafprozessuale Ermittlungsverfahren von Bundesbehörden betrieben werden darf.[109] 49

Die **praktische Bedeutung** der Auftragszuständigkeit nach § 4 Abs. 2 S. 1 Nr. 3 BKAG ist mit Blick auf die originäre Zuständigkeit des BKA nach § 4 Abs. 1 Nrn. 3 und 4 oder auch Nr. 6 BKAG gering. Dennoch wird die Auftragszuständigkeit nach § 4 Abs. 2 S. 1 Nr. 3 BKAG als die praktisch bedeutsamste bezeichnet,[110] was zu dem Schluss führt, dass den Zuständigkeitsregelungen des § 4 Abs. 2 BKAG in der Praxis insgesamt eine geringe Bedeutung zukommt. Dies entspricht der vielfach vertretenen Auffassung, von der Übertragungsbefugnis nach § 4 Abs. 2 BKAG solle **zurückhaltend Gebrauch gemacht** werden.[111] 50

Jedoch handelt es sich bei den Fällen, in denen der GBA das BKA mit den Ermittlungen beauftragt, idR um in der Öffentlichkeit und in der Presse **stark beachtete Sachverhalte.** So ist das BKA vom GBA etwa mit den Ermittlungen nach den Anschlägen in Halle durch einen rechtsextremistisch handelnden Einzeltäter (→ Rn. 54) oder in dem Strukturverfahren aufgrund des Angriffs von Russland auf die Ukraine (→ Fn. 87) mit den Ermittlungen beauftragt worden. 51

4. Zielfahndung (Abs. 2 S. 2). § 4 Abs. 2 S. 2 BKAG erfasst den Fall der sog. Zielfahndung, allerdings nur, soweit diese im Rahmen der Strafvollstreckung erfolgt.[112] 52

IV. Übernahme der Ermittlungen (Abs. 3)

Rechtsfolge der Übernahme der Ermittlungen durch das BKA ist, dass das Amt **in eigener Zuständigkeit die polizeilichen Aufgaben auf dem Gebiet der Strafverfolgung** übernimmt.[113] Dabei kann es den zuständigen Landeskriminalämtern nach § 4 Abs. 4 BKAG Weisungen für die Zusammenarbeit erteilen (→ Rn. 56). Das Gesetz erlegt der die Ermittlungen leitenden Stelle (je nachdem BKA, GBA oder Generalstaatsanwaltschaft, 53

103 BT-Drs. 13/1550, 43.

104 Vgl. zur Kritik: F. Graulich, Die Zusammenarbeit von Generalbundesanwalt und Bundeskriminalamt bei dem Vorgehen gegen den internationalen Terrorismus, 2013, S. 138 (dort Fn. 482 f.), mwN; Lisken/Denninger/Bäcker, HdbPolR, B Rn. 139: kein Kompetenztitel im Grundgesetz; ders., Terrorismusabwehr durch das Bundeskriminalamt, 2009, S. 26. Ahlf/Daub/Lersch/Störzer/Lersch BKAG § 4 Rn. 19 begrüßt die Beauftragungsmöglichkeit nach Nr. 2 unter Bezugnahme auf ein – nicht näher begründetes – Bedürfnis für die Ausübung einer solchen Anordnungskompetenz.

105 Vgl. die Aussagen des Zeugen Hoppe im Untersuchungsausschuss des Bundes zum sog. NSU (BT-Drs. 17/14600, 502): Im Jahr 2000 erhielten viele Personen eine E-Mail mit dem Betreff „ILOVEYOU". Die E-Mail enthielt einen Text und im Anhang befand sich ein bösartiges Skript, das sowohl Schäden an Dateien auf dem infizierten Computer verursachen als auch das Adressbuch in Microsoft Windows zur weiteren Verbreitung missbrauchen konnte. S. ferner BT-Drs. 13/1550, 43.

106 Hessel BKAG § 5 Anm. 10.

107 Graulich/Schenke/Ruthig/K. Graulich BKAG § 4 Rn. 30.

108 BT-Drs. V/4085, 3; Dürig/Herzog/Scholz/Jachmann-Michel GG Art. 96 (2021) Rn. 56.

109 So Lisken/Denninger/Bäcker, HdbPolR, B Rn. 138.

110 Graulich/Schenke/Ruthig/K. Graulich BKAG § 4 Rn. 30; Bäcker, Terrorismusabwehr durch das Bundeskriminalamt, 2009, S. 26.

111 F. Graulich, Die Zusammenarbeit von Generalbundesanwalt und Bundeskriminalamt bei dem Vorgehen gegen den internationalen Terrorismus, 2013, S. 139; Erbs/Kohlhaas/Papsthart BKAG § 4 (2015) Rn. 15.

112 BT-Drs. 13/1550, 23. Zur Entstehung der Zielfahndung im BKA Schmid/Grundmeier in FS-Herold, 1998, S. 579 ff.

113 Vgl. BT-Drs. 17/14600, 502.

vgl. Ziff. 30 Abs. 3 RiStBV)[114] auf, die für die Strafrechtspflege und die Polizei zuständigen obersten Landesbehörden bei Übernahme der Ermittlungen sowie die zuständigen Landeskriminalämter unverzüglich zu unterrichten.

54 § 4 Abs. 3 S. 2 BKAG stellt jedoch klar, dass die Landespolizeibehörden die Pflicht zum **ersten Zugriff** nach § 163 StPO haben. Denn die Primärzuständigkeit der Landespolizeibehörden endet erst, wenn eindeutig feststeht, dass das BKA die Aufgabe der Strafverfolgung nach § 4 BKAG wahrnimmt.[115] In der Praxis ist der erste Zugriff durch örtlich zuständige Polizeibeamte in Eilfällen, insbesondere bei Anschlagsszenarien, unabdingbar. Ob die Voraussetzungen von § 4 BKAG vorliegen, bedarf nicht selten der Prüfung im Nachhinein.[116] Nach dem Tatgeschehen in Halle am 9.10.2021 etwa twitterte das BKA am späten Abend des 10.10.2021, die Ermittlungen (im Auftrag des GBA) von der bis dahin ermittlungsführenden Polizeiinspektion Halle übernommen zu haben.[117] Kann das BKA Sofortmaßnahmen nicht treffen, erteilt die zuständige Staatsanwaltschaft der örtlich zuständigen Landespolizeibehörde die notwendigen Aufträge und unterrichtet das BKA davon (Ziff. 30 Abs. 2 RiStBV).

55 Nach § 4 Abs. 2 S. 3 BKAG bleiben schließlich die **Befugnisse der Staatsanwaltschaft** nach § 161 StPO – selbstverständlich – **unberührt.** Sie vermag also unabhängig von einer Beauftragung des oder einer sonstigen Zuständigkeit des BKA von allen Behörden Auskunft zu verlangen und Ermittlungen jeder Art entweder selbst vorzunehmen oder Beamte anderer, insbesondere solche der Landespolizeibehörden, mit Ermittlungen zu beauftragen. Dies dürfte in der Praxis wiederum insbesondere Sofortmaßnahmen betreffen, die vom BKA nicht getroffen werden können.[118]

V. Weisungen für die Zusammenarbeit (Abs. 4)

56 In Wahrnehmung seiner Ermittlungszuständigkeit nach § 4 Abs. 1 und 2 BKAG kann das BKA den zuständigen Landeskriminalämtern Weisungen für die Zusammenarbeit geben. Das BKA wird bei Übernahme der Ermittlungen idR auf eine Unterstützung durch örtliche Polizeibehörden angewiesen sein.[119] Weil allerdings fraglich ist, woraus sich eine Kompetenz des BKA zu „echten Weisungen" an Behörden einer Landespolizei ergeben könnte, sollte die dem BKA durch § 4 Abs. 4 BKAG eingeräumte Befugnis als Aufgabe der **Koordinierung einer Zusammenarbeit zwischen dem BKA und (gegebenenfalls einer Vielzahl an) Landespolizeibehörden** interpretiert werden, die für eine effiziente Zusammenarbeit regelmäßig unabdingbar ist. Dies lässt sich durch den **Grundsatz der Bund-Länder-Treue** begründen (vgl. ausführlich → § 2 Rn. 7)[120] und mit einem aktuellen Beispiel aus der Praxis untermauern: In einer Pressemitteilung des GBA vom 6.4.2022 heißt es: „Die Ermittlungen [...] wurden in enger Zusammenarbeit mit dem Bundeskriminalamt geführt. Für die Festnahmen und Durchsuchungsmaßnahmen sind **über achthundert Polizeibeamte** des Bundeskriminalamts, der GSG 9 der Bundespolizei, der Landeskriminalämter der Länder Bayern, Berlin, Baden-Württemberg, Brandenburg, Hessen, Mecklenburg-Vorpommern, Niedersachsen, Nordrhein-Westfalen, Rheinland-Pfalz, Saarland, Schleswig-Holstein und Thüringen sowie Einsatzhundertschaften aus Nordrhein-Westfalen und Bayern im Einsatz".[121] In solchen Fällen ist die koordinierende Funktion einer Polizeidienststelle unabdingbar und eine gewisse Bindungswirkung ihrer Weisungen vorauszusetzen. In sachlicher Hinsicht[122] wäre eine solche Koordination etwa auch bei der Organisation bundesweiter Fahndungen unabdingbar, die zeitnah (ohne vorherige Absprachen) durchzuführen sind, so etwa nach dem Anschlag auf den Berliner Weihnachtsmarkt am 19.12.2016, als der Attentäter zunächst quer durch Deutschland und dann in das Ausland floh.

57 Das BKA hat nach Übernahme der Ermittlungen über das **rechtliche und taktische Vorgehen** zu entscheiden. Die oberste Landesbehörde ist unverzüglich zu benachrichtigen, hat jedoch – soweit eine Weisung erteilt worden ist – kein Mitspracherecht.

114 Die Benachrichtigung der in § 4 Abs. 3 S. 1 BKAG bezeichneten Stellen obliegt in den Fällen des § 4 Abs. 1 S. 1 und Abs. 2 Nr. 1 BKAG dem BKA, in den Fällen des § 4 Abs. 2 Nrn. 2 und 3 BKAG der Stelle, von der die Anordnung oder der Auftrag ausgeht, es sei denn, diese Stellen übertragen im Einzelfall die Benachrichtigung dem BKA.

115 BeckOK-StPO/Krauß RiStBV 30 Rn. 8 (2021).

116 Vgl. Hessel BKAG § 5 Anm. 4.

117 Vgl. https://www.bz-berlin.de/liveticker/bka-uebernimmt-ermittlungen-zum-anschlag-in-halle.

118 Graulich/Schenke/Ruthig/K. Graulich BKAG § 4 Rn. 34.

119 Vgl. Bäcker, Terrorismusabwehr durch das Bundeskriminalamt, 2009, S. 27, mwN; s. auch Riegel Bundespolizeirecht/BKAG § 5 S. 47: „kriminaltaktisch unerläßlich".

120 Vgl. Hessel BKAG § 5 Anm. 13.

121 S. https://www.generalbundesanwalt.de/SharedDocs/Pressemitteilungen/DE/aktuelle/Pressemitteilung-vom-06-04-2022.html?nn=478184 – Hervorhebung nicht im Original.

122 Graulich/Schenke/Ruthig/K. Graulich BKAG § 4 Rn. 36, weist zu Recht darauf hin, dass Weisungen angesichts des unbeschränkten Wortlauts der Vorschrift nicht nur in „fachlicher" Hinsicht erfolgen könnten, sondern auch den Personaleinsatz betreffen könnten.

§ 5 Abwehr von Gefahren des internationalen Terrorismus

(1) [1]Das Bundeskriminalamt kann die Aufgabe der Abwehr von Gefahren des internationalen Terrorismus in Fällen wahrnehmen, in denen

1. eine länderübergreifende Gefahr vorliegt,
2. die Zuständigkeit einer Landespolizeibehörde nicht erkennbar ist oder
3. die oberste Landesbehörde um eine Übernahme ersucht.

[2]Gefahren des internationalen Terrorismus sind Gefahren der Verwirklichung von Straftaten, die in § 129a Absatz 1 und 2 des Strafgesetzbuchs bezeichnet und dazu bestimmt sind,

1. die Bevölkerung auf erhebliche Weise einzuschüchtern,
2. eine Behörde oder eine internationale Organisation rechtswidrig mit Gewalt oder durch Drohung mit Gewalt zu nötigen oder
3. die politischen, verfassungsrechtlichen, wirtschaftlichen oder sozialen Grundstrukturen eines Staates oder einer internationalen Organisation zu beseitigen oder erheblich zu beeinträchtigen,

und durch die Art ihrer Begehung oder ihre Auswirkungen einen Staat oder eine internationale Organisation erheblich schädigen können. [3]Das Bundeskriminalamt kann in den in Satz 1 bezeichneten Fällen auch zur Verhütung von Straftaten nach Satz 2 tätig werden.

(2) [1]Die Befugnisse der Länder und anderer Polizeibehörden des Bundes bleiben unberührt. [2]Die zuständigen obersten Landesbehörden und, soweit zuständig, anderen Polizeibehörden des Bundes sind unverzüglich zu benachrichtigen, wenn das Bundeskriminalamt die Aufgabe nach Absatz 1 wahrnimmt. [3]Die Aufgabenwahrnehmung erfolgt in gegenseitigem Benehmen. [4]Stellt das Bundeskriminalamt bei der Aufgabenwahrnehmung nach Absatz 1 Satz 1 Nummer 2 die Zuständigkeit einer Landespolizeibehörde fest, so gibt es diese Aufgabe an diese Polizeibehörde ab, wenn nicht ein Fall des Absatzes 1 Satz 1 Nummer 1 oder Nummer 3 vorliegt.

(3) Das Bundeskriminalamt ist unbeschadet der Absätze 1 und 2 zuständige Behörde nach § 1 Absatz 1 des Terroristische-Online-Inhalte-Bekämpfungs-Gesetzes für den Erlass und die Überprüfung von Entfernungsanordnungen nach den Artikeln 3 und 4 der Verordnung (EU) 2021/784 des Europäischen Parlaments und des Rates vom 29. April 2021 zur Bekämpfung der Verbreitung terroristischer Online-Inhalte (ABl. L 172 vom 17.5.2021, S. 79).

A. Präventive Terrorismusabwehr

I. Zweck und Bedeutung

1 Mit § 5 BKAG wird dem BKA die Aufgabe der Abwehr von Gefahren des internationalen Terrorismus zugewiesen. Terrorismus gilt – unabhängig von seiner Herkunft und der hinter ihm stehenden Motivationslage – als eine der größten sicherheitspolitischen und sicherheitsrechtlichen Herausforderungen der Gegenwart auf nationaler, europäischer und internationaler Ebene.[1] Der **Terrorismus des 21. Jahrhunderts** agiert typischerweise grenzüberschreitend und ist örtlich kaum lokalisier- und begrenzbar. Er hat mehr systemischen als persönlichen Charakter, kann nicht nur von Organisationen, sondern auch von nicht als Mitglieder oder Unterstützer in eine terroristische Organisation eingebundenen Einzelpersonen ausgehen und setzt vermehrt auf anonyme „Schläfer", „Homegrown-", „Self-made-" oder „Lone-wolf-Terrorists", die sich mitunter im virtuellen Raum selbst radikalisieren und bis zu ihrer Tat dem Netzwerk selbst unbekannt sein können.[2] Bereits die raum- und zeitüberwindende Kommunikation im Internet ermöglicht auch kleinen und zerstreuten Gruppierungen eine neuartige Aktionsfähigkeit und Aktionsschnelligkeit, und damit eine Dynamik, mit der die Sicherheitsbehörden nur schwer Schritt halten können. Der Terrorismus wählt seine Ziele vergleichsweise willkürlich und besitzt bei relativ geringem Aufwand ein erhebliches Schadenspotential.[3] Diese typischerweise als **„asymmetrisch"**[4] bezeichneten Strategien des internationalen Terrorismus machen sein Verhalten nicht nur nach üblichen polizeilichen Maßstäben irrational, weithin unberechenbar und kaum prognostizierbar.[5] Vielmehr legt dies die Folgerung nahe, dass der terroristischen Bedrohung nicht durch Repression, sondern ausschließlich durch möglichst umfassende Prävention und Vorsorge beizukommen ist.[6]

2 Straftaten mit dem Gepräge des Terrorismus werden dadurch gekennzeichnet, dass sie sich gegen die Grundpfeiler der verfassungsrechtlichen Ordnung und das Gemeinwesen als Ganzes richten.[7] Seit dem 11.9.2001 haben sie damit das **Bedürfnis nach neuen Sicherheitskonzepten und neuer Sicherheitsarchitektur** ausgelöst.[8] Die Notwendigkeit einer effektiven „Bekämpfung" des Terrorismus hat in der Folge zu einer deutlichen Ausweitung der Befugnisse von Sicherheitsbehörden geführt.[9] Dies gilt mit der Aufgabenzuweisung nach § 5 BKAG sowie den terrorismusspezifischen Gefahrenabwehrbefugnissen gem. §§ 38–62 BKAG nicht zuletzt für das BKA. Mit diesen durch das **Gesetz zur Abwehr von Gefahren des internationalen Terrorismus durch das Bundeskriminalamt** vom 25.12.2008[10] eingeführten Regelungen brach der Gesetzgeber aus dem zuvor bestehenden institutionellen und kompetenziellen Setting des BKA endgültig aus,[11] nach welchem das Amt vornehmlich die Zusammenarbeit von Bund und Ländern und die internationale Zusam-

1 Nur auszugsweise Hirschmann in Rinke/Woyke (Hrsg.), Frieden und Sicherheit im 21. Jahrhundert, 2004, S. 77 ff.; Landa in Salinas de Frías/Samuel/White (Hrsg.), Counter-Terrorism, 2012, S. 205 (205); Hanning in Bindenagel/Herdegen/Kaiser (Hrsg.), Internationale Sicherheit im 21. Jahrhundert, 2016, S. 115 ff.

2 Vgl. dazu BVerwG Beschl. v. 21.3.2017 – 1 VR 1/17 –, BVerwGE 158, 225 (233, Rn. 16); Urt. v. 22.8.2017 – 1 A 3.17 –, BVerwGE 159, 296 (301, Rn. 22); Beschl. v. 19.9.2017 – 1 VR 7/17 –, NVwZ 2017, 1798 (1799); Urt. v. 6.2.2019 – 1 A 3.18 –, BVerwGE 164, 317 (328, Rn. 31; 330, Rn. 33). Zu den damit einhergehenden Herausforderungen für das BKA Hansen Jahrbuch Terrorismus 3 (2009), 293 (303 ff.); Münch Die Polizei 2016, 153 (154).

3 Sog. *low level*-Terrorismus, vgl. Goertz, Islamistischer Terrorismus, 2017, S. 169 ff.; ders., Terrorismusabwehr, 2018, S. 17 ff.; ders. Die Polizei 2018, 313 (317 ff.).

4 Statt vieler Götz in HStR IV, 3. Aufl. 2006, § 85 Rn. 32; Hofmann Jahrbuch des Föderalismus 2018, 51 (52).

5 Klafki, Risiko und Recht 2017, 14; Darnstädt DVBl. 2017, 88 (93 ff.); Meyer JZ 2017, 429 (434): „exzeptionelle Ungewissheitslage"; dem folgend Berlit ZAR 2018, 89 (92); Ebert LKV 2018, 399 (403).

6 Griesbaum in FS-Nehm, 2006, S. 125 (125); Huster/Rudolph in dies. (Hrsg.), Vom Rechtsstaat zum Präventionsstaat, 2008, S. 9 (15).

7 Vgl. BVerfG Urt. v. 24.4.2013 – 1 BvR 1215/07 –, BVerfGE 133, 277 (333 f., Rn. 133); Urt. v. 20.4.2016 – 1 BvR 966/09 ua –, BVerfGE 141, 220 (266, Rn. 96); Beschl. v. 13.10.2016 – 2 BvE 2/15 –, BVerfGE 143, 101 (139, Rn. 125); ähnlich zuvor schon BVerfG Beschl. v. 4.4.2006 – 1 BvR 518/02 –, BVerfGE 115, 320 (357); im Anschluss daran auch BVerwG Beschl. v. 13.7.2017 – 1 VR 3/17 –, NVwZ 2017, 1531 (1532).

8 S. nur Würtenberger in Kugelmann (Hrsg.), Polizei unter dem Grundgesetz, 2010, S. 73 ff.; Kuschewitz, Das Bundesverfassungsgericht und die neue „Sicherheitsarchitektur", 2014; Ziercke Kriminalistik 2002, 346 ff.; Denninger KritV 86 (2003), 313 ff.; Roggan/Bergemann NJW 2007, 876 ff.; Gramm DV 41 (2008), 375 ff.; Gusy VerwArch 101 (2010), 309 (322 ff.); Puschke JBÖS 2018/19, 135 (136 ff.).

9 Der begrenzte, auf „Terrorismusbekämpfung" beschränkte Zweck folgt dabei vielfach schon aus dem Gesetzestitel: Gesetz zur Finanzierung der Terrorbekämpfung v. 10.12.2001 (BGBl. I S. 3436); Gesetz zur Bekämpfung des internationalen Terrorismus v. 9.1.2002 (BGBl. I S. 361, ber. S. 3142); Gesetz zur Verbesserung der Bekämpfung der Geldwäsche und der Bekämpfung der Finanzierung des Terrorismus v. 8.8.2002 (BGBl. I S. 3105); Gesetz zur Errichtung einer standardisierten zentralen Antiterrordatei von Polizeibehörden und Nachrichtendiensten von Bund und Ländern v. 22.12.2006 (BGBl. I S. 3409); Gesetz zur Ergänzung der Bekämpfung des internationalen Terrorismus v. 5.1.2007 (BGBl. I S. 2); Gesetz zur Abwehr von Gefahren des internationalen Terrorismus durch das Bundeskriminalamt v. 25.12.2008 (BGBl. I S. 3083); Gesetz zur Verlängerung der Befristung von Vorschriften nach den Terrorismusbekämpfungsgesetzen v. 3.12.2015 (BGBl. I S. 2161); Gesetz zum besseren Informationsaustausch bei der Bekämpfung des internationalen Terrorismus v. 26.7.2016 (BGBl. I S. 1818).

10 BGBl. I S. 3083.

11 Vgl. auch Tams DÖV 2007, 367 (371): „[D]em ursprünglichen Charakter des BKA läuft diese Aufgabenübertragung zuwider".

menarbeit als Zentralstelle zu koordinieren hatte und nur über punktuelle und eng begrenzte präventivpolizeiliche Befugnisse verfügte. Mit der Verankerung der Aufgabe zur Terrorismusabwehr in § 5 BKAG hatte der Bund das **BKA als multifunktionale Sonderpolizeibehörde** im Gefüge des präventiven Sicherheitsrechts etabliert (→ § 1 Rn. 10 ff.). Die praktische Bedeutung der präventiven Terrorismusabwehr durch das Amt lässt sich anhand der durchgeführten Maßnahmen ablesen, die nach § 88 BKAG berichtspflichtig sind.[12]

II. Gesetzgebungs- und Verwaltungskompetenz

Nach § 5 Abs. 1 S. 1 BKAG kann das BKA die Aufgabe der Abwehr von Gefahren des internationalen Terrorismus in Fällen wahrnehmen, in denen eine länderübergreifende Gefahr vorliegt, die Zuständigkeit einer Landespolizeibehörde nicht erkennbar ist oder die oberste Landesbehörde um eine Übernahme ersucht. Die Vorschrift lehnt sich ihrem Wortlaut nach eng an die ausschließliche Gesetzgebungskompetenz des Bundes nach **Art. 73 Abs. 1 Nr. 9a GG** an und hält sich – auch soweit sie in S. 3 die Verhütung von Straftaten als eigenständige Aufgabe ausweist (→ Rn. 45 ff.) – in ihrem Rahmen.[13] Der Kompetenztitel des Art. 73 Abs. 1 Nr. 9a GG wurde im Rahmen der Föderalismusreform I (2006) in das Grundgesetz aufgenommen.[14] Er ermöglichte dem Bund erstmals, das Bundeskriminalamt in die Aufgabe der präventiven Terrorismusabwehr einzuweisen und es mit entsprechenden Befugnisse auszustatten. Damit statuiert er eine ausdrückliche **Ausnahme vom Grundsatz der Polizeihoheit der Länder** (→ § 1 Rn. 2, 52) und trägt erheblich zur **Zentralisierung im Recht der Gefahrenabwehr** bei (→ § 1 Rn. 3);[15] dies wird durch eine – im Kontext der ausschließlichen Gesetzgebungsbefugnisse „systemwidrig[e]“[16] – Zustimmungspflicht nach Art. 73 Abs. 2 GG kompensiert. 3

Zustimmungspflichtig nach Art. 73 Abs. 2 GG war danach nicht nur das Gesetz zur Abwehr von Gefahren des internationalen Terrorismus durch das Bundeskriminalamt vom 25.12.2008, mit dem sowohl die Aufgabe als auch die Befugnisse zur Terrorismusabwehr erstmals eingeführten wurden. Vielmehr wird die **Zustimmungspflicht gem. Art. 73 Abs. 2 GG** bei jeder BKAG-Änderung ausgelöst, die 1. selbst zustimmungsbedürftige Vorschriften enthält, die 2. Vorschriften ändert, die die Zustimmungsbedürftigkeit des geänderten Gesetzes ausgelöst haben, oder die 3. dazu führt, dass die zustimmungsbedürftigen Vorschriften eine wesentlich andere Bedeutung und Tragweite erhalten.[17] Immer dann, wenn der Bundesgesetzgeber in diesem Sinne substantielle Änderungen oder Ergänzungen im Bereich der Terrorismusabwehr (§§ 5, 38–62 BKAG) vornehmen will, bedarf es folglich der Zustimmung der Länderkammer. Dies war zuletzt bei dem Gesetz zur Neustrukturierung des Bundeskriminalamtes vom 1.6.2017[18] der Fall.[19] 4

Mit der ausschließenden Bundeskompetenz nach Art. 73 Abs. 1 Nr. 9a GG wollte der verfassungsändernde Gesetzgeber der besonderen Bedrohungslage im Bereich des internationalen Terrorismus (→ Rn. 1 f.) Rechnung tragen: So kämen etwa zahlreiche Hinweise zum internationalen Terrorismus aus dem Ausland, ohne dass in allen Fällen bereits eine örtliche Zuständigkeit einer deutschen Polizeibehörde erkennbar sein müsse.[20] Dieses Beispiel mag erklären, warum ein Kompetenztitel für Fälle erforderlich ist, in denen sich die Zuständigkeit einer Landespolizeibehörde noch nicht feststellen lässt. Es sagt jedoch nichts über den bundesstaatlich heikleren Fall einer länderübergreifenden Gefahr iSd Art. 73 Abs. 1 Nr. 9a Var. 1 GG aus.[21] Hier wird die Zuständigkeit des „Bundeskriminalpolizeiamtes“ überwiegend mit **Effektivitätsargumenten** 5

12 Vgl. dazu den Bericht in BT-Drs. 19/15570, mit dem das BKA seiner zum 25.5.2018 eingeführten Berichtspflicht gem. § 88 BKAG erstmalig nachgekommen ist.

13 Zur Kompetenzmäßigkeit der weithin identischen Vorgängernorm (§ 4a BKAG) vgl. BVerfG Urt. v. 20.4.2016 – 1 BvR 966/09 ua –, BVerfGE 141, 220 (263 f., Rn. 88 f.); aus der Literatur Wolff DÖV 2009, 597 (602); aA noch F. Graulich, Die Zusammenarbeit von Generalbundesanwalt und Bundeskriminalamt bei dem Vorgehen gegen den internationalen Terrorismus, 2013, S. 355 f.; Roggan NJW 2009, 257 (257 f.).

14 BGBl. I S. 2034.

15 Bäcker, Terrorismusabwehr durch das Bundeskriminalamt, 2009, S. 41; Tams DÖV 2007, 367 (370); Kuschewitz, Das Bundesverfassungsgericht und die neue „Sicherheitsarchitektur“, 2014, S. 25: „Verschiebung der grundgesetzlichen Kompetenzordnung zulasten der Länder“; Zabel JR 2009, 453 (454): „Weder *ordnungspolitisch* noch *verfassungssystematisch* [...] zwingend“ (Hervorhebungen im Original); Voßschmidt Kriminalistik 2012, 378 (382): „wäre vor Jahrzehnten undenkbar gewesen“; sehr weitgehend Harnisch/Pohlmann NVwZ 2009, 1328 (1332): „Schaffung einer Bundeszentralbehörde zur Terrorismusbekämpfung“.

16 Jarass/Pieroth/Kment GG Art. 73 Rn. 33; vgl. auch Dreier/Wittreck GG II Art. 73 Rn. 88: „Widerspruch in sich“; Uhle DÖV 2010, 989 (996): „Ausnahmeerscheinung“; Dürig/Herzog/Scholz/Uhle GG Art. 73 (2010) Rn. 227: „Ausdruck einer kompromisshaften Gesamtregelung“; tendenziell anders von Mangoldt/Klein/Starck/Heintzen GG II Art. 73 Rn. 107: „nicht systemwidrig“, sondern „Spezialregelung, die weder Analogie- noch Umkehrschlüsse trägt“.

17 BVerfG Beschl. v. 25.6.1974 – 2 BvF 2/73 ua –, BVerfGE 37, 363 (382 f.); Urt. v. 13.4.1978 – 2 BvF 1/77 –, BVerfGE 48, 127 (180); Beschl. v. 4.5.2010 – 2 BvL 8/07 ua –, BVerfGE 126, 77 (105, 108).

18 BGBl. I 2017 S. 1354.

19 Vgl. BR-Drs. 331/17 (Zustimmungsbeschluss).

20 BT-Drs. 16/813, 12.

21 Bäcker, Terrorismusabwehr durch das Bundeskriminalamt, 2009, S. 42 f.

und Plausibilitätsannahmen begründet,[22] ohne dass dargetan oder gar empirisch belegt worden wäre, dass das dezentrale Modell der Gefahrenabwehr im Bereich des internationalen Terrorismus versagt hätte.

6 Wenn bundesstaatliche Schwächen bei der Abwehr terroristischer Bedrohungen in einer fehlenden Übersichtlichkeit föderaler Zuständigkeiten, in positiven bzw. negativen Kompetenzkonflikten sowie einer unzureichenden Zusammenarbeit der Sicherheitsbehörden erkannt und als maßgebliche Gründe für eine Zentralisierung der Gefahrenabwehr über Art. 73 Abs. 1 Nr. 9a GG benannt werden,[23] bleibt unberücksichtigt, dass die im Jahr 2006 eingeführte Bundeskompetenz gerade hieran nichts ändert. Im Gegenteil lässt die Zuständigkeit des BKA für die Abwehr von Gefahren des internationalen Terrorismus die Befugnisse der Länder und anderer Polizeibehörden des Bundes ausdrücklich unberührt (vgl. § 5 Abs. 2 S. 1 BKAG). Die mit der ausschließlichen Bundeskompetenz angestrebte **Zentralisierung impliziert keine Monopolisierung** der Gefahrenabwehr. Bei Art. 73 Abs. 1 Nr. 9a GG handelt sich um eine ausdrückliche und eng begrenzte Ausnahme vom Grundsatz der Polizeihoheit der Länder, nach der es bei ihrer Regelzuständigkeit für die Gefahrenabwehr (Art. 70 Abs. 1 GG) verbleibt.[24] Dies gilt auch im Bereich international-terroristischer Bedrohungslagen.[25] Art. 73 Abs. 1 Nr. 9a GG normiert eine **Auffangzuständigkeit des BKA** für die Abwehr von Gefahren des internationalen Terrorismus, die die dort Aktualisierung erfährt, wo davon auszugehen ist, dass das föderal strukturierte Polizeimodell zu einer effektiven Gefahrenabwehr nicht in der Lage ist.[26] Die durch diese Auffangzuständigkeit geprägte Kompetenzarchitektur ist Ausdruck des Bemühens, einerseits Vorsorge gegen eine in der föderalen Staatsstruktur gründende ineffektive Gefahrenabwehr zu treffen, andererseits diese Vorsorge durch tatbestandliche Beschränkungen der Zuständigkeitszuweisung so auszugestalten, dass die bestehenden Kompetenzen der Länder im Bereich der Gefahrenabwehr unberührt bleiben.[27] Indem Art. 73 Abs. 1 Nr. 9a GG als Folge dieses Kompromisses darauf verzichtet, Kompetenzen entweder dem Bund oder den Ländern zuzuweisen, lässt er die Entstehung paralleler – und gleichermaßen kompetenzgemäßer[28] – Zuständigkeiten und Handlungsbefugnisse von Bundes- und Landesbehörden zu und ermöglicht ein Nebeneinander auf dem Gebiet der Abwehr von Gefahren des internationalen Terrorismus.[29] **Kompetenzkonflikte** sollen dadurch vermieden werden, dass die Aufgabenwahrnehmung in gegenseitigem Benehmen erfolgt (§ 5 Abs. 2 Satz 3 BKAG, näher → Rn. 51 f.).[30]

7 Soll das BKA tatsächlich Gefahren abwehren, so bedarf es zudem einer entsprechenden **Verwaltungskompetenz des Bundes**. Eine solche folgt – zumindest bei isolierter Betrachtung – nicht aus Art. 87 Abs. 1 S. 2 GG, da die Zentralstellenkompetenz auf eine eigenständige operative, mit erheblichen Grundrechtseingriffen verbundene Tätigkeit des BKA nicht zugeschnitten ist. Die **herrschende Meinung** in Rechtsprechung[31] und Schrifttum[32] geht von einer **Gesamtschau von Art. 73 Abs. 1 Nr. 9a GG und Art. 87 Abs. 1 S. 2 GG** aus (→ § 2 Rn. 5). Einer solchen Zusammenschau bedarf es indes nicht, da die Einrichtungskompetenz nach Genese, Wortlaut und Telos bereits aus Art. 73 Abs. 1 Nr. 9a GG folgt. Ebenso wie es Gesetzgebungskompetenzen außerhalb der Kataloge in Art. 73, 74 GG gibt, gibt es Verwaltungskompetenzen jenseits der Art. 87 ff. GG.[33] Voraussetzung nach dem Prinzip der Landeseigenverwaltung ist freilich, dass das Grundgesetz ausnahmsweise etwas „anderes bestimmt oder zuläßt" (Art. 83 GG). Ebenso wie im Bereich der Gesetzgebung bedürfen daher auch Bundesverwaltungskompetenzen einer grundgesetzlichen Regelung, entweder in Form einer „Bestimmung" (obligatorische Bundesverwaltung) oder einer „Zulassung" (fakultative

22 Vgl. lediglich stellvertretend Kugelmann BKAG § 4a Rn. 2, der das Handeln des BKA für „zweckdienlich" hält, da der internationale Terrorismus „nur länderübergreifend bekämpft" werden könne.

23 So dezidiert Dürig/Herzog/Scholz/Uhle GG Art. 73 (2010) Rn. 207.

24 Tams DÖV 2007, 367 (370 f.).

25 Knapp BT-Drs. 16/813, 12. Eingehend Uhle DÖV 2010, 989 (995 ff.); im Anschluss an diesen Sachs/Degenhart GG Art. 73 Rn. 48a.

26 Von einem „thematisch ausgesprochen eng gefasst[en]" polizeilichen Aufgabenbereich spricht Wolff DÖV 2009, 597 (598).

27 Uhle DÖV 2010, 989 (997).

28 BVerfG Urt. v. 20.4.2016 – 1 BvR 966/09 ua –, BVerfGE 141, 220 (263, Rn. 88): „Unbedenklich"; aA noch Baum/Schantz ZRP 2008, 137 (140); Roggan NJW 2009, 257 (258): „unkalkulierbare Parallelzuständigkeit", „mehrfache[s] sicherheitsbehördliche[s] Nebeneinander".

29 Dürig/Herzog/Scholz/Uhle GG Art. 73 (2010) Rn. 223 f.; BeckOK-GG/Seiler Art. 73 Rn. 43 (2022); Tams DÖV 2007, 367 (371); Schmidt KJ 43 (2010), 307 (314 f.); vgl. auch BeckOK-PolSiR Bayern/Möstl, Systematische und begriffliche Vorbemerkungen zum Polizeirecht in Deutschland, Rn. 63 (2021): „eine auffallende Doppelzuständigkeit von Bund und Ländern im Polizeibereich, die unterstreicht, dass das ansonsten gültige kompetenzielle Entweder-Oder im Polizeibereich nicht gilt".

30 Vgl. dazu BT-Drs. 18/11163, 122 f.

31 BVerfG Urt. v. 20.4.2016 – 1 BvR 966/09 ua –, BVerfGE 141, 220 (263 f., Rn. 89), wobei der Senat zwar betont, dass sich die Verwaltungskompetenz „jedenfalls" aus der Zusammenschau beider Normen ergebe, zugleich aber deutliche Tendenzen dahin gehend erkennen lässt, Art. 73 Abs. 1 Nr. 9a GG als Grundlage der Verwaltungskompetenz ausreichen zu lassen.

32 Dreier/Hermes GG III Art. 87 Rn. 52; von Mangoldt/Klein/Starck/Burgi GG II Art. 87 Rn. 46; Umbach/Clemens/Jestaedt GG II Art. 87 Rn. 78; Schenke/Graulich/Ruthig/K. Graulich BKAG § 2 Rn. 1; Kniesel, Kriminalitätsbekämpfung durch Polizeirecht, 2022, S. 195; dagegen für die Vollzugsebene auf Art. 87 Abs. 3 S. 1 GG abstellend Abbühl, Der Aufgabenwandel des Bundeskriminalamtes, 2010, S. 305 ff.

33 Für die Finanzverwaltung des Bundes vgl. Art. 108 GG.

Bundesverwaltung). Dies schließt ungeschriebene – oder besser: „mitgeschriebene" – Verwaltungskompetenzen allerdings nicht aus.[34] Mit Art. 73 Abs. 1 Nr. 9a GG wird dem Bund ausdrücklich die Gesetzgebungskompetenz zugewiesen, die Abwehr bestimmter Gefahren gerade „durch das Bundeskriminalpolizeiamt" zu regeln. Das impliziert, dass dieses Amt für diesen Bereich der Gefahrenabwehr zuständig ist und die auf der Grundlage der Gesetzgebungskompetenz normierten Befugnisse auch tatsächlich vollziehen darf.[35] Auch der verfassungsändernde Gesetzgeber ging davon aus, dass Art. 73 Abs. 1 Nr. 9a GG eine hinreichende verfassungsrechtliche Grundlage darstellt, um das BKA als Bundesbehörde mit präventiven Befugnissen auszustatten.[36] Insofern ist anzunehmen, dass Art. 73 Abs. 1 Nr. 9a GG eine entsprechende **Doppelregelung**[37] enthält und die Verwaltungskompetenz für den Bereich der präventiven Terrorismusabwehr durch das BKA von der ausschließlichen Bundeskompetenz „mitgeschrieben" ist.[38] Diese Auslegung deckt sich schließlich mit Art. 73 Abs. 1 Nr. 10 GG, der ebenfalls in diesem doppelten Sinn verstanden wird: als Ermächtigung, das Rechtsgebiet „internationale Verbrechensbekämpfung" gesetzlich zu regeln, und diese Regelungen durch das BKA zu vollziehen.[39]

Durch das **BKAG**, das in seinen auf die Abwehr der Gefahren des internationalen Terrorismus gerichteten Vorschriften **Gesetz iSd Art. 73 Abs. 1 Nr. 9a** GG ist, kann der Bundesgesetzgeber daher dem BKA auch exekutive Befugnisse verleihen; um welche es sich dabei handelt, gibt das Grundgesetz nicht vor.[40] Inwiefern diese Befugnisse in das Vorfeld konkreter Gefahren vorverlagert werden dürfen, ergibt sich nicht aus dem Kompetenztitel des Art. 73 Abs. 1 Nr. 9a GG, sondern aus rechtsstaatlichen, insbesondere grundrechtlichen Anforderungen.[41] Auch im Übrigen trifft Art. 73 Abs. 1 Nr. 9a GG keine kompetenzüberschießenden Aussagen zur materiellen Vereinbarkeit gefahrenabwehrender Gesetzgebungsakte mit der Verfassung.[42] 8

Grenzen setzt Art. 73 Abs. 1 Nr. 9a GG allerdings insofern, als er die präventivpolizeiliche Abwehr von Gefahren des internationalen Terrorismus ausdrücklich – und zugleich ausschließlich – in die Hände des BKA legt und damit eine **Übertragung auf andere Bundesbehörden** (etwa die Bundespolizei) **untersagt.**[43] Ein Zusammenwirken verschiedener Bundesbehörden im Wege informationeller Vernetzung, dh über Übermittlungsvorschriften, Verbunddateien, Gemeinsame Dateien und Zentren (→ § 1 Rn. 17 ff.) wird dadurch nicht ausgeschlossen, solange die Verantwortung für die außenwirksame Gefahrenabwehr beim BKA verbleibt. Insofern lässt sich **Art. 73 Abs. 1 Nr. 9a GG** zugleich als **Ausprägung eines – funktionalen – Trennungsgebotes**[44] zwischen Polizeien und Nachrichtendiensten lesen.[45] Auch dieser Vorgabe tragen die einschlägigen Bestimmungen der §§ 5, 38–62 BKAG, die allesamt an das Bundeskriminalamt adressiert sind und lediglich eine informationelle Vernetzung in dem skizzierten Rahmen zulassen, Rechnung.[46] 9

B. Kommentierung im Einzelnen

I. Überblick und Genese

Mit § 5 BKAG hat der Bund von seiner Gesetzgebungskompetenz nach Art. 73 Abs. 1 Nr. 9a GG Gebrauch gemacht und dem BKA die Aufgabe der präventiven Terrorismusabwehr zugewiesen. Die Norm wurde **ursprünglich als § 4a BKAG aF** mit dem Gesetz zur Abwehr von Gefahren des internationalen Terrorismus 10

34 Statt aller Dreier/Hermes GG III Art. 83 Rn. 39 ff., mwN.

35 Lisken/Denninger/Bäcker, HdbPolR, B Rn. 140; ders., Terrorismusabwehr durch das Bundeskriminalamt, 2009, S. 31.

36 Vgl. BT-Drs. 16/813, 12; davon ebenfalls ausgehend BVerfG Urt. v. 20.4.2016 – 1 BvR 966/09 ua –, BVerfGE 141, 220 (263 f., Rn. 89), mit der Feststellung, dass die Einführung des Art. 73 Abs. 1 Nr. 9a GG im Jahr 2006 von vornherein darauf abgezielt habe, „die neu zu schaffenden Regelungen in die Hände des Bundeskriminalamts zu legen".

37 So von Mangoldt/Klein/Starck/Heintzen GG II Art. 73 Rn. 97.

38 Schenke/Graulich/Ruthig/K. Graulich BKAG § 5 Rn. 1; Tams DÖV 2007, 367 (369); Wolff DÖV 2009, 597 (598), der diese Auslegung allerdings – überraschend – als „unstreitig" kennzeichnet; aA Dürig/Herzog/Scholz/Uhle GG Art. 73 (2010) Rn. 209; Dreier/Wittreck GG II Art. 73 Rn. 66: einschlägig sei insofern Art. 87 Abs. 1 S. 2 GG.

39 Sachs/Degenhart GG Art. 73 Rn. 52; Baldus, Transnationales Polizeirecht, 2001, S. 108 ff.

40 Tams DÖV 2007, 367 (369).

41 BVerfG Urt. v. 20.4.2016 – 1 BvR 966/09 ua –, BVerfGE 141, 220 (263, Rn. 88).

42 Dürig/Herzog/Scholz/Uhle GG Art. 73 (2010) Rn. 206, 222, ders. DÖV 2010, 989 (990).

43 Tams DÖV 2007, 367 (371); dem folgt Schenke/Graulich/Ruthig/K. Graulich BKAG § 5 Rn. 1.

44 Zum informationellen Trennungsgebot → § 1 Rn. 18.

45 Kugelmann BKAG § 4a Rn. 30 ff.; Wolff DÖV 2009, 597 (602). Dabei soll nicht verkannt werden, dass dem Trennungsgebot heute mehr der Charakter einer „Tendenz" als einer strikten organisations- oder informationsrechtlichen Handlungsanweisung zukommt, vgl. Thiel, Die „Entgrenzung" der Gefahrenabwehr, 2011, S. 373 ff.; skeptisch gegenüber einer Herleitung des Trennungsgebots auf der Basis von Art. 73 Abs. 1 Nr. 9a GG auch Volkmann Jura 2014, 820 (827 mit Fn. 45, 829), und mit dem Hinweis, die leitbildartige Abschichtung der wechselseitigen Aufgabenbereiche von Polizeien und Nachrichtendiensten in der Entscheidung des Bundesverfassungsgerichts zur Antiterror-Datei (vgl. BVerfG Urt. v. 24.4.2013 – 1 BvR 1215/07 –, BVerfGE 133, 277 [324 ff., Rn. 115 ff.]) wirke insoweit „stark idealisiert" und habe „in der Realität schon seit längerem kaum noch eine Stütze" gefunden.

46 Uhle DÖV 2010, 989 (993); vgl. auch Streiß, Das Trennungsgebot zwischen Polizei und Nachrichtendiensten, 2011, S. 227 f.

durch das Bundeskriminalamt vom 25.12.2008[47] eingeführt. Durch das Gesetz zur Neustrukturierung des Bundeskriminalamtes vom 1.6.2017[48] wurde die Aufgabenzuweisung in § 5 BKAG-neu verankert und der Begriff der terroristischen Gefahr präzisiert (→ Rn. 25 ff.). Die drei Absätze des § 5 BKAG gliedern sich in die eigentliche Aufgabenzuweisung an das BKA (Abs. 1), eine Kompetenzabgrenzung zwischen den Polizeien des Bundes und der Länder (Abs. 2) sowie eine – im Jahr 2022 eingefügte[49] – sonderrechtliche Spezialzuweisung nach dem Terroristische-Online-Inhalte-Bekämpfungs-Gesetz (Abs. 3). Mit Blick den Schutz der fortbestehenden Kompetenz der Länder für das Recht der Gefahrenabwehr ist § 5 BKAG grundsätzlich **restriktiv auszulegen.**[50]

11 § 5 BKAG steht im systematischen **Kontext der Aufgabennormen** (§§ 2–8 BKAG); er verleiht **weder eine Befugnis zu Eingriffen** in Grundrechte **noch zu Weisungen** gegenüber den Ländern. Das Ziel einer möglichst raschen und effektiven Gefahrenabwehr im Bereich des internationalen Terrorismus mag ein Bedürfnis nach entsprechenden Weisungen nahelegen;[51] anders als bei der – verfassungsrechtlich ebenfalls problematischen (→ § 1 Rn. 36) – Weisungsbefugnis im Bereich der Strafverfolgung (vgl. § 4 Abs. 4 BKAG, im Einzelnen → § 4 Rn. 56 f.) fehlt es im präventiven Bereich nicht nur an einer verfassungsrechtlichen Legitimationsgrundlage,[52] sondern bereits an einer einfach-rechtlichen Einräumung der Weisungsbefugnis. Vielmehr schließt § 5 Abs. 2 S. 3 BKAG einseitig hoheitliche Weisungen im Verhältnis zwischen Bund und Ländern aus, wenn er die Aufgabenwahrnehmung in das gegenseitige Benehmen der Rechtsträger stellt. Die betreffenden Befugnisnormen zur Abwehr von Gefahren des internationalen Terrorismus sind – systematisch abgelöst von der Aufgabenzuweisung – im 5. Abschnitt (§§ 38–62 BKAG) normiert.

12 Durch die Aufgabenzuweisung an das BKA in § 5 Abs. 1 S. 1 BKAG wird das präventivpolizeiliche **„Selbsteintrittsrecht"**[53] des Amtes iSd Art. 73 Abs. 1 Nr. 9a GG einfachrechtlich ausgestaltet, durch welches das BKA in Konkurrenz zur Gefahrenabwehr durch die Länderbehörden treten kann. Indem § 5 Abs. 1 S. 1 BKAG die drei Anwendungsfälle des Art. 73 Abs. 1 Nr. 9a GG (Vorliegen einer länderübergreifenden Gefahr, mangelnde Erkennbarkeit der Zuständigkeit einer Landespolizeibehörde, Übernahmeersuchen einer obersten Landesbehörde) aufgreift, normiert er zugleich eine **Kompetenzausübungsschranke**: Diese bildet eine Grundvoraussetzung für die Wahrnehmung der Eingriffsbefugnisse und tritt dort neben allfällige Eingriffsschwellen. Dies wird daran deutlich, dass die Eingriffsermächtigungen die Aufgabenzuweisung an das BKA nach § 5 Abs. 1 S. 1 BKAG zum Teil ausdrücklich in Bezug nehmen („zur Erfüllung seiner Aufgabe nach § 5 Absatz 1 Satz 1"[54]). Bei den Bezugnahmen handelt es sich indes nur um eine deklaratorische Klarstellung der von Art. 73 Abs. 1 Nr. 9a GG eingezogenen Kompetenzausübungsschranke, die somit auch bei denjenigen Befugnisnormen zu beachten ist, bei denen eine entsprechende Inbezugnahme des § 5 Abs. 1 S. 1 BKAG fehlt und das Fehlen auch nicht über einen Verweis auf eine Straftat nach § 5 Abs. 1 S. 2 BKAG kompensiert wird.

13 Die Aufgabennorm des § 5 BKAG begegnet **drei spezifischen Regelungsproblemen**, die sich aus dem besonderen Zuschnitt der neuen präventiven Aufgabe des BKA ergeben: Sie muss zunächst den Terrorismusbegriff konkretisieren, von dem die Zuständigkeit des Amts abhängt (→ Rn. 20 ff.). Weiter muss sie die polizeiliche Tätigkeit von BKA und Landespolizeibehörden abstimmen (→ Rn. 38 ff.). Schließlich ist das Verhältnis von Gefahrenabwehr und Strafverfolgung im Terrorismusbereich und damit von BKA und Generalbundesanwalt zu klären (→ Rn. 54 ff.).[55]

II. Aufgabenzuweisung (Abs. 1)

14 § 5 Abs. 1 BKAG weist dem Amt die Aufgabe der Abwehr von Gefahren des internationalen Terrorismus zu: Satz 1 beschränkt diese Aufgabe in wörtlicher Anknüpfung an Art. 73 Abs. 1 Nr. 9a GG zunächst auf drei abschließend aufgeführte, eng auszulegende Fallgruppen; Satz 2 enthält eine Legaldefinition von Ge-

47 BGBl. I S. 3083.

48 BGBl. I S. 1354.

49 Durch Art. 2 des Gesetzes zur Durchführung der Verordnung (EU) 2021/784 des Europäischen Parlaments und des Rates vom 29.4.2021 zur Bekämpfung der Verbreitung terroristischer Online-Inhalte (Terroristische-Online-Inhalte-Bekämpfungs-Gesetz – TerrOIBG) v. 21.7.2022 (BGBl. I S. 1182).

50 Wie hier – mit Blick auf Art. 73 Abs. 1 Nr. 9a GG – Roggan NJW 2009, 257 (258).

51 So Bäcker, Terrorismusabwehr durch das Bundeskriminalamt, 2009, S. 41, der daraus – trotz ausdrücklicher Zweifel – die Zulässigkeit derartiger Weisungen folgert.

52 Eine solche folgt hier insbesondere nicht aus Art. 73 Abs. 1 Nr. 9a GG, vgl. Sachs/Degenhart GG Art. 73 Rn. 48; von Münch/Kunig/Broemel GG II Art. 87 Rn. 41; Dreier/Wittreck GG II Art. 73 Rn. 66, mwN; aA Lisken/Denninger/Bäcker, HdbPolR, B Rn. 151.

53 BT-Drs. 16/10121, 16; gleichlautend Coenen, Bundesrechtliche Terrorismusabwehrmaßnahmen im Schnittbereich von Prävention und Repression, 2022, S. 234; Zabel JR 2009, 453 (454); ähnlich Kugelmann BKAG § 4a Rn. 8; Schmidt-Jortzig, Ermittlungskompetenzen des BKA, 2009, S. 133: „Selbstvornahmerecht".

54 Vgl. §§ 38 Abs. 1 S. 1, 39 Abs. 1, 41 Abs. 2 S. 1, 42 Abs. 2, 44 Abs. 1 Nr. 1, 49 Abs. 1 S. 3, 61 Abs. 3 BKAG.

55 Bäcker, Terrorismusabwehr durch das Bundeskriminalamt, 2009, S. 53.

fahren des internationalen Terrorismus in Anlehnung an § 129a Abs. 1 und 2 StGB; Satz 3 stellt klar, dass die Verhütung entsprechender Straftaten iSd Satzes 2 von der Aufgabenzuweisung unter den Voraussetzungen des Satzes 1 umfasst ist. Diese **ineinander und miteinander verwobene Systematik** erscheint mit Blick auf den Grundsatz der Normenklarheit und Übersichtlichkeit **wenig glücklich**. Die Bezugnahme auf § 129a Abs. 1 und 2 StGB, der seinerseits den Begriff des Terrorismus in enger Anlehnung an ein europa- und völkerrechtliches Vorverständnis mehr umschreibt als präzise definiert, trägt zur Rechtsklarheit wenig bei. Den Anforderungen rechtsstaatlicher Bestimmtheit wird die Norm gleichwohl gerecht.[56]

Die Wahrnehmung der Aufgabe nach § 5 Abs. 1 BKAG ist in das **Ermessen** des BKA gestellt („kann"). 15
Wenn die ermessensabhängige Aufgabenzuweisung kritisiert wird,[57] wird verkannt, dass eine gesetzliche Pflicht zum Einschreiten von Gesetzes wegen für die Polizei nur im Rahmen der Strafverfolgung (§ 163 Abs. 1 S. 1 StPO) gilt.[58] Kennzeichnend für das Recht der präventiven Sicherheitsgewährleistung ist das **Opportunitätsprinzip** (→ § 38 Rn. 35 ff.), nicht das Legalitätsprinzip. Zwar mutet es kontraintuitiv an, dass eine Behörde mit der Ermessensentscheidung hinsichtlich eines Einschreitens gegen polizeiwidrige Zustände zugleich eine Kompetenzabgrenzung im Verhältnis von Bund und Ländern vornimmt. Dies ist jedoch eine zwangsläufige **Folge der kompetenzrechtlichen Doppelzuständigkeit** im Bereich der Abwehr von Gefahren des internationalen Terrorismus (→ Rn. 6). Wann das BKA die Aufgabe der Abwehr von Gefahren des internationalen Terrorismus wahrnimmt, entzieht sich zudem einer starren Regelung etwa anhand von Regelbeispielen oder typischen Fällen. Die Vielgestaltigkeit möglicher Sachverhalte gebietet es aus Sicht des Gesetzgebers, hier keine weiteren Festlegungen zu treffen.[59] Letztlich wird das BKA in seine Entschließung über das rechtliche „Ob" seiner Aufgabenwahrnehmung auch die Frage der ihm zur Verfügung stehenden Ressourcen („Wie") einfließen lassen. Diese Entscheidung ist primär von den Umständen des Einzelfalls abhängig.

Über § 5 Abs. 1 BKAG werden dem Amt – sachbereichsbezogen – zwei genuin präventivpolizeiliche Aufga- 16
ben zugewiesen: zum einen die klassische **Gefahrenabwehr** iSd Abwehr konkreter Bedrohungen (→ Rn. 17 ff.), zum anderen die in das Vorfeld konkretisierter Gefahren ausgreifende Verhütung terrorismusspezifischer Straftaten, dh die sog. **Gefahrenvorsorge** (→ Rn. 45 ff.). Soweit die Befugnisnormen der §§ 38–62 BKAG eine Gefahr voraussetzen, ist immer auf § 5 Abs. 1 BKAG zurückzugreifen (→ § 38 Rn. 40 ff.).[60]

1. Gefahrenabwehr. Soweit § 5 Abs. 1 S. 1 BKAG dem Amt die Abwehr von Gefahren des internationalen 17
Terrorismus zuweist, wird hiermit – dem üblichen Sprachgebrauch des Polizei- und Sicherheitsrechts entsprechend – zunächst ausschließlich die **Abwehr konkreter Gefahr** erfasst. Nach den Legaldefinitionen des Polizei- und Sicherheitsrechts ist damit eine Sachlage gemeint, bei der im einzelnen Fall die hinreichende Wahrscheinlichkeit besteht, dass in absehbarer Zeit ein Schaden für ein polizeiliches Schutzgut (→ Rn. 18) eintreten wird.[61] Wo im Polizei- und Ordnungsrecht nicht explizit eine konkrete Gefahr vorausgesetzt, sondern – wie in § 5 Abs. 1 S. 1 BKAG – allgemein nur von „Gefahr" gesprochen wird und der Normgeber keine klaren und begrenzten Regelungen schafft, um Eingriffe unterhalb der Gefahrenschwelle zu eröffnen, ist nach verständiger, durch den Verhältnismäßigkeitsgrundsatz angeleiteter Auslegung eine konkrete Gefahr zu verlangen.[62] Diese Lesart des § 5 Abs. 1 S. 1 BKAG entspricht zum einen dem erklärten Willen des Normgebers,[63] sie ist zum anderen in Abgrenzung zu der in das Gefahrenvorfeld ausgreifenden Verhütung terrorismusspezifischer Straftaten (S. 3) systematisch plausibel.

Indem der Gesetzgeber den Begriff der „Gefahr" iSd Befugnisnormen zur präventiven Terrorismusabwehr 18
in **§ 38 Abs. 2 BKAG** als eine im Einzelfall bestehende Gefahr für die öffentliche Sicherheit im Zusammenhang mit Straftaten nach § 5 Abs. 1 S. 2 BKAG definiert, führt er den Gefahrbegriff in Bezug auf die polizeilichen Schutzgüter weiter aus. Diese werden bereichsspezifisch eingegrenzt: Aus dem Straftatbezug in § 5 Abs. 1 S. 2 BKAG und § 38 Abs. 2 BKAG ergibt sich zum einen, dass es sich bei der **öffentlichen Ordnung** per se um **kein taugliches Gut** handelt, zu dessen Schutz das BKA einzuschreiten vermag. Zum anderen markiert die Strafrechtsakzessorietät in § 5 Abs. 1 S. 2 BKAG über § 38 Abs. 2 BKAG den Rahmen der im Gefüge des BKAG geschützten **öffentlichen Sicherheit**. Schutzgut als Teil der öffentlichen Sicherheit ist so-

56 Davon ausgehend jedenfalls BVerfG Urt. v. 20.4.2016 – 1 BvR 966/09 ua –, BVerfGE 141, 220 (265, Rn. 94; 266, Rn. 96).
57 Vgl. Baum/Schantz ZRP 2008, 137 (140).
58 Schenke/Graulich/Ruthig/K. Graulich BKAG § 5 Rn. 10.
59 BT-Drs. 16/10121, 21.
60 Bäcker, Terrorismusabwehr durch das Bundeskriminalamt, 2009, S. 53.
61 Vgl. § 2 Nr. 1 NdsPOG; § 4 Nr. 3 lit. a SächsPVDG; § 3 Nr. 3 lit. a SOG LSA; § 54 Nr. 3 lit. a ThürOBG.
62 BVerfG Beschl. v. 24.1.2012 – 1 BvR 1299/05 –, BVerfGE 130, 151 (205); Beschl. v. 18.12.2018 – 1 BvR 142/15 –, BVerfGE 150, 244 (286, Rn. 105; 294 f., Rn. 133); s. auch Schenke, POR, Rn. 70; ders. JuS 2018, 505 (506); dieses Konzept in Zweifel ziehend Kulick AöR 143 (2018), 175 (182 f., 214).
63 BT-Drs. 16/10121, 20, 21.

mit nicht die objektive Rechtsordnung als solche, sondern **nur ein eng begrenzter, bereichsspezifischer Ausschnitt** aus dieser (→ § 38 Rn. 19).

19 Der Gefahrenbegriff des § 5 Abs. 1 S. 1 BKAG ist mit Blick auf die begrenzte Bundeskompetenz im Polizei- und Sicherheitsrecht im Einklang mit Art. 73 Abs. 1 Nr. 9a GG sachbereichsbezogen einzugrenzen und die präventivpolizeiliche Aufgabe des BKA – über den Gefahrenbegriff hinaus – unter eine Kompetenzausübungsschranke zu stellen. Dem hat der Gesetzgeber mit der **Beschränkung** der kriminalpolizeilichen Gefahrenabwehr **auf näher definierte Gefahren** des internationalen Terrorismus (→ Rn. 20 ff.) einerseits **und abschließend aufgeführte Anwendungsfälle** (→ Rn. 38 ff.) andererseits Rechnung getragen.

20 a) **Gefahr des internationalen Terrorismus.** Die präventivpolizeiliche Aufgabe des BKA ist nach § 5 Abs. 1 S. 1 BKAG auf die Abwehr von Gefahren des internationalen Terrorismus beschränkt. Diese sachbereichsbezogene Einschränkung folgt aus Art. 73 Abs. 1 Nr. 9a GG, ohne dass der Verfassungstext den Begriff der „Gefahr des internationalen Terrorismus" selbst definieren würde. In Ansehung des – „notorisch unscharfen"[64] und normativ „nur schwer fassbar[en]"[65] – Terrorismusbegriffs hat der verfassungsändernde Gesetzgeber im Jahr 2006 (→ Rn. 3) vielmehr an ein europa- und völkerrechtliches Vorverständnis angeknüpft – namentlich den **EU-Rahmenbeschluss zur Terrorismusbekämpfung vom 13.6.2002**[66] –, das sich nun – über den Umweg der in § 5 Abs. 1 S. 2 BKAG definierten terrorismusspezifischen Straftat – auch im Gefüge des BKAG wiederfindet. Ein dynamischer Verweis auf den völkerrechtlich bzw. unionsrechtlich vorgeprägten Terrorismusbegriff ist damit nicht verbunden.[67] Aus der Anknüpfung einer Norm an vorgeprägte Begrifflichkeiten folgt noch keine umfassende und abschließende Bindung an deren Inhalt, wie dies für eine Verweisung charakteristisch ist; erst recht folgt hieraus keine dynamische Inbezugnahme.[68] Es bedarf somit einer **eigenständigen Definition des Terrorismusbegriffs im Kontext des BKAG**, die zwar an Vorverständnisse im Europa- und Völkerrecht anknüpfen kann, zugleich jedoch auf den normativen, methodischen und dogmatischen Selbststand des deutschen Rechts zu achten hat.[69]

21 aa) **Fehlen einer allgemeingültigen Terrorismusdefinition.** Will der BKAG-Gesetzgeber dem BKA die Aufgabe der Abwehr von Gefahren des internationalen Terrorismus normenklar und im Einklang mit der Gesetzgebungskompetenz nach Art. 73 Abs. 1 Nr. 9a GG zuweisen, sieht er sich vor das Problem gestellt, dass es bis heute an einer allgemeingültigen Definition von Terrorismus fehlt. Eine solche findet sich **weder im nationalen Recht noch auf völker- oder europarechtlicher Ebene.**[70] Seit seiner Entscheidung zur Antiterrordatei aus dem Jahr 2013 spricht das Bundesverfassungsgericht nicht abstrakt von „Terrorismus", weil der Begriff aus sich heraus nicht eindeutig sei,[71] sondern behilft sich mit der Wendung „Straftaten mit dem Gepräge des Terrorismus".[72] Der von Art. 73 Abs. 1 Nr. 9a GG für das Kompetenzrecht des Grundgesetzes geprägte Begriff des internationalen Terrorismus, der im Ausgangspunkt auch für § 5 Abs. 1 BKAG maßgeblich ist, hilft dem BKAG-Gesetzgeber ebenfalls kaum weiter, weil dieser nur als inhaltsleer und dilatorisch bezeichnet werden kann.[73] Die Begründung durch den verfassungsändernden Gesetzgeber erschöpft sich darin, auf das internationalen, europäischen und nationalen Normen zugrunde liegende Vorverständ-

64 Lisken/Denninger/Bäcker, HdbPolR, B Rn. 141; wie dieser schon Walther in Brunner/Conze/Koselleck (Hrsg.), Geschichtliche Grundbegriffe VI, 1990, S. 323 (443) – „Terror, Terrorismus". Vgl. auch Baxter Akron Law Review 7 (1974), 380 (380): „The term is imprecise; it is ambiguous; and above all, it serves no operative legal purpose"; Higgins in dies./Flory (Hrsg.), International Law and Terrorism, 1997, S. 13 (27, 28): „The term ‚terrorism' has no specific legal meaning […]. ‚Terrorism' is a term without legal significance […]. The term is at once a shorthand to allude to a variety of problems with some common elements, and a method of indicating community condemnation for the conduct concerned"; Dencker StV 1987, 117 (117): „kein sehr randscharfer Begriff"; Hetzer StraFo 2007, 397 (403): „ein interpretationsbedürftiger Sammelbegriff"; ders. Die Kriminalpolizei 2/2009, 18 (18): „keine analytische Kategorie".

65 Bauer in Bergmann/Dienelt (Hrsg.), Ausländerrecht, 13. Auf. 2020, AufenthG, § 54 Rn. 36.

66 Vgl. Art. 1 Abs. 1 des Rahmenbeschlusses des Rates v. 13.6.2002 zur Terrorismusbekämpfung (ABl. Nr. L 164 S. 3), entspricht Art. 3 Abs. 2 der Richtlinie (EU) 2017/541 des Europäischen Parlaments und des Rates v. 15.3.2017 zur Terrorismusbekämpfung und zur Ersetzung des Rahmenbeschlusses 2002/475/JI des Rates und zur Änderung des Beschlusses 2005/671/JI des Rates (ABl. Nr. L 88 S. 6). Zu den Definitionsbestrebungen auf EU-Ebene vgl. Dumitriu GLJ 5 (2004), 585–602.

67 Anders Zimmermann ZaöRV 67 (2007), 297 (308).

68 Dürig/Herzog/Scholz/Uhle GG Art. 73 (2010) Rn. 211.

69 Barczak KritV 102 (2019), 362 (391); ders. in Kulick/Goldhammer (Hrsg.), Der Terrorist als Feind?, 2020, S. 99 (121).

70 BVerwG Beschl. v. 21.3.2017 – 1 VR 1/17 –, BVerwGE 158, 225 (233, Rn. 16); Urt. v. 22.8.2017 – 1 A 3.17 –, BVerwGE 159, 296 (301, Rn. 22); Beschl. v. 19.9.2017 – 1 VR 7/17 –, NVwZ 2017, 1798 (1799); Urt. v. 6.2.2019 – 1 A 3.18 –, BVerwGE 164, 317 (327, Rn. 31).

71 BVerfG Urt. v. 24.4.2013 – 1 BvR 1215/07 –, BVerfGE 133, 277 (321, Rn. 106).

72 Im Anschluss an BVerfG Urt. v. 24.4.2013 – 1 BvR 1215/07 –, BVerfGE 133, 277 (333, Rn. 133) auch BVerfG Urt. v. 20.4.2016 – 1 BvR 966/09 ua –, BVerfGE 141, 220 (266, Rn. 96) und BVerfG Beschl. v. 13.10.2016 – 2 BvE 2/15 –, BVerfGE 143, 101 (139, Rn. 125).

73 Barczak KritV 102 (2019), 362 (379).

nis zu verweisen, das auch den grundgesetzlichen Begriff präge, ihn aber zugleich für künftige Entwicklungen offen halte.[74]

Nach einer vor der BKAG-Novelle 2008 entwickelten **Arbeitsdefinition für das BKA** sollte Terrorismus eine „‚extreme' Form des Extremismus"[75] darstellen, die sich insbesondere von anderen Straftaten dadurch abgrenzt, dass sie 1. nicht individuelle, sondern kollektiv geteilte Ziele verfolgt, 2. zwar unmittelbar auf Personen und/oder Gegenstände zielt, mittelbar aber das durch die Zielpersonen und -gegenstände repräsentierte gesellschaftliche System meint, 3. sich idR nicht in einer Einzeltat erschöpft, sondern eine Tatserie begründet (nicht selten mit einem identischen oder vergleichbaren Modus Operandi), die in einen „ideengeschichtlichen" Kontext eingebettet ist, 4. die Tat idR in irgendeiner Weise kommuniziert (Bekennerschreiben, Hinweis auf Motive, Ursachen, Hintergründe zur Tatbegehung), 5. der Strategie einer „asymmetrischen Kriegsführung" folgt und vom „Überraschungsmoment" lebt, womit – wiederum regelhaft – die personale und technische Unterlegenheit der Akteursgruppen kompensiert werden soll, um möglichst großen Schaden anzurichten. 22

Das Recht tut sich mit einer **allgemeingültigen Definition von „Terrorismus"** seit jeher überaus schwer.[76] 23
Lange Zeit hielt sich der Begriff des Terrorismus von der Rechtssprache hierzulande fern, obschon er in den soziologischen, philosophischen und politischen, auch rechtspolitischen, Diskurs längst eingedrungen war. Wurden bereits im Jahr 1983 im Rahmen einer Studie zur Entwicklung eines allgemein gültigen Terrorismusbegriffs mehr als 100 verschiedene Terrorismusdefinitionen weltweit zusammengetragen,[77] blieb Terrorismus als Rechtsbegriff der deutschen Antiterrorismusgesetzgebung der 1970er und 80er Jahre noch fremd. Zur Verhinderung von Anschlägen der RAF und effektiven Aburteilung ihrer Anhänger zog die legislatorische Tätigkeit zwar massive Eingriffe sowohl in das Strafverfahrens- als auch in das materielle Strafrecht nach sich[78] und bildete zugleich – etwa mit Blick auf die vor dem Hintergrund des RAF-Terrorismus geschaffene Einrichtung präventiv-polizeilicher Kontrollstellen (§ 9 Abs. 1 Nr. 4 MEPolG 1977[79]) – die Blaupause für den ersten Musterentwurf eines einheitlichen Polizeigesetzes in Deutschland. Sie verzichtete dabei jedoch vollständig auf „Terrorismus" als Tatbestandsmerkmal oder normative Matrix. Mit der Einführung des § 129a StGB durch das verbreitet als „Antiterrorismusgesetz"[80] bezeichnete Gesetz zur Änderung des Strafgesetzbuches, der Strafprozeßordnung, des Gerichtsverfassungsgesetzes, der Bundesrechtsanwaltsordnung und des Strafvollzugsgesetzes vom 18.8.1976[81] fand der Begriff des Terrorismus zwar tatsächlich **erstmalig Eingang in die deutsche Rechtsprache**. Man schrieb ihn jedoch lediglich in die amtliche Überschrift desjenigen Tatbestands, der fortan die Bildung einer terroristischen Vereinigung unter Strafe stellen sollte, indem er sie als profanen, wenngleich besonders gefährlichen kriminellen Zusammenschluss behandelte.[82] Der Normtext selbst verzichtet vollständig auf ihn und weist lediglich bestimmte Katalogtaten wie Mord, Totschlag oder Völkermord als „typisch terroristisch" aus, wenn sie in Vereinigungsform begangen werden. Der Begriff „terroristisch" kennzeichnet bei § 129a StGB somit keine eigenständige Erscheinungsform sozialschädlichen Verhaltens und die Vorschrift verlangt auch keinen politisch-ideologischen Beweg- bzw. Hintergrund der Straftaten.[83] Das deutsche Strafrecht folgt hier der früher auch auf in-

74 BT-Drs. 16/813, 12.

75 Vgl. – auch zu dem folgenden Kriterienkatalog – Kemmesies in ders. (Hrsg.), Terrorismus und Extremismus, 2006, S. 1 (11 f.), mwN.

76 Berlit ZAR 2018, 89 (91): „Der Terrorismusbegriff war und ist schon immer als Rechtsbegriff ein schwieriger Begriff". Näher Barczak KritV 102 (2019), 362 (369 ff.).

77 Schmid/Jongman, Political terrorism – A research guide to concepts, theories, data bases and literature, 1983.

78 Im Einzelnen Vogel NJW 1978, 1217 (1219 ff.); Berlit/Dreier in Sack/Steinert (Hrsg.), Protest und Reaktion, 1984, S. 227 (231 ff.); Klughardt, Die Gesetzgebung zur Bekämpfung des Terrorismus aus strafrechtlich-soziologischer Sicht, 1984; sowie die Überblicke bei von Schoeler in Bull (Hrsg.), Sicherheit durch Gesetze?, 1987, S. 45–56; Junker, Analyse und Kritik der strafverfahrensrechtlichen Terrorismusgesetzgebung, 1996, S. 83 ff.; Schulte, Terrorismus und Anti-Terrorismus-Gesetzgebung, 2008, S. 104 ff.; Böttger, Die Entwicklung des Strafprozessrechts in den 60er und 70er Jahren des 20. Jahrhunderts, 2016, S. 155 ff.; zur Reaktion der Sicherheitsbehörden, namentlich des BKA, vgl. Klink/Scholz/Cerny in FS-Herold, 1998, S. 65 (86 ff.).

79 Vgl. Heise/Riegel, Musterentwurf eines einheitlichen Polizeigesetzes, 2. Aufl. 1978, S. 46, 50 f.; kritisch hierzu Hoffmann-Riem JZ 1978, 335 (338).

80 Von Winterfeld ZRP 1977, 265 (267); ders. NJW 1987, 2631 (2633); Sander, Grenzen instrumenteller Vernunft im Strafrecht, 2007, S. 150: „Anti-Terrorismusgesetz".

81 BGBl. I S. 2181.

82 Zum Qualifikationscharakter der §§ 129a und § 129b StGB s. BGH Beschl. v. 22.3.2018 – StB 32/17 –, NStZ-RR 2018, 206 (207 f.).

83 LK-StGB/Krauß § 129a Rn. 3; Schäfer/Anstötz in MüKoStGB, 4. Aufl. 2021, § 129a Rn. 2; Weißer ZStW 121 (2009), 131 (137 f.). Dieser für die alte Fassung uneingeschränkt geltende Grundsatz gilt nunmehr bei einer Straftat gem. § 129a Abs. 2 StGB nicht mehr in vollem Umfang, da die dort aufgeführten Katalogtaten eine bestimmte Eignung und Zweckrichtung aufweisen müssen.

ternationaler Ebene[84] sowie von verschiedenen nationalen[85] Strafrechtsordnungen konsentierten Einschätzung, dass eine **juristische Definition von Terrorismus** insofern **nicht notwendig** sei, als das in Frage stehende Verhalten ohnehin eine Straftat darstellt bzw. die entsprechenden einzelnen Verhaltensweisen unter Strafe gestellt werden können, ohne sie explizit als „terroristisch" zu etikettieren.

24 Man kann es als ein „gesetzgeberische[s] Kabinettsstück"[86] betrachten, wenn die Legislative eine adjektivische Beschreibung ohne das zugehörige Substantiv vornimmt, dh normative Wertungen ohne vorherige Festlegung des Wertmaßstabes trifft. Oder man mag dies als „irreführend"[87] ansehen und als einen „höchst problematischen Akt [...] von Kriminalpolitik"[88] kritisieren: Indem der Tatbestand des § 129a Abs. 1 StGB als Bildung einer terroristischen Vereinigung unter Strafe stellt, was Terroristen typischerweise zu tun pflegen – sprich andere an Leib, Leben und persönlicher Freiheit zu schädigen –, enthält er bis heute in seinem Kern ein erstaunlich tautologisches, ja geradezu dezisionistisch anmutendes Element.[89] Dieses verfährt nach dem Motto: Terrorismus ist, was Terroristen tun, was wir für Terrorismus halten. Hier scheint sich – ganz pragmatisch – das Diktum **„We know it when we see it"** Bahn zu brechen.[90] Welche Handlungen im Einzelfall als „terroristisch" zu qualifizieren sind und welche Akteure demgemäß als „Terroristen" zu gelten haben, scheint typischerweise und geradezu traditionell im **Auge des Betrachters** zu liegen und vom subjektiven, politisch, historisch und ideologisch geprägten Standpunkt abhängig zu sein.[91] Die Frage, ob die Ziele, die terroristische Handlungen verfolgen, als solche legitim sind, ist abstrakt kaum zu beantworten. Die wissenschaftlichen Disziplinen, die sich mit dem Terrorismus befassen, sind sich darin einig, dass monokausale Erklärungsversuche bei einem derart hochkomplexen Phänomen nicht verfangen. Insofern wäre eine relationale sowie kontextsensible Bewertung aller Umstände erforderlich, was nach praktischer Lebenserfahrung entweder in schablonenhafter Verkürzung oder in Kapitulation vor der Komplexität solcher – meist auch politisch wie wissenschaftlich kontroverser – Makroszenarien endet.[92] Die Folge ist ein **diffuses legislatorisches Verständnis von Terrorismus**: „[W]o scharf seziert werden müßte, um die gefährlichen Wirkungen einer Faszination des Protests zu begrenzen, wirft der Gesetzgeber unterschiedliche politische Phänomene in einen Topf und schafft so die Gefahr falscher Solidarisierung".[93] So verstanden fungiert Terrorismus in erster Linie als **Abgrenzungs- und Ausschlussbegriff,**[94] der auf Einvernehmen in der Ablehnung setzt und Zustimmung gegen einen vermeintlich bedrohlichen Gegner mobilisieren will: „Terroristen sind immer nur die anderen".[95]

25 **bb) Bereichsspezifische Legaldefinition.** Aufgrund seiner sachbereichsspezifischen Vorschriften über die Abwehr der Gefahren des internationalen Terrorismus setzt das BKAG – ungeachtet aller definitorischen Schwierigkeiten – einen **der Rechtsanwendung fähigen Begriff des Terrorismus** voraus. Eine entsprechende Definition ist rechtsstaatlich unverzichtbar.[96] Nur über eine entsprechende Definition kann der Begriff der Rechtsanwendung zugänglich gemacht und rechtssicher handhabbar gestaltet werden.[97] Andernfalls fehlt es an einem verlässlichen Ausgangs- und Bezugspunkt für die Charakterisierung strafbaren oder präventiv zu verhindernden Verhaltens.[98] Dem ist der Gesetzgeber mit der Definition der Gefahren des internationalen Terrorismus in § 5 Abs. 1 S. 2 BKAG nachgekommen. Dabei handelt es sich um eine bereichsspezifische,

84 Vgl. Saul, Defining Terrorism in International Law, 2006, S. 10, 265; ders. Australian Year Book of International Law 25 (2006), 177 (201 ff.).

85 Für Israel und Japan vgl. Beckman, Comparative Legal Approaches to Homeland Security and Anti-terrorism, 2007, 168; Hirai-Braun in Walter/Vöneky/Röben/Schorkopf (Hrsg.), Terrorism as a Challenge for National and International Law, 2004, S. 445 (447 f.); für Frankreich vgl. Dagron in Walter/Vöneky/Röben/Schorkopf, ebd., S. 267 (308); Gonod in Masing/Jouanjan (Hrsg.), Terrorismusbekämpfung, Menschenrechtsschutz und Föderation, 2008, S. 3 (3 f.); Quillatre European Data Protection Law Review 1 (2015), 55–58.

86 Zöller, Terrorismusstrafrecht, 2009, S. 133.

87 Bützler in Sinn/Gropp/Nagy (Hrsg.), Grenzen der Vorverlagerung in einem Tatstrafrecht, 2011, S. 375 (377).

88 Dencker StV 1987, 117 (117).

89 Kleinschmidt in Voigt (Hrsg.), Handbuch Staat I, 2018, S. 653 (654).

90 Tiefenbrun ILSA J. Int'l & Comp. L. 9 (2002), 357 (358); dies., Decoding International Law: Semiotics and the Humanities, 2010, S. 83 (84).

91 Shanahan in Jackson (Hrsg.), Routledge Handbook of Critical Terrorism Studies, 2016, S. 103 (104): „terrorism is a purely subjective phenomenon having no basis in objective reality"; Pfahl-Traughber in Möllers (Hrsg.), Wörterbuch der Polizei, 3. Aufl. 2018, S. 2274 (2274).

92 Dürig/Herzog/Scholz/Gärditz GG Art. 16a (2018) Rn. 418.

93 Achenbach Kriminalistik 1987, 296 (299).

94 Zöller, Terrorismusstrafrecht, 2009, S. 103; ders. in Sinn/Zöller (Hrsg.), Neujustierung des Strafrechts durch Terrorismus und Organisierte Kriminalität, 2013, S. 1 (3); ders. JZ 2007, 763 (764).

95 Zöller in Odendahl (Hrsg.), Die Bekämpfung des Terrorismus mit Mitteln des Völker- und Europarechts, 2017, S. 149 (156).

96 Von Bubnoff NJW 2002, 2672 (2673); Nestler KritV 101 (2018), 24 (32).

97 Aus strafrechtlicher Sicht Zöller, Terrorismusstrafrecht, 2009, S. 99 ff., 145, 213; Cancio Meliá GA 159 (2012), 1 ff.; ders. in Petzsche/Heger/Metzler (Hrsg.), Terrorismusbekämpfung im Spannungsfeld zwischen Freiheit und Sicherheit, 2019, S. 159 (166 ff.); Hetzer StraFo 2007, 397 (402); aus polizeirechtlicher Sicht Thiel, Die „Entgrenzung" der Gefahrenabwehr, 2011, S. 31 f., mwN.

98 Barczak KritV 102 (2019), 362 (391); ders. in Kulick/Goldhammer (Hrsg.), Der Terrorist als Feind?, 2020, S. 99 (121).

auf die Zwecke des BKAG gemünzte und entsprechend begrenzte Legaldefinition; diese gilt – schon aus kompetenzrechtlichen Gründen – nicht für das Polizei- und Sicherheitsrecht im Übrigen, geschweige denn für die gesamte Rechtsordnung. Man würde die Norm überdehnen, wollte man ihr über den Anwendungsbereich des BKAG hinaus eine allgemeingültige oder gar abschließende Definition des „Terrorismus" entnehmen.[99] Ob eine solche rechtlich möglich und rechtspolitisch wünschenswert ist, ist ohnehin zweifelhaft (→ Rn. 23 f.).

(1) **Strafrechtsakzessorischer Ansatz.** Dem trägt § 5 Abs. 1 S. 2 BKAG mit dem gesetzgeberischen Ansatz einer bereichsspezifischen Legaldefinition Rechnung. Nach dieser wird eine „Gefahr des internationalen Terrorismus" als die Gefahr der Verwirklichung bestimmter, terrorismusspezifischer Straftaten definiert.[100] Die Legaldefinition war in § 4a Abs. 1 BKAG 2008 noch nicht vorhanden, sondern wurde erst mit dem Gesetz zur Neustrukturierung des Bundeskriminalamtes vom 1.6.2017[101] eingefügt. Die nachträgliche begriffliche Klarstellung ist aus den eingangs angesprochenen Gründen zu begrüßen, wenngleich sie an dem Grundproblem nichts zu ändern vermag, dass sich Terrorismus einer hinreichenden normativen Erfassung entzieht (→ Rn. 21 ff.). Mit ihr hat sich der **Bezugspunkt der Gefahrenabwehr signifikant verlagert**, von der Bezugnahme auf die Abwehr von Gefahren für bestimmte Rechtsgüter wie Leben, Leib, Freiheit oder den Bestand des Bundes oder eines Landes (sog. **Rechtsgüterschutzmodell**) hin zur präventiven Verhinderung bestimmter Straftaten (sog. **Strafrechtsakzessorietät**).[102] Deren Begehung muss im Fall des § 5 Abs. 1 S. 1 BKAG hinreichend konkret drohen, während sich ihre Verhütung im Vorfeld nach § 5 Abs. 1 S. 3 BKAG richtet. Das strafrechtsakzessorische Modell erfährt im BKAG eine Verfestigung durch vielfältige Bezugnahmen in den Befugnisnormen auf Straftaten nach § 5 Abs. 1 S. 2 BKAG.[103] 26

Zwar haben die **Verfassungsgerichte** in ihrer jüngeren Rechtsprechung eine deutliche Präferenz für rechtsgutsbezogene gegenüber straftatenbezogenen und damit **von der objektiven Rechtsordnung im Übrigen abhängigen Eingriffsschwellen** im Bereich des Gefahrenabwehrrechts zu erkennen gegeben.[104] Hintergrund für die Bevorzugung des Rechtsgüterschutzmodells war, dass der präventive Zugriff immer weiter in das Vorfeld verlagert wird, wenn schon die in Bezug genommenen Straftatbestände – wie so häufig – selbst Vorbereitungshandlungen und bloße Rechtsgutgefährdungen unter Strafe stellen. Eine **straftatenbezogene Fassung** polizeilicher Eingriffstatbestände ist jedoch nicht nur verfassungsrechtlich zulässig – zumindest dann, wenn die zulässigen und erforderlichen Anknüpfungstatsachen der polizeilichen Prognose hinreichend eng gefasst und die Straftatenkataloge nach spezifisch polizeilichen Kriterien zusammengestellt werden[105] –, sondern erscheint typischerweise sogar **rechtsstaatlich vorzugswürdig**, da sie der Polizei – im Vergleich zu einer rein rechtsgutsbezogenen Fassung – weitaus operablere Kriterien für die Beantwortung der Frage an die Hand gibt, wann von einem zum Eingriff berechtigenden Verstoß gegen die öffentliche Sicherheit auszugehen ist.[106] Das alleinige Abstellen auf den Rechtsgüterschutz verkennt, dass unter dem Rechtsstaatsprinzip auch die Verhütung von – vom Gesetzgeber zu Recht mit einer bestimmten Strafsanktion belegten – Rechtsverstößen (Rechtsdurchsetzung) verfassungsrechtlichen Eigenwert hat.[107] Namentlich das Bundesverfassungsgericht scheint mittlerweile von seiner kritischen Haltung in Bezug auf straftatenbezogene Befugnisnormen wieder abzurücken und ausdrücklich zu akzeptieren, dass polizeiliche Eingriffsschwellen statt auf den Schutz von Rechtsgütern eines bestimmten Gewichts auch auf die Verhütung von Straftaten mit einer entsprechenden Schwere gerichtet sein können.[108] 27

(2) **Strafrechtsakzessorische Ausgestaltung. (a) Straftat nach den Katalogen des § 129a Abs. 1 und 2 StGB.** Die Legaldefinition des § 5 Abs. 1 S. 2 BKAG setzt zunächst eine der in den Katalogen des § 129a Abs. 1 und 2 StGB „bezeichnete" Straftat voraus. Trotz des missverständlichen Wortlauts ist damit 28

99 Bäcker, Terrorismusabwehr durch das Bundeskriminalamt, 2009, S. 57; wie dieser F. Graulich, Die Zusammenarbeit von Generalbundesanwalt und Bundeskriminalamt bei dem Vorgehen gegen den internationalen Terrorismus, 2013, S. 178 f.
100 BT-Drs. 18/11163, 89.
101 BGBl. I 2017 S. 1354.
102 Vgl. Schenke/Graulich/Ruthig/K. Graulich BKAG § 5 Rn. 12; ders. KriPoZ 2017, 278 (280): „Verschränkung der Schutzbereiche von Strafrecht und Gefahrenabwehrrecht".
103 §§ 39 Abs. 2 Nr. 1 und Nr. 2 lit. a, 40 Abs. 1 Nr. 2 lit. a und b, 42 Abs. 1, 45 Abs. 1 S. 1 Nrn. 2 und 3, 47 Abs. 2 Nr. 2, 48 Abs. 1 S. 1, 50 Abs. 1 Nrn. 2 und 3, 51 Abs. 1 S. 1 Nrn. 2 und 3, 52 Abs. 1 Nrn. 2 und 3, 55 Abs. 1, 56 Abs. 1 BKAG.
104 BVerfG Beschl. v. 14.10.2008 – 1 BvF 4/05 –, BVerfGE 122, 120 (142); Urt. v. 2.3.2010 – 1 BvR 256/08 ua –, BVerfGE 125, 260 (329 f.); Urt. v. 20.4.2016 – 1 BvR 966/09 ua –, BVerfGE 141, 220 (270 f., Rn. 108); ThürVerfGH Urt. v. 21.11.2012 – 19/09 –, juris, Rn. 226 ff.; dazu auch Trute DV 46 (2013), 537 (557 f.).
105 Bäcker in FS-Schenke, 2011, S. 331 (351).
106 Möstl DVBl. 2010, 808 (812).
107 BeckOK-PolSiR Bayern/Möstl, Systematische und begriffliche Vorbemerkungen zum Polizeirecht in Deutschland, Rn. 12.1 (2021).
108 BVerfG Beschl. v. 27.5.2020 – 1 BvR 1873/13 ua –, BVerfGE 155, 119 (188 f., Rn. 150; 202, Rn. 180 f.; 204 f., Rn. 187).

nicht § 129a StGB selbst gemeint (also die Bildung einer terroristischen Vereinigung).[109] Dies zeigt sich schon daran, dass die weiteren Kriterien des § 5 Abs. 1 S. 2 Hs. 2 BKAG hinsichtlich der terrorismusspezifischen Zielsetzung (→ Rn. 31 f.) und des erheblichen Schädigungspotentials (→ Rn. 33 ff.) wörtlich § 129a Abs. 2 StGB entnommen sind.[110] Verwiese die Norm selbst auf Straftaten nach dieser Vorschrift, so handelte es sich um eine überflüssige Doppelung. Zudem kann ein Vorfelddelikt nach § 129a StGB für sich genommen nicht einen Staat oder eine internationale Organisation erheblich schädigen.[111]

29 Der Verweis in § 5 Abs. 1 S. 2 BKAG bezieht sich auf **die in den Katalogen des § 129a Abs. 1 und 2 StGB genannten Delikte**. Mit diesen werden nicht nur die geplanten Taten terroristischer Vereinigungen, sondern auch – und gerade – terroristische Vorhaben von einzelnen Personen erfasst.[112] Bei den Katalogtaten handelt es sich in erster Linie um erhebliche Straftaten gegen Leib, Leben oder Freiheit, bestimmte gemeingefährliche Straftaten, Sabotagehandlungen und Verstöße gegen das Waffenrecht. Im Einzelnen:

- **Straftaten gegen Leib und Leben:** Mord (§ 211 StGB) und Totschlag (§ 212 StGB) sowie schwere Körperverletzung (§ 226 StGB),
- **Straftaten nach dem Völkerstrafgesetzbuch:** Völkermord (§ 6 VStGB), Verbrechen gegen die Menschlichkeit (§ 7 VStGB) und Kriegsverbrechen (§§ 8, 9, 10, 11, 12 VStGB),
- **Straftaten gegen die persönliche Freiheit:** Erpresserischer Menschenraub (§ 239a StGB) und Geiselnahme (§ 239b StGB),
- **Straftaten gegen Sachwerte** in den Fällen der §§ 303b, 305, 305a StGB,
- **Gemeingefährliche Straftaten** in den Fällen der §§ 306 bis 306c oder 307 Abs. 1 bis 3, des § 308 Abs. 1 bis 4, des § 309 Abs. 1 bis 5, der §§ 313, 314 oder 315 Abs. 1, 3 oder 4, des § 316b Abs. 1 oder 3 oder des § 316c Abs. 1 bis 3 oder des § 317 Abs. 1 StGB,
- **Straftaten gegen die Umwelt** in den Fällen des § 330a Abs. 1 bis 3 StGB,
- **Straftaten nach dem Kriegswaffenkontrollgesetz:** § 19 Abs. 1 bis 3, § 20 Abs. 1 oder 2, § 20a Abs. 1 bis 3, § 19 Abs. 2 Nr. 2 oder Abs. 3 Nr. 2, § 20 Abs. 1 oder 2 oder § 20a Abs. 1 bis 3, jeweils auch iVm § 21, oder nach § 22a Abs. 1 bis 3 KrWaffG,
- **Straftaten nach dem Waffengesetz:** § 51 Abs. 1 bis 3 WaffG.

30 Mit dem Verweis auf die Katalogtaten nach § 129a Abs. 1 und 2 StGB verzichtet § 5 Abs. 1 S. 2 BKAG – anders als etwa § 100a Abs. 2 StPO – auf die **Einbeziehung originärer strafrechtlicher Vorfelddelikte** wie etwa §§ 89a–89c StGB.[113] Dies ist im Kontext der Eingriffsermächtigungen zur präventiven Terrorismusbekämpfung nach §§ 38 ff. BKAG von besonderer Bedeutung: Soweit diese nicht dem tradierten polizeilichen Konzept der Abwehr konkreter Gefahren folgen, sondern – wie nicht selten – im Gefahrenvorfeld ansetzen und lediglich tatsächliche Anhaltspunkte dafür verlangen, dass Straftaten nach § 5 Abs. 1 S. 2 BKAG begangen werden,[114] **verhindert** der Verweis in § 5 Abs. 1 S. 2 BKAG auf die Kataloge des § 129a Abs. 1 und 2 BKAG, dass die Gefahrenvorfeldbefugnisse der §§ 38 ff. BKAG von vornherein **tatbestandlich zu entgrenzen drohen**. Wo vorverlegte polizeiliche Gefahrentatbestände an vorverlagerte Straftatbestimmungen anknüpfen und ein verfahrensrechtlicher auf einen materiellrechtlichen Ansatz der vorverlagerten Terrorismusbekämpfung trifft,[115] kommt es zu einem verfassungsrechtlich bedenklichen Effekt der Verdoppelung der Vorverlagerung.[116] Soweit schon bei isolierter Betrachtung des materiellen Terrorismusstrafrechts von einer „Vor-Vorfeld-Verlagerung"[117] die Rede ist, weil auch objektiv neutrale Handlungen wie der Besuch einer Fahr- oder Flugschule oder die Anmietung eines LKW durch neuartige abstrakte Gefährdungsdelikte als Vorbereitungshandlungen pönalisiert werden, könnte man sogar von einer Verdrei- oder Vervielfachung der Vorverlagerung sprechen. Ungeachtet dessen laufen hier jeweils die qualifizierenden Anforderungen des Polizeirechts leer, die eingriffsintensiven Maßnahmen eigentlich Grenzen setzen sollen.[118] Dieser Gefahr hat

109 Diesem Missverständnis sitzt Kugelmann BKAG § 4a Rn. 15 auf. Das Gleiche gilt für einige der vom Innenausschuss des Deutschen Bundestags angehörten Sachverständigen, vgl. Heckmann, Ausschussdrucks. 16(4)460C, 7; Möllers, Ausschussdrucks. 16(4)460K, unter II. 5.

110 Bäcker, Terrorismusabwehr durch das Bundeskriminalamt, 2009, S. 53.

111 Bäcker, Terrorismusabwehr durch das Bundeskriminalamt, 2009, S. 53; so jetzt auch BVerfG Beschl. v. 9.12.2022 – 1 BvR 1345/21 –, juris, Rn. 95.

112 BT-Drs. 16/10121, 21.

113 Zu diesem spezifischen Teil eines Terrorismusstrafrechts HdbSicherheitsR/von Heintschel-Heinegg § 36 Rn. 31 ff.

114 Vgl. §§ 40 Abs. 1 Nr. 2 lit. a, 42 Abs. 1 Nr. 2 lit. a, 45 Abs. 1 S. 1 Nr. 2, 46 Abs. 1 Nr. 1 lit. b, 47 Abs. 2 Nrn. 1 und 2, 48 Abs. 1 S. 2, 50 Abs. 1 Nrn. 2 und 3, 51 Abs. 1 S. 1 Nrn. 2 und 3, 52 Abs. 1 Nrn. 2 und 3 BKAG.

115 Grundlegend Bäcker, Kriminalpräventionsrecht, 2015, S. 191 ff., 309 ff.

116 Kniesel ZRP 1992, 164 (166); ders. Die Polizei 2017, 189 (199). Dazu im Einzelnen auch BVerfG Beschl. v. 9.12.2022 – 1 BvR 1345/21 –, juris, Rn. 92, 95 ff.; Urt. v. 16.2.2023 – 1 BvR 1547/19 ua –, juris, Rn. 170.

117 Mosfer, Fragilitäten des Rechtsstaates seit dem 11.9.2001 im Spiegel der Rechtsprechung des Bundesverfassungsgerichts, 2015, S. 118 ff., 125.

118 Bäcker in FS-Schenke, 2011, S. 331 (349).

der Gesetzgeber durch **§ 5 Abs. 1 S. 2 BKAG** und den ihm **immanenten Entgrenzungsschutz** Rechnung getragen.

(b) **Terrorismusspezifische Zielsetzung.** Weiterhin setzt § 5 Abs. 1 S. 2 BKAG eine terrorismusspezifische Zielsetzung der Straftat voraus. Diese muss – alternativ – dazu „bestimmt" sein, entweder die Bevölkerung auf erhebliche Weise einzuschüchtern, eine Behörde oder eine internationale Organisation rechtswidrig mit Gewalt oder durch Drohung mit Gewalt zu nötigen oder die politischen, verfassungsrechtlichen, wirtschaftlichen oder sozialen Grundstrukturen eines Staates oder einer internationalen Organisation zu beseitigen oder erheblich zu beeinträchtigen. Neben das **subjektive Element** der terrorismusspezifischen Intention tritt nach § 5 Abs. 1 S. 2 Hs. 2 StGB die objektive Eignung einer erheblichen Schädigung (→ Rn. 33 ff.).[119] Die Kategorien decken sich wörtlich mit § 129a Abs. 2 Hs. 2 StGB, der der Umsetzung des von Art. 1 Abs. 1 des EU-Rahmenbeschlusses zur Terrorismusbekämpfung vom 13.6.2002 diente, welcher den Begriff der terroristischen Straftat definierte.[120] Dies führt allerdings nicht dazu, dass § 5 Abs. 1 S. 2 BKAG unionsrechtskonform auszulegen wäre; mangels unionsrechtlicher Überformung sind die drei Varianten vielmehr **autonom nach deutschem Recht** zu bestimmen.[121] 31

Dabei kann auf die Rechtsprechung und Literatur zu § 129a Abs. 2 StGB zurückgegriffen werden; aufgrund der Vagheit des Zielkriteriums ist insgesamt eine **enge Auslegung** geboten.[122] Eine Tat ist danach dazu bestimmt, die **Bevölkerung auf erhebliche Weise einzuschüchtern (Var. 1)**, wenn sie das allgemeine Sicherheitsgefühl durch Hervorrufen, Aufrechterhalten oder Steigern eines allgemeinen Angstzustands derart stören soll, dass das Vertrauen in die staatliche Gewährleistung der Rechtssicherheit beeinträchtigt ist.[123] Hierfür ist es nicht erforderlich, dass die Gesamtbevölkerung eingeschüchtert wird. Ausreichend ist vielmehr, wenn dies einen nennenswerten Bevölkerungsteil betreffen soll, etwa eine ethnische oder religiöse Minderheit.[124] Ausreichend ist ferner, wenn die Tat ihr terroristisches Gepräge erst im Zusammenhang mit den weiteren Taten erhalten soll.[125] Bei der Zielsetzung der **Nötigung einer Behörde oder einer internationalen Organisation (Var. 2)** ist zu beachten, dass es nicht um die Nötigung von Privatpersonen geht. Die im Zusammenhang mit der Wahrnehmung hoheitlicher Kompetenzen stehende Nötigung einzelner Behördenmitarbeiter kann indes genügen.[126] Zu verlangen ist weiter, dass die mit der Nötigung beabsichtigten Folgen eine der ersten oder dritten Variante vergleichbare Qualität aufweisen.[127] Das Ziel, die **Grundstrukturen eines Staates oder einer internationalen Organisation zu beseitigen oder erheblich zu beeinträchtigen (Var. 3)**, lässt sich etwa bejahen, wenn die Straftat einem revolutionären Umsturz dienen und zur Etablierung einer totalitären Staats- und Gesellschaftsform in der Bundesrepublik Deutschland führen soll.[128] Nicht ausreichend ist es demgegenüber, wenn es der betreffenden Vereinigung einzig um einen Angriff gegen bestimmte staatliche Einrichtungen geht, es sei denn, diese Einrichtungen werden gerade deshalb attackiert, um hierdurch die staatliche Funktionsfähigkeit in ihrem Wesen zu erschüttern (Beispiel: Angriffe auf Regierungsstellen oder zentrale Versorgungseinrichtungen).[129] Aufgrund des systematischen Parallellaufs von Staat und internationaler Organisation ist auf das Staatsgebilde insgesamt, nicht auf einzelne Teile der Bundesrepublik Deutschland wie ein Bundesland abzustellen.[130] 32

(c) **Erhebliches Schädigungspotential.** In objektiver Hinsicht verlangt § 5 Abs. 1 S. 2 Hs. 2 BKAG, wiederum im Einklang mit § 129a Abs. 2 StGB und seinem unionsrechtlichen Vorbild, eine besondere Schädigungseignung der Tat (Potentialität). Die Tat muss geeignet sein, entweder durch die **Art ihrer Begehung**, dh nach ihrer Frequenz und Intensität,[131] oder durch ihre konkreten **Auswirkungen** einen Staat oder eine internationale Organisation erheblich zu schädigen. Durch das Eignungskriterium wird die Zuständigkeit des BKA erheblich eingeschränkt, denn weder reichen bloße Sach- oder Vermögensschäden für sich genom- 33

119 Zu § 129a Abs. 2 StGB vgl. BGH Beschl. v. 28.11.2007 – StB 43/07 –, BGHSt 52, 98 (101, Rn. 14).

120 ABl. Nr. L 164 S. 3; entspricht Art. 3 Abs. 2 der Richtlinie (EU) 2017/541 des Europäischen Parlaments und des Rates v. 15.3.2017 zur Terrorismusbekämpfung und zur Ersetzung des Rahmenbeschlusses 2002/475/JI des Rates und zur Änderung des Beschlusses 2005/671/JI des Rates (ABl. Nr. L 88 S. 6).

121 Wie hier F. Graulich, Die Zusammenarbeit von Generalbundesanwalt und Bundeskriminalamt bei dem Vorgehen gegen den internationalen Terrorismus, 2013, S. 179: „Eine unbesehene direkte Anwendung verbietet sich […]". Mit Blick auf Art. 73 Abs. 1 Nr. 9a GG ferner Uhle DÖV 2010, 989 (991).

122 Bäcker, Terrorismusabwehr durch das Bundeskriminalamt, 2009, S. 54, mwN aus der Literatur zu § 129a Abs. 2 StGB.

123 Schäfer/Anstötz in MüKoStGB, 4. Aufl. 2021, § 129a Rn. 47, mwN.

124 BGH Beschl. v. 10.1.2006 – 3 StR 263/05 –, NJW 2006, 1603 (1604).

125 BGH Beschl. v. 10.1.2006 – 3 StR 263/05 –, NJW 2006, 1603 (1603).

126 Schönke/Schröder/Sternberg-Lieben/Schittenhelm, StGB, 30. Aufl. 2019, § 129a Rn. 2a, mwN.

127 Schäfer/Anstötz in MüKoStGB, 4. Aufl. 2021, § 129a Rn. 48; Helm StV 2006, 719 (721).

128 BGH Beschl. v. 28.11.2007 – StB 43/07 –, BGHSt 52, 98 (101, Rn. 15); Helm StV 2006, 719 (721).

129 Matt/Renzikowski/Kuhli, StGB, 2. Aufl. 2020, § 129a Rn. 18; Helm StV 2006, 719 (721).

130 BGH Beschl. v. 10.1.2006 – 3 StR 263/05 –, NJW 2006, 1603 (1604).

131 BGH Beschl. v. 20.12.2007 – StB 12/07 ua –, NStZ 2008, 146 (147).

men aus, um einen erheblichen Schaden herbeizuführen, noch besitzt jedes Tötungsdelikt ohne Weiteres eine solche Eignung.[132]

34 Soweit es den **Grad der Realisierung des Nachteils** anbelangt, ergibt sich schon aus dem Wortlaut („schädigen können"), dass der Schaden nicht tatsächlich eintreten muss. Es genügt, dass die Straftat oder die Straftaten im Falle ihrer Ausführung – unmittelbar oder durch ihre Auswirkungen – konkret geeignet sind, den Schaden für den Staat herbeizuführen.[133] Dazu reicht die **realistische Möglichkeit** aus, dass der Schaden nach den Umständen der (vorgestellten) Tatbegehung eintritt. Die Wahrscheinlichkeit eines Schadenseintritts oder gar eine erhöhte Wahrscheinlichkeit sind nicht erforderlich.[134] Umgekehrt reicht es nicht aus, wenn die terroristische Straftat nach ihren Zielen lediglich darauf ausgerichtet ist, einen Staat oder eine internationale Organisation erheblich zu schädigen.

35 Das Merkmal der Schädigungseignung steht nach dem Wortlaut des § 5 Abs. 1 S. 2 BKAG gleichwohl in engem Zusammenhang mit der subjektiven Zielsetzung (→ Rn. 31 f.). Hieraus folgt, dass dem Staat ein relevanter **Schaden** grundsätzlich dann droht, wenn die entsprechenden Straftaten dazu geeignet sind, die Bevölkerung in erheblicher Weise einzuschüchtern, eine Behörde rechtswidrig mit Gewalt oder Drohung mit Gewalt zu nötigen oder die politischen, verfassungsrechtlichen, wirtschaftlichen oder sozialen Grundstrukturen des Staates erheblich zu beeinträchtigen.[135] Mittelbare Tatfolgen, die sich erst durch eigenständiges Handeln Dritter ergeben können, bleiben außer Betracht.[136] So genügt es nicht, wenn die terroristische Tat primär symbolische Bedeutung hat und Nachahmer, Unterstützer und Gesinnungsgenossen zu eigenen Taten mobilisieren soll. Die **Erheblichkeit** des Schadens entzieht sich einer abstrakten Beschreibung; maßgebend sind die Umstände des Einzelfalls, die umfassend abgewogen werden müssen.[137] Zu berücksichtigen sind etwa das Ausmaß und die Kontrollierbarkeit der Bedrohungslage sowie die öffentliche Resonanz.[138]

36 **(3) Internationaler Bezug.** Die Aufgabe des BKA bezieht sich nach § 5 Abs. 1 S. 1 und 2 BKAG zudem ausschließlich auf die Abwehr von Gefahren des internationalen Terrorismus (vgl. auch Art. 73 Abs. 1 Nr. 9a GG); für terroristische Phänomene, die auf Deutschland begrenzt sind, bleiben nach der Kompetenzordnung des Grundgesetzes allein die Länder zuständig (Art. 30, 70 Abs. 1 GG).[139] Ein hinreichender zwischenstaatlicher Bezug liegt danach vor, wenn es um Straftaten mit dem Gepräge des Terrorismus geht, die entweder in Deutschland begangen werden sollen und einen internationalen Bezug aufweisen oder bei deren Begehung im Ausland ein Deutschlandbezug gegeben ist.[140] Terrorismus ist namentlich dann international iSd § 5 Abs. 1 S. 1 und 2 BKAG, wenn er **grenzüberschreitend organisiert** ist, **grenzüberschreitend agiert, grenzüberschreitende Ziele** verfolgt oder einen **staatenübergreifenden Schaden** verursacht.[141] Nicht ausreichend ist demgegenüber, wenn ausschließlich in Deutschland ansässige Personen Gewalttaten allein in Deutschland androhen oder verüben, die keinerlei internationalen Bezug in dem genannten Sinne aufweisen.[142]

37 Nach der Begründung der BKAG-Novelle 2008 könnten diese Voraussetzungen indes auch bei lediglich in Deutschland tätigen Gruppen durch „Einbindung in international propagierte ideologische Strömungen", etwa eines „weltweiten Jihad", erfüllt sein.[143] Erfasst werden soll darüber hinaus sogar eine Einzelperson, die sich anschickt, eine derartige terroristische Straftat zu begehen; hier hatte der Gesetzgeber offenkundig „Self-made-" oder „Lone-wolf-Terrorists" (→ Rn. 1) vor Augen, die gerade aufgrund ihrer mangelnden Einbindung in ein komplexeres Netzwerk besonders schwer zu enttarnen und somit besonders gefährlich sind. Bei einer solchen Interpretation wird das Merkmal der Internationalität[144] allerdings weithin kontu-

132 Kugelmann BKAG § 4a Rn. 17.

133 BGH Beschl. v. 28.11.2007 – StB 43/07 –, BGHSt 52, 98 (102, Rn. 18).

134 BGH Beschl. v. 28.11.2007 – StB 43/07 –, BGHSt 52, 98 (102, Rn. 18).

135 BGH Beschl. v. 28.11.2007 – StB 43/07 –, BGHSt 52, 98 (103 ff., Rn. 19 ff.); Matt/Renzikowski/Kuhli, StGB, 2. Aufl. 2020, § 129a Rn. 20.

136 BGH Beschl. v. 20.12.2007 – StB 12/07 ua –, NStZ 2008, 146 (147); Schäfer/Anstötz in MüKoStGB, 4. Aufl. 2021, § 129a Rn. 51.

137 BGH Beschl. v. 28.11.2007 – StB 43/07 –, BGHSt 52, 98 (105, Rn. 22); Helm StV 2006, 719 (722).

138 Schäfer/Anstötz in MüKoStGB, 4. Aufl. 2021, § 129a Rn. 52, mwN.

139 BT-Drs. 16/813, 12; s. auszugsweise auch Rengeling DVBl. 2006, 1537 (1541); Gärditz, Stellungnahme im Rahmen der öffentlichen Anhörung des Innenausschusses des Deutschen Bundestages zum Entwurf eines Gesetzes zur Neustrukturierung des Bundeskriminalamtgesetzes (BT-Drs. 18/11163) v. 14.2.2017, Ausschuss-Drs. 18(4)806 F, 6.

140 BT-Drs. 16/10121, 21.

141 Uhle DÖV 2010, 989 (991) – zu Art. 73 Abs. 1 Nr. 9a GG; im Ergebnis ähnlich F. Graulich, Die Zusammenarbeit von Generalbundesanwalt und Bundeskriminalamt bei dem Vorgehen gegen den internationalen Terrorismus, 2013, S. 182: „internationales Aktionsfeld" und „internationaler Gegner".

142 Dreier/Wittreck GG II Art. 73 Rn. 65; vgl. auch K. Graulich KriPoZ 2016, 75 (75): „Die Beschränkung auf den internationalen Terrorismus nimmt auf Deutschland begrenzte terroristische Phänomene aus".

143 BT-Drs. 16/10121, 21.

144 Eingehend zu diesem F. Graulich, Die Zusammenarbeit von Generalbundesanwalt und Bundeskriminalamt bei dem Vorgehen gegen den internationalen Terrorismus, 2013, S. 179 ff.

renlos, da sich ein solcher **international-ideologischer Einfluss** in Zeiten der Digitalisierung und raum- wie zeitloser Vernetzung über soziale Medien, Messenger-Dienste und Chat-Foren kaum je ausschließen lassen wird.[145] Mit Blick auf eine normenklare Eingrenzung des intentionalen Bezugs ist daher zu fordern, dass entweder konkrete Anhaltspunkte für grenzüberschreitende Tätigkeiten bestehen, die auf terroristische Straftaten gerichtet sind, etwa Unterstützungs-, Planungs-, Koordinierungs- oder Vorbereitungshandlungen, oder ein staatenübergreifender Schaden droht (→ Rn. 36).[146]

b) Kompetenzausübungsschranke. Liegt eine Gefahr des internationalen Terrorismus nach den vorgenannten Maßgaben vor (→ Rn. 20 ff.), ist damit nicht bereits die Zuständigkeit des BKA zur Gefahrenabwehr eröffnet. Weil das BKA hier in Konkurrenz mit der Polizeihoheit der Länder tritt (→ Rn. 12), errichtet § 5 Abs. 1 S. 1 BKAG für ein Einschreiten des BKA eine Kompetenzausübungsschranke. Eine **polizeiliche Eilkompetenz** des BKA zur präventiven Terrorismusabwehr ist verfassungsrechtlich **ausgeschlossen.**[147] Die Fallgruppen der länderübergreifenden Gefahr (→ Rn. 39 f.), der mangelnden Erkennbarkeit der Zuständigkeit einer Landespolizeibehörde (→ Rn. 41 ff.) sowie des Übernahmeersuchens einer obersten Landesbehörde (→ Rn. 44) sind wörtlich Art. 73 Abs. 1 Nr. 9a GG entnommen und – im Einklang mit der Verfassungsnorm – **restriktiv auszulegen** (→ Rn. 10).[148] Die Fallgruppen sind **abschließend**; die drei Anwendungsfälle stehen **alternativ** nebeneinander („oder"), so dass es für ein Tätigwerden des BKA ausreicht, wenn einer der drei Anwendungsfälle vorliegt.[149] 38

aa) Länderübergreifende Gefahr. Eine länderübergreifende Gefahr iSd § 5 Abs. 1 S. 1 Nr. 1 BKAG liegt vor, wenn durch eine mögliche Gefahr **mehr als ein (Bundes-)Land** (mindestens zwei) betroffen wäre oder wenn durch die terroristische Gefahr der Bestand oder die Sicherheit der Bundesrepublik insgesamt bedroht ist.[150] Dass dies im Fall des internationalen Terrorismus stets zu unterstellen[151] oder zumindest im Regelfall anzunehmen sein soll,[152] widerspricht bereits der normsystematischen Aufteilung: Wäre dies der Fall, hätte es der Fallgruppe einer länderübergreifenden Gefahr nicht bedurft.[153] Eine geplante terroristische Straftat kann somit durchaus das **Merkmal der Internationalität** erfüllen (→ Rn. 36 f.), sich **aber innerhalb der Bundesrepublik auf ein einziges Land beschränken.** Auch ist es für eine länderübergreifende Gefahr weder notwendig noch hinreichend, dass durch eine terroristische Straftat Schäden in mehreren Bundesländern drohen.[154] 39

Um den Begriff der länderübergreifenden Gefahr zu konturieren, muss vielmehr an die **Zuständigkeitsordnung** angeknüpft werden. Danach ist eine länderübergreifende Gefahr iSd § 5 Abs. 1 S. 1 Nr. 1 BKAG anzunehmen, wenn mehrere Länder zur Gefahrenabwehr zuständig sind. Dies ist vor allem der Fall, wenn zusammengehörige terroristische Straftaten in mehreren Ländern begangen werden sollen oder solche Straftaten zumindest länderübergreifend geplant und vorbereitet werden.[155] Dabei folgt aus dem Wortlaut des § 5 Abs. 1 S. 1 Nr. 1 BKAG, dass **ein und dieselbe Gefahr länderübergreifend** sein muss. Nicht ausreichend ist demgemäß die zeitgleiche Bedrohung mehrerer Bundesländer durch verschiedene Gefahren des internationalen Terrorismus.[156] 40

bb) Mangelnde Erkennbarkeit der Zuständigkeit einer Landespolizeibehörde. Die Zuständigkeit einer Landespolizeibehörde ist nach der Vorstellung des Gesetzgebers dann nicht erkennbar iSd § 5 Abs. 1 S. 1 Nr. 2 BKAG, wenn die Betroffenheit eines bestimmten Landes durch sachliche Anhaltspunkte im Hinblick auf mögliche Gefahren des internationalen Terrorismus noch nicht bestimmbar ist.[157] Gemeint sind Fälle, in 41

145 So auch Bäcker/Giesler/Harms/Hirsch/Kaller/Wolff, Bericht der Regierungskommission zur Überprüfung der Sicherheitsgesetzgebung in Deutschland v. 28.8.2013, S. 58 f.

146 Lisken/Denninger/Bäcker, HdbPolR, B Rn. 142; ders., Terrorismusabwehr durch das Bundeskriminalamt, 2009, S. 34 f., 56; Tams DÖV 2007, 367 (373); zustimmend Schenke/Graulich/Ruthig/K. Graulich BKAG § 5 Rn. 18.

147 Jarass/Pieroth/Kment GG Art. 73 Rn. 33. Eine solche Eilkompetenz zur Terrorbekämpfung war bei Einführung des Art. 73 Abs. 1 Nr. 9a GG zwar erwogen worden; auf ihre Verankerung wurde jedoch bewusst verzichtet, vgl. Dürig/Herzog/Scholz/Uhle GG Art. 73 (2010) Rn. 221.

148 In diese Richtung auch Bäcker/Giesler/Harms/Hirsch/Kaller/Wolff, Bericht der Regierungskommission zur Überprüfung der Sicherheitsgesetzgebung in Deutschland v. 28.8.2013, S. 59: „Bei der Auslegung dieser Begriffe ist zu beachten, dass der föderale Aufbau der Polizei ein Teil der vom Grundgesetz errichteten bundesstaatlichen Gewaltengliederung ist, die insbesondere dazu dient, die Freiheit der Bürgerinnen und Bürger zu gewährleisten".

149 BT-Drs. 16/10121, 21. Zu Art. 73 Abs. 1 Nr. 9a GG auch Dreier/Wittreck GG II Art. 73 Rn. 66; Sachs/Degenhart GG Art. 73 Rn. 48.

150 Zu Art. 73 Abs. 1 Nr. 9a GG BT-Drs. 16/813, 12; zu § 4a Abs. 1 S. 1 BKAG aF BT-Drs. 16/10121, 21.

151 So Kugelmann BKAG § 4a Rn. 5; der Sache nach auch Coenen, Bundesrechtliche Terrorismusabwehrmaßnahmen im Schnittbereich von Prävention und Repression, 2022, S. 234: Androhung eines Terroranschlags in Deutschland durch den „Islamischen Staat".

152 Vgl. Sachs/Degenhart GG Art. 73 Rn. 48: „idR".

153 Tams DÖV 2007, 367 (374); Uhle DÖV 2010, 989 (993), mwN.

154 Bäcker, Terrorismusabwehr durch das Bundeskriminalamt, 2009, S. 38.

155 Lisken/Denninger/Bäcker, HdbPolR, B Rn. 145; ders., Terrorismusabwehr durch das Bundeskriminalamt, 2009, S. 38 f.

156 Uhle DÖV 2010, 989 (994); ähnlich zuvor Tams DÖV 2007, 367 (374).

157 BT-Drs. 16/10121, 21.

denen zwar Hinweise auf eine terroristische Gefahr vorliegen – etwa durch ausländische Behörden[158] –, diese Gefahr aber noch **nicht einem bestimmten Bundesland zugeordnet** werden kann.[159] Derartige Hinweise gehen in der Praxis dem BKA zu, weil dieses nicht nur Nationales Zentralbüro der Bundesrepublik Deutschland der Internationalen Kriminalpolizeilichen Organisation (**IKPO** – Interpol) und nationale Eingangsstelle (sog. SIRENE-Büro) im Rahmen des Schengen-Verbundes ist (§ 3 Abs. 1, 2 BKAG, → § 3 Rn. 10 ff., 18 ff.), sondern auch als Anlaufstelle für die internationale Zusammenarbeit zur Verhütung und Verfolgung von Straftaten fungiert (vgl. § 3 Abs. 3 BKAG, → § 3 Rn. 26 ff.) und Warnmeldungen von Sicherheitsbehörden anderer Staaten – insbesondere mit terroristischem Bezug – entgegennimmt (vgl. § 33 Abs. 8 S. 1 BKAG, s. dort → § 33 Rn. 33).

42 Die **praktische Relevanz** des § 5 Abs. 1 S. 1 Nr. 2 BKAG ist allerdings **begrenzt**: Die Bundeskompetenz greift nur dann, wenn überhaupt keine Anhaltspunkte dafür bestehen, welche Landespolizeibehörde örtlich zuständig ist. So liegt es etwa, wenn aus dem Ausland ein Hinweis auf einen geplanten Anschlag kommt, ohne dass bereits abzusehen wäre, wer wo in Deutschland beteiligt ist oder welches Bundesland betroffen sein wird.[160] Im Übrigen reichen unterschiedliche territoriale Anknüpfungspunkte aus, um die örtliche Zuständigkeit einer Landesbehörde zu begründen.[161] Gibt es etwa bereits Hinweise auf bestimmte Personen im Inland, die mutmaßlich eine terroristische Straftat planen, so wird meistens auch ein örtlicher Anknüpfungspunkt bestehen, der die Zuständigkeit einer Landespolizeibehörde begründet. Dass der mögliche Tatort und/oder der Ort des Schadenseintritts noch unbekannt sind, führt weder in dem einen noch in dem anderen Fall zur Zuständigkeit des Bundes.[162]

43 Auf der Grundlage des § 5 Abs. 1 S. 1 Nr. 2 BKAG kann der Bund nur für einen **Übergangszeitraum** tätig werden, um erste Ermittlungen ohne Ortsbezug anzustellen; die Kompetenz steht unter dem Vorbehalt der Erkennbarkeit einer Landeszuständigkeit. Sobald die Zuständigkeit einer Landespolizeibehörde erkennbar wird, erlischt die Befugnis des BKA, die Aufgaben der Gefahrenabwehr im Wege des Selbstvornahmerechts (→ Rn. 12) wahrzunehmen. **§ 5 Abs. 2 S. 4 BKAG** sieht demgemäß vor, dass das BKA bei Feststellung der Zuständigkeit einer Landespolizeibehörde die von ihm zunächst übernommene Aufgabe an die betreffende Polizeibehörde abgibt, sofern nicht ein Fall der länderübergreifenden Gefahr (→ Rn. 39 f.) oder des Übernahmeersuchens gegeben ist (→ Rn. 44).

44 cc) **Übernahmeersuchen einer obersten Landesbehörde.** Schließlich ist das BKA nach § 5 Abs. 1 S. 1 Nr. 2 BKAG zuständig, wenn eine oberste Landesbehörde um die Übernahme ersucht. Hierbei handelt sich um einen besonders geregelten **Fall der Amtshilfe.**[163] Die Fallgruppe steht im Zeichen der Effektivität der Gefahrenabwehr. Sie basiert auf der Wertung, dass in dem Übernahmeersuchen ein Eingeständnis der betreffenden Landesbehörde liegt, zu einer effektiven Abwehr der terroristischen Gefahr selbst nicht bzw. nicht mehr in der Lage zu sein und sichert, dass das BKA im Interesse einer wirksamen Gefahrenabwehr auch in diesen Fällen tätig werden kann.[164] Dies kann in der Praxis der Fall sein, wenn das betreffende Land nicht über ausreichende Polizeikräfte verfügt oder diese anderweitig gebunden sind („polizeilicher Notstand“).[165] § 5 Abs. 1 S. 1 Nr. 2 BKAG bindet das Übernahmeersuchen ausweislich seines Wortlauts **weder formell** (iS eines begründeten Übernahmeantrags) **noch materiell** an das Vorliegen bzw. den Nachweis bestimmter Übernahmegründe oder -konstellationen; solche werden auch von Art. 73 Abs. 1 Nr. 9a GG nicht vorgegeben.[166] Bisweilen wird zwar verlangt, dass die Übernahme der Gefahrenabwehr durch das BKA auf Ersuchen der obersten Landesbehörde tatsächlich erforderlich ist, um die Aufgabe der präventiven Terrorismusabwehr zu erfüllen.[167] Allerdings dürfte eine solche Begrenzung praktisch nur selten relevant werden, da kaum zu erwarten steht, dass eine oberste Landesbehörde den Bund ohne Not um Übernahme der Gefahrenabwehraufgabe bittet. Zudem besitzt die oberste **Landesbehörde** einen **Einschätzungsspielraum** bei der Frage, ob ein derartiger Notfall vorliegt.[168] Da die Bundeszuständigkeit von einem ausdrücklich bekunde-

158 Dieser Fall bildete offenbar den eigentlichen Anlass für die Einführung des Art. 73 Abs. 1 Nr. 9a GG im Jahr 2006, vgl. BT-Drs. 16/813, 12.
159 Tams DÖV 2007, 367 (373); Uhle DÖV 2010, 989 (994).
160 Bäcker, Terrorismusabwehr durch das Bundeskriminalamt, 2009, S. 37.
161 Lisken/Denninger/Bäcker, HdbPolR, B Rn. 146; ders., Terrorismusabwehr durch das Bundeskriminalamt, 2009, S. 37.
162 Dezidiert aA Schenke/Graulich/Ruthig/K. Graulich BKAG § 5 Rn. 7.
163 Lisken/Denninger/Bäcker, HdbPolR, B Rn. 147; der Sache nach auch Tams DÖV 2007, 367 (373).
164 Uhle DÖV 2010, 989 (994).
165 Schenke/Graulich/Ruthig/K. Graulich BKAG § 5 Rn. 9.
166 Uhle DÖV 2010, 989 (994).
167 Jarass/Pieroth/Kment GG Art. 73 Rn. 33; Dreier/Wittreck GG II Art. 73 Rn. 66.
168 Bäcker, Terrorismusabwehr durch das Bundeskriminalamt, 2009, S. 36.

ten Willen des jeweiligen Landes abhängt, beeinträchtigt sie die Polizeihoheit der Länder nach allgemeiner Auffassung nicht.[169]

2. Gefahrenvorsorge. Nach § 5 Abs. 1 S. 3 BKAG kann das Amt auch zur **Verhütung terrorismusspezifischer Straftaten** (→ Rn. 25 ff.) tätig werden. Die Verhütung von Straftaten setzt im Vorfeld der Abwehr konkreter Gefahren an. Sie umfasst Maßnahmen, die in einen antizipierten Geschehensablauf eingreifen oder die Entstehungsbedingungen bestimmter Faktoren oder Ursachenketten beeinflussen sollen, so dass sich der Eintritt der Gefahr einer Straftat bereits im Vorfeld verhüten lässt.[170] Durch das polizeiliche Handeln soll entweder das spätere Entstehen einer Gefahr verhindert oder zumindest deren wirksame Bekämpfung ermöglicht werden. Die Straftatenverhütung bildet damit einen Unterfall der Gefahrenvorsorge (→ § 1 Rn. 50). Im Rahmen der BKAG-Novelle 2008 hatte sich der Bundesrat – im Ergebnis erfolglos[171] – dafür ausgesprochen, auch für die Tätigkeit des BKA im Rahmen der Straftatenverhütung eine im Einzelfall bestehende, konkrete Gefahr in § 4a Abs. 1 S. 1 BKAG aF aufzunehmen, da nur die Abwehr konkreter Gefahren von der ausschließlichen Bundeskompetenz nach Art. 73 Abs. 1 Nr. 9a GG abgedeckt sei.[172] 45

Fraglich ist, ob **Gefahrenabwehr als Kompetenzbegriff auch Gefahrenvorsorge** umfasst. Ob sich namentlich der Kompetenztitel des Art. 73 Abs. 1 Nr. 9a GG, der allgemein von Gefahrenabwehr spricht, auf die Abwehr bereits konkretisierter Gefahren durch das Bundeskriminalpolizeiamt beschränkt oder über die Verhütung von Straftaten mit dem Gepräge des Terrorismus auch eine Verlagerung in das Gefahrenvorfeld gestattet, ist **umstritten.** Legte man dem Gefahrenbegriff in Art. 73 Abs. 1 Nr. 9a GG ein originär polizeirechtliches Verständnis unter, so wäre dieser im Zweifel als konkrete Gefahr auszulegen (→ Rn. 17).[173] Die Materialien der Verfassungsänderung enthalten hierzu keine eindeutige Angabe.[174] Aus dem Umstand aber, dass das BKA nach dem Willen des verfassungsändernden Gesetzgebers vornehmlich in den Fällen zuständig sein soll, in denen die Zuständigkeit einer Landespolizeibehörde noch nicht erkennbar ist (→ Rn. 3, 41 ff.), lässt sich indes schließen, dass sich der Kompetenztitel **auch auf das Gefahrenvorfeld** erstreckt. Denn gerade in dieser Konstellation wird es vielfach (noch) am Vorliegen einer konkreten Gefahr mangeln.[175] Das Bundesverfassungsgericht hat sich dieser Auslegung im Ergebnis angeschlossen und in der Frage eines zulässigen Ausgreifens der präventivpolizeilichen Tätigkeit des BKA auf das Gefahrenvorfeld richtigerweise **keine Kompetenzfrage** gesehen, sondern eine Frage der rechtsstaatlichen, insbesondere grundrechtlichen Anforderungen (→ Rn. 8).[176] 46

Das BKA darf nach § 5 Abs. 1 S. 3 BKAG ebenfalls nur „in den in Satz 1 bezeichneten Fällen“ aktiv werden. Die **Kompetenzausübungsschranke** muss eingehalten sein. Zu den Voraussetzungen → Rn. 38 ff. 47

III. Kompetenzabgrenzung von anderen Polizeibehörden (Abs. 2)

1. Klarstellung der Zuständigkeitsordnung (S. 1). § 5 Abs. 2 S. 1 BKAG stellt klar, dass die Befugnisse der Länder und anderer Polizeibehörden des Bundes durch die Aufgabenzuweisung an das BKA unberührt bleiben. Im **Verhältnis zu den Landespolizeibehörden** handelt es sich um eine deklaratorische Klarstellung der bereits von Verfassungs wegen eröffneten Doppel- bzw. Parallelzuständigkeit im Bereich der Terrorismusabwehr (→ Rn. 6).[177] Durch die Regelung des § 5 Abs. 1 BKAG wird im Bereich der präventiven Terroris- 48

169 Bäcker, Terrorismusabwehr durch das Bundeskriminalamt, 2009, S. 36; Tams DÖV 2007, 367 (373): „aus Sicht der föderalen Zuständigkeitsverteilung unproblematisch“.

170 BVerwG Urt. v. 25.1.2012 – 6 C 9/11 –, BVerwGE 141, 329 (335, Rn. 29).

171 Vgl. die Beschlussempfehlung des Vermittlungsausschusses, BT-Drs. 16/11391, 2.

172 BR-Drs. 404/1/08, 4: „Die Änderung zielt darauf ab klarzustellen, dass es sich bei der Regelung in Satz 2 um eine Konkretisierung des in Artikel 73 Abs. 1 Nr. 9a GG abgesteckten Aufgabenbereichs handelt. Die bisherige Formulierung kann zusammen mit der Gesetzesbegründung, dass Satz 2 ‚darüber hinaus‘ noch die Verhütung von bestimmten terroristischen Straftaten als Aufgabe nenne […], dahin gehend missverstanden werden, dass eine Aufgabenerweiterung gewollt ist, die den grundgesetzlich begrenzten Bereich verlässt. Zugleich wird durch die Änderung präzisiert, dass auch bei der Verhütung von Straftaten mit Bezug zum internationalen Terrorismus immer die Zielrichtung der Abwehr einer konkreten Gefahr gegeben sein muss. Sonst kann Satz 2 als eine Ermächtigung zur Ausübung von Befugnissen so weit im Vorfeld verstanden werden, dass eine Überschneidung mit dem Aufgabenbereich des Verfassungsschutzes droht“. Vgl. dazu auch von der Aue, Bundesrat, Plenarprotokoll 851 der Sitzung v. 28.11.2008, 405 (C): „Der Bundesrat hat mit Beschluss vom 4.7.2008 eine Konkretisierung des Aufgabenbereiches des BKA in klarer und eindeutig verfassungskonformer Weise gefordert. Der Bundestag hat dieses aus der Sicht der Länder wichtige Anliegen nicht aufgegriffen. Es ist deshalb nach wie vor erforderlich klarzustellen, dass das BKA nur tätig werden darf, wenn es um die Abwehr einer konkreten Gefahr geht. Allein auf die Abwehr abstrakter Gefahren, die vom internationalen Terrorismus ausgehen, kann sich eine Allzuständigkeit des BKA nicht gründen“.

173 Dafür etwa Roggan NJW 2009, 257 (258).

174 Vgl. BT-Drs. 16/813, 12.

175 Wie hier Bäcker, Terrorismusabwehr durch das Bundeskriminalamt, 2009, S. 34 f.; Dürig/Herzog/Scholz/Uhle GG Art. 73 (2010) Rn. 214; ders. DÖV 2010, 989 (992); im Ergebnis auch Sachs/Degenhart GG Art. 73 Rn. 48; von Mangoldt/Klein/Starck/Heintzen GG II Art. 73 Rn. 102; von Münch/Kunig/Broemel GG II Art. 73 Rn. 44; Wolff DÖV 2009, 597 (599 f.).

176 BVerfG Urt. v. 20.4.2016 – 1 BvR 966/09 ua –, BVerfGE 141, 220 (263, Rn. 88).

177 Vgl. auch Bäcker, Terrorismusabwehr durch das Bundeskriminalamt, 2009, S. 57.

musabwehr neben der – nach Art. 30, 70 Abs. 1 GG fortbestehenden – Zuständigkeit der Landespolizeibehörden auch eine solche des BKA begründet. Eine derartige Doppel- bzw. Parallelzuständigkeit ist zwar aus bundesstaatlicher Perspektive aus Gründen der Rechtssicherheit, Normenklarheit und -widerspruchsfreiheit prinzipiell unerwünscht.[178] Sie wird aber hier zum einen durch Art. 73 Abs. 1 Nr. 9a GG von der Kompetenzordnung des Grundgesetzes selbst bereichsspezifisch vorgezeichnet. Zum anderen liegt ein Verstoß gegen die Unzulässigkeit der Doppelung von Verwaltungszuständigkeiten nicht vor, solange und soweit die Möglichkeit von Mehrfachhandlungen ausgeschlossen ist. Dem trägt vorliegend die **Kooperationspflicht** in Gestalt des Benachrichtigungs- und Benehmenserfordernis nach den Sätzen 2 und 3 Rechnung.[179]

49 Soweit § 5 Abs. 2 S. 1 BKAG die **Befugnisse anderer Polizeibehörden des Bundes** ebenfalls ausdrücklich unberührt lässt, ist die Regelung konkretisierungsbedürftig. Nach Art. 73 Abs. 1 Nr. 9a GG ist die präventive Terrorismusabwehr – bundesrechtlich – ausschließlich Sache des Bundeskriminalpolizeiamts (→ Rn. 9). Als „andere Polizeibehörden des Bundes" iSd § 5 Abs. 2 S. 1 BKAG können – neben dem BKA – nur die sonstigen Sonderpolizeien des Bundes, dh die Bundespolizei, das Zollkriminalamt sowie die Polizei beim Deutschen Bundestag gemeint sein (→ § 1 Rn. 10); die Nachrichtendienste des Bundes (Bundesamt für Verfassungsschutz, Bundesnachrichtendienst) lassen sich weder institutionell noch funktional unter den Begriff der Polizei fassen. Soweit die Tätigkeit der übrigen Sonderpolizeien des Bundes unberührt bleibt, können – aufgrund der Monopolisierung der präventiven Terrorismusabwehr beim BKA gem. Art. 73 Abs. 1 Nr. 9a GG – somit im Ergebnis nur deren **Befugnisse jenseits der Terrorismusabwehr** gemeint sein.

50 **2. Benachrichtigungspflicht und Benehmenserfordernis (S. 2 und 3).** Nach Satz 2 sind die obersten Landesbehörden und, soweit zuständig, die anderen Polizeibehörden des Bundes unverzüglich (ohne schuldhaftes Zögern, → § 2 Rn. 46) von der Aufgabenwahrnehmung durch das BKA zu benachrichtigen. Die Regelung orientiert sich an dem Verfahren nach § 4 Abs. 3 BKAG im Bereich der Strafverfolgung (→ § 4 Rn. 53 ff.). Dies geschieht in Form eines **Übernahmefernschreibens**, in welchem das BKA zudem Art und Umfang des Lebenssachverhaltes festlegt, für den das Amt die Aufgabe der Gefahrenabwehr wahrnimmt.[180] Mit der an das BKA adressierten Unterrichtungspflicht korrespondiert keine entsprechende **Benachrichtigungspflicht,** falls eine **Landespolizeibehörde** zunächst zur Gefahrenabwehr tätig wird. Eine solche lässt sich auch nicht im Wege ergänzender Auslegung in § 5 Abs. 2 S. 2 BKAG hineinlesen. Daher ist es nicht ausgeschlossen, dass das BKA von einer Gefahr des internationalen Terrorismus nicht oder nicht rechtzeitig erfährt oder überflüssige Maßnahmen trifft, die bereits eine Landespolizeibehörde vorgenommen hat.[181]

51 Nach § 5 Abs. 2 S. 3 BKAG erfolgt die Aufgabenwahrnehmung in gegenseitigem Benehmen von Bund und Ländern. Dadurch soll nach der Gesetzesbegründung sichergestellt werden, dass die beteiligten Behörden zu jedem Verfahrensstand über die Aufgabenwahrnehmung durch das BKA unterrichtet werden.[182] **Benehmen** bedeutet **nicht Einvernehmen** und setzt damit nicht eine Zustimmung oder einen gemeinsamen Entschluss hinsichtlich der Bewältigung der Gefahrenlage voraus. Gegenseitiges Benehmen bedeutet vielmehr, dass sich die beteiligten Behörden gegenseitig Gelegenheit zur Stellungnahme geben und die Stellungnahme des jeweils anderen in ihre Überlegungen einbeziehen.[183] Die zuständigen Behörden können daher den Fall durchaus unterschiedlich einschätzen und dementsprechend verschiedene Maßnahmen zur Gefahrenabwehr treffen.

52 Dies erscheint sowohl mit Blick auf die Effektivität der Gefahrenabwehr als auch rechtsstaatlich bedenklich, da im Extremfall denkbar erscheint, dass die zuständigen Behörden sich wechselseitig behindern oder **einander widersprechende Entscheidungen** treffen.[184] So könnte eine Behörde sich entschließen, zur Gefahrenabwehr mit Befehl und Zwang zuzugreifen, während eine andere Behörde noch weitere Erkenntnisse sammeln will, um die Hintergründe einer geplanten terroristischen Straftat aufzuklären und Hintermänner ausfindig zu machen. Zudem sagt der Begriff des gegenseitigen Benehmens nichts darüber aus, in welcher Frequenz und nach welchem Verfahren sich das BKA und die anderen zuständigen Behörden auszutauschen haben.[185] Dabei wird das BKA spätestens zu dem Zeitpunkt, in dem Anschläge mit Befehl und Zwang vor Ort abgewehrt werden sollen, vielfach darauf angewiesen sein, dass die Landesbehörden bei der Gefahrenabwehr mitwirken. Gerade in einer solchen Situation ist auch zwingend erforderlich, dass schnell

178 BVerfG Urt. v. 15.7.2003 – 2 BvF 6/98 –, BVerfGE 108, 169 (181); für den hier interessierenden Bereich Mehde JZ 2005, 815 (817).

179 Lisken/Denninger/Bäcker, HdbPolR, B Rn. 149; aA Roggan NJW 2009, 257 (258), der die Benehmensregelung für nicht ausreichend hält und „eine wesentlich schärfere Zuständigkeitsregelung einschließlich verpflichtender, interbehördlicher Koordination" verlangt. Zur Bund-Länder-Kooperation als Ausweg, um parallele Zuständigen verfassungskonform aufzulösen, Mehde JZ 2005, 815 (818).

180 BT-Drs. 16/10121, 21.

181 Bäcker, Terrorismusabwehr durch das Bundeskriminalamt, 2009, S. 59.

182 BT-Drs. 16/10121, 21.

183 BT-Drs. 16/10121, 21.

184 Bäcker, Terrorismusabwehr durch das Bundeskriminalamt, 2009, S. 59.

185 Bäcker, Terrorismusabwehr durch das Bundeskriminalamt, 2009, S. 59.

gehandelt wird. Da es dem BKA an Weisungsbefugnissen gegenüber den Landespolizeibehörden mangelt, solche – *de constitutione lata* – auch nicht verfassungskonform eingeräumt werden könnten und das Benehmenserfordernis einfach-rechtlich unzureichend ausgestaltet ist, „droht die präventive Aufgabe des Bundeskriminalamts ausgerechnet in Notlagen zum Papiertiger zu werden“.[186]

53 **3. Aufgabenabgabe an die zuständige Landespolizeibehörde (S. 4).** § 5 Abs. 2 S. 4 BKAG schließt an die Kompetenzausübungsschranke der mangelnden Erkennbarkeit der Zuständigkeit einer Landespolizeibehörde (Abs. 1 Nr. 2; → Rn. 41 ff.) an. In diesem Fall wird das BKA nur **interimistisch** zur Gefahrenabwehr tätig. Sobald ein Ortsbezug und damit die Zuständigkeit der Landesbehörde erkennbar wird, gibt das BKA die Wahrnehmung der Aufgabe nach § 5 Abs. 2 S. 4 BKAG wieder an die dann zuständige Landesbehörde ab, es sei denn, es liegt ein Fall länderübergreifender Gefahr oder ein ausdrückliches Übernahmeersuchen einer obersten Landesbehörde vor.

IV. Kompetenzabgrenzung zu den Strafverfolgungsbehörden

54 Die enge Anlehnung der Aufgabenzuweisungsnorm des § 5 Abs. 1 BKAG an die Voraussetzungen des § 129a Abs. 1 und 2 StGB (→ Rn. 28 ff.) hat zur Folge, dass bei Vorliegen einer Gefahr des internationalen Terrorismus häufig zugleich zureichende tatsächliche Anhaltspunkte für die Mitgliedschaft in einer terroristischen Vereinigung nach §§ 129a, 129b StGB vorliegen.[187] Ähnliches gilt für die Straftatbestände der Vorbereitung einer schweren staatsgefährdenden Gewalttat (§ 89a StGB) und der Aufnahme von Beziehungen zur Begehung einer schweren staatsgefährdenden Gewalttat (§ 89b StGB). Mit diesen Tatbeständen sollen die Ermittlungsbehörden bereits bei der Vorbereitung terroristischer Anschläge eingreifen können, auch wenn lediglich Einzeltäter identifizierbar sind und die Voraussetzungen der §§ 30, 129a StGB fehlen oder nicht nachgewiesen werden können.[188] Prävention und Repression, Terrorgefahr und Terrorverdacht, gehen hier oftmals Hand in Hand (→ Rn. 55 f.).[189] Dies führt zu einer **Verschleifung der Rechtsregime, der Befugnistypen sowie der behördlichen Kompetenzen.** Namentlich die im Bereich der Terrorismusbekämpfung virulente Frage des Verhältnisses von BKA und Generalbundesanwalt (GBA) wird **im BKAG nicht geregelt.** Zur Wahrung der Sachleitungsbefugnis des GBA bei der Verfolgung terrorismusspezifischer Straftaten bedarf es insofern ergänzender Maßgaben, insbesondere einer Unterrichtungspflicht des BKA gegenüber dem GBA (→ Rn. 57 ff.).

55 **1. Zur partiellen Identität von Terrorverdacht und Terrorgefahr.** Erhält das BKA Erkenntnisse über Personen, die sich etwa aus dem Internet Anleitungen zum Bau von Bomben beschafft oder Komponenten zur Herstellung von Sprengstoffen besorgt haben, darf es diese – im ersten präventiven Zugriff – längerfristig observieren, deren laufende Kommunikation überwachen und sonstige Daten durch den Einsatz technischer Mittel erheben. Ob diese Maßnahmen ihren **Schwerpunkt** noch im **Bereich der Gefahrenabwehr**[190] oder bereits in der **Strafverfolgung**[191] haben, ist dabei typischerweise schwer zu sagen. Lassen die Informationserhebungen darauf schließen, dass die betreffenden Personen zu einem Attentat fest entschlossen sind, dh den Tatentschluss zur Begehung einer schweren staatsgefährdenden Gewalttat (§ 89a StGB) und eines Explosionsverbrechens (§ 310 Abs. 1 Nr. 2 iVm § 308 Abs. 1 StGB) gefasst haben, wobei hinsichtlich des „Ob“ der Begehung einer schweren staatsgefährdenden Gewalttat der unbedingte Wille zur Durchführung der Tat nachgewiesen werden muss, die in ihrem „Wie“ (Zeit, Ort, Art der Ausführung) aber nur in Umrissen konkretisiert zu werden braucht,[192] können die Polizeibehörden – im zweiten Schritt – aktionell einschreiten, zB Wohnungen durchsuchen oder die Betreffenden in Gewahrsam bzw. Untersuchungshaft nehmen. Aufgrund der Verwirklichung des kriminalpräventiven Vorfeldtatbestands in objektiver und subjekti-

186 Bäcker, Terrorismusabwehr durch das Bundeskriminalamt, 2009, S. 60.

187 KK-StPO/Griesbaum § 161 Rn. 34a; F. Graulich, Die Zusammenarbeit von Generalbundesanwalt und Bundeskriminalamt bei dem Vorgehen gegen den internationalen Terrorismus, 2013, S. 350.

188 Vgl. Griesbaum/Wallenta NStZ 2013, 369 (372), die die „quasipräventive Funktion“ dieser Tatbestände betonen.

189 Zur Parallelität präventiver und repressiver Regulierungsmodelle bündig Engelstätter in Fischer/Hilgendorf (Hrsg.), Gefahr, 2020, S. 181 (186); Kauffmann/Lalissidou JR 2014, 507 (515); instruktiv Zabel JR 2009, 453 (455); aus begriffstheoretischer Perspektive ferner Danne, Prävention und Repression im Sicherheitsrecht, 2022, S. 255 ff. et passim, der das dichotome Konzept von Gefahrenabwehr und Strafverfolgung im Ergebnis für überkommen hält, ein tragfähiges Ersatzkonzept allerdings schuldig bleibt.

190 Vgl. §§ 45 Abs. 2 Nr. 1, 51 ff. BKAG.

191 Vgl. §§ 100a ff., 163f StPO.

192 BGH Urt. v. 8.5.2014 – 3 StR 243/13 –, BGHSt 59, 218 (239, Rn. 45 f.); Beschl. v. 6.4.2017 – 3 StR 326/16 –, BGHSt 62, 102 (112 f., Rn. 35); Beschl. v. 8.11.2017 – AK 54/17 –, NStZ-RR 2018, 42 (43); demgegenüber wird bei § 310 StGB verlangt, dass der Täter eine bestimmte Tat geplant, zumindest aber konkrete Vorstellungen von der geplanten Tat im Hinblick auf das Angriffsziel und den Angriffszeitpunkt entwickelt hat, vgl. OLG Karlsruhe Beschl. v. 19.12.2011 – 2 Ws 157/11 –, NStZ 2012, 390 (391 f.).

ver Hinsicht kommt auch an dieser Stelle – wahlweise[193] – ein Einschreiten auf strafprozessualer oder polizeirechtlicher Grundlage in Betracht, ohne dass es für dieses „doppelfunktionale" Vorgehen auf einen irgendwie gearteten und ohnehin nur schwer auszumachenden Schwerpunkt[194] ankäme. Dieser wurde maßgeblich für die Bestimmung des richtigen Rechtswegs (§ 23 EGGVG oder § 40 VwGO[195]), der Frage nach dem Vorrang der einen oder anderen Aufgabe sowie für die Beantwortung der Frage herangezogen, ob die Polizei selbst als Herrin des Verfahrens oder unter der Verfahrensherrschaft der Staatsanwaltschaft tätig wird.[196] Die Beseitigung einer bereits eingetretenen Störung ist ein Unterfall und die dringlichste Form der Gefahrenabwehr und zielt auf die Beseitigung der (fortwährenden) Folgen, nicht auf die Ahndung begangenen Unrechts.[197]

56 Der Rechtmäßigkeit einer gefahrenabwehrrechtlichen Maßnahme steht insofern nicht entgegen, dass im Zeitpunkt ihrer Vornahme bereits der Anfangsverdacht einer Straftat vorliegt.[198] In Situationen, in denen sich die Notwendigkeit wie die Möglichkeit ergibt, sowohl zum Zweck der Gefahrenabwehr als auch zum Zweck der Strafverfolgung tätig zu werden, wie dies typischerweise bei Entführungen, Geiselnahmen oder in Terrorlagen der Fall sein kann, kommt nach jüngerer Rechtsprechung des Bundesgerichtshofs[199] weder ein allgemeiner Vorrang des Strafprozessrechts gegenüber dem Gefahrenabwehrrecht[200] noch eine umgekehrte Zweifelsregelung[201] in Betracht. Das Beispiel zeigt damit zweierlei: Einerseits sind die **Übergänge** zwischen neutralen, sozialadäquaten Handlungen und strafbaren Vorbereitungshandlungen gerade **im Terrorismusstrafrecht** ebenso **fließend geworden** wie die Grenzen zwischen präventivem Handeln und repressivem Vorgehen. Überschneidungen zwischen den sich immer stärker einander annähernden Befugnistypen im Strafprozess- und Gefahrenabwehrrecht sind damit unausweichlich,[202] da beide Rechtsgebiete im Rahmen derselben zeitlichen Zusammenhänge die Reaktion und den Umgang mit denselben Personen wegen derselben (vermuteten) Bedrohungslage erfassen. Sie überlagern sich nicht länger nur zeitlich, sondern auch sachlich. Terrorgefahr und Terrorverdacht weisen damit in ihrer Bedeutung für Ziel und Zweck der jeweiligen Ermittlungen partielle Identität auf.[203]

57 **2. Zur notwendigen Aktualisierung der Sachleitungsbefugnis des GBA.** Diese hergebrachte Problematik an der Schnittstelle von Polizei- und Strafprozessrecht bedeutet im Anwendungsbereich des § 5 Abs. 1 BKAG keine punktuelle Zweifelsfrage, sondern beinhaltet ein **„Strukturproblem"**.[204] Die Abgrenzung ist in mehrfacher Hinsicht bedeutsam: Nach ihr richtet sich nicht nur das der Tätigkeit des BKA zugrundeliegende Rechtsregime[205] und damit zugleich die Frage nach dem Rechtsweg für Individualrechtsschutz gegen Eingriffsmaßnahmen des BKA im Bereich der Terrorismusbekämpfung. Sie entscheidet vielmehr über die Verfahrensherrschaft im Verhältnis von BKA und GBA: Im Rahmen der präventiven Terrorismusabwehr nach den Regelungen des BKA-Gesetzes handelt das Amt als Sonderpolizeibehörde des Bundes autonom und

193 Von einem „Befugnis-" und „forum shopping" sprechen in diesem Kontext Brodowski, Verdeckte technische Überwachungsmaßnahmen im Polizei- und Strafverfahrensrecht, 2016, S. 355 ff.; ders. JZ 2017, 1124 (1126, 1128); ders./Jahn/Schmitt-Leonardy GSZ 2018, 7 (8); Puschke JBÖS 2018/19, 135 (143); mit einer „polizeilichen ‚Rosinentheorie'" auch schon Gusy StV 1991, 499 (499); mit einem „Wahlrecht" ferner Bäcker, Stellungnahme für die öffentliche Anhörung am 17.5.2018 vor dem 1. Untersuchungsausschuss der 19. Wahlperiode des Deutschen Bundestags („Breitscheidplatz"), Ausschuss-Drs. 19(25)249, 15.

194 Vgl. auch K. Graulich NVwZ 2014, 685 (690).

195 Zur Rechtswegfrage mit Blick auf das BKA etwa VGH Kassel Beschl. v. 7.9.2018 – 8 E 2283/17 –, NVwZ-RR 2019, 152 (153 f., Rn. 15 ff.).

196 Grundlegend BVerwG Urt. v. 3.12.1974 – I C 11/73 –, BVerwGE 47, 255 ff.; s. auch Kingreen/Poscher, POR, § 2 Rn. 9 ff.

197 Statt aller Gusy, POR, Rn. 103, 105.

198 BGH Urt. v. 26.4.2017 – 2 StR 247/16 –, BGHSt 62, 123 (130, Rn. 19; 133, Rn. 28).

199 BGH Urt. v. 26.4.2017 – 2 StR 247/16 –, BGHSt 62, 123 (133, Rn. 25); vgl. auch Bäcker/Giesler/Harms/Hirsch/Kaller/Wolff, Bericht der Regierungskommission zur Überprüfung der Sicherheitsgesetzgebung in Deutschland v. 28.8.2013, S. 89 ff.; K. Graulich NVwZ 2014, 685 (690); Danne JuS 2018, 434 (437).

200 So etwa Müller/Römer NStZ 2012, 543 (547); Gubitz NStZ 2016, 128 (128).

201 So demgegenüber Kingreen/Poscher, POR, § 2 Rn. 14: „Im Zweifel muss [...] zur Geltung kommen, dass Gefahrenabwehr wichtiger ist als Strafverfolgung".

202 Vgl. BVerfG Beschl. v. 18.12.2018 – 1 BvR 142/15 –, BVerfGE 150, 244 (275, Rn. 71, 72): „liegen oft nahe beieinander", „können sich insoweit überschneiden", „gehen [...] Hand in Hand und sind in ihren Wirkungen miteinander eng verwoben"; aus der Literatur K. Graulich in GS-Schmehl, 2019, S. 151 (153); Brodowski/Jahn/Schmitt-Leonardy GSZ 2018, 7 (7); Aden/Fährmann ZRP 2019, 175 (176); vgl. auch Bäcker, Kriminalpräventionsrecht, 2015, S. 349, 358 f.; ders., Stellungnahme für die öffentliche Anhörung am 17.5.2018 vor dem 1. Untersuchungsausschuss der 19. Wahlperiode des Deutschen Bundestags („Breitscheidplatz"), Ausschuss-Drs. 19(25)249, 15: „strukturelle[n] Gemengelage"; ders./Giesler/Harms/Hirsch/Kaller/Wolff, Bericht der Regierungskommission zur Überprüfung der Sicherheitsgesetzgebung in Deutschland v. 28.8.2013, S. 88: „Wechselwirkungsverhältnis"; mit einer „immer undurchsichtiger werdenden multipolaren und -funktionalen Gemengelage" auch schon Gärditz, Strafprozeß und Prävention, 2003, S. 7.

203 Griesbaum/Wallenta NStZ 2013, 369 (374 f.).

204 Bäcker, Terrorismusabwehr durch das Bundeskriminalamt, 2009, S. 48, 61; vgl. auch Griesbaum/Wallenta NStZ 2013, 369 (373 f.), die das BKA insofern als „‚Grenzgänger' zwischen präventiven und repressiven Befugnissen, zwischen Opportunität und Legalität in ‚Behördenunion'", kennzeichnen.

205 Vgl. Roggan NJW 2009, 257 (258): „Strafverfolgung unter justizieller Herrschaft nach Strafprozessrecht oder Gefahrenabwehr in alleiniger Zuständigkeit des BKA nach Bundespolizeirecht".

nach Ermessen (→ Rn. 15). Dagegen ist das BKA zur Strafverfolgung im Terrorismusbereich zwar in weitem Umfang zuständig;[206] es unterliegt dabei jedoch der Sachleitungsbefugnis der Bundesanwaltschaft als Herrin des Ermittlungsverfahrens,[207] die von den Ermittlungen unverzüglich zu benachrichtigen ist[208] und die über den Einsatz eingriffsintensiver Ermittlungsmethoden[209] zu entscheiden hat.[210]

Ob und inwieweit ein Fall der Gefahrenabwehr oder der Strafverfolgung zuzuordnen ist, wird im BKAG nicht geregelt. **Faktisch** entscheidet darüber das **BKA in eigener Verantwortung,**[211] dem in seiner Funktion als Zentralstelle (§§ 2, 3 BKAG) Hinweise auf terroristische Straftaten im Regelfall als erstes zugehen werden und das nur dann, wenn das Amt selbst den Fall dem Bereich der Strafverfolgung zuordnet, nach § 4 Abs. 3 S. 1 Hs. 2 BKAG zur Unterrichtung des GBA verpflichtet ist (→ § 4 Rn. 53). Darüber hinaus verfügt der GBA über deutlich begrenztere sachliche und personelle Ressourcen als das BKA, weshalb er in der Praxis kaum in der Lage sein wird, derartigen Hinweisen selbstständig nachzugehen.[212] In den Grenzbereichen zwischen Gefahren- und Straftatverdacht ist der GBA somit oftmals tatsächlich nicht hinreichend in der Lage, von seiner Befugnis Gebrauch zu machen, in einem frühen Stadium seine Zuständigkeit in eigener Verantwortung zu prüfen. Informationsrechte gegenüber den Staatsanwaltschaften der Länder oder den Behörden, die es ihm ermöglichen, bestehende Indizien für einen Anfangsverdacht zu prüfen, hat der GBA nach geltendem Recht nicht.[213] Entscheidet das BKA somit faktisch autonom über das jeweils anwendbare Rechtsregime, droht das strafprozessuale Legalitäts- zugunsten des polizeirechtlichen Opportunitätsprinzips (→ Rn. 15) unterlaufen zu werden.[214] Auf diese Weise könnte die **Sachleitungsbefugnis des GBA** für das strafrechtliche Ermittlungsverfahren gegen terroristische Vereinigungen **ausgehöhlt** werden, mit der Folge, dass die Bundesanwaltschaft ihre Aufgabe, die Ermittlungstätigkeit der Polizei anzuleiten und zu kontrollieren, kaum noch wirksam wahrnehmen kann.[215] 58

Die anzustellende Beurteilung, ob ein Gefährdungssachverhalt (bereits) einen Anfangsverdacht begründet (§ 152 Abs. 2 StPO), gehört zum Kernbereich der Sachleitungsbefugnis des GBA.[216] Das BKA hat danach sicherzustellen, dass der GBA alle Informationen erhält, die erforderlich sind, um beurteilen zu können, ob und ab wann eine polizeilich zu bewältigende Gefahrenlage auch einen solchen Verdacht rechtfertigt.[217] Bejaht der GBA einen solchen Anfangsverdacht, zieht er das Verfahren im Wege des Evokationsrechts an sich (§§ 89a, 89b StGB[218]) oder wird in originärer Zuständigkeit tätig (§ 129a StGB[219]). Ergibt sich hingegen kein Anfangsverdacht für ein Staatsschutzdelikt, das in die originäre Zuständigkeit des GBA fällt, verbleibt das Verfahren bei der zuständigen Landesstaatsanwaltschaft oder (wenn gar kein Anfangsverdacht einer Straftat besteht) im präventiv-polizeilichen Bereich des BKA. Eine solche Unterrichtung ist mithin schon deshalb erforderlich, um den GBA überhaupt in die Lage zu versetzen, über die Einleitung von strafverfolgenden Maßnahmen einschließlich der Begründung der Sachleitungsbefugnis entscheiden zu können.[220] In den jeweiligen vom BKA geführten „§ 5-BKAG-Lagen" muss daher aufgrund der jeweils aktuellen Erkenntnislage und -bewertung festgestellt werden, ob (nur) eine konkrete Gefahr vorliegt oder auch schon von einem Anfangsverdacht für eine Straftat auszugehen ist.[221] Ist letzteres der Fall, hat das BKA den GBA unverzüglich zu unterrichten. Eine entsprechende **Unterrichtungspflicht** wird zwar an keiner Stelle 59

206 Vgl. § 4 Abs. 1 S. 1 Nr. 3 lit. a BKAG. Daneben kommt eine Auftragszuständigkeit nach § 4 Abs. 2 BKAG in Betracht.
207 § 142a Abs. 1 S. 1 iVm § 120 Abs. 1 Nr. 6 GVG.
208 § 4 Abs. 3 S. 1 Hs. 2 BKAG iVm Nr. 30 Abs. 3 RiStBV.
209 Vgl. etwa § 100e Abs. 1 S. 1, Abs. 2 S. 1 StPO (Telekommunikationsüberwachung; Online-Durchsuchung; Akustische Wohnraumüberwachung); § 100f Abs. 4 iVm § 100e Abs. 1 S. 1 StPO (Akustische Überwachung außerhalb von Wohnraum); § 100i Abs. 3 S. 1 iVm § 100e Abs. 1 S. 1 StPO (Technische Ermittlungsmaßnahmen bei Mobilfunkendgeräten); § 101a Abs. 1 S. 1, Abs. 1a S. 1 iVm § 100e Abs. 1 S. 1 StPO (Erhebung von Verkehrsdaten; Erhebung von Nutzungsdaten bei Telemediendiensten) § 110b Abs. 1 S. 1 StPO (Einsatz verdeckter Ermittler).
210 Bäcker, Terrorismusabwehr durch das Bundeskriminalamt, 2009, S. 61; vgl. auch KK-StPO/Griesbaum § 161 Rn. 34a.
211 Vgl. auch von Denkowski NK 20 (2008), 82 (84); Zabel JR 2009, 453 (455): „*Selbstdefinition* möglicher (Schwerst-)Kriminalität oder potentieller Täter und damit […] *Selbstlegitimation* der Eingriffsmodalitäten" (Hervorhebungen im Original).
212 Bäcker, Terrorismusabwehr durch das Bundeskriminalamt, 2009, S. 63.
213 Bäcker/Giesler/Harms/Hirsch/Kaller/Wolff, Bericht der Regierungskommission zur Überprüfung der Sicherheitsgesetzgebung in Deutschland v. 28.8.2013, S. 210 f.
214 Griesbaum/Wallenta NStZ 2013, 369 (375 f.); s. auch Roggan ZRP 2017, 208 (209): „Emanzipation von der Justiz".
215 Bäcker, Terrorismusabwehr durch das Bundeskriminalamt, 2009, S. 63.; vgl. auch Zabel JR 2009, 453 (456); Roggan ZRP 2017, 208 (209).
216 Griesbaum/Wallenta NStZ 2013, 369 (375).
217 KK-StPO/Griesbaum § 161 Rn. 34a; ders./Wallenta NStZ 2013, 369 (375).
218 § 120 Abs. 2 S. 1 iVm § 74a Abs. 2 Nr. 1 GVG.
219 § 142a Abs. 1 S. 1 iVm § 120 Abs. 1 Nr. 6 GVG.
220 Roggan ZRP 2017, 208 (209).
221 Bäcker/Giesler/Harms/Hirsch/Kaller/Wolff, Bericht der Regierungskommission zur Überprüfung der Sicherheitsgesetzgebung in Deutschland v. 28.8.2013, S. 210.

ausdrücklich normiert; sie lässt sich aber aus einer **Gesamtschau von § 4 Abs. 3 S. 1 Hs. 2 BKAG**[222] **und § 163 Abs. 2 StPO**[223] herleiten.[224] Sie bildet eine tragfähige „Brücke" zwischen Gefahrenabwehr und Strafverfolgung im Bereich der Terrorismusbekämpfung.

V. Besondere Aufgabenzuweisung nach dem Terroristische-Online-Inhalte-Bekämpfungs-Gesetz (Abs. 3)

60 **1. Sonderrechtliche Spezialzuweisung.** Nach dem mit Wirkung vom 27.7.2022 eingefügten § 5 Abs. 3 BKAG ist das Amt darüber hinaus **zuständige Behörde nach § 1 Abs. 1 des Terroristische-Online-Inhalte-Bekämpfungs-Gesetzes (TerrOIBG)**.[225] Als solche ist das BKA für den Erlass und die Überprüfung von Entfernungsanordnungen nach Art. 3 und 4 der Verordnung (EU) 2021/784 des Europäischen Parlaments und des Rates vom 29.4.2021 zur Bekämpfung der Verbreitung terroristischer Online-Inhalte[226] zuständig (→ Rn. 62). Mit der EU-Verordnung wurden einheitliche Vorschriften geschaffen, um den **Missbrauch von Hostingdiensten zur öffentlichen Verbreitung terroristischer Online-Inhalte** zu bekämpfen.

61 Als supranationaler Rechtsakt bedarf die EU-Verordnung keiner Umsetzung in nationales Recht; § 5 Abs. 3 BKAG dient insofern lediglich dem Nachvollzug der von Art. 12 Abs. 1 lit. a und b der VO (EU) 2021/784 vorausgesetzten Zuständigkeitszuweisung im nationalen Recht, die bereits durch § 1 Abs. 1 TerrOIBG vorgenommen wird.[227] § 5 Abs. 3 BKAG selbst ist **deklaratorischer Natur**; die Vorschrift hält klarstellend fest, dass dem BKA die Aufgaben nach § 1 Abs. 1 TerrOIBG obliegen.[228] Dies gilt ausweislich des § 5 Abs. 3 BKAG zudem ausdrücklich **„unbeschadet der Absätze 1 und 2"**. Danach unterfällt die Zuständigkeitszuweisung nach Abs. 3 weder den qualifizierenden Voraussetzungen der Kompetenzausübungsschranke nach Abs. 1 (→ Rn. 38 ff.) noch gilt für sie das Benachrichtigungs- und Benehmenserfordernis nach Abs. 2 (→ Rn. 50 ff.). Es handelt sich um eine **sonderrechtliche Spezialzuweisung** im Rahmen der gesetzlichen Zuständigkeit des BKA für die Terrorismusabwehr.

62 **2. Inhalt und Umfang der Aufgabe.** Aufgabe des BKA nach § 1 Abs. 1 TerrOIBG ist zum einen der **Erlass von Entfernungsanordnungen**, auch in Fällen, in denen der Hostingdiensteanbieter seine Hauptniederlassung oder seinen gesetzlichen Vertreter in einem anderen EU-Mitgliedstaat hat, und zum anderen die **Überprüfung von Entfernungsanordnungen** anderer Mitgliedstaaten bei Hostingdiensteanbietern, die im Inland ihre Hauptniederlassung oder ihren gesetzlichen Vertreter haben. Mit dem Erlass einer Entfernungsanordnung ist der Hostingdiensteanbieter gem. Art. 3 VO (EU) 2021/784 verpflichtet, den terroristischen Inhalt in allen Mitgliedstaaten innerhalb einer Stunde zu entfernen oder den Zugang zu dem Inhalt zu sperren. Das Entfernen des Inhalts innerhalb kurzer Zeit soll eine weitere öffentliche Verbreitung des terroristischen Inhalts und damit die Gefahr der Begehung einer terroristischen Straftat verhindern.[229]

63 Nach § 1 Abs. 4 TerrOIBG nimmt das BKA zudem **Meldungen von Hostingdiensteanbietern** über Kenntnisse über terroristische Inhalte entgegen, die zu einer unmittelbaren Bedrohung von Leben führen (Art. 14 Abs. 5 VO [EU] 2021/784), und verarbeitet diese im Rahmen seiner gesetzlichen Aufgaben nach §§ 2 ff. BKAG. Zu diesem Zweck hat das BKA nach § 1 Abs. 3 TerrOIBG eine **Kontaktstelle** einzurichten. Auf der Internetseite des BKA müssen Angaben dazu veröffentlicht werden, wie die Kontaktstelle erreicht werden kann.

222 Für § 4 Abs. 3 S. 1 Hs. 2 BKAG „in erweiternder teleologischer Auslegung" Bäcker, Terrorismusabwehr durch das Bundeskriminalamt, 2009, S. 64.

223 Für § 163 Abs. 2 StPO als „Ausfluss der staatsanwaltschaftlichen Sachleitungsbefugnis" Griesbaum/Wallenta NStZ 2013, 369 (376); vgl. auch Erbs/Kohlhaas/Papsthart BKAG § 2 (2007) Rn. 2; F. Graulich, Die Zusammenarbeit von Generalbundesanwalt und Bundeskriminalamt bei dem Vorgehen gegen den internationalen Terrorismus, 2013, S. 352; Roggan ZRP 2017, 208 (209); sowie Zabel JR 2009, 453 (456), der davon ausgeht, dass der Generalbundesanwalt durch das BKA „bereits im Stadium ermittlungstechnischer *Schwerpunktsetzungen im Vorfeldbereich* in Kenntnis zu setzen" ist (Hervorhebungen im Original).

224 Für eine Zusammenschau beider Normen wie hier Bäcker/Giesler/Harms/Hirsch/Kaller/Wolff, Bericht der Regierungskommission zur Überprüfung der Sicherheitsgesetzgebung in Deutschland v. 28.8.2013, S. 209 f., die im Ergebnis eine Ergänzung des § 4 Abs. 3 BKAG wie folgt vorschlagen (vgl. S. 214): „Der Generalbundesanwalt ist unverzüglich zu benachrichtigen, wenn das Bundeskriminalamt die Aufgabe nach Absatz 1 wahrnimmt. Auskünfte und Akteneinsicht sind ihm zu gewähren, soweit dies zur Prüfung seiner Zuständigkeit nach § 120 in Verbindung mit § 142a Absatz 1 des Gerichtsverfassungsgesetzes erforderlich ist".

225 Gesetz zur Durchführung der Verordnung (EU) 2021/784 des Europäischen Parlaments und des Rates vom 29.4.2021 zur Bekämpfung der Verbreitung terroristischer Online-Inhalte (Terroristische-Online-Inhalte-Bekämpfungs-Gesetz – TerrOIBG) v. 21.7.2022 (BGBl. I S. 1182). § 5 Abs. 3 BKAG wurde eingefügt durch Art. 2 TerrOIBG.

226 ABl. L 172 S. 79.

227 Vgl. BT-Drs. 20/1632, 1, 11.

228 BT-Drs. 20/1632, 12, 19.

229 BT-Drs. 20/1632, 15.

§ 6 Schutz von Mitgliedern der Verfassungsorgane und der Leitung des Bundeskriminalamtes

(1) [1]Unbeschadet der Rechte des Präsidenten des Deutschen Bundestages und der Zuständigkeit der Bundespolizei und der Polizeien der Länder obliegt dem Bundeskriminalamt

1. der erforderliche Personenschutz
   a) für die Mitglieder der Verfassungsorgane des Bundes,
   b) in besonders festzulegenden Fällen der Gäste dieser Verfassungsorgane aus anderen Staaten,
   c) auf Ersuchen des Präsidenten des Deutschen Bundestages für Hilfsorgane des Deutschen Bundestages und
   d) für die Leitung des Bundeskriminalamtes;
2. der innere Schutz der Dienst- und der Wohnsitze sowie der jeweiligen Aufenthaltsräume des Bundespräsidenten, der Mitglieder der Bundesregierung und in besonders festzulegenden Fällen ihrer Gäste aus anderen Staaten.

[2]In den Fällen des Satzes 1 Nummer 1 Buchstabe a, c und d kann der erforderliche Schutz insbesondere auch über die Amtsdauer hinaus erstreckt werden und Familienangehörige einbeziehen.

(2) Sollen Beamtinnen und Beamte des Bundeskriminalamtes und der Polizei eines Landes in den Fällen des Absatzes 1 zugleich eingesetzt werden, so entscheidet darüber das Bundesministerium des Innern, für Bau und Heimat im Einvernehmen mit der obersten Landesbehörde.

A. Überblick und Genese

1 § 6 BKAG gibt dem BKA die Aufgabe, den **erforderlichen Personenschutz**, teilweise auch in Form sog. **Innenschutzes**, für die Mitglieder der Verfassungsorgane des Bundes und weitere herausgehobene Einzelpersonen zu gewährleisten. Die Personenschutzaufgabe umfasst den erforderlichen Schutz sowohl der Mitglieder der Verfassungsorgane des Bundes (§ 6 Abs. 1 Nr. 1 lit. a BKAG), in besonders festzulegenden Fällen der Gäste dieser Verfassungsorgane aus anderen Staaten (§ 6 Abs. 1 Nr. 1 lit. b BKAG), auf Ersuchen des Präsidenten des Deutschen Bundestages für Hilfsorgane des Deutschen Bundestages (§ 6 Abs. 1 Nr. 1 lit. c BKAG) und für die Leitung des BKA (§ 6 Abs. 1 Nr. 1 lit. d BKAG). Die Innenschutzaufgabe aus § 6 Abs. 1 Nr. 2 BKAG komplementiert die Personenschutzaufgabe; sie umfasst den inneren Schutz der Dienst- und der Wohnsitze sowie der jeweiligen Aufenthaltsräume des Bundespräsidenten, der Mitglieder der Bundesregierung und in besonders festzulegenden Fällen ihrer Gäste aus anderen Staaten.

2 § 6 BKAG eröffnet eine **ausschließlich präventive Zuständigkeit**. Es handelt sich um einen von nur drei Bereichen, in denen das BKA präventivpolizeilich tätig wird (daneben: Abwehr von Gefahren des internatio-

nalen Terrorismus nach § 5 BKAG und Zeugenschutz nach § 7 BKAG).[1] Aus dem Auftrag zum Personenschutz ergeben sich keine Strafverfolgungskompetenzen, auch dann nicht, wenn eine Straftat zum Nachteil einer der Schutzpersonen des BKA in Rede steht.[2] Vielmehr ist in § 4 Abs. 1 S. 1 Nr. 2 BKAG abschließend geregelt, in welchen Fällen von Straftaten gegen Mitglieder von Verfassungsorganen des Bundes oder ihrer Gäste das BKA die Strafverfolgung wahrnimmt (→ § 4 Rn. 24 ff.: nur bei herausgehobenen Straftaten, Handeln aus politischen Motiven und Berührung außen- oder bundespolitischer Belange).

I. Zweck und Abgrenzung

3 § 6 BKAG legt fest, dass die Aufgabe des Personenschutzes für die herausgehobenen Repräsentanten des Bundes dem BKA obliegt. Es handelt sich bei § 6 BKAG lediglich um die innerstaatliche **Aufgabenzuweisung,** noch nicht um die Regelung von Befugnissen zur Erledigung der Aufgabe.[3] Diese sind – in Form einer bereichsspezifischen Generalklausel und einzelner Spezialermächtigungen – in den §§ 63–65 BKAG geregelt.

4 Die **örtliche Zuständigkeit** ist nicht eigens geregelt, sondern unterliegt keinen Beschränkungen. Sie gilt – aus Sicht des deutschen Rechts – im Grundsatz weltweit, dh der Anwendungsbereich des § 6 BKAG ist nicht auf deutsches Hoheitsgebiet begrenzt.

5 Eine Begrenzung der Zuständigkeit erfolgt allein in sachlicher Hinsicht, nämlich über das Erfordernis eines Bezugs der Maßnahmen zur Schutzaufgabe nach § 6 BKAG. Im Rahmen der **sachlichen Zuständigkeitsabgrenzung** ist die Tätigkeit des BKA im Personenschutz nach § 6 BKAG sowohl zu den besonderen verfassungsmäßigen Rechten des Präsidenten des Deutschen Bundestags als auch zu den Zuständigkeiten der Bundespolizei sowie der Polizeien der Länder ins Verhältnis zu setzen (→ Rn. 12 ff.).

II. Verfassungsrechtlicher Hintergrund

6 Anders als für die Abwehr von Gefahren des internationalen Terrorismus (vgl. Art. 73 Abs. 1 Nr. 9a GG, im Einzelnen → § 5 Rn. 3 ff.) existiert keine Verfassungsnorm, die dem Bund oder gar dem BKA ausdrücklich die Kompetenz für die in § 6 BKAG geregelten Schutzaufgaben zuweisen würde. Dass der Bund aber den Schutz seiner eigenen Organe und ihrer Besucher regeln und durchführen kann, ergibt sich aus der **Natur der Sache.**[4] Es ist eine wesentliche Aufgabe jedes Staates, für den Schutz auswärtiger Staatsbesucher und der eigenen höchsten Organwalter selbst zu sorgen.[5] Ohne den eigenverantwortlichen Schutz der körperlichen Unversehrtheit und der Entscheidungsfreiheit der Mitglieder der eigenen Verfassungsorgane wäre der Bund nicht selbstständig handlungsfähig und vom guten Willen der Länder abhängig. Hinzu kommen die länderübergreifende Zuständigkeit und damit der länderübergreifende Wirkungsradius von Mitgliedern der Verfassungsorgane des Bundes, was die Alternative einer Vielzahl miteinander konkurrierender Länderkompetenzen strukturell wenig plausibel erscheinen lässt.[6]

III. Gesetzeshistorie

7 Bereits **ab dem Jahr 1951** übernahm das BKA mit seiner Sicherungsgruppe (SG) den persönlichen Schutz von Bundespräsident und Bundesregierung. Die Rechtsgrundlage bildete seinerzeit ein Erlass des Bundesministeriums des Innern vom 30.8.1951, der im Jahr 1965 durch einen Kabinettsbeschluss modifiziert wur-

1 Vgl. auch Hessel BKAG § 9 Anm. 1; Riegel Bundespolizeirecht/BKAG § 9 S. 56 f. Der behördliche Eigenschutz nach § 8 BKAG ist seiner Funktion nach ebenfalls präventiv, allerdings handelt es sich nicht um klassische polizeiliche Aufgaben, weil weitgehend lediglich das Innenleben der Behörde betroffen ist und der Bezugspunkt der Aufgabe nicht über die geografischen Grenzen der Behördenliegenschaften hinausreicht. Das BKA kann daneben auch in den Fällen des § 34 BKAG (Eigensicherung eingesetzter Personen) präventiv tätig werden; es handelt sich dabei aber nicht um einen eigenständigen Bereich polizeilicher Tätigkeit, sondern um einen Teilaspekt der Strafverfolgung.

2 Riegel Bundespolizeirecht/BKAG § 9 S. 56: „Die Aufgabe der Strafverfolgung ist von § 9 auch nicht konkludent mit umfaßt" (Hervorhebungen im Original hier ausgelassen).

3 S. etwa Schenke/Graulich/Ruthig/Graulich BKAG § 6 Rn. 3.

4 So auch BT-Drs. 7/178, 7; BT-Drs. 13/1550, 20; BR-Drs. 502/72, 7; Hessel BKAG § 9 Anm. 1; Riegel DÖV 1982, 849 (850); Ahlf, Das Bundeskriminalamt als Zentralstelle, 1985, S. 41; Schreiber NJW 1997, 2137 (2140); Ahlf/Daub/Lersch/Störzer/Daub BKAG § 5 Rn. 3; Kugelmann BKAG § 5 Rn. 2; Dreier/Hermes GG III, Art. 87 Rn. 53; wohl affirmativ auch Gade/Kieler, Polizei und Föderalismus, 2008, S. 29; allgemeiner zu Kompetenzen kraft Natur der Sache etwa Achterberg AöR 1961, 63 (66 f.); Kölble DÖV 1963, 660 (667 ff.); Bullinger AöR 1971, 237 (268 ff., 278 ff.). Von Verfassungsgewohnheitsrecht geht Schenke/Graulich/Ruthig/Graulich BKAG § 6 Rn. 2, aus. Von **Kompetenzwidrigkeit** gehen aus: Lisken/Denninger/Bäcker, HdbPolR, B Rn. 152; Merten DVBl. 1987, 395 (399 ff., 401 ff.); iE wohl auch Kniesel, Kriminalitätsbekämpfung durch Polizeirecht, 2022, S. 195.

5 BT-Drs. 7/178, 7.

6 Vgl. Dreier/Hermes GG III, Art. 83 Rn. 45.

de.[7] Eine formelle **gesetzliche Grundlage** für den Personenschutz wurde erstmals **im Jahr 1973** geschaffen.[8] Man hielt eine Regelung der Exekutivbefugnisse für die Bediensteten des BKA für erforderlich und verlieh der Sicherungsgruppe des BKA auch Eingriffsbefugnisse, die durch Verweis auf das damalige Bundesgrenzschutzgesetz (BGSG) geregelt wurden.[9] Seine heutige Fassung erhielt die Aufgabennorm im Wesentlichen mit dem **Bundeskriminalamtgesetz vom 7.7.1997.**[10] Mit der im Jahr 2018 in Kraft getretenen Neufassung des BKAG aus dem Jahr 2017 erhielt die Norm ihre heutige Bezeichnung als § 6 BKAG und wurde inhaltlich noch einmal leicht angepasst, vor allem durch die Erfassung von Hilfsorganen des Deutschen Bundestags.[11] Im Laufe der Geschichte des Personenschutzes durch das BKA wurde wiederholt erwogen, die Aufgabe des Personenschutzes an die **Bundespolizei** zu übertragen, so auch in jüngerer Vergangenheit. Dafür sprach, dass es sich der Sache nach um eine schutzpolizeiliche Aufgabe handelt. Auf der anderen Seite handelt es sich bei Personenschutz moderner Prägung (→ Rn. 8) um eine Aufgabe des polizeilichen Staatsschutzes (→ Rn. 55). Da zudem die Abteilung Sicherungsgruppe des BKA über Jahrzehnte hinweg die Aufgabe sehr zufriedenstellend und mit kontinuierlich steigender Professionalität erledigt hatte, wurde durch das Bundesministerium des Innern abschließend entschieden, dass die Aufgabe beim BKA verbleibt.

IV. Aktuelle Entwicklungen

Die Entwicklung des Personenschutzes der Gegenwart ist gekennzeichnet von einer stetigen Anpassung an 8
sich verändernde Gefährdungslagen, einer damit einhergehenden beständigen **Professionalisierung** und dem Streben nach möglichst zivilem Auftreten (Konzept eines „sicheren Raumes" statt „Close Protection").

Zugleich ist das Umfeld, in dem sich dieses Streben wiederfindet, geprägt von zunehmend diffusen, viel- 9
gestaltigen und unberechenbaren Bedrohungslagen. Hierzu tragen vor allem die bedauerliche **Verrohung der politischen Kultur** und des allgemeinen Diskursklimas bei. Davon geht auch die Bundesregierung aus: „Im Zusammenhang mit gesellschaftlich kontrovers diskutierten Themen, den hohen Steigerungsraten bei der Nutzung von sozialen Medien und der damit einhergehenden scheinbaren Anonymität mit einer gleichzeitigen Neigung zu verbaler Verrohung ist ein beständiger Anstieg von erheblichen Drohungen und Beleidigungen insbesondere zum Nachteil von Mitgliedern des Deutschen Bundestages und der Bundesregierung festzustellen. Insbesondere im Zuge der Flüchtlingslage und der Armenienresolution des Deutschen Bundestages haben **Morddrohungen**, die zum Teil den Ort, das Datum, die Uhrzeit und die konkrete Begehungsweise der geplanten Tat nannten, deutlich zugenommen und beschränken sich nicht mehr auf das Internet. Politiker sind insbesondere bei öffentlichen Auftritten massiven **Bedrängungen und Beleidigungen** ausgesetzt. Die Gefährdung der Mitglieder der Verfassungsorgane reicht bis in den privaten Bereich hinein, indem beispielsweise eine einsatzfähige Patrone in den Briefkasten der Privatwohnung eines Mitglieds der Bundesregierung eingelegt wurde".[12] Die genannten Bedrängungen und Beleidigungen erfolgen insbesondere auch in Form zunehmend enthemmter **Hasspostings** in den sog. Sozialen Medien.

Die aktuelle Bedrohungslage ist zusätzlich geprägt durch eine nach wie vor hohe abstrakte Gefährdung 10
durch **islamistische** und zunehmend vor allem durch **rechtsextreme Täter.** Insbesondere rechtsextrem-autoritäre Ideologien stellen derzeit eine nachhaltige Bedrohung für die grundgesetzlich verfasste Ordnung dar, zumal Ressentiments, die an solche Ideologien anschlussfähig sind, in einem gewissen Teil der Gesellschaft Verbreitung finden. Diese Bedrohungslage erfordert mehr denn je entschlossene staatliche Reaktionen und intelligente Lösungen, auch und gerade zum Schutz der Mitglieder der Verfassungsorgane des Bundes. Die Bedrohungslage durch extremistische Ideologien wird zusätzlich dadurch unberechenbarer, dass diese auch als Motivationsverstärker für **psychisch beeinträchtigte Einzeltäter** dienen können, die ohnehin eine im Personenschutz beständig zu berücksichtigende Gefahrenquelle darstellen (auch in Form des sog. **Stalkings**).

Die Belastung der Sicherungsgruppe des BKA wird zusätzlich gesteigert durch das zunehmende Engagement 11
deutscher Politik in ausländischen **Kriegs- und Krisenregionen** und das damit einhergehende zunehmende Interesse verschiedener Mandatsträger an unmittelbaren Eindrücken von der Lage vor Ort. Die Gewährleistung von Personenschutz in ausländischen Krisengebieten stellt höchste Ansprüche an Ressourcen und Professionalität und erfordert regelmäßig den Einsatz von umfassend ausgebildeten Spezialkräften.

7 Hessel BKAG § 9 Anm. 1. Demnach trug der Kabinettsbeschluss die Bezeichnung „Erlaß BMI zu VI A 4 – 625 – 232/4 vom 11.5.1965".

8 Mit Gesetz v. 29.6.1973 im damaligen § 9 BKAG aF (BGBl. I 1973 S. 706). Dazu im Einzelnen Riegel Bundespolizeirecht/BKAG § 9 S. 55 ff.

9 S. BT-Drs. 7/178, 13.

10 Als damaliger § 5 BKAG aF (BGBl. I 1997 S. 1652). S. auch Ebert/Landmann Die Polizei 2022, 365 (367).

11 Gesetz v. 1.6.2017 (BGBl. I 2017 S. 1358).

12 BT-Drs. 18/11163, 127 – Hervorhebungen nicht im Original.

B. Kommentierung im Einzelnen

I. Zuständigkeit für den Schutz (Abs. 1 S. 1)

12 Nach § 6 Abs. 1 S. 1 BKAG obliegt dem BKA die Aufgabe des Personenschutzes „unbeschadet" der Rechte des Präsidenten des Deutschen Bundestages und der Zuständigkeit der Bundespolizei und der Polizeien der Länder. Es handelt sich also nicht um eine gänzlich umfassende und Beiträge aller anderen Sicherheitsbehörden verdrängende Zuständigkeit. Vielmehr ist das BKA zwar für den Schutz der Mitglieder der Verfassungsorgane des Bundes primär zuständig, es erfüllt diese Aufgabe aber letztlich im Verbund mit den übrigen in § 6 Abs. 1 S. 1 BKAG genannten Stellen.

13 Als einziges Verfassungsorgan unterhält der Deutsche Bundestag mit der **Polizei beim Deutschen Bundestag** eine eigene Polizei, die dem Bundestagspräsidenten untersteht und diesem zur Ausübung der Polizeigewalt im Gebäude des Bundestages nach Art. 40 Abs. 2 GG dient. Die Einrichtung einer eigenen Polizei beim Deutschen Bundestag fußt nicht zuletzt auf der historischen Erfahrung von zersetzenden Störungen des parlamentarischen Ablaufs auch von innen heraus in der Zeit vor der Machtergreifung durch die Nationalsozialisten. Sie soll dem Bundestag als Herzkammer der Demokratie effektive eigene Polizeigewalt sichern. Dementsprechend unterfällt auch die Gewährleistung von Personenschutz im Gebäude des Bundestags grundsätzlich der Polizei beim Deutschen Bundestag.[13] Die Zuständigkeit erstreckt sich auf alle Räumlichkeiten, die dem Bundestag als solchem zugeordnet sind und zur Erfüllung seiner Funktionen dienen, nicht aber beispielsweise auf von Abgeordneten oder Fraktionen eigenmächtig angemietete Büros.[14] Die Tätigkeit des BKA im Hoheitsbereich der Polizei beim Deutschen Bundestag ist freilich nicht ausgeschlossen, bedarf aber der Zustimmung des Präsidenten des Deutschen Bundestags.[15]

14 Daneben besteht auch die Zuständigkeit der **Bundespolizei** nach § 5 BPolG weiter fort. Demnach kann die Bundespolizei Verfassungsorgane des Bundes und Bundesministerien gegen Gefahren, die die Durchführung ihrer Aufgaben beeinträchtigen, schützen, wenn die Betroffenen darum ersuchen und Einvernehmen zwischen dem Bundesministerium des Innern und dem beteiligten Land darüber besteht, dass angemessener Schutz anderweitig nicht gewährleistet werden kann. Im Unterschied zu § 6 BKAG ist der Schutz von Bundesorganen durch die Bundespolizei also **subsidiär**. Er erfordert ein bestimmtes Verfahren (Ersuchen, Einvernehmen) und greift nur gegen Gefahren, die die Durchführung der Aufgaben der Bundesorgane beeinträchtigen, dh ab einer relativ hohen Schwelle. Zudem beschränkt sich nach § 5 Abs. 2 BPolG der Schutz durch die Bundespolizei auf die Grundstücke, auf denen die Verfassungsorgane oder die Bundesministerien ihren Amtssitz haben. Im Gegensatz dazu bildet den Bezugspunkt des Schutzes, der dem BKA in § 6 BKAG aufgegeben wird, zunächst die Person, die das Verfassungsorgan ausfüllt. **Überschneidungen** sind gleichwohl denkbar, insbesondere beim Schutz der Dienst- und Wohnsitze und der Aufenthaltsräume von Bundespräsident und Bundesregierung (§ 6 Abs. 1 S. 1 Nr. 2 BKAG), wenngleich sich die Aufgabe des BKA auf den Innenschutz beschränkt. Hier bedarf es **in der Praxis** Absprachen und flexibler Lösungen.[16]

15 Auch die **Zuständigkeit der Länder** für den Personenschutz ist keineswegs vollständig aufgehoben. Die grundsätzliche Primärzuständigkeit der Länder (Art. 30 GG) für die Gefahrenabwehr wird von der Zuständigkeit des Bundes(kriminalamts) lediglich überlagert. Die Länderkompetenz besteht im Hintergrund, dh subsidiär, fort und kann im Bedarfsfall auch wiederaufleben. Landesbeamte können zwar nicht im Rahmen des § 6 BKAG die Befugnisse der §§ 63 ff. BKAG wahrnehmen, sind aber im Bedarfsfall schon nach dem allgemeinen Gefahrenabwehrrecht der Länder auch zu Maßnahmen zugunsten von Schutzpersonen befugt.[17] Abgrenzungsfragen zur Verteilung der Zuständigkeit zwischen BKA und Landespolizeien können sich beispielsweise beim Schutz einer öffentlichen Veranstaltung ergeben, an der auch Schutzpersonen nach § 6 BKAG teilnehmen. **In der Praxis** sind Kooperation und Absprachen geboten, um die sich ergebenden Fragen zu lösen.[18]

13 So bereits Hessel BKAG § 9 Anm. 3.

14 S. Dreier/Morlok GG II, Art. 40 Rn. 37.

15 Hessel BKAG § 9 Anm. 3; Ahlf/Daub/Lersch/Störzer/Daub BKAG § 5 Rn. 5; Schenke/Graulich/Ruthig/Graulich BKAG § 6 Rn. 4.

16 S. Hessel BKAG § 9 Anm. 4; Ahlf/Daub/Lersch/Störzer/Daub BKAG § 5 Rn. 6; vgl. auch Schenke/Graulich/Ruthig/Graulich BKAG § 6 Rn. 4.

17 Umgekehrt kann es in besonderen Situationen geboten sein, dass Beamte des BKA Befugnisse nach dem allgemeinen Gefahrenabwehrrecht der Länder wahrnehmen etwa wenn sich anlässlich eines Personenschutzeinsatzes eine allgemeinpolizeiliche Gefahrenlage ergibt und der Vorrang des Personenschutzauftrags ein Eingreifen zugunsten Dritter zulässt (→ Rn. 62 ff.).

18 S. Hessel BKAG § 9 Anm. 5; Ahlf/Daub/Lersch/Störzer/Daub BKAG § 5 Rn. 7; vgl. auch Schenke/Graulich/Ruthig/Graulich BKAG § 6 Rn. 4.

II. Sachliche Reichweite des Schutzes (Abs. 1 S. 1 Nr. 1 und Nr. 2)

Soweit das BKA zuständig ist, umfasst die sachliche Reichweite des Schutzes erstens nach § 6 Abs. 1 S. 1 Nr. 1 BKAG den „erforderliche[n] Personenschutz" sowie zweitens nach § 6 Abs. 1 S. 1 Nr. 2 BKAG den „innere[n] Schutz der Dienst- und der Wohnsitze sowie der jeweiligen Aufenthaltsräume des Bundespräsidenten, der Mitglieder der Bundesregierung und in besonders festzulegenden Fällen ihrer Gäste aus anderen Staaten". Dem BKA werden also Aufgaben sowohl des Personen- als auch – in bestimmten Fällen – des Objekt- bzw. Raumschutzes überantwortet (zum Schutzgegenstand → Rn. 17 ff.). Der Schutz wird durch ein breites Spektrum möglicher Personenschutzmaßnahmen gewährleistet (→ Rn. 25 f.). Dabei gilt stets eine Beschränkung des Schutzumfangs auf das Maß des Erforderlichen (→ Rn. 27 f.). 16

1. Schutzgegenstand. Gegenstand des Schutzes nach § 6 BKAG bilden vorrangig die dort genannten Personen (Personenschutz nach § 6 Abs. 1 S. 2 Nr. 1 BKAG), in bestimmten, eng umgrenzten Fällen auch Räumlichkeiten (Innenschutz nach § 6 Abs. 1 S. 1 Nr. 2 BKAG). 17

a) **Personenschutz (Abs. 1 S. 1 Nr. 1).** Nach § 6 Abs. 1 S. 1 Nr. 1 BKAG obliegt dem BKA der erforderliche „Personenschutz" für die in der Norm genannten Personen. Der Personenschutz umfasst zuvörderst die Sicherung der biologischen Voraussetzungen des Personseins, dh Leben und körperliche Unversehrtheit. Ein systematischer Vergleich mit § 63 Abs. 7 S. 1 BKAG zeigt, dass zusätzlich mindestens auch die „Freiheit" einer zu schützenden Person mit zum Gegenstand des Personenschutzes zählt. Dies entspricht auch Sinn und Zweck des § 6 BKAG. Dieser soll letztlich die Handlungsfähigkeit des Staates gewährleisten. Dies ist nur möglich, wenn dessen Organe in der Lage sind, ihre **Amtsgeschäfte in größtmöglicher Entscheidungsfreiheit auszuführen.** In der Konsequenz dieses Anliegens umfasst der Personenschutz nach § 6 Abs. 1 S. 1 Nr. 1 BKAG den Schutz all jener Rechtsgüter (**Schutzgüter**) einer Schutzperson, deren Beeinträchtigung sich in relevanter Weise auf die Wahrnehmung ihrer Aufgaben als Mitglied eines Verfassungsorgans der Bundesrepublik Deutschland auswirken könnte. Erfasst sind neben den Rechtsgütern **Leben und körperliche Unversehrtheit** also insbesondere auch die **Willens- und Entschließungsfreiheit** der Schutzpersonen, gegebenenfalls auch weitere Schutzgüter wie die **sexuelle Selbstbestimmung** oder **bedeutende Sachwerte** (vgl. § 63a Abs. 1 Nr. 2 und Nr. 3 BKAG) – allerdings immer nur in den Fällen, in denen eine Einwirkung auf diese Güter sich in relevanter Weise in der Amtsausübung niederschlägt oder niederschlagen könnte (bspw. erhebliche Sachbeschädigung mit dem Ziel, eine Schutzperson umfassend zu verunsichern, gegebenenfalls im Zusammenhang mit einem Nachstellungssachverhalt). § 6 BKAG erfasst dabei freilich nur die **präventive Zuständigkeit**, dh es geht nur um die Abwehr von Gefahren für die entsprechenden Schutzgüter. Die Strafverfolgung richtet sich grundsätzlich nach allgemeinen Vorschriften; das BKA kann hier gegebenenfalls nach § 4 Abs. 1 S. 1 Nr. 2 BKAG zuständig sein (→ § 4 Rn. 24 ff.). 18

b) **Innenschutz: Dienst- und Wohnsitze, Aufenthaltsräume (Abs. 1 S. 1 Nr. 2).** Nach § 6 Abs. 1 S. 1 Nr. 2 BKAG obliegt dem BKA auch der innere Schutz der Dienst- und der Wohnsitze sowie der jeweiligen Aufenthaltsräume des Bundespräsidenten, der Mitglieder der Bundesregierung und in besonders festzulegenden Fällen ihrer Gäste aus anderen Staaten. Im Gegensatz zu § 6 Abs. 1 S. 1 Nr. 1 BKAG wird hier also zunächst an den Schutz von Räumlichkeiten angeknüpft. Dieser sog. Innenschutz stellt aber letztlich keinen bloßen Objektschutz dar, sondern ist eine **Facette des Personenschutzes.**[19] Denn in der Sache wirkt auch § 6 Abs. 1 S. 1 Nr. 2 BKAG letztlich immer zugunsten des Schutzes derjenigen *Personen*, die sich in den zu schützenden Räumlichkeiten typischerweise aufhalten. Es wird daher idR um Schutzmaßnahmen gehen, die sich zumindest auch auf die jeweiligen Schutzpersonen beziehen, vor allem also Überwachung des Zutritts, Schutzkonzeptionen, bauliche Maßnahmen, Durchsuchungen am Ort oder ähnliches.[20] 19

Die Mitglieder der Legislative sind jedenfalls insoweit nicht erfasst, als in den Räumlichkeiten des **Deutschen Bundestages** die Polizeigewalt nach Art. 40 Abs. 2 GG beim Präsidenten des Deutschen Bundestages liegt (→ Rn. 13). Auch für den **Bundesrat** sind keine Innenschutzmaßnahmen durch das BKA vorgesehen; der Bundesrat als Repräsentation der Länder soll grundsätzlich in der Lage sein, seinen Sitz anderweitig als mit Kräften der Kriminalpolizei des Bundes zu schützen.[21] 20

Allerdings ist die ausdrückliche Regelung des Innenschutzes in § 6 Abs. 1 S. 1 Nr. 2 BKAG nicht als Ausschluss von **Innenschutzmaßnahmen für dort nicht genannte Schutzpersonen** zu verstehen. Vielmehr sind aufgrund der Abkehr von einem auf den unmittelbaren Personenschutz beschränkten gesetzlichen Leitbild in § 6 BKAG (→ Rn. 8, 25) Innenschutzmaßnahmen stets als Teil der möglichen Maßnahmen des erforderlichen Personenschutzes zu verstehen (zur Abgrenzung vom bloßen Objektschutz → Rn. 23 f.). Die Innenschutzzuständigkeit des BKA knüpft dabei stets an die **tatsächliche Wohnsitz- bzw. Aufenthaltsnahme** an, wie sich daraus ergibt, dass § 6 Abs. 1 S. 1 Nr. 2 BKAG in einem Atemzug mit den Dienst- und Wohn- 21

19 Ebert/Landmann Die Polizei 2022, 365 (368).
20 S. Hessel BKAG § 9 Anm. 9.
21 Zu alldem vgl. Hessel BKAG § 9 Anm. 9.

sitzen auf die „jeweiligen“ Aufenthaltsräume und damit insgesamt auf einen Zusammenhang mit dem tatsächlichen Aufenthalt der Schutzpersonen abstellt. Eine bloße Anmietung eines Raumes oder ähnliches genügt daher nicht ohne Weiteres, um die Zuständigkeit des BKA für den Innenschutz auszulösen.

22 In der Praxis übernimmt vielfach die **Bundespolizei** über § 5 BPolG den *äußeren* Objektschutz, insbesondere in den einzelnen Bundesministerien.[22] In der Abgrenzung zu dem durch das BKA zu gewährleistenden Innenschutz kommt es vor allem auf Absprachen und Vereinbarungen an, um ein sinnvolles Zusammenwirken zu ermöglichen (hierzu bereits → Rn. 14). Rechtlich verbürgte Mitbestimmungskompetenzen der Bundespolizei für den *inneren* Schutz oder umgekehrt des BKA für den äußeren Schutz ergeben sich insofern nicht.[23]

23 c) **Kein bloßer Objektschutz.** Personenschutz (und Innenschutz als eine seiner Facetten) sind von solchen Maßnahmen abzugrenzen, die allein dem **Objektschutz** dienen. Für solche ist das BKA nicht gem. § 6 BKAG zuständig.

24 Daraus lässt sich aber nicht der Umkehrschluss ziehen, dass Maßnahmen, die lediglich an einem Objekt oder einer Räumlichkeit ansetzen, schlechterdings nicht Maßnahmen des Personenschutzes sein können. Maßgeblich ist vielmehr, ob die Maßnahme – unabhängig von ihrem gegenständlichen Bezugspunkt – **vorrangig dem Schutz einer Person** nach § 6 BKAG dient oder dem Schutz des Objekts oder der Räumlichkeit selbst. Soweit es bei einer Maßnahme um die Abwehr von Gefahren geht, die sich gerade aus der besonderen Gefährdung einer Schutzperson nach § 6 BKAG ergeben (zB besondere Sicherung des Wohnsitzes einer Schutzperson gegen Angriffe auf die Person), wird es sich regelmäßig um eine Maßnahme des Personenschutzes handeln, namentlich in der Spielart des **Innenschutzes** (→ Rn. 19 f.). In solchen Fällen geht es um Schutz *am* Objekt, aber mit dem Ziel des Schutzes *der* Person. Die Abgrenzung kann im Einzelfall herausfordernd sein. In der Zuständigkeitsfrage ist dem BKA ein gewisser **Einschätzungsspielraum** zuzugestehen. Denn zwar liegt im Ausgangspunkt der (verfassungsrechtlichen) Kompetenzverteilung die Zuständigkeit zur Gefahrenabwehr bei den Ländern. Sobald aber die Sonderzuständigkeit des BKA nach § 6 Abs. 1 BKAG eröffnet ist, obliegt dem Amt die federführende Planung und Koordinierung des Schutzes und damit auch die Einschätzung, welche Maßnahmen als solche des „erforderlichen Personenschutzes“ nach § 6 Abs. 1 S. 1 Nr. 1 BKAG zu zählen haben, auch wenn sie gegenständlich an einem Objekt ansetzen.

25 **2. Spektrum der Schutzmaßnahmen.** Das Spektrum der möglichen Schutzmaßnahmen, die im Rahmen des § 6 BKAG ergriffen werden, ist denkbar weit. Der **moderne Personenschutz** ist dabei nicht auf ein reines Bodyguard-System beschränkt. Anstatt eines Close-Protection-Modells[24] werden beständig intelligente Lösungen gesucht, um ein möglichst freies Agieren der Schutzpersonen in einem Umfeld mit **möglichst zivilem Erscheinungsbild** bei gleichbleibend hoher Sicherheit zu gewährleisten. Insbesondere durch das Schaffen eines **sicheren Raumes** soll eine möglichst unbeeinträchtigte Amtsausübung gewährleistet werden. Das Spektrum der hierzu eingesetzten Maßnahmen umfasst etwa den unmittelbaren Personenschutz, den (auch temporären) Innenschutz, die Aufklärung, das Führen von Sicherheitsgesprächen, die Beratung zur materiellen Sicherung von Wohnsitzen, den Einsatz eines Sicherheitskoordinators etc.

26 Auch angesichts immer neuer Herausforderungen und Bedrohungslagen (→ Rn. 9 f.) sind zunehmend Maßnahmen erforderlich, die bereits in Vorfeldstadien eine möglichst umfassende Erkenntnisgrundlage schaffen und **Gefahrenlagen frühzeitig erkennen** lassen. Dies kann etwa die offene Internetrecherche ebenso umfassen wie die Überprüfung von Personen, die sich einer Schutzperson räumlich nähern können. In größerer zeitlicher Nähe zu Veranstaltungen werden Maßnahmen wie die Durchsuchung von Veranstaltungsorten oder die Überwachung des Luftraums zur Abwehr von Drohnen relevant (→ § 63 Rn. 6, 150 ff.). Daneben stehen die Verfeinerung und Fortentwicklung taktischer Konzepte und Fähigkeiten des unmittelbaren Personenschutzes im Vordergrund. Soweit Maßnahmen **Grundrechte Dritter** (oder von Schutzpersonen) berühren, sind die Rechtsgrundlagen der §§ 63 ff. BKAG heranzuziehen. Niederschwellige Eingriffe zur Datenerhebung bemessen sich nach § 9 Abs. 2 und Abs. 3 BKAG (→ § 9 Rn. 77 ff., 81 ff.), für die **Weiterverarbeitung personenbezogener Daten** sind die §§ 12 ff. BKAG relevant.

27 **3. Intensität des Schutzes (Maßstab des Erforderlichen).** Der durch das BKA zu gewährleistende Schutz wird sowohl hinsichtlich des Ob der Durchführung von Maßnahmen als auch in seiner Intensität stets durch das **Maß des Erforderlichen** definiert und beschränkt. Dies dient nicht nur der Wahrung des Verhältnismäßigkeitsgebots, sondern auch einer möglichst effizienten, professionellen und zielstrebigen Aufgabenerledigung. So liefe beispielsweise ein übertriebener Personenschutz mit erheblicher repräsentativer Dimension nicht nur dem Haushaltsgrundsatz der **Sparsamkeit** zuwider, sondern würde auch durch das Sichtbarmachen von Aufrüstung und besonderer exekutiver Präsenz das **Sicherheitsgefühl** der Bevölkerung

22 Ebert/Landmann Die Polizei 2022, 365 (368).
23 S. Hessel BKAG § 9 Anm. 9.
24 In anderen Gesamtlagen können sich die Bedarfe freilich verschieben; man denke etwa an das Beispiel Israels.

womöglich gar nachteilig beeinträchtigen. Noch entscheidender kommt hinzu, dass eine Orientierung am Maßstab des Erforderlichen dazu führt, dass der geleistete Personenschutz sich stets eng und eindeutig am **konkreten Schutzbedarf** einer bestimmten Schutzperson ausrichtet. Dies wiederum setzt eine möglichst **präzise Analyse der tatsächlichen Gefährdungslage** voraus. Diese schärft den Blick der Personenschutzbehörde und kann dadurch letztlich sogar die **Professionalität** und die **Wirksamkeit** von Personenschutzmaßnahmen steigern.

Entsprechendes gilt für den nach § 6 Abs. 1 S. 1 Nr. 2 BKAG zu gewährleistenden Innenschutz. Zwar ist in 28 § 6 Abs. 1 S. 1 Nr. 2 BKAG nicht ausdrücklich die Rede nur vom „erforderlichen" Innenschutz. Die Beschränkung ergibt sich aber daraus, dass der Innenschutz die Personenschutzaufgabe lediglich ergänzt und sich daher auch in seinem sachlichen Umfang nach dieser richten muss.[25]

III. Personelle Reichweite des Schutzes

1. Mitglieder der Verfassungsorgane des Bundes. In personeller Hinsicht umfasst der Schutz nach § 6 29 Abs. 1 S. 1 Nr. 1 lit. a BKAG alle **natürlichen Personen**, die Mitglieder eines Verfassungsorgans des Bundes sind. Das sind nur diejenigen Personen, die für die Verfassungsorgane in ihrer jeweiligen Ausprägung **konstitutiv** sind – dh die Bundespräsidentin oder der Bundespräsident, der Bundeskanzler oder die Bundeskanzlerin, alle Ministerinnen und Minister der Bundesregierung, alle Mitglieder des Deutschen Bundestages und des Bundesrates sowie die Richterinnen und Richter des Bundesverfassungsgerichts. Nicht erfasst sind Beschäftigte der Verfassungsorgane, auch nicht enge oder hochrangige Mitarbeiter wie Staatssekretärinnen (parlamentarische Staatssekretäre fallen kraft ihrer Stellung als Mitglied des Bundestages unter § 6 Abs. 1 S. 1 Nr. 1 lit. a BKAG).

Sofern eine Person verschiedenen Verfassungsorganen angehört (etwa eine Bundesministerin, die zugleich 30 Mitglied des Bundestags ist), ändert dies an der Bestimmung des erforderlichen Schutzes im Ausgangspunkt nichts. Freilich werden beide Funktionen und die Art und Weise, in der die jeweiligen Schutzpersonen sie ausfüllen, bei der konkreten Gefährdungsbewertung einzubeziehen sein.

2. Gäste der Verfassungsorgane aus anderen Staaten. Nach § 6 Abs. 1 S. 1 Nr. 1 lit. b BKAG erstreckt sich 31 der durch das BKA zu gewährende Schutz „in besonders festzulegenden Fällen" auf die „Gäste der [deutschen] Verfassungsorgane aus anderen Staaten". § 6 Abs. 1 S. 1 Nr. 2 Hs. 2 BKAG erweitert diese Zuständigkeit auf die jeweiligen Aufenthaltsräume der Gäste, soweit sie Gäste des Bundespräsidenten oder eines Mitglieds der Bundesregierung sind (über Dienst- und Wohnsitze iSd Norm verfügen ausländische Gäste in Deutschland nicht).

Für die Zuständigkeit des BKA für Gäste ist zunächst erforderlich, dass die **Einladung formal durch ein** 32 **Verfassungsorgan** ausgesprochen wird. Anders als § 6 Abs. 1 S. 1 Nr. 1 BKAG spricht Nr. 2 nicht von „Mitgliedern der Verfassungsorgane des Bundes", sondern lediglich von Gästen „dieser Verfassungsorgane". Die Einladung muss also im Namen des Verfassungsorgans (etwa des Bundesverfassungsgerichts oder des Deutschen Bundestages) ausgesprochen sein. Die Einladung lediglich durch ein Mitglied eines Verfassungsorgans (etwa einer Bundesverfassungsrichterin oder eines Bundestagsabgeordneten) genügt dagegen nicht. Für eine solche enge Auslegung spricht neben der Eindeutigkeit des sprachlichen Unterschieds auch der weitere Zusatz, wonach das BKA für Gäste nur „in besonders festzulegenden Fällen" zuständig ist (→ Rn. 33). Daher ist erforderlich, dass es sich tatsächlich um einen Gast eines Verfassungsorgans handelt, dh beispielsweise des Deutschen Bundestages, der Bundespräsidentin, oder auch – in Ausfluss des Ressortprinzips (Art. 65 S. 2 GG) – eines Bundesministers.

Darüber hinaus bringt die Formulierung **„in besonders festzulegenden Fällen"** zum Ausdruck, dass auslän- 33 dische Gäste von deutschen Verfassungsorganen nicht in jedem Fall Personenschutz durch das BKA erhalten sollen, sondern dass auch ein Schutz durch die ansonsten zuständigen Landesbehörden in Betracht kommt.[26] Nach der Gesetzesbegründung sind für die Zuständigkeit des BKA insbesondere die **Bedeutung des Gastes** und der **Grad der Gefährdung** maßgeblich.[27] Der Grad der Gefährdung spielt allerdings in erster Linie für die zu treffenden Schutzmaßnahmen eine Rolle; denn für eine detaillierte und auf den Anlass des Besuchs zugeschnittene Gefährdungseinschätzung in Vorbereitung weiterer Schutzmaßnahmen sollte die Zuständigkeit bereits geklärt sein. Vorrangige Bedeutung kommt daher dem Kriterium der Bedeutung des Gastes zu. In der Praxis erweist es sich als sachgerecht, wegen des gegebenen Bezugs zu einem Verfassungsorgan grundsätzlich von einer Zuständigkeit des BKA auszugehen und diese nur zu verneinen, wenn ein Gast sich nicht auf (politischer) **„Augenhöhe"** mit dem einladenden Verfassungsorgan befindet (Augenhöhe

25 Auch die Gesetzesmaterialien lassen nicht erkennen, dass Differenzierung gewollt war, s. BT-Drs. 7/178, 12 f.; BT-Drs. 13/1550, 24.
26 Vgl. Kugelmann BKAG § 5 Rn. 9 (zu § 5 BKAG aF).
27 BT-Drs. 13/1550, 24.

ist bspw. anzunehmen bei der Einladung eines ausländischen Staatsoberhaupts durch den Bundespräsidenten, oder eines ausländischen Parlamentspräsidenten durch den vom Bundestagspräsidenten vertretenen Deutschen Bundestag, zu verneinen ist sie zB bei der Einladung selbst herausragend bedeutender Wirtschaftsvertreter etwa durch eine Bundesministerin). Dieses Kriterium erlaubt es auch, wie im Wortlaut vorausgesetzt, von einer Gruppe von besonders festzulegenden (und dann festgelegten) Fällen zu sprechen (§ 6 Abs. 1 S. 1 Nr. 2 BKAG).

34 **3. Hilfsorgane des Deutschen Bundestages.** Nach § 6 Abs. 1 S. 1 Nr. 1 lit. c BKAG obliegt dem BKA auf Ersuchen des Präsidenten des Deutschen Bundestages auch der erforderliche Personenschutz für Hilfsorgane des Deutschen Bundestages. Diese Erweiterung des Zuständigkeitsbereichs wurde im Jahr 2018 eingeführt und ermöglicht den Schutz beispielsweise auch des Wehrbeauftragten des Deutschen Bundestages.[28]

35 **4. Leitung des Bundeskriminalamtes.** Nach § 6 Abs. 1 S. 1 Nr. 1 lit. d BKAG ist vorgesehen, dass das BKA auch für den erforderlichen Personenschutz der eigenen Amtsleitung zuständig ist. Entsprechend dem verwaltungsüblichen Sprachgebrauch sind von dem Begriff der Amtsleitung die Präsidentin oder der Präsident des BKA sowie die Vizepräsidentinnen und Vizepräsidenten umfasst.[29] In einzelnen Fällen kann das BKA nach eigener Entscheidung auch sonstige Mitarbeiter jenseits der Leitungsebene in besonderer Weise schützen. Das ergibt sich schon aus der einer jeden Behörde zustehenden Kompetenz zum Selbstschutz. Entsprechende Schutzmaßnahmen lägen dann aber jenseits des gesetzlichen Schutzauftrags aus § 6 BKAG und jenseits der besonderen Befugnisse aus den §§ 63–65 BKAG.

36 **5. Familienangehörige.** § 6 Abs. 1 S. 2 BKAG erweitert den personellen Umfang der Schutzzuständigkeit in den Fällen des Abs. 1 S. 1 Nr. 1 lit. a, c und d, dh für die Mitglieder der Verfassungsorgane des Bundes, Hilfsorgane des Deutschen Bundestages und die Leitung des BKA, auch auf Familienangehörige.[30]

37 Der Begriff der Familienangehörigen richtet sich ebenso wie derjenige der Angehörigen in der Zeugenschutzvorschrift des § 7 Abs. 1 S. 2 BKAG (→ § 7 Rn. 21) grundsätzlich nach der passenden **Definition aus § 11 Abs. 1 Nr. 1 StGB.**[31] Gründe für eine Abweichung von dieser Standarddefinition sind nicht ersichtlich. Demnach sind Angehörige vor allem die in gerader Linie Verwandten und Verschwägerten, Pflegeeltern und Pflegekinder, Geschwister, Ehegatten, Lebenspartner usw. Während also beispielsweise der Bruder einer Bundesministerin erfasst ist, liegt der Schutz einer Tante des Bundespräsidenten jenseits des gesetzlichen Auftrags aus § 6 Abs. 1 S. 2 BKAG.

38 § 6 Abs. 1 S. 2 BKAG räumt dem BKA ein pflichtgemäß auszuübendes **Ermessen** ein. Dabei wird es insbesondere eine Rolle spielen, **wie eng die Bindung** der originären Schutzperson zu den jeweiligen Angehörigen ist und wie sehr ihre **täglichen Lebensgestaltungen** verwoben sind. Nicht erforderlich ist, dass mittels einer Gefährdung von Angehörigen Einwirkungen auf die originäre Schutzperson entstehen. In derartigen Fällen kann sich die Zuständigkeit des BKA bereits über den Schutz der (Willens- und Entscheidungsfreiheit) der Schutzperson selbst ergeben (→ Rn. 18).[32] Soweit das Amt den Schutz nicht übernimmt, bleibt die **Landespolizei** zuständig. Die fakultative Erstreckung des Schutzes auf Angehörige wirft **kein verfassungsrechtliches Kompetenzproblem** auf.[33] Die Kompetenz des Bundes zum Schutz seiner eigenen Organe umfasst von vornherein schon die Möglichkeit, diesen Schutz nach Ermessen auch auf die Angehörigen dieser Organe auszudehnen. Denn anders ist ein sinnvoller und effektiver Personenschutz insbesondere bei enger Verwobenheit der Lebensgestaltung von Schutzperson und Angehörigen nicht möglich.

39 **6. „Erlass-Personen" und andere.** Für den Personenschutz anderer als der in § 6 BKAG genannten Personen ist das BKA nicht zuständig. Für solche anderen Personen kommen spezifische Leistungen der Personenschutzabteilung des Amtes jenseits von Konstellationen der Amtshilfe grundsätzlich nicht in Betracht. Das gilt auch für den Schutz von Personen jenseits von § 6 BKAG auf Erlass des Bundesministeriums des Innern („Erlass-Personen", Fahrdienste für einzelne Gäste oder Mitarbeiter o.ä.), erst recht, soweit es keinen haushaltsrechtlich belastbaren Grund für die Tätigkeit gibt. Hinzu kommt, dass zur Wahrnehmung entsprechender Aufgaben in Ermangelung einer gesetzlichen Zuständigkeit keinerlei polizeiliche Befugnisse jenseits der Instrumente der Notwehr oder Nothilfe und etwaiger Eilzuständigkeiten nach Landesrecht zur Verfügung stünden.

28 S. BT-Drs. 18/11163, 89.

29 Der Begriff der „Leitung des Bundeskriminalamtes" wird auch in § 72 BKAG verwendet; dort wird damit ebenfalls funktional die „Leitungsebene" bezeichnet, vgl. Schenke/Graulich/Ruthig/Ruthig BKAG § 72 Rn. 4; s. auch → § 72 Rn. 2 f.

30 Die bei Schenke/Graulich/Ruthig/Graulich BKAG § 6 Rn. 6, zu findende Behauptung, diese Regelung sei 2018 neu aufgenommen worden, ist nicht zutreffend. Tatsächlich wurde sie im Jahr 2012 eingeführt, s. BGBl. I 2012 S. 1568, zur Genese vgl. BT-Drs. 17/8870, 9.

31 Zur Verknüpfung von § 7 Abs. 1 S. 2 BKAG und § 11 Abs. 1 Nr. 1 StGB vgl. Schenke/Graulich/Ruthig/Graulich BKAG § 7 Rn. 12. Allgemein zum Anwendungsbereich des § 11 StGB vgl. Radtke in MüKoStGB, 4. Aufl. 2020, § 11 Rn. 2.

32 Anders Ahlf/Daub/Lersch/Störzer/Daub BKAG § 5 Rn. 10.

33 Anders Schenke/Graulich/Ruthig/Graulich BKAG § 6 Rn. 6.

7. Schutz von Mitarbeitern und Delegationen. Mitarbeiter, Mitglieder von **Delegationen** oder sonstige **Entourage** einer Schutzperson sind nicht vom Schutzauftrag des § 6 BKAG erfasst. Das ergibt sich schon aus dem insofern klaren Wortlaut und aus einem Umkehrschluss zu § 6 Abs. 1 S. 2 BKAG, der eine Erweiterung des personellen Schutzbereichs ausschließlich für Familienangehörige vorsieht. Für § 6 BKAG spielt es insbesondere keine Rolle, ob eine Schutzperson sich für ihre Amtsführung oder einzelne Aspekte davon auf die Unterstützung durch andere Personen angewiesen sieht. 40

In der Praxis wird sich das BKA – gerade in komplexen Gefahrenlagen wie bei Reisen von Schutzpersonen in Krisengebiete – mitunter mit der Erwartung konfrontiert sehen, **Schutz auch für Mitreisende** zu gewähren. Diese Erwartung kann das Amt mit einer auf den gesetzlichen Schutzauftrag des § 6 BKAG zugeschnittenen Ressourcenausstattung schlechterdings nicht erfüllen. Sie liegt aber vor allem schon normativ **jenseits der nach § 6 BKAG eröffneten Kompetenzen.** Bereits deshalb ließen sich Eingriffe gegenüber Dritten, die den Schutz anderer als der in § 6 BKAG genannten Schutzpersonen, etwa von Mitreisenden, bezwecken sollten, nicht auf die §§ 63–65 BKAG stützen. Aus diesem Grund scheidet auch eine faktische Gewährsübernahme für die Sicherheit von Mitreisenden durch das BKA allgemein aus. Selbst wenn einzelne Schutzmaßnahmen faktisch auch zugunsten Mitreisender wirken, sie an Sicherheitsbriefings teilnehmen dürfen oder ihnen in derartigen Kontexten sonstige vom BKA ausgehende Schutzwirkungen zuteilwerden, ergeben sich hieraus **keine besonderen rechtlichen Pflichten,** solange das Amt nicht ausdrücklich erklärt, für den Schutz der betreffenden Personen einzustehen. 41

IV. Zeitliche Reichweite des Schutzes

1. Grundsatz: Schutz für die Dauer der Amtsausübung. Da der Personenschutz nach § 6 BKAG letztlich den Schutz der **Funktions- und Handlungsfähigkeit des Staates** bezweckt und sich folglich aus der Amtsträgerschaft der Schutzpersonen begründet, ist er in seiner zeitlichen Reichweite im Ausgangspunkt auf die Dauer der Amtsführung beschränkt. 42

2. Erstreckung des erforderlichen Schutzes über die Amtsdauer hinaus. Nach § 6 Abs. 1 S. 2 BKAG kann der erforderliche Personenschutz auch über die Amtsdauer der Schutzperson hinaus erstreckt werden.[34] Da § 6 Abs. 1 S. 2 BKAG eindeutig nicht auf § 6 Abs. 1 S. 1 Nr. 1 lit. b BKAG Bezug nimmt, ist ein **Schutz von Gästen** einer aus dem Amt ausgeschiedenen Schutzperson nach § 6 BKAG **nicht mehr möglich.** 43

In der Frage, ob der erforderliche Personenschutz über die Amtsdauer hinaus erstreckt werden soll, ist dem BKA **Ermessen** eingeräumt („kann"). Die Ausübung des Ermessens muss sich vor allem an dem Zweck der Ermächtigungsgrundlage, hier also des § 6 BKAG, orientieren (vgl. § 40 VwVfG sowie § 63 Abs. 1 S. 3 BKAG iVm §§ 15 f. BPolG). Sinn und Zweck des § 6 BKAG liegen darin, die Funktionsfähigkeit und den **Bestand des Staates** durch den Schutz seiner Funktionsträger und Verkörperungen zu schützen. Zweck der zeitlichen Erstreckung des Schutzes über die Amtsdauer hinaus ist vorrangig die Überlegung, dass die Amtsausübung durch die Erwartung beeinflusst werden kann, nach Amtsbeendigung nachwirkenden Gefahren ausgesetzt zu sein. Daher erfordert schon die **Bereitschaft zur Amtsübernahme,** dass der Personenschutz durch den Bund auch über die Amtsdauer hinaus sichergestellt werden kann, ohne in seiner Ausgestaltung von autonomen Entscheidungen der Polizeibehörden des späteren Wohnsitzlandes abhängig zu sein.[35] 44

In der Konsequenz dessen liegt es, wenn bei der Erstreckung von Personenschutz über die Amtsdauer hinaus insbesondere danach gefragt wird, wie sehr die in Rede stehenden **Gefahren noch aus der vorherigen Amtsträgerschaft** herrühren. Dafür wiederum wird es regelmäßig vor allem darauf ankommen, wie eng die Person nach Amtsbeendigung bei einer wertenden Gesamtbetrachtung noch mit einem der Ämter verknüpft wird, das ihr den Zugang zu Schutz nach § 6 BKAG eröffnete. Für ein stärkeres Nachwirken der Verbindung kann etwa die Herausgehobenheit des Amtes (insbes. bei Bundespräsidentin und Bundeskanzler) sprechen. Umgekehrt kann sich eine Verbindung schneller lösen, wenn die Person im Anschluss andere Ämter in staatlichen, supranationalen oder privaten Funktionen übernimmt, die nicht von § 6 BKAG erfasst werden. Vor allem wird die Zeit, die seit dem Ausscheiden aus dem unter § 6 BKAG fallenden Amt verstrichen ist, regelmäßig eine wichtige Rolle spielen. Maßgeblich wird es letztlich auch auf die **öffentliche Wahrnehmung** ankommen. Insofern kann beispielsweise ein besonders charakteristischer oder gegebenenfalls auch ein besonders kontroverser Stil der Amtsführung bedingen, dass in der öffentlichen Wahrnehmung eine Verbindung zwischen Person und Amt noch länger nachwirkt als bei einer eher geräuschloseren, blasseren Amtsführung. 45

34 Diese Erweiterung wurde als der geübten Staatspraxis entsprechende Klarstellung im Jahr 2012 eingeführt, s. BGBl. I 2012 S. 1568, zur Genese vgl. BT-Drs. 17/8870, 9.

35 BT-Drs. 17/8870, 9.

46 Wenn eine Person nach dem Ausscheiden aus einem von § 6 BKAG erfassten Amt ein **neues Amt oder eine neue Funktion** übernimmt, wird dieses in aller Regel relativ bald die öffentliche Wahrnehmung der Person prägen und auch für ihre Gefährdungslage relevant sein. In einer denkbaren Übergangszeit können pragmatische und flexible Lösungen und ein Austausch mit der übernehmenden Dienststelle geboten sein. Zu beachten ist, dass der gleichzeitige Einsatz von BKA und Landespolizei nur unter den besonderen Maßgaben des § 6 Abs. 2 BKAG zulässig ist (→ Rn. 50 ff.).

47 Für die Ermessensausübung nicht relevant ist dagegen, ob die Person durch ihr neues Amt ebenfalls in den Genuss von Personenschutzmaßnahmen kommt oder inwieweit sich ihre **tatsächliche Gefährdungssituation** verändert. Diese Umstände sind vielmehr für die Frage entscheidend, ob und in welchem Maße Personenschutz überhaupt erforderlich ist. Die **Erforderlichkeit** bleibt das oberste Richtmaß der Personenschutzplanung (→ Rn. 27 ff.). Soweit Personenschutz nicht erforderlich ist, kann er auch nach dem Ausscheiden aus einem unter § 6 BKAG fallenden Amt nicht gewährt werden. Dies gilt unabhängig von der Art und Stellung des Amtes, das die jeweilige Person bekleidet hat.

48 Zugleich kann das BKA auch bei tatsächlich gegebener Gefährdungslage den nachwirkenden Schutz nur insoweit leisten, als die Gefahren noch auf die ehemalige Bekleidung eines dem § 6 BKAG unterfallenden Amtes gründen (→ Rn. 45). Soweit beispielsweise für einen ehemaligen Bundeskanzler oder Bundespräsidenten keine solchen Gefahren mehr in relevantem Ausmaß bestehen, die aus der früheren Amtsführung herrühren, ist es dem BKA gesetzlich und verfassungsrechtlich verwehrt, weiterhin Maßnahmen des Personenschutzes zu treffen.

49 Für einen Schutz, der **zeitlich bereits vor Erlangung** eines der in § 6 BKAG genannten Ämter einsetzen würde, gibt es aktuell keine eindeutige Rechtsgrundlage. § 6 Abs. 1 S. 2 BKAG zielt nur auf die Erstreckung über eine bereits abgelaufene Amtsdauer hinaus.

V. Föderale Dimension des Schutzes; Zusammenwirken von Bundeskriminalamt und Landespolizei (Abs. 2)

50 Nach § 6 Abs. 2 BKAG entscheidet das Bundesministerium des Innern im Einvernehmen mit der obersten Landesbehörde, wenn Beamtinnen und Beamte des BKA und der Polizei eines Landes in den Fällen des § 6 Abs. 1 BKAG zugleich eingesetzt werden sollen.

51 Die Regelung bezieht sich auf den **vorhersehbaren gleichzeitigen Einsatz** von BKA und Landespolizei **für Aufgaben des Personenschutzes**; gedacht ist an größere Lagen wie etwa Staatsakte.[36] **In der Praxis** allerdings spielt der Fall, dass in Bezug auf Aufgaben des Personenschutzes im selben Zeitpunkt gleichrangige Zuständigkeiten von Bund und Land bestehen, keine Rolle.

52 Die allgemeinere **Frage der Unterstellung von Kräften** bei gemeinsamen Besonderen Aufbauorganisationen (BAO) ist weder durch § 6 Abs. 1 noch durch Abs. 2 BKAG rechtlich zwingend beantwortet.[37] Regelmäßig wird aber eine **Entscheidungshoheit** des BKA über die den Personenschutz betreffenden Einsatzfragen und entsprechende Einsatzabschnitte geboten sein, um den Auftrag aus § 6 BKAG bestmöglich erfüllen zu können.

53 Einvernehmen bedeutet die **Herstellung von Konsens**, der Versuch einer Einigung („Benehmen") genügt nicht. Das Einvernehmen zwischen dem Bundesministerium des Innern und der zuständigen obersten Landesbehörde muss freilich nur **für das grundsätzlich Ob des gemeinsamen Einsatzes** vorliegen.[38]

54 Werden Personenschutzaufgaben nach § 6 BKAG von Landesbeamten wahrgenommen (etwa weil diese der Schutzperson aus vorheriger Verwendung, beispielsweise als Landesministerin, bekannt waren), bedarf es einer **Abordnung** der Landesbeamten zum BKA.[39]

VI. Einzelfragen

55 **1. Pflichten und Freiheiten der Schutzperson.** Der Schutz nach § 6 BKAG wird einer Person nur aufgrund ihrer Verbindung mit einem bestimmten, herausgehobenen Amt gewährt, nicht aus sonstigen, etwa in der Person selbst liegenden Gründen. **Personenschutz nach § 6 BKAG ist Staatsschutz.** Widerfährt einer von § 6 BKAG erfassten Schutzperson Unbill, wird dies – womöglich – als **Staatsversagen** wahrgenommen werden und potenziell erhebliche Folgen für die Stabilität der Bundesrepublik haben. Zugleich können die Vorstellungen und Einschätzungen, die sich Schutzpersonen von der eigenen Gefährdung und den erforderlichen

36 Vgl. Ahlf/Daub/Lersch/Störzer/Daub BKAG § 5 Rn. 13.

37 Wohl anders Schenke/Graulich/Ruthig/Graulich BKAG § 6 Rn. 7, der sich ohne weitere Plausibilisierung auf eine vermeintliche „allgemeine bundesweite Auffassung" beruft. Vgl. auch Hessel BKAG § 9 Anm. 5.

38 Vgl. Ahlf/Daub/Lersch/Störzer/Daub BKAG § 5 Rn. 14.

39 Hessel BKAG § 9 Anm. 5.

Maßnahmen machen, mitunter von den Bewertungen des BKA abweichen. Diese Ausgangslage bringt es mit sich, dass sich zwischen dem Willen, den Wünschen, Aktivitäten und Gewohnheiten der Schutzperson einerseits und dem Schutzauftrag des BKA andererseits Koordinierungsbedarf, mitunter auch **Divergenzen und Spannungen** ergeben können.

Im Ausgangspunkt gilt, dass sich auch ein Mitglied eines Verfassungsorgans des Bundes (oder eine andere Schutzperson nach § 6 BKAG) zwar nicht durch ihren besonderen Status in ein staatliches Gewaltverhältnis fügt, in dem Grundrechte keinerlei Geltung mehr entfalten würden.[40] Zudem ist die Schutzperson auch in der Gestaltung ihrer Amtsführung in den Grenzen von Recht und Gesetz weitgehend frei. Andererseits ist anerkannt, dass eine Person, die sich in ein Verhältnis begibt, das durch besondere Interessen des Staates geprägt und in besonderer Weise reguliert ist, sich auch nicht in dem gleichen Umfang auf ihre Freiheit berufen kann wie ein Bürger, der dem Staat gleichsam unverwandt gegenübersteht.[41] Das wiederum muss umso mehr gelten, wenn sich eine Person freiwillig zur **Ausübung eines staatlichen Spitzenamtes** entscheidet, wie es auf Mitglieder von Verfassungsorganen des Bundes zutrifft. Solche Personen haben sich in höchstem Maße **dem Staatsinteresse verschrieben** und unterliegen daher auch im höchsten denkbaren Maße der Regulierungsmacht der öffentlichen Hand. Dies ist wesentlicher Ausdruck des Rechtsstaats- und Demokratieprinzips nach Art. 20 Abs. 1 bis Abs. 3 GG, aber auch des **Selbsterhaltungsinteresses des demokratischen Staates.**[42] Gerade die Spitzen des Staates sind **Diener der Gemeinschaft** und als solche dem demokratisch gebildeten Gesetz und Recht vollumfänglich unterworfen. 56

Daraus folgt, dass inländischen Schutzpersonen **kein Recht zum Verzicht auf Schutzmaßnahmen** zusteht, die das BKA für erforderlich erachtet – unabhängig davon, ob eine Schutzperson beispielsweise aus politischen Gründen ein möglichst ziviles oder volksnahes Auftreten mit möglichst wenig (sichtbarem) Personenschutz bevorzugt. Theoretisch kann das BKA auf Grundlage von § 6 BKAG (und, sofern man einen Grundrechtseingriff annehmen wollte,[43] auch § 63 BKAG[44]) gegenüber seinen Schutzpersonen **rechtswirksame, bindende Anordnungen** treffen; ein etwaiger **Verzicht ist rechtlich unbeachtlich.** Die Verantwortung für entsprechende Maßnahmen liegt bei den jeweils für die Entscheidung zuständigen Personenschutzbeamten (bspw. Tageskommandoführer). 57

Mitunter kann es auch in Betracht kommen, dass das BKA versuchen muss, **Aktivitäten oder Verhaltensweisen einer Schutzperson** aus Personenschutzgründen **umzugestalten oder einzuschränken,** soweit der dem Amt obliegende „erforderliche Personenschutz" (§ 6 Abs. 1 S. 1 Nr. 1 BKAG) dies gebietet. Auch dies rechtfertigt sich aus der Staatsschutzdimension des Personenschutzes. Neben der Frage von **Auslandsreisen in Gefahrengebiete** ist hier vor allem an die Teilnahme an bestimmten besonders gefahrgeneigten Veranstaltungen zu denken, bei denen das BKA beispielsweise auf Programmabläufe Einfluss nehmen kann. 58

Darüber hinaus trifft die Schutzperson auch eine **personenschutzrechtliche Mitwirkungspflicht.** Wenn das BKA erforderliche Schutzmaßnahmen rein rechtlich sogar ohne oder gegen den Willen von Schutzpersonen durchsetzen und entsprechende Anordnungen treffen kann, korrespondiert dem erst recht eine Verpflichtung der Schutzperson zur Mitwirkung, um dem BKA die angezeigten Schutzmaßnahmen auch tatsächlich zu ermöglichen. Mitwirkungserfordernisse (und -pflichten) ergeben sich etwa mit Blick auf **Auskünfte zum Gesundheitszustand** (soweit für Schutzmaßnahmen wie etwa die prophylaktische Begleitung durch Notärzte in bestimmten Situationen relevant), die Zulieferung von Terminplänen und **Absprache von Terminen,** Mitteilungen zum Aufenthaltsort und zu sonstigen Plänen usw.[45] 59

Schließlich ist noch einmal der Grundsatz zu betonen, dass die **Schutzperson** in ihrer Amtsführung ebenso wie in ihrem Privatleben **im Ausgangspunkt frei** ist. Die Befugnis des BKA zur Einflussnahme ist strikt auf den Bereich veritabler **Sicherheitsbedenken** und in diesem Bereich auf das zum Personenschutz tatsächlich 60

40 Zum Gedanken des besonderen Gewaltverhältnisses vgl. Mayer, Deutsches Verwaltungsrecht, Bd. 1, 1895, S. 101 ff.; ders., Deutsches Verwaltungsrecht, Bd. 2, 1896, S. 234 f.; Abelein ZfP 14 (1967), 313, mit Verweis auf Schmitthenner und Laband.

41 S. BVerfG Beschl. v. 22.5.1975 – 2 BvL 13/73 –, BVerfGE 39, 334 (366 f.); Urt. v. 24.9.2003 – 2 BvR 1436/02 –, BVerfGE 108, 282 (296).

42 Zum Selbsterhaltungsinteresse des Staates als juristischem Topos s. BVerfG Beschl. v. 1.8.1978 – 2 BvR 1013/77 ua –, BVerfGE 49, 24 (59); vgl. auch Dürig/Herzog/Scholz/Herdegen GG Art. 26 (2017) Rn. 14 (im völkerrechtlichen Kontext); Dürig/Herzog/Scholz/Dederer GG Art. 91 (2019) Rn. 4 (im Kontext der Frage nach dem Ausnahmezustand); Hofmann/Lukosek/Schulte-Rudzio GSZ 2020, 233 (235).

43 Zur Funktion des Vorbehalts des Gesetzes, der eine parlamentsgesetzliche Grundlage für Grundrechtseingriffe erfordert, s. Lassahn Rechtsprechung und Parlamentsgesetz, 2017, S. 153 ff.

44 Auch stellt sich das Problem der formellen Polizeipflichtigkeit von Hoheitsträgern (hierzu etwa Schoch Jura 2005, 324 ff.; Borowski VerwArch 101 [2010], 58 ff.) nicht. Denn Adressat von etwaigen Anordnungen des BKA ist die – in der Berufung auf ihre grundrechtlichen Freiheiten wie gesehen durch die Bedingungen der Amtsträgereigenschaft lediglich stark eingeschränkte – Schutzperson, nicht das von ihr ausgefüllte Verfassungsorgan.

45 Selbst wenn man hierfür jenseits des § 6 BKAG eine Ermächtigungsgrundlage fordern wollte, liegt eine solche mit § 63 und (für Datenerhebungen) § 9 Abs. 2 iVm § 6 BKAG vor.

erforderliche Maß begrenzt.[46] Vor dem Hintergrund des Art. 1 Abs. 1 GG erscheint es naheliegend, dass sich der Staat selbst diejenigen, die seine höchsten Spitzenämter tragen, nicht vollends einverleiben darf, sondern dass die im Ausgangspunkt einem jeden zukommenden grundrechtliche Freiheiten nur in dem Maße eingeschränkt werden können, das im jeweiligen Kontext erforderlich und angemessen ist. Daher ist die Freiheit der Schutzperson die Regel, eine Einschränkung dieser Freiheit durch das BKA die rechtfertigungsbedürftige (aber auch -fähige) Ausnahme.

61 **In der Praxis** dürfte es sich in jedem Fall anbieten, ein möglichst kooperatives Verhältnis mit der Schutzperson zu schaffen, um die gebotenen Schutzmaßnahmen verwirklichen und sich zugleich auf die dafür erforderliche Mitwirkung der Schutzperson verlassen zu können.

62 **2. Vorrang des Schutzauftrags.** Im Alltag des Personenschutzes kann sich die Frage stellen, wie sich der Auftrag zum Schutz einer bestimmten Schutzperson zu den übrigen Dienstpflichten des Personenschutzbeamten verhält. Personenschutzbeamte sind idR Polizeivollzugsbeamte und als solche grundsätzlich auch dem **Schutz der Allgemeinheit** und der Strafverfolgung verpflichtet.[47] Nicht nur theoretisch kann es zu der Situation kommen, dass Personenschutzbeamte auf Gefährdungen oder Schädigungen auch Dritter aufmerksam werden, dh solcher Personen, die nicht zu dem Kreis der von § 6 BKAG erfassten Schutzpersonen des BKA zählen. Zum Schutze Dritter sind auch für Beamte des BKA Eingriffe in Grundrechte möglich. Eingriffsrechte, die über die Jedermanns-Rechte hinausgehen, werden in den Polizeigesetzen der Länder jedenfalls für die Abwehr von gegenwärtigen erheblichen Gefahren ganz überwiegend auch ausdrücklich für Beamte des Bundes eingeräumt.[48] Hieran anknüpfend eröffnet das BKAG in § 37 Abs. 4 den Beamten des BKA die **Möglichkeit, im Zuständigkeitsbereich eines Landes tätig zu werden**. Die Befugnisse der handelnden Beamten richten sich dann nach dem jeweiligen Landesrecht (→ § 37 Rn. 17).

63 In Situationen, in denen Personenschutzbeamte zugunsten Dritter eingreifen wollen, kann es wiederum vorkommen, dass dies nicht ohne Auswirkungen auf die Schutzperson möglich ist – sei es, dass diese einen wichtigen Termin zu verpassen droht, oder aber selbst an Leben oder Gesundheit gefährdet wird. Der **Konflikt** zwischen dem speziellen Schutzauftrag aus § 6 BKAG iVm der konkreten Verwendung zum **Schutz einer bestimmten Schutzperson** einerseits und dem **Schutzauftrag gegenüber der Allgemeinheit** andererseits tritt offen zu Tage, wenn mehrere Handlungen an sich zugleich gebotenen sind, aber nur eine von ihnen ausgeführt werden kann. Das zu Grunde liegende Problem hat dabei auch und in erster Linie eine strafrechtliche Dimension. Denn wenn an sich gebotene Eingriffe – sei es zugunsten Dritter oder zugunsten einer Schutzpersonen – unterbleiben oder wenn Maßnahmen der Strafverfolgung nicht erfolgen, steht immer eine **Strafbarkeit durch Unterlassen** im Raum (vorrangig § 13 oder § 323c StGB sowie §§ 258, 258a StGB).

64 Für den Umgang mit Kollisionslagen lassen sich folgende Leitlinien formulieren: Grundsätzlich ordnen sowohl das Strafrecht als auch das Verwaltungsrecht (§ 6 BKAG, Dienstrecht) einen **Vorrang des Schutzauftrags** an.[49] Den Personenschutzbeamten trifft eine strafrechtliche **Garantenstellung für die Schutzperson (Beschützergarant)**.[50] Sobald **Lebensgefahr für die Schutzperson** vorliegt, ist ein Handeln zugunsten der Schutzperson grundsätzlich vorrangig.[51] Aber auch wenn keine Lebensgefahr für die Schutzperson droht, können Maßnahmen zugunsten Dritter oder der Allgemeinheit nur (aber immerhin) in Ausnahmefällen vorrangig sein. Dies kommt allenfalls dann in Betracht, wenn die Belange eines betroffenen Dritten (bzw. die Belange der Allgemeinheit, bspw. bei der Strafverfolgung) die Belange des Personenschutzes **wesentlich und**

46 Der Staatsschutzcharakter des Personenschutzes eröffnet dem BKA zwar einerseits weitreichende Befugnisse. Er begrenzt andererseits seinen Wirkbereich auch auf diejenigen Kontexte, in denen Beeinträchtigungen oder Verletzungen der Schutzperson auch der staatlichen Verantwortung zugeschrieben, oder umgekehrt: als Staatsversagen wahrgenommen würden. Das wiederum ist immer dann anzunehmen, wenn einer Schutzperson *als Schutzperson* Unbill widerfährt. Das kann sich insbesondere daraus ergeben, dass ihr im Rahmen ihrer Amtsausübung etwas zustößt oder daraus, dass ihr jenseits der Amtsausübung Nachteile zugefügt werden, die sie als Schutzperson treffen sollen (bspw. politisch motiviertes Attentat während privater Tätigkeiten).

47 Zur Frage der Rechte und Pflichten von Vollzugsbeamten des BKA jenseits der im BKAG eröffneten Zuständigkeiten auch bereits Hessel BKAG § 8 Anm. 2. Es ist anerkannt, dass den Beamten in bestimmten gewichtigen Fällen (vgl. den Katalog des § 138 StGB) eine Pflicht zur Einleitung der Strafverfolgung selbst bei Kenntniserlangung außerhalb des Dienstes trifft. Dann erscheint es sachgerecht, ihm in solchen Fällen auch eine Garantenstellung zur Gefahrenabwehr zuzuweisen, wenn er im Dienst – und lediglich außerhalb seines Zuständigkeitsbereichs – in eine Situation gerät, in der er eine solche Straftat durch sein Eingreifen verhindern kann. Zum Gesamtkomplex vgl. Pawlik ZStW 101 (1999), 335 (355 f.); Jahn JuS 2018, 181 (183).

48 § 123 PolG BW; § 8 BerlASOG; § 77 BbgPolG; § 81 BremPolG; § 30a HbgSOG; § 102 HessSOG; § 9 SOG MV; § 103 NdsPOG; § 101 POG RhPf; § 88 SaarlPolG; § 104 SächsPVDG; § 91 SOG LSA; § 170 LVwG SH.

49 Vgl. insgesamt auch Hessel BKAG § 9 Anm. 11.

50 Gegenüber der Allgemeinheit greift eine Garantenpflicht grundsätzlich nur insoweit, als der Polizeivollzugsbeamte sachlich und örtlich zuständig ist, vgl. BGH Urt. v. 29.10.1992 – 4 StR 358/92 –, BGHSt 38, 388; OLG Nürnberg Beschl. v. 6.11.2017 – 1 Ws 297/17 –, BeckRS 2017, 130748; Schönke/Schröder/Bosch, StGB, 30. Aufl. 2019, § 13 Rn. 52. Wohl **aA** BeckOK-StGB/Heuchemer § 13 Rn. 53 (2022).

51 Das Leben soll einer strafrechtlichen Abwägung nicht zugänglich sein, vgl. nur Erb in MüKoStGB, 4. Aufl. 2020, § 34 Rn. 143 ff., mwN. Aus strafrechtlicher Sicht ist in solchen Fällen jedenfalls dann kein Vorrang des Schutzauftrags anzunehmen, wenn den Beamten auch ggü. den Dritten eine gleichrangige Schutzpflicht trifft (bspw. eigene Kinder) und die Dritten gleichrangig gefährdet sind.

offensichtlich überwiegen; dann kann der Personenschutzbeamte auch **Beschützergarant für Dritte** sein und diese Garantenpflicht seine Stellung gegenüber der Schutzperson überlagern. Eine Orientierung für die Gewichtigkeit einzelner Vorfälle bieten die im Katalog des § 138 StGB aufgeführten Straftaten.[52] Ein wesentliches Überwiegen der Belange Dritter wird insbesondere dann anzunehmen sein, wenn **Lebensgefahr für Dritte** besteht, nicht aber für die Schutzperson. Bei hinreichend eindeutigen und gewichtigen Sachverhalten kann sich sogar eine **Pflicht zum Eingreifen zugunsten Dritter** ergeben. Dies ist im Grundsatz unabhängig von der konkreten Rolle, die ein Personenschutzbeamter in der konkreten Situation einnimmt (sei es als Teil des Personenschutzkommandos, des Vorkommandos, als Sicherheitskoordinator, etc.). Schon sobald aber Zweifel bestehen, ob die Belange Dritter bzw. der Allgemeinheit tatsächlich überwiegen, kann dem Beamten kein Vorwurf gemacht werden, wenn er sich für den Vorrang seines Schutzauftrages entscheidet, zumal dies bei strafrechtlich offener Abwägung regelmäßig dienstrechtlich geboten sein wird. Es besteht also ein nicht unerheblicher **Entscheidungsspielraum**.

In jedem Fall muss den Personenschutzbeamten subjektiv ein **besonders großzügiger Maßstab** zugebilligt 65
werden. Denn andernfalls besteht die Gefahr, dass Situationen der Hilfsbedürftigkeit bewusst inszeniert und zur Anschlagsplanung genutzt werden könnten, um Personenschutzbeamte abzulenken. Sobald hierfür auch nur kleinste Anhaltspunkte bestehen, sollte es – schon mangels Vorsatzes hinsichtlich der eine etwaige Garantenstellung für Dritte begründenden Umstände – regelmäßig als nicht strafbar gewertet werden, wenn der Beamte seinem Schutzauftrag den Vorrang einräumt.

§ 7 Zeugenschutz

(1) [1]In den Fällen des § 4 Absatz 1 und 2 Satz 1 obliegt dem Bundeskriminalamt der Schutz von Personen, deren Aussage zur Erforschung der Wahrheit von Bedeutung ist oder war. [2]Entsprechendes gilt für deren Angehörige und sonstige ihnen nahestehende Personen. [3]Das Bundeskriminalamt unterrichtet die zuständigen Landeskriminalämter unverzüglich von der Übernahme des Zeugenschutzes.

(2) [1]Das Bundeskriminalamt kann Zeugenschutzmaßnahmen aufgrund eines Ersuchens eines anderen Staates oder einer für die Verfolgung von Straftaten zuständigen zwischen- und überstaatlichen Stelle durchführen, soweit es sich um einen Fall von besonderer Bedeutung handelt. [2]Absatz 1 Satz 2 und 3 gilt entsprechend.

(3) [1]In Einzelfällen können Zeugenschutzmaßnahmen im Einvernehmen zwischen dem Bundeskriminalamt und einem Landeskriminalamt durch Polizeibeamtinnen und Polizeibeamte dieses Landes durchgeführt werden. [2]Die Verpflichtung anderer Polizeibehörden, die zur Abwehr von Gefahren erforderlichen unaufschiebbaren Maßnahmen zu treffen, bleibt unberührt.

A. Überblick und Genese

§ 7 BKAG gibt dem BKA die Aufgabe, in bestimmten Fällen den **Schutz von Zeugen** zu gewährleisten. 1
Nach § 7 Abs. 1 obliegt dem Amt der Schutz von Personen, deren Aussage zur Erforschung der Wahrheit von Bedeutung ist oder war, soweit § 4 Abs. 1 und Abs. 2 S. 1 BKAG betroffen sind. Dies sind alle Fälle, in denen das BKA originär (§ 4 Abs. 1 BKAG, → § 4 Rn. 14 ff.) oder nach Ersuchen, Anordnung oder Beauftragung (§ 4 Abs. 2 S. 1 BKAG, → § 4 Rn. 44 ff.) für die Strafverfolgung zuständig ist. Es handelt sich idR um **Fälle von schwerer und/oder organisierter Kriminalität** sowie um terroristische Straftaten. In entsprechenden Verfahren sind Sachbeweise oft unzureichend, weshalb dem Personalbeweis besondere Bedeutung

52 → Fn. 47.

zukommt. Gerade deshalb sind Zeugen besonders gefährdet und in der Folge von staatlichen Stellen besonders zu schützen.[1]

2 § 7 BKAG eröffnet eine Zuständigkeit für vorrangig **präventives Handeln.**[2] Es handelt sich um einen von nur drei Bereichen, in denen das BKA präventivpolizeilich tätig wird (daneben: Abwehr von Gefahren des internationalen Terrorismus nach § 5 BKAG und Schutz der Mitglieder von Verfassungsorganen des Bundes nach § 6 BKAG).[3] Funktional dient der Zeugenschutz nach § 7 BKAG der **Sicherung von Strafverfahren** durch Sicherung von Zeugen in ihrer Funktion als Beweismittel. Damit hat § 7 BKAG mittelbar auch eine repressive Funktion.[4]

I. Zweck und Abgrenzung

3 Wie dargestellt dient der Zeugenschutz nach § 7 BKAG funktional der Sicherung von Strafverfahren. Es handelt sich um eine **Aufgabenzuweisung.** Die korrespondierenden Eingriffsermächtigungen finden sich in den §§ 66 und 66a BKAG. Daneben enthält § 68 StPO eine Regelung zum materiellen Zeugenschutz bei Vernehmungen von Zeugen, die es dem Zeugen erlaubt, zur Gefahrenabwehr auf bestimmte Angaben (Wohnort, gegebenenfalls auch Identität) zu verzichten.

4 In den Fällen, in denen die Aufgabe des BKA nach § 7 BKAG nicht eröffnet ist, sind nach allgemeinen Regeln die **Polizeien der Länder** für den Zeugenschutz zuständig. In der Natur der Zeugenschutztätigkeit liegt es dabei, dass vielfach länder- und teilweise auch nationalstaatenübergreifende Maßnahmen erforderlich werden. Daher ist ein abgestimmtes Vorgehen besonders wichtig.

5 Zur Vereinheitlichung des Vorgehens und zur Schaffung von Rechtssicherheit im Zeugenschutz hat der Gesetzgeber im Jahr 2001 das **Zeugenschutz-Harmonisierungsgesetz** (ZSHG) geschaffen.[5] Bis zur Schaffung des ZSHG orientierten sich die Maßnahmen des Zeugenschutzes lediglich an den Gemeinsamen Richtlinien der Innen- und Justizminister zum Schutz gefährdeter Zeugen. Wegen der Auswirkungen von Schutzmaßnahmen auf die Rechte Dritter war es notwendig geworden, dem Zeugenschutz eine klar auf das Strafverfahren bezogene gesetzliche Grundlage zu geben. Mit den Regelungen sollten auch die damit befassten Stellen Rechtssicherheit erlangen, beispielsweise bei der Einrichtung von Daten- und Übermittlungssperren oder bei der Vergabe und Nutzung von Tarnidentitäten.[6] Das ZSHG gilt auch für die Zeugenschutztätigkeit des BKA. Es regelt einerseits den Kreis der Personen, die für Zeugenschutzmaßnahmen in Betracht kommen (§ 1 ZSHG), verweist auf die jeweils zuständigen Zeugenschutzdienststellen (§ 2 ZSHG), und trifft im Übrigen in eher rudimentärem Umfang besondere Regeln für die Zeugenschutztätigkeit, etwa zum Umgang mit personenbezogenen Daten (§ 4 ZSHG) oder zur Erstellung von Tarndokumenten (§ 5 ZSHG). Der Anwendungsbereich des ZSHG ist anders als § 7 iVm § 4 Abs. 1 und Abs. 2 S. 1 BKAG nicht auf bestimmte Deliktsfelder oder -typen beschränkt.[7] Das BKA ist freilich an die Voraussetzungen des § 7 BKAG gebunden.

6 Im **Verhältnis zwischen ZSHG und BKAG** wäre nach allgemeinen Regeln grundsätzlich von einem Vorrang des BKAG auszugehen.[8] Denn das BKAG erfasst als *lex specialis* nur ganz bestimmte Szenarien des Zeugenschutzes, während das ZSHG die Zeugenschutztätigkeit der Sicherheitsbehörden insgesamt regelt. Allerdings sieht die Regelung der Zeugenschutzbefugnisse in § 66 Abs. 1 S. 1 BKAG einen Vorrang des ZSHG vor (→ § 66 Rn. 7).[9] Demnach geht das ZSHG vor, soweit es einzelne Befugnisse „besonders regelt“. Dies sperrt ein Vorgehen nach dem BKAG aber nur insoweit, als das ZSHG erstens überhaupt einschlägig ist und zweitens eine Befugnis auch tatsächlich *speziell* und *abschließend* regelt. Mit anderen Worten können also nach dem BKAG auch Maßnahmen getroffen werden, die über die Befugnisse des ZSHG hinausgehen, solange sich dem ZSHG nicht eindeutig entnehmen lässt, dass solches nicht gewollt ist.

II. Verfassungsrechtlicher Hintergrund

7 Die Gesetzgebungskompetenz des Bundes folgt aus einer **Annexzuständigkeit für die Regelung des Strafverfahrens** nach Art. 74 Abs. 1 Nr. 1 iVm Art. 73 Abs. 1 Nr. 10 GG, weil ohne Zeugenschutzmaßnahmen

1 Ahlf/Daub/Lersch/Störzer/Lersch BKAG § 6 Rn. 1; vgl. auch BR-Drs. 219/91 (Beschluss), 110 f.; BT-Drs. 12/989, 55 f.; BT-Drs. 13/1550, 24. Vgl. auch die nicht näher belegten Spekulationen zu Zeugenschutztätigkeiten und den Auswirkungen auf die Glaubwürdigkeit der Zeugen bei Eisenberg, Beweisrecht der StPO, 10. Aufl. 2017, Rn. 1455c ff.

2 Lersch in FS-Herold, 1998, S. 35 (59).

3 Zu § 8 (behördlicher Eigenschutz) und § 34 BKAG (Eigensicherung eingesetzter Personen) s. auch § 6 Rn. 2 (dort Fn. 1).

4 Ahlf/Daub/Lersch/Störzer/Lersch BKAG § 6 Rn. 1; Lersch in FS-Herold, 1998, S. 35 (59).

5 BGBl. I 2001 S. 3510. Näher zum ZSHG s. auch BT-Drs. 14/6279 (neu), 9 ff.

6 S. BT-Drs. 14/6279 (neu), 8.

7 Aus § 2 Abs. 2 ZSHG wird aber geschlossen, dass eine gewisse Schwere der Tat erforderlich ist, s. Roggan in MüKoStPO, 2018, ZSHG § 1 Rn. 1.

8 Vgl. Schenke/Graulich/Ruthig/Graulich BKAG § 7 Rn. 1 (§ 7 BKAG als „spezielle Aufgabennorm“).

9 S. BT-Drs. 14/6279 (neu), 13; vgl. auch mit Anknüpfung an § 26 BKAG aF Roggan in MüKoStPO, 2018, ZSHG § 1 Rn. 1.

durch das BKA ein ordnungsgemäßes Strafverfahren in Fällen, in denen das Amt an der Strafverfolgung teilnimmt, gefährdet wäre. Nur auf diese Weise ist die Sicherstellung der Aussagefähigkeit und Aussagebereitschaft von Zeugen gewährleistet.[10] Auch wenn die Art und Weise der Aufgabenwahrnehmung präventivpolizeilichen Charakter hat, liegt ihre Funktion in der Sicherung des gerichtlichen Verfahrens im Strafrecht, so dass der Kompetenztitel nach Art. 74 Abs. 1 Nr. 1 GG eröffnet ist.[11]

III. Gesetzeshistorie

Eine gesetzliche Rechtsgrundlage für den Zeugenschutz durch das BKA wurde erstmals im Jahr 1997 eingeführt (vgl. § 6 BKAG aF).[12] Zuvor beruhte Zeugenschutz durch das BKA auf „Gemeinsamen Richtlinien der Innenminister und -senatoren und der Justizminister und -senatoren der Länder zum Schutz gefährdeter Zeugen“, die von der Ständigen Konferenz der Innenminister und -senatoren der Länder (IMK) am 29.6.1990 beschlossen worden waren.[13] 8

In den Jahren 2002[14] und 2018[15] wurde der Anwendungsbereich der Zeugenschutzzuständigkeit jeweils erweitert, so dass er nunmehr alle Bereiche erfasst, in denen das BKA nach § 4 Abs. 1 BKAG originär für die Strafverfolgung zuständig ist.[16] 9

IV. Aktuelle Entwicklungen

Weitere Enthemmungen in den Bereichen des **Terrorismus** und der **organisierten Kriminalität** sowie eine generell stetig wachsende Professionalisierung auf Täterseite machen die Aufgabe des Zeugenschutzes zunehmend anspruchsvoll. Darüber hinaus bedingt die immer weiter zunehmende **Nutzung des Internets** zu Recherchezwecken ein hohes Risikopotential für die Enttarnung und Lokalisierung gefährdeter Zeugen. Die fortschreitende Digitalisierung, die Einrichtung bundesweiter Datenbanken, deren rasant fortschreitende behördenübergreifende Vernetzung und der automatisierte Datenaustausch auch mit nicht öffentlichen Stellen bergen für den Zeugenschutz enorme Herausforderungen.[17] Es bieten sich vermehrte und vielfältige Möglichkeiten, personenbezogene Daten gefährdeter Zeugen zu recherchieren. Im Zuge der kontinuierlichen Erweiterung der Zeugenschutzaufgabe des BKA wird sich zudem absehbar die Frage nach neuen Grenzziehungen oder Erweiterungen der Schutztätigkeiten stellen. 10

B. Kommentierung im Einzelnen

§ 7 BKAG trifft einige grundlegende Regelungen zur Wahrnehmung der Zeugenschutzaufgabe. In seinem Abs. 1 regelt er die (vor allem personelle) Reichweite des Zeugenschutzes (→ Rn. 12 ff.), Abs. 2 betrifft den Umgang mit internationalen Zeugenschutzfällen (→ Rn. 28 f.) und Abs. 3 Abstimmungen zwischen dem BKA und den Polizeien der Länder (→ Rn. 30 ff.). 11

I. Eröffnung und Reichweite des Zeugenschutzes durch das BKA (Abs. 1 S. 1 und S. 2)

Nach § 7 Abs. 1 BKAG obliegt dem BKA in den Fällen des § 4 Abs. 1 und 2 S. 1 BKAG der Schutz von Personen, deren Aussage zur Erforschung der Wahrheit von Bedeutung ist oder war. 12

Bei der Entscheidung über die Übernahme des Zeugenschutzes als solchem in einem konkreten Fall kommt dem Amt – anders als nach ZSHG – **kein Ermessen** zu, weil § 7 BKAG solches nicht vorsieht.[18] Anderes gilt freilich für die einzelnen Maßnahmen des Zeugenschutzes, insbesondere für Eingriffsmaßnahmen nach § 66 BKAG; insofern gelten § 66 Abs. 1 S. 3 BKAG iVm §§ 15 f. BPolG bzw. § 2 Abs. 2 ZSHG, wonach die Zeugenschutzdienststelle ihre Maßnahmen nach pflichtgemäßem Ermessen trifft. Daraus folgt zugleich, dass im Ausgangspunkt **kein Rechtsanspruch** auf die Durchführung von Zeugenschutzmaßnahmen besteht. 13

1. Eröffnung und Begrenzung des Schutzauftrags: Bezugsverfahren nach § 4 Abs. 1 und 2 S. 1 BKAG. Die Eröffnung des Schutzauftrags setzt ein **qualifiziertes Bezugsverfahren** für den Zeugenschutz durch das BKA 14

10 BT-Drs. 13/1550, S. 24.
11 Ebenso Schenke/Graulich/Ruthig/Graulich BKAG § 7 Rn. 2; s. auch Ahlf/Daub/Lersch/Störzer/Lersch BKAG § 6 Rn. 2; Roggan in MüKoStPO, 2018, ZSHG Vorb. zu § 1 Rn. 7.
12 BGBl. I 1997 S. 1652.
13 BT-Drs. 13/1550, 24.
14 BGBl. I 2002 S. 3109.
15 BGBl. I 2017 S. 1358.
16 BT-Drs. 18/11163, 89.
17 Entsprechendes gilt erst recht für die Massierung personenbezogener Daten in den Datenbeständen verschiedener privater Akteure, vgl. insgesamt Lassahn Der Staat 61 (2022), 407 ff.
18 S. auch Schenke/Graulich/Ruthig/Graulich BKAG § 7 Rn. 5.

voraus, dh ein Straf- bzw. Ermittlungsverfahren nach § 4 Abs. 1 und Abs. 2 S. 1 BKAG. Dies sind all solche Fälle, in denen das BKA für die Strafverfolgung – originär (§ 4 Abs. 1 BKAG) oder auf Ersuchen bzw. Anordnung (§ 4 Abs. 2 S. 1 BKAG) – zuständig ist. Demnach ist die Zuständigkeit für strafrechtliche Ermittlungen kongruent mit der Eröffnung von Zeugenschutzmaßnahmen.[19]

15 Zu den Straftaten mit originärer Zuständigkeit zählen beispielsweise solche des international organisierten ungesetzlichen Handels mit Waffen oder Munition (§ 4 Abs. 1 Nr. 1 BKAG), bestimmte Straftaten gegen Mitglieder von Verfassungsorganen (§ 4 Abs. 1 Nr. 2 BKAG) sowie weitere, idR terroristische oder sonstige Straftaten der schweren und organisierten Kriminalität. Ein Ersuchen (§ 4 Abs. 2 S. 1 BKAG) kann durch eine zuständige Landesbehörde erfolgen, die Anordnung der Strafverfolgung durch das BKA (§ 4 Abs. 2 S. 1 Nr. 2 BKAG) erfolgt durch das Bundesministerium des Innern. Schließlich kann der Generalbundesanwalt um Übernahme durch das BKA ersuchen oder einen Auftrag dazu erteilen (§ 4 Abs. 2 S. 1 Nr. 3 BKAG).

16 **2. Sachliche Reichweite des Schutzes.** Die sachliche Reichweite des Schutzauftrags wird in § 7 BKAG nicht näher spezifiziert. Dem BKA wird in § 7 Abs. 1 S. 1 BKAG lediglich der **„Schutz“** der erfassten Personen aufgegeben. Für die Maßnahmen nach § 66 BKAG wird als Schutzziel die Abwehr von Gefahren für Leib, Leben, Gesundheit, Freiheit der Willensentschließung und -betätigung oder wesentliche Vermögenswerte der zu schützenden Personen vorausgesetzt (§ 66 Abs. 1 S. 1 BKAG). Der allgemein gehaltene Begriff des „Schutzes“ in § 7 Abs. 1 S. 1 BKAG geht ersichtlich darüber hinaus. Die Auftragsnorm ist also **weiter formuliert** als die Befugnisnorm,[20] auch wenn es praktisch in aller Regel um die in § 66 BKAG genannten Schutzziele gehen wird. Stets ist Voraussetzung, dass der gewährte Schutz auch im Einzelfall verhältnismäßig, insbesondere erforderlich ist; der **Grundsatz der Verhältnismäßigkeit** gilt auch bei der Auslegung von Gehalt und Reichweite des Schutzauftrags. Besondere Bedeutung kommt dabei dem Maßstab der Erforderlichkeit zu. Für den Bereich des Personenschutzes ist dieses Kriterium in § 6 Abs. 1 S. 1 BKAG noch einmal explizit benannt (→ § 6 Rn. 27 f.), für den Zeugenschutz nach § 7 BKAG ergibt es sich nach allgemeinen Regeln als Teilgehalt des Grundsatzes der Verhältnismäßigkeit.

17 **3. Personelle Reichweite des Schutzes.** Die personelle Reichweite des Schutzauftrags erfasst zunächst solche Personen, deren Aussage zur Erforschung der Wahrheit von Bedeutung ist oder war. Der Wortlaut der Norm („Person“) ist – anders als die Überschrift („Zeugenschutz“) vermuten lässt – nicht auf Zeugen im strafprozessualen Sinne (vgl. §§ 48 ff. StPO) beschränkt. Vielmehr kommen **alle Verfahrensbeteiligten** in Betracht, insbesondere auch **(Mit-)Beschuldigte.**[21] Ebenfalls in Betracht kommen sog. **V-Personen** (Vertrauenspersonen) als potenzielle Zeugen.[22] Da über Schutzmaßnahmen zugunsten aussagebereiter Personen bisweilen auch **bereits frühzeitig** entschieden werden muss, bevor diesen ein formaler Status als Zeuge oder Beschuldigter (geschweige denn als Angeschuldigter oder Angeklagter) zukommt, genügt es grundsätzlich, wenn die ermittlungsführende Dienststelle, maßgeblich die Staatsanwaltschaft als Herrin des Ermittlungsverfahrens, die Heranziehung der Aussage der betreffenden Person in dem Verfahren zumindest in ihre Erwägungen einschließt.[23] Für eine sinnvolle und verhältnismäßige Planung und Durchführung von Schutzmaßnahmen wird es freilich erforderlich sein, dass jedenfalls die Verfahrensrelevanz der Aussage dargelegt werden kann (→ Rn. 18).

18 Erforderlich ist nach § 7 Abs. 1 S. 1 BKAG in jedem Fall, dass die Aussage der betroffenen Person **zur Erforschung der Wahrheit von Bedeutung** ist oder war. Dies ist weitergehend als die Regelung in § 1 Abs. 1 ZSHG, der voraussetzt, dass ohne die Aussage in einem Strafverfahren die Erforschung des Sachverhalts oder die Ermittlung des Aufenthaltsorts des Beschuldigten aussichtslos oder wesentlich erschwert wäre. Die Bedeutung einer Aussage für die Erforschung der Wahrheit setzt voraus, dass es zumindest möglich erscheint, dass die potenzielle Aussage **für den Ausgang des Verfahrens relevant** sein kann. Das Gewicht der Bedeutung der Aussage im Einzelfall ist regelmäßig wichtiges Indiz für die Beurteilung der Gefährdung der Person und damit auch für die Beurteilung der Erforderlichkeit geeigneter Schutzmaßnahmen.[24]

19 Darüber hinaus setzt § 7 Abs. 1 iVm § 66 Abs. 1 S. 1 BKAG voraus, dass auch tatsächlich eine Gefährdung für die betroffene Person vorliegt. Gänzlich abstrakte Gefährdungen genügen dabei nicht. Maßgeblich ist

19 BT-Drs. 18/11163, 89. Schenke/Graulich/Ruthig/Graulich BKAG § 7 Rn. 11 spricht von „Konkordanz“.

20 Das bedeutet, dass der „Schutz“ nach § 7 Abs. 1 S. 1 BKAG im Einzelfall auch über die in § 66 Abs. 1 S. 1 BKAG genannten Rechtsgüter hinausgehen kann – auch wenn dies allenfalls in Ausnahmefällen relevant werden dürfte (bspw. mit Blick auf nicht-wesentliche Vermögenswerte). Anders Ahlf/Daub/Lersch/Störzer/Lersch BKAG § 6 Rn. 3; Schenke/Graulich/Ruthig/Graulich BKAG § 7 Rn. 6.

21 S. BT-Drs. 13/1550, 35; Ahlf/Daub/Lersch/Störzer/Lersch BKAG § 6 Rn. 4; Schenke/Graulich/Ruthig/Graulich BKAG § 7 Rn. 6; vgl. auch BT-Drs. 14/6279 (neu), 9 (zum ZSHG).

22 Ahlf/Daub/Lersch/Störzer/Lersch BKAG § 6 Rn. 5; vgl. auch die dort genannte BT-Drs. 12/989, 41.

23 Ahlf/Daub/Lersch/Störzer/Lersch BKAG § 6 Rn. 4.

24 Ahlf/Daub/Lersch/Störzer/Lersch BKAG § 6 Rn. 5.

vielmehr eine **Gefährdungsanalyse im Einzelfall.**[25] § 1 Abs. 1 ZSHG ist wiederum enger als § 7 Abs. 1 BKAG, weil er explizit voraussetzt, dass eine Gefährdung von Leib, Leben, Gesundheit, Freiheit oder wesentlichen Vermögenswerte zu besorgen ist.[26]

20 Auf ein **Einverständnis** der zu schützenden Personen kommt es – anders als in § 1 ZSHG – theoretisch **nicht** an. Die Zuständigkeit nach § 7 BKAG ist daher weniger eng gefasst als der Anwendungsbereich des § 1 ZSHG.[27] Allerdings ist auch im Rahmen des § 7 Abs. 1 BKAG durchaus die **Geeignetheit** der Person für Maßnahmen des Zeugenschutzes vorauszusetzen (explizit insofern wiederum § 1 Abs. 1 ZSHG). Denn andernfalls ist sinnvolle und verhältnismäßige Zeugenschutztätigkeit überhaupt nicht möglich, was auch eine Zuständigkeit des BKA in solchen Fällen ungeeignet erscheinen ließe. An der Geeignetheit der Person kann es etwa fehlen, wenn sie falsche Angaben macht, Zusagen nicht einhält oder hierzu nicht die Fähigkeit besitzt, zur Geheimhaltung nicht bereit ist oder Straftaten begeht.[28] Auch in der Praxis sind Zeugenschutzmaßnahmen gegen den Willen des Betroffenen kaum vorstellbar. Maßnahmen können nur wirksam getroffen werden, wenn sich die Schutzperson damit einverstanden erklärt und daran mitwirkt, sich entsprechend verhält und Vorgaben Folge leistet.

21 Nach § 7 Abs. 1 S. 2 BKAG gilt Gleiches wie für die potenziell Aussagenden selbst auch für deren **Angehörige und sonstige ihnen nahestehende Personen.** Insbesondere kann also das BKA für ihren Schutz zuständig sein. Das erscheint sinnvoll, weil über die Einwirkung auf nahestehende Personen die Aussagebereitschaft der potenziell Aussagenden beeinflusst werden kann. Selbst wenn ein Zeuge oder Beschuldigter bereit wäre, unter Zurückstellen seiner eigenen Gefährdung auszusagen, ist dies häufig in Frage gestellt, wenn eine Gefährdung nahestehender Personen droht.[29] Wer **Angehöriger** ist, richtet sich nach der Legaldefinition des § 11 Abs. 1 Nr. 1 StGB (insbesondere Verwandte und Verschwägerte gerader Linie, Ehegatten, Lebenspartner). Als **nahestehende Personen** lassen sich regelmäßig solche verstehen, zu denen ein besonderes Vertrauensverhältnis besteht; dies kann neben den im selben Haushalt lebenden Personen (sofern diese nicht ohnehin Angehörige sind) auch enge Freundschaften erfassen.[30] Nach Sinn und Zweck der Vorschrift kommen all solche Personen in Betracht, bei denen es nachvollziehbar erscheint, dass ihre Gefährdung sich abträglich auf die Aussagebereitschaft des potenziell Aussagenden auswirken würde. Nach § 1 Abs. 3 ZSHG können auch Angehörige und sonstige nahestehende Personen von Angehörigen oder sonst nahestehenden Personen geschützt werden, sofern dies für den Zeugenschutz erforderlich ist, sich die jeweilige Person eignet und ihr Einverständnis erklärt. Man könnte hier über abgeleitete oder **sekundäre Näheverhältnisse** sprechen. Auch solche Personen lassen sich aber ohnehin bereits bei extensiver Auslegung des Begriffs der „sonstigen ihnen nahestehende[n] Personen" iSd § 7 Abs. 1 S. 1 BKAG als von dem Schutzauftrag des § 7 BKAG erfasst ansehen;[31] allerdings kann dies nur gelten, soweit der Schutzauftrag und die Gefährdungslage es auch tatsächlich zwingend gebieten.

22 **4. Zeitliche Reichweite des Schutzes.** Aus dem Erfordernis der Verbindung von Zeugenschutzmaßnahmen mit einem qualifizierten Bezugsverfahren (→ Rn. 14) ergibt sich zugleich eine zeitliche **Begrenzung des Schutzauftrags.** So ist das BKA für den Zeugenschutz nur soweit und solange zuständig, wie sich die Gefährdung der betroffenen Person auch tatsächlich aus dem Bezugsverfahren bzw. dem ihm zu Grunde liegenden Sachverhalt ergibt.

23 Demgemäß kann eine Zuständigkeit insbesondere bereits dann bestehen, wenn das **Strafverfahren noch bevorsteht,** sofern absehbar ist oder jedenfalls in Betracht kommt, dass die Aussage der betroffenen Person relevant sein wird (→ Rn. 18).[32]

24 Eine Zuständigkeit besteht zudem insbesondere für Maßnahmen während des **laufenden Strafverfahrens.**

25 Daneben kommt aber auch ein **nachrückender Zeugenschutz** in Betracht, dh in Fällen, in denen sich die Gefährdung schon vor dem oder während des Verfahrens ergibt und nach rechtskräftigem Verfahrensabschluss Zeugenschutzmaßnahmen fortgeführt werden sollen, die bereits während des Strafprozesses begonnen wurden und deren Fortbestehen sich als nach wie vor notwendig erweist.[33]

26 Auch wenn sich die Gefährdung der Person erst **nach dem rechtskräftigen Verfahrensabschluss** ergibt, ist eine Zuständigkeit des BKA zwar nicht schon aus verfassungsrechtlichen Gründen ausgeschlossen, solange

25 S. Schenke/Graulich/Ruthig/Graulich BKAG § 7 Rn. 10.
26 Zur sachlichen Reichweite des Schutzauftrags in § 7 BKAG → Rn. 16.
27 Missverständlich insofern Schenke/Graulich/Ruthig/Graulich BKAG § 7 Rn. 6.
28 Vgl. BT-Drs. 14/6279 (neu), 9; Schenke/Graulich/Ruthig/Graulich BKAG § 7 BKAG Rn. 10.
29 S. BT-Drs. 14/6279 (neu), 10 (zum ZSHG); Ahlf/Daub/Lersch/Störzer/Lersch BKAG § 6 Rn. 7.
30 Roggan in MüKoStPO, 2018, ZSHG § 1 Rn. 10, mit Verweis auf BVerfG Beschl. v. 26.4.1994 – 1 BvR 1689/88 –, BVerfGE 90, 255 (260); Urt. v. 3.3.2004 – 1 BvR 2378/98 ua –, BVerfGE 109, 279 (321).
31 S. Schenke/Graulich/Ruthig/Graulich BKAG § 7 Rn. 12.
32 S. auch BT-Drs. 14/6279 (neu), 9 (zum ZSHG).
33 S. BT-Drs. 14/6279 (neu), 9 (zum ZSHG).

die Gefährdung auf dem Bezugsverfahren bzw. -sachverhalt beruht (bspw. wenn Verurteilte erst nach dem Abschluss des Verfahrens auf den Gedanken verfallen, sich an Zeugen rächen zu wollen).[34] Allerdings liegt es nach der **aktuellen Gesetzeslage** nahe, dass nach dem rechtskräftigen Abschluss des Verfahrens eine Zuständigkeit **nur in Fällen nachrückenden Zeugenschutzes** besteht, dh nur, soweit bereits während des laufenden Verfahrens Maßnahmen getroffen wurden und der Zeugenschutz dann weiter fortgeführt wird. Denn die Befugnisnorm des § 66 Abs. 1 BKAG sieht in ihrem S. 2 vor, dass Maßnahmen nach dem Abschluss des Verfahrens „fortgeführt", nicht aber, dass sie dann noch begonnen werden können (→ § 66 Rn. 14).

27 Das BKA ist jedenfalls insbesondere dann nicht (mehr) in der Pflicht, wenn aufgrund einer **veränderten Gefahrenlage** nach rechtskräftigem Verfahrensabschluss neue, nicht bereits während des laufenden Verfahrens begonnene Schutzmaßnahmen erforderlich werden,[35] dh wenn eine hinreichende Verbindung zum Bezugsverfahren nicht mehr besteht.

II. Internationale Zeugenschutzfälle

28 Nach dem 2017 neu eingefügten und 2018 in Kraft getretenen § 7 Abs. 2 BKAG[36] kann das BKA auch **herausragende internationale Zeugenschutzfälle** operativ selbst bearbeiten. Erforderlich ist das Ersuchen eines anderen Staates oder einer für die Verfolgung von Straftaten zuständigen zwischen- oder überstaatlichen Stelle (beispielsweise eines internationalen Strafgerichtshofes). Zusätzlich muss es sich um einen **Fall von besonderer Bedeutung** handeln. Diese Möglichkeit soll vor dem Hintergrund der steigenden Anzahl internationaler Ersuchen zur Entlastung der Länder, insbesondere in personeller Hinsicht, beitragen.[37] Durch die operative Einbindung des BKA in internationale Zeugenschutzfälle kann die bisherige starke Rolle Deutschlands in diesem Bereich weiter ausgebaut werden, da das BKA zukünftig nicht nur als rein strategischer und koordinierender, sondern auch als **operativer Partner** wahrgenommen und ein detaillierteres Bild über die verschiedenen Arbeitsweisen der internationalen Zeugenschutzdienststellen erlangen wird.[38] Hieraus können sich wichtige Lerneffekte und eine Verbesserung der jeweiligen Arbeitsweisen ergeben.

29 Nach § 7 Abs. 2 S. 2 BKAG gelten bei der Bearbeitung der Fälle § 7 Abs. 1 S. 2 und S. 3 BKAG entsprechend. Es können also auch Angehörige und sonstige nahestehende Personen erfasst werden; zudem sind auch in solchen Fällen die zuständigen Landeskriminalämter zu unterrichten (→ Rn. 32 unten).

III. Das BKA im Zeugenschutzverbund; Abstimmung mit anderen Zeugenschutzdienststellen (Abs. 1 S. 3, Abs. 3)

30 Das BKA ist bei der Durchführung von Zeugenschutzmaßnahmen eine **Zeugenschutzdienststelle** nach § 2 Abs. 1 S. 1 ZSHG. Als weitere Zeugenschutzdienststellen kommen prinzipiell auch das ZKA und die Bundespolizei im Rahmen der jeweiligen Zuständigkeiten in Betracht,[39] insbesondere aber die jeweils zuständigen Polizeien der Länder.

31 Zur Vermeidung von Interessenkonflikten und Vorwürfen sachwidriger Einwirkungen auf Zeugen ist es angezeigt, die Aufgabe des Zeugenschutzes einer von der ermittlungsführenden Stelle **getrennten Organisationseinheit** zuzuweisen,[40] vgl. § 2 ZSHG (Zeugenschutzdienststelle).

32 Über eine **Übernahme des Zeugenschutzes durch das BKA** unterrichtet das Amt nach § 7 Abs. 1 S. 3 BKAG die zuständigen Landeskriminalämter unverzüglich. Zuständig idS sind insbesondere diejenigen Landeskriminalämter, die ohne die besondere Aufgabennorm des § 7 BKAG für den Schutz der jeweils Betroffenen nach allgemeinem Polizeirecht und § 2 Abs. 1 S. 2 ZSHG verantwortlich wären. Zwar dürften diese in Ver-

34 Wohl wie hier Ahlf/Daub/Lersch/Störzer/Lersch BKAG § 6 Rn. 6. **Anders** Schenke/Graulich/Ruthig/Graulich BKAG § 7 Rn. 8, unter Bezug auf BT-Drs. 14/6279 (neu), 9. Bei der herangezogenen Drucksache handelt es sich allerdings um eine Unterrichtung durch die Bundesregierung zum ZSHG. Die Bundesregierung sieht dort die fraglichen Fallkonstellationen nicht mehr von der Bundeskompetenz zur Regelung des Strafverfahrens nach Art. 74 Abs. 1 Nr. 1 GG erfasst. Es darf aber nicht verkannt werden, dass es hier – anders als im ZSHG – nicht um die Regelung von Maßnahmen geht, bei denen bereits feststeht, dass sie in die Zuständigkeit der Länder fallen. In der Tat rechtfertigt der Bezug zur polizeilichen Verantwortung des Strafverfahrens auch eine mögliche Zuständigkeit für die Abwehr von Gefahren, die sich aus diesem Verfahren ergeben. Es ist daher sachgerecht, wenn Gefährdungen, die sich aus polizeilicherseits durch das BKA verantworteten Strafverfahren ergeben, auch durch das Amt abgewehrt werden können. Ein Schutz durch das BKA kann dabei insbesondere zu dem Zweck angezeigt sein, die grundsätzliche Aussagebereitschaft von Betroffenen in ähnlich gelagerten Verfahren zu gewährleisten; mit ähnlichem Gedanken zum hoheitlichen Umgang mit Vertrauenspersonen vgl. BVerfG Beschl. v. 16.12.2020 – 2 BvE 4/18 –, BVerfGE 156, 270 (313 ff., Rn. 130 ff.).

35 Schenke/Graulich/Ruthig/Graulich BKAG § 7 Rn. 8; vgl. auch BT-Drs. 14/6279 (neu), 9 (zum ZSHG).

36 BGBl. I 2017 S. 1358.

37 BT-Drs. 18/11163, 89.

38 BT-Drs. 18/11163, 89 f.

39 S. Roggan in MüKoStPO, 2018, ZSHG § 2 Rn. 3.

40 Ahlf/Daub/Lersch/Störzer/Lersch BKAG § 6 Rn. 8.

fahren, die polizeilicherseits ohnehin durch das BKA geführt werden, nur selten von eigener Zuständigkeit ausgehen. Gleichwohl ist eine Unterrichtungspflicht sinnvoll, um die Verantwortlichkeiten klar abzugrenzen und gegebenenfalls, um Maßnahmen zu koordinieren.[41]

Nach § 7 Abs. 3 S. 1 BKAG können Zeugenschutzmaßnahmen in Einzelfällen im Einvernehmen zwischen dem BKA und einem LKA auch durch **Polizeibeamte des Landes** durchgeführt werden. Erforderlich ist eine Zustimmung sowohl des BKA als auch der beteiligten Länderdienststellen („Einvernehmen"); eine einseitige Anordnung ist nicht möglich.[42] Ein solcher „Einzelfall" meint nicht einzelne Maßnahmen, sondern einen gesamten Zeugenschutzfall. Wenn eine Person im Einvernehmen mit dem BKA – etwa aufgrund dortiger personeller Überlastung oder weil es aus anderen Gründen angezeigt erscheint[43] – **Zeugenschutzmaßnahmen eines Landes unterfällt,** können nach § 7 Abs. 3 S. 1 BKAG auch die weiteren Maßnahmen durch die Landespolizei erfolgen. Formal ist aber eine Aufnahme in den Zeugenschutz des BKA erforderlich, das auch die grundsätzliche Verantwortung für den Fall beibehält. Solche Fälle sollen ausweislich des Wortlauts („Einzelfälle") aber die **Ausnahme** bleiben.[44] Die Zuständigkeiten und Befugnisse richten sich dann nach dem jeweiligen Landesrecht und dem ZSHG.[45] **Anderes** gilt dagegen regelmäßig, wenn eine Person seitens des BKA bei fortbestehender Gefährdung **aus dem Zeugenschutz entlassen** wird, etwa wegen mangelnder Geeignetheit. In einem solchen Fall liegt kein Zeugenschutz durch das Land im Einvernehmen nach § 7 Abs. 3 S. 1 BKAG vor; vielmehr ist das BKA für den Zeugenschutz in solchen Fällen gar nicht mehr verantwortlich (→ Rn. 20).[46] Weil und soweit auch die Landespolizei dann nicht für den Zeugenschutz zuständig ist – was sich regelmäßig mit der fehlenden Verantwortung des BKA überschneiden wird –, gilt für die Abwehr von Gefahren für die betroffene Person allein das allgemeine Gefahrenabwehrrecht der Länder.[47] 33

Nach § 7 Abs. 3 S. 2 BKAG bleibt auch in diesen Fällen die Verpflichtung anderer Polizeibehörden, die zur Abwehr von Gefahren erforderlichen unaufschiebbaren Maßnahmen zu treffen, unberührt. Hierbei handelt es sich um eine deklaratorische Klarstellung des selbstverständlichen Grundsatzes der allgemeinen Zuständigkeit von Polizeien in **Eilfällen.**[48] Eine parallele Vorschrift für Eilmaßnahmen bei der Strafverfolgung findet sich in § 4 Abs. 3 S. 2 BKAG (→ § 4 Rn. 54 f.). 34

§ 8 Sicherung des Bundeskriminalamtes, behördlicher Eigenschutz

(1) ¹Dem Bundeskriminalamt obliegt die Sicherung seiner behördlichen Liegenschaften, sonstigen Einrichtungen und eigenen Veranstaltungen gegen Gefahren, welche die Erfüllung seiner Aufgaben beeinträchtigen. ²Die Sicherung beschränkt sich auf die in Satz 1 bezeichneten Liegenschaften und Einrichtungen sowie auf die Grundstücke, auf denen diese Liegenschaften und Einrichtungen untergebracht sind oder Veranstaltungen stattfinden.

(2) Dem Bundeskriminalamt obliegt die Sicherung seines Dienstbetriebs gegen Gefahren, die von Personen ausgehen, die für das Bundeskriminalamt tätig werden sollen.

A. Überblick und Genese

§ 8 BKAG stellt klar, dass dem BKA die Aufgabe der eigenen Sicherung obliegt. Es handelt sich insoweit um eine **deklaratorische Norm,** weil jeder Behörde die Kompetenz zur Sicherung des eigenen Betriebsablaufs mit den eigenen Mitteln zukommt.[1] Die Vorschrift wurde im Jahr 2017 mit Inkrafttreten zum 25.5.2018 1

41 Vgl. Schenke/Graulich/Ruthig/Graulich BKAG § 7 Rn. 13.
42 Ahlf/Daub/Lersch/Störzer/Lersch BKAG § 6 Rn. 10.
43 Ahlf/Daub/Lersch/Störzer/Lersch BKAG § 6 Rn. 9.
44 Ahlf/Daub/Lersch/Störzer/Lersch BKAG § 6 Rn. 9.
45 So auch Schenke/Graulich/Ruthig/Graulich BKAG § 7 Rn. 17.
46 Wohl anders Schenke/Graulich/Ruthig/Graulich BKAG § 7 Rn. 17.
47 S. Schenke/Graulich/Ruthig/Graulich BKAG § 7 Rn. 17.
48 Zu Befugnissen von Beamten des BKA in Eil- und Sonderfällen vgl. etwa → § 6 Rn. 62 und → § 37 Rn. 3.
1 Vgl. BT-Drs. 18/11163, 90; Gärditz, Strafprozeß und Prävention, 2003, S. 269; Schenke/Graulich/Ruthig/Graulich BKAG § 8 Rn. 1.

neu eingeführt.[2] Eine parallele Vorschrift für die Bundespolizei findet sich in § 1 Abs. 3 BPolG. Eine Ermächtigung zur eigenen Strafverfolgung von auf den Grundstücken des BKA begangenen Straftaten ist nicht vorgesehen.[3]

2 Es handelt sich um eine Norm der **Aufgabenzuweisung**; die korrespondierenden Eingriffsbefugnisse ergeben sich aus den §§ 67 und 68 BKAG.

3 Die **Gesetzgebungszuständigkeit** ergibt sich aus der Natur der Sache,[4] weil wie ausgeführt (→ Rn. 1) jeder Behörde die Kompetenz zur Sicherung des eigenen Betriebsablaufs mit den eigenen Mitteln zukommt und es naheliegt, dass die gesetzgeberische Zuständigkeit für die Regelung dieser Kompetenz der gesetzgeberischen Zuständigkeit für die Errichtung der jeweiligen Behörde folgt.

B. Kommentierung im Einzelnen

4 § 8 BKAG ist unterteilt in eine Regelung zur Sicherung des laufenden Betriebs in Gestalt von Liegenschaften, Einrichtungen und Veranstaltungen einerseits (Abs. 1) und in die Sicherung gegen Gefahren, die von künftigem Personal des Amtes ausgehen können andererseits (Abs. 2).

I. Sicherung des laufenden Betriebs (Abs. 1)

5 Nach § 8 Abs. 1 BKAG obliegt dem BKA die Sicherung seiner behördlichen Liegenschaften, sonstigen Einrichtungen und eigenen Veranstaltungen gegen Gefahren, welche die Erfüllung seiner Aufgaben beeinträchtigen. Es geht hier um die Sicherung des laufenden Betriebes, dh der **Betriebsgrundlagen** und der **betrieblichen Abläufe** des BKA. Dadurch soll das Amt zugleich für den Schutz seiner **Mitarbeiterinnen und Mitarbeiter** sorgen.[5]

6 **1. Gegenständliche Reichweite: Liegenschaften, Einrichtungen, Veranstaltungen.** Die Sicherung ist nach § 8 Abs. 1 S. 1 BKAG gegenständlich begrenzt auf die behördlichen Liegenschaften, sonstige Einrichtungen und eigene Veranstaltungen des BKA. Bei den **Liegenschaften** handelt es sich um diejenigen Gebäude und Grundstücke, die das Amt als Dienststätten selbst betreibt. Nicht erfasst sind beispielsweise solche Räumlichkeiten, in denen das BKA lediglich vorübergehend tätig wird, sei es zu Ermittlungsmaßnahmen oder in Erfüllung etwa seiner Personen- oder Zeugenschutzaufgaben.[6] Die zusätzliche Nennung von **Einrichtungen** des BKA lässt sich primär als Auffangtatbestand verstehen, kann aber gegebenenfalls über die Liegenschaften hinaus auch bestimmte temporär eingerichtete Dienststätten (etwa Befehlsstellen) erfassen, soweit diese dem Amt organisatorisch zugehörig sind[7] und sich hier Bedarf nach einer besonderen Sicherung ergibt. Bei **Veranstaltungen** des BKA kann es sich beispielsweise um Seminare, Personalversammlungen oder Betriebsfeste handeln.

7 Nach § 8 Abs. 1 S. 2 BKAG beschränkt sich die Sicherung auf die in § 8 Abs. 1 S. 1 BKAG bezeichneten Liegenschaften und Einrichtungen sowie auf die Grundstücke, auf denen diese Liegenschaften und Einrichtungen untergebracht sind oder Veranstaltungen stattfinden. Die Norm stellt noch einmal den erforderlichen Bezug der Sicherungsaufgabe zu den Liegenschaften, Einrichtungen und Veranstaltungen des BKA klar. Zugleich eröffnet sie den **Schutz auch solcher Grundstücke**, die zwar nicht vom BKA selbst betrieben werden, auf denen aber wenigstens temporär Einrichtungen oder Veranstaltungen des Amtes untergebracht sind. Die möglichen Schutzmaßnahmen sind dabei zwar gegenständlich, nicht aber im strengen Sinne räumlich auf die betroffenen Grundstücke begrenzt. So sind auch **Maßnahmen im Umfeld der Grundstücke**, etwa Streifgänge, möglich, solange sie sich auf die Sicherung der einschlägigen Grundstücke beziehen.[8]

8 **2. Sachliche Reichweite: Sicherung gegen Gefahren.** Inhaltlich wird das BKA nach § 8 Abs. 1 S. 1 BKAG auf die Sicherung gegen Gefahren beschränkt, welche die Erfüllung seiner Aufgaben beeinträchtigen. Es sind also nicht nur Maßnahmen der Abwehr von konkreten Gefahren möglich; vielmehr kann das BKA auch solche Schutzmaßnahmen durchführen, die weit im Vorfeld konkreter Gefahren liegen und sich als Maßnahmen der **Gefahrenverhütung** oder der **Vorsorge für die Gefahrenabwehr** verstehen lassen – etwa Streifgänge, bauliche Sicherungen, generelle Kontrollen von Fahrzeugen, die die einschlägigen Grundstücke befahren sollen usw. Erforderlich ist lediglich, dass die (zukünftigen oder potenziellen) Gefahren, auf die sich die Maßnahmen beziehen, die Erfüllung der Aufgaben des BKA beeinträchtigen können. Dies wird be-

2 BGBl. I 2017 S. 1358.
3 Ebenso liegt es bei § 1 Abs. 3 BPolG, vgl. Schenke/Graulich/Ruthig/Graulich BKAG § 8 Rn. 3 f.
4 S. BT-Drs. 18/11163, 79; Schenke/Graulich/Ruthig/Graulich BKAG § 8 Rn. 2; vgl. auch bereits Hessel BKAG § 9 Anm. 7 und wiederum Gärditz, Strafprozeß und Prävention, 2003, S. 269.
5 S. BT-Drs. 18/11163, 90.
6 Vgl. Schenke/Graulich/Ruthig/Graulich BKAG § 8 Rn. 3 f.
7 Vgl. Schenke/Graulich/Ruthig/Graulich BPolG § 1 Rn. 13.
8 S. Schenke/Graulich/Ruthig/Graulich BKAG § 8 Rn. 3 f.

reits bei allen, auch kleineren Beeinträchtigungen der Integrität der Betriebsgrundlagen oder der betrieblichen Abläufe regelmäßig der Fall sein. Bei den einschlägigen Befugnisnormen (vgl. §§ 67, 68 BKAG) ist der Gefahrengrad nach der üblichen polizeirechtlichen Systematik jeweils abhängig von der Eingriffstiefe der in Rede stehenden Maßnahmen.

3. Organisatorische Umsetzung: Eigener Sicherungsdienst. Die Aufgabe der betrieblichen Sicherung nach § 8 Abs. 1 BKAG setzt das BKA durch einen eigenen sog. **Behördensicherungsdienst** um. Dessen Angehörige sind Mitarbeiterinnen und Mitarbeiter, die speziell für die Aufgabe der Sicherung von Liegenschaften, Einrichtungen und Veranstaltungen des Amtes ausgebildet werden. Ihre Befugnisse ergeben sich insbesondere aus § 67 BKAG sowie ergänzend aus den Jedermanns-Rechten (→ § 67 Rn. 3 ff.). 9

II. Überprüfung künftigen Personals (Abs. 2)

Nach § 8 Abs. 2 BKAG obliegt dem BKA die Sicherung seines Dienstbetriebs gegen Gefahren, die von Personen ausgehen, die für das Amt tätig werden sollen. Als Mittel hierzu sieht § 68 BKAG die Durchführung einer **Sicherheitsüberprüfung** vor, die sich im Einzelnen nach dem Sicherheitsüberprüfungsgesetz (SÜG) richtet (→ § 68 Rn. 4 ff.). 10

Vor dem Hintergrund der Rolle des BKA bei der **Bekämpfung des Terrorismus und des Extremismus**, ist eine solche Überprüfung notwendig, um sicherzustellen, dass vorhandene Erkenntnisse der Sicherheitsbehörden zu Personen mit extremistischem und gewaltgeneigtem Hintergrund nutzbar gemacht werden können.[9] Insbesondere angesichts aktueller Entwicklungen und vermehrter Berichte über rechtsextremistisch gesinnte Mitarbeiter auch in Sicherheitsbehörden[10] ist die **personelle Integrität** des BKA von herausragender Bedeutung für eine gelingende Aufgabenwahrnehmung, ebenso wie für Ansehen und Legitimation der Behörde in und durch die Bevölkerung. 11

Die Sicherheitsüberprüfung vor einer Einstellung kann deshalb freilich auch nicht den einzigen Zeitpunkt einer Überprüfung des eigenen Personals markieren. Vielmehr **ist auch nach der Einstellung kontinuierlich** auf Auffälligkeiten zu achten.[11] Ergeben sich Erkenntnisse, die auf eine extremistische Gesinnung hindeuten, ist diesen sorgfältig nachzugehen. Verdichten sich die Erkenntnisse, sind gegebenenfalls **arbeitsrechtliche oder disziplinarrechtliche Maßnahmen**, insbesondere auch Entlassungen oder Entfernungen aus dem Beamtenverhältnis, zu prüfen. 12

Abschnitt 2
Allgemeine Befugnisse zur Datenverarbeitung

Unterabschnitt 1
Datenerhebung

§ 9 Allgemeine Datenerhebung durch und Datenübermittlung an das Bundeskriminalamt

(1) ¹Das Bundeskriminalamt kann, soweit dies zur Erfüllung seiner Aufgabe als Zentralstelle nach § 2 Absatz 2 Nummer 1 und Absatz 6 erforderlich ist, personenbezogene Daten zur Ergänzung vorhandener Sachverhalte oder sonst zu Zwecken der Auswertung mittels Auskünften oder Anfragen bei öffentlichen oder nichtöffentlichen Stellen erheben. ²Das Bundeskriminalamt kann unter den Voraussetzungen des Satzes 1 auch Daten erheben

1. **bei den in den §§ 26 und 27 genannten Behörden und Stellen anderer Staaten,**
2. **bei zwischen- und überstaatlichen Stellen, die mit der Verfolgung und Verhütung von Straftaten befasst sind, sowie**
3. **unter den Voraussetzungen des § 81 des Bundesdatenschutzgesetzes auch bei sonstigen öffentlichen und nichtöffentlichen Stellen im Ausland.**

9 BT-Drs. 18/11163, 90.

10 Vgl. aus der Fülle der Vorfälle etwa BT-Drs. 19/29967; https://www.deutschlandfunk.de/rechtsextremismus-im-ksk-eine-bundeswehr-einheit-auf.724.de.html?dram:article_id=480544, https://www.zeit.de/gesellschaft/zeitgeschehen/2021-06/rechtsextreme-chats-polizei-hessen-aufloesung-sek-frankfurt-peter-beuth?utm_referrer=https%3A%2F%2Fwww.google.de%2F, https://www.tagesschau.de/investigativ/wdr/bka-personenschuetzer-101.html.

11 Vgl. BT-Drs. 18/10009, 14, mit entsprechender Erwägung zum Soldatenrecht.

[3]In anhängigen Strafverfahren steht dem Bundeskriminalamt diese Befugnis nur im Einvernehmen mit der zuständigen Strafverfolgungsbehörde zu.

(2) [1]Das Bundeskriminalamt kann, soweit dies zur Erfüllung seiner Aufgaben nach den §§ 6 bis 8 erforderlich ist, personenbezogene Daten erheben. [2]Die personenbezogenen Daten sind offen und bei der betroffenen Person zu erheben. [3]Sie können bei anderen öffentlichen oder bei nichtöffentlichen Stellen erhoben werden, wenn die Erhebung bei der betroffenen Person nicht möglich ist oder durch sie die Erfüllung der dem Bundeskriminalamt obliegenden Aufgaben nach Satz 1 gefährdet oder erheblich erschwert würde. [4]Eine Datenerhebung, die nicht als Maßnahme des Bundeskriminalamtes erkennbar sein soll, ist nur zulässig, wenn auf andere Weise die Erfüllung der dem Bundeskriminalamt obliegenden Aufgaben nach Satz 1 erheblich gefährdet wird oder wenn anzunehmen ist, dass dies dem überwiegenden Interesse der betroffenen Person entspricht.

(3) [1]Soweit das Bundeskriminalamt für seine Aufgaben nach den §§ 6 bis 8 personenbezogene Daten bei der betroffenen Person oder bei nichtöffentlichen Stellen erhebt, sind diese auf Verlangen auf den Umfang ihrer Auskunftspflicht und auf die Rechtsgrundlage der Datenerhebung hinzuweisen. [2]Der Hinweis kann unterbleiben, wenn durch ihn die Erfüllung der jeweiligen Aufgabe des Bundeskriminalamtes nach Absatz 2 gefährdet oder erheblich erschwert würde. [3]Sofern eine Auskunftspflicht nicht besteht, ist auf die Freiwilligkeit der Auskunft hinzuweisen.

(4) [1]Öffentliche Stellen können von sich aus dem Bundeskriminalamt Informationen einschließlich personenbezogener Daten übermitteln, wenn tatsächliche Anhaltspunkte dafür bestehen, dass die Übermittlung für die Erfüllung der Aufgaben des Bundeskriminalamtes erforderlich ist. [2]Die Vorschriften der Strafprozessordnung, des Artikel 10-Gesetzes, des Bundesverfassungsschutzgesetzes, des BND-Gesetzes und des MAD-Gesetzes bleiben unberührt. [3]Die Verantwortung für die Zulässigkeit der Übermittlung trägt die übermittelnde Stelle. [4]Erfolgt die Übermittlung auf Ersuchen des Bundeskriminalamtes, trägt dieses die Verantwortung.

(5) Eine Übermittlungspflicht besteht, wenn die Informationen zur Abwehr einer Gefahr für den Bestand oder die Sicherheit des Bundes oder eines Landes oder Leib, Leben oder Freiheit einer Person oder einer Sache von bedeutendem Wert, deren Erhaltung im öffentlichen Interesse liegt, erforderlich sind.

(6) [1]Das Bundeskriminalamt als Vermögensabschöpfungsstelle kann die in § 24c Absatz 1 des Kreditwesengesetzes bezeichneten Kontoinformationen automatisiert abrufen, soweit dies im Einzelfall für die Wahrnehmung seiner Aufgaben nach § 3 Absatz 2a zur Verhütung und Verfolgung einer schweren Straftat oder zur Unterstützung einer strafrechtlichen Ermittlung im Zusammenhang mit einer schweren Straftat im Rahmen seiner Zuständigkeiten erforderlich ist, einschließlich der Ermittlung, Rückverfolgung und Sicherstellung der mit dieser Ermittlung zusammenhängenden Vermögenswerte. [2]Als schwere Straftat im Sinne von Satz 1 gelten die in Anhang I der Verordnung (EU) 2016/794 des Europäischen Parlaments und des Rates vom 11. Mai 2016 über die Agentur der Europäischen Union für die Zusammenarbeit auf dem Gebiet der Strafverfolgung (Europol) und zur Ersetzung und Aufhebung der Beschlüsse 2009/371/JI, 2009/934/JI, 2009/935/JI, 2009/936/JI und 2009/968/JI des Rates genannten Straftaten. [3]Das Bundeskriminalamt trägt die Verantwortung dafür, dass die Voraussetzungen des Satzes 1 vorliegen. [4]Automatisierte Abrufe von Kontoinformationen dürfen nur durch Personen vorgenommen werden, die dazu besonders ermächtigt und entweder Amtsträger im Sinne des § 11 Absatz 1 Nummer 2 des Strafgesetzbuchs oder nach dem Verpflichtungsgesetz förmlich verpflichtet sind.

A. Allgemeines

I. Gesetzeshistorie und Hintergründe

Die Vorschrift ist – mit Ausnahme des Abs. 6 (→ Rn. 105 ff.) – Ergebnis einer grundlegenden Neuordnung und Überarbeitung der informatorischen Befugnisse des BKA durch das Gesetz zur Neustrukturierung des Bundeskriminalamtgesetzes vom 1.6.2017.[1] Die Regelung fungiert nunmehr als **Generalklausel für Datenerhebungen des BKA** in seinen verschiedenen Aufgabenbereichen (→ § 2 Rn. 11), mit Ausnahme der Aufgabe der Terrorismusbekämpfung, deren Datenerhebungsbefugnisse gesondert geregelt sind (→ § 39 Rn. 1 ff.). 1

Die Regelung bereinigt damit den **Wildwuchs im BKAG** verstreuter Datenerhebungs- und -verarbeitungsregeln, die mit teils komplexen Verweisungsketten innerhalb des BKAG und zwischen verschiedenen sicherheitsrechtlichen Gesetzen arbeiteten.[2] Hintergrund dieser Komplexität ist – neben einer stetigen Ausweitung sicherheitsrechtlicher Gesetzgebungsaktivitäten[3] – vor allem die in der Volkszählungsentscheidung[4] eingeforderte Pflicht zur **Verrechtlichung staatlicher Informationsverarbeitungsprozesse**, soweit diese natürliche Personen betreffen.[5] Erst infolge der „Entdeckung“ des Grundrechts auf informationelle Selbstbestimmung in Art. 2 Abs. 1 iVm Art. 1 Abs. 1 GG wurde die in weiten Teilen „nur“ informationsverarbeitende und koordinierende – nicht operative – Tätigkeit der Sicherheitsbehörden des Bundes (insbes. BKA; BfV; BND; MAD) als **grundrechtlich relevant erkannt** und **umfassender**[6] **normiert.**[7] 2

Der vom Bundesverfassungsgericht formulierte Anspruch einer wirksamen rechtlichen Steuerung staatlicher (personenbezogener) Informationsverarbeitung wurde durch diese Entwicklung hin zu einer gesetzlichen Normierung allerdings selten verwirklicht, sondern oft in sein Gegenteil verkehrt. Das hat verschiedene Gründe: Teils wird **Normenklarheit** mit **hohem Detailgrad** verwechselt. So entstehen Normen, die so kleinteilig sind, dass die Praxis nicht mehr folgen kann. Oft werden verfassungsgerichtliche Maßstabsformulierungen und abstrakte Anforderungen an Datenverarbeitungsermächtigungen eins zu eins in den Gesetzes- 3

1 BGBl. I 2017 S. 1354 ff.

2 Zur Problematik komplexer Verweisungsketten mit Blick auf allgemein-rechtsstaatliche und datenschutzgrundrechtliche Bestimmtheitsanforderungen zuletzt BVerfG Urt. v. 19.5.2020 – 1 BvR 2835/17 –, BVerfGE 154, 152 (266, Rn. 215); Urt. v. 26.4.2022 – 1 BvR 1619/17 –, juris, Rn. 272 f., 391; zum alten Rechtszustand s. Gesetzesbegründung Neufassung BT-Drs. 18/11163, 75 ff.

3 Bäcker, Kriminalpräventionsrecht, 2015, S. 301 ff.; HdbVerfR/Bäcker § 28 Rn. 68–70.

4 BVerfG Urt. v. 15.12.1983 – 1 BvR 209/83 –, BVerfGE 65, 1.

5 Zur zentralen Funktion des Gesetzesvorbehalts für das Grundrecht auf informationelle Selbstbestimmung s. Masing in Hoffmann-Riem (Hrsg.), Offene Rechtswissenschaft, 2010, S. 467 (474 ff.); zur Tragik der informationellen Selbstbestimmung, erheblich zur Ausweitung und Legitimation der Sicherheitsgesetzgebung beigetragen zu haben Rusteberg in Brings-Wiesen/Ferreau (Hrsg.), 40 Jahre „Deutscher Herbst“, 2019, S. 191 (198 f.).

6 Dies ist ein laufender Prozess; die Auslandsfernmeldeaufklärung des BND wurde erst im Jahr 2017 auf eine gesetzliche Grundlage gestellt, s. BVerfG Urt. v. 19.5.2020 – 1 BvR 2835/17 –, BVerfGE 154, 152 (164, Rn. 1); zu Datenverarbeitungen im Rahmen der Aufsicht als weiterhin blinde Stelle Poscher/Buchheim DVBl. 2015, 1273 (1273 f.).

7 Zur Verrechtlichung der Polizeiarbeit im Gefolge der Entdeckung der informationellen Selbstbestimmung s. Aden, Polizeipolitik in Europa, 2013, S. 287 ff.; für die erstmalige gesetzliche Normierung der Arbeit der Nachrichtendienste des Bundes s. das Gesetz zur Fortentwicklung der Datenverarbeitung und des Datenschutzes v. 20.12.1990 (BGBl. I 1990 S. 2954).

text kopiert.[8] Resultat sind viele schwer überschaubare, in ihren Formulierungen hochabstrakte Regelungen, die der Praxis dennoch wenig Anleitung für Bedingungen, Art und Weise der Verarbeitung personenbezogener Daten an die Hand geben. Letztlich macht man es dann behördlicherseits entweder gar nicht (**Datenschutz-Default**) oder eben doch wieder so, wie man es schon immer gemacht hat. Beides ist dem Anliegen sinnvollen – nicht selbstzweckhaften – Schutzes personenbezogener Daten[9] nicht zuträglich. Sollen sich datenschutzrechtliche Ansprüche in der behördlichen Praxis durchsetzen und dort wirksam werden, müssen die Regelungen handhabbar und für die Anwendenden verständlich bleiben. Die in den §§ 9 ff. BKAG versuchte Neuordnung der Datenerhebungsbefugnisse des BKA ist daher zu begrüßen.

II. Gesetzgebungskompetenz und unionsrechtliche Überformung

4 **1. Kompetenzen.** Für die Gesetzgebungskompetenz des Bundes ist zwischen den einzelnen Absätzen zu differenzieren. § 9 BKAG regelt in seinen Abs. 1, 2, 3 und 6 **informatorische Befugnisse** des BKA jeweils **anknüpfend an die Aufgaben des BKA**. Die Gesetzgebungskompetenz zur Regelung des informatorischen Handelns ergibt sich jeweils als Annex bzw. Teil[10] der Kompetenz zur Normierung der jeweiligen Aufgaben (dort näher → § 2 Rn. 4 ff.).

5 Abs. 4 und 5 regeln demgegenüber Befugnisse und Pflichten anderer öffentlicher Stellen mit Blick auf eine **Weitergabe** von Informationen, einschließlich personenbezogener Daten, an das BKA. Zur Gesetzgebungskompetenz insoweit näher unten (→ Rn. 88).

6 **2. Verhältnis zum EU-Datenschutzrecht und zum BDSG.** Für den ganz **überwiegenden Teil der Tätigkeiten des BKA** ist die **DS-GVO** nach deren Art. 2 Abs. 2 lit. d **nicht anwendbar**, da es sich insoweit um strafverfolgende bzw. gefahrenabwehrende Tätigkeiten iSd Vorschrift handelt.[11] Vorstellbar sind aber Konstellationen des behördlichen Eigenschutzes (§ 8 BKAG) und des Personenschutzes (§ 6 BKAG), die mangels Straftaten- oder Ordnungswidrigkeitenbezugs nicht dieser Ausnahme zuzurechnen sind. In der Sache ändert eine Anwendbarkeit der DS-GVO auf solche Sachverhalte allerdings wenig, da Art. 6 Abs. 2 und 3 DS-GVO den Mitgliedstaaten für Datenverarbeitungen zur (behördlichen) Wahrnehmung öffentlicher Aufgaben (Art. 6 Abs. 1 lit. e DS-GVO) spezifischere Regelungen erlaubt und sogar gebietet. Um solche spezifischeren Vorgaben handelt es sich bei den Datenverarbeitungsregelungen des BKAG.

7 Nicht anwendbar sind in solchen Fällen allerdings die Vorschriften des BDSG. Denn § 1 Abs. 5 BDSG schließt bei Anwendbarkeit unmittelbar anwendbaren Unionsrechts, also hier der DS-GVO, die eigene Anwendbarkeit aus. Ist demgegenüber die DS-GVO nicht anwendbar, also **im weitaus größten Bereich der BKA-Tätigkeit, kann subsidiär auf die Vorschriften des BDSG** zurückgegriffen werden (vgl. § 1 Abs. 2 S. 2 BDSG).

8 Anstelle der DS-GVO sind bei Auslegung und Anwendung der Datenverarbeitungsbefugnisse des BKA die Vorgaben der RL (EU) 2016/680 (**DSRL-JI**)[12] **zu beachten.** Diese regelt die Verarbeitung personenbezogener Daten im Rahmen strafverfolgender und straftatbezogener gefahrenabwehrender Tätigkeit mitgliedstaatlicher Behörden.[13] Im deutschen Recht ist sie in erster Linie durch Neuregelungen im BDSG umgesetzt,[14] deren Regelungen insbesondere zu Betroffenenrechten auch die Tätigkeiten des BKA erfassen. Die DSRL-JI findet Anwendung, soweit das BKA nicht außerhalb des Anwendungsbereichs des Unionsrechts handelt (vgl. Art. 2 Abs. 3 lit. a DSRL-JI). Hintergrund dieser Begrenzung ist, dass die **Gesetzgebungskompetenz der EU die Regelung des Schutzes personenbezogener Daten** gegenüber den Mitgliedstaaten nur erfasst, wenn diese **im Anwendungsbereich des Unionsrechts** handeln (Art. 16 Abs. 2 AEUV).[15] Während diese Voraussetzung für ein Handeln der Polizeibehörden der Länder bei vielen rein innerstaatlichen polizeili-

8 Exemplarisch § 10 BKAG; § 174 TKG; zur Kritik etwa Gärditz, Konturen eines allgemeinen Nachrichtendienstverfassungsrechts, VerfBlog, 2022/5/02.

9 Für einen grundrechtsgefährdungsbezogenen Ansatz s. Poscher in Gander/Perron/Poscher et al. (Hrsg.), Resilienz in der offenen Gesellschaft, 2012, S. 167 ff.; → Rn. 15 ff.

10 S. etwa BVerfG Beschl. v. 27.5.2020 – 1 BvR 1873/13 ua –, BVerfGE 155, 119 (173 ff., Rn. 110 ff.).

11 Zum Begriffsverständnis s. Kühling/Buchner/Kühling/Raab DS-GVO/BDSG, 3. Aufl. 2020, DS-GVO Art. 2 Rn. 29.

12 Richtlinie (EU) 2016/680 des Europäischen Parlaments und des Rates v. 27.4.2016 zum Schutz natürlicher Personen bei der Verarbeitung personenbezogener Daten durch die zuständigen Behörden zum Zwecke der Verhütung, Ermittlung, Aufdeckung oder Verfolgung von Straftaten oder der Strafvollstreckung sowie zum freien Datenverkehr und zur Aufhebung des Rahmenbeschlusses 2008/977/JI des Rates (ABl. L 119 S. 89, ber. 2018 L 127 S. 9 und 2021 L 74 S. 36).

13 BeckOK-Datenschutzrecht/Wolff/Brink RL (EU) 2016/680 Rn. 46 f. (2022); Hill/Kugelmann/Martini/Bäcker, Perspektiven der digitalen Lebenswelt, 2017, S. 63 (68 ff.); Weinhold/Johannes DVBl. 2016, 1501 (1501 ff.).

14 BT-Drs. 18/11163, 129: „Standort der Umsetzung der Richtlinie (EU) 2016/680 ist mithin das BDSG-E".

15 Zum Begriffsverständnis s. Grabitz/Hilf/Nettesheim/Sobotta AEUV Art. 16 Rn. 19.

chen Sachverhalten fraglich sein dürfte,[16] ist sie zumindest für Tätigkeiten des BKA als Zentralstelle und im Rahmen der Bekämpfung des internationalen Terrorismus wegen des dort oft bestehenden grenzüberschreitenden Bezugs in aller Regel gegeben. Allerdings dürfte – will man die datenschutzbezogenen Regelungskompetenzen der EU nicht überspannen – insbesondere bei Tätigkeiten im Rahmen der §§ 6–8 BKAG ein größerer Bereich bestehen bleiben, in dem ein Unionsrechtsbezug der informationsverarbeitenden Tätigkeit des BKA fehlt. Insoweit findet die DSRL-JI keine Anwendung. Die sie umsetzenden Vorschriften des BDSG sind jedoch wegen **§ 1 Abs. 8 BDSG** – kraft Anordnung des deutschen Gesetzgebers – entsprechend anzuwenden. Diese Vorschrift verhindert somit eine „gespaltene" Handhabung der Datenverarbeitungsbefugnisse des BKA. Eine Differenzierung der rechtlichen Vorgaben und praktischen Verfahrensweise je nachdem, ob das BKA im Einzelfall im Anwendungsbereich des Unionsrechts handelt, wäre wenig glücklich. Denn Datenschutzrecht ist – weil Informationsverarbeitungsvorgänge für Betroffene nicht spürbar sind, sie also kaum selbst auf eine Beachtung rechtlicher Anforderungen drängen können – besonders darauf verwiesen, routinemäßig umgesetzt und durch standardisierte Verfahren implementiert zu werden.[17]

III. Datenschutzrechtliche Grundlagen und Hintergründe

Die §§ 9 ff. BKAG sind Resultat und Ausdruck verschiedener **datenschutz(verfassungs)rechtlicher Grundsätze und Dogmatiken**, die sich in den letzten vierzig Jahren im Wechselspiel wissenschaftlicher Dogmatik, verfassungsgerichtlicher Impulse und gesetzgeberischer Reaktionen herausgebildet haben.[18] 9

1. Datenschutzverfassungsrecht. a) Anwendbare Grundrechtskataloge. Maßgeblich für die verfassungsrechtliche Zulässigkeit sicherheitsrechtlicher Datenerhebungs- und -verarbeitungsbefugnisse und deren Anwendung im Einzelfall sind nach den in den Recht auf Vergessen-Entscheidungen des Bundesverfassungsgerichts spezifizierten Maßstäben[19] trotz der in Teilen unionsrechtlichen Überformung in erster Linie **die Grundrechte des GG**. Ein Gutteil der Aufgabenerfüllung des BKA unterliegt zwar Anforderungen unionsrechtlicher Datenschutzregelungen (insbes. **DSRL-JI**; DS-GVO; **e-privacy-RL**[20]), so dass das BKA insoweit in „Durchführung des Unionsrechts" iSd Art. 51 EuGRCh handelt und die Chartagrundrechte anwendbar sind.[21] Anders als in vielen Bereichen, die der DS-GVO unterliegen,[22] erhebt die das BKAG und die anwendbaren Normen des BDSG überformende DSRL-JI jedoch keinen abschließenden Normierungsanspruch für die ihr unterliegenden Datenverarbeitungen (vgl. ErwG 15). Selbst dort, wo die DS-GVO anwendbar ist, erteilt Art. 9 Abs. 2 und 3 DS-GVO den Mitgliedstaaten einen Auftrag zur gesetzlichen Ausgestaltung der den mitgliedstaatlichen Behörden im öffentlichen Interesse obliegenden Aufgabenerfüllung.[23] Die unionsrechtlichen Normen stellen damit nicht den Anspruch, datenschutzrechtliche Fragen der sicherheitsbehördlichen Aufgabenerfüllung abschließend zu determinieren, so dass vielfältiger Raum für mitgliedstaatliche abstrakt-generelle, politische Gestaltung der Rechtslage verbleibt.[24] Dementsprechend sind auch bei Anwendung dieser Normen im Einzelfall nicht nur die Grundrechte des Unionsrechts, sondern auch diejenigen des GG maßgeblich.[25] Aufgrund der in der Entscheidung in Sachen „Recht auf Vergessen II" aufgestellten **Vermutung einer Miterfüllung unionsgrundrechtlicher Anforderungen** durch Anwendung der pluralen, mitgliedstaatlichen Grundrechtsregime[26] genügt es daher in aller Regel, wenn deutsche Gesetzge- 10

16 Ähnlich Simitis/Hornung/Spiecker gen. Döhmann/Roßnagel, Datenschutzrecht, 2019, DS-GVO Art. 2 Rn. 21; aA offenbar Kühling/Buchner/Kühling/Raab DS-GVO/BDSG, 3. Aufl. 2020, DS-GVO Art. 2 Rn. 21, der dies allerdings mit dem Harmonisierungsziel der Binnenmarktkompetenz begründet. Dieses Argument greift bei der auf Art. 16 Abs. 2 AEUV gestützten DSRL-JI nicht.

17 Kühling/Klar/Sackmann, Datenschutzrecht, 5. Aufl. 2021, Rn. 135 ff.

18 Zur historischen Entwicklung vgl. etwa Timmermann DÖV 2019, 249 (249); BeckOK-Datenschutzrecht/Gusy BDSG § 1 Rn. 2 ff. (2022).

19 BVerfG Beschl. v. 6.11.2019 – 1 BvR 16/13 –, BVerfGE 152, 152 (Ls. 2a); Beschl. 6.11.2019 – 1 BvR 276/17 –, BVerfGE 152, 216 (Ls. 1).

20 Richtlinie 2002/58/EG des Europäischen Parlaments und des Rates v. 12.7.2002 über die Verarbeitung personenbezogener Daten und den Schutz der Privatsphäre in der elektronischen Kommunikation (Datenschutzrichtlinie für elektronische Kommunikation, ABl. L 201 S. 37).

21 EuGH Urt. v. 26.2.2013 – C-617/10 –, NJW 2013, 1415 (1417 f., Rn. 43 ff.) – Åklagare/Åkerberg Franson; wesentlich enger BVerfG Beschl. v. 6.11.2019 – 1 BvR 16/13 –, BVerfGE 152, 152 (234 f., Rn. 45 ff.); vermittelnd EuGH Urt. v. 16.7.2020 – C-311/18 –, GRUR-RS 2020, 16082, Rn. 99 f. – Facebook Ireland u. Schrems („Schrems II").

22 S. aber zum nicht abschließenden Charakter der DS-GVO-Regelungen in vielen Bereichen Kühling/Martini et. al., Die DS-GVO und das nationale Recht, 2016, S. 4; Kühling/Klar/Sackmann, Datenschutzrecht, 5. Aufl. 2021, Rn. 210 f.

23 S. Simitis/Hornung/Spiecker gen. Döhmann/Petri, Datenschutzrecht, 2019, DS-GVO Art. 9 Rn. 101.

24 BVerfG Beschl. 6.11.2019 – 1 BvR 276/17 –, BVerfGE 152, 216 (243, Rn. 65); Beschl. v. 6.11.2019 – 1 BvR 16/13 –, BVerfGE 152, 152 (172 f., Rn. 53).

25 BVerfG Beschl. v. 6.11.2019 – 1 BvR 16/13 –, BVerfGE 152, 152 (169, Rn. 42); s. näher zum Korrespondenzverhältnis von politischer Entscheidungsverantwortung und grundrechtlicher Bindung Buchheim in Müller/Dittrich (Hrsg.), Linien der Rechtsprechung des BVerfG VI, 2022, S. 3 (13 f.).

26 BVerfG Beschl. v. 6.11.2019 – 1 BvR 16/13 –, BVerfGE 152, 152 (Ls. 1 b).

ber, Behörden und Gerichte bei der Gestaltung und Anwendung der Datenverarbeitungsregelungen des BKAG die **aus den Grundrechten des GG entwickelten Anforderungen und Dogmatiken beachten.**

11 Unionsgrundrechtliche Anforderungen sind allerdings insoweit zu berücksichtigen, als sie nachweislich einen höheren Grundrechtsstandard verbürgen.[27] In welchen Konstellationen das der Fall sein wird, lässt sich mangels Erfahrung mit diesem Kriterium noch nicht klar absehen. Jedenfalls im Kontext von Befugnissen zur Vorratsdatenspeicherung dürften die **vom Europäischen Gerichtshof formulierten Grenzen** über die Rechtsprechung des Bundesverfassungsgerichts greifbar **hinausgehen,**[28] so dass insoweit die Unionsgrundrechte in ihrer Ausgestaltung durch das Unionssekundärrecht zu beachten wären.[29] Ansonsten hat der Europäische Gerichtshof die Gestaltung sicherheitsrechtlicher Befugnisse – wohl auch aufgrund der **Kompetenzreserve des Art. 4 Abs. 2 EUV** (Gewährleistung der nationalen Sicherheit) – den Mitgliedstaaten überlassen.[30]

12 Wenngleich die **Pluralität mitgliedstaatlicher Grundrechtskulturen** ein Faktum und hohes politisches Gut in der föderalen Ordnung der EU und des regionalen Menschenrechtsschutzes darstellt,[31] hat sich im Bereich sicherheitsrechtlicher Datenverarbeitungsbefugnisse ein Bestand gemeinsamer Anforderungen an staatliche Datenverarbeitungen herausgebildet.[32] Der Europäische Gerichtshof für Menschenrechte folgt hier – ähnlich dem Bundesverfassungsgericht [33] – einem Modell hinreichend dichter gesetzlicher Steuerung und Vorhersehbarkeit von Datenverarbeitungsprozessen.[34] Danach muss die mitgliedstaatliche Datenverarbeitung auf öffentlich zugänglichen Rechtsgrundlagen beruhen,[35] die die einzelnen Etappen der Datenverarbeitung substantiell steuern und strukturieren (Zweckbindung; Erfordernis von Auswertungs- und Löschungsregelungen; unabhängige Kontrolle). In der Rechtsprechung der obersten Gerichte ist insoweit eine **erhebliche Konvergenz und ein offener vergleichender Blick** zu beobachten.[36] Die konkrete Steuerungskraft unionsrechtlicher und regionalvölkerrechtlicher Anforderungen für die Gestaltung sicherheitsbehördlicher Datenverarbeitungsbefugnisse entspricht jedoch nicht in Ansätzen dem Einfluss des Bundesverfassungsgerichts, dessen datenschutzrechtliche Dogmatiken daher im Weiteren im Zentrum stehen.

13 **b) Staatliche Informationsverarbeitung als Grundrechtseingriff. aa) Freiheits- und gleichheitsrechtlicher Ausgangspunkt.** Das in den letzten Jahrzehnten herausgebildete **Datenschutzverfassungsrecht ist Ausfluss des** für eine gezielte staatliche Verarbeitung und Nutzung personenbezogener Daten geltenden **Vorbehalts des Gesetzes.**[37] Dessen Geltung fußt auf der Einsicht, dass es sich bei gezielten **staatlichen Datenverarbeitungen um Grundrechtseingriffe** handelt, nämlich um Eingriffe in die informationelle Selbstbestimmung. Die Anerkennung dieses Grundrechts, das sich im Grundgesetztext – anders als auf europäischer Ebene (vgl. Art. 16 Abs. 1 AEUV, Art. 8 EuGRCh) – nicht findet, ist die grundrechtsdogmatische Reaktion auf das Gefahrpotential systematischer, insbesondere automatisierter Datenverarbeitung und -verknüpfung für eine **freie Persönlichkeitsentfaltung** und für die **Wahrnehmung anderer spezialgrundrechtlich geschützter Freiheiten.**[38] Moderne Kapazitäten der Datenverarbeitung schaffen die Möglichkeit, für sich genommen unbeachtliche und unergiebige Informationen über Einzelne in einer Weise miteinander zu vernetzen, die die Betreffenden weitgehend für die datenvernetzende Stelle ausrechenbar macht, ihnen faktische Räume für Abweichung von sozialen und rechtlichen Normen nimmt,[39] durch mannigfaltige **informationsbasierte Vorfestle-**

27 BVerfG Beschl. v. 6.11.2019 – 1 BvR 16/13 –, BVerfGE 152, 152 (Ls. 1 b).

28 EuGH (GK) Urt. v. 8.4.2014 – C-293/12 ua –, NJW 2014, 2169 (2170, Rn. 29) – Digital Rights Ireland Ltd; Urt. v. 6.10.2020 – C-511/18 –, EuZW 2021, 209 (211 f., Rn. 87 ff.) – La Quadrature du Net; Urt. v. 20.9.2022 – C-793/19 ua –, ZD 2022, 666 (668 f., Rn. 74) – SpaceNet und Telekom Deutschland.

29 Das betrifft insbes. die Auskunft über zu bevorratende TK-Daten, also § 10 und § 40 BKAG; → § 10 Rn. 8.

30 Zum Verständnis dieser Kompetenzreserve s. EuGH Urt. v. 6.10.2020 – C-623/17 –, BeckRS 2020, 25341, Rn. 30 ff. – Privacy International.

31 HdbVerfR/Masing § 2 Rn. 123 ff.

32 S. insbes. EGMR Urt. v. 7.7.2020 – Nr. 46259/16 –, BeckRS 2020, 21430, Rn. 45 – Privacy International and Others vs. United Kingdom.

33 Zur Verteidigung dieses Modells s. Masing in Hoffmann-Riem (Hrsg.), Offene Rechtswissenschaft, 2010, S. 467.

34 EGMR Urt. v. 7.7.2020 – Nr. 46259/16 –, BeckRS 2020, 21430, Rn. 45 – Privacy International and Others vs. United Kingdom: „The Court further notes the general arguments advanced by the applicants and also underlined in the interventions of the third parties that the surveillance complained of is particularly intrusive and that there is a need for safeguards in this domain. In that respect, the Court recalls the importance of examining compliance with the principles of Article 8 where the powers vested in the State are obscure, creating a risk of arbitrariness especially where the technology available is continually becoming more sophisticated“.

35 EGMR Urt. v. 1.10.2008 – Nr. 58243/00 –, Rn. 59 – Liberty and Others v. United Kingdom; Urt. v. 29.6.2006 – Nr. 54934/00 –, NJW 2007, 1433 (1435, Rn. 84) – Weber and Saravia v. Germany; Urt. v. 7.7.2020 – Nr. 46259/16 –, BeckRS 2020, 21430, Rn. 45 – Privacy International and Others vs. United Kingdom.

36 S. etwa BVerfG Urt. v. 19.5.2020 – 1 BvR 2835/17 –, BVerfGE 154, 152 (237 f., Rn. 137; 259, Rn. 192; 264 f., Rn. 208 ff.).

37 Masing in Hoffmann-Riem (Hrsg.), Offene Rechtswissenschaft, 2010, S. 467 (484); Masing NJW 2012, 2305 (2306).

38 S. von Münch/Kunig/Kunig/Kämmerer GG I Art. 2 Rn. 75 f.

39 Zur informationellen Selbstbestimmung als Sicherung der faktischen Möglichkeit der Normabweichung s. Rademacher JZ 2019, 702 (707 f.).

gungen Spontaneität erstickt und **menschliches Verhalten umfassend standardisiert.**[40] Zugleich begründen die Möglichkeiten perfektionierter, insbesondere automatisierter Datenverarbeitung **Gleichheitsgefahren,** weil Differenzierungen zwischen Personen und Situationen immer informationsbasiert sind und Unwissen daher rechtstaatliche Äquidistanz sichert: Das BKA, das eine Ministerin im Rahmen eines Publikumstermins beschützen soll, kann im Vorfeld kaum das gesamte Publikum wegen einer stets bestehenden abstrakten Möglichkeit tätlicher Angriffe ausschließen. Hat das Amt allerdings zusätzliche Information über bestimmte Personen, die eine gesteigerte Wahrscheinlichkeit tätlicher Angriffe durch sie befürchten lassen, kann es zumindest diese Personen von dem Termin ausschließen oder besonders im Auge behalten. Erst die zusätzliche Information eröffnet hier die Möglichkeit einer Differenzierung zwischen Bürgerinnen.

bb) **Abstraktheit des Schutzes und seine ambivalenten Folgen.** Da die skizzierten Freiheits- und Gleichheitsgefahren nicht aus einzelnen Informationen als solchen, sondern erst aus ihrer für Betroffene nicht vorherseh- und beherrschbaren Akkumulation, Verknüpfung oder Verwendung folgen, ist dem durch die textlich basierten Grundrechte markierten Bereich die **informationelle Selbstbestimmung als abstrakt wirkender Schutz** vorgelagert.[41] Die grundrechtliche Erheblichkeit staatlicher personenbezogener Informationsverarbeitung setzt nicht eine im Einzelfall feststellbare Gefährdung grundrechtlicher Freiheit oder Gleichheit voraus, sondern wird durch Anerkennung eines Grundrechts auf informationelle Selbstbestimmung gewissermaßen als bestehend fingiert. Die **Rückbindung** der informationellen Selbstbestimmung **an ihren normativen – autonomie- und gleichheitsbezogenen – Ausgangspunkt** ist für eine angemessene Handhabung datenschutzrechtlicher Regelungen dennoch **zentral.** Ein solches Verständnis als Vorfeldschutz erklärt auch die großen Unsicherheiten und das weit verbreitete Unverständnis im Umgang mit datenschutzrechtlichen Fragen. Datenschutz ist von seiner Anlage her abstrakter Schutz, dessen Sinnhaftigkeit in Ansehung des sehr konkreten und fassbaren Nutzens von Informationen schnell in den Hintergrund gerät.[42] Gleichzeitig ist es aber auch die Abstraktheit des Schutzes, die bei Wohlmeinenden Übersprunghandlungen zugunsten eines überzogenen, eigentumsähnlichen Schutzes personenbezogener Informationen verursacht.[43] Dann genügt – eben weil wir uns darunter nichts Konkretes vorstellen können – schon die rein hypothetische Möglichkeit eines Missbrauchs personenbezogener Informationen oder ein fern aller erwartbarer Praxis liegendes *Orwell*'sches Szenario, um sinnvolle Datennutzungen *a limine* zu versperren. Beide Gefahren – eines Wegwägens berechtigter Datenschutzinteressen und eines unreflektierten Datenschutz-Defaults – begleiten die behördliche Praxis daher auf Schritt und Tritt. 14

cc) **Datenschutzteleologische Bestimmung von Eingriffscharakter und -tiefe.** Die datenschutzrechtlich einzuhegenden **Freiheits- und Gleichheitsgefahren sind daher in den Blick zu nehmen,** um Gegebensein und Intensität eines Eingriffs in die informationelle Selbstbestimmung zu konturieren. Damit werden die grundrechtlichen Hintergründe der informationellen Selbstbestimmung, insbesondere die angestrebten und zu erwartenden **Informationsnutzungen, zentrales Maß** sowohl **für die Bestimmung der Verhältnismäßigkeit** staatlicher Informationsverarbeitungsakte als auch für die verfassungsrechtlich gebotene Spezifität der Verarbeitungsbefugnisse.[44] **Beiläufige staatliche Kenntnisnahme** von personenbezogenen Informationen ohne Speicherung ist bspw. kein Eingriff in das Grundrecht auf informationelle Selbstbestimmung, eben weil darin keine staatliche Anmaßung gegenüber und Ausforschung der betreffenden Person liegt und auch das Risiko einer unabsehbaren datenmäßigen Verknüpfung und Weiterverwendung mangels Speicherung nicht begründet wird.[45] Legt es die staatliche Maßnahme jedoch mittels eines Suchrasters gerade auf die Erlangung bestimmter Informationen an, wird in die Grundrechte aller, deren personenbezogene Informationen in diesem Rahmen verarbeitet werden, eingegriffen.[46] Werden demgegenüber personenbezogene Daten nur **aus technischen Gründen miterhoben,** ohne sie einem zielgerichteten Abgleich mit konkretisiertem Erkenntnisinteresse zu unterziehen (zB Aussonderung reiner Inlandsverkehre im Rahmen der IP-Typfilterung bei der Auslandsaufklärung des BND),[47] fehlt es an einer auch nur theoretisch fassbaren Grundrechtsgefährdung und ist ein Eingriff zu verneinen. 15

Hinsichtlich der Eingriffstiefe von Datenerhebungsbefugnissen **kommt es** nach dieser Rekonstruktion auf die aus der Datenerhebung **bei abstrakter Betrachtung folgenden plausibel noch zu berücksichtigenden** 16

40 BVerfG Urt. v. 13.4.1983 – 1 BvR 209/83 ua –, NJW 1983, 1307; Britz in Hoffman-Riem (Hrsg.), Offene Rechtswissenschaft, 2010, S. 561 (569); Solove New York University Law Review 82 (2007), 112 (121).

41 Zu diesem Verständnis Poscher in Gander/Perron/Poscher et al. (Hrsg.), Resilienz in der offenen Gesellschaft, 2012, S. 167 ff.; ders. in Miller (Hrsg.), Privacy and Power: A Transatlantic Dialogue in the Shadow, 2017, S. 129 ff.; ders./Buchheim DVBl. 2015, 1273 (1282).

42 Hierzu Poscher DV 41 (2008), 345 (352).

43 Zur Kritik an eigentumsähnlichen Verständnissen etwa Albers, Informationelle Selbstbestimmung, 2005, S. 143; Cofone Cardozo Law Review 43 (2021), 501 (504 f.); Veil NVwZ 2018, 686 (687 f.); Wielsch JZ 2020, 105 (109 ff.).

44 S. auch BVerfG Urt. v. 19.5.2020 – 1 BvR 2835/17 –, BVerfGE 154, 152 (241 ff., Rn. 148 ff.).

45 Schwabenbauer, Heimliche Grundrechtseingriffe, 2013, S. 135; Poscher/Buchheim DVBl. 2015, 1273 (1278).

46 BVerfG Beschl. v. 18.12.2018 – 1 BvR 142/15 –, BVerfGE 150, 244 (266, Rn. 439).

47 BVerfG Beschl. v. 27.4.1999 – 1 BvR 1613/94 –, BVerfGE 100, 313 (366).

Grundrechtsgefährdungen an.[48] Für deren Bemessung ist vor allem erheblich, zu welchen Zwecken personenbezogene Informationen erhoben werden. Sollen diese genutzt werden, um tief eingreifende polizeiliche oder strafverfolgende Maßnahmen vorzubereiten oder strafrechtliche oder andere auf personeller Verantwortung fußende Sanktionen zu begründen, unterliegt ihre Erhebung strengeren Anforderungen als eine Nutzung derselben Information etwa für Zwecke des Zeugen- oder Personenschutzes. Da die Befugnis zur Datenerhebung die Nutzungszwecke erhobener Informationen bestimmt[49] und eine Umwidmung desselben Datums zu anderen Zwecken als neuerlicher Grundrechtseingriff rechtfertigungspflichtig ist, ist eine bloß mögliche Umwidmung erhobener Informationen nicht beherrschendes Kriterium bei der Bemessung des Eingriffsgewichts. Zudem muss auch nicht jede faktisch mögliche, aber rechtlich nicht erlaubte Nutzung erhobener Daten eingriffserschwerend in Rechnung gestellt werden.[50] Denn bei staatlichen Behörden sind grundsätzlich vielfältige rechtliche und tatsächliche Kontrollmechanismen, der Wille und die Fähigkeit zu rechtmäßigem Handeln zu unterstellen.[51] **Hypothetische Missbrauchsrisiken** sollten daher im öffentlichen Datenschutzrecht – anders als im privaten Datenschutzrecht – richtigerweise **keine beherrschende Rolle** spielen.

17 Dabei schimmern in der verfassungsgerichtlichen Rechtsprechung zwei unterschiedliche Versionen des Datenschutz-Telos durch: eine individualgrundrechtliche und eine auf die Freiheitlichkeit der Staats- und Gesellschaftsordnung insgesamt blickende („Orwell-Version"). Während im Rahmen der Verhältnismäßigkeitsprüfung die Anknüpfung an die spätere Datenverwendung und die mit ihr verbundenen individuellen Grundrechtsgefahren vorherrscht,[52] bestimmt das Bundesverfassungsgericht das Gegebensein eines Eingriffs teils anhand der mit der jeweiligen staatlichen Maßnahme verbundenen Infragestellung der grundlegenden Freiheitsvermutung im freiheitlichen Staat.[53] Mit dieser Anknüpfung an die **Freiheitsvermutung** entfernt sich das Gericht von einem individualgrundrechtlichen Ausgangspunkt und arbeitet mit einem recht allgemein und **wenig trennscharfen Kriterium.** Im Ergebnis folgen daraus zusätzliche Prüfungsmöglichkeiten des Bundesverfassungsgerichts hinsichtlich sicherheitsrechtlicher Befugnisse, die nicht bestünden, wenn man nur von den individualisierbaren Freiheits- und Gleichheitsgefährdungen her argumentieren würde.

18 c) **Datenschutzverfassungsrechtliche Sonderdogmatik.** Ausgehend von diesen Grundlagen hat sich – insbesondere für das Handeln der Sicherheitsbehörden – **unter vielfältiger Anleihe an das einfache Datenschutzrecht**[54] **und polizeirechtliche Kategorien**[55] eine feinziselierte datenschutzgrundrechtliche Dogmatik herausgebildet.[56] Basis ist das Eingriffsrechtfertigungsmodell,[57] in dessen allgemeines Raster (Schutzbereich; Eingriff; Rechtfertigung, insbes. Bestimmtheit und Verhältnismäßigkeit) zahlreiche konkretisierende Dogmatiken eingepasst wurden.

19 aa) **Schutzbereichsebene: kein belangloses Datum.** Auf Schutzbereichsebene wurde das datenschutzrechtliche Grunddogma aufgegriffen, dass es unter Bedingungen moderner Datenverarbeitungsmöglichkeiten keine belanglosen personenbezogenen Daten gibt.[58] Jeder staatliche Umgang mit personenbezogenen (inkl. personenbeziehbaren) Daten, der als Eingriff zu qualifizieren ist, unterfällt damit den datenschutzverfassungsrechtlichen Anforderungen, auch wenn die jeweilige Information trivial erscheint oder allgemein verfügbar ist (kein Geheimnisschutz).[59] Strategien anderer Rechtsordnungen, öffentlich einsehbare personenbezogene Informationen aus dem Schutz der informationellen Privatheitsgarantien auszunehmen („no privacy in public"[60]), sind damit von vornherein ausgeschlossen. Der Kontext, dem die verarbeitete Infor-

48 S. Poscher in Gander/Perron/Poscher et al. (Hrsg.), Resilienz in der offenen Gesellschaft, 2012, S. 167 (178 ff.); ders./Buchheim DVBl. 2015, 1273 (1278 f.); Britz in Hoffmann-Riem (Hrsg.), Offene Rechtswissenschaft, 2010, S. 561 (569 ff.); zur Kritik an der gefährdungsbasierten Herangehensweise als unscharf s. etwa Simitis/Hornung/Spiecker gen. Döhmann/Hornung/Spiecker gen. Döhmann, Datenschutzrecht, 2019, Einl. Rn. 242 f., mwN.

49 BVerfG Urt. v. 20.4.2016 – 1 BvR 966/09 ua –, BVerfGE 141, 220 (324, Rn. 276 f.).

50 Anderes gilt, wenn ein missbräuchlicher Datenumgang aufgrund besonderer Umstände naheliegt, s. dazu Poscher/Buchheim DVBl. 2015, 1273 (1279 f.).

51 BeckOK-GG/Hense GG Art. 33 Rn. 25 (2022); Dürig/Herzog/Scholz/Badura GG Art. 33 Rn. 55 (2019).

52 S. zB BVerfG Urt. v. 19.5.2020 – 1 BvR 2835/17 –, BVerfGE 154, 152 (239, Rn. 141 ff.).

53 BVerfG Beschl. v. 18.12.2018 – 1 BvR 142/15 –, BVerfGE 150, 244 (263 f., Rn. 37 ff.); Beschl. v. 27.11.2019 – 1 BvR 16/13 –, BVerfGE 152, 152 (190, Rn. 86).

54 Paal/Pauly/Ernst DS-GVO/BDSG, 3. Aufl. 2021, DS-GVO Art. 2 Rn. 2.

55 Poscher DV 41 (2008), 345 (356 ff.).

56 Für eine Kompilation dieser Dogmatik aus jüngerer Zeit s. etwa BVerfG Urt. v. 20.4.2016 – 1 BvR 966/09 ua –, BVerfGE 141, 220 (264 ff., Rn. 90 ff.).

57 Dies für das öffentliche Datenschutzrecht betonend Masing NJW 2012, 2305 (2306).

58 BVerfG Urt. v. 15.12.1983 – 1 BvR 209/83 –, BVerfGE 65, 1 (45).

59 Simitis/Hornung/Spiecker gen. Döhmann/Hornung/Spiecker gen. Döhmann, Datenschutzrecht, 2019, Einl. Rn. 242.

60 S. etwa US Supreme Court, US v. Knotts, 460 U.S. 276 (1983): keine Privatheitserwartung im öffentlichen Straßenraum.

mation entstammt – damit auch der Grad ihrer allgemeinen Verfügbarkeit –, bleibt freilich relevant für die Bestimmung der Eingriffsintensität und die Verhältnismäßigkeitsprüfung.[61]

bb) Eingriffsebene. Auf Eingriffsebene greift die verfassungsrechtliche Dogmatik zur **Gliederung der Informationsverarbeitungsprozesse und ihrer verfassungsrechtlichen Prüfung auf im einfachen Datenschutzrecht entwickelte Kategorien** zurück. Unterschieden werden dort unter dem Oberbegriff der „Datenverarbeitung" gemeinhin die Erhebung (erstmalige gezielte Kenntniserlangung[62]), die Speicherung (Aufbewahren[63]), die Nutzung/Verwendung, die Zweckänderung (Änderung der Verwendungszwecke[64]) und die Übermittlung (Kenntnisgabe an andere Stelle[65]) von personenbezogenen Informationen. Auch die Löschung ist eine Form der Verarbeitung personenbezogener Daten. Da sie deren datenförmige Darstellung und Abrufbarkeit beendet und den Informationsgehalt tilgt, birgt sie allerdings keine informatorischen Freiheits- und Gleichheitsgefahren, so dass sie nicht als Eingriff in die informationelle Selbstbestimmung gewertet werden kann.[66] Schon an diesem Beispiel zeigt sich, dass sinnvoller Bezugspunkt einer grundrechtlichen Datenschutzdogmatik nicht die einfachrechtlichen Kategorien der Datenverarbeitung, sondern die in ihnen gründenden Grundrechtsgefährdungen sind. Es geht – anders als bei der körperlichen Unversehrtheit – gerade nicht um umfassende Selbstbestimmung über Akte der eine Person betreffenden Informationsverarbeitung.[67] **Datenlöschungen** und die sie betreffenden Regelungen **sind eingriffsbegrenzende Elemente,** indem sie über die Dauer von Datenspeicherungen entscheiden. 20

Ausgehend vom freiheits- wie gleichheitssichernden Telos und Geltungsgrund[68] der informationellen Selbstbestimmung haben die genannten Formen der personenbezogenen Datenverarbeitung auch sonst **nur heuristischen Wert für die Feststellung eines Eingriffs.** Dennoch wirken sie mächtig auf Gegenstand, Struktur und Intensität der verfassungsgerichtlichen Prüfung von Datenverarbeitungen und zugehörigen Befugnisnormen.[69] Entsprechend sind auch die meisten gesetzlichen Regelungen behördlicher Datenverarbeitung (wie auch das BKAG) entlang der Etappen Erhebung, Speicherung/Löschung, Weiterverarbeitung/Datennutzung, Zweckänderung, Übermittlung strukturiert. 21

Trotz dieser Prägung durch das einfache Datenschutzrecht **können datenschutzbezogene einfachrechtliche und grundrechtliche Rechtfertigungspflichten nicht miteinander kurzgeschlossen werden.**[70] Das zeigt sich ua daran, dass das informationsbezogene besondere Verwaltungsrecht, insbesondere im Sicherheitsbereich, für viele Formen der Datenverarbeitung, die gemeinhin als Eingriffe in die informationelle Selbstbestimmung gelten, die typischen rechtlichen Folgen staatlicher Grundrechtseingriffe nicht zieht. So gibt es etwa hinsichtlich der staatlichen, erhebungszweckentsprechenden Nutzung personenbezogener Informationen keinerlei Mitteilungspflichten oder Auskunftsansprüche, obwohl diese Datenverarbeitungsakte für die Betroffenen unsichtbar bleiben. Auskunftsansprüche sind auf gespeicherte Daten beschränkt, erfassen also solche Daten nicht, die zwischenzeitlich wieder gelöscht wurden und geben auch keine Auskunft darüber, wie und mit welchem Erkenntnisziel innerhalb der erhebenden Stelle auf diese Daten zugegriffen wurde. Dasselbe gilt für eine zweckändernde Verwendung personenbezogener Informationen, die nach dem Bundesverfassungsgericht als neuerlicher Grundrechtseingriff an besondere Voraussetzungen geknüpft ist,[71] zu denen eine Mitteilung aber regelmäßig nicht gehört. Auch Übermittlungen an andere öffentliche Stellen sind nicht standardmäßig mitzuteilen, sondern nur bei besonders eingriffstief – etwa verdeckt – erhobenen Informationen.[72] So existiert nach gängiger Dogmatik eine ganze – die weitaus größte – Klasse von staatlichen Informationsverarbeitungen, die **zwar als Grundrechtseingriffe gewertet werden, aber mangels Kenntnis seitens der Betroffenen faktisch ohne Rechtsschutzmöglichkeit** bleiben. Hier zeigt sich, dass die gängigen grundrechtlichen Kategorien und Anforderungen (insbes. effektiver Rechtsschutz) für rein infor- 22

61 S. zuletzt BVerfG Beschl. 6.11.2019 – 1 BvR 276/17 –, BVerfGE 152, 216 (268 f., Rn. 128) zur insoweit fortbestehenden Berechtigung eines Abstellens auf verschiedene „Sphären".

62 Kühling/Klar/Sackmann, Datenschutzrecht, 5. Aufl. 2021, Rn. 298; Kühling/Buchner/Herbst DS-GVO/BDSG, 3. Aufl. 2020, DS-GVO Art. 4 Nr. 2 Rn. 22.

63 Vgl. BeckOK-Datenschutzrecht/Schild DS-GVO Art. 4 Rn. 42 (2022); Kühling/Klar/Sackmann, Datenschutzrecht, 5. Aufl. 2021, Rn. 301.

64 BeckOK-Datenschutzrecht/Schild DS-GVO Art. 4 Rn. 44 (2022); Kühling/Klar/Sackmann, Datenschutzrecht, 5. Aufl. 2021, Rn. 302.

65 BeckOK-Datenschutzrecht/Schild DS-GVO Art. 4 Rn. 49 (2022); Paal/Pauly/Ernst DS-GVO/BDSG, 3. Aufl. 2021, BDSG Art. 4 Rn. 30.

66 Unter Umständen aber als Eingriff in das Grundrecht auf Integrität informationstechnischer Systeme, das die Systemintegrität, nicht den Informationsgehalt schützt, s. BVerfG Urt. v. 27.2.2008 – 1 BvR 370/07 –, BVerfGE 120, 274 (312).

67 BVerfG Beschl. v. 6.11.2019 – 1 BvR 16/13 –, BVerfGE 152, 152 (191, Rn. 87); Wielsch JZ 2020, 105 (110).

68 Anders als bei im GG normierten Grundrechten ist das Telos im Fall der informationellen Selbstbestimmung nicht nur Hintergrund für ihre Garantie, sondern Grund und Grenze ihres normativen Anspruchs s. Poscher/Buchheim DVBl. 2015, 1273 (1278).

69 S. nur BVerfG Urt. v. 19.5.2020 – 1 BvR 2835/17 –, BVerfGE 154, 152 (229, Rn. 113) „begründen Eingriffe auf verschiedenen Stufen".

70 Näher Poscher/Buchheim DVBl. 2015, 1273 (1275, 1277 ff.).

71 BVerfG Urt. v. 20.4.2016 – 1 BvR 966/09 ua –, BVerfGE 141, 220 (324 ff., Rn. 276 ff.).

72 S. zB BVerfG Urt. v. 19.5.2020 – 1 BvR 2835/17 –, BVerfGE 154, 152 (265 ff., Rn. 211 ff.); vgl. auch § 10 Abs. 2 BKAG (Mitteilung einer Abfrage von Zugangsdaten), → § 10 Rn. 32 ff.

matorische Eingriffe, die jenseits der erstmaligen Datenerhebung[73] in weiten Teilen unbemerkt und nicht spürbar für die Betroffenen ablaufen, an ihre Grenzen stoßen.[74]

23 Anstelle des Dogmas einer grundrechtlichen Erheblichkeit eines jeden Akts gezielter staatlicher Datenverarbeitung sollte sich die datenschutzverfassungsrechtliche Dogmatik daher auf diejenigen staatlichen Akte konzentrieren, die mit Blick auf abstrakt bestehende informatorische Freiheits- und Gleichheitsgefahren eine maßgebliche Änderung für die Betroffenen herbeiführen.[75] Datenverarbeitungsakte, die eine solche Änderung der Gefährdungslage herbeiführen, sind namentlich die **ursprüngliche Erhebung** eines Datums, weil sie neue personenbezogene Informationen einer öffentlichen Stelle zugänglich macht, **die Speicherung,** weil sie durch die Verstetigung und jederzeitige technische Abrufbarkeit die Voraussetzungen späterer unabsehbarer Nutzungen und daraus folgender Grundrechtsgefährdungen schafft, die **zweckändernde Nutzung,** weil sie gegenüber der ursprünglichen Erhebung neue plausibel drohende Gefährdungsszenarien eröffnet und die **Übermittlung,** weil in ihr eine institutionelle Kontextverschiebung[76] liegt, die bei typisierender Betrachtung ebenfalls neue informatorische Grundrechtsgefährdungen begründet.

24 Legt man diesen **Maßstab der spezifischen Gefahrerhöhung** an, erschließt sich, weshalb manche besonderen Formen der Datenverarbeitung wie etwa die Rasterfahndung,[77] erweiterte Datennutzung (Datamining),[78] der Abgleich mit DNA-Daten,[79] die Überführung in behördeninterne Informationssysteme[80] oder die Datenauswertung im Rahmen strategischer Telekommunikationsüberwachung[81] besondere verfassungsgerichtliche Aufmerksamkeit erfahren. Jeweils handelt es sich um Datenverarbeitungen, die dem Zweck der ursprünglichen Erhebung bzw. Einbringung in gemeinsame Dateien folgen, die aber spezifische Grundrechtsrisiken bergen. Bei der Rasterfahndung ist dies die extreme Streubreite der Maßnahme, beim DNA-Abgleich der extreme Informationsreichtum solcher Daten, bei Big Data-Analysen das Aushebeln der Zweckbindung und des informatorischen Trennungsprinzips.

25 Zu den datenschutzgrundrechtlichen Sonderdogmatiken auf Eingriffsebene gehört das sog. **Doppeltürmodell.**[82] Danach sind Akte der Datenweitergabe zwischen öffentlichen Stellen in rechtlicher Hinsicht in zwei Komponenten teilbar: Zum einen verschafft die übermittelnde Stelle einer anderen Stelle Zugang zu einem personenbezogenen Datum und öffnet das bisher nur ihr verfügbare Datum für einen neuen institutionell-organisatorischen Kontext. Zum andern erlangt die empfangende Stelle erstmals Kenntnis von einem personenbezogenen Datum, was als Datenerhebung zu werten ist. Beide Vorgangskomponenten liegen in einem je eigenen Rechtsverhältnis und sind – mittels eigener Regelung – gegenüber den Betroffenen grundrechtlich zu rechtfertigen. Beide Regelungen können unterschiedlichen Voraussetzungen folgen, **die Befugnis zur Entgegennahme ist nicht in der Befugnis zur Weitergabe impliziert,** *vice versa*. Relevant ist dies ua im Kontext des § 9 Abs. 4 (→ Rn. 86 ff.) und des § 10 BKAG (→ § 10 Rn. 7).

26 cc) **Rechtfertigungsdogmatiken. (1) Normenklarheit, Bestimmtheit, Bereichsspezifität.** Das allgemeine rechtsstaatliche Bestimmtheitsgebot gewinnt im Bereich der Verarbeitung personenbezogener Informationen besondere Bedeutung und verdichtet sich zu einem **Gebot besonderer Normenklarheit.**[83] Informationsverarbeitende Akte des Staates sind – anders als darauf gründende grundrechtsrelevante operative Maßnahmen (zB Beschlagnahme) für Betroffene nicht spürbar. Sie können daher nicht auf eine Beachtung und Konkretisierung ihrer Rechte in behördlichen oder gerichtlichen Verfahren hinwirken[84] und sich gegebenenfalls für eine Änderung informationsverarbeitender Praktiken im Wege der Gesetzgebung politisch einsetzen. Soll rechtliche Steuerung staatlicher Informationsverarbeitung gelingen, muss sie daher

73 Dass dies für die erstmalige Erhebung nicht der Fall ist, sichert der **Grundsatz der Datenerhebung bei den Betroffenen,** s. insoweit BT-Drs. 18/11163, 91; näher → Rn. 70 f., 78.

74 Zum Vorschlag einer Ausweitung von Mitteilungspflichten → § 10 Rn. 43.

75 So auch der Fokus des BVerfG, s. zB die Ausführungen zur Zweckänderung in BVerfG Urt. v. 20.4.2016 – 1 BvR 966/09 ua –, BVerfGE 141, 220 (324 ff., Rn. 276 ff.), die die zweckentsprechende Nutzung nicht weiter als Eingriff problematisieren.

76 Näher zur Eingriffsqualität von Übermittlungen Poscher/Buchheim DVBl. 2015, 1273 (1277 ff.).

77 BVerfG Beschl. v. 4.4.2006 – 1 BvR 518/02 –, BVerfGE 115, 320 (347, 250 ff.).

78 BVerfG Beschl. v. 10.11.2020 – 1 BvR 3214/15 –, BVerfGE 156, 11 (46, Rn. 90).

79 BVerfG Beschl. v. 2.7.2013 – 2 BvR 2392/12 –, NStZ-RR 2013, 315; Urt. v. 13.2.2007 – 1 BvR 421/05 –, BVerfGE 117, 202; Beschl. v. 15.3.2001 – 2 BvR 1841/00 ua –, NJW 2001, 2320.

80 BVerfG Beschl. v. 10.11.2020 – 1 BvR 3214/15 –, BVerfGE 156, 11 (46, Rn. 76); Urt. v. 24.4.2013 – 1 BvR 1215/07 –, BVerfGE 133, 277 (317 f., Rn. 96 ff.).

81 BVerfG Urt. v. 19.5.2020 – 1 BvR 2835/17 –, BVerfGE 154, 152 (259, Rn. 192).

82 BVerfG Beschl. v. 24.1.2012 – 1 BvR 1299/05 –, BVerfGE 130, 151 (184); Beschl. v. 27.5.2020 – 1 BvR 1873/13 ua –, BVerfGE 155, 119 (142, Rn. 17).

83 BVerfG Urt. v. 15.12.1983 – 1 BvR 209/83 –, BVerfGE 65, 1 (54); Beschl. v. 27.4.1999 – 1 BvR 1613/94 –, BVerfGE 100, 313 (372); Urt. v. 19.5.2020 – 1 BvR 2835/17 –, BVerfGE 154, 152 (237, Rn. 137 ff.).; Jarass/Pieroth/Jarass GG Art. 2 Rn. 37, 42 ff.; von Münch/Kunig/Kunig/Kämmerer GG I Art. 2 Rn. 75 ff.

84 Zur Artikulationsfunktion gerichtlicher Verfahren Buchheim/Möllers in GVwR II, 3. Aufl. 2022, § 46 Rn. 19 f., 28, 34, 65; zum Wechselverhältnis von Normenklarheitserfordernissen und Möglichkeiten der Rechtskonkretisierung im Rechtsanwendungsprozess BVerfG Urt. v. 19.5.2020 – 1 BvR 2835/17 –, BVerfGE 154, 152 (237 f., Rn. 137).

über abstrakt-generelle, publizierte Normen geschehen und ist eine Auskonkretisierung in gerichtlichen Verfahren – mangels entsprechender Verfahrensanlässe – zwangsläufig begrenzt. Der Grundsatz der Normenklarheit erzwingt damit **eine Transparenz der Gesetzmäßigkeiten staatlicher Informationsverarbeitung, die es erst erlaubt, deren Gründe und Grenzen politisch zu verhandeln und festzulegen** sowie anschließend auch gerichtlich einzufordern.[85] Zugleich erlaubt eine rechtliche Konturierung staatlicher Informationsverarbeitungsprozesse den Einzelnen, Preisgabe und Zugänglichkeit ihrer personenbezogenen Informationen zumindest mitzusteuern und besser über das über sie kursierende Wissen im Bild zu sein.[86]

Der Grundsatz der Normenklarheit ist zugleich **Voraussetzung einer gehaltvollen Prüfung der Verhältnismäßigkeit** staatlicher Datenverarbeitungsbefugnisse.[87] Ohne eine nähere Konturierung der zulässigen informatorischen Maßnahmen bleibt der Anknüpfungspunkt einer Verhältnismäßigkeitsprüfung nebulös und verschiebt sich die Verhältnismäßigkeitsfrage auf die Anwendung im Einzelfall, die aber praktisch keiner unabhängigen Kontrolle unterliegt (→ Rn. 26). Will man an irgendeiner Stelle eine externe Kontrolle der Verhältnismäßigkeit staatlicher Informationsverarbeitung, muss diese daher auf Ebene der gesetzlichen Befugnisse stattfinden. 27

Gebote der Normenklarheit sind jedoch **nicht zu verwechseln mit einem Zwang zu besonders detaillierter und feingliedriger Regelung**. Oft ist ein Verweis auf die behördlichen Aufgaben und die Erforderlichkeit zur Aufgabenerfüllung aussagekräftiger als eine Vielzahl unübersichtlicher, sich überschneidender, andere Konstellationen übersehender Kataloge von Einzelbefugnissen oder aber Verweisungsketten zwischen Normkomplexen und verschiedenen Gesetzen.[88] Zusätzliche und redseligere Normen können ebenso gut Unklarheiten schaffen wie beseitigen.[89] Die Forderung nach Augenmaß beim Detaillierungsgrad gilt umso mehr, als bei der Normierung staatlicher Datenverarbeitung **besonders die Perspektive der primären Anwenderinnen in den Blick zu nehmen** ist. Rechtliche Steuerung funktioniert mangels gerichtlicher Kontrollanlässe (→ Rn. 26) kaum über die Fern-, Vor- und Nachwirkungen unabhängiger gerichtlicher Kontrolle,[90] sondern nur, wenn diejenigen, die gebunden sind, dasjenige, an das sie gebunden sind, von sich aus verstehen und umsetzen können. Insoweit ist mit Blick auf den Grundsatz der Normenklarheit **problematisch, dass datenschutz- und sicherheitsrechtliche Gesetze häufig verfassungsgerichtliche abstrakte Anforderungen und Formeln eins zu eins in die maßgeblichen Regelungen kopieren,**[91] anstatt sie in die Kategorien und Maßstäbe sicherheitsbehördlicher Praxis zu übersetzen. So wird das Gebot der Normenklarheit zur regelungstechnischen Farce, die umständliche Gesetze ohne normative Bestimmungskraft produziert. 28

Zwillingsschwester der Normenklarheit ist das **Gebot bereichsspezifischer Regelung** behördlicher Datenverarbeitung. Der Anspruch einer rechtlichen Steuerung staatlicher Informationsverarbeitung wäre nicht einzulösen, wenn man das öffentliche Datenschutzrecht auf eine Supernorm reduzierte („Behördliche Datenverarbeitung ist erlaubt, soweit sie zur Erfüllung der Aufgaben erforderlich ist."). Hier gilt dasselbe wie sonst: Der Vorbehalt des Gesetzes trägt grundrechtlich erst etwas ein, wenn er auch eine Gliederung nach verschiedenen Maßnahmentypen, Behörden, staatlichen Handlungsszenarien usw fordert.[92] Der Gesetzgeber setzt dies um, indem er für das BKA ein spezifisches, nach Aufgaben differenzierendes und informatorische Standardmaßnahmen enthaltendes Datenverarbeitungsregime eingerichtet hat. 29

Die Gebote der Normenklarheit und Bereichsspezifität sind mit dem Grundsatz der Verhältnismäßigkeit dergestalt verknüpft, dass **besonders tiefgreifende Eingriffsmaßnahmen** – soweit sie sich standardisieren lassen und dafür ein Anlass besteht – **einer spezifischeren gesetzlichen Regelung** bedürfen.[93] Virulent wird diese Forderung regelmäßig bei Ermächtigungen zu heimlichen oder sehr streubreiten Ermittlungsmaßnahmen. Hintergrund ist auch ein demokratischer: Welchen tiefgreifenden behördlichen Informationserhebungsmaßnahmen wir alle unterworfen sind, soll demokratisch verhandelt und entschieden werden, nicht im Wege intransparenter Verwaltungspraxis. 30

85 Zum Ergänzungsverhältnis politischer Rechtssetzung und gerichtlicher Rechtsanwendung Buchheim/Möllers in GVwR II, 3. Aufl. 2022, § 46 Rn. 27, 34, 38 ff.; Möllers, Gewaltengliederung, 2005, S. 163 ff.

86 Zur Unhaltbarkeit des Ideals alleiniger Selbstbestimmung und vollständigen Wissens über die eigene Person betreffende Informationsflüsse Veil NVwZ 2018, 686 (687 f.).

87 BVerfG Urt. v. 19.5.2020 – 1 BvR 2835/17 –, BVerfGE 154, 152 (237, Rn. 137); zu einer ähnlichen Rückwirkung Poscher DV 41 (2008), 345 (349): „dazu geführt, nicht nur die Verhältnismäßigkeit, sondern auch ihre Operationalisierbarkeit zum verfassungsrechtlichen Maßstab zu erheben".

88 Zur Problematik von Verweisungsketten BVerfG Urt. v. 19.5.2020 – 1 BvR 2835/17 –, BVerfGE 154, 152 (266, Rn. 215); jüngst BVerfG Urt. v. 26.4.2022 – 1 BvR 1619/17 –, juris, Rn. 272 f., 391.

89 Cofone Cardozo Law Review 43 (2021), 502 (525 f.); ders./Robertson Hastings Law Journal 69 (2018), 1471, (1475, 1489–1490); vgl. zur Kritik an Informationspflichten im Verbraucherschutzrecht Gessner in FS-Derleder, 2015, S. 101 (105 f.).

90 So regelmäßig das Modell im Verwaltungsrecht s. Buchheim/Möllers in GVwR II, 3. Aufl. 2022, § 46 Rn. 50 f., 123, 129, 144 ff.

91 Gärditz, Konturen eines allgemeinen Nachrichtendienstverfassungsrechts, VerfBlog, 2022/5/02.

92 Von Mangoldt/Klein/Starck/Sommermann GG II Art. 20 Rn. 278; Dreier/Schulze-Fielitz GG II Art. 20 Rn. 120.

93 BVerfG Urt. v. 20.4.2016 – 1 BvR 966/09 ua –, BVerfGE 141, 220 (265, Rn. 94); Urt. v. 19.5.2020 – 1 BvR 2835/17 –, BVerfGE 154, 152 (238, Rn. 137).

31 Folgt man diesen Erwägungen, ist die **Notwendigkeit spezifischer und normenklarer Regelung im Bereich offener Datenerhebungen** oder zwingend mitzuteilender Datenverarbeitungen **zurückgenommen**. Denn insoweit ist die Möglichkeit gewährleistet, an der Verarbeitung Anstoß zu nehmen und sich ihrer zu erwehren. Informationsbetroffene bleiben damit Akteure und Faktoren für den Umgang mit den sie betreffenden Informationen (**Grundsatz der Erhebung bei den Betroffenen**). Zudem steht dann zur Konturierung behördlicher Befugnisse auch das gesamte Wechselspiel aus „verwaltungsbehördlicher Rechtsanwendung und gerichtlicher Kontrolle“[94] zur Verfügung, das auch sonst die uferlosen Unbestimmtheiten einer Rechtsordnung schritt- und fallweise klärt.

32 **(2) Eingriffsschwellen und Anforderungen an den Rechtsgüterschutz.** Als zentrales, typisierend aus dem Verhältnismäßigkeitsgrundsatz gewonnenes Kriterium gilt für eine erstmalige Datenerhebung, insbesondere durch Sicherheitsbehörden, **eine Bindung an hinreichend gewichtige Zwecke** (Schutz gewichtiger Rechtsgüter; Verfolgung gewichtiger Straftaten/Ordnungswidrigkeiten) **und Eingriffsschwellen** („konkrete Gefahr“; konkretisierte Gefahr; Anfangsverdacht; näher → § 10 Rn. 21 ff.; → § 39 Rn. 12).[95] Während sich die Anforderungen an den Rechtsgüterschutz unmittelbar aus dem Erfordernis der Verhältnismäßigkeit ergeben, greift die Anforderung hinreichender Eingriffsschwellen auf verfahrensrechtliche – polizeirechtliche bzw. strafprozessuale – Kategorien zurück.[96] Auch wenn der Gefahrbegriff im Polizeirecht flexibel auf das jeweilige Schutzgut reagiert und damit eine gewichtende Komponente hat (→ § 38 Rn. 15 ff.), handelt es sich doch – wie beim strafprozessualen Anfangsverdacht – um eine kategoriale Unterscheidung (Gefahr/keine Gefahr). Auch knüpfen beide Eingriffsschwellen an bestimmte Sachverhalte und deren besondere Beziehung/Zurechenbarkeit zu bestimmten Personen. Ein Tatverdacht besteht immer hinsichtlich eines bestimmten als Straftat zu qualifizierenden Geschehens und gegenüber Personen (seien sie auch unbekannt); auch die polizeirechtliche Gefahr ist bezogen auf ein bestimmtes Ereignis (Prognoseinhalt), auf dessen Eintritt eine konkrete Sachlage (Prognosegrundlage) hindeutet. Sie ist zudem verkoppelt mit der Frage der Pflichtigkeit und ergibt erst iVm ihr eine Befugnis zum Eingriff. Das im Rahmen der Angemessenheitsprüfung aufgestellte Kriterium der Eingriffsschwelle pflanzt in die Prüfung staatlicher Datenerhebungsbefugnisse damit **ein vergleichsweise hartes Formalkriterium,**[97] dessen Fehlen auch durch noch so gewichtige Rechtsgüter oder Straftaten nicht aufzuwiegen ist. In der Sache entstammt es nicht einer abwägenden Gewichtung gegenläufiger Interessen, sondern grundsätzlicher Annahmen dazu, unter welchen Voraussetzungen und aus welchen Mindestanlässen ein freiheitlicher Staat seine Bürgerinnen mit informatorischen Eingriffen überziehen darf.[98] Diese Mindestanforderungen an sicherheitsbehördliche Eingriffsanlässe dürften die Praxis wirksamer begrenzen[99] als jedes auch noch so staatstragend formulierte Erfordernis „überragend wichtiger“ zu schützender Rechtsgüter. Das gilt umso mehr bei einer Behörde wie dem BKA, der von vornherein fast nur besonders gewichtige, in letzter Konsequenz höchstrangige Güter implizierende Aufgaben zukommen. Die Eingriffsschwellen für sicherheitsbehördliche Datenerhebungsmaßnahmen sind damit ein gutes Beispiel für die Funktion der Angemessenheitsprüfung, in Auseinandersetzung mit den jeweiligen spezialgrundrechtlichen Schutzgehalten Sonderdogmatiken zu entwickeln.[100]

33 Die Verwurzelung im Grundsatz der Verhältnismäßigkeit erlaubt es, die Anforderungen an Eingriffsschwellen und Rechtsgüterschutz je nach Eingriffsgewicht der behördlichen Maßnahme zu variieren.[101] Dementsprechend setzen besonders tiefgreifende Eingriffe ein gesteigertes Gewicht der zu schützenden Rechtsgüter/zu verfolgenden Straftaten voraus.[102] In der Praxis betrifft dies insbesondere heimliche Informationserhebungen wie Wohnraumüberwachung, TK-Überwachung, längerfristige Observation usw.[103] Das Bundesverfassungsgericht folgert daneben auch bei streubreiten Eingriffen ein besonderes Eingriffsgewicht und gesteigerte Rechtfertigungslasten.[104] Das lässt sich nur begründen, wenn man die informationelle Selbstbestimmung auch als Sicherung der Freiheitlichkeit des Systems begreift, also von der Freiheitsvermu-

94 BVerfG Urt. v. 19.5.2020 – 1 BvR 2835/17 –, BVerfGE 154, 152 (237 f., Rn. 137).
95 BVerfG Urt. v. 20.4.2016 – 1 BvR 966/09 ua –, BVerfGE 141, 220 (Ls. 2).
96 Näher Poscher DV 41 (2008), 345 (350 f.).
97 Poscher DV 41 (2008), 345 (351 f.); s. auch BVerfG Urt. v. 19.5.2020 – 1 BvR 2835/17 –, BVerfGE 154, 152 (245, Rn. 155): „Das Erfordernis einer an konkrete Umstände anknüpfenden Eingriffsschwelle sichert die Begrenzung von Grundrechtseingriffen, bindet sie an objektivierte Voraussetzungen und ermöglicht eine Kontrolle anhand für sich stehender Kriterien“.
98 S. etwa BVerfG Urt. v. 20.4.2016 – 1 BvR 966/09 ua –, BVerfGE 141, 220 (271 ff., Rn. 109 ff.); Beschl. v. 18.12.2018 – 1 BvR 142/15 –, BVerfGE 150, 244 (281, Rn. 91).
99 Poscher DV 41 (2008), 345 (350 f., 372).
100 Kingreen/Poscher, Grundrechte, Rn. 415 ff.
101 S. zB BVerfG Beschl. v. 27.5.2020 – 1 BvR 1873/13 ua –, BVerfGE 155, 119 (130, Rn. 179).
102 BVerfG Urt. v. 20.4.2016 – 1 BvR 966/09 ua –, BVerfGE 141, 220 (267, Rn. 99).
103 BVerfG Urt. v. 20.4.2016 – 1 BvR 966/09 ua –, BVerfGE 141, 220 (267, Rn. 99; 298 f., Rn. 192; 299, Rn. 195).
104 Poscher DV 41 (2008), 345 (351), mwN; s. auch BVerfG Urt. v. 14.7.1999 – 1 BvR 2226/94 ua –, BVerfGE 100, 313 (392); Urt. v. 27.7.2005 – 1 BvR 668/04 –, BVerfGE 113, 348 (382).

tung her argumentiert (→ Rn. 17). Denn für die einzelne von streubreiten, aber für sich genommen niederschwelligen staatlichen Informationserhebungen betroffene Person ergeben sich dadurch, dass auch andere betroffen sind, keine größere Grundrechtsgefahren. Im Gegenteil ist Streubreite mit Blick auf eine gleichmäßige Belastung aller durch staatliche Informationsverarbeitung sogar von Vorteil. Ein anderer Begründungsweg für ein gesteigertes Eingriffsgewicht wäre die **Figur der Abschreckungseffekte** (***chilling effects***) streubreiter Maßnahmen auf erlaubtes Verhalten im rechtlichen Grenzbereich oder jenseits sozialer Normen.[105] Denn solche Effekte dürften – Wissen um solche Maßnahmen vorausgesetzt – umso eher bestehen, umso weitflächiger staatliche Informationsmaßnahmen greifen. Die empirische Nachweisbarkeit solcher Effekte ist jedoch vielfach bestritten worden, so dass sie vielen als rhetorisches Schmuckwerk erscheinen.[106] Die Streubreite lässt sich als eingriffserschwerendes Moment wohl am besten mit Vorstellungen prozeduraler Fairness und des **freiheitlichen Werts der Möglichkeit nicht sanktionierter Norm-, insbesondere Rechtswidrigkeit** erklären. Eine Gesellschaft, in der staatlicher Informationszugriff so breit und lückenlos ist, dass eine Möglichkeit zu nicht aufgespürten und sanktionierten Normverstößen nicht mehr besteht, wäre nicht mehr frei. Der Fuchs sollte immer noch eine Restchance haben, seinen Jägern zu entkommen. Diese These ist in der auf Durchsetzung allen Rechts fixierten deutschen Rechtskultur allerdings schwer vermittelbar.[107]

(3) **Kernbereichsschutz.** Nicht aus dem Grundsatz der Verhältnismäßigkeit, sondern unmittelbar aus der 34
Menschenwürde (Art. 1 Abs. 1 GG) hat das Bundesverfassungsgericht das Erfordernis des **Kernbereichsschutzes bei staatlicher Datenverarbeitung** entwickelt.[108] Datenerhebungsmaßnahmen dürfen – jenseits eines Ersuchens um freiwillige Auskünfte – nicht darauf angelegt oder mit dem hohen Risiko behaftet sein, Informationen aus dem Kernbereich privater Lebensgestaltung zu erlangen.[109] Soweit ein Kernbereichsbezug einer Maßnahme vermutet oder festgestellt wird, ist er zu prüfen und sind Sicherungen zu treffen, die eine Nutzung kernbereichserheblicher Informationen ausschließen. Was genau aus diesen Maßstäben folgt, ist wegen ihrer räumlich-gegenständlichen Metaphorik mit Missverständnissen behaftet.[110] Die Kernbereichsdogmatik ist konsequent von ihrem normativen Anknüpfungspunkt her zu verstehen. Maßgeblich ist die Frage, ob der Staat durch eine Informationserhebung oder -verwendung grundlegende Bedingungen menschlichen Personseins missachtet und die Betreffenden zum bloßen Objekt seines aufklärenden Handelns degradiert. Es geht darum, Einzelnen elementare Situationen des Rückzugs und der Auseinandersetzung mit sich selbst zu belassen, auch dann, wenn dadurch für Gefahrenabwehr oder Strafverfolgung hoch relevante und potenziell lebensrettende Informationen verschlossen bleiben. Der Kernbereichsschutz fragt dabei nicht danach, welche Informationsgehalte der Staat erhebt, **sondern, wie er sie erlangt, wie er mit besonders geschützten Situationen umgeht**: ob er eine Kenntnisnahme hinreichend vermeidet, organisatorische Vorkehrungen trifft, gegebenenfalls löscht und eine Verwertung – egal zu welchen Zwecken – unterlässt. Der „Kernbereich" und seine Verletzung lassen sich daher nicht absolut anhand der „Sphäre" bestimmen, der eine Information entstammt. Das zeigt ein einfaches Beispiel: Es wäre eine Kernbereichsverletzung, in einem Beichtstuhl oder in einer psychotherapeutischen Praxis auf gut Glück eine Wanze zu installieren und das dort Gesagte über einen längeren Zeitraum heimlich aufzuzeichnen. Betroffene würden so zum bloßen Mittel effektiver staatlicher Informationsbeschaffung. Demgegenüber wäre es keine Verletzung der Menschenwürde, die Inhalte solcher Gespräche unter Hinweis auf die Freiwilligkeit von der behandelnden Psychologin oder dem Beichtvater zu erfragen. Die freiwillige Vertrauensenttäuschung riskiert, wer sich ihr oder ihm gegenüber öffnet. Solange der Staat nicht zu dieser Vertrauensenttäuschung zwingt, verletzt er Art. 1 Abs. 1 GG nicht, wenn er Informationen abgreift und nutzt. Das gilt, obwohl es dieselben Informationen sind, die das heimliche Mithören zum Menschenwürdeverstoß gemacht hätten. Wenn staatlichen Stellen andererseits konkrete Umstände bekannt sind, die darauf schließen lassen, dass ein konkretes „Beichtgespräch" nur der ungestörten Planung christlich-terroristischer Bestrebungen zwischen einem einschlägig bekannten Geistlichen und einem ihm hörigen Gemeindemitglied dient, läge in einem heimlichen Mithören kein Menschenwürdeverstoß. Es müsste allerdings sichergestellt werden, dass das Mithören sofort beendet wird, falls sich wider Erwarten doch eine veritable Beichtabsicht ergibt. In diesem Fall dürften selbst Informationen, die auf konkrete terroristische Absichten oder Taten hindeuten, nicht genutzt werden.

(4) **Schutz der Vertraulichkeit besonderer Nähebeziehungen und Gesprächssituationen.** Mit dem Kernbe- 35
reichsschutz verknüpft und sich teilweise mit ihm überschneidend gebietet der Verhältnismäßigkeitsgrund-

105 BVerfG Urt. v. 3.3.2004 – 1 BvR 2378/98 –, BVerfGE 109, 279 (354 f.); Urt. v. 9.2.2010 – 1 BvL 3/09 –, BVerfGE 125, 260 (332); Schauer Boston University Law Review 58 (1978), 685; Poscher/Buchheim DVBl. 2015, 1273 (1279).

106 Staben, Der Abschreckungseffekt auf die Grundrechtsausübung, 2016, S. 110.

107 S. zur Kritik an der Durchsetzungsfixierung des deutschen Rechts Buchheim/Möllers in GVwR II, 3. Aufl. 2022, § 46 Rn. 53, 144 ff., 157, 187 ff.; s. auch Rademacher JZ 2019, 702 (707–709).

108 S. insbes. BVerfG Beschl. v. 26.2.2004 – 2 BvH 1/04 –, BVerfGE 109, 279.

109 BVerfG Urt. v. 19.5.2020 – 1 BvR 2835/17 –, BVerfGE 154, 152 (262 ff., Rn. 200 ff.).

110 Kritisch gegenüber räumlichem Grundrechtsdenken Poscher JZ 2009, 269 (271 ff.).

satz **staatliche Vorkehrungen zum Schutz persönlicher Nähebeziehungen und besonders grundrechtsrelevanter Gesprächssituationen** gegenüber sicherheitsbehördlicher Ausforschung.[111] Praktisch bestehen hier große Überschneidungen mit den seit Langem durch die StPO besonders geschützten zeugnisverweigerungsberechtigten Personen, insbesondere nahen Angehörigen und Berufsgeheimnisträgern (vgl. §§ 52 ff. StPO; → § 10a Rn. 16 ff.; → § 41 Rn. 15 ff.; → § 62 Rn. 6 ff.). Das Bundesverfassungsgericht verweist für die Bestimmung der geschützten Sachverhalte und der Einzelheiten des Schutzes auf gesetzliche Ausgestaltung, die allerdings grundrechtlich – etwa mit Blick auf Art. 5 Abs. 1 S. 2 GG – tragbar sein muss.[112] In grundrechtlicher Hinsicht geht es dem besonderen Vertraulichkeitsschutz nicht um die Freiheit und ein Privileg der betreffenden Personen oder Professionen, sondern um die Möglichkeit der Betroffenen, sich diesen Personen gegenüber zu öffnen, um dadurch und mit deren Hilfe ihre Grundrechte (Recht auf Gesundheit; Recht auf effektive Verteidigung; Gewissensfreiheit; Möglichkeiten der Meinungsäußerung; Schutz von Ehe und Familie) zur Geltung zu bringen bzw. wahrzunehmen. Der Schutz betrifft also **beide Seiten bestimmter Personenverbindungen und Kommunikationssituationen**, die eine wesentliche Funktion für die Grundrechtsentfaltung haben. Schutz der Integrität und Vertraulichkeit dieser Verbindungen und Situationen gegenüber staatlicher Ausforschung garantiert, dass die jeweilige Grundrechtsentfaltung ohne unzumutbares Risiko möglich bleibt. Der besondere Vertraulichkeitsschutz ist damit ein Element des Schutzes informationeller Selbstbestimmung, der deren Funktion als vorgelagerter Grundrechtsschutz besonders greifbar macht. Anders als die von der Menschenwürde her begründete Vertraulichkeit von Kommunikationssituationen unterliegt der besondere Vertraulichkeitsschutz in verfassungsrechtlicher Hinsicht einem **Abwägungsvorbehalt.**[113] Damit **geht allerdings die Klarheit und Formalität des Schutzes verloren.** Es ist unklar, ob ein solcher relativer Schutz noch den grundrechtlichen Mehrwert bringen kann, den das klassische absolute Schutzkonzept der §§ 53 ff. StPO mit sich brachte.

36 (5) **Zweckbindung.** Das Kernanliegen des Rechts auf informationelle Selbstbestimmung, eine gewisse[114] Absehbarkeit personenbezogener staatlicher Informationsverarbeitung herzustellen, wird durch den aus dem **einfachen Datenschutzrecht übernommenen Zweckbindungsgrundsatz**[115] abgesichert. Ohne neuerliche Eingriffsermächtigung dürfen staatliche Stellen Daten nicht zu einem anderen Zweck verarbeiten und verwenden, als sie sie erhoben haben. Der Moment/die Zwecke der/die Ermächtigung zur Erhebung einer Information definieren damit deren standardmäßige, nicht weiter grundrechtlich rechtfertigungspflichtige Verwendbarkeit (zur einfachgesetzlichen Umsetzung im BKAG → § 12 Rn. 80 ff.).

37 **Unklar ist allerdings, wie granular die durch den Erhebungszweck bestimmte Zweckbindung wirkt** (zu dieser Frage auch → § 12 Rn. 12 ff.): Ist ein Y betreffendes Datum, das das BKA erhoben hat, um seiner Zentralstellenaufgabe bei einem Ersuchen einer ausländischen Strafverfolgungsbehörde hinsichtlich X nachzukommen, an dieses konkrete Rechtshilfeverfahren gebunden oder kann es ohne Zweckänderung auch sonst für Zentralstellenaufgaben genutzt werden?[116] Ist ein für die Sicherung eines Pressetermins der Außenministerin erhobenes Datum über eine Journalistin ohne Zweckänderung verwendbar, wenn es zwei Tage später für die Sicherung einer Pressekonferenz des Bundeskanzlers relevant wird? Ersteres ergäbe ein maximal kleinteiliges Informationsverarbeitungsregime, das auf einzelne sicherheitsbehördliche Verwaltungsverfahren oder gar einzelne Verfahrensschritte abstellt. Fordert Zweckbindung nur Letzteres, könnten Behörden innerhalb eines Aufgabenbereichs umfassende und verfahrensübergreifende Datenbestände pflegen, soweit diese für eine wirksame Erfüllung derselben allgemeinen Aufgabe erforderlich sind. Zieht man den Vergleich zum privaten Datenschutzrecht, wird man am ehesten auf die jeweils konkret erfüllte Aufgabe – nicht den Aufgabenbereich, nicht auf die Erhebungsermächtigung und auch nicht auf die jeweils betroffene Person – blicken müssen: Personenbezogene Daten, die das BKA zur Sicherung eines konkreten Staatsempfangs erhebt, können in diesem Verfahrenskomplex umfassend verarbeitet werden, ohne dass darin eine Zweckänderung liegt. Wenn also Informationen über Störungspläne einer aus A, B und C bestehenden Gruppe von Klimaaktivistinnen erhoben werden, dürfen diese Informationen für den gesamten Sicherungsanlass verwendet werden. Für andere Aufgabenbereiche des BKA ergibt sich bei Anwendung dieses Kriteriums ein anderes Bild: Ist eine Tätigkeit des BKA als Zentralstelle bezogen auf einzelne Strafverfahren, sind die von ihm erhobenen personenbezogenen Daten an das konkrete Strafverfahren gegen diese Person gebunden und bedeutet jede andere Verwendung eine Zweckänderung. Die gefahrenabwehrende Tätigkeit

111 S. BVerfG Urt. v. 19.5.2020 – 1 BvR 2835/17 –, BVerfGE 154, 152 (260 f., Rn. 193 ff.).
112 S. BVerfG Urt. v. 19.5.2020 – 1 BvR 2835/17 –, BVerfGE 154, 152 (291, Rn. 194; 262, Rn. 197).
113 S. BVerfG Urt. v. 19.5.2020 – 1 BvR 2835/17 –, BVerfGE 154, 152 (260 f., Rn. 194) für den Schutz von Journalistinnen im Rahmen der strategischen TKÜ.
114 Zum Hintergrund dieser Relativierung oben Veil NVwZ 2018, 686 (687 f.).
115 Zu diesem Grundsatz im einfachen Datenschutzrecht Culik/Döpke ZD 2017, 226 (227 ff.); Ehmann/Selmayr/Heberlein DS-GVO, 2. Aufl. 2018, Art. 5 Rn. 13 ff.; Richter DuD 2015, 735 (735).
116 Für Letzteres wohl (in ähnlichem Kontext) Kühling/Klar/Sackmann, Datenschutzrecht, 5. Aufl. 2021, Rn. 350.

des BKA im Rahmen der Antiterrorbefugnisse der §§ 38 ff. BKAG ist demgegenüber gefahrereignisbezogen. Dabei erhobene personenbezogene Daten sind deshalb mit Blick auf diesen Handlungsanlass umfassend – auch gegenüber unterschiedlichen Personen – ohne Zweckänderung verwendbar.

Gegen eine solche strenge, nach konkretem Handlungskontext differenzierende Zweckbindung sprechen allerdings **Schwierigkeiten der praktischen Umsetzung**. Die Zweckbindung ist nichts wert, wenn sie nicht implementiert werden kann. Eine Kennzeichnung personenbezogener Daten ist jedoch gesetzlich nur mit Blick auf die in § 14 BKAG gelisteten Kategorien und Inhalte gefordert (→ § 14 Rn. 1 ff.). Diese Kategorien werden regelmäßig keinen Aufschluss über konkrete Erhebungskontexte liefern, sondern nur über die Rechtsgrundlage und die weiteren kennzeichnungspflichtigen generischen Rahmendaten. Geht man davon aus, dass die Zweckbindung eine formal überprüfbare und handhabbare Anforderung sein soll, müssen daher – wohl oder übel – die gebotenen Kennzeichnungen den maßgeblichen Rahmen standardmäßig erlaubter Datennutzung definieren. 38

Die Brisanz der Frage, wann genau eine Zweckänderung vorliegt, wird praktisch dadurch entschärft, dass auch eine zweckändernde Datennutzung nach dem **Maßstab der hypothetischen Datenneuerhebung** zulässig ist (→ § 12 Rn. 23 ff.).[117] Eine Nutzung eines Datums zu einem anderen als dem ursprünglichen Erhebungsweck setzt danach voraus, dass das Datum auch zu diesem anderen Zweck mit vergleichbar schwerwiegenden Mitteln hätte erhoben werden können.[118] Das schließt eine Nutzung von Daten aus Erhebungen, die nur zum Schutz besonders hochrangiger Güter bzw. zur Verfolgung besonders gravierender Straftaten zulässig waren, für Verwendungen aus, die keinen entsprechend gewichtigen Zwecken gehorchen. Bemerkenswert ist allerdings, dass der Maßstab der hypothetischen Datenneuerhebung von den beiden Kernanforderungen an sicherheitsrechtliche Daten*erhebungs*maßnahmen – Eingriffsschwellen/hinreichender Rechtsgüterschutz – nur letztere abbildet. Die eigentlich freiheitssichernde Kautel – das Erfordernis eines hinreichenden Handlungsanlasses – fällt weg.[119] Allerdings ist auch nicht klar, wie dieses Kriterium bei einer Zweckänderung überhaupt sinnvoll gehandhabt werden könnte. Denn der informatorische Gehalt, um dessen Umwidmung zu einem anderen Zweck es geht, ist dann bereits bei der Stelle vorhanden. Aus ihm ergibt sich dann zumeist unmittelbar, ob ein Anlass zur Umwidmung dieser Information besteht. 39

(6) Übermittlungen: Kontextänderung als Zweckänderung. Der **Grundsatz der hypothetischen Datenneuerhebung findet** nach der Rechtsprechung des Bundesverfassungsgerichts **auch auf Übermittlungen zwischen staatlichen Stellen Anwendung**. Hintergrund dieser Rechtfertigungspflicht ist, dass jede Weitergabe von Daten an eine andere institutionell-organisatorische Handlungseinheit deren infrage kommende und naheliegende Verwendungsmöglichkeiten verschiebt:[120] Die andere Stelle verfügt über andere Datensätze, mit denen sie die übermittelten Daten verknüpfen kann. Sie hat einen anderen Aufgabenfokus, was andere Grundrechtsrisiken begründen kann. Dass Informationen über meine Kontoaktivitäten bei der Schwerpunktstaatsanwaltschaft Rechtsextremismus vorhanden sind, berührt mich viel weniger, als wenn – auch bei reinem Gewissen – dieselben Daten dem Finanzamt als Steuerstrafverfolgungsbehörde vorliegen. Erstere wird nicht einmal auf die Idee kommen, sie anzusehen, letztere vielleicht schon. Das, obwohl beide Behörden strafverfolgend tätig, dem Legalitätsprinzip verpflichtet sind und Ermittlungsansätzen nachgehen und diese gegebenenfalls weiterleiten müssen. Eine andere Behörde kann auch bei gleichem Aufgabenkreis – weil sie weiter oben oder unten im Behördenaufbau verortet ist – völlig anders ausgestattet sein und sich für ganz andere Fragen interessieren. Schließlich kann eine Verschiebung institutioneller Kontexte auch neue Missbrauchsrisiken begründen: Datenweitergaben in den Regierungsbereich begründen andere Risiken eines Durchstechens von Informationen, als wenn eine Information irgendwo in der Fachabteilung des BKA verbleibt.[121] Ebenso findet sich auf lokaler Ebene und bei örtlich-persönlicher Verbundenheit sicherlich eher ein geschwätziges Mundwerk im Bürgermeisteramt, als wenn dieselbe Information auf Ebene eines in der entfernten Landeshauptstadt sitzenden Ministeriums schlummert. Aus diesen Gründen bringt jede Datenübermittlung eine **weitergabeimmanente Zweckänderung** mit sich, die eigener Rechtfertigung bedarf. 40

Nach dem **Doppeltürmodell** setzt sich dieser Eingriff aus zwei Seiten zusammen: aus einer weitergabeimmanenten Zweckänderung durch die übermittelnde und einer Erhebung seitens der empfangenden Stelle. Beide Befugnisnormen müssen ineinandergreifen und ihre Voraussetzungen erfüllt sein, um eine rechtmäßige Datenweitergabe zustande zu bringen. Übermittelt eine private Stelle freiwillig eine personenbezogene In- 41

117 Schenke/Graulich/Ruthig/Ruthig BKAG § 12 Rn. 14 f.

118 BVerfG Urt. v. 19.5.2020 – 1 BvR 2835/17 –, BVerfGE 154, 152 (267, Rn. 216).

119 Schenke/Graulich/Ruthig/Ruthig BKAG § 12 Rn. 15.

120 BVerfG Urt. v. 20.4.2016 – 1 BvR 966/09 ua –, BVerfGE 141, 220 (326 ff., Rn. 284 ff.); näher zur Übermittlung Poscher/Buchheim DVBl. 2015, 1273 (1275 f., 1278 ff.).

121 Poscher/Buchheim DVBl. 2015, 1273 (1279 f.); s. zum diesbezüglichen „Fall Edathy" auch BVerfG Beschl. v. 15.8.2014 – 2 BvR 969/14 –, NJW 2014, 3085.

formation an eine öffentliche Stelle, handelt es sich nur auf Empfängerseite um einen Grundrechtseingriff, da die Öffnung der Information durch die übermittelnde Stelle für eine staatliche Nutzung auf privater Freiheitsausübung beruht. Anderes gilt, wenn eine rechtliche Pflicht zur Auskunft besteht oder wenn Private zum Vorhalten der übermittelten Informationen verpflichtet waren.[122]

42 Obwohl Datenübermittlungen und Zweckänderungen eigenständig zu rechtfertigende Grundrechtseingriffe sind (→ Rn. 40), ist die Gestaltung von Übermittlungs- und Zweckänderungsermächtigungen eine **zentrale Stellschraube für das Eingriffsgewicht von Datenerhebungsmaßnahmen.**[123] Denn bestimmt sich das Eingriffsgewicht der Erhebung maßgeblich anhand der zu befürchtenden Nutzungen personenbezogener Informationen (→ Rn. 15 ff.), sind die Normen, die gemeinsam bestimmen, in welcher Weise Daten später genutzt, umgewidmet und übermittelt werden dürfen, in ihrer Gesamtheit zu betrachten. Restriktive Nutzungszwecke, Übermittlungs- und Zweckänderungsnormen können daher einem auch tiefgreifenden Eingriff im Wege der Erhebung viel von seiner grundrechtlichen Schärfe nehmen. Das erklärt, weshalb etwa die weitreichende Befugnisse des BND im Rahmen der Auslandfernmeldeaufklärung – eine hinreichende informatorische Trennung von operativ tätigen Behörden vorausgesetzt[124] – unter dem Grundgesetz hingenommen werden können.[125] Personenbezogene Informationen, die primär um der Informiertheit und Einschätzung der Gesamtlage willen erhoben und genutzt werden, bergen geringere Grundrechtsgefahren als solche die operativ tätige Sicherheitsbehörden zu operativen Zwecken erheben.

43 Für das BKA bedeutet dieser **holistische Blick auf Datenerhebungs-, Zweckänderungs- und Übermittlungsbefugnisse** allerdings keine Erleichterung, sondern eine Verschärfung der Erhebungsanforderungen. Die Zweckänderungs- (→ § 12 Rn. 23 ff.) und Übermittlungsvoraussetzungen (→ § 25 Rn. 15 ff.) verweisen zwar auf den Grundsatz der hypothetischen Datenneuerhebung. Dieser bildet jedoch das tatsächlich begrenzende Element der konkretisierten Gefahren- bzw. Verdachtslage nicht ab (→ Rn. 39). Gegenüber einer Umwidmung oder Übermittlung einmal beim BKA vorhandener Informationen bestehen daher nicht ansatzweise dieselben faktischen Hürden wie gegenüber der ursprünglichen Datenerhebung. Um erstmals an eine kritische Information zu einem geplanten Terroranschlag mittels einer der Befugnisse der §§ 45 ff. BKAG zu gelangen, muss das BKA sehr hohe formelle und materielle Voraussetzungen (ua Richtervorbehalt) erfüllen. Um diese Information später in ein strafrechtliches Ermittlungsverfahren einzubringen (= Zweckänderung!), muss es sich lediglich um eine von dem anwendbaren Katalog erfasste Straftat handeln. Der in § 12 BKAG geforderte konkrete Ermittlungsansatz dürfte – dank der Erkenntnisse aus der Erhebungsmaßnahme – in aller Regel bestehen. Informationen, die in den verschiedenen Aufgabenbereichen des BKA erhoben wurden, sind daher – da alle diese Aufgaben Bezug zu hochrangigen Rechtsgütern haben – zumeist innerhalb des BKA und zwischen den Polizeien und Strafverfolgungsbehörden des Bundes und der Länder recht „mobil" und ohne größere Hürden einsetzbar. Insofern überrascht es nicht, dass die zumeist von vornherein – mittelbar oder unmittelbar – auf strafverfolgende oder gefahrenabwehrende Zwecke gerichteten Datenerhebungen des BKA – anders als diejenigen der Nachrichtendienste – besonders hohen Rechtfertigungsanforderungen genügen müssen.

44 (7) **Eingriffsbegrenzung/Verhältnismäßigkeit: Speicherfristen und Löschungsregelungen.** Das **Eingriffsgewicht** einer Datenerhebung und der zugrundeliegenden Befugnisse wird darüber hinaus durch Vorgaben zu Kennzeichnung, Protokollierung, Speicherung, Prüffristen, Löschung, Mitteilungspflichten, Auskunftsrechten, Rechtsschutz und unabhängiger Kontrolle maßgeblich **bestimmt und begrenzt.**[126] Entsprechend folgen auch diese – mitunter sehr detaillierten verfassungsrechtlichen Kautelen – aus einer an Datenerhebungs- und Verarbeitungsermächtigungen anknüpfenden ganzheitlich ausgerichteten Verhältnismäßigkeitsprüfung.[127] Hierbei ist es wichtig, die **Konstitutionalisierung einfachrechtlicher Datenschutzdogmatiken** nicht zu weit zu treiben.

45 **2. Einfaches Datenschutzrecht und andere einfachgesetzliche Kontexte des BKAG.** Die Befugnisse des BKA zur Erhebung und Verarbeitung personenbezogener Daten stehen nicht nur im skizzierten datenschutz- bzw. sicherheitsverfassungsrechtlichen Zusammenhang, der seinerseits **vielfältige Anleihen an Strukturen und Entwicklungen des allgemeinen Datenschutzrechts** nimmt. Zugleich ist das BKAG als Regelung des

122 BVerfG Urt. v. 2.3.2010 – 1 BvR 256/08 ua –, BVerfGE 125, 260 (312 f.); Beschl. v. 24.1.2012 – 1 BvR 1299/05 –, BVerfGE 130, 151 (181 f.); Beschl. v. 27.5.2020 – 1 BvR 1873/13 ua –, BVerfGE 155, 119 (169, Rn. 99).

123 S. insbes. BVerfG Urt. v. 19.5.2020 – 1 BvR 2835/17 –, BVerfGE 154, 152 (267 ff., Rn. 217 ff.).

124 Zum informatorischen Trennungsprinzip zwischen Polizei und Nachrichtendiensten zuletzt BVerfG Beschl. v. 10.11.2020 – 1 BvR 3214/15 –, BVerfGE 156, 11 (50, Rn. 101); zuvor bereits BVerfG Urt. v. 24.4.2013 – 1 BvR 1215/07 –, BVerfGE 133, 277 (329, Rn. 123).

125 BVerfG Urt. v. 19.5.2020 – 1 BvR 2835/17 –, BVerfGE 154, 152 (241 ff., Rn. 145 ff.).

126 S. nur BVerfG Urt. v. 20.4.2016 – 1 BvR 966/09 ua –, BVerfGE 141, 220 (282 ff., Rn. 134 ff.); Urt. v. 19.5.2020 – 1 BvR 2835/17 –, BVerfGE 154, 152 (264 f., Rn. 208 ff.; 286 ff., Rn. 265 ff.), mwN.

127 BVerfG Urt. v. 20.4.2016 – 1 BvR 966/09 ua –, BVerfGE 141, 220 (267 ff., Rn. 98 ff.).

besonderen Datenschutzrechts auch ganz unmittelbar im Kontext der datenschutzrechtlichen Gesetze, Diskussionen und ihrer Entwicklung zu sehen.

46 Im Hintergrund des BKAG stehen zunächst Regelungen des europäischen Rechts, insbesondere die **DSRL-JI.** Diese folgt – wie die DS-GVO – bei aller Inspiration durch die deutsche Datenschutzbewegung eigenen Logiken, die auch die Strukturen des BKAG und des hinter diesem anwendbaren BDSG bestimmen. Zu diesen **Logiken des europäischen Datenschutzrechts**[128] gehören insbesondere die starke Rolle und Unabhängigkeit der Datenschutzbeauftragten, der Fokus auf datenschutzfreundlicher Technikgestaltung[129] und die Betonung der Betroffenenrechte als Durchsetzungsvehikel des Datenschutzes.[130] Diese Prägungen haben nicht ins BKAG Eingang gefunden, das stattdessen insoweit auf das BDSG verweist (vgl. §§ 84 f.).[131]

47 Weiteres Element einfachdatenschutzrechtlicher Dogmatik sind dessen allgemeine Grundsätze, wie sie bspw. in Art. 4 DSRL-JI aufgelistet sind. Ähnliche Grundsätze sind auch Teil des allgemeinen Datenschutzrechts des BDSG, etwa Datensparsamkeit,[132] der Grundsatz der Erhebung bei den Betroffenen,[133] Zweckbindung[134] und Transparenz.[135] Anders als im europäischen Datenschutzrecht sind diese allgemeinen Grundsätze allerdings nicht immer als solche normiert, sondern liegen als Orientierungen und Hintergrunderwägungen verschiedenen Regelungen des BKAG und des BDSG zugrunde.[136] In erster Linie maßgeblich sind daher die im BKAG in Anwendung und Übersetzung der allgemeinen datenschutzrechtlichen Grundsätze formulierten Voraussetzungen und Regeln für den sicherheitsbehördlichen Umgang mit personenbezogenen Daten. Ein Rückgriff auf die allgemeinen Grundsätze der Datenverarbeitung nach § 47 BDSG ist nicht ohne Weiteres möglich und kann Konkretisierungsentscheidungen des BKAG nicht einfach überspielen.[137]

48 Hinsichtlich der maßgeblichen **Begriffsverständnisse** – etwa der Erhebung, Speicherung usw – kann man hingegen in aller Regel auf die entsprechenden Normen und Legaldefinitionen des BDSG und deren Kommentierung zurückgreifen.

49 Gewisse **Spannungen** ergeben sich aus dem Umstand, dass das allgemeine Datenschutzrecht nicht der einzige einfachrechtliche Fundus ist, der die Logiken und Hintergründe des BKAG und seiner Informationsverarbeitungsbefugnisse bestimmt. Im Fall des BKAG ist vielmehr zumindest gleichberechtigt die **Prägung durch das Strafprozessrecht und das Polizei- und Ordnungsrecht zu berücksichtigen,** die die Voraussetzungen polizeilicher und strafverfolgender Datenverarbeitung traditionell zumindest in Ausschnitten regeln. Der Fokus dieser Regelungen liegt klassischer Weise auf hoheitlichen Datenerhebungen wie Beschlagnahme, Durchsuchung, Befragung usw. Sie sind daher besonders für die hier zu behandelnde Frage der Daten*erhebungs*befugnisse des BKA – weniger für die weitere Datenverarbeitung – relevant. Diese Überlagerung verschiedener einfachrechtlicher Rechtsgebiete und Dogmatiken im Bereich kriminalpolizeilicher Datenerhebung macht eine stimmige Handhabung und Herausarbeitung systematisch-dogmatischer Linien schwierig. Das gilt umso mehr, als die verfassungsrechtlichen Hintergründe des BKAG von den zwei Senaten des Bundesverfassungsgerichts mit recht unterschiedlichen Schwerpunkten mitgestaltet werden. Während das Sicherheitsverfassungsrecht ausgehend von der informationellen Selbstbestimmung vom Ersten Senat fortgeschrieben und stetig verdichtet wird,[138] wird die verfassungsmäßige Anwendung des Strafverfahrensrechts durch den Zweiten Senat kontrolliert, der gegenüber einer datenschutzverfassungsrechtlichen Umarbeitung strafprozessualer Funktionslogiken und Dogmatiken Zurückhaltung zeigt.

50 Die Vorstrukturierung des Datenschutzverfassungsrechts durch das allgemeine Datenschutzrecht macht es besonders **schwierig, einfachrechtliche Gehalte des Datenschutzrechts und datenschutzgrundrechtliche Anforderungen auseinander zu halten.** In der datenschutzrechtlichen Debatte ist insoweit seit jeher eine

128 Marsch, Das europäische Datenschutzgrundrecht, 2018, S. 306 ff.

129 Simitis/Hornung/Spiecker gen. Döhmann/Hansen, Datenschutzrecht, 2019, DS-GVO Art. 25 Rn. 1; Paal/Pauly/Martini DS-GVO/BDSG, 3. Aufl. 2021, DS-GVO Art. 25 Rn. 2, 3.

130 ErwG 11 DS-GVO.

131 BT-Drs. 18/11163, 129.

132 Simitis/Hornung/Spiecker gen. Döhmann/Roßnagel, Datenschutzrecht, 2019, DS-GVO Art. 5 Rn. 116; Paal/Pauly/Frenzel DS-GVO/BDSG, 3. Aufl. 2021, DS-GVO Art. 5 Rn. 34; Kühling/Klar/Sackmann, Datenschutzrecht, 5. Aufl. 2021, Rn. 354.

133 BeckOK-Datenschutzrecht/Wolff, Syst. A. Prinzipien des Datenschutzrechts, Rn. 80 (2022).

134 Simitis/Hornung/Spiecker gen. Döhmann/Roßnagel, Datenschutzrecht, 2019, DS-GVO Art. 5 Rn. 49; Paal/Pauly/Frenzel DS-GVO/BDSG, 3. Aufl. 2021, DS-GVO Art. 5 Rn. 23 ff.; Kühling/Buchner/Herbst DS-GVO/BDSG, 3. Aufl. 2020, DS-GVO Art. 5 Rn. 31; Kühling/Klar/Sackmann, Datenschutzrecht, 5. Aufl. 2021, Rn. 349.

135 Ehmann/Selmayr/Heberlein DS-GVO, 2. Aufl. 2018, Art. 5 Rn. 11; Simitis/Hornung/Spiecker gen. Döhmann/Roßnagel, Datenschutzrecht, 2019, DS-GVO Art. 5 Rn. 49.

136 Beispielhaft § 31 Nr. 1 BDSG; §§ 32 ff. BDSG; § 47 Nr. 3 BDSG; § 51 Abs. 4 S. 3 BDSG.

137 Zum allgemeinen Phänomen einer Überlagerung normativ gleichrangiger Regelungen unterschiedlicher Generalität Benrath Rechtstheorie 48 (2017), 123; Buchheim, Actio, Anspruch, subjektives Recht 2017, 88 ff.

138 Zur Kleinteiligkeit datenschutzverfassungsrechtlicher Impulse etwa Gärditz, Konturen eines allgemeinen Nachrichtendienstverfassungsrechts, VerfBlog, 2022/5/02.

Amalgamierung beider Rechtsschichten zu beobachten. Das hat zunächst historisch damit zu tun, dass das Volkszählungsurteil aus der datenschutzrechtlichen Debatte heraus geboren wurde und umfassend auf deren Begriffsarsenal Bezug nahm.[139] Weiterhin gliedern sich das Datenschutzverfassungsrecht und seine Einzeldogmatiken nach einfachrechtlichen Begrifflichkeiten. Das hat einen sachlichen Grund, weil informationelle Selbstbestimmung vornehmlich durch eine rechtliche Steuerung von Informationsverarbeitungsprozessen verwirklicht wird.[140] Es handelt sich also nicht um vorrechtliche Freiheit, sondern um ein besonders stark durch Gesetz erst entfaltetes Grundrecht. Das hat zur Folge, dass das einfache Recht in besonderer Weise die eigentlichen Garantiegehalte der informationellen Selbstbestimmung erst hervorbringt und zugleich einlöst. Verstärkt wird diese Tendenz durch die stetig zunehmende unionsrechtliche Bestimmung bzw. Überformung des Datenschutzrechts. Zum einen folgt auch das Unionsrecht einem Grundrechtsmodell, in dem primär- und sekundärrechtliche Garantiegehalte miteinander verschwimmen.[141] Das hat auch mit dem Einheitsmodell der Gerichtsbarkeit zu tun, das eine scharfe gegenseitige Abgrenzung primär- und sekundärrechtlicher Regelungsgehalte entbehrlich macht.[142] Zum andern hebt das Unionsrecht das allgemeine Datenschutzrecht aus der Perspektive der Mitgliedstaaten in quasiverfassungsrechtlichen Status. Eine Überschreibung mitgliedstaatlicher einfachgesetzlicher Maßgaben für Datenverarbeitungshandeln – wie des BKAG – durch allgemeine europäische Datenschutznormen (DSRL-JI; DS-GVO) ist damit vorprogrammiert. Es kann hier nicht darum gehen, in Konflikt zur unionsrechtlichen Überformung zu treten. Dennoch braucht es einen schärferen Blick auf die Unterscheidbarkeit einfachdatenschutzrechtlicher und grundrechtlicher Gehalte und auf den Eigenwert mitgliedstaatlicher, konkreter und auch typisierender Informationsverarbeitungsregeln. Wenn jede Gestaltungsentscheidung des besonderen Datenschutz- bzw. Verwaltungsverfahrensrechts im Einzelfall unter Rekurs auf allgemein-datenschutzrechtliche Strukturen überschrieben und weichgemacht werden kann, delegieren wir die Entscheidung datenschutzrechtlicher Konflikte im Ergebnis auf die Verwaltungs- bzw. Einzelfallebene und machen die Datenschutzbeauftragten zu (unabhängigen!) Informationssuperbehörden. Das ist undemokratisch. Jedenfalls im Anwendungsbereich der nicht unmittelbar geltenden DSRL-JI – also für das BKAG – besteht hierfür kein Grund.

51 **3. Grundsystematik des § 9 BKAG.** Die Regelung des § 9 BKAG fungiert als **Generalklausel für Datenerhebungen des BKA.** Mit dem Verweis auf die Aufgaben und die Erforderlichkeit zur Aufgabenerfüllung folgt die Norm der üblichen Struktur breit und flexibel anwendbarer Befugnisse zur Datenerhebung (vgl. § 3 BDSG). Im Anwendungsbereich spezifisch geregelter Formen der Datenerhebung (Kontodatenabgleich, § 9 Abs. 6; Bestandsdatenauskunft, § 10; Abfrage von Nutzungsdaten, § 10a; Aufzeichnung von Anrufen, § 11) wird die Generalklausel als *lex generalis* verdrängt. Ein Rückgriff auf sie ist dann gesperrt. Die Existenz dieser spezifischen Regelungen ist auch Ausfluss des Gebots bereichsspezifischer Verarbeitungsregelungen (→ Rn. 29), das insbesondere auf eine gesetzliche Typisierung besonders tiefgreifender Erhebungsmethoden drängt. Ihrerseits verdrängt die Generalklausel in ihrem Anwendungsbereich die allgemeineren Befugnisse des BDSG, die aber subsidiär anwendbar bleiben.[143]

52 Trotz ihrer Funktion als Generalklausel der Datenerhebung enthält die Norm **verschiedene Spezifizierungen:**

53 Erstens greift § 9 BKAG – gemeinsam mit §§ 12 ff. (Weiterverarbeitung), §§ 25 ff. (Übermittlung) und §§ 70 ff. BKAG (Aufsicht und Kontrolle) – die **datenschutzrechtliche Strukturierung einheitlicher Informationsverarbeitungsprozesse** in verschiedene Verarbeitungsschritte und Begrenzungselemente auf. Die Generalklausel ermächtigt nicht einheitlich zur Informationsverarbeitung im Rahmen der Aufgaben, sondern betrifft nur deren ersten Schritt, die Datenerhebung, also die ursprüngliche gezielte Kenntniserlangung personenbezogener Informationen.[144]

54 Zweitens vollzieht § 9 BKAG vor dem Hintergrund des verfassungsrechtlichen Gebots bereichsspezifischer Regelung eine Differenzierung nach den Aufgabengebieten des BKA: Für die **Zentralstellenaufgaben** besteht eine **Generalermächtigung zum Einholen von Auskünften** von öffentlichen und nichtöffentlichen Stellen. Datenerhebungen im Rahmen **konkret strafverfolgender Tätigkeit** (§ 4 BKAG) sind von der Regelung **nicht erfasst.** Sie richten sich nach den Vorschriften der StPO (→ § 4 Rn. 8). Datenerhebungen im Rahmen der §§ 6–8 BKAG (Schutz von Verfassungsorganen; Zeugenschutz; behördlicher Eigenschutz) sind **allgemein im**

139 Simitis/Hornung/Spiecker gen. Döhmann/Simitis/Hornung/Spiecker gen. Döhmann, Datenschutzrecht, 2019, Einl. Rn. 28–48; Ulmer-Eilfort/Obergfell/Herbort, Verlagsrecht, 2. Aufl. 2021, I. Persönlichkeitsrechtsschutz, Haftungsfragen und Datenschutzrecht, Rn. 1057, 1058.

140 Masing in Hoffmann-Riem (Hrsg.), Offene Rechtswissenschaft, 2010, S. 467 (475).

141 Jestaedt VVDStRL 64 (2005), 298 (323 f.); Schönberger EuR 2003, 600 (623 ff.); aA Callies/Ruffert/Ruffert, EUV/AEUV, 6. Aufl. 2022, Art. 288 Rn. 9 f.; spezifisch für das Datenschutzrecht Marsch, Das europäische Datenschutzgrundrecht, 2018, S. 59 ff.

142 Vgl. von Mangoldt/Klein/Starck/Voßkuhle GG III Art. 93 Rn. 14.

143 Näher Kühling/Buchner/Klar DS-GVO/BDSG, 3. Aufl. 2020, BDSG § 1 Rn. 14 ff.

144 Simitis/Hornung/Spiecker gen. Döhmann/Roßnagel, Datenschutzrecht, 2019, DS-GVO Art. 4 Nr. 2 Rn. 15.

Rahmen der jeweiligen Aufgabe gestattet. Datenerhebungen im Rahmen der besonders eingriffsintensiven Aufgabe der **Bekämpfung des internationalen Terrorismus** (→ § 5 Rn. 14 ff.) sind von der Regelung ausgenommen und **in den §§ 39 ff. BKAG gesondert geregelt**. Damit wird die Absicht eines möglichst einheitlichen und übersichtlichen Datenerhebungs- und Verarbeitungsregimes[145] etwas zurückgenommen. Bestimmt man die Eingriffstiefe und gebotene Regelungsdichte von Datenverarbeitungsermächtigungen allerdings mit Blick auf die jeweils damit verbundenen Grundrechtsgefährdungen,[146] ist eine solche gesonderte Regelung angesichts der weitreichenden und tiefgreifenden operativen Befugnisse des BKA in diesem Bereich jedoch nicht zu vermeiden.

Die Spezifizierung der Datenerhebungsregelungen nach den verschiedenen Aufgaben des BKA wird durch Abs. 4 und 5, die die **Datenübermittlung an das BKA** regeln, nicht aufgegriffen. Danach besteht aufgabenübergreifend eine Befugnis und unter zusätzlichen Voraussetzungen eine Pflicht aller staatlichen Behörden des Bundes und der Länder zu Datenübermittlungen an das BKA (→ Rn. 86 ff.). 55

4. Erforderlichkeit zur Aufgabenerfüllung. Die Regelung der Datenerhebungsbefugnisse knüpft an die jeweiligen Aufgaben des BKA an und münzt diese in näher ausgestaltete Befugnisse um. Zentrale Anforderung aller personenbezogenen Datenverarbeitungstatbestände des BKAG ist die Erforderlichkeit zur Erfüllung der gesetzlichen Aufgaben (→ § 2 Rn. 11) des BKA. Erforderlichkeit meint **mehr als „dienlich" oder „nützlich"**,[147] sondern ist iSd Verhältnismäßigkeitsgrundsatzes zu verstehen.[148] Allerdings können Aufgaben des BKA oft nicht nur „ganz oder gar nicht", sondern auch „besser oder schlechter" erfüllt werden, so dass eine leichtere, sicherere oder wirksamere Aufgabenerledigung als Grund für die Annahme einer Erforderlichkeit grundsätzlich genügt.[149] Da zusätzliche Informationen, auch wenn sie letztlich nicht unmittelbar relevant werden, idR behördliches Handeln zielgenauer machen, ist mit der „Erforderlichkeit" daher keine hohe Hürde verbunden. Die Erforderlichkeit **einer informatorischen Maßnahme ist eben nicht so geradlinig feststellbar und eindimensional** wie bei anderen Maßnahmen. Insbesondere ergibt sich ein fundamentaler Unterschied je nachdem, um welche Form der Datenverarbeitung es sich handelt. Die Erforderlichkeit von Daten*erhebungen* muss immer *ex ante*, also ohne Kenntnis des informatorischen Gehalts des zu erhebenden Datums beurteilt werden. Die Erforderlichkeit der Nutzung vorhandener Daten, deren informatorischer Gehalt bereits der handelnden Stelle zugänglich ist – etwa bei Entscheidung über eine Zweckänderung – muss diesen informatorischen Gehalt einbeziehen. Die *ex ante*-Perspektive wirkt dabei in beide Richtungen: Weder kann der Umstand einer nachträglich festgestellten Aufgabendienlichkeit einer Datenverarbeitung die Erforderlichkeit der Verarbeitung begründen („Oh, war ja doch sinnvoll, was wir da gemacht haben!") noch deren Nutzlosigkeit sie widerlegen („Jetzt sind wir so schlau wie zuvor."). Hieraus ergibt sich ein **prozeduraler Blick auf die Erforderlichkeitsfrage iS eines genügenden aufgabenbezogenen Anlasses** für eine Verarbeitung personenbezogener Daten. 56

Über die dergestalt verstandene Erforderlichkeit hinaus kodifiziert der Begriff – wie in vielen Polizeigesetzen – allgemein das **Erfordernis der Verhältnismäßigkeit**[150] **auf einfachrechtlicher Ebene**. Dieses hat – neben den zweckrationalen Elementen der Eignung und Erforderlichkeit[151] – auch eine normative Komponente (auf Ebene der Angemessenheit). Es ist also vorstellbar, dass trotz Erforderlichkeit zur Aufgabenerfüllung eine Erhebung bestimmter Informationen im Einzelfall aus wertenden Gesichtspunkten heraus ausscheidet, etwa wenn eine private Auskunftgeberin höchst relevante Informationen durch Drohung mit Misshandlung erlangt hat und dies dem BKA bekannt ist. 57

B. Kommentierung im Einzelnen

I. Datenerhebung im Rahmen der Zentralstellenaufgabe (Abs. 1)

Abs. 1 ermächtigt das BKA allgemein zur **Anfrage und Entgegennahme personenbezogener Informationen** im Rahmen der Zentralstellenaufgabe. Es handelt sich nach datenschutzrechtlicher Systematik um die zweite Doppeltürhälfte einer Informationsweitergabe an das BKA, also um die Befugnis zur Entgegennahme personenbezogener Informationen. 58

145 S. BT-Drs. 18/11163, 90.
146 Zu diesem Ansatz → Rn. 15 ff.; Poscher in Miller (Hrsg.), Privacy and Power: A Transatlantic Dialogue in the Shadow, 2017, S. 129 ff.
147 Insoweit wie in Art. 6 DS-GVO, s. Simitis/Hornung/Spiecker gen. Döhmann/Schantz, Datenschutzrecht, 2019, DS-GVO Art. 6 Rn. 32.
148 Schenke/Graulich/Ruthig/Graulich BKAG § 9 Rn. 53.
149 Ausnahmen bei besonders textlich markierten Anforderungen, zB § 39 Abs. 2 BKAG (wenn sonst Aufgabenerfüllung vereitelt).
150 Kingreen/Poscher, POR, § 10 Rn. 15 f.; näher zu den Elementen des Grundsatzes Reimer in Jestaedt/Lepsius (Hrsg.), Verhältnismäßigkeit, 2015, S. 60 (63 ff.).
151 Reimer in Jestaedt/Lepsius (Hrsg.), Verhältnismäßigkeit, 2015, S. 60 (66 f.).

59 Die Vorschrift **geht auf § 7 Abs. 2 BKAG aF zurück.** Dieser fungierte bis zur Neuordnung 2017 nicht als Generalklausel. Stattdessen flankierte er die Datenverarbeitungsgeneralklausel im Rahmen der Zentralstellenaufgabe (§ 7 Abs. 1 BKAG aF) mit einer Befugnis zu ergänzenden Informationsersuchen bei öffentlichen oder nichtöffentlichen in- oder ausländischen Stellen.[152] Die allgemeine Erhebungs- und Verarbeitungsermächtigung des § 7 Abs. 1 BKAG aF ist im Rahmen der Neuordnung allerdings weggefallen. Abs. 1 kommt damit **eine Funktion zu, auf die die Norm nicht zugeschnitten** ist. So besteht bspw. nach der Norm keine Befugnis zur ergänzenden Datenerhebung im Wege einer schlichten Internetrecherche (zu den Folgen → Rn. 69).

60 Für das Verständnis und die Handhabung der Befugnisse des BKA im Rahmen der Zentralstellenfunktion ist deren **Charakter als Querschnittsaufgabe** im Blick zu behalten. Anders als die einzelnen Sachaufgaben des BKA (§§ 4–8 BKAG) überspannt die Zentralstellenfunktion diese Sachaufgaben in dem Sinn, dass das BKA mit Blick auf die einzelnen Sachaufgaben (aber nicht nur mit Blick auf sie) auch als Zentralstelle handeln kann (→ § 2 Rn. 1 ff.).[153] Das wirft die Frage auf, ab welchem Punkt der Aufgabenerfüllung welche der Befugnisse (Zentralstellenbefugnisse oder Sachaufgabenbefugnisse, insbes. StPO und §§ 38 ff. bzw. §§ 63 f. BKAG) Anwendung finden. Am ehesten lässt sich diese Frage danach lösen, ob ein konkreter Verfahrensbezug besteht. Solange dies nicht der Fall ist, das BKA etwa nur allgemein ohne Bezug zu einem konkreten Sicherungsanlass mit Blick auf seine Personenschutzaufgabe Informationen erhebt und auswertet, sind Zentralstellenbefugnisse maßgeblich. Sobald das BKA mit Blick auf einen bestimmten Anlass Informationen – etwa im Rahmen der präventiven Terrorismusabwehr – erhebt, finden die dortigen Befugnisse und Grenzen Anwendung. Besteht überhaupt keine eigene Sachkompetenz des BKA, zB wenn eine eigene Strafverfolgung angesichts der zu verfolgenden Straftat nicht infrage kommt, kommen für das BKA ohnehin nur Zentralstellenbefugnisse in Betracht. Ist bereits ein Strafverfahren anhängig, handelt das BKA hierbei **im Einvernehmen mit der jeweiligen Strafverfolgungsbehörde (Abs. 1 S. 2).**

61 **1. Ermächtigungsadressat.** Ermächtigungsadressat ist **das BKA,** soweit es **im Rahmen seiner Zentralstellenaufgabe** handelt. Die korrespondierende Ermächtigung zur Übermittlung an das BKA liegt in Abs. 5 bzw. in den primär anwendbaren speziellen Übermittlungsermächtigungen (→ Rn. 63 f.).

62 **2. Ermächtigungsgegenstand: Entgegennahme personenbezogener Daten.** Gegenstand der Ermächtigung ist die **Entgegennahme personenbezogener Daten** durch das BKA, die als Eingriff in die informationelle Selbstbestimmung (→ Rn. 13) einer Ermächtigungsgrundlage bedarf.[154] Eine Ermächtigung zur Erhebung nicht personenbezogener Informationen ist grundrechtlich nicht erforderlich, so dass sich die Zulässigkeit nichtpersonenbezogener Erhebungsmaßnahmen nach Bestehen und Reichweite einer entsprechenden Aufgabe (→ § 2 Rn. 11) richtet.

63 **3. Eingriffsmodalität: mittels Anfragen und Auskünften.** Abs. 1 ermächtigt nicht allgemein zur Erhebung personenbezogener Daten im Rahmen der Zentralstellenaufgabe, sondern nur zu Erhebungen mittels Anfragen und Auskunftsersuchen[155] bei anderen Stellen. Es handelt sich damit um eine **Befugnis zur sekundären Informationserhebung,** also zur Abfrage und Entgegennahme bereits an anderer Stelle generierter Informationen. Die erstmalige Generierung personenbezogener Informationen durch das BKA (durch Beobachten eines öffentlich wahrnehmbaren Sachverhalts, durch Sondieren eines Orts von Interesse, durch Einsatz einer Internetsuchmaschine) ist von der Ermächtigung nicht erfasst. Insofern besteht eine – offenbar vom Gesetzgeber übersehene[156] – erhebliche Lücke im Vergleich zum Rechtszustand vor Neuordnung des BKA.[157]

64 Diese **Lücke ist nicht leicht zu schließen.** Eine erweiternde Auslegung erscheint in Anbetracht des Wortlauts und des expliziten Verweises auf § 7 Abs. 2 BKAG aF angesichts der danach bestehenden Praxis ausgeschlossen. Ein Rückgriff auf die speziellen Vorschriften zur Zentralstellenaufgabe gibt nichts her. Wenn das BKA als Zentralstelle im Rahmen einer eigenen Sachaufgabe (§§ 4–8 BKAG) handelt, mag ein Rückgriff auf die dortigen Erhebungsgeneralklauseln (Abs. 2; § 39) infrage kommen. Dies erfasst allerdings nicht annähernd alle Konstellationen der Erfüllung von Zentralstellenaufgaben. Ein Rückgriff auf die allgemeine Datenverarbeitungsbefugnis des BDSG gem. § 3 BDSG kommt eher nicht infrage. Zwar ist diese Vorschrift mangels Anwendbarkeit der DS-GVO (Art. 2 Abs. 2 lit. d) nach § 1 Abs. 1, 2 und 5 BDSG subsidiär anwendbar, soweit nicht der betreffende Fragenkreis durch speziellere Regelungen abschließend geregelt ist.

152 BT-Drs. 18/11163, 90.

153 Nach wie vor hilfreich zum Verständnis der Zentralstellenfunktion Ahlf/Daub/Lersch/Störzer/Ahlf BKAG § 2 Rn. 4 ff., 10 ff.

154 S. auch Ahlf/Daub/Lersch/Störzer/Ahlf BKAG § 7 Rn. 7.

155 Sprachlich eigenwillig ist die Rede von Erhebung „mittels Auskünften“. Das Mittel des BKA ist das Ersuchen, nicht die Auskunft. Die Vorgängerfassung sprach noch zutreffend von „Ersuchen um Auskünfte“.

156 Vgl. BT-Drs. 18/11163, 91, die nur § 7 Abs. 2 BKAG aF, nicht aber die Datenerhebungsgeneralklausel nach altem Recht erwähnt.

157 Zu diesem Rechtzustand und ebenfalls mit einer Differenzierung primärer und sekundärer Informationserhebungsmaßnahmen Ahlf/Daub/Lersch/Störzer/Ahlf BKAG § 2 Rn. 33, § 7 Rn. 2–6, 9–13.

In Gestalt der Novelle aus 2017 ist jedoch ein gesetzgeberischer Wille zur abschließenden und differenzierten Regelung klar erkennbar.[158] Anders als hinsichtlich der Betroffenenrechte und der Datenschutzaufsicht findet sich auch kein Verweis auf allgemeine Befugnisse des BDSG. Ohnehin wäre höchst unklar, ob die allgemeine Datenverarbeitungsermächtigung nach § 3 BDSG in dieser Pauschalität den Anforderungen bereichsspezifischer Regelung sicherheitsbehördlicher Datenverarbeitung genügen würde.[159]

Einem Verweis auf § 3 BDSG ist eine **Analogie zur Erhebungsgeneralklausel des § 9 Abs. 2 BKAG** vorzuziehen. Die Regelungslücke – das Fehlen einer Generalermächtigung zu primärer Informationserhebung – ist **erkennbar planwidrig**. Die Gesetzesmaterialien thematisieren den Wegfall der zuvor vorhandenen allgemeinen Datenerhebungsermächtigung für Zentralstellenzwecke nicht, obwohl das Gesetz den Anspruch stellt, nur neu zu ordnen, zu systematisieren und Anforderungen des Bundesverfassungsgerichts zu anderen Themenkreisen umzusetzen. Dass man kommentarlos eine Generalklausel für primäre Informationserhebungen für einen ganzen Aufgabenbereich streichen wollte, erscheint fernliegend. Ein Bedarf nach Möglichkeiten nicht eingriffsintensiver eigener Informationsgewinnung besteht wie in den anderen Aufgabenkreisen des BKA. Maßnahmen im Rahmen der koordinierenden, im Vorfeld konkreter Strafverfolgungs- oder Gefahrenabwehrmaßnahmen liegenden[160] Zentralstellenaufgabe sind auch nicht derart eingriffsintensiv, dass eine primäre Informationsgewinnung hier per se ausscheiden müsste. Vielmehr kann es im Rahmen der Zentralstellenaufgabe mitunter schonender sein, personenbezogene Informationen neu beim BKA zu generieren und sie nicht bei Dritten anzufragen.[161] Das bestätigt der Blick auf die bei typisierter Betrachtung wesentlich eingriffsintensivere Aufgabe der Terrorismusabwehr, für die eine die primäre Informationserhebung einschließende Erhebungsgeneralkausel existiert (§ 39 BKAG). Im Vergleich zu einem Rückgriff auf § 3 BDSG ist die Analogie zu § 9 Abs. 2 BKAG sachhaltiger (spezifischere Voraussetzungen) und der zu regelnden Frage erheblich näher. Eine Analogie scheitert auch nicht an allgemeinen verfassungsrechtlichen Grundsätzen. Ein **verwaltungsrechtliches Analogieverbot** gilt – trotz des Grundsatzes der Normenklarheit – auch im Bereich datenschutzrechtlicher Eingriffsermächtigungen **nicht**.[162] Im Gegenteil kann eine durch Rechtsprechung und Praxis konturierte analoge Anwendung spezifischer Vorgaben (hier: § 9 Abs. 2 BKAG) eine wesentlich höhere Steuerungskraft entfalten als ein Rückgriff auf allgemeine Generalermächtigungen wie § 3 BDSG. Soweit man dieser Analogie folgt, sind selbstverständlich **die weiteren Voraussetzungen und Bindungen des Abs. 2** bei primären Informationserhebungsmaßnahmen zu beachten. Zusätzlich wird man einen **grundsätzlichen Vorrang sekundärer Informationsgenerierung** iRd Zentralstellenaufgabe annehmen müssen. 65

Inhalt und Form der nach Abs. 1 erhobenen personenbezogenen Informationen sind **nicht näher bestimmt**. 66
Grundsätzlich kann das BKA jede aufgabenerforderliche Information anfragen und entgegennehmen.

4. Eingriffsvoraussetzungen. Zentrale Anforderung ist die **Erforderlichkeit** zur Erfüllung (→ Rn. 56 f.) von 67
Zentralstellenaufgaben.

Angesichts der Weite der Zentralstellenaufgabe folgt aus der Generalermächtigung zur Datenerhebung mit- 68
tels Anfragen und Auskunftsersuchen eine **weite und in ihren Voraussetzungen recht inhaltsarme Ermächtigung**.[163] Insbesondere besteht keine gesetzliche Bindung der Erhebung an die Voraussetzungen, unter denen die beauskunfteten Informationen erhoben werden durften. Ein Problem mit Blick auf den Grundsatz der hypothetischen Datenneuerhebung ist das allerdings nicht.[164] Denn die andere Seite des Übermittlungsvorgangs – die Öffnung der Information zur Bereitstellung an das BKA – unterliegt bereits dieser Anforderung.[165] Steht auf der anderen Seite des Übermittlungsvorgangs eine private Stelle, braucht es – soweit keine Speicher- oder Übermittlungspflicht besteht[166] – hierfür keine Eingriffsermächtigung. Auch private (inländische) Stellen dürften aber zumeist der allgemeinen datenschutzrechtlichen Zweckbindung (vgl. Art. 5 Abs. 1 lit. b DS-GVO) unterfallen, so dass auch hier keine rechtlich ungebundene Übermittlung möglich ist. Hat die private Stelle personenbezogene Informationen in rechtswidriger Weise erlangt – etwa unter Verletzung der Vertraulichkeit des gesprochenen Worts – ist dies bei der Entscheidung über die Entgegennahme

158 BT-Drs. 18/11163, 90: „systematisiert die […] allgem. Vorschriften zur Datenerhebung"; gesonderte Regelung der Weiterverarbeitung in § 12 ff. BKAG
159 Zweifelnd Kühling/Buchner/Petri DS-GVO/BDSG, 3. Aufl. 2020, BDSG § 3 Rn. 2.
160 Allgemein zur Zentralstellenaufgabe → § 2 Rn. 1 ff. sowie Schenke/Graulich/Ruthig/Graulich BKAG § 2 Rn. 30 ff.
161 Ebenso für die Zulässigkeit eigener „Büroermittlungen" zu Zentralstellenzwecken nach altem Recht etwa Ahlf/Daub/Lersch/Störzer/Ahlf BKAG § 2 Rn. 33, § 7 Rn. 6 (Bsp. Internetrecherche).
162 Eine Analogieverbot ergibt sich insbes. nicht aus dem grundrechtlichen Vorbehalt des Gesetzes s. Lassahn Rechtsprechung und Parlamentsgesetz, 2017, S. 255.
163 Kritisch Bäcker, Kriminalpräventionsrecht, 2015, S. 23.
164 Anders wohl Schenke/Graulich/Ruthig/Graulich BKAG § 9 Rn. 29.
165 Zum Problem der fehlenden einfachrechtlichen Kodifizierung → Rn. 90 ff.
166 S. insoweit BVerfG Urt. v. 2.3.2010 – 1 BvR 256/08 ua –, BVerfGE 125, 260 (310 f.) und BVerfG Beschl. v. 24.1.2012 – 1 BvR 1299/05 –, BVerfGE 130, 151 (184).

der Information zu berücksichtigen, ohne dass sich daraus regelmäßig ein Erhebungs- bzw. Verwertungsverbot für das BKA ergäbe.[167]

69 Zusätzlich zur Erforderlichkeit für Zentralstellenaufgaben muss die Datenerhebung im Rahmen der Zentralstellenaufgabe der Ergänzung bereits vorhandener Informationen oder sonstigen Zwecken der Auswertung dienen. Damit wird gesichert, dass das BKA im Rahmen seiner Zentralstellenaufgabe **keine gänzlich eigene Initiative übernimmt,** stattdessen Koordinator bleibt und nicht ohne Blick auf konkrete Anlässe (jenseits des polizeilichen Informationssystems) einen personenbezogenen Datenbestand aufbaut. Anknüpfungspunkt des Zentralstellenhandelns sind immer anderweitig zugelieferte Informationen, die nur vom BKA ergänzt und zu Auswertungszwecken mit weiteren Informationen angereichert und vervollständigt werden dürfen. Das schließt eine primäre Informationsgenerierung zu Zentralstellenzwecken nicht schlechthin aus (etwa eine ergänzende Internetrecherche zu einer Person), bindet aber jede Informationserhebung im Rahmen der Zentralstellenfunktion an bestimmte – von anderer Seite gelieferte – Informationen und Anlässe.

70 Nicht unproblematisch ist, dass der in § 9 Abs. 2 S. 2 BKAG geltende **datenschutzrechtliche Grundsatz der offenen Datenerhebung bei den Betroffenen** für Datenerhebungen im Rahmen der Zentralstellenfunktion keine Anwendung findet. Das gesetzliche Leitbild ist hier gerade die Anfrage bei anderen Stellen ohne Einbeziehung der Betroffenen. Datenschutzrechtlich ist es untypisch und nachteilhaft, dass Betroffene dadurch über für sie relevante und potenziell in eingriffstiefe Maßnahmen mündende Informationsflüsse an das BKA nicht in Kenntnis sind, weil sie dann keinen Rechtsschutz suchen können.[168] Da Übermittlungen in aller Regel nicht mitzuteilen sind, handelt es sich letztlich **um heimliche Informationserhebungsmaßnahmen.** Der in den Gesetzesmaterialien angeführte Umstand, dass die meisten der an das BKA weitergegebenen Daten zu irgendeinem Zeitpunkt einmal (offen) bei den Betroffenen erhoben wurden,[169] kann den Unterschied zum Folgeabsatz nicht rechtfertigen, sondern offenbart ein datenschutzrechtliches Fehlverständnis. Es hilft den durch Datenschutz gesicherten Autonomie- und Gleichheitsinteressen wenig, dass Betroffene wissen, dass irgendwann einmal eine bestimmte sie betreffende Information über sie erhoben wurde. Denn es ist für die eigene Grundrechtsentfaltung etwas fundamental anderes, ob das Einwohnermeldeamt, das Studentenwerk oder das BKA über bestimmte personenbezogene Informationen verfügen. Die informationelle Selbstbestimmung gegenüber dem Staat geht daher dahin, zumindest ungefähr über die die eigene Person betreffenden Informationsflüsse in Kenntnis zu sein und auf sie Einfluss nehmen zu können.[170] Zwar geben Gesetze darüber Aufschluss, mit welchen Datenübermittlungsmöglichkeiten öffentlicher Stellen Bürgerinnen grundsätzlich rechnen müssen. Diese abstrakte Möglichkeit verschafft den Betroffenen allerdings nicht ansatzweise dasselbe Wissen und dieselben Einflussmöglichkeiten, wie sie eine offene Erhebung bei ihnen selbst eröffnen würde. Das Argument des Entwurfs greift auch deshalb nicht durch, weil bei Anfragen bei privaten Stellen keineswegs sichergestellt ist, dass die ursprüngliche Informationsgewinnung und die Übermittlung an das BKA bestimmten rechtlichen Maßgaben folgen musste. Vielmehr unterliegen Private oftmals nicht den Bindungen der DS-GVO (vgl. Art. 2 Abs. 2 lit. c DS-GVO). Personenbezogene Informationsverarbeitung ist in diesen Fällen – aus guten grundrechtlichen Gründen[171] – rechtlich ungeregelt und rechtfertigungsfrei. Über die Informationen, die das BKA im Rahmen seiner Zentralstellenaufgabe bei Privaten abschöpfen kann, bestehen daher – mangels Grundsatzes der Erhebung bei den Betroffenen – wenig rechtlich abgesicherter Überblick und Einflussmöglichkeit. Anders als bei hoch standardisierten, alltäglichen Informationsflüssen (zB Abfrage im polizeilichen Informationssystem) wäre auch der mit einer Informationserhebung im Einzelfall bei den Betroffenen verbundene Aufwand nicht prohibitiv. Zumindest bei nicht standardmäßigen Informationsanfragen spricht daher datenschutzrechtlich vieles für eine **Übertragung des grundsätzlichen Vorrangs der Erhebung bei den Betroffenen auf Zentralstellenhandeln.**

71 Fraglich ist allerdings, ob es sich beim Vorrang der Erhebung bei den Betroffenen um einen verfassungskräftigen Grundsatz handelt. Denn das BKAG hat sich hier ausdrücklich – im Interesse erleichterter Aufgabenerledigung – für einen Verzicht auf diesen Grundsatz entschieden.[172] Zudem kann man die Vorschrift als gesetzliche Typisierung dahin gehend verstehen, dass die verlässliche und möglichst störungsfreie Erfüllung der Zentralstellenaufgabe regelmäßig durch eine Erhebung bei Dritten, insbesondere öffentlichen Stellen, entscheidend gefördert wird und insofern zur Aufgabenerfüllung unentbehrlich ist. So dürfte häufig insbesondere das Interesse an einer Verlässlichkeit der zu erhebenden Information für eine Anfrage bei für

167 S. zu Grundsätzen von Verwertungsverboten Schoch/Schneider/Schneider, VerwR, VwVfG § 24 (2020) Rn. 93 ff.; s. auch Schenke, POR, Rn. 283; Schenke/Graulich/Ruthig/Graulich BKAG § 9 Rn. 17.

168 Allg. zum Grundsatz der Datenerhebung bei den Betroffenen BeckOK-Datenschutzrecht/Schantz DS-GVO Art. 5 Rn. 9 (2022).

169 So BT-Drs. 18/11163, 91.

170 BVerfG Beschl. v. 27.11.2019 – 1 BvR 16/13 –, BVerfGE 152, 152 (188 f., Rn. 84 f.); Masing NJW 2012, 2305 (2306 f.).

171 BVerfG Beschl. v. 27.11.2019 – 1 BvR 16/13 –, BVerfGE 152, 152 (190 f., Rn. 86 ff.); Masing NJW 2012, 2305 (2307).

172 BT-Drs. 18/11163, 91.

vertrauenswürdig gehaltenen Stellen (zB Meldeamt; Arbeitgeberin) sprechen. Insoweit wird das BKA auch davon entlastet, von den Betroffenen selbst bereitgestellte Informationen anschließend auf deren Richtigkeit zu prüfen. Eine solche erhebliche Vereinfachung von Verwaltungsabläufen kann einen validen Grund abgeben, um von datenschutzrechtlichen Idealforderungen abzugehen. In Anbetracht gesetzgeberischer Typisierungsbefugnis ist der Verzicht auf den **Grundsatz der Erhebung bei den Betroffenen** daher in § 9 Abs. 1 BKAG in Ansehung der informationellen Selbstbestimmung gerechtfertigt, der Grundsatz also **nicht verfassungskräftig**. Auch im Bereich des Datenschutzes bleibt die Verfassung Rahmenordnung[173] nicht Feinsteuerung.

5. Übermittelnde Stellen. Stellen, bei denen das BKA nach Abs. 1 personenbezogene Daten erheben darf, 72 sind zunächst **alle inländischen öffentlichen oder nichtöffentlichen Stellen** (Abs. 1 S. 1 Nr. 1). Erhebungen bei diesen Stellen unterliegen keinen näheren Voraussetzungen auf Seiten des BKA. Auf Seiten der übermittelnden öffentlichen Stellen unterliegen sie dem Abs. 4 bzw. den stattdessen maßgeblichen Übermittlungsnormen. Private Stellen unterliegen hierbei den Voraussetzungen des auf sie anwendbaren privaten Datenschutzrechts, insbesondere den Art. 5 f. DS-GVO. Das führt zu dem sonderbaren Ergebnis, dass eine Erhebung bei privaten Stellen auf Datengeberseite dem Zweckbindungsgrundsatz (Art. 5 Abs. 1 lit. b DS-GVO) genügen muss, Übermittlungen durch öffentliche Stellen hingegen nach dem Gesetzeswortlaut nicht, weil die einschlägige Übermittlungsbefugnis (§ 9 Abs. 4 BKAG) auf die Zweckbindung keine Rücksicht nimmt (dazu unten → Rn. 90). Ein erheblicher Unterschied besteht allerdings insofern, als sich die Nichterfüllung der für Private geltenden Datenweitergabevoraussetzungen in aller Regel nicht auf die Rechtmäßigkeit des gesamten Datenübermittlungsvorgangs an die Behörde auswirkt. Demgegenüber führt das Doppeltürmodell bei einer beidseitig hoheitlichen Datenverarbeitung gerade zu dieser Folge.

Erhebungen bei polizeilich oder strafverfolgend tätigen Stellen im europäischen oder außereuropäischen 73 Ausland oder bei entsprechenden zwischen- und überstaatlichen Stellen (zB Europol, Interpol) unterliegen denselben Voraussetzungen wie solche bei innerstaatlichen Stellen (Abs. 1 S. 1 Nr. 2).

Hintergrund dieser großzügigen Regelung scheint zu sein, dass der entsprechende Datenverkehr häufig 74 spezifisch geregelt ist, so dass bereits dadurch gewisse Standards sichergestellt sind, etwa im europäischen Raum durch die DSRL-JI. Während man im EU-Ausland von einer Geltung vergleichbarer Menschenrechts- und Datenschutzstandards ausgehen kann und muss,[174] ist die **uneingeschränkte Befugnis zur Datenerhebung bei allen ausländischen Stellen mit polizeilicher oder strafverfolgender Funktion nicht zu rechtfertigen.** Auf Seiten der übermittelnden Stellen sind hier keinerlei datenschutzgrundrechtliche oder auch nur elementare rechtstaatliche Standards sichergestellt. Die Vorschrift ermächtigt damit auch zur Erhebung bei polizeilichen und strafverfolgenden Stellen der Volksrepublik China, Nordkoreas, Irans oder der Arabischen Emirate. Überträgt man die Anforderungen der Entscheidungen des Bundesverfassungsgerichts zu Auslandsübermittlungen[175] und zur BND-Auslandüberwachung[176] auf die Konstellation einer Anfrage von Informationen im Ausland, wird man zumindest eine Form der Rechtsstaatlichkeitsvergewisserung fordern müssen. Zwar ist es etwas anderes, selbst durch Übermittlungen in das Ausland die informatorischen Grundlagen für drohende spätere Menschenrechtsverletzungen zu liefern als Informationen nur entgegen zu nehmen, die unter Verletzung von Menschenrechten erlangt wurden. Allerdings kann der deutsche Staat auch durch Letzteres seine Missachtung der – auch zugunsten von Ausländerinnen im Ausland geltenden[177] – Grundrechte zum Ausdruck bringen. Jedenfalls **bei Kenntnis um eine grob menschenrechtswidrige Erlangung von Informationen** durch ausländische polizeiliche oder strafverfolgende Stellen wird eine Erhebung und Nutzung dieser Informationen durch das BKA nur unter sehr engen Voraussetzungen zulässig sein (zB Abwehr einer unmittelbar bevorstehenden Gefahr für die Freiheit oder das Leben von Menschen; niemals zur Strafverfolgung). Dieser Maßstab ist strenger als bei einer staatlichen Nutzung von Informationen, die Private in rechtswidriger Art und Weise – etwa unter Androhung von körperlicher Misshandlung – erlangt haben. Hintergrund ist, dass eine Erlangung von Informationen von ausländischen staatlichen Stellen nicht als ein rechtlich missbilligtes, im Rechtssinn „Zufallsprodukt" gelten kann, dessen Früchte der deutsche Staat lediglich nutzt. Stattdessen werden derartige nach Maßstab des Grundgesetzes und der Menschenrechte verbotene Praktiken gerade durch die (ausländische) Rechtsordnung, staatliche Gewalt und auf territoriale Machtvollkommenheit ausgerichteten Sphärenabgrenzungen des Völkerrechts

173 Zur Verfassung als Rahmenordnung Böckenförde, Die sogenannte Nichtigkeit verfassungswidriger Gesetze, 1966, S. 128.

174 Zum zugrundeliegenden Prinzip gegenseitiger Anerkennung Wendel EuR 2019, 111; im Strafrecht Gleß ZStW 116 (2004), 353 ff.; EuGH Urt. v. 25.7.2018 – C-216/18 PPU –, BeckRS 2018, 16206, Rn. 35 ff. – Minister for Justice and Equality (Mängel des Justizsystems); Urt. v. 25.7.2018 – C-508/18 ua –, EuZW 2019, 567 (569 f., Rn. 43 ff.) – OG (Parquet de Lübeck).

175 BVerfG Urt. v. 20.4.2016 – 1 BvR 966/09 ua –, BVerfGE 141, 220 (341 ff., Rn. 324 ff.); s. auch BVerfG Urt. v. 26.4.2022 – 1 BvR 1619/17 –, juris, Rn. 260 ff.

176 BVerfG Urt. v. 19.5.2020 – 1 BvR 2835/17 –, BVerfGE 154, 152 (273 ff., Rn. 231 ff.).

177 BVerfG Urt. v. 19.5.2020 – 1 BvR 2835/17 –, BVerfGE 154, 152 (215 ff., Rn. 87 ff.).

ermöglicht.[178] Sollen grundrechtliche Anforderungen in einer international vernetzten Welt miteinander kooperierender Sicherheitsbehörden noch Geltung haben, können deutsche Stellen bei einer Nutzung von fremden Staaten stammenden Wissens nicht einfach unbeteiligt tun und sich die „Hände in Unschuld waschen".

75 Ein Abstellen auf tatsächlich vorhandenes Wissen über die Informationsherkunft reicht aber nicht aus, weil sich das BKA sonst bewusst in Unkenntnis halten könnte. Zusätzlich wird man eine **Pflicht zur Vergewisserung über die Einhaltung elementarer Menschenrechtsstandards** durch ausländische Staaten, mit denen man informatorisch zusammenarbeitet,[179] fordern müssen. Werden diese Standards bei abstrakt-genereller Betrachtung nicht eingehalten, setzt eine rechtmäßige Erhebung bei solchen Stellen voraus, dass man im Einzelfall nähere Informationen zur Art und Weise der konkreten Datenerlangung erfragt. Ergeben die Nachforschungen, dass die angefragten personenbezogenen Informationen aus Vorgängen stammen, die nach den Maßstäben des Grundgesetzes als grobe Menschenrechtsverletzung zu werten wären – etwa Informationen aus anlassloser systematischer Überwachung und Auswertung des digitalen Verhaltens der gesamten Bevölkerung – ist eine Erhebung und Nutzung durch das BKA nur nach der oben skizzierten strengen Schwelle zulässig.

76 Nicht eingängig ist die im Vergleich dazu wesentlich strengere Regelung der Datenerhebung **bei ausländischen öffentlichen oder nichtöffentlichen Stellen jenseits des polizeilichen und strafverfolgenden Bereichs.** Diese verweist auf die Voraussetzungen der Übermittlung ins Ausland nach § 81 BDSG. In der Sache werden dadurch Übermittlungen an das und Entgegennahmen aus dem Ausland normativ gleichgestellt. Damit folgt die Erhebung bei sonstigen ausländischen Stellen viel schärferen Maßgaben als die Erhebung bei polizeilich oder strafverfolgend tätigen Stellen. Daten bei Polizeien und Strafverfolgungsbehörden im Ausland sind bei typisierender Betrachtung aber mit Blick auf einschneidendere Folgemaßnahmen erhoben worden und entsprechende Erhebungsmaßnahmen damit bei gefährdungsspezifischer Betrachtung (→ Rn. 16) wesentlich eingriffsintensiver. Dieser Einwand ist allerdings **kein Grund gegen eine Orientierung an den Grenzen der Auslandsübermittlung.** Das Problem liegt in der völligen Voraussetzungslosigkeit von Datenerhebungen bei Stellen nach Abs. 1 S. 1 Nr. 2.

II. Datenerhebung im Rahmen der Aufgaben nach §§ 6–8 BKAG (Abs. 2)

77 Abs. 2 ermächtigt das BKA allgemein zu **aufgabenerforderlichen** (→ Rn. 56 f.) **Datenerhebungen** im Rahmen seiner besonderen Aufgaben (Schutz von Verfassungsorganen, § 6; Zeugenschutz, § 7; behördliche Eigensicherung, § 8).

78 **Primäre Erhebungsmethode** ist nach der gesetzlichen Anlage – anders als in Abs. 1 – nicht die Anfrage bei anderen öffentlichen Stellen oder Privaten, sondern grundsätzlich **die Erhebung bei den Betroffenen selbst** (Satz 2).[180] In der Praxis scheint diese Kautel allerdings für den Personen- und Zeugenschutz keine besondere Schlagkraft zu entfalten.[181] Das hat nicht nur Gründe der geforderten Schnelligkeit,[182] sondern ist auch eine Frage der Verlässlichkeit und Richtigkeitsgewähr. Soll bspw. das Catering-Team für einen Staatsempfang mit Blick auf erforderliche Sicherungsvorkehrungen geprüft werden, hilft es wenig, zunächst bei den Betreffenden nach einschlägigen Vorstrafen oder Ermittlungsverfahren zu fragen. Jedenfalls diese Information wird man auch mit den einschlägigen Registern abgleichen, so dass die vorgängige Erhebung bei den Betroffenen nichts einträgt, sondern diese nur doppelt einer Prüfung unterzieht. Regelmethode der Praxis ist daher der Abgleich mit den dem BKA zugänglichen staatlichen Registern, insbesondere im Rahmen des polizeilichen Informationssystems. Erst anknüpfend hieran werden sich womöglich über die Erhebungsgeneralklausel weitere informatorische Maßnahmen zur Ermittlung und Eingrenzung etwa noch bestehender Risiken anschließen.

79 Erhebungen bei anderen Stellen oder bei den Betroffenen müssen grundsätzlich **das BKA als datenerhebende Stelle BKA zu erkennen geben** (Satz 4), es sei denn, das würde die Aufgabenerfüllung vereiteln oder überwiegende Interessen der Betroffenen streiten für eine verdeckte Erhebung. Denkbar wäre zB, dass eine offene Anfrage des BKA bei Dritten die betroffene Person bei diesen in Verruf bringen könnte. Entsprechende Gründe für ein Abgehen vom Grundsatz offener Erhebung sollten im Interesse der Nachverfolgbar-

178 Zu den besonderen Handlungsbedingungen und gegenseitigen Rücksichtnahmen, die Staaten einander gewähren und die die Auslandsbindung der Grundrechte rechtfertigen Buchheim in Müller/Dittrich (Hrsg.), Linien der Rechtsprechung des BVerfG VI, 2022, S. 3 (14 f.); zur internationalen Vernetzung sicherheitsbehördlichen Handelns und den grundrechtlichen Folgen BVerfG Urt. v. 19.5.2020 – 1 BvR 2835/17 –, BVerfGE 154, 152 (226 f., Rn. 108 ff.; 279 ff., Rn. 248 ff.).

179 Vgl. dazu BVerfG Urt. v. 19.5.2020 – 1 BvR 2835/17 –, BVerfGE 154, 152 (273 ff., Rn. 232 ff.).

180 Zum Grundsatz der Erhebung bei den Betroffenen → Rn. 70, 78.

181 Lassahn Der Staat 61 (2022), 407 (427 f.).

182 So Lassahn Der Staat 61 (2022), 407 (429, m. Fn. 108).

keit dokumentiert werden.[183] Angesichts der spezifischen Regelung der Kennzeichnungs-, Protokoll- und Benachrichtigungspflichten in den §§ 74 ff. BKAG handelt es sich hierbei jedoch nur um eine behördliche Obliegenheit, um im Streitfall nicht ein Rechtswidrigkeitsurteil zu riskieren.

Die **Mittel der Datenerhebungen** nach Abs. 2 sind jenseits der durch Satz 2–4 statuierten Vorrangverhältnisse **nicht beschränkt**. Ergänzende Informationsgewinnung – etwa durch eine namensbasierte Recherche aus frei zugänglichen Quellen – ist daher möglich. 80

III. Hinweis auf Bestehen und Umfang der Auskunftspflicht (Abs. 3)

Nach Abs. 3 S. 1 und 2 sind nichtöffentliche Stellen (Legaldefinition in § 2 BDSG), bei denen nach Abs. 2 Informationen angefragt werden, auf Verlangen über **Rechtsgrundlage der Erhebung und Umfang einer Auskunftspflicht zu belehren**, sofern dies nicht die Aufgabenerfüllung gefährdet. In jedem Fall ist **von Amts wegen auf die Freiwilligkeit einer angefragten Auskunft hinzuweisen** (Satz 3). Die Rechtsfolgen eines Verstoßes gegen die Belehrungs-/Hinweispflicht oder eines unrichtigen Hinweises sind nicht geregelt.[184] Da die Aufklärungspflichten über Rechtsgrundlage und Umfang der Auskunftspflicht nur auf Verlangen hin greifen, insoweit also eine behördliche Erklärung abgegeben wird, dürfte jeder bewusst fehlerhafte Hinweis oder jeder unrichtige Hinweis ins Blaue hinein als arglistige Täuschung zu werten sein. Soweit entgegen Satz 3 der verpflichtende Hinweis auf die Freiwilligkeit unterbleibt, gilt dasselbe (Täuschung durch Unterlassen). 81

Für die **Rechtmäßigkeit der Erhebung** erheblich wird eine solche Täuschung allerdings nur, soweit die Unrichtigkeit des Hinweises die Auskunft **verursacht haben kann** (potenzielle Kausalität). Wenn also unzutreffend behauptet wird, dass keine Auskunftspflicht bestehe, und die private Stelle dennoch eine Auskunft gibt, kann sich daraus keine Rechtswidrigkeit der Datenerhebung ergeben, sondern nur im umgekehrten Fall. Die bloße Falschbezeichnung der Rechtsgrundlage ist nie ursächlich. 82

Nach allgemeinen Grundsätzen[185] dürfte aus einer ursächlich durch eine staatliche Täuschung erlangten, rechtswidrigen personenbezogenen Informationserhebung **ein unbedingtes Verbot späterer strafverfolgender Verwendungen und der Einbringung in das polizeiliche Informationssystem** folgen. Eine Verwendung rechtswidrig erlangter aufgabenrelevanter Auskünfte zu aktuellen präventiven Zwecken – etwa zur Sicherung einer konkreten Veranstaltung eines Verfassungsorgans oder gegenüber einer bestimmten Kontaktperson – dürfte hingegen zulässig sein, mithin in den meisten Fällen der Aufgabenerfüllung nach §§ 6–8 BKAG. Hintergrund ist, dass hier der auf andere Personen bezogene Rechtsgüterschutz im Zentrum steht und weniger das staatliche Ahndungsinteresse gegenüber dem Informationsbetroffenen, das nur unter Wahrung elementarer Fairnessanforderungen verfolgt werden darf. Dort, wo gefahrenabwehrende Tätigkeit repressionsähnliche Funktionen und Formen zulasten der Informationsbetroffenen annimmt (zB Meldeauflagen),[186] ist auch an Verwertungsverbote zu denken. Da eine Einbringung in polizeiliche Informationssysteme, also eine verstetigte Verfügbarkeit der rechtswidrig erlangten Information, in jedem Fall verboten ist, dürfte eine solche spätere Nutzung von über § 9 Abs. 2 BKAG erhobenen Informationen für präventive Zwecke mit quasi-repressiven Wirkungen aber praktisch ausgeschlossen sein. 83

Hintergrund des Hinweisgebots ist der mit Anfragen des BKA bei typisierter Betrachtung verbundene Druck, eine Antwort zu geben, auch wenn man dazu nicht verpflichtet und über die Befugnisse des BKA in Unkenntnis ist. Die Vorschrift löst diese Unklarheit dahin gehend, dass die betreffenden Informationen hinsichtlich des Umfangs der Pflicht auf Anfrage zu erteilen sind, während über das „Ob" der Auskunftspflicht immer informiert werden muss (Satz 3). Dies ermöglicht, trennscharf zu entscheiden, ob die Auskunft aus privater Freiheit gegeben wird oder ob sich der Staat für die Auskunft durch die nichtöffentliche Stelle (zusätzlich zur Erhebung als solcher) gegenüber der betroffenen Person rechtfertigen muss. Denn es ist für die informationelle Selbstbestimmung etwas völlig anderes, ob Dritte Informationen, die sie über uns haben, preisgeben *müssen*, oder ob sie sich frei dazu entscheiden. Mit letzterem Risiko müssen wir bei wahrheitsgemäßer Information grundsätzlich immer leben.[187] Die **Hinweispflichten** zur Abgrenzung von Freiwilligkeit und Zwang **schützen also den Rechtskreis der Betroffenen ebenso wie denjenigen der Aus-** 84

183 Schenke/Graulich/Ruthig/Graulich BKAG § 9 Rn. 42.

184 Kritisch Schenke/Graulich/Ruthig/Graulich BKAG § 9 Rn. 47 f., mit unklarer Herleitung eines Verwertungsverbots aus Art. 19 Abs. 4 GG.

185 Zu den Grundsätzen staatlicher Verwertungsverbote im Strafverfahren BGH Urt. v. 17.2.1989 – 2 StR 402/88 –, NStZ 1989, 375; zum Verwaltungsrecht s. Schoch/Schneider/Schneider VwVfG § 24 (2020) Rn. 93 ff. Schenke, POR, Rn. 283.

186 Zu diesem Phänomen „personenbezogener Prävention" Rusteberg in Münkler (Hrsg.), Dimensionen des Wissens im Recht, 2019, S. 233 (235 f.); RhbZS/Rusteberg 6. Kap. Rn. 15 ff.

187 Zur weiterhin beherrschenden Bedeutung des Wahrheitsgehalts für die äußerungsrechtliche Schutzdimension des Allgemeinen Persönlichkeitsrechts s. BVerfG Beschl. v. 6.11.2019 – 1 BvR 16/13 –, BVerfGE 152, 152 (187 f., Rn. 82), mwN; Beschl. v. 25.2.2020 –, 1 BvR 1282/17 –, MMR 2020, 458 (458 f., Rn. 9).

kunftgebenden. Für öffentliche Stellen bedarf es solcher Hinweise nicht, weil sie über die Befugnisse des BKA und ihre eigenen Rechtspflichten und Aufgaben im Bild zu sein haben und sie nur aufgaben- und rechtsgebunden handeln dürfen.

85 Die **Regelung zu Hinweispflichten** gegenüber privaten Stellen findet nach ihrem Wortlaut auf Auskünfte **im Rahmen der Zentralstellenaufgabe keine Anwendung.** Der Gesetzgeber hat insoweit womöglich übersehen, dass im Rahmen der Zentralstellenaufgabe auch Auskünfte von Privaten eingeholt werden können, wenn dies auch nicht der praktische Regelfall ist. Ein rechtfertigender Grund für den Unterschied zu Anfragen nach Abs. 2 erschließt sich nicht. Auch bei einer Anfrage durch das BKA als Zentralstelle können befragte Private eingeschüchtert und über die mit Blick auf eine Auskunft bestehenden Rechte und Pflichten im Unklaren sein. Insoweit muss das BKA auch hier sicherstellen, dass und ob Auskünfte nicht in fälschlicher Annahme einer rechtlichen Verpflichtung gegeben werden. Im Zweifelsfall sollte das BKA entsprechende Klarheit von sich aus herstellen, um zu vermeiden, dass die Auskunft nachträglich als vermeintlich verpflichtend gegeben gewertet wird. Dies hat nicht nur grundrechtliche Bedeutung für die Auskunftgeberinnen und -geber, sondern auch für die informationelle Selbstbestimmung der Informationsbetroffenen. Auch hier ist nicht klar, was sich als **Fehlerfolge** ergibt: Eine Unterscheidung nach strafverfolgender (unzulässig) und gefahrenabwehrender Nutzung (zulässig) erscheint wie oben naheliegend, ebenso wie eine strikte Begrenzung der Nutzung auf den konkreten Erhebungsanlass oder laufende konkrete Verfahren. Da es sich insoweit um elementare rechtstaatliche Fairnessanforderungen handelt und der Gesetzgeber die Differenzierung zu Erhebungen nach Abs. 2 nicht erläutert, erscheint eine **Analogiebildung oder verfassungsunmittelbare Herleitung von Hinweispflichten** und ihrer Fehlerfolgen methodisch vertretbar.

IV. Übermittlungen an das BKA (Abs. 4 und 5)

86 Die **Regelung ermächtigt alle Behörden des Bundes und der Länder** (einschließlich der Kommunen und Gebietskörperschaften) dazu, bei ihnen vorhandene Informationen und personenbezogene Daten im Einzelfall für eine Nutzung durch das BKA zu öffnen, soweit tatsächliche Anhaltspunkte bestehen, dass sie für die Aufgabenerfüllung des BKA erforderlich sind. Es handelt sich damit um das erste Glied der für Datenübermittlungen zwischen staatlichen Stellen erforderlichen „Doppeltür", also um **eine Befugnis nicht des BKA, sondern der übermittelnden Stellen.** Die korrespondierende Doppeltür, die Ermächtigung des BKA zur Entgegennahme der personenbezogenen Daten, findet sich je nach Aufgabe in § 9 Abs. 1, 2, § 39 BKAG oder den StPO-Befugnissen.

87 Die Regelung fasst entsprechende **Übermittlungsbefugnisse,** die bisher anknüpfend an die verschiedenen Aufgaben des BKA geregelt waren,[188] in einer Befugnis zusammen. Hinzu kommt dadurch eine Befugnis zur Übermittlung an das BKA für Zwecke des behördlichen Eigenschutz, die zuvor nicht geregelt war.

88 Die **Gesetzgebungskompetenz** des Bundes für die Übermittlungsermächtigung von Bundesbehörden oder Stellen der Länder, die einem Verfahrensrecht des Bundes unterliegen, ergibt sich **unproblematisch aus der Kompetenz zur Regelung dieser Verfahren.** Das maßgebliche Verfahrensrecht bestimmt mit der Befugnis zur Erhebung personenbezogener Daten auch über die Befugnisse zu deren Verwendung, einschließlich der Bedingungen der Nutzungsöffnung für andere Stellen.[189] Die Kompetenz des Bundes zur Ermächtigung von Landesbehörden, deren Verfahren durch Landesrecht zu regeln ist (zB allgemeine Gefahrenabwehrbehörden), liegt hingegen nicht auf der Hand. Sie ergibt sich nicht schon aus dem Umstand, dass dem Bund die Regelung der Aufgaben und Arbeit des BKA zukommt und ein hinreichender Informationsfluss an das BKA für dessen Aufgabenerfüllung notwendig ist. Denn nach dem Doppeltürmodell ist die Befugnis zur Übermittlung einer Information von der Befugnis zu deren Abfrage zu trennen.[190] Bei Landesbehörden, die nach Landesrecht verfahren und personenbezogene Informationen erheben, sind daher grundsätzlich auch die Voraussetzungen der Verwendung und Übermittlung im Grundsatz durch Landesrecht zu bestimmen. **Etwas anderes gilt jedoch für Datenübermittlungen spezifisch an das BKA** (oder das BfV), weil die Gesetzgebungskompetenz des Art. 73 Abs. 1 Nr. 10 GG nicht nur Handeln und Aufgaben des BKA, sondern gerade die Regelung *der Zusammenarbeit* des Bundes und der Länder im Bereich der Kriminalpolizei umfasst. Besteht eine Befugnis zur Regelung der Zusammenarbeit und ist die Zusammenarbeit gerade eine, die sich durch Informationsaustausch vollzieht, muss die Kompetenz daher beide Seiten des Informationsaustauschverhältnisses umfassen.

89 Mit Blick auf die Grundsätze der Normenklarheit, Bereichsspezifität und Zweckbindung ist diese **Pauschalregelung** für Datenübermittlungen öffentlicher Stellen an das BKA **nicht glücklich.** Die in aller Regel lan-

188 BT-Drs. 18/11163, 91.

189 BVerfG Urt. v. 2.3.2010 – 1 BvR 256/08 ua –, BVerfGE 125, 260 (346): die „Begrenzung der Verwendungszwecke, die wegen der datenschutzrechtlichen Verklammerung von Eingriff und Rechtfertigung uno actu mit der Speicherung geregelt werden muss".

190 BVerfG Beschl. v. 24.1.2012 – 1 BvR 1299/05 –, BVerfGE 130, 151 (184).

desrechtlich und bereichsspezifisch definierte Zweckbindung personenbezogener Datenbestände der Landesbehörden wird durch die Regelung suspendiert (Art. 31 GG), soweit es Übermittlungen an das BKA betrifft. Praktisch bedeutet das, dass sämtliche Landesbehörden das Aufgabenspektrum des BKA als eine Art sachgedankliches Mitbewusstsein führen und im Auge behalten müssen, ob eine ihnen vorliegende Information für die Aufgabenerfüllung des BKA wichtig sein könnte. Zudem werden Betroffene von landesrechtlich geregelten Datenerhebungen, die sich anhand der zur Erhebung ermächtigenden Gesetze über zulässige Verwendungen informieren, über bestimmte – noch dazu besonders grundrechtssensible – Konstellationen der Datenverwendung (Übermittlungen an das BKA) nicht richtig ins Bild gesetzt. Die grundrechtlichen Vorbehalte, die das Bundesverfassungsgericht gegenüber Fällen einer Diskrepanz von Übermittlungs- und Abrufregelungen geäußert hat,[191] greifen auch in der vorliegenden Konstellation einer Regelung von Übermittlungsermächtigungen durch ein in einem völlig anderen Zusammenhang stehendes Bundesgesetz. Datenschutzgrundrechtlich wäre es besser, wenn die landesbehördlichen Übermittlungsermächtigungen spezifisch in den jeweiligen Landesrechten geregelt wären. Kompetenzrechtlich ließe sich das darstellen, weil die Regelung der Verwendung bzw. Übermittlung von ihnen erhobener Daten zumindest auch den Ländern zukommt, es sich also um den Fall einer Überlappung von Regelungskompetenzen handelt.[192] Der datenschutzgrundrechtliche Vorteil wäre allerdings dadurch erkauft, dass nicht mehr einheitlich – im BKAG – verhandelt und entschieden würde, dass und unter welchen Voraussetzungen personenbezogene Datenflüsse an das BKA stattfinden dürfen und sollen. Datenschutzrechtliche Stimmigkeit und Dogmatik rechtfertigen einen solchen Verlust politischer Greif- und Gestaltbarkeit der zu entscheidenden Frage wohl nicht.

Verfassungsrechtlich bedenklich ist die Ermächtigung des **§ 9 Abs. 4 BKAG** allerdings **mit Blick auf den Grundsatz der hypothetischen Datenneuerhebung**[193] (→ Rn. 39).[194] § 9 Abs. 4 enthält eine solche Bindung nicht. Selbst personenbezogene Informationen, die von einem Landesamt für Verfassungsschutz unter Einsatz von Maßnahmen der akustischen Wohnraumüberwachung mit Richtervorbehalt erlangt wurden (vgl. etwa Art. 9, 11 BayVSG), dürften danach ohne weitere Voraussetzungen – also ohne Wahrung der (unzureichenden)[195] Anforderungen des Art. 25 BayVSG – an das BKA übermittelt werden, wenn Tatsachen ersichtlich sind, dass sie für die Erfüllung irgendeiner der dem BKA obliegenden Aufgaben erforderlich sind. Das BKA könnte diese Daten unter den allgemeinen Voraussetzungen der Abrufregelungen der § 9 Abs. 1, 2 oder § 39 BKAG ohne weitere Voraussetzungen entgegennehmen und nutzen. Dieses Ergebnis verletzt den Grundsatz der hypothetischen Datenneuerhebung. 90

Aus dieser Problematik gibt es drei **Auswege**: Denkbar wäre erstens, in § 9 Abs. 4 und Abs. 5 BKAG nur Regelungen im Rechtsverhältnis zwischen Behörden des Bundes und der Länder und dem BKA zu erblicken. Die eigentliche Grundlage für die Öffnung von Datenbeständen für einen Zugriff des BKA läge dann in den Übermittlungsbefugnissen der einzelnen Behörden, die Daten an das BKA bereitstellen, subsidiär also in den Datenschutzgesetzen des Bundes und der Länder. Allerdings beachten auch deren Übermittlungsbefugnisse (vgl. Art. 25 BayVSG; §§ 22, 21 HessDSIG) die Anforderungen des Grundsatzes der hypothetischen Datenneuerhebung nicht oder nur unvollständig.[196] 91

Zweitens wäre vorstellbar, den **Grundsatz der hypothetischen Datenneuerhebung** ob seiner verfassungsrechtlichen Provenienz (→ Rn. 39 ff.) in die Ermächtigung zur Übermittlung der betreffenden Daten **hineinzulesen**. So wie die Verwaltung auch sonst kraft Verfassung an den Verhältnismäßigkeitsgrundsatz gebunden ist, ist sie auch verfassungsunmittelbar an den Grundsatz der hypothetischen Datenneuerhebung gebunden. Die Folgerungen aus diesem Grundsatz könnten dann auf Ebene der Anwendung der Übermittlungsermächtigung gezogen werden. Da es sich bei Abs. 4 um eine Ermessensnorm handelt, kommt es insoweit auch nicht darauf an, inwieweit die gebundene Verwaltung unmittelbar unter Rückgriff auf die Verhältnismäßigkeit gesetzliche Handlungsregime modifizieren darf.[197] Das hätte den Vorzug, die gesetzliche Regelung zu entlasten, da nicht jede mit Blick auf Datenverarbeitungen bestehende verfassungsrechtliche Pflicht auf gesetzlicher Ebene wiederholt werden müsste. Darüber hinaus würde es die Bedeutung des Datenschutzverfassungsrechts auf Handlungsebene aufwerten. Hierbei ist auch in Rechnung zu stellen, dass 92

191 BVerfG Beschl. v. 27.5.2020 – 1 BvR 1873/13 ua –, BVerfGE 155, 119 (209 f., Rn. 200 ff.)

192 Zu deren Möglichkeit s. Herbst, Gesetzgebungskompetenzen im Bundesstaat, 2014, S. 133 ff.; Buchheim, Actio, Anspruch, subjektives Recht 2017, 138 ff.; zuletzt anders ohne nähere Begründung BVerfG Beschl. v. 25.3.2021 – 2 BvF 1/20 ua –, BVerfGE 157, 223 (254, Rn. 81).

193 BVerfG Urt. v. 20.4.2016 – 1 BvR 966/09 ua –, BVerfGE 141, 220 (Ls. 2 c); Urt. v. 26.4.2022 – 1 BvR 1619/17 –, juris, Rn. 229 ff.

194 BVerfG Urt. v. 20.4.2016 – 1 BvR 966/09 ua –, BVerfGE 141, 220 (327 ff., Rn. 287 ff.); Urt. v. 26.4.2022 – 1 BvR 1619/17 –, juris, Rn. 229 ff.

195 BVerfG Urt. v. 26.4.2022 – 1 BvR 1619/17 –, juris, Rn. 362 ff.

196 BVerfG Urt. v. 26.4.2022 – 1 BvR 1619/17 –, juris, Rn. 225 ff., 362 ff.

197 Zu dieser Diskussion s. Vogt, Die verhältnismäßige Anwendung „gebundener" Normen, 2019; dazu die kritische, nur im Ergebnis zustimmende Besprechung von Lassahn Der Staat 59 (2020), 632 (634 f.); s. auch Barczak VerwArch 105 (2014), 142; Benrath in Eisentraut (Hrsg.), Verwaltungsrecht in der Klausur, 2020, § 2 Rn. 771.

datenschutzrechtliche Normen in vielen Fällen eine Komplexität erreicht haben, durch die sich etwaige Steuerungsvorteile detaillierter Vorgaben in ihr Gegenteil verkehrt haben. Allerdings würde durch ein Hineinlesen des Grundsatzes der hypothetischen Neuerhebung in § 9 Abs. 4 BKAG der Grundsatz der Normenklarheit erheblich relativiert. Zudem dürfte diese Option unterschätzen, welche Prägekraft gesetzliche – anders als verfassungsunmittelbare – Anforderungen insbesondere für die im Geist des Leg(al)ismus sozialisierte Verwaltung besitzen.[198]

93 Eine dritte Option wäre es, den in Abs. 4 nicht beachteten Grundsatz der hypothetischen Datenneuerhebung als Anforderung an Übermittlungen im Wege **publizierter behördlicher Anwendungshandreichungen bzw. Verwaltungsvorschriften** zu implementieren. Geht man davon aus, dass die normative Bestimmungskraft solcher Handreichungen in der Praxis sogar größer ist als das weniger anwenderfreundliche und für diversere Empfängerkreise formulierte Gesetzesrecht, wäre unter den Aspekten der Vorhersehbarkeit und abstrakt-generellen Steuerung behördlicher Informationsverarbeitung sogar etwas gewonnen. Zugleich bliebe es in einem späteren gerichtlichen Streit um die Rechtmäßigkeit einer Übermittlung oder bei innerbehördlichen Differenzen (zB mit der Datenschutzbeauftragten) bei dem verfassungsunmittelbaren, durch das Bundesverfassungsgericht näher konturierten Rechtsmaßstab. Diese **Option einer untergesetzlichen/nicht außenrechtlichen, aber öffentlich einsehbaren Feinsteuerung staatlicher Informationsverarbeitung** könnte hier wie auch sonst den Datenschutzgesetzgeber von vielen Normierungs- und Konkretisierungslasten befreien, ohne dass berechtigte datenschutzgrundrechtliche Prinzipien aufgegeben werden müssten. Gesetze könnten die politischen Grundlinien der Datenschutz- und Sicherheitsverfassung zeichnen, ohne auch für die zunehmend anforderungsreiche datenschutztechn(okrat)ische Feinjustierung verantwortlich zu sein.

94 Jedenfalls vor einer gesetzlichen oder anderweitigen Implementierung ist im Rahmen von Datenübermittlungen nach § 9 Abs. 4 BKAG der Grundsatz der hypothetischen Datenneuerhebung in der Praxis **auch ohne entsprechende Regelung zu beachten**. Angesichts des bestehenden Ermessens kann die Verwaltung eine verfassungskonforme Praxis insoweit ohne Normverwerfungskompetenz herstellen.

95 **1. Abs. 4 im Einzelnen. a) Ermächtigungsadressaten: Öffentliche Stelle des Bundes oder der Länder.** Der Begriff der öffentlichen Stelle ist in § 2 BDSG legaldefiniert und meint die Behörden, die Organe der Rechtspflege und andere öffentlich-rechtlich organisierte Einrichtungen des Bundes oder eines Landes, der bundesunmittelbaren Körperschaften, der Anstalten und Stiftungen des öffentlichen Rechts, der Gemeinden, Gemeindeverbände oder sonstiger der Aufsicht eines Landes unterstehender juristischer Personen des öffentlichen Rechts sowie deren Vereinigungen ungeachtet ihrer Rechtsform. Ausgenommen hiervon sind Polizeibehörden, soweit sie zur Unterstützung von Zentralstellenaufgaben Informationen an das BKA übermitteln, da der insoweit bestehende Informationsaustausch spezifisch durch §§ 29 ff. BKAG geregelt ist.[199] Ebenfalls ausgenommen sind nach Satz 2 Übermittlungen durch Behörden, die sich nach den Nachrichtendienstgesetzen des Bundes, dem G 10 oder der StPO richten. Die insoweit geltenden Übermittlungsermächtigungen und -grenzen gehen als *leges speciales* Abs. 4 vor, auch wenn dies nur unscharf zum Ausdruck gebracht ist („bleiben unberührt"). Dieser Vorrang der bundesrechtlichen Spezialregelungen reduziert die Anwendungsfelder, in denen sich das Fehlen des Grundsatzes der hypothetischen Datenneuerhebung (→ Rn. 39 ff.) auswirkt. Denn viele der besonders eingriffsintensiven Datenerhebungsmaßnahmen, für die dieser Grundsatz besondere Forderungen aufstellt, sind durch die genannten Gesetze geregelt, so dass es auf deren Übermittlungsregelungen ankommt. Die Behörden der Länder verfügen jedoch teils über entsprechend eingriffsintensive Befugnisse,[200] ohne dass eine Übermittlung durch sie von Abs. 4 ausgenommen wäre.

96 **b) Gegenstand und Inhalt: Bereitstellung von Informationen.** Die Ermächtigung besteht für eine **Übermittlung von Informationen,** insbesondere personenbezogener Daten, **an das BKA.** Der Abruf bzw. die Entgegennahme durch das BKA richtet sich nach dessen Erhebungsbefugnissen (Doppeltürmodell). Da der Personenbezug eines Datums sinnvollerweise relativ zu dem (mit zumutbarem Aufwand erlangbaren) Kenntnisstand einer datenverarbeitenden Stelle zu bestimmen ist,[201] ist denkbar, dass Daten, die für die datenbereitstellende Stelle nicht personenbezogen sind, für die empfangende Stelle, also das BKA, aufgrund weiterer dort vorhandener Daten einen Personenbezug aufweisen – und umgekehrt.

97 **c) Zur Aufgabenerfüllung erforderlich.** Die zu übermittelnden Informationen müssen zur Erfüllung **einer der Aufgaben des BKA** erforderlich (→ Rn. 56 f.) sein.

198 Zur legalistischen Verwaltungskultur s. nur König in ders./Kropp/Kuhlmann et al. (Hrsg.), Grundmuster der Verwaltungskultur, 2014, S. 11 ff.; Sydow in ebd., S. 29 ff.

199 Vgl. Schenke/Graulich/Ruthig/Graulich BKAG § 9 Rn. 50, der allerdings ohne erkennbaren Grund die Polizeibehörden auch von Übermittlungen jenseits der Zentralstellenaufgaben ausnimmt.

200 S. zB BeckOK-PolSiR Bayern/Unterreitmeier BayVSG Art. 24 Rn. 1 ff. (2022).

201 EuGH Urt. v. 19.10.2016 – C-582/14 –, NJW 2016, 3579 – Breyer; zur Diskussion im Rahmen der DS-GVO s. Simitis/Hornung/Spiecker gen. Döhmann/Karg, Datenschutzrecht, 2019, DS-GVO Art. 4 Nr. 1 Rn. 57 ff.

d) **Tatsächliche Anhaltpunkte, die vermuten lassen.** Auf eine Erforderlichkeit zur Aufgabenerfüllung des BKA müssen **konkrete Tatsachen hindeuten.** Ausgeschlossen sind damit bloß allgemeine (vermeintliche) Erfahrungssätze und Vermutungen. Die eingrenzende Funktion dieses Tatbestandsmerkmals ist der damit verbundene Zwang zur Konkretisierung der Aufgabenrelevanz. Die Erwartung einer solchen muss durch ein benennbares Ereignis, einen fassbaren Umstand hervorgerufen sein, nicht durch Unterstellungen oder ein allgemeines Bedrohungsgefühl. 98

e) **Von sich aus.** Die Befugnis zur Bereitstellung der Informationen setzt keine Anfrage seitens des BKA voraus, sondern besteht bei Gegebensein ihrer Voraussetzungen von Amts wegen also ohne weiteren Anlass (sog. **Spontanübermittlung**). Lediglich die datenschutzrechtliche Verantwortlichkeit richtet sich gem. Satz 3 je nachdem, ob der Übermittlungsvorgang selbsttätig (dann bei der bereitstellenden Stelle) oder auf konkrete Anfrage des BKA (dann beim BKA) eingeleitet wird. Welche dieser Alternativen Anwendung findet, ist in der Praxis nicht immer leicht zu bestimmen, wenn der Übermittlung eine gestufte Informationsanbahnung vorausgeht (zB Voranfrage: „Habt ihr etwas zur Person Z?"; Antwort: „Ja, sollen wir übermitteln?"; Antwort: „Ja bitte, alles, was relevant erscheint."). Im Interesse einer möglichst klaren Zuweisung von Verantwortlichkeit an die Stelle mit den besten Informationen sollten übermittelnde Stellen daher idR eine hinreichend konkrete und formale Anforderung durch das BKA abwarten und nötigenfalls im Rahmen der Informationsanbahnung einen ausreichenden Grad an Konkretheit der Anfrage herbeiführen. 99

f) **Ermessen.** Die Übermittlung steht nach Abs. 4 im Ermessen der übermittelnden Stelle, die hierüber pflichtgemäß (vgl. § 40 VwVfG des Bundes oder eines Landes) zu entscheiden hat. Sie unterliegt dabei den allgemeinen **äußeren und inneren Ermessensgrenzen,** insbesondere der Verhältnismäßigkeit und dem Verbot des Ermessensmissbrauchs. 100

2. Übermittlungspflicht. Unter den besonderen Voraussetzungen des Abs. 5 sind alle Behörden des Bundes und der Länder nicht nur zur Übermittlung an das BKA berechtigt, sondern verpflichtet. 101

a) **Verhältnis zur Übermittlungsermächtigung.** Nicht ganz klar ist das Verhältnis der Vorschrift zur Übermittlungsermächtigung nach Abs. 4.[202] Nimmt man an, dass Abs. 5 nur die Ermessensausübung spezifisch – iS einer Ermessensreduktion auf Null – regelt, die eigentliche Ermächtigung aber aus Abs. 4 folgt, wären dessen Regelungen auch im Fall einer Übermittlungspflicht zu beachten. Das würde bedeuten, dass sich die Befugnis zur Übermittlung bei Übermittlungen durch das BfV, den MAD, BND oder gem. StPO weiterhin nach den dortigen Vorschriften richten würde. Auch die Regelung der je nach initiierender Stelle differenzierenden Datenverantwortlichkeit in Abs. 4 bliebe anwendbar. Alternativ könnte man Abs. 5 als eigenständige – in der Verpflichtung implizierte – Ermächtigung zur Übermittlung in den dort benannten Fällen verstehen. In diesem Fall wäre die Regelung allerdings auch auf Behörden anwendbar, deren Übermittlungsermächtigungen durch BVerfSchG, BNDG oder StPO spezifisch geregelt sind. Zudem fehlte dann eine Regelung zur datenschutzrechtlichen Verantwortlichkeit und wäre die Regelung auch ansonsten äußerst lückenhaft. Man wird **Abs. 5** daher als **punktuelle Ergänzung des Abs. 4** und der anderen gegebenenfalls einschlägigen Übermittlungsermächtigungen lesen müssen. Unter den besonderen Voraussetzungen des Abs. 5 verdichtet sich das nach Abs. 4 oder nach anderen Vorschriften des BNDG, MADG, BVerfSchG oder der StPO bestehende Übermittlungsermessen zu einer Übermittlungspflicht. Diese greift allerdings nur, wenn tatsächlich eine Übermittlungsbefugnis gegenüber den Betroffenen besteht, was selbstständig – ohne Blick auf Abs. 5 – zu prüfen und festzustellen ist. 102

b) **Voraussetzungen der Ermessensreduktion.** Unter der Voraussetzung einer Ermächtigung besteht nach der Vorschrift eine Pflicht zur Übermittlung, wenn sie zur Abwehr einer Gefahr für Leib, Leben oder Freiheit, Bestand oder Sicherheit des Bundes oder eines Landes oder bedeutende Sachgüter, deren Erhaltung im öffentlichen Interesse liegt, erforderlich ist. Danach sind **Übermittlungen zu strafverfolgenden Zwecken erst grundsätzlich nicht verpflichtend,** was bei entsprechenden Ermessensentscheidungen im Rahmen des Abs. 4 oder anderer Ermächtigungen einen Anhaltspunkt bieten kann. Um eine konsistente Wertigkeit der zu schützenden Güter zu gewährleisten, ist **Var. 3** präzisierend dahin zu verstehen, dass es nicht auf den wirtschaftlichen Wert, sondern auf **das öffentliche Interesse an der Funktionalität der betreffenden Einrichtung** ankommt. Eine Gefahr für wesentliche Infrastrukturen wäre daher selbst dann erheblich, wenn der damit verbundene wirtschaftliche Schaden gering bliebe (zB vorübergehendes Blockieren der Wasserleitungen einer Gemeinde im Wege eines Hacking ohne Substanzeingriff). Andererseits kann auch ein sehr hoher wirtschaftlicher Schaden als solcher – ohne gesteigertes öffentliches Interesse an dem betreffenden Eigentumsgegenstand – nicht ausreichen (zB Zerstörung eines *Gerhard-Richter*-Gemäldes in einem öffentlichen Museum). Der Wortlaut der Vorschrift („von bedeutendem Wert") lässt eine solche Auslegung zu, wenngleich dies nicht der gesetzgeberischen Absicht entsprechen dürfte. 103

202 Schenke/Graulich/Ruthig/Graulich BKAG § 9 Rn. 59 unspezifisch: „ist in engem Zusammenhang".

104 Eingriffsschwelle ist nach dem Wortlaut eine Gefahr, was nach allgemeinem polizeirechtlichem Sprachgebrauch eine konkrete Gefahr bedeutet (→ § 38 Rn. 15 f.), also die nach konkreten Umständen des Falles drohende hinreichende Wahrscheinlichkeit eines konkreten, zeitlich absehbaren Schadensereignisses für eines der genannten Rechtsgüter. Übermittlungen aufgrund nur vage vorgestellter Gefahrszenarien und allgemeiner Gefahrenlagen sind davon nicht erfasst. Eine zeitliche Unmittelbarkeit des drohenden Schadenseintritts ist allerdings nicht gefordert; ausreichend wäre danach zB die Kenntnis über konkrete Anschlagspläne, die erst in mehreren Wochen realisiert werden sollen.

V. Automatisierter Abruf von Kontoinformationen (Abs. 6)

105 In seiner Funktion als vermögensabschöpfende Stelle (vgl. § 3 Abs. 2a BKAG, → § 3 Rn. 21 ff.) ist das BKA unter näheren Voraussetzungen zum automatisierten Abruf der in § 24c Abs. 1 KWG aufgeführten Kontoinformationen (ua Name und Anschrift natürlicher Personen) berechtigt. Die Vorschrift wurde durch das Transparenzregister- und Finanzinformationsgesetz[203] in § 9 BKAG eingefügt. Sie dient der Umsetzung der EU-Finanzinformationsrichtlinie und ergänzt die bereits zuvor bestehende Befugnis des BKA zur Anfrage entsprechender Informationen bei der BaFin um die Möglichkeit eines automatisierten Abrufs bei der BaFin.[204] Die korrespondierende Befugnis zur automatisierten Bereitstellung (Übermittlung) durch die BaFin ergibt sich aus dem durch dasselbe Artikelgesetz eingefügten § 24c Abs. 3a KWG. Die materiellen Voraussetzungen händisch zu erfüllender Auskunftsersuchen des BKA bei der BaFin im Einzelfall (vgl. § 24c Abs. 3 Nr. 2 KWG) sollen sich nicht ändern.[205]

106 Die Regelung orientiert sich an den verbindlichen Mindestvorgaben und Voraussetzungen[206] der dadurch umzusetzenden europäischen Richtlinie, so dass jedenfalls mit Blick auf die materiellen Voraussetzungen der Datenabfrage, die abzurufenden Daten und bestimmte in der Richtlinie vorgegebene Verfahrenssicherungen[207] **kein mitgliedstaatlicher Spielraum** möglich erscheint. Grundrechtliche Anforderungen und Grenzen gegenüber diesen Mindestvorgaben sind dementsprechend aus den Unionsgrundrechten – nicht aus dem Grundgesetz – zu entwickeln.[208] Für die verfahrensrechtliche grundrechtskonforme Ausgestaltung im Einzelnen dürften demgegenüber vielfältige Gestaltungsräume der Mitgliedstaaten bestehen bleiben, so dass insoweit die datenschutzverfassungsrechtlichen Maßgaben und Dogmatiken des Grundgesetzes einschlägig sind.[209]

107 Die neue Befugnis zur automatisierten Abfrage besteht für die Erfüllung der Funktionen des BKA als vermögensabschöpfende Stelle zur Verhütung oder Verfolgung unionsgesetzlich bestimmter schwerer Straftaten[210] oder zur Unterstützung entsprechender Ermittlungen und erstreckt sich auf die Ermittlung, Rückverfolgung und Sicherstellung der damit zusammenhängenden Vermögenswerte. Das **BKA** ist in jedem Fall auch bei bloß unterstützender Tätigkeit[211] – **für den Abruf verantwortliche Stelle** (Satz 3). Der Abruf setzt eine besondere Ermächtigung der betreffenden Person und deren Amtsträgereigenschaft oder förmliche Verpflichtung nach dem Verpflichtungsgesetz voraus. Die Rechtmäßigkeit entsprechender Datenabrufe ist damit strafrechtlich (vgl. § 353b StGB) abgesichert.[212]

108 Systematisch handelt es sich um eine **informatorische Standardmaßnahme** mit Ähnlichkeiten zu der in § 10 BKAG geregelten Bestandsdatenauskunft durch TK- und Telemedienanbieter. Ein Unterschied besteht allerdings insoweit, als die von den Kreditinstituten verpflichtend vorzuhaltenden und zugänglich zu machenden Daten unmittelbar nur der BaFin und der Zentralstelle für Finanztransaktionsuntersuchungen zugänglich sind (§ 24c Abs. 2 KWG). Informatorische Ersuchen anderer Stellen mit Blick auf diesen Datenbestand laufen über die BaFin und sind von dieser zu erfüllen. Die Entscheidung über die Auskunft an das BKA im Einzelfall (§ 24c Abs. 3 KWG) und die Verantwortlichkeit für das Zugänglichmachen zur automatischen Abfrage (§ 24c Abs. 3a KWG) liegen damit nicht bei den privaten Kreditinstituten, sondern bei der BaFin.

109 § 24a Abs. 3a KWG normiert die Voraussetzungen und Zwecke des Datenabrufs durch das BKA in derselben Weise wie die Abrufregelung des Abs. 6. Damit sind auf beiden Seiten der Übermittlung die in der **Ent-**

203 Gesetz zur europäischen Vernetzung der Transparenzregister und zur Umsetzung der Richtlinie 2019/1153 des Europäischen Parlaments und des Rates v. 20.6.2019 zur Nutzung von Finanzinformationen für die Bekämpfung von Geldwäsche, Terrorismusfinanzierung und sonstigen schweren Straftaten vom 25.6.2021 (BGBl. I S. 2083).
204 BT-Drs. 19/28164, 61.
205 BT-Drs. 19/28164, 61.
206 Vgl. zum Mindestharmonisierungsziel ErwG 19 der RL (EU) 2019/1153.
207 Beispielhaft Art. 5 Abs. 2, Art. 14 ff. RL (EU) 2019/1153.
208 BVerfG Beschl. v. 6.11.2019 – 1 BvR 276/17 –, BVerfGE 152, 216 (233 ff., Rn. 42 ff.).
209 BVerfG Beschl. v. 27.11.2019 – 1 BvR 16/13 –, BVerfGE 152, 152 (169 ff., Rn. 42 ff.).
210 Katalog in Anhang I der VO (EU) 2016/794.
211 BT-Drs. 19/28164, 62.
212 BT-Drs. 19/28164, 62.

scheidung zur „Bestandsdatenauskunft II“ aufgestellten Anforderungen an die normenklare Zweckbestimmung von verpflichtend anzulegenden Datenbeständen und möglichen Abrufgründen gewahrt – soweit man diese überhaupt für anwendbar hält (→ § 10 Rn. 5).[213] Denn aus den Regelungen („im Einzelfall“) ergibt sich jeweils hinreichend, dass eine konkrete näher bestimmte Straftat zu verhüten oder zu verfolgen sein muss bzw. die Unterstützungsaufgabe des BKA auf konkrete „Ermittlungen“ zu einer solchen Tat bezogen sein muss.

Schwierig ist die Situation bei **händischen Auskünften der BaFin an das BKA über Daten nach § 24c Abs. 1 KWG.** Diese stützen sich weiterhin auf Seiten der BaFin auf § 24c Abs. 3 KWG und sind damit – anders als der automatisierte Abruf – auf eine Weitergabe zu repressiven oder rechtshilfebezogenen Zwecken beschränkt.[214] Da die Rechtsnorm eine Erforderlichkeit zur Aufgabenerfüllung verlangt, könnte sie wie § 113 TKG aF verfassungskonform dahin gehend auszulegen sein, dass damit konkrete Strafverfahren und ein entsprechender Anfangsverdacht Voraussetzung einer Auskunft an das BKA sind.[215] Allerdings fehlt es insoweit an dem Tatbestandsmerkmal „im Einzelfall“, das vom Bundesverfassungsgericht als entscheidend für die Möglichkeit einer dahin gehenden Auslegung angesehen wurde.[216] Die gesetzliche Zwecköffnung der der BaFin zu meldenden Kontoinformationen für eine Weitergabe an das BKA erfüllt damit nicht die Anforderungen aus BVerfGE 155, 119. Auf Seiten des BKA könnte sich – soweit nicht die Befugnisse der StPO für das Handeln des BKA maßgeblich sind[217] – eine Befugnis zur Datenerhebung bei der BaFin im händischen Verfahren aus § 9 Abs. 1 BKAG ergeben. Eine Erhebungsgeneralklausel wird bei einer Bestandsdatenauskunft im TK-Bereich vom Bundesverfassungsgericht jedoch nicht als ausreichend normenklare Abrufregelung angesehen.[218] Aber auch in der Sache stellen die infrage kommenden Abrufregelungen des BKAG keine Eingriffsschwellen auf, die den Anforderungen von BVerfGE 155, 119 genügen würden. Insbesondere eine Bindung an einen Anfangsverdacht lässt sich dem allgemeinen Verweis auf die Aufgaben der Zentralstelle nicht entnehmen.[219] 110

Die durch Abs. 6 unveränderte Regelung zu händischen Auskünften der BaFin an das BKA erfüllt damit auf beiden Seiten des **Informationsweitergabevorgangs** nicht die vom Bundesverfassungsgericht zur Bestandsdatenauskunft im TK-Bereich aufgestellten Anforderungen. Das wirft die Frage auf, inwiefern sich diese verallgemeinern lassen (→ § 10 Rn. 5). 111

§ 10 Bestandsdatenauskunft

(1) [1]Zur Erfüllung der Aufgabe als Zentralstelle nach § 2 Absatz 2 Nummer 1 und Absatz 6 darf nach Maßgabe der nachfolgenden Vorschriften Auskunft verlangt werden von demjenigen, der geschäftsmäßig

1. **Telekommunikationsdienste erbringt oder daran mitwirkt, über Bestandsdaten gemäß § 3 Nummer 6 des Telekommunikationsgesetzes und über die nach § 172 des Telekommunikationsgesetzes erhobenen Daten (§ 174 Absatz 1 Satz 1 des Telekommunikationsgesetzes), oder**
2. **eigene oder fremde Telemedien zur Nutzung bereithält oder den Zugang zur Nutzung vermittelt, über Bestandsdaten gemäß § 2 Absatz 2 Nummer 2 des Telekommunikation-Telemedien-Datenschutz-Gesetzes (§ 22 Absatz 1 Satz 1 des Telekommunikation-Telemedien-Datenschutz-Gesetzes).**

[2]Die Auskunft nach Satz 1 darf nur verlangt werden, sofern im Einzelfall

1. **zureichende tatsächliche Anhaltspunkte für eine Straftat im Sinne des § 2 Absatz 1 vorliegen und die zu erhebenden Daten erforderlich sind, um**
   a) **die zuständige Strafverfolgungsbehörde zu ermitteln, oder**
   b) **ein Auskunftsersuchen einer ausländischen Strafverfolgungsbehörde im Rahmen des polizeilichen Dienstverkehrs, das nach Maßgabe der Vorschriften über die internationale Rechtshilfe in Strafsachen bearbeitet wird, zu erledigen, oder**

213 Hierzu BVerfG Beschl. v. 27.5.2020 – 1 BvR 1873/13 ua –, BVerfGE 155, 119 (181 f., Rn. 133 f.; 212 ff., Rn. 207 ff.).
214 Vgl. Boos/Fischer/Schulte-Mattler/Achtelik KWG/CRR-VO, 5. Aufl. 2016, KWG § 24c Rn. 10.
215 Vgl. BVerfG Beschl. v. 24.1.2012 – 1 BvR 1299/05 –, BVerfGE 130, 151 (205 f.).
216 BVerfG Beschl. v. 27.5.2020 – 1 BvR 1873/13 ua –, BVerfGE 155, 119 (213, Rn. 211).
217 So offenbar die Annahme des BVerfG in allen Fällen, in denen bereits ein Anfangsverdacht besteht, s. BVerfG Beschl. v. 27.5.2020 – 1 BvR 1873/13 ua –, BVerfGE 155, 119 (213 f., Rn. 212) unter Verweis auf Schenke/Graulich/Ruthig/Graulich BKAG § 10 Rn. 11. Dort wird aber nur hinsichtlich der Eigenaufgaben des BKA im Rahmen der Strafverfolgung (§ 4 BKAG) auf die Befugnisse der StPO verwiesen. Die koordinierenden Aufgaben und Befugnisse der Zentralstelle enden aber nicht, sobald ein Anfangsverdacht besteht, sondern laufen fort. Anders wäre § 9 Abs. 1 S. 2 BKAG nicht zu erklären.
218 BVerfG Beschl. v. 24.1.2012 – 1 BvR 1299/05 –, BVerfGE 130, 151 (202).
219 Zu diesem Erfordernis im Rahmen der TK-Bestandsdatenauskunft BVerfG Beschl. v. 27.5.2020 – 1 BvR 1873/13 ua –, BVerfGE 155, 119 (212 ff., Rn. 207 ff.); → § 10 Rn. 12 f.

2. die zu erhebenden Daten im Rahmen der Strafvollstreckung erforderlich sind, um ein Auskunftsersuchen einer ausländischen Strafverfolgungsbehörde im Rahmen des polizeilichen Dienstverkehrs, das nach Maßgabe der Vorschriften über die internationale Rechtshilfe in Strafsachen bearbeitet wird, zu erledigen, oder
3. die Gefahr besteht, dass eine Person an der Begehung einer Straftat im Sinne des § 2 Absatz 1 beteiligt sein wird und die zu erhebenden Daten erforderlich sind, um
   a) die für die Verhütung der Straftat zuständige Polizeibehörde zu ermitteln, oder
   b) ein Auskunftsersuchen einer ausländischen Polizeibehörde im Rahmen des polizeilichen Dienstverkehrs zur Verhütung der Straftat zu erledigen, oder
4. Tatsachen die Annahme rechtfertigen, dass eine Person innerhalb eines übersehbaren Zeitraums auf eine zumindest ihrer Art nach konkretisierte Weise an einer Straftat von erheblicher Bedeutung beteiligt sein wird und die zu erhebenden Daten erforderlich sind, um
   a) die für die Verhütung der Straftat zuständige Polizeibehörde zu ermitteln, oder
   b) ein Auskunftsersuchen einer ausländischen Polizeibehörde im Rahmen des polizeilichen Dienstverkehrs zur Verhütung der Straftat zu erledigen, oder
5. das individuelle Verhalten einer Person die konkrete Wahrscheinlichkeit begründet, dass sie innerhalb eines übersehbaren Zeitraums eine schwere Straftat nach § 100a Absatz 2 der Strafprozessordnung begehen wird, und die zu erhebenden Daten erforderlich sind, um
   a) die für die Verhütung der Straftat zuständige Polizeibehörde zu ermitteln, oder
   b) ein Auskunftsersuchen einer ausländischen Polizeibehörde im Rahmen des polizeilichen Dienstverkehrs zur Verhütung der Straftat zu erledigen.

(2) Bezieht sich das Auskunftsverlangen nach Absatz 1 auf Daten, mittels derer der Zugriff auf Endgeräte oder auf Speichereinrichtungen, die in diesen Endgeräten oder hiervon räumlich getrennt eingesetzt werden, geschützt wird (§ 174 Absatz 1 Satz 2 des Telekommunikationsgesetzes), darf die Auskunft nur verlangt werden, wenn im Einzelfall die gesetzlichen Voraussetzungen für die Nutzung der Daten vorliegen.

(3) [1]Die Auskunft nach den Absätzen 1 und 2 darf auch anhand einer zu einem bestimmten Zeitpunkt zugewiesenen Internetprotokoll-Adresse verlangt werden (§ 174 Absatz 1 Satz 3, § 177 Absatz 1 Nummer 3 des Telekommunikationsgesetzes und § 22 Absatz 1 Satz 3 und 4 des Telekommunikation-Telemedien-Datenschutz-Gesetzes) mit der Maßgabe, dass sich das Auskunftsverlangen in den Fällen des Absatzes 1 Satz 2 Nummer 4 und 5 auf eine schwere Straftat nach § 100a Absatz 2 der Strafprozessordnung bezieht. [2]Die Auskunft nach den Absätzen 1 und 2 anhand einer zu einem bestimmten Zeitpunkt zugewiesenen Internetprotokoll-Adresse nach § 22 Absatz 1 Satz 3 und 4 des Telekommunikation-Telemedien-Datenschutz-Gesetzes darf darüber hinaus nur verlangt werden, wenn tatsächliche Anhaltspunkte dafür vorliegen, dass die betroffene Person Nutzer des Telemediendienstes ist, bei dem die Daten erhoben werden sollen. [3]Die rechtlichen und tatsächlichen Grundlagen des Auskunftsverlangens sind aktenkundig zu machen.

(4) [1]Auskunftsverlangen nach Absatz 2 dürfen nur auf Antrag der Präsidentin oder des Präsidenten des Bundeskriminalamtes oder ihrer oder seiner Vertretung durch das Gericht angeordnet werden. [2]Bei Gefahr im Verzug kann die Anordnung durch die Präsidentin oder den Präsidenten des Bundeskriminalamtes oder ihre oder seine Vertretung getroffen werden. [3]In diesem Fall ist die gerichtliche Entscheidung unverzüglich nachzuholen. [4]Die Sätze 1 bis 3 finden keine Anwendung, wenn die betroffene Person vom Auskunftsverlangen bereits Kenntnis hat oder haben muss oder wenn die Nutzung der Daten bereits durch eine gerichtliche Entscheidung gestattet wird. [5]Das Vorliegen der Voraussetzungen nach Satz 4 ist aktenkundig zu machen.

(5) [1]Die betroffene Person ist in den Fällen der Absätze 2 und 3 über die Beauskunftung zu benachrichtigen. [2]Die Benachrichtigung erfolgt, soweit und sobald hierdurch der Zweck der Auskunft nicht vereitelt wird. [3]Sie unterbleibt, wenn ihr überwiegende schutzwürdige Belange Dritter oder der betroffenen Person selbst entgegenstehen. [4]Wird die Benachrichtigung nach Satz 2 zurückgestellt oder nach Satz 3 von ihr abgesehen, sind die Gründe aktenkundig zu machen.

(6) Der auf Grund eines Auskunftsverlangens Verpflichtete hat die zur Auskunftserteilung erforderlichen Daten unverzüglich und vollständig zu übermitteln.

(7) [1]Das Bundeskriminalamt hat den Verpflichteten für ihm erteilte Auskünfte eine Entschädigung zu gewähren. [2]Der Umfang der Entschädigung bemisst sich nach § 23 und Anlage 3 des Justizvergütungs- und -entschädigungsgesetzes; die Vorschriften über die Verjährung in § 2 Absatz 1 und 4 des Justizvergütungs- und -entschädigungsgesetzes finden entsprechend Anwendung.

A. Überblick und Genese

I. Gesetzeshistorie und Hintergrund

§ 10 BKAG regelt Auskunftsersuchen des BKA hinsichtlich bei Telekommunikations- und Telemediendiensten (teils verpflichtend) gespeicherten Bestandsdaten. Die korrespondierenden Regelungen für eine Auskunft seitens der Diensteanbieter finden sich für TK-Dienste in den §§ 173 f. TKG und für Telemediendienste in den §§ 22 f. TTDSG.[1] Die aktuelle Fassung der Vorschrift und der korrespondierenden Regelungen auf Seiten der Dienste geht jenseits weniger redaktioneller Änderungen[2] auf das **Gesetz vom 30.3.2021**[3] zurück, das die verfassungsrechtlichen Anforderungen der Entscheidung BVerfGE 155, 119 umsetzen sollte. Schon der bis dahin geltende Gesetzestext war im Wesentlichen unter dem Eindruck einer verfassungsgerichtlichen Entscheidung[4] zustande gekommen,[5] und durch die Reform des BKAG aus 2017 lediglich umgestellt worden.[6] 1

Die aktuelle Regelung ist damit **Resultat gleich mehrerer verfassungsgerichtlicher Interventionen** und gesetzgeberischer Reaktionen zur Frage des staatlichen Zugriffs auf bei Privaten gespeicherte Telekommunikationsdaten. Anknüpfend an die Entscheidung des Bundesverfassungsgerichts zur Vorratsdatenspeicherung[7] und unter Bezugnahme auf die diesbezügliche Rechtsprechung des Europäischen Gerichtshofs[8] hat sich hier ein komplexes Gebilde an datenschutzgrundrechtlichen Anforderungen entwickelt. Insbesondere das Doppeltürmodell (→ § 9 Rn. 25) des Bundesverfassungsgerichts findet hier seinen Ausgangspunkt. 2

Konsequenz dieses mehrfachen Nachsteuerungsprozesses ist eine **hohe Komplexität**. Sowohl auf Seiten der Diensteanbieter als auch auf Seiten des abrufenden BKA stehen detaillierte, untereinander weitgehend wortgleiche Regelungen, die die einzelnen Konstellationen eines berechtigten Zugriffs auf Bestandsdaten ausbuchstabieren. Wenn man bedenkt, dass im Ausgangspunkt des Doppeltürmodells kompetenzrechtliche Erwägungen standen,[9] erscheint eine solche Regelungsverdoppelung bei auf beiden Seiten durch den Bund zu regelnden Weitergaben an das BKA wenig sinnhaft, zumal sich dadurch das **Risiko redaktioneller Versehen** (→ § 40 Rn. 7) **oder ungenügender Abstimmung** der „Doppeltür"-Hälften erhöht. 3

Die Bestandsdatenauskunftsregelungen werfen damit besonders akut die Frage auf, ob durch das Hin und Her sicherheitsrechtlicher Reformen und verfassungsgerichtlicher Feinjustierung ein **datenschutzrechtlicher Mehrwert** erzielt wird.[10] Mit Blick auf Vorhersehbarkeit und Fassbarkeit möglicher Datenübermittlungen liegt nahe, dass kürzere und im Wesentlichen nur die Empfänger und grobe Verarbeitungszwecke benen- 4

1 Zu den Korrespondenznormen statt vieler HdbSicherheitsR/Broemel § 21 Rn. 18 ff., 75 ff.

2 Gesetz zur Umsetzung der Richtlinie (EU) 2018/1972 des Europäischen Parlaments und des Rates v. 11.12.2018 über den europäischen Kodex für die elektronische Kommunikation (Neufassung) und zur Modernisierung des Telekommunikationsrechts (Telekommunikationsmodernisierungsgesetz) v. 23.6.2021 (BGBl. I S. 1858).

3 Gesetz zur Anpassung der Regelungen über die Bestandsdatenauskunft an die Vorgaben aus der Entscheidung des Bundesverfassungsgerichts vom 27.5.2020 v. 30.3.2021 (BGBl. I S. 448 ff.).

4 BVerfG Beschl. v. 24.1.2012 – 1 BvR 1299/05 –, BVerfGE 130, 151.

5 Vgl. Gesetz zur Änderung des Telekommunikationsgesetzes und zur Neuregelung der Bestandsdatenauskunft v. 20.6.2013 (BGBl. I S. 1602).

6 BT-Drs. 18/11163, 91.

7 BVerfG Urt. v. 2.3.2010 – 1 BvR 256/08 ua –, BVerfGE 125, 260.

8 EuGH (GK) Urt. v. 8.4.2014 – C-293/12 ua –, NJW 2014, 2169 – Digital Rights Ireland Ldt; Urt. v. 21.12.2016 – C-203/15 –, NJW 2017, 717 – Tele2 Sverige; Urt. v. 6.10.2020 – C-511/18 –, EuZW 2021, 209 ff. – La Quadrature du Net; zuletzt ferner EuGH (GK) Urt. v. 5.4.2022 – C-140/20 –, ZD 2022, 677 – G. D./Commissioner of An Garda Síochána; Urt. v. 20.9.2022 – C-793/19 ua –, ZD 2022, 666 – SpaceNet und Telekom Deutschland.

9 BVerfG Beschl. v. 24.1.2012 – 1 BvR 1299/05 –, BVerfGE 130, 151 (184).

10 Für eine ähnliche Ironie der informationellen Selbstbestimmung (Legitimierung statt Problematisierung sicherheitsbehördlicher Tätigkeit) s. Rusteberg in Brings-Wiesen/Ferreau (Hrsg.), 40 Jahre „Deutscher Herbst", 2019, S. 191 (198 ff.).

nende Normen vorteilhaft wären. Wie im Verbraucherschutzrecht[11] ist mehr Information nicht immer besser, sondern häufig sogar kontraproduktiv (***information overload***). Zudem trägt die Vorhersehbarkeit späterer Datennutzungen dort, wo der Wille der Betroffenen für die Zulässigkeit von Datennutzungen ohnehin keine Rolle spielt, wenig ein. Kaum jemand wird, weil die Regelungen zur Bestandsdatenauskunft so und nicht anders beschaffen sind, von der Nutzung von TK- oder Telemediendiensten Abstand nehmen. Ob beauskunftet wird, erfährt man bei Auskünften an staatliche Stellen im Regelfall nicht, so dass auch der **Überblick der Betroffenen über die Nutzung sie betreffender Informationen eine Fiktion** bleibt. Mit Blick auf das Ziel gesetzlich angeleiteter staatlicher Datenverarbeitung (→ § 9 Rn. 2 f., 26) stellt sich die Frage, ob die wortgetreue Übernahme detaillierter verfassungsgerichtlicher Maßstäbe in Gesetzestexte dem politischen Anliegen wirklich hilft. Im Zentrum der regelungstechnischen Aufmerksamkeit sollten mangels gerichtlicher Kontrollanlässe nicht begrifflich-abstrakte Akkuratesse, sondern Greifbarkeit und Orientierungskraft für behördliche Anwenderinnen stehen. Die Bestandsdatenauskunftsnormen erfüllen mit ihrer Länge, Abstraktheit und Kleinteiligkeit diesen Anspruch nicht. Vielleicht könnte eine Zurücknahme datenschutzverfassungsrechtlicher Detaildogmatik den Sinn für einfachgesetzliche Gestaltung staatlicher Datenverarbeitungsprozesse wiederbeleben, anstelle des offenbar zur Verwirrung der Praxis führenden[12] wortgetreuen Verfassungsgerichtsentscheidungsvollzugs.[13]

5 Daneben fragt sich, inwieweit die grundrechtlichen Maßgaben der Bestandsdatenauskunft im TK-Bereich auf andere Fälle übertragbar sind, in denen Behörden (zB staatliche Register) und private Stellen (zB Kreditinstitute) zum Vorhalten bestimmter personenbezogener Daten mit Blick auf vielfältige Verwendungen gesetzlich verpflichtet sind (zB § 24c KWG). Nähme man das an, könnte kaum eine Regelung zu auf staatlichen Anlass vorzuhaltenden Daten Bestand haben, da die einschlägigen Regelungen zumeist eine Zweckoffnung gegenüber anderen staatlichen Stellen pauschal für deren Aufgaben vorsehen. Das allein ist kein Grund gegen eine Verallgemeinerung der verfassungsrechtlichen Maßgaben, sollte aber zumindest eine genaue Prüfung der Hintergründe und Kontexte der verfassungsgerichtlichen Rechtsprechung veranlassen. Nicht jedes staatliche oder private Register mit personenbezogenen Informationen ist eine grundrechtliche Zumutung, die mit einer sechsmonatigen Vorratsdatenspeicherung auch nur in Ansätzen zu vergleichen wäre. Im Fall einer Übermittlung nach § 24c KWG geht es bspw. nur um Kontostammdaten, nicht – wie bei der ursprünglichen Vorratsdatenspeicherung – um Nutzungsdaten. Die Rechtsprechung zur Bestandsdatenauskunft war von vorneherein auf die besondere Konstellation der TK-Anbieter bezogen und rekurriert ausführlich auf die Maßgaben des Europäischen Gerichtshofs und des Bundesverfassungsgerichts zu diesem besonderen Fragenkreis.[14] **Als allgemeine verfassungsrechtliche Maßgaben für gesetzliche Verpflichtungen zum Vorhalten vielfältig nutzbarer Datenbestände taugen diese Maßstäbe nicht.** Die grundrechtlichen Anforderungen sollten auch hier von den näher zu explizierenden Grundrechtsgefährdungen her bestimmt werden. Diese sind im datenintensiven TK-Bereich und bei einer anvisierten Verwendung durch Sicherheitsbehörden viel gravierender als in anderen Bereichen staatlicher Aufgabenerfüllung, in deren Rahmen auf staatlich oder privat vorgehaltene Daten zurückgegriffen wird. Rückt man stattdessen abstrakte Grundsätze wie die Zweckbindung und die Normenklarheit in den Mittelpunkt verfassungsrechtlicher Maßstabsbildung,[15] lässt sich die Unterscheidung zwischen einer Auskunft über TK-Bestandsdaten und einer Nutzung anderer verpflichtend anzulegender Register hingegen kaum erklären.

II. Systematik und Zweck

6 **1. Gesetzgebungskompetenz.** Die Bundeskompetenz für die Regelung der Bestandsdatenauskunft im Rahmen der Zentralstellenfunktion ergibt sich aus der Zuständigkeit zur Normierung der diesbezüglichen Aufgabenerledigung des BKA, also aus **Art. 73 Abs. 1 Nr. 10 GG**. Die Kompetenz für die Regelung der korrespondierenden Datenvorhaltepflichten des TKG (§ 172 TKG), des Telekommunikationsgeheimnisses (§ 3 TTDSG) und seiner Ausnahmen (§ 174 TKG) ergibt sich für TK-Dienste aus **Art. 73 Abs. 1 Nr. 7 GG** (Telekommunikation) bzw. für Telemediendienste aus **Art. 74 Abs. 1 Nr. 11 GG** (Recht der Wirtschaft).[16] Letzte-

11 Möllers/Poppele ZGR 2013, 437 (456 f.), mwN.

12 Darauf deutet ua die unzureichende Umsetzung von BVerfG Beschl. v. 24.1.2012 – 1 BvR 1299/05 –, BVerfGE 130, 151 – trotz eigens darauf gemünzter Reform – hin oder auch die Unfähigkeit leitender Behördenmitarbeiter, in verfassungsgerichtlichen Verfahren die Rechtsgrundlagen des eigenen Handelns zu nennen, vgl. BVerfG Urt. v. 19.5.2020 – 1 BvR 2835/17 –, BVerfGE 154, 152 (304, Rn. 311): „lässt jedoch nicht erkennen, zu welchen Zwecken hier eine Datenübermittlung erlaubt werden soll [...]. Die Unsicherheiten hierüber in der mündlichen Verhandlung haben dies bestätigt“.

13 Zur Kritik etwa Gärditz, Konturen eines allgemeinen Nachrichtendienstverfassungsrechts, VerfBlog, 2022/5/02.

14 Vgl. BVerfG Beschl. v. 24.1.2012 – 1 BvR 1299/05 –, BVerfGE 130, 151; Beschl. v. 27.5.2020 – 1 BvR 1873/13 ua –, BVerfGE 155, 119.

15 In diese Richtung BVerfG Beschl. v. 27.5.2020 – 1 BvR 1873/13 ua –, BVerfGE 155, 119 (180 ff., Rn. 130 ff.).

16 BT-Drs. 19/25294, 38; s. auch HdbSicherheitsR/Broemel § 21 Rn. 19.

re Kompetenz steht unter dem Vorbehalt der Erforderlichkeit bundeseinheitlicher Regelung (Art. 72 Abs. 2 GG). Da der Sitz eines deutschlandweit angebotenen Telemediendienstes auf Benutzerebene, um deren Datenschutz es geht, letztlich irrelevant ist und eine strategische Verlegung des Sitzes mit Blick auf unterschiedliche Datenschutzniveaus bei Telemedien ohne Kosten möglich wäre, ist die Annahme des Gesetzgebers nachvollziehbar, dass die Rechts- und Wirtschaftseinheit ohne bundeseinheitliche Regelung gefährdet wäre.[17]

Nicht ohne Weiteres klar ist, welchem Gesetzgeber im **Fall einer Kompetenzspaltung** die Befugnis zukäme, eine Auskunftspflicht der TK- oder Telemediendienste-Anbieter zugunsten anfragender Sicherheitsbehörden zu normieren. Denn zum einen berührt eine solche Pflicht die Ermittlungs- und Handlungsfähigkeit der anfragenden Sicherheitsbehörden und damit die Regelungsmöglichkeiten des insoweit zuständigen Gesetzgebers. Zum andern setzt eine solche Pflicht in der praktischen Umsetzung die Erfüllbarkeit im Rechtsverhältnis zur Nutzerin voraus. Jede öffentlich-rechtliche Pflicht von Diensteanbietern zur Auskunft wirkt damit ihrem Anspruch nach auch auf das Rechtsverhältnis zwischen Diensteanbieter und Dienstenutzer mit Blick auf den insoweit geschuldeten Datenschutz. Auf diese Frage bietet das kompetenzrechtlich begründete Doppeltürmodell eine Antwort, indem es die beiden Rechtsverhältnisse (Diensteanbieter-Nutzerin/Diensteanbieter-Staat) voneinander entkoppelt. Bei einem Auseinanderfallen der Kompetenz haben im Ausgangspunkt beide Kompetenzträger die Befugnis zur Regelung des ihrer Zuständigkeit unterliegenden Rechtsverhältnisses. Sie unterliegen hierbei jedoch der Kompetenzausübungsschranke der Bundestreue, wonach sich beide Seiten nicht unter Ausnutzung ihrer Regelungsbefugnis gegenseitig obstruieren dürfen.[18] Die inhaltliche Abstimmung und gegenseitige Bezugnahme der Abrufbefugnisse und Auskunftsrechte und -pflichten entschärft in der Praxis dieses Problem. 7

2. Unionsrechtliche Überformung. Im Hintergrund der Regelungen zur Bestandsdatenauskunft im TK-Bereich stehen auch unionsrechtliche Normen, insoweit diese Normen die erste Hälfte der eine Bestandsdatenauskunft ermöglichenden „Doppeltür" betreffen. Hier regelt die **e-privacy-RL**[19] den maßgeblichen Datenschutz und bestimmt allgemein die Pflicht zur Sicherstellung vertraulicher elektronischer Kommunikation (Art. 5 e-privacy-RL). Art. 15 e-privacy-RL eröffnet den Mitgliedstaaten jedoch die Möglichkeit, Datenvorhalte- und Auskunftspflichten ua gegenüber Sicherheitsbehörden vorzusehen. Diese Regelungen der e-privacy-RL stehen in einem komplexen Verhältnis zu den Regelungen der **DS-GVO** (vgl. Art. 95 DS-GVO),[20] das hier nicht näher ergründet werden kann. Die Öffnung des EU-Fachrechts für die mitgliedstaatliche Gestaltung sicherheitsbehördlicher Auskunftsverlangen über TK-Daten dürfte jedoch im Ergebnis unstreitig sein,[21] so dass primär die Grundrechte des Grundgesetzes maßgeblich sind.[22] Die Grundsätze des europäischen Datenschutzrechts sind jedoch auf beiden Seiten der Doppeltür zu beachten (Auskunft: Art. 15 Abs. 1 e-privacy-RL; Abruf: DSRL-JI). 8

3. Grundlagen der Bestandsdatenauskunft. Die Bestandsdatenauskunft nach § 10 BKAG ist eine gesondert geregelte **Standardmaßnahme der Datenerhebung** im Rahmen der Zentralstellenfunktion. In ihrem Anwendungsbereich verdrängt die Standardmaßnahme die allgemeine Ermächtigung zur Datenerhebung durch Auskunftsersuchen gegenüber privaten und öffentlichen Stellen (§ 9 Abs. 1 BKAG). Bestandsdatenauskunftsbefugnisse im Rahmen der präventiven Terrorismusabwehr (§ 40 BKAG) und des Personen- und Zeugenschutzes (§§ 63a, 66a BKAG) sind gesondert geregelt. Soweit das BKA selbst strafverfolgend tätig wird (§ 4 BKAG), handelt es nach den Befugnissen der StPO. 9

Die Bestandsdatenauskunft nach § 10 BKAG vollzieht sich **im manuellen Verfahren** durch eine Anforderung seitens des BKA (§ 10 BKAG) und deren Erfüllung seitens der Anbieter von TK- und Telemediendiensten (§ 174 TKG bzw. § 22 TMG). Ein automatisierter Abruf, wie er nach § 173 TKG für bestimmte Daten (vgl. § 172 TKG) vorgesehen ist, ist dem BKA – wie auch anderen Sicherheitsbehörden – nicht gestattet. **Automatisierte Abfragen** sind nach § 173 Abs. 1 TKG **allein der BNetzA eröffnet**, die dadurch ihrerseits Auskunftsersuchen der in § 173 Abs. 2 TKG bestimmten Behörden zu erfüllen hat. Das BKA gehört in seiner Zentralstellenfunktion nicht zu den Stellen, die einen solchen automatisierten Abruf mittelbar veranlassen können. Lediglich dann, wenn das BKA selbst als Gefahrenabwehr- oder Strafverfolgungsbehörde handelt (§§ 4–8 BKAG), kann es nach seinen insoweit bestehenden Datenerhebungsbefugnissen (StPO; § 9 Abs. 2 und § 39 BKAG) bei der BNetzA entsprechende Auskünfte erfragen, welche diese dann per automa- 10

17 BT-Drs. 19/25294, 38; zur vergleichbaren Situation beim NetzDG Buchheim JuS 2018, 548 (552).
18 Herbst, Gesetzgebungskompetenzen im Bundesstaat, 2014, S. 287–290; Buchheim, Actio, Anspruch, subjektives Recht 2017, 141.
19 RL 2002/58/EG des Europäischen Parlaments und des Rates v. 12.7.2002 über die Verarbeitung personenbezogener Daten und den Schutz der Privatsphäre in der elektronischen Kommunikation (Datenschutzrichtlinie für elektronische Kommunikation, ABl. L 201 S. 37).
20 Vgl. nur Kühling/Buchner/Kühling/Raab DS-GVO/BDSG, 3. Aufl. 2020, DS-GVO Art. 95 Rn. 1 ff.
21 S. auch BVerfG Beschl. v. 27.5.2020 – 1 BvR 1873/13 ua –, BVerfGE 155, 119 (232 f., Rn. 261).
22 Vgl. BVerfG Beschl. v. 27.11.2019 – 1 BvR 16/13 –, BVerfGE 152, 152 (169 ff., Rn. 42 ff.).

tisiertem Abruf und anschließender Weitergabe erfüllt. Die nach § 172 TKG verpflichtend vorzuhaltenden Daten sind dem BKA in seiner Zentralstellenfunktion also nur über das manuelle Auskunftsverfahren zugänglich.

11 Die Bestandsdatenauskunft nach § 10 BKAG ist **für die Diensteanbieter verpflichtend** (vgl. Abs. 1: „darf verlangen"; Abs. 6; § 174 Abs. 6 TKG; § 22 Abs. 5 TTDSG). Sie ist für sie **durch die unmittelbar maßgeblichen Fachgesetze (TKG; TTDSG) geregelt**, während sich Anfrage und Entgegennahme durch das BKA nach dem BKAG bzw. der StPO richten. Die materiellen und verfahrensrechtlichen Voraussetzungen, unter denen das BKA Daten anfordern darf, sind seitens der Diensteanbieter nicht zu prüfen. Diese kontrollieren nur die in § 174 Abs. 2 TKG bzw. § 22 Abs. 2 TTDSG genannten Formalvoraussetzungen (grds. schriftliche Anforderung; Benennung der Rechtsgrundlage; Anfrage durch eine der anfrageberechtigten Stellen). Für die Zulässigkeit einer Bestandsdatenauskunft ist daher die jeweils ersuchende Stelle, hier das BKA, verantwortlich.

12 Nach der **Konzeption des Bundesverfassungsgerichts**[23] sind die verpflichtende Vorhaltung von Daten durch Private, die Zwecköffnung aus anderen Gründen gespeicherter Datenbestände sowie Anforderung und Entgegennahme durch staatliche Stellen gesondert gesetzlich zu regeln. Da man das Eingriffsgewicht verpflichtender Datenspeicherungen nur anhand möglicher späterer Datenverwendungen ermessen kann, muss nach dem Bundesverfassungsgericht bereits **die Regelung zur Speicherung die Verwendungszwecke bestimmen.** Dabei reicht es bei Speicherpflichten, die von vornherein darauf angelegt sind, die Daten für vielfältige spätere Verwendungen nutzbar zu machen, nicht aus, den unmittelbaren Zweck der Datenspeicherung („Verfügbarkeit für künftige Nutzung durch andere Behörden") gesetzlich zu regeln. Stattdessen muss in diesen Fällen bereits bei den Regelungen zur Speicherpflicht der Rahmen möglicher künftiger Verwendung durch die auskunftberechtigten Stellen bestimmt werden. Diese Aufgabe kommt dem Normgeber zu, der für die Speicherpflicht zuständig ist, nicht demjenigen, der über mögliche künftige Nutzungen entscheidet. Dies gilt aus Gründen der Normenklarheit grundsätzlich auch, wenn sowohl die Gesetzgebungskompetenz für die Speicher-/Verwendungs- als auch die Abrufregelung bei derselben Stelle liegt. **Beide Seiten des Datenweitergabevorgangs müssen** jeweils für sich betrachtet die Bedingungen zulässiger **Verwendung/Übermittlung bzw. Anforderung/Entgegennahme hinreichend bestimmen und eingrenzen.** Bei einer Weitergabe an Sicherheitsbehörden müssen hierbei auf beiden Seiten die für das Sicherheitsrecht entwickelten **Anforderungen an die Festlegung von Eingriffsschwellen** beachtet werden. Im Fall der vergleichsweise eingriffsmilden Bestandsdatenauskunft bedeutet das im Gefahrenabwehrbereich eine verpflichtende Bindung an konkretisierte Gefahren, im Strafverfolgungsbereich an einen Anfangsverdacht und im Nachrichtendienstbereich an einen spezifischen Aufklärungsbedarf.[24]

13 Diesen Anforderungen wurden die **Vorgängerregelung** des § 10 BKAG bzw. die korrespondierenden Speicher- und Übermittlungsgrundlagen des TKG jeweils nicht gerecht, weil letztere **nur allgemein auf die Aufgaben des BKA verwiesen** und erstere **keine Eingriffsschwellen normierten.** Der Gesetzgeber hat nun beide Anforderungen durch entsprechende Ergänzungen im TKG (§ 174), im BKAG und nunmehr auch im TTDSG (§§ 22 f.) in enger Orientierung an der verfassungsgerichtlichen Entscheidung umgesetzt. Durch Erstrecken dieser Anforderungen auf Telemediendienste ist der Gesetzgeber hierbei über den unmittelbar durch die verfassungsgerichtliche Entscheidung vorgezeichneten Bereich hinausgegangen.

B. Kommentierung im Einzelnen

I. Pflichtige und materielle Voraussetzungen des Abrufs (Abs. 1)

14 **1. Telekommunikations- und Telemediendienste.** Auskunftsverpflichtete im Rahmen des § 10 BKAG sind **alle Anbieter von Telekommunikations- oder Telemediendiensten.** Die jeweiligen Begrifflichkeiten sind in § 3 Nr. 1 TKG bzw. § 2 Nr. 1 TMG legaldefiniert und in den § 3 Nr. 61 TKG bzw. § 2 Nrn. 4, 6 und 10 TMG näher in verschiedene Dienstearten typisiert. Telemediendienste sind alle Dienste der Informationsgesellschaft iSd § 1 Abs. 1 lit. b RL (EU) 2015/1535,[25] also jede idR gegen Entgelt elektronisch im Fernabsatz und auf individuellen Abruf eines Empfängers erbrachte Dienstleistung. Im Verhältnis zu TK-Diensten handelt es sich bei den Telemediendiensten um den Oberbegriff. Regelungen spezifisch zu TK-Diensten ver-

23 Zum folgenden Absatz s. insgesamt BVerfG Beschl. v. 24.1.2012 – 1 BvR 1299/05 –, BVerfGE 130, 151; Beschl. v. 27.5.2020 – 1 BvR 1873/13 ua –, BVerfGE 155, 119.

24 BVerfG Urt. v. 14.7.1999 – 1 BvR 2226/94 ua –, BVerfGE 100, 313 (378); Urt. v. 18.7.2005 – 2 BvR 2236/04 –, BVerfGE 113, 313 (395); Beschl. v. 4.4.2006 – 1 BvR 518/02 –, BVerfGE 115, 320 (360 f.); zuletzt Urt. v. 26.4.2022 – 1 BvR 1619/17 –, juris, Rn. 164; näher zu den Eingriffsschwellen s. Poscher DV 41 (2008), 345 (356 ff.); auch → § 9 Rn. 32.

25 Richtlinie (EU) 2015/1535 des Europäischen Parlaments und des Rates v. 9.9.2015 über ein Informationsverfahren auf dem Gebiet der technischen Vorschriften und der Vorschriften für die Dienste der Informationsgesellschaft (ABl. L 241 S. 1).

drängen daher Regelungen zu den Telemediendiensten, so dass die Übermittlungsregelungen des TKG und des TTDSG in Alternativität zueinanderstehen.

TK-Dienste sind zB die Bereitstellung eines Telefon- oder Internetanschlusses, aber auch, nach der **nunmehr maßgeblichen nutzungsfunktionalen Betrachtung**, eines Messengerdienstes oder E-Mail-Postfachs.[26] Es handelt sich jeweils um Dienste, die auf die übermittelten Inhalte keinen eigenen Einfluss ausüben und insofern inhaltsneutral sind. Telemediendienste sind hingegen Dienste, die elektronisch übermittelte Inhalte selbst produzieren, etwa Google (Erstellung der Ergebnisliste), Informationsangebote im Netz (zB Wikipedia), oder online-Maklerdienste (AirBnB). 15

Infolge der jüngsten Erweiterung hin zu einem **nutzerfunktionalen Begriff** der „Telekommunikationsdienste" hat sich der Anwendungsbereich des TKG erheblich geweitert (nunmehr Instant-Messenger und andere primär der interpersonellen Kommunikation dienende sog. *over the top*-Dienste), so dass die Bestandsdatenauskunft durch (verbliebene) „echte" Telemediendienste praktisch erheblich seltener werden dürfte.[27] 16

2. Gegenstand: Bestandsdaten und Daten nach § 172 TKG. Bestandsdaten sind in **§ 3 Nr. 6 TKG** definiert als „Daten eines Endnutzers, die erforderlich sind für die Begründung, inhaltliche Ausgestaltung, Änderung oder Beendigung eines Vertragsverhältnisses über Telekommunikationsdienste" (entsprechend für Telemedien **§ 2 Abs. 2 Nr. 2 TTDSG**). Hierzu zählen regelmäßig Name, Anschrift, oder Kontoinformationen bei einer Abrechnung per Lastschrift. 17

Daneben können bei TK-Diensten die nach § 172 TKG verpflichtend zu speichernden personenbezogenen Daten abgefragt werden, insbesondere Name, Rufnummern, Nutzerkennungen (zB Skype-Name), Geburtsdatum der Nutzerin und Datum des Vertragsbeginns. Entsprechende Vorhalteverpflichtungen bestehen für Telemediendienste nicht. Ihre Heranziehung für Datenauskunftsersuchen ist damit stärker von ihrer jeweiligen Vertrags- und Datenspeicherpraxis abhängig. 18

Die von § 10 BKAG erfassten Datenbestände betreffen keine Daten, die als solche über konkretes Nutzungsverhalten Auskunft geben. Die **Eingriffstiefe** von Bestandsdatenauskünften auch zu sicherheitsbehördlichen Zwecken wird vom Bundesverfassungsgericht daher grundsätzlich als **eher niedrig** eingestuft.[28] 19

3. Abrufberechtigte. Abrufberechtigt ist nach dem § 10 Abs. 1 **das BKA in seiner Zentralstellenfunktion** (zu dieser näher → § 2 Rn. 4 ff.; 12 ff.). 20

4. Materielle Abrufvoraussetzungen. Gem. den Forderungen des Bundesverfassungsgerichts spiegelt die Abrufermächtigung des BKAG die Zwecköffnungsvoraussetzungen des § 174 Abs. 3 Nr. 3 TKG und implementiert die geforderten Eingriffsschwellen. Eine Abfrage darf **nur „im Einzelfall" aus Anlass bestimmter Verfahren und Vorgänge**, also nicht auf Vorrat für die verschiedenen Aufgaben der Zentralstelle, erfolgen. Eine Ergänzung allgemeiner Auswertungen und Lagebilder oder Verdichtung der Informationsbasis mit Blick auf eine spätere, noch nicht näher zugeordnete Aufgabenerfüllung ist damit unzulässig, obwohl auch solche Tätigkeiten zu den Aufgaben des BKA zählen (vgl. § 2 Abs. 6 BKAG, → § 2 Rn. 80 ff.). Auf den ersten Blick nicht verständlich ist diese Strenge mit Blick auf die allgemeine Zulässigkeit von Auskunftsersuchen nach § 9 Abs. 1 BKAG bei privaten Stellen. Denn entsprechende Daten könnten bei anderen privaten Dienstleistern (zB Banken) ohne Weiteres angefragt werden. Der Unterschied liegt allerdings darin, dass die Bestandsdatenauskunft verpflichtend ist, während die Weitergabe von Informationen durch sonstige private Stellen dort, wo sie nicht besonders, etwa durch die StPO, geregelt ist, freiwillig erfolgt. Anders als solche Auskünfte beruhen Bestandsdatenauskünfte also nicht auf privater Entscheidung. 21

Eine Ermächtigung zur Abfrage besteht jeweils entweder zum Zweck der Ermittlung der zuständigen – im Rahmen der Zentralstellenfunktion zu unterstützenden – Stelle oder zur Erfüllung der dem BKA im Kontext des internationalen Rechtsverkehrs obliegenden Aufgaben (Bearbeitung von Auskunftsersuchen zur Rechtshilfe in Strafsachen, in Strafvollstreckungssachen oder zur Straftatenverhütung). Ein Abruf setzt jeweils das **Erreichen bestimmter Eingriffsschwellen** voraus, die mit unterschiedlichen **Anforderungen an die zu schützenden Rechtsgüter** oder zu verhütenden Straftaten korrespondieren (→ § 9 Rn. 32 f.). 22

Abfragen zur **Unterstützung strafverfolgender Tätigkeit** (Satz 2 Nr. 1) setzen – auch im Rahmen der internationalen Rechtshilfe – jeweils „tatsächliche Anhaltspunkte für das Vorliegen einer Straftat", also einen **Anfangsverdacht**, voraus.[29] 23

Ein Abruf zur **Erfüllung strafvollstreckungsbezogener Auskunftsersuchen** im internationalen Rechtsverkehr ist zulässig, wenn er **zu Zwecken der Strafvollstreckung erforderlich** ist (Satz 2 Nr. 2). Hier ergibt das Kriterium der Eingriffsschwelle natürlich keinen Sinn. 24

26 Zu den entsprechenden Klarstellungen durch das Telekommunikationsmodernisierungsgesetz s. BT-Drs. 19/26108, 231, 236 f.

27 Bäcker, Stellungnahme im Rahmen der öffentlichen Anhörung des Innenausschusses des Deutschen Bundestages zu dem Entwurf eines Gesetzes zur Anpassung der Regelungen über die Bestandsdatenauskunft an die Vorgaben aus der Entscheidung des Bundesverfassungsgerichts vom 27.5.2020 (BT-Drs. 19/25294) v. 22.1.2021, Ausschuss-Drs. 19(4)696 A, 5 f.

28 BVerfG Beschl. v. 27.5.2020 – 1 BvR 1873/13 ua –, BVerfGE 155, 119 (188 f., Rn. 150).

29 Vgl. BT-Drs. 19/25294, 47.

25 Ein Abruf zur koordinierenden Unterstützung der **Straftatenverhütung** (Gefahrenabwehr, → § 1 Rn. 50 f.) ist abstufend nach **verschiedenen Gefahrgraden** gestattet, je nachdem welche Art von Straftat zu verhüten ist (Satz 2 Nrn. 3–5).[30]

26 Eine Abfrage zur Unterstützung der Verhütung von Straftaten nach § 2 Abs. 1 BKAG (→ § 2 Rn. 12 ff.), dh solcher von länderübergreifender, internationaler oder erheblicher Bedeutung, setzt eine **konkrete Gefahr im polizeirechtlichen Sinn** voraus (Nr. 3).[31] Es muss also eine konkrete Sachlage bestehen, aufgrund derer mit hinreichender Wahrscheinlichkeit in überschaubarem Zeitraum ein konkret umrissenes Schadensereignis droht.[32] Hiervon sind alle Straftaten erfasst, zu deren Verhütung das BKA überhaupt koordinierend als Zentralstelle handeln darf. Im Gegenzug ist ein Abruf hier an die vergleichsweise anforderungsvolle Eingriffsschwelle einer konkreten Gefahr gebunden.

27 Eine Abfrage zur Unterstützung der Verhütung von **Straftaten von „erheblicher Bedeutung"** ist unter der geringeren **Voraussetzung einer konkretisierten Gefahr** zulässig (Nr. 4). Die gesetzliche Formulierung orientiert sich hier eng an den bundesverfassungsgerichtlichen Umschreibungen.[33] Gemeint ist eine gewisse Lockerung der mit dem Begriff der konkreten Gefahr verbundenen Anforderungen an die Spezifizierung und zeitliche Nähe des bevorstehenden Geschehensablaufs und drohenden Schadensereignisses, also an den **Inhalt der anzustellenden Prognose**. Es muss aber erkennbar und explizierbar bleiben, wie der zu verhütende Sachverhalt aussehen könnte und von welchen konkreten Personen er ausgeht. Dieses konkretisierte Bild der abzuwehrenden Straftat muss sich aus dem BKA bekannten Tatsachen (**Prognosegrundlage**) schließen lassen. Das lässt allgemeine Befürchtungen oder vermeintliches kriminalistisches Wissen um die Gefährlichkeit bestimmter Situationen nicht genügen.

28 Eine die Zuständigkeit des BKA begründende länderübergreifende oder internationale Relevanz (vgl. § 2 Abs. 1 BKAG, → § 2 Rn. 13 ff.) ist bei diesem Gefahrgrad nicht ausreichend, wenn es sich nicht zugleich um Straftaten von erheblicher Bedeutung handelt. Für den **Begriff der Erheblichkeit** verweist der Gesetzentwurf auf die Ausführungen zur Abfrage durch Gefahrenabwehrbehörden.[34] Für diese gelten als Rechtsgüter von erheblichem Gewicht Leib, Leben, Freiheit der Person, sexuelle Selbstbestimmung, der Bestand und die Sicherheit des Bundes oder eines Landes, die freiheitlich demokratische Grundordnung, Güter der Allgemeinheit, deren Bedrohung die Grundlagen der Existenz der Menschen berührt sowie nicht unerhebliche Sachwerte (vgl. § 174 Abs. 3 Nr. 2 lit. b TKG). An diesem **Verweis ist unglücklich**, dass Zuständigkeit und Datenabrufbefugnisse der Zentralstelle auch dort, wo sie wie hier präventive Zwecke verfolgen, nicht rechtsgutsbezogen, sondern **straftatenbezogen definiert** sind (**Straftatenverhütung**).[35] Das hat einen guten Grund, weil die Rechtsgüter der StGB-Straftatbestände wesentlich komplexer und vielschichtiger sind als eine Aufzählung einiger weniger elementarer Rechtsgüter. Wie wäre etwa in dieser undifferenzierten Matrix ein Privatwohnungseinbruchsdiebstahl von Sachen im Wert von 100,- Euro unter Mitführung von Waffen zu bewerten? Die abstrakte Gefährdungskomponente, die die besondere Strafdrohung des Diebstahls mit Waffen begründet, macht daraus keinen Tatbestand zum Schutz der körperlichen Unversehrtheit. Ebenso wenig lässt sich der besondere Privatsphäreneingriff, der die Verschärfung des § 244 Abs. 4 StGB begründet, einem der aufgezählten Rechtsgüter zuordnen. Dieser Komplexität entsprechend verweist das Bundesverfassungsgericht in seiner Entscheidung „Bestandsdatenauskunft II"[36] zur Konkretisierung des Begriffs der Straftaten von „erheblicher Bedeutung" nicht auf die durch die straftatenverhütende Tätigkeit geschützten Rechtsgüter, sondern auf seine Entscheidung zu den Antiterrorbefugnissen des BKAG,[37] welche wiederum auf BVerfGE 107, 299[38] verweist. Diese Entscheidung nimmt als Annäherung den Katalog des § 100g Abs. 1 StPO in Bezug und damit **mittelbar § 100a Abs. 2 StPO**. Folgt man dieser Verweiskette, ist die vom Gesetzgeber angedeutete Differenzierung zwischen den in Nr. 4 und Nr. 5 in Bezug genommenen Straftaten weitgehend hinfällig, da beide Abruftatbestände (Straftat von erheblicher Bedeutung/schwere Straftat) letztlich auf denselben Katalog (§ 100a Abs. 2 StPO) verweisen. Ein Unterschied besteht allerdings insoweit, als § 100a Abs. 2 StPO die „schweren Straftaten" abschließend aufzählt, während der Katalog für die Frage des erheblichen Gewichts nur eine Annäherung bildet (vgl. § 100g Abs. 1 StPO). Das passt nur bedingt zur Absicht des Gesetzgebers, der – wie beim Abruf durch Gefahrenabwehrbehörden – eine norma-

30 BT-Drs. 19/25294, 47.
31 BT-Drs. 19/25294, 47, 54.
32 Kingreen/Poscher, POR, § 8 Rn. 2, 9.
33 Vgl. BVerfG Beschl. v. 27.5.2020 – 1 BvR 1873/13 ua –, BVerfGE 155, 119 (187 f., Rn. 148).
34 BT-Drs. 19/25294, 55. Es ist nicht klar, ob das Begriffsverständnis im Rahmen des § 2 BKAG auch hier maßgeblich sein soll, s. dazu Schenke/Graulich/Ruthig/Graulich BKAG § 2 Rn. 10 („mindestens der mittleren Kriminalität zuzurechnen").
35 So auch BT-Drs. 19/25294, 55.
36 BVerfG Beschl. v. 27.5.2020 – 1 BvR 1873/13 ua –, BVerfGE 155, 119 (189, Rn. 150).
37 BVerfG Urt. v. 20.4.2016 – 1 BvR 966/09 ua –, BVerfGE 141, 220 (270, Rn. 107).
38 BVerfG Urt. v. 12.3.2003 – 1 BvR 330/96 –, BVerfGE 107, 299 (321 ff.).

tive Stufung zwischen den nach Nr. 4 und Nr. 5 zum Abruf berechtigenden Schutzinteressen annimmt.[39] Ein Bedürfnis nach einer normativen Stufung der Schutzgüter folgt daraus, dass es sich bei § 10 Abs. 1 S. 2 Nr. 4 und Nr. 5 BKAG um unterschiedliche Eingriffsschwellen bzw. Konkretisierungsgrade bevorstehender Straftaten handelt.[40] Anders als im Rahmen der Bestandsdatenauskunft an sonstige Gefahrenabwehrbehörden (vgl. § 174 Abs. 2 Nr. 2 lit. b und lit. c TKG) korrespondiert mit der in Nr. 5 abgesenkten Eingriffsschwelle aber gerade keine fassbare Erhöhung der materiellen Anforderungen an die zu verhütende Straftat.
Eine **Verfassungswidrigkeit** dürfte aus diesem Umstand allerdings **nicht folgen**. Das Bundesverfassungsgericht scheint selbst davon auszugehen, dass der Unterschied zwischen „schwerer Straftat" und „Straftat von erheblicher Bedeutung" letztlich nur in der abschließenden Benennung der schweren Straftaten (§ 100a Abs. 2 StPO) im Gegensatz zu denjenigen „von erheblicher Bedeutung" liegt.[41] Bedenkt man, dass es im Kern darum geht, die Möglichkeit von Bestandsdatenauskünften unterhalb der „konkretisierten Gefahr" nicht zu sehr durch Bezugnahme auf nur regelbeispielhaft angedeutete Straftaten ausfransen zu lassen, erscheint der Verweis auf einen abschließenden Straftatenkatalog auch als probates Mittel und sinnvolle Unterscheidung. Dass es sich nach § 10 Abs. 1 S. 2 Nr. 5 BKAG bei der zu verhütenden Katalogstraftat um eine solche handeln muss, die auch im Einzelfall erhebliches Gewicht hat, ist gesetzlich nicht gefordert.[42] Das ist konsequent, weil die Konturen der Straftat im Vorfeld einer konkretisierten Gefahr gerade noch nicht hinreichend absehbar sind, um diese Frage ermessen zu können. 29

Eine Bestandsdatenabfrage zur Unterstützung der **Verhütung von schweren Straftaten** (Nr. 5) iSd § 100a Abs. 2 StPO ist sogar **unterhalb der Schwelle einer konkretisierten Gefahr möglich**. In der Sache entlastet dies das BKA von den auch mit dem Begriff der „konkretisierten Gefahr" noch verbundenen Anforderungen an die Konkretisierung des Ablaufs und der ungefähren Gestalt des zu verhütenden Sachverhalts. Erforderlicher Prognoseinhalt ist nur noch, dass in überschaubarer Zeit eine Straftat iSd § 100a StPO durch eine bestimmte Person droht. Als **Prognosegrundlage** muss das BKA allerdings auf das **individuelle Verhalten** dieser Person verweisen können, aus dem sich eine konkrete Wahrscheinlichkeit der Begehung einer solchen Straftat ergibt. Dass eine Person aufgrund ihres zurückliegenden Verhaltens – zB aufgrund der Frequentierung rechtsextremer Foren und des Erwerbs bestimmter gefahrgeneigter Kenntnisse (Schießtraining) – abstrakt als „gefährlich" und zur Begehung einer der genannten Straftaten geneigt eingeschätzt wird, kann daher nicht genügen. Die geforderte Prognose muss verhaltensbezogen (künftige, zumindest abstrakt zu bestimmende Straftat) und darf nicht allein personenbezogen („künftiger Straftäter") sein. Es handelt sich also um die individuell-verhaltensbasierte Prognose eines nur sehr abstrakt umrissenen Inhalts (künftige Straftat nach § 100a Abs. 2 StPO). 30

Zum Fehlen eines Schutzes besonderer Vertraulichkeitsverhältnisse bei einer Abfrage bei Telemediendiensten (→ § 10a Rn. 18). 31

II. Abfrage von Zugangsdaten (Abs. 2)

Die **Auskunft über Zugangsdaten**, also Daten mittels derer auf die auf Endgeräten oder an anderer Stelle (zB Cloud) gespeicherten Inhalte zugegriffen werden könnte (zB E-Mail-Passwort; Handy-PIN), ist **nach Abs. 2 akzessorisch zu der Berechtigung, diese Daten tatsächlich zu nutzen**. Diese gesonderte Regelung hatte das Bundesverfassungsgericht bereits in seiner ersten Bestandsdatenauskunftsentscheidung eingefordert.[43] Sie wurde durch die jüngste Neuregelung nur aus Gründen der Übersichtlichkeit in einen eigenen Absatz gezogen.[44] Es handelt sich um eine Sicherung gegenüber späterer missbräuchlicher Verwendung. Zugleich ist das Erfordernis Folge des Verhältnismäßigkeitsgrundsatzes, weil eine Auskunft über Zugangsdaten, die später nicht genutzt werden dürften, nicht erforderlich ist. Die Voraussetzungen einer Nutzung von Zugangsdaten variieren je nach angestrebtem Zugangsszenario (zB Nutzung zum Mitlesen laufender Kommunikation nur unter den scharfen Voraussetzungen der § 100a StPO). Maßgeblich sind jeweils die Anforderungen für die im Zeitpunkt der Bestandsdatenauskunft anvisierte Datennutzung. Die Regelung 32

39 BT-Drs. 19/25294, 54: „Die Buchstaben b und c spezifizieren die im Beschluss des Bundesverfassungsgerichts zum Ausdruck kommenden Ausprägungen der Vorstufen der konkreten Gefahr (BVerfG, aaO, Rn. 148 ff.) näher aus und tragen gleichzeitig den steigenden Anforderungen an die Verhältnismäßigkeit Rechnung, indem auch das Gewicht der zu schützenden Rechtsgüter zunimmt".

40 BT-Drs. 19/25294, 54; BVerfG Beschl. v. 27.5.2020 – 1 BvR 1873/13 ua –, BVerfGE 155, 119 (188, Rn. 149).

41 BVerfG Urt. v. 2.3.2010 – 1 BvR 256/08 ua –, BVerfGE 125, 260 (329): „Welche Straftatbestände hiervon umfasst sein sollen, hat der Gesetzgeber abschließend mit der Verpflichtung zur Datenspeicherung festzulegen. […] Eine Generalklausel oder lediglich die Verweisung auf Straftaten von erheblicher Bedeutung reichen hingegen nicht aus".

42 Zu diesem Erfordernis BVerfG Urt. v. 2.3.2010 – 1 BvR 256/08 ua –, BVerfGE 125, 260 (329).

43 Vgl. BVerfG Beschl. v. 24.1.2012 – 1 BvR 1299/05 –, BVerfGE 130, 151 (208 f.).

44 BT-Drs. 19/25294, 47.

wird teils als mit dem Gebot bereichsspezifischer und normenklarer Regelung unvereinbar kritisiert.[45] Sie wurde allerdings vom Bundesverfassungsgericht explizit gebilligt.[46]

33 Bei der Frage, was aus der Bindung an die Nutzungsbefugnis im Rahmen des § 10 Abs. 2 BKAG folgt, sind die infrage kommenden Szenarien einer Bestandsdatenauskunft zu Zentralstellenzwecken im Auge zu behalten. Der Abruf ist in Inlandskontexten nur zu dem Zweck zulässig, die zuständige Stelle zur Strafverfolgung oder Straftatenverhütung zu ermitteln (→ Rn. 23 ff.). Wozu hierzu Kennwortdaten und deren Nutzung durch das BKA selbst erforderlich sein könnten, ist unklar.[47] Soweit das BKA durch eine Zugangsdatenabfrage ein Auskunftsersuchen im internationalen Rechtshilfeverkehr erfüllen soll, ist die **Übermittlung die maßgebliche „Nutzung"** der abgerufenen Zugangsdaten. Es kommt also darauf an, ob das BKA die Zugangsdaten an die anfragende ausländische Stelle übermitteln darf, nicht darauf, ob die anfragende Stelle anschließend die Zugangsdaten auch nutzen darf, um Zugang zu gespeicherten Inhalten zu bekommen. Denn in die spätere rechtliche Nutzbarkeit durch eine ausländische Stelle besteht keine Einsicht des BKA.

34 Obwohl die Abrufbefugnis dies nicht klar zum Ausdruck bringt, ist **eine Abfrage von Zugangsdaten zu Zentralstellenzwecken nur bei TK-Anbietern**, nicht bei Telemediendiensten gestattet.[48] § 10 Abs. 2 BKAG verweist nur auf § 174 Abs. 1 S. 2 TKG, nicht auf § 23 TTDSG, der die die Auskunft über Zugangsdaten seitens Telemediendiensten regelt. Zentralstellenzwecke fallen weder unter den Begriff der Strafverfolgung (§ 23 Abs. 2 S. 1 Nr. 1 TTDSG) noch unter die Gefahrenabwehr (§ 23 Abs. 2 S. 1 Nr. 2 TTDSG). Auch sonst entsprechen die Voraussetzungen des § 10 Abs. 1, 2 BKAG für den Abruf von Zugangsdaten nicht den besonders strengen Anforderungen des § 23 Abs. 2 TTDSG, so dass hier der Abruf – entgegen den verfassungsgerichtlichen Anforderungen – in weiterem Rahmen zulässig wäre als die Bereitstellung zum Abruf. Hintergrund dieser restriktiven Regelung des Zugriffs auf Zugangsdaten bei Telemediendiensten ist nach Aussage der Gesetzesmaterialien die extreme Vielgestaltigkeit dieser Dienste,[49] die die Gefahr eines Missbrauchs der Zugangsdaten erhöhe. An dieser Begründung ist fragwürdig, dass es bei einer Bestandsdatenauskunft nach § 10 BKAG nicht um das Risiko einer missbräuchlichen Verwendung seitens der Diensteanbieter gehen kann, sondern um das Risiko einer gesetzlich nicht gestatteten Nutzung der Zugangsdaten durch das BKA. Weshalb dieses Missbrauchsrisiko davon beeinflusst sein sollte, ob die auskunftgebende Stelle besonders vertrauenswürdig und rechtlich reguliert ist, erschließt sich nicht.

III. Bestandsdatenabfrage anhand dynamischer IP-Adressen (Abs. 3)

35 Die Bestandsdatenabfrage anhand einer dynamischen IP-Adresse wird vom Bundesverfassungsgericht im Vergleich zu einer „normalen" Bestandsdatenabfrage als **vertiefter Eingriff** gesehen.[50] Zum einen vermittelt eine solche Auskunft eine spezifischere Information. Eine dem BKA bekannte IP-Adresse wird nicht nur allgemein einem bestimmten Anschlussinhaber zugeordnet. Stattdessen erschließt sich aus der Auskunft eine Information über das Nutzungsverhalten dieser Person zu einem bestimmten Zeitpunkt, weil dynamische IP-Adressen eben nicht absolut, sondern wechselnd zu bestimmten Zeitpunkten bestimmten Anschlüssen zugeordnet sind. Es handelt sich daher bei der Abfrage mittels dynamischer IP-Adresse um einen Eingriff in Art. 10 GG, weil in der Auskunft immer eine **personenbezogene Information in Bezug auf einen bestimmten Telekommunikationsvorgang** steckt. Zudem setzt die Zuordnung dynamischer IP-Adressen zu bestimmten Anschlüssen eine Verarbeitung von Verkehrsdaten seitens der auskunftgebenden Stelle voraus. Diese erlauben tiefere Einblicke in Verhalten und Persönlichkeit der kommunizierenden Person als Bestandsdaten. Zu berücksichtigen ist allerdings, dass diese zusätzlichen Informationen nicht an die abfragende Stelle gelangen, sondern beim Diensteanbieter verbleiben. Dem im Vergleich zur gewöhnlichen Bestandsdatenauskunft erhöhten Eingriffsgewicht wurde die bisherige Regelung nicht in allen Konstellationen durch Anforderungen an Eingriffsschwellen und Rechtsgüterschutz gerecht.[51]

36 Die gesetzliche Neuregelung fordert in Anknüpfung daran für eine **Abfrage anhand dynamischer IP-Adressen** entweder das Vorliegen eines **Anfangsverdachts** (Abs. 1 S. 2 Nr. 1) bzw. einer **konkreten Gefahr** (Abs. 1

45 Löffelmann, Stellungnahme im Rahmen der öffentlichen Anhörung des Innenausschusses des Deutschen Bundestages zu dem Entwurf eines Gesetzes zur Anpassung der Regelungen über die Bestandsdatenauskunft an die Vorgaben aus der Entscheidung des Bundesverfassungsgerichts vom 27.5.2020 (BT-Drs. 19/25294) v. 20.1.2021, Ausschuss-Drs. 19(4)696 B, 10.

46 BVerfG Beschl. v. 27.5.2020 – 1 BvR 1873/13 ua –, BVerfGE 155, 119 (222, Rn. 234 ff.).

47 Ebenso BVerfG Beschl. v. 27.5.2020 – 1 BvR 1873/13 ua –, BVerfGE 155, 119 (222, Rn. 236).

48 Ebenso Löffelmann, Stellungnahme im Rahmen der öffentlichen Anhörung des Innenausschusses des Deutschen Bundestages zu dem Entwurf eines Gesetzes zur Anpassung der Regelungen über die Bestandsdatenauskunft an die Vorgaben aus der Entscheidung des Bundesverfassungsgerichts vom 27.5.2020 (BT-Drs. 19/25294) v. 20.1.2021, Ausschuss-Drs. 19(4)696 B, 10.

49 BT-Drs. 19/17741, 39.

50 BVerfG Beschl. v. 27.5.2020 – 1 BvR 1873/13 ua –, BVerfGE 155, 119 (195 ff., Rn. 165–173); s. auch HdbSicherheitsR/Broemel § 21 Rn. 49.

51 BVerfG Beschl. v. 27.5.2020 – 1 BvR 1873/13 ua –, BVerfGE 155, 119 (200 ff., Rn. 174 ff.).

S. 2 Nr. 3) einer **Straftat** oder die **konkretisierte Gefahr einer zu verhütenden schweren Straftat** (Abs. 1 S. 2 Nrn. 4, 5).

Gegenüber dieser Regelung sind **Einwände mit Blick auf deren Vereinbarkeit mit Unionsrecht**, insbesondere der e-privacy-RL, geltend gemacht worden.[52] Problematisch ist insoweit, dass Diensteanbieter bei einer Abfrage anhand dynamischer IP-Adressen sämtliche ihnen vorliegende Daten – einschließlich verpflichtend vorzuhaltender Verkehrsdaten – für die Ermittlung der Identität des betreffenden Anschlussinhabers verwenden dürfen und müssen (§ 174 Abs. 1 S. 3 und 4 TKG). Der Europäische Gerichtshof hat in seiner Rechtsprechung eine verpflichtende Vorhaltung und Nutzung von Verkehrsdaten jedoch nur unter gesteigerten Voraussetzungen und nicht – wie nach § 10 Abs. 3 BKAG – allgemein zur Verhütung und Ahndung von Straftaten zugelassen.[53] Allerdings sind die betreffenden Ausführungen des Europäischen Gerichtshofs nicht ganz durchsichtig. Die zitierten Abschnitte lassen in der Tat eine Vorratsdatenspeicherung von IP-Adressen nur zu besonderen Zwecken zu, stören sich jedoch nicht an der Verpflichtung zur Vorhaltung der die Nutzer von Internetdiensten identifizierenden Informationen. Die Anfrage anhand dynamischer IP-Adressen liegt genau zwischen diesen Polen. Sie zielt allein auf Identifizierung, nicht auf eine Auskunft über Verkehrs- oder Nutzungsdaten, setzt aber deren Verarbeitung beim Diensteanbieter voraus. Diese bleiben für die anfragende Behörde unsichtbar und verschaffen kein zusätzliches Wissen über das Kommunikationsverhalten der Anschlussnutzerin. Eine Übertragung der Vorratsdatenspeicherungsanforderungen auf die Konstellation der Verwendung vorzuhaltender Verkehrsdaten zu Identifizierungszwecken erscheint daher nicht zwingend. 37

Satz 2 verlangt für eine Bestandsdatenabfrage anhand dynamischer IP-Adressen bei Telemediendiensten, **dass Anhaltspunkte bestehen, dass die betroffene Person wirklich Nutzerin des betreffenden Telemediendienstes** ist. Diese Bedingung fehlte im ursprünglichen Gesetzesentwurf und ist erst im Lauf des Gesetzgebungsverfahrens ergänzt worden. Soweit ersichtlich reagiert sie darauf, dass die durch eine Bestandsdatenauskunft vermittelte Kenntnis über die Nutzung eines bestimmten Telemediendienstes zu einem bestimmten Zeitpunkt (wie sie die Abfrage anhand dynamischer IP-Adresse vermittelt) eine selbstständige, über die Nutzung von inhaltsneutralen TK-Diensten hinausgehende Persönlichkeitsrelevanz haben kann (zB Kenntnis von der Nutzung einer bestimmten Dating-App; Nutzerkonto bei Selbsthilfe-Portal).[54] Die Bestandsdatenauskunft soll daher nur dann die sichere Identifizierung ermöglichen, wenn dem BKA bereits aus anderer Quelle Tatsachen bekannt sind, die auf die Nutzung des betreffenden Telemediendienstes hindeuten. Es sind also vor einer Abfrage anderweitige Ermittlungen gefordert, so dass die Abfrage nicht ins Blaue hinein geschieht. Zugleich werden dann auch nur diese Personen mit einer auf Identifizierung gerichteten Verkehrsdatenanalyse (seitens der Diensteanbieter) belastet. 38

Satz 3 soll den vom Bundesverfassungsgericht insoweit geforderten **Dokumentationspflichten bei einem Abruf anhand dynamischer IP-Adressen** gerecht werden.[55] Die dafür vom Bundesverfassungsgericht genannten Gründe (Rationalisierungszwang; Datenschutzaufsicht; gerichtliche Kontrolle) treffen sicherlich zu, bieten aber – jenseits des erhöhten Eingriffsgewichts solcher Auskünfte – wenig Differenzierungspotential zu anderen, ebenfalls für die Betroffenen unentdeckt ablaufenden behördlichen Datenauskunftsersuchen. Die Antwort auf die Frage, in welchen Fällen Protokollierungspflichten bestehen und in welchen nicht, lässt sich damit kaum absehen und läuft auf eine feingliedrige Kasuistik hinaus. 39

IV. Richter- bzw. Behördenleitungsvorbehalt für die Abfrage von Zugangsdaten (Abs. 4)

Die Abfrage von Zugangsdaten unterliegt neben der Akzessorietät zur Nutzungsbefugnis **verschärften Verfahrensvoraussetzungen.** Satz 1 verlangt einen Antrag der Behördenleitung und statuiert einen **Richtervorbehalt** für die Anordnung der Auskunft (zur Zuständigkeit → § 90 Rn. 2 ff.). Satz 2 reduziert dies bei Gefahr im Verzug auf einen **Behördenleitungsvorbehalt.** Satz 3 statuiert in letzterem Fall die Pflicht zur unverzüglichen Nachholung richterlicher Gestattung. Satz 4 nimmt von diesen Vorbehalten Fälle aus, in denen Betroffene bereits Kenntnis von dem Auskunftsverlangen haben oder haben müssten und solche, in denen die Nutzung bereits richterlich gestattet ist. Als Beispiele nennt der Gesetzesentwurf Fälle, in denen Betrof- 40

52 Bäcker, Stellungnahme im Rahmen der öffentlichen Anhörung des Innenausschusses des Deutschen Bundestages zu dem Entwurf eines Gesetzes zur Anpassung der Regelungen über die Bestandsdatenauskunft an die Vorgaben aus der Entscheidung des Bundesverfassungsgerichts vom 27.5.2020 (BT-Drs. 19/25294) v. 22.1.2021, Ausschuss-Drs. 19(4)696 A, 13 f.

53 EuGH (GK) Urt. v. 6.10.2020 – C-511/18 –, EuZW 2021, 209 (217 [hier nicht abgedruckt], Rn. 152 ff.) – La Quadrature du Net; Urt. v. 5.4.2022 – C-140/20 –, ZD 2022, 677 (681 f., Rn. 73) – G. D./Commissioner of An Garda Síochána; Urt. v. 20.9.2022 – C-793/19 ua –, ZD 2022, 666 (671, Rn. 100) – SpaceNet und Telekom Deutschland.

54 Zu diesem Einwand im Gesetzgebungsverfahren Bäcker, Stellungnahme im Rahmen der öffentlichen Anhörung des Innenausschusses des Deutschen Bundestages zu dem Entwurf eines Gesetzes zur Anpassung der Regelungen über die Bestandsdatenauskunft an die Vorgaben aus der Entscheidung des Bundesverfassungsgerichts vom 27.5.2020 (BT-Drs. 19/25294) v. 22.1.2021, Ausschuss-Drs. 19(4)696 A, 7 f.

55 BT-Drs. 19/25294, 47; vgl. BVerfG Beschl. v. 27.5.2020 – 1 BvR 1873/13 ua –, BVerfGE 155, 119 (228, Rn. 250).

fene wegen der Beschlagnahme eines ihrer Endgeräte mit einem Auslesen rechnen müssten.[56] Satz 5 statuiert eine **Dokumentationspflicht,** falls von der Einschaltung eines Gerichts abgesehen wird.

41 Die Regelung ist von der jüngsten Reform der Bestandsdatenauskunftsnormen nicht berührt, sondern geht auf die erste Änderung des BKAG zu diesem Fragenkomplex[57] in Reaktion auf BVerfGE 130, 155 zurück, ohne dass die erste Entscheidung entsprechende Anforderungen aufgestellt hätte. Dementsprechend betont das Bundesverfassungsgericht, dass es sich um einen **durch die Verfassung nicht geforderten zusätzlichen Schutz** handelt.[58] Bereits die Bindung der Befugnis zum Abruf der Zugangsdaten an die Voraussetzungen der Befugnis, diese auch zu nutzen, leistet nach Ansicht des Bundesverfassungsgerichts insoweit einen hinreichenden verfahrensmäßigen und materiellen Schutz. Dementsprechend dürfen die Ausnahmen von den genannten Formalvoraussetzungen aber nicht als Lockerung der durch Abs. 2 statuierten Akzessorietät der Befugnis zur Zugangsdatenabfrage interpretiert werden.

V. Mitteilungspflicht bei Auskünften über Zugangsdaten oder anhand dynamischer IP-Adressen (Abs. 5)

42 Abs. 5 statuiert eine **Pflicht des BKA zur nachträglichen Benachrichtigung** der betroffenen Person im Fall einer Auskunft über Zugangsdaten oder anhand dynamischer IP-Adressen. Satz 2 bestimmt Zeitpunkt der Erfüllung und Umfang dieser Pflicht. Wie andere Benachrichtigungspflichten über von Betroffenen unbemerkte Datenverarbeitungen[59] besteht sie, sobald und soweit der **Zweck des Auskunftsersuchens dadurch nicht vereitelt** wird. Nach Satz 3 kann die Benachrichtigung unterbleiben im Fall überwiegender schutzwürdiger Belange Dritter oder der Betroffenen.

43 Auch bei der Mitteilungspflicht handelt es sich um eine nicht unmittelbar durch die Rechtsprechung des Bundesverfassungsgerichts vorgezeichnete verfahrensrechtliche Anforderung (→ Rn. 41). Das Bundesverfassungsgericht hat in seiner ersten Bestandsdatenauskunftsentscheidung diese Frage offen gelassen[60] und verhält sich auch in seiner jüngsten Entscheidung nicht zu den Mitteilungspflichten der abrufenden Stellen.[61] Dem ist zumindest zu entnehmen, dass das Bundesverfassungsgericht – wie der Gesetzgeber – **Mitteilungen im Rahmen der einfachen Bestandsdatenauskunft nicht** für **erforderlich** hält, obwohl es sich um für die Betroffenen unbemerkte Grundrechtseingriffe handelt. Betrachtet man Mitteilungspflichten als Ermöglichung effektiven Rechtschutzes,[62] liegt hierin eine Ausgestaltung und im Ergebnis eine **erhebliche Zurücknahme gerichtlichen Rechtschutzes** hinsichtlich einer ganzen Klasse sicherheitsbehördlicher Informationserhebungen. Statt auf gerichtlichen Rechtschutz setzen Verfassungsgerichtsbarkeit und Gesetzgeber zur Einhegung der Bestandsdatenauskunft auf eine detaillierte gesetzliche Steuerung mit differenzierten Eingriffsschwellen (→ Rn. 21 ff.). Es stellt sich die **Frage, ob das eine kluge Strategie zur Verwirklichung informationeller Selbstbestimmung ist** oder ob sie nicht im Gegenteil in einen Teufelskreis führt. Denn solange Betroffene keine Kenntnis von Informationsflüssen an das BKA und andere staatliche Sicherheitsbehörden haben, fällt gerichtlicher Rechtschutz praktisch aus. Der **erschreckende Mangel an gerichtlichen Entscheidungen zu den Bestandsdatenauskunftsnormen** legt hiervon Zeugnis ab. Damit bleiben Betroffene auf die gewissenhafte, allein durch tendenziell überlastete Datenschutzbeauftragte abgesicherte Rechtsanwendung durch die Sicherheitsbehörden verwiesen. Ein gerichtliches Ausfechten der Zulässigkeit einer bestimmten Bestandsdatenauskunft durch die Betroffenen und eine damit einhergehende Bildung und Konkretisierung der einfachrechtlichen Maßstäbe im kontradiktorischen Verfahren[63] fallen aus. Dies wiederum begründet den Bedarf nach detaillierteren gesetzlichen Maßgaben, die aber so kleinteilig werden, dass die Praxis verwirrt und der Gesetzgeber überfordert ist. Eine allgemeine Benachrichtigungspflicht über (auch gewöhnliche) Bestandsdatenauskünfte an Sicherheitsbehörden hätte gegenüber dieser Rechtslage offenkundige Vorteile. Diejenigen, die sich zu Unrecht belastet sehen, könnten Rechtschutz suchen, müssten hierfür aber auch aktiv werden. Die **gesetzliche Steuerung *ex ante* könnte heruntergefahren** werden und man könnte stattdessen stärker auf gerichtliche Konkretisierung und dogmatische Fallgruppenbildung setzen. Die Sicherheitsbehörden hätten binnen kurzer Frist konkretes und anschauliches Fallmaterial, um die Zulässigkeit von ihnen anvisierter Bestandsdatenauskünfte zu ermessen. Im Ergebnis kämen hier also sämtliche **Vorteile arbeitsteiliger und ge-**

56 BT-Drs. 17/12879, 11.
57 Vgl. BT-Drs. 17/12879, 11.
58 BVerfG Beschl. v. 27.5.2020 – 1 BvR 1873/13 ua –, BVerfGE 155, 119 (230, Rn. 256).
59 Vgl. etwa BVerfG Urt. v. 3.3.2004 – 1 BvR 2378/98 ua –, BVerfGE 109, 279 (363 f.).
60 BVerfG Beschl. v. 24.1.2012 – 1 BvR 1299/05 –, BVerfGE 130, 151 (210).
61 BVerfG Beschl. v. 27.5.2020 – 1 BvR 1873/13 ua –, BVerfGE 155, 119 (230, Rn. 256 f.).
62 In diese Richtung wohl BVerfG Urt. v. 3.3.2004 – 1 BvR 2378/98 ua –, BVerfGE 109, 279 (363 f.); ähnlich Schenke/Graulich/Ruthig/Graulich BKAG § 10 Rn. 29 f., jeweils zumindest für schwere Grundrechtseingriffe.
63 S. hierzu Poscher JZ 2013, 1 ff.; zum Sinn der kontradiktorischen Form Buchheim, Die Grenzen des „entgrenzten Gerichts": Von der Notwendigkeit verfassungsprozessualer Rahmenbedingungen – ein Kommentar zum IT-Sicherheitslückenbeschluss des BVerfG vom 8.6.2021, VerfBlog, 2021/7/27.

ten begrenzt, der für verpflichtende Auskünfte nach dem NetzDG gilt. Schließlich setzt die Regelung auch keine Meldung durch andere Nutzerinnen voraus. Es muss sich also anders als bei § 3a Abs. 2 Nr. 1 NetzDG niemand an dem zur Nutzungsdatenabfrage veranlassenden Inhalt gestört haben, was ebenfalls ein erheblicher normativer Unterschied ist. Die Regelung geht damit über das, was zur Behebung des vom Gesetzgeber befürchteten Wertungswiderspruchs[10] erforderlich wäre, weit hinaus.

5 Eine Unverhältnismäßigkeit dürfte hieraus allerdings – jedenfalls für öffentlich sichtbares digitales Nutzungsverhalten – nicht folgen. Von vornherein dürfen nur solche Nutzungsdaten beauskunftet werden, die zur Identitätsfeststellung und Ermittlung der zuständigen Strafverfolgungsbehörde benötigt werden. Die Norm setzt einen Anfangsverdacht einer Straftet oder eine erhebliche (konkrete) Gefahr für die öffentliche Sicherheit voraus und errichtet damit eine teils auch für tiefer greifende Ermittlungsmaßnahmen genügende Eingriffsschwelle. **Zentrale Voraussetzung** ist schließlich, **dass die betreffenden Inhalte** der Dienstenutzung **bereits behördlicherseits bekannt** sind (§ 10a Abs. 1 Nr. 1 BKAG). Es wird also durch die Auskunft über Nutzungsdaten kein bisher der Behörde unbekanntes menschliches Verhalten aufgedeckt, sondern eine Verknüpfung zwischen einem bereits bekannten Verhalten und einer dahinter stehenden Person hergestellt. Es handelt sich damit im Ergebnis um eine – in den digitalen Raum verpflanzte – behördliche Identitätsfeststellung durch Erkundigung bei einem Zeugen eines bereits bekannten Verhaltens, die jedenfalls polizeirechtlich in aller Regel unter geringen Voraussetzungen möglich ist (vgl. zB § 43 BPolG). Es erschließt sich nicht, weshalb die Anonymität für unser digitales, durch andere ermöglichtes und öffentlich sichtbares Verhalten so viel robuster geschützt sein sollte als im analogen Raum.[11] Das gilt zumindest, wenn es sich – wie bei Login-IP-Adressen – nicht um verpflichtend vorzuhaltende Informationen handelt.

B. Kommentierung im Einzelnen

6 § 10a BKAG ist überwiegend **struktur- und teilweise wortgleich zu § 10 BKAG**, insbesondere soweit dieser eine Auskunft anhand dynamischer IP-Adressen ermöglicht (§ 10 Abs. 3 BKAG). Wie dort prüfen die Diensteanbieter nur bestimmte Formalvoraussetzungen der Auskunft (§ 24 Abs. 2, 5 TTDSG) und liegt die Verantwortlichkeit beim anfragenden BKA.

I. Abfrage von Nutzungsdaten zur Identitätsfeststellung (Abs. 1)

7 Auskunftgebende Stellen sind nur **Anbieter von Telemediendiensten** (zum Begriff → § 10 Rn. 14). Hierzu zählen infolge der jüngsten Gesetzesanpassungen[12] keine TK-Anbieter, auch wenn es sich um sog. OTT-Kommunikationsdienste handelt (zB WhatsApp; Telegram; GMail).

8 Gegenstand der Auskunft sind nur solche **Nutzungsdaten, die über die Identität der Dienstenutzerin bzw. des Datennutzers Aufschluss geben** (§ 2 Nr. 3 lit. a TTDSG), insbesondere die für die Dienstenutzung verwendete Login-IP-Adresse. Die Auskunft steht praktisch unter der Voraussetzung, dass identifizierende Daten beim Telemediendienst vorhanden sind, was die Maßnahme von der Vertrags- und Datenspeicherpraxis des Diensteanbieters abhängig macht. Dienstenutzerinnen und -nutzer sind einer Auskunft nach § 10a BKAG und der durch sie drohenden Identifizierung also nicht in derselben Weise ausgesetzt wie bei einer Auskunft durch TK-Anbieter, die bestimmte Informationen vorhalten müssen (§ 172 TKG). Zudem sind die Speichermöglichkeiten der Telemediendienste ihrerseits datenschutzrechtlich umfassend reguliert, namentlich durch die DS-GVO.[13]

9 Auskunftsberechtigte Stelle ist das **BKA im Rahmen der Zentralstellenaufgaben** (→ § 10 Rn. 20; näher zur Zentralstellenfunktion → § 2 Rn. 4 ff., 12 ff.).

10 Die Auskunft steht unter **vier kumulativ zu erfüllenden Voraussetzungen**:

11 Erste Voraussetzung ist das behördliche **Bekanntsein der die Anfrage veranlassenden Inhalte**, also des digitalen Verhaltens, bezüglich dessen eine Strafverfolgung oder Gefahrenabwehr durch Auskunft ermöglicht werden soll (Nr. 1).

12 Weiter erforderlich ist eine **erhebliche Gefahr für die öffentliche Sicherheit** bzw. der **Anfangsverdacht einer Straftat** (Nr. 2). Der Begriff der „erheblichen Gefahr für die öffentliche Sicherheit" ist in den Gesetzesmaterialien nicht spezifiziert. Der Sache nach qualifiziert er nicht die Art der Gefahr, also die Eingriffsschwelle,

10 BT-Drs. 19/20163, 45: „Mit der Regelung wird ein Wertungswiderspruch vermieden".

11 S. insoweit auch Buchheim JZ 2021, 539 (544); unser Verhalten – auch wenn es digital stattfindet – ist nicht allein unsere Sache, ebenso wenig wie die es betreffenden Informationen, s. BVerfG Beschl. v. 27.11.2019 – 1 BvR 16/13 –, BVerfGE 152, 152 (298 f., Rn. 107).

12 Gesetz zur Umsetzung der Richtlinie (EU) 2018/1972 des Europäischen Parlaments und des Rates v. 11.12.2018 über den europäischen Kodex für die elektronische Kommunikation (Neufassung) und zur Modernisierung des Telekommunikationsrechts (Telekommunikationsmodernisierungsgesetz) v. 23.6.2021 (BGBl. I S. 1858).

13 Die Entwurfsbegründung geht davon aus, dass die DS-GVO die Datenschutzregelungen des TMG/TTDSG verdrängt, vgl. BT-Drs. 19/27441, 30.

sondern das zu schützende Rechtsgut. Betrachtet man die Auskunft über Login-IP-Adressen eines bereits bekannten Verhaltens zu Identifizierungszwecken als komplementären Eingriff zur Abfrage der Bestandsdaten anhand dynamischer IP-Adressen (→ § 10 Rn. 35), liegt nahe, auf die Anforderungen aus der Vorrats- und Bestandsdatenauskunftsentscheidungen des Bundesverfassungsgerichts zurückzugreifen. Danach muss es um den Schutz von Rechtsgütern von hervorgehobener Bedeutung gehen, was jedenfalls alle durch das Strafrecht geschützten Rechtsgüter umfasst.[14] Es könnten aber auch durch Bußgeldtatbestände geschützte Güter sein, soweit deren Bedrohung auch im Einzelfall schwerwiegt und diese gesetzlich aufgezählt sind.[15] Auf diese denkbare Absenkung des Gewichts der zu schützenden Güter kommt es jedoch nicht an, weil das BKA nur im Rahmen seiner Zentralstellenaufgabe Nutzungsdaten abfragen darf. Hierbei erstreckt sich seine Zuständigkeit ohnehin nur auf die Unterstützung der Verhütung von Straftaten des § 2 Abs. 1 BKAG, nicht auf Ordnungswidrigkeiten oder den Rechtsgüterschutz per se. Eine Nutzungsdatenabfrage zu Identifizierungszwecken wäre also nicht gestattet, um durch Weiterleitung an die örtlichen Gefahrenabwehrbehörden einen in einem Online-Forum angekündigten Suizid abzuwenden, selbst wenn sich aufgrund des Inhalts erhebliche Zweifel an der Zurechnungsfähigkeit der Urheberin bzw. des Urhebers ergäben. Dass es hier um den Schutz des Lebens ginge, begründet eine Zuständigkeit des BKA mangels strafrechtlicher Relevanz der Selbsttötung nicht. Der Gesetzgeber sieht die rasche Reaktion und Information der zuständigen Gefahrenabwehrbehörde in solchen Fällen sogar als paradigmatischen Fall der Bestandsdatenauskunft an.[16] Das lässt sich weder mit § 2 Abs. 1 BKAG noch mit der Gesetzgebungskompetenz des Bundes nach Art. 73 Abs. 1 Nr. 10 GG vereinbaren. Das **BKA ist keine allgemeine Polizeivernetzungsbehörde zum Zweck des Schutzes wichtiger Rechtsgüter**. Ein solches Tätigwerden dürfte nur infrage kommen, wenn konkrete Anhaltspunkte für ein strafbares Hinwirken anderer Personen auf die angekündigte Selbsttötung bestehen.

13 Eine **Nutzungsdatenabfrage** zu Identifizierungszwecken mit dem Ziel der Einleitung **strafverfolgender Tätigkeit setzt hingegen den Anfangsverdacht** einer Straftat voraus. Auch hier muss es um Straftaten gehen, die eine Zuständigkeit des BKA als Zentralstelle begründen (§ 2 Abs. 1 BKAG). Da es sich um eine komplementäre Maßnahme zur Abfrage der Bestandsdaten anhand einer bereits bekannten (dynamischen) IP-Adresse handelt und der Inhalt der Nutzung bereits bekannt ist, dürfte die verfassungsgerichtlichen Anforderungen an die Eingriffsschwelle und das Gewicht des mit dem Eingriff verfolgten Rechtsgüterschutzes gewahrt sein. Denn auch die Abfrage anhand dynamischer IP-Adressen zur Ermöglichung der Strafverfolgung ist nicht an Straftaten von besonderem Gewicht gebunden, solange ein Anfangsverdacht gegeben ist (→ § 10 Rn. 23).

14 Die Auskunft muss sich auf **Daten iSd § 2 Nr. 3 lit. a TTDSG** beziehen und zur Identifizierung der Nutzerin, die für die dem BKA bekannten Nutzungsinhalte verantwortlich ist, erforderlich sein (Nr. 3).

15 Die Auskunft darf **nur dem Zweck** dienen, die Identität der Nutzerin samt des zur Anfrage berechtigenden Nutzungsinhalts an die zur Strafverfolgung oder Gefahrenabwehr zuständige Stelle **weiterzuleiten**.

II. Zeugnisverweigerungsrecht (Abs. 2)

16 Im Rahmen der Auskunft über Nutzungsdaten zu Identifizierungszwecken sind – über den Verweis auf § 62 BKAG – **die Regelungen zu Zeugnisverweigerungsrechten zu beachten** (→ § 9 Rn. 35; → § 62 Rn. 6 ff.). Diese verweisen mittelbar auf die Berufsgeheimnisträger nach der StPO. Der erste Entwurf[17] und der Ergänzungsvorschlag des Ausschusses für Recht und Verbraucherschutz[18] enthielten noch keine solche Regelung.

17 Die Regelung ist **für Telemediendienste erforderlich**, weil die darunter gefassten Phänomene vielgestaltiger sind als beim Begriff der TK-Anbieter. TK-Anbieter vollbringen im Wesentlichen technische Übermittlungs- und Bereitstellungsdienste im Rahmen der elektronischen Kommunikation. Sie kommen damit von vornherein nicht als Zeugnisverweigerungsberechtigte nach § 62 BKAG iVm der StPO infrage. Telemediendienste können hingegen auch journalistische, medizinische (ärztliche Online-Beratung), steuerberatende (Steuererklärungssoftware) oder gar seelsorgerische (Online-Gottesdienst) Funktionen erfüllen. Hier ohne Berücksichtigung strafprozessualer Zeugnisverweigerungsrechte zur identifizierenden Auskunft verpflichtet zu sein, würde dem besonderen grundrechtlichen Schutz dieser Kommunikationssituationen[19] und der Bedeutung der Vertraulichkeit für die Grundrechtsentfaltung nicht gerecht.

14 BVerfG Beschl. v. 27.5.2020 – 1 BvR 1873/13 ua –, BVerfGE 155, 119 (201 f., Rn. 178).
15 BVerfG Urt. v. 2.3.2010 – 1 BvR 256/08 ua –, BVerfGE 125, 260 (344).
16 BT-Drs. 17/12034, 13; dies aufgreifend Schenke/Graulich/Ruthig/Graulich BKAG § 10 Rn. 14.
17 BT-Drs. 18/11163, 16, 91.
18 BT-Drs. 19/20163, 44.
19 Dazu, dass es dem Vertraulichkeitsschutz um beide Seiten einer Kommunikationssituation geht, → § 9 Rn. 35.

Hieraus folgt allerdings, dass ein **entsprechender Schutz gegenüber Bestandsdatenabfragen** bei Telemediendiensten anhand dynamischer IP-Adressen nach § 10 Abs. 1 Nr. 2, Abs. 3 BKAG **offenbar vergessen** wurde. Denn auch die Bestandsdatenauskunft anhand dynamischer IP-Adressen durchbricht die zuvor gegebene Anonymität der Dienstenutzung.[20] Das in § 10a – nicht aber in § 10 Abs. 3 BKAG – vorgesehene Zeugnisverweigerungsrecht sollte auch dort die Erwartung der Nutzerinnen sichern, besonders geschützte Arten von Telemediendiensten in Vertraulichkeit und Anonymität in Anspruch nehmen zu können. Ein normativ erheblicher Unterschied erschließt sich nicht. Fraglich ist, was daraus folgt. Das Bundesverfassungsgericht hat häufig betont, dass sich die Zeugnisverweigerungsrechte und der durch sie geleistete Schutz bestimmter Gesprächssituationen nicht im Einzelnen aus der Verfassung ableiten lassen, sondern vom Gesetzgeber zu regeln sind.[21] Dennoch wird sich ein **völliges Fehlen eines Schutzes der Vertraulichkeit besonderer Gesprächssituationen in § 10 Abs. 3 BKAG bei einer Abfrage bei Telemediendiensten nicht mit dem Grundgesetz vereinbaren** lassen. Dies dürfte auch für die gewöhnliche Bestandsdatenauskunft bei Telemediendiensten nach § 10 Abs. 1 BKAG gelten, da die Bereitschaft, solche Dienste in Anspruch zu nehmen, im Fall einer unbedingten Auskunftspflicht über die Identität der Nutzer solcher Dienste, erheblich leiden könnte, selbst wenn die Auskunft keinen Schluss auf bestimmtes Nutzungsverhalten zulässt. Ein **Vertraulichkeitsschutz besonderer Telemediendienste** (zB psychologische Online-Beratung) ist jedenfalls übergangsweise **im Wege der Verhältnismäßigkeitsprüfung zu implementieren.** 18

III. Auskunfts- und Vollständigkeitspflicht (Abs. 3)

Wie bei der Bestandsdatenauskunft (→ § 10 Rn. 44) sind Diensteanbieter zur vollständigen und unverzüglichen Übermittlung der zur Identifizierung erforderlichen Daten nach **§ 2 Nr. 3 lit. a TTDSG** verpflichtet. Eine Verschlüsselung bleibt nach § 24 Abs. 4 S. 2 TTDSG unberührt. 19

IV. Entschädigung der Diensteanbieter (Abs. 4)

Ebenfalls entsprechend der Bestandsdatenauskunft (→ § 10 Rn. 45) ist die einzelne Auskunft **nach JVEG** zu entschädigen. Die Vorhaltepflichten und -kosten treffen den Diensteanbieter (§ 24 Abs. 5 TTDSG). 20

§ 11 Aufzeichnung eingehender Telefonanrufe

¹Das Bundeskriminalamt kann Telefonanrufe aufzeichnen, die über Rufnummern eingehen, die der Öffentlichkeit bekannt gegeben wurden

1. **für die Entgegennahme sachdienlicher Hinweise im Zusammenhang mit der Erfüllung der Aufgaben nach den §§ 4 bis 8 oder**
2. **im Hinblick auf ein bestimmtes Ereignis,**

soweit dies zur Erfüllung seiner Aufgaben erforderlich ist. ²Die Aufzeichnungen sind sofort und spurenlos zu löschen, sobald sie nicht mehr zur Aufgabenerfüllung erforderlich sind, spätestens jedoch nach 30 Tagen, es sei denn, sie werden im Einzelfall zur Erfüllung der Aufgaben nach den §§ 4 bis 6 benötigt.

A. Überblick und Genese

Die Möglichkeit eines Aufzeichnens eingehender Telefonanrufe nach § 11 BKAG ist **mit der Neuordnung des BKAG im Jahr 2017 ergänzt** worden. Sie soll dem BKA bei über bestimmte Nummern eingehenden Anrufen eine spätere Prüfung und Auswertung der dabei gewonnenen Informationen ermöglichen. Ähnliche Regelungen finden sich in den Polizeigesetzen der Länder, etwa in § 32 POG RhPf oder § 15 HbgPolDVG. 1

Systematisch betrachtet handelt es sich um eine **Befugnis zur Erhebung personenbezogener Daten** (ua Stimmführung, Sprachwahl, Gemütszustand, Identität) sowohl **der Anrufenden** als auch, soweit personenbezogene Informationen über Dritte mitgeteilt werden, **der Informationsbetroffenen.** Als **Standardmaßnahme der Datenerhebung** verdrängt § 11 BKAG in seinem Anwendungsbereich die Erhebungsgeneralklau- 2

20 BVerfG Beschl. v. 27.5.2020 – 1 BvR 1873/13 ua –, BVerfGE 155, 119 (195 f., Rn. 166 f.).
21 Zuletzt BVerfG Urt. v. 19.5.2020 – 1 BvR 2835/17 –, BVerfGE 154, 152 (260 ff., Rn. 193 ff.).

seln der jeweiligen Aufgabenbereiche (§ 9 Abs. 1 und 2; § 39 BKAG). Die Ermächtigung deckt dabei – wie üblich bei Standardmaßnahmen[1] – den gesamten Informationsentgegennahme- und Aufzeichnungsprozess auf Seiten des BKA ab und überlagert auch den Auswertungsprozess innerhalb der gesetzlichen Auswertungsfrist. Das BKA muss also für die Aufzeichnung und anschließende Erstauswertung nicht prüfen, ob die Datenerhebungs- und Verarbeitungsvoraussetzungen anderer Normen erfüllt sind. Auf Seiten der Anrufenden ist, sofern sie Informationen über Dritte mitteilen und es sich um eine öffentliche Stelle handelt, § 9 Abs. 4 BKAG zu beachten (→ § 9 Rn. 86 ff., 95 ff.).

3 Interessant ist die Frage, ob und in welchem Ausmaß die Aufzeichnung auch **grundrechtliche Interessen der auf Seiten des BKA handelnden Beamtinnen und Beamten** berührt. Diese Frage betrifft die im Rahmen der Norm zu prüfende Erforderlichkeit und die Ermessensausübung. Eine Übertragung allgemeiner Privatsphärenschutzansprüche auf mit Diensthandlungen betraute Beamtinnen und Beamte – wie sie die strafrechtliche Rechtsprechung im Kontext des § 201 StGB teilweise betreibt[2] und sie auch in der Diskussion um polizeiliche Bodycams nicht selten ist[3] – erscheint hier fehl am Platz. Es handelt sich bei der Anordnung und Vornahme einer Aufzeichnung sowie bei der eigentlichen Gesprächsführung um Erfüllung einer Pflicht im sog. Betriebsverhältnis,[4] der gegenüber grundrechtliche Ansprüche von Beamtinnen und Beamten nur begrenzt in Anschlag gebracht werden können. Auch der Sache nach handelt es sich auf Seiten der handelnden Beamtinnen um professionalisierte, standardisierte und rechtlich gebundene Gesprächssituationen, in denen keine Individualität zum Ausdruck kommt und kommen soll, die ein gesteigertes Schutzbedürfnis begründen könnte.[5] Grundrechtliche Interessen der Beamtinnen und Beamten sind damit für die Entscheidung über die Aufzeichnung bestenfalls sekundär. Dies gilt jedenfalls, solange durch entsprechende Sicherungen ein rechtmäßiger, behördenintern bleibender Umgang mit den Aufzeichnungen sichergestellt ist.

4 Auch Datenschutzinteressen derjenigen, deren personenbezogene Informationen Anrufende gegebenenfalls mitteilen, stehen in aller Regel einer Aufzeichnung nicht entgegen. Sie können im Vorfeld gar nicht einbezogen werden, weil sie auf Seiten des BKA zu Gesprächsbeginn noch gar nicht bekannt sind. Es ist auch nicht praktikabel, zunächst „abzuklopfen", ob, über wen und welche personenbezogenen Informationen mitgeteilt werden sollen und erst auf dieser Grundlage über eine Aufzeichnung zu entscheiden. Die Aufzeichnung soll gerade ermöglichen, das Gespräch spontan nach den Bedürfnissen der Situation, in Rücksicht auf Zustand, Fähigkeit und Wissen der Anruferin möglichst erkenntnisbringend – also informationsreich – führen zu können und anschließend in Ruhe die Belastbarkeit und Relevanz des Mitgeteilten für die Aufgabenerfüllung des BKA zu prüfen.[6] Auch wenn derart aufgezeichnete Informationen über Dritte tief in die Privatsphäre der Betroffenen reichen können, sind **Eingriffsschwellen oder Anforderungen an den Rechtsgüterschutz hier nicht zu fordern**. Dass andere aus eigenem Antrieb Informationen über uns dem BKA mitteilen und die Behörde Gespräche zur späteren gründlichen Auswertung speichert, ist ein allgemeines Lebensrisiko.[7] Zudem macht eine Aufzeichnung den behördlichen Umgang mit Informationen und deren weitere Nutzung nachvollziehbar und schützt damit Betroffene unter Umständen sogar gegenüber diffamierenden Behauptungen bzw. handelnde Beamtinnen und Beamte gegenüber Ausfälligkeiten der Anrufenden. Dieselbe Sicherungsfunktion erfüllt die Aufzeichnung für die Anrufenden, die gegebenenfalls später eine unsachgemäße Behandlung ihrer Eingabe seitens des BKA geltend machen wollen. Es handelt sich damit bei grundrechtsgefährdungsspezifischer Betrachtungsweise bei § 11 BKAG um eine informatorische Maßnahme, die **keinen hohen Rechtfertigungsanforderungen** zu folgen hat.

B. Kommentierung im Einzelnen

I. Anwendungsbereich

5 Gegenstand der durch § 11 BKAG gestatteten Aufzeichnung (Speicherung) sind **„Telefonanrufe"**, also die im Rahmen des Anrufs übermittelten Lautsignale.

1 Kingreen/Poscher, POR, § 5 Rn. 11.

2 S. etwa LG München I Urt. v. 11.2.2019 – 25 Ns 116 Js 165870/17 –, BeckRS 2019, 22586, Rn. 20.

3 Starnecker, Videoüberwachung zur Risikovorsorge, 2017, S. 236 ff.; Kipker/Gärtner NJW 2015, 296 (297).

4 Zur Begrifflichkeit, die nicht nur den Rechtschutz und VA-Charakter dienstlicher Weisungen betrifft, sondern auch eine grundrechtliche Komponente hat, s. Stelkens/Bonk/Sachs/Stelkens, VwVfG, 9. Aufl. 2018, § 35 Rn. 198.

5 Zur Relevanz des Ausmaßes der Standardisierung für den gebotenen Persönlichkeitsschutz s. etwa BVerfG Beschl. v. 10.12.2010 – 1 BvR 1739/04 –, NJW 2011, 1859 (1862, Rn. 27 f.); wie hier auch Wyderka ZD-Aktuell 2019, 06823 mit Verweis auf LG Kassel Beschl. v. 23.9.2019 – 2 Qs 111/19 –, BeckRS 2019, 38252.

6 Vgl. auch BT-Drs. 18/10939, 15 (zur vergleichbaren Befugnis der Bundespolizei): „Eine Aufzeichnung ist erforderlich, um Gespräche bei Bedarf erneut anhören zu können. Auf diese Weise können Missverständnisse ausgeschlossen oder Gespräche zur weiteren Sachverhaltsaufklärung ausgewertet werden".

7 Zur Relevanz der Figur des allgemeinen Lebensrisikos s. Britz in Hoffmann-Riem (Hrsg.), Offene Rechtswissenschaft, 2010, S. 561 (578 f.); Poscher/Buchheim DVBl. 2015, 1273 (1279 f.); auch → § 9 Rn. 23 f.

6 Die Befugnis zur Aufzeichnung besteht nur bei einem **Anruf über bestimmte Nummern**, nämlich solchen, die der Öffentlichkeit allgemein für einzelne oder mehrere Aufgabenbereiche (S. 1 Nr. 1) oder aus Anlass bestimmter Ereignisse (S. 1 Nr. 2) bekannt gemacht wurden. Als Beispiel nennt der Gesetzesentwurf die Nummern des allgemeinen Kriminaldauerdienstes, der Sicherungsgruppe (Personenschutz), das allgemeine Bürgertelefon und Nummern, die über Formate wie „Aktenzeichen XY ungelöst" bekannt gemacht werden.[8]

II. Verhältnismäßigkeit

7 Die Befugnis zur Aufzeichnung besteht nur **im Rahmen der Erforderlichkeit für die Aufgabenerfüllung.** Hierbei handelt es sich um einen Verweis auf Verhältnismäßigkeitsanforderungen.[9] Unklar ist allerdings, was aus dieser Begrenzung folgt. Maßgeblich hängt das davon ab, zu welchem Zeitpunkt und in welcher Allgemeinheit über die Aufzeichnung entschieden wird. Entscheidet man im Vorfeld typisierend – etwa durch eine allgemeine Dienstanweisung – bei Bekanntmachung der jeweiligen Nummern oder für bestimmte Tage, lässt sich aus dem Erforderlichkeitskriterium wenig ziehen. Stattdessen kann es dann nur darum gehen, ob die Aufzeichnung generell die Aufgabenerfüllung (durch spätere Verfügbarkeit und Nachvollziehbarkeit) erleichtert, was bereits der Gesetzgeber typisierend entschieden hat. Unter Aspekten der Nachvollziehbarkeit wäre eine solche generalisierende Entscheidung auch von Vorteil, weil sie den Erstkontakt und anfänglichen Gesprächsverlauf miterfasste. Eine solche Handhabung führte allerdings zu einem pauschal angelegten Informationsreservoir auf Seiten des BKA, das erst später (innerhalb von 30 Tagen) mit Blick auf seine Relevanz für die Aufgabenerfüllung ausgewertet würde. Unter Datensparsamkeitsaspekten wäre das jedenfalls untypisch. Zugleich entstünde ein unübersichtlicher Datenfundus, der später kaum mehr umfänglich geprüft und ausgewertet werden könnte. Letztlich wäre eine solche Praxis eine Verschwendung personeller Ressourcen, weil dann die ohnehin mit der Entgegennahme von Anrufen befassten Beamtinnen als erste Relevanz-Filter für die Fülle der das BKA erreichenden Informationen ausfielen. Die **Entscheidung über die Aufzeichnung** wird daher **sinnvoller Weise im Rahmen der jeweiligen Anrufe** getroffen werden, um bereits erste Informationen des jeweiligen Einzelfalls bei Beurteilung der Erforderlichkeit einbeziehen zu können.

8 Gesetzlich geboten ist das allerdings nicht, so dass auch eine **pauschale Anweisung zur Aufzeichnung** zulässig wäre. Insbesondere verweist die Befugnis zur Aufzeichnung nicht auf den Einzelfall und steht nicht unter besonderen gesetzlichen Bedingungen wie etwa die Befugnis zur Aufzeichnung mittels einer Bodycam im öffentlichen Raum (vgl. § 27a BPolG). Diese Differenzierung ist angemessen, weil der Mitschnitt eines Telefonats zielgenauer ist und nur diejenigen berührt, die sich aus freien Stücken an das BKA wenden. Auch der Informationsgehalt ist bei bloß akustischer Aufzeichnung wesentlich geringer.

9 Bei der Entscheidung über die Aufzeichnung ist angesichts des Zwecks der Regelung, eine spätere eingehende Prüfung zu ermöglichen, mit dem Erforderlichkeitskriterium lediglich ein **grober Vorfilter** verbunden. Nur wenn sich eine Relevanz für die Aufgabenerfüllung klar ausschließen lässt oder die übermittelten Informationen so wenig komplex und prüfungsbedürftig sind, dass auch ein Gesprächsvermerk genügt, hat eine Aufzeichnung zu unterbleiben. Stellt sich zu Beginn des Anrufs heraus, dass die Anruferin eigentlich ein auf eine andere Aufgabe des BKA bezogenes Anliegen hat, für das eine Bürgeranlaufstelle eingerichtet ist, kommt eine interne Weiterleitung an die hierfür einschlägige Rufnummer oder eine Aufzeichnung in dieser anderen Funktion (spontaner „Wechsel des Huts") infrage. Keinesfalls gebietet die Erforderlichkeit eine komplexe Abwägung der Vor- und Nachteile einer Aufzeichnung in jedem einzelnen Gespräch. Die **Erforderlichkeit ist *ex ante* zu bestimmen** und **bezieht sich auf den gesamten Anruf.** Die handelnden Beamtinnen und Beamten müssen also nicht im Gesprächsverlauf permanent reflektieren, ob eine Aufzeichnung weiterhin geboten ist. Wenn der Anrufer dann – wider Erwarten – von einem Unfall seiner Hauskatze berichtet, möge die Beamtin das Gespräch höflich beenden. Die **detaillierte Relevanz- und Belastbarkeitsprüfung ist Aufgabe der nachfolgenden Auswertung.**

III. Erhebungs-, Speicher- und Verwendungszwecke

10 Der Erhebungs- und Speicherzweck dürfte sich in einer ersten Annäherung **anhand der jeweils verwendeten Rufnummer bestimmen** lassen. Ein Anruf auf einer speziellen Nummer wird in aller Regel der Aufgabe des BKA zuzuordnen sein, im Rahmen deren Erfüllung diese bekannt gemacht wurde. Informationen aus einem Anruf auf einer für einen bestimmten Aufgabenbereich bekannt gemachten Nummer sind im Grundsatz diesem Zweck zuzuordnen. Informationen, die über eine keinem spezifischen Aufgabenbereich zugeordnete

8 BT-Drs. 18/11163, 91.
9 Schenke/Graulich/Ruthig/Graulich BKAG § 11 Rn. 7.

Rufnummer mitgeteilt werden, werden zunächst mit einer auf alle Aufgaben des BKA bezogenen Zwecksetzung aufgezeichnet. Die Zuordnung zu bestimmten Aufgaben geschieht dann erst im Zuge der 30-tägigen Prüf- und Auswertungsfrist. Die Zweckbestimmung folgt jedoch nicht immer dieser groben Anknüpfung an die jeweilige Nummernbekanntmachung, sondern bestimmt sich genauer nach dem Zweck, der der Entscheidung über die Aufzeichnung zugrunde liegt. Je nachdem, wann und angesichts welcher Informationen eine Aufzeichnung begonnen wird, kann eine genauere Zweckzuordnung bereits möglich sein (zB Anruf über das Bürgertelefon, der offenkundig den Aufgabenbereich „präventive Terrorismusabwehr" betrifft). In diesem Fall ist zumindest der betreffende Aufgabenbereich zu markieren, so dass später klar ist, wann es sich um eine Zweckänderung handelt.

11 Ausgehend von dieser – teils noch ungefähren – Zweckbestimmung ist eine **Verwendung (Speicherung) zu anderen Zwecken** dann nur unter der Voraussetzung des § 12 Abs. 1 S. 2 BKAG (hypothetische Neuerhebung) zulässig. Im Ergebnis folgt aus dieser Anforderung wenig, weil nach diesem Grundsatz für die Zweckänderung die Anforderungen an die ursprüngliche Erhebung maßgeblich sind (→ Rn. 5 f.; zum Grundsatz der hypothetischen Neuerhebung → § 9 Rn. 39 f.; → § 12 Rn. 25 ff.). Da das BKA in all seinen Aufgabenbereichen relevante Informationen, die an es herangetragen werden, ohne besondere Hürden entgegennehmen, speichern und nutzen darf, ergibt sich aus einer **Zweckänderung** keine relevante Erschwernis.

12 Die **Aufzeichnung** ist, auch wenn sie der Aufgabenerfüllung helfen würde und idS „erforderlich" ist, **nicht verpflichtend.** Da die Aufgabenerforderlichkeit für die Entscheidung über die Aufzeichnung ein recht grober Filter ist, besteht hier ein erheblicher Spielraum des BKA, nach Tunlichkeit, Nützlichkeit und allgemeiner Transparenz-Policy über die Aufzeichnung zu entscheiden.[10] Gesichtspunkt für eine restriktive Aufzeichnungspraxis kann bspw. Personalknappheit auf Auswertungsebene sein. Ebenso können politische Prioritäten – wie etwa verstärkte Transparenz oder Stärkung des Vertrauens in die Polizeiarbeit – für eine großzügigere Aufzeichnungspraxis den Ausschlag geben.

13 **Auswertung und Prüfung der Anrufe** müssen **innerhalb von 30 Tagen** stattfinden. Anschließend ist alles, was nicht für die weitere Aufgabenerfüllung erforderlich ist, zu löschen. Kommt es nicht innerhalb der Frist zu einer Auswertung, ist ebenfalls zu löschen. Eine Pflicht zur unverzüglichen Auswertung und Prüfung besteht nicht. Vielmehr handelt es sich um eine Obliegenheit, die dadurch steuernd wirkt, dass das BKA die gespeicherten Informationen sonst unbesehen löschen müsste. Anders als im Fall der pauschalen Verkehrsdatenerhebung des BND zu späteren Analysezwecken[11] ist gegen das Fehlen einer echten Auswertungspflicht nichts einzuwenden. Das BKA kann den zwischenzeitlich vorgehaltenen Informationsanfall – anders als dort – nicht selbst steuern, sondern ist auf fremde Initiative (Anrufe) angewiesen. Zudem handelt es sich **nicht um einen tiefgreifenden und breitstreuenden heimlichen Eingriff** in das Fernmeldegeheimnis des Art. 10 GG. Dass hier ein bestimmter begrenzter Bestand an personenbezogenen unausgewerteten Informationen zeitlich befristet zur späteren im Ermessen liegenden Auswertung vorgehalten werden kann, macht die Regelung nicht aus sich heraus problematisch. Auch hier gilt, dass eine übermäßige Abstraktion datenschutzrechtlicher Erfordernisse und Dogmatiken, die den Zweck der vorbeugenden Abwehr von Grundrechtsgefährdungen aus dem Auge verliert, in die Irre führt (→ § 9 Rn. 14 ff.).

Unterabschnitt 2
Weiterverarbeitung von Daten

§ 12 Zweckbindung, Grundsatz der hypothetischen Datenneuerhebung

(1) [1]**Das Bundeskriminalamt kann personenbezogene Daten, die es selbst erhoben hat, weiterverarbeiten**

1. **zur Erfüllung derselben Aufgabe und**
2. **zum Schutz derselben Rechtsgüter oder zur Verfolgung oder Verhütung derselben Straftaten.**

[2]**Für die Weiterverarbeitung von personenbezogenen Daten, die aus Maßnahmen nach § 46 erlangt wurden, muss im Einzelfall eine dringende Gefahr im Sinne des § 46 Absatz 1 vorliegen, und für die Weiterverarbeitung von personenbezogenen Daten, die aus Maßnahmen nach § 49 erlangt wurden, muss im Einzelfall eine Gefahrenlage im Sinne des § 49 Absatz 1 vorliegen.**

10 AA Schenke/Graulich/Ruthig/Graulich BKAG § 11 Rn. 7, der angesichts der Tatbestandsvoraussetzung („Erforderlichkeit") keine nennenswerten Ermessensspielräume sieht, damit aber die Wirkung des Erforderlichkeitskriteriums bei Datenverarbeitungen überschätzt; zu den Besonderheiten der Begrifflichkeit im Kontext der Informationsverarbeitung → § 9 Rn. 56 f.

11 BVerfG Urt. v. 19.5.2020 – 1 BvR 2835/17 –, BVerfGE 154, 152 (286, Rn. 264).

(2) [1]Das Bundeskriminalamt kann zur Erfüllung seiner Aufgaben personenbezogene Daten zu anderen Zwecken, als denjenigen, zu denen sie erhoben worden sind, weiterverarbeiten, wenn

1. mindestens
   a) vergleichbar schwerwiegende Straftaten verhütet, aufgedeckt oder verfolgt oder
   b) vergleichbar bedeutsame Rechtsgüter geschützt

   werden sollen und
2. sich im Einzelfall konkrete Ermittlungsansätze
   a) zur Verhütung, Aufdeckung oder Verfolgung solcher Straftaten ergeben oder
   b) zur Abwehr von in einem übersehbaren Zeitraum drohenden Gefahren für mindestens vergleichbar bedeutsame Rechtsgüter erkennen lassen.

[2]Die §§ 21 und 22 bleiben unberührt.

(3) [1]Für die Weiterverarbeitung von personenbezogenen Daten, die durch einen verdeckten Einsatz technischer Mittel in oder aus Wohnungen oder verdeckten Eingriff in informationstechnische Systeme erlangt wurden, gilt Absatz 2 Satz 1 Nummer 2 Buchstabe b mit der Maßgabe entsprechend, dass

1. bei personenbezogenen Daten, die durch einen verdeckten Einsatz technischer Mittel in oder aus Wohnungen erlangt wurden, im Einzelfall eine dringende Gefahr im Sinne des § 46 Absatz 1 vorliegen muss und
2. bei personenbezogenen Daten, die durch einen verdeckten Eingriff in informationstechnische Systeme erlangt wurden, im Einzelfall eine Gefahrenlage im Sinne des § 49 Absatz 1 vorliegen muss.

[2]Personenbezogene Daten, die durch Herstellung von Lichtbildern oder Bildaufzeichnungen über eine Person im Wege eines verdeckten Einsatzes technischer Mittel in oder aus Wohnungen erlangt wurden, dürfen nicht zu Strafverfolgungszwecken weiterverarbeitet werden.

(4) Abweichend von Absatz 2 kann das Bundeskriminalamt die vorhandenen Grunddaten (§ 18 Absatz 2 Nummer 1 Buchstabe a) einer Person auch weiterverarbeiten, um diese Person zu identifizieren.

(5) Bei der Weiterverarbeitung von personenbezogenen Daten stellt das Bundeskriminalamt durch organisatorische und technische Vorkehrungen sicher, dass die Absätze 1 bis 4 beachtet werden.

A. Verfassungs- und unionsrechtliche Vorbemerkungen

I. Verfassungsrechtlicher Rahmen

1 § 12 BKAG dient der **Umsetzung** der **verfassungsrechtlichen Vorgaben** an die weitere Verarbeitung staatlich erhobener Daten entsprechend den Grundsätzen der **Zweckbindung** und der **Zweckänderung.**[1]

2 **1. Verfassungsrechtlicher Rechtfertigungszusammenhang von erstmaliger Datenerhebung und späterer Datenverarbeitung.** Nach der ständigen Rechtsprechung des Bundesverfassungsgerichts begründet jede **zweckändernde Nutzung** von Daten einen **neuen Eingriff in das Grundrecht**, in das durch die **erstmalige Datenerhebung** eingegriffen wurde. Die Offenlegung und Verfügbarmachung der personenbezogenen Daten in einem neuen Kontext für einen neuen operativen Zweck begründet den maßgeblichen, rechtfertigungsbedürftigen Grundrechtseingriff; dieser ist an dem Grundrecht zu messen, das für die ursprüngliche Datenerhebung maßgeblich war.[2] Dies gilt dem Grunde nach auch in Fällen einer **automatisierten Anwendung** zur Datenanalyse, -verknüpfung oder -auswertung durch die Polizei (→ § 9 Rn. 24).[3] Ein Grundrechtseingriff liegt hier nicht nur in der weiteren, zusammenführenden Verwendung vormals getrennter Daten, sondern darüber hinaus in der Erlangung besonders grundrechtsrelevanten neuen Wissens,[4] das durch die automatisierte Analyse, Auswertung und Verknüpfung von Daten in Form von *Datamining*[5] oder *Predictive Policing*[6] geschaffen werden kann.[7] Im Vergleich mit entsprechenden manuellen („händischen") Prozessen besitzt eine automatisierte Anwendung zur Datenanalyse, -verknüpfung oder -auswertung „potenziell ein Ei-

1 BT-Drs. 18/11163, 92.
2 Vgl. nur BVerfG Urt. v. 20.4.2016 – 1 BvR 966/09 ua –, BVerfGE 141, 220 (327, Rn. 285); Urt. v. 19.5.2020 – 1 BvR 2835/17 –, BVerfGE 154, 152 (266, Rn. 212); Urt. v. 26.4.2022 – 1 BvR 1619/17 –, NJW 2022, 1583 (1595, Rn. 230, 1613, Rn. 362), jeweils mwN; grundsätzlich zur Datenverarbeitung der Sicherheitsbehörden als Grundrechtseingriff Lisken/Denninger/Schwabenbauer, HdbPolR, G Rn. 20 ff.
3 BVerfG Urt. v. 16.2.2023 – 1 BvR 1547/19 ua –, juris, Rn. 50.
4 Zum Prozess der Wissensgenerierung im Polizei- und Sicherheitsrecht eingehend HdbSicherheitsR/Barczak § 16 Rn. 35 ff.
5 Aus der Lit. Golla KrimJ 52 (2020), 149 ff.; ders. NJW 2021, 667 ff.; s. auch Bäcker, Kriminalpräventionsrecht, 2015, S. 69 f. Zu den vom BKA eingesetzten *Datamining*-Verfahren vgl. ferner BT-Drs. 17/11582, 6 f. (Stand: November 2012).
6 Auszugsweise Hofmann, Predictive Policing, 2020; Rademacher AöR 142 (2017), 366 ff.; Singelnstein NStZ 2018, 1 ff.; Trute/Kuhlmann GSZ 2021, 103 ff.
7 BVerfG Beschl. v. 10.11.2020 – 1 BvR 3214/15 –, BVerfGE 156, 11 (39 f., Rn. 73 f.); Urt. v. 16.2.2023 – 1 BvR 1547/19 ua –, juris, Rn. 50, 67 ff.

gengewicht",[8] das über das Eingriffsgewicht der ursprünglichen Erhebung hinausgehen und – je nach normativ-technischer Ausgestaltung – auf die Rechtfertigungsanforderungen zurückwirken kann.[9]

Eine vom **Zweck der ursprünglichen Datenerhebung**[10] **gedeckte** Verwendung von Informationen ist demgegenüber dem **Grundrechtseingriff der erstmaligen Datenerhebung zuzurechnen.** Der Grundrechtseingriff der ursprünglichen Datenerhebung trägt die zweckentsprechende Datennutzung mit und rechtfertigt diese.[11] 3

Die ständige Rechtsprechung des Bundesverfassungsgerichts verweist folglich auf einen **verfassungsrechtlichen Rechtfertigungszusammenhang** von erstmaliger Datenerhebung einerseits und nachfolgender Datenverwendung andererseits. Grundrechtlicher „Ersteingriff" (ursprüngliche Datenerhebung) und „Zweiteingriff" (spätere Verwendung der Daten für andere Zwecke) sind aufeinander bezogen. Im Falle einer zweckentsprechenden Datenverarbeitung umfasst der Grundrechtseingriff der erstmaligen Datenerhebung die folgende Datennutzung. 4

Die Rechtsprechung des Bundesverfassungsgerichts und der darin begründete Rechtfertigungszusammenhang von erstmaliger Datenerhebung und späterer Datenverarbeitung stehen im Widerspruch zu der Ansicht, eine Verwendung von Daten sei schon deshalb zulässig, weil sie, einmal erhoben, in staatlicher Hand befindlich und für die weitere Aufgabenwahrnehmung nützlich sind. Der Staat müsse auf alle Informationen Zugriff nehmen können, die bei ihm vorlägen und die für die Erfüllung seiner Aufgaben nützlich seien.[12] Unbeachtet bleibt hierbei, dass der **konkrete Zweck**, der einer Datenerhebung zugrunde liegt, den damit einhergehenden **Grundrechtseingriff** in ganz entscheidender Art und Weise begrenzt und damit **verhältnismäßig** einhegt. 5

Beispielsweise kann der mit einer Wohnraumüberwachung verbundene Eingriff in Art. 13 GG durch den Zweck der Datenerhebung, eine dringende Gefahr für die öffentliche Sicherheit abzuwehren, gerechtfertigt sein. Der Rechtfertigungsgrund „Abwehr einer dringenden Gefahr für die öffentliche Sicherheit" begründet insofern die Eingriffsschwelle, die gleichsam „genommen" werden muss, um überhaupt an Informationen aus dem Wohnraum einer Person zu gelangen. Darüber hinaus wird die zukünftige Nutzung der zu erlangenden Informationen auf die Abwehr der konkret in Rede stehenden Gefahr und den Schutz der konkret in Rede stehenden Schutzgüter begrenzt. Der mit der **Datenerhebung verbundene Zweck** hegt den damit einhergehenden Grundrechtseingriff folglich sowohl hinsichtlich des **„Ob"** (**Eingriffsschwelle**) als auch hinsichtlich des **„Wofür"** (**konkret angestrebter Nutzungszweck**) ein. 6

Wollte man nun die aus der Wohnraumüberwachung gewonnenen Informationen bereits unter der allgemeinen Prämisse der Nützlichkeit weiteren Verwendungen zuführen, fände die Datenerhebung ihren Zweck und ihre Begrenzung nicht mehr in der Abwehr einer konkret in Rede stehenden dringenden Gefahr für die öffentliche Sicherheit. Vielmehr würden die Daten zur Abwehr der konkret in Rede stehenden dringenden Gefahr **und für sonstige zukünftige Zwecke** erhoben. Die erstmalige Datenerhebung würde gleichsam zu einer Art **„Türöffner"** für zukünftige Datennutzungen. Durch die Offenheit der zukünftigen Verwendungszusammenhänge verlöre der in der Datenerhebung liegende Grundrechtseingriff weitgehend an **Kontur.**[13] Aufgrund der Offenheit der zukünftigen Verwendungszusammenhänge wären die Folgen der Datenhebung weder für den Betroffenen noch für die kontrollierenden Gerichte zu übersehen. Zugleich gewönne der in der Datenerhebung liegende Grundrechtseingriff ganz erheblich an **Gewicht,** da mit jeder 7

8 BVerfG Urt. v. 16.2.2023 – 1 BvR 1547/19 ua –, juris, Rn. 56.

9 BVerfG Urt. v. 16.2.2023 – 1 BvR 1547/19 ua –, juris, Rn. 66 ff. Maßgeblich für die Frage der verfassungsrechtlichen Rechtfertigung ist dabei, „welcher Art das neue Wissen sein kann, das durch diese Maßnahmen erzeugt wird, insbesondere […], ob und wie viel persönlichkeitsrelevantes Wissen so geschaffen wird. Das Eingriffsgewicht erhöht sich, wenn besonders private Informationen erlangt werden können. Besonders eingriffsintensiv ist auch, wenn sich das Verhalten einer Person, deren Gewohnheiten oder deren Lebensgestaltung räumlich und über längere Zeit hinweg nachvollziehen lassen, wenn also ein Bewegungs- oder Verhaltensprofil einer Person oder ein umfassenderes Persönlichkeitsbild entstehen kann […]. Das Eingriffsgewicht ist zudem höher, wenn die Polizei durch die Datenanalyse oder -auswertung Informationen über Personen erlangt und zum Ausgangspunkt weiterer operativer Maßnahmen macht, die objektiv in keiner Beziehung zu einem konkreten Fehlverhalten stehen und den polizeilichen Eingriff durch ihr Verhalten nicht zurechenbar veranlasst haben […], wenn also die automatisierte Aufklärungstechnik das Risiko für objektiv Unbeteiligte erhöht, Ziel weiterer polizeilicher Aufklärungsmaßnahmen zu werden […]. Insofern können mit einer weitergehenden Automatisierung von Polizeiarbeit jenseits des Potenzials, eine Diskriminierung zu verhindern auch spezifische Diskriminierungsrisiken einhergehen, die verfassungsrechtlich umso weniger hinzunehmen sind, je mehr sich die Wirkungen der automatisierten Datenanalyse oder -auswertung einer nach Art. 3 Abs. 3 GG unzulässigen Benachteiligung annähern könnten" (aaO, Rn. 77).

10 Vgl. BVerfG Urt. v. 26.4.2022 – 1 BvR 1619/17 –, NJW 2022, 1583 (1595, Rn. 226: „konkreter Anlass des Erhebungseingriffs"). Zu den Begriffen „Datenverarbeitung", „Datenerhebung" und „Datenübermittlung" bzw. „Offenlegung" vgl. Lisken/Denninger/Müller/Schwabenbauer, HdbPolR, G Rn. 435 ff.

11 Vgl. BVerfG Urt. v. 20.4.2016 – 1 BvR 966/09 ua –, BVerfGE 141, 220 (324, Rn. 278); Urt. v. 26.4.2022 – 1 BvR 1619/17 –, NJW 2022, 1583 (1595, Rn. 226); Müllmann NVwZ 2016, 1692 (1693).

12 Vgl. hierzu Albers, Die Determination polizeilicher Tätigkeit in den Bereichen der Straftatenverhütung und der Verfolgungsvorsorge, 2001, S. 325.

13 Vgl. Bodenbenner, Präventive und repressive Datenverarbeitung unter besonderer Berücksichtigung des Zweckbindungsgedankens, 2017, S. 96 f.; Dürr JA 2019, 432 (439).

weiteren Verwendung der einmal erhobenen Daten der grundrechtlich geschützte Privatheitsanspruch des Einzelnen vertiefend beeinträchtigt wird.

8 Erlaubte man die Nutzung der einmal gewonnenen Informationen in einem neuen Verwendungszusammenhang und damit entkoppelt von der Rechtfertigung der ursprünglichen Datenerhebung, würden hierdurch auch die **verfassungsrechtlichen Datenerhebungsschwellen nivelliert**. Der Zugriff auf Informationen aus dem Wohnraum einer Person wäre beispielsweise nur bei der ersten Datenerhebung an die Abwehr einer dringenden Gefahr für die öffentliche Sicherheit gebunden, in der Folge aber unabhängig hiervon möglich.

9 Um die **Verhältnismäßigkeit** des mit der Datenerhebung einhergehenden Grundrechtseingriffs zu gewährleisten, bedarf es folglich einer Zweckbindung der Datenerhebung sowie eines **Rechtfertigungszusammenhangs** von erstmaliger Datenerhebung einerseits und nachfolgender Datenverarbeitung andererseits. Gleiches gilt mit Blick auf eine zu verhindernde Entwertung und ein **Unterlaufen** der **verfassungsrechtlichen Schwellen** für eine Datenerhebung.

10 **2. Zweckbindung, Zweckänderung, hypothetische Datenneuerhebung. a) Bestimmung von zweckentsprechender und zweckändernder Datenverarbeitung.** Zur Bestimmung der Rechtmäßigkeit von ursprünglicher Datenerhebung und nachfolgender Datenverarbeitung bedarf es im ersten Schritt der Klärung, ob es sich um eine Datennutzung handelt, die vom Zweck der erstmaligen Datenerhebung umfasst ist, oder ob es sich um eine Nutzung von Informationen handelt, die über den Zweck der ursprünglichen Datenerhebung hinausweist. Es stellt sich folglich die Frage, ob eine Datenverarbeitung **im Rahmen der ursprünglichen Zweckbindung** vorliegt, oder ob eine **zweckändernde Datenverarbeitung** gegeben ist.[14]

11 aa) **Grundsätzliches. Ausgangspunkt** für die Bestimmung einer zweckändernden Datenverarbeitung einerseits und einer vom Zweck der ursprünglichen Datenerhebung umfassten Datenverarbeitung andererseits ist die **Ermächtigungsgrundlage** der Datenerhebung.[15] Die Ermächtigungsgrundlage der Datenerhebung materialisiert die verfassungsrechtlichen Voraussetzungen zur Erlangung und Nutzung von Informationen und legt dabei neben der Behörde und den Bedingungen der Datenerhebung insbesondere auch den Zweck der Datenerhebung fest. Die Eingriffsgrundlage zur Datenerhebung definiert damit, welche Verwendung der Daten erlaubt ist. Sowohl die Datenerhebung als auch die nachfolgende Datenverwendung finden im bereichsspezifischen, hinreichend präzise normierten Zweck der Ermächtigungsgrundlage ihre Rechtfertigung und ihre Grenze (vgl. → Rn. 3 ff.).[16] Das verfassungsrechtliche Gebot der Zweckbindung findet insoweit eine Stärkung im Gebot der **Normenbestimmtheit und Normenklarheit**.[17]

12 Unerheblich für die **Abgrenzung** von zweckändernder und zweckentsprechender Datenverarbeitung ist demgegenüber das **Aufgabenspektrum der Behörde als solches**.[18] Die Ermächtigungsgrundlagen für Maßnahmen der Informationsgewinnung, die besonders tiefgreifende Grundrechtseingriffe begründen, engen die Voraussetzungen der Datenerhebung im Vergleich zum allgemeinen Aufgabenspektrum der Behörde ganz erheblich ein und beschränken diese auf besonders gewichtige Zwecke. Eine bloße **Behördenbindung** genügt vor diesem Hintergrund für die Annahme einer vom Zweck der ursprünglichen Datenerhebung umfassten nachfolgenden Datennutzung nicht. Die bloße Behördenbindung trägt nichts dazu bei, dass grundrechtsgebotene Beschränkungen des Einsatzes bestimmter Methoden der Datenerhebung nicht dadurch umgangen werden dürfen, dass Daten, die mit einer solchen Methode in rechtmäßiger Weise zu bestimmten Verwendungszwecken erhoben worden sind, in gleicher Weise auch für Zwecke zugänglich gemacht würden, die einen derartigen Methodeneinsatz nicht rechtfertigen würden (→ Rn. 8 f.). Der rechtsstaatliche Ausgangspunkt, schwerwiegende Grundrechtseingriffe an hinreichend gewichtige und bestimmte Zwecke zu bindenden, würde von der Zufälligkeit ersetzt, welche vielfältigen Aufgaben der Gesetzgeber einer Behörde zugeordnet hat.

13 Sind einer Behörde gesetzlich verschiedene **Aufgaben** übertragen, die jeweils eine unterschiedlich bedeutsame inhaltliche Ausrichtung und eine eigene Typik aufweisen (beispielsweise Aufgabe der Terrorismusabwehr einerseits, Aufgabe des Personenschutzes andererseits),[19] so wird mit dem **Transfer von Erkenntnissen**

14 Vgl. BVerfG Urt. v. 20.4.2016 – 1 BvR 966/09 ua –, BVerfGE 141, 220 (324, Rn. 277); Urt. v. 26.4.2022 – 1 BvR 1619/17 –, NJW 2022, 1583 (1595 f., Rn. 225 ff.); Müllmann NVwZ 2016, 1962 (1963 f.).

15 BVerfG Urt. v. 20.4.2016 – 1 BvR 966/09 ua –, BVerfGE 141, 220 (324 f., Rn. 279); zuletzt BVerfG Urt. v. 16.2.2023 – 1 BvR 1547/19 ua –, juris, Rn. 57.

16 Vgl. BVerfG Beschl. v. 27.5.2020 – 1 BvR 1873/13 ua –, BVerfGE 155, 119 (176 f., Rn. 123); Beschl. v. 10.11.2020 – 1 BvR 3214/15 –, BVerfGE 156, 11 (44 ff., Rn. 84 ff.); Urt. v. 26.4.2022 – 1 BvR 1619/17 –, NJW 2022, 1583 (1595, Rn. 226).

17 Vgl. BVerfG Beschl. v. 24.1.2012 – 1 BvR 1299/05 –, BVerfGE 130, 151 (202); Walden, Zweckbindung und -änderung präventiv und repressiv erhobener Daten im Bereich der Polizei, 1996, S. 127 ff.; Bodenbenner, Präventive und repressive Datenverarbeitung unter besonderer Berücksichtigung des Zweckbindungsgedankens, 2017, S. 96 ff.

18 Vgl. BVerfG Urt. v. 3.3.2004 – 1 BvR 2378/98 ua –, BVerfGE 109, 279 (376 ff.); Urt. v. 20.4.2016 – 1 BvR 966/09 ua –, BVerfGE 141, 220 (325, Rn. 279); vgl. auch Lisken/Denninger/Schwabenbauer, HdbPolR, G Rn. 26.

19 Vgl. BVerfG Urt. v. 20.4.2016 – 1 BvR 966/09 ua –, BVerfGE 141, 220 (333, Rn. 303); vgl. ferner BVerfG Beschl. v. 18.12.2018 – 1 BvR 142/15 –, BVerfGE 150, 244 (304, Rn. 162 f.).

aus dem einen Bereich in den **anderen Bereich** regelmäßig die Bindung verlassen, die der erstmaligen Datenerhebung zugrunde lag. In diesem Fall verbleiben die Daten bei der Behörde der erstmaligen Datenerhebung, weshalb keine Datenübermittlung vorläge. Eine zu rechtfertigende **zweckändernde Datenverarbeitung** wäre gleichwohl gegeben.[20]

Darüber hinaus dürfte die Übermittlung von Informationen an eine andere Behörde regelmäßig über den konkreten Zweck der erstmaligen Datenerhebung hinausgehen, weshalb der **behördenübergreifende Datenaustausch** auf eine **zweckändernde Datenverarbeitung** hindeutet.[21] 14

bb) Datennutzung im Rahmen der ursprünglichen Zweckbindung. Ausgehend von vorstehenden Überlegungen (→ Rn. 10 ff.) sieht das Bundesverfassungsgericht eine von der **Zweckbindung** der ursprünglichen Datenerhebung **umfasste**, dh zweckentsprechende weitere Datennutzung immer dann als gegeben an, wenn **dieselbe Behörde** im Rahmen **derselben Aufgabe** und für **den Schutz derselben Rechtsgüter** handelt, wie sie für die erstmalige Datenerhebung maßgeblich waren.[22] Nicht erforderlich ist insoweit, dass eine Identität der geschützten Rechtsgüter vorliegt: Befugt eine Ermächtigungsgrundlage zu einer Datenerhebung zwecks Abwehr von Gefahren für die Rechtsgüter A oder B, so ist eine Weiternutzung von Daten, die zwecks Abwehr einer Gefahr von Rechtsgut A erhoben wurden, zur Abwehr einer Gefahr (im Rahmen derselben Aufgabe) von Rechtsgut B zulässig und nicht als Fall der Zweckänderung anzusehen.[23] Denn ist eine Datenerhebung nur zum Schutz bestimmter Rechtsgüter oder zur Verhütung bestimmter Straftaten erlaubt, so begrenzt dies nach den Worten des Bundesverfassungsgerichts deren unmittelbare sowie weitere Verwendung auch in derselben Behörde, soweit keine gesetzliche Grundlage für eine zulässige Zweckänderung eine weitergehende Nutzung erlaubt. Entscheidend für die Frage von Zweckbindung und Zweckänderung sind danach die verschiedenen Erhebungszwecke in der für die jeweilige Datenerhebung maßgeblichen, konkreten **Ermächtigungsgrundlage.**[24] 15

Unerheblich für die Frage der zweckentsprechenden oder zweckändernden Datennutzung sollen demgegenüber die für die ursprüngliche Datenerhebung maßgeblichen **Einschreitschwellen** iSd zu fordernden **Aktualität** sein, wie sie sich etwa in den verschiedenen Gefahrenbegriffen des Polizeirechts oder den Verdachtsgraden der Strafprozessordnung materialisieren.[25] 16

Für die verfassungsrechtliche Bestimmung einer zweckentsprechenden und zweckändernden Datennutzung differenziert das Bundesverfassungsgericht folglich zwischen der Wahrscheinlichkeit einer Gefahr und der zeitlichen Nähe oder Ferne des möglichen Schadenseintritts einerseits („**Aktualität**") und dem Rang des in Rede stehenden Schutzgutes und dem Ausmaß des möglichen Schadens andererseits („**Rechtsgüterschutz**"). Der **polizeirechtliche Begriff der „Gefahr"** ist für eine Bestimmung von zweckentsprechender und zweckändernder Datennutzung folglich in seine einzelnen Elemente aufzugliedern.[26] Gleiches gilt für den Bereich der Strafverfolgung, wo zwischen der **Schwere** der in Rede stehenden **Straftat** einerseits, beispielsweise erhebliche, schwere und besonders schwere Straftaten[27] (→ Rn. 119) und den hierauf bezogenen **Verdachtsgraden**[28] andererseits zu unterscheiden ist. Während die fachrechtlichen Einschreitschwellen, die einen Zeit- oder Wahrscheinlichkeitsbezug aufweisen („Aktualität") für die Frage der Zweckbindung und Zweckänderung grundsätzlich unbeachtlich sind, gilt dies für die rechtsgutsbezogenen Elemente der fachrechtlichen Einschreitschwellen nicht.[29] 17

Von Bedeutung für die Bestimmung einer zweckentsprechenden Datennutzung sollen die **Einschreitschwellen iSd „Aktualität"** indessen bei solchen Informationen sein, die aus einer **Wohnraumüberwachung** oder 18

20 Vgl. Lisken/Denninger/Schwabenbauer, HdbPolR, G Rn. 225; Arzt ZRP 2021, 205 (207).

21 Strenger BVerfG Urt. v. 26.4.2022 – 1 BvR 1619/17 –, NJW 2022, 1583 (1595 f., Rn. 226, 232), vgl. aber BVerfG Urt. v. 20.4.2016 – 1 BvR 966/09 ua –, BVerfGE 141, 220 (334, Rn. 308); Lisken/Denninger/Schwabenbauer, HdbPolR, G Rn. 37.

22 BVerfG Urt. v. 20.4.2016 – 1 BvR 966/09 ua –, BVerfGE 141, 220 (325 f., Rn. 279, 282); zuletzt BVerfG Urt. v. 16.2.2023 – 1 BvR 1547/19 ua –, juris, Rn. 56.

23 Vgl. Bäcker, Stellungnahme BKAG, A-Drs. 18(4)806 D, 12. Kritisch mit Blick auf den notwendigen Schutz „desselben" Rechtsguts Löffelmann GSZ 2019, 16 (17 f.), mit Verweis darauf, dass die Gefährdung oder Verletzung „desselben" Rechtsguts einen sehr unterschiedlichen Ausprägungsgrad annehmen könne, weshalb eine bloß formale aber nicht materielle Gleichwertigkeit erreicht werde und den verfassungsrechtlichen Vorgaben eine gewisse Beliebigkeit zukomme.

24 Vgl. BVerfG Urt. v. 20.4.2016 – 1 BvR 966/09 ua –, BVerfGE 141, 220 (325, Rn. 279). Aufgrund des gesetzgeberischen Gestaltungsspielraums bei der Formulierung von Erhebungsbefugnissen kritisch Müllmann NVwZ 2016, 1692 (1969); Dürr JA 2019, 432 (438). Vgl. hierzu unter Bezugnahme auf Zweckbindungsgrundsatz und Gebot der Normenklarheit auch Bodenbenner, Präventive und repressive Datenverarbeitung unter besonderer Berücksichtigung des Zweckbindungsgedankens, 2017, S. 35 f., 44 ff.; Walden, Zweckbindung und -änderung präventiv und repressiv erhobener Daten im Bereich der Polizei, 1996, S. 130 ff.

25 BVerfG Urt. v. 20.4.2016 – 1 BvR 966/09 ua –, BVerfGE 141, 220 (325, Rn. 280); Urt. v. 26.4.2022 – 1 BvR 1619/17 –, NJW 2022, 1583 (1595, Rn. 227).

26 Zum Gefahrbegriff vgl. Lisken/Denninger/Bäcker, HdbPolR, D Rn. 47 ff.; Schenke, POR, § 3 Rn. 74 ff.

27 Vgl. BVerfG Urt. v. 2.3.2010 – 1 BvR 256/08 ua –, BVerfGE 125, 260 (328 f.); Beschl. v. 12.10.2011 – 2 BvR 236/08 ua –, BVerfGE 129, 208 (243); Urt. v. 20.4.2016 – 1 BvR 966/09 ua –, BVerfGE 141, 220 (270, Rn. 107, 338, Rn. 316).

28 Zu den verschiedenen Verdachtsgraden vgl. Huber JuS 2008, 21 ff., mwN.

29 Vgl. BVerfG Urt. v. 20.4.2016 – 1 BvR 966/09 ua –, BVerfGE 141, 220 (325, Rn. 280).

aus **Online-Durchsuchungen** stammen. Das außerordentliche Eingriffsgewicht dieser Datenerhebungsmaßnahmen spiegele sich in einer besonders engen Bindung jeder weiteren Nutzung der gewonnenen Daten an die Voraussetzungen der Datenerhebung.[30]

19 **cc) Zweckänderung.** Eine weitere Verarbeitung von Informationen zu anderen Zwecken als denen der ursprünglichen Datenerhebung und mithin eine **Zweckänderung** im verfassungsrechtlichen Sinne nimmt das Bundesverfassungsgericht dort an, wo Informationen neu in einer Art und Weise genutzt werden, die über den konkreten Zweck der ursprünglichen Datenerhebung (→ Rn. 5 f.) hinausgeht. Dies ist namentlich und in Abgrenzung zu einer zweckentsprechenden Datennutzung (→ Rn. 15 ff.) dann anzunehmen, wenn die in Rede stehenden Informationen an eine **andere Behörde** übermittelt werden, wenn die in Rede stehenden Informationen innerhalb derselben Behörde für eine **Aufgabe von anderer inhaltliche Ausrichtung** und **Typik** genutzt werden sollen, oder wenn die Informationen zum **Schutz von Rechtsgütern** oder der **Verfolgung von Straftaten** genutzt werden sollen, wie es die konkrete **Ermächtigungsgrundlage** der ursprünglichen Datenerhebung nicht erlaubt.[31]

20 Eine **Rückausnahme** und damit eine **zweckentsprechende Datennutzung** gibt es dort, wo Informationen zwar an andere Behörden übermittelt werden, dieser Vorgang sich aber in der bloßen **Abstimmung der Aufgabenwahrnehmung** verschiedener Sicherheitsbehörden erschöpft und nicht bereits der Koordination eines konkreten operativen Vorgehens gegen den Betroffenen dient. Dass die in Rede stehenden Informationen jeweils auch zu dem Zweck erhoben wurden, ein dem Grunde nach abgestimmtes Vorgehen der Sicherheitsbehörden zu ermöglichen und damit vom Zweck der erstmaligen Datenerhebung mitumfasst sind, dürfte der Erkenntnis geschuldet sein, dass ein unkoordiniertes Behördenhandeln die Gefahr unnötig vieler Grundrechtseingriffe in sich trägt und daher dem Grundsatz der Verhältnismäßigkeit zuwiderläuft. Die Informationen werden also nicht nur zu einem bestimmten Zweck erhoben, sondern sollen immer auch ein abgestimmtes Vorgehen bei der Zweckerreichung ermöglichen.[32] Gleiches dürfte für den Fall eines Datenaustausches zwischen Behörden in Folge eines Umzugs des Betroffenen gelten.[33] Die **Grenze** zur zweckändernden Datennutzung dürfte dort erreicht sein, wo Informationen übermittelt werden, um ein konkretes **operatives Vorgehen** verschiedener Sicherheitsbehörden untereinander **abzustimmen**; in der Abstimmung des operativen Vorgehens liegt ein eigenständiger und gewichtiger Grundrechtseingriff begründet, da die personenbezogenen Informationen nicht nur in einem neuen Verwendungszusammenhang weitere Verbreitung finden, sondern auch zur Planung von Maßnahmen gegen den Einzelnen genutzt werden.[34]

21 **b) Maßgaben einer zweckentsprechenden Datenverarbeitung.** Die Unterscheidung von einer dem Zweck der ursprünglichen Datenerhebung entsprechenden Nutzung der Informationen einerseits und einer zweckändernden Verwendung der erhobenen Daten andererseits hat Auswirkungen auf die verfassungsrechtlichen Anforderungen, die hiermit einhergehen. Dabei folgt bereits aus der Natur der Feststellung, dass die Ermächtigungsgrundlage der ursprünglichen Datenerhebung und der Grundrechtseingriff der erstmaligen Datenerhebung die in Rede stehende spätere Datenverarbeitung „noch tragen", weil dieselbe Behörde zur Verfolgung derselben Aufgabe und zum Schutz derselben Rechtsgüter wie bei der erstmaligen Datenerhebung tätig wird (→ Rn. 15). Etwaige verfassungsrechtliche Folgefragen erübrigen sich damit weitgehend. Dass eine **zweckentsprechende Datenverarbeitung** dem Grundrechtseingriff der erstmaligen Datenerhebung zuzurechnen ist und hierin ihre Rechtfertigung findet, bedeutet allerdings, dass die Rechtsgrundlage der Datenerhebung den grundrechtlichen Anforderungen der späteren Datenverarbeitung genügen muss – oder es einer gesonderten Befugnisnorm für die zweckkonforme Weiternutzung der bereits erhobenen Daten bedarf.[35] Zu verweisen ist insofern auf die **allgemeinen rechtsstaatlichen Anforderungen** der **Bestimmtheit** und der **Verhältnismäßigkeit.**[36]

30 BVerfG Urt. v. 20.4.2016 – 1 BvR 966/09 ua –, BVerfGE 141, 220 (326, Rn. 283); Urt. v. 26.4.2022 – 1 BvR 1619/17 –, NJW 2022, 1583 (1595, Rn. 228).

31 Vgl. BVerfG Urt. v. 20.4.2016 – 1 BvR 966/09 ua –, BVerfGE 141, 220 (324 ff., Rn. 279, 282); vgl. ferner BVerfG Beschl. v. 18.12.2018 – 1 BvR 142/15 –, BVerfGE 150, 244 (304, Rn. 162 f.); Urt. v. 16.2.2023 – 1 BvR 1547/19 ua –, juris, Rn. 58, 60 ff.

32 Vgl. BVerfG Urt. v. 20.4.2016 – 1 BvR 966/09 ua –, BVerfGE 141, 220 (334, Rn. 308). Vgl. aber auch BVerfG Urt. v. 26.4.2022 – 1 BvR 1619/17 –, NJW 2022, 1583 (1595 f., Rn. 226, 232).

33 Lisken/Denninger/Schwabenbauer, HdbPolR, G Rn. 37.

34 Vgl. BVerfG Urt. v. 20.4.2016 – 1 BvR 966/09 ua –, BVerfGE 141, 220 (335, Rn. 309); Beschl. v. 10.11.2020 – 1 BvR 3214/15 –, BVerfGE 156, 11 (53, Rn. 111).

35 Vgl. BVerfG Urt. v. 20.4.2016 – 1 BvR 966/09 ua –, BVerfGE 141, 220 (324, Rn. 277); Urt. v. 26.4.2022 – 1 BvR 1619/17 –, NJW 2022, 1583 (1595, Rn. 226); Lisken/Denninger/Schwabenbauer, HdbPolR, G Rn. 32, 39, 222. Vgl. hierzu auch Bodenbenner, Präventive und repressive Datenverarbeitung unter besonderer Berücksichtigung des Zweckbindungsgedankens, 2017, S. 72 ff.

36 Vgl. BVerfG Urt. v. 20.4.2016 – 1 BvR 966/09 ua –, BVerfGE 141, 220 (331, Rn. 297 f., 333, Rn. 302); vgl. hierzu auch Lisken/Denninger/Schwabenbauer, HdbPolR, G Rn. 177 f., 184 ff.

22 Ferner verweist die für eine zweckentsprechende Datenverarbeitung notwendige Feststellung, dass dieselbe Behörde zur Verfolgung derselben Aufgabe und zum Schutz derselben Rechtsgüter wie bei der erstmaligen Datenerhebung tätig wird, auf einen **konkretisierten Ermittlungsbezug** iS eines **Spurenansatzes.**[37] Bei einer bloßen – unzulässigen – Ermittlung „ins Blaue hinein" ließe sich die Erfüllung der vorstehenden Maßgaben nicht verifizieren. Für Informationen aus einer **Wohnraumüberwachung** oder einer **Online-Durchsuchung** ist jede weitere Nutzung der Daten nur dann zweckentsprechend, wenn eine den Voraussetzungen der Ersterhebung entsprechende Sachlage gegeben ist.[38]

23 **c) Maßgaben einer zweckändernden Datenverarbeitung.** Ausgehend von der Erkenntnis eines **Rechtfertigungszusammenhangs** von erstmaliger Datenerhebung und späterer Datenverarbeitung (→ Rn. 2 ff.) ist die Rechtsprechung des Bundesverfassungsgerichts zu den verfassungsrechtlichen Anforderungen an eine zweckändernde Datennutzung von einer über die Jahre zunehmenden **Präzisierung** und **Konsolidierung** einerseits wie auch von einer **Relativierung** andererseits geprägt.[39]

24 **aa) Unvereinbarkeit von Datenerhebung und neuem Verwendungszweck.** In Anknüpfung an die Entscheidung zum Volkszählungsgesetz[40] formuliert das Bundesverfassungsgericht in seiner nachfolgenden Rechtsprechung, der Zweck, zu dem eine Datenerhebung erfolgt sei, und der veränderte spätere Verwendungszweck dürften nicht miteinander „unvereinbar" sein.[41] **Grundrechtsgebotene Beschränkungen** des Einsatzes bestimmter Methoden der Datenerhebung dürften nicht dadurch **umgangen** werden, dass Daten, die mit einer solchen Methode in rechtmäßiger Weise zu bestimmten Verwendungszwecken erhoben worden sind, in gleicher Weise auch für Zwecke zugänglich gemacht würden, die einen derartigen Methodeneinsatz nicht rechtfertigen würden.[42] Kurz: Die Informationen hätten für den geänderten Zweck nicht oder nicht in der in Rede stehenden Art und Weise erhoben werden dürfen[43] bzw. es muss die beabsichtigte Nutzung von Daten zur Wahrnehmung von Aufgaben erfolgen, derentwegen ein Zugriff sie auch unmittelbar zulässig wäre.[44]

25 **bb) Hypothetische Datenneuerhebung. (1) Grundsatz.** Zur Umschreibung des Rechtfertigungszusammenhangs (→ Rn. 2 ff.) von ursprünglicher Datenerhebung und späterer Datennutzung wechselt das Gericht mit Fortschreibung seiner Rechtsprechung vom Begriff der „Unvereinbarkeit" von Datenerhebung und späterer Datenverarbeitung (→ Rn. 24) zum Begriff der **„hypothetischen Datenneuerhebung"**.[45] Entscheidend ist danach nicht, ob die in Rede stehenden Informationen ursprünglich für den geänderten Zweck in der erfolgten Art und Weise hätten erhoben werden dürfen, sondern ob **im Zeitpunkt der Datenweiterleitung** bzw. der erneuten Datenverarbeitung eine **erstmalige Datenerhebung** – nach verfassungsrechtlichen Maßstäben – für den **geänderten Zweck** mit **vergleichbar schwerwiegenden Mitteln** wie bei der ursprünglichen Datenerhebung zulässig wäre.[46] In der Folge ist der Grundsatz der hypothetischen Datenneuerhebung dahin gehend zu formulieren, ob der Gesetzgeber der konkret empfangenden Behörde die Befugnis einräumen dürfte, die übermittelten Daten mit vergleichbaren Mitteln, also durch vergleichbare Eingriffe, selbst zu erheben.[47] Wie ausgeführt (→ Rn. 2) ist die Zweckänderung dabei an dem Grundrecht zu messen, in das bei der ursprünglichen Datenerhebung eingegriffen wurde. Informationen, die durch besonders eingriffsintensive Maßnahmen erlangt wurden, können auch nur zu besonders gewichtigen Zwecken genutzt werden.[48]

37 Vgl. BVerfG Urt. v. 20.4.2016 – 1 BvR 966/09 ua –, BVerfGE 141, 220 (325 f., Rn. 281); Urt. v. 16.2.2023 – 1 BvR 1547/19 ua –, juris, Rn. 58, 158; Lisken/Denninger/Schwabenbauer, HdbPolR, G Rn. 223; kritisch aber Bäcker, Stellungnahme BKAG, A-Drs. 18(4)806 D, 4 f.

38 BVerfG Urt. v. 20.4.2016 – 1 BvR 966/09 ua –, BVerfGE 141, 220 (326, Rn. 283); Urt. v. 26.4.2022 – 1 BvR 1619/17 –, NJW 2022, 1583 (1595, Rn. 228).

39 Vgl. BVerfG Urt. v. 20.4.2016 – 1 BvR 966/09 ua –, BVerfGE 141, 220 (329, Rn. 292).

40 Vgl. BVerfG Urt. v. 15.12.1983 – 1 BvR 209/83 –, BVerfGE 65, 1 (45 f., 61 f.).

41 BVerfG Urt. v. 15.12.1983 – 1 BvR 209/83 –, BVerfGE 65, 1 (62); Urt. v. 3.3.2004 – 1 BvR 2378/98 ua –, BVerfGE 109, 279 (377); Beschl. v. 10.3.2008 – 1 BvR 2388/03 –, BVerfGE 120, 351 (369); Beschl. v. 7.12.2011 – 2 BvR 2500/09 ua –, BVerfGE 130, 1 (33).

42 BVerfG Urt. v. 14.7.1999 – 1 BvR 2226/94 ua –, BVerfGE 100, 313 (389 f.).

43 BVerfG Urt. v. 3.3.2004 – 1 BvR 2378/98 ua –, BVerfGE 109, 279 (377); Beschl. v. 10.3.2008 – 1 BvR 2388/03 –, BVerfGE 120, 351 (369); Beschl. v. 7.12.2011 – 2 BvR 2500/09 ua –, BVerfGE 130, 1 (34).

44 BVerfG Urt. v. 2.3.2010 – 1 BvR 256/08 ua –, BVerfGE 125, 260 (333); Urt. v. 24.4.2013 – 1 BvR 1215/07 –, BVerfGE 133, 277 (373, Rn. 225).

45 Vgl. nur BVerfG Urt. v. 15.12.1983 – 1 BvR 209/83 –, BVerfGE 65, 1 (62); Urt. v. 3.3.2004 – 1 BvR 2378/98 ua –, BVerfGE 109, 279 (377) einerseits sowie BVerfG Urt. v. 20.4.2016 – 1 BvR 966/09 ua –, BVerfGE 141, 220 (327, Rn. 287) andererseits.

46 Vgl. BVerfG Urt. v. 20.4.2016 – 1 BvR 966/09 ua –, BVerfGE 141, 220 (327 f., Rn. 287); Beschl. v. 18.12.2018 – 1 BvR 142/15 –, BVerfGE 150, 244 (305, Rn. 165); Urt. v. 19.5.2020 – 1 BvR 2835/17 –, BVerfGE 154, 152 (267 f., Rn. 216, 219); Beschl. v. 10.11.2020 – 1 BvR 3214/15 –, BVerfGE 156, 11 (49 f., Rn. 99 f.).

47 Vgl. Wolff ZG 31 (2016), 361 (382); Lisken/Denninger/Schwabenbauer, HdbPolR, G Rn. 249; nun auch BVerfG Urt. v. 26.4.2022 – 1 BvR 1619/17 –, NJW 2022, 1583 (1596, Rn. 231, 234).

48 Vgl. nur BVerfG Urt. v. 20.4.2016 – 1 BvR 966/09 ua –, BVerfGE 141, 220 (327, Rn. 285 f.); Urt. v. 19.5.2020 – 1 BvR 2835/17 –, BVerfGE 154, 152 (266, Rn. 212), jeweils mwN.

26 Die verfassungsrechtlichen Grenzen einer Datenerhebung setzen sich danach zwar nicht in streng identischen Anforderungen an eine nachfolgende Datenverwendung fort, wohl aber in Anforderungen, die mit der Schwere des in der ursprünglichen Datenerhebung liegenden Grundrechtseingriffs **korrespondieren.**[49]

27 Die Maßgaben der hypothetischen Datenneuerhebung gelten auch für **Zufallsfunde** sowie bei der Weiterverarbeitung von Informationen, die das BKA nicht originär selbst erhoben, sondern beispielsweise durch einen **behördenübergreifenden Datenaustausch**, von **ausländischen Stellen** oder auch von dem Betroffenen **freiwillig** erhalten hat.[50]

28 **(2) Konkrete Maßgaben für die Zweckänderung. (a) Vergleichbare Rechtsgüter oder Straftaten.** Gem. vorstehender Erwägungen (→ Rn. 25 ff.) erachtet das Bundesverfassungsgericht eine zweckändernde Datenverarbeitung als zulässig, wenn die neue Nutzung der Daten dem **Schutz von Rechtsgütern** oder der **Aufdeckung von Straftaten** eines solchen **Gewichts** dient, die verfassungsrechtlich ihre **Neuerhebung** mit vergleichbar schwergewichtigen Mitteln wie bei der ursprünglichen Datenerhebung rechtfertigen könnten. Bezugspunkt der vergleichenden Betrachtung ist das für die ursprüngliche Datenerhebung maßgebliche Grundrecht, bei Informationen aus einer Wohnraumüberwachung also beispielsweise Art. 13 GG (→ Rn. 2).[51]

29 Ein Anhaltspunkt für die Vergleichbarkeit kann die Bildung von **„Gewichtungsklassen"**[52] und in diesem Zusammenhang die – abstrakte – Unterscheidung von erheblichen, schweren und besonders schweren Straftaten oder Delikten des mittleren Kriminalitätsbereichs sein.[53] Für Maßnahmen präventiven Charakters lassen sich beispielsweise der Schutz überragend wichtiger Rechtsgüter von einem bloßen Schutz bedeutsamer Sachwerte oder von Rechtsgütern von hervorgehobenem Gewicht abgrenzen (→ Rn. 118 ff.).[54]

30 **(b) Konkreter Ermittlungsansatz.** Darüber hinaus bedarf es eines **„hinreichend spezifischen"**, **„konkreten Ermittlungsansatzes"** zum Rechtsgüterschutz oder zur Strafverfolgung.[55] Aufgrund der begrifflichen Unterscheidung des Bundesverfassungsgerichts von „konkretem Ermittlungsansatz" bei der zweckändernden Datenverarbeitung einerseits und „Spurenansatz" bzw. „konkretem Ermittlungsbezug" bei der zweckentsprechenden Datenverarbeitung andererseits (→ Rn. 22),[56] dürfte für den „konkreten Ermittlungsansatz" ein „einzelfallbezogener tatsächlicher Anlass" zu fordern sein, der über den bloß potenziellen Informationsgehalt bestimmter Daten hinausgeht.[57] Aus den der Behörde vorliegenden Informationen muss aus sich heraus oder in ihrer Zusammenschau mit weiteren Informationen konkret deutlich werden, dass eine abzuwehrende konkrete Gefahr jedenfalls auf mittlere Sicht droht.[58] Eine zweckändernde Datenverarbeitung ist folglich unzulässig, um überhaupt erst herauszufinden, ob den vorliegenden Informationen gegebenenfalls eine gesteigerte Relevanz für die Ziele der Gefahrenabwehr oder der Strafverfolgung zukommt. Entscheidend ist insoweit die Einschätzung der datenabgebenden Behörde.[59]

31 Der Begriff des **„konkreten Ermittlungsansatzes"** rückt damit für den **Bereich der Gefahrenabwehr** stark in die Nähe des Begriffs der **„drohenden Gefahr"**. Danach müssen bestimmte Tatsachen den Schluss auf ein wenigstens seiner Art nach konkretisiertes und zeitlich absehbares Geschehen zulassen oder namentlich

49 Vgl. BVerfG Urt. v. 20.4.2016 – 1 BvR 966/09 ua –, BVerfGE 141, 220 (328, Rn. 287); Beschl. v. 10.11.2020 – 1 BvR 3214/15 –, BVerfGE 156, 11 (50, Rn. 100). Vgl. ferner BVerfG Urt. v. 14.7.1999 – 1 BvR 2226/94 ua –, BVerfGE 100, 313 (392 ff.); Urt. v. 24.4.2013 – 1 BvR 1215/07 –, BVerfGE 133, 277 (329, Rn. 123, 372 ff., Rn. 225 f.).

50 Vgl. BVerfG Urt. v. 20.4.2016 – 1 BvR 966/09 ua –, BVerfGE 141, 220 (342, Rn. 327); Beschl. v. 18.12.2018 – 1 BvR 142/15 –, BVerfGE 150, 244 (304 f., Rn. 163 ff.); Beschl. v. 10.11.2020 – 1 BvR 3214/15 –, BVerfGE 156, 11 (49, Rn. 97); Lisken/Denninger/Schwabenbauer, HdbPolR, G Rn. 249, 269; vgl. aber auch Löffelmann GSZ 2019, 16 (18) sowie Lindner/Unterreitmeier DÖV 2017, 90 (97).

51 Vgl. BVerfG Urt. v. 20.4.2016 – 1 BvR 966/09 ua –, BVerfGE 141, 220 (327 f., Rn. 285, 287); Urt. v. 19.5.2020 – 1 BvR 2835/17 –, BVerfGE 154, 152 (266 f., Rn. 212, 216); Urt. v. 26.4.2022 – 1 BvR 1619/17 –, NJW 2022, 1583 (1596, Rn. 231, 1613, Rn. 362).

52 Vgl. BT-Drs. 18/11163, 93 f.

53 Vgl. BVerfG Urt. v. 2.3.2010 – 1 BvR 256/08 ua –, BVerfGE 125, 260 (328 f.); Beschl. v. 12.10.2011 – 2 BvR 236/08 ua –, BVerfGE 129, 208 (243); Urt. v. 20.4.2016 – 1 BvR 966/09 ua –, BVerfGE 141, 220 (270, Rn. 107, 338, Rn. 316).

54 Vgl. BVerfG Urt. v. 20.4.2016 – 1 BvR 966/09 ua –, BVerfGE 141, 220 (270 f., Rn. 108, 287 f., Rn. 155); Beschl. v. 27.5.2020 – 1 BvR 1873/13 ua –, BVerfGE 155, 119 (201, Rn. 178); kritisch mit Blick auf eine einheitliche Terminologie aber Lisken/Denninger/Bäcker, HdbPolR, D Rn. 121, mwN.

55 BVerfG Urt. v. 20.4.2016 – 1 BvR 966/09 ua –, BVerfGE 141, 220 (328 f., Rn. 289); abgrenzend zur Übermittlung durch den Verfassungsschutz BVerfG Urt. v. 26.4.2022 – 1 BvR 1619/17 –, NJW 2022, 1583 (1598 f., Rn. 247 f., 253).

56 Einerseits BVerfG Urt. v. 20.4.2016 – 1 BvR 966/09 ua –, BVerfGE 141, 220 (328 f., Rn. 289), andererseits BVerfG Urt. v. 20.4.2016 – 1 BvR 966/09 ua –, BVerfGE 141, 220 (325 f., Rn. 281).

57 Vgl. Bäcker, Stellungnahme BKAG, A-Drs. 18(4)806 D, 7.

58 BVerfG Urt. v. 20.4.2016 – 1 BvR 966/09 ua –, BVerfGE 141, 220 (329, Rn. 289 f.).

59 BVerfG Urt. v. 20.4.2016 – 1 BvR 966/09 ua –, BVerfGE 141, 220 (340, Rn. 320).

bei zu verhindernden terroristischen Straftaten das individuelle Verhalten einer Person die konkrete Wahrscheinlichkeit begründen, dass sie terroristische Straftaten in überschaubarer Zeit begehen wird.[60]

Konkret für die Frage der **Strafverfolgung** und mit Blick darauf, dass jede zweckändernde Datenverarbeitung einen erneuten Eingriff in das Grundrecht der ursprünglichen Datenerhebung begründet (→ Rn. 2), bedarf es nach der Rechtsprechung des Bundesverfassungsgerichts jedenfalls eines **Anfangsverdachts im strafprozessualen Sinne.**[61] Der Anfangsverdacht sei bereits die Verdachtsstufe mit den geringsten in der Strafprozessordnung vorgesehenen tatsächlichen Voraussetzungen. Würden die Voraussetzungen noch weiter zurückgenommen, wären nur noch vage Anhaltspunkte gefordert.[62] 32

Die Verfolgung des allgemeinen Ziels, durch Ermittlungen zukünftig qualifizierte Gefahren oder Straftaten zu verhindern bzw. aufzuklären, genügt gem. vorstehender Ausführungen für die Rechtfertigung einer zweckändernden Datenverarbeitung nicht. Gleiches gilt für die allgemein gehaltene Befugnis, Erkenntnisse zum Zwecke der Verhütung von Straftaten zu übermitteln.[63] Auch die Übermittlung von Informationen an eine andere Behörde zur **allgemeinen Unterstützung bei der Aufgabenwahrnehmung** genügt als Rechtfertigung einer zweckändernden Datennutzung nicht. 33

Vorstehende Ausführungen (→ Rn. 30 ff.) verdeutlichen, dass die für die ursprüngliche Datenerhebung maßgeblichen **Einschreitschwellen** iSd zu fordernden **Aktualität** der Gefahrenlage bzw. des jeweiligen Verdachtsgrades nach der Strafprozessordnung für die Rechtmäßigkeit einer zweckändernden Datenverarbeitung grundsätzlich unerheblich sind.[64] Ebenso wie bei der Abgrenzung von Zweckbindung und Zweckänderung (→ Rn. 16) ist folglich auch hinsichtlich der Rechtmäßigkeit einer zweckändernden Datennutzung der polizeirechtliche Begriff der „Gefahr" in seine einzelnen Elemente aufzugliedern.[65] Entsprechendes gilt für den Bereich der Strafverfolgung, wo zwischen der Schwere der in Rede stehenden Straftat einerseits, beispielsweise erhebliche, schwere und besonders schwere Straftaten (→ Rn. 29, 118 ff.)[66] und den hierauf bezogenen Verdachtsgraden andererseits zu unterscheiden ist.[67] Während demnach von Verfassungs wegen eine Gleichgewichtigkeit der verfolgten Zwecke von ursprünglicher Datenerhebung und zweckändernder Datenverarbeitung gefordert wird, gilt dies nicht für den Anlass der Zweckänderung.[68] 34

Von vollumfänglicher Bedeutung für die Rechtmäßigkeit einer zweckändernden Datenverarbeitung sollen die für die ursprüngliche Datenerhebung maßgeblichen **Einschreitschwellen** im Falle von Informationen sein, die aus einer **Wohnraumüberwachung** oder aus einer **Online-Durchsuchung** stammen. Aufgrund der besonderen Schwere des mit der erstmaligen Datenerhebung verbundenen Grundrechtseingriffs muss die neue Nutzung der Informationen jedes Mal neu durch die Abwehr einer **dringenden Gefahr** oder eine im Einzelfall **hinreichend konkretisierte Gefahr** gerechtfertigt sein.[69] Für die Verfolgung von Straftaten ist ein die **erstmalige Datenerhebung** rechtfertigender **konkretisierter Tatverdacht** zu fordern.[70] 35

(c) **Grunddaten.** Für die zweckändernde Übermittlung sog. **einfacher Grunddaten** wie Familienname und Vorname einer Person, Geburtsdatum und Geburtsort, Anschrift, Geschlecht, besondere körperliche Merkmale oder ein Lichtbild soll von Verfassungs wegen ausreichend sein, dass diese im Einzelfall aufgrund eines **konkreten Ermittlungsanlasses** entsprechend den Maßgaben der **Erforderlichkeit** erfolgt. Letzteres setzt voraus, dass die Datenübermittlung **ausschließlich der Identifizierung** ermittlungsrelevanter Personen und damit der bloßen Vorbereitung weiterer Datenübermittlungen nach dem einschlägigen Fachrecht dient.[71] 36

(3) **Besonderheiten der „Zielbehörden".** Da nach dem Grundsatz der hypothetischen Datenneuerhebung entscheidend ist, ob im Zeitpunkt der Datenweiterleitung bzw. der erneuten Datenverarbeitung eine erst- 37

60 Vgl. BVerfG Urt. v. 20.4.2016 – 1 BvR 966/09 ua –, BVerfGE 141, 220 (272 f., Rn. 112); Beschl. v. 27.5.2020 – 1 BvR 1873/13 ua –, BVerfGE 155, 119 (188, Rn. 148 f., 218 f., Rn. 225); Beschl. v. 10.11.2020 – 1 BvR 3214/15 –, BVerfGE 156, 11 (55, Rn. 118). Zum Begriff der „drohenden Gefahr" vgl. ferner Schenke, POR, § 3 Rn. 102 ff.; zu Gefahrbegriff und individuellem Verhalten vgl. Dürr JA 2019, 432 (433). Zum Verfassungsschutz vgl. BVerfG Urt. v. 26.4.2022 – 1 BvR 1619/17 –, NJW 2022, 1583 (1598, Rn. 245 ff.).

61 Lisken/Denninger/Schwabenbauer, HdbPolR, G Rn. 257. Zum strafprozessualen Begriff des Anfangsverdachts Huber JuS 2008, 21, mwN.

62 BVerfG Beschl. v. 27.5.2020 – 1 BvR 1873/13 –, BVerfGE 155, 119 (189 f., Rn. 152 f.).

63 Vgl. BVerfG Urt. v. 20.4.2016 – 1 BvR 966/09 ua –, BVerfGE 141, 220 (335 ff., Rn. 310, 313).

64 Vgl. BVerfG Urt. v. 20.4.2016 – 1 BvR 966/09 ua –, BVerfGE 141, 220 (328 f., Rn. 288 f.).

65 Zum Gefahrbegriff vgl. Lisken/Denninger/Bäcker, HdbPolR, D Rn. 47 ff.; Schenke, POR, § 3 Rn. 74 ff.

66 Vgl. BVerfG Urt. v. 2.3.2010 – 1 BvR 256/08 –, BVerfGE 125, 260 (328 f.); Beschl. v. 12.10.2011 – 2 BvR 236/08 ua –, BVerfGE 129, 208 (243); Urt. v. 20.4.2016 – 1 BvR 966/09 ua –, BVerfGE 141, 220 (270, Rn. 107, 338, Rn. 316).

67 Zu den verschiedenen Verdachtsgraden vgl. Huber JuS 2008, 21 ff., mwN.

68 Vgl. auch Lisken/Denninger/Schwabenbauer, HdbPolR, G Rn. 251.

69 Vgl. BVerfG Urt. v. 20.4.2016 – 1 BvR 966/09 ua –, BVerfGE 141, 220 (326, Rn. 283, 329, Rn. 291, 333, Rn. 302); vgl. auch BVerfG Urt. v. 3.3.2004 – 1 BvR 2378/98 ua –, BVerfGE 109, 279 (377); Beschl. v. 10.11.2020 – 1 BvR 3214/15 –, BVerfGE 156, 11 (50, Rn. 100); Urt. v. 16.2.2023 – 1 BvR 1547/19 ua –, juris, Rn. 59.

70 Vgl. BVerfG Beschl. v. 10.11.2020 – 1 BvR 3214/15 –, BVerfGE 156, 11 (50, Rn. 100); Bäcker, Stellungnahme BKAG, A-Drs. 18(4)806 D, 13.

71 Vgl. BVerfG Urt. v. 24.4.2013 – 1 BvR 1215/07 –, BVerfGE 133, 277 (360 ff., Rn. 193 ff.).

malige Datenerhebung – nach verfassungsrechtlichen Maßstäben – für den geänderten Zweck mit vergleichbar schwerwiegenden Mitteln wie bei der ursprünglichen Datenerhebung zulässig wäre,[72] sind – abgesehen vom Sonderfall der Informationen aus einer Wohnraumüberwachung oder dem Zugriff auf informationstechnische Systeme (→ Rn. 35) – spezifische **verfassungsrechtliche Besonderheiten** der **„Zielbehörden"** gesondert zu berücksichtigen (→ Rn. 25).[73]

38 Die Tatsache, dass den **Verfassungsschutzbehörden** des Bundes und der Länder keine polizeilichen Befugnisse zukommen und ihnen deswegen von Verfassungs wegen – oftmals[74] – weiterreichende und rechtlich weniger eingegrenzte Ermittlungsbefugnisse als beispielsweise der Polizei zukommen dürfen, ist **handlungserweiternd** zu berücksichtigen.[75] Für eine zweckändernde Datenübermittlung durch die **Polizeibehörden** soll danach beispielsweise ausreichen, dass eine Auskunft zur Aufklärung einer bestimmten, nachrichtendienstlich beobachtungsbedürftigen Aktion oder Gruppierung im Einzelfall[76] geboten ist; insoweit soll dem Erfordernis eines seiner Art nach konkretisierten und absehbaren Geschehens Genüge getan sein.[77]

39 Entsprechendes gilt mit umgekehrter, **handlungsbeschränkender** Stoßrichtung, wo von Verfassungs wegen Grenzen in der Zusammenarbeit der unterschiedlichen Sicherheitsbehörden und namentlich der Nachrichtendienste mit den Polizeibehörden des Bundes und der Länder bestehen (**„informationelles Trennungsprinzip"**).[78] Je verschiedenartiger Aufgaben, Befugnisse und Art der Aufgabenwahrnehmung sind, desto größeres Gewicht kommt dem im Austausch der entsprechenden Daten liegenden Grundrechtseingriff zu. Verfassungsrechtliche Voraussetzungen für die Erhebung, Speicherung und Verarbeitung von Daten dürfen nicht dadurch unterlaufen werden, dass Behörden, für die aufgrund ihrer Aufgabenstellung weniger strenge Anforderungen gelten, Daten im Wege der Übermittlung an Behörden weiterleiten, die ihrerseits strengen Anforderungen unterliegen.[79] Hinsichtlich der unterschiedlichen verfassungsrechtlichen Anforderungen an Datenverarbeitungen der **Nachrichtendienste** einerseits (weitgehende Befugnisse zur Datenerhebung, keine operative Gefahrenabwehr)[80] und der **Polizeibehörden** andererseits (eng begrenzte, präzise Datenerhebungsbefugnisse, Aufgabe der operativen Gefahrenabwehr und Befugnis, dem Einzelnen gegenüber Zwang anzuwenden)[81] entspricht dem, dass nachrichtendienstliche Informationen **grundsätzlich nicht**[82] und nur im Falle eines **herausragenden öffentlichen Interesses** und **hinreichend qualifizierter Übermittlungsschwellen** an die Polizeibehörden übermittelt werden dürfen.[83] Zu verweisen ist insoweit für die Gefahrenabwehr auf den Schutz besonders gewichtiger Rechtsgüter wie Leib, Leben und Freiheit der Person, den Bestand oder die Sicherheit des Bundes oder eines Landes sowie Sachen von bedeutendem Wert, deren Erhaltung im öffentlichen Interesse geboten ist – womit wesentliche Infrastruktureinrichtungen und Anlagen mit unmittelbarer Bedeutung für das Gemeinwesen gemeint sind.[84] Die hinreichend qualifizierte Übermittlungsschwelle setzt jedenfalls eine drohende Gefahr im polizeirechtlichen Sinne, regelmäßig aber die allgemeine

72 Vgl. BVerfG Urt. v. 20.4.2016 – 1 BvR 966/09 ua –, BVerfGE 141, 220 (327 f., Rn. 287); Beschl. v. 18.12.2018 – 1 BvR 142/15 –, BVerfGE 150, 244 (305, Rn. 165); Urt. v. 19.5.2020 – 1 BvR 2835/17 –, BVerfGE 154, 152 (267 f., Rn. 216, 219); Beschl. v. 10.11.2020 – 1 BvR 3214/15 –, BVerfGE 156, 11 (49 f., Rn. 99 f.).

73 Vgl. BVerfG Urt. v. 26.4.2022 – 1 BvR 1619/17 –, NJW 2022, 1583 (1587 f., Rn. 170 ff., 1596 ff., Rn. 234 ff.); Wolff ZG 31 (2016), 361 (382); Lisken/Denninger/Schwabenbauer, HdbPolR, G Rn. 249.

74 Vgl. aber auch die **Rasterfahndung** (BVerfG Beschl. v. 4.4.2006 – 1 BvR 518/02 –, BVerfGE 115, 320 [360 ff.]), die **Wohnraumüberwachung und Art. 13 Abs. 4 GG**, den **Zugriff auf informationstechnische Systeme** (BVerfG Urt. v. 27.2.2008 – 1 BvR 370/07 ua –, BVerfGE 120, 274 [329 ff.]; Urt. v. 26.4.2022 – 1 BvR 1619/17 –, NJW 2022, 1583 [1588 f., Rn. 176, 179 f.]) oder die **Telekommunikationsüberwachung** (BVerfG Urt. v. 14.7.1999 – 1 BvR 2226/94 ua –, BVerfGE 100, 313 [383]).

75 Vgl. BVerfG Beschl. v. 10.11.2020 – 1 BvR 3214/15 –, BVerfGE 156, 11 (52, Rn. 106); Urt. v. 26.4.2022 – 1 BvR 1619/17 –, NJW 2022, 1583 (1596, Rn. 234).

76 Vgl. hierzu BVerfG Urt. v. 26.4.2022 – 1 BvR 1619/17 –, NJW 2022, 1583 (1589 ff., Rn. 181 ff.).

77 Vgl. BVerfG Urt. v. 20.4.2016 – 1 BvR 966/09 ua –, BVerfGE 141, 220 (339 f., Rn. 320); Beschl. v. 27.5.2020 – 1 BvR 1873/13 ua –, BVerfGE 155, 119 (189, Rn. 151); Beschl. v. 10.11.2020 – 1 BvR 3214/15 –, BVerfGE 156, 11 (56, Rn. 119).

78 Vgl. BVerfG Urt. v. 24.4.2013 – 1 BvR 1215/07 –, BVerfGE 133, 277 (322 ff., Rn. 111 ff., Rn. 123); Urt. v. 19.5.2020 – 1 BvR 2835/17 –, BVerfGE 154, 152 (267 f., Rn. 217 ff.); Beschl. v. 10.11.2020 – 1 BvR 3214/15 –, BVerfGE 156, 11 (50 ff., Rn. 101 ff.); Urt. v. 26.4.2022 – 1 BvR 1619/17 –, NJW 2022, 1583 (1588, Rn. 171); Gusy GSZ 2021, 141 (142 ff.). Grundsätzlich kritisch Unterreitmeier DÖV 2021, 659 ff.

79 Vgl. BVerfG Urt. v. 24.4.2013 – 1 BvR 1215/07 –, BVerfGE 133, 277 (323 f., Rn. 114); Beschl. v. 10.11.2020 – 1 BvR 3214/15 –, BVerfGE 156, 11 (49 f., Rn. 99); Urt. v. 26.4.2022 – 1 BvR 1619/17 –, NJW 2022, 1583 (1588, Rn. 172 f., 1599, Rn. 248).

80 Vgl. BVerfG Urt. v. 24.4.2013 – 1 BvR 1215/07 –, BVerfGE 133, 277 (325 ff., Rn. 116 ff.); Urt. v. 26.4.2022 – 1 BvR 1619/17 –, NJW 2022, 1583 (1585 f., Rn. 154 ff., 1597, Rn. 239 ff.).

81 Vgl. BVerfG Urt. v. 24.4.2013 – 1 BvR 1215/07 –, BVerfGE 133, 277 (327 f., Rn. 120 ff.); Urt. v. 26.4.2022 – 1 BvR 1619/17 –, NJW 2022, 1583 (1585 f., Rn. 154, 158).

82 BVerfG Urt. v. 24.4.2013 – 1 BvR 1215/07 –, BVerfGE 133, 277 (329, Rn. 123).

83 BVerfG Urt. v. 24.4.2013 – 1 BvR 1215/07 –, BVerfGE 133, 277 (329, Rn. 123); Urt. v. 19.5.2020 – 1 BvR 2835/17 –, BVerfGE 154, 152 (265 f., Rn. 211, 267 f., Rn. 218 f.); Beschl. v. 10.11.2020 – 1 BvR 3214/15 –, BVerfGE 156, 11 (51 f., Rn. 105); Urt. v. 26.4.2022 – 1 BvR 1619/17 –, NJW 2022, 1583 (1587 f., Rn. 170 ff., 1597 ff., Rn. 235 ff.). Vgl. auch Gusy GSZ 2021, 141 (146 f.), unter Auslegung des Terminus „Prinzip".

84 BVerfG Urt. v. 26.4.2022 – 1 BvR 1619/17 –, NJW 2022, 1583 (1598, Rn. 243).

Eingriffsschwelle für eine entsprechende heimliche Überwachungsmaßnahme der Gefahrenabwehrbehörde voraus.[85] Für den Bereich der Strafverfolgung bedarf es zur zweckändernden Datenweiterverarbeitung der Verfolgung besonders schwerer Straftaten und konkreter, über einen Anfangsverdacht hinausgehender und sich in Richtung eines Tatverdachts verdichtender Umstände.[86] Nur unter dieser Maßgabe steht die Tatsache, dass der Zielbehörde bestimmte Datenerhebungen, zu denen die Ausgangsbehörde berechtigt ist, ihrerseits wegen ihres Aufgabenspektrums nicht vornehmen darf, einem Datenaustausch nicht prinzipiell entgegen.[87]

Ein weiteres Beispiel einer unzulässigen Zweckänderung, durch die grundrechtliche Erhebungsbeschrän- 40
kungen unterlaufen würden, ist die Übermittlung von Daten aus einer **optischen Wohnraumüberwachung** an die **Strafverfolgungsbehörden.** Da Art. 13 Abs. 3 GG eine optische Wohnraumüberwachung durch die Strafverfolgungsbehörden ausschließt, dürfen diese solche Daten auch nicht durch Behörden übermittelt bekommen, die zu einer solchen Maßnahme ermächtigt sind.[88]

d) Nutzung von Informationen als Ermittlungs- und Spurenansatz. aa) Behördeninterne Nutzung. Indem 41
das Bundesverfassungsgericht eine **zweckentsprechende Datenweiterverarbeitung** überall dort anerkennt, wo dieselbe Behörde zur Verfolgung derselben Aufgabe und zum Schutz derselben Rechtsgüter wie bei der erstmaligen Datenerhebung tätig wird, das Kriterium des vergleichbaren Tatverdachts oder der vergleichbar aktuellen Gefahrenlage aber grundsätzlich aufgibt (→ Rn. 15 f., 22),[89] wird dem BKA im weiten Umfang ermöglicht, **Spurenansätze,** die sich aus von ihm durchgeführten Überwachungsmaßnahmen ergeben, für weitere Ermittlungen auch im Vorfeld einer konkreten Gefahr bzw. eines Anfangsverdachts zu nutzen (zu den Besonderheiten von aus einer **Wohnraumüberwachung** oder einer **Online-Durchsuchung** stammenden Informationen → Rn. 22). Das BKA kann einmal gewonnene Erkenntnisse – allein oder iVm anderen ihm zur Verfügung stehenden Informationen – als schlichten Ausgangspunkt für weitere Ermittlungen nutzen, sofern es nur im Rahmen derselben Aufgabenstellung (zB Abwehr von Gefahren des internationalen Terrorismus) und zum Schutz derselben Rechtsgüter wie bei der ursprünglichen Datenerhebung handelt.[90] Unzulässig ist demgegenüber eine behördeninterne Datennutzung „ins Blaue hinein"; die Rückbindung der Datennutzung an dieselbe Aufgabe der Behörde und den Schutz derselben Rechtsgüter wie die Datenerlangung verwiest insoweit auf einen **konkreten Ermittlungsbezug** (→ Rn. 22).[91]

bb) Behördenübergreifende Zusammenarbeit. Auch die vom Bundesverfassungsgericht formulierten Anfor- 42
derungen an eine **zweckändernde Datenverarbeitung** und die darin liegende Rücknahme der grundrechtlichen Eingriffsschwellen im Vergleich zur erstmaligen Datenerhebung (→ Rn. 34) haben Folgen insbesondere für die Frage, ob und unter welchen Voraussetzungen im Rahmen von Überwachungsmaßnahmen am Rande angefallene Erkenntnisse auch unabhängig von einer konkretisierten Gefahrenlage oder einem qualifizierten Tatverdacht als **Ermittlungsansatz** im Rahmen der behördenübergreifenden Zusammenarbeit genutzt werden dürfen.

Indem für einen behördenübergreifenden Datenaustausch grundsätzlich ausreichend ist, dass die neue Nut- 43
zung der Daten dem Schutz von Rechtsgütern oder der Aufdeckung von Straftaten eines solchen Gewichts dient, die verfassungsrechtlich ihre Neuerhebung mit vergleichbar schwergewichtigen Mitteln wie bei der ursprünglichen Datenerhebung rechtfertigen könnten, im Übrigen aber ein „konkreter Ermittlungsansatz" und eine „auf mittlere Sicht drohende Gefahr" als Voraussetzung für eine behördenübergreifende Zusammenarbeit genügen, wird die Verwendung der erhobenen Daten als **bloßer Ermittlungsansatz** unabhängig von qualifizierten Gefahren- oder Verdachtslagen möglich.

85 BVerfG Urt. v. 26.4.2022 – 1 BvR 1619/17 –, NJW 2022, 1583 (1598 f., Rn. 245 ff.).

86 Vgl. BVerfG Urt. v. 24.4.2013 – 1 BvR 1215/07 –, BVerfGE 133, 277 (329, Rn. 123, 365, Rn. 203); Urt. v. 19.5.2020 – 1 BvR 2835/17 –, BVerfGE 154, 152 (269 f., Rn. 221 f.); Beschl. v. 10.11.2020 – 1 BvR 3214/15 –, BVerfGE 156, 11 (56, Rn. 120); Urt. v. 26.4.2022 – 1 BvR 1619/17 –, NJW 2022, 1583 (1599, Rn. 251 f.). Zu den besonderen Eingriffsschwellen für aus einer Wohnraumüberwachung und einer Online-Durchsuchung stammenden Informationen → Rn. 35.

87 Vgl. BVerfG Urt. v. 20.4.2016 – 1 BvR 966/09 ua –, BVerfGE 141, 220 (328, Rn. 287), Beschl. v. 10.11.2020 – 1 BvR 3214/15 –, BVerfGE 156, 11 (50, Rn. 100 f.).

88 BVerfG Urt. v. 20.4.2016 – 1 BvR 966/09 ua –, BVerfGE 141, 220 (338 f., Rn. 317).

89 Vgl. BVerfG Urt. v. 20.4.2016 – 1 BvR 966/09 ua –, BVerfGE 141, 220 (324 ff., Rn. 279 ff.); vgl. im Gegensatz dazu noch BVerfG Urt. v. 3.3.2004 – 1 BvR 2378/98 ua –, BVerfGE 109, 279 (377).

90 Vgl. BVerfG Urt. v. 20.4.2016 – 1 BvR 966/09 ua –, BVerfGE 141, 220 (325, Rn. 281, 332, Rn. 301); Dürr JA 2019, 432 (438).

91 Vgl. BVerfG Urt. v. 20.4.2016 – 1 BvR 966/09 ua –, BVerfGE 141, 220 (325 f., Rn. 281); Lisken/Denninger/Schwabenbauer, HdbPolR, G Rn. 223.

44 Eine größere Strenge legt das Bundesverfassungsgericht indessen bei aus einer **Wohnraumüberwachung**[92] oder aus einer **Online-Durchsuchung** stammenden Informationen[93] an (→ Rn. 35), weshalb hier eine Nutzung als bloßer Ermittlungsansatz in der behördenübergreifenden Zusammenarbeit ausscheidet.

45 e) **Übergreifende verfassungsrechtliche Anforderungen.** Zu den übergreifenden verfassungsrechtlichen Anforderungen der zweckentsprechenden und der zweckändernden Datenverarbeitung gehört, dass die Daten nach ihrer ersten Erhebung **gekennzeichnet** werden, so dass erkennbar bleibt, mittels welcher **Maßnahmen** und **Ermächtigungsgrundlagen** und welcher **Art von Grundrechtseingriff** die Informationen gewonnen wurden.[94]

46 Darüber hinaus bedarf es einer **Protokollierung** nachfolgender Datenverarbeitungen wie namentlich von **Datenübermittlungen,** die sich an die erstmalige Datenerhebung anschließen.[95]

47 Sowohl die Kennzeichnung der Informationen als auch die Protokollierung ihrer späteren Verarbeitung muss so **sachhaltig** und **präzise** sein, dass der Rechtfertigungszusammenhang von erstmaliger Datenerhebung und späterer Datennutzung gewährleistet ist und nachvollziehbar bleibt. Statt beispielsweise allgemein die Ermächtigungsnorm der ursprünglichen Datenerhebung festzuhalten, bedarf es der Kennzeichnung der konkret einschlägigen Ermächtigungsgrundlage, da nur so festzustellen ist, ob die Weiterverarbeitung personenbezogener Daten „denselben" Rechtsgütern dient wie die ursprüngliche Datenerhebung (→ Rn. 15). Eine **effektive gerichtliche Kontrolle** der zweckentsprechenden und der zweckändernden Datennutzung sowie eine wirksame **Kontrolle** durch den **Bundesbeauftragten für den Datenschutz und die Informationsfreiheit** muss auf Grundlage der vorliegenden Informationen möglich sein. Hierzu ist durch **technische und organisatorische Maßnahmen** sicherzustellen, dass die Daten den Gerichten und dem Bundesbeauftragten für den Datenschutz und die Informationsfreiheit in **praktikabel auswertbarer Weise** zur Verfügung stehen und die Protokollierung **hinreichende Angaben** zu dem zu kontrollierenden Vorgang enthält.[96]

48 Die Kennzeichnung der Daten und die Protokollierung ihrer späteren Datenverarbeitung sind spezielle Ausprägungen des **Grundrechtsschutzes durch Verfahren.**[97]

49 **3. Bewertung.** a) **Zweckbindung. Rechtspolitisch** mag es wünschenswert erscheinen, bloße **Spurenansätze** für weitere Ermittlungen der jeweiligen Sicherheitsbehörde auch im Vorfeld einer konkreten Gefahr oder eines entsprechenden Verdachtsgrades ausreichen zu lassen und eine Datenverarbeitung, die vom Zweck der ursprünglichen Datenerhebung gedeckt ist, bereits dann anzunehmen, wenn dieselbe Behörde im Rahmen derselben Aufgabe und für den Schutz derselben Rechtsgüter handelt, wie sie für die erstmalige Datenerhebung maßgeblich waren (→ Rn. 15).[98] **Rechtsdogmatisch** erscheint dieser Ansatz indessen **zweifelhaft.**

50 Die **Zweckbindung** der erstmaligen Datenerhebung, wie sie sich in der jeweiligen Befugnisnorm materialisiert, bezieht sich nicht nur auf das Handeln einer konkreten Behörde im Rahmen einer konkreten Aufgabe und des allgemeinen Schutzes bestimmter Rechtsgüter. Eine ganz grundlegende Einhegung und wortwörtlich „Bindung" staatlichen Handelns liegt vielmehr in der **konkreten Eingriffsschwelle** begründet, wie sie sich in den verschiedenen **Gefahrengraden** der abstrakten Gefahr, der drohenden Gefahr, der konkreten Gefahr, der gegenwärtigen Gefahr oder der Gefahr im Verzug bzw. in den **Verdachtsgraden** der Vermutung, des Anfangsverdachts, des hinreichenden Tatverdachts, des dringenden Tatverdachts oder der Überzeugung materialisiert.[99]

51 Für die Bestimmung einer zweckentsprechenden späteren Datenverarbeitung wird die **konkrete Eingriffsschwelle** als Element der Zweckbindung nun nach der neueren Rechtsprechung des Bundesverfassungsgerichts mit der Aussage **ausgeblendet,** das Erfordernis einer hinreichend konkretisierten Gefahrenlage oder eines qualifizierten Tatverdachts bestimme den **Anlass,** aus dem entsprechende Daten erhoben werden dürfen, nicht aber die erlaubten **Zwecke,** für die die Daten der Behörde dann zur Verfügung stehen.[100] Eine Rückbindung dieser Feststellung an die verfassungsrechtliche Ratio des Begriffs der Zweckbindung (→ Rn. 2 ff.) ist schwerlich zu erkennen. Im Gegenteil erkennt das Gericht für die Wohnraumüberwachung und Online-Durchsuchungen ausdrücklich an, dass der Zweck einer Datenerhebung sich auch in den Da-

92 So explizit zu aus einer Wohnraumüberwachung stammenden Informationen BVerfG Urt. v. 3.3.2004 – 1 BvR 2378/98 ua –, BVerfGE 109, 279 (377); vgl. auch BVerfG Urt. v. 20.4.2016 – 1 BvR 966/09, ua –, BVerfGE 141, 220 (326, Rn. 291).

93 BVerfG Urt. v. 20.4.2016 – 1 BvR 966/09 ua –, BVerfGE 141, 220 (326, Rn. 291); Beschl. v. 10.11.2020 – 1 BvR 3214/15 –, BVerfGE 156, 11 (50, Rn. 100).

94 Vgl. BVerfG Urt. v. 20.4.2016 – 1 BvR 966/09 ua –, BVerfGE 141, 220 (340 f., Rn. 322). Vgl. auch Bodenbenner, Präventive und repressive Datenverarbeitung unter besonderer Berücksichtigung des Zweckbindungsgedankens, 2017, S. 150 ff.

95 Vgl. BVerfG Urt. v. 20.4.2016 – 1 BvR 966/09 ua –, BVerfGE 141, 220 (340 f., Rn. 322).

96 Vgl. BVerfG Urt. v. 20.4.2016 – 1 BvR 966/09 ua –, BVerfGE 141, 220 (284 f., Rn. 141); vgl. hierzu ferner Lisken/Denninger/Schwabenbauer, HdbPolR, G Rn. 292 ff., 302 ff.

97 Vgl. BVerfG Urt. v. 24.4.2013 – 1 BvR 1215/07 –, BVerfGE 133, 277 (324, Rn. 114), mwN.

98 BVerfG Urt. v. 20.4.2016 – 1 BvR 966/09 ua –, BVerfGE 141, 220 (325 f., Rn. 279, 282).

99 Vgl. nur Schenke, POR, § 3 Rn. 75, 97 und § 6 Rn. 412, mwN; vgl. ferner Lisken/Denninger/Graulich, HdbPolR, E Rn. 136 ff.

100 BVerfG Urt. v. 20.4.2016 – 1 BvR 966/09 ua –, BVerfGE 141, 220 (325, Rn. 280).

tenerhebungsvoraussetzungen der „dringenden Gefahr“ bzw. der „im Einzelfall drohenden Gefahr“ manifestiert.[101] Dass es sich bei der Wohnraumüberwachung und Online-Durchsuchung um Datenerhebungen mit einem „außerordentlichen Eingriffsgewicht“[102] handelt, mag zutreffend sein. Dies erklärt rechtsdogmatisch aber nicht, warum die **konkrete Eingriffsschwelle** hier Bestandteil des Zwecks der ursprünglichen Datenerhebung sein soll, im Übrigen aber nicht. Denkbar erscheint, dass die Ausführungen des Gerichts zu Wohnraumüberwachung und Online-Durchsuchung von dem Bestreben getragen sind, einen **Bruch** zu seiner früheren – insoweit rechtsdogmatisch stringenten – **Rechtsprechung** zu vermeiden, wonach auch der Verdachtsgrad bzw. der Gefahrengrad der erstmaligen Datenerhebung für die Frage der Zweckbindung und Zweckänderung von Bedeutung ist.[103]

Die Annahme der **zweckentsprechenden Datenverarbeitung** fußt auf der Erkenntnis, dass die Ermächtigungsgrundlage und der Grundrechtseingriff der erstmaligen Datenerhebung die in Rede stehende spätere Datenverarbeitung „noch tragen“, gerade weil letztere sich im Rahmen der verfassungsrechtlichen Rechtfertigung und Grenzen bewegt, wie sie sich in der **Ermächtigungsgrundlage** der ursprünglichen Datenerhebung materialisieren (→ Rn. 11). Verfassungsrechtliche Rechtfertigung und Grenze einer Datenerhebung manifestieren sich aber gerade auch in den **Gefahren- und Verdachtsgraden des Fachrechts.**[104] 52

Anders als die Rechtsprechung des Bundesverfassungsgerichts suggeriert, wohnt dem **polizeirechtlichen Gefahrenbegriff** des Fachrechts auch nicht durchgängig eine formale Unterscheidung zwischen den Wahrscheinlichkeits- und Zeitelementen („Aktualität“) einerseits und rechtsgutsbezogenen Elemente andererseits (→ Rn. 15 ff.) inne. So ist beispielsweise für den Begriff der „dringenden“ Gefahr“ keineswegs geklärt, ob die „Dringlichkeit“ sich – alternativ – auf das zeitliche Element bzw. die Wichtigkeit des bedrohten Rechtsguts oder – kumulativ – auf beide Elemente bezieht (→ § 38 Rn. 19, dort Fn. 95).[105] Damit erscheint aber schon der Grundansatz des Bundesverfassungsgerichts fraglich, für die Abgrenzung von Zweckbindung und Zweckänderung zwar auf das Rechtsgut der Befugnis zur ursprünglichen Datenerhebung zu schauen, nicht aber auf das der Norm innewohnende Element der zeitlichen Nähe bzw. der Wahrscheinlichkeit (→ Rn. 17). 53

Konsequenter erscheint es insofern, in jeder späteren Nutzung einmal erhobener Informationen, die über das konkrete „Ob“ und „Wofür“ der ursprünglichen Datenerhebung (→ Rn. 5 f.) hinausweist, eine zweckändernde Datennutzung zu sehen. Diese wäre dann, da die zweckändernde Datenverarbeitung sich auf einen von vornherein feststehenden Informationsbestand von inhaltlicher Relevanz für die Tätigkeit der Sicherheitsbehörde bezieht und damit als weniger grundrechtssensibel erscheint als eine erstmalige Datenerhebung, unter abgesenkten Anforderungen zuzulassen. Auch unter der Prämisse einer **Zweckänderung** wäre es dem BKA möglich, von ihm erhobene Informationen als **bloßer Spurenansatz** einer weiteren Datenverarbeitung zuzuführen. 54

Der so verstandene Begriff einer Datenverarbeitung im Rahmen des Zwecks der ursprünglichen Datenerhebung vermeidet auch das **verfassungsrechtliche Ungleichgewicht** zwischen einer zweckgebundenen Datenverarbeitung einerseits und einer zweckändernden Datenverarbeitung andererseits. Während eine zweckentsprechende Datenverarbeitung voraussetzt, dass dieselbe Behörde im Rahmen derselben Aufgabe und auf Basis eines konkreten Ermittlungsbezuges für den Schutz derselben Rechtsgüter handelt, wie sie die Befugnisnorm der ursprünglichen Datenerhebung erlaubt,[106] ist eine zweckändernde Datennutzung bereits dann möglich, wenn sie auf Grundlage eines konkreten Ermittlungsansatzes dem Schutz von Rechtsgütern oder der Aufdeckung von Straftaten eines solchen Gewichts dient, die verfassungsrechtlich ihre Neuerhebung mit bloß vergleichbar schwergewichtigen Mitteln rechtfertigen könnten.[107] In der Folge erscheint eine zweckändernde Datenverarbeitung – wie beispielsweise die Übermittlung von Informationen an eine andere Behörde – mit Blick auf die zu schützenden Rechtsgüter unter verfassungsrechtlich niedrigeren Voraussetzungen möglich, als die weitergehende Nutzung durch die Behörde, bei der die Informationen bereits vorhanden sind. Da der Grundrechtseingriff der Datenübermittlung aber gerade darin begründet liegt, dass die personenbezogenen Daten in einem neuen Verwendungszusammenhang und gegenüber Dritten offenbart werden (→ Rn. 2), wäre hier das umgekehrte Ergebnis zu erwarten gewesen und erschließen sich die Vorgaben für eine Datenverarbeitung im Rahmen der Zweckbindung nur schwerlich. 55

101 Vgl. BVerfG Urt. v. 20.4.2016 – 1 BvR 966/09 ua –, BVerfGE 141, 220 (326, Rn. 283).
102 BVerfG Urt. v. 20.4.2016 – 1 BvR 966/09 ua –, BVerfGE 141, 220 (326, Rn. 283); Urt. v. 16.2.2023 – 1 BvR 1547/19 ua –, juris, Rn. 59.
103 Vgl. insoweit insbesondere BVerfG Urt. v. 3.3.2004 – 1 BvR 2378/98 ua –, BVerfGE 109, 279 (377).
104 Vgl. Krugmann NVwZ 2006, 152 (154 ff.).
105 Vgl. nur Lisken/Denninger/Bäcker, HdbPolR, D Rn. 129 sowie bereits Lisken/Denninger/Denninger, HdbPolR, 6. Aufl. 2018, D Rn. 64, jeweils mwN.
106 BVerfG Urt. v. 20.4.2016 – 1 BvR 966/09 ua –, BVerfGE 141, 220 (325 f., Rn. 279, 281 f.).
107 Vgl. BVerfG Urt. v. 20.4.2016 – 1 BvR 966/09 ua –, BVerfGE 141, 220 (328 f., Rn. 288 f.).

56 b) **Zweckänderung.** Gegenüber der vorhergehenden Rechtsprechung (→ Rn. 24), wonach sich die Rechtmäßigkeit einer Zweckänderung danach richtete, ob die in Rede stehenden Informationen für den geänderten Zweck nicht oder nicht in der in Rede stehenden Art und Weise hätten erhoben werden dürfen[108] bzw. ob die beabsichtigte Nutzung von Daten zur Wahrnehmung von Aufgaben erfolgt, derentwegen ein Zugriff auf sie auch unmittelbar zulässig wäre,[109] bedeuten die in der Entscheidung zum BKA-Gesetz aufgestellten Anforderungen an die Zulässigkeit einer **Zweckänderung** zum einen eine **konkretisierende Konsolidierung** der bisherigen Rechtsprechung. Darüber hinaus geht hiermit aber auch eine **Rücknahme** der bei einer zweckändernden Datennutzung geltenden **grundrechtlichen Eingriffsschwellen** einher.[110]

57 An die Stelle eines strikten Maßstabs der **hypothetischen Datenneuerhebung**, der eng an die Voraussetzungen der erstmaligen Datenerhebung gebunden ist, tritt eine **Absenkung der grundrechtlichen Schwelle** für die spätere Datenverarbeitung dahin gehend, dass eine zweckändernde Verwendung von Daten bereits dann möglich ist, wenn es sich um Informationen handelt, aus denen sich **im Einzelfall konkrete Ermittlungsansätze** zur Aufdeckung von Personen oder Strukturen ergeben, von denen auf mittlere Sicht vergleichbar gewichtige Gefahren ausgehen oder vergleichbar gewichtige Straftaten verübt werden können wie die, zu deren Verhinderung die entsprechende Datenerhebung zulässig ist (→ Rn. 30 ff.).

58 **Verzichtet** man insoweit auf das **Element der Dringlichkeit** zur Bestimmung der grundrechtlichen Eingriffsschwelle, stellt sich die Frage, inwieweit es noch gelingt zu verhindern, dass grundrechtsgebotene Beschränkungen des Einsatzes bestimmter Methoden der Datenerhebung nicht dadurch umgangen werden, dass Daten, die mit einer solchen Methode in rechtmäßiger Weise zu bestimmten Verwendungszwecken erhoben worden sind, in gleicher Weise auch für Zwecke zugänglich gemacht werden, die einen derartigen Methodeneinsatz nicht rechtfertigen würden. Ebenso wie bei der Frage nach den Grenzen einer zweckentsprechenden späteren Datenverarbeitung ist auch bei der Frage nach dem Rechtfertigungszusammenhang von erstmaliger Datenerhebung und einer nachfolgenden zweckändernden Datenverarbeitung zu beachten, dass die Befugnisnorm der Datenerhebung den damit verbundenen Grundrechtseingriff nicht nur hinsichtlich der konkret handelnden Behörde, ihrer Aufgabe und dem in Rede stehenden Rechtsgut einhegt, sondern auch hinsichtlich des jeweiligen Gefahren- bzw. Verdachtsgrades (→ Rn. 51 f.).[111]

59 Da das Fachrecht zudem nicht immer stringent zwischen Zeit- und Wahrscheinlichkeitselementen („Aktualität") einerseits und rechtsgutsbezogenen Elementen einer Ermächtigungsgrundlage zur Datenerhebung andererseits unterscheidet (→ Rn. 53), stellt sich auch hier die Frage nach der **Umsetzbarkeit** der verfassungsrechtlichen Vorgaben.

60 Dass das Bundesverfassungsgericht die Anforderungen an eine zweckändernde Datennutzung von denen der erstmaligen Datenerhebung zurücknimmt, dürfte nicht zuletzt der Befürchtung geschuldet sein, ein verfassungsrechtliches Postulat, wonach selbst konkrete Ermittlungsansätze zur Abwehr einer Gefahr oder zur Aufklärung einer Straftat sehenden Auges ungenutzt bleiben müssen, wenn es an einer näher qualifizierten Gefahr oder einem näher qualifizierten Tatverdacht fehlt, sei weder in der **behördlichen Praxis** noch im Rahmen der zunehmend internationalen Zusammenarbeit der Sicherheitsbehörden durchhaltbar. Das Bundesverfassungsgericht scheint insoweit für den **Bereich des Sicherheitsrechts** anzuerkennen, dass auch schon im **Vorfeld einer konkreten Gefahr** dem Austausch personenbezogener Daten ein **Gewicht** beigemessen werden darf, dass deren weitere Verwendung rechtfertigt.

61 Neben Erwägungen der **Praktikabilität** und **Vereinfachung behördlichen Handelns**[112] dürfte ausschlaggebend für die Rücknahme grundrechtlicher Eingriffsschwellen für eine zweckändernde Datennutzung sein, dass eine **zweckändernde Datennutzung** andere **funktionelle Zusammenhänge** schafft und in anderen funktionalen Zusammenhängen steht als eine erstmalige Datenerhebung. Die besondere Grundrechtssensibilität einer erstmaligen Datenerhebung beispielsweise mittels einer Überwachung der Telekommunikation resultiert unter anderem daraus, dass hierbei immer auch Informationen zum Betroffenen gewonnen werden, die keinerlei Relevanz für das behördliche Vorgehen haben und bis in den Kernbereich privater Lebensgestaltung (→ § 45 Rn. 13 ff.) reichen können. Auch können Dritte von der Datenerhebung miterfasst werden, ohne dass dies verhindert werden könnte. Das Ergebnis der **erstmaligen Datenerhebung** verbleibt folglich

108 BVerfG Urt. v. 3.3.2004 – 1 BvR 2378/98 ua –, BVerfGE 109, 279 (377); Beschl. v. 10.3.2008 – 1 BvR 2388/03 –, BVerfGE 120, 351 (369); Beschl. v. 7.12.2011 – 2 BvR 2500/09 ua –, BVerfGE 130, 1 (34); vgl. auch BVerfG Beschl. v. 3.3.2004 – 1 BvF 3/92 –, BVerfGE 110, 33 (73).

109 BVerfG Urt. v. 2.3.2010 – 1 BvR 256/08 ua –, BVerfGE 125, 260 (333); Urt. v. 24.4.2013 – 1 BvR 1215/07 –, BVerfGE 133, 277 (373, Rn. 225).

110 Vgl. BVerfG Urt. v. 20.4.2016 – 1 BvR 966/09 ua –, BVerfGE 141, 220 (329, Rn. 292). Anders aber, ohne Auseinandersetzung mit den bis zur Entscheidung geltenden verfassungsrechtlichen Maßgaben, Lindner/Unterreitmeier DÖV 2017, 90 (92), „zusätzliche Hürden".

111 Vgl. BVerfG Urt. v. 14.7.1999 – 1 BvR 2226/94 ua –, BVerfGE 100, 313 (394); Urt. v. 3.3.2004 – 1 BvR 2378/98 ua –, BVerfGE 109, 279 (377).

112 Vgl. BVerfG Urt. v. 20.4.2016 – 1 BvR 966/09 ua –, BVerfGE 141, 220 (328, Rn. 287).

im Vorhinein sowohl hinsichtlich seiner persönlichen und gegenständlichen **Weite** als auch hinsichtlich seiner **Tiefe** in gewissem Maße **im Unklaren**.

Von derartigen Unsicherheiten ist eine an die erstmalige Datenerhebung **anschließende Datenverarbeitung** befreit. Sie dringt nicht abermals in den Bereich des Privaten ein und bezieht sich auf einen **feststehenden Informationsbestand** bei dem davon auszugehen ist, dass – den gesetzlichen Vorgaben entsprechend – eine Beschränkung auf die für das konkrete Verfahren **notwendigen Informationen** erfolgt. Zwar besteht insoweit der dargestellte Rechtfertigungszusammenhang von erstmaliger Datenerhebung und späterer Datennutzung (→ Rn. 2 ff.). Insbesondere der Bezugspunkt der zweckändernden Datenverarbeitung eines feststehenden, für die Aufgabenerfüllung der jeweiligen Behörde relevanten Datenbestandes rechtfertigt es jedoch, die **grundrechtlichen Schwellen der Zweckänderung** gegenüber denjenigen der erstmaligen Datenerhebung ein Stück weit **zurückzunehmen** und nicht alle Differenzierungen, die für die Datenerhebung gelten, in gleicher Weise und von Verfassungs wegen auch für die Übermittlung von Daten einzufordern.[113] 62

Ausreichend aber auch notwendig ist insoweit, dass sich die Zweckänderung an den Voraussetzungen der Erhebung der in Rede stehenden Daten **orientiert**, und einem **hinreichend gewichtigen und aktuellen Grund** – namentlich dem Schutz entsprechend qualifizierter Rechtsgüter oder der Verfolgung von Straftaten mit entsprechend qualifiziertem Unrechtsgehalt auf Grundlage eines konkreten Ermittlungsansatzes – dient. 63

Dass das Bundesverfassungsgericht strengere Maßstäbe an die zweckändernde Datenverarbeitung von Informationen aus einer **Wohnraumüberwachung** oder einer **Online-Durchsuchung** anlegt (→ Rn. 35), dürfte – neben der besonderen Schwere der mit der Datenerhebung verbundenen Grundrechtseingriffe – vor allem eine zwingende Folge der Feststellung sein, dass jede zweckändernde Datennutzung an dem Grundrecht zu messen ist, in dessen Eingriff die Daten ursprünglich erhoben wurden (→ Rn. 2).[114] Bereits der Wortlaut des Art. 13 GG statuiert aber entsprechend qualifizierte Eingriffsschwellen;[115] hinsichtlich des aus Art. 2 Abs. 1 iVm Art. 1 Abs. 1 GG abgeleiteten Grundrechts auf Gewährleistung der Vertraulichkeit und Integrität informationstechnischer Systeme folgt aus der Verfassungsrechtsprechung, dass jede weitere Verwendung der Daten sich an den Voraussetzungen der erstmaligen Datenerhebung messen lassen muss und das Eingriffsgewicht demjenigen der Wohnraumüberwachung nahezu gleichgestellt ist.[116] 64

II. Unionsrechtlicher Rahmen

§ 12 BKAG liegt im Anwendungsbereich der **Richtlinie (EU) 2016/680** des Europäischen Parlaments und des Rates vom 27.4.2016 zum Schutz natürlicher Personen bei der Verarbeitung personenbezogener Daten durch die zuständigen Behörden zum Zwecke der Verhütung, Ermittlung, Aufdeckung oder Verfolgung von Straftaten oder der Strafvollstreckung sowie zum freien Datenverkehr und zur Aufhebung des Rahmenbeschlusses 2008/977/JI des Rates[117] (**DSRL-JI**). Nach Art. 2 Abs. 1 iVm Art. 1 Abs. 1 gilt die DSRL-JI für die Verarbeitung personenbezogener Daten zum Zwecke der Verhütung, Ermittlung, Aufdeckung oder Verfolgung von Straftaten oder der Strafvollstreckung, einschließlich des Schutzes vor und der Abwehr von Gefahren für die öffentliche Sicherheit. 65

Eine Datenerhebung für **abstrakte und allgemeine Zwecke** oder **auf Vorrat** für erst später zu konkretisierende Zwecke darf es nach den Vorgaben des europäischen Sekundärrechts **nicht** geben.[118] Gem. Art. 4 Abs. 1 lit. b DSRL-JI haben die Mitgliedstaaten vorzusehen, dass personenbezogene Daten nur für festgelegte, eindeutige und rechtmäßige Zwecke erhoben (**Gebot der Zweckfestlegung**) und nicht in einer mit diesen Zwecken nicht zu vereinbarenden Weise verarbeitet werden (**Gebot der Zweckbeachtung**). 66

1. Gebot der Zweckfestlegung. Gem. dem unionsrechtlichen Gebot der Zweckfestlegung muss der Zweck der Datenverarbeitung als Frage des „Wozu"[119] zum **Zeitpunkt des ersten relevanten Verarbeitungsschrittes** und auf Grundlage einer Rechtsvorschrift feststehen.[120] 67

113 Vgl. auch Albers, Die Determination polizeilicher Tätigkeit in den Bereichen der Straftatenverhütung und der Verfolgungsvorsorge, 2001, S. 321, 326 f.; Löffelmann GSZ 2019, 16 (18 ff.) befürwortet daher die Annahme eines eigenständig zu gewichtenden „neuen Eingriffs" statt des Grundsatzes der hypothetischen Datenneuerhebung.

114 Vgl. nur BVerfG Urt. v. 20.4.2016 – 1 BvR 966/09 ua –, BVerfGE 141, 220 (327, Rn. 285); Urt. v. 26.4.2022 – 1 BvR 1619/17 –, NJW 2022, 1583 (1595, Rn. 230, 1613, Rn. 362), jeweils mwN. Dies lässt Bodenbenner, Präventive und repressive Datenverarbeitung unter besonderer Berücksichtigung des Zweckbindungsgedankens, 2017, S. 90 unberücksichtigt, der einen willkürlichen Ansatz rügt.

115 Vgl. auch Krugmann NVwZ 2006, 152 (154).

116 Vgl. BVerfG Urt. v. 27.2.2008 – 1 BvR 370/07 ua –, BVerfGE 120, 274 (328 ff.); Urt. v. 24.4.2013 – 1 BvR 1215/07 –, BVerfGE 133, 277 (373 f., Rn. 226); Urt. v. 20.4.2016 – 1 BvR 966/09 ua –, BVerfGE 141, 220 (304, Rn. 210, 328, Rn. 316).

117 ABl.EU Nr. L 119, 89.

118 Simitis/Hornung/Spiecker/Roßnagel, Datenschutzrecht, 2019, Art. 5 Rn. 72, mwN.

119 Vgl. Simitis/Hornung/Spiecker/Roßnagel Datenschutzrecht, 2019, Art. 5 Rn. 68 f.

120 Vgl. ErwG 26 DSRL-JI; Simitis/Hornung/Spiecker/Roßnagel, Datenschutzrecht, 2019, Art. 5 Rn. 73 ff.

68 Die Notwendigkeit eines **eindeutig** festgelegten Datenverarbeitungszwecks verweist nach den Erwägungen der DSRL-JI auf eine hinreichend präzise und konkrete Bestimmtheit.[121] Hiermit ist die im Rahmen der Zweckfestlegung zu beachtende Begrenzungsfunktion angesprochen; je vager die Zweckbestimmung ausfällt, desto flexibler wird eine nachfolgende Datenverarbeitung ermöglicht. Umgekehrt sinkt damit aber der Schutz der Rechte des Betroffenen, da der Kontext der Datenerhebung gelockert wird (→ Rn. 5 ff., 11).[122] Eindeutig (in der englischen Richtlinienfassung „explicit") kann der Zweck nur dann sein, wenn er von anderen möglichen Zwecken klar zu unterscheiden ist. Es bedarf der ausdrücklichen, inhaltlich präzisen und konkreten Zweckbestimmung, die das daran anknüpfende **Gebot der Zweckbeachtung** gem. Art. 4 Abs. 1 lit. b DSRL-JI (→ Rn. 69) sachhaltig mit Leben füllt. Ferner müssen die sonstigen in der DSRL-JI normierten Grundsätze der Datenverarbeitung und Rechte der Betroffenen, wie etwa das Recht auf Information über den Zweck der Datenverarbeitung (Art. 12 Abs. 1, 13 Abs. 1 lit. c DSRL-JI), auf Grundlage des eindeutigen Zwecks sachhaltig umgesetzt werden können.[123]

69 **2. Gebot der Zweckbeachtung.** Unzulässig iSd Art. 4 Abs. 1 lit. b DSRL-JI und unvereinbar mit dem europarechtlichen Gebot der Zweckbeachtung ist die Datenverarbeitung mit den der Datenerhebung zugrundeliegenden, festgelegten Zwecken, wenn sie mit diesen **nicht kompatibel** ist. Angesprochen sind damit Gesichtspunkte wie die inhaltliche Verbindung von Datenverarbeitung und festgelegtem Zweck, der Erhebungszusammenhang, die Art der betroffenen Daten, die Folgen der Datenverarbeitung für den Betroffenen und bestehende Garantien.[124] Wie aus Art. 4 Abs. 2 DSRL-JI folgt, sind alle Zwecke innerhalb der Richtlinie vergleichbar. Eine **Unvereinbarkeit** von Datenerhebung und nachfolgender Datenverarbeitung ist also dem Grunde nach dann nicht gegeben, wenn die Datenverarbeitung nach entsprechender Erhebung zum Zwecke der Verhütung, Ermittlung, Aufdeckung oder Verfolgung von Straftaten oder der Strafvollstreckung, einschließlich des Schutzes vor und der Abwehr von Gefahren für die öffentliche Sicherheit erfolgt. Nur so kann sichergestellt werden, dass Straftaten und Gefahrentatbestände miteinander in Verbindung gesetzt werden und somit die zuständigen Behörden ihren Aufgaben nachgehen können.[125]

70 **3. Gesetzesvorbehalt und Verhältnismäßigkeit.** Die Weiterverarbeitung der Daten bedarf allerdings einer **selbstständigen Rechtsgrundlage**[126] und es ist der **Grundsatz der Verhältnismäßigkeit** zu beachten. Denn selbst wenn eine Datenweiterverarbeitung zum Zwecke der Verhütung, Ermittlung, Aufdeckung oder Verfolgung von Straftaten oder der Strafvollstreckung, einschließlich des Schutzes vor und der Abwehr von Gefahren für die öffentliche Sicherheit erfolgt, ist eine Abweichung vom ursprünglichen Erhebungszweck gem. Art. 4 Abs. 2 DSRL-JI nur zulässig, wenn „der Verantwortliche nach dem Unionsrecht oder dem Recht der Mitgliedstaaten befugt ist, solche personenbezogenen Daten für diesen anderen Zweck zu verarbeiten", und „die Verarbeitung für diesen anderen Zweck nach dem Unionsrecht oder dem Recht der Mitgliedstaaten erforderlich und verhältnismäßig ist". Personenbezogene Daten sollten folglich nur dann (zweckändernd) verarbeitet werden dürfen, wenn der Zweck der Verarbeitung nicht in zumutbarer Weise durch andere Mittel erreicht werden kann.[127] Namentlich die Speicherung von Informationen über **Nichtbeschuldigte** oder **unverdächtige Personen** unterliegt besonderes **strengen Verhältnismäßigkeitsanforderungen**; eine solche Datennutzung dürfte allenfalls dann zulässig sein, wenn **konkrete tatsächliche Anhaltspunkte** dafür vorliegen, dass die Daten zur Gefahrenabwehr oder (künftigen) Strafverfolgung notwendig sind.[128]

71 **4. Richtlinienkonforme Auslegung des § 12 BKAG.** Erfolgt eine Datenverarbeitung – wie im Falle des BKA – zum Zwecke der Verhütung, Ermittlung, Aufdeckung oder Verfolgung von Straftaten einschließlich des Schutzes vor und der Abwehr von Gefahren für die öffentliche Sicherheit, unterwirft das **europäische Sekundärrecht** diesen Vorgang gem. vorstehender Maßgaben (→ Rn. 66 ff.) den Grundsätzen der Zweckbindung und der Zweckänderung.[129] Insofern bedarf es der **richtlinienkonformen Auslegung** von § 12

121 Vgl. ErwG 26 DSRL-JI.
122 Vgl. Simitis/Hornung/Spiecker/Roßnagel, Datenschutzrecht, 2019, Art. 5 Rn. 71; kritisch zur Datenerhebung „zum Zwecke der Gefahrenabwehr" etwa Sydow/Reimer DS-GVO, 2. Aufl. 2018, Art. 5 Rn. 20.
123 Vgl. Simitis/Hornung/Spiecker/Roßnagel, Datenschutzrecht, 2019, Art. 5 Rn. 72, 76 ff.
124 BeckOK-Datenschutzrecht/Wolff, Syst. A. Prinzipien des Datenschutzrechts, Rn. 35 ff. (2021); vgl. auch Simitis/Hornung/Spiecker/Roßnagel, Datenschutzrecht, 2019, Art. 5 Rn. 97.
125 Vgl. ErwG 29 DSRL-JI.
126 Vgl. Art.-29-Gruppe, WP 203, S. 27, 36.
127 Vgl. ErwG 26 DSRL-JI.
128 Lisken/Denninger/Müller/Schwabenbauer, HdbPolR, G Rn. 816.
129 Vgl. Lisken/Denninger/Müller/Schwabenbauer, HdbPolR, G Rn. 447 ff., 452 ff., 489 ff., 867.

BKAG.[130] Unter Anwendung der üblichen Auslegungsmethoden ist folglich die volle Wirksamkeit der DSRL-JI bei Anwendung von § 12 BKAG zu gewährleisten.[131]

72 **5. Richtlinienkonforme, verfassungsorientierte und verfassungskonforme Auslegung von § 12 BKAG.** Die Auslegung von § 12 BKAG in Konformität zur DSRL-JI tritt im Rahmen einer interpretatorischen Gesamtabwägung neben die **verfassungsorientierte Auslegung**[132] der Norm entsprechend der Rechtsprechung des Bundesverfassungsgerichts (→ Rn. 21 ff.).[133] Wo eine **verfassungskonforme Auslegung**[134] angezeigt ist, geht diese der richtlinienkonformen Auslegung als interpretatorische Vorrangregel[135] vor. Anderes gilt nur für den Bereich der zwingenden Richtlinienvorgaben ohne Umsetzungsspielraum der Mitgliedstaaten; hier bleibt für die Anwendung der nationalen Grundrechte kein Raum,[136] weshalb es insoweit bei einer richtlinienkonformen Auslegung verbleibt.

73 Aufgrund der Vorgaben der DSRL-JI zu Zweckbindung und Zweckänderung handelt das BKA bezüglich § 12 BKAG zwar „im Anwendungsbereich des Unionsrechts", weswegen gem. Art. 51 Abs. 1 S. 1 EuGRCh und der Rechtsprechung des Europäischen Gerichtshofs[137] die **Unionsgrundrechte** nach der Charta der Grundrechte der Europäischen Union einschlägig sind. Sowohl nach der Rechtsprechung des Bundesverfassungsgerichts[138] als auch nach der Rechtsprechung des Europäischen Gerichtshofs[139] dürften die **Grundrechte des Grundgesetzes** im Rahmen des § 12 BKAG indessen gleichwohl – gleichsam **„parallel"** – Anwendung finden. Mit der Anwendung der Grundrechte des Grundgesetzes dürfte weder ein Absenken des europarechtlich vorgegebenen Schutzniveaus für die von der Datenverarbeitung Betroffenen verbunden sein noch ist ersichtlich, dass die Anwendung der nationalen statt der europäischen Grundrechte zu einer unerwünschten Zersplitterung der einheitlichen europäischen Rechtsordnung führt und deren effektive Wirksamkeit und Vorrang in Frage stünde.

74 Hervorzuheben ist, dass der **Grundrechtsschutz des Grundgesetzes** für den Bereich des Sicherheits- und Datenschutzrechtes und insbesondere auch hinsichtlich der Frage von Zweckbindung und Zweckänderung als **überaus sachhaltig und detailliert** gelten darf (→ Rn. 21 ff.).[140]

75 Darüber hinaus belässt es die DSRL-JI in ihrem Art. 4 und im Rahmen der Normierung von Zweckbindung und Zweckänderung bei der Festlegung allgemeiner Grundsätze in Bezug auf die Verarbeitung personenbezogener Daten. Dem entspricht, dass die DSRL-JI nach ihrem Art. 1 Abs. 3 und Erwägungsgrund 15 bloß **mindestharmonisierend** wirkt. Mit der bloßen Festlegung der Gebote von Zweckfestlegung und Zweckbeachtung, der Vereinbarkeit von Zweckbestimmung und nachfolgender Datenverarbeitung und der Notwendigkeit einer selbstständigen Rechtsgrundlage sowie des Grundsatzes der Verhältnismäßigkeit bei zweckändernden Datenverarbeitungen (→ Rn. 66 ff.) zeigt Art. 4 DSRL-JI eine vergleichsweise geringe Regelungsdichte. Eine detaillierte und abschließende, für alle Mitgliedstaaten der Europäischen Union einheitlich geltende Festlegung der Grundsätze von Zweckbindung und Zweckänderung, die durch die Anwendung nationaler Grundrechte in Frage stünde, normiert Art. 4 Abs. 1 lit. b, Abs. 2 DSRL-JI ganz überwiegend nicht. Dies wird beispielhaft daran deutlich, dass Art. 4 Abs. 2 DSRL-JI zwar einerseits klarstellt, dass die verschiedenen Zwecke der Datenverarbeitung nach Art. 1 Abs. 1 DSRL-JI miteinander vereinbar sind. Hierdurch wird dem Grunde nach die gesamte Datenerhebung und nachfolgende Datenverarbeitung der Sicherheitsbehörden von der Gefahrenverhütung bis zur Strafvollstreckung für miteinander vereinbar erklärt (→ Rn. 69). Offen bleibt dabei aber die (entscheidende) Frage der Verhältnismäßigkeit. Diese wiederum ist Ausgangspunkt der überaus **detaillierten verfassungsrechtlichen Vorgaben** zu Zweckbindung und Zweckänderung (→ Rn. 2 ff.)[141] und wird gem. Art. 4 Abs. 2 lit. b DSRL-JI ausdrücklich dem **„Recht der Mitgliedstaaten"** überantwortet. Außerhalb des Bereichs der abschließenden Mindestharmonisierung verbleibt den

130 Vgl. von der Groeben/Schwarze/Hatje/Geismann, Europäisches Unionsrecht, 7. Aufl. 2015, Art. 288 Rn. 55, mwN.
131 Vgl. EuGH Urt. v. 19.1.2010 – C 555/07 –, NJW 2010, 427 (429, Rn. 48); Urt. v. 15.4.2008 – C 268/06 –, NZA 2008, 581 (586, Rn. 98 ff.); BGH Urt. v. 21.12.2011 – VIII ZR 70/08 –, NJW 2012, 1073 ff.
132 Vgl. hierzu Schlaich/Korioth, Das Bundesverfassungsgericht, 12. Aufl. 2021, Rn. 440 ff., 448, mwN.
133 Vgl. auch Lisken/Denninger/Petri, HdbPolR, 6. Aufl. 2018, G Rn. 855.
134 Vgl. hierzu Schlaich/Korioth, Das Bundesverfassungsgericht, 12. Aufl. 2021, Rn. 440 ff., mwN.
135 Vgl. Schlaich/Korioth, Das Bundesverfassungsgericht, 12. Aufl. 2021, Rn. 442 f.
136 Vgl. EuGH Urt. v. 26.2.2013 – C-617/10 –, NJW 2013, 1415 (1416, Rn. 29); Urt. v. 29.7.2019 – C-476/17 –, NJW 2019, 2913 (2917, Rn. 80); BVerfG Beschl. v. 6.11.2019 – 1 BvR 276/17 –, BVerfGE 152, 216 (233 ff., Rn. 42 ff.).
137 Vgl. EuGH Urt. v. 26.2.2013 – C-617/10 –, NJW 2013, 1415 (1415 f., Rn. 19 ff.).
138 Vgl. BVerfG Beschl. v. 6.11.2019 – 1 BvR 16/13 –, BVerfGE 152, 152 (170 ff., Rn. 45 ff.).
139 Vgl. EuGH Urt. v. 26.2.2013 – C-617/10 –, NJW 2013, 1415 (1416, Rn. 29); Urt. v. 29.7.2019 – C-476/17 –, NJW 2019, 2913 (2917, Rn. 80).
140 Vgl. auch BVerfG Beschl. v. 6.11.2019 – 1 BvR 16/13 –, BVerfGE 152, 152 (175, Rn. 55); Bäcker/Hornung ZD 2012, 147 (152); vgl. aber auch Bäcker in Hill/Kugelmann/Martini (Hrsg.), Perspektiven der digitalen Lebenswelt, 2017, S. 63 (85).
141 Vgl. nur BVerfG Urt. v. 20.4.2016 – 1 BvR 966/09 ua –, BVerfGE 141, 220 (327 ff., Rn. 286 ff.); Dürr JA 2019, 432 (439 f.).

Mitgliedstaaten ein weiter Spielraum zur Richtlinienumsetzung; die nationalen Grundrechte finden insoweit Anwendung.[142]

B. Kommentierung im Einzelnen

I. Normzweck und Normstruktur

76 § 12 BKAG und der dort normierte Grundsatz der hypothetischen Datenneuerhebung sind von grundlegender Bedeutung für die Funktion des BKA als informationelle Zentralstelle in einem **„einheitlichen polizeilichen Informationsverbund"** (→ § 2 Rn. 50 ff.; → § 29 Rn. 8 ff.).[143] Die Daten der Landes- und Bundespolizeien sollen zentral beim BKA vorgehalten werden. § 12 BKAG fungiert hier als Kernstück eines „horizontal wirkenden Datenschutzkonzeptes" und soll – anstelle der bis dahin bestehenden „Schubladenstruktur" logischer Dateien – die Grundrechtskonformität der Datenverarbeitung im Verbundsystem gewährleisten.[144]

77 Das verfassungsrechtliche Kriterium der **hypothetischen Datenneuerhebung** (→ Rn. 25 ff.) wird in § 12 BKAG als **allgemeiner Grundsatz** formuliert, der bei **jeder Datenverarbeitung** durch das BKA zu beachten ist.[145] Auch **Zufallsfunde** unterfallen der Norm.[146] § 12 BKAG enthält **keine Ermächtigung** zur Daten(weiter)verarbeitung im polizeilichen Informationsverbund. Diese muss vielmehr aus dem übrigen Fachrecht folgen, wobei insbesondere die §§ 16 ff. BKAG zu beachten sind.

78 Die Umsetzung der verfassungsrechtlichen Grundsätze von Zweckbindung und Zweckänderung (→ Rn. 10 ff.) durch § 12 BKAG darf nicht darüber hinwegtäuschen, dass die Norm im Anwendungsbereich der **DSRL-JI** liegt und daher neben einer **verfassungsorientierten** und gegebenenfalls **verfassungskonformen Auslegung** auch der **unionsrechtsfreundlichen** und gegebenenfalls **unionsrechtskonformen Auslegung** bedarf (→ Rn. 72 ff.).

79 Während § 12 Abs. 1 BKAG eine Datenweiterverarbeitung durch das BKA im Rahmen der **Zweckbindung** normiert (→ Rn. 15 ff., 21 f.), regelt § 12 Abs. 2 BKAG die Datenweiterverarbeitung der Behörde zu **anderen Zwecken** als denjenigen, zu denen die fraglichen Daten erhoben worden sind (→ Rn. 19, 23 ff.). Die erhöhten verfassungsrechtlichen Anforderungen, die für die Weiterverarbeitung personenbezogener Daten aus einer **Wohnraumüberwachung** oder dem **verdeckten Eingriff in informationstechnische Systeme** stammen (→ Rn. 18, 22, 35, 44), werden – dieser Systematik folgend – in § 12 Abs. 1 S. 2 BKAG und in § 12 Abs. 3 BKAG normiert. § 12 Abs. 4 BKAG normiert die Weiterverarbeitung von **Grunddaten** einer Person zum Zwecke der **Identifizierung** (→ Rn. 36). § 12 Abs. 5 BKAG sichert den Grundsatz der hypothetischen Datenneuerhebung durch die Notwendigkeit entsprechender **organisatorischer** und **technischer Vorkehrungen** ab (→ Rn. 45 ff.).

II. Grundsatz der Zweckbindung (Abs. 1)

80 § 12 Abs. 1 BKAG normiert die vom **Zweck der ursprünglichen Datenerhebung umfasste**, weitergehende Verarbeitung selbst erhobener Informationen durch das BKA. Im Interesse einer klarstellenden Zusammenfassung ist der Normtext eng am Rechtsprechungswortlaut des Bundesverfassungsgerichts orientiert.[147]

81 Der **verfassungsrechtliche Zweckbindungsgrundsatz** besagt, dass Inhalt, Zweck und Ausmaß einer Maßnahme wie namentlich einer Datenerhebung in einer dem Bestimmtheitsgrundsatz genügenden Weise durch den Gesetzgeber geregelt werden müssen.[148] Damit der Einzelne nachvollziehen kann, welche Daten von welcher Behörde zu welchen Zwecken erhoben und verarbeitet werden, dürfen Daten grundsätzlich nur zu dem Zweck gespeichert, verändert und genutzt werden, zu dem sie auch erhoben wurden.[149] Innerhalb dieser Zweckbindung bewegt sich eine weitere Verarbeitung der erhobenen Daten nur, wenn **dieselbe Behörde** im Rahmen **derselben Aufgabe** und für den Schutz **derselben Rechtsgüter** die personenbezogenen Daten

142 Vgl. BVerfG Beschl. v. 6.11.2019 – 1 BvR 16/13 –, BVerfGE 152, 152 (170 ff., Rn. 45 ff.); EuGH Urt. v. 26.2 2013 – C-617/10 –, NJW 2013, 1415 (1416, Rn. 29); Urt. v. 29.7.2019 – C-476/17 –, NJW 2019, 2913 (2917, Rn. 80); kritisch aber Wolff ZG 31 (2016), 361 (381).

143 Vgl. DAV, Stellungnahme BKAG, A-Drs. 18(4)863, 7; Gärditz, Stellungnahme BKAG, A-Drs. 18(4)806 F, 3; BT-Drs. 18/11163, 84 f.; zur Zentralstellenfunktion vgl. ferner Münch, Stellungnahme BKAG, BT-Prot. 18/107, 22.

144 Vgl. Möstl, Stellungnahme BKAG, A-Drs. 18(4)806 B, 5; Gärditz, Stellungnahme BKAG, A-Drs. 18(4)806 F, 3; grundsätzlich kritisch zur Notwendigkeit einer neuen Dateistruktur DAV, Stellungnahme BKAG, A-Drs. 18(4)863, 8 ff.

145 BT-Drs. 18/11163, 92.

146 Vgl. Dürr JA 2019, 432 (439); Münch, Stellungnahme BKAG, A-Drs. 18(4)806 C, 2; BVerfG Beschl. v. 18.12.2018 – 1 BvR 142/15 –, BVerfGE 150, 244 (304 f., Rn. 163 ff.).

147 Vgl. BT-Drs. 18/11163, 92.

148 Grundlegend BVerfG Beschl. v. 24.1.2012 – 1 BvR 1299/05 –, BVerfGE 130, 151 (202, Rn. 169).

149 Schenke/Graulich/Ruthig/Ruthig BKAG § 12 Rn. 1.

weiterverarbeitet. § 12 BKAG ist folglich stets im Zusammenhang mit der konkreten Ermächtigungsgrundlage der ursprünglichen Datenerhebung zu lesen.[150] Erfüllt die zuständige Behörde diese Anforderungen, kann sie die gewonnenen Daten als Ausgangspunkt für weitere Ermittlungen nutzen (→ Rn. 41). Der verfassungsrechtliche Zweckbindungsgrundsatz stimmt damit in wesentlichen Teilen mit dem **Gebot der Zweckfestlegung** des **europäischen Datenschutzrechts** überein. Danach dürfen die zuständigen Behörden personenbezogene Daten (nur) zu festgelegten, eindeutigen und rechtmäßigen Zwecken im Rahmen ihrer Aufgabenerfüllung und (nur) zu dem Zweck verarbeiten, zu dem sie die Daten ursprünglich erhoben haben (→ Rn. 67 f.).[151]

1. Allgemeine Konkretisierung der Zweckbindung (Abs. 1 S. 1). Entsprechend dem verfassungsrechtlichen Grundsatz der Zweckbindung kann das BKA personenbezogene Daten, die es selbst erhoben hat, in der Folge zur Erfüllung derselben Aufgabe und zum Schutz derselben Rechtsgüter oder zur Verfolgung oder Verhütung derselben Straftaten zweckentsprechend weiterverarbeiten (§ 12 Abs. 1 S. 1 BKAG). Ob § 12 Abs. 1 S. 1 BKAG einschlägig ist, ist vor allem auch deswegen wichtig, weil eine dem Zweck der ursprünglichen Datenerhebung entsprechende Weiterverarbeitung anders als eine zweckändernde Weiterverarbeitung keines konkreten Ermittlungsansatzes bedarf. § 12 Abs. 1 S. 1 BKAG ermöglicht dem BKA in weitem Umfang, behördenseitig erhobenen Informationen – allein oder iVm anderen ihm zur Verfügung stehenden Informationen – iS eines **Spurenansatzes** als schlichten Ausgangspunkt für weitere Tätigkeiten zu nutzen (→ Rn. 41). 82

a) Personenbezogene Daten. Gem. dem Grundsatz der **richtlinienkonformen Auslegung** (→ Rn. 71 f.) ist der Begriff der „**personenbezogenen Daten**" in § 12 BKAG in Übereinstimmung mit Art. 3 Nr. 1 DSRL-JI zu bestimmen. Danach sind personenbezogene Daten alle Informationen, die sich auf eine identifizierte oder identifizierbare natürliche Person beziehen. Als identifizierbar wird eine natürliche Person angesehen, die direkt oder indirekt, insbesondere mittels Zuordnung zu einer Kennung wie einem Namen, zu einer Kennnummer, zu Standortdaten, zu einer Online-Kennung oder zu einem oder mehreren besonderen Merkmalen, die Ausdruck der physischen, physiologischen, genetischen, psychischen, wirtschaftlichen, kulturellen oder sozialen Identität dieser natürlichen Person sind, identifiziert werden kann. Auf der Grundlage dieser Definition sind personenbezogene Daten etwa Telefonnummern, Kfz-Kennzeichen, Standortdaten, Grundbuchdaten, Fotografien, Fingerabdrücke, Röntgenbilder, der Tastenanschlag oder die Sprechweise.[152] Die Begriffsdefinition stimmt mit Art. 4 Abs. 1 Nr. 1 DS-GVO überein. Da Art. 4 Abs. 1 Nr. 1 DS-GVO maßgeblich ist für den Begriff der „personenbezogenen Daten" nach § 3 BDSG,[153] ist über die richtlinienkonforme Auslegung von § 12 BKAG insoweit zugleich ein Gleichlauf mit dem Bundesdatenschutzgesetz sichergestellt und in der praktischen Anwendung umzusetzen. 83

Sowohl begrifflich als auch aufgrund der Notwendigkeit einer richtlinienkonformen Auslegung umfassen die „personenbezogenen Daten" solche **besonderer Kategorie**, wie beispielsweise die ethnische Herkunft, genetische oder biometrische Daten, Gesundheitsdaten oder auch die religiöse oder weltanschauliche Überzeugung einer Person (vgl. Art. 10 DSRL-JI).[154] 84

b) „Weiterverarbeiten". Der Begriff der „Weiterverarbeitung" von Daten weist **über das konkrete polizeiliche Verfahren hinaus**, in dem die personenbezogenen Daten ursprünglich erhoben wurden. Ein Verständnis des § 12 Abs. 1 BKAG dahin gehend, dass dieser nur die Weiterverarbeitung im Rahmen des konkreten polizeilichen Verfahrens erlaubt, in dem die Daten erhoben wurden, ließe die Norm leerlaufen, weil eine solche „Weiterverarbeitung" bereits von der Befugnis zur erstmaligen Datenerhebung umfasst ist.[155] 85

Der Begriff der „Weiterverarbeitung" von Daten verweist auf den zur Umsetzung von Art. 3 Nr. 2 DSRL-JI ergangenen § 46 Nr. 2 BDSG. Der Begriff der „Weiterverarbeitung" umfasst nach der Gesetzesbegründung zu Abschnitt 2 des BKAG namentlich die Organisation, das Ordnen, die Speicherung, die Anpassung oder Veränderung, das Auslesen, das Abfragen, die Verwendung, den Abgleich oder die Verknüpfung als Aspekte des Begriffs der „Verarbeitung".[156] Hiermit ist insbesondere auch die Bevorratung personenbezogener Daten und ihre spätere Nutzung angesprochen. Da der datenschutzrechtliche Begriff der „Verarbeitung" in Art. 3 Nr. 2 DSRL-JI und hierzu gleichlautend in Art. 4 Nr. 2 DS-GVO indessen eine **einheitliche Bestim-** 86

150 Schenke/Graulich/Ruthig/Ruthig BKAG § 12 Rn. 6.
151 Kritisch aber Wolff ZG 31 (2016), 361 (381).
152 Vgl. Lisken/Denninger/Müller/Schwabenbauer, HdbPolR, G Rn. 589, 592.
153 Vgl. Kühling/Buchner/Petri DS-GVO/BDSG, 3. Aufl. 2020, BDSG § 3 Rn. 5.
154 Vgl. Lisken/Denninger/Müller/Schwabenbauer, HdbPolR, G Rn. 589, 591.
155 Bäcker, Stellungnahme BKAG, A-Drs. 18(4)806 D, 11.
156 BT-Drs. 18/11163, 90. Zu den einzelnen Begrifflichkeiten vgl. Simitis/Hornung/Spiecker/Roßnagel, Datenschutzrecht, 2019, Art. 4 Rn. 1 ff., mwN.

mung gefunden hat,[157] geht der Begriff der „Weiterverarbeitung" über die Aufzählung des Gesetzgebers hinaus[158] und umfasst beispielsweise auch die Datenübermittlung.

87 Seinem Wortlaut entsprechend ist unter der „Weiterverarbeitung" folglich jede Verarbeitung personenbezogener Daten gemeint, die über das konkrete Verfahren der ursprünglichen Datenerhebung hinausweist. Dem entspricht, wenn die Gesetzesbegründung zu § 12 BKAG ausführt, dass dieser bei **jeder Datenverarbeitung** durch das BKA zu beachten ist.[159]

88 c) **Ermächtigungsgrundlage und selbst erhobene Daten.** § 12 Abs. 1 S. 1 BKAG verweist für die Datenweiterverarbeitung im Rahmen der Zweckbindung auf die durch das BKA selbst erhobenen Daten und damit auf den **verfassungsrechtlichen Rechtfertigungszusammenhang** von erstmaliger Datenerhebung einerseits und nachfolgender Datenweiterverarbeitung andererseits. Der mit der erstmaligen Datenerhebung verbundene Grundrechtseingriff wird im Rahmen des jeweiligen Ermittlungsverfahrens durch die hierzu ermächtigende Ermächtigungsgrundlage des Fachrechts sowohl hinsichtlich des „Ob" (Eingriffsschwelle) als auch hinsichtlich des „Wofür" (konkret angestrebter Nutzungszweck) eingehegt. Dementsprechend ist Dreh- und Angelpunkt der Frage, ob eine vom Zweck der ursprünglichen Datenerhebung getragene Datenweiterverarbeitung vorliegt, oder ob eine Zweckänderung vorliegt, die **konkrete Ermächtigungsgrundlage der erstmaligen Datenerhebung.**[160] Das verfassungsrechtliche Gebot der Zweckbindung findet insoweit eine Stärkung im Gebot der Normenbestimmtheit und Normenklarheit. Wenn das Bundesverfassungsgericht diesbezüglich postuliert, eine von der Zweckbindung der ursprünglichen Datenerhebung umfasste, dh zweckentsprechende weitere Datennutzung liege immer dann vor, wenn dieselbe Behörde im Rahmen derselben Aufgabe und für den Schutz derselben Rechtsgüter handle,[161] ist Bezugspunkt dieser Aussagen („selben") die konkrete Ermächtigungsgrundlage des Fachrechts, über die die in Rede stehenden Informationen erstmals gewonnen wurden (→ Rn. 11, 15).

89 Die Maßgabe, dass das BKA personenbezogene Daten nur dann im Rahmen der Zweckbindung weiterverarbeiten kann, wenn es die fraglichen Informationen „**selbst erhoben**" hat, dient der Abgrenzung zu von anderen Behörden erlangten Erkenntnissen und damit insbesondere zur Funktion des BKA als informationelle Zentralstelle in einem „einheitlichen polizeilichen Informationsverbund" (→ § 2 Rn. 50 ff.; → § 29 Rn. 8 ff.).[162] Ausschließlich solche Daten, die das BKA beispielsweise durch die in Abschnitt 5 des Gesetzes normierten Befugnisse zur Abwehr von Gefahren des internationalen Terrorismus selbst erhoben hat, stehen nachfolgend einer diesem ursprünglichen Zweck der Datenerhebung entsprechenden Weiterverarbeitung offen. Demgegenüber ist der **behördenübergreifende Datenaustausch** ganz regelmäßig nicht mehr vom Zweck der ursprünglichen Datenerhebung gedeckt, weshalb insoweit der Rahmen der Zweckbindung verlassen und eine zweckändernde Informationsgewinnung gegeben ist (→ Rn. 14, 19). Mangels „selbst erhobener" Daten ist § 12 Abs. 1 BKAG in der Folge nicht einschlägig.[163] Die Beschränkung einer zweckentsprechenden Datenweiterverarbeitung auf „selbst erhobene" Informationen koppelt die Datenweiterverarbeitung an die **Rechtfertigung der ursprünglichen Datenerhebung** und steht ihrer Entwertung und ihrem Unterlaufen entgegen (→ Rn. 2 ff.).

90 d) **Erfüllung derselben Aufgabe.** Erfolgt eine **Datenweitergabe innerhalb des BKA,** kann dies eine bloße Nutzung statt einer Übermittlung von Informationen begründen. Gleichwohl kann in dem Vorgang eine zu legitimierende Zweckänderung liegen. Dies ist namentlich dann der Fall, wenn sich der Verwendungszusammenhang von erstmaliger Datenerhebung und späterer Datenverarbeitung ändert.[164] Sind einer Behörde wie dem BKA danach **Aufgaben unterschiedlicher Ausrichtung** und mit eigener **Typik** übertragen, bedeutet der Transfer von Erkenntnissen aus dem einen Bereich in den anderen Bereich regelmäßig ein Verlassen der rechtlichen Bindungen, die der ursprünglichen Datenerhebung zugrunde lagen (→ Rn. 13). Ein gewichtiger Anhaltspunkt sind insoweit die in Abschnitt 1 des BKAG normierten Aufgaben der Behörde wie beispielsweise Abwehr von Gefahren des internationalen Terrorismus einerseits, Schutz von Mitgliedern der Verfassungsorgane, Zeugenschutz, Strafverfolgung oder Zentralstelle andererseits.[165] Eine zweckentsprechende Datenweiterverarbeitung nach § 12 Abs. 1 S. 1 Nr. 1 BKAG dürfte allenfalls innerhalb der dort nor-

157 Vgl. nur Kühling/Buchner/Schwichtenberg DS-GVO/BDSG, 3. Aufl. 2020, BDSG § 46 Rn. 1 f.; Paal/Pauly/Frenzel DS-GVO/BDSG, 3. Aufl. 2021, BDSG § 46 Rn. 1 ff.; Gola/Heckmann/Schulz, BDSG, 13. Aufl. 2019, § 46 Rn. 5, 26.

158 Vgl. auch ErwG 34 DSRL-JI.

159 BT-Drs. 18/11163, 92.

160 BVerfG Urt. v. 20.4.2016 – 1 BvR 966/09 ua –, BVerfGE 141, 220 (324 f., Rn. 279).

161 BVerfG Urt. v. 20.4.2016 – 1 BvR 966/09 ua –, BVerfGE 141, 220 (325 f., Rn. 279, 282).

162 Vgl. BVerfG Beschl. v. 10.11.2020 – 1 BvR 3214/15 –, BVerfGE 156, 11 (49, Rn. 97); vgl. auch Lisken/Denninger/Schwabenbauer, HdbPolR, G Rn. 225.

163 Vgl. BVerfG Beschl. v. 10.11.2020 – 1 BvR 3214/15 –, BVerfGE 156, 11 (49, Rn. 97).

164 Vgl. Lisken/Denninger/Schwabenbauer, HdbPolR, G Rn. 225.

165 Vgl. BVerfG Urt. v. 20.4.2016 – 1 BvR 966/09 ua –, BVerfGE 141, 220 (333, Rn. 303); Beschl. v. 18.12.2018 – 1 BvR 142/15 –, BVerfGE 150, 244 (304, Rn. 162 f.).

mierten Aufgabenbereiche des Amtes möglich sein; umgekehrt dürfte jede Nutzung zu anderen Aufgaben an § 12 Abs. 2 BKAG zu messen sein.[166] Versteht man den Begriff „derselben Aufgabe" in § 12 Abs. 1 S. 1 Nr. 1 BKAG als Verweis auf die Aufgaben des BKA nach den §§ 1 ff. BKAG, bestehen auch gegen die Bestimmtheit der Norm keine durchgreifenden Bedenken.[167]

e) **Schutz derselben Rechtsgüter.** Für eine zweckentsprechende Weiterverarbeitung personenbezogener Daten muss diese zum Schutz derselben Rechtsgüter oder zur Verfolgung oder Verhütung derselben Straftat erfolgen (vgl. § 12 Abs. 1 S. 1 Nr. 2 BKAG). Da Dreh- und Angelpunkt der Unterscheidung von zweckentsprechender und zweckändernder Datenweiterverarbeitung die konkrete Ermächtigungsgrundlage der ursprünglichen Datenerhebung ist (→ Rn. 11, 15 und 88), bedarf es insoweit keiner Identität der zu schützenden Rechtsgüter oder der zu verfolgenden Straftaten.[168] Der zu fordernde Rechtfertigungszusammenhang von ursprünglicher Datenerhebung und späterer Weiterverarbeitung der Informationen ist vielmehr auch dann gewahrt, wenn es um den Schutz solcher Rechtsgüter oder die Verfolgung solcher Straftaten geht, mittels derer die fraglichen personenbezogenen Daten auf Grundlage der seinerzeitigen Eingriffsgrundlage hätten erhoben werden dürfen. Erlaubt die **konkrete Ermächtigungsgrundlage** also die Datenerhebung nur zum Schutz **bestimmter Rechtsgüter** oder zur Verfolgung **bestimmter Straftaten**, so begrenzt nach den Worten des Bundesverfassungsgerichts dies deren unmittelbare sowie die weitere Verwendung auch innerhalb derselben Behörde.[169] Entscheidend für Zweckbindung und Zweckänderung sind danach die **verschiedenen Erhebungszwecke** in der für die **ursprüngliche Datenerhebung maßgeblichen, konkreten Ermächtigungsgrundlage** (→ Rn. 15). 91

Während es danach einerseits verfehlt wäre, auf die Maßnahme der Strafverfolgung oder Gefahrenabwehr oder die Ermächtigungsnorm in Gänze abzustellen, um den notwendigen Gleichlauf von Rechtsgut der ursprünglichen Datenerhebung einerseits und Rechtsgut der nun in Rede stehenden Datenweiterverarbeitung andererseits festzustellen,[170] würde § 12 Abs. 1 S. 1 Nr. 2 BKAG umgekehrt zu eng ausgelegt, forderte man die vollständige Übereinstimmung bzw. Identität der Schutzgüter bzw. Straftaten von ursprünglicher Datenerhebung einerseits und nun in Rede stehender Datenweiterverarbeitung andererseits.[171] Nur der Ansatz, die jeweiligen Rechtsgüter bzw. Straftatbestände der konkreten Ermächtigungsgrundlage zur ursprünglichen Datenerhebung in Bezug zu nehmen, wird auch der **Ratio** der Verfassungsrechtsprechung zur Zweckänderung gerecht. Danach soll im Kern gerade einer **Nivellierung der verfassungsrechtlichen Datenerhebungsschwellen**, wie sie sich im Fachrecht abbilden und einer Entgrenzung des Grundrechtseingriffs der ursprünglichen Datenerhebung **entgegengewirkt** werden (→ Rn. 2 ff.). 92

Zum Schutz welcher Rechtsgüter die konkrete Ermächtigungsgrundlage der ursprünglichen Datenerhebung eine Informationsgewinnung erlaubt, kann sich zum einen aus ihrem **Wortlaut** und ihrer **Auslegung** ergeben, wobei freilich das europarechtliche Gebot der Zweckfestlegung (→ Rn. 66 ff.) und der verfassungsrechtliche Bestimmtheitsgrundsatz zu beachten sind. So verlangt beispielsweise § 45 Abs. 1 S. 1 Nr. 1 BKAG die Abwehr einer Gefahr für den Bestand oder die Sicherheit des Bundes oder eines Landes oder für Leib, Leben oder Freiheit einer Person oder Sachen von bedeutendem Wert, deren Erhaltung im öffentlichen Interesse geboten ist (→ § 45 Rn. 49 ff.). Die Vorschrift ist folglich auf den Schutz eben dieser Rechtsgüter beschränkt. Erforderlich für die Wahrung einer zweckentsprechenden Datenweiterverarbeitung ist es nun nicht, dass eine weitere Verarbeitung von Daten, die nach § 45 Abs. 1 S. 1 Nr. 1 BKAG zum Schutz des Lebens einer Person erhoben wurden, nur zum Schutz des Lebens einer anderen oder gar derselben Person erfolgt. Ausreichend ist insoweit auch die Verarbeitung der Daten in einem anderen Verfahren zum Schutz der Freiheit einer Person, als dieses Rechtsgut ebenso in der konkreten Ermächtigungsgrundlage der ursprünglichen Datenerhebung vorgegeben ist. 93

Ohne eine die konkrete Ermächtigungsgrundlage der ursprünglichen Datenerhebung festhaltende, sachhaltige **Protokollierung** dürfte die Frage „derselben Rechtsgüter" bzw. „derselben Straftat" in der Praxis nicht zu klären und § 12 Abs. 1 S. 1 BKAG nicht anwendbar zu machen sein. Eine Behördenpraxis von **Mischdateien**, die nicht einmal den repressiven oder präventiven Kontext der erhobenen Daten aufzuzeigen vermag, genügt diesen Anforderungen nicht.[172] 94

166 Im Ergebnis ebenso Schenke/Graulich/Ruthig/Ruthig BKAG § 12 Rn. 9.

167 Vgl. Gärditz, Stellungnahme BKAG, A-Drs. 18(4)806 F, 3; allgemein kritisch aber DAV, Stellungnahme BKAG, A-Drs. 18(4)863, 10.

168 Vgl. Bäcker, Stellungnahme BKAG, A-Drs. 18(4)806 D, 12.

169 Vgl. BVerfG Urt. v. 20.4.2016 – 1 BvR 966/09 ua –, BVerfGE 141, 220 (325, Rn. 279).

170 So aber Schenke/Graulich/Ruthig/Ruthig BKAG § 12 Rn. 10.

171 Vgl. Bäcker, Stellungnahme BKAG, A-Drs. 18(4)806 D, 12.

172 Kritisch zur praktischen Umsetzbarkeit und der Funktion des BKA als Zentralstelle für das polizeiliche Auskunfts- und Nachrichtenwesen daher Möstl, Stellungnahme BKAG, A-Drs. 18(4)806 B, 6 f.; vgl. auch Gusy GSZ 2021, 141 (143); Walden, Zweckbindung und -änderung präventiv und repressiv erhobener Daten im Bereich der Polizei, 1996, S. 170 ff.

95 **f) Aktualität und Anlass.** Der Wortlaut des § 12 Abs. 1 S. 1 BKAG stellt – anders als der S. 2 – keine gesonderten Anforderungen an Aktualität und Anlass einer zweckentsprechenden Weiterverarbeitung von personenbezogenen Daten durch das BKA. Dies entspricht der Fortentwickelung des Verfassungsrechts dahingehend, bereits bloße **Spurenansätze** aus selbst erhobenen Daten für weitere Tätigkeiten der jeweiligen Sicherheitsbehörde (zur Erfüllung derselben Aufgabe und zum Schutz derselben Rechtsgüter) auch im Vorfeld einer konkreten Gefahr oder eines entsprechenden Verdachtsgrades ausreichen zu lassen (→ Rn. 41).

96 Indessen erteilt das Bundesverfassungsgericht einer Datenverarbeitung „ins Blaue hinein" auch bei der zweckkonformen Weiterverarbeitung von Informationen als Spurenansatz eine klare Absage. Die notwendige Nutzung der selbst erhobenen Daten „zur Erfüllung derselben Aufgabe" und „zum Schutz derselben Rechtsgüter" bzw. „zur Verfolgung oder Verhütung derselben Straftaten" verweist vielmehr auf einen **„konkreten Ermittlungsbezug"** (→ Rn. 22).[173]

97 Da das Bundesverfassungsgericht begrifflich zwischen Ermittlungs- und Spurenansatz unterscheidet, dürfte für den „konkreten Ermittlungsbezug" bzw. „Spurenansatz" einerseits weniger zu fordern sein als ein „einzelfallbezogener tatsächlicher Ansatz", bei dem eine Gefahr zumindest auf mittlere Sicht droht (→ Rn. 30 ff.). Umgekehrt bedarf es mehr als einer Datenverarbeitung „auf gut Glück", um überhaupt erst herauszufinden, ob den Informationen weitergehende Erkenntnisse für die Aufgabenerfüllung des BKA zukommen. Ausreichend aber auch notwendig dürfte nach dem Wortsinn eines „Spurenansatzes" beziehungsweise eines „konkreten Ermittlungsbezuges" sowie der Systematik des § 12 Abs. 1 S. 1 BKAG sein, dass sich im **konkreten Einzelfall** ein **Ansatz für weitergehende Tätigkeiten** ergibt, der erkennen lässt, in welcher seiner **Aufgaben** das BKA gefordert ist und der Schutz **welcher Rechtsgüter** bzw. die Verfolgung oder Verhütung **welcher Straftaten** konkret im Raum steht. Andernfalls ließe sich gar nicht beantworten, ob das BKA „zur Erfüllung derselben Aufgabe" und „zum Schutz derselben Rechtsgüter" tätig wird, wie dies nach der Ermächtigungsgrundlage der ursprünglichen Datenerhebung der Fall war, § 12 Abs. 1 S. 1 Nrn. 1 und 2 BKAG (→ Rn. 22).[174]

98 In der Folge steht das Erfordernis eines „konkreten Ermittlungsbezuges" der **Schaffung eines Gesamtdatenbestandes** entgegen, der zunächst global durchsuch- und auswertbar vorgehalten wird, um erst in einem zweiten Schritt zu verifizieren, ob sich eine weitere Nutzung als Spurenansatz ergibt.[175]

99 **g) Ermessen.** Sind die Voraussetzungen des § 12 Abs. 1 S. 1 BKAG erfüllt, steht es im Übrigen im Ermessen des BKA, die selbst erhobenen Daten weiterzuverarbeiten („kann").

100 Im Rahmen des **Entschließungsermessens** ist zu beachten, dass eine Weiterverarbeitung erhobener Daten „ins Blaue hinein" ausscheidet und § 12 Abs. 1 S. 1 BKAG einen Spurenansatz iS eines „konkreten Ermittlungsbezuges" voraussetzt (→ Rn. 22, 41 und 95 ff.).

101 Ein Fall der **Ermessensüberschreitung** liegt im Rahmen des § 12 Abs. 1 S. 1 BKAG immer dann vor, wenn sich die Weiterverarbeitung der selbst erhobenen Daten durch das BKA als **unverhältnismäßig** darstellt. Nicht zuletzt aufgrund des europarechtlichen Rahmens der Datenverarbeitung nach § 12 BKAG sind hierbei Gesichtspunkte wie die inhaltliche Verbindung von Datenweiterverarbeitung und Zweck der ursprünglichen Datenerhebung, der Erhebungszusammenhang, die Art der betroffenen Daten, bestehende Garantien und die Folgen der Datenweiterverarbeitung für den Betroffenen angesprochen (→ Rn. 69). Im Vergleich zur ursprünglichen Datenerhebung dürfte sich der Grundrechtseingriff der Datenweiterverarbeitung allerdings oftmals als weniger schwerwiegend darstellen, weil die hiervon Betroffenen im Vorhinein klar benannt werden können und die Datenweiterverarbeitung sich auf einen feststehenden Informationsbestand von Relevanz bezieht (→ Rn. 62); die Voraussetzungen des § 12 Abs. 1 S. 1 BKAG stellen einen gewissen Gleichlauf zur ursprünglichen Datenerhebung sowie einen konkreten Ermittlungsbezug sicher.

102 Besonders strenge Verhältnismäßigkeitsanforderungen sind an die Weiterverarbeitung von Informationen über **Nichtverantwortliche, Nichtbeschuldigte** oder **unverdächtige Personen** zu stellen sowie dann, wenn besondere Kategorien personenbezogener Daten iSd Art. 10 DSRL-JI betroffen sind (→ Rn. 70, 84).[176]

103 Die Verarbeitung von **besonderen Kategorien personenbezogener Daten** ist nur zulässig, wenn sie zur Erreichung des konkret in Rede stehenden Zwecks unbedingt erforderlich ist und „vorbehaltlich geeigneter Garantien für die Rechte und Freiheiten der betroffenen Person".[177] Der Begriff der „unbedingten Erforderlichkeit" verweist auf eine strenge grundrechtliche Verhältnismäßigkeitsprüfung iS einer „Unerlässlichkeit"

173 Vgl. BVerfG Urt. v. 20.4.2016 – 1 BvR 966/09 ua –, BVerfGE 141, 220 (325 f., Rn. 281); Lisken/Denninger/Schwabenbauer, HdbPolR, G Rn. 223.

174 Kritisch aber Schenke/Graulich/Ruthig/Ruthig BKAG § 12 Rn. 12.

175 Vgl. auch Lisken/Denninger/Schwabenbauer, HdbPolR, G Rn. 223; DAV, Stellungnahme BKAG, A-Drs. 18(4)863, 10; kritisch, aber ohne nähere Auseinandersetzung mit § 12 Abs. 1 BKAG, Bäcker, Stellungnahme BKAG, A-Drs. 18(4)806 D, 4 f.

176 Vgl. Lisken/Denninger/Müller/Schwabenbauer, HdbPolR, G Rn. 816, mwN.

177 Vgl. hierzu Lisken/Denninger/Müller/Schwabenbauer, HdbPolR, G Rn. 1032 ff.

für die Zweckerreichung und ist europarechtsautonom auszulegen.[178] Die zu beachtenden Garantien des Betroffenen sind in § 48 Abs. 2 BDSG näher ausgeformt.

Daten, die durch einen Eingriff in den **Kernbereich privater Lebensgestaltung** (→ § 45 Rn. 13 ff.) erlangt wurden, unterliegen einem absoluten Verwertungsverbot.[179] 104

Ebenfalls unzulässig und damit eine Ermessensüberschreitung im Rahmen des § 12 BKAG ist eine Datenweiterverarbeitung zum Zweck der Erstellung eines **Persönlichkeitsprofils** oder zur **Rundumüberwachung** des Betroffenen.[180] 105

Ein im Rahmen des Ermessens zu berücksichtigender, wesentlicher Aspekt bei der Weiterverarbeitung von Daten ist die **Rechtmäßigkeit** ihrer Erhebung. Zwar schließt der Wortlaut des § 12 BKAG – anders als beispielsweise § 50 Abs. 2 S. 3 BKAG (→ § 50 Rn. 26) – die Weiterverarbeitung rechtswidrig erhobener Informationen nicht aus. Auch ist ganz überwiegend und abgesehen vom Fall der vorsätzlich rechtswidrigen Datenerhebung[181] kein allgemeiner Rechtsgrundsatz anerkannt, wonach eine rechtswidrige Datenerhebung „standardmäßig" zu einem Verbot ihrer Weiterverarbeitung führt.[182] Gleichwohl stellt sich aber die Verarbeitung rechtswidrig erhobener Daten im Rahmen einer Abwägung als ermessensfehlerhaft dar, wenn die durch die rechtswidrige Datenerhebung betroffenen Grundrechte und das aktuell zu schützende Rechtsgut ihrer (Weiter-)Nutzung entgegenstehen bzw. diese nicht zu tragen vermögen.[183] Gem. dem Grundsatz der hypothetischen Datenneuerhebung (→ Rn. 25 ff.) dürfte eine Weiterverarbeitung und mithin Übermittlung rechtswidrig erhobener Daten nur dann in Betracht kommen, wenn im Zeitpunkt der Weiterverarbeitung eine erstmalige Datenerhebung für den geänderten Zweck mit vergleichbar schwerwiegenden Mitteln wie bei der ursprünglichen (rechtswidrigen) Datenerhebung zulässig wäre.[184] Alles andere liefe auf eine Perpetuierung des rechtswidrigen Grundrechtseingriffs der ursprünglichen Datenerhebung bei gleichzeitiger Relativierung des Vorbehalts des Gesetzes hinaus. Zugleich würde hierdurch die Ratio der Verfassungsrechtsprechung zur Zweckänderung konterkariert, wonach im Kern gerade einer Nivellierung der verfassungsrechtlichen Datenerhebungsschwellen, wie sie sich im Fachrecht abbilden, und einer Entgrenzung des Grundrechtseingriffs der ursprünglichen Datenerhebung entgegengewirkt werden soll (→ Rn. 2 ff.).[185] 106

2. Daten aus Wohnraumüberwachung und Onlinedurchsuchung (Abs. 1 S. 2). Für Informationen, die das BKA durch eine verdeckte (akustische oder optische) Wohnraumüberwachung mit technischen Mitteln erlangt hat oder die das Amt durch den verdeckten Eingriff in ein informationstechnisches System erhoben hat, normiert § 12 Abs. 1 S. 2 BKAG einen **Gleichlauf** der Voraussetzungen von **ursprünglicher Datenerhebung** und späterer behördeninterner **Datenweiterverarbeitung**. 107

Durch die **Verweisung auf § 46 BKAG** wird klargestellt, dass das BKA selbst erhobene Informationen aus einer Wohnraumüberwachung nur dann behördenintern und zur Erfüllung derselben Aufgabe weiterverarbeiten darf, wenn eine dringende Gefahr für den Bestand oder die Sicherheit des Bundes oder eines Landes oder für Leib, Leben oder Freiheit einer Person oder Sachen von bedeutendem Wert, deren Erhaltung im öffentlichen Interesse geboten ist, vorliegt (→ § 46 Rn. 33 ff.). 108

Aus einem verdeckten Zugriff auf informationstechnische Systeme durch das BKA erhobene Informationen dürfen aufgrund des Verweises auf § 49 Abs. 1 BKAG nur dann behördenintern und zur Erfüllung derselben Aufgabe weiterverarbeitet werden, wenn jedenfalls eine drohende Gefahr vorliegt für Leib, Leben oder Freiheit einer Person oder solche Güter der Allgemeinheit, deren Bedrohung die Grundlagen oder den Bestand des Bundes oder eines Landes oder die Grundlagen der Existenz der Menschen berührt (→ § 49 Rn. 26 ff.). 109

Mit dem Gleichlauf der Voraussetzungen von ursprünglicher Datenerhebung und späterer Datenweiterverarbeitung für die Fälle der Wohnraumüberwachung und Online-Durchsuchung setzt § 12 Abs. 1 S. 2 BKAG die Rechtsprechung des Bundesverfassungsgerichts um, wonach sich das außerordentliche Eingriffsgewicht 110

178 Vgl. nur Gola/Heckmann/Braun, BDSG, 13. Aufl. 2019, § 48 Rn. 10, mwN.

179 Vgl. nur BVerfG Urt. v. 20.4.2016 – 1 BvR 966/09 ua –, BVerfGE 141, 220 (280, Rn. 129); Schenke, POR, § 3 Rn. 222.

180 BVerfG Urt. v. 15.12.1983 – 1 BvR 209/83 –, BVerfGE 65, 1 (42 ff., 53); Urt. v. 20.4.2016 – 1 BvR 966/09 ua –, BVerfGE 141, 220 (317 f., Rn. 254); Urt. v. 26.4.2022 – 1 BvR 1619/17 –, NJW 2022, 1583 (1603, Rn. 287 f.); Bodenbenner, Präventive und repressive Datenverarbeitung unter besonderer Berücksichtigung des Zweckbindungsgedankens, 2017, S. 231 f., jeweils mwN.

181 Vgl. BVerfG Beschl. v. 12.4.2005 – 2 BvR 1027/02 –, BVerfGE 113, 29 (61).

182 Vgl. nur Schenke, POR, § 3 Rn. 283, mwN. Strenger aber mit Blick auf den Vorbehalt des Gesetzes Lisken/Denninger/Schwabenbauer, HdbPolR, G Rn. 276, 279.

183 Vgl. BVerfG Beschl. v. 7.12.2011 – 2 BvR 2500/09 ua –, BVerfGE 130, 1 (40 f.); Schenke, POR, § 3 Rn. 285; vgl. auch Gärditz, Stellungnahme BKAG, A-Drs. 18(4)806 F, 4.

184 Vgl. BVerfG Urt. v. 20.4.2016 – 1 BvR 966/09 ua –, BVerfGE 141, 220 (327 f., Rn. 287); Beschl. v. 18.12.2018 – 1 BvR 142/15 –, BVerfGE 150, 244 (305, Rn. 165); Urt. v. 19.5.2020 – 1 BvR 2835/17 –, BVerfGE 154, 152 (267 f., Rn. 216, 219); Beschl. v. 10.11.2020 – 1 BvR 3214/15 –, BVerfGE 156, 11 (49 f., Rn. 99 f.). Vgl. auch Bodenbenner, Präventive und repressive Datenverarbeitung unter besonderer Berücksichtigung des Zweckbindungsgedankens, 2017, S. 311 ff.; Gärditz, Stellungnahme BKAG, A-Drs. 18(4)806 F, 4; Lisken/Denninger/Müller/Schwabenbauer, HdbPolR, G Rn. 825.

185 Vgl. aber auch Lisken/Denninger/Müller/Schwabenbauer, HdbPolR, G Rn. 274, mit Fn. 829.

dieser Datenerhebungsmaßnahmen in einer besonders engen Bindung jeder weiteren Nutzung der gewonnenen Daten an die Voraussetzungen der Datenerhebung spiegele (→ Rn. 18).[186] Für den Bereich der Wohnraumüberwachung kann insoweit eine ständige Rechtsprechung festgestellt werden, wonach nicht nur das Schutzgut, sondern auch der Verdachtsgrad bzw. der Gefahrengrad der erstmaligen Datenerhebung für die Frage der Zweckbindung und Zweckänderung von Bedeutung ist.[187]

111 Der Gleichlauf der Voraussetzungen von ursprünglicher Datenerhebung und späterer behördeninterner Datenweiterverarbeitung ist für das BKA von besonderer Bedeutung, weil hierdurch – anders als bei sonstigen Datenerhebungen – eine Nutzung der Informationen als **bloßer Spurenansatz** bzw. als **bloßer Ermittlungsbezug** oder auch als **bloßer Ermittlungsansatz** (→ Rn. 22, 41 und 35) **ausscheidet**.

III. Verwendung zu anderen Zwecken durch das BKA (Abs. 2)

112 § 12 Abs. 2 BKAG normiert die Datenweiterverarbeitung des BKA zu anderen Zwecken als denjenigen, zu denen die fraglichen Informationen ursprünglich erhoben worden sind. Gem. der Abgrenzung von zweckentsprechender Datenweiterverarbeitung und Zweckänderung (→ Rn. 10 ff., 19) ist § 12 Abs. 2 BKAG folglich einschlägig, wenn das BKA **Daten weiterverarbeitet**, die es entweder **nicht originär selbst erhoben**, sondern beispielsweise durch einen behördenübergreifenden Datenaustausch, von ausländischen Stellen oder auch von dem Betroffenen freiwillig erhalten hat,[188] wenn das Amt **behördenübergreifend** (einschließlich ausländischer und supranationaler Stellen)[189] **Daten austauscht**, wenn vom BKA erhobene Informationen zwar innerhalb der Behörde weiterverarbeitet werden, sich hierbei aber der **Verwendungszusammenhang** von erstmaliger Datenerhebung und späterer Datenverarbeitung **ändert** („selbe Aufgabe"), oder wenn die Weiterverarbeitung der fraglichen Informationen **nicht dem Schutz „derselben Rechtsgüter"** oder der Verfolgung oder Verhütung „derselben Straftaten" dient wie sie der Datenerhebung zugrunde lagen (→ Rn. 19 und 81). Maßgeblicher Bezugspunkt ist dabei stets die Ermächtigungsgrundlage der ursprünglichen Datenerhebung (→ Rn. 11, 15 und 88).

113 Indem § 12 Abs. 2 S. 1 BKAG statuiert, dass das BKA zur Erfüllung seiner Aufgaben personenbezogene Daten zu anderen Zwecken, als denjenigen, zu denen sie erhoben worden sind, weiterverarbeiten kann, wenn mindestens vergleichbar schwerwiegende Straftaten verhütet, aufgedeckt oder verfolgt oder vergleichbar bedeutsame Rechtsgüter geschützt werden sollen und sich im Einzelfall konkrete Ermittlungsansätze zur Verhütung, Aufdeckung oder Verfolgung solcher Straftaten ergeben oder zur Abwehr von in einem übersehbaren Zeitraum drohenden Gefahren für mindestens vergleichbar bedeutsame Rechtsgüter erkennen lassen, ist die Norm eng an den verfassungsrechtlichen Maßgaben für eine zweckändernde Datenverarbeitung und konkret am **verfassungsrechtlichen Grundsatz der hypothetischen Datenneuerhebung** orientiert (→ Rn. 25 ff.) und entsprechend auszulegen.[190]

114 Die Vorgaben der **DSRL-JI** für die zweckändernde Datenverarbeitung wirken bloß mindestharmonisierend und lassen damit Raum für eine verfassungsorientierte und verfassungskonforme Auslegung des § 12 Abs. 2 BKAG. So erklärt Art. 4 Abs. 2 DSRL-JI zwar einerseits die gesamte Datenverarbeitung der Sicherheitsbehörden von der Gefahrenverhütung bis zur Strafvollstreckung für dem Grunde nach miteinander vereinbar. Weitgehend offen bleibt dabei aber die (entscheidende) Frage der Verhältnismäßigkeit als Ausgangspunkt der Verfassungsrechtsprechung zu Zweckbindung und Zweckänderung (→ Rn. 69 und 75).

115 **1. Eingriffsrechtfertigung des vergleichbar bedeutsamen Rechtsguts und der vergleichbar schwerwiegenden Straftat (Abs. 2 S. 1 Nr. 1).** Gem. § 12 Abs. 2 S. 1 Nr. 1 BKAG kann eine Weiterverarbeitung personenbezogener Daten zu anderen Zwecken, als denjenigen, zu denen sie erhoben worden sind, erfolgen, wenn die Zweckänderung mindestens der Verhütung, Aufdeckung oder Verfolgung „vergleichbar" schwerwiegender Straftaten oder dem Schutz „vergleichbar" bedeutsamer Rechtsgüter dient. **Bezugspunkt** zur Bestimmung der Rechtmäßigkeit der zweckändernden Datenweiterverarbeitung sind folglich der **konkrete Grundrechtseingriff der erstmaligen Datenerhebung** und insbesondere die **rechtsgutsbezogenen Erhebungsschwellen des**

186 Vgl. BVerfG Urt. v. 20.4.2016 – 1 BvR 966/09 ua –, BVerfGE 141, 220 (326, Rn. 283); vgl. auch BVerfG Urt. v. 3.3.2004 – 1 BvR 2378/98 ua –, BVerfGE 109, 279 (377).

187 Vgl. insoweit bereits BVerfG Urt. v. 3.3.2004 – 1 BvR 2378/98 ua –, BVerfGE 109, 279 (377).

188 Vgl. BVerfG Urt. v. 20.4.2016 – 1 BvR 966/09 ua –, BVerfGE 141, 220 (342, Rn. 327); Beschl. v. 10.11.2020 – 1 BvR 3214/15 –, BVerfGE 156, 11 (49, Rn. 97); Lisken/Denninger/Schwabenbauer, HdbPolR, G Rn. 249, 269; vgl. aber auch Löffelmann GSZ 2019, 16 (18) sowie Lindner/Unterreitmeier DÖV 2017, 90 (97).

189 Vgl. BVerfG Urt. v. 20.4.2016 – 1 BvR 966/09 ua –, BVerfGE 141, 220 (342 f., Rn. 330 f.); Löffelmann GSZ 2019, 16 (17). Vgl. auch Wolff ZG 31 (2016), 361 (385).

190 Weitergehender aber Schenke/Graulich/Ruthig/Ruthig BKAG § 12 Rn. 14, ohne Hinweis auf die einengenden Maßgaben der konkretisierenden Verfassungsrechtsprechung zur Zweckänderung.

Fachrechts.[191] Hieran knüpft die Vergleichbarkeit des nun in Rede stehenden Rechtsgüterschutzes oder der Strafverfolgung an.

Die **verfassungskonforme Auslegung** (→ Rn. 72 ff.) des § 12 Abs. 2 S. 1 Nr. 1 BKAG konkretisiert diese Maßgaben weiter. Entscheidend für die zweckändernde Datenweiterverarbeitung ist danach, dass im Zeitpunkt der Datenweiterverarbeitung eine erstmalige Datenerhebung – nach verfassungsrechtlichen Maßstäben – für den nun in Rede stehenden Zweck mit vergleichbar schwerwiegenden Mitteln wie bei der ursprünglichen Datenerhebung zulässig wäre (→ Rn. 25).[192] Zu fragen ist also danach, ob die konkret angewendeten Mittel der ursprünglichen Erhebungsmaßnahme den nun in Rede stehenden Rechtsgüterschutz oder die nun in Rede stehende Strafverfolgung rechtfertigen könnten – wobei das durch die erstmalige Datenerhebung berührte Grundrecht den fortgesetzten Beurteilungsmaßstab bildet.[193] Im Rahmen der zweckändernden Datenweiterverarbeitung bedarf es folglich des **fortgesetzten Gleichgewichts** vom Grundrechtseingriff der ursprünglichen Datenerhebung einerseits und seiner Rechtfertigung andererseits.[194] Die verfassungsrechtlichen Grenzen der Datenerhebung setzen sich zwar nicht in streng identischen Anforderungen an eine nachfolgende Datenverarbeitung fort; wohl aber in Anforderungen, die mit der Schwere des in der ursprünglichen Datenerhebung liegenden Grundrechtseingriffs **korrespondieren.**[195] Informationen, die durch besonders eingriffsintensive Maßnahmen erlangt wurden, können auch nur zu besonders gewichtigen Zwecken genutzt werden. 116

Ebenso wie § 12 Abs. 1 BKAG koppelt folglich auch § 12 Abs. 2 S. 1 Nr. 1 BKAG die Datenweiterverarbeitung an die **Rechtfertigung der ursprünglichen Datenerhebung** und steht so ihrer Entwertung und ihrem Unterlaufen entgegen (→ Rn. 2 ff.). Das bloß fortgesetzte Gleichgewicht von Datenerhebung und angestrebter Weiterverarbeitung der erhobenen Daten unterscheidet § 12 Abs. 2 S. 1 BKAG freilich von der zweckentsprechenden Datenweiterverarbeitung nach § 12 Abs. 1 BKAG. Letztere nimmt auf „dieselben Rechtsgüter" und „dieselben Straftaten" wie die Ermächtigungsgrundlage der erstmaligen Datenerhebung Bezug (→ Rn. 91 ff.) und setzt damit einen vergleichsweise engen Rahmen. Bei der zweckändernden Datenweiterverarbeitung nach § 12 Abs. 2 S. 1 Nr. 1 BKAG fungieren der Grundrechtseingriff der ursprünglichen Datenerhebung und die seinerzeitige Rechtfertigung dagegen als **Orientierungspunkte** einer **fortgesetzten Vergleichbarkeit** iSv **Gewichtungsklassen** der in Rede stehenden Rechtsgüter bzw. Straftaten.[196] 117

Zusammenfassend erachtet das Bundesverfassungsgericht eine zweckändernde Datenverarbeitung als zulässig, wenn die neue Nutzung der Daten dem Schutz von Rechtsgütern oder der Aufdeckung von Straftaten eines solchen Gewichts dient, die verfassungsrechtlich ihre Neuerhebung mit vergleichbar schwergewichtigen Mitteln wie bei der ursprünglichen Datenerhebung rechtfertigen könnten (→ Rn. 28).[197] Nicht ausgeschlossen erscheint dabei – nicht nur bei sog. **doppelfunktionalen Maßnahmen** – der Vergleich auch von Maßnahmen der Gefahrenabwehr mit Maßnahmen repressiver Art und umgekehrt.[198] 118

Ein Anhaltspunkt für die Vergleichbarkeit und die im Rahmen des § 12 Abs. 2 S. 1 Nr. 1 BKAG notwendige Bildung von „Gewichtungsklassen"[199] kann die – abstrakte – Unterscheidung von **erheblichen, schweren** 119

191 Vgl. BT-Drs. 18/11163, 93. Für eine Berücksichtigung der konkreten Schwere des Grundrechtseingriffs der ursprünglichen Datenerhebung Löffelmann GSZ 2019, 16 (18), der darauf verweist, die in einer Ermächtigungsgrundlage genannten Schutzgüter folgten nicht zwingend aus verfassungsrechtlichen Vorgaben, weshalb ein Gleichgewicht von ursprünglicher Datenerhebung und nachfolgender Datenweiterverarbeitung bei bloß abstrakter Betrachtung nicht sichergestellt sei.

192 Vgl. BVerfG Urt. v. 20.4.2016 – 1 BvR 966/09 ua –, BVerfGE 141, 220 (327 f., Rn. 287); Beschl. v. 18.12.2018 – 1 BvR 142/15 –, BVerfGE 150, 244 (305, Rn. 165); Urt. v. 19.5.2020 – 1 BvR 2835/17 –, BVerfGE 154, 152 (267 f., Rn. 216, 219); Beschl. v. 10.11.2020 – 1 BvR 3214/15 –, BVerfGE 156, 11 (50, Rn. 99 f.).

193 Vgl. BVerfG Urt. v. 20.4.2016 – 1 BvR 966/09 ua –, BVerfGE 141, 220 (327 f., Rn. 285); Urt. v. 19.5.2020 – 1 BvR 2835/17 –, BVerfGE 154, 152 (266, Rn. 212); Urt. v. 26.4.2022 – 1 BvR 1619/17 –, NJW 2022, 1583 (1595, Rn. 230, 1613, Rn. 362); so auch DAV, A-Drs. 18(4)863, 14 f.

194 Vgl. BVerfG Urt. v. 20.4.2016 – 1 BvR 966/09 ua –, BVerfGE 141, 220 (326 f., Rn. 284); Beschl. v. 10.11.2020 – 1 BvR 3214/15 –, BVerfGE 156, 11 (49, Rn. 99).

195 Vgl. BVerfG Urt. v. 20.4.2016 – 1 BvR 966/09 ua –, BVerfGE 141, 220 (328, Rn. 287); vgl. ferner BVerfG Urt. v. 14.7.1999 – 1 BvR 2226/94 ua –, BVerfGE 100, 313 (392 ff.); Urt. v. 24.4.2013 – 1 BvR 1215/07 –, BVerfGE 133, 277 (329, Rn. 123, 372 ff., Rn. 225 f.); Beschl. v. 10.11.2020 – 1 BvR 3214/15 –, BVerfGE 156, 11 (50, Rn. 100).

196 Vgl. BT-Drs. 18/11163, 93 f.

197 Vgl. BVerfG Urt. v. 20.4.2016 – 1 BvR 966/09 ua –, BVerfGE 141, 220 (328, Rn. 288).

198 Vgl. Brodowski/Jahn/Schmitt-Leonardy GSZ 2018, 7. Hierbei das Erfordernis einer bereichsspezifischen Gewichtung rechtfertigender Gründe betonend Löffelmann GSZ 2019, 16 (20). Zur Abgrenzung polizeilicher Maßnahmen mit präventiver und repressiver Ausrichtung vgl. OVG Lüneburg Beschl. v. 8.11.2013 – 11 OB 263/13 –, NVwZ-RR 2014, 327, mwN. Für die Aufspaltung doppelfunktionaler Maßnahmen in einzelne „Datenverarbeitungsstränge" und die Berücksichtigung der unterschiedlichen Erhebungsvoraussetzungen von StPO und Polizeigesetzen im Rahmen einer zweckändernden Datenweiterverarbeitung Bodenbenner, Präventive und repressive Datenverarbeitung unter besonderer Berücksichtigung des Zweckbindungsgedankens, 2017, S. 66, 125 ff., 201 ff.; vgl. auch Lisken/Denninger/Bäcker, HdbPolR, D Rn. 336. Grundsätzlich kritisch zur Unterscheidung von präventiven und repressiven Maßnahmen im Rahmen des § 12 BKAG aufgrund der Zentralstellenfunktion des BKA Möstl, Stellungnahme BKAG, A-Drs. 18(4)806 B, 6 f. Vgl. auch Walden, Zweckbindung und -änderung präventiv und repressiv erhobener Daten im Bereich der Polizei, 1996, S. 170 ff.

199 Vgl. BT-Drs. 18/11163, 93 f.

und besonders schweren Straftaten oder Delikten des **mittleren Kriminalitätsbereichs** sein.[200] Für die Erhebung und zweckändernde Verarbeitung von Informationen aus einer Telekommunikationsüberwachung ist beispielsweise das Vorliegen einer schweren Straftat zu fordern.[201] Insoweit sind insbesondere der **Strafrahmen,** daneben aber auch das **geschützte Rechtsgut** und dessen Bedeutung für die Rechtsgemeinschaft von Bedeutung.[202] „Besonders schwere Straftaten" sind die in Art. 13 Abs. 3 S. 1 GG angesprochenen Delikte, die Voraussetzung einer akustischen Wohnraumüberwachung sind und deren Strafrahmen eine Mindesthöhe von mehr als fünf Jahren Freiheitsstrafe androht.[203] Der Begriff der „schweren Straftat" umfasst dem Grunde nach all diejenigen Straftaten, die mit einer Höchststrafe von mehr als fünf Jahren bedroht sind. Ein niedrigerer Strafrahmen bedeutete eine Öffnung des Begriffs der „schweren Straftat" für Delikte, die der mittleren Kriminalität oder der Massenkriminalität zuzurechnen sind.[204] Anderes kann sich daraus ergeben, dass ein Rechtsgut für die Allgemeinheit von besonderer Bedeutung ist, etwa die Funktionsfähigkeit des Staates, oder es sich um ein Delikt handelt, das das Rechtsgut eines Privaten erheblich beeinträchtigt.[205] Als „Straftaten von erheblicher Bedeutung" werden gemeinhin solche angesehen, die Verbrechen nach § 12 Abs. 1 StGB sind oder Vergehen, die im Einzelfall nach Art und Schwere geeignet sind, den Rechtsfrieden besonders zu stören, und die weiteren im Gesetz aufgezählten Merkmale aufweisen.[206]

120 Für Maßnahmen **präventiven Charakters** lassen sich die **überragend** bzw. **besonders gewichtigen Rechtsgüter** Leib, Leben und Freiheit der Person sowie der Bestand oder die Sicherheit des Bundes oder eines Landes iS einer „Gewichtungsklasse"[207] zusammenfassen bzw. von einem Schutz bloß **bedeutsamer Sachwerte** abgrenzen oder mit dem Schutz von **wesentlichen Infrastruktureinrichtungen** oder **Gütern der Allgemeinheit,** die die Existenz der Menschen berühren, oder mit einer **allgemeinen Gefahr** vergleichen.[208] **Rechtsgüter von hervorgehobenem Gewicht** sollen jedenfalls solche sein, die durch das Strafrecht geschützt werden.[209]

121 Nach dem Willen des Gesetzgebers sollen zu den besonders bedeutsamen Rechtsgütern auch die sexuelle Selbstbestimmung und – und dies ist insbesondere für die Zusammenarbeit des BKA mit den **Nachrichtendiensten** von Bedeutung – die in **§ 3 BVerfSchG** genannten Schutzgüter sowie namentlich der Schutz der Sicherheit der Bundesrepublik Deutschland zählen.[210] Hinsichtlich der Datenübermittlung des BKA an die Nachrichtendienste ist ergänzend zu beachten, dass die zu überwachende Aktion oder Gruppierung umso beobachtungsbedürftiger sein muss, je schwerer der Grundrechtseingriff der ursprünglichen Datenerhebung wiegt.[211]

122 **2. Konkreter Ermittlungsansatz im Einzelfall. a) Verhütung, Aufdeckung, Verfolgung von Straftaten.** Eine zweckändernde Datenweiterverarbeitung des BKA zur Verhütung, Aufdeckung oder Verfolgung von **Straftaten** setzt nach der Verfassungsrechtsprechung und § 12 Abs. 2 S. 1 BKAG nicht nur voraus, dass eine vergleichbare Gewichtigkeit zu den Straftaten besteht, die Ausgangspunkt der ursprünglichen Datenerhebung waren (→ Rn. 117 ff.). Gem. § 12 Abs. 2 S. 1 Nr. 2 BKAG bedarf es darüber hinaus eines konkreten Ermittlungsansatzes im Einzelfall. Die Frage, ob ein solcher vorliegt, ist im Fall eines Datenaustauschs allein durch das BKA als datenabgebende Behörde zu beurteilen.[212]

200 Vgl. BVerfG Urt. v. 2.3.2010 – 1 BvR 256/08 ua –, BVerfGE 125, 260 (328 f.); Beschl. v. 12.10.2011 – 2 BvR 236/08 ua –, BVerfGE 129, 208 (243); Urt. v. 20.4.2016 – 1 BvR 966/09 ua –, BVerfGE 141, 220 (270, Rn. 107, 338, Rn. 316); Urt. v. 26.4.2022 – 1 BvR 1619/17 –, NJW 2022, 1583 (1599, Rn. 251, 1615, Rn. 377); Löffelmann GSZ 2019, 16 (20).

201 BVerfG Urt. v. 20.4.2016 – 1 BvR 966/09 ua –, BVerfGE 141, 220 (338, Rn. 316); vgl. auch BVerfG Urt. v. 2.3.2010 – 1 BvR 256/08 ua –, BVerfGE 125, 260 (328 f.); Beschl. v. 12.10.2011 – 2 BvR 236/08 ua –, BVerfGE 129, 208 (243).

202 BVerfG Beschl. v. 12.10.2011 – 2 BvR 236/08 ua –, BVerfGE 129, 208 (243 f.); vgl. auch BVerfG Urt. v. 3.3.2004 – 1 BvR 2378/98 ua –, BVerfGE 109, 279 (347 f., 377); Urt. v. 2.3.2010 – 1 BvR 256/08 ua –, BVerfGE 125, 260 (328 f.); Urt. v. 20.4.2016 – 1 BvR 966/09 ua –, BVerfGE 141, 220 (338, Rn. 316).

203 Vgl. BVerfG Urt. v. 3.3.2004 – 1 BvR 2378/98 ua –, BVerfGE 109, 279 (347 f., 377); Urt. v. 20.4.2016 – 1 BvR 966/09 ua –, BVerfGE 141, 220 (338, Rn. 316).

204 Vgl. BVerfG Beschl. v. 12.10.2011 – 2 BvR 236/08 ua –, BVerfGE 129, 208 (243); Urt. v. 20.4.2016 – 1 BvR 966/09 ua –, BVerfGE 141, 220 (338, Rn. 316).

205 Vgl. BVerfG Beschl. v. 12.10.2011 – 2 BvR 236/08 ua –, BVerfGE 129, 208 (243 f.).

206 Lisken/Denninger/Denninger, HdbPolR, 6. Aufl. 2018, D Rn. 62 ff., mwN.

207 Vgl. BT-Drs. 18/11163, 93.

208 Vgl. BVerfG Urt. v. 20.4.2016 – 1 BvR 966/09 ua –, BVerfGE 141, 220 (270 f., Rn. 108, 287 f., Rn. 155); Urt. v. 26.4.2022 – 1 BvR 1619/17 –, NJW 2022, 1583 (1598, Rn. 243); kritisch mit Blick auf eine einheitliche Terminologie aber Lisken/Denninger/Bäcker, HdbPolR, D Rn. 121, mwN.

209 BVerfG Beschl. v. 27.5.2020 – 1 BvR 1873/13 ua –, BVerfGE 155, 119 (201, Rn. 178).

210 BT-Drs. 18/11163, 94. Für den Schutz grundsätzlich besonders hochrangiger Rechter durch die Nachrichtendienste vgl. BVerfG Beschl. v. 27.5.2020 – 1 BvR 1873/13 ua –, BVerfGE 155, 119 (189, Rn. 151); Beschl. v. 10.11.2020 – 1 BvR 3214/15 –, BVerfGE 156, 11 (56, Rn. 119); Urt. v. 26.4.2022 – 1 BvR 1619/17 –, NJW 2022, 1583 (1585, Rn. 150); Gusy GSZ 2021, 141 (142). Kritisch zur abstrakten Bildung von „Gewichtungsklassen" mit Blick auf den Spielraum des Gesetzgebers Löffelmann GSZ 2019, 16 (20); vgl. auch Dürr JA 2019, 432 (438).

211 Vgl. BVerfG Urt. v. 26.4.2022 – 1 BvR 1619/17 –, NJW 2022, 1583 (1590 f., Rn. 190 ff.).

212 Lisken/Denninger/Schwabenbauer, HdbPolR, G Rn. 253.

Sowohl die systematische Zusammenschau zu § 12 Abs. 1 BKAG (→ Rn. 97) als auch eine verfassungskonforme Auslegung des § 12 Abs. 2 S. 1 Nr. 2 BKAG (→ Rn. 22 und Rn. 72 ff.) verweisen auf eine Abgrenzung des Begriffs „konkreter Ermittlungsansatz" zum Begriff des „Spurenansatzes" bzw. zum Begriff des „konkreten Ermittlungsbezuges". Zu fordern ist danach ein „**einzelfallbezogener tatsächlicher Anlass**", der über den bloß potenziellen Informationsgehalt bestimmter Daten hinausgeht.[213] Die „Konkretheit" des Ermittlungsansatzes und der einzelfallbezogene Anlass im „Tatsächlichen" verdeutlichen, dass allgemeine kriminologische Erwägungen oder „allgemeine Erfahrungssätze" für die Annahme eines Ermittlungsansatzes nach § 12 Abs. 2 S. 1 Nr. 2 BKAG ungenügend sind.[214] Erst recht gilt dies für eine zweckverändernde Datenweiterverarbeitung, um überhaupt erst herauszufinden, ob den vorliegenden Informationen eine gesteigerte Relevanz für die Ziele der Strafverfolgung oder Verhütung von Straftaten zukommt.[215] Auch die Verfolgung des allgemeinen Ziels, durch eine zweckändernde Datenweiterverarbeitung Straftaten zukünftig verhindern oder besser aufklären zu können – beispielsweise durch die Schaffung eines Datenpools „auf Vorrat" –, genügt dem „konkreten Ermittlungsansatz" nach § 12 Abs. 2 S. 1 Nr. 2 BKAG nicht. Schließlich wird auch die Übermittlung von Informationen an eine andere Behörde zur allgemeinen Unterstützung bei der Aufgabenwahrnehmung den Maßgaben des § 12 Abs. 2 S. 1 Nr. 2 BKAG nicht gerecht.[216] Vielmehr bedarf es der **situationsbezogenen Prognose im konkreten Einzelfall.** 123

Bestimmte Tatsachen müssen aus sich heraus oder in der Zusammenschau mit weiteren dem BKA vorliegenden Informationen die Annahme tragen, dass eine Straftat zu verhüten, aufzudecken oder zu verfolgen ist. Der tatsachengestützte Ermittlungsansatz muss derart spezifisch sein, dass er den Rückschluss auf eine Straftat von vergleichbarem Gewicht zulässt, wie sie der ursprünglichen Datenerhebung zugrunde lag[217] (→ Rn. 117 ff.). § 12 Abs. 2 S. 1 Nr. 2 lit. a BKAG ist insoweit in einer systematischen Zusammenschau zu § 12 Abs. 2 S. 1 Nr. 1 BKAG zu lesen. Konkret für die Frage der **Strafverfolgung** und mit Blick darauf, dass jede zweckändernde Datenverarbeitung einen erneuten Eingriff in das Grundrecht der ursprünglichen Datenerhebung begründet (→ Rn. 2), bedarf es gem. vorstehender Ausführungen und nach der Rechtsprechung des Bundesverfassungsgerichts jedenfalls eines **Anfangsverdachts im strafprozessualen Sinne.** Der Anfangsverdacht ist bereits die Verdachtsstufe mit den geringsten in der Strafprozessordnung vorgesehenen tatsächlichen Voraussetzungen. Würden die Voraussetzungen noch weiter zurückgenommen, wären nur noch vage Anhaltspunkte gefordert.[218] 124

b) **Gefahrenabwehr.** Die vorstehenden Erwägungen zum „konkreten Ermittlungsansatz im Einzelfall" (→ Rn. 122 ff.) gelten gleichermaßen für den Bereich der **Gefahrenabwehr.** In Übereinstimmung mit der Verfassungsrechtsprechung ist § 12 Abs. 2 S. 1 Nr. 2 lit. b BKAG dabei so zu lesen, dass es für die zweckändernde Datenweiterverarbeitung jedenfalls einer **drohenden Gefahr**[219] für vergleichbar bedeutsame Rechtsgüter bedarf, wie sie der Datenerhebung zugrunde lagen. Die Annahme einer drohenden Gefahr muss sich aus den in Rede stehenden Informationen oder aus ihrer Zusammenschau mit weiteren dem BKA vorliegenden Daten ergeben.[220] Hinter dem verfassungsrechtlichen Erfordernis eines „konkreten Ermittlungsansatzes" zurückbleiben dürfte demgegenüber eine Lesart des § 12 Abs. 2 S. 1 Nr. 2 lit. b BKAG, wonach es eines konkreten Ermittlungsansatzes für eine drohende Gefahr bedarf – letztere also nur dem Ansatz nach vorliegen müsse. Da aus den der Behörde vorliegenden Informationen aus sich heraus oder in ihrer Zusammenschau mit weiteren Informationen konkret deutlich werden muss, dass eine abzuwehrende konkrete Gefahr jedenfalls auf mittlere Sicht droht,[221] dürfte eine sachhaltige Unterscheidung zum inzwischen feststehenden polizeirechtlichen Begriff der drohenden Gefahr kaum möglich oder von der Verfassungsrechtsprechung intendiert sein (vgl. auch → Rn. 30 f.). 125

Voraussetzung für eine zweckändernde Datenverarbeitung nach § 12 Abs. 2 S. 1 Nr. 2 lit. b BKAG sind demnach bestimmte dem BKA vorliegende Tatsachen, die den Schluss auf ein wenigstens seiner Art nach konkretisiertes und zeitlich absehbares Geschehen zulassen. Namentlich bei zu verhindernden terroristischen Straftaten kann auch das individuelle Verhalten einer Person die konkrete Wahrscheinlichkeit be- 126

213 Vgl. Bäcker, Stellungnahme BKAG, A-Drs. 18(4)806 D, 7; Lisken/Denninger/Schwabenbauer, HdbPolR, G Rn. 253.
214 Vgl. BVerfG Urt. v. 20.4.2016 – 1 BvR 966/09 ua –, BVerfGE 141, 220 (272, Rn. 112).
215 BT-Drs. 18/11163, 94.
216 Vgl. hierzu auch BVerfG Urt. v. 20.4.2016 – 1 BvR 966/09 ua –, BVerfGE 141, 220 (335 ff., Rn. 310, 313).
217 Vgl. BVerfG Urt. v. 20.4.2016 – 1 BvR 966/09 ua –, BVerfGE 141, 220 (328 f., Rn. 289 f., konkret zur Straftatenverhütung 336 f., Rn. 313).
218 BVerfG Beschl. v. 27.5.2020 – 1 BvR 1873/13 ua –, BVerfGE 155, 119 (189 f., Rn. 152 f.); Lisken/Denninger/Schwabenbauer, HdbPolR, G Rn. 257. Zum strafprozessualen Begriff des Anfangsverdachts Huber JuS 2008, 21, mwN.
219 Zum Begriff der „drohenden Gefahr" vgl. nur Schenke, POR, § 3 Rn. 102 ff.
220 BVerfG Urt. v. 20.4.2016 – 1 BvR 966/09 ua –, BVerfGE 141, 220 (328 f., Rn. 289 f.).
221 BVerfG Urt. v. 20.4.2016 – 1 BvR 966/09 ua –, BVerfGE 141, 220 (328 f., Rn. 289 f.).

gründen, dass sie terroristische Straftaten in überschaubarer Zeit begehen wird.[222] Wie sich aus der systematischen Zusammenschau mit § 12 Abs. 2 S. 1 Nr. 1 BKAG ergibt, muss die **Prognose derart sachhaltig** sein, dass sich aus ihr zugleich eine Vergleichbarkeit der aktuell in Rede stehenden Rechtsgüter mit den Rechtsgütern oder Straftaten der ursprünglichen Datenerhebung ergibt[223] (→ Rn. 117 ff.).

127 c) **Nachrichtendienste.** Bezüglich der Weitergabe von Informationen durch das BKA insbesondere an die Inlandsnachrichtendienste des Bundes und der Länder ist gem. der Rechtsprechung zum **informationellen Trennungsprinzip** handlungserweiternd zu berücksichtigen, dass den Verfassungsschutzbehörden keine operativen Befugnisse dem Betroffenen gegenüber zukommen und ihnen regelmäßig weitreichende Befugnisse zur Datenerhebung zustehen (→ Rn. 37 f.). Für eine zweckändernde Datenübermittlung durch die Polizeibehörden soll insoweit ausreichen, dass eine Auskunft zur Aufklärung einer bestimmten, nachrichtendienstlich beobachtungsbedürftigen Aktion oder Gruppierung im Einzelfall geboten ist und diese Einschätzung auf hinreichenden tatsächlichen Anhaltspunkten beruht.[224] Insoweit soll dem Erfordernis eines seiner Art nach konkretisierten und absehbaren Geschehens Genüge getan sein.[225] Anhaltspunkte für die Beobachtungsbedürftigkeit einer Aktion oder Gruppierung gibt § 4 BVerfSchG.[226]

128 d) **Ausübung grundrechtlicher Freiheiten, personenbezogene Prognose.** Der Begriff des „konkreten Ermittlungsansatzes“ ist dahingehend restriktiv auszulegen, dass die bloß zulässige **Ausübung grundrechtlicher Freiheiten** keinen Anlass für eine weitergehende Tätigkeit des BKA begründet. So ist beispielsweise die alleinige Erkenntnis, dass eine Person sich zu einem fundamentalistischen Religionsverständnis (Art. 4 Abs. 1, 2 GG) hingezogen fühlt, kein Ausgangspunkt für eine zweckändernde Datenweiterverarbeitung.[227]

129 Auch ausschließlich **personenbezogene Prognosen,** die beispielsweise an deren „Persönlichkeit“ und nicht an ein konkretes Verhalten anknüpfen, erscheinen für die Annahme eines „konkreten Ermittlungsansatzes“ wenig tragfähig.[228] Mit Blick auf das Resozialisierungsziel des deutschen Justizvollzuges dürfte jedenfalls die bloße vergangene Verurteilung einer Person nach deren Entlassung aus dem Strafvollzug als „konkreter Ermittlungsansatz“ ausscheiden; dies gilt erst recht für die bloße Beschuldigung einer Person durch Dritte.[229]

130 **3. Wissenschaftliche Forschung, Ausbildung, Vorgangsbearbeitung.** § 12 Abs. 2 S. 2 BKAG stellt klar, dass der Grundsatz der hypothetischen Datenneuerhebung (→ Rn. 25 ff.) die Nutzung personenbezogener Daten zu Zwecken der wissenschaftlichen Forschung (→ § 21 Rn. 4 f.), der Ausbildung (→ § 22 Rn. 2) und im Vorgangsbearbeitungssystem des BKA (→ § 22 Rn. 3) nicht ausschließt.

131 § 12 Abs. 2 S. 2 BKAG ist vor dem Hintergrund der engen Maßgaben insbesondere des § 21 BKAG (→ § 21 Rn. 4 ff.) und der Tatsache, dass der Grundsatz der hypothetischen Datenneuerhebung nicht schematisch abschließend ist,[230] zu lesen. Mit Blick auf den verfassungsrechtlichen Rechtfertigungszusammenhang von ursprünglicher Datenerhebung und zweckändernder Datenweiterverarbeitung (→ Rn. 2 ff.) ist hervorzuheben, dass eine Nutzung von Daten zu wissenschaftlichen Zwecken, zum Zwecke der Aus- und Fortbildung, zu statistischen Zwecken und zur Vorgangsverwaltung für den Betroffenen anders als eine zweckändernde Datenweiterverarbeitung zum Zwecke der Gefahrenabwehr oder der Strafverfolgung keine weiteren nachteiligen Interventionen nach sich zieht. Typische Gefahrensituationen für die Grundrechte des Betroffenen, die mit dem Prinzip der Zweckbindung bzw. der hypothetischen Datenneuerhebung beherrscht und minimiert werden sollen, treten hier nicht auf. Dies hebt die **Eingriffsqualität** der zweckändernden Weiterverarbeitung von Daten zu wissenschaftlichen Zwecken, zum Zwecke der Aus- und Fortbildung, zu statistischen Zwecken und zur Vorgangsverwaltung zwar nicht auf – der in der ursprünglichen Datenerhebung liegende Eingriff in die Privatheit des Betroffenen wird auch hier vertieft –, **verringert** jedoch ihr Gewicht.

222 Vgl. BVerfG Urt. v. 20.4.2016 – 1 BvR 966/09 ua –, BVerfGE 141, 220 (272 f., Rn. 112); Beschl. v. 27.5.2020 – 1 BvR 1873/13 ua –, BVerfGE 155, 119 (188, Rn. 148 f., 218 f., Rn. 225); Beschl. v. 10.11.2020 – 1 BvR 3214/15 –, BVerfGE 156, 11 (55, Rn. 118). Zu Gefahrbegriff und individuellem Verhalten vgl. auch Dürr JA 2019, 432 (433).

223 Vgl. auch BVerfG Urt. v. 20.4.2016 – 1 BvR 966/09 ua –, BVerfGE 141, 220 (328 f., Rn. 289 f.); BT-Drs. 18/11163, 94.

224 Zum Begriff der „bestimmten, nachrichtendienstlich beobachtungsbedürftigen Aktion oder Gruppierung“ ausführlich BVerfG Urt. v. 26.4.2022 – 1 BvR 1619/17 –, NJW 2022, 1583 (1589 ff., Rn. 181 ff.).

225 Vgl. BVerfG Urt. v. 20.4.2016 – 1 BvR 966/09 ua –, BVerfGE 141, 220 (339 f., Rn. 320); Beschl. v. 27.5.2020 – 1 BvR 1873/13 ua –, BVerfGE 155, 119 (189, Rn. 151); Beschl. v. 10.11.2020 – 1 BvR 3214/15 –, BVerfGE 156, 11 (56, Rn. 119).

226 Vgl. BVerfG Urt. v. 26.4.2022 – 1 BvR 1619/17 –, NJW 2022, 1583 (1589 f., Rn. 183 ff.).

227 Vgl. BVerfG Urt. v. 20.4.2016 – 1 BvR 966/09 ua –, BVerfGE 141, 220 (273, Rn. 113); vgl. auch Lisken/Denninger/Bäcker, HdbPolR, D Rn. 63. Zur Tätigkeit des Verfassungsschutzes vgl. aber auch BVerfG Urt. v. 26.4.2022 – 1 BvR 1619/17 –, NJW 2022, 1583 (1590, Rn. 186).

228 Vgl. BVerfG Urt. v. 20.4.2016 – 1 BvR 966/09 ua –, BVerfGE 141, 220 (273, Rn. 112): „individuelles Verhalten“; Lisken/Denninger/Bäcker, HdbPolR, D Rn. 269.

229 Vgl. auch Bäcker, Stellungnahme BKAG, A-Drs. 18(4)806 D, 8.

230 BVerfG Urt. v. 20.4.2016 – 1 BvR 966/09 ua –, BVerfGE 141, 220 (328, Rn. 287); Beschl. v. 10.11.2020 – 1 BvR 3214/15 –, BVerfGE 156, 11 (50, Rn. 100).

In Übereinstimmung zu vorstehenden Überlegungen folgt aus **Art. 4 Abs. 3 DSRL-JI,** dass auch bei Daten aus sicherheitsbehördlichen Tätigkeiten eine wissenschaftliche und statistische Nutzung dem Grunde nach zulässig ist, sofern geeignete Garantien für die Rechte und Freiheiten der betroffenen Personen vorhanden sind und die Nutzung alternativ oder kumulativ für die Verhütung, Ermittlung, Aufdeckung oder Verfolgung von Straftaten oder die Strafvollstreckung, einschließlich des Schutzes vor und der Abwehr von Gefahren für die öffentliche Sicherheit erfolgt. Dem Grunde nach zulässig ist gem. Art. 4 Abs. 2 DSRL-JI auch die zweckändernde Datenverarbeitung von sicherheitsbehördlichen Informationen im Rahmen der sicherheitsbehördlichen Ausbildung (→ Rn. 69, 75). Im Übrigen ist gem. Art. 9 Abs. 1 S. 2 DSRL-JI auf die DS-GVO zu verweisen. 132

Von der zweckändernden Datenweiterverarbeitung zum Zwecke der wissenschaftlichen Forschung und der Ausbildung ausgenommen sind solche Informationen, die durch den verdeckten Einsatz technischer Mittel in oder aus Wohnungen oder den verdeckten Eingriff in informationstechnische Systeme erlangt wurden (vgl. § 21 Abs. 1 S. 2 und § 22 Abs. 1 S. 3 BKAG). Dies entspricht der **Rechtsprechung des Bundesverfassungsgerichts,** wonach sich das außerordentliche Eingriffsgewicht dieser Datenerhebungsmaßnahmen in einer besonders engen Bindung jeder weiteren Nutzung der gewonnenen Daten an die Voraussetzungen der Datenerhebung spiegelt (→ Rn. 35).[231] 133

4. Ermessen. Ebenso wie nach § 12 Abs. 1 BKAG steht es nach § 12 Abs. 2 BKAG im Ermessen, **ob, wie und in welchem Umfang** es zu einer zweckändernden Datenweiterverarbeitung kommt. Insofern kann zunächst vollumfänglich auf die dortigen Ausführungen verwiesen werden (→ Rn. 99 und Rn. 101 ff.). 134

a) **Behördenübergreifender Datenaustausch.** Da der behördenübergreifende Datenaustausch – von der bloßen Abstimmung der Aufgabenwahrnehmung untereinander und einem bloßen Umzug des Betroffenen abgesehen – ganz regelmäßig eine zweckändernde Datenweiterverarbeitung begründet (→ Rn. 14 und 19 f.), sind im Rahmen des nach § 12 Abs. 2 BKAG auszuübenden Ermessens insoweit die **Besonderheiten der „Zielbehörden“** handlungserweiternd oder handlungsbeschränkend zu berücksichtigen (→ Rn. 37 ff.). Die Frage einer Umgehung grundrechtsbezogener Beschränkungen des Einsatzes bestimmter Erhebungsmethoden kann nicht ohne Blick auf die behördenspezifischen Besonderheiten von datenabgebender und datenempfangender Behörde beantwortet werden. In der Folge ist der Grundsatz der hypothetischen Datenneuerhebung konkret dahingehend zu formulieren, ob der Gesetzgeber der konkret empfangenden Behörde die Befugnis einräumen dürfte, die übermittelten Daten mit vergleichbaren Mitteln, also durch vergleichbare Eingriffe, selbst zu erheben (→ Rn. 25).[232] 135

Nicht gefolgt werden kann der Auffassung, wonach § 12 BKAG nicht unmittelbar auf den behördenübergreifenden Datenaustausch anwendbar sein soll.[233] Dem Wortlaut der Norm ist eine solch weitgehende Beschränkung ihres sachlichen Anwendungsbereichs nicht zu entnehmen. Im Gegenteil bezieht dieser sich ohne weitere Differenzierung auf die „Weiterverarbeitung“ personenbezogener Daten. Auch folgt aus den Gesetzesmaterialien, dass § 12 BKAG als **allgemeiner Grundsatz** formuliert ist, der bei „jeder Datenverarbeitung“ durch das BKA zu beachten ist.[234] Wortlaut der Norm und Wille des Gesetzgebers entsprechen insoweit der einheitlichen, europarechtskonformen Begriffsbestimmung nach § 46 Nr. 2 BDSG und Art. 3 Nr. 2 DSRL-JI sowie Art. 4 Nr. 2 DS-GVO (→ Rn. 77 und 86 f.). Systematisch ist § 12 BKAG im Allgemeinen Teil des Abschnitts 2 des BKAG verortet. Sinn und Zweck des § 12 BKAG als Kernstück eines „horizontal wirkenden Datenschutzkonzeptes“ ist es gerade, anstelle der bis dahin bestehenden „Schubladenstruktur“ logischer Dateien die Grundrechtskonformität der Datenverarbeitung im Verbundsystem und damit die Grundrechtskonformität der behördenübergreifenden Zusammenarbeit zu gewährleisten.[235] 136

Zwar ist richtig, dass das Bundesverfassungsgericht den Grundsatz der hypothetischen Datenneuerhebung nicht als „schematisch abschließend“ formuliert hat. Voraussetzung für eine zweckändernde und damit insbesondere behördenübergreifende Datenweiterverarbeitung durch das BKA zu präventiven oder repressiven Zwecken sei aber „jedenfalls“ und dh **ohne weitere Relativierung,** dass die neue Nutzung der Daten dem Schutz von Rechtsgütern oder der Aufdeckung von Straftaten eines solchen Gewichts dient, das verfassungsrechtlich ihre Neuerhebung mit vergleichbar schwergewichtigen Mitteln wie bei der ursprünglichen Datenerhebung rechtfertigen könnte.[236] Für Informationen aus einer Wohnraumüberwachung oder dem Zugriff auf informationstechnische Systeme gilt von Verfassungs wegen ausnahmslos ein Gleichlauf von 137

231 Vgl. BVerfG Urt. v. 20.4.2016 – 1 BvR 966/09 ua –, BVerfGE 141, 220 (329, Rn. 291).
232 Wolff ZG 31 (2016), 361 (382); Lisken/Denninger/Schwabenbauer, HdbPolR, G Rn. 249; BVerfG Urt. v. 26.4.2022 – 1 BvR 1619/17 –, NJW 2022, 1583 (1596, Rn. 231, 234).
233 So aber Schenke/Graulich/Ruthig/Ruthig BKAG § 12 Rn. 21 f.
234 BT-Drs. 18/11163, 92.
235 Vgl. Möstl, Stellungnahme BKAG, A-Drs. 18(4)806 B, 5.
236 BVerfG Urt. v. 20.4.2016 – 1 BvR 966/09 ua –, BVerfGE 141, 220 (328, Rn. 287 f.).

Datenerhebung und Datenweiterverarbeitung (→ Rn. 28 und 35).[237] Eben hieran ist § 12 BKAG orientiert (→ Rn. 77).

138 Wollte man § 12 BKAG vor diesem Hintergrund als nicht unmittelbar anwendbar und damit als nicht „vor die Klammer gezogen" erklären, bedeutete dies das ganz erhebliche **Risiko verfassungswidriger Regelungen** zur behördenübergreifenden Zusammenarbeit im Übrigen – dies immer dann, wenn die jeweilige Befugnisnorm zur behördenübergreifenden Zusammenarbeit nicht bereits als solche den verfassungsrechtlichen Maßgaben zur zweckändernden Datenverarbeitung entspricht.[238] Ein solches Verständnis des § 12 BKAG erscheint mit Blick auf Wortlaut, Systematik, Entstehungsgeschichte und Zweck der Regelung auch vor dem Grundsatz, dass der Gesetzgeber im Zweifel verfassungskonform handeln will,[239] fernliegend.

139 **b) Ausländische und supranationale Stellen.** Da die Datenübermittlung an ausländische und supranationale Stellen einen nicht weniger einschneidenden Grundrechtseingriff für den Betroffenen bedeutet und § 12 BKAG nach Wortlaut, Telos, Systematik und Willen des Gesetzgebers als allgemeiner Grundsatz auf alle Datenverarbeitungsvorgänge anwendbar sein soll (→ Rn. 77 136), findet § 12 Abs. 2–4 BKAG auch im Rahmen der **internationale Zusammenarbeit** des BKA Anwendung.[240] Mit Blick auf die Achtung fremder Rechtsordnungen und -anschauungen und weil die Empfangsstellen in der weiteren Nutzung der Informationen nicht an die Maßgaben des Grundgesetzes gebunden sind, gelten hierbei von Verfassungs wegen gesonderte Maßgaben, die bei der Frage der Gleichgewichtigkeit von ursprünglicher Datenerhebung und zweckändernder Datenweiterverarbeitung zu berücksichtigen sind.[241] Der Grundrechtsschutz darf durch die Datenübermittlung vom BKA ins Ausland und an internationale Organisationen nicht ausgehöhlt werden. Sind im Empfängerstaat **Menschenrechtsverletzungen** zu besorgen, steht dies einer Datenübermittlung entgegen; sie ist zwingend ausgeschlossen, wenn zu befürchten ist, dass **elementare rechtsstaatliche Grundsätze** verletzt werden.

140 In der Folge bedarf es im Rahmen der Ermessensausübung nach § 12 Abs. 2 BKAG der **Vergewisserung** über einen rechtsstaatlichen Umgang mit den fraglichen Informationen im Empfängerstaat. Auch unter Anerkennung der Eigenständigkeit und Verschiedenartigkeit der Rechtsordnungen dürfen die **Garantien des menschenrechtlichen Schutzes** personenbezogener Daten **nicht unterlaufen** werden.[242] In Betracht zu nehmen ist insoweit insbesondere, ob für die Verwendung der Daten die – bei der Übermittlung mitzuteilenden – Grenzen durch Zweckbindung und Löschungspflichten sowie grundlegende Anforderungen an Kontrolle und Datensicherheit wenigstens grundsätzlich Beachtung finden. Maßgeblich für diese Beurteilung sind die innerstaatlichen Rechtsvorschriften und die internationalen Verpflichtungen des Empfängerstaats sowie ihre Umsetzung in der täglichen Anwendungspraxis.[243] Hinsichtlich der Besorgnis etwaiger Menschenrechtsverletzungen durch die Nutzung der Daten im Empfängerstaat muss insbesondere gewährleistet erscheinen, dass sie dort weder zu politischer Verfolgung noch zu unmenschlicher oder erniedrigender Bestrafung oder Behandlung verwendet werden. Der Schutz der Europäischen Menschenrechtskonvention (EMRK) und anderer internationaler Menschenrechtsverträge darf durch eine Übermittlung der vom BKA erhobenen Daten ins Ausland und an internationale Organisationen nicht ausgehöhlt werden.[244] Die **mit Tatsachen unterlegte Einzelfallprüfung** kann – vorbehaltlich entgegenstehender Tatsachen – durch eine **generalisierende tatsächliche Einschätzung** des BKA der Sach- und Rechtslage im Empfängerstaat ersetzt werden.[245]

237 Vgl. BVerfG Urt. v. 20.4.2016 – 1 BvR 966/09 ua –, BVerfGE 141, 220 (326, Rn. 283, 329, Rn. 291, 333, Rn. 302, 338 ff., Rn. 316 f.); vgl. auch BVerfG Urt. v. 3.3.2004 – 1 BvR 2378/98 ua –, BVerfGE 109, 279 (377); Beschl. v. 10.11.2020 – 1 BvR 3214/15 –, BVerfGE 156, 11 (50, Rn. 100).

238 Vgl. nur mit Blick auf §§ 18, 19 BKAG Bäcker, Stellungnahme BKAG, A-Drs. 18(4)806 D, 8.

239 Vgl. BVerfG Beschl. v. 7.5.1953 – 1 BvL 104/52 –, BVerfGE 2, 266 (282); Beschl. v. 14.10.2008 – 1 BvR 2310/06 –, BVerfGE 122, 39 (60).

240 Vgl. BVerfG Urt. v. 20.4.2016 – 1 BvR 966/09 ua –, BVerfGE 141, 220 (342 f., Rn. 330 f.); Urt. v. 19.5.2020 – 1 BvR 2835/17 –, BVerfGE 154, 152 (273, Rn. 232); Urt. v. 26.4.2022 – 1 BvR 1619/17 –, NJW 2022, 1583 (1600 f., Rn. 260 ff.); Löffelmann GSZ 2019, 16 (17). Vgl. auch Wolff ZG 31 (2016), 361 (385). Grundsätzlich zur Grundrechtsbindung der Exekutive im Rahmen der internationalen Zusammenarbeit Aust DÖV 2020, 715 (717 f., 720 f.); diese ablehnend Lindner/Unterreitmeier DÖV 2017, 90 (92 f., 97).

241 Vgl. BVerfG Urt. v. 20.4.2016 – 1 BvR 966/09 ua –, BVerfGE 141, 220 (342 f., Rn. 330 f.); Urt. v. 19.5.2020 – 1 BvR 2835/17 –, BVerfGE 154, 152 (273, Rn. 232 f.); Urt. v. 26.4.2022 – 1 BvR 1619/17 –, NJW 2022, 1583 (1600, Rn. 263).

242 BVerfG Urt. v. 20.4.2016 – 1 BvR 966/09 ua –, BVerfGE 141, 220 (344 ff., Rn. 332 ff.); Urt. v. 19.5.2020 – 1 BvR 2835/17 –, BVerfGE 154, 152 (273 f., Rn. 233, 236); Urt. v. 26.4.2022 – 1 BvR 1619/17 –, NJW 2022, 1583 (1601, Rn. 266, 269).

243 BVerfG Urt. v. 20.4.2016 – 1 BvR 966/09 ua –, BVerfGE 141, 220 (344 f., Rn. 335); Urt. v. 19.5.2020 – 1 BvR 2835/17 –, BVerfGE 154, 152 (274, Rn. 236); Urt. v. 26.4.2022 – 1 BvR 1619/17 –, NJW 2022, 1583 (1601, Rn. 266).

244 BVerfG Urt. v. 20.4.2016 – 1 BvR 966/09 ua –, BVerfGE 141, 220 (345, Rn. 336); Urt. v. 19.5.2020 – 1 BvR 2835/17 –, BVerfGE 154, 152 (275, Rn. 237); Urt. v. 26.4.2022 – 1 BvR 1619/17 –, NJW 2022, 1583 (1601, Rn. 268).

245 BVerfG Urt. v. 20.4.2016 – 1 BvR 966/09 ua –, BVerfGE 141, 220 (345 f., Rn. 337 ff.). Gegen eine Vergewisserung über den rechtsstaatlichen Umgang mit Informationen im Empfängerland aber Lindner/Unterreitmeier DÖV 2017, 90 (92 f.).

Die Datenübermittlung ins Ausland ist dem Grundsatz der hypothetischen Datenneuerhebung entsprechend auf **hinreichend gewichtige Zwecke** zu begrenzen (→ Rn. 25 f. und 106). Für die Frage der Gleichgewichtigkeit der Nutzungszwecke ist dabei einzustellen, dass die deutsche Rechtsordnung hier auf eine andere Rechtsordnung trifft, deren Abgrenzungslinien, Kategorien und Wertungen mit denen der deutschen Rechtsordnung und des Grundgesetzes nicht identisch sind, weshalb auch kein vollständiger Gleichlauf zu inländischen Sachverhalten gefordert werden kann.[246] Eine Absenkung des materiellen Schutzniveaus „in der Sache" geht hiermit nicht einher.[247] 141

Neben § 12 Abs. 2–4 BKAG finden die verfassungsrechtlichen Maßgaben zur internationalen Datenübermittlung ihre **einfachrechtliche Fundierung** in §§ 25 und 26 BKAG sowie in den §§ 78–80 BDSG (→ § 25 Rn. 30, 36; → § 26 Rn. 9 ff.). 142

c) **Protokolldaten.** Bezüglich der zweckändernden Datenweiterverarbeitung von Protokolldaten ist zu berücksichtigen, dass wegen der **Gefahr einer Umgehung der Pflicht zur Löschung** der gespeicherten „eigentlichen" Daten eine Weiterverarbeitung jedenfalls dann nicht mehr zulässig ist, wenn hierdurch die von Verfassungs wegen geltenden **Höchstspeicherfristen entwertet** würden.[248] 143

5. **Zentralstellenfunktion des BKA.** Mit Blick auf den „konkreten Ermittlungsansatz im Einzelfall" (→ Rn. 122 ff.) erscheint fraglich, ob § 12 BKAG sich in die Systematik des BKAG und insbesondere in die **Zentralstellenfunktion** des BKA (→ § 2 Rn. 1 ff.) einfügt. Soll das BKA Datenbestände für zukünftige, noch nicht konkret absehbare soziale Konflikte und daran anknüpfende polizeiliche Verfahren anlegen, bedarf es einer Abkehr von § 12 Abs. 2 S. 1 Nr. 2 BKAG und dem Erfordernis der situationsbezogenen Schadensprognose im Einzelfall für jede zweckändernde Datenweiterverarbeitung wie namentlich die Datenspeicherung zur Schaffung eines verfahrensübergreifenden Informationsverbundes (→ Rn. 76). Es ist aber nicht ersichtlich, dass das Bundesverfassungsgericht die Voraussetzungen einer hypothetischen Datenneuerhebung für Verarbeitungen, die sich unmittelbar an die Erhebung anschließen, postuliert, dies aber nicht für die zwischenzeitliche Speicherung und spätere Neunutzung gelten soll.[249] Dem steht schon die Ratio der Rechtsprechung zur Zweckänderung entgegen, wonach eine Nivellierung grundrechtlicher Datenerhebungsschwellen durch eine spätere Verarbeitung ausgeschlossen werden soll (→ Rn. 2 ff.). 144

IV. Zweckändernde Weiterverarbeitung von Daten aus Wohnraumüberwachung und Online-Durchsuchung (Abs. 3)

1. **Datenweiterverarbeitung zu präventiven Zwecken.** Für Informationen, die durch einen verdeckten Einsatz technischer Mittel in oder aus Wohnungen oder den verdeckten Eingriff in informationstechnische Systeme erlangt wurden, modifiziert § 12 Abs. 3 S. 1 BKAG die zweckändernde Datenweiterverarbeitung zum Zwecke der **Gefahrenabwehr** nach § 12 Abs. 2 S. 1 BKAG dahingehend, dass für Daten aus einer Wohnraumüberwachung jeweils neu eine dringende Gefahr nach § 46 Abs. 1 BKAG vorliegen muss und die zweckändernde Datenweiterverarbeitung von Informationen aus einer Online-Dursuchung eine jedenfalls drohende Gefahr nach § 49 Abs. 1 BKAG voraussetzt. Insoweit wird der **verfassungsrechtlich gebotene Gleichlauf** der Voraussetzungen von erstmaliger Datenerhebung und späterer Datenweiterverarbeitung bei Wohnraumüberwachung und Online-Durchsuchung umgesetzt (→ Rn. 35).[250] Eine **Sonderregelung** der Datenweiterverarbeitung zu präventiven Zwecken enthält § 34 Abs. 4 S. 2 BKAG für den Einsatz technischer Mittel zur Eigensicherung (→ § 34 Rn. 28). 145

2. **Datenweiterverarbeitung zum Zwecke der Strafverfolgung.** Eine vergleichbare Regelung **fehlt** indessen für den Bereich der **Strafverfolgung**. Hier verbleibt es bei der Aussage des § 12 Abs. 2 S. 1 BKAG, wonach das BKA zur Erfüllung seiner Aufgaben personenbezogene Daten zu anderen Zwecken, als denjenigen, zu denen sie erhoben worden sind, weiterverarbeiten kann, wenn mindestens vergleichbar schwerwiegende Straftaten aufgedeckt oder verfolgt werden sollen und sich im Einzelfall ein konkreter Ermittlungsansatz ergibt (→ Rn. 115 ff. und 122 ff.). Ein Eingriff in das Grundrecht auf Unverletzlichkeit der Wohnung zum Zwecke der Strafverfolgung erfordert nach **Art. 13 Abs. 3 GG** aber den durch bestimmte Tatsachen begründeten Verdacht einer besonders schweren Straftat. Dies erfordert mehr als einen bloßen Anfangsverdacht 146

246 BVerfG Urt. v. 20.4.2016 – 1 BvR 966/09 ua –, BVerfGE 141, 220 (342 f., Rn. 330 f.); Urt. v. 26.4.2022 – 1 BvR 1619/17 –, NJW 2022, 1583 (1600, Rn. 263).

247 Vgl. BVerfG Urt. v. 20.4.2016 – 1 BvR 966/09 ua –, BVerfGE 141, 220 (342 f., Rn. 330 f.); Urt. v. 19.5.2020 – 1 BvR 2835/17 –, BVerfGE 154, 152 (273, Rn. 232); Aust DÖV 2017, 715 (720 f.).

248 Lisken/Denninger/Schwabenbauer, HdbPolR, G Rn. 272.

249 Bäcker, Stellungnahme BKAG, A-Drs. 18(4)806 D, 6 ff.; vgl. BVerfG Urt. v. 20.4.2016 – 1 BvR 966/09 ua –, BVerfGE 141, 220 (327, Rn. 285).

250 Vgl. BVerfG Urt. v. 20.4.2016 – 1 BvR 966/09 ua –, BVerfGE 141, 220 (326, Rn. 283, 329, Rn. 291, 333, Rn. 302, 338 ff., Rn. 316 f.); vgl. auch BVerfG Urt. v. 3.3.2004 – 1 BvR 2378/98 ua –, BVerfGE 109, 279 (377); BVerfG Beschl. v. 10.11.2020 – 1 BvR 3214/15 –, BVerfGE 156, 11 (50, Rn. 100).

respektive einen bloßen Ermittlungsansatz, wie ihn § 12 Abs. 2 S. 1 Nr. 2 BKAG normiert (→ Rn. 123 f.).[251] Hinsichtlich des **Grundrechts auf Gewährleistung der Vertraulichkeit und Integrität informationstechnischer Systeme** folgt aus der Verfassungsrechtsprechung, dass das Eingriffsgewicht demjenigen der Wohnraumüberwachung nahezu gleichgestellt ist.[252] Für Informationen, die aus einer Wohnraumüberwachung oder aus einer Online-Durchsuchung stammen, sind die für die ursprüngliche Datenerhebung maßgeblichen Einschreitschwellen auch für die Rechtmäßigkeit der zweckändernden Datenweiterverarbeitung von vollumfänglicher Bedeutung (→ Rn. 35).[253] § 12 Abs. 3 S. 1 BKAG verfehlt insoweit das gesetzgeberische Ziel,[254] über eine „horizontale Wirkung" der Norm, gleichsam „vor die Klammer gezogen", die Grundrechtskonformität der behördenübergreifenden Zusammenarbeit (→ Rn. 76 und 136 ff.) zu gewährleisten.[255]

147 Um den gebotenen Gleichlauf von erstmaliger Datenerhebung und späterer Datenweiterverarbeitung zu gewährleisten,[256] wird für Informationen aus einer akustischen Wohnraumüberwachung und den Zweck der Strafverfolgung in der Folge auf § 100d Abs. 5 Nr. 3 StPO aF verwiesen.[257] Dieser ist inzwischen in **§ 100e Abs. 6 Nr. 3 StPO** aufgegangen, der zudem für Informationen aus einer präventiv durchgeführten Online-Durchsuchung einschlägig ist.[258] Problematisch bleibt hierbei aber, dass nach dem verfassungsrechtlich fundierten, datenschutzrechtlichen „Doppeltürmodell"[259] die grundrechtliche Rechtfertigungslast bereits in der Übermittlungsvorschrift abzudecken ist. Schon diese, obgleich „erste Tür", hat die Verwendungszwecke hinreichend zu begrenzen, muss also die Datenverarbeitung an bestimmte Zwecke, tatbestandliche Eingriffsschwellen und einen hinreichend gewichtigen Rechtsgüterschutz binden, so dass insgesamt die verfassungsrechtlichen Anforderungen gewahrt werden.[260] Als eine solche „erste Tür" fungiert § 100e Abs. 6 Nr. 3 StPO indessen nicht.[261] Der Verweis auf die StPO erscheint auch mit Blick auf den abschließenden Charakter des BKAG fraglich.[262] § 161 StPO wiederum sichert nach der Rechtsprechung des Bundesverfassungsgerichts die grundgesetzlich gebotene Begrenzung der Datenübermittlung nicht.[263]

148 **Mangels gesetzlicher Regelung**[264] im BKAG erscheint danach **fraglich**, ob das BKA über die rechtlichen Grundlagen verfügt, um Informationen, die es aus einer Wohnraumüberwachung und einer Online-Durchsuchung erlangt hat, zum Zwecke der Aufdeckung oder Verfolgung von Straftaten weiterzuverarbeiten. Eine bereichsspezifische **Sonderregelung** der Datenweiterverarbeitung zu repressiven Zwecken findet sich dagegen mit § 34 Abs. 4 S. 3 BKAG für den Einsatz technischer Mittel zur Eigensicherung, der wiederum auf die Strafprozessordnung und damit ua auf § 100e Abs. 6 Nr. 3 StPO verweist (→ § 34 Rn. 31).

149 **3. Optische Wohnraumüberwachung.** § 12 Abs. 3 S. 2 BKAG schließt aus, dass personenbezogene Bilddaten, die bei einer optischen Wohnraumüberwachung gewonnen wurden, zum Zwecke eines Strafverfahrens weiterverarbeitet werden. Dies entspricht Art. 13 Abs. 3 GG (→ Rn. 40).[265]

V. Zweckändernde Weiterverarbeitung von Grunddaten (Abs. 4)

150 § 12 Abs. 4 BKAG erlaubt abweichend von § 12 Abs. 2 BKAG die zweckändernde Verarbeitung von Grunddaten einer Person (→ § 18 Rn. 8 f.) zum Zwecke ihrer Identifikation (→ Rn. 36). Aufgrund der niedrigen Voraussetzungen des § 12 Abs. 4 BKAG für die zweckändernde Datenverarbeitung und den darin begründeten Grundrechtseingriff ist das von der Norm eröffnete Auswahl- und Entschließungsermessen verfassungskonform dahin gehend auszuüben, dass es eines **konkreten Ermittlungsanlasses** im Einzelfall und einer **sachhaltigen Prüfung** der **Verhältnismäßigkeit** bedarf.[266] § 12 Abs. 4 BKAG gibt keine Ermächti-

251 Vgl. nur Dürig/Herzog/Scholz/Papier GG (2021) Art. 13 Rn. 68, mwN.
252 Vgl. BVerfG Urt. v. 27.2.2008 – 1 BvR 370/07 ua –, BVerfGE 120, 274 (328 ff.); Urt. v. 24.4.2013 – 1 BvR 1215/07 –, BVerfGE 133, 277 (373 f., Rn. 226); Urt. v. 20.4.2016 – 1 BvR 966/09 ua –, BVerfGE 141, 220 (304, Rn. 210, 328, Rn. 316).
253 Vgl. BVerfG Urt. v. 20.4.2016 – 1 BvR 966/09 ua –, BVerfGE 141, 220 (329, Rn. 291, 333, Rn. 302); vgl. auch BVerfG Urt. v. 3.3.2004 – 1 BvR 2378/98 –, BVerfGE 109, 279 (377); Beschl. v. 10.11.2020 – 1 BvR 3214/15 –, BVerfGE 156, 11 (50, Rn. 100).
254 Vgl. Möstl, Stellungnahme BKAG, A-Drs. 18(4)806 B, 5; BT-Drs. 18/11163, 92.
255 Vgl. Bäcker, Stellungnahme BKAG, A-Drs. 18(4)806 D, 13; Gärditz, Stellungnahme BKAG, A-Drs. 18(4)806 F, 4 f.
256 Vgl. für die Strafverfolgung insbesondere BVerfG Urt. v. 3.3.2004 – 1 BvR 2378/98 ua –, BVerfGE 109, 279 (377); Urt. v. 20.4.2016 – 1 BvR 966/09 ua –, BVerfGE 141, 220 (338 f., Rn. 316 f.).
257 Bäcker, Stellungnahme BKAG, A-Drs. 18(4)806 D, 13.
258 LR-StPO/Hauck § 100e Rn. 85; KK-StPO/Bruns § 100e Rn. 23.
259 Vgl. hierzu Lisken/Denninger/Schwabenbauer, HdbPolR, G Rn. 232 ff.
260 BVerfG Beschl. v. 27.5.2020 – 1 BvR 1873/13 ua –, BVerfGE 155, 119 (179, Rn. 130, 181, Rn. 134).
261 Vgl. KK-StPO/Bruns § 100e Rn. 29.
262 Vgl. Lisken/Denninger/Schwabenbauer, HdbPolR, G Rn. 247, dort Fn. 774.
263 BVerfG Urt. v. 20.4.2016 – 1 BvR 966/09 ua –, BVerfGE 141, 220 (337, Rn. 315); vgl. auch Bäcker, Stellungnahme BKAG, A-Drs. 18(4)806 D, 13.
264 Vgl. BVerfG Urt. v. 20.4.2016 – 1 BvR 966/09 ua –, BVerfGE 141, 220 (326 f., Rn. 284); vgl. auch Art. 4 Abs. 2 lit. a DSRL-JI.
265 Vgl. BVerfG Urt. v. 20.4.2016 – 1 BvR 966/09 ua –, BVerfGE 141, 220 (338 f., Rn. 317).
266 Vgl. BVerfG Urt. v. 24.4.2013 – 1 BvR 1215/07 –, BVerfGE 133, 277 (361 f., Rn. 193 ff.).

gung zu Sammelabfragen. Die Norm dient ausschließlich der Identifizierung ermittlungsrelevanter Personen und der bloßen Vorbereitung weiterer Datenübermittlungen nach dem einschlägigen Fachrecht.

VI. Organisatorische und technische Vorkehrungen (Abs. 5)

§ 12 Abs. 5 BKAG verpflichtet das BKA, bei der Verarbeitung von personenbezogenen Daten durch technische und organisatorische Vorkehrungen sicherzustellen, dass die Voraussetzungen des Grundsatzes der hypothetischen Datenneuerhebung (→ Rn. 25 ff.) Beachtung finden. Die in § 12 Abs. 5 BKAG geregelte Verpflichtung findet ihre nähere Ausgestaltung zum einen in den **Kennzeichnungsvorgaben** des § 14 BKAG (→ § 14 Rn. 2), zum anderen in den Vorgaben zur **Zugriffsberechtigung** nach § 15 BKAG (→ § 15 Rn. 3 ff.). 151

§ 12 Abs. 5 BKAG soll die übergreifenden verfassungsrechtlichen Anforderungen von zweckentsprechender und zweckändernder Datenverarbeitung (→ Rn. 45 ff.) normativ absichern. Entsprechend dem Grundsatz der Verhältnismäßigkeit und unterschieden nach zweckentsprechender und zweckändernder Datenverarbeitung, gemessen am Grundrechtseingriff der ursprünglichen Datenerhebung und orientiert an den Schutzgütern von erstmaliger Datenerhebung einerseits und dem nun in Rede stehenden Zweck der Datenweiterverarbeitung andererseits, soll § 12 BKAG einer Entwertung und einem Unterlaufen der verfassungsrechtlichen Schwellen für eine Datenerhebung durch die spätere Datenweiterverarbeitung (→ Rn. 2 ff.) entgegenwirken. Hierzu muss erkennbar bleiben, mittels welcher **konkreten Maßnahmen**, welcher **Art von Grundrechtseingriff**, im Rahmen welcher **behördlichen Aufgabe** und aufgrund welcher **konkret einschlägigen Ermächtigungsgrundlage** die Informationen gewonnen wurden.[267] Um eine fundierte Prüfung der Einhaltung des Rechtfertigungszusammenhangs von erstmaliger Datenerhebung und späterer Datenweiterverarbeitung sowie der konkreten Zweckbindungsregeln der Abs. 1–4 durch die Gerichte und den Bundesbeauftragten für den Datenschutz und die Informationsfreiheit zu ermöglichen, bedarf es der sachhaltigen und präzisen **Protokollierung** dieser Informationen (→ Rn. 47). Die Weite des als allgemeiner Grundsatz normierten § 12 BKAG spiegelt sich insoweit in gesteigerten Kennzeichnungspflichten des BKA wider.[268] Ferner bedarf es hierfür und im Rahmen des § 12 Abs. 5 BKAG der **Festlegung der konkreten Verarbeitungszwecke** durch das BKA.[269] Die Informationen müssen in einer praktikabel auswertbaren Weise zur Verfügung stehen und hinreichende Angaben zu dem zu kontrollierenden Vorgang enthalten.[270] 152

Um den Grundsatz der hypothetischen Datenneuerhebung praktikabel umzusetzen, bedarf es ferner einer **einheitlichen** Kennzeichnung, Protokollierung und Systematik bei allen **Polizeien des Bundes und der Länder**.[271] 153

§ 13 Informationssystem des Bundeskriminalamtes

(1) Das Bundeskriminalamt betreibt ein Informationssystem zur Erfüllung seiner Aufgaben nach den §§ 2 bis 8.

(2) Im Zusammenhang mit den Aufgaben des Bundeskriminalamtes als Zentralstelle, bei der Strafverfolgung und bei der Gefahrenabwehr erfüllt das Informationssystem insbesondere folgende Grundfunktionen:

1. Unterstützung bei polizeilichen Ermittlungen,
2. Unterstützung bei Ausschreibungen von sowie Fahndungen nach Personen und Sachen,
3. Unterstützung bei der polizeilichen Informationsverdichtung durch Abklärung von Hinweisen und Spurenansätzen,
4. Durchführung von Abgleichen von personenbezogenen Daten,
5. Unterstützung bei der Erstellung von strategischen Analysen und Statistiken.

(3) Mit seinem Informationssystem nimmt das Bundeskriminalamt nach Maßgabe der §§ 29 und 30 am polizeilichen Informationsverbund nach § 29 teil.

267 Vgl. BVerfG Urt. v. 20.4.2016 – 1 BvR 966/09 ua –, BVerfGE 141, 220 (340 f., Rn. 322).
268 Möstl, Stellungnahme BKAG, A-Drs. 18(4)806 B, 5.
269 Vgl. auch Lisken/Denninger/Petri, HdbPolR, 6. Aufl. 2018, G Rn. 462; BfDI, Stellungnahme BKAG, A-Drs. 18(4)806 A, 3.
270 Vgl. BVerfG Urt. v. 20.4.2016 – 1 BvR 966/09 ua –, BVerfGE 141, 220 (284 f., Rn. 141, 340 f., Rn. 322). vgl. hierzu ferner Lisken/Denninger/Schwabenbauer, HdbPolR, G Rn. 292 ff., 302 ff.
271 Münch, Stellungnahme BKAG, A-Drs. 18(4)806 C, 3.

A. Überblick und Genese

I. Zweck und Bedeutung

1 **Zweck** der Vorschrift, die mit dem Gesetz zur Neustrukturierung des Bundeskriminalamtgesetzes vom 1.6.2017[1] eingefügt wurde, ist es ausweislich der Gesetzesbegründung[2] vor allem, die **Vorgaben umzusetzen,** die das **Bundesverfassungsgericht** dem Bundesgesetzgeber in seinem BKAG-Urteil[3] gemacht hat. Danach will das Gesetz zu einer **„Stärkung des Datenschutzes"**[4] beitragen. In seinem Urteil vom 20.4.2016 hatte das Bundesverfassungsgericht unter anderem die Nutzung von – vorher durch (andere) staatliche Stellen (zB die Landespolizeien) erhobenen – personenbezogenen Daten durch das BKA nur unter der Voraussetzung gebilligt, dass das BKAG den verfassungsrechtlichen Grundsatz der **Zweckbindung** (→ Rn. 7; → § 12 Rn. 10 ff.) hinreichend beachtet und im Falle von **Zweckänderungen** (→ Rn. 7; → § 12 Rn. 19 ff.) eine eigene gesetzliche Grundlage bereitstellt, die sich wiederum am **Grundsatz der hypothetischen Datenerhebung** (→ § 12 Rn. 25 ff.) orientiert. Während den beiden letztgenannten Anforderungen vor allem durch die Verabschiedung des § 12 BKAG Rechnung getragen wurde, der den Grundsatz der hypothetischen Datenerhebung nunmehr zum Leitprinzip des zweiten Unterabschnitts über die Weiterverwendung von Daten (§§ 12–24 BKAG) macht, soll § 13 BKAG dazu dienen, diesen Grundsatz **technisch und organisatorisch umzusetzen.** Nach Angaben der Gesetzesbegründung[5] sei die bisherige IT-Infrastruktur des BKA, namentlich das bisherige polizeiliche Informationssystem (INPOL),[6] dafür nämlich ungeeignet. Vielmehr müsse, auch um der Gefahr des internationalen Terrorismus wirksam begegnen zu können, die in § 2 BKAG geregelte Zentralstellenfunktion des BKA weiter fortentwickelt und ein **einheitliches Verbundsystem mit zentraler Datenhaltung beim BKA geschaffen werden.** Kern der technischen und organisatorischen Umsetzung sei also die „Harmonisierung und Standardisierung" der polizeilichen Informationsverarbeitung, die auch zur Umsetzung europäischer Vorgaben erforderlich sei. Dem BKA komme innerhalb dieses Konzepts die Aufgabe zu, Informationstechnik bereitzustellen, Prozesse zu koordinieren und Diskussionsprozesse zu moderieren. Die Bundesregierung geht in ihrer Gesetzesbegründung[7] davon aus, dass für diese Aufgabe eine Zeitspanne von fünf Jahren ab dem Inkrafttreten des BKAG nF, dh ab dem 25.5.2018, eingeplant werden müsse.

2 Zugleich ist mit der Neufassung der Informationsordnung beim BKA eine **Umsetzung europarechtlicher Vorgaben** in Gestalt der **Richtlinie über die Datenverarbeitung in den Bereichen Justiz und Inneres**[8] **(DSRL-JI)** verbunden,[9] die insoweit den allgemeinen Vorgaben der Datenschutzgrundverordnung (DS-GVO) vorgeht. Dies ergibt sich daraus, dass die Anwendungsbereiche beider Rechtsakte „komplementär"[10] ausgestaltet sind: So regelt die DSRL-JI gem. ihres Art. 2 Abs. 1 iVm Art. 1 den „Schutz natürlicher Personen bei der Verarbeitung personenbezogener Daten durch die zuständigen Behörden zum Zwecke der Verhütung, Ermittlung, Aufdeckung oder Verfolgung von Straftaten oder der Strafvollstreckung, einschließlich des Schutzes vor und der Abwehr von Gefahren für die öffentliche Sicherheit". Damit sind also sowohl repressive als auch präventive Zwecke erfasst,[11] wobei zu beachten ist, dass mit der „Abwehr von Gefahren für die öffentliche Sicherheit" nicht das gesamte Gefahrenabwehrrecht nach deutschem Verständnis (zB inkl. des

1 BGBl. I S. 1354. Eingehend dazu Graulich KriPoZ 2017, 278 ff.

2 BT-Drs. 18/11163, 2.

3 BVerfG Urt. v. 20.4.2016 – 1 BvR 966/09 ua –, BVerfGE 141, 220, mAnm Rusteberg KritV 100 (2017), 24 ff.

4 BT-Drs. 18/11163, 1.

5 BT-Drs. 18/11163, 2.

6 Die erste Version von INPOL wurde mit dem Gesetz über die Einrichtung eines Bundeskriminalpolizeiamtes (Bundeskriminalamtes) v. 29.6.1973 (BGBl. I S. 704 ff.) eingeführt; vgl. dazu den damaligen BKA-Präsidenten Horst Herold in BKA Vortragsreihe 23 (1977), S. 79 ff. Eine erste grundlegende Novellierung erfolgte im Jahre 2003. Diese firmiert unter dem Begriff INPOL-neu. Im Jahre 2006 wurde die Software INPOL-neu 5.0 in Betrieb genommen.

7 BT-Drs. 18/11163, 81.

8 Richtlinie des Europäischen Parlaments und des Rates v. 27.4.2016 zum Schutz natürlicher Personen bei der Verarbeitung personenbezogener Daten durch die zuständigen Behörden zum Zwecke der Verhütung, Ermittlung, Aufdeckung oder Verfolgung von Straftaten oder der Strafverfolgung sowie zum freien Datenverkehr und zur Aufhebung des Rahmenbeschlusses 2008/977/JI des Rates (ABl. v. 4.5.2016 L 119, 89). Zu ihr etwa Schwichtenberg DuD 2016, 605 ff.; Simitis/Hornung/Spiecker gen. Döhmann/Hornung/Spiecker gen. Döhmann, Datenschutzrecht, 2019, Einl. Rn. 215 ff. sowie umfassend Johannes/Weinhold, Das neue Datenschutzrecht bei Polizei und Justiz, 2018.

9 BT-Drs. 18/11163, 1.

10 Simitis/Hornung/Spiecker gen. Döhmann/Hornung/Spiecker gen. Döhmann, Datenschutzrecht, 2019, Einl. Rn. 215.

11 Schwichtenberg DuD 2016, 605 (605).

Infektionsschutz-, Gewerbe-, Baupolizei-, Aufenthalts- oder Umweltrechts) gemeint ist, sondern nur die „Abwehr straftatbezogener Gefahren".[12] Da sich die in §§ 1–8 BKAG normierten Aufgaben des BKA eindeutig unter diesen Begriff subsumieren lassen (dies gilt vor allem für § 4 BKAG), **bildet auch die DSRL-JI den für die Datenverarbeitung durch das BKA maßgeblichen europarechtlichen Rahmen.** Dass die **DS-GVO** dagegen auf die Verarbeitung personenbezogener Daten „durch die zuständigen Behörden zum Zwecke der Verhütung, Ermittlung, Aufdeckung oder Verfolgung von Straftaten oder der Strafvollstreckung, einschließlich des Schutzes vor und der Abwehr von Gefahren für die öffentliche Sicherheit" **keine Anwendung findet,** stellt ihr Art. 2 Abs. 2 lit. d so ausdrücklich klar. Die DSRL-JI ist in ihrem Aufbau sehr stark an die – zeitgleich mit ihr erlassene – DS-GVO angelehnt: Auch die DSRL-JI regelt nach einigen Begriffsbestimmungen und dem Anwendungsbereich (Art. 1–3) die Grundsätze der Datenverarbeitung (Art. 4–11), die Rechte der betroffenen Person (Art. 12–18), die Rechtsstellung der Verantwortlichen und Auftragsverarbeiter (Art. 19–34), die Übermittlung personenbezogener Daten in Drittstaaten oder an internationale Organisationen (Art. 35–40), die Aufsichtsbehörden (Art. 41–49) einschließlich deren Zusammenarbeit (Art. 50–51), die Rechtsbehelfe, Haftung und Sanktionen (Art. 52–57), die Durchführungsrechtsakte (Art. 58) und Schlussbestimmungen (Art. 59–65).[13] Indem das BKAG diese Vorschriften umsetzt und insoweit das deutsche Recht harmonisiert, will es zugleich zu einer **„Verbesserung des Informationsflusses zwischen den Polizeibehörden in Europa"**[14] beitragen.

II. Entstehungsgeschichte und systematischer Kontext der Vorschrift

Die Vorschrift geht auf das – auf Grundlage von Art. 73 Abs. 1 Nr. 9a, 10 GG verabschiedete[15] – Gesetz zur Neustrukturierung des BKAG vom 1.6.2017[16] zurück. Zwar enthielten bereits die §§ 7 ff., vor allem § 11 BKAG idF vom 7.7.1997,[17] Regelungen über ein **polizeiliches Informationssystem.** Gleichwohl stehen alte und neue Fassung des BKAG für einen fundamental anderen Ansatz: Während § 11 BKAG aF noch systematisch im Abschnitt über die Zentralstelle (§§ 7–13 BKAG aF) stand, so dass das hierin geregelte polizeiliche Informationssystem nur Informationen enthalten durfte, die dem BKA zur Erfüllung dieser, in § 2 BKAG aF näher geregelten Aufgabe dienten, ist das nach § 13 BKAG nF einzurichtende **Informationssystem** (→ Rn. 10 ff.), wie sich seinem systematischen Standort im zweiten Unterabschnitt über die „Weiterverarbeitung von Daten" und vor allem seinem Abs. 1 entnehmen lässt, gerade nicht mehr auf diese Aufgabe beschränkt. Vielmehr dient es **nunmehr** der **Erfüllung aller in §§ 2–8 BKAG nF niedergelegten Aufgaben,** dh neben der Zentralstellenfunktion (§ 2 BKAG nF) noch der internationalen Zusammenarbeit etwa im Rahmen von Interpol (§ 3 BKAG aF) und den jeweils vom BKA zu erbringenden Aufgaben der Strafverfolgung (§ 4 BKAG), der Terrorismusabwehr (§ 5 BKAG), dem Schutz von Mitgliedern von Verfassungsorganen (§ 6 BKAG), dem Zeugenschutz (§ 7 BKAG) und dem behördlichen Eigenschutz (§ 8 BKAG). Lediglich § 13 Abs. 2 BKAG knüpft, als „Spaltprodukt nach Dekonstruktion von § 8 BKAG",[18] in Fortschreibung von § 8 Abs. 1 BKAG ausschließlich an § 2 BKAG an. 3

Mit der **Ausweitung der Aufgaben,** denen das neue Informationssystem dienen soll, ist damit auch eine erhebliche **Ausweitung des Datenbestandes** verbunden. Sie bewirkt nämlich, dass die vormals aufgabenspezifisch („horizontal") in getrennt angelegten Dateien und Datenbanken nunmehr in einem, vom BKA geführten Informationssystem (zum Begriff → Rn. 10) zusammengeführt werden, wobei das BKA dann den anderen, an das Informationssystem angeschlossenen Behörden Zugriff (zum Begriff → § 15 Rn. 3) auf einzelne Daten oder ganze Datenbestände gewähren kann. Sieht man dieses Zugriffsmanagement als Ausdruck einer „vertikalen" Informationsordnung, ließe sich die Neustrukturierung des Informationssystems als **Wandel von der horizontalen zur vertikalen Informationsordnung** beschreiben.[19] Dadurch wird die Bedeutung des BKA als Zentralstelle (zu dieser Zentralstellenfunktion → § 2 Rn. 1 ff.) nochmals mehr hervorgehoben,[20] 4

12 Simitis/Hornung/Spiecker gen. Döhmann/Hornung/Spiecker gen. Döhmann, Datenschutzrecht, 2019, Einl. Rn. 215; Roßnagel in ebd., DS-GVO Art. 2 Rn. 37.

13 Vgl. für einen Kurzüberblick über die Besonderheiten gegenüber der DS-GVO bei Schwichtenberg DuD 2016, 605 ff.; Simitis/Hornung/Spiecker gen. Döhmann/Hornung/Spiecker gen. Döhmann, Datenschutzrecht, 2019, Einl. Rn. 215–217; Lisken/Denninger/Petri/Schwabenbauer, HdbPolR, G Rn. 332–335.

14 BT-Drs. 18/11163, 1.

15 Zu den für das BKA maßgeblichen Kompetenzbestimmungen etwa von Mangoldt/Klein/Starck/Heintzen GG II Art. 73 Rn. 102–104, 114, 118.

16 BGBl. I S. 1354.

17 BGBl. I S. 1650.

18 Schenke/Graulich/Ruthig/Ruthig/Graulich BKAG § 13 Rn. 1.

19 So etwa Bäcker, Der Umsturz kommt zu früh: Anmerkungen zur polizeilichen Informationsordnung nach dem neuen BKA-Gesetz, VerfBlog, 2017/6/08. Die Begriffe der „horizontalen" und „vertikalen" Informationsordnung finden sich auch in der Gesetzesbegründung, vgl. BT-Drs. 18/11163, 98.

20 So die Gesetzesbegründung, vgl. BT-Drs. 18/11163, 2.

da bei ihr künftig noch mehr Daten anfallen, die ihr von den anderen am Informationssystem beteiligten Behörden übermittelt wurden oder die das BKA selbst erhoben hat. Diese Ausweitung des Datenbestandes bei der Zentralstelle BKA soll diese in die Lage versetzen, die ihr vorliegenden Daten noch besser als bislang zu analysieren, beispielsweise neue Querbezüge zwischen Deliktsfeldern zu erkennen, die vormals noch in getrennten Dateien gespeichert waren (zB Terrorismus und Rechtsextremismus). Dass diese Umstellung von einem horizontalen zu einem vertikalen Ansatz tatsächlich notwendig war, um die Datenbestände von Bund und Ländern besser zu vernetzen, oder ob sich dieses Ziel auch auf Grundlage des bisherigen horizontalen Ansatzes hätte erreichen lassen, wird in der Rechtswissenschaft bezweifelt.[21]

5 Hinzu kommt, dass das neue Informationssystem (§ 13 BKAG nF) es dem BKA auch ermöglichen soll, am **polizeilichen Informationsverbund (§§ 29 f. BKAG)** teilzunehmen (vgl. § 13 Abs. 3 BKAG). Daher dürften die §§ 12 ff. und §§ 29 ff. BKAG nF den „wohl anspruchsvollsten Teil" des Gesetzes zur Neustrukturierung des BKAG vom 1.6.2017[22] darstellen, „da sie die **Informationsordnung**" innerhalb des BKA **„grundlegend umgestalten** sollen"[23] (→ § 29 Rn. 1 ff.). Dieser neuen Informationsordnung wird jedoch vorgeworfen, „konzeptionell nicht hinreichend fundiert" zu sein, da sie dem BKA an manchen Stellen zu viele Freiräume lasse, was aus grundrechtlicher Sicht problematisch sei, während ihm zugleich an anderen Stellen „überzogene und impraktikable Vorgaben"[24] gemacht würden.

III. Verfassungs- und unionsrechtliche Vorgaben

6 Aus grundrechtlicher Sicht lässt sich an der soeben beschriebenen Umstellung von einer horizontalen in eine vertikale Informationsordnung vor allem kritisieren, dass dem BKA nach Maßgabe der §§ 12 ff., 29 ff. BKAG nF nunmehr auch die Befugnis zusteht, personenbezogenen Daten auch nur aus dem Grund zu speichern, um damit *künftige* polizeiliche Aufgaben zu erfüllen.[25] Eine solche **„Bevorratung"** von Daten lässt in der Tat eine gewisse **Nähe zur Vorratsdatenspeicherung** erkennen, die vom Europäischen Gerichtshof[26] wiederholt als unionsrechtswidrig eingestuft wurde, während das Bundesverfassungsgericht[27] einige Jahre zuvor noch befand, dass eine Vorratsdatenspeicherung nicht von vorneherein mit Art. 10 Abs. 1 GG unvereinbar sei, solange die sie ausgestaltende gesetzliche Regelung hinreichende Garantien für die Datensicherheit, die Datenverwendung, die Transparenz und den Rechtsschutz vorsehe. Während jedoch die Vorratsdatenspeicherung vollkommen anlasslos ist und damit letztlich die Telekommunikationsdaten *aller* Menschen erfasst, ist das Informationssystem des BKA immerhin **auf die §§ 2–8 BKAG normierten Aufgaben beschränkt**, so dass auch der Kreis der betroffenen Personen deutlich kleiner ausfällt als bei der Vorratsdatenspeicherung. Gleichwohl kann Kritik daran geübt werden, dass auch der in §§ 18, 19 BKAG genannte Personenkreis denkbar weit geraten ist (→ § 18 Rn. 5; → § 19 Rn. 2 f.).

7 Auch darüber hinaus bleibt die mit dem neuen Informationssystem praktizierte Bevorratung von Daten **nicht frei von verfassungs- und unionsrechtlichen Zweifeln.** Diese betreffen vor allem die Vereinbarkeit mit dem – sowohl dem Verfassungs-[28] als auch dem Unionsrecht[29] bekannten – **Zweckbindungsgrundsatz.** Hiernach dürfen Daten nur zu solchen Zwecken verwendet werden, die im Zeitpunkt der Erhebung bereits eindeutig festgelegt wurden. **Zweckänderungen** sind davon zwar nicht grundsätzlich ausgeschlossen, doch bedürfen sie einer „eigenen gesetzlichen Grundlage, die ihrerseits verfassungsrechtlichen Ansprüchen genügt".[30] Das BKAG enthält jedoch weder in den §§ 12 ff. noch in den §§ 29 ff. eine Vorschrift, die sich explizit mit der Zweckänderung beschäftigen und hierfür normenklar und bestimmt die Voraussetzungen nor-

21 Vgl. Bäcker, Der Umsturz kommt zu früh: Anmerkungen zur polizeilichen Informationsordnung nach dem neuen BKA-Gesetz, VerfBlog, 2017/6/08, der jedoch auch betont, dass die Beibehaltung der bisherigen Informationsordnung auch nicht von Verfassungswegen geboten war.

22 BGBl. I S. 1354.

23 So Bäcker, Stellungnahme im Rahmen der öffentlichen Anhörung des Innenausschusses des Deutschen Bundestages zum Entwurf eines Gesetzes zur Neustrukturierung des Bundeskriminalamtgesetzes (BT-Drs. 18/11163) v. 16.3.2017, Ausschuss-Drs. 18(4)806 D, 3, für den „dieses Ziel aufgrund konzeptioneller Defizite" jedoch „nicht erreicht" werde.

24 Bäcker, Der Umsturz kommt zu früh: Anmerkungen zur polizeilichen Informationsordnung nach dem neuen BKA-Gesetz, VerfBlog, 2017/6/08.

25 Besonders deutlich wird das etwa bei § 16 Abs. 3, § 18 Abs. 1 Nr. 3, Abs. 2 Nr. 2, § 19 Abs. 1 Nrn. 1 und 2 BKAG.

26 EuGH (GK) Urt. v. 8.4.2014 – Rs. C-293/12 –, NJW 2014, 2169 – Digital Rights Ireland; Urt. v. 21.12.2016 – Verb. Rs C-203/15 ua –, NJW 2017, 717 – Watson und Tele2 Sverige; Urt. v. 5.4.2022 – C-140/20 –, ZD 2022, 677 – G. D./Commissioner of An Garda Síochána; Urt. v. 20.9.2022 – C-793/19 ua –, ZD 2022, 666 – SpaceNet und Telekom Deutschland.

27 BVerfG Urt. v. 2.3.2010 – 1 BvR 256/08 ua –, BVerfGE 125, 260.

28 S. etwa BVerfG Urt. v. 15.12.1983 – 1 BvR 209/83 ua –, BVerfGE 65, 1 (51, 62); Urt. v. 14.7.1999 – 1 BvR 2226/94 ua –, BVerfGE 100, 313 (360); Beschl. v. 10.3.2008 – 1 BvR 2388/03 –, BVerfGE 120, 351 (366 f.); Beschl. v. 24.1.2021 – 1 BvR 1299/05 –, BVerfGE 130, 151 (202); Urt. v. 20.4.2016 – 1 BvR 966/09 ua –, BVerfGE 141, 220 (324, Rn. 276 ff.).

29 Vgl. Art. 5 Abs. 1 lit. b DS-GVO, Art. 4 Abs. 1 lit. b DSRL-JI. S. dazu auch Johannes/Weinhold, Das neue Datenschutzrecht bei Polizei und Justiz, 2018, § 1 Rn. 14 ff.

30 BVerfG Urt. v. 2.3.2010 – 1 BvR 256/08 ua –, BVerfGE 125, 260 (333), mwN.

mieren würde. Diese Voraussetzungen ergeben sich jedoch implizit aus dem in § 12 BKAG nF geregelten **Grundsatz der hypothetischen Datenneuerhebung** (eingehend dazu → § 12 Rn. 25 ff.).[31] Danach „muss die neue Nutzung der Daten dem Schutz von Rechtsgütern oder der Aufdeckung von Straftaten eines solchen Gewichts dienen, die verfassungsrechtlich ihre Neuerhebung mit vergleichbar schwerwiegenden Mitteln rechtfertigen könnten".[32] Mit anderen Worten: Eine (Weiter-)Verarbeitung personenbezogener Daten ist immer dann zulässig, wenn eine hypothetische erneute Erhebung der Daten zulässig wäre. Problematisch ist jedoch, dass das neue BKAG die vom Bundesverfassungsgericht eröffneten Möglichkeiten einer nachträglichen Zweckänderung (nach Maßgabe der hypothetischen Datenneuerhebung) mit der soeben (→ Rn. 6) genannten Bevorratung kombiniert, indem es die gespeicherten Daten einer späteren Nutzung bzw. „Weiterverarbeitung" (zum Begriff → § 16 Rn. 4 f.) vorbehält.[33]

Sofern im Informationssystem nicht nur personenbezogene Daten (weiter-)verarbeitet werden, die das BKA 8
bei der Wahrnehmung seiner Aufgaben nach §§ 2–8 BKAG selbst erhoben hat, sondern die ihm in seiner Funktion als Zentralstelle (§ 2 BKAG) von anderen Polizeien übermittelt wurden, stellt sich ferner die Frage nach der Vereinbarkeit der vertikalen Ausgestaltung des Informationssystems mit dem verfassungsrechtlichen **Gebot der informationellen Gewaltenteilung.**[34] Dieses eng mit dem Zweckbindungsgrundsatz verbundene Gebot verlangt nach einer möglichst weitreichenden organisatorischen Trennung datenverarbeitender öffentlicher Stellen, um so das Wissen der Behörden über Einzelpersonen nur auf diejenigen Informationen zu beschränken, die zur Erfüllung ihrer Aufgaben erforderlich sind. Dieser Grundsatz hat in jüngerer Zeit jedoch immer weniger Beachtung gefunden, wie sich etwa an der Entwicklung gemeinsamer Antiterrordateien, etwa im ATDG,[35] oder der Ausweitung des Ausländerzentralregisters zu einer „Datendrehscheibe" im Zuge der Änderungen durch das 1. und 2. Datenaustauschverbesserungsgesetz[36] und jüngst in dem Entwurf eines Gesetzes zur Weiterentwicklung des Ausländerregisters[37] zeigt. Darüber hinaus partizipieren an dem in §§ 13 ff. BKAG geregelten Informationssystem (zu ihm noch näher → Rn. 10 ff.) tatsächlich nur die Polizeien des Bundes und der Länder, während ein Datenaustausch mit anderen Behörden (etwa der Leistungsverwaltung) nicht stattfinden darf. Dasselbe gilt dem Grunde nach auch für den in §§ 29 ff. BKAG geregelten polizeilichen Informationsverbund (zu ihm noch näher → Rn. 16, sowie → § 29 Rn. 19 ff.). Ein informationelles Trennungsgebot hat das Bundesverfassungsgericht auch mit Blick auf die Zusammenarbeit von Polizei und Nachrichtendiensten aus den Grundrechten postuliert.[38]

Letztlich sind am polizeilichen Informationssystem also vor allem **zwei Phasen der Datenverarbeitung** rege- 9
lungsbedürftig: Erstens die **Speicherung** der (vom BKA erhobenen und der ihnen von Seiten der anderen Polizeien übermittelten) personenbezogenen Daten und zweitens die Übermittlung der im System gespeicherten Daten an die (anfragenden) Polizeibehörden oder ihre sonstige **(Weiter-)Verarbeitung**. Beide Phasen – Speicherung und (Weiter-)Verarbeitung – stehen dabei in einem „**Wechselwirkungsverhältnis**":[39] Je weniger nämlich eine der beiden Phasen gesetzlich reguliert ist, desto stärker muss die andere Phase reguliert werden. Während § 8 BKAG aF die Speicherung insofern relativ stark regulierte, als diese noch „horizontal" (→ Rn. 3), dh in Form von Dateien, erfolgen musste, ist diese Vorgabe mit dem Gesetz zur Neustrukturierung des BKAG vom 1.6.2017[40] entfallen bzw. auf einen „vertikalen" Ansatz, dh ein einheitliches Informationssystem mit abgestuften Zugriffsrechten, umgestellt worden (→ Rn. 4), das eben gerade nicht mehr nach (zweckbezogenen) Dateien unterscheidet. Allerdings werden der Neuregelung des zentralen Informationssystems konzeptionelle Schwächen vorgehalten, die vor allem daraus resultieren, dass §§ 12 ff. BKAG beide Phasen der Datenverarbeitung gemeinsam reguliert, obwohl mit Blick auf die „Wechselwirkung" eine getrennte Regulierung beider Phasen geboten wäre, mit der einerseits die Speicherung an eine

31 Zu diesem BVerfG Urt. v. 20.4.2016 – 1 BvR 966/09 ua –, BVerfGE 141, 220 (329, Rn. 292); zuvor bereits BVerfG Urt. v. 24.4.2013 – 1 BvR 1215/07 –, BVerfGE 133, 277 (374, Rn. 226).

32 BVerfG Urt. v. 20.4.2016 – 1 BvR 966/09 ua –, BVerfGE 141, 220, Ls. 2.

33 Vgl. Bäcker, Der Umsturz kommt zu früh: Anmerkungen zur polizeilichen Informationsordnung nach dem neuen BKA-Gesetz, VerfBlog, 2017/6/08.

34 Zu ihm etwa Gusy DÖV 1980, 431 ff.; vgl. ferner BVerfG Urt. v. 15.12.1983 – 1 BvR 209/83 ua –, BVerfGE 65, 1 (69).

35 Gesetz zur Errichtung einer standardisierten zentralen Antiterrordatei von Polizeibehörden und Nachrichtendiensten von Bund und Ländern (Antiterrordateigesetz – ATDG) v. 22.12.2006 (BGBl. I S. 3409). S. dazu BVerfG Urt. v. 24.4.2013 – 1 BvR 1215/07 –, BVerfGE 133, 277 (374, Rn. 226).

36 Gesetz zur Verbesserung der Registrierung und des Datenaustausches zu aufenthalts- und asylrechtlichen Zwecken (Datenaustauschverbesserungsgesetz) v. 2.2.2016 (BGBl. I S. 130). Hierzu Eichenhofer NVwZ 2016, 431 ff.; Zweites Gesetz zur Verbesserung der Registrierung und des Datenaustausches zu aufenthalts- und asylrechtlichen Zwecken (Datenaustauschverbesserungsgesetz – 2. DAVG) v. 4.8.2019 (BGBl. I S. 1131).

37 BR-Drs. 186/2021.

38 Vgl. BVerfG Urt. v. 24.4.2013 – 1 BvR 1215/07 –, BVerfGE 133, 277 (337, Rn. 141).

39 Vgl. Bäcker, Der Umsturz kommt zu früh: Anmerkungen zur polizeilichen Informationsordnung nach dem neuen BKA-Gesetz, VerfBlog, 2017/6/08.

40 BGBl. I S. 1354.

konkrete Prognose gebunden und andererseits für die nachfolgende Weiterverarbeitung eine eigene Rechtsgrundlage mit eigenen Tatbestandsvoraussetzungen erforderlich wäre.[41]

B. Kommentierung im Einzelnen

I. Begriff, Zweck und Funktionsweise des Informationssystems (Abs. 1)

10 Dass der **Begriff des Informationssystems** kein feststehender ist, zeigt sich schon daran, dass das BKAG sowohl in seiner alten als auch in seiner neuen Fassung Regelungen über ein Informationssystem enthielt, die sich in ihrer Architektur jedoch diametral unterschieden. Immerhin haben altes und neues „Informationssystem" jedoch gemein, dass es sich bei beiden um **behördenübergreifende Datenbanken**[42] zum Zwecke des Informationsaustausches handelt. Unter „Datenbanken" wiederum sind strukturierte, von einem IT-System unterstützte Datensammlungen zu verstehen, die dem Aufbau eines Informationssystems dienen sollen.[43] Daran zeigt sich, dass ein **Informationssystem über eine** bloß technische Organisation von Daten, d.h. eine **Datenbank, hinausgeht,** wobei umstritten ist, welche Elemente noch zu einer Datenbank hinzukommen müssen, um von einem „Informationssystem" sprechen zu können: ein kommunikatives oder ein organisatorisches Element. Manche sehen im „Informationssystem" eine Chiffre für sämtliche Formen horizontaler Informationskooperation (und halten insofern ein kommunikatives Element für maßgeblich), sobald diese nicht nur punktueller Natur (wie zB im Rahmen einer einmaligen Amts- bzw. Informationshilfe) ist, sondern einen dauerhaften, systematischen Charakter hat.[44] Dies dürfte jedoch zu weit gehen, da hierdurch die Grenzen zwischen verschiedenen Kooperationsformen verwischt würden. Vorzugswürdig erscheint es daher, den Mehrwert des Informationssystems gegenüber einer Datenbank in einer „eigenständigen **organisatorischen** Komponente" zu sehen, „die zum Einbau von **vertikalen Elementen** in die horizontale Grundstruktur führt"[45]. Ein Informationssystem ist also eine auf eine bestimmte Weise – nämlich zumindest in Teilen vertikal – organisierte Datenbank, die der dauerhaften und systematischen Kooperation und Koordination durch Informationsaustausch dient. Kern dieser Datenbank sind dabei typischerweise sog. **„Dateien"**. Eine Datei bezeichnet in der Informatik einen Bestand an inhaltlich zusammengehörenden Daten, die meist auf einem Datenträger oder einem sonstigen Speichermedium zusammengefasst sind.[46] Es sind aber auch andere Formen der systematischen Ordnung von Daten und Informationen denkbar. Vor der Novellierung des BKAG (→ Rn. 1 f.) verfügte das BKA über **mehr als 80**[47] dieser **Dateien** (zu einer Systematisierung sogleich → Rn. 11), zu denen beispielsweise Fahndungs-, Gewalttäter-, Vermissten- oder Analysedateien gehören (→ § 2 Rn. 31). Einige von ihnen finden ihre Rechtsgrundlage in § 9 der am 4.6.2010 verabschiedeten BKA-Datenverordnung (BKDAV[48]).

11 Will man die verschiedenen Arten von „Dateien" typologisieren, so bietet sich die **Unterscheidung von Verbund-, Zentral-** und **Amtsdateien**[49] an (s. auch → § 2 Rn. 26 ff.):

- Die **Verbunddateien**[50] erlauben den weitestreichenden Informationsaustausch: Auch wenn sie vom BKA als Zentralstelle geführt werden, können neben ihm auch die sonstigen Polizeien des Bundes und der Länder Daten einstellen und einsehen. Als Verbunddateien werden beispielsweise die Gewalttäter-[51] (§ 9 Abs. 1 Nr. 3 BKADV), die Vermissten- (§ 9 Abs. 1 Nr. 5 BKADV), die Fahndungs- (§ 9 Abs. 2 Nr. 1 BKADV) oder Haftdateien[52] geführt. Lange Zeit war umstritten, ob zum Führen von Verbunddateien die gesetzliche Grundlage im BKAG ausreicht oder ob es zusätzlich noch einer Rechtsverordnung be-

41 Vgl. Bäcker, Der Umsturz kommt zu früh: Anmerkungen zur polizeilichen Informationsordnung nach dem neuen BKA-Gesetz, VerfBlog, 2017/6/08.

42 Dieses Verständnis des Begriffs „Informationssystem" findet sich auch etwa bei Holznagel in GVwR II, 2. Aufl. 2012, § 24 Rn. 49 ff.

43 So das Verständnis von Wischmeyer in GVwR I, 3. Aufl. 2022, § 24 Rn. 90.

44 So das Verständnis von Deißler, Gewährleistung von Informationsqualität in europäischen Informationssystemen, 2018, S. 89.

45 So die Definition des „Informationssystems" von Wischmeyer in GVwR I, 3. Aufl. 2022, § 24 Rn. 86.

46 Ähnlich die Definition in § 3 Abs. 2 S. 1 BDSG aF: „Eine Datei ist 1. eine Sammlung personenbezogener Daten, die durch automatisierte Verfahren nach bestimmten Merkmalen ausgewertet werden kann (automatisierte Datei), oder 2. jede sonstige Sammlung personenbezogener Daten, die gleichartig aufgebaut ist und nach bestimmten Merkmalen geordnet, umgeordnet und ausgewertet werden kann (nicht-automatisierte Datei)".

47 Vgl. Schenke/Graulich/Ruthig/Ruthig/Graulich BKAG § 13 Rn. 2. Ein Überblick findet sich bei Lisken/Denninger/Arzt, HdbPolR, G Rn. 1199 ff., 1251 ff.

48 Verordnung über die Art der Daten, die nach den §§ 8 und 9 des Bundeskriminalamtsgesetzes gespeichert werden dürfen (BKA-Datenverordnung – BKADV) v. 4.6.2010, BGBl. I S. 716.

49 Vgl. Schenke/Graulich/Ruthig/Ruthig/Graulich BKAG § 13 Rn. 3–5; Lisken/Denninger/Arzt, HdbPolR, G Rn. 1276.

50 Zu ihnen auch Arzt NJW 2011, 352 ff.

51 Hier wird etwa unterschieden zwischen den Gewalttäterdateien „Rechts", „Links" und „Sport". S. zu letzterer etwa Spiecker gen. Döhmann DVBl. 2011, 930 ff.

52 Zu ihnen etwa Lisken/Denninger/Arzt, HdbPolR, G Rn. 1227.

darf, die den Anlass und Umfang der Datenspeicherung regelt.[53] Allerdings dürfte sich dieser Streit mit Inkrafttreten der BKDAV zum 5.6.2010 erledigt haben.[54]

- Die **Zentraldateien** sind zwar wie die Verbunddateien auf den polizeilichen Informationsaustausch ausgerichtet. Im Unterschied zu den Verbunddateien kann hier jedoch nur die Zentralstelle (das BKA) Daten einstellen, während die anderen Polizeien sie nur einsehen dürfen.
- Die vom BKA geführten **Amtsdateien** sind dagegen gerade *nicht* auf Daten- und Informationsaustausch zwischen den Polizeien ausgerichtet, so dass andere Behörden *keinen* Zugriff auf sie haben. Als Amtsdateien werden beispielsweise bestimmte Aktennachweis- (§ 9 Abs. 1 Nr. 2 BKADG), sowie Tagebuch- oder Vorgangsverwaltungssysteme[55] geführt.

Praktisch bedeutsam ist diese Unterscheidung vor allem insofern, als sich hieraus die **datenschutzrechtliche Verantwortlichkeit** ergibt[56] (→ § 2 Rn. 30; → § 31 Rn. 5 ff.). Während für die Datenverarbeitung in den Amts- und den Zentraldateien ausschließlich das BKA als „Verantwortlicher" in Betracht kommt, ist bei den Verbunddateien diejenigen Stelle verantwortlich, die ein Datum eingestellt hat. Dies folgt bereits aus der Legaldefinition des „Verantwortlichen" in Art. 3 Nr. 8 DSRL-JI und wird zudem durch § 31 Abs. 2 BKAG klargestellt. 12

Der **Zweck** eines Informationssystems besteht also letztlich darin, den Austausch von Daten und Informationen zwischen den beteiligten Stellen zu ermöglichen. Bei dem in § 13 BKAG geregelten Informationssystem resultiert der Zweck eines möglichst weitreichenden Informationsaustausches zwischen den Polizeien des Bundes und der Länder sowie anderer Staaten vor allem aus der Einsicht, dass die Bekämpfung überregionaler, dh die Kompetenzen einzelner Bundesländer übersteigender und internationaler Kriminalität, einen möglichst weitreichenden Informationsaustausch zwischen den Polizeibehörden der einzelnen Bundesländer, des Bundes und anderer Staaten erforderlich macht. Zu diesem Zweck wurde bereits 2003 das elektronische **Informationssystem der Polizei (INPOL-neu)** eingerichtet,[57] dessen Kern wiederum die Personen- und Sachfahndungsdateien darstellten.[58] Dieses System ist im Zuge der BKAG-Novellierung beibehalten worden, allerdings wurde seine Struktur grundlegend überarbeitet (→ Rn. 6 f.). Es dient zugleich als Schnittstelle, mittels derer auf den **polizeilichen Informationsverbund** (§§ 29 ff. BKAG) zugegriffen werden kann (→ Rn. 16). Darüber hinaus gibt es auch polizeiliche Informationssysteme, die Polizeien unterschiedlicher Staaten verbinden. Dazu zählen beispielsweise das **Schengener Informationssystem (SIS)**, das **Europol Informations-System (EIS)** und das **Informationssystem von Interpol.** 13

Welche **Daten und Informationen** im polizeilichen Informationssystem gespeichert und ausgetauscht werden dürfen, ergibt sich zum einen aus **§§ 18, 19 BKAG,** zum anderen aus der **BKADV.** Dabei handelt es sich überwiegend um **personenbezogene Daten** – und zwar zunächst um solche, die sich auf Beschuldigte (§ 1 BKADV), Tatverdächtige (§ 2 BKADV) oder „sonstige Personen" iSv § 8 Abs. 4 S. 2 und Abs. 5 BKAG aF[59] (**§§ 3 f. BKADV**) beziehen. **§ 5 BKADV** iVm § 8 Abs. 6 BKAG aF lässt darüber hinaus auch die Verarbeitung weiterer personenbezogener Daten zu, wenn eine Rechtsvorschrift dies anordnet. Darüber hinaus dürfen personenbezogene Daten auch zum Zwecke der **Fahndung** (§ 6 BKADV), des Nachweises von Personen, die einer richterlichen Freiheitsentziehung unterliegen (§ 7 BKADV) oder von **Vermissten** (§ 8 BKADV) verarbeitet werden. Schließlich ist eine Datenverarbeitung gem. **§§ 9–11 BKADV** auch dann zulässig, wenn das BKA seine Zentralstellenfunktion (§ 2 BKAG) wahrnimmt. 14

Die soeben genannten Daten und Informationen dürfen vom BKA **verarbeitet**[60] bzw. **„weiterverarbeitet"** (zu diesem Begriff → § 16 Rn. 4 f.) werden. Zu den typischen (Weiter-) Verarbeitungsformen gehören dabei das **Speichern, Verändern** und **Übermitteln.** Trotz der unterschiedlichen Anwendungsbereiche von DS-GVO und der – hier maßgeblichen – DSRL-JI (→ Rn. 2) kann hinsichtlich der grundlegenden Begriffsbestimmun- 15

53 Vgl. dazu etwa den Überblick bei Arzt/Eier DVBl. 2010, 816 ff.
54 So auch die Einschätzung von Lisken/Denninger/Petri, HdbPolR, G Rn. 391 (zitiert nach 6. Aufl. 2018).
55 Zu ihnen etwa Lisken/Denninger/Graulich, HdbPolR, E Rn. 407.
56 So auch Arzt NJW 2011, 352 (353).
57 Dazu etwa Lisken/Denninger/Arzt, HdbPolR, G Rn. 1199 ff.
58 Vgl. dazu die Kurzdarstellung einschließlich aktueller Zahlen zu den Ausschreibungen in beiden Dateien unter: https://www.bka.de/DE/UnsereAufgaben/Ermittlungsunterstuetzung/ElektronischeFahndungsInformationssysteme/polizeilicheInformationssysteme_node.html.
59 Damit sind solche Personen gemeint, die als Zeugen oder Opfer einer Straftat in Betracht kommen (Abs. 4 S. 2) oder bei denen „Tatsachen die Annahme rechtfertigen", dass sie „Straftaten von erheblicher Bedeutung begehen werden" (Abs. 5).
60 Der Begriff wird in Art. 4 Nr. 2 DS-GVO und Art. 3 Nr. 2 DSRL-JI definiert. Hiernach bezeichnet „Verarbeitung" jeden mit oder ohne Hilfe automatisierter Verfahren ausgeführten Vorgang oder jede solche Vorgangsreihe im Zusammenhang mit personenbezogenen Daten wie das Erheben, das Erfassen, die Organisation, das Ordnen, die Speicherung, die Anpassung oder Veränderung, das Auslesen, das Abfragen, die Verwendung, die Offenlegung durch Übermittlung, Verbreitung oder eine andere Form der Bereitstellung, den Abgleich oder die Verknüpfung, die Einschränkung, das Löschen oder die Vernichtung".

gen auch auf die Ausführungen zur DS-GVO zurückgriffen werden.[61] Während die Begriffe des „Speicherns“ und des „Übermittelns“ mehr oder weniger selbsterklärend sind, findet ein „Verändern“ immer dann statt, wenn ein Datum in eine bestimmte Datei eingestellt wird, weil sie dadurch in einen neuen Kontext gestellt wird, in dem ihr unter Umständen ein neuer Informationswert zukommt.[62] Inwieweit – vor allem in der Verbund- aber auch in der Zentraldatei – praktizierte Datenübermittlung zulässig ist, bemisst sich einerseits nach den Vorschriften der Landespolizeigesetze,[63] andererseits nach dem BKAG. Subsidiär dürfen zudem noch die Regeln der StPO herangezogen werden.[64]

II. Grundfunktionen des Informationssystems (Abs. 2)

16 Abs. 2 regelt die „Grundfunktionen“, die das Informationssystem zu erfüllen hat. Durch den **Verweis in § 29 Abs. 2 S. 1 BKAG** wird klargestellt, dass diese „Grundfunktionen“ auch vom polizeilichen Informationsverbund (§ 29 BKAG) sicherzustellen sind (zu dessen „Grundfunktionen“ → § 29 Rn. 10 ff.). Der Sache nach geht es bei den „Grundfunktionen“ um bestimmte Zwecke, die das Informationssystem bzw. der Informationsverbund gewährleisten müssen, damit die an das Informationssystem bzw. den Informationsverbund angeschlossenen Behörden ihre Aufgaben erfüllen können. Bei den in Abs. 2 Nrn. 1–5 beschriebenen „Grundfunktionen“ bzw. Zwecken handelt es sich letztlich um bestimmte Tätigkeiten, mittels derer die polizeilichen Aufgaben wahrgenommen werden. Die Bezeichnung als **„*Grund*funktion“** macht dabei deutlich, dass es sich bei diesen Tätigkeiten um „Kernelemente polizeilicher Arbeit“[65] handelt, bei denen das Informationssystem in jedem Falle unterstützen soll. Da es sich bei dieser Aufzählung jedoch ausweislich der Gesetzesbegründung[66] nur um Regelbeispiele handeln soll, wird zugleich deutlich, dass sich der Zweck des Informationssystems nicht auf diese „*Grund*funktionen“ beschränkt. Letztlich wird dadurch der Anwendungsbereich von Informationssystem und -verbund vom technisch Möglichen abhängig gemacht. Inwiefern dies den Anforderungen des Zweckbindungs- und des Bestimmtheitsgrundsatzes entspricht, erscheint dabei fraglich.[67]

III. Das Informationssystem als Schnittstelle zum Informationsverbund (Abs. 3)

17 Das polizeiliche Informationssystem markiert zugleich die **Schnittstelle,** mittels derer sich das BKA in den **polizeilichen Informationsverbund** (**§§ 29 ff. BKAG**) einwählen kann. Dieser wurde auf Geheiß der Innenministerkonferenz 2016 eingerichtet, um mithilfe einer verbesserten Datenanalyse zu einer verbesserten Gefahrenerkennung beizutragen und insbesondere bestimmte „Muster“ wie Serientaten, Banden- oder organisierter Kriminalität zu entdecken. Zugleich sollte die Effizienz der Datennutzung erhöht werden, indem einmal erhobene Daten mehrfach und insbesondere zu mehreren Zwecken verwendet werden dürfen.[68] Seit dem 2.1.2020 ist der polizeiliche Informationsverbund in der Erprobungs- bzw. Pilotphase. Der Start des bundesweiten Betriebs war für Juli 2021 vorgesehen (eingehend zur Genese → § 29 Rn. 1 ff.). Innerhalb dieses Informationsverbundes ist das BKA insofern „strukturbestimmend“,[69] als sich die in § 13 Abs. 2 BKAG normierten Grundfunktionen des Informationssystems auch dort wiederfinden müssen (vgl. § 29 Abs. 2 S. 1 BKAG).[70]

§ 14 Kennzeichnung

(1) ¹Bei der Speicherung im Informationssystem sind personenbezogene Daten wie folgt zu kennzeichnen:

1. **Angabe des Mittels der Erhebung der Daten einschließlich der Angabe, ob die Daten offen oder verdeckt erhoben wurden,**
2. **Angabe der Kategorie nach den §§ 18 und 19 bei Personen, zu denen Grunddaten angelegt wurden,**

61 Vgl. insofern die Ausführungen zu den einzelnen Formen der Datenverarbeitung von Simitis/Hornung/Spiecker gen. Döhmann/Roßnagel, Datenschutzrecht, 2019, Art. 4 Nr. 2 Rn. 13 ff.
62 Vgl. Gusy, POR, Rn. 265.
63 Überblick bei Gusy ZJS 2012, 155 ff.
64 Gusy, POR, Rn. 53.
65 BT-Drs. 18/11165, 95.
66 BT-Drs. 18/11163, 95.
67 Kritisch in Bezug auf den Zweckbindungsgrundsatz daher etwa Schenke/Graulich/Ruthig/Ruthig/Graulich BKAG § 13 Rn. 1, 7.
68 Kritisch in Bezug auf den Zweckbindungsgrundsatz daher etwa: Schenke/Graulich/Ruthig/Ruthig/Graulich BKAG § 13 Rn. 1; Lisken/Denninger/Petri, HdbPolR, G Rn. 969 (zitiert nach 6. Aufl. 2018), wonach es sich nicht um hinreichend „festgelegte und eindeutige“ Zwecke iSv Art. 4 Abs. 1 lit. b DSRL-JI handelt.
69 Schenke/Graulich/Ruthig/Ruthig/Graulich BKAG § 13 Rn. 1.
70 Vgl. Graulich KriPoZ 2017, 278 (282).

3. Angabe der
   a) Rechtsgüter, deren Schutz die Erhebung dient oder
   b) Straftaten, deren Verfolgung oder Verhütung die Erhebung dient,
4. Angabe der Stelle, die sie erhoben hat, sofern nicht das Bundeskriminalamt die Daten erhoben hat.

²Die Kennzeichnung nach Satz 1 Nummer 1 kann auch durch Angabe der Rechtsgrundlage der jeweiligen Mittel der Datenerhebung ergänzt werden.

(2) Personenbezogene Daten, die nicht entsprechend den Anforderungen des Absatzes 1 gekennzeichnet sind, dürfen so lange nicht weiterverarbeitet oder übermittelt werden, bis eine Kennzeichnung entsprechend den Anforderungen des Absatzes 1 erfolgt ist.

(3) Nach einer Übermittlung an eine andere Stelle ist die Kennzeichnung nach Absatz 1 durch diese Stelle aufrechtzuerhalten.

A. Entstehungsgeschichte, Zweck und Anwendungsbereich der Vorschrift

Die Vorschrift ist mit dem Gesetz zur Neustrukturierung des Bundeskriminalamtgesetzes vom 1.6.2017[1] eingefügt worden. Ansätze einer solchen Kennzeichnungspflicht[2] waren jedoch bereits in § 9a Abs. 2, § 10 Abs. 4 S. 2, § 20v Abs. 3 und § 33 BKAG aF enthalten.[3] Wie sich aus der Gesetzesbegründung[4] ergibt, soll die Norm, genau wie § 13 BKAG, dazu beitragen, den – ebenfalls mit diesem Gesetz neu eingefügten – **Grundsatz der hypothetischen Datenneuerhebung** (→ § 12 Rn. 25 ff.) **technisch (und organisatorisch) umzusetzen.** Die Pflicht zur **Kennzeichnung,** dh zur unmissverständlichen Angabe, wer welche Daten oder Datensätze bei wem mit welchem Mittel erhoben hat (zum Umfang im Einzelnen noch → Rn. 2), erleichtert es nämlich, später über die Rechtmäßigkeit der anschließenden Weiterverarbeitung (zum Begriff → § 16 Rn. 4 f.) durch das BKA oder eine hypothetische Datenneuerhebung (dazu → § 12 Rn. 25 ff.) zu entscheiden.[5] Zugleich ist zu beachten, dass auch Art. 25 DSRL-JI[6] die Strafverfolgungsbehörden der Mitgliedstaaten immer dann, wenn sie automatisierte Verarbeitungssysteme verwenden, dazu verpflichtet, bestimmte Datenverarbeitungsvorgänge zu protokollieren. Diese Vorschrift wird im allgemeinen deutschen Datenschutzrecht durch § 76 BDSG nF umgesetzt. Die Regelung des § 14 BKAG geht insofern darüber hinaus, als sie **das BKA** dazu **verpflichtet,** bei jeder **Speicherung** personenbezogener Daten **im Informationssystem** (**§ 13 BKAG**) und **im polizeilichen Informationsverbund** (**§ 29 BKAG**)[7] – unabhängig davon, ob die Erhebung durch das BKA selbst (vgl. dazu §§ 9 ff. BKAG) oder eine andere Stelle erfolgte – die in **Abs. 1** genannten **Daten anzugeben** (→ Rn. 2). Diese Angaben sollen die Feststellung erleichtern, ob eine Weiterverarbeitung und/oder eine hypothetische Datenneuerhebung rechtmäßig wäre. Die Rechtsfolgen eines Verstoßes gegen diese Kennzeichnungspflicht werden in **Abs. 2** (→ Rn. 3) geregelt, während **Abs. 3** (→ Rn. 4) festschreibt, dass die Kennzeichnungspflicht auch für andere Stellen gilt, denen das BKA personenbezogene Daten übermittelt hat. 1

B. Kommentierung im Einzelnen

I. Umfang der Kennzeichnungspflicht (Abs. 1)

Die in § 14 Abs. 1 BKAG statuierte Kennzeichnungspflicht bezieht sich auf alle personenbezogenen Daten, die im Informationssystem (§ 13 BKAG) oder im polizeilichen Informationsverbund (§ 29 BKAG) gespeichert wurden bzw. zu speichern sind (→ Rn. 1). Die Bezeichnung der in Abs. 1 S. 1 normierten Verhaltenspflicht als „Kennzeichnungspflicht" ist insofern etwas irreführend, als sie sich eben nicht darauf beschränkt, die personenbezogenen Daten nur zu kennzeichnen, also hervorzuheben. Vielmehr müssen die 2

1 BGBl. I S. 1354; hierzu Graulich KriPoZ 2017, 278.
2 Eingehend zu dieser Figur jüngst: Weichert NVwZ 2022, 844.
3 Vgl. Graulich KriPoZ 2017, 278 (281).
4 BT-Drs. 18/11163, 96.
5 Vgl. Weichert NVwZ 2022, 844 (844).
6 Zur DSRL-JI → § 13 Rn. 2.
7 Diese Gleichstellung von Informationssystem und Informationsverbund folgt einerseits aus der Gesetzesbegründung (BT-Drs. 18/11163, 96) und andererseits direkt aus § 29 Abs. 4 S. 2 BKAG (→ § 29 Rn. 22).

Daten zudem noch mit weiteren Angaben, nämlich den in Abs. 1 S. 1 Nrn. 1–4 genannten, versehen werden. Dazu gehören Angaben über das Mittel und den „Modus" der Datenerhebung (offen/verdeckt bzw. heimlich[8]; Nr. 1), über die hiervon Betroffenen, in Gestalt einer Zuordnung zu den Kategorien von §§ 18, 19 und der Angabe etwaiger „Grunddaten" (zum Begriff → § 18 Rn. 9; Nr. 2), der zu schützenden Rechtsgüter und drohenden Straftaten (Nr. 3) und der Stelle, welche die Daten erhoben hat (Nr. 4). Während Nr. 1 den datenschutzrechtlich Betroffenen und Nr. 4 den datenschutzrechtlich Verantwortlichen dokumentieren soll, dienen die Angaben nach Nrn. 2 und 3 dazu, die Rechtmäßigkeit der Erhebung zu überprüfen und hieraus Schlüsse für die Rechtmäßigkeit der Weiterverarbeitung oder einer hypothetischen Datenneuerhebung zu ziehen.[9] Bislang ist die Kennzeichnungspflicht noch nicht umgesetzt worden. Eine Weiterverarbeitung ungekennzeichneter Daten ist gegenwärtig nur auf Grundlage der Übergangsvorschrift des § 91 BKAG möglich (dazu sogleich → Rn. 3, → § 91 Rn. 1 ff.). Diese Regelung ist verfassungsrechtlich problematisch, da das Bundesverfassungsgericht dem Gesetzgeber in seinem Urteil vom 20.4.2016[10] nur eine zweijährige Umsetzungsfrist gewährt hatte, wobei mit „Umsetzung" nicht der Erlass einer entsprechenden Rechtsgrundlage gemeint ist, wie sie ja mit §§ 14, 91 BKAG vorliegt, sondern die tatsächliche praktische Umsetzung.[11] Tatsächlich aber werden entsprechende Klassifizierungen erst gegenwärtig vom BKA erarbeitet. Dass § 14 Abs. 1 S. 2 BKAG als „kann"-Regelung ausgestaltet ist, ist verfassungsrechtlich insofern heikel,[12] als hierin eine deutliche Schwächung des Grundsatzes der hypothetischen Datenneuerhebung zu sehen ist, dessen technisch-organisatorischer Ausgestaltung § 14 BKAG ja gerade dient (→ Rn. 1).

II. Folgen eines Verstoßes gegen die Kennzeichnungspflicht (Abs. 2)

3 Welche Folgen ein Verstoß gegen Abs. 1 nach sich zieht, bestimmt Abs. 2. Hiernach dürfen die – entgegen Abs. 1 nicht „gekennzeichneten" – personenbezogenen Daten solange **nicht „weiterverarbeitet"** (zum Begriff → § 16 Rn. 4 f.) oder **übermittelt** werden, bis die Kennzeichnung vollumfänglich nachgeholt wurde. Entgegen der Kennzeichnungspflicht nicht gekennzeichnete Daten dürfen dem Grunde nach auch **nicht weiterverwertet** werden.[13] Diese Regel wird dann aber **durch § 91 BKAG nF erheblich eingeschränkt**. Hiernach ist eine Übermittlung oder Weiterverarbeitung von nicht nach § 14 Abs. 1 BKAG gekennzeichneten Daten gleichwohl zulässig, wenn sie mit der auf Grundlage von § 34 BKAG aF erlassenen **„Errichtungsanordnung"** in Einklang steht. Bei der Errichtungsanordnung handelt es sich nach hM um eine **Verwaltungsvorschrift,**[14] die durch Normierung besonderer Verfahrensvorschriften Verletzungen des Rechts auf informationelle Selbstbestimmungen entgegenwirken sowie der polizeilichen Eigenkontrolle und der datenschutzrechtlichen Fremdkontrolle durch Datenschutzbeauftragte und Aufsichtsbehörden dienen soll. Wird gegen die Vorschriften einer Errichtungsanordnung verstoßen, führt dies zur Rechtswidrigkeit der Datenverarbeitung.[15] Diese **Regelungstechnik,** also die Möglichkeit einer Datenverarbeitung auf Grundlage einer Errichtungsanordnung, ist **verfassungsrechtlich nicht haltbar**. Denn einer Errichtungsanordnung fehlt es – als bloßer Verwaltungsvorschrift – an der hinreichenden demokratischen Legitimation und Bestimmtheit bzw. Normenklarheit,[16] um Eingriffe in das Grundrecht auf informationelle Selbstbestimmung legitimieren zu können.[17] Im Gegensatz zu Rechtsverordnungen bedürfen Verwaltungsvorschriften nämlich nicht nach Art. 80 Abs. 2 GG der Zustimmung des Bundesrates – und sie sind auch nicht im Bundesgesetzblatt zu veröffentlichen, wodurch die Fremdkontrolle der Datenverarbeitung durch Datenschutzbeauftragte, Aufsichtsbehörden und nicht zuletzt die betroffenen Personen selbst erheblich erschwert wird.

8 Eingehend zum Problem heimlicher Informationseingriffe: Schwabenbauer, Heimliche Grundrechtseingriffe, 2013.

9 Weichert NVwZ 2022, 844 (847).

10 BVerfG Urt. v. 20.4.2016 – 1 BvR 966/09 ua –, BVerfGE 141, 220. Hierzu etwa Rusteberg KritV 100 (2017), 24.

11 Schenke/Graulich/Ruthig/Graulich BKAG § 14 Rn. 1; kritisch auch Weichert NVwZ 2022, 844 (846 f.).

12 So auch Schenke/Graulich/Ruthig/Graulich BKAG § 14 Rn. 4, der allerdings vor allem den Bestimmtheitsgrundsatz berührt sieht.

13 Für ein solches Beweisverwertungsverbot plädieren auch: Schenke/Graulich/Ruthig/Graulich BKAG § 14 Rn. 7; Weichert NVwZ 2022, 844 (849).

14 Vgl. etwa Lisken/Denninger/Graulich, HdbPolR, E. Rn. 431; Weichert NVwZ 2022, 844 (849); ebenso in Bezug auf die in § 12 ATDG normierte Rechtsgrundlage einer Errichtungsanordnung: BVerfG Urt. v. 24.4.2013 – 1 BvR 1215/07 –, BVerfGE 133, 277 (338 f., Rn. 144). Weitere Rechtsgrundlagen für Errichtungsanordnungen finden sich etwa in § 490 StPO; § 36 PolG BW; Art. 47 BayPAG; §§ 48 f. BlnASOG; § 48 BbgPolG; § 36j BremPolG; § 46 NdsPOG; § 33 PolG NRW; § 41 POG RhPf; § 39 SaarlPolG; § 50 SächsPolG; § 197 LVwG SH; § 46 ThürPAG.

15 VG Gießen NVwZ 2002, 1531 (1534).

16 Das Gebot der Normenklarheit ist Ausfluss des verfassungsrechtlichen Bestimmtheitsgebots, wonach „ein Normadressat sein Handeln kalkulieren kann, weil die Folgen der Regelung für ihn voraussehbar und beherrschbar sind", vgl. Dreier/Schulze-Fielitz GG Art. 20 Rn. 129, mwN. Dies setzt jedoch voraus, dass die Norm überhaupt einsehbar ist, was nicht bei allen Verwaltungsvorschriften der Fall ist, da sie sich ja auch nicht unmittelbar an die Bürgerinnen und Bürger richten, sondern als bloßes Innenrecht, an andere Verwaltungsorgane bzw. Organwalter.

17 So auch VG Hannover Urt. v. 22.5.2008 – 10 A 2412/07 –, BeckRS 2008, 10003, Rn. 28 (bezogen auf eine auf Grundlage von § 7 Abs. 6 BKAG aF erlassene Errichtungsanordnung).

III. Fortbestand der Kennzeichnungspflicht nach Datenübermittlung (Abs. 3)

Abs. 3 stellt sicher, dass die – der Umsetzung des Grundsatzes der hypothetischen Datenneuerhebung (§ 12 BKAG) dienende – Kennzeichnungspflicht nach § 14 Abs. 1 auch dann fortbesteht, wenn die gespeicherten Daten **an eine andere Stelle übermittelt** wurden. Das BKAG erlaubt dem BKA eine Übermittlung personenbezogener Daten an Stellen des Bundes und der Länder (§ 25), anderer Mitgliedstaaten der EU (§ 26) sowie von Drittstaaten (§ 27).[18] Hat das BKA vor der Übermittlung gegen die Kennzeichnungspflicht nach Abs. 1 verstoßen, gilt **Abs. 2** (→ Rn. 3). Hat hingegen die Stelle, an welche die Daten übermittelt wurden, gegen die Kennzeichnungspflicht verstoßen, führt dies ebenso zu einem **Beweisverwertungsverbot**[19] wie eine Missachtung der Kennzeichnungspflicht durch das BKA (→ Rn. 3). Darüber hinaus wird aus Abs. 3 S. 1 auch eine **umfassende Verpflichtung** des BKA zum Ergreifen von **organisatorischen und technischen Vorkehrungen** abgeleitet, um die Anforderungen aus § 14 Abs. 1 und 2 BKAG effektiv umzusetzen.[20] 4

§ 15 Regelung von Zugriffsberechtigungen

(1) Das Bundeskriminalamt hat bei der Erteilung von Zugriffsberechtigungen der Nutzer des Informationssystems sicherzustellen, dass

1. auf Grundlage der nach § 14 Absatz 1 vorzunehmenden Kennzeichnungen die Vorgaben des § 12 bei der Nutzung des Informationssystems beachtet werden und

2. der Zugriff nur auf diejenigen personenbezogenen Daten und Erkenntnisse möglich ist, deren Kenntnis für die Erfüllung der jeweiligen dienstlichen Pflichten erforderlich ist.

(2) Das Bundeskriminalamt hat darüber hinaus sicherzustellen, dass Änderungen, Berichtigungen und Löschungen von personenbezogenen Daten im Informationssystem nur durch eine hierzu befugte Person erfolgen können.

(3) [1]Das Bundeskriminalamt trifft hierzu alle erforderlichen organisatorischen und technischen Vorkehrungen und Maßnahmen, die dem Stand der Technik entsprechen. [2]Die Vergabe von Zugriffsberechtigungen auf die im Informationssystem gespeicherten Daten erfolgt auf der Grundlage eines abgestuften Rechte- und Rollenkonzeptes, das die Umsetzung der Maßgaben der Absätze 1 und 2 technisch und organisatorisch sicherstellt. [3]Die Erstellung und Fortschreibung des abgestuften Rechte- und Rollenkonzeptes erfolgt im Benehmen mit der oder dem Bundesbeauftragten für den Datenschutz und die Informationsfreiheit.

(4) Das Informationssystem ist so zu gestalten, dass eine weitgehende Standardisierung der nach § 76 Absatz 1 des Bundesdatenschutzgesetzes zu protokollierenden Abfragegründe im Rahmen der Aufgaben des Bundeskriminalamtes erfolgt.

A. Überblick und Genese

I. Entstehungsgeschichte und Regelungszweck

§ 15 BKAG wurde – wie der gesamte 2. Unterabschnitt (§§ 12–24 BKAG) des Abschnitts 2 (§§ 9–28 BKAG) – mit dem Gesetz zur Neustrukturierung des Bundeskriminalamtgesetzes vom 1.6.2017[1] eingefügt. Wie §§ 13 und 14 soll auch § 15 BKAG die nunmehr in § 12 BKAG normierten Grundsätze der **Zweckbindung und hypothetischen Datenneuerhebung in technischer und organisatorischer Hinsicht umsetzen.**[2] Der 1

18 Zu den verfassungsrechtlichen Anforderungen an eine Datenübermittlung an ausländische Stellen auch: Graulich KriPoZ 2017, 278 (282 f.).
19 Schenke/Graulich/Ruthig/Graulich BKAG § 14 Rn. 7; zust. Weichert NVwZ 2022, 844 (849).
20 Weichert NVwZ 2022, 844 (846).
1 BGBl. I S. 1354; hierzu Graulich KriPoZ 2017, 278.
2 BT-Drs. 18/11163, 96.

Regelungszweck des § 15 BKAG erklärt sich vor allem durch die mit dem Gesetz vom 1.6.2017 beabsichtigte „Neustrukturierung" des BKAG, die sich vor allem auf die Informationsordnung bezieht. Zentrales Anliegen des Gesetzgebers ist nämlich deren Umstellung von einer **„horizontalen"** – dh nach Dateien angeordnete – in eine **„vertikale" Struktur** (→ § 13 Rn. 4). Damit ist eine Zentralisierung des Datenbestandes beim BKA gemeint, dem dadurch zum einen die Funktion der Zentralstelle (§ 2 BKAG) zukommt. Zum anderen aber, und hieran wird die „vertikale" Struktur deutlich, soll dem BKA die **Entscheidungsbefugnis** darüber zustehen, welche anderen Teilnehmer des Informationssystems (§ 13 BKAG) auf welche Daten zugreifen dürfen. Diese Befugnis wird durch § 15 BKAG ausgestaltet. Diese verpflichtet das BKA bei der Erstellung des Zugriffsmanagements bestimmte technische und organisatorische Maßnahmen zum Schutz der **Datensicherheit** zu ergreifen.

II. Verfassungs- und unionsrechtliche Rahmenbedingungen

2 Aus **verfassungsrechtlicher Perspektive** ist die Vorschrift an den Vorgaben zu messen, die das Grundgesetz an eine Zentralisierung von Datenbeständen stellt (→ § 13 Rn. 6 ff.). In **unionsrechtlicher Hinsicht** sind vor allem die Vorschriften der **DSRL-JI** über die **Datenschutz-Folgenabschätzung (Art. 27)** und die Mindestvorgaben hinsichtlich der **Datensicherheit (Art. 29)** zu beachten, zu deren Umsetzung auch §§ 64 und 67 BDSG nF verabschiedet wurden (→ Rn. 3, 12).[3]

B. Kommentierung im Einzelnen

I. Erteilung von Zugriffsberechtigungen (Abs. 1)

3 Zentral für das Verständnis des § 15 BKAG ist der **Begriff des „Zugriffs"**. Dieser ist dem unionsrechtlichen Datenschutzrecht fremd: Weder die DSRL-JI[4] noch die DS-GVO verwenden ihn. Allerdings ist etwa auch in § 64 Abs. 3 Nr. 5 BDSG die Rede von einer „Zugriffskontrolle". Diese Vorschrift setzt den Fall voraus, dass datenschutzrechtlich „Verantwortliche" (Art. 3 Nr. 8 DSRL-JI) und „Auftragsverarbeiter" (Art. 3 Nr. 7 DSRL-JI) ein „automatisiertes Verarbeitungssystem" mit einer „Zugangsberechtigung" betreiben. Der „Zugriff" soll es nun erlauben, eben jenen „Zugang" zu den im System gespeicherten Daten zu ermöglichen. In der Terminologie des unionsrechtlichen Datenschutzrechts handelt es sich dabei um eine **„Verarbeitung" (Art. 3 Nr. 2 DSRL-JI)**, jedoch wohl nicht in Gestalt des „Erhebens", da dies ein Beschaffen des personenbezogenen Datums bei der betroffenen Person selbst meint.[5] Vielmehr dürfte ein Fall des „Abfragens" vorliegen, der wiederum einen Unterfall des „Auslesens" darstellt.[6] Unter dem „Auslesen" wird nämlich das „Zurückgewinnen" aus gespeicherten Dateien verstanden, wobei immer dann, wenn dies durch eine gezielte Suche (zB mittels bestimmter Suchbegriffe) erfolgt, ein **„Abfragen"** vorliegt.[7]

4 Während also die auf das polizeiliche Informationssystem (zum Begriff → § 13 Rn. 10 ff.) „zugreifenden" Behörden die darauf gespeicherten Daten „abfragen", würde das BKA, indem es eine **Zugriffsberechtigung** erteilt, diese Daten „offenlegen". Bei dieser **„Offenlegung"** (iSv Art. 3 Nr. 2 DSRL-JI) handelt es sich um einen Oberbegriff für alle Formen des Zugänglichmachens dergestalt, dass diejenige Stelle, der die Daten zugänglich gemacht werden, nunmehr den Informationsgehalt der Daten zur Kenntnis nehmen kann.[8] Die „Offenlegung" kann nun auf drei Weisen erfolgen, nämlich durch „Übermittlung", „Verbreitung" oder „eine andere Form von Bereitstellung". Während unter der „Übermittlung" das gezielte Senden an einen oder mehrere Personen zu verstehen ist,[9] ist mit der „Verbreitung" ein nicht zielgerichtetes Zugänglichmachen (etwa über Massenmedien) gemeint.[10] Unter die „andere Form der Bereitstellung" fallen demgegenüber „passive" Formen des Zugänglichmachens, etwa wenn nach dem Abfragen kein weiteres Handeln der den Zugang ermöglichenden Stelle mehr erforderlich ist. Vor diesem Hintergrund dürfte die Erteilung der Zugriffsberechtigung seitens des BKA eine **„Übermittlung"** der Daten darstellen.

5 Der Erteilung einer **Zugriffsberechtigung**, wie sie etwa in § 15 BKAG geregelt wird, bedarf es immer dann, wenn ein automatisiertes Datenverarbeitungssystem hierarchisch bzw. vertikal (→ § 13 Rn. 4) organisiert

3 Schenke/Graulich/Ruthig/Graulich BKAG § 15 Rn. 2.
4 Eingehend zur Bedeutung der DSRL-JI für das BKAG: → § 13 Rn. 2.
5 Vgl. etwa BeckOK-Datenschutzrecht/Schild DS-GVO Art. 4 Rn. 35 (2022); aA Simitis/Hornung/Spiecker gen. Döhmann/Roßnagel, Datenschutzrecht, 2019, DS-GVO Art. 4 Rn. 15, der unter dem Erheben „einen Vorgang" versteht, „durch den die erhebende Stelle Kenntnis von den betreffenden Daten erhält oder die Verfügungsmacht über die Daten begründet".
6 Vgl. Simitis/Hornung/Spiecker gen. Döhmann/Roßnagel, Datenschutzrecht, 2019, DS-GVO Art. 4 Rn. 23.
7 Kühling/Buchner/Herbst DS-GVO/BDSG, DS-GVO, Art. 4 Rn. 27.
8 Kühling/Buchner/Herbst DS-GVO/BDSG, DS-GVO, Art. 4 Rn. 29.
9 Vgl. Simitis/Hornung/Spiecker gen. Döhmann/Roßnagel, Datenschutzrecht, 2019, DS-GVO, Art. 4 Rn. 26 unter Verweis auf EuGH Urt. v. 6.11.2003 – Rs. C-101/01 – Lindqvist.
10 Vgl. etwa Kühling/Buchner/Herbst DS-GVO/BDSG, DS-GVO, Art. 4 Rn. 29.

ist. Dazu wiederum besteht immer dann Anlass, wenn die beteiligten Stellen nicht von vornherein auf alle im System gespeicherten Daten zugreifen können sollen, sondern nur dann, wenn sie hierzu von der Zentralstelle durch Erteilung einer „Zugriffsberechtigung“ autorisiert wurden. Bei diesem Begriff handelt es sich zunächst einmal um einen ***terminus technicus* des Daten- und IT-Sicherheitsrechts.**[11] Dieses unterscheidet ua zwischen Zu*tritts*-, Zu*gangs*- und Zu*griffs*kontrolle. *Zutritts*- und *Zugangs*kontrollen betreffen den physischen Zugang zu Datenverarbeitungssystemen, die *Zugangs*kontrolle bietet hingegen Schutz vor der tatsächlichen Nutzung der Systeme. Während die Zu*gangs*kontrolle also das „Ob“ der Nutzung betrifft, regelt die Zu*griffs*kontrolle das „Wie“ bzw. „Wie weit“.[12] Der Begriff des „Zu*griffs*managements“ verweist nun auf ein bestimmtes System, das von vorneherein nur **abgestufte Zugriffsrechte** auf den im System gespeicherten Datenbestand vorsieht.[13] Ein solches System soll also einen Ausgleich zwischen einerseits bestimmten Geheimhaltungsinteressen oder datenschutzrechtlichen Vorgaben – namentlich dem Zweckbindungsgrundsatz – und andererseits bestimmten Gründen (zB öffentlichen Interessen) herstellen, die eine Übermittlung (zum Begriff → Rn. 4) erforderlich machen.

Technisch umgesetzt wird ein solches System zunächst einmal durch ein abgestuftes **Rollen- und Rechtemanagement** (→ Rn. 10), aus dem sich dann die (rollenspezifischen) Zugriffsberechtigungen ergeben, sowie Maßnahmen der Zu*griffs*kontrolle wie beispielsweise Passwörter, biometrische Verfahren (zB Fingerabdruck- oder Iris-Scan, Stimm- oder Gesichtserkennung, etc.) oder eine Zwei-Faktor-Authentisierung.[14] Die Zugriffsberechtigung ist dabei entweder auf eine Einzelperson oder eine technische Einheit zugeschnitten.[15] Sie kann – vom Verantwortlichen (Art. 3 Nr. 8 DSRL-JI) oder vom Auftragsverarbeiter (Art. 3 Nr. 9 DSRL-JI) – entweder vorab (und pauschal) oder individuell je nach Anfrage erteilt werden. All dies ist Teil des Rollen- und Rechtemanagements, dh der eigenverantwortlichen Entscheidung des Verantwortlichen bzw. Auftragsverarbeiters. In der Praxis hat sich jedoch das **„Prinzip der geringstmöglichen Rechtevergabe“**[16] etabliert, wonach Zugriffsberechtigungen nur erteilt werden müssen, wenn dies für die Aufgabenerfüllung unbedingt erforderlich ist.[17] Darüber hinaus ist die Erteilung der Zugriffsberechtigung schriftlich zu dokumentieren.[18] 6

Durch diese allgemeinen Ausführungen erklärt sich auch der Regelungsgehalt des § 15 **Abs. 1** BKAG. Während nämlich **Nr. 1** das BKA als Verantwortlichen dazu anhält, die nach **§ 14 BKAG vorzunehmenden Kennzeichnungen zu beachten**, die wiederum der Umsetzung des Grundsatzes der hypothetischen Datenneuerhebung (→ § 12 Rn. 25 ff.) dient, legt **Nr. 2** ergänzend fest, „dass die Zugriffsberechtigungen so auszugestalten sind, dass der Zugriff nur auf diejenigen personenbezogenen Daten erfolgen kann, deren Kenntnis für die Erfüllung der jeweiligen Dienstpflichten erforderlich ist“.[19] Über die **„Erforderlichkeit“** entscheidet also letztlich das BKA als „Verantwortlicher“ (Art. 3 Nr. 8 DSRL-JI). Dabei hat es sich einerseits an den Belangen des Datenschutzes, insbesondere der Zweckbindung, und andererseits der Bedeutung zu orientieren, welche die Information für die anfragende Stelle bei der Erfüllung ihrer polizeilichen Aufgabe hat. Nach dem Prinzip der begrenzten Rechtevergabe (→ Rn. 6) bestehen **hohe Anforderungen** an die Erforderlichkeit: die Übermittlung muss „unbedingt erforderlich“ sein. 7

II. Berechtigung zu Änderungen, Berichtigungen und Löschungen (Abs. 2)

Während Abs. 1 den Grundsatz der hypothetischen Datenneuerhebung also vor allem durch ein technisches Zugriffsmanagement ausgestalten soll, sind die in **Abs. 2** normierten Anforderungen technisch-organisatorischer Natur. Hiernach hat das BKA nämlich sicherzustellen, dass Änderungen, Berichtigungen und Löschungen personenbezogener Daten nur von hierzu befugten Personen erfolgen dürfen, was neben einem technischen Zugriffsmanagement auch organisatorische Vorkehrungen erforderlich macht. Es muss bestimmt werden, wer zu diesen **„befugten Personen“** gehören soll. Da sich eine Antwort auf diese Frage jedoch weder dem Gesetz selbst noch der Gesetzesbegründung[20] entnehmen lässt, ist davon auszugehen, dass hierüber letztlich das BKA im Rahmen seines Rechte- und Rollenkonzepts (→ Rn. 10) selbst entscheiden 8

11 Vgl. hierzu etwa Forgó/Helfrich/Schneider/Schmieder, Betrieblicher Datenschutz, 3. Aufl. 2019, Teil XII. Kap. 2, Rn. 44 ff.
12 Vgl. BeckOK-Datenschutzrecht/Bock BDSG § 64 Rn. 67 (2022).
13 Vgl. zu dieser Unterscheidung Forgó/Helfrich/Schneider/Schmieder, Betrieblicher Datenschutz, 3. Aufl. 2019, Teil XII. Kap. 2, Rn. 45, 51, 58.
14 Vgl. Gola/Heckmann/Marnau, BDSG, 13. Aufl. 2019, § 64 Rn. 44; ähnlich: Forgó/Helfrich/Schneider/Schmieder, Betrieblicher Datenschutz, 3. Aufl. 2019, Teil XII. Kap. 2, Rn. 60 ff.
15 Vgl. BeckOK-Datenschutzrecht/Bock BDSG § 64 Rn. 67 (2022).
16 Federrath/Pfitzmann/Roßnagel, DatenschutzR-HdB, 2003, Kap. 2.2 Rn. 34, 38.
17 LAG Hamm Urt. v. 4.2.2004 – 9 Sa 502/03 –, BeckRS 2009, 68115.
18 BSI IT-Grundschutzkataloge M 2.8.
19 Vgl. BT-Drs. 18/11163, 96.
20 BT-Drs. 18/11163, 96.

soll. Inwiefern diese Regelung mit dem Vorbehalt des Gesetzes und dem Bestimmtheitsgebot vereinbar ist, erscheint jedoch zweifelhaft.

III. Maßnahmen nach dem „Stand der Technik" (Abs. 3)

9 Nach Abs. 3 **S. 1** hat sich das BKA bei der Ausgestaltung der Zugriffsberechtigungen, sowie der daran anknüpfenden Maßnahmen der Zugriffskontrolle am „**Stand der Technik**"[21] zu orientieren. Darunter ist, gemäß der Definition in § 3 Abs. 6 BImSchG, „der **Entwicklungsstand fortschrittlicher Verfahren, Einrichtungen oder Betriebsweisen**" zu verstehen.[22] Aus dieser Formulierung wird bereits ersichtlich, dass damit ein vergleichsweise hoher Standard zugrundgelegt wird, der denjenigen der „allgemein anerkannten Regeln der Technik" übersteigt.[23] So hat auch das Bundesverfassungsgericht in seiner Kalkar-Entscheidung[24] eine sog. Drei-Stufen-Theorie entwickelt: Auf unterster Stufe stehen dabei die „Allgemein anerkannten Regeln der Technik", die gewahrt sind, wenn die gewählte technische Lösung im Einklang mit der Mehrheitsauffassung der jeweiligen Technikwissenschaft steht. Der „Stand der Technik" als **mittlere Stufe** verlangt dagegen, **sich auch über neuere technische Entwicklungen auf dem Stand zu halten**. Am anspruchsvollsten ist jedoch die dritte Stufe, wonach die verwendete Technik dem „Stand von Wissenschaft und Technik" entsprechen muss, welcher auch die neuesten technischen und wissenschaftlichen Entwicklungen einzubeziehen hat. Bei allen drei Begriffen handelt es sich letztlich um Verweisungsbegriffe auf technische Regelwerke, die von der rechtsanwendenden Verwaltung einen gewissen technischen Sachverstand verlangen und gerichtlich nur bedingt überprüfbar sind.[25] Die Feststellung des „Stands der Technik" kann in der schnelllebigen IT-Branche durchaus mit einigen Schwierigkeiten verbunden sein.[26]

10 Abs. 3 **S. 2 und 3** verpflichten das BKA zur Erstellung eines **abgestuften Rechte- und Rollenkonzepts**. Hierbei handelt es sich um eine Form des Rollen- und Rechtemanagements (→ Rn. 6), mit dem das BKA „festlegen" muss, „für welche Funktionen und Dienstposten welche Berechtigungen – sowohl hinsichtlich des Zutritts zu Arbeitsbereichen als auch hinsichtlich des Zugriffs auf Daten – erforderlich sind".[27] Aus datenschutzrechtlicher Sicht handelt es sich hierbei um eine besondere Ausprägung der **Datenschutz-Folgenabschätzung**[28] (→ Rn. 2), wie sie **Art. 27 DSRL-JI** für die Strafverfolgungsbehörden und Art. 35 DS-GVO generell vorschreibt und wie sie **§ 67 BDSG** im Rahmen des allgemeinen Datenschutzrechts normiert. Diese Regelungen hat das BKA mit der Entwicklung seines Rechte- und Rollenkonzepts entsprechend zu berücksichtigen. Darüber hinaus wird das Amt durch **S. 3** verpflichtet, sich während der Entwicklung mit dem **Bundesbeauftragten für den Datenschutz und die Informationsfreiheit (BfDI)**, dessen Rechtsstellung in §§ 8–16 BDSG näher geregelt wird, **ins „Benehmen" zu setzen**. Dieser nimmt dadurch seine Aufgabe nach § 14 Nr. 11 BDSG wahr, woraus zugleich hervorgeht, dass er vor der Inbetriebnahme des neuen Informationssystems einschließlich des Zugriffs- und Rechtemanagements vom BKA nach § 69 BDSG zwingend anzuhören ist. In seiner Stellungnahme[29] im Rahmen der Sachverständigenanhörung zum Gesetz über die Neustrukturierung des BKAG (→ Rn. 1) hatte der BfDI in Bezug auf die Regelung des § 15 BKAG noch angeregt, es solle zuerst die Kategorie des Datums und der Zweck seiner Verarbeitung festgelegt werden, bevor über die Zugriffsberechtigung entschieden werde. Es dürfte davon auszugehen, dass er diese Anregung auch im Rahmen seiner Anhörung bei der Erstellung des Rechte- und Rollenmanagements seitens des BKA vorgebracht hat.

IV. Weitergehende Standardisierung nach Maßgabe des BDSG (Abs. 4)

11 Abs. 4 verpflichtet das BKA schließlich dazu, das Informationssystem (zum Begriff → § 13 Rn. 10) so zu entwickeln, dass die von den anderen Polizeibehörden eingehenden **Abfragen** (→ Rn. 3), einschließlich ihrer Begründung, möglichst standardisiert protokolliert werden können. Eine solche Protokollierung wird nämlich von **§ 76 Abs. 1 Nr. 3, Abs. 2 BDSG** zwingend vorgeschrieben, durch den wiederum Art. 25 Abs. 1 DSRL-JI umgesetzt wird.[30] Die Protokollierung dient erkennbar der Dokumentation der Datenverarbei-

21 Eingehend dazu Seibel NJW 2013, 3000.

22 Auch die Gesetzesbegründung BT-Drs. 18/11163, 97 betont, dass das BKA „das System der Vergabe von Zugriffsberechtigungen, insbesondere auch wegen des notwendigen hohen Datenschutzniveaus, fortdauernd an neue technische Entwicklungen anzupassen hat".

23 Seibel NJW 2013, 3000 (3003).

24 BVerfG Beschl. v. 8.8.1978 – 2 BvL 8/77 –, BVerfGE 49, 89 (135 f.).

25 Zur gerichtlichen Kontrolldichte etwa Gusy DVBl. 1987, 497.

26 Dies betonen etwa Auer-Reinsdorff/Conrad/Thalhofer/Żdanowiecki, HdB IT- und DSR, 3. Aufl. 2019, § 19 Rn. 67.

27 BT-Drs. 18/11163, 97.

28 Schenke/Graulich/Ruthig/Graulich BKAG § 15 Rn. 9.

29 Ausschuss-Drs. 18(4)806 A, 19 f.

30 Schenke/Graulich/Ruthig/Graulich BKAG § 15 Rn. 11.

tung,[31] die es wiederum den betroffenen Personen erleichtert, ihre datenschutzrechtlichen Betroffenenrechte wahrzunehmen.

V. Verhältnis zum allgemeinen Datenschutzrecht

Letztlich entspricht die bereichsspezifische Regelung des § 15 BKAG weitgehend dem allgemeinen Datenschutzrecht, das Verantwortliche und Auftragsverarbeiter in **§ 64 Abs. 1 S. 1 BDSG** verpflichtet, zum Schutz der Datensicherheit die erforderlichen technischen und organisatorischen Maßnahmen zu treffen und nach Maßnahme von **§ 64 Abs. 3 Nr. 5 BDSG** eine effektive Zugriffskontrolle zur errichten.[32] Da das BKAG jedoch keine Regelungen hinsichtlich der **Betroffenenrechte** auf Auskunft, Berichtigung oder Löschung vorsieht, ist insoweit ergänzend auf die **allgemeinen Regeln** (**§§ 55–61 BDSG**) **zurückzugreifen.** 12

§ 16 Datenweiterverarbeitung im Informationssystem

(1) Das Bundeskriminalamt kann personenbezogene Daten nach Maßgabe des § 12 im Informationssystem weiterverarbeiten, soweit dies zur Erfüllung seiner Aufgaben erforderlich ist und soweit dieses Gesetz keine zusätzlichen besonderen Voraussetzungen vorsieht.

(2) [1]Das Bundeskriminalamt kann personenbezogene Daten im Informationssystem weiterverarbeiten, soweit dies erforderlich ist zur Fahndung und polizeilichen Beobachtung, Ermittlungsanfrage oder gezielten Kontrolle, wenn das Bundeskriminalamt oder die die Ausschreibung veranlassende Stelle nach dem für sie geltenden Recht befugt ist, die mit der Ausschreibung für Zwecke der Strafverfolgung, des Strafvollzugs, der Strafvollstreckung oder der Abwehr erheblicher Gefahren vorgesehene Maßnahme vorzunehmen oder durch eine Polizeibehörde vornehmen zu lassen. [2]Satz 1 gilt entsprechend für Ausschreibungen zur Durchführung aufenthaltsbeendender oder einreiseverhindernder Maßnahmen. [3]Die veranlassende Stelle trägt die Verantwortung für die Zulässigkeit der Maßnahme. [4]Sie hat in ihrem Ersuchen die bezweckte Maßnahme sowie Umfang und Dauer der Ausschreibung zu bezeichnen. [5]Nach Beendigung einer Ausschreibung nach Satz 1 oder Satz 2 sind die zu diesem Zweck gespeicherten Daten unverzüglich zu löschen.

(3) Das Bundeskriminalamt kann personenbezogene Daten, die es bei der Wahrnehmung seiner Aufgaben auf dem Gebiet der Strafverfolgung erlangt hat, unter den Voraussetzungen der §§ 18 und 19 im Informationssystem für Zwecke künftiger Strafverfahren weiterverarbeiten.

(4) [1]Das Bundeskriminalamt kann im Informationssystem personenbezogene Daten mit Daten, auf die es zur Erfüllung seiner Aufgaben zugreifen darf, abgleichen, wenn Grund zu der Annahme besteht, dass dies zur Erfüllung einer Aufgabe erforderlich ist. [2]Rechtsvorschriften über den Datenabgleich in anderen Fällen bleiben unberührt.

(5) [1]Das Bundeskriminalamt kann zur Erfüllung seiner Aufgaben nach § 2 Absatz 4 im Informationssystem personenbezogene Daten, die bei der Durchführung erkennungsdienstlicher Maßnahmen erhoben worden sind, weiterverarbeiten,

1. **wenn eine andere Rechtsvorschrift dies erlaubt oder**
2. **wenn dies erforderlich ist,**
   a) **weil bei Beschuldigten und Personen, die einer Straftat verdächtig sind, wegen der Art oder Ausführung der Tat, der Persönlichkeit der betroffenen Person oder sonstiger Erkenntnisse Grund zu der Annahme besteht, dass gegen sie Strafverfahren zu führen sind, oder**
   b) **um eine erhebliche Gefahr abzuwehren.**

[2]§ 18 Absatz 5 gilt entsprechend.

(6) Das Bundeskriminalamt kann in den Fällen, in denen bereits Daten zu einer Person vorhanden sind, zu dieser Person auch weiterverarbeiten:

1. **personengebundene Hinweise, die zum Schutz dieser Person oder zur Eigensicherung von Beamten erforderlich sind, oder**
2. **weitere Hinweise, die geeignet sind, dem Schutz Dritter oder der Gewinnung von Ermittlungsansätzen zu dienen.**

31 BT-Drs. 18/11163, 96.
32 So auch Schenke/Graulich/Ruthig/Graulich BKAG § 15 Rn. 1.

A. Überblick und Genese

1 Die mit dem Gesetz zur Neustrukturierung des Bundeskriminalamtgesetzes vom 1.6.2017[1] eingefügte Vorschrift soll „die bislang an verschiedenen Stellen im Bundeskriminalamtsgesetz geregelten Befugnisse zur Datenverarbeitung in einer zentralen Norm neu“[2] regeln. Während der Regelungsgehalt von § 16 **Abs. 2** bislang in § 9 Abs. 1 BKAG aF, **Abs. 3** in § 20 BKAG aF, **Abs. 4** weitgehend in § 28 Abs. 1 und 2 BKAG aF, **Abs. 5** in § 8 Abs. 6 BKAG aF und **Abs. 6** weitgehend in § 7 Abs. 8 BKAG aF enthalten war,[3] ist mit **Abs. 1** eine neue Befugnis hinzukommen, die **generell** zur **„Weiterverarbeitung“** personenbezogener Daten im Informationssystem ermächtigt. Demgegenüber konnte das BKA nach § 7 BKAG aF im Rahmen seiner Zentralstellenaufgabe personenbezogene Daten lediglich „speichern, verändern und nutzen“.[4] Diesem Regelungsansatz folgend markiert § 16 BKAG innerhalb des zweiten Unterabschnitts (§§ 12–24 BKAG) des zweiten Abschnitts über die „allgemeinen Befugnisse“ des BKA (§§ 9–28 BKAG) die **zentrale Befugnisnorm für die „Weiterverarbeitung“** (zum Begriff sogleich → Rn. 4 f.) der im Informationssystem gespeicherten personenbezogenen Daten, während sich die Befugnisse zur Datenerhebung nach §§ 9–11 BKAG und die zur Datenübermittlung nach §§ 25–28 BKAG richten. Während **Abs. 1** eine **allgemeine Befugnis** zur Weiterverarbeitung normiert (dazu sogleich → Rn. 3), finden sich in den **Abs. 2–6 bereichsspezifische Weiterverarbeitungsbefugnisse.**

2 Die auf Grundlage von § 20 BKAG aF erlassene **BKADV** regelt – im Gegensatz zu §§ 16–18 BKAG – nicht die Voraussetzungen der Speicherung (oder der sonstigen „Weiterverarbeitung“) personenbezogener Daten, sondern die Frage, welche Daten zu welchen Zwecken gespeichert werden dürfen.[5] Die **StPO** ist gegenüber den Vorschriften des BKAG zwar **subsidiär**, doch grundsätzlich immer dann anwendbar, wenn das BKAG Lücken aufweist.[6] Darüber hinaus bemisst sich die Zulässigkeit der Datenverwendung und -speicherung auch immer dann nach der Strafprozessordnung (§§ 483 f., 487 StPO), wenn die Daten auf strafprozessualer Grundlage erhoben wurden.[7] In dem Zusammenhang sind insbesondere §§ 477 Abs. 2, 483 f., 487 StPO zu beachten.

B. Kommentierung im Einzelnen

I. Allgemeine Befugnis zur „Weiterverarbeitung“ (Abs. 1)

3 **1. Allgemeine Befugnis.** In der Neukonzeption des BKAG (→ Rn. 1) übernimmt § 16 Abs. 1 die Funktion einer allgemeinen Befugnis zur „Weiterverarbeitung“ (zum Begriff sogleich → Rn. 4 f.) der im Informationssystem gespeicherten personenbezogenen Daten. Insoweit geht die Norm über das gesetzgeberische Ziel hinaus, die vormals verstreuten Datenverarbeitungsbefugnisse neu zu systematisieren. Vielmehr ist mit ihr auch eine **Ausweitung der bislang bestehenden Befugnisse** verbunden. Denn durch die Verabschiedung einer allgemeinen Befugnis wird das BKA auch dort zur Daten(weiter)verarbeitung ermächtigt, wo es ihr die besonderen Befugnisse mangels Vorliegen der Tatbestandsvoraussetzungen versperren. Tatbestandlich **beschränkt** der Wortlaut des § 16 Abs. 1 BKAG die allgemeine Befugnis lediglich **in dreierlei Hinsicht: 1.** durch den Verweis auf § 12 BKAG wird klargestellt, dass die (Weiter)Verarbeitung dem Grundsatz der hypothetischen Datenneuerhebung (→ § 12 Rn. 25 ff.) genügen muss, **2.** durch das Erfordernis der Erforderlichkeit zur Aufgabenerfüllung (→ Rn. 10) soll letztlich dem Verhältnismäßigkeitsgrundsatz Rechnung getragen werden und **3.** sollen, wenn das BKAG für eine (Weiter)Verarbeitung „zusätzliche besondere Voraus-

1 BGBl. I S. 1354; näher Graulich KriPoZ 2017, 278 ff.
2 So die Gesetzesbegründung, vgl. BT-Drs. 18/11163, 97.
3 BT-Drs. 18/11163, 98.
4 S. demgegenüber den darüber hinausgehenden Begriff der Weiterverarbeitung, → Rn. 4 f.
5 Schenke/Graulich/Ruthig/Graulich BKAG § 16 Rn. 2.
6 Vgl. etwa Gusy, POR, Rn. 53.
7 Schenke/Graulich/Ruthig/Graulich BKAG § 16 Rn. 3.

setzungen“ normiert, diese eingehalten werden. In welchen Vorschriften diese „zusätzlichen besonderen Voraussetzungen“ zu finden sind, wird in der Gesetzesbegründung[8] nicht gesagt. Letztlich sind daher alle Vorschriften des BKAG heranzuziehen, welche die Weiterverarbeitung der Sache nach an weitere Voraussetzungen knüpfen (dazu noch → § 18 Rn. 3). Trotz dieser tatbestandlichen Einschränkungen ist die Befürchtung artikuliert worden, dass „[d]iese Regelung […] dem BKA **nahezu unbegrenzte Datenspeicherungen und Datenüberführungen** ermöglichen“ könnte, „solange sich die Weiterverarbeitung im Rahmen derselben Aufgabe hält“.[9] Vor allem bei der Erfüllung der in § 5 BKAG normierten Aufgabe der Terrorismusabwehr lägen die Voraussetzungen fast immer vor, so dass das BKA zu diesem Zwecke erhobenen Daten letztlich „dauerhaft bevorraten“ dürfte, „um sie später einmal im Rahmen dieser Aufgabe zu verwerten“.[10] Diese Kritik gibt in der Tat Anlass, an der **Verfassungsmäßigkeit der Norm zu zweifeln** (→ Rn. 6 ff.).

2. Begriff der „Weiterverarbeitung“. Der Begriff der „Weiterverarbeitung“, der neben Abs. 1 auch in 4
Abs. 5 und 6 des § 16 BKAG sowie in der Überschrift des zweiten Abschnitts des BKAG verwendet wird, ist mit dem Gesetz zur Neustrukturierung des BKAG vom 1.6.2017[11] eingefügt worden. In früheren Fassungen des Gesetzes war er noch nicht enthalten, stattdessen war hier etwa noch davon die Rede, dass das BKA personenbezogene Daten „speichern, verändern und nutzen“ dürfe (so noch § 7 Abs. 1 und § 9 Abs. 1 BKAG aF). Eigens begründet oder näher erläutert wird die Umstellung auf diesen neuen Sprachgebrauch an keiner Stelle. Sie legt jedoch den Schluss nahe, dass mit ihr an die Terminologie des europäischen Datenschutzrechts angeschlossen werden soll,[12] dessen Vorgaben in Gestalt der **DSRL-JI** (eingehend zu ihr und ihrer Bedeutung für das BKAG → § 13 Rn. 2) seit dem 25.5.2016 zwingend umzusetzen waren. Zwar wird der Begriff der Weiterverarbeitung hier nun an einer einzigen Stelle, nämlich im 11. ErwG, verwendet. Doch findet er sich auch in diversen Vorschriften der **DS-GVO**[13] und des **BDSG,**[14] wo er allerdings auch nicht näher bestimmt wird. Legaldefiniert wird aber immerhin der Begriff der **„Verarbeitung“** personenbezogener Daten. Nach den weitgehend kongruenten Begriffsbestimmungen der **Art. 3 Nr. 2 DSRL-JI, Art. 3 Nr. 2 DS-GVO** und **§ 46 Nr. 2 BDSG** ist hiermit der Oberbegriff für eine Vielzahl von Verarbeitungsarten gemeint, zu denen etwa das Erheben, das Speichern, das Verändern, das Offenlegen oder das Übermitteln personenbezogener Daten zählen.[15]

Der Umstand, dass sich der (deutsche) Gesetzgeber dazu entschieden hat, dem Begriff der „Verarbeitung“ 5
noch die **Ergänzung „Weiter-“** voranzustellen, lässt verschiedene Interpretationen zu. **Einerseits** wäre es denkbar, dass hiermit kein semantischer Mehrwert gegenüber dem Begriff der „Verarbeitung“ verbunden ist, außer dass der in § 16 Abs. 1 BKAG geregelten „Weiter“-Verarbeitung immer schon ein anderer Verarbeitungsvorgang vorausgehen muss. Dann würde § 16 Abs. 1 BKAG letztlich zu **allen Formen der Verarbeitung** (→ Rn. 3) ermächtigen, beispielsweise auch zu Daten*erhebungen*, solange ihr irgendeine andere Datenverarbeitung vorausgegangen wäre. Diesem Ergebnis steht jedoch bereits entgegen, dass das BKAG für die Datenerhebung in §§ 9–11 und für die Datenübermittlung in §§ 25–28 eigene Befugnisse enthält. Damit spricht viel dafür, unter der **„Weiterverarbeitung“ alle** anderen **Formen der „Datenverarbeitung“**, die der zweite Abschnitt des BKAG (§§ 9–28) regeln will, zu subsumieren, **die keine Datenerhebung und keine Datenübermittlung darstellen.** Damit wären unter diesem Begriff letztlich vor allem das **Speichern, Verändern und Nutzen**[16] personenbezogener Daten erfasst, die bereits nach Maßgabe des BKAG aF zulässig waren.[17] Dazu kommen jedoch auch weitere Formen der Datenverarbeitungen wie beispielsweise das Ordnen,[18] das

8 BT-Drs. 18/11163, 97.

9 Bäcker, Der Umsturz kommt zu früh: Anmerkungen zur polizeilichen Informationsordnung nach dem neuen BKA-Gesetz, VerfBlog, 2017/6/08.

10 Bäcker, Der Umsturz kommt zu früh: Anmerkungen zur polizeilichen Informationsordnung nach dem neuen BKA-Gesetz, VerfBlog, 2017/6/08.

11 BGBl. I S. 1354.

12 Dahin gehend ließe sich die Gesetzesbegründung (s. BT-Drs. 18/11163, 98) interpretieren.

13 Vgl. Art. 5 Abs. 1 lit. b, Art. 6 Abs. 4 lit. a, Art. 89 Abs. 1, sowie die jeweils damit verbundenen ErwG 50, 67, 156, 158.

14 S. § 32 Abs. 1 Nr. 1, § 4 Abs. 3 BDSG.

15 Ausführlich dazu Simitis/Hornung/Spiecker gen. Döhmann/Roßnagel, Datenschutzrecht, 2019, DS-GVO Art. 4 Rn. 14 ff.

16 Zu berücksichtigen ist allerdings, dass dieser Begriff im europäischen Datenschutzrecht und auch im neuen BDSG keinen Gebrauch mehr findet. Allerdings ist davon auszugehen, dass der Begriff der Nutzung dem der „Verwendung“ (weitgehend) entspricht, so etwa Sydow/Reimer DS-GVO, 2. Aufl. 2018, Art. 4 Rn. 67. Unter der „Verwendung“ ist wiederum ein Auffangtatbestand gemeint, von dem alle Datenverarbeitungsvorgänge erfasst sein sollen, die nicht schon unter andere Formen der Datenverarbeitung erfasst sind, vgl. etwa Simitis/Hornung/Spiecker gen. Döhmann/Roßnagel, Datenschutzrecht, 2019, DS-GVO Art. 4 Rn. 4.

17 So auch Schenke/Graulich/Ruthig/Graulich BKAG § 16 Rn. 1 f., der jedoch – ohne dass dies näher dargelegt wird – jedoch letztlich jede Form der Datenverarbeitung iSv § 46 Abs. 2 BDSG, also unter anderem auch das „Erheben“ personenbezogener Daten, erfasst sehen will (ebd., Rn. 8). Diese Auffassung kann aus den genannten Gründen nicht überzeugen.

18 Vgl. dazu etwa Simitis/Hornung/Spiecker gen. Döhmann/Roßnagel, Datenschutzrecht, 2019, DS-GVO Art. 4 Rn. 59 f.

Auslesen,[19] das Abfragen,[20] das Abgleichen und Verknüpfen,[21] das Einschränken,[22] das Löschen[23] oder das Vernichten.[24] Mit Blick auf das **verfassungsrechtliche Bestimmtheitsgebot** wäre es vorzugswürdig gewesen, die einzelnen Verarbeitungsformen – beispielsweise in einer Legaldefinition – aufzuführen, gerade auch um dem Eindruck der fast schon unbegrenzten tatbestandlichen Weite des § 16 Abs. 1 BKAG (→ Rn. 2) entgegenzuwirken.

6 **3. Verfassungsrechtliche Bewertung.** § 16 Abs. 1 BKAG wirft aber auch aus anderen Gründen **verfassungsrechtliche Zweifel** auf, da er das BKA zu einer Bevorratung und Weiternutzung von Daten in einer Weise ermächtigt, die mit den aus dem Grundrecht auf informationelle Selbstbestimmung (Art. 2 Abs. 1 iVm Art. 1 Abs. 1 GG) hergeleiteten **Grundsätzen der Zweckbindung** und **-änderung**[25] unvereinbar erscheinen.[26] Der **Zweckbindungsgrundsatz** (→ § 12 Rn. 10 ff.) erlaubt ein und derselben Behörde eine (Weiter-)Verarbeitung personenbezogener Daten nur zu solchen Zwecken, die bereits im Zeitpunkt der Datenerhebung hinreichend bestimmt festgelegt wurden. Hierzu hat das Bundesverfassungsgericht in seinem BKAG-Urteil klargestellt, dass die Datenerhebung ihren Zweck regelmäßig aus dem jeweiligen Ermittlungsverfahren bezieht, so dass eine **Weiterverarbeitung grundsätzlich nur im Rahmen desselben Ermittlungsverfahrens zulässig** wäre.[27] Allerdings lässt das Bundesverfassungsgericht[28] die Weiterverarbeitung auch zu anderen, außerhalb des jeweiligen Ermittlungsverfahrens liegenden Zwecken[29] zu. In solchen Fällen spricht man von einer **„Zweckänderung“** (→ § 12 Rn. 19 ff.). In seinem BKAG-Urteil hat es das Bundesverfassungsgericht dem Gesetzgeber grundsätzlich erlaubt, eine solche Zweckänderung zu regeln, solange er sich dabei am Grundsatz der hypothetischen Datenneuerhebung (→ § 12 Rn. 25) orientiert.[30] Allerdings wäre es dysfunktional, die durch § 16 BKAG gestattete Bevorratung personenbezogener Daten als Zweckänderung zu behandeln.[31] Nach Ansicht des Bundesverfassungsgerichts[32] setzt diese nämlich einen „konkreten Ermittlungsansatz“[33] voraus, der – wenn man ihn auch im Rahmen von § 16 Abs. 1 BKAG verlangen würde – dazu führte, dass eine Bevorratung der Daten unzulässig wäre. Denn bei der Bevorratung fehlt es ja gerade an einem konkreten Ermittlungsansatz.[34]

7 Darüber hinaus hat das Bundesverfassungsgericht dem Gesetzgeber aber auch noch die Möglichkeit eröffnet, die Nutzung (zum Begriff → Rn. 4) personenbezogener Daten auch über den Zweck (bzw. das Ermittlungsverfahren), für den (bzw. für das) sie ursprünglich erhoben wurden, hinaus zu erlauben (sog. **weitere Nutzung**), ohne dass dabei die Voraussetzungen der hypothetischen Datenneuerhebung zu beachten wären

19 Vgl. dazu etwa Simitis/Hornung/Spiecker gen. Döhmann/Roßnagel, Datenschutzrecht, 2019, DS-GVO Art. 4 Rn. 63.

20 Vgl. dazu etwa Simitis/Hornung/Spiecker gen. Döhmann/Roßnagel, Datenschutzrecht, 2019, DS-GVO Art. 4 Rn. 64.

21 Vgl. dazu etwa Simitis/Hornung/Spiecker gen. Döhmann/Roßnagel, Datenschutzrecht, 2019, DS-GVO Art. 4 Rn. 72.

22 Vgl. dazu etwa Simitis/Hornung/Spiecker gen. Döhmann/Roßnagel, Datenschutzrecht, 2019, DS-GVO Art. 4 Rn. 74.

23 Vgl. dazu etwa Simitis/Hornung/Spiecker gen. Döhmann/Roßnagel, Datenschutzrecht, 2019, DS-GVO Art. 4 Rn. 75.

24 Vgl. dazu Simitis/Hornung/Spiecker gen. Döhmann/Roßnagel, Datenschutzrecht, 2019, DS-GVO Art. 4 Rn. 76.

25 BVerfG Urt. v. 15.12.1983 – 1 BvR 209/83 ua –, BVerfGE 65, 1 (51, 62); Urt. v. 14.7.1999 – 1 BvR 2226/94 ua –, BVerfGE 100, 313 (360 f.); Urt. v. 3.3.2004 – 1 BvR 2378/98 ua –, BVerfGE 109, 279 (375 ff.); Beschl. v. 3.3.2004 – 1 BvF 3/92 –, BVerfGE 110, 33 (73); Beschl. v. 10.3.2008 – 1 BvR 2388/03 –, BVerfGE 120, 351 (368); Urt. v. 2.3.2010 – 1 BvR 256/08 ua –, BVerfGE 125, 260 (333); Beschl. v. 7.12.2011 – 2 BvR 2500/09 ua –, BVerfGE 130, 1 (33); Urt. v. 24.4.2013 – 1 BvR 1215/07 –, BVerfGE 133, 277 (372 ff., Rn. 221 ff.); Urt. v. 20.4.2016 – 1 BvR 966/09 ua –, BVerfGE 141, 220 (324 ff., Rn. 275 ff.). S. auch die Darstellung bei Lisken/Denninger/Schwabenbauer, HdbPolR, G Rn. 23 ff.

26 Vgl. Bäcker, Der Umsturz kommt zu früh: Anmerkungen zur polizeilichen Informationsordnung nach dem neuen BKA-Gesetz, VerfBlog, 2017/6/08; ders. Schriftsatz der Verfassungsbeschwerde im Verfahren 1 BvR 1160/19, S. 39 ff., 48 ff., abrufbar unter: https://freiheitsrechte.org/home/wp-content/uploads/2019/10/2019-05-21-BKA-Gesetz-VB-anonymisiert.pdf.

27 Bäcker, Der Umsturz kommt zu früh: Anmerkungen zur polizeilichen Informationsordnung nach dem neuen BKA-Gesetz, VerfBlog, 2017/6/08, spricht insofern von „verfahrens**internen** Zwecken“ (Hervorhebungen nicht im Original).

28 BVerfG Urt. v. 20.4.2016 – 1 BvR 966/09 ua –, BVerfGE 141, 220, Ls. 2c).

29 Bäcker, Der Umsturz kommt zu früh: Anmerkungen zur polizeilichen Informationsordnung nach dem neuen BKA-Gesetz, VerfBlog, 2017/6/08, spricht insofern von „verfahrens**externen** Zwecken“ (Hervorhebungen nicht im Orginal).

30 Vgl. BVerfG Urt. v. 20.4.2016 – 1 BvR 966/09 ua –, BVerfGE 141, 220 (328, Rn. 289): Danach muss „die neue Nutzung der Daten dem Schutz von Rechtsgütern oder der Aufdeckung von Straftaten eines solchen Gewichts dien[en], die verfassungsrechtlich ihre Neuerhebung mit vergleichbar schwerwiegenden Mitteln rechtfertigen“ können.

31 Vgl. Bäcker, Schriftsatz der Verfassungsbeschwerde im Verfahren 1 BvR 1160/19, S. 41 f., abrufbar unter: https://freiheitsrechte.org/home/wp-content/uploads/2019/10/2019-05-21-BKA-Gesetz-VB-anonymisiert.pdf.

32 BVerfG Urt. v. 20.4.2016 – 1 BvR 966/09 ua –, BVerfGE 141, 220 (326 f., Rn. 284); zuvor bereits BVerfG Urt. v. 3.3.2004 – 1 BvR 2378/98 ua –, BVerfGE 109, 279 (377).

33 Ein solcher soll nach BT-Drs. 18/11163, 91 vorliegen, wenn „sich eine Gefahr für mindestens vergleichbar bedeutsame Rechtsgüter, zu deren Schutz die ursprüngliche Datenerhebung vorgenommen wurde, nicht nur abstrakt, sondern vielmehr als eine in ersten Umrissen absehbare und konkretisierte Möglichkeit eines Schadenseintritts für ein solches Rechtsgut darstellt“.

34 So auch Bäcker, Schriftsatz der Verfassungsbeschwerde im Verfahren 1 BvR 1160/19, S. 42, abrufbar unter: https://freiheitsrechte.org/home/wp-content/uploads/2019/10/2019-05-21-BKA-Gesetz-VB-anonymisiert.pdf.: „Das Erfordernis eines konkreten Ermittlungsansatzes würde die polizeiliche Informationsordnung […] ohne nachvollziehbaren Grund weitgehend aushebeln. Insbesondere die Zentralstellenaufgabe des BKA wäre erheblich beeinträchtigt. Dies kann nicht der Sinn einer verfassungsrechtlichen Maßstabsbildung sein“.

(zur Einordnung von § 16 BKAG als „weitere Nutzung" sogleich → Rn. 9).[35] Allerdings setzt eine solche „weitere Nutzung" im Gegensatz zur Zweckänderung voraus, dass „dieselbe Behörde zur Wahrnehmung derselben Aufgabe und zum Schutz derselben Rechtsgüter"[36] gehandelt hat. Dem gleichgestellt ist der Fall, dass eine „weitere Nutzung" seitens einer anderen Behörde, aber zum selben Zweck stattfindet.[37] Wurden die Daten im Wege einer Wohnraumüberwachung oder eines Zugriffs auf informationstechnische Systeme erhoben, so gelten zudem noch weitere Voraussetzungen. So müssen auch für eine weitere Nutzung „die für die Datenerhebung maßgeblichen Anforderungen an die Gefahrenlage erfüllt sein".[38] Letztlich hat das Bundesverfassungsgericht damit ein **zweistufiges Schutzkonzept** entwickelt, indem es dem **strengen Zweckänderungsgrundsatz** noch eine **weniger strenge erste Stufe** in Gestalt der **(zweckkonformen) „weiteren Nutzung"** vorgeschaltet hat. Hierdurch sind die Anforderungen an den Datenschutz abgesenkt und dem Gesetzgeber die Möglichkeiten der Weiternutzung personenbezogener Daten erleichtert worden.[39] Es gilt nämlich: **Je genauer der Zweck bestimmt** ist, **desto** geringer sind die Verwendungsmöglichkeiten und desto **weniger tief** ist der aus der Verwendung resultierende **Grundrechtseingriff**.[40]

§ 16 Abs. 1 BKAG kann folglich als der Versuch gesehen werden, die Vorgaben des Bundesverfassungsge- 8
richts zur zweckändernden Verarbeitung (→ Rn. 6) bzw. zur zweckkonformen „weiteren Nutzung" (→ Rn. 7) umzusetzen. Als „Zwecke" sind dabei sämtliche Aufgaben des BKA zu nennen, die in §§ 1–8 BKAG normiert sind. Schließlich soll § 16 Abs. 1 BKAG die Voraussetzungen dafür schaffen, dass das BKA „Daten, die im Zusammenhang mit der Erfüllung einer bestimmten gesetzlichen Aufgabe anfallen, auch für die Erfüllung einer anderen Aufgabe [...] nutzen"[41] darf, wobei die Norm zugleich klarstellt, dass dafür die Voraussetzungen des in § 12 BKAG geregelten Grundsatzes der hypothetischen Datenneuerhebung eingehalten werden müssen, wie es das Bundesverfassungsgericht für derartige Zweckänderungen verlangt hat (→ Rn. 6). Gleichwohl bestehen an der **Verfassungsmäßigkeit der gewählten Regelung ernsthafte Zweifel,** da sie zu einer anlasslosen Bevorratung personenbezogener Daten nicht nur von „Gefährdern", sondern auch von allen anderen in §§ 18, 19 BKAG genannten Personen führen kann.[42] Bei der Beurteilung der Verfassungsmäßigkeit ist dabei dem Grunde nach zu unterscheiden zwischen der Verfassungsmäßigkeit 1. der **Bevorratung** (dh Speicherung auf Vorrat), die von Art und Inhalt der Datensammlung sowie der Dauer der Speicherung abhängt, und 2. der sich hieran anschließenden **Nutzung,** deren Verfassungsmäßigkeit wiederum von den Zielen und den Nutzungsarten abhängt.[43] Problematisch ist jedoch, dass 1. und 2. insofern „miteinander verflochten" bzw. „aufeinander bezogen" sind, als „die Anforderungen an die Datennutzung zugleich den Zweck der Datenbevorratung mitdefinieren".[44] Daher sind beispielsweise die Anforderungen an die Datennutzung umso höher, je niedriger die Anforderungen an eine Bevorratung sind.[45] Ebenso können die Voraussetzungen und Ziele einer Datennutzung etwas großzügiger sein, wenn die Nutzung auf wenige Arten[46] oder von Daten mit weniger sensiblem Informationsgehalt beschränkt ist.[47] Eine anlasslose, umfassende Speicherung von Daten, die auch einen sensiblen Informationsgehalt aufweisen, würde zudem auf europarechtliche Bedenken stoßen (→ Rn. 12).

35 Dafür ist auch kein konkreter Tatverdacht in einem neuen Ermittlungsverfahren erforderlich. Es genügt bereits ein „konkreter Ermittlungsansatz".

36 BVerfG Urt. v. 20.4.2016 – 1 BvR 966/09 ua –, BVerfGE 141, 220, Ls. 2b).

37 BVerfG Urt. v. 20.4.2016 – 1 BvR 966/09 ua –, BVerfGE 141, 220 (326 ff., Rn. 284 ff.).

38 BVerfG Urt. v. 20.4.2016 – 1 BvR 966/09 ua –, BVerfGE 141, 220, Ls. 2b).

39 Vgl. Müllmann NVwZ 2016, 1692 ff., der betont, dass es sich bei dem Zweistufenkonzept um eine „den Datenschutz schwächende Ausdifferenzierung des Begriffs der Zweckänderung der Datenverwendung" handele (S. 1693) und dass die „weitere Nutzung" von Daten bislang ebenfalls als Fall der Zweckänderung angesehen worden sei (S. 1694); so etwa noch in: BVerfG Urt. v. 3.3.2004 – 1 BvR 2378/98 ua –, BVerfGE 109, 279; Beschl. v. 10.3.2008 – 1 BvR 2388/03 –, BVerfGE 120, 351; Beschl. v. 7.12.2011 – 2 BvR 2500/09 ua –, BVerfGE 130, 1. Die Konturenlosigkeit der Rechtsfigur der „weiteren Nutzung" bemängelt auch Bäcker in Hoffmann-Riem (Hrsg.), Big Data – Regulative Herausforderungen, 2018, S. 167 (170, m. Fn. 11).

40 Singelnstein ZStW 120 (2008), 854 (856).

41 BT-Drs. 18/11163, 97.

42 Vgl. Bäcker, Der Umsturz kommt zu früh: Anmerkungen zur polizeilichen Informationsordnung nach dem neuen BKA-Gesetz, VerfBlog, 2017/6/08; ders., Schriftsatz der Verfassungsbeschwerde im Verfahren 1 BvR 1160/19, S. 39 ff., 48 ff., abrufbar unter: https://freiheitsrechte.org/home/wp-content/uploads/2019/10/2019-05-21-BKA-Gesetz-VB-anonymisiert.pdf.

43 Vgl. Bäcker, Schriftsatz der Verfassungsbeschwerde im Verfahren 1 BvR 1160/19, S. 44, abrufbar unter: https://freiheitsrechte.org/home/wp-content/uploads/2019/10/2019-05-21-BKA-Gesetz-VB-anonymisiert.pdf. – unter Verweis auf BVerfG Urt. v. 24.1.2013 – 1 BvR 1215/07 –, BVerfGE 133, 277 (339 ff., Rn. 145 ff.; 350 ff., Rn. 166 ff.; 360 ff., Rn. 191 ff.); EGMR Urt. v. 13.11.2012 – Nr. 24029/07 –, Rn. 13 – M.M./Vereinigtes Königreich; Urt. v. 24.1.2019 – Nr. 43514/15 –, NVwZ 2020, 377 (378, Rn. 95) – Catt/Vereinigtes Königreich.

44 So zutreffend Bäcker, Schriftsatz der Verfassungsbeschwerde im Verfahren 1 BvR 1160/19, S. 44, abrufbar unter: https://freiheitsrechte.org/home/wp-content/uploads/2019/10/2019-05-21-BKA-Gesetz-VB-anonymisiert.pdf.

45 Vgl. BVerfG Urt. v. 2.3.2010 – 1 BvR 256/08 ua –, BVerfGE 125, 260 (327 ff.).

46 Vgl. BVerfG Urt. v. 2.3.2010 – 1 BvR 256/08 ua –, BVerfGE 125, 260 (340 ff.).

47 Vgl. BVerfG Beschl. v. 24.1.2012 – 1 BvR 1299/05 –, BVerfGE 130, 151 (195 ff.).

9 Dass die Bevorratung **nicht** sinnvollerweise als **„Zweckänderung“** eingestuft werden kann, wurde bereits gezeigt (→ Rn. 7). Es wäre jedoch **auch verfehlt**, die durch § 16 BKAG ermöglichte Datenbevorratung und die anschließende Nutzung **als „weitere Nutzung“** (→ Rn. 7) **zu behandeln**, da sonst eine anlasslose Nutzung der Daten ermöglicht würde, die vom Grundsatz der Zweckbindung nichts mehr übrig lassen würde.[48] Mit der Figur der „weiteren Nutzung“ hat das Bundesverfassungsgericht aber nicht eine Nutzung der in **einem** Ermittlungsverfahren erhobenen Daten in (potenziell) **allen** künftigen, sondern lediglich den sich **unmittelbar hieran anschließenden** Ermittlungsverfahren gemeint, also nur die Verwertung von Zufallsfunden (vgl. § 477 Abs. 2 StPO) ermöglichen wollen. Darüber hinaus verlangt das Bundesverfassungsgericht, dass die gespeicherten Daten mit Erreichung des Erhebungszwecks unverzüglich zu löschen sind,[49] was das BKAG jedoch nicht im Rahmen der allgemeinen Befugnis des § 16 Abs. 1 BKAG, sondern nur in Abs. 2 S. 5 für die besondere Verarbeitung nach Abs. 2 vorsieht (→ Rn. 15). Letztlich ist § 16 Abs. 1 BKAG damit **keine verfassungskonforme Umsetzung des BKAG-Urteils**, sondern muss an den Vorgaben gemessen werden, die das Bundesverfassungsgericht an (sonstige) Datenbevorratungen anlegt. Danach bedarf eine solche Bevorratung, die auf eine massenhafte Speicherung personenbezogener Daten hinauslaufe, eines hinreichenden Anlasses;[50] dies gilt auch für die sich anschließende Nutzung der Daten. Daraus folgt, dass eine Überführung der in einem Strafverfahren erhobenen und anschließend bevorrateten Daten in andere Strafverfahren nur in engen Grenzen zulässig ist. Da das BKAG weder in § 16 noch in einer anderen Vorschrift[51] derlei Anforderungen normiert, ist es insoweit als **verfassungswidrig** einzustufen.[52]

10 Problematisch ist weiterhin die Vereinbarkeit des § 16 Abs. 1 BKAG mit den **Grundsätzen der Bestimmtheit und Normenklarheit**, die den Gesetzgeber im Kontext der Weiterverarbeitung personenbezogener Daten dazu verpflichten, die Zwecke der Weiterverarbeitung möglichst bereichsspezifisch und präzise festzulegen.[53] Damit soll sichergestellt werden, dass eine (potenziell) betroffene Person erkennen kann, „bei welchen Anlässen und unter welchen Voraussetzungen ein Verhalten mit dem Risiko der Überwachung verbunden ist“.[54] Zwar dürfte sich der in § 16 Abs. 1 BKAG enthaltene **Verweis auf die in §§ 2–8 BKAG normierten Aufgaben** an sich als hinreichend bestimmt darstellen, da die Aufgaben als solche klar umrissen sind. Inwiefern dies jedoch auch bei dem Tatbestandsmerkmal **„erforderlich“** zur Aufgabenerfüllung der Fall ist, erscheint zumindest diskutabel[55] (→ Rn. 12). Schließlich ist auch die Regelung des § 16 Abs. 6 Nr. 2 BKAG verfassungsrechtlich bedenklich (→ Rn. 21).

11 **4. Europarechtliche Bewertung.** Das Europarecht verwendet nicht nur den Begriff der „Weiterverarbeitung“ (→ Rn. 4), es lässt diese auch grundsätzlich zu.[56] Insofern ist das BKAG-Urteil des Bundesverfassungsgerichts (→ Rn. 6 f.) auch als Versuch gedeutet worden, „eine höhere Deckungsgleichheit im Bereich des Verständnisses der Zweckbindung der Datenerhebung auf nationaler und europäischer Ebene“[57] zu erreichen. Allerdings hat der Europäische Gerichtshof auch wiederholt entschieden, dass jedenfalls eine anlass- und unterschiedslose Speicherung personenbezogener Daten, vor allem wenn sie einen sensiblen Informationsgehalt aufweisen, grundsätzlich unzulässig, da mit den Grundrechten auf Achtung des Privatlebens (Art. 7 EuGRCh) und Datenschutz (Art. 8 EuGRCh) unvereinbar sei.[58] Der Europäische Gerichtshof für Menschenrechte betont zudem, dass von einer solchen, massenhaften Bevorratung von Daten sowohl ein

48 Bäcker, Schriftsatz der Verfassungsbeschwerde im Verfahren 1 BvR 1160/19, S. 42, 47, abrufbar unter: https://freiheitsrechte.org/home/wp-content/uploads/2019/10/2019-05-21-BKA-Gesetz-VB-anonymisiert.pdf.

49 Vgl. BVerfG Urt. v. 20.4.2016 – 1 BvR 966/09 ua –, BVerfGE 141, 220 (332 f., Rn. 301).

50 Vgl. etwa BVerfG Urt. v. 2.3.2010 – 1 BvR 256/08 ua –, BVerfGE 125, 260 (328).

51 Die §§ 18 und 19 BKAG betreffen lediglich die in § 2 BKAG normierte Zentralstellenfunktion, die also keinen besonderen Weiterverarbeitungsanlass normiert.

52 So auch Bäcker, Schriftsatz der Verfassungsbeschwerde im Verfahren 1 BvR 1160/19, S. 48, 50, abrufbar unter: https://freiheitsrechte.org/home/wp-content/uploads/2019/10/2019-05-21-BKA-Gesetz-VB-anonymisiert.pdf, der zu Recht betont, dass das „differenzierte Gefüge von Eingriffsanlässen und persönlichen Inanspruchnahmegründen, das die gesetzlichen Datenerhebungsregeln kennzeichnet, […] auf den nachgelagerten Stufen der Datenbevorratung und Datennutzung so gut wie vollständig nivelliert“ werde.

53 Eingehend zu den Anforderungen des Bestimmtheitsgrundsatzes im Sicherheitsrecht: Lisken/Denninger/Schwabenbauer, HdbPolR, G Rn. 176 ff.

54 Vgl. BVerfG Beschl. v. 3.3.2004 – 1 BvF 3/92 –, BVerfGE 110, 33 (54).

55 Ablehnend BVerfG Urt. v. 19.5.2020 – 1 BvR 2835/17 –, BVerfGE 154, 152 (306, Rn. 316 ff.); im Anschluss hieran auch: BVerfG Beschl. v. 28.9.2022 – 1 BvR 2354/13 –, NVwZ-RR 2023, 1 (13, Rn. 158), m. Anm. Löffelmann JR 2023, 1 ff.

56 Dies betont auch etwa Spiecker gen. Döhmann, Bundesverfassungsgericht kippt BKA-Gesetz: Ein Pyrrhus-Sieg der Freiheitsrechte?, VerfBlog, 2016/4/21.

57 Müllmann NVwZ 2016, 1692 (1695).

58 Vgl. zuletzt EuGH (GK) Urt. v. 6.10.2020 – Rs. C-623/17 –, DÖV 2021, 41 (Ls.) – Privacy International; Urt. v. 6.10.2020 – C-511/18 ua –, NJW 2021, 531 – Le Quadrature du Net ua („Vorratsdatenspeicherung III“); Urt. v. 5.4.2022 – C-140/20 –, ZD 2022, 677 – G. D./Commissioner of An Garda Síochána („Vorratsdatenspeicherung IV“); Urt. v. 20.9.2022 – C-793/19 ua –, ZD 2022, 666 – SpaceNet und Telekom Deutschland („Vorratsdatenspeicherung V“); zuvor bereits EuGH (GK) Urt. v. 21.12.2016 – Verb. Rs. C-203/15 ua –, NJW 2017, 717 – Watson und Tele2 Sverige („Vorratsdatenspeicherung II“); Urt. v. 8.4.2014 – Verb. Rs. C-293/12 ua –, NJW 2014, 2169 – Digital Rights Ireland ua („Vorratsdatenspeicherung I“).

Stigmatisierungs- als auch ein Einschüchterungseffekt ausgehen könnten.[59] Erforderlich sei daher ein zumindest ansatzweise konkretisierter Anlass, um eine solche massenhafte Speicherung auf Vorrat zu legitimieren.[60] Ferner müsse zumindest in Ansätzen erkennbar sein, dass die auf Vorrat gespeicherten Daten künftig einen Beitrag zur Wahrnehmung der polizeilichen Aufgabe leisten können.[61] Schließlich ist auch die Dauer der Bevorratung zu befristen.[62] Darüber hinaus bildet der **Zweckbindungsgrundsatz** (zu seiner Bedeutung im deutschen Recht → Rn. 6; → § 12 Rn. 10 ff.) auch ein grundlegendes Prinzip des Europäischen Datenschutzrechts, das sich sowohl in Art. 4 Abs. 1 lit. b DSRL-JI als auch in Art. 5 Abs. 1 lit. b DS-GVO findet. Auch hier lässt sich zwischen einer (zweckkonformen) Weiterverarbeitung[63] und einer (gesetzlich zu regelnden) Zweckänderung[64] unterscheiden. Praktisch relevant wird dieser Unterschied jedoch nur hinsichtlich der Frage, ob nur die Zweckänderung[65] oder auch die (zweckkonforme) Weiterverarbeitung[66] lediglich unter der Voraussetzung zulässig ist, dass sie sich auf einen eigenen Erlaubnistatbestand stützen kann oder ob es ausreicht, dass der neue Zweck mit dem ursprünglichen Zweck „vereinbar" ist, wie es der Wortlaut der Bestimmungen und der 50. ErwG der DS-GVO nahelegen. Art. 8 Abs. 2 DSRL-JI verpflichtet die Mitgliedstaaten in jedem Falle dazu, „zumindest die Ziele der Verarbeitung, die personenbezogenen Daten, die verarbeitet werden sollen, und die Zwecke der Verarbeitung" anzugeben.

5. Erforderlichkeit der Weiterverarbeitung zur Aufgabenerfüllung. Wann die Weiterverarbeitung zur Erfüllung einer der in §§ 2–8 BKAG genannten Aufgaben **„erforderlich"** ist, lässt sich nicht allgemein, sondern nur im Einzelfall feststellen. Das BKA trifft insoweit eine Pflicht, die Erforderlichkeit (schriftlich) zu begründen, auch wenn die Kennzeichnungspflicht des § 14 BKAG[67] (zu ihrem Regelungszweck → § 14 Rn. 1) dies nicht eigens normiert. Dies folgt aber aus den allgemeinen Regeln über die Darlegungs- und Beweislast. Wird das Tatbestandsmerkmal der Erforderlichkeit als tatbestandliche Einschränkung der ansonsten nahezu unbeschränkten (→ Rn. 9) Daten(weiter)verarbeitungsbefugnis verstanden, so liegt es nahe, den Grund dieser Einschränkung im Verhältnismäßigkeitsgrundsatz zu sehen. Hier bedeutet „Erforderlichkeit", dass das angestrebte Ziel nicht mit weniger eingriffsintensiven, aber gleich wirksamen Mitteln erreicht werden kann.[68] Voraussetzung für die Wahrung des Erforderlichkeits- wie überhaupt des Verhältnismäßigkeitsgrundsatzes ist jedoch eine hinreichend präzise Zweckbestimmung, da sich Erforderlichkeit und Verhältnismäßigkeit an diesem Zweck auszurichten haben.[69] Insofern dürfte sich das Tatbestandsmerkmal der Erforderlichkeit zwar abstrakt kaum, im Einzelfall aber sehr wohl bestimmen lassen. Damit wäre dem Bestimmtheitsgrundsatz (→ Rn. 10) zwar Genüge getan. Gleichwohl ist die Regelungstechnik, die Weiterverarbeitung pauschal von der „Erforderlichkeit zur Aufgabenerfüllung" abhängig zu machen, verfassungsrechtlich nicht unproblematisch, da es letztlich nicht der Gesetzgeber ist, welcher über die Zulässigkeit der Datenverarbeitung entscheidet. Stattdessen wird diese Entscheidung im Stile einer Blankettermächtigung auf das BKA übertragen, welches die Zulässigkeit der Datenverarbeitung in aller Regel bejahen wird.[70] Dies ist vor allem deshalb problematisch, weil der Gesetzgeber dem BKA auch keine substantiellen Vorgaben darüber macht, auf welche Weise der Grundsatz der Zweckbindung (→ Rn. 6) eingehalten werden muss. 12

II. Weiterverarbeitung von Daten aus der Personenfahndungsdatei und dem Ausländerzentralregister (Abs. 2)

§ 16 Abs. 2 BKAG regelt die Zulässigkeit der (Weiter-)Verarbeitung (→ Rn. 4 f.) personenbezogener Daten aus der **Personenfahndungsdatei** (→ § 13 Rn. 11) und schreibt damit weitgehend § 9 Abs. 1 BKAG aF fort, 13

59 Vgl. EGMR Urt. v. 4.12.2008 – Nr. 30562/04 ua –, NJOZ 2010, 696 (702 f., Rn. 121 ff.) – S. und Marper/Vereinigtes Königreich.
60 EGMR Urt. v. 18.4.2013 – Nr. 19522/09 –, NJOZ 2014, 1278 (1279 ff., Rn. 38 ff.) – M.K./Frankreich.
61 EGMR Urt. v. 24.1.2019 – Nr. 43514/15 –, NVwZ 2020, 377 (379, Rn. 116) – Catt/Vereinigtes Königreich.
62 Vgl. EGMR Urt. v. 4.12.2008 – Nr. 30562/04 ua –, NJOZ 2010, 696 (702, Rn. 119) – S. und Marper/Vereinigtes Königreich.
63 Vgl. dazu etwa Simitis/Hornung/Spiecker gen. Döhmann/Roßnagel, Datenschutzrecht, 2019, DS-GVO Art. 4 Rn. 96 ff.
64 Vgl. dazu etwa Simitis/Hornung/Spiecker gen. Döhmann/Roßnagel, Datenschutzrecht, 2019, DS-GVO Art. 4 Rn. 102. Der deutsche Gesetzgeber hat eine Zweckänderung nach Maßgabe der §§ 23 f. BDSG nF zugelassen.
65 Dafür etwa Simitis/Hornung/Spiecker gen. Döhmann/Roßnagel, Datenschutzrecht, 2019, DS-GVO Art. 4 Rn. 98; Kühling/Martini EuZW 2016, 448 (451).
66 Dafür etwa Schantz NJW 2016, 1841 (1844); Kühling/Buchner/Herbst DS-GVO/BDSG, DS-GVO Art. 5 Rn. 28, 48 ff.
67 Zu ihr etwa Weichert NVwZ 2022, 844 (846 ff.).
68 Vgl. etwa BVerfG Urt. v. 14.7.1999 – 1 BvR 2226/94 ua –, BVerfGE 100, 313 (375).
69 Zutreffend Lisken/Denninger/Schwabenbauer, HdbPolR, G Rn. 176, unter Verweis auf BVerfG Urt. v. 15.12.1983 – 1 BvR 209/83 ua –, BVerfGE 65, 1 (45): „Erst wenn Klarheit darüber besteht, zu welchem Zweck Angaben verlangt werden und welche Verknüpfungsmöglichkeiten und Verwendungsmöglichkeiten bestehen, läßt sich die Frage einer zulässigen Beschränkung des Rechts auf informationelle Selbstbestimmung beantworten".
70 Ähnlich die Einschätzung von Bäcker, Schriftsatz der Verfassungsbeschwerde im Verfahren 1 BvR 1160/19, S. 50, abrufbar unter: https://freiheitsrechte.org/home/wp-content/uploads/2019/10/2019-05-21-BKA-Gesetz-VB-anonymisiert.pdf.: „Die gesetzlich geforderte Erforderlichkeitsprüfung schließt im Wesentlichen nur weitgehend irrationale Datennutzungen ins Blaue hinein aus. Ansonsten wird sich die Erforderlichkeit der Nutzung in aller Regel begründen lassen".

wobei diese Regelung dem BKA noch die Befugnis einräumte, personenbezogene Daten zu „speichern, verändern und nutzen" (zu den Unterschieden → Rn. 5). Voraussetzung für eine solche Datenverarbeitung war und ist, dass nach der betreffenden Person aufgrund einer gesetzlichen Bestimmung gefahndet wird oder sie zur polizeilichen Beobachtung ausgeschrieben ist.[71] Eine solche Ausschreibung zur Fahndung kann sich entweder aus der StPO oder den Landespolizeigesetzen ergeben.[72] Unter **„Fahndung"** ist dabei die planmäßige Suche nach Personen zum Zwecke der Strafverfolgung oder Gefahrenabwehr zu verstehen.[73] Ziel der Fahndung ist es also, den Aufenthalts- oder Belegenheitsort einer Person oder Sache zu ermitteln, um sodann weitere polizeiliche Maßnahmen ergreifen zu können. So kann eine Personenfahndung etwa der Festnahme aufgrund eines Haftbefehls, der Ingewahrsamnahme der Person, der Ausreiseuntersagung oder schlicht der Aufenthaltsermittlung dienen, während eine Sachfahndung etwa aus Gründen der Sicherung von Beweismitteln, der Einziehung oder der Eigentumssicherung geboten sein kann. Mit der **„Ausschreibung"** zur Fahndung, die für die Strafverfolgung in den §§ 131 f. StPO geregelt ist, ist die „amtliche Aufforderung" gemeint, „zu einem bestimmten Zweck nach einer bestimmten Person zu fahnden".[74] Praktisch werden dazu spezielle **Personen- oder Sachfahndungsdateien** genutzt (→ § 13 Rn. 11).[75]

14 § 16 Abs. 2 S. 1 BKAG gestattet es dem Amt, die in der Personenfahndungsdatei gespeicherten Daten nunmehr **im polizeilichen Informationssystem (§ 13 BKAG) weiterzuverarbeiten**, soweit dies zur Fahndung **„erforderlich"** ist. Ob dies der Fall ist, darf das BKA in eigener Zuständigkeit beurteilen (→ Rn. 12).[76] Dasselbe gilt für Daten, die durch „polizeiliche Beobachtung", „Ermittlungsanfrage" oder „gezielte Kontrolle" erhoben wurden. Während die **polizeiliche Beobachtung (§ 163e StPO)**, dh die planmäßige und typischerweise heimliche Beobachtung einer Person oder eines Objekts zum Zwecke der Erstellung eines vollständigen Bewegungsbildes,[77] bereits in der Vorgängerregelung des § 9 Abs. 1 BKAG aF enthalten war, verweist der – mit dem Gesetz zur Neustrukturierung des BKAG vom 1.6.2017[78] neu hinzugekommene – Begriff der **„gezielten Kontrolle"** auf den Beschluss 2007/533/JI des Rates vom 12.6.2007,[79] der sich dem Schengener Informationssystem der zweiten Generation (SIS II) widmet (näher dazu → § 47 Rn. 10 ff.). Die Ausschreibung zur **„Ermittlungsanfrage"** wurde schließlich durch Art. 3 des Gesetzes zur Durchführung der Verordnungen (EU) 2018/1860, 2018/1861 und 2018/1862 über die Einrichtung, den Betrieb und die Nutzung des Schengener Informationssystems der dritten Generation sowie zur Änderung des Aufstiegsfortbildungsförderungsgesetzes und des BDBOS-Gesetzes (SIS-III-Gesetz) vom 19.12.2022 eingeführt.[80]

15 Wie sich aus § 16 Abs. 2 S. 2 BKAG ergibt, gilt S. 1 entsprechend für die Ausschreibungen zur Durchführung aufenthaltsrechtlicher Maßnahmen wie der Aufenthaltsbeendigung (§§ 50 ff. AufenthG) oder der Einreiseverweigerung (§§ 13 ff. AufenthG; Art. 96 SDÜ). Die Notwendigkeit dieser Regelung ergibt sich daraus, dass zur Weiterverarbeitung dieser Daten auf den Datenbestand des **Ausländerzentralregister (AZR)** zugegriffen werden muss, wobei gegenwärtig jedoch nur wenige INPOL-Geräte die erforderliche Zugriffsberechtigung (zum Begriff → § 15 Rn. 3) haben.[81] Darüber hinaus wird im AZR nicht die von der Polizei zu ergreifende Maßnahme (wie zB die Festnahme) gespeichert. Auch können die im AZR gespeicherten Daten nicht direkt in das Schengener Informationssystem der zweiten Generation (SIS II) überspielt werden, obwohl dies für eine Ausschreibung zur Einreiseverweigerung (Art. 96 SDÜ) erforderlich wäre.[82] Daher müssen die Daten zunächst aus dem AZR in das vom BKA nach § 13 BKAG betriebene Informationssystem importiert werden, um sie von dort ins Schengener Informationssystem einzuspeisen. Durch **Abs. 2 S. 3** wird (deklaratorisch) klargestellt, dass diejenige Stelle, welche die Ausschreibung zu einem der in S. 1 und 2 genannten Zwecke veranlasst hat, die (datenschutzrechtliche) Verantwortlichkeit (Art. 3 Nr. 8 DSRL-JI; → § 31 Rn. 5 ff.) für die Zulässigkeit der Maßnahme trägt. Nach **Abs. 2 S. 4** wird sie zugleich verpflichtet, die Maßnahme sowie Umfang und Dauer der Ausschreibung zu bezeichnen. Diese Bestimmung ist insofern notwendig, als die Kennzeichnungspflicht des § 14 BKAG nur für das BKA gilt. Eine entsprechende Regelung wäre im Rahmen von Abs. 1 in Bezug auf den Verarbeitungszweck wünschenswert. Durch die in

71 Vgl. insoweit die Gesetzesbegründung des § 9 Abs. 1 BKAG aF, BT-Drs. 13/1550, 25.
72 Vgl. Schenke/Graulich/Ruthig/Graulich BKAG § 16 Rn. 13.
73 So auch Schenke/Graulich/Ruthig/Graulich BKAG § 16 Rn. 12, unter Verweis auf Ahlf/Daub/Lersch/Störzer/Ahlf BKAG § 2 Rn. 56.
74 Vgl. Gerhold in MüKoStPO, 2014, § 131 Rn. 4.
75 Zu ihnen Lisken/Denninger/Petri, HdbPolR, G Rn. 424 ff. (zitiert nach 6. Aufl. 2018).
76 Schenke/Graulich/Ruthig/Graulich BKAG § 16 Rn. 12.
77 Vgl. die Definition bei Schenke/Graulich/Ruthig/Graulich BKAG § 16 Rn. 12, der die polizeiliche Beobachtung im Weiteren auch von der kurzfristigen (§§ 161 Abs. 1, 163 Abs. 1 StPO) und der längerfristigen Observation (§ 163f StPO), sowie der Herstellung von Bildaufnahmen (§ 110h Abs. 1 S. 1 Nr. 1 StPO) abgrenzt.
78 BGBl. I S. 1354.
79 Vgl. die Gesetzesbegründung, BT-Drs. 18/11163, 97.
80 BGBl. I 2022 S. 2632.
81 Schenke/Graulich/Ruthig/Graulich BKAG § 16 Rn. 23.
82 So jedenfalls noch die Gesetzesbegründung des BKAG aF, vgl. BT-Drs. 13/1550, 25.

Abs. 2 S. 5 normierte Löschungspflicht nach Beendigung der Maßnahme werden letztlich verfassungsrechtliche Anforderungen[83] umgesetzt. Darüber hinaus entspricht sie auch den Vorgaben von Art. 5 DSRL-JI, wonach die Mitgliedstaaten sicherzustellen haben, dass in regelmäßigen Abständen überprüft wird, ob die Notwendigkeit einer Speicherung personenbezogener Daten noch besteht und – wenn dem nicht so ist – dass die Daten wieder gelöscht werden.

III. Weiterverarbeitung von im Rahmen der Strafverfolgung erlangten Daten (Abs. 3)

Wie die Abs. 1 und 2 regelt auch der Abs. 3 einen **besonderen Fall der Zweckänderung** (→ Rn. 6), nämlich die Weiterverarbeitung personenbezogener Daten, die das BKA ursprünglich bei der Wahrnehmung seiner in **§ 4 BKAG** normierten Aufgabe der **Strafverfolgung**[84] „erlangt" hat. Nach Abs. 3 darf das BKA diese Daten für das Betreiben künftiger Strafverfahren (sog. **Strafverfolgungsvorsorge,** → § 1 Rn. 49[85]) nur unter den Voraussetzungen der §§ 18 und 19 BKAG weiterverarbeiten (zum Begriff → Rn. 4 f.). „Erlangt" haben kann das BKA diese Daten auf zweierlei Weise: indem das Amt diese selbst erhoben hat oder indem sie ihm von anderen Polizeibehörden übermittelt wurden (dazu → § 9 Rn. 86 ff.). Dass die Weiterverarbeitung dieser Daten eigens geregelt ist, dürfte erstens darauf zurückzuführen sein, dass der Regelungsgehalt des Abs. 3 – bis auf einige kleinere redaktionelle Änderungen – bereits in § 20 BKAG aF enthalten war[86] und nun aus Gründen der Kontinuität an der Norm festgehalten werden soll. Zweitens wird dadurch eine Regelungslücke geschlossen, welche die StPO hinterlässt. So „richtet sich" die Verarbeitung personenbezogener Daten „für Zwecke künftiger Strafverfahren" in Dateien der Polizei gem. § 484 Abs. 4 StPO „nach den Polizeigesetzen". Dass der Bundesgesetzgeber hier tätig wurde, ist jedenfalls insofern bemerkenswert, als die Regelung des Abs. 3 auch die Weiterverarbeitung von Daten umfasst, die das BKA von den Polizeibehörden der Länder erlangt hat.[87] 16

IV. Befugnis zum Datenabgleich (Abs. 4)

§ 16 Abs. 4 BKAG regelt – in Fortschreibung von § 28 Abs. 1 und 2 BKAG[88] – eine besondere Form der Weiterverarbeitung, nämlich den **„Datenabgleich",**[89] dh „die Feststellung [...], ob zu einer Person bereits eine Speicherung in einer polizeilichen Datei enthalten ist".[90] Obwohl den Polizeibehörden also die **Daten,** die abgeglichen werden sollen, **bereits vorliegen,** können hierdurch sehr wohl neue Informationen gewonnen werden. Gleichwohl wird die Intensität des mit dem Datenabgleich einhergehenden **Grundrechtseingriffs** als vergleichsweise **gering** eingestuft, weil keine neuen Daten erhoben oder sonst verarbeitet werden.[91] Werden hingegen Daten aus anderen Dateien (zum Begriff → § 13 Rn. 10 f.) mit solchen aus polizeilichen Dateien oder Informationssystemen (zum Begriff → § 13 Rn. 10) abgeglichen, handelt es sich nicht um einen Datenabgleich, sondern um eine Rasterfahndung.[92] Datenschutzrechtlich gesprochen geht es hierbei also um eine „Verarbeitung" personenbezogener Daten (Art. 3 Nr. 2 DSRL-JI; Art. 4 Nr. 2 DS-GVO) in Form des „Auslesens". Entsprechende Befugnisse finden sich etwa in § 98c StPO, § 34 BPolG, § 4 FlugDaG, sowie in den Polizeigesetzen der Länder.[93] Diese Vorschriften sind, offenbar wegen der geringen Eingriffsintensität des Datenabgleichs, vergleichsweise weit gefasst. Insbesondere lassen sie typischerweise nicht den Zweck des Datenabgleichs erkennen, was mit Blick auf das Bestimmtheitsgebot nicht unproble- 17

83 Vgl. BVerfG Urt. v. 3.3.2004 – 1 BvR 2378/98 ua –, BVerfGE 109, 279 (332); Urt. v. 20.4.2016 – 1 BvR 966/09 ua–, BVerfGE 141, 220 (280, Rn. 129).

84 Nicht aber sonstiger, in §§ 2 f., 5–8 BKAG geregelter Aufgaben, vgl. Schenke/Graulich/Ruthig/Graulich BKAG § 16 Rn. 28 unter Verweis auf Zöller, Informationssysteme und Vorfeldmaßnahmen von Polizei, Staatsanwaltschaft und Nachrichtendiensten, 2002, S. 164.

85 Eingehend zu ihrem Gegenstand und ihrer rechtlichen Verortung auch Graulich NVwZ 2014, 685 ff.; Waldhoff JuS 2013, 94 ff.; Kniesel/Paeffgen Die Polizei 2011, 333.

86 Vgl. BT-Drs. 18/11163, 98.

87 Vgl. dazu Soiné CR 1998, 257 (261).

88 Vgl. BT-Drs. 18/11163, 98

89 Eingehend zu ihm: Lisken/Denninger/Müller/Schwabenbauer, HdbPolR, G Rn. 931 ff.

90 Schenke/Graulich/Ruthig/Graulich BKAG § 16 Rn. 36.

91 Lisken/Denninger/Müller/Schwabenbauer, HdbPolR, G Rn. 933 f.; BeckOK-PolSiR Bayern/Aulehner BayPAG Art. 43 Rn. 4 (2022); Schenke/Graulich/Ruthig/Graulich BKAG § 16 Rn. 36.

92 Lisken/Denninger/Müller/Schwabenbauer, HdbPolR, G Rn. 932; zur Rasterfahndung knapp Gusy, POR, Rn. 271; näher Lisken/Denninger/Müller/Schwabenbauer, HdbPolR, G Rn. 947 ff.

93 § 39 Abs. 1 PolG BW; Art. 43 BayPAG; § 28 Abs. 1 S. 3 BerlASOG; § 40 BbgPolG; § 36h BremPolG; § 22 HbgPolDVG; § 25 HessSOG; § 43 SOG MV; § 45 Abs. 1 NdsPOG; § 25 PolG NRW; § 37 POG RhPf; § 36 SaarlPolG; § 87 SächsPVDG; § 30 SOG LSA; § 195 LVwG SH; § 43 ThürPAG.

matisch ist.[94] Ein Datenabgleich nach § 16 Abs. 4 BKAG ist immerhin nur dann möglich, wenn dies zur Erfüllung einer Aufgabe des BKA erforderlich ist.[95]

V. Weiterverarbeitung von Daten aus erkennungsdienstlichen Maßnahmen (Abs. 5)

18 § 16 Abs. 5 BKAG ermächtigt, wie schon die Vorgängerbestimmung des § 8 Abs. 6 BKAG aF, das BKA zur Weiterverarbeitung von personenbezogenen Daten, die im Rahmen von **erkennungsdienstlichen**, also solchen **Maßnahmen** erhoben wurden, die auf die Feststellung der Identität einer Person gerichtet sind (zB das Abnehmen von Fingerabrücken oder das Aufnehmen von Bildern zum Zweck des Vergleichs oder der Gegenüberstellung, → § 43 Rn. 2 ff.).[96] Rechtsgrundlagen für eine solche Daten**erhebung** finden sich – außerhalb des BKAG (vgl. hier § 43 Abs. 1) – in § 81b StPO, § 24 Abs. 1 BPolG und in den Polizeigesetzen der Länder.[97] Dagegen regelt § 16 Abs. 5 BKAG, auf nicht ganz unkomplizierte Weise,[98] die Zulässigkeit der **Weiterverarbeitung** dieser Daten. So setzt eine Weiterverarbeitung gem. S. 1 stets voraus, dass das BKA zur Erfüllung seiner **Aufgabe nach § 2 Abs. 4 BKAG** (→ Rn. 19; → § 2 Rn. 53 ff.) tätig wird. Darüber hinaus muss die Weiterverarbeitung entweder durch eine **andere Rechtsvorschrift** zugelassen sein (S. 1 Nr. 1) oder sie ist **„erforderlich“**, weil „Grund zu der Annahme besteht, dass gegen“ die Beschuldigten oder Tatverdächtigen, deren personenbezogene Daten weiterverarbeitet werden sollen, „Strafverfahren zu führen sind“ (S. 1 Nr. 2 lit. a) oder die Weiterverarbeitung ist zur Abwehr einer gegenwärtigen Gefahr „erforderlich“ (S. 1 Nr. 2 lit. b). Liegen diese Tatbestandsvoraussetzungen vor (näher → Rn. 20), so steht es im Ermessen des BKA, ob es die Daten weiterverarbeitet („kann“).[99] Der Verweis in S. 2 auf § 18 Abs. 5 BKAG erklärt sich durch den in S. 1 Nr. 2 lit. a genannten Personenkreis (→ Rn. 20).

19 Nach **§ 2 Abs. 4 BKAG** hat das BKA als „Zentralstelle zur Unterstützung und Koordinierung der Polizeien des Bundes und der Länder bei der Verhütung und Verfolgung von Straftaten und der Gefahrenabwehr“ zu agieren, indem es „zentrale Einrichtungen und Sammlungen“ unterhält, zu denen „insbesondere 1. zentrale erkennungsdienstliche und kriminaltechnische Einrichtungen und Sammlungen sowie 2. zentrale Einrichtungen für die Fahndung nach Personen und Sachen“ gehören (→ § 2 Rn. 58 ff.). Diesen Zwecken dienen vor allem das polizeiliche Informationssystem (§ 13 BKAG), welches vom BKA betrieben wird, und der polizeiliche Informationsverbund (§§ 29 ff. BKAG), an dem das BKA über das polizeiliche Informationssystem teilnimmt (§ 13 Abs. 3 BKAG). Die **personenbezogenen Daten**, die in diesen Systemen weiterverarbeitet werden dürfen, sind in der **BKADV** (→ Rn. 2) aufgeführt. Für die Verarbeitung von Daten, die im Rahmen von erkennungsdienstlichen Maßnahmen erhoben wurden, findet sich in **§ 5 BKADV** eine eigene Regelung.

20 Zu den **„anderen Rechtsvorschriften“**, die iSv S. 1 Nr. 1 eine Weiterverarbeitung durch das BKA zulassen, gehört etwa § 16 Abs. 3, 3a und 4 AsylG.[100] Hiernach ist das BKA befugt, im Rahmen der Amtshilfe[101] für das Bundesamt für Migration und Flüchtlinge (BAMF) bestimmte personenbezogene Daten, die im Rahmen von erkennungsdienstlichen Maßnahmen gewonnen wurden, weiterzuverarbeiten. Weitere Befugnisse zur Weiterverarbeitung personenbezogener Daten finden sich etwa in § 73 Abs. 3a S. 6 und 7, § 73b Abs. 3, § 89 Abs. 1 AufenthG. Darüber hinaus dürfte auch § 483 StPO einschlägig sein, da auch das BKA eine „Strafverfolgungsbehörde“ iSv Abs. 1 dieser Vorschrift sein dürfte.[102] Wann die Weiterverarbeitung zu einem der in **S. 1 Nr. 2 lit. a und b** genannten Zwecke **„erforderlich“** ist, lässt sich – wie bei **Abs. 1** (→ Rn. 12) – nur einzelfallabhängig bestimmen.[103] Der in **S. 1 Nr. 2 lit. a** genannte Personenkreis entspricht dem in **§ 18 Abs. 1 Nr. 3 BKAG** genannten[104] (→ § 18 Rn. 6 f.), wodurch sich auch der in **S. 2** genannte Verweis auf **§ 18 Abs. 5 BKAG** erklärt (→ § 18 Rn. 10). Schließlich ist mit der in **S. 1 Nr. 2 lit. b** genannten **„Gefahr“** eine „Gefahr für ein bedeutsames Rechtsgut wie der Bestand des Staates, Leben, Gesundheit, Freiheit, nicht unwesentliche Vermögenswerte sowie andere strafrechtlich geschützte Güter“ gemeint.[105]

94 Lisken/Denninger/Müller/Schwabenbauer, HdbPolR, G Rn. 934.
95 Schenke/Graulich/Ruthig/Graulich BKAG § 16 Rn. 36, unter Verweis auf die Begründung des BKA-Gesetzes, s. BT-Drs. 13/1550, 36.
96 Vgl. dazu den Überblick bei Gusy, POR, Rn. 236 ff.
97 Art. 14 Abs. 1 BayPAG; § 23 Abs. 1 BerlASOG; § 13 Abs. 2 BbgPolG; § 7 Abs. 1 HbgPolDVG; § 14 Abs. 1 PolG NRW; § 31 Abs. 1 SOG MV; § 11 Abs. 1 POG RhPf; § 10 Abs. 1 SaarlPolG; § 16 Abs. 1 ThürPAG; abweichend hingegen § 36 Abs. 1 PolG BW; § 11 Abs. 1 BremPolG; § 19 Abs. 2 HessSOG; § 15 Abs. 1 NdsPOG; § 16 Abs. 1 SächsPVDG; § 21 Abs. 2 SOG LSA; § 183 Abs. 1 LVwG SH.
98 Schenke/Graulich/Ruthig/Graulich BKAG § 16 Rn. 40.
99 Schenke/Graulich/Ruthig/Graulich BKAG § 16 Rn. 40, 60.
100 Vgl. Schenke/Graulich/Ruthig/Graulich BKAG § 16 Rn. 50.
101 Vgl. Huber/Mantel/Lehnert, AufenthG/AsylG, 3. Aufl. 2021, AsylG § 16 Rn. 5.
102 Vgl. insoweit § 4 BKAG.
103 Nach Schenke/Graulich/Ruthig/Graulich BKAG § 16 Rn. 54 werde dieser „den Verhältnismäßigkeitsgrundsatz ausdrückende Begriff“ hier „nicht als unmittelbar subsumtionsfähiger unbestimmter Gesetzesbegriff verwendet, sondern ausgefüllt durch eine der anschließenden weiteren Merkmalgruppen der lit. a) und lit. b)“.
104 Schenke/Graulich/Ruthig/Graulich BKAG § 16 Rn. 57.
105 Schenke/Graulich/Ruthig/Graulich BKAG § 16 Rn. 58.

VI. Weiterverarbeitung bereits vorhandener Daten (Abs. 6)

Nach § 16 Abs. 6 BKAG ist das Amt auch befugt, **bereits vorhandene personenbezogene Daten** weiterzuverarbeiten, wenn dies einem der in Nrn. 1 und 2 genannten Zwecke dient. Während die Nr. 1 der Regelung des § 7 Abs. 8 BKAG aF entspricht, ist die **Nr. 2** neu mit dem Gesetz zur Neustrukturierung des BKAG vom 1.6.2017 hinzugekommen.[106] Hiernach dürfen das BKA und die sonstigen, an das Informationssystem angeschlossenen Behörden neben den in Nr. 1 genannten „personenbezogenen Hinweisen" auch „weitere Hinweise" weiterverarbeiten, „die geeignet sind, dem Schutz Dritter oder der Gewinnung von Ermittlungsansätzen zu dienen". Da zu den „personenbezogenen Hinweisen" iSv Nr. 1 nur Hinweise über eine Person gehören, über die bereits Daten gespeichert sind, was regelmäßig nur der Fall sein wird, wenn sie zu dem in § 18 Abs. 1 BKAG genannten Personenkreis gehört, ermöglicht Nr. 2 auch die Weiterverarbeitung von Hinweisen über sonstige Personen („Dritte"). Damit können zB Hinweise darauf verarbeitet werden, dass solche Dritte Suizid begehen könnten, was nach Nr. 1 bzw. der Vorgängerregelung nicht statthaft war.[107] Da diese Formulierung der **Nr. 2** jedoch einerseits hinsichtlich des Kreises der (potenziell) Betroffenen denkbar weit gefasst ist, andererseits aber auch tiefgreifende Grundrechtseingriffe – wie die Verarbeitung personenbezogener Daten mit sensiblem Informationsgehalt – zulässt, ohne eine entsprechend hohe Eingriffsschwelle zu normieren, ist die Regelung als unverhältnismäßig und damit **verfassungswidrig** einzustufen.[108] 21

§ 17 Projektbezogene gemeinsame Dateien

(1) [1]Das Bundeskriminalamt kann für die Dauer einer befristeten projektbezogenen Zusammenarbeit mit den Verfassungsschutzbehörden des Bundes und der Länder, dem Militärischen Abschirmdienst, dem Bundesnachrichtendienst, Polizeibehörden des Bundes und der Länder und dem Zollkriminalamt eine gemeinsame Datei errichten. [2]Die projektbezogene Zusammenarbeit bezweckt nach Maßgabe der Aufgaben und Befugnisse der in Satz 1 genannten Behörden den Austausch und die gemeinsame Auswertung von polizeilichen oder nachrichtendienstlichen Erkenntnissen zu

1. **Straftaten nach den §§ 94 bis 96 und den §§ 97a bis 100a des Strafgesetzbuchs,**
2. **Straftaten nach § 129a, auch in Verbindung mit § 129b Absatz 1, den §§ 89a bis 89c und 91 des Strafgesetzbuchs,**
3. **vorsätzlichen Straftaten nach den §§ 17 und 18 des Außenwirtschaftsgesetzes, soweit es sich um einen Fall von besonderer Bedeutung handelt, oder**
4. **Straftaten, die mit Straftaten nach den Nummern 1 bis 3 in einem unmittelbaren Zusammenhang stehen.**

[3]Personenbezogene Daten zu Straftaten nach Satz 2 dürfen unter Einsatz der gemeinsamen Datei durch die an der projektbezogenen Zusammenarbeit beteiligten Behörden im Rahmen ihrer Befugnisse weiterverarbeitet werden, soweit dies in diesem Zusammenhang zur Erfüllung ihrer Aufgaben erforderlich ist. [4]Bei der Weiterverarbeitung der personenbezogenen Daten finden für die beteiligten Behörden die jeweils für sie geltenden Vorschriften über die Weiterverarbeitung von Daten Anwendung.

(2) [1]Für die Eingabe personenbezogener Daten in die gemeinsame Datei gelten die jeweiligen Übermittlungsvorschriften zugunsten der an der Zusammenarbeit beteiligten Behörden entsprechend mit der Maßgabe, dass die Eingabe nur zulässig ist, wenn die Daten allen an der projektbezogenen Zusammenarbeit teilnehmenden Behörden übermittelt werden dürfen. [2]Eine Eingabe ist ferner nur zulässig, wenn die Behörde, die die Daten eingegeben hat, die Daten auch in eigenen Dateien weiterverarbeiten darf. [3]Die Daten sind zu kennzeichnen.

(3) [1]Für die Führung einer projektbezogenen gemeinsamen Datei gelten § 29 Absatz 5, die §§ 31 und 86 entsprechend. [2]§ 81 Absatz 2 findet mit der Maßgabe Anwendung, dass die Protokollierung bei jedem Datenabruf erfolgt. [3]§ 84 Absatz 1 Satz 1 und 2 ist mit der Maßgabe anzuwenden, dass das Bundeskriminalamt die Auskunft im Einvernehmen mit der nach § 84 Absatz 1 Satz 1 zu beteiligenden Behörde erteilt und diese die Zulässigkeit der Auskunftserteilung nach den für sie geltenden Bestimmungen prüft.

(4) [1]Eine gemeinsame Datei nach Absatz 1 ist auf höchstens zwei Jahre zu befristen. [2]Die Frist kann um zwei Jahre und danach um ein weiteres Jahr verlängert werden, wenn das Ziel der projektbezogenen

106 Vgl. BT-Drs. 18/11163, 98.
107 Vgl. Schenke/Graulich/Ruthig/Graulich BKAG § 16 Rn. 63, mwN.
108 Vgl. Bäcker, Schriftsatz der Verfassungsbeschwerde im Verfahren 1 BvR 1160/19, S. 62 f., abrufbar unter: https://freiheitsrechte.org/home/wp-content/uploads/2019/10/2019-05-21-BKA-Gesetz-VB-anonymisiert.pdf.

Zusammenarbeit bei Projektende noch nicht erreicht worden ist und die Datei weiterhin für die Erreichung des Ziels erforderlich ist.

(5) [1]Für die Berichtigung, Verarbeitungseinschränkung und Löschung personenbezogener Daten durch die Behörde, die die Daten eingegeben hat, gelten die jeweiligen für sie anwendbaren Vorschriften über die Berichtigung, Verarbeitungseinschränkung und Löschung von Daten entsprechend. [2]Für Daten, die das Bundeskriminalamt eingegeben hat, finden § 75 Absatz 1, 2 und 4 des Bundesdatenschutzgesetzes sowie § 77 mit Ausnahme von § 77 Absatz 2 Satz 5 und Absatz 3 Anwendung.

(6) [1]Das Bundeskriminalamt hat mit Zustimmung des Bundesministeriums des Innern, für Bau und Heimat sowie der für die Fachaufsicht der zusammenarbeitenden Behörden zuständigen obersten Bundes- und Landesbehörden für die projektbezogene gemeinsame Datei folgende Festlegungen zu treffen:

1. **Bezeichnung der Datei,**
2. **Rechtsgrundlage und Zweck der Datei,**
3. **Personenkreis, über den Daten gespeichert werden,**
4. **Art der zu speichernden personenbezogenen Daten,**
5. **Arten der personenbezogenen Daten, die der Erschließung der Datei dienen,**
6. **Anlieferung oder Eingabe der zu speichernden Daten,**
7. **Voraussetzungen, unter denen in der Datei gespeicherte personenbezogene Daten an welche Empfänger und in welchem Verfahren übermittelt werden,**
8. **Prüffristen und Speicherungsdauer,**
9. **Protokollierung.**

[2]Das Bundeskriminalamt hat im Einvernehmen mit den an der projektbezogenen Zusammenarbeit teilnehmenden Behörden deren jeweilige Organisationseinheiten zu bestimmen, die zur Eingabe und zum Abruf befugt sind. [3]Die oder der Bundesbeauftragte für den Datenschutz und die Informationsfreiheit ist vor den Festlegungen anzuhören. [4]Ist im Hinblick auf die Dringlichkeit der Aufgabenerfüllung eine Mitwirkung der in den Sätzen 1 und 3 genannten Stellen nicht möglich, so kann das Bundeskriminalamt eine Sofortanordnung treffen. [5]Das Bundeskriminalamt unterrichtet gleichzeitig unter Vorlage der Sofortanordnung das Bundesministerium des Innern, für Bau und Heimat. [6]Das Verfahren nach den Sätzen 1 und 3 ist unverzüglich nachzuholen.

A. Überblick und Genese

1 § 17 BKAG wurde – wie der gesamte Unterabschnitt über die „Weiterverarbeitung" (§§ 12–24 BKAG) – mit dem Gesetz zur Neustrukturierung des Bundeskriminalamtgesetzes vom 1.6.2017[1] eingefügt. Die Vorschrift entspricht jedoch weitgehend der Regelung des § 9a BKAG aF,[2] die ihrerseits durch das Gesetz zur Errichtung gemeinsamer Dateien von Polizeibehörden und Nachrichtendiensten des Bundes und der Länder (Gemeinsame-Dateien-Gesetz) vom 22.12.2006[3] eingefügt wurde. Dementsprechend regelt die Vorschrift einen Ausschnitt aus der **Nutzung projektbezogener gemeinsamer Dateien** (→ Rn. 2) **durch Polizeibehörden und Nachrichtendienste**, nämlich vor allem die **Weiterverarbeitung** (zum Begriff → § 16 Rn. 4 f.) **der hierin gespeicherten personenbezogener Daten durch das BKA**, darüber hinaus aber auch der anderen, an die projektbezogenen Dateien angeschlossenen Behörden. Vergleichbare Vorschriften, die ebenfalls – auf Grundla-

1 BGBl. I S. 1354; näher Graulich KriPoZ 2017, 278 ff.
2 BT-Drs. 18/11163, 98.
3 BGBl. I S. 3409.

ge von Art. 73 Abs. 1 Nr. 10 lit. a–c GG[4] – mit dem Gemeinsame-Dateien-Gesetz eingefügt wurden, finden sich etwa in § 22a BVerfSchG sowie in § 25 BNDG.[5]

Das **Konzept der „Gemeinsamen Datei"** ist auch aus anderen Zusammenhängen und Gesetzen bekannt, etwa aus § 486 StPO, § 33 Abs. 7 und 8 BPolG, §§ 4 ff. ATDG oder den Landespolizeigesetzen.[6] **„Gemeinsam"** ist die Datei (zu Begriff und Arten von „Dateien" → § 13 Rn. 10–12), weil hier nicht nur verschiedene **Polizeibehörden,**[7] sondern auch die **Nachrichtendienste** auf den in der Datei gespeicherten Datenbestand zugreifen können. Gemeinsame Dateien erlauben also die **informationelle Zusammenarbeit** zwischen Polizeien und Nachrichtendiensten, die im Hinblick auf das aus dem Recht auf informationelle Selbstbestimmung (Art. 2 Abs. 1 iVm Art. 1 Abs. 1 GG) resultierende Gebot informationeller Trennung zwischen Polizei und Nachrichtendiensten (**informationelles Trennungsgebot**)[8] **nur eingeschränkt zulässig** ist. Erforderlich ist nach der Rechtsprechung des Bundesverfassungsgerichts nämlich, dass der Informationsaustausch zwischen Polizei und Nachrichtendiensten einem „herausragenden öffentlichen Interesse" dient und das Gesetz, welches die für den Informationsaustausch erforderliche Übermittlung personenbezogener Daten regelt, hinreichend bestimmt und normenklar „konkrete und qualifizierte Eingriffsschwellen"[9] festlegt. In seinem BKAG-Urteil hat das Bundesverfassungsgericht sodann entschieden, dass das BKA nur befugt sei, personenbezogene Daten an Nachrichtendienste zu übermitteln, wenn diese Daten „als konkrete Ermittlungsansätze für die Aufdeckung von Straftaten oder Gefahren für hochrangige Rechtsgüter" dienen und „zugleich konkrete Erkenntnisse zu einer Gefährdung hochrangiger Rechtsgüter erkennen lassen".[10] 2

Vor diesem verfassungsrechtlichen Hintergrund regelt § 17 BKAG die Zulässigkeit solcher **projektbezogenen gemeinsamen Dateien,** die **vom BKA geführt** werden,[11] dh die dateigebundene informationelle Zusammenarbeit des BKA mit „den Verfassungsschutzbehörden des Bundes und der Länder, dem Militärischen Abschirmdienst, dem Bundesnachrichtendienst, Polizeibehörden des Bundes und der Länder und dem Zollkriminalamt" (Abs. 1 S. 1). **„Projektbezogen"** bedeutet sowohl sachlich **zweckgebunden** (→ Rn. 6 f.) als auch zeitlich **befristet** (→ Rn. 5). Hierdurch wird die besondere Eingriffstiefe, die mit einem informationellen Austausch zwischen Polizeien und Nachrichtendiensten üblicherweise verbunden ist, gleich in zweifacher Hinsicht reduziert, wobei das genaue Ausmaß davon abhängt, wie präzise der Zweck bestimmt wird und wie länger- oder kurzfristig die Zusammenarbeit ausfällt. Insofern ist es unter dem Gesichtspunkt des Grundrechtsschutzes, des Demokratie- und des Rechtsstaatsprinzips zunächst zu begrüßen, dass die Zwecke, zu denen eine projektbezogene gemeinsame Datei errichtet und genutzt werden kann, ausdrücklich im Gesetz niedergelegt sind (→ Rn. 6 f.). Allerdings werden die Einzelheiten der Zusammenarbeit im Rahmen der projektbezogenen gemeinsame Datei nicht mehr in Rechtsnormen, sondern in technischen Regelwerken, den sog. **Dateianordnungen**[12] festgelegt.[13] Dies wiederum ist gerade unter den Gesichtspunkten des Rechtsstaats- und Demokratieprinzips problematisch. 3

B. Kommentierung im Einzelnen

§ 17 Abs. 1 S. 1 BKAG bestimmt zunächst, dass die **Errichtung** einer projektbezogenen gemeinsamen Datei **grundsätzlich zulässig** ist (→ Rn. 5 ff.). Dies ist nicht nur mit Blick auf das informationelle Trennungsgebot zwischen Polizei und Nachrichtendiensten (→ Rn. 2), sondern auch insofern bemerkenswert als das Gesetz zur Neustrukturierung des BKAG vom 1.6.2017 grundsätzlich eine vollkommene Neustrukturierung der Informationsordnung des BKA iS eines Wandels von der horizontalen, dh nach (sachlich sortierten) Dateien (zB der Datei „Gewalttäter Sport"), hin zu einem vertikalen, dh mit verschiedenen Zugriffsberechtigungen (§ 15 BKAG) versehenen und vom BKA geführten einheitlichen Informationssystem (§ 13 BKAG) vorgese- 4

4 Vgl. Schenke/Graulich/Ruthig/Graulich BKAG § 17 Rn. 2.

5 Dabei sollen sich die Vorschriften inhaltlich entsprechen, vgl. BT-Drs. 16/2950, 250. Darüber hinaus enthält auch § 48a PolG BW eine Rechtsgrundlage für eine gemeinsame projektbezogene Datei, die jedoch nicht auf das Gemeinsame-Dateien-Gesetz zurückgeht, zu dieser Lisken/Denninger/Petri, HdbPolR, G Rn. 439 (zitiert nach 6. Aufl. 2018).

6 S. dazu § 42 Abs. 3, 4 PolG BW; § 46 BerlASOG; § 49 BbgPolG; § 36e BremPolG; § 27 Abs. 1, 2 HbgPolDVG; § 24 HessSOG; § 42 SOG MV; § 42 NdsPOG; § 36 POG RhPf; § 35 SaarlPolG; § 85 SächsPVDG; § 194 LVwG SH; § 42 ThürPAG. Lediglich Art. 46, 47 BayPAG sieht hiervon Abweichungen vor; das nordrhein-westfälische Recht kennt keine entsprechende Regelung.

7 Diese Form der informationellen Zusammenarbeit zwischen den Polizeibehörden wird bereits durch das polizeiliche Informationssystem (§ 13 BKAG) und den polizeilichen Informationsverbund (§ 29 BKAG) geregelt.

8 BVerfG Urt. v. 24.4.2013 – 1 BvR 1215/07 –, BVerfGE 133, 277 (329, Rn. 123); dazu etwa Lisken/Denninger/Bäcker, HdbPolR, B Rn. 260 ff.; zuvor bereits Gusy ZRP 1987, 45 ff.; zuletzt auch eingehend ders. GSZ 2021, 141 ff.

9 BVerfG Urt. v. 24.4.2013 – 1 BvR 1215/07 –, BVerfGE 133, 277 (329, Rn. 123).

10 BVerfG Urt. v. 20.4.2016 – 1 BvR 966/09 ua –, BVerfGE 141, 220 (339 f., Rn. 320).

11 Liegt die Federführung hingegen beim Bundesamt für Verfassungsschutz bzw. beim BND, so ist § 22a BVerfSchG bzw. § 25 BNDG als Rechtsgrundlage heranzuziehen.

12 Vgl. dazu etwa § 14 BVerfSchG, § 21 BNDG.

13 Vgl. Schenke/Graulich/Ruthig/Graulich BKAG § 17 Rn. 2.

hen hatte (→ § 13 Rn. 4, 10–12). Allerdings soll ausweislich der Gesetzesbegründung „für den Sonderbereich der gemeinsamen projektbezogenen Dateien am Dateibegriff festgehalten“ werden, um so „der Besonderheit und Bedeutung der Zusammenführung von Erkenntnissen und der gemeinsamen Verarbeitung von personenbezogenen Daten von Polizeien, Nachrichtendiensten und dem Zollkriminalamt Rechnung“[14] zu tragen. Vor diesem Hintergrund ist **Abs. 1 S. 2** zu sehen, der die **Zwecke** festlegt, welche die Errichtung einer projektgebundenen gemeinsamen Datei legitimieren (→ Rn. 6 f.). Inwiefern dabei bereits gespeicherte **personenbezogene Daten weiterverarbeitet** werden dürfen, bestimmen **Abs. 1 S. 3 und 4** (→ Rn. 8). Dagegen regelt **Abs. 2** die Zulässigkeit der **„Eingabe“ personenbezogener Daten in die Datei** (→ Rn. 9 f.). **Abs. 3** normiert die Rechtsfolgen, die sich aus der **datenschutzrechtlichen Verantwortlichkeit** für die projektbezogenen gemeinsamen Dateien ergeben (→ Rn. 11). **Abs. 4** stellt klar, dass projektbezogene gemeinsame Dateien nur **befristet** geführt werden dürfen (→ Rn. 12). **Abs. 5** gestaltet die (**Betroffenen-) Rechte auf Berichtigung, Beschränkung und Löschung personenbezogener Daten** näher aus (→ Rn. 13). **Abs. 6** schließlich eröffnet dem BKA die Möglichkeit, sog. **Festlegungen** für projektgebundene gemeinsame Dateien zu treffen (→ Rn. 14).

I. Errichtung einer projektbezogenen gemeinsamen Datei (Abs. 1)

5 § 17 Abs. 1 S. 1 BKAG knüpft die Zulässigkeit der Errichtung einer projektbezogenen gemeinsamen Datei zunächst daran, dass nur die ausdrücklich **genannten Behörden** beteiligt werden dürfen. Darüber hinaus ist ihre Nutzung nur befristet zulässig, wobei sich die **Höchstfrist aus Abs. 4** ergibt (→ Rn. 12). So wird verhindert, dass eine projektbezogene nicht zu einer dauerhaften gemeinsamen Datei wird und dadurch letztlich eine nicht mehr zweckgebundene Bevorratung von Daten erlaubt. Indem Abs. 1 S. 1 zudem nur die Errichtung **„projektbezogener“** gemeinsamer Dateien zulässt, wird ihr Einsatz auch inhaltlich **auf das Thema bzw. den Zweck** (→ Rn. 6 f.) **des „Projekts“ begrenzt.** Typischerweise dienen derlei „Projekte“ und mit ihnen die projektbezogenen Dateien nämlich dazu, „phänomenbezogene Erkenntnisse auszutauschen, zu analysieren und Bekämpfungsansätze zu entwickeln“.[15] Beispielsweise haben BKA und BfV in den Jahren 2013/14 an einem gemeinsamen Projekt über gewaltbereite Extremisten gearbeitet und in diesem Zusammenhang eine gemeinsame projektbezogene Datei errichtet, die allerdings vom BfV betrieben wurde.[16] Der Betrieb einer „projektbezogenen“ gemeinsamen Datei setzt nämlich voraus, dass „Projektauftrag, Projektziele sowie die Verfahrensweisen der beteiligten Sicherheitsbehörden zu Beginn des Projekts zwischen den beteiligten Behörden konkret vereinbart werden“.[17] Dies unterscheidet sie von anderen gemeinsamen Dateien[18] wie etwa der im ATDG näher geregelten Antiterrordatei, der Rechtsextremismus-Datei oder den gemeinsamen Dateien, die für den Betrieb der Gemeinsamen Terror- und Extremismus-Abwehrzentren (GTAZ und GETZ) erforderlich sind. Darüber hinaus unterscheiden sich „projektbezogene“ von diesen Formen der gemeinsamen Dateien dadurch, dass die verarbeiteten Daten in Ersteren nicht bestimmten Kategorien zugeordnet sind, sondern auch Volltextdateien darstellen können.[19]

6 Weiter eingegrenzt wird die Zulässigkeit der Errichtung projektbezogener gemeinsamer Dateien durch **Abs. 1 S. 2.** Hiernach darf das Projekt und mit ihm auch die gemeinsame Datei nämlich nur einem der hier genannten **Zwecke** dienen. Dabei dient der Verweis auf die **„Aufgaben und Befugnisse“** allein dazu, klarzustellen, dass die beteiligten Behörden auch beim Betrieb der projektbezogenen gemeinsamen Datei in Erfüllung einer gesetzlich normierten Aufgabe handeln müssen und ihre Befugnisse nicht überschreiten dürfen. Vor allem aber ist der durch die gemeinsame projektbezogene Datei ermöglichte Informationsaustausch zwischen Polizeibehörden und Nachrichtendienste auf die Verfolgung und die Verhinderung der in **S. 2 Nrn. 1–4** genannten, besonders schweren **Straftaten** beschränkt.

7 Der hier genannte Katalog ist im Zuge des Gesetzes zur Neustrukturierung des BKAG vom 1.6.2017 erheblich ausgeweitet worden. Während **Nr. 1** vormals auf die geheimdienstliche Agententätigkeit (§ 99 StGB) beschränkt war, soll mit der Erweiterung auf die anderen, nun enthaltenen Katalogtaten nunmehr **das gesamte „Terrorismusstrafrecht“** erfasst und somit „wirksame Früherkennung von kriminell motivierten Reisebewegungen, grenzüberschreitenden Anschlagsvorbereitungen sowie tatrelevanter Kommunikation“ auf Grundlage projektbezogener gemeinsamer Dateien erreicht werden.[20] So lässt sich auch die mit demselben Gesetz eingeführte Erweiterung in **Nr. 2** erklären, die vormals auf Straftaten nach §§ 89a–89c, 91 StGB be-

14 BT-Drs. 18/11163, 98.
15 Lisken/Denninger/Petri, HdbPolR, G Rn. 439 (zitiert nach 6. Aufl. 2018).
16 Vgl. dazu BfDI, 25. Tätigkeitsbericht zum Datenschutz 2014, BT-Drs. 18/5300, 94 f.
17 Schenke/Graulich/Ruthig/Graulich BKAG § 17 Rn. 3.
18 Überblick bei Lisken/Denninger/Arzt, HdbPolR, G Rn. 1319 ff.
19 BT-Drs. 16/10007, 2 f., 10.
20 BT-Drs. 18/11163, 98. Ähnlich jedoch auch die Begründung der ursprünglichen Regelung: „Der Straftatenkatalog ist vor dem Hintergrund einer effektiven Aufklärung oder Bekämpfung des internationalen Terrorismus zu sehen“ (vgl. BR-Drs. 672/06, 54).

schränkt war.[21] **Nr. 3** verwies in der ursprünglichen Fassung der Vorgängerbestimmung (§ 9a Abs. 1 S. 2 BKAG aF) noch auf § 34 Abs. 1–6 AWG. Die Änderung wurde notwendig, nachdem die Strafvorschriften nunmehr in §§ 17 f. AWG geregelt wurden. **Nr. 4** war bereits in der ursprünglichen Fassung enthalten.

Abs. 1 S. 3 normiert eine Befugnis des BKA, aber auch aller anderen an die projektbezogene gemeinsame Datei angeschlossenen Behörden,[22] **personenbezogene Daten** zu den in S. 2 genannten Zwecken **„weiterzuverarbeiten"** (zum Begriff → § 16 Rn. 4 f.). Als einzige Voraussetzung normiert S. 3 insoweit, dass dies zur Erfüllung der jeweiligen behördlichen Aufgabe **„erforderlich"** ist. Damit greift der Gesetzgeber abermals (→ § 16 Rn. 12) auf einen Begriff zurück, dessen Inhalt sich immer erst im Einzelfall bestimmen lässt. Der Sache nach räumt der Gesetzgeber den Behörden dadurch einen weitgehenden Handlungs- und Beurteilungsspielraum[23] zum Nachteil der Betroffenen ein, denen es oftmals nicht klar sein dürfte, ob und wann eine Weiterverarbeitung zur Aufgabenerfüllung „erforderlich" ist. Durch **Abs. 1 S. 4** wird schließlich klargestellt, dass das BKA und alle anderen Behörden, die personenbezogene Daten aus einer projektbezogenen gemeinsamen Datei weiterverarbeiten, die Rechtmäßigkeitsanforderungen des § 16 BKAG einzuhalten haben. 8

II. Eingabe personenbezogener Daten in eine projektbezogene gemeinsame Datei (Abs. 2)

§ 17 Abs. 2 BKAG entspricht weitgehend, dh bis auf einige redaktionelle Änderungen, die im Zuge der Umsetzung der DSRL-JI erforderlich waren (→ § 13 Rn. 2), der Regelung des § 9a Abs. 2 BKAG aF.[24] **S. 1** regelt die **Zulässigkeit der „Eingabe" personenbezogener Daten** in die projektbezogene gemeinsame Datei. Dieser Begriff ist zwar weder im BDSG noch im europäischen Datenschutzrecht eigens geregelt, er wird hier aber zuweilen vorausgesetzt.[25] Eingegeben werden können (personenbezogene) Daten in Dateien und Informationssysteme (zu beiden Begriffen: → § 13 Rn. 10), die zuweilen auch als „(automatisierte) Dateisysteme"[26] bezeichnet werden. Sobald außer der eingebenden noch andere Stellen Zugriff auf die in der Datei (zB der gemeinsamen Projetdatei) eingegebenen Daten haben, **entspricht** die „Eingabe" **faktisch der „Übermittlung"** personenbezogener Daten.[27] Daher erscheint es nur konsequent, dass Abs. 2 S. 1 die Eingabe nur unter den Voraussetzungen zulässt, die für die Übermittlung personenbezogener Daten gelten. Die Datenübermittlung wird in den **§§ 25–28 BKAG** sowie in **§ 25 BDSG** geregelt, wobei auf letztere Vorschrift nur zurückgegriffen werden darf, wenn und soweit §§ 25–28 BKAG die Übermittlung nicht regeln.[28] 9

Ferner bestimmt **Abs. 2 S. 2**, dass eine Eingabe (respektive: Übermittlung) der personenbezogenen Daten nur zulässig ist, wenn die eingebende Stelle die Daten auch **in eigenen Dateien weiterverarbeiten** (→ § 16 Rn. 4 f.) darf. So soll verhindert werden, dass die Vorschrift über die Weiterverarbeitung (§ 16 BKAG) umgangen wird.[29] Die in **Abs. 2 S. 3** geregelte, § 14 BKAG als *lex specialis* verdrängende **Kennzeichnungspflicht** kann als Umsetzung der verfassungsrechtlichen Vorgaben verstanden werden, die das Bundesverfassungsgericht[30] zur Sicherung des Zweckbindungsgrundsatzes in Bezug auf die Speicherung personenbezogener Daten durch die Sicherheitsbehörden aufgestellt hat.[31] Sie ergänzt die Regelung des § 14 BKAG insofern als diese eine Kennzeichnungspflicht nur für die Speicherung personenbezogener Daten im Informationssystem vorsieht. 10

III. Datenschutzrechtliche Verantwortlichkeiten (Abs. 3)

Ähnlich wie Abs. 2 entspricht Abs. 3 weitgehend, dh bis auf einige redaktionelle Änderungen, die im Zuge der Umsetzung der DSRL-JI erforderlich waren, der Vorgängerregelung des § 9a Abs. 3 BKAG aF.[32] Er ge- 11

21 BT-Drs. 18/11163, 98; Schenke/Graulich/Ruthig/Graulich BKAG § 17 Rn. 6.
22 Vgl. Schenke/Graulich/Ruthig/Graulich BKAG § 17 Rn. 8.
23 Gleichwohl ist der Begriff der „Erforderlichkeit", wie er auch in vielen anderen Sicherheitsgesetzen anzutreffen ist, gerichtlich voll überprüfbar, vgl. etwa VGH Kassel Urt. v. 16.12.2004 – 11 UE 2982/02 –, NJW 2005, 2727 (2727 f.).
24 BT-Drs. 18/11163, 98.
25 S. § 64 Abs. 3 Nr. 3 („Verhinderung der unbefugten Eingabe personenbezogener Daten […] Speicherkontrolle") und Nr. 7 BDSG („Eingabekontrolle"). Beide Vorschriften dienen der Umsetzung von Art. 32 Abs. 1 lit. b DS-GVO.
26 Vgl. etwa § 490 S. 1 StPO, der in seiner Nr. 5 die „Eingabe" personenbezogener Daten in die Dateisysteme regelt. Eine Legaldefinition des „Dateisystems" findet sich in Art. 3 Nr. 6 DSRL-JI und Art. 4 Nr. 6 DS-GVO.
27 So auch Schenke/Graulich/Ruthig/Graulich BKAG § 17 Rn. 11.
28 Zum Verhältnis von allgemeinem und bereichsspezifischem Datenschutzrecht eingehend Lisken/Denninger/Müller/Schwabenbauer, HdbPolR, G Rn. 569 ff.
29 Schenke/Graulich/Ruthig/Graulich BKAG § 17 Rn. 12.
30 BVerfG Urt. v. 2.3.2010 – 1 BvR 256/08 ua –, BVerfGE 125, 260 (344 f.). S. zum verfassungsrechtlichen Fundament der Kennzeichnungspflicht auch: Weichert NVwZ 2022, 844 (845).
31 Vgl. Schenke/Graulich/Ruthig/Graulich BKAG § 17 Rn. 13.
32 BT-Drs. 18/11163, 98.

staltet die **datenschutzrechtliche Verantwortlichkeit** (Art. 3 Nr. 8 DSRL-JI) **des BKA**[33] für die projektbezogenen gemeinsamen Dateien näher aus, indem er auf die **Rechtsfolgen diverser anderer Vorschriften verweist.** So sind nach **S. 1** die Vorschriften über den polizeilichen Informationsverbund (§§ 29 ff. BKAG) entsprechend anzuwenden, soweit sie die Berichtigung und Löschung (§ 29 Abs. 5 BKAG) personenbezogener Daten, die datenschutzrechtlichen Verantwortlichkeiten[34] und die Datenschutzaufsicht (§ 31 BKAG) betreffen. Weiterhin wird durch S. 1 die Schadensersatzplicht des BKA nach § 86 Abs. 1 BKAG für entsprechend anwendbar erklärt. **S. 2** verweist auf die in § 81 Abs. 2 BKAG normierte Protokollierungspflicht, mit der – wie bei Abs. 2 S. 3 (→ Rn. 10) – verfassungsrechtliche Vorgaben umgesetzt werden (→ § 81 Rn. 1 f.). **S. 3** schließlich stellt klar, dass § 84 Abs. 1 S. 1 und 2 BKAG mit der Maßgabe anzuwenden sind, dass das BKA eine dort geregelte Auskunft nur im Einvernehmen mit derjenigen Behörde erteilen darf, die nach Maßgabe von § 31 Abs. 2 BKAG für die Verarbeitung der personenbezogenen Daten verantwortlich ist (dazu → § 31 Rn. 5 ff.).[35]

IV. Befristung der projektbezogenen gemeinsamen Datei (Abs. 4)

12 Wie schon Abs. 2 und 3 entspricht auch Abs. 4 weitgehend der Vorgängerbestimmung des § 9a Abs. 4 BKAG aF[36] sowie den Parallelvorschriften in § 22a Abs. 4 und 5 BVerfSchG sowie § 25 Abs. 4 und BNDG.[37] § 17 Abs. 4 BKAG regelt, ergänzend zu **Abs. 1** (→ Rn. 5), die zulässige Höchstfrist der Nutzung einer projektbezogenen gemeinsamen Datei. Dadurch werden die verfassungsrechtlichen Vorgaben umgesetzt, die das Bundesverfassungsgericht[38] in Bezug auf die Verhinderung einer (nicht mehr zweckgebundenen und unbefristeten) Vorratsdatenspeicherung gemacht hatte. Wie sich aus **S. 1** ergibt, darf eine projektbezogene gemeinsame Datei **„höchstens zwei Jahre"** betrieben und genutzt werden. Nach **S. 2** darf diese Höchstfrist „um zwei Jahre und danach um ein weiteres Jahr **verlängert** werden, wenn das Ziel der projektbezogenen Zusammenarbeit bei Projektende noch nicht erreicht worden ist und die Datei weiterhin für die Erreichung des Ziels erforderlich ist". Auch wenn sich die Nutzung der projektbezogenen gemeinsamen Datei damit auf einen Zeitraum von **bis zu fünf Jahren** erstrecken kann, ist die Datenverarbeitung immer noch inhaltlich auf die mit dem Projekt verfolgten Zwecke begrenzt.

V. Berichtigung, Beschränkung und Löschung personenbezogener Daten aus einer projektbezogenen gemeinsamen Datei (Abs. 5)

13 Auch Abs. 5 entspricht weitegehend der Vorgängerregelung des § 9a Abs. 5 BKAG aF[39] sowie den Parallelvorschriften in § 22a Abs. 4 und 5 BVerfSchG sowie § 25 Abs. 4 und 5 BNDG.[40] § 15 Abs. 5 BKAG regelt die **Berichtigung, Beschränkung und Löschung personenbezogener Daten** aus einer projektbezogenen gemeinsamen Datei – und zwar, wie schon Abs. 3 (→ Rn. 11), im Wege einer Rechtsfolgenverweisung. **S. 1** verweist dabei auf die **„jeweiligen für sie anwendbaren Vorschriften** über die Berichtigung, Verarbeitungseinschränkung und Löschung von Daten", womit je nach handelnder Behörde die **§§ 78 f. BKAG, § 12 BVerfSchG, § 20 BNDG, §§ 96 f. ZFdG oder die Landespolizeigesetze**[41] gemeint sind. Der in **S. 2** enthaltene Verweis auf das BDSG ist insofern veraltet als § 77 BDSG inzwischen weitgehend geändert wurde. Der Verweis auf § 75 Abs. 1, 2 und 4 BDSG zeigt hingegen, dass das BDSG jedenfalls subsidiär auch auf die Polizeibehörden und Nachrichtendienste anwendbar sein kann.

VI. Festlegungen für die projektbezogene gemeinsame Datei (Abs. 6)

14 Schließlich entspricht auch Abs. 6 weitgehend dem bisherigem § 9a Abs. 6 BKAG aF, wobei der bisherige § 34 BKAG aF, auf den § 9a Abs. 6 BKAG aF noch verwiesen hatte, vom Gesetzgeber zu streichen war, da

33 Diese folgt daraus, dass das BKA zur Führung der projektbezogenen gemeinsamen Dateien befugt ist, → Rn. 3.

34 Nach § 31 Abs. 1 BKAG ist das BKA zwar verpflichtet, die Einhaltung der Rechtsregeln bei der polizeilichen Zusammenarbeit im Rahmen des polizeilichen Informationsverbundes zu überwachen; nach Abs. 2 S. 1 liegt die datenschutzrechtliche Verantwortlichkeit „für die Rechtmäßigkeit der Erhebung, die Zulässigkeit der Eingabe sowie die Richtigkeit oder Aktualität der Daten" jedoch bei „den Stellen, die die Daten unmittelbar eingeben", → § 31 Rn. 5 f.

35 Zur Verfassungsmäßigkeit einer solchen Konstruktion: BVerfG Urt. v. 24.4.2013 – 1 BvR 1215/07 –, BVerfGE 133, 277 (367, Rn. 208): § 10 Abs. 2 ATDG; BVerfG Beschl. v. 10.3.2008 – 1 BvR 2388/03 –, BVerfGE 120, 351 (364 f.): § 19 BDSG aF.

36 BT-Drs. 18/11163, 98.

37 Vgl. Schenke/Graulich/Ruthig/Graulich BKAG § 17 Rn. 18.

38 BVerfG Urt. v. 2.3.2010 – 1 BvR 256/08 ua –, BVerfGE 125, 260 (345).

39 BT-Drs. 18/11163, 98.

40 Vgl. Schenke/Graulich/Ruthig/Graulich BKAG § 17 Rn. 21.

41 Vgl. § 46 Abs. 3 S. 4 PolG BW; Art. 62 BayPAG; § 48 BerlASOG; § 47 BbgPolG; § 36k BremPolG; §§ 27, 27a HessSOG; § 59 HbgPolDVG; § 45 SOG MV; § 47 NdsPOG iVm § 52 NdsDSG; § 32 PolG NRW; § 54 POG RhPf; § 25 SaarPolG iVm § 12 SaarlPolDVG; § 91 Abs. 1 SächsPVDG iVm §§ 14, 31 SächsDSUG; § 196 Abs. 1 LVwG SH; § 31 ThürPAG iVm §§ 35, 43 ThürDSG.

dieser mit dem Grundsatz der hypothetischen Datenneuerhebung (§ 12 BKAG nF) nicht vereinbar war.[42] Die Norm regelt eine Rechtsgrundlage für den Erlass von sog. **Festlegungen** im Wege einer sog. **Errichtungsanordnung.**[43] Hierbei handelt es sich nach hM um eine Verwaltungsvorschrift,[44] die durch Normierung besonderer Verfahrensvorschriften Verletzungen des Rechts auf informationelle Selbstbestimmung entgegenwirken, der polizeilichen Eigenkontrolle und der datenschutzrechtlichen Fremdkontrolle durch Datenschutzbeauftragte und Aufsichtsbehörden dienen soll. Die einzelnen Festlegungen, die das BKA treffen darf, sind in **S. 1 Nrn. 1–9** genannt. Die Festlegungen, die das BKA nach **S. 2** treffen muss, dienen der eindeutigen Klärung der datenschutzrechtlichen Verantwortlichkeit. **S. 3** ermöglicht die datenschutzrechtliche Fremdkontrolle durch den Bundesbeauftragten für Datenschutz und Informationssicherheit (BfDI), dessen Rechtsstellung in den §§ 8 ff. BDSG geregelt ist. **S. 4–6** regeln den Fall, dass eine Mitwirkung des Bundesinnenministeriums, der zuständigen Organisationseinheiten der anderen, an der Datei beteiligten Behörden oder des BfDI wegen der **„Dringlichkeit der Aufgabenerfüllung"** (S. 4) nicht möglich ist. In diesen Fällen ist das BKA nach S. 4 befugt, eine sog. **Sofortanordnung** zu treffen, über die sie nach S. 5 das Bundesinnenministerium gleichzeitig mit dem Erlass zu informieren und das in S. 1–3 genannte Verfahren nach S. 6 unverzüglich nachzuholen hat. Auch wenn der Begriff „Sofortanordnung" bereits in § 34 Abs. 3 BKAG idF vom 7.7.1997[45] enthalten war, ist er bislang doch weitgehend konturenlos geblieben. Es dürfte sich hierbei um einen Akt des Innenrechts handeln, mit der das BKA anordnen kann, dass bestimmte Festlegungen zu treffen sind.

§ 18 Daten zu Verurteilten, Beschuldigten, Tatverdächtigen und sonstigen Anlasspersonen

(1) Das Bundeskriminalamt kann zur Erfüllung seiner Aufgaben nach § 2 Absatz 1 bis 3 personenbezogene Daten weiterverarbeiten von

1. **Verurteilten,**
2. **Beschuldigten,**
3. **Personen, die einer Straftat verdächtig sind, sofern die Weiterverarbeitung der Daten erforderlich ist, weil wegen der Art oder Ausführung der Tat, der Persönlichkeit der betroffenen Person oder sonstiger Erkenntnisse Grund zu der Annahme besteht, dass zukünftig Strafverfahren gegen sie zu führen sind, und**
4. **Personen, bei denen Anlass zur Weiterverarbeitung der Daten besteht, weil tatsächliche Anhaltspunkte dafür vorliegen, dass die betroffenen Personen in naher Zukunft Straftaten von erheblicher Bedeutung begehen werden (Anlasspersonen).**

(2) Das Bundeskriminalamt kann weiterverarbeiten:

1. **von Personen nach Absatz 1 Nummer 1 bis 4**
   a) **die Grunddaten und**
   b) **soweit erforderlich, andere zur Identifizierung geeignete Merkmale,**
   c) **die kriminalaktenführende Polizeidienststelle und die Kriminalaktennummer,**
   d) **die Tatzeiten und Tatorte,**
   e) **die Tatvorwürfe durch Angabe der gesetzlichen Vorschriften und die nähere Bezeichnung der Straftaten;**
2. **von Personen nach Absatz 1 Nummer 1 und 2 weitere personenbezogene Daten, soweit die Weiterverarbeitung der Daten erforderlich ist, weil wegen der Art oder Ausführung der Tat, der Persönlichkeit der betroffenen Person oder sonstiger Erkenntnisse Grund zu der Annahme besteht, dass zukünftig Strafverfahren gegen sie zu führen sind;**
3. **von Personen nach Absatz 1 Nummer 3 und 4 weitere personenbezogene Daten.**

42 BT-Drs. 18/11163, 98.
43 Vgl. Schenke/Graulich/Ruthig/Graulich BKAG § 17 Rn. 24.
44 Vgl. etwa Lisken/Denninger/Petri, HdbPolR, G. Rn. 1234 (zitiert nach 6. Aufl. 2018); Weichert NVwZ 2022, 844 (849); ebenso in Bezug auf die in § 12 ATDG normierte Rechtsgrundlage einer Errichtungsanordnung: BVerfG Urt. v. 24.4.2013 – 1 BvR 1215/07 –, BVerfGE 133, 277 (338 f., Rn. 144). Weitere Rechtsgrundlagen für Errichtungsanordnungen finden sich etwa in § 490 StPO; § 36 BPolG; Art. 47 BayPAG; §§ 48 f. BerlASOG; § 48 BbgPolG; § 36j BremPolG; § 46 NdsPOG; § 33 PolG NRW; § 41 POG RhPf; § 39 SaarlPolG; § 93 SächsPVDG; § 197 LVwG SH; § 46 ThürPAG.
45 BGBl. I S. 1650 (1662).

(3) [1]Das Bundeskriminalamt kann personenbezogene Daten weiterverarbeiten, um festzustellen, ob die betreffenden Personen die Voraussetzungen nach Absatz 1 erfüllen. [2]Die Daten dürfen ausschließlich zu diesem Zweck weiterverarbeitet werden und sind im Informationssystem gesondert zu speichern. [3]Die Daten sind nach Abschluss der Prüfung, spätestens jedoch nach zwölf Monaten zu löschen, soweit nicht festgestellt wurde, dass die betreffende Person die Voraussetzungen nach Absatz 1 erfüllt.

(4) [1]Das Bundeskriminalamt kann personenbezogene Daten weiterverarbeiten, soweit dies erforderlich ist zum Zweck des Nachweises von Personen, die wegen des Verdachts oder des Nachweises einer rechtswidrigen Tat einer richterlich angeordneten Freiheitsentziehung unterliegen. [2]Die Löschung von Daten, die allein zu diesem Zweck weiterverarbeitet werden, erfolgt nach zwei Jahren.

(5) Wird der Beschuldigte rechtskräftig freigesprochen, die Eröffnung des Hauptverfahrens gegen ihn unanfechtbar abgelehnt oder das Verfahren nicht nur vorläufig eingestellt, so ist die Weiterverarbeitung unzulässig, wenn sich aus den Gründen der Entscheidung ergibt, dass die betroffene Person die Tat nicht oder nicht rechtswidrig begangen hat.

A. Allgemeines

I. Überblick und Genese

1 Die Vorschrift des § 18 BKAG ist in engem Zusammenhang mit den in § 16 BKAG geregelten Befugnissen des BKA zur „Weiterverarbeitung" (→ § 16 Rn. 4 f.) personenbezogener Daten zu sehen. Dies zeigt sich einerseits daran, dass § 18 BKAG ebenfalls Regeln normiert, die das BKA dazu ermächtigt, personenbezogene Daten „weiterzuverarbeiten", andererseits daran, dass § 16 Abs. 3 BKAG auf §§ 18, 19 BKAG verweist. Auf den ersten Blick mag es scheinen, als würden die §§ 18, 19 BKAG den persönlichen Anwendungsbereich der in § 16 BKAG normierten Weiterverarbeitungsbefugnisse regeln und durch zusätzliche Anforderungen ergänzen. Tatsächlich aber sind die §§ 18, 19 BKAG als **gegenüber § 16 BKAG spezielle Befugnisse zur Weitverarbeitung von personenbezogenen Daten der dort genannten Personengruppen** anzusehen. Dass die §§ 18, 19 BKAG – im Gegensatz zu § 16 BKAG – nicht auf den in § 12 BKAG genannten Grundsatz der hypothetischen Datenneuerhebung (→ § 12 Rn. 25 ff.) verweisen, ist entweder regelungstechnisch unglücklich – wenn ein solcher Verweis intendiert war – oder aber, was näher liegt, **verfassungsrechtlich bedenklich**, weil das Bundesverfassungsgericht[1] eine Weiterverarbeitung von bevorrateten Daten nur unter Wahrung dieses Grundsatzes zulässt. Die Norm ist zudem auch aus anderen Gründen verfassungsrechtlich zweifelhaft (→ Rn. 4 f.).[2]

2 **Abs. 1 ermächtigt** das BKA, im Rahmen seiner Zentralstellenaufgabe (→ § 2 Rn. 20 ff.) personenbezogene Daten von Verurteilten (Nr. 1), Beschuldigten (Nr. 2), Tatverdächtigten (Nr. 3) und sog. Anlasspersonen (Nr. 4) **weiterzuverarbeiten**, während alle „anderen Personen" unter § 19 BKAG fallen. **Abs. 2** normiert sodann einzelne **Kategorien von Daten**, die weiterverarbeitet werden dürfen. Nach **Abs. 3** dürfen personenbezogene Daten auch weiterverarbeitet werden, um festzustellen, ob eine Person unter eine der in Abs. 1 genannten Personengruppen fällt. **Abs. 4** bestimmt, inwiefern die Weiterverarbeitung personenbezogener Daten auch zum Zweck des Nachweises, ob eine Person tatverdächtig ist, zugelassen werden kann. **Abs. 5** regelt die Weiterverarbeitung der Daten von Personen, die rechtskräftig freigesprochen wurden.

3 Eingeführt wurde die Vorschrift – wie der gesamte Unterabschnitt über die „Weiterverarbeitung" (§§ 12–24 BKAG) – mit dem Gesetz zur Neustrukturierung des Bundeskriminalamtgesetzes vom 1.6.2017.[3] Mit § 18 BKAG sollen die vormals in **§§ 8 und 9 BKAG aF** genannten Personengruppen[4] neu systematisiert werden.[5] Zugleich dient § 18 BKAG aber auch der Umsetzung von **Art. 6 DSRL-JI,**[6] wonach die Mitglied-

1 BVerfG Urt. v. 20.4.2016 – 1 BvR 966/09 ua –, BVerfGE 141, 220 (328, Rn. 288), mwN.
2 S. auch Bäcker, Schriftsatz der Verfassungsbeschwerde im Verfahren 1 BvR 1160/19, S. 50 ff., abrufbar unter: https://freiheitsrechte.org/home/wp-content/uploads/2019/10/2019-05-21-BKA-Gesetz-VB-anonymisiert.pdf.
3 BGBl. I S. 1354; näher Graulich KriPoZ 2017, 278 ff.
4 Zu ihnen Kugelmann BKAG § 8 Rn. 4 ff.
5 So die Gesetzesbegründung, vgl. BT-Drs. 18/11163, 99.
6 Vgl. auch hierzu BT-Drs. 18/11163, 99. Allgemein zur DSRL-JI → § 13 Rn. 2.

staaten dafür Sorge zu tragen haben, „dass der Verantwortliche", dh im vorliegenden Falle das BKA,[7] „so weit wie möglich zwischen den personenbezogenen Daten verschiedener Kategorien klar unterscheidet", wobei in lit. a–d sodann verschiedene Personengruppen aufgeführt werden. Die hierin aufgeführte Unterscheidung hat der deutsche Gesetzgeber in § 18 Abs. 1 Nrn. 1–4 BKAG aufgenommen und ist dadurch seiner insoweit bestehenden Umsetzungspflicht gerecht geworden.

II. Verfassungsrechtliche Bewertung

Verfassungsrechtlich ist die Vorschrift **in mehrfacher Hinsicht zweifelhaft.** Zwar ist an der problematischen[8] Vorgängerregelung des § 8 Abs. 4 BKAG aF, wonach auch die Verarbeitung personenbezogener Daten von „Nicht-Beschuldigten" wie Kontakt- und Begleitpersonen, hinweis- oder auskunftsgebenden Personen zulässig war,[9] im Zuge der Novellierung des BKAG nicht mehr festgehalten worden. Problematisch ist allerdings das Zusammenspiel der §§ 18 f. mit § 16 einerseits und § 12 BKAG andererseits (dazu bereits → Rn. 1).[10] Da die §§ 18 f. zwar im Verhältnis zu § 16 Abs. 1 BKAG einerseits „zusätzliche besondere Voraussetzungen" iS dieser Norm (→ § 16 Rn. 3) normieren, andererseits aber – im Gegensatz zu § 16 Abs. 1 BKAG – keinen direkten Verweis auf den vom Bundesverfassungsgericht[11] entwickelten und nunmehr in § 12 BKAG kodifizierten **Grundsatz der hypothetischen Datenneuerhebung** enthalten, könnten die §§ 18 f. BKAG so interpretiert werden, dass bei einer Verarbeitung personenbezogener Daten der dort genannten Personen der Grundsatz der hypothetischen Datenneuerhebung nicht zu beachten wäre. Dies würde allerdings den **Vorgaben des Bundesverfassungsgerichts widersprechen,** das nämlich für den genannten Personenkreis keine Ausnahme von diesem Grundsatz gemacht hatte. Zu einem anderen Ergebnis ließe sich nur gelangen, wenn man in §§ 18 f. BKAG keine „zusätzlichen besonderen Voraussetzungen" iSv § 16 Abs. 1 BKAG sehen würde. Dann wäre nämlich § 16 Abs. 1 BKAG und mit ihm auch § 12 BKAG neben den §§ 18 f. BKA anwendbar, was jedoch zu einer inhaltlich sehr komplexen[12] Prüfung führen würde. 4

Mit **erheblichen verfassungsrechtlichen Zweifeln** ist auch der **weiten Fassung des Personenkreises** in **Abs. 1** (→ Rn. 5 f.) und des in **Abs. 2** genannten **Datenbestandes** (→ Rn. 7 f.) zu begegnen.[13] Dass eine Person im Datenbestand des BKA geführt wird, kann diese erheblich belasten, auch wenn die in Abs. 2 genannten, vom BKA gespeicherten Daten nur von beschränktem Informationsgehalt sind. Denn das BKA kann auf diesen Datenbestand jederzeit zugreifen, wodurch die dort gespeicherten Personen Gefahr laufen, durch polizeiliche Maßnahmen adressiert zu werden. Besonders problematisch ist dies bei den in Abs. 1 Nrn. 2–4 genannten Personen, da diese nicht – wie bei Nr. 1 – aufgrund einer rechtskräftigen Verurteilung, sondern – wie bei Nr. 2 – aufgrund eines bloßen Anfangsverdachts (§ 152 StPO) bzw. – im Falle von Nrn. 3 und 4 – einer kriminalistischen Prognose in das Blickfeld der Sicherheitsbehörden geraten sind, ohne dass dies immer auf einer zurechenbaren Handlung der Betroffenen beruhen muss. Hinzu kommt, dass die Weiterverarbeitung von personenbezogenen Daten des hier genannten Personenkreises im Ermessen der jeweiligen Behörde steht, das jedoch vom Gesetz in keinerlei Hinsicht angeleitet wird.[14] Daher ist vorgeschlagen worden, den Anwendungsbereich von § 18 Abs. 1 und 2 BKAG auf Straftaten von hinreichendem Gewicht zu begrenzen und die Weiterverarbeitung (→ § 16 Rn. 4 f.) – die regelmäßig auf eine Bevorratung der Daten hinauslaufen dürfte – nur innerhalb eines bestimmten Zeitrahmens[15] und nur dann zuzulassen, wenn hierfür ein konkreter Anlass besteht, etwa weil aufgrund konkreter Tatsachen mit der Begehung von Straftaten zu 5

7 Dies ergibt sich durch eine Subsumtion unter den Begriff des „Verantwortlichen", vgl. Art. 3 Nr. 8 DSRL-JI.

8 Kritisch etwa Erbs/Kohlhaas/Papsthardt BKAG § 8 (2010) Rn. 8, mwN; Bäcker, Kriminalpräventionsrecht, 2015, S. 508 ff.

9 Vgl. dazu Kugelmann BKAG § 8 Rn. 11 ff.

10 Vgl. dazu Bäcker, Der Umsturz kommt zu früh: Anmerkungen zur polizeilichen Informationsordnung nach dem neuen BKA-Gesetz, VerfBlog, 2017/6/08.

11 BVerfG Urt. v. 20.4.2016 – 1 BvR 966/09 ua –, BVerfGE 141, 220.

12 Bäcker, Der Umsturz kommt zu früh: Anmerkungen zur polizeilichen Informationsordnung nach dem neuen BKA-Gesetz, VerfBlog, 2017/6/08 bezeichnet sie als „kaum praktikabel", da dann „nicht nur die Datenüberführung in ein neues polizeiliches Verfahren, sondern bereits die Datenspeicherung davon" abhänge, „dass ein konkreter Ermittlungsansatz vorliegt. Damit würden die Speicherungsvoraussetzungen gegenüber der bisherigen Rechtslage erheblich verschärft – in kontraproduktiver Weise, denn die Datensammlungen des BKA sollen ja gerade einen verfahrensübergreifenden Informationsbestand für noch nicht absehbare zukünftige Verfahren vorhalten".

13 Vgl. hierzu Bäcker, Schriftsatz der Verfassungsbeschwerde im Verfahren 1 BvR 1160/19, S. 50 ff., abrufbar unter: https://freiheitsrechte.org/home/wp-content/uploads/2019/10/2019-05-21-BKA-Gesetz-VB-anonymisiert.pdf., der sich dabei vor allem auf den Fall bezieht, dass personenbezogene Daten der in § 18 Abs. 1 und 2 BKAG genannten Personen im polizeilichen Informationsverbund nach § 29 Abs. 4 S. 2 BKAG bevorratet werden. Hierdurch würde die Eingriffstiefe gegenüber der alten Rechtslage (§ 8 BKAG aF) sogar noch vertieft.

14 Dies betont auch Bäcker, Schriftsatz der Verfassungsbeschwerde im Verfahren 1 BvR 1160/19, S. 51, abrufbar unter: https://freiheitsrechte.org/home/wp-content/uploads/2019/10/2019-05-21-BKA-Gesetz-VB-anonymisiert.pdf.

15 Ein „Verfallsdatum" der Daten in Gestalt einer Löschungspflicht nach Zeitablauf bzw. einem nachträglichen Entfallen des Verarbeitungszwecks ordnet das BKA – im Gegensatz zu § 75 BDSG – nicht an.

rechnen ist.[16] Verfassungsrechtlich problematisch mit Blick auf die vom Bundesverfassungsgericht[17] aufgestellten Vorgaben in Bezug auf die Transparenz der Verarbeitung personenbezogener Daten ist schließlich noch, dass die in § 18 Abs. 1 BKAG genannten Personen von der Weiterverarbeitung nach der Konzeption des Gesetzes nicht benachrichtigt werden müssen.

B. Kommentierung im Einzelnen

I. Adressatenkreis: Verurteilte, Beschuldigte, Tatverdächtige und Anlasspersonen (Abs. 1)

6 § 18 Abs. 1 BKAG normiert, in Umsetzung von Art. 6 DSRL-JI (→ Rn. 2), eine Befugnis des BKA zur Weiterverarbeitung personenbezogener Daten, die sich auf den in **Nrn. 1–4** genannten Personenkreis beziehen. Damit führt der Gesetzgeber Personengruppen zusammen, die vormals in § 8 Abs. 1, 2 und 5 BKAG aF geregelt waren, ohne dass damit eine Erweiterung der Befugnisse des BKA verbunden wäre.[18] Unabhängig davon, welche der vier in **Nrn. 1–4** genannten Personengruppen (→ Rn. 7) einschlägig ist, setzt die Befugnis voraus, dass das BKA zur **Erfüllung seiner Zentralstellenaufgabe** (→ § 2 Rn. 20 ff.) handelt. Ob und inwieweit das BKA von der Befugnis Gebrauch macht, also personenbezogene Daten „weiterverarbeitet", liegt in seinem **Ermessen** („kann"). Der typische Anwendungsfall einer „Weiterverarbeitung" (→ § 16 Rn. 4 f.) ist nach der Gesetzesbegründung[19] die „Speicherung" der Daten im polizeilichen Informationssystem.

7 Der in **Nr. 1** geregelte Kreis der **„Verurteilten"** geht laut Gesetzesbegründung[20] auf Art. 6 Abs. 1 lit. b JI-RL zurück. Der Inhalt dieses Begriffs kann durch § 4 BZRG ermittelt werden,[21] der bestimmt, was unter „Verurteilungen" zu verstehen ist. Der in **Nr. 2** genannte Personenkreis der **„Beschuldigten"** war bereits in § 8 Abs. 1 Nr. 1 BKAG aF geregelt. Gemeint sind damit alle Beschuldigten im strafprozessualen Sinne,[22] dh all diejenigen Personen, gegen die eine Strafverfolgungsbehörde formal ein strafrechtliches Ermittlungsverfahren eingeleitet hat.[23] Auch wenn die Beschuldigten ab der Erhebung der Anklage (§ 157 Abs. 1 StPO) im strafprozessualen Sinne als „Angeschuldigte" gelten, erfasst § 18 Abs. 1 Nr. 2 BKAG auch diesen Personenkreis.[24] Die „Beschuldigten"-Eigenschaft endet entweder mit der Verfahrenseinstellung nach § 170 StPO oder den Beschluss über die Nichteröffnung des Hauptverfahrens. Während also die in den Nrn. 1 und 2 genannten Begriffe auf klar definierte Stadien des Strafprozesses verweisen, ist der in **Nr. 3** genannte Personenkreis der **„Tatverdächtigten"**, obgleich ebenfalls strafprozessrechtlichen Ursprungs, dort weniger klar konturiert. Letztlich bezeichnet er alle Personen, die aufgrund bestimmter Tatsachen der Begehung einer Straftat verdächtig sind,[25] wobei zu beachten ist, dass § 18 Abs. 1 Nr. 3 BKAG den Begriff nochmals präzisiert. Im Gegensatz zu den Nrn. 1 und 2 muss die Straftat dabei noch nicht begangen sein, sondern es genügt, dass eine – auf Tatsachen und kriminalistische Erfahrungsgrundsätze gestützte[26] – **Prognose** dafür spricht, dass sie begangen wird.[27] Noch weniger konturiert ist der in **Nr. 4** genannte Personenkreis der **„Anlasspersonen"**. Der Begriff weist, wie der Begriff der Tatverdächtigen in Nr. 3, eine gewisse Nähe zu den in § 8 Abs. 5 BKAG aF genannten, also solchen Personen auf, bei denen „Tatsachen die Annahme rechtfertigen, dass sie […] Straftaten von erheblicher Bedeutung begehen" werden.[28] Da **Nr. 4** also – im Gegensatz zu den **Nrn. 1–3** – in keiner Weise auf ein bestimmtes Stadium des Strafprozesses verweist, dient die Befugnis auch nicht strafprozessualen bzw. repressiven, sondern präventiven Zwecken.[29] Da die Norm allerdings keine „konkrete Gefahr", sondern nur „tatsächliche Anhaltspunkte" für die künftige Begehung von Straftaten verlangt, ist mit ihr das Risiko verbunden, dass „letztlich jedermann zum „Informationsobjekt" degradiert werden"[30] kann.

16 So Bäcker, Schriftsatz der Verfassungsbeschwerde im Verfahren 1 BvR 1160/19, S. 52 f., abrufbar unter: https://freiheitsrechte.org/home/wp-content/uploads/2019/10/2019-05-21-BKA-Gesetz-VB-anonymisiert.pdf.

17 BVerfG Urt. v. 24.4.2013 – 1 BvR 1215/07 –, BVerfGE 133, 277 (365 ff., Rn. 203 ff.).

18 BT-Drs. 18/11163, 99.

19 BT-Drs. 18/11163, 99.

20 BT-Drs. 18/11163, 99.

21 Vgl. Schenke/Graulich/Ruthig/Graulich BKAG § 18 Rn. 3.

22 Vgl. dazu Kugelmann BKAG § 8 Rn. 4.

23 BGH Urt. v. 23.7.1986 – 3 StR 164/86 –, BGHSt 34, 138 (140); Beschl. v. 27.2.1992 – 5 StR 190/91 –, BGHSt 38, 214 (228); sowie BGH Urt. v. 3.7.2007 – 1 StR 3/07 –, NJW 2007, 2706 (2707 f., Rn. 17 ff.).

24 Vgl. Schenke/Graulich/Ruthig/Graulich BKAG § 18 Rn. 4.

25 Vgl. Schenke/Graulich/Ruthig/Graulich BKAG § 18 Rn. 5, unter Verweis auf Meyer-Goßner/Schmitt, StPO, § 112 Rn. 7.

26 Vgl. zu § 8 Abs. 5 BKAG die Antwort der Bundesregierung auf eine Kleine Anfrage aF, BT-Drs. 16/13563, 8.

27 Kritisch im Hinblick auf den Bestimmtheitsgrundsatz, wenngleich zur Vorgängerbestimmung des § 8 Abs. 5 BKAG aF, Arzt NJW 2011, 253 (254). Allgemein zur Prognoseentscheidung im Sicherheitsrecht Goldhammer, Die Prognoseentscheidung im Öffentlichen Recht 2021, 139 ff.

28 Vgl. Schenke/Graulich/Ruthig/Graulich BKAG § 18 Rn. 6.

29 So Kugelmann BKAG § 8 Rn. 15 für die Vorgängerregelung des § 8 Abs. 5 BKAG aF.

30 So Schenke/Graulich/Ruthig/Graulich BKAG § 18 Rn. 11.

II. Kategorien der verarbeiteten Daten (Abs. 2)

Welche Kategorien personenbezogener Daten das BKA iSv Abs. 1 „weiterverarbeiten" darf, wird zunächst einmal durch die **BKADV**[31] geregelt, die jedoch bis heute noch nicht an die mit dem Gesetz zur Neustrukturierung des BKAG vom 1.6.2017[32] verbundenen Änderungen des BKAG angepasst wurde. Auch ist noch keine Nachfolgebestimmung erlassen worden, welche die Vorgaben der – im Zuge der 2017 eingeleiteten „Neustrukturierung" des BKAG neu hinzugekommenen – Bestimmungen, namentlich der §§ 12–24 BKAG nF, konkretisieren würde. Wenigstens ein Stück weit wird diese Lücke durch **Abs. 2** für die Weiterverarbeitung personenbezogener Daten nach Maßgabe von **Abs. 1** geschlossen. Dabei knüpft die Norm teilweise an § 8 Abs. 1 BKAG aF an, die das BKA bereits dazu ermächtigte, im Rahmen seiner Zentralstellenfunktion einen gewissen „Grundbestand"[33] personenbezogener Daten zu speichern, zu verändern oder zu nutzen. Teilweise weist § 18 Abs. 2 BKAG aF aber auch Diskontinuitäten gegenüber § 8 Abs. 1 BKAG aF auf, indem er beispielsweise neue Begrifflichkeiten wie die „Grunddaten" (Nr. 1 lit. a) einführt oder in Nrn. 2 und 3 Daten normiert, die in der Vorgängerbestimmung noch nicht enthalten waren (zu beiden Aspekten → Rn. 10). 8

§ 18 Abs. 2 Nr. 1 lit. a BKAG ermächtigt das BKA zur Weiterverarbeitung von **„Grunddaten"** der in Abs. 1 Nrn. 1–4 genannten Personen. Wie sich aus der Gesetzesbegründung[34] ergibt, wird dadurch der bislang in § 8 Abs. 1 Nr. 1 BKAG aF enthaltene Begriff der **„Personendaten"** ersetzt, ohne dass damit inhaltliche Änderungen verbunden wären. Daher erscheint es nur konsequent, zur Auslegung des Begriffs der „Grunddaten" auf die Definition der „Personendaten" in § 1 Abs. 1 BKADV zurückzugreifen. Die hier genannten „Grunddaten" sollen laut Gesetzesbegründung eine „zweifelsfreie, schnelle und effektive Identifizierung der betreffenden Personen im Informationssystem des BKA"[35] ermöglichen. Die in Abs. 2 Nr. 1 lit. b genannten anderen zur Identifizierung geeigneten Merkmale lassen sich wiederum § 1 Abs. 2 BKADV entnehmen. Die in Abs. 2 Nr. 1 lit. c angesprochenen Begriffe „kriminalaktenführende Polizeidienststelle" und die „Kriminalaktennummer" wurden in § 7 Abs. 1 BKADV aF näher geregelt.[36] Inzwischen sind die Vorschriften jedoch aufgehoben. Dasselbe gilt für die in Abs. 2 Nr. 1 lit. d genannten „Tatzeiten und Tatorte", die in § 7 Abs. 2 BKADV aF konkretisiert wurden.[37] Die in Abs. 2 Nr. 1 lit. e genannten Angaben wurden wiederum in § 7 Abs. 3 BKADV aF konkretisiert.[38] Was **„weitere personenbezogene Daten"** iSv Abs. 2 Nrn. 2 und 3 sind, ergibt sich aus § 2 BKADV. Während eine Weiterverarbeitung dieser Daten von Personen nach Abs. 1 Nrn. 1 und 2 nur unter der zusätzlichen Voraussetzung zulässig ist, dass diese aus Gründen der Strafverfolgungsvorsorge[39] **„erforderlich"** (→ § 16 Rn. 12) ist, mithin gegen diese Personengruppen immerhin der Anfangsverdacht einer Straftat bestehen muss, wird das BKA bei den nach Nrn. 3 und 4 genannten Personengruppen allein präventiv tätig (→ Rn. 7). 9

III. Weiterverarbeitung für sog. Prüffälle (Abs. 3)

§ 18 Abs. 3 BKAG ermächtigt das BKA, wie § 19 Abs. 3 BKAG (→ § 19 Rn. 6), erstmals zur Weiterverarbeitung personenbezogener Daten in sog. **Prüffällen**. Damit sind diejenigen Fälle gemeint, in denen das BKA – etwa durch Hinweise seitens Privater, aber auch in- oder ausländischer Polizeidienststellen oder durch sonstige kriminalistische Erkenntnisse – zu der Überzeugung gelangt, dass eine Person die Voraussetzungen des Abs. 1 erfüllen könnte.[40] Mit anderen Worten: Die von Abs. 3 erfassten **Personen** sind weder Tatverdächtige noch Anlasspersonen (→ Rn. 7), dh sie stehen (noch) nicht unter dem Verdacht, eine Straftat zu begehen, sondern es **besteht** allein die **Möglichkeit, dass sie eine Straftat begehen werden oder bereits begangen haben**. Insofern besteht also eine gewisse Parallele zur Figur des „Gefährders",[41] dh einer Person, die Anlass für die Besorgnis gibt, dass sie möglicherweise Straftaten begehen wird. Dieser besonders tief- 10

31 Verordnung über die Art der Daten, die nach den §§ 8 und 9 des Bundeskriminalamtgesetzes gespeichert werden dürfen (BKA-Daten-Verordnung – BKADV) v. 4.6.2010, zuletzt geändert durch Art. 6 Abs. 12 des Gesetzes v. 13.4.2017 (BGBl. I S. 872).
32 BGBl. I S. 1354.
33 S. dazu Kugelmann BKAG § 8 Rn. 4.
34 BT-Drs. 18/11163, 99.
35 BT-Drs. 18/11163, 99.
36 Vgl. insoweit Schenke/Graulich/Ruthig/Graulich BKAG § 18 Rn. 19.
37 Dabei handelt es sich um „1. Angaben zur Tatörtlichkeit" und „2. Angaben zu virtuellen Tatorten".
38 Dabei handelt es sich um folgende Daten: „1. Kurzsachverhalt, 2. Modus Operandi und Tatbegehungsweise, 3. Angaben zu Internetressourcen, 4. Angaben zu Gegenstand oder Mittel der Straftat, wie Waffen, Betäubungsmittel, Falschgeld, Publikationen (Tatmittel), erlangtem oder erstrebtem Gut, 5. Spuren des Beschuldigten, 6. Angaben zu Beteiligten, 7. Die Bezeichnung eventueller Ordnungswidrigkeiten einschließlich der Angabe, ob diese versucht oder vollendet wurden, 8. IS-Merker, 9. Angaben zu konkreten Umständen der Tat wie Angaben zum Opfertyp und zum Tätertyp".
39 Vgl. dazu etwa Graulich NVwZ 2014, 685 ff.
40 Vgl. insoweit die Gesetzesbegründung, BT-Drs. 18/11163, 99.
41 Zu ihr und zur dogmatischen Verortung etwa Hanschmann KJ 50 (2017), 434 (439 ff.); Kulick AöR 143 (2018), 175 ff.

greifende, da eine besonders niedrige Eingriffsschwelle[42] voraussetzende Informationseingriff, der keine Vorgängerregelung im BKAG aF hatte, soll das BKA dazu ermächtigen, auch solche Daten zu verarbeiten, die sich auf Personen beziehen, die dem BKA „bislang unbekannt waren".[43] Es geht also darum, etwaige ermittlungstaktische Lücken zu schließen, die im Rahmen der bisherigen Ermittlungsarbeit entstanden sind. Einerseits kann es dem BKA dadurch gelingen, auch sog. Schläfer oder „Black swans", also vermeintlich harmlose, aber tatsächlich mit der Vorbereitung von Straftaten befasste Personen aufzuspüren. Andererseits ist die Vorschrift auch besonders geneigt, personenbezogene Daten von tatsächlich harmlosen Personen zu verarbeiten. Daher sind an derlei, im Gefahrenvorfeld ansetzende Informationseingriffe auch besonders hohe verfassungsrechtliche Voraussetzungen geknüpft,[44] denen die Sätze 2 und 3 Rechnung tragen sollen. Während S. 2 dabei eine strenge **Zweckbindung** normiert, bestimmt S. 3, dass die Daten – sofern der Prüffall negativ ausfällt – sofort nach Abschluss der Prüfung, spätestens jedoch nach zwölf Monaten zu löschen sind. Diese Zwölf-Monats-Frist wird in der Gesetzesbegründung mit den „zum Teil sehr langen Wartezeiten auf Antworten ausländischer Interpol-Kooperationspartner und unter Berücksichtigung der teilweise erheblichen Dauer von aufwendigen Ermittlungs- bzw. Strafverfahren im In- und Ausland" begründet.[45]

IV. Weiterverarbeitung in der Haftdatei (Abs. 4)

11 § 18 Abs. 4 BKAG, der dem bisherigen § 9 Abs. 2 BKAG aF entspricht,[46] regelt die Verarbeitung personenbezogener Daten „von Personen, die wegen des Verdachts oder des Nachweises einer rechtswidrigen Tat einer richterlich angeordneten Freiheitsentziehung unterliegen" (**S. 1**), dh im Rahmen der sog. **Haftdatei**. Diese als Verbunddatei (→ § 13 Rn. 11) ausgestaltete Datei verfolgt im wesentlichen dreierlei Zwecke:[47] Erstens soll verhindert werden, dass eine Person, die bereits zur Fahndung ausgeschrieben ist, nochmals ausgeschrieben wird. Zweitens soll die Haftdatei zur Überprüfung von Alibis beitragen. Und drittens können auf ihrer Grundlage bevorstehende Haftentlassungen überwacht werden. Letztlich können auf Grundlage von Abs. 4 S. 1 somit die in § 1, § 2 Nr. 2 und § 7 BKADV gespeicherten Daten überwacht werden, wobei § 5 BKADV die in § 18 Abs. 4 S. 1 BKAG genannten Daten nochmals konkretisiert.[48] Abs. 4 **S. 2** bestimmt, dass die allein zu den vorgenannten Zwecken in der Haftdatei gespeicherten Daten, nach zwei Jahren zu löschen sind.

V. Weiterverarbeitung personenbezogener Daten „Unschuldiger" (Abs. 5)

12 § 18 Abs. 5 BKAG entspricht – bis auf einige terminologische Änderungen, die auf die Umsetzung unionsrechtlicher Vorgaben zurückzuführen sind – der Vorgängerregelung des § 8 Abs. 3 BKAG aF.[49] Er ordnet an, dass die „Weiterverarbeitung" (→ § 16 Rn. 4 f., vormals: die „Speicherung, Veränderung und Nutzung") personenbezogener **Daten bestimmter Personen**, die hier verkürzend als „Unschuldige" zusammengefasst wurden, **unter bestimmten Voraussetzungen unzulässig** ist. Bei diesen **Personen** handelt es sich nach Abs. 5 S. 1 zunächst um solche, die „rechtskräftig freigesprochen" (§ 264 StPO) wurden, die also tatsächlich als unschuldig gelten dürfen, weil das Gericht von ihrer Unschuld überzeugt war oder es jedenfalls die Schuld nicht feststellen konnte. Dem gleichgestellt sind die Fälle, in denen die Eröffnung des Hauptverfahrens unanfechtbar abgelehnt (§ 204 StPO) oder ein Ermittlungsverfahren endgültig eingestellt wurde – sei es aus Opportunitätsgründen (§§ 153 ff. StPO), sei es mangels öffentlichen Interesses an der Anklage (§ 170 Abs. 2 StPO) oder aufgrund von Verfahrenshindernissen (§§ 206a, 260 Abs. 2 StPO). Nicht erfasst ist dagegen die rein vorläufige Einstellung (§ 154c Abs. 2, § 205 StPO). Über die Einstellung des Verfahrens, wie generell über den Ausgang des Verfahrens, ist das BKA von der Staatsanwaltschaft zu unterrichten (§ 482 StPO). Darüber hinaus verlangt Abs. 5, dass „sich **aus den Gründen der Entscheidung** ergibt, dass die betroffene Person die **Tat nicht oder nicht rechtswidrig** begangen hat". Aus der Entscheidung muss aus also hervorgehen, dass die betroffene Person die Tat nach Überzeugung der Staatsanwaltschaft (§ 170 Abs. 2 StPO) oder des Gerichts (§§ 264, 267 StPO) aus tatsächlichen oder rechtlichen Gründen nicht begangen hat oder sich auf einen anerkannten Rechtfertigungsgrund (zB §§ 32, 34 StGB, § 127 StPO) berufen konn-

42 Vgl. hierzu etwa Poscher DV 41 (2008), 345 ff.
43 So die Gesetzesbegründung, BT-Drs. 18/11163, 99.
44 S. allgemein zur Verhältnismäßigkeit von Informationseingriffen im Gefahrenvorfeld BVerfG Urt. v. 14.7.1999 – 1 BvR 2226/94 –, BVerfGE 100, 313 (358 ff.); Beschl. v. 4.4.2006 – 1 BvR 518/02 –, BVerfGE 115, 320 (341 ff.); Urt. v. 2.3.2010 – 1 BvR 256/08 ua –, BVerfGE 125, 260 (316 ff.); Urt. v. 24.4.2013 – 1 BvR 1215/07 –, BVerfGE 133, 277 (335 ff., Rn. 138 ff.); Urt. v. 20.4.2016 – 1 BvR 966/09 ua –, BVerfGE 141, 220 (268, Rn. 103 ff.), mwN.
45 BT-Drs. 18/11163, 99.
46 BT-Drs. 18/11163, 100.
47 Vgl. Schenke/Graulich/Ruthig/Graulich BKAG § 18 Rn. 37. Zu ihr etwa Lisken/Denninger/Arzt, HdbPolR, G Rn. 1227.
48 Vgl. Schenke/Graulich/Ruthig/Graulich BKAG § 18 Rn. 39.
49 BT-Drs. 18/11163, 100.

te. Liegen diese Voraussetzungen vor, so ist die Weiterverarbeitung **unzulässig**, dh sie hat – ab der Mitteilung der Staatsanwaltschaft – zu unterbleiben. Erfolgt sie dennoch, so ist sie rechtswidrig.

Jedoch folgt hieraus noch nicht automatisch eine **Pflicht zur Löschung** der Daten. Eine solche war noch in § 32 Abs. 2 BKAG aF enthalten. Allerdings sollte nach Ansicht des Bundesverwaltungsgerichts[50] eine Speicherung der Daten gleichwohl noch so lange möglich sein, bis der Verdacht nicht restlos ausgeräumt werden konnte. Dabei ist zu beachten, dass ein Verdacht auch trotz der grundsätzlich im Strafverfahrensrecht geltenden Unschuldsvermutung bestehen kann.[51] Nunmehr ist die Löschungspflicht in § 77 BKAG, § 75 BDSG geregelt. Verantwortlich für die Löschung ist nach § 77 Abs. 4 und 6 BKAG die Stelle, welche die datenschutzrechtliche Verantwortung trägt. Dies ist nach § 31 Abs. 2 BKAG diejenige Stelle, welche die Daten unmittelbar eingegeben hat (→ § 31 Rn. 7 ff.).[52] Wird über den Löschungsanspruch gerichtlich gestritten, so ist dabei diejenige Rechtslage maßgeblich, die das Berufungsgericht seiner Entscheidung zugrunde gelegt hat.[53] 13

§ 19 Daten zu anderen Personen

(1) [1]Soweit dies zur Verhütung oder zur Vorsorge für die künftige Verfolgung einer Straftat mit erheblicher Bedeutung erforderlich ist, kann das Bundeskriminalamt zur Erfüllung seiner Aufgaben nach § 2 Absatz 1 bis 3 personenbezogene Daten von Personen weiterverarbeiten, bei denen tatsächliche Anhaltspunkte dafür vorliegen, dass

1. sie bei einer künftigen Strafverfolgung als Zeugen in Betracht kommen,
2. sie als Opfer einer künftigen Straftat in Betracht kommen,
3. sie mit in § 18 Absatz 1 Nummer 1 bis 3 bezeichneten Personen nicht nur flüchtig oder in zufälligem Kontakt und in einer Weise in Verbindung stehen, die erwarten lässt, dass Hinweise für die Verfolgung oder vorbeugende Bekämpfung dieser Straftaten gewonnen werden können, weil Tatsachen die Annahme rechtfertigen, dass die Personen von der Planung oder der Vorbereitung der Straftaten oder der Verwertung der Tatvorteile Kenntnis haben oder daran mitwirken, oder
4. es sich um Hinweisgeber und sonstige Auskunftspersonen handelt.

[2]Die Weiterverarbeitung nach Satz 1 ist zu beschränken auf die in § 18 Absatz 2 Nummer 1 Buchstabe a bis c bezeichneten Daten sowie auf die Angabe, in welcher Eigenschaft der Person und in Bezug auf welchen Sachverhalt die Speicherung der Daten erfolgt. [3]Personenbezogene Daten über Personen nach Satz 1 Nummer 1, 2 und 4 dürfen nur mit Einwilligung der betroffenen Person gespeichert werden. [4]Die Einwilligung ist nicht erforderlich, wenn das Bekanntwerden der Speicherungsabsicht den mit der Speicherung verfolgten Zweck gefährden würde.

(2) [1]Das Bundeskriminalamt kann personenbezogene Daten weiterverarbeiten von Vermissten, unbekannten Personen und unbekannten Toten

1. zu Zwecken der Identifizierung,
2. zur Abwehr einer erheblichen Gefahr für die genannten Personen.

[2]Entsprechendes gilt, soweit es sonst zur Erfüllung seiner Aufgaben erforderlich ist, weil tatsächliche Anhaltspunkte dafür vorliegen, dass es sich um Täter, Opfer oder Zeugen im Zusammenhang mit einer Straftat handelt.

(3) [1]Das Bundeskriminalamt kann personenbezogene Daten weiterverarbeiten, um festzustellen, ob die betreffenden Personen die Voraussetzungen nach Absatz 1 oder Absatz 2 erfüllen. [2]Die Daten dürfen ausschließlich zu diesem Zweck weiterverarbeitet werden und sind im Informationssystem gesondert zu speichern. [3]Die Daten sind nach Abschluss der Prüfung, spätestens jedoch nach zwölf Monaten zu löschen, soweit nicht festgestellt wurde, dass die betreffende Person die Voraussetzungen nach Absatz 1 oder Absatz 2 erfüllt.

50 BVerwG Urt. v. 22.10.2003 – 6 C 3/03 –, BeckRS 2004, 21308.
51 BVerfG Beschl. v. 29.5.2010 – 2 BvR 254/88 ua –, BVerfGE 82, 106 (117).
52 Ebenso Schenke/Graulich/Ruthig/Graulich BKAG § 18 Rn. 52.
53 Vgl. nur BVerwG Urt. v. 9.6.2010 – 6 C 5.09 –, BVerwGE 137, 113.

A. Überblick und Genese

1 Die durch das Gesetz zur Neustrukturierung des Bundeskriminalamtgesetzes vom 1.6.2017[1] neu eingeführte Vorschrift normiert, genau wie § 18 BKAG, im Verhältnis zu § 16 BKAG spezielle Befugnisse zur Weiterverarbeitung personenbezogener Daten von sog. anderen Personen, wobei dieser Begriff in Abgrenzung zu den in § 18 Abs. 1 BKAG genannten Personen (→ § 18 Rn. 7) zu verstehen ist. § 19 **Abs. 1** BKAG regelt – in Fortschreibung von § 8 Abs. 4 BKAG aF[2] – die Verarbeitung personenbezogener Daten von **Zeugen, Opfern, Kontakt- und Begleitpersonen, hinweisgebenden und sonstigen Auskunftspersonen** (→ Rn. 2–4), dh von „Nichtbeschuldigten"[3]. **Abs. 2,** der § 9 Abs. 3 BKAG aF[4] fortschreibt, bestimmt dagegen, inwiefern das BKA personenbezogene Daten zum Zweck der Identifizierung **Vermisster, Unbekannter und unbekannter Toter** weiterverarbeiten darf (→ Rn. 5). **Abs. 3,** der keine Vorgängerregelung kennt, regelt schließlich und parallel zu § 18 Abs. 3 BKAG die Zulässigkeit der Weiterverarbeitung in sog. **Prüffällen** (→ Rn. 6; → § 18 Rn. 11). Die in diesen drei Absätzen zum Ausdruck kommende Untergliederung soll den unterschiedlichen Verarbeitungszwecken auf der einen und den unterschiedlichen Eingriffstiefen auf der anderen Seite Rechnung tragen.

B. Kommentierung im Einzelnen

I. Adressatenkreis: Zeugen, Opfer, Kontakt- und Begleitpersonen, hinweisgebende oder sonstige Auskunftspersonen (Abs. 1)

2 § 19 Abs. 1 BKAG regelt die Zulässigkeit der Weiterverarbeitung (→ § 16 Rn. 4 f.) personenbezogener Daten von Zeugen (S. 1 Nr. 1), Opfern (S. 1 Nr. 2), Hinweisgebern (S. 1 Nr. 3) oder sonstigen Auskunftspersonen (S. 1 Nr. 4). Dies soll es dem BKA ermöglichen, Kontakt zu den genannten Personengruppen (→ Rn. 3) aufzunehmen,[5] damit diese ihrerseits **„zur Verhütung oder zur Vorsorge für die künftige Verfolgung einer Straftat mit erheblicher Bedeutung"** (Abs. 1 S. 1) beitragen können. In dieser Zweckbestimmung kommt insofern eine „kompetenzrechtliche Spannung"[6] zum Ausdruck, als die Vorschrift einerseits der – im Recht der Gefahrenabwehr wurzelnden – (vorbeugenden) Straftatenverhütung[7] und andererseits der – zum Straf(prozess)recht gehörenden (→ § 1 Rn. 49) – Strafverfolgungsvorsorge[8] dienen soll. Dass die Vorschrift **sowohl präventive als auch (antizipiert) repressive Zwecke** verfolgen will, lässt sich unter der Kompetenzordnung des Grundgesetzes nur insofern rechtfertigen, als der Bund nicht nur für das Straf(prozess)recht (Art. 74 Abs. 1 Nr. 1 GG[9]), sondern auch für bestimmte Ausschnitte des Gefahrenabwehrrechts (Art. 73 Abs. 1 Nr. 9a, 10 GG) zuständig ist (→ § 1 Rn. 6, 10, 15, 53),[10] auf die er sich beim Erlass von § 19 BKAG gestützt hat.[11] Zudem kommt eine Weiterverarbeitung personenbezogener Daten nur in Betracht, wenn dies zur Verhütung oder Vorsorge für die Verfolgung von Straftaten mit erheblicher Bedeutung (→ § 2 Rn. 12 ff.) **„erforderlich"** ist. Dieser Begriff, der den Kern des Verhältnismäßigkeitsgrundsatzes bildet, eröffnet dem BKA einen **Prognosespielraum,**[12] den die handelnden Beamtinnen und Beamten nach Maßgabe kriminalistischer Erfahrungswerte ausfüllen können;[13] dabei müssen sie sich aber wenigstens auf **„tatsächliche Anhaltspunkte"** (Abs. 1 S. 1) stützen. Hierbei handelt es sich um eine denkbar niedrige Eingriffsschwelle,

1 BGBl. I S. 1354. Eingehend dazu Graulich KriPoZ 2017, 278 ff.

2 Vgl. die Gesetzesbegründung, BT-Drs. 18/11163, 100.

3 So der Oberbegriff von Kugelmann BKAG § 8 Rn. 11 zu § 8 Abs. 4 BKAG aF.

4 Vgl. BT-Drs. 18/11163, 100.

5 Kugelmann BKAG § 8 Rn. 12.

6 Schenke/Graulich/Ruthig/Graulich BKAG § 19 Rn. 5.

7 Diese Aufgabe der vorbeugenden Verhütung (und Bekämpfung) von Straftaten wird in den Polizeigesetzen mancher Bundesländer als eigenständige Aufgabe neben der Gefahrenabwehr normiert, vgl. etwa § 1 Abs. 3 BerlASOG; § 1 Abs. 4 HessSOG; § 1 Abs. 1 S. 2 PolG NRW. Zur strittigen Frage nach ihrer Einordnung in das Gefahrenabwehr- oder Strafrecht etwa Kniesel ZRP 1989, 329 (330), der die Verhütung von Straftaten als Gefahrenabwehr „im weiteren Sinne" charakterisiert.

8 Hierbei handelt es sich um (bspw. erkennungsdienstliche) Maßnahmen, mit denen für die Verfolgung künftiger Straftaten vorgesorgt werden soll. Sie können somit als Maßnahmen der „antizipierten Strafverfolgung" bzw. der „Strafverfolgung im weiteren Sinne" bezeichnet werden, vgl. Kniesel ZRP 1989, 329 (330). Zur Strafverfolgungsvorsorge etwa Graulich NVwZ 2014, 685 ff.

9 Das Strafprozessrecht wird dabei nicht dem Begriff des „Strafrechts", sondern dem des „gerichtlichen Verfahrens" iSd Art. 74 Abs. 1 Nr. 1 Var. 4 GG zugeordnet, vgl. etwa von Mangoldt/Klein/Starck/Oeter GG II Art. 74 Rn. 25 f.

10 Zu den für das BKA maßgeblichen Kompetenzbestimmungen aus der grundgesetzlichen Kommentarliteratur auch von Mangoldt/Klein/Starck/Heintzen GG II Art. 73 Rn. 102–104, 114, 118.

11 Vgl. BT-Drs. 18/11163, 79.

12 Allgemein dazu Goldhammer, Die Prognoseentscheidung im Öffentlichen Recht, 2021.

13 So die Gesetzesbegründung zur Vorgängerregelung, s. BT-Drs. 13/1550, 25.

da weder eine konkrete Gefahr noch ein Anfangsverdacht vorausgesetzt wird.[14] Gemeinsam mit dem denkbar weiten Personenkreis (→ Rn. 3) macht das die Regelung in verfassungsrechtlicher Hinsicht besonders problematisch.[15] Verfassungsrechtlich haltbar ist dieser – sowohl in personeller wie sachlicher Hinsicht – denkbar weite Anwendungsbereich lediglich aufgrund des vergleichsweise beschränkten Umfangs der Daten, die das BKA weiterverarbeiten darf.[16] Welche **Daten** das sind, ergibt sich einerseits aus **§ 3 BKADV**[17] und andererseits aus **Abs. 1 S. 2** (→ Rn. 5). Darüber hinaus gilt, dass alle Tatbestandsmerkmale, also auch die Prognosebegriffe, **gerichtlich voll überprüfbar** sind.[18]

Der in Abs. 1 S. 1 genannte **Personenkreis** entspricht weitgehend dem des § 8 BKAG aF, wobei die durch die 3
Neufassung eingeführte Nummerierung einerseits zum besseren Verständnis der Norm beitragen und andererseits die Vorgaben von Art. 6 lit. d DSRL-JI (→ § 13 Rn. 2) umsetzen soll.[19] Diese Norm verlangt nämlich, dass die Mitgliedstaaten hinsichtlich der Verarbeitung personenbezogener Daten so weit wie möglich zwischen verschiedenen Personengruppen zu differenzieren haben. Als **Zeugen** (**Nr. 1**) kommen dabei all jene Personen in Betracht, die Auskunft über die Wahrnehmung von Tatsachen geben können,[20] die also beispielsweise ein bereits begangenes Verbrechen beobachtet haben. Kann ein Zeuge nicht aufgefunden werden, kann die Staatsanwaltschaft ihn nach Maßgabe von §§ 131a–131c StPO zur Fahndung ausschreiben oder eine Fahndung über die Datenbanken INPOL oder das SIS (→ § 13 Rn. 1, 11) veranlassen. Eine Weiterverarbeitung personenbezogener Daten von **Opfern** (**Nr. 2**) kommt vor allem dann in Betracht, wenn diese als sog. Opferzeugen fungieren können. Hierbei ist jedoch dem Grundrecht auf informationelle Selbstbestimmung wie auch insgesamt dem Allgemeinen Persönlichkeitsrecht (Art. 2 Abs. 1 iVm Art. 1 Abs. 1 GG) besondere Bedeutung beizumessen.[21] Durch die neu eingefügte Definition der **Kontakt- und Begleitperson** (**Nr. 3**) sollen ausweislich der Gesetzesbegründung[22] die Vorgaben des Bundesverfassungsgerichts[23] umgesetzt werden, wonach der Begriff restriktiv auszulegen ist. Vorauszusetzen seien demnach „konkrete Tatsachen für einen objektiven Tatbezug und damit für eine Einbeziehung in den Handlungskomplex der Straftatenbegehung, insbesondere eine Verwicklung in den Hintergrund oder das Umfeld der Straftaten".[24] Darüber hinaus ist in dem Zusammenhang zu beachten, dass das Bundesverfassungsgericht[25] die Regelung des § 2 S. 1 Nr. 3 ATDG aF insofern für zu unbestimmt und damit für verfassungswidrig erachtet hatte, als diese noch keine entsprechende Definition der Kontakt- und Begleitpersonen enthielt. Die Begriffe der **Hinweisgeber** und **sonstigen Auskunftspersonen** (**Nr. 4**) sind im Gegensatz zu den vorgenannten rechtlich weniger scharf konturiert. Während sich Ersterer aber letztlich durch die entsprechende Handlung – das Hinweisgeben – ermitteln lässt, bleibt Letzterer vergleichsweise unbestimmt. Da die „sonstigen Auskunftspersonen" aber im selben Umfang wie die vorgenannten Personengruppen Grundrechtseingriffen ausgesetzt sein können, sollten hierunter nur solche Personen verstanden werden, die in gleicher Weise wie die vorgenannten Gruppen zur Sachverhaltsaufklärung beitragen können.[26]

Liegen die Tatbestandsvoraussetzungen (→ Rn. 2 f.) vor, **„kann"** das BKA nach § 19 Abs. 1 S. 1 BKAG die 4
in § 3 BKADV genannten personenbezogenen Daten weiterverarbeiten (→ § 16 Rn. 4 f.), wobei hier wohl vor allem die Speicherung relevant sein dürfte. Allerdings wird dieses **Ermessen** des jeweiligen Amtswalters durch S. 2 in Bezug auf den Umfang der Daten, die weiterverarbeitet werden dürfen, auf die in § 18 Abs. 2 Nr. 1 lit. a–c BKAG genannten Daten (→ § 18 Rn. 7) sowie auf die Angabe beschränkt, in welcher Eigenschaft der Person und in Bezug auf welchen Sachverhalt die Speicherung der Daten erfolgt. Diese Bestimmung kann als Korrektiv für den einerseits weiten persönlichen Anwendungsbereich (→ Rn. 3) und die andererseits niedrige Eingriffsschwelle (→ Rn. 2) verstanden werden.[27] Ferner macht S. 3 die Speicherung von Daten, die sich auf die in S. 1 Nrn. 1, 2 oder 4 genannten Personen beziehen, von einer **Einwilligung** der betroffenen Person abhängig. Der Einwilligungsgrundsatz gehört nicht nur zu den zentralen Bausteinen des

14 Schenke/Graulich/Ruthig/Graulich BKAG § 19 Rn. 7.
15 Verfassungsrechtliche Zweifel deshalb bei Erbs/Kohlhaas/Papsthardt BKAG § 8 (2010) Rn. 8.
16 Dies betont Kugelmann BKAG § 8 Rn. 12.
17 Verordnung über die Art der Daten, die nach den §§ 8 und 9 des Bundeskriminalamtsgesetzes gespeichert werden dürfen (BKA-Datenverordnung – BKADV) v. 4.6.2010, BGBl. I S. 716.
18 Schenke/Graulich/Ruthig/Graulich BKAG § 19 Rn. 3.
19 Vgl. BT-Drs. 18/11163, 100.
20 Meyer-Goßner/Schmitt/Schmitt StPO Vor § 48 Rn. 1.
21 Schenke/Graulich/Ruthig/Graulich BKAG § 19 Rn. 12.
22 BT-Drs. 18/11163, 100.
23 BVerfG Beschl. v. 25.4.2001 – 1 BvR 1086/99 –, NVwZ 2001, 1261 (1262 f.).
24 BVerfG Beschl. v. 25.4.2001 – 1 BvR 1086/99 –, NVwZ 2001, 1261 (1262 f.).
25 BVerfG Urt. v. 24.4.2013 – 1 BvR 1215/07 –, BVerfGE 133, 277 (348 ff., Rn. 162 ff.).
26 IdS auch Schenke/Graulich/Ruthig/Graulich BKAG § 19 Rn. 14.
27 Ähnlich Schenke/Graulich/Ruthig/Graulich BKAG § 19 Rn. 18, der in der Notwendigkeit der Angabe, in welcher Eigenschaft der Person und in Bezug auf welchen Sachverhalt die Speicherung der Daten erfolgt, eine Konkretisierung des Zweckbindungsgrundsatzes sieht.

einfachrechtlichen Datenschutzrechts,[28] sondern auch des grundrechtlichen Datenschutzes. Dies kommt für den europäischen Grundrechtsschutz besonders deutlich in Art. 8 Abs. 2 S. 1 EuGRCh zum Ausdruck, wo der Zweckbindungsgrundsatz eigens normiert ist.[29] Dass die in S. 1 Nr. 3 genannten Kontakt- und Begleitpersonen von diesem Einwilligungsprivileg ausgenommen sind, lässt sich nur dadurch erklären, dass sie nach Ansicht des Gesetzgebers als nicht schutzwürdig erscheinen, da sie erstens der „Sphäre" der Verurteilten, Beschuldigten oder Tatverdächtigen (vgl. § 18 Abs. 1 Nrn. 1–3 BKAG) zuzuordnen sind und sie zweitens sonst die Möglichkeit hätten, durch die Nichterteilung ihrer Einwilligung den Ermittlungserfolg zu vereiteln. Genau für diese Fälle sieht jedoch **S. 4** vor, dass eine Einwilligung nicht erforderlich ist. An dieser Bestimmung sind insofern verfassungsrechtliche Zweifel angemeldet worden, als sie den betroffenen Personen nicht nur die Einwilligung, sondern meist auch die Möglichkeit der Kenntnisnahme davon nimmt, dass sich auf sie beziehende Daten verarbeitet werden, was es ihnen wiederum wesentlich erschwert oder gar unmöglich macht, Rechtsschutz (Art. 19 Abs. 4 GG) gegen die Weiterverarbeitung zu ersuchen.[30]

II. Vermisste, Unbekannte und unbekannte Tote (Abs. 2)

5 § 19 Abs. 2 S. 1 Nr. 1 BKAG ermächtigt das Amt, wie nach alter Rechtslage bereits § 9 Abs. 3 BKAG aF, zur Weiterverarbeitung (→ § 16 Rn. 4 f.) personenbezogener Daten von Vermissten, Unbekannten und unbekannten Toten zum Zwecke ihrer **Identifizierung.** Zu diesem Zweck führt das BKA in Wahrnehmung seiner Zentralstellenaufgabe (→ § 2 Rn. 20 ff.) eine sog. **Vermisstendatei,** in der die in § 6 BKADV genannten Daten weiterverarbeitet werden dürfen. Dadurch soll das BKA in die Lage versetzt werden, eine **erhebliche Gefahr**[31] für die genannten Personen abzuwehren.[32] Seit dem Inkrafttreten des Gesetzes zur Neustrukturierung des BKAG vom 1.6.2017[33] wird dieser Zweck nunmehr eigens in Abs. 2 S. 1 Nr. 2 genannt. Nach S. 2 ist eine Weiterverarbeitung darüber hinaus zulässig, „soweit es sonst zur Erfüllung seiner Aufgaben erforderlich ist, weil tatsächliche Anhaltspunkte dafür vorliegen, dass es sich um Täter, Opfer oder Zeugen im Zusammenhang mit einer Straftat handelt." Die Entscheidung über das „Ob" und das „Wie" der Weiterverarbeitung steht, wie bei Abs. 1, im Auswahl- und Entschließungsermessen des zuständigen Amtswalters.

III. Prüffälle (Abs. 3)

6 § 19 Abs. 3 BKAG regelt, parallel zu dem – ebenfalls mit dem Gesetz zur Neustrukturierung des BKAG vom 1.6.2017[34] eingeführten – § 18 Abs. 3 BKAG die Weiterverarbeitung in sog. Prüffällen. Damit sind in diesem Zusammenhang diejenigen Fälle gemeint, in denen durch die Weiterverarbeitung festgestellt werden soll, ob eine Person unter die Voraussetzungen von **Abs. 1** oder **2** fällt. Aufgrund der **vergleichbaren Problemlage mit § 18 Abs. 3 BKAG** kann insoweit auf die Kommentierung dieser Vorschrift (→ § 18 Rn. 10) verwiesen werden.

§ 20 Verordnungsermächtigung[1, 2]

¹Das Bundesministerium des Innern, für Bau und Heimat bestimmt durch Rechtsverordnung mit Zustimmung des Bundesrates das Nähere über die Art und den Umfang der Daten, die nach den §§ 16, 18 und 19 weiterverarbeitet werden dürfen. ²In der Rechtsverordnung nach Satz 1 bestimmt es insbesondere

1. **die Grunddaten nach § 18 Absatz 2 Nummer 1 Buchstabe a, die der Identifizierung dienen, wie insbesondere Namen, Geschlecht, Geburtsdatum, Geburtsort, Staatsangehörigkeit und Anschrift,**
2. **andere zur Identifizierung geeignete Merkmale nach § 18 Absatz 2 Nummer 1 Buchstabe b, wie insbesondere Lichtbilder und Personenbeschreibungen,**
3. **weitere personenbezogene Daten nach § 18 Absatz 2 Nummer 2 und 3,**
4. **bei der Durchführung erkennungsdienstlicher Maßnahmen erhobene personenbezogene Daten, die nach § 16 Absatz 5 weiterverarbeitet werden können,**

28 Eingehend etwa Radlanski, Das Konzept der Einwilligung in der datenschutzrechtlichen Realität, 2016.
29 Vgl. dazu etwa Marsch, Das europäische Datenschutzgrundrecht, 2018, S. 182 ff.
30 Schenke/Graulich/Ruthig/Graulich BKAG § 19 Rn. 20.
31 Zum Begriff s. § 14 Abs. 2 S. 2 BPolG.
32 Vgl. Schenke/Graulich/Ruthig/Graulich BKAG § 19 Rn. 23.
33 BGBl. I S. 1354.
34 BGBl. I S. 1354.
1 § 20 tritt am 9.6.2017 in Kraft; vgl. Art. 13 Abs. 2 G v. 1.6.2017 (BGBl. I S. 1354).
2 § 20 Satz 1 geänd. mWv 27.6.2020 durch VO v. 19.6.2020 (BGBl. I S. 1328); Satz 2 Nr. 5 geänd. mWv 28.12.2022 durch G v. 19.12.2022 (BGBl. I S. 2632).

5. personenbezogene Daten zur Fahndung und polizeilichen Beobachtung, Ermittlungsanfrage sowie gezielten Kontrolle,
6. personenbezogene Daten zum Zwecke des Nachweises von Personen, die einer richterlich angeordneten Freiheitsentziehung unterliegen und
7. personenbezogene Daten von Vermissten, unbekannten Personen und unbekannten Toten.

A. Überblick und Genese

I. Bedeutung und Entstehungsgeschichte der Vorschrift

1 Die mit dem Gesetz zur Neustrukturierung des Bundeskriminalamtgesetzes vom 1.6.2017[3] – aus Gründen der besseren Sichtbarkeit[4] als eigene Vorschrift – eingefügte Bestimmung **ermächtigt** das Bundesministerium des Innern, für Bau und Heimat **zum Erlass einer Rechtsverordnung** (Art. 80 GG) in dem in § 20 BKAG näher bestimmten Umfang (dazu unter → Rn. 2 f.). Auf Grundlage der – etwas versteckten – Vorgängerbestimmung (§ 7 Abs. 11 BKAG aF) hatte das damalige Bundesministerium des Innern im Jahre 2010 die **BKADV**[5] erlassen,[6] die nach wie vor Gültigkeit beansprucht, da sie zum gegenwärtigen Zeitpunkt **noch nicht** durch eine neue, auf Grundlage von § 20 BKAG nF erlassene Rechtsverordnung **abgelöst** wurde. Außerdem wird die Gültigkeit einer Rechtsverordnung durch eine Änderung der Verordnungsermächtigung nicht berührt.[7] Gleichwohl ist mit dem Inkrafttreten des BKAG nF bei einem gleichzeitigen Unterbleiben des Erlasses einer neuen Rechtsverordnung eine „komplizierte Übergangssituation"[8] eingetreten. Denn die – auf Grundlage von § 7 Abs. 11 BKAG aF erlassene – BKADV dient der Konkretisierung zweier Gesetzesbestimmungen, die nicht mehr in Kraft sind, nämlich §§ 8, 9 BKAG aF. Insoweit ist die BKADV als Konkretisierung der betreffenden Nachfolgeregelungen anzusehen, dh von § 16 Abs. 2 und 5, § 18 Abs. 1 und 2 sowie § 19 Abs. 2 und 3 BKAG nF (dazu sogleich → Rn. 3). Nicht in der BKADV, sondern in einer Errichtungsanordnung (→ § 17 Rn. 14) geregelt ist, wer beim Betrieb sog. Verbunddateien (→ § 13 Rn. 11) in welchem Umfang Daten einstellen und hierauf zugreifen darf.

II. Verfassungsmäßigkeit der Vorschrift

2 Die Vorschrift ist **verfassungsrechtlich nicht zu beanstanden**. Insbesondere werden „Inhalt, Zweck und Ausmaß der erteilten Ermächtigung im Gesetze bestimmt", wie es von Art. 80 Abs. 1 S. 2 GG vorausgesetzt wird. Der „Inhalt", dh der Gegenstand, über den der Verordnungsgeber disponieren darf, wird durch vom Gesetzgeber in der Vorschrift klar und präzise benannt. Hierdurch wird auch der „Zweck" der Verordnung deutlich erkennbar.[9] Zweck der vom Bundesministerium des Innern, für Bau und Heimat zu erlassenen Rechtsverordnung soll es gem. § 20 S. 1 BKAG sein, „das Nähere über die Art und den Umfang der Daten" festzulegen, „die nach den §§ 16, 18 und 19 weiterverarbeitet werden dürfen." Damit knüpft der Zweck der Verordnungsermächtigung letztlich an den Zweck der §§ 16, 18 und 19 BKAG an (→ § 16 Rn. 1 f.; → § 18 Rn. 1, → § 19 Rn. 1). Diese Befugnisse dienen wiederum der Wahrnehmung der in §§ 2–8 BKAG genannten Aufgaben, aus denen sich dann letztlich die Zwecke der Verordnungsermächtigung ableiten lassen. Schließlich wird mit dem durch § 20 BKAG klar definierten Inhalt auch das „Ausmaß", dh der Umfang der gesetzlichen Ermächtigung des Verordnungsgebers hinreichend bestimmt umrissen. Auch die von

3 BGBl. I S. 1354; hierzu Graulich KriPoZ 2017, 278.
4 Vgl. die Gesetzesbegründung: BT-Drs. 18/11163, 100.
5 Verordnung über die Art der Daten, die nach den §§ 8 und 9 des Bundeskriminalamtsgesetzes gespeichert werden dürfen (BKA-Datenverordnung – BKADV) v. 4.6.2010, BGBl. I S. 716.
6 Dem war ein langer Streit vorausgegangen, ob und inwiefern das Betreiben einer sog. Verbunddatei allein auf Grundlage einer Verordnungsermächtigung (damals § 7 Abs. 6 BKAG aF) betrieben werden kann oder ob es dazu einer Rechtsverordnung bedürfe, welche die Einzelheiten der Verbunddatei und insbesondere der hierin gespeicherten Daten regelt, vgl. dazu Arzt NJW 2011, 352 ff.; Kugelmann BKAG § 7 Rn. 58, mwN. Dieser Streit wurde letztlich vom BVerwG iSd Notwendigkeit einer Rechtsverordnung entschieden, vgl. BVerwG Urt. v. 9.6.2010 – 6 C 5/09 –, BVerwGE 137, 113.
7 Dies betont Schenke/Graulich/Ruthig/Graulich BKAG § 20 Rn. 4 unter Verweis auf dens., Die Zustimmungsbedürftigkeit der Aufhebung, Verlängerung und Änderung von Gesetzen und Rechtsverordnungen, Diss. Frankfurt aM 1983, S. 146 sowie BVerfG Beschl. v. 23.3.1977 – 2 BvR 812/74 –, BVerfGE 44, 216 (224).
8 So zutreffend Schenke/Graulich/Ruthig/Graulich BKAG § 20 Rn. 8.
9 Allerdings hätte es nicht geschadet den Zweck der Verordnung noch einmal gesondert in der Verordnungsermächtigung zu regeln. Denn nach BVerfG Beschl. v. 10.6.1953 – 1 BvF 1/53 –, BVerfGE 2, 307 (334); Beschl. v. 16.1.1980 – 1 BvR 249/79 –, BVerfGE 53, 135 (144), hat der Gesetzgeber in den Zweck der Verordnungsermächtigung (und damit auch der Verordnung) so präzise wie möglich zu benennen.

Art. 80 Abs. 2 und 3 vorausgesetzte Zustimmungsbedürftigkeit des Bundesrates[10] wird in S. 1 der Verordnungsermächtigung aufgenommen.

B. Kommentierung im Einzelnen

3 Inhalt, Zweck und Ausmaß der Verordnungsermächtigung werden – hinreichend bestimmt (→ Rn. 2) – in § 20 S. 1 und 2 BKAG niedergelegt. Nach **S. 1** hat der Verordnungsgeber dabei „das Nähere über die Art und den Umfang der Daten, die nach den **§§ 16, 18 und 19** weiterverarbeitet werden" dürfen, festzulegen. Dass sich die Verordnungsermächtigung gerade auf diesen Gegenstand – also auf die §§ 16, 18 und 19 BKAG nF – bezieht, erklärt sich letztlich daraus, dass diese Vorschriften die Nachfolgerungen von §§ 8 und 9 BKAG aF darstellen, die ihrerseits durch die BKADV konkretisiert wurden (→ Rn. 1). Inwiefern sich im Rahmen von §§ 16, 18 und 19 BKAG nF Konkretisierungsbedarf aufdrängt, lässt sich dann wiederum **S. 2** entnehmen. Während sich die **Nrn. 1–4** aufgrund der eindeutigen Bezugnahme zu den jeweiligen Stellen im Gesetzestext von selbst erklären, erscheinen die **Nrn. 5–7** noch ein wenig erklärungsbedürftig. So greift **Nr. 5** die Regelung des § 16 Abs. 2 BKAG nF auf, während sich **Nr. 6** auf § 18 Abs. 4 BKAG nF und **Nr. 7** auf § 19 Abs. 2 BKAG nF bezieht. Diesem Rechtssetzungsauftrag sollte der Verordnungsgeber so bald wie möglich nachkommen. Zwar finden sich die in S. 1 und 2 angesprochenen Konkretisierungen der Sache nach auch in der BKADV. Da diese jedoch auf der Systematik des BKAG aF aufbaut, wird die Rechtsanwendung dadurch insofern verkompliziert, als die jeweilige Konkretisierung in der BKADV erst durch einen Auslegungsakt den Regelungen der §§ 16, 18 und 19 BKAG zugeordnet werden muss.

§ 21 Weiterverarbeitung für die wissenschaftliche Forschung

(1) [1]Das Bundeskriminalamt kann im Rahmen seiner Aufgaben bei ihm vorhandene personenbezogene Daten, wenn dies für bestimmte wissenschaftliche Forschungsarbeiten erforderlich ist, weiterverarbeiten, soweit eine Verwendung anonymisierter Daten zu diesem Zweck nicht möglich ist und das öffentliche Interesse an der Forschungsarbeit das schutzwürdige Interesse der betroffenen Person erheblich überwiegt. [2]Eine solche Weiterverarbeitung von personenbezogenen Daten, die aus in § 12 Absatz 3 genannten Maßnahmen erlangt wurden, ist ausgeschlossen.

(2) [1]Das Bundeskriminalamt kann personenbezogene Daten an Hochschulen, andere Einrichtungen, die wissenschaftliche Forschung betreiben, und öffentliche Stellen übermitteln, soweit

1. **dies für die Durchführung bestimmter wissenschaftlicher Forschungsarbeiten erforderlich ist,**
2. **eine Weiterverarbeitung anonymisierter Daten zu diesem Zweck nicht möglich ist und**
3. **das öffentliche Interesse an der Forschungsarbeit das schutzwürdige Interesse der betroffenen Person an dem Ausschluss der Übermittlung erheblich überwiegt.**

[2]Eine Übermittlung von personenbezogenen Daten im Sinne des Absatzes 1 Satz 2 ist ausgeschlossen.

(3) [1]Die Übermittlung der Daten erfolgt durch Erteilung von Auskünften, wenn hierdurch der Zweck der Forschungsarbeit erreicht werden kann und die Erteilung keinen unverhältnismäßigen Aufwand erfordert. [2]Andernfalls kann auch Akteneinsicht gewährt werden. [3]Einsicht in elektronische Akten wird durch Bereitstellen des Inhalts der Akte zum Abruf gewährt. [4]Ein Aktenausdruck oder ein Datenträger mit dem Inhalt der elektronischen Akten wird auf besonders zu begründenden Antrag nur übermittelt, wenn die antragstellende Person hieran ein berechtigtes Interesse hat. [5]Einsicht in Akten, die in Papierform vorliegen, wird durch Bereitstellen des Inhalts der Akte zur Einsichtnahme in Diensträumen gewährt. [6]Auf besonderen Antrag wird die Einsicht in Akten, die in Papierform vorliegen, durch Übersendung von Kopien, durch Übergabe zur Mitnahme oder durch Übersendung der Akten gewährt.

(4) [1]Personenbezogene Daten werden nur an solche Personen übermittelt, die Amtsträger oder für den öffentlichen Dienst besonders Verpflichtete sind oder die zur Geheimhaltung verpflichtet worden sind. [2]§ 1 Absatz 2, 3 und 4 Nummer 2 des Verpflichtungsgesetzes findet auf die Verpflichtung zur Geheimhaltung entsprechende Anwendung.

(5) [1]Die personenbezogenen Daten dürfen nur für die Forschungsarbeit weiterverarbeitet werden, für die sie übermittelt worden sind. [2]Die Weiterverarbeitung für andere Forschungsarbeiten oder die Weitergabe richtet sich nach den Absätzen 2 bis 4 und bedarf der Zustimmung der Stelle, die die Daten übermittelt hat.

10 Zu ihr etwa Jarass/Pieroth/Kment Art. 80 Rn. 24–29.

(6) Durch organisatorische und technische Maßnahmen hat die wissenschaftliche Forschung betreibende Stelle zu gewährleisten, dass die Daten gegen unbefugte Kenntnisnahme geschützt sind.

(7) [1]Sobald der Forschungszweck es erlaubt, sind die personenbezogenen Daten zu anonymisieren. [2]Solange dies noch nicht möglich ist, sind die Merkmale gesondert aufzubewahren, mit denen Einzelangaben über persönliche oder sachliche Verhältnisse einer bestimmten oder bestimmbaren Person zugeordnet werden können. [3]Sie dürfen mit den Einzelangaben nur zusammengeführt werden, soweit der Forschungszweck dies erfordert.

(8) Wer nach den Absätzen 2 bis 4 personenbezogene Daten erhalten hat, darf diese nur veröffentlichen, wenn dies für die Darstellung von Forschungsergebnissen über Ereignisse der Zeitgeschichte unerlässlich ist und das Bundeskriminalamt zugestimmt hat.

A. Überblick und Genese

Die mit dem Gesetz zur Neustrukturierung des Bundeskriminalamtgesetzes vom 1.6.2017[1] eingeführte Vorschrift regelt – wie ihre Vorgängerregelung (§ 29 BKAG aF) – die besonderen Voraussetzungen der **Verarbeitung** personenbezogener Daten für **Zwecke der wissenschaftlichen Forschung**. Der Gesetzgeber versucht damit – ähnlich wie durch § 476 StPO – einen angemessenen **Ausgleich zwischen** dem grundrechtlichen **Datenschutz und** der ebenfalls grundrechtlich geschützten (Art. 5 Abs. 3 S. 1 GG, Art. 13 EuGRCh) **Wissenschaftsfreiheit** herzustellen.[2] Eine vergleichbare Regelung findet sich auf europäischer Ebene in **Art. 4 Abs. 3 DSRL-JI,**[3] **Art. 89 DS-GVO** und im allgemeinen deutschen Datenschutzrecht in **§ 27 BDSG**. Allen drei Regelungen ist gemein, dass sie zugunsten der Wissenschaftsfreiheit Absenkungen des üblichen Datenschutzniveaus vorsehen. Dies zeigt sich besonders deutlich an der in § 27 Abs. 2 S. 1 BDSG vorgesehenen Einschränkung von Betroffenenrechten zur Verwirklichung von Forschungs- und Statistikzwecken.[4] Insofern ließen sich diese Vorschriften – in Anlehnung an das sog. Medienprivileg[5] des Art. 85 DS-GVO – als **„Wissenschaftsprivilegien"** bezeichnen. Ihr Verhältnis untereinander lässt sich wie folgt charakterisieren: Art. 89 DS-GVO gibt durch seinen Abs. 1 einen allgemeinen Rahmen für die Zulässigkeit der Datenverarbeitung zu wissenschaftlichen Zwecken vor, während die in Abs. 2 enthaltene Öffnungsklausel[6] es den Mitgliedstaaten freistellt, zu diesen Zwecken Einschränkungen der Betroffenenrechte nach Art. 15, 16, 18 und 21 DS-GVO zu normieren. In Ausfüllung dieser Öffnungsklausel sowie der des Art. 9 Abs. 2 lit. j DS-GVO hat der Bundesgesetzgeber die Regelung des § 27 BDSG verabschiedet. Da das BDSG aber gem. seines § 1 Abs. 2 subsidiär gegenüber spezialrechtlichen Normierungen ist,[7] genießt **§ 21 BKAG gegenüber** der allgemeinen Regelung des **§ 27 BDSG Anwendungsvorrang.**[8] 1

Der sachliche **Anwendungsbereich** der Vorschrift wird durch den Begriff der **„wissenschaftlichen Forschung"** bestimmt. Zwar wird dieser weder im BKAG noch im BDSG oder in der DS-GVO legaldefiniert. Auch durch den 159. ErwG der DS-GVO wird lediglich klargestellt, dass der Terminus weit auszulegen ist, so dass hierunter sowohl die Grundlagen- als auch die anwendungsorientierte Forschung fallen – und zwar 2

1 BGBl. I S. 1354.
2 Schenke/Graulich/Ruthig/Ruthig BKAG § 21 Rn. 2, mwN; allgemein dazu Roßnagel ZD 2019, 157 ff.
3 Diese Norm regelt die Weiterverarbeitung personenbezogener Daten, die zum Zwecke der Verhütung, Ermittlung, Aufdeckung oder Verfolgung von Straftaten (Art. 1 Abs. 1 DSRL-JI) erhoben und verarbeitet wurden, zum Zwecke der wissenschaftlichen Forschung **durch den hierfür Verantwortlichen** (Art. 3 Nr. 8 DSRL-JI), dh vorliegend das BKA. Allerdings dürfte die Übermittlung der Daten an **externe Forschungseinrichtungen**, die diese dann zu **eigenen Forschungszwecken** weiterverarbeiten wollen, nicht am Maßstab des Art. 4 Abs. 3 DSRL-JI zu messen sein, da diese Form der Verarbeitung nicht dem in Art. 1 Abs. 1 DSRL JI genannten Zwecken dient, so dass auch insoweit auch die Bereichsausnahme des Art. 2 Abs. 2 lit. d DS-GVO greift. Das hat zur Folge, dass sowohl bei der Verarbeitung der Daten durch externe Forschungseinrichtungen als auch bei der Übermittlung personenbezogener Daten zu diesem Zweck die DS-GVO nicht durch DSRL-JI gesperrt ist, so dass Art. 89 DS-GVO insoweit maßgeblich ist; ebenso Schenke/Graulich/Ruthig/Ruthig BKAG § 21 Rn. 1.
4 Dazu etwa: Paal/Pauly/Pauly DS-GVO/BDSG, 3. Aufl. 2021, BDSG § 27 Rn. 10.
5 Eingehend dazu etwa Cornils, Das datenschutzrechtliche Medienprivileg unter Behördenaufsicht, 2018.
6 Zu ihr etwa: Paal/Pauly/Pauly DS-GVO/BDSG, 3. Aufl. 2021, DS-GVO, Art. 89 Rn. 13 ff.
7 Eingehend dazu etwa: BeckOK-Datenschutzrecht/Eichenhofer BDSG § 1 Rn. 77 ff. (2022).
8 Ebenso Schenke/Graulich/Ruthig/Ruthig BKAG § 21 Rn. 1.

unabhängig davon, ob sie durch öffentliche oder private Mittel finanziert wird. Insofern bietet es sich an, zur Ermittlung des Begriffs der „Forschung" auf das gängige Verständnis des Bundesverfassungsgerichts[9] zurückzugreifen,[10] das der deutsche Gesetzgeber bei der Verabschiedung von § 21 BKAG, § 27 BDSG zu beachten hatte. Danach ist unter **„Wissenschaft"** der Oberbegriff von Forschung und Lehre zu verstehen. **„Forschung"** wird dabei verstanden als „die geistige Tätigkeit mit dem Ziele, in methodischer, systematischer und nachprüfbarer Weise neue Erkenntnisse zu gewinnen".[11]

3 Wie ihre Vorgängerregelung (§ 29 BKAG aF)[12] erfasst auch die Vorschrift des § 21 BKAG sowohl die Konstellation, dass das **BKA selbst Forschung betreibt (Abs. 1)** als auch die Konstellation, dass Hochschulen, sonstige Forschungseinrichtungen oder sonstige öffentliche Stellen das BKA zu Forschungszwecken um die Übermittlung personenbezogener Daten **ersuchen (Abs. 2–8)**.[13] Während **Abs. 1 und 2 Befugnisnormen** darstellen – wobei erstere das BKA zur Weiterverarbeitung (zum Begriff → § 16 Rn. 4 f.) und letztere das BKA zur Übermittlung der genannten personenbezogenen an die genannten Stellen ermächtigen –, regeln **Abs. 3** und 4 die **Modalitäten der Übermittlung** und **Abs. 5–8** die **Modalitäten der Weiterverarbeitung** durch die Stelle, der das BKA die Daten übermittelt hat.[14]

B. Kommentierung im Einzelnen

I. Befugnis des BKA zur Weiterverarbeitung (Abs. 1)

4 **Abs. 1 S. 1** entspricht weitestgehend[15] dem bisherigen § 29 Abs. 1 BKAG aF.[16] Er ermächtigt das BKA ausschließlich zur **Weiterverarbeitung** von **bereits** bei ihm **„vorhandenen"**, dh in den von ihm geführten Dateien (zu Begriff und Arten der Datei → § 13 Rn. 10 ff.), dem polizeilichen Informationssystem (§ 13 BKAG) und dem polizeilichen Informationsverbund (§§ 29 ff. BKAG) gespeicherten personenbezogenen Daten. Eine Erhebung neuer personenbezogener Daten kann damit nicht auf diese Vorschrift, sondern nur auf die §§ 9–11 BKAG gestützt werden. Ferner verlangt Abs. 1 S. 1, dass das BKA bei der Weiterverarbeitung in **Wahrnehmung seiner Aufgaben (§§ 2–8 BKAG)** handelt und die Weiterverarbeitung der Daten zur (Eigen-)Forschung **„erforderlich"** ist.[17] Wann das der Fall ist, wird uneinheitlich beurteilt (dazu noch → Rn. 7). Letztlich dürften die verschiedenen Auffassungen jedoch kaum zu unterschiedlichen Ergebnissen gelangen, da Abs. 1 S. 1 neben der Erforderlichkeit noch verlangt, dass „das **öffentliche Interesse** an der Forschungsarbeit das **schutzwürdige Interesse** der betroffenen Person **erheblich überwiegt**".[18] Bei der Auslegung und Anwendung dieses Tatbestandsmerkmals sind nämlich letztlich dieselben Überlegungen anzustellen, wie sie von der Position verlangt werden, die den Begriff der „Erforderlichkeit" am weitesten auslegt, dh damit die strengsten Anforderungen an das BKA verbindet.

5 Weiterhin kommt eine Weiterverarbeitung der personenbezogenen Daten nach Abs. 1 S. 1 von vorneherein nur in Betracht, wenn die Verwendung **anonymisierter**[19] **Daten** – aus technischen Gründen – ausscheidet. In diesen Fällen wäre dann – vor der Weiterverarbeitung der personenbezogenen Daten – noch zu prüfen, ob statt dieser auch pseudonymisierte[20] Daten verwendet werden können. Schließlich gehört die Pseudonymi-

9 S. insbesondere BVerfG Urt. v. 29.5.1973 – 1 BvR 424/71 ua –, BVerfGE 35, 79 (113 f.).

10 So auch Kühling/Buchner/Buchner/Tinnefeld DS-GVO/BDSG, BDSG § 27 Rn. 5 und DS-GVO, Art. 89 Rn. 13; Simitis/Hornung/Spiecker gen. Döhmann/Caspar, Datenschutzrecht, 2019, DS-GVO Art. 89 Rn. 11; Schenke/Graulich/Ruthig/Ruthig BKAG § 21 Rn. 4.

11 BVerfG Urt. v. 29.5.1973 – 1 BvR 424/71 ua –, BVerfGE 35, 79 (113).

12 Vgl. hierzu Kugelmann BKAG § 29 Rn. 2, der hier pointiert zwischen „Eigenforschung" und „Forschung durch Dritte" unterscheidet.

13 Wie gesehen (→ Fn. 3) ist diese Unterscheidung dafür bedeutsam, ob als europarechtlicher Prüfungsmaßstab entweder die DSRL-JI heranzuziehen ist (so nämlich in Fällen der „Eigenforschung" durch das BKA nach Abs. 1) oder die DS-GVO (so bei der „Forschung durch Dritte" gem. Abs. 2–8).

14 Schenke/Graulich/Ruthig/Ruthig BKAG § 21 Rn. 14.

15 Einzig die Begriffe „verarbeiten und nutzen" wurden durch „weiterverarbeiten" ersetzt, vgl. zu diesem Begriff und seiner Bedeutung → § 16 Rn. 4 f.

16 So auch die Gesetzesbegründung, BT-Drs. 18/11163, 101.

17 Nach Schenke/Graulich/Ruthig/Ruthig BKAG § 21 Rn. 10 soll mit diesem Tatbestandsmerkmal dem datenschutzrechtlichen Gebot der Datenminimierung (Art. 5 Abs. 1 lit. c DS-GVO) Rechnung getragen werden, das nach Art. 89 Abs. 1 S. 2 DS-GVO auch bei der Datenverarbeitung zu Forschungszwecken zu beachten ist. Dem kann jedoch nicht gefolgt werden, da nach der hier vertretenen Auffassung (→ Fn. 3) die DS-GVO nur auf die Forschung „durch Dritte", nicht aber die „Eigenforschung" durch das BKA Anwendung findet. Insoweit ist vielmehr die DSRL-JI heranziehen, die den Grundsatz der Datenminimierung jedoch gerade nicht kennt.

18 Vgl. für eine Abwägung von Wissenschaftsfreiheit und Allgemeinen Persönlichkeitsrecht etwa OLG Hamm Beschl. v. 28.11.1995 – 1 VAs 38/94 –, NJW 1996, 940 ff. Diese Entscheidung betraf die Verwertung personenbezogener Daten für eine Habilitationsschrift in der klinischen Psychiatrie.

19 Anonymisierte Daten liegen dabei immer dann vor, wenn sie keinen Personenbezug mehr aufweisen, so dass sich die Personen, auf die sich Daten beziehen, nicht mehr identifizieren lassen, vgl. etwa Paal/Pauly/Ernst DS-GVO/BDSG, 3. Aufl. 2021, DS-GVO Art. 4 Rn. 48.

20 S. zum Begriff § 46 Nr. 5 BDSG. Im Gegensatz zu den anonymisierten Daten lassen sich bei pseudonymisierten Daten die Personen noch identifizieren, allerdings nur unter erschwerten Bedingungen, nämlich der Hinzuziehung zusätzlicher Informationen, vgl. Paal/Pauly/Ernst DS-GVO/BDSG, 3. Aufl. 2021, DS-GVO Art. 4 Rn. 48.

sierung, wie sich aus Art. 20 Abs. 1 DSRL-JI ergibt, zu den geeigneten technischen und organisatorischen Maßnahmen iSv Art. 29 ff. DSRL-JI. Ist jedoch weder eine Weiterverarbeitung *an*onymisierter noch *pseudo*nymisierter Daten möglich und liegen auch die sonstigen der soeben (→ Rn. 4) genannten Tatbestandsmerkmale vor, so **„kann"** das BKA die personenbezogenen Daten weiterverarbeiten, wobei ihm insoweit sowohl ein **Entschließungs-** als auch ein **Auswahlermessen** zukommt.

Neu durch das Gesetz zur Neustrukturierung des BKAG vom 1.6.2017[21] hinzugekommen ist **Abs. 1 S. 2.** 6
Die Vorschrift untersagt eine Weiterverarbeitung solcher personenbezogenen Daten, die aus einer der in § 12 Abs. 3 BKAG genannten Maßnahmen gewonnen wurden. Damit will der Gesetzgeber einerseits der besonderen Eingriffstiefe dieser Maßnahmen und andererseits dem Grundsatz der hypothetischen Datenneuerhebung (→ § 12 Rn. 25 ff.) Rechnung tragen.[22]

II. Befugnis des BKA zur Übermittlung an Hochschulen und Bildungseinrichtungen (Abs. 2)

Abs. 2 S. 1 entspricht – bis auf wenige redaktionelle Änderungen[23] – dem bisherigen § 29 Abs. 2 BKAG aF. 7
Er ermächtigt das BKA zur Übermittlung personenbezogener Daten an die genannten Stellen unter den in den **Nrn. 1–3** genannten Voraussetzungen, die **kumulativ** vorliegen müssen. Hinsichtlich der Frage, wann eine Übermittlung **„erforderlich"** iSv **Nr. 1** ist, werden unterschiedliche Auffassungen vertreten. Während das Merkmal zuweilen iS seiner Bedeutung im Rahmen der Verhältnismäßigkeitsprüfung verstanden wird,[24] lassen andere es genügen, wenn die Daten „nach der plausiblen Darlegung der Forschungseinrichtung für das konkrete Projekt benötigt werden".[25] Letztlich dürfte sich dieser Streit jedoch wie im Rahmen von Abs. 1 (→ Rn. 4) kaum auswirken, da auch nach Abs. 2 S. 1 **Nr. 3** eine umfangreiche Interessenabwägung erforderlich ist. Insoweit gilt, dass nicht einfach ein pauschales Überwiegen der Wissenschaftsfreiheit (oder des Datenschutzes) angenommen werden kann, sondern vielmehr eine Einzelfallabwägung erforderlich ist.[26] Parallel zu Abs. 1 S. 1 ordnet Abs. 2 S. 1 **Nr. 2** an, dass auch eine Übermittlung personenbezogener Daten nur stattfinden darf, wenn eine Übermittlung anonymisierter Daten technisch unmöglich ist. Wie im Rahmen von Abs. 1 S. 1 (→ Rn. 5) ist nach der Übermittlung anonymisierter eine Übermittlung pseudonymisierter Daten zu prüfen. Nur wenn auch dies nicht möglich oder sinnvoll erscheint, ist eine Übermittlung personenbezogener Daten zulässig. Da auch Abs. 2 S. 1 dem BKA ein Auswahl- und Entschließungsermessen eröffnet, vermittelt die Norm den genannten Stellen **grundsätzlich keinen Anspruch auf Übermittlung** der Daten.[27] Etwas anderes kann allenfalls dann gelten, wenn die Wissenschaftsfreiheit gegenüber dem Datenschutz derart offenkundig überwiegt, dass sich das **Ermessen** des BKA **auf Null reduziert.**

Mit der durch das Gesetz zur Neustrukturierung des BKAG vom 1.6.2017[28] eingeführten Regelung des 8
Abs. 2 S. 2 soll denselben Beweggründen Rechnung getragen werden wie bei Abs. 1 S. 2 (→ Rn. 6), der insoweit für entsprechend anwendbar erklärt wird.[29]

III. Modalitäten der Übermittlung (Abs. 3)

Im Vergleich zu der – lediglich drei Sätze umfassenden – Vorgängerbestimmung (§ 29 Abs. 3 BKAG aF) re- 9
gelt der neue **Abs. 3** die Modalitäten der Übermittlung personenbezogener Daten ausgesprochen detailliert. Neu mit dem Gesetz zur Neustrukturierung des BKAG vom 1.6.2017[30] hinzugekommen sind dabei die Regeln über die elektronische Akte[31] (S. 3 und 4; → Rn. 10). Zugleich wurde die Einsichtnahme von Akten in Papierform (S. 5 und 6, → Rn. 11) im Vergleich zu § 29 Abs. 3 S. 3 BKAG aF weitaus umfangreicher geregelt. Dagegen waren S. 1 und 2 bereits mit identischem Wortlaut in § 29 Abs. 3 S. 1 und 2 BKAG aF enthalten. Dass **S. 1** einen **Grundsatz der Datenübermittlung durch Auskunftserteilung** postuliert, lässt sich dadurch erklären, dass die Auskunftserteilung aus Sicht der Betroffenen im Vergleich zur Akteneinsicht (S. 2 und 3) bzw. zu den sonstigen Formen der Datenübermittlung den vergleichsweise geringsten Eingriff in ihr informationelles Selbstbestimmungsrecht bedeutet und das BKA den Umfang der übermittelten Daten bei dieser Übermittlungsmodalität am besten kontrollieren kann.[32] Dieser Vorrang der Auskunftserteilung gilt

21 BGBl. I S. 1354.
22 Vgl. die Gesetzesbegründung, BT-Drs. 18/11163, 101.
23 Auch diese betreffen die Umbenennung des Wortes „Nutzung" in „Weiterverarbeitung" (dazu bereits → Fn. 15).
24 So für die Parallelbestimmung des § 476 StPO: SK StPO/Weßlau § 476 Rn. 9.
25 Schenke/Graulich/Ruthig/Ruthig BKAG § 21 Rn. 10, mwN.
26 Schenke/Graulich/Ruthig/Ruthig BKAG § 21 Rn. 12.
27 Ebenso Schenke/Graulich/Ruthig/Ruthig BKAG § 21 Rn. 4.
28 BGBl. I S. 1354.
29 Vgl. die Gesetzesbegründung, BT-Drs. 18/11163, 101.
30 BGBl. I S. 1354.
31 S. zum Gebot der elektronischen Aktenführung § 23 BKAG.
32 So Kugelmann BKAG § 29 Rn. 3.

jedoch nach S. 1 nur, sofern und soweit damit kein unverhältnismäßiger Aufwand verbunden ist und der Zweck der Forschungsarbeit gleichwohl erreicht wird. Greift der Vorrang nicht, so „kann“ das BKA nach **S. 2** statt der Auskunftserteilung auch **Akteneinsicht** gewähren, wobei jeweils der im Zeitpunkt der Bewilligung aktuelle Akteninhalt maßgeblich ist.[33] Da diese Vorschrift jedoch erstens als Ermessensregelung gefasst ist und zweitens nur die Modalitäten, nicht aber die Voraussetzungen der Datenübermittlung regelt, begründet sie – genau wie Abs. 2 S. 1 (→ Rn. 7) – **keine eigenständige Anspruchsgrundlage,** so dass sich insoweit auch **keine Konkurrenzprobleme** zu anderweitig normierten Akteneinsichtsrechten[34] oder (sonstigen) Informationsfreiheitsansprüchen[35] ergeben.

10 Wird die Übermittlung von personenbezogenen Daten begehrt, die das BKA in einer **elektronischen Akte** gespeichert hat, wozu es nach § 23 BKAG grundsätzlich angehalten ist, so schreibt **S. 3** zwingend eine besondere Form der Einsichtnahme vor, nämlich das „**Bereitstellen** des Inhalts der Akte **zum Abruf**“. Damit ist gemeint, dass der begehrte Akteninhalt – gegebenenfalls nach Umwandlung in ein anderes Dateiformat (zB .pdf) – „mittels einer besonders gesicherten Verbindung über ein öffentliches Telekommunikationsnetz zum Abruf bereitgestellt“[36] wird. Typischer Anwendungsfall des „Bereitstellens zum Abruf“ wäre demnach das Versenden der elektronischen Akte per verschlüsselter E-Mail. Trotz der – insoweit missverständlichen Formulierung – ist mit „Abruf“ nicht eine Akteneinsicht „in Echtzeit“ gemeint, sondern schlicht eine Übermittlung in der vorgenannten Weise, die im Übrigen auch die Möglichkeit des Herunterladens der Dateien einschließt.[37] Eine andere Form der Übermittlung, nämlich die **Versendung eines Aktenausdrucks** oder eines **Datenträgers,** kommt nach **S. 4** dagegen nur auf begründeten Antrag und nur bei berechtigtem Interesse in Betracht. Ein solches kann sich etwa daraus ergeben, dass der Antragsteller nicht über die zum „Abruf“ nach S. 3 erforderliche Hard- oder Software verfügt.[38]

11 Schließlich regeln die **S. 5 und 6** die **Einsichtnahme von Akten in Papierform.** Dabei normiert **S. 5** den **Grundsatz,** dass die Akteneinsicht **in den Diensträumen des BKA** stattzufinden hat. Nur auf gesonderten Antrag ist gem. **S. 6** auch eine Bereitstellung im Wege der Übersendung von Kopien oder gar der Mitnahme bzw. Übersendung der Akten möglich. Unter diesen drei Alternativen ist der Übersendung von Kopien immer dann der Vorzug zu gewähren, „wenn die Gefahr der nachträglichen Veränderung von Akteninhalten nicht ausgeschlossen werden kann“.[39] Im Übrigen hat sich die Übermittlungsart einerseits an dem konkreten Forschungszweck und andererseits an der Sensibilität des Akteninhalts zu orientieren.

IV. Geheimhaltungspflichten (Abs. 4)

12 **Abs. 4** war bereits mit identischem Wortlaut in § 29 Abs. 4 BKAG aF enthalten. Die Vorschrift dient den grundrechtlichen Belangen der von der Datenübermittlung betroffenen Personen, indem sie sicherstellt, dass das BKA personenbezogene Daten nur an solche Personen übermitteln darf, die zur **Geheimhaltung** gegenüber Dritten verpflichtet sind. Einer solchen Geheimhaltungspflicht unterliegen, wie sich aus **S. 1** ergibt, erstens Amtsträger (§ 11 Abs. 1 Nr. 2 StGB[40]), zweitens für den öffentlichen Dienst besonders Verpflichtete (§ 11 Abs. 1 Nr. 4 StGB[41]) und drittens solche Personen, die auf sonstige Weise zur Geheimhaltung verpflichtet wurden. Insoweit erklärt **S. 2** die Vorschriften über die Verpflichtung zur Geheimhaltung aus dem Verpflichtungsgesetz[42] für anwendbar. Ein Verstoß gegen die Geheimhaltungspflicht ist nach §§ 203, 353b StGB strafbewährt.

V. Zweckbindung (Abs. 5)

13 Abs. 5, der bis auf wenige redaktionelle Änderungen[43] bereits in § 29 Abs. 5 BKAG aF enthalten war, konkretisiert den – sowohl aus dem Verfassungsrecht (→ § 12 Rn. 10 ff.) als auch dem allgemeinen Datenschutzrecht (Art. 5 Abs. 1 lit. b DS-GVO) bekannten – **Zweckbindungsgrundsatz** für die Zwecke der wis-

33 So die Gesetzesbegründung BT-Drs. 18/11163, 101.
34 Zu denken ist etwa an § 29 VwVfG, § 25 SGB X, § 4 Abs. 1 S. 1 UIG, § 3 StasiunterlagenG, Art. 15 DS-GVO.
35 Zu denken ist hier vor allem an § 1 IFG sowie die entsprechenden landesrechtlichen Regelungen.
36 So die Gesetzesbegründung BT-Drs. 18/11163, 101.
37 BT-Drs. 18/11163, 101.
38 BT-Drs. 18/11163, 101.
39 BT-Drs. 18/11163, 101.
40 Zu diesem Begriff auch Puschke in MüKoStGB, 3. Aufl. 2019, § 353b Rn. 13 f.
41 Dazu zählen etwa V-Personen des Verfassungsschutzes und der Polizei, ferner Sachverständige, Gutachter oder Mitglieder von Beratungsgremien, sofern sie besonders zur Geheimhaltung verpflichtet wurden, vgl. Puschke in MüKoStGB, 3. Aufl. 2019, § 353b Rn. 15.
42 Gesetz über die förmliche Verpflichtung nichtbeamteter Personen (Verpflichtungsgesetz) v. 2.3.1974, BGBl. I S. 469, 547.
43 Diese betreffen erneut die Einführung des Begriffs „weiterverarbeitet“ (S. 1) bzw. „Weiterverarbeitung“ (S. 2) anstelle der bisherigen Terminologie „verwendet“ (S. 1) bzw. „Verwendung“ (S. 2).

senschaftlichen Forschung.[44] Demnach dürfen personenbezogene Daten sowohl vom BKA als auch von den Stellen, denen sie übermittelt wurden,[45] gem. **S. 1** nur zu den Zwecken weiterverarbeitet werden, zu denen sie ursprünglich übermittelt wurden. Regelmäßig ist die Weiterverarbeitung damit auf die konkrete Forschungsarbeit beschränkt. Eine Weiterverarbeitung zu anderen Zwecken, dh anderen Forschungsarbeiten oder eine Weitergabe an Dritte, ist gem. **S. 2** nur unter den Voraussetzungen der Abs. 2 bis 4 zulässig und sie bedarf der Zustimmung der übermittelnden Stelle. Letztlich hat also das BKA erneut zu prüfen, ob eine Datenübermittlung zu den – nunmehr neu festgelegten – Zwecken zulässig wäre.[46]

VI. Schutz gegen unbefugte Kenntnisnahme (Abs. 6)

Abs. 6 verpflichtet, wie bereits § 29 Abs. 6 BKAG aF, diejenige Stelle, der das BKA die personenbezogenen Daten übermittelt hatte, dazu, diese Daten gegen unbefugte Kenntnisnahme **seitens Dritter** zu schützen. Als solche Dritte kommen dabei alle Personen in Betracht, die nicht in das konkrete Forschungsprojekt eingebunden sind.[47] Während § 29 Abs. 6 S. 2 BKAG aF hierfür noch eine räumliche und organisatorische Trennung der (meist noch in Papierform oder als Datenträger) aufbewahrten Daten verlangte, setzt **Abs. 6** in der nF **„organisatorische und technische Maßnahmen"** voraus. Damit greift der deutsche Gesetzgeber eine Formulierung aus **Art. 29 Abs. 1 DSRL-JI und Art. 32 Abs. 1 DS-GVO** auf, welche die für die Verarbeitung personenbezogener Daten Verantwortlichen (Art. 3 Nr. 8 DSRL-JI, Art. 4 Nr. 7 DS-GVO) und Auftragsverarbeiter (Art. 3 Nr. 9 DSRL-JI, Art. 4 Nr. 8 DS-GVO) dazu verpflichten, „geeignete technische und organisatorische Maßnahmen (zu) treffen, um ein dem Risiko angemessenes Schutzniveau zu gewährleisten". Welche Maßnahmen dies sein können, wird in Art. 29 Abs. 2 DSRL-JI, Art. 32 Abs. 1 DS-GVO exemplarisch genannt. Mit dieser **Umstellung von räumlich-organisatorische auf technisch-organisatorische Schutzmaßnahmen** trägt der neue Abs. 6 dem Umstand Rechnung, dass die meisten Daten nunmehr elektronisch verarbeitet und auch die meisten Akten vom BKA bereits elektronisch geführt werden.[48] Es geht bei Sicherung gegen unbefugte Kenntnisnahme also in der Sprache der IT-Sicherheit weniger um eine Zu*tritts*-, als um eine Zu*gangs*- und Zu*griffs*kontrolle (zu dieser Unterscheidung → § 15 Rn. 5). 14

VII. Anonymisierung der Daten (Abs. 7)

Der mit dem Wortlaut von § 29 Abs. 7 BKAG aF identische **Abs. 7** verpflichtet die forschende Stelle[49] dazu, die personenbezogenen Daten zu **anonymisieren**, „sobald der Forschungsweck es erlaubt" (**S. 1**). Die Anonymisierungspflicht besteht also **zum frühestmöglichen Zeitpunkt**, wenn möglich noch vor Beginn der Forschungsarbeiten.[50] Für den Zeitraum, in dem dies noch nicht möglich ist, bestimmt **S. 2**, dass die „Merkmale" – also Daten, anhand derer eine Person identifiziert werden kann –, gesondert von den übrigen Forschungsdaten aufzubewahren sind. Eine Zusammenführung der Daten ist nach **S. 3** nur erlaubt, „soweit der Forschungszweck dies erfordert". Ob eine Abweichung von Abs. 7 dadurch möglich wird, dass der Betroffene in sie einwilligt, ist **umstritten.**[51] Sofern die Einwilligung die Voraussetzungen des Art. 4 Nr. 11 DS-GVO erfüllt, sie also insbesondere informiert und freiwillig erteilt wurde, ist nicht ersichtlich, warum dies nicht der Fall sein sollte. Zwar ist § 29 Abs. 7 S. 1 und 2 BKAG als gebundene Entscheidungen gefasst, was darauf hindeuten könnte, dass die Anonymisierung zwingend ist. Doch kann daraus nicht folgen, dass das Unterbleiben einer Anonymisierung auch dann ausgeschlossen ist, wenn der Betroffene einwilligt. Schließlich kann er gerade ein Interesse daran haben, in der Forschungsarbeit genannt zu werden oder sonst identifizierbar zu sein. Dieses Interesse ist auch grundrechtlich durch sein informationelles Selbstbestimmungsrecht (Art. 2 Abs. 1 iVm Art. 1 Abs. 1 GG) und sein Datenschutzgrundrecht (Art. 8 EuGRCh) geschützt. Der generelle Ausschluss einer Einwilligung würde in diesen Fällen also nicht nur dem Interesse des Betroffenen (wie des Verantwortlichen und Auftragsverarbeiters) entgegenstehen, sondern auch seine Grundrechte unterlaufen. 15

44 Vgl. Kugelmann BKAG § 29 Rn. 4; Schenke/Graulich/Ruthig/Ruthig BKAG § 21 Rn. 16 unter Verweis auf BT-Drs. 14/1484, 28.
45 Zu diesen beiden Konstellationen bereits oben → Rn. 3.
46 Vgl. Schenke/Graulich/Ruthig/Ruthig BKAG § 21 Rn. 16.
47 Schenke/Graulich/Ruthig/Ruthig BKAG § 21 Rn. 17.
48 BT-Drs. 18/11163, 101.
49 Eine entsprechende **Anonymisierungspflicht des BKA** ist dagegen in § 21 Abs. 1 S. 1 BKAG normiert.
50 Vgl. Kugelmann BKAG § 29 Rn. 2; Schenke/Graulich/Ruthig/Ruthig BKAG § 21 Rn. 18.
51 Vgl. zu der entsprechenden Debatte bei Art. 32 DS-GVO: Paal/Pauly/Ernst DS-GVO/BDSG, 3. Aufl. 2021, DS-GVO Art. 4 Rn. 48 sowie Paal/Pauly/Martini, ebd., DS-GVO Art. 32 Rn. 4a ff.

VIII. Veröffentlichung personenbezogener Daten zu Forschungszwecken (Abs. 8)

16 Der mit dem Wortlaut von § 29 Abs. 8 BKAG aF identische **Abs. 8** verpflichtet diejenigen Stellen, denen das BKA nach Maßgabe von Abs. 2–4 personenbezogene Daten übermittelt hat, diese nur zu **veröffentlichen,** wenn dies aus Gründen der Darstellung von Forschungsergebnissen „über **Ereignisse der Zeitgeschichte**" unerlässlich ist und das BKA der Veröffentlichung zugestimmt hat. Die Formulierung „Ereignisse der Zeitgeschichte" findet sich auch an anderer Stelle, etwa in § 27 Abs. 4 BDSG (bzw. § 40 Abs. 3 BDSG aF). In Anlehnung an die Definition des Tatbestandsmerkmals „Zeitgeschichte" in § 23 Abs. 1 Nr. 1 KUG ist hierunter „alles" zu verstehen, „woran gegenwärtig ein allgemeines Interesse besteht".[52] Eine Veröffentlichung von Daten, die keine „Ereignisse der Zeitgeschichte" darstellen, ist aber auch hier möglich, wenn die betroffene Person einwilligt.[53]

§ 22 Weiterverarbeitung von Daten zur Aus- und Fortbildung, zu statistischen Zwecken und zur Vorgangsverwaltung

(1) ¹Das Bundeskriminalamt kann bei ihm vorhandene personenbezogene Daten zur polizeilichen Aus- und Fortbildung oder zu statistischen Zwecken weiterverarbeiten, soweit eine Weiterverarbeitung anonymisierter Daten zu diesem Zweck nicht möglich ist. ²Entsprechendes gilt für die Übermittlung an die Landeskriminalämter zu kriminalstatistischen Zwecken. ³Die Daten sind zum frühestmöglichen Zeitpunkt zu anonymisieren. ⁴§ 21 Absatz 1 Satz 2 und Absatz 2 Satz 2 gilt entsprechend.

(2) Das Bundeskriminalamt kann, wenn dies zur Vorgangsverwaltung oder zur befristeten Dokumentation polizeilichen Handelns erforderlich ist, personenbezogene Daten ausschließlich zu diesem Zweck weiterverarbeiten.

A. Überblick und Genese

1 Die mit dem Gesetz zur Neustrukturierung des Bundeskriminalamtgesetzes vom 1.6.2017[1] eingeführte Vorschrift entspricht – bis auf wenige redaktionelle Änderungen[2] – dem bisherigen § 30 BKAG aF, der allerdings noch mit „Weitere Verwendung von Daten" überschrieben war. Mit der neuen Überschrift soll nun verdeutlicht werden, welchen Zwecken die hier geregelte „Weiterverarbeitung" (zum Begriff → § 16 Rn. 4 f.) dient,[3] nämlich der **Aus- und Fortbildung** (→ Rn. 2), **statistischen Zwecken** (→ Rn. 2) sowie der **Vorgangsverwaltung** (→ Rn. 3). Der Sache nach regelt die Vorschrift, genau wie § 21 BKAG, **Ausnahmen vom Grundsatz der Zweckbindung**[4] (→ § 12 Rn. 10 ff.), die jedoch ihrerseits an besondere materiell-, verfahrens- oder organisationsrechtliche Voraussetzungen gebunden sind, auf die im Folgenden näher eingegangen wird.

B. Kommentierung im Einzelnen

I. Ausbildungs- und statistische Zwecke (Abs. 1)

2 **Abs. 1 S. 1** ermächtigt das BKA zur Weiterverarbeitung personenbezogener Daten zum Zwecke der **polizeilichen Aus- und Fortbildung.** Hierin liegt insofern eine rechtfertigungsbedürftige Zweckänderung (zum Begriff → § 12 Rn. 19 ff.), als die Daten ursprünglich noch zu einem anderen Zweck erhoben wurden.[5] Die Gesetzesbegründung zu § 30 BKAG aF hatte hierzu angeführt, „dass […] eine Ausbildung mit erfundenen

52 Vgl. Paal/Pauly/Pauly DS-GVO/BDSG, 3. Aufl. 2021, DS-GVO § 27 Rn. 23.
53 Dahin gehend auch Paal/Pauly/Pauly DS-GVO/BDSG, 3. Aufl. 2021, DS-GVO § 27 Rn. 22, für den die Rechtmäßigkeit der Veröffentlichung in diesen Fällen „indiziert" ist.
1 BGBl. I S. 1354.
2 Erstens wurde in Abs. 1 S. 1 der Begriff „weiterverarbeiten" an die Stelle von „nutzen" gesetzt (vgl. zum Verhältnis der beiden Begriffe → § 16 Rn. 4 f.). Zweitens heißt es zu Beginn von Abs. 1 S. 2 nunmehr „Entsprechendes" statt „Gleiches". Drittens war der in Abs. 1 S. 4 enthaltene Verweis (dazu noch → Rn. 2) in § 30 Abs. 1 BKAG aF noch nicht enthalten.
3 Vgl. dazu die Gesetzesbegründung, BT-Drs. 18/11163, 102.
4 Schenke/Graulich/Ruthig/Ruthig/Graulich BKAG § 22 Rn. 1.
5 Vgl. insoweit die Datenerhebungsbefugnisse nach §§ 8–11 BKAG.

Daten nicht sachgerecht durchgeführt werden kann".[6] Diese Begründung wird allerdings zu Recht mit dem Verweis darauf kritisiert,[7] dass anonymisierte Daten nicht „erfunden" sind und sich die meisten Ausbildungsziele auch auf dieser Grundlage vermitteln lassen. Etwas anderes mag allenfalls für die Arbeit mit Datenbanken gelten, bei der es oftmals darum geht, bestimmte Daten einer Person zuzuordnen, was ein Arbeiten mit personenbezogenen Daten erforderlich macht.[8] Die in **Abs. 1 S. 2** genannte Befugnis zur Übermittlung personenbezogener Daten an die Landeskriminalämter **zu kriminalstatistischen Zwecken** ist erstens eng auszulegen und zweitens in der Praxis bislang kaum von Relevanz gewesen.[9] Die in **Abs. 1 S. 3** normierte Pflicht zur frühestmöglichen Anonymisierung stellt eine Verfahrensvorschrift zum Schutz der Betroffenen dar, die in § 21 Abs. 7 BKAG eine Parallele findet (→ § 21 Rn. 15). Der in **Abs. 1 S. 4** enthaltene Verweis auf § 21 Abs. 1 S. 2, Abs. 2 S. 2 BKAG (vgl. dazu → § 21 Rn. 6 f.), der durch das Gesetz zur Neustrukturierung des Bundeskriminalamtgesetzes vom 1.6.2017[10] eingeführt wurde, soll sicherstellen, „dass personenbezogene Daten aus besonders eingriffsintensiven Maßnahmen nicht zu Aus- und Fortbildungszwecken verarbeitet oder übermittelt werden dürfen".[11] Damit will der Gesetzgeber – nicht nur bei Datenverarbeitungen zum Zwecke der wissenschaftlichen Forschung (§ 21 BKAG), sondern auch bei den in § 22 BKAG genannten Zwecken – einerseits der besonderen Eingriffstiefe und andererseits dem Grundsatz der hypothetischen Datenneuerhebung (→ § 12 Rn. 25 ff.) Rechnung tragen.

II. Vorgangsverwaltung und befristete polizeiliche Dokumentation (Abs. 2)

Abs. 2 ermächtigt das BKA zur Weiterverarbeitung personenbezogener Daten zum Zwecke der **„Vorgangsverwaltung"** oder **„zur befristeten Dokumentation polizeilichen Handelns"**. Unter **„Vorgangsverwaltung"** ist dabei „die rein formale administrative Betreuung eines Vorgangs" zu verstehen, „um Eingang, Bearbeitung und Ausgang bzw. Verbleib eines Vorgangs dokumentieren zu können".[12] Dagegen meint die befristete Dokumentation polizeilichen Handelns „die Sammlung und Erschließung verschiedener Vorgänge über ihren Abschluss hinaus".[13] Wann die Weiterverarbeitung zu diesen Zwecken **„erforderlich"** ist, bemisst sich nach den gleichen Kriterien wie bei § 21 Abs. 1 S. 1 und § 21 Abs. 2 S. 1 Nr. 1 BKAG (→ § 21 Rn. 7). Durch die Formulierung, dass die personenbezogenen Daten **„ausschließlich"** zu den in Abs. 2 genannten Zwecken weiterverarbeitet werden dürfen, will der Gesetzgeber eine besonders **strikte Zweckbindung** zum Ausdruck bringen, der auch durch entsprechende technische und organisatorische Maßnahmen, etwa einer Trennung der Datenbestände, Rechnung zu tragen ist.[14] 3

§ 23 Elektronische Aktenführung

(1) Die Akten des Bundeskriminalamtes sollen elektronisch geführt werden.

(2) Das Bundesministerium des Innern, für Bau und Heimat regelt die für die elektronische Aktenführung geltenden organisatorischen und technischen Rahmenbedingungen einschließlich der einzuhaltenden Anforderungen des Datenschutzes, der Datensicherheit und der Barrierefreiheit, die die Grundsätze ordnungsgemäßer Aktenführung und den Stand der Technik beachten, in Verwaltungsvorschriften.

(3) Die Vorschriften über die elektronische Aktenführung im Strafverfahren bleiben unberührt.

6 BT-Drs. 13/1550, 36.
7 S. Schenke/Graulich/Ruthig/Ruthig/Graulich BKAG § 22 Rn. 2; vgl. auch Weichert NVwZ 2022, 844 (848).
8 Ebenso Schenke/Graulich/Ruthig/Ruthig/Graulich BKAG § 22 Rn. 2.
9 Vgl. Schenke/Graulich/Ruthig/Ruthig/Graulich BKAG § 22 Rn. 3.
10 BGBl. I S. 1354.
11 Vgl. dazu die Gesetzesbegründung, BT-Drs. 18/11163, 102.
12 Schenke/Graulich/Ruthig/Ruthig/Graulich BKAG § 22 Rn. 4, unter Verweis auf BT-Drs. 13/1550, 17.
13 Schenke/Graulich/Ruthig/Ruthig/Graulich BKAG § 22 Rn. 4.
14 Schenke/Graulich/Ruthig/Ruthig/Graulich BKAG § 22 Rn. 4; vgl. auch Weichert NVwZ 2022, 844 (848): „absolute Zweckbindung".

A. Überblick und Genese

1 Die mit dem Gesetz zur Neustrukturierung des Bundeskriminalamtgesetzes vom 1.6.2017[1] eingeführte Vorschrift, die im BKAG aF noch keine Vorgängerregelung hatte, ist als **spezieller Anwendungsfall des generellen Trends** zu sehen, staatliche Stellen **zur elektronischen Aktenführung** (zum Begriff → Rn. 4) anzuhalten. Entsprechende Vorgaben für die **Gerichtsbarkeiten** wurden mit dem Gesetz zur Einführung der elektronischen Akte in der Justiz v. 5.7.2017[2] aufgestellt, auf das ua **§ 55b VwGO, § 298a ZPO, § 46e ArbGG, § 65b SGG** und **§ 52b FGO** zurückgehen. Für die **öffentliche Verwaltung** ist vor allem **§ 6 S. 1 des E-Government-Gesetzes (EGovG)**[3] zu beachten, der vorsieht, dass die „Behörden des Bundes"[4] ihre Akten elektronisch führen „sollen". Der Titel des Gesetzes verweist dabei bereits auf das Schlagwort, unter dem die Rechtsfragen der Digitalisierung der Verwaltung in der (Verwaltungs-)Rechtswissenschaft diskutiert werden.[5] In dem Zusammenhang kann **E-Government** als Sammelbegriff für sämtliche (verfahrens- und organisationsrechtliche) Ansätze verstanden werden, die darauf abzielen, dass Verwaltungsgeschäfte – seien sie öffentlich-rechtlicher oder privatrechtlicher Natur – mithilfe digitaler Informations- oder Kommunikationstechnologie wahrgenommen werden.[6]

2 Mit **§ 23 Abs. 1 BKAG** (→ Rn. 3 f.) wird nun der – bereits allgemein für alle Bundesbehörden durch § 6 S. 1 EGovG vorgegebene – Regelungsansatz einer Sollvorschrift zur elektronischen Aktenführung nochmals speziell für das BKA aufgenommen.[7] Ziel dieser Regelung ist es, das BKA zu einer möglichst weitreichenden elektronische Aktenführung anzuhalten.[8] Hinsichtlich der technischen Einzelheiten ermächtigt **Abs. 2** (→ Rn. 5) das Bundesinnenministerium zum Erlass von **Verwaltungsvorschriften**. Schließlich regelt **Abs. 3** das Verhältnis zu den Normen über die elektronische Aktenführung im **Strafverfahren** (→ Rn. 7). Bei der Verabschiedung dieser Regelungen konnte sich der Bund auf seine ihm kraft Natur der Sache bzw. als Annexkompetenz für das Organisations- und Verfahrensrecht der Bundesverwaltung zustehende Gesetzgebungskompetenz stützen.[9]

B. Kommentierung im Einzelnen

I. Grundsatz der elektronischen Aktenführung (Abs. 1)

3 Nach der Konzeption des Gesetzgebers[10] soll Abs. 1 einen Grundsatz der elektronischen Aktenführung etablieren, von dem „nur in Ausnahmefällen" abgewichen werden darf. Ausgenommen sein sollen nach der Gesetzesbegründung[11] in jedem Falle bereits „abgeschlossene und noch aufzubewahrende Akten", während für „für zukünftig angelegte Akten" **keinerlei Ausnahmen** genannt werden. Zwar wäre es theoretisch denkbar, dass auch künftig bestimmte Aktentypen oder -inhalte – etwa zum Schutze von Staats- oder Geschäftsgeheimnissen bzw. Individualinteressen oder Grundrechtspositionen – vom Grundsatz der elektronischen Aktenführung ausgenommen wären. Jedoch lassen weder das BKAG selbst noch die Gesetzesbegründung erkennen, dass eine solche Differenzierung beabsichtigt wäre. Dasselbe gilt beispielsweise für § 55b VwGO.[12] Gleichwohl ist festzuhalten, dass **Abs. 1** nur als **Sollvorschrift** ausgestaltet ist, die dem **BKA** sein (Organisations- und Verfahrens-) **Ermessen** belässt.[13] Ein **Zwang** zur elektronischen Aktenführung besteht

1 BGBl. I S. 1354.
2 BGBl. I S. 2208.
3 Gesetz zur Förderung der elektronischen Verwaltung (E-Government-Gesetz – EGovG) v. 25.6.2013 (BGBl. I S. 2749); vgl. dazu etwa Roßnagel NJW 2013, 2710 ff.
4 Entsprechende Vorschriften haben bislang die Bundesländer Baden-Württemberg, Bayern, Berlin, Bremen, Hessen, Mecklenburg-Vorpommern, Nordrhein-Westfalen, Saarland, Sachsen, Schleswig-Holstein und Thüringen erlassen; vgl. dazu Denkhaus/Richter/Bostelmann/Denkhaus/Richter/Bostelmann, EGovG OZG, 2019, EGovG § 6 Rn. 54 ff.
5 Grundlegend Eifert, Electronic Government – Das Recht der elektronischen Verwaltung, 2005. Aus jüngerer Zeit etwa Guckelberger, Öffentliche Verwaltung im Zeitalter der Digitalisierung, 2019; dies. VVDStRL 78 (2019), 235; Kube VVDStRL 78 (2019), 285.
6 Begriff angelehnt an die sog. Speyrer Definition von „electronic government", vgl. Reimermann/von Lucke/dies., Electronic Government in Deutschland, 2002 (abrufbar unter: https://dopus.uni-speyer.de/frontdoor/deliver/index/docId/3/file/FB-226.pdf), S. 1: „Abwicklung geschäftlicher Prozesse im Zusammenhang mit Regieren und Verwalten (Government) mithilfe von Informations- und Kommunikationstechniken über elektronische Medien".
7 Vgl. die Gesetzesbegründung, BT-Drs. 18/11163, 102.
8 Vgl. auch insoweit BT-Drs. 18/11163, 102.
9 Schenke/Graulich/Ruthig/Graulich BKAG § 23 Rn. 2 unter Verweis auf BR-Drs. 557/12, 30.
10 S. erneut BT-Drs. 18/11163, 102.
11 BT-Drs. 18/1163, 102.
12 Vgl. etwa Schoch/Schneider/Ulrich, VwGO, § 55b Rn. 29 (2021).
13 Ebenso Schenke/Graulich/Ruthig/Graulich BKAG § 23 Rn. 7: „Die Art und Weise der Aktenführung steht weitgehend im Organisationsermessen der Behörden".

demnach – anders als für die Gerichtsbarkeiten ab dem gesetzlich in den Prozessordnungen vorgesehenen Stichtag zum 1.1.2026[14] – **nicht.**

Welche Daten und Informationen genau vom Grundsatz der elektronischen Aktenführung erfasst sind, hängt davon ab, was unter einer „Akte" zu verstehen ist. Das BKAG „definiert [...] den **Begriff der Akte** nicht, sondern setzt ihn voraus".[15] Allgemein dienen Akten dazu, die für ein bestimmtes (Verwaltungs- oder Gerichts-) Verfahren relevanten Daten und Informationen zu bündeln (mitunter auch zu ordnen), damit die Behörde oder das Gericht auf dieser Grundlage den für die Entscheidung maßgeblichen Sachverhalt konstruieren kann. Akten beschränken sich also keineswegs darauf, als Wissensspeicher zu dienen und dadurch einerseits die Funktionsfähigkeit von Justiz und Verwaltung zu sichern und andererseits ihre (rechtsstaatliche) Kontrolle durch (höhere) Verwaltungseinheiten und Gerichte zu ermöglichen.[16] Vielmehr sind Akten aufgrund der vorgenannten Funktionen auch ein eigenständiger Bestandteil der Rechtserzeugung (getreu dem Motto *quod non est in actis, non est in mundo*).[17] Was in der „traditionellen", dh in Papierform geführten, Akte durch die Zusammenführung der einzelnen Schriftstücke zwischen die sprichwörtlichen Aktendeckel geschieht, erfolgt bei der **elektronischen Akte** durch die „logische Zusammenfassung sachlich zusammengehöriger oder verfahrensgleicher Vorgänge und/oder Dokumente, die alle bearbeitungs- und aktenrelevanten E-Mails, sonstigen elektronisch erstellten Unterlagen sowie gescannten Papierdokumente"[18], dh typischerweise durch die Speicherung in einer Datei (zum Begriff → § 13 Rn. 10 ff.). Dies ermöglicht es, die gespeicherten Informationen schnell, ohne Medienbruch und ortsunabhängig durch mehrere Mitarbeitende gleichzeitig verarbeiten zu können.[19] Diese **Vorteile** rechtfertigen schließlich auch die von Abs. 1 gebotene Umstellung auf die **elektronische Aktenführung.** Damit ist gemeint, „dass die Akten nicht mehr in Form eines physischen papiergebundenen Objekts, sondern als ein definiertes System elektronisch gespeicherter Daten geführt werden".[20] 4

II. Verwaltungsvorschriften (Abs. 2)

Durch **Abs. 2** wird das Bundesministerium des Innern, für Bau und Heimat **ermächtigt**, die **Einzelheiten** der elektronischen Aktenführung, insbesondere hinsichtlich der „organisatorischen und technischen Rahmenbedingungen einschließlich der einzuhaltenden Anforderungen des Datenschutzes, der Datensicherheit und der Barrierefreiheit" (zu alledem sogleich → Rn. 6) durch Verwaltungsvorschriften zu regeln. Diese Einzelheiten müssen einerseits die „Grundsätze der ordnungsgemäßen Aktenführung" und andererseits den „Stand der Technik" beachten. Während die letztgenannte Anforderung auch aus anderen Vorschriften des BKAG bekannt ist, so dass insofern weitgehend[21] auf die entsprechenden Kommentierungen verwiesen werden kann (→ § 15 Rn. 9; → § 49 Rn. 47), bedürfen die – gesetzlich näher definierten, aber ua auch aus § 29 Abs. 2 VwVfG bekannten[22] – **„Grundsätze der ordnungsgemäßen Aktenführung"** hier einer näheren Erläuterung. Aufgrund ihrer oben (→ Rn. 4) genannten Funktionen bringt die Aktenführung nicht nur abstrakte Vorteile mit sich, sie ist auch ein Gebot des Rechtsstaatsprinzips (Art. 20 Abs. 3 GG).[23] Um diesen verfassungsrechtlichen Anforderungen gerecht zu werden, verpflichten die Grundsätze der ordnungsgemäßen Aktenführung die öffentliche Verwaltung dazu, überhaupt Akten zu führen (Gebot der Aktenmäßigkeit). Ferner muss der Inhalt wesentlich und vollständig (Gebot der Wesentlichkeit und Vollständigkeit) sowie wahrheitsgemäß (Gebot wahrheitsgetreuer Aktenführung) sein. Schließlich muss die Verwaltung geeignete (technische und organisatorische) Vorkehrungen dafür zu treffen, dass der Akteninhalt nicht nachträglich verfälscht oder entfernt wird (Sicherung von Authentizität und Integrität).[24] 5

14 S. § 55b Abs. 1a S. 1 VwGO, § 298a Abs. 1a ZPO, § 46e Abs. 1a ArbGG, § 65b Abs. 1a SGG, § 52b Abs. 1a FGO.

15 So die Gesetzesbegründung, BT-Drs. 18/1163, 102 – Hervorhebungen nur hier.

16 All dies betont zu Recht: Schenke/Graulich/Ruthig/Graulich BKAG § 23 Rn. 4, unter Verweis auf BVerfG Beschl. v. 6.6.1983 – 2 BvR 244/83 ua –, NJW 1983, 2135; Stelkens/Bonk/Sachs/Kallerhoff, VwVfG, 8. Aufl. 2014, § 29 Rn. 30; VG Wiesbaden Urt. v. 28.12.2016 – 6 K 332/16.WI –, juris, Rn. 21; Grundmann/Greve NVwZ 2015, 1726.

17 Dieser Gedanke findet sich insbesondere bei: Vismann, Akten – Medientechnik und Recht, 2005; s. auch Augsberg, Informationsverwaltungsrecht, 2014, S. 167.

18 So der Entwurf der Bundesregierung für ein EGovG, BT-Drs. 17/11473, 37.

19 So der Entwurf des Bundesrates für ein EGovG, BR-Drs. 557/12, 56 f.

20 Vgl. BT-Drs. 18/11163, 102.

21 Relevant dürfte hier noch sein, dass zur Ermittlung des „Stands der Technik" der elektronischen Aktenführung die Technische Richtlinie des BSI (TR-03125 – TR-ESOR) herangezogen werden kann, vgl. BR-Drs. 557/12, 56 f.

22 S. dazu Schoch/Schneider/Schneider, VwVfG § 29 Rn. 46–48 (2020).

23 So etwa BT-Drs. 17/11473, 38; BR-Drs. 557/12, 56 f.; BVerfG Beschl. v. 6.6.1983 – 2 BvR 244/83 ua –, NJW 1983, 2135 (Ausländerakte); BVerwG Beschl. v. 16.3.1988 – 1 B 153/87 –, NVwZ 1988, 621 f. (Melderegisterakten); Grundmann/Greve NVwZ 2015, 1726 (1727).

24 Vgl. zum Ganzen BR-Drs. 557/12, 56 f.; Schoch/Schneider/Schneider, VwVfG, § 29 Rn. 46–48 (2020).

6 Da diese Grundsätze auch uneingeschränkt für die elektronische Aktenführung gelten,[25] ist zu ihrer Umsetzung insoweit vor allem die Informationstechnik berufen. Angesichts der „rasant voranschreitenden technischen Entwicklung“[26] hat sich der Gesetzgeber dazu entschieden, die Anforderungen an die Umsetzung nicht gesetzlich vorzugeben, sondern das BMI zum Erlass von Verwaltungsvorschriften zu ermächtigen, das von dieser Ermächtigung jedoch – soweit ersichtlich – **noch keinen Gebrauch gemacht** hat. Nach Abs. 2 darf das BMI die „technischen und organisatorischen Rahmenbedingungen einschließlich des Datenschutzes, der Datensicherheit und der Barrierefreiheit“ festlegen. Relevante Vorgaben zum **Datenschutz** und zur **Datensicherheit** finden sich einerseits im 9. Abschnitt des BKAG und andererseits in den §§ 45 ff. BDSG, die wiederum der Umsetzung der DSRL-JI[27] dienen.[28] Der Begriff der **Barrierefreiheit** wird in § 4 BGG[29] näher erläutert. In Anlehnung an diese Definition muss es Ziel einer barrierefreien elektronischen Aktenführung sein, den Akteninhalt so darzustellen, dass behinderte Menschen auf ihn ohne besondere Erschwernis und idealerweise ohne fremde Hilfe zugreifen können.[30]

III. Verhältnis zur elektronischen Aktenführung im Strafverfahren (Abs. 3)

7 Die etwas kryptisch formulierte Aussage des **Abs. 3**, wonach die „Vorschriften über die elektronische Aktenführung im Strafverfahren […] unberührt“ bleiben, soll zum Ausdruck bringen, dass in den Fällen, in denen das BKA „in strafrechtlichen Ermittlungsverfahren als Strafverfolgungsbehörde tätig wird“, dh in den Fällen des § 4 BKAG, „die Vorschriften über die elektronische Aktenführung in Strafsachen“[31] Anwendungsvorrang genießen. Diese Vorschrift ist **bislang noch eher theoretischer Natur.**[32] Zwar sehen § 32 Abs. 1 S. 1 StPO und § 110a Abs. 1 S. 1 OWiG die Möglichkeit vor, dass Akten im Straf- bzw. Bußgeldverfahren elektronisch geführt werden „können“. Eine **Pflicht zur elektronischen Aktenführung** durch die Staatsanwaltschaften und Strafgerichte statuiert das Gesetz zur Einführung der elektronischen Akte in der Justiz v. 5.7.2017[33] (→ Rn. 1) hingegen erst **ab dem 1.1.2026** (→ Rn. 3).[34] Die Einzelheiten legen Bund und Länder gem. § 32 Abs. 1 S. 2 StPO durch entsprechende Rechtsverordnungen fest. Wichtig ist allerdings schon jetzt, dass das BMI beim Erlass der Verwaltungsvorschriften nach Abs. 2 (→ Rn. 6) „auf einen technischen und zeitlichen Gleichlauf mit den Vorgaben für die Einführung der elektronischen Aktenführung bei Gerichten und Staatsanwaltschaften“ sowie darauf zu achten hat, „dass für die Übermittlung der Akten zwischen den Gerichten und Strafverfolgungsbehörden des Bundes und der Länder kompatible Standards im Bundeskriminalamt eingerichtet werden“.[35]

§ 24 Speicherung von DNA-Identifizierungsmustern zur Erkennung von DNA-Trugspuren

(1) [1]Das Bundeskriminalamt kann von seinen Mitarbeiterinnen und Mitarbeitern, die Umgang mit Spurenmaterial haben oder die Bereiche in seinen Liegenschaften und Einrichtungen betreten müssen, in denen mit Spurenmaterial umgegangen oder dieses gelagert wird,

1. **mittels eines Mundschleimhautabstrichs oder einer hinsichtlich ihrer Eingriffsintensität vergleichbaren Methode Körperzellen entnehmen,**
2. **diese zur Feststellung des DNA-Identifizierungsmusters molekulargenetisch untersuchen und**
3. **die festgestellten DNA-Identifizierungsmuster mit den an Spurenmaterial festgestellten DNA-Identifizierungsmustern automatisiert abgleichen,**

um zur Erkennung von DNA-Trugspuren festzustellen, ob an Spurenmaterial festgestellte DNA-Identifizierungsmuster von diesen Personen stammen. [2]Die Entnahme der Körperzellen darf nicht erzwungen werden. [3]Die entnommenen Körperzellen dürfen nur für die in Satz 1 genannte molekulargenetische Untersuchung

25 So ausdrücklich BR-Drs. 557/12, 56.
26 Schenke/Graulich/Ruthig/Graulich BKAG § 23 Rn. 7.
27 Zur Bedeutung der DSRL-JI für das BKAG → § 13 Rn. 2.
28 Vgl. Schenke/Graulich/Ruthig/Graulich BKAG § 23 Rn. 6.
29 Gesetz zur Gleichstellung von Menschen mit Behinderungen (Behindertengleichstellungsgesetz – BGG) v. 27.4.2002, BGBl. I S. 1467, 1468.
30 Dahin gehend BT-Drs. 18/1163, 102.
31 BT-Drs. 18/11163, 102.
32 So auch Schenke/Graulich/Ruthig/Graulich BKAG § 23 Rn. 11.
33 BGBl. I S. 2208.
34 Vgl. zu den Einzelheiten etwa: KK-StPO/Graf § 32 Rn. 17–19.
35 BT-Drs. 18/11163, 102.

verwendet werden; sie sind unverzüglich zu vernichten, sobald sie hierfür nicht mehr erforderlich sind. [4]Bei der Untersuchung dürfen andere Feststellungen als diejenigen, die zur Ermittlung des DNA-Identifizierungsmusters erforderlich sind, nicht getroffen werden; hierauf gerichtete Untersuchungen sind unzulässig.

(2) Untersuchungen und Abgleiche nach Absatz 1 bei Personen, die nicht Mitarbeiterinnen und Mitarbeiter des Bundeskriminalamtes sind, dürfen nur mit deren schriftlicher Einwilligung erfolgen.

(3) [1]Die nach den Absätzen 1 und 2 erhobenen Daten sind zu pseudonymisieren und darüber hinaus im Informationssystem des Bundeskriminalamtes gesondert zu speichern. [2]Eine Verwendung dieser Daten zu anderen als den in den Absätzen 1 und 2 genannten Zwecken ist unzulässig. [3]Die DNA-Identifizierungsmuster sind zu löschen, wenn sie für die genannten Zwecke nicht mehr erforderlich sind. [4]Die Löschung hat spätestens drei Jahre nach dem letzten Umgang der betreffenden Person mit Spurenmaterial oder dem letzten Zutritt zu einem in Absatz 1 Satz 1 genannten Bereich zu erfolgen. [5]Betroffene Personen sind schriftlich über den Zweck und die Weiterverarbeitung sowie die Löschung der erhobenen Daten zu informieren.

A. Allgemeines

I. Überblick und Genese

Die mit dem Gesetz zur Neustrukturierung des Bundeskriminalamtgesetzes vom 1.6.2017[1] eingeführte Vorschrift, die im BKAG aF noch keine Entsprechung hatte und nur fragmentarisch in § 5 Abs. 5 und § 9 Abs. 1 Nr. 5 BKADV geregelt war, ermächtigt das BKA in gewissem Umfang (→ Rn. 6) zur **Entnahme von Körperzellen,** damit diese sodann auf sog. **DNA-Identifizierungsmuster** (→ Rn. 5) überprüft werden können, die dann wiederum zum Zwecke des Abgleichs mit sog. DNA-Trugspuren (→ Rn. 2) **gespeichert** werden können. Das BKA unterhält bereits seit 1998 eine Verbunddatei (zum Begriff → § 13 Rn. 11) „DNA-Analyse", in der zum Zwecke der „Vorsorge für die künftige Verfolgung von Straftaten mit erheblicher Bedeutung" seit 2013 mehr als 1 Million DNA-Identifizierungsmuster erfasst, gespeichert und abgeglichen wurden (→ § 2 Rn. 31). Diese Daten, die sich in die Kategorien „Personen-" und „Spurendaten" untergliedern lassen,[2] wurden dabei auf Grundlage von § 81e StPO[3] und § 81g StPO[4] erhoben. Die eigentliche Verwendung und Verarbeitung konnten dabei jedoch nicht auf § 81g Abs. 5[5] StPO, sondern nur auf das BKAG bzw. die BKADV gestützt werden.[6] 1

§ 24 BKAG ermächtigt das BKA nun dazu, „eine **DNA-Referenzdatenbank** zu führen, um sog. **DNA-Trugspuren**, die durch Verunreinigungen der betreffenden Spurenträger bei der kriminaltechnischen Untersuchung entstehen können, **auszuschließen**".[7] Hierdurch sollen also die „Treffsicherheit" der durch die DNA-Analyse beabsichtigten Identifizierung erhöht und dadurch aufwendige, aber letztlich erfolglose Ermittlun- 2

1 BGBl. I S. 1354.
2 Vgl. Lisken/Denninger/Arzt, HdbPolR, G Rn. 1233.
3 Diese Norm lässt die Untersuchung von – zuvor auf Grundlage von zuvor auf Grundlage von § 81a StPO entnommenen – Körperzellen zur Aufklärung von Straftaten unter bestimmten Voraussetzungen zu. Ihr Abs. 3 wird insofern für datenschutzrechtlich problematisch erachtet als an der Freiwilligkeit der Einwilligung erhebliche Zweifel bestünden. Schließlich müsse die Einwilligung im Rahmen der Vernehmung und damit „in einer erheblichen Drucksituation" abgegeben werden. Letztlich hänge die Wirksamkeit der Einwilligung und damit die Rechtmäßigkeit der Datenverarbeitung damit letztlich davon ab, ob die handelnden Polizeibeamtinnen und -beamten ihrer datenschutzrechtlichen Aufklärungspflicht gerecht würden, woran jedoch aufgrund entsprechender Untersuchungen erhebliche Zweifel bestünden, vgl. BayLfD, 23. Tätigkeitsbericht 2008, BayLT-Drs. 16/2100, 36 ff.
4 Diese Norm regelt die Entnahme von Körperzellen bei Tatverdächtigen zum Zwecke der Identitätsfeststellung. Sie wurde von BVerfG Beschl. v. 14.12.2000 – 2 BvR 1741/99 –, BVerfGE 103, 21, grundsätzlich für verfassungskonform erachtet. Insbesondere sei sie hinreichend bestimmt und werde durch den in § 81f StPO normierten Richtervorbehalt hinreicht verfahrensrechtlich flankiert. Schließlich werde sie von §§ 81e Abs. 1 S. 1, 81g Abs. 2 StPO auf einen hinreichend bestimmten Zweck begrenzt.
5 Diese Norm entspricht weitgehend dem inzwischen aufgehobenen § 3 des DNA-Identitätsfeststellungsgesetzes (DNA-IFG) v. 7.9.1998 (BGBl. I S. 2646).
6 Vgl. KK-StPO/Hadamitzky § 81e Rn. 9; Busch NJW 2002, 1754.
7 Vgl. BT-Drs. 18/11163, 102 – Hervorhebungen nicht im Original.

gen vermieden werden.[8] Im Gegensatz zu §§ 81b, 81g StPO ermächtigt § 24 BKAG zur Entnahme, Untersuchung und zum Abgleich genetischer Informationen (→ Rn. 5 f.) nur gegenüber den **eigenen Mitarbeiterinnen und Mitarbeitern (Abs. 1)**, während entsprechende Maßnahmen gegen **Externe (Abs. 2)** nur mit deren Einwilligung gestattet ist (→ Rn. 7). **Abs. 3** normiert schließlich besondere Anforderungen an die Speicherung der Informationen, ihre Löschung und die Information der Betroffenen. Die Vorschrift ist insbesondere deshalb notwendig, weil das BKA zur Entlastung der Polizeien des Bundes und der Länder künftig verstärkt auf dem Gebiet der DNA-Analyse tätig werden soll.[9]

II. Verfassungs-, völker- und europarechtliche Bewertung

3 Unabhängig davon, ob man in der Entnahme der Körperzellen einen Eingriff in das Recht auf körperliche Unversehrtheit (Art. 2 Abs. 2 S. 1 GG) erblickt,[10] geht mit der Verarbeitung von Daten, aus denen sich Informationen über das menschliche Genom entnehmen lassen, ein – **besonders tiefgreifender – Eingriff** in das **Grundrecht auf informationelle Selbstbestimmung** (Art. 2 Abs. 1 iVm Art. 1 Abs. 1 GG) einher. Die besondere Eingriffstiefe[11] erklärt sich dadurch, dass Informationen über das menschliche Genom – unter Zuhilfenahme von entsprechenden Zusatzinformationen (wie einer DNA-Probe) – einen Menschen unzweifelhaft identifizieren können.[12] Es bleibt dann faktisch nichts mehr an informationeller Selbstbestimmung übrig, um die datenverarbeitenden Stelle vom Gegenteil überzeugen zu können. Da der Mensch somit zum Informationsträger über sich selbst mutiert, liegt es nahe, in der Entnahme genetischen Materials und seiner anschließenden Verarbeitung eine „Degradierung zum bloßen Informationsobjekt" und damit einen Verstoß gegen die **Menschenwürdegarantie des Art. 1 Abs. 1 GG** zu sehen. Das Bundesverfassungsgericht hatte eine solche Menschenwürdeverletzung in der Entscheidung zum „genetischen Fingerabdruck" (§ 81g StPO) allerdings abgelehnt, da die Regelung etwa durch den Richtervorbehalt ausreichend verfahrensrechtlich abgesichert sei.[13] Ein solcher Richtervorbehalt ist hingegen in § 24 BKAG nicht normiert. Daher ist davon auszugehen, dass die Erhebung und Verarbeitung genetischer Informationen nur unter strenger Wahrung des Verhältnismäßigkeitsgrundsatzes zulässig sind. Insofern dürften hier durchaus Zweifel an der Verfassungskonformität angebracht sein: Unabhängig davon, dass die DNA-Analyse in der Praxis immer wieder fehleranfällig war, ermächtigt die Vorschrift das BKA zu anlasslosen Grundrechtseingriffen, die jedenfalls in Bezug auf die Tiefe des Eingriffs in das informationelle Selbstbestbestimmungsrecht allenfalls durch die hohe Bedeutung des Rechtsgüterschutzes gerechtfertigt werden können. Verfassungsrechtlich und rechtspolitisch wäre es vor diesem Hintergrund zu begrüßen, die Datenverarbeitung nicht nur nach Abs. 2, sondern auch nach Abs. 1 unter einen Einwilligungsvorbehalt zu stellen (→ Rn. 5).[14]

4 Der **Europäische Gerichtshof für Menschenrechte** hatte bereits in seinem *Marper*-Urteil[15] über die Entnahme genetischen Materials im Rahmen eines strafrechtlichen Ermittlungsverfahrens zu entscheiden. Dabei wurde den Beschwerdeführern, die in dem Strafverfahren Beschuldigte waren, auf diversem Wege (zB durch Abnahme von Fingerabdrücken und weiteren Zellproben) genetisches Material entnommen, das dann (unbefristet) in einer polizeilichen Datenbank gespeichert wurde, auch nachdem die Beschwerdeführer freigesprochen wurden. Der Europäische Gerichtshof für Menschenrechte sah hierin eine Verletzung der Beschwerdeführer in ihrem **Recht auf Privatleben (Art. 8 EMRK)**. Dieses schütze nämlich auch Informationen über den Gesundheitszustand eines Menschen.[16] Das Speichern dieser Informationen in einer Datenbank stelle einen Eingriff in dieses Recht dar,[17] unabhängig davon, ob und zu welchem Zweck die Daten später verwendet würden. Zu berücksichtigen sei aber auch, in welchem sozialen Kontext die Daten erhoben und gespeichert, wie sie aufbewahrt und verwendet würden. Im vorliegenden Fall sei ein Eingriff vor allem un-

8 Vgl. BT-Drs. 18/11163, 102 f., die als abschreckendes Beispiel den Fall des „Phantoms von Heilbronn" nennt. Im Rahmen der Aufklärung eines Mordfalles wurde am Tatort eine DNA-Spur entdeckt, die sich jedoch – nach umfangreichen Ermittlungen – als Trugspur erwies.

9 So BT-Drs. 18/11163, 103.

10 Dagegen etwa BVerfG Beschl. v. 14.12.2000 – 2 BvR 1741/99 –, BVerfGE 103, 21 (27); Beschl. v. 15.3.2001 – 2 BvR 1841/00 ua –, NJW 2001, 2320 (2322).

11 Allgemein zur Eingriffstiefe oder -schwere: Gusy in FS-Schenke, 2011, S. 395 ff.

12 Allgemein zu den Möglichkeiten der Identifizierung und der Identitätsfeststellung: Eichenhofer/Gusy in Hornung/Engemann (Hrsg.), Der digitale Bürger und seine Identität, 2016, S. 65 ff.; s. auch bereits Hornung, Die digitale Identität, 2005, S. 25 ff., mwN.

13 BVerfG Beschl. v. 14.12.2000 – 2 BvR 1741/99 ua –, BVerfGE 103, 21 (30). S. dazu etwa Simitis JZ 2008, 693.

14 Dahin gehend auch Schenke/Graulich/Ruthig/Graulich BKAG § 24 Rn. 5. In der Gesetzesbegründung (BT-Drs. 18/11163, 103) ist davon die Rede, „dass die Mitarbeiter der Polizeien des Bundes und der Länder, welche im Rahmen des dortigen Verfahrens in Kontakt mit dem auszuwertenden Spurenträger geraten sind, mit ihrem schriftlichen Einverständnis ein DNA-Identifizierungsmuster in der DNA-Analyse-Datei des Bundeskriminalamtes anlegen lassen können".

15 EGMR Urt. v. 4.12.2008 – Nr. 30562/04 ua –, NJOZ 2010, 696 – S. und Marper/Vereinigtes Königreich.

16 EGMR Urt. v. 4.12.2008 – Nr. 30562/04 ua –, NJOZ 2010, 696 (698 ff., Rn. 70 ff.) – S. und Marper/Vereinigtes Königreich.

17 EGMR Urt. v. 4.12.2008 – Nr. 30562/04 ua –, NJOZ 2010, 696 (698, Rn. 77) – S. und Marper/Vereinigtes Königreich.

ter dem Gesichtspunkt zu bejahen, dass die permanente Speicherung der genetischen Daten den Sicherheitsbehörden erlaubt, die betroffene Person permanent zu identifizieren.[18] Eine Rechtfertigung dieser Maßnahmen hielt der Gerichtshof in den vorliegenden Fällen nicht für möglich, da die unbefristete Speicherung genetischen Materials einen unverhältnismäßigen Eingriff in das Recht der Antragsteller auf Achtung des Privatlebens darstelle.[19] Aus dem **EU-Recht** ist vor allem **Art. 10 DSRL-JI** zu berücksichtigen, der die Verarbeitung „besonderer Kategorien von Daten" regelt, zu denen ua auch „genetische" (Art. 3 Nr. 12 DSRL-JI) und „biometrische Daten" (Art. 3 Nr. 13 DSRL-JI) gehören.

B. Kommentierung im Einzelnen

I. Feststellung, Untersuchung und Abgleich von DNA-identifizierungsmustern bei Mitarbeiterinnen und Mitarbeitern des BKA (Abs. 1)

5 § 24 Abs. 1 S. 1 BKAG ermächtigt das Bundeskriminalamt zu **dreierlei**, nämlich dazu, von seinen Mitarbeiterinnen und Mitarbeitern, die Umgang mit Spurenmaterial haben oder die Bereiche in seinen Liegenschaften und Einrichtungen betreten müssen, in denen mit Spurenmaterial umgegangen oder dieses gelagert wird, mittels eines Mundschleimhautabstrichs oder einer hinsichtlich ihrer Eingriffsintensität vergleichbaren Methode **Körperzellen zu entnehmen (Nr. 1), hieraus das DNA-Identifizierungsmuster festzustellen** (Nr. 2) und dieses **mit** an **Spurenmaterial** festgestellten DNA-Identifizierungsmustern **automatisiert abzugleichen (Nr. 3)**. Dabei darf der Abgleich nur zu dem **Zweck** erfolgen, DNA-Trugspuren zu erkennen.[20] Der persönliche Anwendungsbereich des Abs. 1 S. 1 ist ausschließlich auf die **„Mitarbeiterinnen und Mitarbeiter"**, dh all jene Personen beschränkt, die beim BKA beschäftigt sind,[21] unabhängig davon, ob das zugrundeliegende Rechtsverhältnis arbeits- oder beamtenrechtlicher Natur ist. Anhand dieses Anwendungsbereichs kann die Vorschrift einerseits von §§ 81e, 81g StPO und andererseits aber auch von Abs. 2 abgegrenzt werden, der sich auf Personen bezieht, die nicht in einem Arbeits- oder Beamtenrechtsverhältnis zum BKA stehen („Externe", → Rn. 7). Die **Entnahme von Körperzellen (Nr. 1)** greift nicht nur in das informationelle Selbstbestimmungsrecht der Mitarbeiterinnen und Mitarbeiter (→ Rn. 3) ein, sondern auch in ihr Grundrecht auf körperliche Unversehrtheit (Art. 2 Abs. 2 S. 1 GG).[22] Richtigerweise können nämlich auch medizinische Eingriffe geringerer Intensität die körperliche Unversehrtheit beeinträchtigen.[23] Aus Gründen der Verhältnismäßigkeit darf der Eingriff nach dem Wortlaut der Norm nur „mittels eines Mundschleimhautabstrichs oder einer hinsichtlich ihrer Eingriffsintensität vergleichbaren Methode" erfolgen. Als solche „vergleichbare Methoden" kommen etwa Speichel- oder Urinproben in Betracht, aber auch eine (durch medizinisches Personal durchgeführte) Blutentnahme, da diese jedenfalls bei gesunden Menschen, die sich der Entnahme nicht wiedersetzen, keine gesundheitlichen Risiken mit sich bringt.[24] Die durch die Entnahme gewonnen Körperzellen können nach **Nr. 2** dazu genutzt werden, **DNA-Identifizierungsmuster** festzustellen. Obwohl dieser Begriff auch andernorts verwendet wird,[25] wird er doch an keiner Stelle definiert oder auch nur näher umschrieben, was darauf schließen lässt, dass er als bekannt vorausgesetzt wird. In der Zellbiologie bezeichnet ein DNA-Identifizierungsmuster die Auflistung von Fragmentgrößen verschiedener VNTR-Loci, die in der Erbsubstanz des menschlichen Genoms zu finden sind.[26] Es enthält „neben den sie charakterisierenden Zahlenwerten die Information über das zugrundeliegende Geschlecht des Probengebers"[27]. DNA-Identifizierungsmuster dienen also dazu, ein bestimmtes Spurenmaterial einem Spurengeber zuzuordnen, um damit entweder Indizien oder Beweise gegen Beschuldigte oder Tatverdächtige zu erbringen oder Unschuldige zu entlasten.[28] Dies setzt jedoch die Möglichkeit eines entsprechenden **Datenabgleichs** (→ § 16 Rn. 17) voraus, dessen Voraussetzungen durch **Nr. 3** geschaffen werden.

6 § 24 Abs. 1 S. 2–4 BKAG dienen dazu, die in S. 1 genannten Befugnisse näher zu konkretisieren. So ergänzt **S. 2** die in S. 1 Nr. 1 normierte Befugnis zur **Körperzellenentnahme** dahin gehend, dass diese **nicht erzwungen werden** darf. Die Praxistauglichkeit dieser Regelung, die erkennbar dem Verhältnismäßigkeitsgrundsatz

18 EGMR Urt. v. 4.12.2008 – Nr. 30562/04 ua –, NJOZ 2010, 696 (700, Rn. 103) – S. und Marper/Vereinigtes Königreich.
19 EGMR Urt. v. 4.12.2008 – Nr. 30562/04 ua –, NJOZ 2010, 696 (703, Rn. 125) – S. und Marper/Vereinigtes Königreich.
20 Vgl. BT-Drs. 18/11163, 103.
21 Vgl. Schenke/Graulich/Ruthig/Graulich BKAG § 24 Rn. 7.
22 AA allerdings BVerfG Beschl. v. 14.12.2000 – 2 BvR 1741/99 –, BVerfGE 103, 21 (27); Beschl. v. 15.3.2001 – 2 BvR 1841/00 ua –, NJW 2001, 2320 (2322).
23 Ebenso etwa Kingreen/Poscher, Grundrechte, Rn. 542.
24 Vgl. KK-StPO/Hadamitzky § 81a Rn. 5a; s. zur Verfassungsmäßigkeit der Blutentnahme auch BVerfG Beschl. v. 25.5.1956 – 1 BvR 190/55 –, BVerfGE 5, 13 (15).
25 Vgl. etwa §§ 81a, 81e StPO.
26 Vgl. https://www.spektrum.de/magazin/dna-identifizierungsmuster-in-der-strafverfolgung/824853.
27 So die Begründung des Verordnungs-Entwurfs, BR-Drs. 329/10, 37.
28 Vgl. Lisken/Denninger/Petri, HdbPolR, G Rn. 422 (zitiert nach 6. Aufl. 2018).

Rechnung tragen soll, wird in der Literatur[29] mit folgendem Argument bestritten: Träten „zu viele Weigerungsfälle“ auf, stellte sich die Frage der (Un-)Verhältnismäßigkeit der Entnahme bei denjenigen, die sich nicht auf S. 2 berufen und damit der Entnahme zugestimmt hätten. Diese, letztlich auf einen Gleichheitsverstoß (Art. 3 Abs. 1 GG) abzielende Argumentation verkennt jedoch, dass die unterschiedliche Behandlung der Betroffenen darauf beruht, dass S. 2 den Betroffenen gerade ein „Weigerungsrecht“ zuerkennt, welches von den Betroffenen ausgeübt werden muss. Damit haben sie es selbst in der Hand, ob sie sich einer Entnahme aussetzen (obwohl sie dies innerlich ablehnen) oder sich dieser verweigern. Auf dieses „Weigerungsrecht“ müssten die Betroffenen jedoch fairerweise vor der Entnahme hingewiesen werden, um ihnen die Ausübung zu ermöglichen. Rechtspolitisch wünschenswert wäre es, wenn dieser Umstand für alle erkennbar dadurch zum Ausdruck gebracht würde, dass die Entnahme nicht für Externe, sondern auch für die Mitarbeiterinnen und Mitarbeiter *de lege ferenda* unter einem Einwilligungsvorbehalt steht.[30] Die **S. 3** und 4 stellen eine bereichsspezifische Konkretisierung des datenschutzrechtlichen **Zweckbindungsgrundsatzes** (grundlegend hierzu → § 12 Rn. 10 ff.) dar,[31] indem sie die Zwecke genau festlegen, zu denen die nach S. 1 und 2 erhobenen Daten weiterverarbeitet werden dürfen. Zugleich bestimmt S. 3, dass die Daten unverzüglich zu vernichten sind, sobald sie für diese Zwecke nicht mehr erforderlich sind.

II. Einwilligung zur Untersuchung und zum Abgleich von DNA-Identifizierungs-mustern bei externem Personal (Abs. 2)

7 § 24 Abs. 2 BKAG stellt klar, dass die in Abs. 1 genannten, gegenüber Mitarbeiterinnen und Mitarbeitern des BKA durchführbaren Maßnahmen (→ Rn. 5) gegenüber **BKA-„Externen“** nur durchgeführt werden dürfen, wenn die zuvor **schriftlich eingewilligt** haben (zur Aufnahme eines entsprechenden Einwilligungsvorbehalts in Abs. 1 → Rn. 3 und 5). Zu diesen **„Externen“** bzw. **„anderen Personen“**[32] gehören grundsätzlich alle, von denen sich das BKA erhofft, dass der Abgleich ihrer DNA-Identifizierungsmuster dazu führt, entweder DNA-Trugspuren oder aber tatsächlich Indizien oder Beweise für eine Strafbarkeit zu finden.

III. Anforderungen an die Verarbeitung von DNA-Identifizierungsmustern (Abs. 3)

8 § 24 Abs. 3 BKAG normiert besondere Anforderungen an die Speicherung der DNA-Identifizierungsmuster (S. 1), ihre Verwendung (S. 2), Löschung (S. 3) und die Information der Betroffenen (S. 4). S. 1 bestimmt, dass die nach Abs. 1 Nr. 2 (gegebenenfalls iVm Abs. 2) gewonnenen DNA-Identifizierungsmuster zu pseudonymisieren und darüber hinaus im Informationssystem (zum Begriff → § 13 Rn. 10 ff.) gesondert zu speichern sind. **„Pseudonymisierung“** bedeutet nach § 46 Nr. 5 BDSG die „Verarbeitung personenbezogener Daten in einer Weise, in der die Daten ohne Hinzuziehung zusätzlicher Informationen nicht mehr einer spezifischen betroffenen Person zugeordnet werden können, sofern diese zusätzlichen Informationen gesondert aufbewahrt werden und technischen und organisatorischen Maßnahmen unterliegen, die gewährleisten, dass die Daten keiner betroffenen Person zugewiesen werden können“. Durch diese Definition erklärt sich auch die in S. 1 Alt. 2 genannte Anforderung, die Daten **„im Informationssystem gesondert zu speichern“**, wobei davon auszugehen ist, dass diese Form der gesonderten Speicherung den Anforderungen des § 46 Nr. 5 BDSG genügt.[33] Zwar wäre aus Sicht der Betroffenen möglicherweise statt einer pseudo- sogar einer anonymisierte[34] Speicherung der Daten wünschenswert. Dies ist aber offenbar technisch „nicht möglich“.[35] Abs. 3 S. 2 verbietet eine Verwendung der DNA-Identifizierungsmuster zu anderen als den in Abs. 1 und 2 genannten Zwecken. Auch bei dieser Vorschrift handelt es sich also um eine **bereichsspezifische Konkretisierung des Zweckbindungsgrundsatzes**. Abs. 3 S. 3 und 4 regeln, innerhalb welchen Zeitraumes die Daten zu **löschen**, also dergestalt unkenntlich zu machen sind, dass es unmöglich ist, die in den Daten verkörperte Information wahrzunehmen.[36] Abs. 3 S. 5 sieht schließlich vor, dass die Betroffenen schriftlich über den Zweck und die Verarbeitung der erhobenen Daten zu informieren sind. Dies soll sicherstellen, dass die Betroffenen von ihren Betroffenenrechten (§§ 84 f. BKAG) Gebrauch machen können.

29 Schenke/Graulich/Ruthig/Graulich BKAG § 24 Rn. 10.

30 Dahin gehend auch Schenke/Graulich/Ruthig/Graulich BKAG § 24 Rn. 5.

31 Vgl. BT-Drs. 18/11163, 103.

32 So der Sprachgebrauch der Gesetzesbegründung, vgl. BT-Drs. 18/11163, 103.

33 So auch Schenke/Graulich/Ruthig/Graulich BKAG § 24 Rn. 14.

34 Nach dem 26. ErwG der DS-GVO sind anonyme bzw. anonymisierte Daten solche „Informationen, die sich nicht auf eine identifizierte oder identifizierbare natürliche Person beziehen, oder personenbezogene Daten, die in einer Weise anonymisiert worden sind, dass die betroffene Person nicht oder nicht mehr identifiziert werden kann“.

35 So jedenfalls die Gesetzesbegründung, vgl. BT-Drs. 18/11163, 103.

36 So die Definition bei Kühling/Buchner/Herbst DS-GVO/BDSG, 3. Aufl. 2020, DS-GVO Art. 4 Rn. 36.

Unterabschnitt 3
Datenübermittlung

§ 25 Datenübermittlung im innerstaatlichen Bereich

(1) Das Bundeskriminalamt kann unter Beachtung des § 12 Absatz 2 bis 4 an andere Polizeien des Bundes und an Polizeien der Länder personenbezogene Daten übermitteln, soweit dies zur Erfüllung seiner Aufgaben oder der des Empfängers erforderlich ist.

(2) Das Bundeskriminalamt kann an andere als die in Absatz 1 genannten Behörden und sonstige öffentliche Stellen personenbezogene Daten übermitteln, soweit dies

1. in anderen Rechtsvorschriften vorgesehen ist oder
2. unter Beachtung des § 12 Absatz 2 bis 4 zulässig und erforderlich ist
   a) zur Erfüllung seiner Aufgaben nach diesem Gesetz,
   b) für Zwecke der Strafverfolgung, der Strafvollstreckung, des Strafvollzugs und der Gnadenverfahren,
   c) für Zwecke der Gefahrenabwehr oder
   d) zur Abwehr einer schwerwiegenden Beeinträchtigung der Rechte Einzelner

   und Zwecke des Strafverfahrens nicht entgegenstehen.

(3) [1]Unter den Voraussetzungen des Absatzes 2 kann das Bundeskriminalamt personenbezogene Daten auch an nichtöffentliche Stellen übermitteln. [2]Das Bundeskriminalamt hat einen Nachweis zu führen, aus dem Anlass, Inhalt, Empfänger und Tag der Übermittlung sowie die Aktenfundstelle ersichtlich sind; die Nachweise sind gesondert aufzubewahren, gegen unberechtigten Zugriff zu sichern und am Ende des Kalenderjahres, das dem Jahr ihrer Erstellung folgt, zu löschen. [3]Die Löschung unterbleibt, solange der Nachweis für Zwecke eines bereits eingeleiteten Datenschutzkontrollverfahrens oder zur Verhinderung oder Verfolgung einer schwerwiegenden Straftat gegen Leib, Leben oder Freiheit einer Person benötigt wird oder Grund zu der Annahme besteht, dass im Falle einer Löschung schutzwürdige Interessen der betroffenen Person beeinträchtigt würden.

(4) [1]Besteht Grund zu der Annahme, dass durch die Übermittlung von Daten nach Absatz 3 der der Erhebung dieser Daten zugrunde liegende Zweck gefährdet würde, holt das Bundeskriminalamt vor der Übermittlung die Zustimmung der Stelle ein, von der die Daten dem Bundeskriminalamt übermittelt wurden. [2]Unter den Voraussetzungen des Satzes 1 kann die übermittelnde Stelle bestimmte von ihr übermittelte Daten so kennzeichnen oder mit einem Hinweis versehen, dass vor einer Übermittlung nach Absatz 3 ihre Zustimmung einzuholen ist.

(5) [1]Daten, die den §§ 41 und 61 des Bundeszentralregistergesetzes unterfallen würden, können nach den Absätzen 2 und 3 nur den in den §§ 41 und 61 des Bundeszentralregistergesetzes genannten Stellen zu den dort genannten Zwecken übermittelt werden. [2]Die Verwertungsverbote nach den §§ 51, 52 und 63 des Bundeszentralregistergesetzes sind zu beachten.

(6) [1]Der Empfänger darf die übermittelten personenbezogenen Daten nur zu dem Zweck verarbeiten, für den sie ihm übermittelt worden sind. [2]Eine Verarbeitung für andere Zwecke ist unter Beachtung des § 12 Absatz 2 bis 4 zulässig; im Falle des Absatzes 3 gilt dies nur, soweit zusätzlich das Bundeskriminalamt zustimmt. [3]Bei Übermittlungen an nichtöffentliche Stellen hat das Bundeskriminalamt die empfangende Stelle darauf hinzuweisen.

(7) [1]Die Einrichtung eines automatisierten Verfahrens für die Übermittlung von personenbezogenen Daten durch Abruf aus dem Informationssystem ist unter Beachtung des § 12 Absatz 2 bis 4 nur zur Erfüllung vollzugspolizeilicher Aufgaben mit Zustimmung des Bundesministeriums des Innern, für Bau und Heimat und der Innenministerien und Senatsinnenverwaltungen der Länder zulässig, soweit diese Form der Datenübermittlung unter Berücksichtigung der schutzwürdigen Interessen der betroffenen Personen wegen der Vielzahl der Übermittlungen oder wegen ihrer besonderen Eilbedürftigkeit angemessen ist. [2]§ 81 Absatz 2 gilt entsprechend.

(8) [1]Die Verantwortung für die Zulässigkeit der Übermittlung trägt das Bundeskriminalamt. [2]Erfolgt die Übermittlung in den Fällen der Absätze 1 und 2 Nummer 2 auf Ersuchen der empfangenden Stelle, trägt diese die Verantwortung. [3]In diesen Fällen prüft das Bundeskriminalamt nur, ob das Übermittlungsersuchen im Rahmen der Aufgaben des Empfängers liegt, es sei denn, dass besonderer Anlass zur Prüfung der Zulässigkeit der Übermittlung besteht.

(9) Sind mit personenbezogenen Daten, die nach den Absätzen 1 und 2 übermittelt werden dürfen, weitere personenbezogene Daten der betroffenen Person oder eines Dritten in Akten so verbunden, dass eine Trennung nicht oder nur mit unvertretbarem Aufwand möglich ist, so ist die Übermittlung auch dieser Daten zulässig, soweit nicht berechtigte Interessen der betroffenen Person oder eines Dritten an der Geheimhaltung offensichtlich überwiegen; eine Verwendung dieser Daten ist unzulässig.

A. Allgemeines

I. Überblick und Genese

1 Im neuen § 25 BKAG[1] wollte der Gesetzgeber die **Vorgaben des Bundesverfassungsgerichts aus dem BKAG-Urteil**[2] umsetzen, indem er die Übermittlung staatlich erhobener Daten an den Grundsätzen der Zweckbindung und der Zweckänderung ausrichtet.[3]

2 § 25 BKAG regelt die Datenübermittlung durch das BKA im **nationalen** Bereich. **Parallelnormen** finden sich im Bundes- und Landesrecht.[4] Abs. 1–3 stellen unterschiedliche Anforderungen an die Datenübermittlung an innerstaatliche Polizeibehörden, an öffentliche Stellen sowie an nichtöffentliche Stellen auf. Abs. 4 ergänzt die Voraussetzungen für die Übermittlung an nichtöffentliche Stellen. Abs. 5 erklärt Übermittlungsbeschränkungen des BZRG für anwendbar. Abs. 6 normiert einfachgesetzlich die Zweckbindung und Zweckänderung. Abs. 7 ermächtigt zur Errichtung eines automatisierten Systems zur Übermittlung personenbezogener Daten. Abs. 8 regelt die datenschutzrechtliche Verantwortung für die Übermittlung. Abs. 9 erlaubt die Übermittlung untrennbar mit den zu übermittelnden Daten verbundenen Daten.

3 Als bereichsspezifische Ermächtigungsgrundlage verdrängt § 25 BKAG die allgemeine Übermittlungsbefugnis des § 25 BDSG in ihrem Anwendungsbereich.[5] § 25 BKAG regelt die **zweckändernde Übermittlung** personenbezogener Daten durch das BKA an die in der Vorschrift genannten inländischen Empfänger zu präventiven Aufgaben (→ Rn. 28). **Übermittlung** wird in Anlehnung an § 3 Abs. 4 S. 1 Nr. 3 BDSG aF verstanden als **Bekanntgeben personenbezogener Daten an einen Dritten**, indem die Daten an den Dritten weitergegeben werden oder der Dritte die zur Einsicht oder zum Abruf bereitgehaltenen Daten einsieht oder abruft. Kennzeichnend für die Übermittlung ist die gezielte Erweiterung des Kreises der Zugriffsberechtigten auf die Daten.[6] Wegen der **Technikneutralität** des Datenschutzrechts ist die Art der Bekanntgabe unerheb-

1 Eingefügt durch Gesetz zur Neustrukturierung des Bundeskriminalamtes v. 1.6.2017 (BGBl. I 2017 S. 1354); § 25 Abs. 7 S. 1 geändert mWv 27.6.2020 (BGBl. I 2020 S. 1328).
2 BVerfG Urt. v. 20.4.2016 – 1 BvR 966/09 ua –, BVerfGE 141, 220.
3 BT-Drs. 18/11163, 104.
4 Vgl. §§ 32, 33 BPolG; §§ 21, 65 ZFdG; § 59 PolG BW; Art. 55, 56, 59, 63 BayPAG; §§ 44, 46 BerlASOG; §§ 41–44 BbgPolG; §§ 53–55, 57 BremPolG; §§ 38, 40, 41, 47 HbgPolDVG; §§ 20, 21 HessSOG; §§ 39, 39b SOG MV; §§ 40–44 NdsPOG; §§ 26–27 PolG NRW; §§ 56–57, 60 POG RhPf; § 25 SaarlPolG iVm §§ 43–46 SaarlPolDVG; §§ 82, 84–85 SächsPVDG, gegebenenfalls iVm § 40 Abs. 1 SächsPBG; §§ 26, 27, 28 SOG LSA; §§ 191–194 LVwG SH; §§ 41, 42 ThürPAG.
5 Schenke/Graulich/Ruthig/Ruthig BKAG § 25 Rn. 1.
6 Auernhammer/Eßer DS-GVO/BDSG, 7. Aufl. 2020, DS-GVO Art. 4 Rn. 52; BeckOK-Datenschutzrecht/Schild DS-GVO Art. 4 Rn. 49 (2021); Lisken/Denninger/Schwabenbauer, HdbPolR G Rn. 36.

lich.[7] § 25 BKAG erfasst **alle personenbezogenen Daten**, unabhängig davon, ob sie elektronisch gespeichert oder in (Papier-)Akten aufbewahrt werden.[8] Durch die Verweise in § 25 Abs. 1 und Abs. 2 Nr. 1 vor lit. a BKAG auf § 12 Abs. 2–4 BKAG wird deutlich, dass nur **zweckändernde** Übermittlungen erfasst werden, nicht aber zweckrealisierende oder zweckkonforme Übermittlungen.

Zusätzlich zu den jeweils in § 25 selbst normierten tatbestandlichen Voraussetzungen sind die **Übermittlungsverbote des § 28 Abs. 1 BKAG** (→ § 28 Rn. 5 ff.) zu beachten. 4

II. Verfassungsrechtliche Vorgaben

1. Datenübermittlung als Grundrechtseingriff. Nach allgA stellt die Übermittlung personenbezogener Daten einen **Grundrechtseingriff** in das Grundrecht dar, in das bereits durch die Erhebung der Daten eingegriffen wurde. 5

a) **Daten.** Wenngleich der Begriff der Daten nach wie vor ungeklärt ist,[9] kommt es hier weder auf eine exakte Bestimmung des Begriffs der Daten noch auf eine Unterscheidung zwischen Daten und Informationen an. Denn während die Literatur vorwiegend zwischen **Daten** als Zeichen oder Zeichengebilde, die auf einem Datenträger festgehalten und in dieser vergegenständlichten Form unabhängig von der Sozialdimension angesprochen, interpretiert und als Wissen genutzt werden können[10] und **Informationen** als der Sinngehalt, der sich aus der Interpretation eines Sachverhalts, einer Mitteilung oder eines Datums ergibt,[11] unterscheidet,[12] gebrauchen Gesetzgeber, Rechtsprechung und Praxis die Begriffe weitgehend synonym.[13] Zum anderen ist der Begriff der Daten als Beginn des grundrechtlichen (Daten-)Schutzes[14] denkbar weit zu verstehen. 6

b) **Personenbezug.** Weil die Verwendung von Informationen nur grundrechtsrelevant ist, wenn sie ein **Gefährdungspotenzial für die Persönlichkeit** des Betroffenen birgt, setzt der Personenbezug einen hinreichenden Zusammenhang mit der Persönlichkeit des Betroffenen voraus,[15] dh dass die Daten Angaben über Personen enthalten oder erschließbar machen.[16] Den Personenbezug verstehen Art. 4 Nr. 1 DS-GVO und Art. 3 Nr. 1 DSRL-JI, umgesetzt in § 46 Nr. 1 BDSG, als Informationen über persönliche oder sachliche Verhältnisse einer „identifizierten" oder identifizierbaren natürlichen Person". Es genügt, dass die Informationen **indirekt** einen Rückschluss auf die Identität der Person zulassen,[17] indem die Kennung oder das Merkmal einer Person zugeordnet werden kann, wobei der Verwender auf Zusatzwissen zurückgreifen darf.[18] Letztlich geht es um die **„Personenbeziehbarkeit"**, die gegebenenfalls nachträglich (wieder) hergestellt werden 7

7 BeckOK-Datenschutzrecht/Schild DS-GVO Art. 4 Rn. 50 (2021); Paal/Pauly/Ernst DS-GVO/BDSG, 3. Aufl. 2021, DS-GVO Art. 4 Rn. 30.

8 BT-Drs. 13/1550, 27.

9 Vgl. nur mwN HdbDSchR/Trute Kap. 2.5 Rn. 16 ff.; Dreier in FG-Büllesbach, 2002, S. 65 (70 f.); Sieber NJW 1989, 2569 (2572 ff.); Grimmer in Steinmüller, Informationsrecht und Informationspolitik, 1976, S. 66 (73).

10 Vgl. nur Albers, Informationelle Selbstbestimmung, 2005, S. 89. Häufig wird auf die DIN 44300 Nr. 19 abgestellt, wonach unter Daten „Zeichen oder kontinuierliche Funktionen, die zum Zweck der Weitergabe Informationen darstellen" zu verstehen sind, vgl. Steinmüller in Schneider (Hrsg.), Lexikon Information und Datenverarbeitung, 4. Aufl. 1998, S. 181 – „Daten"; Morgenstern, Digitale Schaltungen und Systeme, 1997, S. 1 f. Obgleich die DIN 44300 ebenso ihre Nachfolgenorm ISO 2382 mittlerweile zurückgezogen wurde, wird die Definition weiterhin verwendet.

11 Albers, Informationelle Selbstbestimmung, 2005, S. 87 ff., 141 ff.; Deutsch, Die heimliche Erhebung von Informationen und deren Aufbewahrung durch die Polizei, 1992, S. 5; Bertram, Die Verwendung präventiv-polizeilicher Erkenntnisse im Strafverfahren, 2009, S. 61 weist zutreffend daraufhin, dass der Begriff und die Verwendung je nach Fachbereich variiert.

12 Bäcker Der Staat 51 (2012), 91 (92); Poscher in Gander/Perron/Poscher, Resilienz in der offenen Gesellschaft, 2012, S. 167 (172); Albers in GVwR II, 2. Aufl. 2012, § 22 Rn. 8 ff.; dies., Informationelle Selbstbestimmung, 2005, S. 89; Bertram, Die Verwendung präventiv-polizeilicher Erkenntnisse im Strafverfahren, 2009, S. 63; Zöller in Roggan/Kutscha (Hrsg.), Handbuch zum Recht der Inneren Sicherheit, 2006, S. 447, 448; Weßlau ZStW 113 (2001), 681 (689); Grimmer in Steinmüller, Informationsrecht und Informationspolitik, 1976, S. 66 (73).

13 Vgl. nur HdbDSchR/Trute Kap. 2.5 Rn. 16; Albers in GVwR II, 2. Aufl. 2012, § 22 Rn. 8 f.; so bereits Schmitt Glaeser in HStR VI, 1989, § 129 Rn. 76; Garstka in Kilian/Lenk/Steinmüller, Datenschutz, 1973, S. 209 (210).

14 Bäcker Der Staat 51 (2012), 91 (93); Deutsch, Die heimliche Erhebung von Informationen und deren Aufbewahrung durch die Polizei, 1992, S. 5; Bertram, Die Verwendung präventiv-polizeilicher Erkenntnisse im Strafverfahren, 2009, S. 61 f.

15 Zu den verfassungsrechtlichen Grundlagen des Personenbezugs mwN Haase, Datenschutzrechtliche Fragen des Personenbezugs, 2015, S. 82 ff.

16 Steinmüller in Schneider (Hrsg.), Lexikon Information und Datenverarbeitung, 4. Aufl. 1998, S. 183 – „Daten, juristische".

17 Tinnefeld/Buchner/Petri/Hof, Einführung in das Datenschutzrecht, 7. Aufl. 2020, 2.1 Rn. 21 ff.; BeckOK-Datenschutzrecht/Schild DS-GVO Art. 4 Rn. 17 (2021).

18 Auernhammer/Eßer DS-GVO Art. 4 Rn. 20, Kühling/Buchner/Klar/Kühling DS-GVO/BDSG, 3. Aufl. 2020, DS-GVO Art. 4 Rn. 26; Plath/Schreiber DS-GVO/BDSG, 3. Aufl. 2018, DS-GVO Art. 4 Rn. 11; die aA stellt auf die objektiv technische Möglichkeit der Bestimmbarkeit ab, Übersicht über den Streitstand bei Jöns, Daten als Handelsware, 2019, S. 43 ff.

kann.[19] Der Personenbezug wird zur Gewährung eines umfassenden Datenschutzes **weit ausgelegt.**[20] Dies wird in Zeiten von *big data* als konturenlos und unterbestimmt kritisiert.[21] Das Konzept ist beizubehalten, die geringere Persönlichkeitsrelevanz der Daten aber im Rahmen der Verhältnismäßigkeit zu berücksichtigen.[22] Nur wenn Daten überhaupt keinen Personenbezug mehr aufweisen, handelt es sich um sachbezogene Daten. Diese sind selten, da selbst bei statistischen Daten der Personenbezug je nach Aggregationsniveau und gewählter Gruppengröße zwar reduziert,[23] aber noch existent ist. Erst wenn der Personenbezug durch ein Reindividualisierungs- oder Reidentifizierungsverbot[24] unwiederbringlich verloren und die Gefahr von Folgeeingriffen vollständig ausgeschlossen ist, liegen sachbezogene Daten (→ § 27 Rn. 21) vor.[25]

8 c) **Eingriffsqualität.** Bis zur Anerkennung im Volkszählungsurteil war die **Eingriffsqualität** von Informationseingriffen umstritten.[26] Denn der sog. klassische Eingriffsbegriff[27] erwies sich gegenüber heimlichen staatlichen Informationsmaßnahmen hinsichtlich des Finalitätsbezugs,[28] der Rechtsförmigkeit,[29] der Imperativität[30] und – wie sich an der Datenübermittlung zeigt – auch hinsichtlich der Unmittelbarkeit[31] als zu eng. Faktische Maßnahmen wie die Datenübermittlung stellen idR einen Eingriff in das Recht auf informationelle Selbstbestimmung dar. Dessen Schutzzweck ist iS eines vorverlagerten Grundrechtsschutzes darauf ausgerichtet, die individuelle Entscheidungsfreiheit als Basis aller übrigen Freiheiten zu sichern[32] und damit bereits potenzielle Beeinträchtigung abzuwehren.[33] Bei der Übermittlung wird die Erheblichkeitsschwelle für die Bejahung der Grundrechtseingriffs regelmäßig überschritten, weil die Übermittlung gerade bezweckt, **Dritte in Kenntnis zu setzen** bzw. Kenntnis von Daten zu erlangen, so dass das behördliche Interesse an den Daten verdichtet ist.[34] Das Erkenntnisinteresse der Behörde wird durch eine Gesamtbetrachtung mit Blick auf den Verwendungszweck der Daten bestimmt, im Falle der Übermittlung also durch den **Übermittlungszweck.** Ein Eingriff ist nur zu verneinen, wenn das Risiko der nachfolgenden Verwendung der Daten vollständig ausgeschlossen ist, etwa weil personenbezogene Daten ungezielt und allein technikbedingt zunächst miterfasst, aber unmittelbar nach der Erfassung technisch wieder anonym, spurenlos und ohne Erkenntnisinteresse für die Behörden ausgesondert werden.[35] Auch wenn die Daten ohne Herstellung eines Personenbezug wieder gelöscht werden,[36] liegt ein Eingriff vor, wenn sie vorher indirekt und automatisiert verwendet wurden, zB um die Treffermenge weiter zu verkleinern.[37]

9 Das grundrechtliche Gefährdungspotenzial der Datenübermittlung bemisst sich maßgeblich danach, **wer Empfänger** der Daten ist. Zunächst schützt das Recht auf informationelle Selbstbestimmung auch die Bestimmung darüber, „**wer** was wann und bei welcher Gelegenheit" über einen weiß,[38] so dass bereits eine bloße **Erweiterung des Adressatenkreises** grundrechtsrelevant ist. Der Empfänger kann die Daten im Rahmen der ihm zustehenden Verarbeitungsmöglichkeiten und -befugnisse **selbstständig weiterverwenden.**[39] Der Eingriff erreicht bereits dann eine neue Dimension, wenn dem Empfänger divergierende Weiterverar-

19 Seit BVerfG Urt. v. 14.7.1999 – 1 BvR 2226/94 ua –, BVerfGE 100, 313 (366); so auch Cornils in Pfeiffer/Hain, Datenschutz im digitalen Zeitalter, 2015, S. 11 (13).
20 Zur alten Rechtslage Art. 29-Gruppe, WP 136, Rn. 4.
21 Reinhardt AöR 142 (2017), 528 (531 ff.); Schmitz ZD 2018, 6 (7 f.); Haase, Datenschutzrechtliche Fragen des Personenbezugs, 2015, S. 372 ff., mwN.
22 Kühling/Buchner/Klar/Kühling DS-GVO/BDSG, 3. Aufl. 2020, DS-GVO Art. 4 Rn. 9, 17; Jöns, Daten als Handelsware, 2019, S. 50 ff.
23 Kühling/Buchner/Klar/Kühling DS-GVO/BDSG, 3. Aufl. 2020, DS-GVO Art. 4 Rn. 15 f.
24 §§ 21, 22 BStatG; §§ 43 Abs. 2 Nr. 6, 44 BDSG aF; vgl. bereits §§ 17, 18 Volkszählungsgesetz 1987 (BGBl. I S. 2078).
25 BVerfG Urt. v. 15.12.1983 – 1 BvR 209/83 ua –, BVerfGE 65, 1 (47 f.); Albers, Informationelle Selbstbestimmung, 2005, S. 170 ff., mwN.
26 Zur Entwicklung Lisken/Denninger/Schwabenbauer, HdbPolR, G Rn. 13 ff.
27 Vgl. nur mwN Kingreen/Poscher, Grundrechte, Rn. 259 ff.; BeckOK-GG/Enders Art. 19 Rn. 5 ff. (2022).
28 Vgl. BVerfG Beschl. v. 17.9.2013 – 2 BvE 6/08 ua –, BVerfGE 134, 141 (178, Rn. 108; 183 f., Rn. 124); so auch Bull, Informationelle Selbstbestimmung – Vision oder Illusion?, 2009, S. 16; Albers in Haratsch/Kugelmann/Repkewitz, Herausforderungen an das Recht der Informationsgesellschaft, 1996, S. 113 (123).
29 So bereits Gallwas Der Staat 18 (1979), 507 (510).
30 Poscher in Gander/Perron/Poscher, Resilienz in der offenen Gesellschaft, 2012, S. 167 (182 f.); mwN Rogall ZStW 103 (1991), 907 (907).
31 Rogall ZStW 103 (1991), 907 (930); wohl auch Kunig Jura 1993, 505 (600).
32 StRspr. seit BVerfG Urt. v. 15.12.1983 – 1 BvR 209/83 ua –, BVerfGE 65, 1 (47 f.); mwN Krönke Der Staat 55 (2016), 319 (343); Poscher in Gander/Perron/Poscher et al. (Hrsg.), Resilienz in der offenen Gesellschaft, 2012, S. 167 (182 f.); ders. in Miller (Hrsg.), Privacy and Power, 2018, S. 129 (133 ff.).
33 Bull, Informationelle Selbstbestimmung – Vision oder Illusion?, 2009, S. 16; Ladeur DÖV 2009, 45 (48); Kunig Jura 1993, 505 (600).
34 BVerfG Beschl. v. 18.12.2018 – 1 BvR 142/15 –, BVerfGE 150, 244 (266, Rn. 43), mwN.
35 BVerfG Beschl. v. 18.12.2018 – 1 BvR 142/15 –, BVerfGE 150, 244 (266, Rn. 43), mwN.
36 BVerfG Urt. v. 14.7.1999 – 1 BvR 2226/94 ua –, BVerfGE 100, 313 (366); Urt. v. 12.3.2003 – 1 BvR 330/96 ua –, BVerfGE 107, 299 (328); Urt. v. 11.3.2008 – 1 BvR 2074/05 ua –, BVerfGE 120, 378 (399).
37 BVerfG Beschl. v. 18.12.2018 – 1 BvR 142/15 –, BVerfGE 150, 244 (267 f., Rn. 48 ff.).
38 BVerfG Urt. v. 15.12.1983 – 1 BvR 209/83 ua –, BVerfGE 65, 1 (43) – Hervorhebung nicht im Original.
39 Lisken/Denninger/Schwabenbauer, HdbPolR, G Rn. 38.

beitungsmöglichkeiten durch andere personelle, sachliche und technische Mittel zustehen. Daher liegt ein Eingriff auch in einer zweckkonformen Übermittlung, zB an eine andere örtlich zuständige Behörde oder zur Behördenkooperation im Informationsverbund.[40] Außerdem schließt die grundsätzliche Bindung an den Übermittlungszweck eine spätere Zweckänderung durch den Empfänger nicht ausnahmslos aus. Die Zweckänderung betrifft nicht die Grundrechtsqualität der Übermittlung, sondern ist als Frage der Eingriffsintensität auf Ebene der verfassungsrechtlichen Rechtfertigungsanforderungen beachtlich. Unerheblich ist aufgrund der Schutzrichtung des Grundrechts, ob es tatsächlich zu Folgeeingriffen kommt. Daher ist auch die **Übermittlung eines sog.** ***No-hit*** ein **Grundrechtseingriff**, weil der Empfänger dadurch eine Negativinformation erhält, nämlich, dass sich im betreffenden Datenbestand kein entsprechender Datensatz befindet.

10 **Jede Übermittlung** personenbezogener Daten stellt unabhängig von einer Zweckänderung einen **eigenständigen Grundrechtseingriff** dar.

11 **2. Verfassungsrechtliche Rechtfertigung der Übermittlung.** Wie jeder Grundrechtseingriff bedarf auch die Übermittlung einer gesetzlichen Grundlage, die formell und materiell mit dem Grundgesetz vereinbar ist.[41] Bei der formellen Verfassungsmäßigkeit wird wegen der aufgeteilten Gesetzgebungskompetenzen im Sicherheitsrecht die Frage nach der **Zuständigkeit des Bundes** aufgeworfen, wenn die übermittelnde und die empfangende Stelle auf Grundlage von Befugnissen handeln, für die verschiedene Gesetzgeber zuständig sind.[42] Für das BKA wird dies also insbes. bei der Übermittlung an Landes(polizei)behörden relevant.

12 **a) Gesetzgebungskompetenz.** Die früher umstrittene[43] Frage hat das Bundesverfassungsgericht dahin gehend entschieden, dass die Kompetenz zur Regelung bestimmter **Datenerhebungen** auch die Befugnis beinhaltet, die **weitere Verwendung und Zweckänderung** der Daten zu regeln.[44] Maßgeblich ist idR das Rechtsregime bzw. das Fachrecht, aufgrund dessen die Daten erlangt wurden. Wurden die Daten aufgrund von Bundesrecht erhoben, steht dem Bund die – im Ergebnis maßgebliche (→ Rn. 14) – Befugnis zur Regelung über das „Ob" und „Wie" der Übermittlung zu. Insbesondere kann der Bund die Grenzen des Schutzes dieser Daten bestimmen und festlegen, unter welchen Bedingungen und zu welchen Zwecken die Daten für die Wahrnehmung öffentlicher Aufgaben zur Verfügung gestellt werden.[45] Die Gesetzgebungskompetenz des Bundes zum Erlass solcher **datenschutzrechtlicher Regelungen** kann sich dabei **kraft Sachzusammenhangs** mit einer sonstigen Gesetzgebungskompetenz des Bundes ergeben.[46] Die Grenze der Kompetenz liegt dort, wo es um den Abruf der Informationen geht; die Ermächtigung zum Datenabruf bedarf eines eigenen Kompetenztitels[47] und steht daher zB im Falle des Abrufs durch die Landespolizeibehörden den Ländern zu (zu den Einschränkungen sogleich → Rn. 13).

13 **b) Doppeltürmodell.** Das Bundesverfassungsgericht hat für die Datenübermittlung einen **„doppelten" Gesetzesvorbehalt** in Form des sog. Doppeltürmodells aufgestellt.[48] Es basiert auf der Erkenntnis, dass die Datenübermittlung zwischen zwei öffentlichen Stellen einen doppelten Grundrechtseingriff darstellt und der grundrechtliche Gesetzesvorbehalt eine gesetzliche Ermächtigung für jeden Grundrechtseingriff fordert. Aus Sicht der anfragenden Stelle stellt sich die Übermittlung als Datenerhebung und aus Sicht der weitergebenden Stelle als eine Übermittlung dar. Es handelt sich zwar um den gleichen bzw. korrespondieren Eingriff;[49] gleichwohl weisen Datenerhebung und -übermittlung unterschiedliche Qualität auf, so dass das Bundesverfassungsgericht **jeweils eine eigene gesetzliche Abruf- und eine Übermittlungsbefugnis** verlangt.[50] Das Bundesverfassungsgericht formuliert: „Der Gesetzgeber muss, bildlich gesprochen, nicht nur die Tür zur Übermittlung von Daten öffnen, sondern auch die Tür zu deren Abfrage. Erst beide Rechtsgrundlagen gemeinsam, die wie eine Doppeltür zusammenwirken müssen, berechtigen zu einem Austausch personenbezogener

40 Lisken/Denninger/Schwabenbauer, HdbPolR, G Rn. 37; Gärditz GSZ 2022, 161 (165).

41 StRspr. seit BVerfG Urt. v. 14.7.1999 – 1 BvR 2226/94 ua –, BVerfGE 100, 313 (360).

42 Bäcker, Kriminalpräventionsrecht, 2015, S. 480.

43 Überblick mwN Zöller in Roggan/Kutscha (Hrsg.), Handbuch zum Recht der Inneren Sicherheit, 2006, S. 447 (460 ff.); Schenke in FG-Hilger, 2003, S. 211 (212 ff.); Paeffgen ebd., S. 153 (155 ff.); Walden, Zweckbindung und -änderung präventiv und repressiv erhobener Daten im Bereich der Polizei, 1996, S. 296 ff.

44 Bäcker, Kriminalpräventionsrecht, 2015, S. 480, mwN; zuletzt BVerfG Beschl. v. 27.5.2020 – 1 BvR 1873/13 ua –, BVerfGE 155, 119 (171, Rn. 105).

45 BVerfG Beschl. v. 24.1.2012 – 1 BvR 1299/05 –, BVerfGE 130, 151 (192 f.), Beschl. v. 27.5.2020 – 1 BvR 1873/13 ua –, BVerfGE 155, 119 (171, Rn. 105).

46 BVerfG Beschl. v. 27.5.2020 – 1 BvR 1873/13 ua –, BVerfGE 155, 119 (171, Rn. 104).

47 BVerfG Beschl. v. 27.5.2020 – 1 BvR 1873/13 ua –, BVerfGE 155, 119 (171, Rn. 105).

48 BVerfG Beschl. v. 24.1.2012 – 1 BvR 1299/05 –, BVerfGE 130, 151 (184); Urt. v. 20.4.2016 – 1 BvR 966/09 ua –, BVerfGE 141, 220 (333 f., Rn. 305); Beschl. v. 18.12.2018 – 1 BvR 142/15 –, BVerfGE 150, 244 (378, Rn. 80); Beschl. v. 18.12.2018 – 1 BvR 2795/09 ua –, BVerfGE 150, 309 (335, Rn. 68); Beschl. v. 27.5.2020 – 1 BvR 1873/13 ua –, BVerfGE 155, 119 (167, Rn. 95). Ausdrückliche Benennung als „Doppeltürmodell" erstmals in BVerfG Beschl. v. 6.3.2014 – 1 BvR 3541/13 ua –, NJW 2014, 1581 (1581, Rn. 18).

49 BVerfG Beschl. v. 24.1.2012 – 1 BvR 1299/05 –, BVerfGE 130, 151 (184).

50 Zöller in Roggan/Kutscha (Hrsg.), Handbuch zum Recht der Inneren Sicherheit, 2006, S. 447 (454).

Daten".[51] Demnach bedarf es sowohl auf Seiten der übermittelnden Behörde für die Datenübermittlung als auch auf Seiten der empfangenden Behörde für den Abruf einer eigenen gesetzlichen Befugnis. Diese können **in einer Norm zusammengefasst** werden, wenn dies nach der Kompetenzordnung (→ Rn. 12) und den Anforderungen der Normenklarheit zulässig ist.[52] Das Bundesverfassungsgericht verlangt, dass der Gesetzgeber der Übermittlungsbefugnis (**„erste Tür"**) seiner Regelungsverantwortung vollständig gerecht wird und die Befugnisnorm so ausgestaltet, dass sie isoliert verhältnismäßig ist.[53] Das bedeutet insbes., dass der Übermittlungsgesetzgeber entscheiden muss, zu welchen Zwecken und mit welchen Begrenzungen er die erste Tür öffnet (zu den materiellen Anforderungen → Rn. 15 ff.). Der Gesetzgeber der Abrufbefugnis (**„zweite Tür"**) muss sich dann im Rahmen der ersten Tür halten, er kann die zweite Tür nicht weiter öffnen, sondern sie lediglich durch engere Vorgaben weiter schließen.[54] Der Bundesgesetzgeber legt daher mit § 25 BKAG den Rahmen für die gesetzliche Ausgestaltung der **Abrufbefugnisse durch den Landesgesetzgeber** fest.

14 § 25 BKAG ist darüber hinaus auch für **bundesrechtliche Abrufbefugnisse** maßgeblich. Denn nach dem Bundesverfassungsgericht bleibt der Gesetzgeber an die in der „ersten Tür" getroffene Entscheidung aus Gründen der **Normenklarheit** auch dann gebunden, wenn ihm zugleich die Gesetzgebungskompetenz für die Abrufbefugnis zusteht.[55] Sonst würde der Anschein erweckt, dass eine Behörde losgelöst von den in der Übermittlungsregelung getroffenen Verwendungsregelungen auf Daten zugreifen dürfe, wodurch Zugriffsmöglichkeiten eröffnet würden, die missbräuchlich oder unvorhersehbar genutzt werden könnten.[56]

15 **c) Zweckbindung und Zweckänderungen; Grundsatz der hypothetischen Datenneuerhebung.** Inhaltlich ist die Datenübermittlung als Grundrechtseingriff an dem **Erhebungsgrundrecht** zu messen, dh an dem Grundrecht, in das bereits durch die Datenerhebung eingegriffen wurde.[57] Erhebung und Übermittlung sind also parallel zu betrachten.[58] In Betracht kommen insbesondere Eingriffe in das Recht auf informationelle Selbstbestimmung (Art. 2 Abs. 1 iVm Art. 1 Abs. 1 GG), in Art. 10, 13 GG, und in das Grundrecht auf Gewährleistung der Vertraulichkeit und Integrität informationstechnischer Systeme.[59] Die Grundrechte lassen Zweckänderungen und damit auch Übermittlungen nur zu, wenn sie den verfassungsrechtlichen Anforderungen an die Zweckbindung und Zweckänderung genügen.[60]

16 Maßgebliche Bedeutung kommt dabei der **Zweckfestlegung** zu.[61] Denn erst wenn sich die Verarbeitung außerhalb des ursprünglichen Erhebungszwecks bewegt, handelt es sich um einen anderen und nicht mehr den gleichen Zweck. Erst dann sind die verfassungsrechtlichen Anforderungen an eine Zweckänderung zu erfüllen. Damit ist die Bestimmtheit des Zwecks entscheidend für die „Determinationsreichweite und -tiefe" des Zweckbindungsgrundsatzes.[62] Je enger der Zweck bestimmt wird, desto mehr Steuerungswirkung entfaltet der Zweckbindungsgrundsatz.[63] Je weiter der Zweck gefasst wird, desto mehr Folgeverwendungen sind voraussetzungslos zulässig.[64] **Wie konkret** der Übermittlungszweck aus Anlass der einzelnen Übermittlung bestimmt sein muss, ist unklar. Nach Art. 4 Abs. 1 lit. b DSRL-JI bzw. § 47 Nr. 2 BDSG muss der Zweck in der Rechtsgrundlage „festgelegt, eindeutig und rechtmäßig" bzw. „bereichsspezifisch und präzise" sein.[65] Während im Schrifttum Einigkeit darüber herrscht, dass Ausgangspunkt für die Zweckfestlegung die Erhebungs- bzw. Verarbeitungsermächtigung ist,[66] ist umstritten, wieweit die gesetzliche Zweckbestimmung durch den Anwender im öffentlichen Bereich konkretisiert werden muss, dh inwieweit ein Ein-

51 Vgl. nur BVerfG Beschl. v. 27.5.2020 – 1 BvR 1873/13 ua –, BVerfGE 155, 119 (167, Rn. 93).
52 BVerfG Beschl. v. 24.1.2012 – 1 BvR 1299/05 –, BVerfGE 130, 151 (184); vgl. auch BVerfG Beschl. v. 27.5.2020 – 1 BvR 1873/13 ua –, BVerfGE 155, 119 (181, Rn. 134); zustimmend Lisken/Denninger/Schwabenbauer, HdbPolR, G Rn. 237; Bäcker, Kriminalpräventionsrecht, 2015, S. 482 fordert dies sogar, um Redundanzen zu vermeiden.
53 BVerfG Beschl. v. 27.5.2020 – 1 BvR 1873/13 ua –, BVerfGE 155, 119 (181, Rn. 134).
54 Bäcker, Kriminalpräventionsrecht, 2015, S. 505.
55 BVerfG Beschl. v. 27.5.2020 – 1 BvR 1873/13 ua –, BVerfGE 155, 119 (209 f., Rn. 201).
56 BVerfG Beschl. v. 27.5.2020 – 1 BvR 1873/13 ua –, BVerfGE 155, 119 (210, Rn. 201).
57 StRspr. seit BVerfG Urt. v. 20.4.2016 – 1 BvR 966/09 ua –, BVerfGE 141, 220 (327, Rn. 285), mwN; zuletzt BVerfG Beschl. v. 16.2.2023 – 1 BvR 1547/19 ua –, juris Rn. 56 ff.
58 Kritisch das Sondervotum Eichberger zu BVerfG Urt. v. 20.4.2016 – 1 BvR 966/09 ua –, BVerfGE 141, 220 (361 f., Rn. 15 f.); Rusteberg KritV 100 (2017), 24 (32).
59 BVerfG Urt. v. 20.4.2016 – 1 BvR 966/09 ua –, BVerfGE 141, 220 (264, Rn. 91).
60 BVerfG Urt. v. 20.4.2016 – 1 BvR 966/09 ua –, BVerfGE 141, 220 (324, Rn. 276).
61 Vgl. nur Bertram, Die Verwendung präventiv-polizeilicher Erkenntnisse im Strafverfahren, 2009, S. 138; HdbDSchR /Trute Kap. 2.5 Rn. 49; Albers in Haratsch/Kugelmann/Repkewitz, Herausforderungen an das Recht der Informationsgesellschaft, 1996 S. 113 (133).
62 Albers, Informationelle Selbstbestimmung, 2005, S. 177.
63 Bodenbenner, Präventive und repressive Datenverarbeitung unter besonderer Berücksichtigung des Zweckbindungsgedankens, 2017, S. 97.
64 Brodowski, Verdeckte technische Überwachungsmaßnahmen im Polizei- und Strafverfahrensrecht, 2016, S. 69.
65 StRspr. seit BVerfG Urt. v. 15.12.1983 – 1 BvR 209/83 ua –, BVerfGE 65, 1 (46).
66 Lisken/Denninger/Müller/Schwabenbauer, HdbPolR, G Rn. 26, mwN.

zelfallbezug zur abstrakten, typisierenden gesetzlichen Zweckfestlegung hergestellt werden muss.[67] Zutreffend ist, dass die Festlegung von der jeweiligen Konstellation, Aufgabe, Abgrenzbarkeit des Verfahrens und vom (Ermittlungs-)Stand abhängt.[68] Die für § 25 BKAG maßgeblichen Übermittlungszwecke beziehen sich idR auf eine **straftatbezogene Gefahrenlage** oder auf den **Anfangsverdacht einer Straftat** bzw. Ordnungswidrigkeit.[69]

Zweckänderungen bemessen sich am Maßstab der **hypothetischen Datenneuerhebung** (→ § 12 Rn. 25 ff.). 17
Dieser verlangt, dass die neue Nutzung der Daten dem Schutz von Rechtsgütern oder der Aufdeckung von Straftaten eines solchen Gewichts dient, die verfassungsrechtlich ihre Neuerhebung mit vergleichbar schwerwiegenden Mitteln rechtfertigen könnten.[70] Demgegenüber muss die Eingriffsschwelle, dh die Konkretisierung der Gefahrenlage oder des Tatverdachts, nicht stets mit dem der Datenerhebung identisch sein.[71] Als neuer Eingriff bedarf die Zweckänderung eines eigenen, sie legitimierenden Anlasses, wobei es verfassungsrechtlich geboten, aber auch regelmäßig ausreichend ist, dass sich aus den Daten selbst oder iVm weiteren Kenntnissen der Behörde ein **konkreter Ermittlungsansatz** ergibt.[72] Wie sich der konkrete Ermittlungsansatz genau von einem Spurenansatz mit nur „potentielle[m] Informationsgehalt“[73] unterscheidet und worin der Unterschied zu den Eingriffsschwellen besteht, ist nicht abschließend geklärt.[74] Das Bundesverfassungsgericht hat den Anlass für die Datenübermittlung insoweit konkretisiert, dass „grundsätzlich eine im Einzelfall vorliegende konkrete Gefahr im Sinne der polizeirechtlichen Generalklauseln“ erforderlich ist,[75] wobei „die Anforderungen an die Vorhersehbarkeit des Kausalverlaufs reduziert“ werden dürfen, solange „gewährleistet bleib[t], dass Annahmen und Schlussfolgerungen einen konkret umrissenen Anhaltspunkt im Tatsächlichen haben“.[76] Erforderlich ist also regelmäßig eine **hinreichend konkretisierte Gefahr**.[77] Es gilt die **Je-desto-Formel**, dh „je gewichtiger das gefährdete Rechtsgut ist und je weiterreichend es durch die jeweiligen Handlungen beeinträchtigt würde, desto geringere Anforderungen dürfen an den Grad der Wahrscheinlichkeit gestellt werden, mit der auf eine drohende Verletzung geschlossen werden kann, und desto weniger fundiert dürfen gegebenenfalls die Tatsachen sein, die auf die Gefährdung des Rechtsguts schließen lassen“.[78] Auch bei der Übermittlung zur Gefahrenabwehr kann an Straftaten angeknüpft werden, in denen die Strafbarkeitsschwelle durch die Pönalisierung von Vorbereitungshandlungen oder bloßen Rechtsgutgefährdungen in das Vorfeld von Gefahren verlagert wird.[79] Das Bundesverfassungsgericht setzt der Vorverlagerung durch den Gesetzgeber verfassungsrechtlich Grenzen, indem es verlangt, dass in jedem Einzelfall sichergestellt sein muss, dass zumindest eine konkretisierte Gefahr für das durch den Straftatbestand geschützte Rechtsgut vorliegt.[80]

Eine erhöhte Übermittlungsschwelle gilt für Daten aus **Wohnraumüberwachungen** und **Online-Durchsu-** 18
chungen (→ § 12 Rn. 107 ff.). Wegen des besonderen Eingriffsgewichts in diesen Fällen dürfen so erlangte Daten nur übermittelt werden, wenn die Eingriffsschwelle der Datenerhebung erfüllt ist, dh eine **dringende Gefahr** oder eine **im Einzelfall hinreichend konkretisierte Gefahr** vorliegt.[81]

Außerdem stellt das Bundesverfassungsgericht Vorgaben für die **Protokollierung** und **Löschung** auf[82] 19
(→ § 81 Rn. 1 ff., 6, → § 82 Rn. 3 ff., → § 84 Rn. 2).

67 Verschiedene Ansätze dazu bei Albers, Informationelle Selbstbestimmung, 2005, S. 507 ff.; Walden, Zweckbindung und -änderung präventiv und repressiv erhobener Daten im Bereich der Polizei, 1996, S. 279 ff.; Baldus, Transnationales Polizeirecht, 2001, S. 205; Brodowski, Verdeckte technische Überwachungsmaßnahmen im Polizei- und Strafverfahrensrecht, 2016, S. 131 ff.; zur Abweichung von der gesetzlichen Zweckfestlegung Spies ZD 2022, 75 (76 ff.).

68 BeckOK-Datenschutzrecht/Albers, Syst. L. Datenschutzbestimmungen der Polizei- und Nachrichtendienstgesetze des Bundes, Rn. 97 (2021).

69 BeckOK-Datenschutzrecht/Albers, Syst. L. Datenschutzbestimmungen der Polizei- und Nachrichtendienstgesetze des Bundes, Rn. 97 (2021).

70 BVerfG Urt. v. 20.4.2016 – 1 BvR 966/09 ua –, BVerfGE 141, 220 (328, Rn. 288).

71 BVerfG Urt. v. 20.4.2016 – 1 BvR 966/09 ua –, BVerfGE 141, 220 (328, Rn. 289).

72 BVerfG Urt. v. 20.4.2016 – 1 BvR 966/09 ua –, BVerfGE 141, 220 (328, Rn. 289).

73 BVerfG Urt. v. 20.4.2016 – 1 BvR 966/09 ua –, BVerfGE 141, 220 (336, Rn. 313).

74 Lisken/Denninger/Schwabenbauer, HdbPolR, G Rn. 253 ff.; HdbVerfR/Bäcker § 28 Rn. 139.

75 BVerfG Beschl. v. 27.5.2020 – 1 BvR 1873/13 ua –, BVerfGE 155, 119 (186, Rn. 146).

76 BVerfG Beschl. v. 27.5.2020 – 1 BvR 1873/13 ua –, BVerfGE 155, 119 (187, Rn. 147).

77 BVerfG Beschl. v. 27.5.2020 – 1 BvR 1873/13 ua –, BVerfGE 155, 119 (187 f., Rn. 148); vgl. näher Lisken/Denninger/Schwabenbauer, HdbPolR, G Rn. 257.

78 BVerfG Beschl. v. 27.5.2020 – 1 BvR 1873/13 ua –, BVerfGE 155, 119 (187, Rn. 147).

79 Vgl. BVerfG Urt. v. 2.3.2010 – 1 BvR 256/08 ua –, BVerfGE 125, 260 (329 f.); Urt. v. 19.5.2020 – 1 BvR 2835/17 –, BVerfGE 154, 152 (269, Rn. 221).

80 BVerfG Beschl. v. 28.9.2022 – 1 BvR 2354/13 –, juris, Rn. 134.

81 BVerfG Urt. v. 20.4.2016 – 1 BvR 966/09 ua –, BVerfGE 141, 220 (329, Rn. 291).

82 BVerfG Urt. v. 20.4.2016 – 1 BvR 966/09 ua –, BVerfGE 141, 220 (285, Rn. 143).

III. Unionsrechtliche Vorgaben

20 Unionsrechtliche Vorgaben ergeben sich aus dem Primär- und Sekundärrecht. Sekundärrechtlich ist insbesondere die **DSRL-JI** zu nennen, die als „Schwester-Richtlinie" zur DS-GVO im Anwendungsbereich des Unionsrechts Vorgaben für die Datenverarbeitung macht (vgl. Art. 2 Abs. 3 lit. a DSRL-JI). Sie stellt im Wege der **Mindestharmonisierung** (vgl. Art. 1 Abs. 3 DSRL-JI) erstmals Anforderungen an rein innerstaatliche Datenübermittlungen auf.[83]

21 Die DSRL-JI eröffnet zudem über Art. 51 Abs. 1 EuGRCh den **Anwendungsbereich der Unionsgrundrechte**, namentlich von **Art. 8 EuGRCh**, der zumindest teilweise Anforderungen an die Zweckbindung enthält.[84] Der Europäische Gerichtshofs wendet zudem Art. 7 EuGRCh, der Art. 8 EMRK entspricht, an, wenn die Daten einen hinreichenden Bezug zum Privatleben aufweisen.[85] Inhaltlich legt der Europäische Gerichtshof Art. 8 EuGRCh vergleichbar mit dem Recht auf informationelle Selbstbestimmung iSd Art. 2 Abs. 1 iVm Art. 1 Abs. 1 GG aus.[86] Die Rechtfertigungsanforderungen richten sich nach zutreffender Ansicht nach Art. 8 Abs. 2 EuGRCh.[87] Umstritten ist, ob daneben die Mindeststandardklausel des Art. 52 Abs. 3 EuGRCh anzuwenden ist,[88] was wegen der hohen Folgebereitschaft des Europäischen Gerichtshofs gegenüber dem Europäischen Gerichtshof für Menschenrechte im Datenschutzrecht aber praktisch keine Rolle spielt.[89] Auch das Verhältnis von Art. 52 Abs. 1 und Art. 8 EuGRCh kann ungeklärt bleiben,[90] da nach allgA die Einschränkung gesetzlich vorgesehen sein muss und als Schranken-Schranken die Verhältnismäßigkeit und der Wesensgehalt sowie Art. 8 Abs. 2 EuGRCh beachtet werden müssen.[91] Demnach muss die Rechtsgrundlage klare und präzise Regeln für die Tragweite und Anwendung der Maßnahme vorsehen, insbes. muss sie den Zweck der Verarbeitung festlegen.[92]

22 Die **DSRL-JI** ist nach ihrem Art. 2 Abs. 1 iVm Art. 1 Abs. 1 nur anwendbar auf die Verarbeitung personenbezogener Daten durch die zuständigen Behörden zum Zwecke der Verhütung, Ermittlung, Aufdeckung oder Verfolgung von Straftaten oder der Strafvollstreckung, einschließlich des Schutzes vor und der Abwehr von Gefahren für die öffentliche Sicherheit. Der Begriff der Straftaten ist unionsautonom auszulegen; nach allgA fallen darunter auch Ordnungswidrigkeiten des deutschen Rechts.[93] Die DSRL-JI erfasst neben der repressiven Strafverfolgung auch die **präventivpolizeiliche Gefahrenabwehr**, solange ein (potenzieller) **Bezug zur Straftaten- oder Ordnungswidrigkeitenverhütung** besteht.[94] Nur wenn aus der *ex-ante* Perspektive eines verständigen Polizeibeamten von vorn herein keine Verbindung zu einer Straftat oder Ordnungswidrigkeit besteht, ist die DS-GVO anzuwenden,[95] zB wenn es ausschließlich um den Schutz privater Rechte oder um eine Selbstgefährdung geht.[96] Doppelfunktionale Maßnahmen der Polizeibehörden fallen stets unter die DSRL-JI.[97] Erweist sich die Gefahrenprognose als unrichtig und entfällt der Straftatbezug ex-post, macht das die Datenverarbeitung nicht rechtswidrig; fortan ist aber die DS-GVO anzuwenden.[98]

23 Das **Unionssekundärrecht** enthält für die innerstaatliche und innerunionale Datenübermittlung keine gesonderten Vorgaben, sondern unterwirft sie durch den einheitlichen Verarbeitungsbegriff in Art. 3 Nr. 2

83 Geleitwort von Roßnagel in Johannes/Weinhold, Das neue Datenschutzrecht bei Polizei und Justiz 2018, 8 (Rn. 15), S. 9 (Rn. 17).

84 Marsch, Das europäische Datenschutzgrundrecht, 2018, S. 160 ff., mwN.

85 Grabitz/Hilf/Nettesheim/Sobotta AEUV Art. 16 Rn. 7, mwN; aA BeckOK-Datenschutzrecht/Schneider, Völker- und unionsverfassungsrechtliche Grundlagen, Rn. 26 f. (2021) mwN.

86 Näher Grabitz/Hilf/Nettesheim/Sobotta AEUV Art. 16 Rn. 7; Gersdorf/Paal/Gersdorf, Informations- und Medienrecht, 2. Aufl. 2021, EuGRCh Art. 8 Rn. 12; Jarass, EuGRCh, 4. Aufl. 2021, Art. 8 Rn. 8 f.; Schwarze/Becker/Hatje/Schoo/Knecht, EU-Kommentar, 4. Aufl. 2019, EuGRCh Art. 8 Rn. 4; Frankfurter Kommentar/Wolff, 2017, EuGRCh Art. 8 Rn. 3, 15.

87 Meyer/Hölscheidt/Bernsdorff, EuGRCh, 5. Aufl. 2019, Art. 8 Rn. 24; Frankfurter Kommentar/Wolff, 2017, AEUV Art. 16 Rn. 11 f.

88 Näher Calliess/Ruffert/Kingreen, EUV/AEUV, 6. Aufl. 2022, EuGRCh Art. 8 Rn. 4; Meyer/Hölscheidt/Bernsdorff, EuGRCh, 5. Aufl. 2019, Art. 8 Rn. 24, mwN; Siemen, Datenschutz als Europäisches Grundrecht, 2006, S. 286.

89 Britz EuGRZ 2009, 1 (3); im Ergebnis auch Marsch, Das europäische Datenschutzgrundrecht, 2018, S. 30 ff.

90 Für eine kumulative Anwendung im Anschluss an EuGH Urt. v. 9.11.2010 – C-92/09 ua –, EuZW 2010, 939 (941, Rn. 49 f.) – Schecke u. Eifert; Schorkopf in Ehlers (Hrsg.), Europäische Grundrechte und Grundfreiheiten, 4. Aufl. 2015, § 16 Rn. 47; Calliess/Ruffert/Kingreen, EUV/AEUV, 6. Aufl. 2022, EuGRCh Art. 8 Rn. 14; Jarass, EuGRCh, 4. Aufl. 2021, Art. 8 Rn. 11; aA Streinz/Streinz, EUV/AEUV, 3. Aufl. 2018, EuGRCh Art. 8 Rn. 11; Frankfurter Kommentar/Wolff, 2017, EuGRCh Art. 8 Rn. 22.

91 Insoweit übereinstimmend Jarass, EuGRCh, 4. Aufl. 2021, Art. 8 Rn. 12 f.; Calliess/Ruffert/Kingreen, EUV/AEUV, 6. Aufl. 2022, EuGRCh Art. 8 Rn. 14.

92 Schlussanträge GA'in Kokott v. 18.7.2007, Rs. C-275/06 – Promusicae, Rn. 53; Jarass, EuGRCh, 4. Aufl. 2021, Art. 8 Rn. 12; Frankfurter Kommentar/Wolff, 2017, EuGRCh Art. 8 Rn. 22.

93 BeckOK-PolSiR Bayern/Schröder, Systematische und begriffliche Vorbemerkungen, Rn. 27 (2022), mwN.

94 Specht/Mantz/Roggenkamp, Handbuch europäisches und deutsches Datenschutzrecht, 2019, § 21 Rn. 9.

95 Specht/Mantz/Roggenkamp, Handbuch europäisches und deutsches Datenschutzrecht. 2019, § 21 Rn. 8; Albrecht/Jotzo, Das neue Datenschutzrecht der EU, 2016, S. 65 f.; Johannes/Weinhold, Das neue Datenschutzrecht bei Polizei und Justiz, 2018, § 1 Rn. 26; Kühling/Buchner/Kühling/Raab DS-GVO/BDSG, 3. Aufl. 2020, DS-GVO Art. 2 Rn. 29.

96 Lisken/Denninger/Schwabenbauer, HdbPolR, G Rn. 458.

97 BT-Drs. 18/11325, 110.

98 Vgl. ErwG 34, Art. 9 Abs. 1 DSRL-JI; BeckOK-PolSiR Bayern/Schröder, Systematische und begriffliche Vorbemerkungen, Rn. 27 (2022).

DSRL-JI den gleichen Anforderungen wie alle Datenverarbeitungen. Lediglich die Datenübermittlung in Drittstaaten wird als solche bezeichnet (→ § 27 Rn. 6 ff.). Inhaltlich normiert die DSRL-JI in Art. 4 **allgemeine Verarbeitungsgrundsätze,** insbesondere die Rechtmäßigkeit in Art. 4 Abs. 1 lit. a und die Zweckbindung in Art. 4 Abs. 1 lit. b.[99] Sie sind durch den Fokus auf den technikgestützten Datenschutz von untergeordneter Bedeutung.[100] Wichtiger sind verfahrensrechtliche und organisatorische Sicherungen zur Einhaltung datenschutzrechtlicher Vorgaben wie **Dokumentations- und Protokollierungspflichten** in Art. 24 und 25 DSRL-JI (→ § 80 Rn. 1 ff.; → § 81 Rn. 1 f.) und deren Absicherung durch Etablierung von **Aufsichtsbehörden** (Art. 41 ff. DSRL-JI, → § 69 Rn. 4 f., 13) sowie **Betroffenenrechten** (Art. 12 ff. DSRL-JI., → § 74 Rn. 5 ff.).

IV. Völkerrechtliche Vorgaben

Innerstaatliche Datenübermittlungen durch das BKA sind zudem an der Garantie des Privat- und Familienlebens und der Korrespondenz aus Art. 8 EMRK zu messen, der sich in der Rechtsprechung des Europäischen Gerichtshofs für Menschenrechte einem Datenschutzgrundrecht annähert.[101] Der Europäische Gerichtshof für Menschenrechtestellt insbesondere strikte Rechtfertigungsanforderungen für heimliche Datenverarbeitungen auf und verlangt, dass **hinreichende und angemessene Garantien gegen Missbrauch** bestehen. Insbesondere muss die Rechtsgrundlage 1. die Art der Straftaten, die eine Überwachungsanordnung rechtfertigen können, benennen, 2. die überwachte Personengruppe eingrenzen, 3. die Abhördauer begrenzen, 4. ein Verfahren zur Überprüfung, Verwendung und Speicherung der Informationen vorsehen, 5. Vorsichtmaßnahmen für die Übermittlung an Dritte treffen und 6. Regeln zur Löschung bzw. Vernichtung der Daten normieren.[102] Für die Datenübermittlung an andere Behörden fordert der Europäische Gerichtshof für Menschenrechte zusätzliche Garantien.[103] In *Weber und Saravia/Deutschland* hielt der Europäische Gerichtshof für Menschenrechte die Sicherungen des ersten BND-Urteils[104] als geeignet und ausreichend.[105] Demnach durfte die Übermittlung von nach dem G 10 erhobener Daten durch einen Bediensteten mit der Befähigung zum Richteramt[106] nur bei Vorliegen bestimmter materieller Eingriffsschwellen[107] angeordnet und musste protokolliert[108] werden. Die strikte Zweckbindung beurteilte der Europäische Gerichtshof für Menschenrechte ebenso wie die Kennzeichnungspflicht als geeignete Sicherung gegen Missbrauch.[109] Die Zweckbindung in der Ausprägung des BND-Urteils, die auf Grundlage der Zweckvereinbarkeit operierte,[110] stellt nach dem Europäischen Gerichtshof für Menschenrechte eine von mehreren möglichen Garantien gegen Missbrauch dar. Das Verhältnis der Zweckbindung zu den anderen Mechanismen bleibt dabei ebenso offen wie ihre Reichweite. 24

B. Kommentierung im Einzelnen

I. Übermittlung personenbezogener Daten an andere Polizeien (Abs. 1)

1. Inhalt und Reichweite. § 25 Abs. 1 BKAG stellt eine **Befugnisgeneralklausel** für die Übermittlung zu polizeilichen Zwecken dar.[111] 25

99 Lisken/Denninger/Schwabenbauer, HdbPolR, G Rn. 462 ff., 489 ff., mwN.
100 Lisken/Denninger/Schwabenbauer, HdbPolR, G Rn. 461.
101 Vgl. nur Marsch, Das europäische Datenschutzgrundrecht, 2018, S. 8 ff.; Dörr/Grote/Marauhn/Marauhn/Thorn, EMRK/GG I, 2. Aufl. 2013, 16. Kap. Rn. 29 f.; Siemen, Datenschutz als europäisches Grundrecht, 2006, S. 79 ff.
102 EGMR Urt. v. 13.9.2018 – Nr. 58170/13 ua –, Rn. 307, 318 – Big Brother Watch I ua/Vereinigtes Königreich. Diese sechs Kriterien gehen zwar zurück auf EGMR Urt. v. 4.12.2015 – Nr. 47143/05 –, Rn. 238 – Zakharov/Russland, sind aber als „Weber"-Kriterien bekannt, vgl. Neubert RuP 54 (2018), 434 (435); Zalnieriute, Procedural Fetishism and Mass Surveillance under the ECHR: Big Brother Watch v. UK, VerfBlog, 2021/6/02. Erweiterung der Kriterien für anlasslose Massenüberwachung in EGMR Urt. v. 25.5.2021 – Nr. 58170/13 ua –, Rn. 361 – Big Brother Watch II ua/Vereinigtes Königreich.
103 EGMR Urt. v. 29.6.2006 – Nr. 54934/00 –, NJW 2007, 1433 (1436, Rn. 95, 99) – Saravia u. Weber/Deutschland; Urt. v. 25.5.2021 – Nr. 58170/13 ua –, Rn. 498 – Big Brother Watch II ua/Vereinigtes Königreich.
104 BVerfG Urt. v. 14.7.1999 – 1 BvR 2226/94 ua –, BVerfGE 100, 313.
105 EGMR Urt. v. 29.6.2006 – Nr. 54934/00 –, NJW 2007, 1433 (1439, Rn. 127 f.) – Saravia u. Weber/Deutschland.
106 § 3 Abs. 5 S. 2 G 10 idF v. 1998; jetzt §§ 7 Abs. 5 S. 3, 7a Abs. 3 S. 1, 8 Abs. 6 S. 3 G 10
107 Erforderlich waren bestimmte Tatsachen, die den Verdacht begründeten, dass jemand eine näher beschriebene Straftat begangen hat, vgl. BVerfG Urt. v. 14.7.1999 – 1 BvR 2226/94 ua –, BVerfGE 100, 313 (395 f.); jetzt in §§ 7 Abs. 2 Nr. 1, 8 Abs. 6 S. 1 und 2 G 10 normiert.
108 BVerfG Urt. v. 14.7.1999 – 1 BvR 2226/94 ua –, BVerfGE 100, 313 (396); jetzt in §§ 7 Abs. 5 S. 4, 7a Abs. 3 S. 2, 8 Abs. 6 S. 3 G 10 normiert.
109 EGMR Urt. v. 29.6.2006 – Nr. 54934/00 –, NJW 2007, 1433 (1438, Rn. 116) – Saravia u. Weber/Deutschland.
110 Ausdrücklich „konsolidiert" durch den Grundsatz der hypothetischen Datenneuerhebung in BVerfG Urt. v. 20.4.2016 – 1 BvR 966/09 ua –, BVerfGE 141, 220 (329, Rn. 292).
111 Erbs/Kohlhaas/Papsthart BKAG § 10 (2007) Rn. 2.

26 Eine **Übermittlung** (→ Rn. 3) liegt nur vor, wenn ein Dritter gezielt und tatsächlich Kenntnis von den Daten erlangt. Daten werden nicht übermittelt, wenn die Daten dem Empfänger schon bekannt sind[112] oder wenn der Empfänger tatsächlich keine Kenntnis von den Daten erhält.[113] Ebenfalls keine Übermittlung, sondern eine Bereitstellung liegt vor, wenn die Daten lediglich passiv zum Abruf bereitgestellt werden, durch die es anderen ermöglicht wird, durch eigenes Tätigwerden auf die Daten zuzugreifen.[114]

27 Empfänger der Übermittlung nach Abs. 1 können **andere Polizeien des Bundes und der Länder** sein; nicht erfasst sind Staatsanwaltschaften und Strafverfolgungsorgane, diese fallen unter § 25 Abs. 2 Nr. 2 lit. a BKAG.[115] Unerheblich ist auch, ob es sich bei den Landespolizeibehörden um Ordnungs- bzw. Verwaltungsbehörden mit Polizeiaufgaben oder den Polizeivollzugsdienst handelt. Eine Übermittlung liegt tatbestandlich nur vor, wenn der Empfänger ein Dritter ist, dh die interne Datenverarbeitung durch das BKA ist nicht erfasst.[116]

28 **2. Tatbestand und Rechtsfolge.** Tatbestandlich ist die Übermittlung nur erlaubt, wenn sie **zur Erfüllung polizeilicher Aufgaben erforderlich** ist. Daten dürfen übermittelt werden zur Erfüllung von Aufgaben des BKA und der Empfänger. Polizeiliche Aufgaben des BKA sind die in §§ 5–8 BKAG genannten und die Tätigkeit als Zentralstelle zu präventiven Zwecken nach § 2 BKAG. Nicht erfasst sind hingegen die Aufgaben zur Strafverfolgung nach § 2 Abs. 2 Nr. 2 und § 4 BKAG.[117] Die Übermittlung zu Strafverfolgungszwecken durch das BKA erfolgt auf Grundlage der StPO, insbesondere nach Maßgabe des § 477 StPO.[118] Aufgaben des Empfängers können ebenfalls nur präventivpolizeiliche sein. Umstritten ist, wieweit das BKA die Erforderlichkeit zur Aufgabenerfüllung zu prüfen hat (→ Rn. 50).

29 Der **konkrete Übermittlungszweck** muss sich stets im Rahmen der Aufgaben halten. Die Übermittlung muss zur Erreichung des konkreten Zwecks erforderlich sein. Diese Erforderlichkeit ist als einfachgesetzliche Ausprägung des Grundsatzes der Datensparsamkeit zu sehen,[119] der sich nicht nur auf das „Ob", sondern auch auf den Umfang der Datenübermittlung, dh die Datenmenge, auswirkt.[120]

30 Zudem sind die in § 12 Abs. 2–4 BKAG normierten Anforderungen der hypothetischen Datenneuerhebung an die **Zweckänderung** zu beachten (→ § 12 Rn. 112 ff.). Nach § 12 Abs. 2 BKAG muss die Übermittlung erforderlich sein zum Schutz **vergleichbar bedeutsamer Rechtsgüter** oder zur Verhütung, Aufdeckung oder Verfolgung von vergleichbar schwerwiegenden Strafteten und es muss ein **konkreter Ermittlungsansatz** für solche Straftaten oder Gefahren vorliegen (→ § 12 Rn. 122 ff.). Weiter müssen bei der Übermittlung von Daten aus sog. Lauschangriffen oder Online-Durchsuchungen die erhöhten Anforderungen des § 12 Abs. 3 BKAG erfüllt sein (→ § 12 Rn. 145). Einen Verweis auf die zweckkonforme Weiternutzung nach § 12 Abs. 1 BKAG (→ § 12 Rn. 85 ff.) enthält die Norm nicht. Denn die Weiternutzung darf nur durch „dieselbe Behörde" erfolgen,[121] während die Übermittlung sich dadurch auszeichnet, dass eine andere Behörde Empfänger ist (→ Rn. 3).

31 Auf der Rechtsfolgenseite eröffnet Abs. 1 **Ermessen** („kann"). Eine Übermittlungspflicht kann sich im Fall einer Ermessensreduzierung auf Null insbesondere aus dem Gewicht der zu schützenden Rechtsgüter ergeben.

32 Im Doppeltürmodell (→ Rn. 13f.) bildet § 25 Abs. 1 BKAG die **Ausgangstür**, dh es bedarf einer eigenständigen Abrufbefugnis auf Seiten der Bundes- und Landespolizeibehörden, zB §§ 21, 34 BPolG für die Bundespolizei, §§ 8, 27 ZFdG für das ZKA bzw. den Zollfahndungsdienst. Die Abrufbefugnisse, die sich auch in den Landespolizeigesetzen finden, müssen sich jeweils im Rahmen der Voraussetzungen des § 25 Abs. 1 iVm § 12 Abs. 2–4 BKAG halten (→ Rn. 13).

II. Übermittlung personenbezogener Daten an andere Behörden und Dienststellen (Abs. 2)

33 **1. Inhalt und Reichweite.** Empfänger der Übermittlung nach Abs. 2 können alle Behörden und sonstige öffentliche Stellen sein. Abs. 2 erfasst die Übermittlung an die Nachrichtendienste des Bundes und der Länder,

112 Auernhammer/Eßer DS-GVO/BDSG, 7. Aufl. 2020, DS-GVO Art. 4 Rn. 51; Sydow/Reimer DS-GVO, 2. Aufl. 2018, Art. 4 Rn. 68.

113 Auernhammer/Eßer DS-GVO/BDSG, 7. Aufl. 2020, DS-GVO Art. 4 Rn. 52; Kühling/Buchner/Herbst DS-GVO/BDSG, 3. Aufl. 2020, DS-GVO Art. 4 Rn. 31.

114 Simitis/Hornung/Spiecker gen. Döhmann/Roßnagel, Datenschutzrecht, 2019, DS-GVO Art. 4 Rn. 26; Auernhammer/Eßer DS-GVO/BDSG, 7. Aufl. 2020, DS-GVO Art. 4 Rn. 53.

115 BT-Drs. 13/1550, 55.

116 Schenke/Graulich/Ruthig/Ruthig BKAG § 25 Rn. 6.

117 Schenke/Graulich/Ruthig/Ruthig BKAG § 25 Rn. 7.

118 Lisken/Denninger/Müller/Schwabenbauer, HdbPolR, G Rn. 885.

119 Vgl. Art. 4 lit. c DSRL-JI, § 47 Nr. 3 BDSG; näher BeckOK-Datenschutzrecht/Wolff, Prinzipien des Datenschutzrechts, Rn. 41 ff. (2021); Kühling/Buchner/Herbst DS-GVO/BDSG, 3. Aufl. 2020, DS-GVO Art. 5 Rn. 55.

120 BeckOK-Datenschutzrecht/Wolff, Prinzipien des Datenschutzrechts, Rn. 50 (2021).

121 Hierzu Löffelmann GSZ 2019, 16 (17).

an kommunale Ordnungsverwaltungen sowie an die Bundeswehr. **Behörden** sind nach § 1 Abs. 4 VwVfG alle Stellen, die Aufgaben der öffentlichen Verwaltung wahrnehmen. Informationsnetzwerke wie das **GTAZ**, das **Nationale Cyber-Abwehrzentrum**, sonstige Taskforce, runde Tische oder Ähnliches sind mangels rechtlicher Selbstständigkeit keine Empfänger, sondern über die jeweiligen Behörden zu adressieren.[122] Üben Behörden legislative oder judikative Tätigkeiten aus, unterfallen sie ebenso wie Beliehene dem Auffangtatbestand der **sonstigen öffentlichen Stellen**. Ausgeschlossen sind als Empfänger des Abs. 2 nur nichtöffentliche Stellen (→ Rn. 41).

Die deklaratorische Nr. 1 stellt klar, dass die **Übermittlung nach spezialgesetzlichen Rechtsvorschriften** wei- 34
terhin erfolgen kann; diese haben gegenüber § 25 BKAG Vorrang. Solche spezialgesetzlichen Übermittlungsbefugnisse finden sich etwa in § 10 Abs. 1 S. 2 Nr. 2, Abs. 4 S. 2 GwG, §§ 18, 22 BVerfSchG, § 10 MADG, § 6 Abs. 4 ATDG sowie § 6 Abs. 4 REDG.

2. Tatbestand und Rechtsfolge. § 25 Abs. 2 Nr. 2 enthält eine eigenständige Übermittlungsbefugnis („erste 35
Tür"). Kumulativ müssen folgende Voraussetzungen vorliegen:

Die Datenübermittlung ist „unter Beachtung des § 12 Abs. 2–4 zulässig und erforderlich". Damit wird 36
deutlich, dass **die allgemeinen Zweckänderungsanforderungen** erfüllt sein müssen (→ § 12 Rn. 112 ff.).

Nr. 2 lässt die Übermittlung nur zu einem der genannten Zwecken zu. „Aufgaben nach diesem Gesetz" 37
(lit. a) meint **die in §§ 2–8 BKAG genannten Aufgaben**, anders als bei Abs. 1 auch die Aufgabe des BKA nach § 2 Abs. 2 Nr. 2 BKAG, die Strafverfolgungsbehörden des Bundes und der Länder als Zentralstelle unverzüglich über die sie betreffenden Informationen und die in Erfahrung gebrachten Zusammenhänge von Straftaten zu unterrichten. Die Unterrichtung als Zentralstelle erfolgt hier nicht auf Grundlage der StPO.[123] Gleichwohl stellt § 161 Abs. 1 S. 1, Abs. 3 StPO eine Abruf- bzw. Empfangsbefugnis für die Strafverfolgungsbehörden iSd „zweiten Tür" dar.[124]

Die „Zwecke der **Strafverfolgung**, der Strafvollstreckung, des Strafvollzugs und der Gnadenverfahren" 38
(lit. b) sind nicht auf die in § 4 BKAG genannten Aufgaben beschränkt, sondern weiter zu verstehen.[125] Auch die benannten „Zwecke der **Gefahrenabwehr**" (lit. c) beschränken sich nicht auf die in § 5 BKAG angeführten. Der Zweck setzt voraus, dass jedenfalls eine **abstrakte Gefahr** für die öffentliche Sicherheit und Ordnung vorliegt,[126] dh eine Sachlage, aus der sich allgemein, dh nach der Lebenserfahrung oder aufgrund von fachkundigen Erkenntnissen typischerweise eine Rechtsgutsgefährdung ergibt.[127] Diese Voraussetzung schränkt die Übermittlung an für die Gefahrenabwehr zuständigen Stellen nicht ein. Zum einen ist deren Aufgabenbereich ohnehin erst bei Vorliegen einer abstrakten Gefahr eröffnet, zum anderen müssen wegen des für die Zweckänderung erforderlichen konkreten Ermittlungsansatzes (→ § 12 Rn. 122 ff.) Anhaltspunkte für eine zumindest konkretisierte Gefahrenlage vorliegen, aus denen sich auch eine abstrakte Gefahr ergibt.[128]

Schließlich erlaubt lit. d die Übermittlung „zur Abwehr einer schwerwiegenden Beeinträchtigung der Rech- 39
te einzelner". Wenngleich idR bei einer erheblichen Gefährdung von Individualrechten bereits der Zweck der Gefahrenabwehr nach lit. c einschlägig sein dürfte,[129] ist lit. d systematisch bedeutsam. Übermittelt das BKA Daten nämlich nicht – zumindest auch – zur Gefahrenabwehr, sondern ausschließlich zum Schutz von Individualgütern, unterfällt die Datenübermittlung nicht mehr der Anwendungsbereich der DSRL-JI, sondern der DS-GVO (→ Rn. 22). § 25 Abs. 2 Nr. 2 lit. d BKAG füllt als bereichsspezifische Regelung die Öffnungsklauseln der Art. 6 Abs. 2, 3 DS-GVO[130] aus; ansonsten unterfällt die Übermittlung jedoch den vollharmonisierenden Vorgaben der DS-GVO. Tatbestandlich entspricht lit. d der Zweckänderungsbefugnis des § 23 Abs. 1 Nr. 5 BDSG, der wiederrum Art. 23 Abs. 1 lit. i DS-GVO umsetzt.[131] Die Beeinträchtigung muss sich dabei **hinreichend konkret abzeichnen.**[132] Ob sie schwerwiegend ist, ist im Wege einer **Interessenabwä-**

122 Zutreffend Schenke/Graulich/Ruthig/Ruthig BKAG § 25 Rn. 21.
123 Schenke/Graulich/Ruthig/Ruthig BKAG § 25 Rn. 14.
124 Vgl. nur Meyer-Goßner/Schmitt/Schmitt StPO § 161 Rn. 18b; BeckOK-StPO/Sackreuther § 161 Rn. 16 (2021); KK-StPO/Griesbaum § 161 Rn. 35.
125 Schenke/Graulich/Ruthig/Ruthig BKAG § 25 Rn. 15.
126 Schenke/Graulich/Ruthig/Ruthig BKAG § 25 Rn. 16.
127 Kingreen/Poscher, POR, § 8 Rn. 9, mwN.
128 Zum Verhältnis von abstrakter und konkreter Gefahr vgl. nur Kingreen/Poscher, POR, § 8 Rn. 10 ff.
129 So zutreffend Graulich/Ruthig/Ruthig BKAG § 25 Rn. 17; ähnlich Paal/Pauly/Frenzel DS-GVO/BDSG, 3. Aufl. 2021, BDSG § 23 Rn. 10; aA (*lex specialis*) Sydow/Marsch, BDSG, 2020, § 23 Rn. 25.
130 Zu diesen vgl. nur BeckOK-Datenschutzrecht/Albers/Veit DS-GVO Art. 6 Rn. 73 ff. (2021); Ehmann/Selmayr/Heberlein DS-GVO, 2. Aufl. 2018, Art. 6 Rn. 35 ff.; Kühling/Buchner/Buchner/Petri DS-GVO/BDSG, 3. Aufl. 2020, DS-GVO Art. 6 Rn. 194 ff.; Schantz/Wolff/Wolff, Das neue Datenschutzrecht, 2017, Rn. 602 ff.; Paal/Pauly/Frenzel DS-GVO/BDSG, 3. Aufl. 2021, DS-GVO Art. 6 Rn. 32 ff.
131 BeckOK-Datenschutzrecht/Albers/Veit BDSG § 23 Rn. 33 (2021); Sydow/Marsch, BDSG, 2020, § 23 Rn. 26.
132 Auernhammer/Eßer DS-GVO/BDSG, 7. Aufl. 2020, BDSG § 23 Rn. 27; Gola/Heckmann/Heckmann/Scheurer, BDSG, 13. Aufl. 2019, § 23 Rn. 26.

gung zwischen den ansonsten beeinträchtigten Rechten der anderen Person und dem Interesse der betroffenen Person am Ausschluss der Zweckänderung zu ermitteln.[133]

40 Schließlich dürfen Zwecke des Strafverfahrens der Übermittlung nicht entgegenstehen (vgl. § 25 Abs. 2 aE BKAG). Dies kann ohne Zweifel nur ausgeschlossen werden, wenn die Strafverfolgungsbehörde der Übermittlung zustimmt. Der Gesetzgeber wollte das BKA aber – schon aus Kapazitätsgründen – nicht verpflichten, vor jeder Übermittlung die Strafverfolgungsbehörden zu kontaktieren, so dass der vorliegende Kompromiss zustande kam.[134] Demnach muss das BKA prüfen, ob der Übermittlung Zwecke des Strafverfahrens entgegenstehen; das Amt darf übermitteln, solange **keine Anhaltspunkte für eine Gefährdung der Strafverfolgung** bestehen.[135]

III. Übermittlung an Private (Abs. 3 und 4)

41 **1. Anwendungsbereich und Voraussetzungen. Nichtöffentliche Stellen** sind solche nach § 2 Abs. 4 BDSG,[136] dh natürliche und juristische Personen des Privatrechts, soweit sie nicht Aufgaben der öffentlichen Verwaltung wahrnehmen. Insbesondere sind Beliehene, soweit sie hoheitliche Aufgaben wahrnehmen, öffentliche Stellen.[137]

42 Für die tatbestandlichen Voraussetzungen der Übermittlung an nichtöffentliche Stellen verweist Abs. 3 S. 1 auf die **Anforderungen des Abs. 2** (→ Rn. 33 ff.). Wie schon bei § 25 Abs. 2 Nr. 2 lit. d BKAG fällt die Übermittlung an nichtöffentliche Stellen aus dem Anwendungsbereich der DSRL-JI heraus, weil es sich idR bei den nichtöffentlichen Stellen nicht um zuständige Behörden iSd Art. 3 Nr. 7 DSRL-JI handelt.[138] Auf die Übermittlung und folgende Datenverarbeitung ist grundsätzlich die DS-GVO anzuwenden (→ Rn. 22). Aufgrund der Gesetzgebungsgeschichte ist das Tatbestandsmerkmal der **„Erforderlichkeit" besonders eng auszulegen.**[139] Denn die Übermittlung an nichtöffentliche Stellen ist grundsätzlich Aufgabe der Länderpolizeien und darf nur ausnahmsweise durch das BKA, etwa wegen Eilbedürftigkeit[140] oder aufgrund seiner Zentralstellenfunktion, zB als einheitlicher Ansprechpartner für die Wirtschaft,[141] erfolgen.

43 **2. Verfahrensrechtliche Anforderungen.** Abs. 3 S. 2 dient der verfahrensrechtlichen Absicherung der Übermittlung. Anlass, Inhalt, Empfänger und Tag der Übermittlung sind zu **protokollieren** sowie die Aktenfundstelle kenntlich zu machen, damit die Übermittlungsvorgänge nachträglich kontrollierbar sind.[142] S. 2 Hs. 2 regelt die **Aufbewahrung** und **Löschung** der Protokolldaten. Die Löschung zum Ende des darauffolgenden Kalenderjahres orientiert sich an der zweijährigen turnusmäßigen Datenschutzkontrolle des Bundesverfassungsgerichts im BKAG-Urteil.[143] Art. 5 S. 1 DSRL-JI fordert nur angemessene Überprüfungsfristen. Ausnahmen von der Löschungspflicht sieht § 25 Abs. 3 S. 3 BKAG vor. Weil die Löschung während eines laufenden Datenschutzkontrollverfahrens unterbleibt (Abs. 3 S. 3 Var. 1), können die Datenschutzbeauftragten durch die Einleitung eines solchen die Löschung verhindern. Abs. 3 S. 3 Var. 2 und 3 sehen Ausnahme von der Löschungspflicht basierend auf einer **Interessenabwägung** vor. Die verfahrensrechtlichen Absicherungen werden ergänzt durch die Pflicht des BKA, nichtöffentliche Empfänger auf die Zweckbindung **hinzuweisen** (Abs. 6 S. 3).

44 Abs. 4 soll sicherstellen, dass das BKA ihm übermittelte Daten nicht zweckgefährdend an Private weitergibt. Abs. 4 erlaubt der übermittelnden Stelle die Daten vor der Übermittlung zu **kennzeichnen** oder mit dem **Hinweis** zu versehen, dass vor der Weiterübermittlung an Private ihre Zustimmung einzuholen ist. Fehlt eine solche Kennzeichnung, muss das BKA, wenn tatsächliche Anhaltspunkte dafür vorliegen, dass der Zweck gefährdet werden könnte, die **Zustimmung der übermittelnden Stelle einholen.** Bei der Gefahrbeurteilung steht dem BKA kein Beurteilungsspielraum zu; die Entscheidung ist also gerichtlich vollständig überprüfbar.[144]

133 BeckOK-Datenschutzrecht/Albers/Veit BDSG § 23 Rn. 33 (2021); Sydow/Marsch, BDSG, 2020, § 23 Rn. 25.
134 Zur Gesetzgebungsgeschichte Schenke/Graulich/Ruthig/Ruthig BKAG § 25 Rn. 18.
135 BT-Drs. 13/1550, 55 f.
136 Näher hierzu BeckOK-Datenschutzrecht/Schild BDSG § 2 Rn. 32 ff. (2021).
137 Gola/Heckmann/Schulz, BDSG, 13. Aufl. 2019, § 2 Rn. 26.
138 Auernhammer/Herbst DS-GVO/BDSG, 7. Aufl. 2020, DSRL-JI Rn. 6; Ehmann/Selmayr/Zerdick DS-GVO, 2. Aufl. 2018, Art. 2 Rn. 13; Weinhold in Roßnagel (Hrsg.), Europäische Datenschutz-Grundverordnung, 2017, § 3 II Rn. 41.
139 Schenke/Graulich/Ruthig/Ruthig BKAG § 25 Rn. 22, 24.
140 VG Düsseldorf Urt. v. 10.1.2011 – 18 K 3229/10 –, juris, Rn. 55.
141 Schenke/Graulich/Ruthig/Ruthig BKAG § 25 Rn. 24.
142 BT-Drs. 13/1550, 27.
143 BVerfG Urt. v. 20.4.2016 – 1 BvR 966/09 ua –, BVerfGE 141, 220 (321, Rn. 266); vergleichbare Umsetzungen finden sich in den Landespolizeigesetzen, vgl. Piltz NVwZ 2018, 696 (701 f.), mwN.
144 Schenke/Graulich/Ruthig/Ruthig BKAG § 25 Rn. 28.

IV. Übermittlungsbeschränkung entsprechend §§ 41 und 61 BZRG (Abs. 5)

Nach § 25 Abs. 5 S. 1 BKAG dürfen Eintragungen, die nicht in ein Führungszeugnis aufgenommen werden 45
sowie Suchvermerke und Auskünfte aus dem Erziehungsregister nur an die Stellen übermittelt werden, die nach §§ 41, 62 BZRG zu den dort genannten Zwecken auskunftsberechtigt sind. Damit wollte der Gesetzgeber 1995 die Vorschriften harmonisieren und eine **Umgehung der Auskunftsbegrenzung des BRZG verhindern.**[145] Mit der Einfügung der strengen Zweckbindung sowie des Weitergabeverbots in § 41 Abs. 3 Hs. 2 und § 62 Abs. 3 BZRG zum 1.5.2010 bzw. 1.1.2000 ist § 25 Abs. 5 BKAG eigentlich überflüssig geworden. Ein eigenständiger Anwendungsbereich besteht, wenn man die Vorschrift auf noch nicht erfolgte Verurteilungen und noch nicht rechtskräftige Urteile anwendet.[146] Wegen § 28 Abs. 1 S. 1 Nr. 2 Hs. 1 BKAG (→ § 28 Rn. 9) rein deklaratorisch ist § 25 Abs. 5 S. 2 BKAG, wonach die sich aus den §§ 51, 52 und 63 BZRG ergebenden Verwertungsverbote von BZR- und EZR-Einträgen, die getilgt worden oder zu tilgen sind, auch bei der Übermittlung durch das BKA beachtet werden müssen. Dies ist praktisch relevant für die automatisierte Übermittlung.[147]

V. Zweckbindung (Abs. 6)

§ 25 Abs. 6 S. 1 BKAG normiert die verfassungsrechtlich geforderte Zweckbindung (→ Rn. 15 ff.) einfach- 46
gesetzlich.[148] Indem Abs. 6 S. 2 Hs. 1 auf die in § 12 Abs. 2–4 BKAG normierten Anforderungen der hypothetischen Datenneuerhebung verweist, stellt er klar, dass die Weiterverarbeitung (zum Begriff → § 16 Rn. 4 f.) durch den Empfänger zu einem anderen Zweck als dem Übermittlungszweck ebenfalls die Anforderungen an eine Zweckänderung erfüllen muss.[149] Welche Zweckänderungen der Empfänger vornehmen darf, richtet sich nach dem jeweils einschlägigen Fachrecht. Erfolgt die Zweckänderung durch eine **nichtöffentliche Stelle**, normiert Abs. 6 S. 2 Hs. 2 einen **Zustimmungsvorbehalt des BKA**, um zu verhindern, dass Private die Daten eigenständig zweckändern. Abs. 6 S. 3 normiert die Pflicht des BKA, nichtöffentliche Stellen auf die Zweckbindung **hinzuweisen**.

VI. Einrichtung eines automatisierten Übermittlungsverfahrens (Abs. 7)

§ 25 Abs. 7 S. 1 BKAG erlaubt die Einrichtung eines automatisierten Abrufverfahrens für die Übermittlung 47
von Daten **aus den Zentraldateien** des BKA.[150] Abrufberechtigt sind nur Behörden mit vollzugspolizeilichen Aufgaben.[151] Der Empfängerkreis ist damit enger als in Abs. 1 und Abs. 2 Nr. 2. Erfasst sind **Vollzugspolizeien des Bundes und der Länder**, wobei für den Bund auf die Definition der Vollzugspolizeibeamten aus § 1 BPolG iVm § 1 BPolBGVO zurückgegriffen werden kann.[152] Wie schon bei der die Vorgängerregelung lässt es der Gesetzgeber nicht auf den Streit ankommen, ob der Vorbehalt des Gesetzes eine eigene Ermächtigungsgrundlage für die automatisierte Datenübermittlung fordert, wofür im Ergebnis mit der schnelleren und einfacheren Übermittlung sowie der ansonsten ungeprüften Weiterverwendungsmöglichkeit die besseren Argumente sprechen.[153] Die Einrichtung steht unter einem Angemessenheitsvorbehalt,[154] wonach die schutzwürdigen Interessen der Betroffenen durch die Vielzahl der Übermittlungen oder ihrer besonderen Eilbedürftigkeit nicht unangemessen beeinträchtig werden dürfen. Abs. 7 S. 1 erlaubt nur die Einrichtung des Abrufverfahrens; der **Abruf selbst** richtet sich **nach den allgemeinen Übermittlungsvorschriften.**[155] Nicht anwendbar ist Abs. 7 S. 1 auf das polizeiliche Informationssystem INPOL, dessen Betrieb sich nach § 29 BKAG (→ § 29 Rn. 11 ff.) richtet.

Abs. 7 S. 2 ordnet die entsprechende Geltung der Protokollierungsvorschrift des § 81 Abs. 2 BKAG an. 48
Demnach hat das BKA insbesondere den Zeitpunkt, die Angaben, die die Feststellung der aufgerufenen Datensätze ermöglichen, sowie die für den Zugriff verantwortliche Dienststelle zu **protokollieren**. Die Protokolldaten haben das BKA und die Teilnehmer am Informationsverbund entsprechend der geteilten datenschutzrechtlichen Kontrollzuständigkeit nach § 31 Abs. 2–3 BKAG (→ § 31 Rn. 7 ff.) der jeweils zuständigen Datenschutzaufsichtsbehörde zur Verfügung zu stellen.[156] Abs. 7 S. 2 ist vor dem Hintergrund zu sehen,

145 BT-Drs. 13/1550, 27.
146 VG Düsseldorf Urt. v. 10.1.2011 – 18 K 3229/10 –, juris, Rn. 58.
147 Lisken/Denninger/Schwabenbauer, HdbPolR, G Rn. 904, 875.
148 BT-Drs. 18/11163, 104.
149 BT-Drs. 18/11163, 104 f.
150 BT-Drs. 13/1550, 28; dies systematisch begründend Schenke/Graulich/Ruthig/Ruthig BKAG § 25 Rn. 37.
151 BT-Drs. 13/1550, 28.
152 Schenke/Graulich/Ruthig/Ruthig BKAG § 25 Rn. 40; zum Begriff näher Wehr BPolG § 1 Rn. 9 ff.
153 Dazu Schenke/Graulich/Ruthig/Ruthig BKAG § 25 Rn. 37; ausführlich Lisken/Denninger/Schwabenbauer, HdbPolR, G Rn. 888.
154 Schenke/Graulich/Ruthig/Ruthig BKAG § 25 Rn. 42.
155 Lisken/Denninger/Schwabenbauer, HdbPolR, G Rn. 888.
156 Schenke/Graulich/Ruthig/Ruthig BKAG § 81 Rn. 2.

dass es sich bei den Verbundsystemen um eine Datenverarbeitung in gemeinsamer Verantwortlichkeit iSd Art. 21 DSRL-JI handelt, für die Art. 25 DSRL-JI besondere Protokollierungspflichten normiert, die § 81 BKAG (→ § 81 Rn. 1 ff.) umsetzt.[157]

VII. Verantwortlichkeit für die Übermittlung (Abs. 8)

49 § 25 Abs. 8 S. 1 BKAG enthält die deklaratorische, aber praktisch wichtige Festlegung, dass das **BKA** die **datenschutzrechtliche Verantwortlichkeit** für die Zulässigkeit der Übermittlung trägt. Dies bedeutet, dass das BKA vollumfänglich die rechtliche Zulässigkeit der Übermittlung prüfen muss.[158] Der Gesetzgeber geht davon aus, dass das BKA die hierfür erforderliche Sachkompetenz besitzt.[159] Um die Prüfung zu ermöglichen, hat der Empfänger die zur Überprüfung durch das BKA erforderlichen Angaben zu machen.[160] Er muss insbesondere substantiiert darlegen, wofür die Daten verwendet werden sollen.[161] Mit der Auskunftspflicht korrespondiert ein Anspruch der ersuchten Stelle, die erforderlichen Angaben zu verlangen. Dies hat zur Folge, dass bei unterbliebener oder unvollständiger Auskunft von der Übermittlung abzusehen ist.[162] Für Übermittlungen an Private bleibt das BKA im Umkehrschluss aus Abs. 8 S. 2 stets Verantwortlicher.

50 Erfolgt die Übermittlung nach Abs. 1 und Abs. 2 Nr. 2 **auf Ersuchen** an öffentliche Stellen, haben diese die Erforderlichkeit der Akteneinsicht selbst zu prüfen und zu verantworten (S. 2). Dann besteht, wie zB bei Anfragen nach § 161 StPO, keine eigenständige Prüfungsbefugnis des BKA.[163] In diesen Fällen hat das BKA nur im Wege einer **Schlüssigkeitsprüfung**[164] bzw. abstrakten Zuständigkeitsprüfung[165] zu kontrollieren, ob das Übermittlungsersuchen in den Aufgabenbereich des Empfängers fällt. Eine weitergehende Prüfungspflicht des BKA besteht nach Abs. 8 S. 3 Hs. 2, wenn ein **besonderer Anlass zur Prüfung** der Zulässigkeit der Übermittlung besteht. Ein solcher Prüfungsanlass kann sich ua aus der besonderen Schutzwürdigkeit sensibler Daten ergeben,[166] aus einem ungewöhnlichen Begehren oder wenn das BKA über Erkenntnisse verfügt, wonach der Einzelvorgang, für den die Übermittlung angefragt wurde, noch gar nicht existieren kann. Nicht ausreichend ist hingegen die bloße Grundrechtsbeeinträchtigung.[167]

VIII. Übermittlung verbundener Daten (Abs. 9)

51 § 25 Abs. 9 BKAG entspricht § 10 Abs. 5 BKAG aF und § 15 Abs. 5 BDSG aF. Er schränkt das Prinzip der Datensparsamkeit[168] aus praktischen Gründen ein, indem er die (Mit-)Übermittlung von mit den zu übermittelnden Daten untrennbar verbundenen oder nur mit unverhältnismäßigem Aufwand zu trennenden Daten an öffentliche Stellen erlaubt. Zudem müssen die Voraussetzungen für die Übermittlung der eigentlich angeforderten bzw. zu übermittelnden Daten nach Abs. 1 oder Abs. 2 vorliegen. Abs. 9 ist gleichermaßen auf elektronische Daten und Daten aus (Papier-)Akten anwendbar.[169] Berechtigte Interessen der betroffenen Person oder eines Dritten an der Geheimhaltung, die im Falle ihres Überwiegens gegenüber dem öffentlichen Interesse an der Übermittlung die Übermittlung zwingend verhindern, können sich insbesondere aus Zeugnisverweigerungsrechten oder Beweisverwertungsverboten ergeben.[170] Abs. 9 Hs. 2 enthält ein **umfassendes Verwendungsverbot** für die zusätzlich übermittelnden Daten, das sich auch auf die aus den zusätzlich übermittelten Daten erlangten Erkenntnisse bezieht.[171]

157 Lisken/Denninger/Schwabenbauer, HdbPolR, G Rn. 888.
158 Schenke/Graulich/Ruthig/Ruthig BKAG § 25 Rn. 45.
159 BT-Drs. 13/1550, 45.
160 BT-Drs. 13/1550, 28.
161 Lisken/Denninger/Schwabenbauer, HdbPolR, G Rn. 881.
162 Für die ausdrücklich normierte Auskunftspflicht in § 21 Abs. 5 S. 4 HessSOG BeckOK-POR Hessen/Bäuerle HessSOG § 21 Rn. 67 (2022).
163 BT-Drs. 13/1550, 45.
164 BeckOK-StPO/Wittig § 479 Rn. 18 (2022); ausführlich SK-StPO/Weßlau/Puschke § 479 Rn. 64; zum Landespolizeirecht vgl. für den gleichlautenden § 21 Abs. 5 HessSOG BeckOK-POR Hessen/Bäuerle HessSOG § 21 Rn. 65 (2022).
165 Für den gleichlautenden § 479 Abs. 4 S. 3 StPO OLG Hamm Beschl. v. 26.11.2013 – III 1 VAs 116/13 ua –, NZKart 2014, 107 (108); OLG Karlsruhe Beschl. v. 21.10.2014 – 2 VAs 10/14 –, NStZ 2016, 606 (608).
166 BayObLG Beschl. v. 6.8.2020 – 1 VA 33/20 (AG München) –, ZD 2021, 40 (43, Rn. 55 f.).
167 Für den gleichlautenden § 479 Abs. 4 S. 3 SK-StPO/Weßlau/Puschke § 479 Rn. 64.
168 Zu diesem in der DS-GVO vgl. nur Simitis/Hornung/Spiecker gen. Döhmann/Roßnagel, Datenschutzrecht, 2019, DS-GVO Art. 5 Rn. 125 ff.; Ehmann/Selmayr/Heberlein DS-GVO, 2. Aufl. 2018, Art. 5 Rn. 22 f.; Paal/Pauly/Frenzel DS-GVO/BDSG, 3. Aufl. 2021, DS-GVO Art. 5 Rn. 34 ff.; Schantz/Wolff/Wolff, Das neue Datenschutzrecht, 2017, Rn. 437; zur Übertragbarkeit auf die DSRL-JI vgl. nur Johannes ZD-aktuell 2018, 06291.
169 Schenke/Graulich/Ruthig/Ruthig BKAG § 25 Rn. 49.
170 Schenke/Graulich/Ruthig/Ruthig BKAG § 25 Rn. 53.
171 So zutreffend Schenke/Graulich/Ruthig/Ruthig BKAG § 25 Rn. 54.

§ 26 Datenübermittlung an Mitgliedstaaten der Europäischen Union

(1) [1]§ 25 gilt entsprechend für die Übermittlung von personenbezogenen Daten an

1. öffentliche und nichtöffentliche Stellen in Mitgliedstaaten der Europäischen Union und
2. zwischen- und überstaatliche Stellen der Europäischen Union oder deren Mitgliedstaaten, die mit Aufgaben der Verhütung und Verfolgung von Straftaten befasst sind.

[2]Die Verantwortung für die Zulässigkeit der Datenübermittlung trägt das Bundeskriminalamt. [3]Für die Übermittlung an Polizei- und Justizbehörden sowie an sonstige für die Verhütung oder Verfolgung von Straftaten zuständige öffentliche Stellen zum Zwecke der Verfolgung von Straftaten und zur Strafvollstreckung bleiben die Vorschriften über die internationale Rechtshilfe in strafrechtlichen Angelegenheiten unberührt. [4]Die Zulässigkeit der Übermittlung personenbezogener Daten durch das Bundeskriminalamt an eine Polizeibehörde oder eine sonstige für die Verhütung und Verfolgung von Straftaten zuständige öffentliche Stelle eines Mitgliedstaates der Europäischen Union auf der Grundlage besonderer völkerrechtlicher Vereinbarungen bleibt unberührt.

(2) Absatz 1 findet auch Anwendung auf die Übermittlung von personenbezogenen Daten an Polizeibehörden oder sonstige für die Verhütung und Verfolgung von Straftaten zuständige öffentliche Stellen von Staaten, welche die Bestimmungen des Schengen-Besitzstandes aufgrund eines Assoziierungsübereinkommens mit der Europäischen Union über die Umsetzung, Anwendung und Entwicklung des Schengen-Besitzstandes anwenden.

A. Allgemeines

I. Überblick und Genese

Durch § 26 BKAG will der Gesetzgeber den effektiven und wirksamen polizeilichen **Informationsaustausch zwischen den Sicherheitsbehörden der EU-Mitgliedstaaten** als ein Schlüsselelement für die Gewährleistung der Sicherheit der BRD und der EU und damit die grenzüberschreitende Zusammenarbeit der europäischen Sicherheitsbehörden bei der Gefahrenabwehr des internationalen Terrorismus und der Straftatenverhütung und -verfolgung ermöglichen.[1] Dazu erlaubt er die Datenübermittlung vom BKA an Stellen im EU-Ausland (zu Irland und Dänemark → § 27 Rn. 16) unter den gleichen Voraussetzungen wie die innerstaatliche Datenübermittlung. 1

§ 26 BKAG erfasst nur die Datenübermittlungen durch das BKA für **präventivpolizeiliche Zwecke**, worunter auch die Verhütung von Straftaten fällt (→ § 1 Rn. 50). Mangels Gesetzgebungskompetenz des Bundes enthalten die **Landespolizeigesetze**[2] entsprechende Regelungen für die präventive Datenübermittlung der Landespolizeien an EU-Stellen und Stellen im EU-Ausland;[3] **Parallelnormen** auf Bundesebene finden sich in § 33 BPolG und §§ 22, 66 ZFdG. Auch wenn der Wortlaut teilweise unklar ist, erfolgt die Datenübermittlung zur Verfolgung von Straftaten nach den gem. § 26 Abs. 1 S. 3 BKAG vorrangigen Regeln über die internationale Rechtshilfe, namentlich §§ 97a ff. IRG (→ Rn. 13). 2

Die **Übermittlungsverbote** des § 28 Abs. 1–2 sind zu beachten (→ Rn. 5 ff.). 3

II. Verfassungsrechtliche Vorgaben

Explizite verfassungsrechtliche Vorgaben für die Datenübermittlung in die EU bestehen nicht, wohl aber für die Datenübermittlung in **Drittstaaten** (ausführlich → § 27 Rn. 4 f.). Für diese verlangt das Bundesverfassungsgericht, dass die Grenzen des Grundgesetzes für die inländische Datenerhebung und -verarbeitung 4

1 BT-Drs. 18/11163, 105.
2 Vgl. § 60 PolG BW; Art. 57 BayPAG; § 44 Abs. 3 BerlASOG; § 43 BbgPolG; § 55 BremPolG; §§ 41–42 HbgPolDVG; § 22 HessSOG; § 39c SOG MV; § 43 NdsPOG; § 28 PolG NRW; § 58 POG RhPf; § 25 SaarlPolG iVm §§ 43, 47–48 SaarPolDVG; § 89 SächsPVDG, gegebenenfalls iVm § 40 Abs. 1 SächsPBG;§ 27a SOG LSA; §§ 192–193 LVwG SH; § 41b ThürPAG.
3 Schenke/Graulich/Ruthig/Ruthig BKAG § 26 Rn. 16.

durch einen Austausch mit ausländischen Sicherheitsbehörden nicht in ihrer Substanz unterlaufen werden.[4] Der Gesetzgeber hat dafür Sorge zu tragen, dass trotz der möglichen und vom Grundgesetz vorausgesetzten Zusammenarbeit mit anderen Staaten, deren Rechtsordnungen und -anschauungen von den innerstaatlichen abweichen,[5] elementare rechtsstaatliche Grundsätze nicht verletzt werden.[6] Weil die EU sich in Art. 2 EUV zu den grundlegenden Werten ua der Rechtsstaatlichkeit, der Wahrung der Menschenwürde und der Menschenrechte bekennt und diese im Wesentlichen dem grundgesetzlichen Verständnis entsprechen, besteht verfassungsrechtlich nicht das grundsätzliche Bedürfnis, Datenübermittlungen an EU-Staaten bzw. die EU weitergehenden Anforderungen zu unterwerfen als die innerstaatliche Datenübermittlung.[7] Allenfalls[8] kann das Bundesverfassungsgericht in – eng begrenzten – Einzelfällen nach seiner Rechtsprechung zur **Identitätskontrolle**[9] die DSRL-JI für unanwendbar erklären, um den gem. Art. 23 Abs. 1 S. 3 iVm Art. 79 Abs. 3 und Art. 1 Abs. 1 GG unabdingbar gebotenen Grundrechtsschutz zu gewährleisten.[10]

5 Bei Datenübermittlungen an öffentliche Stellen anderer EU-Staaten und -stellen handelt es sich genauso wie im Fall einer innerstaatlichen Datenübermittlung um eine **Zweckänderung,**[11] so dass den Anforderungen des Bundesverfassungsgerichts an diesen Grundrechtseingriff Rechnung zu tragen ist (→ § 25 Rn. 11 ff.).

III. Unionsrechtliche und völkerrechtliche Vorgaben

6 Anders als die DS-GVO enthält die DSRL-JI in Art. 9 Abs. 3, 4, Art. 1 Abs. 2 lit. b, Art. 7 Abs. 3 zumindest teilweise besondere Bedingungen für die unionsinterne Datenübermittlung. Sie unterwirft diese wie alle sonstigen Datenverarbeitungen zunächst den allgemeinen Rechtmäßigkeitsvoraussetzungen des Art. 8 DSRL-JI. Sie enthält darüber hinaus in Art. 9 Abs. 3 DSRL-JI eine Verpflichtung der übermittelnden Behörde, dem Empfänger **besondere Verarbeitungsbedingungen mitzuteilen.** Art. 9 Abs. 4 DSRL-JI enthält zudem den sog. **Gleichbehandlungsgrundsatz.**[12] Demnach stellen die Mitgliedstaaten sicher, dass für die Zurverfügungstellung von Informationen an die zuständigen Strafverfolgungsbehörden anderer Mitgliedstaaten Bedingungen gelten, die nicht strenger sind als die Bedingungen, die auf nationaler Ebene für die Zurverfügungstellung und Anforderung von Informationen und Erkenntnissen gelten. Der Gleichbehandlungsgrundsatz wurde eingeführt durch Art. 3 Nr. 3 **RB 2006/960/JI** (sog. **Schwedische Initiative**).[13] Diesen hat der Gesetzgeber in § 14a Abs. 1 S. 2 BKAG aF bereits umgesetzt, indem er die Datenübermittlung an EU-Stellen und EU-Mitgliedsstaaten den gleichen Regelungen wie die innerstaatliche Datenübermittlung unterstellt hat. Dies ist bis heute beibehalten worden. Der RB 2006/960/JI setzt den Gleichbehandlungsgrundsatz selbst nicht vollständig um, sondern beinhaltet Gründe für die Zurückhaltung von Informationen oder Erkenntnissen. Anfragen von Strafverfolgungsbehörden eines anderen Mitgliedsstaates dürfen aus anderen Gründen als **innerstaatliche Anfragen** zurückgewiesen werden, wenn ein **in Art. 10 RB 2006/960/JI anerkannter Verweigerungsgrund** vorliegt (→ § 28 Rn. 4).[14] Die Versagungsgründe finden sich zum Teil in § 28 BKAG (→ § 28 Rn. 12 f.). Der Gleichbehandlungsgrundsatz stellt ein **Diskriminierungsverbot** zwischen staatlichen Stellen dar.[15]

7 Art. 1 Abs. 2 lit. b DSRL-JI untersagt, dass die Übermittlung an zuständige Behörden in der EU aus Gründen, die mit dem Schutz natürlicher Personen bei der Verarbeitung personenbezogener Daten verbunden sind, eingeschränkt oder verboten wird. Die Übermittlung darf also insbesondere **nicht verweigert** werden, weil das **Datenschutzniveau beim Empfänger nicht angemessen** ist. Schließlich verlangt Art. 7 Abs. 3 DSRL-JI zur Sicherung der Datenqualität, dass der Empfänger **benachrichtigt** wird, wenn und soweit unrichtige Daten rechtmäßig oder richtige Daten unrechtmäßig übermittelt worden sind, damit die Daten berichtigt, gelöscht oder in ihrer Verarbeitung eingeschränkt werden können.

4 BVerfG Urt. v. 20.4.2016 – 1 BvR 966/09 ua –, BVerfGE 141, 220 (342, Rn. 327).
5 BVerfG Urt. v. 20.4.2016 – 1 BvR 966/09 ua –, BVerfGE 141, 220 (341 f., Rn. 325).
6 BVerfG Urt. v. 20.4.2016 – 1 BvR 966/09 ua –, BVerfGE 141, 220 (342, Rn. 327).
7 Lisken/Denninger/Schwabenbauer, HdbPolR, G Rn. 264.
8 Zur Sprengkraft divergierender Voraussetzungen für die staatliche Datenverarbeitung zwischen EuGH und mitgliedstaatlichen Gerichten anlässlich der Entscheidung des französischen Conseil d'État zur Vorratsdatenspeicherung, vgl. nur Conseil d'État, Entsch. v. 21.4.2021 – Rs. No 393099 ua –, ECLI:FR:CEASS:2021:393099.20210421 – French Data Network et autres, abrufbar unter: https://www.conseil-etat.fr/fr/arianeweb/CE/decision/2021-04-21/393099; dazu Stepanek EuZW 2021, 701 (702 ff.), mwN.
9 BVerfG Beschl. v. 15.12.2015 – 2 BvR 2735/14 –, BVerfGE 140, 317 (341, Rn. 49; 342, Rn. 51 f.).
10 Lisken/Denninger/Schwabenbauer, HdbPolR, G Rn. 266; HdbVerfR/Bäcker § 28 Rn. 173.
11 Graulich KriPoZ 2017, 278 (282).
12 Lisken/Denninger/Graulich, HdbPolR, E Rn. 421 f.; Böse, Der Grundsatz der Verfügbarkeit von Informationen in der strafrechtlichen Zusammenarbeit der Europäischen Union, 2007, S. 39; Meyer NStZ 2008, 188 (189 f.).
13 Rahmenbeschluss 2006/960/JI des Rates v. 18.12.2006 über die Vereinfachung des Austauschs von Informationen und Erkenntnissen zwischen Strafverfolgungsbehörden der Mitgliedstaaten der Europäischen Union (ABl. Nr. L 386/89 v. 29.12.2009); dieser wird in der Literatur zT auch als „RB-Info bezeichnet".
14 BT-Drs. 17/5096, 15.
15 Lisken/Denninger/Schwabenbauer, HdbPolR, G Rn. 265.

Die DSRL-JI steht ebenso wie ihre Vorgängerregelung[16] nicht isoliert, sondern fügt sich in eine Vielzahl unions- und völkerrechtlicher Instrumente zur Amts- und Rechtshilfe auf europäischer Ebene ein.[17] Praktisch wichtig für die informationelle Amtshilfe[18] zwischen Polizeibehörden ist das auf dem Schengener Durchführungsübereinkommen[19] basierende **Schengener Informationssystem (SIS)**, das eigentlich ab Ende 2021 in dritter Generation als **SIS 3.0** zur Verfügung stehen sollte (→ § 27 Rn. 23 und → § 33a Rn. 1 f.).[20] Durch den sog. Vertrag von Prüm,[21] der durch den sog. **Prümer Beschluss** (RB 2008/615/JI) in den Rechtsrahmen der EU überführt wurde,[22] wurde der direkte Zugriff auf Informationen der Behörden anderer Mitgliedstaaten nach dem **Grundsatz der Verfügbarkeit** (***Availability Principle***) eingeführt.[23] Dieser soll den unionsweiten Zugriff auf Informationen anderer Strafverfolgungsbehörden ermöglichen, unabhängig davon, ob sich die Information in einem anderen EU-Mitgliedstaat befindet.[24] Auch wenn sich die Umsetzung nach wie vor als schwierig gestaltet,[25] erhöht er den unionsweiten Datenaustausch. Die VO (EU) 2016/794 („Europol-Verordnung“[26]) gestaltet die Datenübermittlung an und über **Europol** näher aus, insbesondere durch Verfahrensvorschriften, stellt aber schon mangels Regelungskompetenz der EU keine eigenen Datenübermittlungsbefugnisse bereit; diese richten sich vielmehr nach nationalem Recht.[27] Schließen bestehen weitere völkerrechtliche Abkommen, insbesondere bilateraler Art für die polizeiliche Zusammenarbeit,[28] unter denen auch Informationen ausgetauscht werden können.[29] 8

B. Kommentierung im Einzelnen

I. Übermittlung ins EU-Ausland (Abs. 1)

§ 26 Abs. 1 S. 1 BKAG ordnet die entsprechende Anwendung der Vorschriften über die innerstaatliche Datenübermittlung auf die Datenübermittlung an Stellen in EU-Mitgliedstaaten sowie an zwischen- und überstaatliche Stellen auf EU-Ebene an. Damit wird die Datenübermittlung innerhalb der EU **der innerstaatlichen gleichgestellt.**[30] Die Voraussetzungen der Übermittlung nach § 26 Abs. 1 S. 1 Nr. 1 BKAG ergeben sich aus § 25 BKAG je nachdem, ob der Empfänger eine öffentliche Stelle (dann: § 25 Abs. 2; → § 25 Rn. 33 ff.) oder eine nichtöffentliche Stelle (dann: § 25 Abs. 3, 4; → § 25 Rn. 41 ff.) ist. Während die nichtöffentliche Stelle so wie bei § 25 BKAG verstanden werden kann (→ § 25 Rn. 42), ist für den Begriff der öffentlichen Stelle auf die Definition der zuständigen Behörde aus Art. 3 Nr. 8 DSRL-JI zurückzugreifen.[31] Zuständige Behörden sind demnach die staatlichen Stellen, die für die Verhütung, Ermittlung, Aufdeckung oder Verfolgung von Straftaten oder die Strafvollstreckung, einschließlich des Schutzes vor und der Abwehr von Ge- 9

16 Vgl. ausführlich zu den Vorgängerregelungen mwN Kugelmann in Böse (Hrsg.), Europäisches Strafrecht mit polizeilicher Zusammenarbeit (EnzEuR XI), 2. Aufl. 2021, § 17 Rn. 93 ff.; Esser ebd., § 19 Rn. 4 ff.; Sieber/Satzger/von Heintschel-Heinegg/Eisele, Europäisches Strafrecht, 2. Aufl. 2014, § 49 Rn. 21 ff.

17 Überblick bei Lisken/Denninger/Aden, HdbPolR, M Rn. 28 ff.; Schmidt, Der Grundsatz der Verfügbarkeit, 2018, S. 10 ff.

18 Zur Abgrenzung zwischen Amts- und Rechtshilfe mwN Ambos/König/Rackow/Gronke Rechtshilferecht in Strafsachen, 2. Aufl. 2020, 3. Abschn. Rn. 9 ff.; Schmidt, Der Grundsatz der Verfügbarkeit, 2018, S. 7 ff.

19 Übereinkommen zur Durchführung des Übereinkommens von Schengen v. 14.6.1985 zwischen den Regierungen der Staaten der Benelux-Wirtschaftsunion, der Bundesrepublik Deutschland und der Französischen Republik betreffend den schrittweisen Abbau der Kontrollen an den gemeinsamen Grenzen (BGBl. II 1993 S. 1013). Das sog. Schengener Durchführungsübereinkommen (SDÜ) wurde mit dem Protokoll zur Einbeziehung des Schengen-Besitzstandes in den Rahmen der Europäischen Union (ABl. 1997 C 340, S. 93), dem sog. Schengen-Protokoll in den Rechtsrahmen der EU überführt; zum Informationsaustausch nach Art. 95–100 SDÜ Böse, Der Grundsatz der Verfügbarkeit von Informationen in der strafrechtlichen Zusammenarbeit der Europäischen Union, 2007, S. 30 ff.; Kugelmann in Böse (Hrsg.), Europäisches Strafrecht mit polizeilicher Zusammenarbeit (EnzEuR XI), 2. Aufl. 2021, § 17 Rn. 94 f.

20 https://www.eulisa.europa.eu/Newsroom/News/Pages/Revised-timeline-for-the-implementation-of-Interoperability.aspx.

21 Ursprünglich als völkerrechtlicher Vertrag außerhalb des EU-Rechtsrahmens zwischen Belgien, Deutschland, Frankreich, Luxemburg, Österreich Spanien und den Niederlanden geschlossen (Vertrag v. 27.5.2005, BGBl. II 2006 S. 626); näher Papayannis ZEuS 2008, 219 (229 ff.).

22 Vgl. ErwG 1 des Beschlusses 2008/615/JI des Rates v. 23.6.2008 zur Vertiefung der grenzüberschreitenden Zusammenarbeit, insbesondere zur Bekämpfung des Terrorismus und der grenzüberschreitenden Kriminalität (ABl. 2008 L 210, S. 1).

23 Schmidt, Der Grundsatz der Verfügbarkeit, 2018, S. 62 ff.; Böse, Der Grundsatz der Verfügbarkeit von Informationen in der strafrechtlichen Zusammenarbeit der Europäischen Union, 2007, S. 39 ff.; Meyer NStZ 2008, 188 (191 ff.); Papayannis ZEuS 2008, 219 (225 ff.).

24 Näher mwN Schmidt, Der Grundsatz der Verfügbarkeit, 2018, S. 45 ff.

25 Näher mwN Schmidt, Der Grundsatz der Verfügbarkeit, 2018, S. 73 ff.

26 Verordnung (EU) 2016/794 des Europäischen Parlaments und des Rates v. 11.5.2016 über die Agentur der Europäischen Union für die Zusammenarbeit auf dem Gebiet der Strafverfolgung (Europol) und zur Ersetzung und Aufhebung der Beschlüsse 2009/371/JI, 2009/934/JI, 2009/935/JI, 2009/936/JI und 2009/968/JI des Rates
(ABl. L 135, S. 53).

27 Vgl. nur Schenke/Graulich/Ruthig/Ruthig EuropolG § 1 Rn. 1, 4; Lisken/Denninger/Aden, HdbPolR, M Rn. 100 ff., insbes. Rn. 121.

28 Überblick bei Lisken/Denninger/Aden, HdbPolR, M Rn. 48 ff.; Kastler, Föderaler Rechtsschutz, 2017, S. 38.

29 Kritisch Kastler, Föderaler Rechtsschutz, 2017, S. 214 ff.

30 BT-Drs. 18/11163, 105.

31 Schenke/Graulich/Ruthig/Ruthig BKAG § 26 Rn. 19.

fahren für die öffentliche Sicherheit, zuständig sind (lit. a) oder der durch das Recht der Mitgliedstaaten die Ausübung öffentlicher Gewalt und hoheitlicher Befugnisse zur Verhütung, Ermittlung, Aufdeckung oder Verfolgung von Straftaten oder zur Strafvollstreckung, einschließlich des Schutzes vor und der Abwehr von Gefahren für die öffentliche Sicherheit, übertragen wurde (lit. b). Der Regelfall des Abs. 1 S. 1 Nr. 1 stellt die Übermittlung an Polizei- und Strafverfolgungsbehörden dar, wie sie in Art. 2 lit. a RB 2006/960/JI genannt sind.[32]

10 Nach Abs. 1 S. 1 Nr. 2 können Empfänger zudem zwischen- und überstaatliche Stellen der EU oder deren Mitgliedstaaten sein, die mit Aufgaben der Verhütung und Verfolgung von Straftaten befasst sind. Hauptanwendungsfall der Nr. 2 ist **Europol**, wenngleich alle auf Grundlage der Art. 82 ff. und Art. 87 ff. AEUV eingerichteten Stellen[33] wie **Eurojust** und die **Europäische Staatsanwaltschaft** (EuStA) erfasst sind. Da die EuStA ihre Tätigkeit zum 1.6.2021 aufgenommen hat,[34] dürfte die Datenübermittlung in diese Richtung künftig zunehmen.

11 Mit der Datenübermittlung geht eine **Zweckänderung** einher, deren Zulässigkeit sich über den Verweis auf § 25 und damit auf § 12 Abs. 2–4 BKAG nach dem Grundsatz der hypothetischen Datenneuerhebung bemisst.[35] Wenngleich das Doppeltürmodell auch auf die innerunionale Übermittlung anwendbar ist,[36] können nicht die gleichen verfassungsrechtlichen Anforderungen an die Abrufbefugnis im Recht der EU bzw. des EU-Mitgliedstaats wie an innerstaatliche Abrufbefugnisse gestellt werden. Jedoch ergeben sich dessen Anforderungen zumindest teilweise aus dem Unionsrecht.[37] Insbesondere verlangt Art. 4 Abs. 1 lit. b, Abs. 2 DSRL-JI eine Rechtsgrundlage, die einen bestimmten Zweck für die Verarbeitung vorsieht, und dass die Verarbeitung in Bezug auf diesen Zweck erforderlich und nicht übermäßig ist.[38]

12 **1. Verantwortlichkeit für die Übermittlung ins EU-Ausland (Abs. 1 S. 2).** § 26 Abs. 1 S. 2 BKAG schreibt die datenschutzrechtliche **Verantwortung des BKA** für Übermittlungen ins EU-Ausland fest. Damit gibt der Gesetzgeber die der Gleichstellung widersprechende Differenzierung zwischen Übermittlungen auf Ersuchen und Spontanübermittlungen auf.[39] Das BKA muss jedoch stets die **Übermittlungsbeschränkungen des § 28 Abs. 1–2 BKAG prüfen** (→ § 28 Rn. 5 ff.).

13 **2. Vorrang der §§ 97a ff. IRG (Abs. 1 S. 3).** Nach § 26 Abs. 1 S. 3 BKAG bleiben die Vorschriften über die internationale Rechtshilfe in strafrechtlichen Angelegenheiten unberührt. Obgleich sich dies bereits aus § 3 Abs. 3 S. 2 Nr. 1 BKAG ergibt (→ § 3 Rn. 30), wollte der Gesetzgeber den Vorrang des IRG auch für die Datenübermittlung festschreiben.[40] Die **§§ 97a ff. IRG**, die auf die **§§ 77c-77h IRG** verweisen, wurden ebenfalls zur Umsetzung der DSRL-JI eingeführt.[41] Sie sind nach § 97a Abs. 1 IRG anzuwenden auf personenbezogene Daten, die an Mitgliedstaaten der EU, für welche die DSRL-JI gilt, oder an Organe, Einrichtungen, Ämter und Agenturen der EU übermittelt oder empfangen werden. Allein nach dem Wortlaut des § 97a Abs. 1 IRG, der auf die DSRL-JI verweist, sowie des § 77d Abs. 1 Nr. 1 IRG („zur Abwehr von Gefahren") könnte das IRG vorrangig auf die unionsweite Datenübermittlung zu präventiven Zwecken anwendbar sein. Dagegen spricht neben dem Willen des Gesetzgebers, der §§ 77c ff. IRG ausdrücklich zur Ergänzung der datenschützenden Vorschriften der StPO und des OWiG eingeführt hat,[42] die systematische Stellung im IRG.[43] Denn der Anwendungsbereich des IRG ist von vornherein auf den Rechtshilfeverkehr mit dem Ausland in strafrechtlichen Angelegenheiten beschränkt. Hierunter fällt nach § 1 Abs. 2 IRG nur die Verfolgung von Straftaten bzw. Ordnungswidrigkeiten im Einzelfall, nicht aber die Gefahrenabwehr.[44]

14 **3. Vorrang besonderer völkerrechtlicher Vereinbarungen (Abs. 1 S. 4).** § 26 Abs. 1 S. 4 BKAG normiert den Vorrang spezieller völkerrechtlicher Regelungen für die Datenübermittlung durch das BKA an Polizeibehörden oder sonstige für die Straftatenverhütung und -verfolgung zuständige öffentliche Stellen der EU-Mitgliedstaaten. Erfasst werden insbesondere Datenübermittlungen auf der Grundlage des **SDÜ**[45] und der bilateralen Polizeiabkommen (→ Rn. 8). Sie sind zwar speziellere, aber keine abschließenden Regelungen, dh

32 BT-Drs. 18/11163, 105.
33 BT-Drs. 18/11163, 105.
34 https://www.consilium.europa.eu/de/policies/eppo/.
35 BT-Drs. 18/11163, 105.
36 Schenke/Graulich/Ruthig/Ruthig BKAG § 26 Rn. 17.
37 In diese Richtung wohl auch HdbVerfR/Bäcker § 28 Rn. 135.
38 HdbVerfR/Bäcker § 28 Rn. 137.
39 BT-Drs. 18/11163, 105.
40 BT-Drs. 18/11163, 106.
41 Eingeführt mWv 26.11.2019 durch Gesetz v. 20.11.2019 (BGBl. I S. 1724), vgl. BT-Drs. 19/4671, 46 f.
42 BT-Drs. 19/4671, 46 f.
43 Diese ergänzen nämlich die strafprozessualen Datenschutzregelungen nur, vgl. Schomburg/Ladogndy/Trautmann, Internationale Rechtshilfe in Strafsachen, 6. Aufl. 2020, IRG Vor § 77c Rn. 6; Trautmann ebd., IRG Vor § 92 Rn. 5.
44 Schomburg/Lagodny/Riegel, Internationale Rechtshilfe in Strafsachen, 6. Aufl. 2020, IRG § 1 Rn. 10 f.; wohl auch Ambos/König/Rackow/Ambos/Poschadel Rechtshilferecht in Strafsachen, 2. Aufl. 2020, IRG § 1 Rn. 37.
45 BT-Drs. 13/1550, 31 f.

sie sperren den Rückgriff auf § 26 Abs. 1 S. 4 BKAG auch dann nicht, wenn ihre Anforderungen formal nicht erfüllt sind, zB wenn dem Ersuchen nicht alle notwendigen Informationen beigefügt sind.[46]

II. Übermittlung an Schengen-assoziierte Staaten (Abs. 2)

§ 26 Abs. 2 BKAG erweitert den Anwendungsbereich des Abs. 1 auf die Schengen-assoziierten Staaten. Die Vorschrift entspricht dem früheren § 14a Abs. 6 BKAG aF und verdeutlicht, dass die **Grundsätze der Verfügbarkeit und Gleichbehandlung** (→ § 26 Rn. 6) Teil des Schengen-Acquis sind.[47] Die Staaten, welche die Bestimmungen des Schengen-Besitzstandes aufgrund eines Assoziierungsübereinkommens mit der EU anwenden, sind derzeit **Island, Norwegen**, die **Schweiz** und **Liechtenstein**.[48] 15

§ 27 Datenübermittlung im internationalen Bereich

(1) ¹Das Bundeskriminalamt kann unter Beachtung des § 12 Absatz 2 bis 4 und unter Beachtung der §§ 78 bis 80 des Bundesdatenschutzgesetzes an Polizei- und Justizbehörden sowie an sonstige für die Verhütung oder Verfolgung von Straftaten zuständige öffentliche Stellen in anderen als den in § 26 Absatz 1 genannten Staaten (Drittstaaten) und an andere als die in § 26 Absatz 1 genannten zwischen- und überstaatlichen Stellen, die mit Aufgaben der Verhütung oder Verfolgung von Straftaten befasst sind, personenbezogene Daten übermitteln, soweit dies erforderlich ist

1. zur Erfüllung einer ihm obliegenden Aufgabe,
2. zur Verfolgung von Straftaten und zur Strafvollstreckung nach Maßgabe der Vorschriften über die internationale Rechtshilfe in strafrechtlichen Angelegenheiten oder der Vorschriften über die Zusammenarbeit mit dem Internationalen Strafgerichtshof oder
3. zur Abwehr einer im Einzelfall bestehenden erheblichen Gefahr für die öffentliche Sicherheit.

²Entsprechendes gilt, wenn Anhaltspunkte dafür vorliegen, dass Straftaten von erheblicher Bedeutung begangen werden sollen.

(2) Mit Zustimmung des Bundesministeriums des Innern, für Bau und Heimat kann das Bundeskriminalamt gespeicherte nicht personenbezogene Daten, die der Suche nach Sachen dienen (Sachfahndung), für zentrale Polizeibehörden anderer Staaten nach Maßgabe zwischenstaatlicher Vereinbarungen zum Abruf im automatisierten Verfahren zur Sicherstellung von gestohlenen, unterschlagenen oder sonst abhanden gekommenen Sachen bereithalten.

(3) ¹Für Daten, die zu Zwecken der Fahndung nach Personen oder der polizeilichen Beobachtung, Ermittlungsanfrage oder gezielten Kontrolle gespeichert sind, ist die Einrichtung eines automatisierten Abrufverfahrens nach Absatz 2 mit Zustimmung des Bundesministeriums des Innern, für Bau und Heimat im Benehmen mit den Innenministerien und Senatsinnenverwaltungen der Länder unter Beachtung des § 12 Absatz 2 bis 4 zulässig, soweit

1. tatsächliche Anhaltspunkte dafür vorliegen, dass die Abrufe zur Verhinderung und Verfolgung von Straftaten von erheblicher Bedeutung sowie zur Abwehr von Gefahren für die öffentliche Sicherheit erforderlich sind,
2. diese Form der Datenübermittlung unter Berücksichtigung der schutzwürdigen Interessen der betroffenen Personen wegen der Vielzahl der Übermittlungen oder wegen ihrer besonderen Eilbedürftigkeit angemessen ist und
3. der Empfängerstaat das Übereinkommen des Europarates über den Schutz des Menschen bei der automatisierten Verarbeitung personenbezogener Daten vom 28. Januar 1981 (BGBl. 1985 II S. 538) ratifiziert hat oder ein gleichwertiger Schutz gewährleistet ist und eine Kontrollinstanz besteht, die die Gewährleistung des Datenschutzes unabhängig überwacht.

²Wird das Abrufverfahren für einen längeren Zeitraum als drei Monate eingerichtet, bedarf die Vereinbarung der Mitwirkung der gesetzgebenden Körperschaften nach Artikel 59 Absatz 2 des Grundgesetzes. ³Die empfangende Stelle ist darauf hinzuweisen, dass sie die Daten für Ausschreibungen zur Fahndung nur nach Vorliegen eines Rechtshilfeersuchens nutzen darf.

46 BT-Drs. 17/5096, 24 f.; Schenke/Graulich/Ruthig/Ruthig BKAG § 26 Rn. 22 nimmt sogar ein Wahlrecht der übermittelnden Stelle an.
47 BT-Drs. 18/11163, 106.
48 ErwG 101, 103 DSRL-JI.

(4) [1]Die regelmäßige, im Rahmen einer systematischen Zusammenarbeit erfolgende Übermittlung personenbezogener Daten an internationale Datenbestände ist zulässig nach Maßgabe von Rechtsakten der Europäischen Union und völkerrechtlicher Verträge, die der Mitwirkung der gesetzgebenden Körperschaften nach Artikel 59 Absatz 2 des Grundgesetzes bedürfen. [2]Entsprechendes gilt, wenn durch das Bundesministerium des Innern, für Bau und Heimat im Einzelfall im Benehmen mit der oder dem Bundesbeauftragten für den Datenschutz und die Informationsfreiheit festgestellt wird, dass durch die Nutzung datenschutzfreundlicher und datenminimierender Vorkehrungen die schutzwürdigen Belange der betroffenen Personen nicht überwiegen.

(5) Das Bundeskriminalamt kann als Nationales Zentralbüro der Bundesrepublik Deutschland für die Internationale Kriminalpolizeiliche Organisation personenbezogene Daten an das Generalsekretariat der Organisation unter den Voraussetzungen des Absatzes 1 übermitteln, soweit dies zur weiteren Übermittlung der Daten an andere Nationale Zentralbüros oder an die in Absatz 1 genannten Stellen geboten oder zu Zwecken der Informationssammlung und Auswertung durch das Generalsekretariat erforderlich ist.

(6) [1]Das Bundeskriminalamt kann unter Beachtung des § 12 Absatz 2 bis 4 personenbezogene Daten an Dienststellen der Stationierungsstreitkräfte im Rahmen des Artikels 3 des Zusatzabkommens zu dem Abkommen zwischen den Parteien des Nordatlantikvertrages über die Rechtsstellung ihrer Truppen hinsichtlich der in der Bundesrepublik Deutschland stationierten ausländischen Streitkräfte vom 3. August 1959 (BGBl. 1961 II S. 1183) übermitteln, wenn dies zur rechtmäßigen Erfüllung der in deren Zuständigkeit liegenden Aufgaben erforderlich ist. [2]§ 78 Absatz 2 des Bundesdatenschutzgesetzes gilt entsprechend.

(7) [1]Die Verantwortung für die Zulässigkeit der Übermittlung trägt das Bundeskriminalamt. [2]§ 25 Absatz 4 Satz 2 gilt entsprechend. [3]Das Bundeskriminalamt hat die Übermittlung und ihren Anlass aufzuzeichnen. [4]Die empfangende Stelle personenbezogener Daten ist darauf hinzuweisen, dass sie nur zu dem Zweck genutzt werden dürfen, zu dem sie übermittelt worden sind. [5]Ferner ist ihr der beim Bundeskriminalamt vorgesehene Löschungszeitpunkt mitzuteilen.

(8) [1]Das Bundeskriminalamt kann unter den Voraussetzungen des § 81 des Bundesdatenschutzgesetzes und unter Beachtung des § 12 Absatz 2 bis 4 Daten an die in § 81 des Bundesdatenschutzgesetzes genannten Stellen übermitteln. [2]Zusätzlich kann es unter den Voraussetzungen des Satzes 1 an andere als die in Absatz 1 genannten zwischen- und überstaatlichen Stellen personenbezogene Daten übermitteln, soweit dies erforderlich ist

1. zur Erfüllung einer ihm obliegenden Aufgabe oder
2. zur Abwehr einer im Einzelfall bestehenden erheblichen Gefahr für die öffentliche Sicherheit.

[3]Entsprechendes gilt, wenn tatsächliche Anhaltspunkte dafür vorliegen, dass Straftaten von erheblicher Bedeutung begangen werden sollen.

A. Allgemeines

I. Überblick und Genese

1 § 27 BKAG setzt die Aufgabe des BKA zur internationalen Zusammenarbeit aus § 3 BKAG (→ § 3 Rn. 10 ff.) um. Der Vorschrift teilweise nachgebildete Parallelnormen finden sich im Bundes- und Landesrecht.[1] § 27 BKAG regelt die Datenübermittlung an sog. Drittstaaten sowie über- und zwischenstaatliche Stellen **außerhalb der EU und des Schengenraums.** Anders als § 25 und § 26 ist § 27 BKAG auf die internationale Datenübermittlung zu **präventiven und repressiven Zwecken** anwendbar.[2] § 27 gilt auch für die deutschen **Verbindungsbeamten**, die an zwischen- und überstaatliche Stellen (insbesondere Interpol) abgeordnet sind.[3]

2 § 27 Abs. 1 BKAG enthält eine **Generalklausel** und die Abs. 2–7 regeln **spezielle Anwendungsfälle.**[4] Abs. 2 enthält Vorgaben für Sachfahndungen, Abs. 3 für die Einrichtung automatisierter Abrufverfahren, Abs. 4 für den Datenaustausch im Rahmen einer systematischen Zusammenarbeit. Abs. 5 regelt die Übermittlung an Interpol und Abs. 6 an Stationierungsstreitkräfte. Abs. 7 normiert die datenschutzrechtliche Verantwortung des BKA sowie verfahrensrechtliche Sicherungen. Abs. 8 enthält eine Befugnis zur Datenübermittlung an zwischen- und überstaatliche Stellen, die nicht mit Aufgaben der Verhütung oder Verfolgung von Straftaten befasst sind.[5]

3 Übermittlungen ins EU-Ausland müssen die **Übermittlungsverbote und Verweigerungsgründe** des § 28 Abs. 1 und 2 BKAG beachten (→ § 28 Rn. 5 ff.).

II. Verfassungsrechtliche Vorgaben

4 Anders als für die Datenübermittlung in das EU-Ausland hat das **Bundesverfassungsgericht** in den **Urteilen zum BKAG und zum BNDG** ausdrücklich Vorgaben für die Datenübermittlung in sog. Drittstaaten (→ Rn. 16) gemacht. Sie treten neben die unionsrechtlichen Anforderungen der DSRL-JI (→ Rn. 6 ff.), da diese nur eine Mindestharmonisierung vorsieht (→ § 25 Rn. 20).[6]

5 Ausgangspunkt der verfassungsrechtlichen Rechtsprechung ist die Feststellung, dass auch die Datenübermittlung an ausländische und überstaatliche Stellen einen Grundrechtseingriff darstellt und grundsätzlich an den Grundrechten des Grundgesetzes zu messen ist.[7] Die deutschen Hoheitsträger bleiben gem. Art. 1 Abs. 3 GG an die Grundrechte gebunden, auch wenn sie nur Folgemaßnahmen der ausländischen Kooperationspartner vorbereiten oder ermöglichen.[8] Die materiellen grundrechtlichen Anforderungen werden aber angepasst,[9] so dass „mit Blick auf die Achtung fremder Rechtsordnungen und -anschauungen **eigene verfassungsrechtliche Bedingungen**" für die Datenübermittlung an Nicht-EU-Staaten gelten.[10] Für die Übermittlung von Daten ins Ausland verlangt das Bundesverfassungsgericht, dass die Grenzen des Grundgesetzes für die inländische Datenerhebung und -verarbeitung durch einen Austausch mit ausländischen Sicherheitsbehörden nicht in ihrer Substanz unterlaufen werden.[11] Der Gesetzgeber muss dafür sorgen, dass **elementare rechtsstaatliche Grundsätze, insbesondere die Menschenwürde (Art. 1 Abs. 1 GG), nicht verletzt** werden.[12] Die Übermittlung ins Ausland bedarf einer eigenen, normenklaren und hinreichend bestimmten Rechtsgrundlage[13] und muss verhältnismäßig sein.[14] Sie darf nur zu hinreichend gewichtigen Zwecken erfolgen, die übermittelnde Stelle hat sich über einen rechtsstaatlichen Umgang mit diesen Daten im Empfängerstaat zu vergewissern und eine wirksame inländische Kontrolle sicherzustellen, was in normenklaren Rechts-

1 Vgl. §§ 32 Abs. 3, 33 BPolG; §§ 23, 67 ZFdG; § 61 PolG BW; Art. 58 BayPAG; § 44 Abs. 3 BerlASOG; § 43 BbgPolG; §§ 66–70 BremPolG; §§ 43–46 HbgPolDVG; § 23 HessSOG; §§ 39d-39h SOG MV; § 43 NdsPOG; § 29 PolG NRW; § 59 POG RhPf; § 25 SaarlPolG iVm §§ 49–52 SaarPolDVG; § 90 SächsPVDG; § 27 Abs. 2–4 SOG LSA; § 193 Abs. 2 LVwG SH iVm §§ 54–57 LDSG SH; § 41c ThürPAG.
2 Schenke/Graulich/Ruthig/Ruthig BKAG § 27 Rn. 3.
3 BT-Drs. 17/5354, 17 f.
4 Schenke/Graulich/Ruthig/Ruthig BKAG § 27 Rn. 3.
5 BT-Drs. 18/11163, 107.
6 Lisken/Denninger/Müller/Schwabenbauer, HdbPolR, G Rn. 917.
7 BVerfG Urt. v. 20.4.2016 – 1 BvR 966/09 ua –, BVerfGE 141, 220 (341 f., Rn. 325); Urt. v. 19.5.2020 – 1 BvR 2835/17 –, BVerfGE 154, 152 (266, Rn. 212).
8 HdbVerfR/Bäcker § 28 Rn. 175.
9 HdbVerfR/Bäcker § 28 Rn. 175; Lisken/Denninger/Müller/Schwabenbauer, HdbPolR, G Rn. 267.
10 BVerfG Urt. v. 20.4.2016 – 1 BvR 966/09 ua –, BVerfGE 141, 220 (341, Rn. 324) – Hervorhebungen nicht im Original.
11 BVerfG Urt. v. 20.4.2016 – 1 BvR 966/09 ua –, BVerfGE 141, 220 (342, Rn. 327).
12 BVerfG Urt. v. 20.4.2016 – 1 BvR 966/09 ua –, BVerfGE 141, 220 (342, Rn. 327); Beschl. v. 21.6.2016 – 2 BvR 637/09 –, BVerfGE 142, 234 (254, Rn. 34); Urt. v. 19.5.2020 – 1 BvR 2835/17 –, BVerfGE 154, 152 (275, Rn. 237).
13 BVerfG Urt. v. 19.5.2020 – 1 BvR 2835/17 –, BVerfGE 154, 152 (266, Rn. 213 ff.).
14 BVerfG Urt. v. 20.4.2016 – 1 BvR 966/09 ua –, BVerfGE 141, 220 (327, Rn. 286); Urt. v. 19.5.2020 – 1 BvR 2835/17 –, BVerfGE 154, 152 (266, Rn. 216).

grundlagen des deutschen Rechts vorzusehen ist.[15] Welche Zwecke hinreichend gewichtig sind, bestimmt sich nach dem Kriterium der **hypothetischen Datenneuerhebung** (→ § 25 Rn. 30),[16] wobei bei der Frage der Erforderlichkeit für den neuen Verwendungszweck die **Eigenständigkeit der ausländischen Rechtsordnung** und deren Wertungen zu berücksichtigen ist.[17] Während für die Übermittlung durch den BND verfassungsrechtlich qualifizierte Übermittlungsschwellen gefordert sind, weil die Datenerhebung im Rahmen der Ausland-Auslands-Aufklärung keine nachprüfbaren Eingriffsschwellen voraussetzt,[18] stellt sich die **Situation für das BKA** anders dar, weil das BKA Daten von vornherein nur bei Vorliegen bestimmter Eingriffsschwellen erheben darf (→ § 9 Rn. 32f.). Der rechtsstaatliche Umgang mit Daten setzt insbesondere ein angemessenes datenschutzrechtliches Niveau im Empfängerstaat voraus.[19] Insoweit nähert sich das Bundesverfassungsgericht den Anforderungen des Europäischen Gerichtshofs für Menschenrechte und des Europäischen Gerichtshofs an.[20] Die für das Ausland geltenden Standards sind auch dann anzuwenden, wenn deutsche Behörden den Zugriff ausländischer Behörden auf im Inland gespeicherte Daten ermöglichen.[21]

III. Unionsrechtliche Vorgaben

6 Art. 35–40 DSRL-JI machen Vorgaben für die Datenübermittlung in sog. Drittstaaten, um zu verhindern, dass das hohe unionsinterne Datenschutzniveau durch Übermittlung der Daten ins Ausland unterlaufen wird.[22] Zunächst müssen die allgemeinen Rechtmäßigkeitsvoraussetzungen der Datenverarbeitung eingehalten werden (1. Stufe). Zu diesen treten die besonderen Voraussetzungen des Art. 35 Abs. 1 DSRL-JI hinzu (2. Stufe), so dass von einer **Zweistufenprüfung** gesprochen wird.[23] Für die zweite Stufe müssen zunächst die allgemeinen Übermittlungsvoraussetzungen der Art. 35 Abs. 1 lit. a–lit. c, lit. e DSRL-JI vorliegen und außerdem gem. Art. 35 Abs. 1 lit. d einer der Tatbestände der Art. 36, 37 oder 38 DSRL-JI erfüllt sein. Hat die Kommission einen Angemessenheitsbeschluss nach Art. 36 Abs. 3 DSRL-JI gefasst,[24] ist dieser vorrangig anzuwenden. Liegt kein solcher Beschluss vor, dürfen die Daten übermittelt werden, wenn geeignete Garantien iSd Art. 37 DSRL-JI vorliegen oder eine Ausnahme des Art. 38 DSRL-JI einschlägig ist. Während Art. 36 und 37 DSRL-JI weitgehend ihren Parallelregelungen in Art. 45 und 46 DS-GVO entsprechen, sind die Ausnahmen für die Datenübermittlung im Einzelfall in Art. 38 DSRL-JI weiter als die in Art. 49 DS-GVO.[25] Die Art. 35–40 DSRL-JI sind in §§ 78–81 BDSG umgesetzt, auf die § 27 Abs. 1, 8 BKAG verweisen.

7 **1. Allgemeine Grundsätze des Art. 35 DSRL-JI.** Nach Art. 35 Abs. 1 lit. a DSRL-JI muss die Übermittlung für die in Art. 1 Abs. 1 DSRL-JI, § 45 BDSG genannten Zwecke (→ § 25 Rn. 22) **erforderlich** sein. An die Erforderlichkeit ist nach der Rechtsprechung des Europäischen Gerichtshofs ein **strenger Maßstab** anzulegen.[26] Nach lit. b kann Empfänger nur ein Verantwortlicher in einem Drittland oder einer internationalen Organisation sein, die eine für die in Art. 1 Abs. 1 DSRL-JI, § 45 BDSG genannten Zwecke **zuständige Behörde** ist. Darunter fallen alle Behörden, die zumindest auch für die Strafverfolgung oder Gefahrenabwehr zuständig sind und nach dem konkreten Verarbeitungszweck Daten für die Strafverfolgung oder straftatenbezogene Gefahrenabwehr (→ § 25 Rn. 22) verarbeiten.[27]

8 Wurden die Daten der übermittelnden Stelle zuvor aus einem anderen Mitgliedstaat übermittelt, muss der Ursprungsstaat die Übermittlung zuvor im Einklang mit seinem nationalen Recht genehmigen (Art. 35 Abs. 1 lit. c DSRL-JI). Von dieser **grundsätzlichen Genehmigungspflicht** kann nach Art. 35 Abs. 2 S. 1 DSRL-JI, § 78 Abs. 3 S. 2 BDSG abgesehen werden, wenn die Übermittlung der Daten erforderlich ist, um eine **unmittelbare und ernsthafte Gefahr** für die öffentliche Sicherheit eines Mitgliedstaates oder eines Drittlandes oder für die wesentlichen Interessen eines Mitgliedstaats abzuwehren und die vorherige Genehmi-

15 BVerfG Urt. v. 20.4.2016 – 1 BvR 966/09 ua –, BVerfGE 141, 220 (342, Rn. 329).
16 BVerfG Urt. v. 20.4.2016 – 1 BvR 966/09 ua –, BVerfGE 141, 220 (345, Rn. 335); Urt. v. 19.5.2020 – 1 BvR 2835/17 –, BVerfGE 154, 152 (266 f., Rn. 216 f.).
17 BVerfG Urt. v. 20.4.2016 – 1 BvR 966/09 ua –, BVerfGE 141, 220 (345, Rn. 335).
18 BVerfG Urt. v. 19.5.2020 – 1 BvR 2835/17 –, BVerfGE 154, 152 (267 ff., Rn. 218 ff.).
19 BVerfG Urt. v. 20.4.2016 – 1 BvR 966/09 ua –, BVerfGE 141, 220 (343, Rn. 331); Urt. v. 19.5.2020 – 1 BvR 2835/17 –, BVerfGE 154, 152 (274, Rn. 235; 275 f., Rn. 239 ff.).
20 Schantz/Wolff/Schantz, Das neue Datenschutzrecht, 2017, Rn. 805; übermittlungsfreundlicher Lisken/Denninger/Müller/Schwabenbauer, HbdPolR, G Rn. 270.
21 BVerfG Beschl. v. 21.6.2016 – 2 BvR 637/09 –, BVerfGE 142, 234 (253, Rn. 33).
22 Ausdrücklich Art. 44 S. 2 DSRL-JI; näher Kühling/Buchner/Schröder DS-GVO/BDSG, 3. Aufl. 2020, DS-GVO Art. 44 Rn. 22.
23 Kühling/Buchner/Schwichtenberg DS-GVO/BDSG, 3. Aufl. 2020, BDSG § 78 Rn. 4 f.
24 Vgl. nur mwN Paal/Pauly/Pauly DS-GVO/BDSG, 3. Aufl. 2021, DS-GVO Art. 45 Rn. 4 ff.; Ehmann/Selmayr/Zerdick DS-GVO, 2. Aufl. 2018, Art. 45 Rn. 4 ff.; zur Datenübermittlung kritisch Karg VuR 2017, 457 ff.
25 Auernhammer/Herbst DS-GVO/BDSG, 7. Aufl. 2020, DSRL-JI Rn. 25.
26 Lisken/Denninger/Müller/Schwabenbauer, HdbPolR, G Rn. 918, mwN.
27 Lisken/Denninger/Müller/Schwabenbauer, HdbPolR, G Rn. 919.

gung nicht rechtzeitig eingeholt werden kann.[28] Nach Art. 35 Abs. 2 S. 2 DSRL-JI, § 78 Abs. 3 S. 3 BDSG ist das Ursprungsland unverzüglich zu benachrichtigen. Nach Art. 35 Abs. 1 lit. d DSRL-JI muss ein Angemessenheitsbeschluss der Kommission oder geeignete Garantien nach Art. 37 DSRL-JI vorliegen oder eine Ausnahme des Art. 38 DSRL-JI einschlägig sein. Im Fall der **Weiterübermittlung** hat die übermittelnde Stelle sicherzustellen, dass die Weiterübermittlung durch den Empfänger an ein anderes Drittland oder eine andere internationale Organisation unter dem **Vorbehalt der Genehmigung** durch die übermittelnde Stelle steht (vgl. Art. 35 Abs. 1 lit. e S. 1 DSRL-JI, § 78 Abs. 4 S. 1 BDSG). Bei der Entscheidung über die Genehmigung der Weiterübermittlung ist die übermittelnde Stelle nicht frei, sie muss die von Art. 35 Abs. 1 lit. e S. 2 DSRL-JI, § 78 Abs. 4 S. 2 BDSG vorgegebenen Faktoren für ein angemessenes Schutzniveau im dem anderen Drittstaat berücksichtigen.[29]

Der Wortlaut des § 78 Abs. 4 S. 1 BDSG setzt voraus, dass ein **Angemessenheitsbeschluss der Kommission** vorliegt.[30] Dies lässt sich Art. 35 DSRL-JI nicht entnehmen, so dass im Wege der **richtlinienkonformen Auslegung** § 78 Abs. 4 BDSG auch auf Art. 37 und 38 DSRL-JI anzuwenden ist.[31] Vorrangig zu prüfen ist § 78 Abs. 4 S. 3 BDSG,[32] der die Genehmigung der Weiterübermittlung erlaubt, wenn eine **Direktübermittlung** an den Empfänger zulässig wäre[33] und sich damit am **hypothetischen Ersatzeingriff** orientiert. 9

2. Angemessenheitsbeschluss, Art. 36 DSRL-JI, § 78 BDSG. Die Datenübermittlung ins Ausland darf insbesondere erfolgen, wenn die Kommission für den Empfangsstaat einen Angemessenheitsbeschluss nach Art. 36 Abs. 3 DSRL-JI gefasst hat. Die Kommission prüft anhand der in Art. 36 Abs. 2 DSRL-JI genannten Kriterien, ob ein angemessenes Datenschutzniveau vorliegt.[34] Ein solcher Beschluss liegt bislang nur für **Großbritannien** vor.[35] Die Angemessenheitsbeschlüsse nach Art. 45 DS-GVO gelten für die DSRL-JI nicht.[36] 10

3. Geeignete Garantien, Art. 37 DSRL-JI, § 79 BDSG. Daher erfolgt die Übermittlung derzeit vorwiegend aufgrund geeigneter Garantien. Diese können in rechtsverbindlichen Instrumenten (Art. 37 Abs. 1 lit. a DSRL-JI, § 79 Abs. 1 Nr. 1 BDSG) vorgesehen sein oder im Einzelfall unter Beurteilung aller maßgeblichen Umstände durch den Verantwortlichen festgestellt werden (Art. 37 Abs. 1 lit. b DSRL-JI, § 79 Abs. 1 Nr. 2 BDSG).[37] Die **rechtsverbindlichen Abkommen** müssen bestimmte Anforderungen erfüllen, insbesondere müssen sie wirksame verwaltungsrechtliche und gerichtliche Rechtsbehelfe für die Durchsetzung der Rechte der betroffenen Person vorsehen.[38] Diese Anforderungen erfüllen zB die Abkommen zwischen der EU und den USA über Fluggastdatensätze (**PNR-Abkommen**)[39] und Zahlungsverkehrsdaten (**SWIFT-Abkommen**),[40] nicht hingegen das sog. Umbrella-Agreement[41] als bloßes Rahmenabkommen.[42] Vor dem 6.5.2016 geschlossene internationale Übereinkommen, die die Übermittlung personenbezogener Daten in das EU-Ausland erlauben, genießen nach Art. 61 DSRL-JI **Bestandsschutz.**[43] 11

Bei der Einzelfallfeststellung des Art. 37 Abs. 1 lit. b DSRL-JI soll der Verantwortliche nach ErwG 71 S. 3–5 ua berücksichtigen, ob Kooperationsvereinbarungen zwischen Europol und Drittländern bestehen, die Da- 12

28 Ausführlich BeckOK-Datenschutzrecht/Hilgers BDSG § 78 Rn. 46 ff. (2021).
29 BeckOK-Datenschutzrecht/Hilgers BDSG § 78 Rn. 56 (2021).
30 BeckOK-Datenschutzrecht/Hilgers BDSG § 78 Rn. 56 (2021).
31 Für eine analoge Anwendung BeckOK-Datenschutzrecht/Hilgers BDSG § 78 Rn. 57 (2021).
32 Paal/Pauly/Frenzel DS-GVO/BDSG, 3. Aufl. 2021, BDSG § 78 Rn. 20.
33 Kühling/Buchner/Schwichtenberg DS-GVO/BDSG, 3. Aufl. 2020, BDSG § 78 Rn. 8.
34 Für die Übertragbarkeit der Maßstäbe aus Art. 45 DS-GVO BeckOK-Datenschutzrecht/Hilgers BDSG § 79 Rn. 11 (2021); zu diesen vgl. nur BeckOK-Datenschutzrecht/Beck DS-GVO Art. 45 Rn. 18 ff. (2021); Simitis/Hornung/Spiecker gen. Döhmann/Schantz, Datenschutzrecht, 2019, DS-GVO Art. 45 Rn. 7 ff.; Ehmann/Selmayr/Zerdick DS-GVO, 2. Aufl. 2018, Art. 45 Rn. 5 ff.
35 COM(2021) 4801 final.
36 Lisken/Denninger/Müller/Schwabenbauer, HdbPolR, G Rn. 919, Hilgers DÖV 2021, 1074 (1075).
37 Kritisch wegen mangelnder Bestimmtheit der Garantien Kühling/Buchner/Schwichtenberg DS-GVO/BDSG, 3. Aufl. 2020, BDSG § 79 Rn. 2.
38 ErwG 71 S. 2 DSRL-JI; näher mwN Hilgers DÖV 2021, 1074 (1077).
39 ABl. 2012 L 215, S. 5.
40 ABl. 2010 L 195, S. 5.
41 ABl. 2016 L 336, S. 3.
42 BeckOK-Datenschutzrecht/Hilgers BDSG § 79 Rn. 11a ff. (2020); ders. DÖV 2021, 1074 (1077 ff.) weist daraufhin, dass das Umbrella-Agreement zusammen mit dem EU-US-Rechtshilfeabkommen (ABl. 2003 L 181, S. 34) angewendet werden kann.
43 Näher Hilgers DÖV 2021, 1074 (1079).

ten Geheimhaltungspflichten und dem Spezialitätsgrundsatz[44] unterliegen und ob die Daten verwendet werden, um die **Todesstrafe oder Folter** zu beantragen, zu verhängen oder zu vollstrecken.[45] In letzterem Fall sollte der Verantwortliche zusätzliche Garantien verlangen (ErwG 71 S. 6), was das BKA in der Praxis mittels Löschverpflichtungen nach Zweckerreichung, Weiterübermittlungsverboten und Zweckbindungen tut.[46] Für die Einzelfallfeststellung statuieren Art. 37 Abs. 2 und 3 DSRL-JI, § 79 Abs. 2 und 3 BDSG Protokollierungs- und Unterrichtungspflichten.[47]

13 **4. Ausnahmegründe, Art. 38 DSRL-JI, § 80 BDSG.** Daten dürfen ausnahmsweise übermittelt werden, wenn die Übermittlung erforderlich ist **im Einzelfall** für Zwecke des Art. 1 Abs. 1 DSRL-JI, § 45 BDSG oder für Rechtsansprüche, die mit diesen Zwecken in Zusammenhang stehen (Art. 38 Abs. 1 lit. d und e DSRL-JI, § 80 Abs. 1 Nr. 4, 5 BDSG).[48] Mit der Übermittlung zur Abwehr einer unmittelbaren und ernsthaften Gefahr für die öffentliche Sicherheit (Art. 38 Abs. 1 lit. c DSRL-JI, § 80 Abs. 1 Nr. 3 BDSG) wird ein aus dem Rechtshilferecht stammender und in die PJZS übernommener Übermittlungstatbestand aufgegriffen.[49] Schließlich kann die Übermittlung auch zum Schutz lebenswichtiger Interessen einer natürlichen Person (Art. 38 Abs. 1 lit. a DSRL-JI, § 80 Abs. 1 Nr. 1 BDSG) oder zur Wahrung berechtigter Interessen der betroffenen Person erfolgen (Art. 38 Abs. 1 lit. b DSRL-JI, § 80 Abs. 1 Nr. 2 BDSG).[50] Erforderlich ist jeweils eine **Gesamtabwägung,** in die die Grundrechte und Grundfreiheiten der betroffenen Person und das öffentliche Interesse an der Übermittlung einzubeziehen sind (vgl. Art. 38 Abs. 2 DSRL-JI, § 80 Abs. 2 BDSG). Hierbei sind neben den Vorgaben des Unionsrechts auch die Vorgaben des Verfassungsrechts zur Datenübermittlung zu berücksichtigen.[51] Der Ausnahmetatbestand ist **restriktiv auszulegen** und auf den Einzelfall beschränkt; keinesfalls kann er „häufige, umfassende und strukturelle Übermittlungen personenbezogener Daten sowie Datenübermittlungen in großem Umfang" rechtfertigen.[52]

14 **5. Datenübermittlung an sonstige, in Drittländern niedergelassene Empfänger, Art. 39 DSRL-JI, § 81 BDSG.** Schließlich erlaubt Art. 39 DSRL-JI, § 81 BDSG die Datenübermittlung **in speziellen Einzelfällen** direkt an sonstige, auch private Stellen in Drittstaaten, wenn dies zur Strafverfolgung oder Gefahrenabwehr **unbedingt erforderlich** ist. Die Datenübermittlung ist nur unter den strengen[53] Voraussetzungen des Art. 39 Abs. 1 DSRL-JI, § 81 BDSG zulässig. Die Datenübermittlung muss insbesondere die restriktiven Anforderungen an die qualifizierte Erforderlichkeit in einem besonderen Einzelfall erfüllen. Nach ErwG 72 S. 2 DSRL-JI muss diese Ausnahme eng ausgelegt werden, sodass sie weder häufige, umfassende oder strukturelle Datenübermittlungen noch die Übermittlung großer Datenmengen rechtfertigen kann. Auch der Umfang ist auf die zwingend notwendigen Daten zu beschränken. Dies wird zB angenommen, wenn schwere Straftaten für Leib und Leben oder drohende terroristische Anschläge nicht anders abgewendet werden können.[54]

44 Der Spezialitätsgrundsatz ist ein Grundsatz des Rechtshilferechts, normiert in Art. 1 Abs. 1 EuRhÜbk (ABl. C 197, S. 3, ergänzt durch Protokoll ABl. C 326, S. 2), umgesetzt in § 11 IRG, nach dem die durch Rechtshilfe erlangten Informationen nur zu dem ersuchten und bewilligten Zweck verwendet werden dürfen. Der Spezialitätsgrundsatz weist Überschneidungen mit dem Zweckbindungsgrundsatz auf, soll anders als dieser aber vorrangig die Souveränität des ersuchten Staats schützen, vgl. BT-Drs. 9/1338, 46; näher mwN Ambos/König/Rackow/Kubiciel Rechtshilferecht in Strafsachen, 2. Aufl. 2020, 2. Abschn. C Rn. 58 ff.; Grützner/Pötz/Kreß/Gazeas/Vogel/Burchard, Internationale Rechtshilfe in Strafsachen, Kommentar, § 11 (2021) Rn. 16 ff.; Hackner/Schierholt, Internationale Rechtshilfe in Strafsachen, 3. Aufl. 2017, Rn. 95; aus öffentlich-rechtlicher Perspektive Schmidt-Aßmann Der Staat 45 (2006), 315 (334); wenngleich er auch individualschützende Komponenten aufweist, vgl. Schomburg/Lagodny/Hackner IRG § 72 Rn. 16; Vogel/Burchard ebd., § 11 (2021) Rn. 2; Ambos/König/Rackow/Kubiciel Rechtshilferecht in Strafsachen, 2. Aufl. 2020, § 11 Rn. 126; Weigend JuS 2000, 105 (109).

45 Insoweit laufen Unions- und Verfassungsrecht parallel, vgl. zu letzterem BVerfG Urt. v. 20.4.2016 – 1 BvR 966/09 ua –, BVerfGE 141, 220 (342, Rn. 327); Beschl. v. 21.6.2016 – 2 BvR 637/09 –, BVerfGE 142, 234 (254, Rn. 34); Urt. v. 19.5.2020 – 1 BvR 2835/17 –, BVerfGE 154, 152 (275, Rn. 237).

46 Vgl. BT-Drs. 18/11325, 120.

47 BT-Drs. 18/11325, 120; näher Gola/Heckmann/Sandfuchs, BDSG, 13. Aufl. 2019, § 79 Rn. 9; BeckOK-Datenschutzrecht/Hilgers BDSG § 79 Rn. 16 ff. (2021).

48 Paal/Pauly/Frenzel DS-GVO/BDSG, 3. Aufl. 2021, BDSG § 80 Rn. 4; Sydow/Johannes/Weinhold, BDSG, 2020, § 80 Rn. 24 ff.

49 Art. 8 Abs. 3 RB 2006/960/JI, näher Sieber/Satzger/von Heintschel-Heinegg/Eisele, Europäisches Strafrecht, 2. Aufl. 2014, § 49 Rn. 25; Böse, Der Grundsatz der Verfügbarkeit von Informationen in der strafrechtlichen Zusammenarbeit der Europäischen Union, 2007, S. 89 ff.

50 Zur Auslegung der berechtigten Interessen mwN BeckOK-Datenschutzrecht/Hilgers BDSG § 80 Rn. 19 ff. (2021).

51 BT-Drs. 18/11325, 120; so auch Lisken/Denninger/Müller/Schwabenbauer, HdbPolR, G Rn. 928.

52 HdbSicherheitsR/Bäcker § 27 Rn. 35.

53 BeckOK-Datenschutzrecht/Hilgers BDSG § 81 Vor Rn. 1 (2021).

54 Gola/Heckmann/Sandfuchs, BDSG, 13. Aufl. 2019, § 81 Rn. 7 f.; Sydow/Johannes/Weinhold, BDSG, 2020, § 81 Rn. 20; zu den weiteren Voraussetzungen vgl. nur BeckOK-Datenschutzrecht/Hilgers BDSG § 81 Vor Rn. 11 ff. (2021).

B. Kommentierung im Einzelnen

I. Übermittlung an öffentliche Stellen anderer Staaten sowie über- und zwischenstaatliche Stellen, die mit der Verhütung oder Verfolgung von Straftaten befasst sind (Abs. 1)

1. Empfänger und Zweck. Abs. 1 enthält eine **Übermittlungsgeneralklausel** für die Datenübermittlung ins **Nicht-EU-Ausland.** 15

Empfänger sind zum einen Polizei- und Justizbehörden sowie andere öffentliche, mit Aufgaben der Verhütung oder Verfolgung von Straftaten befasste Stellen in Drittstaaten. **Drittstaaten** sind die nicht in § 26 Abs. 1 BKAG genannten Staaten und damit an sich alle Staaten, die nicht Mitgliedstaaten der EU sind. **Dänemark** ist zudem wie ein Drittstaat zu behandeln, weil ein Beschluss nach Art. 4 Abs. 1 S. 1 Protokoll Nr. 22 noch nicht vorliegt.[55] Für **Irland** gilt die DSRL-JI nach Art. 6a Protokoll Nr. 21 nur für die PJZS; darüber hinaus wird Irland wie ein Drittstaat behandelt.[56] **Großbritannien** ist nach dem Brexit endgültig Drittstaat. Polizei- und Justizbehörden sind so wie in § 3 Abs. 3 S. 1 BKAG zu verstehen (→ § 3 Rn. 26 f.).[57] **Über- und zwischenstaatlichen Stellen** fallen nur unter Abs. 1, wenn sie keine Stellen der EU oder ihrer Mitgliedstaaten sowie mit Aufgaben der Verhütung oder Verfolgung von Straftaten befasst sind, wie zB die Internationale Kriminalpolizeiliche Organisation (**IKPO – Interpol**).[58] 16

Abs. 1 S. 1 erlaubt die Datenübermittlung für die **drei abschließend aufgezählten Zwecke.** Die Aufgaben des BKA in Nr. 1 sind umfassend zu verstehen, allerdings stellt **Nr. 1** gegenüber den Nrn. 2 und 3 einen **Auffangtatbestand** dar.[59] Vorrangig zu prüfen ist, ob die Datenübermittlung zur Strafverfolgung, Strafvollstreckung oder Gefahrenabwehr erforderlich ist. Nr. 2 enthält insoweit keine eigenen Anforderungen, sondern nur einen klarstellenden Verweis auf die Vorschriften zur internationalen Rechtshilfe,[60] insbesondere auf **§§ 77c ff. IRG** sowie auf **§§ 5, 58, 64 IStGHG.** Nr. 3 erlaubt die Übermittlung zur Abwehr einer im Einzelfall bestehenden erheblichen Gefahr für die öffentliche Sicherheit. Erforderlich ist eine **konkrete erhebliche Gefahr.**[61] Das bedeutet, es muss eine Gefahr für ein bedeutsames Rechtsgut wie Leben, Gesundheit, Freiheit, wesentliche Vermögenswerte oder den Bestand des Staates vorliegen.[62] Nach S. 2 genügen **tatsächliche Anhaltspunkte für eine Straftat von erheblicher Bedeutung.** S. 2 ist insbesondere einschlägig, wenn mangels personaler oder situativer Konkretisierung noch keine konkrete Gefahr vorliegt.[63] S. 2 wurde eingeführt, um dem BKA die Übermittlung von Erkenntnissen zur Verhütung und Verfolgung terroristischer Gewalttaten und strafbarer Handlungen vor allem im Bereich der Organisierten Kriminalität zu ermöglichen.[64] Die Übermittlung muss für den jeweiligen Zweck **erforderlich** sein. Hieran sind keine hohen Anforderungen zu stellen; vielmehr indiziert das tatbestandliche Vorliegen des Zwecks die tatbestandliche Erforderlichkeit.[65] Die Erforderlichkeit iSd Verhältnismäßigkeit ist in der Rechtsfolge (Ermessen) zu prüfen. 17

2. Beachtung sonstiger Vorgaben; Rechtsfolge. Außerdem müssen die Voraussetzungen der **§§ 78–80 BDSG** vorliegen. Dies setzt entweder einen Angemessenheitsbeschluss nach Art. 36 Abs. 3 DSRL-JI, ein rechtsverbindliches Instrument iSd Art. 37 Abs. 1 Nr. 1 DSRL-JI, § 79 Abs. 1 Nr. 1 BDSG, geeignete Garantien im Einzelfall iSd Art. 37 Abs. 1 lit. b DSRL-JI, § 79 Abs. 1 Nr. 2 BDSG oder eine Ausnahme iSd Art. 38 DSRL-JI, § 80 BDSG voraus (→ Rn. 10 ff.). 18

Zudem geht die Übermittlung stets mit einer Zweckänderung einher, so dass die in **§ 12 Abs. 2–4 BKAG** normierten Voraussetzungen der hypothetischen Datenneuerhebung erfüllt sein müssen (→ § 12 Rn. 25 ff.). 19

Auf **Rechtsfolgenseite** steht die Datenübermittlung im pflichtgemäßen **Ermessen** des BKA (→ § 25 Rn. 31). 20

II. Sachfahndung im automatisierten Verfahren (Abs. 2)

Abs. 2 bildet die Rechtsgrundlage für den automatisierten grenzüberschreitenden Austausch von **Sachfahndungsdaten,** bei dem zentrale Polizeibehörden anderer Staaten beim BKA gespeicherte Sachfahndungsdaten abrufen können. **Zentrale Polizeibehörden** sind solche, die für die Polizeidienststellen ihres Landes koordinierende und unterstützende Aufgaben wahrnehmen, insbesondere die Nationalen Zentralbüros in der In- 21

55 Schomburg/Ladogndy/Trautmann/Hackner, Internationale Rechtshilfe in Strafsachen, 6. Aufl. 2020, IRG § 97a Rn. 2, mwN.
56 Schomburg/Ladogndy/Trautmann/Hackner, Internationale Rechtshilfe in Strafsachen, 6. Aufl. 2020, IRG § 97a Rn. 2, mwN.
57 Schenke/Graulich/Ruthig/Graulich BKAG § 27 Rn. 16.
58 VG Wiesbaden Beschl. v. 7.3.2022 – 6 L 1419/21.WI –, BeckRS 2022, 5914, Rn. 44 – „Grünecke"-Mitteilung des BKA an Interpol.
59 BT-Drs. 13/1550, 31.
60 BT-Drs. 13/1550, 31.
61 Schenke/Graulich/Ruthig/Graulich BKAG § 27 Rn. 8.
62 Schoch BVwR/Schoch 1. Kap. Rn. 301, mwN.
63 BT-Drs. 13/1550, 31.
64 BT-Drs. 13/1550, 31.
65 Schenke/Graulich/Ruthig/Graulich BKAG § 27 Rn. 9.

terpol-Organisation und sonstige überregional bedeutsame Koordinierungsstellen.[66] Voraussetzung ist, dass der Abruf zur Sicherstellung von gestohlenen, unterschlagenen oder sonst abhanden gekommenen Sachen erforderlich ist. Weitere Voraussetzungen ergeben sich aus den in Bezug genommenen **zwischenstaatlichen Vereinbarungen**. Abs. 2 bezieht sich nur auf **nicht personenbezogene Daten**. Der Gesetzgeber ging 1995 davon aus, dass Angaben, die mit einem erheblichen Aufwand Rückschlüsse auf eine bestimmte Person ermöglichen (wie die FIN oder Kfz-Kennzeichen), keine personenbezogenen Daten sind.[67] Insofern haben sich jedoch die Anforderungen an den Entfall des Personenbezugs deutlich **verschärft** (→ § 25 Rn. 7). Weil Abs. 2 die verfassungsrechtlichen Anforderungen an die Übermittlung personenbezogener Daten (→ § 25 Rn. 15 ff.) nicht einhält, dürfen auf Grundlage des Abs. 2 keine personenbezogenen Daten wie zB Personalien des Geschädigten ausgetauscht werden.[68] Diese können im Trefferfall nach anderen Rechtsgrundlagen übermittelt werden. Nur die Einrichtung des automatisierten Sachfahndungsverfahrens bedarf der Zustimmung des BMI,[69] die einzelnen Übermittlungen stehen im **Ermessen des BKA**.

III. Personenfahndung, polizeiliche Beobachtung, Ermittlungsanfrage oder gezielte Kontrolle im automatisierten Abrufverfahren (Abs. 3)

22 Abs. 3 erlaubt die Einrichtung von automatisierten Abrufverfahren für ausländische Stellen zur **Personenfahndung** sowie zur **polizeilichen Beobachtung, Ermittlungsanfrage**[70] **oder gezielten Kontrolle** (→ § 47 Rn. 12) durch welche ausländischen Stellen binnen kurzer Zeit mitgeteilt wird, ob die betreffende Person in der BRD zur Festnahme, Ingewahrsamnahme, Aufenthaltsermittlung oder polizeilichen Beobachtung ausgeschrieben ist.[71] Für die Einrichtung des Abrufverfahrens müssen die Voraussetzungen der Nrn. 1–3 **kumulativ** vorliegen.[72] Es müssen tatsächliche Anhaltspunkte dafür bestehen, dass die Abrufe zur Verhinderung und Verfolgung von Straftaten von erheblicher Bedeutung sowie zur Abwehr von Gefahren für die öffentliche Sicherheit erforderlich sind (Nr. 1). Für die tatsächlichen Anhaltspunkte müssen Tatsachen vorliegen, aufgrund derer die Prognose getroffen werden kann, dass eine Gefahr vorliegt (sog. **Vorfeldgefahr** bzw. **Gefahrenverdacht**[73]); nicht erforderlich ist eine konkrete Gefahr.[74] Nr. 2 statuiert einen **Angemessenheitsvorbehalt**, der dem des § 25 Abs. 7 S. 1 BKAG für die Einrichtung eines innerstaatlichen automatisierten Abrufverfahrens entspricht (→ § 25 Rn. 47f.). Weiter muss der Empfängerstaat die sog. **Datenschutzkonvention des Europarates** ratifiziert haben oder einen gleichwertigen Schutz gewährleisten und eine unabhängige Kontrollinstanz eingerichtet haben (Nr. 3). Weil die Datenschutzkonvention nur einen **Mindeststandard** normiert[75] und nicht auf deren Zusatzprotokolle und bereichsspezifischen Empfehlungen[76] verweist, sind die Anforderungen gemessen an den Vorgaben der DSRL-JI nicht sehr hoch.[77] Das Abrufverfahren muss zudem die Anforderungen der **hypothetischen Datenneuerhebung** (→ § 12 Rn. 25 ff.) beachten.[78] Wird das Abrufverfahren für einen Zeitraum bis zu drei Monaten eingerichtet, bedarf es nach Abs. 3 S. 1 der Zustimmung des BMI im Benehmen mit den Innenministerien und -senatoren der Länder. Wird das Abrufverfahren für einen längeren Zeitraum eingerichtet, sieht S. 2 angesichts der Bedeutung einer solchen längerfristigen und intensiven Zusammenarbeit die Beteiligung der gesetzgebenden Körperschaften nach Art. 59 Abs. 2 GG vor.[79] Mit der in S. 3 statuierten **Hinweispflicht** des BKA geht nach dem Willen des Gesetzgebers eine **Verwendungsbeschränkung** für die Fälle einher, in denen kein Rechtshilfeersuchen vor-

66 BT-Drs. 13/1550, 31.
67 BT-Drs. 13/1550, 31.
68 Schenke/Graulich/Ruthig/Graulich BKAG § 27 Rn. 21.
69 Schenke/Graulich/Ruthig/Graulich BKAG § 27 Rn. 25.
70 Die neue Ausschreibungskategorie der „Ermittlungsanfrage" wurde eingefügt durch Art. 3 des Gesetzes zur Durchführung der Verordnungen (EU) 2018/1860, 2018/1861 und 2018/1862 über die Einrichtung, den Betrieb und die Nutzung des Schengener Informationssystems der dritten Generation sowie zur Änderung des Aufstiegsfortbildungsförderungsgesetzes und des BDBOS-Gesetzes (SIS-III-Gesetz) v. 19.12.2022, BGBl. I 2022 S. 2632.
71 BT-Drs. 13/1550, 31.
72 BT-Drs. 13/1550, 31.
73 Schoch BVwR/Schoch 1. Kap. Rn. 670, mwN.
74 Schenke/Graulich/Ruthig/Graulich BKAG § 27 Rn. 28.
75 Vgl. Art. 11 Datenschutzkonvention (Übereinkommen des Europarates zum Schutz des Menschen bei der automatischen Verarbeitung personenbezogener Daten v. 28.1.1981, Ratifikation durch die BRD am 19.6.1985, BGBl. 1985 II. S. 538, 1134); Giegerich in HGR VI/1, 2010, § 148 Rn. 44; Epiney ZaöRV 74 (2014), 465 (467).
76 Überblick hierzu bei Giegerich in HGR VI/1, 2010, § 148 Rn. 44; Ellger, Der Datenschutz im grenzüberschreitenden Datenverkehr, 1990, S. 489 ff.
77 Zum Regelungsgehalt der Datenschutzkonvention vgl. nur Ellger, Der Datenschutz im grenzüberschreitenden Datenverkehr, 1990, S. 82 ff.; Henke, Die Datenschutzkonvention des Europarates, 1986, S. 96 ff.
78 BT-Drs. 18/11163, 107.
79 BT-Drs. 13/1550, 31.

liegt.[80] Rechtshilfeersuchen idS sind dabei auch solche nach Nr. 123 der Richtlinien für den Verkehr mit dem Ausland in strafrechtlichen Angelegenheiten (RiVASt).[81]

IV. Regelmäßige Übermittlung im Rahmen systematischer Zusammenarbeit (Abs. 4)

§ 27 Abs. 4 S. 1 BKAG stellt zunächst klar, dass regelmäßige Übermittlungen im Rahmen einer systematischen Zusammenarbeit auf der Grundlage von EU-Rechtsakten oder völkerrechtlicher Verträge erfolgen dürfen. An letzteren müssen die Länder nach Art. 59 Abs. 2 GG mitgewirkt haben.[82] Wichtiges Anwendungsbeispiel für die EU-Rechtsakte ist der RB 2007/533/JI,[83] auf dem das **Schengener Informationssystem (SIS)** beruht. Der Datenaustausch über das SIS fällt damit unter § 27 und nicht unter § 26 BKAG. Für das SIS sind zusätzlich die speziellen Regelungen der §§ 33 ff. BKAG zu beachten (→ § 33 Rn. 5 ff.). Mit § 27 Abs. 4 S. 2 Hs. 2 BKAG **erleichtert** der Gesetzgeber die Übermittlung im Interesse einer verbesserten internationalen Zusammenarbeit, indem er Übermittlungen auch dann zulässt, wenn durch die Nutzung datenschutzfreundlicher und datenminimierender Vorkehrungen, beispielsweise durch Pseudonymisierung der Daten, die schutzwürdigen Belange der betroffenen Person nicht überwiegen.[84] Diese Feststellung hat das BMI im Benehmen mit dem Bundesdatenschutzbeauftragten zu treffen. Dadurch soll dem BKA die operative Mitarbeit an Projekten insbesondere in der EU ermöglicht werden.[85] 23

V. Übermittlung an Interpol (Abs. 5)

§ 27 Abs. 5 BKAG regelt die praktisch wichtige Übermittlung des BKA an das Generalsekretariat der Internationalen Kriminalpolizeilichen Organisation (**IKPO – Interpol**). Erlaubt wird die Übermittlung zur Weiterübermittlung an andere Nationale Büros oder Polizei- und Justizbehörden unter Nutzung von Interpol als Zentralstelle (indirekter Datenaustausch) oder zur Informationssammlung und -auswertung durch Interpol selbst.[86] Tatbestandlich wird auf die Voraussetzungen des Abs. 1 verwiesen (→ Rn. 17 ff.). Übermittelt das BKA Daten direkt an andere nationale Zentralstellen, ist nur Abs. 1 einschlägig.[87] 24

Für die Übermittlung an Interpol bestehen weitere Vorschriften in Form von Richtlinien, welche ua eine Nachberichtspflicht, Korrektur- und Löschungspflicht regeln.[88] Spezielle Bedingungen zum Datenaustausch zwischen Interpol und der EU inklusive datenschützender Regelungen sind zwar gefordert, aber nie erlassen worden.[89] Daher legte das Verwaltungsgericht Wiesbaden dem Europäischen Gerichtshof ua die Frage vor, ob Interpol über ein **angemessenes Datenschutzniveau** verfügt.[90] Denn es besteht weder ein Angemessenheitsbeschluss nach Art. 36 DSRL-JI noch liegen geeignete Garantien iSd Art. 37 DSRL-JI vor.[91] Der Europäische Gerichtshof hat die Zulässigkeit dieser Vorlagefrage mangels ausreichender Darlegung der Entscheidungserheblichkeit verneint,[92] in diesem Zusammenhang aber entschieden, dass die Verarbeitung von Daten in einem Fahndungsaufruf (sog. Red Notice) rechtmäßig iSd DSRL-JI ist,[93] auch wenn der Aufruf Taten zum Gegenstand hat, für die möglicherweise der in Art. 50 EuGRCh, Art. 54 SDÜ enthaltene Grundsatz *ne bis in idem* gilt.[94] 25

VI. Übermittlung an Stationierungsstreitkräfte (Abs. 6)

§ 27 Abs. 6 S. 1 BKAG lässt die Datenübermittlung an Dienststellen der in der BRD stationierten Streitkräfte zur Erfüllung ihrer Aufgaben unter den Voraussetzungen des hypothetischen Ersatzeingriffs (→ § 12 Rn. 25 ff.) und damit unter den gleichen Voraussetzungen wie an innerstaatliche Polizeibehörden zu (→ § 25 Rn. 26f.). Erfasst sind nur **Standort- und Hauptquartier-Truppenbehörden** der nach Art. 3 NATO-Zusatzabkommen im Bundesgebiet stationierten Streitkräfte, nicht aber das NATO-Hauptquartier;[95] dieses 26

80 BT-Drs. 13/1550, 31.
81 BT-Drs. 13/1550, 31.
82 BT-Drs. 13/1550, 31.
83 ABl. L 205, S. 63, zuletzt geändert durch VO (EU) 2018/1862 (ABl L 312, S. 56).
84 BT-Drs. 18/11163, 107.
85 BT-Drs. 18/11163, 107.
86 Überblick über die bei Interpol geführten Dateien und Datenbanken Lisken/Denninger/Arzt, HbdPolR, G Rn. 1265 ff.
87 Schenke/Graulich/Ruthig/Graulich BKAG § 27 Rn. 36.
88 Schenke/Graulich/Ruthig/Graulich BKAG § 27 Rn. 39 f.
89 Näher Schild ZD 2021, 428 (428).
90 VG Wiesbaden Beschl. v. 27.6.2018 – 6 K 565/17 –, ZD 2019, 426 (427, Rn. 5; 428, Rn. 23 ff.).
91 Ausführlich Petri GSZ 2020, 6 (10).
92 EuGH Urt. v. 12.5.2021 – C-505/19 –, NJW 2021, 2348 (2348, Rn. 64).
93 EuGH Urt. v. 12.5.2021 – C-505/19 –, NJW 2021, 2348 (2354, Rn. 115 ff.); kritisch Oehmichen FD-Strafrecht 2021, 439203.
94 Ausführlich zu diesem Aspekt Ringhof NJOZ 2021, 1153 (1154 ff.); BeckOK-StPO/Inhofer DSÜ Art. 54 Rn. 57 (2022).
95 Ausführlich Schenke/Graulich/Ruthig/Graulich BKAG § 27 Rn. 41 f.

fällt unter Abs. 8 S. 2. Nach § 27 Abs. 6 S. 2 BKAG iVm § 78 Abs. 2 BDSG hat die Übermittlung zu **unterbleiben**, wenn **im Einzelfall** ein datenschutzrechtlich angemessener und die elementaren Menschenrechte wahrender Umgang mit den Daten beim Empfänger nicht hinreichend gesichert ist oder überwiegende schutzwürdige Interessen der betroffenen Person entgegenstehen.[96]

VII. Datenschutzrechtliche Verantwortlichkeit des BKA (Abs. 7)

27 § 27 Abs. 7 S. 1 BKAG legt die **Verantwortlichkeit** des BKA für alle Übermittlungen ins EU-Ausland fest. Er muss zusammen mit § 73 BKAG gelesen werden, wonach die Verantwortung für Verbindungsbeamten des BKA an deutschen Auslandsvertretungen beim BKA verbleibt (→ § 73 Rn. 4 ff.). § 27 Abs. 7 S. 2–5 BKAG enthalten verfahrensrechtliche Sicherungen. Nach S. 2 iVm § 25 Abs. 4 S. 2 BKAG kann das BKA alle ins EU-Ausland übermittelten Daten[97] kennzeichnen und mit dem Hinweis versehen, dass eine Weiterübermittlung nur vorbehaltlich der Genehmigung des BKA zulässig ist. S. 3 statuiert eine **Aufzeichnungspflicht** für die Übermittlungen. Deren Voraussetzungen bleiben hinter denen des § 25 Abs. 7 S. 2 BKAG zurück.[98] Nach S. 4 und 5 muss das BKA den Empfänger **auf die Zweckbindung hinweisen** und ihm den nach innerstaatlichem Recht vorgesehenen **Löschungszeitpunkt mitteilen**. Dies wird als unzureichend kritisiert; erforderlich seien Absicherungen für die Zweckbindung.[99] Solche sind zumindest dann nicht notwendig, wenn der Empfänger aufgrund völkerrechtlicher, insbesondere rechtshilferechtlicher Abkommen oder Verwaltungsvereinbarungen an den Übermittlungszweck gebunden ist, zB durch den Spezialitätsgrundsatz (→ Rn. 12). Über den Wortlaut hinaus kann – und gegebenenfalls wegen grundrechtlicher Bindungen muss – das BKA die Übermittlung an **weitere Auflagen** und Verwendungsbeschränkungen knüpfen.[100]

VIII. Übermittlung an sonstige öffentliche und private Stellen (Abs. 8)

28 § 27 Abs. 8 BKAG enthält eine Befugnis zur Datenübermittlung an öffentliche, private und zwischen- und überstaatliche Stellen, die nicht mit Aufgaben der Verhütung oder Verfolgung von Straftaten befasst sind.[101] Empfänger können insbes. **private Stellen in Drittstaaten** sein, die im Rahmen der Strafverfolgung tätig werden (sollen) und an die notwendigerweise personenbezogener Daten übermittelt werden, zB anlässlich von Ersuchen an Finanzinstitutionen oder Telekommunikationsdienstleister.[102] Auch sonstige öffentliche Stellen in Drittstaaten, die zwar nicht primär für die Verhütung, Ermittlung, Aufdeckung, Verfolgung oder Ahndung von Straftaten oder Ordnungswidrigkeiten zuständig sind, aber ebenfalls in die Strafverfolgung einbezogen sind, können Empfänger sein. Abs. 8 vervollständigt § 81 BDSG, der wiederrum Art. 39 DSRL-JI umsetzt,[103] und verweist klarstellend auf dessen strenge Voraussetzungen.[104]

29 Die Übermittlung ist **„in besonderen Einzelfällen"** zulässig, wenn sie zur Gefahrenabwehr oder Strafverfolgung unbedingt erforderlich ist (→ Rn. 14). Der Verweis auf § 12 Abs. 2–4 BKAG trägt den Anforderungen an die Zweckbindung und Zweckänderung Rechnung (→ § 25 Rn. 14). In S. 2 hat der Gesetzgeber die Praxis des BKA, Daten ua mit Organen der **Vereinten Nationen** und ihren Unterorganisationen wie insbes. der Internationalen Organisation für Migration auszutauschen, ua anlässlich völkerstrafrechtlicher Ermittlungen oder zur Sicherung von Schutzpersonen anlässlich weltweit stattfindender Gipfeltreffen normiert.[105] Auch Datenübermittlungen an die Organe der **NATO**, namentlich an das NATO-Hauptquartier in Brüssel, unterfallen Abs. 8 S. 2.[106] Abs. 8 S. 2 erlaubt wie Abs. 1 die Datenübermittlung zur Erfüllung von Aufgaben des BKA und zur Abwehr erheblicher Gefahren (→ Rn. 17). Nach S. 3 genügen **Anhaltspunkte für Straftaten von erheblicher Bedeutung** (→ Rn. 17).

96 Zur Abwägung vgl. nur BeckOK-Datenschutzrecht/Hilgers BDSG § 78 Rn. 31 ff. (2021); Sydow/Johannes/Weinhold, BDSG, 2020, § 78 Rn. 27 ff.; den Bezug zur Identitätskontrolle (→ § 26 Rn. 4) herstellend Paal/Pauly/Frenzel DS-GVO/BDSG, 3. Aufl. 2021, BDSG § 78 Rn. 10.
97 Keine Beschränkung auf nichtöffentliche Stellen, im Ergebnis wohl auch Schenke/Graulich/Ruthig/Graulich BKAG § 27 Rn. 46.
98 Schenke/Graulich/Ruthig/Graulich BKAG § 27 Rn. 47.
99 Schenke/Graulich/Ruthig/Graulich BKAG § 27 Rn. 48.
100 BT-DRs. 17/5354, 18.
101 BT-Drs. 18/11163, 107.
102 BR-Drs. 110/17, 125; Paal/Pauly/Frenzel DS-GVO/BDSG, 3. Aufl. 2021, BDSG § 81 Rn. 1.
103 BT-Drs. 18/11325, 120.
104 BT-Drs. 18/11163, 107.
105 BT-Drs. 18/11163, 107 f.
106 Zur alten Rechtslage, nach der eine entsprechende Übermittlungsnorm noch fehlte, vgl. VG Wiesbaden Urt. v. 6.10.2010 – 6 K 280/10.WI –, BeckRS 2010, 54526.

§ 28 Übermittlungsverbote und Verweigerungsgründe

(1) [1]Die Übermittlung nach den Vorschriften dieses Gesetzes unterbleibt, wenn

1. für die übermittelnde Stelle erkennbar ist, dass unter Berücksichtigung der Art der Daten und ihrer Erhebung die schutzwürdigen Interessen der betroffenen Person das Allgemeininteresse an der Übermittlung überwiegen, oder
2. besondere bundesgesetzliche Verwendungsregelungen entgegenstehen; die Verpflichtung zur Wahrung gesetzlicher Geheimhaltungspflichten oder von Berufs- oder besonderen Amtsgeheimnissen, die nicht auf gesetzlichen Vorschriften beruhen, bleibt unberührt.

[2]Satz 1 Nummer 1 gilt nicht für Übermittlungen an die Staatsanwaltschaften.

(2) Die Datenübermittlung nach den §§ 26 und 27 unterbleibt darüber hinaus,

1. wenn hierdurch wesentliche Sicherheitsinteressen des Bundes oder der Länder beeinträchtigt würden,
2. wenn hierdurch der Erfolg laufender Ermittlungen oder Leib, Leben oder Freiheit einer Person gefährdet würde,
3. soweit Grund zu der Annahme besteht, dass durch sie gegen den Zweck eines deutschen Gesetzes verstoßen würde, oder
4. wenn tatsächliche Anhaltspunkte dafür vorliegen, dass die Übermittlung der Daten zu den in der Charta der Grundrechte der Europäischen Union enthaltenen Grundsätzen, insbesondere dadurch, dass durch die Nutzung der übermittelten Daten im Empfängerstaat Verletzungen von elementaren rechtsstaatlichen Grundsätzen oder Menschenrechtsverletzungen drohen, in Widerspruch stünde.

(3) [1]Das Bundeskriminalamt führt für den polizeilichen Informationsaustausch und Rechtshilfeverkehr eine fortlaufend aktualisierte Aufstellung über die Einhaltung der elementaren rechtsstaatlichen Grundsätze und Menschenrechtsstandards sowie das Datenschutzniveau in den jeweiligen Drittstaaten, die die speziellen Erfordernisse des polizeilichen Informationsaustauschs berücksichtigt. [2]Hierbei berücksichtigt es insbesondere die jeweils aktuellen Erkenntnisse der Bundesregierung und maßgeblich, ob ein Angemessenheitsbeschluss der Europäischen Kommission nach Artikel 36 der Richtlinie (EU) 2016/680 des Europäischen Parlaments und des Rates vom 27. April 2016 zum Schutz natürlicher Personen bei der Verarbeitung personenbezogener Daten durch die zuständigen Behörden zum Zwecke der Verhütung, Ermittlung, Aufdeckung oder Verfolgung von Straftaten oder der Strafvollstreckung sowie zum freien Datenverkehr und zur Aufhebung des Rahmenbeschlusses 2008/977/JI des Rates (ABl. L 119 vom 4.5.2016, S. 89) vorliegt.

A. Allgemeines

I. Überblick und Genese

Mit § 28 BKAG wollte der Gesetzgeber die bisher in § 14 Abs. 6–9 und § 27 BKAG aF normierten Übermittlungsverbote und Verweigerungsgründe nach dem Vorbild des überwiegenden Teils bundes- wie lan- 1 desrechtlicher Parallelnormen[1] – in einer **Zentralnorm** systematisieren und zugleich die Vorgaben des Bundesverfassungsgerichts insbesondere aus dem BKAG-Urteil umsetzen.[2]

2 § 28 Abs. 1 BKAG enthält allgemeine Übermittlungseinschränkungen, die auf alle Übermittlungen nach dem BKAG, insbesondere auch auf **Übermittlungen an das BKA** anwendbar sind.[3] Die Beschränkungen des Abs. 2 gelten für Datenübermittlungen des BKA in das Ausland. Abs. 3 trägt den Anforderungen aus dem BKAG-Urteil zur Vergewisserung über ein angemessenes Datenschutzniveau im EU-Ausland Rechnung.[4]

II. Verfassungsrechtliche Vorgaben

3 Betreffend die Inlandsübermittlung hat das Bundesverfassungsgericht für die mit § 28 Abs. 1 S. 1 Nr. 1 BKAG identische Parallelnorm des § 23 Nr. 1 BVerfSchG klargestellt, dass ein solches Pauschalverbot unverhältnismäßiger Übermittlungen eine Übermittlungsbefugnis, welche nicht den verfassungsrechtlichen Anforderungen an das Schutzgut genügt, „retten", dh die verfassungsrechtlich notwendigen Beschränkungen ersetzen kann.[5] Die Übermittlungsbefugnis muss jeweils selbst den verfassungsrechtlichen Anforderungen an das Schutzgut und die Übermittlungsschwelle genügen (→ § 25 Rn. 11 ff.). Zusätzlich zu den Vorgaben zur Auslandsübermittlung (→ § 27 Rn. 15 ff.) verlangte das Bundesverfassungsgericht im BKAG-Urteil, dass sich die übermittelnde deutsche Stelle über das **Schutzniveau im Empfangsstaat vergewissert.**[6] Das geforderte Schutzniveau muss nicht in jedem Einzelfall überprüft werden, der Gesetzgeber kann **generalisierende Einschätzungen** der Sach- und Rechtslage des Empfängerstaats ausreichen lassen.[7] Jedenfalls darf die Feststellung nicht der freien politischen Disposition unterliegen, sondern muss auf gehaltvolle und realitätsbezogene Informationen gestützt sein und regelmäßig aktualisiert werden. Das BKA muss die Gründe nachvollziehbar dokumentieren, damit die Entscheidung von Datenschutzbeauftragten überprüft und einer gerichtlichen Kontrolle zugeführt werden kann.[8]

III. Unionsrechtliche Vorgaben

4 Innerhalb der EU gilt der **Gleichbehandlungsgrundsatz** (→ § 26 Rn. 6). Demnach darf die Übermittlung an die Strafverfolgungsbehörde eines anderen Mitgliedstaats nur bei Vorliegen eines Grundes iSd fortgeltenden **Art. 10 RB 2006/960/JI** verweigert werden. Dessen Abs. 1 fordert konkrete Gründe für die Annahme, dass die Übermittlung **wesentliche nationale Sicherheitsinteressen** beeinträchtigen würde (lit. a), den **Erfolg laufender Ermittlungen** oder polizeilicher Erkenntnisgewinnungsverfahren oder die Sicherheit von Personen gefährden würde (lit. b) oder für den Zweck **unverhältnismäßig** oder nicht erforderlich ist (lit. c).[9] Nach Abs. 2 kann die Übermittlung auch verweigert werden, wenn sich das Ersuchen auf eine strafbare Handlung bezieht, die nach dem Recht des ersuchten Mitgliedstaates mit einer Freiheitsstrafe von einem Jahr oder weniger bedroht ist, es sich also um ein Vergehen iSd § 12 Abs. 2 StGB handelt. Dies gilt erst recht, wenn nur eine Ordnungswidrigkeit in Rede steht. Weiter darf nach Art. 1 Abs. 2 lit. b DSRL-JI die Übermittlung innerhalb der EU aus Gründen, die mit dem Datenschutz zusammenhängen, nicht eingeschränkt oder verboten werden (→ § 26 Rn. 7).

B. Kommentierung im Einzelnen

I. Allgemeine Übermittlungsbeschränkung (Abs. 1)

5 **1. Generalklausel (Abs. 1 Nr. 1).** § 28 Abs. 1 BKAG statuiert allgemeine Übermittlungsbeschränkungen. Danach hat die Datenübermittlung zwingend zu unterbleiben (**gebundene Entscheidung**),[10] wenn im Rahmen einer Interessenabwägung die schutzwürdigen Interessen der betroffenen Person das Allgemeininteresse an der Übermittlung überwiegen. In die **Abwägung** einzubeziehen sind insbesondere die Art der Daten

1 Vgl. § 33 Abs. 3–3b BPolG; §§ 24, 68 ZFdG; § 23 BVerfSchG; § 30 Abs. 6 BNDG; § 62 PolG BW; Art. 58 Abs. 1 S. 3–4 BayPAG; § 44 Abs. 3 S. 2 BerlASOG; § 43 Abs. 4 S. 2 BbgPolG; § 53 Abs. 5–6 BremPolG; §§ 42 Abs. 4, 43 Abs. 2 HbgPolDVG; § 21 Abs. 2–3 HessSOG; § 39a SOG MV; § 43 Abs. 5 NdsPOG; § 26 Abs. 5–6 PolG NRW; § 62 POG RhPf; § 25 SaarlPolG iVm § 49 Abs. 2 iVm §§ 49 Abs. 1 S. 2, 50 Abs. 1 S. 2, 51 Abs. 1 S. 2 iVm § 43 Abs. 9 SaarlPolDVG; § 83 SächsPVDG, gegebenenfalls iVm § 40 Abs. 1 SächsPBG; §§ 26 Abs. 5, 27a Abs. 5–6 SOG LSA; § 193 Abs. 3 LVwG SH; § 41d ThürPAG.
2 BT-Drs. 18/11163, 108.
3 Schenke/Graulich/Ruthig/Ruthig BKAG § 28 Rn. 2, mwN.
4 BT-Drs. 18/11163, 108.
5 BVerfG Beschl. v. 28.9.2022 – 1 BvR 2354/13 –, juris, Rn. 156.
6 BVerfG Urt. v. 20.4.2016 – 1 BvR 966/09 ua –, BVerfGE 141, 220 (344, Rn. 322).
7 BVerfG Urt. v. 20.4.2016 – 1 BvR 966/09 ua –, BVerfGE 141, 220 (345, Rn. 337).
8 BVerfG Urt. v. 20.4.2016 – 1 BvR 966/09 ua –, BVerfGE 141, 220 (346, Rn. 339).
9 Näher Esser in Böse (Hrsg.), Europäisches Strafrecht mit polizeilicher Zusammenarbeit (EnzEuR XI), 2. Aufl. 2021, § 19 Rn. 54.
10 Kugelmann BKAG § 27 Rn. 2.

und ihre Erhebung, dh ob die Daten mit **besonderen Mitteln und Methoden** unter Eingriff in spezielle Grundrechte gewonnen wurden,[11] und ob sie in eine besondere Kategorie iSd § 48 BDSG fallen.[12] Darüber hinaus sind die sich aus den Grundrechten ergebende Wertungen zur Verstärkung oder Verringerung der **Eingriffsintensität** zu berücksichtigen,[13] wie insbesondere die (fehlende) Sensibilität, Wesensgehaltsrelevanz, Heimlichkeit und Streubreite der Maßnahme.[14]

Die **Grundrechte des Betroffenen** können die Abwägungsentscheidung in beide Richtungen beeinflussen. So kann beispielsweise der Betroffene ein Interesse an einer ihn grundsätzlich belastenden Datenübermittlung haben, wenn durch die Datenübermittlung Umstände zutage treten könnten, aufgrund derer sich die Unschuld des Betroffenen bzw. seine fehlende polizeirechtliche Verantwortlichkeit erweisen könnte.[15] Interessen der Allgemeinheit sind die öffentlichen Interessen an einer ordnungsgemäßen und effektiven Aufgabenwahrnehmung, an einer funktionierenden Strafrechtspflege, am Funktionieren des Staates und seiner Einrichtungen sowie am Schutz von Rechtsgütern Dritter[16] in der Gewichtung, die sich aus dem **verfolgten Übermittlungszweck im Einzelfall** ergibt. Je näher, größer, sicherer und auswirkungsreicher die abzuwehrende Gefahr bzw. die zu verhütende Straftat ist, desto höher ist das Übermittlungsinteresse.[17] Dabei sind auch die Grundrechte gefährdeter Dritter einzubeziehen, die jedenfalls in den Fällen einer konkreten Gefahr für Leib, Leben oder Freiheit wegen der Wertung des § 28 Abs. 2 Nr. 2 BKAG (→ Rn. 13) zu einem Übermittlungsverbot führen können. 6

Im Umkehrschluss zu § 28 Abs. 2 Nr. 1 und Nr. 2 Alt. 1 BKAG kann die Übermittlung im Inland nicht wegen der Beeinträchtigung von Sicherheitsinteressen oder der Gefährdung laufender Ermittlungen unterbleiben. Diese Aspekte können aber in die allgemeine Interessenabwägung nach § 28 Abs. 1 S. 1 Nr. 1 BKAG eingestellt werden, wobei Geheimnisschutzmöglichkeiten zu berücksichtigen sind. Weiter ist mit einzubeziehen, ob die Daten **rechtmäßig erhoben** wurden und ob sich aus dem Erhebungsverbot gegebenenfalls ein **Verwertungsverbot** ergibt.[18] Die schutzwürdigen Interessen des Betroffen schließen die Übermittlung durch bzw. an das BKA nur aus, wenn das Übermittlungsinteresse ihnen gegenüber geringer zu bewerten ist und daher zurückzutreten hat; überwiegen die schutzwürdigen Interessen nicht eindeutig, ist die Übermittlung zulässig.[19] 7

Die allgemeine Übermittlungseinschränkung gilt **nicht für die Übermittlung an die Staatsanwaltschaften** (vgl. § 28 Abs. 1 S. 2 BKAG). Darunter fallen auch Finanzbehörden iSd § 386 Abs. 2 AO.[20] Vielmehr überwiegt bei der Übermittlung an die Staatsanwaltschaft stets das öffentliche Interesse,[21] unabhängig davon, ob es sich um eine erhebliche, besonders schwerwiegende Straftat handelt oder nicht. Allerdings sind im Doppeltürmodell (→ § 25 Rn. 13) auf Seiten der Staatsanwaltschaft über die Abrufbefugnis des § 161 Abs. 1, 3 StPO als zweite Tür die strafprozessualen Übermittlungsverbote des § 479 StPO anwendbar.[22] 8

2. Klarstellung (Abs. 1 Nr. 2). Nach § 28 Abs. 1 Nr. 2 BKAG bleiben besondere **bundesgesetzliche Verwendungsregeln unberührt**. Solche sind zB § 203 StGB, § 30 AO, § 97 Abs. 1 InsO, § 35 SGB I, §§ 67 ff. SGB V, §§ 67 ff., 78 Abs. 1 SGB X, § 4 ZSHG, § 26 AWG, § 7 Abs. 1, 4 G 10.[23] § 25 Abs. 5 S. 2 BKAG weist bereits auf die speziellen Verwendungsverbote der §§ 51, 52, 63 Abs. 4 BZRG hin (→ § 25 Rn. 45). § 28 Abs. 1 Nr. 2 BKAG soll nach Auffassung des Gesetzgebers spezielle, abschließende Zweckbindungsregelungen erfassen,[24] dh Regelungen, aus denen sich ausdrücklich oder konkludent ergibt, dass eine Verwendung nur für die im Gesetz geregelten Zwecke unter den gesetzlichen Voraussetzungen zulässig ist.[25] Dieses Verweises bedarf es wegen des Vorbehalts des Gesetzes eigentlich nicht;[26] ist die übermittelnde Stelle nicht zur 9

11 Schenke/Graulich/Ruthig/Ruthig BKAG § 28 Rn. 7; Kugelmann BKAG § 27 Rn. 4; BT-Drs. 13/1550, 36 nennt das Abhören und Aufzeichnen des nichtöffentlich gesprochenen Wortes als Beispiel.
12 Schenke/Graulich/Ruthig/Ruthig BKAG § 28 Rn. 7.
13 Zum gleichlautenden § 33 Abs. 3 S. 1 BPolG Schenke/Graulich/Ruthig/Arzt BPolG § 33 Rn. 13.
14 Ausführlich mwN Lisken/Denninger/Schwabenbauer, HdbPolR, G Rn. 119 ff.
15 Lisken/Denninger/Bergemann, HdbPolR, H Rn. 141 spricht von einer Abwägung im „Dreiecksverhältnis".
16 Kugelmann BKAG § 27 Rn. 3.
17 Schenke/Graulich/Ruthig/Bock BVerfSchG § 23 Rn. 8 zieht bei den Straftaten nach § 138 StGB eine absolute Grenze. Es bleibt aber bei den allgemeinen Wertungen.
18 Lisken/Denninger/Schwabenbauer, HdbPolR, G Rn. 274 ff., mwN.
19 Für den gleichlautenden § 23 Nr. 2 BVerfSchG Schenke/Graulich/Ruthig/Bock BVerfSchG § 23 Rn. 7; aA für den gleichlautenden § 33 Abs. 3 S. 1 BPolG Schenke/Graulich/Ruthig/Arzt BVerfSchG § 33 Rn. 13.
20 Schenke/Graulich/Ruthig/Graulich BKAG § 28 Rn. 17.
21 Kugelmann BKAG § 27 Rn. 2.
22 Zu diesen vgl. nur SK-StPO/Puschke/Weßlau § 479 Rn. 3 ff.; BeckOK-StPO/Wittig § 479 Rn. 3 ff. (2022).
23 Vgl. hierzu Ahlf/Daub/Lersch/Störzer/Störzer BKAG § 27 Rn. 20 f. sowie zu weiteren Verwendungsregeln insbesondere aus der StPO BeckOK-StPO/Wittig § 479 Rn. 4 ff. (2022); LR-StPO/Hilger § 477 Rn. 11.
24 BT-Drs. 13/1550, 31.
25 Mit Beispielen Ahlf/Daub/Lersch/Störzer/Störzer BKAG § 27 Rn. 21.
26 Roßnagel NJW 2019, 1 (5).

Datenübermittlung an das BKA bzw. zum Abruf der Daten vom BKA befugt, so ist die Datenübermittlung unzulässig. Es stellt sich allerdings die Frage, in welchem Umfang die spezielle Zweckbindung durch Zweckänderungsgeneralklauseln wie §§ 23, 25 BDSG durchbrochen werden kann. Dies wird sich nur im Einzelfall und in Übereinstimmung mit den allgemeinen Grundsätzen danach bemessen lassen, inwiefern die spezielle Zweckbindungsvorschrift eine abschließende Regelung trifft.

10 Über den deklaratorischen Wortlaut hinaus können auch **landesgesetzliche Übermittlungsvorschriften** einer Übermittlung entgegenstehen und zwar auch dann, wenn sie nicht bundesrechtlichen Verwendungsregeln entsprechen.[27] Denn die landesgesetzlichen Vorschriften dienen unabhängig von der Verteilung der Gesetzeskompetenzen dem Schutz der Grundrechte.[28] Dafür spricht ferner die fehlende Differenzierung zwischen bundes- und landesgesetzlichen Geheimhaltungspflichten in § 28 Abs. 1 S. 2 Nr. 2 Hs. 2 BKAG. Praktisch kommt den landesgesetzlichen Verwendungsregelungen nur marginale Bedeutung zu, da sich solche insbesondere aus den Landesstatistik- und Kommunalabgabengesetzen ergeben.[29] Gesetzliche Vorschriften, die zur Wahrung von Berufs- und besonderen Amtsgeheimnissen verpflichten, sind ua § 67 BBG, § 37 BStG, § 106 Abs. 1 S. 2 BBG, § 50 S. 3 BStG, §§ 99 Abs. 1 S. 3, 79 Abs. 1 BetrVG, § 43a Abs. 1 BRAO, § 2 BORA, § 18 Abs. 1 BNotO, §§ 43 Abs. 1, 50 WPO, § 57 Abs. 1 StBerG, § 5 BOStB, § 39a Abs. 1 PAO sowie § 4 BOPA. Untergesetzliche Verschwiegenheitspflichten ergeben sich insbesondere aus dem Standes- (§ 9 MBO-Ä, § 7 BMO-ZÄ, § 7 BMO-Psyth in der Fassung der jeweiligen Landeskammer) und Kirchenrecht.[30]

II. Beschränkungen für Auslandsübermittlungen (Abs. 2)

11 Abs. 2 normiert zusätzliche Übermittlungsverbote für die Datenübermittlung ins EU- und Nicht-EU-Ausland.

12 **1. Beeinträchtigung wesentlicher Sicherheitsinteressen des Bundes oder der Länder (Abs. 2 Nr. 1).** Nach § 28 Abs. 2 Nr. 1 BKAG muss die Übermittlung zwingend unterbleiben, wenn ihr **nationale Sicherheitsinteressen** entgegenstehen. Das Übermittlungsverbot der Nr. 1 basiert auf Art. 10 Abs. 1 lit. a RB 2006/960/JI und ist daher unionsrechtskonform. Ein Auskunftsverweigerungsrecht wegen wesentlicher Sicherheitsinteressen eines Mitgliedstaats erkennt auch Art. 346 Abs. 1 lit. a AEUV an. Über dessen Reichweite entscheidet der Europäische Gerichtshof,[31] während den **Mitgliedstaaten** im Rahmen der ehemaligen 3. Säule (PJZS) ein **Letztentscheidungsrecht** zusteht, das Art. 72 AEUV anerkennt.[32]

13 **2. Gefährdung laufender Ermittlungen oder Leib, Leben, Freiheit einer Person (Abs. 2 Nr. 2).** Basierend auf Art. 10 Abs. 1 lit. b RB 2006/960/JI verbietet § 28 Abs. 2 Nr. 2 Alt. 1 BKAG die Übermittlung, wenn sie den Erfolg laufender Ermittlungen gefährdet. Während die Parallelregelung des § 479 Abs. 1 Alt. 1 StPO der entscheidenden Stelle einen weitgehenden Beurteilungsspielraum einräumt,[33] lässt sich diese Wertung nicht auf das Gefahrenabwehrrecht übertragen. Denn im Strafverfahren wird die Datenübermittlung wegen des umfassenden Akteneinsichtsrechts der Beschuldigten eingeschränkt;[34] nach § 37 Abs. 2 BKAG (→ § 37 Rn. 14 f.) besteht ein solches uneingeschränktes Recht nur für Polizeibeamte.[35] Die Auskunftsansprüche der betroffenen Person gegenüber dem BKA sind zB nach Maßgabe der § 29 Abs. 2 VwVfG, § 3 Nr. 1 lit. c, Nr. 2 IFG, §§ 57 Abs. 4, 56 Abs. 2 BDSG eingeschränkt, wenn andernfalls ua die öffentliche Sicherheit gefährdet würde. Erforderlich ist daher ebenso wie bei der Gefährdung der Sicherheit von Personen (§ 28 Abs. 2 Nr. 2 Alt. 2 BKAG) eine **Prognose,**[36] die gerichtlich überprüfbar ist.

14 **3. Verstoß gegen den Zweck eines deutschen Gesetzes (Abs. 2 Nr. 3).** § 28 Abs. 2 Nr. 3 BKAG enthält einen ***ordre public*-Vorbehalt.** Dieser allgemeine Rechtsgrundsatz ist wegen des Grundsatzes des gegenseitigen Vertrauens innerhalb der EU nur ganz ausnahmsweise und unter strengen Voraussetzungen anzuwenden.[37]

27 Zutreffend für den gleichlautenden § 479 Abs. 1 Alt. 2 StPO SK-StPO/Puschke/Weßlau § 479 Rn. 19; aA aber LR-StPO/Hilger § 477 Rn. 12 mit Blick auf BT-Drs. 14/1484, 46, der eine bundeseinheitliche Anwendung der Strafverfolgung gewährleistet wissen will.

28 SK-StPO/Puschke/Weßlau § 479 Rn. 19; ansatzweise auch BT-Drs. 14/1484, 46.

29 SK-StPO/Puschke/Weßlau § 479 Rn. 19.

30 Ahlf/Daub/Lersch/Störzer/Störzer BKAG § 27 Rn. 20 ff., mwN; BeckOK-Datenschutzrecht/Uwer Systematische Vorbemerkungen Datenschutz bei den freien Berufen, Rn. 1 ff. (2021).

31 Calliess/Ruffert/Wegener, EUV/AEUV, 6. Aufl. 2022, AEUV Art. 346 Rn. 6; von der Groeben/Schwarze/Hatje/Ditter EuR IV, 7. Aufl. 2015, AEUV Art. 346 Rn. 1 f., mwN.

32 Schenke/Graulich/Ruthig/Graulich BKAG § 28 Rn. 20; ausführlich Kugelmann in Böse (Hrsg.), Europäisches Strafrecht mit polizeilicher Zusammenarbeit (EnzEuR XI), 2. Aufl. 2021, § 17 Rn. 167 ff.; einschränkend Streinz/Weiß, EUV/AEUV, 3. Aufl. 2018, AEUV Art. 72 Rn. 6.

33 LR-StPO/Hilger § 477 Rn. 3.

34 BeckOK-StPO/Wittig § 479 Rn. 3.1 (2022).

35 Schenke/Graulich/Ruthig/Graulich BKAG § 37 Rn. 10.

36 Schenke/Graulich/Ruthig/Graulich BKAG § 37 Rn. 21.

37 Schoch/Schneider/Schoch VwVfG Einl. Rn. 567 ff. (2020), mwN; Streinz/Weiß, EUV/AEUV, 3. Aufl. 2018, AEUV Art. 72 Rn. 4 ff.

4. Widerspruch zu elementaren rechtsstaatlichen Grundsätzen und drohende Menschenrechtsverletzungen (Abs. 2 Nr. 4). Mit Nr. 4 wollte der Gesetzgeber die verfassungsgerichtliche Rechtsprechung (→ Rn. 3) umsetzten.[38] Die Norm gilt unterschiedslos für alle Auslandsübermittlungen, für die Übermittlung nach § 26 BKAG bedarf sie allerdings einer **unionsrechtskonformen Auslegung**:[39] Sie ist nicht anzuwenden,[40] weil innerhalb der EU die Übermittlung wegen des Diskriminierungsverbots (→ 26 Rn. 6) nur aus den gleichen Gründen wie innerstaatlich und aus den in Art. 10 RB 2006/960/JI (→ Rn. 4) normierten Gründen verweigert werden darf. Gegenüber Drittstaaten und internationalen Organisationen ist zunächst zu berücksichtigen, ob ein Angemessenheitsbeschluss gem. Art. 36 Abs. 3 DSRL-JI (→ § 27 Rn. 10) vorliegt, sodann ob das BKA Aufstellungen nach Abs. 3 gemacht hat (→ Rn. 16). Zuletzt ist die nach § 27 Abs. 1 S. 1 BKAG iVm § 78 Abs. 2 BDSG erforderliche Einzelfallprüfung (→ § 27 Rn. 17) durchzuführen.[41] Gegebenenfalls muss sich das BKA im Einzelfall um verbindliche Zusicherungen bemühen.[42] 15

III. Vergewisserung des BKA über das Datenschutzniveau im Empfangsstaat (Abs. 3)

Abs. 3 trägt den verfassungsrechtlichen Anforderungen an die Vergewisserung des BKA über das geforderte Schutzniveau bei ausländischen Empfängern Rechnung (→ Rn. 3). Dabei ist neben aktuellen **Erkenntnissen der Bundesregierung** zu berücksichtigen, ob ein **Angemessenheitsbeschluss der Kommission** iSd Art. 36 Abs. 3 DSRL-JI vorliegt (→ § 27 Rn. 10). Die Aufstellung ist regelmäßig zu aktualisieren.[43] Die Vergewisserung des BKA ist praktisch bedeutsam wegen des Verweises der Landespolizeigesetze auf sie. 16

Abschnitt 3
Zentralstelle

§ 29 Polizeilicher Informationsverbund, Verordnungsermächtigung

(1) ¹Das Bundeskriminalamt ist im Rahmen seiner Aufgabe nach § 2 Absatz 3 Zentralstelle für den polizeilichen Informationsverbund zwischen Bund und Ländern. ²Es stellt zu diesem Zweck ein einheitliches Verbundsystem zur Verfügung.

(2) ¹Das Verbundsystem erfüllt die Grundfunktionen nach § 13 Absatz 2. ²Innerhalb des Verbundsystems stellen die daran teilnehmenden Behörden einander Daten zum Abruf und zur Verarbeitung zur Verfügung. ³Ausschreibungen im Schengener Informationssystem erfolgen im polizeilichen Informationsverbund. ⁴Das Bundesministerium des Innern, für Bau und Heimat bestimmt im Einvernehmen mit den Innenministerien und Senatsinnenverwaltungen der Länder sowie im Benehmen mit der oder dem Bundesbeauftragten für den Datenschutz und die Informationsfreiheit die in den polizeilichen Informationsverbund einzubeziehenden Daten.

(3) ¹Außer dem Bundeskriminalamt und den Landeskriminalämtern sind zur Teilnahme am polizeilichen Informationsverbund berechtigt:

1. sonstige Polizeibehörden der Länder,
2. die Bundespolizei,
3. die Polizei beim Deutschen Bundestag,
4. mit der Wahrnehmung grenzpolizeilicher Aufgaben betraute Behörden der Zollverwaltung,
5. die Zollfahndungsämter,
6. das Zollkriminalamt und
7. die mit der Steuerfahndung betrauten Dienststellen der Landesfinanzbehörden[1]

²Die am polizeilichen Informationsverbund teilnehmenden Stellen haben das Recht, Daten zur Erfüllung der Verpflichtung nach § 32 im automatisierten Verfahren einzugeben und, soweit dies zur jeweiligen Aufgabenerfüllung erforderlich ist, abzurufen.

(4) ¹Durch organisatorische und technische Maßnahmen hat das Bundeskriminalamt sicherzustellen, dass Eingaben von und Zugriffe auf Daten im polizeilichen Informationsverbund nur möglich sind, soweit die

38 BT-Drs. 18/11163, 108.
39 Schenke/Graulich/Ruthig/Graulich BKAG § 37 Rn. 23.
40 BeckOK-PolR Baden-Württemberg/Nusser PolG BW § 62 Rn. 5 (2022).
41 Schenke/Graulich/Ruthig/Graulich BKAG § 37 Rn. 23.
42 Für den gleichlautenden Art. 58 Abs. 1 S. 3 BayPAG BeckOK-PolSiR Bayern/Aulehner BayPAG Art. 58 Rn. 18 (2022).
43 BT-Drs. 18/11163, 108.
1 **Amtl. Anm.:** Zeichensetzung amtlich.

jeweiligen Behörden hierzu berechtigt sind. [2]§ 12 Absatz 2 bis 5, die §§ 14, 15 und 16 Absatz 1, 2, 5 und 6, § 18 Absatz 1, 2, 4 und 5, § 19 Absatz 1 und 2 sowie die §§ 20 und 91 gelten entsprechend.

(5) [1]Nur die Behörde, die Daten zu einer Person eingegeben hat, ist befugt, diese zu ändern, zu berichtigen oder zu löschen. [2]Hat eine teilnehmende Stelle des polizeilichen Informationsverbundes Anhaltspunkte dafür, dass Daten unrichtig oder zu löschen sind, teilt sie dies umgehend der eingebenden Behörde mit, die verpflichtet ist, diese Mitteilung unverzüglich zu prüfen und erforderlichenfalls die Daten unverzüglich zu berichtigen oder zu löschen oder in ihrer Verarbeitung einzuschränken. [3]Sind Daten zu einer Person gespeichert, kann jede teilnehmende Stelle des polizeilichen Informationsverbundes weitere Daten ergänzend eingeben.

(6) [1]Das Auswärtige Amt ist zum Abruf im automatisierten Verfahren der Fahndungsausschreibungen zur Festnahme und Aufenthaltsermittlung berechtigt, soweit dies für die Auslandsvertretungen in ihrer Eigenschaft als Pass- und Personalausweisbehörden erforderlich ist. [2]Die Staatsanwaltschaften sind befugt, für Zwecke der Strafrechtspflege im automatisierten Verfahren abzurufen:

1. Fahndungsausschreibungen zur Festnahme und Aufenthaltsermittlung und, nach Maßgabe des Beschlusses 2007/533/JI des Rates vom 12. Juni 2007 über die Einrichtung, den Betrieb und die Nutzung des Schengener Informationssystems der zweiten Generation (SIS II) (ABl. L 205 vom 7.8.2007, S. 63) sowie der Verordnung (EG) Nr. 1987/2006 des Europäischen Parlaments und des Rates vom 20. Dezember 2006 über die Einrichtung, den Betrieb und die Nutzung des Schengener Informationssystems der zweiten Generation (SIS II) (ABl. L 381 vom 28.12.2006, S. 4), auch die Ausschreibungen, die im Schengener Informationssystem gespeichert sind,
2. Daten über Freiheitsentziehungen und
3. Daten aus dem DNA-Analyse-System.

(7) Das Bundesministerium des Innern, für Bau und Heimat wird ermächtigt, im Einvernehmen mit dem Bundesministerium der Justiz und für Verbraucherschutz durch Rechtsverordnung, die der Zustimmung des Bundesrates bedarf, weitere im polizeilichen Informationsverbund gespeicherte Daten, die von den Staatsanwaltschaften zur Erfüllung ihrer Aufgaben benötigt werden, zum automatisierten Abruf freizugeben, soweit diese Form der Datenübermittlung unter Berücksichtigung der schutzwürdigen Interessen der betroffenen Personen wegen der Vielzahl der Übermittlungen oder wegen ihrer besonderen Eilbedürftigkeit angemessen ist.

(8) Die Einrichtung eines automatisierten Abrufverfahrens ist für andere Behörden zur Erfüllung vollzugspolizeilicher Aufgaben sowie für die Zentralstelle für Sanktionsdurchsetzung für Aufgaben nach dem Sanktionsdurchsetzungsgesetz mit Zustimmung des Bundesministeriums des Innern, für Bau und Heimat und der Innenministerien und Senatsinnenverwaltungen der Länder zulässig, soweit diese Form der Datenübermittlung unter Berücksichtigung der schutzwürdigen Interessen der betroffenen Personen wegen der Vielzahl der Übermittlungen oder wegen ihrer besonderen Eilbedürftigkeit angemessen ist.

A. Überblick und Genese

I. Verbundarchitektur

1 Nach § 2 Abs. 3 BKAG unterhält das BKA als Zentralstelle einen einheitlichen polizeilichen Informationsverbund zwischen Bund und Ländern nach Maßgabe dieses Gesetzes. Die gesetzlichen Regelungen der §§ 29–33 BKAG füllen diesen, von der **Aufgabenzuweisung des § 2 Abs. 3 BKAG** abgesteckten Rahmen aus (→ § 2 Rn. 47 ff.). Der einheitliche polizeiliche Informationsverbund hat den „elektronischen Datenverbund" abgelöst, der durch das Zweite BKAG-Änderungsgesetz vom 28.6.1973[2] eingerichtet und – relativ pauschal[3] – in der Aufgabenzuweisung nach § 2 Abs. 1 Nr. 1 S. 2 BKAG 1973 verankert worden war (→ § 2 Rn. 48 f.). Das Führen des polizeilichen Informationssystems ist eine Kernaufgabe des BKA im Kontext seiner Zentralstellenfunktion.[4] Im Gefüge der informationellen Vernetzung der Polizei- und Sicherheitsbehörden (→ § 1 Rn. 17 ff.) kommt dem polizeilichen Informationsverbund eine besondere Bedeutung zu.[5] Das auf dieser Rechtsgrundlage beruhende polizeiliche Informationssystem **INPOL** ist das wichtigste Instrument polizeilicher Arbeit in der Bundesrepublik.[6] Die in seinem Rahmen bis heute geführten zahlreichen Verbunddateien (im Einzelnen → § 2 Rn. 30 f.) ermöglichen eine **Vernetzung der Sicherheitsbehörden,** die über punktuelle Übermittlungs- und Empfangsvorgänge deutlich hinausgeht.[7]

2 Systematisch werden die Regelungen der §§ 29–33 BKAG zwischen den „Allgemeinen Befugnissen zur Datenverarbeitung" (§§ 9–28 BKAG) und den „Befugnissen im Rahmen der Strafverfolgung" (§§ 34–37 BKAG) verortet und unter dem Abschnittstitel „Zentralstelle" verklammert. Hier folgt die gesetzliche Systematik dem charakteristischen Aufbau des BKAG, wonach mit jeder Aufgabenbeschreibung einer oder mehrere besondere Abschnitte mit Befugnisnormen korrespondieren (→ § 1 Rn. 14). Die **Gesetzgebungskompetenz** des Bundes für die Regelung des polizeilichen Informationsverbundes in §§ 29–33 BKAG folgt aus Art. 73 Abs. 1 Nr. 10 lit. a GG und Art. 87 Abs. 1 S. 2 GG (im Einzelnen → § 2 Rn. 4 ff.).

3 § 29 BKAG entspricht im Wesentlichen § 11 BKAG in der Fassung des Gesetzes über das Bundeskriminalamt und die Zusammenarbeit des Bundes und der Länder in kriminalpolizeilichen Angelegenheiten vom 7.7.1997.[8] § 11 BKAG aF war die Rechtsgrundlage für den bisherigen INPOL-Rechner-Rechner-Verbund (RRV).[9] Die Normierung des § 11 BKAG aF war eine späte Reaktion des Gesetzgebers auf das Volkszählungsurteil des Bundesverfassungsgerichts;[10] sie trug dem gewandelten Grundrechtsverständnis Rechnung, wonach jede Übermittlung und Speicherung von personenbezogenen Daten einen rechtfertigungsbedürftigen Eingriff in das Recht auf informationelle Selbstbestimmung (Art. 2 Abs. 1 iVm Art. 1 Abs. 1 GG) darstellt. Die polizeiliche Informationsordnung der §§ 29–33 BKAG hat durch Gesetz zur Neustrukturierung des Bundeskriminalamtgesetzes vom 8.6.2017[11] zudem eine grundlegende Umstrukturierung und Neuorientierung erfahren: Seither wird die Einheitlichkeit des polizeilichen Informationsverbundes betont (vgl. § 29 Abs. 1 S. 2 BKAG) und der **Wechsel von der vertikalen zur horizontalen Informationsordnung der Polizei** vollzogen (dazu schon → § 2 Rn. 35 f.). Die §§ 29–33 BKAG bilden die gesetzgeberische Reaktion darauf, dass der polizeiliche Informationsverbund hinsichtlich der IT-Architektur im Anschluss an die sog. Saarbrücker Agenda über das „Programm Polizei 2020" fundamental umgestaltet werden soll.[12] Dieser Wechsel ist zum Teil durch die Rechtsprechung des Bundesverfassungsgerichts zum Grundsatz der hypothetischen Datenneuerhebung,[13] im Übrigen verwaltungspraktisch und polizeifachlich motiviert. Obschon die Regelungen der §§ 29–33 BKAG den wohl anspruchsvollsten Teil des neuen BKAG darstellen,[14] da sie die normative Basis für eine grundlegende Umgestaltung der polizeilichen Informationsordnung bilden sollen, kommt diese Revolution der Verbundarchitektur im Normtext an keiner Stelle hinreichend zum Ausdruck. Auf den in der Sachverständigenanhörung geäußerten Ratschlag, die **Neugliederung der Informationsord-**

2 BGBl. I 1973 S. 701 (§ 2 Abs. 1 Nr. 1 S. 2 BKAG aF).
3 Ahlf/Daub/Lersch/Störzer/Daub BKAG § 11 Rn. 1.
4 Kugelmann BKAG § 11 Rn. 1.
5 Lisken/Denninger/Müller/Schwabenbauer, HdbPolR, G Rn. 890.
6 Kugelmann BKAG § 2 Rn. 12; so ua auch Kingreen/Poscher, POR, § 14 Rn. 23; Lisken/Denninger/Arzt, HdbPolR, G Rn. 1119; F. Graulich, Die Zusammenarbeit von Generalbundesanwalt und Bundeskriminalamt bei dem Vorgehen gegen den internationalen Terrorismus, 2013, S. 385.
7 BeckOK-Datenschutzrecht/Albers, Syst. L. Datenschutzbestimmungen der Polizei- und Nachrichtendienstgesetze des Bundes, Rn. 124 (2021).
8 BGBl. I 1997 S. 1650.
9 Vgl. dazu Ahlf/Daub/Lersch/Störzer/Daub BKAG § 11 Rn. 9.
10 BVerfG Urt. v. 15.12.1983 – 1 BvR 209/83 ua –, BVerfGE 65, 1.
11 BGBl. I 2017 S. 1354.
12 Vgl. BMI, Polizei 2020 – White Paper, 2018, S. 6. Im Einzelnen Steinmayer, Der neue Informationsbestand des BKA, 2021, S. 85 ff.
13 BVerfG Urt. v. 20.4.2016 – 1 BvR 966/09 ua –, BVerfGE 141, 220 (325 f., Rn. 281).
14 Bäcker, Stellungnahme im Rahmen der öffentlichen Anhörung des Innenausschusses des Deutschen Bundestages zum Entwurf eines Gesetzes zur Neustrukturierung des Bundeskriminalamtgesetzes (BT-Drs. 18/11163) v. 16.3.2017, Ausschuss-Drs. 18(4)806 D, 3, 10.

nung zumindest **einstweilen zurückzustellen,** bis eine tragfähige rechtliche Grundlage hierfür gefunden wurde, ist der Gesetzgeber nicht eingegangen.[15] Die Folge ist ein **eklatanter Widerspruch zwischen legislatorischem Anspruch und normativer Wirklichkeit.**[16]

4 Die hergebrachte polizeiliche Verbundarchitektur war komplex gestaltet: Die polizeilich relevanten Daten wurden in unterschiedlichen delikts- und phänomenspezifischen Dateien (§ 9 Abs. 1 Nr. 1 BKADV) – zum Teil redundant – vorgehalten und waren für die Polizeibeamtinnen und -beamten häufig nur über verschiedene Anwendungen erschließbar (→ § 2 Rn. 26 ff.). Nach diesem **Konzept der „logischen Dateien"** wurden die Daten phänomenologisch in abgeschlossenen Dateien („Silos") gespeichert (zB Rauschgift oder Waffendelikte). Bestand ein Zugriffsrecht auf die Datei, konnten zumeist die gesamten Inhalte der jeweiligen Datei eingesehen und verarbeitet werden, unabhängig von der Maßnahme (einschließlich ihrer Eingriffstiefe, zB Wohnraumüberwachung), mit der die Daten erhoben wurden.[17] Die hergebrachte Informationsordnung der Polizei verfolgte mit INPOL-neu das Konzept, verschiedene Dateien festzulegen, deren Logik sich daraus ergab, von wem mit welchen Funktionalitäten auf welche Daten zugegriffen werden konnte.[18] Auch der automatisierte Austausch der Daten war wegen der eingeschränkten Kompatibilität der Anwendungen untereinander nur begrenzt möglich. Dies führte dazu, dass tat- und täterspezifische Zusammenhänge nur schwer oder gar nicht erkennbar waren.[19]

5 Die Komplexität der Verbundarchitektur soll mit den §§ 29–33 BKAG beseitigt werden. Das nach der Gesetzesbegründung[20] verfolgte Konzept der horizontalen Informationsordnung zeichnet sich – ohne dass sich die konzeptionellen Vorstellungen im Gesetz selbst niedergeschlagen hätten (→ Rn. 3) – dadurch aus, dass der Informationsverbund und das Informationssystem **nicht mehr in „logische Dateien" gegliedert** werden. Da dies aber auf technischer Ebene nur logisch durch ein Berechtigungssystem bzw. über eine Referenzierung der Daten geschah, war bereits INPOL-neu als einheitlicher „Datenpool"[21] konzipiert, der die Abkehr von den phänomenologisch strukturierten Dateien hin zu einem „gemeinsamen Datenhaus der deutschen Polizei"[22] zumindest gedanklich vorbereitet hat.[23] Danach tritt ein einheitliches Verbundsystem mit zentraler Datenhaltung im BKA an die Stelle des in eine Vielzahl von einzelnen Dateien unterteilten Informationssystems. Redundante Datenerfassungen sollen auf diese Weise vermieden und aussagekräftige Analysen sowie das Erkennen von Zusammenhängen ermöglicht werden.[24] Die zentral beim BKA vorgehaltenen, polizeilich relevanten Daten von Bund und Ländern werden dabei über standardisierte „Services" bereitgestellt und durch ein abgestuftes System von Zugriffsrechten erschlossen: Die Verantwortung für die Daten verbleibt im Ausgangspunkt beim jeweiligen „Datenbesitzer" (→ Rn. 24). Nur dieser darf die eingetragenen Informationen auch ändern, berichtigen oder löschen (vgl. § 29 Abs. 5 BKAG). In der Konsequenz sind Daten mit Verbundrelevanz (vgl. § 30 BKAG) für alle am Verbund teilnehmenden Stellen (vgl. § 29 Abs. 3 BKAG) sichtbar, Daten ohne Verbundrelevanz nur für den jeweiligen Datenbesitzer. Insbesondere auf die landeseigenen, nicht verbundrelevanten Daten hat danach ausschließlich der berechtigte Datenbesitzer Zugriff (sog. Mandantenfähigkeit des Systems).[25]

II. Sonstiges

6 Als Zentralstelle für den einheitlichen polizeilichen Informationsverbund (§ 29 Abs. 1 BKAG) führt das BKA nicht nur INPOL, sondern auch **weitere Verbunddateien** (→ § 2 Rn. 31). Dazu zählen insbesondere die auf eigenständigen gesetzlichen Grundlagen beruhende Antiterrordatei[26] sowie die Rechtsextremismus-Datei.[27]

7 Der in den §§ 29–33 BKAG normierte polizeiliche Informationsverbund ist zum einen zu trennen vom **Informationsverbund der Verfassungsschutzbehörden,** der seine rechtlichen Grundlagen in den Verfassungs-

15 Wie hier Schenke/Graulich/Ruthig/K. Graulich BKAG § 29 Rn. 3; ders. KriPoZ 2017, 278 (286).
16 So auch das Fazit von Steinmayer, Der neue Informationsbestand des BKA, 2021, S. 237.
17 BMI, Polizei 2020 – White Paper, 2018, S. 11.
18 Ahlf/Daub/Lersch/Störzer/Daub BKAG § 11 Rn. 27.
19 BT-Drs. 19/13659, 4.
20 Vgl. BT-Drs. 18/11163, 75 und 76, 98 und 99.
21 Ahlf/Daub/Lersch/Störzer/Daub BKAG § 11 Rn. 27.
22 Vgl. BMI, Polizei 2020 – White Paper, 2018, S. 11.
23 Lisken/Denninger/Arzt, HdbPolR, G Rn. 1203, 1207.
24 BT-Drs. 19/13659, 5.
25 BMI, Polizei 2020 – White Paper, 2018, S. 11.
26 Gesetz zur Errichtung einer standardisierten zentralen Antiterrordatei von Polizeibehörden und Nachrichtendiensten von Bund und Ländern (Antiterrordateigesetz – ATDG) v. 22.12.2006 (BGBl. I S. 3409).
27 Gesetz zur Errichtung einer standardisierten zentralen Datei von Polizeibehörden und Nachrichtendiensten von Bund und Ländern zur Bekämpfung des gewaltbezogenen Rechtsextremismus (Rechtsextremismus-Datei-Gesetz – RED-G) v. 20.8.2012 (BGBl. I S. 1798).

schutzgesetzen des Bundes und der Länder findet.[28] Innerhalb der vom BKAG begründeten Informationsordnung sind die §§ 29–33 BKAG abzugrenzen vom **Informationssystem des BKA** (§ 13 BKAG).[29] Auf letzteres haben die Polizeien des Bundes und der Länder grundsätzlich keinen Zugriff; das Informationssystem des BKA nimmt jedoch nach Maßgabe der §§ 29–33 BKAG am polizeilichen Informationsverbund teil (vgl. § 13 Abs. 3 BKAG). Die gesetzlichen **Vorgaben für die Datenverarbeitung** im Informationssystem und im polizeilichen Informationsverbund sind weitgehend einheitlich in §§ 12 ff. BKAG geregelt. Für den polizeilichen Informationsverbund werden sie von § 29 Abs. 4 S. 2 BKAG in weitem Umfang in Bezug genommen.

B. Kommentierung im Einzelnen

I. Stellung des BKA im polizeilichen Informationsverbund (Abs. 1)

§ 29 Abs. 1 S. 1 BKAG erklärt das Amt zur Zentralstelle für den polizeilichen Informationsverbund zwischen Bund und Ländern. Als solche hat das BKA ein einheitliches Verbundsystem zur Verfügung zu stellen (Satz 2). § 29 Abs. 1 BKAG begründet die normative Basis für einen polizeilichen Informationsverbund zwischen den Polizeibehörden von Bund und Ländern, dem technisch ein einheitliches Verbundsystem des BKA zugrunde liegt. Innerhalb dieses Verbundsystems stellen die daran teilnehmenden Behörden einander Daten zur Verfügung. Die Eigenschaft des BKA als Zentralstelle für dieses Verbundsystem ist die normative Folge der Aufgaben des Amtes als Zentralstelle für das polizeiliche Auskunfts- und Nachrichtenwesen.[30] Die in Form einer **Aufgabenzuweisung in § 2 Abs. 3 BKAG** niedergelegte Zentralstellenfunktion wird insofern durch § 29 Abs. 1 BKAG konkretisiert.[31] Dies lässt die Befugnis des BKA, als Zentralstelle gem. den §§ 18, 19 BKAG sonstige Dateien zu führen, unberührt.[32] 8

Die Bezugnahme auf die Zentralstellenaufgabe nach § 2 Abs. 3 BKAG bedingt, dass sich § 29 Abs. 1 BKAG nur auf **INPOL-Z(entral)** bezieht (→ § 2 Rn. 49); Gegenstand ist damit allein die Datenverarbeitung im **Bund.**[33] Dabei handelt es sich um das gemeinsame, arbeitsteilige Informationssystem der Polizeibehörden des Bundes und der Länder zur Unterstützung vollzugspolizeilicher Aufgaben, das im Jahr 2003 an die Stelle des seit 1972 bestehenden Systems INPOL-aktuell getreten ist, welches wiederum seinerzeit das Deutsche Fahndungsbuch ersetzt hatte (→ § 2 Rn. 59). **Nicht** von § 29 Abs. 1 BKAG erfasst werden insofern die **Datenbanken der Länder** einschließlich des jeweiligen INPOL-Land, das von der Mehrheit der Bundesländer unter der Bezeichnung POLAS (Polizeiliches Auskunftssystem), im Übrigen als POLIKS (Berlin), ViVa (Nordrhein-Westfalen), POLIS (Rheinland-Pfalz) oder PASS (Sachsen) geführt wird. Es dient der Fahndung nach Personen und Sachen sowie der Ermittlungsunterstützung und findet seine Rechtsgrundlage im Polizeirecht der Länder sowie – bereichsspezifisch – in der Strafprozessordnung.[34] Ein Eintrag in INPOL-Land kann jedoch an das vom BKA bereitgestellte INPOL-Z weitergegeben werden. Mit der Übermittlung der Daten an INPOL-Z ist eine bundesweite Fahndung und die Weitergabe einer Fahndung an das Schengener Informationssystem möglich. Die Weitergabe von Einträgen in INPOL-Land setzt jedoch die Einhaltung der für das Landessystem geltenden Vorschriften voraus. Die Verbundteilnehmer der Länder können daher nicht nach § 32 BKAG Informationen übermitteln, deren Speicherung nach dem jeweiligen Landespolizeirecht oder der StPO unzulässig wäre.[35] 9

II. Grundlagen des polizeilichen Informationsverbunds (Abs. 2)

In § 29 Abs. 2 BKAG werden Grundlagen, dh **Grundregeln und -funktionen** des polizeilichen Informationsverbundes statuiert. Die Norm führt Regelungen zusammen, die zuvor auf die Absätze 1 und 2 des § 11 BKAG aF verteilt waren. Sie geben dem Verbundsystem normative Gestalt, indem sie den Verbund in seinen Grundzügen näher beschreiben.[36] 10

1. Grundfunktionen und Grundstruktur des Verbundsystems. a) Regelbeispielhafte Funktionen (S. 1). Nach § 29 Abs. 2 S. 1 BKAG hat das Verbundsystem zunächst die gleichen Grundfunktionen zu erfüllen, 11

28 HdbSicherheitsR/Golla § 30 Rn. 19.
29 BT-Drs. 18/11163, 84; s. auch BT-Drs. 19/27083, 10.
30 BT-Drs. 13/1550, 28.
31 BT-Drs. 18/11163, 108.
32 BT-Drs. 13/1550, 28.
33 Ahlf/Daub/Lersch/Störzer/Daub BKAG § 11 Rn. 3, 30 f.; Schenke/Graulich/Ruthig/K. Graulich BKAG § 29 Rn. 7.
34 Für POLAS-Hessen VGH Kassel Urt. v. 16.12.2004 – 11 UE 2982/02 –, NJW 2005, 2727 (2729); Für POLAS-BW VG Karlsruhe Urt. v. 12.3.2019 – 2 K 8203/18 –, BeckRS 2019, 5082, Rn. 12 ff.; für POLAS-NRW noch VG Köln Urt. v. 23.4.2015 – 20 K 3184/14 –, juris, Rn. 83 f.; zusammenfassend Wissenschaftliche Dienste des Deutschen Bundestages, Polizeiliche Datenbanken der Bundesländer, WD 3–3000–153/11, S. 5 ff.; Zaremba, Die Entwicklung polizeirelevanter datenschutzrechtlicher Bestimmungen, 2014, S. 762 ff.
35 Ahlf/Daub/Lersch/Störzer/Daub BKAG § 11 Rn. 9; Busch NJW 2002, 1754 (1755).
36 BT-Drs. 18/11163, 109.

die nach § 13 Abs. 2 BKAG auch für das einheitliche Informationssystem des BKAG vorgesehen sind. Die nach § 13 Abs. 2 BKAG als **Regelbeispiele** („insbesondere“) aufgeführten Grundfunktionen des BKA-Informationssystems sind dabei auch im Rahmen des polizeilichen Informationsverbundes als „regelbeispielhaft zu verstehen“.[37] Der polizeiliche Informationsverbund erfüllt danach insbesondere folgende Grundfunktionen:

- Unterstützung bei polizeilichen Ermittlungen;
- Unterstützung bei Ausschreibungen von sowie Fahndungen nach Personen und Sachen;
- Unterstützung bei der polizeilichen Informationsverdichtung durch Abklärung von Hinweisen und Spurenansätzen;
- Durchführung von Abgleichen von personenbezogenen Daten;
- Unterstützung bei der Erstellung von strategischen Analysen und Statistiken.

12 **b) Dezentrale Struktur (S. 2).** Mit den Grundfunktionen wird die weitere Struktur des Verbundsystems angeleitet: Mit Blick auf die genannten Grundfunktionen des Verbundsystems nach § 29 Abs. 2 iVm § 13 Abs. 2 BKAG stellen die teilnehmenden Behörden einander verbundrelevante (vgl. § 30 BKAG) Daten zum Abruf und zur Verarbeitung zur Verfügung (§ 29 Abs. 2 S. 2 BKAG). Darin kommt die dezentrale Struktur des Verbundsystems zum Ausdruck: Das BKA als Zentralstelle bildet hier insofern das informationelle Zentrum des polizeilichen Bund-Länder-Verbundes, als es die Tätigkeit der Verbundteilnehmer koordiniert und informationell verklammert (→ § 2 Rn. 1, 8). Als Zentralstelle des Informationsverbundes erhebt das BKA keine Daten selbst, sondern „verwaltet“ diese. Innerhalb des Verbundes agiert das BKA als „Spinne“[38] im informationellen Netz der Polizeibehörden bzw. als „Informations- und Kommunikationsknotenpunkt“;[39] nach außen hin fungiert das Amt als „Sprachrohr“[40] sämtlicher Verbundteilnehmer. Die Daten werden danach **von den Ländern in eigener Zuständigkeit** gewonnen, wobei die Befugnisnormen der Landespolizeigesetze über die Datenerhebung als **„Transmissionsriemen“**[41] für den Bund-Länder-Informationsverbund fungieren. Anschließend werden die Daten unmittelbar und dezentral in das Verbundsystem eingegeben sowie im System für alle Verbundteilnehmer zum Abruf bereitgehalten (vgl. § 29 Abs. 2 S. 2 BKAG).[42]

13 Das Verbundsystem mit den Daten der jeweiligen Landespolizei stellt somit im Ergebnis nichts anderes dar „als eine **gemeinsame Datenbank**, in welche die jeweiligen Landespolizeibehörden ‚ihre‘ Daten einstellen“.[43] Auch wenn INPOL-Z beim BKA im Rahmen der (Bundes-) Aufgabe nach § 2 Abs. 3 BKAG eingerichtet ist und von dort den Landespolizeien und der Bundespolizei zur Verfügung gestellt wird, bleiben der Datenbesitz und die Datenverantwortlichkeit im Verbundsystem weiter bei den jeweiligen Polizeien des Bundes und der Länder und gehen nicht auf das BKA über.[44] Dies folgt aus § 29 Abs. 5 S. 1 (→ Rn. 24) und § 31 Abs. 2 BKAG (→ § 31 Rn. 7 ff.), wonach im Rahmen des polizeilichen Informationsverbundes die datenschutzrechtliche Verantwortung für die bei der Zentralstelle gespeicherten Daten den Stellen obliegt, die die Daten unmittelbar eingeben, und zur Löschung nur diejenige Stelle befugt ist, die die Daten eingegeben hat.[45]

14 **2. Ausschreibungen im Schengener Informationssystem (S. 3).** Nach § 29 Abs. 2 S. 3 BKAG erfolgen Ausschreibungen im Schengener Informationssystem (SIS) im polizeilichen Informationsverbund. Die Regelung entspricht § 3 Abs. 1a S. 2 BKAG in der Fassung des Gesetzes zum Schengener Informationssystem der zweiten Generation (SIS-II-Gesetz) vom 6.6.2009.[46] Damit wurde die zuvor in Art. 6 SchengÜbkG[47] geregelte Aufgabenzuweisung an das BKA als Zentralstelle in das BKAG überführt und dem Amt eine „Brückenfunktion“[48] zwischen dem – in seinem nationalen Teil nicht dem polizeilichen Auskunfts- und Nach-

37 BT-Drs. 18/11163, 109.
38 Kugelmann BKAG § 11 Rn. 1.
39 Erbs/Kohlhaas/Papsthart BKAG Vor §§ 7 ff. (2007) Rn. 1.
40 VG Wiesbaden Beschl. v. 30.7.2021 – 6 K 421/21.WI –, ZD 2022, 126 (127) – in Bezug auf die Betroffenenrechte nach § 84 Abs. 1 S. 1 BKAG.
41 So mit Blick auf die Datenerhebungsgeneralklausel des Art. 30 Abs. 1 BayPAG VGH München Urt. v. 20.7.2020 – 10 B 20.459 –, BeckRS 2020, 20623, Rn. 27; gleichlautend die Gesetzesbegründung, vgl. Bay LT-Drs. 17/20425, 48.
42 BVerwG Urt. v. 9.6.2010 – 6 C 5/09 –, BVerwGE 137, 113 (115 f., Rn. 18); OVG Saarlouis Urt. v. 30.1.2018 – 2 A 269/16 –, ZD 2018, 233 (234); Ahlf/Daub/Lersch/Störzer/Daub BKAG § 11 Rn. 33; Lisken/Denninger/Arzt, HdbPolR, G Rn. 1199.
43 VG Gießen Urt. v. 29.4.2002 – 10 E 141/01 –, NVwZ 2002, 1531 (1534) – Hervorhebung nur hier.
44 BT-Drs. 18/11163, 85.
45 Vgl. auch OVG Saarlouis Urt. v. 30.1.2018 – 2 A 269/16 –, ZD 2018, 233 (234); VGH München Urt. v. 20.7.2020 – 10 B 20.459 –, BeckRS 2020, 20623, Rn. 24.
46 BGBl. I 2009 S. 1226.
47 Gesetz zu dem Schengener Übereinkommen v. 19.6.1990 betreffend den schrittweisen Abbau der Kontrollen an den gemeinsamen Grenzen v. 15.7.1993 (BGBl. II S. 1010).
48 Kugelmann BKAG § 3 Rn. 18.

richtenwesen dienenden – SIS und dem polizeilichen Informationsverbund eingeräumt.[49] § 29 Abs. 2 S. 3 BKAG löst die SIS-Ausschreibungen aus der Aufgabenzuweisung in Sachen internationaler Zusammenarbeit nach § 3 BKAG heraus und verortet sie im Gefüge der Befugnisregelungen über die Zentralstelle nach §§ 29–33 BKAG. Dies ist mit Blick auf die **Grundrechtssensibilität von SIS-Ausschreibungen**[50] aus rechtsstaatlicher Perspektive (Vorbehalts des Gesetzes) zu begrüßen und erscheint auch systematisch plausibel, zumal mit der Aufgabe der internationalen Zusammenarbeit nach § 3 BKAG kein eigenständiger Befugnisabschnitt korrespondiert. Durch Art. 3 des Gesetzes zur Durchführung der Verordnungen (EU) 2018/1860, 2018/1861 und 2018/1862 über die Einrichtung, den Betrieb und die Nutzung des Schengener Informationssystems der dritten Generation sowie zur Änderung des Aufstiegsfortbildungsförderungsgesetzes und des BDBOS-Gesetzes (**SIS-III-Gesetz**) vom 19.12.2022 wurde **§ 29 Abs. 2 S. 3 BKAG gestrichen.**[51] Der Grund dafür ist, dass der nationale Teil des SIS aus dem polizeilichen Informationsverbund (INPOL) technisch herausgelöst wird, um zu ermöglichen – wie es die genannten EU-Verordnungen vorsehen –, dass auch Nicht-Polizeibehörden auf das SIS zugreifen können, denen ein Zugriff auf den polizeilichen Informationsverbund verwehrt ist (vgl. §§ 33a und 33b BKAG).[52] Weil die bisher zugriffsberechtigten Polizei- und Zollbehörden jedoch auch weiterhin über INPOL ausschreiben, wird der gestrichene § 29 Abs. 2 S. 3 BKAG inhaltsgleich für diese Behörden in § 33a Abs. 3 BKAG übernommen (→ § 33a Rn. 7 ff.). Das **Inkrafttreten der Streichung** hängt indes nach Art. 11 Abs. 2 S. 1 des SIS-III-Gesetzes von **der Inbetriebnahme des Schengener Informationssystems der dritten Generation** und einem entsprechenden Beschluss der EU-Kommission ab (→ § 33a Rn. 1 f.).

15 Solange § 29 Abs. 2 S. 3 BKAG noch in Kraft ist (→ Rn. 14), wird mit der Vorschrift klargestellt, dass es sich bei den SIS-Ausschreibungen nicht um ein eigenständiges Informationssystem, sondern um einen **integralen Bestandteil** des polizeilichen Informationssystems handelt.[53] Folglich finden auf die Ausschreibungen im Schengener Informationssystem auch die für den polizeilichen Informationsverbund geltenden Regelungen des BKAG Anwendung.[54] Das im polizeilichen Informationssystem betriebene nationale SIS-II-System (N.SIS II) stellt in Deutschland die nationale Kopie der SIS-II-Datenbank dar (→ § 33a Rn. 4 f.). Über § 29 Abs. 2 S. 3 BKAG sind auch die Regelungen zur datenschutzrechtlichen Verantwortlichkeit im polizeilichen Informationsverbund nach § 31 BKAG auf das N.SIS II anwendbar. Dies bedeutet insbesondere, dass die Verantwortung für die Daten bei der abrufenden Stelle liegt und diese im Rahmen ihrer Rechtmäßigkeitsprüfung nach § 32 Abs. 2 S. 1 BKAG auch die Vorgaben für die Ausschreibung nach den **Art. 26 ff. des SIS II-Beschlusses**[55] zu berücksichtigen hat.[56]

16 Das **Recht der Betroffenen** auf Auskunft, Berichtigung unrichtiger Daten und Löschung unrechtmäßig gespeicherter Daten (vgl. Art. 58 SIS II-Beschluss) ist über § 29 Abs. 2 S. 3 BKAG iVm § 84 BKAG sichergestellt, der als drittschützende Norm auch subjektive Rechte auf Berichtigung, Löschung und Sperrung gewährleistet. Das **BKA** ist danach auch für ein auf Löschung gerichtetes Verfahren nach Art. 111 Abs. 1 SDÜ die vor dem nach nationalem Recht zuständigen Gericht **zu verklagende Behörde**. Die Frage, ob ein personenbezogenes Datum im Rahmen einer SIS-Ausschreibung gelöscht wird oder nicht, stellt dabei einen Verwaltungsakt (§ 35 S. 1 VwVfG) dar, welcher in entsprechender Anwendung des Schengener Durchführungsübereinkommens nur von der nach nationalem Recht zuständigen Behörde – hier vorliegend das BKA gem. § 29 Abs. 2 S. 3 BKAG – erlassen werden kann.[57] Aus § 29 Abs. 2 S. 3 BKAG iVm § 31 Abs. 3 BKAG folgt schließlich, dass der oder die Bundesbeauftragte für den Datenschutz und die Informationsfreiheit **nationale Kontrollinstanz** für den nationalen Teil des Schengener Informationssystems ist (vgl. Art. 60 SIS II-Beschluss).

17 **3. Daten des polizeilichen Informationsverbundes (S. 4).** Nach § 29 Abs. 2 S. 4 BKAG bestimmt das BMI im Einvernehmen mit den Innenministerien und Senatsinnenverwaltungen der Länder sowie im Benehmen mit der oder dem Bundesbeauftragten für den Datenschutz und die Informationsfreiheit die in den polizeilichen Informationsverbund einzubeziehenden Daten. Die Regelung entspricht § 11 Abs. 1 S. 2 BKAG aF, wurde im Vergleich mit dieser aber im Zuge der BKAG-Reform 2017 um das Benehmenserfordernis des Bundesdatenschutzbeauftragten ergänzt. Mit der Differenzierung zwischen **„Einvernehmen"** und **„Beneh-**

49 Vgl. insoweit VG Wiesbaden Urt. v. 25.5.2009 – 6 K 168/09 –, BeckRS 2009, 34742.
50 Zur Grundrechtsrelevanz nur BVerwG Urt. v. 10.7.2001 – 1 C 35/00 –, BVerwGE 114, 356; Schneider NVwZ 2012, 65 (67 f.).
51 BGBl. I 2022 S. 2632.
52 BT-Drs. 20/3707, 51.
53 BT-Drs. 16/10816, 8.
54 Ausdrücklich anders noch VG Wiesbaden Urt. v. 4.9.2008 – 6 K 669/08 –, BeckRS 2009, 31848.
55 Beschluss 2007/533/JI des Rates v. 12.6.2007 über die Einrichtung, den Betrieb und die Nutzung des Schengener Informationssystems der zweiten Generation (SIS II), ABl. L 205 S. 63.
56 BT-Drs. 16/10816, 8.
57 VG Wiesbaden Urt. v. 4.3.2010 – 6 K 1371/09 –, BeckRS 2010, 49011; Urt. v. 3.7.2013 – 6 K 396/13.WI –, ZD 2013, 636.

men" verweist der Gesetzgeber auf abgestufte Beteiligungserfordernisse des Verwaltungsrechts. Während „Einvernehmen" eine Willensübereinstimmung – hier der zuständigen Innenministerien und Senatsinnenverwaltungen der Länder – verlangt, setzt sich das BMI bereits dann mit dem Bundesdatenschutzbeauftragte ins Benehmen, wenn dieser angehört wird und er Gelegenheit zur (gutachtlichen) Stellungnahme hatte, um seine Vorstellungen in das Verfahren einzubringen.[58] Ein Einvernehmen mit den Ministerialverwaltungen der Länder ist dabei nur hergestellt, wenn sämtlich Länder zustimmen (**Einstimmigkeitserfordernis**).[59] Die Möglichkeit, eine bundeseinheitliche Informationsverarbeitung über den Erlass einer entsprechenden Verwaltungsvorschrift (so noch § 11 Abs. 1 S. 3 iVm § 36 BKAG aF) zu gewährleisten,[60] wenn einzelne Länder nicht zustimmen, ist mit der BKAG-Novelle 2017 entfallen.[61]

18 Aufgrund der bisherigen Regelung wurden vom BKA im Einvernehmen mit den Innenministerien und Senatsinnverwaltungen der Länder die in den Verbund einzubeziehenden Dateien bestimmt. Nach § 9 Abs. 1 und 2 BKADV waren dies insbesondere der **Kriminalaktennachweis** (KAN), die Dateien zur **Personenfahndung** und **Sachfahndung**, die **Haftdatei**, der **Erkennungsdienst** und die **DNA-Analyse-Datei** (→ § 2 Rn. 31).[62] Auch zukünftig werden diese Stellen, nunmehr im Benehmen mit der oder dem Bundesbeauftragten für den Datenschutz und die Informationsfreiheit festlegen, welche Informationen von den Teilnehmern in den Verbund einzubeziehen sind. Infolge der Abkehr von der vertikalen Informationsordnung mit phänomenbezogenen „logischen" Dateien hin zu einem horizontal integrierten Informationsverbund (→ Rn. 3) ist dabei künftig nicht mehr die technische Zusammenfassung von Informationen in Dateien leitend, sondern der Themenbezug der Informationen.[63] So werden beispielsweise auch künftig Informationen, deren Kenntnis im Zusammenhang mit der Fahndung nach Personen oder Sachen bedeutsam ist, in den Verbund eingestellt.

III. Teilnehmer am polizeilichen Informationsverbund

19 **1. Teilnahmeberechtigte Stellen (Abs. 3).** Der Kreis der am polizeilichen Informationsverbund mit Eingabe- und Zugriffsrechten auf INPOL Teilnehmenden wird durch § 29 Abs. 3 S. 1 BKAG geregelt. Die Aufzählung ist **abschließend**. Teilnahmeberechtigt sind neben dem BKA und den Landeskriminalämtern, die auch zur Informationsübermittlung nach § 32 Abs. 1 BKAG verpflichtet sind, die sonstigen Polizeibehörden der Länder, die Bundespolizei, die Polizei beim Deutschen Bundestag, mit der Wahrnehmung grenzpolizeilicher Aufgaben betraute Behörden der Zollverwaltung, die Zollfahndungsämter, das Zollkriminalamt und die mit der Steuerfahndung betrauten Dienststellen der Landesfinanzbehörden. Die Liste der teilnahmeberechtigten Stellen wurde im Vergleich mit der Vorgängerregelung des § 11 Abs. 2 S. 1 BKAG aF erweitert. Neu zuglassen als Teilnehmer am polizeilichen Informationsverbund wurden im Rahmen der BKAG-Novelle 2017 die Polizei beim Deutschen Bundestag und die Behörden des Zollfahndungsdienstes sowie die mit der Steuerfahndung betrauten Dienststellen der Landesfinanzbehörden. Die Polizei beim Deutschen Bundestag ließ zuvor die von ihr zu veranlassenden Ausschreibungen, insbesondere im Sachfahndungsbereich, durch das Land Berlin in Amtshilfe vornehmen. Da die Zahl der Ausschreibungen im Sachfahndungsbereich durch die Polizei beim Deutschen Bundestag stetig anwächst, war mit ihrer Teilnahme am INPOL-Verbund vor allem eine **Entlastung** der Landespolizei intendiert.[64]

20 Nach § 29 Abs. 3 S. 2 BKAG haben die am polizeilichen Informationsverbund teilnehmenden Stellen das Recht, Daten zur Erfüllung der Verpflichtung nach § 32 BKAG im automatisierten Verfahren einzugeben und, soweit dies **zur Erfüllung ihrer jeweiligen Aufgaben erforderlich** ist, abzurufen. Die Einschränkung „soweit dies zur jeweiligen Aufgabenerfüllung erforderlich ist", bezieht sich auf die generelle Aufgabenzuweisung des betreffenden INPOL-Teilnehmers.[65] Hier ist auf die jeweiligen fachgesetzlichen Aufgabennormen (zB für die Bundespolizei §§ 1–7 BPolG; für das Zollkriminalamt und die Zollfahndungsämter §§ 1–7 ZFdG; für die Polizei beim Deutschen Bundestag Art. 40 Abs. 2 S. 1 GG[66]) abzustellen.

58 Allgemein BVerwG Urt. v. 29.4.1993 – 7 A 2/92 –, BVerwGE 92, 258 (262); Beschl. v. 31.10.2000 – 11 VR 12/00 –, NVwZ 2001, 90 (91).
59 BT-Drs. 13/1550, 28.
60 Zu dieser Regelung noch Ahlf/Daub/Lersch/Störzer/Daub BKAG § 11 Rn. 46.
61 Das übersieht Schenke/Graulich/Ruthig/K. Graulich BKAG § 29 Rn. 19.
62 Zu den einzelnen INPOL-Dateien im Einzelnen auch Ahlf/Daub/Lersch/Störzer/Daub BKAG § 11 Rn. 13 ff.; Lisken/Denninger/Arzt, HdbPolR, G Rn. 1213 ff.
63 BT-Drs. 18/11163, 109.
64 BT-Drs. 18/11163, 109.
65 BT-Drs. 13/1550, 28.
66 Ob Art. 40 Abs. 2 S. 1 GG (iVm der Dienstanweisung des Bundestagspräsidenten für den Polizeivollzugsdienst des Deutschen Bundestages) nicht nur als Aufgabenzuweisung, sondern zugleich als Ermächtigungsgrundlage für Eingriffe dienen kann, erscheint dabei allerdings höchst zweifelhaft, vgl. Ramm NVwZ 2010, 1461 (1464 ff.); eingehend Igel/Feldkamp ZParl 44 (2013), 126 ff.

21 **2. Eingabe- und Abrufberechtigung (Abs. 4).** § 29 Abs. 4 BKAG regelt die Frage der Berechtigung zur Eingabe wie zum Abruf von Daten im Rahmen des polizeilichen Informationsverbunds. Welcher Teilnehmer in welchem Umfang in welcher Datei personenbezogene Daten eingeben und abrufen durfte, wurde **ursprünglich in den jeweiligen Errichtungsanordnungen** hinsichtlich der einzelnen Dateien (§ 34 BKAG aF) festgelegt. Im Übrigen ging man davon aus, dass die für die Abrufberechtigung anderer Stellen ausdrücklich normierten Kriterien der Vielzahl von Übermittlungen und ihrer besonderen Eilbedürftigkeit bei den INPOL-Teilnehmern stets vorliegen.[67]

22 Da die Errichtungsanordnungen mit der Abkehr vom System „logischer" Einzeldateien obsolet geworden sind und § 34 BKAG insofern ersatzlos gestrichen wurde,[68] musste die Eingabe- und Abrufberechtigung im Zuge der BKAG-Reform 2017 ebenfalls novelliert werden. § 29 Abs. 4 S. 1 BKAG gibt dem Amt insofern die Verpflichtung auf, durch organisatorische und technische Maßnahmen sicherzustellen, dass Eingaben von und Zugriffe auf Daten im polizeilichen Informationsverbund nur möglich sind, soweit die jeweiligen Behörden hierzu berechtigt sind. Aus der Vorschrift ergibt sich somit nicht selbst die Eingabe- und Abrufberechtigung, sondern lediglich eine entsprechende Sicherstellungs- und Gewährleistungsverantwortung des BKA, die durch organisatorische und technische Maßnahmen zu erfüllen ist. Vielmehr werden die dafür geltenden Maßgaben mit dem Verweis in § 29 Abs. 4 S. 2 BKAG auf die entsprechende Geltung zentraler, für die Datenweiterverarbeitung des BKA geltender Regelungen verankert. Danach greifen insbesondere der **Grundsatz der hypothetischen Datenneuerhebung** (§ 29 Abs. 4 S. 2 BKAG iVm § 12 Abs. 2–5 BKAG), die dafür nötigen **Kennzeichnungspflichten** (§ 29 Abs. 4 S. 2 BKAG iVm § 14 BKAG), die Bindung an die Erforderlichkeit der Kenntnis der Daten für mehr oder weniger konkretisierte **Aufgaben und Pflichten** (etwa § 29 Abs. 4 S. 2 BKAG iVm § 15 Abs. 1 Nr. 2 BKAG) sowie sachlich oder personell mehr oder weniger differenzierte **Schwellen für die Datenverarbeitung** (§ 29 Abs. 4 S. 2 BKAG iVm §§ 16, 18 und 19 BKAG).[69] Hierdurch soll insbesondere sichergestellt werden, dass der Grundsatz der hypothetischen Datenneuerhebung und die zu dessen Implementierung erforderliche Kennzeichnung für die Eingaben im INPOL-Verbund für alle Teilnehmer zur Geltung kommen.[70]

23 Auch an dieser Stelle zeigt sich indes, dass sich die Umsetzung des Übergangs von der vertikalen zur horizontalen Informationsordnung außerordentlich anspruchsvoll gestaltet (→ § 2 Rn. 35 f.). Neben der Abstimmung mit den Vorgaben, die das BKAG selbst enthält, ist eine Koordination mit den für die jeweiligen beteiligten Stellen geltenden Rechtsgrundlagen erforderlich. Danach kommen ua die **§§ 14 und 15 BKAG** über die Kennzeichnung von Daten und die Zugriffsberechtigung im Rahmen des Informationsverbunds zur Anwendung. Es erscheint **zweifelhaft,** ob diese Regelung die Streichung der Errichtungsanordnungen nach § 34 BKAG aF kompensieren können. Zum einen ist nach § 29 Abs. 4 S. 2 BKAG iVm § 14 Abs. 1 BKAG nicht zu kennzeichnen, welchem Zweck die Eingabe in den Informationsverbund dient. Zum anderen lässt § 29 Abs. 4 S. 2 BKAG iVm § 15 Abs. 1 BKAG keine hinreichend klaren Kriterien erkennen, nach denen die Zugriffsberechtigungen an die am Informationsverbund Teilnehmenden vergeben werden. Diese lassen sich jederzeit nahezu beliebig ändern.[71] Der bloße Verweis auf „die Vorgaben des § 12 bei der Nutzung des Informationssystems" (§ 15 Abs. 1 Nr. 1 BKAG) und die Erforderlichkeit des Zugriffs „für die Erfüllung der jeweiligen dienstlichen Pflichten" (§ 15 Abs. 1 Nr. 2 BKAG) begrenzt die Zugriffsberechtigung nicht hinreichend. Anders als nach den ursprünglichen Errichtungsanordnungen ist somit nicht klar, welcher Teilnehmer in welchem Umfang in welcher Datei personenbezogene Daten eingeben und abrufen darf. Schließlich schlagen auch die **konzeptionellen Defizite** der in den §§ 16, 18 und 19 BKAG geregelten Weiterverarbeitungsermächtigungen (zu den Defiziten jeweils dort → § 16 Rn. 6 ff.; → § 18 Rn. 4 ff.; → § 19 Rn. 3) über die Bezugnahme in § 29 Abs. 4 S. 2 BKAG auf den polizeilichen Informationsverbund durch. Somit zeigt sich auch an dieser Stelle, dass eine **tragfähige rechtliche Fundierung** der neuen polizeilichen Informationsordnung zumindest bislang ersichtlich **nicht gefunden** wurde.[72]

67 BT-Drs. 13/1550, 28. Bündig zur alten Rechtslage F. Graulich, Die Zusammenarbeit von Generalbundesanwalt und Bundeskriminalamt bei dem Vorgehen gegen den internationalen Terrorismus, 2013, S. 390 f.

68 Kritisch hierzu die Stellungnahme der Bundesbeauftragten für den Datenschutz und die Informationsfreiheit zum Entwurf eines Gesetzes zur Neustrukturierung des Bundeskriminalamtgesetzes (BR-Drs. 109/17 und BT-Drs. 18/11163) v. 10.3.2017, Ausschuss-Drs. 18(4)806 A, 1 f., 18 f.

69 BeckOK-Datenschutzrecht/Albers, Syst. L. Datenschutzbestimmungen der Polizei- und Nachrichtendienstgesetze des Bundes, Rn. 191 (2021).

70 BT-Drs. 18/11163, 109.

71 Vgl. auch die Stellungnahme der Bundesbeauftragten für den Datenschutz und die Informationsfreiheit zum Entwurf eines Gesetzes zur Neustrukturierung des Bundeskriminalamtgesetzes (BR-Drs. 109/17 und BT-Drs. 18/11163) v. 10.3.2017, Ausschuss-Drs. 18(4)806 A, 19.

72 So auch das Fazit von Bäcker, Stellungnahme im Rahmen der öffentlichen Anhörung des Innenausschusses des Deutschen Bundestages zum Entwurf eines Gesetzes zur Neustrukturierung des Bundeskriminalamtgesetzes (BT-Drs. 18/11163) v. 16.3.2017, Ausschuss-Drs. 18(4)806 D, 3 ff., 10.

IV. Veränderung, Berichtigung und Löschung von Daten (Abs. 5)

24 Im Einklang mit der datenschutzrechtlichen Verantwortlichkeit nach § 31 Abs. 2 BKAG bestimmt § 29 Abs. 5 S. 1 BKAG, dass nur die Behörde zur Änderung, Berichtigung oder Löschung von Daten befugt ist, die personenbezogene Daten eingegeben hat.[73] Diese Regelung entspricht § 11 Abs. 3 S. 1 BKAG aF; mit ihr wird das Konzept des „Datenbesitzes“[74] (sog. **Besitzerprinzip,** → § 31 Rn. 7 ff.) in den Informationsverbund getragen. Auf andere als personenbezogene Daten findet § 29 Abs. 5 BKAG keine Anwendung. Der Begriff „Daten zu einer Person“ iSd § 29 Abs. 5 S. 1 BKAG ist im Einklang mit der Legaldefinition personenbezogener Daten nach **Art. 3 Nr. 1 DSRL-JI** auszulegen, die nach Art. 2 Abs. 1 iVm Art. 1 Abs. 1 DSRL-JI auf den polizeilichen Informationsverbund Anwendung findet. Beim INPOL-System handelt es sich es sich um ein gemeinsames Verfahren nach Art. 21 DSRL-JI, für welches das BKA als Zentralstelle zuständig ist.[75] Danach sind „personenbezogene Daten“ alle Informationen, die sich auf eine identifizierte oder identifizierbare natürliche Person beziehen; als identifizierbar wird eine natürliche Person angesehen, die direkt oder indirekt, insbesondere mittels Zuordnung zu einer Kennung wie einem Namen, zu einer Kennnummer, zu Standortdaten, zu einer Online-Kennung oder zu einem oder mehreren besonderen Merkmalen, die Ausdruck der physischen, physiologischen, genetischen, psychischen, wirtschaftlichen, kulturellen oder sozialen Identität dieser natürlichen Person sind, identifiziert werden kann.

25 Da die betroffene Person, um deren Daten es geht, keinen Einblick in den polizeilichen Informationsverbund hat, ist entscheidend, dass ihre Rechte anderweitig effektiv gewahrt werden. Hierzu verpflichtet § 29 Abs. 5 S. 2 BKAG die INPOL-Teilnehmer, bei Anhaltspunkten für die **Unrichtigkeit der Daten** die ersteingebende Behörde zu benachrichtigen. Die ersteingebende Behörde wiederum hat diesen Hinweis unverzüglich (vgl. § 121 Abs. 1 S. 1 BGB) zu überprüfen und gegebenenfalls die Eingaben unverzüglich zu berichtigen. Die Berichtigungspflichten des BKA aus § 78 Abs. 1 BKAG greifen lediglich „außerhalb des polizeilichen Informationsverbundes“ und somit im vorliegenden Kontext nicht ein (vgl. § 78 Abs. 5 iVm § 77 Abs. 4 und 5 BKAG).[76] In Zusammenschau mit der Verpflichtung zur Auskunft nach § 84 Abs. 1 BKAG ergibt sich für die betroffene Person zudem die Möglichkeit, eine Änderung, Berichtigung oder Löschung ihrer personenbezogenen Daten im Wege des – nach Art. 54 DSRL-JI iVm Art. 47 Abs. 1 EuGRCh gebotenen – **Individualrechtsschutzes** zu erlangen. Richtige Klageart ist die Verpflichtungsklage (§ 42 Abs. 1 Var. 2 VwGO);[77] bei der Entscheidung über die Auskunft, Berichtigung, Löschung und Verarbeitungseinschränkung personenbezogener Daten handelt es sich nach § 84 Abs. 1 S. 1 und 3 BKAG um einen mehrstufigen, mitwirkungsbedürftigen Verwaltungsakt.[78] In der Praxis bleibt dieser Weg aufgrund von (nicht begründeten) Auskunftsverweigerungen jedoch beschwerlich und nicht selten erfolgslos.[79]

26 Der Datensatz zu einer einmal erfassten Person kann fortlaufend auch durch andere Teilnehmer des polizeilichen Informationssystems ergänzt werden (vgl. § 29 Abs. 5 S. 3 BKAG). Diese auf den ersten Blick voraussetzungslos formulierte Regelung, die nur an das tatsächliche Vorhandensein personenbezogener Daten anzuknüpfen scheint, setzt indes tatbestandlich voraus, dass der Teilnehmer des polizeilichen Informationsverbundes nach § 29 Abs. 4 S. 2 BKAG iVm §§ 12 ff. BKAG berechtigt ist, Eingaben im polizeilichen Informationsverbund zu machen. Die **Ergänzung von Daten** folgt hier nach dem Willen des Normgebers **dem Recht der Ersteingabe.**[80] Die Ergänzungsbefugnis zieht zudem die datenschutzrechtliche Verantwortlichkeit nach § 31 Abs. 2 BKAG nach sich. Ergänzt eine Behörde ein Datum einer bereits bestehenden Datei iS dieser Norm, ist sie als eingebende Behörde iSd § 31 Abs. 2 S. 1 BKAG zu betrachten.[81] Würde man für die Ergänzung eine Verantwortlichkeit allein der ersteingebenden Behörde annehmen, entspräche dies nicht dem Grundprinzip der **datenschutzrechtlichen Verantwortlichkeit.** Dies gilt auch für punktuelle Ergänzungen, wenn zB dem Namen ein zweiter Vorname hinzugefügt wird.

73 BVerwG Urt. v. 22.10.2003 – 6 C 3/03 –, juris, Rn. 20.
74 Statt aller HdB-SicherheitsR/Golla § 30 Rn. 35.
75 VG Wiesbaden Beschl. v. 30.7.2021 – 6 K 421/21 –, BeckRS 2021, 21201, Rn. 1.
76 Kugelmann BKAG § 11 Rn. 8.
77 BVerwG Urt. v. 22.10.2003 – 6 C 3/03 –, juris, Rn. 2 ff.; Urt. v. 9.6.2010 – 6 C 5/09 –, BVerwGE 137, 113 (115, Rn. 15); Lisken/Denninger/Buchberger, HdbPolR, K Rn. 96, mwN; aA Kugelmann BKAG § 11 Rn. 8: allgemeine Leistungsklage.
78 Die Mehrstufigkeit ergibt sich daraus, dass das BKA die entsprechenden Entscheidungen nach § 84 Abs. 1 S. 1 BKAG nur im Einvernehmen mit der datenschutzrechtlich verantwortlichen Stelle (§ 31 Abs. 2 BKAG) treffen darf, vgl. VG Wiesbaden Beschl. v. 30.7.2021 – 6 K 421/21 –, BeckRS 2021, 21201, Rn. 24.
79 Vgl. nur VG Wiesbaden Urt. v. 15.2.2016 – 6 K 1328/14.WI –, ZD 2016, 250 (251); Urt. v. 26.3.2021 – 6 K 59/20.WI –, ZD 2022, 128 (129); Beschl. v. 30.7.2021 – 6 K 421/21.WI –, ZD 2022, 126 (127).
80 BT-Drs. 13/1550, 28 – hier noch bezogen auf die Berechtigung nach der einschlägigen Errichtungsanordnung gem. § 34 BKAG aF.
81 Kugelmann BKAG § 11 Rn. 9.

V. Automatisiertes Verfahren

27 **1. Befugnis zum Abruf (Abs. 6).** § 29 Abs. 6 BKAG statuiert die Abrufbefugnis im automatisierten Verfahren für das Auswärtige Amt (S. 1) und die Staatsanwaltschaften (S. 2). Die Vorschrift entspricht weitgehend § 11 Abs. 4 S. 1 und 2 BKAG aF. Während die Einbeziehung des **Auswärtigen Amtes** in das automatisierte Abrufverfahren im Rahmen der BKAG-Novelle 1997 mit der Begründung erfolgte, dass das Deutsche Fahndungsbuch, auf das die Auslandsvertretungen zuvor im Rahmen ihrer passrechtlichen Aufgaben zurückgreifen konnten, eingestellt werde,[82] wurde der automatisierte Abruf zugunsten der **Staatsanwaltschaften** mit dem Gesetz zur effektiveren Nutzung von Dateien im Bereich der Staatsanwaltschaften vom 10.9.2004[83] ermöglicht. Hintergrund der Einbeziehung war der Bericht der Gemeinsamen Arbeitsgruppe Justiz/Polizei (GAG) „Länderübergreifende Zusammenarbeit bei der Verfolgung der Organisierten Kriminalität", der zu dem Ergebnis kam, dass ein Bedarf für einen „Nur-Lese-Zugriff" (einschließlich der Möglichkeit eines Online-Lesezugriffs) der Staatsanwaltschaften namentlich auf Personenfahndungsdateien, die Haftdatei und bestimmte DNA-Analysedaten bestehe.[84]

28 Ein automatisiertes Abrufverfahren dient der **Beschleunigung des Datenaustauschs** und berücksichtigt, dass bei den betreffenden Verfahren der Fahndungsausschreibungen zur Festnahme und Aufenthaltsermittlung (§ 29 Abs. 6 Abs. 1 S. 1 und S. 2 Nr. 1) sowie der Freiheitsentziehungen (§ 29 Abs. 6 Abs. 1 S. 2 Nr. 2 BKAG) typischerweise eine besondere Eilbedürftigkeit gegeben ist. Außerdem soll der zeitliche und personelle Aufwand bei der ersuchenden und ersuchten Stelle hierdurch minimiert werden.[85] § 29 Abs. 6 BKAG trägt dem Umstand Rechnung, dass der automatisierte Datenabruf vor dem Hintergrund des grundrechtlichen wie rechtsstaatlichen **Vorbehalts des Gesetzes** einer besonderen gesetzlichen Regelung bedarf.[86] „Effektive Verbundlösungen dürfen nicht zulasten effektiven Grundrechtsschutzes gehen".[87] Ein automatisiertes, auch in § 25 Abs. 7 BKAG (→ § 25 Rn. 47 ff.) sowie mittlerweile in zahlreichen Fachgesetzen[88] anzutreffendes Abrufverfahren (**„Online-Abrufe"**) verändert die staatlichen Entscheidungsstrukturen gegenüber manuellen Datenübermittlungen erheblich. Es überwindet nicht nur die räumlichen und zeitlichen Schranken des Datenzugriffs, weil die Daten für alle beteiligten Datenempfänger grundsätzlich jederzeit verfügbar werden; vielmehr wird durch das automatisierte Abrufverfahren nach § 29 Abs. 6 BKAG auch die föderale (Bund/Land) und fachliche Gliederung der Behörden (Polizei, Staatsanwaltschaften, Pass- und Personalausweisbehörden) überwunden.[89] Überdies erfolgt beim „Online-Abruf" nach § 29 Abs. 6 BKAG keine Überprüfung der Rechtmäßigkeit vor der jeweiligen Datenübermittlung durch das übermittelnde BKA; vielmehr bestimmt der Empfänger der Daten durch seinen Abruf, ob und wann es zu der Übermittlung kommt. Das führt im Ergebnis dazu, dass der Datenempfänger „fremde" Datenbestände wie seine „eigenen" Daten verarbeiten kann.[90] Eine nachträgliche Überprüfung ist allerdings möglich, da eine entsprechende Protokollierung der Datenflüsse im automatisierten Abrufverfahren nach § 81 Abs. 1 und 2 BKAG sichergestellt ist.

29 § 29 Abs. 6 BKAG **strukturiert den Abruf im automatisierten Verfahren** darüber hinaus **tatbestandlich** einschränkend, als das Auswärtige Amt nur unter der Voraussetzung zum Abruf berechtigt ist, dass dies für die Auslandsvertretungen in ihrer Eigenschaft als Pass- und Personalausweisbehörden erforderlich ist (Satz 1). Die Staatsanwaltschaften sind nach Satz 2 zum Abruf für Zwecke der Strafrechtspflege befugt, soweit es um Fahndungsausschreibungen zur Festnahme und Aufenthaltsermittlung, SIS-Ausschreibungen, Daten über Freiheitsentziehungen und Daten aus dem DNA-Analyse-System geht. Hinsichtlich der **Personenfahndungsdateien** greift § 29 Abs. 6 S. 2 Nr. 1 BKAG die im geltenden Satz 1 gewählte Formulierung „Fahndungsausschreibungen zur Festnahme und Aufenthaltsermittlung" auf. Ein Zugriff der Staatsanwaltschaften im automatisierten Verfahren auf die **Haftdatei** des BKA (§ 29 Abs. 6 S. 2 Nr. 2 BKAG) erscheint schon deshalb folgerichtig, weil die darin gespeicherten Daten überwiegend von der Justiz stammen (vgl. § 32 Abs. 2 S. 1 BKAG).[91] Schließlich ermöglicht § 29 Abs. 6 S. 2 Nr. 3 BKAG den automatisierten Abruf von Daten aus dem **DNA-Analyse-System**. Die Staatsanwaltschaften können somit nicht nur den Status einer veranlassten DNA-Maßnahme (zB „DNA in Bearbeitung"/„Speicherung in DNA-Analysedatei er-

82 Die Einbeziehung des Auswärtigen Amtes in das automatisierte Abrufverfahren war im Rahmen der BKAG-Novelle 1997 erforderlich geworden, da das Deutsche Fahndungsbuch, auf das die Auslandsvertretungen zuvor im Rahmen ihrer passrechtlichen Aufgaben zurückgreifen konnten, eingestellt wurde, vgl. BT-Drs. 13/1550, 28 f.
83 BGBl. I 2004 S. 2318.
84 BT-Drs. 15/1492, 8.
85 Vgl. BT-Drs. 18/11555, 145 – mit Blick auf § 32 Abs. 4 GwG.
86 Lisken/Denninger/Petri, HdbPolR (Vorauflage), G Rn. 955.
87 Kugelmann in Esser/Zöller (Hrsg.), Justizielle Medienarbeit im Strafverfahren, 2019, S. 205 (222).
88 Vgl. die Nachw. in → Fn. 98.
89 Allgemein gesprochen bei Will in FG-Schlink, 2014, S. 429 (432).
90 Lisken/Denninger/Petri, HdbPolR (Vorauflage), G Rn. 955.
91 BT-Drs. 15/1492, 8.

folgt") abfragen, soweit derartige Daten („DNA-Marker"[92]) in anderen polizeilichen Dateien im Rahmen von INPOL enthalten sind.[93] Vielmehr wird über § 29 Abs. 6 S. 2 Nr. 3 BKAG ein Zugriff der Staatsanwaltschaften **auf die DNA-Analyse-Datei selbst** – und somit ohne den Umweg über andere INPOL-Dateien – ermöglicht.[94]

30 **2. Verordnungsermächtigung** (**Abs. 7**). **a) Inhalt, Zweck und Ausmaß der Ermächtigung.** § 29 Abs. 7 BKAG enthält eine parlamentsgesetzliche Verordnungsermächtigung iSd **Art. 80 Abs. 1 S. 1 GG**. Diese ermächtigt das BMI, im Einvernehmen mit dem Bundesministerium der Justiz und für Verbraucherschutz durch Rechtsverordnung, die der Zustimmung des Bundesrates bedarf, weitere im polizeilichen Informationsverbund gespeicherte Daten, die **von den Staatsanwaltschaften zur Erfüllung ihrer Aufgaben** benötigt werden, zum **automatisierten Abruf** freizugeben. Der Verordnungserlass wird dabei von der Voraussetzung abhängig gemacht, dass diese Form der Datenübermittlung unter Berücksichtigung der schutzwürdigen Interessen der betroffenen Personen wegen der Vielzahl der Übermittlungen oder wegen ihrer besonderen Eilbedürftigkeit angemessen ist. Die Verordnungsermächtigung, von der bislang noch kein Gebrauch gemacht wurde, ist durch das Gesetz zur effektiveren Nutzung von Dateien im Bereich der Staatsanwaltschaften vom 10.9.2004[95] eingefügt worden.

31 Mit Blick auf **Inhalt, Zweck und Ausmaß** der erteilten Ermächtigung (vgl. **Art. 80 Abs. 1 S. 2 GG**) bestehen keine durchgreifenden verfassungsrechtlichen Bedenken gegen § 29 Abs. 7 BKAG. So beschränkt sich die Verordnungsermächtigung auf die Staatsanwaltschaften als Übermittlungsadressat. Diesen sollen weitere, dh andere als die in § 29 Abs. 6 S. 2 BKAG genannten Dateien zum automatisierten Abruf auf dem Verordnungswege geöffnet werden. Mit der Verordnungsermächtigung wird das automatisierte Abrufverfahren zum einen rechtsstaatlich-demokratisch hinreichend angebunden (→ Rn. 28); zum anderen ermöglicht § 29 Abs. 7 BKAG die notwendige Flexibilität, um gegebenenfalls erforderlich werdende Erweiterungen des automatisierten Abrufverfahrens mit Blick auf eine im INPOL-System bestehende oder neu eingerichtete Datei zu ermöglichen, für die ansonsten stets eine Gesetzesänderung erforderlich wäre. In solchen Fällen soll vielmehr der Zugriff der Staatsanwaltschaften im automatisierten Verfahren (einschließlich der Möglichkeit eines Online-Lesezugriffs) für Zwecke der Strafrechtspflege durch eine Rechtsverordnung eröffnet werden können, wobei die Verordnungsermächtigung durch die in § 29 Abs. 6 Satz 2 Nrn. 1 bis 3 BKAG vom Gesetz geregelten Fälle beispielhaft hinsichtlich Inhalt, Zweck und Ausmaß konkretisiert wird.[96]

32 **b) Angemessenheit der automatisierten Abruffreigabe.** Schließlich enthält § 29 Abs. 7 BKAG eine **materielle Einschränkung** dahin gehend, dass die Form der Datenübermittlung im Wege der automatisierten Abruffreigabe unter Berücksichtigung der schutzwürdigen Interessen der betroffenen Personen wegen der Vielzahl der Übermittlungen oder wegen ihrer besonderen Eilbedürftigkeit angemessen ist. Dabei handelt es sich um eine Aneinanderreihung unbestimmter, auslegungsbedürftiger Rechtsbegriffe. Dem Gebot der Abwägung der schutzwürdigen Interessen der Betroffenen mit den dort genannten, für die Einrichtung des Verfahrens sprechenden Gesichtspunkten kommt aus Sicht des Gesetzgebers indes große Bedeutung zu.[97] Dies zeigt sich schon allein daran, dass das Gebot in nahezu identischer Formulierung in zahlreichen weiteren gesetzlichen Bestimmungen enthalten ist, die den automatisierten Abruf von Daten bereichsspezifisch regeln.[98] Es geht auf **§ 10 Abs. 1 S. 1 BDSG** in der Fassung des Gesetzes zur Fortentwicklung der Datenverarbeitung und des Datenschutzes vom 20.12.1990[99] zurück. Diese Vorschrift machte die Zulässigkeit eines automatisierten Verfahrens, das die Übermittlung personenbezogener Daten durch Abruf ermöglicht, davon abhängig, dass das Verfahren unter Berücksichtigung der schutzwürdigen Interessen der Betroffenen und der Aufgaben oder der Geschäftszwecke der beteiligten Stellen angemessen ist; dabei fanden sich die Gesichtspunkte der Vielzahl der Übermittlungen und der besonderen Eilbedürftigkeit – wenn auch leicht abweichend formuliert – bereits in den Materialien zu dieser Bestimmung.[100]

92 Mit dem Zugriff auf einen solchen „DNA-Marker" kann die Staatsanwaltschaft etwa vermeiden, dass sie bei Gericht einen Antrag auf Entnahme und molekulargenetische Untersuchung von Körperzellen (vgl. §§ 81e, 81f Abs. 1 StPO) stellt, obwohl ein DNA-Identifizierungsmuster bereits vorliegt oder alsbald vorliegen wird.

93 So noch der ursprüngliche Entwurf des Bundesrates, vgl. BT-Drs. 15/1492, 8.

94 BT-Drs. 15/3331, 9. Gegen den im Bundesratsentwurf ursprünglich vorgeschlagenen Terminus „veranlasste DNA-Analysen" sprach zudem dessen begriffliche Unschärfe.

95 BGBl. I 2004 S. 2318.

96 BT-Drs. 15/1492, 8.

97 Vgl. auch BGH Beschl. v. 21.6.2017 – IV AR(VZ) 3/16 –, DNotZ 2018, 431 (433, Rn. 16) – Automatisiertes Grundbuchabrufverfahren.

98 Vgl. § 22 Abs. 2 S. 1 AZRG; § 33 Abs. 7 S. 1 BPolG; § 21 S. 1 BZRG; § 150f S. 1 GewO; § 133 Abs. 2 S. 3 Nr. 1 GBO; § 79 Abs. 1 S. 1 SGB X; § 2 Abs. 2 StDAV; §§ 30a Abs. 5 S. 2 Nr. 1, 37a Abs. 3 S. 1 Nr. 1 StVG; § 488 Abs. 1 S. 1 StPO; § 9 Abs. 2 VWDG; § 21 Abs. 5 S. 1 ZFdG. Aus dem Landespolizeirecht s. auch § 59 Abs. 5 S. 1 PolG BW.

99 BGBl. I 1990 S. 2954.

100 BT-Drs. 11/4306, 43 (zu § 9 Abs. 1 BDSG-E).

Die in § 29 Abs. 7 2. Hs. BKAG aufgestellte **Angemessenheitsprüfung** hat demnach zu berücksichtigen, dass die Aufgabe der Strafverfolgung – mit Blick auf die betroffenen Daten des polizeilichen Informationsverbundes – hier einen erweiterten unmittelbaren Abruf nur in Konstellationen zulässt, die durch die eingrenzenden Merkmale der besonderen Eilbedürftigkeit und das schutzwürdige Interesse des Betroffenen bestimmt werden.[101] Das **Gewicht der schutzwürdigen Interessen der Betroffenen** hängt dabei von der Größe des Empfängerkreises, der Anzahl der zu übermittelnden Daten sowie deren Zweck und Inhalt ab. Je mehr Daten übermittelt werden und je sensibler diese sind (Personendaten, Tatvorwürfe), umso schwerer wiegen die Belange.[102] Die Einrichtung des automatisierten Verfahrens ist dann gegebenenfalls trotz einer Vielzahl anstehender Übermittlungen oder deren Eilbedürftigkeit unangemessen. Eine **Vielzahl von Übermittlungen** wird dabei regelmäßig nur bei großen Staatsanwaltschaften, eine besondere **Eilbedürftigkeit** nur ausnahmeweise und analog zu den in § 483 und § 487 Abs. 1 StPO genannten Zwecken in Betracht kommen.[103] 33

3. Einrichtung eines automatisierten Abrufverfahrens für andere Behörden (Abs. 8). Unter denselben materiellen Schranken wie Absatz 7 (→ Rn. 30 ff.), aber ohne das Erfordernis des Verordnungserlasses, ermöglicht § 29 Abs. 8 BKAG eine weitere Abruffreigabe gegenüber **anderen Behörden, die vollzugspolizeiliche Aufgaben wahrnehmen (Alt. 1)**, sowie gegenüber der **Zentralstelle für Sanktionsdurchsetzung für Aufgaben nach dem Sanktionsdurchsetzungsgesetz (Alt. 2)**. Die Regelung entspricht weitgehend § 11 Abs. 5 BKAG aF. Die Streichung des Verweises auf den bisherigen § 10 Abs. 2 und 3 BDSG ergibt sich daraus, dass das BDSG keine Regelungen zum Abrufverfahren mehr vorsieht und ein entsprechender Verweis ins Leere gehen würde.[104]Als Zielgruppe hatte der Gesetzgeber ursprünglich die Polizeivollzugsbeamten beim Deutschen Bundestag vor Augen.[105] Da diese nunmehr ebenso wie die Zollfahndungsämter nach § 29 Abs. 3 S. 1 Nrn. 3 und 5 BKAG zum gekorenen Teilnehmerkreis des Informationsverbundes zählen (→ Rn. 19), besitzt die Regelung des § 29 Abs. 8 BKAG – insoweit, dh mit Blick auf Behörden, die vollzugspolizeiliche Aufgaben wahrnehmen – **keinen eigenständigen Anwendungsbereich** mehr.[106] Behörden, die vollzugspolizeiliche Aufgaben wahrnehmen, nicht aber schon zu dem in § 29 Abs. 3 BKAG aufgeführten Teilnehmerkreis des Informationsverbundes zählen, gibt es nicht. Die **Zentralstelle für Sanktionsdurchsetzung für Aufgaben nach dem Sanktionsdurchsetzungsgesetz** wurde durch Art. 20 des Zweiten Gesetzes zur effektiveren Durchsetzung von Sanktionen (Sanktionsdurchsetzungsgesetz II) vom 19.12.2022[107] ergänzt, mit welchem strukturelle Verbesserungen bei der Durchsetzung von Sanktionen als außenpolitisches Instrument sowie bei der Bekämpfung von Geldwäsche erreicht werden sollen.[108] Die Ergänzung des § 29 Abs. 8 BKAG um die Zentralstelle für Sanktionsdurchsetzung ist dabei im Gesetzgebungsverfahren erst auf eine entsprechende Beschlussempfehlung des Finanzausschusses aufgenommen worden.[109] Der Ergänzung bedurfte es, da die Zentralstelle für Sanktionsdurchsetzung keine vollzugspolizeiliche Aufgaben wahrnimmt und somit nicht bereits unter § 29 Abs. 8 BKAG aF fiel. Mit der Ergänzung des § 29 Abs. 8 Alt. 2 BKAG wird für die Zentralstelle für Sanktionsdurchsetzung als nicht bereits nach § 29 Abs. 3 BKAG befugte Behörde die Einrichtung eines automatisierten Abrufverfahrens am polizeilichen Informationsverbund zu den Zwecken nach dem Sanktionsdurchsetzungsgesetz ausnahmsweise rechtlich ermöglicht.[110] Technisch bedarf die Anbindung der Zentralstelle für Sanktionsdurchsetzung einer Planung und Durchführung, die zeitliche, finanzielle und personelle Aufwände beim BKA verursacht. Der Datenabgleich mit dem polizeilichen Informationsverbund ist erforderlich, da sich hieraus weitere Erkenntnisansätze zu etwaig sanktionsbetroffenen Vermögen und deren möglichen Inhabern ergeben können. Zugleich ermöglichen Erkenntnisse aus dem polizeilichen Informationsverbund eine verbesserte Einordnung von Risken in Bezug auf möglicherweise bevorstehende Sanktionsverstöße.[111] Über die Verweiskette in § 29 Abs. 4 S. 2 BKAG (→ Rn. 22 f.) ist die Einhaltung des Grundsatzes der hypothetischen Datenneuerhebung (§ 12 Abs. 2– 5 sowie §§ 14 und 15 BKAG) auch beim Datenabruf durch die Zentralstelle für Sanktionsdurchsetzung rechtlich verbindlich. 34

101 Vgl. BT-Drs. 18/11555, 143 – zu § 31 Abs. 4 GwG. Dass die Ausführungen im Kontext des § 31 Abs. 4 GwG systematisch verfehlt sind, weil die Zentralstelle für Finanztransaktionsuntersuchungen keine Strafverfolgungskompetenz besitzt, betont zurecht Herzog/Barreto da Rosa GwG, 4. Aufl. 2020, § 31 Rn. 19.

102 Statt aller Singelnstein in MüKoStPO, 2019, § 488 Rn. 4.

103 BeckOK-StPO/Wittig § 488 Rn. 1.1 (2022).

104 BT-Drs. 18/11163, 110.

105 BT-Drs. 13/1550, 29.

106 Wohl ebenso Schenke/Graulich/Ruthig/K. Graulich BKAG § 29 Rn. 36.

107 BGBl. I 2022 S. 2606.

108 BT-Drs. 20/4534, 1.

109 Vgl. BT-Drs. 20/4727, 11, 97.

110 BT-Drs. 20/4727, 123.

111 BT-Drs. 20/4727, 123.

35 **4. Annex: Automatisierter Datenabgleich mit dem polizeilichen Informationsverbund außerhalb des BKAG.** Eine Sonderregelung[112] für einen automatisierten Datenabgleich mit dem polizeilichen Informationsverbund nach § 29 BKAG enthält **§ 31 Abs. 4 GwG.** Soweit ersichtlich handelt es sich dabei um die einzige spezialgesetzliche Regelung, die in dieser Form § 29 Abs. 8 BKAG verdrängt. Danach ist die Zentralstelle für Finanztransaktionsuntersuchungen (sog. **Financial Intelligence Unit** [FIU]) berechtigt, soweit dies zur Erfüllung ihrer Aufgaben der Durchführung von operativen Analysen einschließlich der Bewertung von Meldungen und sonstigen Informationen (§ 28 Abs. 1 S. 2 Nr. 2 GwG) erforderlich ist, die in ihrem Informationssystem gespeicherten, personenbezogenen Daten mit den im polizeilichen Informationsverbund nach § 29 Abs. 1 und 2 BKAG enthaltenen, personenbezogenen Daten automatisiert abzugleichen.

36 In der Vergangenheit hatten die bei den Landeskriminalämtern eingerichteten Gemeinsamen Finanzermittlungsgruppen Zoll/Polizei (GFG) im Rahmen der dort erfolgten „Vorabklärung" einer eingehenden Geldwäscheverdachtsmeldung personenbezogene Daten unter Nutzung des automatisierten Datenabrufs mit den Datenbeständen des polizeilichen Informationsverbunds im Wege der präventiven Gefahrenabwehr abgeglichen, um die Werthaltigkeit eines nach dem Geldwäschegesetz gemeldeten Sachverhaltes erfassen zu können. Diese als wesentlich anzusehende Aufgabe wurde mit § 31 Abs. 4 GwG auf die FIU übertragen. IdS regelt § 31 Abs. 4 S. 2 GwG das **„hit/no-hit-Verfahren"** („Treffer/Nicht-Treffer-Verfahren"), im Rahmen dessen die FIU im Falle eines „Datentreffers" die Berechtigung zum automatisierten Datenabruf hat. Hiernach übermittelt die FIU automatisiert personenbezogene Daten an den polizeiliche Informationsverbund, die dort im Wege eines Datenabgleichs auf Übereinstimmung überprüft werden. Im Falle einer Übereinstimmung („Treffer"/„hit") erhält die FIU hierüber automatisiert die entsprechende Information und ruft zugleich die im polizeilichen Informationsverbund hierzu gespeicherten Daten ab.[113]

§ 30 Verbundrelevanz

(1) Die am polizeilichen Informationsverbund teilnehmenden Stellen verarbeiten im polizeilichen Informationsverbund ausschließlich

1. personenbezogene Daten, deren Verarbeitung für die Verhütung und Verfolgung von Straftaten mit länderübergreifender, internationaler oder erheblicher Bedeutung erforderlich ist;

2. personenbezogene Daten, deren Verarbeitung im Informationsverbund erforderlich ist

a) zu erkennungsdienstlichen Zwecken, soweit das Bundeskriminalamt diese Daten nach § 16 Absatz 5 auch im Informationssystem weiterverarbeiten dürfte oder

b) zu Zwecken der Fahndung nach Personen und Sachen, soweit das Bundeskriminalamt diese Daten nach § 16 Absatz 2 auch im Informationssystem weiterverarbeiten dürfte

(Verbundrelevanz).

(2) [1]Die am polizeilichen Informationsverbund teilnehmenden Stellen legen unter Beteiligung der jeweils zuständigen obersten Bundes- oder Landesbehörden Kriterien fest, die bestimmen, welche Straftaten nach allgemeiner kriminalistischer Erfahrung die Voraussetzungen nach Absatz 1 Nummer 1 erfüllen. [2]Die Kriterien können sich an den unterschiedlichen kriminalistischen Phänomenbereichen orientieren. [3]Die Kriterien sind in angemessenen Abständen und, soweit erforderlich, zu aktualisieren. [4]Die Festlegung und Aktualisierung dieser Kriterien erfolgen im Benehmen mit der oder dem Bundesbeauftragten für den Datenschutz und die Informationsfreiheit.

112 BT-Drs. 18/11555, 142: „lex specialis".
113 BT-Drs. 18/11555, 142.

A. Zweck und Bedeutung

1 Die Vorschrift des § 30 BKAG, die verbundrelevante von nicht verbundrelevanten personenbezogenen Daten trennt, ist durch das Gesetz zur Neustrukturierung des Bundeskriminalamtes vom 1.6.2017[1] eingefügt worden. Sie begründet mit der „Verbundrelevanz" einen neuen Rechtsbegriff (→ Rn. 4 ff.), dem innerhalb des polizeilichen Informationsverbunds der §§ 29–33 BKAG eine **Schüsselstellung** zu kommt: § 30 BKAG fungiert als *Gatekeeper* innerhalb des Bund-Länder-Datenverbundes, da er jedwede Art der Verarbeitung von Daten – „ausschließlich" – von deren Relevanz für den polizeilichen Informationsverbund abhängig macht. Damit soll die Rechtsfigur der „Verbundrelevanz" zugleich der **Kompensation des Entfallens der Errichtungsanordnungen** für die „logischen" Dateien nach § 34 BKAG aF dienen,[2] bei dem es sich um eine Folge des Wandels von der vertikalen zur horizontalen Informationsarchitektur (→ § 2 Rn. 35 f.) handelt.

2 § 30 BKAG ist ohne vergleichbare Vorgängerregelung.[3] Die Norm steht gleichwohl nicht völlig frei: Innerhalb des BKAG kann sie sich an die **INPOL-Relevanz-Schwelle** nach § 2 Abs. 1 BKAG (→ § 2 Rn. 22 ff.) anlehnen, die durch § 30 Abs. 1 BKAG für den Bereich des polizeilichen Informationsverbundes näher, wenngleich der Sache nach unvollkommen konkretisiert wird (→ Rn. 6 f.). Außerhalb des BKAG findet § 30 BKAG ein Vorbild in den „Relevanzkriterien" für Übermittlungen innerhalb des Verfassungsschutzverbundes nach § 5 Abs. 2 S. 1 Nr. 3 iVm § 6 Abs. 1 BVerfSchG.[4] Die Begründung der BKAG-Novelle 2017 legt diese **„Begriffsmigration" vom Recht der Nachrichtendienste in das Polizeirecht** zwar nicht ausdrücklich offen,[5] greift jedoch die Terminologie der „Relevanzkriterien" bereits in der Überschrift zu § 30 BKAG-E auf.[6] Eine parallele Ausgestaltung liegt dabei schon deshalb nahe, weil das BKA im Bereich des polizeilichen Auskunfts- und Nachrichtenwesens (§ 2 Abs. 1 BKAG) und das Bundesamt für Verfassungsschutz im Bereich des nachrichtendienstlichen Informationsverbunds (§ 5 Abs. 4 BVerfSchG) jeweils informationellen Koordinationsaufgaben wahrnehmen und als Zentralstelle iSd Art. 87 Abs. 1 S. 2 GG fungieren. Insofern kann für die Interpretation des § 30 BKAG – unter Berücksichtigung der divergierenden Aufgaben von Polizei und Verfassungsschutz – auf das „Relevanz"-Verständnis im Gefüge des Nachrichtendienstrechts zurückgegriffen werden.

B. Kommentierung im Einzelnen

3 Die beiden Absätze des § 30 BKAG bauen logisch aufeinander auf: Während Abs. 1 den Begriff der „Verbundrelevanz" definiert (→ Rn. 4 ff.), gibt Abs. 2 den Verbundteilnehmern die Festlegung konkretisierender Kriterien auf (sog. Relevanzkriterien) und den gesetzlichen Rahmen für die entsprechende Konkretisierung vor (→ Rn. 10 ff.).

I. Verbundrelevanz (Abs. 1)

4 **1. Rechtsbegriffliche Vorüberlegungen; Anforderungen rechtsstaatlicher Bestimmtheit und Normenklarheit.** § 30 Abs. 1 BKAG in der Fassung des Gesetzes zur Neustrukturierung des Bundeskriminalamtes vom 1.6.2017 formuliert mit der „Verbundrelevanz" einen **neuen Rechtsbegriff** in Gestalt einer Legaldefinition (→ Rn. 7 ff.), der sich bislang an keiner anderen Stelle der deutschen Rechtsordnung – auch nicht im BVerfSchG – findet. Die Art und Weise, wie eine Rechtsvorschrift sprachlich abgefasst ist und welche Begriffe dabei verwendet werden, liegt grundsätzlich im Beurteilungsspielraum des Gesetzgebers. Das Gleiche gilt für die Frage, ob und wie er diese definiert (Definierfreiheit[7]). Bei der Rechtssprache und der Terminologie des Gesetzes handelt es sich grundsätzlich um eine rechtspolitische Entscheidung, bei der die Zweckmäßigkeit eine große Rolle spielt. Namentlich an außerrechtliche Terminologien und fachwissenschaftliche Vorverständnisse ist der Gesetzgeber nicht gebunden.

5 Die Autonomie der juristischen wie legistischen Begriffsbildung ist jedoch nicht schranken- oder maßstabslos. Zu den Grenzen zählen insbesondere die aus dem Rechtsstaatsprinzip (Art. 20 Abs. 3, 28 Abs. 1 S. 1 GG) folgenden Anforderungen an **Normenklarheit, Rechtssicherheit, Widerspruchsfreiheit und Berechen-**

1 BGBl. I 2017 S. 1354.
2 BT-Drs. 18/11163, 110.
3 Dies betont Lisken/Denninger/Arzt, HdbPolR, G Rn. 1206.
4 Vgl. auch Schenke/Graulich/Ruthig/K. Graulich BKAG § 30 Rn. 2.
5 Zum Konzept der Begriffsmigration Choudhry in ders. (Hrsg.), The Migration of Constitutional Ideas, 2006, S. 1 ff.; im Anschluss hieran Klug in Jacobsohn/Schor (Hrsg.), Comparative Constitutional Theory, 2018, S. 269 (271 ff.).
6 BT-Drs. 18/11163, 110: „Festlegung von Relevanzkriterien".
7 Zippelius Juristische Methodenlehre, 12. Aufl., 2021, § 9 I., S. 38; vgl. auch Möllers Juristische Methodenlehre, 4. Auf. 2021, § 4 Rn. 56 ff.; Wank, Die juristische Begriffsbildung, 1985, S. 63.

barkeit.[8] Der Grad an Bestimmtheit, der an eine Rechtsvorschrift angelegt wird, korrespondiert dabei insbesondere mit der Grundrechtsrelevanz der Regelung, zu der ermächtigt wird.[9] Je intensiver und nachhaltiger die Grundrechte des Bürgers tangiert werden, je größer der Kreis der Anwender und Betroffenen der Norm ist, je gewichtiger die Auswirkungen auf die Allgemeinheit sind, je mehr grundrechtliche Freiheit auf gesetzgeberische Ausgestaltung angewiesen ist, umso präziser, dichter und bestimmter muss die gesetzliche Regelung gefasst sein.[10] Auch darf ein Rechtsbegriff nicht zu mit Art. 1 Abs. 1, Art. 3 Abs. 1 und 3 GG unvereinbaren Ungleichbehandlungen und Diskriminierungen führen.[11] Entscheidet sich der Gesetzgeber – wie im Fall des § 30 Abs. 1 BKAG – für die **Normierung einer neuen Legaldefinition,** so ist dies aus den genannten rechtsstaatlichen Gründen prinzipiell zu begrüßen, denn gesetzliche Definitionen haben allgemein den Zweck, für Rechtssicherheit zu sorgen und die Gesetzesauslegung vorzubereiten.[12] Sie präzisieren einen Rechtsbegriff sachbereichsspezifisch und sorgen grundsätzlich für eine gleichmäßige Gesetzesanwendung, indem sie darüber entscheiden, welcher Sachverhalt einem bestimmten Regelungsregime unterworfen werden soll und welcher nicht.

6 Eine Legaldefinition muss ihrerseits den Anforderungen rechtsstaatlicher Bestimmtheit und Normenklarheit genügen; eine unbestimmte, unklare oder in sich widersprüchliche gesetzliche Vorgabe kann das Verständnis eines Rechtsbegriffs nicht mit dem Anspruch rechtsstaatlicher Verbindlichkeit festlegen und anleiten. Operiert die gesetzliche **Definition eines unbestimmten Rechtsbegriffs** wie „Verbundrelevanz" nach § 30 BKAG mit mehreren unbestimmten, ihrerseits **auslegungs- und wertungsbedürftigen Rechtsbegriffen** („im Informationsverbund erforderlich", „kriminalistische Phänomenbereiche", „allgemeine kriminalistische Erfahrung") ist mit Blick auf Normenklarheit, Rechtssicherheit, Widerspruchsfreiheit und Berechenbarkeit wenig gewonnen. Dies gilt zumal dann, wenn die nähere Konkretisierung des zu definierenden Begriffs – wie hier nach § 30 Abs. 2 BKAG – in die Hände des Normanwenders gelegt wird und die Festlegung der Relevanzkriterien nach dem Willen des Gesetzgebers darüber hinaus der Kompensation der dateispezifischen Errichtungsanordnungen (§ 34 BKAG aF) dient, die infolge der Neustrukturierung der polizeilichen Informationsarchitektur entfallen sind.[13] Eine effektive Kompensation wird hiermit nicht erreicht, so dass die horizontale Gestaltung der polizeilichen Informationsordnung auch mit dem Kriterium der Verbundrelevanz keine tragfähige Grundlage findet (dazu schon → § 29 Rn. 3). Das Kriterium der Verbundrelevanz präzisiert zwar die INPOL-Relevanz-Schwelle nach § 2 Abs. 1 BKAG; substantiell reicht es jedoch nicht in dem Maße über sie hinaus, als dass hiermit das Entfallen der Errichtungsanordnungen aufgefangen werden könnte. Stattdessen wird in der Gesetzesbegründung auf den Umfang und die Qualität der in den Verbund einzustellenden Daten abgestellt[14] und das opake Erfordernis der Datenanalyse hervorgehoben.[15] Hierin kann man eine Absicht des Gesetzgebers erkennen, durch eine Änderung zentraler Begrifflichkeiten und Instrumente eine größere Flexibilität im Umgang mit personenbezogenen Daten zu ermöglichen, und zwar sowohl hinsichtlich der Frage, welche Daten im Informationsverbund überhaupt gespeichert werden als auch hinsichtlich der Frage, für welche Zwecke diese verwendet werden dürfen. Vor diesem Hintergrund ist fraglich, welche Kriterien künftig den **Maßstab für die Datenschutzkontrolle** (→ § 31 Rn. 14 ff.) bilden wer-

8 Die Begriffe werden vielfach synonym gebraucht, vgl. nur exemplarisch: BVerfG Urt. v. 26.7.2005 – 1 BvR 782/94 ua –, BVerfGE 114, 1 (53); Beschl. v. 14.1.2020 – 2 BvR 2055/16 –, BVerfGE 152, 345 (374, Rn. 73); Beschl. v. 10.11.2020 – 1 BvR 3214/15 –, BVerfGE 156, 11 (44, Rn. 85); BbgVerfG Urt. v. 15.10.2009 – VfGBbg 9/08 –, LKV 2009, 557 (559); ThürVerfGH Beschl. v. 7.3.2018 – VerfGH 1/14 –, BeckRS 2018, 4200, Rn. 125: „Normenbestimmtheit und Normenklarheit"; BlnVerfGH Beschl. v. 14.7.2010 – VerfGH 39/09 –, NVwZ-RR 2010, 825 (828): „Normenklarheit und Widerspruchsfreiheit"; BVerfG Urt. v. 19.3.2003 – 2 BvL 9/98 ua –, BVerfGE 108, 1 (20); Beschl. v. 13.9.2005 – 2 BvF 2/03 –, BVerfGE 114, 196 (236 f.); BVerwG Urt. v. 15.12.2016 – 2 C 31/15 –. BVerwGE 157, 54 (59, Rn. 13): „Normenklarheit und Normenwahrheit"; BVerfG Urt. v. 19.9.2018 – 2 BvF 1/15 ua –, BVerfGE 150, 1 (130, Rn. 276): „Bestimmtheit und Vorhersehbarkeit"; BVerfG Beschl. v. 18.7.2019 – 1 BvL 1/18 ua –, NJW 2019, 3054 (3057, Rn. 57): „Klarheit, Widerspruchsfreiheit und Verständlichkeit".

9 BVerfG Beschl. v. 21.4.2015 – 2 BvR 1322/12 ua –, BVerfGE 139, 19 (47, Rn. 55); Beschl. v. 11.3.2020 – 2 BvL 5/17 –, BVerfGE 153, 310 (354, Rn. 102); ThürVerfGH Urt. v. 16.12.2020 – VerfGH 14/18 –, NVwZ-RR 2021, 513 (517, Rn. 56).

10 BVerfG Urt. v. 19.9.2018 – 2 BvF 1/15 ua –, BVerfGE 150, 1 (98, Rn. 196); Beschl. v. 24.3.2021 – 1 BvR 2656/18 –, NJW 2021, 1723 (1750, Rn. 260); ThürVerfGH Urt. v. 16.12.2020 – VerfGH 14/18 –, NVwZ-RR 2021, 513 (515, Rn. 44; 517, Rn. 56); vgl. auch Papier/Möller AöR 122 (1997), 177 (187); Ladeur/Gostomzyk DV 36 (2003), 141 (149); Wolff/Zimmermann Jura 2022, 18 (22).

11 Kluth in ders./Krings (Hrsg.), Gesetzgebung, 2014, § 1 Rn. 121: Barczak KritV 102 (2019), 362 (366); ders. JuS 2020, 905 (906).

12 Kaiser in Marsch/Münkler/Wischmeyer (Hrsg.), Apokryphe Schriften, 2018, S. 17 (24 f.).

13 BT-Drs. 18/11163, 110.

14 BT-Drs. 18/11163, 110.

15 BT-Drs. 18/11163, 77: „Eine einheitliche und gute Datenqualität sowie eine phänomenübergreifende Auswertung und Analyse sind für eine erfolgreiche und effiziente polizeiliche Arbeit zwingend erforderlich".

den und ob diese ausreichend sind, um eine grundrechtskonforme Datenverarbeitung sicherzustellen.[16] **§ 30 BKAG verfehlt** somit die **Anforderungen grundrechtlich-rechtsstaatlicher Begrenzung und Bestimmtheit.**

7 **2. Legaldefinition.** § 30 Abs. 1 BKAG enthält eine Legaldefinition der Verbundrelevanz und statuiert damit zugleich **das maßgebliche Kriterium zur Begrenzung der Datenverarbeitung** im polizeilichen Informationsverbund. „Ausschließlich" verbundrelevante Daten dürfen nach § 30 Abs. 1 BKAG verarbeitet werden. Verbundrelevante Daten sind nach § 29 Abs. 2 S. 2 BKAG von den Verbundteilnehmern zum Abruf und zur Verarbeitung zur Verfügung zu stellen; sie sind ausdrücklich als „verbundrelevant" zu kennzeichnen (§§ 30 Abs. 1, 29 Abs. 4 S. 2 iVm § 14 BKAG). Nicht verbundrelevante Daten dürfen in den polizeilichen Informationsverbund demgegenüber nicht eingegeben werden. Nicht oder nicht mehr verbundrelevante Daten sind unverzüglich zu löschen (§ 29 Abs. 5 BKAG); mit dieser objektiv-rechtlichen Löschungspflicht korrespondiert ein subjektiv-rechtlicher Anspruch auf Löschung (vgl. § 84 Abs. 1 S. 1 und 3 BKAG). Allerdings können die nicht verbundrelevanten Daten aus INPOL-Z in den jeweiligen Landesbestand (INPOL-Land) überführt bzw. zurückgeführt werden (sog. Datenverarbeitung unterhalb der Schwelle der Verbundrelevanz).[17] In der Konsequenz sind Daten mit Verbundrelevanz für alle Verbundteilnehmer (vgl. § 29 Abs. 3 BKAG) sichtbar, Daten ohne Verbundrelevanz nur für den jeweiligen Datenbesitzer (→ § 29 Rn. 5, 24). Diese zentrale Bedeutung des Kriteriums der „Verbundrelevanz" für den polizeilichen Informationsverbund steht in erstaunlichem Kontrast zu seiner **inhaltlichen Unschärfe.**[18] In seiner gegenwärtigen Gestalt wird § 30 BKAG den aufgezeigten Anforderungen an Normenklarheit, Rechtssicherheit und Berechenbarkeit nicht gerecht (→ Rn. 6). Der beachtliche Textaufwand, mit dem das Kriterium in § 30 Abs. 1 BKAG gesetzlich definiert wird, trägt kaum etwas zur Präzisierung bei.

8 Die Verbundrelevanz stellt die Datenverarbeitung unter ein **Primat der Erforderlichkeit,** das weithin inhaltsleer erscheint. Verbundrelevant sind zum einen solche personenbezogenen Daten, deren Verarbeitung für die Verhütung und Verfolgung von Straftaten mit länderübergreifender, internationaler oder erheblicher Bedeutung erforderlich ist (Nr. 1). Hier knüpft der Gesetzgeber wörtlich an die INPOL-Relevanz-Schwelle des § 2 Abs. 1 BKAG an, so dass die Verbundrelevanz in dieser Variante parallel zu der allgemeinen Schranke für die Wahrnehmung der Zentralstellenaufgaben und -befugnisse des BKA verläuft (→ § 2 Rn. 22 f.). Verbundrelevant sind zum anderen diejenigen personenbezogenen Daten, deren Verarbeitung im Informationsverbund zu erkennungsdienstlichen Zwecken oder zu Zwecken der Fahndung nach Personen und Sachen erforderlich ist (Nr. 2). Mit dem Prinzip der Erforderlichkeit ist die zentrale Kategorie des Verhältnismäßigkeitsgrundsatzes angesprochen,[19] der verfassungsrechtlich überwiegend aus dem Rechtsstaatsprinzip hergeleitet wird.[20] Staatliches Handeln, zumal solches mit grundrechtlicher Relevanz, muss erforderlich sein und darf nicht übermäßig in bürgerliche Freiheiten eingreifen. Dies gilt spätestens seit dem Volkszählungsurteil des Bundesverfassungsgerichts auch für die staatliche Datenerhebung und Informationsverarbeitung;[21] in der Rechtsprechung des Bundesverfassungsgerichts hat der Verhältnismäßigkeitsgrundsatz im Zusammenhang mit den Datenerhebungs- und Datenverarbeitungsbefugnisse des BKA zuletzt eine überragende Bedeutung erlangt.[22]

9 Unbeschadet dieser generellen, bereits von Verfassungs wegen notwendigen Erforderlichkeit, Daten zu verarbeiten und Informationen zusammenzuführen, stellt § 30 Abs. 1 BKAG die Datenverarbeitung im polizeilichen Informationsverbund unter den **Vorbehalt einer differenzierteren Relevanzabschichtung.**[23] Dies soll im Gefüge des Bund-Länder-Datenverbundes mit dem Begriff der „Verbundrelevanz" zum Ausdruck gebracht werden. Vom legistischen Ansatz her handelt es sich bei der „Verbundrelevanz" um eine einfach-

16 Vgl. dazu auch die Konferenz der unabhängigen Datenschutzbehörden des Bundes und der Länder: DSK, Neues Bundeskriminalamtgesetz – Informationspool beschneidet Grundrechte, Entschließung v. 16.2017, abgedruckt bei: Spiecker gen. Döhmann/Bretthauer (Hrsg.), Dokumentation zum Datenschutz, G 2.4.37 (Grundwerk 2018); DSK, Arbeitskreis Sicherheit: Auswirkungen des neuen BKA-Gesetzes auf die Tätigkeit der Datenschutzaufsichtsbehörden v. 30.10.2017, S. 2 f.; übereinstimmend ferner LfDI BW, 33. Tätigkeitsbericht 2016/2017, LT-Drs. 16/3290, 19.

17 BfDI, 28. Tätigkeitsbericht zum Datenschutz 2019, BT-Drs. 19/19900, 48. Beispielhaft für einen solchen Fall OVG Saarlouis Urt. v. 13.12.2021 – 2 A 178/21 –, BeckRS 2021, 39336, Rn. 8 f.

18 Vgl. auch LfDI BW, 33. Tätigkeitsbericht 2016/2017, LT-Drs. 16/3290, 19, der von „einer in ihrer konkreten Ausprägung nebelhaften ‚Verbundrelevanz'" spricht.

19 Vgl. Schlink VVDStRL 48 (1990), 235 (258): „Herzstück"; Kraft BayVBl. 2007, 577 (580): „historisch älteste Schicht".

20 S. nur BVerfG Urt. v. 17.6.2004 – 2 BvR 383/03 –, BVerfGE 111, 54 (82), mwN; Hesse, Grundzüge des Verfassungsrechts der Bundesrepublik Deutschland, 20. Aufl. 1999, Rn. 185; Umbach/Clemens/Roellecke GG I Art. 20 Rn. 99; ferner Sobota, Das Prinzip Rechtsstaat, 1997, S. 234 ff.

21 BVerfG Urt. v. 15.12.1983 – 1 BvR 209/83 ua –, BVerfGE 65, 1 (46, 54 ff.).

22 Detaillierte Anforderungen an heimliche Überwachungsmaßnahmen im Hinblick auf Transparenz, individuellen Rechtsschutz und aufsichtliche Kontrolle wurden allesamt aus dem Verhältnismäßigkeitsgrundsatz abgeleitet, vgl. BVerfG Urt. v. 20.4.2016 – 1 BvR 966/09 ua –, BVerfGE 141, 220 (265 ff., Rn. 93 ff.).

23 Vgl. insofern auch BT-Drs. 18/4654, 22 – mit Blick auf den Verfassungsschutzverbund.

gesetzliche Präzisierung der Erforderlichkeit im vorstehend beschriebenen, verfassungsrechtlichen Sinne,[24] ohne dass sich jedoch der genaue Inhalt dieser Konkretisierung aus dem Normtext oder der Gesetzesbegründung ergeben würde.[25]

II. Relevanzkriterien (Abs. 2)

10 Die inhaltliche Unschärfe der Legaldefinition nach Abs. 1 ist auch dadurch bedingt, dass sich „Verbundrelevanz“ **nicht abschließend auf der Abstraktionsebene der Gesetzgebung** bestimmen lässt. Was als „relevant“ für welchen Bereich und welche Teilnehmer des polizeilichen Informationsverbund anzusehen ist, lässt sich nur bereichsspezifisch für bestimmte Aufgaben oder bestimmte Arten von Informationen festlegen und bedarf mithin einer Konkretisierung durch den Normanwender.[26]

11 **1. Festlegung durch die Verbundteilnehmer (S. 1 und 2). a) Rechtsnatur der Relevanzkriterien und gesetzlicher Rahmen der Festlegung.** Dem trägt § 30 Abs. 2 S. 1 BKAG vom Ansatz her dadurch Rechnung, dass er die Verbundteilnehmer (vgl. § 29 Abs. 3 BKAG) zur Festlegung entsprechender Relevanzkriterien verpflichtet. In der Vorschrift äußert sich eine grundsätzlich unverzichtbare Methodenkooperation[27] von Normgeber und Normanwender bei der Präzisierung eines unbestimmten Rechtsbegriffs, hier der „Verbundrelevanz“. Die betreffenden – unter Beteiligung der jeweils zuständigen obersten Bundes- oder Landesbehörden festzulegenden – Kriterien bestimmen, welche Straftaten nach allgemeiner kriminalistischer Erfahrung die Voraussetzungen einer Straftat mit länderübergreifender, internationaler oder erheblicher Bedeutung iSd § 30 Abs. 1 Nr. 1 BKAG erfüllen. Den Relevanzkriterien kommt nach der Vorstellung des Gesetzgebers der Charakter von Leitlinien zu, so dass von ihnen im Einzelfall abgewichen werden können soll.[28] Die Festlegung der Relevanzkriterien nach § 30 Abs. 2 S. 1 BKAG verpflichtet die am polizeilichen Informationsverbund Teilnehmenden dazu, Umfang und Qualität der in den Verbund einzustellenden Daten abstrakt vorzuprägen.[29] Die Relevanzkriterien bilden damit nur einen **Zwischenschritt der Normkonkretisierung auf mittlerer Regelungsebene**; sie weisen somit Ähnlichkeit mit einem administrativen Konzept auf, das dazu dient, einzelne Entscheidungen besser anzuleiten und den Prozess der Wissensgenerierung im Sicherheitsrecht gezielter zu strukturieren und auf eine „Generierung von Rationalität“[30] auszurichten.[31] Zu der Rechtsform der Relevanzkriterien verhalten sich zwar weder der Normtext noch die Gesetzesbegründung; gedacht sein dürfte aber – schon in Ermangelung einer gesetzlichen Verordnungsermächtigung (vgl. Art. 80 Abs. 1 GG) – an **Verwaltungsvorschriften.** Soweit ersichtlich sind die nach § 30 Abs. 2 BKAG erforderlichen Relevanzkriterien jedoch **bis heute** und somit mehr als vier Jahre seit dem am 25.5.2018 in Kraft getretenen Gesetz zur Neustrukturierung des Bundeskriminalamtes **nicht festgelegt worden.**[32]

12 Das Instrument der Relevanzkriterien wurde bereits im Rahmen des **Polizeilichen Informations- und Analyseverbunds** (PIAV, → § 2 Rn. 52) erprobt. Allgemeinen Relevanzkriterien wurden dazu in einer Bund-Länder-Zusammenarbeitsrichtlinie Allgemeiner Teil festgeschrieben. Die dateispezifischen Kriterien zur Anlieferung von Daten an den PIAV wurden in den jeweiligen Fachteilen beschrieben. In diesem Kontext war der Prozess der Festlegung von Relevanzkriterien somit abgeschlossen.[33] Durch die Festlegung der PIAV-Relevanzkriterien werden die Sachbearbeiterinnen und Sachbearbeiter IT-gestützt darauf aufmerksam gemacht, wenn ein Vorgang PIAV-relevant sein könnte. Dies trägt dazu bei, dass auf der einen Seite keine notwendige Erfassung übersehen wird; auf der anderen Seite ergibt sich daraus auch schnell, dass ein Vorgang gegebe-

24 Das Problem des „Begriffswechsels“ (vgl. BT-Drs. 18/4654, 22) von „Erforderlichkeit“ zu „Relevanz“ im Rahmen des § 5 Abs. 3 Nr. 3 BVerfSchG stellt sich bei § 30 Abs. 1 BKAG aufgrund der tatbestandlichen Fassung der Norm nicht; zum Verfassungsschutzrecht nur Lisken/Denninger/Bergemann, HdbPolR, H Rn. 118: „Der Begriff der ‚Relevanz‘ setzt weniger enge Grenzen als der der Erforderlichkeit“.

25 Die Gesetzesbegründung verhält sich zu der Legaldefinition des § 30 Abs. 1 BKAG bei genauerer Betrachtung mit keinem Wort, sondern geht allein auf die Relevanzkriterien nach Abs. 2 ein, vgl. BT-Drs. 18/11163, 110.

26 Vgl. der Sache BT-Drs. 18/4654, 22 – wiederum mit Blick auf den Verfassungsschutzverbund.

27 Näher dazu Wank, Die juristische Begriffsbildung, 1985, S. 63 ff.; vgl. auch Kaiser in Marsch/Münkler/Wischmeyer (Hrsg.), Apokryphe Schriften, 2018, S. 17 (25): „Arbeitsteilung“.

28 BT-Drs. 18/11163, 110.

29 BT-Drs. 18/11163, 110.

30 Wollenschläger, Wissensgenerierung im Verfahren, 2009, S. 198, mit einer verfassungsrechtlichen Fundierung der administrativen Konzeptpflichten (S. 202 ff.).

31 Zu Begriff und Wesen des (verwaltungs-)rechtlichen Konzepts allgemein Rottenwallner VR 2014, 109 (109 ff.); Herzmann VerwArch 104 (2013), 429 ff.; speziell mit Blick auf das Sicherheitsrecht HdbSicherheitsR/Barczak § 16 Rn. 34; Rusteberg in Münkler, Dimensionen des Wissens im Recht, 2019, S. 233 (262 ff.).

32 Dies teilte das BKA sowohl im Jahr 2018 als auch im Jahr 2019 ausdrücklich auf Anfragen nach § 1 Abs. 1 IFG mit (abrufbar unter: https://fragdenstaat.de/a/30490 und https://fragdenstaat.de/a/35568). In den Bescheiden heißt es gleichlautend: „Die Festlegung der in § 30 Abs. 2 BKAG normierten Relevanzkriterien ist noch nicht abgeschlossen“.

33 BT-Drs. 19/15346, 8.

nenfalls nicht nach PIAV angeliefert werden soll oder darf. Ob die gesetzlichen Anlieferungsvoraussetzungen vorliegen, obliegt dabei weiterhin der Entscheidung der oder des Sachbearbeitenden.[34]

Die **Festlegung der Relevanzkriterien** durch den Normanwender **bedarf normenklarer Vorgaben** durch den Gesetzgeber. Ohne normbereichsspezifische und methodische Leitplanken würden sich die Verbundteilnehmer bei der Festlegung der Relevanzkriterien an einer „Definition des Undefinierbaren"[35] versuchen, die von vornherein zum Scheitern verurteilt und nur auf Kosten der Stabilität des Gesamtgerüsts der polizeilichen Verbundarchitektur zu haben wäre.[36] Normenklare Vorgaben für die Festlegung der Relevanzkriterien durch den Normanwender sucht man im Gesetzestext jedoch vergeblich. Dieser verweist auf die „allgemeine kriminalistische Erfahrung" (§ 30 Abs. 2 S. 1 BKAG) und gestattet eine Orientierung an „den unterschiedlichen kriminalistischen Phänomenbereichen" (§ 30 Abs. 2 S. 2 BKAG). Was damit gemeint ist, bleibt undeutlich.[37] Der **Begriff des „kriminalistischen Phänomenbereichs"** wird **nicht weiter präzisiert** oder in Bezug zu den Deliktkategorien des materiellen Strafrechts gebracht. „Phänomenbereich" ist ein Begriff, der ebenfalls aus dem Verfassungsschutzrecht (vgl. § 5 Abs. 2 S. 2 BVerfSchG) übernommen wurde. Im Gefüge des Kriminalpolizeirechts ist er gleichwohl nicht neu. Er firmiert bereits seit längerer Zeit als polizeifachlicher Terminus, etwa im Bereich des Kriminalpolizeilichen Meldedienstes in Fällen politisch motivierter Kriminalität (KPMD-PMK[38]). Meldepflichtig sind danach vor allem Delikte im Bereich des Staatsschutzes bzw. der politisch motivierten Kriminalität, sei sie rechts-, links- oder durch eine religiöse oder ausländische Ideologie motiviert.[39] Ausgehend von den Motiven zur Tatbegehung und den Tatumständen, werden politisch motivierte Taten entsprechenden Themenfeldern und Unterthemen zugeordnet sowie die erkennbaren ideologischen Hintergründe und Ursachen der Tatbegehung in einem staatsschutzrelevanten Phänomenbereich abgebildet.[40] 13

Ob dieses Verständnis auch § 30 Abs. 2 S. 2 BKAG unterlegt werden kann, bleibt jedoch auch nach der Gesetzesbegründung unklar. Dagegen spricht, dass die Kategorie der „politisch motivierten Straftat" iSd KPDM-PMK allenfalls teilidentisch mit einer „Straftat von länderübergreifender, internationaler oder erheblicher Bedeutung" iSd § 30 Abs. 1 Nr. 1 BKAG ist. Die Gesetzesbegründung begnügt sich mit der Benennung eines **exemplarischen Anwendungsfalls:** Danach soll mithilfe der Relevanzkriterien „beispielsweise" deliktsbezogen festgelegt werden, welche Begehungs- oder Ausführungsformen einer Straftat die Voraussetzungen einer erheblichen Straftat erfüllen. Als Kriterien sollen etwa die Schwere der Tat, die Einordnung als Serienstraftat oder die Begehungsweise (Einzeltäter oder organisierte, banden- oder gewerbsmäßige Begehung) in Betracht kommen.[41] Gerade dieses Beispiel zeigt jedoch, dass ein solches Verständnis von „Verbundrelevanz" nicht über die ohnehin seit jeher nach § 2 Abs. 1 BKAG geltende INPOL-Relevanz-Schwelle hinausreicht und damit insbesondere zur Kompensation des legislatorischen Verzichts auf die Errichtungsanordnungen nach § 34 BAKG aF nicht geeignet ist. 14

b) Transparenzgebot und Veröffentlichungspflicht. Aufgrund der dargelegten zentralen Bedeutung des Kriteriums der „Verbundrelevanz" (§ 30 Abs. 1 BKAG), deren genauer Inhalt sich erst durch die Festlegung der Relevanzkriterien nach Abs. 2 erschließt, ist eine **Offenlegung der Relevanzkriterien in geeigneter Form** bereits aus Gründen verfassungsrechtlich gebotener Transparenz notwendig.[42] Transparenz ist nicht nur ein verfassungsrechtliches, aus dem Grundsatz der Verhältnismäßigkeit abgeleitetes Gebot der Datenerhebung, sondern setzt auch bei der Datenverarbeitung an. Sie soll dazu beitragen, dass Vertrauen und Rechtssicherheit entstehen können und der Umgang mit Daten in einen demokratischen Diskurs eingebunden bleibt.[43] Durch sie soll, soweit möglich, den Betroffenen subjektiver Rechtsschutz ermöglicht und zugleich einer diffusen Bedrohlichkeit geheimer staatlicher Beobachtung entgegengewirkt werden.[44] Je weniger die Gewährleistung subjektiven Rechtsschutzes möglich ist, desto größere Bedeutung erhalten dabei Anforderungen an 15

34 Zum praktischen Nutzen der Relevanzkriterien im Rahmen von PIAV vgl. LfDI SH, 33. Tätigkeitsbericht 2015/2016, LT-Drs. 19/10, 33.

35 Entlehnt bei Zöller, Terrorismusstrafrecht, 2009, S. 99.

36 Barczak KritV 102 (2019), 362 (387).

37 Wie hier Schenke/Graulich/Ruthig/K. Graulich BKAG § 30 Rn. 10.

38 Dieser ist im Jahr 2001 an die Stelle des bis dahin gültigen Kriminalpolizeilichen Meldedienstes in Staatsschutzsachen (KPMD-S) getreten, vgl. BKA, Definitionssystem Politisch motivierte Kriminalität, 2016, 3.

39 Zu den Phänomenbereichen politisch motivierter Kriminalität vgl. BKA, Definitionssystem Politisch motivierte Kriminalität, 2016, 9 f.

40 Vgl. https://www.bka.de/DE/UnsereAufgaben/Deliktsbereiche/PMK/PMKrechts/PMKrechts_node.html.

41 BT-Drs. 18/11163, 110.

42 So auch Schenke/Graulich/Ruthig/K. Graulich BKAG § 30 Rn. 9.

43 BVerfG Urt. v. 24.4.2013 – 1 BvR 1215/07 –, BVerfGE 133, 277 (366, Rn. 206).

44 BVerfG Urt. v. 2.3.2010 – 1 BvR 256/08 ua –, BVerfGE 125, 260 (335); s. auch EuGH Urt. v. 8.4.2014 – C-293/12, C-594/12 –, NJW 2014, 2169 (2170, Rn. 37) – Digital Rights Ireland Ldt/Minister for Communications, Marine and Natural Resources ua.

eine wirksame aufsichtliche Kontrolle und an die Transparenz des Behördenhandelns gegenüber der Öffentlichkeit.[45]

16 2. **Aktualisierungserfordernis (S. 3).** Nach § 30 Abs. 2 S. 3 BKAG sind die Relevanzkriterien „in angemessenen Abständen und, soweit erforderlich, zu aktualisieren". Damit statuiert der Gesetzgeber sowohl eine **zeitliche** als auch eine **anlassbezogene** Aktualisierungspflicht. Mit Blick auf diese Zweispurigkeit hätte sich jedoch eine konkrete Fixierung der zeitlichen Intervalle (zB „alle sechs Monate") iS eines Mehrs an Verbindlichkeit aufgedrängt.[46]

17 Der Aktualisierungspflicht denklogisch vorgeschaltet ist eine **Pflicht zur Evaluierung** und Überprüfung, ob die festgelegten Kriterien an die Entwicklung des Kriminalitätsgeschehens (zB beim Auftreten neuer Begehungsformen) angepasst werden müssen.[47] Bei der Evaluierung und Aktualisierung handelt es sich um eine rechtsstaatliche wie verwaltungspraktische Selbstverständlichkeit.[48]

18 3. **Beteiligung des Bundesbeauftragten für den Datenschutz und die Informationsfreiheit (S. 4).** Nach § 30 Abs. 2 S. 4 BKAG erfolgen sowohl die Festlegung (→ Rn. 11 ff.) als auch die intervallartige bzw. anlassbezogene Aktualisierung (→ Rn. 16 f.) der Relevanzkriterien im Benehmen mit dem Bundesbeauftragten für den Datenschutz und die Informationsfreiheit. Diesem wird damit die **Gelegenheit zur Stellungnahme** eingeräumt; seine Zustimmung zur Festlegung bzw. Aktualisierung der Relevanzkriterien ist hingegen nicht erforderlich (zur verwaltungsrechtlichen Kategorie des Benehmens und der Abgrenzung vom Einvernehmen → § 29 Rn. 17). Mit dem Benehmenserfordernis trägt der Gesetzgeber dem verfassungsrechtlichen Erfordernis nach hinreichender aufsichtlicher Kontrolle im Kontext von Datenverarbeitungen Rechnung.[49]

§ 31 Datenschutzrechtliche Verantwortung im polizeilichen Informationsverbund

(1) Das Bundeskriminalamt hat als Zentralstelle für den polizeilichen Informationsverbund die Einhaltung der Regelungen zur Zusammenarbeit und zur Führung des Verbundsystems zu überwachen.

(2) [1]Im Rahmen des polizeilichen Informationsverbundes obliegt die datenschutzrechtliche Verantwortung für die bei der Zentralstelle gespeicherten Daten, namentlich für die Rechtmäßigkeit der Erhebung, die Zulässigkeit der Eingabe sowie die Richtigkeit oder Aktualität der Daten, den Stellen, die die Daten unmittelbar eingeben. [2]Die verantwortliche Stelle muss feststellbar sein. [3]Die Verantwortung für die Zulässigkeit des Abrufs im automatisierten Verfahren trägt die empfangende Stelle.

(3) [1]Die Datenschutzkontrolle obliegt der oder dem Bundesbeauftragten für den Datenschutz und die Informationsfreiheit. [2]Die von den Ländern in den polizeilichen Informationsverbund eingegebenen Datensätze können auch von den jeweiligen im Landesrecht bestimmten öffentlichen Stellen, die für die Kontrolle der Einhaltung der Vorschriften über den Datenschutz zuständig sind, im Zusammenhang mit der Wahrnehmung ihrer Prüfungsaufgaben in den Ländern kontrolliert werden, soweit die Länder nach Absatz 2 verantwortlich sind. [3]Die oder der Bundesbeauftragte für den Datenschutz und die Informationsfreiheit arbeitet insoweit mit den im Landesrecht bestimmten öffentlichen Stellen, die für die Kontrolle der Einhaltung der Vorschriften über den Datenschutz zuständig sind, zusammen.

45 BVerfG Urt. v. 24.4.2013 – 1 BvR 1215/07 –, BVerfGE 133, 277 (366 f., Rn. 207); Urt. v. 20.4.2016 – 1 BvR 966/09 ua –, BVerfGE 141, 220 (282, Rn. 135); vgl. auch BVerfG Beschl. v. 10.11.2020 – 1 BvR 3214/15 –, BVerfGE 156, 11 (46, Rn. 89).
46 Ebenso Schenke/Graulich/Ruthig/K. Graulich BKAG § 30 Rn. 11.
47 Davon scheint die Gesetzesbegründung ebenfalls auszugehen, vgl. BT-Drs. 18/11163, 110.
48 Schenke/Graulich/Ruthig/K. Graulich BKAG § 30 Rn. 11.
49 BVerfG Urt. v. 20.4.2016 – 1 BvR 966/09 ua –, BVerfGE 141, 220 (284 f., Rn. 140 f.).

A. Überblick und Genese

§ 31 BKAG verteilt die datenschutzrechtliche Verantwortung im polizeilichen Informationsverbund. Die Norm differenziert zwischen verschiedenen **Verantwortungssphären**: Den Kern der Vorschrift bildet § 31 Abs. 2 BKAG, der die Verantwortlichkeit an die Dateneingabe in den polizeilichen Informationsverbund knüpft (→ Rn. 7 ff.) und dabei dem Konzept des Datenbesitzes folgt (→ § 29 Rn. 5, 24). Dieses Prinzip wird eingerahmt durch die Überwachungsverantwortung des BKA in seiner Rolle als Zentralstelle nach Abs. 1 (→ Rn. 5 f.) sowie die Datenschutzkontrolle seitens der Datenschutzbeauftragten nach Abs. 3, bei der es sich nicht um eine eigenständige Verantwortungssphäre, sondern um eine aufsichtliche Absicherung der datenschutzrechtlichen Verantwortlichkeit handelt (→ Rn. 14 ff.). 1

Die Vorschrift des § 31 BKAG entspricht – abgesehen von einigen redaktionellen Änderungen[1] – dem § 12 Abs. 1–3 BKAG in der Fassung des Gesetzes über das Bundeskriminalamt und die Zusammenarbeit des Bundes und der Länder in kriminalpolizeilichen Angelegenheiten vom 7.7.1997.[2] Die vor 1997 verabschiedeten Fassungen des BKAG kannten keine entsprechende Regelung, da die Frage des Datenschutzes mit dem Volkszählungsurteil des Bundesverfassungsgerichts vom 15.12.1983[3] überhaupt erst auf die gesetzgeberische Agenda gerückt ist und im Rahmen der **BKAG-Reform 1997** – reichlich verspätet – umgesetzt wurde (→ § 1 Rn. 13). Sowohl die Schadensersatzansprüche des vom polizeilichen Informationsverbund Betroffenen (§ 12 Abs. 4 BKAG aF, jetzt § 86 BKAG) als auch dessen Anspruch auf Auskunft (§ 12 Abs. 4 BKAG aF, jetzt § 84 Abs. 1 S. 1 BKAG) wurden aus der Norm ausgegliedert und normativ verselbstständigt. 2

B. Kommentierung im Einzelnen

I. Zweck und Bedeutung

Man kann die Regelung der datenschutzrechtlichen Verantwortung im polizeilichen Informationsverbund als eine **„Grundsatznorm"**[4] bezeichnen. Ihr kommt insbesondere – wenngleich nicht ausschließlich – eine zentrale Bedeutung für den Individualrechtsschutz des Betroffenen zu. Durch die unmittelbare systematische Verknüpfung mit den Betroffenenrechten (→ Rn. 7) wurde dies vor der Reform durch Gesetz zur Neustrukturierung des Bundeskriminalamtgesetzes vom 8.6.2017[5] noch besonders deutlich. An der grundlegenden individualschützenden Bedeutung des § 32 BKAG hat sich durch die systematische Verschiebung der Betroffenenrechte nichts geändert. Neben dieser subjektiv-rechtlichen Bedeutung dient § 32 BKAG in objektiv-rechtlicher Hinsicht der inneren Organisation von INPOL.[6] 3

Die differenzierte, **„abgestufte und geteilte"**[7] **Zuweisung der Verantwortungssphären** nach den Abs. 1 (BKA) und 2 (eingebende Stelle) ist Ausdruck des kooperativen und vom BKA koordinierten Zusammenwirkens unterschiedlicher Behörden in einem Verbundsystem. „Verantwortlicher" ist nach **Art. 3 Nr. 8 DSRL-JI** grundsätzlich die zuständige Behörde, die allein oder gemeinsam mit anderen über die Zwecke und Mittel der Verarbeitung von personenbezogenen Daten entscheidet. Vor diesem Hintergrund trägt § 31 BKAG der besonderen Situation Rechnung, dass das BKA als Zentralstelle auch bei den im polizeilichen Informationsverbund geführten Dateien zwar an sich die zuständige speichernde Stelle ist (§ 2 Abs. 3 BKAG), aber aus der Natur der Sache heraus insoweit nicht die volle datenschutzrechtliche Verantwortung für die Rechtmäßigkeit der Erhebung, die Zulässigkeit der Eingabe sowie die Richtigkeit oder Aktualität der Daten tragen kann.[8] Diese Verantwortung folgt vielmehr der Erhebung und liegt auf Dauer bei der Stelle, welche die Daten erhoben hat. 4

II. Verantwortungssphären

1. Überwachungsverantwortung des BKA (Abs. 1). Nach § 31 Abs. 1 BKAG ist das Amt in seiner Rolle als Zentralstelle für den polizeilichen Informationsverbund (vgl. § 2 Abs. 3 BKAG) verpflichtet, die Einhaltung der Regelungen zur Zusammenarbeit sowie zur Führung des Verbundsystems INPOL zu überwachen. Die Überwachungspflicht **gilt unbedingt, aber gegenständlich beschränkt**. Sie bezieht sich allein auf die ausdrücklich genannten Überwachungsfunktionen.[9] Die Regelungen zur Zusammenarbeit sowie zur Führung 5

1 BT-Drs. 18/11163, 110.
2 BGBl. I 1997 S. 1650.
3 BVerfG Urt. v. 15.12.1983 – 1 BvR 209/83 ua –, BVerfGE 65, 1.
4 Mit Blick auf die Vorgängervorschrift Kugelmann BKAG § 12 Rn. 1.
5 BGBl. I 2017 S. 1354.
6 Kugelmann BKAG § 12 Rn. 4.
7 Riegel Bundespolizeirecht/BKAG § 2 S. 25; übereinstimmend Erbs/Kohlhaas/Papsthart BKAG § 12 (2007) Rn. 2.
8 BT-Drs. 13/1550, 29; vgl. auch Ahlf/Daub/Lersch/Störzer/Daub BKAG § 12 Rn. 1.
9 Ahlf/Daub/Lersch/Störzer/Daub BKAG § 12 Rn. 2.

des Verbundsystems INPOL ergeben sich nicht aus dem Gesetz, sondern aus den Richtlinien für die Errichtung und Führung von Dateien über personenbezogene Daten beim Bundeskriminalamt (Dateienrichtlinien).[10] Danach lässt sich die Überwachungsverantwortung des BKA in folgende Pflichten unterteilen:

- die Pflicht zur Prüfung, ob die angelieferten Daten ihrer Art nach zur rechtmäßigen Aufgabenerfüllung des BKA gespeichert werden dürfen, sofern Anhaltspunkte entsprechende Zweifel begründen;
- die Pflicht zur Prüfung der formalen Richtigkeit der von den berechtigten Stellen zur Speicherung oder Veränderung angelieferten Daten (zB durch maschinelle Plausibilitäts- und Berechtigungsprüfungen);
- die Pflicht zur Vornahme pauschaler Schlüssigkeitsprüfungen (zB bei einem auffälligen Mengenverhalten);
- die Pflicht zur Nutzung von Vergleichsmöglichkeiten mit anderen eine Kontrolle erlaubenden Daten beim BKA;
- die Pflicht zur stichprobenweisen Kontrolle der Einhaltung der für die Datei geltenden Konventionen.[11]

6 Im Vergleich mit der Verantwortung der eingebenden Stelle nach Maßgabe des Besitzerprinzips gem. Abs. 2 ist die Überwachungsverantwortung des BKA als Zentralstelle **von untergeordneter Relevanz.** Als eine besondere Ausprägung der Überwachungsverantwortung des BKA kann man die Feststellbarkeitsverpflichtung nach § 31 Abs. 2 S. 2 BKAG lesen, deren Erfüllung dem BKA als Zentralstelle des polizeilichen Datenverbundes obliegt (→ Rn. 10 f.).

7 **2. Verantwortung der Verbundteilnehmer (Abs. 2). a) Verantwortungszuweisung nach Maßgabe des Besitzerprinzips (S. 1).** Auch wenn INPOL beim BKA eingerichtet ist und von dort den Verbundteilnehmern zur Verfügung gestellt wird, verbleiben der Datenbesitz und die Datenverantwortlichkeit im Verbundsystem weiter bei den jeweiligen, die Daten in den Verbund einstellenden Polizeien des Bundes und der Länder.[12] Dementsprechend hat nach § 29 Abs. 5 S. 1 BKAG auch nur diese Behörde die Befugnis zur Änderung, Berichtigung oder Löschung von Daten (→ § 29 Rn. 24 ff.). In § 31 Abs. 2 BKAG kommt – ebenso wie in § 29 Abs. 5 S. 1 BKAG – das Konzept des sog. **Datenbesitzes** zum Ausdruck.[13] Dabei handelt es sich um ein **Grundprinzip der Verantwortungszuweisung** innerhalb des polizeilichen Informationsaustausches.[14] Die eingebende Behörde bleibt auch nach Eingabe in den polizeilichen Informationsverbund „Herrin des Datums".[15] So wird sowohl eine Nachvollziehbarkeit als auch eine exklusive Verantwortlichkeit geschaffen mit dem Ziel, im komplexen Konstrukt des polizeilichen Informationssystems konkrete Rechte und Pflichten zu formulieren.[16] Das zuvor bekannte Konstrukt eines „Mitbesitzes" mehrerer Teilnehmer an denselben Daten ist damit ausgeschlossen.[17] Die Verantwortungszuweisung nach dem Prinzip des „Datenbesitzes" dient sowohl der inneren Organisation von INPOL als auch dem Rechtsschutz des Bürgers (→ Rn. 11). An § 31 Abs. 2 BKAG knüpfen die Betroffenenrechte auf Berichtigung, Löschung und Einschränkung der Verarbeitung personenbezogener Daten an (§§ 77 Abs. 6, 84 Abs. 1 S. 3 BKAG[18]). Aus § 31 Abs. 2 BKAG ergibt sich dementsprechend auch die Frage des richtigen Klagegegners bzw. der **Passivlegitimation** iSd **§ 78 Abs. 1 Nr. 1 VwGO.**[19]

8 Die Verantwortlichkeit bezieht sich nach § 31 Abs. 2 S. 1 BKAG zum einen auf die **Frage der Rechtmäßigkeit der Datenerhebung** nach den jeweiligen Fachgesetzen des Bundes oder der Länder (zB StPO, Polizeigesetze der Länder) und – vorbehaltlich der Zentralstellenkompetenz des BKA – auch auf die Speicherungsdauer.[20] Darüber hinaus ist die eingebende Stelle auch für die **Richtigkeit und Aktualität der Daten** verantwortlich; unrichtige oder veraltete Daten sind nach § 29 Abs. 5 S. 1 und 2 BKAG zu berichtigen und gege-

10 GMBl. 1981 S. 119 ff.

11 BT-Drs. 13/1550, 29.

12 BT-Drs. 18/11163, 85; vgl. auch BVerwG Urt. v. 9.6.2010 – 6 C 5/09 –, BVerwGE 137, 113 (115 f., Rn. 17 ff.); Urt. v. 22.10.2003 – 6 C 3/03 –, juris, Rn. 20; VGH München Urt. v. 20.7.2020 – 10 B 20.459 –, BeckRS 2020, 20623, Rn. 24; K. Graulich KriPoZ 2017, 278 (279).

13 BT-Drs. 13/1550, 29; vgl. aus der Literatur auch Ahlf/Daub/Lersch/Störzer/Daub BKAG § 11 Rn. 46, 48 sowie § 12 Rn. 3; Lisken/Denninger/Arzt, HdbPolR, G Rn. 1209; HdbSicherheitsR/Golla § 30 Rn. 35; Zöller, Informationssysteme und Vorfeldmaßnahmen von Polizei, Staatsanwaltschaft und Nachrichtendiensten, 2002, S. 168; F. Graulich, Die Zusammenarbeit von Generalbundesanwalt und Bundeskriminalamt bei dem Vorgehen gegen den internationalen Terrorismus, 2013, S. 390, 521.

14 Kugelmann BKAG § 12 Rn. 4.

15 Riegel Bundespolizeirecht/BKAG § 2 S. 25; Erbs/Kohlhaas/Papsthart BKAG § 12 (2007) Rn. 1.

16 Kugelmann BKAG § 12 Rn. 4.

17 Lersch in FS-Herold, 1998, S. 35 (47).

18 Die – missverständliche – Regelung des § 84 Abs. 1 S. 3 BKAG leitet im Zusammenspiel mit S. 1 die Verantwortung nicht auf das BKA über, sondern will – im Gegenteil – „der Grundaussage zur verbleibenden datenschutzrechtlichen Verantwortlichkeit der unmittelbar dateneingebenden Stelle (§ 31 Absatz 2) umfassend Geltung […] verschaffen", vgl. BT-Drs. 18/11163, 134; → § 84 Rn. 6.

19 Dazu – nach alter wie neuer Rechtslage – exemplarisch BVerwG Urt. v. 9.6.2010 – 6 C 5/09 –, BVerwGE 137, 113 (115, Rn. 17); Urt. v. 22.10.2003 – 6 C 3/03 –, juris, Rn. 20; VGH München Urt. v. 20.7.2020 – 10 B 20.459 –, BeckRS 2020, 20623, Rn. 23 f.; vgl. auch Erbs/Kohlhaas/Papsthart BKAG Vor §§ 7 ff. (2007) Rn. 3.

20 BT-Drs. 13/1550, 29.

benenfalls zu löschen. Speicherungen in INPOL, die durch die Polizeien der Länder veranlasst werden, sind demnach **akzessorisch zu Speicherungen im Landesbestand.** Speicherungen, die im Landesbestand nach Landesrecht zu löschen sind, sind demgemäß auch im Bundesbestand zu löschen;[21] dasselbe gilt nach § 77 Abs. 4 S. 2 und 3 BKAG für Speicherungen außerhalb des polizeilichen Informationsverbunds (→ § 77 Rn. 24 f.). Darüber hinaus trägt die eingebende Stelle auch die Verantwortung für die **Zulässigkeit der Eingabe der Daten** in den polizeilichen Informationsverbund; dies richtet sich nach § 29 Abs. 4 S. 2 BKAG iVm den für die Datenweiterverarbeitung des BKA geltenden Regelungen der §§ 12 ff. BKAG (→ § 29 Rn. 22). Mit der datenschutzrechtlichen Verantwortlichkeit der eingebenden Stelle korrespondieren die Auskunfts- bzw. Benachrichtigungspflichten jedoch nur sehr bedingt: So obliegt der dateneingebenden, **nach § 31 Abs. 2 BKAG verantwortlichen Stelle** lediglich die – thematisch eng begrenzte – **Benachrichtigungspflicht nach § 75 S. 3 BKAG** im Fall der Speicherung personenbezogener Daten von Kindern (→ § 75 Rn. 7). Im Übrigen gilt für die Verarbeitung im polizeilichen Informationsverbund die Besonderheit, dass bei Daten, die im polizeilichen Informationsverbund verarbeitet werden, das **BKA als Zentralstelle** die **Auskunft nach § 57 BKAG** im Einvernehmen mit der jeweiligen datenschutzrechtlich verantwortlichen Stelle erteilt (vgl. § 84 Abs. 1 S. 1 BKAG, im Einzelnen dazu → § 84 Rn. 3 ff.).[22]

Als Zentralstelle ist das BKA danach grundsätzlich weder für die Rechtmäßigkeit der Erhebung von Daten 9
noch für die Speicherungsdauer verantwortlich. Nur dann, wenn und soweit das **BKA** Daten aufgrund eigener Befugnisse selbst erhebt, trägt es für diese nach § 31 Abs. 2 S. 1 BKAG die Verantwortung. Dies betrifft die Maßnahmen zur Datenerhebung im Rahmen der Strafverfolgung (vgl. § 34 Abs. 1 BKAG, → § 34 Rn. 5 ff.) sowie zur Abwehr von Gefahren des internationalen Terrorismus (§§ 39 ff. BKAG). In diesen Fällen ist das BKA nicht lediglich speichernde Stelle („Serviceeinrichtung"), sondern auch **„Herr der Daten"** (→ Rn. 7). Die Bediensteten des BKA müssen über Zulässigkeit von Erhebung, Weiterverarbeitung sowie Übermittlung befinden.[23]

b) Feststellbarkeitsverpflichtung (S. 2). Das Grundprinzip der Verantwortungszuweisung nach § 31 Abs. 2 10
S. 1 BKAG ist zum Scheitern verurteilt, wenn die Verantwortung nicht feststellbar ist. Insofern normiert § 31 Abs. 2 S. 2 BKAG mit der Verpflichtung, dass die verantwortliche Stelle feststellbar sein muss, eine Selbstverständlichkeit. In seiner Funktion als Zentralstelle des Bund-Länder-Datenverbundes obliegt es dem BKA, die Feststellbarkeit der verantwortlichen Stelle durchgehend sicherzustellen. Darin **konkretisiert** sich **seine Überwachungsverantwortung** nach § 31 Abs. 1 BKAG.[24]

Im Zusammenhang mit Satz 1 gelesen verlangt § 31 Abs. 2 S. 2 BKAG, dass die eingebende Stelle feststell- 11
bar sein muss. Eine mangelnde Feststellbarkeit der verantwortlichen Stelle **lässt die Richtigkeit des Datums als solches unberührt.** Die Gegenauffassung, die im Falle der mangelnden Feststellbarkeit der verantwortlichen Stelle eine Löschungspflicht nach § 77 BKAG annimmt,[25] übersieht, dass nur die Behörde, die Daten zu einer Person eingegeben hat, befugt ist, diese wieder zu löschen (§ 29 Abs. 5 S. 1 BKAG). Die eingebende und zugleich ausschließlich löschungsbefugte Stelle ist aber ja gerade nicht feststellbar. Hier müsste man sich – *contra legem* – mit einer ausnahmsweisen Löschungsbefugnis des BKA auf der Grundlage seiner Überwachungsverantwortung nach § 31 Abs. 1 BKAG begnügen. Wenngleich in Fällen mangelnder Feststellbarkeit im Zweifel gegen datenschutzrechtliche Pflichten der Dokumentation und Protokollierung verstoßen worden sein wird,[26] sollte der Gesetzgeber hier für Klarheit sorgen und die Rechtsfolge mangelnder Feststellbarkeit normieren. Andernfalls wird man Rechtsschutzanträgen auf Berichtigung, Löschung oder Verarbeitungseinschränkung aus Gründen effektiven Rechtsschutzes (Art. 19 Abs. 4 GG) allein aus dem Grund mangelnder Feststellbarkeit der materiellen Verantwortlichkeit stattgeben müssen.

c) Verantwortung für die Zulässigkeit des Abrufs im automatisierten Verfahren (S. 3). Die Verantwortung 12
für die Zulässigkeit des Abrufs im automatisierten Verfahren (vgl. § 29 Abs. 6–8 BKAG, → § 29 Rn. 27 ff.) trägt nach § 31 Abs. 2 S. 3 BKAG die empfangende Stelle, dh der jeweilige Abrufer. Diese Verantwortungszuweisung steht in der **Tradition des § 10 Abs. 4 BDSG 1990.**[27] Sie findet sich parallel bei anderen automatisierten Abrufverfahren (vgl. etwa § 488 Abs. 3 StPO) und ist insofern konsequent, als die Einzelübermittlung durch Abruf im automatisierten Verfahren ohne Mitwirkung der übermittelnden Stelle (BKA) erfolgt. Der Abrufer entscheidet in diesem Fall allein über die Datenverarbeitung und ist demnach als „Verantwortlicher" anzusehen (Art. 3 Nr 8 DSRL-JI).

21 Vgl. für einen exemplarischen Anwendungsfall https://www.baden-wuerttemberg.datenschutz.de/gebrochene-zusage/.
22 VG Wiesbaden Beschl. v. 30.7.2021 – 6 K 421/21 –, BeckRS 2021, 21201, Rn. 1.
23 Erbs/Kohlhaas/Papsthart BKAG § 12 (2007) Rn. 1; Kugelmann BKAG § 12 Rn. 5.
24 Schenke/Graulich/Ruthig/K. Graulich BKAG § 31 Rn. 5.
25 Schenke/Graulich/Ruthig/K. Graulich BKAG § 31 Rn. 5.
26 Vgl. Kugelmann BKAG § 12 Rn. 6.
27 BGBl. I 1990 S. 2954. Zu der Vorgängerregelung des § 12 Abs. 2 S. 3 BKAG vgl. BT-Drs. 13/1550, 29.

13 Im Umkehrschluss bedeutet dies, dass das BKA die Abrufe nur **anlassbezogen** prüfen muss. Dabei ist jeder Anlass genügend; an dessen Qualität sind keine besonderen Anforderungen zu stellen.[28] Die Prüfung auslösen können zB die Beschwerde eines Betroffenen oder Zweifel an der Erforderlichkeit, die etwa durch den Umfang der angeforderten Daten entstehen können. Nach dem Grundgedanken des alten BDSG (→ Rn. 12) hat das BKA als speichernde Stelle zudem – eigeninitiativ – zu gewährleisten, dass die Übermittlung personenbezogener Daten zumindest durch geeignete **Stichprobenverfahren** festgestellt und überprüft werden kann. Wird ein Gesamtbestand personenbezogener Daten abgerufen oder übermittelt (sog. Stapelverarbeitung), bezieht sich die Gewährleistung der Feststellung und Überprüfung nur auf die Zulässigkeit des Abrufes oder der Übermittlung des Gesamtbestandes. Diese explizit noch in § 10 Abs. 4 S. 2 und 3 BDSG 1990 normierten Vorgaben lassen sich **in historisch-teleologischer Auslegung in § 31 Abs. 2 S. 3 BKAG hineinlesen,**[29] da sie offenkundig dem Willen des Gesetzgebers entsprachen.[30] Warum sie nicht wörtlich (so etwa § 99 Abs. 3 S. 2 und 3 ZFdG) oder zumindest sinngemäß (so § 488 Abs. 3 S. 2 und 3 StPO) übernommen wurden, bleibt rätselhaft. Die Protokollierung von Übermittlungen richtet sich nach § 81 Abs. 1, 2 BKAG (im Einzelnen → § 81 Rn. 3 ff.).

III. Datenschutzkontrolle (Abs. 3)

14 § 31 Abs. 3 BKAG enthält Regelungen zur **Zuständigkeit** für die Datenschutzkontrolle im polizeilichen Informationsverbund. Kontrollbefugnisse folgen aus den Regelungen nicht; die Effektivität der Datenschutzkontrolle hängt im Übrigen maßgeblich von der normativen Ausgestaltung und praktischen Handhabung der Zugriffsbefugnisse nach § 29 Abs. 4 S. 2 iVm §§ 12 ff. BKAG ab.[31] Die Regelungen differenzieren zwischen Bundes- und Landesebene, obschon dies im Normtext nur unvollkommen zum Ausdruck kommt. Mit § 31 Abs. 3 BKAG weitgehend übereinstimmende Sonderregelungen finden sich für die Verbunddateien zwischen Polizei und Nachrichtendiensten (vgl. § 10 Abs. 1 ATDG; § 11 Abs. 1 RED-G).

15 **1. Bundesebene (S. 1).** § 31 Abs. 3 S. 1 BKAG weist dem Bundesbeauftragten für den Datenschutz und die Informationsfreiheit (BfDI) die Aufgabe der Datenschutzkontrolle im polizeilichen Informationsverbund zu. Dies ist eine **bereichsspezifische** (vgl. insoweit auch § 69 Abs. 1 S. 1 BKAG, → § 69 Rn. 13 ff.) **Klarstellung** der sich bereits aus § 9 Abs. 1 und § 14 Abs. 1 S. 1 Nr. 1 BDSG ergebenden **Kontrollzuständigkeit des BfDI,**[32] bei dem es sich um die nationale Aufsichtsbehörde iSd Art. 41 Abs. 3 DSRL-JI iVm Art. 57 DS-GVO handelt.[33] Die Befugnisse des BfDI zur Datenschutzkontrolle (vgl. § 16 BDSG) bleiben von § 31 Abs. 3 S. 1 BKAG unberührt;[34] diese sind nach Art. 47 DSRL-JI iVm Art. 58 DS-GVO unionsrechtlich überformt und können durch das BKAG ohnehin nicht verkürzt werden.

16 Nach § 9 Abs. 1 S. 1 BDSG beschränkt sich die Kontrollkompetenz des BfDI allerdings auf die **öffentlichen Stellen des Bundes.**[35] Vom polizeilichen Informationsverbund erfasst werden somit das BKA als Zentralstelle und die Verbundteilnehmer auf Bundesebene, namentlich die Bundespolizei, die Polizei beim Deutschen Bundestag, das Zollkriminalamt sowie die Zollfahndungsämter (vgl. § 29 Abs. 3 S. 2 BKAG, → § 29 Rn. 19 f.).

17 **2. Landesebene (S. 2).** Die Polizeibehörden der Länder stehen demgegenüber nicht unter der Kontrolle des BfDI, auch nicht, soweit sie Daten in den informationellen Bund-Länder-Verbund eingeben. § 31 Abs. 3 S. 2 BKAG stellt insofern – wiederum deklaratorisch, da eine Frage der Länderorganisationshoheit betreffend – klar, dass die jeweiligen im Landesrecht bestimmten öffentlichen Stellen, die für die Kontrolle der Einhaltung der Vorschriften über den Datenschutz zuständig sind (**LfDI**), die Kontrolle der Landespolizeibehörden im polizeilichen Informationsverbund wahrnehmen. Zwar insinuiert der Normtext („können auch […] kontrolliert werden“) an dieser Stelle eine geteilte Zuständigkeit von Bundes- und Landesdatenschutzbeauftragten. Diese Formulierung dürfte jedoch – die Gesetzesbegründung legt die Hintergründe nicht offen[36] – aus sprachlichen Erwägungen gewählt worden sein. Sie berücksichtigt die Landeskompetenz zur Sicherstel-

28 Wie hier zu § 488 Abs. 3 S. 2 StPO Singelnstein in MüKoStPO, 2019, § 488 Rn. 9, mwN; aA Kugelmann BKAG § 12 Rn. 7: „nur bei evidenten Anzeichen der Unzulässigkeit des Abrufes“.

29 So der Sache nach auch Kugelmann BKAG § 12 Rn. 7; Schenke/Graulich/Ruthig/K. Graulich BKAG § 31 Rn. 6.

30 Vgl. BT-Drs. 13/1550, 29: „Entsprechend der Regelung in § 10 Abs. 4 des Bundesdatenschutzgesetzes […]“.

31 Vgl. hierzu nur die Stellungnahme der Bundesbeauftragten für den Datenschutz und die Informationsfreiheit zum Entwurf eines Gesetzes zur Neustrukturierung des Bundeskriminalamtgesetzes (BR-Drs. 109/17 und BT-Drs. 18/11163) v. 10.3.2017, Ausschuss-Drs. 18(4)806 A, 3, 18, 25.

32 Dies wird bei einem Blick auf § 10 Abs. 1 S. 1 ATDG und § 11 Abs. 1 S. 1 RED-G deutlich, die jeweils ausdrücklich auf § 9 Abs. 1 BDSG Bezug nehmen. Dass auch bei § 31 Abs. 3 S. 1 BKAG nichts anderes intendiert ist, ergibt sich aus der Gesetzesbegründung, vgl. BT-Drs. 13/1550, 29 (unter Verweis auf die Vorgängerregelung des § 24 Abs. 1 BDSG 1990).

33 Im Einzelnen Johannes/Weinhold, Das neue Datenschutzrecht bei Polizei und Justiz, 2018, § 1 Rn. 103 ff.

34 Kugelmann BKAG § 12 Rn. 8.

35 Vgl. auch Ahlf/Daub/Lersch/Störzer/Daub BKAG § 12 Rn. 7 – zu § 24 Abs. 1 BDSG 1990.

36 Vgl. BT-Drs. 13/1550, 29.

lung und Organisation des Datenschutzes in der Landesverwaltung und will die Bestimmungen der Länder über die Datenschutzkontrolle ihrer öffentlichen Stellen allenfalls bundesrechtlich ergänzen.[37] Angesichts des Ziels der Vorschrift, Zuständigkeiten auch vor dem Hintergrund des grundsätzlichen Verbots der Mischverwaltung (→ § 2 Rn. 4) klar zu verteilen, sowie der Verantwortlichkeit aus § 31 Abs. 2 BKAG besteht hiernach **keine geteilte Kompetenz** zwischen Bund und Ländern.[38]

3. Gebot der Bund-Länder-Kooperation (S. 3). Da eine strikte Trennung von Bundes- und Landesebene in einem Bund-Länder-Verbundsystem gleichwohl kaum durchzuhalten ist und wenig praktikabel erschiene, statuiert § 31 Abs. 3 S. 3 BKAG eine Pflicht der Zusammenarbeit von BfDI und LfDI.[39] Bundes- und Landesdatenschutzbeauftragte haben sich danach **wechselseitig Amtshilfe** bei der Datenschutzkontrolle zu leisten.[40] Bezweifelt der BfDI etwa die Rechtmäßigkeit der Erhebung der in das Verbundsystem eingegeben Daten durch eine Landespolizeibehörde oder stellt er anderweitig datenschutzrechtliche Probleme fest, hat er sich nach § 31 Abs. 3 S. 3 BKAG grundsätzlich an den Datenschutzbeauftragten des jeweiligen Landes zu wenden. 18

§ 32 Unterrichtung der Zentralstelle

(1) ¹Die Landeskriminalämter übermitteln dem Bundeskriminalamt nach Maßgabe der Rechtsverordnung nach § 20 die zur Erfüllung seiner Aufgaben als Zentralstelle erforderlichen Informationen. ²Die Verpflichtung der Landeskriminalämter nach Satz 1 kann im Benehmen mit dem Bundeskriminalamt auch von anderen Polizeibehörden des Landes erfüllt werden. ³Das Bundeskriminalamt legt im Benehmen mit den Landeskriminalämtern Einzelheiten der Informationsübermittlung fest.

(2) ¹Die Justiz- und Verwaltungsbehörden der Länder teilen dem jeweils zuständigen Landeskriminalamt unverzüglich den Beginn, die Unterbrechung und die Beendigung von Freiheitsentziehungen mit, die wegen des Verdachts oder des Nachweises einer rechtswidrigen Tat von einem Gericht angeordnet worden sind. ²Die Justizbehörden des Bundes und der Länder teilen dem jeweils zuständigen Landeskriminalamt unverzüglich und, soweit technisch möglich, automatisiert mit:

1. **die Entscheidung, dass**
   a) **die beschuldigte Person rechtskräftig freigesprochen wurde,**
   b) **die Eröffnung des Hauptverfahrens gegen die beschuldigte Person unanfechtbar abgelehnt wurde oder**
   c) **das Verfahren nicht nur vorläufig eingestellt wurde**

   sowie
2. **die tragenden Gründe der Entscheidung nach Nummer 1.**

(3) ¹Absatz 1 Satz 1 gilt entsprechend für die Polizeien des Bundes, soweit die Informationen Vorgänge betreffen, die sie in eigener Zuständigkeit bearbeiten. ²Satz 1 gilt im Bereich der Zollverwaltung nur für den Grenzzolldienst, soweit dieser aufgrund einer Rechtsverordnung nach § 68 des Bundespolizeigesetzes grenzpolizeiliche Aufgaben wahrnimmt. ³Im Übrigen richtet sich die Informationsübermittlung der Zollbehörden an das Bundeskriminalamt nach den Vorschriften der Abgabenordnung, des Zollverwaltungsgesetzes und des Zollfahndungsdienstgesetzes.

(4) Für die im Rahmen seiner Aufgaben nach den §§ 3 bis 8 gewonnenen Informationen gelten für das Bundeskriminalamt die Unterrichtungspflichten nach Absatz 1 Satz 1 entsprechend.

(5) Die Verantwortlichkeit für die Zulässigkeit der Übermittlung nach den Absätzen 1 bis 3 trägt die übermittelnde Stelle.

37 Ahlf/Daub/Lersch/Störzer/Daub BKAG § 12 Rn. 9.
38 Kugelmann BKAG § 12 Rn. 9; im Ergebnis auch Schenke/Graulich/Ruthig/K. Graulich BKAG § 31 Rn. 8.
39 Ahlf/Daub/Lersch/Störzer/Daub BKAG § 12 Rn. 10: „Zusammenarbeitsverpflichtung".
40 Schenke/Graulich/Ruthig/K. Graulich BKAG § 31 Rn. 9. Zum Ergänzungsverhältnis von Datenschutz und Amtshilfe grundlegend Schlink NVwZ 1986, 249 (253 ff.).

A. Überblick und Genese

1 § 32 BKAG statuiert ein differenziertes und gestaffeltes System von Unterrichtungspflichten. Damit wird eine Struktur für den Informationsaustausch im föderalen System geschaffen, mit der die Zentralstellenfunktion des BKA ausgefüllt wird.[1] Sie dient der **Sicherung der Zusammenarbeit des Bundes und der Länder** (§ 1 Abs. 2 S. 1 BKAG) und ist **auf Konsens ausgelegt**, wie die wechselseitigen Benehmenserfordernisse in § 32 Abs. 1 S. 1 und 2 BKAG deutlich machen. Ohne entsprechende Informationsübermittlungen wäre ein polizeilicher Informationsverbund von Bund und Ländern nicht funktionsfähig. In seiner Funktion als Zentralstelle für den polizeilichen Informationsverbund zwischen Bund und Ländern ist das BKA darauf angewiesen, dass ihm die notwendigen Informationen zur Verfügung gestellt werden. Das Amt erhebt die erforderlichen Daten regelmäßig nicht selbst, sondern ist von der Kooperation mit den Verbundteilnehmern – allen voran mit den Polizeibehörden der Länder – abhängig. Dem tragen die Unterrichtungspflichten nach § 32 BKAG Rechnung. Eine **zentrale Rolle** als Informationsübermittler nehmen nach § 32 Abs. 1 und 2 BKAG die **Landeskriminalämter** ein (→ Rn. 4 ff.). § 32 BKAG **ergänzt und konkretisiert insofern die Regelung des § 1 Abs. 2 S. 1 BKAG,**[2] nach der die Länder zur Unterhaltung von Landeskriminalämtern verpflichtet werden, und lässt sich ebenso wie jene über **Art. 73 Abs. 1 Nr. 10 lit. a GG und Art. 87 Abs. 1 S. 2 GG** kompetenzrechtlich rechtfertigen (→ § 1 Rn. 41 f.).[3] Für Verbundteilnehmer auf Bundesebene folgt die Unterrichtungspflicht aus § 32 Abs. 3 BKAG (→ Rn. 21 f.). Sofern das BKA im Rahmen seiner Aufgaben außerhalb der Zentralstelle selbst Informationen gewinnt – insbesondere zur Strafverfolgung und zur Abwehr von Gefahren des internationalen Terrorismus –, ist das Amt nach § 32 Abs. 4 BKAG zur Unterrichtung der Zentralstelle entsprechend den für die Landeskriminalämter geltenden Vorgaben verpflichtet (→ Rn. 24). Abs. 5 weist schließlich die Verantwortlichkeit für die Zulässigkeit der Übermittlung der jeweils übermittelnden Stelle zu (→ Rn. 25 f.).

2 Soweit sich die von § 32 Abs. 1–4 BKAG vorausgesetzten Übermittlungen auf personenbezogene Daten beziehen, korrespondiert mit der gesetzlichen Übermittlungspflicht zugleich eine **Übermittlungsbefugnis.** Diese vermag den in der Informationsübermittlung begründeten, selbstständigen **Eingriff**[4] **in das Recht auf informationelle Selbstbestimmung** des Betroffenen (Art. 2 Abs. 1 iVm Art. 1 Abs. 1 GG) grundsätzlich zu rechtfertigen.[5]

3 Die im geltenden § 32 BKAG gebündelt normierten **Unterrichtungspflichten** wurden **schrittweise in das BKAG eingefügt.** In seinem Kern geht § 32 BKAG auf die Ursprungsfassung des BKAG zurück. Bereits § 3 Abs. 1 S. 2 BKAG in der Fassung des Gesetzes über die Einrichtung eines Bundeskriminalpolizeiamtes vom 8.3.1951[6] sah eine dem heutigen § 32 Abs. 1 BKAG entsprechende Verpflichtung der Landeskriminalämter vor, nach der diese dem BKA die zur Erfüllung seiner Aufgaben erforderlichen Nachrichten und Unterlagen zu übermitteln hatten. § 32 Abs. 2 BKAG, der zunächst die Justiz- und Verwaltungsbehörden der Länder dazu anhält, dem jeweils zuständigen LKA den Beginn, die Unterbrechung und die Beendigung von Freiheitsentziehungen mitzuteilen, damit dieses seiner Unterrichtungspflicht gegenüber dem BKA genügen kann, lässt sich demgegenüber auf das Zweite Gesetz zur Änderung des Gesetzes über die Einrichtung eines

1 Kugelmann BKAG § 13 Rn. 2; Lersch in FS-Herold, 1998, S. 35 (44); Steinke ZRP 1995, 212 (214).
2 Ahlf/Daub/Lersch/Störzer/Ahlf BKAG § 13 Rn. 1.
3 Dezidiert aA Zaremba, Die Entwicklung polizeirelevanter datenschutzrechtlicher Bestimmungen, 2014, S. 669, die eine entsprechende Gesetzgebungskompetenz des Bundes verneint, die Übermittlungspflichten der Landeskriminalämter jedoch unmittelbar aus dem Prinzip der Bundestreue herleiten und § 32 Abs. 1 und 2 BKAG insofern nur deklaratorischen Charakter einräumen will. Diese Lösung verkennt den institutionellen Gehalt des Vorbehalts des Gesetzes (dazu Ohler AöR 131 [2006], 336 ff.) und erweist dem Grundsatz der Länderhoheit einen Bärendienst.
4 Den eigenständigen Eingriffscharakter der Informationsübermittlung zwischen verschiedenen Behörden betonen BVerfG Urt. v. 20.4.2016 – 1 BvR 966/09 ua –, BVerfGE 141, 220 (324 f., Rn. 279); Urt. v. 19.5.2020 – 1 BvR 2835/17 –, BVerfGE 154, 152 (231, Rn. 119).
5 Ahlf/Daub/Lersch/Störzer/Ahlf BKAG § 13 Rn. 6.
6 BGBl. I 1951 S. 165.

Bundeskriminalpolizeiamtes (Bundeskriminalamtes) vom 28.6.1973[7] zurückführen (§ 3a BKAG 1973); Anklänge dieser Mitteilungspflichten waren allerdings ebenfalls bereits in der Ursprungsfassung enthalten (vgl. § 6 Abs. 2 und 3 BKAG 1951). Mit dem Gesetz über das Bundeskriminalamt und die Zusammenarbeit des Bundes und der Länder in kriminalpolizeilichen Angelegenheiten vom 7.7.1997[8] wurden die verstreuten Unterrichtungspflichten in **§ 13 BKAG 1997** zusammengefasst, der den unmittelbaren **Vorläufer des heutigen § 32** bildet. Das Gesetz zur Neustrukturierung des Bundeskriminalamtgesetzes vom 8.6.2017[9] hat überwiegend zu redaktionellen Änderungen geführt und den Unterrichtungspflichten den Standort in § 32 BKAG zugewiesen; eine im Gesetzgebungsverfahren umstrittene[10] Neuerung enthält § 32 Abs. 2 S. 2 BKAG, der ergänzende Mitteilungspflichten für das staatsanwaltschaftliche und das gerichtliche Verfahren im Zusammenhang mit Freiheitsentziehungen vorsieht (→ Rn. 14 ff.).

B. Kommentierung im Einzelnen

I. Unterrichtungspflichten der Landeskriminalämter gegenüber dem BKA (Abs. 1)

1. Pflicht zur Informationsübermittlung (S. 1). Durch § 32 Abs. 1 S. 1 BKAG wird die **zentrale Verantwortung der Landeskriminalämter** für den Informationsaustausch im Bund-Länder-Verbund betont.[11] Danach sind die Landeskriminalämter verpflichtet, dem BKA die zur Erfüllung seiner Aufgaben als Zentralstelle erforderlichen Informationen zu übermitteln. Die Regelung geht auf die Ursprungsfassung aus dem Jahr 1951 zurück (→ Rn. 3). 4

Anders als § 3 Abs. 1 S. 2 BKAG 1951 spricht der Normtext aber nicht mehr von „Nachrichten und Unterlagen", auch nicht von „Daten", sondern von **„Informationen"**. Da dieser Begriff im geltenden Recht uneinheitlich verwendet wird,[12] bedarf er der Auslegung. Weder die Legaldefinition des § 2 Nr. 1 IFG („amtliche Information") noch das dem § 3 Abs. 1 EGovG zugrundeliegende Informationsverständnis kann aufgrund der divergierenden Normzwecke unbesehen auf das BKAG übertragen werden. Nach einem wissenschaftlichen Informationsbegriff lassen sich „Informationen" von „Daten" einerseits und „Wissen" andererseits unterscheiden und rangieren üblicherweise zwischen den beiden letzteren.[13] Diesem informationsrechtlichen Verständnis scheint der Gesetzgeber bei § 32 Abs. 1 BKAG nicht zu folgen; vielmehr seien unter „Informationen" sowohl personenbezogene Daten als auch sachbezogene Mitteilungen zu verstehen.[14] Der Informationsbegriff ist danach auf den ersten Blick in einem eher unspezifischen, weiten Sinne zu verstehen.[15] Um den polizeilichen „Informations"-Verbund, der sich von dem überkommenen elektronischen Datenverbund schon terminologisch abhebt, mit Leben zu füllen, wird man gleichwohl mit Blick auf Sinn und Zweck des § 32 Abs. 1 BKAG eine gewisse Ordnung, Strukturierung und Interpretation dieser Daten verlangen müssen. Erst indem „Daten" in einem konkreten Bedeutungskontext interpretiert werden, werden aus ihnen „Informationen".[16] Information iSd § 32 Abs. 1 BKAG ist damit nur eine (zumindest interpretationsfähige) geordnete Datenmenge, die Grundlage für eine INPOL-Anwendung sein kann. An die Zentralstelle zu übermitteln sind somit nicht nur Rohdaten („Fakten"), sondern auch die Schlüsse, Verbindungen und Kombinationen, mit denen man aus den Daten Informationen generiert. 5

Die Erfüllung der Informationsübermittlungspflichten erfolgt nach Maßgabe der auf der Grundlage des § 20 BKAG (§ 7 Abs. 6 BKAG aF) ergangenen Verordnung über die Art der Daten, die nach den §§ 8 und 9 des BKAG gespeichert werden dürfen (**BKADV**).[17] § 32 Abs. 1 S. 1 BKAG normiert damit keine eigenständige Verordnungsermächtigung iSd Art. 80 Abs. 1 S. 1 GG, sondern nimmt durch die Formulierung „nach Maßgabe der Rechtsverordnung nach § 20" lediglich auf die erlassene BKADV Bezug[18] und **setzt ihren Er-** 6

7 BGBl. I 1973 S. 701.
8 BGBl. I 1997 S. 1650.
9 BGBl. I 2017 S. 1354.
10 Vgl. die Kritik des Bundesrates in BR-Drs. 109/17, 9 (Beschluss).
11 BT-Drs. 13/1550, 30.
12 Dazu nur Druey, Information als Gegenstand des Rechts, 1995, S. 5 f.
13 Schoch IFG, 2. Aufl. 2016, § 2 Rn. 17.
14 BT-Drs. 13/1550, 30.
15 Ahlf/Daub/Lersch/Störzer/Ahlf BKAG § 13 Rn. 7 und § 2 Rn. 32.
16 Vgl. BT-Drs. 17/11473, 43 – zum EGovG.
17 BGBl. I 2010 S. 716.
18 BR-Drs. 329/10, 1; vgl. auch Schenke/Graulich/Ruthig/K. Graulich BKAG § 32 Rn. 6.

lass zwingend voraus.[19] Obwohl die Unterrichtungspflicht im Verhältnis der Landeskriminalämter zum BKA nach Auffassung des Gesetzgebers keiner eigenständigen Regelung durch die BKADV bedurfte, wird der Inhalt der Informationsübermittlungen durch die BKADV konkretisiert,[20] mit der Folge, dass eine Unterrichtung zulässigerweise nicht schon auf parlamentsgesetzlicher Grundlage, sondern nur iVm einer konkretisierenden Rechtsverordnung nach § 20 BKAG erfolgen kann. Die Unterrichtungsverpflichtung gem. § 32 Abs. 1 S. 1 BKAG bezieht sich auch auf die Ausschreibungen aufgrund von Ausweisungs- und Abschiebungsverfügungen nach § 16 Abs. 2 S. 2 BKAG (→ § 16 Rn. 15), da sich die Aufgaben und Befugnisse der Zentralstelle auch hierauf erstrecken (vgl. § 2 Abs. 4 S. 1 Nr. 2 iVm § 16 Abs. 2 BKAG).[21]

7 Damit das jeweilige LKA seiner Unterrichtungsverpflichtung nach § 32 Abs. 1 S. 1 BKAG gerecht werden kann, haben wiederum die **Polizeibehörden des jeweiligen Landes** dem LKA die notwendigen Informationen **zu übermitteln.** Eine solche, dem § 32 Abs. 1 S. 1 BKAG vorgeschaltete Rechtspflicht zu regeln und damit den Informationsfluss innerhalb der Landespolizei zu steuern, fällt nach Art. 30, 70 Abs. 1 GG in die Polizei(organisations)hoheit der Länder.[22]

8 **2. Delegation an andere Polizeibehörden des Landes (S. 2).** § 32 Abs. 1 S. 2 BKAG gestattet eine Delegation der Pflicht zur Informationsübermittlung (→ Rn. 4 ff.) von den Landeskriminalämtern auf andere Polizeibehörden des Landes. Hierzu ist das **Benehmen des BKA** erforderlich (zum Begriff des Benehmens und der Abgrenzung vom Einvernehmen → § 29 Rn. 17). Die Einführung dieser Vorschrift trug dem Umstand Rechnung, dass das BKA auch zuvor schon nicht alle Informationen aus dem Landesbereich ausschließlich von den Landeskriminalämtern, sondern zum Teil unmittelbar von den örtlich zuständigen Polizeidienststellen erhielt.[23] Von der Delegationsmöglichkeit haben zahlreiche Bundesländer Gebrauch gemacht;[24] Einzelheiten dazu wurden in der Vergangenheit in den entsprechenden Errichtungsanordnungen auf der Grundlage des § 34 BKAG aF geregelt.[25]

9 **3. Einzelheiten der Informationsübermittlung (S. 3).** Nach § 32 Abs. 1 S. 3 BKAG legt das BKA im Benehmen (→ § 29 Rn. 17) mit den Landeskriminalämtern Einzelheiten der Informationsübermittlung fest. Die Regelung dient der **Erleichterung der Informationsverarbeitung** durch das BKA; die in § 32 Abs. 1 S. 3 BKAG genannten „Einzelheiten" beziehen sich insbesondere auf **Inhalt und Form** der Informationsübermittlung.[26] Sie kommt sowohl bei Informationsübermittlungen durch die Landeskriminalämter (S. 1) als auch durch andere Polizeibehörden des Landes (S. 2) zum Tragen und setzt ebenfalls voraus, dass zunächst in der Rechtsverordnung nach § 20 BKAG die Art der zu übermittelnden Daten (überhaupt) konkret bestimmt wird (→ Rn. 6).[27] Dies ist in der BKADV mit ihren differenzierten Kategorien personenbezogener Daten geschehen.

II. Mitteilungspflichten der Justizverwaltungen in Freiheitsentziehungssachen (Abs. 2)

10 **1. Mitteilungen über die gerichtliche Anordnung von Freiheitsentziehungen (S. 1).** § 32 Abs. 2 BKAG statuiert Mitteilungspflichten der Justiz- und Verwaltungsbehörden (zum Begriff der **Justizbehörde** → Rn. 15) gegenüber dem LKA des jeweiligen Landes, damit dieses seiner Unterrichtungspflicht nach § 32 Abs. 1 S. 1 BKAG gerecht werden kann (→ Rn. 4 ff.). Die mitteilungspflichtigen Landesbehörden teilen nach § 32 Abs. 2 S. 1 BKAG dem jeweils zuständigen LKA unverzüglich (vgl. § 121 Abs. 1 S. 1 BGB) **den Beginn, die Unterbrechung und die Beendigung von Freiheitsentziehungen** mit, die wegen des Verdachts oder des Nachweises einer rechtswidrigen Tat von einem Gericht angeordnet worden sind. Die Regelung entspricht dem vormaligen § 13 Abs. 1 S. 3 BKAG 1997 und geht in ihrem Ursprung auf § 3a Abs. 2 BKAG in der Fassung des Zweiten Gesetzes zur Änderung des Gesetzes über die Einrichtung eines Bundeskriminalpolizeiamtes (Bundeskriminalamtes) vom 28.6.1973 zurück (→ Rn. 3).

11 Während § 3a Abs. 1 BKAG 1973 die Verpflichtung der Landeskriminalämter zur Unterrichtung des BKA über den Beginn, die Unterbrechung und die Beendigung von richterlich angeordneten Freiheitsentziehun-

19 Dies in Bezug auf die Vorgängervorschrift des § 13 Abs. 1 S. 1 BKAG ausdrücklich betonend OVG Lüneburg Urt. v. 16.12.2008 – 11 LC 229/08 –, juris, Rn. 8 ff., 17, 20, 24; VG Karlsruhe Urt. v. 14.4.2010 – 3 K 2309/09 –, juris, Rn. 26 f.; aA Erbs/Kohlhaas/Papsthart BKAG § 13 (2007) Rn. 1, mit gegenläufiger Betonung der „Unschädlichkeit des Fehlens" der betreffenden Rechtsverordnung; übereinstimmend Ahlf/Daub/Lersch/Störzer/Ahlf BKAG § 7 Rn. 24, der der Rechtsverordnung „keine konstitutive Bedeutung" beimessen wollte.

20 BR-Drs. 329/10, 15.

21 BT-Drs. 13/1550, 30.

22 Vgl. beispielhaft § 13 Abs. 1 S. 1 DVO PolG BW; § 6 Abs. 3 HessSOG-DVO; § 3 Abs. 3 2. Hs. POG SH.

23 BT-Drs. 13/1550, 30.

24 Exemplarisch für Baden-Württemberg VG Karlsruhe Urt. v. 14.4.2010 – 3 K 2309/09 –, juris, Rn. 21.

25 Ahlf/Daub/Lersch/Störzer/Ahlf BKAG § 13 Rn. 5.

26 BT-Drs. 13/1550, 30.

27 OVG Lüneburg Urt. v. 16.12.2008 – 11 LC 229/08 –, juris, Rn. 17.

gen noch als eigenständige Rechtspflicht statuierte, ist diese nach geltendem Recht bereits von § 32 Abs. 1 S. 1 BKAG erfasst.[28] Mit der eigenständigen Regelung war ursprünglich der Aufbau einer zentralen Haftkartei für kriminalpolizeiliche Zwecke intendiert.[29] Die auf dieser Basis errichtete **Haftdatei** ist Teil von **INPOL** (→ § 29 Rn. 18). § 32 Abs. 2 BKAG geht davon aus, dass die Verbrechensbekämpfung durch eine zentrale Erfassung von allen wegen des Verdachts oder des Nachweises einer rechtswidrigen Tat in amtlichem Gewahrsam befindlichen Personen erheblich verbessert werde, da die erfassten Daten von den zuständigen Landesbehörden über INPOL jederzeit abgerufen werden können. Im Rahmen des polizeilichen Informationsverbundes zwischen Bund und Ländern steht damit ein wichtiges Fahndungshilfsmittel zur Verfügung, über das zugleich **unnötige Fahndungsausschreibungen** von in amtlichem Gewahrsam befindlichen Personen **vermieden** werden.[30] Vor diesem Hintergrund ist grundsätzlich auch jede **Haftunterbrechung** mitteilungsbedürftig. Bei Haftunterbrechungen durch Lockerungen des Vollzuges (Freigang, Ausgang) und Hafturlaub reicht es jedoch aus Praktikabilitätsgründen aus, wenn nur die Tatsache der grundsätzlichen Gewährung sowie ihres Widerrufs mitgeteilt wird.

Die Mitteilungspflicht nach § 32 Abs. 2 S. 1 BKAG erfasst nur Freiheitsentziehungen, die wegen des Verdachts oder des Nachweises einer **rechtswidrigen Tat** von einem Richter angeordnet worden sind. Diese Begrifflichkeit wurde im Rahmen der BKAG-Novelle 1997 bewusst gewählt, um Unterbringungen in psychiatrischen Anstalten nach den Unterbringungsgesetzen der Länder sowie Fälle der Beugehaft von der Mitteilungspflicht gezielt auszunehmen.[31] Daraus ergibt sich im Umkehrschluss, dass freiheitsentziehende Maßregeln der Besserung und Sicherung nach **§§ 63, 64 StGB** (Unterbringung in einem psychiatrischen Krankenhaus; Unterbringung in einer Entziehungsanstalt) sowie eine einstweilige Unterbringung nach **§ 126a Abs. 1 StPO** von der Mitteilungspflicht nach § 32 Abs. 2 S. 1 BKAG **erfasst** werden. Der hierfür vorausgesetzte bzw. zumindest nicht auszuschließende Zustand der Schuldunfähigkeit (§ 20 StGB) oder der verminderten Schuldfähigkeit (§ 21 StGB) hindert die Begehung einer rechtswidrigen Tat gerade nicht. Der Begriff der rechtswidrigen Tat wird **in § 11 Abs. 1 Nr. 5 StGB legaldefiniert**; er erfasst sämtliche Taten, die den Tatbestand eines Strafgesetzes verwirklichen. Dadurch, dass §§ 63, 64 StGB, § 126a Abs. 1 StPO bei rechtswidrigen Taten Anwendung finden, erklärt sich – zumindest mittelbar – die Unanwendbarkeit der Landesunterbringungsgesetze in diesen Fällen. Deren Anwendbarkeit ist zwar straftatindifferent, steht aber nicht selten unter einem Subsidiaritätsvorbehalt gegenüber Unterbringungsanordnungen nach den §§ 63, 64 StGB, § 126a Abs. 1 StPO.[32] Da dies aber bei Weitem nicht in allen Bundesländern der Fall ist, wird die gesetzgeberische Zielsetzung **mit der gewählten Gesetzestechnik nur höchst unvollkommen erreicht** und bedarf der ergänzenden Auslegung. 12

Die **Umsetzung der Mitteilungspflicht** richtet sich nach den Mitteilungen in Strafsachen (**MiStra**).[33] Bei § 32 Abs. 2 S. 1 BKAG handelt es sich um „in besonderen Vorschriften enthaltene Mitteilungspflichten" iSd § 1 Abs. 2 MiStra iVm Anhang 1 („Wichtige Mitteilungspflichten, die außerhalb der Anordnung über Mitteilungen in Strafsachen geregelt sind"). Zur Mitteilung verpflichtet sind nach Ziff. 4 Abs. 1 S. 1 MiStra damit grundsätzlich die Staatsanwaltschaft für Mitteilungen bis zur Erhebung der öffentlichen Klage, das Gericht für Mitteilungen nach der Erhebung der öffentlichen Klage oder der Privatklage bis zur Rechtskraft der Entscheidung sowie die Vollstreckungsbehörde für Mitteilungen nach der Rechtskraft der Entscheidung.[34] Mit Blick auf Inhalt und Zeitpunkt der Mitteilungen sieht Ziffer 6 Abs. 3 S. 1 MiStra vor, dass auch die Aufhebung eines Haft- oder – in den Fällen der §§ 63, 64 StGB (→ Rn. 12) – Unterbringungsbefehls als *actus contrarius* der Freiheitsentziehung mitzuteilen ist; dies ergibt sich bereits aus § 32 Abs. 1 S. 1 BKAG (Mitteilung über Beendigung der Freiheitsentziehung). Der Haft- oder der Unterbringungsbefehl selbst werden nach Ziffer 6 Abs. 3 S. 2 MiStra grundsätzlich nicht übermittelt. 13

2. Mitteilungen über staatsanwaltschaftliche und gerichtliche Verfahren im Zusammenhang mit Freiheitsentziehungen (S. 2). a) Regelungszweck und -adressaten. Ergänzend zur Mitteilungspflicht nach S. 1 sieht § 32 Abs. 2 S. 2 BKAG die Pflicht zur Mitteilung über gerichtliche und staatsanwaltschaftliche Verfahren vor, die im Zusammenhang mit einer Freiheitsentziehung stehen. Zur Mitteilung verpflichtet sind nicht nur – wie nach S. 1 – die betreffenden Landesbehörden, sondern auch die Justizbehörden des Bundes. § 32 Abs. 2 S. 2 BKAG wurde im Rahmen der BKAG-Reform 2017 eingefügt. Die Vorschrift regelt, dass die Justizbehörden des Bundes und der Länder dem jeweils zuständigen LKA unverzüglich (vgl. § 121 Abs. 1 S. 1 BGB) und, soweit technisch möglich, automatisiert die Entscheidung und deren tragenden Gründe übermit- 14

28 BT-Drs. 13/1550, 30.
29 BT-Drs. 7/178, 10.
30 Vgl. dazu auch Ahlf/Daub/Lersch/Störzer/Ahlf BKAG § 13 Rn. 9, mwN.
31 BT-Drs. 13/1550, 30. Von einer „gelungene[n] Modifizierung" spricht Ahlf/Daub/Lersch/Störzer/Ahlf BKAG § 13 Rn. 5.
32 Exemplarisch Art. 5 Abs. 3 S. 1 BayPsychKHG; § 1 Abs. 3 PsychKG NRW.
33 Anordnung über Mitteilungen in Strafsachen (MiStra) in der ab dem 1.5.2019 geltenden Fassung v. 1.2.2019 (BAnz AT 8.4.2019 B1).
34 Vgl. näher BeckOK-StPO/Kaestner MiStra § 32 Rn. 4 ff. (2022).

teln, dass der Beschuldigte rechtskräftig freigesprochen, die Eröffnung des Hauptverfahrens gegen ihn unanfechtbar abgelehnt oder das Verfahren nicht nur vorläufig eingestellt wurde. Diese Übermittlungspflicht soll sicherstellen, dass die Polizeien des Bundes und der Länder in die Lage versetzt werden, Speicherungen in ihren Informationssystemen und im Informationsverbund nach Abschluss des justiziellen Verfahrens auf die Notwendigkeit der weiteren Speicherung hin zu überprüfen, die entsprechenden Löschungen vorzunehmen und hierdurch **ungerechtfertigte Speicherungen zu vermeiden.**[35] Anlass für die Ergänzung war ein – angeblich[36] – eingeschränktes und uneinheitliches Meldeverhalten der Landesjustizbehörden, infolgedessen für die Polizeien des Bundes und Länder nicht die Möglichkeit bestand, diese Überprüfung in allen Fällen vorzunehmen.[37] Die Umsetzung der Mitteilungspflicht nach § 32 Abs. 2 S. 2 BKAG richtet sich wiederum nach den **MiStra** (→ Rn. 13). Für die Auslegung der Tatbestandsvarianten des § 32 Abs. 2 S. 2 Nr. 1 BKAG kann auf die Kommentierung des **§ 18 Abs. 5 BKAG** verwiesen werden (→ § 18 Rn. 12 f.); diesem sind die drei Varianten des § 32 Abs. 2 S. 2 Nr. 1 BKAG (rechtskräftiger Freispruch, Eröffnung des Hauptverfahrens unanfechtbar abgelehnt, Verfahren nicht nur vorläufig eingestellt) erkennbar nachgebildet worden, ohne dass der Gesetzgeber dies im Kontext der Neuregelung allerdings offengelegt hätte. § 18 Abs. 5 BKAG und § 32 Abs. 2 S. 2 BKAG zielen gleichlaufend auf eine **Vermeidung der Datenverarbeitung „Unschuldiger"** (→ § 18 Rn. 12).

15 Adressaten der Mitteilungspflicht nach § 32 Abs. 2 S. 2 BKAG sind die Justizbehörden des Bundes und der Länder. Mit dem Begriff der **„Justizbehörde"**, der im Rahmen des BKAG ansonsten nur in Bezug auf die zuständigen öffentlichen Stellen anderer Staaten Verwendung findet (vgl. §§ 3 Abs. 3 S. 1, 26 Abs. 1 S. 2, 27 Abs. 1 S. 1 BKAG), verweist der Gesetzgeber im vorliegenden Kontext auf den funktionalen Behördenbegriff (vgl. § 23 Abs. 1 S. 1 EGGVG).[38] Justizbehörden im verwaltungsrechtlichen Sinne sind danach in erster Linie die Justizministerien des Bundes und der Länder, der Generalbundesanwalt und die Staatsanwaltschaften der Länder sowie grundsätzlich die Polizei (bei repressiver Tätigkeit im Rahmen der Strafverfolgung).[39] Dieses Verständnis ist auch dem § 32 Abs. 2 BKAG zu unterlegen, mit der Ausnahme, dass sich die Mitteilungspflicht der Landespolizeibehörden ausschließlich nach Landesrecht richtet (→ Rn. 7).

16 **b) Regelungsinhalt und -abgrenzungen.** Gegen die Regelung des § 32 Abs. 2 S. 2 BKAG erhoben sich im Gesetzgebungsverfahren **rechtssystematische und gesetzeskonstruktive Bedenken.** So hielt der Bundesrat die Einführung des § 32 Abs. 2 S. 2 BKAG für überflüssig und plädierte dementsprechend für seine „Streichung" – hilfsweise für „eine datensparsamere und praxistauglichere Ausgestaltung an einem angemessenen Regelungsstandort".[40]

17 Klärungsbedürftig ist zunächst das Verhältnis von § 32 Abs. 2 S. 2 BKAG zu § 482 Abs. 2 StPO (iVm Ziff. 11 MiStra). Nach **§ 482 Abs. 2 StPO** ist die Staatsanwaltschaft verpflichtet, der vorbefassten Polizeibehörde den Verfahrensausgang durch Bekanntgabe der Entscheidungsformel, der entscheidenden Stelle, des Datums und der Art der Entscheidung mitzuteilen. Zugleich handelt es sich bei der Staatsanwaltschaft um eine „Justizbehörde" iSd § 32 Abs. 2 S. 2 BKAG (→ Rn. 15). Aus den Gesetzesmaterialien ergeben sich keine Hinweise zur Auflösung dieser Gesetzeskonkurrenz. Ob § 32 Abs. 2 S. 2 Nr. 1 BKAG in systematisch-grammatikalischer Auslegung insgesamt auf das gerichtliche Verfahren iSd §§ 199 ff. StPO (Zwischen- und Hauptverfahren) zu beschränken ist und sich namentlich „das Verfahren" iSd § 32 Abs. 2 S. 2 Nr. 1 lit. c BKAG lediglich auf das vorgenannte gerichtliche Verfahren bezieht, mit der Folge, dass das staatsanwaltschaftliche Ermittlungsverfahren nicht erfasst wäre, erscheint zweifelhaft. Eine solche engführende Auslegung dürfte nicht dem Willen des Gesetzgebers entsprechen, eine Bereinigung der polizeilichen Datenbestände „nach Abschluss des justiziellen Verfahrens" herbeizuführen,[41] wozu auch das staatsanwaltschaftliche Verfahren zu rechnen ist. Für die Einbeziehung des staatsanwaltschaftlichen Verfahrens spricht schließlich auch ein Gleichlauf mit der Auslegung im Rahmen des § 18 Abs. 5 BKAG[42] (→ § 18 Rn. 12). Die Staatsanwaltschaft treffen Mitteilungspflichten im Ergebnis sowohl gegenüber der vorbefassten Polizeibehörde (§ 482 Abs. 2 StPO) als auch gegenüber dem zuständigen LKA (§ 32 Abs. 2 S. 2 BKAG).

18 Damit lässt sich auch die Frage, was unter einem **nicht nur vorläufig eingestellten Verfahren** iSd § 32 Abs. 2 S. 2 Nr. 1 lit. c BKAG zu verstehen ist, im Wege sachgerechter, an § 18 Abs. 5 BKAG orientierter Auslegung

35 BT-Drs. 18/11163, 110.
36 Der Bundesrat hat diese Behauptung im Gesetzgebungsverfahren als „nicht belegt" kritisiert, vgl. BR-Drs. 109/17, 9 (Beschluss).
37 BT-Drs. 18/11163, 110 f.
38 Statt vieler Schoch/Schneider/Ehlers/Schneider VwGO § 40 Rn. 585 (2015).
39 Vgl. Schoch/Schneider/Schoch VwVfG § 2 Rn. 76 (2020), mwN; eingehend am Beispiel der Staatsanwaltschaft Barczak JZ 2020, 1125 (1128 ff.).
40 BR-Drs. 109/17, 9 (Beschluss).
41 BT-Drs. 18/11163, 110.
42 Vgl. auch BVerwG Urt. v. 22.10.2003 – 6 C 3/03 –, juris, Rn. 13 – zur Vorgängernorm des § 8 Abs. 3 BKAG aF.

beantworten.[43] Mit „Verfahren“ ist sowohl das gerichtliche Straf- als auch das staatsanwaltschaftliche Ermittlungsverfahren gemeint (→ Rn. 17). „Nicht nur vorläufig“ meint dem natürlichen Wortsinn nach „endgültig“. Zwar ist selbst eine Einstellung gem. § 170 Abs. 2 S. 1 StPO nach allgemeiner Meinung nicht rechtskraftfähig (*arg. ex* §§ 174 Abs. 2, 211 StPO)[44] und kann auch eine Einstellung nach § 153a StPO nicht als „endgültig“ in einem natürlichen Sinne angesehen werden, weil die Tat als Verbrechen verfolgbar bleibt (§ 153a Abs. 1 S. 5 StPO). Bei einer solchen, übermäßig restriktiven Lesart liefe die Mitteilungspflicht des § 32 Abs. 2 S. 2 Nr. 1 lit. c BKAG indes leer; dass die Einstellung zu einem Strafklageverbrauch und damit zu einem Verfolgungshindernis iSd Art. 103 Abs. 3 GG (*ne bis in idem*) führt, ist somit nicht erforderlich. Nach dem Sinn und Zweck der Einstellungsgründe wird man die Einstellungen nach § 170 Abs. 2 und § 153 Abs. 1, 2 StPO danach stets als „nicht nur vorläufig“ iSd § 32 Abs. 2 S. 2 Nr. 1 lit. c BKAG ansehen können;[45] das Gleiche gilt in den weiteren Fällen des Absehens von der Verfolgung nach §§ 153b–153f StPO. Eine **„nur vorläufige“** – mithin nicht meldepflichtige – Einstellung liegt demgegenüber vor, solange die Auflagen und Weisungen nach § 153a StPO noch nicht erfüllt wurden. Explizit kraft Gesetzes „nur vorläufig“ wirkt zudem eine Teileinstellung bei mehreren Taten nach § 154 StPO, unabhängig davon, ob sie durch die Staatsanwaltschaft oder das Gericht erfolgt;[46] das Gleiche gilt im Fall der Beschränkung der Verfolgung auf einen abgrenzbaren Teil einer prozessualen Tat (§ 154a StPO), einem Absehen von der Verfolgung bei Auslieferung und Ausweisung (§ 154b StPO) sowie der Einstellung des Verfahrens bei einem vorübergehenden Hindernis (§ 154f StPO).

Bedenken bestehen hinsichtlich der in § 32 Abs. 2 S. 2 Nr. 2 BKAG normierten Pflicht, in jedem der in § 32 19
Abs. 2 S. 2 Nr. 1 BKAG aufgeführten Fälle **die tragenden Gründe der Entscheidung** zu übermitteln.[47] Mit Blick auf das Recht auf informationelle Selbstbestimmung des Betroffenen (Art. 2 Abs. 1 iVm Art. 1 Abs. 1 GG) erscheint es fraglich, ob es in diesem Kontext ausnahmslos der Mitteilung der tragenden Entscheidungsgründe bedarf. Näher liegt es, dies nur in besonders begründeten Ausnahmefällen, wie zB den in Ziff. 88 S. 2 RiStBV vorgesehenen Fällen der erwiesenen Unschuld bzw. des Wegfalls des begründeten Tatverdachts, vorzusehen.[48]

Verpflichtungen zur Benachrichtigung des BKA durch die Justizbehörden bestehen zudem in den Fällen der 20
Ziff. 207 und **227 RiStBV**. Danach ist das BKA zum einen durch die ermittlungsführende Staatsanwaltschaft über die Einleitung eines Verfahrens wegen eines Organisationsdelikts (§§ 84, 85, 129, 129a, 129b StGB; § 20 Abs. 1 Nrn. 1–4 VereinsG; § 95 Abs. 1 Nr. 8 AufenthG) zu benachrichtigen (207 RiStBV); zum anderen teilen die Landeszentralstellen zur Bekämpfung gewaltdarstellender, pornographischer und sonstiger jugendgefährdender Schriften dem BKA gerichtliche Entscheidungen in ihrem Zuständigkeitsbereich auch dann mit, wenn eine Bekanntmachung oder Veröffentlichung im Bundeskriminalblatt nicht verlangt wird oder nicht erfolgt ist (227 RiStBV).

III. Unterrichtungspflichten der Polizeien des Bundes gegenüber dem BKA (Abs. 3)

1. Polizeivollzugsbehörden des Bundes (S. 1). § 32 Abs. 3 BKAG erstreckt die Unterrichtungspflicht nach 21
Abs. 1 S. 1 (→ Rn. 4 ff.) auf die Polizei des Bundes und konstruiert damit die Informationspflichten der Verbundteilnehmer von Bund und Ländern parallel. Der Vorschrift liegt der – naheliegende – Gedanke zugrunde, dass auch Polizeivollzugsbehörden des Bundes in eigener Zuständigkeit Vorgänge bearbeiten, aus denen **Erkenntnisse** erwachsen, **die für die Zentralstelle bedeutsam sind.**[49] Insofern soll den Polizeien des Bundes die gleiche Unterrichtungspflicht auferlegt werden wie den Polizeibehörden der Länder.[50] Weil die (Sonder-)Polizeien des Bundes ohnehin nur im Rahmen ihrer verfassungsrechtlich eng begrenzten Kompetenzen eigeninitiativ Daten erheben oder Informationen erlangen können (→ § 1 Rn. 12 ff.), bezieht sich der Relativsatz in § 32 Abs. 3 S. 1 BKAG („die sie in eigener Zuständigkeit bearbeiten“) nicht auf die Frage, ob der Vorgang zum originären Aufgabenbereich der Behörde gehört. Vielmehr stellt er darauf ab, ob die Behörde den Vorgang weiterhin selber bearbeitet oder an eine andere Behörde abgibt.[51]

2. Grenzzolldienst und Zollverwaltung im Übrigen (S. 2 und 3). Nach § 32 Abs. 3 S. 2 BKAG gilt die Un- 22
terrichtungspflicht des S. 1 für den Bereich der Zollverwaltung lediglich hinsichtlich des Grenzzolldienstes, soweit dieser aufgrund der Rechtsverordnung nach § 68 BPolG **grenzpolizeiliche Aufgaben** wahrnimmt.

43 Eine solche Auslegung hielt der Bundesrat nicht für möglich, vgl. BR-Drs. 109/17, 9 (Beschluss).
44 Kölbel in MüKoStPO, 2019, § 170 Rn. 26.
45 Zu § 170 Abs. 2 StPO vgl. BVerwG Urt. v. 22.10.2003 – 6 C 3/03 –, juris, Rn. 13.
46 BeckOK-StPO/Beukelmann § 154 Rn. 16 (2022).
47 Vgl. BR-Drs. 109/17, 9 (Beschluss).
48 BR-Drs. 109/17, 9 (Beschluss).
49 BT-Drs. 13/1550, 30.
50 Vgl. auch Kugelmann BKAG § 13 Rn. 5.
51 BT-Drs. 13/1550, 30.

Nach § 1 der auf dieser Grundlage ergangenen Verordnung über die Übertragung von Bundespolizeiaufgaben auf die Zollverwaltung (**BPolZollV**[52]) sind der Zollverwaltung die Aufgaben der polizeilichen Überwachung der Grenzen (§ 2 Abs. 2 Nr. 1 BPolG), der polizeilichen Kontrolle des grenzüberschreitenden Verkehrs an bestimmten Grenzübergangsstellen (§ 2 Abs. 2 Nr. 2 BPolG) sowie der Beseitigung von Störungen und der Abwehr von Gefahren, die die Sicherheit der Grenzen beeinträchtigen (§ 2 Abs. 2 Nr. 3 BPolG), zur Ausübung übertragen.

23 § 32 Abs. 3 S. 3 BKAG stellt deklaratorisch klar, dass sich die Informationsübermittlung der Zollbehörden an das BKA im Übrigen nach den Vorschriften der Abgabenordnung (AO), des Zollverwaltungsgesetzes (ZollVG) und des Zollfahndungsdienstgesetzes (ZFdG) richtet. Danach erfolgt insbesondere die Übermittlung durch die **Behörden des Zollfahndungsdienstes** (Zollkriminalamt und Zollfahndungsämter) auf der spezialgesetzlichen Grundlage des **§ 65 Abs. 3 ZFdG.**

IV. Unterrichtungspflichten des BKA gegenüber der Zentralstelle (Abs. 4)

24 § 32 Abs. 4 BKAG stellt klar, dass das BKA, soweit es in eigener Zuständigkeit nach den §§ 3–8 Informationen „gewinnt“, wie ein LKA zur Unterrichtung der Zentralstelle nach Abs. 1 S. 1 verpflichtet ist (→ Rn. 4 ff.). § 32 Abs. 4 BKAG liegt eine funktionale Unterscheidung zwischen dem BKA als zur Informationsübermittlung verpflichtete Polizei des Bundes einerseits und als informationsempfangende Zentralstelle andererseits zugrunde.[53] Mit der Informationsgewinnung ist zunächst die **eigeninitiative Erhebung von Daten** durch das BKA im Rahmen der in Bezug genommenen Aufgaben sowie auf der Grundlage der mit diesen korrespondierenden Befugnisnormen (vgl. §§ 34 Abs. 1, 39 ff., 63 ff. BKAG) gemeint. Darauf beschränkt sich der Begriff der „Gewinnung“ von Informationen jedoch nicht. Dies wird schon bei einem Blick auf den Informationsbegriff deutlich, der eine weitergehende Ordnungs-, Strukturierungs- und Konkretisierungsleistung impliziert (→ Rn. 5); damit ist auch das BKA verpflichtet, Schlussfolgerungen, Kombinationen und Derivate, mit denen aus Daten erst Informationen generiert werden, an die Zentralstelle zu übermitteln.[54]

V. Verantwortlichkeit für die Zulässigkeit der Übermittlung (Abs. 5)

25 Mit § 32 Abs. 5 BKAG wird die Verantwortlichkeit für die Zulässigkeit der Übermittlung nach den Abs. 1–3 der übermittelnden Stelle zugewiesen. Es handelt sich um eine bereichsspezifische **Sonderregelung gegenüber § 25 Abs. 1 BDSG.** Während das BDSG in seiner aktuellen Fassung auf eine entsprechende Normierung der Verantwortlichkeit verzichtet, war eine solche in der Vorgängervorschrift des § 15 Abs. 2 S. 1 BDSG aF noch vorgesehen, die für § 32 Abs. 5 BKAG ersichtlich Pate stand.[55] Indem § 32 Abs. 5 BKAG die übermittelnde Stelle auch weiterhin für die Rechtmäßigkeit der Übermittlung verantwortlich macht, trägt er dem Bedürfnis nach klaren Verantwortungszuweisungen Rechnung.[56]

26 Da die Übermittlung der Informationen der Erfüllung einer von Gesetzes wegen bestehenden Rechtspflicht nach § 32 Abs. 1–3 BKAG dient und **nicht auf ein Ersuchen der Zentralstelle** erfolgt, geht die Verantwortung nicht analog § 25 Abs. 8 S. 1 BKAG auf die Zentralstelle über.

§ 33 Ausschreibungen bei der Zusammenarbeit im internationalen Bereich

(1) Das Bundeskriminalamt kann auf ein der Verfolgung von Straftaten oder der Strafvollstreckung dienendes Ersuchen einer zuständigen Behörde eines ausländischen Staates oder eines internationalen Strafgerichtshofes, der durch einen für die Bundesrepublik Deutschland verbindlichen Rechtsakt errichtet wurde,

1. **eine Person, hinsichtlich derer die Anordnung von Auslieferungshaft oder Überstellungshaft zulässig erscheint, zur Festnahme oder Aufenthaltsermittlung ausschreiben,**
2. **andere Personen zur Aufenthaltsermittlung ausschreiben,**

52 BGBl. I 2005 S. 1867.

53 Vgl. auch Erbs/Kohlhaas/Papsthart BKAG § 13 (2007) Rn. 3; F. Graulich, Die Zusammenarbeit von Generalbundesanwalt und Bundeskriminalamt bei dem Vorgehen gegen den internationalen Terrorismus, 2013, S. 270.

54 So im Ergebnis auch Schenke/Graulich/Ruthig/K. Graulich BKAG § 32 Rn. 16.

55 Ahlf/Daub/Lersch/Störzer/Ahlf BKAG § 13 Rn. 22; Schenke/Graulich/Ruthig/K. Graulich BKAG § 32 Rn. 18.

56 Vgl. Simitis/Hornung/Spiecker gen. Döhmann/Petri, Datenschutzrecht, 2019, DS-GVO Art. 24 Rn. 10, der dies für die entsprechende Regelung im Bereich des Sozialdatenschutzes (§ 67d Abs. 1 S. 1 SGB X) begrüßt.

3. eine Person oder eine Sache ausschreiben zur polizeilichen Beobachtung (§ 47 Absatz 1 Nummer 1), zur Ermittlungsanfrage (§ 47 Absatz 1 Nummer 2) oder zur gezielten Kontrolle (§ 47 Absatz 1 Nummer 3) und
4. Verfahren zur Feststellung der Identität von Personen durchführen.

(2) Maßnahmen nach Absatz 1 Nummer 2, 3 und 4 sind nur zulässig, wenn sie bei dem zugrunde liegenden Sachverhalt auch nach deutschem Recht zulässig wären.

(3) Das Bundeskriminalamt holt in Fällen des Absatzes 1, denen besondere Bedeutung in politischer, tatsächlicher oder rechtlicher Beziehung zukommt, zuvor die Bewilligung des Bundesministeriums der Justiz und für Verbraucherschutz ein.

(4) Das Bundeskriminalamt kann auf Ersuchen der in § 26 Absatz 1 und § 27 Absatz 1 genannten Behörden

1. vermisste Minderjährige, die der Obhut der oder des Sorgeberechtigten entzogen worden sind oder sich dieser entzogen haben, und Personen, bei denen eine Ingewahrsamnahme zum Schutz gegen eine Gefahr für ihren Leib oder ihr Leben erforderlich ist, insbesondere, weil die Person sich erkennbar in einem die freie Willensbestimmung ausschließenden Zustand oder sonst in hilfloser Lage befindet, zur Ingewahrsamnahme ausschreiben,
2. Vermisste, soweit sie nicht in Gewahrsam genommen werden sollen, zur Aufenthaltsermittlung ausschreiben,
3. eine Person ausschreiben zur polizeilichen Beobachtung (§ 47 Absatz 1 Nummer 1), zur Ermittlungsanfrage (§ 47 Absatz 1 Nummer 2) oder zur gezielten Kontrolle (§ 47 Absatz 1 Nummer 3), wenn Tatsachen die Annahme rechtfertigen, dass die Person Straftaten von erheblicher Bedeutung begehen wird und dies zur Verhütung solcher Straftaten erforderlich ist,
4. Kraftfahrzeuge unabhängig von der Antriebsart, Anhänger mit einem Leergewicht von mehr als 750 Kilogramm, Wohnwagen, Wasserfahrzeuge, Container, Luftfahrzeuge, Schusswaffen, amtliche oder gefälschte Blankodokumente, amtliche oder gefälschte Identitätsdokumente und bargeldlose Zahlungsmittel ausschreiben zur polizeilichen Beobachtung (§ 47 Absatz 1 Nummer 1), Ermittlungsanfrage (§ 47 Absatz 1 Nummer 2) oder gezielten Kontrolle (§ 47 Absatz 1 Nummer 3), wenn Tatsachen die Annahme rechtfertigen, dass dies zur Ingewahrsamnahme nach Nummer 1, zur Aufenthaltsermittlung nach Nummer 2 oder zur Straftatenverhütung nach Nummer 3 erforderlich ist.

(5) [1]Ausschreibungen nach Absatz 1 Nummer 2 und 3 und Absatz 4 Nummer 3, soweit sie aufgrund des Ersuchens eines Staates erfolgen, der nicht Mitgliedstaat der Europäischen Union ist, bedürfen der Anordnung durch das Gericht. [2]Soweit Maßnahmen nach Absatz 1 Nummer 3 und Absatz 4 keiner gerichtlichen Anordnung bedürfen, werden sie durch die zuständige Abteilungsleitung des Bundeskriminalamtes oder deren Vertretung angeordnet. [3]Die Anordnung ist aktenkundig zu machen.

(6) [1]Anordnungen nach Absatz 1 Nummer 3 und Absatz 4 Nummer 3 sind auf höchstens ein Jahr zu befristen. [2]Spätestens nach Ablauf von sechs Monaten ist zu prüfen, ob die Voraussetzungen für die Anordnung noch bestehen. [3]Das Ergebnis dieser Prüfung ist aktenkundig zu machen. [4]Die Verlängerung der Laufzeit über insgesamt ein Jahr hinaus bedarf der erneuten Anordnung.

(7) Besondere Regelungen aufgrund von Rechtsakten der Europäischen Union und völkerrechtlicher Verträge bleiben unberührt.

(8) [1]Das Bundeskriminalamt kann für den Fall, dass die Zuständigkeit eines Landes nicht festgestellt werden kann, bei Warnmeldungen von Sicherheitsbehörden anderer Staaten

1. eine Person zur Ingewahrsamnahme ausschreiben, wenn und solange die Ingewahrsamnahme unerlässlich ist, um eine unmittelbar bevorstehende Gefahr für Leib, Leben, Freiheit oder wesentliche Vermögenswerte abzuwehren,
2. eine Person zur Aufenthaltsermittlung ausschreiben, wenn Tatsachen die Annahme rechtfertigen, dass von ihr eine Gefahr für Leib, Leben, Gesundheit oder wesentliche Vermögenswerte ausgeht, oder
3. eine Person sowie die von ihr genutzten oder eingesetzten Kraftfahrzeuge unabhängig von der Antriebsart, Anhänger mit einem Leergewicht von mehr als 750 Kilogramm, Wohnwagen, Wasserfahrzeuge, Container, Luftfahrzeuge, Schusswaffen, amtliche oder gefälschte Blankodokumente, amtliche oder gefälschte Identitätsdokumente und bargeldlose Zahlungsmittel ausschreiben zur polizeilichen Beobachtung (§ 47 Absatz 1 Nummer 1), zur Ermittlungsanfrage (§ 47 Absatz 1 Nummer 2) oder zur gezielten Kontrolle (§ 47 Absatz 1 Nummer 3), wenn Tatsachen die Annahme rechtfertigen, dass die Person eine Straftat von erheblicher Bedeutung begehen wird und dies zur Verhütung dieser Straftat erforderlich ist.

[2]Die Absätze 5 und 6 gelten entsprechend. [3]Die Innenministerien und Senatsinnenverwaltungen der Länder sind unverzüglich zu unterrichten.

A. Überblick und Genese

1 § 33 BKAG regelt die Befugnisse des BKA hinsichtlich der Ausschreibung (zum Begriff → Rn. 4) von Personen oder der Durchführung eines Personenfeststellungsverfahrens in Zusammenarbeit mit Behörden anderer Mitgliedstaaten der Europäischen Union und mit sonstigen ausländischen Stellen. Die Vorschrift schließt an die **Aufgabenzuweisung für die internationale Zusammenarbeit nach § 3 Abs. 3 S. 1 BKAG** an (→ § 3 Rn. 26 ff.) und füllt den von ihr gezogenen Rahmen im Bereich der Zentralstelle befugnisrechtlich aus. Das BKA ist in Deutschland das Nationale Zentralbüro der Internationalen Kriminalpolizeilichen Organisation (**IKPO** – Interpol). Ebenfalls beim BKA angesiedelt ist die SIRENE Deutschland, die für Auslandsersuchen aus Schengen-Staaten zuständig ist (näher jeweils → § 3 Rn. 14 ff. und Rn. 18 ff.). Bei Fahndungsersuchen ausländischer Staaten – sei es im Bereich Strafverfolgung oder Strafvollstreckung, klassischer polizeilicher Gefahrenabwehr, der Suche nach Vermissten oder der Verhinderung terroristischer Anschläge – ist das BKA die zuständige deutsche Polizeidienststelle. Alle Fahndungsmaßnahmen, wie das Überprüfen von Spuren oder Hinweisen auf den möglichen Aufenthaltsort der jeweils gesuchten Person, werden vom BKA eingeleitet und koordiniert. Das vollzugspolizeiliche Handeln als solches (Festnahme, Ingewahrsamnahme, etc.) bleibt demgegenüber idR den Länderpolizeien vorbehalten. Hier wird erneut die Zentralstellenfunktion des BKA deutlich: Auch im Rahmen des § 33 BKAG beschränken sich die Befugnisse des Amts auf die **zentralstellentypische Servicefunktion** (→ § 1 Rn. 13 und → § 2 Rn. 12). Zu eigenen Ermittlungen ist das BKA auch im Rahmen seiner internationalen Zuständigkeit nicht befugt.

2 Im Gegensatz zu einem europäischen Haftbefehl, bei dem auf der Grundlage der Fahndungsausschreibung eines anderen Staates Exekutivmaßnahmen veranlasst werden können, stellen die Fahndungsersuchen im Bereich der IKPO (sog. **Notices** und **Diffusions**[1]) in Deutschland keine selbstständige Rechtsgrundlage für ein entsprechendes Vollzugshandeln dar. Erst nach Einstellung der Daten in INPOL dürfen im Trefferfall ohne vorherige weitere Überprüfungen (Kontaktaufnahme mit dem ausschreibenden Staat und der zuständigen Generalstaatsanwaltschaft, etc.) Exekutivmaßnahmen durchgeführt werden (→ § 3 Rn. 15).[2] Um diesen Fahndungsersuchen der IKPO innerstaatlich Geltung zu verleihen und ihnen eine dem Vorbehalt des

1 Zur Unionsrechtskonformität der „Red Notices“ mit Blick auf Doppelbestrafungsverbot und Datenschutz vgl. EuGH (GK) Urt. v. 12.5.2021 – C-505/19 (WS/BRD) –, NJW 2021, 2348 (2349 ff., Rn. 67 ff.) sowie den Vorlagebeschluss des VG Wiesbaden Beschl. v. 27.6.2019 – 6 K 565/17 –, ZD 2019, 426 (427 f., Rn. 9 ff.). Zu ihrer Bedeutung im Rahmen des § 33 BKAG s. auch BT-Drs. 19/6867, 3 sowie Kruse StV 2021, 677 ff.

2 Zur Funktionsweise dieser Fahndungsersuchen s. auch BKA, IKPO-Interpol – eine internationale Organisation im Wandel der Zeit, 2014, S. 15.

Gesetzes (Art. 20 Abs. 3 GG) Rechnung tragende Grundlage zu geben, statuiert § 33 BKAG **differenzierte und gestaffelte Ermächtigungsgrundlagen**[3] für die Ausschreibung von Personen oder Sachen. Während Abs. 1 zu Ausschreibungen mit repressiver Zielsetzung befugt, ermächtigt Abs. 4 zu präventiven Ausschreibungen; in Abs. 8 sieht das Gesetz schließlich eine subsidiäre Ausschreibungsbefugnis in Fällen ausländischer Warnmeldungen vor, in denen die Zuständigkeit eines Landes nicht festgestellt werden kann. § 33 BKAG steht dabei zugleich in enger Verbindung zu den Datenübermittlungsbefugnissen nach den **§§ 26, 27 BKAG** einerseits sowie zu **§§ 74 Abs. 3 S. 1, 74a IRG** und **§ 68 Abs. 4 IStGHG** andererseits, die klarstellen, dass sich Ausschreibungen und Identitätsfeststellungen auf Ersuchen eines ausländischen Staates, eines internationalen Strafgerichtshofes und anderer zwischen- und überstaatlicher Einrichtungen **– abschließend – nach § 33 BKAG** richten.[4] Wiederum gekoppelt an die jeweiligen Ausschreibungszwecke legt § 33 BKAG rechtsstaatliche Grenzen (Abs. 2) und Verfahrensanforderungen in Gestalt von Ministerial- (Abs. 3) und Richtervorbehalt (Abs. 5) fest, die in Fällen internationaler Zusammenarbeit Geltung beanspruchen. Im Anwendungsbereich des Europäischen Haftbefehls sowie des Schengener Informationssystems (SIS) kommen allerdings Sonderregeln zum Tragen, die dem deutschen Recht vorgehen (vgl. Abs. 7).

Die Regelung des § 33 BKAG entspricht im Wesentlichen dem **§ 15 BKAG** in der Fassung des Gesetzes über das Bundeskriminalamt und die Zusammenarbeit des Bundes und der Länder in kriminalpolizeilichen Angelegenheiten vom 7.7.1997.[5] Das Gesetz zur Neustrukturierung des Bundeskriminalamtgesetzes vom 8.6.2017[6] hat überwiegend zu redaktionellen Änderungen geführt. Umfangreiche Neuerungen hat hingegen § 33 Abs. 8 BKAG erfahren (→ Rn. 33 ff.). Durch Art. 3 des Gesetzes zur Durchführung der Verordnungen (EU) 2018/1860, 2018/1861 und 2018/1862 über die Einrichtung, den Betrieb und die Nutzung des Schengener Informationssystems der dritten Generation sowie zur Änderung des Aufstiegsfortbildungsförderungsgesetzes und des BDBOS-Gesetzes (**SIS-III-Gesetz**) vom 19.12.2022 wurden zuletzt **weitere Sachfahndungskategorien** in § 33 Abs. 3 Nr. 4 und Abs. 8 S. 1 Nr. 3 BKAG normiert sowie die **neue Ausschreibungskategorie der Ermittlungsanfrage** in § 33 Abs. 1 Nr. 3, Abs. 4 Nrn. 3 und 4, Abs. 8 S. 1 Nr. 3 BKAG eingeführt.[7] 3

B. Kommentierung im Einzelnen

§ 33 BKAG normiert in den Abs. 1, 4 und 8 insgesamt **drei Befugnisebenen** für Ausschreibungen zu unterschiedlichen, repressiven wie präventiven Zwecken. Dabei bilden die Abs. 1–3 eine systematische „Einheit“,[8] da die Durchführung der in Abs. 1 genannten Ausschreibungen zur Strafverfolgung oder Strafvollstreckung nur unter den in Abs. 2 und 3 genannten formellen und materiellen Voraussetzungen zulässig ist (→ Rn. 12 ff.). An den Abs. 4, der zu Ausschreibungen zu Zwecken der Gefahrenabwehr ermächtigt (→ Rn. 16 ff.), schließen in Abs. 5 und 6 gemeinsame formelle und materielle Anforderungen für bestimmte Fallgruppen der repressiven und präventiven Ausschreibungen nach den Abs. 1 und 4 an (→ Rn. 25 ff.). Die dritte Befugnisebene bildet mit Abs. 8 die Auffangbefugnis für Ausschreibungen in Fällen, in denen die Zuständigkeit eines Landes nicht festgestellt werden kann (→ Rn. 33 ff.). Der **Begriff der Ausschreibung** meint dabei grundsätzlich nichts anderes als die Speicherung regelmäßig personenbezogener Daten zu Zwecken der Fahndung (→ § 47 Rn. 1). 4

I. Ausschreibungen zur Verfolgung von Straftaten oder zur Strafvollstreckung (Abs. 1–3)

1. Ausschreibungs- und Feststellungsbefugnisse (Abs. 1). a) Ersuchen einer zuständigen Behörde eines ausländischen Staates oder eines internationalen Strafgerichtshofes. § 33 Abs. 1 BKAG normiert die Befugnisse des BKA, die in den Nrn. 1–4 genannten Personen in Fahndungshilfsmitteln auszuschreiben oder Personenfeststellungsverfahren durchzuführen. Erforderlich ist das **Ersuchen** einer zuständigen Behörde eines ausländischen Staates oder eines internationalen Strafgerichtshofs. Eine Verpflichtung zur Zusammenarbeit besteht nur gegenüber einem Strafgerichtshof, dessen Errichtung und Aufgabenwahrnehmung von einem für 5

3 Vgl. auch die Charakterisierung bei Ahlf/Daub/Lersch/Störzer/Daub BKAG § 15 Rn. 7: „kasuistisch und enumerativ“.

4 Dazu Hackner in Schomburg/Lagodny (Hrsg.), Internationale Rechtshilfe in Strafsachen, 6. Aufl. 2020, IRG § 74 Rn. 17; Soiné, Ermittlungsverfahren und Polizeipraxis, 2. Aufl. 2019, S. 133 f. Die Vorschrift des § 74 Abs. 3 IRG wurde durch Art. 2 des Gesetzes über das Bundeskriminalamt und die Zusammenarbeit des Bundes und der Länder in kriminalpolizeilichen Angelegenheiten vom 7.7.1997 (BGBl. I 1997 S. 1650) eingefügt; vgl. zum entstehungsgeschichtlichen Kontext Wilkitzki, Entstehung des Gesetzes über Internationale Rechtshilfe in Strafsachen (IRG), 2010, S. 216 f.

5 BGBl. I 1997 S. 1650.

6 BGBl. I 2017 S. 1354.

7 BGBl. I 2022 S. 2632; BT-Drs. 20/3707, 50 f.

8 Erbs/Kohlhaas/Papsthart BKAG § 15 (2008) Rn. 1.

die Bundesrepublik Deutschland verbindlichen Rechtsakt getragen ist.[9] Das Ersuchen muss **auf die Verfolgung von Straftaten oder die Strafvollstreckung gerichtet** sein;[10] eine Ausschreibung zu Zwecken der Gefahrenabwehr kommt danach auf der Grundlage des § 33 Abs. 1 BKAG nicht in Betracht (vgl. aber Abs. 4, → Rn. 16 ff.).

6 Nähere Vorgaben im Hinblick auf **Inhalt und Form des Ersuchens** macht § 33 BKAG nicht; allerdings wird man analog § 92a IRG (vgl. auch § 14a Abs. 2 BKAG aF) folgende Mindestangaben verlangen müssen, ohne die weder eine Zuständigkeitskontrolle (→ Rn. 7) noch eine Rechtmäßigkeitskontrolle nach § 33 Abs. 2 BKAG möglich ist (→ Rn. 12 ff.). Bei den betreffenden Informationen handelt sich um **grundlegende Mindestangaben,**[11] die es dem BKA als ersuchter Behörde nach pflichtgemäßem Ermessen ermöglichen, die anfragende Behörde festzustellen, Zweck und Zielrichtung der erbetenen Maßnahme einzuschätzen, die betroffene Person zu identifizieren, die ihr vorgeworfenen Straftaten einzuordnen und damit beurteilen zu können, wie die Anfrage effizient bearbeitet werden kann und ob Zurückhaltungsgründe iSv § 33 Abs. 2 BKAG vorliegen:

- die Bezeichnung und die Anschrift der ersuchenden Behörde,
- die Bezeichnung der Straftat, zu deren Verfolgung die Ausschreibung bzw. das Verfahren der Identitätsfeststellung erfolgen soll,
- die Beschreibung des dem Ersuchen zugrunde liegenden Sachverhalts,
- die Benennung des Zwecks, zu dem die Ausschreibung bzw. das Verfahren der Identitätsfeststellung erbeten wird,
- den Zusammenhang zwischen dem Zweck, zu dem die Ausschreibung bzw. das Verfahren der Identitätsfeststellung erbeten wird, und der Person, auf die sich diese Maßnahmen beziehen,
- Einzelheiten zur Identität der auszuschreibenden Person (in den Fällen des § 33 Abs. 1 Nrn. 1–3 BKAG), sowie
- Gründe für die Annahme, dass sich die gesuchte Person im Inland aufhält.

7 Die ersuchende **Behörde eines ausländischen Staates** muss nach § 33 Abs. 1 BKAG **zuständig** sein. Dies richtet sich nach dem Recht des ausländischen Staates und ist durch das BKA in eigener Verantwortung zu prüfen. Schreibt das BKA eine Person zur Festnahme oder Aufenthaltsermittlung auf das Ersuchen einer unzuständigen Behörde aus, ist die Maßnahme nach § 33 Abs. 1 Nr. 1 BKAG materiell rechtswidrig, da es sich bei dem Zuständigkeitserfordernis um eine materielle Tatbestandsvoraussetzung handelt.[12]

8 Ein **internationaler Strafgerichtshof,** der durch einen für die Bundesrepublik Deutschland verbindlichen Rechtsakt errichtet wurde, ist zunächst der auf dem Römischen Statut beruhende ständige Internationale Strafgerichtshof (IStGH, ICC) der Vereinten Nationen mit Sitz in Den Haag.[13] Internationale Strafgerichtshöfe, die um die Auslieferung einer Person ersuchen können, sind daneben die Ad-hoc-Tribunale, die auf Resolutionen des UN-Sicherheitsrates zurückgehen. Dies betrifft die Internationalen Strafgerichtshöfe für das ehemalige Jugoslawien (ICTY[14]) sowie für Ruanda (ICTR[15]). **Nicht** iSd § 33 Abs. 1 BKAG ausschreibungsberechtigt sind demgegenüber die **hybriden bzw. internationalisierten Strafgerichte,**[16] die nicht auf einem für Deutschland verbindlichen Rechtsakt errichtet wurden. Dies betrifft die mit internationalen und nationalen Richtern besetzten Strafgerichte im Kosovo, die Sonderkammern in Ost-Timor, den Strafgerichtshof für Sierra Leone, das Sondertribunal für den Libanon sowie die besonderen Strafkammern in Kambodscha. Während die Gerichte in Sierra Leone, Kambodscha und der Libanesischen Republik auf bilateralen Verträgen zwischen den Vereinten Nationen und dem jeweiligen Gerichtsstaat beruhen, wurde die internationale Strafjustiz im Kosovo sowie in Ost-Timor von Übergangsverwaltungen der UN eingesetzt.[17]

9 **b) Ausschreibungs- und Feststellungstatbestände.** Die Ausschreibungs- und Feststellungstatbestände des § 33 Abs. 1 BKAG regeln in Anlehnung an die Richtlinien für den Verkehr mit dem Ausland in strafrechtli-

9 Kugelmann BKAG § 15 Rn. 4.
10 S. auch Schenke/Graulich/Ruthig/K. Graulich BKAG § 33 Rn. 5.
11 Zu § 92a IRG vgl. BT-Drs. 17/5096, 22.
12 Wie hier Schenke/Graulich/Ruthig/K. Graulich BKAG § 33 Rn. 6.
13 Römisches Statut des Internationalen Strafgerichtshofs v. 17.7.1998 (BGBl. II 2000 S. 1393).
14 Gesetz über die Zusammenarbeit mit dem Internationalen Strafgerichtshof für das ehemalige Jugoslawien (Jugoslawien-Strafgerichtshof-Gesetz) v. 10.4.1995 (BGBl. I S. 485).
15 Gesetz über die Zusammenarbeit mit dem Internationalen Strafgerichtshof für Ruanda (Ruanda-Strafgerichtshof-Gesetz) v. 4.5.1998 (BGBl. I S. 843).
16 Näher Schulz, Transitional Justice und hybride Gerichte, 2009, S. 61 ff.
17 Schuster in MüKoStPO, 2018, GVG § 12 Rn. 27. Man spricht insofern auch von „Internationalisierte[n] Strafgerichte[n] auf nationaler Ebene“, vgl. Bohlander/Winter in Kirsch (Hrsg.), Internationale Strafgerichtshöfe, 2005, S. 261 ff.

chen Angelegenheiten (**RiVASt**[18]) die Standardbefugnisse für die täglich anfallenden Tätigkeiten des BKA bei der Zusammenarbeit mit ausländischen Polizeibehörden in Strafsachen.[19] Nach Nr. 123 Abs. 1 RiVASt darf das BKA eingehende polizeiliche Ersuchen im Rahmen seiner originären sowie seiner Auftragszuständigkeit nach dem BKAG erledigen, sofern dies in einer völkerrechtlichen Vereinbarung nach § 1 Abs. 3 IRG oder in einem unmittelbar geltenden Rechtsakt der Europäischen Union vorgesehen ist. Zu beachten sind in diesem Bereich insbesondere bi- oder multilaterale Verträge zur grenzüberschreitenden Zusammenarbeit in polizeilichen und justiziellen Angelegenheiten.[20] Bei den multilateralen Verträgen handelt es sich namentlich um das Schengener Durchführungsübereinkommen (SDÜ[21]) sowie den Vertrag von Prüm.[22]

Bei der Ausschreibung nach § 33 Abs. 1 **Nr. 1** BKAG geht es um Personen, die Beschuldigte eines ausländischen Strafverfahrens sind.[23] Unter andere Personen iSd § 33 Abs. 1 **Nr. 2** BKAG fallen insbesondere Zeugen eines im Ausland anhängigen Strafverfahrens.[24] Nach § 33 Abs. 1 **Nr. 3** BKAG kommt eine Personen- oder Sachausschreibung zur polizeilichen Beobachtung (§ 47 Abs. 1 Nr. 1 BKAG), zur Ermittlungsanfrage (§ 47 Abs. 1 Nr. 2 BKAG) oder zur gezielten Kontrolle (§ 47 Abs. 1 Nr. 3 BKAG) insbesondere bei international agierenden Straftätern in Betracht (→ § 47 Rn. 12 f.).[25] Das Personenfeststellungsverfahren wird in § 33 Abs. 1 **Nr. 4** BKAG geregelt. Bei Ersuchen von Staaten, die nicht Mitglied der Europäischen Union sind, ist nach § 33 Abs. 5 S. 1 BKAG in den Fällen des Abs. 1 S. 1 Nrn. 2 und 3 eine richterliche Anordnung erforderlich (→ Rn. 26 ff.). 10

c) **Rechtsfolge.** Nach § 33 Abs. 1 BKAG hat das Amt **Entschließungsermessen** („kann"), jedoch **kein Auswahlermessen.** Die möglichen Maßnahmen werden in den Nrn. 1–4 abschließend aufgeführt. Die Ermessensausübung (§ 40 VwVfG) muss insbesondere verhältnismäßig sein und den Anforderungen des § 33 Abs. 2 BKAG Rechnung tragen (→ Rn. 12 ff.); sie ist gerichtlich voll überprüfbar (§ 114 S. 1 VwGO).[26] 11

2. Vorbehalt der Zulässigkeit nach deutschem Recht (Abs. 2). Gem. § 33 Abs. 2 BKAG sind Maßnahmen nach Abs. 1 Nrn. 2, 3 und 4 nur zulässig, wenn sie bei dem zugrunde liegenden Sachverhalt auch nach deutschem Recht zulässig wären. Dies bedingt eine **hypothetische Prüfung der Rechtmäßigkeit nach deutschem Recht** (→ Rn. 13). Dementgegen ist eine Ausschreibung zur Festnahme oder Aufenthaltsermittlung nach § 33 Abs. 1 Nr. 1 BKAG auch dann möglich, wenn sie nach innerstaatlichem Recht nicht zulässig wäre. Diese Zurücknahme der Konkordanz mit dem nationalen Recht wird über die bereits im Tatbestand des § 33 Abs. 1 Nr. 1 BKAG enthaltene Prüfung der hypothetischen Rechtmäßigkeit einer Anordnung von Auslieferungshaft oder Überstellungshaft kompensiert.[27] Aus der Wendung „zulässig erscheint" folgt dabei keine Reduktion der Prüfung auf eine Evidenzkontrolle. Der Prüfungsmaßstab ist angesichts der Tiefe des Grundrechtseingriffs auf die Schlüssigkeit des Ersuchens zu erstrecken.[28] 12

Der Vorbehalt der Zulässigkeit nach deutschem Recht in den Fällen des § 33 Abs. 1 Nrn. 2, 3 und 4 BKAG entspricht einem allgemeinen Prinzip in Rechtshilfeangelegenheiten.[29] Es handelt sich dabei nicht um einen bloßen *ordre public*-Vorbehalt, mit dem lediglich der Verstoß gegen wesentliche – formelle wie materielle – Grundsätze der deutschen Rechtsordnung verhindert werden soll.[30] Vielmehr hat das BKA nach § 33 Abs. 2 BKAG eine **zwar hypothetische,** in der Sache **aber vollumfängliche Prüfung der Rechtmäßigkeit nach deutschem Recht** vorzunehmen. Während die Beschränkung auf den *ordre public*-Vorbehalt in einem Verfahrens- und Entscheidungsverbund zum Tragen kommt, der auf grenzüberschreitende Wirkungen zielt und vom Axiom des gegenseitigen Vertrauens beherrscht ist,[31] wird mit der von § 33 Abs. 2 BKAG statuierten hypothetischen Rechtmäßigkeitsprüfung dem Umstand Rechnung getragen, dass die **rechtsstaatlichen Standards** im internationalen Rechtsverkehr – und nicht zuletzt im Bereich des Polizei- und Sicherheitsrechts – 13

18 BAnz. S. 10550, mit Wirkung v. 1.1.2017 in Kraft getreten, zuletzt geändert durch Bekanntmachung v. 23.12.2016 (BAnz AT 12.10.2017 B1).
19 BT-Drs. 13/1550, 32.
20 Vgl. die Übersicht in Anhang II Nr. 7 RiVASt.
21 Übereinkommen zur Durchführung des Übereinkommens von Schengen v. 14.6.1985 zwischen den Regierungen der Staaten der Benelux-Wirtschaftsunion, der Bundesrepublik Deutschland und der Französischen Republik betreffend den schrittweisen Abbau der Kontrollen an den gemeinsamen Grenzen v. 19.6.1990 (ABl. 2000 L 239 S. 19).
22 BGBl. II 2006 S. 626; BGBl. II 2010 S. 870. Zum wechselseitigen Datenaustausch und -zugriff auf der Basis der Prüm-Regelungen im Einzelnen Mutschler, Der Prümer Vertrag – Neue Wege der Kriminalitätsbekampfung auf europäischer Ebene, 2014, S. 71 ff.
23 Ahlf/Daub/Lersch/Störzer/Daub BKAG § 15 Rn. 8.
24 Ahlf/Daub/Lersch/Störzer/Daub BKAG § 15 Rn. 9.
25 Kugelmann BKAG § 15 Rn. 5.
26 AA Schenke/Graulich/Ruthig/K. Graulich BKAG § 33 Rn. 8: nur begrenzt überprüfbar.
27 Erbs/Kohlhaas/Papsthart BKAG § 15 (2008) Rn. 3; Schenke/Graulich/Ruthig/K. Graulich BKAG § 33 Rn. 13.
28 Kugelmann BKAG § 15 Rn. 7.
29 Vgl. §§ 1 Abs. 2, 3 Abs. 1 und 2, 9 Nr. 2 IRG uvm.
30 Nur beispielhaft BGH Beschl. v. 10.9.2015 – IX ZB 39/13 –, NJW 2016, 160 (161, Rn. 11 f.).
31 Statt vieler Schoch/Schneider/Schoch VwVfG Einl. Rn. 568 (2020), mwN.

durchaus unterschiedlich ausfallen können.[32] Vor diesem Hintergrund erklärt sich, warum die Ausschreibungen zur Gefahrenabwehr nach § 33 Abs. 4 BKAG nicht unter einem Vorbehalt der Zulässigkeit nach deutschem Recht iSd Abs. 2 stehen: Bei den dort in Bezug genommenen Behörden der Mitgliedstaaten der Europäischen Union (§ 26 BKAG) sowie von Drittstaaten (§ 27 BKAG) herrscht ein entsprechender „Vertrauensvorschuss" nach Maßgabe des Prinzips der gegenseitigen Anerkennung (EU-Mitgliedstaat) bzw. auf der Grundlage einer entsprechenden Angemessenheitsprüfung (Drittstaat, vgl. § 27 Abs. 1 S. 1 BKAG iVm § 78 Abs. 1 und 2 BDSG, s. dazu → § 27 Rn. 18).[33]

14 **3. Ministerialvorbehalt in Fällen von besonderer Bedeutung (Abs. 3).** Nach § 33 Abs. 3 BKAG **iVm Nr. 13 Abs. 1 RiVASt** holt das Amt in bestimmten Fällen des Abs. 1 die vorherige Bewilligung des Bundesministeriums der Justiz und für Verbraucherschutz ein; eine nachträgliche Genehmigung genügt nicht. Es geht um Fälle, denen besondere Bedeutung in politischer, tatsächlicher oder rechtlicher Beziehung zukommt. Eine **besondere Bedeutung** liegt nach Nr. 13 Abs. 1 S. 2 RiVASt insbesondere vor, wenn Anhaltspunkte für die Verhängung oder Vollstreckung der Todesstrafe oder einen Verstoß gegen wesentliche Grundsätze der deutschen Rechtsordnung (*ordre public*, → Rn. 13) bestehen, zB eine drohende menschenrechtswidrige Behandlung oder politische Verfolgung.

15 § 33 Abs. 3 BKAG trägt der Regelung des § 74 Abs. 1 S. 1 IRG Rechnung, nach welcher das Bundesministerium der Justiz und für Verbraucherschutz im Einvernehmen mit dem Auswärtigen Amt und mit anderen Bundesministerien, deren Geschäftsbereich von der Rechtshilfe betroffen wird, bei ausländischen Rechtshilfeersuchen und über die Stellung von Ersuchen an ausländische Staaten um Rechtshilfe entscheidungsbefugt ist. Diese Entscheidungsbefugnis ist nach § 74 Abs. 3 IRG iVm § 33 Abs. 1–4 BKAG grundsätzlich an das BKA als Bundesoberbehörde delegiert worden. Indem in besonders bedeutenden Fällen gleichwohl der Zustimmungsvorbehalt des § 33 Abs. 3 BKAG greift, wird die **außenpolitische Prärogative der Bundesregierung** (vgl. Art. 62 GG) gesichert. Diese kann auch aus außerrechtlichen Gründen eine Bewilligung nach § 33 Abs. 3 BKAG verweigern.[34]

II. Ausschreibungen zur Gefahrenabwehr (Abs. 4)

16 § 33 Abs. 4 BKAG ermächtigt das BKA zu Ausschreibungen zum Zwecke der Gefahrenabwehr und somit außerhalb der Rechtshilfe in Strafsachen.[35] Vorausgesetzt wird ein **Ersuchen der in § 26 Abs. 1 und § 27 Abs. 1 BKAG genannten Behörden.** Dies können zum einen öffentliche und nichtöffentliche Stellen in EU-Mitgliedstaaten sowie zwischen- und überstaatliche Stellen der EU selbst oder deren Mitgliedstaaten sein, die mit Aufgaben der Verhütung und Verfolgung von Straftaten befasst sind (→ § 26 Rn. 9 ff.); zum anderen werden Polizei- und Justizbehörden sowie an sonstige für die Verhütung oder Verfolgung von Straftaten zuständige öffentliche Stellen aus Drittstaaten erfasst (→ § 27 Rn. 15 ff.).

17 **1. Ausschreibungstatbestände. a) Ausschreibungen zur Ingewahrsamnahme (Nr. 1).** § 33 Abs. 4 Nr. 1 BKAG gestattet die präventive Ausschreibung zur Ingewahrsamnahme von **vermissten Minderjährigen,** die der Obhut der oder des Sorgeberechtigten entzogen worden sind oder sich dieser entzogen haben (Var. 1), und **solchen Personen,** bei denen eine Ingewahrsamnahme zum Schutz gegen eine Gefahr für ihren Leib oder ihr Leben erforderlich ist, insbesondere, weil die Person sich erkennbar in einem die freie Willensbestimmung ausschließenden Zustand oder sonst in hilfloser Lage befindet (Var. 2). Im Fall der Var. 2 bedarf es einer konkreten Gefahr für Leib oder Leben der gesuchten Person; wenn der Gesetzestext – wie hier – nur allgemein nur von „Gefahr" spricht, ist nach verständiger Auslegung eine im Einzelfall bestehende Gefahr zu verlangen.[36]

18 Die Suche nach vermissten Kindern in Fällen ohne gefahrenabwehrrechtlichem, dh rein zivilrechtlichem Hintergrund richtet sich demgegenüber nach dem Gesetz zur Aus- und Durchführung bestimmter Rechtsinstrumente auf dem Gebiet des internationalen Familienrechts vom 26.1.2005 (**IntFamRVG**[37]). Nach § 7 Abs. 4 S. 1 IntFamRVG kann danach das Bundesamt für Justiz als Zentrale Behörde die Ausschreibung zur Aufenthaltsermittlung durch das BKA veranlassen, wenn der Aufenthaltsort eines Kindes unbekannt ist und Anhaltspunkte dafür vorliegen, dass sich das Kind im Inland befindet.

32 Schenke/Graulich/Ruthig/K. Graulich BKAG § 33 Rn. 13. Zum Missbrauch des Systems roter Fahndungsausschreibungen der IKPO durch autoritäre Staaten, etwa zur Verfolgung von Menschenrechtsverteidigern, Aktivisten aus der Zivilbevölkerung und kritischen Journalisten, vgl. die Antworten der Bundesregierung in BT-Drs. 19/6867 und BT-Drs. 19/17048.

33 Vgl. BT-Drs. 17/5096, 24 – zu § 14a BKAG aF.

34 Kugelmann BKAG § 15 Rn. 8.

35 Vgl. auch Ahlf/Daub/Lersch/Störzer/Daub BKAG § 15 Rn. 15.

36 BVerfG Beschl. v. 24.1.2012 – 1 BvR 1299/05 –, BVerfGE 130, 151 (205); Beschl. v. 18.12.2018 – 1 BvR 142/15 –, BVerfGE 150, 244 (286, Rn. 105; 294 f., Rn. 133); s. auch Schenke, POR, Rn. 70; ders. JuS 2018, 505 (506).

37 BGBl. I 2005 S. 162.

b) Ausschreibungen zur Aufenthaltsermittlung (Nr. 2). Nach § 33 Abs. 4 Nr. 2 BKAG können darüber hinaus **Vermisste**, soweit sie nicht in Gewahrsam genommen werden sollen, zur Aufenthaltsermittlung ausgeschrieben werden. Eine konkretisierte Gefährdung ist hier nicht erforderlich. Nach der Definition der **PDV 389**[38] ist eine Person dann als „vermisst" anzusehen, wenn sie ihr gewohntes Lebensumfeld verlassen hat und ihr Aufenthalt unbekannt ist, „sodass eine Gefahr für Leib und Leben vorliegen könnte". Dies ist nach der polizeifachlichen Definition dann der Fall, wenn zumindest nicht ausgeschlossen werden kann, dass die vermisste Person von einer rechtswidrigen Tat oder einem Unglücksfall betroffen ist, sich in einem hilflosen Zustand befindet oder Selbsttötungsabsichten hegt. 19

c) Ausschreibungen zur polizeilichen Beobachtung, Ermittlungsanfrage oder gezielten Kontrolle (Nr. 3). Soweit in § 33 Abs. 4 Nr. 3 BKAG die Ausschreibung zur polizeilichen Beobachtung (§ 47 Abs. 1 Nr. 1 BKAG), zur Ermittlungsanfrage (§ 47 Abs. 1 Nr. 2 BKAG) oder zur gezielten Kontrolle (§ 47 Abs. 1 Nr. 3 BKAG) außerhalb eines Strafverfahrens vorgesehen ist, zielt dies nach der Gesetzesbegründung auf den **international agierenden gefährlichen Intensivtäter** ab.[39] Eine Ausschreibung auf dieser Grundlage kommt dann in Betracht, wenn Tatsachen die Annahme rechtfertigen, dass die Person Straftaten von erheblicher Bedeutung begehen wird und dies zur Verhütung solcher Straftaten erforderlich ist. Die Verhütung von Straftaten, hier vermittelt über das Tatbestandsmerkmal „wenn Tatsachen die Annahme rechtfertigen", setzt im Vorfeld einer konkretisierten Gefahr an (→ Rn. 22) und bildet einen Unterfall der Gefahrenvorsorge (→ § 1 Rn. 50). 20

Unter dem Begriff der **„Straftat mit erheblicher Bedeutung"** sind allgemein solche Taten zu verstehen, die den Rechtsfrieden empfindlich stören oder geeignet sind, das Gefühl der Rechtssicherheit der Bevölkerung erheblich zu beeinträchtigen (→ § 2 Rn. 15). Dazu zählen im präventivpolizeilichen Kontext typischerweise Verbrechen (§ 12 Abs. 1 StGB) sowie solche Vergehen (§ 12 Abs. 2 StGB), die im Einzelfall nach Art und Schwere geeignet sind, den Rechtsfrieden besonders zu stören, weil sie sich entweder gegen Leib, Leben oder Freiheit einer Person bzw. gegen die Allgemeinheit richten oder gewerbs-, gewohnheits-, serien- oder bandenmäßig oder sonst organisiert begangen werden.[40] 21

Die Wendung, **„wenn Tatsachen die Annahme rechtfertigen"**, impliziert einen flexibilitätsbedingten Verzicht auf die konkrete Gefahr als Eingriffsschwelle (→ § 38 Rn. 8). Mit ihr umschreibt der Gesetzgeber die Situation eines Gefahrenverdachts, in der Anhaltspunkte vorliegen, die auf eine Gefahr hindeuten, ohne jedoch eine hinreichend sichere Prognose dahin gehend zuzulassen, dass ein Schaden tatsächlich eintreten wird oder jedenfalls mit hinreichender Wahrscheinlichkeit zu erwarten ist.[41] Nach § 33 Abs. 4 Nr. 3 BKAG sind somit valide Anhaltspunkte für die drohende Begehung einer Straftat von erheblicher Bedeutung erforderlich, einer hinreichenden Wahrscheinlichkeit der Tatbegehung bedarf es indes nicht. Aufgrund dieser Absenkung der Anforderungen an das Maß der Wahrscheinlichkeitsprognose erfährt der Verhältnismäßigkeitsgrundsatz besondere Bedeutung, was in § 33 Abs. 4 Nr. 3 aE BKAG auch normtextlich zum Ausdruck kommt (**„zur Verhütung solcher Straftaten erforderlich"**).[42] 22

d) Unterstützende Sachausschreibungen (Nr. 4). Die Tatbestandsvariante des § 33 Abs. 4 Nr. 4 BKAG wurde im Rahmen der BKAG-Novelle 2017 eingefügt. Sie ergänzt die vorausgehenden Nrn. 1–3 um die Möglichkeit der **Ausschreibung bestimmter Sachen** (Kfz-Kennzeichen und sonstige Merkmale, Identifizierungsnummer oder äußere Kennzeichnung eines Wasserfahrzeugs, Luftfahrzeugs oder eines Containers, Schusswaffen, amtliche oder gefälschte Blankodokumente, amtliche oder gefälschte Identitätsdokumente und bargeldlose Zahlungsmittel). Zulässig ist eine Sachausschreibung, wenn Tatsachen die Annahme rechtfertigen (→ Rn. 22), dass dies zur Ingewahrsamnahme nach Nr. 1, zur Aufenthaltsermittlung nach Nr. 2 oder zur Straftatenverhütung nach Nr. 3 erforderlich ist. Hier zeigt sich der akzessorische, unterstützende Charakter dieser Tatbestandsvariante. Eine besondere Bedeutung besitzt § 33 Abs. 4 Nr. 4 BKAG hingegen in solchen Fällen, in denen verschwundene, häufig minderjährige Personen in Kraftfahrzeugen gesehen wurden, deren Auffinden einen wichtigen Beitrag zum Wiederauffinden der verschwundenen Personen leisten kann.[43] 23

2. Rechtsfolge. Nach § 33 Abs. 4 BKAG „kann" das BKA die im Einzelfall erforderlichen Ausschreibungen der Nrn. 1–4 veranlassen. Wie bei Abs. 1 besitzt das Amt mithin **Entschließungsermessen**, jedoch kein Auswahlermessen (→ Rn. 11). Die Veranlassung der Ausschreibung muss auch in den Fällen, in denen dies nicht explizit normtextlich nahegelegt wird (zu § 33 Abs. 4 Nr. 3 aE BKAG → Rn. 22), **verhältnismäßig**, dh 24

38 Polizeidienstvorschrift „Vermisste, unbekannte Tote, unbekannte hilflose Personen" (PDV 389), RdErl. d. IM NRW v. 2.3.2005 – 41.2 – 1591, SMBl. NRW 2054 (VS-NfD); hier zitiert nach Möllers in ders. (Hrsg.), Wörterbuch der Polizei, 3. Aufl. 2018, S. 2455 (2455).
39 BT-Drs. 13/1550, 33.
40 Als Auslegungshilfe können die Legaldefinitionen im Landespolizeirecht dienen, vgl. § 2 Nr. 14 NdsPOG und § 4 Nr. 4 SächsPVDG.
41 Nur auszugsweise Zöller, Informationssysteme und Vorfeldmaßnahmen von Polizei, Staatsanwaltschaft und Nachrichtendiensten, 2002, S. 99; Wapler DVBl. 2012, 86 ff.; Paeffgen GA 161 (2014), 638 (643 ff.); Schenke JuS 2018, 505 (508 ff.).
42 Vgl. auch Kugelmann BKAG § 15 Rn. 9: „Der Verhältnismäßigkeitsprüfung ist daher gebührende Sorgfalt zu widmen".
43 BT-Drs. 18/11163, 111.

zu dem jeweils gesetzlich vorgegebenen präventiven Ausschreibungszweck geeignet, erforderlich und angemessen sein. Ausschreibungen zur Straftatenverhütung nach § 33 Abs. 4 Nr. 3 BKAG stehen zudem unter Richtervorbehalt (→ Rn. 26).

III. Übergreifende Anforderungen an grundrechtssensible Ausschreibungen

25 Für bestimmte, grundrechtssensible Ausschreibungen, deren verhältnismäßige Ausgestaltung nicht bereits durch hinreichend konkrete Eingriffsschwellen sichergestellt ist, sieht das Gesetz ergänzende Anforderungen in Gestalt eines Richter- bzw. Abteilungsleitervorbehalts (→ Rn. 26 ff.) sowie einer Befristung der Anordnungsdauer (→ Rn. 30 f.) vor.

26 **1. Richter- und Abteilungsleitervorbehalt (Abs. 5).** Nach § 33 Abs. 5 S. 1 BKAG bedürfen **repressive Ausschreibungen nach Abs. 1 Nrn. 2 und 3** (Ausschreibungen zur Aufenthaltsermittlung, zur polizeilichen Beobachtung, zur Ermittlungsanfrage sowie zur gezielten Kontrolle) und **präventive Ausschreibungen nach Abs. 4 Nr. 3** (Ausschreibungen zur Straftatenverhütung), der richterlichen Anordnung, soweit sie aufgrund des Ersuchens eines Staates erfolgen, der nicht Mitgliedstaat der Europäischen Union ist (**Drittstaatersuchen**). Nach § 90 Abs. 1, 2 S. 1 BKAG ist das Amtsgericht Wiesbaden (Dienstsitz des BKA) sachlich und örtlich zuständig für die Anordnung (→ § 90 Rn. 5 f.). Das Anordnungsverfahren richtet sich gem. § 90 Abs. 2 S. 2 BKAG nach einer entsprechenden Anwendung des FamFG (→ § 90 Rn. 7 ff.).

27 Es handelt sich um einen **vom Grundgesetz nicht zwingend vorgesehenen** Richtervorbehalt, da Art. 104 Abs. 2 GG einen solchen nur für Freiheitsentziehungen statuiert. Eine Freiheitsentziehung ist als schwerste Form der Freiheitsbeschränkung nur dann gegeben, wenn die tatsächlich und rechtlich an sich gegebene körperliche Bewegungsfreiheit durch staatliche Maßnahmen nach jeder Richtung hin aufgehoben wird (→ § 57 Rn. 12).[44] Selbst die Ausschreibungen zur Festnahme nach § 33 Abs. 1 Nr. 1 BKAG sowie zur polizeilichen Ingewahrsamnahme nach § 33 Abs. 4 Nr. 1 BKAG bedürfen danach – von Verfassungs wegen – keiner richterlichen Anordnung, da sie im Hinblick auf einen tatsächlichen Freiheitsentzug keine rechtliche Bindungswirkung entfalten.[45] Die Ausschreibung zur Fest- oder Ingewahrsamnahme als solche besagt nur, dass die ausschreibende Behörde der Meinung ist, dass die Voraussetzungen der Haft- bzw. Ingewahrsamnahme zum Zeitpunkt der Ausschreibung vorgelegen haben.[46] Ist der Richtervorbehalt bei den Ausschreibungen nach § 33 Abs. 1 und 4 BKAG somit nicht schon von Verfassungs wegen zwingend eingefordert, trägt seine einfach-gesetzliche Verankerung als zusätzlicher verfahrensrechtlicher Schutzmechanismus der Verhältnismäßigkeit der Maßnahme Rechnung.

28 Ausschreibungen nach § 33 Abs. 1 Nr. 3 sowie nach § 33 Abs. 4 BKAG, die keiner gerichtlichen Anordnung bedürfen, werden demgegenüber **durch die zuständige Abteilungsleitung des BKA oder deren Vertretung angeordnet** (§ 33 Abs. 5 S. 2 BKAG). Die Anordnung ist aus Gründen der Transparenz nach § 33 Abs. 5 S. 3 BKAG **aktenkundig zu machen**; diese Regelung ist im Fall einer richterlichen Anordnung nicht von Bedeutung.[47] Die Anordnung durch die Abteilungsleitung steht nicht unter einem Eilfallvorbehalt und kommt demgemäß nicht nur in Fällen von Gefahr im Verzug zum Tragen; auch mit einer behördeninternen Hochzonung der Anordnungsbefugnis iSv Behördenleiter- oder Abteilungsleitervorbehalten kann der Schwere eines Grundrechtseingriffs verfahrensrechtlich Rechnung getragen werden (→ § 47 Rn. 22 f.).[48] Dies betrifft im Fall des § 33 Abs. 1 Nr. 3 BKAG Ersuchen nach Ausschreibungen zur polizeilichen Beobachtung, zur Ermittlungsanfrage sowie zur gezielten Kontrolle durch einen Mitgliedstaat der Europäischen Union. Im Umkehrschluss zu § 33 Abs. 5 S. 2 BKAG werden zudem sämtliche Präventivausschreibungen nach § 33 Abs. 4 BKAG (gleichgültig, ob auf Ersuchen eines EU-Mitgliedstaates oder eines Drittstaates) unter einen Anordnungsvorbehalt der Ableitungsleitung gestellt; ausgenommen sind lediglich Ausschreibungen zur Straftatenverhütung durch einen Drittstaat nach § 33 Abs. 4 Nr. 3 BKAG, für die nach § 33 Abs. 5 S. 1 BKAG der Richtervorbehalt als qualifizierte Anforderungen zum Tragen kommt (→ Rn. 26 f.).

29 Die hierin zum Ausdruck kommende **Privilegierung der Mitgliedstaaten der Europäischen Union** beruht auf dem wechselseitigen Vertrauen innerhalb der europäischen Wertegemeinschaft (vgl. Art. 2 EUV). Ein grundsätzlicher Richtervorbehalt für sämtliche Ausschreibungen des BKA aufgrund ausländischen Ersuchens, wie sie der Bundesrat im Gesetzgebungsverfahren jedenfalls für Ausschreibung zur polizeilichen Beobachtung gefordert hatte,[49] hätte im Verhältnis zu den Schengen Mitgliedstaaten bzw. den Mitgliedstaaten

44 BVerfG Beschl. v. 8.3.2011 – 1 BvR 47/05 –, NVwZ 2011, 743 (744, Rn. 20), mwN; Dürig/Herzog/Scholz/Mehde GG Art. 104 (2019) Rn. 60.

45 Zur Ausschreibung nach dem AufenthG vgl. BVerfG Beschl. v. 7.5.2009 – 2 BvR 475/09 –, NVwZ 2009, 1034 (1035).

46 Beichel-Benedetti NVwZ 2009, 1150 (1151).

47 Vgl. auch Ahlf/Daub/Lersch/Störzer/Daub BKAG § 15 Rn. 21.

48 Vgl. für das Recht der Nachrichtendienste BVerfG Urt. v. 19.5.2020 – 1 BvR 2835/17 –, BVerfGE 154, 152 (255, Rn. 180; 277, Rn. 241). Anders noch der Bundesrat im Gesetzgebungsverfahren, vgl. BT-Drs. 13/1550, 47 f.

49 Vgl. BT-Drs. 13/1550, 47 f.

der Europäischen Union zu erheblichen Wertungswidersprüchen geführt.[50] So ist zB in Art. 99 SDÜ kein Richtervorbehalt für Ausschreibungen zur verdeckten Registrierung im Schengener Informationssystem vorgesehen.

2. Befristung und Verlängerung (Abs. 6). Die Ausschreibungen nach § 33 Abs. 1 Nr. 3 und Abs. 4 Nr. 3 BKAG sind nach § 33 Abs. 6 S. 1 BKAG im Rahmen der – gerichtlichen oder behördlichen – Anordnung auf **höchstens ein Jahr** zu befristen; damit garantiert das Gesetz die Verhältnismäßigkeit der Maßnahmen „in der Zeit". Die Befristung erfolgt nicht bereits kraft Gesetzes,[51] vielmehr ergibt sich bereits aus dem Wortlaut des § 33 Abs. 6 S. 1 BKAG („auf höchstens ein Jahr zu befristen") das **Gebot einer einzelfallbezogenen Entscheidung über die Anordnungsdauer.** Unabhängig von der Befristung der Anordnung normiert § 33 Abs. 6 S. 2 BKAG spätestens nach Ablauf von sechs Monaten die Pflicht zur Prüfung, ob die Voraussetzungen für die Anordnung noch bestehen. Die Ergebnisse sind aus Gründen der Transparenz aktenkundig zu machen (S. 3). Die Verlängerung der Laufzeit über insgesamt ein Jahr hinaus bedarf der erneuten Anordnung (S. 4); der Richter- oder Abteilungsleitervorbehalt nach § 33 Abs. 5 S. 1, 2 BKAG deckt sich bei der Verlängerungsanordnung mit der Erstanordnungskompetenz.[52] 30

Die Ausschreibungen zur Ingewahrsamnahme vermisster Minderjähriger (§ 33 Abs. 4 Nr. 1) sowie zur Aufenthaltsermittlung vermisster Personen (§ 33 Abs. 4 Nr. 2 BKAG) wurden im Jahr 2012 vom Gesetzgeber **bewusst von der Befristung der Anordnungsdauer ausgenommen.**[53] Die Befristungsregelung für Ausschreibungen von Vermissten ergaben in der Praxis wenig Sinn, solange in den Vermisstenfällen keine neuen Tatsachen bekannt wurden. In diesen Fällen gilt die Person nämlich weiterhin als vermisst und die Verlängerung der Frist erweist sich als reine Förmelei.[54] Liegen demgegenüber zwischenzeitlich neue Erkenntnisse vor (zB Wiederauftauchen der Person), prüft das BKA ohnehin, ob die Voraussetzungen für die Ausschreibung nach § 33 Abs. 4 Nr. 2 BKAG noch vorliegen. Etwas anders liegen die Dinge bei den Ausschreibungen von vermissten Minderjährigen nach § 33 Abs. 4 Nr. 1 BKAG. Hier ist eine Überprüfung und Löschung der Ausschreibung nach dieser Tatbestandsalternative erforderlich, wenn die vermissten Minderjährigen volljährig werden. Mit Eintritt der Volljährigkeit werden Ausschreibungen, die allein auf dieser Tatbestandsalternative beruhen, jedoch ohnehin gelöscht, dh diese Ausschreibungen sind bereits aufgrund der Tatbestandsvoraussetzungen bis zum Eintritt der Volljährigkeit „befristet".[55] 31

IV. Subsidiaritätsklausel (Abs. 7)

Besondere Regelungen aufgrund von Rechtsakten der Europäischen Union und völkerrechtlicher Verträge bleiben nach § 33 Abs. 7 BKAG unberührt. Sie gehen danach § 33 BKAG vor und schließen seine Anwendbarkeit jedenfalls insoweit aus, als sie **abschließende Sonderregelungen** enthalten.[56] § 33 Abs. 7 BKAG hat daher überwiegend deklaratorische Funktion.[57] Die ursprüngliche Fassung des § 15 Abs. 7 BKAG bezog sich dabei nur auf völkerrechtliche Regelungen. Durch das Gesetz zum Schengener Informationssystem der zweiten Generation vom 6.6.2009 (SIS-II-Gesetz[58]) wurden auch Rechtsakte der Europäischen Union einbezogen. 32

V. Ausschreibungen aufgrund von Warnmeldungen (Abs. 8)

1. Zielsetzung und Subsidiarität. § 33 Abs. 8 BKAG ermächtigt als dritte Befugnisebene zu präventiven Ausschreibungen von Sicherheitsbehörden anderer Staaten. Die Vorschrift regelt den Fall, dass aufgrund von aus dem Ausland eingehenden Warnmeldungen zur Wahrung der öffentlichen Sicherheit in der Bundesrepublik Deutschland eine Personenfahndung oder – im Fall des § 33 Abs. 8 S. 1 Nr. 3 BKAG – eine Sachfahndung erforderlich ist und die Zuständigkeit eines Landes nicht festgestellt werden kann. Der Normgeber hat dabei vor allem **Warnmeldungen über Terrorverdächtige und terroristische „Gefährder"** im Blick, deren Einreise in das Bundesgebiet unmittelbar bevorsteht oder die bereits eingereist sind, und bei denen 33

50 So die Stellungnahme der Bundesregierung, vgl. BT-Drs. 13/1550, 57.

51 Tendenziell anders Kugelmann BKAG § 15 Rn. 12.

52 Das sieht auch Schenke/Graulich/Ruthig/K. Graulich BKAG § 33 Rn. 30, beschränkt den Richtervorbehalt dann jedoch irrig auf die Fälle des § 33 Abs. 1 Nr. 3 und Abs. 4 BKAG.

53 Durch Art. 3 des Gesetzes über die Vereinfachung des Austauschs von Informationen und Erkenntnissen zwischen den Strafverfolgungsbehörden der Mitgliedstaaten der Europäischen Union v. 21.7.2012 (BGBl. I S. 1566).

54 BT-Drs. 17/5096, 25.

55 BT-Drs. 17/5096, 25.

56 Ahlf/Daub/Lersch/Störzer/Daub BKAG § 15 Rn. 2, 27; Kugelmann BKAG § 15 Rn. 14.

57 Erbs/Kohlhaas/Papsthart BKAG § 15 (2008) Rn. 7; zu apodiktisch und auf eine Klarstellung des Verhältnisses zwischen nationalem Recht und Völker- bzw. Unionsrecht abhebend Schenke/Graulich/Ruthig/K. Graulich BKAG § 33 Rn. 31.

58 BGBl. I 2009 S. 1226. Vgl. auch die Gesetzesbegründung in BT-Drs. 16/10816, 9.

tatsächliche Anhaltspunkte dafür bestehen, dass sie Anschläge hierzulande ausführen werden.[59] Die in ihren wesentlichen Grundzügen bereits vor Einführung der Art. 73 Abs. 1 Nr. 9a GG, § 5 Abs. 1 BKAG erlassene Vorschrift (→ Rn. 3) steht damit mittlerweile auch in enger Beziehung zu der Aufgabe des BKA für die präventive Terrorismusbekämpfung, ohne sich jedoch tatbestandlich hierauf zu beschränken oder zu eigenständigen Exekutivmaßnahmen des BKA zu ermächtigen.

34 Ist ein Bezug zu einem Bundesland nicht feststellbar, soll das BKA die Befugnis haben, die betreffende Person zur Ingewahrsamnahme (→ Rn. 35 f.), zur Aufenthaltsermittlung (→ Rn. 37 f.) sowie zur polizeilichen Beobachtung, Ermittlungsanfrage oder gezielten Kontrolle (→ Rn. 39) auszuschreiben. § 33 Abs. 8 BKAG steht unter einem ausdrücklichen **Vorbehalt der Länderzuständigkeit** („für den Fall, dass die Zuständigkeit eines Landes nicht festgestellt werden kann"). Die Vorschrift ist mit Blick auf Art. 30, 70 Abs. 1 GG grundsätzlich eng auszulegen; die Ausschreibungsbefugnisse des BKA sind als ***ultima ratio*** zu handhaben.[60] Zur Beantwortung der Frage, wann die Zuständigkeit eines Landes iSd § 33 Abs. 8 S. 1 BKAG nicht feststellbar ist, kann man sich an den mittlerweile zu Art. 73 Abs. 1 Nr. 9a Var. 2 GG iVm **§ 5 Abs. 1 S. 1 Nr. 2 BKAG** („Zuständigkeit einer Landespolizeibehörde nicht erkennbar") entwickelten Grundsätzen orientieren. Gemeint sind Fälle, in denen zwar Hinweise auf eine Gefahr aufgrund der Warnmeldung der ausländischen Behörden vorliegen, diese Gefahr aber noch nicht einem bestimmten Bundesland zugeordnet werden kann (→ § 5 Rn. 41 ff.).

35 **2. Ausschreibungsbefugnisse (S. 1). a) Ausschreibungen zur Ingewahrsamnahme (Nr. 1).** § 33 Abs. 8 S. 1 Nr. 1 BKAG normiert eine – subsidiäre (→ Rn. 2) – Befugnis des BKA, eine Person (insbes. einen terroristischen „Gefährder"[61]) aufgrund einer ausländischen Warnmeldung in der INPOL-Personenfahndungsdatei auszuschreiben, um ihre polizeiliche Ingewahrsamnahme zu ermöglichen. Die Ingewahrsamnahme muss unerlässlich sein, um eine unmittelbar bevorstehende Gefahr für Leib, Leben, Freiheit oder wesentliche Vermögenswerte abzuwehren. Der Begriff der **unmittelbar bevorstehenden Gefahr** stellt besondere Anforderungen an die zeitliche Nähe des Schadenseintritts und zugleich strengere Anforderungen an den Wahrscheinlichkeitsgrad in dem Sinne, dass ein zum Eingriff berechtigender Sachverhalt (erst) vorliegt, wenn der Eintritt eines Schadens fast mit Gewissheit zu erwarten ist.[62] Mit dem polizeilichen Schutzgut der Freiheit ist die körperliche Fortbewegungsfreiheit gemeint. **Wesentliche Vermögenswerte** können bei systematischer, dem Verhältnismäßigkeitsgrundsatz Rechnung tragender Auslegung der Norm nur solche sein, die in ihrer Gewichtigkeit den übrigen genannten bedeutsamen Rechtsgütern Leib, Leben und Freiheit entsprechen, etwa weil sie von erheblicher Bedeutung für die Allgemeinheit sind (vgl. zur Orientierung auch § 14 Abs. 2 S. 2 BPolG). Die Ingewahrsamnahme muss darüber hinaus **unerlässlich** sein. Dabei handelt es sich um eine besondere Ausprägung des Verhältnismäßigkeitsgrundsatzes auf Ebene des Tatbestands.[63] Unerlässlich bedeutet, dass das Mittel der polizeilichen Ingewahrsamnahme nur angewendet werden darf, wenn es zur Abwehr der qualifizierten Gefahrensituation geeignet ist und dabei zugleich das relativ mildeste aller zur Verfügung stehenden Mittel darstellt. Wenn die Abwehr der Gefahr durch eine polizeiliche Maßnahme verhindert werden kann, die die gesuchte Person weniger beeinträchtigt, ist die polizeiliche Ingewahrsamnahme nicht erforderlich und daher auch nicht unerlässlich.[64]

36 Die **Befugnis zur Ingewahrsamnahme** als solche richtet sich grundsätzlich nicht nach dem BKAG, sondern nach den **Polizeigesetzen der Länder**. Zwar ermächtigt auch **§ 57 BKAG** zu einem entsprechenden Vollzugshandeln des BKA im Kontext der Terrorismusbekämpfung (→ § 57 Rn. 39 ff.); sobald die gesuchte Person identifiziert und aufgefunden ist, wird sich jedoch im Zweifel die Zuständigkeit eines Landes begründen lassen. Ein Einschreiten des BKA im Bereich der präventivpolizeilichen Terrorismusbekämpfung kommt damit nur im Fall einer länderübergreifenden Gefahr oder bei einem Übernahmeersuchen der obersten Landesbehörde in Betracht (vgl. § 5 Abs. 1 S. 1 Nrn. 1 und 3 BKAG). Die Beschränkung der Ausschreibung auf die Maßnahme der Ingewahrsamnahme ergibt sich aus der Eilbedürftigkeit der Gefahrenabwehr und der Erheblichkeit der Gefahr.[65] Die Befugnis der Bundespolizei, Personen zur Grenzfahndung auszuschreiben, bleibt von § 33 Abs. 8 S. 1 Nr. 1 BKAG unberührt.

37 **b) Ausschreibungen zur Aufenthaltsermittlung (Nr. 2).** § 33 Abs. 8 S. 1 Nr. 2 BKAG sieht vor, dass das BKA aufgrund ausländischer Warnmeldungen eine Person zur Aufenthaltsermittlung ausschreiben kann, wenn Tatsachen die Annahme rechtfertigen, dass von ihr eine Gefahr für Leib, Leben, Gesundheit oder wesentli-

59 BT-Drs. 13/1550, 33.
60 So explizit BT-Drs. 13/1550, 33; vgl. – ohne die Hervorhebung im Original – auch Erbs/Kohlhaas/Papsthart BKAG § 15 (2008) Rn. 8: „Subsidiärzuständigkeit".
61 BT-Drs. 13/1550, 33.
62 BVerwG Urt. v. 26.2.1974 – I C 31/72 –, BVerwGE 45, 51 (58); Lisken/Denninger/Graulich, HdbPolR, E Rn. 147.
63 Vgl. auch Schenke/Graulich/Ruthig/K. Graulich BKAG § 33 Rn. 37.
64 BVerwG Urt. v. 26.2.1974 – I C 31/72 –, BVerwGE 45, 51 (56).
65 BT-Drs. 13/1550, 33.

che Vermögenswerte ausgeht. Die im Rahmen der BKAG-Reform 2017 (→ Rn. 3) eingeführte Regelung sollte dem Umstand Rechnung tragen, dass das BKA verstärkt Warnmeldungen ausländischer Sicherheitsbehörden zu reisenden – potenziellen – Straftätern erhält, ohne dass die Zuständigkeit eines LKA erkennbar ist.

Aus diesem Grund und mit Blick auf das im Verhältnis zur Ingewahrsamnahme geringere Gewicht des Grundrechtseingriffs setzt § 33 Abs. 8 S. 1 Nr. 2 BKAG eine **niedrigere Eingriffsschwelle** für die Aufenthaltsermittlung an. Es bedarf keiner unmittelbar bevorstehenden Gefahr, sondern lediglich Tatsachen, die die Annahme einer Gefahr rechtfertigen. Hiermit ist tatbestandsmäßig ein entsprechender **Gefahrenverdacht** umschrieben (→ Rn. 22), der es ermöglicht, nach potenziellen Straftätern zu fahnden. Die von der Nr. 2 in Bezug genommenen polizeilichen Schutzgüter („Leib, Leben, **Gesundheit** oder wesentliche Vermögenswerte“) decken sich annähernd wörtlich mit denjenigen der Nr. 1 („Leib, Leben, **Freiheit** oder wesentliche Vermögenswerte“). Warum der Gesetzgeber im Rahmen der Nr. 2 die Gesundheit als eigenständiges Schutzgut normiert, obschon diese – zumindest verfassungsrechtlich – vom Recht auf Leben und körperlicher Unversehrtheit (Art. 2 Abs. 2 S. 1 GG) umfasst ist, und stattdessen auf die körperlicher Fortbewegungsfreiheit verzichtet, erschließt sich aus den Gesetzgebungsmaterialien nicht.[66] Es dürfte sich um ein redaktionelles Versehen handeln. 38

c) **Ausschreibungen zur polizeilichen Beobachtung, Ermittlungsanfrage oder gezielten Kontrolle (Nr. 3).** 39
Nach § 33 Abs. 8 S. 1 Nr. 3 BKAG können eine Person sowie die von ihr genutzten oder eingesetzten Kraftfahrzeuge unabhängig von der Antriebsart, Anhänger mit einem Leergewicht von mehr als 750 Kilogramm, Wohnwagen, Wasserfahrzeuge, Container, Luftfahrzeuge, Schusswaffen, amtliche oder gefälschte Blankodokumente, amtliche oder gefälschte Identitätsdokumente und bargeldlose Zahlungsmittel zur polizeilichen Beobachtung, Ermittlungsanfrage oder gezielten Kontrolle ausgeschrieben werden. Tatbestandlich vorausgesetzt werden Tatsachen, die die Annahme rechtfertigen, dass die Person eine Straftat von erheblicher Bedeutung begehen wird und dies zur Verhütung dieser Straftat erforderlich ist. Die Eingriffsschwelle und die Tatbestandsvoraussetzungen im Übrigen sind wörtlich der präventiven Ausschreibung nach **§ 33 Abs. 4 Nr. 3 BKAG** entnommen worden, so dass auf ihre Auslegung verwiesen werden kann (→ Rn. 21 f.).

3. Anordnungskompetenz und Unterrichtungspflicht (S. 2 und 3). § 33 Abs. 8 S. 2 BKAG erklärt die Abs. 5 und 6 für entsprechend anwendbar. Nach der uneindeutigen Intention dürfte es sich dabei um einen eingeschränkten Rechtsgrundverweis handeln. In der Konsequenz bedarf eine Ausschreibung nach § 33 Abs. 8 S. 1, 2 iVm Abs. 5 S. 1 BKAG dann der **richterlichen Anordnung** (→ Rn. 26 f.), wenn sie auf einer Warnmeldung der Sicherheitsbehörde eines Drittstaates erfolgt. Für Ausschreibungen aufgrund von Warnmeldungen durch die Sicherheitsbehörden von Europäischen Mitgliedstaaten gilt der Richtervorbehalt demgegenüber nicht; hier kommt der **Abteilungsleitervorbehalt** nach § 33 Abs. 5 S. 2 BKAG (→ Rn. 28) entsprechend zur Anwendung.[67] 40

Die Anordnung ist auch bei Ausschreibungen nach Abs. 8 stets **aktenkundig zu machen** und auf höchstens ein Jahr **zu befristen** (vgl. § 33 Abs. 5 S. 3 und Abs. 6 S. 1 BKAG). Auch die Vorgaben zur Überprüfung der Anordnungsvoraussetzungen und Verlängerung der Anordnung kommen nach § 33 Abs. 8 S. 2 BKAG entsprechend zur Anwendung. Sie werden ergänzt durch eine Pflicht zur unverzüglichen Unterrichtung der Innenministerien bzw. Senatsinnenverwaltungen der Länder von den INPOL-Ausschreibungen (§ 33 Abs. 8 S. 3 BKAG). 41

§ 33a Schengener Informationssystem (SIS)

(1) Als zentrale nationale Stelle nach § 3 Absatz 2 Nummer 2 ist das Bundeskriminalamt dafür zuständig, ein einheitliches nationales System (N.SIS) zu errichten, zu betreiben, zu warten sowie weiterzuentwickeln und an das zentrale SIS anzuschließen

1. **nach Artikel 19 der Verordnung (EU) 2018/1860 des Europäischen Parlaments und des Rates vom 28. November 2018 über die Nutzung des Schengener Informationssystems für die Rückkehr illegal aufhältiger Drittstaatsangehöriger (ABl. L 312 vom 7.12.2018, S. 1) in Verbindung mit Artikel 6 der Verordnung (EU) 2018/1861,**
2. **nach Artikel 6 der Verordnung (EU) 2018/1861 und**
3. **nach Artikel 6 der Verordnung (EU) 2018/1862.**

66 Vgl. BT-Drs. 18/11163, 111.
67 S. auch Kugelmann BKAG § 15 Rn. 15.

Das Bundeskriminalamt stellt den nach § 33b Absatz 1 Satz 1 Nummer 1 bis 18 berechtigten staatlichen Stellen das N.SIS für den Zugriff dieser Stellen auf das SIS auf Grundlage der in Satz 1 genannten Verordnungen zur Verfügung, damit diese Stellen Daten aus dem SIS abrufen sowie Ausschreibungen in das SIS eingeben und diese Ausschreibungen bearbeiten können.

(2) Das Bundeskriminalamt hat durch organisatorische und technische Maßnahmen sicherzustellen, dass Zugriffe auf das N.SIS nur möglich sind, soweit die jeweiligen staatlichen Stellen nach den in Absatz 1 Satz 1 genannten Verordnungen hierzu berechtigt sind.

(3) Zugriffe auf das SIS durch das Bundeskriminalamt, die Landeskriminalämter und die in § 29 Absatz 3 Satz 1 Nummer 1 bis 7 genannten Behörden erfolgen im polizeilichen Informationsverbund. Ausgenommen hiervon sind Ausschreibungen der Bundespolizei nach Artikel 3 der Verordnung (EU) 2018/1860; hierfür gilt Absatz 1 Satz 2 entsprechend.

(4) Das Bundeskriminalamt kann sich bei der Zurverfügungstellung des Zugriffs nach Absatz 1 Satz 2 für die Ausländerbehörden, das Auswärtige Amt, das Bundesamt für Auswärtige Angelegenheiten, die Auslandsvertretungen, das Bundesamt für Migration und Flüchtlinge und die obersten Landesbehörden der Unterstützung des Bundesverwaltungsamtes sowie bei der Zurverfügungstellung für die für die Zulassung von Kraftfahrzeugen zuständigen Behörden der technischen Unterstützung des Kraftfahrt-Bundesamtes bedienen. Soweit die in Satz 1 genannte Unterstützung des Bundesverwaltungsamtes über eine technische Unterstützung hinausgeht, verarbeitet es im Auftrag und nach Weisung des Bundeskriminalamtes Daten für den Betrieb des nationalen Teils des SIS.

A. Überblick und Genese

1 Das Schengener Informationssystem (SIS) ist das staatenübergreifende, computergestützte polizeiliche Fahndungssystem des Schengener Durchführungsübereinkommens (SDÜ). Es bildet das „Herzstück" der Ausgleichsmaßnahmen des Abkommens mit dem Ziel, die durch den Wegfall der Grenzkontrollen an den Binnengrenzen der Vertragsstaaten zwangsläufig entstehenden Sicherheitslücken zu schließen.[1] Die Vorschriften der §§ 33a und 33b BKAG wurden durch Art. 3 des Gesetzes zur Durchführung der Verordnungen (EU) 2018/1860, 2018/1861 und 2018/1862 über die Einrichtung, den Betrieb und die Nutzung des Schengener Informationssystems der dritten Generation sowie zur Änderung des Aufstiegsfortbildungsförderungsgesetzes und des BDBOS-Gesetzes (SIS-III-Gesetz) vom 19.12.2022 eingeführt.[2] Die EU-Verordnungen sind am 27.12.2018 in Kraft getreten und in der Bundesrepublik Deutschland unmittelbar anzuwenden. Sie bilden die Rechtsgrundlage für das **Schengener Informationssystem der dritten Generation (SIS III)**. Um die Vorgaben aus den Verordnungen vollständig iSd europäischen Gesetzgebers und bundeseinheitlich umzusetzen, bedurfte es für die Inbetriebnahme des SIS jedoch zusätzlicher Rechtsänderungen auf nationaler Ebene.[3] Da das Datum zur Inbetriebnahme des SIS der dritten Generation gem. diesen Verordnungen seitens der Europäischen Kommission durch Beschluss festgelegt wird,[4] hat der nationale Gesetzgeber das **Inkrafttreten der §§ 33a und 33b BKAG** nach Art. 11 Abs. 2 S. 1 des SIS-III-Gesetzes **an das Datum der Inbetriebnahme des SIS geknüpft** und damit von dem entsprechenden Beschluss der EU-Kommission abhängig gemacht.

2 Die genannten EU-Verordnungen erweitern umfassend sowohl den Anwendungsbereich als auch die Funktionen des SIS und sehen eine grundsätzlich verpflichtende Nutzung des SIS im Bereich der Terrorismusbekämpfung vor. Eine der wesentlichen Neuerungen ist, dass auch Nicht-Polizeibehörden direkt an das SIS angeschlossen werden. Dementsprechend vollziehen die Rechtsänderungen im BKAG die **technische Trennung des nationalen Teils des SIS vom polizeilichen Informationsverbund** (INPOL), um den unionsrechtlich vorgesehenen **Zugriff von Nicht-Polizeibehörden auf das SIS** zu ermöglichen.[5] Während Zugriffe auf das

1 Statt vieler Tuffner in FS-Herold, 1998, S. 239 (239); Scheller JZ 1992, 904 (905).
2 BGBl. I 2022 S. 2632.
3 BT-Drs. 20/3707, 1, 25 (Gesetzentwurf); BT-Drs. 20/4353, 1 (Beschlussempfehlung des Innenausschusses).
4 Vgl. Art. 66 Abs. 2 der Verordnung (EU) 2018/1861, Art. 79 Abs. 2 der Verordnung (EU) 2018/1862.
5 BT-Drs. 20/3707, 3, 26; BT-Drs. 20/4353, 3.

SIS nach alter Rechtslage ausschließlich über den polizeilichen Informationsverbund erfolgten (vgl. § 29 Abs. 2 S. 3 BKAG aF: „Ausschreibungen im Schengener Informationssystem erfolgen im polizeilichen Informationsverbund"), wird mit § 33a BKAG der nationale Teil des SIS technisch aus INPOL herausgelöst, damit Nicht-Polizeibehörden – wie europarechtlich vorgesehen – an das SIS angeschlossen werden können (§ 33b BKAG). Als Grundsatz bleibt der INPOL-Zugriff auf das SIS nach § 33a Abs. 3 BKAG für die INPOL-Teilnehmer allerdings auch nach neuer Rechtslage bestehen.

B. Kommentierung im Einzelnen

§ 33a BKAG normiert die Regelungen zum SIS vor allem in Hinblick auf das BKA. Die Norm gliedert sich in vier Absätze, in denen dem BKA die Zuständigkeit für den nationalen Teil des SIS (N.SIS) zugewiesen (Abs. 1, → Rn. 4 f.), die Eingabe-, Abruf- und Bearbeitungsberechtigung geregelt (Abs. 2, → Rn. 6), das Verhältnis zum polizeilichen Informationsverbund (INPOL) geklärt (Abs. 3, → Rn. 7 ff.) und Unterstützungspflichten beteiligter Behörden normiert werden (Abs. 4, → Rn. 11 ff.). 3

I. Zuständigkeit des BKA für den nationalen Teil des SIS (Abs. 1)

Durch § 33a Abs. 1 **S. 1** BKAG wird, entsprechend der dort genannten rechtlichen Vorgaben der drei SIS-Verordnungen, die Zuständigkeit des BKA für die Errichtung, den Betrieb, die Wartung, die Weiterentwicklung und den Anschluss des nationalen Teils des SIS (N.SIS) an das zentrale SIS festgelegt.[6] Das **N.SIS** besteht dabei aus den nationalen, mit dem zentralen SIS kommunizierenden Datensystemen, einschließlich mindestens eines nationalen oder gemeinsamen Back-up-N.SIS; es kann einen Datenbestand umfassen, der eine vollständige oder Teilkopie der SIS-Datenbank enthält („nationale Kopie").[7] Mit der Ausformung der N.SIS-Zuständigkeit in § 33a Abs. 1 S. 1 BKAG wird die Aufgabe des BKA als zentrale nationale Stelle nach **§ 3 Abs. 2 Nr. 2 BKAG** (→ § 3 Rn. 18 ff.) normativ mit Leben gefüllt und die unionsrechtliche Verpflichtung der Bundesrepublik zur Errichtung, Betrieb, Wartung und Weiterentwicklung des nationalen Teils des SIS umgesetzt.[8] 4

Mit § 33a Abs. 1 **S. 2** BKAG wird das BKA zudem verpflichtet, den berechtigten, im Einzelnen in § 33b Abs. 1 S. 1 BKAG genannten Stellen in Bund und Ländern (→ § 33b Rn. 4 ff.) auf Grundlage der EU-Verordnungen[9] den Zugriff auf den nationalen Teil des SIS im Rahmen ihrer jeweiligen gesetzlichen Aufgaben und Zwecke zur Verfügung zu stellen. Der Begriff **„Zugriff"** dient als Oberbegriff und umfasst dabei sowohl den **Abruf** von Daten aus dem SIS als auch die **Eingabe** von Ausschreibungen in das SIS sowie deren anschließende **Bearbeitung.**[10] Dieses Begriffsverständnis ist durch die Formulierung des Halbsatzes 2 des § 33a Abs. 1 S. 2 BKAG („[...] damit diese Stellen Daten aus dem SIS abrufen sowie Ausschreibungen in das SIS eingeben und diese Ausschreibungen bearbeiten können") klargestellt. Ein „Zugriff" idS umfasst jedoch nicht in jedem Fall, dass die berechtigte Stelle sowohl Daten aus dem SIS abrufen („lesen"), als auch eingeben („schreiben") darf.[11] Ob eine berechtigte Stelle nicht nur Daten aus dem SIS abrufen, sondern auch Ausschreibungen eingeben kann, beurteilt sich vielmehr nach den Zweckbestimmungen der drei SIS-Verordnungen (vgl. § 33b Abs. 1 BKAG, → § 33b Rn. 6). 5

II. Eingabe-, Abruf- und Bearbeitungsberechtigung (Abs. 2)

§ 33a Abs. 2 BKAG sieht vor, dass das Amt durch organisatorische und technische Maßnahmen sicherstellt, dass Zugriffe auf das einheitliche nationale System (N.SIS) – sei es zum Abruf, sei es zur Eingabe oder Bearbeitung einer Ausschreibung (→ Rn. 5) – nur möglich sind, soweit die jeweiligen Behörden nach den Zweckbestimmungen der drei SIS-Verordnungen hierzu berechtigt sind (→ Rn. 5 sowie § 33b Rn. 6). Diese Vorschrift **entspricht § 29 Abs. 4 S. 1 BKAG** im Kontext des polizeilichen Informationsverbunds.[12] Auf die dortige Kommentierung wird verwiesen (→ § 29 Rn. 21 ff.). 6

6 BT-Drs. 20/3707, 51.
7 Zu Systemarchitektur und Betrieb des SIS vgl. Art. 4 der Verordnung (EU) 2018/1861, Art. 4 der Verordnung (EU) 2018/1862.
8 Vgl. Art. 6 der Verordnung (EU) 2018/1861, Art. 6 der Verordnung (EU) 2018/1862.
9 Vgl. Art. 66 Abs. 2 der Verordnung (EU) 2018/1861, Art. 79 Abs. 2 der Verordnung (EU) 2018/1862.
10 BT-Drs. 20/3707, 51.
11 BT-Drs. 20/3707, 51.
12 BT-Drs. 20/3707, 51.

III. Grundsatz des INPOL-Zugriffs (Abs. 3)

7 § 33a Abs. 3 BKAG klärt das technische Zusammenspiel von INPOL und SIS und statuiert ein **Regel-Ausnahme-Verhältnis:** Nach § 33a Abs. 3 S. 1 BKAG erfolgen SIS-Zugriffe (→ Rn. 5) des BKA, der Landeskriminalämter sowie der in § 29 Abs. 3 S. 1 Nrn. 1–7 BKAG genannten weiteren Teilnehmer am polizeilichen Informationsverbund (INPOL) grundsätzlich im Rahmen des polizeilichen Informationsverbunds. Eine Ausnahme von diesem Grundsatz enthält S. 2 lediglich für sog. Rückkehrausschreibungen der Bundespolizei (→ Rn. 10).

8 Die Regelung des § 33a Abs. 3 S. 1 BKAG übernimmt inhaltlich die bereits in **§ 29 Abs. 2 S. 3 BKAG** enthaltene – durch das SIS-III-Gesetz vom 19.12.2022[13] gestrichene – Regelung, dass Zugriffe auf das SIS durch die in § 29 Abs. 3 S. 1 BKAG genannten Behörden über den polizeilichen Informationsverbund erfolgen. Der Grund dafür ist, dass der nationale Teil des SIS zwar technisch aus INPOL herausgelöst wurde, damit die europarechtlich vorgesehenen Nicht-Polizeibehörden an das SIS angeschlossen werden können. Soweit es sich jedoch – wie bisher – um das BKA, die Landeskriminalämter oder die in § 29 Abs. 3 S. 1 Nrn. 1–7 BKAG genannten Behörden handelt, greifen diese weiterhin über INPOL auf das SIS zu. So erfolgen Ausschreibungen der betreffenden Behörden in INPOL und werden von dort in das N.SIS und damit in das SIS übertragen, wenn die europarechtlichen Voraussetzungen der SIS-Verordnungen dafür vorliegen. Mit § 33a Abs. 3 S. 1 BKAG wird klargestellt, dass es sich bei den SIS-Ausschreibungen im INPOL nicht um ein eigenständiges Informationssystem, sondern um einen **integralen Bestandteil** des polizeilichen Informationssystems handelt. Folglich finden auf die Ausschreibungen im Schengener Informationssystem auch die für den polizeilichen Informationsverbund geltenden Regelungen des BKAG Anwendung (dazu sowie zu den Betroffenenrechten → § 29 Rn. 15 f.).

9 Nach dem Gesetzentwurf sollten ursprünglich die **mit der Steuerfahndung betrauten Dienststellen der Landesfinanzbehörden** (§ 29 Abs. 3 S. 1 Nr. 7 BKAG) vom SIS-Zugriff über INPOL ausgenommen werden.[14] Auf eine entsprechende Beschlussempfehlung des Innenausschusses wurde die Ausnahme im Gesetzgebungsverfahren wieder gestrichen, da die Steuerfahndungsstellen der Länder als INPOL-Teilnehmer auch einen Zugriff auf das SIS zur Erfüllung ihrer gesetzlichen Aufgaben nach § 208 AO erhalten sollten.[15] Das erscheint mit Blick auf die Ermittlungsbefugnisse der Steuerfahndung nach **§ 404 AO iVm Art. 44 Abs. 3 der Verordnung (EU) 2018/1862** sachgerecht, wonach auch die nationalen Justizbehörden, einschließlich derjenigen, die für die Einleitung der staatsanwaltschaftlichen Ermittlungen im Strafverfahren und justizielle Ermittlungen vor der Erhebung der Anklage gegen eine Person zuständig sind, Zugriff auf die in das SIS eingegebenen Daten mit dem Recht erhalten, diese unmittelbar abzufragen. Unmittelbar aus § 404 AO iVm Art. 44 Abs. 3 der Verordnung (EU) 2018/1862 ergibt sich auch die Rechtsgrundlage für den Zugriff.[16]

10 § 33a Abs. 3 S. 2 BKAG sieht vor, dass von dem Grundsatz des SIS-Zugriffs über INPOL sog. **Rückkehrausschreibungen der Bundespolizei** ausgenommen sind. Diese Ausschreibungen der Bundespolizei zur Rückkehr werden – ebenso wie entsprechende Ausschreibungen der Ausländerbehörden und des Bundesamtes für Migration und Flüchtlinge – direkt in das SIS und nicht über INPOL eingegeben. Regelmäßig werden im Rahmen der bundespolizeilichen Zuständigkeit Rückkehrentscheidungen getroffen, bei denen die Ausreisepflicht festgestellt und die Person idR unter Fristsetzung zur Ausreise in einen Drittstaat aufgefordert wird.[17] Nur unter bestimmten Umständen kann auf die Fristsetzung verzichtet und die Ausreisepflicht zwangsweise durchgesetzt werden (Abschiebung); in diesen Fällen erfolgt keine Ausschreibung im SIS zur Rückkehr. Die Bundespolizei ist für die Durchsetzung der Ausreisepflicht idS nach § 1 Abs. 2 BPolG iVm § 71 Abs. 3 Nrn. 1, 1a und 1b AufenthG an der Grenze zuständig, zB, wenn im Grenzraum die verspätete Ausreise eines Drittstaatsangehörigen aufgrund einer geringen Überschreitung des zulässigen Aufenthaltszeitraums festgestellt wird und sich die Person glaubhaft auf der Heimreise in den Herkunftsstaat befindet. Eine Ausschreibung ist in diesen Fällen auch an der Grenze typischerweise erforderlich, wenn die betreffende Person – was regelmäßig der Fall ist – nicht unmittelbar in ihr Herkunftsland oder einen Drittstaat zurückkehrt bzw. zurückkehren kann. § 33a Abs. 3 S. 2 BKAG regelt dabei **nicht das „Ob“** einer Ausschreibung der Bundespolizei zur Rückkehr, sondern **lediglich das rechtliche „Wie“**.[18] Alle anderen Ausschreibungen gibt die Bundespolizei über § 33a Abs. 3 S. 1 BKAG im polizeilichen Informationsverbund ein.

13 BGBl. I 2022 S. 2632.
14 Vgl. BT-Drs. 20/3707, 51.
15 BT-Drs. 20/4353, 11.
16 BT-Drs. 20/4353, 11.
17 BT-Drs. 20/3707, 51.
18 BT-Drs. 20/3707, 52.

IV. Technische Unterstützungspflichten und Auftragsdatenverarbeitung (Abs. 4)

In § 33a Abs. 4 BKAG werden schließlich besondere Unterstützungspflichten des Bundesverwaltungsamts einerseits und des Kraftfahrzeug-Bundesamts andererseits normiert, soweit es um die Zurverfügungstellung des Zugriffs auf das SIS durch die in § 33b Abs. 1 BKAG genannten Stellen geht. 11

§ 33a Abs. 4 S. 1 BKAG sieht die **Verpflichtung des Bundesverwaltungsamtes** vor, das BKA bei der Zurverfügungstellung des SIS-Zugangs für die berechtigten Nicht-Polizeibehörden mit ausländerrechtlichen Aufgaben zu unterstützen. Eine technische Unterstützung leistete das Bundesverwaltungsamt bereits in der Vergangenheit.[19] Aufgrund der in den EU-Verordnungen vorgesehenen Anbindung neuer Behörden und neuer Ausschreibungskategorien hat der Unterstützungsbedarf jedoch zugenommen. Bei den technischen Unterstützungsleistungen geht es vor allem um die technische Anbindung der berechtigten Nicht-Polizeibehörden iSd § 33b Abs. 1 BKAG an das N.SIS und die Bereitstellung von Schnittstellen für die jeweiligen Fachverfahren der verschiedenen Behörden und Weboberflächen. Das Bundesverwaltungsamt fungiert dabei als **„technischer Knotenpunkt“**.[20] Darüber hinaus nimmt das Bundesverwaltungsamt auch Aufgaben im Bereich des fachlichen Anforderungs- und Servicemanagements sowie des Nutzer-Supports wahr. Das Bundesverwaltungsamt ist für die angebundenen Behörden zentraler Ansprechpartner bei Störungen. Darüber hinaus trägt das Bundesverwaltungsamt auch zu einer erleichterten Aufgabenwahrnehmung der angeschlossenen Behörden bei, beispielsweise bei der Eingabe von Ausschreibungen in das SIS und beim Kommunikationsaustausch zwischen den berechtigten Behörden und der deutschen SIRENE zu SIS-Ausschreibungen (durch automatisierte Übernahme bestimmter Daten). Das Bundesverwaltungsamt hat im Rahmen seiner Unterstützungsleistungen einen lesenden Zugriff auf die von den angebundenen Behörden in das SIS eingegebenen Ausschreibungen. Daher ist in **§ 33a Abs. 4 S. 2 BKAG** geregelt, dass das Bundesverwaltungsamt nach Auftrag und Weisung des BKA Daten für den Betrieb des nationalen Teils des SIS (N.SIS) verarbeitet. Die Einzelheiten dieser **Auftragsdatenverarbeitung** sind in einer Auftragsdatenverarbeitungs-Vereinbarung zwischen dem BKA und dem Bundesverwaltungsamt zu regeln.[21] 12

Neben der Unterstützungspflicht des Bundesverwaltungsamts normiert § 33a Abs. 4 S. 1 BKAG die **Verpflichtung des Kraftfahrt-Bundesamts,** das BKA bei der Zurverfügungstellung des SIS-Zugriffs für die ca. 420 für die Zulassung von Kraftfahrzeugen zuständigen Behörden der Länder technisch zu unterstützen. Das Kraftfahrt-Bundesamt übernimmt hier ebenfalls eine Funktion als „technischer Knotenpunkt“, allerdings – im Gegensatz zum Bundesverwaltungsamt – ohne Zugriffsmöglichkeit auf personenbezogene Daten.[22] Der Grund dafür liegt darin, dass zwischen dem Kraftfahrt-Bundesamt und den für die Zulassung von Kraftfahrzeugen zuständigen Behörden der Länder bereits IT-Geschäftsprozesse bestehen, die sich für die weitere Anbindung an das SIS nutzen lassen. Anders als das Bundesverwaltungsamt unterstützt das Kraftfahrt-Bundesamt das BKA somit ausschließlich in technischer Hinsicht ohne Zugriffsmöglichkeiten auf personenbezogene Daten im Rahmen der Unterstützungsleistung. Für das Kraftfahrt-Bundesamt sieht § 33a Abs. 4 S. 2 BKAG daher – normativ konsequent – keine Auftragsdatenverarbeitung vor. 13

§ 33b Auf das SIS zugriffsberechtigte Stellen

(1) Die auf Grundlage der in § 33a Absatz 1 Satz 1 genannten Verordnungen auf das SIS zugriffsberechtigten staatlichen Stellen sind neben dem Bundeskriminalamt, den Landeskriminalämtern und den in § 29 Absatz 3 Satz 1 Nummer 1 bis 7 genannten Behörden:

1. **die Ausländerbehörden für die Zwecke des Artikels 34 Absatz 1 Buchstabe d der Verordnung (EU) 2018/1861 sowie des Artikels 44 Absatz 1 Buchstabe d der Verordnung (EU) 2018/1862,**
2. **das Auswärtige Amt für die Zwecke des Artikels 34 Absatz 1 Buchstabe d und f der Verordnung (EU) 2018/1861 sowie des Artikels 44 Absatz 1 Buchstabe d der Verordnung (EU) 2018/1862,**
3. **das Bundesamt für Auswärtige Angelegenheiten für die Zwecke des Artikels 34 Absatz 1 Buchstabe d und f der Verordnung (EU) 2018/1861 sowie des Artikels 44 Absatz 1 Buchstabe d der Verordnung (EU) 2018/1862,**
4. **die Auslandsvertretungen für die Zwecke des Artikels 34 Absatz 1 Buchstabe d und f der Verordnung (EU) 2018/1861 sowie des Artikels 44 Absatz 1 Buchstabe d der Verordnung (EU) 2018/1862,**

19 BT-Drs. 20/3707, 52.
20 BT-Drs. 20/3707, 52.
21 BT-Drs. 20/3707, 52.
22 BT-Drs. 20/3707, 52.

5. das Bundesamt für Migration und Flüchtlinge für die Zwecke des Artikels 34 Absatz 1 Buchstabe d der Verordnung (EU) 2018/1861 sowie des Artikels 44 Absatz 1 Buchstabe d der Verordnung (EU) 2018/1862,
6. das Bundesamt für Seeschifffahrt und Hydrographie für die Zwecke des Artikels 46 Absatz 1 der Verordnung (EU) 2018/1862,
7. die Wasserstraßen- und Schifffahrtsämter für die Zwecke des Artikels 46 Absatz 1 der Verordnung (EU) 2018/1862,
8. die Berufsgenossenschaft Verkehrswirtschaft Post-Logistik Telekommunikation für die Zwecke des Artikels 46 Absatz 1 der Verordnung (EU) 2018/1862,
9. das Luftfahrt-Bundesamt für die Zwecke des Artikels 46 Absatz 1 der Verordnung (EU) 2018/1862,
10. das Kraftfahrt-Bundesamt für die Zwecke des Artikels 45 Absatz 1 der Verordnung (EU) 2018/1862,
11. die für die Zulassung von Kraftfahrzeugen zuständigen Behörden für die Zwecke des Artikels 45 Absatz 1 der Verordnung (EU) 2018/1862,
12. das Bundesverwaltungsamt für die Zwecke des Artikels 34 Absatz 1 Buchstabe d und f der Verordnung (EU) 2018/1861 sowie des Artikels 44 Absatz 1 Buchstabe d der Verordnung (EU) 2018/1862,
13. die Waffenbehörden bei der Erteilung waffenrechtlicher Erlaubnisse für die Zwecke des Artikels 47 Absatz 1 der Verordnung (EU) 2018/1862,
14. die für die Eintragung von Wasserfahrzeugen in ein Schiffsregister zuständigen Amtsgerichte für die Zwecke des Artikels 46 Absatz 1 der Verordnung (EU) 2018/1862,
15. die für die Erteilung von amtlichen Kennzeichen für Wasserfahrzeuge nach landesrechtlichen Vorschriften zuständigen Landesbehörden für die Zwecke des Artikels 46 Absatz 1 der Verordnung (EU) 2018/1862,
16. die obersten Landesbehörden im Rahmen ihrer Zuständigkeiten nach dem Aufenthaltsgesetz für die Zwecke des Artikels 34 Absatz 1 Buchstabe d der Verordnung (EU) 2018/1861,
17. die Hauptzollämter für die Zwecke des Artikels 34 Absatz 1 Buchstabe b und c der Verordnung (EU) 2018/1861 sowie des Artikels 44 Absatz 1 Buchstabe b und c der Verordnung (EU) 2018/1862 und
18. die Staatsanwaltschaften für die Zwecke des Artikels 44 Absatz 3 der Verordnung (EU) 2018/1862.

Die in Satz 1 Nummer 1 bis 18 genannten berechtigten staatlichen Stellen haben einen direkten Zugriff auf das N.SIS.

(2) Ausschreibungen des Bundesamtes für Verfassungsschutz, des Militärischen Abschirmdienstes und des Bundesnachrichtendienstes nach Artikel 36 Absatz 4 der Verordnung (EU) 2018/1862 in Verbindung mit § 17 Absatz 3 des Bundesverfassungsschutzgesetzes erfolgen durch das Bundeskriminalamt in Amtshilfe im polizeilichen Informationsverbund. Soweit das Bundeskriminalamt auf eine Ausschreibung einer der in Satz 1 genannten Behörden Informationen nach Artikel 37 Absatz 1 der Verordnung (EU) 2018/1862 erhält, übermittelt es diese Informationen an diejenige in Satz 1 genannte Behörde, für die die Ausschreibung erfolgt ist.

(3) Nichtstaatliche Stellen im Sinne des Artikels 46 Absatz 3 Satz 1 der Verordnung (EU) 2018/1862 sind die in den §§ 1 bis 4a der Verordnung zur Beauftragung von Luftsportverbänden vom 16. Dezember 1993 (BGBl. I S. 2111), die zuletzt durch Artikel 5 der Verordnung vom 12. Dezember 2016 (BGBl. I S. 2864) geändert worden ist, und die in § 5 Satz 2 der Binnenschifffahrt-Kennzeichnungsverordnung vom 21. Februar 1995 (BGBl. I S. 226), die zuletzt durch Artikel 2 § 4 der Verordnung vom 21. September 2018 (BGBl. I S. 1398) geändert worden ist, genannten Organisationen. Sie erhalten über das Bundeskriminalamt Zugang zu den in Artikel 46 Absatz 1 der Verordnung (EU) 2018/1862 genannten Daten im SIS.

(4) Die in Absatz 1 Satz 1 Nummer 6 bis 11 und 13 bis 15 genannten berechtigten staatlichen Stellen sowie die in Absatz 3 genannten nichtstaatlichen Stellen sind verpflichtet, in jedem der in den Artikeln 45 bis 47 der Verordnung (EU) 2018/1862 genannten Verfahren die ihnen zugänglichen Daten zu der in Artikel 45 Absatz 1, Artikel 46 Absatz 1 oder Artikel 47 Absatz 1 der Verordnung (EU) 2018/1862 vorgesehenen Überprüfung abzurufen. Im Falle eines Treffers informieren die in Satz 1 genannten Stellen darüber die jeweils zuständige Landespolizeidienststelle.

(5) Soweit den nach Absatz 1 Satz 1 berechtigten staatlichen Stellen ein direkter Zugriff auf das N.SIS technisch nicht möglich ist, erhalten sie über das Bundeskriminalamt Zugang zu den Daten im SIS für die in Absatz 1 Satz 1 jeweils genannten Zwecke.

(6) Nur die berechtigte staatliche Stelle, die Daten zu einer Person oder Sache eingegeben hat, ist befugt, diese zu ändern, zu berichtigen und zu löschen. Hat eine teilnehmende Stelle des SIS Anhaltspunkte dafür, dass Daten unrichtig oder zu löschen sind, teilt sie dies umgehend der eingebenden Behörde mit, die verpflichtet ist, diese Mitteilung unverzüglich zu prüfen und erforderlichenfalls die Daten unverzüglich zu be-

richtigen oder zu löschen oder in ihrer Verarbeitung einzuschränken. Im Falle einer Löschung der Daten hat die Behörde nach Satz 1 auch die Daten zu der Person nach § 3 Absatz 3f des AZR-Gesetzes, die sie an die Registerbehörde nach § 1 Absatz 1 Satz 1 des AZR-Gesetzes übermittelt hat, unverzüglich im Ausländerzentralregister zu löschen oder die Löschung durch die Registerbehörde zu veranlassen.

(7) Im Rahmen des nationalen SIS obliegt die datenschutzrechtliche Verantwortung für die dort gespeicherten Daten, namentlich für die Rechtmäßigkeit der Erhebung, die Zulässigkeit der Eingabe sowie die Richtigkeit oder Aktualität der Daten, den Stellen, die die Daten unmittelbar eingeben. Die verantwortliche Stelle muss feststellbar sein. Die Verantwortung für die Zulässigkeit des Abrufs im automatisierten Verfahren trägt die empfangende Stelle.

(8) Die Datenschutzkontrolle obliegt der oder dem Bundesbeauftragten für den Datenschutz und die Informationsfreiheit. Die von den Ländern in das SIS eingegebenen Datensätze können auch von den jeweiligen im Landesrecht bestimmten öffentlichen Stellen, die für die Kontrolle der Einhaltung der Vorschriften über den Datenschutz zuständig sind, im Zusammenhang mit der Wahrnehmung ihrer Prüfungsaufgaben in den Ländern kontrolliert werden, soweit die Länder nach Absatz 7 verantwortlich sind. Die oder der Bundesbeauftragte für den Datenschutz und die Informationsfreiheit arbeitet insoweit mit den im Landesrecht bestimmten öffentlichen Stellen, die für die Kontrolle der Einhaltung der Vorschriften über den Datenschutz zuständig sind, zusammen.

A. Überblick und Genese

1 § 33b BKAG wurde durch Art. 3 des Gesetzes zur Durchführung der Verordnungen (EU) 2018/1860, 2018/1861 und 2018/1862 über die Einrichtung, den Betrieb und die Nutzung des Schengener Informationssystems der dritten Generation sowie zur Änderung des Aufstiegsfortbildungsförderungsgesetzes und des BDBOS-Gesetzes (**SIS-III-Gesetz**) vom 19.12.2022 eingeführt (→ § 33a Rn. 1 f.).[1] Das Inkrafttreten der Vorschrift ist nach Art. 11 Abs. 2 S. 1 des SIS-III-Gesetzes an das Datum der Inbetriebnahme des SIS geknüpft und damit von dem entsprechenden Beschluss der EU-Kommission abhängig. Während § 33a BKAG den nationalen Teil des SIS (N.SIS) aus dem polizeilichen Informationsverbund (INPOL) normativ herauslöst und technisch verselbstständigt, ermöglicht § 33b BKAG im Anschluss daran den europarechtlich vorgesehenen **Zugriff von Nicht-Polizeibehörden auf das SIS.**[2] Hiermit wird die wesentliche Neuerung des Schengener Informationssystems der dritten Generation in nationales Recht transformiert.

2 Mit der Benennung der auf das SIS zugriffsberechtigten Stellen in Deutschland kommt § 33b BKAG primär, wenngleich nicht ausschließlich **deklaratorische Bedeutung** zu. Die Rechtsgrundlage für den Zugriff der betreffenden Nicht-Polizeibehörden auf das SIS folgt demgegenüber unmittelbar aus Unionsrecht, namentlich den Verordnungen (EU) 2018/1860, 2018/1861 und 2018/1862. Dies wird in § 33b Abs. 1 S. 1 Hs. 1 BKAG einleitend klargestellt („auf Grundlage der in § 33a Absatz 1 Satz 1 genannten Verordnungen").

B. Kommentierung im Einzelnen

3 § 33b BKAG gliedert sich in acht Absätze, in denen die zugriffsberechtigten Nicht-Polizeibehörden aufgeführt (Abs. 1, → Rn. 4 ff.), die Amtshilfe für nachrichtendienstliche Ausschreibungen vorgesehen (Abs. 2, → Rn. 7 f.), die Zugriffsberechtigung nichtstaatlicher Stellen normiert (Abs. 3, → Rn. 9 f.), die verpflichtende Abfrage im SIS für bestimmte Zulassungsstellen angeordnet (Abs. 4, → Rn. 11 f.), die mittelbare Zugriffsmöglichkeit über das BKA im Fall technischer Probleme ermöglicht (Abs. 5, → Rn. 13), die Vorgaben hinsichtlich der Veränderung, Berichtigung und Löschung von Daten für den Bereich des SIS ausgeformt (Abs. 6, → Rn. 14 f.) sowie die datenschutzrechtliche Verantwortung und Kontrolle bereichsspezifisch geregelt werden (Abs. 7 und 8, → Rn. 16).

1 BGBl. I 2022 S. 2632.
2 BT-Drs. 20/3707, 3, 26; BT-Drs. 20/4353, 3.

I. Zugriffsberechtigte Nicht-Polizeibehörden (Abs. 1)

4 § 33b Abs. 1 S. 1 Hs. 1 BKAG stellt einleitend klar, dass der Zugriff auf das SIS nicht auf der Basis nationalen Rechts erfolgt, sondern unmittelbar „auf Grundlage der in § 33a Absatz 1 Satz 1 genannten Verordnungen" der EU (→ Rn. 2). Im Anschluss daran werden die nicht dem polizeilichen Informationsverbund angehörenden Stellen **abschließend katalogartig** aufgeführt. Die katalogartige Bezeichnung der Stellen in § 33b Abs. 1 BKAG dient grundsätzlich der Bestimmtheit und Normenklarheit.[3] Eine Ausnahme bildet § 33b Abs. 1 S. 1 Nr. 18 BKAG: Soweit die Staatsanwaltschaften danach für die Zwecke des Art. 44 Abs. 3 der Verordnung (EU) 2018/1862 und des Art. 34 Abs. 3 der Verordnung (EU) 2018/1861 zur Erfüllung ihrer gesetzlichen Aufgaben der Strafrechtspflege Zugriff auf das SIS erhalten, hat die Regelung konstitutive Bedeutung. Nach Art. 44 Abs. 3 der Verordnung (EU) 2018/1862 und des Art. 34 Abs. 3 der Verordnung (EU) 2018/1861 ist für einen Zugriff der Staatsanwaltschaften erforderlich, dass „nationale Rechtsvorschriften dies vorsehen". Die Benennung der Staatsanwaltschaften in § 33b Abs. 1 S. 1 Nr. 18 BKAG als zugriffsberechtigte Stelle stellt eine solche „nationale Rechtsvorschrift" iSd genannten Artikel dar.[4]

5 Die in § 33b Abs. 1 S. 1 Nrn. 1–18 BKAG aufgeführten Stellen haben nach **S. 2** einen **direkten Zugriff** (→ § 33a Rn. 5: Abruf von Daten aus dem SIS, Eingabe und Bearbeitung von Ausschreibungen) **auf den nationalen Teil des SIS** (N.SIS, → § 33a Rn. 4).

6 Mit der Benennung der zugriffsberechtigten Stellen in § 33b Abs. 1 S. 1 Nrn. 1–18 BKAG verbindet sich zugleich ein **Verweis auf den jeweiligen Zugriffszweck** („für die Zwecke des […]"). Hierdurch soll sichergestellt werden, dass der Zugriff der betreffenden Stellen auf das SIS auf die spezifische Zuständigkeit dieser berechtigten Stelle begrenzt ist.[5] Hiermit wird zugleich der Verpflichtung des BKA als systemführende N.SIS-Stelle aus § 33a Abs. 2 BKAG Rechnung getragen, wonach das Amt durch organisatorische und technische Maßnahmen sicherzustellen hat, dass Zugriffe auf das N.SIS nur möglich sind, soweit die jeweiligen staatlichen Stellen nach den EU-Verordnungen hierzu berechtigt sind (→ § 33a Rn. 6). Die Zwecke der Verordnungen (EU) 2018/1861 und 2018/1862, zu denen die berechtigten Stellen auf das SIS zugreifen dürfen, werden in § 33b Abs. 1 S. 1 Nrn. 1–18 BKAG im Interesse der Rechtsklarheit den jeweiligen Stellen unmittelbar zugeordnet. Ein gesonderter Verweis bei den Behörden mit aufenthaltsrechtlichen Aufgaben auf die Verordnung (EU) 2018/1860 erfolgt dabei nicht, weil diese Verordnung keine eigenen Zweckbestimmungen enthält. Vielmehr verweist Art. 17 Abs. 1 der Verordnung (EU) 2018/1860 insoweit auf die Zweckbestimmungen des Art. 34 Abs. 1–3 der Verordnung (EU) 2018/1861, als dass die dort genannten nationalen zuständigen Behörden berechtigt sind, auf das SIS zuzugreifen.[6]

II. Nachrichtendienstliche Ausschreibungen (Abs. 2)

7 § 33b Abs. 2 S. 1 BKAG normiert, dass nachrichtendienstliche Ausschreibungen, namentlich des Bundesamtes für Verfassungsschutz (BfV), des Militärischen Abschirmdienstes (MAD) und des Bundesnachrichtendienstes (BND), durch das BKA **in Amtshilfe** sowie **im polizeilichen Informationsverbund** erfolgen. Dabei geht es um Ausschreibungen zur verdeckten Kontrolle nach Art. 36 Abs. 4 der Verordnung (EU) 2018/1862 iVm § 17 Abs. 3 BVerfSchG.[7] Dies entspricht der bisherigen Rechtslage und Praxis[8] und wird – so die Intention des Normgebers – ausdrücklich klarstellend gesetzlich geregelt.[9] Durch S. 2 wird zusätzlich sichergestellt, dass die Informationen aus einem Treffer einer für die Dienste vom BKA eingegebenen Ausschreibung vom BKA/SIRENE-Büro an den jeweiligen Nachrichtendienst übermittelt werden können. Der besonderen sicherheitsrechtlichen Relevanz nachrichtendienstlicher Ausschreibungen trägt auch **§ 76 Abs. 4 BKAG** Rechnung, der eine Benachrichtigung der von der Ausschreibung betroffenen Person erst ab dem Zeitpunkt des absoluten Ausschlusses jeglicher Gefährdung des Ausschreibungszweckes zulässt (→ § 76 Rn. 11).

3 BT-Drs. 20/3707, 52.
4 BT-Drs. 20/3707, 55.
5 BT-Drs. 20/3707, 52 f.
6 BT-Drs. 20/3707, 52.
7 BT-Drs. 20/3707, 55.
8 Vgl. zu den Ursprüngen nachrichtendienstlicher Ausschreibungen Scheller JZ 1992, 904 (908).
9 BT-Drs. 20/3707, 55.

8 Ob diese Regelungen dem **informationellen Trennungsgebot**[10] (→ § 1 Rn. 18) hinreichend Rechnung tragen, lässt sich indes mit guten Gründen bezweifeln.[11] Zwar dürfen die Nachrichtendienste nach geltendem Recht nicht unmittelbar auf das SIS bzw. N.SIS zugreifen. Indem § 33b Abs. 2 BKAG iVm § 17 Abs. 3 BVerfSchG und Art. 36 Abs. 4 der Verordnung (EU) 2018/1862 nachrichtendienstliche Personenausschreibungen zur verdeckten Kontrolle im Wege polizeilicher Amtshilfe sowie im polizeilichen Informationsverbund ermöglicht, erhalten die Nachrichtendienste gleichwohl – mittelbar – Zugriff auf originär polizeiliche Fahndungs- und Kontrollbefugnisse im Einzelfall. Über diese können die Nachrichtendienste das eigene Informationsaufkommen anreichern, sei es durch die bloße Information über den Aufenthaltsort einer Person (anlässlich von Einreisekontrollen oder „anlasslosen" Kontrollen im Schengenraum) oder durch dabei generierte weitere Informationen (etwa zu Mitreisenden).[12] Eine solche Informationsgenerierung mit Mitteln polizeilicher Eingriffsbefugnisse für nachrichtendienstliche Zwecke ist verfassungsrechtlich unzulässig, da die Dienste, zuvörderst die Verfassungsschutzämter, nur für die Vorfeldaufklärung zuständig sind, während die Abwehr konkreter Gefahren den Polizeibehörden obliegt. Zulässig wäre allenfalls eine Regelung der Übermittlung von Daten, die bei Gelegenheit polizeilicher Überprüfung oder bei der Grenzkontrolle zufällig bekannt werden.[13] Darüber geht § 33b Abs. 2 BKAG iVm § 17 Abs. 3 BVerfSchG und Art. 36 Abs. 4 der Verordnung (EU) 2018/1862 schon mit der Ausschreibung zur verdeckten Kontrolle hinaus.

III. Zugriffsberechtigung nichtstaatlicher (Zulassungs-)Stellen (Abs. 3)

9 § 33b Abs. 3 S. 1 BKAG bestimmt die nichtstaatlichen Stellen iSd Art. 46 Abs. 3 der Verordnung (EU) 2018/1862, die Aufgaben nach Art. 46 Abs. 1 der Verordnung (EU) 2018/1862 in Deutschland wahrnehmen. Angesprochen sind damit nichtstaatliche **Zulassungsstellen für Wasser- und Luftfahrzeuge**. Dies sind die in der Verordnung zur Beauftragung von Luftsportverbänden (BeauftrgV[14]) beauftragten Vereine und die in der Binnenschifffahrt-Kennzeichnungsverordnung (KlFzKV-BinSch[15]) genannten Vereine. Für diese Regelung besteht Bedarf, weil die Zulassung bzw. die Zuteilung von amtlich anerkannten Kennzeichen für bestimmte, unter die Verordnung fallende Luft- und Wasserfahrzeuge nicht ausschließlich durch staatliche Stellen (ua Wasser- und Schifffahrtsämter, Luftfahrt-Bundesamt), sondern teilweise durch Verbände (eingetragene Vereine) erfolgt.[16] Anders als in der BeauftrgV wird für die in der KlFzKv-BinSch genannten Vereine der Oberbegriff „Organisationen" verwendet. Diese Differenzierung der Bezeichnung, obwohl es sich in beiden Regelungsbereichen jeweils um eingetragene Vereine handelt, spiegelt sich in der Formulierung des Abs. 3 S. 1 wider. Die gesetzlich geregelten Aufgaben dieser Vereine fallen unter die Aufgabenbeschreibung der Ausstellung von Zulassungsbescheinigungen bzw. des Verkehrsmanagements von Wasser- oder Luftfahrzeugen gem. Art. 46 Abs. 1 der Verordnung (EU) 2018/1862.

10 § 33b Abs. 3 S. 2 BKAG legt fest, dass das BKA entsprechend der Vorgaben aus Art. 46 Abs. 3 der Verordnung (EU) 2018/1862 diesen nichtstaatlichen Zulassungsstellen für Wasser- und Luftfahrzeuge, für die ein direkter Zugriff auf Daten im SIS nach den SIS-Verordnungen rechtlich nicht vorgesehen ist, mittelbar den Zugang zu den von ihnen für ihre Aufgabenwahrnehmung jeweils benötigten Daten (Daten über Wasserfahrzeuge und Wasserfahrzeugmotoren bzw. über Luftfahrzeuge und Flugzeugmotoren) gewährt. Das BKA ermöglicht den eingetragenen Vereinen auf diese Weise einen **mittelbaren SIS-Zugang**.[17] In einem Verfahren dieser Vereine zur Zulassung bzw. Zuteilung eines Kennzeichens erfolgt die direkte Abfrage des SIS anhand der vom Verein mitgeteilten Fahrzeugdaten durch die Polizei auf Nachfrage des Vereins zur Überprüfung, ob das Wasser- oder Luftfahrzeug gestohlen oder unterschlagen wurde oder auf sonstige Weise abhandengekommen ist oder als Beweismittel im einem Strafverfahren gesucht wird. Dazu stellt das BKA den Verbänden zur Abfrage anhand der Fahrzeugdaten entweder ein Webformular oder eine technische Schnittstelle zur Verfügung, damit diese prüfen können, ob Fahndungsdaten zu dem Fahrzeug im SIS enthalten sind („Hit-/No-Hit"-Auskunft). Im Falle eines Treffers („Hit") erfolgt die Verifizierung und die etwaige Durch-

10 Dazu grundlegend BVerfG Urt. v. 24.4.2013 – 1 BvR 1215/07 –, BVerfGE 133, 277 (329, Rn. 123); Urt. v. 19.5.2020 – 1 BvR 2835/17 –, BVerfGE 154, 152 (267 f., Rn. 218 f.); Beschl. v. 10.11.2020 – 1 BvR 3214/15 –, BVerfGE 156, 11 (50 ff., Rn. 101 ff.); aus der Literatur nur Gusy GSZ 2021, 141 ff.

11 Vgl. Burczyk, https://www.cilip.de/2022/11/21/schengener-informationssystem-verfassungsschutz-mit-erweiterter-fahndungsbefugnis/: „klare[r] Verstoß gegen das Trennungsgebot von Polizei und Nachrichtendiensten"; ebenfalls mit Zweifeln, aber im Ergebnis anders Schenke/Graulich/Ruthig/Bock BVerfSchG § 17 Rn. 18, unter Verweis darauf, dass im deutschen Verfassungsschutzrecht die nach Unionsrecht grundsätzlich mögliche Ausschreibung zur „gezielten Kontrolle" fehlt.

12 Burczyk, https://www.cilip.de/2022/11/21/schengener-informationssystem-verfassungsschutz-mit-erweiterter-fahndungsbefugnis/.

13 Lisken/Denninger/Aden, HdbPolR, M Rn. 291.

14 Verordnung zur Beauftragung von Luftsportverbänden (BeauftrV) v. 16.12.1993, BGBl. I S. 2111.

15 Verordnung über die Kennzeichnung von auf Binnenschifffahrtsstraßen verkehrenden Kleinfahrzeugen (Binnenschifffahrt-Kennzeichnungsverordnung – KlFzKV-BinSch) v. 21.2.1995, BGBl. I S. 226.

16 BT-Drs. 20/3707, 55.

17 BT-Drs. 20/3707, 56.

führung polizeifachlicher Anschlussmaßnahmen durch die örtlich zuständige Landespolizeidienststelle.[18] Durch die „Hit-/No-Hit"-Auskunft ist die Übermittlung von Daten durch das BKA an die nichtstaatliche Stelle auf das Minimum der Daten beschränkt, auf die die nichtstaatliche Stelle auf Grundlage des Art. 46 Abs. 1 (EU) 2018/1862 zum dort genannten Zweck (Überprüfung, ob die betreffenden Fahrzeuge gestohlen oder unterschlagen wurden, abhandengekommen sind oder als Beweismittel gesucht werden) zugreifen darf. Nach Art. 46 Abs. 3 S. 2 der Verordnung (EU) 2018/1862 sorgt der Mitgliedstaat dafür, dass die nichtstaatliche Stelle und ihre Mitarbeiter verpflichtet werden, etwaige Beschränkungen hinsichtlich der zulässigen Verwendung der ihnen von der Behörde übermittelten Daten einzuhalten. Im Rahmen des deutschen Verfahrens zur mittelbaren Anbindung der nichtstaatlichen Stellen betrifft dies insbesondere die Information darüber, dass zu einem bestimmten Fahrzeug eine Ausschreibung im SIS vorliegt. Die Personen der nichtstaatlichen Stellen, die Zugang zu diesen Daten bei der Überprüfung nach Art. 46 Abs. 1 (EU) 2018/1862 erhalten, werden daher vom BKA auf Grundlage des Art. 46 Abs. 3 S. 2 der Verordnung (EU) 2018/1862 nach § 1 des Gesetzes über die förmliche Verpflichtung nichtbeamteter Personen (Verpflichtungsgesetz[19]) verpflichtet. Im Übrigen unterliegen sowohl das BKA als auch die Landespolizeidienststellen den datenschutzrechtlichen Pflichten nach BKAG und BDSG bzw. den entsprechenden landesrechtlichen Regelungen.[20]

IV. Verpflichtende Abfrage im SIS (Abs. 4)

11 § 33b Abs. 4 S. 1 BKAG knüpft an **Art. 45–47 der Verordnung (EU) 2018/1862** an und sieht für die dort normierten Verfahren über die Zulassung von Kraft-, Wasser- und Luftfahrzeugen sowie von Schusswaffen oder zur Zuteilung eines entsprechenden Kennzeichens eine verpflichtende Abfrage im SIS als Teil des sogenannten Verkehrsmanagements vor.[21] Verpflichtet zur SIS-Abfrage werden sowohl **staatliche Zulassungsstellen** iSd § 33b Abs. 1 Nrn. 6–11, 13–15 als auch **nichtstaatliche Zulassungsstellen** iSd § 33b Abs. 3 BKAG. § 33b Abs. 4 S. 2 BKAG stellt klar, dass die in S. 1 gennannten Stellen im Falle eines „Treffers" im SIS die örtlich zuständige Landespolizeidienststelle informieren.

12 Die Gesetzesbegründung verweist hier auf Erwägungsgrund 49 der Verordnung (EU) 2018/1862.[22] Danach ist es angezeigt, den für die Zulassung von Kraft-, Wasser- und Luftfahrzeugen zuständigen Dienststellen Zugriff auf das SIS zu gewähren, damit diese prüfen können, ob das betreffende Fahrzeug bereits in einem Mitgliedstaat zur Sicherstellung ausgeschrieben ist. Es ist ferner angezeigt, den für die Zulassung von Schusswaffen zuständigen Dienststellen Zugriff auf das SIS zu gewähren, damit diese prüfen können, ob die betreffende Schusswaffe bereits in einem Mitgliedstaat zur Sicherstellung ausgeschrieben ist oder ob die Person, die den Antrag auf Registrierung gestellt hat, ausgeschrieben ist. IS einer effektiven Anwendung des SIS und zur Erreichung des jeweiligen Zwecks des eingeräumten Zugriffs auf das SIS wird die Abfrage des SIS in diesen Verfahren obligatorisch ausgestaltet. Die verpflichtende Abfrage des SIS ist zur Erreichung des Zwecks der Verordnung – nämlich insbesondere gestohlene und unterschlagene Fahrzeuge oder Waffen feststellen zu können – erforderlich. Andere regelhafte Verfahren, bei denen eine solche Überprüfung ebenso gut durchgeführt werden könnte, bestehen nicht. Eine Abfrage des SIS ausschließlich bei möglichen Hinweisen auf ein Abhandenkommen sind ebenfalls nicht gleich gut geeignet, da sich solche Hinweise für die Zulassungsstellen beispielsweise bei der Vorführung eines Kraftfahrzeugs oftmals schlichtweg nicht ergeben. Es entspricht dem erkennbaren Willen des EU-Gesetzgebers sowie dem Grundsatz, dem Unionsrecht möglichst große Wirksamkeit zu verleihen (*effet utile*), dass in jedem der genannten Verfahren regelhaft ein Abgleich des Fahrzeugs bzw. der Waffe mit dem SIS erfolgt.

V. Mittelbare Zugriffsmöglichkeit über das BKA (Abs. 5)

13 § 33b Abs. 5 BKAG regelt für den Fall, dass den zugriffsberechtigten staatlichen Stellen iSd Abs. 1 S. 1 (→ Rn. 4 ff.) vorübergehend ein direkter Zugriff auf das N.SIS technisch nicht möglich ist, die mittelbare Zugriffsmöglichkeit über das BKA. Rechtlich handelt es sich um einen Fall der **Amtshilfe**. Das BKA hat den betroffenen staatlichen Stellen den mittelbaren Zugriff auf das SIS zu ermöglichen; ein Ermessen steht dem Amt nach § 33b Abs. 5 BKAG nicht zu.

18 Näher zu den „Trefferfällen" aufgrund einer SIS-Ausschreibung Tuffner in FS-Herold, 1998, S. 239 (248, 253 ff.).
19 BGBl. I 1974 S. 469, 547.
20 BT-Drs. 20/3707, 56.
21 BT-Drs. 20/3707, 56.
22 BT-Drs. 20/3707, 56.

VI. Veränderung, Berichtigung und Löschung von Daten (Abs. 6)

Nach § 33b Abs. 6 **S. 1** BKAG ist nur die berechtigte staatliche Stelle, die Daten zu einer Person oder Sache eingegeben hat, befugt, diese zu ändern, zu berichtigen und zu löschen; mit dieser Regelung wird das **Besitzerprinzip** (→ § 31 Rn. 7 ff.) in das SIS-System übertragen. § 33b Abs. 6 **S. 2** BKAG verpflichtet die SIS-Teilnehmer zudem, bei Anhaltspunkten für die **Unrichtigkeit der Daten** die ersteingebende Behörde zu benachrichtigen. Die ersteingebende Behörde wiederum hat diesen Hinweis unverzüglich (vgl. § 121 Abs. 1 S. 1 BGB) zu überprüfen und gegebenenfalls die Eingaben unverzüglich zu berichtigen. Beide Regelungen sind **den INPOL-Vorgaben aus § 29 Abs. 5 S. 1 und 2 BKAG nachgebildet worden** und decken sich inhaltlich mit diesen. Insofern kann auf die dortige Kommentierung verwiesen werden (→ § 29 Rn. 24 ff.). 14

Ohne normatives Vorbild ist dagegen die **Löschungsvorgabe** in § 33b Abs. 6 **S. 3** BKAG. Diese wurde ergänzt, um klarzustellen, dass die eingebende Behörde bei einer Löschung des SIS-Datensatzes auch die Daten nach § 3 Abs. 3f des AZR-Gesetzes im Ausländerzentralregister (AZR) unverzüglich zu löschen oder die Löschung durch die Registerbehörde unverzüglich zu veranlassen hat.[23] 15

VII. Datenschutzrechtliche Verantwortung und Kontrolle (Abs. 7 und 8)

Die Vorgaben über die datenschutzrechtliche Verantwortung (§ 33b Abs. 7 BKAG) sowie die Datenschutzkontrolle (§ 33b Abs. 8 BKAG) im Bereich des SIS sind **den INPOL-Vorgaben aus § 31 Abs. 2 und 3 BKAG nachgebildet worden** und decken sich inhaltlich mit diesen. Insofern kann auf die dortige Kommentierung Bezug genommen werden (→ § 31 Rn. 7 ff., 14 ff.). 16

Abschnitt 4
Befugnisse im Rahmen der Strafverfolgung

§ 34 Einsatz technischer Mittel zur Eigensicherung

(1) Werden vom Bundeskriminalamt beauftragte Personen im Rahmen der Befugnisse des Bundeskriminalamtes aus Gründen der Strafverfolgung tätig, dürfen, soweit dies zur Abwehr von Gefahren für deren Leib, Leben oder Freiheit unerlässlich ist, ohne Wissen der betroffenen Personen im Beisein oder in unmittelbarem zeitlichem Zusammenhang mit dem Einsatz der vom Bundeskriminalamt beauftragten Person das innerhalb oder außerhalb einer Wohnung nicht öffentlich gesprochene Wort mit technischen Mitteln abgehört und aufgezeichnet und Lichtbilder und Bildaufzeichnungen hergestellt werden.

(2) [1]Ergeben sich bei der Maßnahme während der Durchführung tatsächliche Anhaltspunkte dafür, dass der Kernbereich privater Lebensgestaltung betroffen ist, ist die Maßnahme zu unterbrechen, sobald dies ohne Gefährdung der beauftragten Person möglich ist. [2]Wenn tatsächliche Anhaltspunkte für die Annahme vorliegen, dass durch eine Maßnahme allein Kenntnisse aus dem Kernbereich privater Lebensgestaltung erlangt würden, ist die Maßnahme unzulässig. [3]Aufzeichnungen über Vorgänge, die den Kernbereich privater Lebensgestaltung betreffen, sind unverzüglich zu löschen. [4]Erkenntnisse über solche Vorgänge dürfen nicht verwertet werden. [5]Die Tatsache der Erfassung der Daten und ihrer Löschung sind zu dokumentieren. [6]Die Dokumentation darf ausschließlich für Zwecke der Datenschutzkontrolle verwendet werden. [7]Sie ist sechs Monate nach der Benachrichtigung nach § 74 oder sechs Monate nach Erteilung der gerichtlichen Zustimmung über das endgültige Absehen von der Benachrichtigung zu löschen. [8]Ist die Datenschutzkontrolle nach § 69 Absatz 1 noch nicht beendet, ist die Dokumentation bis zu ihrem Abschluss aufzubewahren.

(3) [1]Maßnahmen nach Absatz 1 werden durch die Präsidentin oder den Präsidenten des Bundeskriminalamtes oder ihre oder seine Vertretung angeordnet. [2]Bei Gefahr im Verzug dürfen Maßnahmen nach Absatz 1 auch durch die Leitung einer Abteilung des Bundeskriminalamtes oder ihre Vertretung angeordnet werden.

(4) [1]Personenbezogene Daten, die durch den Einsatz technischer Mittel zur Eigensicherung erlangt werden, dürfen außer für den in Absatz 1 genannten Zweck nur zur Gefahrenabwehr verwendet werden. [2]Wurden die personenbezogenen Daten in oder aus einer Wohnung erlangt, so ist die Verwendung für die in Satz 1 genannten Zwecke nur zulässig nach Feststellung der Rechtmäßigkeit der Maßnahme durch das Gericht; bei Gefahr im Verzug ist die gerichtliche Entscheidung unverzüglich nachzuholen (Artikel 13 Absatz 5 des Grundgesetzes). [3]Die Zulässigkeit der Verwendung dieser Daten für Zwecke der Strafverfolgung richtet sich nach der Strafprozessordnung.

23 BT-Drs. 20/3707, 57.

(5) Nach Abschluss der Maßnahmen sind die nach Absatz 1 hergestellten Aufzeichnungen unverzüglich zu löschen, es sei denn, sie werden für die in Absatz 4 genannten Zwecke noch benötigt.

A. Überblick und Entwicklungsgeschichte

1 Der **Einsatz technischer Mittel zur Eigensicherung**, namentlich audiovisueller Überwachungsmaßnahmen innerhalb oder außerhalb einer Wohnung, von im Auftrag des BKA und im Rahmen der Strafverfolgung handelnden Personen ist **erstmals** mit **§ 16 BKAG in der Fassung vom 7.7.1997**[1] einer – abschließenden[2] – Gesetzesregelung zugeführt worden, um den sich aus Einsätzen gegen die Organisierte Kriminalität ergebenden Gefahren für diese Personen zu begegnen.[3] Die Urfassung war an eine entsprechende Bestimmung des OrgKG-Bundesratsentwurfs aus dem Jahr 1990[4] angelehnt, die aufgrund des Standpunktes der Bundesregierung, der Einsatz technischer Mittel rein zur Eigensicherung sei eine exklusiv den Polizeigesetzen vorbehaltene Präventionsmaßnahme,[5] nicht Gesetz wurde. Während die Polizeigesetze der Länder sodann die Eigensicherung ihrer im Bereich der Strafverfolgung tätigen Beamt:innen divergierenden Landesregelungen unterworfen hatten, fehlte im BKAG lange Zeit eine vergleichbare Rechtsgrundlage.[6] Dies änderte sich erst mit der Einführung des § 16 BKAG in der Fassung vom 7.7.1997.

2 War die Maßnahme ursprünglich noch auf die Eigensicherung von „Bediensteten" beschränkt, ist der entsprechende Personenkreis im Zuge des **Terrorismusbekämpfungsgesetzes** aus dem Jahr 2002 auf alle vom BKA beauftragten Personen ausgedehnt und ist die heute in Abs. 4 getroffene Regelung zur Zweckbindung (damals § 16 Abs. 3 BKAG aF) redaktionell angepasst worden,[7] um die Eigensicherungsmaßnahme auch für Angehörige fremder Behörden oder Stellen, deren Einsatz besondere Bedeutung bei der Bekämpfung des Terrorismus und anderer schwerwiegender Kriminalitätsformen zukommt, sowie zugunsten Privater, die im Auftrag des BKA tätig werden, einsetzen zu können.[8] Zugleich erweiterte der Gesetzgeber den zuvor auf die Präsidentin oder den Präsidenten des BKA beziehungsweise dessen Vertreterin oder Vertreter beschränkten Kreis der zur Anordnung der Eigensicherungsmaßnahme befugten Personen für Fälle der Gefahr im Verzug auf die Abteilungsleitung und deren Vertretung.[9]

3 Der mit Abs. 2 bezweckte Schutz des **Kernbereichs privater Lebensgestaltung** beim Einsatz technischer Mittel zur Eigensicherung geht zurück auf den früheren § 16 Abs. 1a BKAG, den der Gesetzgeber im Jahr 2008 einfügte.[10] Mit der im Jahr 2017[11] normierten Erweiterung des Kernbereichsschutzes um die Unzulässigkeit der Maßnahme in ausschließlich kernbereichsrelevanten Fallgestaltungen (Abs. 2 S. 2) wollte der Gesetzge-

1 BGBl. I 1997 S. 1650.
2 BT-Drs. 13/1550, 33.
3 Lersch in FS-Herold, 1998, S. 35 (55); Schreiber NJW 1997, 2137 (2143).
4 BT-Drs. 12/989, 12: Der Entwurf sah mit einem neu zu schaffenden § 100c StPO eine Regelung vor, die für nicht offen ermittelnde Beamte aller Polizeivollzugsbehörden Maßnahmen zur Eigensicherung ermöglichen sollte, indem „technische Mittel, die dem Abhören, der Aufzeichnung oder der Bildaufnahme dienen, während des Einsatzes eines nicht offen ermittelnden Beamten zu dessen Sicherung verwendet werden" sollten.
5 BT-Drs. 12/989, 58.
6 Diesen Umstand kritisierend Lersch Kriminalistik 1995, 179 (184).
7 Art. 10 Nr. 3 lit. a und c des Gesetzes zur Bekämpfung des internationalen Terrorismus (Terrorismusbekämpfungsgesetz) v. 9.1.2002, BGBl. I S. 361.
8 BT-Drs. 14/7386, 52 f.
9 Art. 10 Nr. 3 lit. b des Gesetzes zur Bekämpfung des internationalen Terrorismus (Terrorismusbekämpfungsgesetz) v. 9.1.2002, BGBl. I 2002 S. 361.
10 Art. 1 Nr. 4 des Gesetzes zur Abwehr von Gefahren des internationalen Terrorismus durch das Bundeskriminalamt v. 25.12.2008, BGBl. I 2008 S. 3083.
11 Art. 1 des Gesetzes zur Neustrukturierung des Bundeskriminalamtgesetzes v. 1.6.2017, BGBl. I 2017 S. 1354.

ber seiner dahingehenden in Art. 13 Abs. 1 iVm Art. 1 Abs. 1 GG wurzelnden Schutzpflicht[12] nachkommen.[13] Zugleich fasste der Gesetzgeber – wiederum zur Erfüllung von im Verfassungsrecht wurzelnden Regelungspflichten[14] – die Aufbewahrungsfrist der Löschungsprotokolle in Abs. 2 S. 5 bis 7 neu und wies die Zuständigkeit für die Entscheidung über die Verwertung personenbezogener Daten, die durch eine in das Wohnungsgrundrecht (Art. 13 Abs. 1 GG) eingreifende Eigensicherungsmaßnahme erlangt wurden, jenseits der Zweckbindung nicht mehr – wie zuvor – einem Vorsitzenden Richter oder einer Vorsitzenden Richterin einer Strafkammer des Landgerichts Wiesbaden zu, sondern – entsprechend der neuen Systematik des Gesetzes – dem nach § 90 BKAG für alle Maßnahmen nach §§ 10, 33 und 34, nach Abschnitt 5 sowie nach § 64 örtlich und sachlich zuständigen Amtsgericht Wiesbaden (→ § 90 Rn. 5).[15]

Im Jahr 1999 fügte der Gesetzgeber dem heutigen Abs. 4 (damals Abs. 3) einen dritten Satz ein, wonach personenbezogene Daten aus einer Eigensicherungsmaßnahme, die in das Wohnungsgrundrecht eingreift, unter den Voraussetzungen des § 161 Abs. 2 StPO (heute § 161 Abs. 4 StPO) für die Zwecke der Strafverfolgung verwendet werden dürfen.[16] Durch die Streichung der Angabe von § 161 Abs. 2 StPO im Jahr 2007[17] wollte der Gesetzgeber dem Umstand Rechnung tragen, dass die Verwendung personenbezogener Informationen, die durch den Einsatz technischer Mittel zur Eigensicherung erlangt wurden, sich nicht allein nach der ehemals in Bezug genommenen Vorschrift in der StPO bestimmt, sondern – je nach Fallgestaltung – auch nach anderen Normen der StPO.[18] 4

B. Kommentierung im Einzelnen

I. Audio-visuelle Überwachung zur Eigensicherung (Abs. 1)

Die in § 34 Abs. 1 BKAG normierten Überwachungsmaßnahmen zum Zwecke der Eigensicherung dienen ausschließlich dem Schutz der vom BKA beauftragten Personen und sollen im Fall von Gefährdungsmomenten eine umgehende Reaktion von außen eröffnen.[19] Anders als die Wohnraumüberwachung nach § 100c StPO stellen die von § 34 Abs. 1 BKAG erfassten Maßnahmen insofern kein Ermittlungsinstrument dar, mit dem Informationen im Strafverfahren erhoben werden sollen,[20] sondern eine Maßnahme zur Abwehr von Gefahren für die dort genannten Rechtsgüter Leib, Leben oder Freiheit einer vom BKA beauftragten Person. Sie greifen, da sie ohne Wissen der betroffenen Person erfolgen, stets in ihr **allgemeines Persönlichkeitsrecht** (Art. 2 Abs. 1 iVm Art. 1 Abs. 1 GG) und, soweit die Eigensicherungsmaßnahme auf die Ermittlung von Sachverhalten innerhalb einer Wohnung zielt – unabhängig davon, ob die Technik selbst innerhalb oder außerhalb der Wohnung eingesetzt wird –,[21] in das Grundrecht der **Wohnungsfreiheit** (Art. 13 Abs. 1 GG) der betroffenen Person ein. 5

1. Vom BKA beauftragte Personen. Die regelungsgegenständlichen Maßnahmen müssen dem Schutz von Personen dienen, die vom BKA beauftragt sind und die im Rahmen der Befugnisse des BKA aus Gründen der Strafverfolgung tätig werden. Nachdem der Personenkreis ursprünglich auf „Bedienstete" des BKA beschränkt war, also über die Beamtinnen und Beamten im statusrechtlichen Sinne hinaus alle vom BKA im Rahmen eines Dienstverhältnisses eingesetzten Personen unabhängig vom Bestehen einer Verbeamtung erfasst wurden, weitete der Gesetzgeber den Personenkreis mit Art. 10 Nr. 3 des Terrorismusbekämpfungsgesetzes[22] aus, indem er den Begriff der „Bediensteten" durch den der „vom Bundeskriminalamt beauftragten Personen" ersetzte und so dem Umstand Rechnung trug, dass es der Eigensicherung auch dann bedarf, wenn die verwaltungstechnischen Voraussetzungen einer Abordnung oder sonstigen Zuweisung nicht immer (rechtzeitig) getroffen werden können und wenn Privatpersonen im Auftrag des BKA tätig werden.[23] Hieran knüpft § 34 BKAG an, der ebenso auf eine dienstrechtliche Zugehörigkeit zum BKA verzichtet und somit **alle auf Veranlassung des BKA tätigen Personen** einschließt. Die Regelung erfasst damit zum einen sowohl verbeamtete Bedienstete des BKA oder dortige Tarifbeschäftigte nebst dorthin abgeordneten oder 6

12 Hierzu BVerfG Urt. v. 20.4.2016 – 1 BvR 966/09 ua –, BVerfGE 141, 220 (299 ff., Rn. 197 ff.).
13 BT-Drs. 18/11163, 112.
14 BT-Drs. 18/11163, 112, unter Hinweis auf BVerfG Urt. v. 20.4.2016 – 1 BvR 966/09 ua –, BVerfGE 141, 220 (323, Rn. 272).
15 BT-Drs. 18/11163, 112.
16 Art. 10 Nr. 1 des Gesetzes zur Änderung und Ergänzung des Strafverfahrensrechts – Strafverfahrensänderungsgesetz 1999 (StVÄG 1999) v. 2.8.2000, BGBl. I 2000 S. 1253.
17 Art. 7 des Gesetzes zur Neuregelung der Telekommunikationsüberwachung und anderer verdeckter Ermittlungsmaßnahmen sowie zur Umsetzung der Richtlinie 2006/24/EG v. 21.12.2007, BGBl. I 2017 S. 3198.
18 BT-Drs. 16/5846, 76.
19 BT-Drs. 16/10121, 21.
20 BR-Drs. 404/08, 49 f.
21 Dreier/Hermes GG I Art. 13 Rn. 82.
22 Gesetz zur Bekämpfung des internationalen Terrorismus v. 9.1.2002, BGBl. I 2002 S. 361.
23 BT-Drs. 14/7386, 53.

durch vergleichbare Verwaltungsmaßnahmen dem BKA zugewiesenen Beamt:innen und Angestellte anderer Polizeibehörden und öffentlicher Stellen, ohne die Erkennbarkeit des Dienstverhältnisses nach außen vorauszusetzen, so dass auch Verdeckte Ermittler:innen (VE) oder nicht offen ermittelnde Beamt:innen erfasst sind. Zum anderen erfasst die Vorschrift Privatpersonen, die für das BKA entweder über einen gewissen Zeitraum, etwa als Vertrauensperson (VP), oder nur einmalig, etwa zur Übergabe von Lösegeld zur Strafverfolgung, tätig werden.[24]

7 **2. Tätigwerden im Rahmen der Befugnisse des BKA aus Gründen der Strafverfolgung.** Abs. 1 ermächtigt zu den dort geregelten Eigensicherungsmaßnahmen nur so weit, wie die vom BKA beauftragte Person im Rahmen der Befugnisse des BKA aus Gründen der Strafverfolgung tätig wird. Durch die Beschränkung auf Einsätze zum Zwecke der Strafverfolgung „im Rahmen der Befugnisse des BKA" hängt die Zulässigkeit der Eigensicherungsmaßnahme davon ab, dass der **in § 4 BKAG geregelte Aufgabenkreis** des BKA berührt ist, ohne dass es auf das Gewicht der vom BKA verfolgten Straftat im Einzelfall ankäme.[25] Für Maßnahmen der Eigensicherung im Rahmen der Gefahrenabwehr (§ 5 BKAG) ist nicht § 34, sondern § 38 maßgeblich (→ § 38 Rn. 19).

8 **3. Zur Abwehr von Gefahren für deren Leib, Leben oder Freiheit unerlässlich.** Der Einsatz technischer Mittel zur Eigensicherung dient dem Schutz der Integrität von Personen, die das BKA beauftragt hat. Er ist nur angängig, wenn und soweit er zur Abwehr von Gefahren für Leib, Leben oder Freiheit der vom BKA beauftragten Person unerlässlich ist. Da sich der hinter § 34 BKAG stehende Zweck, den sich aus Einsätzen gegen die Organisierte Kriminalität ergebenden Gefahren für vom BKA beauftragte Personen zu begegnen (→ Rn. 1), im Wortlaut der Norm nicht abbildet, ist die gängige **Anwendung der Norm auch auf andere Gefahrquellen**[26] rechtlich **unbedenklich.** Vorausgesetzt ist mit der Unerlässlichkeit zur Abwehr von Gefahren für Leib, Leben oder Freiheit der vom BKA beauftragten Person letztlich zweierlei: zum einen das Vorliegen einer konkreten Gefahr für zumindest eines der genannten Rechtsgüter[27] und zum anderen mit Blick auf das Wort „unerlässlich" eine strikte Verhältnismäßigkeitsprüfung.

9 Dass die Vorschrift eine **konkrete Gefahr** für eines der dort genannten Rechtsgüter voraussetzt, folgt aus der Eingriffsschwere der heimlichen Überwachungsmaßnahme. Insofern genügt eine schlicht auf Intuition beruhende Prognose nicht, sondern bedarf es eines induktiven Wahrscheinlichkeitsurteils,[28] das sich auf im Einzelfall belastbare tatsächliche Anhaltspunkte stützt, die bei ungehindertem Ablauf des objektiv zu erwartenden Geschehens in absehbarer Zeit und mit hinreichender Wahrscheinlichkeit eine Verletzung von Leib, Leben oder Freiheit der vom BKA beauftragten Person befürchten lassen.[29] Hierzu muss zum einen Klarheit in der Frage herrschen, wo, wann und durch wen eine Schädigung der genannten Rechtsgüter droht; zum anderen reicht für die Annahme einer konkreten Gefahr (noch) nicht das Wissen über die Schadensneigung einer Person, einer Sache oder eines Ortes, sondern bedarf es darüber hinausgehender Einzelfallmomente, die das prognostizierte konkrete Schadensereignis zumindest konturieren.[30] Darüber hinaus müssen die Maßnahmenadressaten aus Sicht verständiger Dritter den objektiven Umständen nach in die Rechtsgutsgefährdung verfangen sein;[31] allerdings dürfen, soweit unvermeidbar, Dritte miterfasst werden, die weder handlungs- noch zustandsverantwortlich sind und gegen die auch kein Tatverdacht besteht.[32] Deshalb ist die Überwachung von Wohnungen Dritter angängig, wenn bestimmte Tatsachen die Vermutung stützen, dass die Zielperson sich dort zur Zeit der Maßnahme aufhält, sie dort für die Ermittlungen relevante Gespräche führen wird und eine Überwachung ihrer Wohnung allein zur Sachverhaltserforschung nicht ausreicht.[33]

10 Aus Art. 13 Abs. 4 GG ergeben sich für in das Wohnungsgrundrecht eingreifende Eigensicherungsmaßnahmen keine besonderen, über den Wortlaut von § 34 Abs. 1 BKAG hinausgehenden Anforderungen an die Gefährdungslage.[34] Zwar dürfen gem. Art. 13 Abs. 4 GG technische Mittel zur Überwachung von Wohnungen nur zur Abwehr **dringender Gefahren** für die öffentliche Sicherheit eingesetzt werden, insbesondere

24 Vgl. Kugelmann BKAG § 16 Rn. 2.

25 Schenke/Graulich/Ruthig/Graulich BKAG § 34 Rn. 5.

26 Abbühl, Der Aufgabenwandel des Bundeskriminalamtes, 2010, S. 183.

27 Vgl. BT-Drs. 13/1550, 57; BVerfG Urt. v. 20.4.2016 – 1 BvR 966/09 ua –, BVerfGE 141, 220 (269, Rn. 104); ebenso Schenke/Graulich/Ruthig/Graulich BKAG § 34 Rn. 12.

28 Darnstädt, Gefahrenabwehr und Gefahrenvorsorge, 1983, S. 53 ff.

29 Vgl. BVerfG Urt. v. 4.4.2006 – 1 BvR 518/02 –, BVerfGE 115, 320 (364); Urt. v. 20.4.2016 – 1 BvR 966/09 ua –, BVerfGE 141, 220 (271, Rn. 109 f.); s. auch BVerwGE 116, 347 (351).

30 Vgl. Lisken/Denninger/Becker, HdbPolR, D Rn. 83 ff. und Rn. 267.

31 Vgl. BVerfG Urt. v. 20.4.2016 – 1 BvR 966/09 ua –, BVerfGE 141, 220 (269, Rn. 104; 271, Rn. 109).

32 BVerfG Urt. v. 20.4.2016 – 1 BvR 966/09 ua –, BVerfGE 141, 220 (273 f., Rn. 115).

33 BVerfG Urt. v. 3.3.2004 – 1 BvR 2378/98 ua –, BVerfGE 109, 279 (353, 355 f.); Urt. v. 20.4.2016 – 1 BvR 966/09 ua –, BVerfGE 141, 220 (274, Rn. 115).

34 AA Kugelmann BKAG § 16 Rn. 5.

einer gemeinen Gefahr oder einer Lebensgefahr. Allerdings entspricht der Begriff der dringenden Gefahr erstens dem der konkreten[35] und ist zweitens durch die in § 34 Abs. 1 BKAG vorgenommene Beschränkung auf Leib, Leben oder Freiheit der vom BKA beauftragten Person als Gefährdungsgüter sichergestellt, dass die Gefahren hinreichend gewichtig iSv Art. 13 Abs. 4 GG sind.[36]

Die Formulierung „**unerlässlich**" bringt im Lichte der Schwere des mit der Eigensicherungsmaßnahme verbundenen Grundrechtseingriffs sinnfällig zum Ausdruck, dass bei der Entscheidung über ihre Anordnung Zurückhaltung am Platze ist. Der in der Anordnung der Eigensicherungsmaßnahme liegende Grundrechtseingriff ist insofern auf das **unbedingt notwendige Mindestmaß** zu begrenzen. Während das Gewicht des konkret gefährdeten Rechtsguts dabei Auswirkungen auf die Beurteilung der Unerlässlichkeit hat, ergeben sich umgekehrt aus dem Unerlässlichkeitserfordernis keine besonderen Anforderungen an die Gefahrenprognose. Dass die Anordnung keinen bloßen Gefahrenverdacht genügen lässt, sondern hierzu die Gewissheit über das Bestehen einer konkreten Gefahr für Leib, Leben oder Freiheit der vom BKA beauftragten Person vorausgesetzt ist, ist nicht Folge der in Abs. 1 verlangten Unerlässlichkeit,[37] sondern des dort verwendeten Gefahrenbegriffs. 11

4. Im Beisein oder in unmittelbarem zeitlichem Zusammenhang mit dem Einsatz. In zeitlicher Hinsicht setzt § 34 Abs. 1 BKAG voraus, dass die Eigensicherungsmaßnahme im Beisein oder in unmittelbarem zeitlichem Zusammenhang mit dem Einsatz der vom BKA beauftragten Person durchgeführt wird. Insofern beschränkt die Vorschrift ihrem eindeutigen Wortlaut nach die Dauer der Durchführung der Eigensicherungsmaßnahme nicht auf die Zeit, in der die zu schützende Person am Überwachungsort persönlich anwesend ist.[38] Dass schon ein unmittelbarer zeitlicher Zusammenhang mit dem Einsatz genügt, ist sinnvoll, wird doch hierdurch schon im Vorfeld des Einsatzes ermöglicht, die Lage vor Ort beurteilen zu können, weil insbesondere gegen die vom BKA eingesetzte Person gerichtete Vorbereitungsmaßnahmen der beschuldigten Person zur Kenntnis des BKA gelangen. Dem Einwand, dass der zeitlichen Ausdehnung der Maßnahme die Gefahr ihrer zu weiten Vorverlagerung innewohnt, kann begegnet werden, indem man den in Abs. 1 verwendeten **Begriff des Einsatzes** nicht gleichbedeutend versteht mit dem Einsatzbegriff im polizeistrategischen Gesamtsinn, sondern als Erscheinen der vom BKA beauftragten Person vor Ort.[39] Vor diesem Hintergrund meint „in unmittelbarem zeitlichem Zusammenhang mit dem Einsatz", dass die vom BKA beauftragte Person zumindest kurz vor ihrem Eintritt in die Gefahrensituation stehen muss.[40] 12

5. Maßnahmen zur Eigensicherung. Als Maßnahmen zur Eigensicherung gestattet § 34 Abs. 1 BKAG, das innerhalb oder außerhalb einer Wohnung nicht öffentlich gesprochene Wort mit technischen Mitteln heimlich abzuhören und aufzuzeichnen und heimlich Lichtbilder und Bildaufzeichnungen herzustellen. 13

a) **Nicht öffentlich gesprochenes Wort.** Der Begriff des nicht öffentlich gesprochenen Wortes ist angelehnt an die Formulierung des § 100c Abs. 1 StPO, ohne dem dortigen Begriff inhaltlich voll zu entsprechen, weil § 34 Abs. 1 BKAG im Gegensatz zu § 100c Abs. 1 StPO, wo dem Merkmal „nichtöffentlich" wegen der Beschränkung des dort geregelten Eingriffs auf in der Wohnung gesprochene Worte keine eingriffsbeschränkende Wirkung zukommt,[41] hinsichtlich des Äußerungsortes indifferent ist: Auf den **Äußerungsort** kommt es hier nicht an, weil § 34 Abs. 1 sich sowohl auf das innerhalb als auch außerhalb der Wohnung gesprochene Wort bezieht, wobei der Wohnungsbegriff iSv Art. 13 GG zu verstehen ist, also die nicht allgemein zugänglichen Räumlichkeiten gemeint sind, die zur Stätte des Aufenthalts oder Wirkens von Menschen gemacht werden.[42] Mangels gesetzlicher Beschränkung auf bestimmte Äußerungsorte begrenzt das Merkmal „nicht öffentlich" in § 34 Abs. 1 BKAG ähnlich wie bei § 201 Abs. 1 Nr. 1 StGB, der ebenso wenig auf den Ort der Äußerung abhebt, die Eingriffsbefugnis. 14

Der Begriff **entspricht weitgehend** dem des **§ 201 Abs. 1 Nr. 1 StGB,**[43] allerdings ohne mit dem strafrechtlichen Begriff voll übereinzustimmen. Denn anders als bei § 34 Abs. 1 BKAG, für den der im allgemeinen Rechtsstaatsgebot wurzelnde Bestimmtheitsgrundsatz gilt, ist bei der Auslegung von § 201 StGB das strikte Analogieverbot zu beachten, das Art. 103 Abs. 2 GG für den Bereich des materiellen Strafrechts mit Verfassungskraft verbürgt. Insofern lassen sich Grenzfälle, über deren Subsumierbarkeit unter § 201 StGB Streit herrscht,[44] leichter unter § 34 BKAG fassen. 15

35 Dürig/Herzog/Scholz/Papier GG Art. 13 (2015) Rn. 87; Dreier/Hermes GG I Art. 13 Rn. 83.
36 Vgl. (zu § 100f Abs. 1 StPO) BVerfG Urt. v. 3.3.2004 – 1 BvR 2378/98 ua –, BVerfGE 109, 279 (379).
37 AA Schenke/Graulich/Ruthig/Graulich BKAG § 34 Rn. 13.
38 AA Kugelmann BKAG § 16 Rn. 7.
39 Lersch in FS-Herold, 1998, S. 35 (56).
40 Schreiber NJW 1997, 2137 (2143).
41 Günther in MüKoStPO, 2014, § 100c Rn. 19.
42 Dürig/Herzog/Scholz/Papier GG Art. 13 (2015) Rn. 10, mwN.
43 Für eine völlig übereinstimmende Begriffsbedeutung Schenke/Graulich/Ruthig/Graulich BKAG § 34 Rn. 6.
44 Vgl. im Einzelnen Graf in MüKoStGB, 4. Aufl. 2021, § 201 Rn. 10 ff.

16 Beim **gesprochenen Wort** handelt es sich um zu Kommunikationszwecken und durch menschliche Laute entäußerte Gedanken jeglichen Inhalts.[45] Ein Wort wird nicht nur dann gesprochen, wenn die betreffende Person ihre Gedanken aktuell lautlich entäußert, sondern auch dann, wenn eine auf einem Datenträger gespeicherte frühere Äußerung durch Abspielen reproduziert wird.[46] Die Äußerung muss sich nicht notwendigerweise an eine andere Person gerichtet haben, weil auch Selbstgespräche eine Erscheinungsform der Kommunikation, eben Autokommunikation, sind. Unerheblich ist auch die Art und Weise der Gedankenübermittlung, solange sie nur durch menschliche Laute erfolgt. Dies vorausgesetzt sind alle Kommunikationskanäle (zB Äußerung gegenüber einer physisch ortsanwesenden Person oder fernmündliche Mitteilungen) und Kommunikationsmedien (zB deutsche Sprache, Fremdsprache oder Geheimsprache) erfasst.[47] Weil die Sinnhaftigkeit der Gedankenäußerung kein Kriterium für die Bejahung des Merkmals darstellt, sind auch im Schlaf gesprochene Worte oder inhaltsleere Äußerungen beispielsweise psychisch Kranker oder geistig Behinderter vom Tatbestand erfasst.[48]

17 Ein Wort ist **nicht öffentlich** gesprochen, wenn es nicht an die Allgemeinheit gerichtet und nicht über einen durch persönliche oder sachliche Beziehungen abgegrenzten Personenkreis hinaus ohne Weiteres wahrnehmbar ist.[49] Auf die Zahl der Mithörenden kommt es nicht an, solange die Äußerung einen abgeschlossenen Personenkreis erreicht[50] beziehungsweise die sich äußernde Person nicht damit rechnen muss, ungebeten belauscht zu werden.[51] Bei größeren Versammlungen sind Äußerungen nur dann nicht öffentlich, wenn Eingangskontrollen den unerwünschten Zutritt Dritter effektiv verhindern.[52] Aus dem Merkmal eine Beschränkung auf Äußerungen persönlichen oder vertraulichen Inhaltes zu schließen, wäre verfehlt. Auch dienstliche oder geschäftliche Äußerungen können nicht öffentlich getätigt werden.[53] Nicht öffentlich ist ein Wort ausschließlich durch den Rahmen, in dem es gesprochen wird, nicht durch seinen Inhalt.

18 **b) Art der Überwachung.** § 34 Abs. 1 BKAG gestattet, das nicht öffentlich gesprochene Wort mit technischen Mitteln abzuhören und aufzuzeichnen. Bei der Ausgestaltung dieser Norm, die als Ermächtigungsgrundlage für Maßnahmen der Eigensicherung dem Gefahrenabwehrrecht zuzurechnen ist und die von daher Art. 13 Abs. 5 GG unterfällt, war der einfache Gesetzgeber im Zusammenhang mit der Bestimmung des Spektrums verwendbarer technischer Mittel nicht auf solche zur akustischen Überwachung iSv Art. 13 Abs. 3 GG beschränkt, sondern durfte auch zu optischen Überwachungsmaßnahmen ermächtigen. Über die in § 34 Abs. 1 BKAG ausdrücklich genannten Überwachungsmaßnahmen hinaus ermächtigt die Norm im Wege der **Annexkompetenz** zu vom Wortlaut an sich nicht erfassten Maßnahmen, derer es zur Vorbereitung und Durchführung der ausdrücklich geregelten Überwachungsmaßnahme notwendigerweise bedarf, beispielsweise zur Hinzuziehung von Hilfspersonen wie Strom- oder Heizungsableser:innen, Schornsteinfeger:innen etc. beim Anbringen von Überwachungsgeräten im Einsatzbereich.[54]

19 § 34 Abs. 1 BKAG regelt, wie das Gesetz mit der dort normierten Erlaubnis zum Abhören und der Formulierung „ohne Wissen der betroffenen Personen“ unterstreicht, **heimliche Maßnahmen** zur Überwachung von nicht öffentlich gesprochenen Worten, die nicht zur Kenntnisnahme durch die abhörende Person bestimmt sind, und stellt einen **Rechtfertigungsgrund** für Handlungen dar, die iSd § 201 StGB tatbestandsmäßig sind. Das hat Folgen für die Normauslegung. Das Spektrum der von der Vorschrift zulässigen Überwachungsmaßnahmen ist breit, solange zwei kumulative Voraussetzungen erfüllt sind: Zulässig sind nur heimliche und zugleich unter Verwendung technischer Mittel erfolgende Überwachungsmaßnahmen. Deswegen fällt beispielsweise ein zwar heimliches, aber ohne Zuhilfenahme technischer Mittel erfolgendes Abhören durch Menschen nicht unter § 34 Abs. 1 BKAG. Indem die Vorschrift die zulässigen technischen Mittel nicht näher eingrenzt, trägt sie dem technischen Fortschritt Rechnung und öffnet sich technischen Möglichkeiten, die zum Zeitpunkt des Inkrafttretens der Vorschrift noch nicht existiert haben.

45 Fischer StGB § 201 Rn. 3; Lackner/Kühl/Kühl StGB § 201 Rn. 2; SK-StGB/Hoyer § 201 Rn. 2.

46 Günther in MüKoStPO, 2014, § 100c Rn. 18.

47 Vgl. LK-StGB/Schünemann § 201 Rn. 3.

48 AK-StGB/Popp, 2011, § 201 Rn. 2.

49 Fischer StGB § 201 Rn. 3.

50 Fischer StGB § 201 Rn. 4.

51 AK-StGB/Popp, 2011, § 201 Rn. 3.

52 OLG Brandenburg Urt. v. 23.4.2007 – 1 U 10/06 –, NJW-RR 2007, 1641 (1642); Satzger/Schluckebier/Widmaier/Bosch StGB, 5. Aufl. 2020, § 201 Rn. 3.

53 BGH Urt. v. 13.10.1987 – VI ZR 83/87 –, BGHR BGB § 823 Ehrverletzung 5 = NJW 1988, 1016 – Tonbandmitschnitt; OLG Frankfurt aM Urt. v. 28.3.1977 – 2 Ss 2/77 –, NJW 1977, 1547; NK-StGB/Kargl, 5. Aufl. 2017, § 201 Rn. 6, mwN; Matt/Renzikowski/Wietz/Zlobinski StGB, 2. Aufl. 2020, § 201 Rn. 2; AK-StGB/Popp, 2011, § 201 Rn. 1.

54 Schenke/Graulich/Ruthig/Graulich BKAG § 34 Rn. 7; vgl. (allerdings zu § 100c StPO) BGH Urt. v. 24.1.2001 – 3 StR 324/00 –, BGHSt 46, 266 (274); Meyer-Goßner/Schmitt StPO § 100c Rn. 7; KK-StPO/Bruns § 100c Rn. 4; Heger JR 1998, 163 (164); aA Kühne JZ 2001, 1148; zweifelnd Eschelbach NJW 2002 (Sonderheft für Gerhard Schäfer), 20 (21).

II. Kernbereichsschutz (Abs. 2)

Für Maßnahmen nach § 34 Abs. 1 regelt § 34 Abs. 2 BKAG den Schutz des Kernbereichs privater Lebensge- 20
staltung. Die Eigensicherungsmaßnahme ist von vornherein, und zwar insgesamt, unzulässig, wenn tatsächliche Anhaltspunkte für die Annahme vorliegen, dass durch die Maßnahme allein kernbereichsrelevante Kenntnisse erlangt würden (Satz 2). Ergeben sich solche Anhaltspunkte erst während ihrer Durchführung, ist die Eigensicherungsmaßnahme zu unterbrechen, sobald dies ohne Gefährdung der beauftragten Person möglich ist (Satz 1). Das bedeutet zum einen, dass den unterschiedlichen Maßstäben (Kernbereichsbetroffenheit nach Satz 1 und alleinige Kernbereichsbetroffenheit nach Satz 2) unterschiedliche Rechtsfolgen gegenüberstehen (Abbruch bei Rechtmäßigkeit der bisherigen Maßnahme nach Satz 1 und gänzliche Unzulässigkeit der Maßnahme nach Satz 2). Zum anderen sind Eigensicherungsmaßnahmen nicht erst ausgeschlossen, wenn sicher feststeht, dass mit ihnen dem Kernbereich privater Lebensgestaltung zuzurechnende und von daher absolut vor Überwachung geschützte Gespräche erfasst würden. Dass hier bereits die **Wahrscheinlichkeit der Kernbereichsbetroffenheit** genügt, ergibt sich nicht erst aus dem Gesetzestext, sondern ist bereits verfassungsrechtlich vorgezeichnet.[55] Allerdings wird die Annahme dieser Wahrscheinlichkeit aufgrund des Einsatzkontextes der Eigensicherungsmaßnahme nach § 34 eher eine seltene Ausnahme bilden: Beim Einsatz beauftragter Personen in Wohnungen sind diese bei der Äußerung zugegen und können unter diesen Umständen erheblichen Einfluss auf den Inhalt sowie den Verlauf des Gesprächs nehmen beziehungsweise nehmen hierauf tatsächlich erheblichen Einfluss. Insofern wird es bei derartigen Gesprächen die Ausnahme sein, dass der Kernbereich privater Lebensgestaltung betroffen ist, und ist es gerechtfertigt, bei der Anordnung einer Wohnraumüberwachung zur Eigensicherung von einer Prognoseentscheidung auf der Grundlage von ermittelten Tatsachen über die näheren Umstände der zu betretenden Wohnung abzusehen.[56]

1. Kernbereich privater Lebensgestaltung. Der mit dem Kernbereich privater Lebensgestaltung bezeichnete 21
Bereich höchstpersönlicher Privatheit ist als Menschenwürdekern gegenüber staatlicher Überwachung **strikt abgesichert**, weswegen kein noch so gewichtiges Interesse einen Eingriff in diesen Kernbereich zu rechtfertigen vermag.[57] Der Kernbereich privater Lebensgestaltung besteht in der Möglichkeit, innere Vorgänge wie Empfindungen und Gefühle sowie Überlegungen, Ansichten und Erlebnisse höchstpersönlicher Art zum Ausdruck zu bringen,[58] insbesondere nichtöffentlich mit Personen des höchstpersönlichen Vertrauens – wie nahe Verwandte und eng befreundete Personen oder auch Angehörige von zur Vertraulichkeit verpflichteter Berufsgruppen wie Strafverteidiger:innen oder Geistliche – in der berechtigten Annahme zu kommunizieren, nicht überwacht zu werden.[59] Dass die Äußerung außerhalb einer Wohnung erfolgt, schließt ihre Kernbereichszugehörigkeit nicht aus, weil Höchstvertrauliches beispielsweise durchaus auch in einem Fahrzeug, abseits in einem Restaurant oder auf einem Spaziergang mitgeteilt werden kann.[60] Zum Kernbereich privater Lebensgestaltung sind Kommunikationsvorgänge auch dann zu zählen, wenn sich in ihnen Höchstpersönliches und Alltägliches vermischt.[61] Demgegenüber zählen Besprechungen vergangener oder die Planung künftiger konkreter Straftaten wegen ihres Sozialbezugs grundsätzlich nicht zum Kernbereich privater Lebensgestaltung, und zwar auch dann nicht, wenn in diesen Gesprächen zugleich Höchstpersönliches thematisiert wird.[62] Hält sich jemand allein oder ausschließlich mit Personen in der Wohnung auf, zu denen er in einem besonderen, den Kernbereich betreffenden Vertrauensverhältnis steht – beispielsweise Familienangehörigen oder sonstigen Personen des engsten Vertrauens –, und fehlt es an konkreten Anhaltspunkten für die Annahme, dass die zu erwartenden Gespräche einen Bezug zu vergangenen oder geplanten konkreten Straftaten haben, hat die Maßnahme zu unterbleiben beziehungsweise ist sie zu unterbrechen, weil die Kernbereichsbetroffenheit hier zu vermuten ist.[63] Ausnahmsweise unterfallen solche Gespräche allerdings dann dem Kernbereichsschutz, wenn sie in einem situativen Kontext geführt

55 BVerfG Urt. v. 3.3.2004 – 1 BvR 2378/98 ua –, BVerfGE 109, 279 (320).
56 BT-Drs. 16/9588, 19.
57 BVerfG Urt. v. 3.3.2004 – 1 BvR 2378/98 ua –, BVerfGE 109, 279 (313); Urt. v. 20.4.2016 – 1 BvR 966/09 ua –, BVerfGE 141, 220 (276, Rn. 120); Urt. v. 19.5.2020 – 1 BvR 2835/17 –, BVerfGE 154, 152 (262, Rn. 200); stRspr.
58 BVerfG Urt. v. 3.3.2004 – 1 BvR 2378/98 ua –, BVerfGE 109, 279 (313); Urt. v. 27.2.2008 – 1 BvR 370/07 ua –, BVerfGE 120, 274 (335); Urt. v. 20.4.2016 – 1 BvR 966/09 ua –, BVerfGE 141, 220 (276, Rn. 121).
59 BVerfG Urt. v. 3.3.2004 – 1 BvR 2378/98 ua –, BVerfGE 109, 279 (321 ff.); Urt. v. 20.4.2016 – 1 BvR 966/09 ua –, BVerfGE 141, 220 (276, Rn. 121).
60 BVerfG Urt. v. 20.4.2016 – 1 BvR 966/09 ua –, BVerfGE 141, 220 (295, Rn. 176); Poscher JZ 2009, 269 (271 f.).
61 BVerfG Urt. v. 3.3.2004 – 1 BvR 2378/98 ua –, BVerfGE 109, 279 (330); Urt. v. 27.7.2005 – 1 BvR 668/04 –, 113, 348 (391 f.); Urt. v. 20.4.2016 – 1 BvR 966/09 ua –, BVerfGE 141, 220 (276 f., Rn. 121).
62 BVerfG Beschl. v. 14.9.1989 – 2 BvR 1062/87 –, BVerfGE 80, 367 (375); Urt. v. 3.3.2004 – 1 BvR 2378/98 ua –, BVerfGE 109, 279 (319 f., 328); Urt. v. 27.7.2005 – 1 BvR 668/04 –, BVerfGE 113, 348 (391); Urt. v. 20.4.2016 – 1 BvR 966/09 ua –, BVerfGE 141, 220 (277, Rn. 122).
63 BVerfG Urt. v. 3.3.2004 – 1 BvR 2378/98 ua –, BVerfGE 109, 279 (319 f.).

werden, der es Einzelnen gerade ermöglichen soll, ein Fehlverhalten einzugestehen oder sich auf dessen Folgen einzurichten, wie etwa Beichtgespräche oder Gespräche mit Strafverteidiger:innen oder Psychotherapeut:innen.[64]

22 **2. Unterbrechung der Eigensicherungsmaßnahme.** Auch wenn für die Beurteilung der Frage, ob ein Gespräch dem absoluten Kernbereichsschutz unterliegt, ein Wahrscheinlichkeitsurteil genügt, lassen sich Prognoseunsicherheiten und insofern ein unbeabsichtigtes Eindringen in den Kernbereich nicht völlig ausschließen. Dementsprechend ist gem. § 34 Abs. 2 S. 1 BKAG eine den Kernbereich privater Lebensgestaltung betreffende Eigensicherungsmaßnahme zu unterbrechen, sobald dies ohne Gefährdung der beauftragten Person möglich ist. Mit dieser Formulierung soll verdeutlicht werden, dass die Unterbrechung der Maßnahme **situationsangepasst und -angemessen** erfolgen soll. Hier ist auch zu beachten, dass die vom BKA beauftragte Person keine Gefährdung ihrer Legende eingehen muss. Während eines etwaigen Rückzugs der beauftragten Person sind weiterhin Aufzeichnungen über die Vorgänge in der Wohnung zulässig.[65]

23 **3. Löschungspflicht.** Gemäß § 34 Abs. 2 S. 3 BKAG sind Aufzeichnungen über kernbereichsrelevante Vorgänge unverzüglich (→ Rn. 32) zu löschen. Die Löschungspflicht beschränkt sich nicht auf die ursprünglich angefertigte **Originalaufzeichnung**, sondern erstreckt sich darüber hinaus auf gegebenenfalls zwischenzeitlich hiervon angefertigte **Kopien**. Auch sie ist Ausfluss des verfassungsrechtlichen Kernbereichsschutzes und trägt dem Umstand Rechnung, dass jede weitere Aufbewahrung höchstpersönlicher Daten, die nicht hätten erhoben werden dürfen, das Risiko einer Vertiefung der Persönlichkeitsrechtsverletzung in sich birgt. Dass von der Aufzeichnung Betroffene infolge der Löschung nie Kenntnis darüber zu erlangen vermögen, welche Gesprächsinhalte aufgezeichnet worden sind, ist ein Belang, der nach Auffassung des Bundesverfassungsgerichts wegen der mit einer weiteren Aufbewahrung verbundenen Risiken weiterer Grundrechtsverletzungen hinter der Löschungspflicht zurückzustehen hat.[66]

24 **4. Verwertungsverbot.** § 34 Abs. 2 S. 4 BKAG unterwirft Erkenntnisse über Vorgänge, die den Kernbereich privater Lebensgestaltung betreffen, einem **Beweisverwertungsverbot**, um die verfassungsrechtlich gebotene Folgenbeseitigung des unerwarteten Eindringens in den absolut geschützten Kernbereich privater Lebensgestaltung zu ermöglichen.[67] Das Verwertungsverbot gilt für alle in Betracht kommenden Verfahren und beschränkt sich nicht nur auf die Verwendung der kernbereichsrelevanten Informationen als Beweismittel; darüber hinaus verbietet sich der Rückgriff hierauf auch als Spurenansatz für Ermittlungen in weiteren Zusammenhängen,[68] so dass dem Verwertungsverbot eine umfassende **Fernwirkung** zukommt.[69] Durch die Beschränkung auf kernbereichsrelevante Erkenntnisse bleiben die übrigen Erkenntnisse – verfassungsrechtlich unbedenklich – verwertbar.

25 **5. Dokumentationspflicht.** Die Tatsache, dass absolut geschützte Gesprächsinhalte aufgezeichnet wurden und die Aufzeichnungen, soweit kernbereichsrelevant, deshalb gelöscht wurden, unterliegt zum Zwecke der Ermöglichung effektiven gerichtlichen Rechtsschutzes für die Betroffenen[70] gem. § 34 Abs. 2 S. 5 BKAG einer Dokumentationspflicht, die im Kernbereichsschutz selbst wurzelt und dessen verfahrensmäßigen Schutz gewährleisten soll. Da die Dokumentation dazu dient, die spätere **Nachvollziehbarkeit und Kontrolle** des Vorgangs zu ermöglichen, hat sich die Frist ihrer Aufbewahrung daran zu orientieren, dass die Protokolle entsprechend dem üblichen Geschäftsgang auch nach Benachrichtigung des Betroffenen und der periodisch anstehenden Kontrolle durch Datenschutzbeauftragte noch vorliegen.[71] Den sich hieraus ergebenden verfassungsrechtlichen Anforderungen tragen die Sätze 6 bis 8 Rechnung. Die Dokumentation – gemeint sind die Daten über die Aufzeichnung und ihre Löschung als solche, nicht der Aufzeichnungsinhalt[72] – darf gem. § 34 Abs. 2 S. 6 BKAG ausschließlich für Zwecke der Datenschutzkontrolle verwendet werden. Ob die Dokumentation über den Wortlaut von Satz 6 hinaus auch zum Zwecke der Rechtsschutzverfolgung durch Maßnahmenbetroffene verwendet werden darf,[73] erscheint vor dem Hintergrund des klaren Wortlauts der Norm zweifelhaft. Eine dahin gehende **gesetzliche Erweiterung** wäre allerdings **im Lichte von Art. 19 Abs. 4 GG angezeigt.** Sechs Monate nach der Benachrichtigung nach § 74 BKAG oder sechs Monate nach Erteilung der gerichtlichen Zustimmung über das endgültige Absehen von der Benachrichtigung ist

64 BVerfG Urt. v. 3.3.2004 – 1 BvR 2378/98 ua –, BVerfGE 109, 279 (322); Urt. v. 20.4.2016 – 1 BvR 966/09 ua –, BVerfGE 141, 220 (277, Rn. 122).
65 BT-Drs. 16/10121, 22.
66 BVerfG Urt. v. 3.3.2004 – 1 BvR 2378/98 ua –, BVerfGE 109, 279 (332 f.).
67 Vgl. BVerfG Urt. v. 3.3.2004 – 1 BvR 2378/98 ua –, BVerfGE 109, 279 (328).
68 BVerfG Urt. v. 3.3.2004 – 1 BvR 2378/98 ua –, BVerfGE 109, 279 (331).
69 Weßlau in GS Lisken, 2004, S. 47 (56).
70 BVerfG Urt. v. 3.3.2004 – 1 BvR 2378/98 ua –, BVerfGE 109, 279 (333).
71 BVerfG Urt. v. 20.4.2016 – 1 BvR 966/09 ua –, BVerfGE 141, 220 (323, Rn. 272).
72 Schenke/Graulich/Ruthig/Graulich BKAG § 34 Rn. 20.
73 Schenke/Graulich/Ruthig/Graulich BKAG § 34 Rn. 20.

die Dokumentation zu löschen (Satz 7). Ist die Datenschutzkontrolle nach § 69 Abs. 1 BKAG noch nicht beendet, ist die Dokumentation bis zu ihrem Abschluss aufzubewahren (Satz 8).

III. Zuständigkeitszuweisung an die Präsidialebene des BKA (Abs. 3)

26 Dass § 34 Abs. 3 S. 1 BKAG die Zuständigkeit für die Anordnung von Überwachungsmaßnahmen iSv Abs. 1 nicht von einer richterlichen Entscheidung abhängig macht, sondern in die Hände der Präsidentin oder des Präsidenten des BKA oder ihrer bzw. seiner Vertretung legt, ist auch dann, wenn die Überwachungsmaßnahme innerhalb einer Wohnung durchgeführt werden soll, verfassungsrechtlich unbedenklich. Gem. Art. 13 Abs. 5 GG kann beim Einsatz technischer Mittel ausschließlich zum Schutze der bei einem Einsatz in Wohnungen tätigen Personen eine gesetzlich bestimmte Stelle die Anordnung treffen. Geht es um **Überwachungsmaßnahmen im oder aus dem Wohnungsinneren**, muss der **Schutz von Leib, Leben oder Freiheit der vom BKA beauftragten Person** freilich der **einzige mit der Maßnahme verfolgte Zweck** sein, weswegen die von Art. 13 Abs. 5 GG gestattete Ausnahme vom in Art. 13 Abs. 4 GG als Grundsatz normierten Vorbehalt richterlicher Entscheidung in Gestalt der Entscheidung durch die in § 34 Abs. 3 S. 1 BKAG genannten Personen schon dann nicht greift, wenn diese nicht nur den Integritätsschutz, sondern alternativ oder ergänzend hierzu (auch) die Erkenntnisgewinnung im Sinn hatte.[74]

27 Ebenso im Lichte von Art. 13 Abs. 5 GG verfassungsrechtlich unbedenklich ist bei **Gefahr im Verzug** gem. § 34 Abs. 3 S. 2 BKAG auch die Leitung einer Abteilung des BKA oder ihre Vertretung anordnungsbefugt. Wegen der mit der Überwachungsmaßnahme bezweckten Eigensicherung liegt eine diese Eilkompetenz begründende Gefahr im Verzug vor, wenn die Verzögerung, die mit der Einholung einer Entscheidung der Präsidentin oder des Präsidenten des BKA oder ihrer bzw. seiner Vertretung verbunden ist, den Erfolg der Überwachungsmaßnahme gefährden würde.[75]

IV. Nutzung und Zweckbindung der erhobenen personenbezogenen Daten (Abs. 4)

28 Einschränkungen bei der Verwertung sog. **Zufallserkenntnisse** sind in Abs. 4 geregelt, der insoweit eine Ausnahme vom allgemeinen datenschutzrechtlichen Zweckbindungsgrundsatz[76] gestattet und eine **abschließende Sonderregelung** gegenüber § 12 BKAG (→ § 12 Rn. 19, 25 ff., 145 ff.) normiert.[77] § 34 Abs. 4 S. 1 BKAG erlaubt die Verwendung von personenbezogenen Daten, die durch eine Eigensicherungsmaßnahme nach Abs. 1 erlangt wurden, außer für den Zweck der Abwehr von Gefahren für Leib, Leben oder Freiheit der vom BKA beauftragen Person hinaus nur für die **Zwecke der Gefahrenabwehr**. Die Verwendung der personenbezogenen Daten über den ihre Erhebung rechtfertigenden Grund hinaus ist also in zwei Fällen zulässig: dem Fall der über den Erhebungsgrund reichenden, aber denselben Zweck verfolgenden Datenverwendung einerseits und dem Fall der nun auf den Bereich der Gefahrenabwehr zielenden **Zweckänderung**. Mit der im Gesetz ausdrücklich angesprochenen „Gefahrenabwehr" ist, da schon die Eigensicherung nach Abs. 1 eine Maßnahme der Gefahrenabwehr – wenngleich begrenzt auf die vom BKA beauftragte Person – darstellt, jede über den individuellen Integritätsschutz hinausgehende, allgemeine Gefahrenabwehr gemeint.[78] Da es hier um einen Fall der Zweckänderung von personenbezogenen Daten geht, die im Zuge von Maßnahmen mit schwerem Eingriffsgewicht erlangt wurden, ist bei der Auslegung und Anwendung von Abs. 4 der verfassungsrechtliche Grundsatz der hypothetischen Datenneuerhebung[79] zu beachten, der voraussetzt, dass die entsprechenden Daten nach verfassungsrechtlichen Maßstäben auch für den geänderten Zweck mit vergleichbar schwerwiegenden Mitteln erhoben werden dürften. Die Datenverwendung aus Gründen der Gefahrenabwehr muss demnach dem Schutz von Rechtsgütern eines solchen Gewichts dienen, die verfassungsrechtlich ihre Neuerhebung mit vergleichbar schwerwiegenden Mitteln rechtfertigen könnten.[80]

29 § 34 Abs. 4 S. 2 BKAG schränkt die Verwendung personenbezogener Daten, die bei einer Eigensicherungsmaßnahme erhoben wurden, zum Zwecke der allgemeinen Gefahrenabwehr ein, wenn die Daten in oder aus einer Wohnung erlangt wurden. Wegen **Art. 13 Abs. 5 S. 2 GG** musste der Gesetzgeber mit § 34 Abs. 4 S. 2 Hs. 1 BKAG die Verwendung personenbezogener Daten, die bei einer Eigensicherungsmaßnahme iSv Abs. 1 in oder aus einer Wohnung erlangt wurden, zur allgemeinen Gefahrenabwehr davon abhängig ma-

74 Vgl. Dürig/Herzog/Scholz/Papier GG Art. 13 (2015) Rn. 107; von Mangoldt/Klein/Starck/Gornig GG I Art. 13 Rn. 140.
75 Vgl. Kugelmann BKAG § 16 Rn. 12.
76 BVerfG Urt. v. 20.4.2016 – 1 BvR 966/09 ua –, BVerfGE 141, 220 (324, Rn. 276 f.), mwN.
77 Zu der Vorgängervorschrift der Sache nach wie hier Kugelmann BKAG § 16 Rn. 13. Anders gestaltet sich zB das normative Verhältnis von Art. 41 Abs. 6 und Art. 48 Abs. 4 S. 1 Nr. 1 BayPAG.
78 Vgl. Schenke/Graulich/Ruthig/Graulich BKAG § 34 Rn. 25.
79 Hierzu Löffelmann GSZ 2019, 16 ff.
80 BVerfG Urt. v. 20.4.2016 – 1 BvR 966/09 ua –, BVerfGE 141, 220 (327 f., Rn. 287).

chen, dass die Rechtmäßigkeit der Maßnahme gerichtlich festgestellt wurde (Hs. 1). Die gerichtliche Entscheidung hat wohlbemerkt keine Auswirkungen auf die ursprüngliche Überwachungsanordnung, sondern ausschließlich die Verwertung hierdurch gewonnener Erkenntnisse im Strafverfahren zum Gegenstand.[81] Zuständig für die Entscheidung über die Rechtmäßigkeit ist gem. § 90 Abs. 2 S. 1 BKAG das Amtsgericht, in dessen Bezirk das BKA seinen Sitz hat, und damit das **Amtsgericht Wiesbaden.**[82] Bei Gefahr im Verzug ist gem. § 34 Abs. 4 S. 2 Hs. 2 BKAG die gerichtliche Entscheidung unverzüglich nachzuholen. Mit dem grundsätzlichen Erfordernis vorgängiger gerichtlicher Entscheidung bei jeder Datenverwertung jenseits der Zweckbindung sowie der Pflicht zur rechtzeitigen Nachholung der gerichtlichen Entscheidung bei Gefahr in Verzug trägt das Gesetz Art. 13 Abs. 5 GG Rechnung. Der Vorbehalt richterlicher Entscheidung dient dazu, die aufgrund der Heimlichkeit der Eigensicherungsmaßnahme fehlende Möglichkeit der betroffenen Person, die Maßnahme vor ihrer Durchführung durch Inanspruchnahme gerichtlichen Rechtsschutzes selbst anzugreifen, auszugleichen, indem mit dem Amtsgericht eine unabhängige und neutrale Instanz eingeschaltet wird, die die Rechte der betroffenen Person im Einzelfall am besten und sichersten wahren kann, ohne dass diese Person hierzu selbst tätig werden müsste.[83]

30 Die **Entscheidung des Gesetzgebers**, die Beurteilung der Rechtmäßigkeit von Eigensicherungsmaßnahmen in die Hände der Amtsgerichte zu legen, beruht auf dem Willen, die Zuständigkeit für Entscheidungen über Maßnahmen nach den §§ 10, 33, 34 BKAG, nach Abschnitt 5 sowie nach § 64 BKAG zentral zu organisieren und konzentriert beim Amtsgericht anzusiedeln,[84] erscheint allerdings **sachwidrig**, da es sich gerade nicht um eine Maßnahme auf dem Gebiet der Strafverfolgung, sondern um eine der Gefahrenabwehr handelt. Insofern geht es hier um **öffentlich-rechtliche Streitigkeiten nichtverfassungsrechtlicher Art**, für die gem. § 40 Abs. 1 VwGO an sich die Verwaltungsgerichte zuständig sind.[85] Über die Zentralisierungsidee hinausgehende, an der Sache orientierte Gründe für die vom Gesetzgeber bevorzugte Zuständigkeitsallokation sind nicht ersichtlich.

31 Ob die bei einer Eigensicherungsmaßnahme in oder aus einer Wohnung erlangten personenbezogenen Daten **für Zwecke der Strafverfolgung verwendet** werden dürfen, richtet sich gem. § 34 Abs. 4 S. 3 BKAG nach der StPO. Ursprünglich verwies die Vorschrift für die Bestimmung der Anforderungen an die Verwendungszulässigkeit auf § 161 Abs. 2 StPO aF (jetzt § 161 Abs. 4 StPO). Im Jahr 2007 strich der Gesetzgeber die Angabe des § 161 StPO mit der Folge, dass sich seither die Zulässigkeit der Verwendung dieser Daten für Zwecke der Strafverfolgung nach der Strafprozessordnung richtet. Hiermit sollte ermöglicht werden, dass die Verwendung personenbezogener Informationen, die durch den in das Wohnungsgrundrecht eingreifenden Einsatz technischer Mittel zur Eigensicherung erlangt wurden, sich – je nach Fallgestaltung – nach unterschiedlichen Vorschriften richten kann, namentlich nach § 161 Abs. 3 oder 4 beziehungsweise nach § 100e Abs. 6 Nr. 3 StPO.[86] Da es sich bei § 34 Abs. 4 BKAG um eine abschließende Sonderregelung gegenüber den Zweckänderungsvorgaben des § 12 BKAG handelt (→ Rn. 28), kommt auch die Einschränkung des **§ 12 Abs. 3 S. 2 BKAG nicht zum Tragen.** Die Folge ist, dass Lichtbilder oder Bildaufzeichnungen, die nach § 34 Abs. 1 BKAG zum Zwecke der Eigensicherung zulässigerweise angefertigt wurden, auch zu Strafverfolgungszwecken weiterverarbeitet werden dürfen.

V. Löschungspflicht (Abs. 5)

32 Gemäß § 34 Abs. 5 BKAG sind nach Abschluss der Eigensicherungsmaßnahme die hierbei hergestellten Aufzeichnungen grundsätzlich **unverzüglich zu löschen**, weil der Eigensicherungszweck regelmäßig mit dem Abschluss der Strafverfolgungsmaßnahme entfällt[87] und iSd Datenverminderung auf die Aufzeichnungen üblicherweise nach der Eigensicherungsmaßnahme verzichtet werden kann. „Unverzüglich" ist iSv „ohne schuldhaftes Zögern" (vgl. § 121 Abs. 1 S. 1 BGB) zu verstehen. Als Spezialvorschrift genießt die in Abs. 2 niedergelegte Löschungspflicht bei Aufzeichnungen von den Kernbereich privater Lebensgestaltung betreffenden Vorgängen Vorrang gegenüber Abs. 5. Abs. 5 regelt von daher den Grundsatz der Löschungspflicht für Aufzeichnungen solcher Vorgänge, die nicht den Kernbereich privater Lebensgestaltung betreffen.[88] Ausnahmsweise sind die nach Abs. 1 hergestellten Aufzeichnungen nicht zu löschen, wenn sie noch für die von Abs. 3 geregelten Zwecke benötigt werden.

81 Krey JR 1998, 1 (6).
82 Schenke/Graulich/Ruthig/Graulich BKAG § 34 Rn. 26 unter Hinweis auf den Beschluss Nr. 14 auf der 141. Sitzung des Bundeskabinetts v. 13.4.1951.
83 Vgl. BVerfG Urt. v. 3.3.2004 – 1 BvR 2378/98 ua –, BVerfGE 109, 279 (357 f.).
84 BT-Drs. 18/11163, 112.
85 Schenke/Graulich/Ruthig/Graulich BKAG § 34 Rn. 26.
86 Vgl. BT-Drs. 16/5846, 76.
87 Kugelmann BKAG § 16 Rn. 14.
88 Schenke/Graulich/Ruthig/Graulich BKAG § 34 Rn. 29.

§ 35 Unterstützung der Polizeibehörden der Länder bei der Strafverfolgung

(1) [1]Zur Unterstützung von Strafverfolgungsmaßnahmen kann das Bundeskriminalamt Bedienstete zu den Polizeibehörden in den Ländern entsenden, wenn die zuständige Landesbehörde darum ersucht oder wenn dies den Ermittlungen dienlich sein kann. [2]Die Zuständigkeit der Polizeibehörden in den Ländern bleibt unberührt.

(2) Die oberste Landesbehörde ist unverzüglich zu benachrichtigen.

A. Überblick und Entwicklungsgeschichte

1 § 35 BKAG stimmt wörtlich mit § 17 BKAG in der Fassung des BKAG vom 7.7.1997[1] überein. Die Vorschrift geht zurück auf § 4a BKAG in der Fassung des Gesetzes zur Änderung des Gesetzes über die Einrichtung eines Bundeskriminalpolizeiamtes (Bundeskriminalamtes) vom 19.9.1969[2] und stellte einen Kompromiss dar zwischen dem damals im Bundestag herrschenden **Wunsch nach einer intensiveren Einbindung des BKA in die Verbrechensbekämpfung** einerseits und andererseits dem drohenden **Widerstand der grundsätzlich für die Verbrechensbekämpfung zuständigen Länder** bei einer weitgehenden Übernahme von Zuständigkeiten durch das BKA. Um das Spezialwissen der Bediensteten des BKA sowie dessen sächliche Einrichtungen auch ohne Zuständigkeitserweiterung des Bundes zum Nachteil der Länder in den Dienst einer wirksamen Verbrechensbekämpfung stellen zu können, erlaubte der Gesetzgeber die Entsendung von BKA-Bediensteten zu den Polizeibehörden der Länder, bei denen in diesen Fällen die Ermittlungsverantwortung bleiben sollte.[3] Bis zum Inkrafttreten des BKAG vom 7.7.1997 war der Kreis der Strafverfolgungsmaßnahmen, die einer Unterstützung zugänglich waren, ausweislich des gesetzlichen Wortlauts auf polizeiliche beschränkt.

B. Kommentierung im Einzelnen

I. Entsendung von Bediensteten des BKA zu den Polizeibehörden in den Ländern (Abs. 1 S. 1)

2 **1. Entsendebefugnis des BKA.** Gem. § 35 Abs. 1 S. 1 BKAG kann das BKA unter den dort geregelten Voraussetzungen Bedienstete zu den Polizeibehörden in den Ländern entsenden. Die Vorschrift stellt die Entscheidung über die Entsendung ausnahmslos, und damit auch in Fällen eines entsprechenden Ersuchens durch die zuständige Landesbehörde (§ 35 Abs. 1 S. 1 Alt. 1 BKAG), in das **Ermessen des BKA**. Der Wortlaut ist unmissverständlich. Ob der in der Literatur vereinzelt in diesem Zusammenhang als ermessensbegrenzend genannte und verfassungskräftig (Art. 20 Abs. 1 GG) verbürgte Grundsatz der Bundestreue,[4] der sowohl den Bund als auch die Länder zu bundesfreundlichem Verhalten anhält,[5] im Einzelfall zur Ermessensreduzierung auf Null führen kann, darf bezweifelt werden, weil der Grundsatz akzessorischer Natur ist[6] und es insofern zur Herleitung konkreter Folgen hieraus der Feststellung einer den Ländern zukommenden Rechtsposition bedürfte.[7] An einer solchen Rechtsposition der Länder fehlt es freilich in den hier interessierenden Fällen.

3 Vom BKA in Ausübung dieser Befugnis entsandte Bedienstete werden nicht selbstständig, dh in Ausübung originärer Zuständigkeit des BKA iSv § 4 Abs. 1 BKAG oder im Rahmen der Auftragszuständigkeit nach § 4 Abs. 2 BKAG, tätig. Sie handeln vielmehr im Wege **derivativer Aufgabenerfüllung**,[8] nehmen also Aufga-

1 BGBl. I 1997 S. 704.
2 BGBl. I 1969 S. 1717.
3 BT-Drs. V/4530, 2.
4 Riegel BayVBl. 1983, 649 (652).
5 BVerfG Urt. v. 21.5.1952 – 2 BvH 2/52 –, BVerfGE 1, 299 (315); stRspr.
6 BVerfG Beschl. v. 5.12.2001 – 2 BvG 1/00 –, BVerfGE 104, 238 (247 f.); Beschl. v. 3.3.2004 – 1 BvF 3/92 –, BVerfGE 110, 33(52).
7 BVerfG Beschl. v. 11.3.1997 – 2 BvG 3/95 ua –, BVerfGE 95, 250 (266); Beschl. v. 24.1.2001 – 2 BvE 1/00 –, BVerfGE 103, 81 (88); Beschl. v. 5.12.2001 – 2 BvG 1/00 –, BVerfGE 104, 238 (248); Beschl. v. 3.3.2004 – 1 BvF 3/92 –, BVerfGE 110, 33 (52).
8 Schenke/Graulich/Ruthig/Graulich BKAG § 35 Rn. 3.

ben des jeweiligen Bundeslandes wahr und handeln für dieses. Hierfür spricht nicht nur die Entstehungsgeschichte,[9] sondern auch, dass die Entsendung nach § 35 Abs. 1 S. 1 BKAG die Unterstützung von Strafverfolgungsmaßnahmen der Polizeibehörden in den Ländern bezwecken muss.[10]

4 Das Gesetz erlaubt dem BKA die **Entsendung von Bediensteten**, ohne diesen Personenkreis näher einzugrenzen. Insofern müssen die zu entsendenden Personen nicht dem Polizeivollzug angehören, sondern können auch sonstige fachlich kundige Personen sein, die in einem Dienstverhältnis zum BKA stehen, solange ihre Entsendung der Unterstützung von Strafverfolgungsmaßnahmen dienen kann.[11] Dienstrechtlich erfolgt die Entsendung bei verbeamteten Bediensteten per Abordnung.

5 **2. Zur Unterstützung von Strafverfolgungsmaßnahmen.** Das Erfordernis, dass die Entsendung von Bediensteten iSv § 35 Abs. 1 S. 1 BKAG der Unterstützung von Strafverfolgungsmaßnahmen dienen muss, stellt zunächst Anforderungen an die hinter der Entsendung stehende **Zweckbestimmung**. Dass bis zum Inkrafttreten des BKAG vom 7.7.1997 der Kreis der Strafverfolgungsmaßnahmen, die einer Unterstützung zugänglich waren, ausweislich des gesetzlichen Wortlauts auf polizeiliche beschränkt war (→ Rn. 1), ergab keinen rechten Sinn und wurde auch nicht der Stellung der Staatsanwaltschaft als Herrin des Ermittlungsverfahrens gerecht.[12]

6 Darüber hinaus lässt sich anhand des Erfordernisses auch die Art der Zusammenarbeit zwischen den Bediensteten der Landespolizeibehörden und den entsandten Bediensteten des BKA bestimmen. Da die Tätigkeiten der entsandten Bediensteten darauf zu richten sind, dem LKA Unterstützung zukommen zu lassen, bleibt die **eigentliche Verfahrensherrschaft**, dh die Zuständigkeit sowie die Entscheidung über konkrete Verfolgungsmaßnahmen, **bei den Landesbehörden.**[13] Die mit der Vorschrift getroffene Entscheidung für die Unterstützung als Form der Zusammenarbeit ist auf die ausschließliche Gesetzgebungskompetenz des Bundes aus Art. 73 Abs. 1 Nr. 10 lit. a GG zurückzuführen, weil dieser Kompetenztitel über die bloße Sachhilfe hinaus auch die Personalhilfe oder eine Verbindung von beidem erfasst.[14]

7 Unterstützung iSd Vorschrift besteht ihrem Wortlaut nach zwar in der dort genannten Entsendung von Bediensteten und damit darin, den Landesbehörden **personelle Ressourcen** des Bundes – insbesondere mit Sicht auf ihr Know-how – zur Verfügung zu stellen. Die Unterstützung umfasst aber auch die Bereitstellung **sächlicher Mittel**, die die entsandten Bediensteten zur Unterstützung der Landesbehörden mitbringen. Bei reiner Informationsübermittlung ist demgegenüber nicht § 35 BKAG einschlägig. Vielmehr bewegt sich die informatorische Unterstützung im Rahmen der Zentralstellenfunktion des BKA, weswegen sich diese Form der Hilfe nach § 2 Abs. 2 bis 7 BKAG beurteilt.[15]

8 **3. Ersuchen der zuständigen Landesbehörde (Alt. 1).** Die Unterstützung setzt zum einen voraus, dass die zuständige Landesbehörde hierum ersucht hat (Alt. 1). Der **Begriff „zuständige Landesbehörde"** in § 35 Abs. 1 S. 1 Alt. 1 BKAG entspricht dem in § 4 Abs. 2 Nr. 1 BKAG verwendeten, weshalb auf die entsprechende Kommentierung verwiesen wird (→ § 4 Rn. 45). Bei einem Ersuchen handelt sich um einen besonders geregelten **Fall der Amtshilfe** (→ § 5 Rn. 44).

9 **4. Ermittlungsdienlichkeit (Alt. 2).** Alternativ ist die Entsendung von BKA-Bediensteten dann angängig, wenn dies den Ermittlungen dienlich sein kann (Alt. 2). Die Entsendung kann ermittlungsdienlich sein, wenn sie die **Ermittlungen** der Strafverfolgungsbehörden des Landes im Einzelfall **nachvollziehbar fördern kann.** Die hierfür anzustellende Prognose kommt allein dem BKA als über die Entsendung entscheidende Behörde zu.

10 Die zweite Alternative könnte dahin missverstanden werden, dass es dem BKA freistehe, den Landespolizeibehörden seine Unterstützung nach eigenem Belieben aufzudrängen. Abgesehen davon, dass die Entsendung eigener Bediensteter gegen den Willen der zuständigen Landesbehörde schon aus praktischer Perspektive wenig Aussicht verspricht, Strafverfolgungsmaßnahmen voranzubringen, ist die Annahme, die Zulässigkeit von Unterstützungsmaßnahmen nach der zweiten Alternativen hinge allein von der freien Entscheidung des BKA ab, auch rechtlich verfehlt. Zunächst eröffnet sie dem BKA **kein Ermessen**, weil sich das Wort „kann" nicht auf „entsenden" und damit nicht auf die Entsendungsentscheidung, sondern auf „dienlich sein" und damit die Voraussetzungen der Entsendung bezieht. Die Ermittlungsdienlichkeit ist ein unbestimmter Rechtsbegriff, mit dem der Gesetzgeber die Entsendungsentscheidung nicht zur freien Disposition des BKA stellt. Das Kriterium kann die einer Entsendung nach dieser Alternative gezogenen gesetzlichen Grenzen nicht abschließend beschreiben, weil es in den Fällen des § 35 Abs. 1 BKAG zum einen bei der Zu-

9 BT-Drs. V/4530, 2.
10 Schenke/Graulich/Ruthig/Graulich BKAG § 35 Rn. 2.
11 Schenke/Graulich/Ruthig/Graulich BKAG § 35 Rn. 2.
12 BT-Drs. 13/1550, 48.
13 Vgl. auch Kugelmann BKAG § 17 Rn. 2.
14 Schenke/Graulich/Ruthig/Graulich BKAG § 35 Rn. 3.
15 Vgl. Kugelmann BKAG § 17 Rn. 3.

ständigkeit der Landespolizeibehörde bleibt (§ 35 Abs. 1 S. 2 BKAG) und gem. § 37 Abs. 4 BKAG Polizeivollzugsbeamt:innen des BKA im Zuständigkeitsbereich eines Landes nur dann tätig werden können, wenn das jeweilige Landesrecht es vorsieht. Von daher dient die zweite Alternative vor allem dem Ziel, bei Gefahr im Verzug eine Grundlage für Unterstützungsmaßnahmen des BKA für die Zeit zu schaffen, bis ein Ersuchen der zuständigen Landesbehörde iSd ersten Alternative beim BKA eingegangen ist. Darüber hinaus sollte das BKA dem zuständigen LKA als Vertreter der obersten Landesbehörde vor einer Entsendungsentscheidung nach § 35 Abs. 1 S. 1 Alt. 2 BKAG die **Kooperation vorschlagen** und die Reaktion hierauf abwarten.[16]

II. Fortdauernde Zuständigkeit der Landespolizeibehörde (Abs. 1 S. 2)

§ 35 Abs. 1 S. 2 BKAG hat rein **deklaratorischen Charakter**. Schon aus dem Unterstützungscharakter der in Abs. 1 geregelten Maßnahme sowie aus dem Umstand, dass das BKA hier auf der Grundlage derivativer Zuständigkeit tätig wird, ist darauf zu schließen, dass die Zuständigkeit der Landespolizeibehörden von der Entsendung Bediensteter des BKA unberührt bleibt.[17] 11

III. Benachrichtigungspflicht (Abs. 2)

Dass gem. § 35 Abs. 2 BKAG die oberste Landesbehörde – also das Innenministerium bzw. die Innensenatorin oder der Innensenator des jeweiligen Landes – **unverzüglich**, also ohne schuldhaftes Zögern (vgl. § 121 Abs. 1 S. 1 BGB, → § 34 Rn. 32), über die Unterstützung einer ihr unterstehenden Landespolizeibehörde durch Bedienstete des BKA zu benachrichtigen ist, ist **auch dann notwendig**, wenn die Entsendung auf ein **Ersuchen der zuständigen Landesbehörde** (→ Rn. 8) erfolgt.[18] Zwar mag davon auszugehen sein, dass die zuständige Polizeibehörde des Landes ihr Ersuchen über die oberste Landesbehörde erklärt. Die oberste Landesbehörde hat damit aber angesichts des dem BKA zukommenden Entscheidungsspielraums bei seiner Entsendung nicht notwendigerweise Kenntnis davon, ob das BKA dem Ersuchen nachgekommen ist oder nicht. In der Benachrichtigungspflicht steht das BKA selbst; insbesondere verleiht § 35 BKAG dem BKA keine Befugnis, die Benachrichtigungspflicht an die Landespolizeibehörde zu delegieren.[19] 12

§ 36 Koordinierung bei der Strafverfolgung

(1) ¹Berührt eine Straftat den Bereich mehrerer Länder oder besteht ein Zusammenhang mit einer anderen Straftat in einem anderen Land und ist angezeigt, dass die polizeilichen Aufgaben auf dem Gebiet der Strafverfolgung einheitlich wahrgenommen werden, so unterrichtet das Bundeskriminalamt die obersten Landesbehörden und die Generalstaatsanwaltschaften, in deren Bezirken ein Gerichtsstand begründet ist. ²Das Bundeskriminalamt weist im Einvernehmen mit einer Generalstaatsanwaltschaft und einer obersten Landesbehörde eines Landes diesem Land die polizeilichen Aufgaben auf dem Gebiet der Strafverfolgung mit der Maßgabe zu, diese Aufgaben insgesamt wahrzunehmen.

(2) ¹Zuständig für die Durchführung der einem Land nach Absatz 1 übertragenen Aufgaben ist das Landeskriminalamt. ²Die oberste Landesbehörde kann an Stelle des Landeskriminalamtes eine andere Polizeibehörde im Land für zuständig erklären.

16 Riegel BayVBl. 1983, 649 (652 f.); Ahlf/Laub/Lersch/Störzer/Lersch BKAG § 17 Rn. 5; Schenke/Graulich/Ruthig/Graulich BKAG § 35 Rn. 3.
17 Schenke/Graulich/Ruthig/Graulich BKAG § 35 Rn. 6.
18 AA Riegel BayVBl. 1983, 649 (653).
19 Schenke/Graulich/Ruthig/Graulich BKAG § 35 Rn. 7.

A. Überblick und Genese

I. Entwicklungsgeschichte

1 Die Vorschrift geht zurück auf § 4b BKAG in der Fassung des Gesetzes zur Änderung des Gesetzes über die Einrichtung eines Bundeskriminalpolizeiamtes (Bundeskriminalamtes) vom 19.9.1969,[1] dessen Wortlaut allerdings nicht an eine „Straftat", sondern an eine „strafbare Handlung" anknüpfte. Diese und kleinere redaktionelle Änderungen an der Vorschrift, die jedoch für ihren sachlichen Inhalt folgenlos blieben, nahm der Gesetzgeber bei der Formulierung von § 18 BKAG in der Fassung des BKAG vom 7.7.1997 vor.[2] Die im Regierungsentwurf aus dem Jahr 1972 vorgeschlagene Einführung eines dritten Absatzes zielte darauf, dem BKA unter bestimmten Voraussetzungen die **zentrale Ermittlungszuständigkeit** für bestimmte Konstellationen zu begründen: Die zentrale Ermittlungszuständigkeit wies der Entwurf dem BKA in Konstellationen mangelnder Zustimmung der obersten Landesbehörden oder der Generalstaatsanwaltschaften bei gleichzeitigem Konsens über die Notwendigkeit einheitlicher polizeilicher Ermittlungen zu; zugleich hielt er die zuständigen Landesbehörden dazu an, dem BKA die zu seiner Unterstützung erforderlichen Dienstkräfte zur Verfügung zu stellen.[3] Der Entwurf scheiterte am Widerstand des Bundesrates, wo man das befürchtete Szenario, das mit dem Entwurf eines dritten Absatzes gelöst werden sollte, sachlich zutreffend für fernliegend hielt.[4] Abgesehen davon wäre die Regelung eines zwangsweise durchzusetzenden Selbsteintrittsrechts des BKA wohl keine vom Kompetenztitel des Art. 73 Nr. 10 lit. a GG erfasste Form der *Zusammenarbeit* des Bundes und der Länder in der Kriminalpolizei mehr (→ § 1 Rn. 36).

II. Zuweisungsverfahren bei länderübergreifenden Straftaten

2 § 36 BKAG regelt das Zusammenspiel von BKA und den Polizeibehörden der Länder bei der Verfolgung von Straftaten mit länderübergreifendem Bezug und ermächtigt das BKA in solchen Konstellationen zum Erlass einer **Zuweisungsanordnung:** Das BKA darf im Einvernehmen mit einer Generalstaatsanwaltschaft und einer obersten Landesbehörde eines Landes diesem Land die polizeilichen Strafverfolgungsaufgaben in einem Fall federführend zuweisen (Abs. 1 S. 2). Abs. 2 bestimmt die Landesbehörde, die nach einer Zuweisungsanordnung gem. Abs. 1 die polizeilichen Aufgaben auf dem Gebiet der Strafverfolgung insgesamt wahrnimmt. Hinter der Regelung steht zum einen der **Zweck**, die Ermittlungsabläufe in Fällen parallel zuständiger Behörden mehrerer Länder zum Wohle einer wirkungsvollen Verbrechensbekämpfung zu vereinfachen,[5] sicher aber auch das unausgesprochene Ziel des ressourcenschonenden Einsatzes von Strafverfolgungsbehörden und damit letztlich fiskalische Erwägungen.

3 Während § 36 BKAG nur die Grundzüge des Verfahrens um die Zuweisungsanordnung normiert, sind die **Einzelheiten des Verfahrens in der RiStBV geregelt** (vgl. Nr. 2 Abs. 2 sowie Nrn. 25 bis 29 RiStBV). Das in § 36 geregelte Anordnungsverfahren ist zweistufig ausgestaltet. Es beginnt damit, dass das BKA die obersten Landesbehörden und die Generalstaatsanwaltschaften, in deren Bezirk ein Gerichtsstand begründet ist, unterrichtet (Abs. 1 S. 1). Auf der zweiten Stufe trifft das BKA die Zuweisungsanordnung gegenüber einem Land (Abs. 1 S. 2). Die Wirkung dieser Zuweisungsanordnung beschränkt sich dabei zwar **unmittelbar** auf den polizeilichen Bereich, weist das BKA doch einem Land die polizeilichen Aufgaben auf dem Gebiet der Strafverfolgung zu; **mittelbar** reicht die Wirkung jedoch weiter, weil mit der Entscheidung über die kriminalpolizeiliche Zuständigkeit die Klärung der zuständigen Staatsanwaltschaft vorgesteuert wird.[6]

B. Kommentierung im Einzelnen

I. Unterrichtung der obersten Landesbehörden und Generalstaatsanwaltschaften (Abs. 1 S. 1)

4 Das von Abs. 1 S. 1 normierte **Unterrichtungsgebot** entsteht im Einzelfall, sobald eine Straftat den Bereich mehrerer Länder berührt oder ein Zusammenhang mit einer anderen Straftat in einem anderen Land besteht und angezeigt ist, dass die polizeilichen Aufgaben auf dem Gebiet der Strafverfolgung einheitlich wahrgenommen werden. Vorausgesetzt ist damit zweierlei: ein länderübergreifender Bezug der Straftat und die Indikation einheitlicher Aufgabenwahrnehmung.

1 BGBl. I 1969 S. 1717.
2 BGBl. I 1997 S. 704.
3 BT-Drs. 7/178, 3.
4 BT-Drs. 7/178, 17.
5 Vgl. BT-Drs. V/4530, 2; Kugelmann BKAG § 18 Rn. 3; aA Riegel BayVBl. 1983, 649 (653): Verhütung von andernfalls drohenden Pannen durch einen „Zuständigkeitswirrwarr".
6 Schenke/Graulich/Ruthig/Graulich BKAG § 36 Rn. 3.

5 **1. Länderübergreifender Bezug der Straftat.** Mit dem Erfordernis, dass entweder die Straftat den Bereich mehrerer Länder berühren (Abs. 1 S. 1 Alt. 1) oder ein Zusammenhang mit einer anderen Straftat in einem anderen Land bestehen muss (Abs. 1 S. 1 Alt. 2), damit der Weg für ein Vorgehen nach § 36 BKAG offensteht, ist der länderübergreifende Bezug zunächst nur grob umrissen.

6 **a) Berührung des Bereichs mehrerer Länder.** Entsprechend dem Sinn und Zweck der Vorschrift sowie im Lichte der in Abs. 1 S. 1 normierten Pflicht des BKA, vor der Zuständigkeitszuweisung die obersten Landesbehörden und Generalstaatsanwaltschaften, in deren Bezirken ein Gerichtsstand begründet ist, zu unterrichten, reicht für die erste Alternative nicht irgendein Bezug zu mehreren Ländern, sondern ist vorauszusetzen, dass **in mehreren Ländern ein Gerichtsstand** besteht. Da es bei § 36 BKAG um eine Zuständigkeitsallokation in den Grenzen des Bundesgebiets geht, sind die hier interessierenden Gerichtsstände insbesondere der Gerichtsstand des Tatortes (§ 7 StPO), der Gerichtsstand des Wohnsitzes oder Aufenthaltsortes der oder des Angeschuldigten (§ 8 StPO) und der Gerichtsstand des Ergreifungsortes (§ 9 StPO). Im Rahmen von § 7 StPO ist zu beachten, dass diese Vorschrift selbst wenig Aufschluss darüber vermittelt, wie der **Tatort** zu bestimmen ist, weswegen diese Frage nach sachlichem Recht, nämlich § 9 StGB, zu beurteilen ist. Danach ist der Tatort jeder Ort, an dem die Täterin oder der Täter gehandelt hat (Handlungsort beim Begehungsdelikt) oder im Falle des Unterlassens hätte handeln müssen (Handlungsort beim Unterlassungsdelikt) oder an dem der zum Tatbestand gehörende Erfolg eingetreten ist (Erfolgsort) oder nach der Vorstellung der Täterin oder des Täters eintreten sollte („vorgestellter“ Erfolgsort). Für die Bestimmung des Tatorts in Teilnahmekonstellationen ist § 9 Abs. 2 StGB maßgeblich. Wegen der Möglichkeit, dass sich mehrere Personen an der Straftat beteiligt haben, kann auch im Rahmen des § 36 BKAG den in §§ 10 ff. StPO geregelten Gerichtsständen durchaus Relevanz zukommen.

7 **b) Zusammenhang mit einer anderen Straftat in einem anderen Land.** Auch der in Abs. 1 S. 1 Alt. 2 angesprochene **Konnex** mit einer anderen Straftat in einem anderen Land ist iSd Strafprozessrechts zu bestimmen. Gem. der in **§ 3 StPO** niedergelegten Legaldefinition ist dieser Konnex zu bejahen, wenn eine Person mehrerer Straftaten beschuldigt wird oder wenn bei einer Straftat mehrere Personen der Täterschaft, der Teilnahme oder der Datenhehlerei, Begünstigung, Strafvereitelung oder Hehlerei beschuldigt werden.

8 **2. Indikation einheitlicher Aufgabenwahrnehmung.** Darüber hinaus setzt die Koordinierungsbefugnis des BKA nach § 36 BKAG voraus, dass im konkreten Fall die einheitliche Wahrnehmung polizeilicher Aufgaben auf dem Gebiet der Strafverfolgung angezeigt ist. Es handelt sich beim länderübergreifenden Bezug der in Rede stehenden Straftat und der Indikation einheitlicher Aufgabenwahrnehmung um zwei voneinander zu trennende Voraussetzungen, die für ein Vorgehen nach § 36 BKAG **kumulativ** erfüllt sein müssen. In der Literatur werden vereinzelt Kriterien genannt, anhand derer die Indikationsfrage zu beantworten sein soll, namentlich Gründe der Effektivität sowie personelle, technische und kriminaltaktische Erwägungen.[7] Tatsächlich werden dies zwar typischerweise die Gründe sein, die hinter einer Entscheidung des BKA für eine Koordinierung stehen; andererseits ist das BKA nicht auf diese Erwägungen begrenzt: Da dem Gesetz – auch mittelbar – kein näherer Maßstab zu entnehmen ist, an dem sich die Beurteilung, ob die einheitliche Aufgabenwahrnehmung angezeigt ist, messen ließe, ist die **Beantwortung der Indikationsfrage rechtlich ungebunden.**

9 **3. Unterrichtungsverfahren.** Sobald ein länderübergreifender Bezug einer Straftat besteht und das BKA die einheitliche Wahrnehmung der polizeilichen Strafverfolgungsaufgaben für angezeigt erachtet, unterrichtet es die obersten Landesbehörden und die Generalstaatsanwaltschaften, in deren Bezirken ein Gerichtsstand begründet ist. Das BKA unterrichtet diese Behörden also unmittelbar darüber, dass die einheitliche Aufgabenwahrnehmung durch ein Land aus seiner Sicht angezeigt ist, und nicht über das ihm übergeordnete Bundesministerium. Über das Nähere des **Unterrichtungsverfahrens** schweigt das Gesetz.

10 Konkreteres zum unmittelbaren Verfahren nach der Unterrichtung durch das BKA findet sich in **Nr. 28 RiStBV.** Diese Vorschrift trifft eine Regelung für insgesamt drei verschiedene Konstellationen, wobei in den ersten beiden Konstellationen eine **Generalstaatsanwaltschaft** in einem Land bereits ein staatsanwaltschaftliches **Sammelverfahren** führt und in der dritten noch kein solches Sammelverfahren geführt wird. In der ersten Konstellation stellt gem. Nr. 28 Abs. 1 lit. a RiStBV die Generalstaatsanwaltschaft, in deren Bezirk ein Sammelverfahren geführt wird, unverzüglich, möglichst binnen drei Tagen, das Einvernehmen für eine Zuweisungsanordnung nach § 36 BKAG mit der obersten Behörde der Innenverwaltung ihres Landes her, wenn sie eine Zuweisungsanordnung für erforderlich erachtet. Die zweite Konstellation betrifft die Situation, in der bereits ein staatsanwaltschaftliches Sammelverfahren geführt wird und das BKA es aber für angezeigt hält, dass die polizeilichen Aufgaben auf dem Gebiet der Strafverfolgung einem anderen Land übertragen werden. Für diese Konstellation sieht Nr. 28 Abs. 1 lit. b RiStBV vor, dass sich die beteiligten Generalstaatsanwaltschaften unverzüglich, möglichst binnen drei Tagen, darüber verständigen, ob eine Zuwei-

7 Schenke/Graulich/Ruthig/Graulich BKAG § 36 Rn. 6.

sungsanordnung erforderlich ist und ob das Sammelverfahren von einer Staatsanwaltschaft des vom BKA bezeichneten Landes übernommen werden soll. Die Generalstaatsanwaltschaft, in deren Bezirk das Sammelverfahren übernommen werden soll, führt unverzüglich das für die Zuweisungsanordnung erforderliche Einvernehmen mit der obersten Behörde der Innenverwaltung ihres Landes herbei. Wird ein staatsanwaltschaftliches Sammelverfahren noch nicht geführt, richtet sich das Verfahren nach Nr. 28 Abs. 1 lit. c RiStBV. In diesem Fall verständigen sich die beteiligten Generalstaatsanwaltschaften fernmündlich oder fernschriftlich unverzüglich, möglichst binnen drei Tagen, darüber, ob die Einleitung eines Sammelverfahrens angezeigt ist und welche Staatsanwaltschaft das Sammelverfahren führen soll. Hält die Generalstaatsanwaltschaft, in deren Bezirk das Sammelverfahren geführt werden soll, eine Zuweisungsanordnung für erforderlich, so stellt sie das Einvernehmen für diese Zuweisungsanordnung mit der obersten Behörde der Innenverwaltung ihres Landes her.

11 Kriminaltaktischen Erwägungen kann bei der Entscheidung darüber, welche Staatsanwaltschaft ein Sammelverfahren führen soll, vor sonstigen für die Führung von Sammelverfahren maßgebenden Gesichtspunkten besondere Bedeutung zukommen. Kommt eine **Einigung der Generalstaatsanwaltschaften** nicht zustande, so sind die zuständigen **Landesjustizverwaltungen** zu **beteiligen** (Nr. 28 Abs. 2 RiStBV). Die Generalstaatsanwaltschaft, in deren Bezirk das Sammelverfahren geführt wird, unterrichtet unverzüglich das BKA über das Ergebnis ihrer Verhandlungen mit der obersten Behörde der Innenverwaltung ihres Landes und benennt gegebenenfalls die das Sammelverfahren führende Staatsanwaltschaft, deren Aktenzeichen sowie die sachbearbeitende Polizeidienststelle (Nr. 28 Abs. 3 RiStBV). Hält die ein Sammelverfahren bearbeitende Staatsanwältin beziehungsweise der Staatsanwalt eine Zuweisungsanordnung des BKA für angezeigt, so berichtet sie oder er der Generalstaatsanwaltschaft. Hält die Generalstaatsanwaltschaft eine solche Anordnung des BKA für erforderlich, so stellt sie unverzüglich das Einvernehmen mit der **obersten Behörde der Innenverwaltung** ihres Landes her und regt beim BKA eine Zuweisungsanordnung an (Nr. 28 Abs. 5 RiStBV).

12 Kommt die Einleitung eines staatsanwaltschaftlichen Sammelverfahrens nicht in Betracht, ist unter Berücksichtigung kriminaltaktischer Erwägungen zu prüfen, ob eine Zuweisungsanordnung nach § 36 BKAG erforderlich ist. Die beteiligten Generalstaatsanwaltschaften verständigen sich unverzüglich, möglichst binnen drei Tagen, darüber, ob das Einvernehmen erklärt werden soll. Vor einer **Nichteinigung der Generalstaatsanwaltschaften**, also einer Entscheidung, dass das Einvernehmen zu einer Zuweisungsanordnung nicht erklärt werden soll, sind die zuständigen Landesjustizverwaltungen zu unterrichten. Eine beteiligte Generalstaatsanwaltschaft eines Landes, der die polizeilichen Aufgaben insgesamt zugewiesen werden sollen, stellt das Einvernehmen für die Zuweisungsanordnung mit der obersten Behörde der Innenverwaltung ihres Landes her und unterrichtet unverzüglich das BKA über das Ergebnis der Verhandlungen (Nr. 28 Abs. 4 RiStBV).

II. Zuweisungsanordnung (Abs. 1 S. 2)

13 Auf der zweiten Stufe steht die **Zuweisungsanordnung** des BKA, wobei mit der Anordnung nach dem eindeutigen Wortlaut keine bestimmte Polizeibehörde adressiert ist, sondern das Land selbst.[8] Diesem bleibt es unbenommen, die Sache landesintern – etwa nach Schwerpunktgesichtspunkten – einer bestimmten Staatsanwaltschaft zuzuweisen.[9] Die Ausübung der in § 36 Abs. 1 S. 2 BKAG normierten Anordnungsbefugnis ist freilich nicht rechtsgelöst, sondern setzt das **Einvernehmen** mit einer Generalstaatsanwaltschaft – wohlgemerkt nur einer und nicht aller vom BKA unterrichteten Generalstaatsanwaltschaften[10] – und der obersten Landesbehörde eines Landes voraus. Hierin unterscheidet sich diese Befugnis von Zuweisungsentscheidungen nach § 14 StPO (Zuständigkeitsbestimmung durch das gemeinschaftliche obere Gericht) und § 142a Abs. 1 S. 4 GVG (Zuständigkeitsbestimmung durch den Generalbundesanwalt bzw. die Generalbundesanwältin), die zu einseitiger, von keiner Zustimmung abhängiger Kompetenzbestimmung berechtigen.[11] Der Gesetzgeber hat die angesichts dessen bestehende Möglichkeit, dass die Zuweisung an der Zustimmung der obersten Landesbehörde oder der Generalstaatsanwaltschaft scheitert, erkannt und sich gleichwohl auch in Konstellationen des Dissenses hinsichtlich der Zuweisung bei gleichzeitigem Konsens über die Notwendigkeit einheitlicher Ermittlungen gegen die gesetzliche Übertragung der zentralen Ermittlungszuständigkeit auf das BKA entschieden (→ Rn. 1). Dem BKA ist es mithin im Rahmen der Zuweisungsanordnung nach

8 Dass das Land selbst Anordnungsadressat ist, wird durch Abs. 2 Hs. 1 bestätigt, wo von der „Durchführung der einem Land [Hervorhebung d. Verf.] nach Absatz 1 übertragenen Aufgaben“ die Rede ist. AA unter Rekurs auf Abs. 2 Hs. 1 Riegel BayVBl. 1983, 649 (653), sowie Kugelmann BKAG § 18 Rn. 9: Zuweisungsanordnung an das betreffende LKA.

9 Schenke/Graulich/Ruthig/Graulich BKAG § 36 Rn. 11.

10 Der insoweit eindeutige Gesetzeswortlaut beruht auf einer bewussten Entscheidung des Gesetzgebers, BT-Drs. V/4530, 2.

11 Riegel BayVBl 1983, 649 (653).

Abs. 1 S. 2 verwehrt, einem Land wider dessen Willen die einheitliche Wahrnehmung der polizeilichen Aufgaben auf dem Gebiet der Strafverfolgung im Wege der Weisung aufzubürden. Insofern beschränkt sich die in § 36 Abs. 1 S. 2 BKAG normierte Befugnis des BKA der Sache nach eher auf die an ein Land gerichtete Anregung einheitlicher Aufgabenwahrnehmung.[12] Die Ausgestaltung der zweiten Stufe als konsensueller Zuweisungsmechanismus trägt zum einen der grundsätzlichen Zuständigkeit der Länder bei der Wahrnehmung der polizeilichen Aufgaben auf dem Gebiet der Strafverfolgung Rechnung,[13] mithin der Eigenstaatlichkeit der Länder in diesem Bereich, die insoweit durch die gesetzliche Anerkennung eines Weisungsrechts des BKA in Frage gestellt würde. Des Weiteren konnte der Gesetzgeber hierdurch vermeiden, klären zu müssen, inwieweit ein Zuweisungsrecht des BKA das Sachleitungsrecht der Staatsanwaltschaft nach der Strafprozessordnung berührt.[14]

Da es um die Zuweisung der Wahrnehmung polizeilicher Aufgaben auf dem Gebiet der Strafverfolgung 14
geht, ist die **oberste Landesbehörde** iSv Abs. 1 S. 2 eine der Innenverwaltung, mithin das Innenministerium bzw. die Innensenatorin oder der Innensenator des betroffenen Landes.

Kriterien für die der Zuweisungsanordnung notwendig vorausgehende Auswahlentscheidung durch das 15
BKA liefert Nr. 26 RiStBV. Nach dieser Verwaltungsvorschrift obliegt die Bearbeitung von Sammelverfahren der Staatsanwaltschaft, in deren Bezirk der Schwerpunkt des Verfahrens liegt. Der **Verfahrensschwerpunkt** bestimmt sich nach den gesamten Umständen des Tatkomplexes. Dabei sind vor allem zu berücksichtigen a) die Zahl der Einzeltaten, der Täter:innen oder der Zeugenpersonen, b) der Sitz einer Organisation, c) der Ort der geschäftlichen Niederlassung, wenn ein Zusammenhang mit der Tat besteht, d) der Wohnsitz oder der gewöhnliche Aufenthaltsort der oder des (Haupt-)Beschuldigten, wenn dieser für Planung, Leitung oder Abwicklung der Taten von Bedeutung ist, sowie e) das Zusammenfallen des Wohnsitzes mit einem Tatort. Lässt sich der Verfahrensschwerpunkt nicht feststellen, ist die Staatsanwaltschaft zuständig, die zuerst mit dem (Teil-)Sachverhalt befasst war. Die Führung eines Sammelverfahrens darf nicht allein mit der Begründung abgelehnt werden, dass wegen eines Teils der Taten bereits ein gerichtliches Verfahren anhängig ist.

III. Zuständigkeit des LKA für die dem Land übertragenen Aufgaben (Abs. 2)

Abs. 2 weist die Zuständigkeit für die Durchführung der einem Land nach Abs. 1 übertragenen Aufgaben 16
dem jeweiligen **LKA** zu (S. 1) und erlaubt der obersten Landesbehörde eine **Zuständigkeitsabweichung**, gestattet also dem Innenministerium bzw. der Innensenatorin oder dem Innensenator des betroffenen Landes, stattdessen eine andere Polizeibehörde im Land für zuständig zu erklären (S. 2). Vereinzelt wird die Gesetzgebungskompetenz des Bundes in Frage gestellt. Auf Art. 73 Abs. 1 Nrn. 1 und 10 GG lasse sie sich nicht stützen, weil die Bestimmung kriminalpolizeilicher Zuständigkeiten auf Landesebene zumindest in Fällen ohne Auslandsbezug schwerlich den auswärtigen Angelegenheiten beziehungsweise der internationalen Verbrechensbekämpfung zuzuordnen sei. Ebenso wenig begründe Art. 87 Abs. 1 S. 2 GG eine Gesetzgebungszuständigkeit des Bundes, weil sich hierauf äußerstenfalls eine Bundeskompetenz zur gesetzlichen Regelung von Ermittlungsbefugnissen des BKA herleiten lasse, die Vorschrift mithin keine Befugnis des Bundesgesetzgebers zur Bestimmung der zuständigen Landesbehörde – eine zur Eigenstaatlichkeit der Länder zählende Frage – begründe.[15]

Diese **Bedenken an der Zuständigkeit des Bundesgesetzgebers** greifen nicht durch. Zwar ist es richtig, dass 17
im Rahmen von Art. 73 Abs. 1 Nr. 10 GG die Bestimmung der für die Zusammenarbeit zuständigen Landesbehörde und die Bestimmung ihrer konkreten Aufgaben gem. Art. 70 Abs. 1 GG Sache des jeweiligen Landesgesetzgebers bleibt.[16] Insofern trifft die Länder insbesondere keine Pflicht, die institutionellen Rahmenbedingungen für die von Art. 73 Abs. 1 Nr. 10 GG erfasste Zusammenarbeit genauso auszugestalten wie der Bund.[17] Der Bundesgesetzgeber darf die Länder aber durchaus zur Schaffung der institutionellen Rahmenbedingungen in die Pflicht nehmen, auf die eine kriminalpolizeiliche Zusammenarbeit des Bundes und der Länder notwendig angewiesen ist (→ § 1 Rn. 39). Zudem setzt der Kompetenztitel „Zusammenarbeit des Bundes und der Länder in der Kriminalpolizei" in Art. 73 Abs. 1 Nr. 10 lit. c GG voraus, dass Bund und Länder in diesem Bereich je für sich Behörden errichtet haben[18] und dass insofern die Länder über ei-

12 Treffend Riegel BayVBl. 1983, 649 (653): „Entscheidungshilfe bei Zuständigkeitskonflikten".
13 Kugelmann BKAG § 18 Rn. 7 f.
14 BT-Drs. V/4530, 2.
15 Schenke/Graulich/Ruthig/Graulich BKAG § 36 Rn. 13.
16 SächsVerfGH Urt. v. 21.7.2005 – Vf. 67-II-04 –, NVwZ 2005, 1310 (1311); Dürig/Herzog/Scholz/Uhle GG Art. 73 (2010) Rn. 235, mwN.
17 BVerwG Beschl. v. 9.1.1995 – 1 B 231/94 ua –, DÖV 1995, 692 (693); s. auch Dürig/Herzog/Scholz/Uhle GG Art. 73 (2010) Rn. 235 Fn. 1, mwN.
18 Dazu von Mangoldt/Klein/Starck/Heintzen GG II Art. 73 Rn. 111.

gene Behörden verfügen, die, ohne dass es auf ihre Bezeichnung ankäme, funktionell Aufgaben eines LKA wahrnehmen, weil andernfalls ein Tätigwerden des Bundes in dieser exklusiv ihm zukommenden Gesetzgebungsmaterie ins Leere liefe. Hieran gemessen beschränkt sich § 36 Abs. 2 BKAG auf das für die Zusammenarbeit Notwendige. Die Vorschrift verpflichtet die Länder nicht dazu, Landeskriminalämter nach dem Beispiel des BKA zu errichten (→ § 1 Rn. 42) und ihnen die Durchführung der kriminalpolizeilichen Ermittlungen nach Zuweisungsanordnung durch das BKA anzuvertrauen. Dies ergibt sich aus der der obersten Landesbehörde durch Abs. 2 S. 2 erlaubten Zuständigkeitsabweichung. Soweit in S. 1 vom LKA die Rede ist, wäre es mit Blick auf Art. 73 Abs. 1 Nr. 10 GG verfehlt, hieraus normative Maßstäbe für dessen Struktur herzuleiten, deren Bestimmung allein Aufgabe des Landesgesetzgebers bleibt. Vielmehr ist der Begriff verfassungskonform dahin auszulegen, dass zuständig für die Aufgabendurchführung die nach dem jeweiligen Landesrecht für den Bereich der Strafverfolgung zuständige Landesoberbehörde ist, die der Bundesgesetzgeber wohl nur aus Gründen der sprachlichen Klarheit und im Lichte dessen, was er zum Regelungszeitpunkt an Tatsächlichem auf Länderebene vorgefunden hat, als LKA bezeichnet.

18 Wenn Abs. 2 S. 2 das Recht der obersten Landesbehörde zur Zuständigkeitsabweichung von S. 1 anerkennt, geht es weniger um Zweckmäßigkeitserwägungen, dh die Überlegenheit der obersten Landesbehörde bei der Beurteilung, welche Behörde die sachnächste ist oder über die personellen Ressourcen für die Wahrnehmung der polizeilichen Aufgaben auf dem Gebiet der Strafverfolgung verfügt.[19] Der **Zweck** der gesetzlichen Anerkennung des Rechts zur Zuständigkeitsabweichung dürfte vielmehr darin liegen, hiermit der Eigenstaatlichkeit der Länder auch hinsichtlich der zuvorderst von ihnen – auch organisatorisch – sicherzustellenden Verbrechensbekämpfung Rechnung zu tragen.[20] Für die Entscheidung über eine Zuständigkeitsabweichung gibt § 36 BKAG abgesehen davon, dass die Vorschrift die Entscheidung allein in die Hände der obersten Landesbehörde legt, weder in formeller noch in materieller Hinsicht einen rechtlichen Maßstab vor.

§ 37 Amtshandlungen, Unterstützungspflichten der Länder

(1) [1]Vollzugsbeamtinnen und Vollzugsbeamte des Bundes und der Länder können in den Fällen des § 4 Absatz 1 und 2 und des § 36 Absatz 1 im Geltungsbereich dieses Gesetzes Amtshandlungen vornehmen. [2]Sie sind insoweit Ermittlungspersonen der zuständigen Staatsanwaltschaft, wenn sie mindestens vier Jahre dem Polizeivollzugsdienst angehören. [3]Sie unterrichten die örtlichen Polizeidienststellen rechtzeitig über Ermittlungen in deren Zuständigkeitsbereich, sofern nicht schwerwiegende Gründe entgegenstehen. [4]Zu den Ermittlungshandlungen sollen, soweit es zweckmäßig ist, Beamtinnen und Beamte der örtlich zuständigen Polizeidienststellen hinzugezogen werden.

(2) [1]Die polizeilichen Dienststellen des Bundes und der Länder geben dem Bundeskriminalamt in Fällen, in denen es im Rahmen seiner Zuständigkeit ermittelt, sowie den von ihm nach § 35 Absatz 1 entsandten Beamtinnen und Beamten Auskunft und gewähren Akteneinsicht. [2]Das Gleiche gilt für die nach § 36 Absatz 1 tätig werdenden Polizeibeamtinnen und Polizeibeamten der Länder.

(3) Die örtlich zuständigen Polizeidienststellen gewähren Beamtinnen und Beamten des Bundeskriminalamtes oder, im Falle einer Zuweisung nach § 36 Absatz 1, eines anderen Landes, die Ermittlungen durchführen, personelle und sachliche Unterstützung.

(4) Polizeivollzugsbeamtinnen und Polizeivollzugsbeamte des Bundeskriminalamtes können im Zuständigkeitsbereich eines Landes tätig werden, wenn das jeweilige Landesrecht es vorsieht.

19 So aber Kugelmann BKAG § 18 Rn. 9.
20 Vgl. BT-Drs. V/4530, 2.

A. Überblick und Genese

I. Entwicklungsgeschichte

Die Vorschrift geht in ihrem Abs. 1 S. 1, 2 und 4 sowie Abs. 3 zurück auf § 5 Abs. 1 und 2 BKAG in der 1
Fassung des Gesetzes über die Einrichtung eines Bundeskriminalpolizeiamtes (Bundeskriminalamtes) vom 8.3.1951,[1] der allerdings nur „Vollzugsbeamte des Bundeskriminalamtes, die einen schriftlichen Ermittlungsauftrag besitzen“ in den Fällen des § 4 Abs. 2 BKAG zu Amtshandlungen im ganzen Bundesgebiet ermächtigte und hierzu ihre Eigenschaft als „Hilfsbeamte der zuständigen Staatsanwaltschaft“ vorsah. Dem Gesetzgeber ging es hierbei zum einen darum, für den Bereich des § 4 Abs. 2 BKAG die **örtliche Zuständigkeit** von „Beamten des Bundeskriminalamtes“ im gesamten Bundesgebiet sicherzustellen, und zum anderen darum, die für die Anordnung einiger strafprozessualer Maßnahmen wie die Beschlagnahme (§ 98 StPO) oder Durchsuchung (§ 105 StPO) vorausgesetzte Eigenschaft als **„Hilfsbeamte der Staatsanwaltschaft“ bundeseinheitlich** und damit unabhängig von landesrechtlichen Vorschriften zu regeln.[2] Im Jahr 1969[3] erweiterte der Gesetzgeber Abs. 1 S. 1 auf „Vollzugsbeamte des Bundes und der Länder“, um auf diese Weise auch Beamtinnen und Beamte anderer Bundesbehörden sowie der Länder zu Amtshandlungen der Strafverfolgung im Geltungsbereich des BKAG zu ermächtigen.[4]

Abs. 3 der Urfassung des BKAG aus dem Jahr 1951, wonach die Zuständigkeit für die Ausübung der 2
Dienstaufsicht unverändert blieb, ist inzwischen entfallen. 1973 wurde die Vorschrift, deren Regelungsort sich ab diesem Zeitpunkt in § 8 BKAG befand, um das **Unterrichtungsgebot** in Abs. 1 S. 3 ergänzt; zugleich wurde die zuvor in § 6 Abs. 1 BKAG 1951 normierte **Auskunftspflicht** der Polizeibehörden der Länder gegenüber dem BKA wegen ihres unmittelbaren Zusammenhangs mit dem Recht des BKA, in den Fällen des § 4 Abs. 1 und 2 BKAG und des § 36 Abs. 1 BKAG Amtshandlungen vorzunehmen, aus systematischen Gründen[5] in den heutigen Abs. 2 überführt.[6]

Im Jahr 1997 übernahm der Gesetzgeber[7] den bisherigen Regelungsgehalt weitgehend, indem er ihn in § 19 3
BKAG aF überführte. Allerdings erhöhte er auf Forderung des Bundesrates[8] die **Anforderungen an die Eigenschaft als „Hilfsbeamter der zuständigen Staatsanwaltschaft“** dahin, dass die betreffende Person mindestens vier Jahre dem Polizeivollzugsdienst angehört haben musste. Auch modifizierte der Gesetzgeber den heutigen Abs. 2 (damals § 19 Abs. 2) dahin, dass die dort niedergelegten **Mitwirkungspflichten** nicht nur – wie bis dahin – die polizeilichen Dienststellen der Länder, sondern auch die des Bundes treffen. Zugleich fügte der Gesetzgeber den heutigen Abs. 4 (damals § 19 Abs. 4) ein, um die aus beamtenrechtlichen Gründen notwendige komplementäre bundesgesetzliche Norm zu den in den damals neueren Polizeigesetzen der Länder enthaltene Ermächtigung für Polizeivollzugsbeamtinnen und Polizeivollzugsbeamte des Bundes zu schaffen, wonach diese in Eilfällen **Amtshandlungen für die Länderpolizeibehörden** vornehmen durften.[9]

Im Jahr 2004 wurde der zuvor in § 37 Abs. 1 S. 2 BKAG verwendete Begriff „Hilfsbeamte“ durch den der 4
„Ermittlungspersonen“ ersetzt,[10] um der Wandlung der Funktion der Polizei im Ermittlungsverfahren Rechnung zu tragen.[11]

II. Zusammenspiel der Polizeibehörden des Bundes und der Länder bei der Strafverfolgung

Die Zusammenarbeit der Polizeibehörden des Bundes und der Länder ist **Gegenstand vieler normativer** 5
Grundlagen. Die Länder haben mit dem **„Abkommen über die erweiterte Zuständigkeit der Polizei der Länder bei der Strafverfolgung“** vom 8.11.1991[12] ihre polizeiliche Zusammenarbeit auf Länderebene auf dem Gebiet der Strafverfolgung geregelt. Gem. Art. 1 Abs. 1 dieses Abkommens sind bei der Strafverfolgung die Polizeivollzugsbeamt:innen der Vertragsparteien berechtigt, Amtshandlungen auch in anderen Ländern vor zunehmen, wenn einheitliche Ermittlungen insbesondere wegen der räumlichen Ausdehnung der Tat oder der in der Person der Täterin oder des Täters oder in der Tatausführung liegenden Umstände notwendig erscheinen. Die Vornahme solcher Amtshandlungen soll außer bei Gefahr im Verzug nur im Benehmen mit

1 BGBl. I 1951 S. 165.
2 BT-Drs. I/1273, 8.
3 BGBl. I 1969 S. 1718.
4 BT-Drs. 7/178, 12.
5 BT-Drs. 7/178, 9 f.
6 BGBl. I 1973 S. 70.
7 Gesetz über das Bundeskriminalamt und die Zusammenarbeit des Bundes und der Länder in kriminalpolizeilichen Angelegenheiten v. 7.7.1997, BGBl. I 1997 S. 1650.
8 BT-Drs. 13/1550, 33 f. und BT-Drs. 13/7208, 24 und 42.
9 BT-Drs. 13/1550, 34.
10 Art. 12g Abs. 6 des Ersten Gesetzes zur Modernisierung der Justiz v. 24.8.2004, BGBl. I 2004 S. 2198.
11 BT-Drs. 15/3482, 25 f.
12 BayGVBl. 1992 S. 720.

der zuständigen Polizeidienststelle erfolgen; ist dies unmöglich, ist die zuständige Polizeidienststelle unverzüglich zu benachrichtigen (Art. 1 Abs. 2 des Abkommens). § 167 GVG gestattet Polizeibeamt:innen der Länder bei der Verfolgung von Flüchtigen die Nacheile in ein anderes deutsches Land und damit die Fortsetzung bereits aufgenommener Amtstätigkeit über die Grenzen des eigenen Landes hinaus. Dass eine entsprechende Regelung für Polizeibeamt:innen des Bundes fehlt, findet seinen Grund darin, dass sie ohnehin für das gesamte Bundesgebiet zuständig sind und für das Bundesgebiet kein Anlass zur Regelung der Nacheile für Polizeibeamt:innen des Bundes besteht.[13] § 37 BKAG hat die Rechtsbeziehungen zwischen den Polizeibehörden des Bundes und der Länder zum Gegenstand, soweit es im **Tätigwerden des BKA im Rahmen originärer und derivativer Strafverfolgung** (§ 4 Abs. 1 und 2 BKAG) und einer einheitlich die Ermittlungen durchführenden Landespolizeibehörde nach **Zuweisungsanordnung durch das BKA** (§ 36 Abs. 1 BKAG) geht. In Bezug auf diese Fälle genügt die in § 35 BKAG geregelte Unterstützung der Polizeibehörden der Länder bei der Strafverfolgung aus mehreren Gründen nicht. Während erstens § 35 BKAG nur die Unterstützung der Landespolizeibehörden durch im Rahmen und innerhalb der Zuständigkeit der betreffenden Landesbehörde handelnde Bedienstete des BKA zum Gegenstand hat, geht es bei § 37 BKAG um ein Tätigwerden von Beamt:innen des BKA innerhalb von dessen Zuständigkeit. Zweitens normiert § 35 BKAG allein das Rechtsverhältnis zwischen dem BKA und den Landespolizeibehörden, nicht aber das Rechtsverhältnis von Landespolizeibehörden untereinander oder vis-à-vis den anderen Polizeibehörden des Bundes. Und drittens betrifft § 37 BKAG – gleichsam als notwendiges Korrelat zu § 4 Abs. 1 und 2 sowie zu § 36 BKAG – verschiedene Polizeibehörden in Konstellationen, in denen entweder das BKA Aufgaben nach § 4 Abs. 1 oder 2 BKAG wahrnimmt oder eine Landespolizeibehörde nach ergangener Zuweisungsanordnung durch das BKA die Strafermittlungen durchführt und dabei über die Landesgrenzen hinausreichende Maßnahmen ergreift.[14]

B. Kommentierung im Einzelnen

I. Amtshandlungen von Vollzugsbeamtinnen und -beamten des Bundes und der Länder (Abs. 1)[15]

6 Der Begriff des **„Polizeivollzugsbeamten"** ist in § 1 Abs. 1 S. 2 BPolBG,[16] der auch auf den kriminalpolizeilichen Vollzugsdienst des Bundes – und damit auch auf dem BKA zugehörige Beamt:innen – anwendbar ist,[17] legaldefiniert und umfasst alle mit polizeilichen Aufgaben betrauten und zur Anwendung unmittelbaren Zwangs befugten Beamt:innen. Welche Personengruppen hierzu im Einzelnen zählen, ist der Verordnung zu § 1 Abs. 1 des BPolBG (BPolBGVO)[18] zu entnehmen, so dass beispielsweise auch Anwärter:innen zu diesem Personenkreis zählen.[19] Wer in den Ländern Vollzugsbeamt:in ist, beurteilt sich nach den beamtenrechtlichen Landesnormen. Nicht alle Beamt:innen des BKA sind zugleich Polizeivollzugsbeamt:innen iSv § 1 BPolBG: Von den derzeit insgesamt 8.139 beim BKA Beschäftigten sind 4.190 Personen Polizeivollzugsbeamt:innen (51,48 Prozent), während 1331 Personen (16,35 Prozent) sonstige Beamt:innen sind, dh die Voraussetzungen des § 1 Abs. 1 S. 2 BPolBG nicht erfüllen. Die übrigen Beschäftigten sind Tarifbeschäftigte (30,97 Prozent) oder Auszubildende (0,84 Prozent).[20]

7 Es wäre verfehlt, aus dem Umstand, dass der Wortlaut des Abs. 1 S. 1 die Formulierung **„Vollzugsbeamtinnen und Vollzugsbeamte"** verwendet, den Umkehrschluss zu ziehen, § 37 BKAG schließe in seinem sachlichen Anwendungsbereich andere Bedienstete des BKA bzw. der Landespolizeibehörden davon aus, auf dem Gebiet der Strafverfolgung Amtshandlungen im gesamten Bundesgebiet vorzunehmen. Die Norm ist dahin zu verstehen, dass grundsätzlich **alle Beamt:innen** von ihr erfasst sind. Gegen eine Beschränkung des ermächtigten Personenkreises auf Vollzugsbeamt:innen spricht zum einen das Fehlen dahin gehender textlicher Anhaltspunkte im **Wortlaut** (zB „Nur Vollzugsbeamtinnen und Vollzugsbeamte des Bundes und der Länder können…"). Mit Blick auf die **Systematik** spricht die eher arbiträre Terminologie in § 37 BKAG („Vollzugsbeamtinnen und Vollzugsbeamte des Bundes und der Länder" in Abs. 1 S. 1, „Beamtinnen und Beamte" in Abs. 2 S. 1 und Abs. 3, „Polizeibeamtinnen und Polizeibeamte" in Abs. 2 S. 2 sowie „Polizeivollzugsbeamtinnen und Polizeivollzugsbeamte" in Abs. 4) gegen die Annahme, die in Abs. 1 normierte Ermächtigung beziehe sich exklusiv auf Vollzugsbeamt:innen, zumal eine Beschränkung der Norm auf solche

13 KK-StPO/Mayer § 167 Rn. 2.
14 Riegel BayVBl. 1983, 649 (654).
15 Für wertvolle Anregungen zu diesem Abschnitt der Bearbeitung danke ich herzlich Philipp Lassahn.
16 Bundespolizeibeamtengesetz (BPolBG) idF der Bekanntmachung v. 3.6.1976, BGBl. I S. 1357.
17 Wehr BPolBG, 3. Aufl. 2018, § 1 Rn. 4.
18 Verordnung zu § 1 Abs. 1 des Bundespolizeibeamtengesetzes v. 9.7.2003 (BGBl. I 2003 S. 1338, 1585), die zuletzt durch Artikel 1 der Verordnung v. 9.10.2008 (BGBl. I 2008 S. 1994) geändert worden ist.
19 Vgl. § 1 Abs. 1 Nrn. 1, 8, 14, 23 und 29 BPolBGVO.
20 Vgl. https://www.bka.de/DE/DasBKA/FaktenZahlen/faktenzahlen_node.html.

Beamt:innen inkonsistent wäre mit dem hier in Bezug genommenen § 35 Abs. 1 S. 1 BKAG, der ja die Entsendung von „Bediensteten" des BKA zu den Polizeibehörden in den Ländern regelt, die ihrerseits weitgehend sinnlos wäre, wenn nicht alle entsandten Bediensteten in örtlicher Hinsicht zur Unterstützung von Strafverfolgungsmaßnahmen befugt sein können. Eine analoge Anwendung von § 63 Abs. 1 BPolG, wonach Tätigkeiten des Vollzugsdienstes in der Bundespolizei idR Polizeivollzugsbeamt:innen zu übertragen sind, scheitert – abgesehen davon, dass die Formulierung „in der Regel" die Zulässigkeit von Ausnahmen zum Ausdruck bringt – an der fehlenden Vergleichbarkeit der Interessenlage, ist der hinter § 63 Abs. 1 BPolG stehende Zweck, dass zur Anwendung unmittelbaren Zwangs berufene Kräfte der Bundespolizei sich nur aus Polizeivollzugsbeamt:innen zusammensetzen sollen,[21] für im Rahmen von § 37 Abs. 1 BKAG tätig werdende Beamt:innen des BKA irrelevant. Für die hier vertretene Auffassung spricht zudem die **Gesetzeshistorie.** Dass der historische Gesetzgeber des Jahres 1951 keine Absicht hatte, den ermächtigten Personenkreis auf Vollzugsbeamt:innen zu beschränken, und der Wortlaut insofern auf einer redaktionellen Ungenauigkeit beruhen dürfte, wird bei einer Lektüre der damaligen Gesetzesbegründung deutlich, in der ohne nähere Eingrenzung nur von „Beamten" die Rede war (→ Rn. 1). Schließlich gebietet das **Telos** von § 37 Abs. 1 BKAG (→ Rn. 1) kein anderes Auslegungsergebnis als das hier vertretene.

Nicht erfasst sind demgegenüber **Tarifbeschäftigte,** weil Art. 33 Abs. 4 GG die Ausübung hoheitsrechtlicher Befugnisse – und damit auch die Anordnung grundrechtseingreifender Strafverfolgungsmaßnahmen – iS eines Funktionsvorbehalts idR verbeamteten Personen vorbehält. Eine Abweichung hiervon bedarf nicht nur der Rechtfertigung durch einen – jedenfalls in der Pauschalität nicht ersichtlichen – spezifischen, dem Sinn der Ausnahmemöglichkeit entsprechenden Ausnahmegrund,[22] sondern vor allem auch einer gesetzlichen Regelung, an der es im Fall von Tarifbeschäftigten fehlt. Insofern können Tarifbeschäftigte im Anwendungsbereich von § 37 Abs. 1 BKAG nur Tätigkeiten im Zusammenhang mit der Vorbereitung und Durchführung von Strafverfolgungsmaßnahmen ohne hoheitsrechtlichen Charakter übernehmen, also Hilfstätigkeiten oder andere untergeordnete Beiträge.[23] 8

1. Amtshandlungen im Geltungsbereich des BKAG (S. 1). Nach Abs. 1 erstreckt sich die örtliche Zuständigkeit der von der Vorschrift erfassten Personen zur Vornahme von Amtshandlungen auf **das gesamte Bundesgebiet,** setzt allerdings eingrenzend voraus, dass ein Fall des § 4 Abs. 1 oder 2 BKAG bzw. des § 36 Abs. 1 BKAG einschlägig ist. Die bundesweite Zuständigkeit steht damit unter der Voraussetzung, dass es um Amtshandlungen auf dem Gebiet der Strafverfolgung im Rahmen der originären Zuständigkeit des BKA (§ 4 Abs. 1 BKAG), um Strafverfolgung durch das BKA auf Ersuchen einer zuständigen Landesbehörde, auf Anordnung des Bundesministeriums des Innern, für Bau und Heimat oder im Auftrag der Generalbundesanwältin bzw. des Generalbundesanwalts (§ 4 Abs. 2 BKAG) oder um eine einheitliche Wahrnehmung der kriminalpolizeilichen Aufgaben durch eine Landesbehörde nach Zuweisungsanordnung durch das BKA (§ 36 Abs. 1 S. 2 BKAG) geht. Die örtliche Zuständigkeit bezieht sich dabei auf **alle Amtshandlungen,** also unter Anleitung der zuständigen Staatsanwaltschaft getroffenen Maßnahmen, soweit sie zur Erfüllung der von § 4 Abs. 1 und 2 BKAG erfassten Aufgaben bzw. zur einheitlichen Wahrnehmung der kriminalpolizeilichen Maßnahmen durch eine Landesbehörde erforderlich sind.[24] 9

2. Ermittlungspersonen der zuständigen Staatsanwaltschaft (S. 2). Während die Ermittlungsgeneralklausel in § 163 Abs. 1 StPO alle verbeamteten Kräfte des Polizeidienstes zur Sachverhaltserforschung und zu keinen Aufschub gestattenden Anordnungen ermächtigt, legt die Strafprozessordnung die Anordnung bestimmter Ermittlungsmaßnahmen, soweit Angehörige des Polizeidienstes ermächtigt sind, allein in die Hände von Ermittlungspersonen der Staatsanwaltschaft. So ist etwa die Beschlagnahme – hier subsidiär gegenüber dem Gericht und der Staatsanwaltschaft – den Ermittlungspersonen der Staatsanwaltschaft vorbehalten (§ 98 Abs. 1 StPO). Zuweilen, wenngleich seltener, ist sogar die Durchführung von Ermittlungsmaßnahmen den Ermittlungspersonen der Staatsanwaltschaft vorbehalten, etwa die Durchsicht von Papieren und elektronischen Speichermedien (§ 110 StPO). Da die mit § 37 Abs. 1 BKAG begründete Zuständigkeit sich durch die Bezugnahme auf § 4 Abs. 1 und 2 sowie § 36 Abs. 1 BKAG stets auf die Wahrnehmung polizeilicher Aufgaben auf dem Gebiet der Strafverfolgung bezieht, müssen die von der Vorschrift erfassten Personen die Eigenschaft als Ermittlungspersonen der Staatsanwaltschaft besitzen, die für die Leitung der Strafermittlungen zuständig ist. Diese Personen haben erst in dieser Eigenschaft die Befugnisse, die die StPO der Polizei verleiht, und könnten andernfalls selbst bei Gefahr im Verzug nicht einmal eine Beschlagnahme anordnen. Der **Gewährleistung der Eigenschaft als Ermittlungsperson** dient § 37 Abs. 1 S. 2 BKAG. Mit der Vorschrift soll Schwierigkeiten zuvorgekommen werden, die durch divergierende Landesregelungen über 10

21 Schenke/Graulich/Ruthig/Ruthig BPolG § 63 Rn. 4 f.
22 BVerfG Urt. v. 18.1.2012 – 2 BvR 133/10 –, BVerfGE 130, 76.
23 Vgl. Dreier/Brosius-Gersdorf GG II Art. 33 Rn. 152, mwN.
24 Kugelmann BKAG § 19 Rn. 2.

Stellung und Befugnisse von Ermittlungspersonen der Staatsanwaltschaft entstehen könnten.[25] Denn während normalerweise der Status als Ermittlungsperson durch die jeweilige auf der Grundlage von § 152 Abs. 2 S. 1 GVG erlassenen Landesverordnung bestimmt wird[26] und so die **Gefahr divergierender Standards** besteht, ergibt er sich für das BKA in den Fällen von § 4 Abs. 1 und 2 BKAG sowie für die Landesbehörden nach Zuweisungsanordnung gem. § 36 Abs. 1 BKAG **kraft Gesetzes**, und zwar **mit bundeseinheitlichem Maßstab**, aus § 37 Abs. 1 S. 2 BKAG. Dass hier im Wortlaut – insoweit enger als in § 152 Abs. 1 GVG – von „Ermittlungspersonen der ***zuständigen*** [Hervorhebung d. Verf.] Staatsanwaltschaft" die Rede ist, bedeutet letztlich, dass in den Fällen von § 4 Abs. 1 und 2 BKAG die polizeiliche Ermittlungszuständigkeit des BKA nicht davon abhängt, dass die Generalbundesanwältin oder der Generalbundesanwalt im Rahmen der Zuständigkeit nach § 142a GVG die Strafverfolgung leitet. Zuständige Staatsanwaltschaft iSd § 37 Abs. 1 S. 2 BKAG ist die für die Strafermittlungen insgesamt jeweils örtlich und sachlich zuständige Staatsanwaltschaft.[27]

11 § 37 Abs. 1 S. 2 BKAG unterstellt die Eigenschaft als Ermittlungsperson – und zwar sowohl für die beim BKA als auch die bei einer Landesbehörde angesiedelten Personen – dem **Erfordernis**, dass die Person **mindestens vier Jahre dem Polizeivollzugsdienst angehört** haben muss, und will hierdurch sicherstellen, dass nur solche Personen zu Ermittlungspersonen der Staatsanwaltschaft bestellt werden, deren Berufsausbildung bereits abgeschlossen ist.[28] Da das Gesetz nur eine mindestens vierjährige Zugehörigkeit zu „dem Polizeivollzugsdienst" und nicht zu „demselben Polizeivollzugsdienst" voraussetzt, sind Dienstherrenwechsel während dieser vierjährigen Zugehörigkeit für die Bestellung zur Ermittlungsperson unschädlich. Die Vorschrift orientiert sich ersichtlich am klassischen Polizeidienst. Da beim BKA aber auch **Vollzugsbeamt:innen mit Befähigung zum Richteramt** – insbesondere als sog. Quereinsteiger:innen im höheren Dienst – tätig sind, ist de lege ferenda zu erwägen, ob § 37 Abs. 1 S. 2 BKAG dahin ergänzt werden sollte, dass Vollzugsbeamt:innen mit Befähigung zum Richteramt unabhängig von der Dauer ihrer Zugehörigkeit zum Polizeivollzugsdienst Ermittlungspersonen der Staatsanwaltschaft sind. Es macht bei Volljurist:innen wenig Sinn, für die Eigenschaft als Ermittlungsperson der Staatsanwaltschaft mehr zu verlangen als für eine Zugehörigkeit zur Staatsanwaltschaft selbst.

12 **3. Unterrichtung der örtlich zuständigen Polizeidienststellen (S. 3).** Gem. § 37 Abs. 1 S. 3 BKAG unterrichten die nach Abs. 1 S. 1 zuständigen Personen die örtlichen Polizeidienststellen rechtzeitig – dh möglichst im Vorfeld der Durchführung der jeweiligen Amtshandlung[29] – über Ermittlungen in deren Zuständigkeitsbereich, sofern nicht schwerwiegende Gründe entgegenstehen. Da der Zweck der Regelung darin liegt, sich überschneidende oder einander entgegengesetzte polizeiliche Ermittlungen zu verhindern, und der Wortlaut keinen Anhaltspunkt für einen darüber hinausgehenden Unterrichtungsinhalt erkennen lässt, ist der **Gegenstand der Unterrichtung** ausschließlich das „Ob" der Ermittlungen, nicht das „Wie" und erst recht nicht ihr Ergebnis. Ein von der Unterrichtungspflicht befreiender **schwerwiegender Grund** ist es insbesondere, wenn es um notwendig vertrauliche Kenntnisse geht, die nur einem eng begrenzten Personenkreis zugänglich sein sollen, weil bei breiter Erkenntnisstreuung eine Gefährdung der Ermittlungen zu befürchten wäre.[30] Bei alldem geht das gesetzliche Regelungskonzept vom Grundsatz der Unterrichtungspflicht aus, von dem ausnahmsweise – eben aus schwerwiegendem Grund – abgewichen werden darf.

13 **4. Hinzuziehung von Beamt:innen der örtlich zuständigen Polizeidienststellen S. 4).** § 37 Abs. 1 S. 4 BKAG regelt die Hinzuziehung von Beamt:innen der örtlich zuständigen Polizeidienststellen. Diese sollen zu den Ermittlungshandlungen hinzugezogen werden, soweit es zweckmäßig ist. Weil die Hinzuziehung mit einer Soll-Vorschrift vorgesehen ist und dies auch nur im Rahmen des Zweckmäßigen, ist die Hinzuziehungspflicht schwächer ausgestaltet als die von Abs. 1 S. 3 vorgesehene Unterrichtungspflicht. Die Hinzuziehung ist nach dem Regelungsbild **nicht mehr als eine organisatorische Obliegenheit** der Personen, die nach § 37 Abs. 1 S. 1 BKAG handeln; sie ist keinesfalls Voraussetzung für die Rechtmäßigkeit der in Abs. 1 S. 1 genannten Amtshandlungen.[31]

II. Unterstützungspflicht der örtlichen Polizeidienststellen (Abs. 2 und 3)

14 Die Absätze 2 und 3 des § 37 BKAG halten, sieht man einmal von der in Abs. 3 normierten sächlichen Unterstützung ab, die örtlichen Polizeidienststellen zu Formen der Unterstützung an, die über das, was die all-

25 Vgl. BT-Drs. I/1273, 8.
26 Für Einzelnachweise der Landesverordnungen s. Meyer-Goßner/Schmitt StPO GVG § 152 Rn. 6.
27 Riegel BayVBl. 1983, 649 (654).
28 Schenke/Graulich/Ruthig/Graulich BKAG § 37 Rn. 5.
29 BT-Drs. 7/178, 15.
30 Riegel BayVBl. 1983, 649 (654); vgl. auch Kugelmann BKAG § 19 Rn. 4.
31 Schenke/Graulich/Ruthig/Graulich BKAG § 37 Rn. 7.

gemeine Amtshilfepflicht erfasst, hinausgehen und von daher einer **speziellen gesetzlichen Regelung** bedurften.[32] So verpflichtet Abs. 2 die polizeilichen Dienststellen des Bundes und der Länder zur Erteilung von Auskünften sowie zur Gewährung von Akteneinsicht, und zwar – mangels gesetzlicher Anhaltspunkte für mögliche Beschränkungen und mit Blick auf den Willen des historischen Gesetzgebers[33] – zu **uneingeschränkter Auskunftserteilung** bzw. **Akteneinsichtsgewährung**. Abs. 3 verpflichtet die örtlich zuständigen Polizeidienststellen zu personeller und sachlicher Unterstützung.

Zu gewähren sind die von Abs. 2 erfassten **Auskünfte und Akteneinsicht** erstens dem BKA in Fällen, in denen dieses im Rahmen seiner Zuständigkeit nach § 4 BKAG ermittelt, zweitens den von ihm nach § 35 Abs. 1 BKAG entsandten Bediensteten des BKA sowie drittens den nach einer Zuweisungsanordnung nach § 36 Abs. 1 BKAG ermittelnden Polizeibeamt:innen der Länder. 15

Die **personelle und sachliche Unterstützung** iSv Abs. 3 ist den ermittelnden Beamt:innen des BKA oder den nach einer Zuweisungsanordnung nach § 36 Abs. 1 BKAG ermittelnden Polizeibeamt:innen der Länder zu gewähren. 16

III. Landesrechtliche Öffnungsklausel (Abs. 4)

Gem. § 37 Abs. 4 BKAG können Polizeivollzugsbeamt:innen des BKA im Zuständigkeitsbereich eines Landes tätig werden, wenn das jeweilige Landesrecht es vorsieht. Ein Beispiel für eine solche landesrechtliche Regelung ist § 9 POG NRW. Die landesrechtliche Öffnungsklausel in § 37 Abs. 4 BKAG ist, wie dessen Wortlaut und der systematische Vergleich mit den Formulierungen in den übrigen Absätzen nahelegen, **nicht auf den Bereich der polizeilichen Strafverfolgung beschränkt**. Obwohl die Vorschrift damit auch das Gebiet der Gefahrenabwehr erfasst, greifen gegen die landesrechtliche Öffnungsklausel auch unter dem Gesichtspunkt des verfassungsrechtlich im Bundesstaatsprinzip (Art. 20 Abs. 1 GG) wurzelnden **Verbots der Mischverwaltung von Bund und Ländern** keine verfassungsrechtlichen Bedenken durch, weil die von Abs. 4 iVm der jeweiligen Regelung des Landesrechts betroffene Zuständigkeitsbegründung sich nicht auf das BKA als solches erstreckt, sondern nur auf einzelne Polizeivollzugsbeamt:innen.[34] 17

Abschnitt 5
Befugnisse zur Abwehr von Gefahren des internationalen Terrorismus

§ 38 Allgemeine Befugnisse

(1) ¹Das Bundeskriminalamt kann zur Erfüllung seiner Aufgabe nach § 5 Absatz 1 Satz 1 die notwendigen Maßnahmen treffen, um eine Gefahr abzuwehren, soweit nicht dieses Gesetz die Befugnisse des Bundeskriminalamtes besonders regelt. ²Die §§ 15 bis 20 des Bundespolizeigesetzes gelten entsprechend.

(2) Gefahr im Sinne dieses Abschnitts ist eine im Einzelfall bestehende Gefahr für die öffentliche Sicherheit im Zusammenhang mit Straftaten nach § 5 Absatz 1 Satz 2.

32 Riegel BayVBl. 1983, 649 (654).
33 BT-Drs. I/1273, 8.
34 Schenke/Graulich/Ruthig/Graulich BKAG § 37 Rn. 12.

A. Befugnisse zur präventivpolizeilichen Terrorismusabwehr

I. Überblick und Genese

1 § 38 BKAG eröffnet den 5. Abschnitt des BKAG (vgl. §§ 38–62), der die „Befugnisse zur Abwehr von Gefahren des internationalen Terrorismus" normiert. Die entsprechenden Regelungen wurden durch das **Gesetz zur Abwehr von Gefahren des internationalen Terrorismus durch das Bundeskriminalamt** vom 25.12.2008[1] als §§ 20a–20x BKAG aF eingeführt. Sie bildeten das „Herzstück der Gesetzesreform"[2] und finden ihre kompetenzrechtliche Grundlage in Art. 73 Abs. 1 Nr. 9a GG (im Einzelnen → § 5 Rn. 3 ff.). In seinem **Urteil vom 20.4.2016** hat das Bundesverfassungsgericht[3] für einen Ausschnitt aus dem Gesamtkomplex der terrorismusspezifischen Ermächtigungsgrundlagen, namentlich die heimlichen Ermittlungs- und Überwachungsbefugnisse, eine verfassungskonforme Ausgestaltung in Bezug auf den Schutz des Kernbereichs privater Lebensgestaltung sowie die Gewährleistung von Transparenz, individuellen Rechtsschutz und Kontrolle gefordert. Die geltende Fassung der §§ 38–62 BKAG geht auf das Gesetz zur Neustrukturierung des Bundeskriminalamtes vom 1.6.2017 zurück,[4] mit welchem der Gesetzgeber die detaillierten verfassungsgerichtlichen Vorgaben möglichst präzise umzusetzen suchte (→ § 1 Rn. 9). Ob ihm dies gelungen ist, erscheint allerdings an verschiedener Stelle **zweifelhaft**. § 38 BKAG selbst blieb durch die Novelle im Jahr 2017 – von redaktionellen Korrekturen abgesehen – unverändert.[5]

2 Die Befugnisnormen der §§ 38–62 BKAG knüpfen an die Aufgabenzuweisung in § 5 Abs. 1 BKAG an und statten das BKA mit einem umfassenden Katalog an polizeilichen Handlungsbefugnissen aus. Der gesetzliche Befugniskatalog enthält die volle Bandbreite polizeilicher Maßnahmen, die aus den Polizeigesetzen der Länder bekannt sind, und geht zum Teil (Online-Durchsuchung, Quellen-Telekommunikationsüberwachung) über diesen hinaus.[6] Die Handlungsbefugnisse füllen den von der **Aufgabennorm des § 5 Abs. 1 BKAG** gezogenen Rahmen aus und sind in ihrem Licht auszulegen.[7] Die Implementierung entsprechender präventivpolizeilicher Ermächtigungen ließ zwar die schon zuvor bestehenden Befugnisse des BKA unverändert.[8] Ihre Verankerung hatte jedoch eine **erhebliche Verschiebung des normativen Arrangements der Aufgaben und Befugnisse des Amtes** zur Folge: Mit der Zuweisung der Aufgabe zur präventiven Terrorismusabwehr und den diese Aufgabe ausfüllenden Handlungsbefugnissen hatte sich das BKA endgültig von seiner begrenzten Rolle als „Serviceeinrichtung" im Bund-Länder-Verbund emanzipiert und zu einer multifunktionalen Sonderpolizeibehörde des Bundes fortentwickelt (→ § 1 Rn. 10 ff.). Die Handlungsbefugnisse der §§ 38–62 BKAG lassen sich zum einen in aktionelle und informationelle Eingriffsermächtigungen unterteilen (→ Rn. 3 ff.). Sie folgen zum anderen dem tradierten sicherheitsrechtlichen Modell von Generalklausel und Standardermächtigungen (→ Rn. 10 ff.).

II. Systematisierung und Dogmatisierung

3 **1. Aktionelle und informationelle Befugnisse.** Die Eingriffsbefugnisse der **§§ 38–62 BKAG** untergliedern sich – nach Anknüpfungspunkt, Zielrichtung und Wirkungsweise des präventiven Handelns – in aktionelle und informationelle Maßnahmen. Während informationelle Maßnahmen (zB Befragung,[9] Identitätsfeststellung,[10] Observation,[11] Wohnraum-[12] und Telekommunikationsüberwachung[13]) der Erhebung und Verarbeitung der Informationen dienen und auf diese Weise nur mittelbar zur Abwehr einer Gefahr führen, kann das BKA mit aktionellen Maßnahmen (zB Platzverweis,[14] Gewahrsam,[15] Sicherstellung[16] und Durchsuchung[17]) unmittelbar und gezielt verhaltenssteuernd in den potenziell schadensträchtigen Kausalverlauf ein-

1 BGBl. I 2008 S. 3083.
2 Kugelmann BKAG § 20a Rn. 1.
3 BVerfG Urt. v. 20.4.2016 – 1 BvR 966/09 ua –, BVerfGE 141, 220.
4 BGBl. I 2017 S. 1354.
5 Vgl. BT-Drs. 18/11163, 113.
6 Dazu F. Graulich, Die Zusammenarbeit von Generalbundesanwalt und Bundeskriminalamt bei dem Vorgehen gegen den internationalen Terrorismus, 2013, S. 153 f.; Baum/Schantz ZRP 2008, 137 (138 f.); Roggan NJW 2009, 257 (259 ff.); Harnisch/Pohlmann NVwZ 2009, 1328 ff.
7 Bäcker, Terrorismusabwehr durch das Bundeskriminalamt, 2009, S. 52.
8 Was auch dem erklärten Willen des Gesetzgebers entsprach, vgl. BT-Drs. 16/10121, 22.
9 § 41 BKAG.
10 § 42 BKAG.
11 § 45 Abs. 2 Nr. 1 BKAG.
12 § 46 BKAG.
13 § 51 BKAG.
14 § 54 BKAG.
15 § 57 BKAG.
16 § 60 BKAG.
17 §§ 58, 59, 61 BKAG.

greifen, um diesen zu unterbrechen und die Gefahr abzuwehren.[18] Diese Differenzierung ist **für das Polizeirecht systemprägend,** weil mit ihr zwei dogmatisch grundverschiedene Befugnisschichten – mit je eigener Generalklausel[19] und je eigenen Standardbefugnissen[20] – einhergehen. So verfügt das BKAG nicht nur über spezifische, aktionelle wie informationelle Standardermächtigungen, sondern auch über entsprechend zu trennende Generalklauseln: Während **§ 38 Abs. 1 BKAG** die **allgemeine Befugnis für kausalverlaufsrelevante, aktionelle Eingriffe** zur Gefahrenabwehr normiert, enthält **§ 39 Abs. 1 BKAG** eine korrespondierende **Generalermächtigung für Informationseingriffe** (→ § 39 Rn. 6 ff.). Letztere wird – unter den Voraussetzungen des § 39 Abs. 2 BKAG – auf das Gefahrenvorfeld erstreckt (→ § 39 Rn. 16 ff.), mit der Folge, dass es sich bei der informationellen Generalklausel um eine Doppelbefugnis (→ § 39 Rn. 8) bestehend aus einem Gefahrentatbestand einerseits und einem Gefahrenvorfeldtatbestand andererseits handelt (→ Rn. 6 ff.). Eine entsprechende Doppelung ist § 38 BKAG fremd. Vielmehr zeigt sich an dieser Stelle, dass die Unterscheidung zwischen aktionellen und informationellen Handlungsbefugnissen auch für die **Trennung von konkreter Gefahr und Gefahrenvorfeld** wesentlich ist: Im Vorfeldbereich einer Gefahr kann der Staat gefährliche Situationen und potenziell schadensträchtige Lagen aufklären sowie Informationen und Daten aller Art erheben, um sich auf die Gefahrenabwehr vorzubereiten, ohne an die Gefahr-Störer-Dogmatik des Polizeirechts gebunden zu sein.[21] Dementsprechend enthält zB die Datenerhebungsgeneralklausel des § 39 Abs. 1 BKAG – im Unterschied zu § 38 Abs. 1 S. 2 BKAG – auch keinen Verweis auf die Verantwortlichen nach den §§ 17–20 BPolG. Das ist sachgerecht: Im Gefahrenvorfeld entfällt der Bezugspunkt für die polizeirechtliche Pflichtigkeit, denn wo es noch keine konkrete Gefahr gibt, kann auch niemand kraft Verhaltens oder tatsächlicher Sachherrschaft für ihre Entstehung verantwortlich gemacht werden.[22]

Der **Gefahrenbegriff** (vgl. § 38 Abs. 2 BKAG) setzt, indem er für Gefahrbeseitigungseingriffe eine auf belastbare Kenntnisse gestützte Wahrscheinlichkeitsprognose verlangt, informationelle Befugnisse iSd §§ 39–53 BKAG voraus, die zu einem Informationseingriff im Gefahrenvorfeld ermächtigen, der Auskünfte über etwaige risikoträchtige Situationen, Orte und Personen sammelt, zusammenführt und auswertet.[23] **Maßnahmen der Informationsgewinnung und Informationsverarbeitung** bilden dabei nicht nur in rechtstatsächlicher Hinsicht die Grundlage für die spätere physisch geprägte Maßnahme wie Ingewahrsamnahme, Sicherstellung oder Durchsuchung, indem sie die Wissensbasis[24] für das Gefahrenurteil und den staatlichen Zugriff verschaffen.[25] Als **Vorstufe der Gefahrenabwehr** sind sie vielmehr verfassungsrechtlich ebenso unumgänglich wie unverzichtbar,[26] weil im Rechtsstaat kausalverlaufsrelevante Freiheitseingriffe nur aufgrund hinreichender Informationen erlaubt sind und nicht „ins Blaue hinein“ erfolgen dürfen.[27] Die Prognose, ob eine Gefahr iSd Tatbestands aktioneller Eingriffsbefugnisse vorliegt, setzt stets eine Diagnose voraus, dh die Feststellung des Sachverhalts und damit das Zusammentragen von Informationen.[28] Nicht zuletzt die Einschätzung einer Person als Risikoquelle und potenzieller Gefahrenverursacher bedarf umfangreicher und langfristig gesammelter Kenntnisse über diese Person.[29] Demgegenüber dürfen **aktionelle poli-** 4

18 Kingreen/Poscher, POR, § 11 Rn. 6 ff.; Schucht, Generalklausel und Standardmaßnahme, 2010, S. 113 ff.; Kniesel Die Polizei 2017, 189 (192, 196 f.); Löffelmann GSZ 2018, 85 (86 ff.); mit der parallel verlaufenden Trennung von „Gefahraufklärungs-“ und „Gefahrbeseitigungsbefugnissen“: Gusy, POR, Rn. 185; Kral, Die polizeilichen Vorfeldbefugnisse als Herausforderung für Dogmatik und Gesetzgebung des Polizeirechts, 2012, S. 64 ff.; Möstl DVBl. 2007, 581 (584 ff.); ders. Jura 2011, 840 (841); Kießling VerwArch 108 (2017), 282 (283 ff.); mit ebenfalls entsprechender Differenzierung zwischen „imperativen Maßnahmen“ (Gefahrenabwehr) und „Überwachungsmaßnahmen“ (Straftatenverhütung) Bäcker in FS-Schenke, 2011, S. 331 (344 ff.); ders., Kriminalpräventionsrecht, 2015, S. 27 f., 210 f.; Kulick AöR 143 (2018), 175 (177 f., 192).

19 Zu dieser Systematik Wißmann, Generalklauseln, 2008, S. 196 f., 206 ff.; Schucht, Generalklausel und Standardmaßnahme, 2010, S. 90 ff., 119 f.

20 Vgl. insoweit Albers, Die Determination polizeilicher Tätigkeit in den Bereichen der Straftatenverhütung und der Verfolgungsvorsorge, 2001, S. 46 ff.; Schucht, Generalklausel und Standardmaßnahme, 2010, S. 115 ff., 120 ff.; Kugelmann DV 47 (2014), 25 (35 ff., 41 ff.).

21 Möstl, Die staatliche Garantie für die öffentliche Sicherheit und Ordnung, 2002, S. 211; Schwabenbauer, Heimliche Grundrechtseingriffe, 2013, S. 26 ff.; zum Gefahrenvorfeld als Regelungsproblem näher Bäcker, Terrorismusabwehr durch das Bundeskriminalamt, 2009, S. 67 ff.

22 W.-R. Schenke/R. P. Schenke in Steiner/Brinktrine (Hrsg.), Besonderes Verwaltungsrecht, 9. Aufl. 2018, § 2 Rn. 231; Ring StV 1990, 372 (378); zur Ambivalenz der Maßnahmeadressaten im Gefahrenvorfeld Kral, Die polizeilichen Vorfeldbefugnisse als Herausforderung für Dogmatik und Gesetzgebung des Polizeirechts, 2012, S. 149 ff.; mit einem Plädoyer für eine analoge Anwendung der Störervorgaben Möstl BayVBl. 2018, 156 (163), eine solche erwägend auch Shirvani DVBl. 2018, 1393 (1396).

23 OVG Hamburg Urt. v. 4.6.2009 – 4 Bf 213/07 –, NVwZ-RR 2009, 878 (882); Gusy JA 2011, 641 (641); Becker NVwZ 2015, 1335 (1335).

24 Eingehend Trute DV 46 (2013), 537 (538 ff.).

25 Kugelmann, POR, 7. Kap. Rn. 1; ders. DV 47 (2014), 25 (39); Ogorek JZ 2019, 63 (64).

26 Möstl, Die staatliche Garantie für die öffentliche Sicherheit und Ordnung, 2002, S. 208; ders. DVBl. 2007, 581 (584); ders. DVBl. 2010, 808 (810); Barczak, Der nervöse Staat, 2. Aufl. 2021, S. 499 f.

27 Das Verbot von Eingriffen „ins Blaue hinein“ gilt bereits für die Ermittlungsbefugnisse, vgl. BVerfG Urt. v. 20.4.2016 – 1 BvR 966/09 ua –, BVerfGE 141, 220 (292, Rn. 168; 298, Rn. 188; 311, Rn. 233; 326, Rn. 281).

28 Schucht, Generalklausel und Standardmaßnahme, 2010, S. 116.

29 RhbZS/Rusteberg 6. Kap. Rn. 18.

zeiliche Befugnisse grundsätzlich erst nach Überschreiten der **Schwelle einer konkreten Gefahr** und **Identifizierung eines Verantwortlichen** („Störer") ansetzen.[30] Derartige Maßnahmen zielen auf eine effektive Gefahrenbeseitigung und sind durch physisches Handeln der Vollzugsbeamten geprägt, das im Wege der Verwaltungsvollstreckung mit Kostenfolge durchgesetzt werden kann (vgl. § 6 Nr. 1 UZwG,[31] §§ 6 ff. VwVG, §§ 1 ff. BGebG[32]). Sie sind in ihren faktischen Wirkungen regelmäßig nicht umkehrbar und ihre Folgen lassen sich, anders als dies etwa bei Eingriffen zum Zwecke der Datenerhebung möglich ist, nicht durch Verwertungsverbote, Löschungsvorgaben oder andere Rechtsfolgenregime kompensieren.[33] Aktionelle Maßnahmen können zudem ganz unterschiedliche **Freiheitssphären** der jeweils betroffenen Grundrechtsträger (Art. 2 Abs. 2 S. 1 und 2, Art. 5 Abs. 1 und 3, Art. 8, Art. 11 Abs. 1, Art. 13 Abs. 1, Art. 14 Abs. 1 GG) tangieren.[34] Die aktionellen Standardmaßnahmen des BKAG nach den §§ 54 ff. BKAG unterscheiden sich folglich auch insoweit von den in §§ 39 ff. BKAG normierten Informationseingriffen, die auf Erhebung, Speicherung, Verwendung, Weitergabe oder Zweckänderung von Daten angelegt sind und typischerweise in das Recht auf informationelle Selbstbestimmung (Art. 2 Abs. 1 iVm Art. 1 Abs. 1 GG) einschließlich des Rechts auf Gewährleistung der Vertraulichkeit und Integrität informationstechnischer Systeme[35] (vgl. § 49 BKAG) sowie – sofern es um informationsbezogene Eingriffe wie Wohnraum- und Telekommunikationsüberwachung (vgl. §§ 46, 51 BKAG) geht – in seine speziellen Ausprägungen des Art. 10 Abs. 1[36] und Art. 13 Abs. 1 GG[37] eingreifen.

5 Zum Teil wird eine klare Trennung zwischen aktionellen und informationellen Befugnissen zwar nicht (mehr) für möglich gehalten, weil die gesetzliche Einführung informationsbezogener Standardmaßnahmen zu unübersichtlichen Rechtslagen geführt habe.[38] Die Unterscheidung hat jedoch nicht nur deskriptiven Charakter, sondern erlaubt eine klarere Darstellung und Gruppierung der Problemlagen sowie der rechtlichen Anforderungen für bestimmte Eingriffstypen.[39] Divergenzen zeigen sich schließlich in der praktischen Bedeutung der jeweiligen Maßnahmenkategorie: Dabei zeigt sich eine deutliche **Dominanz der informatorischen Ermittlungs- und Überwachungsbefugnisse des BKA.** Zum einen ist die präventivpolizeiliche Aufgabe des Amtes darauf ausgerichtet, es möglichst gar nicht erst zu einer konkreten Gefahr kommen zu lassen, die mit Befehl und Zwang abgewehrt werden müsste, da sich im Fall der terroristischen Bedrohung der Übergang von einer allgemeinen Gefährdungslage hin zu einer Störung regelmäßig fließend vollzieht; ein Zuwarten auf eine konkretisierte Gefährdung im Einzelfall ist bei Gefahren des internationalen Terrorismus nur selten eine tragfähige Handlungsoption. Zum anderen verfügt das BKA im Vergleich mit den Polizeibehörden der Länder weder über die personellen Ressourcen noch die Orts- und Sachkenntnis, um aktionelle Mittel wie Durchsuchungen, Sicherstellungen und Ingewahrsamnahmen häufiger und effektiv einzusetzen. In der Praxis wichtiger sind die zahlreichen Ermittlungs- und Überwachungsbefugnisse des BKA. Die rechtspolitische Auseinandersetzung mit der Aufgabenerweiterung des BKA konzentriert sich auf diese Informationseingriffe;[40] sie allein waren Gegenstand des Bundesverfassungsgerichts-Urteils vom 20.4.2016 (→ Rn. 1), was im Zusammenhang mit der BKAG-Novelle 2017 bisweilen übersehen wurde.[41] Die herausgehobene praktische Bedeutung zeigt sich insbesondere bei einem Blick auf die Befugnisse zu heimlichen Ermittlungsmaßnahmen. Diese erfordern besonderen ermittlungstaktischen, technischen oder kulturellen Sachverstand. Solchen Sachverstand und die dazugehörigen Sachmittel hatte das BKA bereits im Rahmen

30 Kugelmann in Härtel (Hrsg.), Handbuch Föderalismus III, 2012, § 52 Rn. 21; Schucht, Generalklausel und Standardmaßnahme, 2010, S. 120 ff.; Möstl DVBl. 2007, 581 (584); ders. BayVBl. 2018, 156 (161 f.); Waechter JZ 2002, 854 (856 ff.); Shirvani DVBl. 2018, 1393 (1395). Das BKAG sieht allerdings zahlreiche Ausnahmen von diesem Grundsatz vor, → Rn. 9.

31 Näher auch mit Blick auf das BKA Wagner NVwZ 2022, 1853 ff.

32 Gesetz über Gebühren und Auslagen des Bundes (Bundesgebührengesetz – BGebG) v. 7.8.2013 (BGBl. I S. 3154).

33 Enders DÖV 2019, 205 (210).

34 Mit dieser Kennzeichnung Kugelmann DV 47 (2014), 25 (35 ff.).

35 BVerfG Urt. v. 27.2.2008 – 1 BvR 370/07 ua –, BVerfGE 120, 274 (314 ff.).

36 Zur Spezialität des Fernmeldegeheimnisses BVerfG Beschl. v. 3.3.2004 – 1 BvF 3/92 –, BVerfGE 110, 33 (53); Urt. v. 2.3.2006 – 2 BvR 2099/04 –, BVerfGE 115, 166 (189); Urt. v. 16.6.2009 – 2 BvR 902/06 –, BVerfGE 124, 43 (60).

37 Zum Schutz der räumlichen Privatsphäre BVerfG Urt. v. 3.3.2004 – 1 BvR 2378/98 –, BVerfGE 109, 279 (325); Beschl. v. 11.5.2007 – 2 BvR 543/06 –, NJW 2007, 2753 (2754).

38 Schoch BVwR/Schoch 1. Kap. Rn. 491; Volkmann NVwZ 2009, 216 (221).

39 Tanneberger, Die Sicherheitsverfassung, 2014, S. 226; Kugelmann DV 47 (2014), 25 (35); der Sache nach auch Bäcker, Kriminalpräventionsrecht, 2015, S. 27 f.

40 Kugelmann BKAG § 20a Rn. 12; Götz/Geis, POR, § 16 Rn. 35.

41 Vgl. BT-Drs. 18/11163, 116, 117; dazu Möstl, Stellungnahme im Rahmen der öffentlichen Anhörung des Innenausschusses des Deutschen Bundestages zum Entwurf eines Gesetzes zur Neustrukturierung des Bundeskriminalamtgesetzes (BT-Drs. 18/11163 und 11326) v. 20.3.2017, Ausschuss-Drs. 18(4)806 B, 3: „Übergangen wird durch diese Begründung allerdings der Umstand, dass das BVerfG die neue Gefahrenvorfeldschwelle ausdrücklich allein für (reine) Informationseingriffe […], nicht dagegen für in Kausalverläufe eingreifende aktionelle Befugnisse entwickelt hat. Jedenfalls das Aufenthalts- und Kontaktverbot ist jedoch eine Anordnung, mithilfe derer sehr wohl in Kausalverläufe eingegriffen und das (weitere) Entstehen einer drohenden Gefahr verhindert werden soll (um eine Ermittlung geht es hier gerade nicht, vielmehr werden Konsequenzen aus vorhandenen Erkenntnissen gezogen)".

seiner hergebrachten Aufgaben erworben und vorgehalten;[42] im Zuge der seit dem Jahr 2008 vorangetriebenen **Spezialisierung, Akademisierung** und **Technisierung** seiner Infrastruktur und Arbeitsabläufe (→ § 1 Rn. 2 f.) hat das Amt diesen noch einmal deutlich ausgebaut.

2. Gefahrtatbestände und Gefahrenvorfeldtatbestände. Die §§ 38–62 BKAG lassen sich zudem in Gefahrtatbestände und Gefahrenvorfeldtatbestände gruppieren. Diese Unterteilung, die mustergültig im Kontext der informationellen Generalklauseln nach § 39 Abs. 1 und 2 BKAG zum Ausdruck kommt (→ § 39 Rn. 6 ff.), ist eng verbunden mit der Unterscheidung von aktionellen und informationellen Maßnahmen (→ Rn. 3), mit dieser jedoch nicht deckungsgleich, sondern allenfalls teilidentisch. **Gefahrtatbestände** sind solche, die an eine Gefahr iSd Legaldefinition in § 38 Abs. 2 BKAG (→ Rn. 15 ff.) anknüpfen; damit ist eine im Einzelfall bestehende, konkrete Gefahr der Begehung von Straftaten iSd § 5 Abs. 1 S. 2 BKAG gemeint. Dies betrifft zunächst die aktionellen Befugnisse, die aufgrund ihrer Funktionsweise (Einschreiten mit Befehl und Zwang) regelmäßig hinter diese Eingriffsschwelle zurückzuverlegen sind (→ Rn. 4).[43] Gefahrtatbestände sind daneben auch die informationellen Maßnahmen, die entweder ausdrücklich nur eine Gefahr voraussetzen (Bestandsdatenauskunft,[44] Befragung und Auskunftspflicht,[45] Identitätsfeststellung[46]) oder das Gefahrerfordernis über eine entsprechende Qualifikation wie eine „konkrete Gefahr für Leib und Leben“ (Bestandsdatenauskunft[47]) oder eine „Gefahr für den Bestand oder die Sicherheit des Bundes oder eines Landes“ weiter einzuengen suchen (Besondere Mittel der Datenerhebung,[48] Wohnraumüberwachung,[49] Rasterfahndung,[50] Postbeschlagnahme,[51] Telekommunikationsüberwachung,[52] Erhebung von Telekommunikationsverkehrsdaten und Nutzungsdaten[53]). 6

Daneben enthalten die §§ 38–62 BKAG zahlreiche **Gefahrenvorfeldtatbestände**. Dies betrifft primär die **informationellen Maßnahmen** des BKA: So soll das BKAG dem Amt auch dann Ermittlungs- und Überwachungsbefugnisse einräumen, wenn (noch) keine Gefahr iSd § 38 Abs. 2 BKAG vorliegt, da sich andernfalls eine terroristische Bedrohung kaum je effektiv aufklären und abwehren ließe. Dem hat die **verfassungsgerichtliche Rechtsprechung** insoweit Rechnung getragen, als sie den Gesetzgeber nicht von vornherein auf die Schaffung von Eingriffstatbeständen beschränkt sieht, die nach dem tradierten Modell des Polizei- und Sicherheitsrechts der Abwehr konkreter Gefahren dienen (Gefahrtatbestand). Allerdings bedarf es auch bei Maßnahmen zur Verhütung von Straftaten iSd § 5 Abs. 1 S. 2 BKAG (Gefahrenvorfeldtatbestand) zumindest einer auf bestimmte Tatsachen und nicht allein auf allgemeine Erfahrungssätze gestützten Prognose, die auf eine konkrete Gefahr bezogen ist.[54] Grundsätzlich gehört hierzu, dass ein wenigstens seiner Art nach konkretisiertes und zeitlich absehbares Geschehen erkennbar ist. Insbesondere in Bezug auf terroristische Straftaten kann der Gesetzgeber stattdessen aber auch darauf abstellen, ob das individuelle Verhalten einer Person die konkrete Wahrscheinlichkeit begründet, dass sie in überschaubarer Zukunft solche Straftaten begehen wird.[55] 7

Das Gesetz normiert dementsprechend **zahlreiche Befugnisnormen**, die den Eingriffsanlass **ohne Rückgriff auf den Gefahrbegriff** beschreiben. Dabei werden die Eingriffstatbestände im Gefahrvorfeld unterschiedlich gefasst:[56] Die Datenerhebungsgeneralklausel des § 39 Abs. 1 BKAG ermöglicht dem BKA allgemein Datenerhebungen mit dem Ziel, seine präventive Aufgabe nach § 5 Abs. 1 BKAG zu erfüllen; sie muss danach indes auf „minimalinvasive“ Informationseingriffe beschränkt bleiben. Nach § 39 Abs. 2 Nr. 1 BKAG dürfen personenbezogene Daten erhoben werden, wenn „Tatsachen die Annahme rechtfertigen“, dass eine Person „eine Straftat“ nach § 5 Abs. 1 S. 2 BKAG begehen „will“. Das Gleiche gilt für diejenigen Normen, die zu Maßnahmen ermächtigen, wenn „Tatsachen die Annahme rechtfertigen“, dass der Betroffene Straftaten 8

42 Bäcker, Terrorismusabwehr durch das Bundeskriminalamt, 2009, S. 51.
43 §§ 54, 57 Abs. 1, 60 Abs. 1 Nr. 1, 61 Abs. 1 S. 1 Nr. 3 BKAG.
44 § 40 Abs. 1 Nr. 1 BKAG.
45 § 41 Abs. 2 S. 2 BKAG.
46 § 42 Abs. 1 Nr. 1 BKAG.
47 § 40 Abs. 3 S. 2 BKAG.
48 § 45 Abs. 1 S. 1 Nr. 1 BKAG.
49 § 46 Abs. 1 BKAG.
50 § 48 Abs. 1 S. 1 BKAG.
51 § 50 Abs. 1 Nr. 1 BKAG.
52 § 51 Abs. 1 S. 1 Nr. 1 BKAG.
53 § 52 Abs. 1 Nr. 1 BKAG.
54 BVerfG Urt. v. 20.4.2016 – 1 BvR 966/09 ua –, BVerfGE 141, 220 (272, Rn. 112; 290 f., Rn. 164); bestätigt in BVerfG Beschl. v. 27.5.2020 – 1 BvR 1873/13 ua –, BVerfGE 155, 119 (218 f., Rn. 225).
55 BVerfG Urt. v. 20.4.2016 – 1 BvR 966/09 ua –, BVerfGE 141, 220 (272, Rn. 112; 290 f., Rn. 164); Beschl. v. 27.5.2020 – 1 BvR 1873/13 ua –, BVerfGE 155, 119 (218 f., Rn. 225).
56 Zum Folgenden näher Bäcker, Terrorismusabwehr durch das Bundeskriminalamt, 2009, S. 66 ff., 70 ff.; ders./Giesler/Harms/Hirsch/Kaller/Wolff, Bericht der Regierungskommission zur Überprüfung der Sicherheitsgesetzgebung in Deutschland v. 28.8.2013, S. 62 f.; Coenen, Bundesrechtliche Terrorismusabwehrmaßnahmen im Schnittbereich von Prävention und Repression, 2022, S. 237 ff.

nach § 5 Abs. 1 S. 2 BKAG begehen „wird“[57] oder entsprechende Straftaten „vorbereitet“.[58] Mit den im Tatbestand der Befugnisnormen geforderten **„Tatsachen“** bzw. **„tatsächlichen Anhaltspunkten“** sind auf überprüfbare Angaben (Fakten) gestützte Erkenntnisse gemeint, welche iVm den allgemeinen polizeilichen Regeln der Prognose Anhaltspunkte für die Wahrscheinlichkeit eines Schadens begründen können.[59] Gesetzlich umschrieben ist hiermit eine Situation des polizeilichen **Gefahrenverdachts:** Dieser setzt gefahrrelevante Erkenntnisse voraus, welche im Ergebnis noch keine Gefahr, sondern eine Situation der Ungewissheit begründen.[60]

9 Vorfeldtatbestände finden sich jedoch nicht nur für den Bereich der informationellen Befugnisse des BKA. Ein flexibilitätsbedingter Verzicht auf die Eingriffsschwelle der konkreten Gefahr begegnet auch im Gefüge der **aktionellen Befugnisnormen,** bei denen es tatbestandlich ausreicht, dass bestimmte „Tatsachen die Annahme“ einer Gefahr „rechtfertigen“. Dies betrifft Aufenthaltsvorgaben und Kontaktverbote,[61] die elektronische Aufenthaltsüberwachung,[62] Durchsuchungen von Personen und Sachen[63] sowie das Betreten und Durchsuchen von Wohnungen.[64] Da hiermit ein Einschreiten mit Befehl und Zwang ohne Rückbindung an die Gefahrenschwelle des § 38 Abs. 2 BKAG ermöglicht wird, sind diese Befugnisse unter Verhältnismäßigkeitsgesichtspunkten besonders rechtfertigungsbedürftig. Kausalverlaufseingriffe im Gefahrenvorfeld, die gezielt, in breitem Umfang sowie mit erheblicher Eingriffsintensität und Streubreite eingesetzt werden, um Situationen zu verhindern, die sich aufgrund ihrer Eigengesetzlichkeiten sowie ihrer statistisch äußerst geringen Eintrittswahrscheinlichkeit als nicht alltägliche Bedrohungslagen beschreiben lassen, müssen rechtsstaatlich die Ausnahme bleiben und dürfen nicht als Grundmuster oder Blaupause für die regelhafte Strukturierung präventivpolizeilicher Handlungsbefugnisse genommen werden.[65] Tritt an die Stelle einer konkret beschreibbaren Gefahren- oder Verdachtssituation die Ubiquität von Risiken, gegen deren Verwirklichung Vorsorge getroffen werden soll, dann bilden die Unschuld, Rechtstreue und Nichtgefährlichkeit des Bürgers und seines Verhaltens nicht mehr die als selbstverständlich akzeptierte Normalität. Vielmehr werden sie zu Ausnahmen, deren Vorliegen der Bürger jederzeit dartun und im Bedarfsfall im Wege einer „Unbedenklichkeitsbescheinigung“ nachweisen muss.[66] Mit einem solchen Vordringen des Vorsorgeprinzips in das Polizeirecht wird der Mensch selbst zum Risiko.[67] Zur Freiheitlichkeit des Gemeinwesens gehört es dagegen, „dass sich die Bürgerinnen und Bürger grundsätzlich fortbewegen können, ohne dabei beliebig staatlich registriert zu werden, hinsichtlich ihrer Rechtschaffenheit Rechenschaft ablegen zu müssen und dem Gefühl eines ständigen Überwachtwerdens ausgesetzt zu sein“.[68]

10 **3. Generalklausel und Standardmaßnahmen.** § 38 Abs. 1 BKAG normiert eine Generalklausel zur Terrorismusabwehr (→ Rn. 13 ff.), an die eine Vielzahl von präventivpolizeilichen Standardmaßnahmen anschließt. Die dem Gefahrenabwehrrecht immanente Differenzierung zwischen Generalklausel und Standardmaßnahme ist für das Polizei- und Sicherheitsrecht im Allgemeinen – wie auch **innerhalb des BKAG** im Besonderen – **gesetzessystematisch handlungsleitend.**[69] Während die standardisierten Ermächtigungen der §§ 39–62 BKAG auf wiederkehrende, grundrechtssensible und insofern näher regelungsbedürftige Gefährdungssituationen zugeschnitten und hiermit Ausdruck der verfassungsrechtlichen Verpflichtung des parlamentarischen

57 §§ 40 Abs. 1 Nr. 2 lit. a, 45 Abs. 1 S. 1 Nr. 2, 46 Abs. 1 Nr. 1 lit. b, 47 Abs. 2 Nrn. 1 und 2, 50 Abs. 1 Nrn. 2 und 3, 51 Abs. 1 S. 1 Nrn. 2 und 3, 52 Abs. 1 Nrn. 2 und 3 BKAG.

58 §§ 42 Abs. 1 Nr. 2 lit. a, 46 Abs. 1 Nr. 1 lit. b, 48 Abs. 1 S. 2 BKAG.

59 Zweifel an der hinreichenden Bestimmtheit der Tatbestandsvarianten hegt indes Tabbara GSZ 2022, 215 ff.

60 Statt aller Gusy, POR, Rn. 195 f.

61 § 55 Abs. 1 Nr. 1, Abs. 2 BKAG.

62 § 56 Abs. 1 Nr. 1 BKAG. Zur umstrittenen Einordnung der elektronischen Aufenthaltsüberwachung als informationelle oder aktionelle (da verhaltenssteuernde) Standardbefugnis näher → § 56 Rn. 8 ff. sowie BeckOK-POR NRW/Barczak PolG NRW § 34c Rn. 7 ff. (2022), mwN.

63 §§ 58 Abs. 1 S. 1 Nrn. 2, 4 und 5, 59 Abs. 1 S. 1 Nrn. 2, 3, 5 und 6 BKAG.

64 § 61 Abs. 1 S. 1 Nrn. 1, 2 und Abs. 3 BKAG.

65 Dazu im Einzelnen Barczak, Der nervöse Staat, 2. Aufl. 2021, S. 496 ff., 528 f.

66 Von einer „generellen“ oder „prinzipiellen Beweislastumkehr“ sprechen Calliess in Müller/Schneider (Hrsg.), Die Europäische Union im Kampf gegen den Terrorismus, 2006, S. 83 (98); Lepsius in Rosenzweig/Eith (Hrsg.), Islamistischer Terrorismus, 2006, S. 119 (134); Roggan LKV 2019, 241 (249); mit einer „umgekehrten Unschuldsvermutung“ Kuschewitz, Das Bundesverfassungsgericht und die neue „Sicherheitsarchitektur“, 2014, S. 57; mit einer „Misstrauensvermutung“ Zabel JR 2009, 453 (459); mit einem Verschwimmen der Grenze zwischen „Störer“ und „Nichtstörer“ Möllers/van Ooyen APuZ 48/2008, 26 (31).

67 Lepsius in Woodman/Klippel (Hrsg.), Risk and the Law, 2009, S. 36 (44); ders. VVDStRL 63 (2004), 264 (308): „Eine hypertrophe Sicherheitserwartung darf sich vor allem nicht die Beseitigung der Ungewissheit menschlichen Verhaltens zum Ziel setzen, abgesehen davon, dass sie dies mit wissenschaftlichen Mitteln auch gar nicht erreichen könnte. Wenn jedoch, wie bislang im deutschen Verständnis, der Risikobegriff auch auf mögliche Gefahren abstellt und diese auf die Gesellschaft bezieht, dann enthält er einen gedanklichen Angriff auf die Freiheit des Menschen“.

68 Programmatisch BVerfG Beschl. v. 18.12.2018 – 1 BvR 142/15 –, BVerfGE 150, 244 (268, Rn. 51).

69 Instruktiv Wißmann, Generalklauseln, 2008, S. 153 ff., 206 ff. et passim; Schucht, Generalklausel und Standardmaßnahme, 2010, S. 90 ff., 128 ff. et passim.

Gesetzgebers sind, in grundrechtsrelevanten Bereichen die wesentlichen Entscheidungen nach Inhalt, Zweck und Ausmaß selbst zu treffen und nicht der Verwaltung zu überlassen,[70] wird die Generalklausel gerade als ein „Prototyp für eigenständige Verantwortungswahrnehmung durch die Verwaltung“[71] verstanden.

Entscheidend für diese normsystematische **Bedeutung der Generalklausel** ist neben den unbestimmten, im Einzelfall näher interpretationsbedürftigen Rechtsbegriffen (vgl. § 38 Abs. 2 BKAG: „öffentliche Sicherheit“) sowie der mit ihnen verbundenen Vorkehrungen für die Behandlung von Ungewissheit vor allem das weite Ermessen, das die Generalklausel mit Blick auf das Ob und Wie des Einschreitens eröffnet (vgl. § 38 Abs. 1 BKAG: „Das Bundeskriminalamt kann zur Erfüllung seiner Aufgabe [...] die notwendigen Maßnahmen treffen“). Auf diese Weise erfüllt die Generalklausel im Gefüge des Polizei- und Sicherheitsrechts seit jeher die Funktion einer unverzichtbaren **Legalitätsreserve**; sie bildet mit anderen Worten einen „permanenten Notanker“.[72] Mit diesem kann die Verwaltung auf neue, außergewöhnliche und unvorhergesehene Gefahrenlagen auch mit im Grunde genommen näher regelungsbedürftigen Maßnahmen vorläufig reagieren, welche für die Legislative noch nicht in der Gestalt standardisierter Eingriffsermächtigungen verregelbar waren.[73] Im Zusammenspiel von legislatorischer Bindung und administrativer Eigenverantwortung sichert die Generalklausel zugleich die **Innovationsoffenheit**[74] des Rechts der präventiven Sicherheitsverwaltung. 11

Zwar besitzt die aktionelle („imperative“) Generalklausel des **§ 38 Abs. 1 BKAG** nach der Vorstellung des Gesetzgebers ebenfalls die Funktion einer Reservekompetenz, damit das BKA „angesichts der Vielgestaltigkeit möglicher Gefahrensachverhalte auch im Bereich des internationalen Terrorismus“ handlungsfähig bleibt.[75] Ihre **praktische Bedeutung** im Gefüge der präventivpolizeilichen Handlungsermächtigungen des BKA ist allerdings bereits aus den oben genannten Gründen **begrenzt** (→ Rn. 5). Darüber hinaus lässt der umfangreiche gesetzliche Katalog der Standardermächtigungen wenig Raum für einen ergänzenden Rückgriff auf die allgemeine Befugnis (zur Subsidiarität der Generalklausel → Rn. 22). Die Generalklausel des § 38 Abs. 1 S. 1 BKAG kann danach etwa die Befugnis für eine, vom Durchsuchungstatbestand des § 59 Abs. 1 BKAG nicht erfasste bloße Inaugenscheinnahme der Sache oder deren Untersuchung (zB auf Beschaffenheit oder Gefährlichkeit) eröffnen (→ § 59 Rn. 18). Mehr theoretisch als praktisch vorstellbar erschiene es zudem, dass das BKA auf § 38 Abs. 1 BKAG für **Gefährderansprachen und -anschreiben**[76] sowie **Meldeauflagen** zurückgreift (→ § 54 Rn. 19), die bislang lediglich im Polizeirecht der Länder eine gesetzliche Ausdeutung als Standardermächtigungen erfahren haben.[77] Hier drängt sich allerdings die Frage auf, ob ein Rückgriff auf die Generalklausel des § 38 Abs. 1 BKAG nach Maßgabe des rechtsstaatlichen Vorbehalts des Gesetzes (Art. 20 Abs. 3, Art. 28 Abs. 1 S. 1 GG) nicht gerade deshalb gesperrt sein könnte, weil die betreffenden Maßnahmen längst zum präventivpolizeilichen Standardrepertoire gehören und sich daher – wie das Polizeirecht der Länder belegt – im Rahmen einer entsprechenden Spezialbefugnis normieren lassen. Solange Maßnahmen wie Gefährderansprachen, Gefährderanschreiben und Meldeauflagen eine rechtspraktische Ausnahme bleiben, wird man § 38 Abs. 1 BKAG jedoch als tragfähige Auffangnorm für Einzelfälle ansehen können. Zur Sperrwirkung der Standardmaßnahmen gegenüber der Generalklausel noch → Rn. 22. 12

B. Kommentierung im Einzelnen

I. Generalklausel zur Terrorismusabwehr (Abs. 1)

Bei § 38 Abs. 1 BKAG handelt sich nicht um eine Aufgabenzuweisung, sondern um die allgemeine Eingriffsbefugnis im Kontext der Terrorismusabwehr durch das BKA. Diese lehnt sich eng an die bestehenden präventivpolizeilichen Generalklauseln in § 14 BPolG und in den Polizeigesetzen der Länder (vgl. § 8 Abs. 1 MEPolG) an.[78] Insofern kann zu ihrer Auslegung auf Rechtsprechung und Literatur zum allgemeinen Poli- 13

70 Sog. Wesentlichkeitstheorie, vgl. BVerfG Beschl. v. 21.12.1977 – 1 BvL 1/75 ua –, BVerfGE 47, 46 (78 f.).

71 Hoffmann-Riem in GVwR I, 2. Aufl. 2012, § 10 Rn. 126; s. auch Kirchhof, Die Allgemeinheit des Gesetzes, 2009, S. 512.

72 Butzer VerwArch 93 (2002), 506 (508).

73 Vgl. BVerfG Beschl. v. 8.11.2012 – 1 BvR 22/12 –, DVBl. 2013, 169 (171); OVG Münster Urt. v. 5.7.2013 – 5 A 607/11 –, NWVBl. 2013, 492 (495 f.), mwN; Kugelmann DV 47 (2014), 25 (36).

74 Hoffmann-Riem in ders./Schmidt-Aßmann (Hrsg.), Innovation und Flexibilität des Verwaltungshandelns, 1994, S. 9 ff.; ders. in GVwR I, 2. Aufl. 2012, § 10 Rn. 130a.

75 BT-Drs. 16/10121, 22.

76 Ein rechtspraktisches Bedürfnis für die betreffenden Maßnahmen, insbesondere als milderes Mittel gegenüber Aufenthaltsvorgaben und Kontaktverboten, erkennt jedoch Coenen, Bundesrechtliche Terrorismusabwehrmaßnahmen im Schnittbereich von Prävention und Repression, 2022, S. 258. Für den Bereich des Personenschutzes ferner → § 63 Rn. 155 ff.

77 Gefährderansprache/-anschreiben: § 29 Abs. 1 PolG BW; § 18b BerlASOG; § 12a NdsPOG. Meldeauflage: § 29c BerlASOG; § 15a BbgPolG; § 11a HbgSOG; § 30a HessSOG; § 52b SOG MV; § 16a NdsPOG; § 20 SächsPVDG; § 35a SOG LSA; § 201 Abs. 6 und 7 LVwG SH.

78 Vgl. BT-Drs. 16/10121, 22.

zei- und Ordnungsrecht zurückgegriffen werden. Mit Blick auf die Rechtsfolge (Verhältnismäßigkeit, Ermessen) und die möglichen Adressaten präventivpolizeilicher Maßnahmen verzichtet der BKA-Gesetzgeber sogar auf eine eigenständige Regelung; vielmehr verweist er in § 38 Abs. 1 S. 2 BKAG vollumfänglich auf die entsprechenden Regelungen der §§ 15–20 BPolG (→ Rn. 24 ff., 30 ff., 35 ff.).

14 **1. Tatbestand.** Nach § 38 Abs. 1 S. 1 BKAG kann das BKA zur Erfüllung seiner Aufgabe nach § 5 Abs. 1 S. 1 BKAG die notwendigen Maßnahmen treffen, um eine Gefahr abzuwehren, soweit nicht dieses Gesetz die Befugnisse des Bundeskriminalamtes besonders regelt. Es handelt sich um eine klassische Befugnisgeneralklausel in der Tradition des § 10 II. 17 PrALR (1794), die sich allerdings durch ihren **monothematischen Zuschnitt** auszeichnet. Dem charakteristischen Aufbau des BKAG entsprechend, nach welchem jeder Aufgabennorm ein Abschnitt mit Befugnisnormen zugeordnet wird (→ § 1 Rn. 14), kommt die Generalklausel des § 38 Abs. 1 BKAG ausschließlich zur Erfüllung der Aufgabe nach § 5 Abs. 1 S. 1 BKAG (Abwehr von Gefahren des internationalen Terrorismus) zur Anwendung. § 38 Abs. 1 S. 1 BKAG knüpft hiermit an die **Kompetenzausübungsschranke in § 5 Abs. 1 S. 1 BKAG** an, über die sichergestellt wird, dass das BKA nicht über den begrenzten thematischen Zuschnitt des Art. 73 Abs. 1 Nr. 9a GG hinaus und damit kompetenzwidrig in die Polizeihoheit der Länder eingreift (→ § 5 Rn. 5 ff.).

15 **a) Gefahr. aa) Objektiver und subjektiver Gefahrbegriff.** Seinen Vorbildern in § 14 BPolG und in den Polizeigesetzen der Länder (vgl. § 8 Abs. 1 MEPolG) entsprechend knüpft § 38 Abs. 1 BKAG ein Einschreiten des BKA an eine Gefahr. Damit ist nach der **Legaldefinition des § 38 Abs. 2 BKAG** eine im Einzelfall bestehende Gefahr für die öffentliche Sicherheit im Zusammenhang mit Straftaten nach § 5 Abs. 1 S. 2 BKAG gemeint. Ungeachtet ihrer systematischen Stellung in § 38 Abs. 2 BKAG gilt die Legaldefinition nach dem Wortlaut der Norm („Gefahr im Sinne dieses Abschnitts") und dem Willen des Normgebers[79] ohne Zweifel auch für die Generalermächtigung in § 38 Abs. 1 S. 1 BKAG (zur Reichweite der Legaldefinition noch → Rn. 40 ff.).

16 Der Gefahrenbegriff des § 38 Abs. 2 BKAG deckt sich zunächst insofern mit dem herkömmlichen Begriffsverständnis des Polizei- und Sicherheitsrechts, als er eine **im Einzelfall bestehende, konkrete Gefahr** verlangt.[80] Angesichts der Konturen, die dieser Begriff durch Literatur und Rechtsprechung erhalten hat, sind hiergegen unter Bestimmtheits- und Verhältnismäßigkeitsgesichtspunkten keine Bedenken zu erheben. Gemeint ist somit eine Sachlage, bei der im einzelnen Fall die hinreichende Wahrscheinlichkeit besteht, dass in absehbarer Zeit ein Schaden für ein polizeiliches Schutzgut eintritt (→ § 5 Rn. 17). Die Behauptung einer allgemeinen Bedrohungslage reicht genauso wenig aus wie eine abstrakte Gefahr.[81] Maßnahmen im Vorfeld von konkreten Gefahren können nicht auf die Generalklausel des § 38 Abs. 1 S. 1 BKAG gestützt werden; ungeachtet der drohenden erheblichen Schäden im Bereich des internationalen Terrorismus vermag auch die Je-Desto-Formel daran nichts zu ändern (→ Rn. 20).

17 Mit der Anknüpfung an die polizei- und ordnungsrechtliche Dogmatik nimmt § 38 Abs. 2 BKAG auch die Differenzierung zwischen dem objektiven und subjektiven Gefahrbegriff auf.[82] Wollte man die Rechtmäßigkeit eines präventivpolizeilichen Einschreitens des BKA grundsätzlich daran binden, dass der Eintritt eines Schadens – nach einem ausschließlich objektiv zu verstehenden Maßstab – tatsächlich drohte oder das gefahrenabwehrende Handeln stets von umfangreichen Aufklärungen der Sachlage abhängig machen, ginge dies auf Kosten der Rechtzeitigkeit und Effektivität der Gefahrenabwehr.[83] Auf diese Besonderheiten polizeilichen Handelns, die im Kontext der Abwehr von Gefahren des internationalen Terrorismus noch einmal gesteigerte Bedeutung erlangen, reagiert das „subjektive" Konzept, indem es die Gefahreneinschätzung des handelnden Beamten in der konkreten Situation (*ex ante*) von den äußeren Gegebenheiten entkoppelt, wie sie sich in der Nachbetrachtung (*ex post*) als richtig bzw. real darstellen. Der subjektive Gefahrbegriff trägt dem Bedürfnis nach „Geschmeidigkeit"[84] und „kasuistischer Flexibilität"[85] Rechnung. Mit dem Standpunkt eines sich in der gleichen Lage befindlichen, fähigen, besonnenen und sachkundigen Durchschnittsbeamten[86] bedient er sich eines außerrechtlichen, aber gleichwohl objektivierten Maßstabs zur Beurteilung der Rechtmäßigkeit der Gefahreinschätzung.[87] Dies führt zur Anerkennung der von § 38 Abs. 2 BKAG vor-

79 Vgl. BT-Drs. 16/10121, 22.
80 BVerfG Urt. v. 20.4.2016 – 1 BvR 966/09 ua –, BVerfGE 141, 220 (289, Rn. 158); Beschl. v. 27.5.2020 – 1 BvR 1873/13 ua –, BVerfGE 155, 119 (217, Rn. 221).
81 Kugelmann BKAG § 20a Rn. 10.
82 Näher zum Ganzen Poscher, Gefahrenabwehr, 1999, S. 25 ff.; Meyer Jura 2017, 1259 ff.
83 Schenke, POR, Rn. 86.
84 Pitschas in GVwR II, 2. Aufl. 2012, § 42 Rn. 228.
85 Mit grundsätzlicher Kritik am „subjektiven" Konzept Kingreen/Poscher, POR, § 8 Rn. 48.
86 OVG Lüneburg Urt. v. 22.9.2005 – 11 LC 51/04 –, NJW 2006, 391 (394); Drews/Wacke/Vogel/Martens, Gefahrenabwehr, § 13, S. 226.
87 Hoffmann-Riem in FS-Wacke, 1972, S. 327 (339). Im Einzelnen Zwiffelhoffer, Die Figur des Durchschnittsmenschen im Verwaltungsrecht, 2020, S. 58 ff.

ausgesetzten Gefahr auf der Primärebene polizeilichen Handelns auch in den Fällen der sog. **Anscheinsgefahr** sowie des **Gefahrenverdachts.**[88]

Auf der Sekundärebene entspricht es dem Grundsatz des gerechten Lastenausgleichs, dass einem Anscheins- und Gefahrenverdachtsstörer, der den Anschein bzw. Gefahrenverdacht nicht zumutbar verursacht hat, ein **Entschädigungsanspruch** wie einem Nichtstörer zusteht.[89] Da das BKAG keinen entsprechenden Ausgleichsanspruch normiert (vgl. § 86 BKAG), kann hierzu auf **§ 51 Abs. 1 Nr. 1 BPolG analog** oder auf die hinter ihm stehenden allgemeinen staatshaftungsrechtlichen Institute (Aufopferung, enteignender Eingriff) zurückgegriffen werden. 18

bb) Schutzgut und Schadenswahrscheinlichkeit. Der Gefahrenbegriff des § 38 Abs. 2 BKAG unterscheidet sich insofern vom allgemeinen Polizei- und Ordnungsrecht, als er das polizeiliche Schutzgut bereichsspezifisch eingrenzt. Dies entspricht dem institutionellen Charakter des BKA als Sonderpolizei des Bundes (→ § 1 Rn. 10 ff.), die gem. § 5 Abs. 1 BKAG nur über eine bereichsspezifisch eng umrissene Aufgabe der Gefahrenabwehr verfügt und folgerichtig nicht umfassend zum Schutz der öffentlichen Sicherheit und Ordnung einschreiten darf. Die **öffentliche Ordnung** stellt nach dem Wortlaut des § 38 Abs. 2 BKAG von vornherein **kein taugliches Schutzgut** dar. Für ihren Schutz sind die Polizei- und Ordnungsbehörden der Länder zuständig.[90] Im Gegensatz zum Landespolizeirecht, nach welchem den Polizeien der Länder die Aufgabe zukommt, Gefahren für die öffentliche Sicherheit insgesamt abzuwehren,[91] obliegt dem BKA nur die Abwehr von Gefahren für die öffentliche Sicherheit im Zusammenhang mit Straftaten nach § 5 Abs. 1 S. 2 BKAG. Gemeint sind die in § 129a Abs. 1 und 2 StGB aufgeführten Katalogtaten, denen nach § 5 Abs. 1 S. 2 BKAG zudem – subjektiv wie objektiv – ein terroristisches Gepräge zukommen muss (→ § 5 Rn. 25 ff.). Damit ist der Rahmen der im Gefüge des BKAG geschützten **öffentlichen Sicherheit** abgesteckt: Schutzgut der öffentlichen Sicherheit ist somit nicht die objektive Rechtsordnung als solche, sondern **nur ein eng begrenzter, strafrechtsakzessorischer Ausschnitt;**[92] sofern man die subjektiven Rechte und Rechtsgüter des Einzelnen sowie die Einrichtungen und Veranstaltungen des Staates oder sonstiger Träger hoheitlicher Gewalt als eigenständigen Bestandteil der öffentlichen Sicherheit betrachtet,[93] sind diese – erst recht – nicht bzw. nur insoweit vom Gefahrenbegriff des § 38 Abs. 2 BKAG erfasst, als sie von den Straftaten nach § 5 Abs. 1 S. 2 BKAG geschützt werden. Das BKA ist damit ausschließlich für einen kleinen Teilbereich der öffentlichen Sicherheit zur Gefahrenabwehr befugt.[94] Diese Eingrenzung führt dazu, dass der Eingriffsanlass gegenüber dem Gefahrbegriff der Landespolizeigesetze erheblich qualifiziert wird. Gefordert wird die Prognose einer schweren Straftat mit hohem Schädigungspotenzial; die Eingriffsschwelle entspricht damit am ehesten dem hergebrachten polizeirechtlichen Begriff einer „erheblichen Gefahr".[95] 19

An die Wahrscheinlichkeit des Schadenseintritts – hier verstanden als die **Begehung einer Straftat nach § 5 Abs. 1 S. 2 BKAG** – sind nach allgemeinen gefahrenabwehrrechtlichen Grundsätzen umso geringere Anforderungen zu stellen, je größer und folgenschwerer der möglicherweise eintretende Schaden ist (sog. **Je-Desto-Formel**).[96] Angesichts der über § 5 Abs. 1 S. 2 BKAG in Bezug genommenen Straftatenkataloge des § 129a Abs. 1 und 2 StGB und der dort aufgeführten Deliktskategorien mit terroristischem Gepräge (inklusive der geforderten erheblichen Schädigung eines Staates oder einer internationalen Organisation) liegt grundsätzlich eine Absenkung der Wahrscheinlichkeit der Tatbegehung im Einzelfall nahe.[97] So nimmt die Rechtsprechung an, dass an den Wahrscheinlichkeitsmaßstab mit Blick auf das große Gewicht des Schutzes der Allgemeinheit vor Terroranschlägen und der Bereitstellung wirksamer Aufklärungsmittel zu ihrer Abwehr für die demokratische und freiheitliche Grundordnung, der Bedeutsamkeit der von terroristischen 20

88 Schenke/Graulich/Ruthig/Schenke BKAG § 38 Rn. 10, 12.

89 Kingreen/Poscher, POR, § 26 Rn. 14.

90 Vgl. Kugelmann BKAG § 20a Rn. 8; Schenke/Graulich/Ruthig/Schenke BKAG § 38 Rn. 7.

91 Demgegenüber begrenzt § 14 Abs. 2 S. 1 BPolG den Gefahrenbegriff des Bundespolizeirechts – wiederum im Einklang mit dem sonderpolizeilichen Charakter der Bundespolizei – auf den Bereich der Aufgaben, die der Bundespolizei nach den §§ 1–7 BPolG obliegen.

92 Das übersieht Kugelmann BKAG § 20a Rn. 9.

93 Vgl. Drews/Wacke/Vogel/Martens, Gefahrenabwehr, § 15, 232 ff.

94 Schenke/Graulich/Ruthig/Schenke BKAG § 38 Rn. 7; Bäcker, Terrorismusabwehr durch das Bundeskriminalamt, 2009, S. 65; vgl. auch BGH Urt. v. 11.12.2013 – 3 StR 240/13 –, NStZ 2014, 277 (280, Rn. 38): „polizeirechtliche Präventivmaßnahmen innerhalb eines speziellen Anwendungsbereichs".

95 Anders Bäcker/Giesler/Harms/Hirsch/Kaller/Wolff, Bericht der Regierungskommission zur Überprüfung der Sicherheitsgesetzgebung in Deutschland v. 28.8.2013, S. 61, die eine Parallele zur „dringenden Gefahr" ziehen. Bei dieser ist indes umstritten, ob sie sich auf das Gewicht der drohenden Schädigung, die zeitliche Nähe des Schadenseintritts oder – richtigerweise – auf beides bezieht, vgl. Kingreen/Poscher, POR, § 8 Rn. 21, mwN; s. aber auch → § 61 Rn. 24.

96 BVerfG Urt. v. 14.7.1999 – 1 BvR 2226/94 ua –, BVerfGE 100, 313 (392); Urt. v. 27.7.2005 – 1 BvR 668/04 –, BVerfGE 113, 348 (386); BVerwG Urt. v. 26.2.1974 – I C 31/72 –, BVerwGE 45, 51 (61); Urt. v. 3.7.2002 – 6 CN 8/01 –, BVerwGE 116, 347 (351 f.); Urt. v. 22.3.2012 – 3 C 16/11 –, BVerwGE 142, 205 (216, Rn. 32); VGH Mannheim Urt. v. 28.7.2009 – 1 S 2200/08 –, NVwZ-RR 2010, 55 (56); Brandt/Smeddinck Jura 1994, 225 (228); näher Korte/Dittrich JA 2017, 332 ff.; Schenke JuS 2018, 505 (506).

97 So – im Ausgangspunkt plausibel – Schenke/Graulich/Ruthig/Schenke BKAG § 38 Rn. 9.

Straftaten betroffenen Rechtsgüter und des drohenden Ausmaßes der durch terroristische Anschläge drohenden Schäden sowie ihrer Eigenart, dass sie oft durch lang geplante Taten von bisher nicht straffällig gewordenen Einzelnen an nicht vorhersehbaren Orten und in ganz verschiedener Weise verübt werden, keine überspannten Anforderungen zu stellen sind.[98] Allerdings entspricht es den **Eigengesetzlichkeiten der terroristischen Bedrohung** (→ § 5 Rn. 1), dass sich eine hinreichende Eintrittswahrscheinlichkeit ungeachtet der flexiblen Maßgaben der Je-Desto-Formel nur in seltenen Fällen belegen lassen wird, soll der Begriff der konkreten Gefahr nicht überdehnt werden. Wird im Kontext des internationalen Terrorismus über die Je-Desto-Formel der Wert des Schutzgutes mit der Wahrscheinlichkeit des Schadenseintritts malgenommen, werden dort, wo ausschließlich hoch- und höchstwertige Schutzgüter auf dem Spiel stehen, **Gefahr und Risiko einander** derart **angenähert,** dass sie ein Stück weit ihre Konturen verlieren.[99] Dies gilt namentlich in Konstellationen, in denen eine Person zwar fest entschlossen ist, einen möglichst schweren Anschlag mit möglichst hohem Personenschaden bei gleichzeitig möglichst niedrigem Vorbereitungsaufwand und mithilfe möglichst einfacher, allgemein verfügbarer Tatmittel (zB durch die „Pervertierung" von Alltagsgegenständen[100]) zu verüben, aber noch nicht mit konkreten Vorbereitungs- oder Ausführungshandlungen begonnen hat und die näheren Tatumstände nach Ort, Zeitpunkt, Tatmittel und Angriffsziel noch nicht feststehen.[101] Gerade in diesen praktisch besonders virulenten Fällen, in denen zwar die innere, nicht jedoch die äußere Seite eines Straftatbestands verwirklicht ist und sich die allgemeine Bedrohungssituation jederzeit aktualisieren und in eine konkrete Gefahr im polizeirechtlichen Sinne umschlagen kann, vermag die Je-Desto-Formel keinen Ausweg zu ebnen.[102] Dies ist ein wesentlicher Grund dafür, warum die aktionellen Befugnisse des BKA von geringer praktischer Relevanz sind und der präventive Zugriff im Wege der Ermittlungs- und Überwachungsbefugnisse des BKA früher ansetzt (→ Rn. 5).

21 Schließlich begegnet der Gefahrbegriff des § 38 Abs. 2 BKAG **Besonderheiten im Fall der Störung,** dh der Realisierung der Gefahr. Die Beseitigung einer bereits eingetretenen Störung ist grundsätzlich ein Unterfall und die dringlichste Form der Gefahrenabwehr; sie zielt auf die Beseitigung der (fortwährenden) Folgen, nicht auf die Ahndung begangenen Unrechts.[103] Im Kontext der Aufgabe zur präventiven Terrorismusabwehr ist indes zu beachten, dass das BKA nur im Rahmen der eng umgrenzten Kompetenzausübungsschranken des § 5 Abs. 1 S. 1 BKAG tätig werden darf. Realisiert sich die Gefahr an einem bestimmten Ort zu einer bestimmten Zeit (zB terroristischer Anschlag), liegt typischerweise ein **Fall des § 5 Abs. 1 S. 1 Nr. 2 BKAG** vor, dh die Zuständigkeit einer Landespolizeibehörde ist erkennbar. In diesem Fall ist nach § 5 Abs. 2 S. 4 BKA die Wahrnehmung der Aufgabe der Gefahrenabwehr vom BKA an die zuständige Landespolizeibehörde abzugeben, es sei denn, es handelt sich um eine länderübergreifende Gefahr oder die oberste Landesbehörde ersucht um Übernahme. Auch in diesen Fällen wird das BKA jedoch im Rahmen seines Ermessens prüfen, ob die Aufgabe der Gefahrenabwehr iS einer Störungsbeseitigung nicht effektiver durch eine Landespolizeibehörde wahrzunehmen ist. Im Übrigen gilt Folgendes: Ist eine Straftat iSv § 5 Abs. 1 S. 2 BKAG beendet und erwächst aus ihr auch sonst keine weitere Gefahr oder kein fortdauernder Schaden für die öffentliche Sicherheit, kommt nur eine Tätigkeit des BKA im Rahmen der Strafverfolgung in Betracht.[104]

22 **b) Subsidiaritätsklausel.** Nach § 38 Abs. 1 S. 1 BKAG kann das BKA auf die Generalklausel nur zurückgreifen, „soweit nicht dieses Gesetz die Befugnisse des Bundeskriminalamtes besonders regelt". Mit dieser Subsidiaritätsklausel wird insbesondere der **Vorrang der Spezialermächtigungen** klargestellt, die **Sperrwirkung gegenüber der Generalklausel nach § 38 Abs. 1 S. 1 BKAG** entfalten. Dies ist Ausdruck eines – vom Vorbehalt des Gesetzes induzierten – *lex specialis derogat legi generali.* Der *lex specialis*-Grundsatz ist aber

98 BGH Beschl. v. 10.6.2020 – 3 ZB 1/20 –, BeckRS 2020, 52183, Rn. 29, 52 ff., 79.

99 Vgl. Barczak, Der nervöse Staat, 2. Aufl. 2021, S. 385; Möstl Jura 2005, 48 (52); exemplarisch BVerwG Urt. v. 17.3.1981 – 1 C 74.76 –, BVerwGE 62, 36 (39, 41) – Ausweisung zur Abwehr terroristischer Anschläge: „Wegen des hohen Ranges des Schutzgutes und wegen der Art sowie des Ausmaßes der Schäden, die terroristische Anschläge zur Folge haben können, sind […] die Anforderungen an die Wahrscheinlichkeit des Schadenseintritts nur gering. Nach diesen Maßstäben ist eine Gefährdung der Sicherheit nicht erst dann gegeben, wenn der Ausländer in terroristische Aktionen oder Vorbereitungshandlungen verwickelt gewesen ist oder sich sonst auf die (konspirative) Zusammenarbeit mit Terrorgruppen eingelassen hat […]. Es lagen mithin besondere Umstände vor, nach denen sich das allgemeine Risiko, von Terroristen zu Hilfeleistungen herangezogen zu werden, in der Person des Klägers wesentlich verdichtet hatte und nach denen sein Aufenthalt in der damaligen Situation eine Gefahr für die Sicherheit des Staates begründete".

100 S. exemplarisch BayLT-Drs. 17/20425, 90: LKW, schwerer PKW.

101 BVerwG Beschl. v. 21.3.2017 – 1 VR 1/17 –, BVerwGE 158, 225 (237, Rn. 21); Urt. v. 22.8.2017 – 1 A 3.17 –, BVerwGE 159, 296 (304 f., Rn. 26); Beschl. v. 19.9.2017 – 1 VR 7/17 –, NVwZ 2017, 1798 (1801).

102 Prägnant Roellecke JZ 2006, 265 (269): „Unter der Geltung des bekannten polizeirechtlichen Satzes: ‚Je größer und folgenschwerer der möglicherweise eintretende Schaden ist, umso geringer sind die Anforderungen, die an die Wahrscheinlichkeit (seines Eintritts) gestellt werden können', gehen im Falle von Terror ähnlich wie beim Umweltrecht die Anforderungen an die Plausibilität der Wahrscheinlichkeit von Schäden gegen Null. Das sprengt das Polizeirecht […]".

103 Statt aller Gusy, POR, Rn. 103, 105.

104 BT-Drs. 16/10121, 22; vgl. auch Kugelmann BKAG § 20a Rn. 16 f.

auch im Verhältnis der Generalklausel nach § 38 Abs. 1 S. 1 BKAG zur **Datenerhebungsgeneralklausel** nach § 39 Abs. 1 BKAG zu beachten; letztere bildet die Auffangnorm für nicht nähere geregelte Informationseingriffe und schließt damit einen Rückgriff auf § 38 Abs. 1 S. 1 BKAG aus.[105]

23 Mit Blick auf das Verhältnis zwischen Standardermächtigung und Generalklausel ist zu beachten, dass die Spezialbefugnisse nicht nur in ihrem unmittelbaren Regelungs- und Anwendungsbereich den Rückgriff auf die Befugnisgeneralklausel sperren. Aus dem Spezialitätsverhältnis folgt vielmehr zum einen, dass **noch eingriffsintensivere als die in den Spezialermächtigungen geregelten Maßnahmen** – erst recht – nicht auf die Generalklausel als Reservekompetenz gestützt werden können. Dies betrifft etwa die körperliche Untersuchung, die sich schon nicht auf die Standardbefugnis zur Durchsuchung von Personen (→ § 58 Rn. 33) stützen lässt, weshalb ein Rückgriff auf die Generalklausel aus Gründen des von der Wesentlichkeitstheorie verdichteten Vorbehalts des Gesetzes von vornherein ausgeschlossen ist. Zum anderen schließen die Spezialermächtigungen den Rückgriff auf die allgemeine Befugnis im Wege teleologischer Auslegung auch für mit ihnen verwandte und damit ähnlich eingriffsintensive Maßnahmen (**funktionale Eingriffsäquivalente**) aus.[106]

24 **2. Verantwortlichkeit. a) Funktion und Reichweite.** Hinsichtlich der Polizeipflichtigkeit (Verantwortlichkeit) verweist § 38 Abs. 1 S. 2 BKAG auf die allgemeinen Regelungen über die Handlungs- und Zustandsverantwortlichkeit sowie die Inanspruchnahme des Nichtstörers nach **§§ 17 f., 20 BPolG**. Auch die Regelung der unmittelbaren Ausführung (§ 19 BPolG) wird dabei in Bezug genommen (dazu gesondert → Rn. 30 ff.). Die Adressatenregelungen sind keine bloßen Verfahrens- oder Ordnungsvorschriften.[107] Vielmehr erfüllen sie in Ansehung der polizeilichen Eingriffsbefugnisse, namentlich der Generalklausel des § 38 Abs. 1 S. 1 BKAG, eine unverzichtbare **Komplementärfunktion**, indem sie erst im Zusammenspiel mit ihr zu Eingriffen in die Rechtspositionen der Störer bzw. ausnahmsweise der Nichtstörer ermächtigen.[108] So wenig, wie sich aus der Generalklausel die Richtung der polizeilichen Maßnahmen ergibt, so wenig enthalten die Adressatenregelungen selbst eine eigenständige Rechtsgrundlage für das Vorgehen gegen einen Störer.[109] Die §§ 17 f., 20 BPolG schränken weder eine an sich als überschießend bzw. voraussetzungslos konzipierte Eingriffsermächtigung in § 38 Abs. 1 S. 1 BKAG ein[110] noch erweitern sie die zunächst auf eigenes Handeln des BKA beschränkte Klausel erst in Richtung der Bürger. Die Generalklausel und die Adressatenregelungen bilden vielmehr eine **einheitliche Ermächtigungsgrundlage für Eingriffe des BKA.**[111] In der Folge sieht sich der zur Verantwortung gezogene Störer in die Grundrechtsschranken verwiesen; der Adressat (rechtmäßiger) Maßnahmen des BKA hat diese zu dulden und muss – nach dem Grundsatz der Kongruenz von Polizeipflichtigkeit und Kostenlast – die Kosten der Gefahrenabwehr tragen. Die Vorschriften der § 38 Abs. 1 S. 2 BKAG iVm §§ 17 f., 20 BPolG füllen damit auch die Anforderungen des grundrechtlich-rechtsstaatlichen Vorbehalts des Gesetzes für Eingriffe in Freiheit und Eigentum aus.[112]

25 Die Adressatenregelungen der §§ 17 f., 20 BPolG kommen bereits aufgrund ihrer systematischen Stellung in § 38 Abs. 1 S. 2 BKAG sowie infolge der von ihnen konkretisierten „Figuren des allgemeinen Sicherheitsrechts"[113] nicht allein in Ergänzung der Generalklausel in § 38 Abs. 1 S. 1 BKAG zur Anwendung. Vielmehr bestimmen sie auch die **Maßnahmerichtung der Standardermächtigungen** zur präventiven Terrorismusabwehr durch das BKA, es sei denn, diese regeln die Adressatenfrage abschließend und sperren damit – nach dem ***lex specialis*-Grundsatz** und infolge der Subsidiaritätsklausel (→ Rn. 22 f.) – den Rückgriff auf die allgemeinen Regelungen in § 38 Abs. 1 S. 2 BKAG iVm §§ 17 f., 20 BPolG.[114] Dies kann zum einen der Fall sein, weil sich eine bestimmte Standardmaßnahme nach Sinn und Zweck der Regelung **nur an eine bestimmte Person** richtet (zB bei der Durchsuchung einer Person: allein die Person, die von § 58 Abs. 1 S. 1 Nrn. 1–5 BKAG in Bezug genommen wird; → § 58 Rn. 39[115]). Zum anderen kann der Rückgriff auf § 38 Abs. 1 S. 2 BKAG iVm §§ 17 f., 20 BPolG deshalb ausgeschlossen sein, weil die Standardermächtigungen

105 So explizit BVerfG Beschl. v. 27.5.2020 – 1 BvR 1873/13 ua –, BVerfGE 155, 119 (217 f., Rn. 221).

106 Schenke/Graulich/Ruthig/Schenke BKAG § 38 Rn. 4.

107 Beckermann DÖV 2020, 144 (146).

108 Pointiert Kingreen/Poscher, POR, § 9 Rn. 3.

109 Beckermann DÖV 2020, 144 (146 f.).

110 In diese Richtung aber Schoch JuS 1994, 849 (850 f.).

111 Kniesel DÖV 1997, 905 (906); Goldhammer Jura 2021, 638 (638).

112 Schoch BVwR/Schoch 1. Kap. Rn. 339: „Ausprägung des Gesetzesvorbehalts".

113 So BVerfG Urt. v. 20.4.2016 – 1 BvR 966/09 ua –, BVerfGE 141, 220 (289, Rn. 159). Bei den §§ 17 f., 20 BPolG handelt sich um eine normative Konkretisierung allgemeiner Rechtsgrundsätze über die Verantwortlichkeit des Störers und dessen Polizeipflichtigkeit, die seit jeher zu den Grundlagen des Polizei- und Ordnungsrechts zählen, vgl. nur OVG Koblenz Urt. v. 7.5.1991 – 1 R 10297/89 –, NVwZ 1992, 499 (500); Barczak JuS 2021, 1 (3).

114 Vgl. insoweit auch § 38 Abs. 1 S. 2 BKAG iVm § 20 Abs. 2 BPolG.

115 Wie hier Schenke/Graulich/Ruthig/Schenke BKAG § 58 Rn. 9; anders Kugelmann BKAG § 20q Rn. 7, der gleichwohl ergänzend auf die allgemeinen Adressatenregelungen zurückgreifen will.

im Vorfeld einer konkreten Gefahr ansetzen und auf Gefahrenvorsorge zielen, während die Störereigenschaft gefahrenabhängig ist (→ Rn. 3). Dies gilt überall dort, wo die Standardermächtigungen auf die **Verhütung von Straftaten nach § 5 Abs. 1 S. 2 BKAG** abstellen,[116] da hiermit ein Unterfall der in das Vorfeld ausgreifenden Gefahrenvorsorge gemeint ist (→ § 5 Rn. 45). Richtiger Adressat ist hier nicht der Störer im polizeirechtlichen Sinne, sondern der potenzielle Straftäter („Gefährder").[117]

26 **b) Einzelne Adressatengruppen.** In der Sache folgt die Adressatenstellung dem **allgemeinen polizeilichen Regelungsmuster,** ohne dass sich im Kontext des BKAG Besonderheiten ergeben würden.[118] Dies gilt zunächst auch mit Blick auf den **Nichtstörer,** dessen Heranziehung im Gefüge der Maßnahmen zur präventiven Terrorismusabwehr grundsätzlich systemkonform und unbedenklich erscheint, sofern man ihm **analog § 51 Abs. 1 Nr. 1 BPolG** einen **Entschädigungsanspruch** für seine „Aufopferung für das gemeine Wohl" zubilligt (→ Rn. 18). Die Voraussetzungen einer Inanspruchnahme des Nichtstörers nach § 38 Abs. 1 S. 2 BKAG iVm § 20 BPolG sind eng gefasst und restriktiv auszulegen.[119] Es handelt sich bei **§ 38 Abs. 1 S. 2 BKAG** um einen **Rechtsgrundverweis,** so dass die qualifizierten Anforderungen einer Nichtstörerinanspruchnahme nach § 20 Abs. 1 BPolG auch im Rahmen des BKAG – **kumulativ** – gegeben sein müssen:

- Vorliegen einer **gegenwärtigen erheblichen Gefahr,**
- **Maßnahmen gegen die Verantwortlichen** nach § 38 Abs. 1 S. 2 BKAG iVm §§ 17, 18 BPolG **nicht** oder nicht rechtzeitig möglich oder nicht erfolgversprechend,
- **BKA** zur Gefahrenabwehr selbst oder durch Beauftragte **nicht in der Lage,**
- **keine erhebliche Gefährdung** und **keine Verletzung höherwertiger Pflichten** der als Nichtstörer in Anspruch genommenen Person.

27 Nach diesen Maßgaben ist eine Inanspruchnahme des Nichtstörers **auch im Kontext eingriffsintensiver Ermittlungsbefugnisse** des BKA nicht unverhältnismäßig (vgl. § 45 Abs. 1 S. 1 Nr. 1 Var. 2 BKAG). Insbesondere öffnet sie unter diesen Voraussetzungen keinen Weg, die Voraussetzungen für die Inanspruchnahme von Kontaktpersonen zu umgehen.[120]

28 Die schematische Übernahme der §§ 17 f., 20 BPolG führt jedoch im Fall der **Zustandsverantwortlichkeit** nach § 18 Abs. 1 BPolG zu einem rechtslogischen Bruch. Nach dem Konzept der Zustandshaftung sind die Maßnahmen gegen den Inhaber der tatsächlichen Gewalt zu richten, wenn eine Gefahr von einem Tier oder einer Sache ausgeht. Nach § 38 Abs. 2 BKAG ist der Gefahrbegriff des BKAG jedoch von Straftaten nach § 5 Abs. 1 S. 2 BKAG abhängig. Tiere und Sachen können indes keine Straftaten begehen. Die Zustandsverantwortlichkeit lässt sich auch nicht extensiv auslegen und in eine „Verhaltensverantwortung kraft Unterlassens" in dem Sinne umdeuten, dass der Eigentümer oder anderweitig die Sachherrschaft Ausübende die von seiner Sache ausgehende Gefahr nicht bekämpft.[121] Darüber hinaus erscheint es unter Verhältnismäßigkeitsgesichtspunkten besonders **problematisch,** wenn das BKAG selbst für besonders **eingriffsintensive Maßnahmen** wie Wohnraumüberwachung,[122] Online-Durchsuchung[123] oder Telekommunikationsüberwachung[124] eine Zustandsverantwortlichkeit nach § 18 BPolG ausreichen lässt. Hier bestehen bereits Zweifel daran, ob die Verweise auf § 18 BPolG überhaupt geeignet wären, dem Ziel der Terrorismusabwehr zu dienen, wenn sie – im obigen Sinne – extensiv interpretiert würden. Im Ergebnis sind die Verweise auf § 18 BPolG damit aus polizeirechtsdogmatischen wie verfassungsrechtlichen Gründen so auszulegen, dass sie keinen Anwendungsbereich haben.[125]

29 Die Anforderungen an die Zurechnung der **Verhaltensverantwortlichkeit** folgen auch im Gefüge des BKAG der Theorie der unmittelbaren Verursachung. Verursacher ist danach derjenige, dessen Verhalten bei wertender Betrachtung und unter Einbeziehung aller Umstände des jeweiligen Einzelfalls die Gefahr „unmittelbar" herbeiführt, dh die polizeirechtliche Gefahrenschwelle zuletzt überschritten und dadurch die unmittelbare Ursache für den Eintritt der Gefahr gesetzt hat. Dabei kommt es entscheidend auf das Vor-

116 Vgl. § 39 Abs. 2 Nr. 1, § 45 Abs. 1 S. 1 Nr. 2, § 46 Abs. 1 Nr. 1 lit. b, § 47 Abs. 2, § 51 Abs. 1 S. 1 Nr. 2, § 52 Abs. 1 Nr. 2, § 53 Abs. 1 iVm § 51 Abs. 1 S. 1 Nr. 2 BKAG.

117 Bäcker, Terrorismusabwehr durch das Bundeskriminalamt, 2009, S. 77.

118 Knapp Kugelmann BKAG § 20a Rn. 6; ausführlich Schenke/Graulich/Ruthig/Schenke BKAG § 38 Rn. 18–25.

119 BVerfG Urt. v. 20.4.2016 – 1 BvR 966/09 ua –, BVerfGE 141, 220 (289, Rn. 159).

120 BVerfG Urt. v. 20.4.2016 – 1 BvR 966/09 ua –, BVerfGE 141, 220 (289, Rn. 159); kritisch zur Vorgängerregelung des § 20g Abs. 1 S. 1 Nr. 1 BKAG hingegen noch Bäcker, Terrorismusabwehr durch das Bundeskriminalamt, 2009, S. 79: „Die Frage drängt sich auf, welchen ermittlungspraktischen Sinn eine solche Maßnahme haben soll".

121 Unterstrichen von Kingreen/Poscher, POR, § 9 Rn. 40.

122 § 46 Abs. 1 Nr. 1 lit. a BKAG.

123 § 49 Abs. 3 S. 1 BKAG.

124 § 51 Abs. 1 S. 1 Nr. 1 BKAG.

125 Bäcker, Terrorismusabwehr durch das Bundeskriminalamt, 2009, S. 76 f.; ausdrücklich offenlassend dagegen BVerfG Urt. v. 20.4.2016 – 1 BvR 966/09 ua –, BVerfGE 141, 220 (289, Rn. 159): „verfassungsrechtlich unerheblich".

liegen eines hinreichend engen Wirkungs- und Ursachenzusammenhangs zwischen dem Überschreiten der Gefahrengrenze und dem Verhalten einer Person an, der es gerechtfertigt erscheinen lässt, die Pflichtigkeit dieser Person zu bejahen. Personen, die entferntere, nur mittelbare Ursachen für den eingetretenen Erfolg gesetzt, also nur den Anlass für die unmittelbare Verursachung durch andere gegeben haben, sind idS keine Verursacher.[126]

3. Unmittelbare Ausführung. a) Systematik und Funktion. Mit dem Verweis auf § 19 BPolG nimmt § 38 30
Abs. 1 S. 2 BKAG schließlich auch die Regelung der unmittelbaren Ausführung in Bezug. Dies ermöglicht dem Amt, eine Maßnahme selbst oder durch einen Beauftragten unmittelbar auszuführen, wenn der Zweck der Maßnahme durch Inanspruchnahme eines Verhaltens- oder Zustandsverantwortlichen iSd §§ 17, 18 BPolG nicht oder nicht rechtzeitig erreicht werden kann. Bei § 19 BPolG handelt es sich **weder** um eine **Adressatenregelung noch** um eine **Befugnisnorm**. Vielmehr ergänzt die Regelung über die unmittelbare Ausführung die zu der „ausgeführten" Maßnahme ermächtigenden Normen tatbestandlich, indem sie den Selbsteintritt des BKA oder eines durch das Amt Beauftragten im Wege realen Handelns ermöglicht.[127]

Da das Amt nach § 38 Abs. 1 S. 2 BKAG iVm § 19 S. 1 BPolG ohne vorausgehenden Verwaltungsakt tätig 31
werden darf, stellt sich die Frage der **Abgrenzung vom sofortigen Vollzug** (§ 6 Abs. 2 VwVG). Beide Institute ermöglichen Sofortmaßnahmen des BKA und sind annähernd deckungsgleich. Im Gegensatz zum Sofortvollzug erfasst § 19 S. 1 BPolG allerdings von vornherein nur das Handeln anstelle des Betroffenen und deshalb lediglich vertretbare Handlungen. Bei unvertretbaren Handlungen kommt ausschließlich die Anwendung unmittelbaren Zwangs im Wege des Sofortvollzugs in Betracht (vgl. §§ 6 Abs. 2 iVm 12 VwVG). Im Übrigen ist die Abgrenzung **umstritten:** Soweit die überwiegende Auffassung auf den Willen des Betroffenen abstellt und dem Sofortvollzug den Vorrang einräumen möchte, wenn die Maßnahme gegen den mutmaßlichen Willen des Betroffenen erfolgt,[128] überzeugt dies aus mehreren Gründen nicht. Zunächst ist das Brechen eines entgegenstehenden Willens beim Sofortvollzug keine gesetzliche Voraussetzung nach § 6 Abs. 2 VwVG, weshalb sich die Willensbeugung auch schwerlich zu einem konstitutiven „Wesenselement des Vollstreckungsrechts" erheben lässt. Darüber hinaus handelt es sich bei der Ermittlung dieses Willens oftmals um schlichte Unterstellungen. Des Weiteren ergibt sich aus der systematischen Stellung der unmittelbaren Ausführung in § 19 BPolG – mithin *nach* den Vorschriften über die Verhaltens- und Zustandsverantwortlichkeit (§§ 17, 18 BPolG), jedoch *vor* der Inanspruchnahme des Nichtstörers (§ 20 BPolG) – ein Vorrang der unmittelbaren Ausführung vor dem Sofortvollzug, setzt § 20 Abs. 1 S. 1 Nr. 3 BPolG doch voraus, dass das BKA die Gefahr nicht oder nicht rechtzeitig selbst oder durch einen Beauftragten abwehren kann.[129] Schließlich handelt es sich beim BPolG – aus polizeirechtlicher Sicht – um das speziellere Gesetz, welches in seinem Regelungsbereich die allgemeinen Vollstreckungsregelungen des VwVG verdrängt.[130]

In der Praxis macht es freilich keinen Unterschied, ob das BKA nach § 19 S. 1 BPolG oder § 6 Abs. 2 32
VwVG vorgeht, denn jedenfalls sind die Kosten dem „eigentlich" Verantwortlichen, nämlich dem Handlungsstörer (zum Zustandsstörer → Rn. 28), aufzuerlegen (jeweils nach §§ 1 ff., 22 Abs. 4 S. 1 BGebG iVm Abschnitt 2 Ziff. 2 der Anlage zu § 2 Abs. 1 BMIBGebV[131]).[132]

b) Voraussetzungen und Rechtsfolge. § 38 Abs. 1 S. 2 BKAG iVm § 19 S. 1 BPolG setzt für eine unmittelba- 33
re Ausführung durch das BKA voraus, dass eine Maßnahme gegen den oder die Verantwortlichen dem Grunde nach rechtlich zulässig wäre, aber der Zweck der Maßnahme nicht oder nicht rechtzeitig erreicht werden kann. Dazu muss zum einen eine **„hypothetische" Grundverfügung** gegenüber den nach §§ 17, 18 BPolG Verantwortlichen in Betracht kommen.[133] Zum anderen darf der Zweck der Maßnahme durch eine Inanspruchnahme eines Verantwortlichen nicht oder nicht rechtzeitig erreicht werden können (sog. **Zweckverfehlung**). Ersteres ist der Fall, wenn der Verantwortliche nicht bekannt oder nicht erreichbar ist bzw. aus tatsächlichen oder rechtlichen Gründen an der Ausführung einer erforderlichen Anordnung gehindert wäre. Letzteres kommt in Betracht, wenn der zu verhindernde Schaden eintreten würde, bevor ein Verantwortlicher in Anspruch genommen werden könnte. In sämtlichen Fällen muss eine **vertretbare Handlung** vorliegen (→ Rn. 31).

126 Zusammenfassend dazu Kugelmann, POR, 8 Kap. Rn. 37; Kingreen/Poscher, POR, § 9 Rn. 11 ff.
127 Wehr BPolG § 19 Rn. 1 f.; aA VGH Kassel Beschl. v. 19.5.2008 – 8 B 557/08 –, NVwZ-RR 2008, 784 f., wonach es sich bei der unmittelbaren Ausführung um einen Verwaltungsakt handele, der ohne vorherige Bekanntgabe an den Adressaten vollzogen werde.
128 Für das Bundespolizeirecht nur Schenke/Graulich/Ruthig/Schenke BPolG § 19 Rn. 6, mwN.
129 Schoch BVwR/Schoch 1. Kap. Rn. 936, mwN.
130 Wehr BPolG § 19 Rn. 7; im Ergebnis auch Poscher/Rusteberg JuS 2012, 26 (29).
131 Besondere Gebührenverordnung des Bundesministeriums des Innern, für Bau und Heimat für individuell zurechenbare öffentliche Leistungen in dessen Zuständigkeitsbereich (Besondere Gebührenverordnung BMI – BMIBGebV) v. 2.9.2019 (BGBl. I S. 1359), zuletzt geändert durch Art. 1 der Verordnung v. 10.9.2021 (BGBl. I S. 4429).
132 Vgl. dazu BT-Drs. 18/9759, 19 ff.
133 Schoch BVwR/Schoch 1. Kap. Rn. 939.

34 Liegen die Voraussetzungen des § 38 Abs. 1 S. 2 BKAG iVm § 19 S. 1 BPolG vor, wird das BKA selbst (oder durch einen Beauftragten) unmittelbar präventivpolizeilich tätig, anstatt eine Maßnahme gegen einen Adressaten zu richten; das Amt realisiert vielmehr die **Gefahrenabwehr durch Selbsteintritt.** Nach § 19 S. 2 BPolG hat das BKA den von der Maßnahme Betroffenen unverzüglich (vgl. § 121 Abs. 1 S. 1 BGB) zu **unterrichten.** Mit „Maßnahme" ist hier nicht die (hypothetische) Grundverfügung, sondern die tatsächliche Ausführungshandlung des BKA gemeint. Betroffener ist jeder, auf den sich die polizeiliche Handlung nachteilig auswirkt, nicht nur der Verantwortliche.[134] Zur **Kostenfolge** → Rn. 32.

35 **4. Rechtsfolge. a) Opportunitätsgrundsatz.** Nach § 38 Abs. 1 S. 1 BKAG „kann" das Amt „die notwendigen Maßnahmen" zur Abwehr von Gefahren des internationalen Terrorismus treffen. Die Norm entspricht dem im Recht der präventiven Sicherheit herrschenden Opportunitätsgrundsatz (vgl. § 3 Abs. 1 MEPolG), wonach die zuständige Behörde über ihre **Maßnahmen nach pflichtgemäßem Ermessen** entscheidet (§ 38 Abs. 1 S. 2 BKAG iVm § 15 Abs. 1 BPolG). Das BKA trifft hiernach eine Verpflichtung zur Prüfung, ob im Einzelfall eingeschritten werden soll, nicht jedoch eine Verpflichtung zum Einschreiten.[135] Im Einklang mit den Generalklauseln des Polizeirechts von Bund und Ländern eröffnet § 38 Abs. 1 S. 1 BKAG dem BKA einen Ermessensspielraum in zweifacher Hinsicht: Zum einen obliegt dem BKA die Entscheidung, ob es überhaupt zur Gefahrenabwehr tätig wird (**Entschließungsermessen**). Daneben steht dem Amt regelmäßig die Entscheidung zu, gegen welchen Adressaten es mit welchen Mitteln einschreitet (**Auswahlermessen**).

36 Die Auswahl zwischen mehreren möglichen **Handlungsformen** ist dabei grundsätzlich vom Ermessen des BKA umfasst. Der Begriff der „Maßnahme" nach § 38 Abs. 1 S. 1 BKAG umfasst sowohl die klassische Polizeiverfügung in Gestalt von Einzelverwaltungsakt (§ 35 S. 1 VwVfG) und Allgemeinverfügung (§ 35 S. 2 VwVfG) als auch ein schlichtes Verwaltungshandeln.[136] Für ein Einschreiten gegen abstrakte Gefahren im Wege einer polizeilichen Verordnung fehlt es demgegenüber an einer entsprechenden Ermächtigungsgrundlage im BKAG. Gefahrenabwehrrechtliche Ge- oder Verbote für eine unbestimmte Anzahl von Fällen und eine unbestimmte Vielzahl von Personen sind im Verordnungswege zu erlassen, dh als materielles Gesetz und nicht als verwaltungsrechtliche Anordnung.[137] Der Erlass einer Allgemeinverfügung in solchen Fällen bedeutet einen Rechts- und Handlungsformenmissbrauch und ist somit ausgeschlossen.

37 Nach **§ 40 VwVfG, § 114 S. 1 VwGO** hat die Behörde ihr Ermessen entsprechend dem Zweck der Ermächtigung auszuüben und die gesetzlichen Grenzen des Ermessens einzuhalten. Das BKA wird hiermit auf den Zweck effektiver Gefahrenabwehr unter bestmöglichem Einsatz der ihm zur Verfügung stehenden Mittel sowie unter Beachtung weiterer gesetzlicher Maßstäbe, namentlich des Verhältnismäßigkeitsgrundsatzes, verpflichtet.

38 **b) Verhältnismäßigkeit.** Gefahrenabwehrbehörden sind in besonderem Maße dem Verhältnismäßigkeitsgrundsatz verpflichtet. Dies kommt in der ausdrücklichen Normierung seiner Teilgehalte nach **§ 38 Abs. 1 S. 2 BKAG iVm § 15 BPolG** zum Ausdruck. Die einfach-rechtliche Normierung von Geeignetheit, Erforderlichkeit und Angemessenheit, einschließlich der **Möglichkeit des Mittelaustauschs** als spezifisch polizeirechtliche Ausprägung des Übermaßverbotes (vgl. § 16 Abs. 2 S. 2 BPolG),[138] lässt erkennen, dass es sich bei dem Verhältnismäßigkeitsgrundsatz nicht nur um einen „Maßstab polizeirechtlicher Handlungsrationalität"[139] handelt, der auch dort zur Anwendung kommt, wo einem grundrechtlich radizierten Übermaßverbot in Ermangelung eines Grundrechtseingriffs die Anwendung versagt bleibt, sondern um ein ganzes „Maßstabsbündel".[140] Die Anwendung einer polizeilichen Befugnis muss sowohl auf Tatbestands- als auch auf Rechtsfolgenseite im Lichte des mit ihr verfolgten, **legitimen Zwecks** und mit Blick auf ihre **Geeignetheit, Erforderlichkeit** und **Angemessenheit** gewürdigt werden. Der Verhältnismäßigkeitsgrundsatz leitet somit nicht nur das Entschließungs- und Auswahlermessen des BKA an, sondern bestimmt bereits maßgeblich die Ermittlung einer polizeilich relevanten Gefahr iSd § 38 Abs. 2 BKAG sowie die Qualifikation einer Person als Störer nach § 38 Abs. 1 S. 2 BKAG iVm §§ 17 f., 20 BKAG.[141] Letzteres zeigt sich insbesondere am Ausschluss des Rückgriffs auf die Zustandsverantwortlichkeit, die dem Übermaßverbot im Kontext des BKAG nicht gerecht wird (→ Rn. 28).

134 Wehr BPolG § 19 Rn. 10.

135 Allgemein Gusy, POR, Rn. 391; Kingreen/Poscher, POR, § 10 Rn. 34.

136 Schenke/Graulich/Ruthig/Schenke BKAG § 38 Rn. 8. Näher zur Rechtsnatur polizeilicher Gefahrenabwehrmaßnahmen Schenke in FS-K. Graulich, 2019, S. 101 ff.

137 Exemplarisch für eine untaugliche, weil auf eine abstrakte Gefahr „gemünzte" Allgemeinverfügung der Bundespolizei OVG Berlin-Brandenburg Beschl. v. 28.2.2019 – OVG 1 S 10.19 –, BeckRS 2019, 22725, Rn. 5; hierzu auch Halder/Walker NVwZ 2020, 601 (604).

138 Gusy, POR, Rn. 400.

139 BeckOK-PolSiR Bayern/Goldhammer BayPAG Art. 4 Rn. 23 (2022).

140 Schmidt-Aßmann, Das allgemeine Verwaltungsrecht als Ordnungsidee, 2. Aufl. 2004, 6. Kap. Tz. 59.

141 OVG Münster Urt. v. 30.5.1996 – 20 A 2640/94 –, NVwZ 1997, 507 (508); Brenz, Das Polizeirecht als ein durch den Verhältnismäßigkeitsgrundsatz bestimmtes System von Abwägungsentscheidungen, 2018, S. 72 ff., 105 ff.; Kniesel DÖV 1997, 905 (905).

39 Die Verhältnismäßigkeit von Maßnahmen des BKA ist im gerichtlichen Verfahren voll überprüfbar.[142] Es gilt als ein nicht zu unterschätzender „Verrechtlichungsschub“,[143] dass die Verwaltung auch bei selbstgewählten Zwecken ihre Mittelwahl stets vor dem Verhältnismäßigkeitsgrundsatz zu rechtfertigen habe. Gerichtliche Urteile, die dies betonen, werden zwar bisweilen als unzulässiger Übergriff in den Bereich der administrativen Zweckmäßigkeitserwägungen gedeutet.[144] In der Rechtsschutzperspektive sind die Fragen der Geeignetheit, der Erforderlichkeit und die Beachtung der Angemessenheit (Verhältnismäßigkeit ieS) **gerichtlich voll überprüfbare Rechtsfragen** und keine gerichtlich nur eingeschränkt kontrollierbaren Ermessensfragen. So kann die Verfehlung der Ziel- und Zwecktauglichkeit das Urteil der fehlenden Geeignetheit einer Maßnahme begründen; auch kann eine mangelnde Verwaltungseffektivität das Urteil fehlender Erforderlichkeit (Interventionsminimum) oder Angemessenheit auslösen.[145]

II. Bedeutung und Reichweite des Gefahrenbegriffs (Abs. 2)

40 § 38 Abs. 2 BKAG enthält eine Legaldefinition des Gefahrenbegriffs (zu den Einzelheiten → Rn. 15 ff.) und bestimmt zugleich, dass es sich dabei um die **Gefahr „im Sinne dieses Abschnitts“** handelt.

41 Der Gefahrenbegriff des § 38 Abs. 2 BKAG leitet damit nicht nur die Auslegung der **Generalklausel** in § 38 Abs. 1 S. 1 BKAG an (→ Rn. 15). Vielmehr gibt er auch die tatbestandliche Interpretation der folgenden **terrorismusspezifischen Spezialermächtigungen** vor, soweit diese auf eine Gefahr Bezug nehmen.[146] Bei diesen Gefahrtatbeständen, die teilweise zu aktionellen, teilweise zu informationellen Maßnahmen ermächtigen (→ Rn. 3 ff.), handelt es sich zunächst um solche, die allgemein von „Gefahr“ sprechen.[147] Darüber hinaus ist die Legaldefinition des § 38 Abs. 2 BKAG aber auch heranzuziehen, um die Befugnistatbestände zu konkretisieren, die das BKA zu besonders intensiven Grundrechtseingriffen ermächtigen und daher weitgehend übereinstimmend eine „Gefahr für den Bestand oder die Sicherheit des Staates, für Leib, Leben oder Freiheit einer Person oder Sachen von bedeutendem Wert, deren Erhaltung im öffentlichen Interesse geboten ist“, voraussetzen.[148] Damit scheint auf den ersten Blick ein Gefahrentatbestand mit einer Qualifikation hinsichtlich des polizeilichen Schutzguts geregelt worden zu sein.[149] Tatsächlich läuft die scheinbare Qualifikation jedoch leer.[150] Eine Gefahr, die nicht eines der genannten Rechtsgüter bedroht, genügt schon den Anforderungen von § 38 Abs. 2 iVm § 5 Abs. 1 S. 2 BKAG nicht, da die bevorstehende Straftat nicht die erforderliche terrorismusspezifische Schadenseignung aufweist. Die wortreiche Formulierung in den terrorismusspezifischen Spezialermächtigungen ist damit bestenfalls sinnlos. Schlimmstenfalls provoziert sie das Missverständnis, dass eingriffsintensive Maßnahmen getroffen werden dürfen, um bloße Sachgefahren abzuwehren.[151] Das ist nach Telos und Systematik des § 38 Abs. 2 BKAG nicht der Fall: Danach sind auch solche Maßnahmen nur zulässig, wenn eine Sachgefahr ausnahmsweise so schwer wiegt, dass sie iSd § 5 Abs. 1 S. 2 BKAG einen Staat oder eine internationale Organisation erheblich schädigen kann.

42 Umgekehrt darf die in § 38 Abs. 2 BKAG enthaltene Legaldefinition der Gefahr nicht dahin gehend missverstanden werden, dass sie eine materielle **Begrenzung der in den Standardermächtigungen genannten Rechtsgüter** überspielt und schon für sich jede Gefahr für die öffentliche Sicherheit im Zusammenhang mit Straftaten gem. § 5 Abs. 1 S. 2 BKAG ausreichen lässt. Zwar konkretisiert § 38 Abs. 2 BKAG den Gefahrenbegriff für alle nachfolgenden Befugnisse hinsichtlich des Erfordernisses der Einzelfall- und Straftatbezogenheit (→ Rn. 15). Er hat bei verständiger und verfassungsrechtlich gebotener Auslegung jedoch nicht die Funktion, die in den Einzelbefugnissen spezifisch begrenzten Anforderungen an den Rechtsgüterschutz auf-

142 Allgemein für das Handeln der Gefahrenabwehrbehörden Würtenberger/Heckmann/Tanneberger, Polizeirecht in Baden-Württemberg, 7. Aufl. 2017, § 5 Rn. 376.

143 Jestaedt in Ehlers/Pünder (Hrsg.), Allgemeines Verwaltungsrecht, 15. Aufl. 2016, § 11 Rn. 4.

144 Referierend Schmidt-Aßmann, Das allgemeine Verwaltungsrecht als Ordnungsidee, 2. Aufl. 2004, 6. Kap. Tz. 61.

145 Wallerath, Allgemeines Verwaltungsrecht, 6. Aufl. 2009, § 7 Rn. 7.

146 BVerfG Urt. v. 20.4.2016 – 1 BvR 966/09 ua –, BVerfGE 141, 220 (288, Rn. 157); Beschl. v. 27.5.2020 – 1 BvR 1873/13 ua –, BVerfGE 155, 119 (217 f., Rn. 221).

147 Vgl. §§ 40 Abs. 1 Nr. 1, 41 Abs. 2 S. 2, 42 Abs. 1 Nr. 1 BKAG.

148 Vgl. §§ 45 Abs. 1 S. 1 Nr. 1, 46 Abs. 1, 48 Abs. 1 S. 1, 50 Abs. 1 Nr. 1, 51 Abs. 1 S. 1 Nr. 1, 52 Abs. 1 Nr. 1 BKAG. Textlich etwas anders für die Bestandsdatenauskunft § 40 Abs. 3 S. 2 BKAG: „Abwehr einer konkreten Gefahr für Leib, Leben, Freiheit oder die sexuelle Selbstbestimmung einer Person oder für den Bestand des Bundes oder eines Landes sowie Güter der Allgemeinheit, deren Bedrohung die Grundlagen der Existenz der Menschen berührt“.

149 Zum Teil wird diese – scheinbare – Qualifikation auch noch von einer Qualifikation in zeitlicher Hinsicht („dringend“) begleitet, vgl. §§ 46 Abs. 1, 50 Abs. 1 Nr. 1, 51 Abs. 1 S. 1 Nr. 1, 52 Abs. 1 Nr. 1 BKAG. Zur umstrittenen Auslegung des Merkmals „dringend“, das aber in vorliegendem Kontext ausschließlich eine Qualifikation hinsichtlich der zeitlichen Nähe des Schadenseintritts beinhalten kann, s. → Fn. 95.

150 Bäcker, Terrorismusabwehr durch das Bundeskriminalamt, 2009, S. 66; ders./Giesler/Harms/Hirsch/Kaller/Wolff, Bericht der Regierungskommission zur Überprüfung der Sicherheitsgesetzgebung in Deutschland v. 28.8.2013, S. 62.

151 Bäcker, Terrorismusabwehr durch das Bundeskriminalamt, 2009, S. 66; ders./Giesler/Harms/Hirsch/Kaller/Wolff, Bericht der Regierungskommission zur Überprüfung der Sicherheitsgesetzgebung in Deutschland v. 28.8.2013, S. 62.

zuheben.[152] Dass letzteres tatsächlich drohen könnte, ist mit Blick auf die von § 5 Abs. 1 S. 2 BKAG in Bezug genommenen Katalogstraftaten nach § 129a Abs. 1 und 2 StGB aber auch nicht zu erwarten.

§ 39 Erhebung personenbezogener Daten

(1) Das Bundeskriminalamt kann, sofern in diesem Abschnitt nichts anderes bestimmt ist, personenbezogene Daten erheben, soweit dies zur Erfüllung der ihm nach § 5 Absatz 1 obliegenden Aufgabe erforderlich ist.

(2) Zur Verhütung von Straftaten nach § 5 Absatz 1 Satz 2 ist eine Erhebung personenbezogener Daten nur zulässig, soweit Tatsachen die Annahme rechtfertigen, dass

1. **die Person eine Straftat nach § 5 Absatz 1 Satz 2 begehen will und die erhobenen Daten zur Verhütung dieser Straftat erforderlich sind oder**
2. **die Person mit einer Person nach Nummer 1 nicht nur flüchtig oder in zufälligem Kontakt in Verbindung steht und**
   a) **von der Vorbereitung einer Straftat nach § 5 Absatz 1 Satz 2 Kenntnis hat,**
   b) **aus der Verwertung der Tat Vorteile ziehen könnte oder**
   c) **die Person nach Nummer 1 sich ihrer zur Begehung der Straftat bedienen könnte**

   und die Verhütung dieser Straftaten auf andere Weise aussichtslos oder wesentlich erschwert wäre.

(3) § 9 Absatz 2 und 3 gilt entsprechend.

A. Allgemeines

I. Gesetzeshistorie und Hintergründe

1 § 39 BKAG ist die **Generalermächtigung des BKA zur Erhebung personenbezogener Daten im Rahmen seiner Aufgabe der Terrorismusabwehr** (→ § 5 Rn. 1). Die Regelung geht inhaltlich weitgehend unverändert auf das Gesetz zur Abwehr von Gefahren des internationalen Terrorismus durch das BKA vom 25.12.2008[1] zurück (vgl. § 20b Abs. 1–2 BKAG aF), welches das BKA erstmals mit Aufgaben und Befugnissen der Terrorismusabwehr betraut hatte.[2] Die Vorschrift blieb von der bundesverfassungsgerichtlichen Entscheidung aus dem Jahr 2016[3] unberührt, die die speziellen Eingriffsbefugnisse des BKA im Rahmen der Terrorismusabwehr betraf und für teilweise verfassungswidrig befand. Im Zuge der BKAG-Neustrukturierung aus dem Jahr 2017 wurde die Vorschrift von den Regelungen zur Bestandsdatenauskunft im Antiterrorbereich (zuvor § 20b Abs. 3–7 BKAG aF) abgesondert und in einen eigenen Paragrafen niedergelegt.[4]

II. Systematik und Bedeutung

2 **1. Gesetzgebungskompetenz und unionsrechtliche Überformung.** Die Kompetenz des Bundes für die Regelung der von § 39 BKAG erfassten Datenerhebungen folgt aus seiner Zuständigkeit für die Regelung der

152 BVerfG Urt. v. 20.4.2016 – 1 BvR 966/09 ua –, BVerfGE 141, 220 (288, Rn. 157).
1 BGBl. I S. 3083.
2 Zur ursprünglichen Begründung der Vorschrift BT-Drs. 16/9588, 20 f.
3 BVerfG Urt. v. 20.4.2016 – 1 BvR 966/09 ua –, BVerfGE 141, 220.
4 BT-Drs. 18/11163, 113.

Tätigkeit des BKA im Kontext der Abwehr von Gefahren des internationalen Terrorismus (Art. 73 Abs. 1 Nr. 9a GG). Dieser Kompetenztitel wurde mit der Föderalismusreform im Jahr 2006 in das GG aufgenommen (im Einzelnen → § 5 Rn. 20). Insbesondere unter dem Eindruck der Anschläge des 11.9.2001 und der Anschläge von Madrid (2004) und London (2005) hielt man eine gefahrenabwehrende und nicht nur strafverfolgende Rolle des BKA im Bereich der Bekämpfung des internationalen und länderübergreifenden Terrorismus für erforderlich.[5] Bei der Kompetenz handelt es sich schon nach dem Grundgesetz um eine **komplex bedingte und begrenzte Regelungsbefugnis**, deren Grenzen in § 5 Abs. 1 S. 1 BKAG wortgleich übernommen sind. Alle Befugnisse des BKA im Rahmen der Abwehr von Gefahren des (internationalen)[6] Terrorismus stehen daher ebenfalls unter dieser Bedingung, so dass sie stets bei Handhabung der nach §§ 39 ff. BKAG bestehenden Befugnisse zu berücksichtigen sind.

Da es sich bei der **Terrorismusgefahrenabwehr** nach ihrer Definition (→ Rn. 5 und näher → § 5 Rn. 20 ff.) um eine **straftatenbezogene Materie** handelt, steht im Hintergrund der entsprechenden Tätigkeit des BKA nicht die DS-GVO, sondern die DSRL-JI (→ § 9 Rn. 8). Gerade im Bereich der Gewährleistung der „nationalen Sicherheit", zu dem die Terrorismusabwehr zählt, lässt das Unionsrecht den Mitgliedstaaten nach Art. 4 Abs. 2 EUV umfassende Spielräume. Spezifische Anforderungen des Unionsrechts, etwa der e-privacy-RL, sparen dennoch den Bereich der nationalen Sicherheit nicht aus, sondern berücksichtigen ihn und wirken in diesen hinein.[7] Dementsprechend stehen im Hintergrund der Befugnisse der §§ 39 ff. BKAG teils auch **unionssekundärrechtliche Vorschriften** und insoweit auch die durch sie und den Europäischen Gerichtshof entfalteten **Unionsgrundrechte.** In erster Linie und auf Basis der Vermutung zugunsten eines pluralen, aber gleichwertigen Grundrechtsschutzes in der EU[8] sind grundrechtliche Anforderungen jedoch anhand der Grundrechte des Grundgesetzes und ihrer (bundesverfassungsgerichtlichen) Dogmatik zu bestimmen. 3

2. Präventive Funktion und Straftatenanknüpfung. Die Befugnisse des BKA im Rahmen der **Aufgabe der Terrorismusabwehr** sind **ausschließlich präventiver Natur.** Sobald es darum geht, Terrorismusbekämpfung durch strafverfolgende Anstrengungen und strafrechtliche Ahndung zu betreiben,[9] ist das BKA auf seine diesbezüglichen Aufgaben und Befugnisse nach § 4 BKAG iVm der StPO oder auf seine koordinierenden und verfolgungsunterstützenden Zentralstellenbefugnisse begrenzt. 4

Trotz dieser ausschließlich präventiven Funktion ist der Begriff des (internationalen) Terrorismus durch § 5 Abs. 1 S. 2 BKAG **anknüpfend an bestimmte Straftaten definiert** (§ 129a Abs. 1 und 2 StGB), die mit einer näher umschriebenen Absicht und potenziellen Wirkung begangen werden bzw. werden sollen (→ § 5 Rn. 31). Das BKA bleibt damit auch hier auf die Abwehr und Verhütung von Straftaten begrenzt und schützt nicht unmittelbar bestimmte, besonders hochwertige Rechtsgüter oder allgemein gegenüber dem Phänomen „internationaler Terrorismus". Seine Aufgabe ist stattdessen die **Abwehr und Verhütung** (international-)**terroristischer Straftaten.** 5

3. Generalklausel der Datenerhebung. § 39 BKAG ist eine Generalklausel der Datenerhebung und **ermächtigt** als solche nach der Rechtsprechung des Bundesverfassungsgerichts[10] **nur bedingt zu tiefer greifenden informatorischen Eingriffsmaßnahmen.** Insbesondere heimliche Maßnahmen sind auf Grundlage sicherheitsbehördlicher Datenerhebungsgeneralklauseln nur in engen Grenzen möglich.[11] 6

Was das konkret für die Zulässigkeit eines Rückgriffs auf die Generalklausel in besonderen Fällen bedeutet, lässt sich allerdings nicht leicht sagen. Denn die **Funktion einer polizeilichen Generalklausel** zielt gerade darauf, auf ihrer Grundlage unter bei Gesetzeserlass noch nicht vorhergesehenen oder vorhersehbaren Umständen effektive Maßnahmen ergreifen zu können.[12] Ein Rückgriff auf die Datenerhebungsgeneralklausel für atypische eingriffsintensive, unter Umständen sogar heimliche Ermittlungsmaßnahmen lässt sich daher nicht vollständig ausschließen. Es liegt nahe, für diese Fälle über den Grundsatz der Verhältnismäßigkeit ähnliche Hürden wie für vergleichbar schwerwiegende, gesetzlich typisierte Informationserhebungsmaßnahmen vorzusehen. Diese Anforderungen und ihre Folgen im Einzelnen brauchen freilich – der Funktion einer Generalklausel entsprechend – nicht in den Normtext des § 39 BKAG aufgenommen zu werden. Zudem setzt der **Rückgriff auf die Generalklausel bei eingriffsintensiven Datenerhebungsmaßnahmen die Aty-** 7

5 Dreier/Wittreck GG II Art. 73 Rn. 63 f.; näher Bäcker, Terrorismusabwehr durch das Bundeskriminalamt, 2009, S. 16 ff.

6 Im Weiteren nicht immer mitgesagt, aber mitzudenken.

7 Vgl. EuGH Urt. v. 6.10.2020 – C-623/17 –, BeckRS 2020, 25341, Rn. 44 ff. – Privacy International.

8 BVerfG Beschl. v. 6.11.2019 – 1 BvR 16/13 –, BVerfGE 152, 152 (Ls. 1) – Recht auf Vergessen I.

9 Zu den Verschmelzungen repressiver und präventiver Funktionen in der jüngeren Entwicklung des Sicherheitsrechts Bäcker, Kriminalpräventionsrecht, 2015, S. 319 ff.

10 BVerfG Beschl. v. 23.2.2007 – 1 BvR 2368/06 –, NVwZ 2007, 688 (690 f.).

11 Ebenso Bäcker/Giesler/Harms/Hirsch/Kaller/Wolff, Bericht der Regierungskommission zur Überprüfung der Sicherheitsgesetzgebung in Deutschland v. 28.8.2013, S. 62 f.

12 Zur polizeilichen Generalklausel Kingreen/Poscher, POR, § 5 Rn. 18 ff.

pik der anvisierten informatorischen Maßnahme und der sie veranlassenden Situation voraus. Datenschutzrechtliche Grundsätze (ua Normenklarheit) sprechen nicht gegen eine solche Heranziehung für atypische eingriffsintensive informatorische Maßnahmen. Die Grundsätze der Normenklarheit und Bereichsspezifizität fordern eine hinreichende rechtliche Steuerung behördlichen Datenverarbeitungshandelns (→ § 9 Rn. 26 ff.),[13] haben aber nicht den Zweck, Behörden in atypischen Situationen informatorisch handlungsunfähig zu machen. Bildet sich allerdings eine ständige Praxis bestimmter Typen regelmäßig wiederkehrender, eingriffsintensiver informatorischer Maßnahmen, ist ein Rückgriff auf die Erhebungsgeneralklausel nicht mehr zulässig.[14] Die Möglichkeit solcher Maßnahmen ist dann politisch im Wege der Gesetzgebung durchzusetzen und bleibt ansonsten den Sicherheitsbehörden versagt.

8 **4. § 39 BKAG als Doppelbefugnis je nach Eingriffsschwelle.** Nach dem Verständnis des Gesetzentwurfs und der gängigen Literaturauffassung[15] enthält § 39 BKAG in den Abs. 1 und 2 **zwei selbstständige und scharf voneinander abzugrenzende Generalklauseln** der Datenerhebung. Während Abs. 1 Datenerhebungen zum Zweck der Abwehr einer konkreten Gefahr terroristischer Straftaten erlaubt und dabei auch die Erhebung personenbezogener Informationen Gefahrunbeteiligter (zB Hinweisgeber) gestattet,[16] normiert Abs. 2 strengere Voraussetzungen, wenn das BKA bereits im Vorfeld konkreter Gefahren Daten über bestimmte Personen erheben will.[17]

9 **5. Verlagerung ins Gefahrenvorfeld („Verhütung" terroristischer Straftaten).** § 39 BKAG unterstellt durch seine Zweiteilung einen grundlegenden Unterschied zwischen Maßnahmen zur **Abwehr konkreter (terroristischer) Gefahren** und solchen **im Gefahrenvorfeld**. Ausgehend von dieser Unterscheidung soll die Norm ein sicherheitsbehördliches Handeln – unter den verschärften Bedingungen des Abs. 2 – schon im Vorfeld ermöglichen. Das **Bundesverfassungsgericht** hat die Erstreckung **polizeilicher Ermittlungsbefugnisse ins Gefahrvorfeld in seiner BKAG-Entscheidung grundsätzlich gebilligt.**[18] Es hält – bei entsprechend erhöhten Anforderungen an den Rechtsgüterschutz – als Eingriffsschwelle auch für tiefgreifende heimliche Ermittlungsmaßnahmen konkretisierte Gefahren (zu Hintergrund und Verständnis → Rn. 12, 17; → § 9 Rn. 32; → § 10 Rn. 27, 30) für ausreichend. Bei terroristischen Gefahren lässt es sogar auf individuellem Verhalten gründende, personenbezogene Prognosen künftiger Begehung ihrer Gestalt nach weitgehend unbestimmter terroristischer Straftaten genügen.[19] Diese Differenzierung verschiedener Konkretisierungsgrade zu verhütender bzw. abzuwehrender Straftaten bzw. Gefahren hat das Gericht zuletzt weiter verfestigt, insbesondere im Kontext der Bestandsdatenauskunft.[20] Der Gesetzgeber hat sie anschließend teils wortgleich übernommen, so dass sie nunmehr ua die Befugnisse zur Bestandsdatenauskunft und verschiedene Regelungen zu besonderen Mitteln der Datenerhebung im Rahmen der Terrorismusabwehr (zB § 45 Abs. 1 BKAG) strukturiert.

10 An diese Entwicklung der Rechtsprechung und der Gesetzestechnik ist die **allgemeine Erhebungsbefugnis im Gefahrenvorfeld** (§ 39 Abs. 2 BKAG) **noch nicht angepasst**. Die Norm lässt genügen, dass Tatsachen die Annahme einer künftigen Begehung terroristischer Straftaten begründen. Damit ist weder die Anforderung eines Mindestkonkretisierungsgrades des zu verhütenden Geschehens („konkretisierte Gefahr"[21]) erfüllt noch die besondere Kautel einer auf konkretem individuellem Verhalten gründenden personenbezogenen Straftatenbegehungsprognose.[22] Der Gesetzgeber verschiebt hier also informatorische Eingriffsbefugnisse ins Gefahrenvorfeld, ohne die Anforderungen des Bundesverfassungsgerichts an die diesbezüglichen Eingriffsschwellen aufzugreifen.

11 Dennoch ist **nicht klar**, ob hieraus eine **Verfassungswidrigkeit des § 39 Abs. 2 BKAG folgt**. Die verfassungsgerichtlichen Anforderungen an Eingriffsschwellen im Gefahrenvorfeld wurden im Ausgangspunkt nur für eingriffsintensive, insbesondere heimliche behördliche Maßnahmen aufgestellt.[23] Nach Ansicht des Bundes-

13 S. eingehend auch Masing in Hoffmann-Riem (Hrsg.), Offene Rechtswissenschaft, 2010, S. 467 (475 ff.).

14 Zur polizeirechtlichen Generalklausel vgl. BVerwG Beschl. v. 24.10.2001 – 6 C 3/01 –, BVerwGE 115, 189 (194); allgemein zu Generalklauseln im Datenschutzrecht s. Marsch/Rademacher DV 54 (2021), 1 ff.

15 S. etwa Schenke/Graulich/Ruthig/Graulich BKAG § 39 Rn. 5, unter weitgehender Übernahme der Entwurfsbegründung; zu den Unstimmigkeiten → Rn. 22 ff.

16 BT-Drs. 16/9855, 20.

17 BT-Drs. 16/9855, 21.

18 BVerfG Urt. v. 20.4.2016 – 1 BvR 966/09 ua –, BVerfGE 141, 220 (272, Rn. 112).

19 BVerfG Urt. v. 20.4.2016 – 1 BvR 966/09 ua –, BVerfGE 141, 220 (273, Rn. 112): „Denkbar ist das etwa, wenn eine Person aus einem Ausbildungslager für Terroristen im Ausland in die Bundesrepublik Deutschland einreist".

20 BVerfG Beschl. v. 27.5.2020 – 1 BvR 1873/13 ua –, BVerfGE 155, 119 (187, Rn. 148 f.).

21 BVerfG Urt. v. 20.4.2016 – 1 BvR 966/09 ua –, BVerfGE 141, 220 (272, Rn. 112): „Die Tatsachen müssen dafür zum einen den Schluss auf ein wenigstens seiner Art nach konkretisiertes und zeitlich absehbares Geschehen zulassen, zum anderen darauf, dass bestimmte Personen beteiligt sein werden, über deren Identität zumindest so viel bekannt ist, dass die Überwachungsmaßnahme gezielt gegen sie eingesetzt und weitgehend auf sie beschränkt werden kann".

22 BVerfG Urt. v. 20.4.2016 – 1 BvR 966/09 ua –, BVerfGE 141, 220 (272, Rn. 112).

23 BVerfG Urt. v. 20.4.2016 – 1 BvR 966/09 ua –, BVerfGE 141, 220 (271, Rn. 109 ff.).

verfassungsgerichts muss allerdings auch die „normale“ Bestandsdatenauskunft bei TK-Anbietern und Telemediendiensten (→ § 10 Rn. 12 f., 25 ff.; → § 40 Rn. 13) dieser Eingriffsschwelle genügen, was bis zur jüngsten Neuregelung nicht der Fall war.[24] Es spricht viel dafür, dass die verfassungsgerichtliche Kritik der Sache nach auch § 39 Abs. 2 BKAG treffen müsste. Denn die Bestandsdatenauskunft ist – jedenfalls in ihrer gewöhnlichen Form – eine eher niederschwellige[25] Standardmaßnahme sicherheitsbehördlicher Datenerhebung. Mit Blick auf Telemediendienste konnte das BKA Bestandsdaten bis in jüngste Zeit (→ § 10 Rn. 13) über die Datenerhebungsgeneralklauseln (§ 9 Abs. 1 und 2 sowie § 39 BKAG) abfragen. Es leuchtet nicht ein, eine informatorische Standardmaßnahme an strengere Eingriffsschwellen zu binden als ebenso intensive Eingriffe aufgrund einer vielfältig und unvorhersehbar einsetzbaren Generalklausel. Eher wäre es vorstellbar, dass die gesetzliche Standardisierung und bereichsspezifische Regelung es gestattet, niedrigere Eingriffsschwellen vorzusehen, weil immerhin die Art des Eingriffs dann näher begrenzt und demokratisch legitimiert ist. Für eine Übertragung der Kritik aus BVerfGE 155, 119 auf § 39 Abs. 2 BKAG spricht auch der Umstand, dass das Bundesverfassungsgericht im Strafverfolgungsbereich – unabhängig von Eingriffsgewicht und zu verfolgender Straftat – an der Schwelle des Anfangsverdachts festhält.[26] Der Sache nach steht bei den Eingriffsschwellen also **das Anliegen einer noch irgendwie fassbaren Eingriffsbegrenzung,** nicht das Eingriffsgewicht, **im Mittelpunkt** (zum nichtabwägenden, formalen Charakter der Eingriffsschwellen → § 9 Rn. 32). Dieses Anliegen greift auch und gerade gegenüber § 39 Abs. 2 BKAG. Die Anforderungen an Art und Konturen der im Gefahrenvorfeld erforderlichen Eingriffsschwellen sind daher auf alle Formen vergleichbar eingriffstiefer polizeilicher (nicht nachrichtendienstlicher)[27] Datenerhebung im Gefahrenvorfeld zu beziehen. § 39 Abs. 2 BKAG ist daher **verfassungskonform dahin auszulegen,** dass die danach geforderte Prognose entweder den Anforderungen der „konkretisierten Gefahr“ genügen oder auf „individuellem Verhalten“ der hypothetisch gefahrverantwortlichen Person gründen muss, das auf eine künftige Begehung von Straftaten nach § 5 Abs. 1 BKAG hindeutet (zur Möglichkeit und Sinnhaftigkeit verfassungskonformer Auslegung auch im Datenbereich → § 9 Rn. 91 ff.). Diese besonderen Anforderungen an die geforderte Prognose sind das **Gegenstück der – zulässigen – Erstreckung der Datenerhebungsbefugnisse in das Gefahrenvorfeld.** Gegen eine solche Erstreckung polizeilicher informatorischer Generalklauseln in das Gefahrenvorfeld spricht – anders als bei einer vergleichbaren Erweiterung der klassischen Eingriffsgeneralklausel – im Grundsatz nichts. Es ist in grundrechtlicher Hinsicht etwas anderes, wenn uns Polizeibehörden schon im Vorfeld von Gefahren mittels einer allgemeinen Eingriffsgeneralklausel mit nicht näher bestimmten Ge- und Verboten überziehen dürften, als wenn sie lediglich ermächtigt sind, sich mittels informatorischer Eingriffe im Vorfeld von Gefahren über uns kundig zu machen.

6. Differenzierbarkeit der verschiedenen Eingriffsschwellen. Anknüpfend an die verfassungsgerichtliche 12
und gesetzgeberische Differenzierung verschiedener Eingriffsschwellen unterhalb der konkreten Gefahr ist die Frage aufgeworfen worden, was genau die einzelnen Schwellen analytisch voneinander unterscheidet und ob sie überhaupt eine differenzierende Wirkung in der behördlichen Praxis entfalten können.[28] In der Tat ist die Fülle an Eingriffsschwellenvarianten so groß, dass sie schwer zu überblicken und gegeneinander abzugrenzen sind.[29] Hilfreich ist zur Orientierung jedenfalls die Abgrenzung von **Prognosegrundlage** und **Prognoseinhalt.** Beide Elemente können durch entsprechende gesetzliche Formulierungen näher qualifiziert und verschärft werden. Konkrete Tatsachen sind als Prognosegrundlage anforderungsreicher als abstrahierende Annahmen zur Gefährlichkeit bestimmter Personen oder Situationen. Das Erfordernis „individuellen Verhaltens“ als Prognosegrundlage ist wiederum enger als das konkreter Tatsachen, weil eben nur solche Tatsachen erheblich sind, die in einem individuellen Verhalten (zB nicht: Religions- oder Parteizugehörigkeit; extremistische Auffassungen) bestehen. Auf der anderen Seite kann auch das zu prognostizierende Ereignis unterschiedlich konkret bestimmt sein: Nur abstrakt durch die Bezeichnung einer Straftat eines bestimmten Typs oder konkreter durch ungefähre Skizze von Ort/Zeit und Beteiligten eines Schadensereignisses (konkretisierte Gefahr) oder noch konkreter durch ein sich schon näher abzeichnendes Geschehen (konkrete Gefahr). Die Übergänge sind hier jeweils fließend. Dennoch erscheint die verfassungsgerichtliche und gesetzgeberische Annahme, dass mit den verschieden gestuften Formulierungen **unterschiedlich scharfe**

24 BVerfG Beschl. v. 27.5.2020 – 1 BvR 1873/13 ua –, BVerfGE 155, 119 (218, Rn. 223 ff.).

25 Ebenso BVerfG Beschl. v. 27.5.2020 – 1 BvR 1873/13 ua –, BVerfGE 155, 119 (192, Rn. 158).

26 BVerfG Beschl. v. 27.5.2020 – 1 BvR 1873/13 ua –, BVerfGE 155, 119 (189 f., Rn. 182 f.); Beschl. v. 3.3.2021 – 2 BvR 1746/18 –, juris, Rn. 56 (für eine Hausdurchsuchung).

27 Zur diesbezüglichen Eingriffsschwelle jüngst BVerfG Urt. v. 26.4.2022 – 1 BvR 1619/17 –, juris, Rn. 160 ff.

28 S. etwa Bäcker/Giesler/Harms/Hirsch/Kaller/Wolff, Bericht der Regierungskommission zur Überprüfung der Sicherheitsgesetzgebung in Deutschland v. 28.8.2013, S. 65 ff.; für eine Systematisierung Poscher DV 41 (2008), 345 ff., nach dem es sich bei allen drei Schwellen um – unterschiedlich konkrete – Gefahrenurteile handeln würde.

29 Bäcker/Giesler/Harms/Hirsch/Kaller/Wolff, Bericht der Regierungskommission zur Überprüfung der Sicherheitsgesetzgebung in Deutschland v. 28.8.2013, S. 70: „Es besteht ein besonderes rechtsstaatliches Interesse, gerade bei den Eingriffstatbeständen zu einer sicheren und eindeutigen Terminologie zurückzukehren“.

Konkretisierungs-, Explizierungs- und Rechtfertigungslasten für die sicherheitsbehördliche Praxis einhergehen, plausibel. Letztlich baut jede Form – sprachlicher – Steuerung durch gesetzliche Normen darauf, dass durch bestimmte Betonungen, Markierungen und verschärfte Formulierungen lenkend Einfluss auf die behördliche Rechtfertigungs- und damit auch die Anwendungspraxis genommen werden kann. Das hat sicherlich immer etwas Unvorhersehbares und analytisch nicht fein Sezierbares, ändert aber nichts an der Sinnhaftigkeit die Verhältnismäßigkeit sichernder differenzierender Eingriffsschwellen.

B. Kommentierung im Einzelnen

I. Erhebung personenbezogener Daten zur Gefahrenabwehr (Abs. 1)

13 Die Erhebung personenbezogener Informationen bei Bestehen einer **konkreten Gefahr** (→ Rn. 9; → § 38 Rn. 3 ff.) der **Begehung terroristischer Straftaten** (→ § 5 Rn. 20 ff.) ist allgemein zulässig, soweit sie zur Erfüllung der Aufgabe des § 5 Abs. 1 BKAG erforderlich (→ § 9 Rn. 56 f.) ist. Anders als im Gefahrenvorfeld ist diese Befugnis nach dem Verständnis des Gesetzgebers nicht auf die Erhebung personenbezogener Informationen der gefahrverantwortlichen Person oder qualifizierter, gefahrverhafteter Kontaktpersonen beschränkt.[30] Für die **Pflichtigkeit** gilt § 38 Abs. 1 S. 2 BKAG iVm §§ 17–20 BPolG (→ § 38 Rn. 24 ff.). Angesichts der Schwere der abzuwehrenden Gefahr (Terrorismusstraftaten) dürfte eine Notstandspflichtigkeit allerdings nicht selten sein.

14 **Zulässig sind** – wie in § 9 Abs. 2 BKAG (→ § 9 Rn. 80) – ua **personenbezogene Recherchen aus offenen Quellen** (zB Internetrecherche; Anlegen eines frei zugänglichen Benutzerkontos für den Besuch eines Internetforums) und – wie in § 9 Abs. 1 BKAG – **Auskunftsersuchen bei öffentlichen Stellen hinsichtlich bestimmter Personen** (→ § 9 Rn. 63). Öffentliche Stellen geben diese Auskünfte nach § 9 Abs. 4 BKAG oder gem. den diese Befugnis verdrängenden Normen (→ § 9 Rn. 86 ff.). Das gezielte Einholen von personenbezogenen Auskünften ist gegenüber den Informationsbetroffenen ebenfalls auf § 39 BKAG zu stützen. Das Rechtsverhältnis zu den Auskunftgebenden bestimmt sich in erster Linie nach § 41 BKAG (→ § 41 Rn. 2). Die daraus resultierende Gemengelage eines gegenüber unterschiedlichen Betroffenen auf unterschiedliche Rechtsgrundlagen zu stützenden polizeilichen Eingriffs ist allerdings komplex (→ § 41 Rn. 2 f.).

15 So ist zB die behördliche Pflicht, die Befragten über das Bestehen und gegebenenfalls den Umfang ihrer Auskunftspflichten zu belehren, nur über den Verweis in § 39 Abs. 3 BKAG, also im Rechtsverhältnis zu den Informationsbetroffenen geregelt. Zugleich ergibt sich aus § 41 Abs. 2 BKAG, dass Befragte **auch im Vorfeld konkreter Gefahren** Auskunft über ihre Personalien geben müssen. Eine solche Informationserhebung über Dritte (nämlich über die Auskunftgebenden) ist damit im Rahmen der Aufgabe nach § 5 BKAG trotz der gegenteiligen Annahme des Gesetzgebers[31] – höchst sinnvollerweise – möglich. Zugleich geht das Gesetz in § 41 BKAG davon aus, dass Befragte – auch jenseits konkreter Gefahren – Auskünfte zur Sache machen können (nicht müssen). Wenn diese Auskünfte zur Sache allerdings Informationen über nicht § 39 Abs. 2 BKAG unterfallende Personen enthalten, dürften diese im Gefahrenvorfeld nach dem Verständnis der Gesetzesbegründung polizeilich nicht erhoben werden (Befragung zum Aufenthaltsort einer Terrorismusverdächtigen: „Ich habe Sie gestern zusammen mit X in der Z-Straße gesehen" = Erhebung eines Datums über X). Diese Strenge erscheint bei nicht gefahrbezogenen Informationen über Dritte (hier: X), die aber für die Ermittlungen erheblich sein können, überzogen (Kenntnis über kurz zurückliegende Kontakte einer „Gefährderin" ermöglicht örtliche Eingrenzung etwaiger von ihr ausgehender terroristischer Bedrohungen). Es wirkt sich also auch hier aus, dass § 39 Abs. 2 BKAG nach dem Verständnis des Gesetzgebers den informatorischen Schutz nicht gefahrverhafteter Personen auf sämtliche Formen der Informationserhebung über sie ausweitet. Es ist aber etwas anderes, als nicht gefahrverhaftete Person Ziel tiefgreifender Ermittlungsmaßnahmen (zB Individual-TKÜ) zu sein, als wenn Dritte zur Straftatenverhütung Auskünfte geben, die auch Informationen über mich enthalten. Informationen sind Teil sozialer Beziehungen und Realität und nicht in absoluter Weise bestimmten Personen zuordenbar.[32] Zumindest eine **informatorische Mitbetroffenheit Dritter** ist daher **durch die Befugnis zur Befragung mitabgedeckt**. § 39 und § 41 BKAG können nicht scharf nach dem durch sie geregelten Rechtsverhältnis abgegrenzt werden, sondern greifen ineinander (→ § 41 Rn. 3).

30 BT-Drs. 16/9588, 20; zu den Unstimmigkeiten dieses Konzepts → Rn. 23 ff.

31 BT-Drs. 16/9588, 20 f.

32 BVerfG Urt. v. 15.12.1983 – 1 BvR 209/83 ua –, BVerfGE 65, 1 (42 ff.); Beschl. v. 6.11.2019 – 1 BvR 16/13 –, BVerfGE 152 (190 f., Rn. 87 ff.); näher Wielsch JZ 2020, 105 ff.; Buchheim JZ 2021, 539 (545).

II. Informationserhebung im Gefahrenvorfeld (Abs. 2)

16 Informationserhebungsmaßnahmen gegen bestimmte Personen **im Vorfeld konkreter Gefahren** sind nur unter den Bedingungen des Abs. 2 zulässig.

17 **1. Tatsächliche Anhaltspunkte für eine zu verhütende terroristische Straftat.** Voraussetzung aller informatorischen Maßnahmen bzw. Datenerhebungen im Gefahrvorfeld sind tatsächliche Anhaltspunkte dafür, dass eine bestimmte Person eine Straftat iSd § 5 Abs. 1 S. 2 BKAG begehen „will". **Prognoseinhalt** ist die künftige Begehung einer zumindest der Art und Schwere nach eingegrenzten terroristischen Straftat. Entgegen dem Wortlaut geht es nicht allein um eine entsprechende **Absicht zur Tatbegehung**, sondern auch um die **realistische Möglichkeit und Fähigkeit** dazu.[33] Erforderliche **Prognosegrundlage sind konkrete Tatsachen,** also keine nicht artikulierbaren Vermutungen („kriminalistisches Bauchgefühl") oder von den konkreten Umständen der Situation abstrahierende (vermeintliche) allgemeine Erfahrungssätze („Personen, die im Erwachsenenalter zu einer Religion konvertieren, neigen häufiger zu extremistischen Ansichten und Straftaten"). Es geht also um ein Eingehen auf alle relevanten, konkret bekannten Umstände der Situation und um hinreichende Artikulierbarkeit der behördlichen Schlussfolgerungen.[34] Folgt man der hier geforderten verfassungskonformen Auslegung des Abs. 2 (→ Rn. 11), muss die Prognose – jedenfalls bei informatorischen Eingriffen, die der Schwere nach einer Bestandsdatenauskunft im TK-Bereich entsprechen – zudem der Eingriffsschwelle des § 40 Abs. 1 Nr. 2 BKAG genügen (konkretisierte Gefahr oder auf individuellem Verhalten gründende Straftatbegehungsprognose → § 10 Rn. 25 ff.). In der Praxis dürfte es sich bei den Prognosen im Gefahrenvorfeld im Rahmen der Aufgabe nach § 5 BKAG in aller Regel um **personenbezogene Gefährlichkeitsprognosen** mit Blick auf die Begehung bestimmter Straftaten handeln.[35] Die vom Bundesverfassungsgericht akzeptierte Zulässigkeit „auf individuellem Verhalten" gründender Straftatbegehungsprognosen segnet damit im Ergebnis ein polizeiliches Anknüpfen an personale Netze und Strukturen ab,[36] das dem schillernden Gefährderbegriff[37] zugrunde liegt. Dieser hat weiterhin keinen Eingang in §§ 38 ff. BKAG gefunden, dürfte aber auf Ebene der behördlichen Praxis diejenige Logik sein, nach der hauptsächlich operiert wird.

18 **2. Zur Straftatenverhütung erforderliche Datenerhebungen.** Aufgrund einer derart qualifizierten Prognose sind informatorische Maßnahmen bzw. Datenerhebungen im Rahmen des zur Straftatenverhütung Erforderlichen eröffnet. Wie in Abs. 1 können dies **Erkundigungen bei öffentlichen oder privaten Stellen** oder **andere** – grundsätzlich **nicht eingriffsintensive** (→ Rn. 14) – **Datenerhebungsmaßnahmen** sein.

19 **3. Betroffene der Informationserhebung.** Informatorische Maßnahmen bzw. Datenerhebungen nach § 39 Abs. 2 BKAG sind nicht allgemein, sondern **nur gegenüber bestimmten Personen** zulässig.

20 Gegenüber Personen, die nach der Prognose selbst **Beteiligte der zu verhütenden Straftat** nach § 5 Abs. 1 BKAG wären, sind nach **Nr. 1** Informationserhebungen zulässig, soweit es sich nicht um besonders geregelte Maßnahmen (§§ 40 ff. BKAG) handelt.

21 Hinsichtlich anderer Personen, die nach der Prognose nicht selbst als Gefahrverantwortliche zu qualifizieren wären, sind Informationserhebungen nach **Nr. 2** nur zulässig, wenn sie **nicht nur flüchtige Kontaktpersonen** sind, sie in besonderer Weise **mit der Gefahr verhaftet** sind und eine **Verhütung der Straftat auf andere Weise aussichtslos** oder wesentlich erschwert wäre. Die besondere Verbindung zur zu verhütenden Straftat kann aus Mitwisserschaft (lit. a), aus künftiger Vorteilsziehung (lit. b) oder aus einer (unwissend) instrumentellen Funktion (lit. c) für die zu verhütende Straftat folgen. Verschafft sich eine gefahrverdächtige Person bspw. bestimmte Server- und Rechenkapazitäten, die für einen terroristischen Cyberangriff genutzt werden sollen, wäre die (unwissende) geschäftsmäßige Bereitstellerin dieser Instrumente idS gefahrverhaftet.

22 Diese Erschwerungen für eine **informatorische Inanspruchnahme von Kontaktpersonen** begründet der Gesetzgeber unter Verweis auf eine verfassungsgerichtliche Entscheidung, die eine entsprechend enge Auslegung dieser Begrifflichkeit vorausgesetzt hatte.[38] Auch in seiner Entscheidung zur ATDG hat das Gericht eine voraussetzungslose Aufnahme der Daten von Kontaktpersonen in die Datei für verfassungswidrig

33 Dazu, dass über den Wortlaut hinaus („begehen will") auch die tatsächliche Fähigkeit zur Begehung einer terroristischen Straftat Teil der Prognose sein muss s. Bäcker/Giesler/Harms/Hirsch/Kaller/Wolff, Bericht der Regierungskommission zur Überprüfung der Sicherheitsgesetzgebung in Deutschland v. 28.8.2013, S. 67; aA offenbar Kugelmann BKAG § 20d Rn. 2.

34 Poscher DV 41 (2008), 345 (368 f.).

35 Zu Phänomen und Logik personenbezogener Prävention RhbZS/Rusteberg 6. Kap. Rn. 15; ders. in Münkler (Hrsg.), Dimensionen des Wissens im Recht, 2019, S. 234 (236); vgl. zur schillernden Figur des „Gefährders" Hanschmann KJ 50 (2017), 434 (436 ff.).

36 Vgl. Bäcker/Giesler/Harms/Hirsch/Kaller/Wolff, Bericht der Regierungskommission zur Überprüfung der Sicherheitsgesetzgebung in Deutschland v. 28.8.2013, S. 72.

37 Einführend zum Begriff Weil jM 2020, 344, mwN; krit. Hanschmann KJ 50 (2017), 434 ff.; zur mit ihm einhergehenden Subjektivierung des Sicherheitsrechts Barczak KrimJ 52 (2020), 97 (99 ff.).

38 BT-Drs. 16/9588, 21, mit Verweis auf BVerfG Beschl. v. 25.4.2001 – 1 BvR 1104/92 ua –, NVwZ 2001, 1261 (1262).

erklärt.[39] Dieser Kontext ist wichtig für das Verständnis, um welche Konstellationen der Betroffenheit Unbeteiligter es geht. Die genannten Entscheidungen knüpfen nicht allein an den Umstand an, dass hier in irgendeiner Weise personenbezogene Daten über Unbeteiligte erhoben und verarbeitet werden. Stattdessen geht es darum, **ob sich informatorische Maßnahmen der Sicherheitsbehörden auf diese Personen richten.**[40] Eine Erhebung von Informationen über Unbeteiligte, die von einer gegen andere Personen gerichteten informatorischen Maßnahme bloß notwendig mitbetroffen sind, soll dadurch nicht ausgeschlossen werden.[41] Zum Verständnis dieses Unterschieds bietet sich ein Vergleich zur Individual-TKÜ an: Es ist selbstverständlich nicht ausgeschlossen, bei einer rechtmäßigen TKÜ eines bestimmten Anschlusses auch personenbezogene Informationen derjenigen zu erheben, die im Überwachungszeitraum diesen Anschluss anrufen und mit den zu überwachenden Anschlussinhabern kommunizieren. Ein besonderes Verhaftetsein mit der aufzuklärenden Straftat/Gefahr ist nicht nötig, um die im Rahmen der Überwachung des Gesprächs erhobenen Daten zu speichern und auszuwerten. Es wäre nur erforderlich, wenn man – etwa weil man der verdächtigen Person nicht habhaft werden kann – den Anschluss einer Kontaktperson überwachen wollte, in der Hoffnung, dass die Verdächtige dort anruft und relevante Informationen oder ihren Aufenthaltsort preisgibt.

23 Die besonderen Voraussetzungen des **Abs. 2 Nr. 2** für eine Erhebung der Daten Gefahrunbeteiligter gelten daher **nur für gezielte informatorische Maßnahmen in Bezug auf sie.** Würde im Gefahrenvorfeld dem BKA bekannt, dass ein Gefahrvorfeldverantwortlicher im Café C ein Treffen mit bisher unbekannten möglichen Mitwissenden abgehalten hat, dürfte das BKA die Adresse und Personalien der Inhaberin des Cafés ermitteln und nutzen, um sie zu befragen, ob sie über die Identität und Hintergründe der anderen Beteiligten des Treffens Anhaltspunkte geben kann. Auch hierbei handelt es sich um eine Erhebung personenbezogener Daten eines unbeteiligten, bloß flüchtigen Kontakts (Caféinhaberin), die aber nicht an die Voraussetzungen des § 39 Abs. 2 Nr. 2 BKAG gebunden ist.

24 § 39 Abs. 2 Nr. 2 BKAG setzt damit nicht den klassischen datenschutzrechtlichen Begriff einer Datenerhebung voraus. Stattdessen knüpft die Vorschrift an **polizeirechtliche Kategorien und ein Denken in Maßnahmen gegenüber bestimmten Personen** an (zB kurzfristige Observation; Speicherung in der ATDG). Der Gesetzgeber hat sich hier in der komplexen Überlappung polizeirechtlicher und datenschutzrechtlicher Logiken (→ § 9 Rn. 49) verlaufen. Gemeint ist mit Abs. 2: **Informatorische Maßnahmen** sind **im Gefahrenvorfeld nur gegenüber** den **Gefahrvorfeldverantwortlichen oder gefahrverhafteten Kontaktpersonen** zulässig. Die Erhebung von Daten Drittbetroffener, die nicht selbst Ziel[42] informatorischer Maßnahmen des BKA sind, unterliegt damit nicht den Bedingungen des Abs. 2 Nr. 2, sondern richtet sich – auch im Gefahrenvorfeld – nach § 39 Abs. 1 BKAG. Der Wortlaut der Vorschrift lässt diese Deutung zu, weil Abs. 1 nicht auf den Begriff der Gefahr, sondern nur auf die Aufgabe des BKA nach § 5 Abs. 1 BKAG verweist.

25 Diese Abweichung von den Annahmen der Entwurfsbegründung betrifft dann aber sinnvollerweise auch die Abwehr bereits konkreter Gefahren. Gezielter Gegenstand informatorischer polizeilicher Maßnahmen des BKA dürfen **Unbeteiligte** daher auch im Stadium der konkreten Gefahr nur unter den besonderen Bedingungen des Abs. 2 Nr. 2 (Verhaftetsein; *ultima ratio*) oder des polizeilichen Notstands (§ 20 BPolG) werden. Eine informatorische Maßnahme, die sich *gegen* Unbeteiligte richtet (zB eine kurzfristige Observation) und diese nicht nur informatorisch mitbetrifft, ist normativ nur gerechtfertigt, wenn sie in einem spezifischen Sinn Kontaktpersonen sind oder aber die Voraussetzungen polizeilicher Notstandspflichten gegeben sind. Die bloße Verdichtung zur – teils weit zu verstehenden[43] – Gefahr ändert an dieser auf allgemeinen Verantwortlichkeitserwägungen gründenden Wertung nichts.

26 **4. Rechtsfolge: Ermessen.** Die Informationserhebungsmaßnahmen und deren konkrete Form stehen nach dem Wortlaut des § 39 Abs. 1 BKAG („kann") im pflichtgemäß auszuübenden Ermessen des BKA. Danach muss die Maßnahme **insbesondere verhältnismäßig** sein und darf auch im Übrigen **keine Ermessensfehler** aufweisen (§ 40 VwVfG).

III. Verfahrensanforderungen und allgemeine Voraussetzungen (Abs. 3)

27 Mit Blick auf das Verfahren und sonstige allgemeine Voraussetzungen der Datenerhebung verweist Abs. 3 auf § 9 Abs. 2 und 3 BKAG. Dementsprechend gilt ua der Grundsatz der **offenen Erhebung bei den Betrof-**

39 BVerfG Urt. v. 24.4.2013 – 1 BvR 1215/07 –, BVerfGE 133, 277 (348, Rn. 163 ff.).

40 S. auch BVerfG Urt. v. 20.4.2016 – 1 BvR 966/09 ua –, BVerfGE 141, 220 (274, Rn. 116): „Eine Anordnung von anderen heimlichen Überwachungsmaßnahmen ist *auch unmittelbar gegenüber Dritten* nicht schlechthin ausgeschlossen" (Hervorhebungen nicht im Original).

41 Vgl. hierzu (vom BVerfG in Bezug genommen) BbgVerfG Urt. v. 30.6.1999 – VfGBbg 3/98 –, juris, Rn. 122.

42 Zur Bedeutung der Finalität s. Poscher/Buchheim DVBl. 2015, 1273 (1278).

43 Bäcker/Giesler/Harms/Hirsch/Kaller/Wolff, Bericht der Regierungskommission zur Überprüfung der Sicherheitsgesetzgebung in Deutschland v. 28.8.2013, S. 73.

fenen. Auch hier werden zur Informationsgewinnung unter Zeitnot oder bei einem Bedürfnis nach verlässlichen, nicht von den Betroffenen selbst gelieferten Informationsgrundlagen oftmals Abweichungen von diesem Grundsatz geboten sein. Bei einem Auskunftsersuchen bei Privaten greifen die Belehrungspflichten über Rechtsgrundlage der Anfrage sowie Bestehen und Umfang der Auskunftspflicht entsprechend § 9 Abs. 3 BKAG (→ § 9 Rn. 81 ff.).

§ 40 Bestandsdatenauskunft

(1) Das Bundeskriminalamt darf von demjenigen, der geschäftsmäßig Telekommunikationsdienste erbringt oder daran mitwirkt, Auskunft über Bestandsdaten gemäß § 3 Nummer 6 des Telekommunikationsgesetzes und über die nach § 172 des Telekommunikationsgesetzes erhobenen Daten verlangen (§ 174 Absatz 1 Satz 1 des Telekommunikationsgesetzes), sofern

1. dies im Einzelfall zur Abwehr einer Gefahr erforderlich ist oder

2. im Einzelfall

a) Tatsachen die Annahme rechtfertigen, dass eine Person innerhalb eines übersehbaren Zeitraums auf eine zumindest ihrer Art nach konkretisierte Weise eine Straftat nach § 5 Absatz 1 Satz 2 begehen wird, oder

b) das individuelle Verhalten einer Person die konkrete Wahrscheinlichkeit begründet, dass sie innerhalb eines übersehbaren Zeitraums eine Straftat nach § 5 Absatz 1 Satz 2 begehen wird,

und die zu erhebenden Daten zur Verhütung dieser Straftat erforderlich sind.

(2) Unter den Voraussetzungen des Absatzes 1 darf von demjenigen, der geschäftsmäßig eigene oder fremde Telemedien zur Nutzung bereithält oder den Zugang zur Nutzung vermittelt, Auskunft über Bestandsdaten gemäß § 2 Absatz 2 Nummer 2 des Telekommunikation-Telemedien-Datenschutz-Gesetzes (§ 22 Absatz 1 Satz 1 und § 23 Absatz 1 Satz 1 des Telekommunikation-Telemedien-Datenschutz-Gesetzes).

(3) [1]Bezieht sich das Auskunftsverlangen nach Absatz 1 auf Daten, mittels derer der Zugriff auf Endgeräte oder auf Speichereinrichtungen, die in diesen Endgeräten oder hiervon räumlich getrennt eingesetzt werden, geschützt wird (§ 174 Absatz 1 Satz 2 des Telekommunikationsgesetzes), darf die Auskunft nur verlangt werden, wenn die gesetzlichen Voraussetzungen für die Nutzung der Daten vorliegen. [2]Bezieht sich das Auskunftsverlangen nach Absatz 2 auf nach als Bestandsdaten erhobene Passwörter oder auf andere Daten, mittels derer der Zugriff auf Endgeräte oder auf Speichereinrichtungen, die in diesen Endgeräten oder hiervon räumlich getrennt eingesetzt werden, geschützt wird (§ 23 Absatz 1 Satz 1 des Telekommunikation-Telemedien-Datenschutz-Gesetzes), darf die Auskunft nur verlangt werden zur Abwehr einer konkreten Gefahr für Leib, Leben, Freiheit oder die sexuelle Selbstbestimmung einer Person oder für den Bestand des Bundes oder eines Landes sowie Güter der Allgemeinheit, deren Bedrohung die Grundlagen der Existenz der Menschen berührt, und wenn die gesetzlichen Voraussetzungen für die Nutzung der Daten vorliegen.

(4) [1]Die Auskunft nach den Absätzen 1 bis 3 darf auch anhand einer zu einem bestimmten Zeitpunkt zugewiesenen Internetprotokoll-Adresse verlangt werden (§ 174 Absatz 1 Satz 3 des Telekommunikationsgesetzes und § 22 Absatz 1 Satz 3 und 4 des Telekommunikation-Telemedien-Datenschutz-Gesetzes). [2]Die Auskunft nach den Absätzen 1 bis 3 anhand einer zu einem bestimmten Zeitpunkt zugewiesenen Internetprotokoll-Adresse nach § 22 Absatz 1 Satz 3 und 4 des Telekommunikation-Telemedien-Datenschutz-Gesetzes darf nur verlangt werden, wenn tatsächliche Anhaltspunkte dafür vorliegen, dass die betroffene Person Nutzer des Telemediendienstes ist, bei dem die Daten erhoben werden sollen. [3]Die rechtlichen und tatsächlichen Grundlagen des Auskunftsverlangens sind aktenkundig zu machen.

(5) [1]Auskunftsverlangen nach Absatz 3 dürfen nur auf Antrag der Präsidentin oder des Präsidenten des Bundeskriminalamtes oder ihrer oder seiner Vertretung durch das Gericht angeordnet werden. [2]Bei Gefahr im Verzug kann die Anordnung durch die Präsidentin oder den Präsidenten des Bundeskriminalamtes oder ihre oder seine Vertretung getroffen werden. [3]In diesem Fall ist die gerichtliche Entscheidung unverzüglich nachzuholen. [4]Die Sätze 1 bis 3 finden keine Anwendung, wenn die betroffene Person vom Auskunftsverlangen bereits Kenntnis hat oder haben muss oder wenn die Nutzung der Daten bereits durch eine gerichtli che Entscheidung gestattet wird. [5]Das Vorliegen der Voraussetzungen nach Satz 4 ist aktenkundig zu machen. [6]Die Sätze 2 bis 5 gelten nicht in den Fällen des Absatzes 3 Satz 2. [7]Werden dem Bundeskriminalamt aufgrund eines Auskunftsersuchens nach Absatz 3 Satz 2 Passwörter oder andere Daten unverschlüsselt beauskunftet, so informiert das Bundeskriminalamt hierüber die jeweils zuständige Datenschutzaufsichtsbehörde.

(6) [1]Die betroffene Person ist in den Fällen der Absätze 3 und 4 über die Beauskunftung zu benachrichtigen. [2]Die Benachrichtigung erfolgt, soweit und sobald hierdurch der Zweck der Auskunft nicht vereitelt wird. [3]Sie unterbleibt, wenn ihr überwiegende schutzwürdige Belange Dritter oder der betroffenen Person selbst entgegenstehen. [4]Wird die Benachrichtigung nach Satz 2 zurückgestellt oder nach Satz 3 von ihr abgesehen, sind die Gründe aktenkundig zu machen.

(7) Der aufgrund eines Auskunftsverlangens Verpflichtete hat die zur Auskunftserteilung erforderlichen Daten unverzüglich und vollständig zu übermitteln.

(8) [1]Das Bundeskriminalamt hat den Verpflichteten für ihm erteilte Auskünfte eine Entschädigung zu gewähren. [2]Der Umfang der Entschädigung bemisst sich nach § 23 und Anlage 3 des Justizvergütungs- und -entschädigungsgesetzes; die Vorschriften über die Verjährung in § 2 Absatz 1 und 4 des Justizvergütungs- und -entschädigungsgesetzes finden entsprechend Anwendung.

A. Überblick und Genese

1 Die Vorschrift regelt spezifisch für die Aufgabe der präventiven Terrorismusabwehr (→ § 5 Rn. 1 ff.) die Standardmaßnahme der Bestandsdatenauskunft seitens TK- und Telemediendiensteanbietern an das BKA. Sie ist strukturgleich und **in weiten Teilen identisch mit § 10 BKAG** (→ § 10 Rn. 1 ff.). Auch sie wurde in BVerfGE 155, 119 verfassungsgerichtlich beanstandet[1] und daraufhin gesetzlich angepasst.[2] Die Norm verweist nun nicht mehr auf die allgemeinen Voraussetzungen der Datenerhebung im Gefahrenvorfeld (vgl. § 39 Abs. 2 BKAG; zum gebotenen verfassungskonformen Verständnis → § 39 Rn. 11), sondern statuiert im Vorfeld konkreter Gefahren dieselben Eingriffsschwellen wie § 10 BKAG (konkretisierte Gefahr bzw. auf individuellem Verhalten gründende Straftatbegehungsprognose → § 10 Rn. 25 ff.).

2 Die nach dem „Doppeltürmodell" (→ § 9 Rn. 25; → § 10 Rn. 2) gebotenen **Korrespondenzvorschriften auf Seiten der Diensteanbieter** finden sich in § 174 Abs. 1, 3 Nr. 2, Abs. 4 TKG bzw. §§ 22 Abs. 3 Nr. 2, 23 Abs. 2 S. 1 Nr. 2 TTDSG. Diese verpflichten Anbieter von TK- und Telemediendiensten zur Bestands- und Zugangsdatenauskunft an Gefahrenabwehrbehörden, hier also an das BKA als Behörde zur Abwehr und Verhütung international-terroristischer Straftaten (§ 5 Abs. 1 S. 2 BKAG).

3 Als **Anwendungsbeispiele** der Bestandsdatenauskunft nach § 40 BKAG nennt die Gesetzesbegründung ua eine Rückverfolgung von elektronisch übermittelten Anschlagsdrohungen oder die Vorbereitung eines Antrages auf Anordnung einer Individual-TKÜ.[3]

4 Für **Gesetzgebungskompetenzen** und **unionsrechtliche Überformung** → § 9 Rn. 4 ff.; → § 10 Rn. 6 ff.; → § 39 Rn. 2 f.

5 Für die **allgemeine Einordnung** der Maßnahme der Bestandsdatenauskunft → § 10 Rn. 1–13.

B. Kommentierung im Einzelnen

I. Bestandsdatenauskunft durch TK-Anbieter (Abs. 1)

6 Abs. 1 ermächtigt zur **Abfrage der** für die Abwehr bzw. Verhütung terroristischer Straftaten **erforderlichen** (→ § 9 Rn. 56) **Bestandsdaten** (→ § 10 Rn. 17) durch das BKA **bei TK-Anbietern** (→ § 10 Rn. 15 f.). Während bei Bestehen einer Gefahr (§ 38 Abs. 2 BKAG) ein erforderlicher Abruf allgemein im Rahmen der Aufgabenerfüllung nach § 5 BKAG erlaubt ist (**Nr. 1**), normiert **Nr. 2** für Bestandsdatenauskünfte **im Gefahrenvorfeld besondere Eingriffsschwellen** (→ § 9 Rn. 32; → § 10 Rn. 25–30).[4]

1 Ebenso BVerfG Beschl. v. 27.5.2020 – 1 BvR 1873/13 ua –, BVerfGE 155, 119 (218, Rn. 223 ff.).
2 BT-Drs. 19/25294, 48.
3 BT-Drs. 17/12034, 13.
4 BT-Drs. 19/25294, 48.

II. Bestandsdatenauskunft durch Telemediendienste (Abs. 2)

Abs. 2 erlaubt nach demselben Muster **Bestandsdatenabfragen bei Telemediendiensten** (→ § 10 Rn. 14 f.). 7
Der Gesetzeswortlaut ist grammatikalisch unvollständig. Zu ergänzen ist am Ende des Absatzes „verlangt werden". Da es sich um ein offenkundiges redaktionelles Versehen handelt, ist eine solche Ergänzung methodisch gerechtfertigt.

Die **Erstreckung der Regelungen auf Telemedien** ist eine durch die einschlägigen Verfassungsgerichtsent- 8
scheidungen nicht vorgezeichnete Neuerung des Gesetzes zur Anpassung der Regeln über die Bestandsdatenauskunft an die Vorgaben aus der Entscheidung des Bundesverfassungsgerichts vom 27.5.2020[5] (→ § 10 Rn. 13). Sie wirft angesichts der Vielgestaltigkeit der Telemedien (→ § 10 Rn. 38; → § 10a Rn. 17 f.) und der Schwierigkeiten der Abgrenzung der Datentypen in diesem Bereich (Bestandsdaten/Nutzungsdaten/Verkehrsdaten/Inhaltsdaten) einige Schwierigkeiten auf.[6]

III. Auskunft über Zugangsdaten (Abs. 3)

Abs. 3 S. 1 bindet die **Abfrage von Zugangsdaten** und Passwörtern (→ § 10 Rn. 32) bei TK-Anbietern an 9
die Voraussetzungen ihrer Nutzung (**Akzessorietät,** → § 10 Rn. 32).

Satz 2 gestattet eine **Abfrage von Zugangsdaten bei Telemediendiensten.** Auch hier ist die Befugnis akzesso- 10
risch zur Befugnis, die erlangten Zugangsdaten zu nutzen. **Zusätzlich** verlangt § 40 Abs. 3 S. 2 BKAG **eine konkrete Gefahr für ein qualifiziertes Rechtsgut,** namentlich „Leib, Leben, Freiheit oder die sexuelle Selbstbestimmung einer Person oder für den Bestand des Bundes oder eines Landes sowie Güter der Allgemeinheit, deren Bedrohung die Grundlagen der Existenz der Menschen berührt". Damit ist die **Abfrage von Zugangsdaten bei Telemediendiensten im Gefahrenvorfeld unzulässig,** obwohl eine Nutzung dieser Daten – etwa das Auslesen eines Chat-Verlaufs in einer Kontaktanbahnungs-App – dem BKA vielfach auch zur Verhütung der Straftaten nach § 5 Abs. 1 BKAG – also im Gefahrenvorfeld – gestattet sein dürfte.[7] Der Hintergrund dieser wesentlich strengeren Regelung der Abfrage von Zugangsdaten bei Telemediendiensten im Vergleich zur Abfrage bei TK-Diensten erschließt sich aus der im Entwurf gegebenen Begründung nicht (→ § 10 Rn. 34).[8] Auch hier wirkt sich aus, dass der Gesetzgeber in Reaktion auf BVerfGE 155, 119 die Bestandsdatenauskunft durch Telemediendienste der Auskunft durch TK-Anbieter kurzerhand angeglichen hat,[9] ohne die Konstellationen und Fragen, die eine solche Auskunft aufwirft, genau durchgespielt zu haben. Dass Telemediendienste ungleich vielgestaltiger als TK-Dienste sind, beantwortet noch nicht die Frage, weshalb letztere Passwörter unter deutlich niedrigeren Anforderungen herausgeben sollten als erstere.

Hinsichtlich der mittels einer Zugangsdatenabfrage zu schützenden Güter nimmt Abs. 3 S. 2 – nur bei Tele- 11
mediendiensten – eine weitere Eingrenzung vor. Voraussetzung ist nicht das Ziel der Abwehr einer konkreten Gefahr einer Straftat nach § 5 Abs. 1 BKAG. Stattdessen muss **für das durch den jeweiligen Straftatbestand geschützte Rechtsgut selbst bereits eine konkrete Gefahr** bestehen und sind die infrage kommenden Rechtsgüter begrenzt. Das wirft die Frage auf, wie mit den Vorverlagerungstatbeständen im Terrorismusbereich umzugehen ist, die teilweise einsetzen, weit bevor eine greifbare Gefahr für eines der im Endeffekt geschützten Rechtsgüter besteht (→ § 5 Rn. 30).[10] So fallen etwa manche mit terroristischer Stoßrichtung betriebene Verstöße gegen das KrWaffG oder das WaffG unter die Straftaten iSd § 5 Abs. 1 BKAG (s. § 129a Abs. 2 Nrn. 4 und 5 StGB). Dennoch wird in den seltensten dieser Fälle bereits eine konkrete Gefahr für Leib, Leben, Freiheit oder die sexuelle Selbstbestimmung oder eines der existenziellen Kollektivgüter gegeben sein. Abs. 3 S. 2 errichtet damit für eine Auskunft über Zugangsdaten seitens Telemediendiensten er-

5 BGBl. I 2021 S. 448.

6 Ebenso Bäcker, Stellungnahme im Rahmen der öffentlichen Anhörung des Innenausschusses des Deutschen Bundestages zu dem Entwurf eines Gesetzes zur Anpassung der Regelungen über die Bestandsdatenauskunft an die Vorgaben aus der Entscheidung des Bundesverfassungsgerichts vom 27.5.2020 (BT-Drs. 19/25294) v. 22.1.2021, Ausschuss-Drs. 19(4)696 A, 8 ff.

7 Zu den Unsicherheiten, welche Rechtsgrundlagen für einen Zugriff auf die Inhalte der Telemediennutzung einschlägig sind, vgl. Bäcker, Stellungnahme im Rahmen der öffentlichen Anhörung des Innenausschusses des Deutschen Bundestages zu dem Entwurf eines Gesetzes zur Anpassung der Regelungen über die Bestandsdatenauskunft an die Vorgaben aus der Entscheidung des Bundesverfassungsgerichts vom 27.5.2020 (BT-Drs. 19/25294) v. 22.1.2021, Ausschuss-Drs. 19(4)696 A, 12 f.

8 BT-Drs. 19/17741, 40 f. (zu § 15b TMG aF, jetzt § 23 TTDSG); ebenso kritisch Löffelmann, Stellungnahme im Rahmen der öffentlichen Anhörung des Innenausschusses des Deutschen Bundestages zu dem Entwurf eines Gesetzes zur Anpassung der Regelungen über die Bestandsdatenauskunft an die Vorgaben aus der Entscheidung des Bundesverfassungsgerichts vom 27.5.2020 (BT-Drs. 19/25294) v. 20.1.2021, Ausschuss-Drs. 19(4)696 B, 10.

9 Insoweit kritisch auch Bäcker, Stellungnahme im Rahmen der öffentlichen Anhörung des Innenausschusses des Deutschen Bundestages zu dem Entwurf eines Gesetzes zur Anpassung der Regelungen über die Bestandsdatenauskunft an die Vorgaben aus der Entscheidung des Bundesverfassungsgerichts vom 27.5.2020 (BT-Drs. 19/25294) v. 22.1.2021, Ausschuss-Drs. 19(4)696 A, 7 ff.; zum Problem fehlender Abstimmung auf Phänomenbereich und -vielfalt der Telemediendienste → § 10a Rn. 4, 18.

10 Allgemein zum Problem Bäcker, Kriminalpräventionsrecht, 2013, S. 338 ff.; kritisch zur Funktion der Vorverlagerungstatbestände Brunhöber in Puschke/Singelnstein (Hrsg.), Der Staat und die Sicherheitsgesellschaft, 2017, S. 193 (196 ff.); Puschke/Rienhoff ebd., S. 243 ff.

hebliche Hürden, von denen weder ersichtlich ist, weshalb und ob sie tatsächlich gewollt sind, noch, wie sie sich mit den wesentlich laxeren Anforderungen einer Auskunft durch TK-Anbieter überein bringen lassen. Angesichts der Einbeziehung aller OTT-Kommunikationsdienste in den Telekommunikationsbegriff und die insoweit bestehenden Übermittlungs- und Abrufbefugnisse dürfte sich diese Strenge allerdings in Zukunft seltener praktisch auswirken.[11]

IV. Auskunft anhand dynamischer IP-Adressen (Abs. 4)

12 Wie im Rahmen der Zentralstellenfunktion (→ § 10 Rn. 21 f.) ist dem BKA auch im Zusammenhang mit der Aufgabe des § 5 BKAG eine **Bestandsdatenabfrage anhand dynamischer IP-Adressen gestattet** (**Satz 1**; zur Erläuterung → § 10 Rn. 35 ff.). Eine Verschärfung der Eingriffsschwellen oder der Anforderungen an den Rechtsgüterschutz ist angesichts des Gewichts der nach § 5 BKAG (jedenfalls mittelbar) zu schützenden Rechtsgüter nicht gefordert. Der Mangel der Vorgängerregelung hinsichtlich der Eingriffsschwelle[12] ist bereits durch Verschärfung der allgemeinen Voraussetzungen der Bestandsdatenabfrage behoben. Die Abfrage anhand dynamischer IP-Adressen ist **sowohl bei TK-Anbietern als auch bei Telemediendiensten zulässig.** Bei Letzteren ist vor der Anfrage zu prüfen, ob die Betroffene tatsächlich Nutzerin des betreffenden Telemediendienstes ist (**Satz 2**; → § 10 Rn. 38). Die Entscheidungsgrundlagen sind zu dokumentieren (**Satz 3**; → § 10 Rn. 39).

13 Eine komplementäre Befugnis zur **Abfrage der Login-IP-Adresse und anderer Nutzungsdaten** bei Telemediendiensteanbietern zum Zweck der Identifizierung (→ § 10a Rn. 1 ff.) besteht im Rahmen der Aufgabe zur präventiven Terrorismusabwehr **nicht.**

14 Etwaige **europarechtliche Bedenken** gegenüber der Befugnis zur Abfrage anhand dynamischer IP-Adressen im Rahmen der Zentralstellenaufgabe (→ § 10 Rn. 37) bestehen angesichts der Begrenzung auf die Verhütung terroristischer Straftaten **nicht.**

V. Richter- und Behördenleitungsvorbehalt (Abs. 5)

15 Für die Verfahrensanforderungen einer Auskunft über Zugangsdaten → § 10 Rn. 40 f.

16 Für die Abfrage von Zugangsdaten **bei Telemediendiensten greifen nach Abs. 5 S. 6 keine Ausnahmen vom Richtervorbehalt**; dies gilt selbst in Eilfällen. Das entspricht dem Umstand, dass die Auskunft auf Seiten der Dienste nach § 23 Abs. 2 S. 1 Nr. 2 TTDSG gleichfalls einem unbedingten Richtervorbehalt unterliegt.

17 Werden Zugangsdaten (entgegen den Anforderungen des § 174 Abs. 7 TKG) unverschlüsselt übermittelt, ist die zuständige Datenschutzaufsichtsbehörde zu benachrichtigen.

VI. Benachrichtigungspflichten (Abs. 6)

18 Über Auskünfte nach Abs. 3 und 4 (Abfrage von Zugangsdaten/anhand dynamischer IP-Adressen) sind Betroffene zu benachrichtigen (→ § 10 Rn. 42 f.).

VII. Pflicht zur Vollständigkeit (Abs. 7)

19 Wie im Rahmen des § 10 BKAG (→ § 10 Rn. 44) besteht eine **Auskunftsverpflichtung der Diensteanbieter,** die unverzüglich und vollständig zu erfüllen ist. Sie entfällt nur, wenn seitens der Diensteanbieter zu prüfende Formalvoraussetzungen (§ 174 Abs. 2 TKG; §§ 22 Abs. 2, 24 Abs. 2 TTDSG) nicht erfüllt sind.

VIII. Entschädigungspflicht (Abs. 8)

20 Die Pflicht zur Entschädigung der Diensteanbieter richtet sich nach **§ 23 JVEG**; im Einzelnen → § 10 Rn. 45.

§ 41 Befragung und Auskunftspflicht

(1) [1]Das Bundeskriminalamt kann eine Person befragen, wenn Tatsachen die Annahme rechtfertigen, dass die Person sachdienliche Angaben für die Erfüllung der dem Bundeskriminalamt nach § 5 Absatz 1 Satz 1

11 Ebenso Bäcker, Stellungnahme im Rahmen der öffentlichen Anhörung des Innenausschusses des Deutschen Bundestages zu dem Entwurf eines Gesetzes zur Anpassung der Regelungen über die Bestandsdatenauskunft an die Vorgaben aus der Entscheidung des Bundesverfassungsgerichts vom 27.5.2020 (BT-Drs. 19/25294) v. 22.1.2021, Ausschuss-Drs. 19(4)696 A, 6.

12 S. BVerfG Beschl. v. 27.5.2020 – 1 BvR 1873/13 ua –, BVerfGE 155, 119 (223, Rn. 239 ff.).

obliegenden Aufgabe machen kann. [2]Zum Zwecke der Befragung kann die Person angehalten werden. [3]Auf Verlangen hat die Person mitgeführte Ausweispapiere zur Prüfung auszuhändigen.

(2) [1]Die befragte Person ist verpflichtet, Namen, Vornamen, Tag und Ort der Geburt, Wohnanschrift und Staatsangehörigkeit anzugeben, soweit dies zur Erfüllung der dem Bundeskriminalamt nach § 5 Absatz 1 Satz 1 obliegenden Aufgabe erforderlich ist. [2]Eine weitergehende Auskunftspflicht besteht nur für die entsprechend den §§ 17 und 18 des Bundespolizeigesetzes Verantwortlichen und entsprechend den Voraussetzungen des § 20 Absatz 1 des Bundespolizeigesetzes für die dort bezeichneten Personen sowie für die Personen, für die gesetzliche Handlungspflichten bestehen, soweit die Auskunft zur Abwehr einer Gefahr erforderlich ist.

(3) [1]Unter den in den §§ 52 bis 55 der Strafprozessordnung bezeichneten Voraussetzungen ist die betroffene Person zur Verweigerung der Auskunft berechtigt. [2]Dies gilt nicht, soweit die Auskunft zur Abwehr einer Gefahr für den Bestand oder die Sicherheit des Bundes oder eines Landes oder Leib, Leben oder Freiheit einer Person erforderlich ist. [3]Eine in § 53 Absatz 1 Satz 1 Nummer 1, 2, 3 oder Nummer 4 der Strafprozessordnung genannte Person ist auch in den Fällen des Satzes 2 zur Verweigerung der Auskunft berechtigt. [4]Die betroffene Person ist über ihr Recht zur Verweigerung der Auskunft zu belehren. [5]Auskünfte, die nach Satz 2 erlangt wurden, dürfen nur für den dort bezeichneten Zweck verwendet werden. [6]Für Personen nach § 53 Absatz 1 Satz 1 Nummer 3 der Strafprozessordnung gilt Satz 3 nur, soweit es sich um Rechtsanwälte und Kammerrechtsbeistände handelt.

(4) [1]§ 136a der Strafprozessordnung gilt entsprechend. [2]§ 12 des Verwaltungsvollstreckungsgesetzes findet keine Anwendung.

A. Überblick und Genese

§ 41 BKAG ermöglicht dem BKA im Rahmen der Aufgabe des § 5 BKAG eine **Informationserhebung durch Befragung von Personen.** Die Vorschrift blieb durch die Neustrukturierung des BKAG im Jahr 2017 inhaltlich unverändert[1] und geht auf das Gesetz zur Abwehr von Gefahren des internationalen Terrorismus durch das BKA vom 25.12.2008[2] zurück (zuvor § 20c BKAG). Von der verfassungsgerichtlichen Entscheidung aus dem Jahr 2016[3] war die Regelung nicht betroffen, da es sich um eine offene Maßnahme der Informationserhebung handelt, gegen die inzidenter Rechtsschutz vor den Fachgerichten eröffnet gewesen wäre.[4] 1

Die Vorschrift regelt **systematisch betrachtet eine Standardmaßnahme der Datenerhebung,** die in zahlreichen Polizeigesetzen geregelt ist (zB § 22 BPolG). Obgleich informatorische Standardmaßnahme, steht die Regelung in einem **komplexen Ergänzungsverhältnis zur Datenerhebungsgeneralklausel nach § 39 BKAG.** Während letztere primär das Rechtsverhältnis zu den Informationsbetroffenen regelt, betrifft § 41 BKAG in erster Linie das Rechtsverhältnis zu denjenigen, durch deren Befragung Informationen generiert werden sollen. § 41 reguliert also das **Mittel** der Datenerhebung, § 39 deren **Gegenstand und Ziel.** Angesichts dieser Verquickung bestimmen Voraussetzungen und Grenzen des Befragungsrechts und der Auskunftspflicht nach § 41 – jedenfalls als Rechtsreflex – auch die Befugnisse zulasten der Informationsbetroffenen. Umgekehrt modifiziert § 39 Abs. 3 durch seinen Verweis auf § 9 Abs. 2 und 3 auch die Bedingungen, unter denen das BKA eine Befragung nach § 41 BKAG vornehmen darf. Danach dürfen bspw. Dritte nicht nach einer personenbezogenen Information befragt werden, die die Informationsbetroffene ebenso gut und verlässlich auch selbst geben könnte (Grundsatz der Erhebung bei den Betroffenen → § 9 Rn. 70 f., 78). Zudem sind private Dritte, die nach § 41 zu einer Person befragt werden sollen, nach § 39 Abs. 3 iVm § 9 Abs. 3 BKAG über Rechtsgrundlage der Befragung, Bestehen und auf Nachfrage auch über den Umfang ihrer Auskunftspflicht zu belehren. Es stellt sich freilich die Frage, ob diese für das jeweilige Rechtsverhältnis geregelten Anforderungen auch Rechte im jeweils anderen Verhältnis begründen. Verletzt es die Rechte einer Informationsbetroffenen, wenn Dritte entgegen § 41 Abs. 1 BKAG „ins Blaue hinein" zu ihrer Person befragt werden, die Voraussetzungen für eine Erhebung ihrer personenbezogenen Daten nach § 39 BKAG aber erfüllt 2

1 BT-Drs. 18/11163, 113.
2 BGBl. I S. 3083.
3 BVerfG Urt. v. 20.4.2016 – 1 BvR 966/09 ua –, BVerfGE 141, 220.
4 BVerfG Urt. v. 20.4.2016 – 1 BvR 966/09 ua –, BVerfGE 141, 220 (260, Rn. 78).

sind? Suspendiert andererseits das Befragungsrecht im Gefahrvorfeld nach § 41 die Behörde von den Grenzen des § 39 Abs. 2 BKAG für eine Informationserhebung über Drittbetroffene?

3 Eine Antwort auf diese Fragen lässt sich nicht pauschal geben. Im Grundsatz können **beide Rechtsverhältnisse** (Behörde–befragte Person; Behörde–informationsbetroffene Person) **getrennt voneinander** betrachtet werden. Die Normen ergänzen jedoch einander. Bei der Frage, ob Anforderungen der einen Norm auch auf das andere Rechtsverhältnis wirken, ist nach dem **Rechtskreisgedanken bzw. der Schutznormlehre** abzugrenzen. Dabei ist davon auszugehen, dass die Bedingungen von Standardmaßnahmen der Informationserhebung (§ 41 BKAG) in aller Regel auch die Rechtspositionen der Informationsbetroffenen ausgestalten. Wie bei anderen informatorischen Standardmaßnahmen geht es bei der rechtlichen Einhegung polizeilicher Informationstätigkeit sowohl um den verfahrensmäßigen Schutz derjenigen, die das Mittel der Informationserhebung sind, als auch um den Schutz derjenigen, über die auf diese Weise Informationen generiert werden. Angesichts der Stoßrichtung der Tätigkeit des BKA nach § 5 BKAG berührt es mich und meine Freiheit sogar weniger, dass das BKA *bei mir* Informationen einholt, als dass und wie es Informationen *über mich* einholt. An dieser Gemengelage ginge ein beziehungsloses Aufspalten einer informatorischen Maßnahme und der in Bezug auf sie bestehenden Rechtspositionen in zwei völlig gesonderte Rechtsverhältnisse vorbei. Im Ergebnis erschiene eine einheitliche Normierung beider involvierter Rechtsverhältnisse – wie bei der Bestandsdatenauskunft – sinnvoller und vor allem leichter zu handhaben. Die aktuelle Fassung des § 41 BKAG lässt eine Deutung als zur Datenerhebung nach allen Richtungen hin ermächtigende Standardbefugnis aber nicht zu, weil darin fast keine auf Informationsbetroffene bezogene Sicherungen geregelt sind (zB keine Eingriffsschwelle für eine personengerichtete Befragung). Die aktuelle Gesetzesfassung macht es daher **unumgänglich, die Bedingungen beider Ermächtigungen (§§ 39, 41 BKAG) zusammenzulesen.**

4 Zur Gesetzgebungskompetenz → § 39 Rn. 2.

B. Kommentierung im Einzelnen

I. Befugnis zur Befragung (Abs. 1)

5 Inhalt der Ermächtigung ist die polizeiliche Befragung von Personen, also das **Ersuchen um und die Entgegennahme von Auskünften.** Bei der Anordnung der Befragung handelt es sich nach wohl überwiegender Ansicht um einen **Verwaltungsakt gegenüber der befragten Person (§ 35 S. 1 VwVfG)**, auch wenn sie nicht zur Auskunft verpflichtet ist.[5] Der Regelungsgehalt liegt in der Pflicht, den Vorgang der Befragung zu dulden, daran mitzuwirken und auf Verlangen jedenfalls Angaben zu den Personalien zu machen (Abs. 2 S. 1). Vom Gesetz unterstellter Normalfall (vgl. S. 2 und 3) ist die mündliche Befragung unter Anwesenden. Mangels einer gesetzlichen Formbindung ist aber auch **eine schriftliche oder fernmündliche Befragung vorstellbar.** Das Einholen von Auskünften bei Privaten ist also – unabhängig von seiner Form – durch § 41 BKAG als Standardmaßnahme geregelt und lässt sich – gegenüber den zu Befragenden – nicht auf die Generalklausel des § 38 Abs. 1 BKAG stützen (zu dieser Sperrwirkung allgemein → § 38 Rn. 22 f.).

6 Bei den zu Befragenden kann es sich um **die Informationsbetroffenen selbst oder Dritte** handeln. Dritte können natürliche Personen sein, worauf das Gesetz erkennbar zugeschnitten ist (vgl. Abs. 2 S. 1). Es erschließt sich jedoch nicht, weshalb nicht **auch juristische Personen bzw. Personenverbindungen** (vertreten durch ihre Verantwortlichen) befragt werden können sollten. Den gefahrenabwehrrechtlichen Pflichten unterliegen diese bzw. deren Verantwortliche auch sonst.[6] Relevant ist dies insbesondere, weil sonst Wissen, das einer Personenverbindung durch Akten oder andere arbeitsteilige Vorkehrungen verfügbar ist, nicht direkt bei derjenigen Stelle abgefragt werden könnte, von der bekannt ist, dass sie durch ihre Organisationsweise über dieses Wissen verfügt. Es müssten immer erst Vorermittlungen vorgenommen werden, um herauszufinden, welche natürliche Person innerhalb einer komplexeren Organisation über welches Wissen verfügt und dementsprechend behördlich befragt werden darf. Alternativ müsste man eine Befragung immer auf die verantwortliche Person beschränken, dieser aber dann bei der Frage, ob von ihr sachdienliche Angaben zu erwarten sind, das gesamte erwartbare Wissen der Organisation zurechnen.

7 Sollen Dritte nicht zur Sache, sondern unmittelbar zu einer bestimmten Person (zB zu deren Absichten oder Verhalten in den letzten Tagen) befragt werden, gilt der **Grundsatz der Erhebung bei den Informationsbetroffenen** (§ 39 Abs. 3, § 9 Abs. 2 BKAG; → § 9 Rn. 70, 78) mitsamt seinen Einschränkungen.[7] Werden Dritte zur Sache befragt, geben diese dann aber Auskünfte, die als personenbezogene Informationen über Dritte zu bewerten sind, hindert dies nicht die Erhebung und Verwendung dieser Informationen. Die Standardmaßnahme des § 41 BKAG legitimiert also, wenn sie nicht hierauf angelegt war, auch eine personenbe-

5 Schenke/Graulich/Ruthig/Schenke BKAG § 41 Rn. 2, mwN.
6 Sodan/Ziekow, Grundkurs Öffentliches Recht, 9. Aufl. 2020, § 79 Rn. 7.
7 Vgl. Schenke/Graulich/Ruthig/Schenke BPolG § 22 Rn. 11.

zogene Datenerhebung gegenüber den Informationsbetroffenen. Dies gilt selbst dann, wenn die Voraussetzungen einer gezielten Datenerhebung über sie nicht gegeben gewesen wären. Zum **Beispiel:** Das BKA befragt eine Internetcafébesitzerin zu den Beobachtungen, die sie am Tag gemacht hat, als aus ihrem Café eine Anschlagsdrohung verschickt wurde. Die Cafébesitzerin gibt Auskunft über die Identität der an diesem Tag anwesenden Personen, etwa den X, von dem vorher noch gar nichts bekannt war; die Information über die Anwesenheit des X darf sodann für weitere Ermittlungen genutzt werden.

Ermächtigungsadressat ist das **BKA** in seiner Funktion nach § 5 BKAG. 8

Die Befugnis zur Befragung besteht unter der Voraussetzung, dass **Tatsachen** darauf deuten, dass die be- 9 fragte Person **zur Erfüllung der Aufgabe nach § 5 BKAG sachdienliche Auskünfte machen kann.** Entsprechende Befragungen dürfen daher weit im Vorfeld einer abzuwehrenden terroristischen Straftat stattfinden. Sie dürfen allerdings nur unter den Voraussetzungen des § 39 BKAG auf eine Auskunft über bestimmte Personen zielen. Geforderter **Prognoseinhalt** ist nicht eine bestimmte Gefahr oder spezifische Gefahrenlage im Vorfeld, sondern nur **die Verfügbarkeit von Informationen,** die für die Aufgabenerfüllung nach § 5 BKAG nützlich sind. Geforderte **Prognosegrundlage sind konkrete Tatsachen.** In der Sache soll dies eine Befragung vieler Personen ins Blaue hinein verhindern und begründet im Rahmen einer Überprüfung der informatorischen Maßnahme Artikulations- und Explizierungslasten des BKA (Warum wurde gerade X befragt? Was war zu diesem Zeitpunkt schon behördlich bekannt?). Dieses Erfordernis schützt zum einen die befragte Person gegenüber einer grund- und anhaltlosen Behelligung durch Fragen des BKA. Zum andern schützt es die Informationsbetroffenen vor einem breit gestreuten Aushorchen ihres Bekanntenkreises und sonstiger geschäftlicher oder privater Kontakte. Handelt es sich um Befragungen zu ihrer Person, was auch durch entsprechende Rückfragen im Rahmen einer im Ausgangspunkt nicht personengerichteten Befragung der Fall sein kann, kann also auch die informationsbetroffene Person ein Fehlen hinreichender Anhaltspunkte für die Befragung geltend machen. § 41 Abs. 1 modifiziert also § 39 BKAG dahin gehend, dass nicht nur gerechtfertigt werden muss, dass irgendjemand zu einer bestimmten Person befragt wird, sondern auch, dass gerade Z zu dieser Person befragt wurde.

Die **Voraussetzungen der Befragung** und die Befugnis zur Befragung sind **immer bezogen auf das, was** 10 **gefragt wird.** Sie sind daher dynamisch und können sich im Lauf einer Befragung ändern. Wenn also im Rahmen einer zunächst sachbezogenen Befragung eine Auskunft gegeben wird, die einen Bezug des Sachverhalts zu einer bestimmten dem BKA bekannten Person nahelegt, darf in diese Richtung weiter gefragt werden. Andererseits darf im Rahmen einer als solcher zulässigen Befragung nicht „auf gut Glück" alles Mögliche gefragt werden, in der vagen Hoffnung, dass die befragte Person zu irgendeinem der Befragungsgegenstände etwas zu sagen hat. Die rechtliche Prüfung darf hier allerdings nicht zu kleinteilig werden und jedes Wort auf die Waagschale legen. Bestimmte „Aufwärmfragen" und vom unmittelbaren Befragungsgegenstand abschweifende Fragen sind allgemein zulässig, auch wenn sie nichts zur Sache beitragen, schon allein um eine Gesprächssituation zu etablieren oder eine Referenz für die Würdigung und Prüfung der Verlässlichkeit des Ausgesagten zu gewinnen. Ausreichend ist, dass für die verschiedenen Hauptgegenstände einer Befragung jeweils hinreichende Anhaltspunkte bestehen, dass die befragte Person hierzu etwas beitragen kann.

Das BKA darf die zu Befragenden zum Zweck und für die Dauer der Befragung **anhalten (Satz 2)** und die 11 **Aushändigung mitgeführter Ausweispapiere zur Prüfung verlangen (Satz 3).** Nach Auffassung des Gesetzentwurfs handelt es sich beim Anhalten nach Satz 2 um eine Freiheitsbeschränkung,[8] also um einen Eingriff in die körperliche Fortbewegungsfreiheit (Art. 2 Abs. 2 S. 2 iVm Art. 104 Abs. 1 GG). Dennoch geht der Entwurf davon aus, dass die Anordnung, stehen zu bleiben, nicht mit unmittelbarem Zwang durchsetzbar ist, und verweist insoweit auf die Voraussetzungen der Vorladung. Nicht ganz klar ist, ob diese bloß mittelbare Zwangswirkung (Inaussichtstellen einer Vorladung, die unter bestimmten Bedingungen vollstreckbar ist) den Anforderungen an einen Eingriff in die Fortbewegungsfreiheit durch psychisch vermittelten Zwang[9] erfüllt. Im Ergebnis dürfte ausreichen, dass die Anordnung individualisiert und die Nichtangabe der Personalien bußgeldbewehrt (§ 111 OWiG) ist sowie bei Angabe der Personalien eine Vorladung (§ 44 Abs. 1 Nr. 1 BKAG) stattfinden kann.

Werden Informationen über eine Person erfragt („Wo hält sich X, die im Verdacht steht, einen Terroran- 12 schlag zu planen, auf?"), handelt es sich um eine **gezielte Informationserhebung** über diese, so dass **zugleich § 39 BKAG einschlägig** ist. Dementsprechend ist nach § 39 Abs. 3 iVm § 9 Abs. 3 BKAG über die Rechtsgrundlage der Anfrage sowie Bestehen und Umfang der Auskunftspflicht zu belehren. Soweit bereits wegen Bestehens eines Aussageverweigerungsrechts keine Aussagepflicht zur Sache besteht, ergibt sich die Beleh-

8 BT-Drs. 16/9588, 21.
9 BVerfG Beschl. v. 19.11.2021 – 1 BvR 781/21 ua –, BVerfGE 159, 223 (329 ff., Rn. 243 ff.) – Bundesnotbremse I.

rungspflicht aus Abs. 4 S. 4. Zur Fehlerfolge unrichtiger oder fehlender Auskunft → je nachdem Rn. 18 oder § 9 Rn. 81 ff.

II. Auskunftspflicht (Abs. 2)

13 Eine allgemeine Pflicht zur Auskunft besteht **nur hinsichtlich der Personalien** (Name, Vorname, Tag und Ort der Geburt, Wohnanschrift und Staatsangehörigkeit), soweit die Auskunft zur Aufgabenerfüllung **erforderlich** ist. Bei Befragung von Personenverbindungen dürfte eine entsprechende Auskunftspflicht für die genaue Bezeichnung der Person (Firma), der Verantwortlichen, des Sitzes und der konkret handelnden Person bestehen.

14 Pflichten zur Auskunft in der Sache greifen **erst im Stadium der konkreten Gefahr** (Satz 2 aE). Sie sind also im Gefahrenvorfeld in allen Fällen ausgeschlossen. Die Pflicht trifft auch **bei Eintritt der Gefahr nur Gefahrverantwortliche** (§ 38 Abs. 1 S. 2 BKAG iVm §§ 17 f. BPolG), **Notstandspflichtige** (§ 20 Abs. 1 BPolG) sowie **Personen, die mit Blick auf die betreffende Gefahr besondere gesetzliche Handlungspflichten** haben (zB strafrechtliche Garantenstellungen oder § 138 bzw. § 323c StGB). Die Konstellationen des polizeilichen Notstands dürften allerdings in Anbetracht des Gewichts der abzuwehrenden Gefahr, der geringen Belastung durch die geforderte Handlung (Auskunft über einen Umstand, von dem man Kenntnis hat) und der offenen Erhebungsweise (kein heimlicher Eingriff, dem man ohne Entziehungsmöglichkeit ausgesetzt ist) im Rahmen der Aufgabe nach § 5 BKAG nicht selten sein.

III. Zeugnis- und Auskunftsverweigerungsrechte (Abs. 3)

15 Auch angesichts des weiten Kreises denkbarer Notstandskonstellationen enthält Abs. 3 **an die StPO angelehnte** Regelungen zu Zeugnis- und Auskunftsverweigerungsrechten bestimmter Personen (ua die informationsbetroffene Person; nahe Angehörige; Geistliche; Journalisten; Ärzten).

16 Hintergrund dieser Aussageverweigerungsrechte sind zum einen die Selbstbelastungsfreiheit (§ 55 StPO) und zum andern der Schutz des Kernbereichs und der Vertraulichkeit besonders grundrechtlich relevanter Verbindungen und Gesprächssituationen (→ § 9 Rn. 34 f.) gegenüber einer verpflichtenden staatlichen Ausforschung der in solche Situationen übermittelten Informationen.[10] Die Verbindungen und Gesprächssituationen, die einen besonderen Vertraulichkeitsschutz genießen, lassen sich nicht vollumfänglich verfassungsunmittelbar bestimmen, sondern unterliegen im Ausgangspunkt gesetzlicher Regelung, die aber teils auch spezifische grundrechtliche Forderungen einbeziehen muss.[11] Geschützt werden durch die Zeugnisverweigerungsrechte **nicht nur die jeweilige Personengruppe**, sondern **auch diejenigen, die ihnen im Rahmen dieser Verbindungen personenbezogene Informationen preisgeben.**

17 Der Gesetzgeber nimmt in Abs. 3 zunächst auf die allgemeinen Regelungen zu Zeugnis- und Auskunftsverweigerungsrechten nach §§ 52–55 StPO Bezug (**Satz 1**). Hierzu zählen Zeugnisverweigerungsrechte wegen persönlicher Nähebeziehung (§ 52 StPO), der Berufsgeheimnisträger und ihrer Hilfspersonen (§§ 53 f. StPO), die Amtsverschwiegenheitspflichten (§ 54 StPO) und das Auskunftsverweigerungsrecht (§ 55 StPO; *nemo tenetur se ipsum accusare*). Von dieser Orientierung an der StPO macht Satz 2 eine **Ausnahme,** soweit eine Auskunft zur Abwehr einer Gefahr für Leib, Leben oder Freiheit einer Person oder die Sicherheit oder den Bestand des Bundes oder eines der Länder erforderlich ist. Hiervon macht wiederum **Satz 3 iVm Satz 6** eine Ausnahme, soweit es die Zeugnisverweigerungsrechte von Geistlichen, Strafverteidigern, Parlamentsabgeordneten, Rechtsanwälten und Kammerrechtsbeiständen betrifft. **Informationen, die diesem Personenkreis in dieser Funktion anvertraut oder bekannt werden, sind** – wie nach der StPO – **absolut geschützt,** also ohne Ansehung der zu schützenden Güter oder zu verfolgenden Straftaten.

18 **Für alle übrigen Konstellationen** der §§ 52–55 StPO bleibt es beim **relativen Schutz** des Satzes 2. Dies betrifft ua Journalisten, Ärztinnen, Steuerberater und die meisten anderen der in § 53 Abs. 1 Nr. 3 StPO aufgeführten Berufsangehörigen. Hintergrund dieser Relativierung der §§ 52 ff. StPO ist, dass die Interessenlage in Bezug auf Aussageverweigerungsrechte im Rahmen der Gefahrenabwehr nicht mit derjenigen im Kontext der Strafverfolgung identisch ist. Es geht hier nicht um die Behauptung eines letztlich abstrakten und ohnehin nur partiell und rechtsstaatlich bedingt verwirklichbaren staatlichen Strafverfolgungsanspruchs, sondern um den Schutz konkret gefährdeter hochrangiger Rechtsgüter, für die eine Auskunft einen unmittelbar fassbaren Mehrwert brächte. Zugleich ist **durch Satz 5 jede andere Verwendung** der durch Relativierung des Zeugnis- oder Auskunftsverweigerungsrechts erhobenen Informationen **jenseits der Abwehr der konkret abzuwehrenden Gefahrsituation ausgeschlossen.** Auch Speicherung oder Zweckänderung nach

10 Zu einer Untersuchung mit Fokus auf heimlichen Ermittlungsmaßnahmen s. Shirvani ZG 26 (2011), 45 ff.

11 S. etwa BVerfG Beschl. v. 25.1.2007 – 2 BvR 26/07 –, juris, Rn. 15 f.; Urt. v. 19.5.2020 – 1 BvR 2835/17 –, BVerfGE 154, 152 (291, Rn. 194; 262, Rn. 197).

§ 12 BKAG oder anderen Übermittlungs- und Zweckänderungsnormen sind absolut unzulässig. Diese gesetzliche Abwägung hat für die auf persönlicher Nähe gründenden Zeugnisverweigerungsrechte Berechtigung, weil die Befragten dadurch nach wie vor nicht in die Verlegenheit kommen, ihre nahen Angehörigen einer staatlichen Sanktion (Strafverfolgung; Aufnahme in bestimmte Dateien usw) ausliefern zu müssen und die Informationsbetroffenen sich weiterhin ohne Furcht vor Sanktionsfolgen in persönlichen Nähebeziehungen öffnen können. Die Abschwächung des Auskunftsverweigerungsrechts der Informationsbetroffenen selbst ist gerechtfertigt, weil durch das absolute Zweckänderungsverbot jede Verwertung zu repressiven Zwecken ausgeschlossen ist. Das **Verbot der Aussageerzwingung durch körperlich wirkenden Zwang (Abs. 4 S. 1,** → Rn. 19) sichert insoweit ab, dass eine Aussage des Informationsbetroffenen und Dritter, obgleich verpflichtend, ihnen faktisch nicht abgezwungen werden kann. Sie werden daher nicht zum bloßen Mittel staatlicher Gefahrenabwehr degradiert, sondern **bleiben Akteure des Geschehens**. Auch die Menschenwürde-Komponente des *nemo tenetur*-Grundsatzes[12] ist damit gewahrt. An der Abs. 3 S. 2 zugrundeliegenden Abwägung ist allein unglücklich, dass sie auch das nebulöse und zu großer Dramatik neigende Rechtsgut des Bestands und der Sicherheit des Bundes und der Länder für eine Relativierung des Schutzes nach Satz 1 genügen lässt.[13] Auf Grundlage der verfassungsgerichtlichen Rechtsprechung[14] und bei der gebotenen restriktiven Handhabung dieser Begrifflichkeit, ergibt sich daraus aber kein verfassungsrechtlicher Mangel, sondern nur ein rechtspolitischer Einwand.

Nach **Satz 4** muss das BKA Befragte über ein Auskunft- oder Zeugnisverweigerungsrecht informieren, sobald dessen Vorliegen erkennbar wird. Unterrichtet das BKA Befragte nicht über ein erkennbares Zeugnisverweigerungsrecht, verletzt eine personengerichtete Befragung sowohl die Rechte der Befragten als auch diejenigen der Informationsbetroffenen. Entsprechende Informationen dürften bei einer unvorsätzlichen Falsch- oder Nichtauskunft (zum Kausalitätserfordernis → § 9 Rn. 82) dennoch – ausschließlich zur unmittelbar anstehenden Gefahrenabwehr – verwertet werden, wenn die besonderen Voraussetzungen des Satz 2 gegeben sind. Die Rechtsfolgen der vorsätzlichen Falschauskunft über das Bestehen einer Auskunftspflicht richten sich, da es sich um eine „Täuschung" iSd § 136a StPO handelt, nach Abs. 4 (→ Rn. 19). 19

IV. Verbot der Abnötigung oder des Erschleichens von Aussagen (Abs. 4)

Nach Satz 1 findet **§ 136a StPO entsprechende Anwendung**, einschließlich der dort geregelten Fehlerfolge (Verwertungsverbot).[15] Es stellt sich die Frage, ob unter bestimmten Voraussetzungen eine Verwertung unter Verstoß gegen § 41 Abs. 4 BKAG, § 136a StPO erlangter Informationen im Rahmen der unmittelbar anstehenden Abwehr terroristischer Gefahren zulässig sein kann.[16] Wenn überhaupt, wird man das bei Gefahren für Leben oder Freiheit von Personen[17] in Fällen der (bewussten) Täuschung annehmen können, die insoweit den geringsten Unrechtsgehalt aufweisen dürfte. Auch hier müsste jedoch der klare gesetzliche Verweis auf § 136a StPO überspielt werden, der gerade auch die Rechtsfolge von Verstößen – in kategorischer Weise – regelt. Hierüber könnte man sich nur hinwegsetzen, falls eine solche strenge Regelung der Fehlerfolge in Konstellationen der Gefahrenabwehr grundrechtliche Schutzpflichten verletzte.[18] Davon wird man allerdings angesichts des großen im Schutzpflichtenbereich bestehenden Regelungsspielraums[19] nicht ausgehen können. Vielmehr ist angesichts des durch das Verwertungsverbot zu sanktionierenden und unmittelbar dem Staat zuzurechnenden schweren Verstoßes gegen rechtstaatliche Grundsätze die gesetzliche Bestimmung einer klaren, formal handhabbaren und nicht wegwägbaren Fehlerfolge gut nachvollziehbar und jedenfalls kein Verstoß gegen das grundrechtliche Untermaßverbot. 20

Nach Satz 2 ist eine **Erzwingung einer Auskunft mittels unmittelbaren Zwanges (§ 12 VwVG) unzulässig.** 21
Die Regelung ist überflüssig, da Willens- und Wissenserklärungen (Auskünfte) ohnehin nicht unmittelbar – sondern höchstens mittelbar durch Zufügung von Schmerzen oder andere Willenskurzschließungstechniken – herbeigeführt werden *können*.[20] Aus Gründen der Menschenwürde *dürfen* solche mittelbaren Techniken erst recht nicht angewendet werden. Satz 2 ist daher **deklaratorisch**. Andere Zwangsmittel des VwVG

12 BVerfG Beschl. v. 8.10.1974 – 2 BvR 747/73 ua –, BVerfGE 38, 105 (114 f.).

13 Vgl. auch die Kritik bei Aden in Puschke/Singelnstein (Hrsg.), Der Staat und die Sicherheitsgesellschaft, 2017, S. 149 ff.

14 BVerfG Beschl. v. 1.1.2006 – 1 BvR 518/02 –, BVerfGE 115, 320 (346); zuvor schon BVerfG Beschl. v. 1.8.1978 – 2 BvR 1013/77 ua –, BVerfGE 49, 24 (56 f.).

15 KK-StPO/Diemer § 136a Rn. 38.

16 Dafür Schenke/Graulich/Ruthig/Schenke BPolG § 22 Rn. 30 (unter Verweis auf grundrechtliche Schutzpflichten).

17 Eine Gefährdung des Bestands oder der Sicherheit des Bundes oder der Länder genügt hier auf keinen Fall, da insoweit keine grundrechtlichen Schutzpflichten bestehen. Oftmals wird aber eine Gefahr für die Sicherheit oder den Bestand des Bundes oder der Länder mit einer Gefährdung höchstrangiger Individualrechtsgüter einhergehen. Dieser Konnex ist dann aber positiv zu etablieren.

18 Auch dann hätte dies eigentlich nur die Verfassungswidrigkeit der Regelung – nicht deren Änderung – zur Folge, s. Wahl/Masing JZ 1990, 553 (562).

19 Zuletzt BVerfG Beschl. v. 24.3.2021 – 1 BvR 2656/18 ua –, BVerfGE 157, 30 (124, Rn. 172) – Klimaschutz.

20 Fehling/Kastner/Störmer/Lehmke, VerwR, 5. Aufl. 2021, VwVG § 12 Rn. 4.

zur Durchsetzung von Auskunftspflichten sind zulässig. Das gilt selbst gegenüber denjenigen, die nach Abs. 3 S. 2 dadurch zur Aussage über eine mit ihrer Beteiligung bevorstehenden Straftat gezwungen werden sollen (→ Rn. 16). Da sie hierdurch nicht gezwungen sind, sich selbst einer Strafverfolgung auszusetzen (absolutes Zweckänderungsverbot, → Rn. 17), verstößt eine solche allein gefahrenabwehrbezogene Erzwingung nicht gegen den *nemo tenetur*-Grundsatz.[21]

§ 42 Identitätsfeststellung und Prüfung von Berechtigungsscheinen

(1) Wenn Tatsachen die Annahme rechtfertigen, dass eine Straftat nach § 5 Absatz 1 Satz 2 begangen werden soll, kann das Bundeskriminalamt entsprechend § 23 Absatz 3 Satz 1, 2, 4 und 5 des Bundespolizeigesetzes die Identität einer Person feststellen,

1. **um eine Gefahr abzuwehren,**
2. **wenn die Person sich an einem Ort aufhält, in Bezug auf den Tatsachen die Annahme rechtfertigen, dass**
   a) **dort Straftaten nach § 5 Absatz 1 Satz 2 verabredet, vorbereitet oder verübt werden sollen oder**
   b) **sich dort Personen ohne erforderlichen Aufenthaltstitel treffen oder**
3. **wenn die Person sich in einer Verkehrs- oder Versorgungsanlage oder -einrichtung, einem öffentlichen Verkehrsmittel, Amtsgebäude oder einem anderen besonders gefährdeten Objekt oder in unmittelbarer Nähe hiervon aufhält und Tatsachen die Annahme rechtfertigen, dass dort Straftaten nach § 5 Absatz 1 Satz 2 begangen werden sollen, durch die in oder an diesen Objekten befindliche Personen oder diese Objekte selbst unmittelbar gefährdet sind und die Feststellung der Identität aufgrund von auf die Person bezogenen Anhaltspunkten erforderlich ist.**

(2) Das Bundeskriminalamt kann, soweit es zur Erfüllung der ihm nach § 5 Absatz 1 Satz 1 obliegenden Aufgabe erforderlich ist, verlangen, dass Berechtigungsscheine, Bescheinigungen, Nachweise oder sonstige Urkunden zur Prüfung ausgehändigt werden, wenn die betroffene Person aufgrund einer Rechtsvorschrift verpflichtet ist, diese Urkunden mitzuführen.

A. Überblick und Genese

1 § 42 BKAG ermöglicht dem Amt im Rahmen seiner Aufgabe nach § 5 BKAG eine **Identitätsfeststellung (Abs. 1)** und die **Prüfung von Berechtigungsscheinen (Abs. 2)**. Die Vorschrift blieb durch die Neustrukturierung des BKAG im Jahr 2017 inhaltlich unverändert[1] und geht auf das Gesetz zur Abwehr von Gefahren des internationalen Terrorismus durch das BKA vom 25.12.2008[2] zurück (zuvor § 20d BKAG). Von der verfassungsgerichtlichen Entscheidung aus dem Jahr 2016[3] war die Regelung nicht betroffen.

2 Nach Auffassung des Gesetzgebers ist eine sichere Feststellung der Identität auch im Bereich der Terrorismusabwehr regelmäßig Voraussetzung weiterer gefahraufklärender oder gefahrabwehrender Tätigkeiten.[4] Es handelt sich um eine **vergleichsweise niederschwellige Eingriffsmaßnahme**, die weitere Maßnahmen zur präventiven Terrorismusabwehr nach § 5 BKAG ermöglicht.

3 Systematisch handelt es sich um eine **informatorische Standardmaßnahme**. Sie betrifft – anders als Maßnahmen nach §§ 40 f. BKAG – in informatorischer Hinsicht genau diejenige Person, der gegenüber sie auch als Maßnahme vollzogen wird. Die Problematik eines Auseinanderfallens informatorischer und operativer Betroffenheiten durch informatorische Maßnahmen (→ § 41 Rn. 2 f.) besteht hier daher nicht. Stattdessen **verdrängt die Standardmaßnahme etwaige Grenzen und Voraussetzungen der §§ 38 f. BKAG** in ihrem Anwendungsbereich vollständig.

4 Die Regelung ist an die Struktur der Befugnisse zur Identitätsfeststellung nach § 23 BPolG angelehnt und verweist hinsichtlich der Durchführung auf **§ 23 Abs. 3 BPolG**. Die Befugnis schließt danach die erforderlichen **Schritte zur sicheren Feststellung der Identität** mit ein, insbesondere das Anhalten, die Befragung zu

21 Dürig/Herzog/Scholz/Di Fabio GG Art. 2 Abs. 1 (2001) Rn. 188.
1 BT-Drs. 18/11163, 113.
2 BGBl. I S. 3083.
3 BVerfG Urt. v. 20.4.2016 – 1 BvR 966/09 ua –, BVerfGE 141, 220.
4 BT-Drs. 16/9885, 22; s. auch Kugelmann BKAG § 20d Rn. 1.

den Personalien, die Prüfung von Ausweispapieren, die Mitnahme zur Dienststelle und die Durchsuchung nach Gegenständen zur Identitätsfeststellung.

Zur **Gesetzgebungskompetenz** → § 39 Rn. 2. 5

B. Kommentierung im Einzelnen

I. Befugnis zur Identitätsfeststellung (Abs. 1)

Abs. 1 berechtigt das BKA im Rahmen der Aufgabe nach § 5 Abs. 1 BKAG zunächst allgemein zur Identi- 6 tätsfeststellung von Personen zur **Abwehr einer bereits bestehenden Gefahr** einer terroristischen Straftat (**Nr. 1**). Gefordert ist insoweit eine konkrete Gefahr (→ § 38 Rn. 15 ff., 40 ff.). Maßnahmen sind nach § 38 Abs. 1 S. 2 BKAG iVm §§ 17–20 BPolG primär gegen die **Gefahrverantwortlichen** zu richten, können aber nach § 20 BPolG unter den dortigen Voraussetzungen auch Notstandspflichtige treffen. Die Identitätsfeststellung muss zur Gefahrenabwehr erforderlich sein, was sich aus dem ebenfalls in Bezug genommenen Verhältnismäßigkeitsgrundsatz (§ 38 Abs. 1 S. 2 BKAG iVm § 15 BPolG) und zudem aus der Entwurfsbegründung ergibt.[5] Nach dem Wortlaut müssen zudem Tatsachen die Annahme begründen, dass eine Straftat nach § 5 Abs. 1 BKAG begangen werden soll. Diese Anforderung hat jedoch **im Rahmen der Nr. 1 keine große Bedeutung,** weil hier ohnehin die konkrete Gefahr einer solchen Straftat gefordert ist.

Jede Identitätsfeststellung nach Abs. 1 (Nrn. 1–3) setzt voraus, dass die Identitätsfeststellung **aufgrund die** 7 **individuelle Person betreffender Anhaltspunkte erforderlich** ist. Der Text am Ende des Abs. 1 sollte sich also der Sache nach nicht nur auf Nr. 3, sondern **auf alle Varianten der Befugnis** beziehen.[6] Nach Ansicht des Gesetzgebers soll dadurch aber nur ausgeschlossen werden, dass mit der abzuwehrenden oder zu verhütenden Straftat offenkundig gänzlich unverbundene Personen einer Identitätsfeststellung unterzogen werden. Zugrunde liegen hier wohl Vorstellungen einer offenkundig harmlosen Oma oder eines zehnjährigen Kindes, die sich im Umfeld einer konkreten Gefahr oder an einem der gefährlichen oder gefährdeten Orte bewegen und die nicht polizeilich kontrolliert zu werden brauchen. Ob diese Regelungstechnik (allgemeine Verantwortlichkeit und Rückausnahme bei evidenter Nichtrelevanz) sinnvoll ist, oder nur zu vorurteilsbasierten Kontrollpraktiken einlädt,[7] erscheint fraglich. Über den Willen des Gesetzgebers hinaus ist daher im Rahmen dieses Tatbestandsmerkmals zu prüfen und positiv festzustellen, ob über die besonderen Voraussetzungen der Nrn. 1–3 hinaus individuelle Umstände eine Identitätsfeststellung erforderlich machen.

Als tatsächliches Szenario ist bei Nr. 1 etwa die Ansprache und Identitätsfeststellung dem BKA unbekannter 8 Personen denkbar, die in den Tagen vor einem konkret erwarteten terroristischen Anschlag mit einer Person näheren Kontakt hatten, welche der Beteiligung an der geplanten Straftat verdächtigt wird. Eine solche Identitätsfeststellung könnte eine Entscheidung vorbereiten, ob auch diese **Kontaktperson** in den kommenden Tagen näher in das behördliche Augenmerk genommen werden soll oder als „harmlos" nicht weiter beachtet zu werden braucht. Bereits dieser Erkenntnismehrwert macht die Identitätsfeststellung im geschilderten Fall für die weitere ressourcenfokussierte, gefahrenabwehrende Tätigkeit „erforderlich". Es ist also nicht geboten, dass die Identitätsfeststellung allein die Gefahr wirksam beendet.

Abs. 1 **Nr. 2** und **Nr. 3** berechtigen das BKA im Rahmen der Aufgabe nach § 5 Abs. 1 BKAG daneben zur 9 **Feststellung der Identität von Personen, die an bestimmten Orten angetroffen werden** (Nr. 2: gefährliche Orte; Nr. 3: gefährdete Orte). Diese Befugnis setzt zudem **tatsächliche Anhaltspunkte** voraus, dass eine **Straftat iSd § 5 Abs. 1 BKAG** begangen werden soll (zum Begriff → § 39 Rn. 17). Die verfassungsrechtlichen Einwände gegenüber der Unbegrenztheit dieser Eingriffsschwelle im Rahmen der Generalklausel des § 39 Abs. 2 BKAG (→ § 39 Rn. 10 f.) dürften hier nicht greifen. Die Befugnis ist anders als die Generalklausel auf eine spezifische, relativ niederschwellige Maßnahme beschränkt. Zudem steht sie unter der zusätzlichen Bedingung, dass Adressaten an einem besonders gefährlichen oder gefährdeten Ort angetroffen werden. Bereits dieses Erfordernis leistet eine erhebliche Beschränkung der betreffenden Befugnis, so dass die verfassungsrechtlich gebotene Begrenzung polizeilicher Vorfeldbefugnisse hier nicht allein durch die Eingriffsschwelle geleistet werden muss.

Neben dieser Eingriffsschwelle fordern Nr. 2 und Nr. 3 **eine bestimmte Beschaffenheit der eine Identitäts-** 10 **feststellung eröffnenden Orte.** Alle Personen, die an einem dieser Orte angetroffen werden und die nicht offenkundig mit der zu verhütenden terroristischen Straftat völlig unverbunden sind,[8] dürfen im Rahmen des Erforderlichen einer Identitätsfeststellung unterzogen werden. Es handelt sich damit um eine ortsbezo-

5 BT-Drs. 16/9588, 22.
6 BT-Drs. 16/9588, 22.
7 Zur Problematik Tischbirek/Wihl JZ 2013, 219 ff.
8 Vgl. BT-Drs. 16/9588, 22: „Danach kann eine Identitätsfeststellung einer Person unzulässig sein, wenn die Person ganz offensichtlich mit den zu erwartenden Straftaten in keinem Zusammenhang stehen kann".

gene Erweiterung polizeilicher Verantwortlichkeit, wie sie auch in verschiedenen Identitätsfeststellungsbefugnissen vieler Polizeigesetze der Länder und im BPolG vorgesehen ist.

11 Nach **Nr. 2 lit. a** sind dies zunächst alle Orte, von denen Tatsachen die Annahme rechtfertigen, dass dort **Straftaten nach § 5 Abs. 1 BKAG verabredet, vorbereitet oder verübt werden.** Welche Anforderungen genau für eine solche ortsbezogene Gefährlichkeitsprognose bestehen, lässt sich schwer bestimmen. Die Entwurfsbegründung lässt nicht erkennen, was man sich unter einem solchen Ort vorzustellen hat und gibt keine Beispiele. Gemeint ist nicht die spezifisch geplante Straftat, die die Befugnis zu Identitätsfeststellungen an einem solchen Ort überhaupt erst eröffnet. Stattdessen geht es um Orte, die allgemein für eine Verabredung, Vorbereitung oder Verübung von Straftaten nach § 5 Abs. 1 BKAG genutzt werden.[9] Die Vorstellung ist also, dass das BKA dann, wenn es konkrete Anhaltspunkte hat, dass eine terroristische Straftat demnächst stattfinden soll, alle Orte identitätsfeststellend „abfrühstücken" können soll, von denen bekannt ist, dass dort bisweilen terroristische Straftaten verabredet, vorbereitet oder verübt werden. Denkbar ist insoweit die Identitätsfeststellung in einem Internetcafé, von dem aus in der Vergangenheit terroristische Straftaten angebahnt oder koordiniert wurden oder in einer einschlägigen Szenestammkneipe, die von einer rechtsterroristischen Zelle öfter besucht und auch für einen Austausch mit Unterstützerinnen und Unterstützern genutzt wurde. Ganz offenkundig liegt der Norm ein im Rahmen der Terrorismusabwehraufgabe übliches Denken in personalen Netzwerken, einschlägigen Treffpunkten und Koordinationsstrukturen zugrunde, das mit klassischen situationsbezogenen Gefährlichkeitsprognosen wenig gemein hat.[10] Akzeptiert man diese Netzwerklogik – wofür bei niederschwelligen Eingriffen wie einer Identitätsfeststellung vieles spricht – müssen auch die daraus folgenden **Unbestimmtheitsprobleme für die Betroffenen** hingenommen werden. Denn das Wissen um entsprechende Strukturen, die ein ortsbezogenes, netzwerkbasiertes Gefährlichkeitsurteil stützen können, ist – wenn überhaupt, was man hoffen möchte – nur bei der handelnden Behörde verfügbar. Für diejenigen, die einer Identitätsfeststellung an einem solchen Ort unterzogen werden, dürfte die Erfüllung der Voraussetzungen eines solchen „gefährlichen Orts" iSd Nr. 2 lit. a weitgehend unvorhersehbar sein. Rechtsstaatlich wird man daher zumindest fordern müssen, dass die ortsbezogene Gefährlichkeitsprognose in einem nachfolgenden Rechtsschutzverfahren hinreichend expliziert und durch konkrete Erkenntnisse des BKA belegt wird, um eine gerichtliche Prüfung zu ermöglichen. Nicht ausreichend sind dann bloß allgemein behauptete „kriminalistische Erfahrungen" oder „Geheimwissen" der Sicherheitsbehörden. Führt im Rahmen verwaltungsgerichtlicher Überprüfung ein *in camera*-Verfahren zu dem Ergebnis, dass die die Gefährlichkeitsprognose stützenden Informationen geheim gehalten werden dürfen,[11] trifft die Prozesslast das BKA. Die Identitätsfeststellung, die an einem Ort, dessen Gefährlichkeit das Amt nicht prozessordnungsgemäß belegen kann bzw. will, durchgeführt wurde, gilt dann eben im Ergebnis als rechtswidrig, womit das Amt leben muss. Soweit zusätzliches Wissen vorhanden ist, das aber aus Geheimhaltungsgründen nicht prozessual eingeführt werden konnte, mag man sich damit beruhigen, in der Sache nichts falsch gemacht zu haben.

12 Nach **Nr. 2 lit. b** gelten zudem alle Orte als gefährlich und zur Identitätsfeststellung berechtigend, von denen Tatsachen die Annahme rechtfertigen, dass sich dort **Personen ohne erforderlichen Aufenthaltstitel treffen.** Die Entwurfsbegründung rechtfertigt diese Typisierung als „gefährlicher Ort" nicht. Die Annahme, dass eine Begehung von Straftaten nach § 5 Abs. 1 BKAG (internationaler und länderübergreifender Terrorismus!) durch Personen ohne Aufenthaltstitel relevant erhöht sei,[12] ist **bar jeder Grundlage.** Sie fußt womöglich auf einer gedanklichen Verengung des Phänomens internationalen Terrorismus auf den islamistischen Terrorismus und der weiteren Annahme, dass Täterinnen und Täter regelmäßig in Kreisen mit Personen ohne Aufenthaltstitel verkehrten. Auch hierfür sind keine Anhaltspunkte ersichtlich. Eine Rechtfertigung erschließt sich höchstens, wenn man das Ziel der Maßnahme – die Identitätsfeststellung zur weiteren Abklärung der potenziellen Gefährlichkeit von Personen – bedenkt. Die Identität derjenigen, die bereits auf dem sicherheitsbehördlichen Radar sind, ist bekannt, so dass eine Identitätsfeststellung hier nicht erforderlich ist, sondern nur verbotene Schikane wäre. Personen mit Aufenthaltstitel sind notwendig bereits an irgendeinem Punkt behördlich in Erscheinung getreten und können bei entsprechenden Anhaltspunkten sicherheitsbehördlich im Auge behalten werden. Personen ohne Aufenthaltstitel gehören damit am ehesten zu dem Personenkreis, über den Sicherheitsbehörden keinerlei Erkenntnisse vorliegen. Insofern ist es nicht

9 BT-Drs. 16/9588, 22: „Durch Buchstabe a werden Orte erfasst, die nach polizeilichen Erkenntnissen typischerweise von potenziellen Tätern besucht werden".

10 Bäcker/Giesler/Harms/Hirsch/Kaller/Wolff, Bericht der Regierungskommission zur Überprüfung der Sicherheitsgesetzgebung in Deutschland v. 28.8.2013, S. 71 f.; zum Phänomen personenbezogener Gefahrurteile RhbZS/Rusteberg 6. Kap. Rn. 15; ders. in Münkler (Hrsg.), Dimensionen des Wissens im Recht, 2019, S. 234 (236).

11 Zum *in camera*-Verfahren und der Problematik sicherheitsbehördlichen Halb-Wissens Buchheim/Möllers in GVwR II, 3. Aufl. 2022, § 46 Rn. 139, mwN.

12 So ohne Beleg oder Begründung Schenke/Graulich/Ruthig/Schenke BKAG § 42 Rn. 6.

gänzlich fernliegend, im Fall konkret geplanter terroristischer Straftaten diese „Wissenslücke" durch Identitätsfeststellungen an Orten zu schließen, an denen sich besonders viele den Behörden noch gänzlich unbekannte Personen (= Personen ohne Aufenthaltstitel) aufhalten. **Ob diese Erwägung als Sachgrund für die gesetzliche Typisierung ausreicht**, erscheint angesichts ihrer erkennbar nach stereotypen Annahmen operierenden Stoßrichtung und schrotflintenartigen Wirkung (flächendeckende Erleichterung undifferenzierter Kontrollen im „illegalen" Ausländermilieu im zeitlichen Umfeld drohender Terroranschläge) **äußerst fraglich.**[13] Dabei ist zu bedenken, dass die Identitätsfeststellung vom Gesetzgeber gerade als „Einstiegs"-Maßnahme zur Ermöglichung weiterer informatorischer Eingriffsmaßnahmen intendiert ist. Es ist also keineswegs so, als erschöpfte sich die mit Maßnahmen nach § 42 BKAG verbundene Belastung der Betroffenen regelmäßig in den unmittelbaren Folgen der Identitätsfeststellung.[14] Es ist – schon allein wegen der stigmatisierenden Wirkung einer Kontrolle durch eine Antiterrorbehörde – nicht allen, die in Kreisen mit Personen ohne Aufenthaltstitel verkehren, zuzumuten, in dieser Weise auf das Radar des BKA im Kontext seiner höchst eingriffsintensiven Terrorismusabwehraufgabe zu geraten.

Nach **Nr. 3** ist schließlich eine erforderliche **Identitätsfeststellung an und im Umfeld von gefährdeten Orten** 13
zulässig, also Orten die von einer Begehung terroristischer Straftaten (§ 5 Abs. 1 BKAG) besonders bedroht sind. Der Kreis der infrage kommenden Orte ist regelbeispielhaft umschrieben (ua öffentliche Verkehrsmittel, Amtsgebäude) und soll insbesondere öffentliche Sachen und Infrastrukturen umfassen, die als Anschlagsziele besonders attraktiv erscheinen. Auch hier ist der Kreis der infrage kommenden Orte nicht gut vorhersehbar, aber immerhin anhand der Regelbeispiele eingrenzbar. Zudem müssen **Tatsachen die Annahme rechtfertigen, dass an diesem Ort Straftaten nach § 5 Abs. 1 BKAG begangen werden sollen.** Es sind also nur an solchen Orten Identitätsfeststellungen möglich, die für die Straftat infrage kommen, wegen deren Drohens die besondere Befugnis zur Identitätsfeststellung an gefährdeten Orten eröffnet ist. Wenn also bekannt ist, dass ein Terroranschlag auf ein Sportgroßereignis geplant ist, wird man nur in Fußballstadien und an anderen Veranstaltungsorten sowie der dorthin führenden Verkehrsinfrastruktur gem. Nr. 3 kontrollieren können, nicht im Umfeld der deutschen Botschaft in Stockholm. Die Befugnis ist weiter dadurch bedingt, dass den dort sich aufhaltenden Personen oder den gefährdeten Objekten selbst ein Schaden drohen muss.

II. Befugnis zur Prüfung von Berechtigungsscheinen (Abs. 2)

Mit der Befugnis zur Identitätsfeststellung geht, soweit das erforderlich ist, auch die Befugnis zur Prüfung 14
von Berechtigungsscheinen und Urkunden einher, die die Betroffenen durch Rechtsvorschrift mitzuführen verpflichtet sind. Hierunter fallen nach der Gesetzesbegründung etwa Flugscheine und Piloten- und Führerscheine wie auch Zugangsnachweise für sicherheitsrelevante Bereiche.[15] Die Dokumente sind zum Zweck der Prüfung **auszuhändigen, nicht nur vorzulegen.**[16] Nach herkömmlichem Sprachgebrauch meint „durch Rechtsvorschrift" **nur rechtliche Verpflichtungen aufgrund abstrakt-genereller Rechtsnormen**, also nicht aus Vertrag oder Verwaltungsakt.[17]

§ 43 Erkennungsdienstliche Maßnahmen

(1) Ist eine nach § 42 Absatz 1 zulässige Identitätsfeststellung auf andere Weise nicht oder nur unter erheblichen Schwierigkeiten möglich, kann das Bundeskriminalamt erkennungsdienstliche Maßnahmen entsprechend § 24 Absatz 3 des Bundespolizeigesetzes vornehmen.

(2) [1]Ist die Identität festgestellt, sind die im Zusammenhang mit der Feststellung angefallenen Unterlagen zu vernichten, es sei denn, ihre weitere Aufbewahrung ist nach anderen Rechtsvorschriften zulässig. [2]Sind die Unterlagen an andere Stellen übermittelt worden, sind diese über die erfolgte Vernichtung zu unterrichten.

13 Ebenso für eine Verfassungswidrigkeit Kugelmann BKAG § 20d Rn. 6.
14 So aber Schenke/Graulich/Ruthig/Schenke BKAG § 42 Rn. 6.
15 BT-Drs. 16/9588, 22.
16 Kugelmann BKAG § 20d Rn. 8.
17 Schenke/Graulich/Ruthig/Schenke BPolG § 23 Rn. 47.

A. Überblick und Genese

1 Die Vorschrift ist gültig seit dem 25.5.2018 und entspricht dem bis dahin gültigen § 20e BKAG aF. § 43 BKAG normiert eine **Standardmaßnahme,** die sich in allen Polizei- und Ordnungsgesetzen findet. Hier wird sie **beschränkt auf die Abwehr von Gefahren des internationalen Terrorismus.** Aus § 42 Abs. 1 BKAG ergibt sich, dass der Anwendungsbereich der Vorschrift eröffnet ist, wenn Tatsachen die Annahme rechtfertigen, dass eine Straftat nach § 5 Abs. 1 S. 2 BKAG begangen werden soll (→ § 5 Rn. 26 ff.; → § 42 Rn. 6 ff.). Dabei handelt es sich um die in § 129a Abs. 1 und 2 StGB bezeichneten Straftaten. Die Vorschrift regelt neben der **Vornahme der erkennungsdienstlichen Behandlung** auch die **Aufbewahrung, Speicherung und Vernichtung daraus gewonnener Erkenntnisse.** Das BKAG ermöglicht dem BKA auch an anderer Stelle die Vornahme erkennungsdienstlicher Maßnahmen (§ 63 Abs. 4). Sowohl das Erheben der erkennungsdienstlichen Merkmale als auch das Aufbewahren der dabei angefallenen Unterlagen stellt einen **Eingriff in das Persönlichkeitsrecht in seiner Ausprägung als informationelles Selbstbestimmungsrecht** (Art. 2 Abs. 1 iVm Art. 1 Abs. 1 GG) des Betroffenen dar.

B. Kommentierung im Einzelnen

I. Befugnis zu erkennungsdienstlichen Maßnahmen (Abs. 1)

2 **1. Inhalt und Begriff.** Erkennungsdienstliche Maßnahmen sind all diejenigen **Feststellungen über Merkmale des äußeren Erscheinungsbildes einer Person, die ihre Wiedererkennung ermöglichen.**[1] Mitunter wird der Begriff auch weiter gefasst und wie folgt definiert: Erkennungsdienstliche Maßnahmen sind Erhebungen personenbezogener Daten und dienen der Feststellung der Identität, aber auch der Feststellung von Eigenschaften, die die Person nicht nur identifizieren, sondern auch charakterisieren.[2]

3 Die polizeirechtliche Ermächtigung begründet grundsätzlich nur die **Befugnis zu offenen erkennungsdienstlichen Maßnahmen.** Verdeckte erkennungsdienstliche Maßnahmen sind grundsätzlich unzulässig.[3] Etwas Anderes kann gelten, wenn die Voraussetzungen eines Sofortvollzugs vorliegen (§ 6 Abs. 2 VwVG).[4]

4 Mögliche erkennungsdienstliche Mittel sind die in **§ 24 Abs. 3 BPolG** genannten, deren **Aufzählung nicht abschließend** ist.[5] Nach § 24 Abs. 3 BPolG sind erkennungsdienstliche Maßnahmen insbesondere die Abnahme von Finger- und Handflächenabdrücken, die Aufnahme von Lichtbildern einschließlich Bildaufzeichnungen, die Feststellungen äußerer körperlicher Merkmale, Messungen und mit Wissen des Betroffenen erfolgte Stimmaufzeichnungen. **Andere** als in § 24 Abs. 3 BPolG genannte **Mittel dürfen nicht eingriffsintensiver sein.**

5 Da es sich bei erkennungsdienstlichen Maßnahmen auch um körperliche Aufnahmen von persönlichen Merkmalen handeln kann und die Aufbewahrung von persönlichen Daten einen erheblichen Eingriff in die Grundrechte des Betroffenen darstellen, muss **in der Anordnung** eine **Konkretisierung der Einzelmaßnahme** erfolgen.[6]

6 **2. Einzelmaßnahmen (vgl. § 24 Abs. 3 BPolG). a) Finger- und Handflächenabdrücke.** Bei der Abnahme von Finger- und Handflächenabdrücken handelt es sich wohl um das am häufigsten eingesetzte Instrument zur Identitätsfeststellung. Die Abdrücke können **sowohl durch Einscannen als auch den Einsatz von Farbe** abgenommen werden.

7 **b) Aufnahme von Lichtbildern einschließlich Bildaufzeichnungen.** Bei der Aufnahme von Lichtbildern sind **Gesamt-, Profil- oder Ausschnittsaufnahmen zulässig. Auch Videofilme** können genutzt werden. Vergleichs-

1 Vgl. VGH München Urt. v. 27.9.1983 – Nr. 21 B 82 A 2261 –, NJW 1984, 2235 (2236).
2 Kingreen/Poscher, POR, § 13 Rn. 59.
3 Lisken/Denninger/Graulich, HdbPolR, E Rn. 343.
4 Schenke/Graulich/Ruthig/Schenke BPolG § 24 Rn. 2.
5 BT-Drs. 16/10121, 24.
6 Lisken/Denninger/Graulich, HdbPolR, E Rn. 360.

aufnahmen können **notfalls auch gegen den Willen des Betroffenen** gefertigt werden. Dazu gehört auch, dass er bestimmte Positionen mit bestimmter Kopf- und Armhaltung einnehmen muss.[7]

c) **Feststellung äußerer körperlicher Merkmale.** Unter die Feststellung äußerer körperlicher Merkmale fallen zB die Feststellung von Hautfarbe, Narben, Tätowierungen oder der Zustand der Zähne. **Eingriffe in die körperliche Integrität** zur Feststellung körperlicher Merkmale sind **unzulässig.**[8] 8

d) **Messungen.** Messungen können sich auf die Körpergröße, das Gewicht aber auch die Länge einzelner Körperteile beziehen. Die Rechtsprechung sieht **Messungen der Atem- und Pulsbewegungen,** mit deren Hilfe die Erregung einer Person festgestellt werden kann, als **unzulässig** an.[9] **Schriftproben** sind ebenfalls **nicht erlaubt.**[10] 9

e) **Mit Wissen des Betroffenen erfolgte Stimmaufzeichnungen.** Stimmaufzeichnungen sind **nur mit Zustimmung des Betroffenen** zulässig. Sie ermöglichen wichtige Erkenntnisse über Dialekt oder etwaige Sprachfehler. 10

f) **Mögliche weitere erkennungsdienstliche Mittel.** Mögliche weitere erkennungsdienstliche Mittel können die **Abnahme von Zeh- und Fußabdrücken** sein. 11

Die Herstellung eines **genetischen Fingerabdrucks** durch eine DNA-Analyse gehört – vorbehaltlich ausdrücklicher Regelungen – nicht zu den polizeigesetzlich zulässigen Maßnahmen.[11] Die Befugnis zur Vornahme erkennungsdienstlicher Maßnahmen ermächtigt nur dort zur Abnahme eines genetischen Fingerabdrucks, wo dieser eigens geregelt ist.[12] Dies ist bei § 43 BKAG nicht der Fall. Auch die **Abnahme von Blut-, Gewebe-, Fingernagel- oder Fußnagelproben** ist **unzulässig.** 12

3. Verhältnismäßigkeit. Für die Anordnung erkennungsdienstlicher Maßnahmen gilt der Grundsatz der Verhältnismäßigkeit. Kommen mehrere gleich geeignete erkennungsdienstliche Maßnahmen in Betracht, ist **diejenige auszuwählen, die den Betroffenen am wenigsten beeinträchtigt.** Darüber hinaus ist von weiteren erkennungsdienstlichen Maßnahmen Abstand zu nehmen, wenn eine einzelne bereits das Ziel – die Identitätsfeststellung – erreicht hat. 13

Teilweise wird die Auffassung vertreten, dass es einer Aufnahme von Lichtbildern oder der Abnahme von Fingerabdrücken nicht bedarf, wenn beispielsweise **eine dritte Person fernmündlich das Vorhandensein äußerlicher körperlicher Merkmale des Betroffenen bestätigen** und damit für Gewissheit über dessen Identität sorgen kann.[13] Diese Auffassung erscheint zumindest zweifelhaft. Sie legt nahe, dass Angaben der dritten Person grundsätzlich der objektiven Wahrheit entsprechen würden und so ein eindeutiger Schluss auf das Vorhandensein bestimmter äußerlicher Merkmale und folglich auch der Identität möglich wäre. Dies ist jedoch nicht der Fall. Angaben Dritter können vorsätzlich oder irrtümlich falsch sein. Die Angaben sind folglich gründlich auf ihre Glaubhaftigkeit zu prüfen. Ihr Vorliegen schließt die Vornahme erkennungsdienstlicher Maßnahmen jedenfalls nicht aus. Das Überprüfen anhand von Lichtbildern oder Fingerabdrücken kann demnach auch neben der Befragung Dritter erforderlich sein. 14

4. Durchsetzung. Standardmaßnahmen sind grundsätzlich als **Verwaltungsakte iSd § 35 VwVfG** anzusehen, auch wenn sie ihrem Wortlaut nach eine Ermächtigung zu tatsächlichen Ausführungshandlungen – hier der Durchführung der erkennungsdienstlichen Maßnahmen – zu enthalten scheinen. Die Vollziehungshandlung ist nur ein Annex des Verwaltungsaktes.[14] Der auf Duldung gerichtete Verwaltungsakt[15] kann nach Maßgabe des VwVG vollstreckt werden. 15

Das Recht, eine Person festzuhalten und zur Dienststelle zu verbringen, lässt sich nicht auf § 43 Abs. 1 BKAG stützen. Jedoch ist **§ 42 BKAG taugliche Rechtsgrundlage** für das Verbringen zur Dienststelle zwecks Durchführung der erkennungsdienstlichen Maßnahmen zur Identitätsfeststellung. 16

II. Vernichtungs- und Unterrichtungspflicht (Abs. 2)

Nach § 43 Abs. 2 S. 1 BKAG **sind die im Zusammenhang mit der Feststellung angefallenen Unterlagen zu vernichten, wenn die Identität festgestellt wurde.** Dies gilt nicht, wenn ihre weitere Aufbewahrung nach an- 17

7 Vgl. BGH Beschl. v. 16.9.1992 – 3 StR 413/92 –, NStZ 1993, 47 (48).
8 Schenke/Graulich/Ruthig/Schenke BPolG § 24 Rn. 28.
9 Vgl. BGH Urt. v. 9.4.1986 – 3 StR 551/85 –, BGHSt 34, 39 (45).
10 Schenke/Graulich/Ruthig/Schenke BPolG § 24 Rn. 30.
11 Lisken/Denninger/Graulich, HdbPolR, E Rn. 377.
12 Lisken/Denninger/Graulich, HdbPolR, E Rn. 363.
13 Lisken/Denninger/Rachor/Graulich, HdbPolR, E Rn. 382.
14 Lisken/Denninger/Graulich, HdbPolR, E Rn. 63; anders Stelkens/Bonk/Sachs/Schmidt, VwVfG, 9. Aufl. 2018, § 35 Rn. 96.
15 Schenke/Graulich/Ruthig/Schenke BPolG § 24 Rn. 2; Lisken/Denninger/Graulich, HdbPolR, E Rn. 343; vgl. auch OVG Münster Urt. v. 7.8.2018 – 5 A 294/16 –, NVwZ 2018, 1497 ff. Zu § 81b Alt. 2 StPO vgl. BVerwG Beschl. v. 14.7.2014 – 6 B 2/14 –, NVwZ-RR 2014, 848 (849, Rn. 4) sowie Urt. v. 19.10.1982 – 1 C 29.79 –, BeckRS 1982, 106515; VG Würzburg Urt. v. 29.3.2019 – W 9 K 18.476 –, BeckRS 2019, 11380.

deren Rechtsvorschriften zulässig ist. § 43 Abs. 2 S. 2 BKAG normiert darüber hinaus eine Informationspflicht bezüglich der erfolgten Vernichtung, wenn die Unterlagen an andere Stellen übermittelt worden sind.

18 **1. Feststellung der Identität.** Sobald die Identität des Betroffenen festgestellt wurde, sind die im Zusammenhang mit der Feststellung angefallen Unterlagen zu vernichten. Die Identität ist festgestellt, **wenn Familienname, Vorname, Geburtsort, Geburtsdatum, Anschrift, Staatsangehörigkeit sowie Familienstand des Betroffenen feststehen.**[16]

19 **2. Anforderungen an die Vernichtung.** Ist die Identität einer Person festgestellt, sind die im Zusammenhang mit der Feststellung angefallenen Unterlagen nach § 43 Abs. 2 BKAG grundsätzlich zu vernichten. Dieses Erfordernis ergibt sich aus dem **Grundsatz der Folgenbeseitigung iVm dem Verhältnismäßigkeitsgrundsatz.** Die Vernichtung erfolgt **von Amts wegen,** dh sie setzt keinen Antrag des Betroffenen voraus.[17]

20 Eine Vernichtung von angefallenen Unterlagen kann grundsätzlich auch in den Fällen vorzunehmen sein, in denen die Identität nicht durch die erkennungsdienstlichen Maßnahmen festgestellt wurde und sich voraussichtlich auch nicht anhand der Unterlagen wird feststellen lassen können. In diesem Zusammenhang ist der Grundsatz der Verhältnismäßigkeit zu berücksichtigen. Da es in den hier einschlägigen Fällen grundsätzlich um die Verhütung schwerer Straftaten geht (§ 5 Abs. 1 S. 2 BKAG), wird eine **Vernichtung mangels Verhältnismäßigkeit der Aufbewahrung im Verhältnis zur drohenden Gefahr** selten erforderlich sein. Denkbar ist dies jedoch beispielsweise bei einem nur vagen Verdachtsgrad.

21 Die Vernichtung stellt eine **Löschung** personenbezogener Daten iSd **§ 3 Abs. 4 S. 2 Nr. 5 BDSG** dar.

22 Der **Begriff der Unterlage** ist weit zu verstehen. Eine Definition des Begriffs findet sich nicht, jedoch kann der im Bereich des Datenschutzes verwendete Begriff des Datenträgers zum besseren Verständnis herangezogen werden. Als Datenträger werden alle externen Medien erfasst, auf denen (personenbezogene) Daten gespeichert werden,[18] zB USB-Sticks, Festplatten oder Flash-Speichermedien. Der Begriff der Unterlage umfasst daneben aber auch Papierunterlagen, auf denen personenbezogene Daten gespeichert werden.

23 Die Pflicht zur Vernichtung der angefallenen Unterlagen erstreckt sich auf **sämtliche erstellte Dokumente,** also auch Kopien oder Ähnliches.

24 **3. Möglichkeit der Aufbewahrung.** Die Unterlagen dürfen aufbewahrt werden, **solange die Identität noch nicht festgestellt wurde.**

25 Die Unterlagen müssen zudem nicht vernichtet werden, wenn ihre weitere **Aufbewahrung nach anderen Rechtsvorschriften zulässig** ist. Die Unterlagen sind idR für die Durchführung möglicher künftiger Ermittlungsverfahren erforderlich. Als andere Rechtsvorschrift kommt beispielsweise § 81b Alt. 1 StPO in Betracht, wenn der Betroffene einer Straftat verdächtig ist.

26 Bei der Frage, **wie lange** erkennungsdienstliche Unterlagen **aufzubewahren** sind, ist zudem der **Grundsatz der Verhältnismäßigkeit** zu berücksichtigen (→ Rn. 13 f.).

27 Die Speicherung und Aufbewahrung erkennungsdienstlicher Vorgänge erfolgt heutzutage **überwiegend elektronisch.** Die Daten werden im polizeilichen Vorgangs- und Bearbeitungssystem (VBS) NIVADIS gespeichert.[19] Daneben gibt es die zentrale Verbunddatei „Erkennungsdienst", die als sog. **E-Gruppe** dem Nachweis von Fingerabdrücken, Lichtbildern, Personenbeschreibungen und Handschriften dient (näher → § 2 Rn. 31). Neben der allgemeinen erkennungsdienstlichen Datei werden weitere damit inhaltlich zusammenhängende Systeme betrieben. Zu nennen sind insbesondere die Automatisierten Fingerabdruck Identifizierungssysteme für den polizeirechtlichen (AFIS-P) und den asylrechtlichen Bereich (AFIS-A) und die Nationale Datenbank für digitalisierte Fingerabdrücke für Polizei (NatDB P) und Asyl (NatDB A).[20]

28 **4. Notwendigkeit der Unterrichtung.** In § 43 Abs. 2 S. 2 BKAG wird eine Informationspflicht normiert. Danach sind andere Stellen, denen die Unterlagen übermittelt worden sind, über die Vernichtung der Unterlagen zu unterrichten. Sinn dieser Informationspflicht ist es, **die anderen Stellen zu einer Prüfung der Vernichtung oder weiteren Aufbewahrung der Unterlagen zu veranlassen.** Aus der sich aus § 43 Abs. 2 S. 1 BKAG ergebenden Pflicht, die Unterlagen zu vernichten, folgt nicht, dass auch andere Stellen eine Vernichtung vornehmen müssen. Vielmehr müssen diese in eigener Zuständigkeit über den weiteren Umgang mit den Unterlagen entscheiden.

16 Schenke/Graulich/Ruthig/Schenke BPolG § 24 Rn. 20.
17 Lisken/Denninger/Rachor/Graulich, HdbPolR, E Rn. 385 f.
18 BeckOK-Datenschutzrecht/Bock BDSG § 64 Rn. 64 (2022).
19 Lisken/Denninger/Graulich, HdbPolR, E Rn. 356.
20 Lisken/Denninger/Arzt, HdbPolR, G Rn. 1228.

III. Verhältnis zu §§ 81b, 163b StPO

Dem **BKA, das gem. § 4 BKAG in bestimmten Fällen die Aufgabe der Strafverfolgung wahrnimmt** (→ § 4 Rn. 14 ff.), steht in den betreffenden Fällen auch die Befugnis zur Durchführung erkennungsdienstlicher Maßnahmen nach den §§ 81b, 163b Abs. 1 S. 3 StPO zu. 29

Das Verhältnis der §§ 81b, 163b Abs. 1 S. 3 StPO zu den Vorschriften, die erkennungsdienstliche Maßnahmen im Rahmen der Gefahrenabwehr erlauben, ist **umstritten**. Einigkeit besteht insoweit, als **erkennungsdienstliche Maßnahmen, die der Abwehr konkreter Gefahren dienen, nicht auf § 81b StPO gestützt werden können.**[21] Da die Identitätsfeststellung eine konkrete Gefahr voraussetzt (→ § 42 Rn. 6, → § 38 Rn. 15 ff.), ist dies auch bei § 43 BKAG der Fall. Sollen erkennungsdienstliche Maßnahmen sowohl der Gefahrenabwehr als auch der Strafverfolgung dienen, kommt eine Anwendung des § 43 BKAG in Betracht. In diesen Fällen kommt es nicht darauf an, ob derartige doppelfunktionale Maßnahmen schwerpunktmäßig der Gefahrenabwehr und der Gefahrenvorsorge dienen.[22] 30

IV. Rechtsschutz

Folgt man der vorzugswürdigen Auffassung, dass es sich bei der Vornahme erkennungsdienstlicher Maßnahmen um Realakte handelt (→ Rn. 15), die mit einem auf deren Duldung gerichteten Verwaltungsakt einhergehen, richtet sich der **Rechtsschutz** nach den **§§ 42, 113 VwGO.** 31

Um **die Vernichtung der angefallenen Unterlagen** zu erreichen, kann **ein Antrag auf Vollzugsfolgenbeseitigung nach § 113 Abs. 1 S. 2 VwGO** gestellt werden. Darüber kann das BKA verpflichtet werden, die angefallenen Unterlagen zu vernichten. 32

Nach Maßgabe des VwVG kann zur Durchsetzung der erkennungsdienstlichen Maßnahme unmittelbarer Zwang angewandt oder ein Zwangsgeld verhangen werden. 33

§ 44 Vorladung

(1) Das Bundeskriminalamt kann eine Person schriftlich oder mündlich vorladen, wenn

1. **Tatsachen die Annahme rechtfertigen, dass die Person sachdienliche Angaben machen kann, die für die Erfüllung der dem Bundeskriminalamt nach § 5 Absatz 1 Satz 1 obliegenden Aufgabe erforderlich sind, oder**
2. **dies zur Durchführung erkennungsdienstlicher Maßnahmen erforderlich ist.**

(2) § 25 Absatz 2 bis 4 des Bundespolizeigesetzes gilt entsprechend.

A. Zweck und Bedeutung

Die Vorschrift ist gültig seit dem 25.5.2018 und entspricht dem früheren § 20f BKAG aF. 1

Die Vorschrift normiert eine polizeiliche **Standardmaßnahme**, die auf die Bekämpfung des internationalen Terrorismus beschränkt ist. Sie ergänzt die Regelungen der Befragung und Auskunftspflicht (§ 41) sowie der Identitätsfeststellung (§ 42).[1] Sie dient der **Vorbereitung der Datenerhebungsmaßnahmen nach §§ 41 und 43 BKAG.** Demgegenüber fungiert die Vorschrift weder für die Befragung noch für die erkennungsdienstliche Behandlung als Rechtsgrundlage. 2

Die Vorladung stellt einen Verwaltungsakt (§ 35 VwVfG) dar, der die **Verpflichtung** beinhaltet, zu einer bestimmten Zeit an einem bestimmten Ort zu erscheinen und an diesem bis zur Erledigung der Angelegenheit zu verbleiben.[2] Diese Verbindlichkeit unterscheidet die polizeiliche Vorladung im Rahmen präventivpolizei- 3

21 Schenke/Graulich/Ruthig/Schenke BPolG § 24 Rn. 4.
22 Schenke/Graulich/Ruthig/Schenke BPolG § 24 Rn. 6.
1 BT-Drs. 16/10121, 24.
2 Drewes/Malmberg/Wagner/Walter/Drewes BPolG § 25 Rn. 1.

lichen Vorgehens von der Vorladung im Rahmen der Strafverfolgung. Die Polizei kann eine Person zwar gem. § 163 StPO vorladen, eine Pflicht zum Erscheinen folgt daraus jedoch nicht. Diese besteht lediglich bei einer Vorladung durch die Staatsanwaltschaft oder den Richter (§§ 133 ff., 161a Abs. 1 S. 1, 163a Abs. 3 S. 1 StPO).[3]

4 Bei der Vorschrift handelt es sich um eine **abschließende Spezialregelung**. Die Vorladung darf nur nach den in § 44 Abs. 1 BKAG genannten Zwecken erfolgen. Daraus folgt, dass sie nicht dazu dienen darf, eine bereits verübte Straftat oder Ordnungswidrigkeit aufzuklären. Eine solche ist nur auf Grundlage der StPO zulässig.

5 Die Vorladung schränkt nach hM lediglich die allgemeine Handlungsfreiheit des Art. 2 Abs. 1 GG in zulässiger Weise ein, stellt jedoch noch keinen Eingriff in die durch Art. 2 Abs. 2 S. 2 GG geschützte körperliche Bewegungsfreiheit dar.[4] Die **Einschränkung der Fortbewegungsfreiheit** stellt eine **notwendige Folge staatlicher Maßnahmen** dar, dh die grundrechtliche Freiheit der Person soll nicht beeinträchtigt werden.[5] Ihre zwangsweise Durchsetzung greift hingegen in den Schutzbereich des Art. 2 Abs. 2 S. 2 iVm Art. 104 Abs. 1 GG ein.[6]

B. Kommentierung im Einzelnen

I. Tatbestandsvoraussetzungen (Abs. 1)

6 **1. Vorladung zum Zweck der Auskunftserteilung (Nr. 1).** Das BKA kann eine Person nach § 44 Abs. 1 Nr. 1 BKAG vorladen, wenn Tatsachen die Annahme rechtfertigen, dass die Person sachdienliche Angaben machen kann, die für die Erfüllung der dem Amt nach § 5 Abs. 1 S. 1 BKAG obliegenden Aufgabe erforderlich sind. § 44 Abs. 1 Nr. 1 BKAG setzt damit zunächst das Vorliegen der **Voraussetzungen des § 5 Abs. 1 S. 1 BKAG** (→ § 5 Rn. 38 ff.) voraus.

7 Die **Annahme, dass eine Person sachdienliche Angaben machen kann**, darf sich nicht aus bloßen Vermutungen ergeben, sondern muss **auf Tatsachen beruhen**. Vorausgesetzt wird, dass die Polizei Kenntnis von Tatsachen hat, die es nahelegen, dass der Vorgeladene durch seine Aussage etwas zur Erfüllung der polizeilichen Aufgaben beitragen kann.[7] Ist von vornherein sicher, dass die Person keine sachdienlichen Angaben machen kann, ist die Vorladung ungeeignet. Sofern die Person keine Angaben machen möchte, kann eine Vorladung sinnvoll sein und ist jedenfalls nicht ungeeignet.[8] Ob die Person sachdienliche Angaben machen kann, ist in dem Moment zu beurteilen, in dem das BKA die Vorladung anordnet. Fallen die Gründe für diese Annahme vor Durchführung der Vorladung weg, ist sie aufzuheben.

8 Die Angaben müssen für die Erfüllung der dem BKA obliegenden Aufgabe erforderlich sein. Das Merkmal der **Erforderlichkeit**, das Ausdruck des Verhältnismäßigkeitsgrundsatzes ist, setzt voraus, dass die Kenntnis der Angaben zur Erreichung des konkreten Zwecks objektiv geeignet und im Verhältnis zum ihm auch notwendig ist. Dies ist der Fall, wenn die Polizei auf die Kenntnis der Angaben angewiesen ist, um eine bestimmte Aufgabe vollständig und rechtzeitig wahrzunehmen.[9]

9 Der Betroffene darf nicht zum Erscheinen vor der Polizei verpflichtet werden, wenn nicht bereits **durch weniger intensive Eingriffe** – zB Auskünfte von Behörden oder Akteneinsicht – die mit der Vorladung verfolgten Zwecke verwirklicht werden können.[10] Fraglich erscheint, ob das Gebot des geringstmöglichen Eingriffs es gebietet, dass die Polizei in den Fällen, in denen es um die Erlangung sachdienlicher Angaben geht, die **betreffende Person zunächst aufsuchen** muss, um die begehrte Auskunft zu erlangen.[11] Gegen ein grundsätzliches Erfordernis dieser Art spricht, dass der Dienstbetrieb des BKA erheblich beeinträchtigt würde, wenn Polizeibeamte die Betroffenen in jedem solcher Fälle zunächst aufsuchen müssten. Auch sind ein Aufsuchen und die damit verbundenen Reaktionen im sozialen oder beruflichen Umfeld nicht in jedem Fall iSd betroffenen Person, folglich auch nicht weniger eingriffsintensiv. Es erscheinen mit Blick auf die zu erfüllende Aufgabe des BKA (die Abwehr von Gefahren) jedoch auch Konstellationen denkbar, in denen es sachgerecht wäre, die Person zunächst aufzusuchen. Aufgrund dessen ist eine grundsätzliche Regel, dass die betroffene Person aufgesucht werden muss, bevor sie vorgeladen werden darf, abzulehnen. Vielmehr ist dies **im jeweiligen Einzelfall zu entscheiden.**

3 Ehlers/Fehling/Pünder BVwR III/Pünder § 69 Rn. 211.
4 Dürig/Herzog/Scholz/Di Fabio GG Art. 2 Abs. 2 S. 2 (2009) Rn. 32.
5 AA Dreier/Schulze-Fielitz GG I, Art. 2 Abs. 2 Rn. 104; BeckOK-POR NRW/Ogorek PolG NRW § 10 Rn. 2 (2022).
6 Vgl. BVerfG Beschl. v. 23.5.1967 – 2 BvR 534/62 –, BVerfGE 22, 21 (22).
7 BeckOK-PolSiR Bayern/Grünewald BayPAG Art. 15 Rn. 16 (2022).
8 Ehlers/Fehling/Pünder BVwR III/Pünder § 69 Rn. 211.
9 BeckOK-POR NRW/Ogorek PolG NRW § 10 Rn. 16 (2022).
10 Schenke/Graulich/Ruthig/Schenke BPolG § 25 Rn. 7.
11 BeckOK-PolR Baden-Württemberg/Hauser PolG BW § 28 Rn. 14 (2022).

Auf eine **besondere Pflicht zur Auskunftserteilung** über die gesetzlichen Voraussetzungen hinaus kommt es nicht an. Dies ergibt sich bereits aus dem Wortlaut, der nicht an eine solche Pflicht anknüpft. Zudem wird die Auffassung, die eine Pflicht zur Auskunftserteilung voraussetzt, dem Zweck der Gefahrenabwehr nicht gerecht.[12] 10

Eine **vorausgehende Befragung** schließt eine zu einem späteren Zeitpunkt erforderliche Vorladung nicht aus.[13] Dies kann beispielsweise der Fall sein, wenn sich aus der ersten Befragung neue Erkenntnisse ergeben, die eine weitere Befragung erforderlich machen. 11

2. Vorladung zum Zweck der erkennungsdienstlichen Behandlung (Nr. 2). Das BKA kann darüber hinaus eine Person nach § 44 Abs. 1 Nr. 2 BKAG vorladen, wenn dies **zur Durchführung erkennungsdienstlicher Maßnahmen** erforderlich ist. Dies erfordert, dass die Voraussetzungen des § 43 BKAG (→ § 43 Rn. 2 ff.) vorliegen. Entscheidender Zeitpunkt für das Vorliegen der Voraussetzungen ist die Vorladung. 12

Es können nur die **Personen** vorgeladen werden, gegen die die erkennungsdienstlichen Maßnahmen angeordnet werden. 13

Liegen die Voraussetzungen des § 43 BKAG vor, ist die Vorladung idR **erforderlich**. Dies ergibt sich daraus, dass die Durchführung der erkennungsdienstlichen Maßnahmen sachgerecht nur auf der Polizeidienststelle erfolgen kann. Einer Vorladung zwecks Durchführung erkennungsdienstlicher Maßnahmen bedarf es nicht, wenn der Betroffene sich **freiwillig** bereit erklärt, sich zur polizeilichen Dienststelle zu begeben.[14] 14

II. Entsprechende Anwendung des § 25 Abs. 2–4 BPolG (Abs. 2)

1. Angabe des Grundes. Bei der Vorladung muss der Grund dieser angegeben werden – unabhängig davon, ob sie schriftlich oder mündlich vorgenommen wurde (§ 44 Abs. 2 BKAG iVm § 25 Abs. 2 S. 1 BPolG). Dieses Erfordernis ergibt sich daraus, dass dem Betroffenen die **Möglichkeit** eingeräumt werden soll, **Einwendungen gegenüber der Vorladung geltend zu machen.** Der **Grund der Vorladung** muss zudem **konkretisiert** werden. Aus ihr muss sich ergeben, ob sie der Befragung oder der Durchführung erkennungsdienstlicher Maßnahmen gilt. Dadurch wird dem Betroffenen auch ermöglicht, sich auf eine etwaige Befragung vorzubereiten. Bei Änderung des Grundes der Vorladung muss diese unter Angabe des neuerlichen Grundes erneut durchgeführt werden. Floskeln wie „zur Aufklärung des Sachverhalts" sind nicht ausreichend. Es ist hingegen nicht erforderlich, der betroffenen Person die zu stellen beabsichtigten Fragen vorab mitzuteilen.[15] Dient die Vorladung der Durchführung erkennungsdienstlicher Maßnahmen, sind diese konkret anzugeben (→ § 43 Rn. 5). **Konkrete Ausführungen** über die geplante Maßnahme sind **entbehrlich,** wenn ihre Kundgabe den Zweck der Maßnahme gefährden würde. 15

Die Vorladung ist **rechtswidrig, wenn sie ohne Angabe des Grundes erfolgt.** Sie ist in dem Fall jedoch bis zu ihrer Aufhebung rechtswirksam; § 46 VwVfG ist zu beachten. Eine Vorladung, die zunächst ohne Angabe des Grundes erfolgte, kann in einer dem § 25 Abs. 2 S. 1 BPolG genügenden Weise erneut ausgesprochen werden. Ansonsten könnte die Begründung gem. § 45 Abs. 1 Nr. 2 VwVfG nachgeholt und der Mangel nachträglich geheilt werden. Ändert sich der Grund für die Vorladung, bedarf es einer erneuten Vorladung. 16

2. Gebot der Rücksichtnahme. Nach § 44 Abs. 2 BKAG iVm § 25 Abs. 2 S. 2 BPolG ist bei der Festsetzung des Zeitpunkts der Vorladung **Rücksicht auf den Beruf und die sonstigen Lebensverhältnisse des Betroffenen** zu nehmen. Dies stellt eine Konkretisierung des Verhältnismäßigkeitsgrundsatzes dar. 17

Beruf iSd Vorschrift meint nicht nur **den Hauptberuf**, sondern auch einen **Nebenberuf oder eine Nebentätigkeit.**[16] Zu berücksichtigende berufliche Interessen können sein: möglicher Verdienstausfall, Versäumen einer beruflich bedeutsamen Tagung oder eines wichtigen Termins. Auch eine Vorladung während der üblichen Arbeitszeit kann einen beruflichen Nachteil darstellen, weil sie beim Arbeitgeber nachteilige Annahmen zur Folge haben kann. 18

„Sonstige Lebensverhältnisse" ist ein bewusst **weit gefasster Begriff,** unter den beispielsweise Krankheit, Arzttermine oder Verpflichtungen gegenüber Angehörigen zählen können. 19

Eine Vorladung an einem **Sonntag oder einem gesetzlichen Feiertag** ist grundsätzlich nicht zumutbar.[17] Etwas anderes gilt in Fällen besonderer Eilbedürftigkeit. 20

12 Schmidbauer/Steiner/Schmidbauer, BayPAG, Art. 15 Rn. 10.
13 Drewes/Malmberg/Wagner/Walter/Drewes BPolG § 25 Rn. 16.
14 Schenke/Graulich/Ruthig/Schenke BPolG § 25 Rn. 7.
15 Drewes/Malmberg/Wagner/Walter/Drewes BPolG § 25 Rn. 22.
16 Schenke/Graulich/Ruthig/Schenke BPolG § 25 Rn. 16.
17 Schenke/Graulich/Ruthig/Schenke BPolG § 25 Rn. 17.

21 Bei der Vorschrift handelt es sich um eine **Sollvorschrift,** weil das öffentliche Interesse Abweichungen erforderlich machen kann, zB bei Eilbedürftigkeit in Fällen des § 25 Abs. 3 Nr. 1 BPolG.[18] Stehen die Interessen der Polizei und die des Betroffen in Konflikt miteinander, ist eine Interessenabwägung vorzunehmen.

22 **3. Zwangsweise Durchsetzung.** Gem. § 44 Abs. 2 BKAG iVm § 25 Abs. 3 BPolG kann die Vorladung zwangsweise durchgesetzt werden, wenn die Angaben **zur Abwehr einer Gefahr** für Leib, Leben oder Freiheit einer Person erforderlich sind oder dies **zur Durchführung erkennungsdienstlicher Maßnahmen erforderlich** ist.

23 Dass zur Abwehr einer Gefahr für ein wesentliches Rechtsgut (Leib, Leben oder Freiheit einer Person) die zwangsweise Durchsetzung der Vorladung möglich ist, liegt der Erwägung zugrunde, dass in Fällen des § 41 Abs. 3 S. 2 BKAG (→ § 41 Rn. 17 f.) selbst bei Vorliegen eines Aussage- und Zeugnisverweigerungsrechts eine **Pflicht des Betroffenen zur Aussage** besteht. Die Möglichkeit der Vorführung in Fällen, in denen **erkennungsdienstliche Maßnahmen** durchzuführen sind, wurde vor dem Hintergrund, dass diese Maßnahmen **sachgerecht nur auf der Dienststelle** durchgeführt werden können, geschaffen.[19]

24 Liegen die Voraussetzungen der **Vollstreckung** vor, findet das VwVG des Bundes Anwendung. Da die Ersatzvornahme nicht möglich ist, kommen als Vollstreckungsmittel nur die **Verhängung eines Zwangsgeldes** (§ 11 VwVG) oder die **Anwendung unmittelbaren Zwangs** in Gestalt der Vorführung (§ 12 VwVG) in Betracht.

25 Die Vollstreckung setzt die **Unanfechtbarkeit des Verwaltungsakts oder dessen sofortige Vollziehbarkeit** voraus (§ 6 Abs. 1 VwVG). Die sofortige Vollziehbarkeit kann sich bei einer durch polizeiliche Vollzugsbeamte angeordneten Vorladung aus § 80 Abs. 2 S. 1 Nr. 2 VwGO ergeben. Daneben kann sie – zumal es sich regelmäßig um „Maßnahmen vom Schreibtisch aus" handelt – auch nach § 80 Abs. 2 S. 1 Nr. 4 VwGO gesondert angeordnet werden.

26 Weitere Voraussetzung der zwangsweisen Durchsetzung der Vorladung ist das **Nichtfolgeleisten der Vorladung ohne hinreichenden Grund.** Ob ein solcher besteht, ergibt sich aus einer **Abwägung der Gründe** für die Nichtbefolgung einerseits und dem polizeilichen Interesse an der Einhaltung des Vorladungstermins andererseits. Hinreichender Grund ist ein unbestimmter Rechtsbegriff, bei dessen Auslegung dem BKA kein Ermessens- oder Beurteilungsspielraum für eigene Entscheidungen zukommt; die Abwägungsentscheidung ist vollständig gerichtlich überprüfbar.[20] Ein hinreichender Grund kann beispielsweise im Krankheitsfall oder beim Tod eines nahen Angehörigen vorliegen.

27 Liegen die Voraussetzungen für die zwangsweise Durchsetzung vor, ist zunächst zu prüfen, ob als **milderes Mittel** ein **Zwangsgeld** verhängt werden kann. Verspricht dieses von Anfang an keinen Erfolg, darf auch eine sofortige Vorführung angeordnet werden. Bei der Entscheidung darf auch die mögliche Nähe eines Schadenseintritts berücksichtigt werden. Führt der Betroffene die gebotene Handlung aus, hat eine Beitreibung des angedrohten Zwangsgeldes zu unterbleiben.

28 Bei **Festsetzung der Höhe eines Zwangsgeldes** ist der Verhältnismäßigkeitsgrundsatz zu beachten.

29 Bei der Vorführung ist die Abgrenzung zwischen **Freiheitsbeschränkung iSd Art. 104 Abs. 1 GG** und **Freiheitsentziehung iSd Art. 104 Abs. 2 GG** zu berücksichtigen. Letztere bedarf schon von Verfassungs wegen einer richterlichen Anordnung. Ob es sich um eine freiheitsbeschränkende oder eine freiheitsentziehende Maßnahme handelt, richtet sich primär nach der **Dauer und Wirkung der Maßnahme** (im Einzelnen → § 57 Rn. 4 ff., 12). Im Bundespolizeirecht hat der Gesetzgeber in § 40 Abs. 1 BPolG bestimmt, dass in Fällen des § 25 Abs. 3 BPolG unverzüglich eine richterliche Entscheidung über Zulässigkeit und Fortdauer der Freiheitsentziehung herbeizuführen ist, es sei denn, die Herbeiführung der richterlichen Entscheidung würde voraussichtlich längere Zeit in Anspruch nehmen, als zur Durchführung der Maßnahme notwendig wäre. Dies geht über die verfassungsrechtliche Mindestvorgabe des Art. 104 Abs. 2 GG hinaus. Im BKAG findet sich eine entsprechende Vorgabe nicht. Auch im Hinblick darauf ist bei der Vorführung in den Blick zu nehmen, dass diese nicht die für die Durchführung der Maßnahme erforderliche Dauer übersteigt.

30 **4. Entschädigung und Vergütung.** Gem. § 44 Abs. 2 BKAG iVm § 25 Abs. 4 BPolG gilt für Entschädigung oder Vergütung von Personen, die auf Vorladung als Zeugen erscheinen oder die als Sachverständige herangezogen werden, das Justizvergütungs- und -entschädigungsgesetz (**JVEG**) entsprechend. Die Vorschrift ist als **Sonderregelung** gegenüber § 26 Abs. 3 S. 2 VwVfG anzusehen.

31 Als **erstattungsfähige Aufwendungen** gelten beispielsweise entstandene Fahrtkosten oder Verdienstausfall.

18 BR-Drs. 418/94, 57.

19 BR-Drs. 418/94, 57.

20 Stelkens/Bonk/Sachs/Sachs, VwVfG, 9. Aufl. 2018, § 40 Rn. 147; vgl. auch BVerwG Urt. v. 8.12.2014 – 6 C 16/14 –, NJW 2015, 1321 (1321, Rn. 11); OVG Münster Beschl. v. 30.6.2008 – 8 A 2895/07 –, BeckRS 2008, 36740, Rn. 10.

Handelt es sich bei den Vorgeladenen um **Verhaltens- oder Zustandsstörer**, haben sie nach allgemeinen polizeilichen Grundsätzen keinen Anspruch auf Entschädigung.[21] 32

§ 45 Besondere Mittel der Datenerhebung

(1) [1]Das Bundeskriminalamt kann personenbezogene Daten mit den besonderen Mitteln nach Absatz 2 erheben über

1. **den entsprechend § 17 oder § 18 des Bundespolizeigesetzes Verantwortlichen oder entsprechend den Voraussetzungen des § 20 Absatz 1 des Bundespolizeigesetzes über die dort bezeichnete Person zur Abwehr einer Gefahr für den Bestand oder die Sicherheit des Bundes oder eines Landes oder für Leib, Leben oder Freiheit einer Person oder Sachen von bedeutendem Wert, deren Erhaltung im öffentlichen Interesse geboten ist,**
2. **eine Person, bei der bestimmte Tatsachen die Annahme rechtfertigen, dass sie innerhalb eines übersehbaren Zeitraums auf eine zumindest ihrer Art nach konkretisierte Weise eine Straftat nach § 5 Absatz 1 Satz 2 begehen wird,**
3. **eine Person, deren individuelles Verhalten die konkrete Wahrscheinlichkeit begründet, dass sie innerhalb eines übersehbaren Zeitraums eine Straftat nach § 5 Absatz 1 Satz 2 begehen wird, oder**
4. **eine Person nach § 39 Absatz 2 Nummer 2,**

wenn die Abwehr der Gefahr oder die Verhütung der Straftaten auf andere Weise aussichtslos ist oder wesentlich erschwert wäre. [2]Die Maßnahme kann auch durchgeführt werden, wenn Dritte unvermeidbar betroffen werden.

(2) Besondere Mittel der Datenerhebung sind

1. **die planmäßig angelegte Beobachtung einer Person, die durchgehend länger als 24 Stunden dauern oder an mehr als zwei Tagen stattfinden soll (längerfristige Observation),**
2. **der Einsatz technischer Mittel außerhalb von Wohnungen in einer für die betroffene Person nicht erkennbaren Weise**
   a) **zur Anfertigung von Bildaufnahmen oder -aufzeichnungen von Personen oder Sachen, die sich außerhalb von Wohnungen befinden, oder**
   b) **zum Abhören oder Aufzeichnen des außerhalb von Wohnungen nicht öffentlich gesprochenen Wortes,**
3. **sonstige besondere für Observationszwecke bestimmte technische Mittel zur Erforschung des Sachverhalts oder zur Bestimmung des Aufenthaltsortes einer in Absatz 1 genannten Person,**
4. **der Einsatz von Privatpersonen, deren Zusammenarbeit mit dem Bundeskriminalamt Dritten nicht bekannt ist (Vertrauensperson), und**
5. **der Einsatz einer Polizeivollzugsbeamtin oder eines Polizeivollzugsbeamten unter einer ihr oder ihm verliehenen und auf Dauer angelegten Legende (Verdeckter Ermittler).**

(3) [1]Maßnahmen nach

1. **Absatz 2 Nummer 1,**
2. **Absatz 2 Nummer 2 Buchstabe a, bei denen durchgehend länger als 24 Stunden oder an mehr als zwei Tagen Bildaufzeichnungen bestimmter Personen angefertigt werden sollen,**
3. **Absatz 2 Nummer 2 Buchstabe b,**
4. **Absatz 2 Nummer 3, bei denen für Observationszwecke bestimmte technische Mittel durchgehend länger als 24 Stunden oder an mehr als zwei Tagen zum Einsatz kommen und**
5. **Absatz 2 Nummer 4 und 5, die sich gegen eine bestimmte Person richten oder bei denen die Vertrauensperson oder der Verdeckte Ermittler eine Wohnung betritt, die nicht allgemein zugänglich ist,**

dürfen nur auf Antrag der zuständigen Abteilungsleitung oder deren Vertretung durch das Gericht angeordnet werden. [2]Bei Gefahr im Verzug kann die Anordnung einer Maßnahme nach Satz 1 durch die zuständige Abteilungsleitung oder deren Vertretung getroffen werden. [3]In diesem Fall ist die gerichtliche Entscheidung unverzüglich nachzuholen. [4]Soweit die Anordnung nach Satz 2 nicht binnen drei Tagen durch das Gericht bestätigt wird, tritt sie außer Kraft. [5]Die übrigen Maßnahmen nach Absatz 2 Nummer 1 bis 5 dürfen, außer bei Gefahr im Verzug, nur durch die zuständige Abteilungsleitung oder deren Vertretung angeordnet werden.

21 Schenke/Graulich/Ruthig/Schenke BPolG § 25 Rn. 25.

(4) Im Antrag sind anzugeben:
1. die Person, gegen die sich die Maßnahme richtet, soweit möglich, mit Name und Anschrift,
2. Art, Umfang und Dauer der Maßnahme,
3. der Sachverhalt sowie
4. eine Begründung.

(5) [1]Die Anordnung ergeht schriftlich. [2]In ihr sind anzugeben:
1. die Person, gegen die sich die Maßnahme richtet, soweit möglich, mit Name und Anschrift,
2. Art, Umfang und Dauer der Maßnahme sowie
3. die wesentlichen Gründe.

[3]Die Anordnung ist auf höchstens einen Monat zu befristen; im Falle des Absatzes 2 Nummer 4 und 5 ist die Maßnahme auf höchstens drei Monate zu befristen. [4]Die Verlängerung der Maßnahme bedarf einer neuen Anordnung. [5]Absatz 3 Satz 4 und 5 gilt entsprechend.

(6) [1]Ein Verdeckter Ermittler darf unter der Legende
1. zur Erfüllung seines Auftrags am Rechtsverkehr teilnehmen und
2. mit Einverständnis der berechtigten Person deren Wohnung betreten; das Einverständnis darf nicht durch ein über die Nutzung der Legende hinausgehendes Vortäuschen eines Zutrittsrechts herbeigeführt werden.

[2]Soweit es für den Aufbau und die Aufrechterhaltung der Legende eines Verdeckten Ermittlers nach Absatz 2 Nummer 5 unerlässlich ist, dürfen entsprechende Urkunden hergestellt, verändert oder gebraucht werden. [3]Im Übrigen richten sich die Befugnisse eines Verdeckten Ermittlers nach diesem Abschnitt. [4]Für den Einsatz technischer Mittel zur Eigensicherung innerhalb von Wohnungen gilt § 34 entsprechend.

(7) [1]Liegen tatsächliche Anhaltspunkte für die Annahme vor, dass durch eine Maßnahme nach Absatz 2 allein Erkenntnisse aus dem Kernbereich privater Lebensgestaltung erlangt würden, ist die Maßnahme unzulässig. [2]Ergeben sich bei Maßnahmen nach Absatz 2 Nummer 4 und 5 während der Durchführung tatsächliche Anhaltspunkte dafür, dass der Kernbereich betroffen ist, ist die Maßnahme zu unterbrechen, sobald dies ohne Gefährdung der beauftragten Person möglich ist. [3]Soweit im Rahmen einer Maßnahme nach Absatz 2 Nummer 1 bis 3 eine unmittelbare Kenntnisnahme, auch neben einer automatischen Aufzeichnung, erfolgt, ist die Maßnahme unverzüglich zu unterbrechen, soweit sich während der Überwachung tatsächliche Anhaltspunkte dafür ergeben, dass Inhalte, die dem Kernbereich privater Lebensgestaltung zuzurechnen sind, erfasst werden. [4]Bestehen insoweit Zweifel, darf die Maßnahme in den Fällen des Absatzes 2 Nummer 2 Buchstabe a und b als automatische Aufzeichnung weiter fortgesetzt werden. [5]Automatische Aufzeichnungen sind unverzüglich dem anordnenden Gericht vorzulegen. [6]Das Gericht entscheidet unverzüglich über die Verwertbarkeit oder Löschung der Daten. [7]Ist die Maßnahme nach Satz 3 unterbrochen worden, so darf sie für den Fall, dass sie nicht nach Satz 1 unzulässig ist, fortgeführt werden. [8]Erkenntnisse aus dem Kernbereich privater Lebensgestaltung, die durch eine Maßnahme nach Absatz 2 erlangt worden sind, dürfen nicht verwertet werden. [9]Aufzeichnungen hierüber sind unverzüglich zu löschen. [10]Die Tatsachen der Erfassung der Daten und der Löschung sind zu dokumentieren. [11]Die Dokumentation darf ausschließlich für Zwecke der Datenschutzkontrolle verwendet werden. [12]Sie ist sechs Monate nach der Benachrichtigung nach § 74 oder sechs Monate nach Erteilung der gerichtlichen Zustimmung über das endgültige Absehen von der Benachrichtigung zu löschen. [13]Ist die Datenschutzkontrolle nach § 69 Absatz 1 noch nicht beendet, ist die Dokumentation bis zu ihrem Abschluss aufzubewahren.

(8) [1]Bei Gefahr im Verzug kann die Präsidentin oder der Präsident des Bundeskriminalamtes oder ihre oder seine Vertretung im Benehmen mit der oder dem Datenschutzbeauftragten des Bundeskriminalamtes über die Verwertung der Erkenntnisse entscheiden. [2]Bei der Sichtung der erhobenen Daten kann sie oder er sich der technischen Unterstützung von zwei weiteren Bediensteten des Bundeskriminalamtes bedienen, von denen einer die Befähigung zum Richteramt haben muss. [3]Die Bediensteten des Bundeskriminalamtes sind zur Verschwiegenheit über die ihnen bekannt werdenden Erkenntnisse, die nicht verwertet werden dürfen, verpflichtet. [4]Die gerichtliche Entscheidung nach Absatz 7 ist unverzüglich nachzuholen.

A. Verfassungs- und unionsrechtliche Vorbemerkung

I. Verfassungsrechtlicher Rahmen

1. Eingriffsgewicht der Informationserhebung. Die in § 45 Abs. 2 BKAG normierten Mittel der Datenerhebung ermächtigen zu einem Eingriff in das **Grundrecht auf informationelle Selbstbestimmung** nach Art. 2 Abs. 1 iVm Art. 1 Abs. 1 GG. Neben dem Grundrecht auf informationelle Selbstbestimmung können je nach Verlauf und Ausrichtung der Überwachungsmaßnahme auch weitere Grundrechte betroffen sein, so etwa die Religionsfreiheit (Art. 4 Abs. 1 und 2 GG), die Pressefreiheit (Art. 5 Abs. 1 S. 2 GG) oder der Schutz von Ehe und Familie (Art. 6 Abs. 1 GG).[1] Dies gilt namentlich dann, wenn das persönliche und familiäre Umfeld als Kontaktperson des Betroffenen in den Fokus des BKA gerät, oder die Überwachung zeitlich und räumlich besonders umfassend ausgestaltet ist. 1

Keine Grundlage bietet § 45 BKAG demgegenüber für einen Eingriff in das **Fernmeldegeheimnis,** das **Grundrecht auf Gewährleistung der Vertraulichkeit und Integrität informationstechnischer Systeme** sowie – 2

1 Schenke/Graulich/Ruthig/R. P. Schenke BKAG § 45 Rn. 4.

vorbehaltlich des § 45 Abs. 6 BKAG und des Einsatzes von Vertrauenspersonen – in **Art. 13 Abs. 1 GG.** Hierfür finden sich speziellere Normen in den §§ 46, 49 sowie in §§ 51–53 BKAG.[2] So ist beispielsweise eine Funkzellenabfrage über § 45 BKAG nicht möglich, der Einsatz von IMSI-Catchern findet seine Grundlage in § 53 BKAG. Abgesehen von den Sonderfällen des Verdeckten Ermittlers und der Vertrauensperson ermächtigt § 45 BKAG nur zu heimlichen Überwachungsmaßnahmen außerhalb von Wohnungen und stets unabhängig von der Nutzung technischer Kommunikationsmittel durch den Betroffenen.

3 Auch wenn die besonderen Mittel der Datenerhebung zuvörderst am Grundrecht auf informationelle Selbstbestimmung zu messen sind, handelt es sich ihrem Gepräge nach gleichwohl um **Überwachungsmaßnahmen von besonders schwerem Eingriffsgewicht.**[3] Zwar zielen die Überwachungsmaßnahmen nach § 45 BKAG dem Grunde nach auf ein Verhalten des Betroffenen außerhalb der Wohnung und unabhängig von einer Nutzung technischer Kommunikationsmittel ab; hieraus kann aber nicht geschlossen werden, dass nur solche Informationen erhoben werden, die der Betroffene ohnedies in die Öffentlichkeit trägt. Die Maßnahmen nach § 45 Abs. 2 BKAG beruhen auf Heimlichkeit und Täuschung; sie nutzen die Arglosigkeit der Zielperson, um an Informationen zu gelangen, die diese gerade nicht preisgeben will. Die Maßnahmen können flächendeckender als beispielsweise eine Telekommunikationsüberwachung sein und auch solche Kommunikationsvorgänge erfassen, die der Betroffene aus Vertraulichkeitsgründen gerade bewusst der Telekommunikation entzieht.

4 Die verschiedenen durch § 45 Abs. 2 BKAG eröffneten Maßnahmen können dabei im Einzelfall ein sehr unterschiedliches Gewicht haben. Die Schwere des mit der Überwachungsmaßnahme einhergehenden Grundrechtseingriffs hängt dabei ganz wesentlich vom **zeitlich-räumlichen** sowie **gegenständlichen** und **personellen Umfang der jeweiligen Überwachungsmaßnahme** ab. Darüber hinaus steht die Schwere des Grundrechtseingriffs in einer **Wechselwirkung mit den beständig fortschreitenden Möglichkeiten der Informationstechnik** – § 45 Abs. 2 Nrn. 2 und 3 BKAG sind zukunfts- und technikoffen ausgestaltet. Zunehmend sind auch kleinste Geräte in der Lage, dauerhaft mit größter Präzision Ton- und Bildaufzeichnungen vorzunehmen, so dass mit kleinsten Mikrofonen und Kameras, die in Gegenständen des täglichen Gebrauchs wie etwa Schreibutensilien, Fortbewegungsmitteln oder Kleidung angebracht sind, praktisch jede noch so vertraulich gehaltene Äußerung optisch wie akustisch erfasst und festgehalten werden kann. Hochempfindliche Mikrofone können auch aus großer Entfernung und durch sichtschützende Einrichtungen hindurch präzise Aufnahmen machen. Über die beständige Ermittlung des Aufenthaltsortes kann die Überwachung des Handelns und der Kommunikation ergänzt werden um eine Standortüberwachung. Der Einsatz der technischen Mittel ist dabei breit gestreut. Die Informationen werden zunächst **in ihrer ganzen Breite vom Trivialen bis zum Höchstvertraulichen und Intimen** und ohne einen Filter auf das für die Gefahrenabwehr oder Strafverfolgung Notwendige erhoben.

5 Das Eingriffsgewicht der Maßnahmen nach § 45 Abs. 2 BKAG nimmt dabei noch zu, wenn diese als **Maßnahmen der Vorfeldermittlung** nach § 45 Abs. 1 S. 1 Nrn. 2–4 BKAG eingesetzt werden. Die besonderen Mittel der Datenerhebung dürfen gem. § 45 Abs. 1 S. 1 Nrn. 2–4 BKAG bereits zu einem Zeitpunkt angewendet werden, zu dem etwaige Straftaten noch nicht näher greifbar sind und damit das konkrete Ziel der Überwachung und die zu erwartende Ergiebigkeit der Maßnahmen wenig konturiert sind. Die Ungewissheit, ob und wann Straftaten begangen werden, führt regelmäßig zu längerfristigen Überwachungsmaßnahmen und einer späteren Benachrichtigung des Betroffenen. Die fehlende Begrenzung auf eine konkret drohende, in der Verwirklichung begriffene oder bereits begangene Straftat und die damit einhergehende Lockerung des **Zweckbindungsgrundsatzes** erhöht die Schwere des Grundrechtseingriffs (→ § 12 Rn. 68 und 88). Die vergleichsweise späte Benachrichtigung des Betroffenen berührt die **Garantie effektiven Rechtsschutzes.**[4]

6 Durch den Einsatz von **Vertrauenspersonen und Verdeckten Ermittlern** gem. § 45 Abs. 2 Nrn. 4 und 5 BKAG wird das Eingriffsgewicht der besonderen Mittel der Datenerhebung um ein weiteres Element ergänzt: Hier wird ein scheinbares Vertrauensverhältnis aufgebaut oder genutzt, um die Zielperson, die auf dieses Vertrauensverhältnis arglos baut, abzuschöpfen. Derartige **Täuschungen des persönlichen Vertrauens** wiegen besonders schwer.[5]

7 Der Einsatz technischer Mittel und von Vertrauenspersonen und Verdeckten Ermittlern über einen langen Zeitraum und in ihrer **gezielten Ergänzung zueinander** kann bis hin zur Erstellung eines **Persönlichkeits- und Bewegungsprofils** der Zielperson genutzt werden und damit einen besonders schwerwiegenden Eingriff

2 Vgl. BVerfG Urt. v. 20.4.2016 – 1 BvR 966/09 ua –, BVerfGE 141, 220 (286, Rn. 147 f.).

3 BVerfG Urt. v. 20.4.2016 – 1 BvR 966/09 ua –, BVerfGE 141, 220 (290, Rn. 160; 294 f., Rn. 174, 176); vgl. auch BVerfG Beschl. v. 9.12.2022 – 1 BvR 1345/21 –, juris, Rn. 88.

4 Vgl. BVerfG Urt. v. 27.7.2005 – 1 BvR 668/04 –, BVerfGE 113, 348 (384 ff.).

5 Vgl. BVerfG Urt. v. 26.4.2022 – 1 BvR 1619/17 –, NJW 2022, 1583 (1610 f., Rn. 338 ff.; 1612, Rn. 350 f.); Beschl. v. 9.12.2022 – 1 BvR 1345/21 –, juris, Rn. 88, 105; Kühling/Buchner/Schwichtenberg DS-GVO/BDSG, 3. Aufl. 2020, BDSG Vor §§ 45 bis 84 Rn. 4.

in das Persönlichkeitsrecht begründen. Beim Einsatz moderner, insbesondere dem Betroffenen verborgen bleibender Ermittlungsmethoden bedarf das Gefährdungspotential des **„additiven Grundrechtseingriffs“** daher besonderer Beachtung.[6]

2. Personenbezogene Gefahrenprognose. Von Verfassung wegen nicht ausgeschlossen ist, dass der Gesetzgeber zu Überwachungsmaßnahmen ermächtigt, die an die **besondere Gefährlichkeit einer Person** anknüpfen.[7] Durch Äußerungen, Handlungen und Kontakte kann eine Person je nach Einzelfall als so gefährlich erscheinen, dass ihr gegenüber von Verfassungs wegen jedenfalls Überwachungs- und Aufklärungsmaßnahmen auch unabhängig von einem seiner Art nach bereits konkretisierten Geschehen gerechtfertigt sein können. Zwar ist das Ziel auch hier der Schutz von Rechtsgütern anderer; die (drohende) Gefahr ergibt sich hier aber bereits aus einem Blick auf den potentiellen Täter und sein Handeln und Umfeld als solches. 8

Eine „personenbezogene Perspektive“ muss die in ihr liegende **spezifische Freiheitsgefährdung** berücksichtigen. Aus rechtsstaatlicher Sicht ist es erforderlich, dass sich die personenbezogene Gefahrenprognose an hinreichend klaren gesetzlichen Kriterien orientiert. Bei der Beurteilung der Freiheitswahrnehmung einer Person als „verdächtig“ und „potenziell gefährlich“, unabhängig von einer konkreten Rechtsgutsgefährdung droht legales Handeln in auffällig und unauffällig, normal und abnormal, anstößig und unanstößig eingeteilt und dann in Anknüpfung an ein in seinem objektiven Kontext möglicherweise berechtigtes Verhalten schwerwiegenden Überwachungsmaßnahmen unterworfen zu werden, die von der bloßen Unterstellung getragen sind, der Betroffene achte die Rechtsordnung nicht. Zuschreibungen in personenbezogener Perspektive relativieren insoweit den grundrechtlichen Schutz von Freiheitsrechten in besonderer Weise. Hier droht die Sanktionierung des Abweichens von einem gedachten standardisierten Normverhalten, das naturgemäß Personen mit Minderheitsüberzeugungen oder Minderheiten besonders trifft. Die bloß **zulässige Ausübung grundrechtlicher Freiheiten** begründet vor diesem Hintergrund keinen Anlass für eine weitergehende Tätigkeit des BKA.[8] 9

Schließlich gilt es zu berücksichtigen, dass personenbezogene Gefahrenprognosen, bei denen keine konkrete Rechtsgutsgefährdung ersichtlich ist, sich als problematisch mit Blick auf die **Höchstdauer der heimlichen Überwachungsmaßnahme** darstellen. Die Einstufung einer Person als gefährlich, ohne dass eine konkrete Rechtsgutsgefährdung ersichtlich ist, darf jedenfalls nicht zu einer Dauerschleife intensiver Überwachungsmaßnahmen führen. 10

3. Keine Hierarchie der Grundrechte. Dass die vorstehend skizzierten Eingriffe in das Grundrecht auf informationelle Selbstbestimmung (→ Rn. 1 ff.) hinsichtlich ihres Gewichts Eingriffen in das Fernmeldegeheimnis, in das Grundrecht auf Gewährleistung der Vertraulichkeit und Integrität informationstechnischer Systeme sowie in das Grundrecht auf Unverletzlichkeit der Wohnung nicht per se nachstehen müssen und je nach Einzelfall oftmals ähnlich oder im Einzelfall auch schwerer zu gewichten sein dürften, findet eine Fundierung in der fehlenden abstrakten Hierarchie der Grundrechte. Unbeschadet der im Detail verschieden gefassten Eingriffsvoraussetzungen, die jeweils spezifisch Bedeutung erlangen, begründen die Grundrechte **keine abstrakte Hierarchie verschieden gewichteter Grundrechtseingriffe,** sondern vertypen verschiedene spezifische Freiheiten und Schutzgüter, die in Rückgriff auf spezifische Sachprobleme und historische Erfahrungen besonders ausgeformt sind.[9] Ein hierarchisches System, wonach sich sagen ließe, dass Eingriffe in dieses Grundrecht immer gewichtiger seien als Eingriffe in jenes Grundrecht, lässt sich dem Grundgesetz nicht entnehmen. Zwar mögen Eingriffe in einzelne Grundrechte bei der bloßen Beschreibung ihrer Gesamttypik als besonders schwer und auch als dem Grunde nach schwerer als Eingriffe in andere Grundrechte zu charakterisieren sein; auch mag das Minimalgewicht des Eingriffs in verschiedene Grundrechte dem Grunde nach verschieden schwer beschrieben werden. Dies ändert aber nichts daran, dass in Bezug auf jedes Grundrecht die denkbaren Eingriffe ein weites Spektrum von verschiedenen Gewichtigkeiten aufweisen und sich die Eingriffsgewichte zumindest weitgehend überschneiden können. Zur Bestimmung des Eingriffsgewichts kommt es somit auf den jeweils zu prüfenden Eingriff und die in ihm liegende Freiheitsgefährdung an, nicht aber auf das betroffene Grundrecht abstrakt.[10] 11

6 Vgl. BVerfG Urt. v. 20.4.2016 – 1 BvR 966/09 ua –, BVerfGE 141, 220 (280 f., Rn. 130); Urt. v. 26.4.2022 – 1 BvR 1619/17 –, NJW 2022, 1583 (1603, Rn. 287 f.).

7 BVerfG Urt. v. 20.4.2016 – 1 BvR 966/09 ua –, BVerfGE 141, 220 (272 f., Rn. 112 f.).

8 Vgl. BVerfG Urt. v. 20.4.2016 – 1 BvR 966/09 ua –, BVerfGE 141, 220 (273, Rn. 113); vgl. auch Lisken/Denninger/Bäcker, HdbPolR, D Rn. 63. Zur Tätigkeit des Verfassungsschutzes vgl. aber auch BVerfG Urt. v. 26.4.2022 – 1 BvR 1619/17 –, NJW 2022, 1583 (1590, Rn. 186).

9 Vgl. Lenz, Vorbehaltlose Freiheitsrechte, 2006, S. 31.

10 Gegen eine Beschränkung des Grundrechts auf informationelle Selbstbestimmung auf Eingriffe von bloß geringem Gewicht etwa Britz DÖV 2008, 411 (413 f.). Zu schwerwiegenden Eingriffen in das Recht auf informationelle Selbstbestimmung vgl. etwa BVerfG Beschl. v. 14.9.1989 – 2 BvR 1062/87 –, BVerfGE 80, 367 (Verwertbarkeit tagebuchartiger Aufzeichnungen); Beschl. v. 14.12.2000 – 2 BvR 1741/99 ua –, BVerfGE 103, 21 (DNA-Probe – Genetischer Fingerabdruck).

12 **4. Gewicht des öffentlichen Interesses.** Der über die Maßnahmen nach § 45 BKAG spezifisch angestrebte **Schutz vor terroristischen Straftaten begründet ein öffentliches Interesse von überragendem Gewicht.** Straftaten mit dem Gepräge des Terrorismus zielen auf eine Destabilisierung des Gemeinwesens und umfassen hierbei in rücksichtsloser Instrumentalisierung anderer Menschen Angriffe auf Leib und Leben beliebiger Dritter. Sie richten sich gegen die Grundpfeiler der verfassungsrechtlichen Ordnung und das Gemeinwesen als Ganzes.[11] Derartige Straftaten im Rahmen der verfassungsrechtlichen Ordnung nicht als Krieg oder als Ausnahmezustand aufzufassen,[12] entspricht es, ihrer Abwehr bei fortbestehender Beachtung rechtsstaatlicher Bindungen ein erhebliches Gewicht beizumessen.[13] Der überragende Gemeinwohlbelang der Abwehr terroristischer Straftaten muss sich bei schwerwiegenden Datenerhebungsmaßnahmen nicht nur abstrakt, sondern auch im **konkreten Einzelfall** zeigen; die Verwaltung muss durch den Gesetzgeber entsprechend angeleitet werden.[14]

13 **5. Schutz des Kernbereichs privater Lebensgestaltung.** Die Rechtsprechung zum Schutz des Kernbereichs privater Lebensgestaltung ist der Versuch, angesichts immer tiefer in die Privatsphäre eindringender Ermittlungsmaßnahmen einen Bereich zu schaffen, der selbst bei Vorliegen der jeweiligen fachrechtlichen Eingriffsvoraussetzungen staatlichem Zugriff entzogen bleiben muss. Aus Art. 1 Abs. 1 GG hergeleitet, soll der Kernbereichsschutz **abwägungsfest** und durch staatliche Sicherheitsinteressen nicht relativierbar sein.[15]

14 Angesichts des absoluten Tabus, das der Schutz des Kernbereichs privater Lebensgestaltung setzt, kommt ihm für vielgestaltige Ermächtigungsnormen wie § 45 BKAG und die Befugnisse des BKA zur Abwehr von Gefahren des internationalen Terrorismus überhaupt eine besondere Bedeutung zu. Die gezielte Kombination verschiedener heimlicher Überwachungsmaßnahmen erscheint ermittlungstaktisch plausibel, um Schadensereignisse von potentiell katastrophischem Ausmaß abzuwehren und hierfür den fraglichen Sachverhalt schnell und weitgehend lückenlos aufzuklären; zunehmend einfacher wird dies aufgrund des technischen Fortschritts im Bereich der verdeckten Informationserhebung. In Anerkennung der Unverfügbarkeit der Subjektivität des Einzelnen zieht der Schutz des Kernbereichs privater Lebensgestaltung hier eine rechtsstaatlich gebotene, **äußerste Grenze.** Aufgrund ihrer nur isoliert-relationierenden Gegenüberstellung von Einzelmaßnahme und Einzelfallbetroffenheit vermögen die einzelnen Überwachungsbefugnisse des Fachrechts mit ihren jeweiligen Eingriffsschwellen und Verhältnismäßigkeitsanforderungen eine solche absolute Grenze nicht zu gewährleisten;[16] sie geben insofern – anders als der Kernbereichsschutz – auch keine rechtstaatliche Antwort auf das Problem der **Addition verschiedener Ermittlungsmaßnahmen.**[17]

15 **Begrifflich** gehört zur Entfaltung der Persönlichkeit im Kernbereich privater Lebensgestaltung die Möglichkeit, innere Vorgänge wie Empfindungen und Gefühle sowie Überlegungen, Ansichten und Erlebnisse höchstpersönlicher Art zum Ausdruck zu bringen, und zwar ohne Angst, dass staatliche Stellen dies überwachen. Geschützt ist insbesondere die nichtöffentliche Kommunikation mit Personen des höchstpersönlichen Vertrauens, die in der berechtigten Annahme geführt wird, nicht überwacht zu werden.[18]

16 Tragen Befugnisnormen bereits ihrer **Typik** nach und nicht nur im Einzelfall die **spezifische Gefahr** einer **Verletzung des Kernbereichs privater Lebensgestaltung** in sich, ist der Gesetzgeber von Verfassung wegen und nach Art eines **Stufenmodells** gehalten, Regelungen zum Kernbereichsschutz zu normieren.[19] Zu verbieten ist die **Erhebung** von Informationen, sofern – nach zuvor erfolgter behördlicher Prüfung[20] – tatsächliche Anhaltspunkte und insofern die Wahrscheinlichkeit dafür bestehen, dass Überwachungsmaßnahmen Sachverhalte mit Kernbereichsbezug, insbesondere höchstpersönliche Gespräche mit Vertrauenspersonen,

11 Vgl. BVerfG Urt. v. 24.4.2013 – 1 BvR 1215/07 –, BVerfGE 133, 277 (333 f., Rn. 133); Urt. v. 20.4.2016 – 1 BvR 966/09 ua –, BVerfGE 141, 220 (266, Rn. 96).

12 Vgl. BVerfG Urt. v. 24.4.2013 – 1 BvR 1215/07 –, BVerfGE 133, 277 (334, Rn. 133).

13 Vgl. BVerfG Beschl. v. 4.4.2006 – 1 BvR 518/02 –, BVerfGE 115, 320 (357 f.).

14 Vgl. BVerfG Urt. v. 27.7.2005 – 1 BvR 668/04 –, BVerfGE 113, 348 (386, 388 f.).

15 Vgl. hierzu Lisken/Denninger/Schwabenbauer, HdbPolR, G Rn. 143 ff.; ausführlich Schulenberg in Scheffczyk/Wolter (Hrsg.), Linien der Rechtsprechung des BVerfG IV, 2017, S. 124 ff.

16 Vgl. BVerfG Urt. v. 20.4.2016 – 1 BvR 966/09 ua –, BVerfGE 141, 220 (278, Rn. 124).

17 Vgl. Schulenberg in Scheffczyk/Wolter (Hrsg.), Linien der Rechtsprechung des BVerfG IV, 2017, S. 124 f. Vor dem Verhältnismäßigkeitsgrundsatz anders aber, wenn die Ermächtigungsnorm selbst die Zusammenschau verschiedener Informationsquellen vorsieht, vgl. (→ § 12 Rn. 105).

18 Vgl. BVerfG Urt. v. 3.3.2004 – 1 BvR 2378/98 ua –, BVerfGE 109, 279 (318 f.); Urt. v. 20.4.2016 – 1 BvR 966/09 ua –, BVerfGE 141, 220 (276 f., Rn. 121 f.), mwN; Urt. v. 26.4.2022 – 1 BvR 1619/17 –, NJW 2022, 1583 (1602, Rn. 276). Vgl. auch Lisken/Denninger/Schwabenbauer, HdbPolR, G Rn. 143.

19 Vgl. BVerfG Urt. v. 20.4.2016 – 1 BvR 966/09 ua –, BVerfGE 141, 220 (277 ff., Rn. 123, 126 ff.); Urt. v. 26.4.2022 – 1 BvR 1619/17 –, NJW 2022, 1583 (1587, Rn. 167; 1602, Rn. 278); Beschl. v. 9.12.2022 – 1 BvR 1345/21 –, juris, Rn. 108.

20 Vgl. BVerfG Urt. v. 20.4.2016 – 1 BvR 966/09 ua –, BVerfGE 141, 220 (279, Rn. 128); Beschl. v. 9.12.2022 – 1 BvR 1345/21 –, juris, Rn 111. Zur Unterscheidung von behördlicher Prognoseentscheidung auf Grundlage von Vorermittlungen und Typisierungen einerseits und nachfolgender Datenerhebung andererseits vgl. Schulenberg in Scheffczyk/Wolter (Hrsg.), Linien der Rechtsprechung des BVerfG IV, 2017, S. 124 (141, 148).

erfassen und keine konkreten Anhaltspunkte dafür bestehen, dass unmittelbar Straftaten besprochen werden.[21] Im Falle einer Überwachung des Wohnraums muss im Vorhinein die verfassungsrechtliche Vermutung entkräftet sein, dass es zu einer Erhebung von Kernbereichsinformationen aufgrund von Gesprächen in Privaträumen mit Personen des besonderen persönlichen Vertrauens kommt (erste Stufe).[22] In jedem Fall ist der Abbruch der konkreten Datenerhebung vorzusehen, wenn erkennbar wird, dass eine Überwachung trotz erfolgter Prüfung in den Kernbereich privater Lebensgestaltung eindringt.[23] Auf einer zweiten Stufe bedarf es der gesetzlichen Festschreibung eines Verbots der **Verwertung** von Informationen aus dem Kernbereich privater Lebensgestaltung mit einer Löschungs- sowie korrespondierenden Protokollierungspflicht, soweit trotz aller Vorsichtsmaßnahmen Informationen aus dem Kernbereich privater Lebensgestaltung erhoben wurden.[24] Kommt den in Rede stehenden Überwachungsmaßnahmen – wie etwa bei der Wohnraumüberwachung – eine besonders gesteigerte spezifische Gefahr der Verletzung des Kernbereichs privater Lebensgestaltung zu, bedarf es vor der Verwertung durch die Sicherheitsbehörden der **Durchsicht durch eine unabhängige Stelle.**[25]

Auch **außerhalb von Wohnungen** können staatliche Überwachungsmaßnahmen bereits ihrer Typik nach und nicht nur im konkreten Einzelfall die spezifische Gefahr einer Verletzung des Kernbereichs privater Lebensgestaltung (→ Rn. 15 f.) begründen.[26] Gesichtspunkte, die nach der **Rechtsprechung** des Bundesverfassungsgerichts für eine solche **„Typik der Verletzungsgeneigtheit"** sprechen, finden sich namentlich in der Antwort auf die Fragen, ob die in Rede stehende Ermächtigungsnorm sich auf einen Freiraum privater Lebensgestaltung bezieht, dem durch die Rechtsordnung ein besonderer Schutz gerade um der höchstpersönlichen Lebensgestaltung Willen eingeräumt wird,[27] ob die von der Befugnisnorm erfasste Freiheitssphäre aus sich heraus keine oder keine ihrer Art und Intensität nach rechtlich erheblichen Verbindungen zu den Sphären und Belangen Dritter oder der Gemeinschaft aufweist,[28] ob die fragliche Befugnisnorm zum Eingriff in solche Lebensbereiche ermächtigt, in denen sich der Einzelne üblicherweise sozialer, physischer oder technischer Schutzmechanismen bedient, um sich gerade ohne die Einsichtnahme durch Dritte entfalten zu können, diese Schutzmechanismen aber dem staatlichen Zugriff gegenüber wirkungslos sind[29] und inwiefern der Einzelne zur freien Lebensgestaltung in höchstpersönlichen Angelegenheiten auf den Lebensbereich besonders angewiesen ist, der durch die jeweilige Befugnisnorm der staatlichen Überwachung zugänglich gemacht wird.[30] Aus der bloßen Verwendung von Instrumenten technischer Observation als solcher kann hingegen nicht geschlossen werden, dass hiermit typischerweise die Verletzung des Kernbereichs privater Lebensgestaltung einhergeht.[31] 17

Für Überwachungsmaßnahmen mit besonderen Mitteln der Datenerhebung nach § 45 BKAG ergibt sich aus vorstehenden Rechtsprechungslinien eine differenzierte Betrachtung: Die **auf den öffentlichen Raum beschränkte Observation** in Form einer **Beschattung durch Sicherheitsbeamte** mag im Einzelfall höchstvertrauliche Momente erfassen, typusprägend dürfte eine Verletzung des Kernbereichs privater Lebensgestaltung für derartige Überwachungsmaßnahmen aber eher nicht sein. Gleiches dürfte für die Installation von **Peilsendern** oder ähnliche technische Einrichtungen gelten, mit denen bloß **äußerlich bleibende Bewegungsprofile** erstellt werden. Bereits von seiner Typik her die spezifische Gefahr einer Verletzung des Kernbereichs privater Lebensgestaltung in sich trägt demgegenüber der Einsatz von **Vertrauenspersonen** und **Ver-** 18

21 Vgl. BVerfG Urt. v. 3.3.2004 – 1 BvR 2378/98 ua –, BVerfGE 109, 279 (318, 320); Urt. v. 27.7.2005 – 1 BvR 668/04 –, BVerfGE 113, 348 (391 f.); Urt. v. 27.2.2008 – 1 BvR 370/07 ua –, BVerfGE 120, 274 (338); Beschl. v. 12.10.2011 – 2 BvR 236/08 ua –, BVerfGE 129, 208 (245); Urt. v. 20.4.2016 – 1 BvR 966/09 ua –, BVerfGE 141, 220 (300, Rn. 198); Urt. v. 26.4.2022 – 1 BvR 1619/17 –, NJW 2022, 1583 (1602, Rn. 280 f.). Ausführlich hierzu Schulenberg in Scheffczyk/Wolter (Hrsg.), Linien der Rechtsprechung des BVerfG IV, 2017, S. 124 (129 f., 133); zu den Indizien für einen Kernbereichsbezug der in Aussicht stehenden Informationen vgl. auch Lisken/Denninger/Schwabenbauer, HdbPolR, G Rn. 150 ff.

22 Vgl. BVerfG Urt. v. 26.4.2022 – 1 BvR 1619/17 –, NJW 2022, 1583 (1602, Rn. 281; 1605, Rn. 305).

23 BVerfG Urt. v. 20.4.2016 – 1 BvR 966/09 ua –, BVerfGE 141, 220 (279, Rn. 128).

24 BVerfG Urt. v. 20.4.2016 – 1 BvR 966/09 ua –, BVerfGE 141, 220 (280, Rn. 129); vgl. auch Lisken/Denninger/Schwabenbauer, HdbPolR, G Rn. 165 ff.

25 BVerfG Urt. v. 20.4.2016 – 1 BvR 966/09 ua –, BVerfGE 141, 220 (279 f., Rn. 129).

26 Grundlegend BVerfG Urt. v. 20.4.2016 – 1 BvR 966/09 ua –, BVerfGE 141, 220 (295, Rn. 176) unter Verweis auf Poscher JZ 2009, 269 (271 f.). Vgl. auch BVerfG Beschl. v. 9.12.2022 – 1 BvR 1345/21 –, juris, Rn. 102.

27 Vgl. BVerfG Urt. v. 3.3.2004 – 1 BvR 2378/98 ua –, BVerfGE 109, 279 (314).

28 Vgl. BVerfG Beschl. v. 14.9.1989 – 2 BvR 1062/87 –, BVerfGE 80, 367 (374); Urt. v. 27.7.2005 – 1 BvR 668/04 –, BVerfGE 113, 348 (391).

29 Vgl. BVerfG Urt. v. 2.3.2006 – 2 BvR 2099/04 –, BVerfGE 115, 166 (185 f.); Urt. v. 27.2.2008 – 1 BvR 370/07 ua –, BVerfGE 120, 274 (336 f.); vgl. ferner BVerfG Urt. v. 3.3.2004 – 1 BvR 2378/98 ua –, BVerfGE 109, 279 (328).

30 BVerfG Urt. v. 27.7.2005 – 1 BvR 668/04 –, BVerfGE 113, 348 (391).

31 Vgl. BVerfG Urt. v. 12.4.2005 – 2 BvR 581/01 –, BVerfGE 112, 304 (318).

deckten Ermittlern.[32] Vertrauenspersonen und Verdeckte Ermittler erwerben zielgerichtet das Vertrauen des Betroffenen durch Täuschung, um durch die gezielte Instrumentalisierung scheinbarer Vertraulichkeit die Ausschaltung sozialer, örtlicher und technischer Schutzmechanismen zu erreichen und an geheim gehaltene Informationen zu gelangen.[33] Es besteht hier die latente Gefahr, dass der Staat im Rahmen einer zu Ausforschungszwecken aufgebauten Vertrauensbeziehung besonders weit auch in die privatesten oder sogar intimen Sphären des Betroffenen eindringt und dieser sich unter dem scheinbaren Deckmantel der Verschwiegenheit auch höchstpersönlich öffnet. Dabei dürfte die spezifische Gefahr einer Kernbereichsverletzung nicht erst im Rahmen der eigentlich beabsichtigten Datenerhebung entstehen, vielmehr tragen bereits die bloß vorbereitenden vertrauensbildenden Maßnahmen die Gefahr in sich, dass soziale, örtliche und technische Schutzmechanismen ausgeschaltet werden.[34] Die spezifische Gefahr einer Verletzung des Kernbereichs privater Lebensgestaltung bereits ihrer Typik nach dürfte auch das **Abhören und Aufzeichnen des nichtöffentlich gesprochenen Wortes** sowie die (längerfristige) **Anfertigung von Bildaufnahmen** aufweisen. Der technische Fortschritt ermöglicht hier etwa versteckte Mikrofone in Autos, das Abhören an zurückgezogenen Orten durch Richtmikrofone oder die Ausstattung persönlicher Gegenstände mit Aufnahmeinstrumenten. Die „Nähe" solcher Maßnahmen zum Kernbereich privater Lebensgestaltung dürfte unabhängig davon gelten, ob es sich um Überwachungsmaßnahmen innerhalb oder außerhalb von Wohnungen handelt.[35] Vielfach werden gerade auch besonders private Themen aus der Wohnung heraus verlagert, um ganz für sich zu sein. So können vertrauliche Gespräche zwischen Ehepartnern, engsten Verwandten und Vertrauten zu höchstpersönlichen Befindlichkeiten, Gefühlen und Erlebnissen nach allgemeiner Lebenserfahrung statt in einer Wohnung ebenso oder sogar bevorzugt in der Einsamkeit eines Spaziergangs, in der ruhigen Ecke eines Restaurants oder im Kraftfahrzeug während einer längeren Autofahrt geführt werden. Dies gilt umso mehr, wenn ein höchstpersönliches Thema vor den Mitgliedern der eigenen Familie geheim bleiben soll. Dabei ist zu berücksichtigen, dass der Einzelne auf derartige Rückzugsräume in verstärktem Maße geradezu angewiesen sein kann, wenn er in der eigenen Wohnung einen Raum zur Entfaltung im Bereich des Höchstpersönlichen nicht findet, wie beispielsweise Jugendliche und Heranwachsende, in einer zerrütteten Beziehung lebende Personen, Heimbewohner, Lehrlinge ohne eigene Wohnung und kaserniertes Personal, Asylbewerber, Obdachlose oder sonstige in räumlich beengten Verhältnissen lebende Personen.[36]

19 **6. Entscheidung des Bundesverfassungsgerichts zum BKA-Gesetz.** § 45 BKAG geht zurück auf § 20g BKAG aF, der durch das **Gesetz zur Abwehr von Gefahren des internationalen Terrorismus durch das Bundeskriminalamt** vom 25.12.2008[37] in das BKAG eingefügt wurde. Vor dem Hintergrund der vorstehend geschilderten verfassungsrechtlichen Maßgaben (→ Rn. 1 ff.) erklärte das Bundesverfassungsgericht § 20g BKAG mit Urteil vom 20.4.2016 in Teilen für verfassungswidrig.[38] Die Eingriffsvoraussetzungen der Norm wurden hinsichtlich der Verhütung von Straftaten als zu unbestimmt und als unverhältnismäßig erklärt.[39] Ferner wurden der Grundrechtsschutz durch Verfahren in Form des Richtervorbehalts als unzureichend gerügt[40] und der Schutz des Kernbereichs privater Lebensgestaltung als verfassungsrechtlich ungenügend moniert.[41] § 45 BKAG dient der Umsetzung des verfassungsgerichtlichen Urteils zu § 20g BKAG aF[42] und ist mit dem **Gesetz zur Neustrukturierung des BKAG**[43] am 25.5.2018 in Kraft getreten.

II. Unionsrechtlicher Rahmen

20 § 45 BKAG liegt im Anwendungsbereich der **Richtlinie (EU) 2016/680** des Europäischen Parlaments und des Rates vom 27.4.2016 zum Schutz natürlicher Personen bei der Verarbeitung personenbezogener Daten durch die zuständigen Behörden zum Zwecke der Verhütung, Ermittlung, Aufdeckung oder Verfolgung von

32 Vgl. nun auch BVerfG Beschl. v. 9.12.2022 – 1 BvR 1345/21 –, juris, Rn. 103 ff., 108; vgl. zuvor schon Poscher JZ 2009, 269 (272); Roggan GSZ 2019, 111 (112 ff.); Starck NdsVBl. 2008, 145 (148); vgl. auch Wolff ZG 31 (2016), 361 (368); aA Bäcker, Terrorismusabwehr durch das Bundeskriminalamt, 2009, S. 83; Lisken/Denninger/Graulich, HdbPolR, E Rn. 737; differenzierend Warntjen in Roggan (Hrsg.), Online-Durchsuchungen, 2008, S. 57 (65 f.); relativierend BT-Drs. 16/9588, 19.

33 Vgl. BVerfG Urt. v. 26.4.2022 – 1 BvR 1619/17 –, NJW 2022, 1583 (1610 f., Rn. 338 ff.; 1612, Rn. 350 f.).

34 Vgl. hierzu grundlegend Roggan GSZ 2019, 111 (113 f.); nun auch BVerfG Beschl. v. 9.12.2022 – 1 BvR 1345/21 –, juris, Rn. 103, 107 ff.

35 Vgl. BVerfG Urt. v. 20.4.2016 – 1 BvR 966/09 ua –, BVerfGE 141, 220 (295, Rn. 176); Poscher JZ 2009, 269 (271 f.); kritisch aber Bäcker, Terrorismusabwehr durch das Bundeskriminalamt, 2009, S. 82 f.; Starck NdsVBl. 2008, 145 (148).

36 Vgl. Poscher JZ 2009, 269 (271); Bäcker, Terrorismusabwehr durch das Bundeskriminalamt, 2009, S. 83; Schulenberg in Scheffczyk/Wolter (Hrsg.), Linien der Rechtsprechung des BVerfG IV, 2017, S. 124 (167 f.).

37 BGBl. I 2008 S. 3083.

38 BVerfG Urt. v. 20.4.2016 – 1 BvR 966/09 ua –, BVerfGE 141, 220 (286 ff., Rn. 145 ff.).

39 BVerfG Urt. v. 20.4.2016 – 1 BvR 966/09 ua –, BVerfGE 141, 220 (290 f., Rn. 162 ff.).

40 BVerfG Urt. v. 20.4.2016 – 1 BvR 966/09 ua –, BVerfGE 141, 220 (293 f., Rn. 172 ff.).

41 BVerfG Urt. v. 20.4.2016 – 1 BvR 966/09 ua –, BVerfGE 141, 220 (295, Rn. 175 ff.).

42 Vgl. BT-Drs. 18/11163, 113 ff.

43 BGBl. I 2017 S. 1354.

Straftaten oder der Strafvollstreckung sowie zum freien Datenverkehr und zur Aufhebung des Rahmenbeschlusses 2008/977/JI des Rates (DSRL-JI[44]). Nach Art. 2 Abs. 1 iVm Art. 1 Abs. 1 gilt die DSRL-JI für die Verarbeitung personenbezogener Daten zum Zwecke der Verhütung, Ermittlung, Aufdeckung oder Verfolgung von Straftaten oder der Strafvollstreckung, einschließlich des Schutzes vor und der Abwehr von Gefahren für die öffentliche Sicherheit.

Bezogen auf heimliche Überwachungsmaßnahmen zum Zwecke der Abwehr terroristischer Gefahren sind der Grundsatz der **Zweckbindung** (→ § 12 Rn. 67 f.) und der damit im Zusammenhang stehende Grundsatz der **Verhältnismäßigkeit**[45] hervorzuheben, Art. 4 Abs. 1 lit. b und c sowie Art. 8 Abs. 1 DSRL-JI. 21

Besonders strengen Verhältnismäßigkeitsanforderungen unterliegt dabei die **Verarbeitung besonderer Kategorien personenbezogener Daten** wie etwa solcher, aus denen sich die ethnische Herkunft, politische Meinungen oder religiöse oder weltanschauliche Überzeugungen ergeben oder die Verarbeitung von biometrischen oder genetischen Daten oder von Gesundheitsdaten, vgl. Art. 10 DSRL-JI.[46] Die Verarbeitung von besonderen Kategorien personenbezogener Daten ist nur zulässig, wenn sie zur Erreichung des konkret in Rede stehenden Zwecks **unbedingt erforderlich** ist und „vorbehaltlich **geeigneter Garantien** für die Rechte und Freiheiten der betroffenen Person".[47] Der Begriff der „unbedingten Erforderlichkeit" verweist auf eine strenge grundrechtliche Verhältnismäßigkeitsprüfung iS einer „Unerlässlichkeit" für die Zweckerreichung und ist europarechtsautonom auszulegen.[48] Die zu beachtenden Garantien des Betroffenen sind in § 48 Abs. 2 BDSG näher ausgeformt. 22

Ferner kommt den **Betroffenenrechten** nach Kapitel III der DSRL-JI im Falle heimlicher Überwachungsmaßnahmen eine herausgehobene Bedeutung zu. Hervorzuheben ist das Recht, über den Zweck der Datenverarbeitung informiert zu werden, was effektiven Rechtsschutz überhaupt erst ermöglicht (Art. 12 Abs. 1, Art. 13 Abs. 1 DSRL-JI). Die zu beachtenden Rechte der betroffenen Person sind zum Teil im vorrangig zu beachtenden BKAG niedergelegt (vgl. insbesondere Abschnitt 9, Unterabschnitte 4–6) und im Übrigen in den §§ 55 ff. BDSG näher ausgeformt.[49] 23

III. Richtlinienkonforme, verfassungsorientierte und verfassungskonforme Auslegung von § 45 BKAG

Erfolgt eine Datenverarbeitung – wie im Falle des § 45 BKAG – zum Zwecke der Abwehr von Gefahren des internationalen Terrorismus, unterwirft das europäische Sekundärrecht diesen Vorgang den Maßgaben der DSRL-JI (→ Rn. 20). Insofern bedarf es der richtlinienkonformen Auslegung von § 45 BKAG.[50] Unter Anwendung der üblichen Auslegungsmethoden ist folglich die **volle Wirksamkeit der DSRL-JI** bei Anwendung von § 45 BKAG **zu gewährleisten.**[51] 24

Die Auslegung von § 45 BKAG in Konformität zur DSRL-JI tritt im Rahmen einer interpretatorischen Gesamtabwägung neben die **verfassungsorientierte Auslegung**[52] der Norm entsprechend der Rechtsprechung des Bundesverfassungsgerichts.[53] Wo eine **verfassungskonforme Auslegung**[54] angezeigt ist, geht diese der richtlinienkonformen Auslegung als interpretatorische Vorrangregel vor.[55] Anderes gilt nur für den Bereich der zwingenden Richtlinienvorgaben ohne Umsetzungsspielraum der Mitgliedstaaten; hier bleibt für die Anwendung der nationalen Grundrechte kein Raum,[56] weshalb es insoweit bei einer richtlinienkonformen Auslegung verbleibt. 25

Aufgrund der Vorgaben der DSRL-JI zu Maßnahmen der Gefahrenabwehr und der Straftatenverhütung handelt das BKA bezüglich § 45 BKAG zwar „im Anwendungsbereich des Unionsrechts", weswegen gem. Art. 51 Abs. 1 S. 1 EuGRCh und der Rechtsprechung des Europäischen Gerichtshofs[57] die **Unionsgrundrechte** nach der Charta der Grundrechte der Europäischen Union einschlägig sind. Sowohl nach der Rechtspre- 26

44 ABl. L 119, S. 89. Ausführlich zu den Inhalten Lisken/Denninger/Müller/Schwabenbauer, HdbPolR, G Rn. 461 ff.
45 Vgl. Lisken/Denninger/Müller/Schwabenbauer, HdbPolR, G Rn. 468 ff.
46 Vgl. Lisken/Denninger/Müller/Schwabenbauer, HdbPolR, G Rn. 466 ff., 531 f., 589, 591.
47 Vgl. hierzu Lisken/Denninger/Müller/Schwabenbauer, HdbPolR, G Rn. 1032 ff.
48 Vgl. nur Gola/Heckmann/Braun, BDSG, 13. Aufl. 2019, § 48 Rn. 10, mwN.
49 Vgl. Kühling/Buchner/Schwichtenberg DS-GVO/BDSG, 3. Aufl. 2020, BDSG Vor §§ 45 bis 84 Rn. 4.
50 Vgl. von der Groeben/Schwarze/Hatje/Geismann, Europäisches Unionsrecht, 7. Aufl. 2015, Art. 288 Rn. 55, mwN.
51 Vgl. EuGH Urt. v. 19.1.2010 – C 555/07 –, NJW 2010, 427 (429, Rn. 48); Urt. v. 15.4.2008 – C 268/06 –, NZA 2008, 581 (586, Rn. 98 ff.); BGH Urt. v. 21.12.2011 – VIII ZR 70/08 –, NJW 2012, 1073 ff.
52 Vgl. Schlaich/Korioth, Das Bundesverfassungsgericht, 12. Aufl. 2021, Rn. 440 ff., 448, mwN.
53 Vgl. BVerfG Urt. v. 20.4.2016 – 1 BvR 966/09 ua –, BVerfGE 141, 220 (286 ff., Rn. 145 ff.).
54 Vgl. hierzu Schlaich/Korioth, Das Bundesverfassungsgericht, 12. Aufl. 2021, Rn. 440 ff., mwN.
55 Vgl. Schlaich/Korioth, Das Bundesverfassungsgericht, 12. Aufl. 2021, Rn. 442 f.
56 Vgl. EuGH Urt. v. 26.2.2013 – C-617/10 –, NJW 2013, 1415 (1416, Rn. 29); Urt. v. 29.7.2019 – C-476/17 –, NJW 2019, 2913 (2917, Rn. 80); BVerfG Beschl. v. 6.11.2019 – 1 BvR 276/17 –, BVerfGE 152, 216 (233 ff., Rn. 42 ff.).
57 Vgl. EuGH Urt. v. 26.2.2013 – C-617/10 –, NJW 2013, 1415 (1415 f., Rn. 19 ff.).

chung des Bundesverfassungsgerichts[58] als auch nach der Rechtsprechung des Europäischen Gerichthofs[59] dürften die **Grundrechte des Grundgesetzes** im Rahmen des § 45 BKAG indessen gleichwohl, gleichsam **„parallel"** Anwendung finden. Mit der Anwendung der Grundrechte des Grundgesetzes dürfte weder ein Absenken des europarechtlich vorgegebenen Schutzniveaus für die von der Datenverarbeitung Betroffenen verbunden sein noch ist ersichtlich, dass die Anwendung der nationalen statt der europäischen Grundrechte zu einer unerwünschten Zersplitterung der einheitlichen europäischen Rechtsordnung führt und dessen effektive Wirksamkeit und Vorrang in Frage stünde.

27 Hervorzuheben ist, dass der **Grundrechtsschutz des Grundgesetzes** für den Bereich des Sicherheits- und Datenschutzrechtes und insbesondere auch hinsichtlich der Frage **heimlicher Überwachungsmaßnahmen** als überaus **sachhaltig und detailliert** gelten darf.[60]

28 Darüber hinaus wirkt die DSRL-JI nach deren Art. 1 Abs. 3 und Erwägungsgrund 15 bloß **mindestharmonisierend.** Mit der bloßen Festlegung der Gebote von Zweckfestlegung und Zweckbeachtung, des Grundsatzes der Verhältnismäßigkeit, der Normierung von Betroffenenrechten (→ Rn. 21 ff.) und allgemeinen Pflichten für den Verantwortlichen zeigt die DSRL-JI für den Bereich der verdeckten Datenerhebung durch die Sicherheitsbehörden und hinsichtlich ihrer materiellen Vorgaben zu Datenerhebung und Datenverarbeitung keine übermäßig enge Regelungsdichte.[61] Eine detaillierte und abschließende, für alle Mitgliedstaaten der Europäischen Union einheitlich geltende Festlegung der Maßgaben zur heimlichen Datenerhebung zum Zwecke der Gefahrenabwehr und der Straftatenverhütung, die durch die Anwendung nationaler Grundrechte in Frage stünde, normiert die DSRL-JI ganz überwiegend nicht. Dies wird beispielhaft daran deutlich, dass zwar in Art. 4 Abs. 1 lit. c DSRL-JI sowie in Art. 8 Abs. 1 DSRL-JI das Verhältnismäßigkeitsprinzip angelegt ist. Abschließend determiniert oder auch nur näher konturiert wird die Frage der Verhältnismäßigkeit dort aber nicht.[62] Der Verhältnismäßigkeitsgrundsatz wiederum ist Ausgangspunkt der überaus detaillierten verfassungsrechtlichen Vorgaben zu heimlichen Überwachungsmaßnahmen.[63] Außerhalb des Bereichs der abschließenden Mindestharmonisierung verbleibt den Mitgliedstaaten ein weiter Spielraum zur Richtlinienumsetzung, die nationalen Grundrechte finden insoweit Anwendung.[64]

IV. Inhalt und Systematik, Rechtsnatur und Rechtsschutz

29 **1. Inhalt und Systematik.** § 45 BKAG regelt die Observation von und Informationsgewinnung bei Zielpersonen durch Beschattung und technische Mittel außerhalb von Wohnungen sowie den Einsatz von Vertrauenspersonen und Verdeckten Ermittlern. Die Datenerhebung durch das BKA erfolgt dabei in Erfüllung der präventivpolizeilichen Aufgabe der **Abwehr von Gefahren des internationalen Terrorismus** nach § 5 BKAG (→ § 5 Rn. 14 ff.).[65]

30 **a) Innere Systematik.** Die Vorschrift untergliedert sich in acht Absätze.

31 Die **Mittel der Datenerhebung** sind in **§ 45 Abs. 2 BKAG** normiert; die dortige Aufzählung ist abschließend.[66] § 45 Abs. 2 Nr. 1 BKAG regelt Observationen, soweit diese planmäßig mehr als durchgehend 24 Stunden oder an mehr als zwei Tagen stattfinden. § 45 Abs. 2 Nr. 2 BKAG regelt den heimlichen Einsatz von technischen Mitteln außerhalb von Wohnungen. Die Norm ermächtigt sowohl zu Bildaufnahmen und -aufzeichnungen von Personen und Sachen als auch zum Abhören und Aufzeichnen des nichtöffentlich gesprochenen Wortes. § 45 Abs. 2 Nr. 3 BKAG erweitert die Informationsabschöpfung auf „sonstige besondere für Observationszwecke bestimmte technische Mittel", wenn diese der „Erforschung des Sachverhalts" oder der „Bestimmung des Aufenthaltsortes" der Zielperson dienen. § 45 Abs. 2 Nrn. 4 und 5 BKAG erlauben den Einsatz von Vertrauenspersonen (Nr. 4) sowie von Verdeckten Ermittlern (Nr. 5).

32 **§ 45 Abs. 1 S. 1 BKAG** normiert **vier eigenständige Eingriffstatbestände**, nach denen die Mittel der Datenerhebung angeordnet werden dürfen. Die Eingriffstatbestände unterscheiden zwischen verschiedenen Adres-

58 Vgl. BVerfG Beschl. v. 6.11.2019 – 1 BvR 16/13 –, BVerfGE 152, 152 (170 ff., Rn. 45 ff.).

59 Vgl. EuGH Urt. v. 26.2.2013 – C-617/10 –, NJW 2013, 1415 (1416, Rn. 29); Urt. v. 29.7.2019 – C-476/17 –, NJW 2019, 2913 (2917, Rn. 80).

60 Vgl. BVerfG Urt. v. 20.4.2016 – 1 BvR 966/09 ua –, BVerfGE 141, 220 (286 ff., Rn. 145 ff.); vgl. auch BVerfG Beschl. v. 6.11.2019 – 1 BvR 16/13 –, BVerfGE 152, 152 (175, Rn. 55); Urt. v. 26.4.2022 – 1 BvR 1619/17 –, NJW 2022, 1583.

61 Vgl. Lisken/Denninger/Müller/Schwabenbauer, HdbPolR, G Rn. 461.

62 Vgl. Lisken/Denninger/Müller/Schwabenbauer, HdbPolR, G Rn. 468, 470.

63 Vgl. nur BVerfG Urt. v. 20.4.2016 – 1 BvR 966/09 ua –, BVerfGE 141, 220 (286 ff., Rn. 145 ff.); Beschl. v. 9.12.2022 – 1 BvR 1345/21 –, juris, Rn 86 ff.

64 Vgl. BVerfG Beschl. v. 6.11.2019 – 1 BvR 16/13 –, BVerfGE 152, 152 (170 ff., Rn. 45 ff.); EuGH Urt. v. 26.2.2013 – C-617/10 –, NJW 2013, 1415 (1416, Rn. 29); Urt. v. 29.7.2019 – C-476/17 –, NJW 2019, 2913 (2917, Rn. 80); vgl. auch Kühling/Buchner/Schwichtenberg DS-GVO/BDSG, 3. Aufl. 2020, BDSG Vor §§ 45 bis 84 Rn. 5, mwN.

65 BT-Drs. 16/10121, 25; BT-Drs. 18/11163, 113; Schenke/Graulich/Ruthig/R. P. Schenke BKAG § 45 Rn. 1.

66 BT-Drs. 16/10121, 25; BT-Drs. 18/11163, 114; Schenke/Graulich/Ruthig/R. P. Schenke BKAG § 45 Rn. 2.

saten der Überwachungsmaßnahmen und hieran anknüpfend zwischen **Gefahrenabwehr, Straftatenverhütung** und **Umfeldüberwachung.**

§ 45 Abs. 3–5 BKAG dienen dem **Grundrechtsschutz durch Verfahren. § 45 Abs. 3 BKAG** regelt, wer über die Anordnung einzelner Maßnahmen der Datenerhebung zu entscheiden hat und normiert dabei für den Regelfall einen **Richtervorbehalt.** Um eine sachhaltige Prüfung der in Rede stehenden Überwachungsmaßnahme zu gewährleisten, legt **§ 45 Abs. 4 BKAG** bestimmte Mindestanforderungen an den **Antrag** des BKA fest. **§ 45 Abs. 5 BKAG** regelt Mindestanforderungen an die **Anordnung** der Überwachungsmaßnahme und bestimmt die Schriftform, den Inhalt der Anordnung, deren zeitliche Befristung, sowie das Vorgehen bei einer etwaigen Verlängerung. 33

§ 45 Abs. 6 BKAG trifft nähere Bestimmungen über die Befugnisse Verdeckter Ermittler. 34

In **§ 45 Abs. 7 und 8 BKAG** ist der **Schutz des Kernbereichs privater Lebensgestaltung** für die Mittel der Datenerhebung nach Abs. 2 normiert. 35

b) **Verhältnis zu anderen Vorschriften.** Als *lex specialis* verdrängt § 45 BKAG die allgemeine Befugnis zur Erhebung personenbezogener Daten zur Abwehr von Gefahren des internationalen Terrorismus nach § 39 BKAG. Seinerseits durch **speziellere Normen** verdrängt wird § 45 BKAG insbesondere durch § 46 BKAG für den Einsatz technischer Mittel in oder aus Wohnungen, durch § 49 BKAG für den verdeckten Eingriff in informationstechnische Systeme sowie die verdeckt in die Gerätekommunikation eingreifenden Standardmaßnahmen nach §§ 51–53 BKAG.[67] Besondere Mittel der Datenerhebung zum Schutz von Mitgliedern der Verfassungsorgane und der Leitung des BKA sind in § 64 BKAG normiert. 36

Gem. § 62 BKAG ist der **Schutz zeugnisverweigerungsberechtigter Personen** bei Maßnahmen nach Abschnitt 5 des Gesetzes und damit nach § 45 BKAG besonders zu berücksichtigen (→ § 62 Rn. 6 ff.). 37

§ 74 Abs. 1 S. 1 Nrn. 1 und 2, Abs. 2 BKAG ordnet die **nachträgliche Benachrichtigung** der von einer Datenerhebung nach § 45 Abs. 2 BKAG erfassten Zielperson, erheblich mitbetroffener Personen sowie von Wohnungsinhabern und Bewohnern an (→ § 74 Rn. 5 ff. und 19 f.). Die Bestimmung ist von herausgehobener Bedeutung für die Gewährleistung effektiven Rechtsschutzes und des Grundrechtsschutzes durch Verfahren, weil Rechtsschutz gegen polizeiliche Maßnahmen ohne Kenntnis hiervon nicht denkbar ist. Im Falle heimlicher Überwachungsmaßnahmen gehört die spätere Benachrichtigung des Betroffenen damit zu den „elementaren Instrumenten des grundrechtlichen Datenschutzes".[68] 38

§ 82 BKAG regelt die **Pflicht zur Protokollierung** bei einer Datenerhebung nach § 45 BKAG. Die sachhaltige und präzise Protokollierung ist Voraussetzung einer effektiven gerichtlichen Kontrolle heimlicher Überwachungsmaßnahmen sowie der Kontrolle durch die Datenschutzaufsicht (→ § 82 Rn. 2 ff. und 7, 9).[69] 39

§ 90 Abs. 3 BKAG ermöglicht dem Gericht, bei der Entscheidung über die Verwertbarkeit oder Löschung von Erkenntnissen aus Maßnahmen nach § 45 BKAG, die dem **Kernbereich privater Lebensgestaltung** zuzurechnen sein könnten, sachkundige Bedienstete des BKA anzuhören und sich der technischen Unterstützung des Amts zu bedienen (→ § 90 Rn. 16 f.).[70] 40

Soweit das BKAG keine speziellen Regelungen trifft (→ Rn. 36 ff.), finden insbesondere die datenschutzrechtlichen Vorschriften nach **§§ 45 ff. BDSG** auf die Datenverarbeitung des BKA zum Zwecke der Gefahrenabwehr Anwendung.[71] 41

2. Rechtsnatur und Rechtsschutz. Die Datenerhebung durch Anwendung der in § 45 BKAG aufgeführten besonderen Mittel erfolgt in Form eines **Realaktes.** Die Anordnung der Datenerhebung hat rein innerdienstlichen Charakter und ist nicht iSd § 35 VwVfG auf unmittelbare Rechtswirkung nach außen gerichtet, was bereits daraus zu ersehen ist, dass die Maßnahmen verdeckt und ohne Kenntnis des Betroffenen vorgenommen werden sollen.[72] 42

Für den **nachträglichen Rechtsschutz** gegen bereits erledigte verdeckte polizeiliche Überwachungsmaßnahmen ist der **Verwaltungsrechtsweg** eröffnet.[73] Die Frage, ob die in Rede stehende Datenerhebung durch § 45 BKAG als Rechtsgrundlage gedeckt ist, begründet ein feststellungsfähiges Rechtsverhältnis; statthafte Klageart ist insoweit die **Feststellungsklage** (§ 43 VwGO). Das Feststellungsinteresse ergibt sich im Fall heimlicher Überwachungsmaßnahmen nach § 45 BKAG regelmäßig aus den mit Ihnen verbundenen tiefgreifenden Grundrechtseingriffen (→ Rn. 3 ff.). Vor dem Hintergrund des verfassungsrechtlich garantierten An- 43

67 Schenke/Graulich/Ruthig/R. P. Schenke BKAG § 45 Rn. 3; vgl. auch BVerfG Urt. v. 20.4.2016 – 1 BvR 966/09 ua –, BVerfGE 141, 220 (286, Rn. 148).
68 BVerfG Beschl. v. 12.10.2011 – 2 BvR 236/08 ua –, BVerfGE 129, 208 (250 f.).
69 Vgl. BVerfG Urt. v. 20.4.2016 – 1 BvR 966/09 ua –, BVerfGE 141, 220 (284, Rn. 141); vgl. hierzu ferner Lisken/Denninger/Schwabenbauer, HdbPolR, G Rn. 292 ff., 302 ff.
70 Vgl. hierzu BVerfG Urt. v. 20.4.2016 – 1 BvR 966/09 ua –, BVerfGE 141, 220 (308, Rn. 224).
71 Vgl. Kühling/Buchner/Schwichtenberg DS-GVO/BDSG, 3. Aufl. 2020, BDSG Vor §§ 45 bis 84 Rn. 4.
72 Vgl. nur VGH Mannheim Urt. v. 15.5.2014 – 1 S 815/13 –, NVwZ-RR 2015, 26.
73 Vgl. BGH Beschl. v. 18.7.2017 – 5 F 379/17 SO –, NJW 2017, 2631.

spruchs auf effektiven Rechtsschutz aus Art. 19 Abs. 4 GG müssen polizeiliche Maßnahmen in Fällen gewichtiger, in tatsächlicher Hinsicht jedoch überholter Grundrechtseingriffe auch im Hauptsacheverfahren einer gerichtlichen Klärung zugeführt werden können, wenn sich die direkte Belastung durch die angegriffene Maßnahme nach dem typischen Verfahrensablauf auf eine Zeitspanne beschränkt, in welcher der Betroffene eine gerichtliche Entscheidung nicht erlangen kann.[74] Zwar geht es bei den besonderen Mitteln der Datenerhebung nach § 45 BKAG nicht um Maßnahmen, die sich typischerweise kurzfristig erledigen, doch steht der verdeckte Charakter der Maßnahmen der Inanspruchnahme von Rechtsschutz vor Beendigung der Überwachungsmaßnahme entgegen. Denn nach § 74 Abs. 1 S. 1 Nrn. 1 und 2, Abs. 2 S. 1 und 2 BKAG wird der Betroffene von den verdeckt durchgeführten Maßnahmen nach § 45 BKAG regelmäßig erst nach deren Abschluss unterrichtet (→ § 74 Rn. 19 f.).

44 **Präventiver Rechtsschutz** gegen die besonderen Mittel der Datenerhebung nach § 45 BKAG ist grundsätzlich in Form der **vorbeugenden Feststellungsklage** denkbar. Hierbei ist jedoch zu beachten, dass das Feststellungsbegehren auch im Falle heimlicher Überwachungsmaßnahmen auf einen hinreichend bestimmten, bereits überschaubaren, dh nicht nur gedachten und als möglich vorgestellten Sachverhalt bezogen sein muss. Dies gilt – anders als bei der Verfassungsbeschwerde[75] – trotz der faktischen Schwierigkeiten, insoweit eine konkrete Betroffenheit nachzuweisen.[76]

45 Darüber hinaus ist die (vorbeugende) **Unterlassungsklage** als Unterfall der allgemeinen Leistungsklage statthafter Rechtsbehelf gegen zukünftige Maßnahmen der Datenverarbeitung. Im Rahmen der (vorbeugenden) Unterlassungsklage ist zur Begründung eines Rechtsschutzbedürfnisses die wiederholte bzw. fortgesetzte (oder drohende) konkrete Verletzung in eigenen Rechten darzulegen.[77] Das drohende tatsächliche Verwaltungshandeln muss die für eine Rechtmäßigkeitsprüfung erforderliche Bestimmtheit aufweisen.[78]

46 Hinsichtlich des **qualifizierten Rechtsschutzinteresses**, das für die Inanspruchnahme vorbeugenden Rechtsschutzes erforderlich ist, ist die vom Gesetz vorgesehene nachträgliche Unterrichtung des Betroffenen nach § 74 Abs. 1 S. 1 Nrn. 1 und 2, Abs. 2 S. 1 BKAG sowie eine etwaige Kontrolle des behördlichen Handelns durch unabhängige Dritte zu berücksichtigen.[79]

47 Der **vorläufige Rechtsschutz** bestimmt sich nach § 123 Abs. 1 VwGO.[80]

B. Kommentierung im Einzelnen

I. Grundtatbestand (Abs. 1)

48 **1. Eingriffsschwellen und betroffene Personen (Abs. 1 S. 1).** § 45 Abs. 1 S. 1 BKAG legt verschiedene **Eingriffsschwellen** für den Einsatz besonderer Mittel der Datenerhebung und den jeweiligen **Adressaten der Maßnahme** fest. Zudem ordnet § 45 Abs. 1 S. 1 BKAG aE die **Subsidiarität** des Einsatzes besonderer Mittel der Datenerhebung gegenüber anderen Maßnahmen der Gefahrenabwehr oder Straftatenverhütung an.

49 **a) Gefahrenabwehr (Abs. 1 S. 1 Nr. 1).** Gem. § 45 Abs. 1 S. 1 Nr. 1 BKAG dürfen die besonderen Mittel der Datenerhebung nach § 45 Abs. 2 BKAG zur Abwehr einer Gefahr für den Bestand oder die Sicherheit des Bundes oder eines Landes oder für Leib, Leben oder Freiheit einer Person oder Sachen von bedeutendem Wert, deren Erhaltung im öffentlichen Interesse geboten ist, eingesetzt werden.

50 Die **Schutzgüter** Leib, Leben und Freiheit der Person sowie der Bestand oder die Sicherheit des Bundes oder eines Landes sind **von besonderem Gewicht** (→ § 12 Rn. 120)[81] und hegen den mit dem Einsatz besonderer Mittel der Datenerhebung verbundenen Grundrechtseingriff verhältnismäßig ein. Gleiches gilt für Sachen von bedeutendem Wert, deren Erhaltung im öffentlichen Interesse geboten ist. Im Zusammenhang mit der

74 Vgl. nur VGH Mannheim Urt. v. 15.5.2014 – 1 S 815/13 –, NVwZ-RR 2015, 26 f.

75 Vgl. nur Barczak/Hellmann BVerfGG, 2018, § 90 Rn. 248; BVerfG Beschl. v. 9.12.2022 – 1 BvR 1345/21 –, juris, Rn. 43 ff., jeweils mwN. Zum Spezialfall einer gerügten Schutzpflichtverletzung vgl. BVerfG Beschl. v. 8.6.2021 – 1 BvR 2771/18 –, NVwZ 2021, 1361 (1364 ff., Rn. 45 ff.).

76 BeckOK-VwGO/Möstl § 43 Rn. 5 (2022); vgl. auch BVerwG Urt. v. 28.5.2014 – 6 A 1/13 –, NVwZ 2014, 1666; Urt. v. 14.12.2016 – 6 A 9/14 –, NVwZ 2017, 1546; kritisch aber Hufen JuS 2015, 670 (672).

77 Vgl. BVerwG Urt. v. 22.10.2014 – 6 C 7/13 –, NVwZ 2015, 906 f.; VGH München Urt. v. 17.12.2012 – 10 BV 09.2641 –, juris, Rn. 60 ff.

78 BVerwG Urt. v. 13.12.2017 – 6 A 7/16 –, juris, Rn. 12 ff.

79 Vgl. VG Wiesbaden Beschl. v. 24.11.2021 – 6 L 1358/21.WI –, juris, Rn. 40 ff.; vgl. aber auch BVerwG Urt. v. 22.10.2014 – 6 C 7/13 –, NVwZ 2015, 906 (907); Urt. v. 13.12.2017 – 6 A 7/16 –, juris, Rn. 16.

80 Vgl. BeckOK-PolR Baden-Württemberg/Nusser PolG BW § 49 Rn. 105 (2022).

81 BVerfG Urt. v. 20.4.2016 – 1 BvR 966/09 ua –, BVerfGE 141, 220 (270, Rn. 108); Urt. v. 26.4.2022 – 1 BvR 1619/17 –, NJW 2022, 1583 (1598, Rn. 243).

Terrorismusabwehr sind hierunter wesentliche Infrastruktureinrichtungen oder sonstige Anlagen mit unmittelbarer Bedeutung für das Gemeinwesen zu verstehen.[82]

Für die vorgenannten Schutzgüter muss eine „Gefahr" bestehen, was § 38 Abs. 2 BKAG als „im Einzelfall bestehende Gefahr" damit als **konkrete Gefahr iSd Polizei- und Ordnungsrechts** definiert (→ § 38 Rn. 16). Vorausgesetzt wird folglich eine Sachlage, in der bei ungehindertem Ablauf des objektiv zu erwartenden Geschehens in absehbarer Zeit mit hinreichender Wahrscheinlichkeit ein Schaden an dem in Rede stehenden Schutzgut eintreten wird.[83] Mit Blick auf die Aufgabennorm des § 5 BKAG, in welche der § 45 BKAG eingebunden ist, muss es sich darüber hinaus um eine **Gefahr des internationalen Terrorismus** iSd § 5 Abs. 1 S. 2 BKAG handeln (→ § 5 Rn. 17 ff.). Die Legaldefinition der „Gefahr" in § 38 Abs. 2 BKAG kann hingegen nicht dahingehend verstanden werden, dass schon für sich jede Gefahr für die öffentliche Sicherheit im Zusammenhang mit Straftaten nach § 5 Abs. 1 S. 2 BKAG ausreichend ist.[84] 51

Die konkrete Gefahr des internationalen Terrorismus iSd § 5 Abs. 1 S. 2 BKAG setzt voraus, dass die Schutzgüter „Bestand oder die Sicherheit des Bundes oder eines Landes oder Leib, Leben oder Freiheit einer Person oder Sachen von bedeutendem Wert, deren Erhaltung im öffentlichen Interesse geboten ist" durch die **Verwirklichung der Katalogtaten** nach § 129a Abs. 1 und 2 StGB gefährdet sind.[85] Die Straftaten müssen alternativ dazu bestimmt sein, die Bevölkerung in erheblicher Weise einzuschüchtern, eine Behörde oder eine internationale Organisation rechtswidrig mit Gewalt oder durch Drohung mit Gewalt zu nötigen oder die politischen, verfassungsrechtlichen, wirtschaftlichen oder sozialen Grundstrukturen eines Staates oder einer internationalen Organisation zu beseitigen oder erheblich zu beeinträchtigen und durch die Art ihrer Begehung oder ihre Auswirkungen einen Staat oder eine internationale Organisation erheblich schädigen können (→ § 5 Rn. 26, 28 ff.). 52

Die Sicherheit des Bundes oder eines Landes ist dann bedroht, wenn deren Fähigkeit, sich nach außen oder innen zur Wehr zu setzen, beeinträchtigt wird.[86] 53

§ 45 Abs. 1 S. 1 Nr. 1 BKAG begrenzt den Einsatz besonderer Mittel der Datenerhebung folglich auf den Schutz besonders gewichtiger Rechtsgüter vor besonders bedrohlichen Angriffen.[87] 54

Aufgrund des potentiell katastrophischen Schadensausmaßes, das mit terroristischen Straftaten einhergeht, ist gem. dem Grundsatz der Verhältnismäßigkeit und unter Anwendung der „Je-Desto-Formel" die **Wahrscheinlichkeit des Schadensereignisses** tendenziell niedriger anzusetzen (→ § 38 Rn. 20).[88] 55

Die **Adressaten der Maßnahme** bestimmt § 45 Abs. 1 S. 1 Nr. 1 BKAG durch Verweis auf die Verantwortlichen nach § 17 BPolG (Verhaltensstörer), § 18 BPolG (Zustandsstörer) sowie die Inanspruchnahme von Nichtverantwortlichen nach § 20 Abs. 1 BPolG. Es handelt sich um **Rechtsgrundverweise**, so dass die Tatbestandsmerkmale der verwiesenen Norm zu prüfen sind.[89] Die Tatbestandsmerkmale der §§ 17, 18, 20 Abs. 1 BPolG sind im Rahmen des § 45 Abs. 1 S. 1 Nr. 1 BKAG verfassungskonform streng auszulegen.[90] 56

Mit Blick auf den Straftatbezug der Abwehr von Gefahren des internationalen Terrorismus (→ Rn. 52) erscheint fraglich, ob der pauschale Rechtsgrundverweis auf die **Zustandsverantwortlichkeit** nach § 18 BPolG rechtslogisch haltbar ist. Nach dem Konzept der Zustandshaftung sind die Maßnahmen gegen den Inhaber der tatsächlichen Gewalt zu richten, wenn eine Gefahr von einem Tier oder einer Sache ausgeht. Tiere und Sache können indes keine Straftaten begehen. Die Zustandsverantwortlichkeit lässt sich auch nicht extensiv auslegen und in eine „Verhaltensverantwortung kraft Unterlassens" in dem Sinne umdeuten, dass der Eigentümer oder anderweitig die Sachherrschaft Ausübende die von seiner Sache ausgehende Gefahr nicht bekämpft (→ § 38 Rn. 28). 57

Gem. § 20 Abs. 1 S. 1 Nrn. 2–4 BPolG ist die **Inanspruchnahme von Nichtverantwortlichen** nur dann zulässig, wenn Maßnahmen gegen den Verhaltens- oder Zustandsstörer nicht oder nicht rechtzeitig möglich sind oder keinen Erfolg versprechen, die Bundespolizei – respektive das BKA – die Gefahr nicht oder nicht rechtzeitig selbst oder durch einen Beauftragten abwehren kann und die Personen ohne erhebliche eigene Gefährdung und ohne Verletzung höherwertiger Pflichten in Anspruch genommen werden können. In Ver- 58

82 Vgl. BVerfG Urt. v. 20.4.2016 – 1 BvR 966/09 ua –, BVerfGE 141, 220 (287 f., Rn. 155); Urt. v. 26.4.2022 – 1 BvR 1619/17 –, NJW 2022, 1583 (1598, Rn. 243).

83 Zum Gefahrenbegriff vgl. Schoch BVwR/Schoch 1. Kap. Rn. 279, mwN. Zum verfassungsrechtlichen Bestimmtheitsgebot und Verhältnismäßigkeitsgrundsatz in diesem Zusammenhang vgl. BVerfG Urt. v. 20.4.2016 – 1 BvR 966/09 ua –, BVerfGE 141, 220 (288, Rn. 158).

84 Vgl. BVerfG Urt. v. 20.4.2016 – 1 BvR 966/09 ua –, BVerfGE 141, 220 (288, Rn. 156 f.); Schenke/Graulich/Ruthig/R. P. Schenke BKAG § 45 Rn. 7.

85 Vgl. BVerfG Urt. v. 20.4.2016 – 1 BvR 966/09 ua –, BVerfGE 141, 220 (288, Rn. 156).

86 Vgl. BeckOK-PolR Baden-Württemberg/Nusser PolG BW § 49 Rn. 22 (2022).

87 Vgl. BVerfG Urt. v. 20.4.2016 – 1 BvR 966/09 ua –, BVerfGE 141, 220 (288, Rn. 156).

88 Bäcker, Stellungnahme BKAG, BT-Prot. 18/107, 33.

89 Schenke/Graulich/Ruthig/R. P. Schenke BKAG § 45 Rn. 8.

90 BVerfG Urt. v. 20.4.2016 – 1 BvR 966/09 ua –, BVerfGE 141, 220 (289, Rn. 159).

schärfung zu § 45 Abs. 1 S. 1 Nr. 1 BKAG muss die Maßnahme statt der Abwehr einer konkreten Gefahr iSd Polizei- und Ordnungsrechts der **Abwehr einer gegenwärtigen erheblichen Gefahr** dienen. Eine gegenwärtige Gefahr bezieht sich auf die zeitliche Nähe und den Grad der Wahrscheinlichkeit des Schadenseintritts; gefordert ist eine Sachlage, bei der das schädigende Ereignis bereits begonnen hat oder unmittelbar mit an Sicherheit grenzender Wahrscheinlichkeit bevorsteht.[91] Die erhebliche Gefahr meint eine Gefahr für ein bedeutsames Rechtsgut[92] und verläuft insoweit gleich zu den in § 45 Abs. 1 S. 1 Nr. 1 BKAG benannten Schutzgütern (→ Rn. 50 und 53 f.). Bei verfassungskonform strenger Auslegung der §§ 17, 18, 20 Abs. 1 BPolG und sofern die Datenerhebungsmaßnahme für die Abwehr der gegenwärtigen erheblichen Gefahr unmittelbar zielführend ist, bestehen gegen die Inanspruchnahme von Nichtverantwortlichen durch besondere Mittel der Datenerhebung keine verfassungsrechtlichen Bedenken.[93] Die Maßnahme darf nur aufrechterhalten werden, solange die Abwehr der Gefahr nicht auf andere Weise möglich ist (§ 20 Abs. 1 S. 2 BPolG).

59 **b) Situationsbezogene Prognose terroristischer Straftaten (Abs. 1 S. 1 Nr. 2).** Gem. § 45 Abs. 1 S. 1 Nr. 2 BKAG kann das BKA personenbezogene Daten mit besonderen Mitteln der Datenerhebung erheben über eine Person, bei der bestimmte **Tatsachen die Annahme rechtfertigen, dass sie innerhalb eines übersehbaren Zeitraums auf eine zumindest ihrer Art nach konkretisierte Weise eine Straftat nach § 5 Abs. 1 S. 2 BKAG** (→ § 5 Rn. 26, 28 ff.) begehen wird. Trotz des insoweit missverständlichen Wortlauts des § 45 Abs. 1 S. 1 Nr. 2 BKAG wird über die Verweisung auf § 5 Abs. 1 S. 2 BKAG nicht der dort genannte § 129a StGB selbst in Bezug genommen (also die Bildung einer terroristischen Vereinigung). Der Verweis auf § 5 Abs. 1 S. 2 BKAG bezieht sich vielmehr auch hier (→ Rn. 52) auf die in den Katalogen des § 129a Abs. 1 und 2 StGB genannten Delikte, in erster Linie also erhebliche Straftaten gegen Leib, Leben oder Freiheit, bestimmte gemeingefährliche Straftaten, Sabotagehandlungen und Verstöße gegen das Waffenrecht (→ § 5 Rn. 28 f.). Die Straftaten müssen alternativ dazu bestimmt sein, die Bevölkerung in erheblicher Weise einzuschüchtern, eine Behörde oder eine internationale Organisation rechtswidrig mit Gewalt oder durch Drohung mit Gewalt zu nötigen oder die politischen, verfassungsrechtlichen, wirtschaftlichen oder sozialen Grundstrukturen eines Staates oder einer internationalen Organisation zu beseitigen oder erheblich zu beeinträchtigen und durch die Art ihrer Begehung oder ihre Auswirkungen einen Staat oder eine internationale Organisation erheblich schädigen können (→ § 5 Rn. 31 ff.). § 45 Abs. 1 S. 1 Nr. 2 BKAG dient diesbezüglich der Straftatenverhütung (→ § 5 Rn. 45). Die Regelung ist der konkreten Gefahr iSd Polizei- und Ordnungsrechts (→ Rn. 51) vorgelagert. Sie beschreibt die **drohende Gefahr** der Begehung einer terroristischen Straftat aus den Katalogen des § 129a Abs. 1 und 2 StGB.[94] Ausreichend ist, dass tatsächliche Anhaltspunkte für die **Entstehung einer konkreten Gefahr** vorliegen („Gefahr der Gefahr"). Mangels Einbeziehung originärer strafrechtlicher Vorfelddelikte in die Verweisungskette des § 5 Abs. 1 S. 2 BKAG und angesichts der vorerwähnten Qualifizierungen des § 5 Abs. 1 S. 2 BKAG (→ § 5 Rn. 30 ff.) dürfte mit der drohenden Gefahr einer Straftatverwirklichung zugleich die drohende Gefährdung des jeweils geschützten Rechtsguts einhergehen. Insofern dürfte auch der verfassungsrechtlichen Maßgabe Genüge getan sein, wonach für den Einsatz besonderer Mittel der Datenerhebung nicht die Verwirklichung eines Straftatbestandes entscheidend ist, sondern die Schädigung bzw. drohende Gefahr für das dahinterstehende Rechtsgut.[95]

60 Der Einsatz besonderer Mittel der Datenerhebung nach § 45 Abs. 1 S. 1 Nr. 2 BKAG setzt eine auf **Tatsachen** gestützte Prognose der Straftatenbegehung voraus (→ § 38 Rn. 7 f.). Allgemeine (kriminalistische) Erfahrungssätze oder bloße Vermutungen sind hierfür unzureichend (→ § 39 Rn. 17).[96] Angesichts der Schwere des mit dem Mitteleinsatz einhergehenden Grundrechtseingriffs (→ Rn. 3 ff.) sollen heimliche Überwachungsmaßnahmen nicht auf der unspezifizierten Annahme beruhen, eine Person könne Straftaten begehen. Im Kontext der vorbeugenden Bekämpfung terroristischer Straftaten sind unter „Tatsachen" konkrete Umstände des Einzelfalls – also tatsächliche Anhaltspunkte – zu verstehen, die den Verdacht einer Straftatbegehung objektiv nachvollziehbar tragen müssen. Tatsachen sind tatsächliche Gegebenheiten, die äußere oder innere Umstände betreffen können. Allerdings berechtigen innere Zustände und Gesinnungen allein noch nicht zu Maßnahmen der Straftatenverhütung. Tatsachen, die die Annahme der zukünftigen

91 Schoch BVwR/Schoch 1. Kap. Rn. 301, mwN.

92 Schoch BVwR/Schoch 1. Kap. Rn. 301, mwN.

93 Vgl. BVerfG Urt. v. 20.4.2016 – 1 BvR 966/09 ua –, BVerfGE 141, 220 (289, Rn. 159). Zum Entschädigungsanspruch des Nichtstörers → § 38 Rn. 26.

94 Vgl. BVerfG Urt. v. 20.4.2016 – 1 BvR 966/09 ua –, BVerfGE 141, 220 (272, Rn. 112); Beschl. v. 9.12.2022 – 1 BvR 1345/21 –, juris, Rn. 90.

95 Vgl. BVerfG Beschl. v. 9.12.2022 – 1 BvR 1345/21 –, juris, Rn. 92, 95.

96 Vgl. BVerfG Urt. v. 20.4.2016 – 1 BvR 966/09 ua –, BVerfGE 141, 220 (291, Rn. 164 f.); zuvor schon BVerfG Urt. v. 27.7.2005 – 1 BvR 668/04 –, BVerfGE 113, 348 (378). Vgl. nun auch BVerfG Beschl. v. 9.12.2022 – 1 BvR 1345/21 –, juris, Rn. 90.

Straftatenbegehung rechtfertigen, müssen solche sein, die sich in der äußeren Geschehenswelt manifestieren oder manifestiert haben.[97]

Die der Prognoseentscheidung zugrundeliegenden Tatsachen müssen den Schluss auf **ein wenigstens seiner Art nach konkretisiertes Geschehen** zulassen.[98] Es bedarf eines konkreten, in der Entwicklung begriffenen Vorgangs oder dessen Planung. Ungenügend hierfür ist eine Tatsachenlage, bei der sich einzelne Beobachtungen noch durch eine hohe Ambivalenz ihrer Bedeutung auszeichnen. Ergibt die Gefahrenprognose, dass die beobachteten Geschehnisse der Beginn eines Vorgangs seien können, der in der Gefahr einer Straftatbegehung mündet, ebenso gut aber auch in einem harmlosen Zusammenhang verbleiben können, ist dies für die Anwendung besonderer Mittel der Datenerhebung ungenügend.[99] 61

Die geforderte Konkretisierung eines Geschehens seiner Art nach kann in **örtlicher** und **zeitlicher** Hinsicht, bezüglich der **Art der Tatausführung** sowie hinsichtlich der **potentiellen Opfer** und der **handelnden Personen** erfolgen.[100] Das zu verhütende Geschehen muss dergestalt näher bestimmt sein, dass die beabsichtigte Überwachungsmaßnahme hierauf bezogen und in zeitlicher, räumlicher, gegenständlicher und personeller Hinsicht **zielgerichtet und beschränkt** erfolgen kann und es nicht zu einem Einsatz besonderer Mittel der Datenerhebung „ins Blaue hinein" kommt. Notwendig ist die Prognose eines Geschehens, das zu einer **zurechenbaren Straftatbegehung** führt.[101] Ein nicht einmal seiner Art nach konkretisiertes und zu verhütendes Geschehen soll sich beispielsweise aus der bloßen Tatsache der Ausbildung in einem ausländischen Terrorcamp und der bloßen Rückkehr in die Bundesrepublik Deutschland ergeben; hier kann aber die verhaltensbezogene Gefahrenprognose eine Überwachungsmaßnahme nach § 45 Abs. 1 S. 1 Nr. 3 BKAG rechtfertigen (→ Rn. 64 ff.).[102] 62

Die Begehung der terroristischen Straftaten muss **innerhalb eines übersehbaren Zeitraums** drohen. Das Tatbestandsmerkmal grenzt Maßnahmen nach § 45 Abs. 1 S. 1 Nr. 2 BKAG von der Gefahrenabwehr iSd Polizei- und Ordnungsrechts ab, wo ein Schadenseintritt in absehbarer Zeit drohen muss und kennzeichnet die Überwachung nach § 45 Abs. 1 S. 1 Nr. 2 BKAG als Maßnahme der Straftatenverhütung (→ § 5 Rn. 45).[103] Die Straftatbegehung „innerhalb eines übersehbaren Zeitraums" erfordert einen anzunehmenden Schlusspunkt der Geschehensentwicklung. Der handlungsrelevante Zeitraum muss ersichtlich werden[104] und steht einer **Dauerüberwachung,** bei der im Vorhinein kein konkreter Zeithorizont absehbar ist, entgegen.[105] Insofern besteht ein Zusammenhang zum „wenigstens seiner Art nach konkretisierten Geschehen" als Voraussetzung der Überwachungsmaßnahme (→ Rn. 61 ff.). 63

c) Personenbezogene Prognose terroristischer Straftaten (Abs. 1 S. 1 Nr. 3). Nach § 45 Abs. 1 S. 1 Nr. 3 BKAG darf das BKA personenbezogene Daten mit besonderen Mitteln erheben über eine Person, deren **individuelles Verhalten** die **konkrete Wahrscheinlichkeit** begründet, dass sie **innerhalb eines übersehbaren Zeitraums eine Straftat nach § 5 Abs. 1 S. 2 BKAG** (→ § 5 Rn. 26, 28 ff.) begehen wird. Der Gesetzgeber knüpft hier wörtlich an eine Formulierung des Bundesverfassungsgerichts zu Prognoseanforderungen im Vorfeldbereich an und nutzt so den verfassungsrechtlichen Spielraum umfänglich aus.[106] Mangels Verweisung auf originäre strafrechtlicher Vorfelddelikte und angesichts der Qualifizierungen des § 5 Abs. 1 S. 2 BKAG dürfte § 45 Abs. 1 S. 1 Nr. 3 BKAG auch seinem tatsächlichen Anwendungsbereich nach verfassungsrechtlichen Maßgaben genügen und nicht tatbestandlich entgrenzt sein (→ Rn. 59 und → § 5 Rn. 30 ff.).[107] 64

97 Vgl. VG Aachen Beschl. v. 18.3.2010 – 6 L 28/10 –, juris, Rn. 97 ff., Lisken/Denninger/Graulich, HdbPolR, E Rn. 686, jeweils mwN.

98 Vgl. BVerfG Urt. v. 20.4.2016 – 1 BvR 966/09 ua –, BVerfGE 141, 220 (272, Rn. 112); Beschl. v. 9.12.2022 – 1 BvR 1345/21 –, juris, Rn. 91.

99 Vgl. BVerfG Urt. v. 20.4.2016 – 1 BvR 966/09 ua –, BVerfGE 141, 220 (272, Rn. 113); Beschl. v. 9.12.2022 – 1 BvR 1345/21 –, juris, Rn. 92; Urt. v. 27.7.2005 – 1 BvR 668/04 –, BVerfGE 113, 348 (377 ff.).

100 Vgl. Schenke/Graulich/Ruthig/R. P. Schenke BKAG § 45 Rn. 12.

101 Vgl. BVerfG Urt. v. 20.4.2016 – 1 BvR 966/09 ua –, BVerfGE 141, 220 (272, Rn. 112; 292, Rn. 168); Beschl. v. 9.12.2022 – 1 BvR 1345/21 –, juris, Rn. 90 f.; Darnstädt DVBl. 2017, 88 (92 f.); zu weit daher Schenke/Graulich/Ruthig/R. P. Schenke BKAG § 45 Rn. 12.

102 Schenke/Graulich/Ruthig/R. P. Schenke BKAG § 45 Rn. 12; vgl. auch BVerfG Urt. v. 20.4.2016 – 1 BvR 966/09 ua –, BVerfGE 141, 220 (273, Rn. 112).

103 Vgl. Schoch BVwR/Schoch 1. Kap. Rn. 279, 287. Kritisch zur Notwendigkeit eines Abweichens von der „konkreten Gefahr" iSd Polizei- und Ordnungsrechts im Terrorismusbereich Bäcker, Stellungnahme BKAG, BT-Prot. 18/107, 33; vgl. aber auch Lisken/Denninger/Bäcker, HdbPolR, D Rn. 271.

104 Vgl. Darnstädt DVBl. 2017, 88 (90).

105 Vgl. auch BVerfG Urt. v. 20.4.2016 – 1 BvR 966/09 ua –, BVerfGE 141, 220 (293, Rn. 171).

106 Vgl. BVerfG Urt. v. 20.4.2016 – 1 BvR 966/09 ua –, BVerfGE 141, 220 (273, Rn. 112; 291, Rn. 165); Schenke/Graulich/Ruthig/R. P. Schenke BKAG § 45 Rn. 13; kritisch mit Blick auf die Normenklarheit aber DAV, Stellungnahme BKAG, A-Drs. 18(4)863, 5, 25 f. Zur guten Handhabbarkeit in der Praxis Münch, Stellungnahme BKAG, BT-Prot. 18/107, 41 f. Vgl. nun auch BVerfG Beschl. v. 9.12.2022 – 1 BvR 1345/21 –, juris, Rn. 91.

107 Vgl. BVerfG Beschl. v. 9.12.2022 – 1 BvR 1345/21 –, juris, Rn. 92, 95.

65 Die Anknüpfung besonderer Maßnahmen der Datenerhebung an das „**individuelle Verhalten**" einer Person ermöglicht heimliche Überwachungsmaßnahmen auch dort, wo ein möglicher Anschlagsort noch im Unklaren verbleibt, sich die Art der Tatbegehung noch nicht näher konkretisieren lässt und die potentiellen Opfer eines Anschlags noch im Dunkeln verbleiben. Ein wenigstens seiner Art nach konkretisiertes, zu verhinderndes Geschehen nach § 45 Abs. 1 S. 1 Nr. 2 BKAG lässt sich hier nicht prognostizieren (→ Rn. 62). Das Verhalten der Zielperson oder Umstände, die auf ein solches Verhalten schließen lassen, begründen aber gleichwohl die konkrete Wahrscheinlichkeit einer Straftatenbegehung in überschaubarer Zeit.[108] An die Stelle der situationsbezogenen Prognose tritt die personenbezogene Prognose.[109] Ermöglicht wird durch die personenbezogene Prognose die **strategische Überwachung** im Gefahrvorfeld, was der regelmäßig schwer ermittelbaren Kriminalität und den komplexen Strukturen des Terrorismus entspricht.[110]

66 Angesichts des eindeutigen Wortlauts der Norm unzureichend als Anknüpfungspunkt für eine Maßnahme nach § 45 Abs. 1 S. 1 Nr. 3 BKAG sind **ausschließlich personenbezogene Prognosen**, die beispielsweise an deren „Persönlichkeit" oder ihre sozialen Bindungen und nicht an ein konkretes Verhalten anknüpfen (→ § 39 Rn. 12).[111]

67 Die Gefährlichkeitsprognose bedarf eines rationalen Wahrscheinlichkeitsurteils und muss daher auf einer **vollständigen Beurteilungsgrundlage** beruhen. Der behördlichen Einschätzung ist das gesamte erreichbare Wissen zum Prognosezeitpunkt zugrunde zu legen, weil regelmäßig erst dies die nähere Einordnung des Verhaltens einer Person erlaubt.[112] Es müssen also alle Umstände gewürdigt werden, die aus Sicht einer umsichtig handelnden Amtsperson für und gegen die Gefährlichkeit des Betroffenen sprechen. Ausgeschlossen sind schematische Einordnungen, die aus Handlungen eines bestimmten Typs ohne Rücksicht auf den konkreten Einzelfall auf drohende Straftaten folgern.[113] So ist beispielsweise bereits die bloße Rückkehr einer Person aus einem ausländischen Ausbildungslager für Terroristen ein überaus starker Hinweis auf die Gefährlichkeit des Betroffenen,[114] kann aber aufgrund ergänzender Umstände des Einzelfalls wie etwa einen beruflichen Kontext schlagartig als harmlos erscheinen.[115] Mit Blick auf das Resozialisierungsziel des deutschen Justizvollzuges wiederum dürfte die bloße vergangene Verurteilung einer Person nach deren Entlassung aus dem Strafvollzug als Ausgangspunkt für Maßnahmen nach § 45 Abs. 1 S. 1 Nr. 3 BKAG ausscheiden.[116] Der Notwendigkeit einer vollständigen Beurteilungsgrundlage nicht gerecht wird schließlich die bloße Beschuldigung einer Person durch Dritte als Ausgangspunkt für Überwachungsmaßnahmen des BKA.[117]

68 Eine „personenbezogene Perspektive" muss die in ihr liegende **spezifische Freiheitsgefährdung** berücksichtigen (→ Rn. 9). Bei der Beurteilung der Freiheitswahrnehmung einer Person als „potenziell gefährlich", unabhängig von einer konkreten Rechtsgutgefährdung, droht gerade bei ohnedies bereits skeptisch beäugten Minderheiten legales Handeln auf Grundlage bloßer Unterstellungen als überwachungswürdig qualifiziert und grundrechtliche Freiheit so relativiert zu werden. Bloß **zulässige Grundrechtsausübungen** des Betroffenen bilden aber keinen tauglichen Ausgangspunkt für den Einsatz besonderer Mittel der Datenerhebung, da der zulässige Grundrechtsgebrauch andernfalls sanktioniert und mittelbar verhindert würde. So ist beispielsweise die alleinige Erkenntnis, dass eine Person sich zu einem fundamentalistischen Religionsverständnis (Art. 4 Abs. 1, 2 GG) hingezogen fühlt, kein Ausgangspunkt für Maßnahmen nach § 45 Abs. 1 S. 1 Nr. 3 BKAG.[118]

69 Anders als bei der konkreten Gefahrenprognose ist im Rahmen des § 45 Abs. 1 S. 1 Nr. 3 BKAG keine konkrete Straftat zu prognostizieren, weshalb auch der **Prognosezeitpunkt** nicht möglichst nah an das schädi-

108 Vgl. BVerfG Urt. v. 20.4.2016 – 1 BvR 966/09 ua –, BVerfGE 141, 220 (272 f., Rn. 112); Beschl. v. 9.12.2022 – 1 BvR 1345/21 –, juris, Rn. 91; Darnstädt DVBl. 2017, 88 (94 f.).

109 Vgl. Bäcker, Stellungnahme BKAG, BT-Prot. 18/107, 33.

110 Vgl. Lisken/Denninger/Bäcker, HdbPolR, D Rn. 271; Darnstädt DVBl. 2017, 88 f. Zu bloßen Ermittlungseingriffen im Gefahrenvorfeld in Abgrenzung zu sog. aktionellen kausalverlaufsrelevanten Eingriffen vgl. Möstl, Stellungnahme BKAG, A-Drs. 18(4)806 B, 2 ff. sowie → § 38 Rn. 3 ff.

111 Vgl. BVerfG Urt. v. 20.4.2016 – 1 BvR 966/09 ua –, BVerfGE 141, 220 (273, Rn. 112); Beschl. v. 9.12.2022 – 1 BvR 1345/21 –, juris, Rn. 91: „individuelles Verhalten"; Lisken/Denninger/Bäcker, HdbPolR, D Rn. 269; Schenke/Graulich/Ruthig/R. P. Schenke BKAG § 45 Rn. 14; Darnstädt DVBl. 2017, 88 (95 f.).

112 Darnstädt DVBl. 2017, 88 (94 f.).

113 Lisken/Denninger/Bäcker, HdbPolR, D Rn. 269; Darnstädt DVBl. 2017, 88 (94).

114 BVerfG Urt. v. 20.4.2016 – 1 BvR 966/09 ua –, BVerfGE 141, 220 (273, Rn. 112).

115 Darnstädt DVBl. 2017, 88 (94) – Rückkehr eines zu Recherchezwecken in einem Terrorcamp anwesenden Journalisten.

116 Vgl. BVerfG Beschl. v. 1.6.2006 – 1 BvR 2293/03 –, juris, Rn. 15; OVG Greifswald Urt. v. 25.11.2015 – 3 L 146/13 –, juris, Rn. 53.

117 Vgl. Bäcker, Stellungnahme BKAG, A-Drs. 18(4)806 D, 8; OVG Greifswald Urt. v. 25.11.2015 – 3 L 146/13 –, juris, Rn. 53.

118 Vgl. BVerfG Urt. v. 20.4.2016 – 1 BvR 966/09 ua –, BVerfGE 141, 220 (273, Rn. 113); vgl. auch Lisken/Denninger/Bäcker, HdbPolR, D Rn. 63. Zur Tätigkeit des Verfassungsschutzes vgl. aber auch BVerfG Urt. v. 26.4.2022 – 1 BvR 1619/17 –, NJW 2022, 1583 (1590, Rn. 186).

gende Ereignis heranrücken muss.[119] Es bleibt jedoch bei der Maßgabe, dass Straftaten von der betroffenen Person **in überschaubarer Zukunft** (→ Rn. 63) zu erwarten sind und es der **drohenden Rechtsgutsgefährdung** bedarf (→ Rn. 64 und 59).[120] Dies ist bei der personenbezogenen Prognose in besonderer Weise zu berücksichtigen, da die Einstufung einer Person als gefährlich, ohne dass eine konkrete Rechtsgutsgefährdung ersichtlich ist, vor dem Verhältnismäßigkeitsgrundsatz nicht zu einer **Dauerschleife intensiver Überwachungsmaßnahmen** führen darf (→ Rn. 10).

Aufgrund des potentiell katastrophischen Schadensausmaßes, das mit terroristischen Straftaten einhergeht, gilt auch im Rahmen des § 45 Abs. 1 S. 1 Nr. 3 BKAG, dass gem. dem Grundsatz der Verhältnismäßigkeit und unter Anwendung der „Je-Desto-Formel" die **Wahrscheinlichkeit des Schadensereignisses** tendenziell niedriger anzusetzen ist (→ § 38 Rn. 20 und 55).[121] 70

d) Kontakt- und Begleitpersonen (Abs. 1 S. 1 Nr. 4). § 45 Abs. 1 S. 1 Nr. 4 BKAG ermächtigt das BKA zum gezielten Einsatz besonderer Mittel der Datenerhebung gegen **Kontakt- und Begleitpersonen**. Anders als die für verfassungskonform erklärte Vorgängerregelung § 20g Abs. 1 S. 1 Nr. 3 BKAG aF[122] regelt § 45 Abs. 1 S. 1 Nr. 4 BKAG die Voraussetzungen des Einsatzes nicht selbst, sondern verweist hierzu auf die Generalklausel des § 39 Abs. 2 Nr. 2 BKAG. Während § 39 Abs. 2 Nr. 1 BKAG die Anforderungen an die verdächtige Zielperson der Datenerhebung bestimmt (→ § 39 Rn. 20), regelt § 39 Abs. 1 Nr. 2 BKAG, in welchem Verhältnis die Kontakt- und Begleitperson zu dieser Zielperson stehen muss (→ § 39 Rn. 21 ff.).[123] 71

§ 39 Abs. 2 Nr. 2 BKAG entspricht den **verfassungsrechtlichen Vorgaben** im Kontext des § 45 BKAG insoweit, als der bloße Kontakt oder die bloße persönliche Nähe des Betreffenden zu einer Zielperson nicht ausreichend sind, um Adressat besonderer Mittel der Datenerhebung zu werden.[124] Insbesondere ist im Rahmen des § 39 Abs. 2 Nr. 2 BKAG nicht jede Person eingeschlossen, die mit der Zielperson im weiten Vorfeld von etwaigen Straftaten in wirtschaftlichem Kontakt steht. Vielmehr muss die **Instrumentalisierung** der Kontakt- oder Begleitperson in einem **engen Konnex zur Tat selbst** stehen.[125] Ersichtlich werden muss eine spezifische individuelle Nähe der Kontakt- und Begleitperson zu der aufzuklärenden Gefahrenlage dahingehend, dass zusätzliche Anhaltspunkte auf einen Bezug des Kontaktes zum Ermittlungsziel hinweisen und die nicht unerhebliche Wahrscheinlichkeit besteht, dass die Überwachungsmaßnahme der Aufklärung des Geschehens dienlich sein wird.[126] Unter dieser Prämisse kann die Überwachungsmaßnahme auch gegen gutgläubige Dritte gerichtet sein, denen eine Gefahr nicht zugerechnet werden kann (→ § 39 Rn. 21, 25).[127] 72

Demgegenüber erscheint **überaus zweifelhaft**, ob auch die Definition der **Zielperson** in der Generalklausel **des § 39 Abs. 2 Nr. 1 BKAG** den **verfassungsrechtlichen Maßgaben für schwerwiegende Grundrechtseingriffe** genügt, wie sie regelmäßig mit dem **Einsatz besonderer Mittel der Datenerhebung einhergehen** (→ Rn. 3 ff. und → § 39 Rn. 9 f.).[128] Gem. § 39 Abs. 2 Nr. 1 BKAG reicht es für die Erhebung personenbezogener Daten bereits aus, dass die Zielperson eine terroristische Straftat „begehen will". Mangels eines konkretisierten Tatgeschehens oder einer gehaltvollen Personenprognose löst sich der Eingriffsanlass in tatsächlicher Hinsicht folglich weitgehend auf. Zwar verweist § 45 Abs. 1 S. 1 Nr. 4 BKAG zur Bestimmung der Kontakt- und Begleitperson auf § 39 Abs. 2 Nr. 2 BKAG und nicht auf die Zielperson nach § 39 Abs. 2 Nr. 1 BKAG. Da Bezugspunkt der Kontakt- und Begleitperson nach § 39 Abs. 2 Nr. 2 BKAG indessen die Zielperson nach § 39 Abs. 1 Nr. 1 BKAG ist und Erstere sich von Letzterer ableitet, **schlägt die niedrige Eingriffsschwelle der Zielperson hier** aber **gleichsam akzessorisch auf die Kontakt- und Begleitperson durch**. In der Folge und abweichend von der Rechtsprechung des Bundesverfassungsgerichts[129] kann danach eine Kontakt- und Begleitperson unter niedrigeren Voraussetzungen mit besonderen Mitteln der Datenerhebung überwacht werden, als die unmittelbar Verantwortlichen nach § 45 Abs. 1 S. 1 Nrn. 1–3 BKAG 73

119 Vgl. Lisken/Denninger/Bäcker, HdbPolR, D Rn. 269.

120 Vgl. BVerfG Beschl. v. 9.12.2022 – 1 BvR 1345/21 –, juris, Rn. 92, 95.

121 Vgl. auch Schenke/Graulich/Ruthig/R. P. Schenke BKAG § 45 Rn. 14.

122 BVerfG Urt. v. 20.4.2016 – 1 BvR 966/09 ua –, BVerfGE 141, 220 (292, Rn. 168).

123 Zu einem anderen Normverständnis vgl. Schenke/Graulich/Ruthig/R. P. Schenke BKAG § 45 Rn. 16.

124 Vgl. BVerfG Urt. v. 20.4.2016 – 1 BvR 966/09 ua –, BVerfGE 141, 220 (292, Rn. 168); Beschl. v. 27.5.2020 – 1 BvR 1873/13 ua –, BVerfGE 155, 119 (219, Rn. 228); kritisch aber Buermeyer, Stellungnahme BKAG, A-Drs. 18(4)806 E, 5 f. Zu den verfassungsrechtlichen Vorgaben vgl. ferner Lisken/Denninger/Müller/Schwabenbauer, HdbPolR, G Rn. 804, mwN.

125 BVerfG Urt. v. 20.4.2016 – 1 BvR 966/09 ua –, BVerfGE 141, 220 (292, Rn. 169); Schenke/Graulich/Ruthig/R. P. Schenke BKAG § 45 Rn. 16.

126 BVerfG Urt. v. 20.4.2016 – 1 BvR 966/09 ua –, BVerfGE 141, 220 (274, Rn. 116); Urt. v. 26.4.2022 – 1 BvR 1619/17 –, NJW 2022, 1583 (1593, Rn. 212).

127 BVerfG Urt. v. 20.4.2016 – 1 BvR 966/09 ua –, BVerfGE 141, 220 (292 f., Rn. 169); Beschl. v. 27.5.2020 – 1 BvR 1873/13 ua –, BVerfGE 155, 119 (219, Rn. 228).

128 BVerfG Beschl. v. 27.5.2020 – 1 BvR 1873/13 ua –, BVerfGE 155, 119 (218 f., Rn. 223 ff.), unter Verweis auf BVerfG Urt. v. 20.4.2016 – 1 BvR 966/09 ua –, BVerfGE 141, 220 (272, Rn. 112; 290 f., Rn. 164 f.).

129 Vgl. BVerfG Urt. v. 20.4.2016 – 1 BvR 966/09 ua –, BVerfGE 141, 220 (290 ff., Rn. 162 ff.); Beschl. v. 27.5.2020 – 1 BvR 1873/13 ua –, BVerfGE 155, 119 (218 f., Rn. 225).

(→ Rn. 49 ff.).[130] Ausreichend für den Einsatz besonderer Mittel der Datenerhebung gegen eine Kontakt- und Begleitperson ist nach § 45 Abs. 1 S. 1 Nr. 4 iVm § 39 Abs. 2 Nrn. 1 und 2 lit. c BKAG bereits, dass die Zielperson eine terroristische Straftat begehen will und sich hierzu der Kontaktperson bedienen könnte. Weder muss hier eine Straftat zumindest ansatzweise konturiert prognostiziert werden noch bedarf es einer gehaltvollen personenbezogenen Tatprognose (→ Rn. 59 ff. und 64 ff.). Die für schwere Grundrechtseingriffe unzureichende Tatkonkretisierung nach § 39 Abs. 2 Nr. 1 BKAG wird folglich auch nicht durch die Anforderungen des § 39 Abs. 2 Nr. 2 BKAG ausgeglichen.

74 Einer **verfassungskonformen Auslegung** des § 45 Abs. 1 S. 1 Nr. 4 iVm § 39 Abs. 2 Nr. 2 BKAG dahingehend, dass es sich um eine Kontakt- und Begleitperson der in § 45 Abs. 1 S. 1 Nrn. 1–3 BKAG genannten Verantwortlichen handeln muss,[131] steht der **Wortlaut der Norm entgegen.**[132] § 45 Abs. 1 S. 1 Nr. 4 BKAG verweist – anders als die Vorgängernorm § 20g Abs. 1 S. 1 Nr. 3 BKAG aF – auf § 39 Abs. 2 Nr. 2 BKAG. Nach seinem Wortlaut eindeutig knüpft § 39 Abs. 2 Nr. 2 BKAG an § 39 Abs. 2 Nr. 1 BKAG an. Der Verweis des Gesetzgebers auf eine bloß redaktionelle Anpassung des § 20g Abs. 1 S. 1 Nr. 3 BKAG aF im Rahmen des neuen § 45 BKAG[133] geht fehl.

75 e) **Verhältnismäßigkeit.** aa) **Zugespitzte Erforderlichkeit.** Das oftmals besondere Eingriffsgewicht besonderer Mittel der Datenerhebung und ihres kombinierten Einsatzes (→ Rn. 3 ff.), die Vorverlagerung staatlichen Handelns in den Bereich der Straftatenverhütung (→ Rn. 59 f. und 65) und staatliche Überwachungsmaßnahmen auf Grundlage einer personenbezogenen Prognose (→ Rn. 64 ff.) verlangen nach einer engen Auslegung der Norm. Gleiches gilt mit Blick auf die bei besonderen Mitteln der Datenerhebung regelmäßig nicht zu verhindernde Miterfassung Dritter, denen die zu verhütende Gefahr nicht zugerechnet werden kann. Die enge Auslegung der Norm ist hier Ausdruck des **verfassungsrechtlichen Verhältnismäßigkeitsgrundsatzes.** Letzterer findet durch die Formulierung, dass „**die Abwehr der Gefahr oder die Verhütung der Straftaten auf andere Weise aussichtlos ist oder wesentlich erschwert wäre**“ in § 45 Abs. 1 S. 1 BKAG aE seine normative Basis. Damit wird eine zugespitzte Form der Erforderlichkeit festgelegt.[134] Vermeidbare Grundrechtseingriffe sind durch einen sachgerechten Einsatz und eine **sachgerechte Kombination** unterschiedlicher Mittel der Datenerhebung sowie durch eine **Abstimmung des behördlichen Vorgehens** auszuschließen.[135]

76 **bb) Angemessenheit.** Im Übrigen folgt die notwendige Angemessenheit des Einsatzes besonderer Mittel der Datenerhebung aus § 38 Abs. 1 S. 2 BKAG iVm § 15 Abs. 2 BPolG. Danach gilt für das BKA bei Erfüllung der Aufgabe, Gefahren des internationalen Terrorismus abzuwehren, dass eine Maßnahme nicht zu einem Nachteil führen darf, der zu dem erstrebten Erfolg **erkennbar außer Verhältnis** steht. Letzteres ist der Fall, wenn für einen verständigen Polizeibediensteten im Moment seines Handelns ohne Schwierigkeiten dessen Unverhältnismäßigkeit feststellbar ist. Wird die Unverhältnismäßigkeit der Maßnahme erst später feststellbar, so ist die Maßnahme ab diesem Zeitpunkt rechtswidrig und deshalb aufzuheben.[136] Zu berücksichtigen sind bei Feststellung der Verhältnismäßigkeit neben den vorstehend genannten Aspekten (→ Rn. 75) auch das besondere Gewicht des öffentlichen Interesses, das der Abwehr terroristischer Gefahren zukommt (→ Rn. 12). Die Einhaltung des Verhältnismäßigkeitsgrundsatzes durch das BKA ist **gerichtlich voll überprüfbar** leitet nicht nur das Entschließungs- und Auswahlermessen des BKA an, sondern ist von Relevanz bereits für die Tatbestandsseite des § 45 BKAG und die Frage der „Störerauswahl“ (→ § 38 Rn. 38 f.).

77 cc) **Besonderheiten des Mitteleinsatzes.** Zur Beurteilung der Verhältnismäßigkeit einer Überwachungsmaßnahme nach § 45 BKAG ist besonderes Augenmerk auf den **zeitlich-räumlichen** sowie **gegenständlichen** und **personellen Umfang** des Mitteleinsatzes zu legen. Hiervon, sowie in **Wechselwirkung mit den beständig fortschreitenden Mitteln der Informationstechnik,** hängt die Schwere des mit der Überwachungsmaßnahme einhergehenden Grundrechtseingriffs ganz wesentlich ab (→ Rn. 4).

78 Dabei ist in besonderem Maße zu berücksichtigen, dass es Maßnahmen der **Vorfeldermittlung** nach § 45 Abs. 1 S. 1 Nrn. 2–4 BKAG bereits ihrer Natur nach an der Begrenzung auf ein konkret in der Verwirklichung begriffenes oder bereits abgeschlossenes Geschehen fehlt (→ Rn. 5 und 61 f.). Im Rahmen einer **personenbezogenen Prognose** nach § 45 Abs. 1 S. 1 Nr. 3 BKAG kann die Zielperson als „gefährlich“ eingestuft werden, ohne dass eine konkrete Rechtsgutsgefährdung ersichtlich ist. Mangels tatbestandlicher Be-

130 Vgl. aber auch BVerfG Beschl. v. 27.5.2020 – 1 BvR 1873/13 ua –, BVerfGE 155, 119 (219 f., Rn. 227 ff.), ohne nähere Auseinandersetzung mit der Normsystematik.

131 So ohne weitere Begründung Schenke/Graulich/Ruthig/R. P. Schenke BKAG § 45 Rn. 16; vgl. auch BVerfG Beschl. v. 27.5.2020 – 1 BvR 1873/13 ua –, BVerfGE 155, 119 (219 f., Rn. 227 ff.).

132 Vgl. BVerfG Beschl. v. 28.7.2015 – 2 BvR 2558/14 –, NJW 2015, 2949 (2952, Rn. 46), mwN.

133 BT-Drs. 18/11163, 113.

134 Vgl. Schenke/Graulich/Ruthig/Graulich BPolG § 21 Rn. 10.

135 Vgl. BVerfG Urt. v. 12.4.2005 – 2 BvR 581/01 –, BVerfGE 112, 304 (319 f.).

136 Schenke/Graulich/Ruthig/W.-R. Schenke BPolG § 15 Rn. 11.

grenzung droht hier abseits des Verhältnismäßigkeitsgrundsatzes eine **Dauerschleife intensiver Überwachungsmaßnahmen**, denen mit einer **Höchstdauer** oder aber einer **wiederholten Kontrolle** zu begegnen ist, § 45 Abs. 5 S. 2, 3 BKAG (→ Rn. 65 und 69).[137] In jedem Fall müssen die Überwachungsmaßnahmen vor dem Verhältnismäßigkeitsgrundsatz eingestellt werden, wenn sich die (personenbezogene) Gefährlichkeitsprognose auch längerfristig nicht zu einer konkreten Rechtsgutsgefährdung materialisiert.[138] Dies setzt die beständige Beobachtung und Überprüfung der Überwachungsmaßnahme voraus.

Hinsichtlich des **Zusammenwirkens der unterschiedlichen Überwachungsmaßnahmen** nach § 45 Abs. 2 BKAG (technische Mittel, Vertrauenspersonen, Verdeckte Ermittler) materialisiert sich im Verhältnismäßigkeitsgrundsatz die verfassungsrechtliche Grenze, wonach eine Überwachung über einen längeren Zeitraum und derart umfassend, dass nahezu lückenlos alle Bewegungen und Lebensäußerungen des Betroffenen registriert werden und Grundlage eines **Persönlichkeitsprofils** werden können, strikt unzulässig ist. Beim Einsatz moderner, insbesondere dem Betroffenen verborgen bleibender Ermittlungsmethoden ist mit Rücksicht auf das dem „**additiven Grundrechtseingriff**" innewohnende Gefährdungspotential darauf zu achten, dass das Ausmaß der Überwachung insgesamt beschränkt bleibt.[139] Werden besondere Mittel der Datenerhebung gebündelt eingesetzt und zielen sie darauf ab, möglichst alle Äußerungen und Bewegungen zu erfassen und bildlich wie akustisch festzuhalten, können sie auch beim Einsatz außerhalb einer Wohnung tief in die Privatsphäre eindringen und ein besonders schweres Eingriffsgewicht erlangen.[140] Die Grenze des verfassungsrechtlich Zulässigen ist jedenfalls dann erreicht, wenn die Verzahnung unterschiedlicher heimlicher Überwachungsmaßnahmen über einen längeren Zeitraum zu einer **Rundumüberwachung** des Betroffenen führt, die diesem keinerlei Rückzugsmöglichkeit mehr belässt.[141] Der Einsatz verschiedener Mittel der Datenerhebung bedarf vor dem Verhältnismäßigkeitsgrundsatz daher der beständigen Überprüfung durch das BKA bzw. das bewilligende Gericht (→ Rn. 171).[142] 79

Um das Zusammenwirken der unterschiedlichen Überwachungsmaßnahmen und der darin liegenden „additiven Grundrechtseingriffe" sachgerecht beurteilen zu können, bedarf es der **sachhaltigen Dokumentation** aller ausgeführten und ausführbaren Überwachungsmaßnahmen – auch im Hinblick auf den tatsächlichen Verlauf der Überwachungsmaßnahme (→ Rn. 92).[143] Weitere Maßgaben zur Protokollierung finden sich darüber hinaus in § 82 Abs. 1 und 2 Nr. 1 BKAG (→ § 82 Rn. 2 ff.). 80

dd) Personenbezogene Daten besonderer Kategorie. Kommt es im Rahmen des § 45 BKAG zur Verarbeitung personenbezogener Daten besonderer Kategorie wie beispielsweise die ethnische Herkunft, genetische oder biometrische Daten, Gesundheitsdaten oder auch die religiöse oder weltanschauliche Überzeugung einer Person (vgl. Art. 10 DSRL-JI),[144] ist dies nur zulässig, wenn sie zur Erreichung des konkret in Rede stehenden Ziels **unbedingt erforderlich** ist und „vorbehaltlich geeigneter Garantien für die Rechte und Freiheiten der betroffenen Person".[145] Der Begriff der „unbedingten Erforderlichkeit" verweist auf eine **strenge grundrechtliche Verhältnismäßigkeitsprüfung iS einer „Unerlässlichkeit"** für die Zweckerreichung und ist europarechtsautonom auszulegen.[146] Die zu beachtenden Garantien des Betroffenen sind in § 48 Abs. 2 BDSG näher ausgeformt. 81

ee) Kernbereichsdaten. Die Verarbeitung von Informationen aus dem **Kernbereich privater Lebensgestaltung** ist keine Frage der Verhältnismäßigkeit und unterliegt den besonderen Maßgaben des § 45 Abs. 7, 8 BKAG (→ Rn. 186 ff.). 82

2. Drittbetroffene (Abs. 1 S. 2). In Abgrenzung zur originären Zielperson oder zu Kontakt- und Begleitpersonen (→ Rn. 71 ff.) sind Dritte ausschließlich solche Personen, gegen die sich die Maßnahme nicht richtet und die einzig deshalb betroffen werden, weil sich die Zielperson in ihrer Nähe aufhält und deren Observation nicht durchgeführt werden kann, ohne dass zugleich auch sie mitbetroffen werden. Ob sie in Wirklich- 83

137 Vgl. BVerfG Urt. v. 26.4.2022 – 1 BvR 1619/17 –, NJW 2022, 1583 (1613, Rn. 361); vgl. auch BVerfG Urt. v. 20.4.2016 – 1 BvR 966/09 ua –, BVerfGE 141, 220 (293, Rn. 171).

138 Vgl. BVerfG Urt. v. 20.4.2016 – 1 BvR 966/09 ua –, BVerfGE 141, 220 (293, Rn. 171); Lisken/Denninger/Müller/Schwabenbauer, HdbPolR, G Rn. 805.

139 BVerfG Urt. v. 20.4.2016 – 1 BvR 966/09 ua –, BVerfGE 141, 220 (280 f., Rn. 130); Urt. v. 26.4.2022 – 1 BvR 1619/17 –, NJW 2022, 1583 (1603, Rn. 287).

140 BVerfG Urt. v. 20.4.2016 – 1 BvR 966/09 ua –, BVerfGE 141, 220 (287, Rn. 151); Urt. v. 26.4.2022 – 1 BvR 1619/17 –, NJW 2022, 1583 (1613, Rn. 357).

141 BVerfG Urt. v. 15.12.1983 – 1 BvR 209/83 –, BVerfGE 65, 1 (42 ff., 53); Urt. v. 12.4.2005 – 2 BvR 581/01 –, BVerfGE 112, 304 (319 f.); Urt. v. 20.4.2016 – 1 BvR 966/09 ua –, BVerfGE 141, 220 (317, Rn. 254); Urt. v. 26.4.2022 – 1 BvR 1619/17 –, NJW 2022, 1583 (1603, Rn. 287 f.); vgl. hierzu auch Lisken/Denninger/Schwabenbauer, HdbPolR, G Rn. 171, mwN.

142 Vgl. BVerfG Urt. v. 20.4.2016 – 1 BvR 966/09 ua –, BVerfGE 141, 220 (317, Rn. 254); Urt. v. 26.4.2022 – 1 BvR 1619/17 –, NJW 2022, 1583 (1603, Rn. 287 f.).

143 Vgl. BVerfG Urt. v. 12.4.2005 – 2 BvR 581/01 –, BVerfGE 112, 304 (320); KK-StPO/Moldenhauer § 163f Rn. 10.

144 Zur Begrifflichkeit vgl. Lisken/Denninger/Müller/Schwabenbauer, HdbPolR, G Rn. 589, 591.

145 Vgl. hierzu Lisken/Denninger/Müller/Schwabenbauer, HdbPolR, G Rn. 1032 ff.

146 Vgl. nur Gola/Heckmann/Braun, BDSG, 13. Aufl. 2019, § 48 Rn. 10, mwN.

keit als Ziel-, Kontakt- oder Begleitperson geeignet wären, ist unerheblich. Verfassungsrechtlich ist anerkannt, dass selbst besonders tief in die Privatsphäre eindringende Überwachungsmaßnahmen wie etwa eine Wohnraumüberwachung, der Zugriff auf informationstechnische Systeme oder der Einsatz Verdeckter Ermittler nicht bereits dadurch in Frage stehen, dass Dritte **unvermeidbar miterfasst** werden.[147] Wie viele Personen von der Überwachungsmaßnahme betroffen werden, ob sie hierfür einen Anlass gegeben haben, ob sie anonym bleiben, welche konkreten Informationen erfasst werden und welche konkreten Nachteile den Drittbetroffenen durch die Verarbeitung ihrer Daten drohen, diese Fragen wirken aber auf die **Verhältnismäßigkeit des Mitteleinsatzes** zurück (→ Rn. 77).[148] Der Begriff der „Unvermeidbarkeit" verweist insoweit über den Verhältnismäßigkeitsgrundsatz auf den **Grundsatz der Datenvermeidung und Datensparsamkeit** nach § 71 BDSG.[149] Hieraus kann beispielsweise die Notwendigkeit folgen, bei Bildaufnahmen und Bildaufzeichnungen die Gesichter unbeteiligter Dritter zum frühestmöglichen Zeitpunkt unkenntlich zu machen, soweit dies nach dem Verarbeitungszweck möglich ist.[150]

84 **3. Rechtsfolge und Ermessen.** Rechtsfolge ist die Befugnis zur Erhebung personenbezogener Daten (→ § 12 Rn. 83 f.) mit den besonderen Mitteln der Datenerhebung nach § 45 Abs. 2 BKAG. Hierbei sind die verfahrensrechtlichen Garantien und Sicherungen nach § 45 Abs. 3–5, 7–8 BKAG (→ Rn. 136 ff. und 186 ff.) sowie die Sondervorschrift für Verdeckte Ermittler nach § 45 Abs. 6 BKAG (→ Rn. 175 ff.) zu beachten.

85 Ein Fall der **Ermessensüberschreitung** liegt im Rahmen des § 45 Abs. 1 S. 1 BKAG insbesondere immer dann vor, wenn sich die Verarbeitung der personenbezogenen Daten durch das BKA als **unverhältnismäßig** (→ Rn. 75 ff.) darstellt. Besonderes Augenmerk ist insoweit auf den **zeitlich-räumlichen** sowie **gegenständlichen Umfang** und die **personelle Tragweite** des Mitteleinsatzes, die **Auswahl** der besonderen Mittel der Datenerhebung und ihre **Kombination** miteinander, aber auch auf das besondere **Gewicht des öffentlichen Interesses** an der Abwehr terroristischer Gefahren zu legen (→ Rn. 77, 79 und 12).

II. Besondere Mittel der Datenerhebung (Abs. 2)

86 Die Aufzählung der besonderen Mittel der Datenerhebung in § 45 Abs. 2 BKAG ist **abschließend**.[151] Dem Einsatz besonderer Mittel zur Erhebung personenbezogener Daten kann – gerade in ihrer Kombination miteinander – ein schwerwiegendes Eingriffsgewicht zukommen (→ Rn. 3 ff. und 79). Mit Blick auf das erhebliche öffentliche Interesse an der Abwehr terroristischer Gefahren (→ Rn. 12), sind die Eingriffstatbestände als solche – vorbehaltlich der Prüfung im konkreten Einzelfall – gleichwohl als verhältnismäßig und hinreichend bestimmt zu beurteilen.[152]

87 **1. Längerfristige Observation (Abs. 2 Nr. 1).** Nach der Legaldefinition des § 45 Abs. 2 Nr. 1 BKAG stellt die längerfristige Observation die **planmäßig angelegte Beobachtung** einer **Person** dar, **welche durchgehend länger als 24 Stunden** dauern soll, **oder mehr als zwei Tage**, aber nicht durchgehend.

88 **Durchgehend länger** als 24 Stunden dauert eine Observation nur, wenn es innerhalb dieses Zeitraums zu keinen nennenswerten Unterbrechungen kommt. Lediglich kurzfristige Unterbrechungen heben den Charakter einer längerfristigen Observation nicht auf.[153]

89 Das Erfordernis der **Planmäßigkeit** soll die längerfristige Observation vom nur gelegentlichen oder wiederholt kurzen Beobachten abgrenzen; entscheidend soll nach dem Willen des Gesetzgebers insoweit die Einschätzung des BKA sein.[154] Wie aus dem Wortlaut der Norm und dem Willen des Gesetzgebers folgt („planmäßig angelegt" und „stattfinden soll"), liegt eine längerfristige Observation iSd § 45 Abs. 2 Nr. 1 BKAG bereits dann vor, wenn die dort genannten Zeiträume konzeptionell überschritten werden sollen, auch wenn sie sodann tatsächlich nicht ausgeschöpft werden. Konsequenz der **Betonung des voluntativen** gegenüber dem **faktischen Moment** ist ferner, dass eine längerfristige Observation nicht nur dann vorliegt, wenn diese von vornherein auf eine Überschreitung der in § 45 Abs. 2 Nr. 1 BKAG genannten Fristen gerichtet ist, sondern ebenso, wenn sich während einer zunächst kurzfristig angelegten Beobachtung die Not-

147 BVerfG Urt. v. 3.3.2004 – 1 BvR 2378/98 ua –, BVerfGE 109, 279 (352 ff.); Urt. v. 20.4.2016 – 1 BvR 966/09 ua –, BVerfGE 141, 220 (274, Rn. 115; 299, Rn. 193); Urt. v. 26.4.2022 – 1 BvR 1619/17 –, NJW 2022, 1583 (1611, Rn. 346).

148 Vgl. BVerfG Urt. v. 3.3.2004 – 1 BvR 2378/98 ua –, BVerfGE 109, 279 (353); vgl. auch BVerfG Urt. v. 14.7.1999 – 1 BvR 2226/94 ua –, BVerfGE 100, 313 (376); Urt. v. 26.4.2022 – 1 BvR 1619/17 –, NJW 2022, 1583 (1611, Rn. 347).

149 Schenke/Graulich/Ruthig/R. P. Schenke BKAG § 45 Rn. 18.

150 Vgl. BT-Drs. 16/10121, 25. Zur möglichen Abwägung bei der Auswahl von Vorkehrungen zur Verwirklichung der Ziele nach § 71 Abs. 1 S. 1 BDSG vgl. Gola/Heckmann/Marnau, BDSG, 13. Aufl. 2019, § 71 Rn. 14 ff.

151 BT-Drs. 16/10121, 25.

152 BVerfG Urt. v. 20.4.2016 – 1 BvR 966/09 ua –, BVerfGE 141, 220 (289 f., Rn. 160). Zur nach Eingriffsgewicht angepassten Normierung von Überwachungsbefugnissen im Bereich des Verfassungsschutzes vgl. BVerfG Urt. v. 26.4.2022 – 1 BvR 1619/17 –, NJW 2022, 1583 (1613, Rn. 359).

153 Günther in MüKoStPO, 2016, § 163f Rn. 8, mwN.

154 Vgl. BT-Drs. 16/10121, 25.

wendigkeit der Fristüberschreitung ergibt.[155] Im letzteren Fall werden die bereits durchgeführten kurzfristigen Observationen dadurch aber nicht rückwirkend zu einer längerfristigen Observation.[156] Schließlich soll unabhängig von Plan oder Vorstellung des BKA die mehrfache Abfolge für sich genommen kurzfristiger Observationen mit unverändertem Ermittlungsziel eine „längerfristige Observation" begründen.[157] Eine solch **restriktive Auslegung** des § 45 Abs. 2 Nr. 1 BKAG ist geboten, weil anderenfalls die Anordnungsvoraussetzungen der Norm durch eine zeitlich unbegrenzte Abfolge kurzfristiger Observationen **unterlaufen** werden könnten.[158] Mit Blick auf den Umgehungsschutz und dessen verfassungsrechtliche Fundierung spricht viel dafür, dass die **planmäßige Zusammenarbeit des BKA mit ausländischen Stellen** bei den maßgeblichen Zeiten nach § 45 Abs. 2 Nr. 1 BKAG zu berücksichtigen ist.[159]

§ 45 Abs. 2 Nr. 1 BKAG umfasst nicht die planmäßig angelegte Beobachtung von anderen Objekten als **Personen**. Im Einzelfall kann die Abgrenzung diffizil sein: Keine Observation dürfte vorliegen, wenn ein Hauseingang beobachtet wird, um festzustellen, welche Personen ihn benutzen. Anders dürfte es sein, wenn ein Objekt gerade zu dem Zweck beobachtet wird, Informationen über die dort regelmäßig verkehrenden bestimmten bzw. bestimmbaren Personen zu sammeln.[160] 90

Der Wortlaut des § 45 Abs. 2 Nr. 1 BKAG fordert kein verdecktes Vorgehen, weshalb eine längerfristige Observation grundsätzlich auch **offen** erfolgen kann.[161] Dass unter einer Observation idR die unauffällige planmäßige Beobachtung einer Person oder eines Objekts mit dem Ziel der Erhebung diesbezüglicher Erkenntnisse verstanden wird,[162] ist mit Blick auf die Eindeutigkeit des Wortlauts und im systematischen Vergleich zu § 45 Abs. 2 Nr. 2 BKAG, der das verdeckte Vorgehen explizit benennt, unerheblich. Zu beachten ist aber, dass das Ziel der längerfristigen Observation die Erhebung personenbezogener Daten zum Zwecke der Gefahrenabwehr und der Straftatenverhütung ist (→ Rn. 32 und 49 ff.). Ist davon auszugehen, dass die Zielperson sich bei einem offenen Vorgehen der staatlichen Überwachung unmittelbar entzieht, geht hiermit aber nicht sicher auch ein nachhaltiger Abschreckungseffekt bzgl. der befürchteten Tatbegehung einher, so dürfte die offene Observation untunlich sein. Gleiches gilt, wenn die offen erfolgende Observation nicht mehr der Erhebung personenbezogener Daten dient, sondern (faktisch) in eine „Gefahrenabwehr durch begleitende Dauerpräsenz" umschlägt.[163] 91

Wie aus vorstehenden Ausführungen ersichtlich wird, bedarf es der **sachhaltigen Dokumentation** einer jeden Beobachtung, ihres Zeitpunktes, ihrer Dauer und ihres Anlasses, um das Vorliegen der Voraussetzungen einer „längerfristigen Observation" im Nachhinein nachvollziehen und (gerichtlich) überprüfen zu können. Weitere Maßgaben zur Protokollierung finden sich darüber hinaus in § 82 Abs. 1 und 2 Nr. 1 BKAG (→ § 82 Rn. 2 ff.). Die **Unaufklärbarkeit des Sachverhalts zur Rechtsanwendung** geht zu Lasten des BKA.[164] 92

Der mit einer längerfristigen Observation verbundene Eingriff in das allgemeine Persönlichkeitsrecht – entweder in Form des Grundrechts auf informationelle Selbstbestimmung oder als Recht am eigenen Wort und Bild (Art. 2 Abs. 1 iVm Art. 1 Abs. 1 GG)[165] – reicht von geringen bis mittleren Eingriffen wie der zeitlich begrenzten **schlichten Beobachtung** bis zu schweren Eingriffen wie der langfristig-dauerhaften Aufzeichnung von Wort und Bild einer Person. Insbesondere wenn diese Maßnahmen gebündelt und in Kombination mit sonstigen besonderen Mitteln der Datenerhebung durchgeführt werden und dabei unter **Nutzung technischer Mittel**[166] (→ Rn. 96 ff.) wie Fotoapparaten, Kameras, Peilsendern, GPS-Geräten oder Richtmikrofonen darauf abzielen, möglichst alle Äußerungen und Bewegungen zu erfassen und bildlich wie akustisch festzuhalten, können sie tief in die Privatsphäre eindringen und ein besonders schweres Eingriffsgewicht erlangen (→ Rn. 4 und 79).[167] Zwar handelt es sich bei längerfristigen Observationen nach § 45 93

155 Vgl. OLG Hamburg Beschl. v. 29.6.2007 – 3-30/07 –, NStZ-RR 2008, 144 (145); BeckOK-StPO/von Häfen § 163f Rn. 4 (2022).
156 BeckOK-StPO/von Häfen § 163f Rn. 4 (2022), mwN.
157 Vgl. OLG Hamburg Beschl. v. 29.6.2007 – 3-30/07 –, NStZ-RR 2008, 144 (145); sowie BVerfG Beschl. v. 2.7.2009 – 2 BvR 1691/07 –, juris, Rn. 45.
158 Vgl. BVerfG Beschl. v. 2.7.2009 – 2 BvR 1691/07 –, juris, Rn. 45; Günther in MüKoStPO, 2016, § 163f Rn. 9.
159 Vgl. BVerfG Urt. v. 20.4.2016 – 1 BvR 966/09 ua –, BVerfGE 141, 220 (342, Rn. 327); Beschl. v. 2.7.2009 – 2 BvR 1691/07 –, juris, Rn. 45. Demgegenüber aber BGH Beschl. v. 21.1.2020 – 3 StR 572/19 –, juris; BeckOK-StPO/von Häfen § 163f Rn. 4 (2022).
160 Vgl. BeckOK-PolR Baden-Württemberg/Nusser PolG BW § 49 Rn. 35 (2022); OLG Braunschweig Beschl. v. 12.6.2020 – 3 W 88/20 –, NVwZ-RR 2020, 1130 (1131).
161 Vgl. aber auch BeckOK-PolR Baden-Württemberg/Nusser PolG BW § 49 Rn. 6, 37 (2022), mwN.
162 BGH Urt. v. 29.1.1998 – 1 StR 511-97 –, NJW 1998, 1237.
163 Vgl. BeckOK-PolR Baden-Württemberg/Nusser PolG BW § 49 Rn. 38 ff. (2022), mwN.
164 Vgl. BVerfG Beschl. v. 2.7.2009 – 2 BvR 1691/07 –, juris, Rn. 58 ff.; vgl. auch KK-StPO/Moldenhauer § 163f Rn. 10.
165 Vgl. Lisken/Denninger/Müller/Schwabenbauer, HdbPolR, G Rn. 795, mwN.
166 Lisken/Denninger/Müller/Schwabenbauer, HdbPolR, G Rn. 796.
167 Vgl. BVerfG Urt. v. 20.4.2016 – 1 BvR 966/09 ua –, BVerfGE 141, 220 (294, Rn. 174); Urt. v. 26.4.2022 – 1 BvR 1619/17 –, NJW 2022, 1583 (1612 f., Rn. 357); Lisken/Denninger/Müller/Schwabenbauer, HdbPolR, G Rn. 795; zurückhaltend aber KK-StPO/Moldenhauer § 163f Rn. 10.

Abs. 2 Nr. 1 BKAG um solche **außerhalb von Wohnungen**. Doch können auch insoweit – sei es im Auto, sei es abseits in einem Restaurant, sei es zurückgezogen bei einem Spaziergang – mit einiger Wahrscheinlichkeit **höchstvertrauliche Situationen** erfasst werden (→ Rn. 18).[168] Durch Kumulation der Maßnahmen darf es nicht zu einer **Rundumüberwachung** kommen (→ Rn. 79).

94 § 45 Abs. 2 Nr. 1 BKAG tritt zurück, wo er mit bundesrechtlich geregelten Strafverfolgungsmaßnahmen wie namentlich **§ 163f StPO** konkurriert.[169]

95 **Kurzfristige Observationen** unterfallen der Generalklausel des § 39 Abs. 2 BKAG (→ § 39 Rn. 24).

96 **2. Einsatz technischer Mittel außerhalb von Wohnungen (Abs. 2 Nr. 2).** § 45 Abs. 2 Nr. 2 BKAG erlaubt die Erhebung personenbezogener Daten (→ § 12 Rn. 83 f.) durch den Einsatz technischer Mittel außerhalb von Wohnungen in einer für die betroffene Person **nicht erkennbaren Weise**. Zulässig ist zum einen die Anfertigung von Bildaufnahmen und von Bildaufzeichnungen von Personen oder Sachen, die sich außerhalb von Wohnungen befinden (§ 45 Abs. 2 Nr. 2 lit. a BKAG). Darüber hinaus darf das BKA das nicht öffentlich gesprochene Wort außerhalb von Wohnungen Abhören oder Aufzeichnen (§ 45 Abs. 2 Nr. 2 lit. b BKAG). Während einzelnen Bildaufnahmen und bloß kurzfristigen Bildaufzeichnungen kein gesteigertes grundrechtliches Eingriffsgewicht zukommt, gilt anderes – auch außerhalb von Wohnungen – für Bildaufzeichnungen im Zusammenhang mit längerfristigen Observationen (→ Rn. 93) oder das Abhören oder das Aufzeichnen des nicht öffentlich gesprochenen Wortes.[170]

97 **a) Anfertigung von Bildaufnahmen oder -aufzeichnungen (Abs. 2 Nr. 2 lit. a).** Die Anfertigung von Bildaufnahmen nach § 45 Abs. 2 Nr. 2 lit. a BKAG umfasst die Aufnahme einzelner Fotos oder Lichtbilder einschließlich ihrer Speicherung. Darüber hinaus umfasst die Anfertigung von Bildaufnahmen die Aufnahme von Filmen oder Videos **ohne Speicherung**, dh es erfolgt eine Bildübertragung in Echtzeit ohne Speicherung (sog. Kamera-Monitor-Prinzip).[171]

98 Verdeckte Bildaufzeichnungen nach § 45 Abs. 2 Nr. 2 lit. a BKAG umfassen alle Filme oder Videos, die **gespeichert** werden, unabhängig davon, wie dies erfolgt.[172]

99 **b) Abhören oder Aufzeichnen des nicht öffentlich gesprochenen Wortes (Abs. 2 Nr. 2 lit. b).** § 45 Abs. 2 Nr. 2 lit. b BKAG erlaubt den verdeckten Einsatz technischer Mittel zum Abhören oder Aufzeichnen des außerhalb von Wohnungen nicht öffentlich gesprochenen Wortes. Kennzeichen der **Aufzeichnung** ist eine Fixierung des nicht öffentlich gesprochenen Wortes auf einem Tonträger. Fehlt es daran, ist die Alternative des Abhörens eröffnet.[173] **Abhören** ist die akustische Wahrnehmung von Gesagtem, gegebenenfalls durch die Umwandlung des gesprochenen Wortes in mit den menschlichen Sinnen nicht mehr wahrnehmbare Signale zur sofortigen Ausgabe an anderer Stelle als dem Ursprungsort.[174]

100 **Nicht öffentlich** gesprochene Worte sind alle Gespräche, die für niemand anderen außer die jeweiligen Gesprächspartner bestimmt sind. Der Ort des Gesprächs ist insoweit unerheblich.[175] *A maiore ad minus* ist es bei Vorliegen der Tatbestandsvoraussetzungen erst recht zulässig, öffentliche Gespräche abzuhören. Ausweislich des Wortlauts der Norm, der nicht das Überwachen eines Gesprächs, sondern das „nicht öffentlich gesprochenen Wort" zum Gegenstand hat, kann auch ein Selbstgespräch Gegenstand der verdeckten Datenerhebungsmaßnahme sein.[176]

101 **c) Technische Mittel.** Die „technischen Mittel" zur **Anfertigung von Bildaufnahmen oder -aufzeichnungen** sind sowohl solche der Optik als auch jede Art von informationstechnischem System. Beispielhaft zu nennen sind analoge oder digitale Foto- oder Videokameras, aber auch in Gegenstände des alltäglichen Gebrauchs integrierte Kameras, wie zB an der Kleidung oder in Brillen versteckte Aufnahme- und Aufzeichnungsgeräte.[177]

102 Nicht erfasst von § 45 Abs. 2 Nr. 2 lit. a BKAG sind demgegenüber **Gegenstände des alltäglichen Gebrauchs** zur Unterstützung der persönlichen Wahrnehmung, wie Ferngläser, Sehlinsen oder Brillen.[178] Gleiches gilt

168 Vgl. BVerfG Urt. v. 20.4.2016 – 1 BvR 966/09 ua –, BVerfGE 141, 220 (295, Rn. 176); Urt. v. 26.4.2022 – 1 BvR 1619/17 –, NJW 2022, 1583 (1612 f., Rn. 357).
169 KK-StPO/Moldenhauer § 163f Rn. 6, mwN.
170 BVerfG Urt. v. 20.4.2016 – 1 BvR 966/09 ua –, BVerfGE 141, 220 (294, Rn. 174); Urt. v. 26.4.2022 – 1 BvR 1619/17 –, NJW 2022, 1583 (1612 f., Rn. 357).
171 Vgl. Schmidbauer/Steiner/Schmidbauer, BayPAG, Art. 36 Rn. 17.
172 Vgl. Schmidbauer/Steiner/Schmidbauer, BayPAG, Art. 36 Rn. 17.
173 Schenke/Graulich/Ruthig/R. P. Schenke BKAG § 45 Rn. 23.
174 BeckOK-PolSiR Bayern/Rosch/Müller-Eiselt BayPAG Art. 36 Rn. 29 (2022).
175 Schmidbauer/Steiner/Schmidbauer, BayPAG, Art. 36 Rn. 29.
176 Vgl. BGH Urt. v. 10.8.2005 – 1 StR 140/05 –, NStZ 2005, 700.
177 Vgl. BeckOK-PolSiR Bayern/Rosch/Müller-Eiselt BayPAG Art. 36 Rn. 40 (2022).
178 Vgl. Schmidbauer/Steiner/Schmidbauer, BayPAG, Art. 36 Rn. 19.

für Aufzeichnungen ohne technische Mittel, wie etwa die bloß zeichnerische Wiedergabe einer Beobachtung.[179]

103 Die „technischen Mittel" zum **Abhören oder Aufzeichnen des nicht öffentlichen Wortes** sind umfassend zu verstehen. Den Regelfall bildet ein Datenaufnahme- und Übertragungsgerät (zB Mikrofon mit Sendeanlage). Die überwachte Unterhaltung wird dann von der technischen Anlage, zB einer Wanze, am Ort des Gespräches aufgenommen und gesendet und von den Beamten des BKA empfangen und gespeichert. Denkbar ist aber auch der Einsatz eines Richtmikrofons oder eines reinen Datenaufzeichnungsgerätes (zB Mikrofon mit Datenträger wie Festplatte oder Tonband), das das BKA zu einem späteren Zeitpunkt abhört.[180] Lasermikrofone, die die durch Schall verursachten Vibrationen von zB Fensterglas messen und dadurch das Gespräch für Außenstehende verständlich machen können, können als neuere Mittel ebenso unter § 45 Abs. 2 Nr. 2 lit. b BKAG gefasst werden.[181]

104 Kommt kein technisches Mittel zum Einsatz, sondern wird nur die persönliche Wahrnehmung beim Abhören durch einen **Gegenstand des alltäglichen Gebrauchs** gesteigert, ist § 45 Abs. 2 Nr. 2 lit. b BKAG nicht einschlägig. Gleiches gilt für Aufzeichnungen ohne technische Mittel, wie etwa das bloße Mitschreiben des gesprochenen Wortes.[182]

105 Der Begriff des „technischen Mittels" ist im Übrigen **entwicklungs- und technikoffen** angelegt und erlaubt es, **technische Innovationen** bei der Arbeit des BKA zu berücksichtigen. Der Anwendungsbereich des § 45 Abs. 2 Nr. 2 BKAG bleibt dabei nach **verfassungskonformer Auslegung** allerdings auf solche technischen Mittel beschränkt, die in ihrer **Qualität** und mit Blick auf das **Eingriffsgewicht** den bei Normerlass, dh den im Mai 2018 bereits **bekannten Mitteln entsprechen.**[183] Nach dem seinerzeitigen Stand der Technik sind Geräte in diesem Sinne alle Arten von Foto- und Videokameras, Abhör- und Aufzeichnungsgeräte sowie sonstige Beobachtungsgeräte, die die natürliche Wahrnehmungsfähigkeit erheblich erweitern.[184] Dies dürfte Geräte aus dem Bereich der ***augmented reality*** wie Google Glass-Brillen mitumfassen.[185] Der zur Beobachtung angehaltene Gesetzgeber ist (erst) dann zum Handeln aufgefordert, wenn es im Zuge der technischen Entwicklung zu einer Fehlentwicklung bei Anwendung der offenen Formulierung des § 45 Abs. 2 Nr. 2 BKAG kommt.[186]

106 Zweifelhaft erscheint demgegenüber, ob mit **Drohnen**, dh unbemannten Flugobjekten gefertigte Bildaufnahmen und -aufzeichnungen noch vom Anwendungsbereich des § 45 Abs. 2 Nr. 2 lit. a BKAG erfasst sind. Angesichts der Funktionsgleichheit zu einer immobilen Kamera wird man dies annehmen können, wo die Drohne bloß als technisches Hilfsmittel zur Beobachtung des öffentlichen Raums dient.[187] Dies ist beispielsweise dann der Fall, wenn zur Verhinderung eines Anschlags Bildaufnahmen von einem bestimmten Ort angefertigt werden, um zu überprüfen, ob bestimmte Personen oder Fahrzeuge diese Örtlichkeit auffallend häufig passieren, um sie auszukundschaften. Anderes dürfte aber dann gelten, wenn eine Drohne im Rahmen einer längerfristigen Observation zur engmaschigen Begleitung des Betroffenen zum Einsatz kommt und die Bildaufnahmen oder -aufzeichnungen zur intensiven und aussagekräftigen Überwachung eingesetzt werden. Die besonders hohe Mobilität einer Drohne, ihre Fähigkeit, geographische Barrieren unproblematisch zu überwinden, die Möglichkeit, mittels einer Drohne schwer einsehbare und nur seitlich vor Einsichtnahme geschützte Örtlichkeiten verdeckt und vollumfänglich optisch zu überwachen sowie die oftmals besonders scharfen Aufnahmen von Drohnen geben ihrem Einsatz eine Qualität, der über die „klassische" Überwachung mittels einer Kamera hinausweist.[188] Der Einsatz von Drohnen kann besonders tief in das Persönlichkeitsrecht des Betroffenen eingreifen, steht mit Blick auf Gärten, Vorgärten und befriedetes Besitztum in einem besonderen Spannungsverhältnis zum allein zulässigen Einsatz „außerhalb von Wohnungen" und Art. 13 GG (→ Rn. 110), betrifft aufgrund der Streubreite der Überwachungsmaßnahme die Grundrechte einer Vielzahl unbeteiligter Dritter (→ Rn. 83) und zeigt auch eine besondere Verletzungsgeneigtheit hinsichtlich des Kernbereichs privater Lebensgestaltung. In ihrer Funktionalität dürfte eine Drohne über die bloße Steigerung der natürlichen Wahrnehmungsfähigkeit hinausweisen und damit nicht mehr unter den Begriff der „Bildaufnahme oder -aufzeichnung" zu subsumieren sein. Denkbar erscheint allerdings eine Ermächtigung zu ihrem Einsatz über § 45 Abs. 2 Nr. 2 lit. a iVm § 45 Abs. 2 Nr. 3 BKAG

179 Vgl. Schenke/Graulich/Ruthig/Graulich BKAG § 64 Rn. 16.
180 Vgl. Schmidbauer/Steiner/Schmidbauer, BayPAG, Art. 36 Rn. 30.
181 Vgl. BeckOK-PolSiR Bayern/Rosch/Müller-Eiselt BayPAG Art. 36 Rn. 32 (2022).
182 Vgl. Schenke/Graulich/Ruthig/Graulich BKAG § 64 Rn. 16.
183 Vgl. BVerfG Urt. v. 20.4.2016 – 1 BvR 966/09 ua –, BVerfGE 141, 220 (290, Rn. 161).
184 Lisken/Denninger/Müller/Schwabenbauer, HdbPolR, G Rn. 679.
185 BeckOK-PolSiR Bayern/Rosch/Müller-Eiselt BayPAG Art. 36 Rn. 40 (2022).
186 BVerfG Urt. v. 20.4.2016 – 1 BvR 966/09 ua –, BVerfGE 141, 220 (290, Rn. 161); vgl. auch BVerfG Urt. v. 12.4.2005 – 2 BvR 581/01 –, BVerfGE 112, 304 (316 f.).
187 Lisken/Denninger/Müller/Schwabenbauer, HdbPolR, G Rn. 688 f., mwN.
188 Vgl. Lisken/Denninger/Müller/Schwabenbauer, HdbPolR, G Rn. 688 f., mwN.

(→ Rn. 117).[189] Mit Blick auf die dargestellte Eingriffstiefe der Überwachungsmaßnahme gelten dabei allerdings strenge Verhältnismäßigkeitsanforderungen und es sind gegebenenfalls Maßnahmen zum Schutz des Kernbereichs privater Lebensgestaltung zu treffen (→ Rn. 191 f.).[190]

107 d) **Verdeckter Mitteleinsatz.** Der Mitteleinsatz „**in einer für die betroffene Person nicht erkennbaren Weise**" grenzt die technischen Mittel nach § 45 Abs. 2 Nr. 2 BKAG von offenen Bildaufnahmen oder Bildaufzeichnungen sowie einem offenen Abhören und Aufzeichnen des gesprochenen Wortes ab, die zielgerichtet gegenüber Einzelpersonen erfolgen und beispielsweise eine abschreckende Wirkung zum Zwecke der Gefahrenabwehr entfalten sollen. Obgleich der verdeckten Datenerhebung kein Abschreckungseffekt zukommt,[191] muss sie gleichwohl der Gefahrenabwehr oder der Straftatenverhütung nach § 45 Abs. 1 BKAG (→ Rn. 32 und 49 ff.) dienen; hierfür muss sie zumindest ein Hilfsmittel sein. Dies ist beispielsweise dann der Fall, wenn Bild- oder Tonaufzeichnungen eine längerfristige Observation (→ Rn. 87 ff.) begleiten, oder wenn zur Verhinderung eines Anschlags Bildaufnahmen von einem bestimmten Ort angefertigt werden, um zu überprüfen, ob bestimmte Personen oder Fahrzeuge diese Örtlichkeit auffallend häufig passieren, um die auszukundschaften.[192] Da verdeckte Bild- und Tonaufnahmen gem. § 45 Abs. 1 S. 1 BKAG nur dann in Betracht kommen, wenn die Abwehr der Gefahr oder die Verhütung der Straftaten auf andere Weise aussichtslos oder wesentlich erschwert wäre (→ Rn. 75), muss eine offene Datenerhebung als ungenügend erscheinen – etwa weil Tatsachen die Annahme rechtfertigen, durch die offene Datenerhebung Straftaten nicht verhindert, sondern diese nur an anderer Stelle, zu anderer Zeit oder auf andere Weise begangen werden,[193] namentlich weil die Zielperson sich bei einem offenen Vorgehen der staatlichen Überwachung unmittelbar entziehen, nicht aber abschrecken lassen würde.

108 e) **Mitteleinsatz außerhalb der Wohnung.** Der Mitteleinsatz „außerhalb von Wohnungen" grenzt § 45 Abs. 2 Nr. 2 BKAG von einer verdeckten Datenerhebung durch den Einsatz technischer Mittel in Wohnungen ab. Rechtsgrundlage hierfür ist § 46 BKAG. Wo das zu beobachtende Geschehen im Übrigen stattfindet, spielt für die verdeckten Bild- und Tonaufnahmen zum Zwecke der Gefahrenabwehr und Straftatenverhütung keine Rolle.

109 Der Begriff der Wohnung iSd § 45 Abs. 2 Nr. 2 BKAG deckt sich mit dem verfassungsrechtlichen Begriff des Art. 13 GG. Letzterer ist umfassend zu verstehen. Jeder **nicht allgemein zugängliche feststehende, fahrende oder schwimmende Raum**, der – **auch nur vorübergehend** – **zur Stätte des Aufenthalts oder Wirkens von Menschen** gemacht wird, ist eine Wohnung iSv Art. 13 GG und damit dem Anwendungsbereich des § 45 Abs. 2 Nr. 2 BKAG entzogen.[194]

110 Wohnungen, die nicht mit besonderen Mitteln der Datenerhebung überwacht werden dürfen sind folglich die zu **Aufenthalts- oder Arbeitszwecken** bestimmten und benutzten Räume einschließlich der **Nebenräume** und des **angrenzenden umschlossenen freien Geländes**, auch Ferienhäuser und Wochenendhäuser, Studentenwohnheime, Tageszimmer, Hotelzimmer, Keller, Speicher, Treppen, Flure, Wohnwagen, Hausboote und Zelte, Schlafwagenabteile sowie Schlafkojen von Fernkraftfahrern. Ebenso unterfallen die nicht allgemein zugänglichen Geschäfts- und Büroräume, Personalaufenthaltsräume, Arbeitshallen, Werkstätten, Garagen, Schuppen, Ställe, Scheunen, Clubzimmer und Vereinslokale sowie ähnliche Räume dem Wohnungsbegriff. Der Schutz der räumlichen Privatsphäre, losgelöst vom engeren Wohnungsbegriff, erstreckt sich auch auf umzäunte oder in anderer Weise wie etwa Bepflanzungen der öffentlichen Zugänglichkeit entzogene Bereiche, wie Gärten oder Vorgärten, wenn ein unmittelbarer Bezug zur Wohnnutzung besteht.[195] Für den Wohnungsbegriff ist allein entscheidend, ob der jeweilige Raum oder die jeweilige Fläche als Bereich der individuellen Lebensgestaltung und des „privaten Rückzugs" ausgewiesen ist und der Öffentlichkeit nicht frei zugänglich sein soll.

111 **Nicht vom Wohnungsbegriff umfasst** und damit für Überwachungsmaßnahmen nach § 45 Abs. 2 Nr. 2 BKAG zugänglich sind aber Aufenthaltsräume in öffentlichen Gebäuden, Sammelunterkünfte, wenn sie dem Einzelnen keine Privatsphäre einräumen, die Bereitschaftsräume von Soldaten oder Polizeibeamten,

189 Vgl. Singelnstein NStZ 2014, 305 (306, 308).
190 Vgl. Lisken/Denninger/Müller/Schwabenbauer, HdbPolR, G Rn. 688; Singelnstein NStZ 2014, 305 (308), mwN.
191 Lisken/Denninger/Müller/Schwabenbauer, HdbPolR, G Rn. 678, mwN.
192 Vgl. Schmidbauer/Steiner/Schmidbauer, BayPAG, Art. 36 Rn. 20.
193 Vgl. Lisken/Denninger/Müller/Schwabenbauer, HdbPolR, G Rn. 678.
194 Vgl. statt vieler Dürig/Herzog/Scholz/Papier GG Art. 13 (2022) Rn. 10, mwN.
195 Vgl. Dürig/Herzog/Scholz/Papier GG Art. 13 (2022) Rn. 10 f.; Schenke/Graulich/Ruthig/W.-R. Schenke BPolG § 45 Rn. 7, 10; BGH Beschl. v. 14.3.1997 – 1 BGs 65/97 –, NJW 1997, 2189 f., jeweils mwN.

Hafträume[196] und Besucherräume einer Justizvollzugsanstalt[197] und bloße Verkehrsmittel wie Kraftwagen.[198]

Hervorzuheben ist, dass die Unverletzlichkeit der Wohnung auch dort gilt, wo es um **bloße Vorbereitungsmaßnahmen** zum Einsatz von Überwachungstechnik geht, die von § 45 Abs. 2 Nr. 2 BKAG mitumfasst ist.[199] 112

3. Verdeckter Einsatz technischer Mittel zur Observation oder zur Aufenthaltsbestimmung (Abs. 2 Nr. 3). 113
§ 45 Abs. 2 Nr. 3 BKAG ermächtigt das BKA zum Einsatz **sonstiger besonderer für Observationszwecke bestimmter technischer Mittel** zur **Erforschung des Sachverhalts** oder zur **Bestimmung des Aufenthalts des Betroffenen.** Die Befugnis ist nicht auf punktuelle Maßnahmen beschränkt und ermöglicht damit auch die Erstellung von **Bewegungsprofilen.** Im letztgenannten Fall ist von einem schwerwiegenden Grundrechtseingriff auszugehen (→ Rn. 7),[200] der als längerfristige Observation ergänzend über § 45 Abs. 2 Nr. 1 BKAG zu legitimieren wäre.

Da der Wortlaut der Norm von „sonstigen" technischen Mitteln zur Observation des Betroffenen spricht, 114
sind diese von den verdeckten Bild- und Tonaufnahmen nach § 45 Abs. 2 Nr. 2 BKAG **abzugrenzen.** Dass der Gesetzgeber die sonstigen technischen Mittel nicht näher bezeichnet hat, begegnet keinen durchgreifenden Bedenken. Insbesondere durch Abgrenzung zu den vorstehend genannten Maßnahmen hat der Gesetzgeber den Anwendungsbereich der Norm hinreichend bestimmt. Das **Bestimmtheitsgebot** verlangt keine gesetzlichen Formulierungen, die jede Einbeziehung technischer Neuerungen zum Zwecke der Straftatenverhütung oder Gefahrenabwehr ausschließen.[201]

§ 45 Abs. 2 Nr. 3 BKAG erfasst alle technischen Mittel, die der Ortung und Aufenthaltsbestimmung des Be- 115
troffenen oder die der Erforschung des Sachverhalts im Zusammenhang mit einer Observation dienen. Laut Gesetzesbegründung sollten unter den technischen Mitteln nach § 45 Abs. 2 Nr. 3 BKAG **Bewegungsmelder, Peilsender** und der **Einsatz des Global Positioning Systems (GPS)** zu verstehen sein.[202] Im letztgenannten Fall ist der Einsatz eines GPS-Senders von Geräten des Alltags mit GPS-Technik zu unterscheiden. Auch hier ist eine Überwachung des Standortes möglich, damit aber regelmäßig ein Eingriff in die Gerätekommunikation verbunden und damit der Anwendungsbereich des § 45 Abs. 2 Nr. 3 BKAG überschritten (→ Rn. 36).[203] Ein technisches Mittel zur Aufklärung des Sachverhalts kann auch ein **Sichtgerät** wie ein **Nachtsichtgerät** sein, welches die bloße Beobachtung, nicht aber Bildaufnahmen oder Bildaufzeichnungen ermöglicht.[204]

Der Begriff des „technischen Mittels" ist auch bei § 45 Abs. 2 Nr. 3 BKAG **offen** ausgestaltet und erlaubt 116
so, **technische Innovation** bei der Arbeit des BKA zu berücksichtigen.[205] Mit Blick auf das Erfordernis normenklarer und bereichsspezifischer Regelungen und unter Berücksichtigung des Vorbehalts des Gesetzes bleibt die Norm bei **verfassungskonformer Auslegung** aber auf solche technischen Mittel beschränkt, die in ihrer **Qualität** und mit Blick auf ihr **Eingriffsgewicht** den bereits bei Normerlass (Mai 2018) bereits **bekannten Mitteln entsprechen** (→ Rn. 105).[206]

Vom Wortlaut her erscheint auch der Einsatz von **Drohnen** nach § 45 Abs. 2 Nr. 3 BKAG möglich („sonsti- 117
ge besondere für Observationszwecke bestimmte technische Mittel zur Erforschung des Sachverhalts"), wobei Bildaufnahmen und -aufzeichnungen gesondert über § 45 Abs. 2 Nr. 2 lit. a BKAG und eine längerfristige Observation gesondert über § 45 Abs. 2 Nr. 1 BKAG zu legitimieren wären (→ Rn. 106 und 87 ff.).[207] Zu berücksichtigen ist, dass Drohnen bei der Bundespolizei bereits seit 2006 im Einsatz sind und schon damals zu Aufklärungs- und Überwachungsflügen zum Zwecke der Gefahrenabwehr eingesetzt wurden.[208]

196 BVerfG Beschl. v. 30.5.1996 – 2 BvR 727/94 ua –, NJW 1996, 2643; kritisch Singelnstein NStZ 2014, 305 (309 f.), mwN; vgl. auch Schulenberg Forum Strafvollzug 2018, 131 (132).
197 BGH Urt. v. 24.7.1998 – 3 StR 78-98 –, NJW 1998, 3284 (3285).
198 Vgl. Dürig/Herzog/Scholz/Papier GG Art. 13 (2022) Rn. 10; Schenke/Graulich/Ruthig/W.-R. Schenke BPolG § 45 Rn. 8; BGH Beschl. v. 11.4.1997 – 1 BGs 88/97 –, NJW 1997, 2189, jeweils mwN.
199 Vgl. Lisken/Denninger/Müller/Schwabenbauer, HdbPolR, G Rn. 681.
200 Vgl. BVerfG Urt. v. 20.4.2016 – 1 BvR 966/09 ua –, BVerfGE 141, 220 (294, Rn. 174); Urt. v. 26.4.2022 – 1 BvR 1619/17 –, NJW 2022, 1583 (1607 f., Rn. 317 ff.).
201 BVerfG Urt. v. 12.4.2005 – 2 BvR 581/01 –, BVerfGE 112, 304 (316 f.); Urt. v. 20.4.2016 – 1 BvR 966/09 ua –, BVerfGE 141, 220 (290, Rn. 161).
202 BT-Drs. 16/10121, 25.
203 Vgl. Singelnstein NStZ 2014, 305 (308), mwN.
204 Vgl. Lisken/Denninger/Müller/Schwabenbauer, HdbPolR, G Rn. 685.
205 BT-Drs. 16/10121, 25.
206 Vgl. BVerfG Urt. v. 20.4.2016 – 1 BvR 966/09 ua –, BVerfGE 141, 220 (290, Rn. 161); Schenke/Graulich/Ruthig/R. P. Schenke BKAG § 45 Rn. 26.
207 Vgl. Singelnstein NStZ 2014, 305 (306, 308).
208 Vgl. BT-Drs. 17/8693, 10.

Bereits 2012 wurde das LuftVG zum Zwecke ihres Einsatzes geändert.[209] Damit dürfte ein Drohneneinsatz zum Zwecke der Straftatenverhütung und zur Gefahrenabwehr, auch im Rahmen einer längerfristigen Observation, bereits bei Erlass des § 45 Abs. 2 Nr. 3 BKAG im Mai 2018 ein bekanntes Mittel der Überwachung gewesen sein. Mit Blick auf die besondere Eingriffstiefe der Überwachungsmaßnahme gelten dabei strenge Verhältnismäßigkeitsanforderungen und es bedarf gegebenenfalls Maßnahmen zum Schutz des Kernbereichs privater Lebensgestaltung (→ Rn. 106 und 191 f.).[210] Mit Blick auf das befriedete Besitztum wie namentlich Höfe und Gärten gilt es ferner sicherzustellen, dass der Mitteleinsatz auf den Bereich „außerhalb von Wohnungen" beschränkt bleibt (→ Rn. 110). Eine qualitativ und hinsichtlich der grundrechtlichen Eingriffstiefe über bekannte Bildaufnahmen und -aufzeichnungen einer Drohne (im Rahmen einer längerfristigen Observation) hinausgehende Überwachungsmaßnahme dürfte dort erreicht sein, wo unbemannte Flugobjekte mittels Autopilot und anhand von GPS-Daten navigieren und automatisch durch Smart Camaras identifizierte Verdächtige überwachen.[211]

118 Wenn sichergestellt ist, dass es durch ihre Nutzung nicht zu einer Veränderung der bei Normerlass bekannten Eingriffsintensität und Qualität der Überwachungsmaßnahme kommt, ist auch der jedenfalls seit 2005 diskutierte Einsatz von **RFID-Technologie** unter § 45 Abs. 2 Nr. 3 BKAG zu fassen.[212] Die *radio-frequency identification* bezeichnet eine Technologie für Sender-Empfänger-Systeme zum automatischen und berührungslosen Identifizieren und Lokalisieren von Objekten und Lebewesen mit Radiowellen.[213]

119 **Nicht** erfasst von § 45 Abs. 2 Nr. 3 BKAG sind **Gegenstände des alltäglichen Gebrauchs** zur Unterstützung der persönlichen Wahrnehmung wie Ferngläser.

120 Hinsichtlich der **Ortung von Mobilfunkendgeräten** kommt ausschließlich § 53 Abs. 1 Nr. 2 BKAG als *lex specialis* zur Anwendung (→ § 53 Rn. 3 ff.).

121 **4. Vertrauensperson (Abs. 2 Nr. 4).** Gem. § 45 Abs. 2 Nr. 4 BKAG steht dem BKA als besonderes Mittel der Datenerhebung der **Einsatz von Privatpersonen** offen, **deren Zusammenarbeit mit dem BKA Dritten nicht bekannt ist.** Das Gesetz definiert derartige Private als Vertrauenspersonen. Vertrauenspersonen gehören – anders als Verdeckte Ermittler – zwar nicht dem BKA an, werden von diesem aber **gezielt beauftragt und eingesetzt,** um Informationen zu einem bestimmten Sachverhalt oder zu einer Person zu beschaffen.[214] Die gezielte Beauftragung unterscheidet die Vertrauensperson von einer bloßen Zeugenbefragung oder der Befragung von Hinweisgebern sowie von der allgemein gehaltenen Bitte an bestimmte Personen, sachdienliche Hinweise über verdächtige Sachverhalte mitzuteilen.[215] Gleiches gilt für die Abgrenzung zum Informanten, der nur im Einzelfall bereit ist, gegen Zusicherung der Vertraulichkeit dem BKA Informationen zu geben.[216]

122 Die Vertrauensperson gehört nicht zum öffentlichen Dienst, da es sich weder um eine hauptberufliche noch überhaupt um eine berufliche Tätigkeit in diesem Sinne handelt. Auch ist die Vertrauensperson nicht Beliehener im verwaltungsrechtlichen Sinne, da **hoheitliche Kompetenzen** mit ihrer Tätigkeit **nicht** verbunden sind. Zwar dient die Lieferung von Informationen an das BKA dessen Aufgabenerfüllung iSv § 5 Abs. 1 BKAG, ist aber selbst keine hoheitliche Tätigkeit. Der Umstand, dass die Vertrauensperson mittelbar an der Erfüllung der dem BKA kraft öffentlichen Rechts obliegenden Aufgaben mitwirkt, verleiht dem Beschaffungsgeschäft als solchem auch im Übrigen keinen öffentlich-rechtlichen Charakter. Beschaffungsgeschäfte des öffentlichen Aufgabenträgers sind ihrer Rechtsnatur nach von der öffentlich-rechtlichen Aufgabenerfüllung zu trennen. Rechtliche Grundlage für die Beziehung zwischen Vertrauensperson und BKA ist in der Folge ausschließlich ein **zivilrechtlicher Vertrag,** der auf die Beschaffung von polizeilich relevanten Erkenntnissen gerichtet ist, für welche die Vertrauensperson als freier Mitarbeiter auf Honorarbasis entlohnt wird. Mangels Vertragsgegenstandes auf dem Gebiet des öffentlichen Rechts, scheidet demgegenüber ein öffentlich-rechtlicher Vertrag iSd § 54 S. 1 VwVfG aus.[217]

123 In der Folge sind die Handlungsweisen der Vertrauensperson im Innen- und Außenverhältnis nach der aus dem **Amtshaftungsrecht** bekannten Figur des **Verwaltungshelfers** zu beurteilen. Die als Informant tätige Vertrauensperson hat keine andere Stellung als der zum Zweck einer Fremdvornahme eingesetzte Private im Polizeirecht, der sich gegenüber der Polizei in einem privatrechtlichen Verhältnis befindet, mag er auch

209 Vgl. Singelnstein NStZ 2014, 305 (308).
210 Vgl. Lisken/Denninger/Müller/Schwabenbauer, HdbPolR, G Rn. 688; Singelnstein NStZ 2014, 305 (308), mwN.
211 Vgl. Singelnstein NStZ 2014, 305 (308 f.).
212 Vgl. BeckOK-PolSiR Bayern/Rosch/Müller-Eiselt BayPAG Art. 36 Rn. 35 (2022); Eisenberg/Puschke/Singelnstein ZRP 2005, 9 (9 f., 12).
213 Vgl. Eisenberg/Puschke/Singelnstein ZRP 2005, 9 f.
214 BT-Drs. 16/10121, 25. Kritisch zur Glaubwürdigkeit von Vertrauenspersonen Lisken/Denninger/Frister, HdbPolR, F Rn. 332; vgl. hierzu auch Soiné NJW 2020, 2850 (2853).
215 Lisken/Denninger/Graulich, HdbPolR, E Rn. 745, mwN.
216 Lisken/Denninger/Graulich, HdbPolR, E Rn. 749.
217 Vgl. zum Vorstehenden ausführlich BVerwG Beschl. v. 26.5.2010 – 6 A 5/09 –, NVwZ-RR 2010, 682 (683), mwN. Vgl. ferner Lisken/Denninger/Graulich, HdbPolR, E Rn. 747; BVerfG Urt. v. 26.4.2022 – 1 BvR 1619/17 –, NJW 2022, 1583 (1612, Rn. 350).

als Verwaltungshelfer nach außen hoheitlich handeln.[218] Als „Beamter“ im haftungsrechtlichen Sinne haftet folglich gem. Art. 34 S. 1 GG nicht die Vertrauensperson für ein Fehlverhalten gegenüber dem Betroffenen auf Schadensersatz, sondern die Bundesrepublik Deutschland als Rechtsträger des BKA und Anstellungskörperschaft (§ 839 BGB iVm Art. 34 GG).[219] Für Streitigkeiten aus der Vertragsbeziehung zwischen BKA und der Vertrauensperson sind die Zivilgerichte zuständig.[220]

Wo sich der Staat wie im Falle von Vertrauenspersonen zur Erfüllung seiner Aufgaben privater Gestaltungs- 124
formen bedient, wird die Privatrechtsordnung lediglich in einzelnen Punkten durch öffentlich-rechtliche Bindungen ergänzt, modifiziert und überlagert, ohne dass darum das Verwaltungshandeln selbst dem öffentlichen Recht zuzuordnen wäre.[221] Die Vertrauensperson muss in der Folge **uneingeschränkt die Regeln des Zivil- und Strafrechts beachten,** wobei die §§ 201 ff. StGB zum Schutz des persönlichen Lebens- und Geheimnisbereichs hervorzuheben sind.[222] Das BKAG sieht für Vertrauenspersonen keine Befugnisse vor, welche tatbestandsausschließend oder rechtfertigend iSd Strafrechts wirken würden. Mangels Hoheitsträgereigenschaft (→ Rn. 122) ist die rechtmäßige Tätigkeit der Vertrauensperson auf die Erhebung und Weitergabe von Informationen beschränkt, die ihr aufgrund des Irrtums ihres Gegenübers über ihre wahren Absichten und die Zusammenarbeit mit dem BKA zuteilwerden. Die Vertrauensperson ist nicht verlängerter Arm des BKA, sondern **nur** seine **Augen und Ohren.**[223] Handlungen, die als Eingriffsakt eines Hoheitsträgers zu qualifizieren wären, stehen der Vertrauensperson nicht zu. Die rechtmäßige Informationsgewinnung durch die Vertrauensperson muss insofern direkte Folge der Unkenntnis des Betroffenen über die Zusammenarbeit mit dem BKA sein.[224] An Vertrauenspersonen richtet sich die Erwartung, dass sie sich an den in einer Einsatzanordnung möglichst genau umschriebenen Ermittlungsauftrag halten, über Ergebnis und Verlauf berichten und dass sie den taktischen Vorgaben, Absprachen und Weisungen der sie führenden Beamten folgen.

Der Einsatz von Vertrauenspersonen ist auf die gezielte Ausnutzung eines bestehenden oder aufzubauenden 125
Vertrauensverhältnisses gerichtet. Er kann tief in das private Leben einer Person und ihr soziales Netz eindringen und begründet daher regelmäßig einen **sehr schwerwiegenden Grundrechtseingriff** (→ Rn. 6 und 18).[225] Die Vertrauensperson kann das Geschehen steuern und Einfluss nehmen, um einen langfristigen und möglichst optimalen Informationszugang zu erhalten. Beim Betroffenen kann dies tiefgreifende soziale Störungen hervorrufen (Misstrauen gegen jeden).[226] Dem stehen das **erhebliche öffentliche Interesse an der Abwehr terroristischer Gefahren** (→ Rn. 12)[227] sowie die Tatsache gegenüber, dass nähere Kenntnisse über den Aufbau terroristischer Organisationen, ihre Führungspersonen, ihre tatsächlichen Ziele sowie die Planung und Durchführung konkreter Maßnahmen nur über Vertrauenspersonen erlangt werden können. Der **Verhältnismäßigkeitsgrundsatz** gebietet die **zeitliche Befristung** ihres Einsatzes.[228]

Vor dem Verhältnismäßigkeitsgrundsatz und mit Blick auf die verfassungsrechtlich geschützten Freiheits- 126
sphären regelhaft unzulässig ist es, eine Person auf ihren **Ehepartner** anzusetzen (Art. 6 Abs. 1 GG)[229] und **Journalisten** als Vertrauenspersonen zu beauftragen (Art. 5 Abs. 1 S. 2 GG). Minderjährige und unter Betreuung stehende Personen dürfen nicht als Vertrauenspersonen eingesetzt werden.[230] Der verfassungsrechtlich gewährleistete und strafrechtlich bewährte Schutz der vertraulichen Kommunikation steht regelmäßig der Anwerbung von **Geheimnisträgern iSd § 203 StGB** – Ärzte, Psychologen, Rechtsanwälte, staatlich anerkannte Sozialarbeiter oder staatlich anerkanntem Sozialpädagogen uam – als Vertrauenspersonen entgegen. Gleiches gilt für die **Zeugnisverweigerungsberechtigten nach §§ 53, 53a StPO,**[231] wie auch § 62 Abs. 1 S. 6

218 Vgl. BVerwG Beschl. v. 26.5.2010 – 6 A 5/09 –, NVwZ-RR 2010, 682 (683), mwN.
219 Vgl. BGH Urt. v. 6.6.2019 – III ZR 124/18 –, NJW-RR 2019, 1163 (1164 f.); BVerfG Urt. v. 26.4.2022 – 1 BvR 1619/17 –, NJW 2022, 1583 (1612, Rn. 350).
220 Vgl. BVerwG Beschl. v. 26.5.2010 – 6 A 5/09 –, NVwZ-RR 2010, 682 (684).
221 Vgl. BVerwG Beschl. v. 26.5.2010 – 6 A 5/09 –, NVwZ-RR 2010, 682 (683).
222 Lisken/Denninger/Graulich, HdbPolR, E Rn. 748. Speziell zu Sexualdelikten im Falle des Aufbaus intimer Kontakte vgl. Roggan GSZ 2019, 111 (114).
223 Vgl. sehr zutreffend Lisken/Denninger/Graulich, HdbPolR, E Rn. 748.
224 Lisken/Denninger/Graulich, HdbPolR, E Rn. 748.
225 Vgl. BVerfG Urt. v. 20.4.2016 – 1 BvR 966/09 ua –, BVerfGE 141, 220 (290, Rn. 160); Urt. v. 26.4.2022 – 1 BvR 1619/17 –, NJW 2022, 1583 (1612, Rn. 350 f.); Beschl. v. 9.12.2022 – 1 BvR 1345/21 –, juris, Rn. 88, 105; Lisken/Denninger/Bergemann, HdbPolR, H Rn. 97; Roggan GSZ 2019, 111 (113); Soiné NJW 2020, 2850.
226 Lisken/Denninger/Bergemann, HdbPolR, H Rn. 97; vgl. auch Roggan GSZ 2019, 111 (113).
227 BVerfG Urt. v. 20.4.2016 – 1 BvR 966/09 ua –, BVerfGE 141, 220 (289 f., Rn. 160).
228 Lisken/Denninger/Graulich, HdbPolR, E Rn. 750 f.; vgl. auch BVerfG Urt. v. 20.4.2016 – 1 BvR 966/09 ua –, BVerfGE 141, 220 (293, Rn. 171).
229 Vgl. auch Roggan GSZ 2019, 111 (113); jetzt auch BVerfG Beschl. v. 9.12.2022 – 1 BvR 1345/21 –, juris, Rn. 110, allerdings abgeleitet aus dem Schutz des Kernbereichs privater Lebensgestaltung.
230 Soiné NJW 2020, 2850 (2853).
231 Vgl. Lisken/Denninger/Graulich, HdbPolR, E Rn. 751.

BKAG verdeutlicht (→ § 62 Rn. 16 f.).[232] In den beiden letztgenannten Fällen dürfte die Tätigkeit der Angeworbenen als Vertrauensperson auch kaum ohne eine Verletzung strafrechtlicher Bestimmungen nach den §§ 201 ff. StGB denkbar sein (→ Rn. 124).

127 **5. Verdeckte Ermittler (Abs. 2 Nr. 5).** § 45 Abs. 2 Nr. 5 BKAG normiert den Einsatz Verdeckter Ermittler, definiert als den Einsatz einer **Polizeivollzugsbeamtin oder eines Polizeivollzugsbeamten** unter einer ihr oder ihm verliehenen und auf Dauer angelegten Legende. Unter einer **Legende** ist eine zu Tarnzwecken auf Dauer angelegte **veränderte Identität** zu verstehen.[233] Das Handeln unter einer **auf Dauer** angelegten veränderten Identität unterscheidet den Verdeckten Ermittler von Beamten, die nur gelegentlich verdeckt auftreten und ihre Funktion nicht offenlegen. Hierbei handelt es sich um nicht offen ermittelnde Polizeibeamte.[234] Die Beschränkung auf Beamte des Polizeivollzugsdienstes gewährleistet die für den Einsatz notwendige straffe Führung und die Möglichkeit einer wirksamen disziplinarrechtlichen Aufsicht. Mit ihr soll zugleich eine besondere Glaubwürdigkeit der handelnden Personen einhergehen.[235]

128 Obgleich Polizeivollzugsbeamte als Verdeckte Ermittler handeln, ist ihre Tätigkeit nicht auf die unmittelbare Gefahrenabwehr oder Straftatenverhütung gerichtet, sondern auf die **Erstellung einer Tatsachenbasis,** die sodann Grundlage für ein polizeiliches Einschreiten zur Unterbrechung des Kausalverlaufs ist.[236] Ein Anwendungsfall ist die Teilnahme von Beamten des BKA unter einer Legende an der Kommunikation einer geschlossenen Benutzergruppe eines sozialen Netzwerks.[237]

129 Ebenso wie Vertrauenspersonen sind Verdeckte Ermittler gehalten, im Rahmen ihrer ermittlungstaktischen Tätigkeit die geltenden Gesetze zu achten und bei ihrer Tätigkeit insbesondere auch **keine Straftaten** zu begehen (→ Rn. 124).[238] Eine Ausnahme besteht nach § 45 Abs. 6 S. 2 BKAG hinsichtlich der **Urkundenfälschung,** weil das Handeln unter einer Legende andernfalls schwerlich denkbar ist (→ Rn. 176 f.). Die **konkreten Befugnisse** des Verdeckten Ermittlers sind in § 45 Abs. 6 BKAG normiert und richten sich gem. § 45 Abs. 6 S. 3 BKAG nach Abschnitt 5 des BKAG (→ Rn. 183 f.). Verdeckte Ermittler sind auch unter ihrer Tarnung Hoheitsträger, für die der Gesetzesvorbehalt gilt. Darüberhinausgehende Befugnisse dürfen sie sich nicht anmaßen. Die Besonderheit ihres Einsatzes ist durch die Tarnung bedingt, erschöpft sich aber auch hierin.[239] Regelungen zur **grenzüberschreitenden Tätigkeit** Verdeckter Ermittler zum Zwecke der Gefahrenabwehr finden sich in einzelnen bilateralen Polizeiabkommen.[240]

130 Der Einsatz Verdeckter Ermittler ist ebenso wie der Einsatz von Vertrauenspersonen gekennzeichnet durch eine heimliche, auf **struktureller Täuschung** beruhende Informationsgewinnung, die ein **tiefes Eindringen in das Privatleben** und die sozialen Bezüge der Zielperson mit sich bringen kann (→ Rn. 6 und 18). Die Tätigkeit fußt auf der Ausnutzung schutzwürdigen persönlichen Vertrauens in die Identität und die Motivation des Kommunikationspartners, um Geheimhaltungsinteressen zu überwinden und so an Informationen zu gelangen, die andernfalls nicht preisgegeben würden. Es handelt sich daher auch hierbei idR um einen **besonders schwerwiegenden Grundrechtseingriff.**[241] Wird der Wohnungsinhaber darüber getäuscht, dass ein Organ des Staates seine Wohnung betritt, begründet dies ungeachtet des tatsächlichen Einverständnisses des Wohnungsinhabers einen sehr schwerwiegenden Eingriff in das **Grundrecht auf Unverletzlichkeit der Wohnung** (Art. 13 Abs. 1 GG).[242]

131 Seine Rechtfertigung findet der Grundrechtseingriff in den oftmals **abgeschotteten Strukturen des internationalen Terrorismus,** die den möglichen Einsatz Verdeckter Ermittler unverzichtbar erscheinen lassen.[243] Mit Blick auf die von Art. 13 Abs. 7 GG geforderte Abwehr einer gemeinen Gefahr oder Lebensgefahr oder Verhütung einer dringenden Gefahr für die öffentliche Sicherheit und Ordnung[244] hervorzuheben sind inso-

232 Vgl. auch BeckOK-PolR Baden-Württemberg/Nusser PolG BW § 49 Rn. 54 (2022); Soiné NJW 2020, 2850 (2853).
233 Lisken/Denninger/Graulich, HdbPolR, E Rn. 739.
234 Vgl. BT-Drs. 12/989, 42.
235 Lisken/Denninger/Frister, HdbPolR, F Rn. 329; vgl. auch BT-Drs. 12/989, 42.
236 Lisken/Denninger/Graulich, HdbPolR, E Rn. 742. Zur Unterscheidung von „aktionell kausalverlaufsrelevanten Eingriffen“ und Eingriffen zur „bloßen Datenerhebung“ im Gefahrenvorfeld (→ § 38 Rn. 3 ff.).
237 BT-Drs. 17/6587, 3 f.; differenzierend KK-StPO/Bruns § 110a Rn. 7, mwN.
238 Lisken/Denninger/Frister, HdbPolR, F Rn. 346. Speziell zu Sexualdelikten im Falle des Aufbaus intimer Kontakte vgl. Roggan GSZ 2019, 111 (114). Zum Betrugstatbestand vgl. BeckOK-PolR Baden-Württemberg/Nusser PolG BW § 49 Rn. 78 (2022).
239 Lisken/Denninger/Graulich, HdbPolR, E Rn. 742.
240 Vgl. Lisken/Denninger/Aden, HdbPolR, M Rn. 269; Barczak StV 2012, 182 (183 f.), mwN.
241 Vgl. BVerfG Urt. v. 20.4.2016 – 1 BvR 966/09 ua –, BVerfGE 141, 220 (290, Rn. 160); Urt. v. 26.4.2022 – 1 BvR 1619/17 –, NJW 2022, 1583 (1610 f., Rn. 338 ff.); Beschl. v. 9.12.2022 – 1 BvR 1345/21 –, juris, Rn. 88, 105; Roggan GSZ 2019, 111.
242 Roggan/Hammer NJW 2016, 3063 (3066); Lisken/Denninger/Frister, HdbPolR, F Rn. 342, BeckOK-PolR Baden-Württemberg/Nusser PolG BW § 49 Rn. 16, 77, 85 f. (2022); Soiné NJW 2020, 2850 (2851), jeweils mwN. Differenzierend von Mangoldt/Klein/Starck/Gornig GG I Art. 13 Rn. 46 f. Zur besonderen Schwere des Grundrechtseingriffs, auch wenn die Wohnung nicht selbst das Ziel der heimlichen Überwachungsmaßnahme ist, vgl. BVerfG Beschl. v. 9.12.2022 – 1 BvR 1345/21 –, juris, Rn. 131 ff.
243 Vgl. BT-Drs. 16/10121, 25; BVerfG Urt. v. 20.4.2016 – 1 BvR 966/09 ua –, BVerfGE 141, 220 (290, Rn. 160).
244 Vgl. hierzu BVerfG Beschl. v. 9.12.2022 – 1 BvR 1345/21 –, juris, Rn. 145 ff.; BeckOK-GG/Kluckert Art. 13 Rn. 25 ff. (2022), mwN.

weit das **unüberschaubare, hohe Schadensausmaß für eine unbestimmte Zahl von Personen**, das von terroristischen Anschlägen ausgeht, wie auch die **besondere Gewichtigkeit** der von § 45 Abs. 1 BKAG **geschützten Rechtsgüter** (→ Rn. 12).[245] Die von § 45 Abs. 1 BKAG geschützten Rechtsgüter und die dort normierten Eingriffsschwellen (→ Rn. 59 und 62) dürften dem verfassungsrechtlichen Erfordernis des Art. 13 Abs. 7 Var. 3 GG gerecht werden, wonach es – unbeschadet des Art. 13 Abs. 4 GG – im Schutzbereich des Art. 13 GG jedenfalls einer konkretisierten Gefahr im verfassungsrechtlichen Sinne für ein Rechtsgut von sehr hohem Gewicht für die Durchführung einer heimlichen staatlichen Überwachungsmaßnahme bedarf.[246] Zu verweisen ist ferner auf die Notwendigkeit einer richterlichen Anordnung nach § 45 Abs. 3 S. 1 Nr. 5 BKAG für den Fall, dass der Verdeckte Ermittler oder die Vertrauensperson eine nicht allgemein zugängliche Wohnung betreten (→ Rn. 145, 157).[247]

Der **Verhältnismäßigkeitsgrundsatz** gebietet, dass Verdeckte Ermittler nicht tiefer in die Sozial- oder gar Intimsphäre der Zielperson eindringen, als dies für die Aufgabenerfüllung unbedingt erforderlich ist.[248] Die Schwere des mit dem Einsatz Verdeckter Ermittler verbundenen Grundrechtseingriffs variiert mit der Dauer ihres Einsatzes und der quantitativen, vor allem aber auch der qualitativen Intensität der Kommunikation. Je länger der Einsatz Verdeckter Ermittler dauert, je tiefergehende Vertrauensbeziehungen entstehen und je mehr private Informationen erlangt werden, desto tiefer ist der Grundrechtseingriff.[249] Zu verweisen ist auf die Gefahr tiefgreifender sozialer Störungen beim Betroffenen (Misstrauen gegen Jedermann).[250] 132

Die Herbeiführung oder auch nur Ausnutzung höchstpersönlicher Lebenssachverhalte zur Vertrauensgewinnung bei einer Zielperson, etwa durch Eingehen einer „taktischen Liebesbeziehung", ist dem Verdeckten Ermittler bereits mit Blick auf den zu schützenden **Kernbereich privater Lebensgestaltung** (→ Rn. 18 und 189 ff.) untersagt.[251] Darüber hinaus ist der Verdeckte Ermittler gehalten, kernbereichsrelevante Situationen und Gespräche im Laufe des Einsatzes nach Möglichkeit zu vermeiden und proaktiv darauf hinzuwirken, dass es nicht zu solchen kommt. Treffen im „kernbereichsrelevanten Umfeld", etwa mit dem engsten Familienkreis der Zielperson, sollen bereits bei der Einsatzplanung nach Möglichkeit ausgeschlossen werden.[252] 133

6. Vorbereitungs- und Begleitmaßnahmen. Mit dem Einsatz besonderer Mittel der Datenerhebung nach § 45 Abs. 2 BKAG sind regelmäßig Maßnahmen der Vorbereitung und Begleitung verbunden. Soweit derartige Maßnahmen für den Einsatz des jeweiligen besonderen Mittels der Datenerhebung als zwingend erforderlich angesehen werden, sind sie als **Annex** hierzu von der jeweiligen Befugnisnorm mitumfasst,[253] wobei spezifische Begrenzungen des tatbestandlichen Anwendungsbereichs der jeweiligen Befugnisnorm zur Datenerhebung, zB die zu achtende Unverletzlichkeit der Wohnung,[254] strikt zu beachten sind (→ Rn. 112). Ein Beispiel für eine von der Ermächtigungsnorm zur Datenerhebung getragene Vorbereitungsmaßnahme ist die kurzzeitige Verbringung eines Fahrzeugs in eine Werkstatt, um dort GPS-Technik anzubringen. Die Annexbefugnis ist unter Beachtung des Verhältnismäßigkeitsgrundsatzes und der Tatsache, dass hier andere Grundrechte als bei der späteren Datenerhebungsmaßnahme betroffen sein können,[255] auszuüben. Überschreitet die Vorbereitungs- oder Begleitmaßnahme den tatbestandlichen Anwendungsbereich der Ermächtigungsnorm des besonderen Mittels der Datenerhebung und erscheint deswegen nicht mehr als ihr „Annex", erscheint die Vorbereitungs- oder Begleitmaßnahme für den Einsatz des besonderen Mittels der Datenerhebung nicht als zwingend erforderlich oder erscheint die Vorbereitungs- oder Begleitmaßnahme mit Blick auf die Maßnahme der Datenerhebung als unverhältnismäßig, ist sie als eigenständiger zusätzlicher Grundrechtseingriff zu bewerten, für den es einer gesonderten Ermächtigungsnorm bedarf. Die Frage der Verhältnismäßigkeit stellt sich dann allerdings unter dem Blickwinkel des **additiven Grundrechtseingriffs** neu, weshalb allein im erstgenannten Fall eine Vorbereitungshandlung anders als im Fall der Annexbefugnis denkbar erscheint.[256] 134

245 Vgl. BVerfG Urt. v. 20.4.2016 – 1 BvR 966/09 ua –, BVerfGE 141, 220 (266, Rn. 96; 296, Rn. 183); Beschl. v. 9.12.2022 – 1 BvR 1345/21 –, juris, Rn. 145 ff. Zu Art. 13 Abs. 7 GG und dem Einsatz Verdeckter Ermittler vgl. auch BeckOK-PolR Baden-Württemberg/Nusser PolG BW § 49 Rn. 77, 85 f. (2022), allerdings ohne nähere Auseinandersetzung mit der „Verhütung" einer dringenden Gefahr.

246 Vgl. BVerfG Beschl. v. 9.12.2022 – 1 BvR 1345/21 –, juris, Rn. 147, 155 ff.

247 Vgl. BVerfG Beschl. v. 9.12.2022 – 1 BvR 1345/21 –, juris, Rn. 148 ff.

248 Kritisch zur Möglichkeit einer Abwägung der widerstreitenden Interessen aber Roggan GSZ 2019, 111 (112).

249 Vgl. BVerfG Urt. v. 26.4.2022 – 1 BvR 1619/17 –, NJW 2022, 1583 (1611, Rn. 341).

250 Vgl. Lisken/Denninger/Bergemann, HdbPolR, H Rn. 97; Roggan GSZ 2019, 111 (113).

251 Roggan GSZ 2019, 111 (113); Lisken/Denninger/Frister, HdbPolR, F Rn. 338; vgl. nun auch BVerfG Beschl. v. 9.12.2022 – 1 BvR 1345/21 –, juris, Rn. 107, 110; zurückhaltender Lisken/Denninger/Graulich, HdbPolR, E Rn. 744.

252 Vgl. BVerfG Beschl. v. 9.12.2022 – 1 BvR 1345/21 –, juris, Rn. 111.

253 Vgl. BGH Urt. v. 24.1.2001 – 3 StR 324/00 –, NStZ 2001, 386 (387).

254 Zu Vorbereitungsmaßnahmen, die in das Grundrecht des Art. 13 GG eingreifen, vgl. BVerfG Beschl. v. 9.12.2022 – 1 BvR 1345/21 –, juris, Rn. 129 ff.

255 Vgl. BGH Urt. v. 24.1.2001 – 3 StR 324/00 –, NStZ 2001, 386 (387).

256 BeckOK-PolSiR Bayern/Rosch/Müller-Eiselt BayPAG Art. 36 Rn. 44 (2022).

135 Anders als einen eigenen Mitarbeiter kennt das BKAG potenzielle **Vertrauenspersonen** nicht. Das macht es anfangs schwerer, den erwartbaren Erkenntnisgewinn zu bestimmen. Der endgültigen Verpflichtung einer Vertrauensperson geht daher regelmäßig eine Anwerbungs- und Erprobungsphase voraus.[257] Von Verfassungs wegen muss bereits diese mit Blick auf das Ziel der Überwachungsmaßnahme zielgerichtet und nicht „ins Blaue hinein" erfolgen. Über die Verpflichtung einer Vertrauensperson muss in angemessener Zeit entschieden werden. Die Anwerbungs- und Erprobungsphase ist daher zeitlich zu befristen und unterliegt mangels differenzierender gesetzlicher Ausgestaltung – wie auch sonstige Vorbereitungshandlungen, die als Annex das Schicksal der eigentlichen Überwachungsmaßnahme teilen – dem **Richtervorbehalt** (→ Rn. 148), § 45 Abs. 3 S. 1 BKAG.[258]

III. Anordnungs- und Richtervorbehalt (Abs. 3)

136 Das große Gewicht des mit dem Einsatz besonderer Mittel der Datenerhebung regelmäßig einhergehenden Grundrechtseingriffs bedingt vor dem **Verhältnismäßigkeitsgrundsatz** und dem Konzept des **Grundrechtsschutzes durch Verfahren** spezielle verfahrensrechtliche Vorkehrungen und namentlich die **vorherige Kontrolle durch eine unabhängige Stelle.**[259]

137 Zwar sind die Zielperson und erheblich Mitbetroffene von der Überwachungsmaßnahme gem. § 74 Abs. 1 S. 1 Nrn. 1 und 2 BKAG zu benachrichtigen. § 74 Abs. 2 S. 1 BKAG stellt dies aber unter den Vorbehalt, dass dies ohne Gefährdung des Zwecks der Maßnahme, des Bestandes des Staates, von Leib, Leben oder Freiheit einer Person oder Sachen von bedeutendem Wert, deren Erhaltung im öffentlichen Interesse geboten ist, möglich ist. Nach § 74 Abs. 2 S. 2 BKAG ist die notwendige Benachrichtigung des Betroffenen über die Datenerhebung zurückzustellen, um den absehbaren weiteren Einsatz von Vertrauensperson oder Verdecktem Ermittler zu sichern.[260] Gem. § 74 Abs. 3 BKAG kann mit richterlicher Zustimmung auch endgültig von der Benachrichtigung abgesehen werden (→ § 74 Rn. 19 f. und 24 ff.).[261] Da Rechtsschutz mangels Kenntnis von der staatlichen Überwachungsmaßnahme nicht möglich ist,[262] tritt die **richterliche Vorabkontrolle** insoweit **kompensatorisch** an die Stelle eines möglichen Rechtsmittels des Betroffenen (→ § 74 Rn. 20).[263] Sie muss vor Art. 19 Abs. 4 GG gleichsam korrigierend gewährleisten, dass mögliche Interessen der aus der Natur der Sache heraus notwendigerweise nicht vorher gehörten Betroffenen beachtet werden. Die oftmals fortdauernde Geheimhaltung beim Einsatz von Vertrauenspersonen und Verdeckten Ermittlern steht in einem Spannungsverhältnis zum auf der Herstellung von Transparenz gerichteten Rechtsstaatsprinzip[264] und unterstreicht den ***Ultima-Ratio*-Charakter** dieser Überwachungsmaßnahmen.[265]

138 In Reaktion auf die Entscheidung des Bundesverfassungsgerichts zum BKAG (→ Rn. 19) statuiert § 45 Abs. 3 S. 1 BKAG den **Richtervorbehalt** für alle in § 45 Abs. 2 BKAG gelisteten besonderen Mittel der Datenerhebung. Eine Rückausnahme erfolgt nur dort, wo das Gewicht des Grundrechtseingriffs gem. der Verfassungsrechtsprechung zu Bildaufnahmen und zu nur kurzfristigen Observationen sowie aufgrund der Umstände des konkreten Einzelfalls als weniger groß erscheint.[266] Hier bleibt es bei der Notwendigkeit einer bloßen Anordnung durch die **zuständige Abteilungsleitung** des BKA.[267] Neben den verfassungsrechtlichen Maßgaben werden durch den Richtervorbehalt des § 45 Abs. 3 S. 1 BKAG zugleich völkerrechtliche Vorgaben namentlich der EMRK umgesetzt.[268]

139 Das bewilligende Gericht ist gehalten, sich eigenverantwortlich ein Urteil darüber zu bilden, ob die beantragte Maßnahme den gesetzlichen Vorgaben entspricht. In keinem Fall darf es zur Erstellung eines **vollständigen Persönlichkeitsprofils** oder zu einer **Rundumüberwachung** des Betroffenen kommen (→ Rn. 79).[269] Der

257 Vgl. dazu Soiné NJW 2020, 2850 (2852 ff.).
258 Vgl. BVerfG Urt. v. 26.4.2022 – 1 BvR 1619/17 –, NJW 2022, 1583 (1612, Rn. 353 f.).
259 BVerfG Urt. v. 20.4.2016 – 1 BvR 966/09 ua –, BVerfGE 141, 220 (275, Rn. 117; 294, Rn. 174); vgl. auch BVerfG Urt. v. 2.3.2010 – 1 BvR 256/08 ua –, BVerfGE 125, 260 (337 f.); Beschl. v. 27.5.2020 – 1 BvR 1873/13 ua –, BVerfGE 155, 119 (229, Rn. 253); Schenke/Graulich/Ruthig/R. P. Schenke BKAG § 45 Rn. 29; Lisken/Denninger/Schwabenbauer, HdbPolR, G Rn. 282.
260 Vgl. hierzu ausführlich Lisken/Denninger/Schwabenbauer, HdbPolR, G Rn. 333 f., mwN. Vgl. ferner BVerfG Urt. v. 20.4.2016 – 1 BvR 966/09 ua –, BVerfGE 141, 220 (320, Rn. 261).
261 Vgl. hierzu BVerfG Beschl. v. 12.10.2011 – 2 BvR 236/08 ua –, BVerfGE 129, 208 (251), mwN.
262 Vgl. BVerfG Beschl. v. 12.10.2011 – 2 BvR 236/08 ua –, BVerfGE 129, 208 (251).
263 Vgl. BVerfG Beschl. v. 27.5.2020 – 1 BvR 1873/13 ua –, BVerfGE 155, 119 (229, Rn. 253), mwN. Vgl. auch BVerfG Urt. v. 2.3.2010 – 1 BvR 256/08 ua –, BVerfGE 125, 260 (338); BeckOK-PolR Baden-Württemberg/Nusser PolG BW § 49 Rn. 13 (2022).
264 Vgl. BVerfG Urt. v. 20.4.2016 – 1 BvR 966/09 ua –, BVerfGE 141, 220 (282 ff., Rn. 134 ff.).
265 Vgl. Lisken/Denninger/Frister, HdbPolR, F Rn. 327.
266 Vgl. BVerfG Urt. v. 20.4.2016 – 1 BvR 966/09 ua –, BVerfGE 141, 220 (294, Rn. 174).
267 Vgl. BT-Drs. 18/11163, 114.
268 Vgl. nur EGMR Urt. v. 12.1.2016 – 37138/14 –, NJOZ 2017, 1372 (1376, Rn. 77); Lisken/Denninger/Schwabenbauer, HdbPolR, G Rn. 282, jeweils mwN.
269 BVerfG Urt. v. 20.4.2016 – 1 BvR 966/09 ua –, BVerfGE 141, 220 (280 f., Rn. 130); Urt. v. 26.4.2022 – 1 BvR 1619/17 –, NJW 2022, 1583 (1603, Rn. 287).

Sachverhalt und der Antrag sind gem. § 90 Abs. 2 S. 2 BKAG iVm § 26 FamFG **vom Amts wegen** (→ § 90 Rn. 10) sowie gründlich, aber auch effizient zu prüfen.[270] Der hessische Haushaltsgesetzgeber, die hessische Justizverwaltung und das Präsidium des nach § 90 Abs. 2 BKAG zuständigen **Amtsgericht Wiesbaden** (→ § 90 Rn. 5) sind gehalten, die hierfür notwendigen personellen und sachlichen Mittel zur Verfügung zu stellen.[271]

1. Richtervorbehalt (Abs. 3 S. 1). § 45 Abs. 3 S. 1 BKAG statuiert für die in § 45 Abs. 3 S. 1 Nrn. 1–5 140 BKAG gelisteten Maßnahmen eine **verfahrensrechtliche Doppelsicherung.**[272] Die in Bezug genommenen besonderen Mittel der Datenerhebung dürfen nur auf **Antrag der zuständigen Abteilungsleitung** beim BKA oder deren Vertretung **durch das Gericht bewilligt** werden.

a) Längerfristige Observation und Abhören des nicht öffentlichen Wortes. Die Notwendigkeit, eine länger- 141 fristige Observation gem. § 45 Abs. 3 S. 1 Nr. 1 iVm § 45 Abs. 2 Nr. 1 BKAG vorab richterlich bewilligen zu lassen, entspricht der verfassungsrechtlich gebotenen unabhängigen **Vorabkontrolle** im Falle eines schwerwiegenden Grundrechtseingriffs (→ Rn. 93). Es reicht insofern nicht, die Anordnung der Maßnahme zunächst dem BKA zu überlassen und die disziplinierende Wirkung wegen des Erfordernisses einer richterlichen Entscheidung erst für deren Verlängerung – möglicherweise auf der Grundlage der so gewonnenen Erkenntnisse – vorzusehen.[273] Gleiches gilt für das Abhören nicht öffentlicher Gespräche nach § 45 Abs. 3 S. 1 Nr. 3 iVm § 45 Abs. 2 Nr. 2 lit. b BKAG (→ Rn. 4 und 79).[274]

Sowohl bei der behördlichen Antragstellung als auch bei der richterlichen Bewilligung ist zu beachten, dass 142 dem besonderen Eingriffsgewicht zeitlich umfänglicher Observationen mittels **Höchstfristen**[275] und einer **wiederholten Kontrolle** zu begegnen ist, § 45 Abs. 5 S. 3-5 BKAG (→ Rn. 171).[276]

b) Anfertigung von Bildaufzeichnungen. Dass § 45 Abs. 3 S. 1 Nr. 2 iVm § 45 Abs. 2 Nr. 2 lit. a BKAG nur 143 verdeckte Bildaufzeichnungen, nicht aber Bildaufnahmen (→ Rn. 97 f.) dem Richtervorbehalt unterwirft und dies auch nur dann, wenn Bildaufzeichnungen durchgehend länger als 24 Stunden oder an mehr als zwei Tagen angefertigt werden (→ Rn. 88 f.), erklärt sich aus dem vergleichsweise geringeren Eingriffsgewicht nur einzelner Bildaufnahmen und Bildaufzeichnungen[277] sowie dem gesteigerten Eingriffsgewicht langfristiger oder wiederholter Bildaufzeichnungen und ihrem Zusammenhang mit einer **längerfristigen Observation** (→ Rn. 93).[278]

c) Verdeckter Einsatz technischer Mittel zur Observation oder zur Aufenthaltsbestimmung. Auch der ver- 144 deckte Einsatz technischer Mittel zur Observation oder zur Aufenthaltsbestimmung unterliegt nach § 45 Abs. 3 S. 1 Nr. 4 iVm § 45 Abs. 2 Nr. 3 BKAG nur dann dem Richtervorbehalt, wenn er durchgehend länger als 24 Stunden oder an mehr als zwei Tagen (→ Rn. 88 f.) zum Einsatz kommt.[279] Dem Richtervorbehalt dürfte damit auch der Einsatz von **Drohnen** unterfallen, wenn er zur intensiven und aussagekräftigen Überwachung eines Betroffenen genutzt wird (→ Rn. 117). Gleiches gilt für die Erstellung eines **Bewegungsprofils** im Zusammenhang mit einer längerfristigen Observation (→ Rn. 113).[280] Die nur punktuelle Bestimmung des Aufenthaltsortes begründet demgegenüber keinen schwerwiegenden Grundrechtseingriff, der den Richtervorbehalt auslösen würde.[281]

d) Vertrauenspersonen und Verdeckte Ermittler. Wird eine Vertrauensperson oder ein Verdeckter Ermittler 145 auf eine **bestimmte Zielperson** angesetzt, begründet der damit regelmäßig einhergehende, besonders tiefgreifende Grundrechtseingriff (→ Rn. 125 und 130) die Notwendigkeit einer richterlichen Vorabkontrol-

270 BVerfG Urt. v. 20.4.2016 – 1 BvR 966/09 ua –, BVerfGE 141, 220 (275, Rn. 118); Urt. v. 2.3.2010 – 1 BvR 256/08 ua –, BVerfGE 125, 260 (338).

271 Vgl. BVerfG Urt. v. 20.4.2016 – 1 BvR 966/09 ua –, BVerfGE 141, 220 (275 f., Rn. 118); Beschl. v. 16.6.2016 – 2 BvR 2718/10 ua –, BVerfGE 139, 245 (267, Rn. 62); Urt. v. 20.2.2001 – 2 BvR 1444/00 –, BVerfGE 103, 142 (152 f.); Lisken/Denninger/Schwabenbauer, HdbPolR, G Rn. 286 f.; Deutscher Richterbund, Stellungnahme BKAG, A-Drs. 18(4)749, 7.

272 Schenke/Graulich/Ruthig/R. P. Schenke BKAG § 45 Rn. 30.

273 Vgl. BVerfG Urt. v. 20.4.2016 – 1 BvR 966/09 ua –, BVerfGE 141, 220 (294, Rn. 174); Urt. v. 26.4.2022 – 1 BvR 1619/17 –, NJW 2022, 1583 (1613, Rn. 361).

274 Vgl. BVerfG Urt. v. 20.4.2016 – 1 BvR 966/09 ua –, BVerfGE 141, 220 (294, Rn. 174).

275 Vgl. BVerfG Urt. v. 20.4.2016 1 BvR 966/09 ua –, BVerfGE 141, 220 (293, Rn. 171); Lisken/Denninger/Müller/Schwabenbauer, HdbPolR, G Rn. 800, mwN.

276 Vgl. BVerfG Urt. v. 26.4.2022 – 1 BvR 1619/17 –, NJW 2022, 1583 (1613, Rn. 361).

277 Vgl. BVerfG Urt. v. 20.4.2016 – 1 BvR 966/09 ua –, BVerfGE 141, 220 (294, Rn. 174); Urt. v. 26.4.2022 – 1 BvR 1619/17 –, NJW 2022, 1583 (1612 f., Rn. 357).

278 BT-Drs. 18/11163, 114; vgl. auch BVerfG Urt. v. 20.4.2016 – 1 BvR 966/09 ua –, BVerfGE 141, 220 (294, Rn. 174); Urt. v. 26.4.2022 – 1 BvR 1619/17 –, NJW 2022, 1583 (1612 f., Rn. 357).

279 Vgl. BVerfG Urt. v. 20.4.2016 – 1 BvR 966/09 ua–, BVerfGE 141, 220 (294, Rn. 174); Urt. v. 26.4.2022 – 1 BvR 1619/17 –, NJW 2022, 1583 (1609, Rn. 332).

280 BVerfG Urt. v. 26.4.2022 – 1 BvR 1619/17 –, NJW 2022, 1583 (1609, Rn. 332).

281 BVerfG Urt. v. 20.4.2016 – 1 BvR 966/09 ua –, BVerfGE 141, 220 (294, Rn. 74); vgl. auch Urt. v. 26.4.2022 – 1 BvR 1619/17 –, NJW 2022, 1583 (1607, Rn. 321).

le.[282] Gleiches gilt mit Blick auf Art. 13 GG dort, wo die Vertrauensperson oder der Verdeckte Ermittler eine **nicht allgemein zugängliche Wohnung** (→ Rn. 130 f.) betritt.[283] Dementsprechend bestimmt § 45 Abs. 3 S. 1 Nr. 5 iVm § 45 Abs. 2 Nrn. 4 und 5 BKAG, dass der Einsatz von Vertrauenspersonen und Verdeckten Ermittlern der vorherigen richterlichen Bewilligung bedarf, wenn dieser sich gegen eine bestimmte Person richtet oder eine nicht allgemein zugängliche Wohnung betreten wird.

146 Gegen eine „**bestimmte Person**" richten sich die Ermittlungen, wenn diese identifizierbar ist; einer namentlichen Benennung bedarf es nicht. Da § 45 Abs. 1 S. 1 BKAG einen adressatenbezogenen Regelungsansatz verfolgt (→ Rn. 32 und 48), dürfte damit **jeder Einsatz** einer Vertrauensperson oder eines Verdeckten Ermittlers als besonderes Mittel der Datenerhebung dem Richtervorbehalt unterfallen. Dies entspricht den verfassungsrechtlichen Maßgaben des Einsatzes von Vertrauenspersonen und Verdeckten Ermittlern.[284] Vor dem Hintergrund des § 45 Abs. 1 S. 2 BKAG (→ Rn. 83) ist es unschädlich, wenn die Zielperson des Verdeckten Ermittlers oder der Vertrauensperson sich im Rahmen der Überwachungsmaßnahme bloß sporadisch auch mit **Kontaktpersonen** trifft. Wird die Überwachungsmaßnahme demgegenüber dauerhaft auf Letztere erstreckt, bedarf es einer entsprechenden richterlichen Bewilligung und Ausweitung der Maßnahme nach § 45 Abs. 1 S. 1 Nr. 4 iVm § 39 Abs. 2 Nr. 2 BKAG (→ Rn. 71 ff.).

147 Im Rahmen der richterlichen Bewilligung ist besonders zu berücksichtigen, dass der mit dem Einsatz von Vertrauenspersonen und Verdeckten Ermittlern verbundene Grundrechtseingriff mit der Dauer ihres Einsatzes an Schwere gewinnt, weshalb die Rechtfertigung einen zunehmend höheren Beobachtungsbedarf und Aufklärungsgewinn bedingt.[285] Während der verfassungsrechtlich gebotene Beobachtungsbedarf bei der Abwehr und Verhütung terroristischer Gefahren stets angenommen werden dürfte,[286] bedarf der konkret in Rede stehende Aufklärungsgewinn der (wiederholten) Prüfung im Einzelfall.[287] Vor dem Verhältnismäßigkeitsgrundsatz ist der Einsatz von Vertrauenspersonen und Verdeckten Ermittlern **zeitlich zu befristen** (→ Rn. 78).[288] Er bedarf vor einer Verlängerung der **erneuten richterlichen Kontrolle und Anordnung,** § 45 Abs. 5 S. 3-5 BKAG (→ Rn. 171).[289]

148 Der Beauftragung von Vertrauenspersonen geht regelhaft eine zeitlich zu befristende **Anwerbungs- und Erprobungsphase** (→ Rn. 135) voraus.[290] Mangels bereits bestehender Vertrauensbeziehung zur Zielperson und der oftmals noch nicht gefestigten Verbindung zum BKA erscheint die Tätigkeit der Vertrauensperson hier noch nicht zwingend als derart grundrechtssensibel wie im Rahmen der nachfolgenden Überwachungsmaßnahme; da der Gesetzgeber es allerdings bislang unterlassen hat, ein abgestuftes Regelwerk für Anwerbungs- und Erprobungsphase einerseits und nachfolgende Tätigkeit von Vertrauenspersonen andererseits zu erlassen, unterfällt bereits die vorbereitende Tätigkeit dem Richtervorbehalt nach § 45 Abs. 3 S. 1 Nr. 5 iVm § 45 Abs. 2 Nr. 4 BKAG (→ Rn. 135).[291]

149 Angesichts der besonderen Gefahren, die Vertrauensleuten im Fall ihrer Enttarnung insbesondere für Leib und Leben drohen können, ist es vor Art. 2 Abs. 2 S. 1 GG von Verfassungs wegen geboten, die unabhängige Vorabkontrolle in einer Weise auszugestalten, dass die **Grundrechte der Vertrauensleute geschützt** werden.[292]

150 **2. Vorbehalt der Behördenleitung (Abs. 3 S. 5).** Sofern das Gewicht des mit dem besonderen Mittel der Datenerhebung verbundenen Grundrechtseingriffs gem. der Verfassungsrechtsprechung zu Bildaufnahmen und zu nur kurzfristigen Observationen oder aufgrund der Umstände des konkreten Einzelfalls als weniger groß erscheint[293] und daher § 45 Abs. 3 S. 1 Nrn. 1–5 BKAG nicht einschlägig ist (→ Rn. 138 und 143 f.), er-

282 BVerfG Urt. v. 20.4.2016 – 1 BvR 966/09 ua –, BVerfGE 141, 220 (294, Rn. 174); Urt. v. 26.4.2022 – 1 BvR 1619/17 –, NJW 2022, 1583 (1611 f., Rn. 341, 348, 354 f.).

283 Vgl. BVerfG Beschl. v. 9.12.2022 – 1 BvR 1345/21 –, juris, Rn. 148 ff. Zu Art. 13 GG und dem Einsatz von Verdeckten Ermittlern und Vertrauenspersonen vgl. Roggan/Hammer NJW 2016, 3063 (3066); Lisken/Denninger/Frister, HdbPolR, F Rn. 342, BeckOK-PolR Baden-Württemberg/Nusser PolG BW § 49 Rn. 16, 77, 85 f. (2022); Soiné NJW 2020, 2850 (2851 f.).

284 Vgl. BVerfG Urt. v. 20.4.2016 – 1 BvR 966/09 ua –, BVerfGE 141, 220 (294, Rn. 174); Urt. v. 26.4.2022 – 1 BvR 1619/17 –, NJW 2022, 1583 (1590, Rn. 191; 1594, Rn. 219; 1611, Rn. 348) sowie die Kritik am Fehlen eines unbedingten Richtervorbehalts von Buermeyer, Stellungnahme BKAG, A-Drs. 18(4)806 E, 9 f. und DAV, Stellungnahme BKAG, A-Drs. 18(4)863, 42. Demgegenüber aber Möstl, Stellungnahme BKAG, A-Drs. 18(4)806 B, 7.

285 Vgl. BVerfG Urt. v. 26.4.2022 – 1 BvR 1619/17 –, NJW 2022, 1583 (1611, Rn. 343); vgl. auch BVerfG Urt. v. 20.4.2016 – 1 BvR 966/09 ua –, BVerfGE 141, 220 (293, Rn. 171).

286 Vgl. BVerfG Urt. v. 20.4.2016 – 1 BvR 966/09 ua –, BVerfGE 141, 220 (290, Rn. 160).

287 Vgl. BVerfG Urt. v. 20.4.2016 – 1 BvR 966/09 ua –, BVerfGE 141, 220 (290, Rn. 160).

288 Vgl. Lisken/Denninger/Graulich, HdbPolR, E Rn. 751; vgl. auch BVerfG Urt. v. 20.4.2016 – 1 BvR 966/09 ua –, BVerfGE 141, 220 (293, Rn. 171).

289 Vgl. BVerfG Urt. v. 26.4.2022 – 1 BvR 1619/17 –, NJW 2022, 1583 (1611 f., Rn. 348, 354).

290 Kritisch zu ihrem Einsatz etwa Lisken/Denninger/Frister, HdbPolR, F Rn. 332, mwN.

291 Vgl. BVerfG Urt. v. 26.4.2022 – 1 BvR 1619/17 –, NJW 2022, 1583 (1612, Rn. 351 ff.).

292 BVerfG Urt. v. 26.4.2022 – 1 BvR 1619/17 –, NJW 2022, 1583 (1612, Rn. 355), mwN.

293 Vgl. BVerfG Urt. v. 20.4.2016 – 1 BvR 966/09 ua –, BVerfGE 141, 220 (294, Rn. 174).

möglicht § 45 Abs. 3 S. 5 iVm § 45 Abs. 2 Nrn. 1–5 BKAG die Anordnung der Überwachungsmaßnahme durch die zuständige Abteilungsleitung beim BKA oder deren Vertretung, sog. Behördenleitervorbehalt.

Der in der Vorgängerregelung noch vorgesehene Richtervorbehalt für den **Fall der Verlängerung oder Wiederholung** bestimmter, nur der Anordnung durch die Abteilungsleitung unterliegender Maßnahmen, ist in der Ausweitung des Richtervorbehalts bereits für die Erstanordnung eines besonderen Mittels der Datenerhebung in § 45 Abs. 3 S. 1 BKAG aufgegangen.[294] Insbesondere mit Blick auf die Anfertigung von Bildaufnahmen und Bildaufzeichnungen (§ 45 Abs. 3 S. 1 Nr. 2 BKAG) und den Einsatz bestimmter technischer Mittel für Observationszwecke (§ 45 Abs. 3 S. 1 Nr. 4 BKAG), die nicht per se einem Richtervorbehalt unterliegen (→ Rn. 143 und 144), bedarf es insoweit (bei der wiederholten oder verlängernden Anordnung) der kritischen Prüfung, ob hier nicht statt der Abteilungsleitung beim BKA der Richter zur Entscheidung berufen ist.[295] 151

3. Gefahr im Verzug (Abs. 3 S. 2 bis 5). a) Richtervorbehalt. Bei Gefahr im Verzug besteht die Möglichkeit, vom Richtervorbehalt abzuweichen. An seine Stelle tritt dann die Anordnung der Überwachungsmaßnahme durch die zuständige Abteilungsleitung beim BKA oder deren Vertretung, § 45 Abs. 3 S. 2 BKAG. Die durch Gesetz begründete Eilkompetenz einer anderen, anders als das Gericht nicht unabhängigen Stelle ist verfassungsrechtlich anerkannt.[296] Sie ermöglicht auch für den Fall der extremen zeitlichen Dringlichkeit die Abwehr von Gefahren des internationalen Terrorismus als einem öffentlichen Interesse von herausgehobener Bedeutung für die demokratische und freiheitliche Ordnung (→ Rn. 12).[297] 152

Unter „Gefahr im Verzug" ist eine Sachlage zu verstehen, bei der ein Schaden eintreten würde, wenn nicht an Stelle der zuständigen Behörde eine andere Behörde tätig wird.[298] Gem. § 45 Abs. 3 S. 2 BKAG darf folglich die Anordnung eines besonderen Mittels der Datenerhebung durch die zuständige Abteilungsleitung beim BKA oder deren Vertretung erfolgen, wenn die unverzügliche vorherige Antragstellung beim bewilligenden Gericht den Erfolg zB der in Rede stehenden Gefahrenabwehrmaßnahme gefährden würde. Am Regelfall des Richtervorbehalts und seiner Bedeutung für den Grundrechtsschutz orientiert, ist der Begriff „Gefahr im Verzug" **restriktiv auszulegen.**[299] Das BKA ist **regelmäßig gehalten,** eine **richterliche Entscheidung** gem. § 45 Abs. 3 S. 1 BKAG **zu erlangen,** bevor eine Anordnung durch die zuständige Abteilungsleitung oder deren Vertretung nach § 45 Abs. 3 S. 2 BKAG erfolgt. Nur in Ausnahmesituationen, wenn schon die zeitliche Verzögerung wegen eines solchen Versuchs den Erfolg der Maßnahme gefährden würde, darf das BKA unmittelbar auf die Anordnungskompetenz nach § 45 Abs. 3 S. 2 BKAG zurückgreifen, ohne sich zuvor um eine richterliche Entscheidung bemüht zu haben.[300] 153

Die Annahme von „Gefahr im Verzug" muss mit **Tatsachen** begründet werden, die auf den **konkreten Einzelfall** bezogen sind. Spekulationen, hypothetische Erwägungen oder lediglich auf kriminalistische Alltagserfahrung gestützte, fallunabhängige Vermutungen, sind zur Begründung von „Gefahr im Verzug" unzureichend. Gleiches gilt für den allgemeinen Verweis auf Erfahrungswerte aus der Vergangenheit oder den abstrakten Hinweis, eine richterliche Entscheidung sei gewöhnlich zu einem bestimmten Zeitpunkt oder innerhalb einer bestimmten Zeitspanne nicht zu erlangen.[301] 154

Es sind **organisatorische Vorkehrungen** zu treffen und die notwendigen Sach- und Personalmittel bereitzustellen, damit die von der Verfassung vorgesehene Regelzuständigkeit des bewilligenden Gerichts in der Masse der Fälle gewahrt bleibt.[302] In der Folge ist „Gefahr im Verzug" auch dann abzulehnen, wenn das BKA durch unnötiges Zuwarten oder eine unzureichende Behördenorganisation oder -ausstattung die Gefahr der Vereitelung des Maßnahmezwecks selbst erzeugt.[303] 155

Die Einschätzung, ob die Voraussetzungen für die Annahme von Gefahr im Verzug im konkreten Fall vorliegen, obliegt zunächst allein dem BKA. Wurde aber Gefahr im Verzug behördenseitig verneint und das 156

294 Vgl. Schenke/Graulich/Ruthig/R. P. Schenke BKAG § 45 Rn. 34, mwN.

295 Vgl. auch BVerfG Urt. v. 20.4.2016 – 1 BvR 966/09 ua –, BVerfGE 141, 220 (294, Rn. 174); Urt. v. 26.4.2022 – 1 BvR 1619/17 –, NJW 2022, 1583 (1594, Rn. 220), mwN.

296 Vgl. nur BVerfG Urt. v. 20.4.2016 – 1 BvR 966/09 ua –, BVerfGE 141, 220 (302, Rn. 204); Urt. v. 26.4.2022 – 1 BvR 1619/17 –, NJW 2022, 1583 (1613, Rn. 361); Lisken/Denninger/Schwabenbauer, HdbPolR, G Rn. 289.

297 Vgl. BVerfG Urt. v. 24.4.2013 – 1 BvR 1215/07 –, BVerfGE 133, 277 (333 f., Rn. 133); Urt. v. 20.4.2016 – 1 BvR 966/09 ua –, BVerfGE 141, 220 (266, Rn. 96; 302, Rn. 204). Zur Berücksichtigung kollidierender Rechtsgüter von herausgehobener verfassungsrechtlicher Bedeutung vgl. auch BVerfG Urt. v. 20.2.2001 – 2 BvR 1444/00 –, BVerfGE 103, 142 (154 f.).

298 Schoch BVwR/Schoch 1. Kap. Rn. 301, mwN. Zur Abgrenzung von der „dringenden Gefahr" → Rn. 213.

299 Vgl. BVerfG Urt. v. 20.2.2001 – 2 BvR 1444/00 –, BVerfGE 103, 142 (153 f.); Schenke/Graulich/Ruthig/R. P. Schenke BKAG § 45 Rn. 31; Lisken/Denninger/Schwabenbauer, HdbPolR, G Rn. 290, jeweils mwN.

300 Vgl. BVerfG Urt. v. 20.2.2001 – 2 BvR 1444/00 –, BVerfGE 103, 142 (155 f.).

301 BVerfG Urt. v. 20.2.2001 – 2 BvR 1444/00 –, BVerfGE 103, 142 (155 f.).

302 Vgl. BVerfG Urt. v. 20.4.2016 – 1 BvR 966/09 ua –, BVerfGE 141, 220 (275 f., Rn. 118); Beschl. v. 16.6.2016 – 2 BvR 2718/10 ua –, BVerfGE 139, 245 (267, Rn. 62); Urt. v. 20.2.2001 – 2 BvR 1444/00 –, BVerfGE 103, 142 (152 f.); Deutscher Richterbund, Stellungnahme BKAG, A-Drs. 18(4)749, 7.

303 Vgl. BVerfG Urt. v. 20.2.2001 – 2 BvR 1444/00 –, BVerfGE 103, 142 (155).

Gericht mit der Sache befasst, **endet hiermit regelmäßig die Eilkompetenz des BKA**. In der Folge begründet es keine „Gefahr im Verzug“, wenn die Sachprüfung durch das Gericht andauert, wenn das Gericht für die Sachprüfung nach weiteren Informationen verlangt, oder wenn das Gericht die Bewilligung der beantragten Maßnahme abgelehnt hat.[304]

157 Kommt es aufgrund von Gefahr im Verzug zu einer Anordnung des besonderen Mittels der Datenerhebung durch die zuständige Abteilungsleitung beim BKA oder deren Vertretung, so ist die gerichtliche Entscheidung **unverzüglich nachzuholen** (§ 45 Abs. 3 S. 3 BKAG). „**Unverzüglich**“ bedeutet iSd BGB „ohne schuldhaftes Zögern“ (§ 121 Abs. 1 S. 1 BGB). Die Notwendigkeit einer „unverzüglichen“ Nachholung bedeutet folglich, dass ein Zuwarten bei der Vorlage an das bewilligende Gericht nur dann rechtlich hinnehmbar ist, wenn dieses durch die Umstände des Einzelfalls geboten ist.[305] Eine ungenügende personelle oder sachliche Ausstattung oder Organisation des BKA gehört hierzu ausdrücklich nicht. Die behördliche Ausstattung und Organisation muss den (verfassungs-)rechtlichen Vorgaben entsprechen (→ Rn. 139).[306] Probleme in diesen Bereichen rechtfertigen keinen Grundrechtseingriff.[307]

158 Wenn die Anordnung nicht **binnen drei Tagen** gerichtlich bestätigt wird, **tritt sie außer Kraft** (§ 45 Abs. 3 S. 4 BKAG). Die Überwachungsmaßnahme ist dann zu beenden. Die Dreitagesfrist beginnt mit der Anordnung, nicht mit dem Beginn der Überwachungsmaßnahme. Mit Blick auf das Gebot der unverzüglichen Nachholung einer gerichtlichen Entscheidung (→ Rn. 157) darf die Frist von drei Tagen nicht voll ausgeschöpft werden, wenn eine gerichtliche Bewilligung vorher zu erlangen ist.

159 Vor Art. 19 Abs. 4 GG besteht für das BKA die Pflicht zur **zeitnahen Dokumentation und Begründung** der Annahme von „Gefahr im Verzug“, um einen wirksamen gerichtlichen Rechtsschutz zu ermöglichen.[308] Hierbei ist entsprechend vorstehender Maßgaben (→ Rn. 153 ff.), tatsachengestützt und anhand des konkreten Einzelfalls insbesondere darzulegen, warum eine richterliche Anordnung zu spät gekommen wäre, und warum von dem Versuch abgesehen wurde oder inwiefern ohne Erfolg versucht wurde, eine richterliche Entscheidung zu erlangen.[309] Das angerufene Gericht muss über die konkrete Sachlage zum Zeitpunkt der Entscheidung des BKA informiert sein. Allgemeine Formulierungen, wie etwa die bloße Wiedergabe der juristischen Definition von „Gefahr im Verzug“ sind demgegenüber unzureichend.[310]

160 Die Annahme von „Gefahr im Verzug“ unterliegt der **unbeschränkten gerichtlichen Kontrolle**.[311] Kommt es zu einer vorsätzlich rechtswidrigen Datenerhebung dahingehend, dass der grundrechtssichernde Richtervorbehalt durch die leichtfertige Annahme von „Gefahr im Verzug“ und die Dreitagesfrist nach § 45 Abs. 3 S. 4 BKAG planmäßig oder systematisch umgangen wird, führt dies zu einem **Verwertungsverbot** der so erhobenen Informationen. Gleiches gilt für die willkürliche oder grob fehlerhafte Annahme von „Gefahr im Verzug“.[312] Anderes dürfte für Informationen aus einer solchen Überwachungsmaßnahme gelten, die auf die bloß (rechts)irrige – nicht aber willkürliche oder grob fehlerhafte – Annahme von Gefahr im Verzug und die Anordnung der zuständigen Abteilungsleitung gestützt wurde (§ 45 Abs. 3 S. 2 BKAG), die richterliche Bewilligung aber in der Folge versagt wird (§ 45 Abs. 3 S. 3 BKAG) oder ausbleibt.[313]

161 **b) Vorbehalt der Behördenleitung.** Vor dem Verhältnismäßigkeitsgrundsatz erscheint verfassungsrechtlich problematisch, dass der „Behördenleitervorbehalt“ für besondere Mittel der Datenerhebung ohne Richtervorbehalt (→ Rn. 150 f.) gem. § 45 Abs. 3 S. 5 BKAG bei „**Gefahr im Verzug**“ schlicht entfallen soll. Dementsprechend fehlt es auch an Vorgaben zu einer Nachholung der Anordnung durch die zuständige Abteilungsleitung oder deren Vertretung. Ebenso fehlt eine Regelung zum automatischen Auslaufen der behördlichen Anordnung mangels nachfolgender Bestätigung durch die Behördenleitung. Das Maß an Unabhängigkeit nimmt aber in dem Maße ab und die Missbrauchsgefahr nimmt in dem Maße zu, in dem statt der Behördenleitung ein beliebiger Beamter des BKA auf Referatsleiter-, Referenten- oder Sachbearbeiterebene zur Anordnung berufen ist. Hier fehlt es auch an der begrenzenden Wirkung der – idR schriftlichen – Vorlage

304 Vgl. BVerfG Beschl. v. 16.6.2016 – 2 BvR 2718/10 ua –, BVerfGE 139, 245 (273 ff., Rn. 78 ff.); Lisken/Denninger/Schwabenbauer, HdbPolR, G Rn. 290.

305 Vgl. Armbrüster in MüKoBGB, 9. Aufl. 2021, § 121 Rn. 7.

306 Vgl. BVerfG Urt. v. 20.4.2016 – 1 BvR 966/09 ua –, BVerfGE 141, 220 (275 f., Rn. 118); Beschl. v. 16.6.2016 – 2 BvR 2718/10 ua –, BVerfGE 139, 245 (267, Rn. 62).

307 Vgl. OLG Köln Beschl. v. 22.3.2013 – 16 Wx 16/12 –, NJW 2013, 2365 (2366 f.).

308 Vgl. BVerfG Urt. v. 20.2.2001 – 2 BvR 1444/00 –, BVerfGE 103, 142 (159 ff.); Beschl. v. 16.6.2016 – 2 BvR 2718/10 ua –, BVerfGE 139, 245 (272 f., Rn. 75 f.); Lisken/Denninger/Schwabenbauer, HdbPolR, G Rn. 291.

309 Vgl. OLG München Beschl. v. 20.3.2015 – 34 Wx 173/13 –, juris, Rn. 15.

310 Vgl. BVerfG Urt. v. 20.2.2001 – 2 BvR 1444/00 –, BVerfGE 103, 142 (160).

311 Vgl. nur BVerfG Urt. v. 20.2.2001 – 2 BvR 1444/00 –, BVerfGE 103, 142 (157 ff.), mwN.

312 Vgl. BVerfG Beschl. v. 12.4.2005 – 2 BvR 1027/02 –, BVerfGE 113, 29 (61). Vgl. auch KK-StPO/Bruns § 110b Rn. 12 ff., mwN.

313 Vgl. Lisken/Denninger/Frister, HdbPolR, F Rn. 358.

an die Behördenleitung.[314] Dass die in Rede stehenden besonderen Mittel der Datenerhebung nach § 45 Abs. 3 S. 5 BKAG von derart geringem Gewicht wären, dass es weder eines Richtervorbehalts noch eines Behördenleitervorbehalts bedürfte, ist nicht ersichtlich (→ Rn. 138 und 143 f.). Zuzustimmen ist daher der Auffassung, wonach für den Fall von Gefahr im Verzug bei **verfassungskonformer Auslegung** eine Entscheidung der Behördenleitung unverzüglich nachzuholen ist (§ 45 Abs. 3 S. 3 BKAG). Wenn die Anordnung nicht binnen drei Tagen durch die Abteilungsleitung oder deren Vertretung bestätigt wird, tritt sie außer Kraft (§ 45 Abs. 3 S. 4 BKAG).[315]

IV. Pflichtbestandteile des Antrags (Abs. 4)

Die grundrechtsschützende Funktion des Richtervorbehalts, eine effektive und unabhängige Kontrolle des BKA und die Notwendigkeit einer eigenverantwortlichen Entscheidung des Gerichts (→ Rn. 136 ff. und 139) erfordern einen **hinreichend substantiiert begründeten Antrag** der zuständigen Abteilungsleitung oder ihrer Vertretung. Insbesondere bedarf es der vollständigen Information seitens des BKA über den zu beurteilenden Sachstand.[316] Näher ausgeformt werden diese verfassungsrechtlichen Vorgaben in § 45 Abs. 4 BKAG, der die Pflichtbestandteile eines dem Richtervorbehalt unterliegenden Antrags enumerativ aufzählt. Anzugeben sind danach erstens die Person, gegen die sich die Maßnahme richtet, soweit möglich, mit Name und Anschrift (Nr. 1), zweitens Art, Umfang und Dauer der Maßnahme (Nr. 2), drittens der Sachverhalt (Nr. 3) sowie viertens eine Begründung (Nr. 4). 162

Die vorstehenden Informationen müssen eine sorgfältige Prüfung des Gerichts ermöglichen, ob die Eingriffsvoraussetzungen und insbesondere die gesetzlich vorgeschriebenen Eingriffsschwellen nach § 45 Abs. 1 und 2 BKAG gegeben sind. Hinsichtlich Umfang und Dauer der Maßnahme ist zu berücksichtigen, dass dem besonderen Eingriffsgewicht besonderer Mittel der Datenerhebung – insbesondere der zeitlich umfänglichen Observation – mittels **Höchstfristen** bereits im behördlichen Antrag zu begegnen ist, um dem **Grundsatz der Verhältnismäßigkeit** zu genügen (→ Rn. 78 und 171).[317] 163

V. Pflichtbestandteile der Anordnung, Befristung, Verlängerung (Abs. 5)

1. Pflichtbestandteil der Anordnung (**Abs. 5 S. 1 und** 2). Das Gericht – oder im Falle des Behördenleitervorbehalts die zuständige Abteilungsleitung beim BKA – ist gehalten, Sachverhalt und Antrag auf Durchführung der heimlichen Überwachungsmaßnahme in eigener Verantwortung gründlich, in rechtlicher und tatsächlicher Hinsicht vollständig und effektiv zu prüfen. Es besteht keine Bindung an die Feststellungen und Wertungen des Antrags. § 45 Abs. 5 S. 1 BKAG statuiert, dass die Bewilligung[318] des besonderen Mittels der Datenerhebung durch das Gericht (→ Rn. 140 ff.) bzw. bei fehlendem Richtervorbehalt deren Anordnung durch die Behördenleitung (→ Rn. 150 f.) **schriftlich** zu erfolgen hat. Die Begründung ist aktenkundig zu machen. Durch die schriftliche Fixierung wird der äußere Rahmen abgesteckt, innerhalb dessen die Überwachungsmaßnahme durchzuführen ist. In der Folge ist diese messbar und bleibt kontrollierbar.[319] 164

In Entsprechung zu den **Pflichtangaben** des behördlichen Antrags nach § 45 Abs. 4 BKAG (→ Rn. 162 f.) sind erstens die Person, gegen die sich die Maßnahme richtet, soweit möglich, mit Name und Anschrift (§ 45 Abs. 5 S. 2 Nr. 1 BKAG) sowie zweitens Art, Umfang und Dauer der Maßnahme (§ 45 Abs. 5 S. 2 Nr. 2 BKAG) anzugeben. Die Notwendigkeit einer Sachverhaltswidergabe fehlt demgegenüber vollständig. Die Angabe dürfte indessen nur dann entbehrlich sein, wenn der Anordnung bzw. Bewilligung der gleiche Sachverhalt zugrunde liegt, auf dem auch der Antrag nach § 45 Abs. 4 Nr. 3 BKAG basiert.[320] Ferner und abweichend von den Pflichtangaben des behördlichen Antrags darf sich die behördliche Anordnung bzw. gerichtliche Bewilligung nach § 45 Abs. 5 S. 2 Nr. 3 BKAG auf die wesentlichen Gründe beschränken. Letzteres entbindet freilich nicht von der Notwendigkeit einer gehaltvollen Begründung.[321] 165

314 Vgl. BVerfG Urt. v. 20.2.2001 – 2 BvR 1444/00 –, BVerfGE 103, 142 (154); EGMR Urt. v. 12.1.2016 – 37138/14 –, NJOZ 2017, 1372 (1376, Rn. 77); Lisken/Denninger/Schwabenbauer, HdbPolR, G Rn. 282.

315 So Schenke/Graulich/Ruthig/R. P. Schenke BKAG § 45 Rn. 33, mwN. Vgl. auch Lisken/Denninger/Graulich, HdbPolR, E Rn. 751 („Behördenleitervorbehalt").

316 BVerfG Urt. v. 20.4.2016 – 1 BvR 966/09 ua –, BVerfGE 141, 220 (275, Rn. 118), Urt. v. 2.3.2010 – 1 BvR 256/08 ua –, BVerfGE 125, 260 (338); vgl. auch BVerfG Urt. v. 20.2.2001 – 2 BvR 1444/00 –, BVerfGE 103, 142 (152 f.); Lisken/Denninger/Schwabenbauer, HdbPolR, G Rn. 287.

317 Vgl. BVerfG Urt. v. 20.4.2016 – 1 BvR 966/09 ua –, BVerfGE 141, 220 (293, Rn. 171); vgl. ferner BVerfG Urt. v. 2.3.2010 – 1 BvR 256/08 ua –, BVerfGE 125, 260 (338); Lisken/Denninger/Müller/Schwabenbauer, HdbPolR, G Rn. 800, mwN.

318 Vgl. Lisken/Denninger/Schwabenbauer, HdbPolR, G Rn. 283.

319 Vgl. BeckOK-PolR Baden-Württemberg/Nusser PolG BW § 49 Rn. 64 (2022).

320 So zutreffend Schenke/Graulich/Ruthig/R. P. Schenke BKAG § 45 Rn. 36.

321 BVerfG Urt. v. 2.3.2010 – 1 BvR 256/08 ua –, BVerfGE 125, 260 (338).

166 Es bedarf der tatsachenbasierten Begründung unter Bezugnahme auf den konkreten Einzelfall. Die gerichtliche Bewilligung findet keine Stütze in fallunabhängigen Vermutungen oder allgemeinen kriminalistischen Erfahrungen. Die Entscheidung muss auch hier derart fundiert ausfallen und derart umfänglich niedergelegt werden, dass späterer Rechtsschutz und eine sachhaltige gerichtliche Prüfung möglich sind (→ Rn. 159). Aus der Entscheidung muss deutlich hervorgehen, dass ein **tatsachenbezogener Abwägungsvorgang iS einer Einzelfallprüfung auf der Grundlage sämtlicher für den Eingriff relevanter Erkenntnisse** stattgefunden hat. Die Entscheidungsgründe müssen erkennen lassen, dass mögliche Interessen des aus der Natur der Sache heraus notwendigerweise nicht vorher gehörten Betroffenen gleichsam korrigierend durch die bewilligende bzw. anordnende Stelle Berücksichtigung gefunden haben (→ Rn. 137). Schließlich müssen Art, Umfang und Richtung des Mitteleinsatzes derart deutlich niedergelegt werden, dass erkennbar wird, ab welchem Punkt es einer neuen Bewilligung durch das Gericht bzw. Anordnung durch die Behördenleitung bedarf. Die bloße Wiedergabe des Gesetzestextes ist hierfür stets ungenügend.[322]

167 Kommt es zur Überwachung von **Kontakt- und Begleitpersonen** nach § 45 Abs. 1 S. 1 Nr. 4 iVm § 39 Abs. 2 Nr. 2 BKAG, muss die Begründung der Anordnung die besondere Tatnähe dieser Personen, die eine Überwachung überhaupt erst erlaubt (→ Rn. 72), tatsachengestützt und als eigenständigen Aspekt näher darlegen.[323]

168 Im Falle des Einsatzes von Vertrauenspersonen und Verdeckten Ermittlern und dem in Rede stehenden Betreten einer nicht allgemein zugänglichen **Wohnung** (§ 45 Abs. 3 S. 1 Nr. 5 BKAG, → Rn. 130 f.) erscheint eine genaue Bezeichnung in der richterlichen Bewilligung oder behördlichen Anordnung dann entbehrlich, wenn die Wohnung beispielsweise zu Beginn der Überwachungsmaßnahme noch nicht konkret benannt werden kann. Eine solche Blankettermächtigung bedarf neben der Beschränkung auf unbedingt notwendige Fälle zudem der näheren Umgrenzung der voraussichtlich zu betretenden Räumlichkeiten – beispielswiese auf die von der Zielperson genutzten und frequentierten Wohnungen.[324]

169 Hinsichtlich des Umfangs der in Rede stehenden Überwachungsmaßnahme bedarf das Problem des **„additiven Grundrechtseingriffs“** durch ein Zusammenwirken verschiedener besonderer Mittel der Datenerhebung besonderer Beachtung (→ Rn. 7). Die Erstellung eines **vollständigen Persönlichkeitsprofils** und eine **Rundumüberwachung** des Betroffenen sind von vornherein zu verhindern (→ Rn. 79).

170 **2. Befristung und Verlängerung (Abs. 5 S. 3 bis 5).** § 45 Abs. 5 S. 3–5 BKAG statuiert die notwendige Befristung des Einsatzes der besonderen Mittel der Datenerhebung. Die nachfolgende Verlängerung der Maßnahme bedarf einer erneuten Anordnung. Dabei gelten die gleichen verfahrensrechtlichen Anforderungen wie für die erstmalige Anordnung.

171 § 45 Abs. 5 S. 3–5 BKAG dient dem Grundsatz der Verhältnismäßigkeit und kodifiziert die inzwischen gefestigte Verfassungsrechtsprechung, wonach das besondere Eingriffsgewicht des Einsatzes besonderer Mittel der Datenerhebung mittels **Höchstfristen** und **wiederholten Kontrollen** auszugleichen ist (→ Rn. 78).[325] Der mit besonderen Mitteln der Datenerhebung einhergehende Grundrechtseingriff gewinnt namentlich im Fall von Observationen oder dem Einsatz von Vertrauenspersonen oder Verdeckten Ermittlern mit der Dauer ihres Einsatzes an Schwere. Korrespondierend hierzu bedarf es eines gesteigerten Beobachtungsbedarfs und erwarteten Aufklärungsgewinns zur Rechtfertigung der Überwachungsmaßnahme.[326] Während der verfassungsrechtlich gebotene Beobachtungsbedarf bei der Abwehr und Verhütung terroristischer Gefahren stets angenommen werden dürfte, bedarf der konkret in Rede stehende Aufklärungsgewinn der (wiederholten) Prüfung im Einzelfall.[327] Mit zunehmender Dauer der Überwachungsmaßnahme kann der damit einhergehende Eingriff in das allgemeine Persönlichkeitsrecht zudem ein Gewicht erlangen, dass eine (weitere) Verlängerung der Anordnung verfassungsrechtlich keinesfalls mehr zu rechtfertigen ist.[328] Einer **Dauerüberwachung,** die insbesondere bei der **personenbezogenen Prognose terroristischer Straftaten** droht (→ Rn. 10), steht der in § 45 Abs. 5 S. 3 BKAG kodifizierte Verhältnismäßigkeitsgrundsatz entgegen.

172 Bei der Höchstdauer der Befristung differenziert das Gesetz entsprechend dem Willen des Gesetzgebers nach der typisierten Vorbereitungszeit, die mit dem jeweiligen Mittel der Datenerhebung einhergeht.[329] In-

322 Vgl. KK-StPO/Bruns § 110b Rn. 9, mwN.
323 BVerfG Urt. v. 20.4.2016 – 1 BvR 966/09 ua –, BVerfGE 141, 220 (292, Rn. 168).
324 Vgl. KK-StPO/Bruns § 110b Rn. 6, mwN.
325 Vgl. BVerfG Urt. v. 3.3.2004 – 1 BvR 2378/98 ua –, BVerfGE 109, 279 (362); Urt. v. 20.4.2016 – 1 BvR 966/09 ua –, BVerfGE 141, 220 (293, Rn. 171); Urt. v. 26.4.2022 – 1 BvR 1619/17 –, NJW 2022, 1583 (1594, Rn. 220; 1611 ff., Rn. 348, 354, 361); vgl. auch Lisken/Denninger/Graulich, HdbPolR, E Rn. 751.
326 Vgl. BVerfG Urt. v. 26.4.2022 – 1 BvR 1619/17 –, NJW 2022, 1583 (1611, Rn. 343); vgl. auch BVerfG Urt. v. 20.4.2016 – 1 BvR 966/09 ua –, BVerfGE 141, 220 (293, Rn. 171).
327 Vgl. BVerfG Urt. v. 20.4.2016 – 1 BvR 966/09 ua –, BVerfGE 141, 220 (290, Rn. 160).
328 BVerfG Urt. v. 3.3.2004 – 1 BvR 2378/98 ua –, BVerfGE 109, 279 (362); Urt. v. 20.4.2016 – 1 BvR 966/09 ua –, BVerfGE 141, 220 (293, Rn. 171).
329 Vgl. BT-Drs. 16/10121, 26.

sofern findet das Erfordernis reibungsloser polizeilicher Arbeitsabläufe Eingang in die Fristbestimmung.[330] Während der Einsatz einer Vertrauensperson oder eines Verdeckten Ermittlers auf bis zu drei Monate befristet werden darf (§ 45 Abs. 5 S. 3 Hs. 2 BKAG), gilt für alle anderen besonderen Mittel der Datenerhebung eine Höchstfrist von einem Monat (§ 45 Abs. 5 S. 3 Hs. 1 BKAG). Dies entspricht der Maßgabe, wonach bereits die Anwerbungs- und Erprobungsphase von Vertrauenspersonen und jeder – auch der vorbereitende – Einsatz eines Verdeckten Ermittlers dem Richtervorbehalt unterfällt (→ Rn. 135 und 148). Entgegen dem offenen Wortlaut des § 45 Abs. 5 S. 3 BKAG und mit dem Willen des Gesetzgebers soll sich die Höchstdauer der Anordnung nur auf die **Erstanordnung** beziehen.[331] Mit Blick auf das mit der Dauer der Überwachungsmaßnahme zunehmende Gewicht des Grundrechtseingriffs und den verfassungsrechtlichen Verhältnismäßigkeitsgrundsatz[332] erscheint indessen zweifelhaft, ob **Folgeanordnungen** nennenswert über die Fristen der Erstanordnung hinausgehen dürfen. Insbesondere mit Blick auf Vertrauenspersonen und Verdeckte Ermittler ist insoweit hervorzuheben, dass im Rahmen einer Verlängerungsanordnung nicht nur die zeitintensive Vorbereitungsphase bereits angelaufen oder sogar durchlaufen wurde; die Tiefe des Grundrechtseingriffs nimmt hier auch mit der einmal geknüpften Vertrauensbeziehung zur Zielperson in ganz besonderem Maße zu (→ Rn. 147). Dies fördert einerseits die Möglichkeiten des Erkenntnisgewinns, bedingt aber mit Blick auf den Grundrechtsschutz durch Verfahren zugleich eine besonders engmaschige Kontrolle.

§ 45 Abs. 5 S. 5 BKAG verweist hinsichtlich der **Verlängerung** eines besonderen Mittels der Datenerhebung auf § 45 Abs. 3 S. 4 und 5 BKAG (→ Rn. 158 und 161), nicht aber auf die dortigen Regelungen zur Gefahr im Verzug. Dies ist konsequent, da nach Beginn einer Überwachungsmaßnahme regelmäßig genug Zeit zur Verfügung stehen wird, um rechtzeitig die Verlängerungsanordnung einzuholen, wenn sich eine entsprechende Notwendigkeit abzeichnet. Für eine Eilkompetenz besteht insoweit kein Bedarf. 173

3. Rechtsfolge eines Verstoßes. Ein Verstoß gegen den Richter- oder Behördenleitervorbehalt – sei es in Gestalt dessen vollständiger Missachtung, sei es in Gestalt einer Verletzung der vorgenannten formalen Voraussetzungen – führt zur **Rechtswidrigkeit der Überwachungsmaßnahme selbst**, auch wenn die Voraussetzungen des besonderen Mittels der Datenerhebung im Übrigen vorgelegen haben mögen.[333] Eine **nachträgliche Heilung** des Verfahrensfehlers ist in diesem Fall ausgeschlossen.[334] Im Falle einer planmäßigen, systematischen oder im Übrigen vorsätzlich-rechtswidrigen Umgehung der formalen Anordnungsvoraussetzungen führt dies zu einem **Verbot der Verwertung** der erhobenen Informationen. Bei der „bloß fehlerhaften" Handhabung der formalen Anordnungsvoraussetzungen ist ein Verwertungsverbot mit Blick auf die betroffenen Grundrechte und das aktuell zu schützende Rechtsgut zu prüfen (→ Rn. 160 und → § 12 Rn. 106). 174

VI. Befugnisse Verdeckter Ermittler (Abs. 6)

§ 45 Abs. 6 BKAG regelt im Einzelnen, welche Befugnisse Verdeckten Ermittlern (→ Rn. 127 ff.) bei ihrem Einsatz unter der Legende zukommen. 175

1. Aufbau und Aufrechterhaltung der Legende, Rechtfertigung der Urkundenfälschung (Abs. 6 S. 2). § 45 Abs. 6 S. 2 BKAG gestattet es, die Identität des Verdeckten Ermittlers dauerhaft zu Tarnungszwecken zu ändern und, soweit es für den Aufbau und die Aufrechterhaltung der Legende unerlässlich ist, entsprechende **Urkunden** herzustellen, zu verändern oder zu gebrauchen. Zur Identität des Verdeckten Ermittlers gehören dessen Name, Nationalität und Anschrift, seine familiären und sonstigen persönlichen Umstände sowie sein Beruf und seine Funktion.[335] Welche Urkunden hergestellt, verändert oder gebraucht werden dürften, regelt das Gesetz nicht. Sicher ist es zulässig, den Verdeckten Ermittler gem. § 45 Abs. 6 S. 2 BKAG mit entsprechenden Dokumenten, wie etwa Ausweisen, Pässen oder einem Führerschein auszustatten. Gleiches gilt für Urkunden, die geeignet sind, die Legende des Verdeckten Ermittlers in religiöser, schulischer, beruflicher oder politischer Hinsicht zu belegen. Aus der Erlaubnis zur Teilnahme am Rechtsverkehr unter der Legende nach § 45 Abs. 6 S. 1 Nr. 1 BKAG (→ Rn. 178) wird man auch die Befugnis ableiten können, falsche Eintragungen in Büchern und Registern – etwa bei der Gründung von Scheinfirmen – vorzunehmen.[336] § 45 Abs. 6 S. 2 BKAG erlaubt es demgegenüber nicht, zu Tarnzwecken eine Änderung von bestehenden und richtigen Eintragungen in Büchern und Registern vorzunehmen.[337] Der **öffentliche Glaube der Register** ist vorrangig und würde durch derartige Eintragungen beeinträchtigt.[338] 176

330 Vgl. auch BeckOK-PolR Baden-Württemberg/Nusser PolG BW § 49 Rn. 66 (2022).
331 Vgl. BT-Drs. 18/11163, 114. Im Ergebnis ebenso Schenke/Graulich/Ruthig/R. P. Schenke BKAG § 45 Rn. 38.
332 Vgl. auch Schenke/Graulich/Ruthig/R. P. Schenke BKAG § 45 Rn. 38.
333 Vgl. VG Freiburg Urt. v. 6.7.2005 – 1 K 439/03 –, NVwZ-RR 2006, 322 (323 ff.).
334 Vgl. BeckOK-PolR Baden-Württemberg/Nusser PolG BW § 49 Rn. 67 (2022), mwN.
335 Lisken/Denninger/Frister, HdbPolR, F Rn. 339, mwN.
336 Vgl. BT-Drs. 12/989, 42.
337 Vgl. KK-StPO/Bruns § 110a Rn. 10; Lisken/Denninger/Frister, HdbPolR, F Rn. 339, jeweils mwN.
338 Vgl. Vgl. BT-Drs. 12/989, 60; KK-StPO/Bruns § 110a Rn. 10.

177 § 45 Abs. 6 S. 2 BKAG enthält **Rechtfertigungsgründe** für den Tatbestand der Urkundenfälschung.[339] Nach § 267 Abs. 1 StGB macht sich strafbar, wer zur Täuschung im Rechtsverkehr eine unechte Urkunde herstellt, eine echte Urkunde verfälscht oder eine unechte oder verfälschte Urkunde gebraucht.

178 **2. Teilnahme am Rechtsverkehr unter der Legende (Abs. 6 S. 1 Nr. 1).** Der Verdeckte Ermittler darf gem. § 45 Abs. 6 S. 1 Nr. 1 BKAG unter seiner Legende zur Erfüllung seines Auftrags am Rechtsverkehr teilnehmen. Der Verdeckte Ermittler kann also auf Grundlage seiner Tarnung Rechtshandlungen und Rechtsgeschäfte vornehmen, klagen und verklagt werden, Firmen gründen und den neuen Namen in öffentliche Register wie das Grundbuch oder das Handelsregister eintragen lassen.[340]

179 Die Teilnahme des Verdeckten Ermittlers am Rechtsverkehr kann dazu führen, dass Dritte im Vertrauen auf den Bestand der Legende und/oder auf den öffentlichen Glauben der Register Vermögensdispositionen treffen und hierdurch geschädigt werden. Damit der Geschädigte einen **Ausgleich des Schadens** geltend machen kann, bedarf es zwingend seiner **Unterrichtung** nach § 74 Abs. 1 S. 1 Nr. 2 BKAG (→ § 74 Rn. 9).[341]

180 **3. Betreten fremder Wohnungen (Abs. 6 S. 1 Nr. 2).** § 45 Abs. 6 S. 1 Nr. 2 BKAG ermächtigt den Verdeckten Ermittler, mit Einverständnis der berechtigten Person deren Wohnung zu betreten; das Einverständnis darf nicht durch ein über die Nutzung der Legende hinausgehendes Vortäuschen eines Zutrittsrechts herbeigeführt werden.

181 Geregelt ist allein das **offene Betreten** der Wohnung (zum Wohnungsbegriff → Rn. 109 ff.). Der Verdeckte Ermittler begeht keinen Hausfriedensbruch (§ 123 StGB), wenn er die Wohnung mit „Einverständnis" des Berechtigten und unter Verwendung seiner Legende betritt. Demgegenüber ist der Verdeckte Ermittler auch nach richterlicher Bewilligung (→ Rn. 131 und 145, 168) nicht zum heimlichen Betretenen der allgemein zugänglichen Wohnung berechtigt. Dies schließt es auch aus, während einer vorübergehenden Abwesenheit der Zielperson, während derer er sich mit deren Einwilligung weiter in der Wohnung aufhält, diese heimlich zu durchsuchen.

182 Sinn und Zweck des § 45 Abs. 6 S. 1 Nr. 2 Hs. 2 BKAG ist es, zu vermeiden, dass mittels Täuschung auf den Berechtigten ein hoheitlich erscheinender Druck entsteht. Das „Einverständnis" des Berechtigten darf daher nicht durch ein über die Nutzung der Legende hinausgehendes **Vortäuschen des Zutrittsrechts** – zivilrechtlicher oder öffentlicher-rechtlicher Natur – herbeigeführt werden. Trotz des insoweit offenen Wortlauts darf der Verdeckte Ermittler also beispielsweise nicht vortäuschen, er komme von der Hausverwaltung, einer Behörde oder als Stromableser und müsse in dieser Eigenschaft die Wohnung betreten.[342]

183 **4. Sonstige Befugnisse (Abs. 6 S. 3).** § 45 Abs. 6 S. 3 BKAG stellt klar, dass der Verdeckte Ermittler als Polizeivollzugsbeamter des BKA sämtliche Befugnisse zur Abwehr von Gefahren des internationalen Terrorismus nach Abschnitt 5 des BKAG hat, wie sie auch sonst dem BKA zustehen.

184 Keine über § 45 Abs. 2 Nr. 5, Abs. 6 BKAG hinausgehende gesetzliche Regelung findet sich für das zur konkreten Datenerhebung führende ermittlungstaktische Verhalten. Die **Anwendung von List und Tücke, Täuschung und Lüge und das Erschleichen von Vertrauen** sowie die Einbindung in die sozialen Strukturen und Kommunikation der Zielperson sind wesenstypisch für den Einsatz Verdeckter Ermittler und begrifflich im "Einsatz" Verdeckter Ermittler enthalten.[343]

185 **5. Technische Mittel zur Eigensicherung (Abs. 6 S. 4).** Der Einsatz technischer Mittel zur Eigensicherung des Verdeckten Ermittlers innerhalb von Wohnungen richtet sich gem. § 45 Abs. 6 S. 4 BKAG nach den Voraussetzungen des § 34 BKAG. Soweit dies zur Abwehr von Gefahren für Leib, Leben oder Freiheit des Verdeckten Ermittlers unerlässlich ist, darf folglich ohne Wissen der betroffenen Personen im Beisein oder in unmittelbarem zeitlichem Zusammenhang mit dem Einsatz des Verdeckten Ermittlers das innerhalb oder außerhalb einer Wohnung nicht öffentlich gesprochene Wort mit technischen Mitteln abgehört und aufgezeichnet und dürfen Lichtbilder und Bildaufzeichnungen hergestellt werden (→ § 34 Rn. 8 ff.). Dies entspricht dem von Art. 13 Abs. 5 GG gesetzten verfassungsrechtlichen Rahmen. Ermöglicht werden soll ausschließlich eine umgehende Reaktion Dritter auf das beobachtete Geschehen zum Schutze des Verdeckten Ermittlers (**Rettungszugriff**). Anders als bei den sonstigen Befugnissen nach § 45 BKAG geht es hier folglich nicht um die Erhebung personenbezogener Daten zur Abwehr von Gefahren des internationalen Terrorismus. Es handelt sich vielmehr um eine Maßnahme der Gefahrenabwehr zum Schutz des Verdeckten Ermittlers; dies ist im Rahmen der **Zweckbindung** nach § 34 Abs. 4 BKAG (→ § 34 Rn. 28 ff. und → § 12 Rn. 19, 25 ff., 145 ff.) zu beachten.

339 Schenke/Graulich/Ruthig/R. P. Schenke BKAG § 45 Rn. 41.

340 Vgl. BT-Drs. 12/989, 42.

341 Vgl. KK-StPO/Bruns § 110a Rn. 12, auch zu möglichen Anspruchsgrundlagen. Vgl. hierzu auch BeckOK-PolR Baden-Württemberg/Nusser PolG BW § 49 Rn. 78 (2022).

342 Vgl. KK-StPO/Bruns § 110c Rn. 2, mwN. Im Ergebnis ebenso Lisken/Denninger/Frister, HdbPolR, F Rn. 341, mwN.

343 Lisken/Denninger/Graulich, HdbPolR, E Rn. 744.

VII. Kernbereichsschutz (Abs. 7 und 8)

§ 45 Abs. 7, 8 BKAG dienen der Umsetzung der verfassungsrechtlichen Vorgaben zum Kernbereichsschutz bei der Normierung besonderer Mittel der Datenerhebung.[344] 186

1. Unzulässigkeit der Maßnahme (Abs. 7 S. 1). Anders als das Bundesverfassungsgericht differenziert § 45 Abs. 7 S. 1 BKAG nicht nach den einzelnen besonderen Mitteln der Datenerhebung und inwiefern diese „verletzungsgeneigt" sind, dh bereits ihrer Typik nach eine Gefahr der Verletzung des Kernbereichs privater Lebensgestaltung in sich tragen (→ Rn. 16 ff.).[345] Vielmehr erklärt der Gesetzgeber alle Maßnahmen nach § 45 Abs. 2 BKAG für unzulässig, wenn tatsächliche Anhaltspunkte für die Annahme vorliegen, dass allein Erkenntnisse aus dem Kernbereich privater Lebensgestaltung erlangt werden. Unzulässig ist danach die Erhebung von Informationen, sofern tatsächliche Anhaltspunkte und insofern die Wahrscheinlichkeit dafür bestehen, dass die fragliche Überwachungsmaßnahme Sachverhalte mit Kernbereichsbezug erfassen wird.[346] Vollständige Gewissheit ist nicht erforderlich.[347] 187

Die Bestimmung vermag das BKA ihrem Wortlaut nach kaum zu einem rechtmäßigen Handeln anzuleiten; sie bedarf in gleich mehrfacher Hinsicht der **konkretisierenden** und **verfassungskonformen Auslegung.** Mit Blick auf den Einsatz namentlich von Vertrauenspersonen bestehen **Zweifel an der Verfassungskonformität der Regelung.** 188

a) **Anhaltspunkte für die Erlangung von Erkenntnissen aus dem Kernbereich privater Lebensgestaltung.** Durch eine dem Maßnahmebeginn **vorgelagerte Prüfung** und **Prognose** ist bei den besonderen Mitteln der Datenerhebung sicherzustellen, dass es nicht zur Erfassung von kernbereichsrelevanten Situationen oder Gesprächen kommt (→ Rn. 16).[348] Ergibt diese Prüfung eine „offene Ermittlungslage" dergestalt, dass sich keine konkreten Anhaltspunkte und insofern keine Wahrscheinlichkeit für eine Kernbereichsverletzung erheben, ist die nachfolgend beginnende heimliche Überwachungsmaßnahme insofern verfassungsrechtlich nicht zu beanstanden. Die nur abstrakte, sich auch mittels Typisierungen nicht zu einer Wahrscheinlichkeit verdichtende Möglichkeit der Erfassung von Kernbereichsinformationen hindert eine Überwachungsmaßnahme nicht.[349] Werden in der Folge unbeabsichtigt und unvermeidbar Kernbereichsinformationen miterfasst, ist dies verfassungsrechtlich nicht zu beanstanden.[350] 189

Strengere Maßgaben gelten dort, wo – beispielsweise durch den Einsatz von **Verdeckten Ermittlern** – Daten aus dem **Wohnraum** der Zielperson unter gleichzeitigem Eingriff in Art. 13 GG (→ Rn. 16 und 130 f.) verarbeitet werden. Hier muss im Vorhinein die verfassungsrechtliche Vermutung entkräftet sein, dass es zu einer Erhebung von Kernbereichsinformationen aufgrund von Gesprächen in Privaträumen mit Personen des besonderen persönlichen Vertrauens (→ Rn. 192) kommt.[351] Eine „offene Ermittlungslage" ist insoweit ungenügend. Mit Blick auf das Gebot eines normenklaren Kernbereichsschutzes bestehen insoweit **Zweifel, dass § 45 Abs. 7 S. 1 BKAG den verfassungsrechtlichen Maßgaben gerecht wird.**[352] 190

Zu beanstanden sind das Absehen von der eigentlich gebotenen, dem Maßnahmebeginn vorgelagerten Prüfung und Prognoseentscheidung und insbesondere die Erhebung von Kernbereichsinformationen in Folge **„fahrlässiger Unkenntnis"**.[353] Der Prüfung und Prognose vor Beginn der Datenerhebung bedarf es von Ver- 191

344 Vgl. BT-Drs. 18/11163, 115 f.; BVerfG Urt. v. 20.4.2016 – 1 BvR 966/09 ua –, BVerfGE 141, 220 (276 ff., Rn. 119 ff.; 295, Rn. 175 f.).

345 Vgl. BVerfG Urt. v. 20.4.2016 – 1 BvR 966/09 ua –, BVerfGE 141, 220 (277, Rn. 123; 295, Rn. 175 f.); anders aber wohl Wolff ZG 31 (2016), 361 (368).

346 Vgl. BVerfG Urt. v. 3.3.2004 – 1 BvR 2378/98 ua –, BVerfGE 109, 279 (318, 320); Urt. v. 27.7.2005 – 1 BvR 668/04 –, BVerfGE 113, 348 (391 f.); Urt. v. 27.2.2008 – 1 BvR 370/07 ua –, BVerfGE 120, 274 (338); Beschl. v. 12.10.2011 – 2 BvR 236/08 ua –, BVerfGE 129, 208 (245); Urt. v. 20.4.2016 – 1 BvR 966/09 ua –, BVerfGE 141, 220 (276 f., Rn. 121 f.; 300, Rn. 198); Urt. v. 26.4.2022 – 1 BvR 1619/17 –, NJW 2022, 1583 (1602, Rn. 281 f.). Ausführlich hierzu Schulenberg in Scheffczyk/Wolter (Hrsg.), Linien der Rechtsprechung des BVerfG IV, 2017, S. 124 (129 f., 133); zu den Indizien für einen Kernbereichsbezug der in Aussicht stehenden Informationen vgl. auch Lisken/Denninger/Schwabenbauer, HdbPolR, G Rn. 150 ff.

347 BT-Drs. 18/11163, 115.

348 BT-Drs. 18/11163, 115; vgl. auch BVerfG Urt. v. 20.4.2016 – 1 BvR 966/09 ua –, BVerfGE 141, 220 (279, Rn. 128; 313, Rn. 239); zur Unterscheidung von behördlicher Prognoseentscheidung auf Grundlage von Vorermittlungen und Typisierungen einerseits und nachfolgender Datenerhebung andererseits vgl. auch Schulenberg in Scheffczyk/Wolter (Hrsg.), Linien der Rechtsprechung des BVerfG IV, 2017, S. 124 (131 ff., 141 f., 148).

349 Vgl. BVerfG Urt. v. 3.3.2004 – 1 BvR 2378/98 ua –, BVerfGE 109, 279 (332); Urt. v. 20.4.2016 – 1 BvR 966/09 ua –, BVerfGE 141, 220 (300, Rn. 199); strenger für die Wohnraumüberwachung aber BVerfG Urt. v. 26.4.2022 – 1 BvR 1619/17 –, NJW 2022, 1583 (1602, Rn. 281; 1605, Rn. 305), wonach es Anhaltspunkten dafür bedarf, dass Gesprächen ein höchstvertraulicher Charakter fehlen wird.

350 BVerfG Urt. v. 20.4.2016 – 1 BvR 966/09 ua –, BVerfGE 141, 220 (278 f., Rn. 126, 129).

351 Vgl. BVerfG Urt. v. 26.4.2022 – 1 BvR 1619/17 –, NJW 2022, 1583 (1602, Rn. 281; 1605, Rn. 305).

352 Vgl. BVerfG Urt. v. 26.4.2022 – 1 BvR 1619/17 –, NJW 2022, 1583 (1605, Rn. 305); Urt. v. 20.4.2016 – 1 BvR 966/09 ua –, BVerfGE 141, 220 (277, Rn. 123).

353 Vgl. Schulenberg in Scheffczyk/Wolter (Hrsg.), Linien der Rechtsprechung des BVerfG IV, 2017, S. 124 (148); BVerfG Urt. v. 20.4.2016 – 1 BvR 966/09 ua –, BVerfGE 141, 220 (278 f., Rn. 126, 128 f.).

fassungs wegen in jedem Fall bei „verletzungsgeneigten Maßnahmen" wie **längerfristigen Bildaufzeichnungen** und einem auf **lange Zeit angelegten Abhören und Aufzeichnen des nichtöffentlich gesprochenen Wortes** nach § 45 Abs. 2 Nr. 2 BKAG.[354] Darüber hinaus erfordert der Einsatz von **Vertrauenspersonen** und **Verdeckten Ermittlern** (§ 45 Abs. 2 Nrn. 4, 5 BKAG) stets eine vorhergehende Prüfung auf Kernbereichsverletzungen (→ Rn. 16, 18 und 133). Hier sind kernbereichsrelevante Situationen und Gespräche im Laufe des Einsatzes und bereits bei der Einsatzplanung nach Möglichkeit zu vermeiden und es ist proaktiv darauf hinzuwirken, dass es nicht zu solchen kommt.[355] Im Übrigen bedarf es von Verfassungs wegen der Entscheidung im konkreten Einzelfall, inwiefern die in Rede stehende Überwachungsmaßnahme eine Gefahr der Kernbereichsverletzung in sich trägt, weshalb es vor Maßnahmebeginn weitergehender Prüfungen und Prognosen bedarf, um eine Miterfassung von Kernbereichsinformationen nach Möglichkeit auszuschließen.[356]

192 **Indizien** dafür, dass absehbar Informationen erhoben werden, die dem Kernbereich privater Lebensgestaltung zuzuordnen sind, sind zunächst das **besondere Vertrauensverhältnis**, in dem eine Kommunikation stattfindet[357] sowie der **Ort des Geschehens.**[358] Nach der Verfassungsrechtsprechung gilt die Vermutung, dass Gespräche, die in **Privaträumen mit Personen des besonderen persönlichen Vertrauens** geführt werden, dem Kernbereich privater Lebensgestaltung unterfallen und nicht überwacht werden dürfen.[359] Gleiches gilt für sonstige Umstände, die typischerweise auf eine vertrauliche Situation hinweisen.[360] Je mehr sich der fragliche Sachverhalt in Örtlichkeiten mit der Funktion eines Rückzugsbereichs der privaten Lebensgestaltung abspielt, umso eher besteht die Vermutung, dass in ihnen auch Handlungen und Gespräche stattfinden, die dem Kernbereich zuzuordnen sind (→ Rn. 18). Zu nennen sind hier neben der gesamten[361] Privatwohnung nebst zugehörigem Garten[362] etwa Räume, die sowohl dem Arbeiten als auch dem Wohnen dienen, Räume, die Berufen dienen, die ein besonderes Vertrauensverhältnis voraussetzen,[363] die Fahrt im Auto, der abseitige Platz im Restaurant oder der Spaziergang in Zurückgezogenheit,[364] was auch eine öffentliche Parkanlage einschließen kann.[365] Zu den Personen des höchstpersönlichen Vertrauens gehören insbesondere Ehe- oder Lebenspartner, Geschwister und Verwandte in gerader Linie, vor allem, wenn sie im selben Haushalt leben, und können Strafverteidiger, Ärzte, Geistliche, enge persönliche Freunde[366] oder auch Telefonseelsorger[367] oder Psychotherapeuten[368] zählen.

193 Der Schutz des Kernbereichs privater Lebensgestaltung scheidet nach der Rechtsprechung aus und entsprechend gelten die vorstehenden Vermutungsregelungen nicht, wenn ein Gespräch einen „**unmittelbaren Straftatenbezug**" aufweist; dies gilt auch dann, wenn das Gespräch mit „höchstpersönlichen Inhalten" durchsetzt ist.[369] Vergleichbares gilt für die Frage der **Gefahrenabwehr.**[370] Erst recht führt eine gezielte Verknüpfung von Ermittlungsrelevantem und Kernbereichsrelevantem, um staatliche Ermittlungen zu behindern, dazu, dass ein Kernbereichsbezug für die Frage der Datenerhebung abzulehnen ist.[371] Für die Annahme eines „unmittelbaren Straftatenbezugs" und um die Vermutung eines Kernbereichsbezugs zu widerlegen, bedarf es **konkreter Anhaltspunkte.**[372] Die konkreten Anhaltspunkte müssen, etwa aufgrund von Vorermittlungen, vor der Abhörmaßnahme spezifisch erkennbar sein. Demgegenüber darf in den

354 Vgl. BVerfG Urt. v. 20.4.2016 – 1 BvR 966/09 ua –, BVerfGE 141, 220 (279, Rn. 128; 295 Rn. 176).
355 Vgl. BVerfG Beschl. v. 9.12.2022 – 1 BvR 1345/21 –, juris, Rn. 110 f.
356 Vgl. BVerfG Urt. v. 20.4.2016 – 1 BvR 966/09 ua –, BVerfGE 141, 220 (277 f., Rn. 123, 126).
357 Vgl. BVerfG Beschl. v. 9.12.2022 – 1 BvR 1345/21 –, juris, Rn. 111 („Treffen im engsten Familienkreis").
358 Umfänglich hierzu Lisken/Denninger/Schwabenbauer, HdbPolR, G Rn. 150 ff.
359 BVerfG Urt. v. 20.4.2016 – 1 BvR 966/09 ua –, BVerfGE 141, 220 (276, Rn. 121); Urt. v. 3.3.2004 – 1 BvR 2378/98 ua –, BVerfGE 109, 279 (321 ff.).
360 Vgl. BVerfG Urt. v. 20.4.2016 – 1 BvR 966/09 ua –, BVerfGE 141, 220 (279, Rn. 128).
361 Vgl. BVerfG Urt. v. 3.3.2004 – 1 BvR 2378/98 ua –, BVerfGE 109, 279 (321).
362 Lisken/Denninger/Schwabenbauer, HdbPolR, G Rn. 154.
363 Vgl. BVerfG Urt. v. 3.3.2004 – 1 BvR 2378/98 ua –, BVerfGE 109, 279 (320 f.); BundesPsychotherapeutenKammer, Stellungnahme BKAG, A-Drs. 18(4)781, 8.
364 Vgl. BVerfG Urt. v. 20.4.2016 – 1 BvR 966/09 ua –, BVerfGE 141, 220 (295, Rn. 176).
365 Lisken/Denninger/Schwabenbauer, HdbPolR, G Rn. 154.
366 BVerfG Urt. v. 20.4.2016 – 1 BvR 966/09 ua –, BVerfGE 141, 220 (276, Rn. 121); Urt. v. 3.3.2004 – 1 BvR 2378/98 ua –, BVerfGE 109, 279 (321 ff.).
367 BVerfG Beschl. v. 12.10.2011 – 2 BvR 236/08 ua –, BVerfGE 129, 208 (247).
368 Vgl. BVerfG Urt. v. 20.4.2016 – 1 BvR 966/09 ua –, BVerfGE 141, 220 (277, Rn. 122); Wolff ZG 31 (2016), 361 (368); BundesPsychotherapeutenKammer, Stellungnahme BKAG, A-Drs. 18(4)781, 8.
369 BVerfG Urt. v. 20.4.2016 – 1 BvR 966/09 ua –, BVerfGE 141, 220 (300, Rn. 198).
370 Vgl. BVerfG Urt. v. 20.4.2016 – 1 BvR 966/09 ua –, BVerfGE 141, 220 (277, Rn. 122); Lisken/Denninger/Schwabenbauer, HdbPolR, G Rn. 155.
371 Vgl. BVerfG Urt. v. 27.2.2008 – 1 BvR 370/07 ua –, BVerfGE 120, 274 (338); Beschl. v. 12.10.2011 – 2 BvR 236/08 ua –, BVerfGE 129, 208 (245).
372 BVerfG Urt. v. 20.4.2016 – 1 BvR 966/09 ua –, BVerfGE 141, 220 (279, Rn. 128; 300, Rn. 198).

Kernbereich nicht eingegriffen werden, um überhaupt erst festzustellen, ob es sich um höchstpersönliche Gespräche handelt.[373] Beispielhaft können für die Widerlegung eines Kernbereichsbezug der erwarteten Kommunikation die Feststellung der Anmietung einer konspirativen Wohnung durch Dritte und Gespräche in dieser genannt werden.[374] Darüber hinaus ist der „unmittelbare Straftatenbezug" eines Gesprächs zu unterscheiden von einem höchstpersönlichen Gespräch, das für die Aufklärung von Straftaten oder Gefahren **bloß hilfreiche Aufschlüsse** geben kann. Aufzeichnungen oder Äußerungen im Zwiegespräch, die zB ausschließlich innere Eindrücke und Gefühle wiedergeben und keine Hinweise auf konkrete Straftaten enthalten, gewinnen nicht schon dadurch einen Gemeinschaftsbezug, dass sie Ursachen oder Beweggründe eines strafbaren Verhaltens freizulegen vermögen.[375] Auch können trotz Straftatenbezugs Situationen, in denen Einzelnen gerade **ermöglicht** werden soll, ein **Fehlverhalten einzugestehen** oder sich auf dessen Folgen einzurichten, wie Beichtgespräche oder vertrauliche Gespräche mit einem Psychotherapeuten oder einem Strafverteidiger, der höchstpersönlichen Privatsphäre unterfallen, die dem Staat absolut entzogen ist.[376]

Sofern mitunter bemängelt wird, es fehle an operationalisierbaren Kriterien, um die Erhebung von Informationen mit Kernbereichsbezug vorausschauend zu vermeiden,[377] erscheint dies mit Blick auf die vorstehenden Vermutungsregelungen und ihre Ratio sowie die hierzu entwickelten Rückausnahmen wenig überzeugend.[378] Das konkret in Rede stehende Mittel der Datenerhebung, seine Typik, der beabsichtigte örtliche und zeitliche Umfang seines Einsatzes, die absehbar von der Maßnahme erfassten Personen und ihre Stellung zum Betroffenen und zum fraglichen Tatgeschehen sowie die Lebensumstände des Betroffenen geben der vorzunehmenden **Prüfung**[379] und etwaigen **Vorermittlungen**[380] Inhalt und Richtung. Unter Anwendung der (verfassungsrechtlichen) Vermutungssätze und ihrer Ratio (→ Rn. 17 f. und 192) lässt sich bereits aus ihnen eine Aussage dazu treffen, ob es Anhaltspunkte für die wahrscheinliche Erhebung höchstpersönlicher Informationen oder solcher mit einem unmittelbaren Straftatenbezug gibt und wo es weiterer Aufklärung bedarf, um eine Kernbereichsverletzung im Vorhinein zu vermeiden. Bezogen auf den Einsatz von **Vertrauenspersonen** und **Verdeckten Ermittlern** (§ 45 Abs. 2 Nrn. 4, 5 BKAG) wäre hier etwa schwerpunktmäßig zu berücksichtigen, dass diese durch die gezielte Instrumentalisierung scheinbarer Vertraulichkeit die Ausschaltung sozialer, örtlicher und technischer Schutzmechanismen zu erreichen suchen, um an geheim gehaltene Informationen zu gelangen.[381] Es besteht die beständige Gefahr des Kontakts mit dem kernbereichsrelevanten persönlichen Umfeld der Zielperson.[382] Der Einsatz ist regelhaft auf eine lange Zeit hin angelegt, kann eine Vielzahl von Örtlichkeiten und Situationen umfassen und sich auf die gesamte Lebensgestaltung des Betroffenen richten,[383] was eine mögliche Begrenzung der Datenerhebung im Vorhinein erschwert. Umgekehrt geht mit dem Einsatz von Vertrauenspersonen und Verdeckten Ermittlern die Erwartung einher, dass sie das Geschehen von kernbereichsrelevanten Situationen wegzulenken vermögen und auch entsprechend handeln[384] (→ Rn. 133). Hinsichtlich des **Abhörens und Aufzeichnens des nichtöffentlich gesprochenen Wortes** sowie der **Anfertigung von Bildaufnahmen** (§ 45 Abs. 2 Nr. 2 BKAG) dürfte danach zu fragen sein, ob und inwiefern der Betroffene in verstärktem Maße auf Rückzugsräume außerhalb der Wohnung angewiesen ist, um ganz für sich zu sein.[385] Das Wissen um die Vertrauenspersonen des Betroffenen erlaubt es, die beabsichtigte Überwachungsmaßnahme anzupassen und eine Erhebung von Kernbereichsinformationen zu verhindern, während konkrete Anhaltspunkte beispielsweise zu den Tatbeteiligten oder einer kon- 194

373 Vgl. BVerfG Urt. v. 3.3.2004 – 1 BvR 2378/98 ua –, BVerfGE 109, 279 (323, 329).
374 Vgl. BVerfG Urt. v. 3.3.2004 – 1 BvR 2378/98 ua –, BVerfGE 109, 279 (352).
375 Vgl. BVerfG Urt. v. 3.3.2004 – 1 BvR 2378/98 ua –, BVerfGE 109, 279 (319); Urt. v. 20.4.2016 – 1 BvR 966/09 ua –, BVerfGE 141, 220 (277, Rn. 122). Zu weitgehend daher BT-Drs. 18/11163, 115, wonach bereits der „Bezug" eines Gesprächs zu den nach § 5 Abs. 1 S. 1 BKAG abzuwehrenden Gefahren des internationalen Terrorismus der Annahme einer Erhebung von Kernbereichsinformationen entgegenstehen soll.
376 BVerfG Urt. v. 20.4.2016 – 1 BvR 966/09 ua –, BVerfGE 141, 220 (277, Rn. 122).
377 Vgl. BVerfG Beschl. v. 12.10.2011 – 2 BvR 236/08 ua –, BVerfGE 129, 208 (247).
378 Vgl. Schulenberg in Scheffczyk/Wolter (Hrsg.), Linien der Rechtsprechung des BVerfG IV, 2017, S. 124 (146 ff.).
379 Vgl. BVerfG Urt. v. 20.4.2016 – 1 BvR 966/09 ua –, BVerfGE 141, 220 (279, Rn. 128); Beschl. v. 9.12.2022 – 1 BvR 1345/21 –, juris, Rn 111.
380 Vgl. BVerfG Urt. v. 3.3.2004 – 1 BvR 2378/98 ua –, BVerfGE 109, 279 (323, 329).
381 Vgl. BVerfG Urt. v. 26.4.2022 – 1 BvR 1619/17 –, NJW 2022, 1583 (1610 f., Rn. 338 ff.; 1612, Rn. 350 f.); Beschl. v. 9.12.2022 – 1 BvR 1345/21 –, juris, Rn. 105; Roggan GSZ 2019, 111 (112 ff.).
382 Vgl. BVerfG Beschl. v. 9.12.2022 – 1 BvR 1345/21 –, juris, Rn 111.
383 Vgl. BVerfG Beschl. v. 9.12.2022 – 1 BvR 1345/21 –, juris, Rn. 105.
384 Vgl. BVerfG Beschl. v. 9.12.2022 – 1 BvR 1345/21 –, juris, Rn. 113; BT-Drs. 16/9588, 19; Lisken/Denninger/Graulich, HdbPolR, E Rn. 737; kritisch aber Starck NdsVBl. 2008, 145 (148). Vgl. ferner Lisken/Denninger/Frister, HdbPolR, F Rn. 338; Roggan GSZ 2019, 111 (112 ff.).
385 Vgl. BVerfG Urt. v. 20.4.2016 – 1 BvR 966/09 ua –, BVerfGE 141, 220 (295, Rn. 176); Poscher JZ 2009, 269 (271 f.); Schulenberg in Scheffczyk/Wolter (Hrsg.), Linien der Rechtsprechung des BVerfG IV, 2017, S. 124 (167 f.); vgl. auch Bäcker, Terrorismusabwehr durch das Bundeskriminalamt, 2009, S. 83.

spirativen Wohnung eine Überwachungsmaßnahme als insoweit weithin zulässig erscheinen lassen können (→ Rn. 17 f. und 192 f.).[386]

195 Von der auf Vermutungssätze und etwaige Vorermittlungen gestützten Prüfung und Prognose vor Maßnahmebeginn, um eine Kernbereichsverletzung nach Möglichkeit auszuschließen, ist die Frage zu unterscheiden, ob im Rahmen einer einmal angelaufenen Überwachungsmaßnahme im Vorhinein erkannt werden kann, welche der konkret erhobenen Daten dem Kernbereich privater Lebensgestaltung zuzuordnen sind. Es liegt in der Natur der Sache und begründet das Grunddilemma des Kernbereichsschutzes, dass vollständige Klarheit hierüber erst nach der Erhebung der Informationen erlangt werden kann.[387] Eben dieses Dilemma dürfte der vereinfachenden Verfassungsrechtsprechung zugrunde liegen, wonach der Ausschluss einer Erfassung von kernbereichsrelevanten Situationen oder Gesprächen im Vorhinein unter dem Vorbehalt eines **„praktisch zu bewältigendem Aufwand[s] im Vorfeld“**[388] sowie des **„informationstechnisch und ermittlungstechnisch“ Möglichen**[389] steht.[390] Gleiches gilt für die Anerkenntnis der Tatsache, dass nicht alle Mittel der Datenerhebung – bereits ihrer Typik nach und trotz des Einsatzes aller verfügbaren technischen Möglichkeiten,[391] etwa eine Online-Durchsuchung – eine Feinsteuerung bis ins Letzte zulassen. Die Verhinderung einer Kernbereichsverletzung im Vorhinein wird hiermit nur insoweit zurückgenommen, als eine Prüfung und gegebenenfalls Vorermittlungen die Grenze des „praktisch zu bewältigenden Aufwandes“ und des „informationstechnisch und ermittlungstechnisch“ Möglichen aufzeigen.

196 **b) Erhebung „allein“ von Erkenntnissen aus dem Kernbereich privater Lebensgestaltung.** Sofern § 45 Abs. 7 S. 1 BKAG den Einsatz eines besonderen Mittels der Datenerhebung nur dann für unzulässig erklärt, wenn hierdurch absehbar „allein“ Erkenntnisse aus dem Kernbereich privater Lebensgestaltung erfasst würden, bedarf diese Maßgabe der **verfassungskonformen Auslegung** dahingehend, dass eine Kommunikation über Höchstvertrauliches oder eine intime Situation nicht schon deshalb aus dem strikt zu schützenden Kernbereich privater Lebensgestaltung herausfällt, weil sich in ihr höchstvertrauliche und alltägliche Informationen vermischen.[392] Die Höchstvertraulichkeit eines Gesprächs insgesamt steht nicht dadurch in Frage, dass neben Höchstpersönlichem **auch Alltägliches** zur Sprache kommt;[393] es dürften auch kaum Situationen denkbar sein, die sich in ausschließlich kernbereichsrelevanten Inhalten erschöpfen.[394] Umgekehrt ist ein **Mischgespräch** aus einer Gemengelage von unmittelbar Ermittlungsrelevantem und Kernbereichsrelevantem dem staatlichen Zugriff zugänglich – sofern es sich nicht um eine Situation handelt, in der es dem Einzelnen gerade ermöglicht werden soll, ein Fehlverhalten einzugestehen oder sich auf dessen Folgen einzurichten (→ Rn. 193).[395] Ein ausschließlicher Kernbereichsbezug ist vor allem bei der Kommunikation mit **Personen des besonderen persönlichen Vertrauens** (→ Rn. 192) anzunehmen,[396] kann aber bei konkreten Anhaltspunkten für ein Mischgespräch widerlegt werden (→ Rn. 193).[397]

197 § 45 Abs. 7 S. 1 BKAG lässt dem Grunde nach auch eine **vollständig automatisierte Überwachungsmaßnahme** ohne zugleich erfolgende oder auch nur stichpunktartige Kenntnisnahme durch Beamte des BKA zu.[398] Im Rahmen der vorzunehmenden Prüfung und Prognoseentscheidung ist hierbei jedoch zu beachten, dass die Informationserhebung in diesem Fall besonders umfangreich ausfällt und es an der Möglichkeit fehlt, die Überwachungsmaßnahme bei erkannter Verletzung des Kernbereichs privater Lebensgestaltung abzu-

386 Vgl. BVerfG Urt. v. 3.3.2004 – 1 BvR 2378/98 ua –, BVerfGE 109, 279 (352).

387 Lisken/Denninger/Schwabenbauer, HdbPolR, G Rn. 160; hierzu sowie zur Unterscheidung von behördlicher Prognoseentscheidung auf Grundlage von Vorermittlungen und Typisierungen einerseits und nachfolgender Datenerhebung andererseits vgl. Schulenberg in Scheffczyk/Wolter (Hrsg.), Linien der Rechtsprechung des BVerfG IV, 2017, S. 124 (131 ff., 141 f., 148).

388 BVerfG Urt. v. 20.4.2016 – 1 BvR 966/09 ua –, BVerfGE 141, 220 (279, Rn. 128; 307, Rn. 220); Beschl. v. 9.12.2022 – 1 BvR 1345/21 –, juris, Rn. 109, 111.

389 BVerfG Urt. v. 20.4.2016 – 1 BvR 966/09 ua –, BVerfGE 141, 220 (307, Rn. 219 f.); Urt. v. 26.4.2022 – 1 BvR 1619/17 –, NJW 2022, 1583 (1603, Rn. 285; 1607, Rn. 314); vgl. auch BVerfG Urt. v. 27.2.2008 – 1 BvR 370/07 ua –, BVerfGE 120, 274 (337 f.).

390 Kritisch hierzu mit Blick auf die Absolutheit des Kernbereichsschutzes Schulenberg in Scheffczyk/Wolter (Hrsg.), Linien der Rechtsprechung des BVerfG IV, 2017, S. 124 (163 f., 171); Lisken/Denninger/Schwabenbauer, HdbPolR, G Rn. 160.

391 Vgl. BVerfG Urt. v. 20.4.2016 – 1 BvR 966/09 ua –, BVerfGE 141, 220 (307 f., Rn. 219, 222); Urt. v. 26.4.2022 – 1 BvR 1619/17 –, NJW 2022, 1583 (1603, Rn. 285).

392 Vgl. BVerfG Urt. v. 20.4.2016 – 1 BvR 966/09 ua –, BVerfGE 141, 220 (308, Rn. 222; 314 f., Rn. 243); Urt. v. 26.4.2022 – 1 BvR 1619/17 –, NJW 2022, 1583 (1602, Rn. 280; 1607, Rn. 314); Beschl. v. 9.12.2022 – 1 BvR 1345/21 –, juris, Rn. 102; vgl. mit Blick auf die Wortlautgrenze aber auch BVerfG Urt. v. 3.3.2004 – 1 BvR 2378/98 ua –, BVerfGE 109, 279 (330).

393 BVerfG Urt. v. 20.4.2016 – 1 BvR 966/09 ua –, BVerfGE 141, 220 (279, Rn. 128; 300, Rn. 198).

394 Vgl. BVerfG Urt. v. 3.3.2004 – 1 BvR 2378/98 ua –, BVerfGE 109, 279 (330).

395 BVerfG Urt. v. 20.4.2016 – 1 BvR 966/09 ua –, BVerfGE 141, 220 (277, Rn. 122; 300, Rn. 198).

396 BVerfG Beschl. v. 12.10.2011 – 2 BvR 236/08 ua –, BVerfGE 129, 208 (247); vgl. auch BVerfG Urt. v. 20.4.2016 – 1 BvR 966/09 ua –, BVerfGE 141, 220 (300, Rn. 198).

397 BVerfG Urt. v. 20.4.2016 – 1 BvR 966/09 ua –, BVerfGE 141, 220 (279, Rn. 128; 300, Rn. 198); vgl. auch BVerfG Urt. v. 3.3.2004 – 1 BvR 2378/98 ua –, BVerfGE 109, 279 (323, 329).

398 Schenke/Graulich/Ruthig/R. P. Schenke BKAG § 45 Rn. 46, mwN.

brechen.[399] Hinsichtlich ihres zeitlichen und sachlichen Umfangs bedarf die Anordnung einer solchen automatischen Überwachung daher der strengen Verhältnismäßigkeitsprüfung im Einzelfall.[400]

2. Unterbrechung und Fortführung der Überwachungsmaßnahme (Abs. 7 S. 2, 3 und 7). Da sich trotz des verfassungsrechtlichen Gebots, Vorkehrungen zu treffen, um eine Erhebung von Kernbereichsinformationen nach Möglichkeit von Vornherein zu verhindern, die Erfassung intimster Daten niemals vollständig ausschließen lässt (→ Rn. 16 und 195), normieren die § 45 Abs. 7 S. 1 BKAG nachfolgenden Sätze die verfassungsrechtlichen Vorgaben des Kernbereichsschutzes, um die **Folgen** eines Eindringens in den Kernbereich privater Lebensgestaltung strikt zu **minimieren** (→ Rn. 16). 198

Ergeben sich während des Einsatzes einer Vertrauensperson oder eines Verdeckten Ermittlers tatsächliche Anhaltspunkte dafür, dass der Kernbereich privater Lebensgestaltung betroffen ist, so ist die Maßnahme **zu unterbrechen**, sobald dies ohne Gefährdung der beauftragten Person möglich ist, § 45 Abs. 7 S. 2 BKAG. Dies gilt namentlich dann, wenn vorherige Versuche des Verdeckten Ermittlers oder der Vertrauensperson, unter Fortsetzung des Einsatzes lediglich die kernbereichsrelevante Kommunikation oder Interaktion abzubrechen (→ Rn. 133 und 194), scheitern oder von vornherein aussichtslos erscheinen.[401] Kommt es im Rahmen einer längerfristigen Observation, des Einsatzes technischer Mittel außerhalb von Wohnungen in einer für die betroffene Person nicht erkennbaren Weise oder beim Einsatz sonstiger besonderer für Observationszwecke bestimmter technischer Mittel zur Erforschung des Sachverhalts oder zur Bestimmung des Aufenthaltsortes zu einer unmittelbaren Kenntnisnahme von Informationen, so ist die Überwachungsmaßnahme unverzüglich zu unterbrechen, soweit sich während der Überwachung tatsächliche Anhaltspunkte dafür ergeben, dass Inhalte, die dem Kernbereich privater Lebensgestaltung zuzurechnen sind, erfasst werden, § 45 Abs. 7 S. 3 BKAG. 199

§ 45 Abs. 7 S. 2 und 3 BKAG verlangen keine vollständige Gewissheit über die Erfassung von Kernbereichsinformationen. Ausreichend sind vielmehr tatsächliche Anhaltspunkte, womit auf die von § 45 Abs. 7 S. 1 BKAG angesprochene Situation verwiesen werden kann (→ Rn. 187 und 189 f.). Die Maßnahme darf erst **fortgeführt** werden, wenn die Voraussetzungen des § 45 Abs. 7 S. 1 BKAG nicht (mehr) vorliegen, dh wenn keine tatsächlichen Anhaltspunkte dafür vorliegen und insofern keine Wahrscheinlichkeit dafür besteht, dass die (wieder aufgenommene) Überwachungsmaßnahme Sachverhalte mit Kernbereichsbezug erfassen wird,[402] § 45 Abs. 7 S. 7 BKAG. Strengere Maßgaben gelten namentlich für Verdeckte Ermittler und deren Tätigkeit in Wohnräumen (→ Rn. 190 und 130 f.). 200

Sofern die Unterbrechung der Tätigkeit einer Vertrauensperson oder eines Verdeckten Ermittlers unter dem Vorbehalt steht, dass „dies ohne **Gefährdung der beauftragten Person** möglich ist", erscheint dies mit Blick auf die Absolutheit des Kernbereichsschutzes als **verfassungsrechtlich zweifelhaft** (→ Rn. 13 f.),[403] mit Blick auf die insoweit relativierende jüngere Verfassungsrechtsprechung[404] und den Grundrechtsschutz einer Vertrauensperson als Privatperson[405] aber nicht ausgeschlossen. Der Vorbehalt verdeutlicht, dass die Unterbrechung der Überwachungsmaßnahme insofern situationsangepasst und -angemessen erfolgen soll, als es nicht zu einer Gefährdung der beauftragten Person kommen darf. Vor diesem Hintergrund muss die beauftragte Person auch keine Gefährdung ihrer Legende eingehen. Dabei reicht nicht schon jede bloß abstrakte Möglichkeit einer Gefährdung, um vom Abbruch der Überwachungsmaßnahme abzusehen. Die Notwendigkeit des Schutzes der beauftragten Person muss vielmehr **konkret darlegbar** sein.[406] Das bloße ermittlungstaktische Bedürfnis, den weiteren Einsatz von Vertrauenspersonen und Verdeckten Ermittlern zu sichern, vermag angesichts des eindeutigen Wortlauts von § 45 Abs. 7 S. 2 BKAG eine fortgesetzte Überwachung nicht zu rechtfertigen, sofern es hieran fehlt.[407] Ferner ist das fortgesetzte Eindringen in den Kernbereich privater Lebensgestaltung zum Schutz der beauftragten Person nur dann zu rechtfertigen, wenn das **Schutzgut Leib oder Leben** konkret in Rede steht. § 45 Abs. 7 S. 2 BKAG bedarf insoweit der **verfassungs-** 201

399 Vgl. BVerfG Urt. v. 3.3.2004 – 1 BvR 2378/98 ua –, BVerfGE 109, 279 (324).

400 Vgl. BVerfG Urt. v. 20.4.2016 – 1 BvR 966/09 ua –, BVerfGE 141, 220 (315, Rn. 244 f.); BT-Drs. 18/11163, 115. Kritisch hierzu Schulenberg in Scheffczyk/Wolter (Hrsg.), Linien der Rechtsprechung des BVerfG IV, 2017, S. 124 (166 f.).

401 Vgl. BVerfG Beschl. v. 9.12.2022 – 1 BvR 1345/21 –, juris, Rn. 113.

402 Vgl. auch BVerfG Urt. v. 3.3.2004 – 1 BvR 2378/98 ua –, BVerfGE 109, 279 (318, 320); Urt. v. 27.7.2005 – 1 BvR 668/04 –, BVerfGE 113, 348 (391 f.); Urt. v. 27.2.2008 – 1 BvR 370/07 ua –, BVerfGE 120, 274 (338); Beschl. v. 12.10.2011 – 2 BvR 236/08 ua –, BVerfGE 129, 208 (245); BVerfG Urt. v. 20.4.2016 – 1 BvR 966/09 ua –, BVerfGE 141, 220 (276 f., Rn. 121 f.; 300, Rn. 198).

403 Vgl. etwa Schulenberg in Scheffczyk/Wolter (Hrsg.), Linien der Rechtsprechung des BVerfG IV, 2017, S. 124 (163 f., 171); Lisken/Denninger/Schwabenbauer, HdbPolR, G Rn. 160.

404 Vgl. BVerfG Urt. v. 20.4.2016 – 1 BvR 966/09 ua –, BVerfGE 141, 220 (307, Rn. 219 f.); Beschl. v. 9.12.2022 – 1 BvR 1345/21 –, juris, Rn. 114 ff., 121; vgl. auch BVerfG Urt. v. 27.2.2008 – 1 BvR 370/07 ua –, BVerfGE 120, 274 (337 f.).

405 Vgl. BVerfG Urt. v. 26.4.2022 – 1 BvR 1619/17 –, NJW 2022, 1583 (1612, Rn. 355). Ohne Differenzierung nach der Grundrechtsberechtigung auch Verdeckte Ermittler einbeziehend BVerfG Beschl. v. 9.12.2022 – 1 BvR 1345/21 –, juris, Rn. 115.

406 Vgl. BVerfG Beschl. v. 9.12.2022 – 1 BvR 1345/21 –, juris, Rn. 116.

407 Vgl. aber BVerfG Beschl. v. 9.12.2022 – 1 BvR 1345/21 –, juris, Rn. 115 f.

konformen Auslegung.[408] Verwirft man eine solche mit Blick auf **Bestimmtheit** und **Normenklarheit,** dürfte § 45 Abs. 7 S. 2 BKAG **verfassungswidrig** sein.[409] Das Absehen vom Abbruch der Überwachungsmaßnahme geht in jedem Fall mit der Erwartung einher, dass die beauftragte Person die Situation vom Kernbereichsgeschehen wegzulenken vermag und auch entsprechend handelt.[410] Bleibt die Situation kernbereichsrelevant, müssen Vertrauensperson und Verdeckter Ermittler fortgesetzt alles dafür tun, den konkreten Einsatz vor Ort ohne Enttarnung und Gefährdung ihrer Person so schnell wie möglich abzubrechen („sobald dies ohne Gefährdung der beauftragten Person möglich ist").[411] Kommt es zu einer Fortsetzung der Überwachungsmaßnahme nach § 45 Abs. 7 S. 2 BKAG trotz Verletzung des Kernbereichs privater Lebensgestaltung, bedingt dies nach der Verfassungsrechtsprechung die (erneute) Überprüfung des Gesamteinsatzes durch das BKA mit der möglichen Folge einer vollständigen Beendigung des Einsatzes.[412]

202 **3. Richterband (Abs. 7 S. 4 bis 6).** Von den tatsächlichen Anhaltspunkten für eine Kernbereichsverletzung (→ Rn. 200) zu unterscheiden ist der Fall des bloßen **Zweifels** über den höchstpersönlichen Charakter einer Situation – etwa aus sprachlichen Gründen oder aufgrund von Unklarheiten über das Vorliegen eines Mischgesprächs (→ Rn. 196).[413] Da bereits der Begriff des „tatsächlichen Anhaltspunktes" keine vollständige Gewissheit über die Erfassung von Kernbereichsinformationen voraussetzt (→ Rn. 187 und 189 f.), ist der Begriff des Zweifels als Ungewissheit unterhalb der Ebene der Wahrscheinlichkeit zu verstehen.[414] Statt einer Unterbrechung der Maßnahme darf hier und im Falle des Einsatzes technischer Mittel außerhalb von Wohnungen in einer für die betroffene Person nicht erkennbaren Weise (§ 45 Abs. 2 Nr. 2 BKAG) die **Fortsetzung als automatisierte Aufzeichnung** erfolgen, § 45 Abs. 7 S. 4 BKAG (→ Rn. 197).[415] Ermessensleitend („darf") ist dabei die Erwägung, dass dieses sog. **Richterband** dem Schutz des Kernbereichs dienen soll, indem auch in solchen Fällen, bei denen noch keine tatsächlichen Anhaltspunkte für eine Kernbereichsrelevanz sprechen, die unmittelbare Überwachung durch das BKA ausgeschlossen ist.[416] Die Auswertung der automatisch erhobenen Informationen obliegt dem anordnenden Gericht, § 45 Abs. 7 S. 5, 6 BKAG.

203 Wird eine Überwachungsmaßnahme nach § 45 Abs. 2 Nr. 2 lit. a oder b BKAG wegen Zweifeln über den höchstpersönlichen Charakter einer Situation als vollständig automatisierte Aufzeichnung fortgeführt, bedarf es der **unverzüglichen Vorlage an das anordnende Gericht**. Eine „erste Sichtung" der Daten durch das BKA ist ausgeschlossen.[417] Das Gericht entscheidet unverzüglich über die Verwertbarkeit oder Lösung der erhobenen Daten, § 45 Abs. 7 S. 5 und 6 BKAG. Aufgrund des allgemeinen Wortlauts der Norm gilt dies gleichermaßen für **jede** sonstige **automatisiert erfolgende Überwachungsmaßnahme** (→ Rn. 197).[418]

204 Dass darüber hinaus nicht auch der Einsatz **Verdeckter Ermittler** und von **Vertrauenspersonen** der Sichtung durch das Gericht unterliegen, wird zum einen mit dem fehlenden Technikaspekt und der möglichen und gebotenen Unterbrechung der Überwachungsmaßnahme bei tatsächlichen Anhaltspunkten für die Erhebung von Kernbereichsinformationen begründet.[419] Ferner sei eine Vorprüfung bereits durch die Vertrauensperson und deren Führungsbeamten sowie durch den Verdeckten Ermittler selbst geboten und auch möglich (→ Rn. 133 und 191, 194). Darüber hinaus soll mit der Befassung des Gerichts die Gefahr der vertieften Kernbereichsverletzung einhergehen, weil bloß mündliche Aussagen vor einer Prüfung zu verschriftlichen wären.[420] Berücksichtigt man die Notwendigkeit eines wohnraumbezogenen Kernbereichsschutzes zumindest beim Einsatz Verdeckter Ermittler (→ Rn. 190 und 130 f.), erscheint eine obligatorische Befassung des Gerichts indessen angezeigt (→ § 46 Rn. 88).[421]

408 Vgl. BVerfG Beschl. v. 9.12.2022 – 1 BvR 1345/21 –, juris, Rn. 121.

409 Vgl. BVerfG Beschl. v. 9.12.2022 – 1 BvR 1345/21 –, juris, Rn. 121.

410 Vgl. BVerfG Beschl. v. 9.12.2022 – 1 BvR 1345/21 –, juris, Rn. 113; BT-Drs. 16/9588, 19; Lisken/Denninger/Graulich, HdbPolR, E Rn. 737; kritisch aber Roggan GSZ 2019, 111 (112 ff.); Starck NdsVBl. 2008, 145 (148).

411 Vgl. auch BVerfG Beschl. v. 9.12.2022 – 1 BvR 1345/21 –, juris, Rn. 116.

412 Vgl. BVerfG Beschl. v. 9.12.2022 – 1 BvR 1345/21 –, juris, Rn. 119.

413 Vgl. BVerfG Urt. v. 20.4.2016 – 1 BvR 966/09 ua –, BVerfGE 141, 220 (300 f., Rn. 199); Urt. v. 26.4.2022 – 1 BvR 1619/17 –, NJW 2022, 1583 (1602, Rn. 281); vgl. auch BVerfG Beschl. v. 9.12.2022 – 1 BvR 1345/21 –, juris, Rn. 112, zur fehlenden Handlungssicherheit einer Vertrauensperson.

414 Zu eng daher BT-Drs. 18/11163, 115 „keine eindeutigen Anhaltspunkte". Vgl. auch BVerfG Urt. v. 20.4.2016 – 1 BvR 966/09 ua –, BVerfGE 141, 220 (313, Rn. 239).

415 Vgl. hierzu BVerfG Urt. v. 20.4.2016 – 1 BvR 966/09 ua –, BVerfGE 141, 220 (315, Rn. 243 ff., zur Telekommunikationsüberwachung nach dem insoweit vergleichbaren § 201 BKAG aF).

416 BT-Drs. 18/11163, 115.

417 Vgl. Schulenberg in Scheffczyk/Wolter (Hrsg.), Linien der Rechtsprechung des BVerfG IV, 2017, S. 124 (164 f.).

418 Vgl. hierzu auch BVerfG Urt. v. 26.4.2022 – 1 BvR 1619/17 –, NJW 2022, 1583 (1603, Rn. 283; 1606, Rn. 306).

419 Vgl. Lisken/Denninger/Schwabenbauer, HdbPolR, G Rn. 166; anders aber wohl Wolff ZG 31 (2016), 361 (368).

420 Vgl. BVerfG Beschl. v. 9.12.2022 – 1 BvR 1345/21 –, juris, Rn. 119, wobei sodann eine Befassung der oder des Datenschutzbeauftragten des BKA für den Zweifelsfall postuliert wird.

421 Vgl. BVerfG Urt. v. 20.4.2016 – 1 BvR 966/09 ua –, BVerfGE 141, 220 (302, Rn. 204; 315, Rn. 245).

Die Notwendigkeit eines **„unverzüglichen“** (→ Rn. 157) Handelns bedeutet, dass ein Zuwarten bei der Vorlage der automatisierten Aufzeichnung an das anordnend Gericht und bei der gerichtlichen Entscheidung nur dann rechtlich hinnehmbar ist, wenn dieses durch die Umstände des Einzelfalls geboten ist.[422] Dem Grunde nach angesprochen ist mit der „unverzüglichen“ Vorlage automatisierter Aufzeichnungen an das anordnende Gericht folglich die **fortlaufende (jedenfalls tägliche)** Übermittlung von Erkenntnissen an das Amtsgericht Wiesbaden (→ § 46 Rn. 88). In engen Grenzen erlaubt die „Unverzüglichkeit“ des behördlichen und gerichtlichen Handelns zu berücksichtigen, inwiefern eine technische Unmöglichkeit dem Kernbereichsschutz entgegensteht. Das Fehlen erforderlicher und grundsätzlich verfügbarer technischer Ausstattung zählt hierzu ausdrücklich nicht.[423] Letzteres gilt auch für eine ungenügende personelle Ausstattung oder Organisation des BKA oder des anordnenden Gerichts. Die behördliche und gerichtliche Ausstattung und Organisation muss den (verfassungs-)rechtlichen Vorgaben entsprechen (→ Rn. 139).[424] Probleme in diesen Bereichen rechtfertigen keinen Grundrechtseingriff.[425] 205

Die Prüfung durch das Gericht schließt es nicht aus, dass dieses sich gegebenenfalls **Dritter bedient**, um Klarheit über den höchstpersönlichen Charakter einer Situation und die Verwertbarkeit der erhobenen Daten zu erlangen, § 90 Abs. 3 BKAG (→ § 90 Rn. 16 f.). Beispielhaft kann hier der Zweifelsfall eines Gesprächs in fremder Sprache (→ Rn. 202) und die Hinzuziehung eines Dolmetschers genannt werden.[426] Zu beachten ist hierbei aber, dass die (verfassungsrechtlich gebotene) Sichtung durch eine unabhängige Stelle neben der Rechtmäßigkeitskontrolle maßgeblich dem Ziel dient, kernbereichsrelevante Daten so frühzeitig herauszufiltern, dass sie dem BKA nach Möglichkeit nicht offenbar werden.[427] In Anbetracht der Unkenntnis des Betroffenen von der heimlichen Datenerhebung soll die unabhängige Stelle zugleich dessen Interessen wahrnehmen.[428] Filter- und Stellvertreterfunktion der unabhängigen Stelle setzen voraus, dass die Kontrolle im Wesentlichen vom hierzu berufenen Gericht und nicht von mit Aufgaben des BKA betrauten Personen wahrgenommen wird. Dies schließt eine – durch gesonderte Verschwiegenheitspflichten abzusichernde – Hinzuziehung auch von Bediensteten des BKA zur Gewährleistung des beim Gericht nicht vorhandenen Fachverstandes zwar nicht aus. Ebenso ist es denkbar, für die gerichtliche Sichtung auf technische Unterstützung durch das BKA zurückzugreifen. Die tatsächliche Durchführung und Entscheidungsverantwortung muss jedoch maßgeblich in den Händen des Gerichts verbleiben. Die unterstützende Hilfe durch Dritte und insbesondere das BKA darf nicht in eine bloße „Sachleitung“ durch das Gericht umschlagen.[429] 206

Mit § 45 Abs. 7 S. 4–6 BKAG und dem „Richterband“ folgt der Gesetzgeber der Struktur des § 20l BKAG aF (Telekommunikationsüberwachung) und der jüngeren Verfassungsrechtsprechung, wonach eine vollständig automatisierte Datenerhebung (mit nachfolgender Sicherung durch eine unabhängige Stelle) als kernbereichsschonend eingeordnet wird, obgleich die Informationserhebung hier besonders umfangreich ausfällt und es an der Möglichkeit fehlt, die Überwachungsmaßnahme bei erkannter Verletzung des Kernbereichs privater Lebensgestaltung abzubrechen.[430] Abweichend von § 20l BKAG aF ist das Richterband nach § 45 Abs. 7 S. 4–6 BKAG allerdings – den verfassungsrechtlichen Maßgaben zur Wohnraumüberwachung folgend – nicht auf Zweifelsfälle beschränkt (→ Rn. 203).[431] Das Ziel des Richterbandes nach § 45 Abs. 7 S. 4–6 BKAG liegt folglich der Gewährleistung einer unabhängigen Kontrolle der dem Kernbereichsschutz dienenden Anforderungen insgesamt. 207

4. Verwertungsverbot, Löschungsgebot, Dokumentationspflicht (Abs. 7 S. 8 bis 13). § 45 Abs. 7 S. 8 BKAG begründet für Erkenntnisse, die aus dem Kernbereich privater Lebensgestaltung gewonnen wurden, ein **absolutes Verwertungsverbot.** Entsprechende Aufzeichnungen sind unverzüglich (→ Rn. 157) zu löschen (§ 45 Abs. 7 S. 9 BKAG). Die Tatsache der Erhebung von Kernbereichsinformationen und ihrer Löschung ist zu 208

422 Vgl. Armbrüster in MüKoBGB, 9. Aufl. 2021, § 121 Rn. 7.

423 OLG Köln Beschl. v. 22.3.2013 – 16 Wx 16/12 –, NJW 2013, 2365 (2366).

424 Vgl. BVerfG Urt. v. 20.4.2016 – 1 BvR 966/09 ua –, BVerfGE 141, 220 (275 f., Rn. 118); Beschl. v. 16.6.2016 – 2 BvR 2718/10 ua –, BVerfGE 139, 245 (267, Rn. 62); Urt. v. 20.2.2001 – 2 BvR 1444/00 –, BVerfGE 103, 142 (152 f.).

425 Vgl. OLG Köln Beschl. v. 22.3.2013 – 16 Wx 16/12 –, NJW 2013, 2365 (2366 f.); Deutscher Richterbund, Stellungnahme BKAG, A-Drs. 18(4)749, 7.

426 Schenke/Graulich/Ruthig/R. P. Schenke BKAG § 45 Rn. 48.

427 BVerfG Urt. v. 20.4.2016 – 1 BvR 966/09 ua –, BVerfGE 141, 220 (280, Rn. 129); Urt. v. 26.4.2022 – 1 BvR 1619/17 –, NJW 2022, 1583 (1603, Rn. 282); vgl. auch Schulenberg in Scheffczyk/Wolter (Hrsg.), Linien der Rechtsprechung des BVerfG IV, 2017, S. 124 (164).

428 Schulenberg in Scheffczyk/Wolter (Hrsg.), Linien der Rechtsprechung des BVerfG IV, 2017, S. 124 (164, 167); vgl. auch BVerfG Urt. v. 3.3.2004 – 1 BvR 2378/98 ua –, BVerfGE 109, 279 (331, 333 f.); Urt. v. 27.2.2008 – 1 BvR 370/07 ua –, BVerfGE 120, 274 (339).

429 Vgl. BVerfG Urt. v. 20.4.2016 – 1 BvR 966/09 ua –, BVerfGE 141, 220 (308 f., Rn. 224); Urt. v. 26.4.2022 – 1 BvR 1619/17 –, NJW 2022, 1583 (1607, Rn. 315).

430 Vgl. BVerfG Urt. v. 3.3.2004 – 1 BvR 2378/98 ua –, BVerfGE 109, 279 (324) einerseits, BVerfG Urt. v. 20.4.2016 – 1 BvR 966/09 ua –, BVerfGE 141, 220 (300 f., Rn. 199; 315, Rn. 243) andererseits. Kritisch hierzu Schulenberg in Scheffczyk/Wolter (Hrsg.), Linien der Rechtsprechung des BVerfG IV, 2017, S. 124 (166 f.); Lisken/Denninger/Schwabenbauer, HdbPolR, G Rn. 168, 170.

431 Vgl. hierzu BVerfG Urt. v. 20.4.2016 – 1 BvR 966/09 ua –, BVerfGE 141, 220 (302, Rn. 204; 315, Rn. 245).

dokumentieren. Die Dokumentation darf ausschließlich zum Zweck der **Datenschutzkontrolle** Verwendung finden (§ 45 Abs. 7 S. 10, 11 BKAG). Dem Sinn und Zweck der Dokumentation entsprechend darf diese keine die Betroffenen belastenden Daten enthalten, muss aber gleichzeitig so **umfänglich, sachhaltig** und **präzise** sein, dass die Rechtmäßigkeit der Kernbereichserfassung im Rahmen der Datenschutzkontrolle und durch die Gerichte überprüft werden kann.[432] Über den Wortlaut der Norm hinaus bedarf es folglich auch der nachvollziehbaren Dokumentation von Entscheidungsgrundlagen und Entscheidungsfindung zur Datenverarbeitung und wie diese sich zur etwaigen Erhebung intimer Informationen verhalten.[433] Sofern beispielsweise Vorermittlungen und eine Prognose (→ Rn. 189 und 194) nachvollziehbar und sachlich fundiert keine tatsächlichen Anhaltspunkte für eine etwaige Kernbereichsverletzung ergeben haben, ist das gleichwohl erfolgte, unbeabsichtigte Eindringen in den Kernbereich privater Lebensgestaltung rechtlich grundsätzlich nicht zu beanstanden.[434] Durch **technische und organisatorische Maßnahmen** muss sichergestellt werden, dass die fraglichen Daten in praktikabel auswertbarer Weise zur Verfügung stehen.[435] Für **Vertrauenspersonen,** deren Führungsbeamte und **Verdeckte Ermittler** bedeuten die Maßgaben des § 45 Abs. 7 S. 8–11 BKAG (Verwertungsverbot, Löschungsgebot, Dokumentationspflicht), dass die in Ermangelung eines Maßnahmeabbruchs nach § 45 Abs. 7 S. 2 BKAG erlangten Erkenntnisse (→ Rn. 199 ff.) auf ihre Kernbereichsrelevanz zu prüfen sind. Ist eine Kernbereichsrelevanz zu bejahen, sind die Informationen jeder Weitergabe und einer Verwertung durch das BKA vorzuenthalten. Im Zweifelsfall bedarf es der Klärung durch den oder die Datenschutzbeauftragte des BKA (→ § 70 Rn. 3 f.).[436] Etwaige in Schrift, Ton, Bild oder auf sonstige Weise festgehaltene Informationen sind sofort zu löschen oder sonst zu vernichten. Dies ist in einer Weise zu dokumentieren, die eine spätere Kontrolle ermöglicht. Gleiches gilt für die Verletzung des Kernbereichs privater Lebensgestaltung durch die beauftragte Person und die Gründe für ein Absehen vom Abbruch der Überwachungsmaßnahme als solche.[437] Mit Blick auf **Bestimmtheit** und **Normenklarheit** erscheint indessen zweifelhaft, ob § 45 Abs. 7 S. 8–11 BKAG insoweit den **verfassungsrechtlichen Maßgaben** gerecht wird.[438]

209 Um den Sinn der Dokumentation nicht zu unterlaufen, ist diese erst **sechs Monate** nach Benachrichtigung des Betroffenen über die heimliche Überwachungsmaßnahme (→ § 74 Rn. 6 ff.) oder sechs Monate nach der gerichtlichen Entscheidung über ein ausnahmsweises Absehen von der Benachrichtigung (→ § 74 Rn. 27 f.) zu löschen, § 45 Abs. 7 S. 12 BKAG. Keinesfalls darf die Dokumentation jedoch gelöscht werden, bevor nicht die mindestens alle zwei Jahre durchzuführende Datenschutzkontrolle durch den oder die Bundesbeauftragte für den Datenschutz und die Informationsfreiheit (→ § 69 Rn. 25 ff.) stattgefunden hat, § 45 Abs. 7 S. 13 BKAG.[439] Dass damit nicht in jedem Fall Rechtsschutz durch den Betroffenen selbst erlangt werden kann, sondern gleichsam stellvertretend für diesen mitunter der oder die Bundesbeauftragte für den Datenschutz und die Informationsfreiheit tätig wird, entspricht dem europäischen Regelungsmodell.[440]

210 **5. Gefahr im Verzug (Abs. 8).** Die unverzügliche Vorlage aller automatischen Aufzeichnungen an das anordnende Gericht als unabhängige Stelle (→ Rn. 203 ff.) steht einer „**ersten Sichtung**" der Daten durch das BKA entgegen. Die gerichtliche Sichtung insbesondere von über mehrere Tage oder gar Wochen erhobenen Daten fordert einen nicht unerheblichen zeitlichen und personellen Einsatz und dürfte jedenfalls nicht binnen kürzester Zeit zu bewältigen sein.[441] Vor diesem Hintergrund erscheint es als Kompromiss von Kernbereichsschutz einerseits und der Notwendigkeit einer effektiven Gefahrenabwehr andererseits, bei „Gefahr im Verzug", den Präsidenten oder die Präsidentin des BKA sowie seiner oder ihrer Stellvertretung im Benehmen mit der oder dem Datenschutzbeauftragen des BKA die Möglichkeit zu eröffnen, über die Verwertung der erhobenen Daten zu entscheiden, § 45 Abs. 8 S. 1 BKAG.[442] Diese „kurzfristige erste Handlungsmöglichkeit"[443] des BKA schließt das Gebot der sofortigen Löschung von Kernbereichsinformationen und das Verbot ihrer Verwertung ein.[444]

432 Vgl. BVerfG Urt. v. 20.4.2016 – 1 BvR 966/09 ua –, BVerfGE 141, 220 (280, Rn. 129; 285, Rn. 141; 303, Rn. 205; 321, Rn. 267); Urt. v. 26.4.2022 – 1 BvR 1619/17 –, NJW 2022, 1583 (1604, Rn. 290).
433 Lisken/Denninger/Schwabenbauer, HdbPolR, G Rn. 165, 302, 305.
434 Vgl. BVerfG Urt. v. 20.4.2016 – 1 BvR 966/09 ua –, BVerfGE 141, 220 (278, Rn. 124).
435 BVerfG Urt. v. 20.4.2016 – 1 BvR 966/09 ua –, BVerfGE 141, 220 (284 f., Rn. 141).
436 Vgl. BVerfG Beschl. v. 9.12.2022 – 1 BvR 1345/21 –, juris, Rn. 118 f.
437 Vgl. BVerfG Beschl. v. 9.12.2022 – 1 BvR 1345/21 –, juris, Rn. 119.
438 Vgl. BVerfG Beschl. v. 9.12.2022 – 1 BvR 1345/21 –, juris, Rn. 122 f.
439 Vgl. BVerfG Urt. v. 20.4.2016 – 1 BvR 966/09 ua –, BVerfGE 141, 220 (302, Rn. 205; 323, Rn. 272). Bäcker, Terrorismusabwehr durch das Bundeskriminalamt, 2009, S. 88.
440 Vgl. Art. 13 Abs. 3, 15 Abs. 3, 17 Abs. 1 DSRL-JI.
441 Vgl. Deutscher Richterbund, Stellungnahme BKAG, A-Drs. 18(4)749, 7.
442 Vgl. Schulenberg in Scheffczyk/Wolter (Hrsg.), Linien der Rechtsprechung des BVerfG IV, 2017, S. 124 (164 f.).
443 BVerfG Urt. v. 20.4.2016 – 1 BvR 966/09 ua –, BVerfGE 141, 220 (280, Rn. 129).
444 Schulenberg in Scheffczyk/Wolter (Hrsg.), Linien der Rechtsprechung des BVerfG IV, 2017, S. 124 (165).

Unter **„Gefahr im Verzug"** ist eine Sachlage zu verstehen, bei der ein Schaden eintreten würde, wenn nicht an Stelle der zuständigen Behörde eine andere Behörde tätig wird.[445] Gem. § 45 Abs. 8 S. 1 BKAG darf folglich eine „erste Sichtung" der automatisch erhobenen Informationen durch die Leitung des BKA auf ihre Ermittlungs- und Kernbereichsrelevanz erfolgen, wenn die unverzügliche vorherige Vorlage an das anordnende Gericht als „unabhängige Stelle" den Erfolg zB der in Rede stehenden Gefahrenabwehrmaßnahme gefährden würde (→ Rn. 153). 211

Sinn und Zweck der Sichtung automatisch erhobener Daten durch das anordnende Gericht (→ Rn. 16 und 202, 207) sowie Systematik und Wortlaut des § 45 Abs. 7, 8 BKAG verdeutlichen, dass die richterliche Prüfung die Regel und die „erste Sichtung" durch das BKA die Ausnahme sein soll. Dies entspricht der Bedeutung des verfassungsrechtlichen gebotenen Kernbereichsschutzes.[446] Das BKA muss dementsprechend **regelmäßig versuchen,** eine **richterliche Entscheidung** gem. § 45 Abs. 7 S. 5, 6 BKAG **zu erlangen,** bevor eine „erste Sichtung" durch die Behördenleitung selbst nach § 45 Abs. 8 S. 1 BKAG erfolgt. Nur in Ausnahmesituationen, wenn schon die zeitliche Verzögerung wegen eines solchen Versuchs den Erfolg der Maßnahme gefährden würde, darf das BKA selbst die „erste Sichtung" wegen Gefahr im Verzug vornehmen, ohne sich zuvor um eine richterliche Entscheidung bemüht zu haben. Die Annahme von „Gefahr im Verzug" kann regelmäßig nicht allein mit dem allgemeinen Verweis auf Erfahrungswerte aus der Vergangenheit oder mit dem abstrakten Hinweis begründet werden, eine richterliche Entscheidung sei gewöhnlich zu einem bestimmten Zeitpunkt oder innerhalb einer bestimmten Zeitspanne nicht zu erlangen. Es sind organisatorische Vorkehrungen zu treffen und die notwendigen Sach- und Personalmittel bereitzustellen, damit die von der Verfassung vorgesehene Regelzuständigkeit des anordnenden Gerichts in der Masse der Fälle gewahrt bleibt (→ Rn. 153 ff.). 212

Klarzustellen ist ferner, dass die „Gefahr im Verzug" nicht mit dem Begriff der **„dringenden Gefahr"** gleichgesetzt werden darf. Letztere ist ohnedies Voraussetzung einer Vielzahl von Gefahrenabwehrmaßnahmen und nimmt nach der Verfassungsrechtsprechung iSd qualifizierten Rechtsgüterschutzes auf das Ausmaß und die Wahrscheinlichkeit des Schadens Bezug[447] und ist also in zeitlicher Hinsicht weiter zu verstehen als der Begriff der „Gefahr im Verzug".[448] 213

Bei der Sichtung der erhobenen Daten kann technische Unterstützung durch zwei weitere Bedienstete des BKA erfolgen, wobei einer der beiden die Befähigung zum Richteramt haben muss. Für alle bei der „ersten Sichtung" beteiligten Bediensteten des BKA gilt die Verpflichtung zur Verschwiegenheit hinsichtlich nicht verwertbarer Informationen, § 45 Abs. 8 S. 2, 3 BKAG. Die Vorgaben zur Unterstützung der Behördenleitung bei der Sichtung automatisierter Aufzeichnungen sind den verfassungsrechtlichen Maßgaben an eine Unterstützung der unabhängigen Stelle durch das BKA (→ Rn. 206) angenähert.[449] 214

Die **gerichtliche Entscheidung** nach § 45 Abs. 7 S. 6 BKAG ist **unverzüglich** (→ Rn. 157) **nachzuholen,** § 45 Abs. 8 S. 4 BKAG. Hervorzuheben ist, dass die nachträgliche Kontrolle durch das Gericht die bereits erfolgte Wahrnehmung von Kernbereichsdaten durch das BKA nicht mehr rückgängig machen kann und daher dem Anspruch nicht genügt, Kernbereichsdaten den Sicherheitsbehörden vorzuenthalten (→ Rn. 16 und 202).[450] Die bloß nachträgliche richterliche Kontrolle nach § 45 Abs. 8 S. 4 BKAG muss auch insofern (→ Rn. 212) der Ausnahmefall bleiben. 215

§ 46 Besondere Bestimmungen über den Einsatz technischer Mittel in oder aus Wohnungen

(1) Das Bundeskriminalamt kann zur Abwehr einer dringenden Gefahr für den Bestand oder die Sicherheit des Bundes oder eines Landes oder für Leib, Leben oder Freiheit einer Person oder Sachen von bedeutendem Wert, deren Erhaltung im öffentlichen Interesse geboten ist, durch den verdeckten Einsatz technischer Mittel in oder aus Wohnungen

1. **das nichtöffentlich gesprochene Wort einer Person abhören und aufzeichnen,**
   a) **die entsprechend § 17 oder § 18 des Bundespolizeigesetzes verantwortlich ist oder**

445 Schoch BVwR/Schoch 1. Kap. Rn. 301, mwN.

446 Vgl. BVerfG Urt. v. 20.4.2016 – 1 BvR 966/09 ua –, BVerfGE 141, 220 (308 f., Rn. 224).

447 BVerfG Urt. v. 20.4.2016 – 1 BvR 966/09 ua –, BVerfGE 141, 220 (271, Rn. 110); Urt. v. 26.4.2022 – 1 BvR 1619/17 –, NJW 2022, 1583 (1587, Rn. 169; 1604, Rn. 297).

448 Schulenberg in Scheffczyk/Wolter (Hrsg.), Linien der Rechtsprechung des BVerfG IV, 2017, S. 124 (165).

449 BVerfG Urt. v. 20.4.2016 – 1 BvR 966/09 ua –, BVerfGE 141, 220 (308, Rn. 224).

450 Vgl. BVerfG Urt. v. 20.4.2016 – 1 BvR 966/09 ua –, BVerfGE 141, 220 (280, Rn. 129, 301, Rn. 200, 307 f., Rn. 220, 224).

b) bei der konkrete Vorbereitungshandlungen für sich oder zusammen mit weiteren bestimmten Tatsachen die begründete Annahme rechtfertigen, dass sie Straftaten nach § 5 Absatz 1 Satz 2 begehen wird, und
2. Lichtbilder und Bildaufzeichnungen über diese Person herstellen,

wenn die Abwehr der Gefahr auf andere Weise aussichtslos oder wesentlich erschwert wäre.

(2) [1]Die Maßnahme darf sich nur gegen die in Absatz 1 genannte Person richten und nur in deren Wohnung durchgeführt werden. [2]In Wohnungen anderer Personen ist die Maßnahme nur zulässig, wenn aufgrund bestimmter Tatsachen anzunehmen ist, dass

1. sich eine in Absatz 1 Nummer 1 Buchstabe a oder b genannte Person dort aufhält und
2. die Maßnahme in der Wohnung dieser Person allein nicht zur Abwehr der Gefahr nach Absatz 1 führen wird.

[3]Die Maßnahme darf auch durchgeführt werden, wenn andere Personen unvermeidbar betroffen werden.

(3) [1]Maßnahmen nach Absatz 1 dürfen nur auf Antrag der Präsidentin oder des Präsidenten des Bundeskriminalamtes oder ihrer oder seiner Vertretung durch das Gericht angeordnet werden. [2]Bei Gefahr im Verzug kann die Anordnung auch durch die Präsidentin oder den Präsidenten des Bundeskriminalamtes oder ihre oder seine Vertretung getroffen werden. [3]In diesem Fall ist die gerichtliche Entscheidung unverzüglich nachzuholen. [4]Soweit die Anordnung der Präsidentin oder des Präsidenten des Bundeskriminalamtes oder ihrer oder seiner Vertretung nicht binnen drei Tagen durch das Gericht bestätigt wird, tritt sie außer Kraft.

(4) Im Antrag sind anzugeben:

1. die Person, gegen die sich die Maßnahme richtet, soweit möglich, mit Name und Anschrift,
2. die zu überwachende Wohnung oder die zu überwachenden Wohnräume,
3. Art, Umfang und Dauer der Maßnahme,
4. der Sachverhalt sowie
5. eine Begründung.

(5) [1]Die Anordnung ergeht schriftlich. [2]In ihr sind anzugeben:

1. der Name und die Anschrift der Person, gegen die sich die Maßnahme richtet, soweit möglich,
2. die zu überwachende Wohnung oder die zu überwachenden Wohnräume,
3. Art, Umfang und Dauer der Maßnahme sowie
4. die wesentlichen Gründe.

[3]Die Anordnung ist auf höchstens einen Monat zu befristen. [4]Eine Verlängerung um jeweils nicht mehr als einen Monat ist zulässig, soweit die in den Absätzen 1, 6 und 7 bezeichneten Voraussetzungen unter Berücksichtigung der gewonnenen Erkenntnisse fortbestehen. [5]Liegen die Voraussetzungen der Anordnung nicht mehr vor, so sind die aufgrund der Anordnung ergriffenen Maßnahmen unverzüglich zu beenden.

(6) [1]Die Maßnahme nach Absatz 1 darf nur angeordnet und durchgeführt werden, soweit aufgrund tatsächlicher Anhaltspunkte, insbesondere zu der Art der zu überwachenden Räumlichkeiten und dem Verhältnis der zu überwachenden Personen zueinander, anzunehmen ist, dass durch die Überwachung Äußerungen, die dem Kernbereich privater Lebensgestaltung zuzurechnen sind, nicht erfasst werden. [2]Das Abhören und Beobachten nach Satz 1 ist unverzüglich zu unterbrechen, soweit sich während der Überwachung tatsächliche Anhaltspunkte dafür ergeben, dass Inhalte, die dem Kernbereich privater Lebensgestaltung zuzurechnen sind, erfasst werden. [3]Sind das Abhören und Beobachten nach Satz 2 unterbrochen worden, so darf es unter den in Satz 1 genannten Voraussetzungen fortgeführt werden.

(7) [1]Erkenntnisse, die durch Maßnahmen nach Absatz 1 erlangt worden sind, sind dem anordnenden Gericht unverzüglich vorzulegen. [2]Das Gericht entscheidet unverzüglich über die Verwertbarkeit oder Löschung. [3]Erkenntnisse aus dem Kernbereich privater Lebensgestaltung, die durch eine Maßnahme nach Absatz 1 erlangt worden sind, dürfen nicht verwertet werden. [4]Aufzeichnungen hierüber sind unverzüglich zu löschen. [5]Die Tatsachen der Erfassung der Daten und der Löschung sind zu dokumentieren. [6]Die Dokumentation darf ausschließlich für Zwecke der Datenschutzkontrolle verwendet werden. [7]Sie ist sechs Monate nach der Benachrichtigung nach § 74 oder sechs Monate nach Erteilung der gerichtlichen Zustimmung über das endgültige Absehen von der Benachrichtigung zu löschen. [8]Ist die Datenschutzkontrolle nach § 69 Absatz 1 noch nicht beendet, ist die Dokumentation bis zu ihrem Abschluss aufzubewahren.

(8) [1]Bei Gefahr im Verzug kann die Präsidentin oder der Präsident des Bundeskriminalamtes oder ihre oder seine Vertretung im Benehmen mit der oder dem Datenschutzbeauftragten des Bundeskriminalamtes über die Verwertung der Erkenntnisse entscheiden. [2]Bei der Sichtung der erhobenen Daten kann sie oder er

sich der technischen Unterstützung von zwei weiteren Bediensteten des Bundeskriminalamtes bedienen, von denen einer die Befähigung zum Richteramt haben muss. [3]Die Bediensteten des Bundeskriminalamtes sind zur Verschwiegenheit über die ihnen bekannt werdenden Erkenntnisse, die nicht verwertet werden dürfen, verpflichtet. [4]Die gerichtliche Entscheidung nach Absatz 7 ist unverzüglich nachzuholen.

A. Allgemeines

I. Zweck und Systematik

Die Vorschrift ermöglicht die **Wohnraumüberwachung** mit technischen Mitteln durch das BKA. Sie erlaubt damit eine **besonders eingriffsintensive Ermittlungsmaßnahme**, knüpft diese jedoch an sehr enge materiell-rechtliche und verfahrensrechtliche Voraussetzungen. 1

In der Praxis des BKA hat § 46 BKAG bzw. die Vorgängervorschrift des § 20h BKAG aF eine **geringe praktische Bedeutung.** Die jährlichen Berichte der Bundesregierung an den Bundestag gem. Art. 13 Abs. 6 GG erwähnen 2011 zwei[1] und 2015[2] ein überwachtes Objekt, wobei jeweils Wohnungen der Störer – und nicht etwa Dritter Personen – überwacht wurden. Den übrigen Berichten seit 2012 sind ebenso wenig wie den Berichten über die Anwendung verdeckter Überwachungsmaßnahmen im Rahmen der Gefahrenabwehr gem. § 88 BKAG seit dem ersten Bericht 2019 Anwendungsfälle zu entnehmen.[3] 2

Dieser rechtstatsächliche Befund führt dazu, dass bisher **keine fachgerichtliche Rechtsprechung** zur Auslegung des § 46 ergangen ist. Demgegenüber hat das **Bundesverfassungsgericht** die Auslegung des einfachen Rechts in erheblichem Umfang geprägt (→ § 1 Rn. 7 ff.). 3

1. Innere Systematik der Vorschrift. § 46 BKAG ist in **acht Absätze gegliedert,** die nicht einfach zu überblicken sind. Abs. 1 und 2 enthalten die **wesentlichen Tatbestandsvoraussetzungen** für den Einsatz technischer Mittel in oder aus Wohnungen, wobei Abs. 2 insbesondere die überwachbaren Wohnungen konkretisiert. 4

Die Abs. 3 bis 8 enthalten zahlreiche Aspekte des **Grundrechts- und Kernbereichsschutzes durch Verfahren.** Abs. 3 regelt in S. 1 die Antragstellung durch den Präsidenten des BKA und die Entscheidungskompetenz 5

1 BT-Drs. 17/1061, 4.

2 BT-Drs. 18/9660, 4, wobei der Überwachungsvorgang bemerkenswerte 1.159 Mal unterbrochen wurde und Übersetzungskosten in Höhe von ca. 150.000 Euro entstanden.

3 Vgl. Berichte der Bundesregierung gem. Art. 13 Abs. 6 S. 1 GG: BT-Drs. 17/14835 für das Jahr 2012, BT-Drs. 18/2495 für das Jahr 2013, BT-Drs. 18/5900 für das Jahr 2014, BT-Drs. 18/13522 für das Jahr 2016, BT-Drs. 19/4762 für das Jahr 2017, BT-Drs. 19/13435 für das Jahr 2019, BT-Drs. 19/22432 für das Jahr 2019 und BT-Drs. 19/32583 für das Jahr 2020 und die Berichte über die Anwendung verdeckter Überwachungsmaßnahmen im Rahmen der Gefahrenabwehr BT-Drs. 19/15570 für den Zeitraum vom 25.5.2018 bis zum 30.4.2019 und BT-Drs. 20/43 für den Zeitraum vom 1.5.2019 bis 30.4.2021.

des in § 90 BKAG bestimmten Gerichts, sowie in S. 2 Eilentscheidungskompetenzen und in S. 3 und 4 deren zeitliche Begrenzung bei Gefahr im Verzug. Abs. 4 regelt den erforderlichen Inhalt der Antragstellung, Abs. 5 die demgegenüber nach ihrem Wortlaut leicht reduzierten Anforderungen an die Begründung der gerichtlichen Anordnung sowie deren zeitliche Befristung. Abs. 6 enthält sodann Regelungen zum Kernbereichsschutz bei der Durchführung der Maßnahme, Abs. 7 bei der Verwertung der gewonnenen Erkenntnisse, die wiederum der gerichtlichen Kontrolle unterliegt. Abs. 8 sieht auch insoweit – weiteren verfahrensrechtlichen Sicherungen unterworfene – Verwertungskompetenzen bei Gefahr im Verzug vor.

6 **2. Systematische Stellung und Verhältnis zu anderen Vorschriften.** Die Befugnis zur Wohnraumüberwachung findet sich im **Abschnitt über die Bekämpfung des internationalen Terrorismus.** Dieser systematischen Stellung ist bei der Auslegung der einzelnen Tatbestandsmerkmale Rechnung zu tragen.[4] In seinen anderen Aufgabenbereichen (vgl. insbesondere die Abschnitte 4 und 6 des BKAG) steht dem BKA diese Befugnis nicht zur Verfügung.

7 § 46 BKAG ist ***lex specialis*** zur allgemeinen Vorschrift zu den besonderen Mitteln der Datenerhebung in § 45 BKAG. Überschneidungen zu den Vorschriften der §§ 49 und 51 BKAG sind denkbar.[5]

8 Die **allgemeinen Befugnisse zur Datenverarbeitung,** insbesondere zur Zweckbindung (§ 12 BKAG) sind anwendbar, soweit die Vorschrift nichts Abweichendes bestimmt. § 12 Abs. 3 BKAG verschärft insoweit die Vorgaben für die Weiterverarbeitung von personenbezogenen Daten, die durch eine Wohnraumüberwachung erlangt wurden. § 25 BKAG ermöglicht die **Datenübermittlung an andere Polizeien** des Bundes oder an Polizeien der Länder unter anderem zum Zwecke der Strafverfolgung unter den Voraussetzungen des § 12 Abs. 3 BKAG.

9 Die Regelungen in § 62 Abs. 1 und 2 BKAG zum Schutz von **zeugnisverweigerungsberechtigten Personen** nach § 53 StPO finden auch und insbesondere auf die Wohnraumüberwachung Anwendung.

10 Ebenso anwendbar ist § 74 Abs. 1 S. 1 Nr. 3 BKAG, der die **Benachrichtigungspflicht** der von einer Wohnraumüberwachung betroffenen Person regelt, wobei § 74 Abs. 3 S. 2 und 3 BKAG für Maßnahmen nach § 46 strengere Bestimmungen für die Zurückstellung der Benachrichtigung des Betroffenen enthält. Anwendbar ist auch die Protokollierungspflicht nach § 82 Abs. 1 und Abs. 2 Nr. 3 BKAG. Wie über die anderen Maßnahmen des 5. Abschnitts ist auch über Wohnraumüberwachungen nach § 88 BKAG an den Bundestag zu berichten (vgl. schon oben → Rn. 2).

11 Schließlich findet **§ 90 Abs. 1 und 3 BKAG** zur gerichtlichen Zuständigkeit und zur Heranziehung von Bediensteten des Bundeskriminalamts zur Unterstützung des Gerichts Anwendung.

12 **3. Vergleich mit anderen Polizeigesetzen und § 100c StPO.** Das BPolG enthält keine Ermächtigung zur Durchführung der Wohnraumüberwachung. Demgegenüber enthalten die **Polizeigesetze der Länder** vielfach entsprechende Ermächtigungen, die allerdings in der Ausgestaltung sehr divers sind und sich – der Verwaltungs-All-Zuständigkeit der Länder entsprechend – nicht lediglich auf die Bekämpfung des internationalen Terrorismus beschränken, sondern beim Vorliegen der engen Tatbestandsvoraussetzungen auch bei anderen Gefahrenursachen zum Einsatz kommen können (vgl. etwa § 18 PolG NRW, Art. 41 BayPAG, § 50 PolG BW).[6]

13 **§ 100c StPO** schließlich ist die strafprozessuale Parallelvorschrift zu § 46 BKAG, dabei aber – der insoweit bestehenden Divergenz zwischen Art. 13 Abs. 3 und Abs. 4 GG geschuldet – auf die akustische Wohnraumüberwachung beschränkt.

II. Verfassungsrechtlicher Rahmen

14 Die akustische und optische Wohnraumüberwachung zu präventiven Zwecken, die § 46 BKAG ermöglicht, ist **verfassungsrechtlich** – unbeschadet dessen, dass keine abstrakte Hierarchie der Grundrechte besteht (→ § 45 Rn. 11) – **einem sehr hohen Rechtfertigungsbedarf ausgesetzt.** Die **Heimlichkeit** des Grundrechtseingriffs iVm dem durch Art. 13 GG geschützten und **besonders sensiblen Grundrechtsbereichs** führt – ähnlich wie bei der Online-Durchsuchung in § 49 BKAG – zu einer ganz besonders gewichtigen Eingriffsqualität.[7] Daraus folgt zugleich, dass die Auslegung der einfachgesetzlichen Vorschrift des § 46 BKAG in erheblichem Maße durch die verfassungsgerichtliche Rechtsprechung determiniert ist. Zum Zwecke dieser Kommentierung werden die konkreten Vorgaben, die das Bundesverfassungsgericht aus dem Grundgesetz für die Auslegung des einfachen Rechts entwickelt hat, bei den einzelnen Tatbestandsmerkmalen dargestellt; an dieser Stelle soll nur der abstrakte verfassungsrechtliche Rahmen skizziert werden.

4 Vgl. BVerfG Urt. v. 20.4.2016 – 1 BvR 966/09 ua –, BVerfGE 141, 220 (288, Rn. 156).

5 Vgl. unten → Rn. 55.

6 Zuletzt hat BVerfG Beschl. v. 9.12.2022 – 1 BvR 1345/21 –, juris, Rn. 124 die Regelung im Polizeigesetz Mecklenburg-Vorpommerns zur Wohnraumüberwachung mangels ausreichender Begrenzung für verfassungswidrig erklärt.

7 BVerfG Urt. v. 20.4.2016 – 1 BvR 966/09 ua –, BVerfGE 141, 220 (298 f., Rn. 192).

15 **1. Unverletzlichkeit der Wohnung (Art. 13 Abs. 1 GG).** Nach langen verfassungspolitischen Debatten[8] hatte der **verfassungsändernde Gesetzgeber im Jahre 1998** in Art. 13 GG, die neuen Abs. 3–6 in Art. 13 GG eingefügt, wobei Abs. 3 die akustische Wohnraumüberwachung zum Zwecke der Strafverfolgung und Abs. 4 die Wohnraumüberwachung zur Abwehr dringender Gefahren ermöglichte.

16 Die **Verfassungskonformität dieser Grundgesetzänderung** hat das Bundesverfassungsgericht im Urteil vom 3.3.2004[9] bestätigt – mit anderen Worten einen Verstoß gegen die durch Art. 79 Abs. 3 GG geschützte, unabänderliche Menschenwürdegarantie (Art. 1 Abs. 1 GG) verneint. Auch wenn Beschwerdegegenstand der zugrundeliegenden Verfassungsbeschwerde die strafprozessualen Umsetzungsnormen waren, mithin Art. 13 Abs. 3 GG zentraler Anknüpfungspunkt der verfassungsrechtlichen Prüfung,[10] besteht spätestens seit dem Urteil des Bundesverfassungsgerichts zum BKA-Gesetz vom 20.4.2016 Klarheit, dass zwischen Wohnraumüberwachungen zu Strafverfolgungszwecken und zu präventiven Zwecken zwar manch ein (im Verfassungstext bzw. in der jeweiligen Zwecksetzung angelegter) Unterschied in den Details der Ausgestaltung, aber keine fundamentale Differenz in der Beurteilung der verfassungsrechtlichen Zulässigkeit besteht. Insbesondere hat das Gericht in der Entscheidung zum BKA-Gesetz auch die **Zulässigkeit der optischen Wohnraumüberwachung,** die in der Entscheidung zum sog. Großen Lauschangriff noch keine Rolle spielen konnte, mit einem knappen Abgleich zwischen Art. 13 Abs. 3 und 4 GG bejaht und damit jedenfalls inzident die Vereinbarkeit einer auch optisch-akustischen Überwachung in der eigenen Wohnung mit der Menschenwürdegarantie angenommen.[11] Im Übrigen wird man von dem Grundsatz ausgehen können, dass an Überwachungsmaßnahmen, die präventiv schwerste Rechtsgutverletzungen vermeiden helfen sollen, jedenfalls keine strengeren Maßstäbe angelegt werden können, als an Maßnahmen zu Zwecken der Strafverfolgungszwecken. Aus einer Gesamtschau der beiden Urteile lassen sich folgende verfassungsrechtliche Vorgaben entnehmen.

17 **Heimliche Überwachungsmaßnahmen in einer Wohnung,** stellen – unbeschadet dessen, dass der Verfassunggeber 1948/49 primär den Schutz des Wohnungsinhabers vor unerwünschter physischer Anwesenheit eines Vertreters der Staatsgewalt vor Augen hatte – stets **Eingriffe in die Unverletzlichkeit der Wohnung** dar.[12] Die seit Inkrafttreten des Grundgesetzes eingetretenen technischen Entwicklungen, die ein enormes Gefahrenpotential für die Privatsphäre des Individuums in seinen eigenen Räumlichkeiten bewirken, erzwingen diese Weiterentwicklung des Eingriffsverständnisses, welches auch den allgemeinen grundrechtsdogmatischen Entwicklungen entspricht.

18 Gerechtfertigt sein kann der Eingriff nach Art. 13 Abs. 4 GG nur bei Vorliegen einer **dringenden Gefahr für die öffentliche Sicherheit, insbesondere einer gemeinen Gefahr oder einer Lebensgefahr.** Der Begriff der dringenden Gefahr ist damit ein verfassungsrechtlicher, der durch die Rechtsprechung des Bundesverfassungsgerichts weiter konturiert worden ist und dessen Handhabung durch Behörden und Fachgerichte dessen Überprüfung unterliegt (→ Rn. 28 ff.).

19 Bei der Rechtfertigung eines Eingriffs in Art. 13 GG ist insbesondere der **enge Bezug des Grundrechts zur Menschenwürde** zu berücksichtigen. Nach der Rechtsprechung des Bundesverfassungsgerichts gehört es „zur Entfaltung der Persönlichkeit im Kernbereich privater Lebensgestaltung [...] die Möglichkeit, innere Vorgänge wie Empfindungen und Gefühle sowie Überlegungen, Ansichten und Erlebnisse höchstpersönlicher Art zum Ausdruck zu bringen, und zwar ohne Angst, dass staatliche Stellen dies überwachen. Vom Schutz umfasst sind auch Gefühlsäußerungen, Äußerungen des unbewussten Erlebens sowie Ausdrucksformen der Sexualität“. Nach dieser Rechtsprechung ist die **Privatwohnung als „letztes Refugium“** ein Mittel zur Wahrung der Menschenwürde.[13] Der Schutz des Kernbereichs privater Entfaltung in diesem ist auch durch andere höchstrangige Rechtsgüter nicht rechtfertigungsfähig.[14] Dieser hohe Schutzstandard ist auf private Wohnungen beschränkt und mangels entsprechendem Menschenwürdebezug nicht auf Geschäftsräume übertragbar.

8 Vgl. umfassend zur Diskussion Dürig/Herzog/Scholz/Papier GG Art. 13 (2014) Rn. 47 ff.

9 BVerfG Urt. v. 3.3.2004 – 1 BvR 2378/98 ua –, BVerfGE 109, 279 ff.

10 Allerdings wurde auch in dieser Entscheidung die Möglichkeit, dass durch die Bekämpfung organisierter Kriminalität auch künftige Straftaten verhindert werden, als rechtfertigender Aspekt herangezogen, vgl. BVerfG Urt. v. 3.3.2004 – 1 BvR 2378/98 ua –, BVerfGE 109, 279 (314).

11 Vgl. BVerfG Urt. v. 20.4.2016 – 1 BvR 966/09 ua –, BVerfGE 141, 220 (296 f., Rn. 185); kritisch etwa Buermeyer K&R 2016, 395 (400).

12 BVerfG Urt. v. 3.3.2004 – 1 BvR 2378/98 ua –, BVerfGE 109, 279 (309) in Anknüpfung an eine Passage in dem Volkszählungsurteil BVerfG Urt. v. 15.12.1983 – 1 BvR 209/83 ua –, BVerfGE 65, 1 (40), welches den „Einbau von Abhörgeräten und ihre Benutzung in der Wohnung“ – wenn auch nur in Abgrenzung zum zu entscheidenden Fall – als Eingriff in Art. 13 GG charakterisierte; vgl. auch Dürig/Herzog/Scholz/Papier GG Art. 13 (2014) Rn. 47 ff.

13 BVerfG Urt. v. 3.3.2004 – 1 BvR 2378/98 ua –, BVerfGE 109, 279 (314).

14 BVerfG Urt. v. 3.3.2004 – 1 BvR 2378/98 ua –, BVerfGE 109, 279 (314).

20 Dieser (absolute) Schutz wird durch § 46 BKAG sowohl auf der **Erhebungsebene** durch Abs. 6 als auch auf der **Verwertungsebene** durch Abs. 7 und 8 gewährleistet. Bei deren Anwendung bestehen allerdings erhebliche **Spielräume, die im Wege einer verfassungskonformen Auslegung restriktiv** auszulegen sind. Insoweit greifen verfassungsrechtliche Vermutungsregeln, wann Überwachungsmaßnahmen zu unterlassen bzw. abzubrechen sind.[15]

21 Auch unterhalb eines Eingriffs in den absoluten Kernbereich sind der Wohnraumüberwachung aber enge Grenzen gesetzt. Denn durch diese wird generell das Vertrauen des Individuums in einen **unantastbaren Rückzugsraum** enttäuscht und verletzt. Dem entspricht es, dass auch bei einem ausreichenden Kernbereichsschutz nur bei besonders dringlichen Gefahren die Wohnraumüberwachung angeordnet werden darf.

22 **2. Andere Grundrechte.** Neben dem Grundrecht aus Art. 13 GG iVm dem Kernbereichsschutz des Art. 2 Abs. 1 iVm Art. 1 Abs. 1 GG können auch andere Grundrechte von einer Wohnraumüberwachungsmaßnahme betroffen sein. So ist der anwesende Nichtwohnungsinhaber durch die Überwachung in seinem **Allgemeinen Persönlichkeitsrecht** eingeschränkt,[16] die Kommunikation mit der Kernfamilie ist durch **Art. 6 Abs. 1 GG** geschützt,[17] bei der Vornahme ritueller Handlungen oder Gesprächen mit Geistlichen der eigenen Religionsgemeinschaft kann **Art. 4 Abs. 1, 2 GG** betroffen sein.[18] Die (Mit-)Betroffenheit dieser Grundrechte wird regelmäßig keine eigenständige Grundrechtsprüfung erforderlich machen; sie ist allerdings insbesondere bei der Beurteilung, ob ein Eingriff in den absolut geschützten Kernbereich vorliegt, angemessen in Rechnung zu stellen.

III. Unions- und konventionsrechtliche Vorgaben

23 Die Verwendung der nach § 46 BKAG erhobenen Daten liegt im **Anwendungsbereich der Richtlinie** (EU) **2016/680** des Europäischen Parlaments und des Rates vom 27.4.2016 zum Schutz natürlicher Personen bei der Verarbeitung personenbezogener Daten durch die zuständigen Behörden zum Zwecke der Verhütung, Ermittlung, Aufdeckung oder Verfolgung von Straftaten oder der Strafvollstreckung sowie zum freien Datenverkehr und zur Aufhebung des Rahmenbeschlusses 2008/977/JI des Rates[19] (DSRL-JI). Der **Grundsatz der Zweckbindung und der Verhältnismäßigkeitsgrundsatz,** die in der Richtlinie normiert sind, enthalten nach dem bisherigen Verständnis keine über das nationale Recht hinausgehenden Anforderungen. Die Richtlinie enthält keine Vorgaben für durch bestimmte Erhebungsmethoden gewonnene Daten, sondern knüpft im Wesentlichen in ihrem Art. 10 an bestimmte Kategorien personenbezogener Daten an. Auf die Ausführungen zu § 45 BKAG kann insoweit verwiesen werden (→ § 45 Rn. 20 ff.).

24 Die Anordnung und Durchführung einer Wohnraumüberwachung stellt einen schwerwiegenden Eingriff in **Art. 8 EMRK** dar. Auch wenn diesbezüglich noch keine einschlägige Rechtsprechung des Europäischen Gerichtshofs für Menschenrechte existiert, dürfte sich die Rechtfertigung der Überwachung an den Vorgaben für **sonstige geheime Überwachungsmaßnahmen** orientieren.[20] Anhaltspunkte dafür, dass die EMRK strengere Anforderungen stellen könnte als das deutsche Verfassungsrecht, sind nicht ersichtlich.

IV. Rechtsschutz

25 Bezüglich des Rechtsschutzes gegen Wohnraumüberwachungsmaßnahmen kann auf die Kommentierung zu den sonstigen besonderen Mitteln der Datenerhebung nach § 45 BKAG verwiesen werden (→ § 45 Rn. 42 ff.). Ebenso wie der Einsatz dieser Mittel stellt auch die **Anordnung der Wohnraumüberwachung** – schon mangels Bekanntgabe an den Betroffenen – **keinen Verwaltungsakt** (**§ 35 VwVfG**) **dar;** der nachträgliche Rechtsschutz findet auch hier – trotz der vorherigen amtsgerichtlichen Anordnung – durch die Verwaltungsgerichte im Wege einer Feststellungsklage (§ 43 VwGO) statt.[21] Das erforderliche **Feststellungsinteresse** ist bei den von einer Wohnraumüberwachung Betroffenen angesichts des zwar erledigten, jedoch schwerwiegenden Grundrechtseingriffs stets zu bejahen. Zu prüfen ist, ob die Maßnahme aus einer *ex ante*-Perspektive rechtmäßig war. Lagen die Voraussetzungen nicht vor, werden aber durch die Überwachungsmaßnahme Tatsachen bekannt, die die Überwachung gerechtfertigt hätten, führt dies nicht zur Rechtmäßigkeit der Maßnahme. Dabei darf allerdings nicht übersehen werden, dass entsprechende Überwachungsmaßnahmen gerade bei bestehenden Unsicherheiten hinsichtlich des Vorliegens einer Gefahr ergriffen werden können; diese Unsicherheiten machen also die Überwachungsmaßnahme nicht rechtswidrig.

15 Vgl. BVerfG Urt. v. 20.4.2016 – 1 BvR 966/09 ua –, BVerfGE 141, 220 (300 ff., Rn. 198 ff.) und genauer unten → Rn. 75 ff.
16 BVerfG Urt. v. 3.3.2004 – 1 BvR 2378/98 ua –, BVerfGE 109, 279 (325).
17 BVerfG Urt. v. 3.3.2004 – 1 BvR 2378/98 ua –, BVerfGE 109, 279 (325).
18 BVerfG Urt. v. 3.3.2004 – 1 BvR 2378/98 ua –, BVerfGE 109, 279 (325).
19 ABl.EU Nr. L 119, 89. Ausführlich zu den Inhalten Lisken/Denninger/Müller/Schwabenbauer, HdbPolR, G Rn. 461 ff.
20 Vgl. zusammenfassend Meyer-Ladewig/Nettesheim/von Raumer, EMRK, Art. 8 Rn. 35 ff.
21 Vgl. BGH Beschl. v. 18.7.2017 – 5 F 379/17 SO –, NJW 2017, 2631.

Prüfungsgegenstand eines solchen nachträglichen Rechtsschutzverfahrens kann sowohl die **Anordnung der Maßnahme als auch ihre Durchführung** sein. Anders als etwa bei Beschwerden gegen vereinsrechtliche Durchsuchungsbeschlüsse der Verwaltungsgerichte ist also nicht bezüglich des „Ob" der Maßnahme und der Ausführungsmodalitäten separat um Rechtsschutz nachzusuchen.[22] Dem Betroffenen steht insoweit ein Wahlrecht zu, wobei bei bestehenden Unklarheiten davon auszugehen ist, dass sowohl die Anordnung der Maßnahme als auch ihre Durchführung angegriffen wird. 26

Inwieweit vorbeugender Rechtsschutz vor den Verwaltungsgerichten gegen eine „vermutete" – oder auch nur potentiell auf der Grundlage des § 46 BKAG mögliche – Wohnraumüberwachung im Rahmen einer **Unterlassungsklage** erreicht werden kann, ist weitgehend ungeklärt. Verlangt man hierfür die Darlegung, dass aufgrund des Verhaltens des Klägers eine solche Überwachung in Betracht kommt (→ § 45 Rn. 44), dürfte die Möglichkeit leerlaufen. Das Bundesverfassungsgericht hat allerdings in einer jüngeren Entscheidung die Möglichkeit einer **vorbeugenden Klagemöglichkeit** zu den Verwaltungsgerichten gegen heimliche Überwachungsmaßnahmen aus Gründen der **Subsidiarität der Verfassungsbeschwerde** jedenfalls bei ungeklärten einfach-rechtlichen Auslegungsfragen für möglich angesehen.[23] Danach wird es zukünftig vielfach erforderlich sein, zunächst im Wege der vorbeugenden Unterlassungsklage vor den Verwaltungsgerichten vorzugehen. Die Möglichkeit, unmittelbar Verfassungsbeschwerde zu erheben (die ohnehin zwischenzeitlich wegen der Frist des § 93 Abs. 3 BVerfGG regelmäßig unzulässig sein dürfte), wird durch diese Rechtsprechung wesentlich erschwert. 27

B. Kommentierung im Einzelnen

I. Materielle Voraussetzungen

1. Dringende Gefahr. § 46 BKAG knüpft hinsichtlich der **Gefahrenschwelle** unmittelbar an den verfassungsrechtlichen Begriff der dringenden Gefahr nach Art. 13 Abs. 4 GG an. Dieser hat in der Rechtsprechung des Bundesverfassungsgerichts eine gewisse Konkretisierung erfahren. 28

Zu berücksichtigen sind hierfür sowohl das **Ausmaß** als auch die **Wahrscheinlichkeit des zu erwartenden Schadens.**[24] An das Vorliegen einer dringenden Gefahr, deren Anforderungen über die einer konkreten Gefahr noch hinausgehen, sind strenge Anforderungen zu stellen.[25] Nach eine älteren Definition in der Rechtsprechung des Bundesverfassungsgerichts braucht „eine dringende Gefahr für die öffentliche Sicherheit und Ordnung nicht bereits eingetreten zu sein; es genügt, dass die Beschränkung des Grundrechts dem Zweck dient, einen Zustand nicht eintreten zu lassen, der seinerseits eine dringende Gefahr für die öffentliche Sicherheit und Ordnung darstellen würde".[26] 29

Insgesamt bleiben diese Vorgaben relativ vage. Ihre nähere Konkretisierung dürfte zunächst einmal bedeuten, dass der Begriff der „dringenden" Gefahr nicht, wie von der allgemeinen Wortbedeutung nahegelegt, eine gesteigerte zeitliche Nähe erfordert, mithin nicht das verfassungsrechtliche Pendant der „unmittelbaren" Gefahr des allgemeinen Polizeirechts ist. Vielmehr geht es um **Gefahren, deren Abwehr besonders dringlich erscheint, insbesondere weil ein besonders gewichtiges Rechtsgut gefährdet** ist.[27] Es bedarf also einer besonderen Triftigkeit, die aus dem Ausmaß und der Wahrscheinlichkeit des zu erwartenden Schadens folgen. Dabei ist zu berücksichtigen, dass die Wohnraumüberwachung, in klassisch polizeirechtlicher Diktion, keine Gefahrenabwehrmaßnahme, sondern vielmehr einen Gefahrerforschungseingriff darstellt.[28] Denn allein durch die Maßnahme wird nicht die Gefahr abgewehrt, sondern zunächst durch intensivere Überwachung festgestellt, ob diese Gefahr wirklich besteht und wie sie sich konkretisieren könnte, um sodann durch das weitere polizeirechtliche und strafrechtliche Instrumentarium den Schadenseintritt zu verhindern. 30

Anwendung findet auch hier, die allgemeine gefahrenabwehrrechtliche **Je-desto-Formel** (→ § 38 Rn. 19 ff.). Diese Formel, nach der je größer das Ausmaß des zu erwartenden Schadens desto niedriger der Grad der Wahrscheinlichkeit des Schadenseintritts sein kann, wird bei den hochrangigen durch § 46 geschützten Rechtsgütern dazu führen, dass jedenfalls **keine überwiegende Wahrscheinlichkeit hinsichtlich etwa der Planung eines terroristischen Anschlags** zu fordern sind. Vielmehr reichen diesbezügliche Anhaltspunkte, die 31

22 Vgl. hierzu zuletzt VGH Mannheim Beschl. v. 12.10.2020 – 1 S 2071/17 –, juris, Rn. 63.

23 BVerfG Beschl. v. 8.6.2021 – 1 BvR 2771/18 –, BVerfGE 158, 170 (181 f., Rn. 67 ff.).

24 BVerfG Beschl. v. 7.12.2011 – 2 BvR 2500/09 –, BVerfGE 130, 1 (32, Rn. 128).

25 BVerfG Urt. v. 20.4.2016 – 1 BvR 966/09 ua –, BVerfGE 141, 220 (296, Rn. 184) unter Bezugnahme auf BVerwG Urt. v. 6.9.1974 – I C 17/73 –, BVerwGE 47, 31 (40) und BGH Urt. v. 14.8.2009 – 3 StR 552/08 –, BGHSt 54, 69 (83 f.).

26 BVerfG Urt. v. 13.2.1964 – 1 BvL 17/61 ua –, BVerfGE 17, 232 (251 f.), Lisken/Denninger/Graulich, HdbPolR, E Rn. 154.

27 Ob dies tatsächlich bedeutet, dass eine „(eindeutige) konkrete Gefahr" erforderlich ist (so Hömig/Wolff GG Art. 13 Rn. 21) und was damit über den allgemeinen Gefahrenbegriff Hinausgehendes gemeint ist, erscheint allerdings fraglich.

28 Vgl. zur Abgrenzung Lisken/Denninger/Graulich, HdbPolR, E Rn. 164 sowie → § 38 Rn. 6 ff.

sich allerdings nicht in reinen Vermutungen und noch weniger in vorurteilsbedingten allgemeinen Annahmen erschöpfen dürfen. In Abgrenzung zu Art. 13 Abs. 7 GG reicht für die Wohnraumüberwachung nach Abs. 4 jedenfalls auch keine allgemeine Verhütung von Gefahren aus.[29]

32 Der Anwendung der Je-Desto-Formel auf die Fälle der dringenden Gefahr ist **verfassungsrechtlich nicht gänzlich unbedenklich.** Es lässt sich immerhin argumentieren, dass durch deren Anwendung letztlich von einer Verschärfung des allgemeinen polizeirechtlichen konkreten Gefahrenbegriffs abgesehen wird, da angesichts der regelmäßig sehr schweren drohenden Schäden schon als relativ gering einzuschätzende Wahrscheinlichkeiten für eine Überwachungsmaßnahme ausreichen und damit zu schweren Grundrechtseingriffen ermächtigt wird. Eine solche Sichtweise übersieht allerdings, dass eben die gefährdeten Rechtsgüter so hochrangig sind, dass in entsprechenden Situationen ein Abwarten bis zu einer Gefahrenverdichtung kein gangbarer Weg ist (zu der erforderlichen Differenzierung bei Anwendung der Je-Desto-Formel allgemein → § 38 Rn. 20).

33 **2. Schutzgüter.** Nach Art. 13 Abs. 4 S. 1 GG sind präventiv-polizeiliche Wohnraumüberwachungsmaßnahmen bei dringenden Gefahren für **„die öffentliche Sicherheit, insbesondere einer gemeinen Gefahr oder einer Lebensgefahr"** zulässig. Diese verfassungsrechtliche Eingriffsschwelle konkretisiert § 46 Abs. 1 BKAG dahingehend, dass die dringende Gefahr **„für den Bestand oder die Sicherheit des Bundes oder eines Landes oder für Leib, Leben oder Freiheit einer Person oder Sachen von bedeutendem Wert, deren Erhaltung im öffentlichen Interesse geboten ist"** bestehen muss. Nach der Entscheidung des Bundesverfassungsgerichts vom 20.4.2016 zum BKAG ist diese einfachrechtliche Konkretisierung bei der gebotenen verfassungskonformen Auslegung nicht zu beanstanden.[30]

34 **a) Bestand oder Sicherheit des Bundes oder eines Landes.** Mit dem Schutzgut des Bestands oder der Sicherheit des Bundes oder eines Landes konkretisiert § 46 BKAG den Grundsatz der **wehrhaften Demokratie,** wenn auch sicherlich angesichts des Schutzes von Leib, Leben oder Freiheit einer Person dem erstgenannten Schutzgut keine erhöhte Bedeutung zukommt. Welches Verhalten eine diesbezügliche Gefahr darstellt, kann in einem ersten Zugriff den Straftatbeständen des **§ 129a StGB** sowie insbesondere dem Ersten, Zweiten und Vierten Abschnitt des Strafgesetzbuchs entnommen werden, wobei nicht alle dort benannten Taten für die Annahme einer Gefahr für den Bestand oder die Sicherheit des Bundes oder eines Landes ausreichen.

35 **b) Leib, Leben oder Freiheit einer Person.** Gefahren für Leib, Leben oder Freiheit einer Person werden bei von terroristischen Bestrebungen ausgehenden Gefahren der Hauptanwendungsfall der Norm sein. Dabei ist zu beachten, dass angesichts der Schwere des Eingriffs **nicht schon leichte Gesundheitsbeeinträchtigungen,** sondern nur schwerwiegende Gesundheitsverletzungen mit dauerhaften Folgen gemeint sind.[31]

36 **c) Sachen von bedeutendem Wert, deren Erhaltung im öffentlichen Interesse geboten ist.** Schließlich rechtfertigt gem. § 46 Abs. 1 auch eine Gefahr für Sachen von bedeutendem Wert, deren Erhaltung im öffentlichen Interesse geboten ist, die Anordnung und Durchführung einer Wohnraumüberwachung. Hiergegen sind gelegentlich Bedenken geäußert worden, da es der Norm jedenfalls an der erforderlichen Bestimmtheit ermangele.[32] Das Bundesverfassungsgericht ist diesen Bedenken nicht gefolgt: Bei verständiger Auslegung könne hierunter nicht schon allein der Schutz von bedeutsamen Sachwerten verstanden werden. Gemeint seien im gesetzlichen Zusammenhang mit der Terrorismusabwehr vielmehr etwa **wesentliche Infrastruktureinrichtungen oder sonstige Anlagen mit unmittelbarer Bedeutung für das Gemeinwesen.** Bei dieser Auslegung bestünden gegen die Normierung des Schutzguts keine Bedenken.[33]

37 In der praktischen Anwendung dürfte der Streit vielfach bedeutungslos sein, da bei einer entsprechenden Terrorismusgefahr jedenfalls auch eine Gefahr für Leib oder Leben von Menschen bestehen wird. Etwas anderes mag allenfalls dann anzunehmen sein, wenn terroristische Aktivitäten die Ausschaltung von **digitaler Infrastruktur** bezwecken. Ist diese für das Gemeinwesen von unmittelbarer Bedeutung, so kann auch die Verhinderung eines (digitalen) Angriffs hierauf die Wohnraumüberwachung und naheliegender Weise auch eine Online-Durchsuchung rechtfertigen (→ § 49 Rn. 28 ff.).

38 **3. Subsidiarität.** Schließlich erlaubt § 46 Abs. 1 aE BKAG die Maßnahme nur dann, wenn die Abwehr der Gefahr auf andere Weise **aussichtslos oder wesentlich erschwert** wäre. Die Vorschrift trägt damit dem allgemeinen Verhältnismäßigkeitsgrundsatz Rechnung und gewichtet die Wohnraumüberwachung als besonders schwerwiegend. Insbesondere Maßnahmen nach § 45 BKAG – etwa längerfristige Observationen außerhalb

29 BeckOK-GG/Kluckert Art. 13 Rn. 17 (2022).

30 BVerfG Urt. v. 20.4.2016 – 1 BvR 966/09 ua –, BVerfGE 141, 220 (296, Rn. 183).

31 Vgl. BVerfG Urt. v. 24.4.2013 – 1 BvR 1215/07 –, BVerfGE 133, 277 (365, Rn. 203).

32 Vgl. die Stellungnahme des Bundesbeauftragten für den Datenschutz und die Informationsfreiheit, wiedergegeben in der BVerfG Urt. v. 20.4.2016 – 1 BvR 966/09 ua –, BVerfGE 141, 220 (256 f., Rn. 69).

33 BVerfG Urt. v. 20.4.2016 – 1 BvR 966/09 ua –, BVerfGE 141, 220 (287 f., Rn. 155); Urt. v. 24.4.2013 – 1 BvR 1215/07 –, BVerfGE 133, 277 (365, Rn. 203).

der Wohnung – sind dementsprechend regelmäßig vorrangig zu ergreifen, wenn sie den Erfolg der Maßnahme nicht zumindest wesentlich erschweren.

4. Störer. Die Maßnahme ist gem. § 46 Abs. 1 BKAG gegen den Störer gerichtet. Die Vorschrift knüpft in 39
Nr. 1 lit. a an den Störerbegriff des BPolG an (→ § 38 Rn. 25) und normiert in lit. b eine spezielle Inanspruchnahmemöglichkeit für Personen bei denen konkrete Vorbereitungshandlungen für sich oder zusammen mit weiteren Tatsachen die begründete Annahme rechtfertigen, dass sie Straftaten nach § 5 Abs. 1 S. 2 BKAG begehen werden.

a) **Verhaltens- und Zustandsstörer (§§ 17, 18 BPolG).** Nach lit. a können sowohl **Verhaltens- als auch Zu-** 40
standsstörer iSd BPolG **Zielperson einer Wohnraumüberwachung** sein. Insbesondere die Inanspruchnahme des Zustandsstörers ist Gegenstand einiger Kritik geworden, da kaum erkennbar sei, in welchen Fällen eine solche Inanspruchnahme bei der Bekämpfung von terroristischen Bedrohungen erforderlich sei.[34] Das Bundesverfassungsgericht hat diese Bedenken nicht geteilt, sondern hat unter Verweis auf die Ausführungen zur § 20g BKAG aF (§ 45 nF) ausgeführt, dass es dem Gesetzgeber freistehe, mit den **tradierten Störerbegriffen** des Polizeirechts auch bei heimlichen Überwachungsmaßnahmen zu arbeiten.[35] Ob eine entsprechende Bezugnahme leerlaufe, sei verfassungsrechtlich irrelevant.

Recht überzeugend ist diese Rechtsprechung nicht. Jedenfalls angesichts des erheblichen Gewichts des in 41
Rede stehenden Grundrechtseingriffs, den das Bundesverfassungsgericht zu Recht betont, obliegt es dem **Gesetzgeber, das Bedürfnis für die durch ihn festgelegte Weite des Adressatenkreises darzulegen.** Gelingt ihm dies nicht, so ist es jedenfalls aus Gründen der Normenklarheit iVm dem vorliegenden, in der Menschenwürde wurzelnden Grundrecht des Art. 13 GG geboten, dass das Bundesverfassungsgericht entsprechende, bei verfassungskonformer Auslegung nicht anwendbare Normen für nichtig erklärt.

b) **Anscheinsstörer.** Die praktisch deutlich relevantere Adressatenbestimmung dürfte in lit. b der Vorschrift 42
liegen. Danach kann eine Wohnraumüberwachung bei einer Person, bei der konkrete Vorbereitungshandlungen für sich oder zusammen mit weiteren bestimmten Tatsachen die **begründete Annahme** rechtfertigen, dass sie **Straftaten nach § 5 Abs. 1 S. 2 BKAG** begehen wird, durchgeführt werden.[36] Mit der Inbezugnahme der Taten nach § 5 Abs. 1 S. 2 BKAG knüpft die Norm systematisch an die dem BKA zugewiesene Aufgabe der Terrorismusbekämpfung an.

Konkrete Vorbereitungshandlungen setzen schon nach dem eindeutigen Wortsinn mehr voraus als eine ge- 43
gebenenfalls verbal kommunizierte Absicht.[37] Es muss zumindest **erkennbar** werden, dass eine von **§ 5 Abs. 1 S. 2 BKAG genannte Tat geplant wird,** worunter allerdings – bei Vorliegen weiterer Tatsachen – auch schon der bekannt gewordene Download einer Anleitung zum Bau einer Bombe durch eine bestimmte Person fallen kann. Nach der Rechtsprechung des Bundesverfassungsgerichts ist zudem erforderlich, dass ein **seiner Art nach konkretisiertes und zeitlich absehbares Geschehen** erwartbar ist.[38] Mit diesen Vorgaben wird es sich kaum vereinbaren lassen, im Zweifel regelmäßig vom Vorliegen einer dringenden Gefahr auszugehen.[39] Vielmehr ist es – unbeschadet dessen, dass keine unmittelbare Gefahr vorliegen muss – jedenfalls erforderlich, dass neben konkreten Vorbereitungshandlungen auch weitere Kenntnisse des BKA vorliegen, die jedenfalls eine insbesondere ihrer Art nach bestimmbare Tat erwarten lassen.

5. Überwachungsobjekt „Wohnung“. Abs. 2 der Vorschrift regelt die möglichen Überwachungsobjekte. 44

a) **Wohnungsbegriff.** Bezüglich des Wohnungsbegriffs ist auf die **Definition der Wohnung iSd Art. 13** 45
Abs. 1 GG zurückzugreifen.[10] Damit sind nicht nur **Privatwohnungen**, sondern nach ständiger Rechtsprechung auch **Geschäftsräume** und auch solche erfasst, die öffentlich zugänglich sind.[41] Dabei ist zu beachten, dass der oben dargestellte enge Bezug zur Menschenwürde bei öffentlich zugänglichen Geschäftsräumen im Regelfall weitgehend wegfällt. Das bedeutet insbesondere, dass die **strengen Regeln zum Kernbereichsschutz bei der Überwachung von Geschäftsräumen nur eingeschränkt Anwendung** finden, insbesondere die unten darzustellenden Vermutungsregeln nicht greifen.

Als Wohnung gelten dabei auch zu Wohnzwecken staatlich zur Verfügung gestellte Unterkünfte, etwa 46
Obdachlosenunterkünfte oder Zimmer zur **Flüchtlingsunterbringung,**[42] oder auch **Zimmer in Krankenhäusern**[43].

34 Vgl. die Wiedergabe bei Schenke/Graulich/Ruthig/R. P. Schenke BKAG § 46 Rn. 11.
35 BVerfG Urt. v. 20.4.2016 – 1 BvR 966/09 ua –, BVerfGE 141, 220 (289, Rn. 159).
36 Vgl. die Darstellung und Kritik des darin zum Ausdruck kommenden Prädiktionsmodells Volkmann NVwZ 2021, 1408 (1413 f.).
37 Schenke/Graulich/Ruthig/R. P. Schenke BKAG § 46 Rn. 11.
38 BVerfG Urt. v. 20.4.2016 – 1 BvR 966/09 ua –, BVerfGE 141, 220 (298, Rn. 190).
39 So aber Schenke/Graulich/Ruthig/R. P. Schenke BKAG § 46 Rn. 11.
40 So auch Schenke/Graulich/Ruthig/R. P. Schenke BKAG § 46 Rn. 14.
41 StRspr. seit BVerfG Beschl. v. 13.10.1971 – 1 BvR 280/66 –, BVerfGE 32, 54 (69 ff.); Urt. v. 17.2.1998 – 1 BvF 1/91 –, BVerfGE 97, 228 (265 f.).
42 So zurecht in anderem Zusammenhang VGH Mannheim Urt. v. 28.3.2022 – 1 S 1265/21 –, juris, Rn. 52.
43 Vgl. BGH Urt. v. 10.8.2005 – 1 StR 140/05 –, BGHSt 50, 206.

47 **b) Wohnung des Störers.** Grundsätzlich ist die Wohnraumüberwachung gem. § 46 Abs. 2 S. 1 BKAG in der Wohnung des Störers durchzuführen. Hierbei ist nicht auf die zivilrechtlichen Besitzverhältnisse oder gar die Meldesituation abzustellen, sondern schlicht auf den **regelmäßigen Aufenthalt des Störers.** Mit anderen Worten: Dort, wo sich der Störer regelmäßig aufhält, befindet sich seine Wohnung.

48 Entsprechend kann eine Wohnraumüberwachung in **Büro- und Geschäftsräumen** durchgeführt werden, in denen sich der **Störer regelmäßig aufhält.** Dies setzt nicht voraus, dass er selbst Inhaber des entsprechenden Geschäfts ist.

49 **c) Wohnung Dritter.** Nach **§ 46 Abs. 2 S. 2 BKAG** kann die Wohnraumüberwachung auch in Wohnungen anderer Personen durchgeführt werden, wofür allerdings zwei Voraussetzungen erfüllt sein müssen. Es muss sich, erstens, ein Störer iSd Abs. 1 in der Wohnung aufhalten. Zweitens, darf die Maßnahme allein in der Wohnung des Störers nicht zur Abwehr der Gefahr führen.

50 Die an dieser Vorschrift teilweise geäußerte **Kritik, der Zusammenhang zur Gefahr werde „bis zur Unkenntlichkeit gestreckt"**, überzeugt nicht.[44] Es kann gerade Fälle geben, in denen bei einer Person konkrete Vorbereitungshandlungen iSd Abs. 1 beobachtet worden sind, sie sich allerdings regelmäßig in eine Wohnung Dritter zu Treffen mit anderen Personen begibt und dies im Rahmen einer Observation dieser Person festgestellt wird. In diesem Fall ist das Bedürfnis für die Wohnraumüberwachung bei der dritten Person nicht von der Hand so drängend, dass es die weitere Vertiefung des Grundrechtseingriffs zu rechtfertigen vermag.

51 Aus dem Vorstehenden folgt allerdings auch, dass aufgrund anderer, **konkreter Erkenntnisse** zu erwarten sein muss, dass sich die **Person in dieser Wohnung aufhalten** wird. Hierfür reichen nicht reine Mutmaßungen oder die allgemeine Lebenserfahrung (etwa die Annahme, dass der Betroffene im Zweifel Weihnachten bei seinen Eltern verbringen wird) aus. Es bedarf vielmehr, in den Worten des Bundesverfassungsgerichts, eines **„konkretisierten Verdachts"**.[45]

52 **6. Rechtsfolge.** Liegen die soeben dargestellten Tatbestandsvoraussetzungen der Vorschrift vor, so kann die Behörde die akustische und optische Wohnraumüberwachung beantragen und das Gericht diese anordnen.

53 **a) Eindringen in die Wohnung.** Von der Rechtsfolge der Vorschrift ist – ohne dass dies im Wortlaut deutlich zum Ausdruck käme – gewissermaßen als **Annexkompetenz das heimliche Eindringen in die Wohnung** zur Anbringung des Überwachungsgeräts erfasst.[46] Dies entspricht der herrschenden Meinung zu Art. 13 Abs. 3 und 4 GG und folgt daraus, dass jedenfalls bei der Schaffung der Vorschrift Überwachungsmittel, deren Installation kein Eindringen in die Wohnung erfordert, kaum existierten.[47] Es bedarf demnach keiner separaten Anordnung, die das Eindringen in die Wohnung erlaubt; allerdings sollte die beabsichtigte Form des Eindringens in dem Antrag der Behörde und dem Beschluss des Gerichts bestimmt werden.

54 **b) Einsatz technischer Mittel.** In der Rechtsfolge erlaubt § 46 Abs. 1 BKAG den verdeckten Einsatz technischer Mittel in oder aus Wohnungen. Erfasst sind davon sowohl analoge als auch digitale Mittel.

55 Ungeklärt ist bisher, inwieweit gestützt auf § 46 BKAG auch sog. **Smart Speaker** (Alexa etc.) infiltriert und als Abhörvorrichtung in einer Wohnung iSd Abs. 2 eingesetzt werden können. Dagegen spricht, dass das BKAG zwischen dem Einsatz technischer Mittel (des BKA) und des verdeckten Eingriffs in informationstechnische Systeme differenziert.[48] Eine explizite Ermächtigungsgrundlage für die für einen Zugriff auf Smart Speaker erforderliche Kombination beider Maßnahmen ist im BKAG nicht vorhanden.[49] Zwar ließe sich durchaus argumentieren, dass mit § 46 BKAG schon der schwerstmögliche Eingriff in die Privatsphäre normiert ist, so dass die Vorschrift ebenso wie das körperliche Eindringen in die Wohnung zugleich auch die technische Infiltration von digitalen Systemen in der Wohnung ermöglicht. Jedoch enthält § 46 BKAG keine Begrenzungen des Zugriffs auf informationstechnische Systeme entsprechend § 49 Abs. 2 BKAG, die allerdings angesichts derer besonderer Sensibilität zwingend erforderlich ist. Einer analogen Anwendung dieser Vorschrift im Rahmen des § 46 BKAG dürfte die vom Bundesverfassungsgericht zurecht betonte, besondere Bedeutung des Grundsatzes der Normenklarheit und -bestimmtheit bei verdeckten Überwachungsmaßnahmen im Wege stehen.[50] Im Ergebnis bietet § 46 BKAG derzeit **keine ausreichende Grundlage für die Infiltration eines Smart Speakers.** Hierfür bedürfte es der Ergänzung des § 46 BKAG.

44 Möllers BT-Ausschuss-Drs. 16 (4)460 K, 6.
45 Vgl. BVerfG Urt. v. 20.4.2016 – 1 BvR 966/09 ua –, BVerfGE 141, 220 (297 f., Rn. 188); Schenke/Graulich/Ruthig/R. P. Schenke BKAG § 46 Rn. 22.
46 So auch zur parallelen strafprozessualen Vorschrift des § 100c StPO: BeckOK-StPO/Hegmann § 100c Rn. 3 (2022).
47 BeckOK-GG/Kluckert Art. 13 Rn. 15 (2022).
48 So Marx DVBl. 2020, 488 (492).
49 Aus diesem Grund wird teilweise die Schaffung einer entsprechenden Ermächtigungsgrundlage angeregt, s. Marx DVBl. 2020, 488 (493).
50 Vgl. hierzu die Zusammenfassung bei HdbVerfR/Bäcker § 28 Rn. 85 ff.

c) **Ermessen.** Nach dem Wortlaut der Vorschrift **„kann"** bei Vorliegen der Tatbestandsvoraussetzungen die Wohnraumüberwachung angeordnet werden. Man mag insofern von „Ermessen" sprechen.[51] Weiterführend scheint dies hinsichtlich des „Ob" der Maßnahme kaum zu sein, da angesichts der spezifischen Anforderungen an die Anordnung der Wohnraumüberwachung (Anordnung durch das Gericht) und der bei Vorliegen der Tatbestandsvoraussetzungen gefährdeten höchsten Rechtsgüter die **klassische Ermessensfehlerlehre kaum adäquat** erscheint. 56

Erforderlich ist aber selbstverständlich, dass die Wohnraumüberwachung **verhältnismäßig** ist. Insoweit normiert die Vorschrift selbst schon eine Vielzahl von Verhältnismäßigkeitserwägungen (insbesondere Abs. 1 aE und Abs. 2 S. 1 Nr. 2). Für eine **vertiefte Angemessenheitsprüfung** wird in aller Regel angesichts der vom Tatbestand geforderten hochrangigen, durch terroristische Aktivitäten bedrohten Rechtsgüter **kaum Raum** verbleiben. Dabei ist auch zu beachten, dass der **Schutz des Kernbereichs** nach der Rechtsprechung des Bundesverfassungsgerichts **abwägungsfest** ist, so dass auch insoweit keine Verhältnismäßigkeitsprüfung im eigentlichen Sinne angezeigt ist. 57

Erhebliche Bedeutung gewinnt der Verhältnismäßigkeitsgrundsatz allerdings beim **„Wie" der Maßnahme.** Insbesondere die Frage, ob **neben einer akustischen, zusätzlich eine optische Überwachung** erforderlich ist, bedarf strenger Prüfung.[52] Denn in der zusätzlichen optischen Überwachung der Wohnräume liegt eine über die rein akustische Überwachung deutlich hinausgehende Eingriffstiefe. Es muss dargelegt sein, warum die akustische Überwachung nicht zielführend ist, wobei es nach der Rechtsprechung des Bundesverfassungsgerichts nicht ausreicht, dass die optische Überwachung die Zuordnung von Stimmen erleichtert, sondern es bedarf gewichtiger, für den Erfolg der Überwachung maßgeblicher eigener Gründe.[53] 58

Gewichtige Gründe iS dieser Rechtsprechung werden insbesondere bei (vermuteten) **Einzeltätern** vorliegen, bei denen aufgrund anderer Erkenntnisse davon auszugehen ist, dass diese in ihrer Wohnung Vorbereitungen für ein terroristisches Attentat treffen. In diesem Fall wird eine rein akustische Überwachung kaum die Kenntnisnahme vom Fortschreiten der Vorbereitung ermöglichen. 59

Ob aus dem Verhältnismäßigkeitsgrundsatz tatsächlich Vorgaben dafür folgen, ob eine **automatisierte Aufzeichnung** oder eine Überwachung durch eine mithörende Person erfolgt,[54] erscheint fraglich. Zwar wird teilweise angenommen, dass die automatische Aufzeichnung insofern „in aller Regel" das mildere Mittel sei.[55] Dies soll daraus folgen, dass in diesem Fall eine Kenntnisnahme der Ermittlungsbehörden erst nach der Sichtung durch den zuständigen Richter erfolgt. Zugleich ist aber mit der automatisierten Aufzeichnung zum einen die Gefahr verbunden, dass keine Unterbrechung der Aufzeichnung erfolgt, obwohl dem Kernbereich zuzuordnende Gespräche aufgezeichnet werden.[56] Zum anderen sollte nicht verkannt werden, dass automatisierte Überwachungsmechanismen die Gefahr in sich bergen, dass solche Maßnahmen zunächst ohne größeren Ressourceneinsatz erfolgen können und mithin eher großflächiger angewendet werden können. 60

II. Verfahren

Als **verfahrensrechtliche Sicherungsmaßnahme** normiert Abs. 3 den Behördenleiterantrags- und den Richteranordnungsvorbehalt, wobei nur letzterer verfassungsrechtlich geboten ist.[57] 61

1. Antrag. a) Antragsteller. Der Antrag muss durch den **Präsidenten des BKA oder seine Vertretung** gestellt werden. Schon dem Wortlaut der Vorschrift („Vertretung") lässt sich zwanglos entnehmen, dass die Antragsbefugnis nicht auf maximal zwei Personen beschränkt ist. Vielmehr ist bei einer Verhinderung des Präsidenten und seines Vizepräsidenten die nach der internen Geschäftsordnung zuständige weitere vertretende Person tauglicher Antragsteller. 62

51 So Schenke/Graulich/Ruthig/R. P. Schenke BKAG § 46 Rn. 19.

52 Vgl. hierzu auch Lisken/Denninger/Müller/Schwabenbauer, HdbPolR, G Rn. 770, die darauf hinweisen, dass die rein optische Wohnraumüberwachung allein nicht generell schwerer wiegt als die akustische Wohnraumüberwachung.

53 BVerfG Urt. v. 20.4.2016 – 1 BvR 966/09 ua –, BVerfGE 141, 220 (297, Rn. 185), wobei es durchaus bemerkenswert ist, dass das Gericht im Rahmen einer Rechtssatzverfassungsbeschwerde derartig konkrete Vorgaben zur Anwendung des einfachen Gesetzesrechts macht.

54 Vgl. BVerfG Urt. v. 20.4.2016 – 1 BvR 966/09 ua –, BVerfGE 141, 220 (300 f., Rn. 199; 314 f., Rn. 243); kritisch auch Schulenberg in Scheffczyk/Wolter (Hrsg.), Linien der Rechtsprechung des BVerfG IV, 2017, S. 124 (166 f.).

55 Schenke/Graulich/Ruthig/R. P. Schenke BKAG § 46 Rn. 16.

56 Vgl. hierzu BVerfG Urt. v. 3.3.2004 – 1 BvR 2378/98 ua –, BVerfGE 109, 279 (322).

57 Art. 13 Abs. 4 GG schreibt alleine die Anordnung durch den Richter vor (aA möglicherweise Schenke/Graulich/Ruthig/R. P. Schenke BKAG § 46 Rn. 24). Es erscheint auch entgegen einer häufiger anzutreffenden Ansicht (vgl. Sachs/Kühne GG Art. 13 Rn. 46) durchaus zweifelhaft, ob der Behördenleitervorbehalt tatsächlich die ihm zugeschriebene grundrechtssichernde Funktion hat. Es ließe sich zumindest auch argumentieren, dass durch die Hochzonung auf eine dem politischen Bereich sehr nahestehende Person (vgl. § 54 Abs. 1 Nr. 7 BBG) die Bedeutung politischer Erwägungen gegenüber einer Entscheidung auf der Fachebene eher erhöht wird.

63 b) **Antragsinhalt.** Abs. 4 normiert sodann Anforderungen an den **konkreten Inhalt des Antrags**. Danach sind die **Person**, gegen die sich die Maßnahme richtet (Nr. 1), die zu **überwachende Wohnung** (Nr. 2), **Art, Umfang und Dauer der Maßnahme** (Nr. 3), der **Sachverhalt** (Nr. 4) sowie eine **Begründung** (Nr. 5) anzugeben. Es wird sich anbieten, die Ziffern 1–3 in einem dem späteren Tenor einer Entscheidung entsprechenden Antrag zusammenzufassen. Geschieht dies nicht, führt dies jedoch nicht zur Ablehnung der Maßnahme, wenn sich aus dem Antragsinhalt die Angaben zu Nrn. 1–3 hinreichend deutlich erkennen lassen.

64 Daneben hat die **Antragsschrift** insbesondere die Darstellung eines **ausreichenden Sachverhalts** zu enthalten, der für das Gericht die wesentlichen Erkenntnisse offen zu legen hat. Wie dabei mit **geheimhaltungsbedürftigen Erkenntnissen** umzugehen ist, kann nicht generell-abstrakt beschrieben werden. Zu berücksichtigen ist jedenfalls, dass der Betroffene von diesen Informationen erst nach seiner Benachrichtigung gem. § 74 BKAG Kenntnis erlangen kann. Das BKA hat jedenfalls das Vorliegen einer Gefahrenlage plausibel zu machen.

65 Eine **bestimmte Form** ist für den Antrag anders als für die Anordnung **nicht vorgeschrieben**; er kann also auch fernmündlich gestellt werden, wobei auch dies gegebenenfalls durch den Präsidenten des BKA oder seine Vertretung zu erfolgen hat.

66 **2. Anordnung. a) Anordnungskompetenz.** Die Anordnung ergeht gem. § 46 Abs. 3 S. 1 BKAG grundsätzlich durch das in § 90 Abs. 2 BKAG bestimmte Gericht, das **Amtsgericht Wiesbaden** (→ § 90 Rn. 5 f.). Anders als Art. 13 Abs. 3 GG sieht Art. 13 Abs. 4 GG aus kaum nachvollziehbaren Gründen nur eine gerichtliche Entscheidung und nicht zwingend eine Entscheidung durch einen mit drei Berufsrichtern besetzten Spruchkörper vor. Dies mag praktischen Gesichtspunkten geschuldet sein, angesichts des potentiell noch erheblicheren Grundrechtseingriffs bei Maßnahmen nach Art. 13 Abs. 4 GG überzeugt es verfassungspolitisch aber nicht.

67 Die Anordnung ergeht durch den zuständigen Richter des Amtsgerichts Wiesbaden, der im **Geschäftsverteilungsplan** ausgewiesen ist. Ist dieser verhindert, ergeht die Entscheidung durch den Vertreter.

68 **b) Anordnungsinhalt.** Die Bestimmung des Anordnungsinhalts in Abs. 5 unterscheidet sich von jener des Antragsinhalts zunächst nur dadurch, dass anstelle eines Sachverhalts und einer Begründung nur die schriftliche (Abs. 5 S. 1) **Angabe der wesentlichen Gründe** verlangt wird. In dieser Formulierung liegt jedoch bei verfassungskonformer Auslegung keine Zurücknahme der verfassungsrechtlichen Prüfungs- und Begründungspflichten, sondern die Betonung, dass alle rechtlich maßgeblichen Gesichtspunkte tragfähig dargelegt werden müssen.[58] Der Anordnungsbeschluss muss die angenommene Gefahr so beschreiben, dass der äußere Rahmen abgesteckt wird, innerhalb dessen die heimliche Maßnahme durchzuführen ist. Die maßgeblichen Erwägungen des Gerichts sind in der Begründung der Anordnung hinreichend zu dokumentieren und es hat durch geeignete Anordnungen im Rahmen des Möglichen und Zumutbaren sicherzustellen, dass der Eingriff in die Grundrechte messbar und kontrollierbar bleibt.[59]

69 Auf diese Weise dient die Schriftform der Anordnung zugleich der **späteren (verwaltungs-)gerichtlichen Überprüfbarkeit der entscheidungstragenden Erwägungen.**[60] Mit diesen Vorgaben nicht vereinbar wären etwa kurze Tenorbeschlüsse, die unter schlichter Wiedergabe des Gesetzeswortlauts die Überwachungsmaßnahme anordnen. Ebenso unzureichend ist eine pauschale Bezugnahme auf den Antragsinhalt, da damit nicht ausreichend dokumentiert wird, dass eine eigenständige gerichtliche Überprüfung stattgefunden hat; eine konkrete Bezugnahme auf einzelne Bestandteile der Antragsschrift ist demgegenüber möglich.

70 Die Anordnung ist gem. § 46 Abs. 5 S. 3 BKAG **auf höchstens einen Monat zu befristen,** wobei gem. S. 4 eine **Verlängerung** möglich ist, wenn unter Berücksichtigung der gewonnenen Erkenntnisse die Voraussetzungen der Abs. 1, 6 und 7 fortbestehen. Dass in dieser Aufzählung Abs. 2 nicht erwähnt ist, und mithin die Einschränkungen bezüglich der Überwachung Dritter nicht aufgegriffen werden, ist als offenkundiges Redaktionsversehen im Rahmen verfassungskonformer Interpretation zu korrigieren. Die Vorschrift lässt auch mehrfache – und zwar ohne zeitliche Obergrenze – Verlängerungen zu, was sich aus dem Wort „jeweils" ergibt.[61] Zu beachten ist hierbei allerdings, dass stets die gewonnenen Erkenntnisse die Verlängerung der Observation weiter tragen zu helfen vermögen. Gerade bei Verlängerungsentscheidungen ist das **Verbot der Totalüberwachung** zu berücksichtigen, da die Dauerwohnraumüberwachung ein besonderes Potential zur verfassungswidrigen lückenlosen Überwachung einer Person hat.[62]

71 **3. Anordnungen bei Gefahr im Verzug.** Bei Gefahr im Verzug kann die Anordnung auch durch den Präsidenten des BKA oder seine Vertretung getroffen werden, § 46 Abs. 3 S. 2 BKAG. Mit der Vorschrift knüpft

58 BVerfG Urt. v. 20.4.2016 – 1 BvR 966/09 ua –, BVerfGE 141, 220 (299, Rn. 194).
59 BVerfG Urt. v. 3.3.2004 – 1 BvR 2378/98 ua –, BVerfGE 109, 279 (359).
60 Vgl. Schenke/Graulich/Ruthig/R. P. Schenke BKAG § 46 Rn. 27.
61 Vgl. BVerfG Urt. v. 20.4.2016 – 1 BvR 966/09 ua –, BVerfGE 141, 220 (299, Rn. 195).
62 Vgl. hierzu allgemein Lisken/Denninger/Schwabenbauer, HdbPolR, G Rn. 171 und → § 51 Rn. 30.

der Gesetzgeber an das **übliche polizeirechtliche Instrumentarium** an. Dies ist in Art. 13 Abs. 4 S. 2 GG angelegt.[63] Es dürften allerdings nur wenige Situationen denkbar sein, in denen eine Gefahrenlage sofortiges Handeln erfordert, dieses Handeln aber zunächst in der Durchführung einer Wohnraumüberwachung besteht. Die Anordnung hat auch im **Falle der Eilkompetenz schriftlich** zu ergehen, da Abs. 3 S. 2 nur die Zuständigkeit für die Anordnung verschiebt, aber nichts an den Formerfordernissen ändert. Voraussetzung für die Annahme von Gefahr im Verzug ist, dass im Falle des Abwartens einer gerichtlichen Entscheidung die Maßnahme voraussichtlich zu spät käme.[64]

Ordnet der Präsident des Bundeskriminalamts die Überwachungsmaßnahme an, so ist die gerichtliche Entscheidung **unverzüglich nachzuholen,** § 46 Abs. 3 S. 3 BKAG. Dies sollte in der praktischen Anwendung bedeuten, dass mit der (schriftlichen) Anordnung durch den Präsidenten zugleich ein Antrag auf Bestätigung an das Gericht gestellt wird. 72

Wird die Anordnung nicht binnen drei Tagen durch das Gericht bestätigt, tritt sie **außer Kraft,** § 46 Abs. 3 S. 4 BKAG. Drei Tage iSd Vorschrift bedeutet, dass der Ablauf des dritten auf die Anordnung folgenden Tages maßgeblich ist. 73

Nicht gänzlich unproblematisch ist die Antwort auf die Frage, ob das Gericht, wenn es zu dem Ergebnis kommt, die Voraussetzungen für eine Wohnraumüberwachung lägen nicht vor, **die Eilanordnung aufheben darf und muss.** Der Wortlaut des § 46 BKAG spricht dagegen, da er allein die Bestätigung durch das Gericht und ansonsten das Außerkrafttreten nach drei Tagen vorsieht. Sonstige polizeirechtliche Befugnisse, die unter Richtervorbehalt stehen, sehen dagegen regelmäßig auch eine Entscheidung über die Fortdauer vor.[65] Aus Gründen effektiven Grundrechtsschutzes und angesichts des Regel-Ausnahme-Verhältnisses zwischen gerichtlicher und behördlicher Anordnung ist allerdings davon auszugehen, dass das Gericht, so wie es einen Antrag auf Anordnung ablehnen, einen Antrag auf Bestätigung ablehnen und zugleich die Aufhebung der Maßnahme anordnen kann. 74

III. Kernbereichsschutz

1. Definition. Der Schutz des Kernbereichs privater Lebensgestaltung ist durch die Wohnraumüberwachung – jedenfalls dort, wo die Überwachung von privaten Wohnräumlichkeiten in Rede steht – in ganz besonderer Form betroffen. Dies liegt darin begründet, dass das Individuum gerade in den eigenen vier Wänden die Erwartung haben darf, sich frei von jeder staatlichen Kontrolle zu verhalten. Dies führt zu strengen Vorgaben für den Kernbereichsschutz schon vor Beginn der Maßnahme. Im Übrigen kann bezüglich des Umfangs Kernbereichsschutzes zunächst auf die Kommentierung zu § 45 verwiesen werden (→ § 45 Rn. 186 ff.). 75

2. Erhebung. a) Vor Beginn. Eine Wohnraumüberwachung darf gem. Abs. 6 S. 1 nur angeordnet und durchgeführt werden, soweit aufgrund tatsächlicher Anhaltspunkte, insbesondere zu der Art der zu überwachenden Räumlichkeiten und dem Verhältnis der zu überwachenden Personen zueinander, anzunehmen ist, dass durch die **Überwachung Äußerungen, die dem Kernbereich privater Lebensgestaltung zuzurechnen sind, nicht erfasst werden.** 76

Hierbei gilt schon auf der **Erhebungsebene die Vermutung,** dass **Gespräche, die in Privaträumen mit Personen des besonderen persönlichen Vertrauens** geführt werden, dem Kernbereich privater Lebensgestaltung unterfallen und nicht überwacht werden dürfen. Solche Personen sind insbesondere **Ehe- oder Lebenspartner, Geschwister und Verwandte in gerader Linie,** vor allem, wenn sie im selben Haushalt leben, und unter Umständen auch **Strafverteidiger, Ärzte, Geistliche und enge persönliche Freunde.**[66] Ähnliches dürfte etwa für den Besuch einer Prostituierten gelten. Insgesamt mögen die strafprozessualen Zeugnisverweigerungsrechte für den betroffenen Personenkreis einen Anhaltspunkt geben; identisch sind sie nicht.[67] 77

Für Räume, in denen Gespräche mit diesen Personen zu erwarten sind, scheidet entsprechend wohl die Anordnung einer **automatischen Dauerüberwachung** generell aus.[68] Eine ständiges Mithören und gegebenen- 78

63 Vgl. zur erforderlichen restriktiven Auslegung Hömig/Wolff GG Art. 13 Rn. 22 und 15.

64 BVerfG Beschl. v. 3.4.1979 – 1 BvR 994/76 –, BVerfGE 51, 97 (111). Mit der Befassung des Richters endet auch im Rahmen des § 46 BKAG die Eilkompetenz des Behördenleiters. Lehnt der Richter die Anordnung der Maßnahme ab, so kann eine Anordnung gestützt auf die Eilkompetenz allenfalls bei neu auftretenden und die Gefahr in Verzug begründenden Umständen in Betracht kommen, vgl. BVerfG Beschl. v. 16.6.2015 – 2 BvR 2718/10 ua –, NStZ 2015, 529 (532 f.).

65 So etwa die Vorschriften über die Ingewahrsamnahme, vgl. § 36 PolG NRW.

66 BVerfG Urt. v. 20.4.2016 – 1 BvR 966/09 ua –, BVerfGE 141, 220 (276, Rn. 121).

67 BVerfG Urt. v. 20.4.2016 – 1 BvR 966/09 ua –, BVerfGE 141, 220 (277, Rn. 122); Schenke/Graulich/Ruthig/R. P. Schenke BKAG § 46 Rn. 31.

68 BVerfG Urt. v. 20.4.2016 – 1 BvR 966/09 ua –, BVerfGE 141, 220 (300, Rn. 198) unter Bezugnahme auf BVerfG Urt. v. 3.3.2004 – 1 BvR 2378/98 ua –, BVerfGE 109, 279 (324).

falls Mitsehen durch einen Beamten, der wenn eine solche Person ein Gespräch beginnt, die Überwachung unterbricht, ist allerdings möglich.

79 Die **Vermutung kann widerlegt werden,** sofern für bestimmte Gespräche konkrete Anhaltspunkte vorliegen, dass sie iSd oben dargelegten Maßstäbe einen **unmittelbaren Straftatenbezug** – der auch vorliegen kann, wenn sie mit höchstpersönlichen Inhalten durchsetzt sind – aufweisen oder ihnen insgesamt ein höchstvertraulicher Charakter fehlen wird.[69] Hierfür reicht hingegen nicht schon die Prognose, dass sich in einem Gespräch höchstvertrauliche und alltägliche Fragen mischen werden.[70] Zugleich wird aber vielfach in Fällen, in denen gegen eine Person ein Terrorismusverdacht besteht, auch der erforderliche Straftaten- bzw. Gefährdungsbezug in Gesprächen mit nahestehenden Personen zu vermuten sein, so dass eine Wohnraumüberwachung angeordnet werden kann. Dies gilt jedenfalls dann, wenn Anhaltspunkte dafür bekannt sind, dass die nahestehende Person in das entsprechende Vorhaben eingebunden ist.[71]

80 Anders sind Situationen zu beurteilen, in denen Einzelnen gerade ermöglicht werden soll, ein **Fehlverhalten einzugestehen** oder sich auf dessen Folgen einzurichten, wie Beichtgespräche oder vertrauliche Gespräche mit einem Psychotherapeuten oder einem Strafverteidiger. Solche Gespräche unterfallen der höchstpersönlichen Privatsphäre, die dem Staat absolut entzogen ist.[72]

81 In Fällen, in denen Gespräche in einer den zuständigen BKA-Beamten **nicht verständlichen Sprache** geführt werden, dürfte es wohl bei Vorlage von Anhaltspunkten für einen Straftatenbezug auch zulässig sein, entsprechende Gespräche **automatisiert aufzunehmen** und den Kernbereichsschutz sodann auf der Verwertungsebene zur Geltung zu bringen.

82 Schon die **Anordnung des Gerichts** hat nach dem eindeutigen Wortlaut der Vorschrift, die **Überwachungsmaßnahmen einzuhegen,** um Verletzungen des Kernbereichs möglichst auszuschließen. Es ist nicht ausreichend, wenn das anordnende Gericht schlicht auf Unterbrechungen der Überwachungsmaßnahmen vertraut. Bestehen etwa keine Anhaltspunkte dafür, dass ein Lebensgefährte in terroristische Pläne einbezogen ist, so muss schon die Anordnung die Unterbrechung für solche Gespräche vorsehen.

83 Keine entsprechende Vermutung greift in Fällen ein, in denen **Geschäftsräume** überwacht werden sollen. Hier wird mangels anderer Anhaltspunkte regelmäßig davon auszugehen sein, dass der Kernbereich privater Lebensgestaltung nicht betroffen ist.

84 **b) Unterbrechung.** Die Überwachung ist gem. Abs. 6 S. 2 unverzüglich zu unterbrechen, soweit sich während der Überwachung Anhaltspunkte ergeben, dass **Inhalte, die dem Kernbereich zuzuordnen** sind, erfasst werden. Für den überwachenden Beamten werden sich hier mitunter schwierige Abgrenzungsfragen ergeben, weil vielfach nicht mit der letzten Gewissheit feststehen wird, in welche Richtung sich ein Gespräch mit einer Vertrauensperson entwickeln wird und nach dem oben dargestellten Maßstab jedenfalls Gesprächsinhalte, die geplante Straftaten betreffen, überwacht werden dürfen. **Gleichwohl ist es hier nicht ausreichend, stets mit dem Verweis auf den Schutz auf Verwertungsebene die Überwachung fortdauern zu lassen.** Vielmehr bedeutet die Abwägungsresistenz des Kernbereichsschutzes, dass bei eindeutig keinen Gefährdungsbezug aufweisenden Gesprächsinhalten die Überwachung zu unterbrechen ist. Dass damit gegebenenfalls relevante Erkenntnisse nicht erfasst werden, ist hinzunehmen.

85 **c) Fortführung.** Nach einer Unterbrechung der Überwachung kann diese gem. Abs. 6 S. 3 BKAG unter den Voraussetzungen des Abs. 6 S. 1, also bei einer erneut negativen Kernbereichsprognose, fortgeführt werden. Dies ermöglicht es dem überwachenden Beamten sich gegebenenfalls auch **in recht kurzen Zeitabständen** wieder aufzuschalten, um sich zu vergewissern, ob das dem Kernbereich zugehörige Gespräch bzw. Verhalten fortdauert.

86 **Verfassungsrechtlich** ist dieses Regelungskonstrukt **nicht gänzlich unproblematisch.** Denn mit der Möglichkeit der Fortführung nach Unterbrechung wird den handelnden Beamten faktisch ein ganz erheblicher Entscheidungsspielraum eingeräumt. Dies ist der Überwachungssituation geschuldet, erklärt aber noch nicht ohne Weiteres, warum entsprechende Unterbrechungen und Fortführungen nicht zumindest eine Information des Gerichts erfordern.

87 **3. Verwertung.** Abs. 7 regelt schließlich **spezifische verfassungsrechtliche Anforderungen** für die Verwertung von durch Maßnahmen nach § 46 BKAG gewonnene Erkenntnisse. Anders als die Vorgängerregelung, die durch das Bundesverfassungsgericht für verfassungswidrig erklärt wurde,[73] sieht Abs. 7 diese Verpflichtung für alle durch Überwachungsmaßnahmen gewonnenen Erkenntnisse vor und nicht nur für automatische Aufzeichnungen.

69 Vgl. → § 45 Rn. 186 ff. sowie Lisken/Denninger/Schwabenbauer, HdbPolR, G Rn. 155.
70 BVerfG Urt. v. 20.4.2016 – 1 BvR 966/09 ua –, BVerfGE 141, 220 (300, Rn. 198).
71 BVerfG Urt. v. 3.3.2004 – 1 BvR 2378/98 ua –, BVerfGE 109, 279 (319 f.).
72 BVerfG Urt. v. 20.4.2016 – 1 BvR 966/09 ua –, BVerfGE 141, 220 (277, Rn. 122).
73 BVerfG Urt. v. 20.4.2016 – 1 BvR 966/09 ua –, BVerfGE 141, 220 (302, Rn. 204).

a) **Vorlage an das Gericht.** § 46 Abs. 7 S. 1 BKAG sieht zunächst vor, dass alle Erkenntnisse **unverzüglich dem anordnenden Gericht vorzulegen** sind. Dies bedeutet in der Praxis, dass bei **automatischen Aufzeichnungen fortlaufend (jedenfalls täglich) Erkenntnisse** an das Amtsgericht Wiesbaden zu übermitteln sind. Wird die Überwachungsmaßnahme durch Mitarbeiter des BKA selbst durchgeführt, so sind – jedenfalls im Grundsatz – deren Mitschriften oder Notizen vor einer operativen Verwertung ebenfalls dem Gericht vorzulegen. 88

b) **Entscheidung des Gerichts.** Das Gericht entscheidet sodann nach Abs. 7 unverzüglich über die Verwertbarkeit und ordnet gegebenenfalls die Löschung von Daten an, die dem Kernbereich privater Lebensgestaltung zuzurechnen sind. Für entsprechende Daten ordnet Abs. 7 S. 3 ein **„absolutes Verwertungsverbot"** an.[74] 89

c) **Dokumentation der Löschung.** Abs. 7 S. 5–8 enthalten eine Reihe präziser, **Vorgaben des Bundesverfassungsgerichts**[75] umsetzender Regelungen zur Dokumentation der Löschung und der gelöschten Daten, die insbesondere der Ermöglichung effektiven nachträglichen Rechtsschutzes dienen. Dafür ist es gesetzlich erforderlich, dass die Dokumentation sechs Monate bis nach der Benachrichtigung des Betroffenen nach § 74 BKAG bzw. nach dem – gerichtlich bestätigten – endgültigen Absehen von der Mitteilung aufbewahrt wird.[76] 90

d) **Verwertung bei Gefahr im Verzug.** Schließlich sieht Abs. 8 bei Gefahr im Verzug eine **Eilverwertungskompetenz** des BKA vor, die nur durch den Präsidenten oder seine Vertretung angeordnet werden darf. Dies wird insbesondere bei einer nicht automatisierten Überwachung in Betracht kommen, in der der mithörende BKA-Beamte unmittelbar relevante Informationen vernimmt, die sofortiges Handeln erfordern. Inhaltlich entspricht die Regelung ansonsten § 45 Abs. 8 BKAG (→ § 45 Rn. 210). 91

§ 47 Ausschreibung zur polizeilichen Beobachtung, Ermittlungsanfrage oder gezielten Kontrolle

(1) Das Bundeskriminalamt kann personenbezogene Daten, insbesondere die Personalien einer Person und die von ihr genutzten oder eingesetzten Kraftfahrzeuge unabhängig von der Antriebsart, Anhänger mit einem Leergewicht von mehr als 750 Kilogramm, Wohnwagen, Wasserfahrzeuge, Container, Luftfahrzeuge, Schusswaffen, amtliche oder gefälschte Blankodokumente, amtliche oder gefälschte Identitätsdokumente und bargeldlose Zahlungsmittel, in den nationalen Fahndungssystemen zur polizeilichen Beobachtung, Ermittlungsanfrage oder gezielten Kontrolle speichern, damit die Landeskriminalämter und die in § 29 Absatz 3 Nummer 1 bis 7 genannten Behörden

1. **Erkenntnisse über Ort und Zeit des Antreffens der Person, etwaiger Begleiter, des Fahrzeugs und seines Führers, mitgeführte Sachen oder die in Satz 1 genannten Sachen sowie unbare Zahlungsmittel und Umstände des Antreffens bei Gelegenheit einer Überprüfung aus anderem Anlass melden (Ausschreibung zur polizeilichen Beobachtung),**
2. **eine Befragung der Person auf der Grundlage von Informationen oder spezifischen Fragen, die vom Bundeskriminalamt zur Erforschung des Sachverhalts in die Ausschreibung aufgenommen wurden, nach Maßgabe der geltenden Rechtsvorschriften vornehmen (Ausschreibung zur Ermittlungsanfrage) oder**
3. **die Person, etwaige Begleiter, das Fahrzeug und seinen Führer, mitgeführte Sachen oder die in Satz 1 genannten Sachen nach Maßgabe der geltenden Rechtsvorschriften durchsuchen (Ausschreibung zur gezielten Kontrolle).**

(2) Die Ausschreibung zur polizeilichen Beobachtung, Ermittlungsanfrage oder gezielten Kontrolle nach Absatz 1 ist nur zulässig, wenn

1. **die Gesamtwürdigung der Person und ihre bisher begangenen Straftaten erwarten lassen, dass sie künftig Straftaten nach § 5 Absatz 1 Satz 2 begehen wird,**
2. **Tatsachen die Annahme rechtfertigen, dass die Person Straftaten nach § 5 Absatz 1 Satz 2 begehen wird, oder**

74 So Schenke/Graulich/Ruthig/R. P. Schenke BKAG § 46 Rn. 36. Dieses absolute Verwertungsverbot ist deshalb hinnehmbar, weil bei Gesprächen mit unmittelbaren Straftatenbezug der Kernbereich ohnehin nicht berührt ist, → Rn. 79.

75 BVerfG Urt. v. 20.4.2016 – 1 BvR 966/09 ua –, BVerfGE 141, 220 (302 f., Rn. 205).

76 Die Frist von sechs Monaten stellt hierbei den Ausgleich zwischen der Ermöglichung effektiven Rechtsschutzes auf der einen Seite und der Löschung der die Privatsphäre betreffenden Daten auf der anderen Seite sicher, soweit letztere nicht mehr benötigt werden.

3. die Person mit einer Person nach den Nummern 1 und 2 nicht nur flüchtig oder in zufälligem Kontakt in Verbindung steht und tatsächliche Anhaltspunkte die Annahme rechtfertigen, dass sie von der Vorbereitung einer Straftat nach § 5 Absatz 1 Satz 2 Kenntnis hat

und dies zur Verhütung der Straftaten erforderlich ist.

(3) [1]Die Ausschreibung zur polizeilichen Beobachtung, Ermittlungsanfrage oder gezielten Kontrolle darf nur durch die zuständige Abteilungsleitung oder deren Vertretung angeordnet werden. [2]Die Anordnung ist unter Angabe der maßgeblichen Gründe zu dokumentieren.

(4) [1]Die Anordnung ist auf höchstens ein Jahr zu befristen. [2]Spätestens nach Ablauf von sechs Monaten ist zu prüfen, ob die Voraussetzungen für die Anordnung noch bestehen. [3]Das Ergebnis dieser Prüfung ist zu dokumentieren. [4]Die Verlängerung der Laufzeit über insgesamt ein Jahr hinaus bedarf der gerichtlichen Anordnung.

(5) Liegen die Voraussetzungen für die Anordnung nicht mehr vor, ist der Zweck der Maßnahme erreicht oder zeigt sich, dass er nicht erreicht werden kann, ist die Ausschreibung zur polizeilichen Beobachtung, Ermittlungsanfrage oder gezielten Kontrolle unverzüglich zu löschen.

A. Überblick und Genese

I. Zweck der Maßnahme; Parallelnormen

1 Mit der Ausschreibung zur polizeilichen Beobachtung, Ermittlungsanfrage oder gezielten Kontrolle normiert § 47 BKAG eine Spezialbefugnis zur präventiven Terrorismusbekämpfung in Form eines **speziellen Maßnahmenbündels.**[1] Die Norm ermächtigt das BKA, bestimmte personenbezogene Daten zu speichern, damit andere Polizeibehörden mehr oder minder zufällig angestellte Beobachtungen des Betroffenen im Wege einer sog. Kontrollmeldung übermitteln (Ausschreibung zur polizeilichen Beobachtung), eine Befragung der Person auf der Grundlage von Informationen oder spezifischen Fragen, die vom BKA zur Erforschung des Sachverhalts in die Ausschreibung aufgenommen wurden, vornehmen (Ausschreibung zur Ermittlungsanfrage) oder die Person, etwaige Begleiter, das Fahrzeug und seinen Führer, mitgeführte Sachen oder den Container im Rahmen einer Kontrolle durchsuchen (Ausschreibung zur gezielten Kontrolle). Bei § 47 BKAG handelt es sich um eine typische **präventivpolizeiliche Vorfeldmaßnahme,**[2] die im Rahmen der Gefahrenvorfeldtatbestände zur Terrorismusbekämpfung verortet ist (→ § 38 Rn. 7 f.). Die polizeiliche Beobachtung ist aus der in PDV 384.2 geregelten „beobachtenden Fahndung“ hervorgegangen.[3] Sie weist Überschneidungen zur längerfristigen Observation nach § 45 Abs. 2 Nr. 1 BKAG auf (→ § 45 Rn. 87 ff.),[4] lässt sich von jener jedoch bereits mit Blick auf den unterschiedlichen Befugnisinhalt abgrenzen: § 47 BKAG bildet lediglich die normative Grundlage für die Ausschreibung, dh für die **Speicherung** der jeweiligen personenbezogenen Daten;[5] sie bereitet zwar die Erhebung personenbezogener Daten vor, zu Datenerhebungen selbst ermächtigt § 47 BKAG im Gegensatz zu § 45 Abs. 2 Nr. 1 BKAG jedoch nicht.[6] Für ihren effektiven

1 Kingreen/Poscher, POR, § 14 Rn. 32; vgl. auch Wehr BPolG § 31 Rn. 1: „Mehrheit von informatorischen Maßnahmen“.

2 SächsVerfGH Urt. v. 14.5.1996 – Vf. 44-II/94 –, LKV 1996, 273 (284); Kugelmann BKAG § 20i Rn. 1; Kingreen/Poscher, POR, § 14 Rn. 37; Bäcker/Giesler/Harms/Hirsch/Kaller/Wolff, Bericht der Regierungskommission zur Überprüfung der Sicherheitsgesetzgebung in Deutschland v. 28.8.2013, S. 81.

3 Busch KJ 23 (1990), 1 (9).

4 Lisken/Denninger/Müller/Schwabenbauer, HdbPolR, G Rn. 994.

5 Kingreen/Poscher, POR, § 14 Rn. 33.

6 AA und jeweils wortgleich Schenke/Graulich/Ruthig/Ruthig BKAG § 47 Rn. 6; Lisken/Denninger/Graulich, HdbPolR, E Rn. 753: „Maßnahme der heimlichen Datenerhebung“.

Nutzen ist die Norm daher auf ein ineinandergreifendes Normengefüge mit den – landes- wie bundespolizeilichen – Befugnissen zur Personen- und Fahrzeugkontrolle (zB Kontrollstellen nach § 111 StPO, Grenzkontrollen, Kontrollen im Rahmen der Schleierfahndung) angewiesen.[7] Ziel der Ausschreibungen nach § 47 BKAG ist es, über unauffällige Feststellungen zu Ort und Zeit des Antreffens der Person, ihren etwaigen Begleitern, der Fahrtroute sowie sonstigen relevanten Umständen des Antreffens ein **Bewegungsbild** der ausgeschriebenen Person entstehen zu lassen, das Rückschlüsse auf Zusammenhänge und Querverbindungen der ausgeschriebenen Person zu anderen Personen erlaubt.[8] Auf diese Weise sollen kriminogene Milieus und Strukturen möglichst frühzeitig aufgeklärt und beseitigt werden, was insbesondere – wenngleich nicht ausschließlich – mit Blick auf die netzwerkartigen Strukturen des internationalen Terrorismus (→ § 5 Rn. 1) von Nutzen sein kann.[9]

Dass die Befugnis der Ausschreibung zur polizeilichen Beobachtung, Ermittlungsanfrage oder gezielten Kontrolle auch außerhalb des engen Anwendungsbereichs der präventiven Terrorismusabwehr – zumindest theoretisch[10] – von Bedeutung ist, zeigt sich bereits an **§ 65 BKAG,** der eine dem § 47 BKAG weithin entsprechende (→ § 65 Rn. 4) Spezialermächtigung zum Schutz von Mitgliedern der Verfassungsorgane und der Leitung des Bundeskriminalamtes bereithält. Darüber hinaus ermöglicht **§ 33 BKAG** Ausschreibungen bei der Zusammenarbeit im internationalen Bereich. **Parallelnormen** auf Bundesebene finden sich zudem für den Bereich des Strafverfahrensrechts in § 163e StPO (iVm § 463a Abs. 2 StPO) sowie mit der Ausschreibung zur grenzpolizeilichen Beobachtung in § 31 BPolG. Schließlich kennen auch sämtliche Polizeigesetze der Länder entsprechende Standardermächtigungen.[11] 2

§ 47 BKAG entspricht dem Grunde nach **§ 20i BKAG aF,** der durch das Gesetz zur Abwehr von Gefahren des internationalen Terrorismus durch das Bundeskriminalamt vom 25.12.2008[12] eingeführt wurde. Das Gesetz zur Neustrukturierung des Bundeskriminalamtgesetzes vom 8.6.2017[13] hat allerdings zu **zwei wesentlichen Ergänzungen** geführt: Zum einen wurde die Möglichkeit der Ausschreibung zur gezielten Kontrolle ergänzt (§ 47 Abs. 1 Nr. 2 BKAG aF, jetzt Nr. 3). Diese Maßnahme war auf Bundesebene zuvor nur im repressiven Bereich (§ 163e StPO) vorgesehen. Nachdem die Zahl der Länder, die in ihren Polizeigesetzen die gezielte Kontrolle zu präventiven Zwecken normieren, jedoch ständig zugenommen hatte, sah der BKAG-Reformgesetzgeber im Jahr 2017 das Bedürfnis, die Rechtslage auf Bundesebene den Regelungen in den Landespolizeigesetzen anzupassen.[14] Hinter dieser Erweiterung stehen originär die Möglichkeiten und Vorgaben des Schengener Durchführungsübereinkommens (SDÜ[15]). Dieses kannte seit jeher nach Art. 99 SDÜ mit der Ausschreibung zur verdeckten Registrierung und der Ausschreibung zur gezielten Kontrolle zwei Arten von Ausschreibungen im Schengener Informationssystem (SIS), von denen nur die erste als Ausschreibung zur polizeilichen Beobachtung im alten BKAG abgebildet war. Zum anderen wurden im Rahmen der BKAG-Reform 2017 Kontakt- und Begleitpersonen als mögliche Adressaten einer Ausschreibung in § 47 Abs. 2 Nr. 3 BKAG aufgenommen. Durch Art. 3 des Gesetzes zur Durchführung der Verordnungen (EU) 2018/1860, 2018/1861 und 2018/1862 über die Einrichtung, den Betrieb und die Nutzung des Schengener Informationssystems der dritten Generation sowie zur Änderung des Aufstiegsfortbildungsförderungsgesetzes und des BDBOS-Gesetzes (**SIS-III-Gesetz**) vom 19.12.2022 wurden zuletzt **weitere Sachfahndungskategorien** in § 47 Abs. 1 BKAG normiert sowie die **neue Ausschreibungskategorie der Ermittlungsanfrage** in § 47 Abs. 1 Nr. 2 BKAG eingeführt.[16] 3

II. Verfassungsrechtliche Bewertung

Die **Gesetzgebungskompetenz** des Bundes für den Erlass des § 47 BKAG folgt aus Art. 73 Abs. 1 Nr. 9a GG; es handelt sich um einen Gefahrenvorfeldtatbestand zur Abwehr von Gefahren des internationalen Terrorismus. 4

7 Lisken/Denninger/Müller/Schwabenbauer, HdbPolR, G Rn. 995.
8 Zu § 163e StPO vgl. BT-Drs. 12/989, 43 f.; zum Landespolizeirecht BVerfG Beschl. v. 9.12.2022 – 1 BvR 1345/21 –, juris, Rn. 174 f.
9 Vgl. Knemeyer in Rill (Hrsg.), Terrorismus und Recht 2003, 19 (20); Kniesel Die Polizei 2017, 189 (192).
10 Die praktische Bedeutung der Maßnahme wird bisweilen generell für gering gehalten, weil sie stark vom Zufall abhängig sei, vgl. Lisken/Denninger/Müller/Schwabenbauer, HdbPolR, G Rn. 996.
11 § 56 PolG BW; Art. 40 BayPAG; § 27 BerlASOG; § 36 BbgPolG; § 39 BremPolG; § 31 HbgPolDVG; § 17 HessSOG; § 35 SOG MV; § 37 NdsPOG; § 21 PolG NRW; § 43 POG RhPf; § 40 SaarlPolDVG; § 60 SächsPVDG; § 19 SOG LSA; § 187 LVwG SH; § 37 ThürPAG.
12 BGBl. I 2008 S. 3083.
13 BGBl. I 2017 S. 1354.
14 BT-Drs. 18/11163, 117.
15 Übereinkommen zur Durchführung des Übereinkommens von Schengen v. 14.6.1985 zwischen den Regierungen der Staaten der Benelux-Wirtschaftsunion, der Bundesrepublik Deutschland und der Französischen Republik betreffend den schrittweisen Abbau der Kontrollen an den gemeinsamen Grenzen v. 19.6.1990 (ABl. 2000 L 239 S. 19).
16 BGBl. I 2022 S. 2632; BT-Drs. 20/3707, 57.

5 Eine Ausschreibung nach § 47 BKAG ist eine Verarbeitung personenbezogener Daten mit den Verarbeitungsaspekten „Speicherung" und „Übermittlung".[17] Da die Maßnahme regelmäßig länger andauert, heimlich bzw. verdeckt erfolgt und auch Dritte („Begleiter") zielgerichtet erfasst, greift sie tief in das **Recht auf informationelle Selbstbestimmung** (Art. 2 Abs. 1 iVm Art. 1 Abs. 1 GG) ein.[18] Der Grundrechtseingriff liegt dabei bereits in der Ausschreibung zur Beobachtung bzw. Kontrolle (Speicherung). Zwar darf auf der Grundlage des § 47 BKAG weder die Identität der bei der Kontrolle angetroffenen Person festgestellt werden, noch darf diese angehalten, durchsucht oder befragt werden. Auch zu sonstigen – offenen oder verdeckten – Datenerhebungen ermächtigt § 47 BKAG nicht (→ Rn. 1). Gleichwohl weisen diese Maßnahmen aus ermittlungstaktischer Perspektive eine Nähebeziehung auf, die auf § 47 BKAG zurückwirkt und die **Grundrechtssensibilität erhöht.** Die Ausschreibung kennzeichnet die ausgeschriebene Person als potenziell gefährlich, was eine Stigmatisierung und belastende Folgemaßnahmen durch die überprüfende Behörde nach sich ziehen kann.[19] Das Risiko derartiger Folgemaßnahmen erhöht sich im Fall einer Ausschreibung zur gezielten Kontrolle zusätzlich dadurch, dass eine solche Ausschreibung gem. § 47 Abs. 1 Nr. 3 BKAG einen Anlass für Durchsuchungen der ausgeschriebenen Person und bestimmter von ihr mitgeführter oder genutzter Sachen darstellt. Darüber hinaus hat die Ausschreibung zum Ziel, Bewegungen und soziale Beziehungen der ausgeschriebenen Person nachzuvollziehen (→ Rn. 1). Die Ausschreibung hat mithin selbst sensible Daten zum Gegenstand und ist auf die Gewinnung weiterer Daten hoher Sensibilität angelegt. Die tatbestandlichen Voraussetzungen und verfahrensrechtlichen Sicherungen einer Ausschreibung zur polizeilichen Beobachtung, Ermittlungsanfrage oder zur gezielten Kontrolle müssen danach den **Voraussetzungen verdeckter Überwachungsmaßnahmen** nahekommen. Angesichts ihrer beträchtlichen Eingriffsintensität bedarf die Ausschreibung eines hinreichend konturierten tatsächlichen Anlasses und ist auf den Schutz gewichtiger Rechtsgüter zu beschränken. Darüber hinaus lässt sie sich nur unter der Voraussetzung hinreichend gehaltvoller verfahrensrechtlicher Sicherungen (Befristung, Richter- bzw. Behördenleitervorbehalt, Löschungspflichten) rechtfertigen.[20] Gerade dem **Grundrechtsschutz durch Verfahren** kommt bei der Ausschreibung zur polizeilichen Beobachtung, Ermittlungsanfrage oder gezielten Kontrolle besondere Bedeutung zu, da die Eingriffsschwelle bei einer typischerweise in das Vorfeld einer konkreten Gefahr ausgreifenden Maßnahme der Gefahrenaufklärung zwangsläufig abgesenkt ist.

6 Diesen **verfassungsrechtlichen Anforderungen wird § 47 BKAG** sowohl hinsichtlich der Eingriffsschwellen sowie des von der Ausschreibung betroffenen Personenkreises als auch mit Blick auf die verfahrensrechtlichen Sicherungen **gerecht.** § 47 Abs. 2 BKAG knüpft die Zulässigkeit einer Ausschreibung grundsätzlich an eine personenbezogene (Nr. 1) oder tatsachenbezogene (Nr. 2) Prognose der Begehung terrorismusspezifischer Straftaten iSd § 5 Abs. 1 S. 2 BKAG. Bei den über § 5 Abs. 1 S. 2 BKAG in Bezug genommenen Katalogstraftaten handelt es sich zum einen um Verbrechen gegen Leib, Leben und die persönliche Freiheit (§ 129a Abs. 1 StGB), die sich als solche bereits durch einen hohen Unrechtsgehalt auszeichnen.[21] Zum anderen werden über den Katalog des § 129a Abs. 2 StGB auch Vergehen in der Form bestimmter gemeingefährlicher Straftaten, Sabotagehandlungen sowie Verstößen gegen das Waffenrecht einbezogen. Auch diese dienen dem **Schutz gewichtiger Rechtsgüter**. Für die in Bezug genommenen Verbrechen wie Vergehen gilt zudem, dass es nach § 5 Abs. 1 S. 2 BKAG sowohl einer terrorismusspezifischen Zielrichtung der Taten als auch eines erheblichen Schädigungspotentials bedarf (→ § 5 Rn. 31 f., 33 ff.). Schließlich verzichtet § 5 Abs. 1 S. 2 BKAG mit dem Verweis auf die Kataloge des § 129a Abs. 1 und 2 StGB auf die Einbeziehung originär strafrechtlicher Vorfelddelikte (zB §§ 89a–89c StGB); dies verhindert, dass eine typische Gefahrenvorfeldbefugnis wie § 47 BKAG tatbestandlich von vornherein entgrenzt (→ § 5 Rn. 30). Der **Eingriffsanlass** wird durch § 47 Abs. 2 Nrn. 1 und 2 BKAG auch **in tatsächlicher Hinsicht hinreichend konturiert,** indem entweder eine Gesamtwürdigung der Person und ihrer bisher begangenen Straftaten (Nr. 1) oder sonstige Tatsachen (Nr. 2) die Annahme rechtfertigen, dass die Person zukünftig – erneut oder erstmals – Straftaten nach § 5 Abs. 1 S. 2 BKAG begehen wird.

17 Lisken/Denninger/Müller/Schwabenbauer, HdbPolR, G Rn. 998.

18 Vgl. BVerfG Beschl. v. 9.12.2022 – 1 BvR 1345/21 –, juris, Rn. 162; SächsVerfGH Urt. v. 14.5.1996 – Vf. 44-II/94 –, LKV 1996, 273 (284 ff.); Schenke/Graulich/Ruthig/Ruthig BKAG § 47 Rn. 5 ff.; Kugelmann BKAG § 20i Rn. 2; Lisken/Denninger/Graulich, HdbPolR, E Rn. 753; mit Blick auf § 163e StPO Krahl NStZ 1998, 339 (339). Dass der Gesetzgeber selbst von einer hohen Eingriffsintensität des § 47 BKAG ausgeht, legt er mit den Benachrichtigungs- und Protokollierungspflichten nach §§ 74 Abs. 1 S. 1 Nr. 4, 82 Abs. 2 Nr. 4 BKAG offen. Diese Pflichten sind nur bei verdeckten und eingriffsintensiven Maßnahmen vorgesehen.

19 BVerfG Beschl. v. 9.12.2022 – 1 BvR 1345/21 –, juris, Rn. 174 f.; SächsVerfGH Urt. v. 14.5.1996 – Vf. 44-II/94 –, LKV 1996, 273 (284). Vgl. auch den Antrag im Verfahren der abstrakten Normenkontrolle gegen die landesrechtliche Parallelnorm des § 60 SächsPVDG von Bäcker, abrufbar unter: https://www.gruene-fraktion-sachsen.de/wp-content/uploads/2019/08/201908-Normenkontrollklage-Polizeigesetz.pdf.

20 Gusy, POR, Rn. 208.

21 Statt aller Schäfer/Anstötz in MüKoStGB, 4. Aufl. 2021, § 129a Rn. 34.

Grundrechtlich problematisch, aber in der vorliegenden Ausgestaltung verfassungsrechtlich gerechtfertigt 7 ist auch die **Einbeziehung von Kontakt- und Begleitpersonen** nach § 47 Abs. 2 Nr. 3 BKAG. Soweit solche „unverdächtigten" und „unverstrickten" Personen im Rahmen der polizeilichen Beobachtung, Ermittlungsanfrage bzw. gezielten Kontrolle von vornherein mit gefährlichen Intensivtätern oder – wie hier – terroristischen Gefährdern gleichgestellt werden, wird bisweilen ein Verstoß gegen den Verhältnismäßigkeitsgrundsatz angenommen.[22] Zutreffend ist, dass die Ausschreibung von Kontakt- und Begleitpersonen aufgrund des erheblichen Eingriffsgewichts der Maßnahme (→ Rn. 5) allenfalls **ausnahmsweise zulässig** sein kann.[23] Das Bundesverfassungsgericht hat in seinem BKAG-Urteil klargestellt, dass die Anordnung von heimlichen Überwachungsmaßnahmen auch unmittelbar gegenüber Dritten nicht schlechthin ausgeschlossen ist.[24] Ihre Erstreckung auf Dritte steht allerdings unter strengen Verhältnismäßigkeitsanforderungen und setzt eine **spezifische individuelle Nähe der Betroffenen** zu der aufzuklärenden Gefahr oder Straftat voraus.[25] Hierfür reicht es nicht schon, dass sie mit einer Zielperson überhaupt in irgendeinem Austausch stehen. Vielmehr bedarf es zusätzlicher Anhaltspunkte, dass der Kontakt einen Bezug zum Ermittlungsziel aufweist und so eine nicht unerhebliche Wahrscheinlichkeit besteht, dass die Überwachungsmaßnahme der Aufklärung der Gefahr dienlich sein wird.[26] Was der Senat hier für heimliche Überwachungsmaßnahmen ausführt, lässt sich – *a maiore ad minus* – auf die Ausschreibung zur polizeilichen Beobachtung, Ermittlungsanfrage und gezielten Kontrolle übertragen, die in einer spezifischen Nähebeziehung zu heimlichen Ermittlungsmaßnahmen steht, mit Blick auf das Eingriffsgewicht jedoch hinter den verdeckten Datenerhebungsbefugnissen zurückbleibt.[27] So sind auch nach der Rechtsprechung des Bundesverfassungsgerichts Ermittlungsmaßnahmen geringerer Eingriffstiefe zulässig, soweit sie das Ziel verfolgen, gegebenenfalls die Eingriffsschwelle für intensivere Überwachungsmaßnahmen zu erreichen. In solchen Fällen kann ein näher konturierter Kontakt zu der eigentlichen Zielperson als Eingriffsanlass ausreichen.[28] Diesen Anforderungen ist der Gesetzgeber im Rahmen des § 47 Abs. 2 Nr. 3 BKAG dadurch gerecht geworden, dass er die Ausschreibung von Kontakt- und Begleitpersonen an einen nicht nur flüchtigen oder zufälligen Kontakt knüpft und tatsächliche Anhaltspunkte verlangt, die die Annahme rechtfertigen, dass der Dritte von der Vorbereitung einer terrorismusspezifischen Straftat nach § 5 Abs. 1 S. 2 BKAG Kenntnis hat. Die **Eingriffsschwelle für die Erfassung von Kontaktpersonen** wird hier **im Tatbestand selbst normiert** und nicht – wie etwa bei § 45 Abs. 1 S. 1 Nr. 4 BKAG – durch einen problematischen Weiterverweis auf eine andere Vorschrift erreicht; darüber hinaus beschreibt § 47 Abs. 2 Nr. 3 BKAG eine Situation, in der sich die Kontaktperson selbst mutmaßlich wegen Nichtanzeige geplanter Straftaten nach § 138 Abs. 1 und 2 StGB strafbar macht. Hiermit wird die Ausschreibung von Kontakt- und Begleitpersonen in einer dem Verhältnismäßigkeitsgrundsatz Rechnung tragenden Weise geregelt. Schließlich enthält § 19 Abs. 1 S. 1 Nr. 3, Abs. 3 BKAG spezielle **Vorgaben zur Weiterverarbeitung und Löschung** von Daten, die Kontakt- und Begleitpersonen betreffen.[29] Die Vorschrift findet auch im Kontext des § 47 Abs. 2 Nr. 3 BKAG Anwendung und stellt mit Blick auf die variierende Eingriffsintensität und die mögliche Aussagekraft der Daten die notwendige Relevanzprüfung vor der Weiterverarbeitung der betreffenden Daten Dritter sicher.[30] Die verfahrensrechtlichen Anforderungen des § 47 BKAG werden schließlich durch §§ 74 Abs. 1 S. 1 Nr. 4, 82 Abs. 2 Nr. 4 BKAG ergänzt um eine **Pflicht zur Benachrichtigung und Protokollierung** der Kontakt- und Begleitpersonen.

Hinsichtlich der verfahrensrechtlichen Sicherungen im Übrigen steht die Anordnung der Ausschreibung zur 8 polizeilichen Beobachtung, Ermittlungsanfrage oder gezielten Kontrolle zwar **weder unter Richter- noch unter Behördenleitervorbehalt**. Dass die Erstanordnung der Ausschreibung nach § 47 Abs. 3 Abs. 1 BKAG stattdessen unter einem Abteilungsleitervorbehalt steht und eine richterliche Anordnung erst für die Verlängerung der Maßnahme über ein Jahr hinaus erforderlich ist (vgl. § 47 Abs. 4 S. 4 BKAG), begegnet indes keinen durchgreifenden verfassungsrechtlichen Bedenken. Ein Richtervorbehalt ist von Verfassungs wegen für den Eingriff in Art. 2 Abs. 1 iVm Art. 1 Abs. 1 GG nicht ausdrücklich gefordert; ein solcher kann sich allerdings nach verfassungsgerichtlicher Rechtsprechung auch unmittelbar aus dem Verhältnismäßigkeitsgrundsatz ergeben, soweit es um engriffsintensive Überwachungs- und Ermittlungsmaßnahmen geht, bei denen damit zu rechnen ist, dass sie auch höchstprivate Informationen erfassen und gegenüber den Betrof-

22 Allgemein Kingreen/Poscher, POR, § 14 Rn. 39; konkret mit Blick auf § 47 Abs. 2 Nr. 3 BKAG auch Schenke/Graulich/Ruthig/Ruthig BKAG § 47 Rn. 11.
23 Lisken/Denninger/Müller/Schwabenbauer, HdbPolR, G Rn. 999.
24 BVerfG Urt. v. 20.4.2016 – 1 BvR 966/09 ua –, BVerfGE 141, 220 (274, Rn. 116).
25 So bereits SächsVerfGH Urt. v. 14.5.1996 – Vf. 44-II/94 –, LKV 1996, 273 (284).
26 BVerfG Urt. v. 20.4.2016 – 1 BvR 966/09 ua –, BVerfGE 141, 220 (274, Rn. 116).
27 Insoweit nimmt die Gesetzesbegründung zu § 47 Abs. 2 Nr. 3 BKAG hier zurecht die verfassungsgerichtliche Entscheidung in Bezug, vgl. BT-Drs. 18/11163, 117.
28 BVerfG Urt. v. 20.4.2016 – 1 BvR 966/09 ua –, BVerfGE 141, 220 (274 f., Rn. 116).
29 Zu diesem Erfordernis auch Lisken/Denninger/Müller/Schwabenbauer, HdbPolR, G Rn. 1000.
30 Das übersieht die Kritik von Schenke/Graulich/Ruthig/Ruthig BKAG § 47 Rn. 11.

fenen heimlich durchgeführt werden.[31] Mit Blick auf § 47 BKAG ist dabei allerdings zu berücksichtigen, dass die Norm nicht selbst zur Erhebung personenbezogener Daten ermächtigt, sondern diese nur vorbereitet (→ Rn. 1). Der danach verbleibenden Schwere des Grundrechtseingriffs kann dabei nach hier vertretener Auffassung auch mit einer behördeninternen Hochzonung der Anordnungsbefugnis auf die Ebene der Abteilungsleitung verfahrensrechtlich-kompensatorisch Rechnung getragen werden (→ § 33 Rn. 28).[32]

B. Kommentierung im Einzelnen

9 Die Regelung des § 47 BKAG ist wie folgt aufgebaut: Die ersten beiden Absätze sind **als Einheit zu lesen,** wobei die eigentlichen Tatbestandsvoraussetzungen – **dogmatisch kontraintuitiv** – in Abs. 2 geregelt sind (→ Rn. 14 ff.) und der in Abs. 1 normierten Rechtsfolge (→ Rn. 10 ff.) systematisch nachfolgen. § 47 Abs. 3 BKAG weist die Kompetenz für die Erstanordnung der Maßnahme der zuständigen Abteilungsleitung innerhalb der Behörde zu (→ Rn. 22 f.); für die Verlängerung der Maßnahme, die auf höchstens ein Jahr zu befristen ist, gilt nach Abs. 4 ein Richtervorbehalt (→ Rn. 24 f.). § 47 Abs. 5 BKAG statuiert eine gesetzliche Pflicht zur Löschung der Ausschreibung im Fall der Zweckerreichung bzw. der Unmöglichkeit selbiger (→ Rn. 26).

I. Ausschreibungsbefugnis (Abs. 1 und 2)

10 **1. Ausschreibungstatbestände. a) Inhalt und Ort der Ausschreibung.** Nach § 47 Abs. 1 BKAG **speichert** das Amt personenbezogene Daten, insbesondere die Personalien einer Person und das amtliche Kennzeichen eines von ihr benutzten oder eingesetzten Kraftfahrzeugs oder die Identifizierungsnummer oder äußere Kennzeichnung eines von ihr eingesetzten Wasserfahrzeugs, Luftfahrzeugs oder Containers, **in Fahndungssystemen** (sog. Ausschreibung). Damit werden – nach dem Vorbild des § 163e Abs. 1 S. 1, Abs. 2 StPO – zunächst Inhalt und Ort der Ausschreibung gekennzeichnet. Die spezielle Regelung im Hinblick auf Fahrzeuge und Container ist erfolgt, weil sich in diesen Fällen nicht selten ein Personenbezug herstellen lässt.[33]

11 Mit den „Fahndungssystemen" als Ausschreibungsort sind zum einen die Fahndungsdateien des polizeilichen Informationssystems des BKA (insbesondere die **INPOL-Dateien Personen- und Sachfahndung,** → § 29 Rn. 18) sowie die Grenzfahndungsdateien des Bundes und der Länder gemeint.[34] Zum anderen wird mit der – sprachlich weit gefassten – Formulierung „Fahndungssystem" dem Umstand Rechnung getragen, dass das BKA Ausschreibungen auch im **Schengener Informationssystem (SIS)** vornehmen kann (vgl. auch § 76 BKAG).[35] Bedenken mit Blick auf die rechtsstaatliche Bestimmtheit (Art. 20 Abs. 3 GG) dieser Formulierung ergeben sich nicht, da sich der Begriff des „Fahndungssystems" jedenfalls einschränkend auslegen lässt und die Dateien, in denen die Ausschreibung erfolgen darf, von **§ 6 Abs. 2 iVm Abs. 1 BKADV** näher eingegrenzt werden.[36] Auf diese Weise wird für den Betroffenen hinreichend erkennbar, in welchen Zusammenhängen er mit einer (heimlichen) Kontrollmeldung „versehen" werden kann.[37]

12 **b) Ausschreibungszwecke; Legaldefinitionen.** § 47 **Abs. 1** BKAG definiert Art und Zweck der Maßnahme und enthält Legaldefinitionen der Ausschreibung zur polizeilichen Beobachtung, Ermittlungsfrage sowie zur gezielten Kontrolle. Bei der polizeilichen Beobachtung sollen andere Polizeibehörden Erkenntnisse über Ort und Zeit des Antreffens der Person, etwaiger Begleiter, des Fahrzeugs und seines Führers, mitgeführte oder die in S. 1 genannten Sachen sowie unbare Zahlungsmittel und Umstände des Antreffens bei Gelegenheit einer Überprüfung aus anderem Anlass melden (**Nr. 1**). Die Ermittlungsanfrage dient hingegen dazu, eine Person anzuhalten und zu befragen; sie ermöglicht es dem BKA, weitergehende zielgerichtete Informationen zu gewinnen, welche über die Möglichkeiten einer gezielten oder verdeckten Kontrolle hinausgehen (**Nr. 2**). Demgegenüber richtet sich der Zweck einer gezielten Kontrolle darauf, dass andere Polizeibehörden die Person, etwaige Begleiter, das Fahrzeug und seinen Führer, mitgeführte oder die in S. 1 genannten Sachen nach Maßgabe der geltenden Rechtsvorschriften durchsuchen (**Nr. 3**).

13 Während die polizeiliche Beobachtung somit auf eine bloße **Kontrollmeldung** zum Zwecke der Erstellung eines Bewegungsprofils gerichtet ist, ist mit der gezielten Kontrolle eine **Durchsuchung von Personen und**

31 BVerfG Urt. v. 27.2.2008 – 1 BvR 370/07 ua –, BVerfGE 120, 274 (331 ff.); Urt. v. 2.3.2010 – 1 BvR 256/08 ua –, BVerfGE 125, 260 (337 ff.); Urt. v. 20.4.2016 – 1 BvR 966/09 ua –, BVerfGE 141, 220 (275, Rn. 117).

32 Vgl. für das Recht der Nachrichtendienste BVerfG Urt. v. 19.5.2020 – 1 BvR 2835/17 –, BVerfGE 154, 152 (255, Rn. 180; 277, Rn. 241).

33 BT-Drs. 18/11163, 117. Im Hintergrund stehen Art. 99 Abs. 5 SDÜ sowie Art. 36 Abs. 1 des Beschlusses 2007/533/JI des Rates v. 12.6.2007 über die Einrichtung, den Betrieb und die Nutzung des Schengener Informationssystems der zweiten Generation (SIS II).

34 Lisken/Denninger/Müller/Schwabenbauer, HdbPolR, G Rn. 1009; Kugelmann BKAG § 20i Rn. 3.

35 BT-Drs. 18/11163, 117.

36 Näher Zaremba, Die Entwicklung polizeirelevanter datenschutzrechtlicher Bestimmungen, 2014, S. 672 ff.

37 Lisken/Denninger/Müller/Schwabenbauer, HdbPolR, G Rn. 1010.

Sachen intendiert. Die Ermittlungsanfrage richtet sich demgegenüber auf eine **Befragung der Person.** In sämtlichen Fällen werden Kontrollstellen nicht gezielt errichtet, sondern bereits bestehende für diese genutzt.[38] Dies kommt im Rahmen der polizeilichen Beobachtung durch die Wendung „bei Gelegenheit einer Überprüfung aus anderem Anlass“ (Nr. 1), bei einer Ermittlungsanfrage und gezielten Kontrolle durch die Formulierung „nach Maßgabe der geltenden Rechtsvorschriften“ zum Ausdruck (Nrn. 2 und 3). Eine trennscharfe **Abgrenzung** zwischen den Maßnahmen erscheint danach **kaum möglich.** Die Übermittlung der bei der Beobachtung erlangten Erkenntnisse von der antreffenden Polizeibehörde erfolgt auf konventionellem Wege,[39] dh per Fax, Fernmündlich oder per (verschlüsselter) E-Mail.

c) **Ausschreibungsvoraussetzungen (Abs. 2).** Die Ausschreibung zur polizeilichen Beobachtung, Ermittlungsanfrage oder gezielten Kontrolle ist nach § 47 Abs. 2 BKAG nur zulässig zur **Verhütung terrorismusspezifischer Straftaten** (→ § 5 Rn. 25 ff.). Hierfür sieht das Gesetz drei näher umschriebene tatsächliche Anlässe vor, von denen sich die ersten beiden Varianten auf einen potenziellen terroristischen Straftäter und die dritte Variante auf Kontakt- und Begleitpersonen bezieht; die Eingriffsanlässe sind hinreichend konturiert, dienen jeweils dem Schutz gewichtiger Rechtsgüter und sind insofern als verfassungsgemäß zu bewerten (→ Rn. 4 ff.). Schließlich muss die Ausschreibung nach § 47 Abs. 2 aE BKAG **zur Verhütung der Straftaten erforderlich** sein; dabei handelt es sich um einen deklaratorischen Verweis auf den Verhältnismäßigkeitsgrundsatz, der dem erheblichen Eingriffsgewicht der Maßnahme Rechnung trägt.[40] 14

aa) **Personenbezogene Prognose (Nr. 1).** Nach § 47 Abs. 2 Nr. 1 BKAG kommt eine Ausschreibung zur polizeilichen Beobachtung, Ermittlungsanfrage oder gezielten Kontrolle in Betracht, wenn die Gesamtwürdigung der Person und ihre bisher begangenen Straftaten erwarten lassen, dass sie künftig Straftaten nach § 5 Abs. 1 S. 2 BKAG begehen wird. Die Variante dient der **Verhinderung von Wiederholungsgefahren** und setzt im Vorfeld einer konkretisierten Gefahr an; sie kennzeichnet im polizeirechtlichen Sprachgebrauch den sog. gefährlichen Intensivtäter.[41] Die erforderliche Prognose (**„Gesamtwürdigung“**) muss auf gesicherter Tatsachengrundlage erfolgen und die Gefährlichkeit der auszuschreibenden Person belegen;[42] polizeiliches Erfahrungswissen, Alltagstheorien, subjektive Einschätzungen und bloße Vermutungen genügen nicht.[43] Vielmehr bedarf es einer auf den Einzelfall bezogenen Entscheidung, die auf objektiven, schlüssigen, verwertbaren und in der Entscheidung nachvollziehbar dokumentierten Tatsachen beruht und die Annahme der Wahrscheinlichkeit künftiger Straftaten iSd § 5 Abs. 1 S. 2 BKAG belegt.[44] 15

Die erforderliche Prognose muss sich zum einen auf die Person selbst beziehen, dh auf ihre Persönlichkeit sowie auf die für sie typischen Merkmale oder Handlungsmuster.[45] Als **personenbezogene Indizien** können die gezeigte kriminelle Energie bei der Planung, Ausführung oder zeitlichen Abfolge früherer Straftaten, eine rücksichtslose Durchsetzung verbrecherischen Willens oder die offensichtliche Wirkungslosigkeit von Straf- und Resozialisierungsmaßnahmen in Betracht gezogen werden.[46] Zum anderen hat sie die bisher begangenen Straftaten der betroffenen Person in den Blick zu nehmen. Der **Begriff der „begangenen Straftaten“** bereitet Interpretationsschwierigkeiten: Klar ist er nur insoweit, als der Gesetzgeber bewusst nicht voraussetzt, dass es sich bei den bisherigen Straftaten um solche iSv § 5 Abs. 1 S. 2 BKAG handelt.[47] Vielmehr kommt jede **rechtswidrige Tat iSd § 11 Abs. 1 Nr. 5 StGB** in Betracht, die den Tatbestand eines Strafgesetzes verwirklicht. Fraglich ist jedoch, wann Straftaten als **„begangen“** iSd § 47 Abs. 2 Nr. 1 BKAG anzusehen sind. Das Meinungsspektrum hierzu könnte kaum breiter sein: Zum Teil wird eine rechtskräftige Verurteilung verlangt,[48] zum Teil soll eine noch nicht in Rechtskraft erwachsene Verurteilung genügen,[49] zum Teil bezieht man auch eine Einstellung nach §§ 153 ff. StPO[50] oder nach § 170 Abs. 2 StPO in die Würdigung der begangenen Straftaten ein, sofern in letzterem Fall hinsichtlich der Täterschaft ein polizeilicher Verdacht aus objektiv nachvollziehbaren Gründen fortbesteht (sog. polizeilicher Restverdacht),[51] zum Teil 16

38 Krahl NStZ 1998, 339 (339).
39 BT-Drs. 16/10121, 27.
40 Lisken/Denninger/Müller/Schwabenbauer, HdbPolR, G Rn. 1002.
41 SächsVerfGH Urt. v. 14.5.1996 – Vf. 44-II/94 –, LKV 1996, 273 (284); vgl. auch Busch KJ 23 (1990), 1 (9): „Wiederholungstäter“.
42 Kugelmann BKAG § 20j Rn. 6.
43 SächsVerfGH Urt. v. 14.5.1996 – Vf. 44-II/94 –, LKV 1996, 273 (284); Lisken/Denninger/Müller/Schwabenbauer, HdbPolR, G Rn. 1001.
44 Vgl. BVerfG Beschl. v. 15.3.2001 – 2 BvR 1841/00 ua –, NJW 2001, 2320 (2321) – zu der vergleichbaren Würdigung nach § 2 DNA-IFG aF.
45 Kugelmann BKAG § 20i Rn. 5.
46 BeckOK-POR Hessen/Bäuerle HessSOG § 17 Rn. 29.1 (2022).
47 BT-Drs. 16/10121, 27.
48 So wohl Schenke/Graulich/Ruthig/Ruthig BKAG § 47 Rn. 12: „abgeurteilt“.
49 BeckOK-POR Hessen/Bäuerle HessSOG § 17 Rn. 30 (2022).
50 BeckOK-POR NRW/Kamp PolG NRW § 21 Rn. 13 (2022).
51 BeckOK-PolSiR Bayern/Greifenstein BayPAG Art. 40 Rn. 16 f. (2022).

soll es sogar ausreichen, wenn „aufgrund eines konkreten Tatverdachts ein Ermittlungsverfahren läuft".[52] Dabei handelt es sich letztlich um eine akademische Frage, deren Beantwortung dahinstehen kann: Das Gesetz geht von einer – **zusammenhängenden**[53] – **Gesamtwürdigung** der Person und ihrer bisher begangenen Straftaten aus. Selbst dann, wenn man den Begriff der „begangenen Straftaten" mit der engst möglichen Auslegung auf rechtskräftige Verurteilungen reduzieren wollte, können strafrechtlich relevante Erkenntnisse im Übrigen bei der Gesamtwürdigung der Person zulässigerweise berücksichtigt werden.

17 **bb) Tatsachenbezogene Prognose (Nr. 2).** In seiner zweiten Variante setzt § 47 Abs. 2 BKAG Tatsachen voraus, die die Annahme rechtfertigen, dass die Person Straftaten nach § 5 Abs. 1 S. 2 BKAG begehen wird. Auch hier geht es um eine Annahme, die nicht lediglich auf Vermutungen und polizeiliches Erfahrungswissen gründet.[54] Im Gegensatz zur ersten Variante kommt es vorliegend aber nicht auf eine Gesamtwürdigung der Person und von ihr begangener Straftaten an; es geht nicht um die Verhinderung einer Wiederholungs-, sondern einer Erstbegehungsgefahr entsprechender terrorismusspezifischer Straftaten. Eine konkrete Gefahr im polizeilichen Sinne wird auch hier nicht vorausgesetzt. Vielmehr lässt das Gesetz auf überprüfbare Angaben gestützte Erkenntnisse ausreichen, welche iVm den allgemeinen polizeilichen Regeln der Prognose Anhaltspunkte für die Wahrscheinlichkeit der Begehung einer terrorismusspezifischen Straftat durch die betreffende Person begründen können. Gesetzlich umschrieben ist hiermit die **Situation eines straftatbezogenen Gefahrenverdachts**: Diese setzt gefahrrelevante Erkenntnisse voraus, welche im Ergebnis noch keine Gefahr, sondern eine Situation der Ungewissheit begründen (→ § 38 Rn. 8).

18 **cc) Kontakt- und Begleitpersonen (Nr. 3).** Über die im Jahr 2017 eingefügte Variante des § 47 Abs. 2 Nr. 3 BKAG können auch sog. Kontakt- und Begleitpersonen eines potenziellen terroristischen Straftäters zur polizeilichen Beobachtung, Ermittlungsanfrage oder gezielten Kontrolle ausgeschrieben werden. Voraussetzung ist zum einen, dass die Begleitperson mit dem Terrorismusverdächtigen nicht nur flüchtig oder in zufälligem Kontakt in Verbindung steht. Geboten ist danach eine **nähere Qualifizierung des Kontakts** zwischen dem potenziellen Terrorismusstraftäter und der anderen Person dahin gehend, dass entweder nähere persönliche oder geschäftliche Beziehungen zu der eigentlichen Zielperson bestehen müssen oder der Kontakt über einen längeren Zeitraum unterhalten oder aber unter konspirativen Umständen hergestellt oder gepflegt wird; äußerlich flüchtige oder zufällige Alltagskontakte oder Beziehungen reichen hierfür nicht aus.[55] Zum anderen müssen **tatsächliche Anhaltspunkte** die Annahme rechtfertigen (→ Rn. 17), dass die Kontaktperson von der Vorbereitung einer Straftat nach § 5 Abs. 1 S. 2 BKAG Kenntnis hat, sich also womöglich selbst nach § 138 Abs. 1 und 2 StGB strafbar macht. Unter diesen engen Eingriffsvoraussetzungen erscheint die Ausschreibung von Kontakt- und Begleitpersonen als verhältnismäßig und auch im Übrigen **verfassungskonform** (→ Rn. 7).

19 **2. Adressaten.** Mit den Ausschreibungsvoraussetzungen nach § 47 Abs. 2 BKAG werden zugleich die polizeilich Verantwortlichen (Terrorismusverdächtige, Kontakt- und Begleitpersonen) **abschließend benannt**. Ein Rückgriff auf die allgemeinen Regelungen der §§ 17 f., 20 BPolG über § 38 Abs. 1 S. 2 BKAG ist danach gesperrt; er kommt schon deshalb nicht in Betracht, weil im Gefahrenvorfeld die auf die Gefahrenabwehr zugeschnittenen Adressatenregelungen nicht greifen können (→ § 38 Rn. 3).

20 **3. Rechtsfolge; Rechtsnatur der Ausschreibung.** Nach § 47 Abs. 1 BKAG „kann" das Amt die näher definierten Ausschreibungen vornehmen (**Entschließungsermessen**). Die Veranlassung der Ausschreibung muss stets zur Verhütung der Straftaten erforderlich, dh **verhältnismäßig** sein (→ Rn. 14). Auch im Übrigen muss die Ermessensausübung frei von Ermessensfehlern sein (§ 40 VwVfG); dies ist gerichtlich voll überprüfbar (§ 114 S. 1 VwGO).

21 Bei der Ausschreibung handelt es sich um einen **Realakt.**[56] Für einen Verwaltungsakt mangelt es an der nach § 35 S. 1 VwVfG konstitutiven Außenwirkung. Die Ausschreibung nach § 47 Abs. 1 BKAG ist nicht auf eine unmittelbare Rechtswirkung nach außen gerichtet. Vielmehr geschieht die Ausschreibung zur polizeilichen Beobachtung, Ermittlungsanfrage bzw. gezielten Kontrolle in der Weise, dass personenbezogene Daten der betroffenen Person bzw. einer Kontakt- und Begleitperson in einem Fahndungssystem gespeichert werden, um sie bei polizeilichen Kontrollen abrufbar bereitzuhalten. Die Ausschreibung nach § 47 Abs. 1 BKAG ist damit lediglich Informationsgrundlage für zukünftiges polizeiliches Handeln und entfaltet somit **rein innerbehördliche Wirkung.**[57] Daran ändert auch die – eingeschränkte – Pflicht zur nachträgli-

52 Schmidbauer/Steiner/Schmidbauer, BayPAG, Art. 40 Rn. 8.

53 Kugelmann BKAG § 20i Rn. 6: „iVm". Für die landesrechtliche Parallelnorm BeckOK-POR Hessen/Bäuerle HessSOG § 17 Rn. 30 (2022).

54 Kugelmann BKAG § 20i Rn. 7.

55 SächsVerfGH Urt. v. 14.5.1996 – Vf. 44-II/94 –, LKV 1996, 273 (284).

56 Schenke/Graulich/Ruthig/Ruthig BKAG § 47 Rn. 4.

57 Mit Blick auf die Ausschreibung zur Einreiseverweigerung nach dem SIS vgl. OVG Koblenz Urt. v. 13.9.2000 – 11 A 10349/99 –, BeckRS 2000, 23079, Rn. 39; offenlassend BVerwG Urt. v. 10.7.2001 – 1 C 35/00 –, BVerwGE 114, 356 (359).

chen Benachrichtigung der von der polizeilichen Ausschreibung Betroffenen nach den §§ 74 Abs. 1 Nr. 4, 76 BKAG nichts.[58]

II. Anordnungskompetenz (Abs. 3)

22 Die Ausschreibung zur polizeilichen Beobachtung, Ermittlungsanfrage oder gezielten Kontrolle steht unter einem **Vorbehalt der Abteilungsleitung** (§ 47 Abs. 3 S. 1 BKAG). Hierbei handelt es sich stets um den Leiter oder die Leiterin der für die Wahrnehmung der präventivpolizeilichen Aufgabe nach § 5 Abs. 1 BKAG zuständigen Abteilung oder den jeweils zuständigen ranghöchsten Beamten oder die Beamtin.[59] Im Gegensatz zu § 163e Abs. 4 S. 1 StPO sieht das Gesetz für die Erstanordnung der Ausschreibung (zu ihrer Verlängerung → Rn. 25) keinen Richtervorbehalt vor; das ist verfassungsrechtlich unschädlich (→ Rn. 8). Der Abteilungsleiter genießt zwar keine dem Richter vergleichbare Unabhängigkeit und steht dem Verfahrensgegenstand auch nicht wie ein sachlich Unbeteiligter gegenüber; da die innerdienstlichen Kontrollen im Eingriffsbereich ansonsten jedoch typischerweise erst nachträglich stattfinden, wird mit einem Abteilungsleitervorbehalt für einen besonders schweren Grundrechtseingriff eine **zusätzliche rechtliche *ex ante*-Kontrolle** eingeführt, die einen höheren „Legitimationsaufwand" für den Sachbearbeiter begründet, der bei seiner Abteilungsleitung die Anordnung einer konkreten Ausschreibung erreichen will.[60]

23 Die Anordnung der Ausschreibung ist unter Angabe der maßgeblichen Gründe **zu dokumentieren** (S. 2); dies soll die Rationalität und Kontrollierbarkeit im Rahmen einer eventuellen nachträglichen gerichtlichen Überprüfung der Anordnung sicherstellen.[61] Aus S. 2 ergibt sich somit zugleich eine **Pflicht zur Begründung.** In der Anordnung ist die auszuschreibende Person bzw. die Kontaktperson unter Angabe der Personalien so genau zu bezeichnen, dass sie bei polizeilichen Kontrollen erfasst werden kann; bei einer Ausschreibung eines Kfz-Kennzeichens ist das amtliche Kennzeichen, bei der Ausschreibung eines Wasserfahrzeugs, Luftfahrzeugs oder Containers sind die Identifizierungsnummer oder äußere Kennzeichnung nach § 47 Abs. 1 BKAG anzugeben.[62]

III. Befristung und Verlängerung (Abs. 4)

24 § 47 Abs. 4 BKAG sieht weitere verfahrensrechtliche Sicherungen in Gestalt der Befristung und eingeschränkten Verlängerung vor; die Norm trägt damit dem Grundsatz der Verhältnismäßigkeit in zeitlicher Hinsicht Rechnung und entspricht – bei einigen Modifikationen – weitgehend § 33 Abs. 6 BKAG (→ § 33 Rn. 30 f.). Die Ausschreibungen zur polizeilichen Beobachtung, zur Ermittlungsanfrage und zur gezielten Kontrolle sind danach im Rahmen der behördlichen Anordnung auf **höchstens ein Jahr** zu befristen (S. 1); die Befristung erfolgt nicht bereits kraft Gesetzes, vielmehr ergibt sich bereits aus dem Wortlaut des § 47 Abs. 4 S. 1 BKAG („auf höchstens ein Jahr zu befristen") das **Gebot einer einzelfallbezogenen Entscheidung über die Anordnungsdauer.** Unabhängig von der Befristung der Anordnung normiert § 47 Abs. 4 S. 2 BKAG spätestens nach Ablauf von sechs Monaten die Pflicht zur Prüfung, ob die Voraussetzungen für die Anordnung noch bestehen. Die Ergebnisse sind aus Gründen der Transparenz zu dokumentieren (S. 3).

25 Für eine Verlängerung der Laufzeit über insgesamt ein Jahr hinaus gilt ein **Richtervorbehalt** (S. 4); für die Verlängerungsanordnung ist das Amtsgericht Wiesbaden (Dienstsitz des BKA) nach § 90 Abs. 1, 2 S. 1 BKAG sachlich und örtlich zuständig (→ § 90 Rn. 5 f.). Das Verfahren richtet sich gem. § 90 Abs. 2 S. 2 BKAG nach einer entsprechenden Anwendung des FamFG (→ § 90 Rn. 7 ff.).

IV. Löschungspflicht (Abs. 5)

26 § 47 Abs. 5 BKAG ist ebenfalls eine **spezifische Ausprägung des Grundsatzes der Verhältnismäßigkeit** und enthält das Gebot der unverzüglichen (vgl. § 121 Abs. 1 S. 1 BGB) Löschung der Ausschreibung zur polizeilichen Beobachtung, Ermittlungsanfrage oder gezielten Kontrolle, sobald der Zweck der Maßnahmen erreicht ist oder nicht mehr erreicht werden kann.

58 Hinsichtlich der längerfristigen Observation nach Landespolizeirecht wie hier VG Freiburg Urt. v. 27.11.2012 – 3 K 1607/11 –, BeckRS 2013, 45389; aA für die polizeiliche Beobachtung nach Landespolizeirecht und unter dezidiertem Verweis auf die Benachrichtigungspflicht VG Ansbach Urt. v. 12.12.2017 – 15 K 17.662 –, BeckRS 2017, 157303, Rn. 16; offenlassend VGH München Beschl. v. 8.7.2019 – 10 ZB 18.1003 –, BeckRS 2019, 15087, Rn. 7; Lisken/Denninger/Müller/Schwabenbauer, HdbPolR, G Rn. 1015.

59 BT-Drs. 16/10121, 27.

60 Grundlegend Lisken/Mokros NVwZ 1991, 609 (613).

61 Kugelmann BKAG § 20i Rn. 8.

62 BeckOK-StPO/von Häfen § 163e Rn. 9 (2022), mwN.

§ 48 Rasterfahndung

(1) [1]Das Bundeskriminalamt kann von öffentlichen oder nichtöffentlichen Stellen die Übermittlung von personenbezogenen Daten von bestimmten Personengruppen zum Zwecke des automatisierten Abgleichs mit anderen Datenbeständen verlangen, soweit dies zur Abwehr einer Gefahr für den Bestand oder die Sicherheit des Bundes oder eines Landes oder für Leib, Leben oder Freiheit einer Person oder Sachen von bedeutendem Wert, deren Erhalt im öffentlichen Interesse geboten ist, erforderlich ist; eine solche Gefahr liegt in der Regel auch dann vor, wenn konkrete Vorbereitungshandlungen die Annahme rechtfertigen, dass eine Straftat nach § 5 Absatz 1 Satz 2 begangen werden soll. [2]Vom Bundesamt für Verfassungsschutz und von den Verfassungsschutzbehörden der Länder, dem Militärischen Abschirmdienst sowie dem Bundesnachrichtendienst kann die Übermittlung nach Satz 1 nicht verlangt werden.

(2) [1]Das Übermittlungsersuchen ist auf Namen, Anschrift, Tag und Ort der Geburt sowie auf andere im Einzelfall festzulegende Merkmale zu beschränken; es darf sich nicht auf personenbezogene Daten erstrecken, die einem Berufs- oder besonderen Amtsgeheimnis unterliegen. [2]Von Übermittlungsersuchen nicht erfasste personenbezogene Daten dürfen übermittelt werden, wenn wegen erheblicher technischer Schwierigkeiten oder wegen eines unangemessenen Zeit- oder Kostenaufwands eine Beschränkung auf die angeforderten Daten nicht möglich ist; diese Daten dürfen vom Bundeskriminalamt nicht verwendet werden.

(3) [1]Ist der Zweck der Maßnahme erreicht oder zeigt sich, dass er nicht erreicht werden kann, sind die übermittelten und im Zusammenhang mit der Maßnahme zusätzlich angefallenen Daten zu löschen und die Akten zu vernichten, soweit sie nicht für ein mit dem Sachverhalt zusammenhängendes Verfahren erforderlich sind. [2]Die getroffene Maßnahme ist zu dokumentieren. [3]Diese Dokumentation ist gesondert aufzubewahren und durch organisatorische und technische Maßnahmen zu sichern. [4]Sie ist sechs Monate nach der Benachrichtigung nach § 74 oder sechs Monate nach Erteilung der gerichtlichen Zustimmung über das endgültige Absehen von der Benachrichtigung zu löschen. [5]Ist die Datenschutzkontrolle nach § 69 Absatz 1 noch nicht beendet, ist die Dokumentation bis zu ihrem Abschluss aufzubewahren.

(4) Die Maßnahme darf nur auf Antrag der Präsidentin oder des Präsidenten des Bundeskriminalamtes oder ihrer oder seiner Vertretung durch das Gericht angeordnet werden.

A. Allgemeines

1 § 48 BKAG stellt dem BKA zur Erfüllung der Aufgabe aus § 5 BKAG (Abwehr von Gefahren des internationalen Terrorismus, → § 5 Rn. 1 ff.) die Befugnis der sog. Rasterfahndung zur Verfügung. Dabei handelt es sich um eine spezielle **datenbasierte Methode der Erkenntnisgewinnung**. Sie besteht in dem Abgleich verschiedener Datenbestände und aus gezielten Datenerhebungen, die diesen Abgleich vorbereiten.

2 § 48 BKAG eröffnet die **ausschließlich präventive Befugnis** der Rasterfahndung nur für den Bereich der Abwehr von Gefahren des internationalen Terrorismus nach § 5 BKAG. Für den Bereich der Strafverfolgung (§ 4 BKAG) ist eine entsprechende Befugnis in den §§ 98a, 98b StPO geregelt.

I. Zweck und Abgrenzung

3 Das Ziel einer Rasterfahndung liegt idR darin, eine bislang unbekannte Person anhand verschiedener über sie bekannter Informationen zu identifizieren. Anhand der über die Person bekannten Informationen, dh der zu überprüfenden Merkmale (in ihrer Gesamtheit: **Raster** oder **Verdächtigenprofil**) wird zunächst be-

stimmt, auf welche Datenbestände für die Prüfung zugegriffen werden muss und welche jeweils die (öffentlichen oder privaten) datenführenden Stellen sind. An jede relevante datenführende Stelle (zB eine private Kfz-Vermietung) wird dann eine **Anfrage** gestellt, die die jeweils relevanten Informationen bzw. das jeweils relevante Raster ausweist (im Beispiel etwa eine männliche Person, Anmietung eines bestimmten LKW-Typs in einem bestimmten Zeitraum). Die Datenbestände der einzelnen datenführenden Stellen werden anhand der Anfrage nach den jeweils einschlägigen Zeichenketten (Strings), numerischen Werten oder anderen digitalisierten Informationen (etwa Bildern) durchsucht. Ebenso kommt eine händische Durchsuchung von Datenbeständen in Betracht, deren Ergebnisse dann für den weiteren Abgleich in digitaler Form aufbereitet werden können. Alle Treffer des Abgleichs werden in separate Dateien ausgesondert (mitunter **Reports** genannt[1]) und beim BKA zusammengeführt. Der aus dieser Zusammenführung entstehende konsolidierte Datenbestand wird sodann dafür verwendet, diejenigen Personen herauszufiltern, die als Schnittmenge alle relevanten Merkmale erfüllen (**positive Rasterfahndung**) oder um Personen auszuschließen, die einzelne oder alle Merkmale nicht erfüllen oder auf die bestimmte Negativmerkmale zutreffen (**negative Rasterfahndung**).[2] Beide Arbeitsschritte können natürlich auch im Rahmen ein und derselben Rasterfahndung erfolgen.

Eine Rasterfahndung kann immer nur die Funktion haben, einen Sachverhalt weiter aufzuklären und dem 4
BKA zusätzliche Erkenntnisse zu verschaffen. Die Maßnahme ist nicht geeignet, bereits auf eine Gefahr oder Schädigung zulaufende Kausalketten zu unterbrechen, sondern kann hierfür nur den Boden bereiten (bspw. durch Identifizierung eines potenziellen Attentäters, der dann festgenommen werden kann). Der Sache nach handelt es sich daher um eine Maßnahme der **Gefahrerforschung** und nicht der Gefahrenabwehr, auch wenn im Tatbestand des § 48 BKAG eine (erheblich qualifizierte) konkrete Gefahr verlangt wird (→ Rn. 12 f., 25 ff.).[3]

Die Rasterfahndung ist abzugrenzen vom **bloßen Abgleich** personenbezogener Daten mit bereits beim BKA 5
vorhandenen Datenbeständen sowie von der **bloßen Erhebung** einzelner personenbezogener Daten bei Dritten.[4] Der Unterschied zwischen der Rasterfahndung und dem bloßen Abgleich mit bereits vorhandenen Daten liegt darin, dass hier keine Datenbestände von externen Stellen erhoben werden, sondern lediglich einzelne personen- oder sachbezogene Daten mit den bereits amtsintern vorhandenen Datensätzen abgeglichen werden (bspw. im Rahmen der präventiven Personenüberprüfung zum Schutz von Mitgliedern der Verfassungsorgane des Bundes → § 63 Rn. 160 ff.). Der Unterschied der Rasterfahndung zur bloßen Erhebung einzelner personenbezogener Daten bei Dritten (s. § 9 BKAG) ist darin zu sehen, dass es bei der bloßen Erhebung nicht um das Erschließen und Zusammenführen relativ umfassender Datenbestände mehrerer verschiedener Stellen geht. Soweit nicht größere Datenbestände zu einer Vielzahl von Personen[5] übermittelt werden, von denen (noch) nicht bekannt ist, ob sie den Gegenstand näheren behördlichen Interesses bilden, liegt keine Rasterfahndung vor. Kern der Rasterfahndung ist der Abgleich der herausgefilterten Datenbestände mehrerer Speicherstellen, der die Verknüpfung verschiedener Sachbereiche ermöglicht. Die Suchabfrage in verschiedenen Dateien derselben Speicherstelle ist keine Rasterfahndung.[6]

Auch in allen **Polizeigesetzen der Länder** finden sich Vorschriften zur Rasterfahndung, die dort ebenfalls je- 6
weils als Maßnahme der Gefahrenabwehr ausgestaltet ist (vgl. § 48 PolG BW; Art. 46 BayPAG; § 47 BerlASOG; § 46 BbgPolG; § 36i BremPolG; § 50 HbgPolDVG; § 26 HessSOG; § 44 SOG MV; § 37a NdsPOG; § 31 PolG NRW; § 44 POG RhPf; § 29 SaarlPolDVG; § 62 SächsPVDG; § 31 SOG LSA; § 195a LVwG SH; § 44 ThürPAG). Etliche landesrechtliche Vorschriften bestanden bereits vor Einführung der entsprechenden Befugnis im BKAG und konnten als Vorbild für § 20j BKAG aF und den heutigen § 48 BKAG dienen.[7]

Daneben besteht für den Bereich der **Strafverfolgung** eine Regelung zur Rasterfahndung in den §§ 98a, 98b 7
StPO. Bei der Abwehr des internationalen Terrorismus kann das BKA also sowohl präventiv (§ 5 iVm § 48 BKAG) als auch repressiv (§ 4 BKAG iVm §§ 98a, 98b StPO) auf das Instrument der Rasterfahndung zurückgreifen. Korrespondierend zur erhöhten Gefahrenschwelle des § 48 BKAG (→ Rn. 12 f., 25 ff.) sieht § 98a Abs. 1 S. 1 StPO eine Beschränkung der Maßnahme auf die Aufklärung einzelner Katalogtaten vor.

1 S. etwa Schewe in Lange (Hrsg.), Wörterbuch zur Inneren Sicherheit, 2006, S. 263 (263 f.).

2 Zur Beschreibung der Vorgehensweise s. KK-StPO/Greven § 98a Rn. 2; identisch Schenke/Graulich/Ruthig/Ruthig BKAG § 48 Rn. 3; ebenfalls identisch Lisken/Denninger/Graulich, HdbPolR, E Rn. 768.

3 S. auch etwa Gusy KritV 85 (2002), 474 (483); Hillgruber JZ 2007, 209 (212); Schewe NVwZ 2007, 174 (174); Kral, Die polizeilichen Vorfeldbefugnisse als Herausforderung für Dogmatik und Gesetzgebung des Polizeirechts, 2012, S. 139. Vgl. zudem Albrecht/Poscher, Evaluationsbericht zu den §§ 4a, 20j, 20k des Bundeskriminalamtgesetzes, BT-Drs. 18/13031, 33.

4 Ebenso Schenke/Graulich/Ruthig/Ruthig BKAG § 48 Rn. 4.

5 Die Rasterfahndung kann natürlich auch genutzt werden, um weitergehende Ermittlungsansätze in Bezug auf Sachen zu generieren (bspw. ein Tatfahrzeug). Auch dabei wird aber regelmäßig die Anknüpfung an personenbezogene Daten erforderlich sein (bspw. die Identität der das Tatfahrzeug anmietenden Person).

6 BVerfG Beschl. v. 17.2.2009 – 2 BvR 1372/07 ua –, NJW 2009, 1405 (1406); s. auch Schenke/Graulich/Ruthig/Ruthig BKAG § 48 Rn. 4.

7 S. Schenke/Graulich/Ruthig/Ruthig BKAG § 48 Rn. 1; vgl. auch BT-Drs. 16/10121, 16, 27 f.

Eine Rasterfahndung darf nach § 98a Abs. 1 S. 2 StPO außerdem nur durchgeführt werden, wenn das Vorgehen andernfalls erheblich weniger erfolgversprechend oder wesentlich erschwert wäre.

II. Verfassungsrechtlicher Hintergrund

8 Die ausschließliche **Gesetzgebungskompetenz** des Bundes zum Erlass des § 48 BKAG beruht auf Art. 71, 73 Abs. 1 Nr. 9a GG.[8] Es handelt sich bei § 48 BKAG um eine Maßnahme aus dem Bereich der Abwehr von Gefahren des internationalen Terrorismus durch das BKA.

9 Auch die materielle **Verfassungskonformität** der Regelung zur Rasterfahndung nach § 48 BKAG ist gewahrt.[9] Bereits die Vorgängernorm des § 20j BKAG aF wurde durch das Bundesverfassungsgericht im Jahr 2016 überprüft und im Kern nicht beanstandet.[10] Zudem traten im Jahr 2018 kleinere Anpassungen der Norm in Kraft, die der effektiven Ausübung von Betroffenenrechten und einer wirksamen Datenschutzkontrolle dienen und insofern Vorgaben des Bundesverfassungsgerichts aus der Entscheidung zum BKAG vom 20.4.2016 (BVerfGE 141, 220) umsetzen.[11]

10 Zwar greift die Rasterfahndung nach der herrschenden Konzeption in das **Recht auf informationelle Selbstbestimmung** ein – und zwar spätestens durch das Übermitteln von personenbezogenen Daten(beständen) durch die datenführenden Stellen an das BKA (etwa in Form der Reports) und bereits durch die darauf gerichtete Übermittlungsanordnung.[12] Auch das Speichern der Daten beim BKA sowie der spätere Abgleich nach Zusammenführung der Datenbestände (Reports) sollen **Grundrechtseingriffe** darstellen.[13] All dies soll aber jeweils **nur hinsichtlich solcher Personen** definitiv zutreffen, deren Daten nach einem ersten Datenabgleich noch Gegenstand weiterer, nachfolgender Maßnahmen, insbesondere weitergehender Datenabgleiche, werden sollen.[14] Demgegenüber liegt jedenfalls insoweit kein Eingriff vor, als personenbezogene Daten zunächst ungezielt und allein technikbedingt miterfasst, aber unmittelbar nach der Erfassung technisch wieder anonym, spurenlos und ohne Erkenntnisinteresse für die Behörden ausgesondert werden.[15]

11 Soweit aber ein **Eingriff** vorliegt, ist dieser nach Einschätzung des Bundesverfassungsgerichts regelmäßig **von erheblichem Gewicht**. Denn die Rasterfahndung kann auch besonders sensible Daten (etwa Religionszugehörigkeit) erfassen und in der Zusammenführung der Datenbestände gegebenenfalls die Erstellung umfassender Persönlichkeitsprofile ermöglichen.[16] Die typischen Besonderheiten der Rasterfahndung liegen auch darin, dass sich Verdachtsmomente noch nicht bereits auf bestimmte Personen konkretisiert haben und dass dementsprechend nicht zwingend eine gesteigerte Nähebeziehung zwischen den von der Rasterfahndung betroffenen Personen und den gefährdeten Rechtsgütern besteht. Um das sich auch aus diesen Besonderheiten ergebende erhebliche Eingriffsgewicht zu kompensieren, bedarf es Begrenzungen, um einer Uferlosigkeit entsprechender Ermächtigungen vorzubeugen.[17]

12 Der Gesetzgeber des § 48 BKAG hat hierzu insbesondere den Weg gewählt, im Ausgangspunkt eine **konkrete Gefahr** zur Tatbestandsvoraussetzung zu erheben. Noch dazu lässt er nur die Betroffenheit besonders herausgehobener Schutzgüter genügen. Mit dieser Ausgestaltung hat er einen Weg der verfassungsrechtlichen Vorsicht gewählt. Denn anders als mitunter der Eindruck entsteht,[18] hat das Bundesverfassungsgericht in seiner Entscheidung zum Instrument der Rasterfahndung aus dem Jahr 2006[19] im Ergebnis nicht in aller Eindeutigkeit vorgegeben, eine Rasterfahndung müsse immer und unter allen Umständen an das Erfordernis einer **konkreten Gefahr im klassischen Sinne** genknüpft sein. Erstens hat es lediglich entschieden, eine Rasterfahndung nach Art des damaligen § 31 PolG NRW bedürfe als Eingriffsvoraussetzung einer konkre-

8 BT-Drs. 16/10121, 16.

9 Vgl. auch Kingreen/Poscher, POR, § 14 Rn. 52, mwN.

10 S. BVerfG Urt. v. 20.4.2016 – 1 BvR 966/09 ua –, BVerfGE 141, 220 (303, Rn. 206 f.; 323, Rn. 271; 336 f., Rn. 313 ff.; 351 f., Rn. 357); beanstandet wurde insoweit lediglich die Übermittlung von Daten, die aus einer Rasterfahndung gewonnen wurden, nach dem damaligen § 20v BKAG aF, s. BVerfG Urt. v. 20.4.2016 – 1 BvR 966/09 ua –, BVerfGE 141, 220 (337, Rn. 314 f.).

11 S. BT-Drs. 18/11168, 118.

12 BVerfG Beschl. v. 4.4.2006 – 1 BvR 518/02 –, BVerfGE 115, 320 (343): „Die Anordnung macht die Daten für die Behörden verfügbar und bildet die Basis für einen nachfolgenden Abgleich mit Suchbegriffen".

13 Vgl. BVerfG Beschl. v. 4.4.2006 – 1 BvR 518/02 –, BVerfGE 115, 320 (343).

14 BVerfG Beschl. v. 4.4.2006 – 1 BvR 518/02 –, BVerfGE 115, 320 (343 f.).

15 BVerfG Urt. v. 14.7.1999 – 1 BvR 2226/94 ua –, BVerfGE 100, 313 (366); Urt. v. 12.3.2003 – 1 BvR 330/96 –, BVerfGE 107, 299 (328); Beschl. v. 4.4.2006 – 1 BvR 518/02 –, BVerfGE 115, 320 (343); Beschl. v. 18.12.2018 – 1 BvR 142/15 –, BVerfGE 150, 244 (266, Rn. 43).

16 BVerfG Beschl. v. 4.4.2006 – 1 BvR 518/02 –, BVerfGE 115, 320 (349 f., 351). Schenke/Graulich/Ruthig/Ruthig BKAG § 48 Rn. 6, spricht von einem „besonders schweren" Eingriff, was indes nicht der Diktion aus BVerfGE 115, 320, entspricht.

17 BVerfG Beschl. v. 4.4.2006 – 1 BvR 518/02 –, BVerfGE 115, 320 (362 f.).

18 Vgl. etwa Frenz NVwZ 2007, 631 (634); Hillgruber JZ 2007, 209 (212 ff.); Volkmann Jura 2007, 132 (133 ff.); Schenke/Graulich/Ruthig/Ruthig BKAG § 48 Rn. 6; Thiel, POR, § 10 Rn. 78; differenzierend aber etwa Kral, Die polizeilichen Vorfeldbefugnisse als Herausforderung für Dogmatik und Gesetzgebung des Polizeirechts, 2012, S. 139.

19 BVerfG Beschl. v. 4.4.2006 – 1 BvR 518/02 –, BVerfGE 115, 320.

ten Gefahr. Im Vorfeld der Gefahrenabwehr scheide lediglich „eine solche Rasterfahndung" aus. Zweitens führte das Gericht in der Entscheidungsbegründung zwar aus, die Rasterfahndung dürfe von Verfassungs wegen erst bei Vorliegen einer konkreten Gefahr eingesetzt werden.[20] Allerdings hat es in der Sache die Anforderungen relativiert, indem es einen „konkret umrissenen Ausgangspunkt im Tatsächlichen" und „tatsächliche Anhaltspunkte [...] dafür [...], dass sich in Deutschland Personen für Terroranschläge bereithalten" ausreichen lassen hat.[21]

Dies spricht dafür, dass in der Sache eine **teilkonkretisierte Gefahr** bzw. eine entsprechende Gefahrenlage ausreicht, in der das befürchtete schädigende Ereignis – anders als bei der konkreten Gefahr im klassischen Sinne – noch nicht in allen Dimensionen umrissen ist. Dem entspricht auch die Formulierung in § 48 Abs. 1 Hs. 2 BKAG (zu alldem → Rn. 25 ff.). Dieser moderaten Lockerung des Gefahrerfordernisses entspricht auch das Ergebnis eines Blicks auf die **tatsächlichen Grundrechtsgefährdungen**, die mit verschiedenen Maßnahmen und Arten der Datenerhebung einhergehen können.[22] So ist zu bedenken, dass Abfragen größerer Datenbestände für die Betroffenen nicht zwingend „gefährlicher" sein müssen als gezielte Abfragen zu einzelnen Personen. Denn bei der Erhebung größerer Datenbestände nach Art der Rasterfahndung wird der datenführenden Stelle lediglich das relevante Merkmal bekannt, nach dem gesucht wird. Sie kann regelmäßig **keine Schlüsse zu einzelnen Personen** ziehen. Wenn dagegen – wie bei anderen Maßnahmen als der Rasterfahndung – gezielt Daten zu einzelnen bereits bekannten Personen erhoben werden, droht bei der datenführenden Stelle (bspw. einer von der Polizei gezielt befragten Kfz-Vermietung) der Eindruck zu entstehen, dass von der betroffenen (und benannten) Person eine Gefahr ausgehe, ihr zumindest mit Vorsicht zu begegnen sei. Es droht eine Stigmatisierungswirkung für die Betroffenen, die im Fall der Rasterfahndung gegebenenfalls umgangen werden kann.[23] 13

III. Gesetzeshistorie

Nach den Anschlägen vom 11.9.2001 wurden in den Bundesländern präventivpolizeiliche Rasterfahndungen durchgeführt, um potenzielle Anschlagsverdächtige zu ermitteln. Dabei unterstützte das BKA als Zentralstelle nach § 2 BKAG. Es zeigte sich, dass die unterschiedlichen Rechtslagen in den Ländern sowie die uneinheitliche Rechtsprechung zu erheblichen Verzögerungen führten.[24] Zudem entschied das Bundesverfassungsgericht daraufhin, dass solche präventiv-polizeiliche Rasterfahndungen nicht allein aufgrund einer allgemeinen **Bedrohungslage** durchgeführt werden dürfen. Voraussetzung sei vielmehr der Bezug zu einem konkret befürchteten Geschehen.[25] 14

Vor diesem Hintergrund wurde für das BKA eine eigene Befugnis zur präventiven Rasterfahndung geschaffen. Sie trat in Gestalt des damaligen § 20j BKAG aF erstmals zum 1.1.2009 in Kraft.[26] Zum Jahr 2018 wurde sie in Umsetzung der Entscheidung des Bundesverfassungsgerichts zum BKAG vom 20.4.2016 (BVerfGE 141, 220) in den Regelungen zu den Betroffenenrechten und zur Datenschutzkontrolle leicht angepasst.[27] 15

In Erfüllung seiner grundrechtlichen **Beobachtungspflicht**[28] ordnete der Gesetzgeber bei Einführung der Rasterfahndung an, dass die Vorschrift (damaliger § 20j BKAG aF) fünf Jahre nach dem Inkrafttreten durch einen unabhängigen, im Einvernehmen mit dem Deutschen Bundestag bestellten Sachverständigen 16

20 BVerfG Beschl. v. 4.4.2006 – 1 BvR 518/02 –, BVerfGE 115, 320 (360; vgl. auch 361 ff.).

21 BVerfG Beschl. v. 4.4.2006 – 1 BvR 518/02 –, BVerfGE 115, 320 (361, 365). Auch BVerfG Urt. v. 20.4.2016 – 1 BvR 966/09 ua –, BVerfGE 141, 220 (303, Rn. 206 f.), enthält nicht die kategorische Aussage, dass eine Rasterfahndung schon von Verfassungs wegen nur bei konkreter Gefahr möglich ist. Vielmehr wird lediglich festgestellt, dass jedenfalls eine Ausgestaltung wie im damaligen § 20j BKAG aF verfassungsgemäß sei; das Gericht spricht in diesem Zusammenhang von der geforderten „Gefahrenlage".

22 Hinter dieser Betrachtung steht der Ansatz, in der grundrechtlichen Dogmatik des Schutzes personenbezogener Daten nicht auf einen schematischen, eigentumsähnlichen Schutz von Daten um ihrer selbst willen zu setzen, sondern stärker nach den tatsächlichen Gefahren zu fragen, die im Umgang mit personenbezogenen Daten für die Betroffen entstehen können (→ § 63 Rn. 164 zur Personenüberprüfung; näher Lassahn Der Staat 61 [2022], 407 ff.). Auch das BVerfG betont: „Das Recht auf informationelle Selbstbestimmung trägt Gefährdungen und Verletzungen der Persönlichkeit Rechnung", vgl. jüngst BVerfG Beschl. v. 10.11.2020 – 1 BvR 3214/15 –, BVerfGE 156, 11 (39, Rn. 71). Vgl. Poscher/Lassahn in Hornung/Schallbruch (Hrsg.), Handbuch des IT-Sicherheitsrechts, 2020, § 7 Rn. 31 ff.; s. auch bereits Poscher in Gander/Perron/Poscher et al. (Hrsg.), Resilienz in der offenen Gesellschaft, 2012, S. 167 (170 ff., 178 ff.); ders. in Miller (Hrsg.), Privacy and Power, 2017, S. 129 (131 ff.), sowie Poscher/Buchheim DVBl. 2015, 1273 (1278 ff.).

23 Die Bedeutung der weitgehenden Anonymität im Anfangsstadium der Rasterfahndung betonen etwa auch Kingreen/Poscher, POR, § 14 Rn. 52.

24 BT-Drs. 16/10121, 27.

25 BVerfG Beschl. v. 4.4.2006 – 1 BvR 518/02 –, BVerfGE 115, 320 (364 f.). In der Sache lässt das Gericht es wie gesagt genügen, wenn „tatsächliche Anhaltspunkte" für Terroranschläge „in absehbarer Zeit" erkennbar sind (aaO, S. 365); vgl. hierzu auch die Formulierung in § 48 Abs. 1 S. 1 Hs. 2 BKAG.

26 BGBl. I 2008 S. 3083 (3087, 3094).

27 BGBl. I 2017 S. 1354 (1376, 1395).

28 Allgemein zur Beobachtungspflicht des Gesetzgebers vgl. BVerfG Urt. v. 9.6.2004 – 1 BvR 636/02 –, BVerfGE 111, 10 (42); Urt. v. 10.6.2009 – 1 BvR 706/08 ua –, BVerfGE 123, 186 (266).

evaluiert werden sollte.[29] Diese Evaluation wurde in den Jahren 2016 bis 2017 durchgeführt.[30] Sie gelangte zu dem Ergebnis, dass die Befugnis des BKA zur Rasterfahndung im Grundsatz verfassungsgemäß ausgestaltet ist und für den Untersuchungszeitraum auch in der Anwendungspraxis den Vorgaben des Grundgesetzes gerecht wurde.[31] Die in dem Evaluationsbericht vorgeschlagene Prüfung, ob die Befugnis nicht stärker in Richtung einer Maßnahme der Gefahrerforschung entwickelt werden könne, wurde bislang – soweit ersichtlich – nicht umgesetzt.[32]

IV. Aktuelle Entwicklungen

17 Ausweislich des Ergebnisses der im Jahr 2017 vorgelegten unabhängigen Evaluation des § 20j BKAG hat das BKA das Instrument der Rasterfahndung bisher sparsam – im fünfjährigen Untersuchungszeitraum ein einziges Mal – eingesetzt.[33] In diesem Fall führte die Rasterfahndung dazu, dass ein Hinweis auf einen Gefahrensachverhalt wesentlich entkräftet werden konnte. Darin drückt sich aus, dass die Rasterfahndung auch grundsätzlich nicht selten einer **Negativabklärung** dienen wird. Es handelt sich um eine Maßnahme, die Gefahrenmomente häufiger ausräumen als sie verdichten wird. Kommt es aber doch zu einer Verdichtung, kann die Maßnahme hilfreiche Ansätze für weitere Ermittlungsmaßnahmen bieten, und zwar auch in Fällen, in denen – oft mangels Identifizierbarkeit der potenziellen Störer – andere Maßnahmen an ihre Grenzen geraten. Die Maßnahme ist insbesondere **effizient** und ermöglicht eine **Aufhellung von Dunkelfeldern**, die sich durch andere Maßnahmen nicht erreichen ließe.[34] Jedenfalls gegenüber besonders aufwändigen Ermittlungsmaßnahmen wie der Online-Durchsuchung kann die Rasterfahndung je nach Einzelfall auch Zeitvorteile bieten.[35] Da vom internationalen Terrorismus nach wie vor eine hohe abstrakte Gefahr ausgeht,[36] erscheint die Befugnis des BKA zur Rasterfahndung weiterhin erforderlich. Die bisherige zurückhaltende Anwendungspraxis ist kein Hinweis für die Entbehrlichkeit des Instruments, sondern kann ebenso gut als Ausweis einer **grundrechtsschonenden Praxis** in einem Bereich gesehen werden, in dem ernsthaften Bedrohungsszenarien zwar herausragende Bedeutung zukommt, solche Szenarien zugleich aber glücklicherweise nach wie vor kein Massenphänomen sind.[37]

B. Kommentierung im Einzelnen

18 § 48 BKAG ist in vier Absätze untergliedert. Abs. 1 regelt die Voraussetzungen der Erhebung von Datensätzen und ihres automatisierten Abgleichs und eröffnet in der Rechtsfolge Ermessen. Abs. 2 stellt bestimmte Anforderungen an das Übermittlungsersuchen auf und regelt die Übermittlung der Daten. Abs. 3 enthält Vorgaben für die Löschung personenbezogener Daten und die Protokollierung der getroffenen Maßnahmen. Abs. 4 schließlich normiert besondere formelle Erfordernisse für die Anordnung der Maßnahme.

I. Tatbestandsvoraussetzungen und Rechtsfolge (Abs. 1)

19 Nach § 48 Abs. 1 S. 1 BKAG kann das BKA von öffentlichen oder nichtöffentlichen Stellen die **Übermittlung von personenbezogenen Daten** von bestimmten Personengruppen zum Zwecke des automatisierten Abgleichs mit anderen Datenbeständen verlangen, soweit dies zur Abwehr einer Gefahr für den Bestand oder die Sicherheit des Bundes oder eines Landes oder für Leib, Leben oder Freiheit einer Person oder Sachen von bedeutendem Wert, deren Erhalt im öffentlichen Interesse geboten ist, erforderlich ist.

20 **1. Tatbestand: Schutzgüter und Gefahrenschwelle.** § 48 Abs. 1 S. 1 BKAG statuiert als Tatbestandsvoraussetzung eine hinsichtlich der Schutzgüter besonders qualifizierte konkrete Gefahr. Erforderlich ist, dass eine Gefahr für eines der folgenden Schutzgüter vorliegt: den Bestand oder die Sicherheit des Bundes oder eines

29 BGBl. I 2008 S. 3083 (3094).

30 Albrecht/Poscher, Evaluationsbericht zu den §§ 4a, 20j, 20k des Bundeskriminalamtgesetzes, BT-Drs. 18/13031. Der wissenschaftlichen Redlichkeit halber wird darauf hingewiesen, dass der Bearbeiter der hiesigen Kommentierung an der Durchführung der damaligen Evaluation auf Sachverständigenseite beteiligt war.

31 Albrecht/Poscher, Evaluationsbericht zu den §§ 4a, 20j, 20k des Bundeskriminalamtgesetzes, BT-Drs. 18/13031, 35.

32 Albrecht/Poscher, Evaluationsbericht zu den §§ 4a, 20j, 20k des Bundeskriminalamtgesetzes, BT-Drs. 18/13031, 57 ff., 61 f.

33 Albrecht/Poscher, Evaluationsbericht zu den §§ 4a, 20j, 20k des Bundeskriminalamtgesetzes, BT-Drs. 18/13031, 21, 32 f.

34 Zum Einsatz der Rasterfahndung zur Aufspürung konspirativer Wohnungen der RAF vgl. Kingreen/Poscher, POR, § 14 Rn. 47.

35 Albrecht/Poscher, Evaluationsbericht zu den §§ 4a, 20j, 20k des Bundeskriminalamtgesetzes, BT-Drs. 18/13031, 35. Zum allerdings auch bei der Rasterfahndung nicht immer unerheblichen Zeitaufwand s. etwa Schewe NVwZ 2007, 174 (176).

36 S. https://www.bka.de/DE/UnsereAufgaben/Deliktsbereiche/PMK/PMKreligioes/PMKreligioes_node.html: „Nach wie vor steht die westliche Welt im unmittelbaren Zielspektrum verschiedener weltweit ausgerichteter Terrororganisationen".

37 Vgl. Albrecht/Poscher, Evaluationsbericht zu den §§ 4a, 20j, 20k des Bundeskriminalamtgesetzes, BT-Drs. 18/13031, 35. Hornmann NVwZ 2010, 292 (295), scheint dagegen eine tatsächliche Anwendungspraxis als Beleg für die Erforderlichkeit einer Eingriffsbefugnis zu fordern.

Landes oder für Leib, Leben oder Freiheit einer Person oder Sachen von bedeutendem Wert, deren Erhalt im öffentlichen Interesse geboten ist. Es handelt sich durchweg um **hochrangige Rechtsgüter**, was den diesbezüglichen verfassungsrechtlichen Anforderungen in jedem Fall genügt.[38] Die auch für § 48 BKAG geltende Vorschrift des § 38 Abs. 2 BKAG stellt klar, dass die Schutzgüter in einer Art und Weise betroffen sein müssen, die im Zusammenhang mit Straftaten nach § 5 Abs. 1 S. 2 BKAG steht. Mit anderen Worten ist erforderlich, dass es sich um einen Sachverhalt des **internationalen Terrorismus** handelt.[39]

a) **Die Schutzgüter im Einzelnen.** Der **Bestand oder die Sicherheit des Bundes oder eines Landes** umfasst die innere und äußere Sicherheit des Bundes und der Länder. Der **Bestand** des Bundes ist – in entsprechender Anwendung des § 92 Abs. 1 StGB – beeinträchtigt, wenn die Freiheit der Bundesrepublik Deutschland von fremder Botmäßigkeit aufgehoben, ihre staatliche Einheit beseitigt oder ein zu ihr gehörendes Gebiet abgetrennt werden soll. Entsprechendes gilt für den Bestand der einzelnen Länder. Es geht jeweils um Angriffe auf die staatliche Verfasstheit als solche. Der Begriff der **Sicherheit** des Bundes oder eines Landes findet sich in mehreren Normen des BKAG (etwa § 9 Abs. 5, §§ 40 ff.) sowie in weiteren Gesetzen, s. nur § 1 Abs. 1 BVerfSchG, § 1 Abs. 1 Nr. 1 G10; vgl. auch § 54 Abs. 1 Nr. 2 AufenthG, § 19 Abs. 2 Nr. 2 lit. a KrWaffG (dort jeweils: „Sicherheit der Bundesrepublik Deutschland“).[40] Er ist im Gefahrenabwehrrecht weitgehend einheitlich zu handhaben (vgl. → § 9 Rn. 103, → § 38 Rn. 6). Die Sicherheit des Bundes und der Länder umfasst demnach die äußere und innere Sicherheit. Sie schützt nach innen den Bestand und die **Funktionstüchtigkeit des Staates** und seiner Einrichtungen. Das schließt den Schutz vor Einwirkungen durch Gewalt und Drohungen mit Gewalt auf die Wahrnehmung staatlicher Funktionen ein.[41] Solches kann insbesondere der Fall sein, wenn sich Attacken gegen einzelne staatliche Institutionen richten und ihren Beitrag zur staatlichen Aufgabenerfüllung zu beeinträchtigen suchen, bspw. durch direkte **Anschläge auf staatliche Einrichtungen**. Ebenso sind Tathandlungen gegen wichtige private Infrastruktureinrichtungen oder sonstige Teile der Zivilgesellschaft erfasst – insbesondere gegen solche, die bei der staatlichen Aufgabenerfüllung in wesentlichen Bereichen eingebunden sind. Je nach Sachverhalt können **auch Taten gegen Einzelne** genügen, insbesondere gegen Mitglieder von Verfassungsorganen,[42] aber auch gegen Bürger. Insbesondere können sich Gewaltanschläge gegen Unbeteiligte zum Zwecke der Verbreitung allgemeiner Unsicherheit gegen die innere Sicherheit des Staates richten.[43] Maßgeblich kann dabei sein, ob die Taten darauf zielen, nachhaltige Verwerfungen im gesellschaftlichen Zusammenleben hervorzurufen, so dass die staatliche Aufgabenerfüllung insgesamt in Frage gestellt zu werden droht.[44] Es genügt dabei freilich nicht schon jede einzelne Tat nach § 5 Abs. 1 S. 2 BKAG, weil das Schutzgut des § 48 Abs. 1 BKAG gegenüber der Aufgabennorm noch einmal enger gefasst ist. 21

Die Individualrechtsgüter **Leib, Leben oder Freiheit einer Person** entsprechen weitgehend dem Gebrauch der Begriffe an anderen Stellen des BKAG (→ § 63 Rn. 111 f., §§ 40 ff.). Mit der „Freiheit“ einer Person ist keineswegs jede Form der allgemeinen Handlungsfreiheit erfasst, sondern vorrangig die körperliche Bewegungsfreiheit und gegebenenfalls die Freiheit der Willensbildung und -betätigung in hinreichend schwerwiegenden Fällen.[45] 22

Bei **Sachen von bedeutendem Wert**, deren Erhalt im öffentlichen Interesse geboten ist, handelt es sich um die im Zusammenhang mit der Terrorismusabwehr wesentlichen **Infrastruktureinrichtungen** oder sonstige Anlagen mit unmittelbarer Bedeutung für das Gemeinwesen. Der Schutz von bedeutsamen Sachwerten 23

38 BVerfG Beschl. v. 4.4.2006 – 1 BvR 518/02 –, BVerfGE 115, 320 (346, 363 f.); Urt. v. 20.4.2016 – 1 BvR 966/09 ua –, BVerfGE 141, 220 (303, Rn. 207); vgl. auch BVerfG Beschl. v. 1.8.1978 – 2 BvR 1013/77 ua –, BVerfGE 49, 24 (56 f.); zur Schwelle der „schwerwiegenden“ Gefahr vgl. auch BVerwG Urt. v. 7.10.1975 – I C 46/69 –, BVerwGE 49, 202 (209 f.).

39 So unter Verweis auf BT-Drs. 16/10121, 16 auch Schenke/Graulich/Ruthig/Ruthig BKAG § 48 Rn. 8.

40 S. auch Schenke/Graulich/Ruthig/Ruthig BKAG § 48 Rn. 9, noch mit Bezug zur vorherigen Formulierung „Sicherheit des Staates“. Der Begriff findet sich zudem auch in Art. 73 Abs. 1 Nr. 10 lit. b GG und macht dort in Kombination mit dem Schutz der freiheitlichen demokratischen Grundordnung den Gegenstand des „Verfassungsschutzes“ aus. Daneben ist etwa in § 29 Abs. 2 VwVfG und in § 32 Abs. 1 Nr. 3 BDSG vom „Wohl“ des Bundes oder eines Landes die Rede.

41 BVerwG Urt. v. 15.3.2005 – 1 C 26/03 –, BVerwGE 123, 114 (120); Beschl. v. 21.3.2017 – 1 VR 1/17 –, BVerwGE 158, 225 (233, Rn. 15); Beschl. v. 19.9.2017 – 1 VR 7/17 –, NVwZ 2017, 1798 (1799, Rn. 11); Urt. v. 6.2.2019 – 1 A 3/18 –, BVerwGE 164, 317 (326 f., Rn. 29), jeweils zu ausländerrechtlichen Vorschriften.

42 In dieser Dimension kann die Norm die Befugnisse der §§ 63 ff. BKAG ergänzen.

43 So auch die Rechtsprechung → Fn. 41.

44 Vgl. Roggan, G-10-Gesetz, 2. Aufl. 2018, § 1 Rn. 9; Schenke/Graulich/Ruthig/Roth BVerfSchG § 4 Rn. 58 ff.; Schenke/Graulich/Ruthig/Ruthig BKAG § 48 Rn. 9; Bauer in Bergmann/Dienelt, Ausländerrecht, 13. Aufl. 2020, AufenthG § 54 Rn. 27; Dürig/Herzog/Scholz/Dederer GG Art. 91 (2019) Rn. 56 ff.; Dürig/Herzog/Scholz/Uhle GG (2010) Art. 73 Rn. 244.

45 Nach Schenke/Graulich/Ruthig/Ruthig BKAG § 48 Rn. 10, sollen die Schutzgüter nach dem Inhalt des Art. 2 Abs. 2 S. 1 und 2 GG bestimmt werden, was insofern der Präzisierung bedürfte, als insbesondere der Schutz der individuellen Freiheit grundrechtsdogmatisch sehr stark von der Situation eines Zugriffs auf den Einzelnen durch die Staatsgewalt gedacht wird, während es in § 48 Abs. 1 S. 1 BKAG um Beeinträchtigungen vorrangig durch Private geht. Womöglich ist aber eine zumindest grobe Orientierung an der Erheblichkeitsschwelle des Art. 2 Abs. 2 S. 1 und 2 GG (→ § 63 Rn. 58, 128 ff.) denkbar.

reicht für sich allein nicht aus.[46] In Betracht kommen also insbesondere Einrichtungen der Gesundheitsversorgung (etwa Krankenhäuser), der Elektrizitäts-, Gas- und Wasserversorgung, der Telekommunikation (etwa Datenleitungen, Funkmasten), des Verkehrs (etwa Straßen, Bahnanlagen) usw. Nicht gänzlich ausgeschlossen erscheint, dass in besonderen Fällen auch Einrichtungen oder Gegenstände von besonderem kulturellen, wissenschaftlichen oder historischen Wert erfasst sein können.[47]

24 **b) Belegenheitsort der Schutzgüter.** Die Vorschrift setzt nicht zwingend ein im Inland belegenes Schutzgut voraus.[48] Vielmehr kann es genügen, wenn die in Rede stehenden terroristischen **Anschläge „andernorts" als in Deutschland** drohen.[49] Über den in § 38 Abs. 2 BKAG mit Geltung auch für § 48 BKAG in Bezug genommenen § 5 Abs. 1 S. 2 BKAG, der auf die in § 129a Abs. 1 und 2 StGB aufgezählten Straftaten verweist, sind zur Bewertung der örtlichen Relevanz von Schutzgutbeeinträchtigungen letztlich die Regeln des internationalen Strafrechts maßgeblich, dh die §§ 3 ff. StGB.[50] Das Weltrechtsprinzip des § 6 StGB dürfte allerdings nicht in vielen Fällen weiterhelfen, weil darüber nur ganz bestimmte Begehungsweisen terroristischer Anschläge erfasst werden können (etwa Sprengstoffverbrechen und Angriffe auf den Luftverkehr).[51]

25 **c) Gefahrenschwelle.** Bei der in § 48 Abs. 1 S. 1 BKAG erforderten Gefahr handelt es sich – trotz des faktischen Charakters der Rasterfahndung als Maßnahme der Gefahrerforschung (→ Rn. 4) – im Ausgangspunkt um eine **konkrete Gefahr** im klassischen polizeirechtlichen Sinne (→ Rn. 12 f.).[52] Dies ergibt sich aus § 38 Abs. 2 BKAG (→ § 38 Rn. 16 ff., 40 ff.). Eine konkrete Gefahr iSd § 48 Abs. 1 S. 1 BKAG liegt vor, wenn von einer Sachlage auszugehen ist, die in absehbarer Zeit mit hinreichender Wahrscheinlichkeit in die Schädigung eines Schutzgutes (des § 48 Abs. 1 S. 1 iVm § 38 Abs. 2 und 5 Abs. 1 S. 2 BKAG → Rn. 20 ff.) münden würde, sofern nicht rechtzeitig Gegenmaßnahmen ergriffen werden.[53] Eine **allgemeine Bedrohungslage** oder allgemeine **außenpolitische Spannungen reichen nicht** aus.[54] Die Ermittlungen dürfen nicht „ins Blaue hinein" erfolgen.[55]

26 Andererseits sind im Ergebnis die **Anforderungen deutlich geringer als bei der typischen konkreten Gefahr** im Polizeirecht (im Vergleich etwa zu ordnungsrechtlichen Generalklauseln). Zwar kann die Hochrangigkeit der von § 48 BKAG geschützten Güter[56] die Anforderungen an die Wahrscheinlichkeit und die nötige Tatsachengrundlage nicht beliebig absenken, aber doch immerhin so weit reduzieren, dass für die relevante Prognoseentscheidung auch lediglich konkret umrissene Ausgangspunkte im Tatsächlichen genügen können (vgl. → § 38 Rn. 19 f.).[57] So kann die zur Einleitung einer Rasterfahndung erforderliche Gefahrenschwelle bereits überschritten sein, wenn **tatsächliche Anhaltspunkte** für die Vorbereitung terroristischer Anschläge oder dafür bestehen, dass sich in Deutschland Personen für Terroranschläge bereithalten, die in absehbarer Zeit in Deutschland selbst oder andernorts verübt werden sollen.[58] Schon aus dieser der Rechtsprechung des Bundesverfassungsgerichts entnommenen Formulierung wird erkennbar, dass die Gefahrenschwelle dem Szenario des Gefahrenverdachts durchaus nahekommt.[59] Anders als bei der klassischen konkreten Gefahr ist jedenfalls eine Beschreibbarkeit des befürchteten Geschehens in allen relevanten Gefahrendimensionen (Zeit, Ort, Art und Weise, Verursacher, Geschädigte) nicht erforderlich. Vielmehr genügt es, wenn zwar ein konkretes Geschehen in Rede steht, dieses aber nur dem Grunde nach oder in Teildimensionen bereits

46 BVerfG Urt. v. 20.4.2016 – 1 BvR 966/09 ua –, BVerfGE 141, 220 (287, Rn. 155); vgl. auch Schenke/Graulich/Ruthig/Schenke BKAG § 45 Rn. 7. Anders als Schenke/Graulich/Ruthig/Ruthig BKAG § 48 Rn. 10, meint, hat das BVerfG auch diesen Regelungsinhalt inzwischen überprüft, zwar nicht in BVerfG Beschl. v. 4.4.2006 – 1 BvR 518/02 –, BVerfGE 115, 320, wohl aber in BVerfG Urt. v. 20.4.2016 – 1 BvR 966/09 ua –, BVerfGE 141, 220 (303, Rn. 207).

47 So jedenfalls Schenke/Graulich/Ruthig/Ruthig BKAG § 48 Rn. 10. Vgl. aber auch → § 9 Rn. 103.

48 Schenke/Graulich/Ruthig/Ruthig BKAG § 48 Rn. 11.

49 BVerfG Beschl. v. 4.4.2006 – 1 BvR 518/02 –, BVerfGE 115, 320 (364 f.).

50 So auch Schenke/Graulich/Ruthig/Ruthig BKAG § 48 Rn. 11, mit Verweis auf VG Mainz Beschl. v. 1.2.2002 – 1 L 1106/01 –, DUD 2002, 303 (305).

51 Schenke/Graulich/Ruthig/Ruthig BKAG § 48 Rn. 11, misst § 6 StGB insofern eine größere Tragweite zu.

52 Vgl. auch Schenke/Graulich/Ruthig/Ruthig BKAG § 48 BKAG Rn. 12.

53 → § 63 Rn. 11. Vgl. auch Schenke/Graulich/Ruthig/Ruthig BKAG § 48 Rn. 13.

54 BVerfG Beschl. v. 4.4.2006 – 1 BvR 518/02 –, BVerfGE 115, 320 (364 f.).

55 BVerfG Beschl. v. 22.3.2005 – 1 BvR 2357/04 ua –, BVerfGE 112, 284 (297); Beschl. v. 4.4.2006 – 1 BvR 518/02 –, BVerfGE 115, 320 (361).

56 Zu den Schutzgütern → Rn. 21 ff. Zu dem zu Grunde liegenden Je-desto-Gedanken vgl. etwa BVerfG Urt. v. 14.7.1999 – 1 BvR 2226/94 –, BVerfGE 100, 313 (392); Beschl. v. 3.3.2004 – 1 BvF 3/92 –, BVerfGE 110, 33 (60); Urt. v. 27.7.2005 – 1 BvR 668/04 –, BVerfGE 113, 348 (386); BVerwG Urt. v. 26.2.1974 – I C 31/72 –, BVerwGE 45, 51 (61); Leisner-Egensperger DÖV 2018, 677 (683 f.); Schenke JuS 2018, 505 (506); Möstl GSZ 2021, 89 (90).

57 BVerfG Beschl. v. 4.4.2006 – 1 BvR 518/02 –, BVerfGE 115, 320 (361). Vgl. auch Schenke/Graulich/Ruthig/Ruthig BKAG § 48 Rn. 12, mit eher einschränkendem Ansatz.

58 BVerfG Beschl. v. 4.4.2006 – 1 BvR 518/02 –, BVerfGE 115, 320 (365); näher zuletzt BVerfG Beschl. v. 9.12.2022 – 1 BvR 1345/21 –, juris, Rn. 186 ff.

59 Der Begriff der „Anhaltspunkte" wird ebenso wie die Formulierung „Tatsachen, die die Annahme rechtfertigen" typischerweise für die Beschreibung eines Gefahrenverdachts verwendet → § 33 Rn. 22, 38; → § 38 Rn. 8; → § 64 Rn. 7; s. auch Kral, Die polizeilichen Vorfeldbefugnisse als Herausforderung für Dogmatik und Gesetzgebung des Polizeirechts, 2012, S. 120.

absehbar ist.[60] Man könnte insoweit von einer **teilkonkretisierten Gefahr** oder einer **Gefahrenlage** sprechen, die jeweils an der Schwelle zu einem qualifizierten Gefahrenverdacht liegen.[61] Auch eine (konkretisierte) **Dauergefahr** soll genügen.[62] All dies ist nicht überraschend, schon weil bei einer faktischen Gefahrerforschungsmaßnahme wie der Rasterfahndung die Gefahr besteht, dass ein Hochschrauben der Anforderungen an die Gefahrenschwelle zu bewirken drohte, dass das Mittel unverhältnismäßig würde, weil die Geeignetheit zur Sicherung der Schutzgüter in Frage stünde (bei Erkennbarkeit einer konkreten Gefahr im klassischen Sinne käme eine Maßnahme wie die Rasterfahndung regelmäßig zu spät). Bei einer richtig verstandenen Auslegung des Gefahrerfordernisses iS einer teilkonkretisierten Gefahr lässt sich auch solchen Stimmen entgegentreten, die bei zu anspruchsvollen Gefahrenschwellen eine praktische Entwertung der Befugnis der Rasterfahndung befürchten.[63]

§ 48 Abs. 1 S. 1 Hs. 2 BKAG soll die Gefahrenschwelle weiter ausbuchstabieren.[64] Demnach liegt eine für 27
die Rasterfahndung genügende Gefahr idR auch dann vor, wenn **konkrete Vorbereitungshandlungen** die Annahme rechtfertigen, dass eine Straftat nach § 5 Abs. 1 S. 2 BKAG begangen werden soll. Diese Vorschrift lässt sich als **Regelbeispiel** für die Ausformung der ohnehin geltenden allgemeinen Grundsätze (→ Rn. 25 ff.) verstehen.[65] Sie verdeutlicht, dass es sich unter Umständen um Sachverhalte handeln kann, die relativ weit im Vorfeld konkreter Schadensereignisse liegen.[66] Denn die von § 5 Abs. 1 S. 2 BKAG erfassten Straftaten stellen ihrerseits mitunter bereits Vorbereitungshandlungen oder abstrakte Gefährdungen unter Strafe, etwa nach den §§ 89a-89c, 91, 129a, 129b StGB. Das Regelbeispiel des § 48 Abs. 1 S. 1 Hs. 2 BKAG ist gleichwohl verfassungsrechtlich nicht problematisch, weil – wie auch im Rahmen der allgemeinen Anforderungen der zumindest teilkonkretisierten Gefahr – bestimmte, aber natürlich nicht alle Szenarien im Vorbereitungsstadium von Vorfelddelikten erfasst werden. Deutlich wird dies darin, dass § 48 Abs. 1 S. 1 Hs. 2 BKAG ausdrücklich den Bezug zu **konkreten Handlungen** verlangt; bloß unspezifisch „verdächtige" Verhaltensweisen genügen demgegenüber nicht. Auch das Bundesverfassungsgericht hat diese Konturierung der Gefahrenschwelle nicht beanstandet.[67]

Insgesamt ergibt sich für die Rasterfahndung das Bild einer noch **nicht zufriedenstellend konsolidierten Ein-** 28
griffsschwellendogmatik. Vor diesem Hintergrund und auch iS weiterer Vereinheitlichung dürfte es sich ***de lege ferenda*** empfehlen, dass der Gesetzgeber die Angleichung oder zumindest Annäherung der Gefahrenschwelle des § 48 Abs. 1 BKAG an diejenige des § 49 BKAG (sog. Online-Durchsuchung) prüft. Jedenfalls sollte für die Rasterfahndung offen und transparent die Einführung einer teilkonkretisierten Gefahr als Eingriffsvoraussetzung in Erwägung gezogen werden.

2. Rechtsfolge: Übermittlungspflicht und Datenabgleich nach Ermessen. Ist der Tatbestand erfüllt, kann 29
das BKA nach § 48 Abs. 1 S. 1 BKAG von öffentlichen oder nichtöffentlichen Stellen die Übermittlung von personenbezogenen Daten von bestimmten Personengruppen zum Zwecke des automatisierten Abgleichs mit anderen Datenbeständen verlangen.

a) Umfang der Befugnisse: Übermittlungsersuchen und Abgleich. Das BKA kann gegenüber allen öffentli- 30
chen und nichtöffentlichen Stellen mit Ausnahme der Nachrichtendienste (→ Rn. 33) die Übermittlung der jeweils benötigten Datensätze verlangen. Öffentliche oder nichtöffentliche Stellen sind alle Stellen, die über relevante Datenbestände verfügen können (vgl. auch § 2 BDSG). In Betracht kommen beispielsweise Universitäten, Einwohnermeldeämter, private Arbeitgeber, Versicherungen, Kaufhäuser, Einzelhandelsgeschäfte, Restaurants, Vermietungsunternehmen usw.[68] Das Verlangen der Datenübermittlung (**Übermittlungsersuchen**) ist für den Adressaten bindend; es handelt sich um einen Verwaltungsakt, der bei Bedarf mit **Ver-**

60 Dieser Gedanke findet sich auch in der auf die Rechtsprechung des BVerfG zurückgehenden Formulierung des § 49 Abs. 1 S. 2 BKAG; vgl. BVerfG Urt. v. 20.4.2016 – 1 BvR 966/09 ua –, BVerfGE 141, 220 (272, Rn. 112).

61 Vgl. Albrecht/Poscher, Evaluationsbericht zu den §§ 4a, 20j, 20k des Bundeskriminalamtgesetzes, BT-Drs. 18/13031, 57 („teilkonkretisiertes Schadensereignis"/„Gefahrenlage"). In der Rechtsprechung des BVerfG wird auch der Oberbegriff der „Gefahrenlage" verwendet, die dann in unterschiedlichem Grad konkretisiert sein kann, vgl. BVerfG Urt. v. 20.4.2016 – 1 BvR 966/09 ua –, BVerfGE 141, 220 (348, Rn. 348), zudem ist von der „hinreichend konkretisierten Gefahr" die Rede, vgl. BVerfG Urt. v. 20.4.2016 – 1 BvR 966/09 ua –, BVerfGE 141, 220 (272, Rn. 112). Kral, Die polizeilichen Vorfeldbefugnisse als Herausforderung für Dogmatik und Gesetzgebung des Polizeirechts, 2012, S. 139, spricht von der „Entindividualisierung" der Gefahr, was im Kontext der Rasterfahndung regelmäßig zutreffen dürfte. Zu dem zu Grunde liegenden Gedanken vgl. auch bereits Thiede Kriminalistik 2008, 539 (541).

62 BVerfG Beschl. v. 4.4.2006 – 1 BvR 518/02 –, BVerfGE 115, 320 (364); BT-Drs. 16/10121, 28.

63 Hillgruber JZ 2007, 209 (212); Volkmann Jura 2007, 132 (135 ff.); Schewe NVwZ 2007, 174 (176); vgl. auch Hornmann NVwZ 2010, 292 (295); Schenke/Graulich/Ruthig/Ruthig BKAG § 48 Rn. 13.

64 BT-Drs. 16/10121, 28.

65 So auch Schenke/Graulich/Ruthig/Ruthig BKAG § 48 Rn. 14. Zu einer ähnlichen Formulierung („tatsächliche Anhaltspunkte für die Vorbereitung terroristischer Anschläge oder dafür […], dass sich in Deutschland Personen für Terroranschläge bereithalten") vgl. BVerfG Beschl. v. 4.4.2006 – 1 BvR 518/02 –, BVerfGE 115, 320 (365).

66 So die Befürchtung von Schenke/Graulich/Ruthig/Ruthig BKAG § 48 Rn. 14.

67 BVerfG Urt. v. 20.4.2016 – 1 BvR 966/09 ua –, BVerfGE 141, 220 (303, Rn. 207).

68 Vgl. Schenke/Graulich/Ruthig/Ruthig BKAG § 48 Rn. 15.

waltungszwang durchsetzbar ist.[69] Ausnahmen gelten nur für solche personenbezogene Daten, die einer besonderen Geheimhaltungspflicht unterliegen (§ 48 Abs. 2 S. 1 Hs. 2 BKAG, → Rn. 36). Nicht erforderlich ist, dass die Daten bei der datenführenden Stelle bereits in automatisiert verwertbarer Form vorliegen. Soweit es sich bei dem Adressaten um eine öffentliche Stelle handelt, bedarf diese nach dem **Doppeltürmodell** einer Norm, die ihr die Übermittlung erlaubt.[70] Der Abruf der personenbezogenen Daten durch das BKA wird durch § 48 Abs. 1 BKAG gestattet; diese Norm bildet also insoweit die andere Hälfte der Doppeltür.

31 Den **Inhalt des Übermittlungsersuchens** und weitere Vorgaben zur Übermittlung regelt § 48 Abs. 2 BKAG (→ Rn. 35 ff.).

32 Neben dem Übermittlungsersuchen erlaubt § 48 Abs. 1 BKAG dem BKA auch den **Abgleich** der erhobenen Datensätze. Ausdrücklich erlaubt wird der automatisierte Abgleich, was ein händisches Vorgehen und entsprechende Nachkontrollen freilich nicht ausschließt. Aus grundrechtlicher Sicht liegt der Vorteil des automatisierten Vorgehens darin, dass nicht von jedem einzelnen Datum (wenn auch nur flüchtig) Kenntnis genommen werden muss (vgl. → Rn. 13).

33 **b) Keine Übermittlungspflicht der Nachrichtendienste.** Nach § 48 Abs. 1 S. 2 BKAG kann vom Bundesamt für Verfassungsschutz und von den Verfassungsschutzbehörden der Länder, dem Militärischen Abschirmdienst sowie dem Bundesnachrichtendienst die Übermittlung von personenbezogenen Daten nach § 48 Abs. 1 S. 1 BKAG nicht verlangt werden. Eine gegen den Willen des jeweiligen Nachrichtendienstes erfolgende polizeiliche Datenerhebung ist damit ausgeschlossen. Dies dient dem Gedanken eines **informationellen Trennungsprinzips** zwischen Polizei und Nachrichtendiensten.[71] Eine freiwillige Übermittlung entsprechender Datensätze durch die Dienste an das BKA ist freilich möglich; die Entgegennahme der Daten ist dem Amt dann jedenfalls nach § 48 Abs. 1 S. 1 BKAG gestattet.

34 **c) Ermessensausübung.** Dem BKA ist in der Anwendung der Befugnis nach § 48 Abs. 1 S. 1 BKAG Ermessen eingeräumt. Bei der Ausübung des Ermessens können verschiedene Gesichtspunkte berücksichtigt werden, etwa die Erfolgswahrscheinlichkeit der Maßnahme, der Vergleich mit den konkreten Auswirkungen alternativer Maßnahmen, der Umfang der zu beschaffenden Datensätze und dementsprechend der zu involvierenden Stellen, die Sensibilität der relevanten Daten usw.

II. Gestaltung von Übermittlungsersuchen und Übermittlung (Abs. 2)

35 § 48 Abs. 2 BKAG enthält nähere Vorgaben zur Gestaltung von Übermittlungsersuchen und zur Übermittlung der Datensätze. Nach § 48 Abs. 2 S. 1 Hs. 1 BKAG ist ein **Übermittlungsersuchen** auf Namen, Anschrift, Tag und Ort der Geburt sowie auf andere im Einzelfall festzulegende Merkmale zu beschränken. Das BKA muss also in dem Ersuchen möglichst klar definieren, welche Merkmale, dh welche Kategorien von personenbezogenen Daten zu übermitteln sind. Der Kreis der abfragbaren Merkmale ist aber nicht grundsätzlich begrenzt. Es können auch weitere personenbezogene Daten abgefragt werden, etwa Religionszugehörigkeit, Staatsangehörigkeit, Familienstand, Studienfachrichtung usw.[72] Auch Sozialdaten können nach § 68 Abs. 3 SGB X zu Zwecken der Rasterfahndung übermittelt werden.[73] Der Kreis der abgefragten personenbezogenen Daten ist freilich schon nach dem allgemeinen Grundsatz der Verhältnismäßigkeit auf das **Maß des Erforderlichen** zu begrenzen (Datensparsamkeit).

36 Ein Übermittlungsersuchen darf sich nach § 48 Abs. 2 S. 1 Hs. 2 BKAG nicht auf personenbezogene Daten erstrecken, die einem **Berufs- oder besonderen Amtsgeheimnis** unterliegen. Wie auch im Rahmen des § 29 Abs. 3 BDSG lässt sich für die Bestimmung des Kreises der relevanten Geheimnisträger auf § 203 StGB zurückgreifen.[74] Erfasst sind also insbesondere Geheimnisse von Ärzten, Rechtsanwälten usw. In solchen Fällen kann es sich anbieten, eine **Auskunft ohne Personenbezug** zu verlangen (bspw. darüber, ob bei der datenführenden Stelle überhaupt Personen bekannt sind, auf die das jeweils relevante Merkmal zutrifft).[75]

37 Nach § 48 Abs. 2 S. 2 BKAG dürfen solche personenbezogenen Daten, die nicht von einem Übermittlungsersuchen erfasst sind, nur übermittelt werden, wenn wegen erheblicher **technischer Schwierigkeiten** oder

69 S. Albrecht/Poscher, Evaluationsbericht zu den §§ 4a, 20j, 20k des Bundeskriminalamtgesetzes, BT-Drs. 18/13031, 35; Schenke/Graulich/Ruthig/Ruthig BKAG § 48 Rn. 16.

70 BVerfG Beschl. v. 24.1.2012 – 1 BvR 1299/05 –, BVerfGE 130, 151 (184); Beschl. v. 27.5.2020 – 1 BvR 1873/13 –, BVerfGE 155, 119 (167, Rn. 95); näher → § 63a Rn. 2 ff. Gegen eine Geltung des Doppeltürmodells für die Übermittlung von Daten durch Private, speziell im Kontext der Rasterfahndung Lisken/Denninger/Schwabenbauer, HdbPolR, G Rn. 234.

71 BVerfG Urt. v. 24. 4. 2013 – 1 BvR 1215/07 –, BVerfGE 133, 277 (329, Rn. 123); vgl. auch BVerfG Beschl. v. 28.1.1998 – 2 BvF 3/92 –, BVerfGE 97, 198 (217); Nehm NJW 2004, 3289 (3291 f.); Petri ZD 2013, 3; Poscher/Rusteberg KJ 2014, 57; Hohnerlein NVwZ 2016, 511 (512); Lisken/Denninger/Bäcker, HdbPolR, B Rn. 259 f.; Schenke/Graulich/Ruthig/Ruthig BKAG § 48 Rn. 15.

72 BVerfG Beschl. v. 4.4.2006 – 1 BvR 518/02 –, BVerfGE 115, 320 (349); Schenke/Graulich/Ruthig/Ruthig BKAG § 48 Rn. 17.

73 Hierzu BT-Drs. 14/7386 (neu), 67 f.; Bieresborn in Schütze, SGB X, 9. Aufl. 2020, § 68 Rn. 15.

74 Schenke/Graulich/Ruthig/Ruthig BKAG § 48 Rn. 16. § 203 StGB erfasst auch die Amtsgeheimnisse des § 353b StGB.

75 Eine solche Maßnahme lässt sich erforderlichenfalls auf § 38 Abs. 1 BKAG stützen, → § 38 Rn. 3 f.

wegen eines unangemessenen Zeit- oder Kostenaufwands eine Beschränkung auf die angeforderten Daten nicht möglich ist. Solche personenbezogenen Daten dürfen vom BKA nicht verwendet werden. Welcher Aufwand angemessen ist, wird stark von den Umständen des jeweiligen Einzelfalls abhängen, insbesondere vom zeitlichen Ermittlungsdruck.

III. Löschung und Dokumentation (Abs. 3)

38 § 48 Abs. 3 BKAG enthält Vorgaben zur Löschung von personenbezogenen Daten, die im Rahmen der Rasterfahndung angefallen sind, zur Vernichtung entsprechender Akten und zur Dokumentation der Maßnahme. Die Vorschrift beruht auf dem Grundsatz der **Zweckbindung,**[76] demgemäß personenbezogene Daten nur in dem Maße behördlicher Verwertung unterliegen, in dem ein seinerseits zulässiger hoheitlicher Zweck dies erfordert. Personenbezogene Daten dürfen dabei im Ausgangspunkt nur für diejenigen Zwecke verwendet werden, für die sie auch erhoben wurden.[77] § 48 Abs. 3 BKAG geht als *lex specialis* der allgemeinen Löschungsvorschrift des § 79 BKAG grundsätzlich vor.

39 § 48 Abs. 3 S. 1 BKAG sieht für den Fall, dass der **Zweck der Maßnahme erreicht** ist oder sich zeigt, dass er nicht erreicht werden kann, vor, dass die übermittelten und im Zusammenhang mit der Maßnahme zusätzlich angefallenen **Daten zu löschen** sind. Zudem sind die **Akten zu vernichten**. Die Betroffenen können dann aus § 48 Abs. 3 S. 1 BKAG einen **Anspruch auf Löschung** haben.[78] All dies gilt aber nur, soweit die Daten (gemeint sind nach Sinn und Zweck jeweils nur personenbezogene Daten) nicht für ein mit dem Sachverhalt zusammenhängendes Verfahren erforderlich sind. Unzulässig ist damit die Nutzung der gewonnenen personenbezogenen Daten für Zwecke jenseits des für die Rasterfahndung ursächlichen Sachverhalts, etwa bei der Gewinnung von Zufallserkenntnissen. Diese Schranke kann insbesondere nicht durch § 12 Abs. 2 BKAG überspielt werden. Andererseits ist die **Grenze des „Sachverhalts" nicht zu eng** zu ziehen. Auch spielt § 48 Abs. 3 BKAG für die Frage, wie weit die für die Rasterfahndung erfolgende Datenerhebung und -übermittlung als solche zu ziehen sind, keine Rolle;[79] hier greift vielmehr der allgemeine Grundsatz der Verhältnismäßigkeit. Zudem kann über die Löschung erst befunden werden, wenn hinreichend sicher feststeht, dass der Zweck der Maßnahme erreicht ist oder nicht mehr erreicht werden kann. Daneben sieht der Gesetzgeber vor, dass auch zwischenzeitlich nicht benötigte (personenbezogene) Daten **bereits vorher zu löschen** sind.[80] Dabei kann es sich insbesondere um die Daten zu solchen Personen handeln, die bereits bei ersten Abgleichvorgängen als nicht relevant ausgesondert werden. Auch insofern ist aber erforderlich, dass bereits **hinreichend sicher feststeht,** dass die entsprechenden Daten nicht mehr benötigt werden. Andernfalls droht eine anschließende Neuerhebung, die sich regelmäßig eingriffsintensiver darstellen wird als eine lediglich längere Speicherung der Daten.

40 Nach § 48 Abs. 3 S. 2 BKAG ist die getroffene Maßnahme zu dokumentieren. Diese **Dokumentationspflicht** dient vor allem dem **Rechtsschutz** der Betroffenen.[81] Sie bezieht sich auf die gesamte Maßnahme, dh die Rasterfahndung samt Löschungsvorgängen. Soweit personenbezogene Daten bereits nach § 48 Abs. 3 S. 1 BKAG gelöscht wurden, sind die Vorgänge der Erhebung, Übermittlung und des Abgleichs in geeigneter Form anonymisiert zu dokumentieren. Eine Löschung ohne Dokumentation würde den Rechtsschutz der Betroffenen unterlaufen.[82] Erforderlich ist, dass sich auch im Nachhinein insbesondere die tatsächliche Grundlage, die Entscheidung sowie der Gang der Maßnahme nachvollziehen lassen.

41 Die Dokumentation unterliegt eigenen Aufbewahrungs- und Löschungsregeln. Sie ist nach § 48 Abs. 3 S. 3 BKAG gesondert aufzubewahren und durch organisatorische und technische Maßnahmen zu sichern. Nach § 48 Abs. 3 S. 4 BKAG ist sie sechs Monate nach einer Benachrichtigung nach § 74 BKAG oder sechs Monate nach Erteilung der gerichtlichen Zustimmung über das endgültige Absehen von der Benachrichtigung (§ 74 Abs. 3 S. 5 BKAG) zu löschen. Eine Löschung darf aber gem. § 48 Abs. 3 S. 5 BKAG nicht erfolgen, solange die **Datenschutzkontrolle** nach § 69 Abs. 1 BKAG noch nicht beendet ist. Die Dokumentation ist stets mindestens bis zum Abschluss dieser Kontrolle aufzubewahren. Die Datenschutzkontrolle dient auch dem Ausgleich des Umstandes, dass Betroffene womöglich überhaupt nicht davon erfahren, dass auf sie bezogene Daten Teil der übermittelten und abgeglichenen Datensätze waren (→ § 74 Rn. 1 ff.). Denn nach

76 Schenke/Graulich/Ruthig/Ruthig BKAG § 48 Rn. 20.
77 Allgemein zum Grundsatz der Zweckbindung vgl. Art. 5 Abs. 1 lit. b DS-GVO und §§ 23 ff. BDSG.
78 Schenke/Graulich/Ruthig/Ruthig BKAG § 48 Rn. 21.
79 Wohl anders Schenke/Graulich/Ruthig/Ruthig BKAG § 48 Rn. 20.
80 BT-Drs. 16/10121, 28.
81 Vgl. BVerfG Urt. v. 14.7.1999 – 1 BvR 2226/94 ua –, BVerfGE 100, 313 (364); Schenke/Graulich/Ruthig/Ruthig BKAG § 48 Rn. 21. Wie gesehen ist allerdings nur für diejenigen Personen gesichert von einem Grundrechtseingriff auszugehen, auf die sich das behördliche Interesse im Verlauf der Rasterfahndung verdichtet, die also von mehreren Schritten der Datenabgleichung betroffen werden (→ Rn. 5, 10).
82 So auch Schenke/Graulich/Ruthig/Ruthig BKAG § 48 Rn. 21.

§ 74 Abs. 1 S. 1 Nr. 5 BKAG sind über eine Rasterfahndung nur diejenigen zu benachrichtigen, gegen die nach Auswertung der Daten weitere Maßnahmen getroffen wurden. Schließlich würde eine Benachrichtigung auch derjenigen, die nicht weiter ins Interesse des BKA geraten, erfordern, dass die zuvor lediglich automatisiert behandelten Daten nun einzelnen Mitarbeitern des Amtes zur Kenntnis gelangen würden. Das bedeutete eine unangemessene Intensivierung der Betroffenheit.[83]

IV. Verfahren und Zuständigkeit (Abs. 4)

42 § 48 Abs. 4 BKAG enthält verfahrensrechtliche Regelungen, die der Eingriffsintensität der Maßnahme Rechnung tragen.[84] Demnach darf die Maßnahme der Rasterfahndung nur auf Antrag der Präsidentin oder des Präsidenten des BKA oder ihrer oder seiner Vertretung durch das Gericht angeordnet werden. Die Vorschrift bringt durch die Kombination von **Behördenleitungs- und Richtervorbehalt** zum Ausdruck, dass es sich um eine **herausragende Maßnahme** von potenziell erheblichem Eingriffsgewicht handelt.[85]

43 Der Antrag kann nur durch die Präsidentin oder den Präsidenten des BKA oder ihre oder seine Vertretung gestellt werden. Eine **weitergehende Delegation** der Antragsbefugnis ist **ausgeschlossen.** Maßgeblich ist, ob der oder die Beantragende im Zeitpunkt der Beantragung funktional die Rolle mindestens einer direkten Vertretung der Präsidentin oder des Präsidenten ausfüllt.

44 Der Richtervorbehalt gilt kategorisch. Eine Ausnahme für **Gefahr im Verzug** ist nicht vorgesehen. Sie wurde im Gesetzgebungsverfahren erwogen,[86] trifft aber bislang nicht auf entsprechende Bedürfnisse aus der Praxis, weil es sich bei der Rasterfahndung regelmäßig ohnehin um eine eher vorbereitungsintensive Maßnahme handelt.[87] Die Regeln zur gerichtlichen Zuständigkeit und zum gerichtlichen Verfahren ergeben sich aus § 90 BKAG.

45 Anders als in § 98b StPO oder auch § 45 Abs. 4 und 5 sowie § 49 Abs. 5 und 6 oder § 51 Abs. 4 und 5 BKAG enthält § 48 BKAG **keinerlei Vorgaben zur Form** des behördlichen Antrags oder der richterlichen Anordnung.[88] **In der Praxis** dürfte es sich empfehlen, sich für die richterliche Anordnung an der Vorschrift des § 98b Abs. 1 S. 4 und S. 5 StPO zu orientieren. Demnach ergeht die Anordnung schriftlich, muss den oder die zur Übermittlung Verpflichteten bezeichnen und ist auf die Daten und Prüfungsmerkmale zu beschränken, die für den Einzelfall benötigt werden. Für den behördlichen Antrag kommt eine teilweise Orientierung an § 45 Abs. 4 BKAG in Betracht. Demnach sind in dem Antrag Art und Umfang der Maßnahme, insbesondere also auch die zur Übermittlung zu Verpflichtenden sowie die relevanten Datenarten und Prüfungsmerkmale, zudem der Sachverhalt sowie eine Begründung (vor allem mit Ausführungen zum Zweck der Maßnahme) anzugeben. Übergeordnet gilt, dass der behördliche Antrag dem Gericht eine **sinnvolle Prüfung** der Maßnahme ermöglichen muss.[89]

V. Weitere Pflichten (Benachrichtigung, Protokollierung, Datenschutzkontrolle, Berichtspflichten)

46 Die **Benachrichtigung der Betroffenen** richtet sich nach § 74 Abs. 1 S. 1 Nr. 5 BKAG (→ § 74 Rn. 5 ff.). Demnach sind diejenigen betroffenen Personen zu benachrichtigen, gegen die nach Auswertung der Daten weitere Maßnahmen ergriffen wurden.

47 Für die **Protokollierung der Maßnahme** gilt § 82 BKAG. Insbesondere sind nach § 82 Abs. 2 Nr. 5 BKAG bei einer Rasterfahndung die im Übermittlungsersuchen nach § 48 Abs. 2 BKAG enthaltenen Merkmale sowie die betroffenen Personen, gegen die nach Auswertung der Daten weitere Maßnahmen getroffen wurden, zu protokollieren (→ § 82 Rn. 7). Diese Protokollierung kann sich mit der Dokumentation nach § 48 Abs. 3 S. 2 BKAG jedenfalls teilweise überschneiden, nämlich hinsichtlich der in den Übermittlungsersuchen enthaltenen Merkmale. Nach § 48 Abs. 3 S. 3 BKAG ist die Dokumentation gesondert aufzubewahren, weshalb Protokollierung und Dokumentation nicht in einem einheitlichen Dokument verbunden werden können.

48 Zudem unterliegen die Datenverarbeitungen im Zusammenhang mit Rasterfahndungen der **Kontrolle durch den Datenschutzbeauftragten** nach § 69 BKAG (→ § 69 Rn. 25 ff.).

49 Nach § 88 BKAG besteht überdies auch mit Blick auf die Rasterfahndung die Pflicht zur Erstattung eines **Berichts an das Bundesministerium des Innern**, das diesen Bericht an den **Deutschen Bundestag** weiterleitet.

83 So auch Schenke/Graulich/Ruthig/Ruthig BKAG § 48 Rn. 21, mwN.
84 BT-Drs. 16/10121, 28; BT-Drs. 16/9688, 26.
85 S. auch Schenke/Graulich/Ruthig/Ruthig BKAG § 48 Rn. 22.
86 BT-Drs. 16/10121, 9, 28.
87 Albrecht/Poscher, Evaluationsbericht zu den §§ 4a, 20j, 20k des Bundeskriminalamtgesetzes, BT-Drs. 18/13031, 34.
88 Nach Schenke/Graulich/Ruthig/Ruthig BKAG § 48 Rn. 23, gibt es zwingende Vorgaben für den behördlichen Antrag. Allerdings wird nicht erklärt, woraus sich diese ergeben sollten.
89 IdS auch Schenke/Graulich/Ruthig/Ruthig BKAG § 48 Rn. 23.

Nach § 88 S. 2 BKAG wird in dem Bericht insbesondere dargestellt, in welchem Umfang von welchen Befugnissen aus Anlass welcher Art von Verdachtslagen Gebrauch gemacht wurde und inwieweit die betroffenen Personen hierüber benachrichtigt wurden (→ § 88 Rn. 7 ff.).

§ 49 Verdeckter Eingriff in informationstechnische Systeme

(1) [1]Das Bundeskriminalamt darf ohne Wissen der betroffenen Person mit technischen Mitteln in von der betroffenen Person genutzte informationstechnische Systeme eingreifen und aus ihnen Daten erheben, wenn bestimmte Tatsachen die Annahme rechtfertigen, dass eine Gefahr vorliegt für

1. **Leib, Leben oder Freiheit einer Person oder**
2. **solche Güter der Allgemeinheit, deren Bedrohung die Grundlagen oder den Bestand des Bundes oder eines Landes oder die Grundlagen der Existenz der Menschen berührt.**

[2]Eine Maßnahme nach Satz 1 ist auch zulässig, wenn

1. **bestimmte Tatsachen die Annahme rechtfertigen, dass innerhalb eines übersehbaren Zeitraums auf eine zumindest ihrer Art nach konkretisierte Weise eine Schädigung der in Satz 1 genannten Rechtsgüter eintritt oder**
2. **das individuelle Verhalten einer Person die konkrete Wahrscheinlichkeit begründet, dass sie innerhalb eines übersehbaren Zeitraums die in Satz 1 genannten Rechtsgüter schädigen wird.**

[3]Die Maßnahme darf nur durchgeführt werden, wenn sie für die Aufgabenerfüllung nach § 5 erforderlich ist und diese ansonsten aussichtslos oder wesentlich erschwert wäre.

(2) [1]Es ist technisch sicherzustellen, dass

1. **an dem informationstechnischen System nur Veränderungen vorgenommen werden, die für die Datenerhebung unerlässlich sind, und**
2. **die vorgenommenen Veränderungen bei Beendigung der Maßnahme soweit technisch möglich automatisiert rückgängig gemacht werden.**

[2]Das eingesetzte Mittel ist nach dem Stand der Technik gegen unbefugte Nutzung zu schützen. [3]Kopierte Daten sind nach dem Stand der Technik gegen Veränderung, unbefugte Löschung und unbefugte Kenntnisnahme zu schützen.

(3) [1]Die Maßnahme darf sich nur gegen eine Person richten, die entsprechend § 17 oder § 18 des Bundespolizeigesetzes verantwortlich ist. [2]Die Maßnahme darf auch durchgeführt werden, wenn andere Personen unvermeidbar betroffen werden.

(4) Die Maßnahme nach Absatz 1 darf nur auf Antrag der Präsidentin oder des Präsidenten des Bundeskriminalamtes oder ihrer oder seiner Vertretung durch das Gericht angeordnet werden.

(5) Im Antrag sind anzugeben:

1. **die Person, gegen die sich die Maßnahme richtet, soweit möglich, mit Name und Anschrift,**
2. **eine möglichst genaue Bezeichnung des informationstechnischen Systems, in das zur Datenerhebung eingegriffen werden soll,**
3. **Art, Umfang und Dauer der Maßnahme,**
4. **der Sachverhalt sowie**
5. **eine Begründung.**

(6) [1]Die Anordnung ergeht schriftlich. [2]In ihr sind anzugeben:

1. **die Person, gegen die sich die Maßnahme richtet, soweit möglich, mit Name und Anschrift,**
2. **eine möglichst genaue Bezeichnung des informationstechnischen Systems, in das zur Datenerhebung eingegriffen werden soll,**
3. **Art, Umfang und Dauer der Maßnahme unter Benennung des Endzeitpunktes sowie**
4. **die wesentlichen Gründe.**

[3]Die Anordnung ist auf höchstens drei Monate zu befristen. [4]Eine Verlängerung um jeweils nicht mehr als drei weitere Monate ist zulässig, soweit die Anordnungsvoraussetzungen unter Berücksichtigung der gewonnenen Erkenntnisse fortbestehen. [5]Liegen die Voraussetzungen der Anordnung nicht mehr vor, sind die aufgrund der Anordnung ergriffenen Maßnahmen unverzüglich zu beenden.

(7) [1]Liegen tatsächliche Anhaltspunkte für die Annahme vor, dass durch die Maßnahme allein Erkenntnisse aus dem Kernbereich privater Lebensgestaltung erlangt würden, ist die Maßnahme unzulässig. [2]Soweit

möglich, ist technisch sicherzustellen, dass Daten, die den Kernbereich privater Lebensgestaltung betreffen, nicht erhoben werden. [3]Erkenntnisse, die durch Maßnahmen nach Absatz 1 erlangt worden sind, sind dem anordnenden Gericht unverzüglich vorzulegen. [4]Das Gericht entscheidet unverzüglich über die Verwertbarkeit oder Löschung. [5]Daten, die den Kernbereich privater Lebensgestaltung betreffen, dürfen nicht verwertet werden und sind unverzüglich zu löschen. [6]Die Tatsachen der Erfassung der Daten und der Löschung sind zu dokumentieren. [7]Die Dokumentation darf ausschließlich für Zwecke der Datenschutzkontrolle verwendet werden. [8]Sie ist sechs Monate nach der Benachrichtigung nach § 74 oder sechs Monate nach Erteilung der gerichtlichen Zustimmung über das endgültige Absehen von der Benachrichtigung zu löschen. [9]Ist die Datenschutzkontrolle nach § 69 Absatz 1 noch nicht beendet, ist die Dokumentation bis zu ihrem Abschluss aufzubewahren.

(8) [1]Bei Gefahr im Verzug kann die Präsidentin oder der Präsident des Bundeskriminalamtes oder ihre oder seine Vertretung im Benehmen mit der oder dem Datenschutzbeauftragten des Bundeskriminalamtes über die Verwertung der Erkenntnisse entscheiden. [2]Bei der Sichtung der erhobenen Daten kann sie oder er sich der technischen Unterstützung von zwei weiteren Bediensteten des Bundeskriminalamtes bedienen, von denen einer die Befähigung zum Richteramt haben muss. [3]Die Bediensteten des Bundeskriminalamtes sind zur Verschwiegenheit über die ihnen bekannt werdenden Erkenntnisse, die nicht verwertet werden dürfen, verpflichtet. [4]Die gerichtliche Entscheidung nach Absatz 7 ist unverzüglich nachzuholen.

A. Allgemeines

I. Zweck und Systematik

1 Die Vorschrift ermöglicht dem BKA im Rahmen seiner Aufgabe der Bekämpfung des internationalen Terrorismus den heimlichen Eingriff mit technischen Mitteln in informationstechnische Systeme (**Online-Durchsuchung**).[1] Sie erlaubt damit eine **besonders eingriffsintensive Ermittlungsmaßnahme** und knüpft diese an enge materiell-rechtliche und verfahrensrechtliche Voraussetzungen.

2 In der Praxis des BKA hat die Vorschrift bzw. die Vorgängervorschrift des § 20k BKAG aF eine geringe praktische Bedeutung. Den Antworten der Bundesregierung auf Kleine Anfragen lässt sich entnehmen, dass seit dem 1.1.2009 **fünf richterliche Erstanordnungen** ergangen und **drei Online-Durchsuchungen tatsächlich durchgeführt** worden sind.[2] Den Berichten über die Anwendung verdeckter Überwachungsmaßnahmen im Rahmen der Gefahrenabwehr gem. § 88 BKAG sind keine Anwendungsfälle zu entnehmen.[3]

3 Dieser rechtstatsächliche Befund führt dazu, dass bisher **keine fachgerichtliche Rechtsprechung zur Auslegung des § 49 BKAG** ergangen ist. Demgegenüber hat das Bundesverfassungsgericht die Auslegung des einfachen Rechts in erheblichem Umfang geprägt.

4 **1. Innere Systematik der Vorschrift.** § 49 BKAG ist in acht Absätze gegliedert, die teilweise **wörtlich Vorgaben aus Entscheidungen des Bundesverfassungsgerichts** übernehmen und nicht leicht zu überblicken sind.

1 Vgl. allgemein zum Begriff Lisken/Denninger/Graulich, HdbPolR, E Rn. 797.

2 Antwort der Bundesregierung auf die Kleine Anfrage der Fraktion Bündnis 90/Die Grünen, BT-Drs. 18/13566, Antwort 1; Antwort der Bundesregierung auf die Kleine Anfrage der FDP-Fraktion, BT-Drs. 19/1505, Antwort auf Frage 1., veröffentlicht auf netzpolitik.org.

3 Berichte über die Anwendung verdeckter Überwachungsmaßnahmen im Rahmen der Gefahrenabwehr BT-Drs. 19/15570 für den Zeitraum vom 25.5.2018 bis zum 30.4.2019 und BT-Drs. 20/43 für den Zeitraum vom 1.5.2019 bis 30.4.2021.

Abs. 1 enthält die **Grundtatbestandsvoraussetzungen,** wobei S. 1 an das Vorliegen konkreter Anhaltspunkte 5
für das Bestehen einer Gefahr anknüpft, S. 2 die Eingriffsschwelle vorverlegt und S. 3 eine Subsidiaritätsklausel enthält. Abs. 2 enthält Vorgaben zu technischen Vorkehrungen, um die Eingriffsintensität möglichst niedrig zu halten. Abs. 3 S. 1 verweist auf die allgemeine Störersystematik des BPolG und erlaubt in S. 2, dass die Maßnahme auch durchgeführt werden kann, wenn dritte Personen unvermeidbar betroffen werden. Abs. 4 enthält einen Antragsvorbehalt durch den Präsidenten des BKA und einen Anordnungsvorbehalt durch das Gericht. Abs. 5 und 6 normieren Vorgaben für Antrags- und Anordnungsinhalt. Abs. 7 enthält Vorgaben zum Kernbereichsschutz, insbesondere einen Richtervorbehalt vor der Verwertung gewonnener Erkenntnisse, den Abs. 8 um eine Ausnahmeklausel bei Gefahr im Verzug einschränkt.

2. Systematische Stellung und Verhältnis zu anderen Vorschriften. Die Befugnis zur Online-Durchsuchung 6
findet sich im **Abschnitt über die Bekämpfung des internationalen Terrorismus.** Dieser systematischen Stellung ist bei der Auslegung der einzelnen Tatbestandsmerkmale Rechnung zu tragen. In seinen anderen Aufgabenbereichen (vgl. insbesondere die Abschnitte 4 und 6 des BKAG) steht dem BKA diese Befugnis nicht zur Verfügung.

§ 49 BKAG ist ***lex specialis*** zur allgemeinen Vorschrift zu den besonderen Mitteln der Datenerhebung in 7
§ 45 BKAG. Die allgemeinen Befugnisse zur Datenverarbeitung, insbesondere zur Zweckbindung (§ 12 BKAG) sind anwendbar, soweit die Vorschrift nichts Abweichendes bestimmt. Überschneidungen zu den Vorschriften der §§ 46 und 51 BKAG sind denkbar.

Die Regelungen in § 62 Abs. 1 und 2 BKAG zum Schutz von **zeugnisverweigerungsberechtigten Personen** 8
nach § 53 StPO finden auch und insbesondere auf die Online-Durchsuchung Anwendung.

Ebenso anwendbar ist § 74 Abs. 1 S. 1 Nr. 6 BKAG, der die **Benachrichtigungspflicht** der von einer Online- 9
Durchsuchung betroffenen Person regelt, wobei § 74 Abs. 3 S. 2 und 3 BKAG für Maßnahmen nach § 49 BKAG strengere Bestimmungen für die Zurückstellung der Benachrichtigung des Betroffenen enthält. Anwendbar ist auch die Protokollierungspflicht nach § 82 Abs. 1 und Abs. 2 Nr. 6 BKAG. Wie über die anderen Maßnahmen des 5. Abschnitts ist auch über Online-Durchsuchungen nach § 88 BKAG an den Bundestag zu berichten.

Schließlich findet § 90 Abs. 1 und 3 BKAG zur gerichtlichen Zuständigkeit und zur Heranziehung von Be- 10
diensteten des Bundeskriminalamts zur Unterstützung des Gerichts Anwendung.

3. Vergleich mit anderen Polizeigesetzen und § 100b StPO. Das Bundespolizeigesetz enthält keine entspre- 11
chende Ermächtigung. Regelungen zur Online-Durchsuchung sehen auf **Länderebene** derzeit nur die Polizeigesetze Bayerns (Art. 45 BayPAG), Hessens (§ 15c HessSOG), Mecklenburg-Vorpommerns (§ 33c SOG MV), Niedersachsens (§ 33d NdsPOG) und Rheinland-Pfalz (§ 39 POG RhPf) vor. Auch diese Vorschriften orientieren sich weitgehend an den Vorgaben des Bundesverfassungsgerichts, sind aber nicht auf die Bekämpfung der Gefahren des internationalen Terrorismus beschränkt.

Strafprozessuale Parallelvorschrift zu § 49 BKAG ist **§ 100b StPO,** der die Online-Durchsuchung zum Zwe- 12
cke der Strafverfolgung bestimmter in Abs. 2 aufgezählter besonders schwerer Straftaten zulässt.[4] Die repressive Online Überwachung wird deutlich häufiger angeordnet und auch durchgeführt als die präventive.[5]

II. Verfassungsrechtlicher Rahmen

Der verdeckte Eingriff in informationstechnische Systeme, zu dem § 49 ermächtigt, weist nach der Recht- 13
sprechung des Bundesverfassungsgerichts **eine ganz besonders hohe Grundrechtsrelevanz** auf, die mit jener der Wohnraumüberwachung vergleichbar ist und über jene sonstiger heimlicher Überwachungsmaßnahmen hinausgeht.[6] Diese Grundrechtsrelevanz ergibt sich jedoch anders als bei der präventiven Wohnraumüberwachung in Art. 13 Abs. 4 GG **nicht unmittelbar aus dem Verfassungstext,** der bis heute zu diesen Gefährdungen schweigt, sondern aus der Rechtsprechung des Bundesverfassungsgerichts, welche die erkannten Schutzlücken durch die **Herleitung des neuen Grundrechts auf Schutz der Vertraulichkeit und Integrität von informationstechnischen Systemen** aus Art. 2 Abs. 1 iVm Art. 1 Abs. 1 GG geschlossen hat.[7]

4 Näher dazu statt vieler Soiné NStZ 2018, 497 ff.

5 Vgl. die „Übersicht Telekommunikationsüberwachung für 2020" des Bundesamts für Justiz, laut der in diesem Jahr 23 entsprechende Anordnungen ergingen und 8 Online-Durchsuchungen durchgeführt wurden, abrufbar unter: https://www.bundesjustizamt.de/DE/Service/Justizstatistiken/Justizstatistiken_node.html#AnkerDokument44152.

6 BVerfG Urt. v. 20.4.2016 – 1 BvR 966/09 ua –, BVerfGE 141, 220 (298 f., Rn. 192).

7 BVerfG Urt. v. 27.2.2008 – 1 BvR 370/07 –, BVerfGE 120, 274; kritisch etwa Sachs/Krings JuS 2008, 481 (483). Dieser Kommentar ist nicht der Ort, um die in dieser Grundrechtsentwicklung durch das BVerfG und eben nicht den verfassungsändernden Gesetzgeber zum Ausdruck kommende ganz herrschende Verfassungsdogmatik und Verfassungstheorie in der Bundesrepublik zu diskutieren.

14 Dieses Grundrecht trägt der heute weit in die Privatsphäre hineinreichenden **Bedeutung der Nutzung informationstechnischer Systeme für die Persönlichkeitsentfaltung** Rechnung.[8] Es schützt umfassend Daten, nicht nur jene, die sich auf eigenen informationstechnischen Systemen befinden, sondern auch solche, die auf externen Servern in einem berechtigten Vertrauen auf Vertraulichkeit abgelegt sind.[9]

15 Das Grundrecht ist **nicht schrankenlos** gewährleistet, allerdings müssen gesetzliche Eingriffsermächtigungen dem Grundsatz der **Normenklarheit und -bestimmtheit** und dem Verhältnismäßigkeitsgrundsatz genügen sowie verfahrensrechtliche Vorkehrungen zum Schutz des Kernbereichs privater Lebensgestaltung vorsehen.[10]

16 Diesen Vorgaben wird § 49 BKAG grundsätzlich gerecht. An der Vorgängervorschrift des § 20k BKAG aF hatte das Bundesverfassungsgericht unbeschadet von Vorgaben für deren verfassungskonforme Auslegung allein die **Bestimmungen zum Kernbereichsschutz beanstandet**. Es hat sich insbesondere auch nicht die in der Literatur geäußerte Kritik zu eigen gemacht, die dahin zielte, dass es gesetzgeberisch unzureichend sei, allein die verfassungsgerichtlichen Vorgaben wortgleich zu übernehmen, anstelle eigenständig eine polizeirechtliche Eingriffsschwelle zu definieren.[11]

17 Verfassungsrechtlich bzw. zumindest verfassungspolitisch unproblematisch sind Vorschriften, die die Online-Durchsuchung erlauben, gleichwohl nicht. Denn die Durchführung einer Online-Durchsuchung ist vielfach auf **unerkannte Lücken in dem Sicherheitssystem** der vom Betroffenen genutzten Informationstechnik angewiesen (sog. **Zero-Day-Schwachstelle**). Mit anderen Worten sind die die Online-Durchführung nutzenden Sicherheitsbehörden darauf angewiesen, entsprechende Lücken zu kennen und haben ein erhebliches Interesse daran, dass diese Lücken nicht durch Systemupdates oder verbesserte Schutzprogramme geschlossen werden. Diese Interessenlage kann mit einer **objektiv-rechtlichen Dimension des Grundrechts, erkannte Sicherheitslücken in informationstechnischen Systemen möglichst zu beseitigen** bzw. an dieser Beseitigung aktiv mitzuwirken, kollidieren.[12]

18 Das Bundesverfassungsgericht hat in einer jüngeren Senatsentscheidung eine gegen die Regelung der Telekommunikationsüberwachung im baden-württembergischen Polizeirecht gerichtete Gesetzesverfassungsbeschwerde, die diese Frage aufwarf, mangels **ausreichender Substantiierung** und wegen der **Subsidiarität der Verfassungsbeschwerde** nicht zur Entscheidung angenommen, aber gleichwohl umfangreiche Ausführungen zur Verfassungsrechtslage gemacht.[13] Zwar verpflichte die grundrechtliche Gewährleistung der Vertraulichkeit und Integrität informationstechnischer Systeme den Staat, zum Schutz der Systeme vor Angriffen durch Dritte beizutragen. Soweit den staatlichen Behörden Sicherheitslücken bekannt würden, verdichte sich der **allgemeine Schutzauftrag des Staates zu einer konkreten grundrechtlichen Schutzpflicht**.[14] Sie begründe jedoch keinen Anspruch gegenüber der Behörde, jede unerkannte Sicherheitslücke sofort und unbedingt dem Hersteller zu melden.[15] Diese Schutzpflicht erfordere jedoch eine **Regelung zur grundrechtskonformen Handhabung** des soeben dargestellten Zielkonflikts, wobei grundsätzlich eine Meldung an den Hersteller zu erfolgen habe, wenn nicht das Interesse an der Offenhaltung der Lücke überwiege. Die Beschwerdeführer hätten sich in der Verfassungsbeschwerdebegründung (soweit sie innerhalb der Begründungsfrist eingegangen sei) jedoch nicht ausreichend damit auseinandergesetzt, ob die bestehenden landes- bzw. unionsrechtlichen Vorschriften, bei grundrechtskonformer Auslegung ausreichende Vorgaben zur Erfüllung der Schutzpflicht enthielten.[16] Ferner stehe der Zulässigkeit der Verfassungsbeschwerde der Subsidiaritätsgrundsatz entgegen, weil vorliegend zunächst verwaltungsgerichtlicher Rechtsschutz im Wege der Unterlassung- bzw. negativen Feststellungsklage zur Klärung der zahlreichen einfach-rechtlichen Fragen zu suchen gewesen sei.[17]

19 Zuverlässige Rückschlüsse auf die Verfassungskonformität des § 49 BKAG lassen sich aus dieser Entscheidung nicht ziehen.[18] Die bundesrechtlich zentrale Vorschrift des **§ 4 Abs. 3 BSIG** verpflichtet Bundesbehörden zwar, das Bundesamt für Sicherheit in der Informationstechnik über ihnen bekannt gewordene Sicherheitslücken zu informieren. Der oben beschriebene Abwägungsprozess ist damit aber nicht umfänglich determiniert, insbesondere auch weil § 4 Abs. 4 S. 1 BSIG schon Vereinbarungen mit Dritten – möglicherweise

8 BVerfG Urt. v. 20.4.2016 – 1 BvR 966/09 ua –, BVerfGE 141, 220 (304, Rn. 210).

9 BVerfG Urt. v. 20.4.2016 – 1 BvR 966/09 ua –, BVerfGE 141, 220 (304, Rn. 210).

10 Vgl. umfassend BVerfG Urt. v. 27.2.2008 – 1 BvR 370/07 –, BVerfGE 120, 274.

11 Vgl. mwN zur Kritik Roggan NJW 2009, 257 (260); Möllers BT-Ausschussprot. 16/73, 21, Poscher BT-Ausschussprot. 16/73, 25.

12 Vgl. von Münch/Kunig/Martini GG Art. 10 Rn. 193: „dysfunktionale grundrechtliche Anreizstruktur".

13 BVerfG Beschl. v. 8.6.2021 – 1 BvR 2771/18 –, BVerfGE 158, 170; kritisch hierzu Pöltl NVwZ 2022, 45 (36), der von einem „obiter dictum maximum" spricht.

14 BVerfG Beschl. v. 8.6.2021 – 1 BvR 2771/18 –, BVerfGE 158, 170 (186 f., Rn. 35).

15 BVerfG Beschl. v. 8.6.2021 – 1 BvR 2771/18 –, BVerfGE 158, 170 (189, Rn. 43).

16 BVerfG Beschl. v. 8.6.2021 – 1 BvR 2771/18 –, BVerfGE 158, 170 (192 f., Rn. 52 ff.).

17 BVerfG Beschl. v. 8.6.2021 – 1 BvR 2771/18 –, BVerfGE 158, 170 (199 ff., Rn. 67 ff.).

18 Über eine diesbezüglich anhängige Verfassungsbeschwerde (Az. 1 BvR 1160/19) liegt noch keine Entscheidung vor.

also den Verkäufern einer entsprechenden Schadsoftware – ausreichen lässt, um die Meldepflicht entfallen zu lassen.

20 Auch das BKAG beinhaltet **allenfalls implizite Vorgaben** zum Ausgleich zwischen den vorgenannten Rechtspositionen. § 49 BKAG selbst enthält ebenso wie die in der Entscheidung des Bundesverfassungsgerichts streitgegenständliche Vorschrift des § 54 PolG BW in Abs. 2 eine Bestimmung zur Minimierung der Eingriffstiefe durch technische Vorkehrungen, die die Folgen des Einsatzes der Software begrenzen sollen. Es erscheint ausgesprochen zweifelhaft, ob sich diese Bestimmungen, die nach ihrem Wortlaut, Sinn und Zweck eindeutig die Begrenzung des konkreten Einzeleingriffs zum Gegenstand haben, überhaupt auf die Gefahren durch die Sicherheitslücke an sich beziehen. Schon angesichts der Komplexität des in Rede stehenden Abwägungsvorgangs (es ist völlig unklar, wann das Interesse an der Offenhaltung einer Sicherheitslücke überwiegen kann: ist hierbei auf einen aktuellen Überwachungsvorgang abzustellen oder das generelle sicherheitsbehördliche Potential der Sicherheitslücke zu bewerten?) und des ausgesprochen hohen Gewichts des in Rede stehenden Grundrechts, wäre es jedoch **verfassungsrechtlich zwingend erforderlich** (will man an dem Einsatz von Zero-Day-Software festhalten), **einfachrechtlich eindeutige Gesichtspunkte zu normieren**, wann eine Behörde eine von ihr selbst nutzbare Sicherheitslücke dem BSI melden muss und unter welchen Bedingungen und für welchen Zeitraum sie hiervon absehen darf.[19]

21 Auch wenn man diese verfassungsrechtlichen Bedenken nicht teilt, so erscheint es **rechtspolitisch ausgesprochen zweifelhaft**, ob die durch die Existenz der Ermächtigungsgrundlage für eine Online-Überwachung ausgelösten Zweifel an der Integrität informationstechnischer Systeme tatsächlich hingenommen werden sollten, um eine faktisch kaum in Anspruch genommene Überwachungsmöglichkeit zu erhalten. Gerade wenn der Ankauf einer entsprechenden Ausspähsoftware durch Bundesbehörden ruchbar werden und erkennbar sein sollte, dass dies einer schnelleren Meldung an das BSI im Wege stand, dürfte dies erhebliche Vertrauensverluste auslösen.[20]

III. Unions- und konventionsrechtliche Vorgaben

22 Die Verwendung der nach § 49 BKAG erhobenen Daten liegt im **Anwendungsbereich der Richtlinie (EU) 2016/680** des Europäischen Parlaments und des Rates vom 27.4.2016 zum Schutz natürlicher Personen bei der Verarbeitung personenbezogener Daten durch die zuständigen Behörden zum Zwecke der Verhütung, Ermittlung, Aufdeckung oder Verfolgung von Straftaten oder der Strafvollstreckung sowie zum freien Datenverkehr und zur Aufhebung des Rahmenbeschlusses 2008/977/JI des Rates (DSRL-JI). Der **Grundsatz der Zweckbindung und der Verhältnismäßigkeitsgrundsatz**, die in der Richtlinie normiert sind, enthalten nach dem bisherigen Verständnis keine über das nationale Recht hinausgehenden Anforderungen. Die Richtlinie enthält keine Vorgaben für durch bestimmte Erhebungsmethoden gewonnene Daten, sondern knüpft im Wesentlichen in ihrem Art. 10 an bestimmte Kategorien personenbezogener Daten an. Auf die Ausführungen zu § 45 BKAG kann insoweit verwiesen werden (→ § 45 Rn. 20).

23 Die Anordnung und Durchführung einer Online-Durchsuchung stellt einen schwerwiegenden Eingriff in **Art. 8 EMRK** dar. Angesichts der vielfältigen verfahrensrechtlichen Absicherungen und der verfassungsgerichtlichen Einhegung in der Bundesrepublik dürfte das deutsche Regelwerk den an heimliche Überwachungsmaßnahmen zu stellenden Anforderungen gerecht werden.[21] Zu der französischen Regelung der Online-Durchsuchung ist seit dem Jahr 2015 eine Individualbeschwerde beim Europäischen Gerichtshof für Menschenrechte anhängig;[22] eine Entscheidung, der sich möglicherweise auch weitere Anhaltspunkte für die deutsche Rechtslage entnehmen ließen, ist noch nicht ergangen.

IV. Rechtsschutz

24 Bezüglich des Rechtsschutzes gegen auf § 49 BKAG gestützte **Online-Durchsuchungen** kann auf die Kommentierungen zu § 45 und § 46 Bezug genommen werden (→ § 45 Rn. 42 ff., → § 46 Rn. 25 ff.).

19 Ähnlich Pöltl NVwZ 2022, 45 (47 f.); im Ergebnis auch Coenen, Bundesrechtliche Terrorismusabwehrmaßnahmen im Schnittbereich von Prävention und Repression, 2022, S. 251 f.

20 Demgegenüber weisen Martini/Fröhlingsdorf NVwZ 2021, 1803 (1804) durchaus zu Recht darauf hin, dass in Betracht kommende Alternativen ebenfalls sehr risikobehaftet sind.

21 Vgl. zusammenfassend Meyer-Ladewig/Nettesheim/von Raumer, EMRK, Art. 8 Rn. 35 ff.

22 Vgl. EGMR, Nr. 49526/15 ua – Association Confraternelle de la Presse Judiciaire c. France et 11 autre affaires.

B. Kommentierung im Einzelnen

I. Eingriffsvoraussetzungen (Abs. 1)

25 Die Eingriffsvoraussetzungen des § 49 BKAG unterscheiden sich ganz erheblich von jenen des § 46 BKAG, obwohl beide Vorschriften nach der Rechtsprechung des Bundesverfassungsgerichts eine ähnliche Eingriffstiefe haben. In diesen abweichenden Eingriffsvoraussetzungen spiegelt sich die unterschiedliche verfassungsrechtliche Fundierung der einschlägigen Grundrechte wider: Bei § 46 die klare Festlegung im Verfassungstext in Art. 13 Abs. 4 GG, bei § 49 BKAG die vom **Gesetzgeber fast wörtlich übernommenen Passagen aus der Entscheidung des Bundesverfassungsgerichts** aus dem Jahre 2008.[23]

26 **1. Rechtsgüter.** § 49 Abs. 1 S. 1 BKAG enthält zunächst die generell zur Rechtfertigung einer Online-Durchsuchung geeigneten Rechtsgüter. Es sind dies **Leib, Leben oder Freiheit einer Person** (Abs. 1 S. 1 Nr. 1) oder solche **Güter der Allgemeinheit,** deren Bedrohung die Grundlagen oder den Bestand des Bundes oder eines Landes oder die Grundlagen der Existenz der Menschen berührt (Abs. 1 S. 1 Nr. 2). Die Vorschrift übernimmt damit wortgleich die Eingriffsvoraussetzungen aus der ersten Entscheidung zur Online-Durchsuchung.[24]

27 Bezüglich der Rechtsgüter von Leib, Leben oder Freiheit einer Person ist in Anlehnung an das zu § 46 Ausgeführte zu betonen, dass nicht jede Gefahr einer leichten (gegebenenfalls auch fahrlässigen) Gesundheitsgefährdung ausreicht, um eine Online-Durchsuchung anzuordnen (→ § 46 Rn. 35). Vielmehr bedarf es hier **gesundheitlicher Gefährdungen von einigem Gewicht,** wie diese typischerweise mit terroristischen Aktivitäten einhergehen.

28 Wenig ausgeleuchtet ist demgegenüber das weitere Tatbestandsmerkmal, der „Güter der Allgemeinheit, deren Bedrohung die Grundlagen oder den Bestand des Bundes oder eines Landes oder die Grundlagen der Existenz der Menschen berührt". Der Begriff der Güter der Allgemeinheit dürfte es zunächst nicht ausschließen, darunter **auch in Privateigentum stehende Einrichtungen** zu umfassen, soweit diese nur dem allgemeinen Interesse dienen. Gemeint sind in erster Linie **Infrastruktureinrichtungen,**[25] die für die Versorgung der Bevölkerung von herausgehobener Bedeutung sind, wie etwa die Wasser-, Energie, Gesundheits- aber auch die Telekommunikationsversorgung, daneben der öffentliche Personenverkehr. Geschützt werden diese Einrichtungen insbesondere auch vor Gefahren durch **„Hacker-Angriffe"** die darauf gerichtet sind, die vorgenannten Einrichtungen vorübergehend lahm zu legen. Im Ergebnis dürfte davon auszugehen sein, dass die „Güter der Allgemeinheit" iSd § 49 BKAG und die „Sachen von bedeutendem Wert, deren Erhaltung im öffentlichen Interesse geboten ist" iSd § 46 BKAG trotz der abweichenden Formulierung weitgehend den gleichen Schutzumfang haben.

29 Nicht gangbar ist der Weg, die in § 49 Abs. 1 S. 1 BKAG benannten Rechtsgüter in Anlehnung an die eine repressive Online-Durchsuchung rechtfertigenden Straftatbestände des **§ 100b Abs. 2 StPO** zu bestimmen. Dies scheidet schon deshalb aus, weil § 100b StPO jüngeren Datums ist als § 49 BKAG und der Gesetzgeber insoweit unterschiedliche Regelungskonzepte verfolgt hat. Im Übrigen erscheint es durchaus fragwürdig, ob der Straftatenkatalog des § 100b Abs. 2 StPO, mit den dort teilweise genannten, eher im mittleren Bereich anzusiedelnden Straftaten,[26] tatsächlich den verfassungsrechtlichen Verhältnismäßigkeitsanforderungen an den in Rede stehenden, schwerwiegenden Grundrechtseingriff gerecht wird.

30 **2. Gefahr.** Abs. 1 S. 1 normiert als Schwelle des Einschreitens zunächst, dass **„bestimmte Tatsachen die Annahme rechtfertigen, dass eine Gefahr vorliegt".** Damit wird nicht das feststehende Vorliegen einer konkreten Gefahr zur Voraussetzung gemacht (→ § 38 Rn. 8).[27] Der Zugriff auf das informationstechnische System kann danach schon gerechtfertigt sein, wenn sich noch nicht mit hinreichender Wahrscheinlichkeit feststellen lässt, dass die Gefahr schon in näherer Zukunft eintritt, sofern bestimmte Tatsachen auf eine im Einzelfall drohende Gefahr für ein überragend wichtiges Rechtsgut hinweisen. Die Tatsachen müssen zum einen den Schluss auf ein wenigstens seiner Art nach konkretisiertes und zeitlich absehbares Geschehen zulassen, zum anderen darauf, dass bestimmte Personen beteiligt sein werden, über deren Identität zumindest so viel bekannt ist, dass die Überwachungsmaßnahme gezielt gegen sie eingesetzt und weitgehend auf sie beschränkt werden kann.[28] Damit wird ein abgesenkter Wahrscheinlichkeitsmaßstab für das Vorliegen einer Gefahr – es geht hier noch nicht um die Wahrscheinlichkeit des Schadenseintritts – normiert.[29] Es

23 BVerfG Urt. v. 27.2.2008 – 1 BvR 370/07 –, BVerfGE 120, 274 (328).
24 BVerfG Urt. v. 27.2.2008 – 1 BvR 370/07 –, BVerfGE 120, 274 (328).
25 Vgl. auch Schenke/Graulich/Ruthig/R. P. Schenke BKAG § 49 Rn. 7.
26 So etwa die nicht gewerbliche Einschleusung von Ausländern, vgl. § 96 Abs. 1 AufenthG.
27 Anders die Gesetzbegründung zur Vorgängervorschrift BT-Drs. 16/10121, 29 und daran anschließend Schenke/Graulich/Ruthig/R. P. Schenke BKAG § 49 Rn. 7. Kritisch zur Rechtsprechung des BVerfG etwa Volkmann NVwZ 2021, 1408 (1410).
28 So BVerfG Urt. v. 27.2.2008 – 1 BvR 370/07 –, BVerfGE 120, 274 (Rn. 328 f.).
29 So auch Lisken/Denninger/Graulich, HdbPolR, E Rn. 134; Volkmann NVwZ 2021, 1408 (1410).

muss aus bekannt gewordenen Tatsachen eine Prognose zu treffen sein, die das Bestehen einer Gefahr als möglich erscheinen lässt.[30]

Nicht ausreichend sind demgegenüber Vermutungen, allgemeine Erfahrungssätze oder sonstige aus der Luft gegriffene Annahmen.[31] 31

In der strafprozessualen Literatur wird demgegenüber teilweise die Ansicht vertreten, dass die Rechtfertigung des Grundrechtseingriffs durch eine Online-Durchsuchung ebenfalls am Maßstab des Art. 13 Abs. 4 S. 1 GG zu messen sei, da das Bundesverfassungsgericht die Eingriffe in die Unverletzlichkeit der Wohnung durch eine Wohnraumüberwachung und in das Recht auf Gewährleistung der Integrität und Vertraulichkeit informationstechnischer Systeme durch eine Online-Durchsuchung wegen ihrer Intensität für vergleichbar halte; mithin müsse eine **dringende Gefahr** vorliegen.[32] Eine solche Auffassung ist jedoch jedenfalls für den gefahrenabwehrrechtlichen Bereich abzulehnen. Dass die grundrechtliche Eingriffstiefe ähnlich zu bewerten ist, bedeutet nicht automatisch, dass auch die Eingriffsvoraussetzungen inhaltsgleich normiert werden müssen. Der Gesetzgeber hat in Anlehnung an die Rechtsprechung des Bundesverfassungsgerichts den **Kreis der Rechtsgüter**, deren Schutz eine Online-Durchsuchung rechtfertigen, eng begrenzt und dadurch dem Grundrechtsschutz insoweit genüge getan. 32

3. Schadenseintritt innerhalb eines übersehbaren Zeitraums (Abs. 1 S. 2). § 49 Abs. 1 S. 2 BKAG verlagert gegenüber S. 1 die Eingriffsschwelle weiter vor. Hiernach ist es für eine Online-Durchsuchung ausreichend, dass entweder **bestimmte Tatsachen** die Annahme rechtfertigen, dass innerhalb eines übersehbaren Zeitraums auf eine zumindest ihrer Art nach konkretisierte Weise eine **Schädigung** der in S. 1 genannten Rechtsgüter eintritt (Nr. 1) oder das **individuelle Verhalten einer Person** die konkrete Wahrscheinlichkeit begründet, dass sie innerhalb eines übersehbaren Zeitraums die in S. 1 genannten Rechtsgüter schädigen wird (Nr. 2). Die Vorschrift ist gegenüber der Vorgängervorschrift des § 20k BKAG aF neu gefasst worden und setzt die Vorgaben des Bundesverfassungsgerichts zur erforderlichen verfassungskonformen Auslegung um.[33] Insbesondere ist nunmehr klargestellt, dass **ein seiner Art nach konkretisiertes und zeitlich absehbares Geschehen** zu erwarten sein muss. 33

Diese **Vorverlegung der Eingriffsschwelle** ist zwar verfassungsrechtlich hinzunehmen,[34] sie bedarf jedoch einer **strengen Prüfung im Einzelfall**, um eine uferlose Ausweitung der Möglichkeit der Online-Durchsuchung auszuschließen. Sowohl hinsichtlich Nr. 1 als auch hinsichtlich Nr. 2 sind sowohl im Antrag des Präsidenten des BKA als auch in der Anordnung des Gerichts die **konkreten Anhaltspunkte oder Verhaltensweisen** präzise anzugeben und auszuwerten. Dabei reichen auch für die Eingriffsschwelle des Abs. 1 S. 2 nicht bloße Vermutungen oder Erfahrungssätze. Erforderlich sind auch hier entweder bestimmte Tatsache oder ein bekannt gewordenes individuelles Verhalten der Zielperson. Bei Letzterem ist dann auch zu berücksichtigen und zu begründen, dass das individuelle Verhalten eine „konkrete Wahrscheinlichkeit" der zukünftigen Schädigung der von § 49 BKAG in Bezug genommenen Rechtsgüter begründen muss. 34

4. Subsidiarität. Nach § 49 Abs. 1 S. 3 BKAG darf die Maßnahme nur durchgeführt werden, wenn sie für die Aufgabenerfüllung nach § 5 BKAG **erforderlich** ist und diese **ansonsten aussichtslos oder wesentlich erschwert** wäre. Die Subsidiaritätsklausel entspricht jener in § 46 BKAG (→ § 46 Rn. 38), so dass auch gegenüber Maßnahmen nach § 49 BKAG solche nach § 45 BKAG regelmäßig vorrangig sind. 35

Über ein abstraktes **Rangverhältnis** zwischen Wohnraumüberwachung und Online-Durchsuchung ist damit nichts ausgesagt. Es ist davon auszugehen, dass bei Vorliegen der jeweiligen Tatbestandsvoraussetzungen auch beide Maßnahmen parallel angeordnet werden können, wobei dann zu begründen ist, warum nicht eine der beiden Maßnahmen allein ausreichend ist (vgl. zum Verbot der Totalüberwachung unten → Rn. 64). 36

5. Rechtsfolge. In der Rechtsfolge ermöglicht die Vorschrift den Eingriff in die vom Betroffenen genutzten informationstechnischen Systeme und die Datenerhebung aus diesen. Das BKAG enthält keine eigene Definition des **informationstechnischen Systems**, sondern knüpft laut der Gesetzesbegründung an die Begriffsbestimmung in **§ 2 Abs. 1 BSIG** an, nach der alle technischen Mittel zur Verarbeitung von Informationen erfasst sind.[35] Diese weite Bestimmung ermöglicht es, zum Zwecke der Gefahrenabwehr auf **alle Informationsverarbeitungssysteme** zuzugreifen, unterwirft jedoch auch alle entsprechenden Zugriffe dem strengen Regelungsregime des § 49 BKAG. 37

Umfasst ist dabei nach der Gesetzesbegründung aus 2008 etwa das **Kopieren bestimmter Dateien von der Festplatte** eines Rechners und deren elektronische Übertragung an das BKA, aber auch der Einsatz 38

30 Vgl. auch HdbVerfR/Bäcker § 28 Rn. 100; Bantlin JuS 2019, 669 (673).
31 So BVerfG Urt. v. 27.2.2008 – 1 BvR 370/07 –, BVerfGE 120, 274 (328).
32 Park, Durchsuchung und Beschlagnahme, 5. Aufl. 2022, § 4 Rn. 916.
33 BVerfG Urt. v. 20.4.2016 – 1 BvR 966/09 ua –, BVerfGE 141, 220 (305, Rn. 213).
34 Kritisch zur Abkehr vom klassischen Gefahrenbegriff Volkmann NVwZ 2021, 1408.
35 BT-Drs. 16/10121, 29.

sog. **Key-Logger**, bei denen die Tastatureingaben erfasst werden, ohne dass notwendigerweise eine Zwischenspeicherung auf der Festplatte erfolgt.[36] Erforderlich hierfür ist eine technische Infiltration des informationstechnischen Systems, für die es – ähnlich wie bei der Quellen-TKÜ – erforderlich ist, auf dem entsprechenden System eine **Spionagesoftware** zu installieren. Mit Hilfe dieser Software kann sodann das infizierte System einmalig oder fortlaufend ausgeforscht werden und die vorhandenen Daten können an die Ermittlungsbehörden übermittelt werden, ohne dass der Betroffene hiervon Kenntnis erlangt. Neben auf dem System selbst abgelegten Daten können auf diesem Wege auch in einer sog. Cloud oder anderen vernetzten Systemen abgelegte Daten abgerufen werden.[37]

39 Nicht umfasst von § 49 BKAG ist demgegenüber die **Infiltration von Kamera oder Mikrofon eines PCs oder Notebooks** mit dem Ziel, damit die Umgebung des Zielobjekts aufzuzeichnen. Die Vorschrift erlaubt nur die Datenerhebung aus dem infiltrierten System, nicht jene *mittels* dieses Systems[38] und ermächtigt insbesondere auch nicht zu Eingriffen in Art. 13 GG.

40 Anders als § 46 BKAG, der zum Zwecke der Wohnraumüberwachung auch das **Eindringen in die Wohnung** erlaubt (→ § 46 Rn. 53), ermöglicht § 49 BKAG dies nicht zum Aufspielen entsprechender Software auf ein informationstechnisches System.[39] Auch hier gilt, dass dieser Eingriff in Art. 13 GG Maßnahmen nach § 46 BKAG immanent ist, § 49 BKAG jedoch allein zum Eingriff in das Grundrecht auf Schutz der Vertraulichkeit und Integrität von informationstechnischen Systemen nicht aber in das Grundrecht aus Art. 13 GG ermächtigt.[40]

41 Zulässig ist auch nur die Datenerhebung, **nicht etwa die Veränderung oder Löschung von gespeicherten Daten** zur Abwehr einer Gefahr (anders Art. 45 Abs. 1 S. 6 BayPAG).[41]

42 Zur Beachtung des Verhältnismäßigkeitsgrundsatzes im Einzelfall gehört es nach der Rechtsprechung des Bundesverfassungsgerichts auch, dass ein **offener Zugriff** auf die Datenbestände einer Zielperson vor einer heimlichen Infiltration grundsätzlich Vorrang hat.[42]

43 Als Folge des **Verbots der Totalüberwachung** wird ein Nebeneinander von Wohnraumüberwachung, Online-Durchsuchung und Quellen-TKÜ nur in absoluten Ausnahmefällen und nur für einen begrenzten Zeitraum in Betracht kommen (vgl. hierzu und → § 51 Rn. 30).

II. Schutzvorkehrungen (Abs. 2)

44 Abs. 2 der Vorschrift enthält ein dem Verhältnismäßigkeitsgrundsatz gerecht werdendes Konzept, um die mit dem nach Abs. 1 erlaubten Eingriff verbundenen Schäden bei dem Betroffenen so gering wie möglich zu halten.

45 Nach § 49 Abs. 2 S. 1 Nr. 1 BKAG ist technisch sicherzustellen, dass an dem informationstechnischen System **nur Änderungen** vorgenommen werden, die für die **Datenerhebung unerlässlich** sind. Dies erfasst sowohl **Anwenderdateien** als auch **Systemdateien.**[43] Die Vorschrift enthält damit auch eine normative Erwartungshaltung an die eingesetzte Software, die allerdings letztlich durch deutsche Behörden nicht uneingeschränkt bestimmbar ist. Gegen S. 1 Nr. 1 verstoßen würde jedenfalls der Einsatz einer Software, die nicht kontrollierbare Folgeschäden verursachen kann.

46 Nach § 49 Abs. 2 S. 1 Nr. 2 BKAG sind die vorgenommenen Veränderungen bei Beendigung der Maßnahme soweit technisch möglich **automatisiert rückgängig zu machen**. Die Vorschrift soll gewährleisten, dass im Anschluss an eine Infiltration des informationstechnischen Systems und nach Abschluss der Maßnahme der ursprüngliche Zustand wiederhergestellt wird, insbesondere nicht weiterhin eine entsprechende Zugriffsmöglichkeit des BKA oder Dritter erhalten bleibt. Sie verlangt zugleich die **vollständige Löschung der aufgespielten Software** als auch die Rückgängigmachung von Veränderungen an Dateien in dem informationstechnischen System.[44] Aus diesem Normzweck folgt sogleich, dass trotz des missverständlichen Wortlauts auch eine manuelle Rückgängigmachung durchgeführt werden muss, wenn dies automatisiert nicht möglich ist.[45] Den Einsatz von Software die, einmal installiert, nicht mehr durch das BKA beseitigt werden

36 BT-Drs. 16/10121, 29.
37 BVerfG Urt. v. 20.4.2016 – 1 BvR 966/09 ua –, BVerfGE 141, 220 (303 f., Rn. 209); vgl. Lisken/Denninger/Graulich, HdbPolR, E Rn. 798.
38 Vgl. Marx DVBl. 2020, 488.
39 Vgl. Roggan NJW 2009, 257 (260); Schenke/Graulich/Ruthig/R. P. Schenke BKAG § 49 Rn. 14.
40 Sieht eine polizeirechtliche Vorschrift zum Zwecke der Online-Durchsuchung ein Betretungsrecht vor, muss sich dieses an Art. 13 Abs. 7 GG messen lassen, vgl. BVerfG Beschl. v. 9.12.2022 – 1 BvR 1345/21 –, juris, Rn. 127 ff.
41 Vgl. Schenke/Graulich/Ruthig/R. P. Schenke BKAG § 49 Rn. 15.
42 BVerfG Urt. v. 27.2.2008 – 1 BvR 370/07 –, BVerfGE 120, 274 (325); Urt. v. 20.4.2016 – 1 BvR 966/09 ua –, BVerfGE 141, 220 (305 f., Rn. 215).
43 BT-Drs. 16/10121, 29; Schenke/Graulich/Ruthig/R. P. Schenke BKAG § 49 Rn. 19.
44 Schenke/Graulich/Ruthig/R. P. Schenke BKAG § 49 Rn. 19.
45 Schenke/Graulich/Ruthig/R. P. Schenke BKAG § 49 Rn. 19.

kann, schließt die Norm damit ebenfalls aus. Dass Folgeschäden nicht völlig ausgeschlossen werden können, macht die Maßnahme demgegenüber nicht von vornherein unverhältnismäßig.[46]

Das eingesetzte Mittel ist gem. Abs. 2 S. 2 nach dem **Stand der Technik gegen unbefugte Nutzung** zu schützen. Dies lehnt sich laut der Gesetzesbegründung an **§ 14 Abs. 1 TKÜV** an, gleichwohl die Online-Durchsuchung anders als die Telekommunikationsüberwachung nicht in den Anwendungsbereich der TKÜV fällt (vgl. § 1 Nr. 1 lit. d TKÜV). Anders als in dem ursprünglichen Gesetzentwurf zu § 20k BKAG aF[47] sieht der eindeutige Wortlaut des Abs. 2 S. 2 nur Schutzmaßnahmen nach dem Stand der Technik und nicht nach dem strengeren „Stand von Wissenschaft und Technik" vor".[48] Die Absenkung der Anforderungen dürfte der Erkenntnis geschuldet sein, dass angesichts des heimlichen Charakters entsprechender Software vielfach kaum ein verlässlicher Stand der Wissenschaft bestimmbar sein dürfte und ermöglicht den Gleichlauf zur TKÜV. Auf den besonders hohen Schutzstandard des „Stands von Wissenschaft und Technik", um der Bedeutung des Grundrechtsrechtseingriffs Rechnung zu tragen hat, der Gesetzgeber so verzichtet; das Bundesverfassungsgericht hat dies in seiner Entscheidung zum BKAG nicht problematisiert.[49] 47

Inhaltlich bedeutet § 49 Abs. 2 S. 2 BKAG, dass das BKA dafür Sorge zu tragen hat, dass die eingesetzte Software nicht durch **Dritte (Hacker) zweckentfremdet werden** kann. Speziell ist sicherzustellen, dass die Software nicht ohne erheblichen Aufwand dazu veranlasst werden kann, an einen anderen Server als den vom BKA verwendeten zurückzumelden, und dass die Software weder von Unbefugten erkannt noch angesprochen werden kann. Genügt eine Software diesen Anforderungen nicht, so ist ihre Nutzung durch das BKA unzulässig.[50] Es hat insbesondere nach dem Stand der Technik auch sicherzustellen, dass der Anbieter der Software auch selbst nicht dazu in der Lage ist, auf die entsprechenden Einfallstore zuzugreifen. 48

Demgegenüber verpflichtet die Vorschrift nicht dazu – auch nicht im Wege verfassungskonformer Auslegung –, dass das BKA Schutzmaßnahmen für das von ihm infiltrierte System und die in diesem existente Sicherheitslücke ergreift. Das BKA ist verpflichtet, keine zusätzlichen Schäden zu verursachen, aber Abs. 2 enthält **keine Verpflichtung, die bestehende Sicherheitslücke zu schließen.**[51] 49

Schließlich sind nach Abs. 2 S. 3 kopierte Daten nach dem Stand der Technik gegen Veränderung, unbefugte Löschung und unbefugte Kenntnisnahme zu schützen. Damit wird die Integrität des erfassten Datenbestands (sowohl Dateikopien als auch Protokolle von Tastatureingaben) vom Zeitpunkt der Bereitstellung für die Übertragung an das BKA, während der Datenübertragung an das BKA sowie während ihrer Speicherung beim BKA gesichert. Dies dient sowohl dem Schutz des Betroffenen davor, dass die auf dem Zielrechner vorgefundenen Daten nachträglich zufällig oder bewusst (zu seinem Nachteil) verändert werden oder Unbefugten zur Kenntnis gelangen, als auch dem behördlichen Interesse an der Beweissicherheit der polizeilichen Erkenntnisse. Die Daten sind vor ihrer Übertragung an das BKA zu verschlüsseln und beim BKA beweissicher zu speichern, insbesondere mit einer elektronischen Signatur und einem elektronischen Zeitstempel zu versehen.[52] Zahlreiche Einzelheiten des erforderlichen Schutzstandards sind in § 14 Abs. 2 TKÜV und in der technischen Richtlinie gem. § 36 TKÜV geregelt, die laut der Gesetzesbegründung zumindest sinngemäß – und angesichts der Schwere des Grundrechtseingriffs nach § 49 BKAG wohl als Mindeststandard – herangezogen werden müssen. 50

III. Betroffene Personen (Abs. 3)

Die durch eine Online-Überwachung betroffenen Personen bestimmt § 49 Abs. 3 S. 1 BKAG durch eine Bezugnahme auf §§ 17 und 18 BPolG. Erforderlich ist demnach, dass die betroffene Person **Verhaltensstörer** ist, also durch ihr Verhalten die Gefahr verursacht. Dies wird regelmäßig vorausgesetzt, dass gegen die betroffene Person selbst ein entsprechender Terrorismusverdacht besteht (→ § 38 Rn. 29). Daneben kann auch der **Zustandsstörer** in Anspruch genommen werden, was voraussetzt, dass die Gefahr von der Sache, dem informationstechnischen System, selbst ausgeht (→ § 38 Rn. 28).[53] Es reicht hierfür nicht schon aus, 51

46 BVerfG Urt. v. 20.4.2016 – 1 BvR 966/09 ua –, BVerfGE 141, 220 (305 f., Rn. 215).

47 BT-Drs. 16/10121, 29. Der eingebrachte Gesetzentwurf hatte formuliert: „Die Verpflichtung, das eingesetzte Mittel ‚nach dem Stand von Wissenschaft und Technik' gegen unbefugte Nutzung zu schützen, bedeutet, dass sich das BKA der fortschrittlichsten technischen Verfahren bedienen muss, die nach Auffassung führender Fachleute aus Wissenschaft und Technik auf der Grundlage neuester wissenschaftlicher Erkenntnisse erforderlich sind. Hierfür muss es die einschlägigen Aktivitäten auf den Gebieten der Wissenschaft und Technik umfassend und sorgfältig beobachten und auswerten. Diese gegenüber § 14 TKÜV erhöhten Schutzanforderungen tragen dem besonderen Gewicht des Eingriffs in die Integrität privat oder geschäftlich genutzter IT-Systeme […] Rechnung".

48 AA ohne Begründung Schenke/Graulich/Ruthig/R. P. Schenke BKAG § 49 Rn. 22.

49 BVerfG Urt. v. 20.4.2016 – 1 BvR 966/09 ua –, BVerfGE 141, 220 (305 f., Rn. 215).

50 BT-Drs. 16/10121, 29.

51 So im Ergebnis wohl auch Pöltl NVwZ 2022, 45 (47 f.).

52 So BT-Drs. 16/10121, 29.

53 BT-Drs. 16/10121, 30, Schenke/Graulich/Ruthig/R. P. Schenke BKAG § 49 Rn. 24.

dass sich auf einem informationstechnischen System relevante Daten befinden, die bei der Aufklärung einer Sachlage von Bedeutung sein können; vielmehr muss die Gefahr von dem System selbst ausgehen.

52 Da die Eingriffsschwelle des § 49 BKAG, wie dargestellt (→ Rn. 30), schon im **Vorfeld einer konkreten Gefahr** im polizeirechtlichen Sinne ansetzt, ist dies auch bei der Bestimmung des Störers zu berücksichtigen. Er muss also nicht etwa durch sein Handeln die Gefahr schon konkret verursacht haben.

53 § 49 Abs. 3 S. 2 BKAG entspricht den Parallelregelungen in § 45 Abs. 1, § 46 Abs. 2 S. 3 und § 51 Abs. 1 S. 2 BKAG und erlaubt die Überwachung auch dann, wenn andere Personen **unvermeidbar betroffen** sind, also etwa wenn das System auch von einem Dritten mitbenutzt wird. Die Vorschrift erlaubt es allerdings nicht, auch Geräte bzw. dynamische IP-Adressen zu überwachen, bei denen unklar ist, ob der Störer sie überhaupt nutzt.[54]

IV. Verfahren (Abs. 4–6)

54 Als **verfahrensrechtliche Sicherungsmaßnahme** normiert Abs. 4 – im Grundsatz ebenso wie in §§ 45 und 46 – den Behördenleiterantrags- und den Richteranordnungsvorbehalt, wobei letzterer verfassungsrechtlich geboten ist.[55]

55 **1. Antrag.** a) **Antragsteller.** Der Antrag muss durch den **Präsidenten des BKA oder seine Vertretung** gestellt werden. Schon dem Wortlaut der Vorschrift („Vertretung") lässt sich zwanglos entnehmen, dass die Antragsbefugnis nicht auf maximal zwei Personen beschränkt ist. Vielmehr ist bei einer Verhinderung des Präsidenten und seines Vizepräsidenten die nach der internen Geschäftsordnung zuständige weitere vertretende Person tauglicher Antragsteller.

56 b) **Antragsinhalt.** Abs. 5 normiert sodann Anforderungen an den konkreten Inhalt des Antrags. Danach sind die Person, gegen die sich die Maßnahme richtet (Nr. 1), eine möglichst genaue Bezeichnung des informationstechnischen Systems (Nr. 2), Art, Umfang und Dauer der Maßnahme (Nr. 3), der Sachverhalt (Nr. 4) sowie eine Begründung (Nr. 5) anzugeben. Es wird sich anbieten, die Ziffern 1–3 in einer dem späteren Tenor einer Entscheidung entsprechenden Antrag zusammenzufassen. Geschieht dies nicht, führt dies jedoch nicht zur Ablehnung des Antrags, wenn sich aus dem Antragsinhalt die Angaben zu Nrn. 1–3 hinreichend deutlich erkennen lassen. Bei der Angabe des informationstechnischen Systems muss präzise angegeben werden, auf welchen konkreten PC, Smartphone, Tablet etc. oder gegebenenfalls Cloud-Datenbestand zugegriffen werden soll. Diese Angaben müssen dem BKA also bei Stellung des Antrags bekannt sein.

57 Daneben hat der Antrag insbesondere die Darstellung eines ausreichenden Sachverhalts zu enthalten, der für das Gericht die wesentlichen Erkenntnisse offen zu legen hat. Wie dabei mit **geheimhaltungsbedürftigen Erkenntnissen** umzugehen ist, kann nicht generell-abstrakt beschrieben werden. Zu berücksichtigen ist jedenfalls, dass der Betroffene von diesen Informationen erst nach seiner Benachrichtigung gem. § 74 BKAG Kenntnis erlangen kann. Das BKA hat jedenfalls das Vorliegen einer Gefahrenlage plausibel zu machen.

58 Eine **bestimmte Form** ist für den Antrag anders als für die Anordnung nicht vorgeschrieben; er kann also auch fernmündlich gestellt werden, wobei auch dies durch den Präsidenten des BKA oder seinen Vertreter zu erfolgen hat.

59 **2. Anordnung.** a) **Anordnungskompetenz.** Die Anordnung ergeht gem. § 49 Abs. 4 BKAG durch das in § 90 Abs. 2 BKAG bestimmte Gericht, das **Amtsgericht Wiesbaden** (→ § 90 Rn. 5 f.). Anders als die Parallelvorschriften in § 45 Abs. 3 S. 2, § 46 Abs. 3 S. 2, § 51 Abs. 3, § 52 Abs. 3 und § 53 Abs. 3 BKAG und anders als der ursprüngliche Gesetzentwurf[56] sieht die Vorschrift **keine Eilkompetenz** des Präsidenten des BKA bei Gefahr im Verzug vor. Der Gesetzgeber hat damit augenscheinlich Bedenken in der Sachverständigenanhörung im Bundestag aufgegriffen, die – entgegen den Einschätzungen von Praktikern – eine Eilkompetenz gerade bei der sehr vorbereitungsintensiven Maßnahme der Online-Überwachung nicht für erforderlich hielten.[57]

60 Die Anordnung ergeht durch den zuständigen Richter des Amtsgerichts Wiesbaden, der im **Geschäftsverteilungsplan** ausgewiesen ist. Ist dieser verhindert, ergeht die Entscheidung durch den Vertreter.

61 b) **Anordnungsinhalt.** Die Bestimmung des Anordnungsinhalts in Abs. 6 unterscheidet sich von jener des Antragsinhalts zunächst nur dadurch, dass anstelle eines Sachverhalts und einer Begründung nur die schriftliche (Abs. 6 S. 1) **Angabe der wesentlichen Gründe** verlangt wird. In dieser Formulierung liegt jedoch bei verfassungskonformer Auslegung keine Zurücknahme der verfassungsrechtlichen Prüfungs- und Begründungspflichten, sondern die Betonung, dass alle rechtlich maßgeblichen Gesichtspunkte tragfähig

54 Schenke/Graulich/Ruthig/R. P. Schenke BKAG § 49 Rn. 25.

55 So BVerfG Urt. v. 27.2.2008 – 1 BvR 370/07 –, BVerfGE 120, 274 (331 ff.).

56 BT-Drs. 16/10121, 10.

57 Möllers Ausschuss-Drs. 16(4)460 K, 4; Schaar Ausschuss-Drs. 16(4)460 E, 6, Roggan BT-Ausschussprot. 16/73, 55; aA Zierke BT-Ausschussprot. 16/73, 57.

dargelegt werden müssen.[58] Der Anordnungsbeschluss muss die angenommene Gefahr so beschreiben, dass der äußere Rahmen abgesteckt wird, innerhalb dessen die heimliche Maßnahme durchzuführen ist. Die maßgeblichen Erwägungen des Gerichts sind in der Begründung der Anordnung hinreichend zu dokumentieren und es hat durch geeignete Formulierungen im Rahmen des Möglichen und Zumutbaren sicherzustellen, dass der Eingriff in die Grundrechte messbar und kontrollierbar bleibt.[59]

Auf diese Weise dient die Schriftform der Anordnung zugleich der **späteren (verwaltungs-)gerichtlichen Überprüfbarkeit der entscheidungstragenden Erwägungen.**[60] Mit diesen Vorgaben nicht vereinbar wären etwa kurze Tenorbeschlüsse, die unter schlichter Wiedergabe des Gesetzeswortlauts die Überwachungsmaßnahme anordnen. Ebenso unzureichend ist eine pauschale Bezugnahme auf den Antragsinhalt, da damit nicht ausreichend dokumentiert wird, dass eine eigenständige gerichtliche Überprüfung stattgefunden hat; eine konkrete Bezugnahme auf einzelne Bestandteile der Antragsschrift ist demgegenüber möglich. 62

Die Anordnung ist gem. § 49 Abs. 6 S. 3 BKAG auf höchstens drei Monate zu befristen, wobei gem. S. 4 eine **Verlängerung** möglich ist, wenn unter Berücksichtigung der der gewonnenen Erkenntnisse die Voraussetzungen der Anordnung fortbestehen. Die Vorschrift lässt auch mehrfache – und zwar ohne zeitliche Obergrenze – Verlängerungen zu, was sich aus dem Wort „jeweils" ergibt.[61] Zu beachten ist hierbei allerdings, dass stets die gewonnenen Erkenntnisse die Verlängerung der Maßnahme weiter zu tragen helfen vermögen. 63

Die mögliche lange Dauer von drei Monaten, für die die Maßnahme angeordnet werden kann, ist nach der **Rechtsprechung des Bundesverfassungsgerichts** allerdings nur mit der Maßgabe tragfähig, dass es sich hierbei für die jeweilige Anordnung um eine **Obergrenze** handelt und sich die tatsächliche Dauer der Anordnung nach einer Verhältnismäßigkeitsprüfung im Einzelfall richtet.[62] Kürzere Befristungen werden sich insbesondere in Fällen aufdrängen, in denen aufgrund relativ geringer Anhaltspunkte für terroristische Aktivitäten eine Online-Überwachung angeordnet wird. Hier wird gegebenenfalls schon binnen weniger Tage feststehen, ob die Online-Überwachung überhaupt notwendig ist. In einem solchen Fall gleichwohl eine dreimonatige Höchstdauer anzuordnen und der Behörde gegebenenfalls den Abbruch der Maßnahme nach S. 5 zu überantworten, wäre mit der Bedeutung des Richtervorbehalts nicht zu vereinbaren. Gerade bei Verlängerungsentscheidungen ist das **Verbot der Totalüberwachung** zu berücksichtigen, da die Dauer-Online-Durchsuchung ein besonderes Potential zur verfassungswidrigen lückenlosen Überwachung einer Person hat.[63] 64

Nach Abs. 6 S. 4 ist die Maßnahme **unverzüglich zu beenden**, wenn die Voraussetzungen für ihre Anordnung weggefallen sind. Gerade in Fällen, in denen der Erstzugriff auf den Datenbestand eines Verdächtigen keinerlei relevante Informationen erbringt, wird hiervon vielfach auszugehen sein. 65

V. Kernbereichsschutz (Abs. 7)

§ 49 Abs. 7 BKAG enthält die verfassungsrechtlich zwingend erforderliche Regelung zum Kernbereichsschutz. Die Vorschrift trägt dabei dem Grundgedanken Rechnung, dass anders als bei der Wohnraumüberwachung eine **effektive Gewährleistung des Kernbereichsschutzes** im Rahmen der Online-Durchsuchung **auf der Erhebungsebene kaum möglich** ist. Die Datenerhebung erfolgt hier meist ganz oder gar nicht. Eine Vorabaussonderung kernbereichsrelevanter Informationen ist regelmäßig ausgeschlossen. Mit der Überwachungsmaßnahme wird dementsprechend jedenfalls billigend in Kauf genommen, dass auch Daten höchstpersönlichen Inhalts erfasst werden. Hieran früher durchaus geäußerte Kritik hat das Bundesverfassungsgericht in der Entscheidung zum BKA-Gesetz zurückgewiesen und erneut festgestellt, dass die Anforderungen des Kernbereichsschutzes mit denen der Wohnraumüberwachung nicht in jeder Hinsicht identisch seien und sich der Schutz ein Stück weit von der Erhebungsebene auf **die nachgelagerte Aus- und Verwertungsebene** verschiebe.[64] Dies habe seinen Grund in dem spezifischen Charakter des Zugriffs auf informationstechnische Systeme. Schutzmaßnahmen vor Kernbereichsverletzungen zielten hier nicht primär auf die Verhinderung des Erfassens und Festhaltens eines nur flüchtigen, höchstvertraulichen Moments an einem Ort privater Zurückgezogenheit, sondern auf die Verhinderung des Auslesens höchstvertraulicher Informationen aus einem Gesamtdatenbestand von ohnehin digital vorliegenden Informationen, die in ihrer Gesamtheit typischerweise nicht schon als solche den Charakter der Privatheit wie das Verhalten oder die Kommu- 66

58 BVerfG Urt. v. 20.4.2016 – 1 BvR 966/09 ua –, BVerfGE 141, 220 (306, Rn. 216) unter Bezugnahme auf Rn. 194.
59 BVerfG Urt. v. 3.3.2004 – 1 BvR 2378/98 ua –, BVerfGE 109, 279 (359).
60 Vgl. Schenke/Graulich/Ruthig/R. P. Schenke BKAG § 49 Rn. 27.
61 Vgl. BVerfG Urt. v. 20.4.2016 – 1 BvR 966/09 ua –, BVerfGE 141, 220 (299, Rn. 195).
62 BVerfG Urt. v. 20.4.2016 – 1 BvR 966/09 ua –, BVerfGE 141, 220 (306, Rn. 216).
63 Vgl. hierzu allgemein Lisken/Denninger/Schwabenbauer, HdbPolR, G Rn. 171 und → § 51 Rn. 30.
64 BVerfG Urt. v. 20.4.2016 – 1 BvR 966/09 ua –, BVerfGE 141, 220 (306 f., Rn. 218).

nikation in einer Wohnung aufwiesen.[65] So zutreffend diese Beschreibung ist, kann doch nicht gänzlich ignoriert werden, dass die praktisch vollständige Verlagerung des Kernbereichsschutzes auf die Verwertungsebene mit der Fundierung des Kernbereichsschutzes in der Menschenwürde in einem kaum erklärbaren Spannungsverhältnis steht. Denn die Beschränkung der Kenntnisnahme der Inhalte auf den rechtsstaatlich besonders vertrauenswürdigen Richter mag den Eingriff in den Kernbereich verhältnismäßig erscheinen lassen; es lässt den staatlichen Eingriff in das Grundrecht aber nicht entfallen, so dass sich hier an unvermuteter Stelle die Frage der Abwägungsfestigkeit der Menschenwürde stellt.[66]

67 Diese Vorgaben umsetzend sieht § 49 Abs. 7 S. 1 BKAG zunächst vor, dass eine Online-Durchsuchung ausgeschlossen ist, wenn **tatsächliche Anhaltspunkte** für die Annahme vorliegen, dass durch die Maßnahme **allein** Erkenntnisse aus dem Kernbereich privater Lebensgestaltung erlangt würden. Es bedarf allerdings erheblicher Fantasie, sich Szenarien vorzustellen, in denen ein solcher Zugriff überhaupt erforderlich sein könnte, wenn allein solche Erkenntnisse in Rede stehen. S. 2 ordnet dann an, dass soweit technisch möglich der Zugriff auf nicht kernbereichsrelevante Informationen zu begrenzen ist. Auch eine solche Beschränkung wird nur in Ausnahmesituationen möglich sein, etwa wenn bekannt ist, dass in Dateien eines bestimmten Dateityps ausschließlich kernbereichsrelevante Inhalte enthalten sind.

68 Der eigentliche Kernbereichsschutz spielt sich dann bei der Online-Durchsuchung auf der **Verwertungsebene** ab. Dieser ist ähnlich ausgestaltet wie bei der Wohnraumüberwachung. Auf die diesbezüglichen Ausführungen kann verwiesen werden (→ § 46 Rn. 87 ff.).

VI. Verwertung bei Gefahr im Verzug (Abs. 8)

69 Schließlich sieht Abs. 8 bei Gefahr im Verzug eine **Eilverwertungskompetenz** des BKA vor, die nur durch den Präsidenten oder seine Vertretung angeordnet werden darf. Dies wird insbesondere bei einer besonders drängenden Gefahrenlage in Betracht kommen, in der die BKA-Beamten von unmittelbar anschlagsrelevanten Informationen auf den Datenträgern ausgehen. Inhaltlich entspricht die Regelung ansonsten § 45 Abs. 8 BKAG (→ § 45 Rn. 210).

§ 50 Postbeschlagnahme und Auskunftsverlangen

(1) Das Bundeskriminalamt kann ohne Wissen der betroffenen Person Postsendungen und Telegramme beschlagnahmen, die sich im Gewahrsam von Personen oder Unternehmen befinden, die geschäftsmäßig Post- oder Telekommunikationsdienste erbringen oder daran mitwirken und die an eine Person gerichtet sind,

1. **die entsprechend § 17 oder § 18 des Bundespolizeigesetzes verantwortlich ist und dies zur Abwehr einer dringenden Gefahr für den Bestand oder die Sicherheit des Bundes oder eines Landes oder für Leib, Leben oder Freiheit einer Person oder Sachen von bedeutendem Wert, deren Erhaltung im öffentlichen Interesse liegt, geboten ist,**
2. **bei der bestimmte Tatsachen die Annahme rechtfertigen, dass sie innerhalb eines übersehbaren Zeitraums auf eine zumindest ihrer Art nach konkretisierte Weise eine Straftat nach § 5 Absatz 1 Satz 2 begehen wird,**
3. **deren individuelles Verhalten die konkrete Wahrscheinlichkeit begründet, dass sie innerhalb eines übersehbaren Zeitraums eine Straftat nach § 5 Absatz 1 Satz 2 begehen wird oder**
4. **bei der bestimmte Tatsachen die Annahme rechtfertigen, dass sie für eine Person nach Nummer 1 bestimmte oder von dieser herrührende Postsendungen oder Telegramme entgegennimmt oder weitergibt**

und die Abwehr der Gefahr oder Verhütung der Straftaten auf andere Weise aussichtslos oder wesentlich erschwert wäre.

(2) [1]Unter den Voraussetzungen des Absatzes 1 ist es auch zulässig, von Personen oder Unternehmen, die geschäftsmäßig Postdienste erbringen oder daran mitwirken, Auskunft über Postsendungen zu verlangen, die an eine Person nach Absatz 1 Nummer 1 bis 4 gerichtet sind. [2]Die Auskunft umfasst ausschließlich die aufgrund von Rechtsvorschriften außerhalb dieses Gesetzes erhobenen Daten, sofern sie Folgendes betreffen:

65 BVerfG Urt. v. 20.4.2016 – 1 BvR 966/09 ua –, BVerfGE 141, 220 (306 f., Rn. 218).

66 Ähnlich auch Schulenberg in Scheffczyk/Wolter (Hrsg.), Linien der Rechtsprechung des BVerfG IV, 2017, S. 124 (166 f.) und Lisken/Denninger/Schwabenbauer, HdbPolR, G Rn. 169 ff.

1. Namen und Anschriften von Absendern, Empfängern und, soweit abweichend, von denjenigen Personen, welche die jeweilige Postsendung eingeliefert oder entgegengenommen haben,
2. Art des in Anspruch genommenen Postdienstes,
3. Maße und Gewicht der jeweiligen Postsendung,
4. die vom Postdienstleister zugeteilte Sendungsnummer der jeweiligen Postsendung sowie, sofern der Empfänger eine Abholstation mit Selbstbedienungs-Schließfächern nutzt, dessen persönliche Postnummer,
5. Zeit- und Ortsangaben zum jeweiligen Postsendungsverlauf sowie
6. zu Zwecken der Erbringung der Postdienstleistung erstellte Bildaufnahmen von der Postsendung.

³Auskunft über den Inhalt der Postsendung darf darüber hinaus nur verlangt werden, wenn die Personen oder Unternehmen, die geschäftsmäßig Postdienste erbringen oder daran mitwirken, davon auf rechtmäßige Weise Kenntnis erlangt haben. ⁴Auskunft nach den Sätzen 2 und 3 müssen sie auch über solche Postsendungen erteilen, die sich noch nicht oder nicht mehr in ihrem Gewahrsam befinden.

(3) ¹Maßnahmen nach den Absätzen 1 und 2 dürfen nur auf Antrag der Präsidentin oder des Präsidenten des Bundeskriminalamtes oder ihrer oder seiner Vertretung durch das Gericht angeordnet werden. ²Bei Gefahr im Verzug kann die Anordnung durch die Präsidentin oder den Präsidenten des Bundeskriminalamtes oder ihre oder seine Vertretung getroffen werden. ³In diesem Fall ist die gerichtliche Entscheidung unverzüglich nachzuholen. ⁴Soweit diese Anordnung nicht binnen drei Tagen durch das Gericht bestätigt wird, tritt sie außer Kraft, auch wenn sie eine Auslieferung nach Absatz 1 oder eine Auskunftserteilung nach Absatz 2 noch nicht zur Folge gehabt hat.

(4) Im Antrag sind anzugeben:
1. die Person, gegen die sich die Maßnahme richtet, soweit möglich, mit Name und Anschrift,
2. eine möglichst genaue Bezeichnung der Postsendungen, die der Beschlagnahme unterliegen sollen,[1] oder zu der die Auskunft erteilt werden soll,
3. Art, Umfang und Dauer der Maßnahme und im Fall eines Auskunftsverlangens die Daten nach Absatz 2 Satz 2, zu denen Auskunft erteilt werden soll,
4. der Sachverhalt sowie
5. eine Begründung.

(5) ¹Die Anordnung ergeht schriftlich. ²In ihr sind anzugeben:
1. die Person, gegen die sich die Maßnahme richtet, soweit möglich, mit Name und Anschrift,
2. Dauer der Maßnahme unter Benennung des Endzeitpunktes,
3. eine möglichst genaue Bezeichnung der Postsendung, die der Beschlagnahme unterliegt, oder zu der Auskunft erteilt werden soll,
4. im Fall des Auskunftsverlangens nach Absatz 2 die Daten nach Absatz 2 Satz 2, zu der die Auskunft zu erteilen ist, sowie
5. die wesentlichen Gründe.

³Die Anordnung ist auf höchstens drei Monate zu befristen. ⁴Eine Verlängerung um jeweils nicht mehr als drei weitere Monate ist zulässig, soweit die Voraussetzungen der Anordnung unter Berücksichtigung der gewonnenen Erkenntnisse fortbestehen. ⁵Liegen die Voraussetzungen der Anordnung nicht mehr vor, ist die Maßnahme unverzüglich zu beenden.

(6) ¹Die Öffnung der ausgelieferten Postsendung und die Entscheidung über die Verwertbarkeit der erlangten Erkenntnisse stehen dem Gericht zu. ²Es kann die Befugnis zur Öffnung sowie die Entscheidung über die Verwertbarkeit auf die Präsidentin oder den Präsidenten des Bundeskriminalamtes oder auf ihre oder seine Vertretung übertragen, soweit dies erforderlich ist, um die Abwehr der Gefahr nicht durch Verzögerung zu gefährden. ³In diesen Fällen hat die Entscheidung über die Verwertbarkeit im Benehmen mit der oder dem Datenschutzbeauftragten des Bundeskriminalamtes zu erfolgen. ⁴Die gerichtliche Entscheidung nach Satz 1 ist unverzüglich nachzuholen. ⁵Die Übertragung kann jederzeit widerrufen werden.

(7) ¹Ist eine Übertragung nach Absatz 6 nicht erfolgt, legt das Bundeskriminalamt die ausgelieferten Postsendungen unverzüglich und, soweit sie verschlossen sind, ungeöffnet dem Gericht vor. ²Das Gericht entscheidet unverzüglich über die Öffnung.

(8) § 100 Absatz 5 und 6 der Strafprozessordnung gilt entsprechend.

1 Zeichensetzung amtlich.

(9) [1]Liegen tatsächliche Anhaltspunkte für die Annahme vor, dass durch die Maßnahme allein Erkenntnisse aus dem Kernbereich privater Lebensgestaltung erlangt würden, ist die Maßnahme unzulässig. [2]Erkenntnisse aus dem Kernbereich privater Lebensgestaltung dürfen nicht verwertet werden.

A. Überblick und Genese

1 Die Vorschrift wurde durch die Novellierung des BKAG im Jahr 2017 neu geschaffen und zum 1.7.2021 geändert.[2]

2 § 50 BKAG ermöglicht es dem BKA, **Beschlagnahmen von Postsendungen und Telegrammen** zu präventiven Zwecken ohne das Wissen des Betroffenen durchzuführen und **Auskünfte** über solche beim Postdienstleister zu verlangen. Die Vorschrift ist **an die §§ 99, 100 StPO angelehnt.**[3] Die Regelung wurde ausweislich der Gesetzesbegründung[4] als notwendig angesehen, weil terroristische Tätergruppen verstärkt auf konventionelle Postsendungen in bestimmten Bereichen ihrer Kommunikation zurückgreifen. Auch für die Verbringung logistischer Güter erlangt der Postweg zunehmende Bedeutung gegenüber den bisher praktizierten persönlichen Übergaben.

3 Die Postbeschlagnahme stellt einen zulässigen **Eingriff in** das durch **Art. 10 Abs. 1 GG** geschützte Brief-, Post- und Fernmeldegeheimnis sowie das Recht auf Achtung der Korrespondenz aus **Art. 8 EMRK** dar.[5] § 50 BKAG gestattet den Post- und Telekommunikationsunternehmen die Mitwirkung bei der Beschlagnahme unter Durchbrechung des einfachgesetzlichen Postgeheimnisses (§ 39 PostG) und für Telegramme des einfachgesetzlichen Fernmeldegeheimnisses (§ 3 TTDSG).[6] Gem. § 39 Abs. 3 S. 2 PostG dürfen Tatsachen, die dem Postgeheimnis unterliegen, nur im Rahmen der Erbringen von Postdiensten verwendet werden. Eine Verwendung für andere Zwecke ist nur zulässig, soweit eine entsprechende gesetzliche Regelung vorhanden ist. Bei § 50 BKAG handelt es sich um eine solche.

4 Das **Briefgeheimnis** schützt den brieflichen Verkehr der Einzelnen untereinander gegen eine Kenntnisnahme der öffentlichen Gewalt von dem Inhalt des Briefes.[7]

5 Das **Postgeheimnis** gewährleistet den Schutz für den durch die Post vermittelten Verkehr nicht nur gegenüber der Post, sondern auch gegenüber allen anderen Staatsgewalten, insbesondere der postfremden Exekutive. Es erstreckt sich insbesondere auf den konkreten Inhalt der übermittelten Sendung und schützt vor Offenbarung, wer mit wem durch die Post Briefe und Sendungen wechselt, vor der Öffnung verschlossener Sendungen, vor Nachforschungen nach ihrem Inhalt und vor Eingriffen postfremder Stellen.[8] Auch die näheren Umstände des Postverkehrs unterliegen dem Postgeheimnis, dh alle Verbindungsdaten, die nicht den

2 Art. 2 des Gesetzes v. 25.6.2021 (BGBl. I S. 2099) – Erweiterung um Auskunftsverlangen.
3 Vgl. BR-Drs. 109/17, 139.
4 BT-Drs. 18/11163, 119.
5 Vgl. EGMR Urt. v. 6.9.1978 – 5029/71 –, NJW 1979, 1755 (1756).
6 SK-StPO/Wohlers/Greco § 99 Rn. 1.
7 Vgl. BVerfG Beschl. v. 14.3.1972 – 2 BvR 41/71 –, BVerfGE 33, 1 (11).
8 Vgl. BVerfG Beschl. v. 20.6.1984 – 1 BvR 1494/78 –, BVerfGE 67, 157 (171); BVerwG Urt. v. 27.3.1958 – I C 169/57 –, BVerwGE 6, 299 (301 f.).

Inhalt der Postsendung selbst betreffen.[9] Der Gesetzgeber hat das Postgeheimnis einfachgesetzlich in **§ 39 PostG** geregelt, weil nach der Privatisierung der Bundespost private Unternehmen, welche nicht unmittelbar verpflichtet sind, das Brief-, Post- und Fernmeldegeheimnis zu gewährleisten, Postdienstleistungen erbringen.[10] In **§ 208 StGB** ist das Postgeheimnis zudem strafrechtlich abgesichert.

Das **Fernmeldegeheimnis** sichert den Einzelnen nicht nur gegenüber der Post, sondern auch Bürger und Post gegenüber anderen staatlichen Stellen. Es schützt den privaten und den geschäftlichen Fernmeldeverkehr vor Eingriffen der öffentlichen Gewalt. Die grundrechtliche Gewährleistung umfasst nicht nur den Inhalt geführter Telefongespräche, sondern auch die näheren Umstände des Fernmeldeverhältnisses. Dazu gehört die Tatsache, ob und wann zwischen welchen Personen und Fernmeldeanschlüssen Fernmeldeverkehr stattgefunden hat oder versucht worden ist.[11] Der Privatisierung im Fernmeldebereich trägt **§ 3 Abs. 2 TTDSG** (§ 88 TKG aF) Rechnung, indem sämtliche Anbieter und Betreiber von Telekommunikation – einfachrechtlich – an das Fernmeldegeheimnis gebunden werden. 6

Bei der **Postbeschlagnahme** handelt es sich um ein **mehrstufiges Verfahren**. Die Abs. 2–5 regeln das Verlangen auf Aussonderung der Postsendungen und Telegramme und deren Aushändigung an das zuständige Gericht oder das BKA sowie das Auskunftsverlangen, die Abs. 6–9 die Öffnung der Postsendung sowie die Entscheidung über die Verwertbarkeit der erlangten Erkenntnisse.[12] 7

Die Postbeschlagnahme ist **keine Beschlagnahme im eigentlichen Sinne**. Vielmehr enthält sie zunächst nur die Weisung an das Postunternehmen, bestimmte Postsendungen und Telegramme auszusondern und auszuliefern. Die tatsächliche Beschlagnahme erfolgt durch die Entscheidung des Gerichts, die Sendung zurückzubehalten.[13] 8

B. Kommentierung im Einzelnen

I. Formelle Voraussetzungen des Antrags

1. Zuständigkeit. Gem. § 50 Abs. 3 S. 1 BKAG dürfen Maßnahmen nach den Abs. 1 und 2 – dh Postbeschlagnahmen und Auskunftsverlangen – nur durch **die Präsidentin oder den Präsidenten des BKA oder ihrer oder seiner Vertretung** beantragt werden. 9

2. Antrag. § 50 Abs. 4 BKAG bestimmt den Inhalt des Antrags. Mit der Regelung hat Gesetzgeber die vom Bundesverfassungsgericht im Urteil vom 20.4.2016 aufgestellten Forderungen an den zu stellenden Antrag umgesetzt.[14] Danach sind in diesem zunächst die **Personen** anzugeben, **gegen die sich die Maßnahme richtet,** soweit möglich mit Name und Anschrift (§ 50 Abs. 4 Nr. 1 BKAG). Zudem ist eine möglichst genaue **Bezeichnung der Postsendungen**, die der Beschlagnahme unterliegen sollen, oder zu der die Auskunft erteilt werden soll, vorzunehmen (§ 50 Abs. 4 Nr. 2 BKAG). Der Antrag muss zudem **Art, Umfang und Dauer der Maßnahme** und im Fall eines Auskunftsverlangens die **Daten nach Abs. 2 S. 2,** zu denen Auskunft erteilt werden soll (§ 50 Abs. 4 Nr. 3 BKAG), den **Sachverhalt** (§ 50 Abs. 4 Nr. 4 BKAG) sowie eine **Begründung** (§ 50 Abs. 4 Nr. 5 BKAG) umfassen. 10

Sind Name und Anschrift der Person, gegen die sich die Maßnahme richtet, nicht bekannt und ist eine genaue Bezeichnung der Postsendung ebenso nicht möglich, sind die Angaben zu der Postsendung derart **zu konkretisieren,** dass sie von anderen Postsendungen unterschieden werden kann. 11

3. Keine Anhörung. Eine Postbeschlagnahme erfolgt **ohne Wissen von Absender und Empfänger der Postsendungen und Telegramme.** Das bedeutet, dass es weder der Anhörung des Absenders noch des Empfängers bedarf. Gleiches gilt für die Postdienstleister. Dies ergibt sich daraus, dass letztere nicht befugt sind, eine ausgesprochene Postbeschlagnahme auf deren Rechtmäßigkeit zu überprüfen. Sie sind vielmehr verpflichtet, an deren Umsetzung mitzuwirken.[15] 12

Die Absender und Empfänger sind **nachträglich zu benachrichtigen.** Die Benachrichtigungspflicht folgt aus § 74 BKAG (→ § 74 Rn. 5 ff., 10). 13

9 LR-StPO/Menges § 99 Rn. 2.
10 SK-StPO/Wohlers/Greco § 99 Rn. 5.
11 Vgl. BVerfG Beschl. v. 20.6.1984 – 1 BvR 1494/78 –, BVerfGE 67, 157 (172); OVG Münster Urt. v. 11.12.1974 – IV A 1340/73 –, NJW 1975, 1335 (1335).
12 Schenke/Graulich/Ruthig/Schenke BKAG § 50 Rn. 13.
13 LR-StPO/Menges § 99 Rn. 17.
14 BVerfG Urt. v. 20.4.2016 – 1 BvR 966/09 ua –, BVerfGE 141, 220 (275 ff., Rn. 117 ff.).
15 Schenke/Graulich/Ruthig/Schenke BKAG § 50 Rn. 23.

II. Materielle Voraussetzungen (Abs. 1 und 2)

14 Die Abs. 1 und 2 der Vorschrift sehen vor, dass das BKA unter bestimmten Voraussetzungen Postsendungen beschlagnahmen oder Auskunft über Postsendungen verlangen kann.

15 **1. Gegenstand der Anordnung. a) Postsendungen und Telegramme.** § 50 BKAG bestimmt, dass Postsendungen und Telegramme bei den in Abs. 1 und Abs. 2 S. 1 bezeichneten Stellen beschlagnahmefähig sind.

16 Das BKAG definiert den Begriff Postsendungen nicht. Jedoch enthält **§ 4 PostG** eine Legaldefinition des Begriffes, die zwar nicht unmittelbar für das BKAG gilt, jedoch für den Anwendungsbereich des § 50 BKAG eine **Orientierung** bietet. Nach § 4 Nr. 5 iVm § 4 Nr. 1 PostG umfasst der Begriff Briefsendungen, adressierte Pakete, deren Einzelgewicht 20 Kilogramm nicht übersteigt, Bücher, Kataloge, Zeitungen sowie Zeitschriften. Nach § 4 Nr. 2 PostG sind Briefsendungen adressierte schriftliche Mitteilungen. Dabei handelt es sich um persönliche Nachrichten, die körperlich fassbar sind.[16] Auf diese Gegenstände beziehen sich der Grundrechtsschutz des Art. 10 Abs. 1 GG und das Postgeheimnis nach § 39 PostG.

17 Der **E-Postbrief** unterfällt dem Schutzbereich von Art. 10 Abs. 1 GG und §§ 4, 39 PostG, sobald er ausgedruckt zum Versand vorbereitet ist.[17]

18 Abweichend von der Definition des § 4 Nr. 1 PostG spricht viel dafür, dass auch **Pakete, deren Einzelgewicht über 20 Kilogramm liegt,** von der Vorschrift erfasst sind. Die in § 4 Nr. 1 PostG vorgenommene Beschränkung war wohl postalischen Erfordernissen, nach denen die Deutsche Post bis vor einigen Jahren im Normalkundenbereich nur Pakete bis 20 Kilogramm beförderte, geschuldet. Eine solche Gewichtsbeschränkung nimmt die Deutsche Post mittlerweile nicht mehr vor. Aufgrund dessen erscheint es sachgerecht den Anwendungsbereich der Vorschrift auch auf Pakete über 20 Kilogramm hinaus auszuweiten.[18] Dies gilt insbesondere im Hinblick auf den **Schutzzweck der Norm**: Die Vorschrift erlaubt die Postbeschlagnahme zur Abwehr von Gefahren und Verhütung von Straftaten. Sie wurde unter anderem mit Blick auf die Verbringung logistischer Güter geschaffen. Gerade bei solchen erscheint es naheliegend, dass diese über 20 Kilogramm wiegen. Hinzu kommt, dass – fielen solche Pakete aus dem Anwendungsbereich des § 4 Nr. 1 PostG – das einfachrechtlich verbürgte Postgeheimnis nicht zur Anwendung käme.[19] Dies erscheint mit Blick auf den verfassungsrechtlichen Schutz nach Art. 10 Abs. 1 GG nicht sachgerecht.

19 Die Vorschrift erfasst neben Postsendungen auch **Telegramme**. In der Praxis kommen der Versendung und Beschlagnahme dieser jedoch **kaum noch Bedeutung** zu.

20 Wenngleich nicht explizit in § 50 BKAG erwähnt, stellt sich die Frage, ob die Vorschrift auch die **Beschlagnahme von E-Mails** erfasst. Dies gilt vor dem Hintergrund, dass E-Mails den herkömmlichen Postverkehr in sehr vielen Bereichen überwiegend ersetzt haben. Eine ausdrückliche Beschlagnahme von E-Mails ist in § 50 BKAG ebenso wenig geregelt wie in §§ 94, 99 und 100a StPO. Da die Vorschrift an § 99 StPO angelehnt ist, ist für die Frage, ob die Beschlagnahme von E-Mails von § 50 BKAG erfasst wird, der seit Jahren bestehende **Streitstand** über die Rechtsgrundlage der **Beschlagnahme von E-Mails in Strafverfahren** in den Blick zu nehmen.

21 Fest steht jedenfalls, dass **E-Mails** – auch nach der Rechtsprechung des Bundesverfassungsgerichts[20] – prinzipiell **beschlagnahmefähig** sind. Danach sind Sicherstellung und Beschlagnahme von dem auf dem Mailserver des Providers zwischen- und endgespeicherten E-Mails am Fernmeldegeheimnis des Art. 10 Abs. 1 GG zu messen. Das Fernmeldegeheimnis schützt die unkörperliche Übermittlung von Informationen an individuelle Empfänger mithilfe des Telekommunikationsverkehrs. Die Reichweite des Grundrechts erstreckt sich ungeachtet der Übermittlungsart und Ausdrucksform auf **sämtliche Übermittlungen von Informationen mithilfe verfügbarer Telekommunikationstechniken,** dh auch über den Kommunikationsdienst des Internets.[21] Der Schutz des Fernmeldegeheimnisses endet in dem Moment, in dem die E-Mail beim Empfänger angekommen und der Übertragungsvorgang beendet ist. Demgegenüber ist der zugangsgesicherte Kommunikationsinhalt in einem E-Mail-Postfach, auf das der Nutzer nur über eine Internetverbindung zugreifen kann, durch Art. 10 Abs. 1 GG geschützt. Das Fernmeldegeheimnis knüpft an das Kommunikationsmedium an und will jenen Gefahren für die Vertraulichkeit begegnen, die sich gerade aus der Verwendung des Mediums ergeben, das einem staatlichen Zugriff leichter ausgesetzt ist als die direkte Kommunikation unter Anwesenden. Die auf dem Mailserver des Providers vorhandenen E-Mails sind nicht im Herrschaftsbereich des Kommunikationsteilnehmers, sondern des Providers gespeichert. Auch durch die Verwendung von Zugangssicherungen (Passwörter, etc.) kann der Nutzer nicht verhindern, dass der Provider Daten weitergibt.

16 Erbs/Kohlhaas/Lampe PostG § 4 (2016) Rn. 2 f.
17 Erbs/Kohlhaas/Lampe PostG § 39 (2016) Rn. 2.
18 Vgl. BeckOK-StPO/Graf § 99 Rn. 9 (2022); aA LR-StPO/Menges § 99 Rn. 25.
19 Vgl. BeckOK-StPO/Graf § 99 Rn. 9 (2022).
20 Vgl. BVerfG Urt. v. 16.6.2009 – 2 BvR 902/06 –, BVerfGE 124, 43.
21 Vgl. BVerfG Beschl. v. 9.10.2002 – 1 BvR 1611/96 ua –, BVerfGE 106, 28 (35).

Dieser technisch bedingte Mangel an Beherrschbarkeit begründet die besondere Schutzbedürftigkeit durch das Fernmeldegeheimnis. Dem Schutz der auf dem Mailserver des Providers gespeicherten E-Mails durch Art. 10 Abs. 1 GG steht nicht entgegen, dass in dieser Zeitspanne ein Telekommunikationsvorgang in einem dynamischen Sinn nicht stattfindet.[22] § 94 StPO kann danach im Ergebnis ohne Verfassungsverstoß als Ermächtigung auch zu Eingriffen in Art. 10 Abs. 1 GG verstanden werden. Die Entscheidung schließt jedoch auch die § 99 und § 100a StPO nicht als Eingriffsgrundlage aus.

Gegen eine Subsumtion elektronischer Nachrichtenübermittlung durch Telekommunikation unter den Begriff der Postsendungen spricht demgegenüber der Wortlaut des § 4 PostG. Dieser legt den Schluss nahe, dass § 50 BKAG wie auch § 99 StPO offenbar traditionelle, verkörperte Nachrichten umfassen soll.[23] Gegen diese Auffassung ist jedoch einzuwenden, dass § 4 PostG nicht unmittelbar, sondern im Kontext des § 50 BKAG lediglich als Orientierungs- und Auslegungshilfe Anwendung findet (→ Rn. 16). Zudem ist bei der Anwendung der Vorschrift zu berücksichtigen, dass sich die **Gewohnheiten des Versands von Nachrichten geändert** haben und dieser Änderung Rechnung zu tragen ist. Das Post- und Fernmeldegeheimnis soll auch neuartige Übertragungstechniken umfassen.[24] 22

Nach einer Entscheidung des 1. Strafsenats des Bundesgerichtshofs ist die Beschlagnahme von E-Mails bei einem E-Mail-Provider, welche dort bis zu einem ersten oder weiteren Abruf abgespeichert sind, auch unter Berücksichtigung des heutigen Kommunikationsverhaltens in jeder Hinsicht vergleichbar mit der Beschlagnahme anderer Mitteilungen, welche sich zumindest vorübergehend bei einem Post- oder Telekommunikationsdienstleisters befinden, beispielsweise von Telegrammen, welche ebenso auf dem Telekommunikationsweg dorthin übermittelt wurden. Daher können **beim Provider gespeicherte, eingegangene oder zwischengespeicherte E-Mails** auch ohne spezifische gesetzliche Regelung jedenfalls unter den Voraussetzungen des **§ 99 StPO** beschlagnahmt werden.[25] Dies gilt auch für **§ 50 BKAG**. Eine Postbeschlagnahme – betreffend E-Mails – nach § 50 BKAG scheidet hingegen aus, sobald die beim Provider gespeicherte Nachricht vom Empfänger abgerufen wurde. 23

b) **Auskunft.** § 50 Abs. 2 S. 2 BKAG sieht als **milderen Eingriff gegenüber der Postbeschlagnahme** ein Auskunftsverlangen gegen die Postdienstleister vor. Danach ist es unter den Voraussetzungen des Abs. 1 auch zulässig, von Personen oder Unternehmen, die geschäftsmäßig Postdienste erbringen oder daran mitwirken, Auskunft über Postsendungen zu verlangen, die an eine Person nach Abs. 1 Nrn. 1 bis 4 gerichtet sind. Die Auskunft umfasst ausschließlich die aufgrund von Rechtsvorschriften außerhalb dieses Gesetzes erhobenen Daten, sofern sie Namen und Anschriften von Absendern, Empfängern und – soweit abweichend – von denjenigen Personen, welche die jeweilige Postsendung eingeliefert oder entgegengenommen haben, die Art des in Anspruch genommenen Postdienstes, Maße und Gewicht der jeweiligen Postsendung, die vom Postdienstleister zugeteilte Sendungsnummer der jeweiligen Postsendung sowie, sofern der Empfänger eine Abholstation mit Selbstbedienungsschließfächern nutzt, dessen persönliche Postnummer, Zeit- und Ortsangaben zum jeweiligen Postsendungsverlauf sowie zu Zwecken der Erbringung der Postdienstleistung erstellte Bildaufnahmen von der Postsendung, betreffen. 24

In der **Praxis** erstreckt sich die Auskunft vor allem auf die **äußeren Merkmale der betroffenen Sendungen**, zB Absender, Empfänger oder Art der Sendung. 25

Auskunft über den Inhalt einer Postsendung darf gem. § 50 Abs. 2 S. 3 BKAG nur verlangt werden, wenn die Personen oder Unternehmen, die geschäftsmäßig Postdienste erbringen oder daran mitwirken, davon **auf rechtmäßige Weise Kenntnis erlangt haben**. Ein Auskunftsverlangen berechtigt die Post hingegen **niemals**, sich durch **Öffnen** Kenntnis vom Inhalt der Sendungen zu verschaffen.[26] 26

Auskünfte sind nach § 50 Abs. 2 S. 4 BKAG auch über solche Postsendungen zu erteilen, die sich **noch nicht oder nicht mehr im Gewahrsam** der Personen oder Unternehmen, die geschäftsmäßig Postdienste erbringen oder daran mitwirken, befinden. Die Auskunft kann entweder schriftlich oder durch eine Ladung der verantwortlichen Mitarbeiter als Zeugen erreicht werden.[27] 27

Die Befugnis zur Anordnung einer Auskunftserteilung gem. § 50 BKAG schließt als **Spezialregelung** den Rückgriff auf andere Vorschriften, die einen Auskunftsanspruch gewähren, aus.[28] 28

2. Adressatenkreis. Die Vorschrift gilt für **alle Personen und Unternehmen**, die geschäftsmäßig Post- und Telekommunikationsdienste erbringen oder daran mitwirken. 29

22 Vgl. BVerfG Urt. v. 16.6.2009 – 2 BvR 902/06 –, BVerfGE 124, 43 (55).
23 KK-StPO/Greven § 99 Rn. 7.
24 Vgl. BVerfG Beschl. v. 12.10.1977 – 1 BvR 216/75 ua –, BVerfGE 46, 120 (144).
25 Vgl. BGH Beschl. v. 31.3.2009 – 1 StR 76/09 –, NJW 2009, 1828 (1828); vgl. auch LG Ravensburg Beschl. v. 9.12.2002 – 2 Qs 153/02 –, NStZ 2003, 325.
26 SK-StPO/Wohlers/Greco § 99 Rn. 20.
27 BeckOK-StPO/Graf § 99 Rn. 21 (2022).
28 Schenke/Graulich/Ruthig/Schenke BKAG § 99 Rn. 53.

30 **Postdienstleistungen** sind gem. § 4 Abs. 1 PostG die Beförderung von Briefsendungen, adressierten Paketen, deren Einzelgewicht 20 Kilogramm nicht übersteigt (→ Rn. 18), Büchern, Katalogen, Zeitungen oder Zeitschriften, soweit sie gewerbsmäßig erbracht werden.

31 **Telekommunikationsdienste** sind gem. § 3 Nr. 61 TKG idR gegen Entgelt erbrachte Dienste, die Internetzugangsdienste, interpersonelle Telekommunikationsdienste und Dienste umfassen, die ganz oder überwiegend in der Übertragung von Signalen bestehen.

32 **Geschäftsmäßiges Erbringen** von Postdiensten ist gem. der Legaldefinition des § 4 Nr. 4 PostG das nachhaltige Betreiben der Beförderung von Postsendungen für andere mit oder ohne Gewinnerzielungsabsicht. Auf die Lizensierung der Betreiber (§ 5 PostG) kommt es nicht an.[29]

33 Eine **Beschlagnahme** kann gem. § 50 Abs. 1 S. 1 BKAG nur erfolgen, wenn sich die Postsendung oder das Telegramm **im Gewahrsam** von Personen oder Unternehmen befindet, die geschäftsmäßig Post oder Telekommunikationsdienste erbringen. Gewahrsam ist das tatsächliche Herrschaftsverhältnis bzw. die tatsächliche Verfügungsmacht über die in amtliche Verwahrung zu nehmende Postsendung (oder das Telegramm).

34 Der Anwendungsbereich der Vorschrift ist auch dann eröffnet, wenn der Diensterbringer **Sendungen** während des Beförderungsvorgangs vorübergehend **einem Beförderer** wie einer Spedition, einem Bahnunternehmen oder einer Fluggesellschaft **überlässt**.[30]

35 Bei **Gestellungspflichten** der Verpflichteten an den Zoll, zB nach § 5 ZollVG oder § 40 Zollkodex, ist die Vorschrift auf die im amtlichen Gewahrsam befindlichen Postsendungen anzuwenden.[31]

36 **3. Tatbestandsvarianten. a) Abwehr dringender Gefahren für ein qualifiziertes Rechtsgut (Abs. 1 Nr. 1).** § 50 Abs. 1 Nr. 1 BKAG setzt voraus, dass die Beschlagnahme zur **Abwehr einer dringenden Gefahr** für den Bestand oder die Sicherheit des Bundes oder eines Landes oder für Leib, Leben oder Freiheit einer Person oder Sachen von bedeutendem Wert, deren Erhaltung im öffentlichen Interesse liegt, geboten ist.

37 Der **Begriff der dringenden Gefahr** nimmt zum einen auf das **Ausmaß des Schadens** iSd qualifizierten Rechtsgüterschutzes, zum anderen auf die **Wahrscheinlichkeit des Schadens** Bezug.[32] Er verlangt eine erhöhte Schadenswahrscheinlichkeit[33] sowie die Bedrohung eines wichtigen Rechtsguts, die in den Fällen des § 50 Abs. 1 Nr. 1 BKAG ohnehin vorliegt. An das Vorliegen einer dringenden Gefahr, deren Anforderungen über die einer konkreten Gefahr hinausgehen, sind **strenge Anforderungen** zu stellen. Eine dringende Gefahr besteht nicht schon bei einer bevorstehenden oder drohenden Gefahr im polizeirechtlichen Sinne, aber auch nicht erst bei einer unmittelbar bevorstehenden Gefahr.[34] Vielmehr liegt eine dringende Gefahr vor, wenn eine Sachlage oder ein Verhalten bei ungehindertem Ablauf des objektiv zu erwartenden Geschehens mit erhöhter Wahrscheinlichkeit ein Rechtsgut schädigen wird.

38 Die Postbeschlagnahme darf zudem nur Postsendungen betreffen, die an eine Person gerichtet sind, die entsprechend §§ 17 oder 18 BPolG verantwortlich ist. Das bedeutet, es muss sich bei dem Adressaten um einen **Verhaltens-, Zusatz-** (§ 17 BPolG) **oder Zustandsstörer** (§ 18 BPolG) handeln. Das wiederum bedeutet, dass der Adressat selbst oder eine Person, für die er gem. § 17 Abs. 2 BPolG zur Aufsicht verpflichtet ist oder die er zu einer Verrichtung bestellt hat (§ 17 Abs. 3 BPolG), die Gefahr verursacht hat oder die Gefahr von einem Tier oder einer Sache ausgeht, für die der Adressat nach § 18 BPolG einzustehen hat. Dies ist der Fall, wenn er Inhaber der tatsächlichen Gewalt über Tier oder Sache (§ 18 Abs. 1 BPolG) oder Eigentümer oder ein anderer Berechtigter, soweit der Inhaber der tatsächlichen Gewalt diese nicht ohne den Willen des Eigentümers oder Berechtigten ausübt (§ 18 Abs. 2 BPolG), ist. Geht die Gefahr von einer herrenlosen Sache aus, können sich die Maßnahmen gegen denjenigen richten, der das Eigentum an der Sache aufgegeben hat (§ 18 Abs. 3 BPolG). Ist der Adressat kein Störer iSd §§ 17, 18 BPolG, scheidet eine Postbeschlagnahme aus.

39 **b) Tatbezogener Gefahrenverdacht (Abs. 1 Nr. 2).** Das Aufführen der Eingriffsvoraussetzungen des § 50 Abs. 1 Nrn. 2–4 BKAG trägt den im Urteil des Bundesverfassungsgerichts vom 20.4.2016 aufgestellten Anforderungen an die zu stellende **Prognoseentscheidung** bezüglich der Gefahrenlage im Vorfeld einer konkreten Gefahr für die Begehung terroristischer Straftaten an die Kontakt- und Begleitperson Rechnung.[35]

40 § 50 Abs. 1 Nr. 2 BKAG sieht vor, dass Voraussetzungen für eine Postbeschlagnahme vorliegen, wenn bestimmte Tatsachen die Annahme rechtfertigen, dass der Adressat innerhalb eines übersehbaren Zeitraums auf **eine zumindest ihrer Art nach konkretisierte Weise eine Straftat** nach § 5 Abs. 1 S. 2 BKAG begehen wird. Nach § 5 Abs. 1 S. 2 BKAG sind Gefahren des internationalen Terrorismus Gefahren der Verwirk-

29 LR-StPO/Menges § 99 Rn. 23.
30 SK-StPO/Wohlers/Greco § 99 Rn. 3.
31 SK-StPO/Wohlers/Greco § 99 Rn. 3, vgl. BGH Urt. v. 29.9.1970 – 5 StR 234/70 –, BGHSt 23, 329 f.
32 Vgl. BVerfG Urt. v. 20.4.2016 – 1 BvR 966/09 ua –, BVerfGE 141, 220 (271, Rn. 110), mwN.
33 Lisken/Denninger/Graulich, HdbPolR, E Rn. 153.
34 Vgl. BVerwG Urt. v. 6.9.1974 – I C 17/73 –, BVerwGE 47, 31 (40).
35 BR-Drs. 109/17, 139.

lichung von Straftaten, die in § 129a Abs. 1 und 2 StGB bezeichnet und dazu bestimmt sind, die Bevölkerung auf erhebliche Weise einzuschüchtern, eine Behörde oder eine internationale Organisation rechtswidrig mit Gewalt oder durch Drohung mit Gewalt zu nötigen oder die politischen, verfassungsrechtlichen, wirtschaftlichen oder sozialen Grundstrukturen eines Staates oder einer internationalen Organisation zu beseitigen oder erheblich zu beeinträchtigen und durch die Art ihrer Begehung oder ihre Auswirkungen einen Staat oder eine internationale Organisation erheblich schädigen können (im Einzelnen → § 5 Rn. 25 ff.).

§ 50 Abs. 1 Nr. 2 BKAG setzt nicht das Vorliegen einer konkreten Gefahr voraus. Vielmehr ist **eine auf bestimmte Tatsachen und nicht allein auf allgemeine Erfahrungssätze gestützte Prognose**, die auf eine konkrete Gefahr bezogen ist, erforderlich.[36] Die Vorschrift setzt, indem sie eine zumindest ihrer Art nach konkretisierte terroristische Straftat genügen lässt, von der man nicht konkret weiß, zu welcher Zeit, an welchem Ort und mit welchen Mitteln diese konkret verwirklicht werden soll, einen **objektiven, tatbezogenen Gefahrenverdacht** voraus, wobei freilich jede Verlagerung in das Gefahrenvorfeld zwangsläufig auf eine gewisse Reduktion der Prognose, auf eine Beurteilung der Gefährlichkeit der Person und „eine Konkretisierung in der personellen Dimension“ hinausläuft.[37] Die Absenkung an den Wahrscheinlichkeitsmaßstab wird dadurch kompensiert, dass heimliche Überwachungsmaßnahmen, die tief in das Privatleben hineinreichen, nur zum **Schutz besonders gewichtiger Rechtsgüter** zulässig sind. Hierzu gehören Leib, Leben und Freiheit der Person sowie der Bestand oder die Sicherheit des Bundes oder eines Landes. Die Erhebung von Daten durch heimliche Überwachungsmaßnahmen mit hoher Eingriffsintensität ist im Bereich der Gefahrenabwehr zum Schutz der genannten Rechtsgüter grundsätzlich nur verhältnismäßig, wenn eine Gefährdung dieser Rechtsgüter im Einzelfall hinreichend konkret absehbar ist und der Adressat der Maßnahmen aus Sicht eines verständigen Dritten den objektiven Umständen nach in sie **„verfangen“** ist.[38] Im Übrigen müssen die Anforderungen an eine hinreichend konkret absehbare Gefahrenlage hinsichtlich der genannten Rechtsgüter im Verhältnis zur Belastung des Betroffenen bestimmt werden. Verfassungsrechtlich ausreichend sind hierfür zunächst die Anforderungen zur Abwehr konkreter, unmittelbar bevorstehender oder gegenwärtiger Gefahren gegenüber polizeipflichtigen Personen nach den Maßgaben des allgemeinen Sicherheitsrechts für die hier relevanten Schutzgüter. Der Gesetzgeber ist aber von Verfassung wegen nicht von vornherein für jede Art der Aufgabenwahrnehmung auf die Schaffung von Eingriffstatbeständen beschränkt, die dem tradierten sicherheitsrechtlichen Modell der Abwehr konkreter, unmittelbar bevorstehender oder gegenwärtiger Gefahren entsprechen. Vielmehr kann er die Grenzen für bestimmte Bereiche mit dem Ziel schon der Straftatenverhütung auch weiterziehen, indem er die Anforderungen an die Vorhersehbarkeit des Kausalverlaufs reduziert. Auch in diesem Fall müssen jedoch zumindest tatsächliche Anhaltspunkte für die Entstehung einer konkreten Gefahr für die Schutzgüter bestehen.[39] Dies ist vorliegend der Fall. 41

c) **Personenbezogener Gefahrenverdacht (Abs. 1 Nr. 3).** § 50 Abs. 1 Nr. 3 BKAG setzt voraus, dass die Postsendung an eine Person gerichtet ist, deren **individuelles Verhalten** die konkrete Wahrscheinlichkeit begründet, dass sie innerhalb eines übersehbaren Zeitraums eine Straftat nach § 5 Abs. 1 S. 2 BKAG (→ § 5 Rn. 25 ff.) begehen wird. 42

Genauso wenig wie Abs. 1 Nr. 2 verlangt diese dritte Tatbestandsalternative bereits das Vorliegen einer konkreten Gefahr im klassischen polizeirechtlichen Sinne,[40] sondern bildet ebenfalls einen **Gefahrenverdachtstatbestand.** Zwar knüpft § 50 Abs. 1 Nr. 3 BKAG an eine konkrete Wahrscheinlichkeit der Straftatbegehung an, verlangt jedoch – anders als § 50 Abs. 1 Nr. 2 BKAG – kein seiner Art nach konkretisiertes Geschehen, sondern lediglich ein hierzu Anlass gebendes *individuelles Verhalten.* In Bezug auf terroristische Straftaten, die oft durch lang geplante Taten von bisher nicht straffällig gewordenen Einzelnen an nicht vorhersehbaren Orten und in ganz verschiedener Weise verübt werden, können polizeiliche Maßnahmen nach der Rechtsprechung des Bundesverfassungsgerichts gerade auch dann erlaubt werden, wenn allein das individuelle Verhalten einer Person die konkrete Wahrscheinlichkeit begründet, dass sie terroristische Straftaten in überschaubarer Zukunft begehen wird.[41] Während § 50 Abs. 1 Nr. 2 BKAG mit seiner Forderung nach rudimentären Vorstellungen von der drohenden Straftat einen objektiven, eher tat- bzw. situationsbezogenen Gefahrenverdacht normiert (→ Rn. 39 ff.), bildet § 50 Abs. 1 Nr. 3 BKAG mit seiner Anknüpfung an das individuelle Verhalten einer Person einen subjektiven, *personenbezogenen Verdachtstatbestand* der 43

36 Vgl. BVerfG Urt. v. 20.4.2016 – 1 BvR 966/09 ua –, BVerfGE 141, 220 (291, Rn. 164 f.).

37 BeckOK-POR NRW/Barczak PolG NRW § 34b Rn. 14 (2022); Kingreen/Poscher, POR, § 8 Rn. 15; ferner Darnstädt DVBl. 2017, 88 (92 ff.); Kuch DVBl. 2018, 343 (347); Kulick AöR 143 (2018), 175 (178).

38 Vgl. BVerfG Urt. v. 20.4.2016 – 1 BvR 966/09 ua –, BVerfGE 141, 220 (269, Rn. 104).

39 Vgl. BVerfG Urt. v. 20.4.2016 – 1 BvR 966/09 ua –, BVerfGE 141, 220 (272, Rn. 112).

40 Wie hier BeckOK-POR NRW/Barczak PolG NRW § 34b Rn. 17 (2022); aA Schenke/Graulich/Ruthig/Schenke BKAG § 50 Rn. 28.

41 BVerfG Urt. v. 20.4.2016 – 1 BvR 966/09 ua –, BVerfGE 141, 220 (272, Rn. 112).

Gefahr einer Straftat.[42] Geschaffen wurde die Tatbestandsvariante vor allem für die Fälle, bei denen die Adressaten in einem Terrorismuscamp ausgebildet wurden und nach Deutschland zurückgekehrt sind, ohne sich vom Terrorismus zu distanzieren.[43]

44 d) **Gefahrenverdacht in Bezug auf Mittelspersonen (Abs. 1 Nr. 4).** Gem. § 50 Abs. 1 Nr. 4 BKAG müssen bestimmte Tatsachen vorliegen, die die Annahme rechtfertigen, dass der Empfänger für eine Person nach Nr. 1 bestimmte oder von dieser herrührende Postsendungen oder Telegramme entgegennimmt oder weitergibt.

45 Eine **auf allgemeine Erfahrungssätze gestützte Prognose oder bloße Vermutungen reichen nicht aus.** Es muss jedoch auch noch nicht feststehen, dass der Empfänger für eine Peron nach Nr. 1 bestimmte oder von dieser herrührende Postsendungen oder Telegramme entgegennimmt oder weitergibt.

46 Die Person, für die die Postsendungen oder Telegramme bestimmt sind oder herrühren, müssen **Störer** iSv §§ 17 f. BPolG sein. Durch die Erstreckung auf entsprechende Mittelspersonen sollen **Lücken in der Terrorismusbekämpfung geschlossen** werden.[44]

47 **4. Verhältnismäßigkeit.** Die Postbeschlagnahme muss verhältnismäßig sein, dh der Eingriff muss **geeignet, erforderlich und verhältnismäßig** ieS sein. Dies bringt § 50 Abs. 1 aE BKAG – deklaratorisch – dadurch zum Ausdruck, dass die Abwehr der Gefahr oder Verhütung der Straftaten auf andere Weise aussichtslos oder wesentlich erschwert wäre.

48 Aufgrund dessen ist in den Blick zu nehmen, ob und welche Postsendungen **geeignet** sind, **Erkenntnisse zu liefern**, die für die dem BKA obliegende Gefahrenabwehr relevant sind. Postsendungen, die nicht geeignet sind, solche Erkenntnisse zu liefern, sind von vornherein aus der Beschlagnahmeanordnung herauszunehmen. Dies kann zB für Zeitungen oder Reklame gelten,[45] aber auch für Briefe und kleine Päckchen, wenn der Fokus auf größeren Lieferungen liegt. Daraus folgt, dass die **Beschlagnahmeanordnung möglicherweise** auf bestimmte Postsendungen **beschränkt** oder um von vornherein nicht geeignete beschränkt werden kann. Dies gilt auch für solche Postsendungen, die erkennbar in ein gem. **§ 62 BKAG** absolut geschütztes Vertrauensverhältnis eingreifen würden. Erfolgt eine solche Beschränkung nicht, ist nicht die gesamte Beschlagnahmeanordnung rechtswidrig. Vielmehr erstreckt sich die Rechtswidrigkeit nur auf den Teil der Anordnung, für den die Voraussetzungen des § 50 Abs. 1 BKAG nicht gegeben sind.[46]

49 Im Rahmen der Erforderlichkeit der Postbeschlagnahme ist zu prüfen, ob der Zweck der Maßnahme nicht bereits durch ein **Auskunftsverlangen** an Postdienstleister erreicht werden kann.

50 Ein Verstoß gegen die Verhältnismäßigkeit ieS läge vor, wenn der Eingriff durch die **Postbeschlagnahme außer Verhältnis zu dem Zweck der Maßnahme** steht. Dies erscheint in Anbetracht der durch § 50 Abs. 1 BKAG geschützten Rechtsgüter in der Praxis eher unwahrscheinlich. Vorstellbar wäre dies in Fällen, in denen die Wahrscheinlichkeit einer Straftat als vage zu beurteilen ist.

51 Bei der Frage der Verhältnismäßigkeit ist in jedem Fall die **Dauer der Anordnung** der Postbeschlagnahme in den Blick zu nehmen. Das Gesetz sieht eine Höchstdauer von drei Monaten vor (§ 50 Abs. 5 S. 3 BKAG). Diese ist nicht in jedem Fall anzuordnen. Anhand der vorliegenden Verdachtsmomente sowie dem konkreten Zweck der Maßnahme ist zu prüfen, wie lange die Maßnahme im Einzelfall verhältnismäßig ist. Ändert sich die Tatsachengrundlage, kommt auch eine vorzeitige Beendigung der Maßnahme in Betracht (§ 50 Abs. 5 S. 5 BKAG).

52 Bei der Prüfung der Verhältnismäßigkeit ist zudem **§ 62 Abs. 2 BKAG** zu berücksichtigen.

III. Anordnung (Abs. 3)

53 **1. Richter- und Amtsleitungsvorbehalt.** Die Anordnung der Maßnahme erfolgt durch das zuständige Gericht (§ 50 Abs. 3 S. 1 BKAG). Zuständig ist nach § 90 Abs. 1, 2 S. 1 BKAG das **Amtsgericht Wiesbaden** (→ § 90 Rn. 5 f.). Dies gilt sowohl für die Postbeschlagnahme als auch die Auskunftserteilung.

54 Nur bei **Gefahr im Verzug** kann die Anordnung auch durch die Präsidentin oder den Präsidenten des BKA oder ihre oder seine Vertretung getroffen werden (§ 50 Abs. 3 S. 2 BKA). Der Begriff „Gefahr im Verzug" ist eng auszulegen. Ein Ermessens- und Beurteilungsspielraum der Behörden scheidet dabei aus. Auslegung und Anwendung des Begriffs unterliegen **einer unbeschränkten gerichtlichen Kontrolle.**[47] Dies setzt voraus,

42 Wie hier BeckOK-POR NRW/Barczak PolG NRW § 34b Rn. 18 (2022); Bäcker in Scherzberg/Can/Doğan (Hrsg.), Der Rechtsstaat in Zeiten von Notstand und Terrorabwehr, 2019, S. 117 (137 f.); Darnstädt GSZ 2017, 16 (19); Griebel/Schäfer NVwZ 2020, 511 (516); ohne klare Trennung zwischen den Tatbestandsvarianten auch BeckOK-PolR Baden-Württemberg/Nachbaur PolG BW § 31 Rn. 19 (2022).

43 Schenke/Graulich/Ruthig/Schenke BKAG § 50 Rn. 28.

44 Schenke/Graulich/Ruthig/Schenke BKAG § 50 Rn. 29.

45 Schenke/Graulich/Ruthig/Schenke BKAG § 50 Rn. 6.

46 Schenke/Graulich/Ruthig/Schenke BKAG § 50 Rn. 31.

47 Vgl. BVerfG Urt. v. 20.2.2001 – 2 BvR 1444/00 –, BVerfGE 103, 142 (157).

dass der handelnde Beamte vor oder jedenfalls unmittelbar nach der Maßnahme seine für den Eingriff bedeutsamen Erkenntnisse und Annahmen in den Akten dokumentiert.[48] Von Gefahr im Verzug ist dann auszugehen, wenn zur Verhinderung eines Schades **sofort eingegriffen werden muss** und ein Abwarten bis zu einer Anordnung des grundsätzlich zuständigen Gerichts die **Effektivität der Gefahrenbekämpfung** in Frage stellte oder jedenfalls einschränkte. Ob dies der Fall ist, hat die Sicherheitsbehörde auf Grundlage konkreter Tatsachen selbstständig zu beurteilen.

Die **gerichtliche Entscheidung** ist in diesen Fällen **unverzüglich nachzuholen** (§ 50 Abs. 3 S. 3). Unverzüglich bedeutet, dass die richterliche Entscheidung **ohne jede Verzögerung**, die sich nicht aus sachlichen (tatsächlichen oder rechtlichen) Gründen rechtfertigen lassen, nachgeholt werden muss.[49] 55

Das Gericht prüft die **Rechtmäßigkeit** der vom BKA verfügten Postbeschlagnahme, **nicht** aber ihre **Zweckmäßigkeit.**[50] Diese kann allenfalls bei der Prüfung der Verhältnismäßigkeit eine Rolle spielen.[51] Hält das Gericht die Anordnung für rechtmäßig, bestätigt es diese und ordnet bei Vorliegen der Voraussetzungen die Fortdauer der Postbeschlagnahme an. 56

Wird die Anordnung nicht binnen drei Tagen durch das Gericht bestätigt, tritt sie außer Kraft, auch wenn sie eine Auslieferung nach Abs. 1 oder eine Auskunftserteilung noch Abs. 2 noch nicht zur Folge gehabt hat (§ 50 Abs. 3 S. 4 BKAG). Einer förmlichen Aufhebung bedarf es in diesen Fällen nicht. Für die **Fristberechnung,** für die § 42 StPO gilt, ist der **Erlass der Anordnung maßgeblich**. Das bedeutet, die Frist beginnt nach dem Tag der Anordnung.[52] Der Auffassung, wonach die Frist erst mit dem Eingang beim Postunternehmen zu laufen beginnt, kann unter Berücksichtigung der verfassungsrechtlichen Grundsätze zur Gefahr im Verzug[53] nicht gefolgt werden.[54] Erfolgt eine gerichtliche Bestätigung nach Ablauf der Frist des § 50 Abs. 3 S. 4 BKAG, ist die Bestätigung in eine Anordnung der Postbeschlagnahme umzudeuten.[55] 57

Im Falle der **Rechtswidrigkeit der Anordnung,** hat das Gericht diese aufzuheben. Ist die Anordnung teilweise rechtswidrig, ist sie durch das Gericht entsprechend einzuschränken. 58

Ob das Gericht mit seiner Bestätigung die **Eilanordnung modifizieren** und ihrem Umfang ändern kann, wie dies für § 100 StPO angenommen wird,[56] erscheint zweifelhaft. Dagegen spricht der Wortlaut von § 50 Abs. 3 S. 1 BKAG, der einen Antrag voraussetzt.[57] 59

In den Fällen, in denen die Postbeschlagnahme bereits **vor der gerichtlichen Entscheidung aufgehoben** wurde, scheidet eine Bestätigung dieser aus. 60

Eine fehlende Anordnung kann nicht dadurch ersetzt werden, dass das Unternehmen Postsendungen oder Telegramme freiwillig herausgibt. Eine **ohne Anordnung erfolgte Herausgabe** verstößt gegen das Postgeheimnis und löst eine Strafbarkeit nach § 206 StGB aus.[58] Etwas anderes gilt in Fällen, in denen eine aus **§ 138 StGB** resultierende **Anzeigepflicht** besteht. Gleiches gilt, wenn das Handeln eines etwaigen Täters aufgrund eines rechtfertigenden Notstands zulässig ist.[59] 61

Anderes gilt zudem, wenn die **Einwilligung mindestens eines der Beteiligten** vorliegt. Denn Art. 10 Abs. 1 GG schützt lediglich das Vertrauen des Einzelnen darin, dass eine Fernkommunikation, an der er beteiligt ist, nicht von Dritten zur Kenntnis genommen wird. Dagegen ist das Vertrauen der Kommunikationspartner zueinander nicht Gegenstand des Grundrechtsschutzes. Steht im Vordergrund der staatlichen Ermittlungsmaßnahme die Enttäuschung des personenbezogenen Vertrauens in den Kommunikationspartner, so liegt darin kein Eingriff in Art. 10 Abs. 1 GG.[60] 62

2. Inhalt und Form. § 50 Abs. 5 S. 1 BKAG begründet ein **Schriftlichkeitserfordernis** der Anordnung; dies gilt auch für die Eilanordnung durch das BKA[61] (→ Rn. 54) sowie die Auskunftserteilung. Wie der Antrag hat die Anordnung die Person, gegen die sich die Maßnahme richtet, soweit möglich mit Name und Anschrift (Abs. 5 S. 2 Nr. 1) sowie eine möglichst genaue Bezeichnung der Postsendung, die der Beschlagnahme unterliegt oder zu der Auskunft erteilt werden soll (Abs. 5 S. 2 Nr. 3), zu bezeichnen. In ihr sind zudem 63

48 Vgl. für Art. 13 GG: BVerfG Urt. v. 20.2.2001 – 2 BvR 1444/00 –, BVerfGE 103, 142 (160).
49 Vgl. BVerwG Urt. v. 26.2.1974 – I C 31/72 –, BVerwGE 45, 51 (63).
50 Schenke/Graulich/Ruthig/Schenke BKAG § 50 Rn. 17.
51 BeckOK-StPO/Graf § 100 Rn. 11 (2022).
52 BeckOK-StPO/Graf § 100 Rn. 10 (2022).
53 Vgl. BVerfG Urt. v. 20.2.2001 – 2 BvR 1444/00 –, BVerfGE 103, 142 (154).
54 BeckOK-StPO/Graf § 100 Rn. 9 f. (2022).
55 Schenke/Graulich/Ruthig/Schenke BKAG § 50 Rn. 19.
56 KK-StPO/Greven § 100 Rn. 5.
57 Schenke/Graulich/Ruthig/Schenke BKAG § 50 Rn. 17.
58 SK-StPO/Wohlers/Greco § 99 Rn. 6.
59 LK-StGB/Altvater § 206 Rn. 82.
60 Vgl. BVerfG Urt. v. 27.2.2008 – 1 BvR 595/07 –, BVerfGE 120, 274 (340); dazu ausführlich Dürig/Herzog/Scholz/Durner GG Art. 10 (2020) Rn. 162 ff.
61 Vgl. BVerfG Urt. v. 20.4.2016 – 1 BvR 966/09 ua –, BVerfGE 141, 220 (275, Rn. 118; 312, Rn. 235; 321 f., Rn. 267).

die Dauer der Maßnahme unter Benennung des Endzeitpunktes (Abs. 5 S. 2 Nr. 2), im Fall des Auskunftsverlangens nach Abs. 2 die Daten nach Abs. 2 S. 2, zu der die Auskunft zu erteilen ist (Abs. 5 S. 2 Nr. 4), sowie die wesentlichen Gründe (Abs. 5 S. 2 Nr. 5), anzugeben.

64 Sind Name und Anschrift der Person, gegen die sich die Maßnahme richtet, nicht bekannt, und ist eine genaue Bezeichnung der Postsendung ebenso wenig möglich, sind die **Angaben zu der Postsendung** derart **zu konkretisieren**, dass sie von anderen Postsendungen unterschieden werden kann.

65 Die Anordnung ist auf **höchstens drei Monate** zu befristen (Abs. 5 S. 3). Nach Abs. 5 S. 4 ist eine **Verlängerung** um jeweils nicht mehr als drei weitere Monate zulässig, soweit die Voraussetzungen der Anordnung unter Berücksichtigung der gewonnenen Erkenntnisse fortbestehen. Die Maßnahme ist unverzüglich zu beenden, wenn die Voraussetzungen der Anordnung nicht mehr vorliegen.

IV. Durchführung der Maßnahme (Abs. 6–9)

66 **1. Aussortieren und Auslieferung.** Zunächst hat die in § 50 Abs. 1 und 2 BKAG bezeichnete Stelle anhand der in der Anordnung aufgeführten Suchkriterien die relevanten Postsendungen auszusortieren und diese dem Gericht oder dem BKA **ungeöffnet zu übergeben.**[62] Die Auslieferung stellt noch keine Beschlagnahme dar.[63]

67 Dem Postdienstleister steht **kein Recht** zu, die **Rechtmäßigkeit einer erlassenen Anordnung zu überprüfen.** Etwas anderes gilt, wenn die Anordnung **zu unbestimmt** und aufgrund dessen nichtig ist. In diesen Fällen ist eine Aussonderung und Auslieferung nicht möglich, worauf der Postdienstleister den Anordnenden hinzuweisen hat. Die Nichtigkeit ergibt sich nicht bereits daraus, dass die Anordnung sehr weit oder eng gefasst ist und dadurch für den Postdienstleister einen unzumutbaren Aufwand bedeutet.

68 **2. Unmittelbare Rückgabe ausgelieferter Postsendungen durch das BKA an den Postdienstleister.** Das BKA kann eine bereits durch den Postdienstleister ausgelieferte, aber noch ungeöffnete Postsendung **oberflächlich** darauf **überprüfen, ob sich aus dieser ein Erkenntnisgewinn für die Abwehr der Gefahr oder Verhütung von Straftaten ergibt.** Ist dies nicht der Fall, hat das BKA die Postsendung ungeöffnet unmittelbar zurück in den Postweg zu geben und das Amtsgericht, das die Beschlagnahmeanordnung erlassen hat, darüber zu informieren.[64] Dieses Vorgehen ist nicht ausdrücklich in § 50 BKAG geregelt, ergibt sich aber im Hinblick auf die **Verhältnismäßigkeit** der Maßnahme. Erkennt bereits das BKA, das für die Abwehr der Gefahr und Verhütung von Straftaten zuständig ist, dass sich aus der Postsendung keine Erkenntnisse für ihre Aufgabenerfüllung ergeben, stellt die unmittelbare Rückgabe der Postsendung auf dem normalen Postweg das mildeste Mittel eines Eingriffs dar. Würde auch in diesen Fällen eine Weiterleitung der Postsendung an das Gericht sowie eine anschließende Öffnung erfolgen, bestünden erhebliche Zweifel an der Verhältnismäßigkeit der Maßnahme. Hinzu kommt, dass durch die Rückgabe der Postsendung in den normalen Postweg durch das BKA die Ankunft der Sendung weniger verzögert wird. Dies wiederum **minimiert das Risiko, dass die Maßnahme aufgedeckt wird.**

69 Eine unmittelbare Rückgabe der Postsendung durch das BKA ist auch in Fällen angezeigt, in denen der **Anlass für die beantragte Postbeschlagnahme nicht mehr besteht oder die erhofften Erkenntnisse** aufgrund anderweitig gewonnener Informationen **nicht mehr gebraucht werden.**[65]

70 **3. Öffnung.** Grundsätzlich steht die Öffnung der ausgelieferten Postsendung dem **Gericht** zu (Abs. 6 S. 1). Dieses kann die Befugnis zur Öffnung auf die Präsidentin oder den Präsidenten des BKA oder auf ihre oder seine Vertretung übertragen, soweit dies erforderlich ist, um die Abwehr der Gefahr nicht durch Verzögerung zu gefährden (Abs. 6 S. 2).

71 Die **Übertragung ist nicht anfechtbar,**[66] kann aber jederzeit widerrufen werden (Abs. 6 S. 5).

72 Ist eine Übertragung der Öffnung auf das BKA gem. § 50 Abs. 6 S. 2 BKAG nicht erfolgt, legt das Amt die ausgelieferten Postsendungen unverzüglich und, soweit sie verschlossen sind, ungeöffnet dem Gericht vor (§ 50 Abs. 7 S. 1 BKAG). Dieses entscheidet sodann unverzüglich über die Öffnung (§ 50 Abs. 7 S. 2 BKAG).

73 Das Gericht hat vor Öffnung der verschlossenen Postsendungen zunächst eine **Sichtprüfung** vorzunehmen, um nicht relevante Sendungen von der Öffnung auszuschließen und auf den normalen Postweg zu geben. Es hat zudem zu prüfen, ob die **Voraussetzungen der Postbeschlagnahme** weiterhin vorliegen oder gegebenenfalls nachträglich weggefallen sind. In diesem Fall hat es von einer Öffnung abzusehen und die Postbeschlagnahme aufzuheben.

62 Vgl. BGH Beschl. v. 28.11.2007 – 1 BGs 519/07 –, BeckRS 2008, 20196.
63 KK-StPO/Greven § 100 Rn. 7.
64 Schenke/Graulich/Ruthig/Schenke BKAG § 50 Rn. 38.
65 Schenke/Graulich/Ruthig/Schenke BKAG § 50 Rn. 39.
66 BeckOK-StPO/Graf § 100 Rn. 14 (2022).

Verfahrensfehler wie die Anordnung der Postbeschlagnahme durch das BKA ohne das Bestehen von Gefahr im Verzug schließen eine **Verwertung der Postsendung** und demnach auch ihre Öffnung nicht aus.[67] 74

Von einer Öffnung ist auch dann abzusehen, wenn diese Erkenntnisse über in § 53 Abs. 1 S. 1 Nrn. 1–4 StPO genannte Personen erbringen würde, über welche die betreffenden Personen das **Zeugnis verweigern** dürften (vgl. § 62 Abs. 1 und 3 BKAG, → § 62 Rn. 6 ff., 24). Dies gilt gem. § 62 Abs. 4 BKAG nicht, sofern Tatsachen die Annahme rechtfertigen, dass die zeugnisverweigerungsberechtigte Person für die Gefahr verantwortlich ist (→ § 62 Rn. 25 f.). 75

Eine Öffnung ist auch dann unzulässig, wenn vor dieser absehbar ist, dass durch sie **Erkenntnisse aus dem Kernbereich privater Lebensgestaltung** erlangt würde (§ 50 Abs. 9 BKAG). Der verfassungsrechtliche Schutz des Kernbereichs privater Lebensgestaltung wurzelt in den Grundrechten des Brief-, Post- und Fernmeldegeheimnisses iVm Art. 1 Abs. 1 GG und sichert einen dem Staat nicht verfügbaren Menschenwürdekern grundrechtlichen Schutzes gegenüber Überwachungsmaßnahmen. Selbst überragende Interessen der Allgemeinheit können einen Eingriff in den absolut geschützten Bereich privater Lebensgestaltung nicht rechtfertigen.[68] Geschützt ist insbesondere die nichtöffentliche Kommunikation mit **Personen des höchstpersönlichen Vertrauens**, die in der berechtigten Annahme geführt wird, nicht staatlicherseits überwacht zu werden. Zu diesen Personen gehören insbesondere Ehe- oder Lebenspartner, Geschwister und Verwandte in gerader Linie; darüber hinaus können Strafverteidiger, Ärzte, Geistliche und enge Freunde zu den Vertrauenspersonen zählen. Derartige Kommunikation verliert dabei nicht schon dadurch ihren Charakter als insgesamt höchstpersönlich, dass sich in ihr **Höchstpersönliches und Alltägliches** vermischen. Demgegenüber ist die Kommunikation unmittelbar über Straftaten nicht geschützt, selbst wenn sie auch Höchstpersönliches zum Gegenstand hat. Das bedeutet nicht, dass der Kernbereich unter einem allgemeinen Abwägungsvorbehalt in Bezug auf öffentliche Sicherheitsinteressen steht. 76

Bei der Öffnung darf sich das Amtsgericht im Wege der **Amtshilfe zur Durchführung der Maßnahme aus Sicherheit oder aus kriminalistischen Gründen** polizeilich unterstützen lassen (zB zur spurenschonenden Öffnung). Dabei muss ausgeschlossen werden können, dass die Polizeibeamten Kenntnis vom Inhalt der Sendung erlangen.[69] Auch das BKA darf in den Fällen, in denen ihm die Öffnung übertragen wurde, kriminaltechnische Unterstützung hinzuziehen. 77

4. Beschlagnahme. Die eigentliche Beschlagnahme liegt in der **Zurückhaltung der Postsendungen.**[70] 78

V. Entscheidung über die Verwertbarkeit (Abs. 6)

Grundsätzlich steht die Entscheidung über die Verwertbarkeit dem **Gericht** zu (Abs. 6 S. 1). Dieses kann die Entscheidung über die Verwertbarkeit auf die Präsidentin oder den Präsidenten des BKA oder auf ihre oder seine Vertretung übertragen, soweit dies erforderlich ist, um die Abwehr der Gefahr nicht durch Verzögerung zu gefährden (Abs. 6 S. 2). 79

In Fällen der Übertragung hat die Entscheidung im Benehmen mit der oder dem Datenschutzbeauftragten des BKA zu erfolgen (Abs. 6 S. 3). Benehmen setzt **kein Einverständnis, jedoch eine Einbindung** voraus. Die gerichtliche Entscheidung ist in diesem Fall unverzüglich nachzuholen (Abs. 6 S. 4). Die Übertragung kann jederzeit widerrufen werden (Abs. 6 S. 5). 80

Abs. 6 kommt lediglich eine **klarstellende Bedeutung** zu.[71] Die Gesetzesbegründung erwähnt die Entscheidung über die Verwertbarkeit nicht. Die strafprozessualen Vorgaben der §§ 99 ff. StPO, an denen sich § 50 BKAG orientiert, enthalten eine solche ebenso nicht. Aufgrund dessen ist nicht davon auszugehen, dass mit der Erwähnung der Entscheidung über die Verwertbarkeit in § 50 Abs. 6 BKAG ein sachlicher Unterschied zu den Regelungen der §§ 99 ff. StPO vorgenommen werden sollte. 81

Das Recht auf Entscheidung über die Verwertbarkeit **bezieht sich sowohl auf geöffnete als auch verschlossene Postsendungen.** Dies ergibt sich bereits aus dem Wortlaut des Abs. 6 S. 1. Danach steht die Öffnung der ausgelieferten (also noch verschlossenen) Postsendungen und die Entscheidung über die Verwertbarkeit der erlangten Erkenntnisse dem Gericht zu. Erkenntnisse können sich zudem sowohl aus verschlossenen als auch geöffneten Postsendungen ergeben. 82

Ergeben sich nach der Öffnung keine für die Abwehr von Gefahren des internationalen Terrorismus oder zur Verhütung von Straftaten relevanten Erkenntnisse, sind die Postsendungen gem. § 50 Abs. 8 BKAG iVm § 100 Abs. 5 StPO unverzüglich an den Empfänger weiterzuleiten (→ Rn. 88 f.). In diesen Fällen darf das 83

67 Schenke/Graulich/Ruthig/Schenke BKAG § 50 Rn. 41.
68 BVerfG Urt. v. 20.4.2016 – 1 BvR 966/09 ua –, BVerfGE 141, 220 (276 ff., Rn. 120 ff.); s. zuvor schon BVerfG Urt. v. 3.2.2004 – 1 BvR 2378/98 ua –, BVerfGE 109, 279 (319).
69 BGH Beschl. v. 28.11.2007 – 1 BGs 519/07 –, BeckRS 2008, 20196.
70 Vgl. KK-StPO/Greven § 100 Rn. 9.
71 Vgl. Schenke/Graulich/Ruthig/Schenke BKAG § 50 Rn. 43.

BKA die Erkenntnisse nicht verwerten. Ein **Verwertungsverbot** besteht auch dann, wenn die Voraussetzungen des § 62 Abs. 1 BKAG erfüllt sind oder ein Eingriff in den Kernbereich der Persönlichkeit vorliegt (§ 50 Abs. 9 BKAG, → § 62 Rn. 6 ff.).

84 Wie bereits dargelegt (→ Rn. 61) verstößt eine **freiwillige Herausgabe** von Postsendungen und Telegrammen durch das Postunternehmen an Behörden gegen das Postgeheimnis und wäre nach § 206 StGB strafbar.[72] Wäre die Herausgabe auf Veranlassung der Behörden erfolgt, würde dies zu einem Verwertungsverbot führen.[73]

85 Ergeben sich aus der Postsendung **relevante und verwertbare Erkenntnisse**, hat das Gericht diese **dem BKA mitzuteilen**. Die Postsendungen und ihr Inhalt können nach § 60 sichergestellt werden. Um den Untersuchungszweck der Maßnahme nicht zu gefährden, können von den relevanten Sendungen Kopien oder beglaubigte Abschriften gefertigt und die Originale an den Empfänger weitergeleitet werden.[74]

86 Für **Zufallsfunde** findet § 108 StPO analoge Anwendung.

VI. Weiterleitung und schriftliche Mitteilung (Abs. 8)

87 Gem. § 50 Abs. 8 BKAG sind **§ 100 Abs. 5 und 6 StPO entsprechend** anwendbar.

88 **1. Weiterleitung.** Postsendungen, deren Öffnung nicht angeordnet worden ist, sind nach § 50 Abs. 8 BKAG iVm § 100 Abs. 5 S. 1 StPO unverzüglich an den vorgesehenen Empfänger weiterzuleiten. Die Weiterleitung erfolgt dadurch, dass die **Postsendungen dem Postunternehmen zurückgegeben werden und das Postunternehmen diese auf dem üblichen Weg weiterbefördert.** In Teilen des strafprozessualen Schrifttums wird davon ausgegangen, dass dies ohne Rücksicht auf die dadurch eintretende Gefährdung des Untersuchungszwecks erfolgen muss.[75] Dies kann für § 50 BKAG keine Geltung haben, weil die Postbeschlagnahme nach Abs. 1 ausdrücklich ohne Wissen des Betroffenen erfolgt. Es handelt sich um eine verdeckte Maßnahme, deren Sinn und Zweck in Abrede gestellt würde, müsste die Weiterleitung ohne Rücksicht auf den Untersuchungszweck erfolgen. In der Praxis wird dies idR kein Problem darstellen. Die Weiterleitung ungeöffneter Sendung wird keine größere Zeitverzögerung hervorrufen und aufgrund dessen den Untersuchungszweck regelmäßig nicht gefährden.

89 Dasselbe gilt, soweit nach der Öffnung die **Zurückbehaltung** nicht erforderlich ist (§ 50 Abs. 8 BKAG iVm § 100 Abs. 5 S. 2 StPO). Geöffnete Sendungen sollen nach der im Strafprozessrecht hM entweder verschlossen mit einem Vermerk über die gerichtliche Öffnung oder in neuer Umhüllung als Sendung der Strafverfolgungsbehörde zugestellt werden. Sie können den Empfänger auch mittelbar ausgehändigt werden.[76] Eine solche Vorgehensweise führt zwangsläufig zur Offenlegung der Maßnahme. Dies steht im Widerspruch dazu, dass es sich bei der Postbeschlagnahme um eine **verdeckte Maßnahme** handelt und bei dieser gem. § 74 Abs. 1 S. 1 Nr. 7, S. 2 BKAG eine Benachrichtigung unterbleiben kann, wenn ihr überwiegende schutzwürdigen Belange einer betroffenen Person entgegenstehen (→ § 74 Rn. 12 ff.). Daraus folgt, dass eine Zurückbehaltung auch dann erforderlich ist, wenn durch die Weiterleitung der mit der Postbeschlagnahme verfolgte Untersuchungszweck vereitelt würde.[77] Einer Zurückbehaltung vorzuziehen ist die **spurenarme Öffnung mittels kriminaltechnischer Maßnahmen** und anschließende Weiterleitung der Sendung, ohne dass dem Empfänger die vorherige Öffnung erkenntlich ist. Dabei handelt es sich neben der Zurückbehaltung um eine mildere Maßnahme, die das Ziel, den Untersuchungszweck zu gefährden, ebenso oder sogar besser erreicht. Das Post- und Fernmeldegeheimnis wird auf diese Weise weniger eingeschränkt als bei einer Zurückhaltung.

90 **2. Schriftliche Mitteilung.** Der Teil einer zurückbehaltenen Postsendung, dessen Vorenthaltung nicht mit Rücksicht auf die Untersuchung geboten erscheint, ist dem vorgesehenen Empfänger **abschriftlich** mitzuteilen (§ 50 Abs. 8 iVm § 100 Abs. 6 StPO).

91 Auch in diesen Fällen wird in der strafprozessualen Literatur davon ausgegangen, dass diese Mitteilung unabhängig davon erfolgen muss, ob die Beschlagnahme nunmehr bekannt und dadurch der Untersuchungszweck gefährdet wird.[78] Aus den bereits dargelegten Gründen erscheint eine solche Vorgehensweise jedoch nicht dem Sinn und Zweck der Postbeschlagnahme zu entsprechen. Solange ein **Interesse an der Geheimhaltung der Maßnahme** besteht, muss die schriftliche Mitteilung von Teilen einer zurückbehaltenen Postsendung **zurückgestellt werden können**. Der Vorhalt, § 100 Abs. 6 StPO laufe bei der hier vertretenen Ansicht

72 Wie bereits dargelegt, gilt etwas anderes bei Vorliegen der Voraussetzungen der § 138 StGB oder § 34 StGB, → Rn. 61.
73 Vgl. OLG Karlsruhe Urt. v. 24.8.1972 – 2 Ss 106/72 –, NJW 1973, 208 (209).
74 BeckOK-StPO/Graf § 99 Rn. 19 (2022).
75 Meyer-Goßner/Schmitt/Köhler StPO § 100 Rn. 11.
76 Meyer-Goßner/Schmitt/Köhler StPO § 100 Rn. 11.
77 Vgl. Schenke/Graulich/Ruthig/Schenke BKAG § 50 Rn. 51.
78 Meyer-Goßner/Schmitt/Köhler StPO § 100 Rn. 12.

leer, verfängt nicht. Er ist anwendbar in Fällen, in denen eine Postbeschlagnahme den Betroffenen bekannt wurde und die Zurückbehaltung eines Teils der Sendung aus kriminaltechnischen Gründen zwecks einer weiteren Untersuchung geboten ist.[79]

3. Benachrichtigung. Die Pflicht zur Benachrichtigung folgt aus § 74 Abs. 1 S. 1 Nr. 7 BKAG. Danach sind 92
der Absender und der Adressat der Postsendung von einer Postbeschlagnahme zu benachrichtigen (→ § 74 Rn. 10).

VII. Rechtsschutz

Die vom Amtsgericht verfügte Anordnung kann gem. § 90 Abs. 2 S. 2 BKAG iVm **§§ 58 ff. FamFG** durch 93
diejenigen angefochten werden, die durch die Anordnung in ihren Rechten beeinträchtigt sind (vgl. § 59 Abs. 1 FamFG; auch die Postdienstleister). Der vorläufige Rechtsschutz ist in §§ 49 ff. FamFG geregelt.

Die vom BKA erlassene Anordnung, bei der es sich um einen belastenden Verwaltungsakt iSd § 35 S. 1 94
VwVfG handelt, kann im Wege der Anfechtungsklage nach **§ 42 Abs. 1 Alt. 1. VwGO** angefochten werden. Der Durchführung eines Vorverfahrens gem. § 68 VwGO bedarf es nicht, weil es sich beim BKA um eine oberste Bundesbehörde gem. § 68 Abs. 1 S. 2 Nr. 1 VwGO handelt. In den Fällen, in denen das BKA die Postbeschlagnahme angeordnet und mit einer Anordnung der sofortigen Vollziehung nach § 80 Abs. 2 S. 1 Nr. 4 VwGO verbunden hat, gilt für den vorläufigen Rechtsschutz **§ 80 Abs. 5 S. 1 Alt. ´2 VwGO** (Antrag auf Wiederherstellung der aufschiebenden Wirkung).

VIII. Vollstreckung

Eine vom Amtsgericht erlassene Anordnung der Postbeschlagnahme oder Auskunftserteilung ist gem. 95
§ 90 Abs. 2 S. 2 BKAG iVm **§§ 86 Abs. 1 Nr. 1, 95 Abs. 1 Nr. 2 FamFG** vollstreckbar. Eine durch das BKA angeordnete Postbeschlagnahme oder Auskunftserteilung ist nach den **§§ 6 ff. VwVG** vollstreckbar.

§ 51 Überwachung der Telekommunikation

(1) [1]Das Bundeskriminalamt kann ohne Wissen der betroffenen Person die Telekommunikation einer Person überwachen und aufzeichnen,

1. **die entsprechend § 17 oder § 18 des Bundespolizeigesetzes verantwortlich ist und dies zur Abwehr einer dringenden Gefahr für den Bestand oder die Sicherheit des Bundes oder eines Landes oder für Leib, Leben oder Freiheit einer Person oder Sachen von bedeutendem Wert, deren Erhaltung im öffentlichen Interesse liegt, geboten ist,**
2. **bei der bestimmte Tatsachen die Annahme rechtfertigen, dass sie innerhalb eines übersehbaren Zeitraums auf eine zumindest ihrer Art nach konkretisierte Weise eine Straftat nach § 5 Absatz 1 Satz 2 begehen wird,**
3. **deren individuelles Verhalten die konkrete Wahrscheinlichkeit begründet, dass sie innerhalb eines übersehbaren Zeitraums eine Straftat nach § 5 Absatz 1 Satz 2 begehen wird,**
4. **bei der bestimmte Tatsachen die Annahme rechtfertigen, dass sie für eine Person nach Nummer 1 bestimmte oder von dieser herrührende Mitteilungen entgegennimmt oder weitergibt oder**
5. **bei der bestimmte Tatsachen die Annahme rechtfertigen, dass eine Person nach Nummer 1 deren Telekommunikationsanschluss oder Endgerät benutzen wird**

und die Abwehr der Gefahr oder Verhütung der Straftaten auf andere Weise aussichtslos oder wesentlich erschwert wäre. [2]Die Maßnahme darf auch durchgeführt werden, wenn andere Personen unvermeidbar betroffen werden.

(2) [1]Die Überwachung und Aufzeichnung der Telekommunikation darf ohne Wissen der betroffenen Person in der Weise erfolgen, dass mit technischen Mitteln in von der betroffenen Person genutzte informationstechnische Systeme eingegriffen wird, wenn

1. **durch technische Maßnahmen sichergestellt ist, dass ausschließlich laufende Telekommunikation überwacht und aufgezeichnet wird und**
2. **der Eingriff in das informationstechnische System notwendig ist, um die Überwachung und Aufzeichnung der Telekommunikation insbesondere auch in unverschlüsselter Form zu ermöglichen.**

[2]§ 49 Absatz 2 gilt entsprechend. [3]§ 49 bleibt im Übrigen unberührt.

79 Vgl. Schenke/Graulich/Ruthig/Schenke BKAG § 50 Rn. 52.

(3) [1]Maßnahmen nach den Absätzen 1 und 2 dürfen nur auf Antrag der Präsidentin oder des Präsidenten des Bundeskriminalamtes oder ihrer oder seiner Vertretung durch das Gericht angeordnet werden. [2]Bei Gefahr im Verzug kann die Anordnung durch die Präsidentin oder den Präsidenten des Bundeskriminalamtes oder ihre oder seine Vertretung getroffen werden. [3]In diesem Fall ist die gerichtliche Entscheidung unverzüglich nachzuholen. [4]Soweit diese Anordnung nicht binnen drei Tagen durch das Gericht bestätigt wird, tritt sie außer Kraft.

(4) Im Antrag sind anzugeben:

1. die Person, gegen die sich die Maßnahme richtet, soweit möglich, mit Name und Anschrift,
2. die Rufnummer oder eine andere Kennung des zu überwachenden Anschlusses oder des Endgeräts, sofern sich nicht aus bestimmten Tatsachen ergibt, dass diese zugleich einem anderen Endgerät zugeordnet ist,
3. Art, Umfang und Dauer der Maßnahme,
4. im Falle des Absatzes 2 auch eine möglichst genaue Bezeichnung des informationstechnischen Systems, in das zur Datenerhebung eingegriffen werden soll,
5. der Sachverhalt sowie
6. eine Begründung.

(5) [1]Die Anordnung ergeht schriftlich. [2]In ihr sind anzugeben:

1. die Person, gegen die sich die Maßnahme richtet, soweit möglich, mit Name und Anschrift,
2. die Rufnummer oder eine andere Kennung des zu überwachenden Anschlusses oder des Endgeräts, sofern sich nicht aus bestimmten Tatsachen ergibt, dass diese zugleich einem anderen Endgerät zugeordnet ist,
3. Art, Umfang und Dauer der Maßnahme unter Benennung des Endzeitpunktes,
4. im Falle des Absatzes 2 auch eine möglichst genaue Bezeichnung des informationstechnischen Systems, in das zur Datenerhebung eingegriffen werden soll, sowie
5. die wesentlichen Gründe.

[3]Die Anordnung ist auf höchstens drei Monate zu befristen. [4]Eine Verlängerung um jeweils nicht mehr als drei weitere Monate ist zulässig, soweit die Voraussetzungen der Anordnung unter Berücksichtigung der gewonnenen Erkenntnisse fortbestehen. [5]Liegen die Voraussetzungen der Anordnung nicht mehr vor, sind die aufgrund der Anordnung ergriffenen Maßnahmen unverzüglich zu beenden.

(6) [1]Aufgrund der Anordnung hat jeder, der Telekommunikationsdienste erbringt oder daran mitwirkt (Diensteanbieter), dem Bundeskriminalamt die Maßnahmen nach Absatz 1 zu ermöglichen und die erforderlichen Auskünfte unverzüglich zu erteilen. [2]Ob und in welchem Umfang hierfür Vorkehrungen zu treffen sind, bestimmt sich nach dem Telekommunikationsgesetz und der Telekommunikations-Überwachungsverordnung. [3]Für die Entschädigung der Diensteanbieter ist § 23 des Justizvergütungs- und -entschädigungsgesetzes entsprechend anzuwenden.

(7) [1]Liegen tatsächliche Anhaltspunkte für die Annahme vor, dass durch eine Maßnahme nach den Absätzen 1 und 2 allein Erkenntnisse aus dem Kernbereich privater Lebensgestaltung erlangt würden, ist die Maßnahme unzulässig. [2]Soweit im Rahmen von Maßnahmen nach den Absätzen 1 und 2 neben einer automatischen Aufzeichnung eine unmittelbare Kenntnisnahme erfolgt, ist die Maßnahme unverzüglich zu unterbrechen, soweit sich während der Überwachung tatsächliche Anhaltspunkte dafür ergeben, dass Inhalte, die dem Kernbereich privater Lebensgestaltung zuzurechnen sind, erfasst werden. [3]Bestehen insoweit Zweifel, darf nur eine automatische Aufzeichnung fortgesetzt werden. [4]Automatische Aufzeichnungen sind unverzüglich dem anordnenden Gericht vorzulegen. [5]Das Gericht entscheidet unverzüglich über die Verwertbarkeit oder Löschung der Daten. [6]Ist die Maßnahme nach Satz 2 unterbrochen worden, so darf sie für den Fall, dass sie nicht nach Satz 1 unzulässig ist, fortgeführt werden. [7]Erkenntnisse aus dem Kernbereich privater Lebensgestaltung, die durch eine Maßnahme nach den Absätzen 1 und 2 erlangt worden sind, dürfen nicht verwertet werden. [8]Aufzeichnungen hierüber sind unverzüglich zu löschen. [9]Die Tatsachen der Erfassung der Daten und der Löschung sind zu dokumentieren. [10]Die Dokumentation darf ausschließlich für Zwecke der Datenschutzkontrolle verwendet werden. [11]Sie ist sechs Monate nach der Benachrichtigung nach § 74 oder sechs Monate nach Erteilung der gerichtlichen Zustimmung über das endgültige Absehen von der Benachrichtigung zu löschen. [12]Ist die Datenschutzkontrolle nach § 69 Absatz 1 noch nicht beendet, ist die Dokumentation bis zu ihrem Abschluss aufzubewahren.

(8) [1]Bei Gefahr im Verzug kann die Präsidentin oder der Präsident des Bundeskriminalamtes oder ihre oder seine Vertretung im Benehmen mit der oder dem Datenschutzbeauftragten des Bundeskriminalamtes über die Verwertung der Erkenntnisse entscheiden. [2]Bei der Sichtung der erhobenen Daten kann sie oder er

sich der technischen Unterstützung von zwei weiteren Bediensteten des Bundeskriminalamtes bedienen, von denen einer die Befähigung zum Richteramt haben muss. [3]Die Bediensteten des Bundeskriminalamtes sind zur Verschwiegenheit über die ihnen bekannt werdenden Erkenntnisse, die nicht verwertet werden dürfen, verpflichtet. [4]Die gerichtliche Entscheidung nach Absatz 7 ist unverzüglich nachzuholen.

A. Allgemeines

I. Zweck und Systematik

1 Die Vorschrift ermöglicht dem BKA im Rahmen seiner Aufgabe der Bekämpfung des **internationalen Terrorismus** die **heimliche Überwachung und Aufzeichnung der Telekommunikation**. Sie erfasst sowohl die klassische Telekommunikationsüberwachung als auch die sog. **Quellen-TKÜ**, die in der technischen Umsetzung angesichts der erforderlichen Infiltration eines informationstechnischen Systems viele Parallelen zur Online-Durchsuchung nach § 49 BKAG aufweist.

2 In der Praxis des BKA hat die Vorschrift bzw. die Vorgängervorschrift des § 20k BKAG aF durchaus eine gewisse Bedeutung. Bei der **Bearbeitung von Gefahrenabwehrvorgängen** durch das BKA kommt die Maßnahme wohl regelmäßig zum Einsatz.[1]

3 Trotz dieser durchaus vorhandenen Anwendungsfälle und der Benachrichtigungspflicht nach Abschluss der Maßnahme fehlt es bezüglich dieser Vorschrift bisher an fachgerichtlicher Rechtsprechung. Mannigfache Vorgaben lassen sich allerdings der **Rechtsprechung des Bundesverfassungsgerichts** entnehmen.

4 **1. Innere Systematik der Vorschrift.** § 51 BKAG ist in acht Absätze gegliedert, die teilweise anderen Eingriffsbefugnissen des BKAG nachgebildet sind.

5 Abs. 1 der Vorschrift enthält zunächst die **materiellen Tatbestandsvoraussetzungen** der Überwachungsmaßnahme, wobei hier auch die Überwachung von Nachrichtenmittlern geregelt ist. Abs. 2 normiert sodann **technische Anforderungen an eine Quellen-TKÜ**. Die Abs. 3–5 enthalten zahlreiche Aspekte des **Grundrechtsschutzes durch Verfahren**. Abs. 3 regelt in S. 1 die Antragstellung durch den Präsidenten des Bundeskriminalamts und die Entscheidungskompetenz des in § 90 BKAG bestimmten Gerichts, sowie in S. 2 Eilentscheidungskompetenzen und in S. 3 und 4 deren zeitliche Begrenzung bei Gefahr im Verzug. Abs. 4 regelt den erforderlichen Inhalt der Antragstellung, Abs. 5 die demgegenüber nach ihrem Wortlaut leicht reduzierten Anforderungen an die Begründung der gerichtlichen Anordnung sowie deren zeitliche Befristung. Abs. 6 verpflichtet den Telekommunikationsdiensteanbieter zur **Mitwirkung**. Abs. 7 regelt den **Kernbereichsschutz** bei Telekommunikationsüberwachungen auf Erhebungs- wie auf Verwertungsebene, Abs. 8 **Eilverwertungskompetenzen** des BKA.

6 **2. Systematische Stellung und Verhältnis zu anderen Vorschriften.** Die Befugnis zur Telekommunikationsüberwachung findet sich im **Abschnitt über die Bekämpfung des internationalen Terrorismus**. Dieser systematischen Stellung ist bei der Auslegung der einzelnen Tatbestandsmerkmale Rechnung zu tragen. In seinen anderen Aufgabenbereichen (vgl. insbesondere die Abschnitte 4 und 6 des BKAG) steht dem BKA diese Befugnis nicht zur Verfügung.

1 Vgl. etwa zuletzt der Bericht der Bundesregierung über die Anwendung verdeckter Überwachungsmaßnahmen im Rahmen der Gefahrenabwehr BT-Drs. 20/43, nach dem bei den zwei Gefahrenabwehrvorgängen des BKA im Berichtszeitraum im Bereich des internationalen Terrorismus jeweils zahlreiche Anschlüsse überwacht wurden.

7 § 51 BKAG ist ***lex specialis*** zur allgemeinen Vorschrift zu den besonderen Mitteln der Datenerhebung in § 45 BKAG. Die allgemeinen Befugnisse zur Datenverarbeitung, insbesondere zur Zweckbindung (§ 12) sind anwendbar, soweit die Vorschrift nichts Abweichendes bestimmt. **Überschneidungen zu den Vorschriften der §§ 46 und 49 BKAG** sind denkbar. Die Abgrenzung der Quellen-TKÜ zu § 49 BKAG richtet sich danach, ob auch auf gespeicherte Daten oder nur auf laufende Kommunikationsvorgänge zugegriffen werden soll.

8 Die Regelungen in § 62 Abs. 1 und 2 BKAG zum Schutz von **zeugnisverweigerungsberechtigten Personen** nach § 53 StPO finden auch und insbesondere auf die Telekommunikationsüberwachung Anwendung.

9 Ebenso anwendbar ist § 74 Abs. 1 S. 1 Nr. 8 BKAG, der die **Benachrichtigungspflicht** der von einer Telekommunikationsüberwachung betroffenen Person regelt, wobei § 74 Abs. 3 S. 2 und 3 BKAG für Maßnahmen nach § 51 BKAG anders als für solche nach §§ 46 und 49 BKAG nicht einschlägig ist. Anwendbar ist auch die Protokollierungspflicht nach § 82 Abs. 1 und Abs. 2 Nr. 8 BKAG. Wie über die anderen Maßnahmen des 5. Abschnitts ist auch über Telekommunikationsüberwachungen gem. § 88 BKAG an den Bundestag zu berichten.

10 Schließlich findet **§ 90 Abs. 1 und 3 BKAG** zur gerichtlichen Zuständigkeit und zur Heranziehung von Bediensteten des BKA zur Unterstützung des Gerichts Anwendung.

11 **3. Vergleich mit anderen Polizeigesetzen und § 100a StPO.** Die **Polizeigesetze der Länder** sehen teilweise ebenfalls Regelungen zur Überwachung der Telekommunikation vor (vgl. etwa § 54 PolG BW, Art. 42 BayPAG, § 33d SOG MV, § 20c PolG NRW). Auch diese Vorschriften orientieren sich weitgehend an den Vorgaben des Bundesverfassungsgerichts, sind aber nicht auf die Bekämpfung der Gefahren des internationalen Terrorismus beschränkt.

12 **Strafprozessuale Parallelvorschrift** zu § 51 BKAG ist § 100a StPO. Die Vorschrift wird sehr häufig eingesetzt (ca. 17.000 Anordnungen im Jahr 2020, davon 98 Quellen-TKÜ).[2]

II. Verfassungsrechtlicher Rahmen

13 Verfassungsrechtlicher Prüfungsmaßstab für § 51 BKAG ist das **Fernmeldegeheimnis des Art. 10 Abs. 1 GG.** Dies gilt sowohl für die herkömmliche Telekommunikationsüberwachung als auch für die **Quellen-TKÜ**, für die in § 51 Abs. 2 BKAG zusätzliche Anforderungen geregelt sind. Zwar weist Letztere eine technische Nähe zur Online-Durchsuchung auf, die ihrerseits am Grundrecht auf Gewährleistung der Vertraulichkeit und Integrität informationstechnischer Systeme zu messen ist.[3] Soweit allerdings technisch sichergestellt ist, dass durch die eingesetzte Software ausschließlich laufende Kommunikation erfasst wird, folgt die Quellen-TKÜ allein den technischen Entwicklungen der Informationstechnik, ohne dass eine gegenüber der herkömmlichen Telekommunikationsüberwachung erhöhte Eingriffstiefe geschaffen wird, so dass Art. 10 GG alleiniger Maßstab bleibt.[4]

14 Die Überwachung der Telekommunikation begründet **Eingriffe in Art. 10 Abs. 1 GG, die schwer wiegen.**[5] Zwar steht das Fernmeldegeheimnis gem. Art. 10 Abs. 2 GG unter einem einfachen Gesetzesvorbehalt. In der Judikatur des Bundesverfassungsgerichts sind insofern jedoch zahlreiche Verfahrensanforderungen und materielle Voraussetzungen entwickelt worden, die der Schwere des heimlichen Grundrechtseingriffs Rechnung tragen und unter anderem **weitreichende Richtervorbehalte** erfordern.[6] Die Eingriffsvoraussetzungen sind insofern den Anforderungen des Art. 13 Abs. 4 GG angenähert, ohne diese allerdings zu erreichen.

15 Die Vorgängervorschrift in § 20l BKAG aF wurde den verfassungsrechtlichen Anforderungen nur teilweise gerecht. Insbesondere die **Konturenlosigkeit der Eingriffstatbestände mit dem Ziel der Straftatenverhütung** verstieß gegen den Bestimmtheitsgrundsatz und das Verhältnismäßigkeitsgebot.[7] Dem hat der Gesetzgeber mit der Neufassung des § 51 BKAG Rechnung getragen.

16 Auch bezüglich der **Quellen-TKÜ** stellen sich Fragen hinsichtlich der hierfür erforderlichen Ausnutzung von sog. **Zero-Day-Sicherheitslücken** und der aus dem Grundrecht auf Gewährleistung der Vertraulichkeit und Integrität informationstechnischer Systeme folgenden Pflicht des Staates, an der Beseitigung solcher Sicherheitslücken mitzuwirken. Diese objektiv-rechtliche Dimension des Grundrechts gilt auch hinsichtlich der Frage der Quellen-TKÜ, auch wenn diese selbst nicht in dieses Grundrecht eingreift (→ Rn. 13). Im Übrigen kann auf die Ausführungen zu § 49 BKAG Bezug genommen werden (→ § 49 Rn. 17 ff.).

2 Vgl. die jährlichen Berichte auf der Homepage des Bundesamts für Justiz, abrufbar unter: https://www.bundesjustizamt.de/DE/Service/Justizstatistiken/Justizstatistiken_node.html#AnkerDokument44152.

3 BVerfG Urt. v. 20.4.2016 – 1 BvR 966/09 ua –, BVerfGE 141, 220 (309 f., Rn. 228).

4 BVerfG Urt. v. 20.4.2016 – 1 BvR 966/09 ua –, BVerfGE 141, 220 (309, Rn. 228); kritisch dazu, inwieweit der Staat dies überhaupt sicherzustellen in der Lage ist, Martini/Fröhlingsdorf NVwZ 2020, 1803.

5 BVerfG Urt. v. 20.4.2016 – 1 BvR 966/09 ua –, BVerfGE 141, 220 (310, Rn. 229).

6 Vgl. hierzu eingehend Dürig/Herzog/Scholz/Durner GG Art. 10 (2020) Rn. 197 ff.

7 BVerfG Urt. v. 20.4.2016 – 1 BvR 966/09 ua –, BVerfGE 141, 220 (310, Rn. 232); dazu auch Graulich KriPoZ 2016, 75 (78).

III. Unions- und konventionsrechtliche Vorgaben

Die Verwendung der nach § 51 BKAG erhobenen Daten liegt im **Anwendungsbereich der Richtlinie (EU) 2016/680** des Europäischen Parlaments und des Rates vom 27.4.2016 zum Schutz natürlicher Personen bei der Verarbeitung personenbezogener Daten durch die zuständigen Behörden zum Zwecke der Verhütung, Ermittlung, Aufdeckung oder Verfolgung von Straftaten oder der Strafvollstreckung sowie zum freien Datenverkehr und zur Aufhebung des Rahmenbeschlusses 2008/977/JI des Rates (DSRL-JI). Der **Grundsatz der Zweckbindung und der Verhältnismäßigkeitsgrundsatz,** die in der Richtlinie normiert sind, enthalten nach dem bisherigen Verständnis keine über das nationale Recht hinausgehenden Anforderungen. Die Richtlinie enthält keine Vorgaben für durch bestimmte Erhebungsmethoden gewonnene Daten, sondern knüpft im Wesentlichen in ihrem Art. 10 an bestimmte Kategorien personenbezogener Daten an. Auf die Ausführungen zu § 45 BKAG kann insoweit verwiesen werden (→ § 45 Rn. 20). 17

Die Anordnung und Durchführung einer Telekommunikations-Überwachung stellt einen schwerwiegenden Eingriff in **Art. 8 EMRK** dar. Angesichts der vielfältigen verfahrensrechtlichen Absicherungen und der verfassungsgerichtlichen Einhegung in der Bundesrepublik dürfte das deutsche Regelwerk den an heimliche Überwachungsmaßnahmen zu stellenden Anforderungen gerecht werden.[8] Zu der französischen Regelung der Kommunikationsüberwachung ist seit dem Jahr 2015 eine Individualbeschwerde beim Europäischen Gerichtshof für Menschenrechte anhängig;[9] eine Entscheidung, der sich möglicherweise auch weitere Anhaltspunkte für die deutsche Rechtlage entnehmen ließen, ist noch nicht ergangen. 18

IV. Rechtsschutz

Bezüglich des Rechtsschutzes gegen auf § 51 BKAG gestützte **Telekommunikationsüberwachungsmaßnahmen** kann auf die Kommentierungen zu § 45 und § 46 BKAG Bezug genommen werden (→ § 45 Rn. 42 ff., → § 46 Rn. 25 ff.). 19

B. Kommentierung im Einzelnen

I. Eingriffsvoraussetzungen (Abs. 1)

§ 51 Abs. 1 normiert insgesamt **fünf Fallgruppen,** in denen die Telekommunikationsüberwachung eingesetzt werden kann, wobei die Fallgruppen an Formulierungen in §§ 46 und 49 BKAG anknüpfen. 20

1. Abwehr einer dringenden Gefahr (Nr. 1). Nr. 1 erlaubt zunächst, insofern gegenüber der Vorgängernorm des § 20l BKAG aF unverändert, die Telekommunikationsüberwachung bei **Handlungs- oder Zustandsstörern,** soweit dies zur **Abwehr einer dringenden Gefahr** für den Bestand oder die Sicherheit des Bundes oder eines Landes oder für Leib, Leben oder Freiheit einer Person oder Sachen von bedeutendem Wert, deren Erhaltung im öffentlichen Interesse liegt, geboten ist. Sowohl mit dem Merkmal der dringenden Gefahr als auch mit den geschützten Rechtsgütern knüpft die Vorschrift somit an die Eingriffsvoraussetzungen des § 46 Abs. 1 Nr. 1 lit. a BKAG an (→ § 46 Rn. 28). Anders als § 45 Abs. 1 S. 1 Nr. 1 BKAG verlangt die Vorschrift eine dringende Gefahr und steigert damit insbesondere die **Anforderungen an das Schadensausmaß.**[10] 21

2. Begehung einer Straftat nach § 5 Abs. 1 S. 2 BKAG (Nrn. 2 und 3). Nach den Nrn. 2 und 3 kann die Telekommunikationsüberwachung schon im **Vorfeld einer konkreten bzw. dringenden Gefahr** zum Einsatz kommen. Voraussetzung ist, dass **bestimmte Tatsachen die Annahme** rechtfertigen, dass die betroffene Person innerhalb eines übersehbaren Zeitraums auf eine zumindest ihrer Art nach konkretisierte Weise eine Straftat nach § 5 Abs. 1 S. 2 BKAG begehen wird, oder dass deren individuelles Verhalten die konkrete Wahrscheinlichkeit begründet, dass sie innerhalb eines übersehbaren Zeitraums eine Straftat nach § 5 Abs. 1 S. 2 BKAG begehen wird. Diese Voraussetzungen sind neu nach dem Urteil des Bundesverfassungsgerichts zum BKA-Gesetz in Anlehnung an § 45 Abs. 1 Nrn. 2 und 3 und § 49 Abs. 1 S. 2 Nrn. 1 und 2 BKAG geschaffen worden und haben die vom Bundesverfassungsgericht als zu konturenarm angesehene Vorgängerfassung, nach der bestimmte Tatsachen die Annahme von Vorbereitungshandlungen einer Katalogstraftat rechtfertigen mussten, abgelöst.[11] Bezüglich der Auslegung der Vorschrift kann auf die Kommentierungen der genannten Vorschriften Bezug genommen werden (→ § 45 Rn. 59 ff., → § 49 Rn. 33 ff.). 22

8 Vgl. zusammenfassend Meyer-Ladewig/Nettesheim/von Raumer, EMRK, Art. 8 Rn. 35 ff.

9 Vgl. EGMR, Nr. 49526/15 ua – Association Confraternelle de la Presse Judiciaire c. France et 11 autre affaires.

10 Unklar insofern Schenke/Graulich/Ruthig/R. P. Schenke BKAG § 51 Rn. 2 und 11; s. auch → § 46 Rn. 29.

11 Kritisch auch zur aktuellen Fassung Coenen, Bundesrechtliche Terrorismusabwehrmaßnahmen im Schnittbereich von Prävention und Repression, 2022, S. 241: „kaum begrenzende Wirkung".

23 **3. Nachrichtenmittler (Nr. 4).** Nr. 4 erlaubt die Telekommunikationsüberwachung bei sog. Nachrichtenmittlern,[12] also Personen, bei denen bestimmte Tatsachen die Annahme rechtfertigen, dass sie für eine Person nach Nr. 1 bestimmte oder von dieser herrührende Mitteilungen entgegennehmen oder an diese weitergeben. Nicht zwingend erforderlich ist es hierfür, dass die betreffende Person selbst ihre entsprechende Funktion kennt bzw. auch nur hätte kennen können.[13] Die Vorschrift ist eng an § 100a Abs. 3 StPO orientiert und erlaubt ebenso wie diese Vorschrift nicht, Überwachungsmaßnahmen ins Blaue hinein auf alle Personen zu erstrecken, die mit der Zielperson Nachrichten ausgetauscht haben, sondern setzt eigene, in der Anordnung darzulegende Anhaltspunkte voraus, dass der Nachrichtenmittler von der Zielperson in die Tatdurchführung eingebunden wird und somit eine besondere Tat- oder Gefahrennähe aufweist.[14] Daneben ist zu beachten, dass nach der eindeutigen Gesetzesfassung die Überwachung von Nachrichtenmittlern nur bei Personen nach Nr. 1 ermöglicht wird, mit anderen Worten diese Maßnahme nicht als Vorfeldbefugnis ausgestaltet ist, sondern das Bestehen einer dringenden Gefahr voraussetzt.

24 **4. Nutzung des Endgeräts eines Dritten (Nr. 5).** Nr. 5 erweitert die die Telekommunikationsüberwachungsrichtung schließlich dahingehend, dass auch **Personen** (bzw. deren Telekommunikationsgeräte) überwacht werden dürfen, bei denen bestimmte Tatsachen die Annahme rechtfertigen, **dass eine Person nach Nr. 1 deren Telekommunikationsanschluss oder Endgerät benutzen wird.** Hiermit trägt das Gesetz der Tatsache Rechnung, dass Telekommunikationsendgeräte nicht personengebunden sind, knüpft aber auch diese Überwachungsmöglichkeit an das Bestehen einer dringenden Gefahr iSd Nr. 1. Die Anwendung der Vorschrift erfordert demgegenüber nicht, dass der Dritte durch die Zielperson in die Tatdurchführung eingebunden wird,[15] sondern allein, dass tatsächliche Anhaltspunkte für die Nutzung des Endgeräts bestehen. Allein aus einer solchen Fremdnutzung, die vielfach einer Verschleierungsstrategie geschuldet sein wird, lassen sich für die Sicherheitsbehörden ausreichende Anhaltspunkte auch für die Nutzung dieses Anschlusses für die Führung potentiell gefährdungsbezogener Telekommunikation ziehen.

25 **5. Subsidiarität (Abs. 1 S. 1 aE).** Wie auch sonstige spezielle Überwachungsbefugnisse des BKAG (§§ 46, 49) darf auch die Telekommunikationsüberwachung nur durchgeführt werden, wenn die Abwehr der Gefahr oder Verhütung der Straftaten **auf andere Weise aussichtslos oder wesentlich erschwert** wäre. Die Maßnahme kann erforderlichenfalls auch neben einer Wohnraumüberwachung oder einer Online-Durchsuchung angewendet werden. Hierbei ist allerdings das Verbot der Totalüberwachung zu beachten (→ Rn. 30).

26 **6. Betroffenheit Dritter (Abs. 1 S. 2).** Schließlich dürfen Maßnahmen nach § 51 Abs. 1 S. 1 BKAG auch durchgeführt werden, wenn andere als die in Abs. 1 S. 1 Nrn. 1–5 genannten Personen **unvermeidbar betroffen werden.** Dies erfasst insbesondere Personen, die mit dem Betroffenen über die überwachten Telekommunikationsgeräte kommunizieren und erfasst grundsätzlich auch engste Angehörige und nach § 62 BKAG besonders geschützte Personen. Auch wenn etwa davon auszugehen ist, dass ein Betroffener sein Telekommunikationsendgerät auch zu einem Gespräch mit einem Anwalt nutzen wird, macht dies nicht die gesamte Telekommunikationsüberwachung rechtswidrig. Die Erkenntnisse aus diesem Gespräch dürfen allerdings nicht verwertet werden (vgl. § 62 Abs. 1 S. 3 BKAG).

27 **7. Rechtsfolge.** In seiner Rechtsfolge ermöglicht § 51 Abs. 1 BKAG Überwachung und Aufzeichnung der „Telekommunikation einer Person". Eine anzuwendende Legaldefinition ergibt sich aus **§ 3 Nrn. 59 und 60 TKG,** nach dem „Telekommunikation" der technische Vorgang des Aussendens, Übermittelns und Empfangens von Signalen mittels Telekommunikationsanlagen ist und „Telekommunikationsanlagen" technische Einrichtungen, Systeme oder Server sind, die als Nachrichten identifizierbare elektromagnetische oder optische Signale oder Daten im Rahmen der Erbringung eines Telekommunikationsdienstes senden, übertragen, vermitteln, empfangen, steuern oder kontrollieren können. Der Begriff ist damit weit gefasst und schließt alle Formen der individuellen Fernkommunikation ein, die durch Art. 10 GG geschützt sind und nicht dem Briefgeheimnis unterfallen.[16]

28 Nach diesem weiten Begriffsverständnis könnte § 51 BKAG auch den Zugriff auf E-Mails erlauben, soweit diese auf dem Server des Providers gespeichert bleiben.[17] Dagegen dürfte allerdings sprechen, dass **§ 50 BKAG,** den der Gesetzgeber mit der Neufassung des BKAG neu geschaffen hat, sich inhaltlich eng an **§ 99 StPO** anlehnt, der nach der Rechtsprechung des Bundesgerichtshofs[18] – durch das Bundesverfassungs-

12 Zum Begriff auch BeckOK-StPO/Graf § 100a Rn. 151 (2022).

13 Schenke/Graulich/Ruthig/R. P. Schenke BKAG § 51 Rn. 14; BeckOK-StPO/Graf § 100a Rn. 151 (2022).

14 Vgl. zu dieser Voraussetzung BVerfG Urt. v. 20.4.2016 – 1 BvR 966/09 ua –, BVerfGE 141, 220 (310 f., Rn. 233).

15 So aber wohl Schenke/Graulich/Ruthig/R. P. Schenke BKAG § 51 Rn. 15.

16 So Schenke/Graulich/Ruthig/R. P. Schenke BKAG § 51 Rn. 19.

17 Es entspricht der ganz hM, dass der Schutzbereich des Art. 10 GG, insbesondere des Fernmeldegeheimnisses, entwicklungsoffen ist, vgl. mwN Dürig/Herzog/Scholz/Durner GG Art. 10 (2020) Rn. 64.

18 BGH Beschl. v. 31.3.2009 – 1 StR 76/09 –, NJW 2009, 1828.

gericht gebilligt[19] – auch zur Sicherstellung und Beschlagnahme von E-Mails auf dem Mailserver des Providers, auch nach deren erstmaligen Abruf durch den Adressaten, ermächtigt (eingehend → § 50 Rn. 20 ff.). Insoweit ist § 50 BKAG *lex specialis.*[20]

Die Vorschrift erlaubt sowohl das Überwachen von Telekommunikation, mit anderen Worten sowohl das laufende **Mithören von Ferngesprächen** als auch deren **Aufzeichnung**. Unter Umständen ist hierbei die automatische Aufzeichnung das grundrechtsschonendere Mittel als die unmittelbare Kenntnisnahme durch einen Bediensteten des BKA (vgl. Abs. 7 S. 2 und 3). 29

Hinsichtlich der Verhältnismäßigkeit der Maßnahme ist neben den tatbestandlich vertypten Voraussetzungen insbesondere das Verbot der Rundum-bzw. **Totalüberwachung** zu beachten. Zwar enthält das BKAG keine ausdrückliche diesbezügliche Regelung. Das Bundesverfassungsgericht hat jedoch klar gestellt, dass das Verbot der Rundumüberwachung als Ausprägung des Verhältnismäßigkeitsgrundsatzes zur Wahrung eines in der Menschenwürde wurzelnden unverfügbaren Kerns der Person unmittelbar von Verfassungs wegen gilt und von den Sicherheitsbehörden im Rahmen ihrer Befugnisse von sich aus zu beachten ist.[21] Verfassungsrechtlich unzulässig ist es danach, dass eine **Überwachung sich über einen längeren Zeitraum erstreckt und derart umfassend ist, dass nahezu lückenlos alle Bewegungen und Lebensäußerungen** des Betroffenen registriert werden und zur Grundlage für ein Persönlichkeitsprofil werden können.[22] 30

Nach diesen Maßstäben können zwar durchaus mehrere auch schwerwiegende Überwachungsmaßnahmen parallel durchgeführt werden. Es gibt auch kein generelles Verbot, eine Telekommunikationsüberwachung neben einer Wohnraumüberwachung oder einer Online-Durchsuchung durchzuführen. Die **Addition dieser Maßnahmen** wird allerdings regelmäßig **nur für sehr kurze Zeiträume** und typischerweise bei einer schon erheblich verdichteten Gefahr zur Sicherstellung rechtzeitigen Eingreifens möglich sein. Eine Anordnung mehrerer dieser Maßnahmen für die grundsätzlich zulässige Höchstdauer wird verfassungsrechtlich kaum in Betracht kommen. 31

II. Schutzvorkehrungen für Quellen-TKÜ (Abs. 2)

§ 51 Abs. 2 BKAG enthält eine dem Grundsatz der Normenklarheit und -bestimmtheit gerecht werdende Grundlage für die Durchführung einer sog. Quellen-Telekommunikationsüberwachung. Für diese wird – ebenso wie bei einer Online-Durchsuchung – **ein fremdes informationstechnisches System infiltriert,** um mit einer eigens für diesen Zweck entwickelten Überwachungssoftware die Kommunikation zwischen den Beteiligten überwachen und aufzeichnen zu können.[23] 32

Die Vorschrift verlangt in Abs. 2 S. 1 Nr. 1, dass durch technische Maßnahmen sichergestellt ist, dass **ausschließlich laufende Telekommunikation** überwacht und aufgezeichnet wird. Der Gesetzgeber stellt mit dieser Formulierung klar, dass nicht in den Datenbestand des informationstechnischen Systems eingegriffen werden darf, sondern allein in die laufende Telekommunikation. Dies ist der bundesverfassungsgerichtlichen Rechtsprechung geschuldet, die anderenfalls einen Eingriff in das Grundrecht auf Gewährleistung der Vertraulichkeit informationstechnischer Systeme mit gegenüber der Telekommunikationsüberwachung nochmals erhöhten Rechtfertigungsanforderungen annehmen würde.[24] 33

Die Anwendung der Quellen-TKÜ setzt dementsprechend voraus, dass die aufgespielte Überwachungssoftware sicherstellt, dass allein die laufende Kommunikation erfasst wird.[25] Existiert **eine entsprechende Software nicht, kann die Norm nicht angewendet** werden, in Betracht kommt dann nur die Durchführung einer Online-Durchsuchung nach § 49 BKAG unter den dort normierten Voraussetzungen. Insbesondere ist es auch nicht ausreichend, dass das BKA allein auf die laufende Telekommunikation zugreifen möchte. Maßgeblich ist nicht, ob durch eine technisch aufwendige Änderung des Überwachungsprogramms selbst – sei 34

19 Vgl. BVerfG Urt. v. 16.6.2009 – 2 BvR 902/06 –, BVerfGE 124, 43 (53 ff.).

20 AA Schenke/Graulich/Ruthig/W.-R. Schenke BKAG § 50 Rn. 8, der § 50 wohl nur vor dem erstmaligen Abruf der Nachricht auf dem Server des Providers anwenden möchte.

21 BVerfG Urt. v. 20.4.2016 – 1 BvR 966/09 ua –, BVerfGE 141, 220 (317 f., Rn. 254).

22 BVerfG Urt. v. 3.3.2004 – 1 BvR 2378/98 ua –, BVerfGE 109, 279 (323).

23 Vgl. die Ausführungen in BT-Drs. 18/12785, 51 bei der Ergänzung des § 100a StPO um die Quellen-TKÜ; konkret zu § 51 Abs. 2 BKAG auch Coenen, Bundesrechtliche Terrorismusabwehrmaßnahmen im Schnittbereich von Prävention und Repression, 2022, S. 243 f.

24 Kritisch zur technischen Realisierbarkeit und zur Normierungsdichte Martini/Fröhlingsdorf NVwZ 2020, 1803 (1804 f.).

25 Daran wurden schon in der Sachverständigenanhörung Zweifel geäußert (vgl. Schaar BT-Ausschuss-Drs. 16[4]460 E, 6). Das BVerfG (Urt. v. 20.4.2016 – 1 BvR 966/09 ua –, BVerfGE 141, 220 [311 f., Rn. 234]) ist zurecht davon ausgegangen, dass die Nicht-Existenz einer entsprechenden Software nicht zur Verfassungswidrigkeit der Norm, sondern nur zu ihrer vorläufigen Unanwendbarkeit führt. Gleichwohl erscheint es durchaus zweifelhaft, ob die Entwickler entsprechender Spähsoftware tatsächlich die eigene Software mit entsprechenden Einschränkungen versehen, die für praktisch alle anderen Anwender solcher Software kaum wünschenswert sein dürften; vgl. Coenen, Bundesrechtliche Terrorismusabwehrmaßnahmen im Schnittbereich von Prävention und Repression, 2022, S. 244; Martini/Fröhlingsdorf NVwZ 2020, 1803 (1804 f.).

es durch die Behörde, sei es durch Dritte – dessen Begrenzung auf eine Erfassung der laufenden Telekommunikation aufgehoben werden kann, sondern ob das Programm so ausgestaltet ist, dass es – hinreichend abgesichert auch gegenüber Dritten – den mit der Überwachung betrauten Mitarbeiterinnen und Mitarbeitern des BKA inhaltlich eine ausschließlich auf die laufenden Kommunikationsinhalte begrenzte Kenntnisnahme ermöglicht.[26]

35 Abs. 2 S. 1 Nr. 2 sieht weiterhin vor, dass die Quellen-Telekommunikationsüberwachung nur durchgeführt werden darf, wenn der Eingriff in das informationstechnische **System notwendig ist, um die Überwachung und Aufzeichnung der Telekommunikation** insbesondere auch in unverschlüsselter Form zu ermöglichen. Dies ist Folge des Verhältnismäßigkeitsgrundsatzes, da die Quellen-Telekommunikationsüberwachung aufgrund des Eingriffs in das informationstechnische System der schwerwiegendere Eingriff im Vergleich zu der herkömmlichen, gegenüber dem Telekommunikationsdiensteanbieter angeordneten Überwachung und somit im Verhältnis zu dieser **subsidiär** ist.[27] Den Hauptanwendungsfall der Quellen-TKÜ, die Gewährleistung einer unverschlüsselten Aufzeichnung der Telekommunikation über das Endgerät, nennt die Vorschrift schon explizit selbst.

36 Abs. 2 S. 2 verweist hinsichtlich der Schutzvorkehrungen für den Eingriff in das infiltrierte System, die Sicherstellung der Integrität und Authentizität der gewonnenen Daten auf **§ 49 Abs. 2 BKAG** (→ § 49 Rn. 46 ff.). Abs. 2 S. 3 stellt klar, dass § 49 BKAG im Übrigen unberührt bleibt, insbesondere § 51 BKAG dessen Anwendung weder sperrt noch es ermöglicht, dessen strengere Vorgaben zu umgehen.

III. Verfahren (Abs. 3–5)

37 Als **verfahrensrechtliche Sicherungsmaßnahme** normiert Abs. 3 den Behördenleiterantrags- und den Richteranordnungsvorbehalt, wobei nur letzterer in der Rechtsprechung des Bundesverfassungsgerichts gefordert wird.[28]

38 **1. Antrag.** a) **Antragsteller.** Der Antrag muss durch den **Präsidenten des BKA oder seine Vertretung** gestellt werden. Schon dem Wortlaut der Vorschrift („Vertretung") lässt sich zwanglos entnehmen, dass die Antragsbefugnis nicht auf maximal zwei Personen beschränkt ist. Vielmehr ist bei einer Verhinderung des Präsidenten und seines Vizepräsidenten die nach der internen Geschäftsordnung zuständige weitere vertretende Person tauglicher Antragsteller.

39 b) **Antragsinhalt.** Abs. 4 normiert sodann Anforderungen an den konkreten Inhalt des Antrags. Danach sind die **Person,** gegen die sich die Maßnahme richtet (Nr. 1), die **Rufnummer oder eine andere Kennung des zu überwachenden Anschlusses oder des Endgeräts,** sofern sich nicht aus bestimmten Tatsachen ergibt, dass diese zugleich einem anderen Endgerät zugeordnet ist (Nr. 2), **Art, Umfang und Dauer der Maßnahme** (Nr. 3), der **Sachverhalt** (Nr. 4) sowie eine **Begründung** (Nr. 5) anzugeben. Es wird sich anbieten, die Ziffern 1–3 in einer dem späteren Tenor einer Entscheidung entsprechenden Antrag zusammenzufassen. Geschieht dies nicht, führt dies jedoch nicht zur Ablehnung des Antrags, wenn sich aus dem Antragsinhalt die Angaben zu Nrn. 1–3 hinreichend deutlich erkennen lassen.

40 Daneben hat der Antrag insbesondere die Darstellung eines ausreichenden Sachverhalts zu enthalten, der für das Gericht die wesentlichen Erkenntnisse offen zu legen hat. Wie dabei mit **geheimhaltungsbedürftigen Erkenntnissen** umzugehen ist, kann nicht generell-abstrakt beschrieben werden. Zu berücksichtigen ist jedenfalls, dass der Betroffene von diesen Informationen erst nach seiner Benachrichtigung gem. § 74 BKAG Kenntnis erlangen kann. Das BKA hat jedenfalls das Vorliegen einer Gefahrenlage plausibel zu machen.

41 Eine **bestimmte Form** ist für den Antrag anders als für die Anordnung nicht vorgeschrieben; er kann also auch fernmündlich gestellt werden, wobei auch dies durch den Präsidenten des Bundeskriminalamts oder seinen Vertreter zu erfolgen hat.

42 **2. Anordnung.** a) **Anordnungskompetenz.** Die Anordnung ergeht gem. Abs. 3 S. 1 grundsätzlich durch das in § 90 Abs. 2 bestimmte Gericht, das **Amtsgericht Wiesbaden** und dort durch den zuständigen Richter, der im **Geschäftsverteilungsplan** ausgewiesen ist. Ist dieser verhindert, ergeht die Entscheidung durch den Vertreter.

43 b) **Anordnungsinhalt.** Die Bestimmung des Anordnungsinhalts in Abs. 5 unterscheidet sich von jener des Antragsinhalts zunächst nur dadurch, dass anstelle eines Sachverhalts und einer Begründung nur die schriftliche (Abs. 5 S. 1) **Angabe der wesentlichen Gründe** verlangt wird. In dieser Formulierung liegt jedoch bei verfassungskonformer Auslegung keine Zurücknahme der verfassungsrechtlichen Prüfungs- und

26 BVerfG Urt. v. 20.4.2016 – 1 BvR 966/09 ua –, BVerfGE 141, 220 (311 f., Rn. 234).

27 Coenen, Bundesrechtliche Terrorismusabwehrmaßnahmen im Schnittbereich von Prävention und Repression, 2022, S. 245; Roggan StV 2017, 821 (822).

28 Vgl. hierzu Dürig/Herzog/Scholz/Durner GG Art. 10 (2020) Rn. 197, der darauf hinweist, dass schon 1.832 Forderungen nach einem Richter- oder Innenministervorbehalt für Briefüberwachungen geäußert wurden.

Begründungspflichten, sondern die Betonung, dass alle rechtlich maßgeblichen Gesichtspunkte tragfähig dargelegt werden müssen.[29] Der Anordnungsbeschluss muss die angenommene Gefahr so beschreiben, dass der äußere Rahmen abgesteckt wird, innerhalb dessen die heimliche Maßnahme durchzuführen ist. Die maßgeblichen Erwägungen des Gerichts sind in der Begründung der Anordnung hinreichend zu dokumentieren und es hat durch geeignete Formulierungen im Rahmen des Möglichen und Zumutbaren sicherzustellen, dass der Eingriff in die Grundrechte messbar und kontrollierbar bleibt.

Auf diese Weise dient die Schriftform der Anordnung zugleich der **späteren (verwaltungs-)gerichtlichen Überprüfbarkeit der entscheidungstragenden Erwägungen**. Mit diesen Vorgaben nicht vereinbar wären etwa kurze Tenorbeschlüsse, die unter schlichter Wiedergabe des Gesetzeswortlauts die Überwachungsmaßnahme anordnen. Ebenso unzureichend ist eine pauschale Bezugnahme auf den Antragsinhalt, da damit nicht ausreichend dokumentiert wird, dass eine eigenständige gerichtliche Überprüfung stattgefunden hat; eine konkrete Bezugnahme auf einzelne Bestandteile der Antragsschrift ist demgegenüber möglich. 44

Die Anordnung ist gem. § 51 Abs. 5 S. 3 BKAG auf höchstens drei Monate zu befristen, wobei gem. S. 4 eine **Verlängerung** möglich ist, soweit unter Berücksichtigung der der gewonnenen Erkenntnisse die Voraussetzungen fortbestehen. Die Vorschrift lässt auch mehrfache – und zwar ohne zeitliche Obergrenze – Verlängerungen zu, was sich aus dem Wort „jeweils“ ergibt.[30] Zu beachten ist hierbei allerdings, dass stets die gewonnenen Erkenntnisse die Verlängerung der Observation weiter zu tragen helfen vermögen und dem Verbot der Totalüberwachung Rechnung getragen werden muss. 45

3. Anordnungen bei Gefahr im Verzug. Bei Gefahr im Verzug kann die Anordnung auch durch den Präsidenten des BKA oder seine Vertretung getroffen werden, § 51 Abs. 3 S. 2 BKAG. Mit der Vorschrift knüpft der Gesetzgeber **an das übliche polizeirechtliche Instrumentarium** an. Die Anordnung hat auch im Falle der **Eilkompetenz** schriftlich zu ergehen, da Abs. 3 S. 2 nur die Zuständigkeit für die Anordnung verschiebt, aber nichts an den Formerfordernissen ändert. Voraussetzung für die Annahme von Gefahr im Verzug ist, dass im Falle des Abwartens einer gerichtlichen Entscheidung die Maßnahme voraussichtlich zu spät käme.[31] 46

Ordnet der Präsident des BKA die Überwachungsmaßnahme an, so ist die gerichtliche Entscheidung **unverzüglich nachzuholen**, § 51 Abs. 3 S. 3 BKAG. Dies sollte in der praktischen Anwendung bedeuten, dass mit der (schriftlichen) Anordnung durch den Präsidenten zugleich sein Antrag auf Bestätigung an das Gericht gestellt wird. 47

Wird die Anordnung nicht binnen **drei Tagen durch das Gericht bestätigt**, tritt sie außer Kraft, Abs. 3 S. 4. Drei Tage iSd Vorschrift bedeutet, dass der Ablauf des dritten auf die Anordnung folgenden Tages maßgeblich ist. 48

Nicht gänzlich unproblematisch ist die Antwort auf die Frage, ob das Gericht, wenn es zu dem Ergebnis kommt, die Voraussetzungen für eine Telekommunikationsüberwachung lägen nicht vor, **die Eilanordnung aufheben darf und muss**. Der Wortlaut des § 51 BKAG spricht dagegen, da er allein die Bestätigung durch das Gericht und ansonsten das Außerkrafttreten nach drei Tagen vorsieht. Entsprechende polizeirechtliche Befugnisse sehen dagegen regelmäßig auch eine Entscheidung über die Fortdauer vor.[32] Aus Gründen effektiven Grundrechtsschutzes und angesichts des Regel-Ausnahme-Verhältnisses zwischen gerichtlicher und behördlicher Anordnung ist allerdings davon auszugehen, dass das Gericht, so wie es einen Antrag auf Anordnung ablehnen, einen Antrag auf Bestätigung ablehnen und zugleich die Aufhebung der Maßnahme anordnen kann. 49

IV. Mitwirkungspflichten und Entschädigung der Diensteanbieter (Abs. 6)

§ 51 Abs. 6 BKAG regelt die Pflichten derjenigen, die Telekommunikationsdienste erbringen oder daran mitwirken (Diensteanbieter), an den Überwachungsmaßnahmen mitzuwirken. Dies umfasst insbesondere die (technische) **Ermöglichung solcher Maßnahmen** wie auch die erforderliche **Auskunftserteilung**. Das BKAG nimmt insoweit auf die Regelungen des Telekommunikationsgesetzes und der Telekommunikations-Überwachungsverordnung Bezug.[33] Damit ist ein einheitlicher Rahmen für die Diensteanbieter im gefahrenabwehrrechtlichen wie im repressiven Bereich sichergestellt. Das Gleiche gilt sodann für die Entschädi- 50

29 BVerfG Urt. v. 20.4.2016 – 1 BvR 966/09 ua –, BVerfGE 141, 220 (299, Rn. 194).

30 Vgl. zur Wohnraumüberwachung BVerfG Urt. v. 20.4.2016 – 1 BvR 966/09 ua –, BVerfGE 141, 220 (299, Rn. 195).

31 BVerfG Beschl. v. 3.4.1979 – 1 BvR 994/76 –, BVerfGE 51, 97 (111). Mit der Befassung des Richters endet auch im Rahmen des § 51 BKAG die Eilkompetenz des Behördenleiters. Lehnt der Richter die Anordnung der Maßnahme ab, so kann eine Anordnung gestützt auf die Eilkompetenz allenfalls bei neu auftretenden und die Gefahr in Verzug begründenden Umständen in Betracht kommen, vgl. BVerfG Beschl. v. 16.6.2015 – 2 BvR 2718/10 ua –, NStZ 2015, 529 (532 f.).

32 Etwa die Vorschriften über die Ingewahrsamnahme, vgl. § 36 PolG NRW.

33 Vgl. den Überblick hierzu bei Lisken/Denninger/Schwabenbauer, HdbPolR, G Rn. 712 ff.

gung der Diensteanbieter, bezüglich derer in § 51 Abs. 6 S. 3 BKAG die Regelung in § **23 JVEG** für entsprechend anwendbar erklärt wird.

V. Kernbereichsschutz (Abs. 7)

51 § 51 Abs. 7 BKAG normiert den **Kernbereichsschutz bei Telekommunikationsüberwachungsmaßnahmen**, der sich in der Ausgestaltung durchaus deutlich von der Wohnraumüberwachung und der Online-Durchsuchung unterscheidet und den Vorgaben für Maßnahmen nach § 45 BKAG angenähert ist. Dies liegt in der verfassungsgerichtlichen Rechtsprechung begründet, die in der Telekommunikationsüberwachung zwar einen schwerwiegenden Eingriff sieht, der jedoch nach seinem Gesamtcharakter nicht in gleicher Weise durch ein Eindringen in die Privatsphäre geprägt ist wie die Wohnraumüberwachung oder auch die Online-Durchsuchung.[34] Daraus folgt insbesondere, dass die Sichtung der gewonnenen Erkenntnisse nicht grundsätzlich, sondern nur in besonders kernbereichsnahen Fallgestaltungen durch eine unabhängige Stelle zu erfolgen hat.[35]

52 § 51 Abs. 7 S. 1 BKAG legt zunächst wie § 45 Abs. 7 S. 1 und § 49 Abs. 7 S. 1 BKAG fest, dass eine Telekommunikationsüberwachung ausgeschlossen ist, wenn tatsächliche Anhaltspunkte für die Annahme vorliegen, dass durch die Maßnahme **allein** Erkenntnisse aus dem Kernbereich privater Lebensgestaltung erlangt würden. Dies ist (nur) dahingehend bedeutsam, dass Überwachungsmaßnahmen unterbleiben müssen, bei denen ausschließlich dem Kernbereich zuzurechnenden Erkenntnis gesammelt würden. § 51 Abs. 7 S. 2 BKAG enthält die Vorgabe, dass, soweit im Rahmen von Maßnahmen nach den Abs. 1 und 2 neben einer automatischen Aufzeichnung eine unmittelbare Kenntnisnahme erfolgt, die Maßnahme unverzüglich zu unterbrechen ist, soweit sich während der Überwachung tatsächliche Anhaltspunkte dafür ergeben, dass Inhalte erfasst werden, die dem Kernbereich privater Lebensgestaltung zuzurechnen sind. Die Vorschrift ist teleologisch dahin auszulegen, dass dies (selbstverständlich) auch gilt, wenn ausschließlich eine unmittelbare Kenntnisnahme erfolgt. § 51 Abs. 7 S. 3–5 BKAG sieht dann als eigentliche Zentralnorm des Kernbereichsschutzes im Rahmen der Telekommunikationsüberwachung vor, dass bei **Zweifeln über die Zugehörigkeit von Erkenntnissen zum Kernbereich**, nur eine automatische Aufzeichnung fortgesetzt bzw. soweit entsprechende Zweifel von vorneherein bestehen nur angeordnet werden darf („Richterband") und das jeweilige Überwachungsband unmittelbar dem anordnenden Gericht vorzulegen ist. Dieses entscheidet sodann unverzüglich über die Verwertbarkeit (→ § 45 Rn. 202 ff.).

53 § 51 Abs. 7 S. 6 BKAG ordnet, wie auch § 46 Abs. 6 S. 3 BKAG, an, dass eine Telekommunikationsüberwachung nach einer **Unterbrechung fortgesetzt werden** kann, wenn die Maßnahme nicht nach Abs. 7 S. 1 unzulässig ist. Damit ermöglicht es die Vorschrift BKA-Beamten, auch ohne erneute richterliche Überprüfung nach Feststellung der Zugehörigkeit eines einzelnen Telekommunikationsvorgangs zum Kernbereich die Überwachung nach dem vermuteten Abschluss des Gesprächs oder dem vermuteten Verlassen des Kernbereichs die Maßnahme fortzusetzen.

54 § 51 Abs. 7 S. 7–12 BKAG orientiert sich sodann eng an den Vorgaben in **§ 45 Abs. 7 BKAG** (→ § 45 Rn. 198 ff.).

55 Schließlich sieht Abs. 8 bei Gefahr im Verzug eine **Eilverwertungskompetenz** des BKA vor, die nur durch den Präsidenten oder seine Vertretung angeordnet werden darf. Inhaltlich entspricht die Regelung § 45 Abs. 8 BKAG (→ § 45 Rn. 210).

§ 52 Erhebung von Telekommunikationsverkehrsdaten und Nutzungsdaten

(1) Das Bundeskriminalamt kann ohne Wissen der betroffenen Person Verkehrsdaten (§§ 9 und 12 des Telekommunikation-Telemedien-Datenschutz-Gesetzes) erheben zu

1. **den entsprechend § 17 oder § 18 des Bundespolizeigesetzes Verantwortlichen zur Abwehr einer dringenden Gefahr für den Bestand oder die Sicherheit des Bundes oder eines Landes oder für Leib, Leben oder Freiheit einer Person oder Sachen von bedeutendem Wert, deren Erhaltung im öffentlichen Interesse geboten ist,**
2. **der Person, bei der bestimmte Tatsachen die Annahme rechtfertigen, dass sie innerhalb eines übersehbaren Zeitraums auf eine zumindest ihrer Art nach konkretisierte Weise eine Straftat nach § 5 Absatz 1 Satz 2 begehen wird,**

34 BVerfG Urt. v. 20.4.2016 – 1 BvR 966/09 ua –, BVerfGE 141, 220 (312 f., Rn. 238).
35 BVerfG Urt. v. 20.4.2016 – 1 BvR 966/09 ua –, BVerfGE 141, 220 (313 ff., Rn. 240 ff.).

3. der Person, deren individuelles Verhalten die konkrete Wahrscheinlichkeit begründet, dass sie innerhalb eines übersehbaren Zeitraums eine Straftat nach § 5 Absatz 1 Satz 2 begehen wird,
4. der Person, bei der bestimmte Tatsachen die Annahme rechtfertigen, dass sie für eine Person nach Nummer 1 bestimmte oder von dieser herrührende Mitteilungen entgegennimmt oder weitergibt, oder
5. der Person, bei der bestimmte Tatsachen die Annahme rechtfertigen, dass eine Person nach Nummer 1 deren Telekommunikationsanschluss oder Endgerät benutzen wird,

wenn die Abwehr der Gefahr oder Verhütung der Straftaten auf andere Weise aussichtslos oder wesentlich erschwert wäre.

(2) [1]Unter den Voraussetzungen des Absatzes 1 kann das Bundeskriminalamt von denjenigen, die geschäftsmäßig eigene oder fremde Telemedien zur Nutzung bereithalten oder den Zugang zur Nutzung vermitteln, Auskunft über Nutzungsdaten (§ 2 Absatz 2 Nummer 3 des Telekommunikation-Telemedien-Datenschutz-Gesetzes) verlangen. [2]Die Auskunft kann auch über zukünftige Nutzungsdaten angeordnet werden. [3]Der Diensteanbieter hat die Daten dem Bundeskriminalamt unverzüglich auf dem vom Bundeskriminalamt bestimmten Weg zu übermitteln.

(3) [1]§ 51 Absatz 3 bis 6 gilt entsprechend mit der Maßgabe, dass an die Stelle der Präsidentin oder des Präsidenten des Bundeskriminalamtes oder ihrer oder seiner Vertretung die zuständige Abteilungsleitung oder deren Vertretung tritt. [2]Abweichend von § 51 Absatz 4 Nummer 2 und Absatz 5 Satz 1 Nummer 2 genügt eine räumlich und zeitlich hinreichende Bezeichnung der Telekommunikation, sofern anderenfalls die Erreichung des Zwecks der Maßnahme aussichtslos oder wesentlich erschwert wäre.

A. Überblick und Genese

§ 52 BKAG gestattet die Erhebung von Telekommunikationsverkehrsdaten, Nutzungsdaten bei Telemediendiensten sowie die Funkzellenabfrage. In seinem Anwendungsbereich ist die Vorschrift *lex specialis* **zu § 15 BKAG**, der allgemein den Einsatz besonderer Mittel zur Datenerhebung für die Abwehr von Gefahren des internationalen Terrorismus regelt (→ § 45 Rn. 36). 1

Mit der **Vorgängerregelung** des § 52 BKAG – § 20m BKAG aF – im Gesetz zur Abwehr von Gefahren des internationalen Terrorismus durch das Bundeskriminalamt vom 25.12.2008[1] hat der Gesetzgeber erstmals eine Ermächtigungsgrundlage zur Erhebung von Verkehrsdaten in das BKAG eingefügt. Dies geschah – so die Gesetzesbegründung – vor dem Hintergrund, dass es dem BKA ohne Kenntnis dieser Daten vielfach nicht möglich war, Verflechtungen und Zusammenhänge im Bereich des internationalen Terrorismus zu erkennen und Gefahren des internationalen Terrorismus effektiv abzuwehren.[2] Die Kenntnis von Verkehrsdaten kann der weiteren Aufklärung des Sachverhaltes, der Bestimmung des Aufenthaltsortes einer Person und der Abklärung dienen, ob und bezüglich welcher Personen eine Telekommunikationsüberwachung möglich ist und erfolgversprechend erscheint. 2

1 BGBl. I S. 3083.
2 BT-Drs. 16/10121, 32.

3 **Änderungen** haben die gesetzlichen Ermächtigungsgrundlagen für die Erhebung von Verkehrs- und Nutzungsdaten insbesondere aufgrund der Entscheidung des Bundesverfassungsgerichts zum BKAG aus dem Jahr 2016 (→ Rn. 4 ff.) sowie durch Gesetzesänderungen im Jahr 2021 (→ Rn. 9 f.) erfahren.

I. Folgen aus der BKAG-Entscheidung des Bundesverfassungsgerichts

4 Mit Urteil vom 20.4.2016 hat das Bundesverfassungsgericht Vorschriften des BKAG (2008) über Befugnisse im Rahmen der Abwehr von Gefahren des internationalen Terrorismus teilweise für verfassungswidrig erklärt.[3] Dies betraf in Teilen auch § 20m BKAG aF.

5 **1. Zu weitgehende Ermächtigungsgrundlage in § 20m BKAG aF.** Ausgehend davon, dass die Verkehrsdatenerhebung einen Eingriff in Art. 10 Abs. 1 GG darstellt, weil dieser nicht nur die Inhalte der Kommunikation schützt, sondern auch die Vertraulichkeit der näheren Umstände des Kommunikationsvorgangs, zu denen insbesondere gehört, ob, wann und wie oft zwischen welchen Personen oder Telekommunikationseinrichtungen Telekommunikationsverkehr stattgefunden hat oder versucht worden ist,[4] hat das Bundesverfassungsgericht entschieden, dass dieser Eingriff bei verhältnismäßiger Ausgestaltung zur Terrorismusabwehr gerechtfertigt sein könne.[5]

6 § 20m BKAG aF jedoch erklärte das Gericht hinsichtlich der nicht näher eingeschränkten Erstreckung der Telekommunikationsüberwachung auf Personen, bei denen bestimmte Tatsachen die Annahme rechtfertigten, dass sie terroristische Straftaten vorbereiten, als zu unbestimmt. Wörtlich heißt es in der Entscheidung: „Die Vorschrift, die über die Abwehr einer konkreten Gefahr hinaus die Eingriffsmöglichkeiten mit dem Ziel der **Straftatenverhütung** vorverlagert, verstößt in ihrer **konturenarmen offenen Fassung** gegen den Bestimmtheitsgrundsatz und ist **unverhältnismäßig weit**“.[6]

7 Das Bundesverfassungsgericht hat darauf hingewiesen, dass die Verfassung den Gesetzgeber nicht zwinge, Sicherheitsmaßnahmen auf die Abwehr von – nach tradiertem Verständnis – konkreten Gefahren zu beschränken. Allerdings bedarf es bei Maßnahmen zur Straftatenverhütung zumindest einer auf **bestimmte Tatsachen** und nicht allein auf allgemeine Erfahrungssätze gestützten Prognose, die auf eine **konkrete Gefahr bezogen** ist. Grundsätzlich gehört hierzu, dass insoweit ein wenigstens seiner Art nach konkretisiertes und zeitlich absehbares Geschehen erkennbar ist. In Bezug auf terroristische Straftaten kann der Gesetzgeber stattdessen aber auch darauf abstellen, ob das individuelle Verhalten einer Person die konkrete Wahrscheinlichkeit begründet, dass sie in überschaubarer Zukunft terroristische Straftaten begeht.[7]

8 **2. Neufassung: § 52 BKAG.** Die Fassung von § 52 Abs. 1 Nr. 2 BKAG sowie die – im Vergleich zu § 20m BKAG aF – neu eingefügte Nr. 3 dienen der **Umsetzung des BKAG-Urteils** hinsichtlich der zu treffenden Prognoseentscheidung bei Gefahrenlagen im Vorfeld einer konkreten Gefahr für die Begehung terroristischer Straftaten.[8] Der Gesetzgeber hat sich bei der Formulierung der Nachfolgevorschrift in § 52 BKAG an der Entscheidung des Bundesverfassungsgerichts orientiert. Dementsprechend hat er die Formulierung von § 20m BKAG aF, wonach eine Anordnung möglich war, wenn „bestimmte Tatsachen die Annahme rechtfertigen, dass sie Straftaten gem. § 4a Abs. 1 S. 2 vorbereitet“, ersetzt durch „bestimmte Tatsachen [hinsichtlich eines Sachverhalts, Nr. 2, oder im Verhalten einer Person, Nr. 3] die Annahme rechtfertigen, dass sie innerhalb eines übersehbaren Zeitraums auf eine zumindest ihrer Art nach konkretisierte Weise“ eine terroristische Straftat begehen wird.[9] Dies **trägt den verfassungsgerichtlichen Anforderungen Rechnung.**

II. Gesetzesreformen

9 § 52 Abs. 1 BKAG gestattet die Erhebung von Verkehrsdaten und verweist insoweit auf §§ 9 und 12 des **Telekommunikation-Telemedien-Datenschutz-Gesetzes** (TTDSG[10]). Dieses Gesetz ist ebenso wie das **Telekommunikationsmodernisierungsgesetz**[11] am 23.6.2021 erlassen worden und zum 1.12.2021 in Kraft getreten. Das Telekommunikationsmodernisierungsgesetz hat zu einer Neuordnung der Diensteanbieter geführt. Bisher unterfielen dem Telekommunikationsgesetz (TKG) nur klassische Telekommunikationsdienste wie Telefon- und Internetzugangsdienste. Nunmehr wird jede Kommunikation zwischen Personen – sei es via Telefonie, E-Mail oder Messengerdienst – als Nutzung eines Telekommunikationsdienstes iSd §§ 9–12

3 BVerfG Urt. v. 20.4.2016 – 1 BvR 966/09 ua –, BVerfGE 141, 220 (316 f., Rn. 247 ff.); s. dazu auch Graulich KriPoZ 2016, 75 (78).
4 StRspr., vgl. BVerfG Urt. v. 20.4.2016 – 1 BvR 966/09 ua –, BVerfGE 141, 220 (316, Rn. 248), mwN.
5 BVerfG Urt. v. 20.4.2016 – 1 BvR 966/09 ua –, BVerfGE 141, 220 (316, Rn. 249).
6 BVerfG Urt. v. 20.4.2016 – 1 BvR 966/09 ua –, BVerfGE 141, 220 (310, Rn. 232) – Hervorhebungen nicht im Original.
7 BVerfG Urt. v. 20.4.2016 – 1 BvR 966/09 ua –, BVerfGE 141, 220 (290 f., Rn. 164).
8 BR-Drs. 109/17, 141.
9 Vgl. das Gesetz zur Neustrukturierung des Bundeskriminalamtgesetzes v. 1.6.2017, BGBl. I S. 1354.
10 BGBl. I S. 1982.
11 BGBl. I S. 1858.

TTDSG verstanden.[12] In Abgrenzung dazu können Telemediendienste zwar auch auf Kommunikation ausgerichtet sein, beziehen sich aber insoweit auf die Veröffentlichung von Nachrichten an eine unbestimmte Anzahl von Personen, wie dies zB bei den Plattformen Youtube oder Facebook möglich ist (→ Rn. 32 f.).

Die Anpassungen in der Ermächtigungsgrundlage des § 52 Abs. 1 BKAG durch diese Gesetze sind zunächst redaktioneller Natur, weil nunmehr zur Begriffsbestimmung „Verkehrsdaten" auf die Vorschriften aus dem TTDSG verwiesen wird. Enthielt § 20m Abs. 1, 3 BKAG aF noch einen Verweis auf § 113a TKG aF und damit die Möglichkeit, Daten zu erheben, zu deren Speicherung die Diensteanbieter ohne weiteren Anlass zur Speicherung gem. §§ 113a Abs. 1, 113b TKG aF[13] verpflichtet waren (**Vorratsdatenspeicherung**; nunmehr §§ 176, 177 TKG), ist dies bei § 52 Abs. 1 BKAG nicht mehr der Fall. Dieser gestattet lediglich die Erhebung solcher Daten, die zur Entgeltabrechnung oder Störungsbeseitigung von Diensteanbietern gespeichert werden. Eine Erhebung von Daten aus der sog. Vorratsdatenspeicherung ist *de lege lata* insbesondere gem. § 100g StPO möglich, dessen Anwendung jedoch ausgesetzt ist.[14] §§ 9 ff. TTDSG und § 96 TKG ermöglichen mithin nicht den Zugriff auf vorsorglich und **anlasslos** gespeicherte Telekommunikationsverkehrsdaten.[15] 10

B. Kommentierung im Einzelnen

I. Allgemeines

Während die Überwachung und Aufzeichnung von **Inhaltsdaten in § 51 BKAG** geregelt ist, ermöglicht § 52 BKAG die Erhebung von 11

- Telekommunikationsverkehrsdaten (Abs. 1),
- Nutzungsdaten bei Telemediendiensten (Abs. 2) sowie
- Funkzellendaten (Abs. 2 S. 3).

In der Praxis ist die Durchführung dieser Maßnahmen durch das BKA von nicht unerheblicher Bedeutung. So hat das BKA für den Zeitraum vom 1.5.2019 bis 30.4.2021 berichtet (→ § 88 Rn. 7 ff.), in verschiedenen, eigenen Gefahrenabwehrvorgängen (→ § 5) bezogen auf 64 Anschlüsse/Kennungen/Benutzerkonten Verkehrsdaten erhoben zu haben.[16] Der BKA-Präsident hat die praktischen **Anwendungsfälle** für die Erhebung von Verkehrsdaten prägnant wie folgt zusammengefasst: „Verkehrsdaten sind bei der Polizeiarbeit in verschiedenen Konstellationen und unterschiedlicher Form von Bedeutung: 1. Durch die Zuordnung von IP-Adressen zu einer Person kann etwa herausgefunden werden, wer Kinderpornografie auf einer Internetseite aufgerufen hat, 2. durch die Auswertung von Funkzellendaten kann geklärt werden, wer sich an einem Tatort, an dem beispielsweise ein Mord geschehen ist, aufgehalten hat und 3. durch die Auswertung von Telekommunikationsverkehrsdaten kann zB nachvollzogen werden, mit wem ein mutmaßlicher Terrorist in Kontakt stand und steht".[17] 12

II. Die Maßnahmen im Einzelnen

1. Verkehrsdatenabfrage (Abs. 1). Nach § 52 Abs. 1 BKAG kann das BKA in bestimmten Fällen ohne Wissen der betroffenen Person Verkehrsdaten (§§ 9 und 12 TTDSG) erheben, wenn die **Abwehr der Gefahr** oder **Verhütung der Straftaten** auf andere Weise aussichtslos oder wesentlich erschwert wäre. 13

12 Vgl. § 3 Nr. 61 TKG, § 3 Abs. 2 TTDSG.

13 Danach waren die in § 113a Abs. 1 TKG genannten Dienstleister verpflichtet, bestimmte Daten gem. § 113b TKG **anlasslos** zu speichern.

14 Vgl. dazu den Verfahrensgang OVG Münster Beschl. v. 22.6.2017 – 13 B 238/17 –, NVwZ-RR 2018, 43; BVerwG Beschl. v. 25.9.2019 – 6 C 12/18 –, NVwZ 2020, 1108 (EuGH-Vorlage); EuGH (GK) Urt. v. 20.9.2022 – C-793/19 ua –, ZD 2022, 666 (668 f., Rn. 74) – SpaceNet und Telekom Deutschland: „Was das Ziel der Bekämpfung schwerer Kriminalität anbelangt, hat der Gerichtshof entschieden, dass nationale Rechtsvorschriften, die zu diesem Zweck die allgemeine und unterschiedslose Vorratsspeicherung von Verkehrs- und Standortdaten vorsehen, die Grenzen des absolut Notwendigen überschreiten und nicht als in einer demokratischen Gesellschaft gerechtfertigt angesehen werden können. Angesichts des sensiblen Charakters der Informationen, die sich aus den Verkehrs- und Standortdaten ergeben können, ist deren Vertraulichkeit nämlich von entscheidender Bedeutung für das Recht auf Achtung des Privatlebens. In Anbetracht zum einen der [...] angesprochenen abschreckenden Wirkungen, die die Speicherung dieser Daten auf die Ausübung der in den Art. 7 und 11 EuGRCh verankerten Grundrechte haben kann, und zum anderen der Schwere des mit ihr verbundenen Eingriffs muss eine solche Speicherung in einer demokratischen Gesellschaft, wie es das durch die RL 2002/58 geschaffene System vorsieht, die Ausnahme und nicht die Regel sein, und solche Daten dürfen nicht Gegenstand einer systematischen und kontinuierlichen Speicherung sein. Dies gilt auch in Anbetracht der Ziele der Bekämpfung schwerer Kriminalität und der Verhütung ernster Bedrohungen der öffentlichen Sicherheit sowie der Bedeutung, die ihnen beizumessen ist".

15 Vgl. zu dieser Definition von Vorratsdaten BVerfG Urt. v. 2.3.2010 – 1 BvR 256/08 ua –, BVerfGE 125, 26 Ls.

16 Vgl. BT-Drs. 20/43.

17 Münch ZRP 2015, 130 (130).

14 a) **Verweis auf die Voraussetzungen von § 51 Abs. 1 BKAG.** Im Unterschied zu den Regelungen in der StPO gestattet das BKAG die Erhebung von Verkehrsdaten unter denselben – hohen – Voraussetzungen wie die Erhebung von Inhaltsdaten, also die Überwachung und Aufzeichnung der Telekommunikation gem. § 51 Abs. 1 BKAG. § 52 Abs. 1 BKAG regelt in seinen Nrn. 1–5, zu welchen **Zwecken**, unter welchen **Voraussetzungen** und gegen welche **Personen** Maßnahmen nach § 52 BKAG durchgeführt werden können. So ermöglicht Nr. 1 ein Einschreiten bei dringenden Gefahren für hochwertige Rechtsgüter, Nr. 2 das Tätigwerden bei Anhaltspunkten für die Begehung von Straftaten nach § 5 Abs. 1 S. 2 BKAG (internationaler Terrorismus) oder Nr. 4 Maßnahmen gegen Nachrichtenmittler. Weil die Voraussetzungen denjenigen in § 51 Abs. 1 BKAG entsprechen, soll zur Vermeidung von Wiederholungen im Einzelnen auf die dortige Kommentierung verwiesen werden (→ § 51 Rn. 20 ff.). § 51 Abs. 1 und § 52 Abs. 1 BKAG weichen nur sprachlich geringfügig voneinander ab, weil der Gesetzgeber in § 52 Abs. 1 BKAG entschieden hat, „der Person" zu Anfang der einzelnen Ziffern zu wiederholen. Anders als § 51 Abs. 1 S. 2 BKAG stellt § 52 Abs. 1 BKAG zudem nicht ausdrücklich klar, dass die Maßnahme auch durchgeführt werden kann, wenn andere Personen unvermeidbar betroffen sind.

15 b) **Verkehrsdaten im Sinne von § 9 TTDSG.** Allgemein sind Verkehrsdaten Daten, die bei der Erbringung eines Telekommunikationsdienstes erhoben, verarbeitet oder genutzt werden (§ 3 Nr. 70 TKG, § 2 Abs. 1 TTDSG). Die Befugnis zur Verarbeitung solcher Daten schränkt **§ 9 Abs. 1 S. 1 TTDSG** dahingehend ein, dass die Daten zum **Aufbau und zur Aufrechterhaltung der Telekommunikation, zur Entgeltabrechnung oder zum Aufbau weiterer Verbindungen erforderlich** sind. § 9 Abs. 1 S. 1 TTDSG übernimmt also die bisher in § 96 TKG enthaltene Regelung zur Verarbeitung von Verkehrsdaten,[18] beschränkt deren Anwendung aber ausdrücklich – **„nur"** – auf die Abrechnung von Leistungen.[19] Andere Verkehrsdaten sind gem. § 9 Abs. 1 S. 2 TTDSG unverzüglich zu löschen.[20]

16 § 9 Abs. 1 S. 1 TTDSG klärt im Einzelnen darüber auf, welche Daten verarbeitet werden dürfen: **1.** die **Nummer oder Kennung** der beteiligten Anschlüsse oder der Endeinrichtung, personenbezogene Berechtigungskennungen, bei Verwendung von Kundenkarten auch die Kartennummer, bei mobilen Anschlüssen auch die **Standortdaten, 2.** den **Beginn und das Ende** der jeweiligen Verbindung nach Datum und Uhrzeit und, soweit die Entgelte davon abhängen, die übermittelten Datenmengen, **3.** den vom Nutzer in Anspruch genommenen Telekommunikationsdienst, **4.** die **Endpunkte** von festgeschalteten Verbindungen, ihren Beginn und ihr Ende nach Datum und Uhrzeit und, soweit die Entgelte davon abhängen, die übermittelten Datenmengen und **5.** sonstige zum Aufbau und zur Aufrechterhaltung der Telekommunikation sowie zur Entgeltabrechnung notwendige Verkehrsdaten.

17 Relevant sind insbesondere die **Telefondaten** und **IP-Adressen.**[21]

18 **aa) Telefondaten.** Bei **mobiler Telefonie** werden die weltweit eindeutige IMSI (= International Mobile Subscriber Identity) zur Identifizierung im Netz sowie die auf der SIM-Karte gespeicherte Teilnehmeridentifikationsnummer (Rufnummer) gespeichert. Hinzu kommt die IMEI-Nummer, die Hardware-Kennung des jeweils verwendeten Mobiltelefons (International Mobile Equipment Identity).[22] Außerdem fallen beim Mobilfunk **Standortdaten**[23] an, weil das Mobiltelefon nur dann **empfangsbereit** ist, wenn es in **ständigem** Kontakt mit der nächsterreichbaren Funkzelle steht.[24] § 9 Abs. 1 S. 1 Nr. 1 TTDSG ermöglicht damit – zB zur Vorbereitung oder Erleichterung von Observationsmaßnahmen (vgl. § 45 Abs. 2 Nr. 1 BKAG, → § 45 Rn. 87 ff.) – die Erhebung von Standortdaten eines eingeschalteten Mobiltelefons in Echtzeit auch dann, wenn dieses aktuell nicht genutzt wird.[25]

19 **bb) IP-Adresse.** Ob die Erhebung von Daten zu einer IP-Adresse eine Verkehrsdatenabfrage gem. § 52 Abs. 1 BKAG voraussetzt, hängt nach hiesiger Auffassung davon ab, ob es sich um eine sog. **statische oder dynamische** IP-Adresse handelt.

20 Die IP-Adresse ist die technische Anschlusskennung von Computern, eine Ziffernfolge, die vernetzten Computern zugewiesen wird, um deren Kommunikation im Internet zu ermöglichen. Sie wird beim Abruf einer

18 Vgl. BT-Drs. 19/27441, 35.
19 Vgl. weiterführend Taeger/Gabel/Munz DS-GVO – BDSG – TTDSG, 4. Aufl. 2022, TTDSG § 9 Rn. 10 ff.
20 S. auch § 10 Abs. 2 S. 3 TTDSG.
21 Vgl. BeckOK-StPO/Bär TTDSG § 9 Rn. 14 f. (2022).
22 Vgl. weiterführend BeckOK-StPO/Bär TTDSG § 9 Rn. 14 (2022).
23 BT-Drs. 16/10121, 33; vgl. zum Begriff § 3 Nr. 56 TKG, wonach Standortdaten Daten sind, die in einem Telekommunikationsnetz oder von einem Telekommunikationsdienst verarbeitet werden und die den Standort des Endgeräts eines Nutzers eines öffentlich zugänglichen Telekommunikationsdienstes angeben.
24 BeckOK-StPO/Bär TTDSG § 9 Rn. 14 (2022).
25 Vgl. zu § 100g StPO BT-Drs. 16/5846, 51.

Internetseite an den Server übermittelt, auf dem die abgerufene Seite gespeichert ist. Dies ist **erforderlich**, um die abgerufenen Daten an den **richtigen Empfänger** zu übertragen.[26]

Das Bundesverfassungsgericht hat hinsichtlich der **Abfrage von IP-Adressen** entschieden, dass dabei zwar auf vorsorglich gespeicherte Telekommunikations**verkehrsdaten** zurückgegriffen werden muss, von Verfassungs wegen aber nicht die sonst für die Verwendung solcher Daten geltenden besonders strengen Voraussetzungen gegeben sein müssen. Denn – so das Gericht – die Behörden rufen nicht die gespeicherten Daten selbst ab, sondern erhalten lediglich personenbezogene Auskünfte über den Inhaber eines bestimmten Anschlusses, der von den Diensteanbietern unter Rückgriff auf diese Daten ermittelt wurde.[27] Dies aber gilt nur für die sog. **statische IP-Adresse**, die einem bestimmten Gerät fest zugewiesen ist. Insoweit ist die Abfrage von Daten einer **Bestandsdatenabfrage** vergleichbar, weil – wie im zuvor zitierten Sinne – keine systematische Datenerhebung erfolgt und die Daten nicht über einen längeren Zeitraum genutzt und zugeordnet werden.[28] Art. 10 Abs. 1 GG findet keine Anwendung.[29] 21

Regelmäßig werden den im Internet aktiven Geräten jedoch sog. **dynamische IP-Adressen** zugewiesen. Die dynamische IP wird – bloß – für die Dauer der Nutzung aus einem dem jeweiligen Anbieter zur Verfügung stehenden Nummernkreis beim Aufbau der Internetverbindung an jeden Nutzer vergeben, der nicht über eine statische IP-Adresse verfügt (→ § 10 Rn. 35).[30] 22

Bei diesbezüglichen Auskünften ist zu differenzieren: Die Erhebung der IP-Adresse selbst stellt einen Eingriff in Art. 10 Abs. 1 GG dar,[31] dem **nur die Verkehrsdatenabfrage gerecht wird.**[32] Das Bundesverfassungsgericht führt dazu aus: „[…] [D]ie Telekommunikationsunternehmen [müssen] für die Identifizierung einer dynamischen IP-Adresse in einem **Zwischenschritt** die entsprechenden **Verbindungsdaten** ihrer Kunden **sichten** […], also auf **konkrete Telekommunikationsvorgänge zugreifen**. Diese von den Diensteanbietern einzeln gespeicherten Telekommunikationsverbindungen fallen unter das Telekommunikationsgeheimnis, unabhängig davon, ob sie von den Diensteanbietern aufgrund gesetzlicher Verpflichtung vorrätig gehalten werden müssen […] oder von ihnen auf vertraglicher Grundlage gespeichert werden. Soweit der Gesetzgeber die Telekommunikationsunternehmen dazu verpflichtet, auf diese Daten zurückzugreifen und sie für die staatliche Aufgabenwahrnehmung auszuwerten, liegt darin ein Eingriff in Art. 10 Abs. 1 GG“.[33] Weil die Abfrage einer dynamischen IP-Adresse demnach nicht ohne Eingriff in Telekommunikationsvorgänge auskommt, ist die Bestandsdatenabfrage aus hiesiger Sicht trotz des Gewichts der nach § 5 BKAG geschützten Rechtsgüter, auf die auch die Regelung zur Bestandsdatenauskunft in § 40 BKAG abstellt (→ § 40 Rn. 12), nicht die geeignete Ermächtigungsgrundlage, sondern – wie ausgeführt – die Verkehrsdatenabfrage (s. aber → § 10 Rn. 37, § 40 Rn. 12). 23

Geht es um die Zuordnung der – sodann bekannten – IP-Adresse zu einer Person, sind diesbezügliche Auskünfte im Wege der **Bestandsdatenabfrage** beim Diensteanbieter zu beantragen. Dieser wird Auskunft über die Person (Kennung eines Anschlusses, Benutzerkennung)[34] erteilen, der die IP-Adresse zu einem bestimmten Zeitpunkt zugewiesen war.[35] Dementsprechend ist aus hiesiger Sicht auch § 40 Abs. 4 BKAG auszulegen (s. aber → § 40 Rn. 12). 24

cc) Sonderfall: Flatrates. Aus der Beschränkung gem. § 9 Abs. 1 S. 1 Nr. 2 TTDSG auf die Speicherung derjenigen Daten, die entgeltrelevant sind, folgt zwangsläufig, dass bei sog. **Flatrates** – dies gilt für Telefondaten wie IP-Adressen gleichermaßen[36] – weder die Zeitdaten der Verbindung noch die übermittelten Datenmengen erhoben werden dürfen, wenn beides für die Abrechnung erbrachter Leistungen irrelevant ist.[37] 25

26 BGH Urt. v. 16.5.2017 – VI ZR 135/13 –, BGHZ 215, 55 (56, Rn. 1; 63, Rn. 26); vgl. Lisken/Denninger/Graulich, HdbPolR, E Rn. 811; KK-StPO/Bruns § 100j Rn. 4; vgl. auch BeckOK-StPO/Ferner TTDSG § 22 Rn. 13 f., der die Differenzierung zwischen dynamischer und statischer IP-Adresse mit Blick auf den aktuellen technischen Stand hinterfragt.

27 Vgl. BVerfG Urt. v. 2.3.2010 – 1 BvR 256/08 ua –, BVerfGE 125, 260 (340 f.).

28 Vgl. BeckOK-StPO/Bär TKG § 177 Rn. 10 (2022).

29 BVerfG Beschl. v. 27.5.2020 – 1 BvR 1873/13 ua –, BVerfGE 155, 119 (168 f., Rn. 98).

30 BeckOK-StPO/Bär TTDSG § 9 Rn. 15 (2022); vgl. auch BGH Urt. v. 16.5.2017 – VI ZR 135/13 –, BGHZ 215, 55 ff.

31 AA zu § 100j StPO: BeckOK-StPO/Graf § 100j Rn. 28 (2022).

32 Dies ist jedoch nicht unumstritten und wird teilweise in dieser Deutlichkeit nicht geäußert. Vgl. zur Differenzierung und zum Meinungsstand Taeger/Gabel/Munz DS-GVO – BDSG – TTDSG, 4. Aufl. 2022, § 9 Rn. 15, mwN; wie hier Ruckert in MüKoStPO, 2. Aufl. 2023, § 100j Rn. 38.

33 BVerfG Beschl. v. 24.1.2012 – 1 BvR 1299/05 –, BVerfGE 130, 151 (181 f.), und Beschl. v. 27.5.2020 – 1 BvR 1873/13 ua –, BVerfGE 155, 119 (169, Rn. 99) – Hervorhebungen nicht in den Originalen; s. dazu BeckOK-StPO/Bär TKG § 177 Rn. 11 (2022); Meyer-Goßner/Schmitt/Köhler StPO § 100g Rn. 8, mwN, und § 100j Rn. 4.

34 BeckOK-StPO/Bär TKG § 176 Rn. 16 (2022).

35 Vgl. BT-Drs. 14/7008, 7; Meyer-Goßner/Schmitt/Köhler StPO § 100j Rn. 4; s. auch BT-Drs. 17/12879, 10.

36 Vgl. BeckOK-StPO/Bär TTDSG § 9 Rn. 8 (2022).

37 Taeger/Gabel/Munz DS-GVO – BDSG – TTDSG, 4. Aufl. 2022, § 9 Rn. 6; BeckOK-StPO/Bär TTDSG § 12 Rn. 2 (2022).

Dies hat zur Folge, dass bei bestehender „Flatrate“ Verkehrsdaten auf der Grundlage von § 9 TTDSG idR gar nicht oder nur sehr begrenzt verarbeitet werden dürfen.[38]

26 c) **Verkehrsdaten gem. § 12 TTDSG.** Eine Erhebung von Daten ist etwa beim Bestehen einer Flatrate (→ Rn. 25) nur durch einen Rückgriff auf die gem. **§ 12 TTDSG zur Störungsbeseitigung** gespeicherten Daten möglich. Unter den dort genannten Voraussetzungen ist eine Verarbeitung von Verkehrsdaten zur Erkennung, Eingrenzung und Beseitigung von Störungen an TK-Anlagen zugelassen, soweit dies für die vorgenannten Zwecke erforderlich ist. Dem Wortlaut nach setzt die Erhebung von Daten gem. § 12 TTDSG eine bestehende Störung oder Fehler an Telekommunikationsanlagen (vgl. § 3 Nr. 60 TKG[39]) voraus. Allerdings findet das „Erkennen“ von Störungen und Fehlern idR in einem Stadium statt, in dem Anhaltspunkte hierfür erst gewonnen werden, also ein konkreter Verdacht noch nicht bestehen muss.[40] Es muss daher eine **abstrakte Gefahr von Störungen** und **Fehlern** an TK-Anlagen genügen. Jedoch sind die nach § 12 Abs. 1 TTDSG gespeicherten Daten nach Beseitigung der Störung unverzüglich zu löschen (§ 12 Abs. 2 TTDSG). Außerdem ist die nach § 12 Abs. 1 S. 1 TTDSG gewährte Erhebungsbefugnis in den dort genannten Fällen beschränkt durch den Grundsatz der Verhältnismäßigkeit, insbesondere die Erforderlichkeit.[41]

27 d) **Heimliche Erhebung.** Die Erhebung der Verkehrsdaten kann ohne Wissen der Betroffenen, also heimlich erfolgen. Während der Gesetzgeber bezüglich der Neufassung von § 100g Abs. 1 StPO entschieden hat, die Worte „auch ohne Wissen des Betroffenen“ zu streichen, und damit verdeutlichte, dass es sich bei der Verkehrsdatenerhebung nach § 100g StPO grundsätzlich um **keine heimliche Maßnahme** handelt,[42] hat er in § 52 BKAG auf eine solche Klarstellung verzichtet.

28 Die heimliche Erhebung bewirkt eine **besondere Intensität des Grundrechtseingriffs,** was verfahrensrechtliche Sicherungen erfordert.[43] Dem trägt § 74 Abs. 1 Nr. 9 BKAG Rechnung, der die Benachrichtigung Betroffener bei Maßnahmen gem. § 52 Abs. 1 BKAG normiert (→ § 74 Rn. 5 ff.). Regelungen zur Information der von Datenerhebungen oder -nutzungen Betroffenen gehören allgemein zu den elementaren Instrumenten des grundrechtlichen Datenschutzes.[44] Wird die Benachrichtigung zurückgestellt und erfolgt sie nicht binnen zwölf Monaten nach Beendigung der Maßnahme, bedarf die weitere Zurückstellung einer gerichtlichen Zustimmung (§ 74 Abs. 3 S. 1 BKAG).

29 e) **Ermessen und Verhältnismäßigkeit.** Liegen die tatbestandlichen Voraussetzungen von § 52 Abs. 1 BKAG vor, ist dem BKA ein Ermessen eröffnet. In die Ausübung des Ermessens sind insbesondere die Dauer der Anordnung (hierzu § 52 Abs. 3 S. 1 iVm § 51 Abs. 5 S. 3–5 BKAG) im Verhältnis zur bestehenden Gefahr einzustellen und eine Verhältnismäßigkeitsprüfung – gegebenenfalls auch mit Blick auf parallel angeordnete weitere Maßnahmen – vorzunehmen.[45] Weil die **Schwelle** für die Erhebung von Daten nach § 52 Abs. 1 BKAG hoch ist und dem Verhältnismäßigkeitsgrundsatz bereits tatbestandlich durch die in § 52 Abs. 1 BKAG geregelte **Subsidiarität** Rechnung getragen wird („wenn die Abwehr der Gefahr oder Verhütung der Straftaten auf andere Weise aussichtslos oder wesentlich erschwert wäre“), wird die erforderliche ergänzende Verhältnismäßigkeitsprüfung bei der Erhebung von Verkehrsdaten **eher selten** zur Unzulässigkeit der Maßnahme führen.[46]

30 **2. Abfrage von Nutzungsdaten bei Telemediendiensten (Abs. 2).** Das BKA kann gem. § 52 Abs. 2 S. 1 BKAG unter den Voraussetzungen von § 52 Abs. 1 BKAG von denjenigen, die geschäftsmäßig eigene oder fremde Telemedien zur Nutzung bereithalten oder den Zugang zur Nutzung vermitteln, Auskunft über Nutzungsdaten verlangen.

31 a) **Verweis auf die Voraussetzungen von § 51 Abs. 1 BKAG.** Die Erhebung von Nutzungsdaten bei Telemediendiensten ist danach nur unter den hohen Voraussetzungen von § 52 Abs. 1 BKAG möglich, der wiederum den strengen materiellen Voraussetzungen des § 51 Abs. 1 BKAG entspricht. Auch eine Maßnahme gem. § 52 Abs. 2 BKAG wird also **in ihren Voraussetzungen der Erhebung von Telekommunikationsverkehrsdaten gleichgestellt** (vgl. im Einzelnen → § 51 Rn. 20 ff.).

32 b) **Telemedien.** Nach der Definition in § 1 Abs. 1 TMG sind Telemedien alle elektronischen Informations- und Kommunikationsdienste, soweit sie nicht Telekommunikationsdienste nach § 3 Nr. 61 TKG, telekommunikationsgestützte Dienste nach § 3 Nr. 63 TKG oder Rundfunk nach § 2 des Rundfunkstaatsvertrages

38 BeckOK-StPO/Bär TTDSG § 12 Rn. 2 (2022).
39 Taeger/Gabel/Munz DS-GVO – BDSG – TTDSG, 4. Aufl. 2022, § 12 Rn. 5.
40 Vgl. BGH Urt. v. 13.1.2011 – III ZR 146/10 –, MMR 2011, 341 (344) zu § 100 TKG aF.
41 BGH Urt. v. 13.1.2011 – III ZR 146/10 –, MMR 2011, 341 (344); BeckOK-StPO/Bär TTDSG § 12 Rn. 14 (2022).
42 BT-Drs. 18/5088, 31.
43 Zusammenfassend BVerfG Urt. v. 20.4.2016 – 1 BvR 966/09 ua –, BVerfGE 141, 220 (270, Rn. 108; 282, Rn. 134); Urt. v. 16.2.2023 – 1 BvR 1547/19 –, juris, Rn. 104 ff., 109 ff., jeweils mwN.
44 Vgl. BVerfG Urt. v. 2.3.2010 – 1 BvR 256/08 ua –, BVerfGE 125, 260 (336).
45 Schenke/Graulich/Ruthig/Schenke BKAG § 52 Rn. 16.
46 Vgl. zu § 100g StPO Meyer-Goßner/Schmitt/Köhler StPO § 100g Rn. 35.

sind. Umfasst sind daher jegliche **sonstigen Dienste** mit Bild-, Text- oder Toninhalten wie soziale Netzwerke (Facebook, Youtube), Blogs oder Internet-Suchmaschinen.[47] Diese Definition veranschaulicht die **große praktische Bedeutung** der Überwachung von Telemedien zur Gefahrenabwehr. Die vielfältigen Internetangebote sind vermehrt zur Gefahrenabwehr von Bedeutung. Dies gilt vor allem für die sozialen Medien und sonstigen Foren zur Kommunikation.[48] Was Kommunikationsinhalte anbelangt, sind Telemedien häufig auf die „einseitige" Veröffentlichung von Nachrichten an eine unbestimmte Anzahl von Personen gerichtet (Youtube, Facebook).

Ob es sich bei dem Austausch via Telemedien um Kommunikation iSv Art. 10 GG handelt, deren Überwachung an diesem Grundrecht zu messen ist, ist im Einzelfall zu klären (→ Rn. 35).[49] 33

c) **Nutzungsdaten.** Bei Nutzungsdaten handelt es sich gem. § 2 Abs. 2 Nr. 3 TTDSG um die **personenbezogenen Daten eines Nutzers von Telemedien,** deren Verarbeitung erforderlich ist, um die Inanspruchnahme von Telemedien zu **ermöglichen** und **abzurechnen.** Diese Definition ist an die der Verkehrsdaten im TKG angelehnt.[50] Es gehören dazu insbesondere Merkmale zur Identifikation des Nutzers, Angaben über Beginn und Ende sowie den Umfang der jeweiligen Nutzung und über die vom Nutzer in Anspruch genommenen Telemedien, aber auch Daten, die der Nutzer in eine Suchmaschine oder in ein Formular eingibt oder Informationen aus und in sog. Cookies.[51] Im Bereich der Identifikation des Nutzers können sich Nutzungs- und Bestandsdaten (vgl. dazu § 2 Abs. 2 Nr. 2 TTDSG) überschneiden.[52] Aus der Formulierung „insbesondere" folgt, dass der Gesetzgeber Nutzungsdaten nicht abschließend, sondern regelbeispielhaft definieren wollte. Auf der anderen Seite bringt die Formulierung „um dem Nutzer die Inanspruchnahme zu ermöglichen und abzurechnen" zum Ausdruck, dass die Erhebung dieser Daten auf das für diese Zwecke erforderliche Maß begrenzt ist.[53] 34

Auf der Grundlage von § 52 Abs. 2 S. 1 BKAG können auch **Standortdaten** erhoben werden. Dies zeigt folgendes Beispiel: Nutzt ein Telemedium für die Navigation den GPS-Standort des Nutzers, ist dies für die **Inanspruchnahme** des Telemediums im vorgenannten Sinne erforderlich. Eine Navigationsapp könnte andernfalls nicht genutzt werden.[54] Zwar ist die Erhebung von Standortdaten nicht – wie etwa in § 100k StPO – ausdrücklich in § 52 Abs. 2 BKAG erwähnt. Es handelt sich bei ihnen außerdem in aller Regel um (eine andere Kategorie) personenbezogene(r) Daten.[55] Maßnahmen in Bezug auf Standortdaten sind ferner stets an Art. 10 GG zu messen, weil sie bei der Kommunikation – hier derjenigen zwischen Nutzer und Telemediendienstanbieter – anfallen. Die Erhebung einer Vielzahl anderer Nutzungsdaten hingegen dürfte (nur) einen Eingriff in das Recht auf informationelle Selbstbestimmung (Art. 2 Abs. 1 iVm Art. 1 Abs. 1 GG) darstellen.[56] Angesichts der Anlehnung des Begriffs der Nutzungsdaten (bzgl. Telemedien) an die Verkehrsdaten (bzgl. Telekommunikation; → Rn. 31, 34) und der Gleichstellung der Voraussetzungen ihrer Erhebung durch den Verweis des Absatzes 2 auf die Voraussetzungen des § 52 Abs. 1 BKAG stehen die genannten Erwägungen einer Erhebung von Standortdaten gem. § 52 Abs. 2 S. 1 BKAG aber nicht entgegen. 35

d) **Erhebung auch in Echtzeit.** Durch § 52 Abs. 2 S. 2 BKAG wird klargestellt, dass das Auskunftsverlangen **nicht nur retrograd** möglich ist, sondern sich **auch auf zukünftig anfallende Nutzungsdaten** erstreckt, also in Echtzeit erfolgen kann. 36

e) **Pflicht zur unverzüglichen Übermittlung.** § 52 Abs. 2 S. 3 BKAG verpflichtet den **Diensteanbieter,** die Daten dem BKA unverzüglich auf dem vom BKA bestimmten Weg zu übermitteln. Anbieter von Telemedien ist gem. § 2 Abs. 2 Nr. 1 TTDSG jede natürliche oder juristische Person, die eigene oder fremde Telemedien erbringt, an der Erbringung mitwirkt oder den Zugang zur Nutzung von eigenen oder fremden Telemedien vermittelt.[57] 37

3. Funkzellenabfrage (Abs. 3 S. 2). Versteckt in § 52 Abs. 3 S. 2 BKAG ist die Funkzellenabfrage geregelt. Die gewählte Systematik erschließt sich angesichts der Eingriffsintensität der Funkzellenabfrage nicht; sie ist jedoch hinzunehmen. 38

47 Vgl. weitere Beispiele bei Taeger/Gabel/Ettig DS-GVO – BDSG – TTDSG, 4. Aufl. 2022, § 2 Rn. 12, mwN, und BeckOK-PolSiR Bayern/Bär BayPAG Art. 42 Rn. 22 (2022); BT-Drs. 16/10121, 33 nannte exemplarisch Internetauktionshäuser oder -tauschbörsen, Anbieter von Videos auf Abruf oder Suchmaschinen im Internet.
48 So zutr. BeckOK-PolSiR Bayern/Bär BayPAG Art. 42 Rn. 22 (2022).
49 Vgl. aber Schenke/Graulich/Ruthig/Schenke BKAG § 52 Rn. 8.
50 BeckOK-StPO/Ferner TTDSG § 2 Rn. 17 (2022).
51 Taeger/Gabel/Ettig DS-GVO – BDSG – TTDSG, 4. Aufl. 2022, § 2 Rn. 33.
52 Taeger/Gabel/Ettig DS-GVO – BDSG – TTDSG, 4. Aufl. 2022, § 2 Rn. 22, 28; BeckOK-StPO/Ferner TTDSG § 24 Rn. 2–5 (2022).
53 Vgl. zur insoweit wortlautgleichen Formulierung in § 15 Abs. 1 TMG aF Spindler/Schmitz/Schmitz, TMG, 2. Aufl. 2018, § 15 Rn. 42.
54 Vgl. Bräutigam/Rücker/Rücker/Loeck, E-Commerce, 2017, 10. Teil Rn. 21 und Rn. 24: Entsprechendes gilt für Restaurantfinder, Wetterberichte an einem bestimmten Standort oder die Suche nach Filialen eines Unternehmens im Umkreis des Nutzers.
55 Vgl. dazu Bräutigam/Rücker/Rücker/Loeck, E-Commerce, 2017, 10. Teil Rn. 5–10; s. ferner BeckOK-StPO/Bär § 100k Rn. 25 f.
56 Vgl. dazu BT-Drs. 16/3078, 18; s. auch BVerfG Beschl. v. 13.11.2010 – 2 BvR 1124/10 –, juris, Rn. 13 f.
57 Vgl. im Einzelnen Taeger/Gabel/Ettig DS-GVO – BDSG – TTDSG, 4. Aufl. 2022, § 2 Rn. 13 ff.

39 a) **Inhalt und Reichweite.** Bei einer Funkzellenabfrage handelt es sich in Abgrenzung zu Verkehrs- bzw. Standortdatenerhebungen um die Abfrage **aller Verkehrsdaten**, die **in einer bestimmten Funkzelle**[58] angefallen und gem. §§ 9 oder 12 TTDSG gespeichert worden sind. Im Unterschied zur Erhebung von Standortdaten, die ermittlungstaktisch idR einen gewissen Zeitraum und somit eine Vielzahl von Standorten einbezieht, beschränkt sich die Funkzellenabfrage auf einen bestimmten Standort, etwa den Ort einer Gefahr oder Straftat.[59]

40 Die Funkzellenabfrage kommt in der Praxis regelmäßig als erste Maßnahme zu einem **Zeitpunkt** in Betracht, in dem ein Störer oder Verdächtiger noch nicht ausgemacht ist und daher eine konkrete Rufnummer oder eine andere Kennung eines zu überwachenden Anschlusses noch nicht bekannt ist. Sie dient der Feststellung, welche Mobilgeräte zu einer bestimmten Zeit der betreffenden Funkzelle zuzuordnen waren,[60] also nicht der Erstellung eines Bewegungsprofils zu einer Person.[61]

41 Funkzellenabfragen erfassen mithin unvermeidbar **Verkehrsdaten Dritter**, die sich mit ihrem empfangsbereiten oder im Betrieb befindlichen Mobiltelefon in der abgefragten Funkzelle befinden.[62] Es können, wie bereits zuvor ausgeführt (→ Rn. 18), auch Daten lediglich empfangsbereiter Mobilfunkendgeräte erhoben werden, sofern diese Daten von den Diensteanbietern noch vorhanden sind.[63]

42 Dem Umstand, dass Informationen zu Rufnummer oder Kennung eines Mobiltelefons noch nicht vorliegen, trägt § 52 Abs. 3 S. 2 BKAG Rechnung. Bei der Anordnung einer Funkzellenabfrage bedarf es danach – denklogisch – **nicht** sämtlicher Angaben nach § 51 Abs. 4 S. 1 Nr. 2 und Abs. 5 S. 1 Nr. 2 BKAG, dh der Angabe der Rufnummer oder einer anderen Kennung des zu überwachenden Anschlusses oder des Endgeräts. Stattdessen genügt eine räumlich und zeitlich hinreichende Bezeichnung der Telekommunikation, so dass sämtliche Verkehrsdaten erhoben werden, die innerhalb einer Funkzelle anfallen oder angefallen sind.[64]

43 b) **Ermessen und Verhältnismäßigkeit.** Vor dem Hintergrund der Betroffenheit einer Vielzahl von unbeteiligten Personen gilt aufgrund der Anforderungen von § 52 Abs. 1 BKAG bereits eine hohe Eingriffsschwelle für die Funkzellenabfrage. Zudem gestattet § 52 Abs. 3 S. 2 BKAG die Maßnahme nur unter der Voraussetzung, dass andernfalls die Erreichung ihres Zwecks aussichtslos oder wesentlich erschwert wäre. Die Verhältnismäßigkeit setzt außerdem stets die Prüfung voraus, ob die zu erfassende Telekommunikation **räumlich und zeitlich eng begrenzt** werden kann. Die Maßnahme ist **hinreichend zu bestimmen.**[65] Dabei ist die Betroffenheit unbeteiligter Dritter stets erneut in die Verhältnismäßigkeitsprüfung einzustellen.

44 **4. Verfahren bei Maßnahmen gem. § 52 BKAG (Abs. 3 S. 1).** Der jeweilige Antrag von Maßnahmen gem. § 52 BKAG steht nach § 52 Abs. 3 S. 1 iVm § 51 Abs. 3 S. 1 und Abs. 4 BKAG unter **Behördenleitervorbehalt** und für die Anordnung gilt ein **Richtervorbehalt**. Wegen der geringeren Eingriffsintensität der Maßnahmen gem. § 52 BKAG im Verhältnis zu denjenigen gem. § 51 BKAG gestattet § 52 Abs. 3 S. 1 BKAG jedoch, dass an die Stelle der Präsidentin oder des Präsidenten des BKA oder ihrer oder seiner Vertretung die zuständige Abteilungsleitung oder deren Vertretung tritt.

45 Das Erfordernis einer **Begründung** hat der Gesetzgeber in § 52 Abs. 3 S. 1 iVm § 51 Abs. 5 S. 2 Nr. 5 BKAG geregelt, nachdem das Bundesverfassungsgericht dessen Fehlen in § 20m BKAG aF beanstandet hatte.[66]

46 Die **Benachrichtigung** betroffener Personen ist in § 74 Abs. 1 S. 1 Nrn. 9 und 10 BKAG (→ § 74 Rn. 5 ff.) normiert und eine Berichtspflicht gegenüber der Bundesregierung kann sich aus § 88 BKAG (→ § 88 Rn. 3 ff.) ergeben.[67]

58 Dazu BeckOK-StPO/Bär § 100g Rn. 48 (2022).
59 Vgl. Lisken/Denninger/Graulich, HdbPolR, E Rn. 821.
60 BT-Drs. 18/5088, 32; s. auch Lisken/Denninger/Graulich, HdbPolR, E Rn. 819.
61 BT-Drs. 16/10121, 33; vgl. BT-Drs. 18/5088, 32.
62 Lisken/Denninger/Graulich, HdbPolR, E Rn. 820.
63 BT-Drs. 16/10121, 33.
64 Vgl. Schenke/Graulich/Ruthig/Schenke BKAG § 52 Rn. 26.
65 Lisken/Denninger/Graulich, HdbPolR, E Rn. 820; es sollte eine Orientierung an § 100g Abs. 3 S. 1 Nr. 2 StPO erfolgen, wonach die Erhebung der Daten in einem angemessenen Verhältnis zur Bedeutung der Sache stehen muss.
66 BVerfG Urt. v. 20.4.2016 – 1 BvR 966/09 ua –, BVerfGE 141, 220 (316 f., Rn. 251).
67 Vgl. hierzu BT-Drs. 20/43.

§ 53 Identifizierung und Lokalisierung von Mobilfunkkarten und -endgeräten

(1) Das Bundeskriminalamt kann unter den Voraussetzungen des § 51 Absatz 1 durch technische Mittel ermitteln:
1. **die Gerätenummer eines Mobilfunkendgeräts und die Kartennummer der darin verwendeten Karte sowie**
2. **den Standort eines Mobilfunkendgeräts.**

(2) [1]Personenbezogene Daten Dritter dürfen anlässlich einer Maßnahme nach Absatz 1 nur erhoben werden, wenn dies aus technischen Gründen zur Erreichung des Zwecks nach Absatz 1 unvermeidbar ist. [2]Über den Datenabgleich zur Ermittlung der gesuchten Geräte- und Kartennummer hinaus dürfen sie nicht verwendet werden und sind nach Beendigung der Maßnahme unverzüglich zu löschen.

(3) [1]§ 51 Absatz 3 und 5 Satz 1 und 5 gilt entsprechend. [2]Die Anordnung ist auf höchstens sechs Monate zu befristen. [3]Eine Verlängerung um jeweils nicht mehr als sechs Monate ist zulässig, soweit die in Absatz 1 bezeichneten Voraussetzungen fortbestehen.

(4) Aufgrund der Anordnung einer Maßnahme nach Absatz 1 Nummer 2 hat jeder, der Telekommunikationsdienste erbringt oder daran mitwirkt, dem Bundeskriminalamt die für die Ermittlung des Standortes des Mobilfunkendgeräts erforderliche Geräte- und Kartennummer unverzüglich mitzuteilen.

A. Überblick und Genese

Mit der **Vorgängerregelung** von § 53 BKAG – § 20n BKAG aF – ist mit dem Gesetz zur Abwehr von Gefahren des internationalen Terrorismus durch das Bundeskriminalamt vom 25.12.2008[1] erstmals eine Ermächtigungsgrundlage für die Ermittlung der Kennung eines Mobilfunkgerätes oder von dessen Standort eingefügt worden.[2] Damit trug der Gesetzgeber der technischen Entwicklung im Telekommunikationsbereich Rechnung.[3] In der Gesetzesbegründung heißt es dazu, dass bei der Vorbereitung und Begehung terroristischer Straftaten zunehmend Mobilfunkendgeräte eingesetzt würden, deren Rufnummer oder Kennung dem BKA oftmals nicht bekannt sei. Da aber deren Kenntnis für Telekommunikationsüberwachungsmaßnahmen notwendig sei, müsse das BKA auch die Befugnis zur Ermittlung dieser Rufnummer oder Kennung des Endgerätes erhalten.[4] 1

Änderungen hat die ursprüngliche Regelung in § 20n BKAG aF nicht erfahren, bis das BKAG nach der Entscheidung des Bundesverfassungsgerichts[5] zu dem Gesetz aus dem Jahre 2016 mit Geltung zum 25.5.2018 geändert worden ist.[6] Auch § 53 BKAG entspricht aber, bis auf wenige redaktionell bedingte Anpassungen, dem § 20n BKAG aF. 2

B. Kommentierung im Einzelnen

§ 53 Abs. 1 Nr. 1 BKAG ermöglicht dem BKA die Erhebung der **Gerätenummer** eines Mobilfunkendgeräts und der **Nummer** einer darin verwendeten Karte. Dies trägt der ursprünglichen Intention des Gesetzgebers Rechnung, dem BKA einen Ermittlungsansatz bei Gefahrenlagen im Terrorismusbereich zu geben (→ Rn. 8). § 53 Abs. 1 Nr. 2 BKAG ermächtigt das BKA außerdem, den **Standort** eines Mobilfunkendgeräts und damit den Aufenthaltsort von dessen Nutzer zu ermitteln. 3

1 BGBl. I S. 3083.
2 Zu der Vorgängerregelung im Einzelnen Harnisch/Pohlmann NVwZ 2009, 1328 ff.
3 BT-Drs. 16/10121, 33.
4 BT-Drs. 16/10121, 33.
5 BVerfG Urt. v. 20.4.2016 – 1 BvR 966/09 ua –, BVerfGE 141, 220 ff.
6 Gesetz zur Neustrukturierung des Bundeskriminalamtgesetzes v. 1.6.2017, BGBl. I S. 1354.

I. Tatbestandsvoraussetzungen (Abs. 1)

4 **1. Verweis auf die Voraussetzungen von § 51 Abs. 1 BKAG.** Gemäß § 53 Abs. 1 BKAG kann das BKA mit **technischen Mitteln** und unter den Voraussetzungen des **§ 51 Abs. 1 BKAG** die Gerätenummer eines Mobilfunkendgeräts und die Nummer der darin verwendeten Karte sowie den Standort eines Mobilfunkendgeräts ermitteln.

5 Die jüngste **Rechtsprechung des Bundesverfassungsgerichts** zu Art. 12 Abs. 1 des Bayerischen Verfassungsschutzgesetzes (BayVSG), der die „Ortung von Mobilfunkgeräten" gestattet, hat auf die Verfassungsmäßigkeit von § 53 Abs. 1 BKAG keine Auswirkungen. Das Bundesverfassungsgericht hat beanstandet, dass die in Art. 12 Abs. 1 BayVSG normierte **Eingriffsschwelle** („schwerwiegende Gefahr") verfassungsrechtlichen Anforderungen nicht genüge, weil dieses Merkmal „keine verfassungsspezifische Beschreibung des Überwachungsanlasses" enthalte.[7] Insbesondere ist – so das Gericht – eine gesteigerte Beobachtungsbedürftigkeit einer Person vorauszusetzen. Solchen Bedenken begegnet § 53 Abs. 1 BKAG nicht. Ungeachtet des Umstandes, dass es sich bei der beanstandeten Regelung um eine verfassungsschutzrechtliche Norm handelte, deren Wertungen nicht unbesehen in das Recht der präventivpolizeilichen Gefahrenabwehr übertragen werden können, nimmt § 53 Abs. 1 BKAG auf die hohen Voraussetzungen von § 51 Abs. 1 BKAG Bezug. § 51 Abs. 1 BKAG regelt in seinen Nrn. 1–5 dezidiert, zu welchen Zwecken, unter welchen Voraussetzungen und gegen welche Personen Maßnahmen durchgeführt werden können. Zur Vermeidung von Wiederholungen soll auf die dortigen Ausführungen verwiesen werden (→ § 51 Rn. 20 ff.).

6 **2. Technische Mittel. a) „IMSI-Catcher".** Das BKA kann gem. § 53 Abs. 1 BKAG bestimmte Informationen „durch technische Mittel" erheben. Solche Ermittlungsmaßnahmen können mit dem sog. IMSI-Catcher umgesetzt werden.[8] Dessen Eingriff ist nach der Rechtsprechung des Bundesverfassungsgerichts **nicht an Art. 10 Abs. 1 GG zu messen,** weil die Ermittlung der Geräte- und Kartennummer eines Mobilfunktelefons mittels IMSI-Catcher **unabhängig von einem Kommunikationsvorgang** ist. Eine technische Kommunikation zwischen Geräten weist nicht das spezifische Gefahrenpotenzial auf, vor dem Art. 10 Abs. 1 GG Schutz gewährt.[9] Die technischen Signale eines Mobilfunkgerätes, die Kommunikationsbereitschaft signalisieren, stellen lediglich Spuren der Kommunikation dar.[10] Deshalb werden diese „technischen Kommunikationsdaten", die bei der Erhebung und kurzzeitigen Speicherung der IMSI- und IMEI-Kennung eines Mobiltelefons (→ § 52 Rn. 18) anfallen, durch das **Recht auf informationelle Selbstbestimmung** (Art. 2 Abs. 1 iVm Art. 1 Abs. 1 GG) geschützt.[11] Dies ist überzeugend.[12]

7 Die Maßnahme stellt nach der Rechtsprechung des Bundesverfassungsgerichts einen intensiven Grundrechtseingriff dar. Dies begründet das Gericht mit der Möglichkeit, über einen längeren Zeitraum hinweg die Bewegung eines Mobiltelefons nachzuverfolgen und ein Bewegungsprofil zu erstellen. Es verkennt dabei nicht, dass Zweck der Durchführung dieser Maßnahme **in der Praxis nicht die Erstellung von Bewegungsprofilen** ist, weist aber darauf hin, dass dies nicht entscheidend sei, weil die Erstellung solcher Profile jedenfalls theoretisch möglich wäre.[13] Dies mag zutreffend sein. Die gebotene Verhältnismäßigkeitsprüfung allerdings bietet Gelegenheit, dem **konkreten** Ausmaß des Grundrechtseingriffs Rechnung zu tragen.

8 Dieses konkrete Ausmaß wird idR gering sein. In der Praxis dient der IMSI-Catcher regelmäßig – lediglich – der Vorbereitung oder Begleitung anderer Ermittlungsmaßnahmen (zB Observationen)[14] oder dem Auffinden einer Person, etwa mit dem Ziel der Vollstreckung eines Untersuchungshaftbefehls. Voraussetzung für die Umsetzung der Maßnahme ist neben der ungefähren Kenntnis des Standorts eines Mobilfunknutzers, dass die IMSI oder die IMEI des gesuchten Mobiltelefons (→ § 52 Rn. 18) bekannt sind. Die Feststellung des Standorts erfolgt dadurch, dass eine durch den „IMSI-Catcher" aufgebaute virtuelle **Funkzelle nach dem Mobiltelefon der Zielperson durchsucht** wird. Dabei kann die Suche aufgrund der bereits bekannten Daten von vornherein auf Mobiltelefone beschränkt werden, die dasselbe Netz wie das gesuchte Endgerät verwenden. Nacheinander werden dann für einen kurzen Augenblick sämtliche im Einzugsbereich der simulierten Funkzelle befindliche und im selben Netz angemeldete Mobiltelefone erfasst und sofort wie-

7 BVerfG Urt. v. 26.4.2022 – 1 BvR 1619/17 –, juris, Rn. 331.

8 Zur technischen Konzeption statt aller HdbSicherheitsR/Ruppert § 26 Rn. 48 ff.

9 BVerfG Beschl. v. 22.8.2006 – 2 BvR 1345/03 –, NJW 2007, 351 (353 f.); s. auch Meyer-Goßner/Schmitt/Köhler StPO § 100i Rn. 2; HdbSicherheitsR/Ruppert § 26 Rn. 54; Harnisch/Pohlmann NVwZ 2009, 1328 (1330); Schwabenbauer AöR 137 (2012), 1 (21), jeweils mwN.

10 BVerfG Beschl. v. 22.8.2006 – 2 BvR 1345/03 –, NJW 2007, 351 (354).

11 BVerfG Beschl. v. 22.8.2006 – 2 BvR 1345/03 –, NJW 2007, 351 (354); vgl. auch BVerfG Urt. v. 26.4.2022 – 1 BvR 1619/17 –, juris, Rn. 319.

12 AA Schenke/Graulich/Ruthig/Schenke BKAG § 53 Rn. 5; Rückert in MüKoStPO, 2. Aufl. 2023, § 100i Rn. 5.

13 BVerfG Urt. v. 26.4.2022 – 1 BvR 1619/17 –, juris, Rn. 322; vgl. auch Puschke NJW 2018, 2811 (2812).

14 Vgl. BGH Beschl. v. 8.2.2018 – 3 StR 400/17 –, BGHSt 63, 82 (87).

der aussortiert. Ist das gesuchte Mobiltelefon erfasst, sind zur genauen Positionsbestimmung weitere Messungen von verschiedenen Standorten aus erforderlich.[15]

Aufgrund seiner Funktionsweise eignet sich der IMSI-Catcher allerdings nur für die Erhebung von **Standortdaten in Echtzeit**. Zurückliegende Zeiträume kann er aufgrund seiner Funktionsweise nicht erfassen.[16] Dies gilt für den Versand „Stiller SMS“ (→ Rn. 10 ff.) entsprechend. Soweit ein „IMSI-Catcher“ technisch in der Lage sein sollte, **Inhaltsdaten** von Mobilfunktelefonaten (§ 3 Abs. 1 S. 1 TTDSG) aufzuzeichnen, wäre diese Maßnahme **nicht** von § 53 Abs. 1 BKAG gedeckt. 9

b) „Stille SMS“. Auch der Einsatz sog. Stiller SMS dient der **heimlichen Ortung eines Mobilfunkgerätes** und ist von § 53 Abs. 1 BKAG erfasst.[17] 10

Bei einer „Stillen SMS“ (auch „stealth ping“ genannt) wird eine Kurzmitteilung (SMS) derart an eine Mobilfunknummer gesandt, dass zwar eine Verbindung mit dem angewählten Mobiltelefon erzeugt wird, dies jedoch von dessen **Nutzer nicht bemerkt** werden kann. Die Kurzmitteilung wird im Nachrichteneingang nicht angezeigt. Der Empfang der SMS bewirkt eine Rückmeldung des Mobiltelefons bei der Funkzelle, in der es eingebucht ist, wodurch bei dem jeweiligen Netzbetreiber ein Verkehrsdatensatz erzeugt wird, der auch die Angabe der benutzten Funkzelle beinhaltet.[18] Nachdem die Frage nach der tauglichen **Ermächtigungsgrundlage** für diese Maßnahme umstritten war, hat der Bundesgerichtshof für den Strafprozess entschieden, ihre Zulässigkeit richte sich alleine nach § 100i StPO, wonach durch technische Mittel die Geräte-/Kartennummer eines Mobilfunkendgerätes bzw. der darin verwendeten Karte oder der Standort eines Mobilfunkendgerätes ermittelt werden können. Zur Begründung hat der Bundesgerichtshof ausgeführt, eine Beschränkung auf den „IMSI-Catcher“ lasse sich dem Wortlaut der Vorschrift – „technische Mittel“ – nicht entnehmen.[19] 11

Diese **Rechtsprechung** ist auf § 53 Abs. 1 BKAG zu **übertragen**. Im BKAG ist der Einsatz „Stiller SMS“ ebenso wenig wie in der StPO ausdrücklich geregelt. § 53 Abs. 1 BKAG nimmt wie § 100i StPO Bezug auf „technische Mittel“. Die Maßnahme ist wie der Einsatz des IMSI-Catchers nicht an Art. 10 Abs. 1 GG zu messen, weil es an einem menschlich veranlassten Informationsaustausch fehlt, der sich auf zu übermittelnde Inhalte bezieht (→ Rn. 6). Es wird lediglich ein Datenaustausch zwischen technischen Geräten verursacht, der keinen Rückschluss auf Kommunikationsbeziehungen oder -inhalte erlaubt.[20] 12

II. Personenbezogene Daten Dritter (Abs. 2)

Aufgrund der beschriebenen Funktionsweise des IMSI-Catchers werden von der Maßnahme zumeist auch die **Daten zahlreicher an sich unbeteiligter Personen** erfasst. Bei der Durchführung der Maßnahme hat das BKA daher zu beachten, dass die Grundrechtspositionen unbeteiligter Dritter nicht über das unbedingt notwendige Maß hinaus beeinträchtigt werden.[21] § 53 Abs. 2 S. 1 BKAG stellt insoweit klar, dass ein Eingriff in Rechte Dritter nur zulässig ist, wenn dies aus technischen Gründen zur Erreichung des Zwecks nach Absatz 1 unvermeidbar ist. § 53 Abs. 2 S. 2 BKAG sieht darüber hinaus vor, dass personenbezogene Daten Dritter über den Datenabgleich zur Ermittlung der gesuchten Geräte- und Kartennummer hinaus nicht verwendet werden dürfen und nach Beendigung der Maßnahme unverzüglich zu löschen sind. 13

In der Praxis wird der Umsetzung dieser gesetzlichen Verpflichtungen idR durch einen automatischen und anonymen Abgleich sowie eine unverzügliche Löschung Sorge getragen, wobei unbeteiligte Dritte erst gar **nicht identifiziert** werden.[22] Die Schwelle eines Grundrechtseingriffs wird mithin in diesen Fällen nicht erreicht.[23] 14

III. Verfahren und Befristung (Abs. 3)

1. Verfahren. Hinsichtlich des zu beachtenden Verfahrens verweist § 53 Abs. 2 S. 1 BKAG auf § 51 Abs. 3 und 5 S. 1 und 5 BKAG. Die Maßnahme darf also nur auf **Antrag** der Präsidentin oder des Präsidenten des 15

15 BVerfG Beschl. v. 22.8.2006 – 2 BvR 1345/03 –, NJW 2007, 351 (352); s. auch BVerfG Urt. v. 26.4.2022 – 1 BvR 1619/17 –, juris, Rn. 323; Meyer-Goßner/Schmitt/Köhler StPO § 100i Rn. 1, mwN; BeckOK-PolR Baden-Württemberg/von der Grün PolG BW § 55 Rn. 8 11 (2022).

16 BeckOK PolR Baden-Württemberg/von der Grün PolG BW § 55 Rn. 11 (2022).

17 Zur technischen Konzeption statt vieler HdbSicherheitsR/Ruppert § 26 Rn. 63 ff.

18 BGH Beschl. v. 8.2.2018 – 3 StR 400/17 –, BGHSt 63, 82 (83); Lisken/Denninger/K. Graulich, HdbPolR, E Rn. 816, mwN; s. ferner BVerfG Urt. v. 26.4.2022 – 1 BvR 1619/17 –, juris, Rn. 324.

19 BGH Beschl. v. 8.2.2018 – 3 StR 400/17 –, BGHSt 63, 82 (86); s. ferner BVerfG Urt. v. 26.4.2022 – 1 BvR 1619/17 –, juris, Rn. 326; Meyer-Goßner/Schmitt/Köhler StPO § 100i Rn. 4, mwN.

20 BGH Beschl. v. 8.2.2018 – 3 StR 400/17 –, BGHSt 63, 82 (84); s. ferner BVerfG Urt. v. 26.4.2022 – 1 BvR 1619/17 –, juris, Rn. 319.

21 BVerfG Beschl. v. 22.8.2006 – 2 BvR 1345/03 –, NJW 2007, 351 (356).

22 Vgl. BVerfG Beschl. v. 22.8.2006 – 2 BvR 1345/03 –, NJW 2007, 351 (356).

23 S. auch Schenke/Graulich/Ruthig/Mallmann BVerfSchG § 9 Rn. 39.

BKA beantragt und von diesen bei Gefahr im Verzug angeordnet werden (vgl. im Einzelnen → § 51 Rn. 38, 46 ff.). Die **Anordnung** hat schriftlich zu ergehen und ist unverzüglich zu beenden, wenn ihre Voraussetzungen nicht mehr vorliegen.

16 Die **Benachrichtigung** betroffener Personen ist in § 74 Abs. 1 S. 1 Nr. 11 BKAG (→ § 74 Rn. 5 ff.) normiert und eine **Berichtspflicht** gegenüber der Bundesregierung ergibt sich aus § 88 BKAG (→ § 88 Rn. 4 f.).[24]

17 **2. Befristung.** Nach § 53 Abs. 2 S. 2 BKAG ist die Anordnung auf **höchstens sechs Monate** zu befristen und eine Verlängerung ist gem. S. 3 um jeweils nicht mehr als sechs Monate zulässig, soweit die in Abs. 1 bezeichneten Voraussetzungen fortbestehen. Damit weicht die Regelung von § 51 Abs. 5 S. 3 BKAG ab, wonach die Anordnung auf drei Monate zu befristen ist.

IV. Mitwirkungspflicht der Diensteanbieter (Abs. 4)

18 Ergeht eine Anordnung nach § 53 Abs. 1 Nr. 2 BKAG, hat jeder, der Telekommunikationsdienste erbringt oder daran mitwirkt, dem BKA die für die Ermittlung des Standortes des Mobilfunkendgeräts erforderliche Geräte- und Kartennummer **unverzüglich** mitzuteilen (§ 53 Abs. 4 BKAG).

§ 54 Platzverweisung

Das Bundeskriminalamt kann zur Abwehr einer Gefahr eine Person vorübergehend von einem Ort verweisen oder ihr vorübergehend das Betreten eines Ortes verbieten.

A. Allgemeines

I. Das Regelungsthema im Kontext

1 Der Platzverweis ist eine überaus **praxisrelevante Standardmaßnahme,**[1] die auch für das BKA, so es in Ausübung aktioneller Befugnisse in Erscheinung tritt (→ § 1 Rn. 4), zumindest als wichtiges Komplement des übrigen Instrumentariums dienen kann. In der Fachdogmatik nimmt der Platzverweis freilich keinen allzu breiten Raum ein. Einige **Anwendungsprobleme** bedürfen nach wie vor der Klärung. Zu ihnen gehört zunächst die uneinheitlich beantwortete Frage nach den von einem Platzverweis betroffenen Grundrechten (→ Rn. 3 ff.). Als Maßnahme speziell des BKA nach § 54 BKAG muss der Platzverweis zudem in die fachgesetzliche Regelungssystematik integriert werden, wobei der beschränkte Aufgabenbereich des BKA zu beachten ist (→ Rn. 14 ff.). Auf der Wertungsebene stellt sich schließlich das Problem einer sachangemessenen Begrenzung solcher Eingriffe (→ Rn. 28 ff.).

II. Grund- und menschenrechtliche Bezüge

2 Wie sämtliche Standardbefugnisse des klassischen Eingriffsrechts empfängt die zur Platzverweisung grund- und menschenrechtliche Impulse, welche über die bestehenden **verfassungs-, europa- und völkerrechtlichen Bindungen** des Polizeigesetzgebers sowie der ausführenden Kräfte zu vermitteln sind. Die hier zu behandelnden rechtlichen Wertungen betreffen die spezifische Handlungsform des Platzverweises in ihrer fachge-

24 Vgl. hierzu BT-Drs. 20/43.
1 Vgl. Bösch Jura 2009, 650 (650); zur Eingriffsphänomenologie weiterhin Braun, Freizügigkeit und Platzverweis, 2000, S. 28 ff.

setzlichen Ausgestaltung gem. § 54 BKAG. Im Weiteren manifestiert sich die grund- und menschenrechtliche Überformung auch auf Ebene der Rechtsanwendung im Einzelfall, insbesondere bei der Ermessensprüfung (→ Rn. 27 ff.).

1. Zur Grundrechtsrelevanz der Platzverweisung. Nach Art. 1 Abs. 3 GG binden die Grundrechte alle Träger der deutschen Hoheitsgewalt, einschließlich des für den Erlass des § 54 BKAG zuständigen Bundesgesetzgebers (Art. 73 Abs. 1 Nr. 9a GG; → § 5 Rn. 3) und des BKA als Behörde der Bundesverwaltung (Art. 87 Abs. 1 S. 2 GG). Mit Blick auf die Platzverweisung ist schon länger umstritten, **welche Grundrechte** von ihr betroffen sind. Hierbei handelt es sich nicht um eine schlechthin und für jeden Anwendungsfall gleich zu beantwortende Auslegungsfrage, sondern um ein Problem, dessen Lösung mit den **unterschiedlichen normativen Kontexten** einschlägiger Maßnahmen durchaus auch changieren kann. Im Regelfall aber dürften vor allem die Freiheit der Person aus Art. 2 Abs. 2 S. 2 und 104 Abs. 1 GG (→ Rn. 4 f.) bzw. die allgemeine Handlungsfreiheit aus Art. 2 Abs. 1 GG (→ Rn. 8) als potenziell verletzte Grundrechte figurieren. In bestimmten Konstellationen treten die Kommunikationsgrundrechte der Art. 5 Abs. 1 S. 2 und Art. 8 GG hinzu (→ Rn. 9 ff.). 3

a) Freiheit der Person (Art. 2 Abs. 2 S. 2, 104 GG). Nach § 54 BKAG kann eine Person vorübergehend von einem Ort verwiesen oder ihr vorübergehend das Betreten eines Ortes verboten werden. Nicht wenige Autoren erkennen darin einen Eingriff in die Freiheit der Person gem. Art. 2 Abs. 2 S. 2, 104 GG. Diene diese dem Schutz der „körperlichen Bewegungsfreiheit", so müsse das durch den Platzverweis erteilte Bleibe- oder Betretungsverbot (→ Rn. 18) zwar keine Entziehung, wohl aber eine Beschränkung dieser Freiheit (Art. 104 Abs. 1 S. 1 GG) beinhalten.[2] Andere Stimmen halten dem entgegen, dass die besagte „Bewegungsfreiheit" in einem engeren, irgendwie spezifischeren Sinne zu verstehen sei.[3] Dessen Beschreibung variiert allerdings enorm und stellt einen eigenen, verfassungsdogmatischen Themenkreis dar (→ § 57 Rn. 4 ff.). Dabei erscheint es vorzugswürdig, die Grundrechtsinterpretation an der historisch gewachsenen wie systematisch prägenden Eingriffsform der *Freiheitsentziehung* (Art. 104 GG) auszurichten und die Freiheit der Person demgemäß nicht nur als Aktivitäts-, sondern gerade auch als Integritäts- oder Schutzrecht zu begreifen (→ § 57 Rn. 8 ff.);[4] nach diesem, bislang allerdings nur im Grundriss entwickelten Verständnis dürfte die Platzverweisung **keinen Eingriff in Art. 2 Abs. 2 S. 2 GG** darstellen, erschöpft sie sich doch darin, einzelne Handlungen zu gebieten oder zu verbieten, während sie die Integrität des Betroffenen als einer zu beliebigem Verhalten fähigen *Person*[5] unbeschadet lässt. 4

Indessen unternimmt ein Großteil des Schrifttums den Versuch, die Gewährleistungen der Art. 2 Abs. 2 S. 2, 104 GG dadurch zu substantialisieren, dass auf eine besondere Durchsetzungsnähe einschlägiger Maßnahmen, insbesondere auf das unmittelbare Bevorstehen physischer Zwangsanwendung (*vis*) abgestellt wird (→ § 57 Rn. 7).[6] Auch das **Bundesverfassungsgericht** scheint den Geltungsbereich der Art. 2 Abs. 2 S. 2, 104 GG im Wesentlichen für Konstellationen reservieren zu wollen, die eine Zwangsanwendung zumindest erwarten lassen. Nach einer bis in die jüngste Zeit reichenden Entscheidungslinie schützt die Freiheit der Person „vor Verhaftung, Festnahme und ähnlichen Eingriffen, also vor unmittelbarem Zwang".[7] Folgt man nun dieser – unter den Verfassungsinterpreten wohl vorherrschenden – Auffassung, so ist **hinsichtlich der Einordnung eines Platzverweises zu differenzieren:** Rein materiell und als Instrument (nur) der primären polizeilichen Handlungsebene betrachtet, stellt er keinen Eingriff in Art. 2 Abs. 2 S. 2 GG dar;[8] wenn allerdings die Gegebenheiten des jeweiligen Falls bei Zuwiderhandlungen gegen den Platzverweis den Einsatz körperlichen Zwangs (*vis*) antizipieren, dann dürfte ein solcher Verweis unter den aufgezeigten Prämissen 5

2 Lisken/Denninger/Graulich, HdbPolR, E Rn. 437; Kingreen/Poscher, POR, § 15 Rn. 4; Drewes/Malmberg/Wagner/Walter/Malmberg § 38 BPolG Rn. 2; aus dem verfassungsrechtlichen Schrifttum (freilich eher *en passant*) Ziekow, Freizügigkeit und Aufenthalt, 1997, S. 562; vgl. auch bei und in → Fn. 8 f.

3 Statt vieler Dürig/Herzog/Scholz/Di Fabio Art. 2 Abs. 2 S. 2 (2009) Rn. 28.

4 So der Ansatz bei Kuch, Freiheitsentziehung, 2023 (i. Ersch.), §§ 4, 5 passim.

5 Vgl. zu diesem Verständnis der Freiheit der Person den (dort nur vorgezeichneten) Ansatz bei Kuch JöR 66 (2018), 205 (217 f.): Freiheit der Person als „Voraussetzung von Handlungsfreiheit(en)" und zum Platzverweis (ebd., S. 231 f.); Ausarbeitung bei Kuch, Freiheitsentziehung, 2023 (i. Ersch.), § 5, aufbauend insbes. auch auf Merten, Der Inhalt des Freizügigkeitsrechts, 1970; ders. in HGR IV, 2011, § 95 Rn. 13; Wittreck in HStR VII, 3. Aufl. 2009, § 151 Rn. 6; Dürig/Herzog/Scholz/Di Fabio Art. 2 Abs. 2 S. 2 (2009) Rn. 16.

6 Aus dem Verfassungsrecht Dreier/Schulze-Fielitz GG I Art. 2 II Rn. 104; im Polizeirecht insbes. Schenke/Graulich/Ruthig/Schenke BPolG § 38 Rn. 5.

7 BVerfG Beschl. v. 23.5.1967 – 2 BvR 534/62 –, BVerfGE 22, 21 (26); Beschl. v. 15.5.2002 – 2 BvR 2292/00 –, BVerfGE 105, 239 (247); Urt. v. 24.7.2018 – 2 BvR 309/15 ua –, BVerfGE 149, 293 (318, Rn. 65); jüngst BVerfG Beschl. v. 19.11.2021 – 1 BvR 781/21 –, BVerfGE 159, 223 (331 f., Rn. 246 f.), wo das Gericht mit einer psychisch vermittelten Zwangswirkung argumentiert.

8 Vgl. Jarass/Pieroth/Jarass GG Art. 2 Rn. 134; aus dem Polizeirecht (wohl) parallel Schoch BVwR/Schoch 1. Kap. Rn. 537; aus der Judikatur (zu qualifiziertem Platzverweis) BayVGH Beschl. v. 18.2.1999 – 24 CS 98.3198 –, NVwZ 2000, 454 (456).

als Eingriff in Art. 2 Abs. 2 S. 2 und 104 GG anzusehen sein.[9] Auf aktionelle Polizeimaßnahmen mit ihrer „spezifischen Vollzugsfunktion"[10] wird das freilich meist zutreffen.

6 **b) Freizügigkeit (Art. 11 GG).** Möglicherweise kann in einem Platzverweis zudem ein Eingriff in das Freizügigkeitsrecht nach Art. 11 GG liegen. Dessen Schutzbereich ist in der Grundrechtsdogmatik ebenfalls kontrovers. Augenscheinlich bestehen jedoch geringere Diskrepanzen als bei der Freiheit der Person. Nach ständiger Rechtsprechung wird der in Art. 11 Abs. 1 GG garantierte Genuss der Freizügigkeit als „das Recht, an jedem Orte innerhalb des Bundesgebiets Aufenthalt und Wohnsitz zu nehmen",[11] umschrieben; davon geschützt sei „die eigene Lebensplanung und -gestaltung vor staatlicher Einmischung".[12] Solche Formulierungen, die vom Wohnen oder von der Lebensplanung als naturgemäß **grundsätzlicheren Entscheidungen über die Wahl seines Aufenthaltsorts** handeln, werden in der Literatur schon länger zum Anlass genommen, die Inanspruchnahme der *Freizügigkeit* von trivialeren Vorgängen der Fortbewegung und Ortsveränderung zu unterscheiden. Für die meisten heutigen Interpreten gewährleistet Art. 11 Abs. 1 GG deshalb den freien Wechsel des Aufenthaltsorts im Bundesgebiet, wenn und nur wenn er „auf der Basis einer wertenden Gesamtbetrachtung" über alltägliche Erledigungen innerhalb des gewöhnlichen Lebenskreises hinausgeht.[13] Diese Auffassung überzeugt nicht zuletzt in Anbetracht des qualifizierten, ziemlich spezifischen Einschränkungsvorbehalts in Art. 11 Abs. 2 GG, in dessen Licht das Freizügigkeitsrecht ebenfalls **nicht als generelle Mobilitätsgarantie** nach Art der durch einfachen Gesetzesvorbehalt begrenzten allgemeinen Handlungsfreiheit (→ Rn. 8) erscheint.[14]

7 Für das Polizeirecht ist daraus zu folgern, dass die ausweislich der Fachgesetze nur „vorübergehend" zulässige Platzverweisung als Standardmaßnahme mit örtlich wie zeitlich eng begrenztem Anlassbezug (→ Rn. 28 f.) regelmäßig **nicht an Art. 11 Abs. 1 GG zu messen** ist.[15] Anders dürften die Dinge aber bei den in § 55 BKAG geregelten Aufenthaltsvorgaben und Kontaktverboten liegen, die typischerweise Art. 11 GG berühren (→ § 55 Rn. 47 ff.).[16]

8 **c) Allgemeines Freiheitsrecht (Art. 2 Abs. 1 GG).** Sofern – wie nach vorzugswürdiger Ansicht anzunehmen – die Freiheit der Person entweder generell (→ Rn. 4) oder jedenfalls situativ (→ Rn. 5) als spezielles Abwehrrecht gegen den Platzverweis ausscheidet, kommt subsidiär die **allgemeine Handlungsfreiheit** (Art. 2 Abs. 1 GG) zum Zuge. Über die ohnehin wirksame Residualfunktion dieses Rechts hinaus liegt diese Zuordnung auch in der Sache besonders nahe, weil das allgemeine Freiheitsrecht eine universelle Ausformung von „Aktivitätsschutz"[17] gewährt, die mit dem Platzverweis als einer imperativen Polizeimaßnahme exakt kollidiert. Dadurch erscheint jenes Grundrecht als deren geradezu prädestinierter Konterpart.[18]

9 **d) Kommunikationsgrundrechte, insbes. Presse- und Versammlungsfreiheit (Art. 5 Abs. 1 S. 2, Art. 8 GG).** Zu der stets durch den Platzverweis betroffenen Bewegungs- bzw. Handlungsfreiheit kommen in manchen Konstellationen weitere spezielle Freiheitsrechte hinzu, insbesondere **Kommunikationsgrundrechte**, die typischerweise im öffentlichen Raum ausgeübt werden.

10 Kollisionspotenzial besteht dabei zunächst mit der **Versammlungsfreiheit** nach Art. 8 GG. Jedenfalls für die Abwehr versammlungsspezifischer Gefahren bietet das BKAG aber – wie das Polizeirecht generell – keine Rechtsgrundlage;[19] dies folgt in Ansehung des Zitiergebots (Art. 19 Abs. 1 S. 2 GG) bereits aus der mangelnden Nennung des Art. 8 GG in **§ 89 BKAG** (→ § 89 Rn. 4). Stattdessen sollen die Versammlungsgesetze als gegenüber dem allgemeinen Polizeirecht vorrangige Spezialregelungen die für die Ausübung des Grund-

9 Konsequent Dreier/Schulze-Fielitz GG I Art. 2 II Rn. 104.

10 Allg. Waldhoff in GVwR II, 3. Aufl. 2022, § 44 Rn. 131.

11 BVerfG Beschl. v. 7.5.1953 – 1 BvL 104/52 –, BVerfGE 2, 266 (273); Beschl. v. 25.1.1977 – 1 BvR 210/74 ua –, BVerfGE 43, 203 (211); Beschl. v. 6.6.1989 – 1 BvR 921/85 –, BVerfGE 80, 137 (150); Urt. v. 17.3.2004 – 1 BvR 1266/00 –, BVerfGE 110, 177 (190 f.).

12 BVerfG Urt. v. 17.12.2013 – 1 BvR 3139/08 ua –, BVerfGE 134, 242 (323, Rn. 251).

13 Dreier/Wollenschläger GG I Art. 11 Rn. 27 – Hervorhebungen im Original hier ausgelassen; unverändert gültig Ziekow, Über Freizügigkeit und Aufenthalt, 1997, S. 461 ff.; in der Sache auch Neuner, Zulässigkeit und Grenzen polizeilicher Verweisungsmaßnahmen, 2003, S. 41 f.; weiterhin BVerfG Urt. v. 17.12.2013 – 1 BvR 3139/08 ua –, BVerfGE 134, 242 (323 f., Rn. 252 ff.).

14 Freilich weckt gerade der Jugendschutzvorbehalt des Art. 11 Abs. 2 GG Assoziationen zu „Lokalverboten" oder vergleichbaren Anordnungen, die Platzverweisen ähneln, vgl. bereits Merten, Der Inhalt des Freizügigkeitsrechts, 1970, S. 30 f.

15 Ebenso Kugelmann BKAG § 20o Rn. 4; Schenke/Graulich/Ruthig/Schenke BPolG § 38 Rn. 5; Drewes/Malmberg/Wagner/Walter/Malmberg BPolG § 38 Rn. 3; Schoch BVwR/Schoch 1. Kap. Rn. 537; Neuner, Zulässigkeit und Grenzen polizeilicher Verweisungsmaßnahmen, 2003, S. 46 f.; aus dem Verfassungsrecht nur Dreier/Wollenschläger GG I Art. 11 Rn. 29, 37; alle mwN.

16 Fallbeispiele bei Hamdan JA 2019, 165 (166).

17 Dreier/Dreier GG I Art. 2 I Rn. 22.

18 Im Ergebnis wie hier etwa Braun, Freizügigkeit und Platzverweis, 2000, S. 75, 94, 128; Schoch BVwR/Schoch 1. Kap. Rn. 537; Bösch Jura 2009, 650 (653); Trurnit VBlBW 2009, 205 (206).

19 Vorzügliche Darstellung bei Schoch BVwR/Schoch 1. Kap. Rn. 210 ff. (hier insbes. Rn. 210, 217), mwN; systematisch hilfreich auch Schwabe DÖV 2010, 720 (721 f.); ferner Bünnigmann JuS 2016, 695 ff. mit Beispielen.

rechts aus Art. 8 GG wesentlichen Fragen abschließend selbst beantworten (sog. Polizeirechtsfestigkeit).[20] Besondere Probleme bereiten dennoch sog. **Vorfeldmaßnahmen**, wenn sie zwar den von der Versammlungsfreiheit geschützten Lebensbereich betreffen, das Versammlungsrecht sie jedoch nicht regelt. Gerade der Platzverweis fällt oftmals in diese Kategorie und wirft somit die Frage nach der Anwendung des allgemeinen Polizeirechts bei und *trotz* versammlungstypischer Gefährdungslage auf.[21] Eine streng formale Lösung dieses Konkurrenzproblems, die entweder auf eine gänzliche Sperrung des allgemeinen Polizeirechts oder auf seine modifikationslose Anwendbarkeit im Vorfeld einer Versammlung hinausliefe, vermag in Ansehung der hier wie dort nur einseitig verwirklichten sachlichen Schutzanliegen nicht zu überzeugen.[22] Vorzugswürdig erscheint eine **differenzierende materielle Lösung**, der zufolge außerhalb des Geltungsbereichs der Versammlungsgesetze das allgemeine Polizeirecht (hier § 54 BKAG) zwar Anwendung findet, es aber grundrechtskonform auszulegen ist.[23] Hierbei ist der Stellenwert der Versammlungsfreiheit aus Art. 8 Abs. 1 GG, die kraft ihres subjektivrechtlich-demokratischen Doppelcharakters zu den „unentbehrlichen Funktionselementen eines demokratischen Gemeinwesens“[24] zählt, entsprechend hoch zu veranschlagen.

Eine weitere potenzielle Konfliktzone bilden die Schutzbereiche der **Pressefreiheit und der Rundfunkfreiheit** 11
nach Art. 5 Abs. 1 S. 2 GG, gerade wenn Platzverweise gegenüber Medienvertretern ergehen. Hinter dem Topos von der „Polizeifestigkeit“ der Presse verbergen sich ähnliche Maßgaben wie für das Konkurrenzverhältnis zwischen Polizei- und Versammlungsrecht (→ Rn. 10).[25] Weil die gegenüber dem allgemeinen Polizeirecht vorrangigen Pressegesetze allerdings hauptsächlich solche pressespezifischen Gefahren (abschließend) regeln, die aus dem *Inhalt* von Presseerzeugnissen resultieren, bleibt gerade im Bereich der **Informationsgewinnung** ein breiter Raum für Konflikte zwischen Gefahrenabwehr und Medienfreiheiten.[26] Diese sind insbesondere bei der behördlichen Ermessensausübung zu berücksichtigen, bei der die objektive, demokratiefunktionale Bedeutung der Massenmedien angemessen beachtet werden muss.[27]

2. Platzverweisung und internationaler Grundrechtsschutz. Der konventionsrechtliche Menschenrechts- 12
schutz sowie die Unionsgrundrechte setzen im Hinblick auf die rechtliche Kontrolle von Platzverweisen, soweit ersichtlich, **keine wesentlichen Akzente**. Parallel zum Verfassungsrecht ist zunächst weder das *Habeas Corpus*-Recht aus Art. 5 EMRK noch das Freizügigkeitsrecht aus Art. 2 des Vierten Zusatzprotokolls einschlägig.[28] Dasselbe gilt für ihre unionsrechtlichen Äquivalente aus Art. 6 und Art. 45 EuGRCh.[29]

Überdies enthalten nach überwiegender Auffassung **weder die EMRK noch die EuGRCh ein dem Art. 2** 13
Abs. 1 GG entsprechendes Auffanggrundrecht.[30] Sind beiden Katalogen somit keine spezifischeren Aussagen zum Platzverweis zu entnehmen, lässt das freilich hier wie generell nicht schon den Schluss auf echte Schutzlücken auf diesen Garantieebenen zu. Denn zumindest steht das Günstigkeitsprinzip gem. Art. 53 EMRK einer Absenkung des nationalen, deutschen Schutzniveaus durch Konventionsrechte strikt entgegen und macht sich das Unionsrecht gem. Art. 6 Abs. 3 EUV die Grundrechte, „wie sie sich aus den gemeinsamen Verfassungsüberlieferungen der Mitgliedstaaten ergeben“, „als allgemeine Grundsätze“ zu eigen. In Sachen Platzverweis führt dies eben nur – doch immerhin – zur Festigung, nicht zur Erweiterung der beschriebenen verfassungsrechtlichen Maßstäbe.

20 Eingehend dazu Ridder/Breitbach/Deiseroth/Wittmann, Versammlungsrecht, 2. Aufl. 2020, VersG § 15 Rn. 15 ff., mwN. Die Ermächtigung zur Versammlungsauflösung (etwa nach § 15 Abs. 3 VersG) verleiht im Übrigen keine Befugnis (auch) zur Erteilung von Platzverweisen: Schenke/Graulich/Ruthig/Schenke BPolG § 38 Rn. 4; die versammlungsrechtliche Auflösungsverfügung ermöglicht vielmehr erst den Rückgriff auf die Befugnisnormen des allgemeinen Polizeirechts, vgl. etwa OLG Celle Beschl. v. 23.6.2005 – 22 W 32/05 –, NVwZ-RR 2006, 254; bestenfalls ungenau insofern Drewes/Malmberg/Wagner/Walter/Malmberg BPolG § 38 Rn. 13.

21 Turnit NVwZ 2012, 1079 (1079 f.); auch Schoch BVwR/Schoch 1. Kap. Rn. 214; zu den von Art. 8 GG geschützten Vorbereitungshandlungen ferner Deger Polizei 2016, 163 (164).

22 Vgl. nochmals Schoch BVwR/Schoch 1. Kap. Rn. 217, 224.

23 Richtig Bünnigmann JuS 2016, 695 (697).

24 BVerfG Beschl. v. 14.5.1985 – 1 BvR 233/81 ua –, BVerfGE 69, 315 (Ls. 1); stRspr.

25 Schön differenziert Bünnigmann JuS 2016, 894 ff. (auch zum Folgenden).

26 Allg. Dreier/Schulze-Fielitz GG I Art. 5 I, II Rn. 132 ff.; aus der Praxis etwa BVerwG Urt. v. 28.3.2012 – 6 C 12/11 –, BVerwGE 143, 74.

27 Dreier/Schulze-Fielitz GG I Art. 5 I, II Rn. 161 ff., 196, 212 ff.

28 Vgl. Dörr/Grote/Marauhn/Dörr, EMRK/GG I, 3. Aufl. 2022, 13. Kap Rn. 140 (zur Freiheit der Person); anders als hier mit Blick auf Art. 2 ZP 4 Dörr/Grote/Marauhn/Giegerich, EMRK/GG II, 3. Aufl. 2022, 26. Kap. Rn. 137.

29 Zur Orientierung der Auslegung des Art. 6 EuGRCh an Art. 5 EMRK nur von der Groeben/Schwarze/Hatje/Augsberg, EUV/AEUV/EuGRCh I, 7. Aufl. 2015, EuGRCh Art. 6 Rn. 8 ff.; das Recht aus Art. 45 EuGRCh schützt den grenzüberschreitenden Verkehr, vgl. Pechstein/Nowak/Häde/Heselhaus, EUV/EuGRCh/AEUV I, 2017, EuGRCh Art. 45 Rn. 13.

30 Zur EMRK systematisch Dörr/Grote/Marauhn/Richter, EMRK/GG I, 3. Aufl. 2022, 9. Kap. Rn. 95 ff. und zu Art. 8 EMRK insbes. Dörr/Grote/Marauhn/Böhringer/Marauhn ebd., 16. Kap. Rn. 39; zur EU-Charta näher Dreier/Dreier GG I Art. 2 I Rn. 12.

B. Kommentierung im Einzelnen

14 Mit dem Platzverweis nach § 54 BKAG normiert das Gesetzeswerk eine heute in sämtlichen Bundes- und Landespolizeigesetzen[31] enthaltene Standardbefugnis. Während es sich bei ihr systematisch um eine klassische Gefahrbeseitigungsmaßnahme handelt (→ Rn. 15), verleiht ihr der **eingeschränkte Kompetenzbereich des BKA** ein besonderes materielles Profil: Der Platzverweis dürfte meist dazu dienen, die Durchführung *anderer*, ihrerseits unmittelbar auf Abwehr terroristischer Gefahren zielender Maßnahmen sicherzustellen (→ Rn. 23 f.). Gewisse Eigenheiten zeigen sich auch bei der aus gesetzlichen wie aus übergeordneten, verfassungsrechtlichen Gründen gebotenen Begrenzung von Platzverweisen auf ein jeweils (noch) angemessenes Belastungsniveau: Sie erfolgt vorwiegend durch Auslegung der Gesetzesbegriffe „Ort" und „vorübergehend" (→ Rn. 27 f.) und weniger im Zuge der Abwägung im Einzelfall (→ Rn. 30 f.).

I. Anwendungsbereich des § 54 BKAG; Handlungsform

15 Ungeachtet der unspezifischen Normformulierung des § 54 BKAG, der schlicht von „einer Gefahr" spricht, bedarf es zu ihrer Anwendung stets eines Zusammenhangs mit **Straftaten gem. § 5 Abs. 1 S. 2 BKAG**[32] (→ Rn. 23 f.). Systematisch handelt es sich bei dem Platzverweis, wie etwa auch bei Aufenthaltsvorgabe und Kontaktverbot (§ 55), Gewahrsam (§ 57), Durchsuchung (§ 58) oder Sicherstellung (§ 60), um eine klassische **Gefahrbeseitigungsmaßnahme** im Unterschied zu einer Gefahraufklärungsmaßnahme,[33] um aktionelles, imperatives und nicht um informationelles Polizeihandeln (näher → § 38 Rn. 3 ff.).[34] Regelungsthematisch steht § 54 BKAG in besonders **engem Zusammenhang mit § 55 BKAG**, der das BKA – vorbehaltlich richterlicher Anordnung – zum Erlass qualifizierter Aufenthaltsvorgaben ermächtigt[35] (→ Rn. 7, 28 f.; → § 55 Rn. 12).

16 Eine Platzverweisung ergeht als **befehlender Verwaltungsakt** (§§ 28 Abs. 1, 35 VwVfG), nämlich als *Gebot*, einen Ort zu verlassen oder als *Verbot*, einen Ort zu betreten (→ Rn. 18). Solche Regelungen können nicht nur an Einzelpersonen, sondern auch an einen nach allgemeinen Merkmalen bestimmten oder zumindest bestimmbaren Personenkreis gerichtet werden (Allgemeinverfügung, vgl. § 35 S. 2 VwVfG). Spezielle Vorgaben zu Verfahren und Form sind dem BKAG allerdings nicht zu entnehmen. Dementsprechend besteht **Formfreiheit,** kann die Anordnung also elektronisch, schriftlich, mündlich oder in anderer Weise ergehen (§ 37 Abs. 2 S. 1 VwVfG). Regelmäßig wird man sie mündlich erlassen. Vollstreckungsrechtlich gelten die Grundsätze über die **Erzwingung unvertretbarer Handlungen** (→ Rn. 34).

II. Tatbestand

17 Nach § 54 BKAG ist das BKA zur Erteilung von Platzverweisen befugt. Diese Befugnis ist, wie der Konjunktion „oder" im Normtext zu entnehmen, in Gestalt **zweier Tatbestandsalternativen** ausgestaltet (→ Rn. 18 f.). Für sie gelten die aus dem allgemeinen Polizeirecht geläufigen Grundsätze, darüber hinaus aber auch einige bereichsspezifische Besonderheiten. Beides trägt zum Verständnis der Tatbestandsseite (→ Rn. 20 ff.) wie der Rechtsfolgenseite (→ Rn. 27 ff.) bei.

18 **1. Platzverweis ieS und Betretungsverbot.** Einen Störer oder eine Störerin von einem Ort zu **„verweisen"**, ist Inhalt des hier sog. Platzverweises ieS gem. § 54 Alt. 1 BKAG. Seine Erfüllung geschieht dementsprechend durch Verlassen des aktuellen, nunmehr aber „verbotenen" Ortes. Will die Polizei hingegen jemandem gem. § 54 Alt. 2 BKAG „das Betreten eines Ortes verbieten" und erteilt ihm ein solches **Betretungsverbot,** dann steht der aktuelle Aufenthaltsort der Adressatin oder des Adressaten außerhalb der Erfüllungsbedingungen der Polizeiverfügung. Es muss sich ja gerade um einen (beliebigen) anderen als den „verbotenen" Ort handeln. Analytisch lassen sich die Tatbestandsalternativen demnach voneinander trennen, prak-

31 Bund: § 38 BPolG; § 12 MEPolG; Länder: § 27a PolG BW; Art. 16 BayPAG; § 29 BerlASOG; § 16 BbgPolG; § 14 BremPolG; § 12a HbgSOG; § 31 HessSOG; § 52 SOG MV; § 17 NdsPOG; § 34 PolG NRW; § 13 POG RhPf; § 12 SaarlPolG; § 18 SächsPVDG; § 36 SOG LSA; § 201 LVwG SH; § 18 ThürPAG; im Überblick zu Parallelinstituten außerhalb des Polizeirechts Helmke, Der polizeiliche Platzverweis im Rechtsstaat, 2001, S. 29 ff.

32 Schenke/Graulich/Ruthig/Schenke BKAG § 54 Rn. 2.

33 Vgl. Gusy, POR, Rn. 186 ff., 276 ff.

34 Zu dieser Unterscheidung s. auch BeckOK-PolSiR Bayern/Möstl, Systematische und begriffliche Vorbemerkungen zum Polizeirecht in Deutschland, Rn. 93 f. (2021).

35 Schenke/Graulich/Ruthig/Schenke BKAG § 55 Rn. 1; zur Aufenthaltsvorgabe als „‚qualifizierte' Platzverweisung" Drewes/Malmberg/Wagner/Walter/Malmberg BPolG § 38 Rn. 5.

tisch hingegen in vielen Fällen nicht. Dies ist bei der Auslegung von Platzverweisen im weiteren, nämlich beide Regelungsalternativen umfassenden Sinne zu beachten.[36]

Als „Wegbewegungsverbote“ oder „Hinbewegungsgebote“[37] sind insbesondere sog. **Meldeauflagen** von § 54 BKAG **nicht umfasst**. Ist für sie keine Standardbefugnis normiert, lassen sie sich allenfalls auf die polizeiliche Generalklausel stützen,[38] hier also auf § 38 Abs. 1 BKAG (→ § 38 Rn. 12). 19

2. Gefahrbegriff und polizeiliches Schutzgut. Zum einheitlichen Legitimationsgrund für Platzverweise (iwS) erklärt § 54 BKAG die „Abwehr einer Gefahr“. Im ersten Schritt ist der Gefahrbegriff nach herkömmlichen Grundsätzen näher zu bestimmen (→ Rn. 21 f.). Sodann ist im zweiten Schritt der für ein präventives Eingreifen des BKA erforderliche Zusammenhang mit der Verhütung von Straftaten des internationalen Terrorismus zu präzisieren (→ Rn. 23 ff.). 20

a) **Konkrete Gefährdung eines Schutzguts.** Aus § 38 Abs. 2 BKAG ergibt sich, dass mit „Gefahr“ iSd § 54 BKAG eine im Einzelfall bestehende, dh eine **konkrete Gefahr** (→ § 5 Rn. 17; → § 38 Rn. 16) für die öffentliche Sicherheit im Zusammenhang mit Straftaten nach § 5 Abs. 1 S. 2 (→ Rn. 23) gemeint ist.[39] Eine „drohende Gefahr“, die etwa nach dem bayerischen Polizeirecht in einigen Fällen als Grundlage für einen Platzverweis genügen soll (Art. 16 Abs. 1 S. 1 Nr. 2 BayPAG), vermittelt nach dem Bundes(kriminal)polizeirecht grundsätzlich keine solche Legitimation.[40] 21

Ferner wird weder in § 38 BPolG noch in dem wortlautidentischen § 54 BKAG der in § 12 S. 2 MEPolG und vielen Landespolizeigesetzen eigens vorgesehene Platzverweis gegen Personen, „die den **Einsatz der Feuerwehr oder von Hilfs- und Rettungsdiensten** behindern“, gesondert geregelt. Normalerweise überschreitet eine solche Behinderung aber ohnehin – zumindest unter ergänzender Heranziehung des Prinzips der umgekehrten Proportionalität[41] – die Schwelle zur konkreten Gefahr, so dass es einer solchen Regelung an sich auch nicht bedarf.[42] 22

b) **Zusammenhang mit der Verhütung terroristischer Straftaten.** Von großer Bedeutung für das Verständnis des § 54 BKAG ist die **aufgabenbezogene Spezifikation** des Gefahrbegriffs,[43] die nicht dieser Vorschrift zu entnehmen ist, sondern der allgemeinen Regelung in § 38 Abs. 2 BKAG. Ihr zufolge knüpfen die präventiven Befugnisse des BKA ausnahmslos an eine Gefahr für die öffentliche Sicherheit im Zusammenhang mit **Straftaten nach § 5 Abs. 1 S. 2 BKAG** an. Dahinter steht die auf diesen Regelungsgegenstand begrenzte Gesetzgebungskompetenz des Bundes gem. Art. 73 Abs. 1 Nr. 9a GG (→ § 5 Rn. 3). Diesem engen Zuschnitt (auch) der Standardmaßnahme nach § 54 BKAG ist sowohl auf Tatbestandsebene (→ Rn. 24 f.) als auch auf Adressatenebene (→ Rn. 26) Rechnung zu tragen. 23

Weitgehend unproblematisch stellen sich zunächst diejenigen Fälle dar, in denen der Platzverweis direkt die Begehung einer Straftat nach § 5 Abs. 1 S. 2 BKAG verhindern soll. Praktisch dürften sie allerdings eher selten vorkommen, da der Umgang mit solchen Angreifern meist ein komplexeres Vorgehen erfordert als die Erteilung von Platzverweisen. Raum für diese Maßnahme im Zuge der primären Gefahrbeseitigung bleibt dennoch, wenn mittels Platzverweises **potenzielle Opfer** von einem gefährdeten Ort, besonders einem Anschlagsziel im öffentlichen Raum, ferngehalten werden sollen. Erfolgt der polizeiliche Eingriff hier unter dem Aspekt der Selbstgefährdung, sind die insofern geltenden allgemeinen Grenzen zu beachten.[44] Freilich dürften typischerweise andere, weniger spezialisierte Polizeibehörden als das BKA die Aufgabe der weiteren Absicherung des Gefahrenorts übernehmen (→ § 5 Rn. 48 ff.). 24

36 Immer wenn die Polizei eine Person iSd ersten Regelungsalternative von einem Ort verweist, dann verbietet sie ihr zudem auch iSd zweiten Regelungsalternative das (Wieder-)Betreten dieses Orts (den „Rundlauf“); insoweit zutreffend Schenke/Graulich/Ruthig/Schenke BPolG § 38 Rn. 6 – wenngleich die zweite Alternative (Betretungsverbot) in solchen Fällen nicht „nur deklaratorische Bedeutung“ haben dürfte (so aber Schenke aaO), sondern es sich wohl, technisch gesprochen, um zwei einander ergänzende Verfügungen handelt, welche der polizeilichen Anordnung als einem Platzverweis iwS durch Auslegung zu entnehmen sind.

37 Kuch JöR 66 (2018), 205 (228 f., 232).

38 BVerwG Urt. v. 25.7. 2007 – 6 C 39/06 –, BVerwGE 129, 142 (148); eine Reihe von Landespolizeigesetzen sehen die Meldeauflage mittlerweile aber ausdrücklich als Standardermächtigung vor, s. etwa § 29c BerlASOG, § 12a POG RhPf oder § 201 Abs. 6 LVwG SH.

39 Helmke, Der polizeiliche Platzverweis im Rechtsstaat, 2001, S. 86, allg. zur konkreten Gefahr Schoch BVwR/Schoch 1. Kap. Rn. 278 f.

40 Obgleich die Begriffsentwicklung bekanntlich im Regelungszusammenhang des BKAG wurzelt, genauer in BVerfG Urt. v. 20.4.2016 – 1 BvR 966/09 ua –, BVerfGE 141, 220 (272 f., Rn. 112); vgl. näher statt vieler Leisner-Egensperger DÖV 2018, 677 (679 ff.).

41 Demzufolge mit zunehmendem Wert der Schutzgüter die Anforderungen an die Schädigungswahrscheinlichkeit sinken. Dazu allg. Gusy, POR, Rn. 119; auch als „Je-desto-Formel“ bekannt, vgl. Götz/Geis, POR, § 12 Rn. 7, mwN.

42 Vgl. die Entwurfsbegründung der Bundesregierung noch zu § 38 BGSG, wonach es sich bei den in § 12 S. 2 MEPolG genannten Fällen „nur um Unterfälle der Gefahrenabwehr handelt“ (BR-Drs. 418/94, 71); s. auch Huber/Wollenschläger/Wollenschläger Landesrecht Bayern, 2. Aufl. 2022, § 4 Rn. 124.

43 Kugelmann BKAG § 20o Rn. 1.

44 Vgl. Helmke, Der polizeiliche Platzverweis im Rechtsstaat, 2001, S. 103 f.; Braun, Freizügigkeit und Platzverweis, 2000, S. 27 f.

25 Häufiger wird der Platzverweis nach § 54 BKAG daher als Mittel der **Flankierung primärer Abwehrmaßnahmen** des BKA dienen.[45] Nach der Entwurfsbegründung der BKAG-Novelle von 2008[46] ist etwa an eine Situation zu denken, in der das BKA „zur Durchführung einer Observation auf einen bestimmten Parkplatz angewiesen ist, der von einem anderen Verkehrsteilnehmer blockiert wird".[47] Ebenso vorstellbar sind Konstellationen, in denen eine Person in eine polizeiliche Sicherheitszone eindringt und sodann aus dieser aus Gründen der Fremd- und Eigensicherung wieder verwiesen wird.[48] Wenn der Platzverweis in derartigen Fällen bei Gelegenheit der Ausübung anderer Befugnisse ergeht, ändert das wohlgemerkt nichts daran, dass ein spezifischer Bezug zu einer Gefahr für die öffentliche Sicherheit nach § 38 Abs. 2 iVm § 5 Abs. 1 S. 2 BKAG erforderlich ist. Dieser Bezug wird nur anders vermittelt: Der Platzverweis dient hier nicht unmittelbar der Beseitigung einer terroristischen Gefahrenlage, sondern der Störung der Tätigkeit des BKA. Er schützt mithin das **Funktionieren einer staatlichen Einrichtung** in bereichsspezifischer Weise.[49] Insofern richtet er sich nicht an die Verursacher einer Gefahr des internationalen Terrorismus, sondern an Störer der *Abwehr* solcher Gefahren durch das BKA (→ Rn. 26). Dennoch besteht auch hier ein (institutionell vermittelter) sachlicher Legitimationszusammenhang zwischen dem Platzverweis und einer Gefahr für die öffentliche Sicherheit wegen bevorstehender Straftaten nach § 5 Abs. 1 S. 2 BKAG.

26 **3. Maßnahmerichtung.** Näheres zu den Polizeipflichtigen ist § 54 BKAG nicht zu entnehmen. Nach ganz hM gelten für den Platzverweis die allgemeinen Bestimmungen,[50] hier also § 38 Abs. 1 S. 2 BKAG iVm §§ 17 ff. BPolG (→ § 38 Rn. 24 f.). Bei der Spezifikation des maßgeblichen Schutzguts wurde bereits darauf hingewiesen, dass oftmals nicht die unmittelbaren Verursacher einer terroristischen Gefahr selbst als Adressatinnen oder Adressaten eines Platzverweises in Betracht kommen (→ Rn. 24). Dennoch zeichnen sich drei andere Fälle einer Adressatenstellung in diesem Rahmen ab: (1) Zunächst kann der Platzverweis dazu dienen, **potenzielle Opfer** einer terroristischen Straftat vom Gefahrenort fernzuhalten; innerhalb der für den Schutz vor Selbstgefährdungen geltenden materiellen Grenzen sind sie als Verhaltensverantwortliche gem. § 38 Abs. 1 S. 2 BKAG iVm § 17 Abs. 1 BPolG anzusehen. (2) Weiterhin kann die Polizeipflicht nach § 54 BKAG die **Störerinnen oder Störer der Tätigkeit des BKA**, wenn es gegen andere, primär Verantwortliche einschreitet, treffen (→ Rn. 25); denn auch Beeinträchtigungen der Funktionsfähigkeit staatlicher Einrichtungen, etwa durch Schaulustige, lösen die Verhaltensverantwortlichkeit nach § 38 Abs. 1 S. 2 BKAG iVm § 17 Abs. 1 BPolG aus. (3) Personen indes, die kein Schutzgut gem. § 38 Abs. 2 iVm § 5 Abs. 1 S. 2 BKAG gefährden, können nur als **Nichtverantwortliche** über die strengen Grundsätze der § 38 Abs. 1 S. 2 BKAG iVm § 20 Abs. 1 BPolG[51] in die Pflicht genommen werden (→ § 38 Rn. 26).

III. Rechtsfolge

27 Auf der Rechtsfolgenseite eröffnet § 54 BKAG der Behörde einen **Ermessensspielraum**. Zugleich konkretisiert die Norm die gem. § 40 VwVfG zu beachtenden gesetzlichen Grenzen des Ermessens durch räumlich-zeitliche Rahmenvorgaben (→ Rn. 28 f.). Zu ihnen treten die sich im Einzelfall aus dem Verhältnismäßigkeitsprinzip ergebenden Schranken der polizeilichen Eingriffsbefugnis hinzu (→ Rn. 30 f.).

28 **1. Situative Grenzen des Platzverweises.** Nach allgemeinem Verständnis unterliegt der Platzverweis tatsächlichen Limitationen, die in den Gesetzesbegriffen „Ort" und „vorübergehend" (vgl. § 54 BKAG) zum Ausdruck kommen. So muss der durch eine solche Maßnahme erfasste Verbotsbereich von **engen räumlichen Dimensionen** sein.[52] Hierfür lassen sich mehrere Anhaltspunkte namhaft machen. Die Bezeichnung der Standardmaßnahme als „Platz"-Verweis[53] liefert ein erstes, freilich eher schwaches Indiz dafür, dass eine überschaubare Fläche, etwa ein öffentlicher Platz oder ein Privatgrundstück, bzw. eine einigermaßen rasch zu durchmessende Örtlichkeit, beispielsweise ein Gebäude oder ein Flugzeug, gemeint sein dürften.[54] Einen

45 S. schon Kugelmann BKAG § 20o Rn. 2; aus anderem Rechtskontext unlängst OVG Lüneburg Beschl. v. 4.2.2019 – 11 LA 366/18 –, Kriminalistik 2020, 95 (96).

46 Gesetz zur Abwehr von Gefahren des internationalen Terrorismus durch das Bundeskriminalamt v. 25.12.2008 (BGBl. I S. 3083).

47 BT-Drs. 16/9588, 32.

48 Drewes/Malmberg/Wagner/Walter/Malmberg BPolG § 38 Rn. 10a.

49 Nochmals Drewes/Malmberg/Wagner/Walter/Malmberg BPolG § 38 Rn. 10a.

50 Vgl. Kugelmann BKAG § 20o Rn. 3; allg. Schoch BVwR/Schoch 1. Kap. Rn. 543 f.; ausführlich Kießling Jura 2016, 483 (491 ff.) und aus der älteren Literatur Schloer DÖV 1991, 955 (957 ff.); Sammelfußnoten bei Neuner, Zulässigkeit und Grenzen polizeilicher Verweisungsmaßnahmen, 2003, S. 84 f. zur hM (ebd., Fn. 176) bzw. zur eher in Details abweichenden „Gegenauffassung" (ebd., Fn. 177, 178).

51 Hierzu insbesondere Drewes/Malmberg/Wagner/Walter/Malmberg § 20 BPolG Rn. 1 ff.

52 Vgl. zum Ganzen Finger, Die offenen Szenen der Städte, 2006, S. 111 ff.

53 Schenke/Graulich/Ruthig/Schenke BPolG § 38 Rn. 10.

54 Weitere Beispiele bei Drewes/Malmberg/Wagner/Walter/Malmberg BPolG § 38 Rn. 10: Personenzug, Unfallort, Bahnhofs- oder Flughafenbereich; zweifelhaft insofern etwa OVG Lüneburg Beschl. v. 4.2.2019 – 11 LA 366/18 –, Kriminalistik 2020, 95 (96), vgl. allerdings die zust. Anm. von Hebeler JA 2019, 879 (879 f.).

geeigneten Abgrenzungsbegriff bildet unter dieser Hinsicht das „Gebiet".[55] Auch die Herkunftszusammenhänge des Platzverweises deuten in diese Richtung.[56] Entscheidend dafür spricht aber die **Regelungssystematik des BKAG** unter Einbeziehung grundrechtlicher Direktiven. Insofern ist der Platzverweis in Korrelation mit den qualifizierten Einschränkungen des freien Aufenthalts und der individuellen Mobilität gem. § 55 BKAG zu sehen, die als demgegenüber intensivere Eingriffe über die allgemeine Handlungsfreiheit hinaus auch die Freizügigkeit gem. Art. 11 GG berühren dürften. Dient § 55 BKAG aber insbesondere als Rechtsgrundlage für die Erteilung von Aufenthaltsvorgaben für mehrere Orte zugleich oder für ganze Bereiche, so ist in Anbetracht der hohen Hürden, die hier bestehen (→ § 55 Rn. 93 ff., 157 ff.), davon auszugehen, dass derartige Maßnahmen auch *nur* von dieser Vorschrift, nicht jedoch von dem viel weniger restriktiven § 54 BKAG gedeckt sein sollen.[57] Der Rückgriff auf diesen ist dann nach dem Spezialitätsgrundsatz gesperrt.[58]

Der punktuelle, situative Zuschnitt des Platzverweises kommt zudem durch seine Bezeichnung im Gesetzestext als **„vorübergehend"** zum Ausdruck. Isoliert betrachtet, dürfte dem Wort zwar kaum ein genauerer zeitlicher Richtwert zu entnehmen sein.[59] Gerade in Kombination mit dem ohnehin schon eingriffsbegrenzend wirkenden Merkmal „Ort" (→ Rn. 27) wird es einen eigenständigen Beitrag zum Normgehalt aber nur erbringen, wenn man ihm eine zusätzliche Begrenzungsfunktion zubilligt. Die einzelfallübergreifende **Bestimmung allgemeiner Grenzen** – mitunter werden 24 Stunden vorgeschlagen[60] – trifft allerdings auf die Schwierigkeit, dass die durch das Merkmal „vorübergehend" zu leistende materielle Begrenzung aus einer Wertungsrelation zu einem polizeilichen Schutzgut zu bestimmen ist, dessen Gewicht von Fall zu Fall variiert. Dient der Platzverweis etwa der Beendigung einer Gefahrensituation, bei der eminente Rechtsgüter, wie die körperliche Unversehrtheit (Art. 2 Abs. 2 S. 1 GG), auf dem Spiel stehen (→ Rn. 23), ist durchaus anzunehmen, dass er schlicht und einfach „bis zu dem Zeitpunkt zulässig ist, in dem die Gefahr endet".[61] Richtigerweise wird man die Dauer daher nicht abstrakt, dh losgelöst vom jeweiligen Anwendungskontext beziffern können. Ein plausiblerer Weg der Bemessung (auch) des zeitlichen Umfangs der Befugnis nach § 54 BKAG besteht darin, bei ihrer grundrechtlichen Eingriffsschwelle anzusetzen und jedenfalls Maßnahmen auszuschließen, die bereits eine freizügigkeitsbeschränkende Aufenthaltsregelung, also gleichsam eine „Aussperrung",[62] darstellen (→ Rn. 6 f., 28).[63] Das Wort „vorübergehend" korrespondiert dann der auf Verfassungsebene mitlaufenden **Abgrenzung zwischen Freizügigkeit (Art. 11 GG) und allgemeiner Handlungsfreiheit (Art. 2 Abs. 1 GG)** und bekräftigt die Legitimation von Platzverweisen nur im Hinblick auf letztere. 29

2. Verhältnismäßigkeit. Im Übrigen gilt für die polizeiliche Ermessensentscheidung der Grundsatz der Verhältnismäßigkeit (auch „Übermaßverbot"),[64] dessen Geltung für das Handeln des BKA die **§ 38 Abs. 1 S. 2 BKAG iVm § 15 BPolG** deklaratorisch bekräftigen (→ § 38 Rn. 38). Beim Platzverweis ist damit, wie generell im Eingriffsrecht, die Belastung der Maßnahmeadressaten in ein angemessenes Verhältnis zu den Vorteilen zu bringen, die der Allgemeinheit aus der Maßnahme erwachsen.[65] 30

Bekanntlich trifft das Verhältnismäßigkeitsprinzip „aber **keine inhaltlichen Aussagen** darüber, welche Auswirkungen und Bedingungen eines staatlichen Eingriffs in die Abwägung einzubeziehen sind und wann ein Mittel verhältnismäßig ist und wann nicht" und bedarf es vielmehr „einer wertenden verfassungsrechtlichen Entscheidung im jeweiligen Einzelfall".[66] Nun wird das Gewicht der öffentlichen Interessen in den Anwendungsfällen des § 54 BKAG in aller Regel überaus hoch zu veranschlagen sein, da es stets um die 31

55 Vgl. etwa Peters/Fertig GSZ 2018, 225 (229).
56 Helmke, Der polizeiliche Platzverweis im Rechtsstaat, 2001, S. 96; Neuner, Zulässigkeit und Grenzen polizeilicher Verweisungsmaßnahmen, 2003, S. 78.
57 Ähnlich Schoch BVwR/Schoch 1. Kap. Rn. 535, der von „tatsächlichen, gesetzlichen und verfassungsrechtlichen Divergenzen" der beiden Maßnahmetypen spricht; Drewes/Malmberg/Wagner/Walter/Malmberg BPolG § 38 Rn. 5; auch Kappeler, Öffentliche Sicherheit durch Ordnung, 2001, S. 153 f.
58 Allg. Gusy, POR, Rn. 184 im Hinblick auf das Verhältnis von Standardmaßnahmen zur Generalklausel. Die vorliegend relevante Wertung gleicht diesem Verhältnis, zumal einige Polizeigesetze den Platzverweis lange Zeit als Anwendungsfall der Generalklausel betrachteten, vgl. Drews/Wacke/Vogel/Martens, Gefahrenabwehrrecht, § 12, S. 202.
59 Erwartungsgemäß reicht die Bandbreite an Präzisierungsvorschlägen von wenigen Stunden bis zu zwei Wochen, vgl. Neuner, Zulässigkeit und Grenzen polizeilicher Verweisungsmaßnahmen, 2003, S. 72 f.; Schenke/Graulich/Ruthig/Schenke BPolG § 38 Rn. 8; auch Götz/Geis, POR, § 17 Rn. 22.
60 Schenke/Graulich/Ruthig/Schenke BPolG § 38 Rn. 9; ebenso Finger, Die offenen Szenen der Städte, 2006, S. 114; Trurnit VBlBW 2009, 205 (206).
61 Dagegen explizit Schenke/Graulich/Ruthig/Schenke BPolG § 38 Rn. 8.
62 Vgl. Braun, Freizügigkeit und Platzverweis, 2000, S. 26 f.
63 Kingreen/Poscher, POR, § 15 Rn. 6; Neuner, Zulässigkeit und Grenzen polizeilicher Verweisungsmaßnahmen, 2003, S. 74 f.
64 Eingehende Darstellung des Grundsatzes bei Dreier/Dreier GG I Vorb. Rn. 145 ff.
65 Vgl. allg. etwa BVerfG Beschl. v. 4.4.2006 – 1 BvR 518/02 –, BVerfGE 115, 320 (345 f.); Beschl. v. 27.3.2012 – 2 BvR 2258/09 –, BVerfGE 130, 372 (392), mwN.
66 Alle Zitate aus BVerfG Beschl. v. 15.5.1995 – 2 BvL 19/91 ua –, BVerfGE 92, 277 (327) – Hervorhebungen nur hier.

Verhinderung von terroristisch motivierten Straftaten gem. § 5 Abs. 1 S. 2 BKAG geht (→ Rn. 23). Zugleich ist die den betroffenen Schutzgütern gegenüberstehende allgemeine Handlungsfreiheit in nur geringfügiger bis moderater Weise betroffen. Der Umstand, dass sich daraus für den Regelfall ein Übergewicht zugunsten des Eingriffs ergibt, legt den weiteren Schluss nahe, dass die eigentliche **Eingriffsbegrenzung nicht erst im Zuge der Abwägung, sondern bereits bei der Auslegung** der Gesetzesbegriffe „Ort" und „vorübergehend" zu leisten ist. Hier traten wiederum unter Berücksichtigung grundrechtlicher Wertungen die engen räumlichen und zeitlichen Grenzen solcher Maßnahmen hervor (→ Rn. 28 f.).

IV. Durchsetzung und Vollstreckung

32 Im Hinblick auf die praktische Durchsetzung von Platzverweisen sieht § 57 Abs. 1 Nr. 1 BKAG nach dem Vorbild anderer Polizeigesetze als ***ultima ratio*** die Ingewahrsamnahme des Störers vor (→ § 57 Rn. 43 ff.). Ein solcher **Platzverweisungsgewahrsam** weicht freilich sowohl verfahrensrechtlich als auch materiellrechtlich von den aus dem Vollstreckungsrecht bekannten Strukturen ab. Prozessual ist insbesondere der Richtervorbehalt gem. Art. 104 Abs. 2 S. 1 GG, § 57 Abs. 2 BKAG zu beachten, der die Anwendung des einschlägigen Gerichtsverfahrensrechts nach sich zieht (→ § 57 Rn. 73 ff.). Materiellrechtlich besteht zudem, anders als sonst bei der Verwaltungsvollstreckung, ein **Rechtswidrigkeitszusammenhang** zwischen dem Platzverweis und dem Gewahrsam (→ § 57 Rn. 44 f.). Letztlich stellt der Platzverweisungsgewahrsam darum weniger einen prozedural nachgelagerten Durchsetzungsakt dar als eine spezielle Primärmaßnahme, für die, weitgehend losgelöst von § 54 BKAG, eigene Regeln gelten.

33 Abgesehen von diesem Sonderfall bleibt es für die Vollstreckung des Platzverweises als eines befehlenden Verwaltungsakts (→ Rn. 16) bei den **allgemeinen Grundsätzen über den Verwaltungszwang** (§§ 6 ff. VwVG). Als unaufschiebbare Maßnahme der Vollzugspolizei gem. § 80 Abs. 2 S. 1 Nr. 2 VwGO muss er lediglich wirksam sein, um vollstreckt werden zu können (§ 6 Abs. 1 VwVG). Nach höchstrichterlicher Rechtsprechung und wohl hM im Schrifttum besteht bei sofort vollziehbaren Verwaltungsakten insbesondere **kein Rechtswidrigkeitszusammenhang,**[67] so dass sich die Rechtmäßigkeit von Grundverfügung (Platzverweis) einerseits und Vollstreckungsmaßnahme andererseits getrennt voneinander beurteilt.

34 Bei der Befolgung eines Platzverweises handelt es sich weiterhin um eine **unvertretbare Handlung,** weil sie „nur vom Willen des Pflichtigen" abhängt (§ 11 Abs. 1 S. 1 VwVG). Daher scheidet die Ersatzvornahme (§ 10 VwVG) als Zwangsmittel aus. In erster Linie kommt wohl die **Anwendung unmittelbaren Zwangs** gem. §§ 9 Abs. 1 lit. c, 12 VwVG iVm §§ 1 ff. UZwG in Betracht, da zumeist nur sie dem Bedürfnis nach effektiver, dh gerade auch zeitnaher Gefahrbeendigung entsprechen dürfte.

35 Strittig ist allerdings, ob auch ein sog. **Verbringungsgewahrsam** zur Durchsetzung eines Platzverweises eingesetzt werden darf. Unter dieser Bezeichnung wird für gewöhnlich eine komplexe Polizeimaßnahme geführt, durch welche „eine Person von einem bestimmten Ort entfernt und an einen abgelegenen Ort verbracht [wird], um die baldige Rückkehr (zB zu einer Demonstration, einem Sportereignis, einer sonstigen öffentlichen Großveranstaltung) zu verhindern".[68] Durch Herstellung räumlicher Distanz will man dem Störer die Möglichkeit und auch die Motivation nehmen, an den Gefahrenort trotz Platzverweises zurückzukehren und die Störung fortzusetzen („Rundlauf"[69]). Die rechtliche Bewertung solchen Vorgehens gestaltet sich schon lange kontrovers.[70] Als einigermaßen gesichert kann aber gelten, dass insbesondere keine Form des Platzverweisungsgewahrsams vorliegt (→ § 57 Rn. 47 f.). Allein der unfreiwillige Abtransport in einem Polizeifahrzeug dürfte nicht schon als Freiheitsentzug iSd Art. 2 Abs. 2 S. 2 und 104 GG zu bewerten sein.[71]

36 Sofern der „Verbringungsgewahrsam", wovon typischerweise auszugehen ist, einen Ortswechsel gegen den Willen des Betroffenen faktisch erzwingt, ist er der **Sekundärebene** polizeilichen Handelns zuzuordnen. Wird durch ihn aber die Pflicht, einen Ort zu verlassen *und* ihn hernach nicht wieder zu betreten, vollstreckt, kommt das Gesamtbild dem Standardfall (der Vollstreckung) eines Platzverweises jedenfalls äußerst

67 Vgl. allg. zum Problem Schweikert, Der Rechtswidrigkeitszusammenhang im Verwaltungsvollstreckungsrecht, 2013, S. 140 ff., mwN.

68 Schoch BVwR/Schoch 1. Kap. Rn. 577; näher zu Anlässen und Adressatenkreis solcher Maßnahmen insbes. Finger, Die offenen Szenen der Städte, 2006, S. 148 ff.

69 Ausdruck etwa bei Stoermer, Der polizeirechtliche Gewahrsam unter besonderer Berücksichtigung des Unterbindungsgewahrsams, 1998, S. 144 f. (m. Fn. 367).

70 Monographisch Iglesias Gonzalez, Verbringungsgewahrsam 2014, S. 27 ff. (zur grundrechtlichen Seite), S. 125 ff. (zur polizeirechtlichen Einordnung); vgl. auch Finger, Die offenen Szenen der Städte, 2006, S. 148 ff.; zum nicht signifikant verschiedenen älteren Meinungsbild etwa Maaß NVwZ 1985, 151.

71 AA aber nicht wenige Stimmen in der Literatur, vgl. Iglesias Gonzalez, Verbringungsgewahrsam 2014, S. 74 f., 141, mwN; aus der Kommentarliteratur insbes. Drewes/Malmberg/Wagner/Walter/Wagner BPolG § 39 Rn. 11a; im Ergebnis wie hier Hantel, Der Begriff der Freiheitsentziehung in Art. 104 Abs. 2 GG, 1988, S. 180. – In seinen verfassungsrechtlichen Bezügen, besonders zur Frage des Richtervorbehalts nach Art. 104 Abs. 2 S. 1 GG, bewegt sich der gesamte Meinungsstreit allerdings auf unsicherem Terrain, da hier grundlegende Fragen unbeantwortet sind, vgl. näher → § 57 Rn. 12.

nahe.[72] Dagegen wenden zwar nicht wenige Stimmen ein, dass der Platzverweis „nicht mehr die Befugnis [beinhalte], eine Person dazu zu verpflichten, sich an einen bestimmten Platz jenseits des verwiesenen Bereichs zu begeben".[73] Doch enthält er immerhin den Befehl, den „verbotenen" Ort *nicht* (wieder) zu betreten, technisch gesprochen also das Gebot, einen beliebigen anderen Ort aufzusuchen (→ Rn. 18). Die Durchsetzung dieser Pflicht gegen einen renitenten Störer durch dessen Verbringung an *irgendeinen*, nur eben weit genug entfernten Ort ist aber durchaus als Vollstreckung des Platzverweises (iwS) bzw. der darin enthaltenen Unterlassungspflicht (§ 6 Abs. 1 VwVG) zu bewerten. Dies spricht im Ergebnis dafür, dass ein Verbringungsgewahrsam unter Wahrung des Verhältnismäßigkeitsprinzips und der weiteren für die Anwendung unmittelbaren Zwangs beachtlichen Vorgaben[74] **grundsätzlich als Durchsetzungsinstrument eines Platzverweises zu rechtfertigen** ist.

Noch einmal anders liegen die Dinge allerdings, sollte der „Verbringungsgewahrsam" mit einer länger an- 37
haltenden, physischen **Immobilisation des Betroffenen** verbunden sein. Unter diesem besonderen Gesichtspunkt wäre er nämlich nach neuerer höchstrichterlicher Judikatur als Freiheitsentziehung anzusehen. Diese unterläge dem verfassungsrechtlichen Richtervorbehalt des Art. 104 Abs. 2 S. 1 GG und wäre dem BKA in Ermangelung einer speziellen Ermächtigungsgrundlage ohnedies untersagt (→ § 57 Rn. 100). Rechtspraktisch empfiehlt es sich, in Anbetracht der nach wie vor insgesamt beträchtlichen Rechtsunsicherheit bei der Bewertung des „Verbringungsgewahrsams"[75] von solchem Vorgehen generell abzusehen.

V. Rechtsschutz

Mit Blick auf den gem. Art. 19 Abs. 4 GG zu gewährleistenden gerichtlichen Rechtsschutz gegen Platzver- 38
weise ergeben sich keine Abweichungen von dem auch sonst gegen aktionelle Polizeimaßnahmen zu Gebote stehenden Instrumentarium. Die Rechtsnatur der Grundverfügung als Verwaltungsakt iSd § 35 VwVfG (→ Rn. 16) zieht die Statthaftigkeit der gegen Verwaltungsakte gerichteten Klagearten (§§ 42 Abs. 1, 113 VwGO) nach sich. Da sich ein Platzverweis mit seinen engen räumlichen und zeitlichen Konturen (→ Rn. 28 f.) in aller Regel nach kurzer Zeit, mithin vorprozessual erledigt, ist dies typischerweise die **Fortsetzungsfeststellungsklage** analog § 113 Abs. 1 S. 4 VwGO.[76]

§ 55 Aufenthaltsvorgabe und Kontaktverbot

(1) Das Bundeskriminalamt kann zur Abwehr einer Gefahr oder zur Verhütung von Straftaten nach § 5 Absatz 1 Satz 2 einer Person untersagen, sich ohne Erlaubnis des Bundeskriminalamtes von ihrem Wohn- oder Aufenthaltsort oder aus einem bestimmten Bereich zu entfernen oder sich an bestimmten Orten aufzuhalten (Aufenthaltsvorgabe), wenn

1. **bestimmte Tatsachen die Annahme rechtfertigen, dass die betroffene Person innerhalb eines übersehbaren Zeitraums auf eine zumindest ihrer Art nach konkretisierte Weise eine Straftat nach § 5 Absatz 1 Satz 2 begehen wird oder**
2. **das individuelle Verhalten der betroffenen Person die konkrete Wahrscheinlichkeit begründet, dass sie innerhalb eines übersehbaren Zeitraums eine Straftat nach § 5 Absatz 1 Satz 2 begehen wird.**

(2) Unter den Voraussetzungen des Absatzes 1 kann das Bundeskriminalamt zur Abwehr einer Gefahr oder zur Verhütung von Straftaten nach § 5 Absatz 1 Satz 2 einer Person auch den Kontakt mit bestimmten Personen oder Personen einer bestimmten Gruppe untersagen (Kontaktverbot).

(3) [1]Maßnahmen nach den Absätzen 1 und 2 dürfen nur auf Antrag der zuständigen Abteilungsleitung oder deren Vertretung durch das Gericht angeordnet werden. [2]Bei Gefahr im Verzug kann die Anordnung durch

72 Richtig Götz/Geis, POR § 17 Rn. 41; zur Möglichkeit, die Generalklausel heranzuziehen, etwa Huber/Wollenschläger/Wollenschläger, Landesrecht Bayern, 2. Aufl. 2022, § 4 Rn. 147 sowie Neuner, Zulässigkeit und Grenzen polizeilicher Verweisungsmaßnahmen, 2003, S. 81.

73 Finger, Die offenen Szenen der Städte, 2006, S. 151; Trurnit VBlBW 2009, 205 (209 f.); s. auch Lisken/Denninger/Graulich, HdbPolR, E Rn. 439; alle mwN.

74 Selbstverständlich darf der „Verbringungsgewahrsam" den Betroffenen unter keinen Umständen in die Gefahr weitergehender (Selbst-)Schädigungen bringen, etwa weil die Polizei ihn in hilflosem Zustand aussetzt; einen auch medial beachteten Fall strafbarer Aussetzung (§ 221 StGB) durch Polizeibeamte, der mehrere Instanzen beschäftigte, betrifft etwa LG Kiel Urt. v. 17.9.2008 – 8 Ks 6/08 –, juris.

75 Auch die Gerichtspraxis ist uneinheitlich; LG Hamburg Beschl. v. 14.6.1996 – 608 Os 18/96 –, NVwZ-RR 1997, 537 ff. beispielsweise erkennt im Verbringungsgewahrsam eine mangels Ermächtigungsgrundlage strafbare (!) Freiheitsberaubung gem. § 239 StGB; dagegen Leggereit NVwZ 1999, 263.

76 S. nur Schenke/Graulich/Ruthig/Schenke BPolG § 38 Rn. 16.

die zuständige Abteilungsleitung oder deren Vertretung getroffen werden. [3]In diesem Fall ist die gerichtliche Entscheidung unverzüglich nachzuholen. [4]Soweit die Anordnung nicht binnen drei Tagen durch das Gericht bestätigt wird, tritt sie außer Kraft.

(4) Im Antrag sind anzugeben:

1. die Person, gegen die sich die Maßnahme richtet, mit Name und Anschrift,
2. Art, Umfang und Dauer der Maßnahme, einschließlich
   a) im Falle der Aufenthaltsvorgabe nach Absatz 1 einer Bezeichnung der Orte nach Absatz 1, von denen sich die Person ohne Erlaubnis des Bundeskriminalamtes nicht entfernen oder an denen sich die Person ohne Erlaubnis des Bundeskriminalamtes nicht aufhalten darf,
   b) im Falle des Kontaktverbots nach Absatz 2 der Personen oder Gruppe, mit denen oder mit der der betroffenen Person der Kontakt untersagt ist, soweit möglich, mit Name und Anschrift,
3. der Sachverhalt sowie
4. eine Begründung.

(5) [1]Die Anordnung ergeht schriftlich. [2]In ihr sind anzugeben:

1. die Person, gegen die sich die Maßnahme richtet mit Name und Anschrift,
2. Art, Umfang und Dauer der Maßnahme, einschließlich
   a) im Falle der Aufenthaltsvorgabe nach Absatz 1 einer Bezeichnung der Orte nach Absatz 1, von denen sich die Person ohne Erlaubnis des Bundeskriminalamtes nicht entfernen oder an denen sich die Person ohne Erlaubnis des Bundeskriminalamtes nicht aufhalten darf,
   b) im Falle des Kontaktverbots nach Absatz 2 der Personen oder Gruppe, mit denen oder mit der der betroffenen Person der Kontakt untersagt ist, soweit möglich, mit Name und Anschrift,
3. die wesentlichen Gründe.

(6) [1]Aufenthaltsvorgaben und Kontaktverbote sind auf den zur Abwehr der Gefahr oder zur Verhütung von Straftaten nach § 5 Absatz 1 Satz 2 erforderlichen Umfang zu beschränken. [2]Sie sind auf höchstens drei Monate zu befristen. [3]Eine Verlängerung um jeweils nicht mehr als drei Monate ist möglich, soweit ihre Voraussetzungen fortbestehen. [4]Liegen die Voraussetzungen für die Aufenthaltsvorgabe oder das Kontaktverbot nicht mehr vor, ist die Maßnahme unverzüglich zu beenden.

(7) Die Vorschriften des Versammlungsrechts bleiben unberührt.

A. Überblick und Genese

I. Vorläufer- und Parallelregelungen

1 **1. Bundesrecht.** § 55 BKAG wurde als Ergänzung der „klassischen" Platzverweisung (§ 20o BKAG aF; nunmehr § 54 BKAG) neu in das BKAG aufgenommen und hat dementsprechend **keine gefahrenabwehrrechtlichen Vorläuferregelungen auf Bundesebene.**[1] Eine sanktionenrechtliche Regelung zu Verlassens- und Aufenthaltsverboten findet sich im Recht der Führungsaufsicht (§ 68b Abs. 1 S. 1 Nrn. 1 und 2 StGB), auf die der Gesetzgeber bei Schaffung des § 55 Abs. 2 BKAG ausdrücklich verwiesen hat (→ Rn. 36). Sie ist in Funktion und vor allem ihrer Struktur aber kaum mit § 55 vergleichbar.[2] Das Bundespolizeigesetz enthält auch weiterhin lediglich den Platzverweis (§ 38 BPolG) und die allgemeine bundespolizeirechtliche Befugnisnorm des § 14 Abs. 1 BPolG, aber keine mit § 55 BKAG vergleichbaren spezifischen Eingriffsnormen.

2 Zur Abwehr gegenwärtiger Gefahren für Leben, Leib oder Freiheit einer Person durch Angehörige terroristischer Vereinigungen ermöglicht § 31 EGGVG die **Verhängung von Kontaktsperren (nur) gegenüber Straf- und Untersuchungshäftlingen.**

3 **2. Landesrecht.** Im **Zeitpunkt des Erlasses des § 55 BKAG** kannten die jeweiligen **Polizeigesetze der Länder** zwar Regelungen über Aufenthaltsverbote zur Verhinderung bevorstehender Straftaten, aber keine entsprechenden Eingriffsbefugnisse zur Terrorismusbekämpfung im Vorfeld konkreter Gefahren.[3] Der Verweis des Gesetzgebers auf „vergleichbare Regelungen [...] in nahezu allen Landespolizeigesetzen"[4] erscheint daher kaum nachvollziehbar.[5]

4 Vielmehr haben die Länder **Baden-Württemberg** (§ 31 PolG BW), **Brandenburg** (§ 28c BbgPolG), **Hessen** (§ 31a Abs. 2 HessSOG), **Mecklenburg-Vorpommern** (§ 67b SOG MV; nur Aufenthaltsvorgaben), **Niedersachsen** (§ 17b NdsPOG), **Nordrhein-Westfalen** (§ 34b PolG NRW), **Saarland** (§ 12 Abs. 4 S. 2 SaarlPolG), **Sachsen** (§ 21 Abs. 2 und 3 SächsPVDG), **Sachsen-Anhalt** (§ 36a Abs. 1 und 2 SOG LSA) und **Schleswig-Holstein** (§ 201 Abs. 4 LVwG SH) **erst im Nachgang vergleichbare Parallelregelungen geschaffen,** die § 55 BKAG im Wesentlichen nachgebildet sind.[6]

5 Die parallel zu § 55 BKAG in Kraft getretene Fassung des **Bayerischen Polizeiaufgabengesetzes** erlaubt Aufenthaltsvorgaben oder Kontaktverbote im Vorfeld konkreter Gefahren demgegenüber sogar ohne besondere Verfahrensvorgaben zur Abwehr drohender Gefahren für bedeutende Rechtsgüter einer Person (Art. 16 Abs. 2 S. 1 Alt. 2 BayPAG).[7]

6 In diesen Ländern treten **allgemeine gefahrenabwehrrechtliche Bestimmungen zu Aufenthalts- und Kontaktverboten** bei konkreten Gefahren neben die spezifischen (und idR spezifisch terrorismusbezogenen) Vor-

1 Vgl. BT Drs. 18/11163, 121; Schenke/Graulich/Ruthig/W.-R. Schenke BKAG § 55 Rn. 1; BeckOK-POR NRW/Barczak PolG NRW § 34b Rn. 3 (2022).
2 Anders Reuter Kriminalistik 2017, 390 (390).
3 Vgl. BeckOK-POR Niederachsen/Waechter NdsPOG § 17b Rn. 3 (2022).
4 BT-Drs. 18/11163, 121.
5 Zutreffend DAV, BT-Drs. (A) 18(4)863, 33; vgl. auch Zaremba DÖV 2019, 221 (224); Gusy, LT NRW, Stellungnahme 17/630, A09, A14, 8; Löffelmann, LT NRW, Stellungnahme 17/641, A09, A14, 1 f.; Ennuschat, LT NRW, Stellungnahme 17/657, A09, A14, 8.
6 Vgl. BeckOK-POR NRW/Barczak PolG NRW § 34b vor Rn. 1, Rn. 2 ff. (2022); BeckOK-PolR Baden-Württemberg/Nachbaur PolG BW § 31 Rn. 1, 9 f. (2022); Zaremba DÖV 2019, 221. Illustrativ auch Bröckling, LT NRW, Stellungnahme 17/937, A09, A14, 1.
7 Zu Recht kritisch BeckOK-PolR Baden-Württemberg/Nachbaur PolG BW § 31 Rn. 9 (2022); Löffelmann BayVBl. 2018, 145 (149).

feldbefugnisse (vgl. § 30 Abs. 2 PolG BW, Art. 16 Abs. 2 S. 1 Alt. 1 BayPAG; § 16 Abs. 2 BbgPolG, § 31 Abs. 3 HessSOG, § 52a SOG MV, § 17 Abs. 3 NdsPOG, § 34 Abs. 2 PolG NRW, § 12 Abs. 4 S. 1 SaarlPolG, § 21 Abs. 1 SächsPVDG, § 36 Abs. 2 SOG LSA und § 201 Abs. 2 und 3, § 201a Abs. 3 LVwG SH).

7 Demgegenüber kennen die Länder Berlin (§ 29 Abs. 2 BerlASOG), Bremen (§ 11 Abs. 2 BremPolG) und Thüringen (§ 18 Abs. 2 ThürPAG) auch weiterhin **nur allgemeine gefahrenabwehrrechtliche Bestimmungen** zu Aufenthaltsverboten, die Länder Hamburg (§ 12b Abs. 2 und 3 HbgSOG) und Rheinland-Pfalz (§ 13 Abs. 3 und 4 POG RhPf) darüber hinaus auch allgemeine gefahrenabwehrrechtliche Kontaktverbote.

II. Gesetzgebungsverfahren

8 § 55 entspricht nahezu vollständig dem **ursprünglichen Regierungsentwurf,**[8] gegenüber dem lediglich der Begriff des „Aufenthaltsverbots" durch den sachlich zutreffenderen – weil auch Verbote des Verlassens des Wohn- oder Aufenthaltsorts umfassenden – Begriff der **„Aufenthaltsvorgabe"** ersetzt wurde.[9] Mit der Änderung folgte der Bundestag einem Petitum des Innenausschusses und des Bundesrats.[10]

III. Normänderungen

9 § 55 BKAG trat zunächst als § 20y BKAG aF schon vor den übrigen Normen der Neufassung des BKAG vom 1.6.2017[11] **zum 9.6.2017 in Kraft.** Er wurde mit deren Inkrafttreten am 25.5.2018 in § 55 BKAG nF überführt und seither nicht geändert.

IV. Normsystematische Einordnung

10 **1. Funktion der Norm.** Anders als die Platzverweisung, die als klassisches Instrument des Polizeirechts der Abwehr konkreter Gefahren für beliebige polizeiliche Schutzgüter durch (lediglich) vorübergehende Ortsverweisungen und Betretungsverbote in Betracht kommt (§ 54 BKAG), dienen Maßnahmen nach § 55 Abs. 1 und 2 BKAG regelmäßig der **Abwehr drohender Gefahren im Vorfeld einer konkreten Gefahr durch längerfristige Aufenthaltsvorgaben.** Aufgrund der **Vorverlagerung der Gefahrenschwelle** (sowie der kompetenzrechtlichen Grenzen der Gefahrenabwehrtätigkeit des Bundes; → Rn. 46, 67 f., 160) war der Gesetzgeber dabei gezwungen, entsprechende Vorfeldbefugnisse auf die Abwehr drohender Gefahren durch Straftaten des internationalen Terrorismus iSd § 5 Abs. 1 BKAG zu beschränken (→ Rn. 137).

11 Zugleich fungieren Anordnungen nach § 55 Abs. 1 und 2 BKAG auch als **Anknüpfungspunkt für Maßnahmen der elektronischen Aufenthaltsüberwachung** nach § 56 Abs. 1 BKAG. Da diese jedoch ebenfalls nicht der Ermittlung von Gefährderstrukturen und -umfeld, sondern alleine der Verhinderung konkreter Straftaten dienen (§ 56 Abs. 1 BKAG) und auch die Datenverwendung dem Zweckbindungsgrundsatz unterliegt (§ 56 Abs. 2 S. 3 BKAG; → § 56 Rn. 12 ff., 17), wird die Zwecksetzung von Maßnahmen nach § 55 Abs. 1 und 2 BKAG durch die Befugnisse des § 56 Abs. 1 BKAG nicht erweitert (→ § 56 Rn. 33). Auch die **Strafnorm des § 87 Nr. 1 BKAG** erweitert nicht die Zwecksetzung des § 55 Abs. 1 und 2 BKAG, sondern dient lediglich seiner effektiven Durchsetzung.

12 **2. Einordnung innerhalb des BKAG.** § 55 BKAG steht im 5. Abschnitt über die **Befugnisse zur Abwehr von Gefahren des internationalen Terrorismus** (§§ 38–62). Die dort geregelten Kontakt- und Aufenthaltsverbote **ergänzen den in § 54 BKAG geregelten „klassischen" Platzverweis,** der nur eine vorübergehende Entfernung einer Person von einem bestimmten Ort zum Ziel hat.[12]

13 Aufgrund der parallel gefassten materiellen Voraussetzungen bestehen **enge Bezüge** zu den in § 56 BKAG geregelten **Maßnahmen der elektronischen Aufenthaltsüberwachung,** auch wenn beide Maßnahmen nicht notwendigerweise miteinander verbunden sind (→ § 56 Rn. 21, 167, 179); allerdings darf die Verarbeitung von nach Maßgabe des § 56 Abs. 2 S. 1 BKAG erhobenen Daten ausdrücklich auch zur Feststellung und Verfolgung von Verstößen gegen Anordnungen nach § 55 Abs. 1 und Abs. 2 BKAG erfolgen.[13]

14 **Verstöße** gegen Anordnungen nach § 55 Abs. 3 iVm Abs. 1 oder 2 BKAG sind nach Maßgabe des § 87 Abs. 1 Nr. 1 BKAG mit Geld- oder **bis zu dreijähriger Haftstrafe strafbewehrt.**

15 **3. Binnensystematik.** § 55 Abs. 1 und 2 BKAG bilden die **Ermächtigungsgrundlagen** für gefahrenabwehrrechtliche Aufenthaltsvorgaben (Ge- und Verbote) sowie für Kontaktverbote **zum Zweck der Abwehr von**

8 BT-Drs. 18/11163, 48 f.
9 Vgl. Beschlussempfehlung des Innenausschusses v. 25.4.2017 (BT-Drs. 18/12076, 7) und Bericht des Innenausschusses v. 26.4.2017 (BT-Drs. 18/12141, 4).
10 Vgl. BT-Drs. 18/12141, 4 f., BR-Drs. 331/17, 4.
11 BGBl. I S. 1354.
12 BT-Drs. 18/11163, 121.
13 § 56 Abs. 2 S. 3 Nrn. 2 und 3 iVm § 87 Abs. 1 Nr. 1 BKAG. → § 56 Rn. 206 ff.

Gefahren und Verhütung von Straftaten des internationalen Terrorismus und regeln abschließend die jeweiligen materiellen Eingriffsvoraussetzungen. Dabei verweist § 55 Abs. 2 BKAG hinsichtlich der materiellen Voraussetzungen vollständig auf die Voraussetzungen des Abs. 1.

§ 55 Abs. 3–5 BKAG regeln **spezifische Verfahrens- und Formvorschriften** für die Anordnung von Aufenthaltsvorgaben und Kontaktverboten. Abs. 3 S. 1 begründet dabei ein **Antragsverfahren mit Abteilungsleiter- und Richtervorbehalt,** an dessen Stelle nach Abs. 3 S. 2 bei **Gefahr im Verzug** eine unmittelbare Anordnungsbefugnis des Abteilungsleiters tritt. Abs. 3 S. 3 und 4 regeln das **weitere Verfahren nach behördlichen Eilanordnungen** und begrenzt deren Geltungsdauer auf maximal drei Tage. Die in Abs. 5 geregelten **Formanforderungen** an die Anordnung gelten sowohl für richterliche als auch für behördliche Anordnungen; die in Abs. 4 normierten formellen Antragsvoraussetzungen nur für das reguläre Verfahren nach Abs. 3 S. 1. Abgesehen von der in Abs. 5 S. 2 Nr. 3 enthaltenen Beschränkung auf die „wesentlichen" Gründe sind die formalen Anforderungen von Antrag und Anordnung jedoch identisch, da sich das in Abs. 5 S. 1 nur für Anordnungen ausdrücklich normierte Schriftformerfordernis für Anträge nach Abs. 4 aus den Vorschriften des FamFG ergibt (→ Rn. 96). 16

§ 55 Abs. 6 S. 1 BKAG betont die Geltung des auch in § 38 Abs. 1 S. 2 BKAG iVm § 15 BPolG (→ § 38 Rn. 38 f.) in Bezug genommenen **Verhältnismäßigkeitsgrundsatzes.** Abs. 6 S. 2 begrenzt die **maximale Anordnungsdauer** auf höchstens drei Monate, normiert aber – wie Abs. 6 S. 3 ausdrücklich klarstellt – keine absolute Maximaldauer einzelner Maßnahmen. Er stellt länger währende Maßnahmen vielmehr unter einen durch die erneute Durchführung eines Anordnungsverfahrens **verfahrensrechtlich abgesicherten Kontrollvorbehalt,** der durch die in Abs. 6 S. 4 geregelte materielle Verpflichtung, Anordnungen nach Abs. 1 und 2 fortwährend unter Kontrolle zu halten und nach Wegfall ihrer Voraussetzungen unverzüglich zu beenden, ergänzt wird (ausführlich → Rn. 165 ff.). 17

Die **Unberührtheitsklausel des Abs. 7** regelt das Verhältnis des § 55 BKAG zu den Vorschriften des Versammlungsgesetzes des Bundes (vgl. Art. 125a Abs. 1 S. 1 GG) bzw. der Landesversammlungsgesetze (vgl. Art. 125a Abs. 1 S. 2 GG), ist aber aus sich heraus kaum verständlich (→ Rn. 175 ff.). 18

B. Kommentierung im Einzelnen

I. Aufenthaltsvorgabe und Kontaktverbote

1. Begriff der Aufenthaltsvorgabe (Abs. 1). a) Reichweite der Ermächtigung. Der **Begriff der Aufenthaltsvorgabe** umfasst die Befugnisse, einer Person zu untersagen, sich ohne Erlaubnis des Bundeskriminalamtes an bestimmten Orten aufzuhalten (**Aufenthaltsverbot;** → Rn. 29 ff.) oder von ihrem Wohn- oder Aufenthaltsort oder aus einem bestimmten Bereich zu entfernen (**Verlassensverbot;** → Rn. 20 ff.). Der gemeinsame Oberbegriff der Aufenthaltsvorgabe entstammt einer Anregung des Bundesrats, der im Gesetzgebungsverfahren übernommen wurde (→ Rn. 8). 19

aa) Verlassensverbot. Der **Begriff des Verlassensverbots** umschreibt die Befugnis, einer Person zu untersagen, sich ohne Erlaubnis des Bundeskriminalamtes von ihrem Wohn- oder Aufenthaltsort oder aus einem bestimmten Bereich zu entfernen. 20

Der **Begriff des Wohnorts** entspricht in der Sache dem Wohnortbegriff des bürgerlichen Rechts, dh dem Ort, an dem eine natürliche Person tatsächlich wohnt oder auch seine Niederlassung hat;[14] er setzt eine Wohnung (etwa iSd Art. 13 GG) daher nicht notwendigerweise voraus. Eine genauere Abgrenzung zum Wohnsitzbegriff des § 7 BGB, der darüber hinaus die Freiwilligkeit der Niederlassung voraussetzt,[15] ist in Ansehung der Bezugnahme des § 55 Abs. 1 BKAG (auch) auf den bloßen Ort des (tatsächlichen) Aufenthalts und auf „bestimmte Bereiche" entbehrlich. 21

Hinsichtlich des **Begriffs des Aufenthaltsorts** fehlt es an einer Legaldefinition oder der Möglichkeit eines Anknüpfens an bestehende Begrifflichkeiten, da zB das Sozialrecht zwischen dem **tatsächlichen**[16] und dem **gewöhnlichen Aufenthalt**[17] differenziert, die sich in erster Linie durch die (nicht) nur vorübergehende Natur des Aufenthalts unterscheiden. 22

Für das Gefahrenabwehrrecht ist diese Unterscheidung indes unergiebig bzw. nicht zielführend,[18] wie der **Auffangbegriff des „bestimmten Bereichs"** ebenso zeigt wie die pauschale Bezugnahme des § 55 Abs. 4 Nr. 2 lit. a, Abs. 5 S. 2 Nr. 2 lit. a BKAG auf „Orte". § 55 Abs. 1 BKAG enthält daher **keine Beschränkung** 23

14 Vgl. Spickhoff in MüKoBGB, 9. Aufl. 2021, § 7 Rn. 16 f.; BeckOK-BGB/Hau § 7 Rn. 14 (2022).
15 Vgl. BeckOK-BGB/Hau § 7 Rn. 11 ff., 21 ff. (2022).
16 Vgl. § 98 Abs. 1 S. 1 SGB XII.
17 Vgl. § 30 Abs. 3 S. 2 SGB I; § 10a Abs. 3 S. 1 AsylbLG; ähnlich § 9 AO.
18 Kritisch Gusy, LT NRW, Stellungnahme 17/630, A09, A14, 8; NdsLT, Gesetzgebungs- und Beratungsdienst, Vorlage 32 v. 26.10.2018, 39.

auf spezifische Örtlichkeiten und fordert insbesondere keine spezifische Beziehung des Adressaten zu den ihm verbotenen oder zugewiesenen Orten, sondern gibt dem beantragenden bzw. anordnenden Behördenleiter oder Richter lediglich vor, die betroffenen Örtlichkeiten mit größtmöglicher Präzision zu beschreiben.[19]

24 Dieses **Gebot der präzisen Umschreibung der dem Betroffenen zugewiesenen Bereiche gilt** dabei nicht ausschließlich im Hinblick auf den Auffangbegriff der „bestimmten Bereiche", der nur durch präzise behördliche oder gerichtliche Anordnung ausgefüllt werden kann, sondern – schon in Ansehung der zuvor geschilderten begrifflichen Unschärfen – **in gleicher Weise für die Begriffe des Wohn- bzw. Aufenthaltsorts.** Eine entsprechende Anordnung kann sich daher nicht damit begnügen, dem Betroffenen das Verlassen des „Wohn- oder Aufenthaltsorts" zu untersagen, sondern muss – schon in Ansehung der durch § 87 Nr. 1 BKAG begründeten Strafbarkeit (→ § 87 Rn. 14, 35, 41) – jedenfalls in den Entscheidungsgründen[20] erkennen lassen, welche Bereiche sie als Wohn- oder Aufenthaltsort des Betroffenen ansieht. Aufgrund der Funktionslosigkeit der Begriffe des Wohn- bzw. Aufenthaltsorts im Verhältnis zum allgemeineren Begriff der „bestimmten Bereiche" dürfte es ohnehin zweckmäßig sein, auf deren Verwendung zu verzichten.

25 Materiell dürfte die Bezugnahme auf „bestimmte Orte" jedoch **eine Normanwendung ausschließen, die den Betroffenen zum Verlassen des Bundesgebiets auffordert** oder dessen **Ausreisefreiheit** insgesamt – dh ohne Beschränkung auf spezifische Bereiche innerhalb des Bundesgebiets – einschränkt, zumal mit § 53 Abs. 1 AufenthG, § 56 Abs. 2 AufenthG und § 10 Abs. 1 und 2 PassG jeweils speziellere Gefahrenabwehrnormen existieren.[21] **Beschränkungen der Einreisefreiheit für deutsche Staatsangehörige** wären mit den Grundgewährleistungen des Staatsangehörigkeitsrechts ohnehin nicht vereinbar.[22] In der Sache ist ein Verlassensverbot jedoch stets mit Beschränkungen der Ausreisefreiheit verbunden, wenn dem Betroffenen die Ausreise nicht – zB aus Verhältnismäßigkeitsgründen – im Wege der modifizierenden Auflage allgemein gestattet wird (→ Rn. 163 ff.).

26 Weiterhin ergibt sich aus der Gesetzesbegründung, dass der Gesetzgeber die **Begriffe des Wohn- oder Aufenthaltsorts nicht in Bezug auf eine konkrete Wohnadresse, sondern auf ein Gemeinde- oder Stadtgebiet** verstanden wissen wollte. Auch hinsichtlich des weiter gefassten Auffangbegriffs des „bestimmten Bereichs" nimmt der Gesetzgeber hierbei auf das Gebiet eines Bundeslandes, einen bestimmten Radius um den Wohn- oder Aufenthaltsort oder auf einen oder mehrere Bezirke einer Großstadt Bezug,[23] so dass eine engere Umgrenzung des dem Betroffenen zugewiesenen Bereichs – etwa iSd **Verhängung eines „Hausarrests"** – schon nach dem Willen des Gesetzgebers **nicht in Betracht kommt.**[24] Sie wäre auch verfassungsrechtlich so nicht zulässig (→ Rn. 56 ff.). Vielmehr zeigt auch die Regelung des § 57, dass Freiheitsentziehungen nur zur Verhinderung unmittelbar bevorstehender Straftaten möglich sein sollen. Auch wenn ein vergleichbarer Effekt durch eine entsprechend enge Fassung des dem Betroffenen zugewiesenen Bereichs erzielt werden könnte, dürfte eine entsprechende Ermessensausübung regelmäßig nicht dem Zweck der gesetzlichen Ermächtigung entsprechen (→ Rn. 157 ff.).

27 Auch in der Sache bezieht sich das Verbot, sich von dem Wohn- oder Aufenthaltsort bzw. aus einem bestimmten Bereich zu entfernen, begrifflich **nicht auf den tatsächlichen oder gewöhnlichen Aufenthalt** (iS eines Niederlassens oder Verweilens), sondern begründet ein **Verbot des auch nur kurzfristigen Betretens** der nicht von der Regelung umfassten Bereiche (**Verlassensverbot**). Der angesichts des Sammelbegriffs der „Aufenthaltsvorgabe" naheliegende Begriff eines „Aufenthaltsgebots"[25] ist daher unpräzise, weil § 55 Abs. 1 BKAG – anders als zB § 12a Abs. 2 S. 1, Abs. 3 S. 1, § 61 Abs. 1d S. 1 AufenthG, § 47 Abs. 1 S. 1, Abs. 1a S. 1, § 60 Abs. 1 S. 1, Abs. 2 S. 1 AsylG – eine Verpflichtung, den gewöhnlichen Aufenthalt oder Wohnort an einem spezifischen Ort zu nehmen, nicht umfasst und in der Sache eher einer räumlichen Beschränkung ähnelt.[26]

19 Vgl. auch § 55 Abs. 4 Nr. 2 lit. a, Abs. 5 S. 2 Nr. 2 lit. a BKAG.

20 Im Interesse der Verständlichkeit ist eine Bezeichnung im Tenor jedoch dringend anzuraten, wobei gegebenenfalls ergänzend auf die Entscheidungsgründe bzw. eindeutig bezeichnete Lagepläne Bezug genommen werden kann.

21 Vgl. Schenke/Graulich/Ruthig/W.-R. Schenke BKAG § 55 Rn. 8; Ehlers/Fehling/Pünder BVwR III/Pünder § 69 Rn. 272 jeweils zu Ausreiseverboten.

22 Vgl. auch § 10 Abs. 3 PassG.

23 Vgl. BT-Drs. 18/11163, 121.

24 Zutreffend BeckOK-POR NRW/Barczak PolG NRW § 34b Rn. 9 (2022); ähnlich BeckOK-POR Hessen/Leggereit HessSOG § 31a Rn. 15 (2022); BeckOK-POR Niedersachsen/Waechter NdsPOG § 17b Rn. 66 f. (2022); von Coelln, LT NRW, Stellungnahme 17/663, A09, A14, 5 f.

25 So zB BeckOK-POR Niedersachsen/Waechter NdsPOG § 17b Rn. 63 ff. (2022).

26 Vgl. § 12 Abs. 2 S. 2 und 3, § 61 Abs. 1 S. 1, Abs. 1a, Abs. 1c AufenthG, § 56 AsylG. Vgl. aber Gusy, LT NRW, Stellungnahme 17/630, A09, A14, 9: „Residenzpflicht".

Bedingt durch die nicht auf den Aufenthalt bezugnehmende Normfassung werden nach Maßgabe des § 55 Abs. 1 BKAG angeordnete Verlassensverbote allerdings schon dann verletzt, wenn der Betroffene den ihm zugewiesenen Bereich **auch nur kurzfristig** verlässt. 28

bb) Aufenthaltsverbot. Demgegenüber nimmt die enthalte **Ermächtigung, dem Betroffenen den Aufenthalt an bestimmten Orten zu untersagen, ausdrücklich auf den Rechtsbegriff des Aufenthalts Bezug**. Die begriffliche Schwelle zum „Aufenthalt" ist zwar nicht erst dann überschritten, wenn der Betroffene sich – etwa iS einer Wohnsitznahme oder eines dauerhaften bzw. gewöhnlichen Aufenthalts – niederlässt, so dass **bereits das Verweilen an bestimmten Orten untersagt werden kann**; eine Erstreckung auf ein **Transit- oder Betretungsverbot** überschritte jedoch – erst Recht in Ansehung der Sanktionsbewehrung von Verstößen gegen Anordnungen nach § 55 Abs. 1 (§ 87 Abs. 1 Nr. 1 BKAG)[27] – die Wortlautgrenze,[28] zumal § 54 BKAG eine ausdrückliche Ermächtigungsgrundlage für Betretensverbote enthält, dabei jedoch das Vorliegen einer konkreten Gefahr voraussetzt. Echte **Betretensverbote** können daher nur unter den dort genannten Voraussetzungen für einen vorübergehenden Zeitraum ausgesprochen werden. 29

Diese einfachgesetzliche Ausgestaltung des § 55 Abs. 1 BKAG ist kaum zweckmäßig, da die Begehung der in § 5 Abs. 1 S. 2 BKAG iVm § 129a Abs. 1 und 2 StGB bezeichneten Straftaten regelmäßig keinen längerfristigen Aufenthalt am jeweiligen Tatort voraussetzt; sie kann jedoch auch im Wege der Auslegung nicht überwunden werden und ist daher hinzunehmen. Soweit indes die Voraussetzung für den Erlass eines Verlassensverbots vorliegen, kann hierdurch gegebenenfalls ein vergleichbarer Effekt erzielt werden. 30

Räumlich kann sich ein Aufenthaltsverbot auf einen **weiträumigeren Bereich** beziehen als zB eine Platzverweisung nach § 54 BKAG.[29] Ob sich Aufenthaltsverbote auch auf die **Wohnung** des Betroffenen beziehen können, ist in § 55 Abs. 1 BKAG nicht geregelt, da dieser lediglich auf „bestimmte Orte" Bezug nimmt und die Bezugnahme der Verlassensverbote auf den „Wohn- oder Aufenthaltsort" nicht aufgreift. Da das BKAG – wohl mangels Zuständigkeit des BKA für die Bekämpfung häuslicher Gewalt – anders als die Landespolizeigesetze keine Bestimmungen zu Wohnungsverweisungen enthält, kann die Frage auch unter Rückgriff auf den *lex specialis*-Grundsatz nicht beantwortet werden.[30] Im Ergebnis dürfte der Erlass von **Aufenthaltsverboten, die Wohnung des Betroffenen umfassen oder dessen Zugang hierzu ausschließen,** noch vom Wortlaut des § 55 Abs. 1 BKAG umfasst sein, aufgrund ihrer erheblichen grundrechtlichen Eingriffsintensität (→ Rn. 53) aber nur ausnahmsweise in Betracht kommen.[31] 31

b) Abgrenzung zu anderen Eingriffsformen. Anders als § 55 Abs. 1 BKAG umfasst die **in § 54 geregelte Platzverweisung** nur **vorübergehende Maßnahmen,**[32] erlaubt dafür aber auch bloße Transit- und Betretungsverbote (im Unterschied zu nur auf das Verweilen bezogenen Aufenthaltsverboten des § 55 Abs. 1 BKAG; → Rn. 29). Inhaltlich können sich Aufenthaltsvorgaben zudem auf weiträumigere Bereiche beziehen als Aufenthaltsverbote.[33] Materiell knüpft § 54 BKAG dabei an den klassischen Gefahrenbegriff an und verzichtet so sowohl auf die in § 55 Abs. 1 BKAG vorgenommene Vorverlagerung der Gefahrenschwelle auf lediglich drohende Gefahren wie die (damit untrennbar verbundene) Beschränkung auf qualifizierte polizeiliche Schutzgüter. 32

Von den etwa in § 12a Abs. 2 S. 1, Abs. 3 S. 1, § 61 Abs. 1d S. 1 AufenthG, § 47 Abs. 1 S. 1, Abs. 1a S. 1, § 60 Abs. 1 S. 1, Abs. 2 S. 1 AsylG geregelten **Wohnsitzauflagen** unterscheidet sich das in § 55 Abs. 1 BKAG geregelte Verlassensverbot vor allem durch seine Ausgestaltung als negative Verbotsregelung ohne positives Aufenthalts- oder Wohnsitznahmegebot, so dass sie in der Sache eher den **räumlichen Beschränkungen des Aufenthalts- und Asylrechts**[34] entspricht (→ Rn. 27). Auch wenn diese jedenfalls zum Teil auch gefahrenabwehrrechtliche Zielsetzungen verfolgen, liegen ihnen regelmäßig vornehmlich Überlegungen der Migrationssteuerung und -kontrolle (insbesondere im Hinblick auf eine spätere Durchsetzung der Ausreisepflicht) zugrunde, ohne dass es des Nachweises spezifischer Gefährdungslagen bedürfte.[35] Im Gegenzug können Maßnahmen nach § 55 Abs. 1 BKAG auch unabhängig von der Staatsangehörigkeit oder dem Aufenthaltsstatus des Betroffenen getroffen werden.[36] 33

27 Vgl. BeckOK-POR Niedersachsen/Waechter NdsPOG § 17b Rn. 2 (2022).

28 Ähnlich BeckOK-POR Hessen/Leggereit HessSOG § 31a Rn. 15 (2022).

29 Vgl. Schenke/Graulich/Ruthig/W.-R. Schenke BKAG § 55 Rn. 6.

30 Vgl. zur landesrechtlichen Ausgangslage in NRW BeckOK-POR NRW/Barczak PolG NRW § 34b Rn. 11 (2022); BeckOK-POR Niedersachsen/Waechter NdsPOG § 17b Rn. 55 (2022).

31 Ähnlich Schenke/Graulich/Ruthig/W.-R. Schenke BKAG § 55 Rn. 7; NdsLT, Gesetzgebungs- und Beratungsdienst, Vorlage 32 v. 26.10.2018, 40.

32 Ausführlich Schenke/Graulich/Ruthig/W.-R. Schenke BKAG § 55 Rn. 5.

33 Vgl. Schenke/Graulich/Ruthig/W.-R. Schenke BKAG § 55 Rn. 6 und BPolG § 38 Rn. 10.

34 Vgl. § 12 Abs. 2 S. 2 und 3, § 61 Abs. 1 S. 1, Abs. 1a, Abs. 1c AufenthG, § 56 AsylG.

35 Vgl. BeckOK-PolR Baden-Württemberg/Nachbaur PolG BW § 31 Rn. 11 (2022).

36 Nicht nachvollziehbar insoweit Zaremba DÖV 2019, 221 (230), die von einem Spezialitätsverhältnis der ausländerrechtlichen Vorschriften auszugehen scheint.

34 Von dem in **§ 57 BKAG geregelten Gewahrsam**, der nur zur Durchsetzung einer vorübergehenden Platzverweisung oder zur Verhinderung unmittelbar bevorstehender terroristischer Straftaten zulässig ist, unterscheidet sich das Aufenthaltsgebot vor allem durch die Weite des dem Betroffenen zugewiesenen Bereichs. Auch eine mit der Ingewahrsamnahme vergleichbare Freiheitsentziehung – zB in Form eines **„Hausarrests"** – kann auf § 55 Abs. 1 BKAG daher nicht gestützt werden (→ Rn. 56 ff.).

35 Auf die **Generalklausel des § 38 BKAG** können Aufenthaltsvorgaben aufgrund des Vorbehalts spezialgesetzlicher Ermächtigungsnormen für schwerwiegende Grundrechtseingriffe und der Spezialität des § 55 BKAG nicht gestützt werden (→ § 38 Rn. 23).[37]

36 **2. Begriff des Kontaktverbots (Abs. 2). a) Reichweite der Ermächtigungsgrundlage.** Nach § 55 Abs. 2 BKAG kann das BKA einer Person auch den Kontakt mit bestimmten Personen oder Personen einer bestimmten Gruppe untersagen (Kontaktverbot). Der **Begriff des „Kontakts"** ist im gefahrenabwehrrechtlichen Kontext nicht definiert; der Gesetzgeber verweist jedoch auf die Regelung des § 68a Abs. 1 S. 1 Nr. 3 StGB (richtig: § 68b Abs. 1 S. 1 Nr. 3 StGB) über **Kontaktverbote im Rahmen der Führungsaufsicht**, an die § 55 Abs. 2 BKAG „eng angelehnt" sein soll.[38]

37 Unter Kontakt ist demnach **neben der physischen Interaktion auch die mündliche, schriftliche oder sonstige Kommunikation unter An- oder Abwesenden** zu verstehen, die gegebenenfalls auch über Mittelspersonen erfolgen kann.[39] Hieraus folgt, dass ein nach § 55 Abs. 2 BKAG erlassenes Kontaktverbot **nicht zugleich ein bloßes Annäherungsverbot** umfasst;[40] ein solches kann auch auf § 55 Abs. 1 BKAG nicht gestützt werden, da sich Aufenthaltsvorgaben stets auf konkret zu umschreibende Orte beziehen (§ 55 Abs. 4 Nr. 2, Abs. 5 Nr. 2 BKAG).

38 Aufgrund der begrifflichen Weite des gesetzlichen Kontaktbegriffs ist es gegebenenfalls Aufgabe der anordnenden Stelle, das zu unterlassende Verhalten **genau zu umschreiben** bzw. die zu erlassenden Verbote unter Berücksichtigung des Verhältnismäßigkeitsgrundsatzes auf einzelne Kontaktformen zu beschränken. Wenn der Zweck der Anordnung dies erfordert, können Kontaktverbote gegebenenfalls aber auch umfassend ausgesprochen werden.

39 Auch die Rechtsprechung zu § 66b Abs. 1 S. 1 Nr. 3 StGB, der zufolge ein Kontaktverbot schon aus Gründen des strafrechtlichen Bestimmtheitsgebots (Art. 103 Abs. 2 GG, § 1 StGB) nur dann verletzt wird, wenn der Betroffene **aus eigenem Antrieb aktiv einen Kontakt zu einem Mitglied der jeweiligen Personengruppe herstellt,**[41] ist auf Kontaktverbote nach § 55 Abs. 2 BKAG übertragbar, da die Strafdrohung des § 87 Abs. 1 Nr. 1 BKAG nicht durch unprovoziertes Verhalten Dritter ausgelöst werden kann und dem Betroffenen nicht zugemutet werden kann, zufälligen Begegnungen mit Dritten aktiv auszuweichen. Dem Adressaten entsprechender Maßnahmen ist es jedoch untersagt, auf Versuche der Kontaktaufnahme durch Dritte einzugehen bzw. – über die Äußerung der Ablehnung weiterer Kontakte hinaus – auf diese kommunikativ zu erwidern.[42]

40 Die darüberhinausgehende Einschränkung, dass Kontaktverbote nach § 68b Abs. 1 Nr. 3 Alt. 1 StGB die **Fortsetzung bereits angebahnter Kontakte** nicht erfassen, ist demgegenüber auf Kontaktverbote nach § 55 Abs. 2 BKAG nicht übertragbar, da dieser – anders als § 68b Abs. 1 Nr. 3 Alt. 2 StGB[43] – Umgangs- bzw. Verkehrsverbote nicht gesondert aufführt.[44] Insoweit liegt es auf der Hand, dass drohenden Gefahren des internationalen Terrorismus gerade auch durch Verbote der Fortsetzung bereits angebahnter Kontakte (zB mit anderen Gefährdern) in effektiver Weise begegnet werden kann.

41 **b) Abgrenzung zu anderen Eingriffsnormen.** Während die zB in § 12b Abs. 3 HbgSOG, § 31 Abs. 3 HessSOG, § 13 Abs. 4 POG RhPf sowie in § 12 Abs. 4 S. 1 SaarlPolG geregelten Kontakt- und Näherungsverbote dem Schutz der Personen dienen, zu denen der Kontakt unterbunden werden soll, zielen Kontaktverbote nach § 55 Abs. 2 BKAG primär auf **die Verhinderung der Kontaktaufnahme zu anderen Gefährdern** ab. Daher ist es folgerichtig, dass § 55 Abs. 2 BKAG zu bloßen Annäherungsverboten nicht ermächtigt (→ Rn. 37).

37 Vgl. Schenke/Graulich/Ruthig/W.-R. Schenke BKAG § 55 Rn. 1.

38 BT-Drs. 18/11163, 121.

39 Vgl. Schenke/Graulich/Ruthig/W.-R. Schenke BKAG § 55 Rn. 2; Groß/Ruderich in MüKoStGB, 4. Aufl. 2020, § 68b Rn. 15; BeckOK-POR Niedersachsen/Waechter NdsPOG § 17b Rn. 73 (2022).

40 Zweifelnd, aber letztlich aA BeckOK-POR Niedersachsen/Waechter NdsPOG § 17b Rn. 73 (2022); aA auch Schenke/Graulich/Ruthig/W.-R. Schenke BKAG § 55 Rn. 2, 18 ohne Auseinandersetzung mit dem Normwortlaut.

41 Vgl. BGH Beschl. v. 15.5.2013 – 5 StR 189/13 –, NStZ-RR 2014, 78; ähnlich Schenke/Graulich/Ruthig/W.-R. Schenke BKAG § 55 Rn. 2.

42 Vgl. BeckOK-POR Niedersachsen/Waechter NdsPOG § 17b Rn. 74 (2022); ähnlich BeckOK-PolR Baden-Württemberg/Reinhardt PolG BW § 134 Rn. 6 (2022).

43 Vgl. BGH Beschl. v. 15.5.2013 – 5 StR 189/13 –, NStZ-RR 2014, 78.

44 Ähnlich BeckOK-POR Niedersachsen/Waechter NdsPOG § 17b Rn. 74 (2022).

Auf die **Generalklausel des § 38 BKAG** können Kontaktverbote spätestens seit Inkrafttreten des § 55 BKAG nicht mehr gestützt werden (→ § 38 Rn. 23).[45] 42

3. Verhältnis von Aufenthaltsvorgabe und Kontaktverboten. § 55 Abs. 1 und 2 BKAG sind als voneinander unabhängige Ermächtigungsgrundlagen ausgestaltet, so dass entsprechende Anordnungen – unter Ausübung pflichtgemäßen Ermessens – **sowohl alternativ als auch kumulativ** ergehen können. Insbesondere verweist die Formulierung des § 55 Abs. 2 BKAG, der zufolge „auch" ein Kontaktverbot unter den Voraussetzungen des Abs. 1 erlassen werden könne, **nicht auf ein Stufenverhältnis beider Eingriffsbefugnisse**, sondern lediglich auf die Anwendbarkeit der tatbestandlichen Voraussetzungen des § 55 Abs. 1 „auch" auf Maßnahmen nach § 55 Abs. 2 BKAG.[46] 43

II. Verfassungsrechtliche Einordnung

1. Gesetzgebungskompetenz des Bundes. Die **Gesetzgebungskompetenz des Bundes** für § 55 BKAG speist sich aus Art. 73 Abs. 1 Nr. 9a GG (ausschließliche Bundeskompetenz für die **Abwehr von Gefahren des internationalen Terrorismus** durch das Bundeskriminalpolizeiamt). Die darin enthaltene Beschränkung auf Fälle, in denen eine länderübergreifende Gefahr vorliegt, die Zuständigkeit einer Landespolizeibehörde nicht erkennbar ist oder die oberste Landesbehörde um eine Übernahme ersucht (Art. 73 Abs. 1 Nr. 9a GG) spiegelt sich in der Aufgabennorm des § 5 Abs. 1 S. 1 BKAG wider, die den Anwendungsbereich des § 55 BKAG trotz der unmittelbar nur auf § 5 Abs. 1 S. 2 BKAG führenden Verweisung einschränkt (→ § 5 Rn. 19, 38 ff.; → Rn. 67 f.). 44

Soweit neben der jüngeren (und teilweise engeren) Kompetenznorm des Art. 73 Abs. 1 Nr. 9a GG auch die ausschließliche **Gesetzgebungskompetenz zur internationalen Verbrechensbekämpfung** (Art. 73 Abs. 1 Nr. 10 GG) als Kompetenznorm in Betracht käme, ist § 55 BKAG schon ausweislich der engen Bezüge des § 55 Abs. 1 zu § 5 Abs. 1 S. 2 BKAG nicht auf diese gestützt; jedenfalls fehlt es für den Bereich der Abwehr oder Verhütung internationaler Verbrechen an einer mit § 3 oder § 4 vergleichbaren Aufgabennorm, auf deren Grundlage Befugnisse nach § 55 BKAG ausgeübt werden könnten. 45

2. Verwaltungskompetenzen und operative Befugnisse. Die Verwaltungskompetenz des Bundes für die Einrichtung des BKA und dessen Ausübung auch operativer Befugnisse ergibt sich aus einer **Gesamtschau von Art. 73 Abs. 1 Nr. 9a iVm Art. 87 Abs. 1 S. 2 GG** (→ § 5 Rn. 7).[47] Die Befugnisse des BKA im Rahmen des § 55 BKAG sind damit jedoch auf ein Tätigwerden im Rahmen der Voraussetzungen des § 5 Abs. 1 S. 1 BKAG begrenzt,[48] die den Voraussetzungen des Art. 73 Abs. 1 Nr. 9a GG entsprechen (sog. Kompetenzausübungsschranke, → § 5 Rn. 38 ff.). 46

3. Grundrechte. a) Aufenthaltsvorgabe. Gegenüber Deutschen sind Aufenthaltsverbote primär am **Freizügigkeitsgrundrecht des Art. 11 GG** zu messen, da sie nicht lediglich das (nur von Art. 2 Abs. 1 GG in Gestalt der Fortbewegungsfreiheit geschützte) „flüchtige Verweilen", sondern gerade auch das Verweilen für eine gewisse Dauer bis hin zur Wohnsitznahme an den dem Adressaten verbotenen Orten ausschließen.[49] 47

Da das **Zitiergebot des Art. 19 Abs. 1 S. 2 GG** im Hinblick auf Art. 11 Abs. 2 GG gewahrt ist und dieser Einschränkungen der Freizügigkeit auf gesetzlicher Grundlage nicht nur zur Abwehr einer **drohenden Gefahr für den Bestand oder die freiheitliche demokratische Grundordnung des Bundes oder eines Landes,** sondern auch zur **Vorbeugung (nicht näher qualifizierter) Straftaten** ermöglicht, begegnet dies keinen strukturellen Bedenken. Fordert man allerdings vor dem Hintergrund der Engführung der anderen Beschränkungsmöglichkeiten des Art. 11 Abs. 2 GG, dass die Vorbeugung von Straftaten die konkrete Begehungsgefahr (iS allgemeiner polizeirechtlicher Grundsätze) voraussetzt,[50] ist die Vorverlagerung der Gefahrenschwelle in § 55 Abs. 1 BKAG auch aus diesem Grund in weiten Teilen verfassungswidrig.[51] 48

Jedenfalls aber ist das **Eingriffsgewicht individueller Aufenthaltsverbote** maßgeblich in Abhängigkeit davon zu bestimmen, in welchem Umfang das Aufenthaltsverbot **auf die individuelle Lebensgestaltung des Betroffenen einwirkt** und dessen Freizügigkeit im konkreten Fall einschränkt.[52] Bei der Bestimmung des in- 49

45 Vgl. Schenke/Graulich/Ruthig/W.-R. Schenke BKAG § 55 Rn. 2.
46 Vgl. BeckOK-POR NRW/Barczak PolG NRW § 34b vor Rn. 1, Rn. 31 (2022).
47 Vgl. BVerfG Urt. v. 20.4.2016 – 1 BvR 966/09 ua –, BVerfGE 141, 220 (263 f., Rn. 89).
48 Vgl. Münch, BT-Drs. (A) 18(4)806C, 5.
49 Vgl. VGH Mannheim Urt. v. 22.7.2004 – 1 S 2801/03 –, NJW 2005, 88; Lisken/Denninger/Graulich, HdbPolR, E. Rn. 453; BeckOK-POR NRW/Barczak PolG NRW § 34b Rn. 6 (2022); BeckOK-PolR Baden-Württemberg/Nachbaur PolG BW § 31 Rn. 2a (2022); Zaremba DÖV 2019, 221 (224).
50 Vgl. BeckOK-GG/Ogorek GG Art. 11 Rn. 43 (2022); NdsLT, Gesetzgebungs- und Beratungsdienst, Vorlage 32 v. 26.10.2018, 36; offen BeckOK-POR Niedersachsen/Waechter NdsPOG § 17b Rn. 1 (2022). Unklar Löffelmann, LT NRW, Stellungnahme 17/641, A09, A14, 7.
51 Vgl. BeckOK-PolR Baden-Württemberg/Nachbaur PolG BW § 31 Rn. 3 (2022) sowie unten → Rn. 137 ff.
52 Illustrativ Scharlau, LT NRW, Stellungnahme 17/646, A09, A14, 14 f.

dividuellen Eingriffsgewichts sind auch die Wertungen anderer Grundrechtsgewährleistungen im Einzelfall heranzuziehen.

50 Aufgrund der Beschränkung des Art. 11 GG auf Deutsche iSd Grundgesetzes bleibt **Ausländern,** die deutschen Staatsangehörigen nicht zB kraft Unionsrechts gleichzustellen sind,[53] demgegenüber nur der **Rückgriff auf die Bewegungsfreiheit des Art. 2 Abs. 2 S. 2 iVm Art. 104 Abs. 1 GG**[54] und das durch Art. 2 Abs. 1 GG gewährleistete **Recht auf eigenständige Wahl des Lebensmittelpunkts als Teil des allgemeinen Persönlichkeitsrechts.**[55] Auch wenn sie daher materiell nur ein geringeres Schutzniveau genießen, ist das Eingriffsgewicht auch ihnen gegenüber im Einzelfall (ebenfalls) unter Heranziehung weiterer Grundrechtsgewährleistungen zu bestimmen.

51 Sowohl gegenüber Deutschen wie auch gegenüber Ausländern liegt im Verbot, sich an einem ihnen tatsächlich und rechtlich zugänglichen Ort aufzuhalten, eine **Freiheitsbeschränkung iSd Art. 2 Abs. 2 S. 2 iVm Art. 104 Abs. 1 GG,** da Verstöße gegen vollstreckbare bzw. vollziehbare Anordnungen nach § 55 Abs. 3 S. 1 oder 2 gem. § 87 Abs. 1 Nr. 1 BKAG strafbewehrt[56] und als spezifische Beschränkungen der Fortbewegungsfreiheit nach Maßgabe des allgemeinen Vollstreckungsrechts (→ Rn. 202 ff.) hoheitlich durchsetzbar sind.[57]

52 Demgegenüber liegt **keine Freiheitsentziehung iSv Art. 104 Abs. 2 GG** vor, da die Bewegungsfreiheit nicht nach jeder Richtung hin aufgehoben wird.[58] Auch Art. 13 GG ist selbst dann nicht einschlägig, wenn dem Betroffenen der Aufenthalt an seinem bisherigen Wohnort untersagt wird, da die Unverletzlichkeit der Wohnung nicht den Bestand oder die Nutzung einer spezifischen Wohnung an sich schützt.[59]

53 Bei einer **Erstreckung des Aufenthaltsverbots auf die eigene Wohnung** ist zusätzlich **Art. 14 GG** berührt, da dieser sowohl die Nutzungsbefugnisse des Eigentümers als auch des Mieters schützt.[60] In einer solchen **Wohnungsverweisung**[61] liegt indes **keine Enteignung** iSd Art. 14 Abs. 3 GG, da keine Entziehung durch Art. 14 Abs. 1 S. 1 GG gewährleisteter Rechtspositionen zur Erfüllung bestimmter öffentlicher Aufgaben erfolgt; vielmehr handelt es sich um eine **nach allgemeinen Grundsätzen rechtfertigbare Inhalts- und Schrankenbestimmung.**[62] Ein Aufenthaltsverbot, das sich auf den bisherigen Wohn- oder Arbeitsort des Betroffenen erstreckt, ist unabhängig davon auch deswegen **stets mit einem erhöhten Eingriffsgewicht** verbunden, da es die Freiheit der Persönlichkeitsentfaltung (sowie gegebenenfalls – für Deutsche und diesen gleichgestellte Personengruppen – die **Berufsfreiheit des Art. 12 GG**) stärker einschränkt als Verbote bislang nur sporadisch aufgesuchter Orte. Gleiches gilt für Verbote, die die Kontaktaufnahme mit Familienangehörigen oder engen Freunden erschweren (→ Rn. 55, 159).

54 **Art. 4 Abs. 1 und 2 GG** sind vor allem dann berührt, wenn das Aufenthaltsverbot auf Beschränkungen der **Religionsausübung** (wie zB das Verbot des Aufsuchens einer bestimmten Gebetsstätte) abzielt; eingriffserschwerend wirkt aber auch, wenn sich Verbote nur beiläufig auf für den Betroffenen bedeutsame Glaubensstätten erstrecken. In diesen Fällen kann Art. 4 Abs. 1 und 2 GG gegebenenfalls einen Erlaubnisanspruch für konkrete Aufenthalte vermitteln (→ Rn. 183 ff.). Gleiches gilt für die **Vereinigungsfreiheit des Art. 9 Abs. 1 GG,** soweit der Betroffene in deren personellen Schutzbereich fällt.

55 Von einem **erhöhten Eingriffsgewicht** ist ebenfalls dann auszugehen, wenn Aufenthaltsverbote den **Kontakt mit Partnern oder Familienangehörigen** iSd Art. 6 GG erschweren;[63] dies kann gegebenenfalls auch den Schutz der Kontakte zwischen erwachsenen Familienmitgliedern auch über Generationen hinweg umfas-

53 Vgl. Dürig/Herzog/Scholz/Durner GG Art. 11 (2012) Rn. 64 f.; BeckOK-GG/Ogorek GG Art. 11 Rn. 8 (2022).

54 Vgl. Lisken/Denninger/Graulich, HdbPolR, E. Rn. 461.

55 Vgl. Zaremba DÖV 2019, 221 (224).

56 Vgl. BVerfG Urt. v. 26.2.2020 – 2 BvR 2347/15 ua –, BVerfGE 153, 183 (307, Rn. 332).

57 Vgl. BVerfG Beschl. v. 19.11.2021 – 1 BvR 781/21 ua –, BVerfGE 159, 223 (331 ff., Rn. 246 ff.). Vgl. auch BeckOK-POR NRW/Barczak PolG NRW § 34b Rn. 6 (2022); DAV, BT-Drs. (A) 18(4)863, 33 sowie Arzt, LT NRW, Stellungnahme 17/936, A09, A14, 20 f.; enger BeckOK-PolR Baden-Württemberg/Nachbaur PolG BW § 31 Rn. 2a (2022) sowie Zaremba DÖV 2019, 221 (224) mit so nicht nachvollziehbarer Argumentation.

58 Vgl. BVerfG Urt. v. 24.7.2018 – 2 BvR 309/15 ua –, BVerfGE 149, 293 (319, Rn. 67); BeckOK-POR NRW/Barczak PolG NRW § 34b Rn. 6 (2022).

59 Vgl. BVerfG Beschl. v. 26.5.1993 – 1 BvR 208/93 –, BVerfGE 89, 1 (11 ff.); Beschl. v. 11.2 2008 – 2 BvR 160/08 –, NJW 2008, 2493; Schenke/Graulich/Ruthig/W.-R. Schenke BKAG § 55 Rn. 7; BeckOK-GG/Kluckert GG Art. 13 Rn. 11a (2022); für Verlassensverbote auch BeckOK-POR Niedersachsen/Waechter NdsPOG § 17b Rn. 64 (2022); aA ohne nähere Begründung OVG Münster Urt. v. 12.12.2017 – 5 A 2428/15 –, juris, Rn. 22; unklar Sachs/Kühne GG Art. 13 Rn. 21.

60 Vgl. Schenke/Graulich/Ruthig/W.-R. Schenke BKAG § 55 Rn. 7; BeckOK-POR Niedersachsen/Waechter NdsPOG § 17b Rn. 65 (2022) sowie allgemein Guckelberger JA 2011, 1 (2), mwN.

61 Vgl. zur Zulässigkeit nach Maßgabe des § 55 Abs. 1 BKAG → Rn. 31.

62 Vgl. Guckelberger JA 2011, 1 (2), mwN sowie allgemein BVerfG Urt. v. 23.11.1999 – 1 BvF 1/94 –, BVerfGE 101, 239 (259 f.).

63 Vgl. Guckelberger JA 2011, 1 (2) mwN.

sen.[64] Von Bedeutung ist insoweit jedoch nicht in erster Linie das formale Verwandtschaftsverhältnis, sondern die **tatsächliche Intensität der Nähebeziehung** bzw. des Betreuungsbedarfs.

Für **Verlassensverbote** gilt grundsätzlich das zuvor Gesagte. Sie können darüber hinaus jedoch auch **als Freiheitsentziehung an Art. 2 Abs. 2 S. 2 iVm Art. 104 Abs. 2 GG** zu messen sein, wenn die Bewegungsfreiheit für einen nicht lediglich kurzfristigen Zeitraum nach jeder Richtung hin aufgehoben wird.[65] Als räumliche Komponente hinzutreten muss jedoch ein **Festhalten des Betroffenen auf engen Raum,**[66] wobei die Entstehungsgeschichte des Art. 104 Abs. 2 GG[67] und das Benachrichtigungsgebot des Art. 104 Abs. 4 GG[68] eine Beschränkung auf Fälle nahelegen, in denen die Freiheitsbeschränkung die Kontaktaufnahme mit Dritten nicht unerheblich erschwert. Art. 104 Abs. 2 GG würde durch § 55 BKAG daher nur dann aufgerufen, **wenn das Verlassensverbot in der Sache einem Hausarrest entspricht.**[69] 56

Insoweit ergibt sich jedoch sowohl aus der Gesetzesbegründung als auch aus der mit Art. 104 Abs. 2 S. 3, Abs. 4 GG inkompatiblen Ausgestaltung des § 55 Abs. 3 S. 4 BKAG, dass **eine kleinräumige Beschränkung auf eine spezifische Wohnadresse nicht von § 55 BKAG gedeckt sein soll.**[70] Dementsprechend kann der „bestimmte Bereich" iSd § 55 Abs. 1 Alt. 1 nicht derart eng gefasst werden, dass die resultierende Maßnahme funktional einem Hausarrest gleichkommt.[71] Hierfür bedürfte es nach Art. 104 Abs. 2 S. 4 GG vielmehr einer spezifischeren Ermächtigungsgrundlage.[72] 57

Das **verfassungsrechtliche Zitiergebot des Art. 19 Abs. 1 S. 2 GG** ist im Hinblick auf Eingriffe in Art. 2 Abs. 2 S. 2 GG und Art. 11 Abs. 1 GG gewahrt (§ 89 BKAG); für Eingriffe in Art. 2 Abs. 1 GG, Art. 4 Abs. 1 und 2 GG, Art. 6 Abs. 1 und 2, Art. 9 Abs. 1 GG, Art. 12 GG und Art. 14 GG findet es nach der – in dieser Pauschalität indes abzulehnenden[73] – einschränkenden Auslegung des Bundesverfassungsgerichts keine Anwendung.[74] 58

Nicht gewahrt ist das Zitiergebot indes für Eingriffe in Art. 8 Abs. 1 GG.[75] Die – allerdings weitgehend kryptische (→ Rn. 175 ff.) – **Verweisung des § 55 Abs. 7 BKAG auf die Bestimmungen des Versammlungsrechts** macht jedoch deutlich, dass der Gesetzgeber Maßnahmen zur Verhinderung der Teilnahme an öffentlichen Versammlungen auch außerhalb des Anwendungsbereichs des Art. 19 Abs. 1 S. 2 GG, der auf Versammlungen von Ausländern oder in geschlossenen Räumen keine Anwendung findet, nicht auf § 55 Abs. 1 oder 2 gestützt sehen will; insoweit sind die Bestimmungen der **§§ 5, 15 VersG** bzw. des an deren Stelle getretenen Landesrechts[76] jeweils ***leges speciales***. Keine Aussage trifft § 55 Abs. 7 BKAG demgegenüber im Hinblick auf mittelbare Einschränkungen der Versammlungsfreiheit, die mit Beschränkungen der Fortbewegungsfreiheit verbunden sind. Da das Bundesverfassungsgericht das Zitiergebot immer dann anwendet, wenn der Gesetzgeber einen Eingriff in einschlägige Grundrechte zumindest „in Kauf nimmt",[77] eine Aufenthaltsvorgabe die Teilnahme an öffentlichen Versammlungen an dem Betroffenen verwehrten Orten aber vorhersehbar ausschließt, muss der Versammlungsfreiheit im Rahmen des Erlaubnisverfahrens zur Geltung verholfen werden (→ Rn. 185). 59

Der **Abteilungsleiter- und Richtervorbehalt des § 55 Abs. 3 BKAG wäre verfassungsrechtlich nicht zwingend,** dient aber der verfahrensrechtlichen Kompensation der durchaus nicht unerheblichen Grundrechtseingriffe im Wege des **Grundrechtsschutzes durch Verfahren.**[78] 60

b) Kontaktverbote. Aus grundrechtlicher Perspektive stellen sich **Kontaktverbote** als **Eingriffe in das allgemeine Persönlichkeitsrecht** (Art. 2 Abs. 1 iVm Art. 1 Abs. 1 GG), das **Recht auf Meinungsfreiheit** und die **Informationsfreiheit** (jeweils Art. 5 Abs. 1 S. 1 GG) dar, da hierdurch die Kontaktpflege mit den in der Anordnung betroffenen Personen ebenso beeinträchtigt wird wie die Wahl von Kommunikationspartnern und Informationsquellen. Die Eingriffsintensität entsprechender Maßnahmen hangt in erheblichem Umfang von 61

64 Vgl. BVerfG Beschl. v. 24.6.2014 – 1 BvR 2926/13 –, BVerfGE 136, 382 (389, Rn. 23).
65 Vgl. BVerfG Urt. v. 24.7.2018 – 2 BvR 309/15 ua –, BVerfGE 149, 293 (319, Rn. 67 f.).
66 Vgl. Dürig/Herzog/Scholz/Mehde GG Art. 104 (2019) Rn. 64; BeckOK-GG/Radtke Art. 104 Rn. 3a (2022).
67 Vgl. BVerwG Urt. v. 23.6.1981 – 1 C 78/77 –, BVerwGE 62, 325 (327).
68 Vgl. Dürig/Herzog/Scholz/Mehde GG Art. 104 (2019) Rn. 64.
69 Vgl. Löffelmann, LT NRW, Stellungnahme 17/641, A09, A14, 6 f.
70 Vgl. zum parallelen Gesetzentwurf in NRW von Coelln, LT NRW, Stellungnahme 17/663, A09, A14, 5 f. Vgl. auch NdsLT, Gesetzgebungs- und Beratungsdienst, Vorlage 32 v. 26.10.2018, 39 f.
71 Vgl. BeckOK-POR Niedersachsen/Waechter NdsPOG § 17b Rn. 66 f. (2022).
72 Vgl. BVerfG Urt. v. 24.7.2018 – 2 BvR 309/15 –, BVerfGE 149, 293 (332 f., Rn. 95).
73 Die Kritik kann an dieser Stelle nicht wiederholt werden. Vgl. daher nur Dürig/Herzog/Scholz/Remmert GG, Art. 19 Abs. 1 (2008) Rn. 55, mwN.
74 Vgl. BVerfG Beschl. v. 4.5.1983 – 1 BvL 46/80 ua –, BVerfGE 64, 72 (79 ff.).
75 Vgl. zur Anwendbarkeit BVerfG Beschl. v. 18.12.2018 – 1 BvR 2795/09 ua –, BVerfGE 150, 309 (333, Rn. 62).
76 Art. 125a Abs. 1 GG.
77 Vgl. BVerfG Beschl. v. 8.8.1978 – 2 BvL 8/77 –, BVerfGE 49, 89 (140 f.).
78 Vgl. BeckOK-POR NRW/Barczak PolG NRW § 34b Rn. 38 (2022); BeckOK-POR Hessen/Leggereit HessSOG § 31a Rn. 17 (2022).

der Breite ihrer Ausgestaltung sowie der Intensität der persönlichen Beziehung zu den jeweiligen Personen bzw. Personengruppen ab.

62 Zu einer (mitunter erheblichen) Erhöhung des Eingriffsgewichts kommt es insbesondere dann, wenn die **Kontaktaufnahme zu religiösen Bezugspersonen** (Art. 4 Abs. 1 und 2 GG), **Partnern und Familienangehörigen** (Art. 6 GG)[79] oder – bei Deutschen bzw. diesen gleichgestellten Grundrechtsträgern – **Vereinsmitgliedern** (Art. 9 Abs. 1 GG) untersagt wird.[80] Im Einzelfall können auch die **Freiheit von Forschung und Lehre** (Art. 5 Abs. 3 GG), die **Berufsausübungsfreiheit** deutscher oder diesen gleichgestellter Staatsangehöriger (Art. 12 GG) oder – zumindest theoretisch – das **Petitionsrecht** (Art. 17 GG) berührt sein.

63 Die **Telekommunikationsfreiheit des Art. 10 Abs. 1 GG ist von Kontaktverboten nicht betroffen**, da diese lediglich die Vertraulichkeit tatsächlich stattfindender fernmündlicher oder -schriftlicher Kommunikation schützt, nicht aber die Befugnis, zu kommunizieren.[81] Auch ein Eingriff in Art. 2 Abs. 2 S. 2 GG (Fortbewegungsfreiheit) oder Art. 11 GG (Freizügigkeit) liegt nicht vor, da Kontaktverbote **kein Annäherungsverbot** begründen.[82]

III. Verwaltungsverfahrensrechtliche Einordnung

64 **Behördliche Aufenthaltsvorgaben und Kontaktbeschränkungen** bei Gefahr im Verzug (§ 55 Abs. 3 S. 2 BKAG) sind **Verwaltungsakte iSd § 35 S. 1 VwVfG,** da sie als hoheitliche Maßnahmen einer Behörde auf dem Gebiet des öffentlichen Rechts mit Außenwirkung regelnd auf das Verhalten des jeweiligen Adressaten einwirken.[83] Eine Ausgestaltung als **Allgemeinverfügung** gegenüber einem nach allgemeinen Merkmalen bestimmten oder bestimmbaren Personenkreis dürfte aufgrund der spezifischen tatbestandlichen Anforderungen von Maßnahmen nach § 55 Abs. 1 und 2 BKAG regelmäßig ausscheiden.

65 Auch **gerichtliche Anordnungen** nach Maßgabe des § 55 Abs. 3 S. 1 BKAG erfüllen indes die **begrifflichen Voraussetzungen eines (Justiz-)Verwaltungsakts,** da das nach § 90 Abs. 2 BKAG zur Entscheidung berufene Amtsgericht dem Betroffenen nicht im Rahmen eines Rechtsprechungsakts, sondern als anordnende Justizbehörde gegenübertritt. Die rechtliche Einordnung als Justizverwaltungsakt bleibt jedoch folgenlos, da Anordnungs- und Rechtsmittelverfahren spezialgesetzlich geregelt sind.[84]

66 Als auf eine gewisse Dauer bezogene Verhaltensge- oder -verbote sind Aufenthaltsvorgaben und Kontaktverbote **Dauerverwaltungsakte,** deren Rechtmäßigkeit von der verfügenden Stelle **jederzeit unter Kontrolle** zu halten ist;[85] nachträgliche Änderungen zugunsten des Betroffenen führen daher gegebenenfalls auch nach Eintritt der Bestandskraft einer solchen Regelung zu deren Rechtswidrigkeit (→ Rn. 17, 166, 172, 174 auch zum Rechtsschutz).

IV. Formelle Rechtmäßigkeitsanforderungen

67 **1. Zuständigkeit des BKA.** Die **Zuständigkeit des BKA** für Maßnahmen nach § 55 Abs. 1 und 2 BKAG ergibt sich aus § 5 Abs. 1 S. 1 und 3 BKAG. Auf andere der in §§ 1 ff. BKAG genannten Aufgabennormen kann die Ausübung von Befugnissen nach § 55 Abs. 1 BKAG nicht gestützt werden, da die in §§ 38 ff. BKAG geregelten Befugnisse schon ausweislich der Überschrift des 5. Abschnitts des BKAG und der Grundnorm des § 38 Abs. 1 S. 1 BKAG ausschließlich der Abwehr von Gefahren des internationalen Terrorismus dienen.[86]

68 Dass § 55 Abs. 1 S. 1 BKAG ausschließlich auf die Begriffsdefinition des § 5 Abs. 1 S. 2 BKAG verweist, steht einem solchen Verständnis nicht entgegen, da sich die Beschränkung auf den in Abs. 1 S. 1 und 3 genannten Aufgabenkreis und die Bindung an die in Abs. 1 S. 1 genannten weiteren Voraussetzungen sowohl aus der Systematik des BKAG als auch den kompetenziellen Vorgaben des Grundgesetzes ergeben (→ Rn. 46). Auch nach § 55 Abs. 1 BKAG kann das BKA daher **nur tätig werden,** wenn neben den dort genannten Voraussetzungen **auch die weiteren Voraussetzungen des § 5 Abs. 1 S. 1 BKAG** (länderübergrei-

79 Vgl. zur Reichweite → Rn. 55, 62, 159, 188.
80 Vgl. BeckOK-POR NRW/Barczak PolG NRW § 34b Rn. 6 (2022); BeckOK-PolR Baden-Württemberg/Nachbaur PolG BW § 31 Rn. 4 (2022); BeckOK-POR Niedersachsen/Waechter NdsPOG § 17b Rn. 76 (2022); Zaremba DÖV 2019, 221 (224).
81 Vgl. Schenke/Graulich/Ruthig/W.-R. Schenke BKAG § 55 Rn. 3; BeckOK-POR NRW/Barczak PolG NRW § 34b Rn. 6 (2022).
82 → Rn. 37, 41; aA Schenke/Graulich/Ruthig/W.-R. Schenke BKAG § 55 Rn. 2 f.; BeckOK-POR NRW/Barczak PolG NRW § 34b Rn. 6 (2022).
83 Vgl. BeckOK-POR Hessen/Leggereit HessSOG § 31a Rn. 21 (2022).
84 § 90 Abs. 2 S. 2 BKAG; → Rn. 187 ff.
85 Vgl. BeckOK-POR Hessen/Leggereit HessSOG § 31a Rn. 21 (2022); Guckelberger JA 2011, 1 (3).
86 Vgl. Münch, BT-Drs. (A) 18(4)806C, 5.

fende Gefahr, nicht erkennbare Zuständigkeit einer Landespolizeibehörde oder Übernahmeersuchen einer obersten Landesbehörde) **vorliegen.**[87]

69 **2. Antragszuständigkeit; Abteilungsleitungsvorbehalt (Abs. 3 S. 1 und 2).** Maßnahmen nach Abs. 1 und 2 dürften nach Abs. 3 S. 1 nur **auf Antrag der zuständigen Abteilungsleitung oder deren Vertretung** durch das Gericht angeordnet werden (doppelter Verfahrensvorbehalt). Bei **Gefahr im Verzug** wandelt sich die Antragsbefugnis der Abteilungsleitung bzw. Leitungsvertretung in eine **unmittelbare Anordnungskompetenz,** wobei die gerichtliche Entscheidung unverzüglich nachzuholen ist (Abs. 3 S. 2 und 3).

70 Die **Zuständigkeit der Abteilungsleitung bestimmt sich nach dem Organisationsrecht des Bundeskriminalamts.** Durch die ausdrückliche Bezugnahme auf die „zuständige" Abteilungsleitung wird die an sich nur behördeninterne Zuständigkeitsverteilung Maßstab der Rechtmäßigkeit des Antrags bzw. der Anordnung nach außen. Erforderlich ist daher nicht nur eine Entscheidung auf Abteilungsleiterebene, sondern die Zuständigkeit der jeweiligen Abteilung für die jeweils wahrgenommene Aufgabe.

71 Nach dem **Organigramm des Bundeskriminalamts,**[88] das derzeit elf Abteilungen ausweist (→ § 1 Rn. 11), kommt eine Zuständigkeit nur der Abteilungen ST (Polizeilicher Staatsschutz) und TE (Islamisch motivierter Terrorismus/Extremismus) in Betracht, da nur diesen Aufgaben der Abwehr von Gefahren des internationalen Terrorismus zukommen; die bloße Zuständigkeit für die Verhütung in § 129a Abs. 1 und 2 StGB genannter Delikte ist insoweit nicht ausreichend.

72 Da der Abteilungsleitungsvorbehalt der Bedeutung und dem Gewicht des Grundrechtseingriffs Rechnung tragen soll,[89] kann auch eine **Vertretung nur durch vertretungsberechtigte Angehörige des jeweiligen Abteilungsstabes** erfolgen; eine weitere Delegation ist auch im Verhinderungsfall unzulässig.

73 Nicht eindeutig ist, ob eine **Antragstellung bzw. Anordnung auch durch die Behördenleitung oder deren Vertretung** erfolgen kann. Obwohl der Normwortlaut („nur") dagegen spricht, können sowohl die Funktion des Abteilungsleitungsvorbehalts als auch die Gesetzesbegründung, die eine Beschränkung der Antrags- bzw. Anordnungsbefugnis auf den Präsidenten oder seine Vertretung bei offenen Gefahrenabwehrmaßnahmen nicht für erforderlich hält,[90] zugunsten einer Antrags- bzw. Anordnungsbefugnis auch der Behördenleitung bzw. deren Vertretung angeführt werden. Aufgrund der hierarchischen Behördenstruktur spricht letztlich nichts dagegen, dieser ein eigenes, von der Erreichbarkeit der Abteilungsleitung unabhängiges Antrags- bzw. Anordnungsrecht zuzubilligen.

74 **Zuständigkeitsmängel** bei der Antragstellung bzw. Anordnung führen zur Rechtswidrigkeit der Maßnahme, können in entsprechender Anwendung des § 45 Abs. 1 Nr. 1 VwVfG aber unbeachtlich werden, wenn der zuständige Amtswalter nachträglich tätig wird. Eine ohne behördlichen Antrag ergangene gerichtliche Anordnung wäre demgegenüber wirkungslos (vgl. § 90 Abs. 2 S. 2 BKAG iVm § 22 Abs. 2 S. 1 FamFG).

75 Eine **Rücknahme des Antrags** kann bis zum Eintritt der Rechtskraft einer gerichtlichen Entscheidung erfolgen, bedarf nach Erlass der Endentscheidung aber der Zustimmung des Betroffenen.[91] Sie führt gem. § 90 Abs. 2 S. 2 BKAG iVm zur Wirkungslosigkeit einer bereits ergangenen, aber noch nicht rechtskräftigen gerichtlichen Entscheidung.

76 **3. Verfahren. a) Anhörung.** Das Erfordernis der Anhörung bereits durch das BKA[92] ergibt sich für Maßnahmen nach § 55 Abs. 3 S. 2 BKAG aus einer unmittelbaren,[93] im (Regel-)fall einer gerichtlichen Anordnung nach § 55 Abs. 3 S. 1 BKAG aus einer jedenfalls entsprechenden Anwendung des **§ 28 Abs. 1 VwVfG.** Zwar unterliegt die gerichtliche Anordnung selbst nicht dem Verfahrensregime der §§ 9 ff. VwVfG, da das letztlich anordnende Gericht nicht als Verwaltungsbehörde handelt und sich verfahrensrechtliche Anforderungen unmittelbar aus dem FamFG ergeben. Aufgrund der Dispositionsbefugnis des BKA (→ Rn. 85) und des Erfordernisses einer behördlichen Ermessensentscheidung (→ Rn. 102, 157 ff.) unter Darstellung des Sachverhalts (→ Rn. 90 f.) muss das BKA **den Sachverhalt** auch im Fall einer gerichtlichen Anordnung (ua) **durch Anhörung von Amts wegen ermitteln.**

77 Anzuhören sind gegebenenfalls auch **Drittbetroffene,** in deren Rechte die beabsichtigte Maßnahme eingreift; dies gilt insbesondere für Kontaktverbote.[94]

78 Ein **Absehen von der behördlichen Anhörung** nach Maßgabe des § 28 Abs. 2 Nr. 1 Alt. 1 VwVfG (Gefahr im Verzug) kommt insbesondere bei Anordnungen durch die Behördenleitung in Betracht, die nach § 55

87 Vgl. Münch, BT-Drs. (A) 18(4)806C, 5 sowie schon BVerfG Urt. v. 20.4.2016 – 1 BvR 966/09 ua, BVerfGE 141, 220 (288 f., Rn. 156) zu § 20g Abs. 1 Nr. 1 iVm § 4a BKAG aF.
88 Stand: 1.7.2022.
89 Vgl. BT-Drs. 18/11163, 119 zum Behördenleitervorbehalt.
90 Vgl. BT-Drs. 18/11163, 125 f.
91 § 90 Abs. 2 S. 2 BKAG iVm § 22 Abs. 1 FamFG.
92 Zur Anhörung im gerichtlichen Verfahren → Rn. 97 f.
93 Vgl. BeckOK-POR Niedersachsen/Waechter NdsPOG § 17b Rn. 22 (2022).
94 Vgl. BeckOK-POR Niedersachsen/Waechter NdsPOG § 17b Rn. 83 (2022).

Abs. 3 S. 2 BKAG ebenfalls Gefahr im Verzug voraussetzen; sie erfordert aber jedenfalls eine individuelle Ermessensentscheidung,[95] soweit ihr kein zwingendes öffentliches Interesse entgegensteht.[96] Aufgrund des Erfordernisses der Bekanntgabe an den Betroffenen, die auch durch persönliche Übergabe der schriftlichen Anordnung erfolgen kann,[97] dürfte zumindest eine mündliche Anhörung aber doch regelmäßig möglich sein.

79 Die behördliche Anhörung muss **vor der Antragsstellung nach § 55 Abs. 3 S. 1 BKAG** ergehen, da der durch Anhörung ermittelte (weitere) Sachverhalt nach § 55 Abs. 4 Nr. 3 BKAG im Antrag anzugeben ist; hierbei ist zugleich anzugeben, ob der Betroffene angehört wurde.

80 Inhaltlich muss sich die Anhörung auf die **„für die Entscheidung erheblichen Tatsachen"** beziehen,[98] so dass dem Betroffenen insbesondere die anlassgebenden „bestimmten Tatsachen"[99] oder sein „individuelles Verhalten",[100] aus denen bzw. dem die Behörde das Vorliegen einer drohenden Gefahr ableitet, konkret zu bezeichnen sind. Ein behördliches **Geheimhaltungsinteresse** kann insoweit nicht anerkannt werden, weil der im Antrag zu bezeichnende Sachverhalt[101] nach § 90 Abs. 2 S. 2 BKAG iVm § 23 Abs. 2, § 37 Abs. 2 FamFG im gerichtlichen Verfahren ohnehin zur Kenntnis des Betroffenen gelangt und – soweit entscheidungserheblich – auch als Teil der wesentlichen Gründe der Anordnung anzugeben ist (zu Besonderheiten bei verdeckten Maßnahmen → § 90 Rn. 11).[102] Die **Gefahrenprognose** gehört demgegenüber nicht zu den Tatsachen iSd § 28 Abs. 1 VwVfG und muss daher im Rahmen der Anhörung nicht mitgeteilt werden, ist dem Betroffenen aber doch jedenfalls im Verlauf des gerichtlichen Verfahrens als Teil der erforderlichen Begründung mitzuteilen.[103]

81 Ebenso ist dem Betroffenen Gelegenheit zu geben, sich – etwa im Hinblick auf die Eingriffsintensität der konkret ins Auge gefassten Maßnahme (→ Rn. 49 ff., 61) – zu den für ihn günstigen Umständen **zu äußern**; insoweit ist das BKA ohnehin zur Amtsermittlung verpflichtet.[104]

82 Ein **Anhörungsmangel** des behördlichen Verfahrens ist nach Maßgabe des § 45 Abs. 1 Nr. 3, Abs. 2 VwVfG bis zum Abschluss der letzten Tatsacheninstanz heilbar; dies setzt jedoch voraus, dass dem Betroffenen in tatsächlicher Weise Gehör gewährt wird (§ 28 Abs. 1 VwVfG) und die Behörde neu zu Tage getretene Einwände und Umstände im Rahmen einer erneuten Befassung in ihre Ermessenserwägungen einbezieht.[105]

83 **b) Antragsinhalt (Abs. 4).** Der notwendige Inhalt des schriftlichen (→ Rn. 96) Antrags ist in § 55 Abs. 4 BKAG geregelt.

84 **aa) Name und Anschrift des Adressaten.** Nach § 55 Abs. 4 Nr. 1 BKAG sind **Name und Anschrift der Person**, gegen die sich die beabsichtigte Maßnahme richtet, im Antrag anzugeben. Die Angabe der Anschrift dient dabei vorrangig der Identifizierbarkeit der Person und der Vermeidung von Namensverwechslungen; sie ist daher entbehrlich, soweit eine eindeutige Identifikation auf andere Art und Weise gewährleistet ist und – zB in Fällen der Wohnungslosigkeit – eine Anschrift nicht bekannt ist oder besteht. Da die Angabe der Anschrift dem zuständigen Amtsgericht darüber hinaus jedoch die nach § 37 Abs. 2 FamFG erforderliche Gewährung rechtlichen Gehörs ermöglichen soll, ist die Nichtangabe der Anschrift im jeweiligen Einzelfall im Antrag zu begründen.

85 **bb) Art, Umfang und Dauer der Maßnahme.** Nach § 55 Abs. 4 Nr. 2 BKAG muss der Antrag darüber hinaus Art, Umfang und Dauer der Maßnahme bezeichnen. Der Gesetzgeber macht hiermit – wie auch schon mit dem in § 55 Abs. 3 S. 1 BKAG geregelten Antragserfordernis an sich – deutlich, dass Art, Umfang und Dauer der Maßnahme alleine der **behördlichen Disposition** unterliegen: Das zuständige Amtsgericht darf die beantragte Maßnahme zwar gegebenenfalls in beschränktem Umfang anordnen und den Antrag im Übrigen ablehnen, im Hinblick auf Art, Umfang und Dauer der Maßnahme aber nicht über den Antrag des BKA hinausgehen.

86 Die **Art der Maßnahme** bezieht sich auf die in § 55 Abs. 1 und 2 BKAG geregelten Maßnahmen, dh auf die Unterscheidung zwischen Verlassens-, Aufenthalts- und Kontaktverboten.[106] Die pauschale Beantragung einer „Aufenthaltsvorgabe" erscheint trotz der vom Gesetzgeber gewählten Sammelbezeichnung untunlich, da sich Verlassens- und Aufenthaltsverbote im Hinblick auf das untersagte Verhalten unterscheiden

95 Vgl. § 28 Abs. 2 VwVfG: „kann".
96 § 28 Abs. 3 VwVfG.
97 § 41 Abs. 1 S. 1 VwVfG.
98 § 28 Abs. 1 VwVfG.
99 § 55 Abs. 1 Nr. 1 BKAG.
100 § 55 Abs. 1 Nr. 2 BKAG.
101 § 55 Abs. 3 Nr. 3 BKAG.
102 § 55 Abs. 5 Nr. 3 BKAG.
103 Vgl. § 55 Abs. 3 Nr. 4 iVm § 90 Abs. 2 S. 2 BKAG, § 23 Abs. 2, § 37 Abs. 2 FamFG sowie § 55 Abs. 5 Nr. 3 BKAG.
104 § 24 Abs. 2 VwVfG.
105 Vgl. BVerwG Urt. v. 22.3.2012 – 3 C 16.11 –, BVerwGE 142, 205 (210, Rn. 18), mwN.
106 Vgl. BeckOK-POR Niedersachsen/Waechter NdsPOG § 17b Rn. 14.1 (2022).

(→ Rn. 19 ff.); zumindest aber muss sich aus der beizufügenden **Begründung**[107] ergeben, in welchem Umfang die Behörde Freiheitsbeschränkungen als notwendig erachtet.

Hinsichtlich des **Umfangs der Maßnahme** enthalten § 55 Abs. 3 Nr. 2 lit. a und b BKAG nähere Erläuterungen. Zu bezeichnen sind daher die Orte, von denen sich die Person ohne Erlaubnis des BKA nicht entfernen oder an denen sich die Person ohne Erlaubnis des BKA nicht aufhalten darf (Aufenthaltsvorgabe),[108] oder die Personen oder Personengruppe, mit denen oder mit der der betroffenen Person der Kontakt untersagt ist (Kontaktverbot). Im Falle eines Kontaktverbots sind die betroffenen Personen mit Name und Anschrift zu bezeichnen, soweit dies möglich ist; die Nichtangabe von Name und Anschrift ist daher zu begründen, um dem Gericht eine Prüfung der angegebenen Gründe zu ermöglichen. 87

Das **im Antrag bezeichnete Maß des Umfangs darf das anordnende Gericht nicht überschreiten**; es ist – etwa im Hinblick auf geographische Angaben – jedoch gegebenenfalls zu klarstellenden Umformulierungen befugt. Im Hinblick auf die strafrechtliche Sanktionierung von Verstößen gegen Aufenthaltsvorgaben oder Kontaktverbote (§ 87 Abs. 1 Nr. 1 BKAG) ist eine möglichst präzise Angabe – gegebenenfalls unter Vorlage eindeutiger Pläne[109] – schon im Interesse des strafrechtlichen Bestimmtheitsgebots[110] geboten. 88

Die Dauer der Maßnahme darf das in § 55 Abs. 5 S. 2 BKAG genannte Maß von drei Monaten nicht übersteigen, muss sich nach Abs. 5 S. 1 aber auf den erforderlichen Umfang beschränken. Mit der Angabe der beabsichtigten Dauer der Maßnahme gibt die Behörde zugleich das zulässige Höchstmaß der Maßnahme vor, das allerdings im Rahmen eines erneuten Anordnungsverfahrens nach § 55 Abs. 5 S. 3 BKAG verlängert werden kann. 89

cc) **Sachverhalt.** Der Sachverhalt umschreibt jene **antragserheblichen Tatsachen**, die das BKA im Rahmen der Sachverhaltsermittlung von Amts wegen[111] – gegebenenfalls einschließlich des Ergebnisses der Anhörung (→ Rn. 76 f.) – in Erfahrung gebracht hat. Dies umfasst in formeller Hinsicht auch die Mitteilung, ob eine Anhörung des Betroffenen stattgefunden hat, sowie gegebenenfalls die Mitteilung der Gründe für ein Absehen von einer Anhörung. 90

Inhaltlich umfasst das Erfordernis der Darstellung des Sachverhalts insbesondere die **tatsächlichen Grundlagen der polizeilichen Gefahrenprognose** sowie die tatsächlichen Annahmen, auf die das BKA seine Ermessensentscheidung (→ Rn. 102, 157 ff.) gestützt hat.[112] Mitzuteilen sind dabei insbesondere auch für den Betroffenen günstige Umstände, auch wenn das BKA diesen keine ergebnisrelevante Bedeutung beimisst.[113] 91

dd) Begründung. Im Rahmen der Begründung ist zunächst die Darlegung erforderlich, wie das BKA aus den mitgeteilten Gründen eine **individuelle Gefahrprognose** ableitet. Da sich die gerichtliche Prüfung auf Rechtsfolgenseite richtigerweise auf eine Prüfung auf Ermessensfehler (einschließlich Fällen der Ermessensüberschreitung wegen Unverhältnismäßigkeit) beschränkt (→ Rn. 102), muss die Begründung weiterhin erkennen lassen, dass das BKA das ihm eingeräumte **Entschließungs- und Auswahlermessen** dem Zweck der Ermächtigung gemäß ausgeübt und die Interessen des Betroffenen mit angemessenem Gewicht in seine Entscheidung eingestellt hat.[114] 92

4. Anordnung. a) Gerichtliche Anordnung (Abs. 3 S. 1, Abs. 5). aa) Gerichtliches Verfahren. Für das gerichtliche Verfahren gelten nach § 90 Abs. 2 S. 2 BKAG die Bestimmungen des Gesetzes über das Verfahren in Familiensachen und in den Angelegenheiten der freiwilligen Gerichtsbarkeit (**FamFG**) in der jeweils gültigen Fassung entsprechend (dynamische Verweisung; → § 90 Rn. 7). **Zuständig** ist nach § 90 Abs. 2 S. 1 BKAG das **Amtsgericht am (Haupt)Sitz des BKA in Wiesbaden** (→ § 90 Rn. 5 f.).[115] Auf den Sitz der zuständigen Abteilung kommt es nicht an. 93

Da § 90 Abs. 2 S. 2 BKAG – anders als etwa die landesrechtliche Parallelbestimmung des § 34b Abs. 2 S. 2 PolG NRW, die auf die Vorschriften des 7. Buches über Freiheitsentziehungssachen Bezug nimmt – nicht auf spezifische Bücher des FamFG verweist und das Verfahren der Anordnung von Aufenthaltsvorgaben bzw. Kontaktverboten dort nicht spezialgesetzlich geregelt ist, finden die **allgemeinen Vorschriften der §§ 2 ff. FamFG** Anwendung (zur mangelnden Passgenauigkeit dieses gegenständlich unbegrenzten Verweises → § 90 Rn. 7 ff.).[116] 94

107 § 55 Abs. 3 Nr. 4 BKAG.
108 Vgl. zu den Anforderungen im Hinblick auf Verlassensverbote → Rn. 24.
109 Vgl. BeckOK-POR Niedersachsen/Waechter NdsPOG § 17b Rn. 14.2 (2022).
110 Art. 103 Abs. 2 GG.
111 § 24 Abs. 1 und 2 VwVfG.
112 Vgl. BeckOK-POR Niedersachsen/Waechter NdsPOG § 17b Rn. 15.1 (2022).
113 § 24 Abs. 2 VwVfG, § 114 S. 1 VwGO.
114 Vgl. BeckOK-POR Niedersachsen/Waechter NdsPOG § 17b Rn. 16.1 (2022).
115 Vgl. Schenke/Graulich/Ruthig/W.-R. Schenke BKAG § 55 Rn. 9.
116 Vgl. BGH Beschl. v. 22.2.2022 – 3 ZB 3/21 –, NStZ-RR 2022, 187 (188) zur parallel formulierten Vorschrift des § 31a Abs. 3 S. 8 HessSOG.

95 **Beteiligte** sind dabei neben der antragstellenden Behörde[117] die Adressaten der beantragten Anordnung, die als Beteiligte hinzuzuziehen sind[118] (kontradiktorisches Verfahren). Nicht beteiligt sind Familienangehörige oder im Tenor eines Kontaktverbots bezeichnete sonstige Personen, da deren Rechte durch das Verfahren nur mittelbar betroffen werden[119] und eine Pflicht- oder Fakultativbeteiligung[120] gesetzlich nicht vorgesehen ist;[121] eine Anhörung muss aber gegebenenfalls bereits im verwaltungsbehördlichen Verfahren erfolgen (→ Rn. 77). Auch eine eigene Anfechtungsbefugnis gegenüber ergangenen Anordnungen ist nicht ausgeschlossen.[122]

96 Die notwendige **Form des Antrags** nach § 55 Abs. 4 BKAG ergibt sich aus § 90 Abs. 2 S. 2 BKAG iVm §§ 25, 14b FamFG.[123]

97 Der Antrag ist **dem Antragsgegner nach § 23 Abs. 2 FamFG zu übermitteln,** der zudem nach Maßgabe des § 13 Abs. 1 FamFG **Einsicht in die Gerichtsakten** nehmen kann. Eine gegebenenfalls beigezogene oder von Amts wegen übermittelte **Behördenakte** ist nicht Teil der Gerichtsakte und unterliegt der Akteneinsicht daher nur nach Maßgabe des allgemeinen Verwaltungsverfahrensrechts;[124] auf dem Beteiligten nicht zugängliche Aktenbestandteile darf eine Anordnung indes nicht gestützt werden.[125]

98 Eine **persönliche Anhörung** des Betroffenen ist nur unter den Voraussetzungen des § 34 Abs. 1 FamFG geboten,[126] wenn dies aufgrund konkreter Umstände weitergehende Sachverhaltsaufklärung verheißt.[127] Derartige Umstände können sich insbesondere aus dem schriftlichen Vorbringen des Betroffenen ergeben.[128] Auch eine **Erörterung in mündlicher Verhandlung** steht nach § 32 Abs. 1 S. 1 FamFG im gerichtlichen Ermessen. **Rechtliches Gehör** ist den Beteiligten nach Maßgabe der § 23 Abs. 2, § 27 Abs. 1, § 33 Abs. 1 S. 1, § 34 und § 37 Abs. 2 FamFG zu gewähren.[129]

99 Aufgrund der mit der Durchführung eines gerichtlichen Hauptsacheverfahrens notwendigerweise verbundenen Dauer kann es gegebenenfalls zweckmäßig sein, den **Erlass einer einstweiligen Anordnung** nach Maßgabe des § 90 Abs. 2 S. 2 BKAG iVm § 49 Abs. 1, § 50 Abs. 1 S. 1 FamFG zu beantragen.[130] Dies gilt insbesondere in Fällen, in denen eine wegen Gefahr im Verzug ergangene behördliche Anordnung nach § 55 Abs. 3 S. 4 BKAG vor Erlass einer gerichtlichen Hauptsacheentscheidung außer Kraft zu treten droht (→ Rn. 113 ff., 132 ff.). Allerdings dürfte der Annahme eines **dringenden Bedürfnisses für ein sofortiges Tätigwerden**[131] regelmäßig entgegenstehen, dass der Behörde mit §§ 54 und 57 BKAG auch unabhängig von einer gerichtlichen Anordnung geeignete Handlungsinstrumente zur Verfügung stehen (→ Rn. 114).

100 **bb) Umfang der Prüfung.** Inhaltlich prüft das Gericht zunächst, ob das Bundeskriminalamt im Rahmen seiner **Zuständigkeit** handelt (→ Rn. 67 f.), die erforderliche **Anhörung** stattgefunden hat (→ Rn. 76 ff.) und **der Antrag den gesetzlichen Anforderungen des § 55 Abs. 3 S. 1 und Abs. 4 genügt** (→ Rn. 69 ff., 83 ff.). Entspricht der Antrag nicht den formellen Anforderungen[132] oder trägt der angegebene Sachverhalt[133] die beantragte Anordnung offensichtlich nicht, so ist er **ohne weitere Sachverhaltsermittlung abzulehnen.** An die rechtliche Würdigung der Behörde[134] ist das Amtsgericht demgegenüber nicht gebunden, solange die behördlichen Ermessenserwägungen tragfähig sind (→ Rn. 102). Auch wenn der gerichtlichen Entscheidung eine behördliche Eilanordnung nach § 55 Abs. 3 S. 2 BKAG vorausging, ist deren Rechtmäßigkeit im Verfahren nach dem FamFG nicht zu prüfen.[135]

117 § 7 Abs. 1 FamFG.
118 § 7 Abs. 2 Nr. 1 FamFG.
119 § 7 Abs. 1 Nr. 1 FamFG.
120 § 7 Abs. 1 Nr. 2, Abs. 2 FamFG.
121 BeckOK-POR Niedersachsen/Waechter NdsPOG § 17b Rn. 18 (2022).
122 Vgl. zu Art. 6 GG → Rn. 188.
123 Vgl. BeckOK-POR Niedersachsen/Waechter NdsPOG § 17b Rn. 17 (2022); aA BeckOK-POR NRW/Barczak PolG NRW § 34b Rn. 41 (2022) zur Rechtslage in NRW, die auf die Anwendung der §§ 415 ff. FamFG verweist: Schriftform nicht zwingend, aber im Interesse der größtmöglichen Bestimmtheit und Justiziabilität regelmäßig zu verlangen.
124 Vgl. Pabst in MüKoFamFG, 3. Aufl. 2018, § 13 Rn. 39.
125 § 37 Abs. 2 FamFG.
126 Vgl. BGH Beschl. v. 22.2.2022 – 3 ZB 3/21 –, NStZ-RR 2022, 187 (188 f.).
127 Vgl. BGH Beschl. v. 22.2.2022 – 3 ZB 3/21 –, NStZ-RR 2022, 187 (188 f.). Vgl. auch BeckOK-POR NRW/Barczak PolG NRW § 34b Rn. 39 (2022): „im Regelfall geboten"; strenger Arzt, LT NRW, Stellungnahme 17/936, A09, A14, 22.
128 Vgl. BGH Beschl. v. 22.2.2022 – 3 ZB 3/21 –, NStZ-RR 2022, 187 (189).
129 Vgl. BeckOK-POR Niedersachsen/Waechter NdsPOG § 17b Rn. 18 (2022).
130 Vgl. zur Anwendbarkeit allgemein Schenke/Graulich/Ruthig/Ruthig BKAG § 90 Rn. 2.
131 Vgl. § 49 Abs. 1 FamFG.
132 Vgl. BGH Beschl. v. 30.6.2011 – V ZB 274/10 –, FGPRax 2011, 317 (317 f.) zu den (allerdings inhaltlich strengeren) formellen Voraussetzungen eines Antrags auf Abschiebungshaft.
133 § 55 Abs. 4 Nr. 3.
134 § 55 Abs. 3 Nr. 4 BKAG: „Begründung".
135 Vgl. zur Möglichkeit verwaltungsgerichtlichen Rechtsschutzes → Rn. 198.

Im Übrigen ist das Gericht zur **Ermittlung des Sachverhalts von Amts wegen verpflichtet** und an das Vorbringen der Beteiligten grundsätzlich nicht gebunden.[136] Das Gericht prüft daher, ob auch die **materiellen Anordnungsvoraussetzungen** vorliegen, die beantragte **Dauer auf den erforderlichen Umfang beschränkt** ist,[137] sie die gesetzliche **Höchstanordnungsdauer** nicht übersteigt[138] und auch im Übrigen dem **Verhältnismäßigkeitsgrundsatz** genügt. Hierbei sind insbesondere grundrechtliche Wertungen zu berücksichtigen (→ Rn. 47 ff.). 101

In § 55 Abs. 3 S. 1 BKAG nicht eindeutig geregelt ist, ob dem Gericht darüber hinaus nur – in entsprechender Anwendung des § 114 S. 1 VwGO – die **Überprüfung der behördlichen Entscheidung auf Ermessensfehler** obliegt oder der Gesetzgeber dem Gericht, das im Verfahren nach § 55 Abs. 3 S. 1, § 90 Abs. 2 S. 1 BKAG selbst als anordnende Behörde in Erscheinung tritt, ein eigenes Anordnungsermessen einräumt. Da § 55 Abs. 1 BKAG dem BKA jedoch eindeutig Entscheidungsermessen einräumt („kann") und auch Art, Umfang und Dauer der Maßnahme (im rechtlich zulässigen Rahmen) alleine dessen Disposition unterstellt (→ Rn. 85), erscheint die Annahme eines zumindest parallelen gerichtlichen Anordnungsermessens eher fernliegend. Dies gilt umso mehr, als die Gerichte der freiwilligen Gerichtsbarkeit mangels eigener Zuständigkeit für die Abwehr von Gefahren des internationalen Terrorismus zur Entscheidung über die Zweckmäßigkeit von Maßnahmen nach § 55 Abs. 1 oder 2 BKAG kaum in der Lage wären. Ihnen bleibt daher nur – aber immerhin – die Aufgabe, die behördliche Ermessensentscheidung in entsprechender Anwendung des § 114 S. 1 VwGO auf Ermessensfehler (**Ermessensausfall, Ermessensfehlgebrauch, Ermessensüberschreitung und Ermessensdisproportionalität**) zu prüfen. 102

cc) Form und notwendiger Inhalt (Abs. 5). Nach § 55 Abs. 5 S. 1 BKAG ergeht die gerichtliche Anordnung **schriftlich,** wobei der notwendige Inhalt in § 55 Abs. 5 S. 2 BKAG geregelt ist. § 55 Abs. 5 BKAG ist im Hinblick auf § 38 Abs. 2 Nrn. 1 und 3 sowie Abs. 3 S. 1 FamFG *lex specialis*, steht einer ergänzenden Anwendung von § 90 Abs. 2 S. 2 BKAG iVm § 38 Abs. 2 Nr. 2, Abs. 3 S. 2 und 3 und § 39 FamFG aber nicht entgegen. Dies gilt umso mehr, als die gerichtliche Entscheidung sonst hinter behördlichen Anordnungen nach § 55 Abs. 3 S. 2 BKAG zurückbliebe, für die § 37 Abs. 3 S. 1, Abs. 6 VwVfG gelten. 103

Nach § 55 Abs. 5 S. 2 Nr. 1 BKAG muss die Anordnung die **Angabe der Person, gegen die sich die Maßnahme richtet,** enthalten. Die Angabe „mit Name und Anschrift" dient in erster Linie der Identifikation des Betroffenen, so dass die Angabe der Anschrift zB im Fall wohnsitzloser Personen entfallen kann (→ Rn. 84); in diesem Fall müsste allerdings gegebenenfalls eine öffentliche Zustellung erfolgen (→ Rn. 111). 104

Das Erfordernis der Angabe von **Art, Umfang und Dauer der Maßnahme** (§ 55 Abs. 5 S. 2 Nr. 2 BKAG) entspricht der Regelung zum notwendigen Inhalt des Antrags nach § 55 Abs. 4 Nr. 2 BKAG (→ Rn. 85 ff.). 105

Nach § 55 Abs. 5 Nr. 3 BKAG sind die **„wesentlichen Gründe"** der Anordnung anzugeben. Das Erfordernis entspricht in der Sache dem Erfordernis der Angabe des Sachverhalts nebst Begründung im Rahmen des Antrags,[139] beschränkt sich allerdings auf die letztlich entscheidungstragenden Gesichtspunkte. 106

Nicht erforderlich ist ein ausdrücklicher **Hinweis auf die Möglichkeit der Erlaubniserteilung durch das BKA** in Form der Tenorierung einer auflösenden Bedingung, da sich die Wirkung einer solchen Erlaubnis unmittelbar aus dem Gesetz ergibt.[140] Ein Hinweis auf diese Möglichkeit im Rahmen der Entscheidungsgründe erscheint dennoch zweckmäßig. 107

Weiterhin erforderlich sind die Angabe der **Bezeichnung des Gerichts unter Angabe der Namen der Gerichtspersonen**, die an der Entscheidung mitgewirkt haben;[141] er ist zu **unterschreiben.**[142] Dies entspricht in der Sache den erforderlichen Pflichtangaben nach § 37 Abs. 3 S. 1 VwVfG. 108

Nach § 90 Abs. 2 S. 2 BKAG iVm § 39 S. 1 FamFG muss die Anordnung eine **Belehrung über das statthafte Rechtsmittel** der Beschwerde[143] sowie das Gericht, bei dem diese einzulegen ist, dessen Sitz und die einzuhaltende Form und Frist enthalten (→ Rn. 187 ff.). 109

Eines ausdrücklichen Hinweises auf die Strafbarkeit von Verstößen nach § 87 Abs. 1 Nr. 1 BKAG bedarf es *de lege lata* nicht,[144] auch wenn dies schon im Hinblick auf die vom Gesetzgeber intendierte Wirkung der Strafdrohung zweckmäßig erscheint. 110

136 §§ 26, 29 Abs. 1 S. 2 FamFG.
137 § 55 Abs. 6 S. 1 BKAG.
138 § 55 Abs. 6 S. 2 BKAG.
139 § 55 Abs. 4 Nrn. 3 und 4 BKAG.
140 AA BeckOK-POR Niedersachsen/Waechter NdsPOG § 17b Rn. 20, 26 (2022).
141 § 90 Abs. 2 S. 2 BKAG iVm § 38 Abs. 2 Nr. 2 FamFG.
142 § 38 Abs. 3 S. 2 FamFG.
143 § 58 Abs. 1 FamFG.
144 AA BeckOK-POR Niedersachsen/Waechter NdsPOG § 49a Rn. 38 (2022).

111 **dd) Bekanntgabe (§ 90 Abs. 2 S. 2 BKAG iVm §§ 40 Abs. 1, 41 Abs. 1 FamFG).** Anordnungen nach § 55 Abs. 3 S. 1 BKAG sind nach § 90 Abs. 2 S. 2 BKAG iVm §§ 40 Abs. 1, 41 Abs. 1 FamFG **durch Zustellung** bekanntzugeben; nach § 15 Abs. 2 S. 1 FamFG finden die Vorschriften der §§ 185 ff. ZPO über die öffentliche Zustellung gegebenenfalls entsprechende Anwendung.

112 **b) Behördliche Anordnung bei Gefahr im Verzug (Abs. 3 S. 2–4).** Nach § 55 Abs. 3 S. 2 BKAG kann die Anordnung bei **Gefahr im Verzug** auch unmittelbar durch die zuständige Abteilungsleitung oder deren Vertretung getroffen werden. In diesem Fall ist die gerichtliche Entscheidung unverzüglich nachzuholen.[145] Soweit die Anordnung nicht binnen drei Tagen durch das Gericht bestätigt wird, tritt sie nach § 55 Abs. 3 S. 4 BKAG außer Kraft.

113 **aa) Voraussetzungen (Abs. 3 S. 2).** „Gefahr im Verzug" liegt dann vor, wenn eine **gerichtliche Entscheidung nicht rechtzeitig eingeholt werden kann,**[146] dh bereits im Zeitraum bis zur Umsetzung einer gerichtlichen Entscheidung mit einer Verwirklichung von Gefahren, deren Abwehr oder Verhütung die begehrte Anordnung dient, zu rechnen ist.

114 Mit § 55 Abs. 3 S. 2–4 BKAG hat der Gesetzgeber die bei anderen Maßnahmen des 5. Abschnitts verwendete Regelungstechnik unreflektiert übernommen.[147] Ein **praktischer Bedarf** für eine solche Regelung ist im Bereich der Aufenthaltsvorgabe und der Kontaktverbote indes **kaum erkennbar,** da sie aufgrund ihrer Anknüpfung an lediglich drohende Gefahren im Gefahrenvorfeld ansetzt und mit der (allerdings nur vorübergehenden) Platzverweisung (§ 54 BKAG) und dem an die unmittelbar bevorstehende Begehung oder Fortsetzung einschlägiger Straftaten ansetzenden polizeilichen Gewahrsam (§ 57 Abs. 1 BKAG) polizeiliche Standardmaßnahmen zur Verfügung stehen, die keiner richterlichen Vorabentscheidung bedürfen.[148]

115 Die **Rechtsprechung des Bundesverfassungsgerichts** zur Gefahr im Verzug bei der Anordnung von Wohnungsdurchsuchungen (Art. 13 Abs. 2 GG) ist **auf § 55 Abs. 3 S. 2 BKAG übertragbar,** auch wenn Eingriffe in (ua) Art. 11 Abs. 1 GG keinem verfassungsrechtlichen Richtervorbehalt unterliegen, da für eine gespaltene Auslegung und Anwendung der gesetzlichen Verfahrensvorschriften bei „Gefahr im Verzug" kein Anlass besteht. Dies gilt umso mehr, als der Gesetzgeber die Geltung des Art. 13 Abs. 2 GG zugrundeliegenden Regel-Ausnahme-Verhältnisses auch im Kontext der einfachgesetzlichen Richtervorbehalte des BKAG zugrunde gelegt hat.[149]

116 Die Annahme von „Gefahr im Verzug" kann daher **nicht auf Spekulationen, hypothetische Erwägungen oder fallunabhängige Vermutungen gestützt werden,** sondern ist stets mit einzelfallbezogenen Tatsachen zu begründen; die bloße Möglichkeit einer Gefahrverwirklichung bis zur richterlichen Entscheidung genügt nicht. Gefahr im Verzug kann im Rechtssinne auch nicht dadurch entstehen, dass das BKA ihre tatsächlichen Voraussetzungen durch Zuwarten **selbst herbeiführt.** Regelmäßig muss **zunächst versucht werden, eine Anordnung des instanziell und funktionell zuständigen Richters zu erlangen,** bevor eine Anordnung nach § 55 Abs. 3 S. 2 BKAG erfolgt; nur in Ausnahmesituationen, in denen schon die durch einen solchen Versuch bedingte zeitliche Verzögerung die Verwirklichung der abzuwehrenden Gefahr besorgen lässt, darf die Anordnung unmittelbar durch die Abteilungsleitung oder deren Vertretung erfolgen, ohne sich zuvor um eine richterliche Entscheidung bemüht zu haben.[150]

117 Mit der **Befassung des zuständigen Gerichts,** dem ab diesem Zeitpunkt die Prüfung und Würdigung der Eilbedürftigkeit der Maßnahme obliegt, **endet die behördliche Anordnungsbefugnis.**[151]

118 Die tatsächlichen Voraussetzungen für die Inanspruchnahme der behördlichen Anordnungskompetenz sind zu **dokumentieren**[152] und als Teil der „wesentlichen Gründe"[153] in die Begründung der behördlichen Anordnung aufzunehmen.

119 **bb) Form und notwendiger Inhalt (Abs. 5).** Für die Form sowie den notwendigen Inhalt der behördlichen Anordnung gelten die Ausführungen zu Form und Inhalt gerichtlicher Anordnungen grundsätzlich **entsprechend** (→ Rn. 103 ff.). Allerdings muss die nach § 55 Abs. 5 Nr. 3 BKAG erforderliche Begründung auch die Voraussetzungen des § 55 Abs. 3 S. 2 BKAG (Gefahr im Verzug) umfassen (→ Rn. 118).

145 § 55 Abs. 2 S. 4 BKAG.
146 Vgl. BT-Drs. 18/11163, 116.
147 Vgl. BT-Drs. 18/11163, 121.
148 Vgl. Arzt, LT NRW, Stellungnahme 17/652, A09, A14, 19 f.
149 Vgl. BT-Drs. 18/11163, 116 ff., 120 f.
150 Vgl. BVerfG Beschl. v. 16.6.2015 – 2 BvR 2718/10 –, BVerfGE 139, 245 (269 f., Rn. 70); s. auch schon BVerfG Urt. v. 20.2.2001 – 2 BvR 1444/00 –, BVerfGE 103, 142 (155) zu Art. 13 Abs. 2 GG.
151 Vgl. BVerfG Beschl. v. 16.6.2015 – 2 BvR 2718/10 –, BVerfGE 139, 245 (273, Rn. 77) zu Art. 13 Abs. 2 GG.
152 Vgl. BVerfG Beschl. v. 23.1.2001 – 2 BvQ 42/00 –, BVerfGE 103, 142 (159 f., Rn. 61 ff.); Beschl. v. 16.6.2015 – 2 BvR 2718/10 –, BVerfGE 139, 245 (271, Rn. 72; 272 f., Rn. 75 f.; 276, Rn. 85).
153 § 55 Abs. 5 Nr. 3 BKAG.

120 Eines ausdrücklichen **Hinweises auf die Strafbarkeit von Verstößen** nach § 87 Abs. 1 Nr. 1 BKAG bedarf es *de lege lata* nicht,[154] auch wenn dies schon im Hinblick auf die vom Gesetzgeber intendierte Wirkung der Strafdrohung zweckmäßig erscheint.

121 Im Übrigen ist **§ 37 Abs. 1 S. 1 VwVfG** ergänzend heranzuziehen; die behördliche Anordnung ist nach § 37 Abs. 6 VwVfG zudem mit einer **Rechtsbehelfsbelehrung** zu versehen.

122 cc) **Bekanntgabe (§ 41 Abs. 1 S. 1 VwVfG).** Das Erfordernis der Bekanntgabe ergibt sich aus § 41 Abs. 1 S. 1 VwVfG; sie ist für die Wirksamkeit des Verwaltungsakts konstitutiv (vgl. § 43 Abs. 1 S. 1 VwVfG). Die Bekanntgabe kann auch gegenüber einem Bevollmächtigten des Adressaten erfolgen;[155] einer förmlichen **Zustellung bedarf es nicht.**[156] Mittelbar ergibt sich ein Zustellungserfordernis allerdings aus § 13 Abs. 7 S. 2 VwVG, wenn die Anordnung mit einer Androhung von Zwangsmitteln verbunden werden soll (→ Rn. 213).[157]

123 dd) **Vollziehbarkeit.** Da Widerspruch und Klage kraft Gesetzes **aufschiebende Wirkung** entfalten (§ 80 Abs. 1 VwGO) und auch eine Vollstreckung im Wege des Verwaltungszwangs nur bei Entfallen der aufschiebenden Wirkung in Betracht kommt,[158] dürfte bei Gefahr im Verzug regelmäßig auch die **Anordnung der sofortigen Vollziehbarkeit** nach § 80 Abs. 2 S. 1 Nr. 4 VwGO naheliegen. Das besondere Vollzugsinteresse bedarf nach § 80 Abs. 3 S. 1 VwGO der (gesonderten) schriftlichen Begründung.

124 Auch die **Strafbarkeit wegen Zuwiderhandlungen** gegen Anordnungen nach § 55 Abs. 3 S. 2 (§ 87 Abs. 1 Nr. 1 BKAG) tritt nur bei Anordnung der sofortigen Vollziehung ein.[159]

125 ee) **Unverzügliche Nachholung der gerichtlichen Entscheidung (Abs. 3 S. 3).** Im Fall einer behördlichen Eilanordnung ist die gerichtliche Entscheidung unverzüglich nachzuholen. Der **Begriff der Unverzüglichkeit** bezieht sich dabei – anders als der bürgerlich-rechtliche Unverzüglichkeitsbegriff des § 121 Abs. 1 S. 1 BGB – nicht auf die Vorwerfbarkeit möglicher Verzögerungen („ohne schuldhaftes Zögern"), sondern **schließt jede Verzögerung aus, die sich nicht durch (objektive) sachliche Gründe rechtfertigen lässt.**[160]

126 Als **äußerste Grenze des Unverzüglichkeitsgebots** normiert § 55 Abs. 3 S. 4 BKAG eine Dreitagesfrist, nach deren Ablauf behördliche Anordnungen nach § 55 Abs. 3 S. 2 BKAG stets außer Kraft treten. Dies bedeutet jedoch nicht, dass die Dreitagesfrist stets ausgeschöpft werden darf; vielmehr ist im individuellen Einzelfall jede Verzögerung auszuschließen, die sich nicht aus sachlichen Gründen rechtfertigen lässt.[161]

127 Das Unverzüglichkeitsgebot des § 55 Abs. 3 S. 3 BKAG bezieht sich zunächst auf die Nachholung des Antrags nach § 55 Abs. 3 S. 1, Abs. 4 BKAG durch das BKA. Seine **Verletzung durch die Behörde führt zur Rechtswidrigkeit auch ursprünglich rechtmäßiger Eilanordnungen** und kann gegebenenfalls im Verfahren auf Anordnung der aufschiebenden Wirkung von Widerspruch und Klage im verwaltungsgerichtlichen Verfahren gerügt werden (→ Rn. 199). Auch wenn eine Aufhebung im verwaltungsgerichtlichen Hauptsacheverfahren innerhalb der in § 55 Abs. 3 S. 4 BKAG genannten Frist regelmäßig nicht in Betracht kommen wird,[162] kann der Eintritt der Rechtswidrigkeit gegebenenfalls im Rahmen einer Fortsetzungsfeststellungsklage (§ 113 Abs. 1 S. 4 VwGO; → Rn. 198) sowie im Rahmen von Amtshaftungsansprüchen geltend gemacht werden.

128 Im **Verfahren vor den Gerichten der freiwilligen Gerichtsbarkeit** führt die **Verletzung des Unverzüglichkeitsgebots** demgegenüber nicht zur Ablehnung des Antrags, da die Rechtmäßigkeit der behördlichen Anordnung ausschließlich im verwaltungsgerichtlichen Verfahren geprüft wird.[163] Das zuständige Amtsgericht trifft vielmehr eine eigenständige – und gegebenenfalls selbstständig anfechtbare (→ Rn. 187 ff.) – Anordnungsentscheidung, wobei es im Hinblick auf den Ausnahmecharakter einer behördlichen Anordnung nach § 55 Abs. 3 S. 2 BKAG ebenfalls dem Beschleunigungsgebot unterliegt.

129 Nach Einleitung des gerichtlichen Antragsverfahrens wird die **Bedeutung des Unverzüglichkeits- bzw. Beschleunigungsgebots** indes durch den Umstand relativiert, dass ein Ausschöpfen der Außerkrafttretensfrist des § 55 Abs. 3 S. 4 BKAG regelmäßig schon zum Zweck der Gewährung rechtlichen Gehörs gegenüber dem Adressaten der Maßnahme erforderlich sein wird.[164] Der Antrag ist indes ohne Gewährung rechtli-

154 AA BeckOK-POR Niedersachsen/Waechter NdsPOG § 49a Rn. 38 (2022).
155 § 41 Abs. 1 S. 2 VwVfG.
156 § 41 Abs. 5 VwVfG.
157 Eine versehentlich unterbliebene Zustellung lässt die Rechtmäßigkeit oder Wirksamkeit der Grundverfügung als solche jedoch unberührt.
158 § 6 Abs. 1 VwVG.
159 Vgl. § 87 Nr. 1 Alt. 2 BKAG sowie → § 87 Rn. 34.
160 Vgl. BVerwG Urt. v. 26.2.1974 – I C 31/72 –, NJW 1974, 807 (810); Schenke/Graulich/Ruthig/W.-R. Schenke BPolG § 40 Rn. 7 und BKAG § 55 Rn. 9.
161 Vgl. Schenke/Graulich/Ruthig/W.-R. Schenke BKAG § 55 Rn. 9.
162 Vgl. zur Erledigungsproblematik aber → Rn. 131.
163 Vgl. Schenke/Graulich/Ruthig/W.-R. Schenke BKAG § 55 Rn. 21; BeckOK-POR NRW/Barczak PolG NRW § 34b Rn. 44 (2022).
164 § 90 Abs. 2 S. 2 BKAG iVm §§ 23 Abs. 2, 27, 34, 37 Abs. 2 FamFG.

chen Gehörs unverzüglich abzulehnen, wenn er den Anforderungen des § 55 Abs. 4 BKAG nicht genügt oder die übrigen Anordnungsvoraussetzungen auch unabhängig von möglichen Angaben des Betroffenen offenkundig nicht vorliegen.

130 Im **Fall einer gerichtlichen Bestätigung** der behördlichen Anordnung nach § 55 Abs. 3 S. 2 BKAG innerhalb der in S. 4 geregelten Frist **tritt die gerichtliche Entscheidung an die Stelle der behördlichen Anordnung,** die sich somit „auf andere Weise" erledigt.[165] Auch wenn die Rechtsfolge einer ablehnenden Entscheidung des Amtsgerichts nicht ausdrücklich geregelt ist, muss auch dessen ablehnende Entscheidung in entsprechender Anwendung des § 56 Abs. 1 S. 1 FamFG zur Erledigung der behördlichen Anordnung führen, da dem Unverzüglichkeitsgebot sonst keine praktische Bedeutung zukäme und an der Aufrechterhaltung einer vorläufigen Maßnahme in Ansehung einer gerichtlichen Endentscheidung kein anerkennenswertes Interesse besteht.[166]

131 Hiervon zu unterscheiden ist indes die Frage, ob eine Erledigung (im prozessualen Sinne) dann nicht eintritt, wenn die behördliche Anordnung noch **Tatbestandswirkung für im Zeitraum ihrer materiellen Wirksamkeit durchgeführte Vollstreckungshandlungen** entfaltet.[167] Folgt man dieser in der jüngeren verwaltungsgerichtlichen Rechtsprechung etablierten Auffassung, muss eine Anfechtung der behördlichen Anordnung auch nach deren Ersetzung durch eine gerichtliche Anordnung möglich bleiben. Gleiches muss nach der hier vertretenen Auffassung jedoch dann gelten, wenn die Strafbarkeit etwaiger Verstöße gegen die behördliche Anordnung von deren gerichtlicher Aufhebung mit Wirkung *ex tunc* abhängt (→ § 87 Rn. 48).

132 **ff) Außerkrafttreten (Abs. 3 S. 4).** Nach § 55 Abs. 3 S. 4 BKAG tritt eine nach Abs. 3 S. 2 getroffene behördliche Anordnung **kraft Gesetzes außer Kraft,** wenn sie nicht binnen drei Tagen durch das Gericht bestätigt wird.

133 Der **Zeitpunkt des Fristbeginns** ist im BKAG **nicht eindeutig geregelt.** Da es sich in der Sache um eine Begrenzung der behördlichen Eilbefugnis und nicht um eine gerichtliche Entscheidungsfrist handelt, kann als Fristbeginn nicht der Zeitpunkt des Eingangs des Antrags nach § 55 Abs. 3 S. 3, Abs. 4 BKAG angesehen werden. Eine Anknüpfung an den frühestmöglichen Zeitpunkt des Abschlusses der behördeninternen Entscheidungsprozesse erscheint jedoch ebenfalls nicht sachgerecht, da die Anordnung erst mit ihrer Bekanntgabe (zB durch persönliche Übergabe oder postalische Zustellung) Außenwirkung entfaltet,[168] die Zeiträume vor Bekanntgabe der Verfügung den Adressaten nicht belasten und wesentliche Teile der gesetzlichen Dreitagesfrist gegebenenfalls schon vor der Bekanntgabe der Anordnung verstrichen sein könnten. Es erscheint daher sachgerecht, auch die Frist des § 55 Abs. 3 S. 4 BKAG **mit der Bekanntgabe der Anordnung beginnen zu lassen,** zumal sich die Dauer der Betroffenheit des Adressaten auch durch eine verspätete Bekanntgabe nicht verlängert. Allerdings kann gegebenenfalls fraglich sein, ob die Voraussetzungen des § 55 Abs. 3 S. 2 BKAG im Fall einer verzögerten Bekanntgabe noch vorliegen, zumal die Behörde die Voraussetzungen der „Gefahr im Verzug" nicht durch eigenes Zuwarten herbeiführen darf (→ Rn. 116).

134 Für die **Fristberechnung** gelten **§ 31 Abs. 1 und 3 VwVfG.** Die Dreitagesfrist beginnt daher am Tag nach Bekanntgabe der behördlichen Anordnung[169] und endet somit grundsätzlich mit Ablauf des dritten Tages nach Bekanntgabe (§ 31 Abs. 1 VwVfG iVm § 188 Abs. 1 BGB). Die Anwendung des § 31 Abs. 3 VwVfG (Fristverlängerung bei Fristende an einem Sonnabend bzw. Sonn- oder Feiertag) erscheint im vorliegenden Kontext rechtspolitisch verfehlt, da sie die Belastung des Adressaten gegebenenfalls um mehrere Tage verlängert, ist mangels gesetzlicher Spezialregelung aber hinzunehmen; indes ist das Amtsgericht (sowie das gegebenenfalls im Rahmen eines Verfahrens nach § 80 Abs. 5 S. 1 VwGO angerufene Verwaltungsgericht) im Interesse von Art. 19 Abs. 4 GG und Art. 20 Abs. 3 GG in derartigen Fällen insbesondere angehalten, gegebenenfalls schon vor Ablauf der gesetzlichen Frist effektiven Rechtsschutz zu gewähren.

135 Eine **Verlängerung der Außerkrafttretensfrist** des § 55 Abs. 3 S. 4 BKAG ist nicht möglich; auch ein entsprechender **Neuerlass einer behördlichen Anordnung** nach Abs. 3 S. 2 unter im Wesentlichen gleichen Umständen kommt als Umgehungskonstruktion nicht in Betracht.[170] Da ein gerichtliches Hauptsacheverfahren indes kaum zuverlässig innerhalb von drei Tagen nach Bekanntgabe abgeschlossen werden kann, ist die Behörde gegebenenfalls gehalten, den Erlass einer einstweiligen Anordnung zu beantragen[171] oder eigene Maßnahmen nach Maßgabe der §§ 54, 57 BKAG zu treffen (→ Rn. 114).

165 Vgl. BeckOK-POR NRW/Barczak PolG NRW § 34b Rn. 44 (2022); BeckOK-POR Niedersachsen/Waechter NdsPOG § 17b Rn. 22 (2022); § 43 Abs. 2 VwVfG. Vgl. zur Problematik der fortwirkenden Tatbestandswirkung auch befristet gültiger Verwaltungsakte aber → Rn. 131, 136, 193, 197.

166 BeckOK-POR Niedersachsen/Waechter NdsPOG § 17b Rn. 25 (2022).

167 Bejahend VGH Mannheim Urt. v. 3.5.2021 – 1 S 512/19 –, juris, Rn. 56 ff., mwN.

168 § 43 Abs. 1 S. 1 VwVfG.

169 § 31 Abs. 1 VwVfG iVm § 187 Abs. 1 BGB.

170 Vgl. Schenke/Graulich/Ruthig/W.-R. Schenke BKAG § 55 Rn. 9; BeckOK-POR NRW/Barczak PolG NRW § 34b Rn. 40 (2022).

171 Zu dieser Möglichkeit → Rn. 99.

Auch das Außerkrafttreten einer behördlichen Anordnung nach § 55 Abs. 3 S. 2 BKAG nach Maßgabe des Abs. 3 S. 4 führt nur dann zur **Erledigung im verwaltungsprozessualen Sinne**, wenn sie auch für die Zeiträume bis zu ihrem Außerkrafttreten keine Tatbestandswirkung für etwaige Vollstreckungs- oder Strafverfahren entfaltet (→ Rn. 131). 136

V. Materielle Rechtmäßigkeitsanforderungen

1. Tatbestandsvoraussetzungen. Mit den in § 55 Abs. 1 Nrn. 1 und 2 BKAG geregelten tatbestandlichen Voraussetzungen hat der Gesetzgeber die in der Rechtsprechung des Bundesverfassungsgerichts entwickelte **Gefahrenschwelle der „drohenden Gefahr" weitgehend unreflektiert übernommen.** Die hiermit verbundene **Vorverlagerung der Gefahrenabwehr** ist maßgeblich dadurch geprägt, dass sich zwar möglicherweise noch nicht mit hinreichender Wahrscheinlichkeit feststellen lässt, dass die Gefahr schon in näherer Zukunft eintritt, die hiermit verbundene Herabsenkung der Gefahrenschwelle aber durch Beschränkung auf den Schutz überragend wichtiger Rechtsgüter kompensiert wird.[172] 137

Zu beachten ist hierbei jedoch, dass das Bundesverfassungsgericht eine solche Vorverlagerung der Gefahrenschwelle bislang **nur im Kontext staatlicher Überwachungsbefugnisse ausdrücklich gebilligt** hat.[173] Eine **Übertragung** dieser jedenfalls im Hinblick auf die erforderliche Prognosesicherheit abgesenkten Gefahrenschwelle **auf operative bzw. aktionelle Grundrechtseingriffe** (wie hier konkrete Beschränkungen der Fortbewegungsfreiheit) **ist jedoch abzulehnen,** da oft nur sehr vage Gefahrenprognosen hier konkreten und unbedingten Einbußen an individueller Freiheit gegenüberstehen und von dem rechtfertigungsbedürftigen operativen Grundrechtseingriff – anders als bei der Ausübung staatlicher Überwachungsbefugnisse – keine Verbesserung der Prognosegrundlagen zu erwarten ist.[174] 138

Vielmehr **hindert gerade die Vagheit der bestehenden Verdachtsmomente den Betroffenen daran, diese durch eigenes Verhalten zu entkräften,**[175] zumal regelmäßig – und logisch nicht unplausibel – geradezu automatisch der Vorwurf erhoben werden kann, der Betroffene habe nur unter dem Druck bestehender Freiheitsbeschränkungen von weiteren Gefährdungshandlungen abgesehen. Angesichts des Gewichts der – abstrakt – in Rede stehenden Rechtsgüter erscheint auch der Verhältnismäßigkeitsgrundsatz kaum geeignet, Maß und Dauer entsprechender operativer Grundrechtseingriffe in greifbarer Weise einzuhegen.[176] Gleiches gilt folglich aber auch für den Richtervorbehalt, da dieser Defizite der materiellen Eingriffsschwellen nicht kompensieren kann.[177] 139

Zwar trifft der Hinweis zu, dass **der „klassische" Gefahrenbegriff des Polizeirechts verfassungsrechtlich nicht unmittelbar vorgegeben** ist, sondern der – prä-konstitutionellen – Verhältnismäßigkeitsdogmatik des Preußischen Oberverwaltungsgerichts entspringt.[178] Jedenfalls bei niederschwelligen Grundrechtseingriffen mag es daher angehen, auch operative Eingriffsbefugnisse bereits im Vorfeld konkreter Gefahren iSd klassischen Polizeirechts zuzulassen.[179] Zu diesen gehören nicht lediglich kurzfristige Beschränkungen der Niederlassungs-, Handlung- und Berufsfreiheit sowie weiterer Grundrechtspositionen (→ Rn. 47 ff.), die gegebenenfalls sogar die Wahl von Wohnsitz und Lebensmittelpunkt beeinträchtigen können, jedoch erkennbar nicht. 140

Da das Bundesverfassungsgericht indes die Gefahrenschwellen für informationelle Grundrechtseingriffe (nur) der Nachrichtendienste in seiner **Entscheidung zum Bayerischen Verfassungsschutzgesetz** kürzlich noch weiter abgesenkt hat,[180] mag es angängig erscheinen, auch die polizeilichen Gefahrenschwellen für 141

172 Vgl. BVerfG Urt. v. 27.2.2008 – 1 BvR 370/07 ua –, BVerfGE 120, 274 (329).

173 Vgl. BVerfG Urt. v. 20.4.2016 – 1 BvR 966/09 ua –, BVerfGE 141, 220 (272, Rn. 112); Urt. v. 26.4.2022 – 1 BvR 1619/17 –, NJW 2022, 1583 (1586, Rn. 158); hierauf hinweisend auch BeckOK-POR NRW/Barczak PolG NRW § 34b Rn. 15 (2022); Griebel/Schäfer NVwZ 2020, 511 (515 f.); Möstl, BT-Drs. (A) 18(4)806 B, 3; DAV, BT-Drs. (A) 18(4)863, 36 f.; Schwarz, LT NRW, Stellungnahme 17/632, A09, A14, 6; Arzt, LT NRW, Stellungnahme 17/936, A09, A14, 21; Gazeas, LT NRW, Stellungnahme 17/662, A09, A14, 12.

174 Ähnlich Schmitt, Die „drohende Gefahr" bleibt problematisch: Eine neue Reform des bayerischen Polizeiaufgabengesetzes greift zu kurz, VerfBlog, 2020/12/07; DAV, BT-Drs. (A) 18(4)863, 36 ff.; Arzt, LT NRW, Stellungnahme 17/652, A09, A14, 3 ff. Dies verkennt zB die einseitige Apologetik von Schwarz, LT NRW, Stellungnahme 17/632, A09, A14, 6 f.; aA aber auch zB Griebel/Schäfer NVwZ 2020, 511 (515 f.).

175 Exemplarisch der in BGH Beschl. v. 22.2.2022 – 3 ZB 3/21 –, NStZ-RR 2022, 187 (190 f.) gewürdigte, ambivalente Sachverhalt.

176 Vgl. etwa die völlig nichtssagende (damit aber nicht notwendigerweise falsche) Verhältnismäßigkeitsprüfung in BGH Beschl. v. 22.2.2022 – 3 ZB 3/21 –, NStZ-RR 2022, 187 (191). Wie hier Arzt, LT NRW, Stellungnahme 17/936, A09, A14, 21 f.; kritisch zur Bestimmtheit auch BeckOK-PolR Baden-Württemberg/Nachbaur PolG BW § 31 Rn. 5 (2022); DAV, BT-Drs. (A) 18(4)863, 36. Vgl. auch allgemein → § 38 Rn. 3 ff.; Barczak, Der nervöse Staat, 2. Aufl. 2021, S. 521 ff.; Roellecke JZ 2006, 265 (269).

177 Ähnlich Arzt, LT NRW, Stellungnahme 17/936, A09, A14, 21; ders., LT NRW, Stellungnahme 17/652, A09, A14, 3 ff.; LT NDS, Gesetzgebungs- und Beratungsdienst, Vorlage 32 v. 26.10.2018, 36 f.; aA Griebel/Schäfer NVwZ 2020, 511 (516); ohne durchgreifende Bedenken auch Möstl, BT-Drs. (A) 18(4)806 B, 3 f.; BeckOK-POR NRW/Barczak PolG NRW § 34b Rn. 16 (2022).

178 Vgl. Möstl, BT-Drs. (A) 18(4)806 B, 3 f.

179 → § 38 Rn. 9; BeckOK-POR NRW/Barczak PolG NRW § 34b Rn. 16 (2022).

180 Vgl. BVerfG Urt. v. 26.4.2022 – 1 BvR 1619/17 –, NJW 2022, 1583 (1586 ff., Rn. 163 ff.).

operative Grundrechtseingriffe zum Schutz überragend gewichtiger Schutzgüter zumindest auf das Niveau der „drohenden Gefahr“ abzusenken. Diese Rechtsprechung verdient indes keine Gefolgschaft, da die Unterscheidung zwischen der „Erforderlichkeit zur Aufklärung einer bestimmten, nachrichtendienstlich beobachtungsbedürftigen Aktion oder Gruppierung im Einzelfall“, der „drohenden Gefahr“ und konkreten Gefahren iSd klassischen Polizeirechts in Ansehung der – allzu menschlichen – intrinsischen Motivation der Gefahrenabwehrbehörden („mission creep“) und der notwendigerweise defizitären Erkenntnislage der nur in wenigen Einzelfällen tätigen Kontrollinstanzen keine ausreichende Steuerungskraft entfalten kann und die grundrechtlich geschützten Interessen des – nicht minder strukturell unterlegenen – jeweiligen Betroffenen nicht ausreichend schützt.

142 Dies gilt umso mehr, wenn die **Ausübung operativer Eingriffsbefugnisse** – wie hier (→ Rn. 139) – **nicht der weiteren Aufklärung des Sachverhalts, sondern der Schaffung gefahrenabwehrrechtlicher Tatsachen dient.** Die Vorverlagerung der Gefahrenschwelle in § 55 Abs. 1 BKAG ist daher jedenfalls insoweit verfassungswidrig, als § 55 Abs. 1 Nr. 1 BKAG sich mit einer gegenüber der „konkreten“ Gefahr als grundlegender polizeilicher Eingriffsschwelle abgesenkten Wahrscheinlichkeitsschwelle begnügt.

143 Nichts anderes kann jedoch im Ergebnis für die Gefahrenschwelle des § 55 Abs. 1 Nr. 2 BKAG gelten. Denn diese hält zwar formal am Erfordernis der „konkreten Wahrscheinlichkeit“ fest, die ohne Bezug auf eine zumindest ihrer Art nach konkretisierte Straftat aber kaum hinreichend greifbar gefasst werden kann, um als taugliche Beschränkung für operative Eingriffsbefugnisse der Sicherheitsbehörden zu fungieren. Zwar mag die seitens des Bundesverfassungsgerichts ausdrücklich als (mögliches) Beispiel einer Gefahr iSd § 55 Abs. 1 Nr. 2 BKAG bezeichnete Situation der Einreise einer Person aus einem Ausbildungslager für Terroristen im Ausland[181] regelmäßig weitere – auch grundrechtssensible – Aufklärungs- und Überwachungsmaßnahmen gegenüber dem Betroffenen rechtfertigen; **als tragfähige Grundlage für die Verhängung potenziell weitreichender und vor allem potenziell dauerhafter Freiheitsbeschränkungen**, die der Betroffene gerade aufgrund der Vagheit der Gefahr kaum durch eigenes (zukünftiges) Verhalten vermeiden kann, **taugt eine derart herabgesenkte Gefahrenschwelle indes nicht** (→ Rn. 137 ff.).

144 **a) Drohende Gefahr ihrer Art nach konkretisierter Straftaten (Abs. 1 Nr. 1).** Nach § 55 Abs. 1 Nr. 1 BKAG kann das BKA zur Abwehr einer Gefahr oder zur Verhütung von Straftaten nach § 5 Abs. 1 S. 2 BKAG Maßnahmen gem. § 55 Abs. 1 oder 2 BKAG treffen, wenn **bestimmte Tatsachen die Annahme rechtfertigen,** dass die betroffene Person innerhalb eines übersehbaren Zeitraums auf eine zumindest ihrer Art nach konkretisierte Weise eine **Straftat nach § 5 Abs. 1 S. 2 BKAG** begehen wird.

145 Mit der Formel „wenn bestimmte Tatsachen die Annahme rechtfertigen“ nimmt der Gesetzgeber – in Anlehnung an die Rechtsprechung des Bundesverfassungsgerichts zu informationellen Grundrechtseingriffen[182] – die **erforderliche Prognosewahrscheinlichkeit gegenüber dem klassischen Begriff der „konkreten“ Gefahr zurück.** Zwar muss sich die erforderliche Prognose weiterhin auf bestimmte Tatsachen – und nicht zB auf allgemeine Erfahrungssätze, Vermutungen oder diffuse Anhaltspunkte – stützen; die Anforderungen an die Vorhersehbarkeit des Kausalverlaufs sind aber dennoch gegenüber dem tradierten Begriff der „konkreten“ Gefahr reduziert. Die Prognose muss sich zudem auf einen übersehbaren Zeitraum beziehen und eine zumindest ihrer Art nach konkretisierte Straftat nach § 5 Abs. 1 S. 2 BKAG betreffen. Den verfassungsrechtlichen Anforderungen an die Verhältnismäßigkeit operativer Grundrechtseingriffe von nicht unerheblichem Gewicht genügt diese Absenkung der Gefahrenschwelle indes auch in Ansehung der durch § 55 Abs. 1 Nr. 1 iVm § 5 Abs. 1 S. 2 BKAG geschützten hoch- und höchstrangigen Rechtsgüter nicht, da die in solcher Weise reduzierte Gefahrenschwelle nicht geeignet ist, Maß und Dauer operativer Grundrechtseingriffe in greifbarer Weise einzuhegen (→ Rn. 137 ff.).

146 Zur Auslegung des **Tatbestandsmerkmals des „übersehbaren Zeitraums“** lassen sich weder den Gesetzesmaterialien noch der zugrundeliegenden Entscheidung des Bundesverfassungsgerichts zum BKA taugliche Maßgaben entnehmen. Im spezifischen Kontext des § 55 Abs. 1 BKAG kann von einem übersehbaren Zeitraum aber vor dem Hintergrund der Höchstfrist des § 55 Abs. 6 S. 2 BKAG nur dann gesprochen werden, wenn mit einer Verwirklichung der drohenden Gefahr jedenfalls vor Ablauf von drei Monaten mit hinreichender Wahrscheinlichkeit zu rechnen ist.[183]

147 **b) Konkrete Gefahr ihrer Art nach nicht konkretisierter Straftaten (Abs. 1 Nr. 2).** Nach § 55 Abs. 1 Nr. 2 BKAG kann das BKA zur Abwehr einer Gefahr oder zur Verhütung von Straftaten nach § 5 Abs. 1 S. 2 Maßnahmen gem. § 55 Abs. 1 oder 2 BKAG treffen, wenn das **individuelle Verhalten** der betroffenen Per-

181 Vgl. BVerfG Urt. v. 20.4.2016 – 1 BvR 966/09 ua –, BVerfGE 141, 220 (272, Rn. 112).
182 Vgl. BVerfG Urt. v. 20.4.2016 – 1 BvR 966/09 ua –, BVerfGE 141, 220 (272, Rn. 112).
183 Vgl. BeckOK-POR NRW/Barczak PolG NRW § 34b Rn. 14 (2022); aA BeckOK-POR Niedersachsen/Waechter NdsPOG § 17b Rn. 36 (2022): neun Monate.

son die **konkrete Wahrscheinlichkeit** begründet, dass sie innerhalb eines übersehbaren Zeitraums eine **Straftat nach § 5 Abs. 1 S. 2 BKAG** begehen wird.

Im Unterschied zu § 55 Abs. 1 Nr. 1 BKAG verzichtet Nr. 2 nicht auf das **Erfordernis der konkreten Wahrscheinlichkeit,** nimmt die **Anforderungen an die Prognosesicherheit** auch im Hinblick auf die Art und Weise der Tatbegehung aber **erheblich zurück.** Als möglichen Anwendungsfall des entsprechend modifizierten Gefahrenbegriffs will das Bundesverfassungsgericht – allerdings im kaum vergleichbaren Kontext der heimlichen Informationserhebungsakte (→ Rn. 137 ff.) – etwa die Rückkehr einer Person aus einem Ausbildungslager für Terroristen im Ausland verstanden wissen, hinsichtlich dessen zwar das „Ob" der Tatbegehung, nicht aber die einzelnen Tatmodalitäten hinreichend konkret prognostizierbar ist bzw. sind.[184] Auch wenn entsprechende Verdachtsmomente regelmäßig hinreichenden Anlass für eine weitere – gegebenenfalls auch nicht unerheblich eingriffsintensive – Überwachung des Betroffenen bieten dürften, sind nicht unerhebliche Freiheitsbeschränkungen durch operative Maßnahmen auf dieser Basis kaum zu rechtfertigen, zumal auch eine zeitliche Höchstdauer der Einschränkungen regelmäßig gerade aufgrund der Vagheit der Verdachtsmomente kaum bestimmbar sein wird (→ Rn. 139, 143). 148

Auch bei Zurückstellung der erheblichen Zweifel an der Verfassungsmäßigkeit der genannten Eingriffsschelle kann es keinesfalls genügen, dass der Betroffene lediglich im Verdacht der Begehung irgendeiner der in § 5 Abs. 1 Nr. 2 BKAG iVm § 129 Abs. 1 und 2 StGB genannten Katalogtaten steht, ohne dass **hinreichende Gewissheit hinsichtlich Schutzgut und Angriffsrichtung der in Betracht kommenden Delikte** bestünde. Denn die nach der Rechtsprechung des Bundesverfassungsgerichts allenfalls hinzunehmenden Prognoseunsicherheiten beziehen sich jedenfalls nur auf den Ort und die Modalitäten der Tatbegehung,[185] nicht aber zB auf die Frage, ob der Betroffene etwa Terroranschläge gegen Personen, die Umwelt oder bedeutsame Sachwerte begehen oder zur Vorbereitung des bewaffneten Kampfes im Ausland gegen waffenrechtliche Bestimmungen verstoßen wird. 149

Allerdings muss **nicht mit hinreichender Sicherheit feststehen,** dass der Betroffene einen konkret ins Auge gefassten Terroranschlag zB durch Tötung und Verletzung von Menschen (§ 129a Abs. 1 Nr. 1, Abs. 2 Nr. 1 StGB) oder durch Brandstiftungsdelikte gegen Regierungsgebäude (§ 129a Abs. 2 Nr. 2 StGB) begehen will. 150

c) **Geeignete Straftaten.** Die jeweilige Prognose muss sich darauf beziehen, dass gerade der Betroffene mit hinreichender Wahrscheinlichkeit gerade eine **Straftat nach § 5 Abs. 1 S. 2 BKAG** begehen wird. Die vom Gesetzgeber gewählte Verweisungstechnik ist dabei unglücklich, da die in § 5 Abs. 1 S. 2 BKAG enthaltene Legaldefinition des „internationalen Terrorismus" ihrerseits auf die in § 129a Abs. 1 und 2 StGB bezeichneten Straftaten – dh neben Mord, Totschlag und Völkermord ua auch schwere Körperverletzungen, Computersabotage, jede Form vorsätzlicher Brandstiftungsdelikte sowie unerlaubter Schusswaffenbesitz – verweist.[186] 151

Eindeutig ist zunächst, dass die Verweisung auf die in § 129a Abs. 1 und 2 StGB bezeichneten Delikte **die Gefahr der Begehung bloßer Organisationsdelikte nach § 129a Abs. 1 und 2 StGB gerade nicht umfasst** (→ § 5 Rn. 28); nach § 55 Abs. 1 iVm § 5 Abs. 1 S. 2 BKAG abzuwehren sind daher nicht die Gründung oder Beteiligung an einer terroristischen Vereinigung, sondern die Begehung einzelner der in § 129a Abs. 1 und 2 StGB benannten Katalogstraftaten. Einer Tatbegehung gerade als Mitglied einer terroristischen Vereinigung bedarf es daher nicht, so dass im Grundsatz auch terroristische Einzeltäter erfasst sind. 152

Darüber hinaus müssen die in § 129a Abs. 1 und 2 StGB bezeichneten Katalogtaten nach § 5 Abs. 1 S. 2 BKAG **auch im Einzelfall dazu bestimmt sein,** die Bevölkerung auf erhebliche Weise einzuschüchtern (**Nr. 1**), eine Behörde oder eine internationale Organisation rechtswidrig mit Gewalt oder durch Drohung mit Gewalt zu nötigen (**Nr. 2**) oder die politischen, verfassungsrechtlichen, wirtschaftlichen oder sozialen Grundstrukturen eines Staates oder einer internationalen Organisation zu beseitigen oder erheblich zu beeinträchtigen (**Nr. 3**). Neben diesem allein an der Zweckbestimmung des oder der mutmaßlichen Terroristen orientierten (subjektiven) Finalitätskriterium muss die zu erwartende Tat zudem (objektiv) durch die Art ihrer Begehung oder ihre Auswirkungen einen Staat oder eine internationale Organisation erheblich schädigen können (→ § 5 Rn. 31 ff.). 153

Einzuhalten ist schließlich die **Kompetenzausübungsschranke** des § 5 Abs. 1 S. 1 BKAG; erforderlich ist danach, dass eine länderübergreifende Gefahr vorliegt (Nr. 1), die Zuständigkeit einer Landespolizeibehörde nicht erkennbar ist (Nr. 2) oder die oberste Landesbehörde um eine Übernahme ersucht (Nr. 3), da eine Zuständigkeit des Bundeskriminalamts sonst nicht begründet ist (ausführlicher → Rn. 46, → Rn. 67 f.). 154

d) **Adressaten der Maßnahme.** Nach § 55 Abs. 1 Nrn. 1 und 2 sind Anordnungen nach Abs. 3 jeweils an **die Person** zu richten, **von der die (drohende) Gefahr der Begehung von Straftaten ausgeht.** Ein Rückgriff 155

184 Vgl. BVerfG Urt. v. 20.4.2016 – 1 BvR 966/09 ua –, BVerfGE 141, 220 (272, Rn. 112).
185 Vgl. BVerfG Urt. v. 20.4.2016 – 1 BvR 966/09 ua –, BVerfGE 141, 220 (272, Rn. 112).
186 Eingehend zur Kritik am gesetzlichen Terrorismusbegriff und der Gesetzgebungstechnik des § 5 Abs. 1 BKAG → § 5 Rn. 21 ff.

auf die in § 38 Abs. 1 S. 2 BKAG iVm § 17 ff. BPolG bezeichneten allgemeinen Verantwortlichkeitsregelungen ist im Hinblick auf Maßnahmen nach § 55 daher spezialgesetzlich ausgeschlossen, auch wenn zB temporärere Maßnahmen gegen Nichtstörer auf § 54 BKAG iVm § 38 Abs. 1 S. 2 BKAG, § 20 Abs. 1 BPolG gestützt werden können.[187]

156 Die „Begehung" im gefahrenabwehrrechtlichen Sinne meint nicht nur die (mit)täterschaftliche Begehung, sondern **jegliche Form der strafrechtlich (objektiv) relevanten Mitwirkung**.[188]

157 **2. Ermessen. a) Verhältnismäßigkeit als Ermessensschranke.** Nach § 55 Abs. 6 S. 1 BKAG sind Maßnahmen nach § 55 Abs. 1 (und 2) BKAG auf den zur Abwehr der Gefahr oder zur Verhütung von Straftaten nach § 5 Abs. 1 S. 2 BKAG erforderlichen Umfang zu beschränken (**Erforderlichkeitsgebot**). Bei der jeweiligen Maßnahme muss es sich daher nach Art, Dauer und Umfang (vgl. § 55 Abs. 5 S. 1 Nr. 2 BKAG) um das **jeweils mildeste Mittel** handeln, das zur Verhütung von Straftaten nach § 5 Abs. 1 S. 2 BKAG in gleicher Weise geeignet ist.

158 Dies verlangt der antragstellenden Behörde bzw. dem anordnenden Gericht daher ab, die dem Betroffenen zugewiesenen bzw. verwehrten Bereich bzw. die Personen, hinsichtlich derer eine Kontaktaufnahme besteht, **so präzise und eng wie möglich zu umschreiben**. Im Rahmen von Verlassensverboten ist dabei insbesondere zu prüfen, ob der Zweck der Maßnahme auch durch ein bloßes Verbot, sich außerhalb des zugewiesenen Bereiches aufzuhalten,[189] in gleicher Weise erreicht werden kann. Im Rahmen von Kontaktbeschränkungen muss insbesondere – abhängig von der Art der abzuwehrenden Gefahr und der Gründe für das Kontaktverbot zu individuellen Personen (zB als potenzielles Tatopfer, nicht unmittelbar tatbeteiligter Unterstützer oder Mitverschwörer) – geprüft werden, ob das Ziel der Maßnahme auch durch Beschränkungen zB nur der persönlichen Kontaktaufnahme erreicht werden kann.

159 Auch im oben genannten Sinne erforderliche Maßnahmen sind schließlich nach § 38 Abs. 1 S. 2 BKAG iVm § 15 Abs. 2 BPolG auf ihre **Angemessenheit** zu prüfen. Dies umfasst die Prüfung, ob der erstrebte Gefahrenabwehrerfolg **nicht außer Verhältnis zu den hierdurch entstehenden Nachteilen steht**. Hierbei sind neben den im jeweiligen Einzelfall einschlägigen grundrechtlichen **Interessen des Adressaten** (→ Rn. 47 ff.), der bisherigen und zu erwartenden **Dauer der Maßnahme** (→ Rn. 168), des **Grads der abzuwehrenden Gefahr** und des **individuellen Gewichts der jeweils gefährdeten Rechtsgüter** auch die **grundrechtlichen Interessen mittelbar Betroffener** – wie zB der Familie des Adressaten (Art. 6 GG) – zu gewichten. Im Besonderen rechtfertigungspflichtig sind dabei Anordnungen, die den Betroffenen von der Nutzung der eigenen Wohnung ausschließen.[190]

160 Bei der Prüfung des individuellen Gewichts der gefährdeten Rechtsgüter ist zu berücksichtigen, dass § 55 BKAG nicht der Abwehr von Gefahren für die durch die jeweiligen Strafnormen geschützten Rechtsgüter, sondern der **Abwehr von Gefahren des internationalen Terrorismus iSd § 5 Abs. 1 S. 2 BKAG** dient. Maßgeblich ist daher insbesondere, in welchem Umfang die zu erwartenden Handlungen im Falle ihrer Begehung zur Einschüchterung der Bevölkerung, zur Nötigung von Behörden oder internationalen Organisationen, zur Gefährdung der Grundstrukturen von Staaten oder internationalen Organisationen tatsächlich geeignet wären. Weiterhin dürften entsprechende Maßnahmen nach dem Willen des Gesetzgebers keine unzumutbaren Anforderungen an die Lebensführung der Betroffenen stellen und die Wahrnehmung berechtigter Interessen nicht unmöglich machen.[191]

161 Stets in Betracht zu ziehen ist weiterhin, ob der (lediglich) drohenden Gefahr nicht zunächst in wirksamerer oder jedenfalls grundrechtsschonender Weise durch **bloße Gefahrerforschungseingriffe**[192] (oder die weitere Sachverhaltsermittlung ohne spezifischen Eingriffscharakter) begegnet werden kann.

162 **b) Ermessen im Übrigen.** Nach § 55 Abs. 1, 6 S. 1 BKAG dienen Maßnahmen nach § 55 Abs. 1 und 2 BKAG ausschließlich der Abwehr bzw. Verhütung von Gefahren des internationalen Terrorismus in Form der Begehung von Straftaten nach § 5 Abs. 1 S. 2 BKAG. Maßnahmen anlässlich entsprechender Gefahren, die der Verwirklichung anderer – wenngleich an sich legitimer – Zwecke dienen, entsprechen daher nicht dem **Zweck der Ermächtigung** und sind folglich ermessensfehlerhaft (§ 38 Abs. 1 S. 1 BKAG iVm § 16 Abs. 1 BPolG, § 40 VwVfG). Dies gilt insbesondere für Anordnungen, die nicht der Abwehr drohender Gefahren, sondern – etwa iVm Maßnahmen der elektronischen Aufenthaltsüberwachung nach § 56 BKAG – der Erstellung von Bewegungs- und Verhaltensprofilen oder der weiteren Aufklärung von Gefährderstrukturen dienen.

187 Vgl. Schenke/Graulich/Ruthig/W.-R. Schenke BKAG § 55 Rn. 14; BeckOK-POR NRW/Barczak PolG NRW § 34b Rn. 22 ff. (2022); Zaremba DÖV 2019, 221 (229).

188 Vgl. BeckOK-POR NRW/Barczak PolG NRW § 34b Rn. 23 (2022).

189 Zur Unterscheidung zwischen Betretens- und Aufenthaltsverboten → Rn. 29.

190 → Rn. 31. Strenger (grundsätzlich unzulässig) Schenke/Graulich/Ruthig/W.-R. Schenke BKAG § 55 Rn. 7, 16.

191 Vgl. BT-Drs. 18/11163, 121.

192 Vgl. BVerwG Urt. v. 25.10.2017 – 6 C 46.16 –, BVerwGE 160, 169 (175, Rn. 16).

c) **Insbesondere: Modifizierende Auflagen.** Angesichts der von spezifischen Lebenssituationen unabhängigen Natur von Anordnungen nach § 55 Abs. 1 BKAG, die sich grundsätzlich nur nach ihrer räumlichen bzw. personellen Ausdehnung sowie ihrer Dauer definieren, und der in § 55 Abs. 1 BKAG vorausgesetzten Möglichkeit der Erteilung individueller Dispense („ohne Erlaubnis des Bundeskriminalamts") ist im Rahmen der Ausübung pflichtgemäßen Ermessens insbesondere **in Betracht zu ziehen, die Intensität und Reichweite entsprechender Anordnungen durch einzelfallunabhängige Erlaubnisse einzuschränken.** Auf diese Möglichkeit hat bereits die Gesetzesbegründung hingewiesen, um etwa den Kontakt mit Ärzten, Rechtsanwälten, sozialen Einrichtungen oder Behörden und Gerichten oder den Zugang zu öffentlichen Verkehrsmitteln nicht in unverhältnismäßiger Weise einzuschränken.[193] 163

In Betracht kommt dabei etwa die **generelle Erlaubnis, sich zum Zweck der Erledigung persönlicher Angelegenheiten** (zB Besuche bei spezifischen Ärzten, Abholung von Kindern aus Kindergärten und Schulen, etc.) **in an sich verbotenen Bereichen aufzuhalten** oder **zu spezifischen Ereignissen** (wie zB Feiertagen) **in kontrollierter Umgebung Kontakt mit Personen** (wie zB Angehörigen oder religiösen Führern) **aufzunehmen,** hinsichtlich derer an sich ein Kontaktverbot bestehen soll. Insoweit ist die Behörde auf konkretisierende Angaben des Betroffenen zu seinen Lebensverhältnissen angewiesen, die etwa im Rahmen der Anhörung erhoben werden können (→ Rn. 76). 164

3. Zulässige Dauer (Abs. 6). a) Erforderlichkeitsgrundsatz. Auch die **zulässige Dauer von Maßnahmen** nach § 55 Abs. 1 und 2 BKAG ist an den Grundsätzen der Erforderlichkeit[194] und Verhältnismäßigkeit ieS[195] zu messen (→ Rn. 157 ff.). Sie sind daher stets auf das erforderliche Maß zu befristen (Abs. 6 S. 2) und unverzüglich zu beenden, wenn ihre gesetzlichen Voraussetzungen nicht mehr vorliegen (Abs. 6 S. 4). 165

b) **Dreimonatsfrist, Verlängerung.** Die in § 55 Abs. 5 S. 2 BKAG vorgegebene Dreimonatsfrist stellt **keine absolute Höchstfrist** dar, da sie nach Maßgabe des § 55 Abs. 5 S. 3 BKAG verlängert werden kann. Da auch § 55 Abs. 5 S. 3 BKAG eine dreimonatige Höchstfrist vorsieht, die Anzahl der zulässigen Verlängerungen aber in der Sache nicht beschränkt („jeweils"),[196] begründen die jeweiligen Dreimonatsfristen vielmehr **Kontrollintervalle,** nach deren Ablauf das Vorliegen der Anordnungsvoraussetzungen spätestens erneut zu prüfen ist. Die materielle Pflicht, entsprechende **Anordnungen als Dauerverwaltungsakte stets unter Kontrolle zu halten, bleibt davon ebenso unberührt** wie die Möglichkeit, entsprechende Anordnungen bei Vorliegen ihrer Voraussetzungen gegebenenfalls über Jahre fortzuschreiben. 166

Die gesetzliche Höchstfrist entbindet das BKA bzw. das anordnende Gericht nicht von der **Verpflichtung, im jeweiligen Einzelfall zu prüfen,** ob gegebenenfalls auch eine kurzfristigere Anordnung zur Zweckerreichung ausreichend oder aus Gründen der Verhältnismäßigkeit ieS geboten ist.[197] 167

Besonders zu berücksichtigen ist dabei, dass zunächst auf maximal drei Monate begrenzte Beschränkungen nach § 55 Abs. 1 und 2 BKAG **mit zunehmender Dauer an Intensität gewinnen,** weil der Betroffene zB Besuche bei Verwandten oder die Kontaktaufnahme mit Freunden nicht lediglich verschieben kann, sondern gegebenenfalls langfristig aufgeben muss. Auch wenn die damit verbundenen dauerhaften Entfremdungsprozesse und Einschränkungen der privaten Lebensführung gegebenenfalls zum Zweck der Abwehr drohender Gefahren für die durch § 5 Abs. 1 S. 2 BKAG geschützten Rechtsgüter hinzunehmen sein können, ist die zunehmend gesteigerte Eingriffsintensität bei jeder Verlängerungsentscheidung gesondert zu berücksichtigen. 168

Maßgeblich zu berücksichtigen ist weiterhin, dass Maßnahmen nach § 55 Abs. 1 und 2 BKAG auf einer regelmäßig nur vagen und potenziell ambivalenten Prognosegrundlage beruhen, den Betroffenen zugleich aber **mit nicht unerheblichen Einschränkungen seiner individuellen Lebensführung belasten, ohne selbst zur weiteren Sachverhaltsaufklärung beizutragen.**[198] 169

Auch wenn eine Maßnahme nach § 55 Abs. 1 und 2 BKAG daher im konkreten Einzelfall zunächst geeignet, erforderlich und auch angemessen sein mag, um Gefahren iSd § 5 Abs. 1 S. 2 BKAG abzuwehren, kann das Gewicht der (potenziell) gefährdeten Rechtsgüter das BKA nicht von seiner Pflicht entbinden, den **Sachverhalt** während der Dauer einer solchen Maßnahme **von Amts wegen weiter aufzuklären,** hierbei sowohl 170

193 Vgl. BT-Drs. 18/11163, 121; Lisken/Denninger/Graulich, HdbPolR, E. Rn. 448; BeckOK-POR NRW/Barczak PolG NRW § 34b Rn. 26 (2022).
194 § 38 Abs. 1 S. 2 BKAG iVm § 15 Abs. 1 und 3 BPolG.
195 § 38 Abs. 1 S. 2 BKAG iVm § 15 Abs. 2 BPolG.
196 Vgl. BeckOK-POR NRW/Barczak PolG NRW § 34b Rn. 27 (2022); BeckOK-PolR Baden-Württemberg/Nachbaur PolG BW § 31 Rn. 30 (2022).
197 Vgl. Schenke/Graulich/Ruthig/W.-R. Schenke BKAG § 55 Rn. 15.
198 Vgl. zur grundsätzlichen Kritik an der Zulässigkeit nicht lediglich geringfügiger operativer Maßnahmen aufgrund lediglich drohender Gefahren → Rn. 137 ff.

be- als auch entlastende Umstände zu ermitteln und Art und Umfang entsprechender Ermittlungsbemühungen im Rahmen eines etwaigen Verlängerungsantrags darzulegen.[199]

171 Wenn dies ohne nachvollziehbare Begründung unterbleibt, **spricht regelmäßig nur wenig dafür, eine Verlängerungsentscheidung auf unveränderter Tatsachengrundlage noch für angemessen zu halten.** Dies gilt umso mehr, als Verlängerungsentscheidungen sonst potenziell über kaum überschaubare Zeiträume ausgesprochen werden könnten, ohne dass der Betroffene den in der Vergangenheit begründeten Verdacht wirksam durch die Behauptung eigenen Wohlverhaltens entkräften könnte.[200] Gegebenenfalls kann es daher geboten sein, nach Ablauf der Dauer einer erstmaligen Anordnung nach § 55 Abs. 1 oder 2 BKAG zur Gefahrenerforschung mittels Gefahrerforschungseingriffen ohne operativen Charakter zurückzukehren, anstatt die zunehmend eingriffsintensivere Maßnahme nach § 55 Abs. 1 und 2 BKAG über potenziell unschätzbare Zeiträume hinaus zu verlängern.

172 c) **Beobachtungspflicht (§ 55 Abs. 6 S. 4).** Nach § 55 Abs. 6 S. 4 BKAG ist eine Maßnahme **unverzüglich zu beenden, wenn ihre Voraussetzungen nicht mehr vorliegen.** In der Sache spricht der Gesetzgeber dabei eine Selbstverständlichkeit aus, da Verwaltungsakte mit Dauerwirkung auch nach allgemeinen Grundsätzen stets verfahrensmäßig unter Kontrolle zu halten sind.[201]

173 Auch **nach Eintritt der Rechts- bzw. Bestandskraft** entsprechender Anordnungen ist die Behörde daher gehalten, **das Fortbestehen der Anordnungsvoraussetzungen im Blick zu behalten und die jeweilige Anordnung aufzuheben, wenn deren rechtliche Voraussetzungen nicht mehr gegeben sind** oder Anlass zur Prüfung der bisherigen Ermessenserwägungen besteht. Der Annahme einer behördlichen Pflicht zur Beobachtung von Maßnahmen nach § 55 Abs. 1 und 2 BKAG steht auch nicht entgegen, dass deren Anordnung nach § 55 Abs. 3 S. 1 BKAG durch das Gericht erfolgt, da der gesetzliche Richtervorbehalt allein im Interesse des Grundrechtsschutzes durch Verfahren besteht, die Dispositionsbefugnis über das „Ob" und „Wie" der Maßnahmen aber – innerhalb des gesetzlich vorgegebenen Rahmens – alleine der antragsbefugten Behörde obliegt (→ Rn. 85, 102).

174 Bei formaler Betrachtung dürfte die Behörde daher verpflichtet sein, bei Wegfall ihrer Voraussetzungen die Aufhebung der gerichtlichen Entscheidung nach § 90 Abs. 2 S. 2 BKAG iVm § 48 Abs. 1 S. 2 FamFG zu beantragen. Da das BKA allerdings nach § 55 Abs. 1 BKAG berechtigt ist, durch Erteilung von Erlaubnissen von der Einhaltung gerichtlicher Anordnungen zu dispensieren, dürfte das BKA auch berechtigt (und somit gegebenenfalls verpflichtet) sein, entsprechende gerichtliche Anordnungen selbst aufzuheben. Auch insoweit erscheint die Verweisung auf die Vorschriften des FamFG vom Gesetzgeber nur wenig durchdacht (→ Rn. 195). Nach Eintritt der Rechtskraft einer gerichtlichen Anordnung nach § 55 Abs. 3 S. 1 BKAG hat der Betroffene daher die Wahl, ob er einen Anspruch auf behördliche Aufhebung im Wege der Verpflichtungsklage (bzw. des Antrags auf einstweilige Anordnung) vor dem Verwaltungsgericht geltend macht oder er im Wege des Abänderungsantrags (§ 48 Abs. 1 FamFG) gegen die gerichtliche Anordnung vorgeht.

VI. Verhältnis zu Bestimmungen des Versammlungsrechts (Abs. 7)

175 Die Bedeutung des § 55 Abs. 7 BKAG, dem zufolge **die Vorschriften des Versammlungsrechts „unberührt"** bleiben, bleibt weitgehend im Dunkeln, zumal die Gesetzesbegründung insoweit lediglich den Gesetzeswortlaut wiedergibt.[202]

176 Bei wortlautgetreuem Verständnis des § 55 Abs. 7 BKAG müsste diesem lediglich der Aussagegehalt beigelegt werden, dass § 55 BKAG die Vorschriften des Versammlungsrechts nicht verdrängt, so dass beide Normen bzw. Normkomplexe parallele Anwendung finden könnten. Nimmt man jedoch hinzu, dass das BKAG dem Zitiergebot im Hinblick auf Eingriffe in Art. 8 Abs. 1 GG nicht gerecht wird (→ Rn. 59), muss zunächst davon ausgegangen werden, **dass § 55 BKAG nicht zu Maßnahmen ermächtigen soll, die auf die Verhinderung der Teilnahme Deutscher an Versammlungen unter freiem Himmel abzielen.** Vor diesem Hintergrund kann § 55 Abs. 7 BKAG jedoch wohl die allgemeine Aussage entnommen werden, dass Maßnahmen zur Verhinderung der Teilnahme an Versammlungen – unabhängig von der Staatsangehörigkeit der Betroffenen oder der Durchführung in geschlossenen Räumen oder unter freiem Himmel – alleine auf Vorschriften des Versammlungsrechts gestützt werden sollen.[203]

199 § 55 Abs. 4 Nr. 3 BKAG.

200 Bezeichnend etwa BGH Beschl. v. 22.2.2022 – 3 ZB 3/21 –, juris, Rn. 40: Der behaupteten inneren Lösung aus ausländischen terroristischen Strukturen wird auch Jahren nach der Rückkehr ins Bundesgebiet „mangels Darlegung entsprechender äußerer Umstände" nicht geglaubt.

201 Vgl. BVerwG Urt. v. 23.9.2010 – 3 C 37/09 –, BVerwGE 138, 21 (29, Rn. 28); VGH Mannheim Beschl. v. 10.12.1993 – 3 S 507/93 –, juris, Rn. 5; BeckOK-PolR Baden-Württemberg/Nachbaur PolG BW § 31 Rn. 8 (2022).

202 BT-Drs. 18/11163, 121.

203 Vgl. auch → Rn. 59. Ähnlich Schenke/Graulich/Ruthig/W.-R. Schenke BKAG § 55 Rn. 17: Zulässigkeit von Maßnahmen nach § 55 BKAG erst nach Auflösung einer Versammlung.

Keine Aussage trifft § 55 Abs. 7 BKAG demgegenüber im Hinblick **auf mittelbare Einschränkungen der Versammlungsfreiheit,** die mit Beschränkungen der Fortbewegungsfreiheit notwendigerweise verbunden sind. Der damit verbundenen verfassungsrechtlichen Problematik ist jedoch auf Ebene der Erteilung individueller Erlaubnisse angemessen Rechnung zu tragen (→ Rn. 185). 177

VII. Erlaubnis

Nach § 55 Abs. 1 BKAG erlassene Aufenthaltsvorgaben gelten nur insoweit, als der Betroffene nicht über eine Erlaubnis des BKA verfügt. Auch wenn der Gesetzgeber die **Möglichkeit individueller Dispense**[204] zu Recht als zwingende Ausprägung des Verhältnismäßigkeitsgrundsatzes begreift,[205] hat er weder Verfahren noch materielle Erlaubnisvoraussetzungen ausdrücklich geregelt.[206] 178

Nicht geregelt ist insbesondere auch die Frage, **ob auch Kontaktverbote nach § 55 Abs. 2 BKAG durch behördliche Erlaubnis suspendiert werden können.** Dagegen könnte zunächst sprechen, dass § 55 Abs. 2 BKAG lediglich auf die Tatbestandsvoraussetzungen des § 55 Abs. 1 BKAG verweist, die auszusprechende Rechtsfolge aber selbst scheinbar abschließend bezeichnet, ohne die Formulierung des Abs. 1 („ohne Erlaubnis des Bundeskriminalamtes") aufzugreifen. Da die Möglichkeit der Erlaubniserteilung nach dem Willen des Gesetzgebers ausdrücklich eine verhältnismäßige Ausgestaltung des Eingriffs ermöglichen soll und der Gesetzgeber auch in den (knappen) Ausführungen zu behördlichen Kontaktverboten auf die Notwendigkeit der verhältnismäßigen Ausgestaltung verweist,[207] spricht Überwiegendes für eine **Erstreckung der Dispensmöglichkeit auf Anordnungen nach § 55 Abs. 2 BKAG.** 179

Zuständig für die Erteilungen von Erlaubnissen ist nach § 55 Abs. 1 BKAG das BKA, auch wenn die zugrundeliegende Anordnung – wie regelmäßig – durch das Gericht erfolgt ist.[208] Einer ausdrücklichen Tenorierung der behördlichen Erlaubnismöglichkeit im Rahmen der gerichtlichen oder behördlichen Anordnung bedarf es nicht (→ Rn. 107). Ein **Abteilungsleitervorbehalt** besteht – anders als für die Anordnung entsprechender Verbote – für Dispense nicht[209] und muss aufgrund ihrer begünstigenden Natur auch nicht bestehen, so dass sich die Amtswalterzuständigkeit nach der behördeninternen Zuständigkeitsverteilung richtet; allerdings ist eine Koordination mit der anordnenden Stelle zweckmäßig. 180

Da es sich in der Sache um begünstigende Einzelfallregelungen einer Behörde – dh um Verwaltungsakte iSd § 35 S. 1 VwVfG – handelt, finden die Regelungen der §§ 9 ff. VwVfG Anwendung. Auch wenn ein **förmliches Antragserfordernis** nicht vorgesehen ist[210] und – wie auch im Rahmen der Anordnung von Aufenthaltsvorgaben – zugunsten des Betroffenen der Amtsermittlungsgrundsatz gilt,[211] liegt es im Interesse des Betroffenen, sein Interesse an einer Erlaubnis durch tatsächliche Angaben plausibel zu machen.[212] 181

Die Erlaubnis ist nicht **formpflichtig,**[213] sollte im Interesse der Rechtssicherheit und Bestimmtheit[214] aber schriftlich erteilt werden.[215] Einer **Begründung** bedarf sie nur dann, wenn die Behörde dem Antrag des Betroffenen nicht (vollständig) entspricht (vgl. § 39 Abs. 1, 2 Nr. 1 VwVfG). 182

Materiell ergeben sich die Erlaubnisvoraussetzungen aus § 55 Abs. 1, 2 und 6 iVm § 87 Abs. 1 BKAG sowie § 38 Abs. 1 S. 2 BKAG iVm § 15 Abs. 2 und 3, § 16 Abs. 1 BPolG. Eine **Erlaubnis ist daher (zwingend) zu erteilen, soweit die Aufrechterhaltung der Aufenthaltsvorgabe bzw. des Kontaktverbots nicht zur Zweckerreichung erforderlich ist** bzw. **der Zweck der Anordnung nicht gefährdet wird.** Gleiches gilt dann, wenn die Auswirkungen einer strikten Aufenthaltsvorgabe bzw. Kontaktverbots (zB die Erschwerung des Zugangs zu einem Facharzt oder der Umgangskontakte mit nahen Angehörigen) außer Verhältnis zum erstrebten Erfolg stehen. Soweit sich diese Umstände nicht nur aus dem Einzelfall ergeben, ist allerdings vorrangig eine (nachträgliche) modifizierende Auflage in Betracht zu ziehen. 183

Darüber hinaus kann das BKA **nach pflichtgemäßem Ermessen weitere Ausnahmen** zulassen. Aufgrund der vorübergehenden bzw. räumlich begrenzten Natur entsprechender Erlaubnisse sind dabei insbesondere alternative Gefahrenabwehrmaßnahmen in Betracht zu ziehen, die – wie etwa Arztbesuche in Polizeibegleitung – sowohl dem Betroffenen als auch der mit ihrer Durchführung befassten Behörde als Dauermaßnah- 184

204 Zu modifizierenden Auflagen → Rn. 163 f.
205 Vgl. BT-Drs. 18/11163, 121.
206 Zu Recht kritisch Gusy, LT NRW, Stellungnahme 17/630, A09, A14, 9; NdsLT, Gesetzgebungs- und Beratungsdienst, Vorlage 32 v. 26.10.2018, 38 f.
207 BT-Drs. 18/11163, 121.
208 Vgl. BeckOK-POR Niedersachsen/Waechter NdsPOG § 17b Rn. 25, 57 (2022).
209 Anders wohl BeckOK-POR Niedersachsen/Waechter NdsPOG § 17b Rn. 57 (2022).
210 § 22 S. 1 VwVfG.
211 § 24 VwVfG.
212 Vgl. BeckOK-POR Niedersachsen/Waechter NdsPOG § 17b Rn. 60 (2022).
213 § 37 Abs. 2 VwVfG.
214 Vgl. § 55 Abs. 5 Nr. 2 BKAG.
215 Vgl. BeckOK-POR Niedersachsen/Waechter NdsPOG § 17b Rn. 59 (2022).

me nicht zumutbar wären, als Maßnahme mit Ausnahmecharakter aber vertretbar sind. Gleiches gilt etwa für den kontrollierten Umgang mit Gefährdern, zu denen ein familiäres oder persönliches Näheverhältnis besteht, im Rahmen individueller Anlässe (zB wichtiger Lebensereignisse, hoher Feiertage, etc.).

185 Besondere Bedeutung kommt der Möglichkeit **individueller Dispense im Hinblick auf die Versammlungsfreiheit** des Art. 8 Abs. 1 GG zu. Da das BKAG das verfassungsrechtliche Zitiergebot im Hinblick auf Art. 8 GG nicht wahrt (→ Rn. 59) und § 55 Abs. 7 ein Spezialitätsverhältnis versammlungsrechtlicher Bestimmungen auch über das verfassungsrechtlich gebotene Mindestmaß hinaus anordnet, können Maßnahmen zur Verhinderung der Teilnahme an öffentlichen Versammlungen nicht auf § 55 Abs. 1 oder 2 BKAG gestützt werden (→ Rn. 175 ff.). Weil Maßnahmen nach § 55 Abs. 1 und 2 BKAG die Teilnahme an Versammlungen jedoch auch dann vereiteln oder zumindest erschweren, wenn eine solche Beschränkung (die sich etwa aus der Durchführung an einem dem Betroffenen verwehrten Ort oder der Teilnahme von Personen ergibt, hinsichtlich derer Kontaktverbote bestehen) nicht beabsichtigt ist, das Bundesverfassungsgericht das Zitiergebot aber bereits dann anwendet, wenn der Gesetzgeber einen Eingriff in einschlägige Grundrechte zumindest „in Kauf nimmt" (→ Rn. 59), muss derartigen Beschränkungen der Teilnahme gegebenenfalls auf Ebene der Erlaubniserteilung Rechnung getragen werden. Art. 8 Abs. 1 GG begründet daher – jedenfalls für deutsche Staatsangehörige – **einen unbedingten Anspruch darauf, zum Zweck der Teilnahme an konkret bezeichneten Versammlungen von Verboten nach § 55 Abs. 1 oder 2 BKAG freigestellt zu werden.**

186 Im Hinblick auf die Strafdrohung des § 87 Abs. 1 Nr. 1 BKAG kann eine **Durchsetzung möglicher Erlaubnisansprüche im Verfahren des einstweiligen Rechtsschutzes** (§ 123 Abs. 1 VwGO) geboten sein, da das bloße Bestehen eines Erlaubnisanspruchs die Strafbarkeit formell unerlaubten Verhaltens nicht entfallen lässt (→ § 87 Rn. 53).

VIII. Rechtsschutz

187 **1. Gegen gerichtliche Anordnungen (Abs. 3 S. 1).** Aufgrund der Verweisung des § 90 Abs. 2 S. 2 BKAG sind gegen gerichtliche Entscheidungen im Verfahren nach § 55 Abs. 3 S. 1 BKAG die Rechtsmittel nach dem 5. Abschnitt des Gesetzes über das Verfahren in Familiensachen und in den Angelegenheiten der freiwilligen Gerichtsbarkeit (FamFG) eröffnet. Aufgrund der Zuständigkeit des Amtsgerichts im ersten Rechtszug (§ 90 Abs. 2 S. 1 BKAG) ist daher die **Beschwerde** nach Maßgabe der **§§ 58 ff. FamFG** statthaft.[216] Beschwerdegericht ist nach § 119 Abs. 1 Nr. 1 lit. b GVG das **Oberlandesgericht Frankfurt am Main**, da keine Freiheitsentziehungssache vorliegt.[217]

188 **Beschwerdeberechtigt** gegen Anordnungen nach § 55 Abs. 3 S. 1 BKAG ist der Adressat der jeweiligen Maßnahme (§ 59 Abs. 1 FamFG); eine Beschwerdeberechtigung naher Angehöriger kann sich gegebenenfalls aus Art. 6 GG ergeben.[218]

189 Eine **Beschwerdeberechtigung des BKA** gegenüber ablehnenden Entscheidungen ergibt sich nicht aus § 59 Abs. 1 FamFG, weil eine Verletzung in eigenen (materiellen) Rechten gegenüber Behörden nicht in Betracht kommt. Da § 59 Abs. 2 FamFG die Beschwerdeberechtigung in Antragsverfahren lediglich beschränkt, vom Erfordernis der materiellen Beschwer aber nicht dispensiert,[219] bestimmt sich die Beschwerdeberechtigung von Behörden nach den besonderen Vorschriften dieses oder eines anderen Gesetzes (§ 59 Abs. 3 FamFG). In Ermangelung einer ausdrücklichen gesetzlichen Regelung[220] im FamFG oder dem BKAG ist eine Beschwerdeberechtigung des BKA ***de lege lata* nicht gegeben.**

190 Insbesondere kann aus dem (formellen) Antragsrecht nach § 55 Abs. 3 S. 1 BKAG **kein implizites Beschwerderecht** abgeleitet werden,[221] da dies dem Wortlaut und der Systematik des § 59 Abs. 1 und 3 FamFG widerspricht. Allerdings lässt der Bundesgerichtshof eine formelle Beschwer dann genügen, wenn ein Antrag vom erstinstanzlichen Gericht allein aus verfahrensrechtlichen Gründen zurückgewiesen wird.[222]

191 Für die Beschwerde, die nach § 61 FamFG keiner Zulassung bedarf, gelten die **in § 63 FamFG genannten Fristen** von einem Monat (Hauptsache) bzw. zwei Wochen (einstweilige Anordnung) ab schriftlicher Bekanntgabe der Anordnung an die Beteiligten. Im Übrigen gilt das Verfahren nach §§ 68 f. FamFG.

216 Vgl. Schenke/Graulich/Ruthig/Ruthig BKAG § 90 Rn. 5; BeckOK-POR NRW/Barczak PolG NRW § 34b Rn. 43 (2022); aA Schenke/Graulich/Ruthig/W.-R. Schenke BKAG § 55 Rn. 21 ohne nähere Begründung: Rechtsbeschwerde nach §§ 70 ff. FamFG.

217 Vgl. BGH Beschl. v. 22.9.2021 – 3 ZB 2/20 –, NStZ-RR 2022, 23; OLG Düsseldorf Beschl. v. 4.11.2020 – 5 Sa 41/20 –, juris, Rn. 15 (zu § 34b PolG NRW).

218 Vgl. VGH Mannheim Beschl. v. 15.2.1999 – 11 S 1854/98 –, juris, Rn. 2 zu ausländerrechtlichen Maßnahmen.

219 Vgl. BGH Beschl. v. 28.7.2015 – XII ZB 671/14 –, NJW 2015, 2888 (Rn. 12).

220 Vgl. zu diesem Erfordernis BGH Beschl. v. 14.10.2015 – XII ZB 695/14 –, NZFam 2016, 27 (juris, Rn. 17); BeckOK-FamFG/Obermann FamFG § 59 Rn. 23 (2022).

221 AA Fischer in MüKoFamFG, 3. Aufl. 2018, § 59 Rn. 11.

222 Vgl. BGH Beschl. v. 28.7.2015 – XII ZB 671/14 –, NJW 2015, 2888 (2888, Rn. 14).

Da die Beschwerde aus sich heraus **keine aufschiebende Wirkung** entfaltet,[223] kann eine entsprechende Wirkung nur durch **Antrag auf Aussetzung der Vollziehung** erreicht werden.[224] 192

Nach Erledigung der gerichtlichen Anordnung in der Hauptsache ist unter den Voraussetzungen des § 62 FamFG die **Fortsetzungsfeststellungsbeschwerde** zulässig.[225] Eine **Erledigung** – zB in Folge des Verstreichens der angeordneten Geltungsdauer (→ Rn. 165 ff.), der Rücknahme des Antrags (→ Rn. 75) oder der Aufhebung durch das BKA (→ Rn. 174) – **sollte jedoch nicht vorschnell angenommen werden,** da sich aus der **Tatbestandswirkung** der gerichtlichen Anordnung für die Rechtmäßigkeit vergangener Vollstreckungsmaßnahmen oder die strafrechtliche Bewertung ge- oder verbotswidrigen Verhaltens gegebenenfalls weitere Rechtswirkungen der gerichtlichen Anordnung ergeben können (→ Rn. 131). 193

Gegen die Beschwerdeentscheidung ist im Hauptsacheverfahren nach § 70 Abs. 1 FamFG iVm § 133 GVG die **Rechtsbeschwerde zum Bundesgerichtshof** zulässig, wenn das Beschwerdegericht diese zulässt;[226] für das Verfahren gelten §§ 71 ff. FamFG. Unter den in § 75 FamFG geregelten Voraussetzungen ist anstelle der Beschwerde die **Sprungrechtsbeschwerde** statthaft, wenn die Beteiligten einwilligen und der Bundesgerichtshof sie zulässt. 194

2. Gegen behördliche Anordnungen bei Gefahr im Verzug (Abs. 3 S. 2). Gegen behördliche Anordnungen nach § 55 Abs. 3 S. 2 BKAG ist nach § 40 Abs. 1 S. 1 VwGO der **Rechtsweg zu den Verwaltungsgerichten** eröffnet. Insbesondere kann nicht angenommen werden, dass § 90 Abs. 2 BKAG auch insoweit eine abdrängende Sonderzuweisung darstellt, da das FamFG für die Überprüfung behördlicher Entscheidungen kein geeignetes prozessuales Instrumentarium zur Verfügung stellt. Vielmehr ist trotz des missverständlichen Wortlauts des § 90 Abs. 1 BKAG, der allgemein von „Maßnahmen nach Abschnitt 5" spricht, davon auszugehen, dass § 90 Abs. 2 BKAG lediglich die Zuständigkeit und Verfahren für die richterliche Anordnung nach dem Vorbild klassischer Polizeigesetze regelt (→ § 90 Rn. 1, 3: „richtervorbehaltsakzessorisch").[227] 195

Statthafte Klageart wäre grundsätzlich die **Anfechtungsklage,** da es sich bei Anordnungen nach § 55 Abs. 3 S. 2 BKAG um klassische Verwaltungsakte handelt (→ Rn. 64). Da einer Anfechtungsklage nach § 68 Abs. 1 S. 1 VwGO jedoch zunächst ein behördliches Vorverfahren vorausgehen müsste und sich entsprechende Anordnungen nach § 55 Abs. 3 S. 3 BKAG – auch im Fall ihrer gerichtlichen Bestätigung (→ Rn. 130) – regelmäßig spätestens drei Tage nach ihrer Bekanntgabe erledigen (→ Rn. 132), **bleibt verwaltungsgerichtlicher Hauptsacherechtsschutz gegenüber Anordnungen nach § 55 Abs. 3 S. 2 BKAG praktisch illusorisch.**[228] Da Widerspruch und Anfechtungsklage auch zur Vermeidung des Eintritts der Bestandskraft des sich kurzfristig erledigenden Bescheides nicht erforderlich sind[229] und mit dem Rechtsweg nach § 90 Abs. 2 BKAG iVm §§ 22 ff. FamFG grundsätzlich äquivalenter gerichtlicher Rechtsschutz zur Verfügung steht, entstehen hierdurch keine erheblichen Rechtsschutzlücken.[230] 196

Anderes muss jedoch dann gelten, wenn die behördliche Anordnung **Tatbestandswirkung** für die Bewertung der Rechtmäßigkeit vergangener Vollstreckungshandlungen oder die strafrechtliche Bewertung ge- oder verbotswidrigen Verhaltens entfaltet, da effektiver Rechtsschutz insoweit nur durch Aufhebung der behördlichen Anordnung mit Wirkung *ex tunc* erreicht werden kann (→ Rn. 132; → § 87 Rn. 48, 50). Auch insofern **sollte eine Erledigung daher nicht vorschnell angenommen werden.** 197

Eine **Fortsetzungsfeststellungsklage** nach § 113 Abs. 1 S. 4 VwGO kommt allerdings insbesondere dann in Betracht, wenn das BKA keinen Antrag nach § 55 Abs. 3 S. 3 BKAG stellt oder der Betroffene geltend macht, dass die Voraussetzungen des § 55 Abs. 3 S. 2 BKAG (Antragszuständigkeit; Gefahr im Verzug) nicht vorlagen, der Antrag nach § 55 Abs. 3 S. 3 BKAG nicht unverzüglich gestellt wurde oder die behördliche Anordnung den Anforderungen des VwVfG bzw. des § 55 Abs. 5 BKAG nicht entsprach, da die Rechtmäßigkeit einer vorausgegangenen behördlichen Anordnung im Anordnungsverfahren nach § 55 Abs. 3 S. 1 BKAG nicht geprüft wird.[231] 198

223 § 86 Abs. 2 FamFG.
224 § 64 Abs. 3 FamFG.
225 Vgl. BGH Beschl. v. 22.2.2022 – 3 ZB 3/21 – NStZ-RR 2022, 187 (188).
226 Vgl. BGH Beschl. v. 22.9.2021 – 3 ZB 2/20 –, NStZ RR 2022, 23 (23 f.).
227 Vgl. auch Schenke/Graulich/Ruthig/Ruthig BKAG § 90 Rn. 1, 6.
228 Vgl. Schenke/Graulich/Ruthig/W.-R. Schenke BKAG § 55 Rn. 21; BeckOK-POR NRW/Barczak PolG NRW § 34b Rn. 44 (2022); BeckOK-PolR Baden-Württemberg/Nachbaur PolG BW § 31 Rn. 32 (2022); BeckOK-POR Hessen/Leggereit HessSOG § 31a Rn. 24 (2022).
229 Vgl. BVerwG Urt. v. 14. 7. 1999 – 6 C 7/98 –, NVwZ 2000, 63 (64).
230 Vgl. Ennuschat, LT NRW, Stellungnahme 17/940, A09, A14, 10. AA Gazeas, LT NRW, Stellungnahme 17/662, A09, A14, 30 f. mit allerdings zum Teil schwer nachvollziehbarer Argumentation.
231 → Rn. 100 sowie Schenke/Graulich/Ruthig/W.-R. Schenke BKAG § 55 Rn. 21; BeckOK-POR NRW/Barczak PolG NRW § 34b Rn. 44 (2022); BeckOK-POR Hessen/Leggereit, HessSOG § 31a Rn. 24 (2022); unklar BeckOK-PolR Baden-Württemberg/Nachbaur PolG BW § 31 Rn. 32 (2022), der von „Überlagerung" durch das Verfahren nach dem FamFG spricht.

199 Allerdings **entfalten Widerspruch und Klage grundsätzlich aufschiebende Wirkung,** so lange die sofortige Vollziehung nicht im öffentlichen Interesse angeordnet wird;[232] zudem kann – auch unabhängig von Widerspruch und Klage – eine Durchsetzung im Wege des Verwaltungszwanges nur dann erfolgen, wenn die Behörde die sofortige Vollziehung angeordnet hat.[233] Im Fall der behördlichen Anordnung des Sofortvollzugs könnte der Betroffene **nach Maßgabe des § 80 Abs. 5 S. 1 Alt. 2 VwGO** bis zur Erledigung der behördlichen Anordnung **vorläufigen Rechtsschutz** erlangen; die praktische Bedeutung dürfte aufgrund der nicht verlängerbaren Dreitagesfrist des § 55 Abs. 3 S. 4 BKAG (→ Rn. 135) jedoch gering sein.

200 **3. Auf Erteilung einer Erlaubnis.** Ein (Ermessens-)**Anspruch auf Erteilung einer Erlaubnis** zum Überschreiten der Grenzen des zugewiesenen bzw. untersagten Aufenthaltsbereichs (→ Rn. 178) oder zur temporären Durchbrechung eines behördlichen Kontaktverbots (→ Rn. 179) kann – gegebenenfalls nach Durchführung eines Widerspruchsverfahrens (§ 68 Abs. 2 iVm Abs. 1 VwGO) – **im Wege der verwaltungsgerichtlichen Verpflichtungsklage durchgesetzt** werden. Die hiermit verbundene Rechtswegspaltung im Verhältnis zur Anordnungs- und Beschwerdezuständigkeit der freiwilligen Gerichtsbarkeit ist unzweckmäßig, kann ohne abdrängende Rechtswegzuweisung aber nicht vermieden werden (→ § 90 Rn. 14). Auch insoweit zeigt sich, dass der Gesetzgeber das Instrument der Erlaubnis zwar zur Wahrung des Verhältnismäßigkeitsgrundsatzes in das Gesetz eingefügt hat, sich zu dessen Ausgestaltung allerdings keinerlei praktische Gedanken gemacht hat (→ Rn. 178 ff.).

201 Im Hinblick auf dringliche Anlässe kann es gegebenenfalls zweckmäßig sein, eine **vorläufige gerichtliche Erlaubnis im Wege der einstweiligen Anordnung** zu erstreiten (§ 123 Abs. 1 VwGO). Dies gilt insbesondere vor dem Hintergrund, dass allein das Bestehen eines Erlaubnisanspruchs die Strafbarkeit ver- oder gebotswidrigen Verhaltens nach § 87 Abs. 1 Nr. 1 BKAG nicht entfallen lässt (→ § 87 Rn. 53).

IX. Durchsetzung

202 Die Durchsetzung von Anordnungen nach § 55 Abs. 3 BKAG ist im BKAG nur **äußerst unvollkommen geregelt.** Eindeutig ist zunächst nur, dass Zuwiderhandlungen gegen Anordnungen nach § 55 Abs. 3 S. 1 und 2 BKAG nach Maßgabe des § 87 Abs. 1 Nr. 1 BKAG **strafbewehrt** sind (→ § 87 Rn. 20 ff.).

203 **1. Vollstreckung oder Vollziehung gerichtlicher Anordnungen?** Die – begrifflich präzise – Unterscheidung des § 87 Abs. 1 Nr. 1 BKAG zwischen **„vollstreckbaren" gerichtlichen Anordnungen** nach § 55 Abs. 3 S. 1 BKAG **und „vollziehbaren" (behördlichen) Anordnungen** nach § 55 Abs. 3 S. 2 BKAG (→ § 87 Rn. 32 ff.) legt zunächst nahe, dass gerichtliche Entscheidungen nach Maßgabe des § 90 Abs. 2 S. 2 BKAG iVm §§ 86 ff. FamFG zu vollstrecken sind, die für die Vollstreckung von Handlungs-, Duldungs- und Unterlassungspflichten wiederum auf die Vorschriften der ZPO verweisen.[234] Die Vollstreckung im Wege der Androhung und Verhängung von Ordnungsgeldern oder Ordnungshaft auf Antrag des BKA durch das Prozessgericht[235] ist **zur effektiven Abwehr von Gefahren des internationalen Terrorismus jedoch denkbar ungeeignet** und angesichts der eigenen Vollzugskapazitäten des BKA nach Maßgabe des VwVG auch wenig zweckdienlich.

204 Die Datenübermittlungsverpflichtung (sic!) des § 56 Abs. 4 Nr. 2 BKAG „zur Durchsetzung von Maßnahmen nach § 56 Abs. 2 S. 3" – dh von Aufenthaltsvorgaben nach § 55 Abs. 1 und Kontaktverboten nach § 55 Abs. 2 BKAG – **scheint demgegenüber von einer Vollzugszuständigkeit der „zuständigen Polizeibehörden" auszugehen.** Aus der Gesetzesbegründung ergibt sich dabei, dass die Durchsetzung der Maßnahmen grundsätzlich durch Bedienstete des BKA und eine Datenübermittlung an andere Behörden nur in Fällen der Amtshilfe (→ Rn. 211) erfolgen soll.

205 Anhaltspunkte dafür, dass der Gesetzgeber hier ausschließlich den – praktisch kaum denkbaren (→ Rn. 199) – Sonderfall der Vollziehung behördlicher Anordnungen nach § 55 Abs. 3 S. 2 BKAG geregelt haben könnte, sind nicht ersichtlich; allerdings ist anzunehmen, dass der **Normgeber** sich über die Vollstreckung bzw. Vollziehung von Anordnungen nach § 55 Abs. 3 S. 1 und 2 BKAG insgesamt **wenig bis keine konkreten Gedanken gemacht** hat. Dies gilt insbesondere, weil der Gesetzgeber für Anordnungen nach § 55 Abs. 1 und 2 BKAG pauschal die für sonstige Gefahrenabwehrbestimmungen des 5. Abschnitts normierte Regelungssystematik übernommen hat,[236] die jedoch – als verdeckte Maßnahmen[237] – regelmäßig nicht der

232 § 80 Abs. 1, 4 S. 1 Nr. 4 VwGO.
233 § 6 Abs. 1 VwVG.
234 § 95 Abs. 1 Nr. 4 FamFG.
235 § 890 ZPO.
236 Vgl. BT-Drs. 18/11163, 121.
237 Vgl. § 40 Abs. 3 und 5, § 45 Abs. 2 und 3, § 46 Abs. 1 und 3, § 47 Abs. 4 S. 3, § 48 Abs. 1 und 4, § 49 Abs. 1 und 4, § 50 Abs. 1–3, § 51 Abs. 1–3 BKAG.

Durchsetzung gegenüber dem Betroffenen bedürfen. Auch insoweit **scheint die Verweisung auf die Vorschriften des FamFG vom Gesetzgeber nur wenig durchdacht** worden zu sein (→ Rn. 195; → § 90 Rn. 7 ff.).

Angesichts dieser kaum widerspruchsfrei auflösbaren Rechtslage erscheint es **vorzugwürdig** (und nach all- 206
gemeinen Auslegungsgrundsätzen zumindest noch vertretbar), die Vollstreckbarkeit gerichtlicher Anordnung zwar **nach Maßgabe des § 90 Abs. 2 S. 2 BKAG iVm § 86 Abs. 1 Nr. 1, Abs. 2, § 40 Abs. 1 FamFG zu bestimmen, deren Vollziehung aber dem BKA nach Maßgabe der Bestimmungen des VwVG zu überlassen,** die auch auf behördliche Anordnungen bei Gefahr im Verzug anwendbar wären.[238] Hierfür spricht insbesondere auch, dass der Gesetzgeber die Anordnungsbefugnis zwar in § 55 Abs. 3 S. 1 BKAG grundsätzlich dem Gericht vorbehält, es sich bei Maßnahmen nach Abs. 1 und 2 aber sowohl nach dem Wortlaut des Gesetzes („Das Bundeskriminalamt kann […] untersagen") als auch in der Sache um Anordnungen des BKA handelt, die lediglich aus Überlegungen des Grundrechtsschutzes durch Verfahren einem Richtervorbehalt unterliegen. Eine Klarstellung durch den Gesetzgeber erscheint jedoch dringend angezeigt.[239]

2. Vollziehung behördlicher Anordnungen. Anders als einzelne Bundesländer[240] hat der Bundesgesetzgeber 207
keine Bestimmung geschaffen, die eine Durchsetzung vollziehbarer Anordnungen nach § 55 Abs. 1 oder 2 BKAG im Wege der **Ingewahrsamnahme des Betroffenen** ermöglicht. Er vermeidet damit das Eskalationsdilemma, die idR nur zur Abwehr konkreter oder sogar unmittelbar bevorstehender Gefahren zulässige Maßnahme des Gewahrsams, die als Freiheitsentziehung iSd Art. 2 Abs. 2 S. 2, Art. 104 Abs. 2 S. 1 GG erheblichen Eingriffscharakter entfaltet, bereits wegen Missachtung von Vorgaben zuzulassen, die an eine lediglich drohende Gefahr anknüpfen.

Dies schließt es nicht aus, dass sich die der Anordnung von Maßnahmen nach § 56 Abs. 1 zugrundeliegen- 208
de Prognose einer „drohenden" Gefahr gerade iVm der Tatsache (und vor allem den konkreten Begleitumständen) der Missachtung vollziehbarer (→ Rn. 123) Anordnungen nach § 55 Abs. 1 im Einzelfall **zu einer Gefahrenlage verdichten kann, die eine Ingewahrsamnahme auf Grundlage des § 57 Abs. 1 Nr. 2 BKAG rechtfertigt.** Ein entsprechender Automatismus kann jedoch nicht angenommen werden, zumal auch die entsprechenden landesrechtlichen Bestimmungen an Art. 2 Abs. 2 S. 2 iVm Art. 104 GG zu messen sind (und insoweit erheblichen Zweifeln begegnen).

In Betracht kommt daher vorrangig die Vollziehung nach Maßgabe des allgemeinen Vollstreckungsrechts, 209
so dass (jedenfalls)[241] auf die Vollziehung behördlicher Anordnungen nach § 55 Abs. 3 S. 2 BKAG bei Gefahr im Verzug die Vorschriften der **§§ 6 ff. VwVG** Anwendung finden. **Vollzugsbehörde** ist daher das BKA als erlassende Behörde (vgl. § 7 Abs. 1 Hs. 1 VwVG).

Soweit der Gesetzgeber bei Begründung der Übermittlungsverpflichtung nach § 56 Abs. 4 Nr. 2 BKAG da- 210
von ausging, dass eine „Durchsetzung" von Maßnahmen nach § 55 Abs. 1 und 2 BKAG durch die „zuständige Polizeibehörde" erfolgen könne, wenn das BKA durch eigene Bedienstete nicht schnell genug in der Lage sei, die betroffene Person zu erreichen und geeignete Durchsetzungsmaßnahmen zu ergreifen,[242] **fehlen entsprechende Zuständigkeitsnormen des Bundes- oder Landesrechts,** die eine Vollstreckung im Namen der Erlass- (und damit auch Vollzugs-)behörde ermöglichen würden. Ein Tätigwerden anderer Behörden kann daher nur auf ausdrückliches Ersuchen des BKA um **Amtshilfe** erfolgen.[243]

Der Vollziehung behördlicher Anordnungen bei Gefahr im Verzug steht allerdings zunächst entgegen, dass 211
Widerspruch und Klage kraft Gesetzes aufschiebende Wirkung entfalten[244] und die Unanfechtbarkeit von Anordnungen nach § 55 Abs. 3 S. 2 innerhalb der Dreitagesfrist des § 55 Abs. 3 S. 4 BKAG (→ Rn. 130, 132 ff.) nicht eintreten kann. Eine Vollziehung kommt daher nur in Betracht, wenn das BKA nach Maßgabe des § 80 Abs. 2 S. 1 Nr. 4, Abs. 3 VwGO die **sofortige Vollziehbarkeit** der Aufenthaltsvorgaben bzw. Kontaktverbote **anordnet.**[245] Da eine entsprechende Anordnung stets erforderlich sein wird, um einer wegen „Gefahr im Verzug" getroffenen behördlichen Maßnahme innerhalb ihrer (äußerst begrenzten) Geltungsdauer praktische Wirksamkeit zu verleihen, wäre der Gesetzgeber gut beraten, den Wegfall der aufschiebenden Wirkung von Widerspruch und Klage kraft Gesetzes anzuordnen.[246]

238 Im Ergebnis ähnlich BeckOK-POR Niedersachsen/Waechter NdsPOG § 17b Rn. 79 (2022); aA Schenke/Graulich/Ruthig/W.-R. Schenke BKAG § 55 Rn. 20 ohne weitere Vertiefung.

239 Vgl. zur Rechtslage in Hessen BeckOK-POR Hessen/Leggereit HessSOG, § 31a Rn. 22 (2022).

240 Vgl. zB Art. 17 Abs. 1 Nr. 4 BayPAG, § 35 Abs. 1 Nr. 6 PolG NRW.

241 Zur Problematik der Vollziehung bzw. Vollstreckung gerichtlicher Anordnungen → Rn. 203 ff.

242 Vgl. BT-Drs. 18/11163, 125.

243 Vgl. §§ 4 Abs. 1, 5 Abs. 1 Nr. 2 VwVfG bzw. die entsprechenden Parallelbestimmungen des jeweiligen Landesrechts.

244 § 80 Abs. 1 VwGO.

245 Vgl. § 6 Abs. 1 VwVG sowie → Rn. 123.

246 Vgl. § 34a Abs. 8 S. 1 PolG NRW.

212 Als Zwangsmittel kommen neben der Festsetzung von **Zwangsgeldern** und **Ersatzzwangshaft**[247] vor allem der **unmittelbare Zwang**[248] in Betracht;[249] die Maßnahmen sind zunächst **anzudrohen** (vgl. § 13 VwVG).

213 Nach § 13 Abs. 2 S. 2 VwVG soll eine solche **Androhung mit dem Grundverwaltungsakt verbunden** werden, wenn – wie zur Effektivierung von Anordnungen nach § 56 Abs. 5 S. 2 BKAG regelmäßig geboten – der sofortige Vollzug angeordnet ist. Nach § 13 Abs. 7 S. 2 VwVG ist die Androhung von Zwangsmitteln auch dann zuzustellen, wenn für den zugrundeliegenden Verwaltungsakt – wie hier – eine Zustellung nicht vorgeschrieben ist.

§ 56 Elektronische Aufenthaltsüberwachung

(1) Das Bundeskriminalamt kann eine Person dazu verpflichten, ein technisches Mittel, mit dem der Aufenthaltsort dieser Person elektronisch überwacht werden kann, ständig in betriebsbereitem Zustand am Körper bei sich zu führen und dessen Funktionsfähigkeit nicht zu beeinträchtigen, wenn

1. **bestimmte Tatsachen die Annahme rechtfertigen, dass diese Person innerhalb eines übersehbaren Zeitraums auf eine zumindest ihrer Art nach konkretisierte Weise eine Straftat nach § 5 Absatz 1 Satz 2 begehen wird oder**
2. **deren individuelles Verhalten eine konkrete Wahrscheinlichkeit dafür begründet, dass sie innerhalb eines übersehbaren Zeitraums eine Straftat nach § 5 Absatz 1 Satz 2 begehen wird,**

um diese Person durch die Überwachung und die Datenverwendung von der Begehung dieser Straftat abzuhalten.

(2) [1]Das Bundeskriminalamt verarbeitet mit Hilfe der von der betroffenen Person mitgeführten technischen Mittel automatisiert Daten über deren Aufenthaltsort sowie über etwaige Beeinträchtigungen der Datenerhebung. [2]Soweit es technisch möglich ist, ist sicherzustellen, dass innerhalb der Wohnung der betroffenen Person keine über den Umstand ihrer Anwesenheit hinausgehenden Aufenthaltsdaten erhoben werden. [3]Die Daten dürfen ohne Einwilligung der betroffenen Person nur verwendet werden, soweit dies erforderlich ist für die folgenden Zwecke:

1. **zur Verhütung oder zur Verfolgung von Straftaten nach § 5 Absatz 1 Satz 2,**
2. **zur Feststellung von Verstößen gegen Aufenthaltsvorgaben nach § 55 Absatz 1 und Kontaktverbote nach § 55 Absatz 2,**
3. **zur Verfolgung einer Straftat nach § 87,**
4. **zur Abwehr einer erheblichen gegenwärtigen Gefahr für Leib, Leben oder Freiheit einer dritten Person,**
5. **zur Aufrechterhaltung der Funktionsfähigkeit der technischen Mittel.**

[4]Zur Einhaltung der Zweckbindung nach Satz 3 hat die Verarbeitung der Daten automatisiert zu erfolgen, und es sind die Daten gegen unbefugte Kenntnisnahme besonders zu sichern. [5]Die in Satz 1 genannten Daten sind spätestens zwei Monate nach ihrer Erhebung zu löschen, soweit sie nicht für die in Satz 3 genannten Zwecke verwendet werden. [6]Werden innerhalb der Wohnung der betroffenen Person über den Umstand ihrer Anwesenheit hinausgehende Aufenthaltsdaten erhoben, dürfen diese nicht verwendet werden und sind unverzüglich nach Kenntnisnahme zu löschen. [7]Die Tatsache ihrer Kenntnisnahme und Löschung ist zu dokumentieren. [8]Die Dokumentation darf ausschließlich für Zwecke der Datenschutzkontrolle verwendet werden. [9]Sie ist nach Abschluss der Datenschutzkontrolle nach § 69 Absatz 1 zu löschen.

(3) [1]Die zuständigen Polizeibehörden des Bundes und der Länder sowie sonstige öffentliche Stellen übermitteln dem Bundeskriminalamt personenbezogene Daten über die betroffene Person, soweit dies zur Durchführung der Maßnahme nach den Absätzen 1 und 2 erforderlich ist. [2]Das Bundeskriminalamt kann zu diesem Zweck auch bei anderen Stellen personenbezogene Daten über die betroffene Person erheben.

(4) Zur Durchführung der Maßnahme nach Absatz 1 hat das Bundeskriminalamt

1. **Daten des Aufenthaltsortes der betroffenen Person an die zuständigen Polizei- und Strafverfolgungsbehörden weiterzugeben, wenn dies zur Verhütung oder zur Verfolgung einer Straftat nach § 5 Absatz 1 Satz 2 erforderlich ist,**
2. **Daten des Aufenthaltsortes der betroffenen Person an die zuständigen Polizeibehörden weiterzugeben, sofern dies zur Durchsetzung von Maßnahmen nach Absatz 2 Satz 3 Nummer 2 erforderlich ist,**

247 § 11 Abs. 2 Alt. 2, §§ 14 ff. VwVG.
248 §§ 12, 14 f. VwVG.
249 Vgl. Schenke/Graulich/Ruthig/W.-R. Schenke BKAG § 55 Rn. 19.

3. Daten des Aufenthaltsortes der betroffenen Person an die zuständige Strafverfolgungsbehörde zur Verfolgung einer Straftat nach § 87 weiterzugeben,
4. Daten des Aufenthaltsortes der betroffenen Person an zuständige Polizeibehörden weiterzugeben, sofern dies zur Abwehr einer erheblichen gegenwärtigen Gefahr im Sinne von Absatz 2 Satz 3 Nummer 4 erforderlich ist,
5. eingehende Systemmeldungen über Verstöße nach Absatz 2 Satz 3 Nummer 2 entgegenzunehmen und zu bewerten,
6. die Ursache einer Meldung zu ermitteln; hierzu kann das Bundeskriminalamt Kontakt mit der betroffenen Person aufnehmen, sie befragen, sie auf den Verstoß hinweisen und ihr mitteilen, wie sie dessen Beendigung bewirken kann,
7. eine Überprüfung der bei der betroffenen Person vorhandenen technischen Geräte auf ihre Funktionsfähigkeit oder Manipulation und die zu der Behebung einer Funktionsbeeinträchtigung erforderlichen Maßnahmen, insbesondere den Austausch der technischen Mittel oder von Teilen davon, einzuleiten,
8. Anfragen der betroffenen Person zum Umgang mit den technischen Mitteln zu beantworten.

(5) [1]Maßnahmen nach Absatz 1 dürfen nur auf Antrag der zuständigen Abteilungsleitung oder deren Vertretung durch das Gericht angeordnet werden. [2]Bei Gefahr im Verzug kann die Anordnung durch die zuständige Abteilungsleitung oder deren Vertretung getroffen werden. [3]In diesem Fall ist die gerichtliche Entscheidung unverzüglich nachzuholen. [4]Soweit die Anordnung nicht binnen drei Tagen durch das Gericht bestätigt wird, tritt sie außer Kraft.

(6) Im Antrag sind anzugeben:
1. die Person, gegen die sich die Maßnahme richtet, mit Name und Anschrift,
2. Art, Umfang und Dauer der Maßnahme,
3. die Angabe, ob gegenüber der Person, gegen die sich die Maßnahme richtet, eine Aufenthaltsvorgabe oder ein Kontaktverbot besteht,
4. der Sachverhalt sowie
5. eine Begründung.

(7) [1]Die Anordnung ergeht schriftlich. [2]In ihr sind anzugeben:
1. die Person, gegen die sich die Maßnahme richtet, mit Name und Anschrift,
2. Art, Umfang und Dauer der Maßnahme sowie
3. die wesentlichen Gründe.

(8) [1]Die Anordnung ist auf höchstens drei Monate zu befristen. [2]Eine Verlängerung um jeweils nicht mehr als drei Monate ist möglich, soweit die Anordnungsvoraussetzungen fortbestehen. [3]Liegen die Voraussetzungen der Anordnung nicht mehr vor, ist die Maßnahme unverzüglich zu beenden.

A. Überblick und Genese

I. Vorläufer- und Parallelregelungen

1 **1. Bundesrecht.** § 56 BKAG wurde im Rahmen des Gesetzes zur Neustrukturierung des BKAG vom 1.6.2017[1] neu in das BKAG aufgenommen und hat **keine gefahrenabwehrrechtlichen Vorläuferregelungen auf Bundesebene.**[2] Eine **sanktionenrechtliche Regelung zur elektronischen Aufenthaltsüberwachung** findet sich im Recht der Führungsaufsicht (§ 68b Abs. 1 S. 1 Nr. 12 StGB iVm § 463a Abs. 4 StPO), auf die der Gesetzgeber bei Schaffung des § 56 BKAG ausdrücklich Bezug genommen hat.[3] Das Bundespolizeigesetz enthält auch weiterhin keine mit § 56 BKAG vergleichbaren spezifischen Eingriffsnormen.

2 Kurz nach Inkrafttreten von § 56 BKAG (als § 20z BKAG aF; → Rn. 7) wurde mit der Ermächtigung zur Anordnung der **elektronischen Aufenthaltsüberwachung gegenüber ausreisepflichtigen Ausländern (§ 56a AufenthG)** eine weitgehend parallel konstruierte Bestimmung in das AufenthG eingefügt.[4] Anders als § 56

1 BGBl. I S. 1354.
2 Vgl. BT-Drs. 18/11163, 122.
3 Vgl. BT-Drs. 18/11163, 122.
4 Vgl. Art. 1 Nr. 5 des Gesetzes zur besseren Durchsetzung der Ausreisepflicht v. 20.7.2017 (BGBl. I S. 2780).

Abs. 1 BKAG knüpft § 56a AufenthG aber nicht an die vorverlagerte Gefahrenschwelle der lediglich „drohenden“ Gefahr, sondern an erhebliche (dh nach herkömmlichem Begriffsverständnis konkrete) Gefahren für die innere Sicherheit oder für Leib, Leben oder Freiheit Dritter an,[5] die von ausgewiesenen oder von einer Abschiebungsanordnung nach § 58a AufenthG betroffenen terroristischen Gefährdern ausgehen. Anders als § 56 Abs. 5 S. 2 BKAG enthält § 56a AufenthG keine behördliche Eilanordnungskompetenz; allerdings sind Verstöße gegen gerichtliche Anordnungen nach § 56a AufenthG in Parallelität zu § 87 Abs. 1 Nr. 2 BKAG strafbewehrt.[6]

Funktional entspricht die elektronische Aufenthaltsüberwachung **am ehesten der** in § 45 Abs. 2 Nr. 1 BKAG und § 28 Abs. 2 Nr. 1 BPolG geregelten **verdeckten Observation,** auch wenn sich im Einzelnen erhebliche Unterschiede insbesondere im Hinblick auf Eingriffsintensität und Wirkmechanismen (→ Rn. 59) ergeben. Die elektronische Aufenthaltsüberwachung weist zudem einzelne funktionale Parallelen zur Identitätsfeststellung (§ 42 Abs. 1 Nr. 1 BKAG, § 23 Abs. 1 Nr. 1 BPolG) auf (→ Rn. 19, 63). 3

2. Landesrecht. Im **Zeitpunkt des Erlasses von § 56 BKAG** kannten die jeweiligen **Polizeigesetze der Länder** ebenfalls keine Regelungen über die elektronische Aufenthaltsüberwachung. Sie wurden im Nachgang allerdings – idR in enger Anlehnung an das bundesrechtliche Vorbild (zum Charakter des BKAG als faktisches „Musterpolizeigesetz“ → § 1 Rn. 4) – in **Baden-Württemberg** (§ 31 PolG BW), **Hessen** (§ 31a Abs. 1 HessSOG),[7] **Mecklenburg-Vorpommern** (§ 67a SOG MV), **Niedersachsen** (§ 17c NdsPOG), **Nordrhein-Westfalen** (§ 34c PolG NRW), dem **Saarland** (§ 38 SaarlPolGDVG), **Sachsen** (§ 61 SächsPVDG) und **Schleswig-Holstein** (§ 201b Abs. 4 LVwG SH) eingeführt.[8] 4

In **Sachsen-Anhalt** ist die Neuregelung zur elektronischen Aufenthaltsermittlung (§ 36c SOG LSA) vollakzessorisch zu bestehenden Aufenthaltsvorgaben und Kontaktverboten ausgestaltet und dient alleine deren Durchsetzung;[9] eine insgesamt weitergehende und zugleich – trotz detaillierterer Ausgestaltung insbesondere der Datenverwendungsbestimmungen – weniger grundrechtssensible Normfassung findet sich in **Bayern** (Art. 34 BayPAG).[10] 5

II. Gesetzgebungsverfahren

§ 56 BKAG entspricht weitgehend dem **ursprünglichen Regierungsentwurf.**[11] Die Änderungen beschränkten sich im Wesentlichen auf eine Folgeänderung zum parallel geänderten Wortlaut des § 55 („Aufenthaltsvorgaben“ statt „Aufenthaltsverbote“; → § 55 Rn. 8) sowie auf vereinzelte redaktionelle Anpassungen. Die Streichung der ursprünglich in § 56 Abs. 2 S. 6 und 7 BKAG vorgesehenen Klauseln zur Protokollierungspflicht individueller Datenabrufe diente der Vermeidung von Doppelungen mit § 76 BDSG und § 81 Abs. 3 BKAG und hatte daher ebenfalls nur redaktionelle Bedeutung.[12] Auch insoweit folgte der Bundestag einem Petitum des Innenausschusses und des Bundesrats.[13] 6

III. Normänderungen

§ 56 BKAG trat zunächst als § 20z BKAG aF schon vor den übrigen Normen der Neufassung des BKAG vom 1.6.2017[14] **zum 9.6.2017 in Kraft.** Er wurde mit deren Inkrafttreten am 25.5.2018 in § 56 BKAG nF überführt und seither nicht geändert. 7

IV. Normsystematische Einordnung

1. Funktion der Norm. Die elektronische Aufenthaltsüberwachung nach § 56 BKAG ist durch einen **komplexen Funktions- und Wirkansatz** geprägt. 8

5 Anders Bergmann/Dienelt/Dollinger, AufenthG, 14. Aufl. 2022, § 56a Rn. 6: drohende Gefahr. Unklar BT-Drs. 18/11546, 19.
6 → § 87 Rn. 66 ff.
7 Der Richtervorbehalt des § 31a Abs. 3 S. 1 HessSOG greift hier jedoch erst ab der erstmaligen Verlängerung einer Maßnahme der elektronischen Aufenthaltsüberwachung.
8 Zurecht kritisch zur zT erheblichen Ausweitung der Schutzgüter der Norm aber Löffelmann GSZ 2021, 177 (179).
9 Die ursprünglich in § 111 SOG LSA vorgesehene Befristung wurde mit Gesetz v. 8.12.2020 (GVBl. LSA, 682) zunächst um zwei Jahre verlängert und ist nunmehr entfallen, obwohl die Ermächtigungsgrundlage im Evaluierungszeitraum nur einmal angewendet wurde (vgl. LT-Drs. 8/1231, 24 f.).
10 Vgl. den Überblick über die jeweiligen landesrechtlichen Bestimmungen bei BeckOK-PolSiR Bayern/Schröder BayPAG Art. 34 Rn. 7.1 (2022).
11 BT-Drs. 18/11163, 49 f.
12 Vgl. Beschlussempfehlung des Innenausschusses v. 25.4.2017 (BT-Drs. 18/12076, 7) und Bericht des Innenausschusses v. 26.4.2017 (BT-Drs. 18/12141, 5).
13 Vgl. BT-Drs. 18/12141, 4 f., BR-Drs. 331/17, 3 f.
14 BGBl. I S. 1354.

9 Funktional dienen Maßnahmen nach § 56 – wie dies in der Zweckbestimmung des § 56 Abs. 1 BKAG eindeutig zum Ausdruck kommt – zunächst ausschließlich der **Verhinderung der Begehung der in § 5 Abs. 1 S. 2 BKAG bezeichneten terroristischen Straftaten** (→ § 5 Rn. 28 ff.). Dem entspricht die Datenverwendungsbestimmung des § 56 Abs. 2 S. 3 Nr. 1 Alt. 1 BKAG, auch wenn diese – wohl aufgrund der tatbestandlichen Anknüpfung an lediglich „drohende" Gefahren – begrifflich vom „Verhüten" entsprechender Straftaten spricht.

10 Zu diesem Zweck ermöglicht der Gesetzgeber mit der Anordnung der elektronischen Aufenthaltsüberwachung eine **Maßnahme im Vorfeld einer konkreten Gefahr,** die zugleich einen datenerhebenden als auch einen **operativen Charakter** aufweist (→ Rn. 18 f., 167).[15] Aufgrund der **Vorverlagerung der Gefahrenschwelle** (sowie der kompetenzrechtlichen Grenzen der Gefahrenabwehrtätigkeit des Bundes; → Rn. 69) war der Gesetzgeber dabei gezwungen, entsprechende Vorfeldbefugnisse auf die Abwehr drohender Gefahren durch Straftaten des internationalen Terrorismus iSd § 5 Abs. 1 BKAG zu beschränken (→ Rn. 161).

11 Ergänzend hierzu dient die Datenverwendungsbestimmung des Abs. 2 S. 3 Nr. 5 der Aufrechterhaltung der Funktionsfähigkeit der eingesetzten technischen Mittel und verfolgt so eine diesen **Primärzweck** der Norm lediglich unterstützende Zwecksetzung.

12 Die weiteren Verwendungsbestimmungen des § 56 Abs. 2 S. 3 BKAG lassen dann jedoch erkennen, dass Maßnahmen nach § 56 Abs. 1 BKAG jedenfalls als **Sekundärzwecke** auch die Verfolgung entsprechender Straftaten (§ 56 Abs. 2 S. 3 Nr. 1 Alt. 2 BKAG), die Feststellung und Sanktionierung von Verstößen gegen Aufenthaltsvorgaben nach § 55 Abs. 1 BKAG sowie gegen Kontaktverbote nach § 55 Abs. 2 (§ 56 Abs. 2 S. 3 Nrn. 2 und 3 BKAG) sowie die Abwehr erheblicher gegenwärtiger Gefahren für Leib, Leben oder Freiheit Dritter (§ 56 Abs. 2 S. 3 Nr. 4 BKAG) ermöglichen sollen.

13 Die Verwendungsbestimmung des § 56 Abs. 2 S. 3 Nr. 2 BKAG erschließt die Verwendung der durch Maßnahmen nach Abs. 1 erlangten Daten dabei auch zur Gefahrenabwehr mit den in § 55 BKAG normierten präventivpolizeilichen Instrumenten der Aufenthaltsvorgabe und des Kontaktverbots. Auch wenn die parallel zu § 56 Abs. 1 BKAG formulierten Eingriffstatbestände des § 55 Abs. 1 und 2 BKAG ebenfalls der Verhinderung von Straftaten nach § 5 Abs. 1 S. 2 BKAG dienen, liegt in § 56 Abs. 3 S. 2 Nr. 2 BKAG daher eine Ermächtigung zur (wenngleich geringfügigen) **Zweckänderung.**

14 § 56 Abs. 2 S. 3 Nr. 3 BKAG erweitert die Befugnis zur Verwendung der durch Maßnahmen nach Abs. 1 erlangten Daten auf die **Verfolgung von Straftaten nach § 87.** Auch wenn die in § 87 Abs. 1 Nr. 1 BKAG in Bezug genommenen Anordnungen nach § 55 Abs. 3 BKAG ebenso wie Anordnungen nach § 56 Abs. 3 BKAG, deren Missachtung § 87 Abs. 1 Nr. 2 BKAG pönalisiert, auf die Verhinderung von Straftaten nach § 5 Abs. 1 S. 2 BKAG abzielen, liegt in der Ermächtigung zur Datenverwendung auch für Strafverfolgungszwecke eine weitere Erweiterung der Datenverwendungsbefugnisse mit Zweckänderungscharakter, die der Effektivierung der Pönalisierungslösung des § 87 BKAG dient (→ § 87 Rn. 4, 13).

15 Demgegenüber liegt in § 56 Abs. 2 S. 3 Nr. 1 Alt. 2 BKAG eine „klassische" **Ermächtigung zur repressiven Verwendung präventivpolizeilich erhobener Daten** zum Zweck der Verfolgung der in § 5 Abs. 1 S. 2 BKAG bezeichneten Straftaten.

16 Eine vollständig von den Zwecken des § 56 Abs. 1 BKAG losgelöste Zweckänderungsklausel enthält demgegenüber § 56 Abs. 2 S. 3 Nr. 4 BKAG, der die **Verwendung** im Rahmen der Abwehr von Gefahren des internationalen Terrorismus **erlangter Zufallserkenntnisse zur Abwehr erheblicher gegenwärtiger Gefahren** für Leib, Leben oder Freiheit Dritter ermöglichen soll. Bei der Übertragung dieser von der Rechtsprechung in anderem Kontext gebilligten gefahrenabwehrrechtlichen „Angstklausel" auf das BKA, im Rahmen derer das Gewicht und die Dringlichkeit der abzuwehrenden Gefahren datenschutzrechtliche Zweckbindungsgrundsätze beiseitedrängen, hat der Gesetzgeber indes aus dem Blick verloren, dass schon **aus Gründen der Kompetenzordnung des Grundgesetzes keine korrespondierende Aufgabennorm des BKA besteht** (und auch nicht bestehen kann; → Rn. 69 f.). Das praktische Anwendungsfeld des § 56 Abs. 3 S. 2 Nr. 4 BKAG dürfte sich daher weitgehend auf die Ermöglichung von Datenübermittlungen an die zuständigen Behörden nach Maßgabe des § 56 Abs. 4 Nr. 4 BKAG beschränken (→ Rn. 70, 212).

17 Diese gesetzlichen Sekundärzwecke dürfen indes nicht darüber hinwegtäuschen, dass sie lediglich die zweckändernde Verwendung von Daten ermöglichen, die zu den in § 56 Abs. 1 BKAG abschließend bezeichneten Zwecken erhoben wurden. Dementsprechend dürfen **Maßnahmen** nach § 56 Abs. 1 BKAG **nicht angeordnet werden,** um alleine oder vorrangig die in § 56 Abs. 2 S. 3 BKAG als **bloße Sekundärzwecke** bezeichneten Zwecke **zu verwirklichen** (→ Rn. 24, 33).

18 Operational verwirklichen Maßnahmen nach § 56 die in Abs. 1 bezeichneten Ziele zunächst durch **Ermöglichung nachgelagerter operativer polizeilicher Maßnahmen** auf Grundlage der durch Maßnahmen der elek-

15 Zur divergierenden systematischen Einordnung in den jeweiligen Polizeigesetzen der Länder überblicksweise BeckOK-POR Hessen/Leggereit HessSOG § 31a Rn. 1 (2022).

tronischen Aufenthaltsüberwachung erzielten Erkenntnisse: Konkretisiert sich die bereits bei Anordnung der Maßnahme drohende Gefahr zB aufgrund der Annäherung des Betroffenen an gefährdete Objekte oder Personen, kann das BKA auf Grundlage der aktualisierten Erkenntnislage gefahrenabwehrende Maßnahmen (zB eine Ingewahrsamnahme) vornehmen.[16] Insoweit handelt es sich bei Maßnahmen nach § 56 Abs. 1 BKAG um **klassische Gefahrerforschungseingriffe.**

Darüber hinaus **wirken Überwachungsmaßnahmen nach § 56 BKAG** aufgrund ihrer offenen Durchführung nach der Vorstellung des Gesetzgebers aber **auch unmittelbar auf den Betroffenen ein** und tragen so selbst zur Prävention drohender bzw. zur Abwehr konkreter Gefahren bei: Durch das stetige Bewusstsein, der elektronischen Aufenthaltsüberwachung zu unterliegen, soll der Betroffene von der Begehung konkreter Straftaten abgehalten werden.[17] Der Gesetzgeber setzt bei Maßnahmen der elektronischen Aufenthaltsüberwachung daher – nicht anders als etwa bei klassischen Maßnahmen der Identitätsfeststellung – (auch) auf den sog. **Zipperleineffekt,** der (potenzielle) Gefährder alleine durch das Voraugenführen des gesteigerten Entdeckungs- bzw. Identifikationsrisikos von missbilligtem Verhalten abhalten soll.[18] In der Sache ist die elektronische Aufenthaltsüberwachung daher nicht nur eine polizeiliche Aufklärungsmaßnahme, sondern soll unmittelbar auf das Verhalten des jeweiligen Adressaten einwirken und erhält so den **Charakter einer (auch) operativen, aktionellen Maßnahme.** 19

Nicht eindeutig erkennbar wird aus der gesetzlichen Systematik, ob und gegebenenfalls in welchem Umfang Maßnahmen nach § 56 Abs. 1 BKAG auch jenseits der Abwehr sich konkretisierender Gefahren der weiteren **Ausforschung des Gefährderumfelds,** zB durch Erzeugung von Verhaltens- oder Bewegungsprofilen, dienen sollen. Während die vergleichsweise unspezifische Datenverwendungsermächtigung zur „Verhütung" von Straftaten (§ 56 Abs. 2 S. 3 Nr. 1 Alt. 1 BKAG) eine solche Verwendung ermöglichen könnte, spricht die in Abs. 3 S. 4 geregelte Beschränkung auf eine automatisierte Datenverarbeitung, die – wohl[19] – auch einer Begrenzung der Eingriffstiefe dienen soll, eher gegen eine derart weitgehende Auslegung. Letztlich ergibt sich jedoch zumindest aus der Gesetzesbegründung, dass eine weitere Verknüpfung der erhobenen Aufenthaltsdaten auch im Wege der automatisierten Datenverarbeitung nicht erfolgen soll, da es „nur darum [gehe], allein über den Aufenthaltsort zu dokumentierende Erkenntnisse im Hinblick auf eine konkrete Gefährdungssituation erlangen zu können".[20] Eine darüber hinausgehende Erstellung automatisierter Verhaltens- oder Bewegungsprofile soll demgegenüber nicht von der Ermächtigungsgrundlage gedeckt sein;[21] insbesondere fehlt es etwa an einer mit § 17c Abs. 2 S. 2 NdsPOG oder Art. 34 Abs. 3 BayPAG vergleichbaren (ausdrücklichen) Ermächtigung. 20

2. Einordnung innerhalb des BKAG. § 56 BKAG steht im 5. Abschnitt über die **Befugnisse zur Abwehr von Gefahren des internationalen Terrorismus** (§§ 38–62). Die dort geregelten Maßnahmen der elektronischen Aufenthaltsüberwachung können grundsätzlich selbstständig von Aufenthaltsvorgaben und Kontaktverboten nach Maßgabe des § 55 Abs. 1 und 2 BKAG angeordnet werden, auch wenn im Rahmen von Maßnahmen nach § 56 Abs. 1 BKAG erlangte Erkenntnisse zur Durchsetzung von Anordnungen nach § 55 Abs. 3 BKAG ebenso herangezogen werden können wie zur Verfolgung von nach § 87 Abs. 1 Nr. 1 BKAG strafbewehrten Verstößen gegen entsprechende Anordnungen (→ Rn. 206 ff., 216 f.). 21

Auch **Verstöße** gegen Anordnungen nach § 56 Abs. 3 BKAG sind nach Maßgabe des § 87 Abs. 1 Nr. 2 BKAG mit Geld- oder **bis zu dreijähriger Haftstrafe strafbewehrt.** 22

3. Binnensystematik. § 56 Abs. 1 BKAG ermächtigt das Bundeskriminalamt, Gefährder **zum Zweck der Abwehr von Gefahren und der Verhütung von Straftaten des internationalen Terrorismus** Maßnahmen der elektronischen Aufenthaltsüberwachung zu unterwerfen. Die in § 56 Abs. 1 BKAG geregelten Voraussetzungen sind abschließend, so dass etwa die Bestimmungen des § 38 Abs. 1 S. 2 BKAG iVm §§ 17 ff. BPolG nicht ergänzend herangezogen werden können (→ § 38 Rn. 25).[22] Die allgemeinen (eingriffsbegrenzenden) Grundsätze des § 38 Abs. 1 S. 2 BKAG iVm §§ 15 f. BPolG (→ § 38 Rn. 35 ff.) finden demgegenüber Anwendung. 23

Die **Zwecke der Datenverarbeitung** sind in § 56 Abs. 2 S. 3 BKAG abschließend geregelt (→ Rn. 202). Zu berücksichtigen ist hierbei jedoch, dass die hier genannten Zwecke (anders als in einzelnen Bundesländern) die Anordnung von Maßnahmen nach § 56 Abs. 1 BKAG selbst nicht rechtfertigen; vielmehr handelt es 24

16 BT-Drs. 18/11163, 122, 124.
17 BT-Drs. 18/11163, 122.
18 Vgl. Würtenberger/Heckmann/Tanneberger Polizeirecht in Baden-Württemberg, 7. Aufl. 2017, § 5 Rn. 143.
19 BT-Drs. 18/11163, 123 spricht lediglich von der Sicherung der Einhaltung des Zweckbindungsgrundsatzes, ohne den zentralen Zweck der Verhütung von Straftaten allerdings näher zu konkretisieren.
20 BT-Drs. 18/11163, 124.
21 Vgl. BT-Drs. 18/11163, 124 sowie BeckOK-POR NRW/Barczak PolG NRW § 34c Rn. 12 (2022); BeckOK-PolSiR Bayern/Schröder BayPAG Art. 34 Rn. 44 (2022).
22 Vgl. BeckOK-POR NRW/Barczak PolG NRW § 34c Rn. 22 (2022).

sich – abgesehen von den auf die Verwirklichung des Primärzwecks des § 56 Abs. 1 BKAG gerichteten Zweckbestimmungen des Abs. 2 S. 3 Nr. 1 Alt. 1, Nr. 5 – jeweils um Zweckänderungsermächtigungen, die an die zum Zweck des § 56 Abs. 1 BKAG erhobenen Daten anknüpfen (→ Rn. 206 ff.).

25 Die **Art und Weise der Datenverarbeitung** ist in § 56 BKAG demgegenüber **nur fragmentarisch und kaum systematisch geregelt.** § 56 Abs. 2 S. 1 BKAG beschreibt zunächst den zulässigen Umfang der Datenerhebung, normiert zugleich aber den auch in Abs. 2 S. 4 Hs. 1 wiederholten Grundsatz der automatisierten Datenverarbeitung (→ Rn. 50 ff., 222). Abs. 2 S. 4 Hs. 2 und S. 5 enthalten mit der Pflicht zur Sicherung der Daten gegen unbefugte Kenntnisnahme und der gesetzlichen Löschungspflicht nach Ablauf von zwei Monaten **allgemeine datenschutzrechtliche Verpflichtungen** (→ Rn. 223 ff.).

26 Das **relative Erhebungsverbot** des Abs. 2 S. 2, das dem **Schutz des Wohnungsgrundrechts** und der Vermeidung von Eingriffen in den Kernbereich der privaten Lebensgestaltung dient, wird von den in Abs. 2 S. 6–9 enthaltenen Begleitregelungen (Verwendungsverbot, Löschungsgebot und Dokumentationspflichten) flankiert (→ Rn. 230 ff.).

27 § 56 Abs. 4 Nrn. 1–4 BKAG regeln **Übermittlungsbefugnisse (bzw. -verpflichtungen) des BKA,** die mit den Zweckbestimmungen des Abs. 2 S. 3 Nrn. 1–4 korrespondieren (→ Rn. 251 ff.). Abs. 4 Nrn. 5–8 regeln demgegenüber **eigene Verwendungsbefugnisse des BKA,** die an die Zwecke des Abs. 2 S. 3 Nr. 2 (Feststellung von Verstößen gegen Anordnungen nach § 55 Abs. 1 und 2; Abs. 4 Nrn. 5 und 6) und Nr. 5 (Aufrechterhaltung der Funktionsfähigkeit der technischen Mittel; Abs. 4 Nrn. 7 und 8) anknüpfen (→ Rn. 260 ff.).

28 Die **eigenen Datenverwendungsbefugnisse des BKA** zur Verwirklichung des in § 55 Abs. 2 S. 3 Nr. 1 Alt. 1, Abs. 1 BKAG bezeichneten Primärzwecks der Abwehr terroristischer Gefahren sind im Gesetz demgegenüber – ebenso wie die eigenen Verwendungsbefugnisse zum Zweck der Wahrnehmung von Aufgaben im Rahmen der Strafverfolgung nach § 55 Abs. 2 S. 3 Nr. 1 Alt. 2, Nr. 3 BKAG sowie (vermeintlicher) eigener Aufgaben im Rahmen der präventivpolizeilichen Angstklausel des § 55 Abs. 2 Nr. 3 S. 4 – nicht angesprochen und somit **auf den ersten Blick nur final determiniert.** Beschränkungen ergeben sich allerdings aus dem Grundsatz der automatisierten Datenerhebung (Abs. 2 S. 1, S. 4 Hs. 1), dem zulässigen Umfang der Datenverarbeitung (Abs. 2 S. 1 und 2) und den in der Gesetzesbegründung zumindest angedeuteten gesetzlichen Zielvorstellungen. Letztere müssten vorliegend schon deswegen ermächtigungsbegrenzend herangezogen werden, um die Eingriffsintensität der präventivpolizeilichen, nicht auf die Abwehr konkreter Gefahren beschränkten elektronischen Aufenthaltsüberwachung einzuhegen.

29 § 56 Abs. 3 S. 1 und 2 BKAG regeln zunächst die **Befugnis des BKA zur Entgegennahme personenbezogener Daten** zum Zweck der Durchführung von Maßnahmen nach Abs. 1 und 2 (→ Rn. 243, 247). § 56 Abs. 3 S. 1 BKAG begründet darüber hinaus eine Übermittlungsverpflichtung der zuständigen Polizeibehörden des Bundes und der Länder von Amts wegen. In der Praxis dürften entsprechende Datenübermittlungen jedoch auch hier regelmäßig nur auf Aufforderung durch das BKA erfolgen, da die zur Übermittlung verpflichteten Behörden kaum beurteilen können, zu welchem der in Abs. 1 und 2 genannten Zwecke das BKA personenbezogene Daten benötigt (→ Rn. 241 ff.).

30 § 56 Abs. 5–8 BKAG regeln **spezifische Verfahrens- und Formvorschriften** für die Anordnung der elektronischen Aufenthaltsüberwachung. Abs. 5 S. 1 begründet dabei ein **Antragsverfahren mit Abteilungsleiter- und Richtervorbehalt,** an dessen Stelle nach Abs. 5 S. 2 bei **Gefahr im Verzug** eine unmittelbare Anordnungsbefugnis des Abteilungsleiters tritt (→ Rn. 95 ff., 120 ff., 138 ff.). Abs. 5 S. 3 und 4 regeln das **weitere Verfahren nach behördlichen Eilanordnungen** und begrenzen deren Geltungsdauer auf maximal drei Tage (→ Rn. 151 ff.). Die in Abs. 7 geregelten **Formanforderungen** an die Anordnung gelten sowohl für richterliche als auch für behördliche Anordnungen (→ Rn. 130 ff., 145 f.), die in Abs. 6 normierten formellen Antragsvoraussetzungen nur für das reguläre Verfahren nach Abs. 5 S. 1 (→ Rn. 108 ff.). Abgesehen von der in Abs. 7 S. 2 Nr. 3 enthaltenen Beschränkung auf die „wesentlichen" Gründe sind die formalen Anforderungen von Antrag und Anordnung jedoch weitgehend identisch, da sich das in Abs. 7 S. 1 nur für Anordnungen ausdrücklich normierte Schriftformerfordernis für Anträge nach Abs. 6 aus den Vorschriften des FamFG ergibt (→ Rn. 123).[23]

31 § 56 Abs. 8 S. 1 BKAG betont die Geltung des auch in § 38 Abs. 1 S. 2 BKAG iVm § 15 BPolG in Bezug genommenen **Verhältnismäßigkeitsgrundsatzes.** Abs. 8 S. 2 begrenzt die **maximale Anordnungsdauer** auf höchstens drei Monate, normiert aber – wie Abs. 8 S. 3 ausdrücklich klarstellt – keine absolute Maximaldauer einzelner Maßnahmen, sondern stellt länger währende Maßnahmen unter einen durch die erneute Durchführung eines Anordnungsverfahrens **verfahrensrechtlich abgesicherten Kontrollvorbehalt,** der durch die in Abs. 8 S. 4 geregelte materielle Verpflichtung, Anordnungen nach Abs. 1 und 2 fortwährend unter

23 Zu der nur für die Antragstellung gültigen Pflicht zur Angabe bestehender Maßnahmen nach § 55 Abs. 1 und 2 BKAG unten → Rn. 115.

Kontrolle zu halten und nach Wegfall ihrer Voraussetzungen unverzüglich zu beenden, ergänzt wird (ausführlich → Rn. 190 ff.).

B. Kommentierung im Einzelnen

I. Elektronische Aufenthaltsüberwachung

1. Reichweite der Ermächtigung. a) **Verpflichtung zum ständigen Mitführen eines technischen Überwachungsmittels.** § 56 Abs. 1 BKAG ermächtigt das BKA zunächst dazu, dem Betroffenen die Verpflichtung aufzuerlegen, ein **technisches Mittel, mit dem der Aufenthaltsort dieser Person elektronisch überwacht werden kann,** ständig in betriebsbereitem Zustand am Körper bei sich zu führen. 32

Das in der Praxis verbreitete Schlagwort der **„elektronischen Fußfessel“**[24] ist dabei in mehrfacher Hinsicht **unpräzise und irreführend:**[25] Zum einen ist die Verpflichtung nach § 56 Abs. 1 BKAG nicht aus sich heraus mit Beschränkungen der Bewegungsfreiheit verbunden, da die elektronische Aufenthaltsüberwachung selbst lediglich den jeweiligen Aufenthaltsort des Betroffenen nachvollzieht.[26] Sie darf auch nicht zum Zweck der Durchsetzung von Aufenthaltsvorgaben nach § 55 Abs. 1 oder Kontaktverboten nach § 55 Abs. 2 BKAG angeordnet werden, wenngleich im Rahmen von Maßnahmen nach § 56 Abs. 1BKAG erlangte Daten letztlich auch – im Rahmen der zweckändernden Nutzung von nach Maßgabe des § 56 Abs. 1, 2 S. 1 BKAG erhobenen Daten – zur Durchsetzung von Maßnahmen nach § 55 Abs. 1 oder 2 BKAG bzw. zur strafrechtlichen Sanktionierung entsprechender Verstöße herangezogen werden können. Primärzweck von Maßnahmen nach § 56 Abs. 1 BKAG muss jedoch stets sein, den Betroffenen durch die Überwachung und die Datenverwendung von der Begehung von Straftaten nach § 5 Abs. 1 S. 2 BKAG abzuhalten (→ Rn. 24, 33).[27] 33

Zum anderen bietet § 56 Abs. 1 BKAG aber auch **keine unmittelbare rechtliche Grundlage** dafür, den Betroffenen physisch an das zur Durchführung der elektronischen Aufenthaltsüberwachung verwendete Überwachungsmittel **zu „fesseln“**.[28] Denn auch wenn eine physisch nicht ohne Weiteres auflösbare Verbindung des „technischen Mittels“ mit dem Körper des Betroffenen für die effektive Durchsetzung von Maßnahmen nach § 56 Abs. 1 BKAG zweckmäßig sein mag, ermächtigt der Gesetzeswortlaut das BKA lediglich dazu, den Betroffenen zum Beisichführen technischer Mittel am Körper **„zu verpflichten“**.[29] Physische Zwangsmaßnahmen zur Durchsetzung einer solchen Verpflichtung kommen indes nach allgemeinen Grundsätzen des Verwaltungsrechts nur im Wege des Verwaltungszwangs, dh durch Anordnung von Zwangsmitteln (etwa in Form des unmittelbaren Zwanges; → Rn. 285 ff.) unter Einhaltung der jeweiligen vollstreckungsrechtlichen Voraussetzungen in Betracht. Insbesondere handelt es sich bei § 56 Abs. 1 BKAG nach dem eindeutigen Gesetzeswortlaut **nicht** – wie etwa bei der Ingewahrsamnahme – **um eine polizeiliche Standardmaßnahme, die einzelne Vollstreckungselemente bereits in sich trägt.**[30] 34

Die Verpflichtung nach Abs. 1 erstreckt sich allerdings darauf, ein entsprechendes technisches Mittel „ständig […] am Körper“ bei sich zu führen. Da diese Verpflichtung ein auch nur kurzfristiges Ablegen des Mittels nicht zulässt („ständig“) und ein Beisichführen zB in einem Rucksack oder auch nur einer Hosentasche dem Erfordernis des Beisichführens „am Körper“ nicht genügt,[31] dürfte eine **mechanische Ausgestaltung als zB mit einem Brustgurt oder einem Knöchelband am Körper fixierbares Objekt praktisch unvermeidbar sein.** Aufgrund der Befugnis nach § 56 Abs. 2 S. 1 Alt. 2 BKAG, auch im Hinblick auf etwaige Beeinträchtigungen der Datenerhebung automatisiert Daten zu erheben, begegnet auch eine technische Ausgestaltung, die ein Ablösen des Mittels vom Körper des Verpflichteten an die überwachende Stelle meldet, keinen rechtlichen Bedenken. Eine nicht ohne Weiteres lösbare Anbringung am Körper des Betroffenen ist dennoch nicht von der Ermächtigungsgrundlage des § 56 Abs. 1 BKAG gedeckt. 35

In **betriebsbereitem Zustand** ist ein Mittel iSd § 56 Abs. 1 BKAG dann, wenn das Ortungsgerät **eingeschaltet, hinreichend aufgeladen und als solches technisch funktionsfähig** ist. Die aus § 56 Abs. 1 BKAG abzuleitenden positiven Verhaltenspflichten beschränken sich dabei darauf, das Gerät am Körper mitzuführen und 36

24 Vgl. zum Begriff ua BT-Drs. 18/11163, 122; ferner BVerfG Beschl. v. 1.12.2020 – 2 BvR 916/11 –, BVerfGE 156, 63 (137, Rn. 254); Reuter Kriminalistik 2017, 390 (392).

25 Allgemein kritisch auch Ullrich/Walter/Zimmermann NWVBl. 2019, 98 (99).

26 Kritisch daher Schenke/Graulich/Ruthig/Ruthig BKAG § 56 Rn. 1; BeckOK-POR NRW/Barczak PolG NRW § 34c Rn. 12 (2022); BeckOK-PolR Baden-Württemberg/Trurnit PolG BW § 32 Rn. 2 (2022); Guckelberger NVwZ 2017, 1121 (1121 f.).

27 Da die Tatbestandsvoraussetzungen und Primärzwecke des § 55 Abs. 1, des § 55 Abs. 2 sowie des § 56 Abs. 1 BKAG letztlich identisch sind, ergibt sich hieraus aber keine praktische Begrenzung der denkbaren Einsatzszenarien.

28 AA BeckOK-PolSiR Bayern/Schröder BayPAG Art. 34 Rn. 19 (2022) sowie wohl auch BeckOK-POR NRW/Barczak PolG NRW § 34c Rn. 4 (2022): Verpflichtung zur „Duldung des Anlegens“.

29 So wohl auch Schmidbauer/Steiner/Schmidbauer, BayPAG, Art. 34 Rn. 23, 25.

30 Anders etwa die Parallelnorm des § 17c Abs. 1 NdsPOG, die eine ausdrückliche Verpflichtung enthält, die Anlegung des technischen Mittels zu dulden.

31 Vgl. BeckOK-POR Niedersachsen/Waechter NdsPOG § 17c Rn. 29 (2022).

stets für einen ausreichenden Aufladezustand zu sorgen. Im Fall eines Defekts wird die dem Betroffenen auferlegte Mitführenspflicht qua rechtlicher Unmöglichkeit – dh unabhängig von der Ursache des Defekts – bis zur Behebung des technischen Defekts durch das BKA (vgl. § 56 Abs. 4 Nr. 7 BKAG) suspendiert, da der Betroffene **nicht zur selbsttätigen Reparatur eines defekten Ortungsgeräts verpflichtet** ist;[32] allerdings ist es dem Betroffenen unter Androhung strafrechtlicher Sanktionen (vgl. § 87 Abs. 1 Nr. 2 BKAG) **untersagt, technische Defekte selbst herbeizuführen.**

37 b) **Verbot der Beeinträchtigung des technischen Überwachungsmittels.** Nach dem im Gesetzgebungsverfahren zur Parallelvorschrift des § 68b Abs. 1 Nr. 12 StGB zum Ausdruck gekommenen Willen des Gesetzgebers beschränkt sich das Verbot, die Funktionsfähigkeit des technischen Mittels zu beeinträchtigen, auf das Verbot der Einwirkung unmittelbar auf die technische Funktionsfähigkeit des Gerätes selbst.[33] Dem Betroffenen ist es daher untersagt, das Gerät **zu manipulieren** oder zB dessen **Sende-, Empfangs- und Datenverarbeitungsfähigkeit durch Beschädigung herabzusetzen bzw. aufzuheben.**[34] Gleiches dürfte für eine aktive **Einwirkung mit äußerlichen Störmaßnahmen** gelten (wie etwa durch die Verwendung von GPS-Jammern [Störsendern] oder Spoofinggeräten, die fehlerhafte Ortungssignale erzeugen).

38 Eine **Verpflichtung, sich nur an Orten aufzuhalten, an denen das** (technisch einwandfreie) **Ortungsgerät zur elektronischen Aufenthaltsüberwachung genutzt werden kann,** folgt aus § 56 Abs. 1 BKAG indes **nicht,** so dass der Betroffene etwa nicht an der Nutzung der U-Bahn gehindert ist.[35] Insoweit ist es Aufgabe des BKA, die Funktionsfähigkeit des technischen Mittels durch geeignete Geräteauswahl sicherzustellen.

39 c) **Umfang der zulässigen Datenerhebung. aa) Umfang der Ermächtigung.** Nach § 56 Abs. 1 S. 1 BKAG beschränkt sich die zulässige Datenerhebung auf die Erfassung von **Daten über den Aufenthaltsort** sowie über etwaige **Beeinträchtigungen der Datenerhebung.**

40 Die Begriffe der „Überwachung des Aufenthaltsorts" bzw. der Datenerhebung „über den Aufenthaltsort" sind dabei **restriktiv zu verstehen** und umfassen lediglich die Ortung des Betroffenen im dreidimensionalen Raum, **nicht** aber dessen **optische, akustische oder in sonstiger Weise vermittelte Überwachung.** Nicht von der Ermächtigungsgrundlage gedeckt ist daher auch die gezielte[36] Erhebung sonstiger Standortdaten (wie Raumtemperatur, Schall, Luftdruck oder Erschütterungen), auch wenn diese als Daten „über den Aufenthaltsort" begriffen werden könnten; insoweit ergibt sich jedenfalls aus dem Gesamtkontext, dass **ausschließlich eine „Feststellung des Aufenthaltsorts" ermöglicht werden soll.**[37] Nicht zu erfassen sind daher zB auch Bewegungsmuster, die Auskunft über das individuelle Verhalten des Betroffenen am festgestellten Aufenthaltsort geben.[38]

41 Auch wenn die derzeit für Maßnahmen nach § 56 Abs. 1 BKAG eingesetzte Technik der Standortbestimmung mithilfe der GNSS-Technik (zB GPS) eine Positionsbestimmung nur unter Inkaufnahme einer Messungenauigkeit von idR mehreren Metern (bei der Höhenbestimmung: +/- 20–30m) ermöglicht, die nur unter Verwendung ergänzender Verfahren (zB Differenzial-GPS) oder satellitengestützter Erweiterungssysteme reduziert werden kann, ist das BKA beim Einsatz technischer Mittel zur Aufenthaltsbestimmung **nicht** auf einen **bestimmten Stand der Technik** oder den **Einsatz spezifischer Technologien** beschränkt.[39] Zur präziseren Bestimmung des Aufenthaltsorts kann daher etwa auch barometrische Technik ergänzend herangezogen werden, die eine verbesserte Höhenbestimmung (zB innerhalb mehrstöckiger Gebäude) ermöglicht.

42 In der bisherigen Praxis wird die Ortung durch GPS **durch mobilfunkbasierte Ortungsdienste ergänzt.**[40] Die zulässige Nutzung zu diesen Zwecken erhobener Zusatzdaten beschränkt sich aber ebenfalls auf deren Verwendung zur Bestimmung des jeweiligen Aufenthaltsorts im dreidimensionalen Raum.

43 Der Begriff der **„Daten über etwaige Beeinträchtigungen der Datenerhebung"** wird auch in der Gesetzesbegründung nur unzureichend erläutert.[41] Gemeint sind sowohl externe Beeinträchtigungen der Datenerhebung durch ein ordnungsgemäß funktionsfähiges Gerät (dh zB aufgrund der Nichtverfügbarkeit von GPS-Signalen) als auch Beeinträchtigungen der Funktionsfähigkeit der eingesetzten technischen Mittel, die gege-

32 Vgl. BT-Drs. 17/3403, 36 sowie – hieran anknüpfend – BVerfG Beschl. v. 1.12.2020 – 2 BvR 916/11 –, BVerfGE 156, 63 (133, Rn. 240).

33 Vgl. BT-Drs. 17/3403, 36 sowie – hieran anknüpfend – BVerfG Beschl. v. 1.12.2020 – 2 BvR 916/11 –, BVerfGE 156, 63 (133, Rn. 240).

34 BT-Drs. 17/3403, 36; ferner BVerfG Beschl. v. 1.12.2020 – 2 BvR 916/11 –, BVerfGE 156, 63 (133, Rn. 240).

35 BT-Drs. 17/3403, 36; ferner BVerfG Beschl. v. 1.12.2020 – 2 BvR 916/11 –, BVerfGE 156, 63 (133, Rn. 240; 158 f., Rn. 321).

36 Zur möglichen Verarbeitung als Indikator (nur) für die Lage des Betroffenen im Raum im Rahmen eines technisch automatisierten Ortungsverfahrens aber → Rn. 40. Keinesfalls dürfen diese Hilfsdaten gespeichert werden oder zur Kenntnis des BKA gelangen.

37 Vgl. BVerfG Beschl. v. 1.12.2020 – 2 BvR 916/11 –, BVerfGE 156, 63 (136, Rn. 250) zur Parallelregelung des § 68b Abs. 1 S. 1 Nr. 12, S. 3 StGB iVm § 463a Abs. 4 StPO.

38 Vgl. BT-Drs. 18/11163, 122: Keine Wahrnehmung der „Tätigkeiten und Gesprächspartner" der betroffenen Person.

39 Vgl. BeckOK-POR Niedersachsen/Waechter NdsPOG § 17c Rn. 26 (2022).

40 Vgl. BVerfG Beschl. v. 1.12.2020 – 2 BvR 916/11 –, BVerfGE 156, 63 (101 f., Rn. 139).

41 Vgl. BT-Drs. 18/11163, 122.

benenfalls einer Reparatur bedürfen.[42] Nicht eindeutig geregelt ist hierbei jedoch, ob hiervon auch Maßnahmen zur Erkennung von Manipulationsversuchen umfasst sein sollen. Während Maßnahmen zur Erkennung des unbefugten Zugriffs auf entsprechende technische Mittel – zB des unbefugten Öffnens des Gehäuses oder des unerlaubten Zugriffs auf Geräteschnittstellen – wohl noch von der Ermächtigungsgrundlage umfasst sein dürften,[43] sind darüber hinausgehende Maßnahmen zur Ortung von Störungsquellen oder zur akustischen bzw. optischen Aufzeichnung von Manipulationsversuchen notwendigerweise mit einer – wenngleich punktuellen – Verhaltensüberwachung verbunden, für die § 56 Abs. 2 S. 1 BKAG keine ausreichende Grundlage bietet.

bb) Wohnungsbezogene Erhebungsbeschränkungen. Nach § 56 Abs. 2 S. 2 BKAG ist sicherzustellen, dass 44
innerhalb der Wohnung der betroffenen Person **keine über den Umstand ihrer Anwesenheit hinausgehenden Aufenthaltsdaten** erhoben werden, soweit dies technisch möglich ist. Da eine Überwachung individueller Verhaltensweisen – abgesehen von der mit der regelmäßigen Feststellung des Aufenthaltsorts notwendigerweise verbundenen Überwachung des Bewegungsverhaltens – bereits von § 56 Abs. 2 S. 1 BKAG nicht gedeckt wäre, schränkt S. 2 der Bestimmung darüber hinaus (nur) die Befugnis zur Ortung innerhalb der Wohnung ein.

Bedingt durch den Schutzzweck der Bestimmung, die Beeinträchtigungen des Kernbereichs der privaten Le- 45
bensgestaltung ausschließen soll, gilt § 56 Abs. 2 S. 2 BKAG (jedenfalls) für alle Räumlichkeiten, innerhalb derer der Betroffene den **Schutz der Unverletzlichkeit der Wohnung (Art. 13 GG) ieS** beanspruchen kann. Der Betroffene ist daher nicht auf eine Wohnung beschränkt[44] und kann Vorkehrungen nach Maßgabe des § 56 Abs. 2 S. 2 BKAG **auch** für **fremde Wohnungen** beanspruchen, soweit ihm die Befugnisse eines unmittelbaren Besitzers zukommen.[45] IdS handelt es sich bei der jeweiligen Wohnung – ganz unabhängig von den Eigentums- oder Besitzverhältnissen – jedenfalls temporär (auch) um „seine" Wohnung. Kurzfristige Besuchsaufenthalte zB bei Freunden dürften hiervon jedoch regelmäßig nicht umfasst sein. Auf sonstige zu Wohnzwecken genutzte Räume, über die der Betroffene jedenfalls zeitweise die alleinige oder mit einzelnen Mitbewohnern geteilte Verfügungsbefugnis verfügt – wie zB angemietete Hotelzimmer – findet § 56 Abs. 2 S. 2 BKAG demgegenüber Anwendung.[46]

Völlig außer Acht gelassen hat der Bundesgesetzgeber – anders als zB der bayerische Normgeber[47] – indes, 46
dass über die Erfassung des bloßen Aufenthalts hinausgehende Datenerhebungen aus dem Inneren einer Wohnung **auch dann an Art. 13 GG zu messen** sind, **wenn sich der Adressat der Maßnahme nicht selbst** (zB als bloßer Besucher) **auf die Unverletzlichkeit dieser Wohnung berufen kann.** Denn unabhängig davon, ob eine solche Maßnahme gegenüber dem Adressaten gerechtfertigt werden könnte, muss auch der Inhaber einer Wohnung bzw. eines Geschäftsraums nicht hinnehmen, dass das Verhalten zB von Besuchern oder Kunden ohne seine Zustimmung (und regelmäßig sogar ohne sein Wissen) überwacht wird.[48] Insbesondere kann dem Betroffenen keinesfalls entgegengehalten werden, dass er gewissermaßen „Opfer seines selbstgewählten Umgangs [mit einem Gefährder]" werde, um den Gesetzesvorbehalt und die materiellen Grundrechtsschranken ebenso auszuhebeln wie die allgemeine Einwilligungsdogmatik.[49] § 56 Abs. 2 S. 2 sowie S. 6–9 BKAG sind daher – verfassungsrechtlich zwingend[50] – **auf Wohnungen und Geschäftsräume Dritter entsprechend anzuwenden,**[51] auch wenn dies die Wirksamkeit der Maßnahme gegebenenfalls erheblich beeinträchtigen kann.

Nicht befriedigend geregelt ist weiterhin, ob sich die wohnungsbezogenen Erhebungs- und Verarbeitungs- 47
beschränkungen des § 56 Abs. 2 S. 2 und 7 BKAG auch auf **Betriebs- und Geschäftsräume** sowie auf **anderes befriedetes Besitztum** erstrecken. Zwar normiert die Legaldefinition des § 61 Abs. 1 S. 2 BKAG ausdrücklich, dass der Begriff der Wohnung neben Wohn- und Nebenräumen auch Arbeits-, Betriebs- und Geschaftsräume sowie anderes befriedetes Besitztum umfasst (→ § 61 Rn. 5 ff.); die systematische Stellung des

42 Vgl. BT-Drs. 18/11163, 122.

43 Zur Problematik der Erhebung entsprechender Daten aus dem Inneren der Wohnung aber → Rn. 76.

44 Wohl nur missverständlich formuliert daher BT-Drs. 18/11163, 123: „Damit wird dem Betroffenen ermöglicht, **einen** innersten Rückzugsraum zu haben, in dem er vom Staat nicht behelligt wird" (Hervorhebung nicht im Original).

45 Vgl. BeckOK-POR Niedersachsen/Waechter NdsPOG § 17c Rn. 5 (2022) sowie allgemein Sachs/Kühne GG Art. 13 Rn. 17; BeckOK-GG/Kluckert Art. 13 Rn. 4 (2022).

46 Vgl. Löffelmann GSZ 2021, 177 (178) sowie allgemein Sachs/Kühne GG Art. 13 Rn. 1; BeckOK-GG/Kluckert Art. 13 Rn. 2 (2022).

47 Vgl. LT-Drs. 18/13716, 30 und Abschlussbericht der PAG-Kommission v. 30.8.2019, 73 zur Neufassung des Art. 34 Abs. 2 S. 2 PAG.

48 Zutreffend BeckOK-POR Niedersachsen/Waechter NdsPOG § 17c Rn. 5 (2022); Löffelmann GSZ 2021, 177 (178); ders. BayVBl. 2018, 145 (152).

49 So aber BeckOK-PolSiR Bayern/Schröder BayPAG Art. 34 Rn. 15.3 (2022).

50 Da ohne eine entsprechende Analogie eine gezielte Überwachung von Wohnungen mit technischen Mitteln stattfände, wäre der entsprechende Eingriff gegenüber dem Berechtigten an Art. 13 Abs. 4 GG zu messen. Dessen Voraussetzungen erfüllt eine lediglich drohende Gefahr jedoch nicht.

51 So nunmehr auch Art. 34 Abs. 2 BayPAG, der nach dem Willen des Gesetzgebers (→ Fn. 47) auch Wohnungen Dritter von der Überwachung ausnimmt.

§ 61 Abs. 1 S. 2 BKAG innerhalb des nur auf klassische Durchsuchungen bezogenen Eingriffstatbestands und inmitten – dh weder voran- noch nachgestellt – anderer, zu Eingriffen in die „Wohnung" berechtigender Ermächtigungsgrundlagen (vgl. § 46 Abs. 1, § 64 Abs. 2 Nr. 3, Abs. 3 S. 1 Nr. 4 BKAG) spricht jedoch jedenfalls prima facie dagegen, § 61 Abs. 1 S. 2 BKAG als allgemeine Legaldefinition heranzuziehen.

48 Verfassungsrechtlich ist zwar geklärt, dass **der grundrechtliche Schutz der Unverletzlichkeit der Wohnung auch Betriebs- oder Geschäftsräume umfasst.** Da Eingriffe in den Schutz der Wohnung ieS gegenüber der Überwachung von Betriebs- und Geschäftsräumen oder befriedeten Besitztums dennoch regelmäßig die größere Persönlichkeitsrelevanz und Eingriffsschwere aufweisen, ist der Gesetzgeber nicht ohne Weiteres verpflichtet, auch für Eingriffe in den Schutz von Wohnungen iwS (dh in Betriebs- oder Geschäftsräume bzw. das nicht zu Wohnzwecken genutzte befriedete Besitztum) vergleichbare Schutzvorkehrungen wie bei Eingriffen in die Wohnung ieS zu treffen. Der Rückgriff auf die Gesetzesbegründung zeigt zudem, dass der Gesetzgeber bei der Schaffung der Regelungen des § 56 Abs. 2 S. 2 und 7 BKAG nicht in erster Linie allgemeine Verhältnismäßigkeitserwägungen oder gerade den Schutz des Art. 13 GG verfolgte. Vielmehr zielen die Erhebungs- und Verarbeitungsbeschränkungen spezifisch darauf ab, dem Betroffenen staatsfreie Rückzugsräume zu belassen und unzulässige Eingriffe in den Kernbereich privater Lebensgestaltung zu vermeiden,[52] die im Rahmen der elektronischen Aufenthaltsüberwachung zB innerhalb der eigenen Geschäftsräume – dh einer im Vergleich zur Wohnung ieS weniger höchstpersönlichen Sphäre – regelmäßig nicht zu besorgen sind.

49 Letztlich spricht jedoch wenig dafür, dass der Gesetzgeber die Frage des Schutzes von Betriebs- und Geschäftsräumen im Kontext von Maßnahmen der elektronischen Aufenthaltsüberwachungen **überhaupt in den Blick genommen** hat.[53] Ein **Abgleich mit der in Art. 13 Abs. 4 GG** allgemein für den Einsatz technischer Mittel zur Überwachung von Wohnungen im verfassungsrechtlichen – dh weiten – Sinne geregelten Eingriffsvoraussetzung einer „dringenden Gefahr" zeigt jedoch, dass eine Ermächtigung zur elektronischen Aufenthaltsüberwachung auch innerhalb der eigenen Betriebs- oder Geschäftsräume unter den deutlich weiter gefassten Voraussetzungen des § 56 Abs. 1 BKAG, der lediglich „drohende" Gefahren auch im Vorfeld konkreter Gefahren genügen lässt, nicht gewollt gewesen sein kann.[54] Jedenfalls bei **verfassungskonformer Auslegung** ist die Legaldefinition des § 61 Abs. 1 S. 2 BKAG daher auch auf den Wohnungsbegriff des § 56 Abs. 2 S. 2 und 7 BKAG (entsprechend) anzuwenden.

50 **d) Umfang der automatisierten Datenverarbeitung.** Art und Umfang der Verarbeitung erhobener Daten sind in § 56 Abs. 2 BKAG nur **äußerst unbefriedigend geregelt.** Denn auch wenn § 56 Abs. 2 S. 3 BKAG die ohne Einwilligung des Betroffenen zulässigen Verarbeitungszwecke abschließend normiert und § 56 Abs. 2 S. 4 BKAG gerade zur Sicherung dieser Zweckbindung die automatisierte Datenverarbeitung vorsieht, **lässt § 56 Abs. 2 BKAG aus sich heraus kaum erkennen, in welcher Art und Weise die automatisierte Datenverarbeitung erfolgen soll.** Insbesondere bleibt unklar, auf welchem technischen Wege (und unter Abgleich mit welchen weiteren Datenbeständen) alleine durch automatisierte Datenverarbeitung ermittelt werden soll, welche Daten für die Erfüllung der jeweiligen Zwecke erforderlich sind.[55]

51 Nicht zielführend ist dabei insbesondere der **Verweis des Gesetzgebers auf die vorbildgebende Regelung des § 463a Abs. 4 S. 3 StPO,**[56] da diese eine (vorrangig) automatisierte Datenverarbeitung nur zur Feststellung von Verstößen gegen Aufenthaltsvorgaben (§ 68b Abs. 1 S. 1 Nrn. 1 und 2 StGB) oder die mit Maßnahmen der elektronischen Aufenthaltsüberwachung verbundenen Verpflichtungen (§ 68b Abs. 1 S. 1 Nr. 12 StGB) vorsieht. Insoweit wirft die Beschränkung auf Methoden der automatisierten Datenverarbeitung auch im Kontext des § 56 BKAG **keine praktischen Probleme** auf, weil entsprechende Verstöße durch die regelmäßige Abfrage des Betriebszustands des technischen Mittels bzw. den regelmäßigen Abgleich des festgestellten Aufenthaltsorts mit den dem Betroffenen auferlegten Aufenthaltsvorgaben ohne Weiteres automatisiert festgestellt (und zB durch Ausgabe einer einfachen Warnmeldung angezeigt) werden können.[57] Schon beim Erkennen eines Verstoßes gegen Kontaktverbote stößt die automatisierte Verarbeitung von Aufenthaltsdaten jedoch an ihre Grenzen, so lange die jeweilige Kontaktperson nicht ihrerseits einer elektronischen Aufenthaltsüberwachung unterliegt.[58]

52 Zwar dürfte auch ein automatisierter (rückblickender) Abgleich erhobener Aufenthaltsdaten mit den Daten spezifischer Tatorte geeignet sein, zur Verfolgung von Straftaten nach § 5 Abs. 1 S. 2 BKAG (vgl. § 56 Abs. 1 S. 3 Nr. 1 Alt. 2) beizutragen; zumindest die Erkennung und Auswahl der zu verfolgenden Taten und

52 BT-Drs. 18/11163, 123.
53 Unergiebig insoweit auch BT-Drs. 17/3403, 19 f., 44 ff. zu § 463a Abs. 4 StPO.
54 Zur Problematik der verfassungsunmittelbaren Eingriffsschwellen des Art. 13 GG → Rn. 75.
55 So aber BT-Drs. 18/11163, 123.
56 Vgl. BT-Drs. 18/11163, 123.
57 Vgl. BT-Drs. 17/3404, 46.
58 Vgl. BeckOK-POR NRW/Barczak PolG NRW § 34c Rn. 5 (2022) sowie BT-Drs. 17/3403, 38.

der abzugleichenden Örtlichkeiten wird jedoch schon hier **kaum ohne menschliche Mitwirkung** erfolgen können. Wie allerdings die Verhütung von Straftaten nach § 5 Abs. 1 S. 2 BKAG (§ 56 Abs. 2 S. 3 Nr. 1) oder die Abwehr erheblicher gegenwärtiger Gefahren für Leib, Leben oder Freiheit einer Person (§ 56 Abs. 2 S. 3 Nr. 4) ausschließlich im Wege der automatisierten Verarbeitung von Aufenthaltsdaten erfolgen soll, lässt sich auch der Gesetzesbegründung in keiner Weise entnehmen.

So dürften zB schon **automatische Warnmeldungen** für den Fall einer Annäherung des Betroffenen an geeignete Terrorismusziele allein aufgrund deren Ubiquität und Vielgestaltigkeit – gedacht sei an religiöse Bekenntnisstätten, Infrastruktureinrichtungen (wie Brücken, Flug- und Bahnhöfe oder Strukturen der Wasser-, Strom- oder Lebensmittelversorgung) sowie staatliche oder private Einrichtungen (zB Schulen, Stadien, Parlamentsgebäude, Gerichte oder Behörden) – regelmäßig **kaum geeignet** sein, zu einer nennenswerten **Verschlankung der Datenbasis** beizutragen. Eine entsprechende Datenverarbeitung kommt daher wohl praktisch allenfalls dann in Betracht, wenn die Art eines seitens des Gefährders ins Auge gefassten Anschlagsziels (zB ein Sportstadion) vergleichsweise konkret feststeht. 53

Jedenfalls aber erscheint die nach § 56 Abs. 2 S. 3 Nr. 4 BKAG erforderliche **Prognose einer** erheblichen gegenwärtigen Gefahr für Leib, Leben oder Freiheit einer Person auf Grundlage einer automatisierten Verarbeitung von Standortdaten ausschließlich – wenn überhaupt – **unter Einsatz modernster KI-Algorithmen und Methoden des Data Mining** denkbar, wenn sie sich nicht ebenfalls auf den bloßen Abgleich der Standortdaten des Betroffen mit den Stand- oder Aufenthaltsorten einzelner gefährdeter Objekte und Personen beschränken soll. Insoweit **fehlt es jedoch an jeglichen gesetzlichen Vorgaben,** mit welchen Datenbeständen und unter Heranziehung welcher komplexen Datenverarbeitungs- und Prognosemethoden die automatisierte Erkennung erheblicher gegenwärtiger Gefahren für Leib, Leben oder Freiheit eines Dritten erfolgen soll. Insoweit genügte die rein finale Programmierung des § 56 Abs. 1 S. 1 iVm Abs. 2 S. 3 Nr. 4 BKAG dem grundrechtlichen Gesetzesvorbehalt für wesentliche Grundrechtseingriffe nicht.[59] 54

Ein näherer Blick in die Gesetzesbegründung zeigt jedoch, dass der Gesetzgeber zu einer derart umfassenden **Verhaltensüberwachung, die gegenwärtige Gefahren automatisiert prognostizieren soll,** auch nicht ermächtigen wollte. Vielmehr beschränkt sich diese auf den Hinweis, dass ein erheblicher Vertrauensverlust in die Funktionsfähigkeit der Polizei und der staatlichen Institutionen drohe, wenn die Daten einer elektronischen Aufenthaltsüberwachung nicht zur Verfolgung oder Verhinderung erheblicher Straftaten, insbesondere von schweren Gewaltstraftaten, genutzt werden dürften.[60] Diese Passage entspricht mehr oder weniger wörtlich der Gesetzesbegründung zur strafprozessualen Parallelregelung des § 453a Abs. 4 S. 2 Nr. 4 StPO, die eine automatisierte Datenverarbeitung nur zum Zweck der Feststellung von Verstößen gegen Weisungen nach § 68b Abs. 1 S. 1 Nrn. 1, 2 und 12 StGB vorsieht.[61] Zudem entspräche es kaum dem Zweck der Ermächtigung, die mit Erwägungen des Grundrechtsschutzes durch Verfahren eingeführte Verpflichtung zur Sicherung der Zweckbindung durch (vorrangig) automatisierte Datenverarbeitung als umfassende Ermächtigung zu weitreichenden Datenabgleichen unter Einsatz komplexer Verarbeitungsalgorithmen zu lesen. 55

Vielmehr spricht bei näherer Betrachtung alles dafür, dass der Gesetzgeber das **Verhältnis der gefahrenabwehrrechtlichen „Angstklausel" des § 56 Abs. 1 S. 3 Nr. 4 BKAG zur Verarbeitungsvorgabe des Abs. 2 S. 1 und 4** gar nicht näher in den Blick genommen hat. Somit ermächtigen beide Normen auch im Zusammenspiel daher nur zur weiteren Datenverwendung im Falle bereits auf andere Weise (zB im Rahmen der Auswertung automatisierter Meldungen von Auflagenverstößen nach § 56 Abs. 2 S. 3 Nr. 2, S. 4 iVm § 55 Abs. 1 und 2 BKAG) erkannter gegenwärtiger Gefahren für Leib, Leben oder Freiheit, aber nicht zur automatisierten Analyse des Verhaltens des Betroffenen mit dem Ziel der proaktiven Erkennung entsprechender Gefahren. Hierzu wäre das BKA zudem schon aus kompetenzrechtlichen Gründen nur – ausnahmsweise – befugt, soweit die jeweilige Gefahr zugleich eines der in §§ 5 ff. geregelten Aufgabenfelder berührt (→ Rn. 69). Im Übrigen dürfte sich die Funktion des § 56 Abs. 2 S. 3 Nr. 4 BKAG regelmäßig auf eine **Ermächtigung zur Weitergabe entsprechender Zufallserkenntnisse an die zuständigen Polizeibehörden** nach Maßgabe des § 56 Abs. 4 Nr. 5 BKAG beschränken (→ Rn. 70, 212). 56

Auch im Übrigen ergibt sich aus der Gesetzesbegründung (noch) mit hinreichender Klarheit, dass **eine umfassende Verknüpfung der erhobenen Aufenthaltsdaten mit anderen Datenbeständen** auch im Rahmen der „Verhütung von Straftaten nach § 5 Abs. 1 S. 2" (§ 56 Abs. 2 S. 2 Nr. 1 BKAG) nicht von § 56 Abs. 1 und 2 BKAG gedeckt sein soll, da es „nur darum [gehe], allein über den Aufenthaltsort zu dokumentierende Erkenntnisse im Hinblick auf eine konkrete Gefährdungssituation erlangen zu können".[62] Eine darüber hi- 57

59 Vgl. BVerfG Beschl. v. 4.4.2006 – 1 BvR 518/02 –, BVerfGE 115, 320 (365 ff.); Urt. v. 16.2.2023 – 1 BvR 1547/19 ua –, juris, Rn. 100 ff., 112 ff.
60 BT-Drs. 18/11163, 123.
61 BT-Drs. 17/3403, 44.
62 BT-Drs. 18/11163, 124.

nausgehende Erstellung automatisierter **Verhaltens- oder Bewegungsprofile,** zB zum Zwecke der Gefahrenprävention oder der Aufdeckung von Gefährderstrukturen, ist demgegenüber **nicht von § 56 Abs. 1 und 2 BKAG gedeckt.**[63]

58 **2. Abgrenzung zu anderen Eingriffsformen.** Im Unterschied zur regelmäßig verdeckt stattfindenden **Observation** (§ 45 Abs. 2 Nr. 1 BKAG) findet die elektronische Aufenthaltsüberwachung notwendig in Form der offenen Datenerhebung statt, da § 56 Abs. 1 BKAG als Verpflichtungsbefugnis ausgestaltet ist. Eine verdeckte elektronische Aufenthaltsermittlung – etwa durch heimliches Anbringen eines Peilsenders am PKW eines Gefährders – wäre demgegenüber nur als **Einsatz besonderer für Observationszwecke bestimmter technischer Mittel** unter den Voraussetzungen des § 45 zulässig (§ 45 Abs. 2 Nr. 3 BKAG).

59 Soweit der Gesetzgeber die elektronische Aufenthaltsüberwachung nach Maßgabe des § 56 BKAG im **Verhältnis zu Maßnahmen der verdeckten Observation** als typischerweise geringeren Grundrechtseingriff bewertet,[64] trifft dies regelmäßig zu.[65] Nicht verkannt werden darf jedoch, dass die elektronische Aufenthaltsüberwachung gerade aufgrund ihrer offenen (und gegebenenfalls auch für Dritte erkennbaren) Durchführung mit – zum Teil gewollten – **Lenkungseffekten** ebenso verbunden ist wie mit – gegebenenfalls als Nebenfolge in Kauf genommenen – **Stigmatisierungseffekten.**[66] Dies führt dazu, dass die elektronische Aufenthaltsüberwachung insbesondere *ex post* als ungefährlich erkannte Betroffene mitunter weit härter trifft als eine (nachträglich als unnötig erkannte) Observation, die zudem weit besser als Maßnahmen der (automatisierten) elektronischen Aufenthaltsüberwachung auch zu einer Entkräftung bestehender Verdachtsmomente beitragen kann.[67]

60 Als grob vergleichbare Überwachungsmaßnahme kann auch die **Ausschreibung zur polizeilichen Beobachtung oder gezielten Kontrolle nach § 47 BKAG** angesehen werden (→ § 47 Rn. 1 und 5), die neben einer (wesentlich) geringeren Eingriffsintensität aber auch eine entsprechend verminderte Kontrolldichte aufweist. Aufgrund ihrer verdeckten Durchführung zeitigt diese jedoch keine vergleichbare Lenkungswirkung.

61 Gegenüber der derzeit nur auf Grundlage der Generalklausel des § 38 Abs. 1 BKAG zulässigen **Meldeauflage** (→ § 38 Rn. 12) ist die elektronische Aufenthaltsüberwachung ein Aliud, weil letztere nicht – auch nicht mittelbar – in das Freizügigkeitsrecht des Betroffenen eingreift und auch die allgemeine Handlungsfreiheit nur in Form mittelbarer Lenkungseffekte beschränkt (→ Rn. 79, 81). Dennoch ist die elektronische Aufenthaltsüberwachung im Vergleich der schwerere Grundrechtseingriff, da sie regelmäßig über längere Zeiträume wirkt, bereits im Vorfeld konkreter Gefahren ansetzt und den Betroffenen zugleich einem stetigen Überwachungsdruck aussetzt.

62 Auch wenn die elektronische Aufenthaltsüberwachung (gegebenenfalls iVm Maßnahmen nach § 55 Abs. 1 BKAG) in geeigneten Fällen an die Stelle des polizeilichen Gewahrsams (§ 57 BKAG) treten kann und im Verhältnis zu diesem regelmäßig das mildere Mittel darstellt, ist es im **Verhältnis zum Gewahrsam** als freiheitsentziehende Maßnahme **Aliud und nicht bloße Minusmaßnahme.**[68] Aus verfassungsrechtlichen Gründen ist der Gewahrsam zur Abwehr lediglich drohender Gefahren zudem ungeeignet,[69] so dass die Anwendungsfelder nicht identisch sind. Die in einzelnen Bundesländern zu beobachtende Verknüpfung von Zuwiderhandlungen gegen Maßnahmen der elektronischen Aufenthaltsüberwachung mit der Befugnis zur Ingewahrsamnahme des Betroffenen ist daher problematisch.[70]

63 Soweit die elektronische Aufenthaltsüberwachung das Bewusstsein des Überwachtwerdens gezielt zum Zweck der Gefahrenabwehr instrumentalisiert (**Zipperleineffekt,** → Rn. 19), bestehen **funktionale Parallelen zu Maßnahmen der Identitätsfeststellung** nach § 42 Abs. 1, die allerdings nur punktuell (§ 42 Abs. 1 Nr. 1 BKAG) oder ortsbezogen (§ 42 Abs. 1 Nrn. 2 und 3 BKAG) stattfinden.

64 Im **Unterschied zu Aufenthaltsvorgaben und Kontaktverboten** nach § 55 Abs. 1 und 2 BKAG sind Maßnahmen der elektronischen Aufenthaltsüberwachung nicht von sich aus mit rechtlichen oder tatsächlichen Beschränkungen der Fortbewegungsfreiheit verbunden (→ Rn. 79). Allerdings zeigt § 56 Abs. 2 S. 3 Nr. 2 BKAG, dass Maßnahmen nach § 55 Abs. 1 oder 2 und nach § 56 Abs. 1 BKAG gegebenenfalls **parallel angeordnet** werden können. Aufgrund der Parallelität der tatbestandlichen Anordnungsvoraussetzungen ist dies letztlich eine Frage der pflichtgemäßen Ermessensausübung bzw. der **Verhältnismäßigkeit** (auch) unter dem Gesichtspunkt kumulativer Grundrechtseingriffe (→ Rn. 87, 116, 169, 184 ff.). Allerdings dürften

63 Vgl. BT-Drs. 18/11163, 124 sowie → Rn. 20, 54 ff.
64 BT-Drs. 18/11163, 122.
65 So auch BeckOK-POR NRW/Barczak PolG NRW § 34c Rn. 13 (2022).
66 Vgl. Guckelberger NVwZ 2017, 1121 (1122).
67 Zu dieser Problematik bereits im Gefahrenvorfeld zulässiger operativer Maßnahmen → § 55 Rn. 139, 143.
68 Vgl. Lindner/Bast DVBl. 2017, 290 (292).
69 Zur Problematik der Verknüpfung eingriffsintensiver operativer Maßnahmen mit der Gefahrenschwelle der lediglich „drohenden" Gefahr → § 55 Rn. 138 ff.
70 Zur sog. Präventionslösung → § 87 Rn. 10.

Maßnahmen nach § 56 Abs. 1 BKAG nicht alleine zum Zweck der Durchsetzung oder Überwachung von Anordnungen nach § 55 Abs. 1 oder 2 BKAG angeordnet werden, da dies nach § 56 Abs. 2 S. 3 Nr. 2 BKAG lediglich einen Sekundärzweck der elektronischen Aufenthaltsüberwachung darstellt (→ Rn. 24, 33).

Auf die **Generalklausel des § 38 Abs. 1 S. 1 BKAG** können mit § 56 BKAG vergleichbare Maßnahmen nicht gestützt werden, da die Voraussetzungen einer kontinuierlichen Aufenthaltsüberwachung dort abschließend normiert sind.[71] Dies schließt verwandte Maßnahmen wie den Erlass einer Meldeauflage nicht aus (→ Rn. 61), soweit die Voraussetzungen des § 56 Abs. 1 BKAG nicht umgangen werden und keine vergleichbare Eingriffsqualität erreicht wird. 65

II. Verfassungsrechtliche Einordnung

1. Gesetzgebungskompetenz des Bundes. Die Gesetzgebungskompetenz des Bundes für § 56 BKAG speist sich aus Art. 73 Abs. 1 Nr. 9a GG (ausschließliche Bundeskompetenz für die **Abwehr von Gefahren des internationalen Terrorismus** durch das Bundeskriminalpolizeiamt). Die darin enthaltene Beschränkung auf Fälle, in denen eine länderübergreifende Gefahr vorliegt, die Zuständigkeit einer Landespolizeibehörde nicht erkennbar ist oder die oberste Landesbehörde um eine Übernahme ersucht (Art. 73 Abs. 1 Nr. 9a GG) spiegelt sich in der Aufgabennorm des § 5 Abs. 1 S. 1 BKAG wider, die den Anwendungsbereich des § 56 Abs. 1–3 BKAG trotz der unmittelbar nur auf § 5 Abs. 1 S. 2 BKAG führenden Verweisung des § 56 Abs. 1 BKAG einschränkt (→ Rn. 79, 180; → § 5 Rn. 38 ff.). Für die Übermittlungsbefugnisse nach § 56 Abs. 4 Nrn. 1–4 BKAG gilt keine vergleichbare Beschränkung (→ Rn. 69). 66

Soweit neben der jüngeren (und teilweise engeren) Kompetenznorm des Art. 73 Abs. 1 Nr. 9a GG auch die ausschließliche **Gesetzgebungskompetenz zur internationalen Verbrechensbekämpfung** (Art. 73 Abs. 1 Nr. 10 GG) als Kompetenznorm in Betracht käme, ist § 56 schon ausweislich der engen Bezüge des § 56 Abs. 1 zu § 5 Abs. 1 S. 2 BKAG nicht auf diese gestützt; jedenfalls fehlt es für den Bereich der Abwehr oder Verhütung internationaler Verbrechen an einer mit § 3 oder § 4 vergleichbaren einfachgesetzlichen Aufgabennorm, auf deren Grundlage Befugnisse nach § 56 BKAG ausgeübt werden könnten. 67

Ob es für die **repressiven Zweckänderungs- und Übermittlungsbefugnisse** des § 56 Abs. 2 S. 3 Nr. 1 Alt. 2, Nr. 3 und des Abs. 4 Nr. 1 Alt. 2, Nr. 3 BKAG einer eigenständigen Bundeskompetenz bedürfte, erscheint zweifelhaft, da die jeweiligen Vorschriften vorrangig die für den präventiven Primärzweck des § 56 Abs. 1 BKAG erhobenen Daten für eine Verwendung auch zu repressiven Zwecken erschließen und insoweit eine Annexkompetenz des Bundes in Betracht kommt; jedenfalls aber besteht insoweit eine **konkurrierende Gesetzgebungskompetenz des Bundes nach Art. 74 Abs. 1 Nr. 1 GG.**[72] Ein eigenes Tätigwerden des BKA kommt in diesem Bereich dennoch nur insoweit in Betracht, als das BKAG eine entsprechende Aufgabenzuweisung enthält (→ Rn. 214 f., 217). 68

2. Verwaltungskompetenzen und operative Befugnisse. Die Verwaltungskompetenz des Bundes für die Einrichtung des BKA und dessen Ausübung auch operativer Befugnisse ergibt sich aus einer **Gesamtschau von Art. 73 Abs. 1 Nr. 9a iVm Art. 87 Abs. 1 S. 2 GG** (→ § 5 Rn. 7). Die Befugnisse des BKA im Rahmen des § 56 Abs. 1–3 BKAG sind damit jedoch auf ein Tätigwerden im Rahmen der Voraussetzungen des § 5 Abs. 1 S. 1 BKAG begrenzt,[73] die den Voraussetzungen des Art. 73 Abs. 1 Nr. 9a GG entsprechen (sog. Kompetenzausübungsschranke, → § 5 Rn. 38 ff.). Für die Übermittlungsbefugnisse nach § 56 Abs. 4 Nrn. 1–4 BKAG gilt keine vergleichbare Beschränkung, da diese nur die Übermittlung im Rahmen der zulässigen Aufgabenwahrnehmung durch das BKA erlangter Daten an die zuständige Behörde regeln (→ Rn. 251). 69

Kompetenzrechtlich sind weder der Verarbeitungszweck des § 56 Abs. 2 S. 3 Nr. 3 BKAG (Verfolgung von Straftaten nach § 87) **noch die gefahrenabwehrrechtliche Angstklausel des § 56 Abs. 2 S. 3 Nr. 4 BKAG** (Abwehr erheblicher gegenwärtiger Gefahren für Leib, Leben oder Freiheit Dritter) **mit einer entsprechenden Aufgabennorm hinterlegt.** In der Sache beschränken sich die Aufgaben und Befugnisse des BKA nach diesen Vorschriften daher auf die Weiterleitung entsprechender Erkenntnisse an die zuständigen Behörden nach Maßgabe des § 56 Abs. 4 Nrn. 3 und 4 BKAG, soweit die §§ 4 ff. nicht ausnahmsweise eine Grundlage für ein Tätigwerden des BKA im eigenen Aufgabenbereich bieten. Als bloße Annexaufgabe kann zB die eigenständige Abwehr nicht terrorismusbezogener Gefahren nach Maßgabe des § 56 Abs. 2 S. 3 Nr. 4 BKAG aber nicht gerechtfertigt werden. 70

3. Grundrechte. a) Informationelle Selbstbestimmung (Art. 2 Abs. 1 iVm Art. 1 Abs. 1 GG). Als **Maßnahme der offenen Datenerhebung** ist § 56 Abs. 1 BKAG in erster Linie am Grundrecht auf informationelle 71

71 Vgl. BeckOK-POR Niedersachsen/Waechter NdsPOG § 17c Rn. 13 (2022); Lindner/Bast DVBl. 2017, 290 (291).
72 Guckelberger NVwZ 2017, 1121 (1123).
73 Vgl. Münch, BT-Drs. (A) 18(4)806C, 5.

Selbstbestimmung (Art. 2 Abs. 1 iVm Abs. 1 Abs. 1 GG) zu messen. Auch die Speicherung, Zweckänderung und weitere Verwendung bzw. Verknüpfung bereits erlangter Daten begründen **weitere Eingriffe in das Datenschutzgrundrecht.**

72 **b) Unverletzlichkeit der Wohnung (Art. 13 GG).** Mit der bloßen Feststellung des Aufenthalts innerhalb der eigenen Wohnung ist kein darüber hinausgehender Eingriff in das Grundrecht auf Unverletzlichkeit der Wohnung (Art. 13 GG) verbunden.[74] Auch die Verpflichtung zum Einbringen der Fußfessel bzw. der (die Überwachungsintensität mindernden) „Home Unit" begründet **keinen sonstigen Eingriff in Art. 13 GG,**[75] da dieser nicht die Verfügungsbefugnis über die Wohnung, sondern deren Vertraulichkeit schützt. Eine Befugnis zum Betreten der Wohnung zum Zweck der Installation einer solchen Einheit ist in § 56 Abs. 1 BKAG demgegenüber nicht unmittelbar geregelt, auch wenn der Gesetzgeber von der Notwendigkeit (nicht näher bezeichneter) technischer Maßnahmen zur grundrechtsschonenden Ausgestaltung von Maßnahmen nach § 56 Abs. 1 BKAG ausgeht. Ob eine entsprechende Verpflichtung mit Zwangsmitteln durchgesetzt werden kann, richtet sich daher nach allgemeinem Vollstreckungsrecht.

73 Da § 56 Abs. 2 S. 2 BKAG eine über die Tatsache der Anwesenheit hinausgehende **Datenerhebung über das Verhalten des Betroffenen innerhalb der Wohnung** – zB seine Bewegungsmuster oder den genauen Aufenthaltsort innerhalb der Wohnung – nur „soweit technisch möglich" ausschließt, ist Art. 13 GG dennoch aufgerufen, sobald eine solche Datenerhebung tatsächlich erfolgt.[76] Zwar handelt es sich insoweit weder um eine Durchsuchung iSd Art. 13 Abs. 2 GG noch um den Einsatz technischer Mittel zur Überwachung von Wohnungen iSd Art. 13 Abs. 4 GG, da die in § 56 Abs. 2 S. 2, 6–9 BKAG normierten Vermeidungsmaßnahmen eine zielgerichtete Datenerhebung aus dem Inneren der Wohnung ausschließen;[77] unter Berücksichtigung des sog. modernen Eingriffsbegriff wird aber dennoch zumindest von einem **(sonstigen) Eingriff bzw. einer (sonstigen) Beschränkung iSd Art. 13 Abs. 7 GG** auszugehen sein.[78]

74 Insbesondere liegt **kein Fall** vor, in dem die Eingriffsqualität verneint werden kann, weil die erlangen **Daten ungezielt und allein technikbedingt zunächst miterfasst,** aber unmittelbar nach der Erfassung **technisch wieder anonym, spurenlos und ohne Erkenntnisinteresse für die Behörden ausgesondert** werden.[79] Denn § 56 Abs. 3 S. 6 BKAG sieht eine Datenlöschung erst nach Kenntnisnahme, dh nach der Auswertung durch eine natürliche Person, vor.[80]

75 Da die **verfassungsunmittelbaren Eingriffsvoraussetzungen** einer gemeinen oder dringenden Gefahr bzw. Lebensgefahr in Fällen einer lediglich drohenden Gefahr regelmäßig nicht vorliegen,[81] müsste die Anordnung von Maßnahmen nach § 56 Abs. 1 BKAG aus Gründen zwingenden Verfassungsrechts kategorisch ausscheiden, so lange eine Verletzung der Vertraulichkeit der Wohnung auf technischem Wege nicht zuverlässig vermieden werden kann, obwohl der Gesetzgeber eine solche Datenerhebung ausdrücklich nur als unvermeidbare Nebenfolge einer an sich rechtfertigbaren Überwachungsmaßnahme in Kauf nimmt. Insbesondere kann die Rechtsprechung des Bundesverfassungsgerichts zu Art. 1 Abs. 1 GG, die unbeabsichtigte Verletzungen des Kernbereichs privater Lebensgestaltung in der Erhebungsphase zumindest dann hinnimmt, wenn diese praktisch unvermeidbar sind und durch geeignete Schutzmaßnahmen in der Auswertungsphase kompensiert werden,[82] nicht ohne Weiteres übertragen werden.[83] Ohne dogmatische Brüche kann dieses

74 Vgl. Schenke/Graulich/Ruthig/Ruthig BKAG § 56 Rn. 3; BeckOK-POR NRW/Barczak PolG NRW § 34c Rn. 12 (2022); aA wohl BeckOK-PolR Baden-Württemberg/Trurnit PolG BW § 32 Rn. 7 (2022). Offen gelassen in BVerfG Beschl. v. 1.12.2020 – 2 BvR 916/11 –, BVerfGE 156, 63 (162, Rn. 333).

75 AA BeckOK-POR Niedersachsen/Waechter NdsPOG § 17c Rn. 5 (2022).

76 Zutreffend Ullrich/Walter/Zimmermann NWVBl. 2019, 98 (102). Ohne Erörterung insoweit BVerfG Beschl. v. 1.12.2020 – 2 BvR 916/11 –, BVerfGE 156, 63 (161 ff., Rn. 330 ff.). Vgl. aber unter dem Gesichtspunkt des Kernbereichsbezugs ebd., 135 f., Rn. 247 f.

77 Ähnlich – wenngleich mit erkennbarer Skepsis – Guckelberger DVBl. 2017, 1121 (1128).

78 Strenger BeckOK-POR Niedersachsen/Waechter NdsPOG § 17c Rn. 5 (2022); BeckOK-PolSiR Bayern/Schröder BayPAG Art. 34 Rn. 16 (2022); Ullrich/Walter/Zimmermann NWVBl. 2019, 98 (103 f.): Eingriff iSd Art. 13 Abs. 4 GG.

79 Vgl. zu dieser Einschränkung des Eingriffsbegriffs im Kontext des Rechts auf informationelle Selbstbestimmung BVerfG Beschl. v. 18.12.2018 – 1 BvR 142/15 –, BVerfGE 150, 244 (266, Rn. 43).

80 Zurecht kritisch BeckOK-POR Niedersachsen/Waechter NdsPOG § 17c Rn. 34 (2022).

81 Vgl. BeckOK-POR Niedersachsen/Waechter NdsPOG § 17c Rn. 34 (2022); BeckOK-PolSiR Bayern/Schröder BayPAG Art. 34 Rn. 16 (2022); aA Ullrich/Walter/Zimmermann NWVBl. 2019, 98 (103 f.) unter dem Gesichtspunkt der „Verhütung" dringender Gefahren, die jedoch einen Verstoß gegen Art. 13 Abs. 4 GG annehmen. Für die Verfassungsmäßigkeit (nur) am Maßstab des Art. 13 Abs. 7 GG auch Guckelberger DVBl. 2017, 1121 (1128). Vgl. zu § 68b Abs. 1 S. 1 Nr. 12 StGB aber BVerfG Beschl. v. 1.12.2020 – 2 BvR 916/11 –, BVerfGE 156, 63 (162, Rn. 333). Eine entsprechende Anordnung setzt indes die (konkrete) Gefahr der Begehung weiterer der in § 66 Abs. 3 S. 1 StGB bezeichneten Straftaten voraus.

82 Vgl. hierzu BVerfG Beschl. v. 1.12.2020 – 2 BvR 916/11 –, BVerfGE 156, 63 (122 f., Rn. 208).

83 Zutreffend BeckOK-POR Niedersachsen/Waechter NdsPOG § 17c Rn. 5 (2022).

rechtspraktisch kaum befriedigende Ergebnis, das sich als Folge der starren und zu stark maßnahmenbezogenen Schrankensystematik des Art. 13 GG[84] darstellt, indes nicht ausgeräumt werden.[85]

Soweit § 56 Abs. 2 S. 1 BKAG auch die **Erhebung von Daten über etwaige Beeinträchtigungen der Funktionsfähigkeit des technischen Überwachungsmittels** vorsieht, ist dies gemessen an Art. 13 GG nur dann unbedenklich, wenn diese sich **alleine auf den technischen Zustand des Überwachungsmittels,** nicht aber auch auf den Vorgang des Beeinträchtigens bezieht.[86] Denn auch wenn der Gesetzgeber ein anerkennenswertes Interesse daran hat, Beeinträchtigungen der Funktionsfähigkeit des Überwachungsmittels zu untersagen[87] und dennoch vorgenommene Beeinträchtigungen auch innerhalb der Wohnung zu erkennen, wird ein Beeinträchtigungsversuch innerhalb der Wohnung regelmäßig nicht dazu führen, dass die schon tatbestandlich vorausgesetzte drohende Gefahr iSd § 56 Abs. 1 BKAG sich zu einer dringenden Gefahr für die öffentliche Sicherheit iSd Art. 13 Abs. 4 GG konkretisiert.[88] Die bloße Erfassung des technischen Betriebszustands vermittelt demgegenüber zwar Kenntnisse über den technischen Zustand des in der Wohnung befindlichen Überwachungsmittels, nicht aber über sonstige Umstände, die dem Schutz der Unverletzlichkeit der Wohnung unterliegen.[89] 76

Da § 56 Abs. 1 und 2 BKAG (jedenfalls) für die zielgerichtete Datenerhebung aus vom Schutz des Rechts auf Unverletzlichkeit der Wohnung (Art. 13 GG) erfassten Räumlichkeiten **keine rechtliche Grundlage** bietet (und nach dem Willen des Gesetzgebers auch nicht bieten soll), muss auch der **einfachrechtliche Wohnungsbegriff** des § 56 Abs. 2 S. 2 BKAG **entsprechend dem verfassungsrechtlichen Wohnungsbegriff ausgelegt** werden (→ Rn. 44 ff.). Er erfasst daher neben Wohn- und Nebenräumen auch Arbeits-, Betriebs- und Geschäftsräume sowie anderes befriedetes Besitztum (→ Rn. 47 ff. auch zur entsprechenden Anwendung des § 61 Abs. 1 S. 2 BKAG). 77

c) **Weitere Grundrechte.** Die mit dem körpernahen Mitführen eines betriebsbereiten technischen Mittels zur elektronischen Aufenthaltsüberwachung verbundene (geringe) Strahlenbelastung begründet keinen Eingriff in das **Recht auf körperliche Unversehrtheit** (Art. 2 Abs. 2 S. 1 GG).[90] Die mit dem Tragen eines entsprechenden Überwachungsmittels gegebenenfalls verbundenen körperlichen Beeinträchtigungen (zB durch Hautabschürfungen, Schmerzen oder Schwellungen) weisen jedenfalls eine nur geringe Intensität auf und sind – soweit technisch unvermeidbar[91] – hinzunehmen.[92] Dies gilt umso mehr, als § 56 Abs. 1 BKAG richtigerweise selbst keine (unmittelbare) Grundlage dafür bietet, den Verpflichtungsadressaten physisch an das zur Durchführung der elektronischen Aufenthaltsüberwachung verwendete Gerät zu „fesseln" (→ Rn. 34). 78

Die Anordnung der elektronischen Aufenthaltsüberwachung begründet weder aus sich heraus noch iVm Aufenthaltsvorgaben oder Kontaktverboten nach § 55 Abs. 1 und 2 BKAG Eingriffe in die **körperliche Fortbewegungsfreiheit des Art. 2 Abs. 2 S. 2 GG** oder das **Freizügigkeitsgrundrecht des Art. 11 GG.**[93] Sie ist aber gegebenenfalls geeignet, das Gewicht eines unmittelbar mit Maßnahmen nach § 55 Abs. 1 oder 2 BKAG verbundenen Eingriffs in Art. 2 Abs. 2 S. 2 oder Art. 11 GG (→ § 55 Rn. 47 ff.) zu vertiefen.[94] 79

Die Verpflichtung zum Tragen einer „elektronischen Fußfessel" weist unstreitig keine subjektiv berufsregelnde Tendenz auf.[95] Die darüber hinausgehende Annahme des Bundesverfassungsgerichts, dass in Ermangelung auch einer objektiv berufsregelnden Tendenz bereits kein Eingriff in die **Berufsfreiheit des Art. 12 GG** gegeben sei,[96] dürfte in dieser Pauschalität indes nicht haltbar sein.[97] Jedenfalls im Hinblick auf Tätigkeiten, die mit dem Tragen eines sichtbaren technischen Überwachungsmittels – etwa im Hinblick auf die damit verbundene Stigmatisierungswirkung – unvereinbar sind, kann von einer bloßen „Reflexwirkung" 80

84 Vgl. zur Kritik Dürig/Herzog/Scholz/Papier GG Art. 13 (2014) Rn. 63 ff.

85 Im Ergebnis ebenso Ullrich/Walter/Zimmermann NWVBl. 2019, 98 (103 f.); BeckOK-POR Niedersachsen/Waechter NdsPOG § 17c Rn. 5 (2022); BeckOK-PolSiR Bayern/Schröder BayPAG Art. 34 Rn. 16 (2022).

86 Dieser Aspekt der Datenerhebung wurde in BVerfG Beschl. v. 1.12.2020 – 2 BvR 916/11 –, BVerfGE 156, 63 nicht berücksichtigt.

87 Vgl. § 56 Abs. 1 BKAG.

88 So auch BeckOK-POR Niedersachsen/Waechter NdsPOG § 17c Rn. 5, 34 (2022).

89 Strenger noch – und gut vertretbar – BeckOK-POR Niedersachsen/Waechter NdsPOG § 17c Rn. 5, 34 (2022).

90 BVerfG Beschl. v. 1.12.2020 – 2 BvR 916/11 –, BVerfGE 156, 63 (157, Rn. 317).

91 Vermeidbare Beeinträchtigungen, die zB durch Gestaltungsmängel der Fixierungsmechanismen entstehen, sind demgegenüber auch dann nicht erforderlich (dh unverhältnismäßig), wenn sie nur geringfügig sind.

92 BVerfG Beschl. v. 1.12.2020 – 2 BvR 916/11 –, BVerfGE 156, 63 (157 f., Rn. 318 f.).

93 Vgl. BVerfG Beschl. v. 1.12.2020 – 2 BvR 916/11 –, BVerfGE 156, 63 (158 ff., Rn. 321 ff.); BGH Beschl. v. 22.2.2022 – 3 ZB 3/21 –, juris, Rn. 15; BeckOK-POR Hessen/Leggereit HessSOG § 31a Rn. 3a (2022); BeckOK-POR NRW/Barczak PolG NRW § 34c Rn. 12 (2022); BeckOK-PolSiR Bayern/Schröder BayPAG Art. 34 Rn. 17 (2022). Anders BeckOK-POR Niedersachsen/Waechter NdsPOG § 17c Rn. 4 (2022), im Hinblick auf mittelbar verhaltenslenkende Wirkungen der Aufenthaltsüberwachung. Dagegen überzeugend Ullrich/Walter/Zimmermann NWVBl. 2019, 98 (101 f.).

94 Vgl. BeckOK-POR NRW/Barczak PolG NRW § 34c Rn. 12 (2022); BeckOK-PolSiR Bayern/Schröder BayPAG Art. 34 Rn. 17 (2022); s. auch noch → Rn. 169.

95 BVerfG Beschl. v. 1.12.2020 – 2 BvR 916/11 –, BVerfGE 156, 63 (157 f., Rn. 318 f.).

96 Vgl. BVerfG Beschl. v. 1.12.2020 – 2 BvR 916/11 –, BVerfGE 156, 63 (160 f., Rn. 325 ff.).

97 Relativierend daher auch BVerfG Beschl. v. 1.12.2020 – 2 BvR 916/11 –, BVerfGE 156, 63 (176, Rn. 383; 180 ff., Rn. 399 ff.).

bzw. von Auswirkungen im Bagatellbereich nicht die Rede sein.[98] Entsprechende Beeinträchtigungen können zwar gerechtfertigt sein,[99] sind gegebenenfalls aber bei der Bestimmung des konkreten Eingriffsgewichts im Rahmen der Verhältnismäßigkeits- und Ermessensprüfung zu berücksichtigen.[100]

81 Bedingt durch die offene Durchführung von Maßnahmen nach § 56 Abs. 1 BKAG tritt neben die Beeinträchtigung des Rechts auf informationelle Selbstbestimmung ein Eingriff in die **allgemeine Handlungsfreiheit (Art. 2 Abs. 1 GG)** in Form der zielgerichteten Verhaltenslenkung durch das allzeitige, aufgrund der Fühlbarkeit des Überwachungsmittels am Körper stets in Erinnerung gerufene Bewusstsein, der staatlichen Überwachung zu unterliegen. Das Eingriffsgewicht wird indes durch den Umstand gemindert, dass die Handlungen, von denen der Betroffene abgehalten werden soll, bereits durch die in § 5 Abs. 1 S. 2 BKAG in Bezug genommenen Strafnormen, die gleichsam auf eine vektorgleiche Verhaltenslenkung abzielen, pönalisiert sind.

82 Die darüber hinausgehenden **verhaltenslenkenden Wirkungen des stetigen Überwachungsdrucks**, die etwa auch die Vermeidung ambivalenter oder lediglich potenziell verdächtiger (im Ergebnis aber unbedenklicher) Verhaltensweisen umfassen, gehen demgegenüber in der Schutzwirkung des Rechts auf informationelle Selbstbestimmung auf. Sie dürfen bei der Bestimmung des Eingriffsgewichts (dort) indes nicht voreilig außer Acht gelassen werden.

83 Über die intendierte Lenkungswirkung hinaus wirkt die Verpflichtung, ein gegebenenfalls auch für Dritte als solches erkennbares Überwachungsgerät ständig am Körper zu tragen, aufgrund des hierin zum Ausdruck kommenden staatlichen Misstrauens stigmatisierend und bewirkt so **weitere Eingriffe in das allgemeine Persönlichkeitsrecht** (Art. 2 Abs. 1 iVm Art. 1 Abs. 1 GG). Auch wenn der Gesetzgeber eine soziale Ausgrenzung des Betroffenen nicht – wie etwa bei der Verpflichtung zum Tragen einer mittelalterlichen „Schandmaske“[101] – gezielt herbeiführt, ist mit ihrem Eintreten jedenfalls in Situationen – wie zB der Pflege enger sozialer bzw. intimer Kontakte oder dem Gang in die Sauna oder das Schwimmbad[102] – zu rechnen, in denen der Betroffene das stets am Körper mitzuführende Überwachungsmitteln nicht durch geeignete Kleidungwahl verdecken kann. Verschärft wird diese Problematik in Fällen, in denen die Verpflichtung nach § 56 Abs. 1 BKAG im Umfeld des Betroffenen bekannt wird (so dass Kaschierungsmaßnahmen gegebenenfalls eher die Aufmerksamkeit auf das Verborgene lenken) oder der Betroffene – zB bei der Ausübung von Kontaktsportarten oder im Rahmen der Kontrolle mit einem Metalldetektor am Flughafen – mit einer ungewollten Entdeckung rechnen muss, die ad hoc einen entsprechenden Rechtfertigungs- bzw. Erläuterungsbedarf in der Öffentlichkeit auslösen kann. Auch wenn eine solche Stigmatisierung in Ansehung der Verantwortlichkeit des Betroffenen für Gefahren für durch die in § 5 Abs. 1 S. 2 BKAG in Bezug genommenen Strafnormen geschützten Rechtsgüter im Ergebnis gegebenenfalls gerechtfertigt werden kann, greift der bloße Hinweis, dass es „nicht unmöglich“ sei, das Vorhandensein entsprechender Überwachungsmittel auch im engeren sozialen Bereich (zB durch entsprechende Kleidungswahl) zu verbergen, so dass sich die unvermeidliche Kenntnisnahme von der „elektronischen Fußfessel“[103] auf einzelne Freizeitaktivitäten und den Bereich intimer Kontakte beschränke, ersichtlich zu kurz.[104] Insbesondere liegt es an der anordnenden Behörde, das Eingriffsgewicht durch die Auswahl eines – gemessen am jeweils aktuellen Stand der Miniaturisierungstechnik – möglichst unauffälligen bzw. gut kaschierbaren Überwachungsmittels auf das erforderliche Mindestmaß zu reduzieren.

84 In der elektronischen Aufenthaltsüberwachung liegt trotz der damit einhergehenden Dauerüberwachung individuellen Verhaltens jedenfalls so lange **kein Eingriff in den verfassungsrechtlich absolut geschützten Kernbereich privater Lebensgestaltung,** wie sich diese auf eine bloße Erfassung des Aufenthaltsorts unter Beschränkung auf eine Aufenthaltskontrolle im inneren der Wohnung begrenzt, ohne das Verhalten des Betroffenen darüber hinaus – zB durch optische oder akustische Aufzeichnungen – zu erfassen.[105]

85 **d) Eingriffsintensität.** Hinsichtlich des Gewichts der mit Maßnahmen nach § 56 Abs. 1 und 2 BKAG verbundenen Grundrechtseingriffe ist zu unterscheiden: In seiner **operativen Eingriffsdimension** weist die elektronische Aufenthaltsüberwachung zunächst nur eine vergleichsweise geringe Eingriffstiefe auf, weil die mit dem Eingriff beabsichtigte Verhaltenslenkung sich nur auf verbotene Verhaltensweisen – die Begehung terroristischer Straftaten – mit geringer Persönlichkeitsrelevanz bezieht. Erhöht wird dieses Eingriffsgewicht jedoch durch die mit der Verpflichtung zum Beisichführen technischer Ortungsmittel verbundene **Stigmati-**

98 So aber BVerfG Beschl. v. 1.12.2020 – 2 BvR 916/11 –, BVerfGE 156, 63 (160 f., Rn. 328).
99 So hilfsweise auch BVerfG Beschl. v. 1.12.2020 – 2 BvR 916/11 –, BVerfGE 156, 63 (161, Rn. 329).
100 Vgl. BVerfG Beschl. v. 1.12.2020 – 2 BvR 916/11 –, BVerfGE 156, 63 (176, Rn. 383; 180 ff., Rn. 399 ff.).
101 Vgl. BVerfG Beschl. v. 1.12.2020 – 2 BvR 916/11 –, BVerfGE 156, 63 (149 f., Rn. 293).
102 Vgl. BVerfG Beschl. v. 1.12.2020 – 2 BvR 916/11 –, BVerfGE 156, 63 (109 f., Rn. 172; 112, Rn. 179; 149, Rn. 291; 149 f., Rn. 293 f.).
103 Kritisch zum Begriff → Rn. 33 f.
104 So aber BVerfG Beschl. v. 1.12.2020 – 2 BvR 916/11 –, BVerfGE 156, 63 (149 f., Rn. 293).
105 Vgl. BVerfG Beschl. v. 1.12.2020 – 2 BvR 916/11 –, BVerfGE 156, 63 (135 f., Rn. 247 f.; 136, Rn. 250 ff.; 161 f., Rn. 331 f.).

sierungswirkung insbesondere in Fällen, in denen die Verpflichtung Dritten bereits bekannt ist oder das am Körper mitgeführte Gerät zB im Rahmen von Einlass- und Sicherheitskontrollen, sportlicher Betätigung oder der Anbahnung intimer Kontakte nicht wirksam verborgen werden kann (→ Rn. 83). Hierbei ist jeweils die individuelle Situation des Betroffenen zu würdigen.

In ihrer **Dimension als staatliche Überwachungsmaßnahme** ist die Anordnung einer elektronischen Aufent- 86 haltsüberwachung demgegenüber strukturell geeignet, dem Betroffenen das (gegebenenfalls zutreffende) **Gefühl einer rund-um-die-Uhr-Überwachung auch alltäglicher Verhaltensweisen** zu vermitteln.[106] Der Gesetzgeber hat jedoch (noch hinreichend) deutlich gemacht, dass eine individuelle Verhaltensüberwachung weder in Form der Erfassung des individuellen Verhaltens des Betroffenen am festgestellten Aufenthaltsort noch in Form der Erstellung automatisierter Bewegungs- und Verhaltensprofile erfolgen soll (→ Rn. 20, 55 ff.). Die Beschränkung auf die automatisierte Verarbeitung der nach § 56 Abs. 2 S. 1 und 2 BKAG erhobenen Daten stellt weiterhin sicher, dass die Lebensumstände des Überwachungsbetroffenen nur nach Maßgabe der gesetzlichen Überwachungszwecke zur Kenntnis staatlicher Organe gelangen. Jedenfalls **bei ordnungsgemäßer Einhaltung dieser Verarbeitungs- und Verwendungsbeschränkungen** erreichen Maßnahmen nach § 56 BKAG daher auch in ihrer Dimension als staatliche Überwachungsmaßnahme **lediglich eine mittlere Eingriffstiefe,**[107] die allerdings mit steigender Überwachungsdauer stetig zunimmt (zur zeitlichen Dimension → Rn. 195 ff.).

Unter dem Gesichtspunkt des **kumulativen Grundrechtseingriffs** kommt der Anordnung der elektronischen 87 Aufenthaltsüberwachung bei bestehenden Aufenthalts- oder Kontaktverboten eine erheblich eingriffsverstärkende Wirkung zu.

So **erhöht sich zunächst die Intensität der Aufenthaltsvorgaben bzw. Kontaktverbote,** wenn deren punktge- 88 naue Einhaltung durch Maßnahmen der elektronischen Aufenthaltsüberwachung auf Schritt und Tritt überwacht werden kann. Dies gilt umso mehr, als schon geringfügige Zuwiderhandlungen gegen Anordnungen nach § 55 Abs. 1 oder 2 BKAG nach § 87 Abs. 1 BKAG strafbewehrt sind.

Intensiviert wird zugleich jedoch die mit der elektronischen Aufenthaltsüberwachung verbundene Belas- 89 tung, da der automatisierte Abgleich der Aufenthaltsdaten mit den hinterlegten Aufenthaltsdaten nach § 56 Abs. 3 S. 3 Nrn. 2 und 3 BKAG gegebenenfalls weit zuverlässiger zu „Trefferfällen" führen wird als die automatisierte Datenverarbeitung alleine zur Verwirklichung des Primärzwecks des § 56 Abs. 1 nach § 56 Abs. 3 S. 3 Nr. 1 Alt. 1 BKAG (→ Rn. 52 ff.).

III. Verwaltungsverfahrensrechtliche Einordnung

Behördliche Anordnungen der elektronischen Aufenthaltsüberwachung bei Gefahr im Verzug (§ 56 Abs. 5 90 S. 2 BKAG) sind **Verwaltungsakte iSd § 35 S. 1 VwVfG,** da sie als hoheitliche Maßnahmen einer Behörde auf dem Gebiet des öffentlichen Rechts mit Außenwirkung regelnd auf das Verhalten des jeweiligen Adressaten einwirken. Anders als bei heimlichen Überwachungsmaßnahmen ergibt sich die Regelungswirkung gegenüber dem Betroffenen schon aus der mit hoheitlichem Zwang durchsetzbaren Verpflichtung, durch das Beisichführen technischer Überwachungsmittel an der elektronischen Aufenthaltsüberwachung mitzuwirken.

Gerichtliche Anordnungen nach Maßgabe des § 56 Abs. 5 S. 1 BKAG erfüllen indes ebenfalls die **begriffli- 91 chen Voraussetzungen eines (Justiz)Verwaltungsakts,** da das nach § 90 Abs. 2 BKAG zur Entscheidung berufene Amtsgericht dem Betroffenen nicht im Rahmen eines Rechtsprechungsakts, sondern als anordnende Justizbehörde gegenübertritt. Die rechtliche Einordnung als Justizverwaltungsakt bleibt jedoch folgenlos, da Anordnungs- und Rechtsmittelverfahren spezialgesetzlich geregelt sind.[108]

Als auf eine gewisse Dauer bezogenes Verhaltensgebot ist die Verpflichtung, technische Mittel zur elektro- 92 nischen Aufenthaltsüberwachung mit sich zu führen, ein **Dauerverwaltungsakt,**[109] dessen Rechtmäßigkeit von der verfügenden Stelle **jederzeit unter Kontrolle** zu halten ist; nachträgliche Änderungen zugunsten des Betroffenen führen daher gegebenenfalls auch nach Eintritt der Bestandskraft einer solchen Regelung zu deren Rechtswidrigkeit (→ Rn. 201, auch zum Rechtsschutz).

106 Vgl. BeckOK-POR NRW/Barczak PolG NRW § 34c Rn. 13 (2022).

107 Strenger BVerfG Beschl. v. 1.12.2020 – 2 BvR 916/11 –, BVerfGE 156, 63 (143, Rn. 273): „Grundrechtseingriff von hoher Intensität"; BeckOK-POR NRW/Barczak PolG NRW § 34c Rn. 13 ff. (2022): „besonders intensiver Eingriff". Für die rechtliche Bewertung bleibt diese unterschiedliche Einordnung aber ersichtlich ohne Folgen.

108 § 90 Abs. 2 S. 2 BKAG; → Rn. 263 ff.

109 Vgl. BeckOK-POR Hessen/Leggereit HessSOG § 31a Rn. 21 (2022).

IV. Formelle Rechtmäßigkeitsanforderungen

93 **1. Zuständigkeit des BKA.** Die **Zuständigkeit des BKA** für Maßnahmen nach § 56 Abs. 1 BKAG ergibt sich aus § 5 Abs. 1 S. 1 und 3 BKAG. Auf andere der in §§ 1 ff. genannten Aufgabennormen kann die Ausübung von Befugnissen nach § 56 Abs. 1 nicht gestützt werden, da die in §§ 38–62 BKAG geregelten Befugnisse schon ausweislich der Überschrift des 5. Abschnitts des BKAG und der Grundnorm des § 38 Abs. 1 S. 1 BKAG ausschließlich der Abwehr von Gefahren des internationalen Terrorismus dienen.[110]

94 Dass § 56 Abs. 1 S. 1 BKAG ausschließlich auf die Begriffsdefinition des § 5 Abs. 1 S. 2 BKAG verweist, steht einem solchen Verständnis nicht entgegen, da sich die Beschränkung auf den in Abs. 1 S. 1 und 3 genannten Aufgabenkreis und die Bindung an die in Abs. 1 S. 1 genannten weiteren Voraussetzungen sowohl aus der Systematik des BKAG als auch den kompetenziellen Vorgaben des Grundgesetzes ergeben (→ Rn. 79, 180). Auch nach § 56 Abs. 1 BKAG kann das BKA daher nur tätig werden, wenn neben den dort genannten Voraussetzungen auch die weiten **Voraussetzungen des § 5 Abs. 1 S. 1 BKAG** (länderübergreifende Gefahr, nicht erkennbare Zuständigkeit einer Landespolizeibehörde oder Übernahmeersuchen einer obersten Landesbehörde) vorliegen (→ § 5 Rn. 38 ff.).[111]

95 **2. Antragszuständigkeit; Abteilungsleitungsvorbehalt (Abs. 5 S. 1 und 2).** Maßnahmen nach Abs. 1 und 2 dürften nach Abs. 5 S. 1 nur **auf Antrag der zuständigen Abteilungsleitung oder deren Vertretung** durch das Gericht angeordnet werden (doppelter Verfahrensvorbehalt). Bei **Gefahr im Verzug** wandelt sich die Antragsbefugnis der Abteilungsleitung bzw. Leitungsvertretung in eine **unmittelbare Anordnungskompetenz,** wobei die gerichtliche Entscheidung unverzüglich nachzuholen ist (Abs. 5 S. 2 und 3).

96 Die **Zuständigkeit der Abteilungsleitung bestimmt sich nach dem Organisationsrecht des BKA.** Durch die ausdrückliche Bezugnahme auf die „zuständige" Abteilungsleitung wird die an sich nur behördeninterne Zuständigkeitsverteilung Maßstab der Rechtmäßigkeit des Antrags bzw. der Anordnung nach außen. Erforderlich ist daher nicht nur eine Entscheidung auf Abteilungsleiterebene, sondern die Zuständigkeit der jeweiligen Abteilung für die jeweils wahrgenommene Aufgabe.

97 Nach dem **Organigramm des BKA,**[112] das derzeit elf Abteilungen ausweist (→ § 1 Rn. 11), kommt nur eine Zuständigkeit der Abteilungen ST (Polizeilicher Staatsschutz) und TE (Islamisch motivierter Terrorismus/Extremismus) in Betracht, da nur diesen Aufgaben der Abwehr von Gefahren des internationalen Terrorismus zukommen; die bloße Zuständigkeit für die Verhütung in § 129a Abs. 1 und 2 StGB genannter Delikte ist insoweit nicht ausreichend.

98 Da der Abteilungsleitungsvorbehalt der Bedeutung und dem Gewicht des Grundrechtseingriffs Rechnung tragen soll,[113] kann auch eine **Vertretung nur durch vertretungsberechtigte Angehörige des jeweiligen Abteilungsstabes** erfolgen; eine weitere Delegation ist auch im Verhinderungsfall unzulässig.

99 Nicht eindeutig ist, ob eine **Antragstellung bzw. Anordnung auch durch die Behördenleitung oder deren Vertretung** erfolgen kann. Obwohl der Wortlaut der Norm („nur") dagegen spricht, können sowohl die Funktion des Abteilungsleitungsvorbehalts als auch die Gesetzesbegründung, die eine Beschränkung der Antrags- bzw. Anordnungsbefugnis auf den Präsidenten oder seine Vertretung bei offenen Gefahrenabwehrmaßnahmen nicht für erforderlich hält,[114] zugunsten einer Antrags- bzw. Anordnungsbefugnis auch der Behördenleitung bzw. deren Vertretung angeführt werden. Aufgrund der hierarchischen Behördenstruktur spricht letztlich nichts dagegen, dieser ein eigenes, von der Erreichbarkeit der Abteilungsleitung unabhängiges Antrags- bzw. Anordnungsrecht zuzubilligen.

100 **Zuständigkeitsmängel** bei der Antragstellung bzw. Anordnung führen zur Rechtswidrigkeit der Maßnahme, können in entsprechender Anwendung des § 45 Abs. 1 Nr. 1 VwVfG aber unbeachtlich werden, wenn der zuständige Amtswalter nachträglich tätig wird. Eine ohne behördlichen Antrag ergangene gerichtliche Anordnung wäre demgegenüber wirkungslos (vgl. § 90 Abs. 2 S. 2 BKAG iVm § 22 Abs. 2 S. 1 FamFG).

101 Eine Rücknahme des Antrags kann bis zum Eintritt der Rechtskraft einer gerichtlichen Entscheidung erfolgen, bedarf nach Erlass der Endentscheidung aber der Zustimmung des Betroffenen.[115]

102 **3. Verfahren. a) Anhörung.** Das Erfordernis der Anhörung bereits durch das BKA[116] ergibt sich für Maßnahmen nach § 56 Abs. 5 S. 2 BKAG aus einer unmittelbaren,[117] für gerichtliche Anordnungen nach § 56 Abs. 5 S. 1 aus einer jedenfalls entsprechenden Anwendung des **§ 28 Abs. 1 VwVfG.** Zwar unterliegt die ge-

110 Vgl. Münch, BT-Drs. (A) 18(4)806C, 5.
111 Vgl. Münch, BT-Drs. (A) 18(4)806C, 5 sowie schon BVerfG Urt. v. 20.4.2016 – 1 BvR 966/09 ua –, BVerfGE 141, 220 (288, Rn. 156) zu § 20g Abs. 1 Nr. 1 iVm § 4a BKAG aF Vgl. auch BeckOK-POR Hessen/Leggereit HessSOG § 31a Rn. 2 (2022).
112 Stand: 1.7.2022.
113 Vgl. BT-Drs. 18/11163, 119 zum Behördenleitervorbehalt.
114 Vgl. BT-Drs. 18/11163, 125 f.
115 § 90 Abs. 2 S. 2 BKAG iVm § 22 Abs. 1 FamFG.
116 Zur Anhörung im gerichtlichen Verfahren → Rn. 124 f.
117 Vgl. BeckOK-POR Niedersachsen/Waechter NdsPOG § 17b Rn. 22 (2022).

richtliche Anordnung selbst nicht dem Verfahrensregime der §§ 9 ff. VwVfG, da das letztlich anordnende Gericht nicht als Verwaltungsbehörde iSd VwVfG handelt und sich verfahrensrechtliche Anforderungen unmittelbar aus dem FamFG ergeben. Aufgrund der Dispositionsbefugnis des BKA (→ Rn. 110) und des Erfordernisses einer behördlichen Ermessensentscheidung (→ Rn. 188 f., 129) unter Darstellung des Sachverhalts[118] muss das Bundeskriminalamt **den Sachverhalt** auch im Fall einer gerichtlichen Anordnung (ua) **durch Anhörung von Amts wegen ermitteln.**[119]

Ein **Absehen von der behördlichen Anhörung** nach Maßgabe des § 28 Abs. 2 Nr. 1 Alt. 1 VwVfG (Gefahr im Verzug) kommt insbesondere bei Anordnungen durch die Behördenleitung in Betracht, die nach § 56 Abs. 5 S. 2 ebenfalls **Gefahr im Verzug** voraussetzen; aufgrund des Erfordernisses der Bekanntgabe an den Betroffenen, die auch durch persönliche Übergabe der schriftlichen Anordnung erfolgen kann,[120] dürfte zumindest eine mündliche Anhörung aber doch regelmäßig möglich sein. 103

Die behördliche Anhörung muss **vor der Antragsstellung nach § 56 Abs. 5 S. 1 BKAG** ergehen, da der durch Anhörung ermittelte (weitere) Sachverhalt nach § 56 Abs. 6 Nr. 4 BKAG im Antrag anzugeben ist; hierbei ist zugleich anzugeben, ob der Betroffene angehört wurde. 104

Inhaltlich muss sich die Anhörung auf die **„für die Entscheidung erheblichen Tatsachen“** beziehen,[121] so dass dem Betroffenen insbesondere die anlassgebenden „bestimmten Tatsachen“[122] oder sein „individuelles Verhalten“,[123] aus denen bzw. dem die Behörde das Vorliegen einer drohenden Gefahr ableitet, konkret zu bezeichnen sind. Ein behördliches **Geheimhaltungsinteresse** kann insoweit nicht anerkannt werden, weil der im Antrag zu bezeichnende Sachverhalt[124] nach § 90 Abs. 2 S. 2 BKAG iVm § 23 Abs. 2, § 37 Abs. 2 FamFG im gerichtlichen Verfahren ohnehin zur Kenntnis des Betroffenen gelangt und – soweit entscheidungserheblich – auch als Teil der wesentlichen Gründe der Anordnung anzugeben ist (zu Besonderheiten bei verdeckten Maßnahmen → § 90 Rn. 11).[125] Die **Gefahrenprognose** gehört demgegenüber nicht zu den Tatsachen iSd § 28 Abs. 1 VwVfG und muss daher im Rahmen der Anhörung nicht mitgeteilt werden, ist dem Betroffenen aber doch jedenfalls im Verlauf des gerichtlichen Verfahrens als Teil der erforderlichen Begründung mitzuteilen.[126] 105

Ebenso ist dem Betroffenen Gelegenheit zu geben, sich – etwa im Hinblick auf die Eingriffsintensität der konkret ins Auge gefassten Maßnahme (→ Rn. 85 ff.) – zu den für ihn günstigen Umständen zu äußern; insoweit ist das BKA ohnehin **zur Amtsermittlung verpflichtet.**[127] 106

Ein **Anhörungsmangel** des behördlichen Verfahrens ist nach Maßgabe des § 45 Abs. 1 Nr. 3, Abs. 2 VwVfG bis zum Abschluss der letzten Tatsacheninstanz heilbar; dies setzt jedoch voraus, dass dem Betroffenen in tatsächlicher Weise Gehör gewährt wird (§ 28 Abs. 1 VwVfG) und die Behörde neu zutage getretene Einwände und Umstände im Rahmen einer erneuten Befassung in ihre Ermessenserwägungen einbezieht. 107

b) Antragsinhalt (Abs. 6). Der notwendige Inhalt des schriftlichen (→ Rn. 123) Antrags ist in § 56 Abs. 6 BKAG geregelt. 108

aa) Name und Anschrift des Adressaten. Nach § 56 Abs. 6 Nr. 1 BKAG sind **Name und Anschrift der Person,** gegen die sich die beabsichtigte Maßnahme richtet, im Antrag anzugeben. Die Angabe der Anschrift dient dabei vorrangig der Identifizierbarkeit der Person und der Vermeidung von Namensverwechslungen; sie ist daher entbehrlich, soweit eine eindeutige Identifikation auf andere Art und Weise gewährleistet ist und – zB in Fällen der Wohnungslosigkeit – eine Anschrift nicht bekannt ist oder besteht. Da die Angabe der Anschrift dem zuständigen Amtsgericht darüber hinaus jedoch die nach § 37 Abs. 2 FamFG erforderliche Gewährung rechtlichen Gehörs ermöglichen soll, ist die Nichtangabe der Anschrift im jeweiligen Einzelfall im Antrag zu begründen. 109

bb) Art, Umfang und Dauer der Maßnahme. Nach § 56 Abs. 6 Nr. 2 BKAG muss der Antrag darüber hinaus Art, Umfang und Dauer der Maßnahme bezeichnen. Der Gesetzgeber macht hiermit – wie auch schon mit dem in § 56 Abs. 5 S. 1 BKAG geregelten Antragserfordernis an sich – deutlich, dass Umfang und Dauer der Maßnahme alleine der **behördlichen Disposition** unterliegen: Das zuständige Amtsgericht darf die beantragte Maßnahme zwar gegebenenfalls in beschränktem Umfang anordnen und den Antrag im Übrigen 110

118 → Rn. 117 f.
119 AA BeckOK-PolSiR Bayern/Schröder BayPAG Art. 34 Rn. 34 (2022): Anhörung nur durch das Gericht.
120 § 41 Abs. 1 S. 1 VwVfG.
121 § 28 Abs. 1 VwVfG.
122 § 56 Abs. 1 Nr. 1 BKAG.
123 § 56 Abs. 1 Nr. 2 BKAG.
124 § 56 Abs. 6 Nr. 4 BKAG.
125 § 56 Abs. 7 Nr. 3 BKAG.
126 Vgl. § 56 Abs. 6 Nr. 5 iVm § 90 Abs. 2 S. 2 BKAG, § 23 Abs. 2 und § 37 Abs. 2 FamFG sowie § 56 Abs. 7 Nr. 3 BKAG.
127 § 24 Abs. 2 VwVfG.

ablehnen, **im Hinblick auf Umfang und Dauer der Maßnahme aber nicht über den Antrag des BKA hinausgehen.**

111 Die in § 56 Abs. 6 Nr. 1 Var. 1 BKAG – parallel zu § 55 Abs. 4 Nr. 1 BKAG – geregelte **Verpflichtung zur Angabe der Art der Maßnahme** erscheint im Kontext des § 56 Abs. 1 BKAG indes kaum zielführend, weil dieser – anders als § 55 Abs. 1 und 2 BKAG – keine Ermächtigungsgrundlagen für unterschiedliche Primärmaßnahmen enthält. In Betracht kommt daher allenfalls, die Verpflichtung zur Bezeichnung der „Art" der anzuordnenden Maßnahme auf spezifische Maßnahmen zur technischen Umsetzung – dh insbesondere das mitzuführende technische Mittel – zu beziehen.

112 Vergleichbares gilt für die Verpflichtung, den **Umfang der anzuordnenden Maßnahme** zu bezeichnen (§ 56 Abs. 6 Nr. 1 Var. 2 BKAG). Da der Umfang der Verpflichtungen des von Maßnahmen der elektronischen Aufenthaltsüberwachung Betroffenen in § 56 Abs. 1 BKAG abschließend beschrieben ist, kann sich der „Umfang" der Maßnahme allenfalls auf mögliche Beschränkungen der Verpflichtung nach Abs. 1 (wie zB auf bestimmte Tageszeiten)[128] beziehen.[129]

113 Die **Dauer der Maßnahme** darf das in § 56 Abs. 8 S. 1 BKAG genannte Maß von drei Monaten nicht übersteigen. Sie muss sich nach dem allgemeinen Grundsatz der Verhältnismäßigkeit aber stets auf das erforderliche Maß beschränken, auch wenn eine mit § 55 Abs. 6 S. 1 BKAG vergleichbare Spezialregelung (→ § 55 Rn. 165) fehlt.[130] Dies ergibt sich mittelbar auch aus § 56 Abs. 8 S. 3 BKAG.

114 Mit der Angabe der beabsichtigten Dauer der Maßnahme gibt die Behörde zugleich das zulässige **Höchstmaß** der Maßnahme vor, das allerdings im Rahmen eines erneuten Anordnungsverfahrens nach § 56 Abs. 8 S. 2 BKAG verlängert werden kann.

115 cc) **Angabe einer bestehenden Aufenthaltsvorgabe oder eines Kontaktverbots.** Die nach § 56 Abs. 6 Nr. 3 BKAG erforderliche Angabe, ob gegenüber der Person, gegen die sich die Maßnahme richtet, eine Aufenthaltsvorgabe oder ein Kontaktverbot besteht, ist für die Prüfung der gesetzlichen Anordnungsvoraussetzungen **zunächst unnötig,** weil Maßnahmen nach § 56 Abs. 1 BKAG trotz der in Abs. 2 S. 3 Nr. 2 geregelten Datenverwendungsbefugnis nicht mit dem Zweck angeordnet werden dürfen, die Einhaltung von Aufenthaltsvorgaben oder Kontaktverboten zu überwachen (→ Rn. 188 f.).

116 Unter dem **Gesichtspunkt des kumulativen Grundrechtseingriffs** ist die Angabe jedoch erforderlich, um die Eingriffsintensität der elektronischen Aufenthaltsüberwachung unter dem Gesichtspunkt der grundrechtlichen Gesamtbelastung zu prüfen, die durch eine Verknüpfung von Aufenthaltsvorgaben bzw. Kontaktverboten mit Maßnahmen der elektronischen Aufenthaltsüberwachung merklich erhöht wird (→ Rn. 87 ff., 169).[131]

117 dd) **Sachverhalt.** Der Sachverhalt umschreibt jene **antragserheblichen Tatsachen,** die das BKA im Rahmen der Sachverhaltsermittlung von Amts wegen[132] – gegebenenfalls einschließlich des Ergebnisses der Anhörung (oben → Rn. 102 ff.) – in Erfahrung gebracht hat. Dies umfasst in formeller Hinsicht auch die Mitteilung, ob eine Anhörung des Betroffenen stattgefunden hat, sowie gegebenenfalls die Mitteilung der Gründe für ein Absehen von einer Anhörung.

118 Inhaltlich umfasst das Erfordernis der Darstellung des Sachverhalts insbesondere die **tatsächlichen Grundlagen der polizeilichen Gefahrenprognose** sowie die tatsächlichen Annahmen, auf die das BKA seine Ermessensentscheidung (→ Rn. 129, → Rn. 188) gestützt hat.[133] Mitzuteilen sind dabei insbesondere auch für den Betroffenen günstige Umstände, auch wenn das BKA diesen keine ergebnisrelevante Bedeutung beimisst.[134]

119 ee) **Begründung.** Im Rahmen der Begründung ist zunächst die Darlegung erforderlich, wie das BKA aus den mitgeteilten Gründen eine **individuelle Gefahrprognose** ableitet. Da sich die gerichtliche Prüfung auf Rechtsfolgenseite richtigerweise auf eine Prüfung auf Ermessensfehler (einschließlich Fällen der Ermessensüberschreitung wegen Unverhältnismäßigkeit) beschränkt (→ Rn. 129), muss die Begründung weiterhin erkennen lassen, dass das BKA das ihm eingeräumte **Entschließungs- und Auswahlermessen** dem Zweck der Ermächtigung gemäß ausgeübt und die Interessen des Betroffenen mit angemessenem Gewicht in seine Entscheidung eingestellt hat.[135]

128 Gegen die Möglichkeit einer solchen Beschränkung aber BeckOK-POR Niedersachsen/Waechter NdsPOG § 17c Rn. 17 (2022).

129 AA BeckOK-POR Niedersachsen/Waechter NdsPOG § 17c Rn. 17 (2022), der den „Umfang der Maßnahme" auf Art und Zahl der eingesetzten Überwachungsmittel bezieht.

130 Vgl. § 38 Abs. 1 S. 2 BKAG iVm § 15 BPolG.

131 Vgl. auch BeckOK-POR Niedersachsen/Waechter NdsPOG § 17c Rn. 17 (2022).

132 § 24 Abs. 1 und 2 VwVfG.

133 Vgl. BeckOK-POR Niedersachsen/Waechter NdsPOG § 17b Rn. 15.1 (2022).

134 § 24 Abs. 2 VwVfG, § 114 S. 1 VwGO.

135 Vgl. BeckOK-POR Niedersachsen/Waechter NdsPOG § 17b Rn. 16.1 (2022).

4. Anordnung. a) Gerichtliche Anordnung (Abs. 5 S. 1). aa) Gerichtliches Verfahren. Maßnahmen nach Abs. 1 dürfen gem. § 56 Abs. 5 S. 1 BKAG grundsätzlich nur auf Antrag der zuständigen Abteilungsleitung oder deren Vertretung durch das Gericht angeordnet werden. Für das gerichtliche Verfahren gelten nach § 90 Abs. 2 S. 2 BKAG die Bestimmungen des Gesetzes über das Verfahren in Familiensachen und in den Angelegenheiten der freiwilligen Gerichtsbarkeit (FamFG) in der jeweils gültigen Fassung entsprechend (dynamische Verweisung; → § 90 Rn. 7). **Zuständig** ist nach § 90 Abs. 2 S. 1 BKAG das **Amtsgericht am (Haupt)Sitz des BKA in Wiesbaden** (→ § 90 Rn. 5 f.). Auf den Sitz der zuständigen Abteilung kommt es nicht an. 120

Da § 90 Abs. 2 S. 2 BKAG – anders als etwa die landesrechtliche Parallelbestimmung des § 34c Abs. 6 S. 2 PolG NRW, die auf die Vorschriften des 7. Buches über Freiheitsentziehungssachen Bezug nimmt – nicht auf spezifische Bücher des FamFG verweist und das Verfahren der Anordnung der elektronischen Aufenthaltsüberwachung dort nicht spezialgesetzlich geregelt ist, finden die **allgemeinen Vorschriften der §§ 2 ff. FamFG** Anwendung (zur mangelnden Passgenauigkeit dieses gegenständlich unbegrenzten Verweises → § 90 Rn. 7 ff.). 121

Beteiligte sind dabei neben der antragstellenden Behörde[136] die Adressaten der beantragten Anordnung, die als Beteiligte hinzuzuziehen sind[137] (kontradiktorisches Verfahren). 122

Die notwendige **Form des Antrags** nach § 56 Abs. 6 BKAG ergibt sich aus § 90 Abs. 2 S. 2 BKAG iVm §§ 25, 14b FamFG. 123

Der Antrag ist **dem Antragsgegner nach § 23 Abs. 2 FamFG zu übermitteln,** der zudem nach Maßgabe des § 13 Abs. 1 FamFG **Einsicht in die Gerichtsakten** nehmen kann. Eine gegebenenfalls beigezogene oder von Amts wegen übermittelte **Behördenakte** ist nicht Teil der Gerichtsakte und unterliegt der Akteneinsicht daher nur nach Maßgabe des allgemeinen Verwaltungsverfahrensrechts;[138] auf dem Beteiligen nicht zugängliche Aktenbestandteile darf eine Anordnung indes nicht gestützt werden.[139] 124

Eine **persönliche Anhörung** des Betroffenen ist nur unter den Voraussetzungen des § 34 Abs. 1 FamFG geboten,[140] wenn dies aufgrund konkreter Umstände weitergehende Sachverhaltsaufklärung verheißt.[141] Derartige Umstände können sich insbesondere aus dem schriftlichen Vorbringen des Betroffenen ergeben.[142] Auch eine **Erörterung in mündlicher Verhandlung** steht nach § 32 Abs. 1 S. 1 FamFG im gerichtlichen Ermessen. **Rechtliches Gehör** ist den Beteiligten nach Maßgabe der § 23 Abs. 2, § 27 Abs. 1, § 33 Abs. 1 S. 1, § 34 und § 37 Abs. 2 FamFG zu gewähren. 125

Aufgrund der mit der Durchführung eines gerichtlichen Hauptsacheverfahrens notwendigerweise verbundenen Dauer kann es gegebenenfalls zweckmäßig sein, den **Erlass einer einstweiligen Anordnung** nach Maßgabe des § 90 Abs. 2 S. 2 BKAG iVm § 49 Abs. 1, § 50 Abs. 1 S. 1 FamFG zu beantragen.[143] Dies gilt insbesondere in Fällen, in denen eine wegen Gefahr im Verzug ergangene behördliche Anordnung nach § 56 Abs. 5 S. 4 BKAG vor Erlass einer gerichtlichen Hauptsacheentscheidung außer Kraft zu treten droht (→ Rn. 139 ff., → 157 ff.). Allerdings dürfte der Annahme eines **dringenden Bedürfnisses für ein sofortiges Tätigwerden**[144] regelmäßig entgegenstehen, dass der Behörde mit §§ 54 und 57 BKAG auch unabhängig von einer gerichtlichen Anordnung geeignete Handlungsinstrumente zur Verfügung stehen (→ Rn. 141). Auch kann der Zeitraum bis zur Erreichbarkeit eines anordnungsbefugten Gerichts gegebenenfalls durch Maßnahmen der Observation überbrückt werden, soweit diese nicht länger als 24 Stunden dauern oder an mehr als zwei Tagen stattfinden sollen.[145] 126

bb) Umfang der Prüfung. Inhaltlich prüft das Gericht zunächst, ob das BKA im Rahmen seiner **Zuständigkeit** handelt (→ Rn. 93 ff.), die erforderliche **Anhörung** stattgefunden hat (→ Rn. 102 ff.) und **der Antrag den gesetzlichen Anforderungen des § 56 Abs. 5 S. 1 und Abs. 6 BKAG genügt.** Entspricht der Antrag nicht den formellen Anforderungen[146] oder trägt der angegebene Sachverhalt[147] die beantragte Anordnung offen- 127

136 § 7 Abs. 1 FamFG.

137 § 7 Abs. 2 Nr. 1 FamFG.

138 Vgl. Pabst in MüKoFamFG, 3. Aufl. 2018, § 13 Rn. 39.

139 § 37 Abs. 2 FamFG.

140 Vgl. BGH Beschl. v. 22.2.2022 – 3 ZB 3/21 –, NStZ-RR 2022, 187 (188 f.). Kritisch BeckOK-PolSiR Bayern/Schröder BayPAG Art. 34 Rn. 34.2 (2022).

141 Vgl. BGH Beschl. v. 22.2.2022 – 3 ZB 3/21 –, NStZ-RR 2022, 187 (188 f.). Vgl. auch BeckOK-POR NRW/Barczak PolG NRW § 34b Rn. 39 (2022): „im Regelfall geboten", strenger Arzt, LT NRW, Stellungnahme 17/936, A09, A14, 22.

142 Vgl. BGH Beschl. v. 22.2.2022 – 3 ZB 3/21 –, NStZ-RR 2022, 187 (189).

143 Zur Anwendbarkeit allgemein Schenke/Graulich/Ruthig/Ruthig BKAG § 90 Rn. 2.

144 Vgl. § 49 Abs. 1 FamFG.

145 Maßnahmen der längerfristigen Observation unterliegen demgegenüber selbst einem relativen richterlichen Anordnungsvorbehalt, vgl. § 45 Abs. 2 Nr. 1, Abs. 3 S. 1 Nr. 1.

146 Vgl. BGH Beschl. v. 15.9.2011 – V ZB 123/11 –, FGPRax 2011, 317 (317 f.) zu den (allerdings inhaltlich strengeren) formellen Voraussetzungen eines Antrags auf Abschiebungshaft.

147 § 56 Abs. 6 Nr. 4 BKAG.

sichtlich nicht, so ist er **ohne weitere Sachverhaltsermittlung abzulehnen.** An die rechtliche Würdigung der Behörde[148] ist das Amtsgericht demgegenüber nicht gebunden, solange die behördlichen Ermessenserwägungen tragfähig sind (→ Rn. 129). Auch wenn der gerichtlichen Entscheidung eine behördliche Eilanordnung nach § 56 Abs. 5 S. 2 BKAG vorausging, ist deren Rechtmäßigkeit im Verfahren nach dem FamFG nicht zu prüfen.[149]

128 Im Übrigen ist das Gericht zur **Ermittlung des Sachverhalts von Amts wegen verpflichtet** und an das Vorbringen der Beteiligten grundsätzlich nicht gebunden.[150] Das Gericht prüft daher, ob auch die **materiellen Anordnungsvoraussetzungen** vorliegen, die beantragte **Dauer auf den erforderlichen Umfang beschränkt** ist (→ Rn. 190 ff.), sie die gesetzliche **Höchstanordnungsdauer** nicht übersteigt[151] und auch im Übrigen dem **Verhältnismäßigkeitsgrundsatz** genügt. Hierbei sind insbesondere grundrechtliche Wertungen zu berücksichtigen (→ Rn. 71 ff., → Rn. 85 ff.).

129 In § 56 Abs. 5 S. 1 BKAG nicht eindeutig geregelt ist, ob dem Gericht darüber hinaus nur – in entsprechender Anwendung des § 114 S. 1 VwGO – die **Überprüfung der behördlichen Entscheidung auf Ermessensfehler** obliegt oder der Gesetzgeber dem Gericht, das im Verfahren nach § 56 Abs. 5 S. 1 iVm § 90 Abs. 2 S. 1 BKAG selbst als anordnende Behörde in Erscheinung tritt, ein eigenes Anordnungsermessen einräumt. Da § 56 Abs. 1 BKAG dem Bundeskriminalamt jedoch eindeutig Entscheidungsermessen einräumt („kann") und auch Art, Umfang und Dauer der Maßnahme (im rechtlich zulässigen Rahmen) alleine dessen Disposition unterstellt (→ Rn. 111), erscheint die Annahme eines zumindest parallelen gerichtlichen Anordnungsermessens eher fernliegend. Dies gilt umso mehr, als die Gerichte der freiwilligen Gerichtsbarkeit mangels eigener Zuständigkeit für die Abwehr von Gefahren des internationalen Terrorismus zur Entscheidung über die Zweckmäßigkeit von Maßnahmen nach § 56 Abs. 1 kaum in der Lage wären. Ihnen bleibt daher nur – aber immerhin – die Aufgabe, die behördliche Ermessensentscheidung in entsprechender Anwendung des § 114 S. 1 VwGO auf Ermessensfehler (**Ermessensausfall, Ermessensfehlgebrauch, Ermessensüberschreitung und Ermessensdisproportionalität**) zu prüfen.

130 **cc) Form und notwendiger Inhalt (Abs. 7).** Nach § 56 Abs. 7 S. 1 BKAG ergeht die gerichtliche Anordnung **schriftlich**, wobei der notwendige Inhalt in § 56 Abs. 7 S. 2 BKAG geregelt ist. § 56 Abs. 7 BKAG ist im Hinblick auf § 38 Abs. 2 Nrn. 1 und 3 sowie Abs. 3 S. 1 FamFG *lex specialis*, steht einer ergänzenden Anwendung von § 90 Abs. 2 S. 2 BKAG iVm § 38 Abs. 2 Nr. 2, Abs. 3 S. 2 und 3 und § 39 FamFG aber nicht entgegen. Dies gilt umso mehr, als die gerichtliche Entscheidung sonst hinter behördlichen Anordnungen nach § 56 Abs. 5 S. 2 BKAG zurückbliebe, für die § 37 Abs. 3 S. 1, Abs. 6 VwVfG gelten.

131 Nach § 56 Abs. 7 S. 2 Nr. 1 BKAG muss die Anordnung die **Angabe der Person, gegen die sich die Maßnahme richtet,** enthalten. Die Angabe „mit Name und Anschrift" dient in erster Linie der Identifikation des Betroffenen, so dass die Angabe der Anschrift zB im Fall wohnsitzloser Personen entfallen kann (→ Rn. 109); in diesem Fall müsste allerdings gegebenenfalls eine öffentliche Zustellung erfolgen (→ Rn. 137).

132 Das Erfordernis der Angabe von **Art, Umfang und Dauer der Maßnahme** (§ 56 Abs. 7 S. 2 Nr. 2 BKAG) entspricht der Regelung zum notwendigen Inhalt des Antrags nach § 56 Abs. 6 Nr. 2 BKAG (→ Rn. 110 ff.).

133 Nach § 56 Abs. 7 Nr. 3 BKAG sind die **„wesentlichen Gründe"** der Anordnung anzugeben. Das Erfordernis entspricht in der Sache dem Erfordernis der Angabe des Sachverhalts nebst Begründung im Rahmen des Antrags (→ Rn. 117 ff.), beschränkt sich allerdings auf die letztlich entscheidungstragenden Gesichtspunkte.

134 Weiterhin erforderlich sind die Angabe der **Bezeichnung des Gerichts unter Angabe der Namen der Gerichtspersonen,** die an der Entscheidung mitgewirkt haben;[152] der Beschluss ist zu **unterschreiben.**[153] Dies entspricht in der Sache den erforderlichen Pflichtangaben nach § 37 Abs. 3 S. 1 VwVfG.

135 Nach § 90 Abs. 2 S. 2 BKAG iVm § 39 S. 1 FamFG muss die Anordnung eine **Belehrung über das statthafte Rechtsmittel** der Beschwerde[154] sowie das Gericht, bei dem diese einzulegen ist, dessen Sitz und die einzuhaltende Form und Frist enthalten (→ Rn. 263 ff.).

136 Eines ausdrücklichen Hinweises auf die Strafbarkeit von Verstößen nach § 87 Abs. 1 Nr. 1 BKAG bedarf es *de lege lata* nicht,[155] auch wenn dies schon im Hinblick auf die vom Gesetzgeber intendierte Wirkung der Strafdrohung zweckmäßig erscheint.

148 § 55 Abs. 6 Nr. 5 BKAG: „Begründung".
149 Vgl. zur Möglichkeit verwaltungsgerichtlichen Rechtsschutzes → Rn. 198.
150 §§ 26, 29 Abs. 1 S. 2 FamFG.
151 § 56 Abs. 8 S. 1 BKAG.
152 § 90 Abs. 2 S. 2 BKAG iVm § 38 Abs. 2 Nr. 2 FamFG.
153 § 38 Abs. 3 S. 2 FamFG.
154 § 58 Abs. 1 FamFG.
155 AA BeckOK-POR Niedersachsen/Waechter NdsPOG § 49a Rn. 38 (2022).

dd) Bekanntgabe (§ 90 Abs. 2 S. 2 BKAG iVm §§ 40 Abs. 1, 41 Abs. 1 FamFG). Anordnungen nach § 56 Abs. 5 S. 1 BKAG sind nach § 90 Abs. 2 S. 2 BKAG iVm §§ 40 Abs. 1, 41 Abs. 1 FamFG **durch Zustellung bekanntzugeben;** nach § 15 Abs. 2 S. 1 FamFG finden die Vorschriften der §§ 185 ff. ZPO über die öffentliche Zustellung gegebenenfalls entsprechende Anwendung. 137

b) Behördliche Anordnung bei Gefahr im Verzug (Abs. 5 S. 2–4). Nach § 56 Abs. 5 S. 2 BKAG kann die Anordnung bei Gefahr im Verzug auch unmittelbar durch die zuständige Abteilungsleitung oder deren Vertretung getroffen werden. In diesem Fall ist die **gerichtliche Entscheidung unverzüglich nachzuholen.**[156] Soweit die Anordnung nicht binnen drei Tagen durch das Gericht bestätigt wird, tritt sie nach § 56 Abs. 5 S. 4 BKAG außer Kraft. 138

aa) Voraussetzungen (Abs. 5 S. 2). „Gefahr im Verzug" liegt dann vor, wenn eine **gerichtliche Entscheidung nicht rechtzeitig eingeholt werden kann,**[157] dh bereits im Zeitraum bis zur Umsetzung einer gerichtlichen Entscheidung mit einer Verwirklichung von Gefahren, deren Abwehr oder Verhütung die begehrte Anordnung dient, zu rechnen ist. 139

Mit § 56 Abs. 5 S. 2–4 BKAG hat der Gesetzgeber die bei anderen Maßnahmen des 5. Abschnitts verwendete Regelungstechnik unreflektiert übernommen.[158] Ein **praktischer Bedarf** für eine solche Regelung ist auch im Bereich der elektronischen Aufenthaltsüberwachung indes **kaum erkennbar,** da sie aufgrund ihrer Anknüpfung an lediglich drohende Gefahren im Gefahrenvorfeld ansetzt und mit der kurzfristigen Observation, der (allerdings nur vorübergehenden) Platzverweisung (§ 54) und dem an die unmittelbar bevorstehende Begehung oder Fortsetzung einschlägiger Straftaten ansetzenden polizeilichen Gewahrsam (§ 57 Abs. 1) polizeiliche Standardmaßnahmen zur Verfügung stehen, die keiner richterlichen Vorabentscheidung bedürfen.[159] Im Einzelfall kann sich eine Gefahr im Verzug aber aus der (auf konkrete Umstände zu stützenden) Besorgnis ergeben, dass sich der durch die Einleitung des gerichtlichen Verfahrens gewarnte Gefährder **der Maßnahme durch Untertauchen entzieht.**[160] 140

Die Rechtsprechung des Bundesverfassungsgerichts zur **Gefahr im Verzug bei der Anordnung von Wohnungsdurchsuchungen** (Art. 13 Abs. 2 GG) ist **auf § 56 Abs. 5 S. 2 BKAG übertragbar,** da für eine gespaltene Auslegung und Anwendung der gesetzlichen Verfahrensvorschriften bei „Gefahr im Verzug" kein Anlass besteht. Dies gilt umso mehr, als der Gesetzgeber die Geltung des Art. 13 Abs. 2 GG zugrundeliegenden Regel-Ausnahme-Verhältnisses auch im Kontext der einfachgesetzlichen Richtervorbehalte des BKAG zugrunde gelegt hat.[161] 141

Die Annahme von „Gefahr im Verzug" kann daher **nicht auf Spekulationen, hypothetische Erwägungen oder fallunabhängige Vermutungen gestützt werden,** sondern ist stets mit einzelfallbezogenen Tatsachen zu begründen; die bloße Möglichkeit einer Gefahrverwirklichung bis zur richterlichen Entscheidung genügt nicht. Gefahr im Verzug kann im Rechtssinne auch nicht dadurch entstehen, dass das Bundeskriminalamt ihre tatsächlichen Voraussetzungen durch Zuwarten **selbst herbeiführt.** Regelmäßig muss **zunächst versucht werden, eine Anordnung des instanziell und funktionell zuständigen Richters zu erlangen,** bevor eine Anordnung nach § 56 Abs. 5 S. 2 BKAG erfolgt; nur in Ausnahmesituationen, in denen schon die durch einen solchen Versuch bedingte zeitliche Verzögerung die Verwirklichung der abzuwehrenden Gefahr besorgen lässt, darf die Anordnung unmittelbar durch die Abteilungsleitung oder deren Vertretung erfolgen, ohne sich zuvor um eine richterliche Entscheidung bemüht zu haben.[162] 142

Mit der **Befassung des zuständigen Gerichts,** dem ab diesem Zeitpunkt die Prüfung und Würdigung der Eilbedürftigkeit der Maßnahme obliegt, **endet die behördliche Anordnungsbefugnis.**[163] 143

Die **tatsächlichen Voraussetzungen für die Inanspruchnahme der behördlichen Anordnungskompetenz sind zu dokumentieren**[164] und als Teil der „wesentlichen Gründe"[165] in die Begründung der behördlichen Anordnung aufzunehmen. 144

bb) Form und notwendiger Inhalt (Abs. 7). Für Form und notwendigen Inhalt der behördlichen Anordnung gelten die Ausführungen zu Form und Inhalt gerichtlicher Anordnungen grundsätzlich **entsprechend** 145

156 § 56 Abs. 5 S. 4 BKAG.
157 Vgl. BT-Drs. 18/11163, 116.
158 Vgl. BT-Drs. 18/11163, 121.
159 Vgl. BeckOK-PolSiR Bayern/Schröder BayPAG Art. 34 Rn. 32.1 (2022). Ähnlich Arzt, LT NRW, Stellungnahme 17/652, A09, A14, 19 f.
160 Zutreffend BeckOK-PolSiR Bayern/Schröder BayPAG Art. 34 Rn. 32.1 (2022).
161 Vgl. BT-Drs. 18/11163, 116 ff., 120 f.
162 Vgl. BVerfG Beschl. v. 16.5.2015 – 2 BvR 2718/10 –, BVerfGE 139, 245 (269 f., Rn. 70); Urt. v. 20.2.2001 – 2 BvR 1444/00 –, BVerfGE 103, 142 (155) zu Art. 13 Abs. 2 GG.
163 Vgl. BVerfG Beschl. v. 16.5.2015 – 2 BvR 2718/10 –, BVerfGE 139, 245 (273, Rn. 77) zu Art. 13 Abs. 2 GG.
164 Vgl. BVerfG Beschl. v. 16.5.2015 – 2 BvR 2718/10 –, BVerfGE 139, 245 (271, Rn. 72; 272 f., Rn. 75 f.; 276, Rn. 85); Urt. v. 20.2.2001 – 2 BvR 1444/00 –, BVerfGE 103, 142 (159 f.).
165 § 56 Abs. 7 Nr. 3 BKAG.

(→ Rn. 130 ff.). Allerdings muss die nach § 56 Abs. 7 Nr. 3 BKAG erforderliche Begründung auch die Voraussetzungen des § 56 Abs. 5 S. 2 BKAG (Gefahr im Verzug) umfassen (→ Rn. 144).[166]

146 Eines ausdrücklichen **Hinweises auf die Strafbarkeit von Verstößen** nach § 87 Abs. 1 Nr. 1 BKAG bedarf es *de lege lata* **nicht,**[167] auch wenn dies schon im Hinblick auf die vom Gesetzgeber intendierte Wirkung der Strafdrohung zweckmäßig erscheint.

147 Im Übrigen ist § 37 Abs. 1 S. 1 VwVfG ergänzend heranzuziehen; die behördliche Anordnung ist nach § 37 Abs. 6 VwVfG zudem mit einer **Rechtsbehelfsbelehrung** zu versehen.

148 **cc) Bekanntgabe (§ 41 Abs. 1 S. 1 VwVfG).** Das Erfordernis der Bekanntgabe ergibt sich aus § 41 Abs. 1 S. 1 VwVfG; sie ist für die Wirksamkeit des Verwaltungsakts konstitutiv (vgl. § 43 Abs. 1 S. 1 VwVfG). Die Bekanntgabe kann auch gegenüber einem Bevollmächtigten des Adressaten erfolgen;[168] einer förmlichen **Zustellung bedarf es nicht.**[169] Mittelbar ergibt sich ein Zustellungserfordernis allerdings aus § 13 Abs. 7 S. 2 VwVG, wenn die Anordnung mit einer Androhung von Zwangsmitteln verbunden werden soll (→ Rn. 286).[170]

149 **dd) Vollziehbarkeit.** Da Widerspruch und Klage kraft Gesetzes **aufschiebende Wirkung** entfalten (§ 80 Abs. 1 VwGO) und auch eine Vollstreckung im Wege des Verwaltungszwangs nur bei einem Entfallen der aufschiebenden Wirkung in Betracht kommt,[171] dürfte bei Gefahr im Verzug regelmäßig auch die **Anordnung der sofortigen Vollziehbarkeit** nach § 80 Abs. 2 S. 1 Nr. 4 VwGO naheliegen.[172] Das besondere Vollzugsinteresse bedarf nach § 80 Abs. 3 S. 1 VwGO der (gesonderten) schriftlichen Begründung.

150 Auch die **Strafbarkeit wegen Zuwiderhandlungen** gegen Anordnungen nach § 56 Abs. 5 S. 2 (§ 87 Abs. 1 Nr. 2 BKAG) tritt nur bei Anordnung der sofortigen Vollziehung ein.[173]

151 **ee) Unverzügliche Nachholung der gerichtlichen Entscheidung (Abs. 5 S. 3).** Im Fall einer behördlichen Eilanordnung ist die gerichtliche Entscheidung unverzüglich nachzuholen. Der **Begriff der Unverzüglichkeit** bezieht sich dabei – anders als der bürgerlich-rechtliche Unverzüglichkeitsbegriff des § 121 Abs. 1 S. 1 BGB – nicht auf die Vorwerfbarkeit möglicher Verzögerungen („ohne schuldhaftes Zögern"), sondern **schließt jede Verzögerung aus, die sich nicht durch (objektive) sachliche Gründe rechtfertigen lässt.**[174]

152 Als **äußerste Grenze des Unverzüglichkeitsgebots** normiert § 56 Abs. 5 S. 4 BKAG eine Dreitagesfrist, nach deren Ablauf behördliche Anordnungen nach § 56 Abs. 5 S. 2 BKAG stets außer Kraft treten. Dies bedeutet jedoch nicht, dass die Dreitagesfrist stets ausgeschöpft werden darf; vielmehr ist im individuellen Einzelfall jede Verzögerung auszuschließen, die sich nicht aus sachlichen Gründen rechtfertigen lässt.[175]

153 Das Unverzüglichkeitsgebot des § 56 Abs. 5 S. 3 BKAG bezieht sich zunächst auf die Nachholung des Antrags nach § 56 Abs. 5 S. 1, Abs. 6 BKAG durch das Bundeskriminalamt. Seine **Verletzung durch die Behörde führt zur Rechtswidrigkeit auch ursprünglich rechtmäßiger Eilanordnungen** und kann gegebenenfalls im Verfahren auf Anordnung der aufschiebenden Wirkung von Widerspruch und Klage im verwaltungsgerichtlichen Verfahren gerügt werden (→ Rn. 274). Auch wenn eine Aufhebung im verwaltungsgerichtlichen Hauptsacheverfahren innerhalb der in § 56 Abs. 5 S. 4 BKAG genannten Frist regelmäßig nicht in Betracht kommen wird,[176] kann der Eintritt der Rechtswidrigkeit gegebenenfalls im Rahmen einer Fortsetzungsfeststellungsklage (§ 113 Abs. 1 S. 4 VwGO; → Rn. 273) sowie im Rahmen von Amtshaftungsansprüchen geltend gemacht werden.

154 Im **Verfahren vor den Gerichten der freiwilligen Gerichtsbarkeit** führt die **Verletzung des Unverzüglichkeitsgebots** demgegenüber nicht zur Ablehnung des Antrags, da die Rechtmäßigkeit der behördlichen Anordnung alleine im verwaltungsgerichtlichen Verfahren geprüft wird.[177] Das zuständige Amtsgericht trifft vielmehr eine eigenständige – und gegebenenfalls selbstständig anfechtbare (→ Rn. 263 ff.) – Anordnungsentscheidung, wobei es im Hinblick auf den Ausnahmecharakter einer behördlichen Anordnung nach § 56 Abs. 5 S. 2 BKAG ebenfalls dem Beschleunigungsgebot unterliegt.

166 Vgl. auch BeckOK-POR Niedersachsen/Waechter NdsPOG § 17b Rn. 23 (2022).
167 AA BeckOK-POR Niedersachsen/Waechter NdsPOG § 49a Rn. 38 (2022).
168 § 41 Abs. 1 S. 2 VwVfG.
169 § 41 Abs. 5 VwVfG.
170 Eine versehentlich unterbliebene Zustellung lässt die Rechtmäßigkeit oder Wirksamkeit der Grundverfügung als solche jedoch unberührt.
171 § 6 Abs. 1 VwVG. Hierzu unten → Rn. 283 ff.
172 Vgl. demgegenüber § 34c Abs. 6 S. 3 PolG NRW, der die aufschiebende Wirkung kraft Gesetzes entfallen lässt.
173 Vgl. § 87 Nr. 1 Alt. 2 BKAG sowie → § 87 Rn. 34 f.
174 Vgl. BVerwG Urt. v. 26.2.1974 – I C 31.72 –, NJW 1974, 807 (810); Schenke/Graulich/Ruthig/W.-R. Schenke BPolG § 40 Rn. 7 und BKAG § 55 Rn. 9.
175 Vgl. Schenke/Graulich/Ruthig/W.-R. Schenke BKAG § 55 Rn. 9.
176 Vgl. zur Erledigungsproblematik aber → § 55 Rn. 131.
177 Vgl. Schenke/Graulich/Ruthig/W.-R. Schenke BKAG § 55 Rn. 21; BeckOK-POR NRW/Barczak PolG NRW § 34b Rn. 44 (2022).

Nach Einleitung des gerichtlichen Antragsverfahrens wird die **Bedeutung des Unverzüglichkeits- bzw. Beschleunigungsgebots** indes durch den Umstand relativiert, dass ein Ausschöpfen der Außerkrafttretensfrist des § 56 Abs. 5 S. 4 BKAG regelmäßig schon zum Zweck der Gewährung rechtlichen Gehörs gegenüber dem Adressaten der Maßnahme erforderlich sein wird.[178] Der Antrag ist indes ohne Gewährung rechtlichen Gehörs unverzüglich abzulehnen, wenn er den Anforderungen des § 56 Abs. 6 BKAG nicht genügt oder die übrigen Anordnungsvoraussetzungen auch unabhängig von möglichen Angaben des Betroffenen offenkundig nicht vorliegen. 155

Im **Fall einer gerichtlichen Bestätigung** der behördlichen Anordnung nach § 56 Abs. 5 S. 2 BKAG innerhalb der in S. 4 geregelten Frist **tritt die gerichtliche Entscheidung an die Stelle der behördlichen Anordnung**, die sich somit „auf andere Weise" erledigt.[179] Auch wenn die Rechtsfolge einer ablehnenden Entscheidung des Amtsgerichts nicht ausdrücklich geregelt ist, muss auch dessen ablehnende Entscheidung in entsprechender Anwendung des § 56 Abs. 1 S. 1 FamFG zur Erledigung der behördlichen Anordnung führen, da dem Unverzüglichkeitsgebot sonst keine praktische Bedeutung zukäme und an der Aufrechterhaltung einer vorläufigen Maßnahme in Ansehung einer gerichtlichen Endentscheidung kein anerkennenswertes Interesse besteht.[180] Vgl. zur Frage der Tatbestandswirkung an sich überholter Anordnungen für im Zeitraum ihrer materiellen Wirksamkeit durchgeführte Vollstreckungshandlungen sowie für die Strafbarkeit begangener Verstöße aber → § 55 Rn. 131, → § 87 Rn. 48. 156

ff) **Außerkrafttreten (Abs. 5 S. 4).** Nach § 56 Abs. 5 S. 4 BKAG tritt eine nach Abs. 5 S. 2 getroffene behördliche Anordnung **kraft Gesetzes** außer Kraft, wenn sie nicht binnen drei Tagen durch das Gericht bestätigt wird.[181] 157

Der **Zeitpunkt des Fristbeginns** ist im BKAG **nicht eindeutig geregelt.** Da es sich in der Sache um eine Begrenzung der behördlichen Eilbefugnis und nicht um eine gerichtliche Entscheidungsfrist handelt, kann als Fristbeginn nicht der Zeitpunkt des Eingangs des Antrags nach § 56 Abs. 5 S. 3, Abs. 6 BKAG angesehen werden. Eine Anknüpfung an den frühestmöglichen Zeitpunkt des Abschlusses der behördeninternen Entscheidungsprozesse erscheint jedoch ebenfalls nicht sachgerecht, da die Anordnung erst mit ihrer Bekanntgabe (zB durch persönliche Übergabe oder postalische Zustellung) Außenwirkung entfaltet,[182] die Verfügung im Zeitraum vor der Bekanntgabe den Adressaten nicht belasten und wesentliche Teile der gesetzlichen Dreitagesfrist gegebenenfalls schon vor der Bekanntgabe der Anordnung verstrichen sein könnten. Es erscheint daher sachgerecht, **auch die Frist des § 56 Abs. 5 S. 4 BKAG mit der Bekanntgabe der Anordnung beginnen zu lassen,** zumal sich die Dauer der Betroffenheit des Adressaten auch durch eine verspätete Bekanntgabe nicht verlängert. Allerdings kann gegebenenfalls fraglich sein, ob die Voraussetzungen des § 56 Abs. 5 S. 2 BKAG im Fall einer verzögerten Bekanntgabe noch vorliegen, zumal die Behörde die Voraussetzungen der „Gefahr im Verzug" nicht durch eigenes Zuwarten herbeiführen darf (→ Rn. 142). 158

Für die **Fristberechnung** gelten **§ 31 Abs. 1 und 3 VwVfG.** Die Dreitagesfrist beginnt daher am Tag nach Bekanntgabe der behördlichen Anordnung[183] und endet somit grundsätzlich mit Ablauf des dritten Tages nach Bekanntgabe (§ 31 Abs. 1 VwVfG iVm § 188 Abs. 1 BGB). Die Anwendung des § 31 Abs. 3 VwVfG (Fristverlängerung bei Fristende an einem Sonnabend bzw. Sonn- oder Feiertag) erscheint im vorliegenden Kontext rechtspolitisch verfehlt, da sie die Belastung des Adressaten gegebenenfalls um mehrere Tage verlängert, ist mangels gesetzlicher Spezialregelung aber hinzunehmen; indes ist das Amtsgericht (sowie das gegebenenfalls im Rahmen eines Verfahrens nach § 80 Abs. 5 S. 1 VwGO angerufene Verwaltungsgericht) im Interesse von Art. 19 Abs. 4 GG und Art. 20 Abs. 3 GG in derartigen Fällen insbesondere angehalten, gegebenenfalls schon vor Ablauf der gesetzlichen Frist effektiven Rechtsschutz zu gewähren. 159

Eine **Verlängerung der Außerkrafttretensfrist** des § 55 Abs. 3 S. 4 BKAG ist nicht möglich; auch ein entsprechender **Neuerlass einer behördlichen Anordnung** nach Abs. 3 S. 2 unter im Wesentlichen gleichen Umständen kommt als Umgehungskonstruktion nicht in Betracht.[184] Da ein gerichtliches Hauptsacheverfahren indes kaum zuverlässig innerhalb von drei Tagen nach Bekanntgabe abgeschlossen werden kann, ist die Behörde gegebenenfalls gehalten, den Erlass einer einstweiligen Anordnung zu beantragen (zu dieser Möglichkeit → Rn. 126) oder eigene Maßnahmen nach Maßgabe der §§ 54, 57 BKAG zu treffen (→ Rn. 141). 160

178 § 90 Abs. 2 S. 2 BKAG iVm §§ 23 Abs. 2, 27, 34, 37 Abs. 2 FamFG.

179 Vgl. BeckOK-POR NRW/Barczak PolG NRW § 34b Rn. 44 (2022); BeckOK-POR Niedersachsen/Waechter NdsPOG § 17b Rn. 22 (2022); § 43 Abs. 2 VwVfG.

180 Ähnlich BeckOK-POR Niedersachsen/Waechter NdsPOG § 17b Rn. 25 (2022).

181 Vgl. zur Frage der Tatbestandswirkung für nachfolgende Verwaltungs- und Strafverfahren aber → § 55 Rn. 131, 136.

182 § 43 Abs. 1 S. 1 VwVfG.

183 § 31 Abs. 1 VwVfG iVm § 187 Abs. 1 BGB.

184 Vgl. Schenke/Graulich/Ruthig/W.-R. Schenke BKAG § 55 Rn. 9; BeckOK-POR NRW/Barczak PolG NRW § 34b Rn. 40 (2022).

V. Materielle Rechtmäßigkeitsanforderungen

161 **1. Tatbestandsvoraussetzungen.** Mit den in § 56 Abs. 1 Nrn. 1 und 2 BKAG geregelten tatbestandlichen Voraussetzungen hat der Gesetzgeber die in der Rechtsprechung des Bundesverfassungsgerichts entwickelte **Gefahrenschwelle der „drohenden Gefahr" weitgehend unreflektiert übernommen.** Die hiermit verbundene **Vorverlagerung der Gefahrenabwehr** ist maßgeblich dadurch geprägt, dass sich zwar möglicherweise noch nicht mit hinreichender Wahrscheinlichkeit feststellen lässt, dass die Gefahr schon in näherer Zukunft eintritt, die hiermit verbundene Herabsenkung der Gefahrenschwelle aber durch Beschränkung auf den Schutz überragend wichtiger Rechtsgüter kompensiert wird.[185]

162 Zu beachten ist hierbei jedoch, dass das Bundesverfassungsgericht eine solche Vorverlagerung der Gefahrenschwelle bislang **nur im Kontext staatlicher Überwachungsbefugnisse ausdrücklich gebilligt** hat.[186]

163 Insbesondere bietet insoweit auch die Entscheidung des Zweiten Senats des Bundesverfassungsgerichts vom 1.12.2020, die die **Verfassungsmäßigkeit der Anordnung von Maßnahmen der elektronischen Aufenthaltsüberwachung im Rahmen der Führungsaufsicht**[187] unter der Voraussetzung der „begründeten Wahrscheinlichkeit" der Begehung weiterer Straftaten betraf, hierzu keinen wesentlichen Erkenntnisgewinn, da der Senat den hier zugrundeliegenden Gefahrenbegriff des § 64 StGB weder als verfassungsrechtlichen Mindeststandard für Maßnahmen der elektronischen Aufenthaltsüberwachung definiert noch ausdrücklich in Relation zum gefahrenabwehrrechtlichen Begriff der „drohenden Gefahr" gesetzt hat.[188]

164 Da Maßnahmen nach § 68b Abs. 1 S. 1 Nr. 12, S. 3 StGB jedoch schon aufgrund des Erfordernisses der vorangegangenen Verurteilung (und Vollstreckung) einer langjährigen Freiheitsstrafe bzw. Maßregel wegen terroristischer Straftaten (§ 68b Abs. 1 S. 3 Nr. 1 und 2 iVm § 66 Abs. 3 S. 1 StGB) auf **weitaus belastbareren Prognosegrundlagen** beruhen als Maßnahmen nach § 56 Abs. 1 BKAG, die lediglich „bestimmte Tatsachen" oder „individuelles Verhalten" voraussetzen, kann aus der Entscheidung über die Verfassungsmäßigkeit der elektronischen Aufenthaltsüberwachung als Maßnahme der Führungsaufsicht nicht auf deren Zulässigkeit als Gefahrenabwehrmaßnahmen im Vorfeld konkreter Gefahren geschlossen werden.[189]

165 Soweit der **Bundesgerichtshof** die Entscheidung des Zweiten Senats des Bundesverfassungsgerichts zur Verfassungsmäßigkeit der elektronischen Aufenthaltsüberwachung als Maßnahme der Führungsaufsicht dennoch zum Anlass genommen hat, die in der **Entscheidung des Ersten Senats des Bundesverfassungsgerichts zum BKAG aF zu staatlichen Überwachungsmaßnahmen** entwickelten Maßstäbe **auf eine landesrechtliche Parallelregelung zu § 56 Abs. 1 BKAG zu übertragen,**[190] lässt dies – ungeachtet der Frage, ob die Entscheidung im Ergebnis zutrifft – die verfassungsrechtlich gebotene Differenzierung aus den vorgenannten Gründen vermissen.

166 In der Sache ist eine **Übertragung** der jedenfalls im Hinblick auf die erforderliche Prognosesicherheit abgesenkten Gefahrenschwelle der lediglich „drohenden" Gefahr **auf operative bzw. aktionelle Grundrechtseingriffe vielmehr abzulehnen,** da oft nur sehr vage Gefahrenprognosen hier konkreten und unbedingten Einbußen an individueller Freiheit gegenüberstehen und von dem rechtfertigungsbedürftigen operativen Grundrechtseingriff – anders als bei der Ausübung staatlicher Überwachungsbefugnisse – keine Verbesserung der Prognosegrundlagen zu erwarten ist (→ § 55 Rn. 138 ff.).

167 Insoweit allerdings **entzieht sich die Vorschrift des § 56 Abs. 1,** die sowohl Elemente staatlicher Ermittlungsmaßnahmen als auch operative Eingriffsbefugnisse in sich vereint, **einer klaren Zuordnung anhand der vorgenannten Kategorien.**[191] Während sie im Fall einer Anordnung iVm Aufenthaltsvorgaben oder Kontaktverboten nach § 55 Abs. 1 oder 2 BKAG letztlich deren Natur als (nicht lediglich niedrigschwellige) operative Maßnahme teilt, die unter den Voraussetzungen einer lediglich „drohenden" Gefahr verfassungsrechtlich nicht gerechtfertigt werden kann (→ § 55 Rn. 139 ff.), wiegt der Anteil der operativen Elemente einer isolierten Anordnung der elektronischen Aufenthaltsüberwachung in der Gesamtbilanz des Grund-

185 Vgl. BVerfG Urt. v. 27.2.2008 – 1 BvR 370/07 –, BVerfGE 120, 274 (329).

186 Vgl. BVerfG Urt. v. 26.4.2022 – 1 BvR 1619/17 –, NJW 2022, 1583 (1586, Rn. 158); s. auch BVerfG Urt. v. 20.4.2016 – 1 BvR 966/09 ua –, BVerfGE 141, 220 (272, Rn. 112); hierauf hinweisend auch BeckOK-POR NRW/Barczak PolG NRW § 34b Rn. 15 (2022); Griebel/Schäfer NVwZ 2020, 511 (515 f.); Möstl BT-Drs. (A) 18(4)806 B, 3; DAV, BT-Drs. (A) 18(4)863, 36 f.; Schwarz, LT NRW, Stellungnahme 17/632, A09, A14, 6; Arzt, LT NRW, Stellungnahme 17/936, A09, A14, 21; Gazeas, LT NRW, Stellungnahme 17/662, A09, A14, 12.

187 § 68b Abs. 1 S. 1 Nr. 12, S. 3 StGB.

188 BVerfG Beschl. v. 1.12.2020 – 2 BvR 916/11 –, BVerfGE 156, 63 zitiert die Rechtsprechung des Ersten Senats zur „drohenden Gefahr" zwar im abstrakten Maßstabsteil (ebd., 121, Rn. 205, unter Wiedergabe von BVerfG Urt. v. 20.4.2016 – 1 BvR 966/09 –, BVerfGE 141, 220 [272, Rn. 112]), nimmt im Subsumtionsteil aber lediglich auf das allgemeine Erfordernis einer „hinreichend konkret absehbaren Gefährdung" Bezug und verweist dabei nur auf Rn. 109, nicht aber auf Rn. 112 der Entscheidung zum BKAG (BVerfG Beschl. v. 1.12.2020 – 2 BvR 916/11 –, BVerfGE 156, 63 [145, Rn. 280]).

189 AA BeckOK-PolSiR Bayern/Schröder BayPAG Art. 34 Rn. 13 ff. (2022).

190 Vgl. BGH Beschl. v. 22.2.2022 – 3 ZB 3/21 –, juris, Rn. 28.

191 Ausführlich (und zutreffend) BeckOK-POR NRW/Barczak PolG NRW § 34c Rn. 8 f. (2022), mwN.

rechtseingriffs gegenüber den informationellen Eingriffsanteilen doch vergleichsweise gering (→ Rn. 85 ff.), so dass die Ermächtigungsgrundlage des § 56 Abs. 1 BKAG bei isolierter Betrachtung (und verfassungsrechtlich informierter, tendenziell restriktiver Handhabung der gesetzlichen Tatbestandsvoraussetzungen) den Anforderungen des Rechts auf informationelle Selbstbestimmung aus Art. 2 Abs. 1 iVm Art. 1 Abs. 1 GG (gerade) noch genügen dürfte.[192]

Der Auslegungshinweis des Bundesgerichtshofs, an den Wahrscheinlichkeitsmaßstab der drohenden Gefahr seien mit Blick auf das große Gewicht der betroffen Schutzgüter **„keine überspannten Anforderungen** zu stellen",[193] **weist insoweit jedoch eher in die falsche Richtung.**[194] Vielmehr entspricht es allgemeinen gefahrenabwehrrechtlichen Grundsätzen, Situationen, in denen die Gefahrenprognose in hohem Maße von Ambivalenzen geprägt ist, vorrangig durch weitere Sachverhaltsaufklärung (gegebenenfalls auch in Form von Gefahrerforschungseingriffen) aufzulösen.[195] 168

Verfassungsrechtlich keinesfalls tragfähig ist die Anordnung der elektronischen Aufenthaltsüberwachung aufgrund einer lediglich „drohenden" Gefahr demnach dann, wenn sie – wie allerdings wohl regelmäßig – **kumulativ zu Aufenthaltsvorgaben oder Kontaktverboten nach § 55 Abs. 1 oder 2 BKAG angeordnet** wird. Denn insoweit führt die elektronische Aufenthaltsüberwachung zu einer wesentlichen Verstärkung des Eingriffsgewichts der Aufenthaltsvorgaben bzw. Kontaktverbote, die ihrerseits schon bei isolierter Betrachtung weder bloße staatliche Überwachungsbefugnisse noch niedrigschwellige Grundrechtseingriffe darstellen (→ § 55 Rn. 140).[196] Insbesondere läuft der Betroffene hier Gefahr, aufgrund lediglich ambivalenter (und gerade deswegen kaum zu entkräftender) Gefahrenmomente dauerhaft und schwerwiegend in seiner persönlichen Freiheitsausübung beschränkt zu werden (zu dieser Problematik operativer Eingriffe im Gefahrenvorfeld → § 55 Rn. 142 f.). 169

a) **Drohende Gefahr ihrer Art nach konkretisierter Straftaten (Abs. 1 Nr. 1).** Nach § 56 Abs. 1 Nr. 1 BKAG kann das BKA zur Abwehr einer Gefahr oder zur Verhütung von Straftaten nach § 5 Abs. 1 S. 2 BKAG eine Person dazu verpflichten, ein technisches Mittel, mit dem der Aufenthaltsort dieser Person elektronisch überwacht werden kann, ständig in betriebsbereitem Zustand am Körper bei sich zu führen und dessen Funktionsfähigkeit nicht zu beeinträchtigen, wenn **bestimmte Tatsachen die Annahme rechtfertigen,** dass die betroffene Person innerhalb eines übersehbaren Zeitraums auf eine zumindest ihrer Art nach konkretisierte Weise eine **Straftat nach § 5 Abs. 1 S. 2 BKAG** begehen wird. 170

Mit der Formel „wenn bestimmte Tatsachen die Annahme rechtfertigen" nimmt der Gesetzgeber – in Anlehnung an die Rechtsprechung des Bundesverfassungsgerichts zu informationellen Grundrechtseingriffen[197] – die **erforderliche Prognosewahrscheinlichkeit gegenüber dem klassischen Begriff der „konkreten" Gefahr zurück.** Zwar muss sich die erforderliche Prognose weiterhin auf bestimmte Tatsachen – und nicht zB auf allgemeine Erfahrungssätze, Vermutungen oder diffuse Anhaltspunkte – stützen; die Anforderungen an die Vorhersehbarkeit des Kausalverlaufs sind aber dennoch gegenüber dem tradierten Begriff der „konkreten" Gefahr reduziert. Die Prognose muss sich zudem auf einen übersehbaren Zeitraum beziehen und eine zumindest ihrer Art nach konkretisierte Straftat nach § 5 Abs. 1 S. 2 BKAG betreffen. Den verfassungsrechtlichen Anforderungen an die Verhältnismäßigkeit operativer Grundrechtseingriffe von nicht unerheblichem Gewicht genügt diese Absenkung der Gefahrenschwelle indes auch in Ansehung der durch § 56 Abs. 1 Nr. 1 iVm § 5 Abs. 1 S. 2 BKAG geschützten hoch- und höchstrangigen Rechtsgüter nur bei grundrechtssensibler Anwendung (→ Rn. 168). 171

Zur Auslegung des **Tatbestandsmerkmals des „übersehbaren Zeitraums"** lassen sich weder den Gesetzesmaterialien noch der zugrundeliegenden Entscheidung des Bundesverfassungsgerichts zum BKA taugliche Maßgaben entnehmen. Im spezifischen Kontext des § 56 Abs. 1 BKAG kann von einem übersehbaren Zeitraum aber vor dem Hintergrund der Höchstfrist des § 56 Abs. 6 S. 1 und 2 BKAG nur dann gesprochen 172

192 Vgl. zur (nachvollziehbaren) Kritik an der weiter gefassten Norm des Art. 34 BayPAG und anderer landesrechtlicher Bestimmungen aber Löffelmann GSZ 2021, 177 (179) sowie Kremer GSZ 2019, 175 (176).

193 So BGH Beschl. v. 22.2.2022 – 3 ZB 3/21 –, juris, Rn. 35 – Hervorhebungen nur hier.

194 Zwar trifft es ohne Weiteres zu, dass „überspannte" Anforderungen schon begrifflich niemals den richtigen Maßstab bilden können; angesichts der Beliebigkeit des Verweises auf die Schwere potenzieller, nur möglicherweise irgendwie drohender Rechtsgutsbeeinträchtigungen droht eine zu großzügige Maßstabsbildung allerdings jegliche Steuerungswirkung zu verlieren. Vor zu laxen Maßstäben ist daher mindestens ebenso zu warnen wie vor „überspannten" Anforderungen.

195 Vgl. BVerwG Urt. v. 25.10.2017 – 6 C 46.16 –, BVerwGE 160, 169 (175, Rn. 16).

196 Vgl. BeckOK-POR NRW/Barczak PolG NRW § 34c Rn. 12 (2022).

197 Vgl. BVerfG Urt. v. 20.4.2016 – 1 BvR 966/09 ua –, BVerfGE 141, 220 (272, Rn. 112).

werden, wenn mit einer Verwirklichung der drohenden Gefahr jedenfalls vor Ablauf von drei Monaten mit hinreichender Wahrscheinlichkeit zu rechnen ist.[198]

173 b) **Konkrete Gefahr ihrer Art nach nicht konkretisierter Straftaten (Abs. 1 Nr. 2).** Nach § 56 Abs. 1 Nr. 2 BKAG kann das BKA zur Abwehr einer Gefahr oder zur Verhütung von Straftaten nach § 5 Abs. 1 S. 2 BKAG entsprechende Maßnahmen treffen, wenn das **individuelle Verhalten** der betroffenen Person die **konkrete Wahrscheinlichkeit** begründet, dass sie innerhalb eines übersehbaren Zeitraums eine **Straftat nach § 5 Abs. 1 S. 2 BKAG** begehen wird.

174 Im Unterschied zu § 56 Abs. 1 Nr. 1 BKAG verzichtet Nr. 2 nicht auf das **Erfordernis der konkreten Wahrscheinlichkeit,** nimmt die **Anforderungen an die Prognosesicherheit auch im** Hinblick auf die Art und Weise der Tatbegehung aber **erheblich zurück.** Als möglichen Anwendungsfall des entsprechend modifizierten Gefahrenbegriffs will das Bundesverfassungsgericht – allerdings im kaum vergleichbaren Kontext der heimlichen Informationserhebungsakte (→ Rn. 162, → Rn. 166) – etwa die Rückkehr einer Person aus einem Ausbildungslager für Terroristen im Ausland verstanden wissen, hinsichtlich dessen zwar das „Ob" der Tatbegehung, nicht aber die einzelnen Tatmodalitäten hinreichend konkret prognostizierbar ist bzw. sind.[199] Auch wenn entsprechende Verdachtsmomente regelmäßig hinreichenden Anlass für eine weitere – gegebenenfalls auch nicht unerheblich eingriffsintensive – Überwachung des Betroffenen bieten dürften, sind nicht unerhebliche Freiheitsbeschränkungen durch operative Maßnahmen auf dieser Basis kaum zu rechtfertigen, zumal auch eine zeitliche Höchstdauer der Einschränkungen regelmäßig gerade aufgrund der Vagheit der Verdachtsmomente kaum bestimmbar sein wird (→ Rn. 191 ff.).

175 Auch bei Zurückstellung der **erheblichen Zweifel an der Verfassungsmäßigkeit der genannten Eingriffsschwelle** kann es keinesfalls genügen, dass der Betroffene lediglich im Verdacht der Begehung irgendeiner der in § 5 Abs. 1 Nr. 2 BKAG iVm § 129 Abs. 1 und 2 StGB genannten Katalogtaten steht, ohne dass hinreichende Gewissheit hinsichtlich Schutzgut und Angriffsrichtung der in Betracht kommenden Delikte bestünde. Denn die nach der Rechtsprechung des Bundesverfassungsgerichts allenfalls hinzunehmenden Prognoseunsicherheiten beziehen sich jedenfalls nur auf den Ort und die Modalitäten der Tatbegehung,[200] nicht aber zB auf die Frage, ob der Betroffene etwa Terroranschläge gegen Personen, die Umwelt oder bedeutsame Sachwerte begehen oder zur Vorbereitung des bewaffneten Kampfes im Ausland gegen waffenrechtliche Bestimmungen verstoßen wird.

176 Allerdings muss **nicht mit hinreichender Sicherheit feststehen,** dass der Betroffene einen konkret ins Auge gefassten Terroranschlag zB durch Tötung und Verletzung von Menschen (§ 129a Abs. 1 Nr. 1, Abs. 2 Nr. 1 StGB) oder durch Brandstiftungsdelikte gegen Regierungsgebäude (§ 129a Abs. 2 Nr. 2 StGB) begehen will.

177 c) **Geeignete Straftaten.** Die jeweilige Prognose muss sich darauf beziehen, dass gerade der Betroffene mit hinreichender Wahrscheinlichkeit gerade eine **Straftat nach § 5 Abs. 1 S. 2 BKAG** begehen wird. Die vom Gesetzgeber gewählte Verweisungstechnik ist dabei unglücklich, da die in § 5 Abs. 1 S. 2 BKAG enthaltene Legaldefinition des „internationalen Terrorismus" ihrerseits auf die in § 129a Abs. 1 und 2 StGB bezeichneten Straftaten – dh neben Mord, Totschlag und Völkermord ua auch schwere Körperverletzungen, Computersabotage, jede Form vorsätzlicher Brandstiftungsdelikte sowie unerlaubter Schusswaffenbesitz – verweist.[201]

178 Eindeutig ist zunächst, dass die Verweisung auf die in § 129a Abs. 1 und 2 StGB bezeichneten Delikte die **Gefahr der Begehung bloßer Organisationsdelikte nach § 129a Abs. 1 und 2 StGB gerade nicht umfasst** (→ § 5 Rn. 28); nach § 56 Abs. 1 iVm § 5 Abs. 1 S. 2 BKAG abzuwehren sind daher nicht die Gründung oder Beteiligung an einer terroristischen Vereinigung, sondern die Begehung einzelner der in § 129a Abs. 1 und 2 StGB benannten Katalogstraftaten. Einer Tatbegehung gerade als Mitglied einer terroristischen Vereinigung bedarf es daher nicht, so dass im Grundsatz auch terroristische Einzeltäter erfasst sind.

179 Darüber hinaus müssen die in § 129a Abs. 1 und 2 StGB bezeichneten Katalogtaten nach § 5 Abs. 1 S. 2 jedoch **auch im Einzelfall dazu bestimmt** sein, die Bevölkerung auf erhebliche Weise einzuschüchtern (**Nr. 1**), eine Behörde oder eine internationale Organisation rechtswidrig mit Gewalt oder durch Drohung mit Gewalt zu nötigen (**Nr. 2**) oder die politischen, verfassungsrechtlichen, wirtschaftlichen oder sozialen Grundstrukturen eines Staates oder einer internationalen Organisation zu beseitigen oder erheblich zu beeinträchtigen (**Nr. 3**). Neben diesem alleine an der Zweckbestimmung des oder der mutmaßlichen Terroristen orientierten (subjektiven) Finalitätskriterium muss die zu erwartende Tat zudem (objektiv) durch die

198 Vgl. BeckOK-POR Hessen/Leggereit HessSOG § 31a Rn. 11 (2022). Ähnlich BeckOK-PolR Baden-Württemberg/Trurnit PolG BW § 32 Rn. 16 (2022), der aufgrund der Verlängerungsmöglichkeit um drei Monate einen Zeitraum von drei bis sechs Monaten zugrunde legen will. Dies ist jedoch nicht folgerichtig, da der gesetzliche Prognosehorizont jeweils nur drei Monate beträgt. Generell aA Schenke/Graulich/Ruthig/Ruthig BKAG § 56 Rn. 5.

199 Vgl. BVerfG Urt. v. 20.4.2016 – 1 BvR 966/09 ua –, BVerfGE 141, 220 (272, Rn. 112).

200 Vgl. BVerfG Urt. v. 20.4.2016 – 1 BvR 966/09 ua –, BVerfGE 141, 220 (272, Rn. 112).

201 Eingehend zur Kritik am gesetzlichen Terrorismusbegriff und der Gesetzgebungstechnik des § 5 Abs. 1 BKAG → § 5 Rn. 21 ff.

Art ihrer Begehung oder ihre Auswirkungen einen Staat oder eine internationale Organisation erheblich schädigen können (→ § 5 Rn. 31 ff.).

Einzuhalten ist schließlich die **Kompetenzausübungsschranke** des § 5 Abs. 1 S. 1 BKAG; erforderlich ist danach, dass eine länderübergreifende Gefahr vorliegt (Nr. 1), die Zuständigkeit einer Landespolizeibehörde nicht erkennbar ist (Nr. 2) oder die oberste Landesbehörde um eine Übernahme ersucht (Nr. 3), da eine Zuständigkeit des Bundeskriminalamts sonst nicht begründet ist (ausführlicher → Rn. 69 ff., → Rn. 93 ff.). 180

d) Adressaten der Maßnahme. Nach § 56 Abs. 1 Nrn. 1 und 2 BKAG sind Anordnungen nach Abs. 5 jeweils **an die Person zu richten, von der die (drohende) Gefahr der Begehung von Straftaten ausgeht.** Ein Rückgriff auf die in § 38 Abs. 1 S. 2 BKAG iVm §§ 17 ff. BPolG bezeichneten allgemeinen Verantwortlichkeitsregelungen ist im Hinblick auf Maßnahmen nach § 56 BKAG daher spezialgesetzlich ausgeschlossen.[202] 181

Die „Begehung" im gefahrenabwehrrechtlichen Sinne meint nicht nur die (mit)täterschaftliche Begehung, sondern **jegliche Form der strafrechtlich (objektiv) relevanten Mitwirkung.**[203] 182

e) Gerichtliche Überprüfbarkeit. Die auf Tatbestandsseite des § 56 Abs. 1 BKAG verwendeten unbestimmten Rechtsbegriffe sind jeweils vollständig gerichtlich überprüfbar; ein irgendwie gearteter **„Beurteilungsspielraum"[204] des BKA besteht nicht.**[205] 183

2. Ermessen. a) Verhältnismäßigkeit als Ermessensschranke. Auch wenn es im Rahmen des § 56 BKAG aus im Einzelnen nicht nachvollziehbaren Gründen an einer Parallelbestimmung zur Erforderlichkeitsklausel des § 55 Abs. 6 S. 1 BKAG (→ § 55 Rn. 165) fehlt, sind Maßnahmen nach § 56 Abs. 1 BKAG auf den zur Abwehr der Gefahr oder zur Verhütung von Straftaten nach § 5 Abs. 1 S. 2 BKAG erforderlichen Umfang zu beschränken (**Erforderlichkeitsgebot**; → Rn. 190 ff.). Bei der jeweiligen Maßnahme muss es sich daher nach Art, Dauer und Umfang (vgl. § 56 Abs. 7 S. 1 Nr. 2 BKAG) um das **jeweils mildeste Mittel** handeln, das zur Verhütung von Straftaten nach § 5 Abs. 1 S. 2 BKAG in gleicher Weise geeignet ist. Da Art und Umfang der Maßnahme in § 56 Abs. 1 BKAG weitgehend vorgegeben sind, beschränkt sich die Wirkung des Erforderlichkeitsgebots in diesem Kontext auf die Prüfung, ob das beabsichtigte Ziel auch unter Einschränkung der zeitlichen Geltungsdauer (etwa im Hinblick auf eine Beschränkung auf die Nachtstunden) oder eine Unterschreitung der maximalen Anordnungsdauer von drei Monaten erreicht werden kann. Dies wird bei Gefahren im in § 56 Abs. 1 BKAG bezeichneten Sinne aber nur ausnahmsweise – zB bei auf punktuelle Ereignisse wie internationale Sportveranstaltungen bezogenen Gefahrenprognosen – der Fall sein. 184

Auch im oben genannten Sinne erforderliche Maßnahmen sind schließlich nach § 38 Abs. 1 S. 2 BKAG iVm § 15 Abs. 2 BPolG auf ihre **Angemessenheit** zu prüfen. Dies umfasst die Prüfung, ob der erstrebte Gefahrenabwehrerfolg **nicht außer Verhältnis zu den hierdurch bedingten Nachteilen steht.** Hierbei sind neben den im jeweiligen Einzelfall einschlägigen grundrechtlichen **Interessen des Adressaten** (→ Rn. 71 ff.), der bisherigen und zu erwartenden **Dauer der Maßnahme** (→ Rn. 192 ff.), des **Grads der abzuwehrenden Gefahr** und des **individuellen Gewichts der jeweils gefährdeten Rechtsgüter** auch die **grundrechtlichen Interessen mittelbar Betroffener** – wie zB der Familie des Adressaten (Art. 6 GG) – zu gewichten. Im Besonderen rechtfertigungspflichtig sind dabei insbesondere Anordnungen, die für den Betroffenen mit greifbaren (und gegebenenfalls im Rahmen der Anhörung darzulegenden) Stigmatisierungsfolgen verbunden sind. 185

Bei der Prüfung des individuellen Gewichts der gefährdeten Rechtsgüter ist dabei insbesondere zu berücksichtigen, dass § 56 BKAG nicht der Abwehr von Gefahren für die durch die jeweiligen Strafnormen geschützten Rechtsgüter, sondern der **Abwehr von Gefahren des internationalen Terrorismus iSd § 5 Abs. 1 S. 2 BKAG** dient. Maßgeblich ist daher insbesondere, in welchem Umfang die zu erwartenden Handlungen im Falle ihrer Begehung zur Einschüchterung der Bevölkerung, zur Nötigung von Behörden oder internationalen Organisationen, zur Gefährdung der Grundstrukturen von Staaten oder internationalen Organisationen tatsächlich geeignet wären. 186

Stets in Betracht zu ziehen ist weiterhin, ob der (lediglich) drohenden Gefahr nicht zunächst in wirksamerer oder jedenfalls grundrechtsschonender Weise durch **bloße Gefahrerforschungseingriffe**[206] (oder die weitere Sachverhaltsermittlung ohne spezifischen Eingriffscharakter) begegnet werden kann. 187

b) Ermessen im Übrigen. Nach § 56 Abs. 1 BKAG dienen Maßnahmen nach dieser Bestimmung **ausschließlich der Abwehr bzw. Verhütung von Gefahren des internationalen Terrorismus** in Form der Begehung von Straftaten nach § 5 Abs. 1 S. 2 BKAG. Maßnahmen anlässlich entsprechender Gefahren, die der Verwirklichung anderer – wenngleich an sich legitimer – Zwecke dienen, entsprechen daher nicht dem **Zweck der** 188

202 Vgl. BeckOK-POR NRW/Barczak PolG NRW § 34c Rn. 22 (2022).
203 Vgl. BeckOK-POR NRW/Barczak PolG NRW § 34b Rn. 23 (2022).
204 So aber (wohl nur unbedacht) BT-Drs. 18/11163, 122.
205 Vgl. zu den Voraussetzungen für die Annahme eines Beurteilungsspielraums vor dem Hintergrund des Art. 19 Abs. 4 GG BVerwG Urt. v. 30.10.2019 – 6 C 18.18 –, BVerwGE 167, 33 (36 ff., Rn. 11 ff.); aA Schenke/Graulich/Ruthig/Ruthig BKAG § 56 Rn. 6.
206 Vgl. BVerwG Urt. v. 25.10.2017 – 6 C 46.16 –, BVerwGE 160, 169 (175, Rn. 16).

Ermächtigung und sind folglich ermessensfehlerhaft (§ 38 Abs. 1 S. 1 BKAG iVm § 16 Abs. 1 BPolG und § 40 VwVfG). Dies gilt insbesondere für Anordnungen, die nicht der Abwehr drohender Gefahren, sondern der Erstellung von Bewegungs- und Verhaltensprofilen oder der weiteren Aufklärung von Gefährderstrukturen dienen.

189 Auch eine Anordnung von Maßnahmen nach § 56 Abs. 1 BKAG alleine zum **Zweck der Überwachung von Aufenthaltsvorgaben oder Kontaktverboten,** die in § 56 Abs. 2 S. 3 Nrn. 2 und 3 BKAG nur als Nebenzweck zugelassen ist, entspricht somit nicht dem Zweck der Ermächtigung. Da § 55 Abs. 1 und 2 sowie § 56 Abs. 1 BKAG in der Sache dieselben tatbestandlichen Voraussetzungen aufweisen und denselben gefahrenabwehrrechtlichen Zielen dienen, dürften parallele Anordnungen bei zweckentsprechender Fassung der Ermessenserwägungen aber doch regelmäßig begründbar sein.[207]

190 **3. Zulässige Dauer (Abs. 8). a) Erforderlichkeitsgrundsatz.** Auch die **zulässige Dauer von Maßnahmen** nach § 56 Abs. 1 BKAG ist an den Grundsätzen der Erforderlichkeit[208] und Verhältnismäßigkeit ieS[209] zu messen (→ Rn. 184 ff.). Sie sind daher stets auf das erforderliche Maß zu befristen (Abs. 8 S. 1) und unverzüglich zu beenden, wenn ihre gesetzlichen Voraussetzungen nicht mehr vorliegen (Abs. 8 S. 3).

191 **b) Dreimonatsfrist, Verlängerung.** Die in § 56 Abs. 8 S. 1 BKAG vorgegebene Dreimonatsfrist stellt **keine absolute Höchstfrist** dar, da sie nach Maßgabe des § 56 Abs. 8 S. 2 BKAG durch Verlängerungsanordnung verlängert werden kann. Da auch § 56 Abs. 8 S. 2 BKAG eine dreimonatige Höchstfrist vorsieht, die Anzahl der zulässigen Verlängerungen aber in der Sache nicht beschränkt („jeweils"), begründen die jeweiligen Dreimonatsfristen vielmehr **Kontrollintervalle,** nach deren Ablauf das Vorliegen der Anordnungsvoraussetzungen spätestens erneut zu prüfen ist. Die materielle Pflicht, entsprechende **Anordnungen als Dauerverwaltungsakte stets unter Kontrolle zu halten, bleibt davon ebenso unberührt** wie die Möglichkeit, entsprechende Anordnungen bei Vorliegen ihrer Voraussetzungen gegebenenfalls über Jahre fortzuschreiben.

192 Zu beachten ist dabei insbesondere, dass die elektronische Aufenthaltsüberwachung mit zunehmender Dauer an Eingriffsintensität gewinnt. In die Verhältnismäßigkeitsprüfung ist daher **mit zunehmender Dauer verstärkt** einzustellen, wenn sich die „drohende" Gefahr während der Dauer der Maßnahme nicht weiter konkretisiert hat.[210] Insbesondere ist das BKA auch während der Dauer entsprechender Maßnahmen verpflichtet, **den Sachverhalt von Amts wegen weiter aufzuklären** und hierbei auch Umstände zu berücksichtigen, die gegen die Richtigkeit der ursprünglichen Gefahrenprognose sprechen.

193 Die gesetzliche Höchstfrist entbindet das BKA bzw. das anordnende Gericht nicht von der **Verpflichtung, im jeweiligen Einzelfall zu prüfen,** ob gegebenenfalls auch eine kurzfristigere Anordnung zur Zweckerreichung ausreichend oder aus Gründen der Verhältnismäßigkeit ieS geboten ist.

194 Die **Frist beginnt** jeweils mit Wirksamwerden der gerichtlichen oder behördlichen Anordnung und nicht erst mit dem tatsächlichen Vollzug der Maßnahme.[211]

195 Im Rahmen einer anstehenden Verlängerungsentscheidung ist dabei besonders zu berücksichtigen, dass zunächst auf maximal drei Monate begrenzte Anordnungen nach § 56 Abs. 1 BKAG **mit zunehmender Dauer an Intensität gewinnen,** weil der Betroffene entsprechende Maßnahmen kaum dauerhaft vor ihm nahestehenden Personen verbergen und eine Entdeckung zB auch im Freundeskreis nicht mehr (zB durch Verschiebung von Terminen) verbergen kann. Zugleich sieht der Betroffene sich – gegebenenfalls aufgrund Jahre zurückliegender Verhaltensweisen[212] – dauerhaft dem nach außen hin dokumentierten Verdacht ausgesetzt, schwerste Straftaten gegen seine Mitmenschen oder das Gemeinwesen begehen zu wollen. Auch wenn die damit verbundenen dauerhaften Entfremdungsprozesse und Einschränkungen der privaten Lebensführung gegebenenfalls zum Zweck der Abwehr drohender Gefahren für die durch § 5 Abs. 1 S. 2 BKAG geschützten Rechtsgüter hinzunehmen sein können, ist die zunehmend gesteigerte Eingriffsintensität bei jeder Verlängerungsentscheidung gesondert zu berücksichtigen.

196 Maßgeblich zu berücksichtigen ist weiterhin, dass Maßnahmen nach § 56 Abs. 1 BKAG auf einer regelmäßig nur vagen und potenziell ambivalenten Prognosegrundlage beruhen, den Betroffenen zugleich aber mit nicht unerheblichen **Einschränkungen seiner individuellen Lebensführung** belasten, ohne selbst wesentlich zur weiteren Sachverhaltsaufklärung beizutragen. Denn auch wenn Maßnahmen nach § 56 Abs. 1 BKAG anders als rein operativen Maßnahmen nach § 55 Abs. 1 und 2 BKAG jedenfalls auch Elemente staatlicher Überwachungsmaßnahmen innewohnen, ist der durch die in § 56 Abs. 2 S. 1 und 4 BKAG vorgeschriebene automatisierte Datenerhebung erzielbare Erkenntnisgewinn potenziell überschaubar (→ Rn. 51 ff.).

207 Zur Problematik additiver Grundrechtseingriffe aber → Rn. 169.
208 § 38 Abs. 1 S. 2 BKAG iVm § 15 Abs. 1 und 3 BPolG.
209 § 38 Abs. 1 S. 2 BKAG iVm § 15 Abs. 2 BPolG.
210 Vgl. BeckOK-PolSiR Bayern/Schröder BayPAG Art. 34 Rn. 29.2 (2022).
211 Vgl. BeckOK-PolR Baden-Württemberg/Trurnit PolG BW § 32 Rn. 28 (2022).
212 Vgl. den in BGH Beschl. v. 22.2.2022 – 3 ZB 3/21 –, juris, Rn. 2 ff. geschilderten Sachverhalt.

Auch wenn eine Maßnahme nach § 56 Abs. 1 und 2 BKAG daher im konkreten Einzelfall zunächst geeignet, erforderlich und auch angemessen sein mag, um Gefahren iSd § 5 Abs. 1 S. 2 BKAG abzuwehren, kann das Gewicht der (potenziell) gefährdeten Rechtsgüter das BKA nicht von seiner Pflicht entbinden, den **Sachverhalt** während der Dauer einer solchen Maßnahme **von Amts wegen weiter aufzuklären**, hierbei **sowohl be- als auch entlastende Umstände zu ermitteln** und Art und Umfang entsprechender Ermittlungsbemühungen im Rahmen eines etwaigen Verlängerungsantrags darzulegen.[213] 197

Wenn dies ohne nachvollziehbare Begründung unterbleibt, spricht regelmäßig nur wenig dafür, eine **Verlängerungsentscheidung auf unveränderter Tatsachengrundlage** noch für angemessen zu halten. Dies gilt umso mehr, als Verlängerungsentscheidungen sonst potenziell über **kaum überschaubare Zeiträume** ausgesprochen werden könnten, ohne dass der Betroffene den in der Vergangenheit begründeten Verdacht wirksam durch die Behauptung eigenen Wohlverhaltens entkräften könnte.[214] 198

c) Beobachtungspflicht (Abs. 8 S. 3). Nach § 56 Abs. 8 S. 3 BKAG ist eine Maßnahme **unverzüglich zu beenden, wenn ihre Voraussetzungen nicht mehr vorliegen.** In der Sache spricht der Gesetzgeber dabei eine Selbstverständlichkeit aus, da Verwaltungsakte mit Dauerwirkung auch nach allgemeinen Grundsätzen stets verfahrensmäßig unter Kontrolle zu halten sind.[215] 199

Auch **nach Eintritt der Rechts- bzw. Bestandskraft** entsprechender Anordnungen ist die Behörde daher gehalten, **das Fortbestehen der Anordnungsvoraussetzungen im Blick zu behalten und die jeweilige Anordnung aufzuheben, wenn deren rechtliche Voraussetzungen nicht mehr gegeben sind** oder Anlass zur Prüfung der bisherigen Ermessenserwägungen besteht.[216] Der Annahme einer behördlichen Pflicht zur Beobachtung von Maßnahmen nach § 56 Abs. 1 BKAG steht auch nicht entgegen, dass deren Anordnung nach § 56 Abs. 5 S. 1 BKAG durch das Gericht erfolgt, da der gesetzliche Richtervorbehalt lediglich im Interesse des Grundrechtsschutzes durch Verfahren besteht, die Dispositionsbefugnis über das „Ob" und „Wie" der Maßnahmen – innerhalb des gesetzlich vorgegebenen Rahmens – indes demgegenüber der antragsbefugten Behörde obliegt (→ Rn. 110, 129). 200

Bei formaler Betrachtung dürfte die Behörde daher verpflichtet sein, bei Wegfall ihrer Voraussetzungen die Aufhebung der gerichtlichen Entscheidung nach § 90 Abs. 2 S. 2 BKAG iVm § 48 Abs. 1 S. 2 FamFG zu beantragen. Da der gerichtliche Anordnungsvorbehalt aber alleine dem Grundrechtsschutz durch Verfahren dient und der Gesetzgeber Maßnahmen nach § 56 Abs. 1 BKAG auch im Fall einer gerichtlichen Anordnung nach § 56 Abs. 5 S. 1 BKAG als Maßnahmen des BKA begreift,[217] **ist das BKA auch selbst zur Aufhebung entsprechender Anordnungen befugt.**[218] Insoweit erscheint die Verweisung auf die Vorschriften des FamFG vom Gesetzgeber auch im Kontext des § 56 BKAG nur wenig durchdacht (→ § 55 Rn. 195). Nach Eintritt der Rechtskraft einer gerichtlichen Anordnung nach § 55 Abs. 3 S. 1 BKAG hat der Betroffene daher die Wahl, ob er einen Anspruch auf behördliche Aufhebung im Wege der Verpflichtungsklage (bzw. des Antrags auf einstweilige Anordnung) vor dem Verwaltungsgericht geltend macht oder er im Wege des Abänderungsantrags (§ 48 Abs. 1 FamFG) gegen die gerichtliche Anordnung vorgeht. 201

VI. Datenverarbeitungszwecke (Abs. 2 S. 3)

Die zulässigen **Zwecke der Verarbeitung von Daten** nach § 56 Abs. 2 S. 1 BKAG sind in Abs. 3 S. 3 Nrn. 1–5 abschließend geregelt. Zwar enthält Abs. 3 S. 3 mit der Bezugnahme auf die Möglichkeit der Einwilligung eine beschränkte Öffnungsklausel, die nach § 51 BDSG jedoch weiteren Einschränkungen unterliegt (→ Rn. 219 ff.). Darüber hinaus ist eine Durchbrechung des *numerus clausus* der Nrn. 1–5 zB nach den Grundsätzen des rechtfertigenden oder gar übergesetzlichen Notstands nicht zulässig, zumal § 56 Abs. 2 S. 3 Nr. 4 BKAG bereits eine entsprechende Angstklausel enthält. 202

1. Präventivpolizeiliche Befugnisse. a) Verhütung terrorismusspezifischer Straftaten (Nr. 1 Alt. 1). Die gesetzliche Ermächtigung zur Datenverarbeitung zum Zweck der Verhütung terrorismusspezifischer Straftaten iSd § 5 Abs. 1 S. 2 BKAG nach § 56 Abs. 2 S. 3 Nr. 1 Alt. 1 BKAG dient **unmittelbar der Verwirklichung des Primärzwecks von Maßnahmen nach § 56 Abs. 1 BKAG.** 203

213 § 56 Abs. 6 Nr. 4 BKAG.

214 Bezeichnend etwa BGH Beschl. v. 22.2.2022 – 3 ZB 3/21 –, juris, Rn. 40: Der behaupteten inneren Lösung aus ausländischen terroristischen Strukturen wird auch Jahren nach der Rückkehr ins Bundesgebiet „mangels Darlegung entsprechender äußerer Umstände" nicht geglaubt.

215 Vgl. BVerwG Urt. v. 23.9.2010 – 3 C 37.09 –, BVerwGE 138, 21 (29, Rn. 28); VGH Mannheim Beschl. v. 10.12.1993 – 3 S 507/93 –, juris, Rn. 5.

216 Vgl. BeckOK-PolSiR Bayern/Schröder BayPAG Art. 34 Rn. 29.1 (2022).

217 Vgl. § 56 Abs. 1 BKAG: „Das Bundeskriminalamt kann eine Person dazu verpflichten […]". Vgl. zur Vollstreckungsproblematik auch unten → Rn. 278 ff.

218 Ähnlich BeckOK-PolR Baden-Württemberg/Trurnit PolG BW § 32 Rn. 28 (2022); BeckOK-POR Niedersachsen/Waechter NdsPOG § 17c Rn. 32 (2022); BeckOK PolSiR Bayern/Schröder BayPAG Art. 34 Rn. 29.1 (2022).

204 Auch wenn § 56 Abs. 2 S. 1 und 4 BKAG im Interesse der Einhaltung des Zweckbindungsgrundsatzes und der Eingriffsminimierung durch Technik den Grundsatz der automatisierten Datenverarbeitung postulieren, sind **Methoden und Grenzen der automatisierten Datenverarbeitung zum Zweck der Gefahrenabwehr gesetzlich nur unbefriedigend bestimmt.** Dementsprechend bleibt weitgehend unklar, unter welchen Voraussetzungen § 56 Abs. 2 S. 3 Nr. 1 Alt. 1 BKAG einen Übergang von der automatisierten zur menschlichen Datenauswertung zulässt (→ Rn. 50 ff.)

205 b) **Aufrechterhaltung der Funktionsfähigkeit der technischen Mittel** (Nr. 5). Der Verarbeitungsermächtigung des § 56 Abs. 2 S. 3 Nr. 5 BKAG kommt letztlich eine **Hilfsfunktion** zu, da mit ihrer Hilfe die Funktionsfähigkeit der technischen Mittel zum Zweck der Gefahrenabwehr sichergestellt werden soll. Sie ermächtigt daher zur Verarbeitung unmittelbarer Störungsmeldungen ebenso wie zur Erfassung von Daten über den Betriebszustand des technischen Überwachungsmittels. Auch die Erhebung und Verarbeitung von Standortdaten kann gegebenenfalls zum Zweck der Funktionsüberprüfung im Wege einer Plausibilitätskontrolle zulässig sein.

206 c) **Feststellung von Verstößen gegen Aufenthaltsvorgaben und Kontaktverbote** (Nr. 2). Auch die Feststellung von Verstößen gegen Aufenthaltsvorgaben und Kontaktverboten dient mittelbar den gefahrenabwehrrechtlichen Zwecken des § 56 Abs. 1 BKAG, da die **Anordnungsvoraussetzungen und Zielsetzungen des § 55 Abs. 1 und 2 BKAG** denen des § 56 BKAG entsprechen. Dennoch handelt es sich bei der Datenverarbeitungsermächtigung des § 56 Abs. 3 S. 2 Nr. 2 BKAG um eine (verfassungsrechtlich allerdings unbedenkliche) **Zweckänderungsermächtigung,** da Maßnahmen nach § 56 Abs. 1 BKAG nicht unmittelbar der Durchsetzung von Anordnungen nach § 55 Abs. 1 und 2 BKAG dienen.

207 Auch wenn Verstöße gegen Anordnungen nach § 55 Abs. 1 und 2 BKAG nach § 87 Abs. 1 Nr. 1 BKAG strafbewehrt sind, richtet sich die **Datenverarbeitung zur Strafverfolgung** nach § 56 Abs. 2 S. 3 Nr. 3 BKAG (→ Rn. 216 f.).

208 Technisch kann die **Feststellung von Verstößen gegen Aufenthaltsvorgaben im Wege der automatisierten Datenverarbeitung** (vgl. § 56 Abs. 2 S. 1 und 4 BKAG) ohne Weiteres im Wege des automatisierten Abgleichs der Aufenthaltsdaten mit den dem Betroffenen zugewiesenen oder verwehrten Arealen erfolgen, wobei eine Überschreitung der dem Betroffenen vorgegebenen räumlichen Grenzen eine Warnmeldung (mit anschließender Sichtung durch Mitarbeiter des BKA) auslöst (→ Rn. 51).

209 Wesentlich komplexer stellt sich die automatisierte **Feststellung von Verstößen gegen Kontaktverbote** dar, wenn die jeweilige Kontaktperson nicht ihrerseits einer Maßnahme der elektronischen Aufenthaltsüberwachung unterliegt (→ Rn. 51). In anderen Fällen kann eine wenigstens annähernd automatisierte Feststellung von Verstößen nur unter Abgleich der Aufenthaltsdaten des Betroffenen mit bekannten Wohn- oder Aufenthaltsorten verbotener Kontaktpersonen erfolgen, wobei den Mitarbeitern des BKA im „Trefferfall" die Prüfung obliegt, ob sich die Kontaktperson innerhalb des fraglichen Zeitraums an ihrem üblichen Wohn- oder Aufenthaltsort befand. Eine Feststellung von Verstößen gegen Kontaktverbote unter Verwendung von Fernkommunikationsmitteln durch die Verarbeitung von Aufenthaltsdaten scheint demgegenüber kaum möglich, da Daten über das Verhalten des Betroffenen an dessen jeweiligem Aufenthaltsort nicht zu erheben sind.

210 d) **Abwehr erheblicher gegenwärtiger Gefahren für Leib, Leben oder Freiheit einer dritten Person (Nr. 4).** Nach den Vorstellungen des Gesetzgebers wäre ein erheblicher Vertrauensverlust in die Funktionsfähigkeit der Polizei und damit der staatlichen Institutionen insgesamt zu befürchten, wenn die Daten einer elektronischen Aufenthaltsüberwachung nicht zur Verfolgung oder Verhinderung insbesondere schwerer Gewaltstraftaten genutzt werden dürften.[219] Aus diesem Grund sieht § 56 Abs. 2 S. 3 Nr. 4 BKAG eine **Erweiterung der zulässigen Verwendungszwecke** auf die Abwehr erheblicher gegenwärtiger Gefahren für Leib, Leben oder Freiheit (auch) ohne Bezüge zum internationalen Terrorismus vor.

211 Nicht ausdrücklich in den Blick genommen hat der Gesetzgeber insoweit, dass eine Erkennung erheblicher gegenwärtiger Gefahren für Leib, Leben oder Freiheit im Wege der nach § 56 Abs. 2 S. 1 und 4 ausdrücklich vorgeschriebenen automatisierten Datenverarbeitung allenfalls – wenn überhaupt – unter **Auswertung umfassender weiterer Datenbestände und Verwendung modernster Prädiktionsalgorithmen** denkbar sein könnte. Zu derart umfassenden Maßnahmen des ***predictive policing*** ermächtigt § 56 BKAG indes nicht, so dass die gefahrenabwehrrechtliche Angstklausel des § 56 Abs. 2 S. 3 Nr. 4 BKAG in vielen Fällen ins Leere läuft (→ Rn. 54 ff.).

212 In der Sache betrifft § 56 Abs. 2 S. 3 Nr. 4 BKAG daher **nur die weitere Datenverwendung im Falle bereits auf andere Weise** (zB im Rahmen der Auswertung automatisierter Meldungen von Auflagenverstößen nach § 56 Abs. 2 S. 3 Nr. 2, S. 4 iVm § 55 Abs. 1 und 2 BKAG) **erkannter gegenwärtiger Gefahren für Leib, Leben oder Freiheit.** Auch in derartigen Fällen darf jedoch nicht verkannt werden, dass die datenschutzrecht-

219 BT-Drs. 18/11163, 123.

liche Zweckänderungsermächtigung des § 56 Abs. 2 S. 3 Nr. 4 BKAG – schon aus kompetenzrechtlichen Gründen – **nicht mit einer entsprechenden Aufgabenzuweisung an das BKA hinterlegt** ist. Soweit die festgestellte Gefahr nicht ausnahmsweise in die Aufgabenbereiche der §§ 6 ff. fällt, beschränken sich die Verarbeitungs- und Handlungsbefugnisse daher auf eine Weitergabe des Aufenthaltsorts an die zuständigen Polizeibehörden (§ 56 Abs. 4 Nr. 4 BKAG; → Rn. 257).

2. Repressive Befugnisse. a) Verfolgung terrorismusspezifischer Straftaten (Nr. 1 Alt. 2). In der Verwendung von nach Maßgabe des § 56 Abs. 2 S. 1 BKAG zu präventiven Zwecken erhobenen Daten zum **Zweck der Strafverfolgung** liegt auch dann eine datenschutzrechtlich relevante Zweckänderung, wenn – wie hier – die zu verfolgenden Delikte den nach Maßgabe der Erhebungsnorm zu verhütenden Delikten entsprechen.[220] Angesichts des erheblichen Gewichts der mit den jeweiligen Strafnormen geschützten Interessen und der sachlichen Nähe zwischen Gefahrenabwehr und Strafverfolgung begegnet die Zweckänderungsbestimmung des § 56 Abs. 2 S. 3 Nr. 1 Alt. 2 BKAG) indes keinen durchgreifenden verfassungsrechtlichen Bedenken. 213

Eine eigene Datenverarbeitung durch das BKA zum Zweck der Strafverfolgung kommt indes nur insoweit in Betracht, als die Befugnisnorm des § 56 Abs. 2 S. 3 Nr. 1 Alt. 2 BKAG auch mit einer **Zuständigkeit des BKA nach § 4 Abs. 1 oder 2 BKAG** hinterlegt ist. Im Fall einer eigenen Strafverfolgungszuständigkeit des BKA folgt die spätere Abgabe an die Staatsanwaltschaft nach Maßgabe der StPO. 214

Im Übrigen beschränkt sich die Datenverarbeitungsbefugnis des BKA auf die Befugnis zur **Datenübermittlung** an die zuständigen Strafverfolgungsbehörden nach § 56 Abs. 4 Nr. 1 Alt. 2 BKAG (→ Rn. 258 f.). 215

b) Verfolgung von Straftaten nach § 87 Abs. 1 (Nr. 3). In der Verwendung von nach Maßgabe des § 56 Abs. 2 S. 1 BKAG zu präventiven Zwecken erhobenen Daten über den Aufenthaltsort und etwaige Beeinträchtigungen der Datenerhebung zum **Zweck der Verfolgung von Delikten nach § 87 Abs. 1 BKAG** liegt ebenfalls eine datenschutzrechtlich relevante Zweckänderung,[221] die keinen verfassungsrechtlichen Bedenken begegnet. 216

Da insoweit **keine eigene Strafverfolgungszuständigkeit des BKA** nach § 4 Abs. 1 BKAG besteht, beschränkt sich die Datenverarbeitungsbefugnis des BKA im Rahmen des § 56 Abs. 2 S. 3 Nr. 3 BKAG regelmäßig auf die Übermittlung von Daten an die zuständigen Strafverfolgungsbehörden nach Maßgabe des § 56 Abs. 4 Nr. 3 BKAG (→ Rn. 259). 217

Eine darüberhinausgehende Datenverarbeitung durch das BKA kommt nur unter den **Voraussetzungen des § 4 Abs. 2 S. 1 BKAG** in Betracht. Auch insoweit erfolgt eine spätere Abgabe an die Staatsanwaltschaft nach Maßgabe der StPO. 218

3. Datenverarbeitung mit Einwilligung des Betroffenen. Auch über die in § 56 Abs. 2 S. 3 Nrn. 1–5 BKAG bezeichneten Verwendungszwecke hinaus dürfen Daten über den Aufenthaltsort sowie über etwaige Beeinträchtigungen der Datenerhebung verwendet werden, wenn die betroffene Person einwilligt. Als möglichen **Anwendungsfall** hat der Gesetzgeber etwa die **Verfolgung anderer, nicht in § 56 Abs. 2 S. 3 Nr. 1 Alt. 2, Nr. 3 BKAG bezeichneter Straftaten** bezeichnet.[222] Aus der Vorschrift selbst geht jedoch nicht klar hervor, für welche weiteren Zwecke eine Einwilligung erteilt werden kann.[223] In Betracht kommen dürften dabei neben der Verfolgung von Straftaten zulasten des Überwachungsbetroffenen vor allem die Verwendung zur Entlastung des Betroffenen von ihm gegenüber erhobenen Vorwürfen zB durch Bereitstellung eines Alibis. 219

Die für die anderweitige Verwendung von Daten nach § 56 Abs. 2 S. 1 BKAG erforderliche Einwilligung unterliegt den in **§ 51 BDSG** bezeichneten Voraussetzungen und Einschränkungen: Sie ist nur wirksam, wenn sie auf der **freien Entscheidung des Betroffenen** beruht.[224] Bei der Beurteilung, ob die Einwilligung freiwillig erteilt wurde, müssen die Umstände der Erteilung berücksichtigt werden, wobei die betroffene Person auf den vorgesehenen Zweck der Verarbeitung hinzuweisen ist.[225] Für schriftliche Einwilligungen gelten die in § 51 Abs. 2 BDSG bezeichneten weiteren Voraussetzungen; die Beweislast für das Vorliegen einer Einwilligung liegt beim BKA als für die Datenverarbeitung Verantwortlichem.[226] 220

220 BeckOK-POR Niedersachsen/Waechter NdsPOG § 17c Rn. 38 (2022).
221 BeckOK-POR Niedersachsen/Waechter NdsPOG § 17c Rn. 38 (2022).
222 Vgl. Schenke/Graulich/Ruthig/Ruthig BKAG § 56 Rn. 9: Allenfalls minimale Anwendungsfälle.
223 Kritisch insoweit Schenke/Graulich/Ruthig/Ruthig BKAG § 56 Rn. 9 sowie Lisken/Denninger/Müller/Schwabenbauer, HdbPolR, G Rn. 478 unter dem Gesichtspunkt der Vereinbarkeit mit Art. 8 DSRL-JI. Diese Kritik wird vorliegend nicht geteilt, da eine griffige oder gar abschließende Umschreibung der denkbaren Verwendungsszenarien zugunsten des Betroffenen kaum denkbar erscheint. Insoweit dürften für die Einwilligung in die zweckändernde Verwendung bereits erhobener Daten weniger strenge Anforderungen als für die Einwilligung in die erstmalige Datenerhebung gelten, solange die Freiwilligkeit gewährleistet ist (vgl. § 51 Abs. 4 S. 1 und 2). Vgl. aber BeckOK-PolR Baden-Württemberg/Trurnit PolG BW § 32 Rn. 19 (2022) zur Streichung einer Parallelnorm aufgrund unionsrechtlicher Bedenken des Landesgesetzgebers.
224 § 51 Abs. 4 S. 1 BDSG.
225 § 51 Abs. 4 S. 2 und 3 BDSG.
226 § 51 Abs. 1 BDSG.

221 Eine Einwilligung kann **jederzeit widerrufen** werden, ohne dass die Rechtmäßigkeit der aufgrund der Einwilligung bis zum Widerruf erfolgten Verarbeitung berührt wird;[227] hierauf ist der Betroffene vor Abgabe der Einwilligung hinzuweisen.[228]

VII. Datenschutzrechtliche Pflichten (Abs. 2 S. 4–9)

222 **1. Beschränkung auf automatisierte Datenverarbeitung (S. 1, S. 4 Hs. 1).** Die Beschränkung der Verarbeitung der nach Maßgabe des Abs. 2 S. 1 erhobenen Daten auf die automatisierte Datenverarbeitung (Abs. 2 S. 1, S. 4 Hs. 1) dient nicht der Effektivierung der staatlichen Gefahrenabwehrmaßnahmen, sondern der **Sicherung der Einhaltung des Zweckbindungsgrundsatzes** unter Begrenzung des Umfangs der Kenntnisnahme durch Amtsträger auf das erforderliche Maß.[229] Hierzu im Einzelnen → Rn. 50 ff.

223 **2. Sicherung gegen unbefugte Kenntnisnahme (S. 4 Hs. 2).** Nach der Gesetzesbegründung hat die in Abs. 2 S. 4 Hs. 2 vorgesehene Sicherung der Daten gegen unbefugte Kenntnisnahme nach den Vorgaben des Datenschutzgesetzes zu erfolgen.[230] Da die Verarbeitung personenbezogener Daten durch das Bundeskriminalamt den Vorschriften der **§§ 45 ff. BDSG** unterfällt, folgen Anforderungen an die Datensicherung dabei insbesondere aus § 47 Nr. 6, § 53, § 64, § 71 und § 76 BDSG.

224 **3. Löschungsverpflichtung und -fristen (S. 5).** Nach § 56 Abs. 2 S. 5 BKAG sind die in Abs. 2 S. 1 genannten Daten **spätestens zwei Monate nach ihrer Erhebung** zu löschen, soweit sie nicht für die in Abs. 2 S. 3 genannten Zwecke verwendet werden.

225 Die gesetzliche Zweimonatsfrist begründet eine **Mindestprüffrist**, nach der die nach Maßgabe des Abs. 2 S. 1 erhobenen Daten spätestens – vorbehaltlich der konkret nachgewiesenen Erforderlichkeit der Datenverarbeitung zu zulässigen Zwecken – zu löschen sind. Aufgrund des datenschutzrechtlichen Grundsatzes der Datenvermeidung besteht eine **Löschungsverpflichtung jedoch grundsätzlich schon vor diesem Zeitpunkt,** wenn feststeht, dass die jeweiligen Daten zur Erreichung der gesetzlichen Zwecke nicht mehr erforderlich sind.

226 Da die gesetzliche **Zwecke des Abs. 2 S. 3 Nr. 1 Alt. 1** (Verhütung von Straftaten), **Nr. 2** (Feststellung von Verstößen gegen Aufenthaltsvorgaben und Kontaktverbote), **Nr. 4** (Abwehr erheblicher gegenwärtiger Gefahren) und **Nr. 5** (Aufrechterhaltung der Funktionsfähigkeit der technischen Mittel) durch retrograde Datenanalysen regelmäßig nicht unmittelbar gefördert werden können (und eine Nutzung zB zur Erstellung von Verhaltensprofilen auch zu Gefahrenabwehrzwecken nicht von der Ermächtigungsgrundlage gedeckt ist; → Rn. 54 ff.), könnte eine (gegebenenfalls automatisierte[231]) Erforderlichkeitsprüfung mit sich gegebenenfalls unmittelbar anschließender Datenlöschung im Hinblick auf diese Nutzungszwecke regelmäßig schon deutlich vor Ablauf der gesetzlichen (relativen) Höchstfrist erfolgen.

227 Entsprechendes gilt für den in S. 3 **Nr. 3** bezeichneten Zweck der Verfolgung von Straftaten nach § 87 BKAG, da die nach dieser Norm zu sanktionierenden Verstöße gegen Verhaltenspflichten nach § 55 Abs. 1 bzw. § 56 Abs. 1 BKAG regelmäßig schon im Zeitpunkt ihrer Begehung automatisch (zB durch einen Echtzeitabgleich mit einer Karte der dem Betroffenen verwehrten oder zugewiesenen Gebiete) erkannt werden können.

228 Praktische Grenzen sind dem jedoch durch die gleichrangigen Zwecke der Verfolgung terrorismusspezifischer Straftaten nach § 5 Abs. 1 S. 2 (Abs. 2 S. 3 Nr. 1 Alt. 2) und nach § 87 Abs. 1 Nr. 1 iVm § 55 Abs. 2 (Abs. 2 S. 3 Nr. 3) BKAG gesetzt, da entsprechende Zuwiderhandlungen regelmäßig erst unter Abgleich mit weiteren Daten (wie zB die Daten einzelner Tatorte oder die Aufenthaltsdaten möglicher Kontaktpersonen) erkannt werden können. Da diese gegebenenfalls erst mit einiger Verzögerung zur Verfügung stehen, kann die **Erforderlichkeit einer weiteren Speicherung zur Förderung der vorgenannten Zwecke kaum zuverlässig vor Ablauf eines gewissen Zeitraums beurteilt werden.**

229 Dies darf indes nicht zur Rechtfertigung dafür dienen, die nach Maßgabe des Abs. 2 S. 1 erhobenen Daten quasi **„ins Blaue hinein"** über die (relative) Höchstspeicherfrist von zwei Monaten hinaus zu speichern. Vielmehr fungiert die **Zweimonatsfrist** insoweit sowohl als Prüfschwelle als auch als Wasserscheide: **Vor Ablauf** von zwei Monaten nach Erhebung des jeweiligen Datums wird kaum jemals feststehen, dass dieses nicht (mehr) zur Verwirklichung eines der in § 56 Abs. 2 S. 3 BKAG bezeichneten Zwecke benötigt werden wird, so dass die (relative) Höchstfrist regelmäßig zugleich einen Mindestspeicherungszeitraum normiert. **Nach Ablauf** der zweimonatigen Vorratsfrist kann eine weitere Speicherung indes nur dann erfolgen, wenn die Erforderlichkeit zur Verwirklichung eines oder mehrerer zulässiger Verwendungszwecke konkret fest-

227 § 51 Abs. 3 S. 1 und 2 BDSG.
228 § 51 Abs. 3 S. 3 BDSG.
229 BT-Drs. 18/11163, 124.
230 BT-Drs. 18/11163, 124.
231 Vgl. § 71 Abs. 1 BDSG.

steht.[232] Dies kann etwa dann der Fall sein, wenn konkrete Anhaltspunkte für einen Verstoß gegen ein Kontaktverbot nach Maßgabe des § 55 Abs. 1 BKAG vorliegen, die Aufenthaltsdaten der Kontaktperson im möglichen Kontaktzeitraum aber noch nicht vollständig rekonstruiert wurden.

4. Besondere Vorgaben bei Wohnraumdaten (S. 2, 6–9). Nach § 56 Abs. 2 **S. 2** BKAG ist sicherzustellen, 230
dass innerhalb der Wohnung der betroffenen Person keine über den Umstand ihrer Anwesenheit hinausgehenden Aufenthaltsdaten erhoben werden, soweit dies technisch möglich ist. Dieses **Vermeidungsgebot** soll Eingriffe in die Unverletzlichkeit der Wohnung (Art. 13 GG) **bis zu den Grenzen der technischen Machbarkeit** ausschließen (→ Rn. 72 ff.). Der Begriff der Wohnung entspricht dem in § 61 Abs. 1 S. 2 BKAG – übereinstimmend mit dem verfassungsrechtlichen Wohnungsbegriff des Art. 13 GG – geregelten Wohnungsbegriff, der neben Wohn- und Nebenräumen, auch Arbeits-, Betriebs- und Geschäftsräume sowie anderes befriedetes Besitztum umfasst (→ Rn. 47 ff.).

Technisch umgesetzt wird das Erhebungsverbot durch die Einrichtung einer **„Home-Unit"** in der Wohnung 231
des Betroffenen, in deren Empfangsbereich die GPS- oder mobilfunkbasierte basierte Ortung abgeschaltet bzw. auf die bloße Meldung der Anwesenheit beschränkt wird.[233] Da sich der Schutz des Art. 13 GG aber gegebenenfalls auch auf temporäre Unterkünfte wie zB Hotelzimmer erstrecken kann, ist **diese Form der technischen Umsetzung so kaum ausreichend.**[234] In der Praxis wird ein adäquater Schutz der Unverletzlichkeit der Wohnung daher nur dann erzielbar sein, wenn der Betroffene den Bezug einer neuen Unterkunft mitteilt und die überwachende Stelle die Datenerfassung kurzfristig entsprechend anpasst.

Auch wenn der Gesetzgeber die Einschränkung des § 56 Abs. 2 S. 2 BKAG ausdrücklich nur auf die Woh- 232
nung „der betroffenen Person" – dh des Adressaten der Maßnahme – bezieht, muss die Vorschrift aus verfassungsrechtlichen Gründen **entsprechend auf Wohnungen** (und damit auch Geschäftsräume) **Dritter angewendet werden,** soweit deren Einwilligung nicht vorliegt (→ Rn. 46). Eine technische Umsetzung zB unter Verwendung der sonst üblichen „Home-Unit" erscheint hier jedoch kaum denkbar, so dass die praktische Einhaltung dieser – verfassungsrechtlich zwingenden, vom Gesetzgeber aber nicht bedachten – Vorgabe kaum möglich erscheint. Insoweit muss jedoch jedenfalls das **Verwertungs- und Verarbeitungsverbot des § 56 Abs. 2 S. 6 BKAG** zugunsten des Wohnungsinhabers **entsprechende Anwendung** finden. Allerdings spricht vieles dafür, auch dem Überwachungsbetroffenen aus der Verletzung der Unverletzlichkeit der Wohnung eines Dritten mittelbar Abwehrrechte zukommen zu lassen, da dessen allgemeines Persönlichkeitsrecht bzw. Recht auf informationelle Selbstbestimmung durch einen objektiv nicht zu rechtfertigenden Eingriff beeinträchtigt wird.

Nach § 56 Abs. 2 **S. 6 Alt. 1** BKAG unterliegen Erkenntnisse, die ungeachtet des in S. 2 geregelten Vermei- 233
dungsgebots aus dem Inneren der Wohnung erlangt wurden, einem **absoluten Verwendungs- und Verwertungsverbot,** das auch unter besonderen Umständen des Einzelfalls nicht – insbesondere nicht unter Berufung auf allgemeine polizeirechtliche Grundsätze, § 34 StGB oder die (rechtsstaatlich ohnehin zweifelhafte) Rechtsfigur des übergesetzlichen Notstands – durchbrochen werden kann. Mangels entsprechender Beschränkungen gilt § 56 Abs. 2 S. 6 BKAG nicht nur gegenüber dem Inhaber der geschützten Wohnung, sondern als absolutes Verwertungs- und Verwendungsverbot auch gegenüber Dritten.

Dies gilt sowohl für eine mögliche Verwendung als Beweismittel als auch für eine Verwendung als Spuren- 234
ansatz oder bloße Hintergrundinformation. Vielmehr sind entsprechende Daten **unverzüglich** (→ Rn. 151) **nach Kenntnisnahme durch einen Amtswalter zu löschen** (§ 56 Abs. 2 **S. 6 Alt. 2** BKAG). Eine Verpflichtung (oder auch nur Berechtigung) zur proaktiven Untersuchung erhobener Daten auf nach Maßgabe des Abs. 2 S. 6 Alt. 2 zu löschende Daten besteht demgegenüber nicht, da die Schutzwirkung des Grundsatzes der automatisierten Datenverarbeitung so hintertrieben würde.

§ 56 Abs. 2 **S. 6** BKAG gilt **unabhängig davon,** ob die erhobenen Wohnungsdaten aufgrund **technischer** 235
Notwendigkeiten oder unter **Verletzung des Vermeidungsgebots** des Abs. 2 S. 2 erhoben wurden; maßgeblich ist allein, ob die Aufenthaltsdaten über den Umstand der Anwesenheit der überwachten Person innerhalb der Wohnung hinausgehende Erkenntnisse aus dem Inneren der Wohnung vermitteln.

Die Tatsache der Kenntnisnahme ist nach § 56 Abs. 2 **S. 7** BKAG in eine **Dokumentation** aufzunehmen, die 236
ausschließlich für Zwecke der Datenschutzkontrolle verwendet werden darf; insoweit begründet auch § 56 Abs. 2 **S. 8** BKAG ein **absolutes Verwertung- und Verwendungsverbot.** Eine Löschung erfolgt nach Abschluss der turnusmäßigen Datenschutzkontrolle durch den Bundesdatenschutzbeauftragten nach Maßgabe des § 69 Abs. 1 (§ 56 Abs. 2 **S. 9** BKAG).

5. Zeugnisverweigerungsberechtigungen. Da sich Maßnahmen nach § 56 Abs. 1 BKAG ausschließlich ge- 237
gen polizeirechtliche Störer richten, finden die Vorschriften über den Schutz zeugnisverweigerungsberech-

232 Vgl. BT-Drs. 18/11163, 124.
233 Vgl. die Sachverhaltsdarstellung bei BVerfG Beschl. v. 1.12.2020 – 2 BvR 916/11 –, BVerfGE 156, 63 (102, Rn. 140).
234 Zutreffend Löffelmann GSZ 2021, 177 (178).

tigter Personen keine Anwendung, wenn diese selbst Adressaten der Maßnahme sind.[235] Führt eine nicht gegen die zeugnisverweigerungsberechtigte Person gerichtete Maßnahme aber zu **Erkenntnissen, auf die sich** (wie zB auf die Tatsache der Kontaktaufnahme mit einem Arzt oder Rechtsanwalt) **ein Zeugnisverweigerungsrecht erstreckt,** unterliegen diese einem absoluten Verwertungsverbot und sind nach Maßgabe des § 62 Abs. 1 S. 3–5 BKAG zu löschen.[236]

238 **6. Sonstige datenschutzrechtliche Vorgaben.** Die noch im Regierungsentwurf enthaltenen Regelungen über die **Protokollierung** von Datenabrufen nach Maßgabe des § 76 BDSG (§ 56 Abs. 2 S. 6 Reg-E) und die Löschung der Protokolldaten nach zwölf Monaten (§ 56 Abs. 2 S. 6 und 7 Reg-E)[237] sind im Gesetzgebungsverfahren entfallen, da der Innenausschuss sie als **unnötige Doppelungen** der bereits in **§ 76 bzw. § 81 Abs. 3 BDSG** enthaltenen Regelungen ansah.[238] Auch im Übrigen gelten die allgemeinen Bestimmungen der §§ 45 ff. BDSG für die polizeiliche Datenverarbeitung auch ohne ausdrückliche Bezugnahme des Gesetzgebers.

VIII. Datenübermittlung an das BKA (Abs. 3)

239 **1. Übermittlungsverpflichtung öffentlicher Stellen.** § 56 Abs. 3 BKAG begründet eine Verpflichtung der zuständigen **Polizeibehörden des Bundes und der Länder sowie sonstiger öffentlicher Stellen,** dem BKA personenbezogene Daten über die betroffene Person zu übermitteln, soweit dies zur Durchführung der Maßnahme „nach den Absätzen 1 und 2" erforderlich ist.

240 Hinsichtlich des Begriffs der öffentlichen Stellen gilt die **Begriffsdefinition des § 2 Abs. 1–3 und Abs. 5 BDSG.** Eine Abgrenzung zu den Begriffen der „Polizeibehörden des Bundes" oder der „Polizeibehörden der Länder" bzw. der jeweiligen Begriffe untereinander erübrigt sich, da beide Begriffe unter den (wesentlich weiteren) Oberbegriff der „öffentlichen Stelle" gefasst werden können.

241 Die gesetzliche Übermittlungsverpflichtung ist dabei von der Vorstellung getragen, dass etwa die Beurteilung, ob der Aufenthalt an einem bestimmten Ort den Rückschluss auf eine unmittelbar bevorstehende Straftatenbegehung zulässt und ein unmittelbares Einschreiten erfordert, idR nur bei **Vorliegen umfassender Kenntnisse über die betroffene Person** erfolgen kann.[239]

242 Nicht deutlich wird dabei, wie eine derart **komplexe Gefährdungsbeurteilung im Wege der** nach § 56 Abs. 2 S. 1 und 4 BKAG vorgeschriebenen **automatisierten Datenverarbeitung** erfolgen soll. Erst recht bleibt daher unklar, wie die Erforderlichkeit zur Durchführung von Maßnahmen nach § 56 Abs. 1 und 2BKAG festgestellt werden soll, da dem BKA der Umfang der bei sämtlichen (sic!) öffentlichen Stellen vorliegenden Daten über die betroffene Person nicht bekannt sein kann und diesen ihrerseits nicht bekannt ist, für welche Zwecke (und bezogen auf welche Personen) das BKA personenbezogene Daten in welchem Umfang benötigt.

243 § 56 Abs. 2 S. 1 BKAG kann daher weder als Blankettermächtigung (und -verpflichtung) zur Übermittlung vollständiger Datenbestände über Einzelpersonen noch als Ermächtigung des BKA verstanden werden, personenbezogene Daten zur automatisierten Datenverarbeitung nach Maßgabe des § 56 Abs. 2 S. 1 und 4 BKAG – gegebenenfalls ebenfalls im automatisierten Verfahren – anzufordern. Sie kann vielmehr nur als **Ermächtigung** dazu verstanden werden, zum Zweck der Verwirklichung der in § 56 Abs. 2 S. 3 BKAG genannten Zwecke **im Trefferfall** – dh zB zum Zweck der Bewertung eines im Wege der automatisierten Datenverarbeitung erzeugten Warnmeldung, die auf die Annäherung des Betroffenen an gefährdete Objekte hinweist – **konkret zu bezeichnende personenbezogene Datensätze von einzelnen öffentlichen Stellen anzufordern und diese entgegenzunehmen.**

244 Dennoch ist die Ermächtigungs- und Verpflichtungsnorm des § 56 Abs. 2 S. 1 BKAG auch bei dieser Auslegung **verfassungsrechtlich bedenklich unbestimmt,** da die Entscheidung über Art und Ausmaß der jeweiligen Datenanforderung letztlich ausschließlich dem anfordernden Beamten im Einzelfall überantwortet sind und besondere Übermittlungsschwellen bzw. -beschränkungen (zB im Hinblick auf die Verarbeitung durch Eingriffe in Art. 10 oder 13 GG erlangter bzw. besonderer Kategorien personenbezogener Daten iSd Art. 10 DSRL-JI) nicht normiert sind. Sie bedarf daher dringend der Anpassung durch den Gesetzgeber.

245 **2. Datenerhebungsbefugnis des BKA gegenüber anderen (nichtöffentlichen) Stellen (Abs. 4 S. 2).** Für die Auslegung des § 56 Abs. 2 S. 1 BKAG als Ermächtigung (lediglich) zum Abruf konkret anzufordernder Daten im Einzelfall spricht auch die Bestimmung des § 56 Abs. 4 S. 2 BKAG, die das BKA zur **Erhebung personenbezogener Daten auch gegenüber anderen Stellen** nach pflichtgemäßem Ermessen („kann") ermächtigt.

235 § 62 Abs. 4 BKAG.
236 § 62 Abs. 1 S. 6, Abs. 3 BKAG.
237 BT-Drs. 18/11163, 50.
238 Vgl. BT-Drs. 18/12141, 5 sowie → Rn. 6.
239 BT-Drs. 18/11163, 125.

„Andere Stellen" iSd § 56 Abs. 4 S. 2 BKAG sind Stellen, die **nicht unter den Begriff der „öffentlichen Stellen" iSd § 56 Abs. 3 S. 1 BKAG iVm § 2 Abs. 1–3 und 5 BDSG fallen** (vgl. § 2 Abs. 4 S. 1 BDSG: „nichtöffentliche Stellen"). Diesen gegenüber ermächtigt § 56 Abs. 4 S. 1 BKAG zur **Datenerhebung nach pflichtgemäßem Ermessen.** 246

Im Unterschied zu § 56 Abs. 4 S. 1 BKAG regelt S. 2 allerdings nur eine **Erhebungs- (dh Verarbeitungs-)Befugnis des BKA,** aber keine hiermit korrespondierende Übermittlungsbefugnis oder gar Übermittlungspflicht nichtöffentlicher Stellen, so dass diese gegebenenfalls an das für sie geltende Datenschutzrecht gebunden sind. Dessen ungeachtet begegnet auch die tatbestandliche Weite der allein final programmierten Datenerhebungsbefugnis nach § 56 Abs. 4 S. 2 BKAG verfassungsrechtlichen Bedenken, weil besondere Datenerhebungsschwellen oder -beschränkungen nicht normiert sind. 247

Mit § 56 Abs. 4 S. 2 BKAG korrespondierende Auskunfts- oder Übermittlungspflichten können sich allerdings gegebenenfalls aus spezialgesetzlichen Bestimmungen wie zB § 40, § 41 Abs. 2 oder § 50 Abs. 2 BKAG oder dem jeweiligen Fachrecht ergeben. 248

IX. Handlungsverpflichtungen des BKA (Abs. 4)

Unter den in § 56 Abs. 4 Nrn. 1–8 BKAG bezeichneten Voraussetzungen ist das BKA seinerseits **zu spezifischen Handlungen verpflichtet** („hat [...] weiterzugeben", „entgegenzunehmen und zu bewerten", „zu ermitteln", „einzuleiten", „zu beantworten"). 249

Insoweit kann zwischen den in § 56 Abs. 4 Nrn. 1–4 BKAG geregelten **Übermittlungspflichten,** die mit den Zweckbestimmungen des Abs. 2 S. 3 Nrn. 1–4 korrespondieren (→ Rn. 251 ff.), und den in Abs. 4 Nrn. 5–8 bezeichneten **eigenen Verwendungsbefugnissen** bzw. Handlungsverpflichtungen des BKA unterschieden werden, die an die Zwecke des Abs. 2 S. 3 Nr. 2 (Feststellung von Verstößen gegen Anordnungen nach § 55 Abs. 1 und 2 BKAG; Abs. 4 Nrn. 5 und 6) und Nr. 5 (Aufrechterhaltung der Funktionsfähigkeit der technischen Mittel; Abs. 4 Nrn. 7 und 8) anknüpfen (→ Rn. 260 ff.). 250

1. Übermittlungspflichten des BKA (Nrn. 1–4). Die Nrn. 1–4 des Abs. 4 begründen die Verpflichtung des BKA, die nach Maßgabe des § 56 Abs. 2 S. 1 erhobenen **Aufenthaltsdaten des Betroffenen** unter den in den jeweiligen Nummern bezeichneten Voraussetzungen **von Amts wegen an die zuständigen Polizei- bzw. Strafverfolgungsbehörden** zu übermitteln. 251

a) Präventivpolizeiliche Übermittlungspflichten. Die in § 56 Abs. 4 Nr. 1 BKAG geregelte Verpflichtung zur Übermittlung von Aufenthaltsdaten zur **Verhütung von Straftaten nach § 5 Abs. 1 S. 2 BKAG** korrespondiert dabei mit den in § 56 Abs. 2 S. 3 Nr. 1 BKAG geregelten Datenverarbeitungszwecken. 252

Eine Datenübermittlung zum Zweck der Gefahrenverhütung ist iSd § 56 Abs. 4 Nr. 1 Alt. 1 BKAG erforderlich, wenn sich im Rahmen der Datenverarbeitung nach 56 Abs. 2 S. 1 BKAG eine **drohende Gefahr (iSd § 56 Abs. 1) der Begehung einer Katalogtat** nach § 5 Abs. 1 S. 2 BKAG ergibt und deren Abwehr nicht alleine unter Heranziehung der Mittel des BKA erfolgen kann. 253

Letzteres ist insbesondere immer dann der Fall, **wenn die Voraussetzungen eines eigeninitiativen Tätigwerdens des BKA nach § 5 Abs. 1 S. 1 BKAG nicht vorliegen,** da eine festgestellte Gefahr mangels Zuständigkeit des BKA nur durch andere Polizeibehörden abgewehrt werden kann. Es kann weiterhin dann der Fall sein, wenn die Aufgabenwahrnehmung durch das BKA unter den Voraussetzungen des § 5 Abs. 1 S. 1 BKAG im **Benehmen mit den zuständigen Landesbehörden** erfolgt (§ 5 Abs. 2 S. 3 BKAG). 254

Die präventivpolizeiliche Datenübermittlungsbefugnis (und -verpflichtung) nach § 56 Abs. 4 Nr. 2 BKAG „zum Zweck der **Durchsetzung von Maßnahmen nach Abs. 2 S. 3 Nr. 2**" wirkt schwer verständlich, da § 56 Abs. 2 S. 3 Nr. 2 BKAG selbst lediglich eine datenschutzrechtliche Zweckänderungsbefugnis regelt, die keiner Durchsetzung bedarf. Auch die in Abs. 2 S. 3 Nr. 2 angesprochene (bloße) **Feststellung von Verstößen gegen Aufenthaltsvorgaben nach § 55 Abs. 1 und Kontaktverbote nach § 55 Abs. 2 BKAG** hat gegenüber dem Betroffenen keine regelnde Wirkung und muss daher nicht „durchgesetzt" werden. Aus der Gesetzesbegründung ergibt sich vielmehr, dass der Gesetzgeber mit der Befugnis nach § 56 Abs. 4 Nr. 2 BKAG eine Datenübermittlung zum Zweck der Durchsetzung in Abs. 2 S. 3 Nr. 2 in Bezug genommenen Maßnahmen – dh zur Durchsetzung von Aufenthaltsvorgaben und Kontaktverboten – ermöglichen will.[240] Allerdings erscheint auch die Befugnis zur Datenübermittlung „an die zuständigen Polizeibehörden" nur **wenig durchdacht.** Denn selbst wenn man – was sich angesichts der gesetzlichen Systematik nicht aufdrängt – davon ausgeht, dass die Vollstreckung von Maßnahmen nach § 55 Abs. 1 und 2 BKAG auch im (Regel-)Fall gerichtlicher Anordnungen nach § 55 Abs. 3 BKAG nicht im Verfahren nach § 95 Abs. 1 Nrn. 3 und 4 FamFG iVm §§ 888, 890 ZPO, sondern nach Maßgabe des allgemeinen Verwaltungsvollstreckungsrechts 255

240 Vgl. BT-Drs. 18/11163, 125: „zur Durchsetzung der Anordnungen nach § 55".

erfolgt (→ § 55 Rn. 203 ff.), obliegt die Vollstreckung nach § 7 Abs. 1 VwVG nicht den (Landes-)Polizeibehörden oder der Bundespolizei, sondern dem BKA als erlassender Behörde selbst.

256 Die Übermittlungsbefugnis nach § 56 Abs. 4 Nr. 2 iBKAG st daher nur dann von Bedeutung, wenn die Vollstreckung von Anordnungen nach § 55 Abs. 1 oder 2 BKAG unter den Voraussetzungen des § 5 Abs. 1 VwVfG im Wege der **Amtshilfe** durch andere Polizeibehörden erfolgt.

257 Die Datenübermittlungsverpflichtung des § 56 Abs. 4 Nr. 4 BKAG zum Zweck der **Abwehr erheblicher gegenwärtiger Gefahren für Leib, Leben oder Freiheit einer dritten Person** knüpft an den Verarbeitungszweck des § 56 Abs. 2 S. 3 Nr. 4 BKAG an. Da dieser gefahrenabwehrrechtlichen Angstklausel regelmäßig keine präventivpolizeiliche Aufgabenzuweisung an das BKA zugrunde liegt (→ Rn. 70), muss eine Datenübermittlung an die zuständigen Landesbehörden immer dann erfolgen, wenn im Rahmen der Datenverarbeitung nach § 56 Abs. 2 S. 1 BKAG erhebliche gegenwärtige Gefahren für Leib, Leben oder Freiheit einer dritten Person bekannt werden.

258 **b) Repressive Übermittlungspflichten.** Eine Datenübermittlung zum Zweck der (repressiven) **Verfolgung von Katalogtaten nach § 5 Abs. 1 S. 2** (§ 56 Abs. 4 Nr. 1 Alt. 2 BKAG) setzt demgegenüber zumindest den **Anfangsverdacht** (§ 152 Abs. 2 iVm § 160 Abs. 1 StPO) einer entsprechenden Katalogtat voraus. Da die Datenübermittlung im Fall einer eigenen Strafverfolgungszuständigkeit des BKA nach § 4 Abs. 1 oder 2 BKAG nach Maßgabe der StPO erfolgt, bleiben für § 56 Abs. 4 Nr. 1 Alt. 2 BKAG daher nur die Fälle, in denen eine ausschließliche Strafverfolgungszuständigkeit der Länderbehörden besteht.

259 Die Übermittlungsverpflichtung des § 56 Abs. 4 Nr. 3 BKAG zum Zweck der **Verfolgung von Straftaten nach § 87 Abs. 1 BKAG** an die zuständige Strafverfolgungsbehörde setzt ebenfalls zumindest einen Anfangsverdacht (→ Rn. 258) voraus. Da eine eigene Strafverfolgungszuständigkeit des BKA nach § 4 Abs. 1 für Fälle des § 87 Abs. 1 BKAG nicht besteht, muss eine Übermittlung an die zuständigen Strafverfolgungsbehörden immer dann erfolgen, wenn auch eine Strafverfolgungszuständigkeit des BKA nach § 4 Abs. 1 nicht gegeben ist.

260 **2. Eigene Handlungspflichten des BKA im Zusammenhang mit Maßnahmen nach § 56.** Die in § 56 Abs. 4 Nrn. 5–8 BKAG geregelten Verpflichtungen des BKA, eingehende Systemmeldungen über Verstöße gegen Aufenthaltsvorgaben oder Kontaktverbote entgegenzunehmen und zu bewerten (Nr. 5), die Ursache einer Meldung zu ermitteln (Nr. 6), eine Überprüfung der bei der betroffenen Person vorhandenen technischen Geräte auf ihre Funktionsfähigkeit oder Manipulation und die zu der Behebung einer Funktionsbeeinträchtigung erforderlichen Maßnahmen einzuleiten (Nr. 7) und Anfragen der betroffenen Person zum Umgang mit den technischen Mitteln zu beantworten (Nr. 8), dienen jeweils der **Verwirklichung und Aufrechterhaltung von Maßnahmen nach § 56 Abs. 1 BKAG.**

261 Auch wenn § 56 Abs. 4 Nrn. 5–8 BKAG insoweit **originäre Pflichten des BKA** begründet, bestehen keine grundsätzlichen Bedenken dagegen, sich zu deren Erfüllung der **Amtshilfe** anderer Behörden nach Maßgabe der allgemeinen Bestimmungen zu bedienen.[241]

262 Aus der in § 56 Abs. 4 Nr. 6 Hs. 2 BKAG normierten Befugnis, zum Zweck der Ermittlung der Ursache einer Meldung Kontakt mit der betroffenen Person aufzunehmen, sie zu befragen, sie auf den Verstoß hinzuweisen und ihr mitzuteilen, wie sie dessen Beendigung bewirken kann, folgen **keine Handlungspflichten für den jeweiligen Überwachungsbetroffenen;** er ist insbesondere nicht verpflichtet, Fragen des BKA zu den Ursachen einer Meldung zu beantworten. Dies kann dennoch zweckmäßig sein, um insbesondere den Verdacht von Verstößen gegen § 87 Abs. 1 iVm § 55 Abs. 1 und 2 BKAG auszuräumen. Gegebenenfalls ist § 136 Abs. 1 S. 2 StPO zu beachten.

X. Rechtsschutz

263 **1. Gegen gerichtliche Anordnungen (Abs. 5 S. 1).** Aufgrund der Verweisung des § 90 Abs. 2 S. 2 BKAG sind gegen gerichtliche Entscheidungen im Verfahren nach § 56 Abs. 5 S. 1 BKAG die Rechtsmittel nach dem 5. Abschnitt des Gesetzes über das Verfahren in Familiensachen und in den Angelegenheiten der freiwilligen Gerichtsbarkeit (FamFG) eröffnet. Aufgrund der Zuständigkeit des Amtsgerichts im ersten Rechtszug (§ 90 Abs. 2 S. 1 BKAG) ist daher die **Beschwerde** nach Maßgabe der **§§ 58 ff. FamFG** statthaft.[242] Beschwerdegericht ist nach § 119 Abs. 1 Nr. 1 lit. b GVG das **Oberlandesgericht,** da keine Freiheitsentziehungssache vorliegt.[243]

241 Für eine **Amtshilfefestigkeit** der § 56 Abs. 4 Nrn. 5–8 BKAG aber Schenke/Graulich/Ruthig/Ruthig BKAG § 56 Rn. 12.

242 Vgl. Schenke/Graulich/Ruthig/Ruthig BKAG § 90 Rn. 5; BeckOK-POR NRW/Barczak PolG NRW § 34b Rn. 43 (2022); aA Schenke/Graulich/Ruthig/W.-R. Schenke BKAG § 55 Rn. 21 ohne nähere Begründung: Rechtsbeschwerde nach §§ 70 ff. FamFG.

243 Vgl. BGH Beschl. v. 22.9.2021 – 3 ZB 2/20 –, NStZ-RR 2022, 23; OLG Düsseldorf Beschl. v. 4.11.2020 – 5 Sa 41/20 –, juris, Rn. 15 zu § 34b PolG NRW.

Beschwerdeberechtigt gegen Anordnungen nach § 56 Abs. 5 S. 1 BKAG ist nur der Adressat der jeweiligen Maßnahme (§ 59 Abs. 1 FamFG). 264

Eine **Beschwerdeberechtigung des BKA** gegenüber ablehnenden Entscheidungen ergibt sich nicht aus § 59 Abs. 1 FamFG, weil eine Verletzung in eigenen (materiellen) Rechten gegenüber Behörden nicht in Betracht kommt. Da § 59 Abs. 2 FamFG die Beschwerdeberechtigung in Antragsverfahren lediglich beschränkt, vom Erfordernis der materiellen Beschwer aber nicht dispensiert,[244] bestimmt sich die Beschwerdeberechtigung von Behörden nach den besonderen Vorschriften dieses oder eines anderen Gesetzes (§ 59 Abs. 3 FamFG). In Ermangelung einer ausdrücklichen gesetzlichen Regelung[245] im FamFG oder dem BKAG ist eine Beschwerdeberechtigung des BKA *de lege lata* nicht gegeben.[246] 265

Insbesondere kann aus dem (formellen) Antragsrecht nach § 56 Abs. 5 S. 1 BKAG **kein implizites Beschwerderecht** abgeleitet werden,[247] da dies dem Wortlaut und der Systematik des § 59 Abs. 1 und 3 FamFG widerspricht. Allerdings lässt der Bundesgerichtshof eine formelle Beschwer dann genügen, wenn ein Antrag vom erstinstanzlichen Gericht allein aus verfahrensrechtlichen Gründen zurückgewiesen wird.[248] 266

Für die Beschwerde, die nach § 61 FamFG keiner Zulassung bedarf, gelten die **in § 63 FamFG genannten Fristen** von einem Monat (Hauptsache) bzw. zwei Wochen (einstweilige Anordnung) ab schriftlicher Bekanntgabe der Anordnung an die Beteiligten. Im Übrigen gilt das Verfahren nach §§ 68 f. FamFG. 267

Da die Beschwerde aus sich heraus keine aufschiebende Wirkung entfaltet,[249] kann eine entsprechende Wirkung nur durch Antrag auf Aussetzung der Vollziehung erreicht werden.[250] 268

Nach Erledigung der gerichtlichen Anordnung in der Hauptsache ist unter den Voraussetzungen des § 62 FamFG die **Fortsetzungsfeststellungsbeschwerde** zulässig. Eine **Erledigung** – zB in Folge des Verstreichens der angeordneten Geltungsdauer (→ Rn. 190 ff.), der Rücknahme des Antrags (→ Rn. 75) oder der Aufhebung durch das BKA (→ Rn. 201) – **sollte jedoch nicht vorschnell angenommen werden,** da sich aus der **Tatbestandswirkung** der gerichtlichen Anordnung für die Rechtmäßigkeit vergangener Vollstreckungsmaßnahmen oder die strafrechtliche Bewertung ge- oder verbotswidrigen Verhaltens gegebenenfalls weitere Rechtswirkungen der gerichtlichen Anordnung ergeben können (→ § 55 Rn. 131). 269

Gegen die Beschwerdeentscheidung ist im Hauptsacheverfahren nach § 70 Abs. 1 FamFG iVm § 133 GVG die **Rechtsbeschwerde zum Bundesgerichtshof** zulässig, wenn das Beschwerdegericht diese zulässt;[251] für das Verfahren gelten §§ 71 ff. FamFG. Unter den in § 75 FamFG geregelten Voraussetzungen ist anstelle der Beschwerde die **Sprungrechtsbeschwerde** statthaft, wenn die Beteiligten einwilligen und der Bundesgerichtshof sie zulässt. 270

2. Gegen behördliche Anordnungen bei Gefahr im Verzug (Abs. 5 S. 2). Gegen behördliche Anordnungen nach § 56 Abs. 5 S. 2 BKAG ist nach § 40 Abs. 1 S. 1 VwGO der **Rechtsweg zu den Verwaltungsgerichten** eröffnet. Insbesondere kann nicht angenommen werden, dass § 90 Abs. 2 BKAG auch insoweit eine abdrängende Sonderzuweisung darstellt, da das FamFG für die Überprüfung behördlicher Entscheidungen kein geeignetes prozessuales Instrumentarium zur Verfügung stellt. Vielmehr ist trotz des missverständlichen Wortlauts des § 90 Abs. 1 BKAG, der allgemein von „Maßnahmen nach Abschnitt 5" spricht, davon auszugehen, dass § 90 Abs. 2 BKAG lediglich die Zuständigkeit und Verfahren für die richterliche Anordnung nach dem Vorbild klassischer Polizeigesetze regelt (→ § 90 Rn. 1, 3: „richtervorbehaltsakzessorisch").[252] 271

Statthafte Klageart wäre grundsätzlich die **Anfechtungsklage,** da es sich bei Anordnungen nach § 56 Abs. 5 S. 2 BKAG um klassische Verwaltungsakte handelt (→ Rn. 90). Da einer Anfechtungsklage nach § 68 Abs. 1 S. 1 VwGO jedoch zunächst ein behördliches Vorverfahren vorausgehen müsste und sich entsprechende Anordnungen nach § 56 Abs. 5 S. 3 BKAG – auch im Fall ihrer gerichtlichen Bestätigung (→ Rn. 156) – spätestens drei Tage nach ihrer Bekanntgabe erledigen (→ Rn. 157), **bleibt verwaltungsgerichtlicher Hauptsacherechtsschutz gegenüber Anordnungen nach § 56 Abs. 5 S. 2 BKAG praktisch illusorisch.**[253] Da Widerspruch und Anfechtungsklage auch zur Vermeidung des Eintritts der Bestandskraft des 272

244 Vgl. BGH Beschl. v. 28.8.2015 – XII ZB 671/14 –, NJW 2015, 2888 (2888, Rn. 12).
245 Vgl. zu diesem Erfordernis BGH Beschl. v. 14.10.2015 – XII ZB 695/14 –, NZFam 2016, 27 (28, Rn. 17); BeckOK-FamFG/Obermann FamFG § 59 Rn. 23 (2022).
246 Insbesondere fehlt es an einer mit § 19 Abs. 4 S. 2 NdsPOG vergleichbaren Regelung.
247 AA Fischer in MüKoFamFG, 3. Aufl. 2018, § 59 Rn. 11.
248 Vgl. BGH Beschl. v. 28.8.2015 – XII ZB 671/14 –, NJW 2015, 2888 (2888, Rn. 14).
249 § 86 Abs. 2 FamFG.
250 § 64 Abs. 3 FamFG.
251 Vgl. BGH Beschl. v. 22.9.2021 – 3 ZB 2/20 –, NStZ-RR 2022, 23 (23 f.).
252 Vgl. ferner Schenke/Graulich/Ruthig/Ruthig BKAG § 90 Rn. 1, 6.
253 Vgl. Schenke/Graulich/Ruthig/W.-R. Schenke BKAG § 55 Rn. 21; BeckOK-POR NRW/Barczak PolG NRW § 34b Rn. 44 (2022); BeckOK-PolR Baden-Württemberg/Nachbaur PolG BW § 31 Rn. 32 (2022); BeckOK-POR Hessen/Leggereit HessSOG § 31a Rn. 24 (2022).

sich kurzfristig erledigenden Bescheides nicht erforderlich sind[254] und mit dem Rechtsweg nach § 90 Abs. 2 BKAG iVm §§ 22 ff. FamFG grundsätzlich äquivalenter gerichtlicher Rechtsschutz zur Verfügung steht, entstehen hierdurch keine erheblichen Rechtsschutzlücken.[255] Allerdings sollte eine Erledigung nicht vorschnell angenommen werden, da auch eine überholte behördliche oder gerichtliche Anordnung Tatbestandswirkung für die Vergangenheit entfalten kann (→ § 55 Rn. 197).

273 Eine **Fortsetzungsfeststellungsklage** nach § 113 Abs. 1 S. 4 VwGO kommt allerdings insbesondere dann in Betracht, wenn das Bundeskriminalamt keinen Antrag nach § 56 Abs. 5 S. 3 BKAG stellt oder der Betroffene geltend macht, dass die Voraussetzungen des § 56 Abs. 5 S. 2 BKAG (Antragszuständigkeit; Gefahr im Verzug) nicht vorlagen, der Antrag nach § 56 Abs. 5 S. 3 BKAG nicht unverzüglich gestellt wurde oder die behördliche Anordnung den Anforderungen des VwVfG bzw. des § 56 Abs. 7 BKAG nicht entsprach, da die Rechtmäßigkeit einer vorausgegangenen behördlichen Anordnung im Anordnungsverfahren nach § 56 Abs. 5 S. 1 BKAG nicht geprüft wird.[256]

274 Allerdings **entfalten Widerspruch und Klage grundsätzlich aufschiebende Wirkung**, solange die sofortige Vollziehung nicht im öffentlichen Interesse angeordnet wird;[257] zudem kann – auch unabhängig von Widerspruch und Klage – eine Durchsetzung im Wege des Verwaltungszwanges nur dann erfolgen, wenn die Behörde die sofortige Vollziehung angeordnet hat.[258] Im Fall der behördlichen Anordnung des Sofortvollzugs könnte der Betroffene **nach Maßgabe des § 80 Abs. 5 S. 1 Alt. 2 VwGO** bis zur Erledigung der behördlichen Anordnung **vorläufigen Rechtsschutz** erlangen; die praktische Bedeutung dürfte aufgrund der nicht verlängerbaren Dreitagesfrist des § 56 Abs. 5 S. 4 BKAG (→ Rn. 160) jedoch gering sein.

275 **3. Gegen Maßnahmen der Datenverarbeitung.** Rechtsschutz im Hinblick auf die Datenverarbeitung durch das BKA ist regelmäßig im Wege der Leistungs-, Unterlassungsklage bzw. (nach Erledigung) Feststellungsklage zu gewähren, für die der **Verwaltungsrechtsweg (§ 40 Abs. 1 S. 1 VwGO) eröffnet** ist.[259] Insbesondere umfasst die dem Amtsgericht zugewiesene Anordnungsbefugnis nach § 56 Abs. 5 S. 1 BKAG **keine abdrängende Sonderzuweisung,**[260] da sich der richterliche Anordnungsvorbehalt nur auf die nach § 56 Abs. 1 BKAG auszusprechenden Verpflichtungen, nicht aber auch auf darauffolgende Datenverarbeitungsmaßnahmen bezieht.[261] Allerdings ist im verwaltungsgerichtlichen Verfahren nicht mehr zu prüfen, ob die gerichtliche Anordnung rechtmäßig ergangen war.

276 Im Hinblick auf **Löschungsbegehren** kann auch eine Verpflichtungsklage in Betracht kommen, soweit das BKA hierüber durch Verwaltungsakt entscheidet.

XI. Durchsetzung

277 Die Durchsetzung von Anordnungen nach § 56 Abs. 5 ist im BKAG **nur äußerst unvollkommen geregelt.** Eindeutig ist zunächst nur, dass Zuwiderhandlungen gegen Anordnungen nach § 56 Abs. 5 S. 1 und 2 BKAG nach Maßgabe des § 87 Abs. 1 Nr. 2 BKAG **strafbewehrt** sind (→ § 87 Rn. 20 ff.).

278 **1. Vollstreckung oder Vollziehung gerichtlicher Anordnungen?** Die – begrifflich präzise – Unterscheidung des § 87 Abs. 1 Nr. 2 BKAG zwischen **„vollstreckbaren" gerichtlichen Anordnungen** nach § 56 Abs. 5 S. 1 BKAG und **„vollziehbaren" (behördlichen) Anordnungen** nach § 56 Abs. 5 S. 2 BKAG legt zunächst nahe, dass gerichtliche Entscheidungen nach Maßgabe des § 90 Abs. 2 S. 2 BKAG iVm §§ 86 ff. FamFG zu vollstrecken sind, die für die Vollstreckung von Duldungs- und Unterlassungspflichten wiederum auf die Vorschriften der ZPO verweisen.[262] Die Vollstreckung im Wege der Androhung und Verhängung von Ordnungsgeldern oder Ordnungshaft auf Antrag des BKA durch das Prozessgericht[263] ist **zur effektiven Abwehr von Gefahren des internationalen Terrorismus jedoch denkbar ungeeignet** und angesichts der eigenen Vollzugskapazitäten des BKA nach Maßgabe des VwVG auch wenig zweckdienlich.

254 Vgl. BVerwG Urt. v. 14.7.1999 – 6 C 7.98 –, NVwZ 2000, 63 (64).
255 Vgl. Ennuschat, LT NRW, Stellungnahme 17/940, A09, A14, 10; aA Gazeas, LT NRW, Stellungnahme 17/662, A09, A14, 30 f. mit allerdings zum Teil schwer nachvollziehbarer Argumentation.
256 Vgl. → Rn. 127 sowie Schenke/Graulich/Ruthig/W.-R. Schenke BKAG § 55 Rn. 21; BeckOK-POR NRW/Barczak PolG NRW § 34b Rn. 44 (2022); BeckOK-POR Hessen/Leggereit HessSOG § 31a Rn. 24 (2022); unklar BeckOK-PolR Baden-Württemberg/Nachbaur PolG BW § 31 Rn. 32 (2022), der von „Überlagerung" durch das Verfahren nach dem FamFG spricht.
257 § 80 Abs. 1, 4 S. 1 Nr. 4 VwGO.
258 § 6 Abs. 1 VwVG.
259 BeckOK-POR NRW/Barczak PolG NRW § 34c Rn. 44 (2022); BeckOK-POR Hessen/Leggereit HessSOG § 31a Rn. 25 (2022); aA BeckOK-POR Niedersachsen/Waechter NdsPOG § 17c Rn. 48 (2022).
260 AA BeckOK-POR Niedersachsen/Waechter NdsPOG § 17c Rn. 48 (2022).
261 AA BeckOK-PolSiR Bayern/Schröder BayPAG Art. 34 Rn. 59 f. (2022), der zwischen der Erhebung und Speicherung von Daten als unmittelbarer Folge der elektronischen Aufenthaltsüberwachung (abdrängende Sonderzuweisung) und dem weiteren Umgang mit Aufenthaltsdaten (Zuständigkeit des VG) unterscheidet.
262 § 95 Abs. 1 Nr. 4 FamFG.
263 § 890 ZPO.

Die Datenübermittlungsverpflichtung (sic!) des § 56 Abs. 4 Nr. 2 BKAG „zur Durchsetzung von Maßnahmen nach § 56 Abs. 2 S. 3“ – dh zur „Feststellung von Verstößen gegen Aufenthaltsvorgaben nach § 55 Abs. 1 und Kontaktverbote nach § 55 Abs. 2“[264] – **scheint demgegenüber von einer Vollzugszuständigkeit der „zuständigen Polizeibehörden“ jedenfalls für Maßnahmen nach § 55 Abs. 1 und 2 auszugehen.** Aus der Gesetzesbegründung ergibt sich dabei, dass die Durchsetzung dieser Maßnahmen grundsätzlich durch Bedienstete des BKA und eine Datenübermittlung an andere Behörden nur in Fällen der Amtshilfe (→ Rn. 256) erfolgen soll. 279

Auch wenn es für Maßnahmen nach § 56 Abs. 1 BKAG an einer vergleichbaren Regelung fehlt, sprechen die vielgestaltigen sonstigen Parallelen zwischen § 55 und § 56 BKAG dafür, dass auch die gerichtlich angeordnete Verpflichtung zum Beisichführen eines technischen Mittels zur Aufenthaltsüberwachung (sowie zum Unterlassen von Beeinträchtigungen seiner Funktionsfähigkeit) nicht im Wege der Androhung von Zwangs- oder Ordnungsgeldern bzw. von Ordnungshaft nach Maßgabe der ZPO durchgesetzt werden soll. Vielmehr **sind gerichtliche Anordnungen nach § 56 Abs. 5 S. 1 BKAG mit denselben Zwangsmitteln des VwVG zu vollstrecken,** mit denen auch behördliche Anordnungen nach § 56 Abs. 5 S. 2 BKAG vollstreckt werden.[265] 280

2. Vollziehung behördlicher Anordnungen. Anders als einzelne Bundesländer[266] hat der Bundesgesetzgeber **keine** Bestimmung geschaffen, die im Fall der Missachtung vollziehbarer Anordnungen nach § 56 Abs. 1 BKAG eine **Ingewahrsamnahme des Betroffenen** ermöglicht. Er vermeidet damit das Eskalationsdilemma, die idR nur zur Abwehr konkreter oder sogar unmittelbar bevorstehender Gefahren zulässige Maßnahme des Gewahrsams, die als Freiheitsentziehung iSd Art. 2 Abs. 2 S. 2, Art. 104 Abs. 2 S. 1 GG erheblichen Eingriffscharakter entfaltet, bereits wegen Missachtung von Vorgaben zuzulassen, die an eine lediglich drohende Gefahr anknüpfen. 281

Dies schließt es nicht aus, dass sich die der Anordnung von Maßnahmen nach § 56 Abs. 1 BKAG zugrundeliegende Prognose einer „drohenden“ Gefahr gerade iVm der Tatsache (und vor allem den konkreten Begleitumständen) der Missachtung vollziehbarer (→ Rn. 149) Anordnungen nach § 56 Abs. 1 BKAG im Einzelfall **zu einer Gefahrenlage verdichten kann, die eine Ingewahrsamnahme auf Grundlage des § 57 Abs. 1 Nr. 2 BKAG rechtfertigt.** Ein entsprechender Automatismus kann jedoch nicht angenommen werden, zumal auch die entsprechenden landesrechtlichen Bestimmungen an Art. 2 Abs. 2 S. 2 iVm Art. 104 GG zu messen sind (und insoweit erheblichen Zweifeln begegnen). 282

In Betracht kommt daher vorrangig die Vollziehung nach Maßgabe des allgemeinen Vollstreckungsrechts, so dass (jedenfalls)[267] auf die Vollziehung behördlicher Anordnungen nach § 56 Abs. 5 S. 2 BKAG bei Gefahr im Verzug die Vorschriften der **§§ 6 ff. VwVG** Anwendung finden. **Vollzugsbehörde** ist daher das Bundeskriminalamt als erlassende Behörde (§ 7 Abs. 1 Hs. 1 VwVG). Ein Tätigwerden anderer Behörden – wie zB der jeweiligen Landespolizeibehörden – kann daher **nur auf ausdrückliches Ersuchen des BKA um Amtshilfe** erfolgen.[268] 283

Der Vollziehung behördlicher Anordnungen bei Gefahr im Verzug steht allerdings zunächst entgegen, dass Widerspruch und Klage kraft Gesetzes aufschiebende Wirkung entfalten[269] und die Unanfechtbarkeit von Anordnungen nach § 56 Abs. 5 S. 2 BKAG innerhalb der Dreitagesfrist des § 56 Abs. 5 S. 4 BKAG (→ Rn. 157 ff.) nicht eintreten kann. Eine Vollziehung kommt daher nur in Betracht, wenn das BKA nach Maßgabe des § 80 Abs. 2 S. 1 Nr. 4, Abs. 3 VwGO die **sofortige Vollziehbarkeit** der Aufenthaltsvorgaben bzw. Kontaktverbote **anordnet.**[270] Da eine entsprechende Anordnung stets erforderlich sein wird, um einer wegen „Gefahr im Verzug“ getroffenen behördlichen Maßnahme innerhalb ihrer (äußerst begrenzten) Geltungsdauer praktische Wirksamkeit zu verleihen, wäre der Gesetzgeber gut beraten, den Wegfall der aufschiebenden Wirkung von Widerspruch und Klage kraft Gesetzes anzuordnen.[271] 284

Als Zwangsmittel kommen neben der Festsetzung von **Zwangsgeldern** und **Ersatzzwangshaft**[272] vor allem der **unmittelbare Zwang**[273] in Betracht; die Maßnahmen sind zunächst **anzudrohen** (vgl. § 13 VwVG). 285

Nach § 13 Abs. 2 S. 2 VwVG soll eine solche **Androhung mit dem Grundverwaltungsakt verbunden** werden, wenn – wie zur Effektivierung von Anordnungen nach § 56 Abs. 5 S. 2 BKAG regelmäßig geboten – 286

264 Vgl. zur Auslegung → Rn. 255.
265 So im Ergebnis auch BeckOK-POR Niedersachsen/Waechter NdsPOG § 17c Rn. 41 (2022).
266 Vgl. zB Art. 17 Abs. 1 Nr. 5 BayPAG, § 35 Abs. 1 Nr. 6 PolG NRW.
267 Zur Problematik der Vollziehung bzw. Vollstreckung gerichtlicher Anordnungen oben → Rn. 278.
268 Vgl. § 4 Abs. 1, § 5 Abs. 1 Nr. 2 VwVfG bzw. die entsprechenden Parallelbestimmungen des jeweiligen Landesrechts.
269 § 80 Abs. 1 VwGO.
270 Vgl. § 6 Abs. 1 VwVG sowie → Rn. 149.
271 Vgl. § 34c Abs. 8 S. 1 PolG NRW.
272 § 11 Abs. 2 Alt. 2, §§ 14 ff. VwVG.
273 §§ 12, 14 f. VwVG.

der sofortige Vollzug angeordnet ist. Nach § 13 Abs. 7 S. 2 VwVG ist die Androhung von Zwangsmitteln auch dann zuzustellen, wenn für den zugrundeliegenden Verwaltungsakt – wie hier – eine Zustellung nicht vorgeschrieben ist. In der Sache dürfte die Androhung von Zwangsgeldern vor allem für die **Durchsetzung der Pflicht, Beeinträchtigungen der Funktionsfähigkeit des technischen Überwachungsmittels zu unterlassen,** in Betracht kommen.[274]

287 Als **Maßnahme des unmittelbaren Zwanges** kommt es demgegenüber primär in Betracht, das mitzuführende technische Überwachungsmittel untrennbar – zB mit einem abschließbaren Knöchelband – mit dem Körper des Verpflichteten zu verbinden.[275] Nach allgemeinen vollstreckungsrechtlichen Grundsätzen kann eine solche Zwangsmaßnahme indes erst dann festgesetzt werden, wenn die auferlegte Handlungspflicht nach Ablauf der dem Betroffenen gesetzten Frist nicht freiwillig befolgt wird.[276] Auch in diesem Fall steht die Festsetzung entsprechender Zwangsmittel im pflichtgemäßen **Vollstreckungsermessen** des BKA.[277]

288 Da die **Androhung mehrerer Zwangsmittel** nach § 13 Abs. 1 S. 1 und 2 VwVG zur Durchsetzung einer Verpflichtung **ausscheidet,** ist es zweckmäßig, bereits in der Anordnung **zwischen den in § 56 Abs. 1 BKAG normierten Verhaltens- und Unterlassungspflichten zu differenzieren.**[278]

§ 57 Gewahrsam

(1) Das Bundeskriminalamt kann eine Person in Gewahrsam nehmen, wenn dies unerlässlich ist,

1. **um eine Platzverweisung nach § 54 durchzusetzen oder**
2. **um die unmittelbar bevorstehende Begehung oder Fortsetzung von Straftaten nach § 5 Absatz 1 Satz 2 zu verhindern.**

(2) § 40 Absatz 1 und 2 sowie die §§ 41 und 42 Absatz 1 Satz 1, 3 und Absatz 2 des Bundespolizeigesetzes gelten entsprechend mit der Maßgabe, dass an die Stelle der dort genannten Freiheitsentziehungen die Maßnahme nach Absatz 1 tritt.

274 § 11 Abs. 2 VwVG.

275 Entgegen der landläufigen Bezeichnung als „elektronische Fußfessel“ ist eine „Fesselung“ an das elektronische Überwachungsmittel nicht schon von § 56 Abs. 1 BKAG gedeckt (→ Rn. 33 f.).

276 Vgl. zum Erfordernis der schriftlichen Festsetzung § 14 S. 1 VwVG.

277 § 6 Abs. 1 VwVG.

278 Vgl. BeckOK-POR Niedersachsen/Waechter NdsPOG § 17c Rn. 18 (2022).

A. Allgemeines

I. Das Regelungsthema im Kontext

1 Dass der Gewahrsam zu den **klassischen Standardmaßnahmen** des Polizeirechts gehört, steht außer Zweifel und ist durch seine Erwähnung in Art. 104 Abs. 2 S. 3 GG belegt, wo zugleich der recht ausgeprägte Begrenzungswille der deutschen Verfassung hervortritt (→ Rn. 3 ff.). Indem nun speziell das BKAG diese Maßnahme übernimmt und materiespezifisch ausgestaltet (→ Rn. 38 ff.), bekräftigt es das politische Ziel, das BKA zu einer **spezialisierten Sicherheitsbehörde**, die praktisch über das komplette präventive Instrumentarium verfügen soll, fortzubilden (→ § 1 Rn. 1 ff.).[1]

2 Der Gewahrsam ist zudem für die **Historisierung polizeilicher Handlungszwecke** besonders aufschlussreich. So entspricht es juristischem Usus, eine klassisch-rechtsstaatliche Polizeifunktion der Abwehr konkreter Gefahren einem modern(er)en, sich im Vorgriff auf die Entstehungsbedingungen von Gefahren äußernden Aufgabenprofil zu kontrastieren.[2] Gerade für diese (vermeintlich) neuere Tendenz steht dann etwa das Präventionsrecht des BKAG (→ § 1 Rn. 3). Nicht nur, aber vor allem der Blick auf den Gewahrsam relativiert jedoch den historischen Aussagewert jener Gegenüberstellung entscheidend. Denn **seit jeher** kennt das Polizeirecht **Konjunkturen etatistisch politisierter, vorbeugender und vorsorgender Handlungsmuster,**[3] die sich gerade im Bereich der Freiheitsentziehung manifestierten und derzeit wieder aufleben (→ Rn. 70 ff.). Hierzu gehören sowohl die gegen Ende des 19. Jahrhunderts virulenten Randgruppenprobleme, die – unter der Rubrik des Sozialschutzes (*défense sociale*)[4] ventiliert – zu einer heterogenen Querschnittsmaterie aus Polizei-, Straf- und Fürsorgerecht verarbeitet wurden und schließlich zu einer Vermehrung geschlossener Anstalten führten,[5] als auch die heftigen politischen Auseinandersetzungen mit dem „Staatsschutz“ im Kontext des Vormärz und der Revolutionszeit um 1848 (Stichwort: Karlsbader Beschlüsse).[6] Diesen beiden älteren, hauptsächlich in vordemokratischem Ambiente verhandelten Problemkreisen **ähneln aktuelle Diskurse** über Terrorismusabwehr in mitunter irritierender Weise, wenn sie sich derselben Schlüsselbegriffe, wie zB „Ge-

1 Im Überblick etwa Möllers/van Ooyen in FS-30 Jahre Fachhochschule des Bundes für öffentliche Verwaltung, 2009, S. 407 ff.; BVerfG Urt. v. 20.4.2016 – 1 BvR 966/09 ua –, BVerfGE 141, 220 (263 f., Rn. 89) zum kompetenzrechtlichen Hintergrund in Art. 73 Abs. 1 Nr. 9a und Art. 87 Abs. 1 S. 2 GG.

2 Nicht zuletzt BVerfG Urt. v. 20.4.2016 – 1 BvR 966/09 ua –, BVerfGE 141, 220 (272, Rn. 112) mit der Rede vom „tradierten sicherheitsrechtlichen Modell der Abwehr konkreter, unmittelbar bevorstehender oder gegenwärtiger Gefahren“ und dazu Barczak, Der nervöse Staat, 2. Aufl. 2021, S. 40 f., 501 f.; zum klassisch-rechtsstaatlichen Polizeibegriff etwa Jeserich/Pohl/von Unruh/von der Groeben, Deutsche Verwaltungsgeschichte, Bd. III, 1984, S. 435 (438).

3 Allgemein Funk, Polizei und Rechtsstaat, 1986, S. 201 ff. et passim.

4 Prins, La défense sociale et les transformations du droit pénal, 1910; vgl. Ost, Le temps du droit, 1999, S. 298 ff.

5 Vgl. etwa Althammer in Härter/Sälter/Wiebel, Repräsentationen von Kriminalität und öffentlicher Sicherheit, 2010, S. 415 ff.; Blasius, „Einfache Seelenstörung“, 1994, S. 140; diese Vorgänge sozialer Exklusion wurden zwischen 1960 und 1980 in den Geistes- und Sozialwissenschaften kritisch reflektiert etwa von Foucault, Histoire de la folie à l'age classique (1961), dems., Surveiller et punir (1975) oder Goffman, Asylums (1961); zu wesentlichen Strömungen und Entwicklungen Kuch, Freiheitsentziehung, 2023 (i. Ersch.), § 2 II., § 5 II. 2., § 9 II. 1.

6 Im Überblick Blasius, Geschichte der politischen Kriminalität in Deutschland (1800–1980), 1983, S. 27, 30 ff.

fährder",[7] „dispositionelle" Gefahr[8] oder auch „Gemeingefährlichkeit"[9] bedienen. Die generelle Problematik der jüngeren Entwicklung nicht weniger als die spezielle einer etwaigen Ausweitung des Polizeigewahrsams[10] erschließen sich nur unvollständig, wenn man sie, wie es jedoch oft geschieht, ihrer eben deutlich *weiter* als siebzig Jahre zurückreichenden historischen Bezüge entkleidet oder sie zu ganz und gar neuartigen Erscheinungen erklärt. Demgegenüber dürfte der Freiheitsentzug durch Polizeibehörden wie kaum ein anderer Maßnahmetyp daran erinnern, dass Tendenzen einer Entwicklung „Vom Rechtsstaat zum Präventionsstaat"[11] in Deutschland seit den Anfangsgründen des Rechtsstaats beileibe nicht selten und in unterschiedlicher Intensität vorkamen.

II. Grund- und menschenrechtliche Bezüge

3 Vor dem skizzierten Hintergrund ist der gesamte Bereich der Freiheitsentziehung grund- und menschenrechtlich von höchster Relevanz. Die Grundgesetzberatungen im Parlamentarischen Rat standen unter dem Eindruck des totalitären Missbrauchs auch und insbesondere des Polizeigewahrsams durch die Gestapo, deren „Schutzhaftpolitik" rückblickend „geradezu den Inbegriff der nationalsozialistischen Terrorherrschaft"[12] darstellte. Von daher kann es nicht überraschen, dass die deutsche Verfassung freiheitsentziehende Maßnahmen, zumal solche der Sicherheitspolizei, durch die Art. 2 Abs. 2 S. 2 und 104 GG **sowohl materiell als auch prozessual strengen Voraussetzungen** unterwirft (→ Rn. 4 ff., 13 ff.). Nichts anderes gilt für die menschenrechtlichen Gewährleistungsebenen, auf denen die Freiheit der Person sowie die mit ihrem Schutz assoziierten Institute der Gewaltenteilung, der *Rule of Law*, des *Habeas Corpus* oder auch des *Amparo*-Verfahrens[13] ebenfalls recht intensiv abgesichert sind (→ Rn. 25 ff.).

4 **1. Gewahrsam und Freiheit der Person gem. Art. 2 Abs. 2 S. 2 GG.** Im Unterschied zu vielen anderen Standardmaßnahmen der Polizei ist bei dem in Art. 104 Abs. 2 S. 3 GG eigens erwähnten Gewahrsam klar, welches *Grundrecht* er primär betrifft – nämlich die **Freiheit der Person** gem. Art. 2 Abs. 2 S. 2 GG. Erstaunlich unklar ist aber, *was* ebendieses Grundrecht schützt – was der Gewahrsam dem Adressaten also „entzieht". Für das Begriffsverständnis ist das aber wesentlich. Am einen Ende des Meinungsspektrums steht eine Theorie, die die Freiheit der Person als Bewegungsfreiheit und den Freiheitsentzug als Bewegungshindernis deutet (→ Rn. 5 ff.), am anderen Ende ein Verständnis, demzufolge jene einen ideellen Status und dieser einen Statusverlust reflektiert (→ Rn. 8). Neuere Ansätze unternehmen den Versuch einer Vermittlung zwischen diesen Lagern (→ Rn. 9 f.).

5 **a) Aktivische Lesart: Die Freiheit der Person als Handlungsrecht.** „Die ‚körperliche Bewegungsfreiheit' bedeutet die Möglichkeit, einen beliebigen Ort aufzusuchen und sich dort aufzuhalten."[14] Diese von *Günter Dürig* stammende Definition ist unverändert präsent.[15] Sie beschreibt die Freiheit der Person als eine Gewährleistung, die sich **aktiv, durch Fortbewegung wahrnehmen** lässt. Die meisten heutigen Interpretationen folgen im Grundsätzlichen *Dürigs* Vorlage, die sie allerdings unterschiedlich konkretisieren.

6 Der wohl *engsten* Ausprägung der aktivischen Lesart zufolge „[ist] das Grundrecht auf Freiheit der Person nur dann betroffen […], wenn die körperliche Bewegungsfreiheit physisch, dh durch **unmittelbaren Zwang,** eingeschränkt wird".[16] Hier wird das Grundrecht speziell auf die *Physis* menschlicher Aktivität bezogen, die nur durch körperliche Gewalt (*vis*) an ihrer Entfaltung gehindert werden kann. Nach dem *weitesten* Verständnis der aktivischen Lesart sind ihm hingegen auch zahlreiche **Handlungs- und Unterlassungspflichten** zuzuordnen, dh kommunikativ vermittelter Zwang (*potestas*). Konkreter werden Anwesenheits- und Erscheinenspflichten als Eingriffe in die Freiheit der Person bewertet, wenn ein Termin einseitig durch die

7 Heute (kritisch) Barczak, Der nervöse Staat, 2. Aufl. 2021, S. 33 u.ö.; ders. KrimJ 52 (2020), 97 (99 ff.); s. auch Böhm, Der „Gefährder" und das „Gefährdungsrecht", 2011; Hanschmann KJ 50 (2017), 434 ff.; Austermann/Schlichte KJ 51 (2018), 479 ff.; vgl. historisch etwa [Anon.] in Die Volksbötin [2. Jg.], Nr. 223 v. 18.9.1850, S. 913: „Demokrat und Gefährder".

8 Heute (analytisch) Darnstädt in FS-H.-J. Koch, 2014, S. 105 ff.; vgl. historisch ua den hochproblematischen Artikel von Exner ZStW 53 (1934), 629 (629 f., 632, 638, 639, 640).

9 Heute etwa von Mangold/Klein/Starck/Starck GG I Art. 2 Rn. 244; vgl. historisch zB PrOVG Urt. v. 2.7.1907 – J. N. I. 886., Rep. I. B. 10/07 –, PrOVGE 51, 223 (226 f.); Urt. v. 13.12.1912 – I. A. 154/11 –, PrOVGE 65, 247 (258 f.); Urt. v. 12.3.1914 – I. A. 151/13 –, PrOVGE 66, 341 (346 f.).

10 Vgl. Kuch DVBl. 2018, 343.

11 So der Titel von Huster/Rudolph (Hrsg.), 2008.

12 Graf, Politische Polizei zwischen Demokratie und Diktatur, 1983, S. 255.

13 Zur Entwicklung im Überblick Farrell, Habeas Corpus in International Law, 2017, S. 30 ff.

14 Dürig/Herzog/Scholz/Dürig GG Art. 2 Abs. 2 (1958) Rn. 50.

15 Vgl. von Mangoldt/Klein/Starck/Gusy GG III Art. 104 Rn. 17, 20 (Definition der Freiheitsbeschränkung als Ausschluss der „Möglichkeit, einen Ort oder Raum aufzusuchen und sich dort aufzuhalten"); zum Ganzen Kuch, Freiheitsentziehung, 2023 (i. Ersch.), § 3 II.

16 Grabitz in HStR VI, 1. Aufl. 1989, § 130 Rn. 5; Sachs/Degenhart GG Art. 104 Rn. 4; ähnlich Michael/Morlok, Grundrechte, Rn. 173 ff.

Behörde festgelegt wird.[17] Das dürfte etwa bei einer Vorladung nach § 44 Abs. 1 BKAG regelmäßig der Fall sein.

Die meisten Interpreten wählen eine auf beiden Auffassungen aufbauende **Vereinigungstheorie.** Diese im Schrifttum wohl insgesamt dominierende Ansicht schließt einerseits (entgegen dem weiten Verständnis) *bloße* Ge- oder Verbote aus dem Tatbestand des Art. 2 Abs. 2 S. 2 GG aus; andererseits ist ihr zufolge (entgegen dem engsten Verständnis) bereits von einem Eingriff auszugehen, „wenn mit großer Wahrscheinlichkeit bei Nichtbefolgung einer Anordnung sofortiger unmittelbarer Zwang [...] zu erwarten ist".[18] Verhaltenspflichten, wie etwa eine Vorladung, werden damit nicht gänzlich aus dem Anwendungsbereich des *Habeas Corpus*-Grundrechts ausgeschlossen, doch bedarf es einer gewissen Durchsetzungsnähe (für die Vorladung → § 44 Rn. 5).[19] In Richtung dieser Lesart tendiert auch die **Verfassungsrechtsprechung.** Gerade das Bundesverfassungsgericht scheint den Geltungsbereich der Art. 2 Abs. 2 S. 2, 104 GG praktisch ganz auf Konstellationen beschränken zu wollen, die eine Zwangsanwendung zumindest erwarten lassen. Einer bis in die jüngste Zeit reichenden Entscheidungslinie zufolge schützt die Freiheit der Person „vor Verhaftung, Festnahme und ähnlichen Eingriffen, also vor unmittelbarem Zwang".[20] 7

b) Passivische Lesart: Die Freiheit der Person als Schutzrecht. Ein zweiter Theorienstrang stellt explizit in Frage, ob sich das Grundrecht, wie es das Schlagwort von der „Bewegungsfreiheit" will, wirklich durch ein *Verhalten*, also ein Tun oder Unterlassen, eine Aktivität des Grundrechtsträgers, ausüben lässt. Von einem reinen **„Schutzrecht"** sprechend, entnehmen Vertreter der passivischen Lesart dem Gewährleistungsgehalt des Grundrechts auf Freiheit der Person gerade *kein* Recht, aufgrund dessen der Staat ein „Verhalten des Bürgers dulden" müsse.[21] Systematisch rückt die Freiheit der Person damit in die Nachbarschaft solcher Grundrechte, die man gemeinhin als **Integritätsrechte** bezeichnet, wie etwa jene aus Art. 2 Abs. 2 S. 1 GG (Leben, körperliche Unversehrtheit), und entfernt sich zugleich von den sog. Aktivitätsrechten, wie etwa der allgemeinen Handlungsfreiheit gem. Art. 2 Abs. 1 GG.[22] Dogmengeschichtlich bewegt sich dieses Verständnis in der Nähe der frühen Kommentierung *Kurt Georg Wernickes*[23] und geht dadurch auf Distanz zur Formel *Dürigs.*[24] Die Bewegungsfreiheit garantiere eher eine Art **„Status"**, wie ihn der „auf freiem Fuß" Befindliche genieße.[25] 8

c) Neuansätze; hiesiges Verständnis. Die **Einordnungs- und Anwendungsschwierigkeiten,** durch welche der Dogmenbestand schon lange geprägt ist, werden in der jüngeren verfassungsrechtlichen Literatur zunehmend kritisch registriert.[26] Einzelne Autoren haben **Reinterpretationen** des *Habeas Corpus*-Grundrechts vorgelegt. Ausgehend von einer dogmengeschichtlichen Neuausrichtung, der zufolge das Grundrecht als Bollwerk gegen Verhaftung *und Versklavung* fungiere, akzentuieren *Fabian Wittreck* und *Wolfram Höfling* der Sache nach die statusbezogene Auslegung: Die Freiheit der Person schütze „das Vertrauen in den Anspruch des einzelnen, über seinen Körper selbst zu verfügen", sie garantiere mithin die **„Unverfügbarkeit für andere".**[27] Hierin liegt vor allem ein fruchtbarer Hinweis auf die personale, egalitäre Dimension des Grundrechts. 9

Ein weiteres, bislang ebenfalls nur im Grundriss vorliegendes Deutungsangebot[28] knüpft an einer verbreiteten **grundrechtssystematischen** Annahme über die Freiheit der Person an, die vordem nicht näher ausgearbeitet wurde. So gilt diese „Freiheit" einer Vielzahl von Autorinnen und Autoren aus dem verfassungsrechtlichen Schrifttum als „Voraussetzung", „Grundvoraussetzung" oder als „Basis" der Ausübung anderer 10

17 AK-GG/Correll Art. 2 Abs. 2 (2001) Rn. 154.

18 Dreier/Schulze-Fielitz GG I Art. 2 II Rn. 104; auch zum Folgenden Dreier/Schulze-Fielitz GG III Art. 104 Rn. 24; Dürig/Herzog/Scholz/Di Fabio GG Art. 2 Abs. 2 S. 2 (2009) Rn. 17, 31 f.; Heidebach, Grundrechtsschutz durch Verfahren bei gerichtlicher Freiheitsentziehung, 2014, S. 35 f. mit Sammelfußnoten.

19 Dürig/Herzog/Scholz/Di Fabio GG Art. 2 Abs. 2 S. 2 (2009) Rn. 32.

20 BVerfG Beschl. v. 23.5.1967 – 2 BvR 534/62 –, BVerfGE 22, 21 (26 zit.); Beschl. v. 15.5.2002 – 2 BvR 2292/00 –, BVerfGE 105, 239 (247); Urt. v. 24.7.2018 – 2 BvR 309/15 ua –, BVerfGE 149, 293 (318, Rn. 65); jüngst BVerfG Beschl. v. 19.11.2021 – 1 BvR 781/21 ua –, BVerfGE 159, 223 (329 ff., Rn. 242 ff., 246), wo das Gericht mit einer psychisch vermittelten Zwangswirkung argumentiert.

21 Merten in HGR IV, 2011, § 95 Rn. 5 f., der konsequenterweise die eingeführte Beschreibung der Freiheit der Person als „Bewegungsfreiheit" fallen lässt; s. bereits dens., Der Inhalt des Freizügigkeitsrechts, 1970, S. 52 ff.

22 Zum Zusammenhang von Integritätsschutz und normtextlich als „unverletzlich" gewährleisteten Rechten Ipsen Der Staat 52 (2013), 266 (281 f.).

23 BK-GG/Wernicke Art. 2 (Erstbearb.) sub. II 2d („lediglich ein Abwehrrecht").

24 Dürig/Herzog/Scholz/Dürig GG Art. 2 Abs. 2 (1958) Rn. 50.

25 Zitate aus Merten in HGR IV, 2011, § 95 Rn. 7.

26 Grundlegend Wittreck in HStR VII, 3. Aufl. 2009, § 151.

27 Wittreck in HStR VII, 3. Aufl. 2009, § 151 Rn. 9; Friauf/Höfling/Höfling GG Art. 2 Abs. 2 S. 2 (2018) Rn. 21.

28 Kuch JÖR 66 (2018), 205 (217 ff.); Ausarbeitung jetzt aber bei dems., Freiheitsentziehung, 2023 (i. Ersch.), § 5.

Freiheitsrechte.[29] Gleichsinnige Einschätzungen gehören in der Rechtsprechung[30] ebenso zur *communis opinio* wie in bereichsdogmatischen Untersuchungen.[31] Nimmt man sie beim Wort, zählt die Singularfreiheit des Art. 2 Abs. 2 S. 2 GG nicht zum Kanon der übrigen Handlungsrechte (etwa Art. 2 Abs. 1, Art. 8, Art. 11 GG), vielmehr gehört sie zu den *Vorzeichen* der Wahrnehmung dieser anderen, benannten und unbenannten Rechte; sie steht nicht gleichsam neben ihnen, sondern liegt ihnen systematisch voraus. Die Freiheit der Person ist eine **Freiheit „vor" der** (Handlungs-)**Freiheit**.

11 Für dieses Verständnis spricht insbesondere das Widerspiel von Freiheit der Person und Freiheitsentzug, das den Schutzbereich als Gegenbild paradigmatischer Eingriffe präfiguriert.[32] Klassische Fälle einer Freiheitsentziehung – darunter der Gewahrsam – äußern sich gerade darin, dass sie die **Lebensumstände des Betroffenen umfassend transformieren**: Solche Eingriffe sind von eigentümlicher Tiefe, indem sie die *Voraussetzungen* der Ausübung all jener Grundrechte, die im Vollzug mit den Bedingungen einer geschlossenen Unterbringung konfrontiert werden, engführen.[33] Freies Tun und Lassen nach dem eigenen Willen ist für den Inhaftierten nur noch in dem Maße geschützt, wie es die Erfordernisse des (verfassungsrechtlich gerechtfertigten) Freiheitsentzugs zulassen. Der Gefangene hat – ohne dass darin zusätzliche Einschränkungen liegen würden – allenfalls ein begrenztes Recht, Verwandte zu kontaktieren (→ Rn. 96 f.), seinen Aufenthalt frei zu wählen oder zum Demonstrieren auf die Straße zu gehen.[34] Aus seiner Rechtsstellung ist ein breites Spektrum von Handlungsmöglichkeiten, die ihm normalerweise freistünden, gewissermaßen ausgeklammert. Liegt der Garantiegehalt des Art. 2 Abs. 2 S. 2 GG nun aber in der Abwehr dieses weitreichenden Partizipationsverlusts, so richtet er sich – ins Positive gewendet – ebenfalls nicht auf Handlungs- oder Aktivitätsschutz, sondern auf **Voraussetzungs- oder Modalitätsschutz**, nicht auf Ausübungs-, sondern auf **Ausübbarkeitsschutz**. Die Freiheit der Person verhält sich akzessorisch zu jenen Grundrechten, die aufgrund einer Freiheitsentziehung (typischerweise) eine flächendeckende Minderung erfahren. Diese hier vertretene Grundrechtsinterpretation vermittelt zwischen den beiden bekannten Hauptströmungen. Einerseits folgt sie der passivischen Lesart darin, dass der Bezugsrahmen der Freiheit der Person allem Anschein nach weniger die einzelne Handlung als die Lebensführung des Betroffenen insgesamt ist; andererseits stimmt sie mit der aktivischen darin überein, dass die Art. 2 Abs. 2 S. 2, 104 GG Zugangsschutz insbesondere gegenüber solchen Grundrechten entfalten, die Mobilität und soziale Interaktion garantieren, und weniger gegenüber solchen des *forum internum*.[35]

12 **2. Zum (verfassungsrechtlichen) Begriff des Gewahrsams.** Polizeirechtliche Standarddarstellungen nehmen ihren Ausgangspunkt idR – und methodisch völlig zurecht (→ Rn. 11) – beim **Begriff der Freiheitsentziehung bzw. des Gewahrsams** (Art. 104 Abs. 2 S. 3 GG).[36] Der Begriff wird allerdings, soweit ersichtlich, selten eingehend untersucht, sondern unter Zugrundelegung einer dürren Kurzbeschreibung als mehr oder minder geklärt vorausgesetzt. Bei der verwendeten „Definition" handelt es sich zumeist um eine vom Bundesverfassungsgericht geprägte Wendung, der zufolge eine Freiheitsentziehung vorliegt, „wenn die – tatsächlich und rechtlich an sich gegebene – körperliche Fortbewegungsfreiheit durch staatliche Maßnahmen nach jeder Richtung hin aufgehoben wird".[37] Mit dieser Formel ist jedoch weitaus weniger gewonnen als es

29 Dürig/Herzog/Scholz/Di Fabio GG Art. 2 Abs. 2 S. 2 (2009) Rn. 16 („Bewegungsfreiheit" als „Voraussetzung" für die „personale Existenz" des Menschen und als „Basis für alle sonstigen frei gewählten Verhaltensweisen"); BK-GG/Lorenz Art. 2 Abs. 2 S. 2 (2015) Rn. 668 („Voraussetzung [von] grundrechtlichen Entfaltungsmöglichkeiten") und Rn. 674 („grundrechtliche Basis des Freiheitsschutzes"); Dreier/Schulze-Fielitz GG I Art. 2 II Rn. 24 („Grundvoraussetzung jeglicher Inanspruchnahme von Freiheitsrechten"); uam; ebenso zugleich mit Blick auf die EMRK Dörr/Grote/Marauhn/Dörr EMRK/GG I, 3. Aufl. 2022, 13. Kap. Rn. 1.

30 BVerfG Beschl. v. 10.2.1960 – 1 BvR 526/53 ua –, BVerfGE 10, 302 (322: „erste Voraussetzung für jede freiheitliche Betätigung des Menschen überhaupt"); Beschl. v. 15.2.1965 – 1 BvR 513/65 –, BVerfGE 19, 342 (349: „Basis der allgemeinen Rechtsstellung und Entfaltungsmöglichkeit des Bürgers"); Beschl. v. 12.12.1973 – 2 BvR 558/73 –, BVerfGE 36, 264 (269, wie zuvor); Beschl. v. 6.2.1980 – 2 BvR 1070/79 –, BVerfGE 53, 152 (158, ebenso); Urt. v. 5.2.2004 – 2 BvR 2029/01 –, BVerfGE 109, 133 (157: „Grundlage und Voraussetzung der Entfaltungsmöglichkeiten des Bürgers"); genauso BVerfG Urt. v. 4.5.2011 – 2 BvR 2365/09 ua –, BVerfGE 128, 326 (372); Beschl. v. 27.3.2012 – 2 BvR 2258/09 –, BVerfGE 130, 372 (388: „Grundlage und Voraussetzung der wesentlichen Entfaltungsmöglichkeiten des Menschen"); Beschl. v. 20.6.2012 – 2 BvR 1048/11 –, BVerfGE 131, 268 (290, Rn. 80: „Grundlage und Voraussetzung der Entfaltungsmöglichkeiten des Bürgers"); auch BVerfG Beschl. v. 29.11.2005 – 2 BvR 1737/05 –, NJW 2006, 668 (669): „Basis der allgemeinen Rechtsstellung und Entfaltungsmöglichkeit des Bürgers"; übernommen etwa in BGH Beschl. v. 14.12.2011 – XII ZB 488/11 –, NJW 2012, 1448 (1449, Rn. 18): „Grundlage und Voraussetzung der Entfaltungsmöglichkeiten des Einzelnen", uam.

31 Hantel, Der Begriff der Freiheitsentziehung in Art. 104 GG, 1988, S. 138, 143, 200; bereits Baerensprung, Die Freiheit der Person nach dem Bonner Grundgesetz, Diss. 1952, S. 27.

32 Dazu umfassend Kuch, Freiheitsentziehung, 2023 (i. Ersch.), § 4 II.

33 Dieser Umstand ist aus dem Schrifttum zur Sonderstatuslehre bekannt, zu deren Hauptanwendungsfällen seit jeher der Gefangenenstatus gehört, vgl. Kuch, Freiheitsentziehung, 2023 (i. Ersch.), § 4 II.; von Kielmansegg in HVwR III, 2022, § 70 Rn. 1.

34 Kuch JÖR 66 (2018), 205 (226 f.).

35 Hierzu Kuch, Freiheitsentziehung, 2023 (i. Ersch.), § 4 III. 3a) und b).

36 Repräsentativ Drewes/Malmberg/Wagner/Walter/Wagner BPolG § 39 Rn. 1; Schenke/Graulich/Ruthig/Schenke BPolG § 39 Rn. 1.

37 BVerfG Urt. v. 14.5.1996 – 2 BvR 1516/93 –, BVerfGE 94, 166 (198); Beschl. v. 15.5.2002 – 2 BvR 2292/00 –, BVerfGE 105, 239 (248); Beschl. v. 8.3.2011 – 1 BvR 47/05 –, NVwZ 2011, 743 (744, Rn. 20).

zunächst vielleicht den Anschein hat. In Sonderheit trägt sie nur wenig zur Feststellung der **sachlichen Anwendbarkeit des Richtervorbehalts** bei. Sie trifft nämlich vor allem auf solche Fälle zu, in denen *ohnedies* Einigkeit darüber herrscht, dass eine Freiheitsentziehung in Rede steht, etwa weil eine Person in einen polizeilichen Gewahrsamsraum gebracht und dort festgehalten wird.[38] Die eigentlich relevante Frage indes, was genau an diesem Vorgang begriffswesentlich für den Eingriff in die Freiheit der Person sein soll, ist keineswegs mit seiner gleichsam äußerlichen, phänomenologischen Beschreibung beantwortet, in der sich jene Formel jedoch erschöpft. Vielmehr handelt es sich um ein **Problem der verfassungsrechtlichen *Deutung*** solcher Vorgänge.[39] Wie sehr diese allerdings divergieren kann und wie herausfordernd sich ihre Entwicklung dementsprechend gestaltet, spiegelt sich in dem inhomogenen Schutzbereichsverständnis nur allzu deutlich wider (→ Rn. 5 ff.). Hier ist es nach wie vor als eine offene Frage zu betrachten, ob eine Freiheitsentziehung iSd Art. 104 GG nun eher die Errichtung eines physischen Fortbewegungshindernisses involviert – so die engste aktivische Lesart (→ Rn. 6) – oder ob sie eher einem Statusverlust gleichkommt – dahin gehend die passivische Lesart (→ Rn. 8). Beides liegt ersichtlich weit auseinander. Doch ohne verfassungsrechtlich ausgewiesenen Begriff der Freiheitsentziehung wird es auch und insbesondere nicht gelingen, den jedenfalls eng verwandten Begriff des Polizeigewahrsams dergestalt zu substantialisieren, dass er mit dem Anwendungsbereich des Richtervorbehalts (Art. 104 Abs. 2 S. 1 GG) hinlänglich zur Deckung kommt.[40] Hier stößt man darum zwangsläufig an ein offenes Ende der Fachdogmatik, das auch diese Kommentierung nur offenlegen, nicht aber schließen kann. Dass sich entsprechende Problemfälle im Polizeirecht derzeit nicht zufriedenstellend lösen lassen, ist an dieser Stelle letztlich der **Unterkomplexität der verfassungsrechtlichen Begriffsbildung** geschuldet. Ihre polizeirechtliche Symptomatik tritt beispielhaft bei der Behandlung des sog. Verbringungsgewahrsams zutage (→ Rn. 47 f.).

3. Grundrechtsschutz durch Organisation und Verfahren (Art. 104 GG). Neben die materielle Gewährleistungskomponente tritt mit dem verfassungsrechtlichen Richtervorbehalt aus Art. 104 GG eine formelle, prozessuale Schutzdimension. Art. 104 Abs. 2 S. 1 GG statuiert: „Über die Zulässigkeit und Fortdauer einer Freiheitsentziehung hat **nur der Richter** zu entscheiden". Und selbst wenn diesem Gebot einmal (etwa in einem Eilfall) nicht entsprochen werden kann, verlangt gleichwohl der zweite Satz derselben Norm, die richterliche Entscheidung unverzüglich nachzuholen. Es bleibt also bei jenem kategorischen Prinzip, von dem sich *Georg-August Zinn* 1948 im Parlamentarischen Rat nicht wollte abbringen lassen: „Keinerlei Freiheitsentziehung auf die Dauer ohne Tätigwerden eines Richters".[41] 13

a) **Grundlagen.** Indem Art. 104 Abs. 2 GG die Entscheidung über die „Zulässigkeit und Fortdauer einer Freiheitsentziehung" ausnahmslos **bei den Gerichten monopolisiert,** verleiht er der betroffenen Person einen Verfassungsanspruch auf ein Gerichtsverfahren. Dieser Anspruch adressiert stets alle drei Gewalten zugleich: „Der Richter entscheidet auf der Grundlage des Parlamentsgesetzes, weil und soweit die Verwaltung die richterliche Entscheidung über die von ihr zu vollziehende Maßnahme beantragt hat".[42] Im grundgesetzlichen Regelfall des Art. 104 Abs. 2 S. 1 GG muss diese Prozedur vor der Durchführung einer jeden freiheitsentziehenden Maßnahme durchlaufen werden. 14

Der Regelvorgabe lässt die Verfassung im zweiten Satz des Art. 104 Abs. 2 GG eine auf *nachträglichen* Gerichtsentscheid ausgerichtete Variante desselben, gewaltenbündelnden Legitimationsprinzips folgen: Bei jeder (noch) nicht auf richterlicher Anordnung beruhenden Freiheitsentziehung ist „unverzüglich eine richterliche Entscheidung herbeizuführen". Dieses Prozedere wird im Anschluss durch weitere Kautelen qualifiziert, insbesondere gelten Höchstfristen für den Freiheitsentzug durch die Polizei ohne vorherige Mitwirkung eines Gerichts (Art. 104 Abs. 2 S. 3, Abs. 3 S. 1 GG). Prozedural ist damit jede Freiheitsentziehung durch die Exekutive – typischerweise die **Vollzugspolizei** – eine bloß **„vorläufige"**,[43] die nämlich durch einen Richter sanktioniert werden muss. Einigkeit besteht zudem über die Sachgründe, die allein einmal eine vorläufige Freiheitsentziehung legitimieren können: „Eine nachträgliche richterliche Entscheidung, de- 15

38 Vgl. die im Übrigen tautologische Formulierung des § 415 Abs. 2 FamFG: „Eine Freiheitsentziehung liegt vor, wenn einer Person gegen ihren Willen oder im Zustand der Willenlosigkeit insbesondere in einer abgeschlossenen Einrichtung, wie einem Gewahrsamsraum oder einem abgeschlossenen Teil eines Krankenhauses, die Freiheit entzogen wird".

39 Deren Komplexität erahnen lässt etwa die in der verfassungsgerichtlichen Judikatur zur Freiheitsstrafe wiederkehrende Redeweise vom „Gesamtvorgang des Freiheitsentzugs" (BVerfG Urt. v. 3.7.1962 – 2 BvR 15/62 –, BVerfGE 14, 174 [186]), der sich aus einander „zunehmend konkretisierenden Stufen" der Rechtsverwirklichung von der gesetzlichen Strafandrohung über die Strafzumessung bis hin zu Vollstreckung und Vollzug konstituiert: BK-GG/Lorenz Art. 2 Abs. 2 (2015) Rn. 786 (zit.), 788.

40 Zu den Mindestanforderungen an die Dogmatik gehört insofern die Entwicklung einer Interpretation des polizeirechtlichen Richtervorbehalts, die jedenfalls die Fälle des verfassungsrechtlichen Vorbehalts (Art. 104 Abs. 2 S. 1 GG) zuverlässig erfasst. Im Übrigen darf der polizeirechtliche Vorbehalt selbstverständlich über die verfassungsrechtlich erfassten Fälle hinausgehen.

41 Vielzitiert Abg. Zinn in ParlRat 5/I, S. 80.

42 Voßkuhle in HGR V, 2013, § 131 Rn. 16.

43 Klar bereits Dürig/Herzog/Scholz/Dürig GG Art. 104 (1958) Rn. 34 (zit.); heute Dürig/Herzog/Scholz/Mehde GG Art. 104 (2019) Rn. 76.

ren Zulässigkeit in Ausnahmefällen Art. 104 Abs. 2 GG voraussetzt, genügt nur, wenn der mit der Freiheitsentziehung verfolgte verfassungsrechtlich zulässige Zweck nicht erreichbar wäre, sofern der Festnahme die richterliche Entscheidung vorausgehen müsste".[44] Nur wenn die Verständigung des Richters aufgrund der eintretenden Verzögerung den materiellen Eingriffszweck konterkarieren würde, also bei **Gefahr im Verzug**, liegt das Erstzugriffsrecht nach Art. 104 Abs. 2 S. 2 GG bei der Behörde.

16 b) **Doppelfunktion der Justiz im Vorbehaltsverfahren.** Die „unlösliche" Verbindung von materieller und prozessualer Sicherung, durch welche „die Verfahrensordnung des Art. 104 Abs. 2 Satz 1 GG an der allgemeinen, wertentscheidenden Funktion der Freiheitsgarantie teilhat",[45] wird inzwischen vermehrt mit dem multikontextuellen Topos vom „**Grundrechtsschutz durch Verfahren**" assoziiert.[46] In der Heranziehung dieser Figur artikuliert sich einerseits die tiefe Verbindungslinie zwischen der Freiheit der Person, dem Gesetzesvorbehalt und dem Richtervorbehalt, der durch die Einschaltung einer „Gegenmacht zur Exekutive"[47] bis heute als Bollwerk des Freiheitsschutzes gilt.[48] Andererseits kann diese traditionelle Schutzidee durch ihre Anbindung an jenen moderneren Topos an der schon länger steigenden Wahrnehmung der Grundrechtsrelevanz von Verfahrensrecht[49] partizipieren.

17 Ob konkretere Schutzgewinne für die Freiheit der Person von dem Richtervorbehalt zu erwarten sind, ist damit freilich noch nicht gesagt. Hier gilt es, eine Besonderheit des überwiegend in der StPO und dem FamFG (→ Rn. 73 ff.) geregelten Vorbehaltsverfahrens zu beachten: Weil den Gerichten keine die Freiheitsentziehung (bloß) *kontrollierende*, sondern eine den Eingriff zuallererst *konstituierende* Entscheidung zugewiesen wird,[50] rückt die Justizfunktion in die Nähe exekutiver Aufgabenerfüllung.[51] Die sich ergebende Funktionengliederung wurde in jüngerer Zeit vor allem durch die Strafprozessualistik näher untersucht. Zahlreiche Autoren charakterisieren das Vorbehaltsverfahren als **„Eingriffsverfahren"** im Unterschied zum „Rechtsschutzverfahren" des Verwaltungsprozesses:[52] Während etwa ein Verwaltungsrichter *über* einen „bereits bestehenden Konflikt" entscheide, führe der Eingriffsrichter des Richtervorbehaltsverfahrens „den konfliktauslösenden Eingriff erst selbst herbei";[53] als „Eingriffsrichter" übe er, „nur rein institutionell in der Justiz verbleibend", materiell „Exekutivgewalt" aus.[54] Die Monopolisierung der Anordnungskompetenz bei den Gerichten hat also durchaus ihren organisationsrechtlichen Preis. Durch eine (graduelle) Verwandlung der Justiz- in eine Exekutivfunktion bedingt sie eine (partielle) Verschiebung innerhalb der Gewaltenbalance: Die Gerichte erfüllen hier eine **Doppelfunktion** zwischen materieller Grundrechtssicherung und Verantwortlichkeit für die dem Freiheitsgrundrecht gegenläufigen öffentlichen Belange. Die Prozedur nach Art. 104 GG ist darum nie allein ein Schutz-, sondern immer auch ein Eingriffsinstrument.

18 Organisations- und Verfahrensrechtlich sieht sich das Richtervorbehaltsverfahren damit vor besondere Herausforderungen gestellt, auf die die Freiheitssicherung durch Gerichte normalerweise nicht trifft. Modellhaft für solche Verfahren ist nicht der von vornherein rechtsschutzaffine Verwaltungsprozess als konzeptionelles Spiegelbild des rechtsstaatlichen Verteilungsprinzips (Art. 19 Abs. 4 GG), sondern der stärker an objektivrechtlichen Belangen orientierte Strafprozess. Eher an dessen Verfahrensstruktur als an der eines typischen Rechtsschutzverfahrens ist der „Grundrechtsschutz durch Verfahren" nach Art. 104 GG daher auszurichten.[55] Die Frage muss lauten, ob und wie Grundrechtsschutz speziell durch ein Eingriffsverfahren funktioniert.

44 BVerfG Beschl. v. 15.5.2002 – 2 BvR 2292/00 –, BVerfGE 105, 239 (248 f.), stRspr.

45 BVerfG Beschl. v. 10.2.1960 – 1 BvR 526/53 ua –, BVerfGE 10, 302 (323), auch ebd. S. 322 („unlöslich").

46 Statt vieler Heidebach, Grundrechtsschutz durch Verfahren bei gerichtlicher Freiheitsentziehung, 2014, S. 90 ff., 112 ff.; von Mangoldt/Klein/Starck/Gusy GG III Art. 104 Rn. 14.

47 So Heidebach, Grundrechtsschutz durch Verfahren bei gerichtlicher Freiheitsentziehung, 2014, S. 113 et passim, nur ohne darin eine Verwirklichung des Gewaltenteilungsgrundsatzes erkennen zu wollen, den er für ein rein objektiv-rechtliches Prinzip zu halten scheint (ebd., S. 122); ebenso Rabe von Kühlewein, Der Richtervorbehalt im Polizei- und Strafprozeßrecht, 2001, S. 414 f.; das verfehlt allerdings die von vornherein auf individuelle Freiheitssicherung angelegte Idee der Gewaltenteilung als Strukturprinzip moderner Verfassungen, vgl. Hilgendorf/Joerden/Kuch, Handbuch Rechtsphilosophie, 2. Aufl. 2021, S. 440 ff.

48 Etwa BVerfG Beschl. v. 15.5.2002 – 2 BvR 2292/00 –, BVerfGE 105, 239 (247 f.).

49 Vgl. Goerlich, Grundrechte als Verfahrensgarantien, 1981, S. 57 ff.; Bethge NJW 1982, 1 ff.

50 Dürig/Herzog/Scholz/Mehde GG Art. 104 (2019) Rn. 72; Hantel, Der Begriff der Freiheitsentziehung in Art. 104 GG, 1988, S. 31; allgM in Schrifttum und Judikatur.

51 Dies betonend von Mangoldt/Klein/Starck/Gusy GG III Art. 104 Rn. 41.

52 Roxin/Schünemann, Strafverfahrensrecht, 28. Aufl. 2014, § 1 Rn. 12 (zit.), § 55 Rn. 12; aus der Strafprozessualistik insbes. Haas, Strafbegriff, Staatsverständnis und Prozessstruktur, 2008, S. 349; Rösinger, Die Freiheit des Beschuldigten vom Zwang zur Selbstbelastung, 2019, S. 48 ff., mwN; aus dem Polizeirecht frühzeitig Lisken NJW 1982, 1268 (1268); Aschmann, Der Richtervorbehalt im deutschen Polizeirecht, 1999, S. 59.

53 Gärditz, Strafprozeß und Prävention, 2003, S. 191 – Hervorhebungen im Original hier ausgelassen.

54 Gärditz, Strafprozeß und Prävention, 2003, S. 193.

55 Kuch, Freiheitsentziehung, 2023 (i. Ersch.), § 8 I. 3.; wegweisend Heidebach, Grundrechtsschutz durch Verfahren bei gerichtlicher Freiheitsentziehung, 2014.

c) **Insbesondere: Fehlen des Richtervorbehalts im Fachgesetz (§ 58 Abs. 3 BKAG).** In Sonderheit kann die Schwierigkeit auftreten, dass der Gesetzgeber, dem Art. 104 Abs. 2 S. 4 GG explizit aufgibt, das „Nähere" zu regeln, diesem Auftrag einmal nicht nachkommt und **keinen fachgesetzlichen Richtervorbehalt** festschreibt. Mindestens eine solche Lücke dürfte gerade das BKAG enthalten: Offenbar resultiert aus dem **Verweis in § 58 Abs. 3 BKAG auf § 43 Abs. 5 BPolG**, über den es dem BKA erlaubt sein soll, eine Person zur Durchsuchung festzuhalten, eine relevante Leerstelle; denn dieses Festhalten ist gerade nicht in den spezialgesetzlichen Richtervorbehalt der § 57 Abs. 2 BKAG iVm § 40 Abs. 1 BPolG einbezogen.[56] Insoweit fehlt es also an einer Niederlegung des Vorbehalts im Fachrecht (→ § 58 Rn. 55 f.). Was aber sind die Folgen einer solchen Leerstelle? 19

Das Problem wird vergleichsweise selten aufgegriffen,[57] im Hinblick auf das BKAG bislang überhaupt nicht. Wo dies im verfassungsrechtlichen Schrifttum geschieht, hält man den Richtervorbehalt des Art. 104 Abs. 2 S. 1 GG aus folgenden Erwägungen für direkt anwendbar: „Was soll aber gelten, wenn der Gesetzgeber dem verfassungsrechtlichen Gestaltungsauftrag (noch) nicht nachgekommen ist? Wollte der Verfassungsgeber den Grundrechtsschutz durch die Richtervorbehalte bis zur Umsetzung durch den parlamentarischen Gesetzgeber suspendiert wissen? […] Solange das einfache Recht einen Grundrechtsschutz durch einen Richtervorbehalt nicht vorsieht, gelten die Richtervorbehalte des Grundgesetzes unmittelbar".[58] Die Antwort auf die Eingangsfrage soll also in einer Pflicht der Polizeibehörde wie der Gerichte zur **unmittelbaren Heranziehung der Verfassungsbestimmung** zu finden sein. Demzufolge wäre auf das (freiheitsentziehende) Festhalten einer Person zum Zwecke der Durchsuchung durch Beamte des BKA gem. § 58 Abs. 3 BKAG iVm § 43 Abs. 5 BPolG zwar nicht der Richtervorbehalt des § 57 Abs. 2 BKAG iVm § 40 Abs. 1 BPolG anwendbar, doch wäre jedenfalls[59] ein Rückgriff auf Art. 104 GG möglich. 20

Eine naheliegende Lösungsalternative besteht allerdings darin, **keine Freiheitsentziehung auf Grundlage des § 58 BKAG** zuzulassen. Er käme dann nur entweder als Rechtsgrundlage für (bloße) Freiheitsbeschränkungen oder für solche Maßnahmen infrage, deren Befolgung an die Freiwilligkeit der Adressatin oder des Adressaten gebunden bleibt. Weitergehende Eingriffe – auch unter Einschaltung eines Richters – wären gem. Art. 104 Abs. 2 S. 1 und 4 iVm Art. 2 Abs. 2 S. 2 GG ausnahmslos kompetenz- und damit verfassungswidrig. Für diese Lösung spricht zum einen, dass der Richtervorbehalt gem. Art. 104 Abs. 2 GG als „Schranken-Schranke"[60] der Freiheit der Person fungiert und als solche nicht erst die zweite oder die dritte Gewalt, sondern zuvörderst die erste (den Gesetzgeber) trifft. Wird er nicht tätig, normiert er also keinen Richtervorbehalt, dann kann das Gesetz mangels Erfüllung ebendieser Bedingung der Eingriffsrechtfertigung unmöglich eine Freiheitsentziehung legitimieren. 21

Zum anderen spricht die Struktur des Richtervorbehaltsverfahrens für diese Lösung. Denn dem freiheitssichernden Zweck des Art. 104 Abs. 2 GG ist keineswegs automatisch Genüge getan, wenn nur ein Richter die Freiheitsentziehung anordnet. Schließlich wird der Richter nicht (nur) als Rechtsschutz-, sondern als „Eingriffsrichter" tätig, er dient zwei Herren zugleich: dem betroffenen Grundrechtsträger und dem Staat als Zuordnungssubjekt öffentlicher Interessen. Dürfte also die Behörde um eine solche Entscheidung stets auch ohne spezialgesetzliche Regelung ersuchen und das Gericht sie treffen, bestünde eine ausgeprägte **verfahrensrechtliche Asymmetrie** zwischen der Verwaltung und dem Betroffenen. Der Vorbehalt des Art. 104 Abs. 2 GG würde zur Generalklausel der Einleitung eines Eingriffsverfahrens gegen den Bürger. Umgekehrt ist dessen Schutz am meisten gedient, wenn das Verfahren *unterbleibt.* Gerade im Fehlen eines Eingriffsverfahrens zeigt sich nämlich die (prozessuale) Freiheit des Bürgers und gerade idS wirkt der Regelungsauftrag des Art. 104 Abs. 2 S. 4 GG freiheitssichernd. Hier geht es um **Schutz nicht vor dem Eingriff, sondern vor dem Eingriffsrichter.** Nicht nur auf die Funktionengliederung von Justiz und Verwaltung, sondern auch auf das Verhältnis des Gesetzgebers zu den nachgeordneten Gewalten erstreckt sich folglich der Begrenzungswille des Art. 104 Abs. 2 S. 1 GG. 22

Nach alldem sprechen die besseren Gründe dafür, die These von der direkten Anwendbarkeit des Art. 104 Abs. 2 GG zu verabschieden. Die Durchführung eines Verfahrens gem. Art. 104 Abs. 2 GG trotz Fehlens einer dahin gehenden fachgesetzlichen Ermächtigung ist deshalb stets verfassungswidrig. In Ermangelung einer speziellen Anordnung des Richtervorbehalts für eine Mitnahme zur Dienststelle zwecks Durchsuchung **begründet § 58 Abs. 3 BKAG** darum **keine Befugnis** zu einem (freiheitsentziehenden) Festhalten (→ § 58 Rn. 47, 55 f.). 23

56 Der Wortlaut des § 57 Abs. 2 BKAG, der „die Maßnahme nach Absatz 1" derselben Norm (also nach § 57 Abs. 1 BKAG) ausdrücklich „an die Stelle" der in § 40 Abs. 1 BPolG geregelten Gewahrsamstatbestände setzt, dürfte kaum anders aufzufassen sein.

57 Eher *en passant* Dreier/Schulze-Fielitz GG III Art. 104 Rn. 40.

58 Voßkuhle in HGR V, 2013, § 131 Rn. 17.

59 Methodologisch erschiene weiterhin eine analoge Anwendung des § 57 Abs. 2 BKAG denkbar.

60 Etwa Voßkuhle in HGR V, 2013, § 131 Rn. 16.

24 **d) Zwischenfazit.** Die Freiheit der Person wirkt in formeller und materieller Weise auf das daran gebundene einfachgesetzliche Polizeirecht ein.[61] Hierbei muss sich die Fachdogmatik darüber im Klaren sein, dass die Freiheit der Person gem. Art. 2 Abs. 2 S. 2 und 104 GG unter beiden Hinsichten wohl zu den **am wenigsten geklärten Grundrechtstatbeständen** überhaupt gehört. Soweit aber belastbare Erkenntnisse auf höchster Normebene fehlen, macht sich diese Lücke auf Ebene des Fachrechts unweigerlich bemerkbar.

25 **4. Freiheitsentziehung und Menschenrechte.** Freiheitsentzug generell, Polizeigewahrsam im Speziellen ist Gegenstand **mehrerer menschenrechtlicher Gewährleistungsniveaus,**[62] die auf die deutsche Rechtsordnung einwirken. Zu den Rechtsquellen gehören zum einen regionale, insbesondere auf Ebene des Europarats und der Europäischen Union begründete Schutzinstrumente (→ Rn. 27 ff.), zum anderen internationale Rechteerklärungen und völkerrechtliche Verträge auf Ebene der Vereinten Nationen (→ Rn. 33 ff.).

26 **a) Europäische Rechtsquellen. Gemeineuropäische Standards** im Hinblick auf den Verhaftungsschutz sind wesentliche Bestandteile der im europäischen Einigungsprozess nach dem Zweiten Weltkrieg eingeleiteten Entwicklung als politische Antwort auf die totalitäre Katastrophe.[63] Die daraus resultierenden Bindungen deutscher Hoheitsgewalt sind dementsprechend vergleichsweise stark.

27 **aa) Europäische Menschenrechtskonvention (EMRK).** Überragende Bedeutung im Kreise europäischer Gewährleistungen, aber auch darüber hinaus, besitzt **Art. 5 EMRK.** Denn zum ersten ist die Konvention, jedenfalls nach dem Verständnis der Bundesrepublik, ein vergleichsweise durchsetzungsstarkes Regime, wie sich an der Orientierung des Bundesverfassungsgerichts an der Judikatur des Europäischen Gerichtshofs für Menschenrechte gerade zu Art. 5 der Konvention zeigt;[64] zum zweiten ist sie besonders ergiebig in puncto *Freiheitsentziehung*, da Art. 5 Abs. 1 S. 2 EMRK einen *numerus clausus* der Umstände, unter denen eine solche Maßnahme zulässig ist, festschreibt.[65] Eng mit dieser Regelungsstruktur hängt schließlich die dritte Besonderheit zusammen: Art. 5 EMRK bildet entstehungsgeschichtlich einen Knotenpunkt des völkerrechtsvertraglichen Menschenrechtsschutzes in dieser Materie. Denn einerseits rezipiert er einschlägige Aussagen (eines Vorentwurfs) der UN-Menschenrechtskonvention von 1948, andererseits antizipiert er den in Art. 9 des Internationalen Pakts für bürgerliche und politische Rechte (IPbpR) von 1966 verbürgten Standard[66] (→ Rn. 35).

28 Weiterhin auf Ebene des Europarats finden sich Vorgaben über schlechthin unerlässliche Minima des **Vollzugs** einer jeden freiheitsentziehenden Maßnahme, die zum verfassungsrechtlichen Misshandlungsverbot des Art. 104 Abs. 1 S. 2 GG und zur Menschenwürdegarantie des Art. 1 Abs. 1 S. 1 GG hinzutreten. Sie folgen primär aus dem konventionsrechtlichen Folterverbot des **Art. 3 EMRK.** Wie das nationale Recht verpflichtet es die Bundesrepublik zur Achtung der grundlegenden Voraussetzungen der individuellen und sozialen Existenz des Gefangenen.[67] Daneben findet sich im Bereich des *soft law* mit den Standards des vom Europarat gegründeten Komitees zur Verhütung von Folter (**CPT**)[68] ein von deutschen Gerichten zunehmend rezipiertes Schutzinstrumentarium.[69] Diese Standards enthalten ziemlich konkrete, stetig aktualisierte und zudem durch ein Monitoring-Verfahren überwachte Zielvorgaben für alle Formen der Freiheitsentziehung und erschließen der Völkerrechtsfreundlichkeit des Grundgesetzes (Art. 1 Abs. 2 GG) anscheinend

61 Allg. zur (normhierarchischen) Anpassungsrichtung Reimer in HVwR I, 2021, § 10 Rn. 10 ff. (15).

62 Nützliche Übersicht bei MPEPIL/Dörr Art. „Detention, Arbitrary" (2021), Rn. 6 ff.

63 Zum größeren Kontext Müller, Contesting Democracy, 2011, Ch. 4; SK-StPO/Meyer Einl. Rn. 5 ff. mit Hinweis insbes. auf den Kongress der Europäischen Einigungsbewegung in Den Haag 1948.

64 BVerfG Urt. v. 4.5.2011 – 2 BvR 2365/09 ua –, BVerfGE 128, 326 (366) – Sicherungsverwahrung (2011) sowie Beschl. v. 14.10.2004 – 2 BvR 1481/04 –, BVerfGE 111, 307 (315 ff.) – Görgülü bilden Grundsatzurteile in puncto Völkerrechtsfreundlichkeit des GG speziell in Bezug auf die EMRK, deren Berücksichtigung im einfachen Gesetzesrecht inzwischen als verpflichtend gilt, vgl. Martini, Vergleichende Verfassungsrechtsprechung, 2018, S. 42; Schmidt-Bleibtreu/Hofmann/Henneke/Schmahl GG Art. 104 Rn. 6.

65 EGMR Urt. v. 8.6.1976 – Nr. 5100/71 –, Rn. 57 – Engel ua.

66 Vgl. Pabel/Schmahl/Renzikowski IntKomm EMRK, Art. 5 (2016) Rn. 7 f., und zur Entstehung des Art. 5 EMRK die travaux préparatoires, hier CdE–Commission Européenne des droits de l'homme, doc. DH (56) 10, le 8 août 1956, S. 5 ff., 10 f., 21 ff.; parallel zur Entstehung und zur Anfangsphase der EMRK verläuft der Entwicklungsstrang auf Ebene der Vereinten Nationen, die europäische Konvention wird zeitlich zwischen und sachlich im Austausch mit den besagten Entwicklungsschritten auf UN-Ebene – AEMR und IPbpR – formuliert; vgl. zu dem oben erwähnten Rezeptionspfad auch Dörr/Grote/Marauhn/Dörr EMRK/GG I, 3. Aufl. 2022, 13. Kap. Rn. 4 f., 8.

67 Auf Konventionsebene EGMR Urt. v. 26.10.2000 – Nr. 30210/96 –, Rn. 94 – Kudła; Urt. v. 24.7.2001 – Nr. 44558/98 –, Rn. 102 ua – Valasinas; aus dem Verfassungsrecht insbes. BVerfG Beschl. v. 22.2.2011 – 1 BvR 409/09 –, NJW-RR 2011, 1043 (1044, Rn. 29); zuvor bereits BVerfG Urt. v. 21.6.1977 – 1 BvL 14/76 –, BVerfGE 45, 187 (228); Beschl. v. 24.4.1986 – 2 BvR 1146/85 –, BVerfGE 72, 105 (115 f.); Beschl. v. 27.12.2005 – 1 BvR 1359/05 –, NJW 2006, 1580 (1581, Rn. 13).

68 In der Bundesrepublik gilt das zugrunde liegende Europäische Übereinkommen zur Verhütung von Folter (ECPT), das am 26.11.1987 unterzeichnet wurde, infolge des Vertragsgesetzes vom 29.11.1989 (BGBl. II S. 946).

69 Grundlegend die Entscheidung zum Jugendstrafvollzug BVerfG Urt. v. 31.5.2006 – 2 BvR 1673/04 ua –, BVerfGE 116, 69 (hier 90 f.); s. auch BVerfG Beschl. v. 14.7.2015 – 1 BvR 1127/14 –, NJW 2016, 389 (390, Rn. 12); zur Entwicklung Reiling ZaöRV 78 (2018), 311 (322 ff.).

neues Terrain.[70] Die letzten beiden Staatenberichte über das reguläre Besuchsverfahren aus den Jahren 2017 bzw. 2022 monierten speziell beim Vollzug des Polizeigewahrsams kleinere Mängel.[71]

bb) Insbesondere: Unterbindungsgewahrsam und Art. 5 EMRK. Die Interpretation der persönlichen „Freiheit" gem. **Art. 5 Abs. 1 S. 1 EMRK** entspricht zunächst weitgehend der *aktivischen* Lesart der Parallelgarantie des Verfassungsrechts. Man sieht darin die „räumlich-körperliche Bewegungsfreiheit"[72] gewährleistet: „**la liberté physique** de la personne", deren Konturen sich nach dem Europäischen Gerichtshof für Menschenrechte – wie aus dem Verfassungsrecht gewohnt – im Kontrast zur „privation de liberté", zur Freiheitsentziehung abzeichnen.[73] In anderen wesentlichen Punkten, besonders im Hinblick auf die Frist zur Beiziehung eines Richters, geht das Grundgesetz über Art. 5 EMRK hinaus, der nach dem Günstigkeitsprinzip des Art. 53 EMRK insoweit keine Wirkung zeitigt. 29

Diffizil gestaltet sich das Verhältnis der Gewahrsamstatbestände des materiellen Polizeirechts zu Art. 5 Abs. 1 S. 2 EMRK. Denn die als abschließend konzipierten Haftgründe der lit. a–f der Konventionsnorm[74] kennen gerade **keinen passgenauen Tatbestand** für bestimmte Fälle des Polizeigewahrsams, besonders nicht für den Gewahrsam zur Unterbindung einer Straftat (§ 57 Abs. 1 S. 1 Nr. 2 BKAG, → Rn. 53 f.). Speziell lit. c steht augenscheinlich – auch im Hinblick auf den engen Bezug zu Art. 5 Abs. 3 EMRK – in einem strafverfahrensrechtlich geprägten, dh repressiven und nicht präventiven Regelungszusammenhang. Von daher nicht überraschend, fährt der Europäische Gerichtshof für Menschenrechte[75] in Sachen Unterbindungsgewahrsam einen interpretativen Schlingerkurs zwischen Art. 5 Abs. 1 S. 2 lit. b und lit. c EMRK. Während er ihn in einer längeren Rechtsprechungslinie, die er im *Ostendorf*-Urteil von 2013 ein Stück weit konsolidierte, bevorzugt auf Art. 5 Abs. 1 S. 2 lit. b Alt. 2 stützte,[76] befand die Große Kammer (Art. 30 EMRK) im Jahre 2018, dass (auch) **Art. 5 Abs. 1 S. 2 lit. c Var. 2 EMRK** den Gewahrsam zur Unterbindung einer bevorstehenden Straftat erlaube.[77] Demzufolge lässt sich eine Präventivhaft nunmehr (wieder[78]) ohne Bezug zu einem Strafverfahren auf diesen Rechtfertigungsgrund stützen.[79] Um davon gedeckt zu sein, muss sie eine nach **Zeit, Ort und Angriffsziel** hinreichend konkretisierte Tat verhindern (→ Rn. 68).[80] Mit dieser Auffassung harmoniert die Spruchpraxis hierzulande, die den Unterbindungsgewahrsam seit jeher vorzugsweise auf Art. 5 Abs. 1 S. 2 lit. c Var. 2 EMRK stützt.[81] Etwaige zwischenzeitliche Divergenzen zur Straßburger These von der Unanwendbarkeit dieses Rechtfertigungsgrundes außerhalb des strafrechtlichen Bereichs,[82] dürften sich heute zumindest im Grundsätzlichen erledigt haben. 30

Weniger kompliziert stellt sich die Einordnung des zweiten der im BKAG genannten Gewahrsamsgründe, nämlich des Platzverweisungsgewahrsams gem. § 57 Abs. 1 Nr. 1 BKAG (→ Rn. 43 ff.) dar. Dieser Tatbestand steht in Einklang mit **Art. 5 Abs. 1 S. 2 lit. b Alt. 2 EMRK,** der eine Freiheitsentziehung „zur Erzwingung der Erfüllung einer gesetzlichen Verpflichtung" – hier der durch den Platzverweis konkretisierten Standardbefugnis (§ 54 BKAG) – gestattet.[83] 31

70 Gelungene Aufbereitung bei Cernko, Die Umsetzung der CPT-Empfehlungen im deutschen Strafvollzug, 2014, S. 26 ff. et passim.

71 Report to the German Government on the visit to Germany from 25 November 2015 to 7 December 2015, CPT/Inf (2017) 13, S. 23; Report to the German Government on the periodic visit to Germany from 1 to 14 December, CPT/Inf (2022) 18, S. 18 f.

72 Pabel/Schmahl/Renzikowski IntKomm EMRK, Art. 5 (2016) Rn. 17 (Hervorhebungen im Original hier ausgelassen) mwN; bereits Herzog AöR 47 (1961), 194 (203 m. Fn. 45) unter Verweis auf Dürigs Auslegung des Art. 2 Abs. 2 S. 2 GG, → Fn. 14.

73 EGMR Urt. v. 8.6.1976 – Nr. 5100/71 –, Rn. 58 – Engel; Urt. v. 6.11.1980 – Nr. 7367/76 –, Rn. 92 – Guzzardi; Beschl. v. 25.6.1996 – Nr. 19776/92 –, Rn. 42 – Amuur, stRspr.; aus der Lit. frühzeitig Pfeifer in FS-Hugelmann, 1959, S. 399 (428): „physische Freiheit" (Hervorhebung im Original).

74 Bereits Herzog AöR 47 (1961), 194 (200) mit richtigem Hinweis auf **Art. 18 EMRK**.

75 Er handhabt die Konvention bekanntlich als „living instrument", vgl. im Zusammenhang Baade, Der Europäische Gerichtshof für Menschenrechte als Diskurswächter, 2017, S. 157 ff.

76 Die Linie beginnt mit EGMR Beschl. v. 22.2.1989 – Nr. 11152/84 –, Rn. 38 – Ciulla; der Gerichtshof zieht also gerade nicht lit. c heran, den er auf „Freiheitsentziehungen im Rahmen eines Strafverfahrens" beschränkte, deutlich etwa im Urt. v. 24.3.2005 – Nr. 77909/01 –, Rn. 35 – Epple: „le paragraphe 1 c) de l'article 5 permet exclusivement des privations de libertés ordonnées dans le cadre d'une procédure pénale" (Hervorhebungen nicht im Original); Urt. v. 7.3.2013 – Nr. 15598/08 –, Rn. 67 f. – Ostendorf; hierzu insbes. Heidebach NVwZ 2014, 554 (556 f.).

77 EGMR (GK) Urt. v. 22.10.2018 – Nr. 35553/12 ua –, Rn. 98 ff. – S. ua: „il faut en principe [que les policiers] puissent en vertu du paragraphe 1c) ... procéder à des privations de liberté hors du cadre d'une procédure pénale" (116; Hervorhebungen nicht im Original) – vgl. damit das Zitat in der vorherigen Fn.

78 In der Sache kehrt der Gerichtshof zu den Maßstäben in EGMR Urt. v. 1.7.1961 – Nr. 332/57 –, Rn. 9 ff. – Lawless, zurück.

79 Zur Möglichkeit dieser Interpretation statt vieler Schoch BVwR/Schoch 1. Kap. Rn. 582.

80 EGMR (GK) Urt. v. 22.10.2018 – Nr. 35553/12 ua –, Rn. 127 – S. ua; vgl. auch die Entscheidungsbesprechung bei Hoffmann NVwZ 2019, 141 ff., sowie Karpenstein/Mayer/Elberling EMRK, 3. Aufl. 2022, Art. 5 Rn. 56.

81 Etwa VGH Mannheim Urt. v. 27.9.2004 – 1 S 2206/03 –, NVwZ-RR 2005, 540; VG Hannover Urt. v. 4.7.2012 – 10 A 1994/11 –, NVwZ-RR 2012, 925 (926); zum älteren Meinungsstand insbes. Koschwitz Die kurzfristige polizeiliche Freiheitsentziehung, 1969, S. 167 ff.

82 Zusammenfassend Dörr/Grote/Marauhn/Dörr EMRK/GG I, 3. Aufl. 2022, 13. Kap. Rn. 199; auch Waechter NVwZ 2014, 995 (997).

83 Vgl. EGMR Urt. v. 24.3.2005 – Nr. 77909/01 –, Rn. 36 ff. – Epple; Kugelmann DV 47 (2014), 25 (38 f.); Götz/Geis, POR, § 17 Rn. 40 f.

32 **cc) Grundrechtecharta der Europäischen Union.** Das europäische Primärrecht schließlich verankert die Freiheit der Person in der Grundrechtecharta, näher in **Art. 6 EuGRCh.** Hierbei soll das Unionsgrundrecht, wie sich nicht zuletzt aus der Entstehungsgeschichte ergibt, in den kohärenzsichernden – wohl jedoch nicht inkorporierenden – Mechanismus des Art. 52 Abs. 3 EuGRCh einbezogen sein.[84] Folglich ist sein sachlicher Gewährleistungsgehalt mit dem des Art. 5 EMRK und der dazu ergangenen Straßburger Rechtsprechung fortlaufend zu harmonisieren. Für die materielle Konkretisierung der Garantie werden dementsprechend im Wesentlichen dieselben Wertungskriterien zugrunde gelegt wie auf der konventionsrechtlichen Ebene.[85] Im Hinblick auf den Vollzug einer Freiheitsentziehung gilt das gleichermaßen für das unionsrechtliche Folterverbot gem. **Art. 4 EuGRCh**, das seine Schutzwirkung insbesondere in Fällen von Auslieferungs- und Überstellungsersuchen auf Grundlage europäischer Haftbefehle entfaltet.[86]

33 **b) Internationale humanitäre Schutzinstrumente.** Auch die Entwicklung auf Ebene der 1945 gegründeten Vereinten Nationen erfährt entscheidende Impulse in der Nachkriegszeit. Nachdem die „Verkennung und Missachtung der Menschenrechte zu Akten der Barbarei führten, die das Gewissen der Menschheit tief verletzt haben“,[87] sollte die UN-Deklaration vom 10.12.1948 die Menschenrechte erneut bekräftigen. Seither haben sich weitere humanitäre Schutzinstrumente herausgebildet.[88]

34 **aa) AEMR (1948) und IPbpR (1966).** Die als Resolution verabschiedete AEMR von 1948 ist keine rechtsverbindliche Quelle des Völkerrechts, erhebt nicht den Anspruch, selbst Verpflichtungen zu statuieren, sondern will als deren politisch-ethisches Fundament fungieren.[89] Das gilt nicht zuletzt für den in **Art. 9 AEMR** proklamierten Schutz vor willkürlicher Verhaftung.

35 Bei dem Internationalen Pakt für bürgerliche und politische Rechte (IPbpR), den die Generalversammlung am 16.12.1966 durch Beschluss angenommen hat, handelt es sich dagegen um für die Bundesrepublik verbindliches Völkervertragsrecht.[90] Hier dient **Art. 9 IPbpR** der Absicherung der persönlichen Freiheit, wobei ein gewisser Schwerpunkt der Garantie im strafverfahrensrechtlichen Bereich liegt.[91] Das gilt gleichfalls für die in Art. 10 IPbpR enthaltene Verbürgung menschenwürdiger Haftbedingungen. Seit den 1990er Jahren erfährt der Pakt infolge des beträchtlichen Zuwachses an Vertragsparteien insgesamt eine sukzessive Bedeutungssteigerung.[92] In der Bundesrepublik steht allerdings die EMRK im Vordergrund des Menschenrechtsschutzes. Dies liegt vor allem an der ausgeprägten Durchsetzungsfähigkeit und damit Rechtsschutzintensität der Konvention, die durch die Möglichkeit der Individualbeschwerde nach Art. 34 der Konvention besonders wirkungsvoll sanktioniert ist (→ Rn. 27).

36 **bb) UN-Konvention zum Schutz aller Personen vor dem Verschwindenlassen (2006).** Die jüngere menschenrechtliche Entwicklung des *Habeas Corpus*-Gedankens und der damit assoziierten Institute führte zu dem am 20.12.2006 von der UN-Generalversammlung verabschiedeten[93] und 2010 in Kraft getretenen Übereinkommen zum Schutz aller Personen vor dem Verschwindenlassen (International Convention for the Protection of All Persons from Enforced Disappearance – ICPAPED),[94] das die Bundesrepublik im Jahr 2009 ratifiziert hat.[95] Diese Konvention soll vor allem den Missbrauch organisierter Hoheitsgewalt zu einem Freiheitsentzug außerhalb rechtlicher Kontrolle verhindern (vgl. Art. 2 ICPAPED). Sie verbietet insbesondere **heimliche Maßnahmen des Freiheitsentzugs** (Art. 17 Abs. 1), garantiert etwa jedem Inhaftierten, Angehörige oder andere Vertrauenspersonen zu verständigen (Art. 17 Abs. 2) und vermittelt diesen wiederum einen Anspruch auf Zugang zu Informationen über den genauen Verbleib ihnen nahestehender festgehaltener Personen (Art. 18 Abs. 1 ICPAPED). Ferner haben die Vertragsstaaten unter **Präventionsgesichtspunkten** sicherzustellen, dass „die Ausbildung […] der Angehörigen des öffentlichen Dienstes und anderer Personen, die mit dem Gewahrsam oder der Behandlung einer Person, der die Freiheit entzogen ist, befasst werden können, den erforderlichen Unterricht und die erforderliche Aufklärung über die einschlägigen Bestimmungen dieses Übereinkommens umfasst“ (Art. 23 Abs. 1 ICPAPED).[96] Für die Träger der Polizeibe-

84 Meyer/Hölscheidt/Bernsdorff, EuGRCh, 5. Aufl. 2019, Art. 6 Rn. 1, 5 ff.; Schwerdtfeger ebd., Art. 52 Rn. 55, dort in Rn. 59 ff. auch weitere Nachw. zur Funktion des Mechanismus.

85 Jarass, EuGRCh, 4. Aufl. 2021, Art. 6 Rn. 6 ff.; aus der Judikatur instruktiv etwa EuGH Urt. v. 28.7.2016 – C-294/16 –, ECLI:EU:C:2016:610, Rn. 48 ff.

86 Vgl. BVerfG Beschl. v. 19.12.2017 – 2 BvR 424/17 –, BVerfGE 147, 364 (383 ff., Rn. 48 ff.).

87 Allgemeine Erklärung der Menschenrechte vom 10.12.1948, A/RES/217, UN-Doc. 217/A-(III), Präambel; vgl. Menke/Pollmann, Philosophie der Menschenrechte, 2007, S. 42 ff.

88 Vgl. zum Folgenden etwa Farrell, Habeas Corpus in International Law, 2017, S. 48 ff.

89 Zur Rezeptionsnorm des Art. 1 Abs. 2 GG in diesem Kontext Isensee AöR 138 (2013), 325 (342 ff.).

90 BGBl. II 1973 S. 1533, 1534; vgl. Hofmann/Boldt NK-IPbpR, 2005, Einl. Rn. 1.

91 Näher Hofmann/Boldt NK-IPbpR, 2005, Art. 9 Rn. 1 ff.

92 Liste der Unterzeichnerstaaten: https://treaties.un.org/Pages/ViewDetails.aspx?src=TREATY&mtdsg_no=IV-4&chapter=4&clang=_en.

93 General Assembly A/RES/61/177.

94 Vgl. den Eintrag von Djukić/Pons/Citroni, The Companion to International Humanitarian Law, 2018, S. 428 ff.

95 BGBl. II 2009 S. 932.

96 Text nach BGBl. II 2009 S. 932, 943.

hörden, hier den Bund, ergeben sich daraus Organisationspflichten zur Einrichtung entsprechender Lehr- und Fortbildungsformate.

cc) **UN-Behindertenrechtskonvention (2006).** Auch im Polizeirecht gewinnt schließlich die allgemein wachsende Sensibilisierung für die Rechte von Menschen mit (geistigen) Behinderungen an Bedeutung. Die größere politische Tendenz im internationalen Rahmen dürfte mit der innerstaatlichen konvergieren. Hier wie dort wurden aus „unsichtbaren Bürgern" Subjekte eines Gleichstellungsprojekts, zu dessen stärksten institutionellen Stützen die Behindertenrechtskonvention der Vereinten Nationen (UN-BRK) geworden ist.[97] Dies kann jedenfalls längerfristig nicht ohne Auswirkungen auf das durch **Art. 5 Abs. 1 S. 2 lit. e EMRK** gebilligte[98] und im deutschen Recht nach wie vor an diversen Stellen geltende Sonderunterbringungsrecht für psychisch kranke Menschen[99] bleiben. Diesen Personen gegenüber gibt sich gerade die EMRK noch ganz als ein Kind ihrer Zeit zu erkennen: einer Zeit, in der man mit Randgruppen „äußerst ruppig umzugehen pflegte",[100] gegen ihre Unterbringung jedenfalls selten *prinzipielle* Einwände erhob. In Anbetracht der von der **UN-BRK** nun schon länger ausgehenden, gegenläufigen Anpassungsrichtung, die auf den „vollen und gleichberechtigten Genuss aller Menschenrechte" (Art. 1 Abs. 1 UN-BRK) abzielt[101] und in **Art. 14 Abs. 1 lit. b** garantiert, „dass das Vorliegen einer Behinderung in keinem Fall eine Freiheitsentziehung rechtfertigt", erscheint Art. 5 Abs. 1 S. 2 lit. e EMRK heute in einem anderen Licht als 1950. Vom breiteren Paradigmenwechsel des Psychisch-Kranken-Rechts erfasst, befindet sich seine Anwendung stetig im Rückgang.[102] Das Sicherheits- und Ordnungsrecht[103] wird nötigenfalls nachziehen müssen. 37

B. Kommentierung im Einzelnen

Der Gewahrsam nach dem BKAG markiert die zentrale Konfliktzone zwischen diesem Gesetzeswerk und dem Grundrecht auf Freiheit der Person aus Art. 2 Abs. 2 S. 2 und 104 GG. Der **Ausgleich zwischen öffentlichem Sicherheitsinteresse und individuellem Recht** wird einerseits in Entsprechung zu den aus dem allgemeinen Polizeirecht bekannten und insofern erprobten Wertungen hergestellt, erfordert andererseits aber auch die Berücksichtigung der für das BKAG spezifischen Gefahrszenarien (→ Rn. 51). Ausgehend von einer **normsystematischen Betrachtung** (→ Rn. 39 ff.) sollen die **Gewahrsamstatbestände** je für sich (→ Rn. 43 ff., 50 ff.) und sodann in ihrem Zusammenspiel (→ Rn. 62 ff.) erläutert werden. Verkompliziert wird die Arbeit am Gesetz freilich durch die **nicht ausnahmslos stimmige Verweisungstechnik** (→ Rn. 19, 23, 67, 89, 102). 38

I. Begrenzter Anwendungsbereich des § 57 BKAG

Verglichen mit entsprechenden Standardbefugnissen aus dem allgemeinen Bundespolizeirecht (§§ 39 ff. BPolG) oder aus dem Musterentwurf (§§ 13 f. MEPolG), stellt sich der Anwendungsbereich des § 57 BKAG als überschaubar dar. Die Vorschrift regelt speziell diejenigen Fallgestaltungen, in denen das **BKA aufgrund seiner gefahrenabwehrrechtlichen Kompetenzen** nach Vorstellung des Gesetzgebers[104] Personen in Gewahrsam sollte nehmen dürfen. 39

In materieller Hinsicht sind diese Konstellationen eher gering an der Zahl. Der § 57 Abs. 1 BKAG benennt deren zwei. Zum einen handelt es sich um den Gewahrsam zur Durchsetzung einer Platzverweisung gem. **§ 57 Abs. 1 Nr. 1 iVm § 54 BKAG.** Diese Befugnis kennt ihresgleichen in anderen Polizeigesetzen des Bundes und in den Landespolizeigesetzen.[105] Zum anderen handelt es sich gem. **§ 57 Abs. 1 Nr. 2 BKAG** um den Gewahrsam zur Verhinderung einer Straftat nach **§ 5 Abs. 1 S. 2 BKAG.** Hier wird der klassische Un- 40

97 Degener/Begg in Fina/Cera/Palmisano, The United Nations Convention on the Rights of Persons with Disabilities, 2017, S. 1 ff.; die Konvention ist hierzulande seit 2009 in Kraft (BGBl. II 2008 S. 1419, 1429).

98 Er erlaubt eine Freiheitsentziehung „bei psychisch Kranken" (*d'un aliéné*).

99 Im Kontext polizeilicher Handlungsbefugnisse einschlägig insbes. die öffentlich-rechtliche Unterbringung nach den Psychisch-Kranken-Gesetzen der Länder und hierzu Marschner/Lesting/Stahmann/Marschner, Freiheitsentziehung und Unterbringung, 6. Aufl. 2019, Teil B Rn. 5 ff., 104 ff. (Überblick), 113 ff. (Rechtsgrundlagen).

100 SK-StPO/Meyer EMRK Art. 5 Rn. 140.

101 Hierzu Kirchmaier, Schutzmechanismen des öffentlichen Rechts für Menschen mit Behinderungen in institutioneller Umgebung, 2015, S. 54 ff., mwN.

102 Vgl. bereits EGMR Urt. v. 22.11.2016 – Nr. 1967/14 –, Rn. 54 – Hiller; knapp Kopetzki RdM 2016, 277.

103 Zu relevanten Kontexten etwa Schmitz Gefahrenabwehrrecht und psychisch Kranke, 2006, S. 115 ff.

104 Kugelmann BKAG § 20p Rn. 5; Schenke/Graulich/Ruthig/Ruthig/Schenke BKAG § 57 Rn. 2.

105 **Bund:** § 39 Abs. 1 Nr. 2 BPolG; **Länder:** Art. 17 Abs. 1 Nr. 4 BayPAG; § 30 Abs. 1 Nr. 3 BerlASOG; § 17 Abs. 1 Nr. 3 BbgPolG; § 13 Abs. 1 Nr. 3 BremPolG; § 13 Nr. 3 HbgSOG; § 32 Abs. 1 Nr. 4 HessSOG; § 55 Abs. 1 Nr. 5 SOG MV; § 18 Abs. 1 Nr. 3 NdsPOG; § 35 Abs. 1 Nr. 3 PolG NRW; § 14 Abs. 1 Nr. 3 POG RhPf; § 13 Abs. 1 Nr. 2 lit. d SaarlPolG; § 22 Abs. 1 Nr. 3 SächsPDVG; § 37 Abs. 1 Nr. 3 SOG LSA; § 204 Abs. 1 Nr. 4 LVwG SH; § 19 Abs. 1 Nr. 3 ThürPAG. Zu einzelnen rechtspolitischen Hintergründen Stoermer, Der polizeirechtliche Gewahrsam unter besonderer Berücksichtigung des Unterbindungsgewahrsams, 1998, S. 144 f.

terbindungs- und Beseitigungsgewahrsam[106] in den gem. Art. 73 Abs. 1 Nr. 9a GG, § 38 Abs. 2 iVm § 5 Abs. 1 S. 2 BKAG auf die Abwehr von Gefahren des internationalen Terrorismus beschränkten präventiven Kompetenzbereich des BKA (→ § 5 Rn. 14 ff.) integriert.[107] Von den herkömmlichen polizeilichen Gewahrsamsformen **nicht in das BKAG übernommen** wurden dagegen der Schutzgewahrsam (§ 39 Abs. 1 Nr. 1 BPolG, § 13 Abs. 1 Nr. 1 MEPolG), der Zuführungsgewahrsam (§ 39 Abs. 2 BPolG, § 13 Abs. 2 MEPolG) und der Zurückbringungsgewahrsam (§ 39 Abs. 3 BPolG, § 13 Abs. 3 MEPolG) sowie schließlich auch ein Durchsetzungsgewahrsam zu anderen Zwecken als dem der Durchsetzung von Platzverweisen (→ § 44 Rn. 29; → § 58 Rn. 55 f.).[108]

41 Vorgaben für das gerichtliche Verfahren, für die Behandlung festgehaltener Personen sowie für die Gewahrsamsdauer werden durch den **Verweis in § 57 Abs. 2 BKAG** auf einschlägige Bestimmungen des Bundespolizeigesetzes, nämlich auf § 40 Abs. 1 und 2, § 41 und § 42 Abs. 1 S. 1, 3 und Abs. 2 BPolG, getroffen. Bei der Anordnung ihrer entsprechenden Geltung handelt es sich um eine sog. **Verweisungsanalogie**, da die Normen des BPolG nicht „ungefiltert" in den Regelungskontext des § 57 BKAG übernommen werden,[109] sondern die Gewahrsamstatbestände des § 57 Abs. 1 BKAG „an die Stelle der dort [im BPolG] genannten Freiheitsentziehungen" treten. Demnach gelten die verwiesenen Normen des BPolG, soweit sie an materielle Gewahrsamsbefugnisse anknüpfen (wie zB § 40 Abs. 1 BPolG), *nicht* unter Zugrundelegung (auch) von Befugnissen nach dem BPolG, sondern ausschließlich für die oben beschriebenen Befugnisse nach § 57 Abs. 1 BKAG. Die Anwendungsbereiche der beiden Absätze des § 57 BKAG sind damit exakt koextensiv, was verfassungsrechtlich auch geboten ist (→ Rn. 23 aE).

II. Gewahrsamstatbestände (Abs. 1)

42 § 57 Abs. 1 BKAG erteilt dem BKA Ermächtigungen zur Vornahme eines Platzverweisungsgewahrsams (Nr. 1) und eines Unterbindungsgewahrsams (Nr. 2). Für sie gelten die aus dem allgemeinen Polizeirecht geläufigen Grundsätze, darüber hinaus aber auch einige bereichsspezifische Besonderheiten. Beides fließt in das Verständnis der Tatbestandsseite (→ Rn. 43 ff., 50 ff.) wie der Rechtsfolgenseite (→ Rn. 62 ff.) ein.

43 **1. Platzverweisungsgewahrsam (Abs. 1 Nr. 1).** § 57 Abs. 1 Nr. 1 BKAG lässt den Polizeigewahrsam zu, „wenn dies unerlässlich ist, um eine Platzverweisung nach § 54 BKAG durchzusetzen". Während sich das vor die Klammer gezogene, dh beide Gewahrsamsbefugnisse des § 57 Abs. 1 BKAG adressierende Erfordernis der Unerlässlichkeit auf die Rechtsfolgenseite, namentlich die Verhältnismäßigkeit solcher Maßnahmen bezieht (→ Rn. 62 ff.), knüpft der Platzverweisungsgewahrsam tatbestandlich an den vorherigen Erlass einer Maßnahme gem. § 54 BKAG an (→ § 54 Rn. 32).

44 **a) Rechtswidrigkeitszusammenhang zwischen Platzverweisung und Gewahrsam.** Um gem. § 57 Abs. 1 Nr. 1 BKAG als Rechtsgrund für eine Freiheitsentziehung dienen zu können, muss der **Platzverweis** nach wohl vorherrschender, doch oft nicht näher begründeter Ansicht nicht bloß wirksam, sondern **rechtmäßig** sein.[110] Demgegenüber zieht die Gegenposition die Parallele zum Verwaltungsvollstreckungsrecht, das für die Rechtmäßigkeit der zwangsweisen Durchsetzung einer Verfügung (hier eines Platzverweises) grundsätzlich deren **Wirksamkeit** genügen lässt, dh gerade keinen Rechtswidrigkeitszusammenhang konstituiert („Trennungsgrundsatz").[111] In Entsprechung hierzu müsse der Platzverweis „nicht seinerseits rechtmäßig sein, um [im Wege des Gewahrsams] ‚durchgesetzt' werden zu können".[112]

45 Diese Auffassung trägt allerdings naturgemäß nur so weit wie der abstrakte Trennungsgrundsatz selbst, dessen Geltung für viele Konstellationen umstritten ist. Fest steht nur, dass er keineswegs ausnahmslos gilt (vgl. § 6 Abs. 2 VwVG), so dass seine Übertragung auf den Platzverweisungsgewahrsam jedenfalls **weiterer Argumente** bedarf als nur des Hinweises auf die Existenz des Trennungsgrundsatzes. Und insofern ist auch

106 Vgl. zu Synonymen Stoermer, Der polizeirechtliche Gewahrsam unter besonderer Berücksichtigung des Unterbindungsgewahrsams, 1998, S. 64; **Bund:** § 39 Abs. 1 Nr. 3 BPolG; **Länder:** § 33 Abs. 1 Nr. 1 PolG BW; Art. 17 Abs. 1 Nr. 2 BayPAG; § 30 Abs. 1 Nr. 2 BerlASOG; § 17 Abs. 1 Nr. 2 BbgPolG; § 13 Abs. 1 Nr. 2 BremPolG; § 13 Abs. 1 Nr. 4 HbgSOG; § 32 Abs. 1 Nr. 2 HessSOG; § 55 Abs. 1 Nr. 2 SOG MV; § 18 Abs. 1 Nr. 2 NdsPOG; § 35 Abs. 1 Nr. 2 PolG NRW; § 14 Abs. 1 Nr. 2 POG RhPf; § 13 Abs. 1 Nr. 2 lit. a SaarlPolG; § 22 Abs. 1 Nr. 2 SächsPDVG; § 37 Abs. 1 Nr. 2 SOG LSA; § 204 Abs. 1 Nr. 2 LVwG SH; § 19 Abs. 1 Nr. 2 ThürPAG.

107 Einen Sonderfall des Verhinderungsgewahrsams regelt schließlich noch § 63 Abs. 8 → § 63 Rn. 125 ff.

108 Übersichtlich zu den Gewahrsamsarten Marschner/Lesting/Stahmann/Lesting, Freiheitsentziehung und Unterbringung, 6. Aufl. 2019, Teil E Rn. 158 ff.

109 Allg. zu dieser Verweisungstechnik Debus, Verweisungen in deutschen Rechtsnormen, 2008, S. 55 ff., mwN.

110 Schoch BVwR/Schoch 1. Kap. Rn. 584; Wehr BPolG § 39 Rn. 5; Drewes/Malmberg/Wagner/Walter/Wagner BPolG § 39 Rn. 9; BeckOK-PolSiR Bayern/Grünewald BayPAG Art. 17 Rn. 67; ohne Begründung auch BVerfG Beschl. v. 26.10.2004 – 1 BvR 1726/01 –, NVwZ 2005, 80 (81).

111 Vgl. etwa § 6 Abs. 1 VwVG und dazu Engelhardt/App/Schlatmann/Mosbacher VwVG, 12. Aufl. 2021, § 6 Rn. 1c; ausführlich zum Begriff des Rechtswidrigkeitszusammenhangs Schweikert, Der Rechtswidrigkeitszusammenhang im Verwaltungsvollstreckungsrecht, 2013, S. 51 („Durchschlagen der Rechtswidrigkeit der Grundverfügung auf die Rechtmäßigkeit der Vollstreckungsmaßnahme").

112 Drewes/Malmberg/Wagner/Walter/Wagner BPolG § 39 Rn. 9.

zu beachten, dass speziell die Durchsetzung eines *sofort vollziehbaren* Verwaltungsakts (der Platzverweisung), um die es hier regelmäßig gehen wird (→ § 54 Rn. 33), sich im Hinblick auf den vollstreckungsrechtlichen Trennungsgrundsatz als besonders kontrovers entpuppt.[113] Nähert man sich der Frage eines Rechtswidrigkeitszusammenhangs beim Platzverweisungsgewahrsam nun von der Seite der genannten Gegenposition her, dh von einem vollstreckungsrechtlichen Standpunkt aus, so ist von entscheidender Bedeutung, ob die Argumente, die im Vollstreckungsrecht diesen Legitimationszusammenhang normalerweise unterbrechen, speziell auch für den Platzverweisungsgewahrsam gelten. Das dürfte indes nicht der Fall sein. Insbesondere die Erwägung, nur ihre (prinzipiell) fehlerunabhängige Vollstreckbarkeit trage der Bindungswirkung der zu vollstreckenden Verfügung (hier: des Platzverweises) angemessen Rechnung,[114] lässt sich schwerlich auf den Gewahrsam übertragen. Vor dem Hintergrund des präventiven Richtervorbehalts würde sie nämlich dazu führen, dass das Gericht, welches die Freiheitsentziehung alleinverantwortlich anordnet (Art. 104 Abs. 2 S. 1 GG; → Rn. 14), die Rechtmäßigkeit des Platzverweises nicht kontrollieren müsste, ja gar nicht kontrollieren dürfte. Das Gericht würde damit aber zu weitgehend in den behördlichen Entscheidungszusammenhang eingegliedert, um noch als echte „Gegenmacht zur Exekutive"[115] iSd verfassungsrechtlichen Richtervorbehalts fungieren zu können. Um die Gesamtverantwortung für den Freiheitsentzug zu übernehmen, muss es vielmehr alle Umstände des Einzelfalls eigenständig würdigen (dürfen), zu denen gerade auch der Anlass für den Platzverweis gehört. Entfaltet dieser darum zumindest als Tatbestandsmerkmal des Gewahrsams *keine* Bindungswirkung für das Gericht, **greift das Hauptargument für ein Trennungsprinzip nicht durch.** Vollstreckungsrechtlich betrachtet, gleicht die Stellung des Gerichts eher derjenigen beim Sofortvollzug,[116] für den aber (gleichfalls) ein Rechtswidrigkeitszusammenhang besteht.[117] Im Ergebnis ist daher der vorherrschenden Ansicht zu folgen. Die Rechtswidrigkeit (schon) des Platzverweises zieht diejenige des Gewahrsams automatisch nach sich.

b) Nichtbefolgung des Platzverweises trotz Androhung des Gewahrsams. Das zweite wesentliche Tatbe- 46
standsmerkmal des § 57 Abs. 1 Nr. 1 BKAG ist sodann die **Nichtbefolgung** des rechtmäßigen Platzverweises durch den Pflichtigen. Es muss also bereits eine Störung – entweder aus der beharrlichen Weigerung, den Platzverweis zu befolgen oder aus der Wiederkehr an den Gefahrenort („Rundlauf"[118]) – entstanden und es müssen weiterhin konkrete Anhaltspunkte für die Fortsetzung dieser Störung durch den Störer gegeben sein. Zudem muss die Freiheitsentziehung als Reaktion auf einen solchen Gefahrentatbestand eigens **angedroht** worden sein.[119] Kommt es nun unter diesen Voraussetzungen zu einem Gewahrsam, werfen Konstellationen, in denen der Grund des Platzverweises nach Art einer Dauergefahr längere Zeit fortbesteht (bei Großeinsatzlagen, „aufruhrähnlichen Krawallen",[120] „Chaostagen"[121] etc.), die Frage auf, welche Möglichkeiten dem Betroffenen behördlicherseits eingeräumt werden müssen, im Hinblick auf die (zunächst fehlende) Bereitschaft, dem Platzverweis (jetzt doch) Folge zu leisten, sich gleichsam **zu entlasten**, um wieder auf freien Fuß zu gelangen. Unter Berücksichtigung des aus Gründen der Verhältnismäßigkeit ohnehin eng gesteckten Zeitrahmens eines Platzverweisungsgewahrsams (→ Rn. 67, 69) sollten die Anforderungen insofern nicht überspannt werden, zumal es sich bei der Präventivhaft gerade nicht um eine Strafmaßnahme, sondern um die rein vorgreifliche Durchsetzung rechtlicher Verhaltenspflichten handelt. Nur solange konkrete Anhaltspunkte bestehen, dass die verwahrte Person dem Platzverweis (erneut) zuwiderhandeln wird, ist der Tatbestand des § 57 Abs. 1 Nr. 1 BKAG demnach erfüllt.[122]

c) Insbesondere: „Verbringungsgewahrsam". Spezielle Schwierigkeiten wirft schließlich der untechnisch so- 47
genannte Verbringungsgewahrsam[123] auf, der dem Platzverweisungsgewahrsam ähnelt (→ § 54 Rn. 35 f.). Unter dieser Rubrik sind Polizeimaßnahmen geläufig, durch welche „eine Person von einem bestimmten Ort entfernt und an einen abgelegenen Ort verbracht [wird], um die baldige Rückkehr (zB zu einer De-

113 Schweikert, Der Rechtswidrigkeitszusammenhang im Verwaltungsvollstreckungsrecht, 2013, S. 140 ff., m. Sammelfußnoten.

114 In ihr liegt geradezu das Hauptargument gegen einen Rechtswidrigkeitszusammenhang, vgl. Schweikert, Der Rechtswidrigkeitszusammenhang im Verwaltungsvollstreckungsrecht, 2013, S. 63 ff., 90 ff.

115 Richtig Heidebach, Grundrechtsschutz durch Verfahren bei gerichtlicher Freiheitsentziehung, 2014, S. 113 et passim.

116 Die Parallele liegt darin, dass das Gericht aus eigener Kompetenz ausschließlich über die „Zwangsanwendung", dh die Durchsetzung des Platzverweises mittels Gewahrsams und idS also gleichsam „ohne vorausgehenden Verwaltungsakt" entscheidet.

117 Vgl. etwa § 6 Abs. 2 VwVG und umfassend Schweikert, Der Rechtswidrigkeitszusammenhang im Verwaltungsvollstreckungsrecht, 2013, S. 123 ff., mwN.

118 Als Konstellation, in der „die des Platzes verwiesenen Personen, durch die eine Tür das Gebäude verlassen und es durch die Hintertür erneut betreten": Stoermer, Der polizeirechtliche Gewahrsam unter besonderer Berücksichtigung des Unterbindungsgewahrsams, 1998, S. 144 f. (Fn. 367 zit.).

119 Marschner/Lesting/Stahmann/Lesting, Freiheitsentziehung und Unterbringung, 6. Aufl. 2019, Teil E Rn. 171.

120 Vgl. SächsVerfGH Urt. v. 14.5.1996 – Vf. 44-II/94 –, LKV 1996, 273 (277).

121 Vgl. den Sachverhalt bei BayObLG Beschl. v. 10.2.1999 – 3Z BR 25/99 –, BayObLGZ 1999, 17 (18 f.).

122 Allg. zur „instabilen Rechtmäßigkeit von Verwaltungsakten" Kuch DV 50 (2017), 483 (495 f.).

123 Er ist als solcher jedenfalls keine gesetzlich normierte Standardbefugnis.

monstration, einem Sportereignis, einer sonstigen öffentlichen Großveranstaltung) zu verhindern".[124] Durch Herstellung räumlicher Distanz will man dem Störer die Möglichkeit und auch die Motivation nehmen, an den Gefahrenort zurückzukehren und dort die Störung fortzusetzen. Speziell der Durchsetzungsgewahrsam nach § 57 Abs. 1 Nr. 1 BKAG wäre als Rechtsgrundlage für ein solches Vorgehen denkbar, sofern es eine Freiheitsentziehung nach Art. 104 Abs. 2 GG darstellt (→ Rn. 12). Die einzige Konstante innerhalb der mittlerweile umfangreichen Literatur zum Thema[125] ist nun aber darin zu erkennen, dass die Einordnung des „Verbringungsgewahrsams" nicht nur im Ergebnis, sondern bereits mit Blick auf den anzulegenden Maßstab stark divergiert: Genügt das „Einsperren" in das Dienstfahrzeug zur Qualifikation als Freiheitsentziehung[126] oder ist die Dauer des erzwungenen Aufenthalts im Wagen entscheidend?[127] Spielt es eine Rolle, dass der eigentliche Maßnahmezweck nicht in der „Verwahrung", sondern in der „Ortsveränderung" liegt,[128] oder dass der Störer seiner Pflicht zur Ortsveränderung „freiwillig"[129] hätte nachkommen können? Und ist ferner zu berücksichtigen, ob und inwieweit der Betroffene „außerhalb der öffentlichen Sphäre festgehalten"[130] wird? Die Beantwortung dieser und weiterer[131] Fragen, von der nicht weniger als die Anordnungskompetenz (Art. 104 Abs. 2 GG) abhängt, wird ohne ein größeres Maß an Klarheit über den Grundrechtstatbestand nicht gelingen (→ Rn. 4 ff.).

48 Unter Zugrundelegung des hiesigen Verständnisses dürfte **nicht von einer Freiheitsentziehung auszugehen** sein. Denn anders als beim Platzverweisungsgewahrsam soll nicht die Ingewahrsamnahme selbst, nicht der Freiheitsentzug als Rechtsverhältnis,[132] zur eigentlichen Gefahrbeendigung führen, sondern die faktische räumliche Distanz des Störers zum Gefahrenort: „Im Vordergrund steht somit die räumliche Veränderung und nicht die Freiheitsentziehung".[133] Das legt eine Einordnung solcher Praxis jenseits der Gewahrsamstatbestände (hier: § 57 Abs. 1 Nr. 1 BKAG) zumindest nahe.[134] In vielen Fällen dürfte es sich um die zwangsweise Durchsetzung eines Platzverweises handeln (→ § 54 Rn. 36).

49 **d) Insbesondere: Gewahrsam zur Durchsetzung von Vorgaben gem. § 55 BKAG?** Ein weiteres Sonderproblem ergibt sich aus dem Sachzusammenhang der §§ 54 und 55 BKAG. Möglicherweise lässt sich der Platzverweisungsgewahrsam zur **Durchsetzung nicht nur von Maßnahmen gem. § 54 BKAG, sondern auch von solchen gem. § 55 BKAG** einsetzen.[135] Trotz des auf den ersten Blick entgegenstehenden Wortlauts des § 57 Abs. 1 Nr. 1 BKAG, der allein auf § 54 BKAG Bezug nimmt, erscheint dies nicht ganz und gar ausgeschlossen. Denn sofern eine Aufenthaltsvorgabe nach § 55 BKAG als „qualifizierter Platzverweis"[136] anzusehen ist, dürfte sie stets (auch) einen Platzverweis enthalten. Folglich ließe sich argumentieren, dass zur Durchsetzung der Aufenthaltsvorgabe ein Platzverweisungsgewahrsam *erst recht* möglich sein müsse. Gegen eine solche Argumentation bestehen indes aus anderen Gründen **durchgreifende Bedenken:** Unabhängig von der Zwecksetzung und den gesetzlichen Grenzen der Standardbefugnisse nach §§ 54, 55 BKAG ist der Polizeigewahrsam in all seinen Erscheinungsformen verfassungs- wie konventionsrechtlich an eine nach zeitlichen, örtlichen und intentionalen Gesichtspunkten eingrenzbare Gefahrenlage gebunden (→ Rn. 68). Gerade durch den Platzverweisungsgewahrsam darf dieses Erfordernis nicht unterlaufen werden (→ Rn. 69). Weil jedoch die Aufenthaltsvorgaben nach § 55 BKAG im Unterschied zu Platzverweisen nach § 54 BKAG typi-

124 Schoch BVwR/Schoch 1. Kap. Rn. 577. Näher zu Anlässen und Adressatenkreis solcher Maßnahmen insbes. Finger, Die offenen Szenen der Städte, 2006, S. 148 ff.

125 Iglesias Gonzalez, Verbringungsgewahrsam 2014, S. 17 ff. mit Sammelfußnoten.

126 So Guckelberger Jura 2015, 926 (928); auch Kingreen/Poscher, POR, § 16 Rn. 4 f.

127 So Götz/Geis, POR, § 17 Rn. 42; Schenke, POR, Rn. 147, 157; Schucht DÖV 2011, 553 (556).

128 Darauf abstellend etwa Stoermer, Der polizeirechtliche Gewahrsam unter besonderer Berücksichtigung des Unterbindungsgewahrsams, 1998, S. 128; Finger NordÖR 2006, 423 (426), der aus diesem Grund eine Freiheitsentziehung ablehnt; unter ähnlichem Blickwinkel tendenziell aA von Mangoldt/Klein/Starck/Gusy GG III Art. 104 Rn. 24 aE.

129 Dies spricht nach Hantel, Der Begriff der Freiheitsentziehung in Art. 104 GG, 1988, S. 180, gegen die Annahme einer Freiheitsentziehung in solchen Fällen.

130 Daran anzuknüpfen, schlägt Heidebach, Grundrechtsschutz durch Verfahren bei gerichtlicher Freiheitsentziehung, 2014, S. 69 vor.

131 Vgl. Iglesias Gonzalez, Verbringungsgewahrsam 2014, 51: Etwa nach einer „negativen" Dimension der Freiheit der Person (S. 51 ff.) oder nach der Relevanz des eingesetzten Mittels (S. 69).

132 Vgl. zum Begriff in solchen Kontexten Wimmer, Rechtsverhältnisse im öffentlichen Recht, 2019, S. 398 ff.

133 Stoermer, Der polizeirechtliche Gewahrsam unter besonderer Berücksichtigung des Unterbindungsgewahrsams, 1998, S. 128.

134 Vgl. auch Hantel, Der Begriff der Freiheitsentziehung in Art. 104 GG, 1988, S. 180; Schenke/Graulich/Ruthig/Schenke BPolG § 39 Rn. 9, der den Verbringungsgewahrsam auf eine Normenkette aus § 38 BPolG iVm dem UZwG und den §§ 39 Abs. 1 Nr. 2, 14 Abs. 1 BPolG stützt; Finger NordÖR 2006, 423 (424 ff.); ferner Lisken/Denninger/Graulich, HdbPolR, E Rn. 550 ff., der den Verbringungsgewahrsam jedenfalls nicht als Fall des § 39 Abs. 1 Nr. 2 BPolG verstanden wissen möchte. – Wenn der Verbringungsgewahrsam aber (ohnehin) nicht dem Gewahrsam, sondern anderen Befugnissen der Primär- oder Sekundärebene zuzuordnen ist, dann muss sich der Versuch, den Gesetzesvorbehalt gem. Art. 104 Abs. 1 S. 1 GG und das Bestimmtheitsgebot gegen solche Maßnahmen zu wenden, weil diese nicht unter die fachgesetzlichen Gewahrsamstatbestände fallen, als unergiebig erweisen (so aber wohl tendenziell Schoch BVwR/Schoch 1. Kap. Rn. 577; Guckelberger Jura 2015, 926 [934]).

135 Einige Landespolizeigesetze sehen die Möglichkeit der Durchsetzung von Aufenthaltsvorgaben durch den Gewahrsam bereits vor, zB Art. 17 Abs. 1 Nr. 4 BayPAG, § 32 Abs. 1 Nr. 3 HessSOG; näher Kniesel GSZ 2021, 111 (113 f.).

136 Gusy, POR, Rn. 282; Helmke, Der polizeiliche Platzverweis im Rechtsstaat, 2002, S. 93 et passim.

scherweise weniger kontextspezifischen als personenbezogenen Gefahrenszenarien abhelfen sollen (→ § 55 Rn. 137 ff.), würden im Falle ihrer Durchsetzung per Gewahrsam dessen spezifische Grenzen gerade überschritten. Zumindest im Hauptanwendungsbereich des § 55 BKAG muss der angedachte Erstrechtschluss deswegen scheitern.

2. Verhinderungsgewahrsam (Abs. 1 Nr. 2). Vermöge des § 57 Abs. 1 Nr. 2 BKAG ist das BKA zu einer Freiheitsentziehung befugt, um durch sie die unmittelbar bevorstehende Begehung oder Fortsetzung von Straftaten nach § 5 Abs. 1 S. 2 BKAG zu verhindern. Dieser Regelungszusammenhang verknüpft die aus dem allgemeinen Polizeirecht geläufigen Strukturen mit einigen bereichsspezifischen Besonderheiten. 50

a) **Schutzgüter.** Sehr spezifisch ist zunächst das polizeirechtliche Schutzgut. § 57 Abs. 1 Nr. 2 BKAG verweist auf § 5 Abs. 1 S. 2 BKAG und dieser seinerseits auf die in den Strafvorschriften der § 129a Abs. 1, 2 StGB, die die Bildung terroristischer Vereinigungen pönalisieren, enthaltenen Kataloge. Sie wiederum listen einige Taten aus dem Spektrum der Schwerkriminalität (§ 129a Abs. 1) bzw. der mittleren Kriminalität (§ 129a Abs. 2 StGB) auf, deren Verhinderung die Gewahrsamsbefugnis dient. § 5 Abs. 1 S. 2 Hs. 2 Nr. 1 bis 3 und Hs. 3 BKAG qualifizieren diese Bezugsdelikte sodann mit Blick auf ihre Finalität und Virulenz (→ § 5 Rn. 31 ff.). Als Schutzgut schält sich damit die **öffentliche Sicherheit** (§ 38 Abs. 2 BKAG) in Gestalt eines Teilbereichs der objektiven Rechtsordnung **mit staatsschützender Ausrichtung** heraus. Vermittelt durch die einschlägigen Straftatbestände könnten zudem die von den Delikten (potenziell) mitbetroffenen Individualrechtsgüter (etwa Leben bei § 129a Abs. 1 Nr. 1 StGB) vom Schutzzweck inkludiert sein.[137] Im Vordergrund der dem BKA erteilten Befugnisse dürfte aber die Eindämmung des von terroristischen Straftaten ausgehenden Gefährdungspotenzials für den Bestand und die Funktionsfähigkeit des Staates oder internationaler Organisationen stehen.[138] 51

Im Unterschied zu bundes- und landespolizeirechtlichen Parallelvorschriften statuiert § 57 Abs. 1 Nr. 2 BKAG schließlich kein Proportionalitätserfordernis hinsichtlich der zu verhindernden Taten,[139] da als solche hier von vornherein **keine Ordnungswidrigkeiten**, sondern ausschließlich die in § 57 Abs. 1 Nr. 2 iVm § 5 Abs. 1 S. 2 BKAG iVm den Katalogen der § 129a Abs. 1 und 2 StGB genannten Kriminalstraftaten in Betracht kommen. 52

b) **Tatbestandsalternativen. aa) Unterbindungsgewahrsam.** Der Gewahrsam nach § 57 Abs. 1 Nr. 2 BKAG bezieht sich in seiner ersten Regelungsalternative auf „die unmittelbar bevorstehende Begehung" einer einschlägigen Straftat. Hier wird also ein **reiner Präventivgewahrsam** normiert, der im Hinblick auf seinen zukunftsorientierten Verhinderungszweck am besten als „Unterbindungsgewahrsam" bezeichnet wird.[140] 53

Die zu unterbindende Katalogtat muss eine „unmittelbar bevorstehende" sein. Mit dieser Diktion knüpft § 57 Abs. 1 Nr. 2 Alt. 1 BKAG an die herkömmliche polizeirechtliche Gefahrennomenklatur gerade aus Regelungskontexten des Polizeigewahrsams (vgl. § 39 Abs. 1 Nr. 3 BPolG, § 13 Abs. 1 Nr. 2 MEPolG) an und verlangt eine **unmittelbare Begehungsgefahr.** Tatbestandlich ist dafür nach allgemeinen Grundsätzen eine besondere Nähe des Schadenseintritts als Qualifikation der für die Annahme einer (nur) konkreten Gefahr hinreichenden Wahrscheinlichkeit erforderlich.[141] Deshalb müssen bei der im Polizeirecht gebotenen *ex ante*-Betrachtung nicht lediglich konkrete tatsächliche Anhaltspunkte für das Bevorstehen einer einschlägigen Tat, sondern es muss bereits „eine **akute Bedrohung der öffentlichen Sicherheit** gegeben sein", die eine Deliktsverwirklichung in **„in allernächster Zeit"** erwarten lässt.[142] Das entspricht einer gegenwärtigen[143] (konkreten) Gefahr. Insoweit gleicht die Regelung des § 57 Abs. 1 Nr. 2 Alt. 1 BKAG den Parallelbestimmungen im sonstigen Bundes- und Landespolizeirecht. Der von dorther bekannten **Kriterien** kann sich die Gefahrprognose (auch) bei § 57 Abs. 1 Nr. 2 Alt. 1 BKAG demnach bedienen.[144] Ein Unterbindungsgewahrsam mag insbesondere in Fällen in Betracht kommen, in denen eine Person die **Begehung eines Terroranschlags** derart substantiiert **ankündigt,** dass sich ein nach Zeit, Ort und Angriffsziel (→ Rn. 30, 68) konkre- 54

137 Allg. zu diesem Konnex Gusy, POR, Rn. 84. Ähnlich, wie bei § 129a StGB lässt sich wohl darüber streiten ist, ob (auch) Individualrechtsgüter geschützt sind; zu § 129a StGB tendenziell dafür OLG München Beschl. v. 8.5.2007 – 6 St 1/07 –, NJW 2007, 2786 (2787); dagegen Schäfer/Anstötz in MüKoStGB, 4. Aufl. 2021, § 129a Rn. 1.

138 IdS zur parallelen Schutzintention der §§ 129 ff. StGB noch NK-StGB/Ostendorf, 5. Aufl. 2017, § 129 Rn. 5; eingehend Gierhake, Der Zusammenhang von Freiheit, Sicherheit und Strafe im Recht 2013, S. 182 ff.

139 Typischerweise beschränken die Gewahrsamsvorschriften die Unterbindung von Ordnungswidrigkeiten auf solche „von erheblicher Bedeutung für die Allgemeinheit", vgl. etwa § 39 Abs. 1 Nr. 3 BPolG.

140 Stoermer, Der polizeirechtliche Gewahrsam unter besonderer Berücksichtigung des Unterbindungsgewahrsams, 1998, S. 64 f.; Gusy, POR, Rn. 307.

141 Kingreen/Poscher, POR, § 8 Rn. 21; Lisken/Denninger/Bäcker, HdbPolR, D Rn. 124.

142 Lisken/Denninger/Graulich, HdbPolR, E Rn. 544 (Zitate, Hervorhebungen im Original); Schenke/Graulich/Ruthig/Schenke BPolG § 39 Rn. 10; s. auch BVerfG Beschl. v. 20.4.2017 – 2 BvR 1754/14 –, juris, Rn. 46; OVG Münster Beschl. v. 8.12.2011 – 5 A 1045/09 –, juris, Rn. 37.

143 Götz/Geis, POR, § 17 Rn. 37.

144 Einige Gesetze vertypen solche Prognosekriterien etwa das BayPAG in Art. 17 Abs. 1 Nr. 2 Hs. 2.

tisierter, kurz bevorstehender Geschehensverlauf abzeichnet. Gegen eine Gefahren*personifikation*, von der die heute (wieder → Rn. 2) erhöhte Konjunktur polizeifachlicher Begriffe wie „Gefährder" oder „dispositionelle Gefahr" zeugt, bestehen jedenfalls im Zusammenhang mit dem Gewahrsam durchgreifende Bedenken (→ Rn. 70 ff.).

55 **bb) Beseitigungsgewahrsam.** Auch die zweite Regelungsalternative des § 57 Abs. 1 Nr. 2 BKAG, der das BKA zur Verhinderung der „Fortsetzung" einer Straftat nach § 5 Abs. 1 S. 2 BKAG iVm § 129a Abs. 1 und 2 StGB ermächtigt, fügt sich in die herkömmliche Systematik ein. Sie zielt auf die Verhinderung einer schon im Verwirklichungsstadium begriffenen Tat und ist insofern (auch) repressiver Natur.[145] Als passende Kennzeichnung bietet sich der eingeführte Terminus „Beseitigungsgewahrsam"[146] an, weil in den erfassten Konstellationen bereits eine **Störung der öffentlichen Sicherheit** in Gestalt der (wenigstens versuchten) Begehung einer Straftat gem. § 5 Abs. 1 S. 2 BKAG iVm § 129a Abs. 1 oder 2 StGB im Gange ist, die es zu **beenden** gilt.

56 **c) Hinreichende Gesetzesbestimmtheit?** Der Unterbindungsgewahrsam (§ 57 Abs. 1 Nr. 2 Alt. 1 BKAG) dient der Verhinderung diverser Erfolgs- und Gefährdungsdelikte (§ 129a Abs. 1 und 2 StGB) mit der **in § 5 Abs. 1 S. 2 BKAG beschriebenen Finalität und Virulenz.**[147] Soweit die Befugnisnorm vermittels des ersten Halbsatzes des § 5 Abs. 1 S. 2 BKAG an die in § 129a Abs. 1 und 2 StGB bezeichneten Katalogtaten anknüpft, kann man ihr durchaus „einen hohen Grad an Bestimmtheit"[148] bescheinigen. Allerdings wird die insoweit erreichte Normenklarheit durch die in den nachfolgenden Satzteilen des § 5 Abs. 1 S. 2 BKAG enthaltenen subjektiven und objektiven Qualifikationen wieder konterkariert, die die verwiesenen Straftaten in den Zusammenhang mit terroristischen Bestrebungen rücken sollen. Denn diesen Passagen fehlt es teilweise offenkundig an Bestimmtheit (→ § 5 Rn. 20 ff., 32).

57 Das Problem ist aus dem Strafrecht bekannt, wo § 129a Abs. 2 Alt. 2 StGB exakt dieselben Formulierungen verwendet wie § 5 Abs. 1 S. 2 BKAG. Doch gerade § 129a Abs. 2 StGB „wirft [...] angesichts der Häufung unbestimmter Rechtsbegriffe und der teilweise schwer durchschaubaren Kombination von objektiven und subjektiven Elementen die Frage der Vereinbarkeit der Norm mit dem Bestimmtheitsgrundsatz auf",[149] den Art. 103 Abs. 2 GG für das Strafrecht eigens verbrieft und der als Ausprägung des eingriffsrechtlichen Gesetzesvorbehalts gem. Art. 1 Abs. 3, Art. 20 Abs. 3 GG auch im Polizeirecht Anerkennung findet.[150] Diese **Unbestimmtheit der Bezugsdelikte des § 57 Abs. 1 Nr. 2 BKAG** dürfte die Prognose der Deliktsverwirklichung im Einzelfall wesentlich erschweren. Das gilt umso mehr für § 57 Abs. 1 Nr. 2 Alt. 1 BKAG, weil hier die Tatbegehung erst noch bevorsteht.

58 Es erscheint daher geboten, besonders den Präventivgewahrsam nach der ersten Regelungsalternative **überaus restriktiv zu handhaben** und seine Anwendung konsequent auf die (vermutlich seltenen) Fälle einer klaren Verwirklichung der projizierten Bezugsdelikte zu beschränken. Im Übrigen dürften regelmäßig Gefahrenabwehrmaßnahmen nach anderen Rechtsgrundlagen aus dem Bundes- oder Landespolizeirecht zum Tragen kommen.

59 **3. Maßnahmerichtung.** § 57 Abs. 1 BKAG sind nur einzelne Anhaltspunkte zu den Maßnahmeadressatinnen oder -adressaten zu entnehmen. Im Übrigen gelten die allgemeinen Bestimmungen der § 38 Abs. 1 S. 2 BKAG iVm §§ 17 ff. BPolG (→ § 38 Rn. 24 ff.), jeweils freilich in einem der Eingriffstiefe einer Freiheitsentziehung angemessenen Verständnis.

60 Soll der Gewahrsam gem. § 57 Abs. 1 Nr. 1 BKAG zur Durchsetzung einer Platzverweisung dienen, so kann er sich naturgemäß nur gegen denjenigen richten, den als **Adressaten schon des Platzverweises** die Pflicht zum Verlassen des für ihn zeitweilig verbotenen Ortes trifft.

61 Für den Verhinderungsgewahrsam wiederum erscheint es denkbar, auch andere Personen als den unmittelbar Verhaltensverantwortlichen heranzuziehen. Zwar dürfte er in Abgrenzung zum (im BKAG nicht geregelten) Schutzgewahrsam (→ Rn. 40) nicht zum Schutz einer gefährdeten Person in Betracht kommen. Zu erwägen ist aber, ob er in Entsprechung zu einzelnen Landespolizeigesetzen eine Zurechnung der Gefahr zu einer **den Störer nur begleitenden Person** erlaubt.[151] Hiergegen spricht jedoch, dass das tragende Legitimationsprinzip des Rechtsgüterschutzes eine solche Zurechnung gerade nicht abdeckt.[152] Deshalb scheiden Be-

145 Vgl. Schenke/Graulich/Ruthig/Schenke BPolG § 39 Rn. 10.

146 Stoermer, Der polizeirechtliche Gewahrsam unter besonderer Berücksichtigung des Unterbindungsgewahrsams, 1998, S. 65; etwa auch BeckOK-PolR Baden-Württemberg/Hauser PolG BW § 33 Rn. 21 (2021).

147 Zu dieser allg. konsentierten Einordnung Schäfer/Anstötz in MüKoStGB, 4. Aufl. 2021, § 129a Rn. 4, mwN.

148 Verallgemeinernd in diese Richtung auch Schenke/Graulich/Ruthig/Graulich BKAG § 5 Rn. 12.

149 Schönke/Schröder/Sternberg-Lieben/Schnittenhelm, StGB, 30. Aufl. 2019, § 129a Rn. 1a.

150 Bereichsübergreifend König/Trurnit, Eingriffsrecht, 3. Aufl. 2014, Rn. 14.

151 Vgl. Art. 17 Abs. 1 Nr. 2 lit. b BayPAG und § 19 Abs. 1 Nr. 2 lit. b ThürPAG, die beispielhaft die „Begleitperson" als mögliche Maßnahmeadressatin bezeichnen.

152 Allg. Gusy, POR, Rn. 308.

gleitpersonen (über eigene Verursachungsbeiträge hinaus) als Adressaten des Verhinderungsgewahrsams gem. § 57 Abs. 1 Nr. 2 BKAG aus.

III. Rechtsfolge

Auf der Rechtsfolgenseite räumt § 57 Abs. 1 BKAG der Behörde **Ermessen** ein. Zugleich akzentuiert die Norm die gem. § 40 VwVfG zu beachtenden gesetzlichen Grenzen des Ermessens, indem sie den Gewahrsam auf Fälle beschränkt, in denen er **„unerlässlich“** ist. Diese Wertung verleiht der gebotenen Abwägung zwischen der Freiheit der Person und öffentlichen Sicherheitsinteressen gewisse Strukturen (→ Rn. 63 f.), die Konsequenzen für eine Reihe von Problemkreisen zeitigen (→ Rn. 65 ff.). 62

1. Subsidiarität und ultima ratio-Charakter des Gewahrsams. Allen Unklarheiten über den Gewährleistungsgehalt der Freiheit der Person zum Trotz stimmen Schrifttum und Judikatur seit langem darin überein, dass dieses Grundrecht in der juristischen Argumentation einen „besonders hohen Rang“[153] bekleiden sollte. Gerade im präventiven Bereich wird die Notwendigkeit erkannt, den **Verhältnismäßigkeitsgrundsatz „besonders strikt“**[154] zu handhaben. Dieselbe Wertung bringen die Gesetzgeber des Polizeirechts zum Ausdruck, indem sie die Befugnis, eine Person in Gewahrsam zu nehmen, regelmäßig an die **Unerlässlichkeit** der Freiheitsentziehung zur Erreichung des Polizeizwecks binden.[155] § 57 BKAG entspricht diesem allgemeinen Muster zu Beginn des Konditionalsatzes im ersten Absatz der Vorschrift. 63

Die „Unerlässlichkeit“ wird zunächst als Synonym,[156] mitunter auch iS einer besonderen Hervorhebung[157] der Erforderlichkeit als der dritten Stufe des Verhältnismäßigkeitsgrundsatzes verstanden. In jedem Fall konkretisiert sie das Übermaßverbot dahin, dass der Gewahrsam „das äußerste bzw. letzte Mittel zur Verhinderung von Schäden ist“.[158] Der Unerlässlichkeit korrespondiert insofern ein **Subsidiaritäts- oder *ultima ratio*-Prinzip**[159] für beide Gewahrsamsformen des § 57 Abs. 1 BKAG. Um der Subsidiarität zu genügen, sind Alternativmaßnahmen, denen gegenüber die Freiheitsentziehung nachrangig ist, behördlicherseits erstens zu ermitteln, zweitens eigens auszuschließen und drittens kontinuierlich als Gewahrsamssurrogate in Betracht zu ziehen. In der Sache muss es hierbei – wegen des Bezugs der Art. 2 Abs. 2 S. 2, 104 GG zu (anderen) Aktivitätsrechten (→ Rn. 5 ff., 10 f.) – um die imperativen oder aktionellen, nicht um die informationellen Befugnisse der Polizei gehen (zu den Befugnistypen → § 38 Rn. 3).[160] *A maiore ad minus* gilt die Regel: Sind andere aktionelle Maßnahmen nicht erforderlich, ist es der Gewahrsam erst recht nicht, ist er mithin nicht „unerlässlich“. 64

2. Ausgewählte Problemkreise. Infolge seiner praktischen Nachrangbeziehung zu anderen Befugnisnormen verschließt sich § 57 Abs. 1 BKAG einer Ermessensausübung und -kontrolle allein anhand von Einzelfallgesichtspunkten. Dass Entscheidungen über die Begründung oder Aufrechterhaltung des Polizeigewahrsams vielmehr in einem weiteren Regelungszusammenhang stehen, der die Verhältnismäßigkeitsprüfung vorstrukturiert, hat Auswirkungen auf eine Reihe von Problemkreisen, die teils mehr, teils weniger spezifisch für den Aufgabenkreis des BKA sind. 65

a) Zeitliche Grenzen des Gewahrsams. Die Unerlässlichkeit oder Subsidiarität des Gewahrsams beinhaltet generell eine **zeitliche Dimension**, ist doch anerkannt, dass die Eingriffstiefe einer Freiheitsentziehung mit ihrer Dauer kontinuierlich zunimmt.[161] Besonders auch im Zeitverlauf „nach hinten“ darf der Gewahrsam nicht aufrechterhalten werden, wenn bereits eine mildere Alternativmaßnahme in Betracht kommt und erst recht nicht, wenn eine solche nach Beendigung der Gefahrensituation schon gar nicht mehr zulässig ist. Sein Nachrangverhältnis zu den anderen aktionellen Befugnissen, die der Polizei regelmäßig gerade nicht aus Gründen (erst noch) der Gefahrerforschung zur Verfügung stehen (→ § 38 Rn. 6), bindet den Gewahrsam durchweg an einen konkret-situativen Gefahrentatbestand und eröffnet der Polizei so nur ein relativ schmales Zeitfenster im Realgeschehen. 66

153 BVerfG Beschl. v. 5.12.2001 – 2 BvR 527/99 ua –, BVerfGE 104, 220 (234); Beschl. v. 15.5.2002 – 2 BvR 2292/00 –, BVerfGE 105, 239 (247); Beschl. v. 8.11.2006 – 2 BvR 578/02 ua –, BVerfGE 117, 71 (95); Urt. v. 4.5.2011 – 2 BvR 2365/09 ua –, BVerfGE 128, 326 (372); Dreier/Schulze-Fielitz GG I Art. 2 II Rn. 99, mwN.

154 Dreier/Schulze-Fielitz GG I Art. 2 II Rn. 108.

155 Beispielhaft § 39 Abs. 1 Nrn. 2 und 3 BPolG; Art. 17 Abs. 1 Nrn. 2–4 BayPAG; § 32 Abs. 1 Nrn. 2–4 HessSOG; § 35 Abs. 1 Nrn. 2–6 PolG NRW; § 13 Abs. 1 Nr. 2 MEPolG.

156 BVerwG Urt. v. 26.2.1974 – I C 31/72 –, BVerwGE 45, 51 (56); Stoermer, Der polizeirechtliche Gewahrsam unter besonderer Berücksichtigung des Unterbindungsgewahrsams, 1998, S. 101 f.

157 Vgl. Schenke/Graulich/Ruthig/Schenke BPolG § 39 Rn. 8 (zum Platzverweisungsgewahrsam).

158 BGH Beschl. v. 12.2.2020 – StB 36/18 –, NStZ-RR 2020, 230 (232), mwN.

159 „Ultima ratio“: Allg. Hantel, Der Begriff der Freiheitsentziehung in Art. 104 GG, 1988, S. 24; Michaelis JA 2014, 198 (199, 201, 202); Guckelberger Jura 2015, 926 (931); „subsidiär“: Kugelmann, POR, 6. Kap. Rn. 51; Gusy, POR, Rn. 296.

160 Allg. zur Unterscheidung Barczak, Der nervöse Staat, 2. Aufl. 2021, S. 496 ff. sowie BeckOK-PolSiR Bayern/Möstl, Systematische und begriffliche Vorbemerkungen zum Polizeirecht in Deutschland, Rn. 93 f. (2021).

161 Übergreifend Dreier/Schulze-Fielitz GG I Art. 2 II Rn. 110 f.; speziell Gusy, POR, Rn. 308.

67 Diese proportionalen Grenzen der Aufrechterhaltung eines Gewahrsams werden bei § 57 Abs. 1 BKAG durch die gem. § 57 Abs. 2 BKAG iVm § 42 Abs. 1 S. 1 und 3 BPolG geltenden **absoluten Grenzen** weiter verengt. So ergibt sich aus dem Zusammenspiel des § 42 Abs. 1 S. 1 Nr. 3 BPolG mit Abs. 1 S. 3 derselben Norm[162] für den Regelfall eine absolute Höchstdauer der Freiheitsentziehung „spätestens bis zum Ende des Tages nach dem Ergreifen, wenn nicht vorher die Fortdauer der Freiheitsentziehung durch richterliche Entscheidung angeordnet ist“, wobei die Fortdauerentscheidung ausweislich des Wortlauts des § 42 Abs. 1 S. 2 BPolG („nur in den Fällen [...]“) allein beim Verhinderungsgewahrsam, also nicht auch beim Platzverweisungsgewahrsam in Betracht kommt (→ Rn. 89). In diesem normsystematischen Ausnahmefall einer Fortdauerentscheidung, dessen weitere materiellrechtliche Konkretisierung die an dieser Stelle **missglückte Verweisungstechnik** des § 57 Abs. 2 BKAG nicht erlaubt,[163] statuiert § 42 Abs. 1 S. 3 Hs. 2 BPolG mit vier Tagen eine noch immer vergleichsweise kurze Höchstdauer.[164] In Anbetracht der sich aus alldem ergebenden, überaus engen zeitlich-kontextuellen Grenzen ist der Gewahrsam nach § 57 Abs. 1 BKAG als **kurzfristiges Kriseninterventionsinstrument** konzipiert, das in jedem Anwendungsfall möglichst bald durch alternative Maßnahmen der Sicherheitspolizei, durch solche der Strafverfolgungsbehörden oder durch anderweitige Unterbringungsmaßnahmen zu ersetzen ist.

68 Die kontinuierliche Fortschreibung dieser Wertungsmaßstäbe erlaubt es mittlerweile, von einer gewissen Konsolidierung zu sprechen, der insbesondere die **höchstrichterliche Judikatur** vorgearbeitet hat. Nach dem Bundesverfassungsgericht ist der Unterbindungsgewahrsam generell „situationsbezogen“,[165] sodass die ihn legitimierenden (gesetzlichen) Anknüpfungstatsachen den Eingriff bereits tatbestandlich begrenzen. Parallelwertungen finden sich auf konventionsrechtlicher Ebene, wo der Europäische Gerichtshof für Menschenrechte trotz Schlingerkurses konstant das Erfordernis einer nach **Zeit, Ort und Angriffsobjekt** konkretisierten Straftat als Mindestbedingung des Polizeigewahrsams herausstellt (→ Rn. 30).[166] Dementsprechend ist § 57 Abs. 1 BKAG nur anwendbar, wenn und solange in derart greifbarer Weise eine relevante Gefahrenlage besteht. Verfassung und Konvention zwingen letztlich zu einem streng reaktiven Einsatz dieser Maßnahme.

69 **b) Konkurrenz von Platzverweisungs- und Verhinderungsgewahrsam.** Eng mit diesem Problemkomplex verbunden ist die Frage einer Konkurrenz der beiden Gewahrsamsformen nach § 57 Abs. 1 BKAG bzw. einer **Konvergenz** der für sie geltenden (absoluten) Grenzen. In einem Grundsatzurteil zur Novelle des Sächsischen Polizeigesetzes aus dem Jahr 1994[167] thematisiert das Landesverfassungsgericht die Frage der zulässigen Höchstdauer eines Platzverweisungsgewahrsams, die der Landesgesetzgeber auf 14 Tage bemessen hatte, und betont dabei den „vorübergehenden Charakter des Platzverweises“[168] (→ § 54 Rn. 29). So lasse sich „ein längerfristiger Gewahrsam“, dessen Dauer das Gericht allerdings nicht näher spezifiziert, nur unter den Voraussetzungen des Verhinderungs- und nicht des Platzverweisungsgewahrsams rechtfertigen, weil der demgegenüber strengere Maßstab des Verhinderungsgewahrsams, der allein die absolute Höchstdauer trage, nicht „unterlaufen“ werden dürfe.[169] Nach dieser Logik kommt ein über die anlassbezogenen Grenzen des tatbestandlichen Rahmens eines Platzverweises hinausgehender (Platzverweisungs-)Gewahrsam nur in Betracht, wenn **zugleich der Tatbestand des Verhinderungsgewahrsams** erfüllt ist, dh wenn von dem Störer die Begehung einer Straftat konkret zu erwarten ist. Normativ überzeugt das Vergleichsargument, zumal der Platzverweisungsgewahrsam nicht selten einen Eingriff in Kommunikationsgrundrechte oder andere demokratiefunktionale Rechte vertiefen wird, dessen Zwecksetzung ohnehin auf besonders gewichtige Kollisionsgüter zielen muss. Weil nach allgemeinem Polizeirecht freilich auch Verstöße gegen die Straftatbe-

162 Vgl. zur Systematik Schenke/Graulich/Ruthig/Schenke BPolG § 42 Rn. 6.

163 Einerseits nimmt § 57 Abs. 2 BKAG den § 42 Abs. 1 S. 2 BPolG richtigerweise vom Verweis aus, da dessen Begrenzung der Möglichkeit der Fortdaueranordnung etwa auf Konstellationen der §§ 125, 125a StGB im Hinblick auf § 57 Abs. 1 Nr. 2 iVm § 5 Abs. 1 S. 2 BKAG iVm § 129a Abs. 1 und 2 StGB schlicht leerliefe. Andererseits erfordert das Regelungsgefüge der in den Verweis des § 57 Abs. 2 BKAG aufgenommenen § 42 Abs. 1 S. 1 und 3 BPolG eine an die Stelle des (nicht anwendbaren) § 42 Abs. 1 S. 2 BPolG tretende Vorgabe, die das BKAG nur eben nicht trifft. Es erscheint daher zweifelhaft, in welchen Fällen des Gewahrsams nach § 57 Abs. 1 BKAG die (längere) Frist des § 42 Abs. 1 S. 3 Hs. 2 BPolG gilt.

164 In Bayern etwa, wo eine Höchstdauer für kurze Zeit ganz aus dem Gesetz genommen worden war (GVBl. 2017 S. 388), bemisst sie das Gesetz momentan auf zwei Monate (Art. 20 Abs. 2 S. 2 Hs. 2 PAG). Der Abschlussbericht vom 30.8.2019 einer vom BayStMI eingerichteten „PAG-Kommission zur Begleitung des neuen Polizeiaufgabengesetzes“ weist für Fälle eines mehr als vierzehntägigen Polizeigewahrsams auf erhebliche Wertungsprobleme hin (S. 57 ff.), abrufbar unter: https://www.pag.bayern.de/assets/stmi/direktzu/190830_abschlussbericht_pag-kommission.pdf.

165 BVerfG Urt. v. 10.2.2004 – 2 BvR 834/02 ua –, BVerfGE 109, 190 (220); Pöschl in FS-Kopetzki 2019, S. 499 (502); auch Drewes/Malmberg/Wagner/Walter/Wagner BPolG § 39 Rn. 17c.

166 Pöschl in FS-Kopetzki 2019, S. 499 (504: Ostendorf-Rspr., 507: neuere Rspr.); Barczak, Der nervöse Staat, 2. Aufl. 2021, S. 576 f., mwN.

167 GVBl. S. 929.

168 SächsVerfGH Urt. v. 14.5.1996 – Vf. 44-II/94 –, LKV 1996, 273 (278).

169 SächsVerfGH Urt. v. 14.5.1996 – Vf. 44-II/94 –, LKV 1996, 273 (278).

stände des Versammlungsrechts eine Anknüpfungstat für den Verhinderungsgewahrsam darstellen können,[170] wird sich die erforderliche Maßstabskonvergenz oftmals einstellen. Dies gilt indes nicht für die Gewahrsamsbefugnisse des BKAG, da der Verhinderungsgewahrsam die Begehung ganz spezieller Delikte projiziert, zu denen versammlungsrechtliche Tatbestände nicht gehören (→ Rn. 51). Hier dürfte es sich anbieten, den Verhinderungsgewahrsam nach § 39 Abs. 1 Nr. 3 BPolG als Vergleichsmaßstab für den Platzverweisungsgewahrsam gem. § 57 Abs. 1 Nr. 1 BKAG heranzuziehen: Nur sofern die Durchsetzung eines Platzverweises mittels Gewahrsams zugleich zur Verhinderung einer konkret bevorstehenden Straftat unerlässlich ist, ist der Platzverweisungsgewahrsam bis hin zur absoluten Höchstdauer von vier Tagen (→ Rn. 67, 89) zu rechtfertigen.

c) **Unzulässigkeit einer vorbeugenden „Gefährderhaft“.** Der vielbeschriebene Umbau der „Sicherheitsarchitektur“[171] hierzulande wie europa- und weltweit rückt die polizeiliche Intervention in das Vorfeld substanzieller Rechtsverletzungen bzw. konkreter Gefahren.[172] Die Sicherheitsordnung wandelt sich (bereichsweise) vom Gefahren- zum Gefährderrecht,[173] ihr Instrumentarium wechselt von der eher reagierenden zur stärker antizipierenden Intervention, von der Gefahrenprävention zur **Gefahr*entstehungs*prävention.** Paradigmatisch für diese Tendenz ist in jüngerer Zeit die Entwicklung des BKA-Gesetzes, einschließlich der sie begleitenden rechtspolitischen wie juristischen Kontroversen (→ § 1 Rn. 3 ff.; → § 5 Rn. 1 f., 20 ff.). 70

Hier kursieren auch Vorschläge zur Einführung einer vorbeugenden **Gefährderhaft.**[174] Die deutschen Gesetzgeber hingegen legten bislang eher Zurückhaltung an den Tag. Im Zuge der jüngeren Polizeirechtsnovellen aus dem Zeitkontext des Anschlags am Berliner Breitscheidplatz im Dezember 2016 sah man trotz mancher Ansätze in den Entwurfsstadien am Ende davon ab, eine spezielle, im Gefahrenvorfeld anwendbare Präventivhaft ins Leben zu rufen.[175] *De lege lata* kommen als Rechtsgrundlagen insbesondere **weder § 57 Abs. 1 Nr. 1 BKAG,** der ausschließlich der Durchsetzung von Platzverweisen dient (→ Rn. 40, 42 ff.), in Betracht **noch § 57 Abs. 1 Nr. 2 BKAG** mit seinem Erfordernis einer unmittelbaren, dh gegenwärtigen und nicht erst künftigen Gefahr (→ Rn. 54). Auf Bundes- wie auf Landesebene gehört die Gefährderhaft nach wie vor in die Sphäre der Rechtspolitik, nicht des positiven Rechts. 71

In Anbetracht der grund- und menschenrechtlichen Vorzeichen, unter denen sie stünde, ist auch **nicht ersichtlich,** wie sie ***de lege ferenda*** **verfassungskonform** auszugestalten wäre:[176] Entweder sie fügt sich dem grund- und konventionsrechtlich gefestigten Standard einer nach Tatzeit, Tatort und Angriffsziel konkretisierten, dh situativen Gefahrenlage; dann dürfte sie sich allerdings als redundant erweisen, weil sich ihr Anwendungsbereich neben dem klassischen Unterbindungsgewahrsam und den vorhandenen strafprozessualen Instrumenten völlig marginal ausnähme.[177] Oder aber sie griffe nach dem Muster informatorischer Befugnisse signifikant in das Vorfeld der noch nicht konkreten, sondern erst „drohenden“ Gefahr aus;[178] nach dieser Richtung hin geriete sie jedoch allernächstens in Konflikt mit dem Prinzip der Subsidiarität alias der **„Unerlässlichkeit“** der Präventivhaft in Ansehung anderer *aktioneller* Polizeimaßnahmen (→ Rn. 64). Denn dieses Prinzip erlaubt eine Freiheitsentziehung überhaupt nur, sofern und solange andere situationsbezogene Interventionen zwar zulässig sind, doch mangels Effizienz ausscheiden. Anders gewendet, trägt der schlichte Umstand, dass eine Verhaftung einen prospektiven Störer praktisch umfassend neutralisiert und so eine (vermeintlich) effektive Lösung für Sicherheitsprobleme verheißt, keinen Deut zu ihrer Rechtfertigung als ***ultima ratio*** **im Formenkreis aktioneller Polizeimaßnahmen** bei. Diese wiederum führen direkt zum Erfordernis einer konkret-situativen Gefahrenlage zurück und stellen damit die Konstruktion 72

170 Vgl. BayOblG Beschl. v. 10.2.1999 – 3Z BR 25/99 –, BayObLGZ 1999, 17 (20).

171 Baldus DV 47 (2014), 1 (5 f.), mwN; Kugelmann DV 47 (2014), 25 ff.

172 Große Synthesen bei Gierhake, Der Zusammenhang von Freiheit, Sicherheit und Strafe im Recht 2013, S. 152 ff. et passim; Bäcker, Kriminalpräventionsrecht, 2015, S. 379 ff.; Zabel, Die Ordnung des Strafrechts, 2017, S. 15 ff., 301 ff., 575 ff.; Barczak, Der nervöse Staat, 2. Aufl. 2021, S. 353 ff., 368 ff., 391 ff. et passim; überblicksartig Barczak ZRP 2021, 122 ff.; im hiesigen Kontext insbes. Müller, Präventive Freiheitsentziehungen als Instrument der Terrorismusbekämpfung, 2011, S. 69 ff.; zu wesentlichen Hintergründen Garland, The Culture of Control, 2001.

173 Vgl. Barczak KrimJ 52 (2020), 97 ff.

174 Gierhake, Der Zusammenhang von Freiheit, Sicherheit und Strafe im Recht 2013, S. 442 ff. (bes. 445); Kubiciel ZRP 2017, 57 ff.; Kniesel GSZ 2021, 111 ff.; zusammenfassend HdbVerfR/Bäcker § 28 Rn. 168; vgl. gerade mit Blick auf das BKAG den Antrag der AfD-Bundestagsfraktion zur Schaffung von „Rechtsgrundlagen für einen Präventivgewahrsam auf Bundesebene für Gefährder“, BT-Drs. 19/23951. Aus dem internationalen Schrifttum (kritisch) etwa Leese Critical Studies on Terrorism 10 (2017), 320 ff.; exzellente allg. Analyse bei Dershowitz Texas L. Rev. 51 (1973), 1277 ff.

175 Überblick bei Welzel/Ellner DÖV 2019, 211 (212 f.); zu Bayern insbes. Müller BayVBl. 2018, 109 (115).

176 Am Beispiel der bayerischen Polizeirechtsnovelle zum nachfolgend beschriebenen Dilemma bereits Kuch DVBl. 2018, 343 (348 ff.).

177 Richtig BeckOK-PolSiR Bayern/Grünewald BayPAG Art. 17 Rn. 65i (2021).

178 Dahin gehende Anregungen bei Kniesel GSZ 2021, 111 (116 ff.), der anscheinend einen Gewahrsam „ohne konkrete Gefahr“ (S. 117) für „Topgefährder“ konstruieren will: er verweist zunächst auf die Maßstäbe aus dem BKA-Urteil (S. 118 m. Fn. 64) und zieht dann iRd „Unerlässlichkeit“ des Gewahrsams allein „die bewachte Begleitung“ des Betroffenen, also eine Überwachungsmaßnahme, als milderes Mittel in Erwägung (S. 118 f.). Dieser Maßstab muss aber von vornherein als zu weitmaschig erscheinen, da der Gewahrsam nicht ein schärferes Mittel gegenüber informationellen, sondern gegenüber aktionellen Maßnahmen ist, dazu weiter im Text.

einer Gefährderhaft vor ein Dilemma: Entweder ist sie redundant oder unzulässig. Rechtspolitisch führt sie auf ein totes Gleis.[179]

IV. Prozessuale Sicherungen und Vollzug (Abs. 2)

73 Neben den einschlägigen materiellrechtlichen Anordnungsvoraussetzungen gelten für freiheitsentziehende Maßnahmen einige, gleichfalls grund- und menschenrechtlich vorgezeichnete Besonderheiten. Zu ihnen gehören zum einen **spezielle prozessuale Sicherungen** (→ Rn. 75 ff., 78 ff.), zum anderen **Bestimmungen über den Vollzug der Freiheitsentziehung** (→ Rn. 95 ff.). Beide Aspekte regelt das BKAG über den Verweis in § 57 Abs. 2 BKAG auf die entsprechenden Vorschriften des BPolG, welches seinerseits auf das FamFG Bezug nimmt.

74 **1. Richtervorbehalt (Abs. 2 iVm § 40 Abs. 1 BPolG; Art. 104 GG).** § 57 Abs. 2 BKAG trägt dem verfassungsrechtlichen Richtervorbehalt gem. Art. 104 Abs. 2 GG (→ Rn. 13) dadurch Rechnung, dass er **für alle Fälle eines Gewahrsams** gem. § 57 Abs. 1 BKAG die entsprechende Anwendung des § 40 Abs. 1 und 2 BPolG anordnet: Der Verhinderungsgewahrsam und der Platzverweisungsgewahrsam nach dem BKAG sollen nach § 57 Abs. 2 BKAG insofern „an die Stelle" der in § 40 Abs. 1 BPolG genannten Freiheitsentziehungen treten.

75 **a) Justizgewähranspruch.** Nach § 57 Abs. 2 BKAG iVm § 40 Abs. 1 BPolG hat das BKA, wenn eine Person von ihm „festgehalten" wird, „unverzüglich eine richterliche Entscheidung über Zulässigkeit und Fortdauer der Freiheitsentziehung herbeizuführen". Vor dem Hintergrund des Art. 104 GG ist diese Formulierung zunächst insofern **missverständlich**, als sie dahin aufgefasst werden kann, dass die Festnahme durch die Polizei der richterlichen Entscheidung regulär oder prinzipiell vorausliege, dass also der Richter grundsätzlich nicht *vor* dem behördlichen Erstzugriff einzuschalten wäre. Das jedoch widerspräche offenkundig dem Präventivvorbehalt des Art. 104 Abs. 2 S. 1 GG, der die Einschaltung eines Richters **vor jeder Freiheitsentziehung** zum Regelfall erklärt (→ Rn. 14). Jene Formulierung ist darum weniger mit Art. 104 Abs. 2 S. 1 als mit Art. 104 Abs. 2 S. 2 GG in Verbindung zu bringen, welcher den – verfassungsrechtlich gesprochen – Ausnahmefall eines Erstzugriffsrechts der Exekutive, das insbesondere bei Gefahr im Verzug besteht, einkalkuliert (→ Rn. 15). Obgleich § 40 Abs. 1 BPolG mit der **Spontanfestnahme** den – polizeirechtlich gesprochen – Normalfall des Polizeigewahrsams regelt,[180] ist die Vorschrift somit **normativ voraussetzungsvoll.** Denn aus den genannten verfassungsrechtlichen Gründen kann sie immer erst zur Anwendung gelangen, wenn die Verständigung eines Richters wirklich den materiellen Eingriffszweck konkret gefährden würde. Ungeachtet der Formulierung des § 40 Abs. 1 BPolG ist das in jedem Einzelfall zu prüfen.

76 Wie § 40 Abs. 1 BPolG sodann unmissverständlich zum Ausdruck bringt, überbrückt der Kompetenzkredit der Exekutive nur einen äußerst kurzen Zeitraum. Nach dem Gesetzestext, der sich an Art. 104 Abs. 2 S. 2 GG ausrichtet, hat die Behörde „unverzüglich" die nachträgliche Gerichtsentscheidung herbeizuführen. Verlangt ist damit eine **möglichst frühzeitige Befassung** eines Richters, dem die Sache „ohne jede Verzögerung, die sich nicht aus sachlichen Gründen rechtfertigen lässt",[181] zuzuleiten ist. Art. 104 Abs. 2 S. 3 GG verknappt das Zeitfenster zudem *pro futuro*, indem er diesen **vorläufigen Gewahrsam auf eine Höchstdauer** „bis zum Ende des Tages nach dem Ergreifen" begrenzt.[182] Diese Vorgaben adressieren nicht nur die konkret handelnden Vollzugskräfte, sondern auch und gerade die Gerichtsorganisation, denn die Verzögerung darf insbesondere keine systembedingte sein. Hier hat sich im Zuge der Verfassungsjudikatur zu den diversen grundrechtlichen und einfachgesetzlichen Richtervorbehalten das Erfordernis herauskristallisiert, bei den Amtsgerichten einen **Bereitschaftsdienst** einzurichten (vgl. auch § 22c GVG).[183] Nach einer jüngeren Leitentscheidung zur Wohnungsdurchsuchung muss dieser ganzjährig grundsätzlich den Zeitraum zwischen 6 und 21 Uhr abdecken und ist bei einem absehbar höheren Bedarf punktuell durch einen Eildienst entsprechend aufzustocken.[184] Die rechtstatsächliche Analyse weckt freilich gewisse Zweifel daran, dass die Abdeckung allerorten, zumal in Ballungszentren, durchgehend sichergestellt ist.[185] Ist dies nicht gewährleistet, so

179 S. bereits Walther ZIS 12/2007, 464 (472 ff.); Müller Präventive Freiheitsentziehungen als Instrument der Terrorismusbekämpfung, 2011, S. 69 ff., 109 ff., hier insbes. 115; Marschner/Lesting/Stahmann/Lesting, Freiheitsentziehung und Unterbringung, 6. Aufl. 2019, Teil E Rn. 155; Welzel/Ellner DÖV 2019, 211 (217 ff.); HdbVerfR/Bäcker § 28 Rn. 169.

180 Nach Drewes/Malmberg/Wagner/Walter/Wagner BPolG § 40 Rn. 1 handeln die Vollzugskräfte „beinah ausnahmslos in Sofortlagen".

181 BVerfG Beschl. v. 15.5.2002 – 2 BvR 2292/00 –, BVerfGE 105, 239 (249), stRspr.; von Mangoldt/Klein/Starck/Gusy GG III Art. 104 Rn. 48.

182 Eine spezielle Ausnahme hiervon sieht Art. 115c Abs. 2 Nr. 2 GG, der die Frist im Verteidigungsfall auf höchstens vier Tage verlängert.

183 BVerfG Urt. v. 24.7.2018 – 2 BvR 309/15 ua –, BVerfGE 149, 293 (334 f., Rn. 99 f.), stRspr.

184 BVerfG Beschl. v. 12.3.2019 – 2 BvR 675/14 –, BVerfGE 151, 67 (Ls. 2; 88 ff., Rn. 58 ff.); zur Aufstockung etwa BVerfG Beschl. v. 13.12.2005 – 2 BvR 447/05 –, NVwZ 2006, 579 (581, Rn. 47): zu erwartende Massenverhaftungen von Demonstranten; im Überblick etwa Fickenscher/Dingelstadt NJW 2009, 3473 ff.; zusammenfassend zum Ganzen Dreier/Schulze-Fielitz GG III Art. 104 Rn. 64, der zudem richtigerweise die Sonn- und Feiertage in den Erreichbarkeitszeitraum mit einbezieht.

185 Einzelne Befunde bei Drewes/Malmberg/Wagner/Walter/Wagner BPolG § 40 Rn. 5.

dass es der Polizei im Einzelfall unmöglich ist, die Gerichtsentscheidung „unverzüglich" herbeizuführen, dann muss sie die betroffene Person, um eine Grundrechtsverletzung zu vermeiden, umgehend wieder auf freien Fuß setzen.[186]

Der einschränkende letzte Halbsatz des § 40 Abs. 1 BPolG („es sei denn, [...]"), demzufolge es einer Gerichtsentscheidung nicht bedarf, wenn ihre Herbeiführung „voraussichtlich längere Zeit in Anspruch nehmen würde, als zur Durchführung der Maßnahme notwendig wäre", statuiert keine echte Ausnahme vom Richtervorbehalt, sondern vollzieht dessen immanente Grenzen nach: Sofern zur Durchführung des Vorbehaltsverfahrens der Eingriff künstlich aufrechterhalten werden müsste und damit nur vertieft würde, liefe sie dem freiheitssichernden Schutzzweck ja gerade zuwider. In diesen Fällen tritt darum **„prozessuale Überholung"** ein.[187] Hier erlangt der Betroffene (nachträglichen) Rechtsschutz also nicht nach der Verfahrensordnung der Art. 104 Abs. 2 S. 2 GG iVm § 57 Abs. 2 BKAG iVm § 40 Abs. 1 und 2 BPolG, sondern nach Maßgabe der Art. 19 Abs. 4 GG iVm §§ 40 Abs. 1 S. 1, 88 VwGO. Statthaft ist dann regelmäßig die Fortsetzungsfeststellungsklage in Analogie zu § 113 Abs. 1 S. 4 VwGO.[188] 77

b) Verfahrensrechtliche Seite. Steht die Einholung der Gerichtsentscheidung mithin im Zentrum der Verfahrensweise bei der Freiheitsentziehung im Allgemeinen, dem Polizeigewahrsam im Besonderen, so ist von behördlicher wie gerichtlicher Seite das einschlägige Prozessrecht zu beachten. Regelungen zur Zuständigkeit finden sich noch im **BKAG** (→ Rn. 79 f.), während das Verfahrensrecht ieS dem Gesetz über das Verfahren in Familiensachen und in den Angelegenheiten der freiwilligen Gerichtsbarkeit (**FamFG**) zu entnehmen ist (→ Rn. 81 ff., 92 ff.). 78

aa) Gerichtszuständigkeit (Abs. 2 iVm § 40 Abs. 2 S. 1 BPolG). Örtliche wie sachliche Zuständigkeit stehen vor dem Hintergrund des Rechts auf den gesetzlichen Richter (**Art. 101 Abs. 1 S. 2 GG**), das zur gesetzlichen Festlegung und fallweisen Einhaltung einer strikten, quasi „mechanischen" Zuständigkeitsordnung verpflichtet.[189] Der über § 57 Abs. 2 BKAG anwendbare § 40 Abs. 2 S. 1 BPolG trifft zunächst eine Regelung über die sachliche Zuständigkeit, indem er die Anordnung des Gewahrsams dem Amtsgericht überträgt. Als Spruchkörper fungiert demnach der Amtsrichter (§ 22 Abs. 1 GVG). Die Zuweisung an die Amtsgerichte bzw. die ordentliche Gerichtsbarkeit (§ 12 GVG) entspricht zugleich § 23a Abs. 1 Nr. 2, Abs. 2 Nr. 6 GVG, weil für die Entscheidung über den Freiheitsentzug die Regeln über das Verfahren in Freiheitsentziehungssachen gelten (§ 40 Abs. 2 S. 2 BPolG; → Rn. 81). *De lege ferenda* wird mitunter angedacht, diese Entscheidung infolge der Grundrechtsrelevanz und der Zugehörigkeit des zugrundeliegenden materiellen Rechts der Verwaltungsgerichtsbarkeit zuzuweisen.[190] Hiergegen spricht allerdings der weiter oben bemerkte Strukturunterschied zwischen einem Rechtsschutzverfahren nach Art. 19 Abs. 4 GG, für das der Verwaltungsprozess typusbildend ist, und dem Eingriffsverfahren nach Art. 104 Abs. 2 GG, das eher dem ohnehin (gemäß § 13 GVG) bei der ordentlichen Gerichtsbarkeit lozierten Strafprozess entspricht (→ Rn. 16). Die in der deutschen Rechtsordnung fast ausnahmslose[191] Allokation der Richtervorbehaltsverfahren bei diesem Gerichtszweig mit seinen immanenten Kontrollmechanismen lässt zudem in grundrechtlicher Hinsicht bereichsübergreifende Wissenstransfers mit entsprechenden Synergieeffekten erhoffen. Darum steht das Organisationsrecht einer (gleichwohl möglichen) Kompetenzverlagerung hin zur Verwaltungsgerichtsbarkeit eher entgegen. 79

Die örtliche Zuständigkeit schließlich liegt gem. § 40 Abs. 2 S. 1 BPolG bei dem Amtsgericht, in dessen Bezirk die betroffene Person „festgehalten wird". Gemeint ist also der **Ort des Gewahrsams**, der sich wohlgemerkt von dem Ort, an dem der Festgehaltene aufgegriffen wurde, unterscheiden kann.[192] 80

bb) Ausgangsverfahren (Abs. 2 iVm § 40 Abs. 2 S. 1 BPolG und §§ 415 ff. FamFG). Für das anzuwendende Verfahrensrecht verweist § 40 Abs. 2 S. 1 BPolG pauschal auf das siebte Buch des FamFG, das die Prozedur in Freiheitsentziehungssachen ausgestaltet. Die Vorschriften werden im Folgenden nicht in allen Einzelheiten kommentiert, sondern unter besonderer Berücksichtigung der **grundrechtsschützenden Zielsetzung** des Richtervorbehalts (→ Rn. 13 ff.). Im Übrigen muss auf einschlägige Standardwerke verwiesen werden.[193] 81

(1) Behördlicher Antrag (§ 417 FamFG). Obgleich die Judikative mit dem Kompetenzmonopol in Sachen Freiheitsentziehung ausgestattet ist, steht die Erledigung der damit verbundenen Staatsaufgabe – hier: Ab- 82

186 Drewes/Malmberg/Wagner/Walter/Wagner BPolG § 40 Rn. 6.
187 S. nur BK-GG/Rüping Art. 104 (2008) Rn. 73.
188 Vgl. Schenke/Graulich/Ruthig/Schenke BPolG § 40 Rn. 8 bzw. ders. ebd. § 41 Rn. 3.
189 Allg. Kuch Jura 2020, 228 (231 ff., 234 ff.); hier etwa Drewes/Malmberg/Wagner/Walter/Wagner BPolG § 40 Rn. 11.
190 Vgl. Haußleiter/Heidebach, FamFG, 2. Aufl. 2017, § 415 Rn. 3, mwN.
191 Eine Ausnahme bildet die den Truppendienstgerichten zugewiesene Entscheidung über den Wehrdisziplinararrest (§§ 40, 68 ff. WDO).
192 Richtig Lisken/Denninger/Graulich, HdbPolR, E Rn. 569 f.
193 Insbesondere Sternal, FamFG, 21. Aufl. 2023; MüKoFamFG, 3. Aufl. 2019; Bumiller/Haders/Schwamb, FamFG, 12. Aufl. 2019; Bahrenfuss, FamFG, 3. Aufl. 2017; Haußleiter, FamFG, 2. Aufl. 2017; Marschner/Lesting/Stahmann/Stahmann, Freiheitsentziehung und Unterbringung, 6. Aufl. 2019, Teil F.

wehr terroristischer Gefahren – natürlich nicht in der Alleinverantwortung der Gerichte. So wird der Richter nicht etwa eigeninitiativ tätig, sondern gem. § 417 FamFG „**auf Antrag** der zuständigen Verwaltungsbehörde" – hier des BKA – in ein fachgesetzlich geregeltes Verfahren – hier die Entscheidung gem. § 57 Abs. 1 BKAG – einbezogen, über das er selbst nicht disponieren kann. Er darf insbesondere keine längere Dauer der Freiheitsentziehung anordnen als von der Behörde beantragt.[194]

83 Der Haftantrag ist weiterhin gem. § 417 Abs. 2 S. 1 FamFG zu **begründen**, wobei die Behörde dem Gericht die in § 417 Abs. 2 S. 2 Nrn. 1–5 FamFG aufgelisteten Angaben vollständig und zutreffend zu übermitteln hat.[195] Dies dient gerade auch der Rechtsschutzgarantie auf Seiten des Betroffenen, der in den Stand versetzt werden muss, die gesetzlichen Gründe für die Freiheitsentziehung gegebenenfalls zu entkräften.[196]

84 Für die Antragsform ergibt sich aus der allgemeinen Vorschrift des § 23 Abs. 1 S. 5 FamFG, die im Regelfall eine Unterschrift des Antragstellers verlangt, dass der Antrag **schriftlich** zu stellen ist.[197] Insbesondere eine fernmündliche Verständigung des Richters genügt hierfür keinesfalls.[198] All dies gilt es ausnahmslos zu beachten, da ein jeder einzelne Formfehler nach dem Grundsatz der Formstrenge prinzipiell zur Rechts- und Verfassungswidrigkeit der Freiheitsentziehung führt (→ Rn. 86 ff.).

85 **(2) Gerichtliche Anhörung (§ 420 FamFG).** Abgesehen davon, dass die „dialogische Struktur"[199] und kritische Reflexivität gerichtlicher Verfahren ohnehin auf Verfassungsebene durch den Anspruch auf rechtliches Gehör (Art. 103 Abs. 1 GG) sanktioniert ist und zu den gemeineuropäischen Anforderungen an ein faires Verfahren gem. Art. 5 Abs. 3 S. 1, Art. 6 Abs. 1 EMRK gehört, wächst ihr vor dem „Eingriffsrichter" des Freiheitsentziehungsverfahrens besondere Bedeutung zu. Denn sie dürfte als nicht zu unterschätzendes Korrektiv jener exekutivlastigen Ausgangssituation figurieren, die das Eingriffsverfahren nach Art. 104 Abs. 2 GG prägt. „Der persönliche Eindruck des entscheidenden Richters" ist darum das „**Kernstück der Amtsermittlung** im Freiheitsentziehungsverfahren".[200] Das in § 57 Abs. 2 BKAG verwiesene Prozessrecht bringt dies deutlich zum Ausdruck. § 420 FamFG verpflichtet gleich im ersten Satz das erkennende Gericht dazu, „den Betroffenen vor der Anordnung der Freiheitsentziehung persönlich anzuhören".[201] Besonders der zweite Absatz derselben Vorschrift, der in seiner zweiten Regelungsalternative zum Schutz des Richterpersonals ein ausnahmsweises Absehen von der Anhörung gestattet, wenn der Betroffene „an einer übertragbaren Krankheit" leidet, deutet auf die Form einer „persönlichen" Anhörung hin: Den Krankheitsfall ausgenommen,[202] muss sie **im persönlichen Gespräch unter Präsenz** von Richter und Betroffenen erfolgen.[203] Das schließt eine telefonische Anhörung ebenso aus wie – zumindest im Regelfall – eine solche mittels Videokonferenzsystems (§ 32 Abs. 3 FamFG, § 128a Abs. 1 ZPO).[204] Rechtstatsächlich ist (auch) bei der Anhörung alles andere als gewiss, ob die Praxis dem Normprogramm ausnahmslos genügt.[205] Etwaige Fehler führen allerdings auch hier zur Rechts- und Verfassungswidrigkeit des Freiheitsentzugs (→ Rn. 87).

86 **(3) Prinzip der Formstrenge (Art. 104 Abs. 1 S. 1 GG).** In Art. 104 Abs. 1 S. 1 GG heißt es, die Freiheit der Person könne „nur unter Beachtung der [...] **vorgeschriebenen Formen**" beschränkt werden. Nach allgemeiner Auffassung erfordert das nicht weniger als die rechtsfehlerfreie Handhabe des gesamten im Einzelfall anwendbaren Prozessrechts.[206] Selbiges nimmt an der unlöslichen Verbindung zwischen Art. 2 Abs. 2 S. 2 und Art. 104 GG teil und erfährt dadurch eine umfassende Subjektivierung: Die Verfahrensregeln er-

194 Haußleiter/Heidebach, FamFG, 2. Aufl. 2017, § 417 Rn. 2.

195 Vgl. etwa BGH Beschl. v. 22.7.2010 – V ZB 28/10 –, NVwZ 2010, 1511.

196 Vgl. auch Art. 5 Abs. 2 EMRK; Marschner/Lesting/Stahmann/Stahmann, Freiheitsentziehung und Unterbringung, 6. Aufl. 2019, Teil F FamFG § 417 Rn. 11.

197 Richtig mit diesem Arg. Drewes/Malmberg/Wagner/Walter/Wagner BPolG § 40 Rn. 13; aA (jedoch ohne Begründung) Schenke/Graulich/Ruthig/Schenke BPolG § 40 Rn. 11.

198 Marschner/Lesting/Stahmann/Stahmann, Freiheitsentziehung und Unterbringung, 6. Aufl. 2019, Teil F FamFG § 417 Rn. 2.

199 HdbVerfR/Gärditz § 13 Rn. 104.

200 BVerfG Beschl. v. 7.10.1981 – 2 BvR 1194/80 –, BVerfGE 58, 208 (223: erstes Zit.); Beschl. v. 27.2.2009 – 2 BvR 538/07 –, NJW 2009, 2659 (2661, Rn. 33: zweites Zit.; Hervorhebungen nicht im Original); Bahrenfuss/Grotkopp, FamFG, 3. Aufl. 2017, § 420 Rn. 1; das Anhörungsrecht lässt sich darum direkt aus Art. 104 GG herleiten, vgl. Dürig/Herzog/Scholz/Mehde GG Art. 104 (2019) Rn. 128 f.

201 Aus der jüngeren Praxis etwa BVerfG Beschl. v. 11.4.2018 – 2 BvR 328/18 –, NJW 2018, 2186 (2187, Rn. 16).

202 Eingedenk der heute zur Verfügung stehenden Barrieremaßnahmen gelten für die Ausnahme gem. § 420 Abs. 2 Alt. 2 FamFG allerdings strenge Voraussetzungen, vgl. BGH Beschl. v. 22.6.2017 – V ZB 146/16 –, NJW-RR 2017, 1090 (1091, Rn. 9 f.).

203 Quasi „face-to-face": Drewes/Malmberg/Wagner/Walter/Wagner BPolG § 40 Rn. 15; Lisken/Denninger/Graulich, HdbPolR, E Rn. 573.

204 Vgl. Bahrenfuss/Grotkopp, FamFG, 3. Aufl. 2017, § 420 Rn. 13 („Primat der Anhörung"), § 420 Rn. 16 m. Fn. 17 (Videoschalte bei § 420 Abs. 2 Alt. 2 FamFG).

205 Drewes/Malmberg/Wagner/Walter/Wagner BPolG § 40 Rn. 15a f.

206 Dürig/Herzog/Scholz/Mehde GG Art. 104 (2019) Rn. 52.

langen als formale **Schranken-Schranken der Freiheit der Person** „verfassungsrechtliche Dignität und können mit der Verfassungsbeschwerde geltend gemacht werden".[207]

Im Hinblick auf den durch das FamFG vorgegebenen Zuschnitt der „Entscheidungsbedingungen"[208] ist Art. 104 Abs. 1 S. 1 GG daher außerordentlich streng. Über die Justizgrundrechte aus den Art. 101 und 103 GG hinaus liiert er das komplette im Einzelfall anwendbare, einfachgesetzliche Verfahrensrecht mit dem materiellen Schutzbereich des Art. 2 Abs. 2 S. 2 GG. Nicht nur Verletzungen der für alle staatlichen Gerichtsverfahren (ohnehin) eigens bewehrten, allgemeinen Justizgrundrechte sollen daher im Verfahren über eine *Freiheitsentziehung* unmittelbar Verfassungsverstöße darstellen, sondern **unterschiedslos jeder Verfahrensfehler.** Im größeren Zusammenhang bedeutet dies: Der strukturellen Einseitigkeit des Eingriffsverfahrens korrespondiert eine strikte (Selbst)Bindung des Staats an das *ius processuale.* Hier gibt es keine „leeren" Formen.[209] Nach der verfassungsgerichtlichen Judikatur sind denn auch die allermeisten, zumindest die wesentlichen Verfahrensschritte durch Art. 104 Abs. 1 S. 1 GG konstitutionalisiert.[210] 87

Indessen tritt in der Spruchpraxis namentlich des Bundesgerichtshofs gelegentlich ein – zulasten des Betroffenen – großzügigerer Maßstab zutage. Speziell nach seiner Judikatur zur „Heilung" von Verfahrensfehlern in aufenthaltsrechtlichen Haftsachen soll ein Verstoß, der nicht als „grundlegend" einzustufen ist, weil er der Entscheidung nicht den „Makel der rechtswidrigen Freiheitsentziehung aufdrückt", auch nicht zu deren Rechts- und Verfassungswidrigkeit führen.[211] In seiner jüngeren Rechtsprechung neigt das Obergericht unter Verweis auf eine EuGH-Entscheidung zur Rückführungsrichtlinie überdies zur Konstruktion eines vom Betroffenen beizubringenden Kausalitätserfordernisses.[212] Er habe darzulegen, „dass das Verfahren bei Beachtung der [verletzten] Regelung zu einem anderen Ergebnis hätte führen können".[213] Mit dieser **hypothetischen Betrachtung** löst sich das Gericht aber zu sehr von dem Gebot der Formstrenge. Denn weder das Gesetzes- noch das Verfassungsrecht tragen den Relativismus von mehr oder weniger „grundlegenden" Verfahrensfehlern und schon gar nicht bieten sie Anhaltspunkte für ein Kausalitätserfordernis. Speziell wo Erkenntnismittel des Gerichts oder die Verteidigungsrechte von solchen Interpretationsmanövern betroffen sind,[214] ist nochmals an die Verfahrensstruktur zu erinnern: Sie nähert die Justizfunktion ohnehin latent den Handlungsformen der zweiten Gewalt an (→ Rn. 16). Vor diesem Hintergrund unterminiert es aber die – *intendierte* – freiheitssichernde Wirkung des Richtervorbehalts, wenn das Gerichtsverfahren – man möchte fast sagen: ausgerechnet – in den Händen der Justiz noch mehr den Charakter eines Verwaltungsverfahrens annimmt. Diese Gefahr besteht naturgemäß gerade bei Abschwächungen der eigenverantwortlichen Sachverhaltsermittlung durch den gesetzlichen Richter oder bei Abstrichen von der dialogischen, den Betroffenen gleichberechtigt einbeziehenden Verfahrensweise. Jeweils droht das fragile gewaltenteilige Gefüge des Art. 104 GG in ein für den Rechtsschutz dysfunktionales Ungleichgewicht zu geraten. Das Hantieren mit mehr oder weniger „grundlegenden" Verstößen leistet solcher Unwucht allein schon durch die **verfahrensfremde Fehlertoleranz** Vorschub: Es suggeriert ein Bedürfnis nach Gewichtung und Abwägung, wo es nichts zu gewichten oder abzuwägen gibt. Exakt darin äußert sich nun einmal ein Gebot der Formstrenge. 88

(4) **Entscheidung durch Beschluss (§ 421 iVm §§ 38 f. FamFG).** Das Gericht entscheidet durch Beschluss über die beantragte Freiheitsentziehung (vgl. § 421 iVm §§ 38 f. FamFG). In der Formel[215] hat es nach § 421 Nr. 1 FamFG die Freiheitsentziehung näher zu bezeichnen, hier also die **materielle Rechtsgrundlage,** 89

207 Friauf/Höfling/Duttge GG Art. 104 (2018) Rn. 22; zur allg. konsentierten Einordnung als Schranken-Schranke nur Heidebach, Grundrechtsschutz durch Verfahren bei gerichtlicher Freiheitsentziehung, 2014, S. 203, mwN; grundrechtssystematisch erfüllt Art. 104 Abs. 1 S. 1 GG damit dieselbe Funktion wie Art. 104 Abs. 2 GG (→ Rn. 21 und in Fn. 60).

208 Begriff nach Payandeh, Judikative Rechtserzeugung, 2017, S. 242 et passim.

209 Begriff nach Vollkommer, Formenstrenge und prozessuale Billigkeit, 1973, S. 26 f.

210 Vgl. allg. BVerfG Beschl. v. 7.10.1981 – 2 BvR 1194/80 –, BVerfGE 58, 208 (220); Beschl. v. 29.11.1983 – 2 BvR 704/83 –, BVerfGE 65, 317 (321 f.); aus der Kammerrechtsprechung insbesondere: zum Antragserfordernis BVerfG Beschl. v. 18.12.2008 – 2 BvR 1438/07 –, NVwZ-RR 2009, 304 (305), Beschl. v. 25.2.2009 – 2 BvR 1537/08 –, NVwZ-RR 2009, 616 (616); zu Anhörungspflichten BVerfG Beschl. v. 17.1.1990 – 2 BvR 1592/88 –, NJW 1990, 2309 (2310), Beschl. v. 27.2.2009 – 2 BvR 538/07 –, NJW 2009, 2659 (2661, Rn. 33), Beschl. v. 4.10.2010 – 2 BvR 1825/08 –, NVwZ 2011, 161 sowie Beschl. v. 4.8.2020 – 2 BvR 1692/19 –, FG Prax 2020, 274 (275, Rn. 29); zu Aufklärungspflichten BVerfG Beschl. v. 30.10.1990 – 2 BvR 562/88 –, NJW 1991, 1283 (1284), Beschl. v. 9.2.2012 – 2 BvR 1064/10 –, InfAuslR 2012, 186 und jüngst BVerfG Beschl. v. 14.5.2020 – 2 BvR 2345/16 –, NVwZ-RR 2020, 801 (803, Rn. 51 ff.).

211 BGH Beschl. v. 10.6.2010 – V ZB 204/09 –, NVwZ 2010, 1172 (1174, Rn. 35); Drews/Fritsche NVwZ 2011, 527 (533), mwN.

212 Im Überblick Marschner/Lesting/Stahmann/Stahmann, Freiheitsentziehung und Unterbringung, 6. Aufl. 2019, Teil F vor §§ 415 ff. FamFG Rn. 11 sowie zugleich dazu, dass es der Konstruktion des BGH zur unionsrechtskonformen Anwendung des nationalen Rechts nicht bedürfte; zurecht kritisch auch Haußleiter/Heidebach, FamFG, 2. Aufl. 2017, § 429 Rn. 26.

213 BGH Beschl. v. 22.10.2015 – V ZB 79/15 –, NVwZ 2016, 711 (712, Rn. 13).

214 Nicht zu den „grundlegenden Verfahrensgarantien" meint der BGH (vor allem in ausländerrechtlichen Sachen) offenbar bestimmte Aspekte der Gewährung rechtlichen Gehörs oder der Amtsermittlungspflicht rechnen zu dürfen, vgl. die Kasuistik bei Sternal/Göbel, FamFG, 21. Aufl. 2023, § 62 Rn. 42 ff.

215 Vorschlag zur Tenorierung bei Haußleiter/Heidebach, FamFG, 2. Aufl. 2017, § 421 Rn. 8.

dh § 57 Abs. 1 Nr. 1 oder Nr. 2 BKAG zu nennen. Weiterhin ist der **Endzeitpunkt** der Freiheitsentziehung anzugeben (§ 421 Nr. 2 FamFG). Weder bei der Anordnungs- noch bei einer etwaigen Fortdauerentscheidung dürfen die nach § 42 BPolG zu wahrenden Fristen überschritten werden (→ Rn. 67). Konkret sieht § 42 Abs. 1 S. 2 BPolG eine Fortdauerentscheidung überhaupt nur in bestimmten Fällen des Verhinderungsgewahrsams nach dem BPolG vor; dessen „entsprechende" Anwendung (§ 57 Abs. 2 BKAG) dürfte dazu führen, dass auch das BKAG eine **Fortdauerentscheidung nur beim Gewahrsam gem. § 57 Abs. 1 Nr. 2 BKAG** zulässt. Der Platzverweisungsgewahrsam hingegen kann gem. § 57 Abs. 2 BKAG iVm § 42 Abs. 1 S. 1 Nr. 3 Hs. 1 BPolG höchstens bis zum Ende des Tages nach dem Ergreifen angeordnet werden. Demgegenüber kann sich die Dauer des Verhinderungsgewahrsams gem. § 57 Abs. 2 BKAG iVm § 42 Abs. 1 S. 1 Nr. 3 Hs. 2, S. 2 und 3 BPolG auf (insgesamt) bis zu vier Tage erstrecken. Unklar bleibt infolge der Regelungstechnik allerdings, für welcherart Fälle diese Möglichkeit nach dem BKAG vorgesehen sein soll, da weder der Verweis des § 57 Abs. 2 BKAG auf § 42 Abs. 1 BPolG dessen zweiten Satz[216] umfasst noch das BKAG – wie es nötig wäre – anstelle dessen eine eigene Konkretisierung normiert. In Übertragung des Rechtsgedankens des § 42 Abs. 1 S. 2 BPolG, der eine bereits **begangene Straftat** verlangt, wird man die Fortdauerentscheidung jedenfalls nicht zulassen können, bevor nicht die betroffene Person mindestens die Schwelle zur Versuchsstrafbarkeit überschritten hat.

90 Der Gerichtsbeschluss bedarf gem. § 38 Abs. 3 S. 1 FamFG einer Begründung. Diese **Begründungspflicht** findet einen verfassungstextlichen Anhaltspunkt in Art. 104 Abs. 3 S. 2 GG, der für die Untersuchungshaft einen „mit Gründen versehenen schriftlichen Haftbefehl" verlangt, sich aber auch auf andere Materien erstrecken dürfte.[217] Denn die Ratio des Begründungszwangs, die im Wesentlichen darin liegt, die **Eigen- wie die Fremdkontrolle** von Vorbehaltsentscheidungen sowohl durch die Fachgerichtsbarkeit selbst als auch durch die Verfassungsgerichtsbarkeit zu gewährleisten und zu intensivieren,[218] trifft auf alle Formen der Freiheitsentziehung zu. Der Beschluss muss ferner nach § 39 FamFG eine **Rechtsbehelfsbelehrung** enthalten, der die zulässigen Anfechtungsmöglichkeiten (→ Rn. 92 ff.) zu entnehmen sind. Das Fehlen einer solchen Belehrung führt freilich nicht zur Rechtswidrigkeit der Entscheidung, sondern betrifft die Frage der Wahrung von Rechtsmittelfristen.[219]

91 Der Beschluss wird gem. § 422 Abs. 1 FamFG grundsätzlich erst[220] **mit (formeller) Rechtskraft wirksam**, dh wenn er nicht mehr angefochten werden kann (§ 45 FamFG). Erst ab diesem Zeitpunkt ist der Beschluss demnach vollziehbar.[221] Bei den für das Polizeirecht typischen Spontanfestnahmen würde dieser Aufschub den Interventionszweck allerdings vereiteln. Hier kommt daher § 422 Abs. 2 S. 1 FamFG zum Einsatz, der das Gericht zur **Anordnung der sofortigen Wirksamkeit** des Beschlusses ermächtigt, die dann ab Bekanntgabe gem. § 422 Abs. 2 S. 2 FamFG eintritt. Ab diesem Moment kann die Entscheidung vollstreckt (§ 86 Abs. 2 FamFG), der Vollzug des Gewahrsams kann also fortgesetzt werden. Voraussetzung für eine solche Anordnung ist, dass die Dringlichkeit des Sofortvollzugs das Freiheitsinteresse des Betroffenen wesentlich überwiegt.[222] Bei Fortbestand des ohnehin zu beachtenden materiellen Erfordernisses einer gegenwärtigen Gefahrensituation (→ Rn. 54) dürfte das aber in aller Regel anzunehmen sein.

92 cc) **Rechtsbehelfe.** Als einheitliches Rechtsmittel in der Hauptsache sieht das Gesetz in § 58 Abs. 1 FamFG die **Beschwerde** vor.[223] Sie ist denn auch gegen die in Freiheitsentziehungssachen ergangenen Beschlüsse statthaft und beim **Ausgangsgericht** zu erheben (§ 64 FamFG). Hilft dieses dem Rechtsmittel nicht ab, so legt es die Beschwerde gem. § 68 Abs. 1 S. 1 Hs. 2 FamFG unverzüglich dem **Beschwerdegericht** vor. Als solches fungiert gem. § 72 Abs. 1 S. 2 GVG das Landgericht.

93 Die Anordnung der sofortigen Wirksamkeit eines Beschlusses des Ausgangsgerichts (→ Rn. 91) ist dabei kein selbstständiger Beschwerdegegenstand, sondern im Rahmen der Hauptsache per Antrag zum Beschwerdegericht auf **Aussetzung der Vollziehung** des angefochtenen Beschlusses abzuwehren (§ 64 Abs. 3 FamFG).[224]

216 Er lässt die Fortdauerentscheidung zu, (nur) „wenn eine Straftat nach den §§ 125, 125a StGB oder eine gemeinschaftlich begangene Nötigung nach § 240 StGB begangen worden ist", passt also von vornherein nicht zum (engeren) Gefahrentatbestand des § 57 Abs. 1 BKAG.

217 Im Überblick Dürig/Herzog/Scholz/Mehde GG Art. 104 (2019) Rn. 146 ff.; auch Marschner/Lesting/Stahmann/Stahmann, Freiheitsentziehung und Unterbringung, 6. Aufl. 2019, Teil F FamFG § 421 Rn. 10.

218 Allg. Auffassung, zB Dreier/Schulze-Fielitz GG III Art. 104 Rn. 41; Friauf/Höfling/Duttge GG Art. 104 (2018) Rn. 44; Hantel, Der Begriff der Freiheitsentziehung in Art. 104 GG, 1988, S. 48.

219 Marschner/Lesting/Stahmann/Stahmann, Freiheitsentziehung und Unterbringung, 6. Aufl. 2019, Teil F FamFG § 421 Rn. 3: gegebenenfalls Wiedereinsetzungsanspruch gem. § 17 FamFG.

220 Abweichend von § 40 Abs. 1 FamFG, der an die Bekanntgabe der Entscheidung anknüpft.

221 Drewes/Malmberg/Wagner/Walter/Wagner BPolG § 40 Rn. 15a f.

222 Vgl. Haußleiter/Heidebach, FamFG, 2. Aufl. 2017, § 422 Rn. 3; auch Drewes/Malmberg/Wagner/Walter/Wagner BPolG § 40 Rn. 17.

223 Haußleiter/Heidebach, FamFG, 2. Aufl. 2017, Vor §§ 58–69 Rn. 1 ff.

224 Haußleiter/Heidebach, FamFG, 2. Aufl. 2017, § 415 Rn. 7 bzw. Haußleiter/Haußleiter ebd. § 64 Rn. 6.

94 Die Beschwerde ist im Übrigen nach § 62 FamFG auch dann statthaft, wenn sich die angefochtene Entscheidung – hier insbesondere durch Entlassung des Polizeipflichtigen[225] – erledigt, bevor über das Rechtsmittel entschieden wurde. Diese lückenlose **Gewähr sekundären Rechtsschutzes** in Richtervorbehaltsverfahren, die auf einen „Rechtsschutz gegen den Richter" hinausläuft, ist heute verfassungsgerichtlich anerkannt[226] und wird überwiegend aus Art. 19 Abs. 4 GG hergeleitet.[227] Indes dürfte die Sekundärkontrolle bereits der Eigenlogik der **Verfahrensordnung des Art. 104 Abs. 2 und 3 GG** innewohnen. Das stärkste dahin gehende Indiz liefert der Begründungszwang (→ Rn. 90): Indem er die schriftliche Objektivation der Entscheidungsgründe verlangt, erhöht er vor allem die Sichtbarkeit von materiellrechtlichen Fehlern. Prozedural lässt sich dieses Prinzip aber nur als Antizipation weiterer Rechtskontrolle einordnen. Denn es wäre widersinnig, dem Betroffenen erst die rechtliche Überprüfung der Entscheidung zu erleichtern, um ihm dann jedoch die Rügemöglichkeit zu versagen. Folglich erübrigt sich der Rekurs auf Art. 19 Abs. 4 GG,[228] was praktisch nur das (ohnehin) konsentierte Ergebnis weiter unterfüttert.

95 **2. Folgepflichten aus dem Gewahrsamsverhältnis (Abs. 2 iVm § 41 BPolG).** Der über § 57 BKAG entsprechend anwendbare § 41 BPolG trifft weitere Bestimmungen zum Schutz der verwahrten Person. Hierzu gehören einerseits die **Informations- und Benachrichtigungspflichten** gem. § 41 Abs. 1 und 2 BPolG (→ Rn. 96 ff.), andererseits die Vorgaben des § 41 Abs. 3 BPolG zu den **Unterbringungsmodalitäten** (→ Rn. 99 ff.). Diese Regelungen entsprechen, wie in Abgleich mit § 15 MEPolG zu erkennen, dem gängigen Standard.

96 **a) Informations- und Benachrichtigungspflicht (§ 41 Abs. 1 und 2 BPolG).** Im ersten Absatz verpflichtet § 41 BPolG die Polizeibehörde, dh das BKA dazu, die in Gewahrsam genommene Person unverzüglich über den Grund der Maßnahme und die in Betracht kommenden Rechtsbehelfe zu unterrichten. Die **Mitteilung der Gründe** „in möglichst kurzer Frist" ist (auch) konventionsrechtlich geboten (vgl. Art. 5 Abs. 2 EMRK); die **Angabe der Rechtsbehelfe** ist Element des Grundrechtsschutzes durch das Richtervorbehaltsverfahren gem. Art. 104 Abs. 2 GG. Verstöße gegen beide Pflichten müssen darum die Rechts- und Verfassungswidrigkeit der Polizeimaßnahme nach sich ziehen (→ Rn. 87).[229] Die Erfüllung der Informationspflichten durch die handelnden Beamten muss den Betroffenen in den Stand versetzen, seine momentane Situation derart zu erfassen, dass er darauf reagieren kann, sei es durch Ergreifung von Rechtsmitteln (→ Rn. 92 ff.), sei es durch Kontaktierung Angehöriger (→ Rn. 97) oder nur durch Hinnahme der Freiheitsentziehung aufgrund eigener Einsicht in ihre Notwendigkeit. Zu den gem. § 41 Abs. 1 BPolG zu erteilenden Informationen zählen darum insbesondere der der Maßnahme zugrundeliegende Sachverhalt, ihre gesetzliche Rechtsgrundlage und im Hinblick auf die Benachrichtigung Angehöriger wohl zudem der genaue Gewahrsamsort.[230] Sofern der Betroffene wegen Intoxikation, Bewusstlosigkeit oder ähnlichem vorübergehend nicht ansprechbar ist, muss die Unterrichtung erfolgen, sobald er seine Kommunikationsfähigkeit wiedererlangt hat.

97 Nach § 57 Abs. 2 BKAG iVm § 41 Abs. 2 BPolG muss das BKA jedem Festgenommenen weiterhin Gelegenheit geben, einen Angehörigen oder eine sonstige **Person seines Vertrauens zu verständigen** (S. 1) bzw. an seiner Stelle selbst dahin gehend tätig werden, wenn der Betroffene dazu außerstande ist und die Benachrichtigung Dritter seinem mutmaßlichen Willen nicht widerspricht (S. 2). In diesem Fall müssen der Vertrauensperson mindestens der Aufenthaltsort des Festgenommenen, die voraussichtliche Gewahrsamsdauer und Daten zur weiteren Kontaktaufnahme übermittelt werden. Das Verständigungsrecht des Betroffenen selbst steht gem. § 41 Abs. 2 S. 1 BPolG unter dem **Vorbehalt,** dass durch seine Ausübung der Zweck der Maßnahme nicht gefährdet wird, dass der Störer insbesondere nicht Komplizen dazu auffordern kann, die Tatbegehung an seiner Stelle fortzusetzen.[231] Diese Einschränkung dürfte gerade für den Verhinderungsgewahrsam nach § 57 Abs. 1 Nr. 2 BKAG bedeutsam sein, da dessen Bezugsdelikte typischerweise im Zusammenhang mit organisierter Kriminalität stehen (→ Rn. 56). Sie führt dazu, dass anstelle des Betroffenen

225 Drewes/Malmberg/Wagner/Walter/Wagner BPolG § 40 Rn. 17.

226 BVerfG Beschl. v. 30.4.1997 – 2 BvR 817/90 ua –, BVerfGE 96, 27 (39 ff.); Beschl. v. 5.12.2001 – 2 BvR 527/99 ua –, BVerfGE 104, 220 (231 ff.); Beschl. v. 30.4.2003 – 1 PBvU 1/02 –, BVerfGE 107, 395 (406); Beschl. v. 23.5.2006 – 1 BvR 2530/04 –, BVerfGE 116, 1 (9 f.); Beschl. v. 16.7.2015 – 1 BvR 625/15 –, NJW 2015, 3432; vgl. Voßkuhle NJW 2003, 2193 (2196 f.).

227 Vgl. Drewes/Malmberg/Wagner/Walter/Wagner BPolG § 40 Rn. 17; Haußleiter/Heidebach, FamFG, 2. Aufl. 2017, § 62 Rn. 1. Übergreifend Voßkuhle in HGR V, 2013, § 131 Rn. 101; von Mangoldt/Klein/Starck/Gusy GG III Art. 104 Rn. 61; Dürig/Herzog/Scholz/Schmidt-Aßmann GG Art. 19 Abs. 4 (2014) Rn. 100.

228 Nach hiesigem Verständnis ist Art. 19 Abs. 4 GG nur in den Fällen des § 57 Abs. 2 BKAG, § 40 Abs. 1 Hs. 2 BPolG relevant, in denen die Freiheitsentziehung beendet ist, bevor überhaupt eine Gerichtsentscheidung eingeholt werden kann, vgl. → Rn. 77 (Fortsetzungsfeststellungsklage).

229 S. etwa Schenke/Graulich/Ruthig/Schenke BPolG § 41 Rn. 1.

230 Richtig Schenke/Graulich/Ruthig/Schenke BPolG § 41 Rn. 2.

231 Schenke/Graulich/Ruthig/Schenke BPolG § 41 Rn. 6.

wiederum das BKA eine geeignete Vertrauensperson kontaktieren muss. Nicht hingegen darf jegliche Unterrichtung Dritter unterbleiben, da dies unter Umständen menschenrechtswidrig ist (→ Rn. 36).

98 Werden Ausländer festgehalten, so ist schließlich noch das Wiener Übereinkommen über konsularische Beziehungen (**WÜK**)[232] zu beachten, dessen Art. 36 den deutschen Staat auf Verlangen des Inhaftierten dazu verpflichtet, die konsularische Vertretung seines Staats von der Freiheitsentziehung umgehend zu unterrichten.

99 b) **Vollzugsmodalitäten, insbes. Fesselung (§ 41 Abs. 3 BPolG).** Eine Freiheitsentziehung wird bekanntlich nicht nur vollstreckt, sondern auch *vollzogen.*[233] Der Vollzug birgt für den Betroffenen eigene Verletzungsrisiken, die verfassungsrechtlich im **Misshandlungsverbot** gem. Art. 104 Abs. 1 S. 2 GG anklingen und konventionsrechtlich durch das Folterverbot aus Art. 3 EMRK sanktioniert sind. Verstöße gegen diese Garantien, die die Grundbedingungen individueller und sozialer Existenz absolut schützen,[234] begründen ausnahmslos die Verfassungswidrigkeit des Vollzugs (→ Rn. 28). Darüber hinausgehend enthält der gem. § 57 Abs. 2 BKAG entsprechend anwendbare § 41 Abs. 3 BPolG in seinen ersten beiden Sätzen **Soll-Vorschriften,** welche die Unterbringungsmodalitäten – vorbehaltlich der tatsächlichen Möglichkeiten – weiter spezifizieren. Hierbei normiert zunächst § 41 Abs. 3 S. 1 BPolG ein Trennungsprinzip, demzufolge präventivpolizeilich festgehaltene Personen ohne ihre Einwilligung nicht mit Straf- oder Untersuchungsgefangenen zusammen in demselben Raum untergebracht werden sollen. Ferner sollen nach § 41 Abs. 3 S. 2 BPolG Frauen und Männer getrennt untergebracht werden, wobei etwa bei Ehepaaren, Lebenspartnern oder Geschwistern im Lichte des Art. 6 Abs. 1 GG Ausnahmen naheliegen.[235]

100 § 41 Abs. 3 S. 3 BPolG bringt schließlich den allgemeingültigen Grundsatz zum Ausdruck, dass der festgehaltenen Person nur solche Beschränkungen auferlegt werden dürfen, die der Zweck der Freiheitsentziehung oder die Ordnung im Gewahrsam erfordern. Der Grundsatz folgt bereits aus der uneingeschränkten Rechts- und Gesetzesbindung der öffentlichen Gewalt gem. Art. 1 Abs. 3, Art. 20 Abs. 3 GG natürlich auch gegenüber Inhaftierten.[236] Ein Sonderproblem dürfte in diesem Zusammenhang aufgrund neuerer Tendenzen in Rechtsprechung und Literatur die **Fesselung Gefangener** darstellen, die gem. § 8 UZwG als Begleitmaßnahme des Gewahrsams in Betracht kommt.[237] Hier gilt es nämlich zu beachten, dass ein solcher Eingriff unter Umständen eine **eigenständige Freiheitsentziehung gem. Art. 104 Abs. 2 GG** beinhaltet,[238] die mithin erneut, dh unabhängig von der richterlichen Anordnung des Gewahrsams eines weiteren Gerichtsbeschlusses bedarf. Das Bundesverfassungsgericht hat dies im Jahr 2018 in einer Leitentscheidung zur Patientenfixierung für Konstellationen der Vollimmobilisation einer (untergebrachten) Person infolge ihrer „besonderen Eingriffsintensität" festgestellt.[239] Für die Einordnung als Freiheitsentziehung soll es auf fünf ineinandergreifende Aspekte ankommen: Erleben körperlicher Ohnmacht (1) bei individuell gesteigerter Vulnerabilität (2) durch einen Eingriff in den persönlichen Nahbereich (3), der mit erheblichen Verletzungsrisiken verbunden (4) und von mehr als nur kurzfristiger Dauer (5) ist.[240] Nach diesen Kriterien dürften auch polizeiliche Fesselungsmaßnahmen gem. § 8 UZwG als (eigenständige) Freiheitsentziehungen gem. Art. 104 GG in Betracht kommen, wenn sie die entsprechende Qualität aufweisen.[241] Einige Landespolizeigesetze haben denn auch bereits spezielle Richtervorbehalte normiert.[242] In Ermangelung eines solchen Vorbehalts auf der Ebene des Bundespolizeirechts ist **dem BKA derzeit keine Fixierung erlaubt**. Die Fesselung einer gem. § 57 Abs. 1 BKAG festgehaltenen Person ist somit, wenn sie an eine Vollimmobilisation im obigen

232 BGBl. II 1969 S. 1587.

233 Vielzitiert Schüler-Springorum, Strafvollzug im Übergang, 1969, S. 125: „nicht nur ‚vollstreckt', sondern darüber hinaus ‚vollzogen'".

234 StRspr. zum Strafvollzug, vgl. BVerfG Urt. v. 21.6.1977 – 1 BvL 14/76 –, BVerfGE 45, 187 (228); Urt. v. 24.4.1986 – 2 BvR 1146/85 –, BVerfGE 72, 105 (115 f.); EGMR Urt. v. 26.10.2000 – Nr. 30210/96 –, Rn. 94 – Kudła.

235 Drewes/Malmberg/Wagner/Walter/Wagner BPolG § 41 Rn. 21.

236 Die ältere Figur vom „besonderen Gewaltverhältnis" ist lange überholt, vgl. BVerfG Beschl. v. 14.3.1972 – 2 BvR 41/71 –, BVerfGE 33, 1 (Ls., 9); Beschl. v. 21.10.1981 – 1 BvR 52/81 –, BVerfGE 58, 358 (367); Urt. v. 31.5.2006 – 2 BvR 1673/04 ua –, BVerfGE 116, 69 (81); von Kielmansegg in HVwR III, 2022, § 70 Rn. 21.

237 Drewes/Malmberg/Wagner/Walter/Walter BPolG § 8 UZwG Rn. 2; allg. Benfer/Bialon Rechtseingriffe von Polizei und Staatsanwaltschaft, 4. Aufl. 2010, Rn. 1622.

238 Mitunter ist hier von einer „Freiheitsentziehung in der Freiheitsentziehung" die Rede.

239 BVerfG Urt. v. 24.7.2018 – 2 BvR 309/15 ua –, BVerfGE 149, 293 (320, Rn. 69): „Aufgrund ihrer besonderen Eingriffsintensität ist die nicht nur kurzfristige Fixierung sämtlicher Gliedmaßen auch im Rahmen eines bereits bestehenden Freiheitsentziehungsverhältnisses als eigenständige Freiheitsentziehung zu qualifizieren, die den Richtervorbehalt des Art. 104 Abs. 2 Satz 1 GG abermals auslöst".

240 BVerfG Urt. v. 24.7.2018 – 2 BvR 309/15 ua –, BVerfGE 149, 293 (319 ff., Rn. 68 ff.); hierzu und zu den genannten Kriterien Kuch, Freiheitsentziehung, 2023 (i. Ersch.), § 7 III. 2a).

241 Tomerius NVwZ 2021, 289 ff.

242 Etwa § 106 BremPolG oder § 37a PolG NRW.

Sinne heranreicht, rechts- und verfassungswidrig. Das kann bereits bei einer kombinierten Anwendung von Hand- und Fußfesseln anzunehmen sein.[243]

3. Entlassung (Abs. 2 iVm § 42 BPolG). § 57 Abs. 2 BKAG iVm § 42 BPolG regeln die Entlassung der in Gewahrsam genommenen Personen. Insofern stellt § 42 Abs. 1 Nr. 1 BPolG klar, dass sie (selbstverständlich) auf freien Fuß zu setzen sind, „sobald der Grund für die Maßnahme weggefallen ist". Das folgt allein schon aus der rein präventiven, dh an eine (jeweils noch) gegenwärtige Gefahrenlage gebundenen Zwecksetzung des Gewahrsams (→ Rn. 54). § 42 Abs. 1 Nr. 2 BPolG ist in Anbetracht der allgemeinen Gesetzes- und Grundrechtsbindung der Verwaltung ebenfalls **eher deklaratorischer Natur,** indem er der Polizei ein Abweichen von einer etwaigen gerichtlichen Feststellung der Unzulässigkeit der (weiteren) Freiheitsentziehung verbietet. Bereits im Zusammenhang mit dem das BKA demgemäß bindenden Gerichtsbeschluss nach § 57 Abs. 2 BKAG iVm § 40 Abs. 2 S. 2 BPolG, § 421 FamFG wurden die von § 42 Abs. 1 BPolG im Weiteren geregelten Höchstfristen behandelt (→ Rn. 89). 101

Fraglich ist am Ende noch die **Anwendbarkeit des § 42 Abs. 2 BPolG** auf Maßnahmen des BKA. Diese Vorschrift sieht eine Höchstdauer von „insgesamt zwölf Stunden" im speziellen Fall einer „Freiheitsentziehung zum Zwecke der Identitätsfeststellung" vor. Einerseits wird sie zwar ausdrücklich in der Verweisungsnorm des § 57 Abs. 2 BKAG genannt. Andererseits und zugleich soll gem. § 57 Abs. 2 BKAG der Gewahrsam nach § 57 Abs. 1 BKAG bei der Anwendung des § 42 Abs. 2 BPolG „an die Stelle der dort genannten Freiheitsentziehung" treten. Dann jedoch läuft § 42 Abs. 2 BPolG leer, weil er gerade keine Freiheitsentziehung zum Zweck der Identitätsfeststellung, sondern eine solche nach § 57 Abs. 1 BKAG beträfe, für die schon die Fristen des § 42 Abs. 1 BPolG gelten. Die Verweisungstechnik geht folglich nicht auf. Unabhängig davon kann nach der hier vertretenen Auffassung eine Freiheitsentziehung zur Identitätsfeststellung aber ohnehin nicht auf das BKAG gestützt werden, weil selbiges nur für die Maßnahmen gem. § 57 Abs. 1 BKAG – und nicht etwa auch für solche nach § 42 Abs. 1 BKAG, § 23 Abs. 3 S. 4 BPolG – einen *Richtervorbehalt* normiert (→ Rn. 23). Unter dieser Hinsicht ist der Verweis auf § 42 Abs. 2 BPolG als **Redaktionsversehen** einzuordnen. Die Vorschrift ist für das BKA demnach schlicht irrelevant. 102

§ 58 Durchsuchung von Personen

(1) [1]Das Bundeskriminalamt kann eine Person durchsuchen, wenn

1. **sie nach diesem Abschnitt festgehalten werden kann,**
2. **Tatsachen die Annahme rechtfertigen, dass sie Sachen mit sich führt, die nach § 60 sichergestellt werden dürfen,**
3. **sie sich an einem der in § 42 Absatz 1 Nummer 2 genannten Orte aufhält,**
4. **sie sich an einem der in § 42 Absatz 1 Nummer 3 genannten Orte aufhält und Tatsachen die Annahme rechtfertigen, dass dort Straftaten nach § 5 Absatz 1 Satz 2 begangen werden sollen, oder**
5. **sie sich in unmittelbarer Nähe einer Person aufhält, die aufgrund bestimmter Tatsachen durch die Begehung von Straftaten nach § 5 Absatz 1 Satz 2 gefährdet ist**

und die Durchsuchung aufgrund von auf die zu durchsuchende Person bezogenen Anhaltspunkten erforderlich ist. [2]§ 42 Absatz 1 bleibt unberührt.

(2) Das Bundeskriminalamt kann eine Person, deren Identität nach diesem Gesetz oder anderen Rechtsvorschriften festgestellt werden soll, nach Waffen, Explosionsmitteln oder anderen gefährlichen Gegenständen durchsuchen, soweit dies nach den Umständen zum Schutz der Bediensteten des Bundeskriminalamtes, der Person selbst oder eines Dritten gegen eine Gefahr für Leib oder Leben erforderlich ist.

(3) § 43 Absatz 4 und 5 des Bundespolizeigesetzes gilt entsprechend.

243 Richtig Tomerius NVwZ 2021, 289 (291); vgl. auch Marschner/Lesting/Stahmann/Stahmann, Freiheitsentziehung und Unterbringung, 6. Aufl. 2019, Teil F FamFG § 415 Rn. 11 aE im Hinblick auf eine länger dauernde Fesselung der Hände hinter dem Rücken.

A. Überblick und Genese

1 § 58 BKAG normiert eine Befugnis zur Durchsuchung von Personen zum Zweck der **Abwehr von Gefahren** des internationalen Terrorismus (§ 5 Abs. 1 BKAG). Durchsuchungen zum Zweck der Strafverfolgung fallen nicht unter § 58 BKAG, sondern unter §§ 102 ff., 111, 163b StPO. Die Abgrenzung richtet sich nach dem Schwerpunkt des Handelns.[1]

2 Die Vorschrift ist **§ 43 BPolG nachgebildet**, der sich wiederum an § 17 MEPolG orientiert. § 58 Abs. 1 S. 1 BKAG enthält fünf Durchsuchungstatbestände, von denen die beiden ersten an andere Befugnisse des BKA anknüpfen. Die Durchsuchung wird insoweit – ähnlich wie in Absatz 2 – als begleitende oder vorbereitende Maßnahme konzipiert. Die übrigen drei Tatbestände des Absatzes 1 ermöglichen die Durchsuchung einer Person, die sich an einem bestimmten „gefährlichen" oder „gefährdeten" Ort oder in der Nähe einer gefährdeten Person aufhält. Absatz 3 verweist für bestimmte Modalitäten der Durchsuchung und für das Festhalten und die Mitnahme zur Dienststelle auf § 43 Abs. 4 und 5 BPolG.

3 Die Durchsuchung einer Person stellt einen – uU schwerwiegenden – Eingriff in deren allgemeines Persönlichkeitsrecht (**Art. 2 Abs. 1 GG iVm Art. 1 Abs. 1 GG**) dar. Das Festhalten und die Mitnahme zur Dienststelle nach § 58 Abs. 3 BKAG iVm § 43 Abs. 5 BPolG beschränken die Freiheit der Person (Art. 2 Abs. 2 S. 2 GG; zum Verstoß gegen Art. 104 Abs. 2 GG → Rn. 54 ff.; → § 57 Rn. 19 ff.).

B. Tatbestand

I. Durchsuchungstatbestände (Abs. 1 S. 1)

4 **1. Grundstruktur.** § 58 Abs. 1 S. 1 BKAG normiert in seinen Nummern fünf Durchsuchungstatbestände, die auf andere Befugnisse des BKA oder auf bestimmte Orte Bezug nehmen. Zu jedem Tatbestand tritt die am Ende des Satzes einheitlich normierte Voraussetzung hinzu, dass die Durchsuchung aufgrund von auf die zu durchsuchende Person bezogenen Anhaltspunkten erforderlich ist. Den BKA-Bediensteten wird also stets eine **personenbezogene Prognose** abverlangt, die sich auf konkrete Anhaltspunkte stützen muss. Durchsuchungen „ins Blaue hinein" (→ § 38 Rn. 4) sind ebenso unzulässig wie Durchsuchungen, die sich auf bloße Vermutungen oder Intuitionen der BKA-Bediensteten stützen. Anhaltspunkte können sich jedoch nicht nur aus Wahrnehmungen oder Hinweisen, sondern auch aus der der kriminalistischen Erfahrung ergeben, solange diese objektiv nachvollziehbar ist. Anzulegen ist der objektivierte Maßstab des pflichtbewussten Durchschnittsbeamten, wobei sich die Anforderungen entscheidend am Grad der Gefahr und der Bedeutung des gefährdeten Rechtsguts orientieren: Je größer die Gefahr für das Rechtsgut und je höher seine Bedeutung, desto niedriger sind die Anforderungen an die Prognose.

5 **2. Durchsuchung von „festhaltbaren" Personen (Nr. 1).** Nach § 58 Abs. 1 S. 1 Nr. 1 BKAG kann eine Person durchsucht werden, wenn sie nach dem Abschnitt 5 des BKAG festgehalten werden kann. Festhalten meint **jede Form der Freiheitsentziehung**, nicht nur den Gewahrsam.[2] Die Festhaltebefugnis muss sich aus dem fünften Abschnitt des BKAG ergeben. Nach der Konzeption des Gesetzgebers dient § 58 Abs. 1 S. 1 Nr. 1 BKAG „vornehmlich der Eigensicherung der Beamten des BKA",[3] gerade vor „Überraschungsangriffen". Daher kann eine Person schon durchsucht werden, bevor sie festgehalten wird.[4] Es genügt, dass der

1 Dazu allg. Kingreen/Poscher, POR, § 2 Rn. 14 mwN; aA Schenke/Graulich/Ruthig/Schenke BKAG § 58 Rn. 2.
2 BT-Drs. 12/7562, 72 zu § 43 BGSG.
3 BT-Drs. 16/9588, 32 zu § 20q BKAG.
4 BT-Drs. 12/7562, 72 zu § 43 BGSG.

jeweilige **Festhaltetatbestand** erfüllt ist; das Festhalten muss noch nicht angeordnet oder gar vollzogen worden sein.

6 a) **Gewahrsam.** Eine besonders intensive Form des Festhaltens ist der Gewahrsam nach **§ 57 BKAG.** Die Ingewahrsamnahme kann durch eine Durchsuchung abgesichert werden, wenn personenbezogene Anhaltspunkte dies erforderlich erscheinen lassen. Nicht von § 58 Abs. 1 S. 1 Nr. 1 BKAG erfasst ist hingegen der Tatbestand der Ingewahrsamnahme nach § 63 Abs. 8 BKAG (→ § 63 Rn. 125 ff.), weil er sich nicht in Abschnitt 5 des BKAG befindet.

7 b) **Festhalten bei Identitätsfeststellung.** Eine weitere Festhaltebefugnis ergibt sich aus der Befugnis des BKA zur Identitätsfeststellung nach **§ 42 Abs. 1 BKAG.** Aufgrund der Verweisung auf § 23 Abs. 3 S. 4 BPolG kann das BKA unter den zur Identitätsfeststellung berechtigenden Voraussetzungen des § 42 Abs. 1 BKAG (→ § 42 Rn. 6 ff.) Personen festhalten, wenn ihre Identität auf andere Weise nicht oder nur unter erheblichen Schwierigkeiten festgestellt werden kann.

8 Sucht das BKA nach Gegenständen, die der Identitätsfeststellung dienen (Ausweise, Pässe, etc.), richtet sich die Durchsuchung allerdings nach § 42 Abs. 1 BKAG iVm § 23 Abs. 3 S. 5 BPolG. Die Spezialität dieser Befugnis ergibt sich aus **§ 58 Abs. 1 S. 2 BKAG.**[5]

9 Da die Eigensicherung bei der Identitätsfeststellung durch den **spezielleren Absatz 2** abgedeckt ist, dürfte für eine Durchsuchung nach §§ 58 Abs. 1 Nr. 1, 42 Abs. 1 BKAG iVm § 23 Abs. 3 S. 4 BPolG kein praktischer Anwendungsbereich verbleiben (→ Rn. 7).

10 c) **Festhalten bei Vorführung.** Das BKA kann Personen auch festhalten, um eine Vorladung nach § 44 Abs. 1 durchzusetzen. Die Festhaltebefugnis ergibt sich aus der Verweisung des **§ 44 Abs. 2 BKAG** auf § 25 Abs. 3 BPolG, der eine zwangsweise Durchsetzung der Vorladung zulässt, wenn die Angaben der vorgeladenen Person zur Abwehr einer Gefahr für Leib, Leben oder Freiheit einer Person (Nr. 1) oder zur Durchführung erkennungsdienstlicher Maßnahmen erforderlich ist (Nr. 2). Die „Vorführung" geht mit einer Freiheitsentziehung der vorgeführten Person einher.

11 d) **Festhalten bei Durchsuchung.** Seinem Wortlaut nach erfasst § 58 Abs. 1 S. 1 Nr. 1 BKAG auch den Festhaltetatbestand des **§ 58 Abs. 3 BKAG** iVm § 43 Abs. 5 BPolG (→ Rn. 47). Da dieser aber voraussetzt, dass die Person durchsucht werden kann, wäre die Anwendung **zirkulär.**[6]

12 **3. Durchsuchung zur Vorbereitung einer Sicherstellung (Nr. 2).** § 58 Abs. 1 S. 1 Nr. 2 BKAG ermöglicht die Durchsuchung einer Person, wenn Tatsachen die Annahme rechtfertigen, dass sie Sachen (→ § 60 Rn. 6) mit sich führt, die nach **§ 60 BKAG** sichergestellt werden dürfen. Es handelt sich um einen **Prognosetatbestand,** der nach zwei Richtungen begrenzt ist: nach „oben" durch die Gewissheit, nach „unten" durch die Vermutung. Wissen die BKA-Bediensteten bereits, dass die Person eine sicherstellungsfähige Sache mit sich führt, scheidet eine Durchsuchung aus, da sie bereits begrifflich ein Aufspüren voraussetzt; es kommt nur die Sicherstellung der bekannten Sache in Betracht. Stellen die Bediensteten hingegen bloße Vermutungen über eine sicherstellungsfähige Sache an, hat eine Durchsuchung zu unterbleiben, da keine Tatsachengrundlage vorliegt.[7]

13 Zwischen „Gewissheit" und „Vermutung" ist der Prognosespielraum angesiedelt: Ausgehend von Tatsachen müssen sich die BKA-Bediensteten ein **Wahrscheinlichkeitsurteil** darüber bilden, ob die Person eine sicherstellungsfähige Sache mit sich führt. Zu den prognoserelevanten Tatsachen gehören nicht nur Wahrnehmungen in der konkreten Einsatzsituation, sondern auch früher gewonnene Erkenntnisse, Aussagen Dritter, Datenanalysen und kriminalistisches Erfahrungswissen.[8] Dabei muss die Tatsachengrundlage die Annahme rechtfertigen. Die BKA-Bediensteten dürfen sich also zB nicht „blind" auf Zeugenaussagen verlassen, sondern müssen diese auf ihre Glaubhaftigkeit überprüfen. Auch kann nicht jede individuelle Erfahrung in die Prognose eingestellt werden; sie muss vielmehr nachvollziehbar sein. Unhintergehbare Intuitionen genügen nicht.

14 Es gilt der **objektivierte Maßstab** eines „pflichtbewussten Durchschnittsbeamten". Die Anforderungen an die Prognose richten sich nach der Gefahrenlage: Sie sind umso geringer, je größer die Gefahr ist, zu deren Abwehr das BKA tätig wird. Stellt sich im Nachhinein heraus, dass die Person keine sicherstellungsfähige Sache mit sich geführt hat, berührt das die Rechtmäßigkeit der Untersuchung solange nicht, wie die Prognose der BKA-Bediensteten dem objektivierten Kontrollmaßstab genügt.

15 Eine Person **führt eine Sache mit sich,** wenn sie diese in der angelegten Kleidung oder unmittelbar am Körper trägt.[9] Wollen die BKA-Beamten Sachen aufspüren, die sich (wahrscheinlich) in äußerlich getragenen

5 § 20q Abs. 1 S. 2 BKAG aF verwies explizit noch auf § 20d Abs. 1 aF iVm § 23 Abs. 3 S. 5 BKAG.
6 Anders offenbar Schenke/Graulich/Ruthig/Schenke BKAG § 58 Rn. 4.
7 Vgl. Drewes/Malmberg/Walter/Wagner/Walter BPolG § 43 Rn. 6.
8 Drewes/Malmberg/Walter/Wagner/Walter BPolG § 43 Rn. 6.
9 Drewes/Malmberg/Walter/Wagner/Walter BPolG § 43 Rn. 6.

Behältnissen (Taschen, Tüten, Rucksäcken, Koffer, etc.) oder in abgelegten Kleidungsstücken befinden, richtet sich die Maßnahme nicht nach § 58 Abs. 1 S. 1 Nr. 2 BKAG, sondern nach § 59 Abs. 1 S. 1 Nr. 1 BKAG (→ § 59 Rn. 8 ff.).

16 **4. Durchsuchung an „gefährlichen" Orten (Nr. 3).** Nach § 58 Abs. 1 S. 1 Nr. 3 BKAG kann eine Person durchsucht werden, wenn sie sich an einem Ort aufhält und Tatsachen die Annahme rechtfertigen, dass dort Straftaten nach § 5 Abs. 1 S. 2 BKAG verabredet, vorbereitet oder verübt werden (§ 42 Abs. 1 Nr. 2 lit. a BKAG) oder sich dort Personen ohne die erforderlichen Aufenthaltstitel treffen (§ 42 Abs. 1 Nr. 2 lit. b BKAG; zu rechtsdogmatischen und verfassungsrechtlichen Zweifeln → § 42 Rn. 12). Die BKA-Bediensteten haben eine tatsachenbasierte Prognose über die **Gefährlichkeit des Ortes** anzustellen, an dem sich die Person befindet. Anders als für die Identitätsfeststellung nach § 42 Abs. 1 Nr. 2 BKAG reicht es für die Durchsuchung aber nicht aus, dass sich die Person an dem gefährlichen Ort aufhält. Vielmehr muss die Durchsuchung aufgrund von Anhaltspunkten, die sich auf die Person beziehen, erforderlich sein. Es ist zusätzlich eine **personenbezogene Prognose** anzustellen, die ebenfalls eine hinreichende Tatsachengrundlage voraussetzt (→ Rn. 4).

17 **5. Durchsuchung bei „besonders gefährdeten" Orten (Nr. 4).** § 58 Abs. 1 S. 1 Nr. 4 BKAG nimmt auf die in § 42 Abs. 1 Nr. 3 BKAG genannten „besonders gefährdeten" Orte Bezug. Der Aufenthalt der Person an oder in unmittelbarer Nähe eines solchen Orts genügt nicht, um sie zu durchsuchen. Vielmehr müssen Tatsachen die Annahme rechtfertigen, dass an dem Ort Straftaten nach § 5 Abs. 1 S. 2 BKAG begangen werden sollen. Demnach ist – wie bei § 42 Abs. 1 Nr. 3 BKAG – eine **straftatenbezogene Prognose anzustellen** (→ § 42 Rn. 13).

18 Anders als § 42 Abs. 1 Nr. 3 BKAG verlangt § 58 Abs. 1 S. 1 Nr. 4 BKAG nicht, dass die Straftat in oder an den gefährdeten Objekten befindliche Personen oder diese Objekte selbst unmittelbar gefährdet. Weshalb der Gesetzgeber auf diese – verfassungsrechtlich gebotene[10] – **Konkretisierung der Straftat** bei der Durchsuchung verzichtet, während er sie bei der weniger belastenden Identitätsfeststellung vorsieht, ergibt sich nicht aus der Entwurfsbegründung.[11] Manches spricht für ein Redaktionsversehen, das jedoch – trotz zwischenzeitlicher Kritik –[12] auch bei der Neustrukturierung des BKAG nicht berichtigt wurde.[13] Ob angesichts dessen die zusätzlichen Voraussetzungen des § 42 Abs. 1 Nr. 3 BKAG kurzerhand korrigierend in § 58 Abs. 1 S. 1 Nr. 4 BKAG hineingelesen werden können,[14] ist methodisch zumindest zweifelhaft. In der Tat handelt es sich aber um einen „Wertungswiderspruch",[15] wenn das BKA eine Person zwar am gefährdeten Ort durchsuchen könnte, ohne dass durch die erwartete Straftat das Objekt oder dort befindliche Personen unmittelbar gefährdet wären, nicht aber die Identität der Person feststellen könnte. Diesen Widerspruch hat jedoch der Gesetzgeber zu beseitigen.

19 Über die straftatenbezogene Prognose hinaus haben die BKA-Bediensteten eine **personenbezogene Prognose** anzustellen, da § 58 Abs. 1 S. 1 BKAG wie § 42 Abs. 1 Nr. 3 BKAG verlangt, dass die Maßnahme aufgrund von auf die Person bezogenen Anhaltspunkten erforderlich ist. Anders als beim Vorbild des § 43 Abs. 1 Nr. 4 BPolG genügt nicht schon die „Gefährdungslage", um die Durchsuchung zu rechtfertigen. Aufgrund der offenen Formulierung des § 58 Abs. 1 S. 1 BKAG kann aber andererseits auch nicht verlangt werden, dass die zu durchsuchende Person für die Gefahr verantwortlich ist, die das BKA abwehrt.[16] Sie kann ebenso gut „Nichtstörer" sein, solange nur konkret auf sie bezogene Anhaltspunkte vorliegen, die ihre Durchsuchung zur Abwehr der Gefahr erforderlich erscheinen lassen.

20 **6. Durchsuchung in der Nähe gefährdeter Personen (Nr. 5).** Eine Person kann nach § 58 Abs. 1 S. 1 Nr. 5 BKAG durchsucht werden, wenn sie sich in unmittelbarer Nähe einer Person aufhält, die aufgrund bestimmter Tatsachen durch die Begehung von Straftaten nach § 5 Abs. 1 S. 2 BKAG gefährdet ist. Der Tatbestand hat kein Vorbild im (Bundes-)Polizeirecht, sondern ist auf den speziellen gefahrenabwehrrechtlichen **Aufgabenbereich des BKA** zugeschnitten, der den Schutz von Personen vor Straftaten des internationalen Terrorismus umfasst (→ § 5 Rn. 2, 20 ff.).

21 Die BKA-Bediensteten müssen eine **opferbezogene Prognose** anstellen. Bestimmte Tatsachen müssen es als wahrscheinlich erscheinen lassen, dass die Person, in deren unmittelbarer Nähe sich die zu durchsuchende Person aufhält, Opfer einer Straftat nach § 5 Abs. 1 S. 2 BKAG wird. § 58 Abs. 1 S. 1 Nr. 5 BKAG umschreibt einen Gefahrenverdacht, verlangt aber zugleich das Vorliegen „bestimmter" Tatsachen. Die Verdachtssituation wird damit der konkreten Gefahr angenähert, so dass ein strengerer Maßstab an die Pro-

10 Vgl. BVerfG Beschl. v. 18.12.2018 – 1 BvR 142/15 –, BVerfGE 150, 244 (292, Rn. 125).
11 BT-Drs. 16/9588, 32.
12 Kugelmann BKAG § 20q Rn. 5.
13 Vgl. BT-Drs. 18/11163, 126.
14 So Schenke/Graulich/Ruthig/Schenke BKAG § 58 Rn. 7.
15 Kugelmann BKAG § 20q Rn. 5.
16 Vgl. Schenke/Graulich/Ruthig/Schenke BPolG § 43 Rn. 12.

gnose anzulegen ist. Die Anforderungen sind jedoch umso geringer, je größer die Gefahr für die gefährdete Person erscheint.

Neben der opferbezogenen Prognose ist wie bei den anderen Tatbeständen des § 58 Abs. 1 BKAG eine **personenbezogene Prognose** anzustellen (→ Rn. 4). Die zu durchsuchende Person muss nicht für die Gefahr verantwortlich sein, jedoch muss die Gefahrenabwehr gerade ihre Inanspruchnahme prognostisch erfordern. 22

Das Kriterium der **unmittelbaren Nähe** legt eine besonders enge räumliche Beziehung zwischen den Personen nahe: Die zu durchsuchende Person muss dank ihres Aufenthaltsortes in kürzester Zeit an den Aufenthaltsort der gefährdeten Person gelangen können. Nicht ausreichend ist, dass sie von ihrem Aufenthaltsort aus eine Straftat gegen die gefährdete Person begehen kann – etwa mit ferngezündeten Sprengmitteln –, da sonst überhaupt keine räumliche Begrenzung mehr gegeben wäre.[17] 23

II. Durchsuchung zur Absicherung einer Identitätsfeststellung (Abs. 2)

§ 58 Abs. 2 BKAG enthält einen Durchsuchungstatbestand zur Eigen- und Fremdsicherung im Rahmen einer Identitätsfeststellung. 24

1. Abgrenzung zu §§ 58 Abs. 1 Nr. 1, 42 Abs. 1 BKAG iVm § 23 Abs. 3 S. 3 BPolG. Soweit auch §§ 58 Abs. 1 S. 1 Nr. 1, 42 Abs. 1 BKAG iVm § 23 Abs. 3 S. 3 BPolG eine Durchsuchung bei einer Identitätsfeststellung zulässt (→ Rn. 7 ff.), bestehen Abgrenzungsprobleme. Ob die „Eigenständigkeit" der Durchsuchung nach § 58 Abs. 2 BKAG ein taugliches Abgrenzungskriterium bietet,[18] ist fraglich, da auch § 58 Abs. 1 S. 1 Nr. 1 BKAG nur das Vorliegen der Tatbestandsvoraussetzung der in Bezug genommenen Maßnahme verlangt. Immerhin lässt sich sagen, dass die tatbestandsrelevante Festhaltebefugnis des § 23 Abs. 3 S. 3 BPolG an eine bereits begonnene Identitätsfeststellung anknüpft. § 58 Abs. 1 S. 1 Nr. 1 BKAG ist so erst ab Beginn der Identitätsfeststellung anwendbar, und zwar nur dann, wenn sich herausstellt, dass der Betroffene festgehalten werden muss, um seine Identität (wirksam) festzustellen. § 58 Abs. 2 BKAG begnügt sich hingegen damit, dass die Voraussetzungen einer Identitätsfeststellungsbefugnis vorliegen. Der Tatbestand greift **vor Beginn der Identitätsfeststellung**, die aber vom BKA bereits beabsichtigt sein muss („... festgestellt werden soll ..."). 25

2. Identitätsfeststellung. Seinem Wortlaut nach bezieht sich § 58 Abs. 2 BKAG auf Identitätsfeststellungen nach dem BKAG und anderen Rechtsvorschriften. Zweifellos davon erfasst ist die Identitätsfeststellung nach **§ 42**. 26

Ob § 58 Abs. 2 BKAG auch auf die Fälle des **§ 63 Abs. 2 Nr. 1** anwendbar ist, ist **zweifelhaft**, da diese Befugnis nicht auf die Aufgaben des BKA nach § 5, sondern auf die Aufgaben nach § 6 zugeschnitten ist. Für den Aufgabenbereich des § 6 besteht nach § 63 Abs. 2 Nr. 3 BKAG eine eigenständige Durchsuchungsbefugnis, die infolge des dortigen Verweises auf § 43 Abs. 3 BPolG auch Durchsuchungen zur Eigen- und Fremdsicherung bei der Identitätsfeststellung zulässt. Für die Anwendung des § 58 Abs. 2 BKAG besteht daher kein praktisches Bedürfnis. Der (zu) weit gefasste Wortlaut dürfte vielmehr ein Redaktionsversehen in Gestalt einer unbesehenen Übernahme der Formulierung des § 43 Abs. 3 BPolG darstellen. Daher dürfte § 58 Abs. 2 BKAG auch nicht auf Identitätsfeststellungen im Rahmen der **Strafverfolgung** nach §§ 111, 163b StPO anwendbar sein, auch wenn es sich dabei um „andere Rechtsvorschriften" handelt. Die Entwurfsbegründung nennt jedenfalls nur die Identitätsfeststellung nach § 42 als Anwendungsfall.[19] 27

3. Durchsuchungszweck. Die Durchsuchung muss sich auf Waffen, Explosionsmittel oder andere gefährliche Gegenstände beziehen und zum Schutz der BKA-Bediensteten, der durchsuchten Person selbst oder eines Dritten gegen eine Gefahr für Leib und Leben erforderlich sein. Durchsuchungszweck ist hier ausschließlich die **Eigen- oder Fremdsicherung**. Auf Gegenstände, die der Identitätsfeststellung dienen, kann das BKA die Person nach §§ 58 Abs. 1 S. 2, 42 Abs. 1 BKAG iVm § 23 Abs. 3 S. 5 BPolG durchsuchen (→ Rn. 8). 28

Der Begriff der Waffe wird in § 1 Abs. 2 WaffG definiert. Für den Begriff des Explosionsmittels kann man sich an §§ 1 bis 3 SprengG orientieren. Auf die Einordnung in diese Kategorien kommt es aber nicht entscheidend an, da Waffen und Explosionsmittel nach der Formulierung des § 58 Abs. 2 nur Unterfälle von **gefährlichen Gegenständen** sind. Gefährlich sind Gegenstände, die nach ihrer Beschaffenheit und Verwendungsmöglichkeit geeignet sind, erhebliche körperliche Verletzungen hervorzurufen.[20] 29

4. Erforderlichkeit. Das Aufspüren des gefährlichen Gegenstands muss zum **Schutz gegen eine Gefahr für Leib oder Leben** erforderlich sein. Es müssen zumindest Anhaltspunkte bestehen, die die Prognose 30

17 Wehr BPolG § 23 Rn. 8; aA Schenke/Graulich/Ruthig/Schenke BPolG § 23 Rn. 17.
18 Kugelmann BKAG § 20q Rn. 10.
19 BT-Drs. 16/9588, 32, wo auf § 20d aF verwiesen wird.
20 Vgl. Drewes/Malmberg/Walter/Wagner/Walter BPolG § 43 Rn. 11.

rechtfertigen, dass die Person, deren Identität festgestellt werden soll, einen gefährlichen Gegenstand mit sich führt und dadurch eine Leibes- oder Lebensgefahr besteht.[21] Durchsuchungen „ins Blaue hinein" sind unzulässig.

31 Da § 58 Abs. 2 BKAG aber anders als § 58 Abs. 1 S. 1 BKAG **keine personenbezogenen Anhaltspunkte** verlangt, können auch Lageerkenntnisse oder auch die Erfahrung mit vergleichbaren Fällen zugrunde gelegt werden,[22] sofern sie für sich genommen eine Gefahrenprognose tragen. Die „zunehmende Aggressivität und Gewaltanwendung gegen Polizeibeamte" im Allgemeinen, sind hingegen keine Tatsachen, auf die sich eine Gefahrenprognose im Einzelfall stützen kann.[23] Anderenfalls würde einer routinemäßigen Durchsuchung Tür und Tor geöffnet und der Tatbestand des § 58 Abs. 2 BKAG entgrenzt.

C. Rechtsfolge

I. Inhalt der Befugnis

32 **1. Durchsuchen. a) Begriff.** Sind die Voraussetzungen eines der Tatbestände des § 58 Abs. 1 und 2 BKAG erfüllt, ist das BKA befugt, die betroffene Person zu durchsuchen. „Durchsuchung" bezeichnet – wie in den anderen Polizeigesetzen – die **Suche nach Sachen in der am Körper getragenen Kleidung oder am Körper der Person,** die das Abtasten des bekleideten Körpers ebenso umfasst wie die Nachschau am unbekleideten Körper oder an Teilen desselben und in den ohne Weiteres zugänglichen Körperöffnungen. Ohne Weiteres zugänglich sind jedenfalls Mund und Ohren, nicht jedoch der Genitalbereich.[24] Abgelegte Kleidungsstücke können als Sachen unter den Voraussetzungen des § 59 BKAG durchsucht werden.

33 **b) Abgrenzung zur Untersuchung.** Wollen die BKA-Bediensteten hingegen die Beschaffenheit des Körpers selbst ermitteln oder eine Sache aufspüren, die sie in einer **nicht ohne Weiteres zugänglichen Körperöffnung** vermuten, liegt keine Durchsuchung, sondern eine Untersuchung vor.[25] Hinter dieser begriffsjuristisch anmutenden Unterscheidung steht die Abgrenzung von zulässigem und unzulässigen Präventivhandeln des BKA. Denn anders als das Strafverfolgungsrecht (§ 81a StPO) sieht das Gefahrenabwehrrecht eine körperliche Untersuchung von Personen nicht vor. Aufgrund der erhöhten Eingriffsintensität der Untersuchung und des dadurch ausgelösten erhöhten legislativen Präzisierungsbedarfs (Wesentlichkeit) kann eine Untersuchung auch nicht auf die Generalklausel des § 38 Abs. 1 S. 1 BKAG gestützt werden (zur Sperrwirkung in solchen Fällen → § 38 Rn. 22).[26]

34 **2. Verwaltungsakt.** Das Durchsuchen ist als physisch-realer Vorgang ein Realakt. § 58 Abs. 1 und 2 BKAG ermächtigt das BKA wie die Generalklausel und die anderen Standardbefugnisse aber zunächst „nur" zum **Erlass eines Verwaltungsakts,**[27] mit dem die zu durchsuchende Person in Anspruch genommen wird. Anderenfalls wäre die Regelung der unmittelbaren Ausführung von Maßnahmen in § 38 Abs. 1 S. 2 BKAG iVm § 19 S. 1 BPolG (→ § 38 Rn. 30 ff.) obsolet: Das BKA könnte stets bereits aufgrund der Befugnisnormen ohne „Inanspruchnahme" des Betroffenen tätig werden. Schon begrifflich impliziert „Inanspruchnahme" iSd § 19 BPolG eine Rechtspflicht, die das BKA auf der konkret-individuellen Ebene nur durch den Erlass eines Verwaltungsakts statuieren kann.

35 Der Verwaltungsakt nach § 58 Abs. 1 und 2 BKAG kann explizit oder konkludent erlassen werden. Er verpflichtet den Adressaten zur **Duldung der physisch-realen Durchsuchung**. Deren Beginn kann zeitlich mit dem konkludenten Erlass des Verwaltungsakts zusammenfallen. Zumindest unpräzise ist es daher, wenn die Durchsuchung nach ihrer „Rechtsnatur" als ein auf Duldung gerichteter Verwaltungsakt qualifiziert wird, der mit einer tatsächlichen Handlung einhergeht.[28] Die in der Einsatzsituation übliche Koinzidenz des Erlasses des Verwaltungsakts mit dem Beginn seiner Vollziehung (→ Rn. 36) kann nicht über die „Rechtsnatur" der Durchsuchung, also den Inhalt der Befugnis des § 58 BKAG entscheiden, der sich in einer Befugnis (rechtstheoretisch präzise: Kompetenz) zum Erlass eines Verwaltungsakts erschöpft. Der erlassene Verwal-

21 Vgl. Schenke/Graulich/Ruthig/Schenke BPolG § 43 Rn. 15.
22 Vgl. Drewes/Malmberg/Walter/Wagner/Walter BPolG § 43 Rn. 11.
23 Drewes/Malmberg/Walter/Wagner/Walter BPolG § 43 Rn. 11, der aber „keine übertrieben hohen Anforderungen" an die Prognose stellen will.
24 VGH München Beschl. v. 16.7.1998 – 24 ZB 98.850 –, NVwZ-RR 1999, 310; OVG Saarlouis Urt. v. 30.11.2007 – 3 R 9/06 –, LKRZ 2008, 102 (103).
25 VGH München Beschl. v. 16.7.1998 – 24 ZB 98.850 –, NVwZ-RR 1999, 310; OVG Saarlouis Urt. v. 30.11.2007 – 3 R 9/06 –, LKRZ 2008, 102 (103).
26 Schenke/Graulich/Ruthig/Schenke BPolG § 43 Rn. 3; vgl. auch Drewes/Malmberg/Walter/Wagner/Walter BPolG § 43 Rn. 3 mwN zur rechtspolitischen Forderung nach einer Untersuchungsbefugnis zum Eigenschutz vor übertragbaren Krankheiten.
27 Schenke/Graulich/Ruthig/Schenke BPolG § 43 Rn. 5; aA Drewes/Malmberg/Walter/Wagner/Walter BPolG § 43 Rn. 2.
28 Schenke/Graulich/Ruthig/Schenke BPolG § 43 Rn. 5.

tungsakt bildet wiederum die Befugnis (rechtstheoretisch präzise: Erlaubnis) für die Vornahme des Realakts „Durchsuchen".

3. Realisierung. a) **Vollziehung.** Duldet die in Anspruch genommene Person die Maßnahme, wird der Durchsuchungsverwaltungsakt durch die Vornahme des **Realakts** „Durchsuchen" vollzogen. 36

b) **Vollstreckung.** Erfüllt die in Anspruch genommene Person ihre Duldungspflicht nicht und bringt Widerstand gegen die Maßnahme auf, kann das BKA den Verwaltungsakt im Wege der **Vollstreckung** nach §§ 6 ff. VwVG durchsetzen. Der Verwaltungsakt ist als Anordnung der Vollzugspolizei (im institutionellen Sinne) nach § 80 Abs. 2 S. 1 Nr. 2 VwGO sofort vollziehbar und damit auch nach § 6 Abs. 1 Alt. 2 VwVG vollstreckbar. In der Einsatzsituation wird nur der unmittelbare Zwang als Zwangsmittel in Betracht kommen (§§ 9 Abs. 1 lit. c, 12 VwVG). 37

c) **Unmittelbare Ausführung.** Kann die zu durchsuchende Person nicht (rechtzeitig) durch Verwaltungsakt in Anspruch genommen werden, kann das BKA die Durchsuchung nach § 38 Abs. 1 S. 2 BKAG iVm § 19 S. 1 BPolG **unmittelbar ausführen.** Da die Person physisch anwesend sein muss, um durchsucht werden zu können, kommen nur Fälle in Betracht, in denen ihr aufgrund mangelnder geistiger Reife oder eines (gegebenenfalls vorübergehenden) mentalen Defizits der Verwaltungsakt nicht wirksam bekanntgegeben werden kann (zB Bewusstlosigkeit, Volltrunkenheit; allgemein zur Zweckverfehlung → § 38 Rn. 33). Leichen sind hingegen Sachen und werden nach § 59 BKAG durchsucht (→ § 59 Rn. 4). Folgt man der Auffassung, nach der die unmittelbare Ausführung auf vertretbare Handlungen beschränkt sein soll, kommt im Fall der psychischen Nichterreichbarkeit der zu durchsuchenden Person nur der Sofortvollzug nach § 6 Abs. 2 VwVG in Betracht.[29] Dagegen spricht jedoch, dass die unmittelbare Ausführung gerade deshalb neben dem Sofortvollzug in den MEPolG aufgenommen wurde, um der Polizei bei Nichterreichbarkeit des Verantwortlichen Handlungsmöglichkeiten zu eröffnen.[30] 38

II. Adressaten

Mögliche Adressaten einer Durchsuchung sind die **in § 58 Abs. 1 BKAG und 2 genannten Personen.** Da die Durchsuchung in aller Regel auf einem Gefahrenverdacht gründet, also nicht schon selbst eine konkrete Gefahr abwehrt, ist in der Einsatzsituation eine Unterscheidung zwischen Verantwortlichen (§ 38 Abs. 1 S. 2 BKAG iVm §§ 17 f. BPolG) und Nichtverantwortlichen (§ 38 Abs. 1 S. 2 BKAG iVm § 20 BPolG) nicht möglich.[31] § 58 Abs. 1 und 2 BKAG ist daher als ***lex specialis*** gegenüber den allgemeinen Vorschriften über die Verantwortlichkeit zu verstehen (→ § 38 Rn. 25).[32] Die Maßnahmeadressaten werden dadurch individualisiert, dass gegen sie eine andere Maßnahme zulässig wäre (§ 58 Abs. 1 Nrn. 1 und 2, Abs. 2) oder dass sie sich an einem bestimmten Ort aufhalten (§ 58 Abs. 1 Nrn. 3–5). 39

Mit dem Erfordernis einer personenbezogenen Prognose trägt Absatz 1 bereits tatbestandlich der **Verhältnismäßigkeit** (§ 38 Abs. 1 S. 2 BKAG iVm § 15 BPolG) der Adressatenauswahl Rechnung. Absatz 2 verzichtet angesichts der Bedeutung der geschützten Rechtsgüter und des Ausmaßes des drohenden Schadens auf dieses Erfordernis. Jedoch spielen auch bei der Ausfüllung der tatbestandlichen Erforderlichkeit personenbezogene Umstände eine Rolle. Im Übrigen wird die Möglichkeit der Inanspruchnahme der zu durchsuchenden Person bereits durch die von Absatz 2 vorausgesetzte Befugnis zur Identitätsfeststellung geregelt. 40

III. Modalitäten

Die BKA-Bediensteten sind bei der Durchführung der Durchsuchung zum **schonenden Umgang** mit der durchsuchten Person verpflichtet (Verhältnismäßigkeit gem. § 38 Abs. 1 S. 2 BKAG iVm § 15 BPolG). Sie haben den reibungslosen Ablauf, der die Rechte der durchsuchten Person wahrt, erforderlichenfalls durch Begleitmaßnahmen sicherzustellen (→ Rn. 44).[33] Wird beispielsweise das Entkleiden angeordnet, ist die zu durchsuchende Person grundsätzlich an einen Ort zu verbringen, an dem sie vor der Beobachtung durch Dritte geschützt ist. Die Effektivität der Gefahrenabwehr kann der Schonung Grenzen setzen. Bei der von § 38 Abs. 1 S. 2 BKAG iVm § 15 Abs. 2 BPolG verlangten Abwägung kommt es maßgeblich auf den Grad der Gefahr und die Bedeutung des gefährdeten Rechtsguts an („je ..., desto ..."). 41

Eine besondere Durchsuchungsmodalität regelt § 58 Abs. 3 BKAG iVm § 43 Abs. 4 Hs. 1 BPolG: Personen dürfen nur **von Personen gleichen Geschlechts oder von Ärzten** durchsucht werden. Damit trägt der Gesetzgeber dem (typisierten) Schamgefühl Rechnung,[34] das bei der Betrachtung und Berührung durch Personen 42

29 Wehr BPolG § 19 Rn. 5.
30 Lisken/Denninger/Graulich, HdbPolR, E Rn. 874.
31 Vgl. OVG Saarlouis Urt. v. 30.11.2007 – 3 R 9/06 –, LKRZ 2008, 102 (104).
32 Schenke/Graulich/Ruthig/Schenke BKAG § 58 Rn. 9.
33 Lisken/Denninger/Graulich, HdbPolR, E Rn. 486.
34 Lisken/Denninger/Graulich, HdbPolR, E Rn. 487.

gleichen Geschlechts oder Ärzten geringer ist. Da das BKA nur zur Durchsuchung, nicht zur Untersuchung befugt ist, dürfte eine Durchsuchung durch Ärzte praktisch kaum relevant werden.[35]

IV. Begleitmaßnahmen

43 § 58 Abs. 1 und 2 BKAG ermächtigt das BKA auch zum Erlass von „begleitenden" Verwaltungsakten, die die zu durchsuchende Person **über die bloße Duldung hinaus verpflichten**, um die Durchsuchung zu ermöglichen. Dazu gehört die Anordnung, sich teilweise oder vollständig zu entkleiden, um den BKA-Bediensteten die Suche am Körper (nicht jedoch in nicht ohne Weiteres zugänglichen Körperöffnungen, → Rn. 33) zu erleichtern. Auch die Anordnung, sich zum Zweck der Durchsuchung in einen bestimmten Raum zu begeben oder eine bestimmte Körperhaltung einzunehmen, ist von der Durchsuchungsbefugnis umfasst.[36] § 58 Abs. 3 BKAG iVm § 43 Abs. 5 BPolG enthält eine spezielle Befugnis für die begleitenden Maßnahmen des Festhaltens und Verbringens zur Dienststelle (→ Rn. 47 ff.).

44 Wie das Eingriffshandeln überhaupt stehen auch die Begleitmaßnahmen unter dem Vorbehalt der **Verhältnismäßigkeit** (§ 38 Abs. 1 S. 2 BKAG iVm § 15 BPolG, → § 38 Rn. 38). Das BKA darf daher nur solche Maßnahmen anordnen, die erforderlich (§ 15 Abs. 1, 3 BPolG) und angemessen (§ 15 Abs. 2 BPolG) sind. Das ist etwa bei Entkleidungsanordnungen zu beachten, die besonders intensiv in das allgemeine Persönlichkeitsrecht der durchsuchten Person eingreifen.[37] Das Ablegen der Kleidung kann nur angeordnet werden, wenn der Durchsuchungszweck nicht mit dem Abtasten des bekleideten Körpers erreicht wird. Auch dann ist die Anordnung grundsätzlich zunächst auf die Oberbekleidung zu beschränken. Die Anordnung des Ablegens der Unterwäsche kommt nur als letztes Mittel in Betracht.[38] Die pauschale Anordnung des völligen Entkleidens ist rechtswidrig.

45 Vom Erfordernis der gleichgeschlechtlichen oder ärztlichen Durchsuchung enthebt § 58 Abs. 3 BKAG iVm § 43 Abs. 4 Hs. 2 BPolG, wenn die **sofortige Durchsuchung zum Schutz gegen eine Gefahr für Leib oder Leben erforderlich** ist. Den BKA-Bediensteten wird eine Gefahrenprognose abverlangt, die mit der Prognose nach § 58 Abs. 2 BKAG vergleichbar ist (→ Rn. 30 f.). Hinzutreten muss der zeitliche Aspekt, dass die Durchsuchung keinen Aufschub duldet, um die prognostizierte Gefahr für Leib und Leben abzuwenden. Dabei ist zu berücksichtigen, wie rasch eine Person gleichen Geschlechts herangezogen werden kann. Angesichts der Bedeutung der gefährdeten Rechtsgüter und des Zeitdrucks in der Einsatzsituation sind die Anforderungen an die Prognose nicht zu überspannen.

46 Die zu durchsuchende Person kann schließlich auch in die Durchsuchung durch eine Person des anderen Geschlechts **einwilligen**, etwa um das Verfahren zu beschleunigen.[39] Angesichts der psychischen und gegebenenfalls physischen Zwangslage, in der sie sich bei der Inanspruchnahme durch das BKA befindet, sind an die Wirksamkeit der Einwilligung aber höchste Anforderungen zu stellen. Jede Form von Druck auf die zu durchsuchende Person muss auszuschließen sein.

V. Festhalten und Mitnahme zur Dienststelle

47 **1. Regelungszweck. § 58 Abs. 3 BKAG iVm § 43 Abs. 5 BPolG** normiert die Befugnis für eine **besondere Begleitmaßnahme** (→ Rn. 43), die die Durchführung der Durchsuchung gewährleisten sollen. Hintergrund der Spezialregelung ist der intensive Eingriff in die Freiheit der Person (Art. 2 Abs. 2 S. 2 GG), der mit dem Festhalten und der Mitnahme zur Dienststelle verbunden ist. **Die Vorschrift ist in ihrer derzeitigen Fassung mit Art. 104 Abs. 2 GG unvereinbar** (→ Rn. 54 ff.; → § 57 Rn. 19 ff.).

48 **2. Tatbestand.** § 43 Abs. 5 BPolG setzt voraus, dass die Durchsuchung auf andere Weise nicht oder nur unter erheblichen Schwierigkeiten durchgeführt werden kann. Das BKA hat die zu durchsuchende Person **vorrangig anzuhalten.**[40] Nur wenn das Anhalten nicht ausreicht, um eine ordnungs- und zweckmäßige Durchsuchung durchzuführen, kommen Festhalten und Mitnahme zur Dienststelle in Betracht.

49 Die Durchsuchung der angehaltenen Person muss mit **erheblichen Schwierigkeiten** verbunden sein. Nur weil es für die BKA-Bediensteten einfacher oder bequemer ist, die Person auf der Dienststelle zu durchsuchen, darf sie nicht festgehalten und mitgenommen werden. Die Schwierigkeiten müssen vielmehr den Durchsuchungszweck gefährden oder eine Gefahr für Leib und Leben der BKA-Bediensteten oder der zu durchsuchende Person darstellen. Wird die Person etwa am Ort des Anhaltens von Dritten bedroht, kann

35 Vgl. Lisken/Denninger/Graulich, HdbPolR, E Rn. 487.
36 Lisken/Denninger/Graulich, HdbPolR, E Rn. 478; Drewes/Malmberg/Walter/Wagner/Walter BPolG § 43 Rn. 2.
37 Vgl. BVerfG Beschl. v. 29.10.2003 – 2 BvR 1745/01 –, NJW 2004, 1728 zu § 84 StVollzG; Lisken/Denninger/Graulich, HdbPolR, E Rn. 486.
38 Instruktiv OVG Saarlouis Urt. v. 30.11.2007 – 3 R 9/06 –, LKRZ 2008, 102 (105).
39 Drewes/Malmberg/Walter/Wagner/Walter BPolG § 43 Rn. 12.
40 BT-Drs. 12/7562, 73.

sie zu ihrem eigenen Schutz festgehalten und mitgenommen werden.[41] Vorrangig müssen die BKA-Bediensteten jedoch gegen die Personen vorgehen, von denen die Bedrohung ausgeht. Nur wenn sich so die Gefahr nicht wirksam ausschließen lässt – etwa weil Maßnahmen gegen eine größere Zahl von Störern erforderlich wären, jedoch nicht genug Einsatzkräfte vor Ort sind –, kann die zu durchsuchende Person festgehalten und mitgenommen werden.[42]

Dass die Person gegen die Durchsuchung **Widerstand** leistet, begründet für sich genommen noch keine erhebliche Schwierigkeit. Denn der Widerstand kann gegebenenfalls am Anhalteort durch eine mäßige Anwendung unmittelbaren Zwangs überwunden werden, ohne dass die Person festgehalten und mitgenommen werden müsste. Die (tatbestandliche) Erforderlichkeit des Festhaltens und Mitnehmens hängt in diesen Fällen maßgeblich davon ab, welcher Eingriff im konkreten Fall weniger intensiv wirkt. Dabei ist zu bedenken, dass eine Person, die gegen die Durchsuchung Widerstand leistet, sich wahrscheinlich erst recht der Mitnahme widersetzen wird, so dass ohnehin eine Zwangsanwendung erforderlich ist. Wird der Widerstand einmal mit Zwang gebrochen und lässt sich daraufhin die Durchsuchung am Ort durchführen, kann die Person nicht nur deshalb zur Dienststelle verbracht werden, weil sie sich ursprünglich widerständig gezeigt hat. Das wäre ein repressiver Missbrauch der präventiven Befugnis und erfüllte den Straftatbestand der Freiheitsberaubung (§ 239 StGB). 50

3. Rechtsfolge. Der Gesetzgeber hat das Festhalten und Mitnehmen zur Dienststelle als eine **einheitliche Maßnahme** konzipiert, bei der die Verbringung zur Dienststelle im Vordergrund steht: „Die Vorschrift erlaubt zum Zweck der Durchsuchung eine Verbringung zur Dienststelle und damit ein ‚Festhalten'".[43] Ein „isoliertes" Festhalten der Person an dem Ort, an dem sie angehalten wurde, kann daher nicht auf § 58 Abs. 3 BKAG iVm § 43 Abs. 5 BPolG gestützt werden. Davon zu unterscheiden ist die (kurzfristige) körperliche Fixierung, die mit der Anwendung unmittelbaren Zwangs bei der Vollstreckung der Durchsuchungsanordnung einhergeht.[44] Sie richtet sich nach §§ 6 ff. VwVG (→ Rn. 37). 51

Gestützt auf § 58 Abs. 3 BKAG iVm § 43 Abs. 5 BPolG kann die zu durchsuchende Person **nur zur Dienststelle**, nicht an irgendeinen anderen Ort verbracht werden, der den BKA-Bediensteten für die Durchsuchung günstig erscheinen mag. Die in der Literatur vertretene aA[45] ist mit dem Wortlaut des Gesetzes nicht zu vereinbaren. Sie huldigt der vollzugspolizeilichen Zweckrationalität und verkennt dabei die faktischen Sicherungen, die ein Festhalten in der Dienststelle mit sich bringt (Anwesenheit von anderen Bediensteten und vor allem Vorgesetzten!). Schon aufgrund des Eingriffs in Art. 2 Abs. 2 S. 2 GG kommt eine (vermeintlich) korrigierende Auslegung des § 43 Abs. 5 BPolG nicht in Betracht. Angesichts der Formulierung „zur Dienststelle" kann auch kein Zweifel daran bestehen, dass es sich um die Dienststelle der BKA-Bediensteten handeln muss und nicht die irgendeiner anderen Behörde. Da das BKA nur über wenige Dienststellen verfügt, wird eine Maßnahme nach § 58 Abs. 3 BKAG iVm § 43 Abs. 5 BPolG häufig unzweckmäßig sein. 52

Wie § 58 Abs. 1 und 2 ermächtigt § 58 Abs. 3 BKAG iVm § 43 Abs. 5 BPolG das BKA zum gegebenenfalls konkludenten Erlass eines (Duldungs-)**Verwaltungsakts**, der durch das physisch-reale Festhalten und Mitnehmen zur Dienststelle vollzogen wird (→ Rn. 36). Adressat ist die zu durchsuchende Person. Der Verwaltungsakt kann nach §§ 6 ff. VwVG vollstreckt werden (→ Rn. 37). Kann die Person aufgrund ihres mentalen Zustands nicht in Anspruch genommen werden, kommt eine unmittelbare Ausführung nach § 38 Abs. 1 S. 2 BKAG iVm § 19 S. 1 BPolG in Betracht (→ Rn. 38). 53

4. Richterliche Entscheidung. Wird eine Person von der **Bundespolizei** festgehalten, muss diese unverzüglich eine **richterliche Entscheidung** über Zulässigkeit und Fortdauer der Freiheitsentziehung herbeiführen (§ 40 Abs. 1 BPolG). Das gilt explizit auch im Fall des Festhaltens und der Mitnahme zum Zwecke der Durchsuchung. Der einfachgesetzliche Richtervorbehalt trägt den Vorgaben des Art. 104 Abs. 2 GG Rechnung. Eine Ausnahme besteht nur für den Fall, dass die Herbeiführung der richterlichen Entscheidung voraussichtlich längere Zeit in Anspruch nehmen würde, als zur Durchführung der Durchsuchung notwendig wäre. 54

Für das **BKA** hat der Gesetzgeber **keine entsprechende Regelung** getroffen. Denn § 58 Abs. 3 BKAG verweist nur auf § 43 Abs. 4 und 5 BPolG, nicht aber auf § 40 ff. BPolG (→ § 57 Rn. 19). Das Fehlen des Verweises ist umso augenfälliger, als § 57 Abs. 2 BKAG beim Gewahrsam die entsprechende Geltung der §§ 40 Abs. 1 und 2, 41 und 42 Abs. 1 S. 1, 3 und Abs. 2 BPolG anordnet. Aus den Materialien ist nicht ersichtlich, weshalb der Gesetzgeber bei § 58 Abs. 3 BKAG auf eine solche Anordnung verzichtet hat. Vermutlich liegt ein Redaktionsversehen vor, denn ein sachlicher Unterschied zwischen dem Festhalten durch das BKA 55

41 Drewes/Malmberg/Walter/Wagner/Walter BPolG § 43 Rn. 13.
42 Vgl. das Beispiel bei Drewes/Malmberg/Walter/Wagner/Walter BPolG § 43 Rn. 12.
43 BT-Drs. 12/7562, 73.
44 Vgl. Wehr BPolG § 23 Rn. 16.
45 Drewes/Malmberg/Walter/Wagner/Walter BPolG § 43 Rn. 13; Schenke/Graulich/Ruthig/Schenke BPolG § 43 Rn. 19.

und dem Festhalten durch die Bundespolizei, der eine Abweichung vom Erfordernis der richterlichen Entscheidung erklären könnte, ist nicht ersichtlich.

56 Der Gesetzgeber ist damit seiner Pflicht zur Regelung der richterlichen Entscheidung bei Freiheitsentziehungen nach Art. 104 Abs. 2 S. 4 GG nicht nachgekommen (→ § 57 Rn. 20). Dieses Versäumnis kann weder durch unmittelbaren Rückgriff auf Art. 104 GG noch durch eine analoge Anwendung der §§ 40 ff. BPolG auf das Festhalten nach § 58 Abs. 3 BKAG kompensiert werden, da das Grundgesetz explizit eine gesetzliche Regelung verlangt. Vielmehr ist § 58 Abs. 3 BKAG, soweit er auf § 45 Abs. 5 BPolG verweist, mit Art. 104 Abs. 2 GG unvereinbar und damit **verfassungswidrig**. Auf diese Befugnis können daher keine Freiheitsentziehungen gestützt (→ § 57 Rn. 21 ff.). Eine geltungserhaltende Reduktion auf die Fälle, in denen nach Art. 104 Abs. 2 GG eine Freiheitsentziehung auch ohne richterliche Entscheidung zulässig wäre, dürfte aufgrund des Regelungsauftrags an den Gesetzgeber nach Art. 104 Abs. 2 S. 4 GG ausscheiden.

D. Rechtsschutz

57 Gegen den nach § 58 Abs. 1 oder 2 BKAG erlassenen (Duldungs-)Verwaltungsakt sind grundsätzlich Widerspruch (§ 68 Abs. 1 S. 1 VwGO) und Anfechtungsklage (§ 42 Abs. 1 Alt. 1 VwGO) statthaft. Der Verwaltungsakt erledigt sich jedoch mit seiner Vollziehung, die in der Praxis so rasch geschieht, dass die Einlegung eines Widerspruchs faktisch ausgeschlossen ist. Die durchsuchte Person ist damit auf die **Fortsetzungsfeststellungsklage** analog § 113 Abs. 1 S. 4 VwGO verwiesen. Ihr besonderes Feststellungsinteresse ist schon deswegen anzuerkennen, weil sie gegen den mit der Durchsuchung verbundenen Grundrechtseingriff sonst keinerlei Rechtsschutz (Art. 19 Abs. 4 S. 1 GG) genösse. Auf die Intensität des Eingriffs kommt es nicht an.[46]

58 Sieht sich die durchsuchte Person nicht durch das „Ob“, sondern durch die **Modalitäten der Durchsuchung** in ihren Rechten verletzt, wird man differenzieren müssen: Sofern die Modalitäten (gegebenenfalls konkludent) durch Begleitverfügungen angeordnet wurden, ist ebenfalls die Fortsetzungsfeststellungsklage statthaft. Ergibt sich die behauptete Rechtsbeeinträchtigung hingegen aus einer physisch-realen Wirkung, die keine Grundlage in einem Verwaltungsakt hat, steht die allgemeine Feststellungsklage (§ 43 Abs. 1 VwGO) zur Verfügung. Bei körperlichen Misshandlungen (zB übermäßig festes Zupacken) oder Sachbeschädigungen (insbes. an der Kleidung), die BKA-Bedienstete nach Beginn der Durchsuchung begehen, wäre eine konkludente Duldungsverfügung reine Fiktion. Es handelt sich um Verstöße gegen die Pflicht zum schonenden Umgang mit der durchsuchten Person (→ Rn. 41), die als Rechtsverhältnisse feststellbar sind. Die Zulässigkeitsvoraussetzungen von Fortsetzungsfeststellungs- und allgemeiner Feststellungsklage sind einander bei erledigten Maßnahmen ohnehin weitgehend angenähert,[47] so dass sich aus der Differenzierung prozessual keine Probleme ergeben.

59 Wendet sich die durchsuchte Person pauschal gegen „die Durchsuchung“, wird das Gericht den Antrag im Lichte der Begründung auslegen und im **Zweifel** auf alle möglichen Eingriffshandlungen erstrecken müssen (§§ 86, 88 VwGO).

§ 59 Durchsuchung von Sachen

(1) [1]Das Bundeskriminalamt kann eine Sache durchsuchen, wenn

1. **sie von einer Person mitgeführt wird, die nach § 58 durchsucht werden darf,**
2. **Tatsachen die Annahme rechtfertigen, dass sich in ihr eine andere Sache befindet, die sichergestellt werden darf,**
3. **Tatsachen die Annahme rechtfertigen, dass sich in ihr eine Person befindet, die in Gewahrsam genommen werden darf,**
4. **sie sich an einem der in § 42 Absatz 1 Nummer 2 genannten Orte aufhält,**
5. **sie sich an einem der in § 42 Absatz 1 Nummer 3 genannten Orte aufhält und Tatsachen die Annahme rechtfertigen, dass dort Straftaten nach § 5 Absatz 1 Satz 2 begangen werden sollen, oder**
6. **sie sich in unmittelbarer Nähe einer Person befindet, die aufgrund bestimmter Tatsachen durch die Begehung von Straftaten nach § 5 Absatz 1 Satz 2 gefährdet ist**

46 Vgl. Sodan/Ziekow/Wolff VwGO, 5. Aufl. 2018, § 43 Rn. 282.
47 Vgl. Sodan/Ziekow/Sodan VwGO, 5. Aufl. 2018, § 43 Rn. 98 ff.

und die Durchsuchung aufgrund von auf die Sache bezogenen Anhaltspunkten erforderlich ist. [2]§ 42 Absatz 1 bleibt unberührt.

(2) § 44 Absatz 4 des Bundespolizeigesetzes gilt entsprechend.

A. Überblick und Genese

§ 59 BKAG verschafft dem BKA eine Befugnis zur Durchsuchung von Sachen zum Zweck der **Abwehr von Gefahren** des internationalen Terrorismus (§ 5 Abs. 1 BKAG). Durchsuchungen zum Zweck der Strafverfolgung fallen nicht unter § 59 BKAG, sondern unter §§ 102 ff., 111, 163b StPO. Die Abgrenzung richtet sich nach dem Schwerpunkt des Handelns.[1] 1

§ 59 BKAG ist **§ 44 BPolG** nachgebildet, der sich wiederum an § 18 MEPolG orientiert. § 59 Abs. 1 S. 1 BKAG enthält sechs Durchsuchungstatbestände, von denen die ersten drei an andere Befugnisse des BKA anknüpfen. Die Nummern 4 und 5 knüpfen – trotz des missglückten Wortlauts („aufhält") – wie Nummer 6 an den Belegenheitsort der Sache an. Für die Rechte des Inhabers der tatsächlichen Gewalt verweist § 59 Abs. 2 BKAG auf § 44 Abs. 4 BPolG. Für die Durchsuchung zur Identitätsfeststellung enthält § 42 Abs. 1 iVm § 23 Abs. 3 S. 5 BPolG eine spezielle Befugnis (→ § 42 Rn. 4), die nach § 59 Abs. 1 S. 2 BKAG „unberührt" bleibt, also den Durchsuchungstatbeständen des § 59 Abs. 1 S. 1 BKAG vorgeht. 2

Die Durchsuchung von Sachen betrifft denjenigen, der die Sache dafür herauszugeben hat, in seiner allgemeinen Handlungsfreiheit (**Art. 2 Abs. 1 GG**), Eigentümer und sonstige Berechtigte in ihrem Eigentumsgrundrecht (**Art. 14 GG**). Abhängig von der Art der Sache kann auch das allgemeine Persönlichkeitsrecht (**Art. 2 Abs. 1 iVm Art. 1 Abs. 1 GG**) betroffen sein. 3

B. Tatbestand

I. Durchsuchungsfähige Sache

1. Körperlicher Gegenstand. § 59 BKAG setzt eine Sache, also einen beweglichen oder unbeweglichen **körperlichen Gegenstand** voraus. Dazu gehören auch Tiere, Leichname sowie Flüssigkeiten und gasförmige Stoffe, sofern diese körperlich abgegrenzt sind. Keine Sachen sind digitale Daten, wohl aber Datenträger (zu deren Durchsuchung → Rn. 20 f.). 4

2. Abgrenzung zu § 58 und § 61. Die **am Körper getragene Kleidung** ist zwar ein beweglicher körperlicher Gegenstand. Ihre Durchsuchung unterfällt allerdings § 58 BKAG, da sie – aufgrund der intensiven Betroffenheit des allgemeinen Persönlichkeitsrechts – der Durchsuchung von Personen zugeordnet wird (→ § 58 Rn. 15). 5

Wohnungen sind unbewegliche Sachen. Ihre Durchsuchung richtet sich allerdings nach der spezielleren Vorschrift des § 61 BKAG, die der Betroffenheit der Unverletzlichkeit der Wohnung (Art. 13 GG) Rechnung trägt. Aufgrund des weiten Wohnungsbegriffs des § 61 BKAG (→ § 61 Rn. 5 ff.) ist § 59 BKAG im Bereich der unbeweglichen Sachen nur auf nicht befriedete Grundstücke anwendbar. 6

1 Dazu allg. Kingreen/Poscher, POR, § 2 Rn. 14 mwN; aA Schenke/Graulich/Ruthig/Schenke BKAG § 59 Rn. 2.

II. Durchsuchungstatbestände (Abs. 1 S. 1)

7 Die sechs Durchsuchungstatbestände des § 59 Abs. 1 S. 1 BKAG regeln **verschiedene Situationen**, in denen sich die Sache befinden muss, damit sie das BKA durchsuchen kann. Zu jedem Tatbestand tritt die am Ende des Satzes einheitlich normierte Voraussetzung hinzu, nach der die Durchsuchung aufgrund von auf die Sache bezogenen Anhaltspunkten erforderlich sein muss. Diese **sachbezogene Prognose** entspricht strukturell der personenbezogenen Prognose bei § 58 Abs. 1 BKAG, deren Maßstäbe (→ § 58 Rn. 4) sinngemäß übertragen werden können.

8 **1. Von durchsuchbarer Person mitgeführte Sache (Nr. 1).** Nach § 59 Abs. 1 S. 1 Nr. 1 BKAG kann eine Sache durchsucht werden, wenn sie von einer Person mitgeführt wird, die nach **§ 58 BKAG** durchsucht werden darf.

9 Eine Person **führt eine Sache mit sich,** wenn sie derart in einer räumlichen Beziehung zu dieser steht, dass sie darauf aktuell und unmittelbar zugreifen kann. Damit ist eine engere Beziehung als die „tatsächliche Gewalt" des bürgerlich-rechtlichen Besitzbegriffs beschrieben, die auch durch Hilfspersonen vermittelt werden kann (vgl. § 855 BGB) und nicht ununterbrochen bestehen muss (§ 856 Abs. 2 BGB).[2] Gefahrenabwehrrechtlich kommt es darauf an, dass die Person im Zeitpunkt der Inanspruchnahme durch das BKA auf die Sache zugreifen kann. Unerheblich ist, ob die Person Kenntnis von dieser Zugriffsmöglichkeit hat.[3]

10 **2. Behältnis einer sicherstellungsfähigen Sache (Nr. 2).** Durchsucht werden kann nach § 59 Abs. 1 S. 1 Nr. 2 BKAG eine Sache, wenn Tatsachen die Annahme rechtfertigen, dass sich in ihr eine andere Sache befindet, die sichergestellt werden darf. Der Tatbestand verweist – anders als die Durchsuchung nach Nummer 1 – auf keine andere Vorschrift, kann aber nur die **Sicherstellungsbefugnis des § 60 BKAG** meinen. Die Befugnis nach § 63 Abs. 6 BKAG muss hingegen ausscheiden, da sie nicht zu den Aufgaben des BKA im Bereich der Abwehr von Gefahren des internationalen Terrorismus gehört, auf die sich § 59 BKAG systematisch bezieht.[4]

11 Die BKA-Bediensteten müssen **tatsächliche Anhaltspunkte** dafür haben, dass sich in der zu durchsuchenden Sache eine sicherstellungsfähige Sache befindet. Wie bei anderen Prognosen genügt auch hier kriminalistische Erfahrung, soweit sie objektiv nachvollziehbar ist (→ § 58 Rn. 4).

12 **3. Behältnis einer gewahrsamsfähigen Person (Nr. 3).** § 59 Abs. 1 S. 1 Nr. 3 BKAG ermöglicht die Durchsuchung einer Sache, wenn Tatsachen die Annahme rechtfertigen, dass sich in ihr eine Person befindet, die in Gewahrsam genommen werden darf. Bezug genommen wird auf die **Gewahrsamsbefugnis des § 57 BKAG,** nicht aber auf § 63 Abs. 8 BKAG, da § 59 BKAG auf die Abwehr von Gefahren des internationalen Terrorismus zugeschnitten ist.[5] Die BKA-Bediensteten müssen eine auf tatsächliche Anhaltspunkte gegründete, nachvollziehbare Prognose (→ Rn. 7) darüber anstellen, dass sich in der Sache (zB Kfz) eine Person befindet, auf die ein Tatbestand des § 57 Abs. 1 BKAG anwendbar ist.

13 **4. Sache an gefährlichem Ort (Nr. 4).** Nach § 59 Abs. 1 S. 1 Nr. 4 BKAG kann eine Sache durchsucht werden, wenn sie sich an einem der in **§ 42 Abs. 1 Nr. 2 BKAG genannten gefährlichen Orte** (→ § 42 Rn. 9 ff.) befindet. Der auf Menschen zugeschnittene Wortlaut („aufhält") zeugt von der mäßigen redaktionellen Qualität des BKAG. Dass er trotz wissenschaftlicher Kritik an der aF[6] bei der Neustrukturierung des BKAG nicht korrigiert wurde, ist bezeichnend für die **legislatorische Nachlässigkeit** bei der Regelung der gefahrenabwehrrechtlichen Befugnisse des BKA.

14 **5. Sache an gefährdetem Ort (Nr. 5).** § 59 Abs. 1 S. 1 Nr. 5 BKAG setzt die Belegenheit einer Sache an einem der in **§ 42 Abs. 1 Nr. 3 BKAG** genannten gefährdeten Orte voraus. Der Wortlaut („aufhält") ist misslungen (→ Rn. 13). Außerdem müssen Tatsachen die Annahme der BKA-Bediensteten rechtfertigen, dass dort **Straftaten nach § 5 Abs. 1 S. 2 BKAG** begangen werden sollen (→ zur Prognose Rn. 7).

15 § 59 Abs. 1 S. 1 Nr. 5 BKAG übernimmt damit nur einen Teil der Voraussetzungen des § 42 Abs. 1 Nr. 3 BKAG, der zusätzlich verlangt, dass durch die Straftaten am Ort befindliche Personen oder die Orte („Objekte") selbst unmittelbar gefährdet sind. Ob der Gesetzgeber auf diese Voraussetzung bei § 59 Abs. 1 S. 1 Nr. 5 BKAG bewusst verzichtet hat, ist zweifelhaft. Für ein Redaktionsversehen spricht die Abweichung von § 44 Abs. 1 Nr. 4 BPolG und, dass die typischerweise eingriffsintensivere Durchsuchung dem Wortlaut nach unter geringeren Voraussetzungen zulässig wäre als die weniger intensive Identitätsfeststellung nach § 42 Abs. 1 Nr. 3 BKAG. Dieser Widerspruch kann durch eine „systematische Auslegung" des § 59 Abs. 1 S. 1 Nr. 5 BKAG aufgehoben werden, die den Verweis des § 59 Abs. 1 S. 1 Nr. 5 BKAG auf den gesamten

2 Vgl. BeckOK-BGB/Fritzsche § 854 Rn. 21 (2021).
3 Drewes/Malmberg/Wagner/Walter/Wagner BPolG § 44 Rn. 6.
4 Vgl. Schenke/Graulich/Ruthig/Schenke BKAG § 59 Rn. 4.
5 Vgl. Schenke/Graulich/Ruthig/Schenke BKAG § 59 Rn. 5.
6 Kugelmann BKAG § 20r Rn. 5, der zu Recht darauf hinweist, dass „aufhalten" mit einem Willenselement verbunden ist, das Sachen nicht äußern könnten.

Tatbestand des § 42 Abs. 1 Nr. 3 BKAG bezieht und damit die Voraussetzung der **unmittelbaren Gefahr** auf die Durchsuchungsbefugnis überträgt.[7] Eine gesetzgeberische Korrektur wäre gegenüber einer derartigen Behelfslösung vorzugswürdig.

6. Sache in der Nähe einer gefährdeten Person (Nr. 6). Nach § 59 Abs. 1 S. 1 Nr. 6 BKAG kann schließlich eine Sache durchsucht werden, die sich in unmittelbarer Nähe einer **Person** befindet, die aufgrund bestimmter Tatsachen durch die Begehung von Straftaten nach § 5 Abs. 1 S. 2 BKAG **gefährdet** ist. 16

Die Vorschrift ähnelt § 58 Abs. 1 S. 1 Nr. 5 BKAG, jedoch müssen abweichende Kriterien an die **unmittelbare Nähe** angelegt werden, da es nicht darauf ankommen kann, dass die Sache (!) in kürzester Zeit an den Aufenthaltsort der gefährdeten Person gelangen kann (→ § 58 Rn. 23). Entscheidend dürfte vielmehr sein, dass aufgrund einer besonders engen räumlichen Beziehung mögliche Wirkungen der Sache oder ihres (vermuteten) Inhalts auf die gefährdete Person ausgehen können. 17

C. Rechtsfolge

I. Inhalt der Befugnis

1. Durchsuchen. a) **Begriff.** Durchsuchen meint die Suche in und an einer Sache nach etwas, das bei äußerlicher Betrachtung nicht sofort wahrnehmbar ist.[8] Nicht erfasst ist die bloße Inaugenscheinnahme der Sache oder deren Untersuchung (zB auf Beschaffenheit oder Gefährlichkeit);[9] diese Maßnahmen können auf die Generalklausel des § 38 Abs. 1 S. 1 BKAG gestützt werden (→ § 38 Rn. 12). 18

b) **Gesuchte Objekte.** Nach herkömmlichem Verständnis bezieht sich der Durchsuchungsbegriff auf die **Suche nach verborgenen Sachen oder Personen.** 19

Unklar ist, ob er auch die Suche nach digitalen **Daten auf Dateiträgern** erfasst. Digitale Daten sind keine Sachen, sondern maschinenlesbar codierte Informationen.[10] Zumindest nach alltagssprachlichem Wortgebrauch kann man nach ihnen aber auf einem Dateiträger (Festplatte, Speicherkarte, USB-Massespeicher, etc.) „suchen". Im Strafprozessrecht ist die Durchsuchung von Datenträgern nach § 102 StPO längst anerkannt.[11] Inzwischen enthält § 110 Abs. 3 S. 1 StPO außerdem eine Befugnis zur „Durchsicht von elektronischen Speichermedien". In der polizeirechtlichen Literatur wird die Frage nur vereinzelt erörtert.[12] Seit 2018 setzt Art. 22 Abs. 2 S. 1 BayPAG die Suche nach Daten auf elektronischen Speichermedien voraus, wenn er – dem Vorbild des § 110 Abs. 3 S. 2 StPO folgend – die Befugnis auf „vom Durchsuchungsobjekt räumlich getrennte Speichermedien" erstreckt, „soweit von diesem aus auf sie zugegriffen werden kann". 20

Sofern man die Suche nach digitalen Daten auf Datenträgern unter den Durchsuchungsbegriff fasst, ermächtigt § 59 Abs. 1 BKAG zu einem offenen Eingriff – in **Abgrenzung zum verdeckten Eingriff** in informationstechnische Systeme nach § 49 BKAG. 21

Sehr zweifelhaft erscheint die Erstreckung des § 59 Abs. 1 auf die Suche nach Daten auf **räumlich getrennten Speichermedien,** auf die vom Durchsuchungsobjekt aus zugegriffen werden kann (Netzwerk, Cloud; → § 49 Rn. 38). Da damit ein Eingriff in die Rechte Dritter verbunden sein kann, wird man auf eine explizite gesetzliche Grundlage – wie § 110 Abs. 3 S. 2 StPO oder Art. 22 Abs. 2 S. 1 BayPAG – nicht verzichten können. 22

c) **Durchsuchungshandlungen.** Von § 59 Abs. 1 BKAG gedeckt sind alle Handlungen der BKA-Bediensteten, die für die zielgerichtete Suche in und an der Sache erforderlich sind, zB das Öffnen der Sache oder – namentlich bei Grundstücken – das Betreten. 23

2. Verwaltungsakt. Wie die Generalklausel und die anderen Standardbefugnisse ermächtigt § 59 Abs. 1 BKAG das BKA zum Erlass eines Verwaltungsakts (§ 35 S. 1 VwVfG), der die in Anspruch genommene Person (gegebenenfalls) zur Herausgabe der Sache zum Zwecke der Durchsuchung und zum Dulden der physisch-realen Durchsuchung verpflichtet (→ § 58 Rn. 35). 24

7 Kugelmann BKAG § 20r Rn. 7; zust. Schenke/Graulich/Ruthig/Schenke BKAG § 59 Rn. 7.

8 Kingreen/Poscher, POR, § 17 Rn. 1.

9 Schenke/Graulich/Ruthig/Schenke BKAG § 59 Rn. 2; aA zu § 44 BPolG Drewes/Malmberg/Wagner/Walter/Walter BPolG § 44 Rn. 4 mit Verweis auf Schwabe NJW 1998, 3698.

10 Zech, Information als Schutzgegenstand, 2012, S. 32; vgl. auch § 202a Abs. 2 StGB.

11 Zum Übergang von der „gegenständlichen zur virtuellen Durchsuchung" Zerbes/El-Ghazi NStZ 2015, 425 ff.

12 Zum Mobiltelefon als „Objekt einer Sachdurchsuchung" aber BeckOK-PolR Baden-Württemberg/Nachbaur PolG BW § 35 Rn. 2 (2022); daran anknüpfend Kingreen/Poscher, POR, § 17 Rn. 12, die eine Suche nach Daten explizit unter den Begriff der Durchsuchung fassen. BeckOK-POR Hessen/Leggereit HessSOG § 37 Rn. 2 (2022) hält die Durchsuchung von Datenträgern nur in – nicht näher bezeichneten – „bestimmten Fällen" für zulässig und verweist auf VGH Mannheim Beschl. v. 2.4.2019 – 1 S 982/18 –, NVwZ-RR 2019, 901, wo allerdings § 110 StPO über § 4 Abs. 4 S. 4 VereinsG anwendbar war. Gusy, POR, Rn. 249 verweist auf „Sonderregelungen [...] zum Schutz von informationstechnischen Systemen (Computern)" und meint damit vermutlich die Vorschriften über die „Online-Durchsuchung".

25 **3. Realisierung.** Leistet die in Anspruch genommene Person (→ Rn. 29) dem Handlungsgebot des Verwaltungsakts Folge, wird dieser durch die Vornahme der Suche (Realakt) **vollzogen** (→ § 58 Rn. 36).

26 Bei Widerstand gegen die Durchsuchung, kann der Verwaltungsakt im Wege der **Vollstreckung** nach §§ 6 ff. VwVG durchgesetzt werden (→ § 58 Rn. 37).

27 Schließlich kann die Durchsuchung nach § 38 Abs. 1 S. 2 BKAG iVm § 19 S. 1 BPolG **unmittelbar ausgeführt** werden, wenn kein möglicher Adressat eines Durchsuchungsverwaltungsaktes (→ Rn. 33) anwesend ist (→ § 58 Rn. 38).

II. Adressaten

28 Die Durchsuchungsbefugnisse des § 59 Abs. 1 S. 1 BKAG bestehen überwiegend unabhängig von einer konkreten Gefahr, ermächtigen insbesondere auch zu Gefahrerforschungseingriffen. Selbst wenn – wie bei „korrigierender" Auslegung des § 59 Abs. 1 S. 1 Nr. 5 BKAG – eine Gefahr vorausgesetzt wird, muss diese nicht von der zu durchsuchenden Sache ausgehen. Die **allgemeinen Vorschriften** über die Verantwortlichkeit (§ 38 Abs. 1 S. 2 BKAG iVm §§ 17, 18 BPolG) sind daher auf die Sachdurchsuchung **nicht anwendbar** (→ § 38 Rn. 25).

29 Adressat des Durchsuchungsverwaltungsakts nach § 59 Abs. 1 S. 1 BKAG ist vielmehr stets der **Inhaber der tatsächlichen Gewalt** an der zu durchsuchenden Sache (vgl. auch § 44 Abs. 4 BPolG, auf den § 59 Abs. 2 BKAG verweist; → Rn. 33). Auf seine Berechtigung zur Sachherrschaft kommt es nicht an, sondern nur auf seine auf die räumliche Nähe gegründete aktuelle physische Einwirkungsmöglichkeit auf die Sache, die der Suche durch die BKA-Bediensteten in oder an der Sache entgegensteht. Die tatsächliche Gewalt ist als **gefahrenabwehrrechtlicher Begriff** nicht mit dem bürgerlich-rechtlichen Besitzbegriff gleichzusetzen, der auch mittelbare Sachherrschaftsbeziehungen erfasst.[13]

30 Von der tatsächlichen Sachherrschaft zu trennen ist die mögliche **Rechtsbetroffenheit des Eigentümers und sonstiger Berechtigter**. Sie ist allein für den Rechtsschutz und eventuelle Haftungsansprüche relevant. Sofern der Berechtigte keine tatsächliche Sachherrschaft im gefahrenabwehrrechtlichen Sinne innehat, kann er auch nicht durch einen Durchsuchungsverwaltungsakt in Anspruch genommen werden (anders als bei § 18 Abs. 2 S. 1 BPolG). Er muss grundsätzlich auch nicht durch gesonderte Verfügung zur Duldung der Durchsuchung verpflichtet werden.[14] Ausnahmsweise kommt eine begleitende Duldungsverfügung gegenüber dem Berechtigten in Betracht, wenn dieser neben dem Inhaber der tatsächlichen Gewalt anwesend ist und die Durchsuchung zu behindern droht und daher eine gesonderte, gegebenenfalls vollstreckbare Duldungspflicht statuiert werden soll. Die Rechtsgrundlage bildet dann aber nicht § 59 Abs. 1 S. 1 BKAG, sondern die Generalklausel des § 38 Abs. 1 S. 1 BKAG.

III. Modalitäten

31 Die BKA-Bediensteten sind bei der Durchführung der Durchsuchung zum schonenden Umgang mit der durchsuchten Sache verpflichtet (Verhältnismäßigkeit gem. § 38 Abs. 1 S. 2 BKAG iVm § 15 BPolG). **§ 59 Abs. 2 BKAG** überträgt mit seinem **Verweis auf § 44 Abs. 4 BPolG** weitere Vorgaben an die Durchführung der Durchsuchung aus dem Bundespolizeirecht auf das BKA.

32 Nach § 59 Abs. 2 BKAG iVm § 44 Abs. 4 S. 1 BPolG hat der Inhaber der tatsächlichen Gewalt das Recht, bei der Durchsuchung **anwesend zu sein**. Der Zweck des Anwesenheitsrechts – der Schutz des Betroffenen – wird nur erfüllt, wenn dieser die Möglichkeit hat, den gesamten Durchsuchungsvorgang zu verfolgen.[15]

33 Ist der Inhaber der tatsächlichen Gewalt abwesend, soll nach § 59 Abs. 2 BKAG iVm § 44 Abs. 4 S. 2 BPolG sein **Vertreter oder ein anderer Zeuge** hinzugezogen werden. War von Anfang an niemand bei der Sache, kann es keinen Inhaber der tatsächlichen Gewalt im gefahrenabwehrrechtlichen Sinne geben. Die Vorschrift stellt gerade nicht auf die Berechtigung, sondern auf die „tatsächliche" Gewalt ab, über die nur verfügt, wer aktuell, dh im Zeitpunkt der Maßnahme, auf die Sache einwirkt. § 59 Abs. 2 BKAG iVm § 44 Abs. 4 S. 2 BPolG kann daher nur Anwendung finden, wenn der Inhaber der tatsächlichen Gewalt die Sache an die BKA-Bediensteten herausgibt und sich dann entfernt – aus freien Stücken oder infolge eines Platzverweises. Hat er in diesen Fällen keinen Vertreter bestimmt, ist ein anderer Zeuge auszuwählen, von dem anzunehmen ist, dass er das Vertrauen des Gewaltinhabers besitzt.[16] Ist eine solche Person nicht zu ermitteln, kann in Anlehnung an § 105 Abs. 2 S. 1 StPO ein Gemeindebeamter hinzugezogen werden;[17] an-

13 Dazu allg. Lepsius, Besitz und Sachherrschaft im öffentlichen Recht 2002, 305 ff.
14 Michl NVwZ 2014, 1206 ff.
15 Drewes/Malmberg/Wagner/Walter/Walter BPolG § 44 Rn. 20.
16 Drewes/Malmberg/Wagner/Walter/Walter BPolG § 44 Rn. 21.
17 Schenke/Graulich/Ruthig/Schenke BPolG § 44 Rn. 16.

dere BKA-Bedienstete erscheinen hingegen nicht geeignet, da sie typischerweise nicht das Vertrauen des Betroffenen genießen werden.[18] Von der Soll-Bestimmung kann ausnahmsweise abgewichen werden, wenn anderenfalls die effektive Gefahrenabwehr vereitelt würde oder etwaige Zeugen durch die Beiziehung selbst gefährdet würden.[19]

Nach § 59 Abs. 2 BKAG iVm § 44 Abs. 4 S. 3 BPolG ist dem Gewaltinhaber auf Verlangen eine **Bescheinigung** über die Durchsuchung und ihren Grund zu erteilen. 34

Die Vorgaben des § 59 Abs. 2 BKAG iVm § 44 Abs. 4 BPolG beziehen sich nicht auf den Durchsuchungsverwaltungsakt, sondern greifen erst ein, nachdem dieser erlassen wurde. Es handelt sich daher nicht um Vorschriften über das Verwaltungsverfahren (§ 9 VwVfG), sondern um Vorgaben an die **Vollziehung des Verwaltungsakts**. Schon deshalb berühren Verstöße nicht die Rechtmäßigkeit des Durchsuchungsverwaltungsakts.[20] Auf §§ 45, 46 VwVfG kommt es nicht an.[21] Da das Verwaltungsverfahren mit Erlass des Durchsuchungsverwaltungsakts abgeschlossen ist, scheidet auch **§ 25 Abs. 1 S. 2 VwVfG** als Grundlage einer Auskunftspflicht der BKA-Beamten über die Rechte des Inhabers der tatsächlichen Gewalt aus.[22] 35

D. Rechtsschutz

I. Durchsuchungsverwaltungsakt

Gegen den **Durchsuchungsverwaltungsakt** sind grundsätzlich Widerspruch (§ 68 Abs. 1 S. 1 VwGO) und Anfechtungsklage (§ 42 Abs. 1 Alt. 1 VwGO) statthaft. Der Verwaltungsakt erledigt sich jedoch mit seiner Vollziehung, die in der Praxis so rasch geschieht, dass die Einlegung eines Widerspruchs faktisch ausgeschlossen ist. Statthaft ist daher, wenn es um Rechtsverletzungen durch den Verwaltungsakt geht, die Fortsetzungsfeststellungsklage analog § 113 Abs. 1 S. 4 VwGO. 36

Klagebefugt sind der in Anspruch genommene Inhaber der tatsächlichen Gewalt, der unabhängig von einer etwaigen Berechtigung an der Sache in seiner allgemeinen Handlungsfreiheit betroffen ist, sowie Personen, die eine Berechtigung an der durchsuchten Sache behaupten und durch die Durchsuchung daher möglicherweise in ihrem Eigentumsgrundrecht nach Art. 14 Abs. 1 GG betroffen sein können. Bei der Durchsuchung von Datenträgern (→ Rn. 20) kommt schließlich die Verletzung Dritter in ihrem Recht auf informationelle Selbstbestimmung in Betracht. 37

Das **besondere Feststellungsinteresse** der Rechtsbetroffenen ist schon deswegen anzuerkennen, weil sie gegen den mit der Durchsuchung verbundenen Grundrechtseingriff sonst keinerlei Rechtsschutz (Art. 19 Abs. 4 S. 1 GG) genössen. Auf die Intensität des Eingriffs kommt es nicht an.[23] 38

II. Unmittelbare Ausführung

Bei der Durchsuchung in unmittelbarer Ausführung ergeht kein Verwaltungsakt, so dass nur eine allgemeine **Feststellungsklage** nach § 43 Abs. 1 VwGO in Betracht kommt. 39

III. Modalitäten

Die Feststellungsklage ist auch der Rechtsbehelf der Wahl, wenn sich ein Betroffener gegen die Modalitäten der Durchsuchung wendet. Rechtsverletzungen bei der Durchführung der Durchsuchung begründen **feststellungsfähige Rechtsverhältnisse**, etwa wenn dem Inhaber der tatsächlichen Gewalt entgegen § 59 Abs. 2 BKAG iVm § 44 Abs. 4 S. 1 BPolG verweigert wird, bei der Durchsuchung anwesend zu sein, oder wenn ihm entgegen § 44 Abs. 4 S. 3 BPolG keine Bescheinigung auf Verlangen erteilt wird. 40

Auch die **Klagebefugnis** analog § 42 Abs. 2 VwGO ist (sofern man sie bei der Feststellungsklage für erforderlich hält) zu bejahen, da die Vorschriften des § 44 Abs. 4 BPolG subjektiv-öffentliche Rechte des Gewaltinhabers begründen. 41

18 Drewes/Malmberg/Wagner/Walter/Walter BPolG § 44 Rn. 21: „in Ausnahmefällen".

19 Vgl. Drewes/Malmberg/Wagner/Walter/Walter BPolG § 44 Rn. 21, der neben „unvertretbarem Aufwand" die „besonderen Umstände des Einsatzes" im Blick hat.

20 Drewes/Malmberg/Wagner/Walter/Walter BPolG § 44 Rn. 22.

21 AA Kingreen/Poscher, POR, § 17 Rn. 15: § 45 Abs. 1 Nr. 2 VwVfG; Schenke/Graulich/Ruthig/Schenke BPolG § 44 Rn. 19: § 46 VwVfG.

22 AA Kingreen/Poscher, POR, § 17 Rn. 14; Schenke/Graulich/Ruthig/Schenke BPolG § 44 Rn. 15/18; widersprüchlich Drewes/Malmberg/Wagner/Walter/Walter BPolG § 44 Rn. 20/22, dem zufolge entsprechende Hinweise aber „modernem Verwaltungsverständnis" entsprechen.

23 Vgl. Sodan/Ziekow/Wolff VwGO, 5. Aufl. 2018, § 43 Rn. 282.

42 Zweifelhaft kann nur das **Feststellungsinteresse** sein, das im Fall vergangener Rechtsverhältnisse den zur Fortsetzungsfeststellungsklage entwickelten Fallgruppen entspricht.[24] Ein Rehabilitationsinteresse erscheint bei Verstößen gegen § 44 Abs. 4 BPolG ausgeschlossen. Da damit keine gesonderten Grundrechtseingriffe verbunden sind, kann auch die rasche Erledigung das Feststellungsinteresse nicht begründen. Somit verbleibt nur die Wiederholungsgefahr, für die sich aber in der Praxis nur selten konkrete Anhaltspunkte finden werden.

§ 60 Sicherstellung

(1) Das Bundeskriminalamt kann eine Sache sicherstellen,

1. **um eine gegenwärtige Gefahr abzuwehren oder**
2. **wenn sie von einer Person mitgeführt wird, die nach diesem Abschnitt festgehalten wird, und die Sache verwendet werden kann, um**
   a) **sich zu töten oder zu verletzen,**
   b) **Leben oder Gesundheit anderer zu schädigen,**
   c) **fremde Sachen zu beschädigen oder**
   d) **sich oder einem anderen die Flucht zu ermöglichen oder zu erleichtern.**

(2) Die §§ 48 bis 50 des Bundespolizeigesetzes gelten entsprechend.

24 Vgl. Sodan/Ziekow/Sodan VwGO, 5. Aufl. 2018, § 43 Rn. 98 ff.

A. Überblick und Systematik

1 § 60 BKAG ermächtigt das BKA zur Sicherstellung von Sachen zum Zweck der **Abwehr von Gefahren** des internationalen Terrorismus (§ 5 Abs. 1 BKAG). Sicherstellungen und Beschlagnahmen zum Zweck der Strafverfolgung richten sich nach §§ 94 ff. StPO. Die Abgrenzung richtet sich nach dem Schwerpunkt des Handelns.[1]

2 Die Vorschrift ist **§ 47 BPolG** nachgebildet, der sich wiederum an § 21 MEPolG orientiert. § 60 BKAG lässt abweichend davon keine Sicherstellung zum Schutz privater Rechte zu, da diese nicht vom Aufgabenkreis des BKA erfasst ist. Die Vorschrift normiert lediglich zwei Sicherstellungstatbestände, die für die Erfüllung der Aufgaben nach § 5 Abs. 1 BKAG erforderlich sind.

3 § 60 Abs. 2 BKAG überträgt mit dem **Verweis auf §§ 48 bis 50 BPolG** die bundespolizeirechtlichen Vorschriften über den Umgang mit sichergestellten Sachen (Verwahrung, Verwertung, Vernichtung, Herausgabe) auf das BKA.

4 Aus **§ 62 BKAG** ergeben sich **Einschränkungen** mit Blick auf die Sicherstellung von Sachen bei zeugnisverweigerungsberechtigten Personen.

5 Die Person, bei der die Sache sichergestellt wird, ist in ihrer allgemeinen Handlungsfreiheit (**Art. 2 Abs. 1 GG**), Eigentümer und sonstige Sachberechtigte sind in ihrem Eigentumsgrundrecht (**Art. 14 GG**) betroffen.

B. Tatbestand

I. Sicherstellungsfähige Sache

6 Sachen iSd § 60 Abs. 1 BKAG sind alle beweglichen und unbeweglichen **körperlichen Gegenstände**. Dazu gehören auch Tiere, Leichname sowie Flüssigkeiten und gasförmige Stoffe, sofern diese körperlich abgegrenzt sind. Anders als bei der Sachdurchsuchung (→ § 59 Rn. 5 f.) müssen keine bestimmten Sachen aus Konkurrenzgründen aus dem Kreis der sicherstellungsfähigen Sachen ausgenommen werden; insbes. können auch Immobilien ungeachtet ihrer Nutzung (zB als Wohnung) sichergestellt werden.[2] In der Vollzugspraxis dürfte freilich die Sicherstellung beweglicher Sachen im Vordergrund stehen.

7 **Digitale Daten** sind keine Sachen, sondern maschinenlesbar codierte Informationen.[3] Sie können daher nicht nach § 60 Abs. 1 BKAG sichergestellt werden, wohl aber ihre verkörperten Träger (Festplatten, etc.). Soweit ersichtlich ist die Sicherstellung von Daten derzeit nur im bayerischen und mecklenburg-vorpommerischen Polizeirecht vorgesehen (Art. 25 Abs. 3 S. 1 BayPAG; § 61 Abs. 1 S. 2 SOG MV).

II. Sicherstellung zur Abwehr einer gegenwärtigen Gefahr

8 Nach § 60 Abs. 1 Nr. 1 BKAG kann das BKA eine Sache sicherstellen, um eine gegenwärtige Gefahr abzuwehren. **Gefahr** ist nach § 38 Abs. 2 BKAG eine im Einzelfall bestehende („konkrete") Gefahr für die öffentliche Sicherheit im Zusammenhang mit Straftaten nach § 5 Abs. 1 S. 2 BKAG (im Einzelnen → § 38 Rn. 15 f.). Die Gefahr muss angesichts des spezifischen, auf die Begehung terrorismusspezifischer Straftaten zugeschnittenen Gefahrenbegriffs (→ § 38 Rn. 28) nicht von der Sache ausgehen. Vielmehr kann die Sache auch sichergestellt werden, um mit ihr eine Gefahr abzuwehren. Das Kriterium der **Gegenwärtigkeit** setzt eine besondere zeitliche Nähe der drohenden Schädigung und ein gesteigertes Maß der Wahrscheinlichkeit des Schadenseintritts voraus.[4]

III. Sicherstellung bei einer festgehaltenen Person

9 § 60 Abs. 1 Nr. 2 BKAG ermöglicht die Sicherstellung einer Sache bei einer festgehaltenen Person, wenn die Sache zu näher umschriebenen Handlungen verwendet werden kann. Erfasst werden nur Personen, die

1 Dazu allg. Kingreen/Poscher, POR, § 2 Rn. 14, mwN.
2 Michl JuS 2023, 119 (120).
3 Zech, Information als Schutzgegenstand, 2012, S. 32; vgl. auch § 202a Abs. 2 StGB.
4 Schenke/Graulich/Ruthig/Schenke BKAG § 60 Rn. 3.

nach dem Abschnitt 5 des BKAG festgehalten werden. Entsprechende Festhaltebefugnisse normieren § 57 BKAG (Gewahrsam), § 42 Abs. 1 BKAG iVm § 23 Abs. 3 S. 4 BPolG (Festhalten bei Identitätsfeststellung), § 44 Abs. 2 BKAG iVm § 25 Abs. 3 BPolG (Festhalten bei Vorführung) sowie § 58 Abs. 3 BKAG iVm § 43 Abs. 5 BPolG (Festhalten bei Durchsuchung; zur Verfassungswidrigkeit → § 58 Rn. 56). Es genügt nicht, dass die Person festgehalten werden kann.[5] Vielmehr muss die Person **aktuell und rechtmäßig festgehalten** werden.

10 Sie muss die Sache außerdem **mit sich führen.** Das setzt eine räumliche Nähe zur Sache voraus, aufgrund derer die Person auf diese unmittelbar zugreifen und davon in einer der in § 60 Abs. 1 Nr. 2 BKAG beschriebenen Weisen Gebrauch machen kann.[6] Anders als bei der Personendurchsuchung (§ 58 Abs. 1 S. 1 Nr. 2 BKAG) setzt das Mit-Sich-Führen bei der Sicherstellung nicht voraus, dass die Person die Sache in der angelegten Kleidung oder sonst unmittelbar am Körper trägt. Die Sache kann sich vielmehr auch in einem Gepäckstück oder an einem Versteck im Bereich des Festhalteorts befinden.[7]

11 Die Sache muss dazu verwendet werden können, sich zu töten oder zu verletzen (lit. a), Leben oder Gesundheit anderer zu schädigen (lit. b), fremde Sachen zu beschädigen (lit. c) oder sich oder einem anderen die Flucht zu ermöglichen oder zu erleichtern (lit. d). Die **Verwendungseignung** richtet sich ausweislich des Wortlauts nicht nach den individuellen Kenntnissen und Fähigkeiten der Person, sondern ist abstrakt nach der Beschaffenheit der Sache und der allgemeinen Lebenserfahrung zu bestimmen.[8] Nicht verlangt wird die Prognose, dass die Person die Sache auch in der beschriebenen Weise verwenden wird.

C. Rechtsfolge

I. Inhalt der Befugnis

12 **1. Sicherstellung.** Nach der allgemeinen polizeirechtlichen **Definition** ist die Sicherstellung die Entziehung der tatsächlichen Gewalt über eine Sache (Gewahrsam, Sachherrschaft) und die Begründung neuer tatsächlicher Gewalt durch die Polizei, im Fall des § 60 BKAG: durch das BKA.[9] Die Maßnahme muss die Begründung neuer tatsächlicher Gewalt bezwecken, darf also nicht nur auf die Zerstörung oder Unschädlichmachung einer Sache durch physische Einwirkung gerichtet sein. Denn die Sicherstellung mündet nach der Konzeption des Gesetzes in ein **öffentlich-rechtliches Verwahrungsverhältnis** (§ 60 Abs. 2 BKAG iVm § 48 BPolG). Daher ist auch ein kurzfristiger Wechsel der tatsächlichen Gewalt, der keine Verwahrung begründen soll, nicht auf § 60 BKAG, sondern auf die Generalklausel des § 38 Abs. 1 S. 1 BKAG zu stützen.

13 **2. Verwaltungsakt.** § 60 Abs. 1 BKAG ermächtigt das BKA zum Erlass eines Verwaltungsakts (§ 35 S. 1 VwVfG), mit dem der Inhaber der tatsächlichen Gewalt zur **Herausgabe** der Sache verpflichtet wird. Die von Teilen der polizeirechtlichen Literatur und vereinzelten Oberverwaltungsgerichten vertretene Ansicht, die Sicherstellungsbefugnis erlaube der Polizei die sofortige Wegnahme der Sache ohne vorangehende Verpflichtung des Gewaltinhabers,[10] überspielt die im Gesetz angelegte und rechtsstaatlich bedeutungsvolle Differenzierung zwischen Primärmaßnahme und Vollstreckung.[11] Sie kann daher auch bei § 60 Abs. 1 BKAG nicht überzeugen. Wie das BKA an die Sache gelangt, ist vielmehr eine Frage der Realisierung des Sicherstellungsverwaltungsakts (→ Rn. 14; zur Frage der Wirkungsdauer des Verwaltungsakts → Rn. 34 f.).

14 **3. Realisierung. a) Vollziehung.** Leistet der Inhaber der tatsächlichen Gewalt dem Verwaltungsakt Folge und gibt die Sache an die BKA-Bediensteten heraus, wird der Verwaltungsakt vollzogen und die Sicherstellung realisiert.[12] Die Vollziehung ist ein zweiseitiger **Realakt**, der neben der Herausgabe durch den Verpflichteten die Entgegennahme durch das BKA umfasst. Welche konkreten Handlungen für den Gewahrsamswechsel erforderlich sind, hängt maßgeblich von der Beschaffenheit der Sache und den Umständen des Einzelfalles ab. Bei kleineren beweglichen Sachen reicht es aus, dass der BKA-Bedienstete diese körperlich an sich nimmt. Bei Fahrzeugen und verschließbaren Immobilien wird es regelmäßig auf die Übergabe der Schlüssel ankommen.

15 Mit der Beendigung der tatsächlichen Sachherrschaft des bisherigen Gewaltinhabers und der Begründung der neuen tatsächlichen Gewaltposition des BKA ist die Sicherstellung abgeschlossen. In diesem Zeitpunkt

5 Kugelmann BKAG § 20s Rn. 3.
6 Drewes/Malmberg/Wagner/Walter/Walter BPolG § 47 Rn. 22; Schenke/Graulich/Ruthig/Schenke BPolG § 47 Rn. 14.
7 Drewes/Malmberg/Wagner/Walter/Walter BPolG § 47 Rn. 22.
8 Vgl. Drewes/Malmberg/Wagner/Walter/Walter BPolG § 47 Rn. 23.
9 Allg. Kingreen/Poscher, POR, § 18 Rn. 1 ff., mwN; Michl JuS 2023, 119 (119 f.).
10 Nachw. bei Gusy, POR, § 4 Rn. 286.
11 Michl JuS 2023, 119 (121).
12 Vgl. Drewes/Malmberg/Wagner/Walter/Walter BPolG § 47 Rn. 3, nach dem „[d]ie Sicherstellung […] in der Regel durch die Anordnung der Herausgabe (Grundverfügung, Verwaltungsakt iSv § 35 VwVfG) und dem anschließenden Vollzug der Maßnahme (Inbesitznahme)" erfolgt.

erledigt sich der Verwaltungsakt „auf andere Weise" (§ 43 Abs. 2 VwVfG), da das mit ihm angeordnete Handlungsgebot erfüllt und sein Zweck – die Begründung neuen Gewahrsams des BKA – erreicht ist.[13] Weiterreichende Bedeutung kommt dem Verwaltungsakt nicht zu, insbes. nicht im Hinblick auf die Verwahrung der Sache durch das BKA (→ Rn. 33 ff.; dort auch zur aA).

b) **Vollstreckung.** Gibt der Gewaltinhaber die Sache nicht heraus, kann das BKA den Sicherstellungsverwaltungsakt im Wege der Vollstreckung unter den Voraussetzungen der **§§ 6 ff. VwVG** durchsetzen. Die Wegnahme der nicht freiwillig herausgegebenen Sache ist eine Form unmittelbaren Zwangs (§§ 9 Abs. 1 lit. c, 12 VwVG).[14] 16

c) **Unmittelbare Ausführung.** Ist kein Gewaltinhaber zugegen, der durch Verwaltungsakt in Anspruch genommen werden könnte, kann das BKA die Sicherstellung im Wege **unmittelbarer Ausführung** nach § 38 Abs. 1 S. 2 BKAG iVm § 19 S. 1 BPolG realisieren. In diesem Fall ergeht überhaupt kein Verwaltungsakt; er wird auch nicht etwa durch die Unterrichtung des (Eigentums-)Betroffenen nach § 19 S. 2 BPolG nachträglich bekanntgegeben.[15] Die unmittelbare Ausführung der Sicherstellung ist ein gewahrsamsbegründender Realakt ohne Regelungswirkung. 17

II. Adressaten

Richtiger Adressat des Sicherstellungsverwaltungsakts ist die Person, die im Zeitpunkt der Maßnahme die **tatsächliche Gewalt** an der Sache innehat (vgl. → § 59 Rn. 29). Die Maßnahmenrichtung orientiert sich an der Zweckrichtung der Sicherstellung (Gewahrsamswechsel). Der Rückgriff auf die allgemeinen Vorschriften über die Verantwortlichkeit (§ 38 Abs. 1 S. 2 BKAG iVm §§ 17 f. BPolG) ist unter Spezialitätsgesichtspunkten ausgeschlossen (→ § 38 Rn. 25). 18

Wird zur Abwehr einer gegenwärtigen Gefahr (§ 60 Abs. 1 Nr. 1 BKAG) eine Sache sichergestellt, die sich im Gewahrsam einer für die Gefahr nicht verantwortlichen Person befindet, ist die Sicherstellung nur unter den zusätzlichen Voraussetzungen der **Nichtstörerhaftung** (§ 38 Abs. 1 S. 2 BKAG iVm § 20 BPolG) zulässig. Beispiel: Das BKA stellt einen privaten Pkw sicher, um einen Terroristen zu verfolgen. Da § 60 Abs. 1 Nr. 2 BKAG keine Gefahr voraussetzt, findet die Nichtstörerhaftung auf festgehaltene Personen keine Anwendung. Bei ihnen können Sachen vielmehr ohne Weiteres sichergestellt werden, sofern der Tatbestand erfüllt ist.[16] 19

III. Dokumentation und Information (§ 60 Abs. 2 BKAG iVm § 48 Abs. 2 BPolG)

§ 60 Abs. 2 BKAG iVm § 48 Abs. 2 BPolG sieht Dokumentations- und Informationspflichten vor, die sich nicht auf die Verwahrung, sondern **auf die Sicherstellung beziehen.** Die Platzierung des § 48 Abs. 2 BPolG in der Vorschrift über die Verwahrung dürfte auf das zeitliche Zusammenfallen der dort normierten Dokumentations- und Informationspflichten mit der Pflicht zur Verwahrung zurückzuführen sein. Diese Pflichten treffen das BKA nämlich erst mit Abschluss der Sicherstellung durch Erlangung der tatsächlichen Gewalt an der Sache (→ Rn. 28). Dann stehen sie nebeneinander. 20

1. Bescheinigung (§ 48 Abs. 2 S. 1 BPolG). Gem. § 48 Abs. 2 S. 1 BPolG ist dem Betroffenen eine Bescheinigung auszustellen, die den Grund der Sicherstellung erkennen lässt und die sichergestellten Sachen bezeichnet. Verlangt wird eine **schriftliche Darlegung** von Rechtsgrundlage, Sachverhalt und Zweck der konkreten Sicherstellung (Grund) sowie eine **präzise Bezeichnung** der Sache, die Verwechslungen ausschließt (vgl. auch § 48 Abs. 4; → Rn. 40). 21

Nicht ganz eindeutig ist, wen das Gesetz mit **Betroffenen** meint. In Betracht kommt sowohl die Person, bei der die Sache sichergestellt wurde, – der letzte Gewaltinhaber –[17] als auch Eigentümer und sonstige Berechtigte, die von der Verwahrung betroffen sind (→ Rn. 5).[18] Dass § 48 Abs. 2 S. 3 BPolG eine gesonderte Pflicht zur Unterrichtung des Eigentümers oder rechtmäßigen Gewaltinhabers normiert (→ Rn. 24 ff.), spricht für die erste Lesart, ebenso der Abgleich mit § 50 Abs. 1 S. 1 BPolG, der nach Wegfall der Sicherstellungsvoraussetzung das BKA zur Herausgabe der Sache an denjenigen verpflichtet, bei dem sie sichergestellt wurde. Die Bescheinigung dient nicht zuletzt zur Durchsetzung dieses Herausgabeanspruchs, der nach 22

13 Allg. zur Erledigung durch Vollziehung Stelkens/Bonk/Sachs/Sachs VwVfG, 9. Aufl. 2018, § 43 Rn. 215 ff.

14 Michl JuS 2023, 119 (122).

15 So aber die Konstruktion bei Berner/Köhler/Käß BayPAG Vorb. Art. 9 Rn. 8 ff., die aufgrund der unnötigen Komplexität und der grundrechtsdogmatisch unhaltbaren Prämisse (Gleichsetzung von Grundrechtseingriff und Regelungswirkung) zu Recht vereinzelt geblieben ist.

16 Kingreen/Poscher, POR, § 18 Rn. 14.

17 So Drewes/Malmberg/Wagner/Walter/Walter BPolG § 48 Rn. 6.

18 So wohl Schenke/Graulich/Ruthig/Schenke BPolG § 48 Rn. 4.

§ 50 Abs. 1 S. 1 BPolG dem letzten Gewaltinhaber unabhängig von seiner Berechtigung zusteht (→ Rn. 76 ff.).

23 **2. Niederschrift (§ 48 Abs. 2 S. 2 BPolG).** Ist nach den Umständen des Falles die Erteilung der Bescheinigung unmöglich, ist nach § 48 Abs. 2 S. 2 BPolG eine **Niederschrift** über die Sicherstellung aufzunehmen. Diese muss denselben Inhalt haben wie die Bescheinigung („auch") und muss außerdem erkennen lassen, warum keine Bescheinigung ausgestellt wurde. Die Erteilung der Bescheinigung ist nicht nur bei Abwesenheit des letzten Gewaltinhabers unmöglich, sondern auch dann, wenn dieser sich weigert, die Bescheinigung entgegenzunehmen, oder aufgrund seiner physischen oder psychischen Konstitution dazu nicht in der Lage ist.[19]

24 **3. Unterrichtung (§ 48 Abs. 2 S. 3 BPolG).** Gem. § 42 Abs. 2 S. 3 BPolG ist der Eigentümer oder der rechtmäßige Inhaber der tatsächlichen Gewalt **unverzüglich zu unterrichten**, freilich nur dann, wenn er nicht selbst die Person ist, bei der die Sache sichergestellt wurde. Unverzüglich bedeutet in Anlehnung an § 121 Abs. 1 S. 1 BGB (→ § 2 Rn. 46), dass die Unterrichtung nicht ohne rechtfertigende Gründe hinausgezögert werden darf.[20] Anders als die Bescheinigungspflicht nach S. 1 verlangt die Unterrichtungspflicht keine Angabe von Gründen, sondern nur die Information darüber, dass eine bestimmte Sache sichergestellt wurde. Auch die Form der Unterrichtung ist nicht vorgeschrieben.

25 **„Eigentümer"** ist der Eigentümer iSd bürgerlichen Rechts. **Rechtmäßiger Inhaber** der tatsächlichen Gewalt ist jede Person, die – zivilrechtlich ausgedrückt – ein Recht zum Besitz der Sache hat. Neben dinglich Berechtigten (zB Nießbraucher) fallen darunter auch obligatorisch Berechtigte wie Mieter, Pächter und Leihnehmer. Nicht ganz klar ist, ob in jedem Fall alle zum Besitz der Sache berechtigten Personen zu unterrichten sind. Dafür spricht die Betroffenheit im Eigentumsgrundrecht, dagegen der Wortlaut („oder"), der nahelegt, dass es ausreicht, wenn das BKA eine besitzberechtigte Person unterrichtet. Diese dürfte regelmäßig im privatrechtlichen Verhältnis zu den anderen Berechtigten verpflichtet sein, die Information weiterzugeben.

26 Die Unterrichtungspflicht sichert die eigentumsgrundrechtlich geschützten Rechtspositionen der an der Sache berechtigten Personen und sichert ihren **Rechtsschutz** gegen die sich an die Sicherstellung anschließende Verwahrung der Sache. Eine Rechtsbehelfsbelehrung ist schon deswegen nicht vorgesehen, weil der Sicherstellungsverwaltungsakt sich bereits erledigt hat (→ Rn. 15) und die Verwahrung nicht durch Verwaltungsakt, sondern durch den Realakt der Inobhutnahme begründet wird (→ Rn. 28). Es können also keine Rechtsbehelfsfristen nach § 58 Abs. 1 VwGO in Gang gesetzt werden (zum Rechtsschutz im Einzelnen → Rn. 96 ff.).

27 **4. Pflichtverletzungen.** Die in § 48 Abs. 2 BPolG geregelten Unterrichtungspflichten sind Amtspflichten, die (auch) den Schutz der von der Sicherstellung betroffenen Person sowie des Eigentümers und der sonst an der Sache Berechtigten dienen (Drittbezogenheit). Sofern diese einen Schaden erleiden, der auf eine Verletzung der Pflichten zurückzuführen ist, kommt ein **Amtshaftungsanspruch** gegen den Bund gem. Art. 34 S. 1 GG iVm § 839 Abs. 1 BGB in Betracht. Ein Schadenersatzanspruch analog § 280 Abs. 1 BGB ist jedoch nicht anzuerkennen, da es am öffentlich-rechtlichen Schuldverhältnis fehlt. Die Pflichten nach § 48 Abs. 2 BPolG sind keine Pflichten „aus", sondern Pflichten „neben" der Verwahrung (→ Rn. 20).

D. Verwahrung, Verwertung, Vernichtung

I. Verwahrung (§ 60 Abs. 2 BKAG iVm § 48 Abs. 1, 3 und 4 BPolG)

28 **1. Pflicht zur Verwahrung.** Die Sicherstellung ist auf die Verwahrung der Sache durch das BKA gerichtet (→ Rn. 12). Das bedeutet aber nicht, dass sie die Verwahrung automatisch begründet. Die Sicherstellung ist vielmehr abgeschlossen, sobald der Gewahrsamswechsel vollzogen wurde (→ Rn. 15). In diesem Moment trifft das BKA die in § 62 Abs. 2 BKAG iVm § 48 Abs. 1 S. 1 BPolG statuierte Pflicht, die Sache **in Verwahrung zu nehmen**. Schon der Wortlaut („zu nehmen") macht deutlich, dass die Begründung der Verwahrung ein der Sicherstellung nachgelagerter zweiter Akt ist. Rechtsfolge der Sicherstellung ist nicht die Verwahrung, sondern die Pflicht zur Verwahrung.

29 **a) Verwahrung durch das BKA.** Verwahrung meint die Aufbewahrung der Sache durch das BKA. Sie umfasst neben der Gewährung von **Raum** für die Sache, dass diese durch das BKA tatsächlich in **Obhut** genommen wird.[21] Der Raum ist grundsätzlich beim BKA zu gewähren, das die Sache in seine Obhut nehmen muss (*arg. e contr.* § 48 Abs. 1 S. 3 BPolG).

19 Vgl. Drewes/Malmberg/Wagner/Walter/Walter BPolG § 48 Rn. 7.
20 Vgl. Schenke/Graulich/Ruthig/Schenke BPolG § 48 Rn. 4.
21 Vgl. BeckOK-PolSiR Bayern/Senftl BayPAG Art. 26 Rn. 9 (2021): „Aufbewahrung und Obhut"; allg. zu Begriff und Begründung auch Michl JuS 2023, 119 (122 f.); zum privatrechtlichen Verwahrungsbegriff BGH Urt. v. 5.10.1951 – I ZR 92/50 –, BGHZ 3, 200 (202).

30 Lässt die Beschaffenheit der Sache die Verwahrung nicht zu oder erscheint die Verwahrung beim BKA unzweckmäßig, ist die Sache **auf andere geeignete Weise** aufzubewahren oder zu sichern (§ 48 Abs. 1 S. 2 BPolG). Die erste Variante betrifft vor allem unbewegliche Sachen, für die kein Raum gewährt werden kann. Sie können durch Absperrung und/oder Versiegelung gesichert werden.[22] Die Unzweckmäßigkeit kann sich entweder aus der Einsatzsituation ergeben – Verwahrung beim BKA gefährdet Zweck der Maßnahme – oder daraus, dass das BKA nicht in der Lage ist, die Sache „bedarfsgerecht" zu verwahren (zB Tiere, verderbliche Ware).[23]

31 **b) Verwahrung durch Dritte.** In den Fällen des § 48 Abs. 1 S. 2 BPolG kann nach § 48 Abs. 1 S. 3 BPolG die Verwahrung auch einem **Dritten übertragen** werden. Der Rechtsgrund, aus dem der Dritte zur Verwahrung verpflichtet ist, ist unerheblich. In Betracht kommt neben einem privatrechtlichen Verwahrungsvertrag eine Inanspruchnahme des Dritten nach der Generalklausel des § 38 Abs. 1 S. 1 BKAG (idR als Nichtverantwortlicher gem. § 38 Abs. 1 S. 2 BKAG iVm § 20 BPolG).[24]

32 **c) Pflichtverletzung.** Verletzt das BKA die Pflicht zur Verwahrung nach § 60 Abs. 2 BKAG iVm § 48 Abs. 1 BPolG und kommt der Eigentümer oder sonst Berechtigte dadurch zu Schaden, kann dieser vom Bund Schadenersatz nach den Grundsätzen der **Amtshaftung** (Art. 34 S. 1 GG iVm § 839 Abs. 1 BGB) verlangen. Die Amtspflicht zur Verwahrung ist drittbezogen, da sie auch (und vor allem!) dazu dient, den Berechtigten vor Schäden zu schützen. Genau deshalb soll eine Verwahrung begründet werden, die begrifflich nicht nur Aufbewahren, sondern auch Obhut verlangt (→ Rn. 29). Ein Schadenersatzanspruch analog § 280 Abs. 1 BGB (→ Rn. 42) scheidet hingegen aus, da das Verwahrungsverhältnis noch nicht begründet wurde.

33 **2. Rechtsgrund der Verwahrung. a) Gesetzliche Rechtsgrundlage.** Der Rechtsgrund für die Verwahrung ergibt sich unmittelbar aus dem **Gesetz**: Wenn der Gesetzgeber das BKA mit § 60 Abs. 2 BKAG iVm § 48 Abs. 1 S. 1 BPolG verpflichtet, eine Sache in Verwahrung zu nehmen, schafft er damit zugleich eine rechtliche Grundlage für die Verwahrung. Anders gewendet: Die Pflicht zur Verwahrung impliziert die Befugnis zur Verwahrung.

34 **b) Entbehrlichkeit eines Dauerverwaltungsakts.** Der im Gesetz angelegte Zweischritt von Sicherstellung und Verwahrung (→ Rn. 28) wird in der polizeirechtlichen Literatur häufig durch vage Formulierungen nivelliert.[25] Das führt zu erheblichen Unsicherheiten über die Rechtsgrundlage der Verwahrung, die in manchen Interpretationen auf die behauptete „Rechtsnatur" der Sicherstellung rückwirken sollen. So gehen Teile von Rechtsprechung und Literatur davon aus, bei der Sicherstellung handle es sich um einen **Dauerverwaltungsakt**, der den Rechtsgrund für die Verwahrung bilde.[26] Das hat teils erhebliche Auswirkungen auf die Rechtsposition des Betroffenen und seinen Rechtsschutz, vor allem wenn es um die Rückgabe der Sache geht (→ Rn. 103 f.).

35 Die Konstruktion eines Dauerverwaltungsakts ist **überflüssig**. Sie dürfte maßgeblich auf das vom MEPolG abweichende Polizeirecht Baden-Württembergs zurückgehen, in dem es keine dem § 50 BPolG vergleichbare Vorschrift über die Herausgabe der sichergestellten Sache (→ Rn. 76 ff.) gibt. Vielmehr ist dort die Sicherstellung „aufzuheben", sobald ihr Zweck erreicht ist.[27] Damit scheint eine Fortdauer des Verwaltungsakts „Sicherstellung" vorausgesetzt zu werden, der seine Wirksamkeit erst durch einen Aufhebungsakt verliert (vgl. § 43 Abs. 2 VwVfG: „anderweitig aufgehoben"). Für die Auslegung des Bundesrechts hat dieser landesrechtliche Sonderfall keine Bedeutung. Einer „Aufhebung" der Sicherstellung bedarf es nach dem BPolG nicht.

36 **c) Wegfall des Rechtsgrundes.** Die Polizeigesetze der Länder (mit Ausnahme von Baden-Württemberg) sowie des Bundes – für das BKA maßgeblich: **§ 50 Abs. 1 S. 1 BPolG** – ordnen im Einklang mit § 24 Abs. 1 S. 1 MEPolG an, dass die sichergestellte Sache „herauszugeben" ist, sobald die Voraussetzungen für die Sicherstellung weggefallen sind.[28] Hier muss kein Rechtsgrund in Gestalt eines Verwaltungsakts beseitigt

22 Vgl. Drewes/Malmberg/Wagner/Walter/Walter BPolG § 48 Rn. 3.

23 Drewes/Malmberg/Wagner/Walter/Walter BPolG § 48 Rn. 3.

24 Schenke/Graulich/Ruthig/Schenke BPolG § 48 Rn. 3.

25 Beispiele: Kingreen/Poscher, POR, § 18 Rn. 16: „Durchgesetzt wird […] die Begründung neuer tatsächlicher Gewalt durch Verwahrung"; Schenke, POR, Rn. 175: „Eine Sicherstellung wird grundsätzlich durch amtliches Verwahren durchgeführt."; Lisken/Denninger/Graulich, HdbPolR, E Rn. 601: „Die Sicherstellung […] begründet durch Verwaltungsakt die tatsächliche Herrschaft der Polizei und damit [!] ein öffentlich-rechtliches Verwahrungsverhältnis über die Sache."; Gusy, POR, Rn. 287: „Durch die Sicherstellung entsteht ein öffentlich-rechtliches Verwahrungsverhältnis".

26 Repräsentativ Lisken/Denninger/Graulich, HdbPolR, E Rn. 608.

27 §§ 37 Abs. 4, 38 Abs. 4 PolG BW. Neuerdings spricht auch Art. 28 Abs. 1 BayPAG davon, dass die Sicherstellung „zu beenden" sei, sobald ihre Voraussetzungen entfallen sind. Die Regelung dürfte im Zusammenhang mit der Einführung der Sicherstellung von Vermögensrechten und Daten (Art. 25 Abs. 2 und 3 BayPAG) zu sehen sein, vgl. BayLT-Drs. 17/20425, 46.

28 Nach Lisken/Denninger/Graulich, HdbPolR, E Rn. 608 soll aus der Formulierung „sichergestellte" (statt: „verwahrte") Sache hingegen „unmissverständlich" hervorgehen, dass die Sicherstellung während der Verwahrung fortdauert. Das Attribut „sichergestellt" drückt aber nur aus, dass es sich um die Sache handelt, die von der Polizei sichergestellt wurde, nicht aber, dass die Sicherstellung fortdauert.

werden, da der gesetzliche Rechtsgrund ebenfalls kraft Gesetzes weggefallen ist: Der Rechtsgrund zur Verwahrung endet mit Wegfall der Voraussetzungen für die Sicherstellung. Das BKA trifft dann die Pflicht zur Herausgabe (→ Rn. 76 ff.).

37 **3. Pflichten bei der Verwahrung.** Die Verwahrung der sichergestellten Sache begründet ein **öffentlich-rechtliches Schuldverhältnis** (vertragsähnliche Nähebeziehung) zwischen dem BKA (bzw. seinem Rechtsträger, dem Bund) und den eigentumsgrundrechtlich Betroffenen. Die Pflichten aus diesem Schuldverhältnis müssen nicht in Analogie zu den privatrechtlichen Vorschriften über die Verwahrung (§§ 688 ff. BGB) konstruiert werden, sondern ergeben sich aus § 60 Abs. 2 BKAG iVm § 48 BPolG sowie § 49 BPolG (→ Rn. 43 ff.) und § 50 BPolG (→ Rn. 76 ff.). Die Dokumentations- und Unterrichtungspflichten nach § 48 Abs. 2 BPolG sind hingegen keine Pflichten „aus", sondern „neben" der Verwahrung (→ Rn. 20).

38 a) **Werterhaltung (§ 48 Abs. 3 BPolG).** Das BKA hat nach § 48 Abs. 3 S. 1 BPolG Wertminderungen der sichergestellten Sache vorzubeugen. Sie muss ihre Obhut über die Sache also so ausüben, dass die **Substanz** der Sache erhalten und vor schädlichen Einwirkungen geschützt wird.[29] Nicht erfasst von der Werterhaltungspflicht ist der Marktwert der Sache, den das BKA nicht garantieren kann.[30] Zur Abwehr des Verderbs oder einer wesentlichen Wertminderung durch Verwertung (→ Rn. 45 ff.).

39 Die Werterhaltungspflicht trifft das BKA auch, wenn es die Verwahrung nach § 48 Abs. 1 S. 3 BPolG einem **Dritten** übertragen hat. Verwahrt der Dritte die Sache indes auf Verlangen eines Berechtigten, ist das BKA nach § 48 Abs. 3 S. 2 BPolG von der Werterhaltungspflicht befreit. Durch sein Verlangen übernimmt der Berechtigte das Risiko für die ordnungsgemäße Verwahrung.[31] „Verlangen" ist aber mehr als eine bloße Auskunft oder Anregung. Erkundigt sich etwa das BKA bei einem Berechtigten, wo die Sache zweckmäßigerweise verwahrt werden könnte, und gibt dieser darauf eine Antwort, ist das BKA noch nicht aus seiner Werterhaltungspflicht entlassen. Entscheidend ist vielmehr, dass der Berechtigte den Wunsch kundtut, dass die Sache von einem bestimmten Dritten verwahrt wird. Nach dem Wortlaut des § 48 Abs. 3 S. 2 BPolG genügt es, wenn von mehreren Berechtigten einer diesen Wunsch geäußert hat. Der Ausgleich etwaiger Schäden ist dann eine Frage der privatrechtlichen Beziehungen der Berechtigten (zB Miteigentümer, Mieter/Vermieter) untereinander.

40 b) **Verzeichnung und Kennzeichnung (§ 48 Abs. 4 BPolG).** Das BKA hat nach § 48 Abs. 4 BPolG ein **Verzeichnis** über die verwahrten Sachen zu erstellen. Es hat die verwahrten Sachen außerdem so zu **kennzeichnen**, dass Verwechslungen vermieden werden. Die Kennzeichnungspflicht sichert den Herausgabeanspruch des Betroffenen nach § 50 Abs. 1 S. 1 BPolG und (gegebenenfalls mittelbar) die Rechtsposition des eigentumsrechtlich Berechtigten ab.

41 c) **Pflichtverletzungen.** Schuldhafte Verletzungen der Pflichten bei der Verwahrung begründen **Amtshaftungsansprüche** (Art. 34 S. 1 GG iVm § 839 BGB) gegen den Bund. Sowohl die Werterhaltungs- (§ 48 Abs. 3 BPolG) als auch die Verzeichnungs- und Kennzeichnungspflicht (§ 48 Abs. 4 BPolG) sind drittbezogen.

42 Daneben kommen **Schadenersatzansprüche analog § 280 Abs. 1 BGB** gegen den Bund in Betracht. Die Verwahrung stellt ein öffentlich-rechtliches Schuldverhältnis dar. Dem Geschädigten kommt damit die Vermutung des Vertretenmüssens nach § 280 Abs. 1 S. 2 BGB zugute. Wird die Verwahrung einem Dritten übertragen (Erfüllungsgehilfe), muss sich der Bund dessen Verschulden analog § 278 S. 1 BGB zurechnen lassen. Das Haftungsprivileg des § 690 BGB – Beschränkung *diligentia quam in suis* bei unentgeltlicher Verwahrung – findet keine analoge Anwendung, da die Interessenlage nicht vergleichbar ist.[32]

II. Verwertung (§ 60 Abs. 2 BKAG iVm § 49 Abs. 1 bis 3 BPolG)

43 § 60 Abs. 2 BKAG iVm § 49 BPolG verschafft dem BKA mit der Verwertung und der Vernichtung einer sichergestellten Sache die Möglichkeit, sich der Sache zu entledigen oder sie unschädlich zu machen und so eine Verwahrung überhaupt nicht erst begründen zu müssen oder beenden zu können. Aufgrund der damit verbundenen **intensiven Eigentumsbeeinträchtigungen** haben Verwertung und Vernichtung Nachrang gegenüber der (weiteren) Verwahrung bzw. Herausgabe der Sache (§ 50 Abs. 1 BPolG). Dieses Verhältnis ist in den Tatbeständen vielfach angelegt, gilt aber abgesehen davon auf Rechtsfolgenseite infolge der Bindung an den Verhältnismäßigkeitsgrundsatz (§ 38 Abs. 1 S. 2 BKAG iVm § 15 BPolG).

29 Schenke/Graulich/Ruthig/Schenke BPolG § 48 Rn. 5.
30 Drewes/Malmberg/Wagner/Walter/Walter BPolG § 48 Rn. 10.
31 Vgl. Drewes/Malmberg/Wagner/Walter/Walter BPolG § 48 Rn. 11: „bestätigt […] quasi eine seinen Interessen gerecht werdende Verwahrung und hat mithin auch die Verantwortung dafür zu tragen".
32 Schenke/Graulich/Ruthig/Schenke BPolG § 48 Rn. 1.

1. Tatbestand. § 49 Abs. 1 BPolG enthält fünf eigenständige Verwertungstatbestände, die sämtlich explizit oder implizit voraussetzen, dass eine (rechtzeitige) **Herausgabe** der Sache nach § 50 Abs. 1 BPolG **nicht möglich** ist.[33] 44

a) **Verderb oder wesentliche Wertminderung (§ 49 Abs. 1 Nr. 1 BPolG).** Nach § 49 Abs. 1 Nr. 1 BPolG ist die Verwertung der Sache zulässig, wenn ihr Verderb oder eine wesentliche Wertminderung droht. Der Tatbestand ist im Zusammenhang mit der Werterhaltungspflicht des BKA nach § 48 Abs. 3 BPolG zu lesen (→ Rn. 38 f.). Der **Erhaltung der Substanz** der Sache kommt schon aus Gründen der Verhältnismäßigkeit der **Vorrang** zu. Unter Umständen muss das BKA die Art der Verwahrung ändern oder einen Dritten damit betrauen, wenn sich herausstellt, dass die bisherige Verwahrung zu Verderb oder Wertminderung führt. Erst wenn sich der Schaden nicht mehr auf andere angemessene (vgl. § 49 Abs. 1 Nr. 2 BPolG) Weise abwenden lässt, kommt eine Verwertung in Betracht.[34] 45

Die Verwertung ist auch zulässig, wenn der drohende Schaden auf einer nicht ordnungsmäßigen Verwahrung durch das BKA oder einen betrauten Dritten zurückgeht.[35] Unter haftungsrechtlichen Gesichtspunkten spricht in solchen Fällen die **Schadensgeringhaltung** für eine Verwertung, deren Erlös nach § 50 Abs. 2 BPolG an den Berechtigten herauszugeben ist (→ Rn. 88 ff.) und dessen Ersatzansprüche (→ Rn. 41 f.) mindert. 46

Der Tatbestand ist aber nicht schon durch jede drohende Wertminderung erfüllt. Vielmehr muss diese **wesentlich** sein. Dafür wird man auf die Gebrauchsfähigkeit und die eventuellen Kosten zur deren Wiederherstellung abstellen können.[36] Letztlich kommt es auf einen Vergleich der Stellung des Berechtigten im Fall der Verwertung und in dem Fall an, in dem eine weitere Wertminderung hingenommen wird. Die Tatsachengrundlage dieser prognostischen Vergleichsbetrachtung wird unter anderem durch die Anhörung nach § 49 Abs. 2 BPolG (→ Rn. 57 ff.) geschaffen. 47

b) **Unverhältnismäßigkeit der Verwahrung (§ 49 Abs. 1 Nr. 2 BPolG).** Die Verwertung ist nach § 49 Abs. 1 Nr. 2 BPolG zulässig, wenn Verwahrung, Pflege oder Erhaltung der Sache mit unverhältnismäßig hohen **Kosten oder Schwierigkeiten** verbunden sind. Die Vorschrift bezweckt den Ausgleich von Individual- und öffentlichen Interessen, darf aber nicht dazu genutzt werden, die Folgekosten der Gefahrenabwehr unbesehen auf den Einzelnen abzuwälzen. Immerhin streitet für ihn das Eigentumsgrundrecht des Art. 14 GG, das freilich zugleich die Sozialbindung des Eigentums betont. 48

Richtwerte für den **Kostenvergleich** lassen sich schwer formulieren. Dass allein schon der Wert der Sache die Grenze zur unverhältnismäßigen Verwahrung bildet, lässt sich so pauschal nicht behaupten.[37] Entscheidend ist eine Abwägung mit dem Gesamtinteresse der Berechtigten an der Erhaltung der Sache, das sich nicht notwendig im Werterhaltungsinteresse erschöpft. Die Interessenlage ist durch die Anhörung nach § 49 Abs. 2 BPolG (→ Rn. 57 ff.) aufzuklären. Die Verwertung scheidet aus, wenn der Betroffene oder ein Dritter die Kosten übernehmen. 49

Mit **Schwierigkeiten** bezieht sich der Tatbestand auf Hindernisse jenseits eines bloßen Kostenaufwands. Als Beispiel wird die Verwahrung gefährlicher Tiere genannt,[38] wobei auch hier die Beauftragung Dritter (Zoo!) Vorrang vor der Verwertung hat. 50

c) **Weitere Gefahren bei Verwahrung (§ 49 Abs. 1 Nr. 3 BPolG).** Die Sache kann nach § 49 Abs. 1 Nr. 3 BPolG verwertet werden, wenn sie infolge ihrer Beschaffenheit nicht so verwahrt werden kann, dass **weitere Gefahren** für die öffentliche Sicherheit oder Ordnung ausgeschlossen sind. Erfasst sein dürften nicht nur Gefahren, für deren Abwehr das BKA zuständig ist, sondern auch alle anderen Gefahren für die öffentliche Sicherheit oder Ordnung.[39] Denn die Verwahrung ist keine eigenständige Gefahrenabwehrmaßnahme, sondern zwingende Folge der Sicherstellung, für die das BKA zuständig war. Dürfte das BKA eine Sache, deren Gefährlichkeit es bei der Verwahrung nicht ausschließen kann, nicht verwerten, würde es selbst zum Gefahrverantwortlichen – ein Zustand, den das BKAG nicht ernsthaft bezwecken kann. Auch insoweit ist aber die Verwahrung durch sachkompetente Dritte, die eine Gefahr ausschließen können, vorrangig vor der Verwertung. 51

d) **Erneutes Eintreten der Sicherstellungsvoraussetzungen (§ 49 Abs. 1 Nr. 4 BPolG).** Nach § 49 Abs. 1 Nr. 4 BPolG ist die Verwertung zulässig, wenn die Sache nach einer Frist von einem Jahr nicht an einen Berechtigten herausgegeben werden kann, ohne dass die **Voraussetzungen der Sicherstellung** erneut eintreten würden. Die Jahresfrist beginnt mit der Sicherstellung und ist nach § 31 Abs. 1 VwVfG iVm §§ 187 ff. 52

33 Schenke/Graulich/Ruthig/Schenke BPolG § 49 Rn. 3.
34 Schenke/Graulich/Ruthig/Schenke BPolG § 49 Rn. 4.
35 Schenke/Graulich/Ruthig/Schenke BPolG § 49 Rn. 4.
36 Drewes/Malmberg/Wagner/Walter/Walter BPolG § 49 Rn. 4.
37 So aber Schenke/Graulich/Ruthig/Schenke BPolG § 49 Rn. 5.
38 Drewes/Malmberg/Wagner/Walter/Walter BPolG § 49 Rn. 5.
39 So mit Blick auf den begrenzten Aufgabenbereich der Bundespolizei Drewes/Malmberg/Wagner/Walter/Walter BPolG § 49 Rn. 6.

BGB zu berechnen. Da Personen vom BKA nicht derart lange festgehalten werden können, beschränkt sich die Anwendung auf Sicherstellungen nach § 60 Abs. 1 Nr. 1 BKAG und dürfte auch insoweit nur einen sehr begrenzten praktischen Anwendungsbereich haben, da die Sicherstellungsbefugnis auf den speziellen Aufgabenbereich des BKA nach § 5 begrenzt ist.

53 e) **Unterlassene Abholung (§ 49 Abs. 1 Nr. 5 BPolG).** Schließlich kann eine Sache nach § 49 Abs. 1 Nr. 5 BPolG verwertet werden, wenn der Berechtigte sie **nicht** innerhalb einer ausreichend bemessenen Frist **abholt,** obwohl ihm eine Mitteilung über die Frist mit dem Hinweis zugestellt worden ist, dass die Sache verwertet wird, wenn sie nicht innerhalb der Frist abgeholt wird. Die Dauer der Frist richtet sich nach den Umständen des Einzelfalles, die durch den Verwahrungsaufwand, aber auch das Interesse und die Handlungsmöglichkeiten des Berechtigten geprägt werden. Für die Zustellung der Mitteilung gelten die §§ 2 ff. VwZG.

54 **2. Rechtsfolge. a) Befugnis zur Verwertung.** § 60 Abs. 2 BKAG iVm § 49 Abs. 1 BPolG gibt dem BKA die Befugnis zur Verwertung der sichergestellten Sache. Verwertung ist die **Umsetzung der Sache in einen Geldbetrag,** der an die Stelle der Sache tritt (→ Rn. 43 ff.).[40]

55 Die Verwertung steht im **Ermessen** des BKA, bei dessen Ausübung vor allem die von Art. 14 Abs. 1 S. 1 GG geschützten Interessen des Eigentümers und der sonstigen an der Sache Berechtigten zu berücksichtigen sind. Wesentliche Aspekte des Interessenausgleichs zwischen Privatnützigkeit (Art. 14 Abs. 1 S. 1 GG) und Sozialbindung (Art. 14 Abs. 2 GG) des Eigentums werden aber bereits im Tatbestand vom Gesetzgeber vorentschieden (Inhalts- und Schrankenbestimmung iSv Art. 14 Abs. 1 S. 2 GG).

56 § 49 Abs. 2 S. 2 BPolG setzt voraus, dass die Verwertung **angeordnet** wird. Unklar ist, wie diese Anordnung dogmatisch einzuordnen ist. Teile der Rechtsprechung und Literatur sehen darin einen (gegebenenfalls sofort vollziehbaren) **Verwaltungsakt.** Durch diesen soll das BKA feststellen, dass die Voraussetzungen für die Verwertung erfüllt sind, und gegenüber dem Adressaten verbindlich regeln, dass nunmehr von der Verwertungsbefugnis Gebrauch gemacht werde.[41] Dagegen spricht vor allem der Wortlaut des § 49 Abs. 2 S. 2 BPolG, wo von der „Mitteilung" der Anordnung die Rede ist, und diese auch nur verlangt wird, soweit die Umstände und der Zweck der Maßnahmen es erlauben. Für die Wirksamkeit eines Verwaltungsakts ist eine Bekanntgabe jedoch unverzichtbar (§ 43 Abs. 1 S. 1 VwVfG). Richtigerweise ist die Anordnung daher als ein **behördeninterner Vorgang** zu charakterisieren, der nicht auf unmittelbare Rechtswirkung nach außen gerichtet ist. Das BKA muss die Betroffenen darüber lediglich nach § 49 Abs. 2 S. 2 BPolG in Kenntnis setzen (→ Rn. 59). Diese können dann gegen die drohende Verwertung vorbeugenden Rechtsschutz erlangen (→ Rn. 100). Auf die Einordnung als Verwaltungsakt kommt es für die Effektivität des Rechtsschutzes nicht an.

57 b) **Anhörungs- und Mitteilungspflicht.** Vor der Verwertung sollen gem. § 49 Abs. 2 S. 1 BPolG der Betroffene, der Eigentümer und andere Personen, denen ein Recht an der Sache zusteht, **gehört** werden. Eine Form der Anhörung ist nicht vorgesehen. Die Anhörung dient neben der Wahrung der Rechte dieser Personen der Schaffung einer Tatsachengrundlage für die Anordnung der Verwertung. Der Betroffene ist – wie die Aufzählung der anderen anzuhörenden Personen verdeutlicht – die Person, bei der die Sache sichergestellt wurde, also der letzte Gewaltinhaber. Von der Soll-Vorgabe darf nur in atypischen Ausnahmefällen abgewichen werden.

58 Wer davon ausgeht, dass die Anordnung der Verwertung einen Verwaltungsakt darstellt,[42] muss im (nicht ausnahmsweise gerechtfertigten) **Unterbleiben der Anhörung** einen die Rechtswidrigkeit der Anordnung begründenden Verfahrensfehler erblicken, der gegebenenfalls nach § 45 Abs. 1 Nr. 3 VwVfG durch Nachholung geheilt werden kann; im Übrigen gälte § 46 VwVfG. Nach der hier vertretenen Ansicht (→ Rn. 56) handelt es sich um die Verletzung einer für sich stehenden Handlungspflicht, die Haftungsansprüche begründen kann, die Rechtmäßigkeit der Anordnung der Verwertung sowie der Verwertung selbst aber unberührt lässt.

59 Nach § 49 Abs. 2 S. 2 BPolG muss das BKA dem nach S. 1 Anzuhörenden die Anordnung sowie Zeit und Ort der Verwertung **mitteilen,** soweit die Umstände und der Zweck der Maßnahme es erlauben. Die Vorschrift dient vor allem dem effektiven Rechtsschutz gegen die drohende Verwertung (→ Rn. 100). Wie diejenigen, die in der Anordnung einen Verwaltungsakt sehen (→ Rn. 56, 58), mit einer unterbliebenen Mitteilung umgehen würden, erhellt aus ihren Einlassungen nicht. Streng genommen würde die Anordnung mangels Bekanntgabe nie wirksam werden (§ 43 Abs. 1 S. 1 VwVfG); die auf sie gegründete Verwertung wäre daher wohl (unheilbar?) rechtswidrig. Nach der hier vertretenen Ansicht (→ Rn. 56) handelt es sich – wie

40 Knemeyer, POR, Rn. 263.

41 OVG Münster Urt. v. 30.7.1991 – 5 A 2468/88 –, NVwZ-RR 1992, 76 (77); OVG Koblenz Urt. v. 3.9.2019 – 7 A 10049/19.OVG –, NJW 2020, 860 (861); Schenke/Graulich/Ruthig/Schenke BPolG § 49 Rn. 10.

42 In diesem Fall wäre § 49 Abs. 2 S. 1 BPolG *lex specialis* zum allgemeinen Anhörungserfordernis nach § 28 Abs. 1 VwVfG.

bei der unterlassenen Anhörung (→ Rn. 58) – um die Verletzung einer für sich stehenden Informationspflicht, die Haftungsansprüche begründen kann, die Rechtmäßigkeit der (Anordnung der) Verwertung aber unberührt lässt.

c) **Realisierung der Verwertung (§ 49 Abs. 3 BPolG).** Die Verwertung ist nach § 49 Abs. 3 S. 1 Hs. 1 BPolG durch eine **öffentliche Versteigerung** zu realisieren. Halbsatz 2 erklärt § 979 Abs. 1 BGB für entsprechend anwendbar, der aber auch nicht mehr besagt, als dass die Behörde die Sache öffentlich versteigern lassen kann. 60

Infolge des Verweises auf § 979 Abs. 1 BGB dürfte die für das bürgerliche Recht maßgebliche **Legaldefinition** der öffentlichen Versteigerung in **§ 393 Abs. 3 S. 1 BGB** entsprechend gelten,[43] die die Modalitäten der Versteigerung wie folgt konkretisiert: „Die Versteigerung hat durch einen für den Versteigerungsort bestellten Gerichtsvollzieher oder zu Versteigerungen befugten anderen Beamten oder öffentlich angestellten Versteigerer öffentlich zu erfolgen (öffentliche Versteigerung)." Die Versteigerung ist „öffentlich", wenn sie für jedermann zugänglich ist.[44] § 383 Abs. 3 S. 2 BGB verlangt außerdem, dass Zeit und Ort der Versteigerung unter allgemeiner Bezeichnung der Sache öffentlich bekannt zu machen sind. 61

Da § 49 Abs. 3 S. 1 BPolG – anders als die Parallelvorschriften einiger Länder –[45] nicht auf § 979 Abs. 1a und 1b BGB verweist, kann die Versteigerung **nicht im Internet** erfolgen. 62

§ 49 Abs. 3 S. 2 BPolG lässt den **freihändigen Verkauf** der Sache zu, wenn die Versteigerung erfolglos bleibt, von vornherein aussichtslos erscheint oder die Versteigerungskosten den zu erwartenden Erlös übersteigen würden. Da insoweit nicht auf das BGB verwiesen wird, dürfte § 385 BGB nicht – auch nicht analog – anwendbar sein, wonach der Verkauf durch einen dazu öffentlich ermächtigten Handelsmakler oder eine zur öffentlichen Versteigerung befugte Person zu bewirken ist. Vielmehr kann das BKA die Sache selbst verkaufen, ohne dass eine Bekanntmachung erforderlich wäre.[46] 63

Der **Erlös** aus Versteigerung oder Verkauf tritt gem. § 49 Abs. 3 S. 3 BPolG an die Stelle der verwerteten Sache, dh er wird kraft Gesetzes Eigentum des vormaligen Eigentümers der versteigerten Sache (Surrogation). Seine Herausgabe richtet sich nach § 50 Abs. 2 BPolG (→ Rn. 88 ff.). 64

Lässt sich innerhalb angemessener Frist kein Käufer finden, kann die Sache nach § 49 Abs. 3 S. 4 BPolG einem **gemeinnützigen Zweck zugeführt** werden. Die Vorschrift ist als gesetzliche Verfügungsbefugnis zu verstehen, vermöge derer das BKA das Eigentum an der Sache übertragen kann. Die Gemeinnützigkeit setzt nicht voraus, dass die Sache einer staatlichen Einrichtung (zB Feuerwehr) übereignet wird. Sie kann vielmehr auch an Private übereignet werden, die gemeinnützig handeln, zB private Kindergärten oder Rettungsdienste.[47] Da noch nicht einmal ein Erlös erzielt wird, handelt es sich um eine entschädigungslose Eigentumsentziehung, die unter Verhältnismäßigkeitsgesichtspunkten nur ausnahmsweise zulässig sein kann. Pauschale Wertgrenzen, wie sie in einigen Ländern aufgrund von Verwaltungsvorschriften gelten,[48] dürften mit der gegenüber der Bestandsgarantie subsidiären Wertgarantie des Art. 14 Abs. 1 GG kaum zu vereinbaren sein. 65

III. Vernichtung (§ 60 Abs. 2 BKAG iVm § 49 Abs. 4 BPolG)

§ 60 Abs. 2 BKAG iVm § 49 Abs. 4 S. 1 BPolG schafft eine Befugnis zur Unbrauchbarmachung oder Vernichtung sichergestellter Sachen. Da damit kein Erlös erzielt wird, der zugunsten des Eigentümers an die Stelle der Sache träte (vgl. § 49 Abs. 3 S. 3 BPolG; → Rn. 64) ist die Befugnis gegenüber der Verwertung **nachrangig**, wie in beiden Tatbeständen zum Ausdruck kommt. 66

1. Tatbestand. a) **Fortbestehen oder erneutes Entstehen von Sicherstellungsgründen.** § 49 Abs. 4 S. 1 Nr. 1 BPolG lässt eine Unbrauchbarmachung oder Vernichtung zu, wenn im Falle einer Verwertung der Sache die Gründe, die zu ihrer Sicherstellung berechtigen, fortbestehen oder Sicherstellungsgründe erneut entstehen würde. Der Tatbestand ist auf **gefährliche Sachen** zugeschnitten, also solche, von denen aufgrund ihrer Beschaffenheit – unabhängig vom jeweiligen Gewahrsamsinhaber – eine Gefahr ausgeht und daher nicht durch Versteigerung oder Verkauf in den Verkehr gebracht werden sollen.[49] 67

Der Tatbestand steht in einem gewissen Spannungsverhältnis zu der Begrenzung der Sicherstellungsbefugnis des BKA auf die **Aufgabe** der Abwehr von Gefahren des internationalen Terrorismus. Das BKA kann – an- 68

43 Drewes/Malmberg/Wagner/Walter/Walter BPolG § 49 Rn. 12.
44 BGH Urt. v. 5.10.1989 – IX ZR 265/88 –, NJW 1990, 899 (900).
45 Etwa Art. 27 Abs. 3 S. 1 BayPAG; § 24 Abs. 3 S. 1 POG RhPf; dazu OVG Koblenz Urt. v. 3.9.2019 – 7 A 10049/19.OVG –, NJW 2020, 860 ff.
46 Drewes/Malmberg/Wagner/Walter/Walter BPolG § 49 Rn. 13.
47 Vgl. die Beispiele bei Drewes/Malmberg/Wagner/Walter/Walter BPolG § 49 Rn. 15.
48 So etwa Ziff. 42.3 VV-HessSOG (StAnz. S. 1226): „Bei Gegenständen mit einer Wertgrenze unter 50 Euro kann grundsätzlich davon ausgegangen werden, dass sich keine Käuferin oder kein Käufer finden lässt."
49 Vgl. Schenke/Graulich/Ruthig/Schenke BPolG § 49 Rn. 13.

ders als die Polizeibehörden der Länder – Sachen gerade nicht allein aufgrund einer gegenwärtigen Gefahr für irgendein Schutzgut der öffentlichen Sicherheit oder Ordnung sicherstellen, sondern nur zur Abwehr von gegenwärtigen Gefahren, die im Zusammenhang mit Straftaten nach § 5 Abs. 1 S. 2 BKAG stehen (§§ 60 Abs. 1 Nr. 1, 38 Abs. 2 BKAG). Es erscheint sehr zweifelhaft, ob es in der Praxis überhaupt Fälle gibt, in denen die Verwertung einer gefährlichen Sache eine derart spezifische Gefahr perpetuiert oder entstehen lässt.

69 b) **Unmöglichkeit der Verwertung.** § 49 Abs. 4 S. 1 Nr. 2 BPolG spricht von der Unmöglichkeit der Verwertung aus anderen Gründen als dem Fort- oder Wiederentstehen von Sicherstellungsgründen. Darunter dürfte vor allem die **tatsächliche Unmöglichkeit** der Verwertung fallen, also eine Situation, in der sich für die Sache bei Versteigerung oder freihändigem Verkauf kein Abnehmer findet (§ 49 Abs. 3 Sätze 2 und 3 BPolG) und diese auch keinem gemeinnützigen Zwecken zugeführt werden kann (§ 49 Abs. 3 S. 4 BPolG).

70 Daneben könnten unter § 49 Abs. 4 S. 1 Nr. 2 BPolG auch an sich gefährliche Sachen subsumiert werden, die nur deshalb nicht nach Nummer 1 vernichtet oder unbrauchbar gemacht werden können, weil die von ihnen ausgehende **Gefahr nicht in den Aufgabenbereich des BKA** fällt (→ Rn. 68). So wird vermieden, dass das BKA eine gefährliche Sache weiter verwahren oder sogar durch Verwertung in Verkehr bringen muss, nur weil die Gefahr der Begehung einer Straftat nach § 5 Abs. 1 S. 2 BKAG nicht mehr besteht.

71 **2. Rechtsfolge.** § 49 Abs. 4 S. 1 BPolG erlaubt dem BKA die **physische Einwirkung** auf die Substanz der Sache, durch die dieser entweder eine bestimmte (gefährliche) Verwendungsmöglichkeit genommen wird (Unbrauchbarmachen) oder sie so verändert wird, dass die Sache als solche aufhört zu bestehen (Vernichtung).[50]

72 Die Entscheidung über Unbrauchbarmachung und Vernichtung steht im **Ermessen** des BKA, bei dessen Ausübung auf die Belange der eigentumsrechtlich Betroffenen Rücksicht zu nehmen ist.

73 Die Unbrauchbarmachung oder Vernichtung werden vom BKA **angeordnet**. Nach hier vertretener Auffassung handelt es sich dabei um einen behördeninternen Vorgang, über den die Betroffenen lediglich nach § 49 Abs. 4 S. 2 iVm Abs. 2 S. 2 BPolG in Kenntnis gesetzt werden; es gilt das zur Anordnung der Verwertung Gesagte (→ Rn. 56).

74 Auch bezüglich der **Anhörungs- und Mitteilungspflichten**, die gem. § 49 Abs. 4 S. 2 BPolG entsprechend gelten, kann auf die Ausführungen zur Verwertung verwiesen werden (→ Rn. 57 ff.).

E. Herausgabe (§ 60 Abs. 2 BKAG iVm § 50 Abs. 1, 2 und 4 BPolG)

75 § 60 Abs. 2 BKAG iVm § 50 Abs. 1 und 2 BPolG regelt die Herausgabe der sichergestellten Sache (§ 50 Abs. 1 BPolG) bzw. des Erlöses der Verwertung. § 50 Abs. 4 BPolG normiert mit dem Verweis auf § 983 BGB eine besondere Verwertungsbefugnis für den Fall, dass die Sache unanbringbar ist.

I. Herausgabe der Sache (§ 50 Abs. 1 BPolG)

76 **1. Herausgabe an ursprünglichen Gewaltinhaber** (**§ 50 Abs. 1 S. 1 BPolG**). Nach **§ 50 Abs. 1 S. 1 BPolG** ist die sichergestellte Sache herauszugeben, sobald die Voraussetzungen für die Sicherstellung weggefallen sind, und zwar an denjenigen, bei dem sie sichergestellt worden ist, also beim letzten Inhaber der tatsächlichen Gewalt.[51] Mit der Pflicht des BKA zur Herausgabe korrespondiert ein Anspruch des letzten Gewaltinhabers auf Herausgabe (zur Durchsetzung → Rn. 103 f.).

77 **Herausgabe** meint die Übertragung der tatsächlichen Gewalt vom BKA an den Inhaber des Herausgabeanspruchs. Sie stellt einen Realakt dar. Die teilweise vertretene Konstruktion einer damit konkludent verbundenen Aufhebung des Sicherstellungsverwaltungsakts[52] geht ins Leere, da sich dieser Verwaltungsakt längst erledigt hat (→ Rn. 15). Zu den Konsequenzen für den Rechtsschutz (→ Rn. 104).

78 Voraussetzung von Herausgabepflicht und -anspruch ist der **Wegfall der Sicherstellungsvoraussetzungen**. Damit ist nichts über die Rechtmäßigkeit des Sicherstellungsverwaltungsakts gesagt, da dieser sich bereits erledigt hat (→ Rn. 15).[53] Entscheidend ist nur, dass die Sicherstellungsvoraussetzungen nicht mehr vorliegen, also die gegenwärtige Gefahr iSv § 60 Abs. 1 Nr. 1 nicht mehr besteht oder – im Fall des § 60 Abs. 1 Nr. 2 – der frühere Gewaltinhaber nicht mehr vom BKA festgehalten wird; zumindest theoretisch vorstellbar ist auch der Fall, dass die Sache ihre Eignung zu Verwendungen nach § 60 Abs. 1 Nr. 2 zwischenzeitlich verloren hat.

50 Vgl. Drewes/Malmberg/Wagner/Walter/Walter BPolG § 49 Rn. 18 f.
51 Michl JuS 2023, 119 (123).
52 Etwa Schenke/Graulich/Ruthig/Schenke BPolG § 50 Rn. 3.
53 So aber Schenke/Graulich/Ruthig/Schenke BPolG § 50 Rn. 2, der vom „nachträgliche[n] Rechtswidrigwerden einer Sicherstellung" spricht.

Seinem Wortlaut nach erfasst § 50 Abs. 1 S. 1 BPolG nicht den Fall, in dem die Sicherstellungsvoraussetzungen **von Anfang an** nicht vorlagen, die Sicherstellung also rechtswidrig war. Es liegt nahe, die Vorschrift im Wege eines Erst-Recht-Schlusses auf diesen Fall anzuwenden. Die in der Literatur vertretene Anwendung des grundrechtlich begründeten Folgenbeseitigungsanspruchs dürfte meist zum selben Ergebnis gelangen.[54] Hat der frühere Gewaltinhaber hingegen keine eigentumsgrundrechtlich geschützte Position an der Sache inne, kann er auch keine Folgenbeseitigung verlangen. Die Anspruchsberechtigung beim Anspruch nach § 50 Abs. 1 S. 1 BPolG und beim Folgenbeseitigungsanspruch fielen in diesem Fall auseinander. Die Erst-Recht-Anwendung des § 50 Abs. 1 S. 1 BPolG kann diesen Wertungswiderspruch vermeiden. 79

2. Herausgabe an Berechtigten (§ 50 Abs. 1 S. 2 BPolG). Personen, die ein Recht zum Besitz haben (Eigentümer, dinglich oder obligatorisch Berechtigte), können die Sache nach **§ 50 Abs. 1 S. 2 BPolG** nur herausverlangen, wenn die Herausgabe an den ursprünglichen Gewaltinhaber nicht möglich ist. Nur unter dieser Voraussetzung darf das BKA die Sache an einen Berechtigten, der nicht der ursprüngliche Gewaltinhaber war, herausgeben. 80

Das Gesetz priorisiert also die Herausgabe an den ursprünglichen Gewaltinhaber gegenüber der Herausgabe an einen materiell an der Sache Berechtigten. Hintergrund dürfte weniger die Eigentumsvermutung des § 1006 BGB sein[55] als der Umstand, dass § 50 Abs. 1 BPolG **grundsätzlich** die Herstellung des ***status quo ante*** im Bezug auf die Gefahrenabwehr bezweckt, nicht aber darüber hinaus die besitzrechtliche Lage „korrigieren“ soll. Diese haben die Privaten untereinander zu klären. 81

In Betracht kommen tatsächliche und rechtliche **Unmöglichkeit** der Herausgabe an den ursprünglichen Gewaltinhaber. Tatsächlich unmöglich ist die Herausgabe an ihn, wenn er nicht in der Lage oder willens ist, die Sache entgegenzunehmen, oder wenn sein Aufenthaltsort nicht ermittelt werden kann. Rechtlich unmöglich ist die Herausgabe, wenn dadurch erneut die Sicherstellungsvoraussetzungen eintreten würden (§ 50 Abs. 1 S. 3 BPolG). Das ist indes nicht schon der Fall, wenn der ursprüngliche Gewaltinhaber privatrechtlich nicht zum Besitz der Sache berechtigt ist. Denn dem BKA obliegt – anders als der Bundespolizei (vgl. § 1 Abs. 4 BPolG) – nicht der Schutz privater Rechte. Es hat gerade keine dem § 47 Nr. 2 BPolG entsprechende Befugnis zur Sicherstellung. 82

Die Berechtigung an der Sache ist **glaubhaft gemacht**, wenn sie überwiegend wahrscheinlich erscheint. Das BKA muss also nicht den letzten Zweifel ausräumen. Die Person, die ein Recht an der Sache behauptet, ist nicht auf bestimmte Beweismittel beschränkt; insbesondere kann sie auch eine eidesstattliche Versicherung abgeben.[56] 83

3. Ausschluss der Herausgabe (§ 50 Abs. 1 S. 3 BPolG). Nach § 50 Abs. 1 S. 3 BPolG ist die Herausgabe ausgeschlossen, wenn dadurch erneut die **Voraussetzungen für eine Sicherstellung** eintreten würden. Angesichts des spezifischen Zuschnitts der Sicherstellungsbefugnis des BKA auf die Abwehr der Gefahren des internationalen Terrorismus (§ 5) dürfte dieser Fall in Situationen des § 60 Abs. 1 Nr. 1 praktisch kaum eintreten. In Situationen des § 60 Abs. 1 Nr. 2 kommen sie dann in Betracht, wenn eine festgehaltene Person zwischenzeitlich freigesetzt wurde, nun aber wieder festgehalten wird. 84

4. Zurückbehaltungsrecht (§ 50 Abs. 3 S. 1 BPolG). Nach § 50 Abs. 3 S. 1 BPolG kann das BKA die Herausgabe der Sache davon abhängig machen, ob die Gebühren und Auslagen gezahlt worden sind, die für die Sicherstellung und Verwahrung der Sache erhoben wurden. Die Vorschrift begründet also ein Zurückbehaltungsrecht, das das BKA dem Herausgabeanspruch als **Einrede** entgegensetzen kann. 85

Seit dem 1.10.2019 enthält § 50 Abs. 3 BPolG keine vollständige Kostenregelung mehr. Vielmehr gelten mit der Einbeziehung der Bundespolizei in den Anwendungsbereich des Bundesgebührengesetzes[57] dessen allgemeine Vorschriften auch für das BKA.[58] Die Gesetzesänderung ändert aber nichts daran, dass das Zurückbehaltungsrecht nur demjenigen entgegengehalten werden kann, von dem Gebühren und Auslagen erhoben werden, also dem **Gebührenschuldner**. Das ist nach §§ 1, 3 Abs. 2 Nr. 4, 6 Abs. 1 Nr. 1 BGebG die Person, an deren Pflichtenkreis Sicherstellung und Verwahrung rechtlich anknüpfen. Damit wird auf die Verhaltens- oder Zustandsstörereigenschaft nach §§ 17, 18 BPolG iVm § 38 Abs. 1 S. 2 BKAG Bezug genommen.[59] Die Gesamtschuldnerschaft mehrerer Störer regelt § 6 Abs. 2 BGebG. Vom Nichtstörer nach § 20 86

54 Vgl. Schmidbauer/Steiner/Schmidbauer, BayPAG, Art. 28 Rn. 15.

55 Vgl. aber Drewes/Malmberg/Wagner/Walter/Walter BPolG § 50 Rn. 2: „Es gilt die Eigentumsvermutung im Sinne von § 1006 BGB“ – wofür sie gilt, bleibt offen.

56 Drewes/Malmberg/Wagner/Walter/Walter BPolG § 50 Rn. 3; Schenke/Graulich/Ruthig/Schenke BPolG § 50 Rn. 5; vgl. zum Begriff der Glaubhaftmachung im Prozessrecht § 294 ZPO.

57 Gesetz über Gebühren und Auslagen des Bundes (Bundesgebührengesetz – BGebG) v. 7.8.2013 (BGBl. I S. 3154).

58 Gesetz zur Einbeziehung der Bundespolizei in den Anwendungsbereich des Bundesgebührengesetzes v. 10.3.2017 (BGBl. I S. 417); vgl. BT-Drs. 18/9759, 19: keine Folgeänderung im BKAG erforderlich.

59 BT-Drs. 18/9759, 19.

BPolG können hingegen keine Gebühren und Auslagen erhoben werden; ihm gegenüber besteht daher auch kein Zurückbehaltungsrecht nach § 50 Abs. 3 S. 1 BPolG.

87 Zweifelhaft ist, ob schon die Entstehung der Gebührenschuld (§ 4 Abs. 1 S. 1 BPolG: Beendigung der Maßnahme) das Zurückbehaltungsrecht begründet oder ob Gebühren und Auslagen erst durch Verwaltungsakt festgesetzt (§ 13 BGebG) werden müssen. Für das Erfordernis der **Festsetzung** spricht neben dem Wortlaut des § 50 Abs. 3 S. 1 BPolG („erhoben werden") die Rechtssicherheit: Der Gläubiger des Herausgabeanspruchs muss wissen, welchen Betrag er zu entrichten hat, wenn ihm das Zurückbehaltungsrecht entgegengehalten wird. Vorstellbar ist aber, dass das BKA die Gebührenschuld erst im Herausgabeprozess festsetzt und damit die Einrede begründet. Einer verzögerten Festsetzung ist gegebenenfalls bei der Kostenentscheidung des Gerichts Rechnung zu tragen (vgl. § 161 Abs. 2 S. 1 VwGO).

II. Herausgabe des Erlöses (§ 50 Abs. 2 BPolG)

88 **1. Erlösherausgabe an Berechtigten (§ 50 Abs. 2 S. 1 BPolG).** Ist die Sache nach § 49 Abs. 1 bis 3 BPolG verwertet worden, ist gem. § 50 Abs. 2 S. 1 BPolG der **Erlös herauszugeben**. Er ist nach § 49 Abs. 3 S. 3 BPolG an die Stelle der Sache getreten. Anders als bei § 50 Abs. 1 S. 1 BPolG ist der Erlös nicht an die Person herauszugeben, bei der die Sache sichergestellt wurde, sondern nur an einen Berechtigten. Das ergibt sich aus § 50 Abs. 2 S. 2 BPolG.

89 Das Gesetz priorisiert bei der Erlösherausgabe also die materielle **Berechtigung** gegenüber dem ohnehin nicht mehr herstellbaren besitzrechtlichen *status quo ante* (vgl. → Rn. 81). Dabei wird man die Berechtigung abweichend von § 50 Abs. 1 S. 2 BPolG bestimmen müssen: Der Erlös soll dem zufließen, dem nach bürgerlichem Recht der Substanzwert der Sache zusteht. Denn dieser wird bei der Verwertung realisiert und setzt sich am Erlös fort. Das ist idR der Eigentümer, gegebenenfalls aber auch der Inhaber eines Verwertungsrechts an der Sache (Pfandrecht).

90 **2. Hinterlegung des Erlöses (§ 50 Abs. 2 S. 2 BPolG).** Ist ein Berechtigter nicht vorhanden oder nicht zu ermitteln, ist der Erlös gem. § 50 Abs. 2 S. 2 BPolG nach den Vorschriften des BGB zu hinterlegen. Verwiesen wird damit auf die **§§ 372 ff. BGB**. Die 30-Jahres-Frist des § 382 BGB wird allerdings von § 50 Abs. 2 S. 3 BPolG (→ Rn. 91) verdrängt.

91 **3. Erlöschen des Herausgabeanspruchs (§ 50 Abs. 2 S. 3 BPolG).** Der Anspruch auf Erlösherausgabe erlischt gem. § 50 Abs. 2 S. 3 BPolG **drei Jahre** nach Ablauf des Jahres, in dem die Sache verwertet worden ist. Die Frist ist analog §§ 187 ff. BGB zu berechnen (§ 31 VwVfG ist mangels Verwaltungsverfahrens nicht anwendbar). Die Vorschrift verdrängt im Fall der Hinterlegung nach S. 2 die allgemeine Regel des § 382 BGB (→ Rn. 90).

92 **4. Gebührendeckung durch Vorabzug (§ 50 Abs. 3 S. 2 BPolG).** Nach § 50 Abs. 3 S. 2 BPolG können die Gebühren und Auslagen, die für Sicherstellung und Verwahrung erhoben werden, aus dem Erlös gedeckt werden. Das BKA ist zum **Vorabzug** des Betrags der Gebühren und Auslagen berechtigt, ehe sie den Erlös herausgibt. Allerdings müssen die Voraussetzungen erfüllt sein, die für die Geltendmachung des Zurückbehaltungsrechts nach § 50 Abs. 3 S. 1 BPolG gelten: Der Gläubiger des Erlösherausgabeanspruchs muss Gebührenschuldner sein und die Gebührenschuld muss festgesetzt worden sein (→ Rn. 86 f.).

III. Verwertung unanbringbarer Sachen (§ 50 Abs. 4 BPolG iVm § 983 BGB)

93 § 50 Abs. 4 BPolG trifft mit dem Verweis auf § 983 BGB eine Regelung, wie mit herausgabepflichtigen Sachen umzugehen ist, wenn der **Empfangsberechtigte oder sein Aufenthalt unbekannt** sind. Die iSd § 983 BGB „unanbringbaren" Sachen können nach §§ 979 bis 982 BGB verwertet werden.

94 Die Verwertung ist gem. § 979 Abs. 1 BGB durch **öffentliche Versteigerung** iSd § 383 BGB zu bewirken (vgl. → Rn. 61). In Betracht kommt – anders als bei § 49 Abs. 3 BPolG (→ Rn. 62) – auch eine Versteigerung im Internet nach § 979 Abs. 1a und Abs. 1b BGB. Die Versteigerung ist entsprechend § 980 BGB grundsätzlich (Ausnahme: § 980 Abs. 2 BGB) erst zulässig, nachdem die Empfangsberechtigten in einer öffentlichen Bekanntmachung zur Anmeldung ihrer Rechte unter Bestimmung einer Frist aufgefordert worden sind und diese Frist verstrichen ist.

95 Nach § 979 Abs. 2 BGB tritt der **Erlös** an die Stelle der Sache (dingliche Surrogation). Er ist an den Berechtigten nach § 50 Abs. 2 BPolG herauszugeben. Der Anspruch auf Erlösherausgabe erlischt gem. § 50 Abs. 2 S. 3 BPolG nach drei Jahren (→ Rn. 91); der Erlös fällt dann entsprechend § 981 Abs. 1 BGB dem Bund zu.

F. Rechtsschutz

I. Sicherstellung

Gegen den Sicherstellungsverwaltungsakt sind Widerspruch (§ 68 Abs. 1 S. 1 VwGO) und Anfechtungsklage (§ 42 Abs. 1 Alt. 1 VwGO) statthaft. Indes erledigt sich der Verwaltungsakt bereits in dem Zeitpunkt, in dem das BKA tatsächliche Gewalt an der Sache erlangt hat (→ Rn. 15). Die Betroffenen sind daher praktisch auf die **Fortsetzungsfeststellungsklage** analog § 113 Abs. 1 S. 4 VwGO verwiesen, wobei sowohl die Person klagebefugt ist, bei der die Sache sichergestellt wurde (Art. 2 Abs. 1 GG), als auch alle Personen, die ein eigentumsgrundrechtlich geschütztes Recht zum Besitz an der Sache darlegen können. Das besondere Feststellungsinteresse muss schon deshalb anerkannt werden, weil die genannten Personen keine andere Möglichkeit haben, die behauptete Grundrechtsverletzung gerichtlich geltend zu machen (Art. 19 Abs. 4 Satz 1 GG).[60] 96

Wer davon ausgeht, dass die Sicherstellung als **Dauerverwaltungsakt** eine Rechtsgrundlage für die Verwahrung schafft (zur Redundanz dieser Konstruktion → Rn. 34 f.), muss Widerspruch und Anfechtungsklage so lange für statthaft halten, wie die Verwahrung nicht beendet, die Sache also nicht verwertet, vernichtet oder herausgegeben wurde. Der Rechtsschutz gegen die Sicherstellung ist dann aufs Engste mit der Geltendmachung des Herausgabeanspruchs verbunden (→ Rn. 104). 97

II. Verwahrung

1. Kein Primärrechtsschutz. Primärrechtsschutz gegen die (Begründung der) Verwahrung in Gestalt der Feststellung ihrer Rechtswidrigkeit ist gem. **§ 43 Abs. 2 VwGO** ausgeschlossen (Subsidiarität), da die Betroffenen ihre Rechte durch eine Klage auf Herausgabe (→ Rn. 103 f.) verfolgen können.[61] 98

2. Sekundärrechtsschutz. Haftungsansprüche wegen Verletzung der Pflicht zur (→ Rn. 32) bzw. der Pflichten bei der Verwahrung (→ Rn. 41 f.) sind vor den **ordentlichen Gerichten** geltend zu machen. Für die Amtshaftung ergibt sich dies aus § 40 Abs. 2 S. 1 Hs. 1 Var. 3 VwGO. Bei den Ansprüchen analog § 280 Abs. 1 BGB handelt es sich um vermögensrechtliche Ansprüche aus öffentlich-rechtlicher Verwahrung iSv § 40 Abs. 2 S. 1 Hs. 1 Var. 2 VwGO. Sachlich zuständig ist nach § 71 Abs. 2 Nr. 2 GVG unabhängig vom Streitwert das Landgericht. Örtlich zuständig ist gem. § 18 ZPO das Landgericht Wiesbaden, in dessen Bezirk das BKA, das den Bund vertritt,[62] seinen Hauptsitz hat. 99

III. Verwertung und Vernichtung

1. Primärrechtsschutz. Nach der hier vertretenen Auffassung, die in der Anordnung von Verwertung und Vernichtung einen behördeninternen Vorgang sieht, (→ Rn. 56) können die Eigentumsbetroffenen Primärrechtsschutz gegen die drohende Verwertung oder Vernichtung im Wege einer auf Unterlassen gerichteten **allgemeinen Leistungsklage** erlangen. Einstweiliger Rechtsschutz ist über § 123 Abs. 1 VwGO zu erreichen. 100

Nach aA sind **Widerspruch und Anfechtungsklage** statthaft. Die aufschiebende Wirkung soll nach den einen nur gem. § 80 Abs. 1 VwGO entfallen, wenn die sofortige Vollziehung der Anordnung angeordnet wurde (§ 80 Abs. 2 S. 1 Nr. 4 VwGO).[63] Andere halten hingegen § 80 Abs. 2 S. 1 Nr. 2 VwGO für anwendbar.[64] In diesen Fällen richtet sich der einstweilige Rechtsschutz nach § 80 Abs. 4 und 5 VwGO. 101

2. Sekundärrechtsschutz. Haftungsansprüche wegen Pflichtverletzungen bei der (Vorbereitung der) Verwertung können vor den **ordentlichen Gerichten**, konkret: dem Landgericht Wiesbaden, geltend gemacht werden (→ Rn. 99). 102

IV. Herausgabe

Die Ansprüche auf Herausgabe der Sache bzw. des Erlöses nach (gegebenenfalls analog) § 50 Abs. 1 und 2 BPolG können im Wege der **allgemeinen Leistungsklage** vor den Verwaltungsgerichten geltend gemacht werden. Da es sich um einen gesetzlichen Herausgabeanspruch und keinen Anspruch „aus öffentlich-rechtlicher Verwahrung" handelt, greift die abdrängende Zuweisung nach § 40 Abs. 2 S. 1 Var. 2 VwGO nicht.[65] 103

Wer von der Fortdauer des Sicherstellungsverwaltungsakts ausgeht (→ Rn. 34), muss den Herausgabegläubiger vor Bestandskraft auf die Anfechtungsklage verbunden mit einem **Antrag auf Vollzugsfolgenbeseiti-** 104

60 Michl JuS 2023, 119 (124).
61 Michl JuS 2023, 119 (124).
62 Teil A Ziff. 2.2 Vertretungsordnung BMI v. 12.2016, GMBl. 2016 Nr. 60, S. 1187.
63 OVG Münster Urt. v. 30.7.1991 – 5 A 2468/88 –, NVwZ-RR 1992, 76.
64 Schenke/Graulich/Ruthig/Schenke BPolG § 49 Rn. 10.
65 Schmidbauer/Steiner/Schmidbauer, BayPAG, Art. 28 Rn. 15.

gung nach § 113 Abs. 1 S. 2 VwGO verweisen. Nach Bestandskraft soll eine auf Rücknahme der Sicherstellung gerichtete Verpflichtungsklage verbunden mit einem Herausgabeantrag analog § 113 Abs. 1 S. 2 VwGO statthaft sein.[66] Die Umständlichkeit dieser Konstruktion ist ein weiteres Indiz dafür, dass die Annahme eines Dauerverwaltungsakts schlicht am Gesetz vorbeigeht (→ Rn. 35).[67]

§ 61 Betreten und Durchsuchen von Wohnungen

(1) [1]Das Bundeskriminalamt kann eine Wohnung ohne Einwilligung des Inhabers betreten und durchsuchen, wenn

1. **Tatsachen die Annahme rechtfertigen, dass sich in ihr eine Person befindet, die nach § 44 Absatz 2 vorgeführt oder nach § 57 in Gewahrsam genommen werden darf,**
2. **Tatsachen die Annahme rechtfertigen, dass sich in ihr eine Sache befindet, die nach § 60 Absatz 1 Nummer 1 sichergestellt werden darf oder**
3. **dies zur Abwehr einer gegenwärtigen Gefahr für Bestand oder Sicherheit des Bundes oder eines Landes oder für Leib, Leben oder Freiheit einer Person oder für Sachen von bedeutendem Wert, deren Erhaltung in öffentlichem Interesse geboten ist, erforderlich ist.**

[2]Die Wohnung umfasst die Wohn- und Nebenräume, Arbeits-, Betriebs- und Geschäftsräume sowie anderes befriedetes Besitztum.

(2) Während der Nachtzeit (§ 104 Absatz 3 der Strafprozessordnung) ist das Betreten und Durchsuchen einer Wohnung nur in den Fällen des Absatzes 1 Satz 1 Nummer 3 zulässig.

(3) Zur Erfüllung der ihm nach § 5 Absatz 1 obliegenden Aufgabe kann das Bundeskriminalamt Wohnungen zur Abwehr dringender Gefahren jederzeit betreten, wenn Tatsachen die Annahme rechtfertigen, dass dort erfahrungsgemäß Personen Straftaten nach § 5 Absatz 1 Satz 2 verabreden, vorbereiten oder verüben.

(4) Arbeits-, Betriebs- und Geschäftsräume sowie andere Räume und Grundstücke, die der Öffentlichkeit zugänglich sind, dürfen zum Zwecke der Gefahrenabwehr im Rahmen der dem Bundeskriminalamt nach § 5 Absatz 1 obliegenden Aufgabe während der Arbeits-, Geschäfts- oder Aufenthaltszeit betreten werden.

(5) § 46 des Bundespolizeigesetzes gilt entsprechend.

66 So Schenke/Graulich/Ruthig/Schenke BPolG § 50 Rn. 3.

67 Noch umständlicher VGH Kassel Beschl. v. 30.6.2015 – 8 A 103/15 –, juris = DÖV 2015, 892 (nur Ls.), der ebenfalls die Dauerwirkung der Sicherstellung annimmt, aber im Zeitpunkt des Wegfalls der Sicherstellungsvoraussetzungen von einer Erledigung kraft Gesetzes ausgeht. Weshalb die Dauerwirkung dann überhaupt erforderlich sein sollte, erhellt aus den Ausführungen nicht.

A. Überblick und Systematik

§ 61 BKAG verschafft dem BKA eine Befugnis zum Betreten und Durchsuchen von Wohnungen zum Zweck der **Abwehr von Gefahren** des internationalen Terrorismus (§ 5 Abs. 1 BKAG). Entsprechende Maßnahmen der Strafverfolgung fallen unter §§ 102 ff. StPO. Die Abgrenzung richtet sich nach dem Schwerpunkt des Handelns.[1] 1

Die Vorschrift ist **§ 45 BPolG** nachgebildet, der sich wiederum an § 19 MEPolG orientiert. Über die Verweisung des § 61 Abs. 5 BKAG gilt § 46 BPolG für Durchsuchungsverfahren entsprechend. 2

§ 61 Abs. 1 BKAG enthält drei **Betretungs- und Durchsuchungstatbestände**, von denen die ersten beiden an andere Befugnisse des BKA zur Gefahrenabwehr anknüpfen, der dritte eine qualifizierte Gefahr zur Voraussetzung hat. § 61 Abs. 2 BKAG schränkt das Betreten und Durchsuchen während der Nachtzeit ein. § 61 Abs. 3 BKAG fügt einen weiteren Tatbestand für die Abwehr dringender Gefahren hinzu. § 61 Abs. 4 BKAG normiert erleichterte Voraussetzungen für das Betreten von Arbeits-, Betriebs- und Geschäftsräumen sowie anderen öffentlich zugänglichen Räumen. 3

Die differenzierten Durchsuchungstatbestände und die umfangreichen Verfahrensvorgaben tragen der Unverletzlichkeit der Wohnung nach **Art. 13 Abs. 1 GG** und der dazu ergangenen Rechtsprechung des Bundesverfassungsgerichts Rechnung. 4

B. Betreten und Durchsuchen von Wohnungen (§ 61 Abs. 1 bis 3)

I. Tatbestand

1. Begriff der Wohnung. **a) Definitionen.** Der Begriff der Wohnung iSd Tatbestände des § 61 BKAG ist einheitlich und – orientiert an Art. 13 GG – weit zu fassen. Der Wohnungsbegriff umschreibt die **räumliche Privatsphäre.**[2] Darunter fällt jeder Ort, der der allgemeinen Zugänglichkeit durch eine räumliche Abschirmung entzogen und zur Stätte privaten Lebens und Wirkens gemacht ist.[3] Nach § 61 Abs. 1 S. 2 BKAG erfasst die Wohnung die Wohn- und Nebenräume, Arbeits-, Betriebs- und Geschäftsräume sowie anderes befriedetes Besitztum.[4] 5

Wohnräume sind alle abgegrenzten, nicht allgemein zugänglichen Räumlichkeiten, die von Menschen zum regelmäßigen Aufenthalt und als privater Rückzugsort genutzt werden.[5] Darunter fällt die Wohnung im allgemeinsprachlichen Sinn (Wohn- und Esszimmer, Schlafzimmer, Küche, etc.). Hinzu kommen **Nebenräume** wie Keller(abteile) oder Garagen. 6

Die Einbeziehung von **Arbeits-, Betriebs- und Geschäftsräumen**, also beruflich genutzten Räumen, in den Wohnungsbegriff entspricht der Rechtsprechung des Bundesverfassungsgerichts zu Art. 13 GG.[6] Die Abgrenzung von den Wohnräumen ieS ist für die Anwendung des § 61 Abs. 4 BKAG relevant (→ Rn. 28). 7

Unter **befriedetem Besitztum** versteht man Grundstücke, die durch bauliche Maßnahmen (Mauern, Zäune, Hecken, etc.) gegen das willkürliche Betreten durch andere Personen gesichert sind, ohne dass diese Sicherung eine vollständige sein müsste. Inwieweit befriedetes Besitztum dem Schutzbereich des Art. 13 GG unterfällt, ist seit langem umstritten und in der Rechtsprechung bislang nicht geklärt. Nach der hM fallen nur solche befriedeten Grundstücke unter den verfassungsrechtlichen Wohnungsbegriff, die in einem erkennbaren Wohnzusammenhang stehen (Privatsphärenbezug).[7] Diese Ansicht kann indes nicht unbesehen auf das 8

1 Dazu allg. Kingreen/Poscher, POR, § 2 Rn. 14, mwN; aA Schenke/Graulich/Ruthig/Schenke BKAG § 59 Rn. 2.
2 BVerfG Beschl. v. 13.10.1971 – 1 BvR 280/66 –, BVerfGE 32, 54 (72).
3 Jarass/Pieroth/Jarass Art. 13 Rn. 4, mwN.
4 Umfangreiche Kasuistik bei Drewes/Malmberg/Wagner/Walter/Walter BPolG § 45 Rn. 2; Schenke/Graulich/Ruthig/Schenke BPolG § 45 Rn. 7 ff.
5 BeckOK-PolSiR Bayern/Schwabenbauer BayPAG Art. 23 Rn. 20 (2021).
6 BVerfG Beschl. v. 13.10.1971 – 1 BvR 280/66 –, BVerfGE 32, 54.
7 Sachs/Kühne Art. 13 Rn. 5, mwN.

Gefahrenabwehrrecht übertragen werden.[8] Soweit der Gesetzgeber – wie in § 61 Abs. 1 S. 2 BKAG – befriedetes Besitztum ohne weitere Qualifikation in den Wohnungsbegriff des Gefahrenabwehrrechts einbezieht, typisiert er einen Bezug zur Privatsphäre, der nicht in jedem Einzelfall tatsächlich gegeben sein muss. Dem Gesetzgeber steht es frei, einen über Art. 13 GG hinausreichenden Schutz zu gewähren. Der einfachgesetzliche Wohnungsbegriff reicht daher im Fall des befriedeten Besitztums über den verfassungsrechtlichen hinaus. Damit werden nicht zuletzt Abgrenzungsschwierigkeiten in der Vollzugspraxis vermieden.

9 **b) Einzelfälle.** Zum Wohnungsbegriff hat sich in Literatur und Rechtsprechung eine reichhaltige **Kasuistik** gebildet, nach der neben typischen Wohnräumen zB auch Zelte, Hausboote, Hotelzimmer und Schlafkojen in Lkw zu den Wohnungen gehören. Keine Wohnungen sind zB Sportstätten, Pkw und Neubauten vor dem Bezug.[9]

10 Zu differenzieren ist bei **Gemeinschaftsunterkünften** (zB für Obdachlose oder Asylbewerber). Soweit dem Einzelnen darin eine räumliche Privatsphäre gewährt ist (insbes. durch Zuweisung eines eigenen Zimmers), handelt es sich um Wohnungen. Die Gemeinschaftsräume (zB Küche, Bad) fallen hingegen nicht unter den Wohnungsbegriff.[10]

11 Nicht vom Schutzbereich des Art. 13 GG erfasst sind **Hafträume** in einer JVA, da Untersuchungs- oder Strafgefangene jederzeit damit rechnen müssen, dass Vollzugsbedienstete die Räume betreten, und daher nur einen verminderten Schutz ihrer räumlichen Privatsphäre genießen.[11]

12 Auch im Zuge von **Hausbesetzungen** okkupierte Räume können Wohnungen iSd § 61 BKAG darstellen, jedenfalls sobald sich die Wohnnutzung durch die Besetzer stabilisiert hat.[12] Die Widerrechtlichkeit der Besetzung schließt den Grundrechtsschutz durch Art. 13 GG – entgegen einer verbreiteten Literaturansicht – nicht aus. Art. 13 GG knüpft ebenso wie § 61 BKAG an die faktische, nicht an die rechtliche Lage an.[13]

13 **2. Betretungs- und Durchsuchungstatbestände (Abs. 1 S. 1).** § 61 Abs. 1 S. 1 BKAG normiert in seinen Nummern **drei Betretungs- und Durchsuchungstatbestände.** Während der Nachtzeit beschränkt § 61 Abs. 2 BKAG das BKA – vorbehaltlich der weiteren Absätze – auf den Tatbestand des § 61 Abs. 1 S. 1 Nr. 3 BKAG.

14 **a) Vorbereitung von Vorführung oder Gewahrsam (Nr. 1).** § 61 Abs. 1 S. 1 Nr. 1 BKAG ermächtigt das BKA zum Betreten und Durchsuchen einer Wohnung, wenn Tatsachen die Annahme rechtfertigen, dass sich darin eine Person befindet, die nach **§ 44 Abs. 2 BKAG** vorgeführt oder nach **§ 57 BKAG** in Gewahrsam genommen werden darf. Der Tatbestand ist auf die Vorbereitung der genannten Maßnahmen durch das Ausfindigmachen der Person zugeschnitten.

15 § 44 BKAG regelt die Vorladung von Personen. Der Begriff der **Vorführung** wird weder dort noch in § 25 Abs. 2 bis 4 BPolG verwendet, auf die § 44 Abs. 2 BKAG verweist. Gemeint ist die zwangsweise Durchsetzung der Vorladung nach § 44 Abs. 2 BKAG iVm § 25 Abs. 3 BPolG. Das Betreten und Durchsuchen der Wohnung ist demnach nur zulässig, wenn die Person nach § 44 Abs. 1 BKAG wirksam (nicht notwendig rechtmäßig) vorgeladen wurde, dieser Vorladung ohne hinreichenden Grund keine Folge geleistet hat und die zusätzlichen Voraussetzungen des § 25 Abs. 3 BPolG (→ Rn. § 44 Rn. 22 ff.) gegeben sind.

16 Die Voraussetzungen des **Gewahrsams** ergeben sich aus § 57 BKAG (im Einzelnen → 57 Rn. 42 ff.).

17 Darüber hinaus müssen die BKA-Bediensteten eine nachvollziehbare **Prognose** darüber angestellt haben, dass sich die gesuchte Person in der Wohnung befindet. Die Prognose muss sich auf Tatsachen stützen, zu denen auch kriminalistisches Erfahrungswissen zählt (→ § 58 Rn. 4).

18 **b) Vorbereitung einer Sicherstellung (Nr. 2).** § 61 Abs. 1 S. 1 Nr. 2 BKAG ermächtigt zum Betreten und Durchsuchen einer Wohnung, wenn sich darin mit hinreichender Wahrscheinlichkeit (→ § 58 Rn. 4) eine Sache befindet, die nach § 60 Abs. 1 Nr. 1 BKAG sichergestellt werden darf. Das Betreten und Durchsuchen dient der Vorbereitung der **Sicherstellung zur Abwehr einer gegenwärtigen Gefahr** des internationalen Terrorismus (→ § 60 Rn. 8). Eine entsprechende Befugnis zur Vorbereitung einer Sicherstellung nach § 60 Abs. 1 Nr. 2 BKAG ist aus praktischen Gründen entbehrlich, da in diesen Fällen die Person, bei der die Sache sichergestellt werden soll, bereits vom BKA festgehalten wird, also keine Wohnung mehr betreten werden muss.

8 So aber Kingreen/Poscher, POR, § 17 Rn. 19 f.; Drewes/Malmberg/Wagner/Walter/Walter BPolG § 45 Rn. 7; Schenke/Graulich/Ruthig/Schenke BPolG § 45 Rn. 10.

9 Diese und weitere Fälle bei Drewes/Malmberg/Wagner/Walter/Walter BPolG § 45 Rn. 2 ff.

10 OVG Hamburg Urt. v. 18.8.2020 – 4 Bf 160/19 –, NVwZ-RR 2021, 322; zum Problem vgl. Engler ZAR 2019, 322 ff. mwN aus der älteren Rspr.

11 BVerfG Beschl. v. 24.6.1996 – 2 BvR 2137/95 –, NStZ 1996, 511; Drewes/Malmberg/Wagner/Walter/Walter BPolG § 45 Rn. 2, mwN.

12 Ohne Begründung ablehnend Schenke/Graulich/Ruthig/Schenke BPolG § 45 Rn. 8; differenzierend Drewes/Malmberg/Wagner/Walter/Walter BPolG § 45 Rn. 2.

13 Vgl. von Münch/Kunig/Berger GG I Art. 13 Rn. 21, die aber eine „soziale Akzeptanz" der Wohnnutzung (zB durch behördliche Duldung) verlangen; dort auch Nachw. zur aA.

c) **Abwehr einer qualifizierten gegenwärtigen Gefahr** (Nr. 3). § 61 Abs. 1 S. 1 Nr. 3 BKAG ermächtigt zum Betreten und Durchsuchen von Wohnungen, wenn dies zur Abwehr einer nach Schutzgütern qualifizierten gegenwärtigen Gefahr notwendig ist. Der Tatbestand lehnt sich an § 48 Abs. 1 Nr. 3 BPolG an, weicht aber verschiedentlich davon ab. Zugeschnitten ist er auf die Abwehr **zeitlich unmittelbar bevorstehender Gefahren** des internationalen Terrorismus, vor allem auf die Verhinderung eines drohenden Anschlags.[14] 19

Inhaltlich kongruent mit § 48 Abs. 1 Nr. 3 BPolG sind die **Schutzgüter** Leib, Leben und Freiheit der Person, die typischerweise durch terroristische Anschläge gefährdet werden. Gefährdete Sachen müssen hingegen nicht nur – wie nach § 48 Abs. 1 Nr. 3 BPolG – einen bedeutenden Wert haben, vielmehr muss die Erhaltung der Sachen auch im öffentlichen Interesse geboten sein. Diese Qualifikation trägt dem beschränkten Aufgabenbereich des BKA Rechnung, der gerade nicht den Schutz privater Rechte umfasst. Über § 48 Abs. 1 Nr. 3 BPolG hinaus geht das Schutzgut Bestand oder Sicherheit des Bundes oder eines Landes (→ § 9 Rn. 103), das den engen Bezug zur Terrorismusabwehr erkennen lässt. 20

d) **Beschränkung während der Nachtzeit** (Abs. 2). Nach § 61 Abs. 2 BKAG ist das Betreten und Durchsuchen während der Nachtzeit nur in den Fällen des § 61 Abs. 1 S. 1 Nr. 3 BKAG zulässig. Die Vorschrift normiert keinen eigenständigen Tatbestand, sondern ergänzt die Tatbestände des § 61 Abs. 1 S. 1 Nrn. 1 und 2 BKAG um das (negative) Merkmal „nicht während der Nachtzeit". Durch den Klammerzusatz wird die Definition der Nachtzeit in § 104 Abs. 3 StPO übernommen. Die Nachtzeit umfasst demnach den **Zeitraum von 21 bis 6 Uhr**. Dass trotz der erhöhten Eingriffsintensität während dieses Zeitraums Maßnahmen nach § 61 Abs. 1 S. 1 Nr. 3 BKAG zulässig sind, trägt dem hohen Stellenwert der dort erwähnten Rechtsgüter Rechnung. 21

3. **Weitere Betretungstatbestände** (Abs. 3 und 4). § 61 Abs. 3 und 4 BKAG normiert im Gegensatz zu § 61 Abs. 1 S. 1 BKAG keine mit der Betretungsbefugnis verbundene Durchsuchungsbefugnis, sondern nur Betretungsbefugnisse. Das bloße Betreten ist nach **Art. 13 Abs. 7 GG** als sonstiger Eingriff in die Unverletzlichkeit der Wohnung unter erleichterten Voraussetzungen zulässig, die § 61 Abs. 3 und 4 BKAG für den Aufgabenbereich des BKA konkretisiert. 22

a) **Abwehr dringender Gefahren** (Abs. 3). Nach § 61 Abs. 3 BKAG kann das BKA zur Erfüllung seiner Aufgabe der Abwehr von Gefahren des internationalen Terrorismus (§ 5 Abs. 1 BKAG) jederzeit Wohnungen betreten, um dringende Gefahren abzuwehren, wenn Tatsachen die Annahme rechtfertigen, dass dort erfahrungsgemäß Personen **terroristische Straftaten** iSd § 5 Abs. 1 S. 2 BKAG (→ § 5 Rn. 25 ff.) verabreden, vorbereiten oder verüben. 23

Durch das Erfordernis einer **dringenden Gefahr** (→ § 46 Rn. 28 ff.) wird die von § 38 Abs. 1 S. 2 BKAG vorausgesetzte konkrete Gefahr im Einklang mit Art. 13 Abs. 7 GG nach der Wahrscheinlichkeit des Schadenseintritts und der Bedeutung des von ihr bedrohten Rechtsgutes qualifiziert. Eine dringende Gefahr liegt vor, wenn ohne das Einschreiten des BKA mit hinreichender Wahrscheinlichkeit ein wichtiges Rechtsgut geschädigt würde.[15] Die Qualifikation bezieht sich hingegen nicht auf die Zeitdimension. Anders als bei der gegenwärtigen Gefahr muss der Schadenseintritt also nicht unmittelbar bevorstehen.[16] 24

Das BKA muss aufgrund einer sachgerechten und tatsachenbasierten **Prognose** (→ § 58 Rn. 4) zu dem Schluss kommen, dass sich in den Räumen erfahrungsgemäß Personen aufhalten, die terroristische Straftaten verabreden, vorbereiten oder verüben. Der Gesetzgeber stellt hier deutlich heraus, dass auch kriminalistische Erfahrung eine solche Prognose stützen kann, sofern sie auf nachprüfbaren Tatsachen beruht. 25

Die Personen müssen – als Ergebnis der Prognoseentscheidung – in der Wohnung **Straftaten** des internationalen Terrorismus **verabreden, vorbereiten oder verüben**. Durch die ersten beiden Varianten greift die Befugnis bereits weit vor der Tatbegehung. Das korrespondiert zwar mit der vorverlagerten Strafbarkeit nach § 89a StGB, steht aber auf den ersten Blick in einem Spannungsverhältnis zu Art. 13 Abs. 7 GG, da durch das Verabreden und Vorbereiten nicht notwendig eine dringende Gefahr im verfassungsrechtlichen Sinne begründet wird,[17] sondern erst dann, wenn der durch die Tat verursachte Schaden für ein wichtiges Rechtsgut hinreichend wahrscheinlich ist (→ Rn. 18). Da § 61 Abs. 3 BKAG die dringende Gefahr als kumulative Voraussetzung normiert, ist jedoch keine Verletzung des Art. 13 Abs. 7 GG zu befürchten. Einer verfassungskonformen beschränkenden Auslegung bedarf es bei korrekter Anwendung des Tatbestands nicht.[18] 26

Die Einschränkung des § 61 Abs. 2 BKAG für die Nachtzeit gilt bei Maßnahmen nach § 61 Abs. 3 BKAG nicht („**jederzeit**") 27

14 Kugelmann BKAG § 20t Rn. 4.
15 BVerwG Urt. v. 6.9.1974 – I C 17/73 –, BVerwGE 47, 31 (40).
16 Vgl. Jarass/Pieroth/Jarass Art. 13 Rn. 37, mwN auch zu der in der Lit. vertretenen aA.
17 Kugelmann BKAG § 20t Rn. 7.
18 AA Kugelmann BKAG § 20t Rn. 7.

28 **b) Arbeits-, Betriebs- und Geschäftsräume sowie andere öffentlich zugängliche Räume und Grundstücke (Abs. 4).** Nach § 61 Abs. 4 BKAG kann das BKA Arbeits-, Betriebs- und Geschäftsräume sowie andere öffentlich zugängliche Räume und Grundstücke zum Zwecke der Gefahrenabwehr im Rahmen seiner Aufgaben nach § 5 Abs. 1 BKAG während der Arbeits-, Geschäfts- oder Aufenthaltszeit betreten. Die Betretungsbefugnis unter erleichterten Voraussetzungen trägt dem weiten Wohnungsbegriff und dem **verminderten Privatsphäreschutz** öffentlich zugänglicher Objekte Rechnung.

29 Die an § 45 Abs. 5 BPolG angelehnte Vorschrift steht in Einklang mit den **Vorgaben des Bundesverfassungsgerichts** an Betriebsbetretungsbefugnisse, die über den Vorbehalt des Art. 13 Abs. 7 GG hinaus zulässig sind, wenn das Betreten einem erlaubten Zweck dient und für dessen Erreichung erforderlich ist, das Gesetz den Zweck deutlich erkennen lässt sowie das Betreten auf den Zeitraum beschränkt wird, in dem die Räume normalerweise für die jeweilige geschäftliche oder betriebliche Nutzung zur Verfügung stehen.[19]

30 Wie der Wortlaut erkennen lässt („andere"), müssen auch die explizit genannten Arbeits-, Betriebs- und Geschäftsräume **öffentlich zugänglich**, dh für den Zutritt eines unbestimmten Personenkreises geöffnet sein. Nicht erfasst sind also Nebenräume, die nur den Mitarbeitern eines Betriebs offenstehen (zB Umkleiden, Sozialräume). Auch Sprech- und Behandlungszimmer, in die Kunden (Patienten, Klienten, etc.) nur im Einzelfall gebeten werden, sind nicht öffentlich zugänglich. Ebenso wenig fallen Vereinslokale unter die öffentlich zugänglichen Räume, wenn das Zutrittsrecht von der Mitgliedschaft im Verein abhängt.[20]

31 Das Betreten muss zum Zwecke der **Abwehr von Gefahren** des internationalen Terrorismus erfolgen, wobei abweichend von § 38 Abs. 1 S. 1 BKAG keine konkrete Gefahr vorausgesetzt wird.[21] § 61 Abs. 4 BKAG ermächtigt also auch zu Gefahrerforschungseingriffen. Es handelt sich um einen **Gefahrenvorfeldtatbestand,** der zu einer aktionellen Maßnahme (Betreten) ermächtigt (→ § 38 Rn. 3 ff.).

32 Die Betretungsbefugnis besteht nur während der **Arbeits-, Geschäfts- oder Aufenthaltszeit,** die sich nach dem jeweiligen Betrieb richtet. Auf die Unterscheidung von Tages- und Nachtzeit (vgl. § 61 Abs. 2 BKAG) kommt es nicht an. So können etwa 24 Stunden geöffnete Tankstellen jederzeit betreten werden, von 9 bis 18 Uhr geöffnete Ladenlokale grundsätzlich nur in dieser Zeit. Dauert die Aufenthaltszeit von Personal und/oder Kunden aber über 18 Uhr hinaus an, erstreckt sich die Betretungsbefugnis auf diesen Zeitraum.[22]

II. Rechtsfolge

33 **1. Betretungsbefugnis. a) Betreten ohne Einwilligung des Inhabers.** Das Betreten der Wohnung umfasst das **Eintreten** in die Wohnung, das **Verweilen** darin und das **Besichtigen** der Wohnung iSe bloßen Umschau (nicht Durchsuchen; → Rn. 36).[23] Das BKA kann diese Handlungen nach § 61 BKAG ohne Einwilligung des Inhabers der Wohnung vornehmen.

34 Willigt der **Wohnungsinhaber** in das Betreten ein, handelt es sich um keine Maßnahme nach § 61 BKAG, da kein Eingriff in die Unverletzlichkeit der Wohnung vorliegt.[24] Inhaber ist, wer die tatsächliche Gewalt über die Wohnung ausübt, unabhängig von seiner Berechtigung (vgl. → § 59 Rn. 29). Bei mehreren Inhabern muss jeder in das Betreten einwilligen, um das BKA von den Anforderungen des § 61 BKAG freizustellen.

35 **b) Verwaltungsakt.** § 61 BKAG ermächtigt das BKA zum Erlass eines Verwaltungsakts, mit dem der Wohnungsinhaber **verpflichtet** wird, das Betreten der Wohnung gegen seinen Willen zu dulden.[25] Bringt der Wohnungsinhaber keinen Widerstand gegen die Maßnahme auf, wird der Verwaltungsakt durch das physische Betreten der Wohnung (Realakt) realisiert (Vollziehung). Widerstand kann durch die Vollstreckung nach §§ 6 ff. VwVG überwunden werden, wobei in der Einsatzsituation vor allem die Anwendung unmittelbaren Zwangs – gegebenenfalls durch Aufbrechen der Wohnungstür – in Betracht kommt (§§ 9 Abs. 1 lit. c, 12 VwVG). Ist der Wohnungsinhaber abwesend, kann das BKA das Betreten im Wege der unmittelbaren Ausführung nach § 38 Abs. 1 S. 2 BKAG iVm § 19 S. 1 BPolG realisieren.

36 **2. Durchsuchungsbefugnis. a) Durchsuchen ohne Einwilligung des Inhabers.** Durchsuchen meint die Suche nach Personen und Sachen in der Wohnung, die über die bloße Nach- oder Umschau (→ Rn. 33) hinausgeht. Nach der Rechtsprechung des Bundesverwaltungsgerichts ist für die Durchsuchung das **ziel- und zweckgerichtete Suchen** staatlicher Organe in einer Wohnung kennzeichnend, „um dort planmäßig etwas aufzuspüren, was der Inhaber der Wohnung von sich aus nicht offenlegen oder herausgeben will, etwas

19 BVerfG Beschl. v. 13.19.1971 – 1 BvR 280/66 –, BVerfGE 32, 54 (76 f.).
20 Drewes/Malmberg/Wagner/Walter/Walter BPolG § 45 Rn. 41.
21 Vgl. BT-Drs. 16/9588, 32; so zum Bundespolizeirecht auch Drewes/Malmberg/Wagner/Walter/Walter BPolG § 45 Rn. 45.
22 Drewes/Malmberg/Wagner/Walter/Walter BPolG § 45 Rn. 44.
23 Drewes/Malmberg/Wagner/Walter/Walter BPolG § 45 Rn. 12.
24 Drewes/Malmberg/Wagner/Walter/Walter BPolG § 45 Rn. 10.
25 Schenke/Graulich/Ruthig/Schenke BPolG § 45 Rn. 4.

nicht klar zutage Liegendes, vielleicht Verborgenes aufzudecken oder ein Geheimnis zu lüften; mithin das Ausforschen eines für die freie Entfaltung der Persönlichkeit wesentlichen Lebensbereichs, das unter Umständen bis in die Intimsphäre des Betroffenen dringen kann".[26]

b) **Verwaltungsakt.** Auch insoweit ermächtigt § 61 BKAG das BKA zum Erlass eines Verwaltungsakts auf 37 **Duldung der Durchsuchung**, der durch Vollziehung oder Vollstreckung realisiert werden kann; ist der Inhaber abwesend, kommt eine unmittelbare Ausführung in Betracht (→ Rn. 35). Bei Durchsuchungen ist nach § 61 Abs. 5 BKAG iVm § 46 BPolG ein besonderes Verfahren zu beachten, das von Art. 13 Abs. 2 GG eingefordert wird (→ Rn. 40 ff.).

3. **Maßnahmerichtung.** Die Maßnahme ist gegen den **Wohnungsinhaber** zu richten, also gegen die Person, 38 die die tatsächliche Gewalt über die Wohnung ausübt (→ Rn. 34).

C. Verfahren bei der Durchsuchung von Wohnungen (§ 61 Abs. 5 iVm § 46 BPolG)

Um den **Vorgaben des Art. 13 Abs. 2 GG** zu entsprechen, ordnet § 61 Abs. 5 BKAG iVm § 46 BPolG ein 39 besonderes Verfahren bei der Durchsuchung von Wohnungen an. § 46 BPolG statuiert Anforderungen sowohl an die Anordnung (Abs. 1) als auch an die Durchführung von Durchsuchungen (Abs. 2 bis 5), die für das BKA entsprechend gelten.

I. Anordnung der Durchsuchung (§ 46 Abs. 1 BPolG)

1. **Richterliche Anordnung.** Nach § 46 Abs. 1 S. 1 BPolG ist die Durchsuchung grundsätzlich durch den 40 Richter anzuordnen. Diese Regelzuständigkeit entspricht dem **Richtervorbehalt** des Art. 13 Abs. 2 GG.

Zuständig ist nach § 46 Abs. 1 S. 2 BPolG das **Amtsgericht**, in dessen Bezirk die Wohnung liegt. Es handelt 41 sich um eine abdrängende Sonderzuweisung nach § 40 Abs. 1 S. 2 VwGO.

Für das **Verfahren** gilt gem. § 46 Abs. 1 S. 3 BPolG das FamFG entsprechend. Das BKA hat nach § 23 42 FamFG einen verfahrensleitenden Antrag zu stellen. Gem. § 26 FamFG gilt der Amtsermittlungsgrundsatz. Die persönliche Anhörung des Wohnungsinhabers (§ 34 BPolG) wird überwiegend für entbehrlich gehalten.[27] Dem ist jedenfalls für die praktisch häufigen Fälle zuzustimmen, in denen die Anhörung die Gefahrenabwehr zu beeinträchtigen drohte, weil sie den Wohnungsinhaber in die Lage versetzte, die Sache oder die Person, nach der das BKA sucht, vor dem behördlichen Zugriff zu verbergen.[28]

Der Richter entscheidet nach § 38 FamFG durch **Beschluss**, der mit Bekanntgabe an das BKA wirksam 43 wird (§ 40 Abs. 1 FamFG). Er hat auf der Grundlage einer eigenständigen Sachverhaltsprüfung eine eigene rechtliche Würdigung vorzunehmen.[29] Der Richter darf sich mit anderen Worten nicht auf den Sachvortrag und die Rechtsausführungen des BKA verlassen, sondern muss den Sachverhalt selbstständig ermitteln und unter die jeweilige Befugnisnorm subsumieren. Er hat auch in eigener Verantwortung das von der Befugnisnorm eröffnete Ermessen auszuüben und muss dabei vor allem den Verhältnismäßigkeitsgrundsatz (§ 38 Abs. 1 S. 2 BKAG iVm § 15 BPolG) unter Berücksichtigung der Umstände des Einzelfalles wahren.[30]

Die richterliche Anordnung der Durchsuchung ändert nichts daran, dass das BKA bei Anwesenheit des 44 Wohnungsinhabers einen **Verwaltungsakt** erlassen muss, um diesen zur Duldung der Durchsuchung zu verpflichten (→ Rn. 35, 37). Nur diesen Verwaltungsakt kann das BKA gegen den Inhaber gegebenenfalls zwangsweise durchsetzen. In der Vollzugspraxis wird der Erlass des Verwaltungsakts regelmäßig konkludent mit dem Vorzeigen des richterlichen Durchsuchungsbeschlusses einhergehen.[31]

2. **Behördliche Anordnung bei Gefahr in Verzug.** Bei Gefahr in Verzug darf das BKA Wohnungen auch oh- 45 ne richterliche Anordnung durchsuchen. § 46 Abs. 1 S. 1 BPolG entspricht auch insoweit Art. 13 Abs. 2 GG. Seine Anwendung in der Vollzugspraxis darf das **Regel-Ausnahme-Verhältnis** zwischen Richtervorbehalt und behördlicher Anordnung aber nicht unterlaufen: „[D]ie richterliche Anordnung einer Durchsuchung ist die Regel, die nichtrichterliche die Ausnahme."[32]

Die hohen Anforderungen, die die Rechtsprechung des Bundesverfassungsgerichts an die Durchsuchung 46 von Wohnungen im strafrechtlichen Ermittlungsverfahren stellt, gelten für die Gefahrenabwehr entspre-

26 BVerwG Urt. v. 6.9.1974 – I C 17/73 –, BVerwGE 47, 31 (37).

27 Schenke/Graulich/Ruthig/Schenke BPolG § 46 Rn. 6: „nicht vorgeschrieben"; BeckOK-PolSiR Bayern/Schwabenbauer BayPAG Art. 24 Rn. 8 (2021), der die nur entsprechende Anwendung des FamFG betont.

28 Vgl. Schenke/Graulich/Ruthig/Schenke BPolG § 46 Rn. 6.

29 OLG München Beschl. v. 14.11.2018 – 34 Wx 42/18 –, NZM 2019, 69 (71).

30 Detailliert BeckOK-PolSiR Bayern/Schwabenbauer BayPAG Art. 24 Rn. 7 (2021).

31 Vgl. BeckOK-PolSiR Bayern/Schwabenbauer BayPAG Art. 24 Rn. 31 (2021).

32 BVerfG Urt. v. 20.2.2001 – 2 BvR 1444/00 –, BVerfGE 103, 142 (1. Ls.).

chend. So müssen das BKA und die Gerichte **praktische Vorkehrungen** treffen, um die rechtzeitige Erreichbarkeit eines Richters zu gewährleisten.[33]

47 Das Regel-Ausnahme-Verhältnis beeinflusst die Auslegung der Wendung „**Gefahr im Verzug**", die restriktiv zu erfolgen hat.[34] Gefahr im Verzug wird nicht schon durch die Erfüllung des jeweiligen Durchsuchungstatbestands indiziert, der gegebenenfalls eine Gefahr voraussetzt, sondern nur in Fällen, in denen die vorherige Einholung der richterlichen Anordnung die Gefahrenabwehr vereiteln oder erheblich erschweren würde.[35]

48 **3. Fehlerfolgen.** Verstöße gegen § 46 Abs. 1 BPolG begründen die **Rechtswidrigkeit** der Durchsuchung. Der dem anwesenden Wohnungsinhaber gegenüber erlassene Durchsuchungsverwaltungsakt ist formell rechtswidrig. Der richterliche Beschluss kann nicht nach § 45 Abs. 1 Nr. 5 VwVfG nachgeholt werden, da es sich nicht lediglich um die Mitwirkung einer Behörde, sondern einen verfassungsrechtlich vorgeschriebenen Richtervorbehalt handelt; schon der Behördenbegriff (§ 1 Abs. 4 VwVfG) ist nicht erfüllt. § 46 VwVfG ist nicht anwendbar, da die Entscheidung über die Anordnung der Durchsuchung durch den Richter stets von der des BKA abweichen kann. Findet die Durchsuchung ohne Verwaltungsakt statt, bezieht sich die Rechtswidrigkeit auf den gesamten Realakt des Durchsuchens.

II. Durchführung der Durchsuchung (§ 46 Abs. 2 bis 5 BPolG)

49 **1. Anwesenheitsrecht (§ 46 Abs. 2 BPolG). a) Anwesenheit des Wohnungsinhabers (§ 46 Abs. 2 S. 1 BPolG).** Nach § 46 Abs. 2 S. 1 BPolG hat der Wohnungsinhaber (→ Rn. 34) das Recht, anwesend zu sein. Das Anwesenheitsrecht dient der **Wahrung seiner (Grund-)Rechte**, durch die Kenntnisnahme eventueller Rechtsverletzungen; reflexhaft schützt es auch die BKA-Bediensteten vor ungerechtfertigten Vorwürfen.[36] Der Wohnungsinhaber darf die BKA-Bediensteten begleiten, die Durchsuchung beobachten und in geeigneter Weise dokumentieren. Dabei sind auch Foto- und Videoaufnahmen zulässig, sofern die Persönlichkeitsrechte der Beamten gewahrt bleiben.[37]

50 Dem Anwesenheitsrecht des Wohnungsinhabers korrespondiert eine **Pflicht des BKA**, ihm die Anwesenheit zu ermöglichen und diese zu dulden. Die Durchsuchung muss so durchgeführt werden, dass der Wohnungsinhaber sie persönlich begleiten kann. Grundsätzlich scheidet daher die gleichzeitige Durchsuchung mehrerer Räume aus.[38]

51 Ist der Wohnungsinhaber abwesend, kann aber herbeigeholt werden, ohne dass dadurch der Zweck der Durchsuchung gefährdet würde, hat das BKA sein **Eintreffen abzuwarten**.[39] Die in der Praktikerliteratur vertretene gegenteilige Auffassung[40] höhlt das Anwesenheitsrecht ohne sachliche Rechtfertigung aus und wird der Intensität des Grundrechtseingriffs nicht gerecht.

52 Eine **Hinweis- und Belehrungspflicht** des BKA ist gesetzlich nicht geregelt.[41] Der Hinweis auf die bevorstehende Untersuchung und die Belehrung über das Anwesenheitsrecht sind aber Teil der Pflicht des BKA, die Anwesenheit des Wohnungsinhabers zu ermöglichen. Auch sie stehen unter dem Vorbehalt, dass der Zweck der Maßnahme dadurch nicht vereitelt wird.

53 **Störungen** der Durchsuchung durch den anwesenden Wohnungsinhaber können nötigenfalls durch Zwangsanwendung vor Ort unterbunden werden. Die Zwangsanwendung ist die Vollstreckung des Durchsuchungsverwaltungsakts (§§ 9 Abs. 1 lit. c, 12 VwVG → Rn. 35). Reicht die Androhung oder Anwendung von Zwang vor Ort nicht aus, kann der Wohnungsinhaber durch Platzverweisung unter den Voraussetzungen des § 54 BKAG seiner Wohnung verwiesen werden. Die Platzverweisung kann erforderlichenfalls durch **Ingewahrsamnahme** durchgesetzt werden (§ 57 Abs. 1 Nr. 1 BKAG, → § 57 Rn. 43 ff.).

54 Der Wohnungsinhaber kann auf die Anwesenheit **verzichten**, muss dies aber in Kenntnis der Umstände und im Vollbesitz seiner intellektuellen Fähigkeiten tun. Der Verzicht darf nicht durch die Vorspiegelung falscher Tatsachen oder gar durch Drohung erwirkt werden. Auch Täuschung oder „kriminalistische List" ist bei einer präventiven Durchsuchung fehl am Platz und führt zur Unwirksamkeit des Verzichts. Bei einem

33 Vgl. BVerfG Urt. v. 20.2.2001 – 2 BvR 1444/00 –, BVerfGE 103, 142 ff.; Beschl. v. 4.2.2005 – 2 BvR 308/04 –, NJW 2005, 1637 ff.
34 BVerfG Urt. v. 20.2.2001 – 2 BvR 1444/00 –, BVerfGE 103, 142 (153).
35 Vgl. BVerfG Beschl. v. 3.4.1979 – 1 BvR 994/76 –, BVerfGE 51, 97 (111); instruktiver Einzelfall: OVG Berlin-Brandenburg Urt. v. 19.9.2009 – 1 B 29.09 –, juris (Gefahr in Verzug verneint).
36 Vgl. Schenke/Graulich/Ruthig/Schenke BPolG § 46 Rn. 10.
37 Drewes/Malmberg/Wagner/Walter/Walter BPolG § 46 Rn. 4.
38 Drewes/Malmberg/Wagner/Walter/Walter BPolG § 46 Rn. 4.
39 Schenke/Graulich/Ruthig/Schenke BPolG § 46 Rn. 10.
40 Drewes/Malmberg/Wagner/Walter/Walter BPolG § 46 Rn. 4.
41 Drewes/Malmberg/Wagner/Walter/Walter BPolG § 46 Rn. 4; aA Kingreen/Poscher, POR, § 17 Rn. 30, die auf § 25 Abs. 1 S. 2 VwVfG verweisen, der aber keine direkte Anwendung finden kann, da die (physisch-reale) Durchsuchung nicht im Rahmen eines Verwaltungsverfahrens iSd § 9 VwVfG stattfindet. BeckOK-PolSiR Bayern/Schwabenbauer BayPAG Art. 24 Rn. 19 (2021) wiederum folgert die Hinweispflicht aus dem „Gebot der Offenheit der Durchsuchung" und dem Gedanken des Art. 25 Abs. 1 S. 2 BayVwVfG.

wirksamen Verzicht durch den Wohnungsinhaber müssen auch keine Dritten gem. § 46 Abs. 2 S. 2 BPolG zugezogen werden.

b) Zuziehung Dritter (§ 46 Abs. 2 S. 2 BPolG). Soll die Durchsuchung in Abwesenheit des Wohnungsinhabers stattfinden – weil dieser nicht (rechtzeitig) herbeigeholt werden kann oder durch Platzverweisung entfernt wurde (→ Rn. 53) –, hat das BKA gem. § 46 Abs. 2 S. 2 BPolG, wenn möglich, **qualifizierte Zeugen** herbeizuziehen: den Vertreter des Inhabers oder einen erwachsenen Angehörigen, Hausgenossen oder Nachbarn. Die Bestimmung entspricht – auch in ihrem altertümelnden Wortlaut („Hausgenosse") – § 106 Abs. 1 S. 2 StPO und kann entsprechend ausgelegt werden.[42] 55

Vertreter sind neben rechtsgeschäftlichen und gesetzlichen Vertretern auch Personen, die den Wohnungsinhaber üblicherweise vertreten, zB Ehegatten. Sofern ein Vertreter erreichbar ist, ist er vorrangig vor den anderen qualifizierten Zeugen hinzuzuziehen, wie der Wortlaut („oder") nahelegt. Die weiteren qualifizierten Zeugen sind **Angehörige** (analog § 11 Abs. 1 Nr. 1 StGB oder § 20 Abs. 5 VwVfG), **Hausgenossen** (Bewohner desselben Hauses) und **Nachbarn** (Bewohner benachbarter Häuser). Auch insoweit gibt das Gesetz eine Reihenfolge vor, die durch das typisierte Nähe- und Vertrauensverhältnis zum Wohnungsinhaber begründet ist: Vorrangig sind Angehörige, dann Hausgenossen, zuletzt Nachbarn zuzuziehen. Die weiteren qualifizierten Zeugen müssen **erwachsen** sein. Unabhängig von der Volljährigkeit ist dafür entscheidend, dass die Person die intellektuellen Fähigkeiten besitzt, die Bedeutung der Maßnahme zu erkennen und der Durchsuchung verständig zu folgen.[43] 56

Verweigert ein qualifizierter Zeuge die Mitwirkung, hat das BKA – in der von § 46 Abs. 2 S. 2 BPolG vorgegebenen Reihenfolge – einen anderen Hinzuzuziehen. Erst wenn alle in Betracht kommenden Personen abgelehnt haben, ist die Hinzuziehung iSd § 46 Abs. 2 S. 2 BPolG nicht möglich.[44] Welchen Aufwand das BKA betreiben muss, um Zeugen zuzuziehen, wird neben der Intensität des Grundrechtseingriffs auch durch die Effektivität der Gefahrenabwehr bestimmt. Die Vorgabe darf aber nicht praktisch dadurch unterlaufen werden, dass unter Verweis auf die (regelmäßig gegebene!) Dringlichkeit der Maßnahme Anstrengungen unterbleiben. 57

2. Bekanntgabe des Durchsuchungsgrundes (§ 46 Abs. 3 BPolG). Nach § 46 Abs. 3 BPolG ist dem Wohnungsinhaber (→ Rn. 34) oder seinem Vertreter (→ Rn. 56) der Grund der Durchsuchung unverzüglich bekanntzugeben, soweit dadurch der Zweck der Maßnahmen nicht gefährdet wird. Auch diese Vorgabe dient der Wahrung der betroffenen Grundrechte, durch eine kritische Begleitung (→ Rn. 49) und gegebenenfalls eine nachträgliche Überprüfung der Durchsuchung. Systematisch handelt es sich um ein gegenüber § 39 VwVfG **spezielles Begründungserfordernis** des Durchsuchungsverwaltungsakts. Bei der Durchsuchung im Wege unmittelbarer Ausführung ist die Bekanntgabe des Grundes hingegen eine selbstständige Handlungspflicht des BKA. 58

Unverzüglich bedeutet analog § 121 BGB „ohne schuldhaftes Zögern", also ohne Verzögerung, die nicht sachlich gerechtfertigt ist. Wird der Durchsuchungsverwaltungsakt dem anwesenden Wohnungsinhaber bekanntgegeben, hat sich die Bekanntgabe des Grundes grundsätzlich unmittelbar daran anzuschließen. 59

Die möglichen Durchsuchungsgründe werden durch die Tatbestände des § 61 Abs. 1 S. 1 BKAG umschrieben. Das BKA hat aber nicht nur den **Tatbestand** zu benennen, sondern auch die **Tatsachen** anzugeben, aufgrund derer es – bzw. der Richter – diesen für erfüllt hält.[45] Ausnahmen können durch eine zu besorgende Gefährdung des Zwecks der Durchsuchung gerechtfertigt sein. Die Mitteilung ist dann aber unverzüglich nachzuholen, sobald die Gefährdung ausgeschlossen ist. 60

Die Bekanntgabe ist an **keine bestimmte Form** gebunden, kann also insbesondere mündlich erfolgen. Wurde die Durchsuchung richterlich angeordnet, kann der Beschluss mit Gründen vorgelegt werden.[46] Die Bekanntgabe wird ergänzt durch eine Angabe des Grundes in der Niederschrift über die Durchsuchung (→ Rn. 63 ff.). 61

3. Dokumentationspflicht (§ 46 Abs. 4 und 5 BPolG). § 46 Abs. 4 und 5 BPolG verpflichtet das BKA, die Durchsuchung in besonderer Weise zu dokumentieren. Das **Dokumentationserfordernis** dient vorrangig dem Schutz der Rechte des Wohnungsinhabers; reflexhaft schützt es aber auch die BKA-Bediensteten vor unberechtigten Vorwürfen. 62

42 Vgl. Hauschild in MüKoStPO, 2014, § 106 Rn. 9 ff., mwN.

43 Vgl. Drewes/Malmberg/Wagner/Walter/Walter BPolG § 46 Rn. 6; Schenke/Graulich/Ruthig/Schenke BPolG § 46 Rn. 12, die auf OLG Hamm Beschl. v. 8.2.1974 – 5 Ws 6/74 –, NJW 1974, 1150 verweisen. Diese nur im 1. Leitsatz veröffentlichte Entscheidung betraf jedoch die Ersatzzustellung nach § 37 StPO iVm § 181 Abs. 1 ZPO, bei der schon angesichts der völlig anderen Rechtsbetroffenheit andere Maßstäbe gelten. Auf die körperliche Entwicklung, die das OLG Hamm hervorhebt, kann es bei der Durchsuchung nicht entscheidend ankommen. Sie ist (wenn überhaupt) bestenfalls negativ indiziell für die intellektuellen Fähigkeiten der Person.

44 Drewes/Malmberg/Wagner/Walter/Walter BPolG § 46 Rn. 7.

45 Drewes/Malmberg/Wagner/Walter/Walter BPolG § 46 Rn. 14.

46 Drewes/Malmberg/Wagner/Walter/Walter BPolG § 46 Rn. 9.

63 a) **Regel: Niederschrift** (§ 46 Abs. 4 BPolG). Im Regelfall hat das BKA gem. § 46 Abs. 4 S. 1 BPolG eine **Niederschrift** über die Durchsuchung zu fertigen, die die verantwortliche **Dienststelle, Grund** (→ Rn. 58), **Zeit** und **Ort** der Durchsuchung enthält (§ 46 Abs. 4 S. 2 BPolG). Das Ergebnis der Durchsuchung kann, muss aber nicht angegeben werden.[47]

64 Sie ist von einem durchsuchenden BKA-Bediensteten und dem Wohnungsinhaber oder der nach § 46 Abs. 2 S. 2 BPolG zugezogenen Person zu **unterzeichnen** (§ 46 Abs. 4 S. 3 BPolG). Es genügt, wenn ein BKA-Bediensteter unterzeichnet; dieser muss aber während der gesamten Durchsuchung anwesend gewesen sein.[48] Verweigert der Wohnungsinhaber oder die zugezogene Person die Unterschrift, ist darüber ein Vermerk in die Niederschrift aufzunehmen (§ 46 Abs. 4 S. 4 BPolG).

65 Aus § 46 Abs. 4 S. 3 und Abs. 5 S. 1 BPolG ergibt sich, dass die Niederschrift **vor Ort**, also in oder bei der durchsuchten Wohnung anzufertigen und zu unterzeichnen ist, nicht erst später auf der Dienststelle.[49]

66 § 46 Abs. 4 S. 5 BPolG gibt dem Wohnungsinhaber oder seinem Vertreter einen Anspruch auf **Aushändigung einer Abschrift** der Niederschrift, die ausweislich des Wortlauts nicht von Amts wegen erfolgt („auf Verlangen").

67 b) **Ausnahme: Schriftliche Bestätigung** (§ **46 Abs. 5 BPolG**). Wenn die Anfertigung einer Niederschrift oder die Aushändigung einer Abschrift nach den besonderen Umständen des Falles nicht möglich ist oder den Durchsuchungszweck gefährden würde, hat das BKA die Durchsuchung gem. § 46 Abs. 5 BPolG **schriftlich zu bestätigen.** Dabei müssen die verantwortliche Dienststelle sowie Zeit und Ort der Durchsuchung angegeben werden, nicht hingegen der Grund (→ Rn. 58).

68 Die Bestätigung ist **von Amts wegen** zu erteilen. Weigert sich der Wohnungsinhaber oder die hinzugezogene Person, die Bestätigung entgegenzunehmen, ist sie in der Wohnung zurückzulassen.[50]

69 **4. Pflichtverletzungen.** Bei den **Rechtsfolgen** von Verletzungen der Pflichten nach § 46 Abs. 2 bis 5 BPolG durch das BKA ist danach zu **differenzieren,** ob sich diese auf den Durchsuchungsverwaltungsakt beziehen oder auf dessen Realisierung durch die physisch-reale Vornahme der Durchsuchung. Im ersten Fall sind Fehlerfolgen nach dem VwVfG zu beurteilen, im zweiten stehen die Pflichtverletzungen für sich.

70 Auf den Durchsuchungsverwaltungsakt bezieht sich nur die Pflicht zur unverzüglichen **Bekanntgabe des Durchsuchungsgrundes** (§ 46 Abs. 3 S. 1 BPolG) als gegenüber § 39 VwVfG speziellem Begründungserfordernis. Zwar können Begründungsmängel nach § 45 Abs. 1 Nr. 2 VwVfG geheilt werden, doch kann diese Vorschrift den Verstoß gegen das besondere zeitliche Erfordernis der Unverzüglichkeit nicht überwinden.[51] Der Durchsuchungsverwaltungsakt ist also bei nicht rechtzeitiger Bekanntgabe des Grundes formell rechtswidrig.[52]

71 Verletzungen des **Anwesenheitsrechts** (§ 46 Abs. 2 BPolG) und der **Dokumentationspflicht** (§ 46 Abs. 4 und 5 BPolG) berühren als Rechtsverstöße bei der Realisierung des bereits erlassenen Verwaltungsakts dessen Rechtmäßigkeit nicht. Es handelt sich um die Verletzung selbstständiger Handlungspflichten außerhalb eines Verwaltungsverfahrens iSd § 9 VwVfG. Die §§ 45, 46 VwVfG sind daher nicht anwendbar.[53] Dafür, dass es sich um bloße „Ordnungsvorschriften" handelt, liefert das Gesetz keinen Anhaltspunkt. Diese in der Praktikerliteratur[54] anzutreffende Bagatellisierung der Rechtsverstöße wird der grundrechtsschützenden Funktion des § 46 BPolG nicht gerecht. Der besondere Vorbehalt des Art. 13 Abs. 2 GG bringt im Gegenteil klar zum Ausdruck, dass die „Durchführung" von Durchsuchungen nur in der gesetzlich vorgeschriebenen „Form" zulässig sind.[55]

D. Rechtsschutz

I. Betreten

72 Ist der Wohnungsinhaber anwesend und verpflichtet ihn das BKA, das Betreten der Wohnung zu dulden, sind gegen diesen Verwaltungsakt grundsätzlich Widerspruch und Anfechtungsklage statthaft. Da sich der

47 Drewes/Malmberg/Wagner/Walter/Walter BPolG § 46 Rn. 10.
48 Drewes/Malmberg/Wagner/Walter/Walter BPolG § 46 Rn. 11.
49 Schenke/Graulich/Ruthig/Schenke BPolG § 46 Rn. 16, mwN zur aA.
50 Drewes/Malmberg/Wagner/Walter/Walter BPolG § 46 Rn. 12.
51 Anders offenbar Drewes/Malmberg/Wagner/Walter/Walter BPolG § 46 Rn. 13: „ggf. eine Heilung nach § 45 Abs. 1 Nr. 2 VwVfG".
52 Unklar Drewes/Malmberg/Wagner/Walter/Walter BPolG § 46 Rn. 13, die offenbar keinen Durchsuchungsverwaltungsakt zugrunde legen, aber dennoch von formeller Rechtswidrigkeit sprechen.
53 Anders ohne Problematisierung des Verhältnisses von Verwaltungsakt und Realisierung Drewes/Malmberg/Wagner/Walter/Walter BPolG § 46 Rn. 13; Schenke/Graulich/Ruthig/Schenke BPolG § 46 Rn. 17.
54 Drewes/Malmberg/Wagner/Walter/Walter BPolG § 46 Rn. 13, die aber zugleich § 45 VwVfG anwenden wollen, zumindest auf die Dokumentationspflicht.
55 Zutreffende Einordnung bei BeckOK-PolSiR Bayern/Schwabenbauer BayPAG Art. 24 BayPAG Rn. 26 mwN zur aA in der bayerischen Praktikerliteratur.

Verwaltungsakt aber mit dem Vollzug erledigt und in der Zwischenzeit praktisch kein Rechtsschutz zu erlangen sein dürfte, ist der Wohnungsinhaber auf die **Fortsetzungsfeststellungsklage analog § 113 Abs. 1 S. 4 VwGO** verwiesen. Sein besonderes Feststellungsinteresse ergibt sich aus dem Eingriff in Art. 13 GG, gegen den nach Art. 19 Abs. 4 GG Rechtsschutz möglich sein muss. Die Klagebefugnis analog § 42 Abs. 2 VwGO folgt aus der möglichen Verletzung des Grundrechts nach Art. 13 GG.

II. Durchsuchung

Bei Durchsuchungen ist zum einen zwischen der Anordnung und der Durchführung zu unterscheiden, zum anderen danach, ob die Durchsuchung ausnahmsweise durch das BKA oder regelmäßig durch den Richter angeordnet wurde. 73

1. Anordnung. a) Anordnung durch das BKA. Bei der Anordnung durch das BKA gilt dasselbe wie beim Betreten (→ Rn. 72). Der Wohnungsinhaber kann gegen den sich durch Vollzug idR rasch erledigenden Verwaltungsakt **Fortsetzungsfeststellungsklage** analog § 113 Abs. 1 S. 4 VwGO erheben. Der Verwaltungsakt erledigt sich aber erst mit dem Ende der Suche in der Wohnung, da der Inhaber so lange zur Duldung der Maßnahme verpflichtet ist. Die Klagebefugnis analog § 42 Abs. 2 VwGO ergibt sich aus der möglichen Verletzung des Grundrechts nach Art. 13 GG. 74

Dauert die Durchsuchung länger an, ist es dem Wohnungsinhaber unter Umständen sogar möglich, vor Erledigung **einstweiligen Rechtsschutz** zu erlangen. Beim Durchsuchungsverwaltungsakt handelt sich um eine unaufschiebbare Anordnung von Polizeivollzugsbeamten iSd § 80 Abs. 2 S. 1 Nr. 2 VwGO, gegen die Widerspruch und Anfechtungsklage keine aufschiebende Wirkung haben. Statthaft ist daher ein Antrag nach § 80 Abs. 5 Alt. 1 VwGO. 75

b) Richterliche Anordnung. aa) Vor und während der Durchführung der Durchsuchung. Bei richterlich angeordneten Durchsuchungen konzentriert sich der Rechtsschutz **vor Abschluss der Durchsuchung** auf den Beschluss des Amtsgerichts nach § 46 Abs. 1 BPolG iVm § 38 FamFG. Gegen diesen ist entsprechend § 58 Abs. 1 FamFG die Beschwerde statthaft. Lehnt das Amtsgericht die Anordnung der Durchsuchung ab, kann auch das BKA Beschwerde einlegen. 76

Beschwerdegericht ist bei entsprechender Anwendung des § 119 Abs. 1 Nr. 1 lit. b GVG das Oberlandesgericht. Zwar verweist § 46 Abs. 1 BPolG nur auf das FamFG, daraus soll sich nach der Rechtsprechung des Bundesgerichtshofs aber auch die entsprechende Anwendung der GVG-Vorschriften ergeben, die den Instanzenzug für die Verfahren nach dem FamFG betreffen.[56] 77

Einstweiliger Rechtsschutz ist entsprechend § 64 Abs. 3 FamFG mit einem Antrag auf einstweilige Anordnung durch das Beschwerdegericht zu erlangen, das die Vollziehung des Beschlusses aussetzen kann. 78

Unter den Voraussetzungen des § 70 Abs. 1 und 2 FamFG ist gegen die Beschwerdeentscheidung die **Rechtsbeschwerde** statthaft (nicht aber im einstweiligen Rechtsschutz; vgl. § 70 Abs. 4 FamFG). Entsprechend § 133 GVG ist Rechtsbeschwerdegericht der Bundesgerichtshof. 79

bb) Nach Abschluss der Durchsuchung. Nach Abschluss der Durchsuchung erledigt sich auch die richterliche Anordnung. Rechtsschutz ist nunmehr **vor den Verwaltungsgerichten** zu erlangen. Die Rechtsprechung des Bundesverfassungsgerichts und des Bundesgerichtshofs zum nachträglichen Rechtsschutz gegen richterlich angeordnete, inzwischen erledigte Überwachungsmaßnahmen nach dem BKAG lässt sich auf die Durchsuchung übertragen.[57] 80

Wurde der Wohnungsinhaber durch Verwaltungsakt zur Duldung der Durchsuchung verpflichtet, ist die **Fortsetzungsfeststellungsklage** analog § 113 Abs. 1 S. 4 VwGO statthaft. Klagegegenstand ist der Verwaltungsakt des BKA, nicht die richterliche Anordnung, deren Rechtmäßigkeit aber die des Verwaltungsakts bedingt. Das besondere Feststellungsinteresse ergibt sich aus dem schweren Eingriff in Art. 13 GG und der Rechtsschutzgarantie des Art. 19 Abs. 4 GG. 81

Fand die Durchsuchung in Abwesenheit des Wohnungsinhabers statt, kann er eine allgemeine **Feststellungsklage** nach § 43 Abs. 1 VwGO erheben, deren Zulässigkeitsvoraussetzungen weitgehend denen der Fortsetzungsfeststellungsklage entsprechen. 82

Die **Klagebefugnis** analog § 42 Abs. 2 VwGO ergibt sich jeweils aus der möglichen Verletzung des Grundrechts nach Art. 13 GG. 83

56 BGH Beschl. v. 20.12.2011 – 1 StB 16/11 –, wistra 2012, 198 (198 f.), bzgl. des redaktionell ebenso missglückten rheinland-pfälzischen Landesrechts.

57 Zum Rechtsschutz gegen erledigte Überwachungsmaßnahmen nach dem BKAG grundlegend BVerfG Urt. v. 20.4.2016 – 1 BvR 966/09 ua –, BVerfGE 141, 220 (321, Rn. 265); zur Frage des Rechtswegs in diesen Fällen insbesondere BGH Beschl. v. 26.1.2017 – StB 26/14 ua –, BGHSt 62, 22.

84 **2. Verfahren bei der Durchsuchung.** Die Rechtsschutzmöglichkeiten gegen Rechtsverletzungen beim Durchsuchungsverfahren nach § 46 Abs. 2 bis 5 BPolG hängen maßgeblich vom **Inhalt der jeweiligen Pflicht** des BKA ab.

85 Fehler bei der **Bekanntgabe des Durchsuchungsgrundes** (§ 46 Abs. 3 BPolG) begründen die formelle Rechtswidrigkeit des Verwaltungsakts und können daher mit der gegen den erledigten Durchsuchungsverwaltungsakt gerichteten Fortsetzungsfeststellungsklage geltend gemacht werden. Ob die Rüge eines Fehlers nach § 46 Abs. 3 BPolG allein die Klagebefugnis analog § 42 Abs. 2 VwGO begründet, ist zweifelhaft. Da Art. 13 Abs. 2 GG Durchsuchungen nur in der gesetzlich vorgeschriebenen Form zulässt, wird man aber auch in einem Formverstoß nach § 46 Abs. 3 BPolG eine Grundrechtsverletzung sehen müssen, die zur Feststellung der Rechtswidrigkeit des Durchsuchungsverwaltungsakts führt. § 46 VwVfG passt schon seinem Wortlaut („Aufhebung“) nicht auf Feststellungskonstellationen, zumal sich das Feststellungsinteresse gerade auf den Verfahrensfehler bezieht.[58]

86 Eine Verletzung des **Anwesenheitsrechts** nach § 46 Abs. 2 BPolG kann nachträglich durch eine Feststellungsklage gem. § 43 Abs. 1 VwGO geltend gemacht werden. Art. 13 Abs. 2 GG spricht dafür, dass im Urteilstenor die Rechtswidrigkeit der gesamten (Durchführung der Durchsuchung) festgestellt wird.

87 Wird keine oder eine unrichtige **Niederschrift** nach § 46 Abs. 4 BPolG oder **schriftliche Bestätigung** nach § 46 Abs. 5 gefertigt, handelt es sich ebenfalls um einen nach § 43 Abs. 1 VwGO feststellungsfähigen Rechtsverstoß. Feststellungsinteresse und (soweit gefordert) Klagebefugnis ergeben sich aus dem Eingriff in die Unverletzlichkeit der Wohnung, der nach Art. 13 Abs. 2 GG nur in der gesetzlich vorgeschriebenen Form zulässig ist.

88 Der Anspruch auf **Aushändigung der Niederschrift** (§ 46 Abs. 4 Satz 4 BPolG) kann mit einer allgemeinen Leistungsklage durchgesetzt werden.[59]

§ 62 Schutz zeugnisverweigerungsberechtigter Personen

(1) [1]Maßnahmen nach diesem Abschnitt, die sich gegen eine in § 53 Absatz 1 Satz 1 Nummer 1, 2, 3 oder Nummer 4 der Strafprozessordnung genannte Person richten und voraussichtlich Erkenntnisse erbringen würden, über die diese Person das Zeugnis verweigern dürfte, sind unzulässig. [2]§ 41 Absatz 3 bleibt unberührt. [3]Dennoch erlangte Erkenntnisse dürfen nicht verwertet werden. [4]Aufzeichnungen hierüber sind unverzüglich zu löschen. [5]Die Tatsache ihrer Erlangung und Löschung ist zu dokumentieren. [6]Die Sätze 3 bis 5 gelten entsprechend, wenn durch eine Maßnahme, die sich nicht gegen eine in § 53 Absatz 1 Satz 1 Nummer 1, 2, 3 oder Nummer 4 der Strafprozessordnung genannte Person richtet, von einer dort genannten Person Erkenntnisse erlangt werden, über die sie das Zeugnis verweigern dürfte. [7]Für Personen nach § 53 Absatz 1 Satz 1 Nummer 3 der Strafprozessordnung gelten die Sätze 1 bis 6 nur, soweit es sich um Rechtsanwälte oder Kammerrechtsbeistände handelt.

(2) [1]Soweit durch eine Maßnahme eine in § 53 Absatz 1 Satz 1 Nummer 3, 3a und 3b oder Nummer 5 der Strafprozessordnung genannte Person betroffen wäre und dadurch voraussichtlich Erkenntnisse erlangt würden, über die diese Person das Zeugnis verweigern dürfte, ist dies im Rahmen der Prüfung der Verhältnismäßigkeit unter Würdigung des öffentlichen Interesses an den von dieser Person wahrgenommenen Aufgaben und des Interesses an der Geheimhaltung der dieser Person anvertrauten oder bekannt gewordenen Tatsachen besonders zu berücksichtigen. [2]Soweit hiernach geboten, ist die Maßnahme zu unterlassen oder, soweit dies nach der Art der Maßnahme möglich ist, zu beschränken. [3]Für Personen nach § 53 Absatz 1 Satz 1 Nummer 3 der Strafprozessordnung gelten die Sätze 1 und 2 nur, soweit es sich nicht um Rechtsanwälte oder Kammerrechtsbeistände handelt.

(3) Die Absätze 1 und 2 gelten entsprechend, soweit die in § 53a der Strafprozessordnung genannten Personen das Zeugnis verweigern dürften.

(4) Die Absätze 1 bis 3 gelten nicht, sofern Tatsachen die Annahme rechtfertigen, dass die zeugnisverweigerungsberechtigte Person für die Gefahr verantwortlich ist.

58 Vgl. Stelkens/Bonk/Sachs/Sachs VwVfG § 46 Rn. 11, mwN auch zur aA, die § 46 VwVfG in solchen Konstellationen für anwendbar hält.

59 Anders Drewes/Malmberg/Wagner/Walter/Walter BPolG § 46 Rn. 11: Widerspruch und Verpflichtungsklage. Worin der Verwaltungsakt liegen soll, bleibt aber unklar. Die Niederschrift hat jedenfalls keine Regelungswirkung iSd § 35 S. 1 VwVfG.

A. Überblick und Genese

§ 62 BKAG entspricht weitgehend der Vorgängerregelung, § 20u BKAG aF. Nur hinsichtlich der Ausgestaltung des Schutzes der **Vertrauensverhältnisse von Rechtsanwälten** zu ihren Mandanten hatte das Bundesverfassungsgericht § 20u BKAG aF im Jahr 2016 für verfassungswidrig erklärt. § 20u BKAG aF gewährte zwar Verteidigern, nicht aber sämtlichen Rechtsanwälten Schutz durch Erhebungs- und Verwertungsverbote. Die vom Gesetzgeber gewählte Unterscheidung zwischen Strafverteidigern und den in anderen Mandatsverhältnissen tätigen Rechtsanwälten als Abgrenzungskriterium für einen unterschiedlichen Schutz aber war – so das Bundesverfassungsgericht[1] – schon deshalb ungeeignet, weil die in Frage stehenden Überwachungsmaßnahmen nicht der Strafverfolgung, sondern der Gefahrenabwehr dienen, die Strafverteidigung also hier gerade nicht entscheidend ist.[2] Nunmehr trägt § 62 Abs. 1 S. 7 BKAG[3] der verfassungsgerichtlichen Rechtsprechung Rechnung und bezieht sämtliche Rechtsanwälte und Kammerrechtsbeistände in den Schutzbereich ein.[4] 1

Im Übrigen ist § 20u BKAG aF **verfassungsgemäß**. Insbesondere ergibt sich ein Anspruch auf strikteren Schutz für **Medienvertreter** oder andere Berufsgruppen nach der verfassungsgerichtlichen Rechtsprechung nicht aus Art. 5 Abs. 1 S. 2 GG.[5] 2

§ 62 BKAG enthält ein **abgestuftes System** des Schutzes von Zeugnisverweigerungsrechten,[6] das außerhalb der eigentlichen Vernehmungssituation für sämtliche Maßnahmen zur Abwehr terroristischer Gefahren gilt. Dieser flankierende Schutz soll verhindern, dass das BKA Erkenntnisse von Berufsgeheimnisträgern statt durch Vernehmung ersatzweise mithilfe anderer, meist verdeckter Ermittlungsmaßnahmen gewinnt.[7] Neben dem in Absatz 1 geregelten **absoluten Erhebungs- und Verwertungsverbot** (→ Rn. 6 ff.) statuiert Absatz 2 ein **relatives Erhebungs- und Verwertungsverbot** (→ Rn. 19 ff.) in Bezug auf Berufsgruppen, die nicht von Absatz 1 umfasst sind. 3

§ 62 BKAG bezweckt den Schutz des **Vertrauensverhältnisses** zwischen Berufsgeheimnisträgern und denjenigen, die bei ihnen Hilfe und Sachkunde in Anspruch nehmen.[8] Hingegen dient die Vorschrift **nicht in erster Linie dem Schutz des Kernbereichs privater Lebensgestaltung** gegen staatliche Eingriffe.[9] Dieser Schutz ist im BKAG dort, wo er verfassungsrechtlich geboten ist, in besonderen Regelungen vorgesehen.[10] Diese bleiben **von § 62 BKAG unberührt.**[11] Beispielsweise wird er durch § 45 Abs. 7 S. 1 BKAG gewährt, wonach be- 4

1 BVerfG Urt. v. 20.4.2016 – 1 BvR 966/09 ua –, BVerfGE 141, 220 (318 f., Rn. 255 ff.); s. ferner Schenke/Graulich/Ruthig/Ruthig BKAG § 62 Rn. 3.
2 BVerfG Urt. v. 20.4.2016 – 1 BvR 966/09 ua –, BVerfGE 141, 220 (319, Rn. 257); s. auch schon Zabel JR 2009, 453 (458): „[W]ann ist ein Rechtsanwalt noch Rechtsanwalt und wann, gerade im Vorfeld des Ermittlungsverfahrens, schon Verteidiger?"; vgl. im Nachgang der Entscheidung und aus der Perspektive der Anwaltschaft auch Wittmann AnwBl. 2016, 497; Gröning AnwBl. 2017, 584; Dietmair AnwBl. 2019, 50 (51).
3 Vgl. BGBl. I 2017 S. 1354 (1383).
4 S. auch § 62 Abs. 2 S. 3 BKAG und BT-Drs. 18/11163, 126; die Änderung dient auch praktischen Bedürfnissen, weil die Unterscheidung zwischen Strafverteidigern und anderen Rechtsanwälten in der Praxis regelmäßig nicht durchzuführen sein wird (vgl. zu § 160a StPO BT-Drs. 17/2637, 6).
5 BVerfG Urt. v. 20.4.2016 – 1 BvR 966/09 ua –, BVerfGE 141, 220 (319, Rn. 258); s. auch Bäcker, Terrorismusabwehr durch das Bundeskriminalamt, 2009, S. 91, wonach im Vorfeld des Gesetzes – § 20u BKAG aF – scharf kritisiert worden sei, dass die Presse und (damals noch) die meisten Rechtsanwälte vor Überwachungsmaßnahmen nicht absolut geschützt sind.
6 Zur Vorgängernorm Kugelmann BKAG § 20u Rn. 2.
7 Vgl. KK-StPO/Griesbaum StPO § 160a Rn. 1.
8 Vgl. zu § 53 StPO Meyer-Goßner/Schmitt/Schmitt StPO § 53 Rn. 1, mwN; s. ferner BeckOK-PolR Baden-Württemberg/Trurnit PolG BW § 10 Rn. 1 (2022); Lisken/Denninger/Frister, HdbPolR, F Rn. 68.
9 Zu dessen Grundlagen vgl. Schulenberg in Scheffczyk/Wolter (Hrsg.), Linien der Rechtsprechung des BVerfG IV, 2017, S. 123 (126 ff.).
10 S. Bäcker, Terrorismusabwehr durch das Bundeskriminalamt, 2009, S. 91; zur Verfassungswidrigkeit der Vorgängerregelungen in §§ 20h Abs. 5, 20k Abs. 7 und 20b BKAG aF vgl. die zusammenfassenden Ausführungen bei Schulenberg in Scheffczyk/Wolter (Hrsg.), Linien der Rechtsprechung des BVerfG IV, 2017, S. 123 (152 ff.).
11 Kugelmann BKAG § 20u Rn. 3.

sondere Mittel der Datenerhebung iSv § 45 Abs. 2 BKAG unzulässig sind, wenn tatsächliche Anhaltspunkte für die Annahme vorliegen, dass allein Erkenntnisse aus dem Kernbereich privater Lebensgestaltung erlangt würden.[12] Entsprechende Regelungen enthalten **§ 49 Abs. 7 BKAG für die Online-Durchsuchung** (→ § 49 Rn. 66 ff.) und **§ 51 Abs. 7 BKAG für die Überwachung der Telekommunikation** (→ § 51 Rn. 51 ff.). Allerdings fehlt es etwa bei den offenen Maßnahmen gem. § 41 BKAG (Befragung, → § 41 Rn. 15 ff.) oder §§ 58, 59 BKAG (Durchsuchungen) an solchen Vorkehrungen, so dass insoweit auf den aus § 62 BKAG folgenden Schutz zurückzugreifen ist.[13]

5 Zu Recht wird in der Literatur darauf hingewiesen, dass der durch § 62 Abs. 1 BKAG gewährte absolute Schutz **über die verfassungsgerichtlichen Anforderungen hinausgeht.**[14] Dies ergibt sich zum einen daraus, dass das BKAG den Schutz zeugnisverweigerungsberechtigter Personen nicht auf einzelne Maßnahmen beschränkt. Anders als in manchen Landespolizeigesetzen[15] bezieht er sich auf sämtliche Befugnisse zur Abwehr von Gefahren des internationalen Terrorismus.[16] Zum anderen fordert das Bundesverfassungsgericht keinen absoluten Schutz des Vertrauensverhältnisses oder einen strikten Gleichlauf von Zeugnisverweigerungsrecht und Erhebungs- sowie Verwertungsverboten.[17] Vielmehr setzt das Gericht – lediglich – voraus, dass Maßnahmen, die die Tätigkeit von Berufsgeheimnisträgern beeinträchtigen können, unter **strikter Wahrung der Verhältnismäßigkeit** angewandt werden, weil der Tätigkeit der Beratungs- und Heilberufe in einem sozialen Rechtsstaat auch gesellschaftlich ein hoher Wert zukommt.[18] Eine – absolute – Unzulässigkeit von Maßnahmen zur Gefahrenabwehr oder Strafverfolgung aber fordert das Gericht nicht.

B. Kommentierung im Einzelnen

I. Absolutes Erhebungs- und Verwertungsverbot zum Schutz zeugnisverweigerungsberechtigter Personen (Abs. 1)

6 Das aus § 62 Abs. 1 S. 1 BKAG folgende Erhebungs- und Verwertungsverbot ist absolut und hängt damit nicht von Erwägungen zur Verhältnismäßigkeit im Einzelfall ab. Es gilt für Gespräche mit Berufsgeheimnisträgern, soweit sie als solche **erkennbar** und **nicht selbst Adressat** (s. Absatz 4, → Rn. 25 f.) der polizeilichen Maßnahme sind. Der Schutz wird **ohne Ansehung der zu schützenden Güter** oder **zu verhindernden Straftaten** gewährt.

7 **1. Maßnahmen (Abs. 1 S. 1).** § 62 Abs. 1 S. 1 BKAG gilt für **sämtliche Maßnahmen des 5. Abschnitts des BKAG**, also offene und verdeckte Maßnahmen zur Abwehr von Gefahren des internationalen Terrorismus, darunter allgemeine Datenerhebungen (§§ 38, 39 BKAG) oder die Bestandsdatenauskunft ebenso wie besondere Mittel der Datenerhebung (§ 45 BKAG), die Online-Durchsuchung (§ 49 BKAG) oder die Telekommunikationsüberwachung (§ 51 BKAG). Gegen die geschützten Personen darf keine dieser Maßnahmen angeordnet werden, die der Ermittlung von Umständen dienen würde, auf die sich das Zeugnisverweigerungsrecht erstreckt.[19] Zu diesen Umständen zählen **sämtliche mit der jeweiligen Tätigkeit in unmittelbarem Zusammenhang stehende Wahrnehmungen**, wobei es auf eine besondere Intimität oder einen besonderen Persönlichkeitsbezug der in Frage stehenden Information nicht ankommt.[20] Soweit einer der in Absatz 1 genannten Berufsgeheimnisträger im Wirkungsbereich seines Zeugnisverweigerungsrechts tätig wird, darf die Kommunikation mit ihm nicht durch Überwachungsmaßnahmen gleich welcher Art beeinträchtigt werden.[21]

8 Das Geheimhaltungsinteresse besteht auch dann noch, wenn das Vertrags-, Mandats- oder sonstige Verhältnis zwischen dem Berufsgeheimnisträger und der ihn aufsuchenden Person beendet ist und endet nicht

12 S. ferner §§ 46 Abs. 6, 49 Abs. 7, 50 Abs. 9 BKAG.

13 Schenke/Graulich/Ruthig/Ruthig BKAG § 62 Rn. 2, mwN, weist darauf hin, dass hinter dem Schutz von Zeugnisverweigerungsrechten unterschiedliche Gründe steckten, die auch keine völlige Gleichbehandlung geböten. S. auch Bäcker, Terrorismusabwehr durch das Bundeskriminalamt, 2009, S. 91 f., mwN.

14 Bäcker, Terrorismusabwehr durch das Bundeskriminalamt, 2009, S. 91, noch bzgl. § 20u Abs. 1 BKAG aF; s. auch Schenke/Graulich/Ruthig/Ruthig BKAG § 62 Rn. 5, wonach die gesetzliche Regelung in besonderer Weise den Einwand provozieren dürfte, der Gesetzgeber habe seine Schutzpflichten (für die von den polizeilichen Schutzgütern erfassten Grundrechtspositionen) vernachlässigt.

15 Vgl. etwa die differenzierte bayerische Regelung in Art. 49 Abs. 1–3 BayPAG (dazu Schmidbauer/Steiner/Schmidbauer, BayPAG, Art. 49 Rn. 12) oder § 10 PolG BW.

16 Vgl. Schenke/Graulich/Ruthig/Ruthig BKAG § 62 Rn. 5.

17 BVerfG Beschl. v. 27.6.2018 – 2 BvR 1405/17 ua –, NJW 2018, 2385 (2389, Rn. 87); s. dazu Schenke/Graulich/Ruthig/Ruthig BKAG § 62 Rn. 5, mwN.

18 Vgl. BT-Drs. 16/5846, 36, und dazu Bäcker, Terrorismusabwehr durch das Bundeskriminalamt, 2009, S. 93 mit Fn. 198.

19 BeckOK-PolR Baden-Württemberg/Trurnit PolG BW § 10 Rn. 3 (2022).

20 Lisken/Denninger/Frister, HdbPolR, F Rn. 69; s. auch Meyer-Goßner/Schmitt/Schmitt StPO § 53 Rn. 7–9, mwN.

21 BT-Drs. 16/10121, 35.

mit deren Tod.[22] Die **Schutzwirkung entfällt** jedoch, wenn der Berufsgeheimnisträger wirksam von der Pflicht zur Verschwiegenheit **entbunden** wird.[23]

Das BKA muss im Rahmen von § 62 Abs. 1 S. 1 BKAG aufgrund **tatsächlicher Anhaltspunkte** die **Prognose** 9 treffen, ob Maßnahmen zur Gefahrenabwehr **voraussichtlich** Erkenntnisse erbringen würden, über die der Berufsgeheimnisträger das Zeugnis verweigern dürfte.[24] Die für diese Prognose vorliegenden Anknüpfungstatsachen sind mit Blick auf die aus Art. 12 Abs. 1 GG folgende Berufsfreiheit sorgfältig zu prüfen. Sicher ausschließen muss das BKA die Betroffenheit des Berufsgeheimnisträgers nach dem Wortlaut des Gesetzes nicht, insbesondere sind für die Erstellung der Prognose keine vorausgehenden Ermittlungen erforderlich.[25]

2. Geschützte Personen (Abs. 1 S. 1). Absolut werden gem. § 62 Abs. 1 S. 1 BKAG nur Vertrauensverhält- 10 nisse zu den mittels Verweises auf die StPO bestimmten Personengruppen geschützt, also zu Geistlichen in ihrer Eigenschaft als Seelsorger,[26] Verteidigern,[27] Rechtsanwälten oder Kammerrechtsbeiständen[28] sowie Abgeordneten.[29] Die Regelung ist **abschließend**. Mit dem **Verweis auf § 53 StPO** finden die dort von Rechtsprechung und Lehre entwickelten begrifflichen Konkretisierungen des privilegierten Personenkreises Anwendung.[30] **§ 62 Abs. 1 S. 7 BKAG** stellt klar, dass der absolute Schutz von § 62 Abs. 1 BKAG hinsichtlich der in § 53 Abs. 1 S. 1 Nr. 3 StPO erwähnten Berufsgruppen nicht umfassend, sondern nur für Rechtsanwälte oder Kammerrechtsbeistände gilt; das Erhebungsverbot erstreckt sich mithin **nicht** auf **Steuerberater, Ärzte oder Mitarbeiter von Presse** (s. oben → Rn. 2) **oder Rundfunk** und die übrigen dort genannten Berufsgruppen.

Für den absoluten Schutz vor polizeilichen Maßnahmen kommt es **nicht** auf die **tatsächliche Ausübung des** 11 **Zeugnisverweigerungsrechts** an, sondern allein auf das Recht hierzu.[31] Geschützt wird **nicht nur die jeweilige Personengruppe**, sondern auch diejenigen, die ihnen im Rahmen dieser Verbindungen personenbezogene Informationen preisgeben (→ § 41 Rn. 16).

3. Geltung von § 41 Abs. 3 BKAG (Abs. 1 S. 2). Weil § 41 Abs. 3 BKAG gem. § 62 Abs. 1 S. 2 BKAG unbe- 12 rührt bleibt (→ § 41 Rn. 17), sind die gem. § 62 Abs. 1 S. 1 BKAG geschützten Personen **selbst dann nicht** zur Auskunft verpflichtet, wenn es um die Abwehr einer Gefahr für den Bestand oder die Sicherheit des Staates oder Leib, Leben oder Freiheit einer Person geht.

4. Verwertungsverbot (Abs. 1 S. 3), Löschungs- (Abs. 1 S. 4) und Dokumentationspflicht (Abs. 1 S. 5). Sind 13 Erkenntnisse unter Verstoß gegen das Erhebungsverbot entweder **zufällig** erhoben worden oder, weil sich die nach § 62 Abs. 1 S. 1 BKAG vorzunehmende **Prognose im Nachhinein als unzutreffend** herausgestellt hat,[32] dürfen sie **nicht verwertet** werden. Dieses Verwertungsverbot dient ebenfalls dem Schutz der Vertraulichkeit der Kommunikation mit Berufsgeheimnisträgern im Rahmen des ihnen zustehenden Zeugnisverweigerungsrechts. Zugleich sichert es die Einhaltung des Erhebungsverbots nach Satz 1.[33] Dahinter steht das **zweistufige Schutzkonzept**, welches das Bundesverfassungsgericht zum Kernbereichsschutz entworfen hat: Wenn sich auf der 1. Stufe nicht verhindern lässt, dass auch Daten erfasst werden, die den Kernbereich der Persönlichkeit berühren, führt das nicht zur Unzulässigkeit der Maßnahme an sich, sondern zieht ein strenges Verwertungsverbot und Löschungsgebot dieser Daten auf der 2. Stufe nach sich.[34]

22 Meyer-Goßner/Schmitt/Schmitt StPO § 53 Rn. 10.
23 S. § 53 Abs. 2 S. 1 StPO und Meyer-Goßner/Schmitt/Köhler StPO § 160a Rn. 1.
24 BeckOK-PolR Baden-Württemberg/Trurnit PolG BW § 10 Rn. 7 (2022); s. ferner Schmidbauer/Steiner/Schmidbauer, BayPAG, Art. 49 Rn. 45 f.
25 Vgl. zu § 160a StPO Meyer-Goßner/Schmitt/Köhler StPO § 160a Rn. 3a, und KK-StPO/Griesbaum § 160a Rn. 6, der – anders als Köhler – annimmt, die Maßnahme nach der StPO sei nur dann unzulässig, wenn von den Ermittlungsbehörden zweifelsfrei erkannt wird, dass schutzrelevante Inhalte Gegenstand der Erhebung sind.
26 § 53 Abs. 1 S. 1 Nr. 1 StPO. Der Begriff des Geistlichen ist nach überwiegender Auffassung nicht auf Geistliche der christlichen Kirchen oder anderer staatlich anerkannter Religionsgemeinschaften beschränkt; ihm muss aber ein seelsorgerisches Amt von der betreffenden Religionsgemeinschaft übertragen sein, s. KK-StPO/Bader § 53 Rn. 11, mwN; Meyer-Goßner/Schmitt/Schmitt StPO § 53 Rn. 12, mwN; s. aber BT-Drs. 16/10121, 35: „Daraus ergibt sich, dass von dem Zeugnisverweigerungsrecht nur Geistliche der öffentlich-rechtlichen Religionsgemeinschaften erfasst werden, und dies auch nur insoweit, als sie im konkreten Fall seelsorgerisch tätig sind".
27 § 53 Abs. 1 S. 1 Nr. 2 StPO.
28 § 53 Abs. 1 S. 1 Nr. 3 StPO.
29 § 53 Abs. 1 S. 1 Nr. 4 StPO.
30 BT-Drs. 16/10121, 35; s. im Einzelnen Meyer-Goßner/Schmitt/Schmitt StPO § 53 Rn. 12–16, mwN, KK StPO/Bader § 53 Rn. 11–16, mwN, LR-StPO/Bertheau/Ignor § 53 Rn. 19–34, mwN, BeckOK-PolR Baden-Württemberg/Trurnit PolG BW § 10 Rn. 4 f. (2022).
31 BeckOK-PolR Baden-Württemberg/Trurnit PolG BW § 10 Rn. 6 (2022).
32 S. BeckOK-PolR Baden-Württemberg/Trurnit PolG BW § 10 Rn. 10 (2022).
33 BT-Drs. 16/10121, 35.
34 BVerfG Urt. v. 27.2.2008 – 1 BvR 370/07 ua –, BVerfGE 120, 274 (337 ff.); Beschl. v. 12.10.2011 – 2 BvR 236/08 ua –, BVerfGE 129, 208 (245 ff.); Urt. v. 20.4.2016 – 1 BvR 966/09 ua –, BVerfGE 141, 220 (305 ff., Rn. 215 ff.); komprimierte Darstellung des konzeptionellen Ansatzes bei BeckOK-PolSiR Bayern/Möstl, Systematische und begriffliche Vorbemerkungen zum Polizeirecht in Deutschland, Rn. 53 (2022); Schneider JuS 2021, 29 (31 f.).

14 Das Verwertungsverbot nach § 62 Abs. 1 S. 3 BKAG wird – diesem Schutzkonzept entsprechend – flankiert durch die in Satz 4 enthaltene Verpflichtung, durch einen unzulässigen Eingriff erlangte Erkenntnisse **unverzüglich zu löschen,**[35] wobei gem. Satz 5 sowohl die Tatsache ihrer Erlangung wie auch die Löschung zu **dokumentieren** sind. Diese Pflicht zur Dokumentation sichert zum einen die Einhaltung der Löschungspflicht, dient nach dem Willen des Gesetzgebers aber vor allem der späteren Nachvollziehbarkeit im Rahmen etwaiger Rechtsschutzbegehren der betroffenen Personen.[36]

15 Zwar hat das Bundesverfassungsgericht, unter Verschärfung seines bis dahin verfolgten Schutzkonzeptes (→ Rn. 3, 13), in seiner BKAG-Entscheidung aus dem Jahr 2016 verlangt, dass die Sichtung der erfassten Daten – sofern die Erfassung von kernbereichsrelevanten Informationen nicht vermieden werden konnte – idR durch eine **unabhängige Stelle** zu erfolgen habe, welche die kernbereichsrelevanten Informationen vor deren Verwendung durch die Sicherheitsbehörden herausfiltert.[37] Das Bundesverfassungsgericht hat jedoch zugleich betont, dass die von Verfassungs wegen geforderten verfahrensrechtlichen Sicherungen nicht in allen Fallkonstellationen die Einrichtung einer unabhängigen Stelle geböten. Die Erforderlichkeit einer solchen unabhängigen Sichtung hänge vielmehr von der Art sowie gegebenenfalls auch der Ausgestaltung der jeweiligen Befugnis ab.[38] Danach liegt es im verfassungsrechtlich eröffneten Gestaltungsspielraum des Normgebers, wenn er bei den besonders eingriffsintensiven Maßnahmen wie Online-Durchsuchung (vgl. § 49 Abs. 7 S. 3 und 4 BKAG) und Telekommunikationsüberwachung (vgl. § 51 Abs. 7 S. 4 und 5 BKAG) die **Sichtung kernbereichsrelevanter Erkenntnisse durch ein Gericht** vorsieht, **nicht** jedoch **im Rahmen des § 62 BKAG** (zu dessen Zweck → Rn. 3).

16 **5. Zufällige, mittelbare Betroffenheit des Berufsgeheimnisträgers (Abs. 1 S. 6).** Richtet sich eine Maßnahme nicht gegen den Berufsgeheimnisträger, sondern gegen eine **dritte Person,** stellt § 62 Abs. 1 S. 6 BKAG durch die Anordnung einer entsprechenden Anwendung der Sätze 3 bis 5 sicher, dass die unter Verstoß gegen ein Zeugnisverweigerungsrecht erlangten Erkenntnisse nicht verwertet werden, wenn sie von[39] einer dort genannten Person erlangt werden, über die sie das Zeugnis verweigern dürfte.

17 Dabei sind Maßnahmen gegen Dritte aber auch dann zulässig, wenn – *ex ante* – nicht ausgeschlossen werden kann oder gar zu erwarten ist, dass möglicherweise auch die **Kommunikation mit dem Berufsgeheimnisträger über vom Zeugnisverweigerungsrecht umfasste Inhalte** betroffen sein wird.[40] Von der gesetzlichen Regelung eines Erhebungsverbots hat der Gesetzgeber bei „zufälliger Betroffenheit" des Berufsgeheimnisträgers abgesehen, weil es in aller Regel an operationalisierbaren Kriterien fehlt, um eine Erhebung von Kommunikationsinhalten vorausschauend zu vermeiden, die vom Zeugnisverweigerungsrecht umfasst sind.[41] Es dürfte in den hier vorliegenden Fallkonstellationen nur in den wenigsten Fällen vorhersehbar sein, dass eine dritte Person Kontakt zu einem Berufsgeheimnisträger aufnimmt.

18 Allerdings kann sich aus dem **Verhältnismäßigkeitsgrundsatz** bzw. – soweit einschlägig – dem **Schutz des Kernbereichs** die Pflicht ergeben, die Maßnahme gegen den Dritten abzubrechen.[42] Damit trägt § 62 Abs. 1 S. 6 BKAG – entgegen der in der Literatur vereinzelt geäußerten **Kritik**[43] – verfassungsrechtlichen Anforderungen ausreichend Rechnung. Mit Blick auf die Effektivität von Gefahrenabwehr und Strafverfolgung ist – dies hat das Bundesverfassungsgericht in anderen Konstellationen bereits entschieden – in Kauf zu nehmen, dass Ermittlungsbehörden Informationen zur Kenntnis nehmen, bevor sie deren Bezug zu einem Zeugnisverweigerungsrecht bzw. den Kernbereichsbezug erkennen.[44] Es ist nach dem zweistufigen Konzept zum Kernbereichsschutz (→ Rn. 13) verfassungsrechtlich nicht gefordert, den Zugriff wegen des Risikos einer solchen Betroffenheit bereits auf der Erhebungsebene (**1. Stufe**) von vornherein zu unterlassen und hierzu

35 BT-Drs. 16/10121, 35.
36 BT-Drs. 16/10121, 35; vgl. BeckOK-PolR Baden-Württemberg/Trurnit PolG BW § 10 Rn. 10 (2022).
37 Vgl. BVerfG Urt. v. 20.4.2016 – 1 BvR 966/09 ua –, BVerfGE 141, 220 (279 f., Rn. 129).
38 BVerfG Urt. v. 20.4.2016 – 1 BvR 966/09 ua –, BVerfGE 141, 220 (280, Rn. 129; 313 f., Rn. 240 f.).
39 S. hierzu BeckOK-PolR Baden-Württemberg/Trurnit PolG BW § 10 Rn. 11 (2022).
40 Vgl. BT-Drs. 16/9588, 33: Gesetzentwurf der Fraktionen der CDU/CSU und SPD v. 17.6.2008 und BT-Drs. 16/10121, 35: Gesetzentwurf der Bundesregierung v. 13.8.2008.
41 Vgl. BVerfG Beschl. v. 12.10.2011 – 2 BvR 236/08 ua –, BVerfGE 129, 208 (247) zum Schutz des Kernbereichs privater Lebensgestaltung.
42 BeckOK-PolR Baden-Württemberg/Trurnit PolG BW § 10 Rn. 11 (2022); KK-StPO/Griesbaum StPO § 160a Rn. 11 sieht in der parallelen Regelung des § 160a Abs. 1 S. 5 StPO dementsprechend (auch) ein ungeschriebenes relatives Beweiserhebungsverbot.
43 Schenke/Graulich/Ruthig/Ruthig BKAG § 62 Rn. 5: § 62 Abs. 1 S. 6 BKAG trage **dem Kernbereichsschutz nicht ausreichend Rechnung,** weil Maßnahmen nach dem verfassungsgerichtlichen Konzept des Kernbereichsschutzes bereits dann zu unterbleiben hätten, wenn Eingriffe in den Kernbereich zu erwarten seien.
44 Vgl. BVerfG Beschl. v. 12.10.2011 – 2 BvR 236/08 ua –, BVerfGE 129, 208 (245 f.).

eine „Echtzeitkontrolle“ vorzusehen.[45] Vielmehr ist es in Fällen dieser Art von Verfassungs wegen geboten, aber auch ausreichend, für hinreichenden Schutz in der Auswertungsphase (**2. Stufe**) zu sorgen, da das Verwertungsverbot umfassend ist und jedwede Verwendung, auch als Ermittlungs- oder Spurenansatz, verbietet.[46] Diesen Anforderungen genügt § 62 Abs. 1 S. 6 BKAG.

II. Relatives Erhebungs- und Verwertungsverbot zum Schutz zeugnisverweigerungsberechtigter Personen (Abs. 2)

Weil § 62 Abs. 1 BKAG nur Angehörigen bestimmter Berufsgruppen Schutz gewährt, spricht § 62 Abs. 2 BKAG den Vertretern der in § 53 Abs. 1 S. 1 Nrn. 3 bis 3b StPO genannten Beratungs-[47] und Heilberufe sowie den von § 53 Abs. 1 S. 1 Nr. 5 StPO in Bezug genommenen Medienmitarbeitern ein relatives, **an Verhältnismäßigkeitsgesichtspunkten orientiertes** Erhebungs- und Verwertungsverbot zu.[48] 19

Wäre einer der von § 62 Abs. 2 BKAG umfassten Berufsgeheimnisträger durch eine Maßnahme betroffen und würden dadurch voraussichtlich Erkenntnisse erlangt, über die er das Zeugnis verweigern dürfte, ist eine **Abwägung mit dem öffentlichen Interesse an einer wirksamen Gefahrenabwehr** vorzunehmen. Im Rahmen der **Abwägung** sind die von der betroffenen Person wahrgenommenen Aufgaben und das (öffentliche sowie individuelle) Interesse an der Geheimhaltung der ihr anvertrauten oder bekannt gewordenen Tatsachen besonders zu berücksichtigen.[49] 20

Ein Überwiegen schutzbedürftiger privater Interessen kann etwa bei der Überwachung eines ärztlichen oder psychotherapeutischen Gesprächs unter dem Gesichtspunkt des **Kernbereichs privater Lebensgestaltung** anzunehmen sein.[50] Denn der Kernbereich privater Lebensgestaltung markiert – infolge seiner Verankerung in der Menschenwürdegarantie des Art. 1 Abs. 1 GG – eine absolute Grenze, an der alle Ermittlungen enden müssen.[51] Dabei hat die Vertrauensbedürftigkeit der jeweiligen Kommunikationsbeziehungen im jeweiligen Einzelfall auch unter Berücksichtigung der durch Art. 12 Abs. 1 GG gewährleisteten Berufsfreiheit maßgeblich einzufließen. 21

Eine entscheidende Rolle spielt im Rahmen der Abwägung jedoch auch das **Gewicht des zu schützenden Rechtsguts.** Je gewichtiger dieses ist, desto eher ist von einem Überwiegen des öffentlichen Interesses an der Gefahrenabwehr auszugehen.[52] 22

§ 62 Abs. 2 S. 2 BKAG stellt zu den **Folgen der Abwägung klar**: Fällt sie zugunsten des Berufsgeheimnisträgers aus, ist die Maßnahme zu unterlassen. Soweit die Verhältnismäßigkeit gegeben und dies nach Art der Maßnahme möglich ist, kann sie auch – bloß – beschränkt werden. 23

III. Erhebungs- und Verwertungsverbot bei mitwirkenden Personen (Abs. 3)

Gemäß § 62 Abs. 3 BKAG gelten § 62 Abs. 1 und 2 BKAG entsprechend, soweit die in § 53a StPO genannten Personen das Zeugnis verweigern dürften. Es handelt sich um Personen, die an der **beruflichen Tätigkeit von Berufsgeheimnisträgern mitwirken,** sei es im Rahmen eines Vertragsverhältnisses, einer berufsvorbereitenden oder sonstigen (Hilfs-)Tätigkeit.[53] § 53a StPO setzt einen unmittelbaren Zusammenhang zwischen der Mitwirkung und der Berufstätigkeit des Geheimnisträgers voraus.[54] Es handelt sich bei dem 24

45 So zum Kernbereichsschutz BVerfG Beschl. v. 12.10.2011 – 2 BvR 236/08 ua –, BVerfGE 129, 208 (245). Dementsprechend ist etwa der Kernbereichsschutz bei **verdeckten Maßnahmen im Strafverfahren** gem. § 100d Abs. 1 StPO dadurch gewährleistet, dass die Maßnahme (nur dann) unzulässig ist, wenn tatsächliche Anhaltspunkte für die Annahme vorliegen, dass **allein** Erkenntnisse aus dem Kernbereich privater Lebensgestaltung erlangt werden. Ist demnach *ex ante* lediglich zu erwarten, dass Erkenntnisse aus dem Kernbereich erlangt werden **könnten**, bleibt die Maßnahme **zulässig**.

46 Ebenso Becker NVwZ 2015, 1335 (1337); Bantlin JuS 2019, 669 (672); Graulich GSZ 2019, 221 (226 f.).

47 Vgl. § 62 Abs. 2 S. 3 BKAG, wonach für Personen nach § 53 Abs. 1 S. 1 Nr. 3 StPO die Sätze 1 und 2 – mit Blick auf die Regelungen in Abs. 1 – nur gelten, soweit es sich **nicht** um Rechtsanwälte oder Kammerrechtsbeistände handelt.

48 Das BVerfG hat die Vorgängerregelung in § 20u Abs. 2 BKAG aF für verfassungsgemäß erklärt. Danach ist nicht zu beanstanden, dass die Überwachung der von § 62 Abs. 2 BKAG umfassten Berufsgeheimnisträger grundsätzlich nicht strikt, sondern nur nach Maßgabe einer Abwägung im Einzelfall ausgeschlossen ist, und ein strikteres Überwachungsverbot nur für den kleinen Personenkreis des § 62 Abs. 1 BKAG vorgesehen ist, für den der Gesetzgeber besonderen Schutzbedarf sieht, vgl. BVerfG Urt. v. 20.4.2016 – 1 BvR 966/09 ua –, BVerfGE 141, 220 (318, Rn. 256); s. BeckOK-PolR Baden-Württemberg/Trurnit PolG BW § 10 Rn. 13.1 (2022) zur Kritik hieran.

49 BT-Drs. 16/10121, 35.

50 Vgl. BVerfG Urt. v. 20.4.2016 – 1 BvR 966/09 ua –, BVerfGE 141, 220 (319, Rn. 258); s. auch BVerfG Beschl. v. 12.10.2011 – 2 BvR 236/08 ua –, BVerfGE 129, 208 (265 f.); s. auch KK-StPO/Griesbaum StPO § 160a Rn. 15.

51 So zutr. Schulenberg in Scheffczyk/Wolter (Hrsg.), Linien der Rechtsprechung des BVerfG IV, 2017, S. 123 (125).

52 Vgl. BVerfG zu § 20u Abs. 2 BKAG aF: Urt. v. 20.4.2016 – 1 BvR 966/09 ua –, BVerfGE 141, 220 (318, Rn. 256): Die Verfassung gebietet „die Vermutung, dass von einem Überwiegen des Interesses des Bundeskriminalamts an der Erhebung der Daten **in der Regel nicht auszugehen** ist, wenn die Maßnahme **nicht der Abwehr einer erheblichen Gefahr** dient“ (Hervorhebungen nicht im Original).

53 S. im Einzelnen Meyer-Goßner/Schmitt/Schmitt StPO § 53a Rn. 3–10, mwN.

54 Meyer-Goßner/Schmitt/Schmitt StPO § 53a Rn. 2.

Zeugnisverweigerungsrecht des sog. Berufshelfers jedoch nur um ein **abgeleitetes Recht,** denn über dessen Ausübung entscheidet nach § 53a Abs. 1 S. 2 StPO im Regelfall der Berufsgeheimnisträger.

IV. „Verstrickungsregelung“ (Abs. 4)

25 Die Grenzen des Schutzes von Berufsgeheimnisträgern sind in § 62 Abs. 4 BKAG normiert. Sofern Tatsachen die Annahme rechtfertigen, dass die zeugnisverweigerungsberechtigte Person für eine Gefahr verantwortlich ist, **endet der besondere Schutz** des Verhältnisses zu einem Berufsgeheimnisträger (dh die Absätze 1 bis 3 gelten nicht). Der Schutz der betroffenen Vertrauensverhältnisse soll nicht zur Begründung von Geheimbereichen führen, in denen die Verursachung von Gefahren einer staatlichen Aufklärung schlechthin entzogen ist.[55]

26 Die Frage, wann die „Verstrickungsregelung“ greift, ist aus **polizeirechtlicher Perspektive** zu beantworten. **Verantwortlich für die Gefahr ist derjenige, der sie verursacht hat,** also Störer ist.[56] Weil sich § 62 BKAG auf Maßnahmen zur Abwehr von Gefahren des internationalen Terrorismus bezieht, dürfte eine Verstrickung iS der Vorschrift insbesondere bei der Person in Rede stehen, die eine Gefahr iSv § 38 Abs. 1 S. 2 BKAG iVm § 17 Abs. 1 BPolG durch ihr Handeln (oder Unterlassen) selbst verursacht hat, mithin als **Verhaltensstörer** anzusehen ist; demgegenüber geht der Verweis in § 38 Abs. 1 S. 2 BKAG auf die Zustandsstörerschaft nach § 18 BPolG aus polizeirechtsdogmatischen wie verfassungsrechtlichen Gründen ins Leere (→ § 38 Rn. 28).[57] Bei der Prüfung einer „Verstrickung“ des Berufsgeheimnisträgers sind die Tatsachen, die für eine Gefahrenverursachung durch ihn sprechen, mit Blick auf die aus Art. 12 Abs. 1 GG folgende Berufsfreiheit sorgfältig zu ermitteln.[58]

Abschnitt 6
Befugnisse zum Schutz von Mitgliedern der Verfassungsorgane und der Leitung des Bundeskriminalamtes

§ 63 Allgemeine Befugnisse

(1) [1]Zur Erfüllung seiner Aufgaben nach § 6 kann das Bundeskriminalamt die notwendigen Maßnahmen treffen, um eine im Einzelfall bestehende Gefahr für die öffentliche Sicherheit abzuwehren, soweit nicht dieses Gesetz die Befugnisse des Bundeskriminalamtes besonders regelt. [2]Die zur Erfüllung der Aufgaben nach § 6 geregelten Befugnisse gelten in Bezug auf Personen nur, wenn Anhaltspunkte dafür vorliegen, dass von ihnen Gefährdungen für die zu schützende Person ausgehen können. [3]Die §§ 15 bis 20 des Bundespolizeigesetzes gelten entsprechend.

(2) Wenn Tatsachen die Annahme rechtfertigen, dass Straftaten begangen werden sollen, durch die die zu schützenden Personen oder Räumlichkeiten unmittelbar gefährdet sind, kann das Bundeskriminalamt

1. **die Identität einer Person feststellen, wenn die Feststellung der Identität aufgrund der Gefährdungslage oder von auf die Person bezogenen Anhaltspunkten erforderlich ist; § 23 Absatz 3 Satz 1, 2, 4 und 5 des Bundespolizeigesetzes gilt entsprechend,**
2. **verlangen, dass Berechtigungsscheine, Bescheinigungen, Nachweise oder sonstige Urkunden zur Prüfung ausgehändigt werden, soweit es zur Erfüllung seiner Aufgabe erforderlich ist und die betroffene Person aufgrund einer Rechtsvorschrift verpflichtet ist, diese Urkunden mitzuführen,**
3. **eine Person oder eine Sache durchsuchen, wenn die Durchsuchung aufgrund der Gefährdungslage oder von auf die Person oder Sache bezogenen Anhaltspunkten erforderlich ist; § 43 Absatz 3 bis 5 und § 44 Absatz 4 des Bundespolizeigesetzes gelten entsprechend.**

(3) [1]Wenn Tatsachen die Annahme rechtfertigen, dass Straftaten begangen werden sollen, durch die die zu schützenden Personen unmittelbar gefährdet sind, kann das Bundeskriminalamt eine Person schriftlich oder mündlich vorladen, wenn

55 BT-Drs. 16/10121, 36.
56 BeckOK-PolR Baden-Württemberg/Trurnit PolG BW § 10 Rn. 17 (2022).
57 S. zur polizeirechtlichen Verhaltensverantwortlichkeit etwa Lisken/Denninger/Bäcker, HdbPolR, D Rn. 144 ff.; Schenke/Graulich/Ruthig/Schenke BPolG § 17 Rn. 13, 16 ff.
58 S. Schenke/Graulich/Ruthig/Ruthig BKAG § 62 Rn. 18.

1. tatsächliche Anhaltspunkte dafür vorliegen, dass die Person sachdienliche Angaben machen kann, die für die Erfüllung der dem Bundeskriminalamt nach § 6 Absatz 1 obliegenden Aufgabe erforderlich sind, oder
2. dies zur Durchführung erkennungsdienstlicher Maßnahmen erforderlich ist.

[2]§ 25 Absatz 2 bis 4 des Bundespolizeigesetzes gilt entsprechend.

(4) [1]Das Bundeskriminalamt kann erkennungsdienstliche Maßnahmen entsprechend § 24 Absatz 3 des Bundespolizeigesetzes vornehmen, wenn eine nach Absatz 2 Nummer 1 zulässige Identitätsfeststellung auf andere Weise nicht oder nur unter erheblichen Schwierigkeiten möglich ist. [2]Ist die Identität festgestellt, sind die im Zusammenhang mit der Feststellung angefallenen Unterlagen zu vernichten. [3]Dies gilt nicht, wenn ihre weitere Aufbewahrung zur Verhütung von Straftaten gegen die zu schützenden Personen oder Räumlichkeiten erforderlich ist, weil die betroffene Person verdächtig ist, eine solche Straftat begangen zu haben und wegen der Art oder Ausführung der Tat die Gefahr einer Wiederholung besteht oder wenn die weitere Aufbewahrung nach anderen Rechtsvorschriften zulässig ist. [4]Sind die Unterlagen an andere Stellen übermittelt worden, sind diese über die erfolgte Vernichtung zu unterrichten.

(5) Das Bundeskriminalamt kann zur Abwehr einer Gefahr für die zu schützenden Personen oder Räumlichkeiten eine Person vorübergehend von einem Ort verweisen oder ihr vorübergehend das Betreten eines Ortes verbieten.

(6) [1]Das Bundeskriminalamt kann zur Abwehr einer gegenwärtigen Gefahr für die zu schützenden Personen oder Räumlichkeiten eine Sache sicherstellen. [2]Die §§ 48 bis 50 des Bundespolizeigesetzes gelten entsprechend.

(7) [1]Das Bundeskriminalamt kann eine Wohnung ohne Einwilligung des Inhabers betreten und durchsuchen, wenn dies zur Abwehr einer gegenwärtigen Gefahr für Leib, Leben oder Freiheit einer zu schützenden Person unerlässlich ist. [2]Die Wohnung umfasst die Wohn- und Nebenräume, Arbeits-, Betriebs- und Geschäftsräume sowie anderes befriedetes Besitztum. [3]§ 46 des Bundespolizeigesetzes gilt entsprechend.

(8) [1]Das Bundeskriminalamt kann eine Person in Gewahrsam nehmen, wenn dies unerlässlich ist, um die unmittelbar bevorstehende Begehung einer Straftat gegen die zu schützenden Personen oder Räumlichkeiten zu verhindern. [2]§ 40 Absatz 1 und 2, die §§ 41 und 42 Absatz 1 Satz 1 und Absatz 2 des Bundespolizeigesetzes gelten entsprechend.

A. Überblick und Genese

1 § 63 BKAG verleiht dem BKA bereichsspezifische **präventivpolizeiliche Befugnisse**, um die Aufgabe des Personenschutzes nach § 6 BKAG zu erfüllen. Die Norm sieht sowohl eine Generalklausel als auch einige Spezialbefugnisse wie die Identitätsfeststellung, die Vorladung, den Platzverweis, erkennungsdienstliche Maßnahmen usw vor. Weitere Spezialermächtigungen finden sich in § 63a (Bestandsdatenauskunft), § 64 (Besondere Mittel der Datenerhebung) und § 65 BKAG (Ausschreibung zur polizeilichen Beobachtung oder gezielten Kontrolle). Daneben kann auf § 9 Abs. 2 und 3 BKAG als Befugnis für niederschwellige Datenerhebungen zurückgegriffen werden.

2 Die Norm wurde als damaliger § 21 in der Neufassung des BKAG im Jahr 1997 eingeführt.[1] Bei der erstmaligen Verankerung der Personenschutzaufgabe im BKAG im Jahr 1973 (dort § 9[2]) wurden die Befugnisse noch per Verweisung auf die Möglichkeiten des damaligen Bundesgrenzschutzes geregelt,[3] was die in den ehemaligen §§ 34–41 BGSG vorgesehenen Vorschriften zur Staatshaftung einschloss.[4]

B. Kommentierung im Einzelnen

3 § 63 BKAG ist unterteilt in eine bereichsspezifische **Generalklausel**, die zu allgemeinen Maßnahmen des Personenschutzes ermächtigt (Abs. 1), und in neun weitere Einzelermächtigungen für bestimmte **Standardmaßnahmen** (Abs. 2 bis Abs. 8).

4 Die Maßnahmen können teilweise bereits vor dem Eintreten einer konkreten Gefahr ergriffen werden (sog. Gefahrerforschungsmaßnahmen, → Rn. 18, 26 ff., 37 ff., 43 ff., 48 ff., 60 ff.); zudem ist auch **nicht erforderlich**, dass die Maßnahmen im **räumlichen Umfeld** der zu schützenden Personen getroffen werden (→ Rn. 14 unten).

I. Allgemeine Schutzmaßnahmen (Abs. 1)

5 § 63 Abs. 1 BKAG bildet die Ausgangsnorm für das Einschreiten des BKA gegenüber Dritten im Rahmen der Aufgabenwahrnehmung nach § 6 BKAG. Gerade vor dem Hintergrund beständig komplexer und weniger planbar werdender Gefährdungslagen (→ § 6 Rn. 8 f.) bietet eine solche bereichsspezifische Generalklausel[5] eine für den Alltag des Personenschutzes unverzichtbare Möglichkeit für polizeiliches Handeln mit der gebotenen Flexibilität. So lässt sich eine ganze Reihe von wichtigen Maßnahmen des Personenschutzes

1 BGBl. I 1997 S. 1650 (1658 f.).
2 BGBl. I 1973 S. 704 (706).
3 In der Begründung zur Aufgabennorm hieß es dazu: „Über Notwendigkeit und Umfang der erforderlichen Schutzmaßnahmen ist aufgrund der jeweils bestehenden Gefährdung der zu schützenden Persönlichkeit zu befinden" (BT-Drs. 7/178, 13).
4 S. Hessel BKAG § 9 Anm. 10. Das aktuelle BKAG sieht keine ausdrücklichen Regeln zur Staatshaftung vor; auch § 86 (Schadensersatz im polizeilichen Informationsverbund) ist keine abschließende Regelung, sondern füllt nur anderweitig bestehende Haftungsregeln aus.
5 So auch die Bezeichnung bei Schenke/Graulich/Ruthig/Graulich BKAG § 63 Rn. 3.

auf die Generalklausel (gegebenenfalls unter Heranziehung weiterer Rechtsgrundlagen) stützen – von der **Personenüberprüfung** über die **Gefährderansprache** bis hin zur **Drohnenabwehr.**[6]

6 § 63 Abs. 1 S. 1 BKAG weist die **typische Struktur** einer polizeirechtlichen **Generalklausel** auf. Tatbestandlich werden ein Bezug „zur Erfüllung [der] Aufgaben nach § 6 [BKAG]" sowie „eine im Einzelfall bestehende Gefahr für die öffentliche Sicherheit" vorausgesetzt. Auf der Rechtsfolgenseite eröffnet die Norm die Befugnis, „die notwendigen Maßnahmen [zu] treffen", um diese Gefahren abzuwehren. § 63 Abs. 1 S. 1 aE BKAG enthält zudem eine Subsidiaritätsklausel, die klarstellt, dass die Generalklausel gegenüber spezielleren Ermächtigungsgrundlagen (wie etwa § 63 Abs. 2–8 BKAG) zurücktritt. § 63 Abs. 1 S. 3 BKAG erklärt zudem die §§ 15–20 BPolG für entsprechend anwendbar.

7 Leider bildet die Formulierung der Generalklausel kein Musterbeispiel der **Normenklarheit.** Insbesondere § 63 Abs. 1 S. 2 BKAG, der die Befugnis zur Ergreifung von Maßnahmen „in Bezug auf Personen" näher konturieren soll, bereitet Verständnisschwierigkeiten (→ Rn. 13 ff.).

8 **1. Erfüllung der Aufgaben nach § 6 BKAG; öffentliche Sicherheit als Schutzgut (Abs. 1 S. 1).** Das Schutzgut des § 63 Abs. 1 BKAG ist die öffentliche Sicherheit, soweit es um die Aufgabenerfüllung nach § 6 BKAG geht. Es findet also gegenüber den typischen landespolizeirechtlichen Generalklauseln eine **doppelte Begrenzung** statt. Erstens muss stets ein Bezug zur Aufgabenerfüllung nach § 6 BKAG bestehen (→ Rn. 9). Zweitens ist nur die öffentliche Sicherheit erfasst, nicht dagegen der niederschwellige Bereich der öffentlichen Ordnung.[7]

9 Nach § 6 Abs. 1 S. 1 Nr. 1 BKAG obliegt dem BKA unbeschadet der Rechte des Präsidenten des Deutschen Bundestages und der Zuständigkeit der Bundespolizei und der Polizeien der Länder der erforderliche Personenschutz für die Mitglieder der Verfassungsorgane des Bundes, in besonders festzulegenden Fällen der Gäste dieser Verfassungsorgane aus anderen Staaten, auf Ersuchen des Präsidenten des Deutschen Bundestages für Hilfsorgane des Deutschen Bundestages und für die Leitung des BKA; § 6 Abs. 1 S. 1 Nr. 2 erfasst zudem den inneren Schutz der Dienst- und der Wohnsitze sowie der jeweiligen Aufenthaltsräume des Bundespräsidenten, der Mitglieder der Bundesregierung und in besonders festzulegenden Fällen ihrer Gäste aus anderen Staaten. Der Anwendungsbereich des § 63 Abs. 1 BKAG ist also nur eröffnet, soweit eines der von § 6 BKAG erfassten **Schutzgüter einer Schutzperson** in Rede steht (Leben, körperliche Unversehrtheit usw, → § 6 Rn. 18). Nicht genügend für Maßnahmen nach § 63 BKAG sind dagegen etwa Sachverhalte, in denen es lediglich darum ginge, der Schutzperson die Amtsführung zu erleichtern oder sonstige Annehmlichkeiten zu verschaffen.

10 Vorausgesetzt, dass ein hinreichender Bezug zu einem der Schutzzwecke des § 6 BKAG besteht, muss zusätzliche die Anforderung erfüllt sein, dass auch die öffentliche Sicherheit betroffen ist. Der **Begriff der öffentlichen Sicherheit** an sich ist nach dem polizeirechtlichen Usus dahin auszulegen, dass er die Gesamtheit der objektiven Rechtsordnung umfasst, zudem die Rechte und Rechtsgüter Einzelner sowie Einrichtungen und Veranstaltungen des Staates.[8] Auf den erforderlichen Bezug zu § 6 BKAG gemünzt, bedeutet das: § 63 Abs. 1 BKAG setzt voraus, dass es um Rechtsvorschriften geht, deren Verletzung im jeweiligen Fall sich nachteilig auf eine Schutzperson auswirken würde, dass die individuellen Rechte oder Rechtsgüter einer Schutzperson in Rede stehen oder dass eine Einrichtung oder Veranstaltung des Staates in der Weise betroffen ist, dass sich Auswirkungen auf eine Schutzperson ergeben. Da die öffentliche Ordnung nicht als Schutzgut genannt wird, lassen sich ganz **niederschwellige Einwirkungen** im Bereich bloßer Unannehmlichkeiten für die Schutzperson grundsätzlich nicht von § 63 Abs. 1 BKAG erfassen; hier kommt es vielmehr darauf an, ob im Einzelfall die Schwelle zur öffentlichen Sicherheit überschritten wird.

11 **2. Im Einzelfall bestehende Gefahr (Abs. 1 S. 1 BKAG).** Soweit die öffentliche Sicherheit im Anwendungsbereich des § 6 BKAG betroffen ist, verlangt § 63 Abs. 1 BKAG auch das Vorliegen einer „im Einzelfall bestehenden Gefahr". Damit ist in Anknüpfung an den üblichen polizeirechtlichen Sprachgebrauch eine konkrete Gefahr erforderlich, dh eine Sachlage, die in absehbarer Zeit mit hinreichender Wahrscheinlichkeit in die Schädigung eines Schutzgutes (hier: der öffentlichen Sicherheit im Anwendungsbereich des § 6 BKAG) münden würde, sofern nicht rechtzeitig Gegenmaßnahmen ergriffen werden.[9]

12 Eine solche Lage kann bei Schutzpersonen des BKA je nach dem **Grad der Gefährdung** schon bei relativ niederschwelligen Sachverhalten erreicht sein, etwa bei der **Bewegung in einer unkontrollierten Öffentlichkeit,** sofern die Schutzperson derart gefährdet ist, dass jederzeit mit einem Anschlag zu rechnen ist.

6 Näher zu einzelnen Maßnahmen → Rn. 150 ff. unten. Dass die Generalklausel nur atypische Gefahren erfassen würde, wie Kugelmann BKAG § 21 Rn. 6 meint, ist nicht überzeugend, weil die Unterscheidung von Generalklausel und Spezialbefugnis vorrangig nicht auf die Typizität von Maßnahmen, sondern auf ihre Eingriffsschwere reagiert.

7 Zum ohnehin umstrittenen Anwendungsbereich der öffentlichen Ordnung vgl. nur Lisken/Denninger/Bäcker, HdbPolR, D Rn. 72 ff.

8 Näher hierzu Lassahn AöR 143 (2018), 471 (506 ff.).

9 Zur Definition vgl. etwa BVerwG Urt. v. 26.2.1974 – I C 31/72 –, BVerwGE 45, 51 (57); Urt. v. 28.3.2012 – 6 C 12/11 –, BVerwGE 143, 74 (80, Rn. 27); Lisken/Denninger/Graulich, HdbPolR, E Rn. 131 f.; Kingreen/Poscher, POR, § 8 Rn. 2; Thiel, POR, § 8 Rn. 5.

13 **3. Befugnisse in Bezug auf Personen (Abs. 1 S. 2).** § 63 Abs. 1 S. 2 BKAG legt fest: „Die zur Erfüllung der Aufgaben nach § 6 [BKAG] geregelten Befugnisse gelten in Bezug auf Personen nur, wenn Anhaltspunkte dafür vorliegen, dass von ihnen [dh den Personen] Gefährdungen für die zu schützende Person ausgehen können". Die Vorschrift gilt für alle „zur Erfüllung der Aufgaben nach § 6 [BKAG] geregelten Befugnisse", dem Wortlaut nach also für **praktisch alle Maßnahmen der §§ 63 ff. BKAG.**

14 Die Vorgängernorm § 21 Abs. 1 S. 2 BKAG aF[10] enthielt folgende Formulierung: „Die [...] Befugnisse gelten nur im räumlichen Umfeld einer zu schützenden Person sowie in bezug [sic] auf Personen, wenn Anhaltspunkte dafür vorliegen, daß [sic] von ihnen Gefährdungen für die zu schützende Person ausgehen können". Es ging in der Vorgängernorm also um eine echte Begrenzung der Befugnisse des BKA auf das **räumliche Umfeld** der Schutzpersonen. Diese Begrenzung wurde mit Wirkung zum 25.5.2018 gestrichen,[11] weil erkannt wurde, dass Gefahren für Schutzpersonen vielfach auch jenseits des räumlichen Nahbereichs behandelt werden müssen – insbesondere bei Angriffen im digitalen Raum, über ferngesteuerte Tatmittel, aber auch bei Überprüfungs- und Sicherungsmaßnahmen im Vorfeld des Besuchs einer Schutzperson usw.[12]

15 **a) Funktion der Vorschrift.** Mit der Streichung des Merkmals des „räumlichen Umfelds" stellt sich die Frage, welche Funktion § 63 Abs. 1 S. 2 BKAG sinnvollerweise entfalten kann. Die Formulierung des § 63 Abs. 1 S. 2 BKAG könnte bei strengem Verständnis jedenfalls zwei Auswirkungen haben. Erstens könnte sie (ansetzend an der Nennung von „Personen" als Adressaten der Maßnahmen) bewirken, dass Maßnahmen gegen Nichtstörer, gegebenenfalls auch gegen Zustandsstörer, erschwert werden; denn bei Nichtstörern und nicht selten auch bei Zustandsstörern lässt sich nicht ohne Weiteres behaupten, dass gerade *von ihnen* (als Personen) Gefährdungen für die zu schützende Person ausgehen. Zweitens könnte die Formulierung (ansetzend an der Nennung nur der „zu schützende[n] Person", nicht einer Räumlichkeit, als Begünstigtem der Maßnahme) dazu führen, dass Maßnahmen nach den §§ 63 ff. BKAG nur zum Personenschutz nach § 6 Abs. 1 S. 1 Nr. 1 BKAG möglich sind, nicht aber zum Schutz von Dienst- und Wohnsitzen sowie der jeweiligen Aufenthaltsräume von Schutzpersonen nach § 6 Abs. 1 S. 1 Nr. 2 BKAG. Beides ist indes nicht der Fall. Vielmehr verfolgt § 63 Abs. 1 S. 2 BKAG **nicht den Zweck, die Befugnisse nach den §§ 63 ff. BKAG in relevanter Hinsicht einzuschränken.**

16 Eine **Einschränkung der Befugnisse gegenüber Zustands- oder Nichtstörern** ist schon im Wortlaut des § 63 Abs. 1 S. 2 BKAG letztlich **nicht angelegt.** Denn bei solchen Maßnahmen wird es sich regelmäßig nicht um Maßnahmen „in Bezug auf Personen" handeln. Vielmehr wird es um Maßnahmen in Bezug auf Sachen gehen, die sich lediglich gegebenenfalls in Eigentum, Besitz oder Gewahrsam eines Nichtstörers befinden können und ihn daher rein faktisch betreffen, sich aber nicht auf ihn beziehen. Zweitens verweist der § 63 Abs. 1 S. 2 BKAG sogleich nachfolgenden Satz 3 ua auf § 18 und § 20 BPolG, welche die „Verantwortlichkeit für das Verhalten von Tieren oder den Zustand von Sachen" sowie die „Inanspruchnahme nicht verantwortlicher Personen" regeln. Dieser Verweis würde keinen Sinn ergeben, wenn § 63 Abs. 1 S. 2 BKAG eine Beschränkung solcher Maßnahmen bewirken sollte, die Zustands- oder Nichtstörer betreffen. Eine solche Zielrichtung lässt sich auch dem Regelungszweck des Gesetzgebers nicht entnehmen. Vielmehr ließ sich die besondere Regelung von Maßnahmen „in Bezug auf Personen" sprachlich ursprünglich als Erweiterung der im Ausgangspunkt auf das „räumliche Umfeld einer zu schützenden Person" beschränkten Befugnis verstehen. Es ging darum, „die Besonderheiten, die mit der Aufgabe, Mitglieder von Verfassungsorganen zu schützen, verbunden sind, und [...] dem Erforderlichkeitsgrundsatz" Rechnung zu tragen.[13] Die ursprüngliche Begrenzung auf das räumliche Umfeld von Schutzpersonen wiederum sollte potenzielle Überschneidungen mit Befugnissen der **Landespolizeien** abschwächen.[14] Von einer generellen Einschränkung der Befugnisse gegenüber Zustands- oder Nichtstörern war nicht die Rede. Auch bei der späteren Streichung des Merkmals des „räumlichen Umfelds einer zu schützenden Person"[15] ging es nicht um eine Einschränkung, sondern um eine Erweiterung von Befugnissen (→ Rn. 14). Daher ist eine solche **Auslegung des § 63 Abs. 1 S. 2 BKAG angezeigt, die Maßnahmen gegenüber Zustands- oder Nichtstörern nicht unnötig erschwert.**[16] Dies lässt sich im Rahmen der Auslegung des Wortlauts dadurch erreichen, dass die Inanspruchnahme von Zustands- und Nichtstörern nicht „in Bezug auf Personen" ergeht, soweit sie sich lediglich auf Sachen der Po-

10 BGBl. I 1997 S. 1658.
11 BGBl. I 2017 S. 1383 f.
12 Vgl. BT-Drs. 13/1550, 13, 34; BT-Drs. 18/11163, 126. S. auch Schenke/Graulich/Ruthig/Graulich BKAG § 63 Rn. 5. Zu einzelnen Schutzmaßnahmen → Rn. 150 ff. Zur Vorgängernorm etwa Kugelmann BKAG § 21 Rn. 3.
13 BT-Drs. 13/1550, 34.
14 Ahlf/Daub/Lersch/Störzer/Daub BKAG § 21 Rn. 5 aE; zur dahinter liegenden Problematik vgl. auch Hessel BKAG § 9 Anm. 5.
15 BGBl. I 2017 S. 1383 f.
16 IdS implizit wohl auch Schenke/Graulich/Ruthig/Graulich BKAG § 63 Rn. 20, der davon ausgeht, dass Maßnahmen gegen Personen im Rahmen des § 63 BKAG auch dann möglich sind, wenn die Person „weder Maßnahmen der Gefahrenabwehr, noch der Gefahrenvorsorge, noch der Strafverfolgung oder der Strafverfolgungsvorsorge auslöst".

lizeipflichtigen bezieht. Geht dagegen eine Gefahr zwar von einer Person aus, ist die Person aber gleichwohl Zustands- oder Nichtstörer (fiktives Beispiel: Ein Bewusstloser droht aus einem offenen Fenster auf eine Schutzperson zu stürzen), liegt ebenfalls kein Problem vor, weil mögliche Maßnahmen dann zwar „in Bezug auf [eine Person]" ergingen, die Voraussetzungen des § 63 Abs. 1 S. 2 BKAG (Ausgehen der Gefährdungen von der in Anspruch genommenen Person) aber ohnehin erfüllt sind.[17]

Auch eine **Einschränkung der Befugnisse zum Schutz von Dienst- und Wohnsitzen** sowie der jeweiligen Aufenthaltsräume von Schutzpersonen nach § 6 Abs. 1 S. 1 Nr. 2 BKAG ist § 63 Abs. 1 S. 2 BKAG letztlich **nicht zu entnehmen.** So erwähnt § 63 Abs. 1 S. 1 Nr. 2 BKAG ganz im Gegenteil gleich zu Beginn die „Aufgaben nach § 6 [BKAG]", ohne hierbei zwischen einzelnen Schutzgütern oder -richtungen zu differenzieren. Auch die Gesetzeshistorie und der darin zum Ausdruck kommende Wille des Gesetzgebers zeigen, dass eine Einschränkung auf den Personenschutz nach § 6 Abs. 1 S. 1 Nr. 1 BKAG nicht gewollt war (→ Rn. 14, 16). Folglich ist § 63 Abs. 1 S. 2 BKAG im Anwendungsbereich des § 6 Abs. 1 S. 1 Nr. 2 BKAG dahingehend auszulegen, dass **„Gefährdungen für die zu schützende Person"** sich auch dann ergeben, wenn Gefährdungen für die **in § 6 Abs. 1 S. 1 Nr. 2 BKAG genannten Räumlichkeiten** vorliegen. Dies ist auch deshalb naheliegend, weil diese Räumlichkeiten durch das BKA letztlich nicht um ihrer selbst willen geschützt werden, sondern nur wegen ihres besonderen Bezugs zu herausgehobenen Schutzpersonen (→ § 6 Rn. 19, 21, 23 f.). 17

Schließlich ist anzunehmen, dass **Maßnahmen der Gefahrerforschung** von § 63 Abs. 1 S. 2 BKAG **von vornherein nicht betroffen** sind, zumal die Norm nur von einer „Gefährdung", nicht vom Gefahrenverdacht oder ähnlichem spricht. So würde es dem Regelungsansinnen des Gesetzgebers zuwiderlaufen, wenn nach § 63 Abs. 3 S. 1 Nr. 1 BKAG lediglich solche Personen für das Tätigen von „sachdienlichen Angaben" vorgeladen werden dürften, von denen selbst eine Gefährdung ausgehen kann. 18

Vor diesem Hintergrund lässt sich für § 63 Abs. 1 S. 2 BKAG eine sinnvolle Begrenzungsfunktion (wie als Regelungszweck an sich durch das Wort „nur" nahegelegt) kaum konstruieren. Denn dass nur solche Gefahren erfasst werden, die sich auf Schutzpersonen auswirken können, ergibt sich bereits aus der ausdrücklichen Anknüpfung an die Aufgabennorm des § 6 BKAG in § 63 Abs. 1 S. 1 BKAG.[18] Überhaupt versteht es sich schon von selbst, dass Maßnahmen nur dann gegen Personen gerichtet werden können, wenn Anhaltspunkte dafür bestehen, dass auch von ihnen die zu bekämpfende Gefahr ausgeht (anders nur bei Nichtstörern → Rn. 16). Es ist im Übrigen auch ein Gebot der Verhältnismäßigkeit. **Die Funktion des § 63 Abs. 1 S. 2 BKAG kann daher nur eine deklaratorische sein.** Die Norm stellt noch einmal klar, dass die §§ 63 ff. BKAG nur zu Maßnahmen ermächtigen, wenn und soweit diese der Abwehr von Gefahren für Schutzpersonen nach § 6 Abs. 1 BKAG (dh gegebenenfalls auch vermittelt über Gefahren für die Integrität der dort genannten Räumlichkeiten) dienen. Die Norm lässt sich auch als **weitere gesetzliche Verankerung des Grundsatzes der Geeignetheit und der Erforderlichkeit** verstehen: Maßnahmen sollen sich nur dann auf Personen beziehen, wenn dies tatsächlich erfolgversprechend erscheint. Dieses Verständnis dürfte auch der ursprünglichen gesetzgeberischen Intention am nächsten kommen.[19] 19

Gleichwohl ist die Formulierung des **§ 63 Abs. 1 S. 2 BKAG** bestenfalls verwirrend. Der **Gesetzgeber sollte sie bei nächster Gelegenheit streichen.** 20

b) Auslegung des Begriffs der „Anhaltspunkte". Ungeachtet der Frage nach Funktion und Anwendungsbereich des § 63 Abs. 1 S. 2 BKAG ist der dort verwendete Begriff der Anhaltspunkte weit, nicht eingrenzend zu verstehen. Es genügt, wenn es **nach polizeilicher oder gefahrenabwehrbehördlicher Erfahrung möglich** erscheint, dass ein bestimmter Gefährdungssachverhalt vorliegt und hierfür bestimmte Indizien sprechen.[20] Erforderlich, aber auch ausreichend ist eine konkrete Grundlage im Tatsächlichen. Jedenfalls wenn ein Gefahrenverdacht, erst recht, wenn eine Gefahr gegeben ist, kann auch davon ausgegangen werden, dass hinreichende Anhaltspunkte iSv § 63 Abs. 1 S. 2 BKAG vorliegen. 21

17 In dem wiederum anderen Fall des „Benutzens" eines Nichtstörers zur Gefahrenabwehr (etwa als Schutzschild) läge ohnehin kein zulässiges polizeiliches Handeln vor, sondern eine menschenwürdewidrige Behandlung des Einzelnen als bloßes Objekt staatlichen Handelns.

18 Schenke/Graulich/Ruthig/Graulich BKAG § 63 Rn. 5, scheint der Norm eine konstitutive Funktion zusprechen zu wollen, wenn er ausführt, die Norm diene dazu, dass nach § 63 BKAG nur dann gegen Personen vorgegangen werden könne, wenn auch Gefahren für Schutzpersonen vorliegen und nicht etwa, wenn die potenziellen Adressaten der Maßnahme „in einer anderen Weise gefährlich sind wie zB randalierende Betrunkene, gewalttätige Sportfans oder sich aus sonstigen Gründen gewaltsam streitende Personen". Soweit damit tatsächlich eine konstitutive Normfunktion behauptet wird, kann dies aus dem genannten Grund nicht überzeugen.

19 Vgl. BT-Drs. 13/1550, 34.

20 Vgl. Nr. 13.1.1 S. 3 VV-HessSOG sowie VG Frankfurt aM Urt. v. 1.12.2014 – 5 K 2486/13.F –, BeckRS 2015, 42075, Rn. 24. Dort geht es um den Begriff der „tatsächlichen Anhaltspunkte". Insgesamt scheint das Verhältnis der Begriffe „Tatsachen" und „(tatsächliche) Anhaltspunkte" nicht abschließend geklärt, wobei meist das Gleiche gemeint sein dürfte, vgl. etwa OVG Saarlouis Urt. v. 30.1.2018 – 2 A 269/16 –, ZD 2018, 233; Kral, Die polizeilichen Vorfeldbefugnisse als Herausforderung für Dogmatik und Gesetzgebung des Polizeirechts, 2012, S. 120; Poscher DV 41 (2008), 345 (367 ff.); Schenke JuS 2018, 505 (509); Kingreen/Poscher, POR, § 8 Rn. 53.

22 **4. Entsprechende Anwendung der §§ 15–20 BPolG: Verhältnismäßigkeit und Maßnahmeadressaten (Abs. 1 S. 3).** § 63 Abs. 1 S. 3 BKAG ordnet an, dass die §§ 15–20 BPolG entsprechend gelten. Es handelt sich um die aus dem **allgemeinen Polizeirecht** bekannten Vorschriften zum Grundsatz der Verhältnismäßigkeit (§ 15 BPolG), zum Ermessen (§ 16 BPolG), zur Polizeipflichtigkeit (§§ 17, 18, 20 BPolG) sowie zur unmittelbaren Ausführung von Maßnahmen (§ 19 BPolG). Der Verweis **entspricht § 38 Abs. 1 S. 2 BKAG** (zu den in Bezug genommenen Regelungen im Einzelnen → § 38 Rn. 24 ff., 30 ff., 35 ff.).

II. Spezielle Schutzmaßnahmen (Abs. 2 bis Abs. 8)

23 § 63 Abs. 2 bis Abs. 8 BKAG regeln – jenseits von § 9 Abs. 2 und 3 BKAG als Befugnis für niederschwellige Datenerhebungen – bereichsspezifische Standardmaßnahmen für den Personenschutz. Bei jeder einzelnen Maßnahme sind theoretisch stets die in § 63 Abs. 1 S. 2 BKAG niedergelegten besonderen Maßgaben zu beachten (→ Rn. 13 ff.), die allerdings auch im Bereich der Abs. 2–8 eine bloß deklaratorische Bedeutung haben (→ Rn. 19). Insbesondere ergeben sich die erforderlichen Gefahrenschwellen jeweils spezifisch aus den Abs. 2–8.

24 Der Gesetzgeber hat § 63 Abs. 2–8 BKAG in der Weise strukturiert, dass bei typisierender Betrachtung die Intensität der Maßnahmen und die erforderlichen Gefahrenschwellen von Absatz zu Absatz steigen.[21] So knüpfen die Absätze 2 bis 4 (Identitätsfeststellung, Aushändigung von Urkunden, Vorladung, erkennungsdienstliche Maßnahmen) an einen bloßen Gefahrenverdacht an, während Abs. 8 (Ingewahrsamnahme von Personen) die unmittelbar bevorstehende Begehung einer Straftat erfordert.

25 **1. Identitätsfeststellung (Abs. 2 Nr. 1 und Abs. 4).** Nach § 63 Abs. 2 Nr. 1 BKAG kann das BKA die Identität einer Person feststellen, wenn erstens Tatsachen die Annahme rechtfertigen, dass Straftaten begangen werden sollen, durch die die zu schützenden Personen oder Räumlichkeiten unmittelbar gefährdet sind, und wenn zweitens die Feststellung der Identität aufgrund der Gefährdungslage oder von auf die Person bezogenen Anhaltspunkten erforderlich ist. Die **Pflicht des Betroffenen, richtige Angaben zu machen**, wird flankierend durch **§ 111 OWiG** unterlegt.

26 **a) Tatbestand: Gefahrenverdacht.** Durch die Wendung, dass „Tatsachen die Annahme rechtfertigen" müssen, wird zum Ausdruck gebracht, dass ein **Gefahrenverdacht** vorliegen muss (→ § 33 Rn. 22, 38; → § 38 Rn. 8; → § 64 Rn. 7).[22] Diese Gefahrenschwelle wird gleich zu Beginn des § 63 Abs. 2 BKAG aufgestellt und gilt – gleichsam vor die Klammer gezogen – für alle Maßnahmen, die in Abs. 2 geregelt sind, also auch für die Aushändigung von Urkunden (Abs. 2 Nr. 2) und die Durchsuchung von Personen und Sachen (Abs. 2 Nr. 3).

27 **aa) Allgemeine Voraussetzungen und Ratio des Gefahrenverdachts.** Ein Gefahrenverdacht liegt bereits dann vor, wenn dem handelnden Beamten bewusst ist, dass die ihm bekannten Tatsachen zwar nicht genügen, um eine konkrete Gefahr zu begründen, die Tatsachen aber bereits den Schluss tragen, dass sich bei weiterer Aufklärung des Sachverhalts eine konkrete Gefahr ergeben kann.[23] Das kann je nach dem Grad der abstrakten Gefährdung einer Schutzperson und abhängig von den konkreten Umständen bspw. auch bereits dann der Fall sein, **wenn sich eine unbekannte Person der Schutzperson räumlich nähert.** Dies rechtfertigt sich durch die Besonderheiten des Personenschutzes nach § 6 BKAG. Denn ein effektiver und möglichst wenig martialischer Personenschutz ist darauf angewiesen, Gefahrenmomente möglichst weit im Vorfeld aufzuklären. Sofern sich ein Gefahrenszenario zu realisieren droht (bspw. ein unvermitteltes Attentat durch eine verwirrte Person), kann es oft schnell zu spät sein. Zudem handelt es sich bei den Maßnahmen des § 63 Abs. 2 BKAG um wenig intensive Eingriffe in die Rechte der Betroffenen. Auch vor diesem Hintergrund erscheint die Verortung bestimmter Eingriffsbefugnisse im Bereich des bloßen Gefahrenverdachts angemessen.[24]

28 **bb) Erfordernis der unmittelbaren Gefährdung durch eine Straftat.** Im Gegenzug zur Absenkung der Gefahrenschwelle wird verlangt, dass das Gefahrenszenario – sein Zutreffen unterstellt – darin besteht, dass eine **unmittelbare Gefährdung durch eine Straftat** besteht. Dabei genügt jede Straftat, also auch Beleidigungen oder Sachbeschädigungen sowie einfache oder gar fahrlässige Körperverletzungen. **Nicht erforderlich**

21 Vgl. BT-Drs. 13/1550, 34.

22 Poscher NVwZ 2001, 141 (142 f.); ders. DV 41 (2008), 345 (368); Schenke JuS 2018, 505 (508); Kingreen/Poscher, POR, § 8 Rn. 53; vgl. auch OVG Münster Beschl. v. 21.1.2002 – 21 A 5820/00 –, BeckRS 2002, 10356, Rn. 3; Poscher, Gefahrenabwehr, 1999, S. 151 ff.

23 Vgl. Kingreen/Poscher, POR, § 8 Rn. 51 ff.: Wesen des Gefahrenverdachts sei, dass es um die „diagnostische Klärung" der Bewertungsgrundlage geht, s. dort auch Rn. 16. MaW liegt Ungewissheit nicht (nur) über den weiteren Geschehensablauf vor, sondern (schon) hinsichtlich der Bewertungsgrundlage. Es geht also nicht lediglich um eine Gefahr mit bloß geringerer Wahrscheinlichkeit; so aber etwa Borsdorff in Möllers (Hrsg.), Wörterbuch der Polizei, 3. Aufl. 2018, S. 885 (885). Vgl. auch Bäcker, Kriminalpräventionsrecht, 2015, S. 96 ff.

24 Vgl. auch BT-Drs. 13/1550, 34 sowie Schenke/Graulich/Ruthig/Graulich BKAG § 63 Rn. 7.

ist, dass der potenzielle Täter auch **schuldhaft** handeln würde; es genügt im Rahmen der Gefahrenabwehr stets die Begehung einer rechtswidrigen Tat (vgl. § 11 Abs. 1 Nr. 5 StGB).

Durch die jeweils in Rede stehende Straftat müssen die zu schützenden Personen oder Räumlichkeiten auch 29 **„unmittelbar" gefährdet** sein. Das Kriterium der Unmittelbarkeit wird im Gefahrenabwehrrecht nicht sonderlich einheitlich verwendet.[25] Es ist insbesondere aus dem Versammlungsrecht, namentlich aus § 15 Abs. 1 VersG, bekannt und wird dort wohl überwiegend dahin gehend verstanden, dass der Schadenseintritt jedenfalls mit einer *gesteigerten Wahrscheinlichkeit* zu erwarten sein muss; bisweilen wird eine besondere *zeitliche Dringlichkeit* gefordert.[26]

Gegen eine Übertragung des herrschenden Verständnisses etwa zum versammlungsrechtlichen Unmittelbar- 30 keitskriterium auf § 63 Abs. 2 BKAG spricht, dass in letzterem ein anderer Anknüpfungspunkt für das Unmittelbarkeitskriterium gewählt wurde: Es bezieht sich überhaupt nicht auf die Gefahren(verdachts)prognose, es verbindet nicht wie in § 15 Abs. 1 VersG Gefahr und Schutzgut. Gefahr(enverdacht) und Schutzgut werden vielmehr erschöpfend dadurch beschrieben, dass Tatsachen die Annahme rechtfertigen müssen, dass Straftaten begangen werden sollen. Das Unmittelbarkeitserfordernis in § 63 Abs. 2 BKAG setzt dann erst auf einer zweiten Stufe ein, nachdem der Gefahrenverdacht bereits begründet ist, und beschreibt die erforderlichen Auswirkungen des Schadensereignisses (Straftaten) näher. Es verlangt in § 63 Abs. 2 BKAG, dass **durch die befürchteten Straftaten** „die zu schützenden Personen oder Räumlichkeiten unmittelbar gefährdet" sein müssen. Unmittelbarkeit muss also nicht zwischen der Gefahren(verdachts)situation und dem Schadensereignis vorliegen, sondern zwischen dem Schadensereignis (Straftaten) und einer daran anknüpfenden Gefährdung der Schutzadressaten (Personen und Räumlichkeiten nach § 6 Abs. 1 BKAG). Das spricht dafür, den Begriff „unmittelbar" in **§ 63 Abs. 2 BKAG eigenständig auszulegen.**

Die gebotene eigenständige Auslegung ermöglicht es insbesondere, sowohl der Binnensystematik des § 63 31 BKAG als auch dem Charakter des § 63 Abs. 2 BKAG als Gefahrerforschungsnorm gerecht zu werden. So wird klar, dass **weder eine besondere zeitliche Dringlichkeit noch eine erhöhte Wahrscheinlichkeit erforderlich** ist. Beides würde bereits den Charakter des § 63 Abs. 2 BKAG als Ermächtigung zu Maßnahmen der Gefahrerforschung konterkarieren.[27] Insbesondere gegen ein zeitliches Erfordernis spricht auch, dass der Gesetzgeber in § 63 BKAG an anderer Stelle sehr deutlich besondere zeitliche Anforderungen aufstellt, wenn er ausdrücklich von einer „gegenwärtigen" Gefahr (§ 63 Abs. 6 S. 1 und Abs. 7 S. 1 BKAG) oder von einer „unmittelbar bevorstehenden" Schädigung (§ 63 Abs. 8 S. 1 BKAG) spricht. Gegen eine Erhöhung der Wahrscheinlichkeitsanforderungen spricht zudem, dass Unmittelbarkeit und Wahrscheinlichkeit rein sprachlich allenfalls lose zusammenhängen.[28] Das Erfordernis, dass durch die im Rahmen des Gefahrenverdachts nach § 63 Abs. 2 BKAG befürchteten Straftaten die zu schützenden Personen oder Räumlichkeiten unmittelbar gefährdet sein müssen, lässt sich am sinnvollsten als **Erfordernis einer hinreichenden Nähebeziehung zwischen Straftat und Schutzperson bzw. Schutzräumlichkeit** verstehen. Erforderlich ist, dass die befürchteten Straftaten sich unmittelbar, dh ohne weitere nennenswerte Vermittlung, auf die Sicherheit einer Schutzperson oder einer zu schützenden Räumlichkeit nachteilig auswirken würden.[29] Das ist insbesondere dann der Fall, wenn eine Schutzperson Geschädigte der befürchteten Straftat wäre. Letzteres ist aber nicht zwingend erforderlich; vielmehr genügt jede unmittelbar nachteilige Auswirkung der Straftat auf die Sicherheit der Schutzperson oder der Räumlichkeit; sie müssen nach dem Wortlaut des § 63 Abs. 2 BKAG durch die Straftat nicht unmittelbar verletzt, sondern lediglich „unmittelbar gefährdet" werden. Es

25 Vgl. BVerwG Urt. v. 26.2.1974 – I C 31/72 –, BVerwGE 45, 51 (57 f.); Urt. v. 25.6.2008 – 6 C 21/07 –, BVerwGE 131, 216 (218); KG Beschl. v. 29.1.1999 – 25 W 1473/96 –, NVwZ 2000, 468 (471); aus der Literatur etwa Voßkuhle JuS 2007, 908 (908); BeckOK-PolSiR Bayern/Müller BayVersG Art. 15 Rn. 58 f. (2022); BeckOK-POR Niedersachsen/Ullrich NdsPOG § 2 Rn. 81 f. (2022); aus dem Kontext des Versammlungsrechts Ridder/Breitbach/Deiseroth/Barczak, Versammlungsrecht, 2. Aufl. 2020, VersG § 15 Rn. 173, mwN; zum Gewerberecht vgl. etwa Landmann/Rohmer/Wiebauer, GewO, ArbSchG § 9 (2010) Rn. 9 f.

26 S. BVerfG Beschl. v. 21.4.1998 – 1 BvR 2311/94 –, NVwZ 1998, 834 (835); BVerwG Urt. v. 26.2.1974 – I C 31/72 –, BVerwGE 45, 51 (57 f.); Urt. v. 25.6.2008 – 6 C 21/07 –, BVerwGE 131, 216 (218); KG Beschl. v. 29.1.1999 – 25 W 1473/96 –, NVwZ 2000, 468 (471); OVG Lüneburg Beschl. v. 1.11.2017 – 11 ME 518/17 –, NordÖR 2018, 35 (36); Ridder/Breitbach/Deiseroth/Barczak, Versammlungsrecht, 2. Aufl. 2020, VersG § 15 Rn. 173, mwN; vgl. auch BVerfG Beschl. v. 14.5.1985 – 1 BvR 233/81 ua –, BVerfGE 69, 315 (353, 360). Im Übrigen vgl. → Fn. 25.

27 So soll nach verbreiteter Auffassung das Wesen des Gefahrenverdachts gerade darin liegen, dass geringere Forderungen an die Wahrscheinlichkeit des Schadenseintritts gestellt werden, s. Schenke JuS 2018, 505 (508), mwN und zur Gegenkonzeption Kingreen/Poscher, POR, § 8 Rn. 51 ff. Es wäre dann unverständlich, was eine dazu gegenläufige, durch das Wort „unmittelbar" statuierte Erhöhung der Wahrscheinlichkeitserfordernisse überhaupt bedeuten sollte.

28 Im Versammlungsrecht mag im Ergebnis gleichwohl anderes gelten, weil dort durch den Begriff tatsächlich die Gefahr an sich qualifiziert werden soll, vgl. wiederum Ridder/Breitbach/Deiseroth/Barczak, Versammlungsrecht, 2. Aufl. 2020, VersG § 15 Rn. 173 ff.

29 Eine besondere räumliche Unmittelbarkeitsbeziehung zwischen Maßnahmeadressat und Schutzperson oder Schutzräumlichkeit kann dagegen nicht gefordert werden. Eine solche war nämlich in der Vorgängerfassung § 21 BKAG aF noch ausdrücklich vorgesehen (BGBl. I 1997 S. 1658 f.) und wurde dann aufgegeben, gerade um ein Vorgehen auch gegen räumlich entfernt agierende Störer zu ermöglichen (vgl. BT-Drs. 18/11163, 126, → Rn. 4, 14). Wohl überholt insofern Schenke/Graulich/Ruthig/Graulich BKAG § 63 Rn. 10.

genügt also beispielsweise, wenn an einem Veranstaltungsort durch ein Vorkommando eine Person angetroffen wird, deren Verhalten die Annahme rechtfertigt, sie wolle einen Schlüssel zum Veranstaltungsgebäude stehlen; durch die befürchtete Straftat, den Diebstahl des Schlüssels, wäre die Schutzperson zwar nicht im strafrechtlichen Sinne geschädigt, wohl aber wäre ihre Sicherheit direkt nachteilig betroffen, die Schutzperson also unmittelbar durch die Straftat gefährdet.

32 Im Ergebnis kann das Unmittelbarkeitserfordernis in § 63 Abs. 2 BKAG bei dem soeben beschriebenen Verständnis helfen, die Befugnisse des BKA **zielgerichtet auf den Auftrag des § 6 BKAG auszurichten**, anstatt sie in der Breite zu beschneiden.

33 **cc) Hinreichende Gefährdungslage oder personenbezogene Anhaltspunkte.** Die Identitätsfeststellung nach § 63 Abs. 2 Nr. 1 BKAG muss „aufgrund der Gefährdungslage oder von auf die Person bezogenen Anhaltspunkten erforderlich" sein. Damit wird einerseits noch einmal auf das ohnehin als Teil des verfassungsrechtlichen Grundsatzes der Verhältnismäßigkeit geltende **Erforderlichkeitskriterium** verwiesen, dh die Maßnahmen der Identitätsfeststellung (→ Rn. 37 ff.) müssen die mildesten der gleich geeigneten Mittel sein. Daran kann es in Ausnahmefällen fehlen, etwa wenn die Identität eines bekannten Störers (zB eines Stalkers) auch durch Nachfrage bei weiteren anwesenden Beamten geklärt werden kann.

34 Die **Gefährdungslage** meint die abstrakte Wahrscheinlichkeit, mit der eine Schutzperson Schädigungen erleiden, insbesondere Angriffen ausgesetzt sein wird. Sie lässt sich in verschiedene Kategorien unterteilen (sog. Gefährdungsstufen). Mit der Rede von der Gefährdungslage stellt § 63 Abs. 2 Nr. 1 BKAG aber faktisch **keine eigenständige tatbestandliche Hürde** auf. Denn § 63 Abs. 2 BKAG verlangt ohnehin schon, dass Tatsachen die Annahme rechtfertigen, dass Straftaten begangen werden sollen, durch die die zu schützende Person oder Räumlichkeit unmittelbar gefährdet wird (→ vgl. Rn. 28 ff.). In solchen Fällen liegt also stets bereits ein *konkreter* Gefahrenverdacht vor, der Straftaten zum Nachteil der jeweiligen Schutzperson befürchten lässt. In solchen Fällen ist nicht vorstellbar, dass eine zur Aufklärung des konkreten Gefahrenverdachts geeignete und auch im Übrigen verhältnismäßige Identitätsfeststellung aufgrund der *abstrakten* Gefährdungslage als nicht erforderlich erscheinen könnte. Keinesfalls kann das Merkmal bedeuten, dass nur gehandelt werden darf, wenn die befürchtete konkrete Gefährdung ihrer Art nach mit der abstrakten Gefährdungslage korrespondiert, schon weil andernfalls ohne erkennbaren Grund das Reagieren auf unvorhergesehene Gefahren versperrt würde. Der Sinn des Verweises auf die Gefährdungslage kann aber darin gesehen werden, dass das Merkmal bei der Auslegung der übrigen Normvoraussetzungen eine Rolle spielt: **Je gefährlicher die allgemeine Lage für eine zu schützende Person oder Räumlichkeit ist, desto eher ist eine Identitätsfeststellung zu ihrem Schutz zulässig.** Mit dieser Leitlinie lassen sich insbesondere auch die Anforderungen an den Gefahrenverdacht situationsspezifisch näher ausformen.

35 Die Rede von **„auf die Person bezogenen Anhaltspunkten"** erfüllt eine ähnliche Funktion. Durch diese Wendung wird noch einmal **deklaratorisch** unterstrichen, dass die Feststellung der Identität einer Person nur zulässig sein kann, wenn auch die Kenntnis über die Identität genau dieser Person einen hinreichenden Beitrag zur Gefahrerforschung leisten kann (Frage der Geeignetheit).

36 Der Maßnahmeadressat muss **nicht zwingend** die Person sein, die auch **Täter oder Gehilfe der befürchteten Straftat** wäre, auch wenn hier in aller Regel Überschneidungen vorliegen dürften.[30]

37 **b) Rechtsfolge: Gefahrerforschung.** § 63 Abs. 2 Nr. 1 BKAG erlaubt es dem BKA in der Rechtsfolge, „die Identität einer Person fest[zu]stellen". Unter den Voraussetzungen des § 63 Abs. 4 BKAG können zu diesem Zweck auch erkennungsdienstliche Maßnahmen erfolgen (→ Rn. 63, 74 ff.). Daneben gilt nach § 63 Abs. 2 Nr. 1 Hs. 2 BKAG die Vorschrift des § 23 Abs. 3 S. 1, 2, 4 und 5 BPolG entsprechend. Nach § 63 Abs. 2 Nr. 1 Hs. 2 BKAG iVm § 23 Abs. 3 S. 1 BPolG kann das BKA **zur Feststellung der Identität die erforderlichen Maßnahmen treffen.**[31] Insbesondere kann es den Betroffenen anhalten, ihn nach seinen Personalien befragen und verlangen, dass er Ausweispapiere zur Prüfung aushändigt (§ 23 Abs. 3 S. 2 BPolG). Werden **Angaben verweigert oder unrichtig gemacht**, kommt eine Ordnungswidrigkeit nach **§ 111 OWiG** in Betracht.

38 Das BKA kann den **Betroffenen festhalten und zu einer Dienststelle mitnehmen**, wenn seine Identität auf andere Weise nicht oder nur unter erheblichen Schwierigkeiten festgestellt werden kann (§ 23 Abs. 3 S. 4 BPolG). Im Rahmen der Erforderlichkeit ist insbesondere zu erwägen, den Betroffenen zuvor auf die Ordnungswidrigkeit der Nicht- oder Falschangabe nach § 111 OWiG hinzuweisen. Das nur kurzfristige Festhalten einer Person, das dem Primärzweck der Feststellung ihrer Identität dient, stellt dabei **keine Freiheits-**

30 Auch aus § 63 Abs. 1 S. 2 BKAG folgt insofern nichts anderes. Denn erstens ist § 63 Abs. 1 S. 2 BKAG nicht anders als deklaratorisch zu verstehen und zweitens bezieht er sich wegen der nicht weiter qualifizierten Rede von „Gefährdungen" allenfalls auf Gefahrenabwehrbefugnisse, nicht aber auf die Regelungen zur Gefahrerforschung nach § 63 Abs. 2 und Abs. 3 BKAG (→ Rn. 13 ff., 18).

31 Zur Erforderlichkeit auch bereits → Rn. 33. Die Vornahme erkennungsdienstlicher Maßnahmen erfolgt nicht über diese Norm, weil sie für die Zwecke der Identitätsfeststellung zur Erfüllung der Aufgaben aus § 6 BKAG abschließend in § 63 Abs. 4 BKAG geregelt ist.

entziehung nach Art. 104 Abs. 2 GG dar, sondern lediglich eine niederschwellige Freiheitsbeschränkung.[32] Es handelt sich insbesondere nicht um eine Ingewahrsamnahme nach § 63 Abs. 8 S. 1 BKAG (→ Rn. 125 ff.). Folge ist, dass der verfassungsrechtliche Richtervorbehalt nicht einschlägig ist. Wird die Person aber absehbar länger als nur kurzfristig festgehalten oder kommen sonstige Umstände hinzu, die das Festhalten erheblich intensivieren, kann trotz der Ausrichtung auf den Zweck der Identitätsfeststellung eine Freiheitsentziehung vorliegen (sog. **Identitätsgewahrsam,** → Rn. 131, 149), die an Art. 104 Abs. 2 GG und § 63 Abs. 8 S. 1 BKAG zu messen ist und eine richterliche Entscheidung erfordern kann.[33]

39 Soweit es um das Festhalten zwecks Identitätsfeststellung geht, können zudem der Betroffene sowie die von ihm mitgeführten Sachen nach Gegenständen, die einen Beitrag **zur Identitätsfeststellung** leisten können (Ausweise, Mitgliedskarten, Rechnungen und alle anderen geeigneten Gegenstände), **durchsucht** werden (§ 23 Abs. 3 S. 5 BPolG).

40 Ebenfalls ist im Rahmen der Identitätsfeststellung eine **Durchsuchung zur Eigensicherung** (→ Rn. 53) sowie zum Schutze des Betroffenen selbst oder eines Dritten nach § 43 Abs. 3 BPolG möglich. Diese Norm wird zwar nicht von § 63 Abs. 2 Nr. 1 BKAG in Bezug genommen, sehr wohl aber von § 63 Abs. 2 Nr. 3 BKAG (Durchsuchung zur Gefahrerforschung),[34] dessen tatbestandlichen Voraussetzungen identisch zu § 63 Abs. 2 Nr. 1 BKAG sind. Eine solche der Sicherung der Identitätsfeststellung dienende Durchsuchung darf nur auf das **Auffinden von Waffen, Explosionsmitteln und anderen gefährlichen Gegenständen** gerichtet sein (vgl. § 43 Abs. 3 BPolG).

41 **2. Aushändigung von Urkunden (Abs. 2 Nr. 2).** Nach § 63 Abs. 2 Nr. 2 BKAG kann das BKA verlangen, dass Berechtigungsscheine, Bescheinigungen, Nachweise oder sonstige Urkunden zur Prüfung ausgehändigt werden, soweit es zur Erfüllung seiner Aufgabe erforderlich ist und die betroffene Person aufgrund einer Rechtsvorschrift verpflichtet ist, diese Urkunden mitzuführen. Eine gleichartige Vorschrift findet sich in § 23 Abs. 4 BPolG. Voraussetzung ist wie für alle der in § 63 Abs. 2 BKAG geregelten Befugnisse, dass **Tatsachen die Annahme rechtfertigen,** dass Straftaten begangen werden sollen, durch die die zu schützenden Personen oder Räumlichkeiten unmittelbar gefährdet sind (→ vgl. Rn. 28 ff.).

42 Teilweise wird angenommen, dass die Befugnis aus § 63 Abs. 2 Nr. 2 BKAG auch für die **Kontrolle von Zutrittsberechtigungen für zuvor definierte Sicherheitsbereiche** (→ Rn. 165 f.) bei bestimmten Veranstaltungen mit Schutzpersonen des BKA einschlägig sein soll, auch für die Überprüfung von Hausausweisen, Einlasskarten, Einladungen, etc.[35] Das passt deshalb nicht zu Wortlaut und Systematik des Gesetzes, weil § 63 Abs. 2 Nr. 2 BKAG nur solche Urkunden erfasst, zu deren Mitführen „die betroffene Person aufgrund einer Rechtsvorschrift verpflichtet" ist. Bei Veranstaltungen mit Einlasskontrollen durch das BKA oder auch durch private Sicherheitsdienstleister ergibt sich aber aus keiner Rechtsvorschrift eine Verpflichtung, Nachweise der Zutrittsberechtigung, Einlasskarten, Einladungen oder Ähnliches mitzuführen. Vielmehr wird schlicht der Zutritt zu bestimmten (öffentlichen oder privaten) Orten von bestimmten Bedingungen abhängig gemacht, ohne dass sich hieraus die eigenständige Pflicht ergäbe, den Nachweis bei sich zu führen, dass die Zutrittsbedingungen erfüllt werden.[36]

43 **a) Tatbestand: Gefahrenverdacht.** Zu den Tatbestandsvoraussetzungen gelten die Ausführungen zu § 63 Abs. 2 Nr. 1 BKAG entsprechend (→ Rn. 26 ff.). Auch beim Verlangen der Aushändigung von Urkunden handelt es sich um eine klassische **Maßnahme der Gefahrerforschung;** sie dient primär dazu, weitere Informationen zu beschaffen und nicht dazu, einen gefährlichen Geschehensablauf zu unterbrechen. Maßnahmen der Gefahrenabwehr, etwa ein Betretungsverbot (→ Rn. 83 ff.), können sich freilich anschließen.

44 **b) Erforderlichkeit für die Aufgabenerfüllung.** Die Aushändigung von Urkunden muss zur Erfüllung der Aufgabe des BKA („seiner Aufgabe") erforderlich sein. Damit wird ausschließlich die **Aufgabe nach § 6**

32 Näher zur Abgrenzung und zur Systematik freiheitsbeschränkender Maßnahmen im Rahmen des § 63 BKAG → Rn. 127 ff.

33 Ebenso Schenke/Graulich/Ruthig/Graulich BKAG § 63 Rn. 10.

34 Hierzu näher → Rn. 37 ff.

35 S. Schenke/Graulich/Ruthig/Graulich BKAG § 63 Rn. 11.

36 Dabei ist jedenfalls für solche Fälle, in denen einem Zutrittswilligen lediglich freigestellt wird, ob er den Sicherheitsbereich betreten möchte oder nicht, ohne dass sich an seine Entscheidung für ihn nachteilige Folge knüpfen könnten (bloße Besucher einer Veranstaltung etwa im Gegensatz zu Catering-Personal, etc.), schon fraglich, ob überhaupt ein Grundrechtseingriff vorliegt und eine gesetzliche Eingriffsgrundlage erforderlich ist; in derartigen Konstellationen dürfte eher eine Teilhabeproblematik (Art. 3 Abs. 1 GG) mit nicht selten nur sehr geringem grundrechtlichen Gewicht vorliegen. Größe und Dauerhaftigkeit der eingerichteten Sicherheitsbereiche können gegebenenfalls eine Rolle spielen. Eine Regulierung akuter Sachverhalte bzw. Einlassbegehren erscheint über die Generalklausel des § 63 Abs. 1 BKAG möglich.

BKAG in Bezug genommen. Es handelt sich insofern wiederum um eine von vielen expliziten Verankerungen des Erforderlichkeitsgrundsatzes in § 63 BKAG (vgl. → Rn. 19, 33).[37]

45 c) **Rechtsfolge: Gefahrerforschung.** Die von § 63 Abs. 2 Nr. 2 BKAG eröffneten Maßnahmen der Gefahrerforschung bestehen darin, die Aushändigung von Berechtigungsscheinen, Bescheinigungen, Nachweisen oder sonstigen Urkunden zu verlangen, sofern „die betroffene Person aufgrund einer Rechtsvorschrift verpflichtet ist, diese Urkunden mitzuführen". Erfasst sind parallel zu § 23 Abs. 4 BPolG alle **Bescheinigungen,** welche die Berechtigung einer Person zu einer bestimmten, idR erlaubnispflichtigen Tätigkeit dokumentieren, etwa der Führerschein als Nachweis der Fahrerlaubnis (§ 4 FeV), waffenrechtliche Erlaubnisnachweise (§ 38 WaffG), der Jagdschein (§ 15 BJagdG) oder auch Aufenthaltstitel (§ 4 AufenthG).[38] Die **Verpflichtung, die jeweilige Urkunde mit sich zu führen,** muss sich aus einer Rechtsvorschrift ergeben. Entscheidend und ausreichend ist hierfür natürlich, wenn die Verpflichtung gerade im jeweiligen Kontext (Führen eines Fahrzeugs, Ausüben der Jagd usw) besteht; nicht erforderlich ist eine dauerhafte, kontextunabhängige Verpflichtung.

46 Zweck des Aushändigungsverlangens darf nach dem Wortlaut des § 63 Abs. 2 Nr. 2 BKAG nur die „Prüfung" der Urkunden sein, dh der verlangende Beamte muss die Urkunde nach einer kurzen polizeilichen Einschätzung wieder **zurückgeben,** sofern sich kein Anlass für nähere Überprüfungen oder sonstige Folgemaßnahmen ergibt.

47 **3. Durchsuchung von Personen und Sachen (Abs. 2 Nr. 3).** Nach § 63 Abs. 2 Nr. 3 BKAG kann das BKA eine Person oder eine Sache durchsuchen, wenn die Durchsuchung aufgrund der Gefährdungslage oder von auf die Person oder Sache bezogenen Anhaltspunkten erforderlich ist. Voraussetzung ist wie für alle der in § 63 Abs. 2 BKAG geregelten Befugnisse, dass **Tatsachen die Annahme rechtfertigen,** dass Straftaten begangen werden sollen, durch die die zu schützenden Personen oder Räumlichkeiten unmittelbar gefährdet sind. Zudem ordnet § 63 Abs. 2 Nr. 3 BKAG die entsprechende Geltung von § 43 Abs. 3 bis 5 BPolG sowie § 44 Abs. 4 BPolG an.

48 a) **Tatbestand: Gefahrenverdacht.** Zu den Tatbestandsvoraussetzungen gelten die Ausführungen zu § 63 Abs. 2 Nr. 1 BKAG entsprechend (→ Rn. 26 ff.). Auch bei der Durchsuchung einer Sache oder Person handelt es sich um eine **klassische Maßnahme der Gefahrerforschung;** sie dient primär dazu, weitere Informationen (namentlich über die von einer Person mitgeführten Sachen, etwa gefährliche Gegenstände) zu beschaffen und nicht unmittelbar dazu, einen gefährlichen Geschehensablauf zu unterbrechen. Maßnahmen der Gefahrenabwehr, etwa ein Betretungsverbot (→ Rn. 83 ff.) oder eine Sicherstellung (→ Rn. 93 ff.), können sich freilich anschließen.

49 Die Durchsuchung nach § 63 Abs. 2 Nr. 3 BKAG muss wie die Identitätsfeststellung nach § 63 Abs. 2 Nr. 1 BKAG **„aufgrund der Gefährdungslage oder von auf die Person bezogenen Anhaltspunkten erforderlich"** sein. Insofern gelten die Ausführungen zur Identitätsfeststellung (→ Rn. 34 ff.) entsprechend. Die Formulierung soll noch einmal auf den ohnehin stets geltenden Grundsatz der Erforderlichkeit verweisen. Mit der Rede von der Gefährdungslage stellt aber auch § 63 Abs. 2 Nr. 3 BKAG faktisch keine eigenständige tatbestandliche Hürde auf. Das Merkmal kann vielmehr zur Auslegung der übrigen Normvoraussetzungen herangezogen werden: Je gefährlicher die allgemeine Lage für eine zu schützende Person oder Räumlichkeit ist, desto eher ist eine Durchsuchung zu ihrem Schutz zulässig. Die Rede von „auf die Person bezogenen Anhaltspunkten" stellt klar, dass die Durchsuchung von Sachen oder Personen nur zulässig sein kann, wenn die Maßnahme gegenüber genau der betroffenen Person auch einen hinreichenden Beitrag zur Gefahrerforschung leisten kann. Der Maßnahmeadressat muss nicht zwingend die Person sein, die auch Täter oder Gehilfe der nach § 63 Abs. 2 BKAG zu befürchtenden Straftat wäre.

50 b) **Rechtsfolge: Gefahrerforschung.** § 63 Abs. 2 Nr. 3 BKAG erlaubt die **Durchsuchung einer Person oder einer Sache.** Dabei wird die entsprechende Geltung von § 43 Abs. 3 bis Abs. 5 BPolG und § 44 Abs. 4 BPolG angeordnet.[39]

37 Das Erforderlichkeitskriterium aus § 63 Abs. 2 Nr. 2 BKAG bezieht sich dabei nur auf das Aushändigungsverlangen selbst, nicht auf gegebenenfalls vorgelagerte Maßnahmen; für solche gelten das Erforderlichkeitskriterium aus § 6 Abs. 1 BKAG sowie der allgemeine verfassungsrechtliche Grundsatz der Verhältnismäßigkeit. Deren Beachtung kann bei Maßnahmen nach § 63 Abs. 2 Nr. 2 BKAG gegebenenfalls inzident kontrolliert werden. Anders insofern Schenke/Graulich/Ruthig/Graulich BKAG § 63 Rn. 11, der allerdings auch davon ausgeht, dass § 63 Abs. 2 Nr. 2 BKAG überhaupt in einem Zusammenhang mit der Einrichtung von Sicherheitsbereichen steht; hierzu bereits → Rn. 42.

38 Vgl. Wehr BPolG § 23 Rn. 17; Beispiele nach Schenke/Graulich/Ruthig/Schenke BPolG § 23 Rn. 46 f. Eine allgemeine Pflicht zur Mitführung eines Personalausweises gibt es dagegen nicht, s. Beimowski/Gawron PassG/PAuswG, 2018, PAuswG § 1 Rn. 2.

39 Schenke/Graulich/Ruthig/Graulich BKAG § 63 Rn. 12, geht unzutreffend davon aus, dass des Weiteren eine besondere räumliche Nähe der zu durchsuchenden Person zur Schutzperson bestehen müsse. Dies lässt sich nach der bewussten und gezielten Streichung dieses Merkmals (s. BT-Drs. 18/11163, 126) nicht mehr vertreten (s. bereits → Rn. 4, 14 sowie → Fn. 29).

Die **Durchsuchung von Personen** erlaubt nach allgemeinen polizeirechtlichen Grundsätzen **keine körperliche Untersuchung**, sondern ist von dieser abzugrenzen.[40] Die Durchsuchung erlaubt lediglich die Überprüfung der Körperoberfläche und der ohne Weiteres zugänglichen Körperöffnungen, also Mund, Nasenlöcher und die Ohröffnungen. Nicht erlaubt ist dagegen eine Nachschau innerhalb von Körperöffnungen im Genital- oder Analbereich.[41] Hierfür bedürfte es einer eingriffsintensiveren körperlichen Untersuchung (vgl. etwa § 81a StPO), die dem BKA nach § 63 BKAG nicht zusteht. 51

Bei der **Durchsuchung von Kleidung**, die der Betroffene während der Durchsuchung trägt, handelt es sich ebenfalls um einen Teil der Personendurchsuchung, nicht um eine Sachdurchsuchung.[42] Denn auch hier kommt der durchsuchende Beamte dem Körper des Durchsuchten so nahe, dass die Anwendung der besonderen Regeln für Personendurchsuchungen angezeigt ist. 52

Diese finden sich vor allem in dem von § 63 Abs. 2 Nr. 3 BKAG in Bezug genommenen § 43 Abs. 3 bis Abs. 5 BPolG. Nach § 43 Abs. 4 BPolG dürfen Personen **nur von Personen gleichen Geschlechts oder von Ärzten** durchsucht werden, es sei denn, die sofortige Durchsuchung ist zum Schutz gegen eine Gefahr für Leib oder Leben erforderlich. Nach § 43 Abs. 5 BPolG kann die betroffene Person festgehalten und zur Dienststelle mitgenommen werden, wenn die Durchsuchung auf andere Weise nicht oder nur unter erheblichen Schwierigkeiten durchgeführt werden kann. Der Verweis auf § 43 Abs. 3 BPolG ist jedoch systematisch nicht ohne Weiteres einleuchtend, weil es dort um die Durchsuchung insbesondere zur Eigensicherung bei der Durchführung einer Identitätsfeststellung geht; es muss sich daher um eine Rechtsfolgenverweisung handeln. Mit Blick auf die **Durchsuchung zur Eigensicherung** ist ohnehin davon auszugehen, dass eine solche sehr weitgehend möglich ist, wenn sie die ordnungsgemäße Durchführung einer anderen (ihrerseits zulässigen) Maßnahme sicherstellen soll und damit gleichsam zu deren Geeignetheit beiträgt.[43] 53

Bei der **Durchsuchung von Sachen** hat der Inhaber der tatsächlichen Gewalt nach § 44 Abs. 4 S. 1 BPolG das Recht, anwesend zu sein. Ist er abwesend, so soll laut § 44 Abs. 4 S. 2 BPolG sein Vertreter oder ein anderer Zeuge hinzugezogen werden. § 44 Abs. 4 S. 3 BPolG sieht vor, dass dem Inhaber der tatsächlichen Gewalt auf Verlangen eine Bescheinigung über die Durchsuchung und ihren Grund zu erteilen ist. Die Ausstellung der Bescheinigung darf nicht schuldhaft verzögert werden, allerdings auch nicht gegenwärtige Einsatzabläufe stören. Nicht selten wird der Betroffene mit der Übermittlung einer Bescheinigung erst einige Tage nach dem Tag der Durchsuchung rechnen können. 54

Sowohl die Personen- als auch die Sachdurchsuchung darf sich auf **alle Gegenstände** richten, denen **Relevanz für die Erforschung des im Raume stehenden Gefahrenverdachts** zukommt. Erfasst sind also nicht nur Waffen, Explosivmittel oder andere gefährliche Gegenstände (anders bei der Durchsuchung zur Eigensicherung → Rn. 40, 53), sondern auch beispielsweise Gegenstände, die nicht per se gefährlich sind, aber einen Bezug zum befürchteten Gefahrereignis aufweisen, etwa solche, die der Legendierung dienen könnten, Tatplanskizzen, Notizen, usw. 55

4. Vorladung (Abs. 3). Nach § 63 Abs. 3 BKAG kann das BKA eine Person schriftlich oder mündlich vorladen, wenn **Tatsachen die Annahme rechtfertigen**, dass Straftaten begangen werden sollen, durch die die zu schützenden Personen unmittelbar gefährdet sind und entweder (§ 63 Abs. 3 Nr. 1 BKAG) tatsächliche Anhaltspunkte dafür vorliegen, dass die Person sachdienliche Angaben machen kann, die für die Erfüllung der dem Amt nach § 6 Abs. 1 BKAG obliegenden Aufgabe erforderlich sind, oder (§ 63 Abs. 3 Nr. 2 BKAG) die Vorladung zur Durchführung erkennungsdienstlicher Maßnahmen erforderlich ist. Für die Durchführung und Durchsetzung der Vorladung gilt § 25 Abs. 2 bis 4 BPolG entsprechend. 56

40 Vgl. etwa BeckOK-PolR Baden-Württemberg/Nachbaur PolG BW § 29 Rn. 9 ff. (2022); BeckOK-PolSiR Bayern/Grünewald BayPAG Art. 21 Rn. 6 ff. (2022); BeckOK-POR Hessen/Leggereit HessSOG § 36 Rn. 22, 29 (2022). Zur Untersuchung im strafprozessualen Kontext vgl. etwa KK-StPO/Hadamitzky § 81 Rn. 1 ff., 5.

41 Schenke/Graulich/Ruthig/Graulich BKAG § 63 Rn. 13, schreibt allerdings, die Durchsuchung beziehe sich überhaupt nicht auf den Genital- oder Analbereich. Damit dürften lediglich Vagina und After an sich gemeint sein (klarer bei Lisken/Denninger/Graulich, HdbPolR, E Rn. 574 (zitiert nach 6. Aufl. 2018, in Folgeaufl. nicht mehr enthalten); ebenso etwa BeckOK-PolR Baden-Württemberg/Nachbaur PolG BW § 29 Rn. 10 (2022). Eine Durchsuchung des äußeren Intimbereichs (dh ohne Überprüfung der dort vorhandenen Körperöffnungen) kann je nach Einzelfall (nicht zuletzt zur Eigensicherung) gerade erforderlich sein und entspricht nicht selten dem klassischen Umfang einer professionellen Durchsuchung. Es ist davon auszugehen, dass der Gesetzgeber mit dem Begriff der Durchsuchung auch diesen Umfang in Bezug nimmt. Für die Abgrenzung kann es freilich auch auf die Intensität im jeweiligen Einzelfall ankommen, vgl. VGH München Beschl. v. 16.7.1998 – 24 ZB 98.850 –, NVwZ-RR 1999, 310. In jedem Fall ist stets das Maß des Erforderlichen und Verhältnismäßigen zu beachten.

42 In der Sache wohl ebenso Schenke/Graulich/Ruthig/Graulich BKAG § 63 Rn. 12, der allerdings ohne nähere Spezifizierung von „Kleidung" spricht.

43 Im Anwendungsbereich des § 63 BKAG ist sie ohne Weiteres möglich bei Anknüpfung an eine Identitätsfeststellung nach § 63 Abs. 2 Nr. 1 BKAG (→ Rn. 40), im Übrigen jedenfalls bei Vorliegen der Voraussetzungen des § 63 Abs. 2 Nr. 3 iVm § 43 Abs. 3 BPolG.

57 Bei der Vorladung handelt es sich wie bei den in § 63 Abs. 2 BKAG geregelten Befugnissen um eine **typische Maßnahme der Gefahrerforschung**; sie dient der weiteren Aufklärung des Sachverhalts.[44] Das gilt auch für die Vorladung zu erkennungsdienstlichen Maßnahmen nach § 63 Abs. 3 Nr. 2 BKAG (→ Rn. 63, 74 ff.), da auch diese Maßnahmen im Kontext des § 63 BKAG ausschließlich zu Zwecken der Identitätsfeststellung nach § 63 Abs. 2 Nr. 1 BKAG zulässig sind.[45] Zwar sind allenfalls wenige Szenarien denkbar, in denen eine Vorladung mit dem Ziel von auf die Identitätsfeststellung zielenden erkennungsdienstlichen Maßnahmen erfolgt, weil für eine Vorladung regelmäßig die Identität des Betroffenen feststehen muss; anderes mag gelten, wenn eine Person mit unklarer Identität angetroffen und die Vorladung noch in der Situation vor Ort ausgesprochen und durchgesetzt wird (zur sog. Vorführung → Rn. 58, 70).

58 Unterschiedlich wird beurteilt, ob es sich bei der Vorladung um einen Eingriff in die persönliche Freiheit nach Art. 2 Abs. 2 S. 2 iVm Art. 104 Abs. 1 GG handelt. Dafür spricht zwar, dass dem Bürger verpflichtend vorgegeben wird, sich zu einer bestimmten Zeit an einem bestimmten Ort zu befinden und diesen für eine gewisse Dauer nicht zu verlassen.[46] Die Rechtsprechung einschließlich des Bundesverfassungsgerichts sieht dies jedoch überwiegend anders und wertet erst die zwangsweise Durchsetzung (bei Anwendung unmittelbaren Zwanges spricht man von der **Vorführung** → Rn. 70) als Beeinträchtigung der Freiheit der Person.[47] Dem ist zu folgen, denn in Abgrenzung zur **allgemeinen Handlungsfreiheit nach Art. 2 Abs. 1 GG** ist von der Einschlägigkeit der persönlichen Freiheit nach Art. 2 Abs. 2 S. 2 GG erst auszugehen, wenn ein hinreichendes **Zwangselement** hinzukommt (vgl. → Rn. 127 ff.). Erfasst ist nur die körperliche Bewegungsfreiheit ieS, dh es geht um Verhaftung, Festnahme und ähnliche Maßnahmen des unmittelbaren Zwangs.[48] In der ***Habeas Corpus***-Tradition soll Art. 2 Abs. 2 S. 2 (wie Art. 104 Abs. 1) GG davor schützen, dass sich der Staat des Einzelnen zu Unrecht physisch bemächtigt.[49] Andernfalls würde es auch an einem Anknüpfungspunkt für das Verbot der seelischen und körperlichen Misshandlung in Art. 104 Abs. 1 S. 2 GG fehlen; denn dies setzt eine physische Einwirkungsmöglichkeit auf die festgehaltene Person voraus. Psychisch wirkender Zwang kann daher nur bei hoher Intensität genügen, um einen Eingriff in die „Freiheit der Person" anzunehmen;[50] eine gewöhnliche Vorladung genügt hierfür nicht.

59 Erst recht wird bei Vorladung und Vorführung regelmäßig **keine Freiheitsentziehung** nach Art. 104 Abs. 2 GG (mit der potenziellen Folge eines Richtervorbehalts) vorliegen, weil und soweit es der Maßnahme dafür an Intensität fehlt und die Verpflichtung nicht von der dafür erforderlichen Dauer sein wird (s. dazu → § 57 Rn. 4 ff., 12). All dies kann sich freilich ändern, wenn im Einzelfall hinreichend intensivierende Umstände hinzutreten.[51]

60 **a) Tatbestand: Gefahrenverdacht.** Der Grundtatbestand des § 63 Abs. 3 BKAG ist inhaltsgleich zu dem des § 63 Abs. 2 BKAG ausgestaltet – mit der Ausnahme, dass § 63 Abs. 3 BKAG nur die zu schützenden Personen, nicht aber die zu schützenden Räumlichkeiten erfasst. Erforderlich und ausreichend ist aber in beiden Fällen ein Gefahrenverdacht hinsichtlich befürchteter Straftaten, bei deren Begehung die zu schützenden Personen unmittelbar gefährdet wären (→ Rn. 28 ff.).

61 Für § 63 Abs. 3 Nr. 1 BKAG ist darüber hinaus erforderlich, dass tatsächliche Anhaltspunkte dafür vorliegen, dass die Person **sachdienliche Angaben** machen kann, die für die Erfüllung der dem BKA nach § 6 Abs. 1 BKAG obliegenden Aufgabe erforderlich sind. Diese Formulierung stellt **keine hohen Hürden** auf,

44 Es können sich aber durchaus Verknüpfungen mit Zwecken der Gefahrenabwehr ergeben, etwa wenn eine Vorladung auch dazu genutzt wird, eine Gefährderansprache (→ Rn. 157 ff.) durchzuführen; vgl. auch BT-Drs. 18/11163, 127.

45 Sonstige allgemeinere Zwecke von erkennungsdienstlichen Maßnahmen liegen regelmäßig in der Gefahrenabwehr- und Strafverfolgungsvorsorge, dh der Erleichterung von Identitätsfeststellungen in künftigen Sachverhalten (und dadurch gegebenenfalls auch der Reduzierung von Tatanreizen in künftigen Fällen, mithin der Gefahren- und Straftatenverhütung), vgl. etwa Trück in MüKoStPO, 2014, StPO § 81b Rn. 1 f.

46 Vgl. BeckOK-POR NRW/Ogorek PolG NRW § 10 Rn. 2 ff. (2022). Anders etwa Lisken/Denninger/Graulich, HdbPolR, E Rn. 400 (zitiert nach 6. Aufl. 2018, in Folgeaufl. nicht mehr enthalten). In jedem Fall ergäben sich keine Probleme vor dem Hintergrund des **Zitiergebots** aus Art. 19 Abs. 1 S. 2 GG, weil § 89 BKAG auch das Grundrecht der Freiheit der Person nach Art. 2 Abs. 2 S. 2 GG nennt.

47 Vgl. BVerfG Beschl. v. 23.5.1967 – 2 BvR 534/62 –, BVerfGE 22, 21 (26); Urt. v. 14.5.1996 – 2 BvR 1516/93 –, BVerfGE 94, 166 (198); Beschl. v. 10.4.1997 – 2 BvL 45/92 –, BVerfGE 96, 10 (21); Beschl. v. 15.5.2002 – 2 BvR 2292/00 –, BVerfGE 105, 239 (247); Urt. v. 24.7.2018 – 2 BvR 309/15 –, BVerfGE 149, 293 (318, Rn. 65). Vgl. auch VG Ansbach Beschl. v. 9.6.2006 – AN 5 S 06.02003 –, BeckRS 2006, 29711; VG Bayreuth Beschl. v. 19.12.2014 – 1 S 14.851 –, BeckRS 2015, 41780; VG Kassel Beschl. v. 14.7.2015 – 5 L 653/15.KS –, BeckRS 2016, 40969, Rn. 22, mit entsprechendem Ergebnis zur präventiven Meldeauflage. Zum Beispiel nächtlicher Ausgangsbeschränkungen vgl. zudem Greve/Lassahn NVwZ 2021, 665 (667 f.); einen Eingriff annehmend aber nunmehr BVerfG Beschl. v. 19.11.2021 – 1 BvR 781/21 ua –, NJW 2022, 139 (159, Rn. 244; 159 f., Rn. 247 ff.).

48 BVerfG Beschl. v. 23.5.1967 – 2 BvR 534/62 –, BVerfGE 22, 21 (26); Beschl. v. 15.5.2002 – 2 BvR 2292/00 –, BVerfGE 105, 239 (247); Urt. v. 24.7.2018 – 2 BvR 309/15 –, BVerfGE 149, 293 (318, Rn. 65).

49 Jarass/Pieroth/Jarass GG Art. 2 Rn. 110; von Münch/Kunig/Kunig/Kämmerer GG I Art. 2 Rn. 132; überblicksartig zur Geschichte und aktuellen Relevanz des *writ of habeas corpus* im angelsächsischen Recht etwa Endicott, Administrative Law, 4. Aufl. 2018, S. 4 ff.

50 BVerfG Beschl. v. 19.11.2021 – 1 BvR 781/21 ua –, BVerfGE 159, 223 (332 f., Rn. 247 ff.).

51 Hierzu und allgemein zur Systematik freiheitsbeschränkender Maßnahmen im Rahmen des § 63 BKAG → Rn. 127 ff.

was angesichts des sehr geringen Gewichts des Grundrechtseingriffs auch angemessen ist. Es genügt, wenn das BKA eine durch tatsächliche Umstände plausibilisierte Vermutung hat, dass die Vorladung der Person zur Gewinnung von Informationen führen kann, die zur Erfüllung der Aufgabe aus § 6 Abs. 1 BKAG erforderlich sind. Eine Vorladung ist demnach etwa unzulässig, wenn die fraglichen Informationen dem BKA bereits bekannt sind. Wenn sich dagegen eine potenziell vorzuladende Person bereits im Vorfeld weigert, Angaben zu machen oder vorgibt, nichts beitragen zu können, steht dies einer Vorladung grundsätzlich nicht entgegen. Denn nach dem Wortlaut genügt es, wenn zu vermuten ist, dass die Person Angaben machen *kann*. Zudem kann im Vorfeld so gut wie nie sicher feststehen, ob sich nicht auch bei unkooperativen oder vermeintlich unwissenden Personen in einer Gesprächssituation doch noch Erhellendes ergibt.

Laut Gesetzesbegründung soll § 63 Abs. 3 BKAG dem BKA auch ermöglichen, Personen zur Durchführung 62 einer **Gefährderansprache** (→ Rn. 155 ff.) vorzuladen.[52] Der Wortlaut sieht diese Möglichkeit zwar nicht ausdrücklich vor, weshalb eine Klarstellung wünschenswert wäre. Allerdings ist bei potenziellen Gefährdern stets zu vermuten, dass sie jedenfalls zum einschlägigen Gefährdungsvorgang sachdienliche Angaben iSd § 63 Abs. 3 Nr. 1 BKAG machen *können*, weshalb ihre Vorladung regelmäßig möglich sein wird.[53]

Für eine Vorladung nach § 63 Abs. 3 Nr. 2 BKAG ist neben dem in § 63 Abs. 3 BKAG stets erforderlichen 63 Gefahrenverdacht Voraussetzung, dass die Vorladung zur **Durchführung erkennungsdienstlicher Maßnahmen** erforderlich ist. Diese Möglichkeit dient *allein* der Umsetzung von erkennungsdienstlichen Maßnahmen nach § 63 Abs. 4 BKAG, die wiederum ausschließlich zu Zwecken der Identitätsfeststellung nach § 63 Abs. 2 Nr. 1 BKAG zulässig sind. Für diese Möglichkeit ist also erforderlich, dass die Voraussetzungen des § 63 Abs. 2 Nr. 1 BKAG ebenfalls vorliegen (→ Rn. 25 ff.). Die Durchführung von erkennungsdienstlichen Maßnahmen in den Räumlichkeiten des BKA und die dazu ergehende Vorladung in diese Räumlichkeiten werden in aller Regel zweckmäßig sein, weil dort die erforderliche technische Ausstattung vorhanden ist. Alternativ kann unter den Voraussetzungen der Amtshilfe (§§ 4 ff. VwVfG) auch auf Einrichtungen und Ausstattung von Bundes- oder Landespolizei zurückgegriffen werden.

b) **Rechtsfolge: Gefahrerforschung.** Wenn die Tatbestandsvoraussetzungen des § 63 Abs. 3 BKAG vorlie- 64 gen, kann das BKA eine Person schriftlich oder mündlich vorladen. Vorladung ist das rechtliche **Gebot** an eine bestimmte, namentlich bekannte Person, zu einer bestimmten Zeit an einem bestimmten Ort **zu erscheinen** und dort bis zur Erledigung der in der Vorladung bezeichneten Angelegenheit **zu verweilen**.[54] Der Ort, an den vorgeladen wird, muss dabei nicht zwingend eine Polizeidienststelle sein; es kommt beispielsweise auch der Ort in Betracht, der den Anlass für die Befragung bildet[55] oder der eine sonstige Relevanz für die Befragung entfaltet. Die Zeit, zu der die vorgeladene Person zu erscheinen hat, muss nicht auf einen bestimmten Punkt festgelegt sein; es genügt auch die Angabe eines Zeitraums, innerhalb dessen der Betroffene wählen kann. Für die Durchführung und Durchsetzung der Vorladung gilt § 25 Abs. 2 bis 4 BPolG entsprechend.

§ 25 Abs. 2 S. 1 BPolG schreibt vor, dass bei der Vorladung deren **Grund anzugeben** ist. Es muss grob be- 65 schrieben werden, um welchen Zusammenhang es geht und weshalb gerade der Betroffene vorgeladen wird;[56] Detailangaben zum zu Grunde liegenden Sachverhalt oder zu den erhofften Ergebnissen der Befragung sind nicht erforderlich.

Nach § 25 Abs. 2 S. 2 BPolG soll bei der **Festsetzung des Zeitpunkts** (oder Zeitraums) auf den Beruf und 66 die sonstigen Lebensverhältnisse des Betroffenen Rücksicht genommen werden.

Die Vorladung ist für den Betroffenen verpflichtend. Anders ist es bei der **strafprozessualen Vorladung des** 67 **Beschuldigten.** Diese ist nur verbindlich, wenn sie von der Staatsanwaltschaft ausgeht, was sich aus einem Umkehrschluss zu § 163a Abs. 3 S. 1 StPO ergibt.[57] Die Vorladung nach § 63 Abs. 3 BKAG darf daher nicht der Beschuldigtenvernehmung[58] dienen, sondern muss im Ausgangspunkt stets einen **Zweck der Gefahrenabwehr oder Gefahrerforschung** verfolgen. Theoretisch ist es natürlich denkbar, dass eine Befragung nach einer Vorladung, die zum Zwecke der Gefahrenabwehr erfolgt ist, in eine Beschuldigtenbefragung umschlagen kann (soweit das BKA zuständig ist), bei der den Betroffenen weder eine Verweilens- noch eine Aussagepflicht trifft.

52 BT-Drs. 18/11163, 127.
53 Ohne Zweifel hieran auch Schenke/Graulich/Ruthig/Graulich BKAG § 63 Rn. 16.
54 OVG Magdeburg Beschl. v. 18.9.2007 – 2 O 218/07 –, juris, Rn. 7; OVG Münster Beschl. v. 16.11.1981 – 4 B 1078/81 –, DVBl. 1982, 658; Lisken/Denninger/Graulich, HdbPolR, E Rn. 371.
55 Lisken/Denninger/Graulich, HdbPolR, E Rn. 400 (zitiert nach 6. Aufl. 2018, in Folgeaufl. nicht mehr enthalten).
56 S. Lisken/Denninger/Graulich, HdbPolR, E Rn. 372.
57 Im Gegensatz dazu sind Ladungen von Zeugen nunmehr auch dann verbindlich, wenn sie von Ermittlungspersonen der Staatsanwaltschaft (§ 152 GVG) ergehen, soweit ein Auftrag der Staatsanwaltschaft zu Grunde liegt, vgl. § 163 Abs. 3 S. 1 StPO.
58 Auch soweit das BKA selbst für die Verfolgung einer Straftat gegen eine Schutzperson zuständig ist (§ 4 Abs. 1 S. 1 Nr. 2 BKAG) bestünde nämlich keine Möglichkeit, den Beschuldigten verpflichtend zu laden, wie sich im Umkehrschluss zu § 163a Abs. 3 S. 1 StPO ergibt.

68 Die Vorladung darf nach allgemeinen Grundsätzen freilich nur erfolgen, wenn sie das **erforderliche**, dh das mildeste der gleich geeigneten Mittel ist. Daran kann es etwa fehlen, wenn eine Auskunft auch schriftlich oder telefonisch erlangt werden kann. Es sind insofern aber auch keine überspannten Forderungen zu stellen; regelmäßig wird es genügen, wenn sich das BKA von der Vorladung gegenüber der fernmündlichen oder textlichen Auskunft einen Mehrwert für die Wahrnehmung der Aufgabe nach § 6 Abs. 1 BKAG verspricht.

69 **c) Zwangsweise Durchsetzung.** Für die zwangsweise Durchsetzung gilt § 25 Abs. 3 BPolG. Demnach kann eine Vorladung zwangsweise durchgesetzt werden, wenn ein Betroffener der Vorladung ohne hinreichenden Grund **keine Folge leistet** und wenn entweder die Angaben zur Abwehr einer Gefahr für Leib, Leben oder Freiheit einer Person erforderlich sind (§ 25 Abs. 3 Nr. 1 BPolG) oder die Durchsetzung der Vorladung zur Durchführung erkennungsdienstlicher Maßnahmen erforderlich ist (§ 25 Abs. 3 Nr. 1 BPolG). Voraussetzung für die zwangsweise Durchsetzung ist, dass der Betroffene bereits **ohne hinreichenden Grund** einer Vorladung nicht nachgekommen ist oder dass – etwa wegen dahingehender Äußerungen – absehbar ist, dass er ihr nicht nachkommen wird (auch im Vorfeld des Termins kann jemand bereits „keine Folge" leisten). Ein hinreichender Grund liegt nur vor, wenn es dem Betroffenen unzumutbar ist, der Vorladung nachzukommen. Das ist insbesondere bei einer Erkrankung der Fall. Kollidierende berufliche oder private Pflichten[59] sind nur dann ein hinreichender Grund, wenn sie von entsprechendem Gewicht sind und ihre Nichterfüllung dem Betroffenen Nachteile einbrächte, die das öffentlich-rechtliche Interesse an der Befolgung der Vorladung überwiegen, bspw. bei Prüfungen, unaufschiebbaren beruflichen Terminen oder wichtigen und einzigartigen familiären Anlässen (vor allem Hochzeit, Bestattung, etc.).

70 Die zwangsweise Durchsetzung richtet sich im Weiteren nach dem VwVG des Bundes. Soweit eine Vorladung durch Anwendung unmittelbaren Zwanges durchgesetzt wird, spricht man von einer **Vorführung.**[60] Diese stellt in jedem Falle eine Beschränkung der persönlichen Freiheit aus Art. 2 Abs. 2 S. 2 GG dar.[61] Eine **Freiheitsentziehung**, die nach Art. 104 Abs. 2 S. 1 GG nur auf richterliche Anordnung zulässig ist, liegt aber nur vor, wenn die Vorführung von hinreichender **Intensität** (einschließlich Dauer) ist. Maßgeblich ist insofern vor allem, ob ihre **Dauer** über ein bloß kurzfristiges Festhalten hinausgeht.[62] Liegt eine Freiheitsentziehung vor, muss auch die zusätzliche Rechtsgrundlage des § 63 Abs. 8 BKAG, der die Ingewahrsamnahme von Personen regelt, herangezogen werden (→ Rn. 125 ff.). Unterhalb dieser Schwelle ist es – anders als nach § 40 Abs. 1 BPolG für die Bundespolizei – **nicht erforderlich**, dass schon bei jedem Festhalten im Rahmen einer Vorführung unverzüglich eine **richterliche Entscheidung** eingeholt wird. Denn § 40 Abs. 1 BPolG findet auf § 63 Abs. 3 BKAG keine Anwendung und wird auch von § 25 BPolG nicht in Bezug genommen. Im Aufgabenbereich des § 6 Abs. 1 BKAG verweist lediglich § 63 Abs. 8 S. 2 BKAG auf § 40 Abs. 1 (und Abs. 2) BPolG. Das bedeutet, dass bei dem Festhalten von Personen im Aufgabenbereich des § 6 Abs. 1 BKAG eine richterliche Entscheidung nur dann unverzüglich einzuholen ist, wenn die jeweilige Maßnahme derart beschaffen ist, dass eine Freiheitsentziehung vorliegt und daher auf die Ermächtigungsgrundlage der **Ingewahrsamnahme** nach § 63 Abs. 8 S. 1 BKAG zurückgegriffen werden muss (→ Rn. 125 ff.).

71 **d) Befragung als Teil der Vorladung.** Die Zulässigkeit der Befragung und etwaige **Auskunftspflichten des Vorgeladenen** sind weder in § 63 BKAG noch in § 25 BPolG näher geregelt. Auf § 22 BPolG, der insofern eine detaillierte Regelung vorsieht, wird nicht verwiesen. Das **Recht zur Befragung** ergibt sich indes bereits **aus § 63 Abs. 3 S. 1 Nr. 1 BKAG selbst**, weil eine Ermächtigung zu einer die Klärung des Sachverhalts bezweckenden Vorladung sinnlos wäre, wenn nicht zugleich das Recht der Befragung eröffnet würde. Ohnehin kann daran gezweifelt werden, ob es sich bei dem bloßen Stellen von Fragen ohne das Hinzutreten qualifizierender Umstände überhaupt um einen Grundrechtseingriff handelt.[63] Überdies käme auch in Betracht, die Befragung auf die Generalklausel des § 63 Abs. 1 S. 1 BKAG zu stützen. Zwar handelt es sich bei der Befragung um eine **Maßnahme der Gefahrerforschung.** Auch solche lassen sich aber regelmäßig auf polizeiliche Generalklauseln stützen (→ § 38 Rn. 17). Denn auch bei ihnen kann es sich um Maßnahmen handeln, die dazu dienen, „eine […] Gefahr […] abzuwehren" (§ 63 Abs. 1 S. 1 BKAG), weil und soweit sie der Vor-

59 Ohne nähere Qualifizierung insofern Wehr BPolG § 25 Rn. 6; Lisken/Denninger/Graulich, HdbPolR, E Rn. 373.

60 Schenke/Graulich/Ruthig/Schenke BPolG § 25 Rn. 23.

61 Zum Folgenden und grundsätzlich zur Systematik freiheitsbeschränkender Maßnahmen im Rahmen des § 63 BKAG → Rn. 127 ff.

62 So für § 25 Abs. 3 BPolG Schenke/Graulich/Ruthig/Schenke BPolG § 25 Rn. 24.

63 Schenke/Graulich/Ruthig/Schenke BPolG § 22 Rn. 6, nimmt an, die Befragung stelle auch einen Verwaltungsakt dar. Vorzugswürdig erscheint es, die Vorladung als solche samt darin enthaltener Pflicht zur „Erduldung" der Fragen als einen einheitlichen Grundrechtseingriff zu behandeln und insbesondere nicht jede einzelne Frage als eigenständigen hoheitlichen Akt zu klassifizieren. Denn den Eingriff begründet die für alle Fragen übergreifend geltende implizite Duldungspflicht, nicht das Aussprechen der Frage als solches.

bereitung von Gefahrenabwehrmaßnahmen durch Sachverhaltsaufklärung dienen.[64] Die Stützung von Gefahrerforschungsmaßnahmen auf Generalklauseln der Gefahrenabwehr stellt sich insofern auch nicht als Problem des Vorbehalts des Gesetzes dar.[65] Auch § 63 Abs. 1 S. 2 BKAG kann nach seinem Sinn und Zweck einer Befragung nicht entgegenstehen. Er ist nämlich schon im Ansatz nicht auf die Gefahrerforschung gerichtet, sondern soll lediglich Vorgänge der Gefahrenabwehr (deklaratorisch) regeln (→ Rn. 18).

Hinsichtlich etwaiger **Auskunftspflichten** ist die Rechtslage **weniger klar.** Soll dem Bürger eine Pflicht auferlegt werden, sich gegenüber Behörden zu äußern, handelt es sich um einen Grundrechtseingriff (Art. 2 Abs. 1 GG), der einer gesetzlichen Grundlage bedarf. Für die zur Identitätsfeststellung erforderlichen Angaben kann unter Umständen § 63 Abs. 2 Nr. 1 BKAG, jedenfalls iVm § 111 OWiG, herangezogen werden (→ Rn. 25, 37 f.).[66] Zudem kommt wiederum die Generalklausel des § 63 Abs. 1 S. 1 BKAG in Betracht.[67] Soweit **personenbezogene Daten** erhoben werden, ist **§ 9 Abs. 2 BKAG** zu beachten (→ § 9 Rn. 77 ff.). Wenn hinreichend erhebliche Straftaten oder Gefahren im Raum stehen, kommen Auskunftspflichten der Befragten über § 138 oder § 323c StGB in Betracht.[68] Schon aus Gründen der Verhältnismäßigkeit werden der Befragung jedenfalls Grenzen entsprechend den §§ 52 bis 55 StPO (Verweigerungsrechte) sowie § 136a StPO (verbotene Methoden) gesetzt sein. Im Ergebnis stellt sich die Rechtslage damit weitgehend analog zu § 22 Abs. 2–4 BPolG dar. Gleichwohl erscheint eine gesetzgeberische Klarstellung denkbar. 72

e) **Entschädigung von Vorgeladenen.** Für die Entschädigung von Vorgeladenen gilt über § 25 Abs. 4 BPolG das **Justizvergütungs- und Entschädigungsgesetz (JVEG).**[69] Als Entschädigung kommen etwa Verdienstausfall oder der Ersatz von Aufwendungen (Fahrtkosten, Kinderbetreuung) in Betracht.[70] Sind die Vorgeladenen Verhaltens- oder Zustandsstörer, haben sie keinen Anspruch auf Entschädigung.[71] 73

5. Erkennungsdienstliche Maßnahmen (Abs. 4). Nach § 63 Abs. 4 S. 1 BKAG kann das BKA erkennungsdienstliche Maßnahmen entsprechend § 24 Abs. 3 BPolG vornehmen, wenn eine nach § 63 Abs. 2 Nr. 1 BKAG zulässige Identitätsfeststellung auf andere Weise nicht oder nur unter erheblichen Schwierigkeiten möglich ist. 74

Es handelt sich um eine **präventivpolizeiliche Maßnahme.** Zwar wird angenommen, dass die Vornahme erkennungsdienstlicher Maßnahmen alternativ auf die strafprozessualen Befugnisse der §§ 81b, 163b Abs. 1 S. 3 StPO gestützt werden kann und – abweichend vom allgemeinen polizeirechtlichen Grundsatz – nicht anhand des Schwerpunkts der Maßnahme eindeutig auf eine der Rechtsgrundlagen festzulegen sei.[72] Dies kann aber – insbesondere für § 63 Abs. 4 S. 1 BKAG – allenfalls dann Geltung beanspruchen, wenn im Einzelfall tatsächlich eine Gemengelage zwischen präventiven und repressiven Funktionen vorliegt. Wird die Maßnahme ausschließlich zur präventivpolizeilichen Identifizierung im Bereich des § 6 Abs. 1 BKAG vorgenommen, richtet sie sich auch allein nach § 63 Abs. 4 S. 1 BKAG.[73] Die Maßnahme dient vorrangig der **Gefahrerforschung,** weil sie dienende Begleitmaßnahme der Identitätsfeststellung ist. 75

a) **Tatbestand: Zulässigkeit einer Identitätsfeststellung.** Im Tatbestand setzt § 63 Abs. 4 S. 1 BKAG voraus, dass eine Identitätsfeststellung nach § 63 Abs. 2 Nr. 1 BKAG zulässig ist (→ Rn. 25 ff., 37 ff.). Zudem darf die Identitätsfeststellung ohne die Durchführung von erkennungsdienstlichen Maßnahmen **nicht oder nur unter erheblichen Schwierigkeiten möglich** sein. Das kann etwa in Betracht kommen, wenn der Betroffene Angaben verweigert oder nicht in der Lage ist, Angaben zu machen oder geeignete Ausweispapiere usw vorzulegen. In Fällen der Verweigerung ist als mildere Maßnahme insbesondere an einen Hinweis auf die Ordnungswidrigkeit der Verweigerung und der Falschangabe nach § 111 OWiG zu denken (→ Rn. 25, 37 f.). 76

b) **Rechtsfolge: Erkennungsdienstliche Maßnahmen.** In der Rechtsfolge erlaubt § 63 Abs. 4 S. 1 BKAG die Durchführung von erkennungsdienstlichen Maßnahmen entsprechend § 24 Abs. 3 BPolG, dh insbesondere 77

64 Sie teilen dann freilich das Rechtswidrigkeitsschicksal von Gefahrenabwehrmaßnahmen, wenn sich herausstellt, dass tatsächlich keine Gefahr vorlag (zur Frage von objektivem und subjektivem Gefahrenbegriff und Gefahrenverdacht allgemeiner vgl. Poscher, Gefahrenabwehr, 1998, insbesondere S. 112 ff.; ders. DV 41 (2008), 345 (367 ff.); zur Rekonstruktion des Gefahrenverdachts als „Gefahrurteil zweiter Ordnung" vgl. Bäcker, Kriminalpräventionsrecht, 2015, S. 97 ff. Deshalb bietet es sich für den Gesetzgeber auch an, Gefahrerforschungsmaßnahmen explizit als solche zu regeln. Denn bei einer expliziten Regelung einer Gefahrerforschungsbefugnis wird die Maßnahme nicht dadurch rechtswidrig, dass sich ein Gefahrenverdacht nicht zu einer konkreten Gefahr verdichten lässt und eine solche tatsächlich nicht vorliegt.

65 Hierzu näher Lassahn, Rechtsprechung und Parlamentsgesetz, 2017, S. 139 ff., 183.

66 Vgl. aber auch Schenke/Graulich/Ruthig/Schenke BPolG § 22 Rn. 20.

67 → Fn. 64.

68 Schenke/Graulich/Ruthig/Schenke BPolG § 22 Rn. 24, mit Ansätzen für weitere Auskunftspflichten.

69 Dies ergibt sich ohnehin nach allgemeinen Regeln bereits aus § 26 Abs. 3 S. 2 VwVfG. Schenke/Graulich/Ruthig/Schenke BPolG § 25 Rn. 25 hält den Verweis in § 25 Abs. 4 BPolG dagegen für erforderlich; unklar Lisken/Denninger/Graulich, HdbPolR, E Rn. 374.

70 Schenke/Graulich/Ruthig/Schenke BPolG § 25 Rn. 25.

71 So auch Schenke/Graulich/Ruthig/Schenke BPolG § 25 Rn. 25.

72 S. Schenke/Graulich/Ruthig/Schenke BKAG § 43 Rn. 2, mit Verweis auf dens. NJW 2011, 2838 (2841 f.).

73 Zur Verwendung der im Zuge der Maßnahme gefertigten Daten zu anderen Zwecken → Rn. 79 ff.

die Abnahme von Finger- und Handflächenabdrücken (daktyloskopische Maßnahmen), die Aufnahme von Lichtbildern einschließlich Bildaufzeichnungen, die Feststellungen äußerer körperlicher Merkmale (etwa Narben, Tätowierungen, etc.), Messungen und mit Wissen des Betroffenen erfolgte Stimmaufzeichnungen.[74] Auch weitere Maßnahmen von gleicher oder geringerer Eingriffsintensität kommen in Betracht.[75] Darunter fallen etwa Schriftproben,[76] nicht aber eine Entnahme von DNA-Proben. Die zwangsweise Durchsetzung der zulässigen Maßnahmen richtet sich nach allgemeinen Regeln, insbesondere nach dem VwVG.

78 **Präventivpolizeilicher Zweck der Maßnahmen** nach § 63 Abs. 4 S. 1 BKAG darf **nur die Identitätsfeststellung** sein; auch ein Bezug zur Erfüllung der Aufgabe aus § 6 Abs. 1 BKAG ist stets erforderlich.[77] Sobald die Identität sicher feststeht, sind keine weiteren erkennungsdienstlichen Maßnahmen zulässig, wie auch § 63 Abs. 4 S. 2 BKAG zeigt (vgl. → Rn. 37 ff., 79).

79 **c) Umgang mit den gewonnenen Daten („Unterlagen")**. Nach § 63 Abs. 4 S. 2 BKAG sind die im Zusammenhang mit der Feststellung angefallenen **Daten („Unterlagen") zu vernichten**, wenn die Identität festgestellt ist. Dies gilt unabhängig davon, mit welchem Aufwand die erkennungsdienstlichen Behandlungen durchgeführt wurden.[78]

80 **aa) Aufbewahrung von Daten.** Die Pflicht zur Vernichtung der Daten greift nach § 63 Abs. 4 S. 3 Var. 1 BKAG aber nicht, wenn ihre weitere **Aufbewahrung zur Verhütung von Straftaten** gegen die nach § 6 Abs. 1 BKAG zu schützenden Personen oder Räumlichkeiten erforderlich ist, weil die betroffene Person verdächtig ist, eine solche Straftat begangen zu haben und wegen der Art oder Ausführung der Tat die Gefahr einer Wiederholung besteht.[79] Diese Regelung ist an § 24 Abs. 1 Nr. 2 BPolG angelehnt[80] und entspricht auch dem Grundgedanken des § 163c Abs. 3 iVm § 163b Abs. 2 StPO, welcher die Vernichtung von Unterlagen im Strafverfahren nur insoweit vorsieht, als es um Personen geht, die einer Straftat nicht verdächtig sind. Aus datenschutzrechtlicher Sicht liegt in der Aufbewahrung der Daten zu Zwecken der Straftatenverhütung eine **Zweckänderung,** weil und soweit die Daten zunächst ausschließlich zur Identitätsfeststellung erhoben wurden. Ein Rückgriff auf § 12 Abs. 2 BKAG ist hier aber auch trotz des Personenbezugs der Daten nicht erforderlich, weil § 63 Abs. 4 S. 3 Var. 1 BKAG die Umstände der Zweckänderung selbst hinreichend regelt. Mit Blick auf seinen **Anwendungsbereich** ist § 63 Abs. 4 S. 3 Var. 1 BKAG insofern misslich ausgefallen, als er voraussetzt, dass zumindest der Verdacht bestehen muss, die betroffene Person habe **bereits eine Straftat begangen**. Dies wird dem spezifischen Gefahrenabwehr- und Gefahrenvorsorgekontext des § 63 Abs. 3 BKAG nicht gerecht. Denn hier geht es um besonders exponierte Schutzpersonen, die oftmals gerade solchen Gefahren und möglichen Angreifern ausgesetzt sind, die sich psychologisch besonders schwer berechnen lassen und zugleich schnell erheblichen Schaden verursachen können. Eine möglichst effektive Gefahrenvorsorge ist in diesem Bereich daher besonders wichtig. Dem würde auch eine erweiterte Aufbewahrung von erkennungsdienstlichen Daten dienen, etwa unter der Voraussetzung, dass – auch bevor Straftaten bereits begangen wurden – Tatsachen die Annahme rechtfertigen, der Betroffene werde eine Straftat zum Nachteil einer Schutzperson verüben.

81 Nach § 63 Abs. 4 S. 3 Var. 2 BKAG können die **Daten auch aufbewahrt werden,** wenn dies **nach anderen Rechtsvorschriften** zulässig ist. Der Anwendungsbereich dieser Variante dürfte in der Praxis eher begrenzt

74 BT-Drs. 13/1550, 34. Die Vorschrift wurde in der BKAG-Novelle 2017 inhaltlich nicht geädert, s. BT-Drs. 18/11163, 127. Zu erkennungsdienstlichen Maßnahmen im Strafprozessrecht s. § 81b StPO und etwa Trück in MüKoStPO, 2014, § 81b Rn. 9.

75 Wehr BPolG § 24 Rn. 1.

76 Zu beachten ist, dass dies nicht mehr zulässig ist, wenn die Maßnahme eine solche der Strafverfolgung ist, weil im Strafprozess die Mitwirkung des Beschuldigten nicht erzwungen werden darf (*nemo tenetur se ipsum accusare*), s. Trück in MüKoStPO, 2014, § 81b Rn. 9.

77 So wohl auch Schenke/Graulich/Ruthig/Graulich BKAG § 63 Rn. 18.

78 Schenke/Graulich/Ruthig/Graulich BKAG § 63 Rn. 20. Dort findet sich auch die Aussage, diese Vernichtungspflicht berücksichtige „den Umstand, dass die im Rahmen von § 63 BKAG zu identifizierende Person grundsätzlich weder Maßnahmen der Gefahrenabwehr, noch der Gefahrenvorsorge, noch der Strafverfolgung oder der Strafverfolgungsvorsorge auslöst." Die Aussage ist insofern erstaunlich, als sie ohne Auseinandersetzung mit § 63 Abs. 1 S. 2 BKAG getätigt wird und diesen daher implizit als rein deklaratorisch begreifen muss (so auch das hiesige Verständnis; dem Wortlaut nach ließe sich § 63 Abs. 1 S. 2 BKAG aber auch so missverstehen, dass Maßnahmen nur gegen Personen getroffen werden dürfen, von denen auch Gefahren ausgehen → Rn. 15 ff.). Auch erscheint die Aussage inhaltlich nicht ohne Einschränkungen überzeugend, weil jedenfalls bei solchen Identitätsfeststellungen, bei denen eine erkennungsdienstliche Behandlung erforderlich wird, wohl nicht davon auszugehen ist, dass im Regelfall keine Maßnahmen der Gefahrenabwehr, Gefahrenvorsorge, Strafverfolgung oder Strafverfolgungsvorsorge ausgelöst werden.

79 Schenke/Graulich/Ruthig/Graulich BKAG § 63 Rn. 21, geht davon aus, dass es sich bei der hier als Var. 1 dargestellten Ausnahme um zwei verschiedene Varianten handelt (Aufbewahrung entweder zur Straftatenverhütung oder bei Wiederholungsgefahr nach begangener Tat). Dies ist zwar wünschenswert, *de lege lata* indes unzutreffend, wie Wortlaut (Abtrennung der verschiedenen Varianten mit „wenn", Verknüpfung lediglich zweier Komponenten innerhalb der ersten Variante mit „weil"), Systematik (eindeutiger Aufbau im Vorbild des § 24 Abs. 1 Nr. 2 BPolG) und gesetzgeberischer Wille (ausdrücklicher Bezug auf § 24 Abs. 1 Nr. 2 BPolG, BT-Drs. 13/1550, 34, 58) zeigen.

80 BT-Drs. 13/1550, 34, 58.

sein.[81] Sie ermöglicht es jedenfalls, Daten, die aus präventiven erkennungsdienstlichen Maßnahmen nach § 63 Abs. 4 S. 1 BKAG gewonnen wurden, nach den **Vorschriften der StPO** aufzubewahren und zu verwenden, dh auch zur Strafverfolgung (§ 483 StPO) und zur Strafverfolgungsvorsorge (§ 484 StPO)[82] in Bezug auf Beschuldigte. Anders als bei § 63 Abs. 4 S. 3 Var. 1 BKAG ist die Aufbewahrung dann erstens nicht auf Straftaten im Bereich des § 6 Abs. 1 BKAG beschränkt und zweitens ist auch keine konkrete Wiederholungsgefahr erforderlich. Es handelt sich ebenso wie bei § 63 Abs. 4 S. 3 Var. 1 BKAG um eine **Zweckänderung,** weil und soweit die Daten ursprünglich ausschließlich zur Identitätsfeststellung erhoben wurden (→ Rn. 78). Da die Zweckänderung im Gegensatz zu § 63 Abs. 4 S. 3 Var. 1 BKAG auch nicht näher beschrieben wird, ist **§ 12 Abs. 2 BKAG zu beachten.** Soweit eine Zweckänderung nach § 12 Abs. 2 BKAG möglich ist, kommt grundsätzlich auch die **Aufbewahrung und Verarbeitung zu weiteren Zwecken** in Betracht, etwa im Rahmen der Zentralstellentätigkeit nach § 16 Abs. 5 BKAG. Denn auch § 12 Abs. 2 BKAG ist eine „andere Rechtsvorschrift" iSd § 63 Abs. 4 S. 3 Var. 2 BKAG.

bb) Unterrichtung anderer Stellen. Nach § 63 Abs. 4 S. 4 BKAG schließlich sind im Falle der Vernichtung 82
der Daten andere Stellen zu unterrichten, wenn ihnen die Daten zuvor übermittelt wurden. Dem BKA kommt aber **nicht die Befugnis** zu, der jeweiligen Stelle auch eine **Vernichtung der Daten** in ihren Beständen oder gar eine Weitergabe der Information über die Vernichtung an Dritte **verpflichtend aufzugeben,** denen die Daten womöglich durch die Stelle weiter übermittelt wurden.[83] Dabei handelt es sich allerdings keineswegs um einen „rechtsstaatlich nicht angemessenen" Mechanismus oder eine „offene Flanke des Datenschutzes".[84] Denn die Weitergabe auch personenbezogener Daten zwischen verschiedenen staatlichen Stellen ist gerade gewünscht, solange sie sich im Rahmen der geltenden Übermittlungsvorschriften bewegt.[85] Schon weil diese Vorschriften – ausdrücklich oder nach allgemeinen Grundsätzen – stets voraussetzen, dass jede Übermittlung dem Kriterium der **Erforderlichkeit** gerecht wird, sind insbesondere überflüssige Übermittlungen nicht vorgesehen. Sobald aber ein Datum übermittelt wurde, befindet es sich grundsätzlich im **Zuständigkeits- und Hoheitsbereich der Empfängerstelle,** die das Datum nach den für sie geltenden Vorschriften nutzen kann und soll und nach den für sie geltenden Vorschriften ohnehin in aller Regel insbesondere dann zur Löschung verpflichtet ist, wenn sie das Datum nicht mehr für ihre Zwecke benötigt. Es ist nicht überzeugend, wenn man übermittelte Daten vollumfänglich an das Schicksal binden wollte, dem sie in der Ausgangsbehörde unterworfen sind. Dies würde Sinn und Zweck des für Übermittlungen geltenden Grundsatzes der **hypothetischen Datenneuerhebung**[86] widersprechen, welcher der Sache nach ohnehin verlangt, dass hinreichende substanzielle Gründe dafür sprechen müssen, dass auch die aufnehmende Stelle die Daten verwenden darf. Soweit ein Datum durch besondere Mittel erhoben wurde, die einen besonders sensiblen Umgang erfordern, sind zudem besondere Maßgaben für die Weiterverarbeitung und die Übermittlung vorgesehen (s. § 25 Abs. 1 und Abs. 6 iVm § 12 Abs. 3 BKAG). Dies ist bei Daten, die aus erkennungsdienstlichen Maßnahmen stammen, indes nicht der Fall (vgl. dagegen etwa → § 64 Rn. 40 ff.).

6. Platzverweisung und Betretungsverbot (Abs. 5). Nach § 63 Abs. 5 BKAG kann das BKA zur Abwehr 83
einer Gefahr für die zu schützenden Personen oder Räumlichkeiten eine Person vorübergehend von einem Ort verweisen oder ihr vorübergehend das Betreten eines Ortes verbieten. Die Vorschrift regelt zwei Maßnahmen: die Platzverweisung (§ 63 Abs. 5 Var. 1 BKAG) und das Betretungsverbot (§ 63 Abs. 5 Var. 2 BKAG). Sie ist an § 38 BPolG angelehnt.[87]

Beide Maßnahmen setzen im Tatbestand eine Gefahr für die in § 6 Abs. 1 BKAG genannten zu schützenden 84
Personen oder Räumlichkeiten voraus. Gem. dem üblichen polizeirechtlichen Sprachgebrauch ist eine **konkrete Gefahr erforderlich,** dh eine Sachlage, die in absehbarer Zeit mit hinreichender Wahrscheinlichkeit in die Schädigung eines relevanten Schutzgutes münden würde, sofern nicht rechtzeitig Gegenmaßnahmen ergriffen werden (→ Rn. 11). Im Gegensatz zur bereichsspezifischen Generalklausel des § 63 Abs. 1 S. 1 BKAG wird das Schutzgut des § 63 Abs. 5 BKAG nur insofern festgelegt, als es um eine Gefahr für die nach

81 So auch Schenke/Graulich/Ruthig/Graulich BKAG § 63 Rn. 21.

82 Schenke/Graulich/Ruthig/Graulich BKAG § 63 Rn. 21, scheint davon auszugehen, dass bei der Aufbewahrung zu Zwecken der StPO die spezielle Überleitungsnorm des § 63 Abs. 4 S. 3 Var. 2 BKAG nicht erforderlich ist. Dagegen spricht aber, dass es ohne diese Norm bei der klaren Löschungspflicht aus § 63 Abs. 4 S. 2 BKAG bliebe.

83 So auch Schenke/Graulich/Ruthig/Graulich BKAG § 63 Rn. 22.

84 Jeweils Schenke/Graulich/Ruthig/Graulich BKAG § 63 Rn. 22.

85 Umgekehrt werden „Mängel beim Informationsaustausch" zwischen Behörden nicht selten und prominent kritisiert, vgl. etwa den Bericht des 1. Untersuchungsausschusses der 19. Wahlperiode gemäß Art. 44 GG (Breitscheidplatz-Attentat), BT-Drs. 19/30800, 1078 f., 1126. Zu den einschlägigen Ambivalenzen vgl. Lassahn Der Staat 61 (2022), 407 ff.

86 Hierzu BVerfG Urt. v. 2.3.2010 – 1 BvR 256/08 ua –, BVerfGE 125, 260 (333); Urt. v. 24.4.2013 – 1 BvR 1215/07 –, BVerfGE 133, 277 (373 f., Rn. 226); Urt. v. 20.4.2016 – 1 BvR 966/09 ua –, BVerfGE 141, 220 (327 f., Rn. 287); vgl. auch BVerfG Urt. v. 14.7.1999 – 1 BvR 2226/94 ua –, BVerfGE 100, 313 (389 f.). Näher zum Grundsatz der hypothetischen Datenneuerhebung im BKAG → § 12 Rn. 25 ff.

87 BT-Drs. 13/1550, 34.

§ 6 Abs. 1 BKAG zu schützenden Personen oder Räumlichkeiten gehen muss; eine Begrenzung auf Beeinträchtigungen der öffentlichen Sicherheit enthält § 63 Abs. 5 BKAG dagegen nicht. Der Wortlaut lässt also auch eine Auslegung iSd allgemeinen polizeirechtlichen Üblichkeiten offen, dh die erfassten Gefahren für die zu schützenden Personen oder Räumlichkeiten können sowohl die öffentliche Sicherheit als auch die niederschwelligere **öffentliche Ordnung** betreffen. Dies ist vor allem deshalb anzunehmen, weil der Gesetzgeber im Rahmen des § 63 BKAG insgesamt sehr bewusst zwischen den einzelnen Tatbestandsvoraussetzungen differenziert und § 63 Abs. 5 BKAG ausdrücklich als Entsprechung des § 38 BPolG verstanden wissen will.[88] In dessen Auslegung nämlich sind eindeutig sowohl die öffentliche Sicherheit als auch die öffentliche Ordnung als Schutzgüter zu sehen.[89] In der Folge können beispielsweise auch **Pöbeleien** gegen oder **leichtere Bedrängungen** von Schutzpersonen und ähnliches erfasst werden,[90] auch wenn insofern neben den **§§ 117 ff. OWiG** (Verstöße gegen die öffentliche Ordnung) ein allenfalls kleiner Anwendungsbereich verbleiben dürfte. Die Absenkung der Eingriffsschwelle erscheint jedenfalls angemessen, weil sich Szenarien einer Platzverweisung regelmäßig in öffentlichkeitswirksamen Kontexten ereignen werden, in denen es die Integrität und Integrationskraft des Staates beschädigen würde, wenn die Mitglieder seiner Verfassungsorgane Pöbeleien, Bedrängungen usw ohne Eingriffsmöglichkeiten ihrer Schutzbeamten ausgesetzt wären.

85 In jedem Falle ist erforderlich, dass durch die Gefahr – zumindest auch – Schutzpersonen oder Räumlichkeiten nach § 6 Abs. 1 BKAG betroffen sind. Dabei wird die **Mehrfachnutzung von Flächen oder Räumen** in der Praxis keine Probleme bereiten.[91] Auch wenn sich in solchen Situationen eine Gefahr primär gegen Dritte oder gegen solche Räume richtet, die nicht von § 6 Abs. 1 BKAG erfasst sind, ist das Handlungsprogramm der Personenschutzbeamten klar. Entweder die Gefahr wirkt sich auf die Schutzperson aus, so dass eine Platzverweisung nach § 63 Abs. 5 Var. 1 BKAG in Betracht kommt. Soweit dagegen die Gefahr für die Schutzperson gänzlich irrelevant sein sollte (etwa Störungen, die sich nur auf eine Veranstaltung, nicht aber unmittelbar auf die daran teilnehmenden Schutzpersonen auswirken), ist nicht das BKA, sondern die **Landespolizei** zuständig; gegebenenfalls kann auch ein **Hausrechtsinhaber** handeln.[92] In solchen Situationen werden sich die Personenschutzbeamten in aller Regel keinem akuten Handlungsdruck oder -bedarf ausgesetzt sehen. Unter Umständen können sie die handelnde Landespolizei im Rahmen der Amtshilfe (§§ 4 ff. VwVfG) unterstützen. In Eilfällen kommt zudem eigenes Handeln nach dem jeweiligen Landesrecht in Betracht (→ § 6 Rn. 62), gegebenenfalls auch zur Durchsetzung der Positionen von Hausrechtsinhabern.

86 a) **Platzverweisung.** Eine Platzverweisung nach § 63 Abs. 5 Var. 1 BKAG beinhaltet das verpflichtende Gebot, sich von einem bestimmten Ort zu entfernen (→ § 54 Rn. 16). Darin liegt ein Eingriff in das Grundrecht der allgemeinen Handlungsfreiheit nach Art. 2 Abs. 1 GG, nicht aber in Art. 2 Abs. 2 S. 2 oder gar Art. 11 Abs. 1 GG (eingehend zur Grundrechtsrelevanz des Platzverweises → § 54 Rn. 3 ff.).[93] Da eine Platzverweisung andernfalls nicht sinnvoll wäre, enthält sie der Sache nach **stets ein anschließendes Betretungsverbot**, dh die Verpflichtung, den Ort auch für eine gewisse Zeit nicht aufzusuchen. Dies ergibt sich auch aus dem Wortlaut des § 63 Abs. 5 Var. 1 BKAG, der davon spricht, dass „vorübergehend" verwiesen wird, dh die Verweisung entfaltet automatisch eine Wirkung von einiger zeitlicher Dauer. Die Platzverweisung wird in aller Regel mündlich ergehen. Auch eine konkludente Vornahme, etwa durch unmissverständliche Gesten, ist möglich. Die Platzverweisung kann sich auch an eine Mehrzahl von Personen gleichzeitig richten; sie ergeht dann als adressatenbezogene Allgemeinverfügung nach § 35 S. 2 Var. 1 VwVfG.[94]

87 Die **Platzverweisung ist eine ortsgebundene und vorübergehende Maßnahme**; sie ist in räumlicher und zeitlicher Hinsicht zu begrenzen.[95] In räumlicher Hinsicht ist bei der Aussprache der Platzverweisung der Ort, von dem verwiesen wird, näher zu beschreiben. Eine metergenaue Abmessung ist freilich nicht erforderlich; dem Betroffenen sind aber im Interesse hinreichender Bestimmtheit die **groben räumlichen Grenzen** zu ver-

88 BT-Drs. 13/1550, 34.

89 Vgl. (jeweils zur Generalklausel des § 14 BPolG) Wehr BPolG § 14 Rn. 19 f.; insbesondere auch zur grundsätzlichen Berechtigung des Schutzguts der öffentlichen Ordnung Schenke/Graulich/Ruthig/Schenke BPolG § 14 Rn. 15 ff.

90 Die öffentliche Sicherheit ist erst betroffen, wenn es um Verstöße gegen Rechtsvorschriften geht, zur Abgrenzung vgl. etwa Thiel, POR, § 8 Rn. 36 f.; vgl. auch Lassahn AöR 143 (2018), 471 (506 ff.). Andererseits muss auch für eine Gefahr für die öffentliche Ordnung das Maß einer bloßen (grundsätzlich hinzunehmenden) Belästigung überschritten sein, vgl. Kingreen/Poscher, POR, § 8 Rn. 3.

91 Mit anderer Vermutung Schenke/Graulich/Ruthig/Graulich BKAG § 63 Rn. 23.

92 In dem umgekehrten Fall, dass sich die Störung doch auf die Schutzperson auswirkt, kann auch das BKA zur Ausübung des Hausrechts ermächtigt werden. Es handelt sich dabei nicht um die Wahrung privater Rechte durch die Polizei, sondern umgekehrt um die einvernehmliche Zurverfügungstellung privater Rechte zwecks Erledigung einer öffentlichen Aufgabe (aus § 6 BKAG), vgl. → Rn. 165.

93 So die hM, s. BVerfG Beschl. v. 25.3.2008 – 1 BvR 1548/02 –, BeckRS 2008, 142691, Rn. 20; Dürig/Herzog/Scholz/Durner GG Art. 11 (2020) Rn. 83; ebenso Schenke/Graulich/Ruthig/Schenke BPolG § 38 Rn. 5, mwN Dagegen nimmt etwa Wehr BPolG § 38 Rn. 1 einen Eingriff in Art. 2 Abs. 2 S. 2 GG an. Dagegen spricht aber, dass die Platzverweisung als solche kein Element körperlichen Zwangs aufweist. Allgemein zur Systematik freiheitsbeschränkender Maßnahmen im Rahmen des § 63 BKAG → Rn. 127 ff.

94 Zu alldem Schenke/Graulich/Ruthig/Schenke BPolG § 38 Rn. 11.

95 Wehr BPolG § 38 Rn. 1; Schenke/Graulich/Ruthig/Schenke BPolG § 38 Rn. 7.

deutlichen. Es muss sich um eine **überschaubare Örtlichkeit** handeln,[96] wie sich bereits aus dem Begriff des „Platzes" ergibt, von dem verwiesen werden darf. Dabei kann es sich beispielsweise um einen Straßenzug, einen Veranstaltungsbereich oder um Gebäude oder Teile davon handeln. Ausgeschlossen ist jedenfalls eine Verweisung, die sich auf das gesamte Gebiet eines Bezirks, einer Gemeinde oder auf wesentliche Teile davon beziehen würde. Hierfür wäre ein **Aufenthaltsverbot** erforderlich (sog. qualifizierter Platzverweis, vgl. dazu → § 54 Rn. 15 und → § 55 Rn. 12), das in den §§ 63 ff. BKAG nicht vorgesehen ist.[97] In zeitlicher Hinsicht kann die Platzverweisung schon nach dem Wortlaut des § 63 Abs. 5 Var. 1 BKAG nur „vorübergehend" wirken. Die Platzverweisung ist keine Verbannung. In Abgrenzung zum Aufenthaltsverbot lässt sich annehmen, dass die **Wirkung der personenschutzrechtlichen Platzverweisung auf höchstens 24 Stunden** begrenzt ist.[98] Eine solche feste zeitliche Obergrenze ist aus Gründen der Rechtssicherheit vorzugswürdig.[99] Der Maximalzeitraum von 24 Stunden wird auch der Funktion der Platzverweisung angemessen gerecht, eine akute lokale Gefahrensituation durch Beruhigung der Lage zu bereinigen; denn mehr als zwei Wechsel zwischen Tag und Nacht sind dafür typischerweise nicht erforderlich. Unterhalb dieser Obergrenze wird sich die **konkrete zeitliche Dauer** der Platzverweisung im Einzelfall in aller Regel **aus den Umständen und dem unter Einbeziehung der Verhältnismäßigkeit Gebotenen** ergeben. Dabei kann etwa die Dauer einer Veranstaltung, die der Störer zu beeinflussen sucht, eine Rolle spielen.

Die **zwangsweise Durchsetzung der Platzverweisung** richtet sich vor allem nach dem VwVG und kann ins- 88
besondere auch unter Anwendung unmittelbaren, körperlichen Zwangs (Abführen, Abdrängen, Wegtragen usw) erfolgen. In Betracht kommt auch das Verbringen des Betroffenen an einen anderen Ort, insbesondere an eine Polizeidienststelle. Hierin liegt aber regelmäßig eine Ingewahrsamnahme (für die Dauer der Verbringung sog. **Verbringungsgewahrsam** → Rn. 133), die an Art. 2 Abs. 2 S. 2, Art. 104 GG und an § 63 Abs. 8 S. 1 BKAG zu messen ist; es liegt dann eine Freiheitsentziehung vor, welche die besonderen Anforderungen des Art. 104 Abs. 2 GG auslöst.[100] Dafür trifft § 63 Abs. 8 S. 2 BKAG iVm Vorschriften des BPolG weitere Regelungen (→ Rn. 141 ff.). Für die Verbringung kann zusätzlich noch auf die Generalklausel des § 63 Abs. 1 S. 1 BKAG zurückgegriffen werden, um die in der Verbringung über die Ingewahrsamnahme hinaus enthaltene Ortsveränderung abzudecken.[101]

Richtet sich die **Platzverweisung gegen eine Ansammlung**, ist ihre **Nichtbefolgung nach § 113 OWiG buß-** 89
geldbewehrt, sofern die Platzverweisung rechtmäßig war und eine dreimalige Aufforderung zum Auseinandergehen nicht befolgt wurde.[102]

b) **Betretungsverbot.** Wie gesehen beinhaltet jede Platzverweisung auch ein Verbot, den jeweiligen Platz in 90
absehbarer Zeit nach dem Ausspruch der Platzverweisung wieder zu betreten. Daneben eröffnet § 63 Abs. 5 Var. 2 BKAG die zusätzliche Befugnis, auch ohne vorausgehende Platzverweisung ein **selbstständiges Betretungsverbot** auszusprechen. Dies wird insbesondere in Betracht kommen, wenn bereits im Vorfeld einer Veranstaltung, an der Schutzpersonen nach § 6 Abs. 1 BKAG teilnehmen, Umstände bekannt sind oder werden, die befürchten lassen, dass ein räumliches Zusammentreffen zwischen dem Betroffenen und einer Schutzperson zu Schädigungen an einem dem Aufgabenbereich des § 6 Abs. 1 BKAG zuzuordnenden Schutzgut führen wird. Solche Erkenntnisse können sich insbesondere aus einer im Vorfeld von Veranstaltungen vorgenommenen **Personenüberprüfung** (→ Rn. 160 ff.) ergeben.

Für die Ausgestaltung und Wirkweise des Betretungsverbots gelten die Ausführungen zur Platzverweisung 91
entsprechend. Dies betrifft insbesondere die **begrenzte räumliche und zeitliche Reichweite** (→ Rn. 87). Ein **Aufenthaltsverbot** als dauerhafte Maßnahme steht dem BKA im Rahmen der Erfüllung von Aufgaben nach § 6 Abs. 1 BKAG nicht zur Verfügung (→ Rn. 87).

Um Personen für größere Zeiträume von bestimmten Orten fernzuhalten, kommt es aber in Betracht, bei 92
dem Inhaber des jeweiligen Hausrechts ein längerfristiges oder gar dauerhaftes **Hausverbot** anzuregen.[103]

96 So auch Wehr BPolG § 38 Rn. 2.

97 Schenke/Graulich/Ruthig/Schenke BPolG § 38 Rn. 10.

98 Wehr BPolG § 38 Rn. 2; Borsdorff in Möllers (Hrsg.), Wörterbuch der Polizei, 3. Aufl. 2018, S. 1679 (1679); Schenke/Graulich/Ruthig/Schenke BPolG § 38 Rn. 8 f.

99 Der Ansatz, die Dauer auf den Zeitraum festzulegen, der zur Abwehr der Gefahr erforderlich ist (so die Rechtsprechung vor allem im Gewaltschutzkontext, s. etwa VG München Beschl. v. 20.7.2007 – M 7 S 07.2792 –, BeckRS 2007, 36564; zur Literatur vgl. die Nachw. bei Schenke/Graulich/Ruthig/Schenke BPolG § 38 Rn. 8), kann nicht überzeugen, da hierdurch eine – aus rechtsstaatlichen Gründen angezeigte – effektive Begrenzung der Maximaldauer nicht gewährleistet ist. Bei Dauergefahren ist gegebenenfalls ein Betretungsverbot (→ Rn. 90 ff.) zu erwägen.

100 Grundsätzlich zur Systematik freiheitsbeschränkender Maßnahmen im Rahmen des § 63 BKAG → Rn. 127 ff.

101 Deren Voraussetzungen werden aber ohnehin regelmäßig vorliegen, wenn die Bedingungen einer Ingewahrsamnahme erfüllt sind. Insgesamt zum Verbringungsgewahrsam vgl. etwa Maaß NVwZ 1985, 151; Schucht DÖV 2011, 553; Lisken/Denninger/Graulich, HdbPolR, E Rn. 550 ff.

102 Schenke/Graulich/Ruthig/Schenke BPolG § 38 Rn. 15.

103 Zur Rolle des privaten Hausrechts im Personenschutz vgl. auch → Rn. 85, 165.

Voraussetzung dafür ist freilich, dass die **Übermittlung der dafür notwendigen personenbezogenen Daten** nach den jeweils einschlägigen Vorschriften zulässig ist. Insbesondere ist **§ 25 BKAG** zu beachten (im Fall des § 25 Abs. 2 Nr. 2 sowie Abs. 3 S. 1 jeweils iVm § 12 Abs. 2–Abs. 4 BKAG). Demnach muss großes Augenmerk vor allem auf der Frage liegen, ob die Übermittlung im jeweiligen Einzelfall tatsächlich erforderlich ist. Dabei kann es auch darauf ankommen, ob sich die fragliche Gefahr stattdessen durch andere Maßnahmen des Personenschutzes – erhöhter Kräfteansatz, organisatorische Maßnahmen vor Ort und ähnliches – bewältigen lässt. Jedenfalls bei Räumlichkeiten in privater Hand wird dies aber regelmäßig nicht der Fall sein; für solche Orte ist aber ohnehin gut vorstellbar, dass der Hausrechtsinhaber schnell auf eigene Initiative tätig wird (bspw. Restaurantbetreiber, dessen Stammgast eine Schutzperson nach § 6 Abs. 1 BKAG ist).

93 **7. Sicherstellung von Sachen (Abs. 6).** Nach § 63 Abs. 6 S. 1 BKAG kann das BKA zur Abwehr einer gegenwärtigen Gefahr für die zu schützenden Personen oder Räumlichkeiten eine Sache sicherstellen. Für die Sicherstellung wird in § 63 Abs. 6 S. 2 BKAG die entsprechende Geltung der §§ 48–50 BPolG angeordnet. Bei der Sicherstellung handelt es sich um einen **Verwaltungsakt** (Anordnung der Sicherstellung, → § 60 Rn. 13) sowie um einen **Realakt** (tatsächliche Durchführung der Sicherstellung, → § 60 Rn. 14). Die Anordnung der Sicherstellung als Verwaltungsakt ist dem Betroffenen nach § 41 VwVfG bekanntzugeben; ist dies nicht möglich oder würde eine vorherige Bekanntgabe den Zweck der Maßnahme vereiteln, lässt sich an die unmittelbare Ausführung nach § 63 Abs. 1 S. 3 BKAG iVm § 19 BPolG oder an Sofortvollzug nach § 6 Abs. 2 VwVG denken.[104] Der Betroffene ist dann unverzüglich im Nachhinein zu benachrichtigen (§ 19 S. 2 BPolG).

94 **a) Tatbestand: Gegenwärtige Gefahr.** Für die tatbestandliche Voraussetzung des § 63 Abs. 6 S. 1 BKAG, dass eine Gefahr für die nach § 6 Abs. 1 BKAG zu schützenden Personen oder Räumlichkeiten vorliegen muss, gelten die Ausführungen zur Platzverweisung nach § 63 Abs. 5 BKAG entsprechend (→ Rn. 84 f.). Im Fall des § 63 Abs. 6 S. 1 BKAG ist darüber hinaus erforderlich, dass die Gefahr auch „gegenwärtig" ist. Die Eingriffsschwelle ist also jedenfalls hinsichtlich der geforderten **zeitlichen Dringlichkeit** erhöht.[105] Verbreitet werden auch erhöhte Anforderungen an die Wahrscheinlichkeit des Schadenseintritts gestellt.[106] Das überzeugt letztlich aber nicht, weil der Begriff „gegenwärtig" sich eindeutig auf eine zeitliche Dimension bezieht.[107] Es ist zwar davon auszugehen, dass sich bei einem engeren zeitlichen Zusammenhang meist auch verlässlichere Wahrscheinlichkeitsurteile fällen lassen. Dies ist dann aber lediglich eine typische Folge, nicht aber eine eigenständige Voraussetzung des Zusatzkriteriums der Gegenwärtigkeit.[108] Sofern die besonderen Anforderungen an den zeitlichen Zusammenhang iSd folgenden Ausführungen verstanden werden, dürften sich beide Ansätze in aller Regel ohnehin überschneiden.

95 In jedem Fall geht es nicht darum, eine abstrakte Obergrenze für den Zeitraum aufzustellen, der zwischen dem Erkennen der Gefahr und dem Eingreifen liegen darf. Vielmehr ist auch der Begriff „gegenwärtig" einer gewissen Flexibilität zugänglich und weist letztlich ein **wertendes Moment** auf. Denn er bezieht sich auf den Begriff der Gefahr, der seinerseits eine (Be-)Wertung der jeweiligen Situation voraussetzt. Dies wird auch Sinn und Zweck polizeirechtlicher Normen gerecht, denen es in erster Linie um die effektive Gefahrenabwehr geht. Auch die Rechtsprechung legt sich nicht auf starre zeitliche Grenzen fest, sondern verlangt für die gegenwärtige Gefahr einen **„besonders engen zeitlichen Zusammenhang"**.[109] Dies eröffnet einen gewissen Spielraum. Insbesondere gilt auch hier, dass desto geringere Anforderungen zu stellen sind, je hochwertiger das zu schützende Rechtsgut ist. Im Ergebnis lässt sich eine Gefahr als gegenwärtig bezeichnen, wenn zu ihrer Bewältigung **unmittelbares Handeln geboten** erscheint. Hierfür kann es auch maßgebend

104 S. Schenke/Graulich/Ruthig/Schenke BPolG § 47 Rn. 6. Zur umstrittenen und unklaren Abgrenzung der beiden Institute vgl. etwa Kaniess LKV 2013, 401; Stelkens/Bonk/Sachs/Stelkens, VwVfG, 9. Aufl. 2018, § 35 R. 93 ff.; Schenke/Graulich/Ruthig/Baumeister Vorb. VwVG §§ 6–18 Rn. 10 ff.; Windoffer in Mann/Sennekamp/Uechtritz (Hrsg.), VwVfG, 2. Aufl. 2019, § 35 Rn. 104 ff.; Lemke in Fehling/Kastner/Störmer (Hrsg.), Verwaltungsrecht, 5. Aufl. 2021, VwVG § 6 Rn. 42 ff. Auf die Abgrenzung wird es in der Praxis kaum ankommen, da die rechtlichen Voraussetzungen weitgehend identisch sind. Im Ergebnis ist die Sicherstellung so oder so in erheblichen und eiligen Situationen auch ohne vorherige Bekanntgabe des betroffenen Inhabers der Sache möglich.

105 S. etwa BeckOK-POR NRW/Ogorek/Traub PolG NRW § 34a Rn. 14 (2022).

106 S. Wehr BPolG § 14 Rn. 30 sowie den dort erwähnten § 2 Nr. 3 lit. a BremPolG, der freilich für das BKAG nicht verbindlich ist. Demnach ist eine gegenwärtige Gefahr „eine Sachlage, bei der die Einwirkung des schädigenden Ereignisses bereits begonnen hat oder bei der diese Einwirkung unmittelbar oder in allernächster Zeit mit einer an Sicherheit grenzenden Wahrscheinlichkeit bevorsteht"; ähnlich § 3 Abs. 3 Nr. 2 SOGMV. S. auch Lisken/Denninger/Graulich, HdbPolR, E Rn. 609; Schenke/Graulich/Ruthig/Schenke BPolG § 14 Rn. 27, § 20 Rn. 4, § 47 Rn. 8; Schmidbauer/Steiner/Schmidbauer, BayPAG, Art. 11 Rn. 77 f.

107 Wohl mit ähnlichem Verständnis wie hier BVerfG Urt. v. 20.4.2016 – 1 BvR 966/09 ua –, BVerfGE 141, 220 (271 f., Rn. 111). Zum Begriff der „unmittelbaren" Gefahr → Fn. 25.

108 Vgl. auch BVerwG Urt. v. 26.2.1974 – I C 31/72 –, BVerwGE 45, 51 (58), mit Verweis auf OVG Saarlouis Urt. v. 17.5.1973 – I R 59/71 –, DÖV 1973, 863.

109 BVerfG Urt. v. 20.4.2016 – 1 BvR 966/09 ua –, BVerfGE 141, 220 (271 f., Rn. 111); s. auch BVerwG Urt. v. 26.2.1974 – I C 31/72 –, BVerwGE 45, 51 (57 f.).

sein, ob sich durch weiteres Zuwarten die **Chancen der Gefahrenabwehr** signifikant verschlechtern würden.[110] Es kann jedenfalls nicht darum gehen, so lange zuzuwarten, bis bereits eine Störung eingetreten ist oder bspw. ein Täter schon zum Versuch einer Straftat unmittelbar angesetzt hat. Auch wenn beispielsweise bekannt würde, dass eine verwirrte Person, die einer Schutzperson regelmäßig nachstellt, sich ausgestattet mit einer Jagdwaffe auf dem Weg zu einer Veranstaltung der Schutzperson befindet, kann eine gegenwärtige Gefahr iSd § 63 Abs. 6 S. 1 BKAG vorliegen.

Die relevante **Gefahr** kann **von der Sache selbst** ausgehen (bspw. beleidigende Plakate, biologische Schadstoffe, bissige Tiere) oder sich **aus der Art ihrer (drohenden) Verwendung** ergeben (bspw. potenziell gefährliche Werkzeuge).[111] Denkbar ist auch, dass eine Sache nicht wegen ihrer Gefährlichkeit, sondern zur Abwendung von *ihr selbst* drohenden Gefahren, dh **zugunsten ihres Inhabers**, sichergestellt wird (bspw. Bargeld[112] oder Wertsachen, die einer Schutzperson abhandengekommen sind).[113] Die Gefahr kann sich aber **auch anderweitig ergeben**, wobei stets Voraussetzung ist, dass die Sicherstellung einen (verhältnismäßigen) Beitrag zur Gefahrenabwehr leisten kann. Im Polizeirecht ist der Fall, dass die Sicherstellung dazu dienen soll, mithilfe der sichergestellten Sache eine Gefahr zu bekämpfen, durchaus geläufig (bspw. Sicherstellung einer Wohnung zur Einweisung eines Obdachlosen).[114] Anwendungsfälle aus dieser Kategorie dürften im Rahmen der Erfüllung der Aufgabe nach § 6 Abs. 1 BKAG aber allenfalls selten vorkommen (bspw. Sicherstellung eines Mobilfunkgeräts → Rn. 104, um auf diesem gespeicherte gefahrenabwehrrelevante Informationen zu erheben). 96

b) **Rechtsfolge: Sicherstellung einer Sache.** Wenn der Tatbestand des § 63 Abs. 6 S. 1 BKAG vorliegt, kann das BKA eine Sache sicherstellen. Sicherstellung meint die zum Zwecke der Gefahrenabwehr erfolgende **Begründung polizeilichen Gewahrsams** an der Sache. Es wird grundsätzliche eine alleinige **hoheitliche Sachherrschaft (Verstrickung)** hergestellt (→ § 60 Rn. 12, 28 ff.),[115] deren Bruch nach § 136 StGB strafbar ist. Die Sicherstellung iSd § 63 Abs. 1 BKAG umfasst alle Arten der Begründung polizeilichen Gewahrsams an fremden Sachen.[116] 97

Eine Sache idS ist **jeder körperliche Gegenstand** (→ § 60 Rn. 6 ff.). Das umfasst nach dem allgemeinen Rechtsgedanken des § 90a S. 3 BGB auch Tiere. Es kann sich um **bewegliche oder unbewegliche Sachen** handeln.[117] Geht es um das Sichern von unbeweglichen Gegenständen, dh solchen, die mit dem Erdboden fest verbunden sind, kommt alternativ oft das Aussprechen von Platzverweisungen oder Betretungsverboten in Betracht (→ Rn. 86 ff., 90 ff.). Der Rückgriff auf die Ermächtigungsgrundlage des § 63 Abs. 6 S. 1 BKAG ist zudem nur erforderlich, wenn es sich auch um eine **fremde Sache** handelt, dh eine solche, die sich im Allein- oder Miteigentum mindestens eines Rechtssubjekts befindet.[118] Soweit das BKA herrenlose Sachen „sicherstellt", handelt es sich hinsichtlich der Gewahrsamsbegründung nicht um einen Eingriff, weshalb eine Anwendung des § 63 Abs. 6 S. 1 BKAG insoweit nicht erforderlich wird. Dies gilt auch, wenn einer Person Besitz oder Gewahrsam entzogen werden muss, um an die herrenlose Sache zu gelangen (insofern kommt dann ein Vorgehen nach § 63 Abs. 1 BKAG in Betracht). 98

Soweit die **Durchsetzung der Sicherstellung** es erfordert, sich über den Willen des an der Sache Berechtigten hinwegzusetzen, ist auf Vollstreckung (vor allem nach dem VwVG) zurückzugreifen.[119] In Betracht kommt insbesondere die Anwendung unmittelbaren Zwangs nach § 12 VwVG (bspw. beim Entreißen eines Gegenstands). 99

c) **Umgang mit sichergestellten Sachen.** Für den Umgang mit einer sichergestellten Sache verweist § 63 Abs. 6 S. 2 BKAG auf die §§ 48 bis 50 BPolG. 100

§ 48 Abs. 1 BPolG bestimmt, dass sichergestellte Sachen in Verwahrung zu nehmen sind. Wenn die Beschaffenheit der Sachen das nicht zulässt oder die Verwahrung beim BKA unzweckmäßig erscheint, sind die Sachen auf andere geeignete Weise aufzubewahren oder zu sichern. In diesen Fällen kann die **Verwahrung** 101

110 Insofern besteht eine gewisse Parallele zu der Auffassung, die im Fall strafrechtlicher Unterlassungsdelikte ein unmittelbares Ansetzen zum Versuch in dem Zeitpunkt annimmt, von dem ab die Erfolgsabwendung aus der Sicht des Täters geboten ist, vgl. Lackner/Kühl/Kühl StGB § 22 Rn. 17, mwN.

111 Wehr BPolG § 47 Rn. 3, 5; Schenke/Graulich/Ruthig/Schenke BPolG § 47 Rn. 9.

112 Vgl. Wehr BPolG § 47 Rn. 1.

113 Im BPolG ist die entsprechende Variante eigenständig geregelt, s. § 47 Nr. 2 BPolG. Vgl. auch → Fn. 116.

114 Schenke/Graulich/Ruthig/Schenke BPolG § 47 Rn. 9.

115 Schenke/Graulich/Ruthig/Schenke BPolG § 47 Rn. 3.

116 Im Gegensatz dazu verwenden die Polizeigesetze der Länder den Begriff der Sicherstellung mitunter nur für den Fall, dass eine Sache im Interesse des Berechtigten in Gewahrsam genommen wird (bspw., um sie vor dem Verderben oder Abhandenkommen zu schützen); im Gegensatz dazu wird dort dann die Begründung von Gewahrsam gegen den Willen des Eigentümers als Beschlagnahme bezeichnet, vgl. Schenke/Graulich/Ruthig/Schenke BPolG § 47 Rn. 3.

117 Vgl. Schenke/Graulich/Ruthig/Schenke BPolG § 47 Rn. 4.

118 Schenke/Graulich/Ruthig/Schenke BPolG § 47 Rn. 5.

119 Kann die Anordnung der Sicherstellung nicht bekannt gegeben werden, ist auf unmittelbare Ausführung oder Sofortvollzug zurückzugreifen (→ Rn. 93).

einem Dritten übertragen werden. Nach § 48 Abs. 2 BPolG ist dem Betroffenen grundsätzlich eine Bescheinigung auszustellen, die den Grund der Sicherstellung erkennen lässt und die sichergestellten Sachen bezeichnet. Der Eigentümer oder der rechtmäßige Inhaber der tatsächlichen Gewalt ist unverzüglich zu unterrichten. In § 48 Abs. 3 BPolG ist geregelt, dass bei der Verwahrung Wertminderungen der Sache – soweit möglich – vorzubeugen ist. Nach § 48 Abs. 4 BPolG sind die verwahrten Sachen zu verzeichnen und so zu kennzeichnen, dass Verwechslungen vermieden werden.

102 § 49 BPolG enthält Regelungen zur **Verwertung von sichergestellten Sachen**. Eine Verwertung ist insbesondere möglich, wenn der Verderb oder eine wesentliche Wertminderung drohen, wenn die Verwahrung, Pflege oder Erhaltung mit unverhältnismäßig hohen Kosten oder Schwierigkeiten verbunden ist, oder unter gewissen Umständen auch dann, wenn die Sache nicht herausgegeben werden kann oder vom Berechtigten trotz Aufforderung nicht abgeholt wird. Die Verwertung erfolgt gem. § 49 Abs. 3 BPolG durch öffentliche Versteigerung. Ist die Verwertung nicht sinnvoll möglich, kommt auch eine **Vernichtung oder Unbrauchbarmachung** nach § 49 Abs. 4 BPolG in Betracht.

103 § 50 BPolG enthält Regelungen zur **Herausgabe** der sichergestellten Sache (oder gegebenenfalls des Erlöses aus der Verwertung) an den Betroffenen.

104 **d) Einzelfälle.** Wird ein **Mobiltelefon** oder ein anderes Kommunikationsgerät sichergestellt, umfasst die Sicherstellung nicht die Erhebung oder gar Auswertung der auf dem Gerät gespeicherten oder ersichtlichen Daten (→ § 60 Rn. 7). Soweit es um personenbezogene Daten geht, ist daher – neben der Sicherstellung des Geräts an sich nach § 63 Abs. 6 BKAG – ergänzend mindestens auf die allgemeinen Erhebungsvorschriften des BKAG zurückzugreifen, insbesondere § 9 Abs. 2 BKAG (→ § 9 Rn. 77 ff.).[120]

105 Soll ein **Fahrzeug** (oder eine andere Sache) lediglich *umgesetzt* werden, etwa weil es Fluchtwege für Schutzpersonen blockiert, handelt es sich nicht um eine Sicherstellung, weil und soweit kein längerfristiger hoheitlicher Gewahrsam an der Sache begründet wird. Die Umsetzung richtet sich vielmehr nach § 63 Abs. 1 S. 1 BKAG.[121]

106 Bei der Sicherstellung von zur Schau gestellten Gegenständen mit problematischen Schriftzügen oder Aufdrucken, etwa auf **Plakaten, Kleidungsstücken,** wird es regelmäßig um deren beleidigenden oder sonst störenden Gehalt gehen. Insofern ist insbesondere die grundrechtlich geschützte **Meinungsfreiheit zu beachten** (Art. 5 Abs. 1 S. 1 GG), die es auch und gerade den höchsten Repräsentanten des Staates grundsätzlich zumutet, mit Kritik und auch mit polemisierten Zuspitzungen konfrontiert zu werden. Grenzen sind dort erreicht, wo es um Schmähungen, Formalbeleidigungen, Bedrohungen usw geht.[122]

107 **8. Betretung und Durchsuchung von Wohnungen (Abs. 7).** Nach § 63 Abs. 7 S. 1 BKAG kann das BKA eine Wohnung ohne Einwilligung des Inhabers betreten und durchsuchen, wenn dies zur Abwehr einer gegenwärtigen Gefahr für Leib, Leben oder Freiheit einer zu schützenden Person unerlässlich ist. § 63 Abs. 7 S. 2 BKAG regelt, dass die Wohnung alle Wohn- und Nebenräume, Arbeits-, Betriebs- und Geschäftsräume sowie anderes befriedetes Besitztum umfasst. Für das Verfahren der Durchsuchung verweist § 63 Abs. 7 S. 1 BKAG auf § 46 BPolG. Bei Maßnahmen der Wohnungsdurchsuchung handelt es sich um **schwerwiegende Eingriffe** in das Grundrecht der **Unverletzlichkeit der Wohnung** nach Art. 13 Abs. 1 GG (→ § 61 Rn. 4 ff.).[123]

108 Durchsuchungsmaßnahmen enthalten einerseits die Anordnung der Durchsuchung gegenüber dem Betroffenen in Form eines **Verwaltungsakts** (→ § 61 Rn. 35). Bei der eigentlichen Betretung und Durchsuchung handelt es sich um **Realakte** (s. aber auch → § 61 Rn. 37).[124] Die Anordnung der Maßnahmen ist als Verwaltungsakt dem Betroffenen nach § 41 VwVfG bekanntzugeben; ist dies nicht möglich, lässt sich an die unmittelbare Ausführung nach § 63 Abs. 1 S. 3 BKAG iVm § 19 BPolG denken.[125] Sie ermöglicht auch **Durchsuchungsmaßnahmen ohne vorherige Bekanntgabe.**[126] Dies ist nach § 63 Abs. 1 S. 3 BKAG iVm § 19 S. 1 BPolG aber (nur) möglich, wenn der Zweck der Maßnahme andernfalls nicht oder nicht rechtzeitig erreicht werden könnte. Auch in solchen Fällen ist die Unterrichtung des Betroffenen aber gem. § 63 Abs. 1 S. 3 BKAG iVm § 19 S. 2 BPolG unverzüglich nachzuholen. Es handelt sich also lediglich um eine Maßnah-

120 Schenke/Graulich/Ruthig/Schenke BPolG § 47 Rn. 4.

121 Vgl. Wehr BPolG § 47 Rn. 3; Schenke/Graulich/Ruthig/Schenke BPolG § 47 Rn. 5.

122 Vgl. BVerfG Beschl. v. 3.6.1987 – 1 BvR 313/85 –, BVerfGE 75, 369 (380); Beschl. v. 8.12.2020 – 1 BvR 842/19 –, BeckRS 2020, 38103; OLG Hamburg Urt. v. 15.5.2018 – 7 U 34/17 –, ZUM-RD 2018, 484; Grimm NJW 1995, 1697 (1703 f.).

123 BVerfG Beschl. v. 26.5.1976 – 2 BvR 294/76 –, BVerfGE 42, 212 (219 f.); Beschl. v. 10.11.1981 – 2 BvR 1118/80 –, BVerfGE 59, 95 (97); Urt. v. 20.2.2001 – 2 BvR 1444/00 –, BVerfGE 103, 142 (150 f.).

124 S. Schenke/Graulich/Ruthig/Schenke BPolG § 45 Rn. 4.

125 Ebenfalls in Betracht kommt das Mittel des Sofortvollzugs nach § 6 Abs. 2 VwVG. Die Abgrenzung zwischen unmittelbarer Ausführung und Sofortvollzug ist umstritten und unklar (→ Fn. 104). Auf die Abgrenzung wird es in der Praxis aber kaum ankommen, da die rechtlichen Voraussetzungen weitgehend identisch sind. Im Ergebnis ist eine Wohnungsdurchsuchung so oder so in besonders erheblichen und eiligen Situationen auch ohne vorherige Bekanntgabe des betroffenen Inhabers der Sache möglich.

126 Schenke/Graulich/Ruthig/Schenke BPolG § 45 Rn. 5, und zum Sofortvollzug Schenke/Graulich/Ruthig/Schenke BPolG § 19 Rn. 6.

me mit zurückgestellter Unterrichtung; eine vollständig heimliche Wohnungsdurchsuchung ist nicht zulässig. Wegen des intensiven Eingriffs in das Grundrecht der Unverletzlichkeit der Wohnung nach Art. 13 Abs. 1 GG ist eine Durchsuchungsmaßnahme mit zurückgestellter Unterrichtung **nur in zwingenden Ausnahmefällen** denkbar.

§ 63 Abs. 7 S. 1 GG regelt Durchsuchungsmaßnahmen für den Bereich des § 6 Abs. 1 BKAG einheitlich und abschließend. Insbesondere ist ein Rückgriff auf die unmittelbare Ermächtigungsnorm in Art. 13 Abs. 7 GG darüber hinaus nicht erforderlich.[127] 109

a) **Tatbestand: Gegenwärtige Gefahr für bestimmte Rechtsgüter.** § 63 Abs. 7 S. 1 BKAG verlangt eine gegenwärtige Gefahr. Nach hM bedeutet dies, dass jedenfalls **in zeitlicher Hinsicht strengere Anforderungen** gelten als bei der regulären konkreten Gefahr. Eine gegenwärtige Gefahr lässt sich als eine Sachlage beschreiben, die bei ungehindertem Geschehensablauf in einen Schaden an einem relevanten Schutzgut umschlagen wird und zu deren Bewältigung **unmittelbares Handeln geboten** erscheint; verbreitet wird auch ein gesteigertes Wahrscheinlichkeitsmaß gefordert, was allerdings nicht ohne Weiteres überzeugt (→ Rn. 94 f.). 110

Zusätzlich wird in § 63 Abs. 7 S. 1 BKAG der Kreis der relevanten **Schutzgüter begrenzt**. Erfasst sind nur **Leib, Leben oder Freiheit** einer zu schützenden Person. Damit genügen Gefahren für die nach § 6 Abs. 1 S. 1 Nr. 2 BKAG zu schützenden Räumlichkeiten von vornherein nicht. Mit dem Begriff der „Freiheit" ist keineswegs jede Form der allgemeinen Handlungsfreiheit der Person erfasst, sondern vorrangig die körperliche Bewegungsfreiheit[128] und gegebenenfalls die Freiheit der Willensbildung und -betätigung in hinreichend schwerwiegenden Fällen (bspw. Nötigungs- oder Erpressungskonstellationen bei der Entführung von Angehörigen, die nicht schon ihrerseits zum Kreis der nach § 6 Abs. 1 S. 2 BKAG geschützten Personen zählen). 111

Neben der Erhöhung der Anforderungen an Gefahrenschwelle und Schutzgüter normiert § 63 Abs. 7 S. 1 BKAG auch einen **besonderen Erforderlichkeitsmaßstab**. So sind Maßnahmen der Wohnungsdurchsuchung nur gestattet, wenn sie zur Abwehr der Gefahr **unerlässlich** sind. Dies bedeutet im Gegensatz zur regulären Erforderlichkeit, dass es nicht nur keine ebenso effektiven und zugleich milderen Maßnahmen geben darf, sondern dass es (in der Prognose) nicht möglich ist, die Gefahr anders als unter Durchführung von Maßnahmen der Wohnungsdurchsuchung zu bewältigen. Durchsuchungsmaßnahmen nach § 63 Abs. 7 S. 1 BKAG sind nur als ***ultima ratio*** zulässig.[129] 112

b) **Rechtsfolge: Betreten und Durchsuchen einer Wohnung.** Liegt der Tatbestand vor, kann das BKA nach § 63 Abs. 7 S. 1 BKAG eine Wohnung auch ohne Einwilligung des Inhabers **betreten und durchsuchen**. „Betreten" meint das physische Eindringen in die Wohnung und erfasst auch das Verweilen in der Wohnung zum Zwecke der (bloßen) Umschau. Es ist als Minus in jeder Durchsuchung enthalten und insofern vor allem zur Klarstellung noch einmal ausdrücklich in der Norm genannt (→ § 61 Rn. 33). Das „Durchsuchen" erlaubt darüber hinaus entsprechend dem üblichen Verständnis das gezielte Suchen in der Wohnung einschließlich der dafür erforderlichen Vorgänge wie dem Öffnen oder Verrücken von Möbelstücken usw (→ § 61 Rn. 36).[130] Betreten und Durchsuchen werden meist als einheitliches Durchsuchungsgeschehen zusammenfallen. Es ist aber auch denkbar, dass ein **bloßes Betreten** (samt Umschau) im Einzelfall ausreichen kann. Da es sich dann um eine deutlich **weniger invasive Maßnahme** als bei einer vollgültigen Durchsuchung handelt, sind im Rahmen der Verhältnismäßigkeit entsprechend geringere Anforderungen zu stellen. 113

Der **Begriff der Wohnung** ist grundsätzlich weit zu verstehen (im Einzelnen → § 61 Rn. 5 ff.).[131] Er meint jeden Raum, der einem Menschen allein oder gemeinsam mit anderen dazu dient, geschützt vor ungewolltem Eindringen jedweder Art von Seiten Dritter zu schlafen, zu essen, seine persönliche Habe aufzubewahren und allen anderen Aktivitäten nachzugehen, denen er unbehelligt von anderen nachzugehen wünscht, mit anderen Worten also die Stätte privaten Lebens und Wirkens.[132] § 63 Abs. 7 S. 2 BKAG umfasst neben Wohn- und Nebenräumen auch alle Arbeits-, Betriebs- und Geschäftsräume sowie anderes befriedetes Besitztum.[133] Um welche Art von Raum es sich handelt, kann insbesondere im Rahmen der **Verhältnismäßigkeit** einen Unterschied machen. Hier sind **Abstufungen** angezeigt. Je privater ein Raum ist, dh je größer seine Rolle für die persönliche Lebensgestaltung, je eher sein Charakter dem eines Rückzugsraums entspricht, 114

127 Vgl. Schenke/Graulich/Ruthig/Schenke BPolG § 45 Rn. 20. Zum Verständnis des Art. 13 Abs. 7 GG s. auch etwa Dürig/Herzog/Scholz/Papier GG Art. 13 (2015) Rn. 117 ff.

128 Vgl. Wehr BPolG § 14 Rn. 29.

129 Ebenso Schenke/Graulich/Ruthig/Graulich BKAG § 63 Rn. 29. Zur theoretisch denkbaren Kollision mit anderen Maßnahmen, die ebenfalls nur als *ultima ratio* zulässig sind (Ingewahrsamnahme nach § 63 Abs. 8 S. 1 BKAG), → Rn. 137.

130 Vgl. Wehr BPolG § 45 Rn. 2 f.

131 Dürig/Herzog/Scholz/Papier GG Art. 13 (2015) Rn. 10.

132 Dreier/Hermes GG I Art. 13 Rn. 16, mwN.

133 All diese Räume unterfallen auch dem Schutz des Art. 13 Abs. 1 GG. Zum verfassungsrechtlichen Hintergrund vgl. BVerfG Beschl. v. 26.5.1976 – 2 BvR 294/76 –, BVerfGE 42, 212 (219); Beschl. v. 24.5.1977 – 2 BvR 988/75 –, BVerfGE 44, 353 (371); Urt. v. 17.2.1998 – 1 BvF 1/91 –, BVerfGE 97, 228 (265).

desto größer werden die Anforderungen für angemessene Durchsuchungsmaßnahmen sein. Umgekehrt ist der Schutz geringer, je eher ein Raum(-teil) für eine Vielzahl von Personen bis hin zur Allgemeinheit zugänglich gemacht wird und je geringer seine Rolle für das Höchstpersönliche ist. Daher werden Durchsuchungsmaßnahmen in Geschäftsräumen regelmäßig eher zulässig sein als solche in Wohn- oder Schlafzimmern.[134]

115 Durch die Anordnung von Maßnahmen nach § 63 Abs. 7 S. 1 BKAG wird der Betroffene zur **Öffnung** der Wohnung, zum **Einlassen** der Kräfte und zum **Dulden** der erforderlichen Vorgänge (Umschau, Durchsuchung) verpflichtet.[135]

116 **Ziel der Maßnahme** kann das Aufspüren von Personen oder Sachen sein, von denen die tatbestandliche Gefahr ausgeht oder aber von Personen oder gegebenenfalls auch Sachen, denen eine solche Gefahr droht (bspw. eine entführte Schutzperson) oder deren drohende Verletzung die Gefahr für die Schutzperson begründet (bspw. entführte Angehörige, die nicht schon ihrerseits zum Kreis der nach § 6 Abs. 1 S. 2 BKAG geschützten Personen zählen).[136]

117 Die Maßnahmen nach § 63 Abs. 7 S. 1 BKAG sind sowohl **zur Tages- als auch zur Nachtzeit** möglich.[137] Auch bei der Wahl des Durchsuchungszeitpunkts ist allerdings der Grundsatz der Verhältnismäßigkeit zu beachten, weshalb Durchsuchungen zur Nachtzeit nur zulässig sind, wenn auch gerade dieser Zeitraum für das Gelingen einer zweckmäßigen Durchsuchung erforderlich erscheint.

118 c) **Verfahren bei Durchsuchungen, insbesondere Richtervorbehalt.** § 63 Abs. 7 S. 2 BKAG ordnet die entsprechende Geltung von § 46 BPolG an. Dieser wiederum regelt das **Verfahren**, das **bei Durchsuchungen** einzuhalten ist. Er gilt nicht für das bloße Betreten von Wohnungen (→ Rn. 113). Soweit es also in der Wohnung bei einem Verweilen zum Zwecke der bloßen Umschau bleibt, sind die erhöhten Verfahrenserfordernisse des § 46 BPolG (ebenso wie Art. 13 Abs. 2 GG) nicht einschlägig.[138]

119 Nach § 46 Abs. 1 S. 1 BPolG dürfen Durchsuchungen, außer bei Gefahr im Verzug, **nur durch den Richter angeordnet** werden. Zuständig ist nach § 46 Abs. 1 S. 2 BPolG das Amtsgericht, in dessen Bezirk die Wohnung liegt. Bei **Gefahr im Verzug** lässt § 46 Abs. 1 S. 1 BPolG auch eine Anordnung durch das BKA selbst zu. Gefahr im Verzug liegt vor, wenn bei vorheriger Einholung einer richterlichen Anordnung der Erfolg der Durchsuchung vereitelt oder erheblich gefährdet würde. Der Begriff ist eng auszulegen. Wenn das BKA von Gefahr im Verzug ausgeht, muss es in der Lage sein, dies eingehend zu begründen und in den Akten darzulegen.[139] Der **Kreis der Anordnungsbefugten** im Fall von Gefahr im Verzug wird im Gesetz nicht eingegrenzt, so dass grundsätzlich jedenfalls **jeder Beamte** in Betracht kommt.[140] Insbesondere ist nicht erforderlich, dass die Anordnung durch eine Ermittlungsperson der Staatsanwaltschaft (§ 152 GVG) getroffen wird, weil und soweit es sich nicht um eine strafprozessuale Maßnahme handelt.[141] Ebenfalls ist nicht erforderlich, dass das BKA in einem solchen Fall noch während oder nach Abschluss der Maßnahme eine **richterliche Überprüfung** einholt. Vielmehr ist dies – anders als etwa in den Fällen des Art. 13 Abs. 4 S. 2 Hs. 2 und Abs. 5 S. 2 Hs. 2 GG – überhaupt nicht vorgesehen.[142] Die Befugnis, eine richterliche Überprüfung herbeizuführen liegt vielmehr bei dem Betroffenen, dem nach Erledigung der Maßnahme die Erhebung der **Fortsetzungsfeststellungsklage** analog § 113 Abs. 1 S. 4 VwGO möglich ist.[143]

120 Im Übrigen sieht § 46 Abs. 2 S. 1 BPolG für das Verfahren der Durchsuchung ein **Anwesenheitsrecht des Wohnungsinhabers** vor. Hierüber ist der Wohnungsinhaber entsprechend § 25 Abs. 1 S. 2 VwVfG zu informieren.[144] Ist er abwesend, so ist nach § 46 Abs. 2 S. 1 BPolG, wenn möglich, sein Vertreter oder ein erwachsener Angehöriger, Hausgenosse oder Nachbar hinzuzuziehen.

134 Zu alledem Dürig/Herzog/Scholz/Papier GG Art. 13 (2015) Rn. 13 ff.

135 Vgl. Schenke/Graulich/Ruthig/Graulich BKAG § 63 Rn. 29. Zur Durchsuchung ohne vorherige Anordnung → Rn. 119 f.

136 Vgl. Wehr BPolG § 45 Rn. 7.

137 Dagegen differenziert § 45 BPolG insofern, gestattet aber in seinem Abs. 2 iVm seinem Abs. 1 Nr. 3 Durchsuchungen zur Nachtzeit gerade für solche Fälle, in denen – wie bei § 63 Abs. 7 S. 1 BKAG stets gegeben – eine gegenwärtige Gefahr für Leib, Leben oder Freiheit einer Person vorliegt.

138 Schenke/Graulich/Ruthig/Schenke BPolG § 46 Rn. 1. S. auch BVerwG Beschl. v. 7.6.2006 – 4 B 36/06 –, NJW 2006, 2504 (2505); Dreier/Hermes GG I Art. 13 Rn. 46.

139 Zu alldem Schenke/Graulich/Ruthig/Schenke BPolG § 46 Rn. 8.

140 Dies gilt jedenfalls für die gesetzliche Regelungslage. Intern können selbstverständlich andere Regelungen getroffen werden, die dann nach allgemeinen Regeln dienstrechtlich verbindlich sind. Allgemein zu Befugnissen von Beamten und Tarifbeschäftigten des BKA → § 37 Rn. 6 ff.

141 Vgl. Schenke/Graulich/Ruthig/Schenke BPolG § 46 Rn. 7.

142 Vgl. auch § 98 Abs. 2 S. 1 StPO als einfachgesetzliche ähnliche Regelungsmöglichkeit aus dem Kontext der Beschlagnahme.

143 Für den wohl eher hypothetischen Fall des Rechtsschutzes während noch laufender Maßnahmen soll nach § 46 Abs. 1 BPolG iVm §§ 23 ff. FamFG das Amtsgericht des Belegenheitsorts angerufen werden können. Zu alldem s. Schenke/Graulich/Ruthig/Schenke BPolG § 46 Rn. 9, sowie OVG Münster Urt. v. 25.2.1992 – 5 A 2200/90 –, NJW 1992, 2172.

144 Schenke/Graulich/Ruthig/Schenke BPolG § 46 Rn. 11.

Nach § 46 Abs. 3 BPolG ist dem Wohnungsinhaber oder seinem Vertreter der **Grund der Durchsuchung** unverzüglich, dh ohne nicht gerechtfertigte Verzögerung,[145] bekanntzugeben. Nach dem eindeutigen Wortlaut besteht diese Pflicht zur Bekanntgabe nur gegenüber dem Wohnungsinhaber oder seinem Vertreter, nicht gegenüber anderen Zeugen.[146] Es sind keine Ausführungen bis ins Detail zu machen, doch sind Erklärungen in einem Umfang nötig, der es dem Betroffenen ermöglicht, die Motivation für die Maßnahme zu erfassen. Insbesondere ist anzugeben, dass es sich um eine Maßnahme im Aufgabenbereich des § 6 BKAG handelt. All dies steht nach der ausdrücklichen Regelung in § 46 Abs. 3 BPolG unter dem Vorbehalt, dass durch die Darlegung des Grundes der Durchsuchung der **Zweck der Maßnahme nicht gefährdet** werden darf. Erfolgt die Durchsuchung aufgrund einer richterlichen Anordnung, in welcher der Grund der Durchsuchung benannt wird, erübrigt sich dessen zusätzliche Bekanntgabe durch das BKA, wenn die Anordnung dem Betroffenen ausgehändigt wird.[147] 121

Gemäß § 46 Abs. 3 BPolG ist über die Durchsuchung eine **Niederschrift** zu fertigen, welche die verantwortliche Dienststelle, Grund, Zeit und Ort der Durchsuchung enthält sowie von einem durchsuchenden Beamten und dem Wohnungsinhaber oder der zugezogenen Person zu unterzeichnen ist; wird die Unterschrift verweigert, so ist hierüber ein Vermerk aufzunehmen. Dem Wohnungsinhaber oder seinem Vertreter ist auf Verlangen eine Abschrift der Niederschrift auszuhändigen. 122

§ 46 Abs. 5 BPolG sieht die Möglichkeit vor, in besonderen Fällen von der Anfertigung der Niederschrift oder der Aushändigung einer Abschrift abzusehen; dann sind dem Wohnungsinhaber oder der hinzugezogenen Person lediglich die Durchsuchung unter Angabe der verantwortlichen Dienststelle sowie Zeit und Ort der Durchsuchung **schriftlich zu bestätigen.** 123

d) Insbesondere: Vorbeugende Durchsuchungsmaßnahmen. Neben der Gefahrenabwehrmaßnahme der Wohnungsdurchsuchung nach § 63 Abs. 7 BKAG kommen auch im Vorfeld konkreter Gefahren vorbeugende Durchsuchungsmaßnahmen in Betracht. Sie können iS eines effektiven und professionellen Personenschutzes insbesondere mit Blick auf Veranstaltungsorte geboten sein, an denen sich in absehbarer Zeit vorübergehend einzelne oder mehrere Schutzpersonen aufhalten werden. Bei solchen Maßnahmen handelt es sich **nicht um Grundrechtseingriffe**, weil und soweit sie entweder öffentliche Orte und Räumlichkeiten betreffen oder aber mit dem Einverständnis des jeweils berechtigten Privaten erfolgen. Soweit ein betroffener Privater sich nicht kooperationswillig zeigen sollte, ist die Teilnahme von Schutzpersonen nach § 6 BKAG an der fraglichen Veranstaltung bzw. ihr Aufenthalt in den jeweiligen Orten und Räumlichkeiten zu überprüfen. Auch wenn der Aufenthalt von Schutzpersonen in den jeweiligen Räumlichkeiten gegenüber dem berechtigten Privaten in Frage gestellt wird und dieser sich dadurch unter Druck gesetzt fühlt, liegt kein Grundrechtseingriff vor. Denn ein grundrechtlich hinterlegter Anspruch auf den Aufenthalt von Mitgliedern der Verfassungsorgane in seinen Räumlichkeiten steht niemandem zu. Dem Privaten bleibt die freie Wahl, ob er seine Räumlichkeiten durchsuchen lassen oder auf einen dortigen Aufenthalt der Schutzperson verzichten möchte. 124

9. Ingewahrsamnahme von Personen (Abs. 8). Nach § 63 Abs. 8 S. 1 BKAG kann das BKA eine Person in Gewahrsam nehmen, wenn dies unerlässlich ist, um die unmittelbar bevorstehende Begehung einer Straftat gegen die zu schützenden Personen oder Räumlichkeiten zu verhindern. Bei der Ingewahrsamnahme handelt es sich um eine **Freiheitsentziehung**, dh eine massive Form der Freiheitsbeschränkung nach Art. 2 Abs. 2 S. 2 GG (→ Rn. 129 f.; → § 57 Rn. 4 ff.).[148] § 63 Abs. 8 S. 2 BKAG verweist für das Verfahren, für die Behandlung Festgehaltener und für die Dauer der Maßnahme auf § 40 Abs. 1 und 2, auf § 41 und auf § 42 Abs. 1 S. 1 und Abs. 2 BPolG; damit soll den Anforderungen des Art. 104 GG Rechnung getragen werden.[149] 125

Die Ingewahrsamnahme beruht auf einer (gegebenenfalls konkludenten) Anordnung, die einen **Verwaltungsakt** darstellt. Bei der tatsächlichen Durchführung der Ingewahrsamnahme handelt es sich um einen **Realakt.**[150] 126

a) Systematik der freiheitsbeschränkenden Maßnahmen im Bereich des § 63 BKAG. Die Maßnahme nach § 63 Abs. 8 S. 1 BKAG zielt darauf, die Bewegungsfreiheit des Betroffenen aufzuheben, um eine unmittelbar bevorstehende Straftat zu unterbinden (sog. Unterbindungsgewahrsam).[151] Diese Zielrichtung ermöglicht es, § 63 Abs. 8 S. 1 zu solchen der **anderen Maßnahmen nach § 63 BKAG**, die zwar primär andere Zielrichtungen verfolgen, in deren Rahmen sich aber mitunter gleichwohl das Festhalten von Personen als erforder- 127

145 Schenke/Graulich/Ruthig/Schenke BPolG § 46 Rn. 14.
146 Im Ergebnis wie hier Schenke/Graulich/Ruthig/Schenke BPolG § 46 Rn. 14; aA Wehr BPolG § 46 Rn. 5.
147 Schenke/Graulich/Ruthig/Schenke BPolG § 46 Rn. 15.
148 Schenke/Graulich/Ruthig/Graulich BKAG § 63 Rn. 33.
149 BT-Drs. 13/1550, 34; Schenke/Graulich/Ruthig/Graulich BKAG § 63 Rn. 32.
150 Schenke/Graulich/Ruthig/Schenke BPolG § 39 Rn. 4.
151 Schenke/Graulich/Ruthig/Graulich BKAG § 63 Rn. 32.

lich erweisen kann, **abzugrenzen und ins Verhältnis zu setzen**. Zum besseren Verständnis ist zunächst der verfassungsrechtliche Hintergrund zu beleuchten.

128 aa) **Allgemeines.** Auf einer ersten Stufe stellt sich die Frage, unter welchen Umständen eine Maßnahme überhaupt einen **Eingriff in die persönliche Freiheit** begründet, die in Art. 2 Abs. 2 S. 2 sowie in Art. 104 GG besonders geschützt wird. Denn nur soweit dies der Fall ist, kommt es auf die Frage an, ob auch eine Freiheitsentziehung – als besondere Form des Eingriffs in die persönliche Freiheit – vorliegt und damit die besondere Rechtsgrundlage des § 63 Abs. 8 BKAG herangezogen werden muss. Soweit Art. 2 Abs. 2 S. 2 GG nicht betroffen ist, kommt ein Eingriff in das Auffanggrundrecht der allgemeinen Handlungsfreiheit nach Art. 2 Abs. 1 GG in Betracht.[152] Art. 2 Abs. 2 S. 2 GG schützt die physische Dimension der persönlichen Freiheit, vorrangig also die **körperliche Bewegungsfreiheit**. Ein Eingriff erfordert als Mindestvoraussetzung, dass jemand durch die öffentliche Gewalt gegen seinen Willen daran gehindert wird, einen Ort aufzusuchen oder sich dort aufzuhalten, der ihm an sich (tatsächlich und rechtlich) zugänglich ist.[153] Dabei ist für einen Eingriff in die persönliche Freiheit nach Art. 2 Abs. 2 S. 2 und Art. 104 GG zusätzlich erforderlich, dass sich der Staat des Einzelnen **physisch bemächtigt** und dadurch seine Freiheit aufhebt, sich von einem Ort zu entfernen. Erforderlich ist eine **körperliche Zwangswirkung**, dh beim Versuch des Sich-Entfernens vom fraglichen Ort müssen zumindest unmittelbar eingreifende Zwangsmaßnahmen zu befürchten sein. Die bloße Vorgabe des Aufenthalts an einem bestimmten Ort zu einer bestimmten Zeit genügt nicht.[154]

129 Auf einer zweiten Stufe stellt sich – wenn ein Eingriff in die persönliche Freiheit nach Art. 2 Abs. 2 S. 2 GG und Art. 104 GG vorliegt – die Frage, ob es sich um eine (bloße) **Freiheitsbeschränkung** oder um eine (eingriffsintensivere) **Freiheitsentziehung** handelt. Der Grund für diese Unterscheidung liegt darin, dass Art. 104 Abs. 2 GG nur für die Freiheitsentziehung einen Richtervorbehalt vorsieht (S. 1) und verlangt, dass bei jeder nicht auf richterlicher Anordnung beruhenden Freiheitsentziehung unverzüglich eine richterliche Entscheidung herbeizuführen ist (S. 2). Aus diesem Grund wurden für Freiheitsentziehungen auch besondere Ermächtigungsgrundlagen wie § 63 Abs. 8 BKAG geschaffen, die für bloße Freiheitsbeschränkungen nicht herangezogen werden müssen.[155] Ab wann eine Freiheitsentziehung vorliegt und wann eine Freiheitsbeschränkung in eine Freiheitsentziehung umschlagen kann, ist nicht in allen Details höchstrichterlich geklärt. Für eine Freiheitsentziehung als schwerste Form der Freiheitsbeschränkung ist aber jedenfalls erforderlich, dass eine **besondere Eingriffsintensität** erreicht wird und die fragliche Maßnahme von mehr als nur ganz kurzfristiger **Dauer** ist.[156] Dafür ist jedenfalls erforderlich, dass die Bewegungsfreiheit nach jeder Richtung hin aufgehoben ist,[157] etwa indem sie auf einen engen Raum begrenzt wird.[158]

130 Vor diesem Hintergrund lässt sich **für polizeiliche Maßnahmen** als Richtschnur identifizieren, dass Maßnahmen, bei denen die Aufhebung der Bewegungsfreiheit nicht das Primärziel ist, nicht in jedem Fall als Freiheitsentziehung iSd Art. 104 Abs. 2 GG einzuordnen sind. Handelt es sich vielmehr bei der Aufhebung der Bewegungsfreiheit lediglich um eine **unabdingbare Nebenfolge** oder Begleiterscheinung einer Maßnahme, die ihrerseits einen anderen Zweck verfolgt, ist regelhaft nicht damit zu rechnen, dass die gegebenenfalls einhergehende Freiheitsbeschränkung von erheblicher Intensität ist. In solchen Fällen ist folglich erst dann von einer Freiheitsentziehung auszugehen, wenn weitere Umstände hinzutreten, die eine hinreichende Intensität der Maßnahme begründen.[159] Das wiederum kann etwa der Fall sein, wenn entsprechend intensiver unmittelbarer Zwang bereits angewendet wird. Es ist insbesondere dann der Fall, wenn die mit der Maßnahme einhergehende Aufhebung der Bewegungsfreiheit einen gewissen Zeitraum überschreitet. Als Höchstgrenze kann ein **Zeitraum von drei Stunden** angenommen werden.[160] Unterhalb dieser zeitlichen

152 Vgl. auch, Dreier/Schulze-Fielitz GG I Art. 2 Abs. 2 Rn. 105; BeckOK-GG/Lang Art. 2 Rn. 87a (2022).

153 BVerfG Beschl. v. 15.5.2002 – 2 BvR 2292/00 –, BVerfGE 105, 239 (248); Urt. v. 24.7.2018 – 2 BvR 309/15 ua –, BVerfGE 149, 293 (319, Rn. 67).

154 Zu alldem vgl. auch → Rn. 58. Vgl. auch etwa Dreier/Schulze-Fielitz GG I Art. 2 Abs. 2 Rn. 102 ff. Für das Beispiel von Ausgangsbeschränkungen näher Greve/Lassahn NVwZ 2021, 665 (667 f.).

155 Vgl. etwa Barczak NZV 2010, 598 (600); Dreier/Schulze-Fielitz GG I Art. 104 Rn. 26, mwN.

156 BVerfG Beschl. v. 15.5.2002 – 2 BvR 2292/00 –, BVerfGE 105, 239 (248, 250); Urt. v. 24.7.2018 – 2 BvR 309/15 ua –, BVerfGE 149, 293 (319, Rn. 67).

157 BVerfG Urt. v. 14.5.1996 – 2 BvR 1516/93 –, BVerfGE 94, 166 (198); Beschl. v. 15.5.2002 – 2 BvR 2292/00 –, BVerfGE 105, 239 (248, 250); Urt. v. 24.7.2018 – 2 BvR 309/15 ua –, BVerfGE 149, 293 (319, Rn. 67).

158 Vgl. Dreier/Schulze-Fielitz GG I Art. 2 Abs. 2 Rn. 101.

159 Vgl. BeckOK-GG/Lang Art. 2 Rn. 87b (2022). Vgl. auch die Fallgruppen bei von Mangoldt/Klein/Starck/Starck GG I Art. 2 Rn. 240 ff.

160 Schenke/Graulich/Ruthig/Schenke BPolG § 40 Rn. 1, mwN Diese zeitliche Grenze erscheint plausibel, weil ab spätestens etwa drei Stunden des Verweilens typischerweise bestimmte biologische Grundbedürfnisse einsetzen (Durst, Harndrang), so dass ein weiteres gesichertes Festhalten eine gewisse Infrastruktur voraussetzt. Dann erscheint es aber auch angemessen, die besonderen Voraussetzungen der Freiheitsentziehung nach Art. 104 Abs. 2 GG anzuwenden. Zur Frage des entscheidenden Zeitraums vgl. auch Schepker FÜR 2011, 570 (573 f.). Insgesamt kritisch zum Kriterium einer auch die zeitliche Komponente berücksichtigenden Mindestintensität von Mangoldt/Klein/Starck/Gusy GG III Art. 104 Rn. 21.

Grenze ist es also möglich, dass ein vorübergehendes Festhalten, das sich lediglich als unabdingbare Nebenfolge oder Begleiterscheinung einer anderen Maßnahme darstellt, etwa ein kurzes Festhalten im Rahmen einer erkennungsdienstlichen Behandlung (→ Rn. 74 ff., 77 ff.), nicht als Freiheitsentziehung iSd Art. 104 Abs. 2 GG anzusehen ist und daher auch nicht das Erfordernis einer unverzüglichen richterlichen Entscheidung auslöst. Anderes kann freilich gelten, wenn bereits zu Beginn der Maßnahme absehbar ist, dass der Zeitraum von drei Stunden überschritten wird; dann kann bereits von vornherein, auch vor Ablauf des Drei-Stunden-Zeitraums, eine Freiheitsentziehung vorliegen.[161]

bb) Maßgaben für einzelne Befugnisse. Auf der Grundlage der vorangehenden Ausführungen gilt für die 131
Maßnahme der **Identitätsfeststellung** nach § 63 Abs. 2 Nr. 1 BKAG Folgendes: Zwar ermöglicht § 63 Abs. 2 Nr. 1 Hs. 2 BKAG iVm § 23 Abs. 3 S. 4 BPolG das Festhalten zum Zwecke der Identitätsfeststellung (→ Rn. 25 ff., 38 f.). Dabei geht es im Gegensatz zur Ingewahrsamnahme nach § 63 Abs. 8 S. 1 BKAG aber nicht darum, eine Gefahr abzuwehren, die sich aus der Anwesenheit einer Person an einem bestimmten Ort ergibt. Vielmehr dient das Festhalten lediglich dazu, die Identitätsfeststellung als Maßnahme der **Gefahrerforschung** durchsetzen zu können. Mithin ist das **Festhalten** der Person als freiheitsbeschränkende Maßnahme bloße **unabdingbare Nebenfolge** bei der Durchsetzung der Identitätsfeststellung. Soweit also die Maßnahme nur einen kurzen Zeitraum, **maximal drei Stunden**, in Anspruch nehmen wird und auch keine sonstigen Umstände hinzutreten, welche das Festhalten als besonders intensiv erscheinen lassen, wird regelmäßig lediglich eine Freiheitsbeschränkung, keine Freiheitsentziehung, vorliegen.[162] Ein Rückgriff auf § 63 Abs. 8 BKAG ist dann nicht erforderlich. Zudem ist unter den genannten Umständen mangels Einschlägigkeit des Art. 104 Abs. 2 S. 2 GG auch nicht erforderlich, dass bereits unverzüglich nach Beginn des Festhaltens eine **richterliche Entscheidung** herbeigeführt wird. Eine solche Pflicht ergibt sich dann auch nicht aus dem einfachen Gesetz. Zwar ordnet § 40 Abs. 1 BPolG – aus grundrechtlicher Sicht überobligatorisch – an, dass eine richterliche Entscheidung unverzüglich einzuholen ist, sobald eine Person festgehalten wird, und zwar unabhängig davon, ob (bereits) eine Freiheitsentziehung iSd Art. 104 Abs. 2 S. 2 GG vorliegt. Da aber innerhalb des § 63 BKAG nur § 63 Abs. 8 S. 2 BKAG auf § 40 Abs. 1 BPolG verweist und § 63 Abs. 2 Nr. 1 Hs. 2 BKAG nur auf die Ermächtigung zum Festhalten nach § 23 Abs. 3 S. 4 BPolG, nicht aber auf die – verfassungsrechtlich nicht gebotene – Pflicht des § 40 Abs. 1 BPolG, ist davon auszugehen, dass diese für das Festhalten einer Person im Rahmen der Identitätsfeststellung grundsätzlich nicht einschlägig ist. Anderes gilt freilich, sobald das einer Identitätsfeststellung dienende Festhalten unter den genannten Voraussetzungen **in eine Freiheitsentziehung umschlägt** – etwa, weil der Maximalzeitraum von drei Stunden überschritten wird oder dies von vornherein oder ab einem bestimmten Zeitpunkt absehbar ist, weil über längere Zeit besonderer körperlicher Zwang zum Festhalten angewendet wird oder weil andere erhebliche Umstände hinzukommen. Dann schlägt das bloße Festhalten in einen sog. **Identitätsgewahrsam** (vgl. → Rn. 38, 149) um, der nicht mehr von § 63 Abs. 2 Nr. 1 Hs. 2 BKAG iVm § 23 Abs. 3 S. 4 BPolG gedeckt ist. Dann bedarf die Maßnahme zusätzlich der Rechtsgrundlage des § 63 Abs. 8 S. 1 BKAG und es greift die Pflicht aus Art. 104 Abs. 2 S. 2 GG zur unverzüglichen Herbeiführung einer richterlichen Entscheidung.[163] § 63 Abs. 8 S. 2 BKAG iVm § 40 Abs. 1 BPolG bildet diese Pflicht auf einfachgesetzlicher Ebene nach; § 63 Abs. 8 S. 2 BKAG iVm § 40 Abs. 2 BPolG regelt Zuständigkeit und Verfahren für die richterliche Entscheidung.[164] **Für die Praxis** ist die Erkenntnis relevant, dass bei dem Festhalten von Personen zum Zwecke einer Identitätsfeststellung keine Pflicht zum unverzüglichen Herbeiführen einer richterlichen Entscheidung besteht, es sei denn, es ist oder wird absehbar, dass das Festhalten länger als **drei Stunden** dauern wird oder es kommen sonstige erhebliche Umstände hinzu, die das Festhalten intensivieren. Im Ergebnis wird letztlich oft kein großer Unterschied zur Verpflichtung nach § 40 Abs. 1 BPolG vorliegen. Denn § 40 Abs. 1 Hs. 2 BPolG sieht ohnehin vor, dass eine richterliche Entscheidung dann nicht unverzüglich herbeizuführen ist, wenn dies voraussichtlich längere Zeit in Anspruch nehmen würde, als zur Durchführung der Maßnahme notwendig wäre. Dies dürfte gerade bei Maßnahmen, die absehbar weniger als drei Stunden dauern, meist der Fall sein. Gleichwohl ist nicht ausgeschlossen, dass es einen Unterschied im Ergebnis machen kann, ob § 40 Abs. 1 BPolG anwendbar ist oder nicht.

Das Gleiche wie für das Festhalten im Zuge der Identitätsfeststellung gilt für das Festhalten im Rahmen 132
einer **Vorladung** (bzw. Vorführung) und **Befragung** nach § 63 Abs. 3 S. 1 BKAG sowie selbstverständlich auch für ein Festhalten, das **erkennungsdienstliche Maßnahmen** zum Zweck einer Identitätsfeststellung nach § 63 Abs. 4 S. 1 BKAG ermöglichen soll.

161 Zur Relevanz der Absehbarkeit vgl. BVerfG Urt. v. 24.7.2018 – 2 BvR 309/15 ua –, BVerfGE 149, 293 (319, Rn. 68; 336, Rn. 102).
162 Vgl. Schenke/Graulich/Ruthig/Schenke BPolG § 40 Rn. 1; von Münch/Kunig/Kunig/Kämmerer GG I Art. 2 Rn. 143.
163 Zudem greifen auch die übrigen Normen des BPolG, auf die § 63 Abs. 8 S. 2 BKAG verweist. Im Einzelnen → Rn. 145 ff.
164 Näher zur richterlichen Entscheidung und Fällen ihrer Entbehrlichkeit → Rn. 141 ff.

133 Anderes gilt mit Blick auf den im Anschluss an eine **Platzverweisung** nach § 63 Abs. 5 Var. 1 BKAG möglichen sog. **Verbringungsgewahrsam** (→ Rn. 88). Da die Platzverweisung selbst allenfalls zu einem ganz kurzfristigen Sich-Bemächtigen einer Person (etwa zum Wegtragen) befugt, bedarf jedes darüber hinausgehende Festhalten, dh insbesondere auch ein Verbringungsgewahrsam, der Ermächtigungsgrundlage des § 63 Abs. 8 BKAG[165] (neben der für die Ortsveränderung als solche erforderlichen Rechtsgrundlage des § 63 Abs. 1 BKAG). Dann sind auch § 63 Abs. 8 S. 2 BKAG und dessen Verweisung auf § 40 Abs. 1 BPolG usw einschlägig.

134 **b) Tatbestand: Unmittelbar bevorstehende Begehung einer Straftat, Unerlässlichkeit.** Der Tatbestand des § 63 Abs. 8 S. 1 BKAG **erhöht die Eingriffsvoraussetzungen** im Gegensatz zur Generalklausel des § 63 Abs. 1 S. 1 BKAG in drei Hinsichten. Erstens ist eine besondere Gefahrenschwelle erforderlich, zweitens wird der Kreis der relevanten Schutzgüter begrenzt und drittens wird eine besonders strenge Erforderlichkeitsprüfung verlangt.

135 Als Gefahrenschwelle fordert § 63 Abs. 8 S. 1 BKAG, dass die Begehung einer Straftat **unmittelbar bevorstehen** muss. Damit wird erstens eine gegenüber der gegenwärtigen Gefahr, die in § 63 Abs. 6 und Abs. 7 BKAG maßgeblich ist (→ Rn. 94 f., 110), noch einmal **gesteigerte zeitliche Nähe** des Schadensereignisses verlangt.[166] Für § 63 Abs. 8 S. 1 BKAG ist erforderlich, dass tatsächlich **in allernächster Zeit die befürchteten Straftaten** begangen zu werden drohen.[167] Es darf also **keine relevante zeitliche Zäsur mehr** zwischen dem Eingreifen und der Begehung der Straftat liegen. Die Voraussetzungen sind zugleich auch hinsichtlich der geforderten Wahrscheinlichkeit höher. Denn es wird nicht auf den insofern offeneren Begriff der „Gefahr" rekurriert, sondern verlangt ist schlicht „die unmittelbar bevorstehende Begehung" der relevanten Straftat. Davon kann aber nur die Rede sein, wenn mindestens eine **große Wahrscheinlichkeit** gegeben ist, dass es zur Begehung kommen wird.[168]

136 Der Kreis der **relevanten Schutzgüter** wird in § 63 Abs. 8 S. 1 BKAG insoweit begrenzt, als **nur Straftaten** gegen die zu schützenden Personen oder Räumlichkeiten ausreichen. Bloße Ordnungswidrigkeiten oder gar Störungen allein der öffentlichen Ordnung genügen nicht. Der Tatbestand ist damit einerseits enger als derjenige des § 63 Abs. 7 S. 1 BKAG (Wohnungsdurchsuchung), der formal keine Straftat verlangt (→ Rn. 111). Er ist aber andererseits in zweifacher Hinsicht weiter. Denn erstens werden in § 63 Abs. 8 S. 1 BKAG nicht nur die Rechtsgüter Leib, Leben oder Freiheit erfasst und zweitens genügen nicht nur Beeinträchtigungen zum Nachteil der Schutzpersonen (§ 6 Abs. 1 S. 1 Nr. 1 BKAG), sondern auch Straftaten, die sich auf die nach § 6 Abs. 1 S. 1 Nr. 2 BKAG zu schützenden Räumlichkeiten auswirken. Der insofern nicht ganz glückliche Wortlaut spricht von Straftaten „gegen die zu schützenden [...] Räumlichkeiten". Hierunter könnte theoretisch eine Situation fallen, in der eine Person in einer der Räumlichkeiten Sachen beschädigt, die im Eigentum nicht der Schutzperson (sondern bspw. des Bundes) stehen.

137 Darüber hinaus stellt § 63 Abs. 8 S. 1 einen **besonders strengen Erforderlichkeitsmaßstab** auf. Die Ingewahrsamnahme muss **unerlässlich** sein, um die drohende Straftat zu verhindern. Das setzt voraus, dass es nicht möglich ist, die Gefahr anders als unter Durchführung der Ingewahrsamnahme zu bewältigen. Die Ingewahrsamnahme nach § 63 Abs. 8 S. 1 BKAG ist nur als ***ultima ratio*** zulässig.[169] Da auch eine Wohnungsdurchsuchung nach § 63 Abs. 7 S. 1 BKAG ihrerseits nur als *ultima ratio* möglich ist (→ Rn. 112), kann sich theoretisch das Problem stellen, wie vorzugehen ist, wenn die Gefahr entweder durch die eine oder die andere der beiden Maßnahmen bewältigt werden kann. In solchen Lagen wäre diejenige Maßnahme zu wählen, die eine effektivere Gefahrenabwehr verspricht; wenn insofern keine Unterschiede bestehen sollten, wäre die Maßnahme zu wählen, die bei Berücksichtigung der Umstände des Einzelfalls den Betroffenen weniger belastet.

138 Auch im Rahmen der **Angemessenheit** als Teilgehalt des Grundsatzes der Verhältnismäßigkeit sind wegen des hohen Eingriffsgewichts der Ingewahrsamnahme strenge Anforderungen zu stellen.

139 **c) Rechtsfolge: Ingewahrsamnahme einer Person.** Liegt der Tatbestand vor, ermächtigt § 63 Abs. 8 S. 1 BKAG das BKA, eine Person in Gewahrsam zu nehmen. Gewahrsam bezeichnet das **mit hoheitlicher Gewalt hergestellte Rechtsverhältnis**, kraft dessen einer Person die Freiheit dergestalt entzogen wird, dass sie

165 Ebenso Schenke/Graulich/Ruthig/Schenke BPolG § 39 Rn. 9; wohl anders Wehr BPolG § 39 Rn. 1.

166 Die Begrifflichkeiten werden im Polizeirecht nicht gänzlich einheitlich verwendet. So wird bspw. in § 2 Nr. 3 lit. b BremPolG die „gegenwärtige Gefahr" darüber definiert, dass das Schadensereignis „unmittelbar [...] bevorsteht". Der Unterschied zwischen § 63 Abs. 8 S. 1 BKAG und § 63 Abs. 6 S. 1 und Abs. 7 S. 1 BKAG sowie die insgesamt sehr bewusst vorgenommenen Abstufungen im Rahmen des § 63 BKAG zeigen aber, dass die Gefahrenschwellen hier nicht einfach gleichgesetzt werden können.

167 So auch Schenke/Graulich/Ruthig/Schenke BPolG § 39 Rn. 10.

168 Schenke/Graulich/Ruthig/Schenke BPolG § 39 Rn. 10.

169 Ebenso Schenke/Graulich/Ruthig/Graulich BKAG § 63 Rn. 29.

von der Polizei in einer dem polizeilichen Zweck entsprechenden Weise verwahrt, dh daran gehindert wird, sich fortzubewegen.[170]

Es kann potenziell **jede natürliche Person** in Gewahrsam genommen werden. Bei der Ingewahrsamnahme **Minderjähriger** gelten freilich besonders strenge Anforderungen an die Verhältnismäßigkeit, weil sie die Verwahrung im Machtbereich einer staatlichen Institution typischerweise sehr viel intensiver und belastender erleben werden als Erwachsene.[171] 140

d) **Verfahren, insbesondere richterliche Entscheidung.** § 63 Abs. 8 S. 2 BKAG verweist für das bei der Ingewahrsamnahme zu beachtende Verfahren auf § 40 Abs. 1 und Abs. 2 BPolG. Gem. § 40 Abs. 1 BPolG hat das BKA **unverzüglich eine richterliche Entscheidung** über Zulässigkeit und Fortdauer der Freiheitsentziehung herbeizuführen, wenn eine Person aufgrund des § 63 Abs. 8 S. 1 BKAG festgehalten wird, dh, wenn eine Freiheitsentziehung vorliegt.[172] Dahinter steht die entsprechende Forderung des Art. 104 Abs. 2 S. 2 GG. Der **Betroffene kann** auf die richterliche Entscheidung **nicht wirksam verzichten.**[173] 141

Nach § 40 Abs. 1 Hs. 2 BPolG ist eine richterliche Entscheidung aber **entbehrlich**, wenn ihre Herbeiführung voraussichtlich längere Zeit in Anspruch nehmen würde, als zur Durchführung der Maßnahme notwendig wäre. Das gilt aus verfassungsrechtlichen Gründen aber nur, wenn auch eine konkrete Wiederholungsgefahr nicht besteht.[174] 142

Nach § 40 Abs. 2 BPolG ist für die Entscheidung das **Amtsgericht** zuständig, in dessen Bezirk die Person festgehalten wird. Das Verfahren richtet sich nach dem 7. Buch des FamFG. 143

„Unverzüglich" bedeutet, dass die richterliche Entscheidung ohne jede Verzögerung, die sich nicht aus sachlichen Gründen rechtfertigen lässt, nachgeholt werden muss. Nicht vermeidbar sind zB die Verzögerungen, die durch die Länge des Weges, Schwierigkeiten beim Transport, die notwendige Registrierung und Protokollierung, ein **renitentes Verhalten des Festgenommenen** oder vergleichbare Umstände bedingt sind.[175] Ebenfalls sachlich gerechtfertigt sind Verzögerungen, die sich daraus ergeben, dass die festgenommene Person besonders gefährliche Gegenstände bei sich führt, deren Sicherstellung große Umsicht und damit einen gewissen Zeitaufwand erfordert.[176] 144

e) **Behandlung Festgehaltener.** Nach § 63 Abs. 8 S. 2 BKAG iVm § 41 Abs. 1 BPolG sind einer nach § 63 Abs. 8 S. 1 BKAG festgehaltenen Person unverzüglich der Grund der Maßnahme und die **zulässigen Rechtsbehelfe bekanntzugeben.** Als zulässiger Rechtsbehelf kommt auch die Beantragung der richterlichen Entscheidung über die Zulässigkeit der Freiheitsentziehung in Betracht, die aber grundsätzlich bereits über § 40 Abs. 1 BPolG von Amts wegen zu erfolgen hat. Wenn jedoch das BKA nach § 40 Abs. 1 Hs. 2 BPolG wegen der Kurzfristigkeit der Maßnahme von der Einschaltung eines Richters absehen will, muss es den Betroffenen darüber und über die Möglichkeit, selbst eine richterliche Entscheidung zu beantragen, informieren.[177] Daneben ist auch auf die Möglichkeit hinzuweisen, für den Fall, dass der Gewahrsam noch vor einer richterlichen Entscheidung aufgehoben wird, die Rechtswidrigkeit der Ingewahrsamnahme analog § 113 Abs. 1 S. 4 VwGO feststellen zu lassen (Fortsetzungsfeststellungsklage).[178] In Anlehnung an § 58 VwGO ist auch über das sachlich und örtlich zuständige Gericht zu informieren,[179] im Falle der richterlichen Feststellung iSd § 40 Abs. 1 BPolG also das jeweilige Amtsgericht, im Falle der Fortsetzungsfeststellungsklage das jeweilige Verwaltungsgericht. Nichtförmliche Rechtsbehelfe wie die Gegenvorstellung und die Aufsichtsbeschwerde sind nicht mitzuteilen. Sie unterfallen nicht dem Begriff der „Rechtsbehelfe" iSd § 41 Abs. 1 BPolG, weil sie zwar in der juristischen Begriffsordnung als Rechtsbehelfe gelten, aber den Rahmen dessen sprengen würden, was in der prekären Situation der Freiheitsentziehung dem Betroffenen nützen würde und von den Beamten sinnvollerweise erwartet werden kann.[180] 145

170 OVG Münster Urt. v. 7.6.1978 – IV A 330/77 –, NJW 1980, 138 (138 f.).

171 Eine Trennung von den Eltern iSd Art. 6 Abs. 3 GG liegt bei einer Ingewahrsamnahme nicht vor, weil dafür die Entfernung aus der (häuslichen) Familiengemeinschaft zugunsten der Begründung eines staatlichen Erziehungseinflusses erforderlich wäre, s. BeckOK-GG/Uhle Art. 6 Rn. 67 (2022), mit Verweis auf BVerfG Beschl. v. 15.6.1971 – 1 BvR 192/70 –, BVerfGE 31, 194 (210).

172 Zur Systematik der freiheitsbeschränkenden Maßnahmen im Rahmen des § 63 BKAG → Rn. 127 ff.

173 Dürig/Herzog/Scholz/Mehde GG Art. 104 (2019) Rn. 91.

174 BVerfG Beschl. v. 15.5.2002 – 2 BvR 2292/00 –, BVerfGE 105, 239 (251); Urt. v. 24.7.2018 – 2 BvR 309/15 ua –, BVerfGE 149, 293 (335 f., Rn. 101).

175 BVerfG Beschl. v. 15.5.2002 – 2 BvR 2292/00 –, BVerfGE 105, 239 (249); Urt. v. 24.7.2018 – 2 BvR 309/15 ua –, BVerfGE 149, 293 (334 f., Rn. 99); s. auch BeckOK-GG/Radtke Art. 104 Rn. 22 (2022), mwN.

176 BeckOK-GG/Radtke Art. 104 Rn. 22 (2022), mit Verweis auf OLG Rostock Beschl. v. 10.7.2007 – 3 W 92/07 –, OLGR 2007, 882 (884 f.).

177 Zu alldem Schenke/Graulich/Ruthig/Schenke BPolG § 41 Rn. 3; vgl. auch Lisken/Denninger/Graulich, HdbPolR, E Rn. 576.

178 Schenke/Graulich/Ruthig/Schenke BPolG § 41 Rn. 3; ebenso Wehr BPolG § 41 Rn. 2; Lisken/Denninger/Graulich, HdbPolR, E Rn. 582 f.

179 Schenke/Graulich/Ruthig/Schenke BPolG § 41 Rn. 3. Demnach sind auch Fristen mitzuteilen, wenn der förmliche Rechtsbehelf an solche gebunden ist.

180 Anders (allerdings nicht ganz entschlossen) Schenke/Graulich/Ruthig/Schenke BPolG § 41 Rn. 3.

146 Gemäß § 63 Abs. 8 S. 2 BKAG iVm § 41 Abs. 2 BPolG ist der festgehaltenen Person unverzüglich Gelegenheit zu geben, einen Angehörigen oder eine Person ihres Vertrauens zu **benachrichtigen**, soweit dadurch der Zweck der Freiheitsentziehung nicht gefährdet wird. Wenn die festgehaltene Person nicht in der Lage ist, von dem Recht Gebrauch zu machen, hat das BKA die Benachrichtigung zu übernehmen, sofern diese dem mutmaßlichen Willen der festgehaltenen Person nicht widerspricht. Ist die festgehaltene Person minderjährig oder ist für sie ein Betreuer bestellt, so ist in jedem Falle unverzüglich derjenige zu benachrichtigen, dem die Sorge für die Person oder die Betreuung der Person nach dem ihm übertragenen Aufgabenkreis obliegt. Die in Art. 104 Abs. 4 GG vorgesehene Informierung von Angehörigen in dem Fall, in dem die Freiheitsentziehung auf richterlicher Entscheidung beruht, bleibt freilich unberührt (§ 41 Abs. 2 S. 1 BPolG). Personen nicht-deutscher Staatsangehörigkeit können gem. Art. 36 Abs. 1 lit. b WÜK verlangen, dass das zuständige Konsulat bereits bei der Festnahme benachrichtigt wird.[181] Diese Vorgaben tragen dem Anliegen des Art. 104 Abs. 4 GG Rechnung, ein **„spurloses" Verschwinden zu verhindern.**[182]

147 Nach § 63 Abs. 8 S. 2 BKAG iVm § 41 Abs. 3 BPolG soll die festgehaltene Person **gesondert untergebracht** werden, insbesondere ohne ihre Einwilligung nicht in demselben Raum mit Straf- oder Untersuchungsgefangenen. Dieses Problem dürfte sich für das BKA, das in aller Regel selbst keine Straf- oder Untersuchungsgefangenen verwahrt, nur stellen, wenn zur Unterbringung auf anderweitige Ressourcen zurückgegriffen wird (etwa im Rahmen von Amtshilfe). Männer und Frauen sollen getrennt untergebracht werden. Der festgehaltenen Person dürfen nur solche Beschränkungen auferlegt werden, die der Zweck der Freiheitsentziehung oder die Ordnung im Gewahrsam erfordern.

148 **f) Dauer der Maßnahme.** Nach § 63 Abs. 8 S. BKAG iVm § 42 Abs. 1 S. 1 BPolG ist die festgehaltene Person zu **entlassen**, sobald der Grund für die Maßnahme weggefallen ist. Sie ist auch zu entlassen, wenn die Fortdauer der Freiheitsentziehung durch richterliche Entscheidung für unzulässig erklärt wird. In jedem Falle ist sie **spätestens bis zum Ende des Tages nach dem Ergreifen** zu entlassen, wenn nicht vorher die Fortdauer der Freiheitsentziehung durch richterliche Entscheidung angeordnet ist (Art. 104 Abs. 2 S. 3 GG).

149 Nach § 63 Abs. 8 S. BKAG iVm § 42 Abs. 2 BPolG darf eine Freiheitsentziehung zum Zwecke der Feststellung der Identität (sog. **Identitätsgewahrsam**[183] → Rn. 38, 131) die Dauer von insgesamt zwölf Stunden nicht überschreiten.

150 **10. Weitere Einzelmaßnahmen.** Neben den in § 63 Abs. 2–8 BKAG geregelten Standardmaßnahmen gibt es eine ganze Reihe von weiteren typischen und wichtigen Personenschutzmaßnahmen, die teilweise in alltäglichen, teilweise eher in Sonderlagen zur Anwendung kommen können. Das Spektrum der Maßnahmen umfasst etwa die **Gefährderansprache**, die **Überprüfung** und gegebenenfalls **Akkreditierung** von Personen, die sich einer Schutzperson nähern wollen, die Einrichtung von **Zutrittskontrollen** für bestimmte Bereiche, die **vorbeugende Durchsuchung** bestimmter Orte, **cUAS-Maßnahmen** (**Drohnenabwehr**) oder den **Austausch** mit ausländischen Dienststellen. Diese Maßnahmen finden ihre Grundlage überwiegend in der bereichsspezifischen Generalklausel des § 63 Abs. 1 BKAG.[184]

151 Ein Rückgriff auf die Befugnisnorm des § 63 Abs. 1 BKAG (oder andere Befugnisnormen) ist natürlich immer nur erforderlich, soweit der jeweiligen Maßnahme **Eingriffscharakter** zukommt. Soweit eine Maßnahme des Personenschutzes, dh eine Tätigkeit, die der Erfüllung der Aufgabe des § 6 BKAG dient, nicht in (Grund-)Rechte Einzelner eingreift, bedarf es keiner besonderen gesetzlichen Ermächtigung zum Handeln. In solchen Fällen genügt vielmehr die (bloße) Aufgabenzuweisung aus § 6 BKAG. Dies umfasst insbesondere alle Maßnahmen, die nur die Schutzperson betreffen und mit ihrem **Einverständnis** erfolgen – etwa die grundsätzliche Begleitung durch Beamte des Personenschutzes, Beratungsgespräche usw.[185]

152 **Nicht erforderlich** ist, dass die jeweilige Maßnahme im räumlichen Umfeld oder in besonderer **räumlicher Nähe zu einer Schutzperson** getroffen wird (→ Rn. 4, 14). Vielmehr ist es für nicht wenige Maßnahmen eines zeitgemäßen Personenschutzes geradezu unerlässlich, dass sie auch jenseits dieses räumlichen Bereichs und teilweise bereits im zeitlichen Vorfeld erfolgen, um von vornherein zu verhindern, dass sich Gefahren

181 S. Schenke/Graulich/Ruthig/Schenke BPolG § 41 Rn. 6.

182 Wehr BPolG § 42 Rn. 3.

183 Ein solcher und damit auch eine Freiheitsentziehung iSd § 42 Abs. 2 BPolG liegen spätestens dann vor, wenn eine Person länger als drei Stunden festgehalten wird, gegebenenfalls auch bei kürzerem Festhalten unter sonstigen erschwerenden Umständen (→ Rn. 130); allgemein zur Systematik freiheitsbeschränkender Maßnahmen im Rahmen des § 63 BKAG → Rn. 127 ff.

184 Näher zur Auslegung der Generalklausel → Rn. 5 ff.

185 Zu Maßnahmen gegen den Willen der Schutzperson → § 6 Rn. 56 f. Solche Maßnahmen können aber allenfalls selten in (Grund-)Rechte der Schutzperson eingreifen, da es bei Personenschutzmaßnahmen um die Abwehr von Gefahren geht, die sich gerade aus der Amtsstellung ergeben, dh um Maßnahmen, die sich weniger aus der Eigenschaft der Schutzpersonen als Bürger, sondern vielmehr aus ihrer Stellung als Teile des Staates ergeben (zu dem zu Grunde liegenden Spannungsverhältnis vgl. BVerfG Beschl. v. 22.5.1975 – 2 BvL 13/73 –, BVerfGE 39, 334 [366 f.]; Urt. v. 24.9.2003 – 2 BvR 1436/02 –, BVerfGE 108, 282 [294 ff.]; BVerwG Beschl. v. 8.9.1978 – 2 B 31/78 –, BVerwGE 56, 227 [228 f.]). Soweit man Grundrechtseingriffe annimmt, kommt auch gegenüber der Schutzperson ein Vorgehen über die Eingriffsbefugnisse der §§ 63 ff. BKAG in Betracht.

im räumlichen Umfeld einer Schutzperson realisieren. Da im Aufgabenbereich des § 6 BKAG regelmäßig **hochrangige Schutzgüter** in Rede stehen und typischerweise von einer **permanenten Fragilität der Lage** auszugehen ist, kann mitunter auch bereits in frühen Stadien vom Vorliegen einer konkreten Gefahr auszugehen sein.[186]

Im Ergebnis eröffnet sich den Beamten des Personenschutzes bereits auf Grundlage des § 63 BKAG ein **breites Maßnahmenspektrum.** Hinzu kommen die speziellen Kompetenzen nach den §§ 63a-65 BKAG. Wenn es die Situation erfordert, kommt zudem ein Agieren (zugunsten Dritter oder der Allgemeinheit) auch jenseits der Aufgabe aus § 6 BKAG in Betracht, sofern in Eilfällen **Notkompetenzen** auf Grundlage des jeweiligen **Landesrechts** ausgeübt werden können (→ § 6 Rn. 62). 153

Im Folgenden werden einige der bedeutenden und **typischen Personenschutzmaßnahmen** näher betrachtet. 154

a) Gefährderansprache. Auch im Personenschutz kann es erforderlich werden, auf die neuzeitliche, aber mittlerweile etablierte polizeiliche Maßnahme der Gefährderansprache zurückzugreifen. Es handelt sich dabei um eine probate Maßnahme, um zeitnah insbesondere auf **Bedrohungs-, Beleidigungs- oder Nachstellungssachverhalte** zu reagieren, die sich nicht zuletzt im Zuge der aktuellen Polarisierung und teilweisen Verrohung politischer Diskurse in zunehmend stärkerem Ausmaß ergeben.[187] 155

Gefährderansprache bedeutet in diesem Kontext, dass das BKA einen Gefährder zum Zweck der Abwehr von Gefahren im Aufgabenbereich des § 6 BKAG anspricht. Dies kann regelmäßig im Format eines Gesprächs geschehen, ist aber auch in Form eines Schreibens möglich (sog. Gefährderanschreiben). Von einem **Gefährder** ist die Rede bei einer Person, die entweder schon Störer ist, oder hinsichtlich derer zumindest Tatsachen vorliegen, die die Annahme rechtfertigen, dass sie innerhalb eines übersehbaren Zeitraums auf eine zumindest ihrer Art nach konkretisierten Weise zum Störer werden wird.[188] In aller Regel wird auch eine **gewisse Erheblichkeit** der befürchteten Störung bzw. Gefahr zu verlangen sein, weil der Begriff dies schon nach dem allgemeinen Sprachgebrauch nahelegt und er sonst uferlos zu werden drohte. Diese Anforderung wird in den hier interessierenden Fällen bereits dadurch gewahrt, dass es im Anwendungsbereich des § 6 BKAG durchweg um Sachverhalte von einiger Erheblichkeit geht.[189] 156

Ziel der Gefährderansprache ist es, dem Betroffenen zu verdeutlichen, dass sein in Rede stehendes Verhalten polizeilich bekannt und relevant ist, die von ihm ausgehende Gefährdungslage registriert wurde und dass infolgedessen das BKA Interesse an seiner Person hat und die Situation ernst nimmt,[190] er sich mit anderen Worten also „auf dem Schirm" der Personenschutzdienststelle befindet. Eine Gefährderansprache hat insofern also im Ausgangspunkt eine zuvörderst informierende Dimension. Bei einer Beschränkung auf diese Funktion und sofern der Betroffene nicht (gegebenenfalls konkludent) zur Duldung der Ansprache verpflichtet wird, ließe sich sogar bezweifeln, ob es sich überhaupt um einen Grundrechtseingriff handelt, da lediglich die Informationsgrundlage des Betroffenen verbessert würde. Dies kann insbesondere bei einem Gefährderanschreiben in Betracht kommen. Allerdings wird die Maßnahme regelmäßig auch weitere Zwecke verfolgen. Oft wird es darum gehen, den Betroffenen von seinem Vorhaben abzubringen (**Gefahrenabwehr**) oder zumindest im Gespräch mit ihm oder anhand seiner Reaktion den Sachverhalt weiter aufzuklären (**Gefahrerforschung**). In beiden Fällen impliziert die Maßnahme notwendigerweise eine Duldungspflicht des Adressaten. Soweit es um Gefahrenabwehr geht, kann die Maßnahme ihre Grundlage in § 63 Abs. 1 S. 1 BKAG finden.[191] Soweit sie der Gefahrerforschung dient, lässt sich die Gefährderansprache gegebenenfalls auch als Teil einer Vorladung und der damit verbundenen Befragung verstehen und auf § 63 Abs. 3 S. 1 Nr. 1 BKAG stützen. Denn bei einem Gefährder ist regelmäßig davon auszugehen, dass er sachdienliche Angaben zum Gefährdungssachverhalt machen kann (→ Rn. 62). In Betracht kommt auch eine Verbindung beider Zwecke und die kumulative Stützung der Gesamtmaßnahme auf beide Normen, wobei dann freilich die jeweils strengeren Voraussetzungen erfüllt sein müssen.[192] 157

Rechtspolitisch dürfte sich zur Klarstellung die gesetzgeberische Einführung einer ausdrücklichen Ermächtigungsgrundlage für die Gefährderansprache nach den bereits bestehenden landesrechtlichen Vorbildern empfehlen, die ausdrücklich auch den Zweck der Gefahrerforschung und gegebenenfalls -verhütung erfasst.[193] 158

186 Je größer der drohende Schaden ist, desto geringere Anforderungen sind an die Wahrscheinlichkeit des Schadenseintritts zu stellen, vgl. → Rn. 34, 49; § 48 Rn. 26 (dort Fn. 56).

187 S. BT-Drs. 18/11163, 127.

188 Für eine Definition der Gefährderansprache im Landesrecht s. etwa § 29 PolG BW, § 12a NdsPOG.

189 Im Bereich etwa der politisch motivierten Kriminalität kann eine andere Definition maßgeblich sein, vgl. BT-Drs. 16/3570, 6.

190 Zum Begriff vgl. BT-Drs. 18/11163, 127; Hebeler NVwZ 2011, 1364 (1364); Borsdorff in Möllers (Hrsg.), Wörterbuch der Polizei, 3. Aufl. 2018, S. 880 (880).

191 Vgl. Lisken/Denninger/Graulich, HdbPolR, E Rn. 273.

192 Zur Stützung von Gefahrerforschungsmaßnahmen auf die Generalklausel → Rn. 71; § 38 Rn. 17.

193 Vgl. § 29 PolG BW, § 12a NdsPOG.

159 Bei der praktischen Durchführung einer Gefährderansprache wird aus Effektivitätsgründen regelmäßig vor allem darauf zu achten sein, dass ein möglichst **enger zeitlicher Zusammenhang** zwischen der Gefährderansprache und dem anlassgebenden Ereignis gewahrt bleibt.

160 b) **Personenüberprüfung.** Um eine inzwischen **fast klassische Maßnahme** des Personenschutzes handelt es sich bei der Personenüberprüfung. Dabei geht es darum, Personen, die absehbar in die räumliche Nähe von Schutzpersonen gelangen oder gar mit ihnen interagieren werden, rechtzeitig daraufhin zu überprüfen, ob sich aus dem Zusammentreffen eine Gefahr im Aufgabenbereich des § 6 BKAG ergeben könnte[194] – etwa Cateringpersonal, Mitarbeiter von privaten Sicherheitsdiensten, Besucher von Bürgerfesten usw. Wird entsprechendes Gefahrenpotential festgestellt, kann frühzeitig agiert werden, um einen professionellen und möglichst **vorausschauenden Personenschutz** zu gewährleisten.

161 Es handelt sich um eine Maßnahme der **Gefahrerforschung und Gefahrverhütung**. Sie kann bereits im Vorfeld einer konkreten Gefahr erfolgen und ist dann nicht auf § 63 Abs. 1 S. 1 BKAG zu stützen. Vielmehr sind die Vorschriften des BKAG zur Erhebung und -verarbeitung personenbezogener Daten einschlägig. Für die **Erhebung der Information**, welche Personen bei einem bestimmten Anlass in die räumliche Nähe einer Schutzperson gelangen können, ist § 9 Abs. 2 BKAG einschlägig (→ § 9 Rn. 77 ff.). Eine Erhebung bei dem von der Überprüfung Betroffenen (§ 9 Abs. 2 S. 2 BKAG) scheidet dabei in solchen Fällen aus, in denen nur der Arbeitgeber bzw. Veranstalter weiß, welche Arbeitnehmer er einsetzen oder welche Personen auf einer Veranstaltung sich an welchen Orten aufhalten werden usw. Daher wird die Informationserhebung typischerweise über § 9 Abs. 2 S. 3 BKAG erfolgen.

162 Der **Abgleich der erhobenen Personendaten** mit den Informationsbeständen und -quellen des BKA stützt sich auf § 12 Abs. 1 S. 1 Nr. 1 BKAG. Soweit für den Abgleich Daten verwendet werden, die ursprünglich zu anderen Zwecken erhoben wurden, ist § 12 Abs. 2 BKAG zu beachten.

163 Soweit die Personenüberprüfung ein Gefahrenpotential erkennen lässt, können sich geeignete Maßnahmen anschließen. Dabei ist schon aus Gründen der Verhältnismäßigkeit und wegen der Beschränkung auf den „erforderlichen" Personenschutz in § 6 Abs. 1 S. 1 Nr. 1 BKAG ein **breites Spektrum an Folgemaßnahmen** in Betracht zu ziehen – von organisatorischen Vorkehrungen, Empfehlungen zur konkreten Tätigkeit der betroffenen Person auf einer Veranstaltung, über die Anpassung des Kräfteansatzes bis hin zum Ausschluss der betroffenen Person von bestimmten Bereichen oder auch von einer gesamten Veranstaltung. Solche Ausschlüsse, bei denen es sich um Betretungsverbote nach § 63 Abs. 5 Var. 2 BKAG handeln kann, können freilich nur die *ultima ratio* darstellen.

164 Große Bedeutung für eine sachgerechte und insbesondere auch grundrechtsverträgliche Praxis kommt der **Qualität des Datenmaterials** zu, auf das für die Personenüberprüfung zurückgegriffen werden kann.[195] An dieser Stelle kann insbesondere ein **falsch verstandener und formalistischer Datenschutz** zur Gefahr für den Bürger werden. Denn wenn Datenbestände ein unsicheres, nicht hinreichend belastbares Bild ergeben, wird das BKA der präventivpolizeilichen Logik folgen und verbleibende Unsicherheiten zugunsten der Sicherheit auflösen, dh für den Betroffenen schärfere Maßnahmen vor Ort treffen. Besonders wichtig ist insofern der automatisierte Zugriff auf möglichst gehaltvolle und qualitativ hochwertige Datenbanken. Dem dient auch der im Bereich des § 6 BKAG neu eingeführte Zugriff auf das **Zentrale Staatsanwaltschaftliche Verfahrensregister (ZStV)**, s. § 492 Abs. 3 S. 3 StPO und § 6 Abs. 1 Nr. 2a lit. b ZStVBetrV sowie § 9 Abs. 2 und Abs. 5 BKAG. Dabei erspart die Einrichtung von automatisierten Schnittstellen es dem Betroffenen, durch andernfalls zur Sachverhaltsaufklärung notwendige Nachfragen bei den einzelnen aktenführenden Dienststellen immer wieder bei diesen in Erinnerung gerufen und womöglich ungerechtfertigten Verdächtigungen und Stigmatisierungen ausgesetzt zu werden. Das gilt insbesondere für solche Personen, die berufsbedingt vielfach in die räumliche Nähe von Schutzpersonen geraten (Cateringpersonal, Medien- und Veranstaltungstechniker usw) und zugleich – in der Sache gegebenenfalls nur marginale – Einträge in den polizeilichen Datenbeständen aufweisen. Hier zeigt sich, dass stets ein genauer Blick lohnt, um einen sinnvollen und effektiven **Schutz personenbezogener Daten** zu erreichen.[196]

165 c) **Akkreditierung und Zutrittskontrollen.** Bei bestimmten Veranstaltungen mit Schutzpersonen nach § 6 BKAG kommt es in Betracht, einzelne Veranstaltungsorte nur für bestimmte Personen oder Personengruppen (Polizei, Sanitäter, Cateringpersonal usw) zugänglich zu machen und entsprechende **Sicherheitsbereiche** auszuweisen. Für das Betreten einzelner Bereiche kann den Personen – je nach dem Ergebnis einer vorherigen Personenüberprüfung (→ Rn. 163) – eine Akkreditierung erteilt und entsprechende **Akkreditierungs-**

194 S. BT-Drs. 13/1550, 24. Näher zur Personenüberprüfung Lassahn Der Staat 61 (2022), 407 ff.

195 Vgl. VG Berlin Urt. v. 20.11.2019 –27 K 516.17 –, juris, Rn. 61 ff.

196 → § 48 Rn. 13. Näher hierzu Lassahn Der Staat 61 (2022), 407 ff. Zum grundrechtsdogmatischen Hintergrund s. Poscher/Lassahn in Hornung/Schallbruch (Hrsg.), Handbuch des IT-Sicherheitsrechts, 2020, § 7 Rn. 31 ff.; s. auch bereits Poscher in Gander/Perron/Poscher et al. (Hrsg.), Resilienz in der offenen Gesellschaft, 2012, S. 167 (170 ff., 178 ff.); ders. in Miller (Hrsg.), Privacy and Power, 2017, S. 129 (131 ff.), sowie Poscher/Buchheim DVBl. 2015, 1273 (1278 ff.).

merkmale können ausgegeben werden. Solche Maßnahmen stützen sich in aller Regel nicht auf § 63 BKAG, sondern stellen eine vorübergehende Beschränkung der Nutzbarkeit im Rahmen des Widmungszwecks (im öffentlichen Raum)[197] oder eine entsprechende Ausübung des – gegebenenfalls übertragenen – Hausrechts (im privaten Raum)[198] dar. Um die Zutrittsbeschränkungen einzelner Bereiche wirksam durchzusetzen, können **Zutrittskontrollen** eingerichtet werden, an denen sich der Akkreditierungsstatus überprüfen lässt.[199]

In diesem Kontext erweisen sich sog. **Dauerakkreditierungen** als **problematisch**. Dabei handelt es sich um Akkreditierungen, die nicht nur für eine bestimmte Veranstaltung gelten sollen, sondern für einen längerfristigen Zeitraum, etwa ein ganzes Jahr (und für diesen Zeitraum den Zutritt bspw. für bestimmte Regierungsgebäude ermöglichen sollen). Dieses Format stellt bereits die Personenüberprüfung vor große Herausforderungen, weil sich etwaige Erkenntnisse nicht ins Verhältnis zu einem konkreten Überprüfungsanlass setzen lassen. Darin drückt sich das Grundproblem aus, dass für Dauerakkreditierungen idR ein konkreter Überprüfungsanlass fehlt. Zudem kommen auch keine Mindermaßnahmen in Betracht, weil diese sich stets nur veranstaltungsspezifisch planen und umsetzen lassen. Überdies wohnt jeder Dauerakkreditierung die Gefahr inne, eine Scheinsicherheit zu erzeugen, weil die Erkenntnislage im Zeitpunkt der Erteilung der Akkreditierung niemals für die gesamte Dauer ihrer Gültigkeit tragen kann. All dies lässt das Instrument als zur Erfüllung der Aufgabe nach § 6 BKAG kaum geeignet erscheinen, so dass sich insbesondere die Frage stellt, ob entsprechende Datenübermittlungen an das BKA überhaupt iSv § 9 Abs. 2 S. 1 BKAG „erforderlich" sind. Anderes kann höchstens in eng begrenzten Ausnahmefällen oder Teilaspekten gelten (etwa soweit ein Dritter eine für den Bereich des § 6 BKAG relevante Dauerakkreditierung zu erteilen ankündigt und eine Personenüberprüfung durch das BKA die einzige Möglichkeit ist, hierdurch entstehende Risiken auszuschließen). 166

d) **Vorbeugende Durchsuchungsmaßnahmen.** Neben der Gefahrenabwehrmaßnahme der Wohnungsdurchsuchung nach § 63 Abs. 7 BKAG kommen auch im **Vorfeld konkreter Gefahren** vorbeugende Durchsuchungsmaßnahmen in Betracht. Solche sind auch ohne besondere Befugnisse in aller Regel zulässig, weil und soweit sie mit dem Einverständnis der Betroffenen erfolgen (näher → Rn. 124). 167

e) **cUAS-Maßnahmen (Drohnenabwehr).** In bestimmten Fällen kann es geboten sein, Maßnahmen gegen unbemannte Luftfahrtsysteme (Drohnen)[200] zu ergreifen (auch als „cUAS-Maßnahmen" bezeichnet, von engl. „counter Unmanned Aircraft Systems").[201] Dies kann die Detektion und Verifikation von sowie die Intervention gegen Drohnen umfassen.[202] Bei der **Detektion** von Drohnen, dh der Feststellung, ob sich ein als Drohne in Betracht kommendes Objekt im Luftraum befindet,[203] handelt es sich schon um keinen Grundrechtseingriff, weil das BKA hier lediglich ein für jedermann wahrnehmbares Umweltphänomen feststellt, ohne dass dabei personenbezogene Daten erhoben werden (andernfalls wäre Letzteres von § 9 Abs. 2 BKAG gedeckt).[204] Bei der **Verifikation** geht es darum, zu überprüfen, ob es sich tatsächlich um eine Drohne handelt und ob diese eine Gefahr für eine Schutzperson darstellt oder sonst im Rahmen des § 6 BKAG relevant ist. Auch hierbei handelt es sich lediglich um die Überprüfung eines Sachverhalts ohne Personenbezug und damit nicht um einen Grundrechtseingriff (soweit personenbezogene Daten, etwa die Position der steuernden Person, erfasst werden sollten, ist wiederum § 9 Abs. 2 BKAG maßgeblich).[205] Bei der **Intervention** gegen eine Drohne handelt es sich zwar um einen Grundrechtseingriff; in Betracht kommen die allgemeine Handlungsfreiheit nach Art. 2 Abs. 1 GG (Umleiten oder Landeerzwingung[206]) oder das Eigentums- 168

197 Zur Widmung öffentlicher Sachen und Einrichtungen vgl. Stelkens/Bonk/Sachs/Stelkens, VwVfG, 9. Aufl. 2018, § 35 Rn. 320 ff.

198 Das BKA kann zu diesem Zweck von dem Inhaber des privaten Hausrechts ermächtigt werden. Es handelt sich dabei nicht um die Wahrung privater Rechte durch die Polizei, sondern umgekehrt um die einvernehmliche Zurverfügungstellung privater Rechte zwecks Erledigung einer öffentlichen Aufgabe (aus § 6 BKAG). Vgl. → Rn. 85.

199 Zu Akkreditierungsmaßnahmen insgesamt OVG Berlin-Brandenburg Urt. v. 22.6.2011 – 10 B 1.11 –, juris; VG Berlin Urt. v. 20.11.2019 – 27 K 516.17 –, juris.

200 Zum Begriff s. § 1 Abs. 2 S. 2 LuftVG.

201 Zum umgekehrten Einsatz von Drohnen durch polizeiliche Stellen vgl. etwa Martini DÖV 2019, 732; Knell NVwZ 2020, 688; Tomerius LKV 2020, 481, mit der Forderung nach spezifischen Rechtsgrundlagen; ebenso wohl auch bereits Roggan NVwZ 2011, 590; großzügiger dagegen Zöller/Ihwas NVwZ 2014, 408 (413), die auch den wichtigen Vergleich mit dem klassischen Einsatzmittel des Polizeihubschraubers erwähnen.

202 Hierzu näher Arzt/Fährmann/Schuster DÖV 2020, 866.

203 Zur Begründung der polizeilichen Zuständigkeit bereits für die Detektion vgl. etwa Giemulla/Hoppe GSZ 2020, 123.

204 Ebenfalls liegt kein „Abhören" iSd § 5 TTDSG (§ 89 TKG aF) vor, s. Daum/Boesch CR 2018, 62 (66 f.).

205 Dagegen nehmen Arzt/Fährmann/Schuster DÖV 2020, 866 (870 ff.), anscheinend einen Grundrechtseingriff auch bei Datenverarbeitungen ohne Personenbezug an; für eine kritische Perspektive auf Fragen des „Datenschutzes" aus jüngerer Zeit s. etwa Bull AöR 145 (2020), 291; vgl. auch Lassahn Der Staat 61 (2022), 407 ff.

206 Sollte es zu Kollisionen zwischen dem Schutzauftrag aus § 6 BKAG und Schutzpflichten gegenüber Dritten oder der Allgemeinheit kommen, gelten die allgemeinen Grundsätze zum Vorrang des Schutzauftrags (→ § 6 Rn. 62 ff.). Zu Kollateralschäden bei der Drohnenabwehr vgl. auch Marosi/Skobel CR 2019, 65 (66 ff.).

grundrecht nach Art. 14 Abs. 1 S. 1 GG (Beschädigung, Unbrauchbarmachung oder Vernichtung).[207] Es handelt sich aber um Eingriffe von allenfalls geringem Gewicht, weil und soweit nur die Drohne zu Schaden kommt. Besteht die Gefahr, dass eine Drohne als Waffe gegen eine Schutzperson eingesetzt wird, ist ihre Unbrauchbarmachung nicht anders zu beurteilen als das Abfangen eines auf die Schutzperson abgefeuerten Projektils. Maßnahmen der Drohnenabwehr lassen sich auf die **Generalklausel** des § 63 Abs. 1 S. 1 BKAG (iVm den Vorschriften des Verwaltungsvollstreckungsrechts, insbesondere § 12 VwVG) stützen.[208] Von einer konkreten Gefahr ist dabei seitens des BKA schon dann auszugehen, wenn sich eine Drohne in die räumliche Nähe einer Schutzperson begibt.[209] Denn der Betrieb einer Drohne über oder in einem seitlichen **Abstand von 100 Metern** von Einsatzorten von Sicherheitsbehörden ist nach § 21b Abs. 1 S. 1 Nr. 2 LuftVO verboten.[210] Sobald zugunsten einer Schutzperson an ihrem jeweiligen Aufenthaltsort Schutzmaßnahmen erfolgen (auch bei nur „einfachem" Personenschutz), handelt es sich um einen „Einsatzort" idS. Auch schon in einem größeren Abstand als 100 Metern kann eine sich annähernde Drohne eine konkrete Gefahr begründen. Dies ergibt aus dem Gewicht der in Rede stehenden Schutzgüter iVm der hohen Dynamik des Geschehens, die ein rechtzeitiges Einschreiten unabdingbar macht.

169 Zur weiteren Erhöhung der Rechtssicherheit dürfte es sich anbieten, bei Gelegenheit auch cUAS-Maßnahmen mit einer **speziellen gesetzlichen Regelung** zu unterlegen.[211]

170 f) **Austausch mit ausländischen Personenschutzdienststellen.** Mitunter kann es im Rahmen des Schutzauftrags aus § 6 BKAG erforderlich werden, mit ausländischen Dienststellen Informationen zu einzelnen Sachverhalten und Personen auszutauschen. Soweit es dabei um personenbezogene Daten geht, steht ein Eingriff in das **Grundrecht auf informationelle Selbstbestimmung** (Art. 2 Abs. 1 iVm Art. 1 Abs. 1 GG) im Raum.[212]

171 Seine Ermächtigungsgrundlage findet dieser, soweit es um die Weitergabe von Daten durch das BKA an ausländische Stellen geht, dh um die Übermittlung **vom Inland ins Ausland**, in § 26 iVm § 25 BKAG (innerhalb des Schengen-Raums) oder § 27 BKAG (außerhalb des Schengen-Raums). Für eine Übermittlung an eine andere Polizeidienststelle innerhalb des Schengen-Raums ist es dabei ausreichend, dass die Übermittlung der Erfüllung von Aufgaben des Empfängers dient. Ein Bezug zu § 6 BKAG ist dann nicht erforderlich, wobei die Vorgaben des § 12 Abs. 2–4 BKAG zu beachten sind (vgl. § 26 Abs. 1 iVm § 25 Abs. 1 BKAG). Jenseits des Schengen-Raums können Daten an Polizeidienststellen weitergegeben werden, soweit dies der eigenen Aufgabenwahrnehmung dient (§ 27 Abs. 1 S. 1 Nr. 1 BKAG); das ist denkbar etwa als Personenschutzvorsorge bei Personen, die zunächst im Ausland aktiv sind, später aber ihr Verhalten auf Schutzpersonen nach § 6 Abs. 1 BKAG beziehen können. Gegebenenfalls ist auch ein Handeln im Bereich des § 3 BKAG denkbar. Unter Umständen kommt auch eine Übermittlung zum Zwecke der Strafverfolgung oder Strafvollstreckung in Betracht (§ 27 Abs. 1 S. 1 Nr. 2 BKAG) oder zur Abwehr einer im Einzelfall bestehenden erheblichen Gefahr für die öffentliche Sicherheit (§ 27 Abs. 1 S. 1 Nr. 3 BKAG).

172 Die Erhebung der Daten durch das BKA bei ausländischen Stellen, dh die Entgegennahme der **vom Ausland ins Inland** fließenden Daten, fußt dagegen auf § 9 Abs. 1 S. 1 und S. 2 iVm § 26 oder § 27 BKAG. Sie ist zulässig, sobald sie zur Erfüllung der Aufgabe nach § 6 BKAG dienlich ist.

§ 63a Bestandsdatenauskunft

(1) Das Bundeskriminalamt darf von demjenigen, der geschäftsmäßig Telekommunikationsdienste erbringt oder daran mitwirkt, Auskunft über Bestandsdaten gemäß § 3 Nummer 6 des Telekommunikationsgesetzes und über die nach § 172 des Telekommunikationsgesetzes erhobenen Daten verlangen (§ 174 Absatz 1 Satz 1 des Telekommunikationsgesetzes), soweit die zu erhebenden Daten im Einzelfall erforderlich sind

207 Zu einer durch Notwehr gerechtfertigte Drohnenabwehr durch Private vgl. AG Riesa Urt. v. 24.4.2019 – 9 Cs 926 Js 3044/19 –, BeckRS 2019, 11922, und dazu Hecker JuS 2019, 915.

208 So wohl auch Marosi/Skobel CR 2019, 65 (65 f.).

209 Zu allgemeinen Flugverbotszonen für Drohnen s. §§ 21a ff. LuftVO; vgl. auch Krumm EuZW 2019, 114; Holle/Bredebach NZV 2020, 132 (133 ff.). Zur allgemeinen strafrechtlichen Relevanz des Einsatzes privater Flugdrohnen vgl. etwa Esser JA 2010, 323; zur zivilrechtlichen Einschätzung etwa Stadler/Klöpfer JA 2017, 901 (910 ff.: Drohne als Grobimmission).

210 Polizeieigene und sonstige behördliche Drohnen sind nach § 21a Abs. 2 LuftVO ausgenommen. Näher zur LuftVO etwa Holle/Bredebach NZV 2020, 132.

211 Für den Bereich der Bundespolizei vgl. BT-Drs. 19/26541, 14, 36, 43. Eine solche Regelung bietet sich auch deshalb an, weil bestimmte Abwehrtechniken (vor allem das „Jamming") auf die Unterbrechung des Mobilfunkverkehrs beruhen und es für anderweitige Maßnahmen, die auf eine solche Unterbrechung bauen, spezielle Eingriffsermächtigungen gibt, s. etwa § 29b BerlASOG; vgl. auch Marosi/Skobel CR 2019, 65 (66 f.); Arzt/Fährmann/Schuster DÖV 2020, 866 (875).

212 Vgl. BVerfG Urt. v. 20.4.2016 – 1 BvR 966/09 ua –, BVerfGE 141, 220 (324 f., Rn. 279); Urt. v. 19.5.2020 – 1 BvR 2835/17 –, BVerfGE 154, 152 (231, Rn. 119); Beschl. v. 27.5.2020 – 1 BvR 1873/13 –, BVerfGE 155, 119 (166 ff., Rn. 90 ff.).

1. zur Abwehr einer Gefahr für eine zu schützende Person oder für eine zu schützende Räumlichkeit nach § 6 oder
2. zum Schutz von Leib, Leben, Freiheit, sexueller Selbstbestimmung oder bedeutenden Sachwerten einer zu schützenden Person oder zum Schutz einer zu schützenden Räumlichkeit nach § 6, wenn Tatsachen den Schluss auf ein wenigstens seiner Art nach konkretisiertes und zeitlich absehbares Geschehen zulassen, an dem bestimmte Personen beteiligt sein werden, oder
3. zum Schutz von Leib, Leben, Freiheit oder sexueller Selbstbestimmung einer zu schützenden Person oder zum Schutz einer zu schützenden Räumlichkeit nach § 6, wenn das individuelle Verhalten einer Person die konkrete Wahrscheinlichkeit begründet, dass sie in einem übersehbaren Zeitraum eine Straftat gegen eines dieser Rechtsgüter der zu schützenden Person oder gegen eine zu schützende Räumlichkeit begehen wird.

(2) Unter den Voraussetzungen des Absatzes 1 darf von demjenigen, der geschäftsmäßig eigene oder fremde Telemedien zur Nutzung bereithält oder den Zugang zur Nutzung vermittelt, Auskunft über Bestandsdaten gemäß § 2 Absatz 2 Nummer 2 des Telekommunikation-Telemedien-Datenschutz-Gesetzes (§ 22 Absatz 1 Satz 1 und § 23 Absatz 1 Satz 1 des Telekommunikation-Telemedien-Datenschutz-Gesetzes).

(3) [1]Bezieht sich das Auskunftsverlangen nach Absatz 1 auf Daten, mittels derer der Zugriff auf Endgeräte oder auf Speichereinrichtungen, die in diesen Endgeräten oder hiervon räumlich getrennt eingesetzt werden, geschützt wird (§ 174 Absatz 1 Satz 2 des Telekommunikationsgesetzes), darf die Auskunft nur verlangt werden, wenn die gesetzlichen Voraussetzungen für die Nutzung der Daten vorliegen. [2]Bezieht sich das Auskunftsverlangen nach Absatz 2 auf nach als Bestandsdaten erhobene Passwörter oder auf andere Daten, mittels derer der Zugriff auf Endgeräte oder auf Speichereinrichtungen, die in diesen Endgeräten oder hiervon räumlich getrennt eingesetzt werden, geschützt wird (§ 23 Absatz 1 Satz 1 des Telekommunikation-Telemedien-Datenschutz-Gesetzes), darf die Auskunft nur verlangt werden zur Abwehr einer konkreten Gefahr für Leib, Leben, Freiheit oder die sexuelle Selbstbestimmung der zu schützenden Person oder für den Bestand des Bundes oder eines Landes oder die freiheitlich demokratische Grundordnung und wenn die gesetzlichen Voraussetzungen für die Nutzung der Daten vorliegen. [3]Auskunftsverlangen nach den Sätzen 1 und 2 dürfen nur auf Antrag der Präsidentin oder des Präsidenten des Bundeskriminalamts oder ihrer oder seiner Vertretung durch das Gericht angeordnet werden. [4]In den Fällen des Satzes 1 ist Satz 3 nicht anzuwenden, wenn

1. die betroffene Person vom Auskunftsverlangen bereits Kenntnis hat oder haben muss, oder
2. die Verarbeitung der Daten bereits durch eine gerichtliche Entscheidung gestattet wird.

[5]Das Vorliegen der Voraussetzungen nach Satz 4 ist aktenkundig zu machen. [6]Zuständig ist das Amtsgericht, in dessen Bezirk das Bundeskriminalamt seinen Sitz hat. [7]Für das Verfahren gelten die Vorschriften des Gesetzes über das Verfahren in Familiensachen und in den Angelegenheiten der freiwilligen Gerichtsbarkeit entsprechend. [8]Werden dem Bundeskriminalamt aufgrund eines Auskunftsersuchens nach Satz 2 Passwörter oder andere Daten unverschlüsselt beauskunftet, so informiert das Bundeskriminalamt hierüber die jeweils zuständige Datenschutzaufsichtsbehörde.

(4) [1]Die Auskunft nach den Absätzen 1 und 2 darf auch anhand einer zu einem bestimmten Zeitpunkt zugewiesenen Internetprotokoll-Adresse verlangt werden (§ 174 Absatz 1 Satz 3 des Telekommunikationsgesetzes und § 22 Absatz 1 Satz 3 und 4 des Telekommunikation-Telemedien-Datenschutz-Gesetzes) in den Fällen von

1. Absatz 1 Nummer 1 bei Gefahr der Begehung einer Straftat oder
2. Absatz 1 Nummer 2 oder 3 zum Schutz eines in Absatz 1 Nummer 3 genannten Rechtsguts.

[2]Absatz 3 Satz 2 bleibt unberührt. [3]Die Auskunft nach den Absätzen 1 und 2 anhand einer zu einem bestimmten Zeitpunkt zugewiesenen Internetprotokoll- Adresse nach § 22 Absatz 1 Satz 3 und 4 des Telekommunikation-Telemedien-Datenschutz-Gesetzes darf darüber hinaus nur verlangt werden, wenn tatsächliche Anhaltspunkte dafür vorliegen, dass die betroffene Person Nutzer des Telemediendienstes ist, bei dem die Daten erhoben werden sollen. [4]Die rechtlichen und tatsächlichen Grundlagen des Auskunftsverlangens sind aktenkundig zu machen.

(5) § 10 Absatz 5 bis 7 gilt entsprechend.

A. Überblick und Genese

1 Mit Wirkung zum 2.4.2021 hat der Gesetzgeber § 63a BKAG neu geschaffen.[1] Die Vorschrift wurde mit Wirkung zum 1.12.2021 an **Neuerungen im Telekommunikationsgesetz**[2] und an die im Zuge der **Schaffung des Telekommunikation-Telemedien-Datenschutz-Gesetzes** (TTDSG) sich ergebenden Änderungen im Telemediengesetz angepasst.[3] Sie ist in weiten Teilen, dh auch jenseits des Verweises in Abs. 5 (s. unten → Rn. 20), **identisch mit § 10 BKAG** (→ § 10 Rn. 1 ff.).

2 Den Hintergrund[4] des nach umfangreicheren Änderungen durch den Vermittlungsausschuss[5] angenommenen Gesetzes zur Neuschaffung ua des § 63a BKAG bildet der Beschluss des Bundesverfassungsgerichts vom 27.5.2020 (in Sachen **„Bestandsdatenauskunft II"**, mit dem das Gericht § 113 TKG und mehrere Fachgesetze des Bundes, in denen die manuelle Bestandsdatenauskunft geregelt war, wegen eines Verstoßes gegen die Grundrechte auf informationelle Selbstbestimmung (Art. 2 Abs. 1 iVm Art. 1 Abs. 1 GG) und auf Wahrung des Telekommunikationsgeheimnisses (Art. 10 Abs. 1 GG) für verfassungswidrig erklärt hat. Zu den betroffenen Normen zählte auch § 10 Abs. 1 S. 1 Nr. 2 BKAG aF, der die Bestandsdatenauskunft im Aufgabenbereich des § 6 BKAG vorsah.[6] Das Gericht entschied, dass die Erteilung einer Auskunft über Bestandsdaten durch Private an Behörden zwar grundsätzlich verfassungsrechtlich zulässig sei. Allerdings müsse der Gesetzgeber bei der Einrichtung eines Auskunftsverfahrens auf Grundlage jeweils eigener Kompetenzen für sich genommen verhältnismäßige Rechtsgrundlagen sowohl für die Übermittlung als auch für den Abruf der Daten schaffen (**Doppeltürmodell**[7]). Zudem seien trotz des gemäßigten Eingriffsgewichts grundsätzlich eine im Einzelfall vorliegende konkrete Gefahr und für die Strafverfolgung ein Anfangsverdacht erforderlich. Blieben die Eingriffsschwellen dahinter zurück, müssten im Gegenzug erhöhte Anforderungen an das Gewicht der zu schützenden Rechtsgüter vorgesehen werden. So könne im Bereich der Gefahrenabwehr und der nachrichtendienstlichen Tätigkeit das Vorliegen einer konkretisierten Gefahr ausreichen, soweit es um den Schutz von Rechtsgütern oder die Verhütung von Straftaten von zumindest erheblichem Gewicht (allgemeine Bestandsdatenauskunft) oder besonderem Gewicht (Zuordnung dynamischer IP-Adressen) geht.

3 An dieser Stelle ist eine allgemeine **Vorbemerkung** zur neueren Rechtsprechung des Bundesverfassungsgerichts zur Bestandsdatenauskunft angebracht (zu grundsätzlicher Kritik auch → § 10 Rn. 1 ff.). Denn erstens droht in der jüngsten Entscheidung an einigen Stellen das Missverständnis zu entstehen, das Gericht gehe von einer **Anwendung des Doppeltürmodells** – und damit des Vorbehalts des Gesetzes – auf eine Übermittlung personenbezogener Daten von Privaten an staatliche Stellen aus, wenn es formuliert: „Schon die [...] Befugnis [der Privaten] zur Datenübermittlung als Teil der Verwendungsregelung begründe[t] den Eingriffscharakter".[8] Das Doppeltürmodell hat zwar seinen guten Sinn dort, wo es um den Austausch zwischen staatlichen Stellen geht. Bei einem solchen Austausch kann sowohl in der Übermittlung durch die eine als auch in der Entgegennahme des Datums durch die andere Stelle ein Grundrechtseingriff gesehen werden. Dagegen erscheint es aus einem abwehrrechtlichen Verständnis[9] heraus wenig einleuchtend, die Übermittlung von Daten durch Private als staatlichen Eingriff zu werten.[10] Bei einer Regelung, die entsprechende Datenübermittlungen ermöglicht, kann es sich gegebenenfalls um die bereichsweise Ausnahme einer den Privaten andernfalls treffenden Geheimhaltungspflicht handeln.[11] Der staatliche Eingriff selbst aber be-

1 BGBl. I 2021 S. 448 (455, 474). Zum Hintergrund auch → § 10 Rn. 1.
2 Durch das Telekommunikationsmodernisierungsgesetz v. 23.6.2021, BGBl. I 2021 S. 1858 (1969 f.).
3 BGBl. I 2021 S. 1982 (2000).
4 S. auch BT-Drs. 19/25294, 1 f., 35 ff.
5 BT-Drs. 19/27900.
6 BVerfG Beschl. v. 27.5.2020 – 1 BvR 1873/13 ua –, BVerfGE 155, 119 (214, Rn. 213).
7 Zuerst in BVerfG Beschl. v. 24.1.2012 – 1 BvR 1299/05 –, BVerfGE 130, 151 (184).
8 BVerfG Beschl. v. 27.5.2020 – 1 BvR 1873/13 ua –, BVerfGE 155, 119 (167 f., Rn. 95 aE); vgl. auch Petri ZD 2020, 580 (588 f.); eher unkritisch Graulich NVwZ-Beilage 2020, 47.
9 Vgl. Poscher, Grundrechte als Abwehrrechte, 2003, S. 107 ff., 315 ff.
10 Unproblematisch ist dagegen freilich die Annahme eines Eingriffs, soweit private Diensteanbieter zur Schaffung entsprechender Datenbestände oder zu Auskünften an Behörden verpflichtet werden, vgl. BVerfG Beschl. v. 24.1.2012 – 1 BvR 1299/05 –, BVerfGE 130, 151 (203). Hier mögen sowohl gegenüber den Verpflichteten als auch gegenüber den von den Auskünften Betroffenen Grundrechtseingriffe vorliegen.
11 Vgl. BVerfG Urt. v. 2.3.2010 – 1 BvR 256/08 ua –, BVerfGE 125, 260 (312); Beschl. v. 27.5.2020 – 1 BvR 1873/13 ua –, BVerfGE 155, 119 (167 f., Rn. 95 aE).

gründet sich durch die Beschaffung von oder den Umgang mit personenbezogenen Daten durch staatliche Stellen.[12] Relevant ist insofern also die staatliche *Verpflichtung* von Privaten, personenbezogene Daten anderer Privater preiszugeben und an staatliche Stellen zu übermitteln, nicht aber die den Privaten eröffnete Befugnis, solches zu tun. Wenn Privaten ein Verhalten lediglich *erlaubt* wird, liegt darin nach herrschender Auffassung kein Eingriff (sondern allenfalls das Unterschreiten einer Schutzpflicht).[13] Andernfalls müsste man auch für die Auskünfte von privaten Einzelpersonen bei der Polizei oder gar vor Gericht eine eigene Übermittlungsbefugnis schaffen, soweit sie in ihrer Aussage personenbezogene Daten preisgeben. Die neuere Rechtsprechung enthält hierzu Passagen, die zumindest Bedarf nach weiterer Klarstellung aufwerfen.[14]

Zweitens wird nicht in letzter Deutlichkeit geklärt, **welche Gefahrenschwelle** das Instrument der Bestandsdatenauskunft verlangt. Im Ausgangspunkt führt das Gericht aus, es sei „eine im Einzelfall vorliegende konkrete Gefahr" erforderlich, um dann im nächsten Satz zu ergänzen, diese Schwelle umfasse „auch den Gefahrenverdacht".[15] Tatsächlich handelt es sich bei der Erhebung von Bestandsdaten typischerweise um eine **Maßnahme der Informationserhebung**; sie kann Gefahren regelmäßig nicht unterbinden, sondern sie nur aufklären. Es geht also stets um Eingriffe der **Gefahrerforschung** (vgl. → § 38 Rn. 3 ff.), wobei auch das Eingriffsgewicht – jedenfalls bei der einfachen Bestandsdatenauskunft – angesichts der sehr begrenzten Aussagekraft der Daten kaum als besonders erheblich anzusehen ist.[16] All dies hätte dafür gesprochen, die Befugnis in § 63a BKAG offen als solche der Gefahrerforschung auszugestalten. Dass der Gesetzgeber dies trotz der Hochrangigkeit der in § 63a BKAG in Bezug genommenen Rechtsgüter nicht gewagt hat, lässt sich durchaus als Ausweis nach wie vor bestehender Konsolidierungsdefizite in Rechtsprechung und Dogmatik im Bereich sicherheitsbehördlicher Informationseingriffe lesen (vgl. → § 1 Rn. 9). 4

B. Kommentierung im Einzelnen

§ 63a BKAG regelt verschiedene Möglichkeiten der Bestandsdatenabfrage durch das BKA im Aufgabenbereich des § 6 BKAG. Dabei orientiert sich der Gesetzgeber eng an den Vorgaben des Bundesverfassungsgerichts. Die Vorschrift ist im Wesentlichen den Bestandsdatenauskunftsregelungen in **§ 10 und § 40 BKAG nachgebildet** bzw. wurde aus diesen extrahiert.[17] 5

I. Abfrage bei konkreter Gefahr (Abs. 1 Nr. 1)

Nach § 63a Abs. 1 Nr. 1 BKAG darf das BKA von demjenigen, der geschäftsmäßig **Telekommunikationsdienste** erbringt oder daran mitwirkt, Bestandsdaten gem. § 3 Nr. 6 TKG und über die nach § 172 TKG erhobenen Daten verlangen (§ 174 Abs. 1 S. 1 TKG), um im Einzelfall eine Gefahr für eine zu schützende Person oder für eine zu schützende Räumlichkeit nach § 6 BKAG abzuwehren. Die Gefahrenschwelle kann weitgehend analog zu § 63 Abs. 1 BKAG gehandhabt werden, entspricht also einer konkreten Gefahr (→ § 63 Rn. 11). Bestandsdaten sind gem. § 3 Nr. 6 TKG Daten eines Endnutzers, die erforderlich sind für die Begründung, inhaltliche Ausgestaltung, Änderung oder Beendigung eines Vertragsverhältnisses über Telekommunikationsdienste (ähnlich § 2 Abs. 2 Nr. 2 TTDSG). Bei den von der Auskunft nach § 63a Abs. 1 BKAG umfassten Daten handelt es sich um die nach § 172 TKG erhobenen und in dessen Abs. 1 S. 1 aufgeführten **Bestandsdaten**, dh Rufnummern und andere Anschlusskennungen, Namen und Anschrift des Anschlussinhabers, bei natürlichen Personen deren Geburtsdatum, bei Festnetzanschlüssen auch die Anschrift des Anschlusses, in Fällen, in denen neben einem Mobilfunkanschluss auch ein Mobilfunkendgerät überlassen wird, die Gerätenummer dieses Gerätes sowie das Datum des Vertragsbeginns. 6

II. Abfrage bei teilkonkretisierter Gefahr (Abs. 1 Nr. 2 und Nr. 3)

Der Abruf ist nach § 63a Abs. 1 Nr. 2 BKAG auch zulässig, zum Schutz von Leib, Leben, Freiheit, sexueller Selbstbestimmung oder bedeutenden Sachwerten einer zu schützenden Person oder zum Schutz einer zu schützenden Räumlichkeit nach § 6 BKAG, wenn Tatsachen den Schluss auf ein wenigstens seiner Art nach 7

12 So ausdrücklich BVerfG Beschl. v. 24.1.2012 – 1 BvR 1299/05 –, BVerfGE 130, 151 (184).

13 Vgl. hierzu Poscher Grundrechte als Abwehrrechte, 2003, S. 395 ff., der allerdings eine Konstruierbarkeit als Eingriffssituation zuvörderst für den Schutz vor *rechtswidrigem* Verhalten Dritter entfaltet.

14 Vgl. BVerfG Beschl. v. 27.5.2020 – 1 BvR 1873/13 ua –, BVerfGE 155, 119 (167 f., Rn. 95; 179, Rn. 130).

15 Jeweils BVerfG Beschl. v. 27.5.2020 – 1 BvR 1873/13 ua –, BVerfGE 155, 119 (186, Rn. 146). Zur teilkonkretisierten Gefahr als gegebenenfalls ebenfalls zulässiger Eingriffsschwelle aaO, 204 f., Rn. 187; 213, Rn. 211.

16 So auch BVerfG Beschl. v. 24.1.2012 – 1 BvR 1299/05 –, BVerfGE 130, 151 (191); Beschl. v. 27.5.2020 – 1 BvR 1873/13 ua –, BVerfGE 155, 119 (183 ff., Rn. 138 ff.).

17 S. BT-Drs. 19/25294, 49. Es wurden für die Aufgaben des BKA nach den §§ 2, 5, 6, 7 BKAG jeweils spezielle Befugnisnormen zur Bestandsdatenerhebung geschaffen.

konkretisiertes und zeitlich **absehbares Geschehen** zulassen, an dem bestimmte Personen beteiligt sein werden. Hierin liegt eine **Absenkung der Eingriffsschwelle**, was ein Handeln bereits im Gefahrenvorfeld ermöglicht. Verlangt wird lediglich der auf Tatsachen gestützte Schluss auf eine (hinsichtlich des Geschehens) lediglich teilkonkretisierte Gefahr bei gleichzeitiger Kompensation durch Begrenzung auf gewichtigere Schutzgüter. Die verwendete Formulierung ist der Rechtsprechung des Bundesverfassungsgerichts entnommen,[18] kommt aber – wie auch an vielen anderen Stellen – eher sperrig daher; für die Zukunft empfiehlt sich mehr gesetzgeberischer Mut zur prägnanten Begriffs- und Kategorienbildung[19] (→ § 1 Rn. 9; womöglich ließe sich einheitlich von teilkonkretisierten Gefahren, Gefahrenlagen oder ähnlichem sprechen[20]).

8 Schließlich darf der Abruf nach § 63a Abs. 1 Nr. 3 BKAG auch erfolgen zum Schutz von Leib, Leben, Freiheit oder sexueller Selbstbestimmung einer zu schützenden Person oder zum Schutz einer zu schützenden Räumlichkeit nach § 6 BKAG, wenn das **individuelle Verhalten einer Person** die konkrete Wahrscheinlichkeit begründet, dass sie in einem übersehbaren Zeitraum eine Straftat gegen eines der benannten Rechtsgüter der zu schützenden Person oder gegen eine zu schützende Räumlichkeit begehen wird. Auch hier wird die Eingriffsschwelle auf eine (hinsichtlich der beteiligten Störer) teilkonkretisierte Gefahr abgesenkt; man befindet sich gleichsam noch einen Schritt weiter entfernt von der konkreten Gefahr als in § 63 Abs. 1 Nr. 2 BKAG. Die Tatbestandsvariante wird insbesondere im Kontext von sog. **Gefährdern** in Betracht kommen.

III. Erstreckung auf Telemedien (Abs. 2)

9 Gemäß § 63a Abs. 2 BKAG darf unter den Voraussetzungen des Abs. 1 von demjenigen, der geschäftsmäßig eigene oder fremde **Telemedien** zur Nutzung bereithält oder den Zugang zur Nutzung vermittelt, Auskunft über Bestandsdaten nach § 2 Abs. 2 Nr. 2 TTDSG verlangt werden (§ 22 Abs. 1 S. 1 und § 23 Abs. 1 S. 1 TTDSG). Es handelt sich um die Erstreckung der Bestandsdatenauskunft auf die Erhebung bei Anbietern von Telemediendiensten, dh derjenigen elektronischen Informations- und Kommunikationsdienste, die in § 1 Abs. 1 S. 1 TMG definiert werden. Darunter fällt insbesondere eine Vielzahl von im Internet angebotenen Mediendiensten, etwa die Internetseite eines Nachrichtenmagazins.

IV. Abruf von Zugangsdaten (Abs. 3)

10 § 63a Abs. 3 BKAG sieht **Sonderregeln** vor, wenn sich das Auskunftsverlangen auf Daten bezieht, mittels derer der Zugriff auf Endgeräte oder auf Speichereinrichtungen, die in diesen Endgeräten oder hiervon räumlich getrennt eingesetzt werden (bspw. auch Daten in Clouds), geschützt wird (§ 174 Abs. 1 S. 2 TKG).

11 **1. Materielle Voraussetzungen.** Handelt es sich bei den abzurufenden Daten um solche, mittels derer der Zugriff auf Endgeräte oder auf Speichereinrichtungen, die in diesen Endgeräten oder hiervon räumlich getrennt eingesetzt werden, dh um Zugangsdaten, Passwörter, etc., darf die Auskunft nach § 63a Abs. 3 S. 1 BKAG nur verlangt werden, wenn zugleich die gesetzlichen **Voraussetzungen für die Nutzung der Daten** vorliegen. Damit wird der Abruf von Passwörtern und Zugangsdaten nach dem TKG ermöglicht und an die Voraussetzung geknüpft, dass auch die über den Abruf bspw. eines Passworts erschließbaren Daten ihrerseits verwendet werden dürfen. Läge die Möglichkeit zur Verwendung dieser Daten nicht vor, wäre schließlich auch die Erschließung des Zugangs zu ihnen sinnlos und damit unverhältnismäßig, weil nicht erforderlich.[21]

12 § 63a Abs. 3 S. 2 BKAG sieht für den Bereich der Telemedien (→ Rn. 9) eine entsprechende Einschränkung für den Fall vor, dass sich das Auskunftsverlangen nach § 63a Abs. 2 BKAG auf **als Bestandsdaten erhobene Passwörter oder andere Daten** bezieht, mittels derer der Zugriff auf weitere Daten in Endgeräten oder

18 BVerfG Urt. v. 27.2.2008 – 1 BvR 370/07 ua –, BVerfGE 120, 274 (328 f.); Urt. v. 20.4.2016 – 1 BvR 966/09 ua –, BVerfGE 141, 220 (272 f., Rn. 112; 291, Rn. 164; 298, Rn. 190; 305, Rn. 213); speziell zur Bestandsdatenauskunft BVerfG Beschl. v. 27.5.2020 – 1 BvR 1873/13 ua –, BVerfGE 155, 119 (188 f., Rn. 150). Für die einfache Bestandsdatenauskunft (ohne Abruf von Zugangsdaten oder anhand dynamischer IP-Adressen) lässt das Gericht die Reduzierung auf eine (teil-)konkretisierte Gefahr (alternativ etwa „Gefahrenlage") auch dann zu, wenn nicht – wie in § 63a Abs. 1 BKAG ohnehin überwiegend anzunehmen – „herausgehobene" Rechtsgüter gefährdet sind, sondern es genügt bereits die Gefährdung von Rechtsgütern „von zumindest erheblichem Gewicht", vgl. BVerfG Beschl. v. 27.5.2020 – 1 BvR 1873/13 ua –, BVerfGE 155, 119 (188 f., Rn. 150).

19 Vgl. auch Bäcker, Kriminalpräventionsrecht, 2015, S. 237 ff. Ebenfalls bleibt unklar, ob an die übliche Terminologie des Gefahrenverdachts angeknüpft werden sollte („Tatsachen, die die Annahme rechtfertigen […]") oder ob „Tatsachen, die den Schluss zulassen […]" etwas anderes bedeuten sollen.

20 → § 48 Rn. 26. S. auch Albrecht/Poscher, Evaluationsbericht zu den §§ 4a, 20j, 20k des Bundeskriminalamtgesetzes, BT-Drs. 18/13031, 57. Der Begriff der Gefahrenlage findet sich auch bei BVerfG Urt. v. 20.4.2016 – 1 BvR 966/09 ua –, BVerfGE 141, 220 (325, Rn. 280), dort allerdings wohl eher iS eines Oberbegriffs. Mit wohl wiederum abweichender Begriffsverwendung Möllers in ders. (Hrsg.), Wörterbuch der Polizei, 3. Aufl. 2018, S. 883 (883). Für eine Verwendung im infektionsschutzrechtlichen Kontext vgl. Kießling in dies. (Hrsg.), IfSG, 2. Aufl. 2021, § 29 Rn. 2.

21 Vgl. BT-Drs. 19/25294, 49 f. Zu den verfassungsrechtlichen Vorgaben s. BVerfG Beschl. v. 24.1.2012 – 1 BvR 1299/05 –, BVerfGE 130, 151 (208 f.); Beschl. v. 27.5.2020 – 1 BvR 1873/13 ua –, BVerfGE 155, 119 (222, Rn. 234 ff.).

anderen Speichereinrichtungen, die in diesen Endgeräten oder hiervon räumlich getrennt eingesetzt werden, geschützt wird (§ 23 Abs. 1 S. 1 TTDSG). In diesen Fällen darf die Auskunft nur verlangt werden zur Abwehr einer konkreten **Gefahr für Leib, Leben, Freiheit oder die sexuelle Selbstbestimmung** der zu schützenden Person oder für den Bestand des Bundes oder eines Landes oder die freiheitlich (sic) demokratische Grundordnung und wenn die gesetzlichen **Voraussetzungen für die Nutzung der Daten** vorliegen. Im Bereich der Telemediendienste gelten also für den Abruf von Nutzungsdaten höhere Anforderungen als im Bereich der Telekommunikationsdienste, denn nur bei ersteren findet eine Eingrenzung auf bestimmte Schutzgüter (Leib, Leben, Freiheit, sexuelle Selbstbestimmung) statt. Es ist zwar fraglich, ob das verfassungsrechtlich zwingend ist, allerdings werden Telemediendaten grundsätzlich als sensibler angesehen als Telekommunikationsdaten, wie sich etwa aus dem Unterschied der Übermittlungsschwellen in § 174 TKG einerseits und § 22 TTDSG andererseits ablesen lässt.

2. Formelle Voraussetzungen. Gemäß § 63a Abs. 3 S. 3 BKAG dürfen die in § 63a Abs. 3 S. 1 und 2 BKAG geregelten Auskunftsverlangen nur auf **Antrag der Präsidentin** oder des Präsidenten des BKA oder ihrer oder seiner Vertretung **durch das Gericht** angeordnet werden. Laut § 63a Abs. 3 S. 4 BKAG gilt dieses besondere Antrags- und Anordnungserfordernis aber nicht, wenn die betroffene Person von dem Auskunftsverlangen **bereits Kenntnis** hat oder haben muss, oder wenn die **Verarbeitung der Daten** bereits durch eine **gerichtliche Entscheidung** gestattet wird. In solchen Fällen nämlich verlieren die besonderen verfahrensrechtlichen Sicherungen ihren Sinn. Die Vertretung der Präsidentin des BKA richtet sich nach den jeweils maßgeblichen amtsinternen Vertretungsregelungen. Wird auf die Einhaltung der besonderen Verfahrensvorgaben wegen Vorliegens der Voraussetzungen nach § 63a Abs. 3 S. 4 BKAG verzichtet, ist gem. § 63a Abs. 3 S. 5 BKAG dieses Vorliegen aktenkundig zu machen. Hierin lässt sich eine **überschießende Umsetzung** der verfassungsrechtlichen Vorgaben zur **Dokumentation von Entscheidungsgrundlagen** erkennen, die im Bereich der Bestandsdatenauskunft bisher nur für den Abruf über dynamische IP-Adressen ausdrücklich formuliert wurden (und in der Praxis ohnehin erfüllt werden).[22] 13

§ 63a Abs. 3 S. 6 und S. 7 BKAG treffen Regelungen zu **Zuständigkeit und Verfahren des Gerichts** (Gericht am Amtssitz des BKA, Anwendung des FamFG). Der Sitz des BKA ist Wiesbaden, so dass auch für diese Maßnahme das Amtsgericht Wiesbaden zuständig ist – ungeachtet dessen, von welchem Standort aus die betroffene Abteilung ihre Aufgabe nach dem BKAG organisatorisch wahrnimmt (vgl. § 90 BKAG). 14

3. Information der Datenschutzaufsichtsbehörde. Nach § 63a Abs. 3 S. 8 BKAG informiert das BKA die jeweils zuständige **Datenschutzaufsichtsbehörde,** wenn ihm aufgrund eines Auskunftsersuchens nach § 63a Abs. 3 S. 2 BKAG Passwörter oder andere Daten **unverschlüsselt beauskunftet** werden.[23] 15

V. Abruf anhand von dynamischen IP-Adressen (Abs. 4)

Gemäß § 63a Abs. 4 S. 1 BKAG darf die Auskunft nach § 63a Abs. 1 und Abs. 2 BKAG auch anhand einer zu einem bestimmten Zeitpunkt zugewiesenen Internetprotokoll-Adresse (sog. dynamische IP-Adresse[24]) verlangt werden (§ 174 Abs. 1 S. 3 TKG und § 22 Abs. 1 S. 3 und S. 4 TTDSG). Dabei wird aufgrund des damit einhergehenden Eingriffs in Art. 10 Abs. 1 GG von erhöhtem Gewicht[25] die **Eingriffsschwelle insoweit erhöht,** als ein Abruf nach § 63a Abs. 1 Nr. 1 BKAG (Abruf zur Abwehr konkreter Gefahren) die Gefahr der Begehung einer Straftat voraussetzt und ein Abruf nach § 63a Abs. 1 Nr. 2 oder Nr. 3 BKAG (Abruf bei teilkonkretisierter Gefahr) dem Schutz eines Rechtsguts nach § 63a Abs. 1 Nr. 3 BKAG, dh von Leib, Leben, Freiheit oder sexueller Selbstbestimmung einer zu schützenden Person oder zum Schutz einer Räumlichkeit, dienen müssen. 16

Nach § 63a Abs. 4 S. 2 BKAG bleibt § 63a Abs. 3 S. 2 BKAG unberührt. Das bedeutet, dass in den Fällen, in denen sich der Abruf auf **Zugangsdaten** bezieht, **die in § 63a Abs. 3 S. 2 BKAG angeordnete Qualifizierung der Gefahrenschwelle** maßgeblich bleibt (und nicht etwa durch § 63a Abs. 4 S. 1 BKAG wieder abgesenkt wird). Für den Abruf von Zugangsdaten anhand von dynamischen IP-Adressen ist daher eine konkrete Gefahr für Leib, Leben, Freiheit oder die sexuelle Selbstbestimmung der zu schützenden Person oder für den Bestand des Bundes oder eines Landes oder die freiheitlich (sic) demokratische Grundordnung erforderlich. Ohnehin gilt für den Abruf von Zugangsdaten stets das allgemeine Erfordernis aus § 63a Abs. 3 S. 1 BKAG, dass auch die Berechtigung zur Nutzung der über die Zugangsdaten zu erschließenden Datenbestände gegeben sein muss. 17

22 Vgl. BT-Drs. 19/25294, 40, 46, sowie BVerfG Beschl. v. 27.5.2020 – 1 BvR 1873/13 ua –, BVerfGE 155, 119 (227 f., Rn. 248 ff.).

23 Diese Regelung wurde erst im Vermittlungsausschuss hinzugefügt, s. BT-Drs. 19/27900, 4.

24 Dem durchschnittlichen Internetnutzer werden üblicherweise wechselnde IP-Adressen zugeordnet; meist erfolgt eine Neuzuordnung jedes Mal, wen sich der Router neu mit dem Internet verbindet. Vgl. hierzu etwa BVerfG Beschl. v. 24.1.2012 – 1 BvR 1299/05 –, BVerfGE 130, 151 (162).

25 BVerfG Beschl. v. 27.5.2020 – 1 BvR 1873/13 ua –, BVerfGE 155, 119 (200, Rn. 176; 202, Rn. 179; 223, Rn. 238).

18 Nach § 63a Abs. 4 S. 3 BKAG darf darüber hinaus die Auskunft nach § 63a Abs. 1 und Abs. 2 BKAG anhand einer dynamischen IP-Adresse nach § 22 Abs. 1 S. 3 und 4 TTDSG nur verlangt werden, wenn **tatsächliche Anhaltspunkte** dafür vorliegen, dass die **betroffene Person Nutzer des Telemediendienstes** ist, bei dem die Daten erhoben werden sollen. § 22 Abs. 1 S. 3 und 4 TTDSG regeln die Bestandsdatenauskunft anhand dynamischer IP-Adressen im Bereich der Telemediendienste; sie sehen dabei auch die automatisierte Durchsuchung aller unternehmensinternen Datenquellen vor. Die im Vermittlungsausschuss vorgeschlagene zusätzliche Anforderung in § 63a Abs. 4 S. 3 BKAG[26] soll vermutlich vorschnelle und nicht hinreichend gezielte Abfragen bei Anbietern von Telemediendiensten verhindern. Sie wirft allerdings insofern Fragen auf, als in den relevanten Fällen oft überhaupt nicht klar sein wird, wer „die betroffene Person" ist, weil die Maßnahme ja gerade erst zu deren Identifizierung dienen soll.

19 Nach § 63a Abs. 4 S. 4 BKAG schließlich sind – entsprechend den ausdrücklichen Vorgaben des Bundesverfassungsgerichts[27] – im Fall des Abrufs über eine dynamische IP-Adresse die rechtlichen und tatsächlichen **Grundlagen des Auskunftsverlangens aktenkundig** zu machen. Das bedeutet, dass die für den konkreten Abruf einschlägige Ermächtigungsgrundlage, also § 63a Abs. 4 BKAG iVm den jeweils einschlägigen Normteilen aus § 63a Abs. 1 und Abs. 2 BKAG, sowie die wesentlichen Schritte der Subsumtion des konkreten Sachverhalts zu dieser Grundlage, in der Akte zu vermerken sind.

VI. Vorschriften zum Verfahren beim Datenabruf (Abs. 5)

20 Nach § 63a Abs. 5 BKAG gilt § 10 Abs. 5–7 BKAG (→ § 10 Rn. 42 ff.) entsprechend. Dabei regelt § 10 Abs. 5 BKAG die **Benachrichtigung des Betroffenen,** die erfolgt, soweit und sobald hierdurch der Zweck der Auskunft nicht vereitelt wird. Sie kann auch ganz unterbleiben, wenn ihr überwiegende schutzwürdige Belange Dritter oder der betroffenen Person selbst entgegenstehen. § 10 Abs. 6 BKAG sieht vor, dass der aufgrund eines Auskunftsverlangens Verpflichtete die zur Auskunftserteilung erforderlichen **Daten unverzüglich und vollständig zu übermitteln** hat. § 10 Abs. 7 BKAG regelt Fragen der **Entschädigung des Auskunftsverpflichteten** unter Verweis auf § 23 und Anlage 3 sowie § 2 Abs. 1 und Abs. 4 JVEG.

§ 64 Besondere Mittel der Datenerhebung

(1) [1]Das Bundeskriminalamt kann personenbezogene Daten mit den besonderen Mitteln nach Absatz 2 erheben über

1. Personen, bei denen Tatsachen die Annahme rechtfertigen, dass von ihnen eine Straftat gegen Leib, Leben oder Freiheit einer zu schützenden Person oder eine gemeingefährliche Straftat gegen eine der in § 6 genannten Räumlichkeiten verübt werden soll, oder
2. Personen nach § 39 Absatz 2 Nummer 2

und die Abwehr der Gefahr oder die Verhütung der Straftat auf andere Weise aussichtslos ist oder wesentlich erschwert würde. [2]Die Erhebung kann auch durchgeführt werden, wenn Dritte unvermeidbar betroffen werden.

(2) Besondere Mittel der Datenerhebung sind:

1. die längerfristige Observation,
2. der Einsatz technischer Mittel außerhalb der Wohnung in einer für die betroffene Person nicht erkennbaren Weise
   a) zur Anfertigung von Bildaufnahmen oder -aufzeichnungen,
   b) zum Abhören oder Aufzeichnen des nicht öffentlich gesprochenen Wortes und
3. der Einsatz von Vertrauenspersonen.

(3) [1]Maßnahmen nach

1. Absatz 2 Nummer 1,
2. Absatz 2 Nummer 2 Buchstabe a, bei denen durchgehend länger als 24 Stunden oder an mehr als zwei Tagen Bildaufzeichnungen bestimmter Personen angefertigt werden sollen,
3. Absatz 2 Nummer 2 Buchstabe b,
4. Absatz 2 Nummer 3, die sich gegen eine bestimmte Person richten oder bei denen die Vertrauensperson eine Wohnung betritt, die nicht allgemein zugänglich ist,

26 BT-Drs. 19/27900, 3.
27 Vgl. BVerfG Beschl. v. 27.5.2020 – 1 BvR 1873/13 ua –, BVerfGE 155, 119 (227 f., Rn. 248 ff.); BT-Drs. 19/25294, 35, 40, 46.

dürfen nur auf Antrag der Leitung der für den Personenschutz zuständigen Abteilung des Bundeskriminalamtes oder deren Vertretung durch das Gericht angeordnet werden. ²Bei Gefahr im Verzug kann die Anordnung einer Maßnahme nach Satz 1 durch die Leitung der für den Personenschutz zuständigen Abteilung des Bundeskriminalamtes oder deren Vertretung getroffen werden. ³In diesem Fall ist die gerichtliche Entscheidung unverzüglich nachzuholen. ⁴Soweit die Anordnung nicht binnen drei Tagen durch das Gericht bestätigt wird, tritt sie außer Kraft. ⁵Die übrigen Maßnahmen nach Absatz 2 Nummer 1 bis 3 dürfen, außer bei Gefahr im Verzug, nur durch die Leitung der für den Personenschutz zuständigen Abteilung des Bundeskriminalamtes oder deren Vertretung angeordnet werden.

(4) § 45 Absatz 4, 5, 7 und 8 gilt entsprechend.

(5) Personenbezogene Daten, die durch Maßnahmen nach Absatz 2 erlangt worden sind, sind unverzüglich zu löschen, soweit sie für den der Anordnung zugrunde liegenden Zweck oder nach Maßgabe der Strafprozessordnung zur Verfolgung einer Straftat nicht oder nicht mehr erforderlich sind.

A. Überblick und Genese

1 § 64 BKAG verleiht dem BKA zur Erfüllung der Aufgabe nach § 6 BKAG Befugnisse zur Anwendung besonderer Mittel der **Erhebung personenbezogener Daten**. Die besondere Regelung einzelner Maßnahmen mit erhöhter Eingriffstiefe im Bereich der Datenerhebung soll der Achtung des Rechts auf **informationelle Selbstbestimmung** (Art. 2 Abs. 1 iVm Art. 1 Abs. 1 GG) dienen.[1] Es handelt sich um eine bereichsspezifische Ermächtigungsnorm für Eingriffe der Gefahrenabwehr wie auch der Straftatenverhütung; wie § 64 Abs. 4 BKAG deutlich macht, folgt die Norm dabei in Inhalt und Struktur im Wesentlichen § 45 BKAG (→ § 45 Rn. 1 ff., 48 ff.). Soweit eine in § 64 BKAG eigens geregelte Maßnahme gewählt werden soll, kann freilich nicht auf die Generalklausel des § 63 Abs. 1 S. 1 BKAG zurückgegriffen werden.[2] Bei den Anwendungen der Maßnahmen handelt es sich um **Realakte**, deren Rechtmäßigkeit mit der Feststellungsklage (§ 43 Abs. 1 VwGO) überprüft werden können;[3] eine spätere Benachrichtigung des Betroffenen ändert an dieser Einordnung nichts.[4]

2 § 64 BKAG wurde als damaliger § 23 in der Neufassung des BKAG im Jahr 1997[5] eingeführt und entspricht auch heute noch weitgehend dieser Vorgängernorm. Vor der Einführung des § 23 BKAG waren die besonderen Mittel der Datenerhebung über einen Verweis auf § 28 BPolG aF in § 9 Abs. 3 S. 1 BKAG aF eröffnet.[6] Mit Wirkung zum 25.5.2018 wurde § 64 Abs. 1 S. 1 Nr. 2 BKAG an die in der Entscheidung des Bundesverfassungsgerichts zum BKAG[7] aufgestellten Anforderungen an die Überwachung von Kontakt-

1 Ahlf/Daub/Lersch/Störzer/Daub BKAG § 23 Rn. 1.
2 Schenke/Graulich/Ruthig/Graulich BKAG § 64 Rn. 2.
3 Schenke/Graulich/Ruthig/Graulich BKAG § 64 Rn. 14, 20; s. zudem Schenke/Graulich/Ruthig/Schenke BPolG § 28 Rn. 9, der das Gleiche auch für die Anordnung der Maßnahmen annimmt. Dieser dürfte zur Verwaltungsaktqualität (§ 35 S. 1 VwVfG) zwar nicht die Regelungs-, wohl aber die Außenwirkung fehlen.
4 Schenke/Graulich/Ruthig/Graulich BKAG § 64 Rn. 14. Ebenso wenig wird die Möglichkeit der nachträglichen gerichtlichen Überprüfung dadurch ausgeschlossen, dass die Maßnahme auf einer gerichtlichen Anordnung nach § 64 Abs. 3 BKAG beruht (so auch Schenke/Graulich/Ruthig/Graulich BKAG § 64 Rn. 20), schon weil das Nachhinein eine ganz andere Kontrollperspektive mit anderem Wissensstand eröffnet.
5 BGBl. I 1997 S. 1650 (1659).
6 BGBl. I 1973 S. 704 (706) sowie BGBl. I 1994 S. 2978 (2986). Vgl. dazu etwa Hessel BKAG § 9 Anm. 10.
7 BVerfG Urt. v. 20.4.2016 – 1 BvR 966/09 ua –, BVerfGE 141, 220 ff.

und Begleitpersonen angepasst.[8] Eine parallele Vorschrift zu § 64 BKAG enthält § 45 BKAG für den Aufgabenbereich der präventiven Terrorismusabwehr nach § 5 BKAG.

3 Ein wenig unklar ist die genaue **Einordnung des Normcharakters.** Im Tatbestand wird einerseits an die Terminologie der Gefahrerforschung angeknüpft (§ 64 Abs. 1 S. 1 Nr. 1 BKAG), andererseits zugleich an diejenige von Gefahrenabwehr und Straftatenverhütung (§ 64 Abs. 1 S. 1 Hs. 2 BKAG). An dieser Mischung wie auch an vielen anderen Stellen im Gefahrenabwehrrecht zeigt sich, dass die **systematische Durchdringung** des Stoffes noch keineswegs abgeschlossen ist.[9] Im Fall des § 64 BKAG dürfte der Sache nach der Aspekt der **Gefahrerforschung im Vordergrund** stehen. Denn Mittel der Datenerhebung dienen naturgemäß der Informationsbeschaffung. Wenn der Behörde eine Information bekannt wird, beendet dies nicht einen gefährlichen Kausalverlauf (Gefahrenabwehr), sondern kann vielmehr über eine Gefahr oder über Möglichkeiten zur Intervention erst Aufschluss geben.[10] Subsidiär kann die Erweiterung der Informationsgrundlage auch zur Vorsorge für die Unterbindung einer noch nicht als akut angenommenen Tat dienen (Straftatenverhütung).[11]

B. Kommentierung im Einzelnen

4 § 64 BKAG regelt zunächst, gegen welche Personen sich die besonderen Mittel der Datenerhebung unter welchen Voraussetzungen richten dürfen (Abs. 1, → Rn. 5 ff.) und welche besonderen Mittel in Betracht kommen (Abs. 2, → Rn. 18 ff.). Zudem sind für bestimmte der besonderen Maßnahmen besondere Zuständigkeits- und Verfahrensregelungen vorgesehen (Abs. 3 und Abs. 4, → Rn. 29 ff. und 37 ff.). Schließlich wird eine eigene Löschungsregel für die aus den Maßnahmen erlangten personenbezogenen Daten statuiert (Abs. 5, → Rn. 40 ff.).

I. Allgemeine Voraussetzungen (Abs. 1)

5 § 64 Abs. 1 BKAG regelt den Kreis der von der Datenerhebung betroffenen Personen (§ 64 Abs. 1 S. 1 Hs. 1 und S. 2 BKAG). Daneben sieht er die Begrenzung auf bestimmte Schutzgüter vor (§ 64 Abs. 1 S. 1 Nr. 1 BKAG) und normiert eine besondere Erforderlichkeitsschwelle (§ 64 Abs. 1 S. 1 Hs. 2 BKAG). Durch diese Einschränkungen wird der **besonderen Sensibilität** der vorgesehenen Mittel der Datenerhebung Rechnung getragen.[12]

6 **1. Betroffene der Datenerhebung.** Als Betroffene der Datenerhebung kommen Personen in Betracht, auf die sich ein Gefahrenverdacht bezieht (sog. **Verdachtsstörer,** § 64 Abs. 1 S. 1 Nr. 1 BKAG) oder **Kontakt- und Begleitpersonen** nach § 39 Abs. 2 Nr. 2 BKAG (§ 64 Abs. 1 S. 1 Nr. 2 BKAG). Zudem können **Dritte** von der Maßnahme mitbetroffen werden (§ 64 Abs. 1 S. 2 BKAG).

7 **a) Verdachtsstörer (Abs. 1 S. 1 Nr. 1).** Gem. § 64 Abs. 1 S. 1 BKAG kann das BKA mit den besonderen Mitteln nach § 64 Abs. 2 BKAG personenbezogene Daten über solche Personen erheben, bei denen Tatsachen die Annahme rechtfertigen, dass von ihnen eine Straftat gegen Leib, Leben oder Freiheit einer zu schützenden Person oder eine gemeingefährliche Straftat gegen eine der in § 6 BKAG genannten Räumlichkeiten verübt werden soll (§ 64 Abs. 1 S. 1 Nr. 1 BKAG), womit zugleich die in Betracht kommenden Rechtsgüter eingeschränkt werden. Es wird an die klassische Terminologie des Gefahrenverdachts angeknüpft („Tatsachen, die die Annahme rechtfertigen").[13] Insofern lässt sich von **Verdachtsstörern** sprechen.[14] Erforderlich ist also, dass Anhaltspunkte vorliegen, nach denen die betroffene Person eine Straftat gegen Leib, Leben oder Freiheit einer zu schützenden Person oder eine gemeingefährliche Straftat gegen eine der in § 6 BKAG genannten Räumlichkeiten verüben wird, bei verständiger Würdigung der Sachlage aber **noch nicht genügend bekannt** ist, um ein Urteil darüber abzugeben, ob der Schaden mit der für das Vorliegen einer konkreten Gefahr erforderlichen Wahrscheinlichkeit zu erwarten ist.[15]

8 BT-Drs. 18/11163, 127.
9 Zur Frage der begrifflichen Ordnung vgl. etwa Leisner-Egensperger DÖV 2018, 677 (679 ff.).
10 Es liegt daher nahe, die Systematik von Gefahrerforschung und Gefahrenabwehr in dieser Hinsicht grundsätzlich zu untersuchen und die oft implizierte schematische Trennung zwischen vermeintlich intensiven Gefahrenabwehrmaßnahmen einerseits und vermeintlich weniger intensiven „bloßen" Gefahrerforschungsmaßnahmen andererseits zu hinterfragen. Unkritisch insofern Schenke/Graulich/Ruthig/Graulich BKAG § 64 Rn. 2. Bis dahin aber ist freilich mit dem vorhandenen Normenmaterial zu arbeiten und ein Bemühen um seine bestmögliche Ordnung im gesetzgeberischen Sinne angezeigt. Zur besonderen Bedeutung des gesetzgeberischen Willens bei der Auslegung von Gesetzen vgl. Lassahn, Rechtsprechung und Parlamentsgesetz, 2017, S. 9 ff., 198 ff.
11 Vgl. Schenke/Graulich/Ruthig/Graulich BPolG § 21 Rn. 3 sowie Schenke/Graulich/Ruthig/Graulich BKAG § 1 Rn. 13.
12 Vgl. BT-Drs. 13/1550, 35.
13 → § 63 Rn. 26.
14 Zum Begriff vgl. etwa BeckOK-POR Niedersachsen/Ullrich NdsPOG § 6 Rn. 30 f. (2022).
15 Schenke/Graulich/Ruthig/Graulich BKAG § 64 Rn. 6; vgl. auch Kingreen/Poscher, POR, § 9 Rn. 24.

b) **Kontakt- und Begleitpersonen (Abs. 1 S. 1 Nr. 2).** Alternativ kann sich die Maßnahme gegen Personen nach § 39 Abs. 2 Nr. 2 BKAG richten (§ 64 Abs. 1 S. 1 Nr. 2 BKAG), dh gegen Kontakt- und Begleitpersonen der eigentlichen Zielperson.[16] Über die Verweisung auf § 39 Abs. 2 Nr. 2 BKAG sind auch solche Personen erfasst, die mit einer Person nach § 64 Abs. 1 S. 1 Nr. 1 BKAG nicht nur flüchtig oder in zufälligem Kontakt in Verbindung stehen und von der Vorbereitung der relevanten Straftat **Kenntnis haben** oder aus der Verwertung der Tat **Vorteile ziehen könnten** oder derer sich die Person nach § 64 Abs. 1 S. 1 Nr. 1 BKAG **zur Begehung der Straftat bedienen** könnte. 8

Voraussetzung für die Ausrichtung der Maßnahme auf solche Kontakt- oder Begleitpersonen ist nach § 39 Abs. 2 Nr. 2 Hs. 2 BKAG, dass die Verhütung der Straftat **auf andere Weise aussichtslos oder wesentlich erschwert** wäre. Da diese Voraussetzung in § 64 Abs. 1 S. 1 Hs. 2 BKAG ohnehin allgemein für die Anwendung der Mittel des § 64 Abs. 2 BKAG vorgesehen ist (→ Rn. 5, 15 ff.), ergibt sich insoweit keine zusätzliche substanzielle Hürde. 9

Sofern eine Kontakt- oder Begleitperson aus einem **eigenständigen Grund** den Verdacht einer Gefährdung der relevanten Schutzgüter auslöst, der den Einsatz besonderer Mittel nach § 64 Abs. 2 BKAG erforderlich macht, ist sie freilich nicht als Kontakt- oder Begleitperson, sondern als Verdachtsstörer nach § 64 Abs. 1 S. 1 Nr. 1 BKAG zu behandeln.[17] 10

c) **Mitbetroffene Dritte (Abs. 1 S. 2).** Nach § 64 Abs. 1 S. 2 BKAG darf die Erhebung auch durchgeführt werden, wenn **Dritte unvermeidbar (mit-)betroffen** werden. Das deckt den Einsatz von Mitteln ab, die beispielsweise auch Gesprächspartner oder sonstige Kontakte und Begegnungen der Zielpersonen (Verwandte, aber auch zufällige Alltagskontakte, etwa Briefträger), gegebenenfalls auch gänzlich unbeteiligte Dritte, betreffen, die nicht als Kontakt- oder Begleitperson nach § 64 Abs. 1 S. 1 Nr. 2 BKAG erfasst werden können. Die Mitbetroffenen dürfen freilich nicht das eigentliche Ziel der Erhebungsmaßnahme sein. 11

2. Begrenzung der Schutzgüter (Abs. 1 S. 1 Nr. 1). Die in § 64 Abs. 1 S. 1 Nr. 1 BKAG enthaltene Beschränkung der relevanten Schutzgüter auf Verletzungen der öffentlichen Sicherheit durch Straftaten gegen **Leib, Leben oder Freiheit** einer zu schützenden Person oder eine **gemeingefährliche Straftat** gegen eine der in § 6 BKAG genannten Räumlichkeiten gilt für alle Maßnahmen des § 64 BKAG, da § 64 Abs. 1 S. 1 Nr. 2 iVm § 39 Abs. 2 Nr. 2 BKAG so zu lesen sind, dass sie sich insoweit umfänglich auf § 64 Abs. 1 S. 1 Nr. 1 BKAG beziehen. 12

Die **Freiheit** der schützenden Personen umfasst vorrangig deren körperliche Bewegungsfreiheit, in hinreichend intensiven Situationen aber auch ihre Willensfreiheit (→ § 6 Rn. 18; → § 63 Rn. 111). 13

Eine **gemeingefährliche Straftat** ist eine solche nach dem 28. Abschnitt im Besonderen Teil des StGB, dh nach §§ 306–323c StGB.[18] 14

3. Besondere Erforderlichkeitsschwelle (Abs. 1 S. 1 Hs. 2). In beiden Varianten soll nach § 64 Abs. 1 S. 1 Hs. 2 BKAG die Datenerhebung nur zulässig sein, wenn „die Abwehr der Gefahr oder die Verhütung der Straftat **auf andere Weise aussichtslos** ist **oder wesentlich erschwert** würde".[19] 15

Die Formulierung ist insofern **misslungen**, als die Abwehr einer Gefahr überhaupt nicht das vordringliche Ziel der Norm ist, die schließlich primär auf Gefahrerforschung, auf die Aufklärung eines Sachverhalts, ausgerichtet ist (→ Rn. 3). Regelmäßig wird daher die Variante der „Verhütung der Straftat" im Vordergrund stehen, die eher mit dem Vorfeldcharakter der Gefahrerforschung korrespondiert als die Gefahrenabwehr. 16

In der Sache ordnet § 64 Abs. 1 S. 1 Hs. 2 BKAG an, dass **vorrangig andere Maßnahmen** zu prüfen sind, um der in Rede stehenden Gefahr beizukommen. Da es in den fraglichen Szenarien um Informationsbeschaffung geht, kommt etwa die Vorladung nach § 63 Abs. 3 BKAG (samt Befragung) in Betracht (→ § 63 Rn. 56 ff.).[20] Soweit aber die Verdachtsstörer nicht namentlich oder sonst ladungsfähig bekannt sind, scheidet dies aus und die Maßnahmen nach § 64 Abs. 2 BKAG rücken in den Fokus. **Maßnahmen des unmittelbaren Personenschutzes** werden als Alternativmaßnahme jedenfalls in den Fällen mit prekärer Erkenntnislage **eher selten vorrangig** in Betracht kommen, weil es bei § 64 BKAG um die vorgelagerte Aufklärung eines 17

16 Das Gesetz ist an dieser Stelle allerdings rechtstechnisch unsauber, weil dem Wortlaut nach tatsächlich auf „Personen nach Abs. 2 Nr. 2 BKAG" verwiesen wird, dh auf Kontakt- und Begleitpersonen aus dem Bereich des internationalen Terrorismus. Gewollt ist aber eindeutig eine **entsprechende Anwendung** des § 39 Abs. 2 Nr. 2 BKAG für den Bereich des Personenschutzes. Der Gesetzgeber sollte dies bei Gelegenheit klarstellen.

17 Unklar insofern Schenke/Graulich/Ruthig/Graulich BKAG § 64 Rn. 8 aE.

18 Schenke/Graulich/Ruthig/Graulich BKAG § 64 Rn. 7.

19 Der Wortlaut des Gesetzes („und") ist grammatikalisch misslungen, aber wie hier dargestellt gemeint. Vgl. auch Schenke/Graulich/Ruthig/Graulich BKAG § 64 Rn. 9.

20 Das von Schenke/Graulich/Ruthig/Graulich BKAG § 64 Rn. 9, beschriebene Szenario, in dem „eine Länderpolizei erst gar nicht vor Ort eingesetzt worden ist und die Gefahrenabwehr oder Straftatenverhütung dadurch ohne die Beamten des BKA aussichtslos oder wesentlich erschwert würden", ist nicht schon deshalb unwahrscheinlich, weil sich die Maßnahmen des § 64 Abs. 2 BKAG kaum für einen spontanen Einsatz „vor Ort" eignen.

Sachverhalts geht, in dem gerade unklar sein kann, ob und welche Gefahr droht und welche Schutzmaßnahmen womöglich sinnvoll wären.[21]

II. Besondere Mittel der Datenerhebung (Abs. 2)

18 § 64 Abs. 2 BKAG zählt die besonderen Mittel der Datenerhebung auf. Dazu zählen die längerfristige Observation (Nr. 1), der Einsatz technischer Mittel außerhalb der Wohnung in einer für die betroffene Person nicht erkennbaren Weise (Nr. 2), und zwar entweder zur Anfertigung von Bildaufnahmen oder -aufzeichnungen (Nr. 2 lit. a) oder zum Abhören oder Aufzeichnen des nicht öffentlich gesprochenen Wortes (Nr. 2 lit. b), sowie schließlich der Einsatz von Vertrauenspersonen (Nr. 3).

19 **1. Längerfristige Observation (Abs. 2 Nr. 1).** Eine längerfristige Observation ist nach der Legaldefinition des § 45 Abs. 2 Nr. 1 BKAG die **planmäßig angelegte Beobachtung** einer Person, die durchgehend länger als 24 Stunden dauern oder an mehr als zwei Tagen stattfinden soll (→ § 45 Rn. 87 ff.).[22] Entscheidend ist, dass die Observation nach der Vorstellung des BKA planmäßig angelegt ist; ein gelegentliches oder auch wiederholt kurzes Beobachten fällt nicht unter § 64 Abs. 2 Nr. 1 BKAG.[23] Beobachtungen von Personen unterhalb der Schwelle des § 64 Abs. 2 Nr. 1 BKAG (**kurzfristige Observationen**) sind nach § 9 Abs. 2 BKAG zulässig.[24]

20 Eine Observation beginnt regelmäßig, sobald **Sichtkontakt** zu der betroffenen Person aufgenommen wird.

21 **2. Verdeckter Einsatz technischer Mittel außerhalb der Wohnung (Abs. 2 Nr. 2).** Der Einsatz technischer Mittel außerhalb der Wohnung nach § 64 Abs. 2 Nr. 2 BKAG umfasst sowohl die Anfertigung von Bildaufnahmen oder -aufzeichnungen (Nr. 2 lit. a) als auch das Abhören oder Aufzeichnen des nicht öffentlich gesprochenen Wortes (Nr. 2 lit. b, sog. kleiner Lauschangriff). Die Norm ermächtigt zur Anwendung der Mittel „in einer für die betroffene Person nicht erkennbaren Weise", dh zum **verdeckten Einsatz.**

22 In beiden Varianten wird sowohl zur **Aufnahme** (Bildaufnahme bzw. Abhören) als auch zur **Aufzeichnung,** dh Speicherung der getätigten Aufnahmen ermächtigt; eine praktische Relevanz hat die Unterscheidung nicht. Die technischen Mittel umfassen den Einsatz von Fotoapparaten und Videokameras sowie von Geräten zum Abhören und Aufzeichnen des gesprochenen Wortes,[25] etwa Richtmikrofonen;[26] freilich können auch Geräte eingesetzt werden, die Video- und Audiofunktionen kombinieren.[27]

23 **Aufnahmen oder Aufzeichnungen ohne die Verwendung besonderer technischer Mittel,** etwa das Aufmalen oder Aufschreiben einer Beobachtung oder Äußerung, aber auch der Einsatz von Ferngläsern usw werden nicht erfasst. Sie richten sich, soweit Personenbezug vorliegt, gegebenenfalls nach § 9 Abs. 2 BKAG.[28] Gleiches gilt für den **offenen Einsatz** der entsprechenden Mittel, soweit nicht spezielle Rechtsgrundlagen zu beachten sind (etwa bei erkennungsdienstlichen Maßnahmen § 63 Abs. 3 S. 1 Nr. 2 BKAG).

24 Die Mittel dürfen nur außerhalb der Wohnung angewendet werden (andernfalls sog. großer Lauschangriff), wobei es naheliegt, den **Wohnungsbegriff** der §§ 61 Abs. 1 S. 2, 63 Abs. 7 S. 2 BKAG anzuwenden.[29] Das bedeutet, dass die Wohnung alle Wohn- und Nebenräume, Arbeits-, Betriebs- und Geschäftsräume sowie anderes befriedetes Besitztum umfasst (→ § 61 Rn. 5 ff. und → § 63 Rn. 114). Entscheidend ist, ob die Erhebungsmittel in den Bereich der Wohnung hineinwirken; es dürfen keine Sachverhalte erfasst werden, die innerhalb von Wohnungen stattfinden.[30]

25 **3. Einsatz von Vertrauenspersonen (Abs. 2 Nr. 3).** Vertrauenspersonen (auch „V-Leute" oder „VP") sind nach der Legaldefinition des § 45 Abs. 2 Nr. 4 BKAG **Privatpersonen,** deren Zusammenarbeit mit dem BKA Dritten nicht bekannt ist (→ § 45 Rn. 121 ff.). Im Gegensatz zu einem verdeckten Ermittler ist die Vertrauensperson kein Angehöriger des Amtes, sondern wie erwähnt eine Privatperson, die gezielt beauftragt wird, Informationen zu einem bestimmten Sachverhalt oder einer Person zu beschaffen.[31] Die Person wird nicht selten eine gewisse Nähe oder Affinität zu spezifischen, mitunter auch kriminellen Milieus aufweisen. Da sich das BKA der Vertrauensperson bewusst und gewollt als **Werkzeug der Informationsbeschaffung** (Verwaltungshelfer) bedient, handelt es sich bei ihrem Einsatz gegen bestimmte Personen um einen **staatlichen**

21 Wohl tendenziell anders Schenke/Graulich/Ruthig/Graulich BKAG § 64 Rn. 12.
22 Ebenso BT-Drs. 13/1550, 35.
23 BT-Drs. 16/9588, 23; BT-Drs. 16/10121, 25; ebenso Schenke/Graulich/Ruthig/Graulich BKAG § 64 Rn. 15.
24 So auch Schenke/Graulich/Ruthig/Graulich BKAG § 64 Rn. 15.
25 BT-Drs. 16/9588, 23; BT-Drs. 16/10121, 25.
26 Schenke/Graulich/Ruthig/Graulich BKAG § 64 Rn. 17.
27 Schenke/Graulich/Ruthig/Graulich BKAG § 64 Rn. 18.
28 Schenke/Graulich/Ruthig/Graulich BKAG § 64 Rn. 16.
29 Schenke/Graulich/Ruthig/Graulich BKAG § 64 Rn. 16.
30 BT-Drs. 16/9588, 23; BT-Drs. 16/10121, 25.
31 BT-Drs. 16/9588, 23; BT-Drs. 16/10121, 25. Weiterführend etwa Lisken/Denninger/Graulich, HdbPolR, E Rn. 745 ff.

Eingriff.[32] Da das Vertrauen der Betroffenen in die Vertrauensperson ausgenutzt wird, ist der Grundrechtseingriff auch erheblich.[33]

Die besonderen Voraussetzungen des Rückgriffs auf Vertrauenspersonen gelten freilich nur, soweit diese auch tatsächlich **personenbezogene Daten** erheben und mitteilen. Bloße Hinweise etwa auf die Umstände der Ausführung einer unaufgeklärten oder bevorstehenden Tat, deren Täter noch nicht bekannt ist, sind nicht davon erfasst. 26

Nach dem Willen des Gesetzgebers sollen Vertrauenspersonen im Rahmen ihrer Einsätze an das geltende Recht gebunden sein.[34] Dieses Ansinnen ist deklaratorischer Natur; es soll verdeutlicht werden, dass die Vertrauenspersonen **keinerlei Sonderrechte** oder -befugnisse in Anspruch nehmen können, auch soweit sie im Auftrag des BKA tätig werden. Umgekehrt richten sich auch die rechtlichen Schranken, die Vertrauenspersonen zu beachten haben, im Ausgangspunkt lediglich nach dem für jedermann geltenden Recht. Es besteht grundsätzlich **keine Bindung an besondere hoheitliche Pflichten**, gerade weil und soweit Vertrauenspersonen keine staatlichen Sonderrechte in Anspruch nehmen und sie nicht Teil der staatlichen Organisationsstruktur sind. Einschränkungen können aber unter Umständen für die Frage der Verwertung gewonnener Erkenntnisse gelten.[35] In der Praxis werden sich der Einsatz und die Tätigkeit von Vertrauenspersonen oft in vielfacher Hinsicht als prekär erweisen,[36] weshalb eine detailliertere rechtliche Regelung zumindest erwägenswert scheint. 27

Im Bereich des Personenschutzes wird der Einsatz von Vertrauensperson allenfalls sehr selten das Mittel der Wahl sein. Der **Einsatz verdeckter Ermittler** kommt von vornherein nicht in Betracht, weil er in den §§ 63 ff. BKAG **nicht vorgesehen** ist.[37] 28

III. Zuständigkeit und Form (Abs. 3; Abs. 4 iVm § 45 Abs. 4 und 5 BKAG)

§ 64 Abs. 3 BKAG sieht bestimmte Zuständigkeitsregeln vor, namentlich Richter- und Abteilungsleitungsvorbehalte. § 64 Abs. 4 iVm § 45 Abs. 4 und 5 BKAG statuiert bestimmte Formerfordernisse für die Beantragung und Anordnung der Maßnahmen. 29

1. Zuständigkeitsfragen (Abs. 3). § 64 Abs. 3 S. 1 BKAG trägt den vom Bundesverfassungsgericht aufgestellten Anforderungen nach besonderen **verfahrensrechtlichen Vorkehrungen** für die besonderen Mittel der Datenerhebung Rechnung.[38] Sie sollen die **Heimlichkeit der Maßnahmen** kompensieren, die es dem Betroffenen andernfalls versperren würde, noch vor Beendigung der Maßnahmen durch eine gerichtliche Überprüfung besonders geschützt zu werden (parallel hierzu § 45 Abs. 3 BKAG, s. im Einzelnen → § 45 Rn. 136 ff.).[39] 30

So dürfen die Maßnahmen nach § 64 Abs. 2 BKAG nur auf Antrag der Leitung der für den Personenschutz zuständigen Abteilung des BKA oder deren Vertretung (gegebenenfalls auch „Vertretung von oben", dh Antrag durch die Amtsleitung) durch das Gericht angeordnet werden. Es gilt also ein **Abteilungsleitungsvorbehalt für die Beantragung** und ein **Richtervorbehalt für die Anordnung**. Für Bildaufnahmen und -aufzeichnungen nach § 64 Abs. 2 Nr. 2 lit. a BKAG gilt dies aber nur, wenn durchgehend länger als 24 Stunden oder an mehr als zwei Tagen Bildaufzeichnungen bestimmter Personen angefertigt werden sollen, für den Einsatz von Vertrauenspersonen nach § 64 Abs. 2 Nr. 3 BKAG nur, wenn sich die Maßnahme gegen eine bestimmte Person richtet oder wenn die Vertrauensperson eine Wohnung betreten soll, die nicht allgemein zugänglich ist. Denn der Richtervorbehalt ist Ausprägung des Grundsatzes der **Verhältnismäßigkeit** bei als besonders invasiv angesehenen Maßnahmen.[40] Eine **Anordnung kann auch vorsorglich** eingeholt werden, wenn etwa ein Einsatz einer Vertrauensperson grundsätzlich nur außerhalb von Wohnung geplant ist, aber nicht ausgeschlossen werden kann, dass sich spontan der Bedarf ergibt, eine Wohnung zu betreten (vgl. 31

32 So auch Schenke/Graulich/Ruthig/Graulich BKAG § 64 Rn. 19.

33 Das BVerfG Beschl. v. 16.12.2020 – 2 BvE 4/18 –, BVerfGE 156, 270 (302, Rn. 100), nimmt einen der schwersten denkbaren informationellen Eingriffe an; s. auch BVerfG Urt. v. 20.4.2016 – 1 BvR 966/09 ua –, BVerfGE 141, 220 (289 f., Rn. 160); Soiné NJW 2020, 2850 (2850).

34 BT-Drs. 13/1550, 35.

35 Vgl. BGH Urt. v. 21.7.1994 – 1 StR 83/94 –, BGHSt 40, 211; Urt. v. 22.2.1995 – 3 StR 552/94 –, NStZ 1995, 513 (513 f.); BVerfG Beschl. v. 1.3.2000 – 2 BvR 2017 ua –, NStZ 2000, 489 mAnm Rogall; Kastner in Möllers (Hrsg.), Wörterbuch der Polizei, 3. Aufl. 2018, S. 345 (350).

36 Vgl. etwa die Schilderungen bei Diehl/Lehberger/Schmid, Undercover: Ein V-Mann packt aus, 2020. Zu möglichen Regelungsgehalten vgl. Soiné NJW 2020, 2850 (2854). Zur Frage der Geheimhaltung der Identität von Vertrauenspersonen jüngst BVerfG Beschl. v. 16.12.2020 – 2 BvE 4/18 –, BVerfGE 156, 270.

37 So auch Schenke/Graulich/Ruthig/Graulich BKAG § 64 Rn. 19.

38 BT-Drs. 18/11163, 127, s. BVerfG Urt. v. 20.4.2016 – 1 BvR 966/09 ua –, BVerfGE 141, 2020 (293 ff., Rn. 172 ff.). In der Fassung vor der Änderung 2017/18 war ein Richtervorbehalt nur in sehr viel begrenzterem Umfang vorgesehen, s. BT-Drs. 13/1550, 14, 35.

39 Vgl. Schenke/Graulich/Ruthig/Graulich BKAG § 64 Rn. 22.

40 Schenke/Graulich/Ruthig/Graulich BKAG § 64 Rn. 23.

§ 64 Abs. 3 S. 1 Nr. 4 BKAG). Die gerichtliche Zuständigkeit und das Verfahren richten sich nach § 90 BKAG.

32 § 64 Abs. 3 S. 2 bis 4 BKAG regeln Besonderheiten für **Gefahr im Verzug**. In solchen Fällen kann die Anordnung auch durch die Leitung der für den Personenschutz zuständigen Abteilung des BKA oder deren Vertretung getroffen werden. Dann ist die **gerichtliche Entscheidung unverzüglich nachzuholen**. Die Anordnung tritt außer Kraft, soweit sie nicht binnen drei Tagen durch das Gericht bestätigt wird. Die Möglichkeit kurzfristiger Handlungsmöglichkeiten bei Gefahr im Verzug hat das Bundesverfassungsgericht ausdrücklich vorgesehen.[41]

33 Bei den nicht von § 64 Abs. 3 S. 1 BKAG erfassten (weniger invasiven) Maßnahmen des § 64 Abs. 2 BKAG gilt von vornherein **kein Richtervorbehalt**. Vielmehr ist lediglich die Anordnung durch die Abteilungsleitung oder ihre Vertretung erforderlich, und auch dies nur, wenn nicht von Gefahr in Verzug auszugehen ist; in diesem Fall greifen die allgemeinen Grundsätze zur Anordnungsbefugnis, wonach – im Außenverhältnis – jedenfalls jeder zuständige Beamte des BKA die Anordnung wirksam treffen kann.[42] Dies wird dem Umstand gerecht, dass bei diesen Maßnahmen (Bildaufzeichnungen von kürzerer Dauer, ungezielter oder nicht auf Wohnungen gerichteter Einsatz von Vertrauenspersonen) grundsätzlich von einer **geringeren Relevanz für den Kernbereich** der privaten Lebensgestaltung der Betroffenen auszugehen ist.[43] Ein Fall von Gefahr im Verzug in diesem Kontext kann sich etwa ergeben, wenn bei einer kurzfristigen Observation plötzlich und unvorhersehbar ein Ereignis beobachtet wird, das die verdeckte Anfertigung von Bildaufzeichnungen mittels einer Videokamera rechtfertigt. Hier können die vor Ort anwesenden Beamten grundsätzlich zunächst eigenmächtig entscheiden.

34 **2. Formerfordernisse (Abs. 4 iVm § 45 Abs. 4 und 5 BKAG).** § 64 Abs. 4 iVm § 45 Abs. 4 und Abs. 5 BKAG regelt besondere Formerfordernisse für die Beantragung und Anordnung der Maßnahmen aus § 64 Abs. 2 BKAG.[44] Insbesondere muss die Anordnung **schriftlich** ergehen und die **wesentlichen Gründe** enthalten. § 45 Abs. 4 und 5 BKAG knüpfen an den „Antrag" und die „Anordnung" an (→ § 45 Rn. 162 f., 164 ff.). Die besonderen Formvorgaben sind daher nur einschlägig, soweit es überhaupt einen Antrag bzw. eine Anordnung gibt. Wie gesehen gibt es **in Eilfällen** zunächst keine Beantragung, sondern allenfalls eine Anordnung (für die dann § 45 Abs. 5 BKAG gilt). Weder einen Antrag noch eine Anordnung gibt es (zunächst) in solchen Eilfällen, in denen Maßnahmen aus § 64 Abs. 2 BKAG ergriffen werden sollen, die nicht in § 64 Abs. 3 S. 1 BKAG genannt sind (→ Rn. 33).

IV. Ermessensausübung und Verhältnismäßigkeit

35 Liegen alle Voraussetzungen vor, ist dem BKA Ermessen eröffnet („kann"), ob und in welchem Umfang die besonderen Mittel des § 64 Abs. 2 BKAG angewendet werden (Entschließungs- und Auswahlermessen). Im Rahmen des Auswahlermessens sind die **Wahl der Maßnahme** aus dem Katalog des § 64 Abs. 2 BKAG und ihre **konkrete Ausgestaltung** so gezielt wie möglich auf das spezifische Erhebungsinteresse zuzuschneiden.[45] Eine erneute Erforderlichkeitsprüfung ist als Teil der Ausübung jedenfalls des Entschließungsermessens freilich nicht erforderlich, weil sie erstens bereits allgemeine Rechtmäßigkeitsvoraussetzung der Maßnahme und zweitens in besonderer Form in § 64 Abs. 1 S. 1 Hs. 2 BKAG niedergelegt und in diesem Rahmen zu prüfen ist (→ Rn. 15 ff.).[46]

36 Wie jedes polizeiliche Eingriffshandeln hat die konkret vorgenommene Maßnahme stets dem **Grundsatz der Verhältnismäßigkeit** zu entsprechen. Dabei sind alle relevanten Umstände des Einzelfalls zu beachten, insbesondere etwa die Dauer und die Anzahl der Betroffenen (Streubreite) der Maßnahme.

V. Durchführung der Maßnahmen; Kernbereichsschutz (Abs. 4 iVm § 45 Abs. 7 und 8 BKAG)

37 Nach § 64 Abs. 4 iVm § 45 Abs. 7 und 8 BKAG gelten für die Durchführung der Maßnahmen besondere Vorgaben im Hinblick auf den verfassungsrechtlich gebotenen Schutz des **Kernbereichs der privaten Lebensgestaltung.**

38 Insbesondere ist gem. § 45 Abs. 7 S. 1 BKAG eine Maßnahme von vornherein **unzulässig**, wenn Anhaltspunkte für die Annahme vorliegen, dass durch eine Maßnahme ***allein*** **Erkenntnisse aus dem Kernbereich**

41 BVerfG Urt. v. 20.4.2016 – 1 BvR 966/09 ua –, BVerfGE 141, 220 (279 f., Rn. 129; 302, Rn. 204; 352, Rn. 358).

42 Da diese allgemeinen Grundsätze klar sind, ist auch kein Anlass gegeben, die Bestimmtheit von § 64 Abs. 3 S. 5 BKAG in Frage zu stellen; so aber Schenke/Graulich/Ruthig/Graulich BKAG § 64 Rn. 26.

43 Vgl. BVerfG Urt. v. 20.4.2016 – 1 BvR 966/09 ua –, BVerfGE 141, 220 (279 f., Rn. 129).

44 Hintergrund ist die entsprechende Forderung des BVerfG, s. BVerfG Urt. v. 20.4.2016 – 1 BvR 966/09 ua –, BVerfGE 141, 220 (275, Rn. 117 f.); vgl. auch BT-Drs. 18/11163, 114.

45 Unklar insofern Schenke/Graulich/Ruthig/Graulich BKAG § 64 Rn. 12.

46 Wohl anders Schenke/Graulich/Ruthig/Graulich BKAG § 64 Rn. 12.

privater Lebensgestaltung erlangt würden (→ § 45 Rn. 187 ff.). Dies wird freilich in der Praxis selten der Fall sein, schon weil das BKA ein erhebliches Interesse daran haben wird, nur verfahrensrelevante und verwertbare Erkenntnisse zu erlangen.

Der Kernbereichsschutz wird im Wesentlichen durch Vorlagepflichten gegenüber dem zuständigen **Gericht** 39 erreicht; bei **Gefahr im Verzug** kann zunächst auch die **Amtsleitung** im Benehmen mit dem Datenschutzbeauftragen des BKA entscheiden. Besonderheiten für den Bereich des Personenschutzes ergeben sich nicht in relevantem Umfang (Näheres bei → § 45 Rn. 186 ff., 210 ff.).

VI. Löschung der erlangten personenbezogenen Daten (Abs. 5, § 79 BKAG)

Zur Löschung von personenbezogenen Daten, die aus Maßnahmen nach § 64 Abs. 2 BKAG erlangt wer- 40 den, enthält das BKAG zwei verschiedene, leider nicht deckungsgleiche Regelungen – eine in § 64 Abs. 5 sowie eine in § 79 BKAG – und stellt damit **widersprüchliche Normbefehle** auf.[47] § 64 Abs. 5 BKAG normiert, dass die erlangten personenbezogenen Daten unverzüglich zu löschen sind, soweit sie für den der Anordnung zugrunde liegenden Zweck oder nach Maßgabe der StPO zur Verfolgung einer Straftat nicht oder nicht mehr erforderlich sind. Dagegen formuliert § 79 Abs. 1 S. 1 BKAG, dass die Daten unverzüglich zu löschen sind, soweit sie zur Erfüllung des der Maßnahme zugrunde liegenden Zwecks und für eine etwaige gerichtliche Überprüfung der Maßnahme nicht mehr erforderlich sind, soweit keine Weiterverarbeitung nach den Vorschriften des Abschnitts 1 Unterabschnitt 2 (§§ 12 ff. BKAG) erfolgt. Die Vorgaben unterscheiden sich nicht unerheblich: § 64 Abs. 5 BKAG fasst die Möglichkeiten des BKA deutlich enger. § 79 BKAG erlaubt alle Datenverarbeitungen, die auch § 64 Abs. 5 BKAG vorsieht (vor allem über § 12 Abs. 2 BKAG iVm den §§ 483, 484 StPO auch zu Zwecken des Strafverfahrens) und ermöglicht darüber hinaus weitere Verarbeitungszwecke (gerichtliche Überprüfung sowie allgemeine Verarbeitung nach den §§ 12 ff. BKAG).

Es dürfte sich hierbei um ein **Versehen des Gesetzgebers** handeln. Dieses wird darauf zurückgehen, dass 41 § 64 BKAG[48] bereits älter ist als die allgemeinen Vorschriften zum Umgang mit personenbezogenen Daten wie § 79 BKAG. Bei diesem handelt es sich um eine im Jahr 2018 in Kraft getretene Verallgemeinerung der Vorschrift des § 20v BKAG aF,[49] der zuvor den Umgang mit personenbezogenen Daten nur für den Bereich der Terrorismusabwehr regelte.[50] Bei dieser Verallgemeinerung wurde vermutlich übersehen, dass § 23 Abs. 4 BKAG aF (heute § 64 Abs. 5 BKAG) bereits eine eigene Löschungsregelung enthielt, die zu streichen gewesen wäre.

Beide aktuellen Vorschriften wurden zum selben Zeitpunkt eingeführt,[51] so dass eine Auflösung des Wider- 42 spruchs nicht über den Vorrang des später in Kraft getretenen Gesetzes (*lex posterior derogat legi priori*) gelöst werden kann. Auch ist eine Spezialität zwischen beiden Normen (*lex specialis derogat legi generali*) nicht ohne Weiteres zu ermitteln; einerseits regelt § 64 BKAG die dort erfassten Maßnahmen speziell, andererseits regelt § 79 BKAG die Löschungsfrage speziell. Wie ohnehin in der Auslegung muss es entscheidend auf den **Willen des Gesetzgebers** ankommen.[52] Diesem wird es am besten gerecht, auf die Löschungsfrage ausschließlich § 79 BKAG anzuwenden. Denn es ist anzunehmen, dass bei der Hochzonung des vormaligen § 20v BKAG aF zur neuen und umfassenden Löschungsvorschrift des § 79 BKAG lediglich vergessen wurde, § 64 Abs. 5 BKAG zu streichen.[53] Eine Anwendung des § 79 BKAG liegt auch insoweit im Interesse des effektiven **Rechtsschutzes der Betroffenen** (Art. 19 Abs. 4 GG), als dort die Speicherung zum Zwecke der gerichtlichen Überprüfung der Maßnahme vorgesehen ist. Zugleich dient sie der **besseren Aufgabenerfüllung** durch das BKA, weil § 79 BKAG über § 12 Abs. 2 BKAG auch eine Verarbeitung für anderweitige hinreichend gewichtige Zwecke zulässt, also etwa auch zur Terrorismusabwehr nach § 5 BKAG.

Für die Frage der Löschung ist folglich **§ 79 BKAG anzuwenden** (→ § 79 Rn. 1). § 64 Abs. 5 BKAG ist oh- 43 ne Anwendungsbereich. Der Gesetzgeber sollte die Norm bei nächster Gelegenheit streichen.

47 Ohne Problematisierung Schenke/Graulich/Ruthig/Graulich BKAG § 64 BKAG Rn. 29 ff.; Schenke/Graulich/Ruthig/Ruthig BKAG § 79 Rn. 1 ff.

48 Als § 23 BKAG aF im Rahmen der BKAG-Novelle 1997 eingeführt, s. BGBl. I 1997 S. 1650 (1659).

49 Seinerseits eingeführt 2008 und damit nach dem oben genannten § 23 BKAG aF (s. BGBl. I S. 3083 [3091 f.]); BT-Drs. 18/11163, 132.

50 Hierzu BT-Drs. 16/9588, 34; BT-Drs. 16/10121, 36.

51 Im Rahmen der BKAG-Novelle 2017, vgl. BGBl. I 2017 S. 1354 (1385, 1389).

52 Vgl. Lassahn, Rechtsprechung und Parlamentsgesetz, 2017, S. 9 ff., 198 ff.

53 Vgl. BT-Drs. 18/11163, 132. In diesem Vorgehen drückt sich letztlich auch ein Aspekt des *lex posterior*-Grundsatzes aus, da entscheidend auf den Willen des Gesetzgebers abgestellt wird, bei der Hochzonung des § 20v BKAG aF den vorherigen Rechtszustand zu ändern.

VII. Verfahrensanforderungen im Übrigen (§§ 69, 74, 82, 88, 90 BKAG)

44 Für die **Benachrichtigung** der Betroffenen ist § 74 BKAG zu beachten (→ § 74 Rn. 5 ff.), für die **Protokollierung** der Datenerhebung gilt § 82 BKAG (→ § 82 Rn. 3 ff., 7). Zudem unterliegen Datenverarbeitungen aufgrund von Maßnahmen nach § 64 BKAG der **Kontrolle** durch den Bundesbeauftragten oder die Bundesbeauftragte für den Datenschutz und die Informationsfreiheit nach § 69 BKAG (→ § 69 Rn. 25 ff.) und es besteht nach § 88 BKAG die **Pflicht zur Erstattung eines Berichts** an das Bundesministerium des Innern, das diesen Bericht an den Deutschen Bundestag weiterleitet (→ § 88 Rn. 3 ff.). Für **Zuständigkeit und Verfahren** des Gerichts für Maßnahmen nach § 64 BKAG gilt § 90 BKAG (→ § 90 Rn. 5 f., 7 ff.).

§ 65 Ausschreibung zur polizeilichen Beobachtung, Ermittlungsanfrage oder gezielten Kontrolle

(1) Das Bundeskriminalamt kann eine Ausschreibung zur polizeilichen Beobachtung, Ermittlungsanfrage oder gezielten Kontrolle vornehmen, wenn

1. **die Gesamtwürdigung der Person und ihre bisher begangenen Straftaten erwarten lassen, dass sie künftig Straftaten, durch die die zu schützenden Personen unmittelbar gefährdet sind, begehen wird,**
2. **Tatsachen die Annahme rechtfertigen, dass die Person Straftaten, durch die die zu schützenden Personen unmittelbar gefährdet sind, begehen wird oder**
3. **die Person mit einer Person nach den Nummern 1 und 2 nicht nur flüchtig oder in zufälligem Kontakt in Verbindung steht und tatsächliche Anhaltspunkte die Annahme rechtfertigen, dass sie von der Vorbereitung einer Straftat, durch die die zu schützenden Personen unmittelbar gefährdet sind, Kenntnis hat**

und dies zur Verhütung der Straftaten erforderlich ist.

(2) § 47 Absatz 3 bis 5 gilt entsprechend.

A. Überblick und Genese

1 § 65 BKAG ermöglicht dem BKA die **Ausschreibung einer Person zur polizeilichen Beobachtung, Ermittlungsanfrage oder zur gezielten Kontrolle.** Bei der Ausschreibung einer Person zur polizeilichen Beobachtung werden andere Polizeibehörden verpflichtet, Erkenntnisse über Ort und Zeit des Antreffens der Person, etwaiger Begleiter, des Fahrzeugs und seines Führers, mitgeführte Sachen oder des Containers und Umstände des Antreffens bei Gelegenheit einer Überprüfung aus anderem Anlass zu melden (Legaldefinition in § 47 Abs. 1 Nr. 1 BKAG; dort im Einzelnen näher → § 47 Rn. 12 f.). Bei der Ausschreibung zur Ermittlungsanfrage geht es darum, eine Person anzuhalten und zu befragen; die Ausschreibung ermöglicht es dem BKA, weitergehende zielgerichtete Informationen zu gewinnen, welche über die Möglichkeiten einer gezielten oder verdeckten Kontrolle hinausgehen (Legaldefinition in § 47 Abs. 1 Nr. 2 BKAG). Bei der Ausschreibung zur gezielten Kontrolle werden andere Polizeibehörden in die Lage versetzt, die Person, etwaige Begleiter, das Fahrzeug und seinen Führer, mitgeführte Sachen oder den Container nach Maßgabe der geltenden Rechtsvorschriften zu durchsuchen (Legaldefinition in § 47 Abs. 1 Nr. 3 BKAG).

2 § 65 BKAG wurde mit Wirkung zum 25.5.2018 neu eingeführt.[1] Hintergrund waren vor allem Videos, die im Internet auftauchten und Personen zeigten, die Schutzpersonen betreffende Morddrohungen äußerten oder sich solchen Drohungen anschlossen. Dabei waren oft nicht alle der involvierten Personen identifizierbar. Die Möglichkeit der Ausschreibung nach § 65 BKAG soll insbesondere der **Identifizierung der bei derartigen Szenarien beteiligten Personen** dienen, indem mittels der Beobachtung oder gezielten Kontrolle von bereits bekannten Personen Erkenntnisse über mögliche weitere Beteiligte gewonnen werden.[2] Durch Art. 3 des Gesetzes zur Durchführung der Verordnungen (EU) 2018/1860, 2018/1861 und 2018/1862 über die Einrichtung, den Betrieb und die Nutzung des Schengener Informationssystems der dritten Generation sowie zur Änderung des Aufstiegsfortbildungsförderungsgesetzes und des BDBOS-Gesetzes (**SIS-III-Gesetz**) vom 19.12.2022 wurde die **neue Ausschreibungskategorie der Ermittlungsanfrage** in § 65 Abs. 1 BKAG – dem neuen § 47 Abs. 1 Nr. 2 BKAG folgend (→ § 47 Rn. 2, 12 f.) – eingeführt.[3]

1 BGBl. I 2017 S. 1354 (1385). Zu möglichen Änderungen durch ein sog. SIS-III-Gesetz vgl. BR-Drs. 368/22, 9.
2 BT-Drs. 18/11163, 128.
3 BGBl. I 2022 S. 2632; BT-Drs. 20/3707, 57.

Es handelt sich um eine Norm, die zur **Straftatenverhütung** ermächtigt, dh die Maßnahmen sind schon dann möglich, wenn nicht bereits eine Gefährdung durch eine konkrete Straftat vermutet wird, sondern solche Taten lediglich allgemein befürchtet werden.[4] Darin enthalten ist auch der weniger weitgehende Zweck der **Gefahrerforschung,** dh eine Ausschreibung nach § 65 BKAG ist erst recht möglich, wenn bereits Tatsachen die Annahme rechtfertigen, dass es in absehbarer Zeit zur Begehung einer konkreten Straftat kommen wird (vgl. auch → § 47 Rn. 1). 3

B. Kommentierung im Einzelnen

§ 65 BKAG orientiert sich inhaltlich eng an § 47 BKAG,[5] der die Ausschreibung für den Aufgabenbereich des § 5 BKAG (Abwehr von Gefahren des internationalen Terrorismus) regelt. Insofern kann **auf die Kommentierung des § 47 BKAG verwiesen** werden (→ § 47 Rn. 9 ff.). Hier wie dort ist jedenfalls auf den ersten Blick nicht ohne Schwierigkeiten zu beurteilen, ob und wie die Anwendungsbereiche von (§ 47 Abs. 2 bzw. § 65 Abs. 1) Nr. 1 und Nr. 2 sinnvollerweise voneinander abzugrenzen sind (→ § 47 Rn. 13). 4

Die relevante **Prognose,** die die Ausschreibung trägt, muss sich bei § 65 BKAG freilich auf Gefährdungen der Schutzpersonen nach § 6 Abs. 1 BKAG beziehen.[6] Die Rede von deren „unmittelbarer" Gefährdung in § 65 Abs. 1 BKAG bedeutet dabei keineswegs, dass eine unmittelbare Gefahr Tatbestandsvoraussetzung wäre; vielmehr geht es darum, dass die Schutzperson durch die befürchtete Straftat – ihr Eintreten unterstellt – unmittelbar gefährdet wäre (vgl. → § 63 Rn. 28 ff.). 5

Der Gesetzgeber hat anscheinend vergessen, für Maßnahmen nach § 65 BKAG **Benachrichtigungs- und Protokollierungspflichten** nach § 74 und § 82 BKAG vorzusehen. Für die Ausschreibung nach § 47 BKAG sind solche schließlich explizit in § 74 Abs. 1 S. 1 Nr. 4 bzw. in § 82 Abs. 1 Nr. 4 BKAG enthalten. Bis zu einer gesetzgeberischen Klärung dürfte es sich empfehlen, die beiden Vorschriften auf Ausschreibungen nach § 65 BKAG **analog anzuwenden.**[7] 6

Abschnitt 7
Zeugenschutz

§ 66 Befugnisse

(1) [1]Zur Erfüllung seiner Aufgabe nach § 7 kann das Bundeskriminalamt, soweit nicht dieses Gesetz oder das Zeugenschutz-Harmonisierungsgesetz die Befugnisse besonders regelt, die erforderlichen Maßnahmen treffen, um eine im Einzelfall bestehende Gefahr für Leib, Leben, Gesundheit, Freiheit der Willensentschließung und -betätigung oder wesentliche Vermögenswerte der in § 7 genannten Personen abzuwehren. [2]Die Maßnahmen können auch nach rechtskräftigem Abschluss des Strafverfahrens, in dem die Aussage erfolgt ist, fortgeführt werden; für den Fall, dass noch die Strafvollstreckung betrieben wird, sind die Maßnahmen im Einvernehmen mit der Strafvollstreckungsbehörde und im Falle fortdauernder Inhaftierung auch im Einvernehmen mit der Justizvollzugsbehörde durchzuführen. [3]§ 63 Absatz 2 und 4 bis 8 und § 64 sowie die §§ 15 bis 20 des Bundespolizeigesetzes gelten entsprechend.

(2) [1]Von Maßnahmen des Bundeskriminalamtes, die nach Absatz 1 getroffen werden, sind die zuständigen Landeskriminalämter und die für die Strafverfolgung zuständige Staatsanwaltschaft unverzüglich zu unterrichten. [2]Nach Erhebung der öffentlichen Klage ist das Gericht unverzüglich zu unterrichten, ob das Bundeskriminalamt Maßnahmen nach Absatz 1 durchführt. [3]Sollen die Maßnahmen eingestellt werden, ist die Staatsanwaltschaft zu unterrichten.

4 Zum Verhältnis von Gefahrerforschung und Straftatenverhütung → § 64 Rn. 3, 16; vgl. auch etwa Schenke JuS 2018, 505 (509).
5 Zu alldem BT-Drs. 18/11163, 128.
6 Vgl. Schenke/Graulich/Ruthig/Graulich BKAG § 65 Rn. 2.
7 Zum verfassungsrechtlichen Hintergrund der Benachrichtigungs- und Protokollierungspflichten s. BVerfG Urt. v. 3.3.2004 – 1 BvR 2378/98 ua –, BVerfGE 109, 279 (363 ff.); Urt. v. 19.5.2020 – 1 BvR 2835/17 –, BVerfGE 154, 152 (287 ff., Rn. 267 ff.; 296 ff., Rn. 291 ff.); vgl. auch BVerfG Beschl. v. 27.5.2020 – 1 BvR 1873/13 ua –, BVerfGE 155, 119 (225 ff., Rn. 244 ff.).

A. Überblick und Genese

1 § 66 BKAG verleiht dem BKA bereichsspezifische **präventivpolizeiliche Befugnisse**, um die Aufgabe des Zeugenschutzes nach § 7 BKAG zu erfüllen. Die Norm sieht sowohl eine Generalklausel als auch einen Verweis auf einige der speziellen Befugnisse aus § 63 und § 64 BKAG vor. Weitere Spezialermächtigungen finden sich im ZSHG, auf welches in § 66 Abs. 1 S. 1 BKAG ausdrücklich verwiesen wird.

2 § 66 BKAG wurde als damaliger § 26 in der Neufassung des BKAG **im Jahr 1997 eingeführt.**[1] Im Jahr 2001 wurde er um den Bezug zum seinerzeit neu geschaffenen ZSHG erweitert.[2]

B. Kommentierung im Einzelnen

3 § 66 Abs. 1 BKAG regelt inhaltlich die Eingriffsbefugnisse des BKA zur Erfüllung der Aufgabe des Zeugenschutzes, Abs. 2 enthält Vorgaben zum Verfahren (insbesondere Unterrichtung der Landeskriminalämter und Staatsanwaltschaften).

I. Eingriffsbefugnisse (Abs. 1)

4 § 66 Abs. 1 S. 1 BKAG enthält eine Generalklausel und bestimmt die für alle Maßnahmen des Zeugenschutzes mindestens zu beachtende **Eingriffsschwelle**; auch wird das **Verhältnis zum ZSHG** klargestellt. § 66 Abs. 1 S. 2 BKAG trifft eine Aussage zur zeitlichen Reichweite der Befugnisse. § 66 Abs. 1 S. 3 BKAG verweist auf einzelne Standardmaßnahmen aus dem Bereich des Personenschutzes auf die §§ 15–20 BPolG.

5 **1. Generalklausel (Abs. 1 S. 1).** Nach § 66 Abs. 1 S. 1 BKAG kann das BKA zur Erfüllung seiner Aufgabe nach § 7 BKAG, soweit nicht das BKAG oder das ZSHG die Befugnisse besonders regeln, die erforderlichen Maßnahmen treffen, um eine im Einzelfall bestehende Gefahr für Leib, Leben, Gesundheit, Freiheit der Willensentschließung und -betätigung oder wesentliche Vermögenswerte der in § 7 BKAG genannten Personen abzuwehren.

6 a) **Zuständigkeits- und Abgrenzungsfragen.** Entsprechend der verfassungsrechtlich vorgesehenen **Residualzuständigkeit der Länder** für die Gefahrenabwehr (→ § 1 Rn. 2) kann das BKA nach § 66 Abs. 1 S. 1 BKAG nur bereichsspezifisch „zur Erfüllung seiner Aufgaben nach § 7 BKAG" handeln. Es ist also stets erforderlich, dass die Maßnahmen dem Ziel des Zeugenschutzes nach § 7 BKAG dienen.

7 § 66 Abs. 1 S. 1 BKAG normiert zudem einen **Vorrang des ZSHG**, soweit dieses einzelne Befugnisse besonders regelt.[3] Dies sperrt ein Vorgehen nach BKAG insoweit, als das ZSHG erstens einschlägig ist und zweitens eine Befugnis auch tatsächlich **speziell** und **abschließend** regelt. Grundsätzlich können also nach BKAG auch Maßnahmen getroffen werden, die über die Befugnisse des ZSHG hinausgehen, solange sich dem ZSHG nicht eindeutig entnehmen lässt, dass solches nicht gewollt ist (→ § 7 Rn. 5 f.). Zudem bleibt es dabei, dass die Zuständigkeit nach § 7 BKAG prinzipiell weiter ist als diejenige nach § 1 ZSHG, denn anders als in § 1 Abs. 1 und Abs. 2 ZSHG wird in § 7 BKAG nicht das Einverständnis der Betroffenen vorausgesetzt (→ § 7 Rn. 20).[4] Daneben wird in § 66 Abs. 1 S. 1 BKAG auch ein Vorrang der besonderen Regelung von Befugnissen im BKAG selbst festgelegt. Damit sind insbesondere die gegenüber der Generalklausel des § 66 Abs. 1 S. 1 BKAG **engeren Voraussetzungen der Standardmaßnahmen** aus § 63 BKAG gemeint, auf die § 66 Abs. 1 S. 3 BKAG verweist.[5]

8 Die **örtliche Zuständigkeit** ist nicht eigens geregelt, sondern unterliegt keinen Beschränkungen. Eine Begrenzung der Zuständigkeit erfolgt allein in sachlicher Hinsicht, nämlich über das Erfordernis eines Bezugs der Maßnahmen zur Schutzaufgabe nach § 7 BKAG. Besonderheiten können insofern aber gelten, wenn Zeugenschutzmaßnahmen an Örtlichkeiten durchzuführen sind, die besonderer Herrschaftsgewalt unterliegen. So obliegen Zeugenschutzmaßnahmen in **Gerichtsgebäuden** grundsätzlich der Gerichtspräsidentschaft

1 BGBl. I 1997 S. 1650 (1660).
2 BGBl. 2001 S. 3510 (3512). Im Jahr 2005 erfolgte eine weitere, rein redaktionelle Änderung, BGBl. I 2005 S. 1818 (1825).
3 BT-Drs. 14/6279 (neu), 13.
4 Schenke/Graulich/Ruthig/Graulich BKAG § 66 Rn. 6, formuliert, § 7 BKAG sei „strikter gefasst" als § 1 ZSHG. Damit ist wohl „strikter gegenüber den Betroffenen" gemeint.
5 So auch Schenke/Graulich/Ruthig/Graulich BKAG § 66 Rn. 6.

kraft des ihr zustehenden Hausrechts.[6] Zudem kann auch der jeweilige Gerichtsvorsitz in Ausübung seiner **Sitzungspolizei** Maßnahmen des Zeugenschutzes ergreifen oder veranlassen. Daher ist rechtzeitig vor der Durchführung von Maßnahmen des BKA in Gerichtsgebäuden Einvernehmen mit den jeweils zuständigen Stellen des Gerichts herzustellen.[7] Das Einvernehmen kann auch in Form einer Generalvereinbarung zwischen BKA und Gericht (Gerichtspräsidentschaft) festgehalten werden.

b) Materielle Tatbestandsvoraussetzungen. In seinem materiellen Tatbestand setzt § 66 Abs. 1 S. 1 BKAG 9 voraus, dass eine im Einzelfall bestehende Gefahr für Leib, Leben, Gesundheit, Freiheit der Willensentschließung und -betätigung oder wesentliche Vermögenswerte der in § 7 BKAG genannten Personen vorliegt. Damit wird das polizeiliche Schutzgut der **öffentlichen Sicherheit** bereichsspezifisch näher umschrieben.[8] Es reicht, wenn eines dieser Schutzgüter betroffen ist, insbesondere also auch **entweder** die Willensentschließung **oder** die Willensbetätigung. **„Wesentliche Vermögenswerte"** sind solche, denen jedenfalls ein nicht unerheblicher Geldwert zukommt. Nach Sinn und Zweck des § 66 BKAG, der eine Einflussnahme auf den Zeugen möglichst verhindern soll, muss es bereits genügen, wenn der Vermögenswert sich im Vergleich zum sonstigen Vermögen des Betroffenen als wesentlich darstellt. Über den Schutz der Willensentschließung und -betätigung können gegebenenfalls auch Einwirkungen auf Sachen (oder **Tiere**) ohne relevanten Vermögenswert als Gefahr erfasst werden.

Erforderlich ist, dass für eines der genannten Schutzgüter eine konkrete Gefahr im klassischen Sinne gege- 10 ben ist (→ § 63 Rn. 11). Da es sich bei der von den §§ 7 und 66 BKAG letztlich bezweckten Durchsetzung des staatlichen Strafanspruchs in Fällen des § 4 BKAG um ein **Schutzgut von besonderem Gewicht** handelt, sind die Anforderungen an die Wahrscheinlichkeit des befürchteten Schadenseintritts entsprechend reduziert.[9]

c) Rechtsfolge. Liegen die Tatbestandsvoraussetzungen des § 66 Abs. 1 S. 1 BKAG vor, so ist dem BKA **Er-** 11 **messen** eingeräumt („kann"), die notwendigen Maßnahmen zu treffen. Ein Anspruch der Betroffenen auf Schutz besteht grundsätzlich nicht. In Fällen akuter Lebensgefahr kann sich das Ermessen freilich ausnahmsweise zu einer **Pflicht zum Einschreiten** verdichten (Ermessensreduzierung auf Null). Je dringender die Gefahr und je höherwertig das bedrohte Rechtsgut, desto geringer ist der Spielraum des Entschließungsermessens.[10]

Im Rahmen des **Auswahlermessens** ist dem BKA eine breite Palette an Zeugenschutzmaßnahmen eröffnet. 12 Die Mittel der Wahl richten sich nach den jeweils relevanten Umständen des Einzelfalls; insofern besteht grundsätzlich ein **großer Spielraum** des Amtes. Maßnahmen unter der Generalklausel des § 66 Abs. 1 S. 1 BKAG können etwa die **Überprüfung von Personen** umfassen, die mit den zu schützenden Personen in Kontakt kommen (→ § 63 Rn. 160 ff.), die **Begleitung** der zu schützenden Person durch Vollzugsbeamte und ähnliches. Daneben kommen viele weitere Maßnahmen in Betracht und zusätzlich die über den Verweis in § 66 Abs. 1 S. 3 BKAG eröffneten Standardmaßnahmen (→ Rn. 17 ff.). Für das Organisieren von **Tarnidentitäten** ist zusätzlich auf § 5 ZSHG zurückzugreifen, sofern die engeren Voraussetzungen des § 1 ZSHG einschlägig sind.

Die Maßnahmen müssen nach dem Wortlaut des § 66 Abs. 1 S. 1 BKAG freilich „notwendig" sein. Darin 13 drückt sich der Grundsatz der **Verhältnismäßigkeit** aus. Während bei einvernehmlichen Maßnahmen vor allem Kosten und Aufwand der Maßnahmen eine Rolle spielen werden, kommt es bei gegen den Willen von Dritten erfolgenden Maßnahmen insbesondere auf die jeweilige Eingriffsintensität an.[11] Individuelle **Befindlichkeiten** der zu schützenden Person dagegen sind regelmäßig nicht von beachtlichem Gewicht, weil die Maßnahmen erstens zu ihrem eigenen Schutz erfolgen und zweitens der Durchsetzung des staatlichen Strafanspruchs in herausgehobenen Kriminalfällen dienen.

2. Zeitliche Reichweite der Befugnisse (Abs. 1 S. 2). Nach § 66 Abs. 1 S. 2 Hs. 1 BKAG können die Maß- 14 nahmen auch nach rechtskräftigem Abschluss des Strafverfahrens, in dem die Aussage erfolgt ist, fortgeführt werden. Es handelt sich um Konstellationen des sog. **nachrückenden Zeugenschutzes** (→ § 7 Rn. 25 f.). Im Umkehrschluss ist es nach § 66 BKAG nicht möglich, mit Maßnahmen des Zeugenschutzes erst zu beginnen, nachdem das Strafverfahren abgeschlossen ist. Mit dem Abschluss des Strafverfahrens ist der rechtskräftige Abschluss gemeint.[12]

6 Ahlf/Daub/Lersch/Störzer/Lersch BKAG § 26 Rn. 9. Dieses Recht kann auch auf den Gerichtsvorsitz (Kammervorsitz) übertragen werden.

7 Zu alldem Ahlf/Daub/Lersch/Störzer/Lersch BKAG § 26 Rn. 9, sowie BT-Drs. 13/1550, 35.

8 Vgl. Schenke/Graulich/Ruthig/Graulich BKAG § 66 Rn. 9.

9 Zu dem zu Grunde liegenden Je-desto-Gedanken → § 63 Rn. 152.

10 Schenke/Graulich/Ruthig/Graulich BKAG § 66 Rn. 7.

11 Schenke/Graulich/Ruthig/Graulich BKAG § 66 Rn. 8. Zu eher nur theoretisch denkbaren Maßnahmen gegen den Willen der Schutzperson selbst → § 7 Rn. 20.

12 So auch Schenke/Graulich/Ruthig/Graulich BKAG § 66 Rn. 10.

15 Die Rechtfertigung für fortgeführte Zeugenschutzmaßnahmen durch das BKA auch **nach rechtskräftigem Abschluss des Strafverfahrens** kann sich erstens aus einem konkreten Moment ergeben – namentlich, wenn die zu schützende Person auch in anderen Verfahren noch relevant werden kann oder wenn noch weitere Verfahren gegen den selben Beschuldigten zu führen sind und dortige Zeugen durch **abschreckendes Vorgehen** gegen die zu schützende Person beeinflusst werden könnten.[13] Sie ergibt sich aber auch grundsätzlich aus der abstrakten Überlegung, dass Aussagende oft auch nach dem Abschluss des Bezugsverfahrens mit Repressalien rechnen müssen. Es würde die Bereitschaft potenzieller Zeugen zur Tätigung einer Aussage und ganz grundsätzlich zur Zusammenarbeit mit den Sicherheitsbehörden auch dann erheblich schmälern, wenn Betroffene damit rechnen müssten, zu Zeitpunkten nach dem Abschluss des Verfahrens angegangen zu werden.[14] Für das auch zukünftige Gewinnen wichtiger Zeugen ist entscheidend, dass die den Betroffenen aus ihrer Aussage erwachsenden Gefahren so weit wie möglich von den Sicherheitsbehörden abgewehrt werden. Auch und gerade in solchen Fällen besteht ein unmittelbarer Zusammenhang zwischen der Gefahr und dem Bezugsverfahren. Maßgeblich für die Durchführung von Zeugenschutzmaßnahmen ist freilich immer die **konkrete Gefährdungslage im Einzelfall.**

16 Nach § 66 Abs. 1 S. 2 Hs. 2 BKAG sind für den Fall, dass noch die **Strafvollstreckung** (gegen die aussagebereite Person[15]) betrieben wird, die Maßnahmen im Einvernehmen mit der Strafvollstreckungsbehörde durchzuführen. Strafvollstreckungsbehörde ist die jeweils zuständige **Staatsanwaltschaft** (§ 451 Abs. 1 StPO). Ist die betroffene Person in Haft und dauert die Inhaftierung an, bedarf es zusätzlich des Einvernehmens der **Justizvollzugsbehörde.** Dies ergibt schon deshalb Sinn, weil sich die betroffene Person in solchen Fällen im räumlichen Herrschaftsbereich der Justizvollzugsbehörde befindet. **Einvernehmen** bedeutet jeweils, dass eine Übereinstimmung der beteiligten Stellen erforderlich ist.[16] Kommt eine solche nicht zu Stande, muss das BKA über das Bundesministerium des Innern die Entscheidung der jeweils zuständigen Generalstaatsanwaltschaft bzw. der zuständigen obersten Justizbehörde des Landes einholen.[17] Hinter der Regelung des § 66 Abs. 1 S. 2 Hs. 2 BKAG steht laut Gesetzesbegründung[18] auch die Überlegung, dass es Fälle gibt, in denen in der Strafvollstreckung befindliche Zeugen sich ausschließlich an die Staatsanwaltschaft wenden und dort weitere Informationen erteilen, im Gegenzug aber (neben Vertraulichkeit und gegebenenfalls Vergünstigungen während des Vollzugs) eine **Schutzzusage** erhalten wollen. Das Einvernehmenserfordernis des § 66 Abs. 1 S. 2 Hs. 2 BKAG soll vor allem ermöglichen, dass auch in solchen Fällen Maßnahmen des Zeugenschutzes noch fortgeführt und nicht ohne Beteiligung der Staatsanwaltschaft beendet werden. Es geht insofern darum, in den entsprechenden Fällen eine verfrühte **Beendigung von Maßnahmen** des Zeugenschutzes ohne hinreichende Mitwirkung der Staatsanwaltschaft zu verhindern.[19] Ohne die Spezialregelung des § 66 Abs. 1 S. 2 Hs. 2 BKAG bliebe es nämlich auch in der Vollstreckungsphase bei der allgemeinen Regel des § 66 Abs. 2 S. 3 BKAG, wonach die Staatsanwaltschaft von der – ohne ihr Einvernehmen möglichen – Entscheidung des BKA lediglich zu unterrichten ist (→ Rn. 25). Da sich die soeben beschriebene Zielrichtung dem Wortlaut der Norm nicht ohne Weiteres entnehmen lässt, dürfte sich bei Gelegenheit eine gesetzgeberische Klarstellung dahin gehend empfehlen, dass es in § 66 Abs. 2 S. 2 Hs. 2 BKAG nicht zuletzt auch um die **Beendigung** von Maßnahmen geht.

17 **3. Standardmaßnahmen und allgemeine Regeln (Abs. 1 S. 3).** Nach § 66 Abs. 1 S. 3 BKAG gelten § 63 Abs. 2 und 4 bis 8 und § 64 BKAG sowie die §§ 15–20 BPolG entsprechend. Dies entspricht weitgehend dem Verweis aus der Vorgängernorm § 26 BKAG aF auf § 21 BKAG aF und setzt über die entsprechenden Neuerungen des § 63 BKAG die **Anforderungen des Bundesverfassungsgerichts** mit Blick auf Kontakt- und Begleitpersonen, den Kernbereichsschutz, den Richtervorbehalt und die Anordnungskompetenz des BKA bei Gefahr im Verzug[20] auch für die besonderen Mittel der Datenerhebung im Bereich des Zeugenschutzes um.[21]

18 Es handelt sich um Maßnahmen der **Gefahrerforschung** (§ 63 Abs. 2 BKAG), erkennungsdienstliche Maßnahmen (§ 63 Abs. 4 BKAG) sowie um Maßnahmen der **Gefahrenabwehr**, namentlich Platzverweis und Be-

13 Schenke/Graulich/Ruthig/Graulich BKAG § 66 Rn. 10.

14 Mit ähnlichen Gedanken zur Gewährleistung von Vertraulichkeit durch staatliche Stellen gegenüber sog. Vertrauenspersonen vgl. BVerfG Beschl. v. 16.12.2020 – 2 BvE 4/18 –, BVerfGE 156, 270 (313 ff., Rn. 128 ff.).

15 Ahlf/Daub/Lersch/Störzer/Lersch BKAG § 26 Rn. 8.

16 Unzutreffend insoweit Schenke/Graulich/Ruthig/Graulich BKAG § 66 Rn. 11.

17 Ahlf/Daub/Lersch/Störzer/Lersch BKAG § 26 Rn. 8.

18 BT-Drs. 13/1550, 50.

19 Zu alldem vgl. BT-Drs. 13/1550, 50. Die Norm wurde im damaligen Gesetzgebungsverfahren auf Antrag des Bundesrats (BT-Drs. 13/1550, 40, 49 f.) und unter Ergänzung durch die Bundesregierung (BT-Drs. 13/1550: Erweiterung um Justizvollzugsbehörden) angefügt (s. Beschlussempfehlung und Bericht des Innenausschusses, BT-Drs. 13/7208, 42). S. auch Schenke/Graulich/Ruthig/Graulich BKAG § 66 Rn. 11.

20 Jeweils BVerfG Urt. v. 20.4.2016 – 1 BvR 966/09 ua –, BVerfGE 141, 220.

21 BT-Drs. 18/11163, 128.

tretungsverbot (§ 63 Abs. 5 BKAG), die Sicherstellung (§ 63 Abs. 6 BKAG), die Wohnungsdurchsuchung (§ 63 Abs. 7 BKAG), sowie die Ingewahrsamnahme (§ 63 Abs. 8 BKAG). Insbesondere bei letztgenannter Maßnahme kommt eine Anwendung auch gegenüber der zu schützenden Person (**Schutzgewahrsam**) in Betracht.

Zudem kann der Zeugenschutz auch auf die **besonderen Mittel der Datenerhebung** nach § 64 BKAG zu- 19
rückgreifen. Für die dort geregelten verdeckten und eingriffsintensiven Maßnahmen (§ 66 Abs. 1 S. 3 iVm § 64 Abs. 2 BKAG) gelten die gleichen **Pflichten und Zuständigkeiten** gem. § 69 (Datenschutzkontrolle), § 74 (Benachrichtigung), § 79 (Löschung),[22] § 82 (Protokollierung), § 88 (Berichtspflichten), § 90 BKAG (gerichtliche Zuständigkeit und Verfahren) wie für Maßnahmen nach § 64 Abs. 2 BKAG im Rahmen des Personenschutzes im Bereich des § 6 BKAG (→ § 64 Rn. 44 ff.).

§ 66 Abs. 1 S. 3 BKAG verweist über das BKAG hinaus zusätzlich auf die §§ 15–20 BPolG. Es handelt sich 20
um die aus dem allgemeinen Polizeirecht bekannten Vorschriften zum Grundsatz der Verhältnismäßigkeit (§ 15 BPolG), zum Ermessen (§ 16 BPolG), zur Polizeipflichtigkeit (§§ 17, 18, 20 BPolG) sowie zur unmittelbaren Ausführung von Maßnahmen (§ 19 BPolG). Der Verweis **entspricht insoweit § 38 Abs. 1 S. 2 BKAG** (zu den in Bezug genommenen Regelungen im Einzelnen → § 38 Rn. 24 ff., 30 ff., 35 ff.). **Polizeipflichtig** (§§ 17, 18, 20 BPolG) kann insbesondere auch die zu schützende Person selbst sein. Typischerweise wird die Gefährdung zwar nicht von der zu schützenden Person selbst ausgehen; auch dann kommt aber jedenfalls eine Inanspruchnahme als **Nichtstörer** in Betracht, soweit sich die Person mit den zu ihrem Schutz erforderlichen Maßnahmen nicht einverstanden erklärt. Auch bei **Selbstgefährdung** der Person (besondere Risikoaffinität oder Suizidgeneigtheit) sind theoretisch Maßnahmen möglich. Die Person kann auch dann jedenfalls als Nichtstörer in Anspruch genommen werden. Eine Einwilligung der zu schützenden Person in die Schutzmaßnahmen ist – anders als im Bereich des ZSHG – grundsätzlich nicht erforderlich. **Fehlende Kooperationsbereitschaft** kann aber die Geeignetheit der Schutzperson – und damit der Maßnahmen – in Frage stellen (→ § 7 Rn. 20, 33).

II. Unterrichtungen (Abs. 2)

§ 66 Abs. 2 BKAG sieht die Unterrichtung anderer Stellen von Maßnahmen des Zeugenschutzes vor, na- 21
mentlich von Landeskriminalämtern und Staatsanwaltschaften (Abs. 2 S. 1), von Gerichten (Abs. 2 S. 2) und schließlich für den Fall der Einstellung von Maßnahmen wiederum der Staatsanwaltschaft (Abs. 2 S. 3). Diese Unterrichtungspflichten gehen über die allgemeine Unterrichtungspflicht von der Übernahme des Zeugenschutzes als solchem nach § 7 Abs. 1 S. 3 BKAG (→ § 7 Rn. 29, 32) hinaus.[23] Sie dienen der **Koordinierung** von einzelnen Maßnahmen, um Überschneidungen und Zuständigkeitskonflikte möglichst zu verhindern,[24] aber auch, um eine möglichst große Effizienz der Maßnahmen zu erreichen. Zudem soll den übrigen beteiligten Stellen Gelegenheit gegeben werden, eigene Belange geltend zu machen sowie Maßnahmen in eigener Zuständigkeit zu prüfen und gegebenenfalls durchzuführen.[25]

Der Gesetzeswortlaut lässt (bis auf § 66 Abs. 2 S. 3 BKAG) eine Unterrichtung **vor, während, aber auch un-** 22
verzüglich nach Durchführung der Maßnahme zu.[26] Ebenfalls werden im Gesetz keine besonderen Formvorgaben für die Unterrichtung gemacht. Auch kann nicht erwartet werden, dass jede einzelne Maßnahme bis ins Detail abgestimmt wird. Es ist hier vielmehr mit Augenmaß und unter Berücksichtigung von Sinn und Zweck der Norm – der effizienten Koordinierung des Zeugenschutzes – vorzugehen.

1. Unterrichtung von Landeskriminalämtern und Staatsanwaltschaft (Abs. 2 S. 1). Nach § 66 Abs. 2 S. 1 23
BKAG sind die zuständigen **Landeskriminalämter** und die für die Strafverfolgung zuständige **Staatsanwaltschaft** von Maßnahmen des BKA nach § 66 Abs. 1 BKAG unverzüglich zu unterrichten. Die Unterrichtungspflicht gilt auch nach Erhebung der öffentlichen Klage weiter fort.[27] In diesem Fall kommt lediglich die Pflicht zur Unterrichtung des Gerichts über das „Ob" der Durchführung von Maßnahmen des Zeugenschutzes nach § 66 Abs. 2 S. 2 BKAG hinzu (→ Rn. 24).

2. Unterrichtung von Gerichten (Abs. 2 S. 2). Nach § 66 Abs. 2 S. 2 BKAG ist nach Erhebung der öffentli- 24
chen Klage das **Gericht** unverzüglich darüber zu unterrichten, ob das BKA Maßnahmen nach § 66 Abs. 1 BKAG durchführt. Es geht hier lediglich um eine allgemeine Informierung des Gerichts.[28] Es ist nur über das „Ob" der Maßnahmen zu berichten, eine konkrete Bezeichnung einzelner Maßnahmen ist nicht erfor-

22 Für die Löschung ist allein § 79 BKAG maßgeblich, nicht § 64 Abs. 5 BKAG (→ § 64 Rn. 40 ff.).
23 Ahlf/Daub/Lersch/Störzer/Lersch BKAG § 26 Rn. 10.
24 Schenke/Graulich/Ruthig/Graulich BKAG § 66 Rn. 13.
25 Ahlf/Daub/Lersch/Störzer/Lersch BKAG § 26 Rn. 10.
26 Ahlf/Daub/Lersch/Störzer/Lersch BKAG § 26 Rn. 10.
27 Nicht ganz klar insofern Schenke/Graulich/Ruthig/Graulich BKAG § 66 Rn. 14.
28 S. BT-Drs. 13/1550, 35.

derlich.[29] Nähere Abstimmungen empfehlen sich wegen der entsprechenden Zuständigkeiten der Gerichte natürlich insbesondere für Gerichtstermine und allgemein für Maßnahmen in **Gerichtsgebäuden** (→ Rn. 8).[30]

25 **3. Unterrichtung der Staatsanwaltschaft bei Einstellung von Maßnahmen (Abs. 2 S. 3).** Nach § 66 Abs. 2 S. 3 BKAG ist die Staatsanwaltschaft zu unterrichten, wenn die **Maßnahmen eingestellt** werden sollen. Durch diese Formulierung („sollen") wird angeordnet, dass die Staatsanwaltschaft **vor der Einstellung** der Maßnahmen zu unterrichten ist. Dies soll ihr die Gelegenheit geben, eigene Belange geltend zu machen und gegebenenfalls Maßnahmen des Zeugenschutzes in eigener Zuständigkeit anzuordnen oder durchzuführen.[31] Ein über die bloße Unterrichtung hinausgehendes **Einvernehmen** mit der Staatsanwaltschaft muss nach § 66 Abs. 1 S. 2 Hs. 2 BKAG nur dann hergestellt werden, wenn gegen die zu schützende Person noch die **Strafvollstreckung** betrieben wird (→ Rn. 16).

26 Das **Gericht** ist von der Einstellung der Maßnahmen nicht eigens zu unterrichten, sondern nach der Gesetzeslage auf eine Weitergabe der Information durch die Staatsanwaltschaft angewiesen. Das ist auch nicht weiter problematisch, weil die Betreuung und der Schutz von Zeugen jenseits des Aufenthalts in Gerichtsgebäuden nicht Sache des Gerichts ist und die Staatsanwaltschaft am besten in der Lage ist, zu beurteilen, wann das Gericht mit der Information der Einstellung von Maßnahmen des Zeugenschutzes zu behelligen ist und wann nicht.[32] Eine eigenständige Unterrichtung des Gerichts durch das BKA ist freilich möglich.

III. Gewinnung von Erkenntnissen während des Zeugenschutzes

27 Werden im Rahmen von Zeugenschutzmaßnahmen Erkenntnisse gewonnen, die beispielsweise für die **Beweiswürdigung** von Bedeutung sind, steht § 66 BKAG einer Übermittlung dieser Informationen an Staatsanwaltschaft und Gericht nicht entgegen.[33] Denkbar ist etwa, dass Eindrücke gewonnen werden, die für die Beurteilung der **Glaubwürdigkeit** des Zeugen relevant sind.[34] Als Rechtsgrundlage für die Übermittlung kommen § 25 Abs. 2 Nr. 2 lit. a und lit. b BKAG in Betracht.

§ 66a Bestandsdatenauskunft

(1) Das Bundeskriminalamt darf von demjenigen, der geschäftsmäßig Telekommunikationsdienste erbringt oder daran mitwirkt, Auskunft über Bestandsdaten gemäß § 3 Nummer 6 des Telekommunikationsgesetzes und über die nach § 172 des Telekommunikationsgesetzes erhobenen Daten verlangen (§ 174 Absatz 1 Satz 1 des Telekommunikationsgesetzes), soweit die zu erhebenden Daten im Einzelfall erforderlich sind

1. zur Abwehr einer Gefahr für eine der in § 7 genannten Personen oder
2. zum Schutz von Leib, Leben, sexueller Selbstbestimmung, Freiheit oder bedeutenden Sachwerten einer der in § 7 genannten Personen, wenn Tatsachen den Schluss auf ein wenigstens seiner Art nach konkretisiertes und zeitlich absehbares Geschehen zulassen, an dem bestimmte Personen beteiligt sein werden, oder
3. zum Schutz von Leib, Leben, Freiheit oder sexueller Selbstbestimmung einer der in § 7 genannten Personen, wenn das individuelle Verhalten einer Person die konkrete Wahrscheinlichkeit begründet, dass sie in einem übersehbaren Zeitraum eine Straftat gegen eines dieser Rechtsgüter der zu schützenden Person begehen wird.

(2) Unter den Voraussetzungen des Absatzes 1 darf von demjenigen, der geschäftsmäßig eigene oder fremde Telemedien zur Nutzung bereithält oder den Zugang zur Nutzung vermittelt, Auskunft über Bestandsdaten gemäß § 2 Absatz 2 Nummer 2 des Telekommunikation-Telemedien-Datenschutz-Gesetzes (§ 22 Absatz 1 Satz 1 und § 23 Absatz 1 Satz 1 des Telekommunikation-Telemedien-Datenschutz-Gesetzes).

(3) [1]Bezieht sich das Auskunftsverlangen nach Absatz 1 auf Daten, mittels derer der Zugriff auf Endgeräte oder auf Speichereinrichtungen, die in diesen Endgeräten oder hiervon räumlich getrennt eingesetzt werden, geschützt wird (§ 174 Absatz 1 Satz 2 des Telekommunikationsgesetzes), darf die Auskunft nur verlangt werden, wenn die gesetzlichen Voraussetzungen für die Nutzung der Daten vorliegen. [2]Bezieht sich das

29 Ahlf/Daub/Lersch/Störzer/Lersch BKAG § 26 Rn. 10.
30 So auch Schenke/Graulich/Ruthig/Graulich BKAG § 66 Rn. 15.
31 Ahlf/Daub/Lersch/Störzer/Lersch BKAG § 26 Rn. 10; Schenke/Graulich/Ruthig/Graulich BKAG § 66 Rn. 16.
32 Skeptisch aber Schenke/Graulich/Ruthig/Graulich BKAG § 66 Rn. 16.
33 Vgl. BT-Drs. 13/1550, 35.
34 Ahlf/Daub/Lersch/Störzer/Lersch BKAG § 26 Rn. 11.

Auskunftsverlangen nach Absatz 2 auf nach als Bestandsdaten erhobene Passwörter oder andere Daten, mittels derer der Zugriff auf Endgeräte oder auf Speichereinrichtungen, die in diesen Endgeräten oder hiervon räumlich getrennt eingesetzt werden, geschützt wird (§ 23 Absatz 1 Satz 1 des Telekommunikation-Telemedien-Datenschutz-Gesetzes), darf die Auskunft nur verlangt werden zur Abwehr einer konkreten Gefahr für Leib, Leben, Freiheit oder die sexuelle Selbstbestimmung einer der in § 7 genannten Personen und wenn die gesetzlichen Voraussetzungen für die Nutzung der Daten vorliegen. [3]Auskunftsverlangen nach den Sätzen 1 und 2 dürfen nur auf Antrag der Präsidentin oder des Präsidenten des Bundeskriminalamts oder ihrer oder seiner Vertretung durch das Gericht angeordnet werden. [4]In den Fällen des Satzes 1 ist Satz 3 nicht anzuwenden, wenn

1. die betroffene Person vom Auskunftsverlangen bereits Kenntnis hat oder haben muss, oder
2. die Verarbeitung der Daten bereits durch eine gerichtliche Entscheidung gestattet wird.

[5]Das Vorliegen der Voraussetzungen nach Satz 4 ist aktenkundig zu machen. [6]Zuständig ist das Amtsgericht, in dessen Bezirk das Bundeskriminalamt seinen Sitz hat. [7]Für das Verfahren gelten die Vorschriften des Gesetzes über das Verfahren in Familiensachen und in den Angelegenheiten der freiwilligen Gerichtsbarkeit entsprechend. [8]Werden dem Bundeskriminalamt aufgrund eines Auskunftsersuchens nach Satz 2 Passwörter oder andere Daten unverschlüsselt beauskunftet, so informiert das Bundeskriminalamt hierüber die jeweils zuständige Datenschutzaufsichtsbehörde.

(4) [1]Die Auskunft nach den Absätzen 1 und 2 darf auch anhand einer zu einem bestimmten Zeitpunkt zugewiesenen Internetprotokoll-Adresse verlangt werden (§ 174 Absatz 1 Satz 3 des Telekommunikationsgesetzes und § 22 Absatz 1 Satz 3 und 4 des Telekommunikation-Telemedien-Datenschutz-Gesetzes) in den Fällen von

1. Absatz 1 Nummer 1 bei Gefahr der Begehung einer Straftat oder
2. Absatz 1 Nummer 2 oder 3 zum Schutz eines in Absatz 1 Nummer 3 genannten Rechtsguts.

[2]Absatz 3 Satz 2 bleibt unberührt. [3]Die Auskunft nach den Absätzen 1 und 2 anhand einer zu einem bestimmten Zeitpunkt zugewiesenen Internetprotokoll- Adresse nach § 22 Absatz 1 Satz 3 und 4 des Telekommunikation-Telemedien-Datenschutz-Gesetzes darf darüber hinaus nur verlangt werden, wenn tatsächliche Anhaltspunkte dafür vorliegen, dass die betroffene Person Nutzer des Telemediendienstes ist, bei dem die Daten erhoben werden sollen. [4]Die rechtlichen und tatsächlichen Grundlagen des Auskunftsverlangens sind aktenkundig zu machen.

(5) § 10 Absatz 5 bis 7 gilt entsprechend.

§ 66a BKAG beinhaltet die neu geschaffene Rechtsgrundlage für die Bestandsdatenabfrage im Bereich des Zeugenschutzes. Abgesehen vom Phänomenbereich **entspricht** die Befugnisnorm in Aufbau und Inhalt exakt § 63a BKAG.[1] Für Näheres wird daher auf die Kommentierung zu § 63a BKAG verwiesen (→ § 63a Rn. 3 f., 5 ff.). 1

Abschnitt 8
Befugnisse zur Sicherung des Bundeskriminalamtes und zum behördlichen Eigenschutz

§ 67 Befugnisse zur Sicherung des Bundeskriminalamtes

[1]Das Bundeskriminalamt kann zur Erfüllung seiner Aufgabe nach § 8 Absatz 1 die erforderlichen Maßnahmen treffen, um Gefahren für seine behördlichen Liegenschaften, sonstigen Einrichtungen und Veranstaltungen abzuwehren. [2]§ 63 Absatz 2, 4 bis 6 und 8 sowie die §§ 15 bis 20 des Bundespolizeigesetzes gelten entsprechend.

1 Vgl. BT-Drs. 19/25294, 49.

A. Überblick und Genese

1 § 67 BKAG verleiht dem BKA **Befugnisse** der Gefahrenabwehr zur Erfüllung der Aufgabe der eigenen Sicherung des betrieblichen Ablaufs aus § 8 Abs. 1 BKAG. § 67 BKAG ist dabei insoweit enger als § 8 Abs. 1 BKAG, als nur zu Maßnahmen der Gefahrenabwehr ermächtigt wird. § 8 Abs. 1 BKAG sieht daneben auch vorbeugende Sicherungsmaßnahmen vor. Weil und soweit diese ohne **Eingriffe** in die Rechte Dritter möglich sind, genügt ihnen als Grundlage die Aufgabennorm des § 8 Abs. 1 BKAG (→ § 8 Rn. 8). Soweit dagegen Grundrechtseingriffe erfolgen sollen, ist § 67 BKAG heranzuziehen.

2 Die Vorschrift wurde im Jahr 2017 eingeführt und trat am 25.5.2018 in Kraft.[1] Die **Gesetzgebungszuständigkeit** ergibt sich wie bei § 8 BKAG aus der Natur der Sache, weil jeder Behörde die Kompetenz zur Sicherung des eigenen Betriebsablaufs zukommt und die Gesetzgebungszuständigkeit daher beim Bund als Träger des BKA liegt (→ § 8 Rn. 1, 3).[2]

B. Kommentierung im Einzelnen

3 Nach § 67 BKAG kann das BKA zur Erfüllung seiner Aufgabe aus § 8 Abs. 1 BKAG die erforderlichen Maßnahmen treffen, um Gefahren für seine behördlichen Liegenschaften, sonstigen Einrichtungen und Veranstaltungen abzuwehren. Dabei gelten § 63 Abs. 2, 4 bis 6 und 8 BKAG sowie die §§ 15–20 BPolG entsprechend.

I. Bereichsspezifische Generalklausel (S. 1)

4 § 67 Abs. 1 BKAG enthält eine bereichsspezifische Generalklausel, nach welcher das BKA zur Erfüllung seiner Aufgabe der Sicherung des laufenden Betriebs die **erforderlichen Maßnahmen** treffen kann. Inhaltlich entsprechen die Befugnisse denjenigen der Bundespolizei bei der Sicherung ihrer eigenen Liegenschaften. Dies ist vor dem Hintergrund einer ähnlichen Gefährdungslage sachgerecht.[3]

5 Daneben bestehen auch bei der Erfüllung der Aufgaben nach § 8 Abs. 1 BKAG die allgemeinen Befugnisse zur **Datenerhebung** nach § 9 Abs. 2 BKAG und zur -verarbeitung nach § 12 BKAG.[4]

6 **1. Tatbestand: Gefahr für behördliche Liegenschaften, sonstige Einrichtungen oder Veranstaltungen.** Ein **unmittelbarer Bezug** der Maßnahmen nach § 67 BKAG zur Erfüllung anderweitiger Aufgaben des BKA aus dem Katalog der **§§ 2–7 BKAG** ist freilich **nicht erforderlich.**[5] Auch zur Sicherung etwa der Erholung von Mitarbeiterinnen und Mitarbeitern während der Pausenzeiten auf den Liegenschaften des BKA kann nach § 67 BKAG vorgegangen werden. Ein Bezug der Maßnahme zur Sicherung einer behördlichen Liegenschaft, sonstigen Einrichtung oder einer Veranstaltung des BKA ist notwendig, aber auch ausreichend. Vorausgesetzt ist mit anderen Worten allgemein ein **behördlicher Bezug** der jeweils abzuwehrenden Gefahr.[6]

7 Nicht erforderlich ist, dass die Maßnahmen auch auf einem dem BKA gehörenden oder von ihm betriebenen Grundstück durchgeführt werden. Vielmehr wird die **örtliche Zuständigkeit** weder durch § 8 BKAG noch durch § 67 BKAG begrenzt. Typischerweise werden sich Maßnahmen nach § 67 BKAG aber in Einrichtungen oder auf Grundstücken des Amtes oder jedenfalls in deren Nähe abspielen.

8 Erforderlich ist dagegen, dass eine **konkrete Gefahr** im klassischen polizeirechtlichen Sinne gegeben ist (→ § 63 Rn. 11). Es muss also eine Sachlage vorliegen, die bei ungehindertem Geschehensablauf mit hinreichender Wahrscheinlichkeit zur Beeinträchtigung einer Liegenschaft, sonstigen Einrichtung oder Veranstaltung des BKA führen würde, sofern nicht alsbald Gegenmaßnahmen ergriffen werden.[7] Der Schutzgegenstand (Liegenschaft, Einrichtung, Veranstaltung) muss dem Amt jedenfalls organisatorisch zugehörig sein (→ § 8 Rn. 6 f.).[8]

9 **2. Rechtsfolge: Erforderliche Maßnahmen.** In der Rechtsfolge kann das BKA die erforderlichen Maßnahmen ergreifen. Die Norm eröffnet Ermessen hinsichtlich der Durchführung und Auswahl von Maßnahmen (Einschreit- und Auswahlermessen).[9] Die Maßnahmen müssen selbstverständlich auch im Einzelfall **verhält-**

1 BGBl. I 2017 S. 1354 (1385, 1395).
2 S. auch BT-Drs. 18/11163, 79; Gärditz, Strafprozeß und Prävention, 2003, S. 269; Schenke/Graulich/Ruthig/Graulich BKAG § 67 Rn. 2.
3 BT-Drs. 18/11163, 128; ebenso Schenke/Graulich/Ruthig/Graulich BKAG § 67 Rn. 3.
4 Vgl. BT-Drs. 18/11163, 128; ebenso Schenke/Graulich/Ruthig/Graulich BKAG § 67 Rn. 3.
5 Wohl anders Schenke/Graulich/Ruthig/Graulich BKAG § 67 Rn. 3 aE.
6 Schenke/Graulich/Ruthig/Graulich BKAG § 67 Rn. 4, spricht vom „Einrichtungsbezug". Der Begriff des „behördlichen Bezugs" soll klarer machen, dass neben Liegenschaften und sonstigen Einrichtungen auch Veranstaltungen des BKA erfasst sind.
7 Leicht andere Formulierung bei Schenke/Graulich/Ruthig/Graulich BKAG § 67 Rn. 5. Wichtig ist, dass nicht der Eindruck entsteht, eine Gefahr sei im Rahmen des § 67 BKAG nur relevant, wenn sie sich (sei es auch mittelbar) auf die Aufgabenwahrnehmung nach den §§ 2–7 BKAG bezieht. Hierzu bereits → Rn. 6.
8 Vgl. auch Schenke/Graulich/Ruthig/Graulich BKAG § 67 Rn. 4.
9 S. auch Schenke/Graulich/Ruthig/Graulich BKAG § 67 Rn. 5.

nismäßig (geeignet, erforderlich, angemessen) sein, was sich aus dem allgemeinen verfassungsrechtlichen Grundsatz der Verhältnismäßigkeit ergibt und auch durch die Verweisung auf § 15 BPolG in § 67 S. 2 BKAG (→ Rn. 12) zusätzlich festgehalten wird.

II. Standardmaßnahmen und allgemeine Regeln (S. 2)

Nach § 67 S. 2 BKAG gelten § 63 Abs. 2, 4–6 und 8 BKAG[10] sowie die §§ 15–20 BPolG entsprechend. 10
Es handelt sich um Maßnahmen der **Gefahrerforschung** (§ 63 Abs. 2 BKAG, insbesondere Identitätsfeststel- 11
lung), erkennungsdienstliche Maßnahmen (§ 63 Abs. 4 BKAG) sowie um Maßnahmen der **Gefahrenabwehr**, namentlich Platzverweis und Betretungsverbot (§ 63 Abs. 5 BKAG), die Sicherstellung (§ 63 Abs. 6 BKAG) sowie die Ingewahrsamnahme (§ 63 Abs. 8 BKAG).
§ 67 S. 2 BKAG verweist über das BKAG hinaus zusätzlich auf die §§ 15–20 BPolG. Es handelt sich um die 12
aus dem allgemeinen Polizeirecht bekannten Vorschriften zum Grundsatz der **Verhältnismäßigkeit** (§ 15 BPolG), zum **Ermessen** (§ 16 BPolG), zur **Polizeipflichtigkeit** (§§ 17, 18, 20 BPolG) sowie zur **unmittelbaren Ausführung** von Maßnahmen (§ 19 BPolG). Der Verweis **entspricht insoweit § 38 Abs. 1 S. 2 BKAG** (zu den in Bezug genommenen Regelungen im Einzelnen → § 38 Rn. 24 ff., 30 ff., 35 ff.).

§ 68 Sicherheitsüberprüfung

[1]Für Personen, die für das Bundeskriminalamt tätig werden sollen, ist eine einfache Sicherheitsüberprüfung nach dem Sicherheitsüberprüfungsgesetz durchzuführen. [2]§ 8 Absatz 2 Nummer 2 des Sicherheitsüberprüfungsgesetzes gilt entsprechend.

A. Überblick und Genese

§ 68 BKAG enthält eine nähere **Ausgestaltung** für die Vorgabe des § 8 Abs. 2 BKAG. Nach § 8 Abs. 2 1
BKAG obliegt es dem BKA, seinen Dienstbetrieb gegen Gefahren zu sichern, die von Personen ausgehen, die für das Amt tätig werden sollen. Das BKA ist als Sicherheitsbehörde (neben seinen vielen anderen wichtigen Aufgabenfeldern) elementar für die staatliche Bekämpfung von Terrorismus und Extremismus. Gerade für das BKA muss daher ausgeschlossen werden können, dass nicht erkannte Extremistinnen oder Extremisten für das BKA tätig werden und als sog. **Innentäterinnen oder Innentäter** die effektive Aufgabenerfüllung des Amtes behindern oder gefährden.[1] Zu diesem Zwecke der Sicherung gegen Gefahren, die sich aus dem eigenen Personalkörper ergeben können, sieht § 68 BKAG für alle Personen, die für das BKA tätig werden sollen, die Durchführung einer einfachen Sicherheitsüberprüfung nach dem **Sicherheitsüberprüfungsgesetz (SÜG)** vor.[2]
Weil und soweit die Sicherheitsüberprüfung **freiwillig** stattfindet, handelt es sich bei den entsprechenden 2
Maßnahmen nicht um staatliche Eingriffe,[3] bei § 68 BKAG folglich insoweit auch nicht um eine Befugnisnorm.
§ 68 BKAG wurde im Jahr 2017 eingeführt und trat am 25.5.2018 in Kraft.[4] Die **Gesetzgebungszuständig-** 3
keit ergibt sich wie bei § 8 BKAG aus der Natur der Sache, weil jeder Behörde die Kompetenz zur Siche-

10 Wie auch in § 66 BKAG fehlt zwar die Klarstellung, dass es sich bei dem genannten Paragrafen § 63 Abs. 2, 4–6 und 8 um eine Vorschrift des BKAG handelt, doch ist nach dem Inhalt der Norm und wegen der Aufzählung der höheren Zahl (63) vor den niedrigeren (15 bis 20), die sich allein auf Normen des BPolG beziehen, im Ergebnis klar, dass es um § 63 BKAG geht; vgl. auch Schenke/Graulich/Ruthig/Graulich BKAG § 67 Rn. 6.
1 S. BT-Drs. 18/11163, 128.
2 Eine gleichartige Norm findet sich für Soldaten in § 37 Abs. 3 SoldatenG, der parallel zu § 68 BKAG eingeführt wurde, s. BT-Drs. 18/11163, 128.
3 VG Berlin Urt. v. 31.5.2016 – 4 K 214.14 –, juris, Rn. 76, näher → Fn. 18. Nicht zu übersehen ist allerdings, dass die Nichtzustimmung gegebenenfalls den Zugang zu einem staatlichen Amt (als Beamter des BKA) erschweren kann. Vor diesem Hintergrund sind zumindest nicht zu geringe Anforderungen an die Freiwilligkeit zu stellen.
4 BGBl. I 2017 S. 1354 (1385, 1395).

rung gegen Gefahren aus dem eigenen Personalkörper zukommt und die Gesetzgebungszuständigkeit daher beim Bund als Träger des BKA liegt (→ § 8 Rn. 1, 3).[5]

B. Kommentierung im Einzelnen

4 § 68 S. 1 BKAG ordnet die Durchführung einer einfachen Sicherheitsüberprüfung für alle Personen an, die für das BKA tätig werden sollen. § 68 S. 2 BKAG sieht die Möglichkeit vor, in Ausnahmefällen gem. § 8 Abs. 2 Nr. 2 SÜG von der Sicherheitsüberprüfung abzusehen.

I. Sicherheitsüberprüfung für künftiges Personal (S. 1)

5 Nach § 68 S. 1 BKAG ist für Personen, die für das BKA tätig werden sollen, eine einfache Sicherheitsüberprüfung nach dem SÜG durchzuführen.

6 **1. Verhältnis zur verpflichtenden Sicherheitsüberprüfung nach SÜG.** Auch nach § 2 Abs. 1 S. 1 iVm § 8 Abs. 1 Nr. 1 und § 1 Abs. 2 Nr. 1 SÜG ist bereits eine einfache Sicherheitsüberprüfung für solche Personen verpflichtend, die eine sicherheitsempfindliche Tätigkeit ausüben, weil sie im Zusammenhang mit ihrer Tätigkeit Zugang zu VS-VERTRAULICH eingestuften Verschlusssachen erhalten sollen oder ihn sich verschaffen können (**sicherheitsempfindliche Tätigkeit**).[6]

7 Daneben sieht § 2 Abs. 1 S. 1 iVm § 8 Abs. 1 Nr. 2 und § 1 Abs. 2 Nr. 3 SÜG die Durchführung einer einfachen Sicherheitsüberprüfung für solche Personen verpflichtend vor, die eine sicherheitsempfindliche Tätigkeit ausüben, weil sie in Bereichen nach § 1 Abs. 2 Nr. 3 SÜG eingesetzt werden sollen. Dabei handelt es sich um Bereiche in einer Behörde oder einer sonstigen öffentlichen Stelle des Bundes oder in einem Teil von ihr, die aufgrund des Umfanges und der Bedeutung dort anfallender Verschlusssachen von der jeweils zuständigen obersten Bundesbehörde im Einvernehmen mit dem Bundesministerium des Innern als Nationale Sicherheitsbehörde zum Sicherheitsbereich erklärt worden ist (**Tätigkeit in einem Sicherheitsbereich**).

8 Nach dem SÜG ist also eine Sicherheitsüberprüfung nur verpflichtend, wenn eine Person entweder eine sicherheitsempfindliche Tätigkeit ausübt oder wenn sie in einem Sicherheitsbereich tätig werden soll. Das SÜG knüpft mit anderen Worten das Erfordernis einer Sicherheitsüberprüfung an den beabsichtigten Zugang zu Verschlusssachen oder die Beschäftigung in sabotagegefährdeten Bereichen.[7] Der Gesetzgeber des § 68 BKAG ging davon aus, dass mit dieser Rechtslage der Gefährdung, der das BKA ausgesetzt ist, nicht hinreichend wirksam begegnet werden konnte. Es sei nicht auszuschließen gewesen, dass eine an anderer Stelle bereits als **Extremistin oder Extremist** erkannte Person mangels Kenntnis beim oder für das BKA tätig werde. Diese **rechtliche Lücke** sei angesichts der Gefährdungssituation durch den internationalen Terrorismus und Extremismus nicht hinnehmbar.[8] Daher geht § 68 BKAG über das SÜG hinaus, indem er für **sämtliche Personen,** die für das Amt tätig werden sollen, eine Sicherheitsüberprüfung vorsieht, unabhängig davon, ob sie in ihrer konkreten Tätigkeit auf einem sicherheitsempfindlichen Dienstposten oder in einem Sicherheitsbereich eingesetzt werden sollen.

9 **2. Erfasster Personenkreis.** Personen, die für das BKA tätig werden sollen, sind jedenfalls alle Personen, deren Beschäftigung das Amt beabsichtigt.[9] Ein bereits bestehendes Beschäftigungsverhältnis ist nicht erforderlich; vielmehr soll im Idealfall die **Sicherheitsüberprüfung bereits vor der Einstellung** erfolgen. Umgekehrt lässt sich aus der Durchführung einer Sicherungsüberprüfung nicht ableiten, dass eine **Einstellungsabsicht** besteht; sie wird durch die Überprüfung in keiner Weise präjudiziert.[10] Zudem ist angesichts des weiten Wortlauts des § 68 S. 1 BKAG („tätig werden") ein längerfristiges Arbeits- oder Dienstverhältnis nicht erforderlich. Auch lediglich vorübergehende oder gar **kurzfristige Tätigkeiten** beim oder für das BKA, gegebenenfalls auch in Form von Praktika, Werk- oder Dienstverträgen werden erfasst.[11] In solchen Fällen wird freilich nicht selten eine Ausnahme von der Sicherheitsüberprüfung über § 68 S. 2 BKAG zu erwägen sein (→ Rn. 14 ff.).

5 S. BT-Drs. 18/11163, 79; Schenke/Graulich/Ruthig/Graulich BKAG § 68 Rn. 2.

6 Hier ist auch von einem „sicherheitsempfindlichen Dienstposten" die Rede, s. BT-Drs. 18/11163, 129; Schenke/Graulich/Ruthig/Graulich BKAG § 68 Rn. 3.

7 BT-Drs. 18/11163, 129.

8 BT-Drs. 18/11163, 129.

9 Schenke/Graulich/Ruthig/Graulich BKAG § 68 Rn. 3, sagt einerseits, dass ein beabsichtigtes Beschäftigungsverhältnis nicht Voraussetzung, andererseits aber die Einstellungsabsicht maßgeblich sei. Dies ist wohl dahin zu verstehen, dass die Einstellungsabsicht nicht erforderlich, aber jedenfalls ausreichend sein soll.

10 BVerwG Beschl. v. 16.10.2017 – 1 WB 20/17 –, juris, Rn. 22, mit Verweis auf BT-Drs. 18/10009, 18, wo allerdings keine entsprechend stark formulierte Aussage zu finden ist; vgl. auch Schenke/Graulich/Ruthig/Graulich BKAG § 68 Rn. 3.

11 Ebenso Schenke/Graulich/Ruthig/Graulich BKAG § 68 Rn. 3.

3. Durchführung der Sicherheitsüberprüfung. § 68 S. 1 BKAG sieht die Durchführung einer einfachen Sicherheitsüberprüfung vor. Die Durchführung der Überprüfung richtet sich nach dem SÜG.[12] Eine einfache Sicherheitsüberprüfung ist in § 8 SÜG geregelt. Welche Maßnahmen bei einer einfachen Sicherheitsüberprüfung durchgeführt werden, richtet sich nach § 12 Abs. 1 und Abs. 1a SÜG. Insbesondere werden **Erkenntnisanfragen** an verschiedene Behörden gestellt (§ 12 Abs. 1 Nr. 3 SÜG). 10

§ 68 BKAG ist freilich so zu lesen, dass **mindestens** eine **einfache Sicherheitsüberprüfung** vorzunehmen ist. In Fällen, in denen das SÜG **intensivere Sicherheitsüberprüfungen** verlangt (vgl. §§ 9 und 10 SÜG), steht § 68 BKAG natürlich nicht entgegen, weil er die Pflicht zur Durchführung von Sicherheitsüberprüfungen ausweiten, nicht begrenzen soll. 11

Nach § 2 Abs. 1 S. 2 SÜG bedarf die Sicherheitsüberprüfung der Zustimmung der betroffenen Person, soweit gesetzlich nichts anderes bestimmt ist. § 68 BKAG wiederholt diesen Grundsatz der **Freiwilligkeit**[13] zwar nicht, sondern sieht vielmehr vor, dass eine Sicherheitsüberprüfung durchzuführen „ist". Allerdings wird eine Sicherheitsüberprüfung ohne Zustimmung der betroffenen Person schon praktisch wenig erfolgversprechend sein. Zudem wird ohnehin die Bereitschaft, sich einer Sicherheitsüberprüfung zu unterziehen, regelmäßig **Einstellungsvoraussetzung** für eine Beschäftigung beim BKA sein.[14] 12

Die Verantwortung für die Sicherheitsüberprüfung liegt nach § 3 Abs. 1 S. 1 Nr. 1 SÜG in der Zuständigkeit des BKA als derjenigen Stelle, die die betroffene Person mit einer sicherheitsempfindlichen Tätigkeit betrauen will. Nach § 3 Abs. 2 SÜG und § 3 Abs. 2 S. 1 Nr. 1 BVerfSchG ist das **Bundesamt für Verfassungsschutz** sog. **mitwirkende Behörde** bei der Sicherheitsüberprüfung und trifft gem. § 12 Abs. 1 SÜG die wesentlichen Maßnahmen im Rahmen der Sicherheitsüberprüfung. 13

II. Absehen von der Sicherheitsüberprüfung (S. 2 iVm § 8 Abs. 2 Nr. 2 SÜG)

§ 68 S. 2 BKAG sieht vor, dass § 8 Abs. 2 Nr. 2 SÜG entsprechend gilt. Demnach kann die zuständige Stelle, hier also das BKA nach § 3 Abs. 1 S. 1 Nr. 1 SÜG, von der Sicherheitsüberprüfung absehen, wenn Art oder Dauer der Tätigkeit dies zulassen. Hinsichtlich der **Art der Tätigkeit** kann dabei etwa danach differenziert werden, ob die Tätigkeit innerhalb der Diensträume des BKA ausgeübt wird oder nicht. Im letzteren Fall erscheint ein Absehen von einer Sicherheitsüberprüfung wegen des reduzierten Gefährdungspotentials eher möglich.[15] Die **Dauer der Tätigkeit** allein wird nur selten für das Absehen von einer Sicherheitsüberprüfung sprechen können, weil auch sehr kurzfristige Zugriffsmöglichkeiten auf vertrauliche Informationen ausreichen können. Die Dauer wird daher eher iVm der Art der Tätigkeit relevant werden können (bspw. lediglich eintägige Hospitation, handwerkliche Tätigkeit von wenigen Stunden, etc.). Eine besondere Bedeutung wird insofern regelmäßig auch der Frage zukommen, ob, wie und in welchem Umfang eine gegebenenfalls nur kurzfristig beim BKA tätige Person **während ihrer Tätigkeit überwacht** wird. 14

Nach § 68 S. 2 BKAG iVm § 8 Abs. 2 S. 1 Nr. 2 SÜG ist dem BKA **Ermessen** darin eröffnet, ob von der einfachen Sicherheitsüberprüfung abgesehen werden soll. Das Absehen von der Sicherheitsüberprüfung muss grundsätzlich die Ausnahme darstellen, schon weil es sich bei der Überprüfung um eine öffentliche Aufgabe zum **Schutz gewichtiger Rechtsgüter** handelt.[16] Nach der Gesetzesbegründung soll das BKA bei der Ermessensausübung auch den mit der Sicherheitsüberprüfung verbundenen Grundrechtseingriff berücksichtigen.[17] Zwar liegt jedenfalls in einer tatsächlich freiwilligen Sicherheitsüberprüfung kein Grundrechtseingriff (→ Rn. 2).[18] Sehr wohl aber dürfte sich danach differenzieren lassen, mit welchen Belastungen für den Betroffenen die Überprüfung im Einzelfall verbunden wäre. Allerdings können solche Umstände regelmäßig nicht ausschlaggebend sein, weil der Schutz vor Innentätern nicht von den (gegebenenfalls lediglich vorge- 15

12 Gem. § 1 Abs. 2 Nr. 4 SÜG iVm § 68 S. 1 BKAG gilt rechtlich, dass jede Person, die über § 68 BKAG einer Sicherheitsüberprüfung unterzogen wird, auch eine sicherheitsempfindliche Tätigkeit iSd SÜG ausübt. Dies hat zur Folge, dass die Regelungen des SÜG, die an die Ausübung einer sicherheitsempfindlichen Tätigkeit anknüpfen, auch für die Situation des § 68 BKAG anzuwenden sind. Dies gilt etwa für die vorläufige Zuweisung einer sicherheitsempfindlichen Tätigkeit nach § 15 SÜG.

13 Hierzu vgl. Schenke/Graulich/Ruthig/Graulich BKAG § 68 Rn. 3; vgl. auch VG Berlin Urt. v. 31.5.2016 – 4 K 295.14 –, juris, Rn. 76.

14 Zu weitergehenden Mitwirkungspflichten etwa von Beamten s. Schenke/Graulich/Ruthig/Warg SÜG § 2 Rn. 4a. Zur Frage des Grundrechtseingriffs → Rn. 2 und → Fn. 18.

15 BT-Drs. 18/11163, 129.

16 Schenke/Graulich/Ruthig/Graulich BKAG § 68 Rn. 4, mit Verweis auf BVerwG Beschl. v. 1.3.2016 – 20 F 1/16 –, juris, Rn. 9.

17 BT-Drs. 18/11163, 129; identisch Schenke/Graulich/Ruthig/Graulich BKAG § 68 Rn. 4.

18 S. zudem VG Berlin Urt. v. 31.5.2016 – 4 K 295.14 –, juris, Rn. 76; auch BVerwG Urt. v. 22.12.1987 – 1 C 34/84 –, NJW 1988, 1991 (1993): kein Eingriff (in Art. 12 Abs. 1 GG); offen gelassen in BVerwG Urt. v. 26.6.2014 – 2 A 1/12 –, NJOZ 2015, 260 (262 ff., Rn. 31 ff.). Vgl. auch VG Berlin Urt. v. 10.1.2017 – 4 K 214.14 –, juris, Rn. 24 ff.; Lisken/Denninger/Schwabenbauer, HdbPolR, G Rn. 53 ff.; **aA** Bäumler NVwZ 1989, 505; wohl auch Schenke/Graulich/Ruthig/Warg SÜG Vorb. Rn. 1 f., 21; SÜG § 10 Rn. 3; implizit zudem Siems GSZ 2021, 12 (13). Zur Anwendbarkeit des BDSG im Bereich des SÜG Greve NVwZ 2017, 737 (738). Zur Einwilligung in entsprechende Überprüfungen im privaten Kontext vgl. Schneider in Forgó/Helfrich/Schneider (Hrsg.), Betrieblicher Datenschutz, 3. Aufl. 2019, Teil VII. Kap. 5 Rn. 59 ff.

tragenen) Befindlichkeiten Einzelner abhängig gemacht werden kann und niemand gezwungen ist, eine derart sicherheitsempfindliche Tätigkeit auszuüben, die den Bedarf nach einer Sicherheitsüberprüfung auslöst. Die tatsächlichen Herausforderungen dürften sich eher daraus ergeben, in der Praxis die Sicherheitsüberprüfungen von motivierten Bewerberinnen und Bewerbern hinreichend zügig und transparent zu gestalten.

16 Sofern das SÜG eine intensivere als lediglich die „einfache" Sicherheitsüberprüfung vorsieht, kommt ein **Absehen nach § 8 Abs. 2 S. 1 Nr. 2 SÜG nicht in Betracht.**[19]

Abschnitt 9
Datenschutz und Datensicherheit, Rechte der betroffenen Person

Unterabschnitt 1
Datenschutzaufsicht

§ 69 Aufgaben und Befugnisse der oder des Bundesbeauftragten für den Datenschutz und die Informationsfreiheit

(1) ¹Die oder der Bundesbeauftragte für den Datenschutz und die Informationsfreiheit führt, unbeschadet ihrer oder seiner in § 14 des Bundesdatenschutzgesetzes genannten Aufgaben, auch im Hinblick auf die Datenverarbeitung im Informationssystem nach § 13 und im Informationsverbund nach § 29 Kontrollen bezüglich der Datenverarbeitung bei Maßnahmen nach Abschnitt 5, nach § 34 oder nach § 64 und von Übermittlungen nach § 27 mindestens alle zwei Jahre durch. ²Sie oder er kontrolliert darüber hinaus mindestens alle zwei Jahre, dass Zugriffe auf personenbezogene Daten im Informationssystem und, im Rahmen ihrer oder seiner Zuständigkeit, im Informationsverbund nur innerhalb der Zugriffsberechtigungen nach § 15 Absatz 1 erfolgen.

(2) Sofern die oder der Bundesbeauftragte für den Datenschutz und die Informationsfreiheit Verstöße nach § 16 Absatz 2 des Bundesdatenschutzgesetzes beanstandet hat, kann sie oder er geeignete Maßnahmen anordnen, wenn dies zur Beseitigung eines erheblichen Verstoßes gegen datenschutzrechtliche Vorschriften erforderlich ist.

A. Überblick und Genese

I. Grundzüge

1 Die Datenschutzaufsicht über das BKA obliegt der oder dem Bundesbeauftragten für den Datenschutz und die Informationsfreiheit (BfDI). Mit der Regelung des § 69 BKAG wird die **systematische Verbindung zu**

19 Vgl. aber § 9 Abs. 2 und § 10 Hs. 2 SÜG.

den Vorschriften des Bundesdatenschutzgesetzes (**BDSG**) hergestellt, in denen Stellung, Aufgaben und Befugnisse der oder des BfDI geregelt sind. Diese Regelungen werden von § 69 BKAG als *lex specialis* für die Aufsicht über das BKA ergänzt und teils erweitert. Ein wesentlicher Gehalt des § 69 BKAG ist die Festlegung von Prüfpflichten der oder des BfDI im Hinblick auf besonders eingriffsintensive Maßnahmen des BKA.

Nach **vorheriger Rechtslage** kamen grundsätzlich die allgemeinen Regeln im Verhältnis der Datenschutzaufsicht zu öffentlichen Stellen zur Anwendung. Die Regelung zur Aufsicht und Kontrolle der oder des BfDI gegenüber öffentlichen Stellen des Bundes wurde in § 24 BDSG aF getroffen. Die Befugnis der Beanstandung konnte nach den Vorgaben des § 25 BDSG aF ausgeübt werden. In § 12 Abs. 3 BKAG aF wurde klarstellend geregelt, dass die Datenschutzkontrolle dem Bundesbeauftragten für den Datenschutz und die Informationsfreiheit obliegt. Spezielle auf das BKA ausgerichtete Aufgaben oder Befugnisse waren in dem BKAG aF nicht geregelt. Anlass und Grund für die geänderten Regeln ist das Recht der Europäischen Union. 2

Eine effektive Aufsicht im Bundesstaat erfordert eine **effektive Kooperation der Aufsichtsbehörden.**[1] Denn die umfassende Kontrolle der Tätigkeiten des BKA beinhaltet die Einbeziehung der Mechanismen föderaler Zusammenarbeit. Für übergreifende Tätigkeiten der Sicherheitsbehörden wie im Fall des ATDG hat dies das Bundesverfassungsgericht ausdrücklich festgestellt.[2] Im Fall des BKA betrifft dies insbesondere die Ausübung seiner Zentralstellenfunktion und damit den Informationsverbund nach § 13 BKAG. Spiegelbildlich zu der Zusammenarbeit der Sicherheitsbehörden müssen der oder die BfDI und die unabhängigen Datenschutzaufsichtsbehörden der Länder zusammenarbeiten. Dies regelt ausdrücklich § 31 Abs. 3 BKAG, der die Verzahnung in der Aufsichtsstruktur abbildet (→ § 31 Rn. 18 ff.). 3

II. Umsetzung der DSRL-JI

Der § 14 Abs. 1 BDSG regelt weitgehend deckungsgleich mit Art. 57 DS-GVO die Aufgaben der oder des Bundesbeauftragten zum Zweck der **Umsetzung des Artikels 46 DSRL-JI.**[3] Das BKAG nimmt Ergänzungen vor und konkretisiert hinsichtlich des BKA die Aufgabe der Überwachung der Anwendung der nach der DSRL-JI erlassenen Rechtsvorschriften gem. Art. 46 lit. a DSRL-JI. Gem. § 69 Abs. 1 S. 1 und S. 2 BKAG tritt die Schärfung des Überwachungsgegenstands durch die Nennung der Informationssysteme nach §§ 13 und 29 BKAG ebenso hinzu wie das Vorsehen von Kontrollpflichten in Bezug auf eingriffsintensive technische Überwachungsmaßnahmen des BKA. 4

Die **Befugnisse** der oder des BfDI für Datenverarbeitungen von öffentlichen Stellen, die im Anwendungsbereich der DSRL-JI (§ 45 BDSG) personenbezogene Daten verarbeiten, werden in § 16 Abs. 2 BDSG festgelegt. Allerdings wird dort als Befugnis neben der Warnung lediglich die Beanstandung geregelt, die kein Verwaltungsakt ist (→ Rn. 39).[4] Damit bleibt diese Regelung hinter den Vorgaben des Art. 47 DSRL-JI zurück, weil sie keine wirksame Abhilfebefugnis zur Verfügung stellt.[5] Dagegen sieht § 69 Abs. 2 BKAG Anordnungsbefugnisse vor, die jedoch erst auf zeitlich nachgeordneter Stufe greifen, für den Fall, dass eine Beanstandung gem. § 16 Abs. 2 BDSG fruchtlos bleibt und nur dann ergriffen werden können, wenn ein erheblicher Datenschutzverstoß vorliegt (→ Rn. 43 ff.). 5

III. Die Unabhängigkeit der oder des Bundesdatenschutzbeauftragten

1. Grundlagen. Die Datenschutzaufsichtsbehörden in der Europäischen Union sind nach dem **Unionsrecht** unabhängig (Art. 52 DS-GVO und Art. 42 DSRL-JI). Diese Unabhängigkeit ist durch Art. 8 Abs. 3 EuGRCh und Art. 16 Abs. 2 S. 2 AEUV abgesichert.[6] Bereits unter Geltung der Datenschutz-Richtlinie 95/46/EG hat der Europäische Gerichtshof die völlige Unabhängigkeit der Datenschutzaufsichtsbehörden vorgeschrieben („with complete independence", „en toute indépendance").[7] Auch im Rahmenbeschluss 2008/977/JI, der – wenn auch nur eingeschränkt den innerstaatlichen Datenschutz betreffend –[8] im Hinblick auf die Harmonisierung des Datenschutzes im Sicherheitsbereich einen Vorgänger-Rechtsakt zur 6

1 Johannes/Weinhold, Das neue Datenschutzrecht bei Polizei und Justiz, 2018, § 1 Rn. 108.
2 BVerfG Urt. v. 24.4.2013 – 1 BvR 1215/07 –, BVerfGE 133, 277 (370 f., Rn. 215 ff.).
3 BT-Drs. 18/11325, 87; vgl. auch Schenke/Graulich/Ruthig/Ruthig BKAG § 69 Rn. 1.
4 BeckOK-Datenschutzrecht/Meltzian BDSG § 16 Rn. 9 (2022).
5 Paal/Pauly/Körffer DS-GVO/BDSG, 3. Aufl. 2021, BDSG, § 16 Rn. 9; Gola/Heckmann/Thiel, BDSG, 14. Aufl. 2022, § 16 Rn. 9; aA BeckOK-Datenschutzrecht/Meltzian BDSG § 16 Rn. 10 (2022).
6 EuGH Urt. v. 6.10.2015 – C-362/14 –, NJW 2015, 3151 (3155, Rn. 69) – Schrems/Digital Rights Ireland.
7 EuGH Urt. v. 9.3.2010 – C-518/07 –, MMR 2010, 352 – Kommission/Deutschland; dazu Bull EuZW 2010, 488; zur Rspr. des EuGH auch Skouris NVwZ 2016, 1361.
8 Esser in Böse (Hrsg.), Europäisches Strafrecht, EnzEuR XI, 2. Aufl. 2021, § 19 Rn. 22.

DSRL-JI darstellt, werden „unabhängige Kontrollstellen" als wesentliches Element des Schutzes personenbezogener Daten, die im Rahmen der polizeilichen und justiziellen Zusammenarbeit zwischen den Mitgliedsstaaten in Strafsachen verarbeitet werden, anerkannt.[9]

7 Dies entspricht in der Zielrichtung den Vorgaben des **Verfassungsrechts**, da das Bundesverfassungsgericht aus der Verankerung des Rechts auf informationelle Selbstbestimmung in Art. 2 Abs. 1 iVm Art. 1 Abs. 1 GG die notwendige Beteiligung unabhängiger Datenschutzbeauftragter ableitet.[10] Zumindest aus der objektiv-rechtlichen Funktion des Grundrechts kann das Erfordernis der Unabhängigkeit gefolgert werden.[11] Selbst wenn hieraus keine generelle Forderung nach Unabhängigkeit abgeleitet werden könnte, besteht doch im Sicherheitsbereich eine besondere Lage. Denn die **Eingriffe** in das Recht auf informationelle Selbstbestimmung sind **nicht nur besonders intensiv, sondern erfolgen oft heimlich**. Daraus folgert das Bundesverfassungsgericht, dass einer wirksamen aufsichtlichen Kontrolle besondere Bedeutung zukommt. Gerade im Hinblick auf die Aufsicht über das BKA hat es daher das Erfordernis einer unabhängigen Aufsicht hervorgehoben und verlangt, dass die Aufsichtsbehörde über wirksame Befugnisse und eine ausreichende Ausstattung verfügt.[12]

8 Die völlige **Unabhängigkeit** der Datenschutzaufsicht umfasst jede Unabhängigkeit gegenüber äußeren unmittelbaren oder mittelbaren Einflussnahmen.[13] Sinn der Unabhängigkeit ist, dass der datenschutzbezogene Grundrechtsschutz erfolgen kann, ohne dass die für mögliche Verstöße gegen den Datenschutz Verantwortlichen auf die Aufsichtsbehörde einwirken oder Einfluss nehmen. Die Unabhängigkeit wirkt absolut gegenüber allen Stellen der Mitgliedstaaten und der EU und sie wirkt funktional, da sie der Erreichung der Ziele von DS-GVO und DSRL-JI und damit letztlich dem Grundrechtsschutz dient.[14] In der abwehrrechtlichen Situation der Prüfung eines Grundrechtseingriffes durch den Staat zumal bei Ausübung polizeilicher Befugnisse wird die Notwendigkeit, dass die Aufsichtsbehörden nicht der Rechtsaufsicht einer anderen Stelle oder gar den Weisungen der Exekutive unterstehen, besonders deutlich.[15]

9 **2. Ausgestaltung der Unabhängigkeit der oder des BfDI.** Die Kontrolle des BKA im Hinblick auf Datenverarbeitungen muss nach der Feststellung des Bundesverfassungsgerichts wirksam sein.[16] Die **Rechtsstellung** der oder des BfDI regeln die §§ 8 ff. BDSG.[17] Eine deklaratorische Bestätigung ihrer oder seiner Unabhängigkeit enthält § 10 Abs. 1 BDSG. Besonderheiten betreffend die Aufsicht im Anwendungsbereich der DSRL-JI bestehen insoweit nicht. Selbstverständlich unterliegt die oder der BfDI auch insoweit keinen Weisungen oder Einflussnahmen eines Ministeriums, einer Partei oder einer Fraktion des Bundestages. Eine unabhängige Kontrolle ist bei Maßnahmen der Sicherheitsbehörden besonders geboten, weil es um staatliche Maßnahmen geht, die eine erhebliche Eingriffstiefe in die Grundrechte der Bürgerinnen und Bürger erreichen und auch heimlich erfolgen können (→ Rn. 13 f.). Die Bestimmung des § 14 BDSG zu den Aufgaben der oder des BfDI verweist an mehreren Stellen darauf, dass die Aufgabenerfüllung auch die Vorschriften der DSRL-JI umfasst (→ Rn. 4).[18] Maßgebliche Unterschiede zum aufsichtsbehördlichen Handeln im Anwendungsbereich der DS-GVO bestehen im Hinblick auf die konkreten Befugnisse des oder der BfDI zur Durchsetzung der Bestimmungen der DSRL-JI (→ Rn. 38 ff.).

10 Alle Datenschutzaufsichtsbehörden in der EU müssen in ihrer rechtlichen Stellung dergestalt abgesichert sein, dass sie unabhängig ihre Aufgaben erfüllen können. Bei der **Ausgestaltung der Unabhängigkeit** verfügen die innerstaatlichen Gesetzgeber nach Maßgabe des Art. 52 DS-GVO bzw. des Art. 42 DSRL-JI über gewisse Spielräume.[19] Dies betrifft etwa die organisatorische Unabhängigkeit, die in das innerstaatliche Rechtssystem – etwa das Beamtenrecht – eingepasst werden kann.[20] Nach § 10 Abs. 2 BDSG unterliegt die oder der BfDI der Rechnungsprüfung durch den Bundesrechnungshof.[21] Dem Grunde nach ist dies gem. Art. 52 Abs. 6 DS-GVO möglich. Erwägungsgrund 118 der DS-GVO und Erwägungsgrund 78 der DSRL-JI bestätigen, dass die Datenschutzaufsichtsbehörden unabhängigen Kontroll- oder Überwachungsmechanismen hinsichtlich ihrer Ausgaben unterliegen sollten. In jedem Fall sind aber die Elemente der Unabhängig-

9 S. zB ErwG 33; vgl. auch Kugelmann, POR, § 14 Rn. 130.
10 BVerfG Urt. v. 15.12.1983 – 1 BvR 209/83 ua –, BVerfGE 65, 1 (46).
11 Dix in Kröger/Pilniok (Hrsg.), Unabhängiges Verwalten in der Europäischen Union, 2016, S. 121 ff.; Kibler, Datenschutzaufsicht im europäischen Verbund, 2021, S. 66 ff., mwN.
12 BVerfG Urt. v. 20.4.2016 – 1 BvR 966/09 ua –, BVerfGE 141, 220 (284 f., Rn. 141).
13 EuGH Urt. v. 9.3.2010 – C-518/07 –, MMR 2010, 352 – Kommission/Deutschland.
14 Schwartmann/Jaspers/Thüsing/Kugelmann/Kugelmann DS-GVO/BDSG, 2. Aufl. 2020, DS-GVO Art. 52 Rn. 20 ff.
15 Roßnagel ZD 2015, 108.
16 BVerfG Urt. v. 20.4.2016 – 1 BvR 966/09 ua –, BVerfGE 141, 220 (284 f., Rn. 141).
17 Kröger, Unabhängigkeitsregime im europäischen Verwaltungsverbund, 2020, S. 290 ff.
18 Peuker in Kugelmann/Lukanko (Hrsg.), Nationale Spielräume im Datenschutzrecht, 2022, S. 107 (124).
19 Paal/Pauly/Körffer DS-GVO/BDSG, 3. Aufl. 2021, DS-GVO, Art. 51 Rn. 3.
20 Thomé, Reform der Datenschutzaufsicht, 2015, S. 137 f.
21 Kühling/Buchner/Bange DS-GVO/BDSG, 3. Aufl. 2020, BDSG § 10 Rn. 6 f.

keit zu gewährleisten, die in Art. 52 DS-GVO bzw. Art. 42 DSRL-JI festgelegt sind und von der Finanzkontrolle nicht berührt werden dürfen. Die Prüftiefe ist daher begrenzt.[22]

11 **3. Unabhängige Aufsicht nach BKAG.** Da § 69 BKAG die Aufgaben des § 14 BDSG in Bezug nimmt, wird die unabhängige Aufgabenerfüllung vorausgesetzt. Angesichts der gesicherten Stellung der oder des BfDI ist die Unabhängigkeit auch gegenüber dem BKA ohnehin zwingend. Nach Art. 16 Abs. 2 S. 2 AEUV ist eine Überwachung des Datenschutzrechts durch unabhängige Behörden sicherzustellen. Die Vorschrift des Art. 16 AEUV bildet die Kompetenzgrundlage für das sekundärrechtliche Datenschutzrecht, insbesondere die DS-GVO und die DSRL-JI.[23] Die Umsetzung der DSRL-JI im BKAG hat zur Folge, dass die **Unabhängigkeit der Aufsicht über Sicherheitsbehörden** auch insoweit sichergestellt ist.[24]

12 Die DSRL-JI enthält ausdrückliche Vorschriften zur Datenschutzaufsicht gegenüber Behörden. Konsequenz der Unabhängigkeit ist es, dass die Datenschutzaufsichtsbehörde **effektive Maßnahmen einschließlich Sanktionen und Anordnungen** gegenüber einer Behörde ergreifen kann.

B. Kommentierung im Einzelnen

I. Aufgaben (Abs. 1)

13 **1. Die Stellung der oder des BfDI gegenüber dem BKA.** Die Tätigkeiten des BKA müssen nach der **Rechtsprechung des Bundesverfassungsgerichts** zum BKAG aF[25] und zum ATDG[26] einer unabhängigen Kontrolle unterliegen. Das BKA nimmt insoweit im Vergleich zu den anderen zu beaufsichtigen Behörden im Anwendungsbereich der DSRL-JI eine Sonderstellung ein. Jedoch ist diese Rechtsprechung durchaus auf andere Sicherheitsbehörden übertragbar. Denn das Erfordernis der Kontrolle wird durch die Vornahme eingriffsintensiver und teils heimlicher (technischer) Überwachungsmaßnahmen begründet. Die Regelungen, die aufgrund dieser Rechtsprechung getroffen wurden, und der durch die DSRL-JI bedingte Anpassungsbedarf greifen teilweise ineinander,[27] stehen aber teilweise auch in Widerspruch zueinander. Dies wird durch die in § 69 Abs. 1 S. 2 BKAG angeordneten Prüf- und Kontrollpflichten deutlich, die in einem Spannungsverhältnis zur Unabhängigkeit der oder des BfDI stehen (→ Rn. 30 f.).[28]

14 Die durch § 69 Abs. 1 S. 1 und S. 2 BKAG vorgesehenen turnusmäßigen Kontrollen sind Ausdruck des **kompensatorischen Grundrechtsschutzes.**[29] Gerade im Feld heimlicher Überwachungsmaßnahmen und der Datenverarbeitung in Dateien und Informationssystemen kommt der aufsichtlichen Kontrolle diese Funktion zu, weil die Ermöglichung individuellen Rechtsschutzes der betroffenen Personen, mangels ausreichender Transparenz der Datenverarbeitung, wesentlich erschwert ist.[30] Die institutionelle Kontrolle durch die Datenschutzaufsichtsbehörde ersetzt nicht die subjektive Kontrolle, sondern kompensiert ihre Lücken. Mittels regelmäßiger Prüfungen von Dateisystemen durch die Datenschutzaufsicht wird eine dauerhafte Kontrolle gewährleistet.[31]

15 Die **Kontrollen im Kontext der Informationssysteme und eingriffsintensiven Maßnahmen** sollen nach § 69 Abs. 1 BKAG regelmäßig erfolgen, mindestens in einem Abstand von 2 Jahren. An Gegenstand oder Umfang der Kontrollen werden keine näheren Anforderungen gestellt. Die Festlegung des Prüfungs- und Kontrollmaßstabes und des gegenständlichen Umfangs der Prüfung obliegt der oder dem BfDI. Im Rahmen der Prüfungen sind vielfältige Maßnahmen möglich.[32] Aufgrund der Unabhängigkeit der oder des BfDI umfasst der Handlungsspielraum auch die Einteilung der eigenen behördlichen Ressourcen und die Priorisierung von Prüfungen.

16 **2. Aufgaben nach § 14 BDSG.** Die DSRL-JI verfolgt nach ihrem Art. 1 das Ziel, den Datenschutz und die Rechte der betroffenen Personen zu stärken.[33] Dazu ist eine **Stärkung der Datenschutzaufsicht** notwendig,

22 Schwartmann/Jaspers/Thüsing/Kugelmann/Kugelmann DS-GVO/BDSG, 2. Aufl. 2020, DS-GVO Art. 52 Rn. 49.
23 Kugelmann in ders./Lukanko (Hrsg.), Nationale Spielräume im Datenschutzrecht, 2022, S. 9 (21).
24 Schenke/Graulich/Ruthig/Ruthig BKAG § 69 Rn. 3.
25 BVerfG Urt. v. 20.4.2016 – 1 BvR 966/09 ua –, BVerfGE 141, 220 (284 ff., Rn. 140 ff.).
26 BVerfG Urt. v. 24.4.2013 – 1 BvR 1215/07 –, BVerfGE 133, 277 (366 ff., Rn. 207 ff.).
27 Etwa hinsichtlich der Protokollierungspflichten, die sowohl in Art. 25 DSRL-JI vorgesehen sind als auch durch BVerfG Urt. v. 20.4.2016 – 1 BvR 966/09 ua –, BVerfGE 141, 220 (284 f., Rn. 141) als wesentlicher Bestandteil einer wirksamen Kontrolle benannt werden.
28 Vgl. auch Schenke/Graulich/Ruthig/Ruthig BKAG § 69 Rn. 9.
29 Kugelmann in Zöller/Esser (Hrsg.), Justizielle Medienarbeit in Strafverfahren, 2019, S. 205 (232).
30 Vgl. BVerfG Urt. v. 24.4.2013 – 1 BvR 1215/07 –, BVerfGE 133, 277 (369, Rn. 213); Urt. v. 20.4.2016 – 1 BvR 966/09 ua –, BVerfGE 141, 220 (284, Rn. 140).
31 HdbVerfR/Bäcker § 28 Rn. 120.
32 Vgl. Simitis/Hornung/Spiecker gen. Döhmann/Polenz, Datenschutzrecht, 2019, DS-GVO Art. 58 Rn. 14.
33 ErwG 2. Zur Entstehungshistorie und Zielsetzung der DSRL-JI eingehend Kugelmann in Zöller/Esser (Hrsg.), Justizielle Medienarbeit in Strafverfahren, 2019, S. 205 (213).

deren Aufgaben daher bei der Schaffung von DS-GVO und DSRL-JI gezielt ausgeweitet wurden. Eine effektive Durchsetzung des Datenschutzrechts ist unabdingbar, um die Ziele der beiden Rechtsakte zu erreichen.[34] Erforderlich sind effektive Befugnisse zur Untersuchung und Durchsetzung der Abhilfe von Datenschutzverstößen. Hinsichtlich des Aufgabenportfolios findet dieser aufgewertete Stellenwert der Datenschutzaufsicht Niederschlag in § 14 Abs. 1 BDSG. Insbesondere die Aufgaben der Überwachung und Durchsetzung (§ 14 Abs. 1 Nr. 1 BDSG), die Aufgaben der Beratung (§ 14 Abs. 1 Nr. 3 und Nr. 10 BDSG) und Sensibilisierung (§ 14 Abs. 1 Nr. 4 BDSG) sowie die Bearbeitung von Beschwerden betroffener Personen (§ 14 Abs. 1 Nr. 6 BDSG) sind dabei bedeutsam.

17 Im Rahmen der Überwachung und Kontrolle obliegt es der oder dem BfDI, **präventiv** auf eine datenschutzkonforme Verarbeitung personenbezogener Daten durch das BKA hinzuwirken. Instrumente dazu sind insbesondere Kontrollen und Untersuchungen. Insoweit stellen die Prüfpflichten in § 69 Abs. 1 BKAG eine Konkretisierung dieser Aufgabe dar. Die oder der BfDI agiert **repressiv**, indem Verstöße gegen das Datenschutzrecht aufgedeckt und eventuell Abhilfemaßnahmen ergriffen werden. Die Verstöße werden insbesondere durch Beschwerden von Bürgerinnen und Bürgern, aber auch durch die Meldung von Verletzungen des Datenschutzrechts durch Verantwortliche bekannt (Art. 30 DSRL-JI; § 65 BDSG).

18 Die **Sensibilisierung und Beratung der Verantwortlichen** sind präventiv konnotierte Aufgaben, die es der oder dem BfDI ermöglichen, vorauseilend und vorausschauend Verarbeitungstätigkeiten, die in Konflikt zu den datenschutzrechtlichen Anforderungen stehen können, zu benennen und auf Anpassung und Verbesserung der Konzepte hinzuwirken. Die Aufgabe der Beratung wird in § 14 Abs. 1 Nr. 10 BDSG konkretisiert, der insoweit die in § 69 BDSG genannten Datenverarbeitungsvorgänge in Bezug nimmt. § 69 BDSG errichtet eine Pflicht der Anhörung der oder des BfDI, wenn bei neu anzulegenden Dateisystemen eine Gefahr für die Rechtsgüter der betroffenen Personen zu besorgen ist. Dieses gesteigerte Risiko soll vermindert werden, indem die oder der BfDI angehört wird und dadurch Einfluss nehmen kann. Nach § 69 Abs. 3 BDSG „kann“ die oder der BfDI innerhalb von sechs Wochen nach Einleitung der Anhörung Empfehlungen abgeben, eine Pflicht hierzu besteht nicht.[35] Insoweit ist der in Teilen risikobasierte Ansatz der harmonisierenden Datenschutzreform und das dahin gehend in Art. 28 Abs. 1 DSRL-JI vorgesehene Konsultationsverfahren in der Formulierung der Aufgaben der oder des BfDI aufgegriffen worden.

19 Die Aufgabe der Prüfung von **Beschwerden** zielt auf den **Schutz individueller Rechte**. Jede betroffene Person kann gem. § 60 BDSG die oder den BfDI anrufen mit der Behauptung, sie sei durch eine öffentliche Stelle in ihren Rechten verletzt worden. Beschwerden im Hinblick auf Datenverarbeitungen des BKA folgen diesen Regeln. Anders als nach Art. 77 Abs. 1 DS-GVO besteht im Rahmen des Anrufungsrechts gem. § 60 BDSG keine Frist für die oder den BfDI, in der eine Bearbeitung bzw. eine Unterrichtung über den Fortgang oder das Ergebnis der Beschwerde erfolgen müsste.

20 **3. Kontrolle der Datenverarbeitungen im Informationssystem nach § 13 BKAG.** Die oder der BfDI führt gem. § 69 Abs. 1 S. 1 BKAG Kontrollen ausdrücklich auch im Hinblick auf die Datenverarbeitung im Informationssystem nach § 13 BKAG durch. Die oder den BfDI trifft die Pflicht, solche Kontrollen vorzunehmen und das BKA trifft die Pflicht, diese Kontrollen zu dulden und in ihrer Verwirklichung zu kooperieren. Die Regelung stellt klar, dass eine **umfassende Aufsichtsfunktion** der oder des BfDI eine Einbeziehung komplexer Informationssysteme erfordert und sich nicht auf einzelne Dateisysteme oder gar Dateien beschränken kann.

21 Das Informationssystem nach § 13 BKAG betreibt das BKA zur Erfüllung der Aufgaben nach den §§ 2–8 BKAG, die die grundlegenden Funktionen des BKA festlegen (→ § 13 Rn. 3). Zu diesen Zwecken fungiert das **Informationssystem als Unterstützungsinstrument und Grundlage für Datenverarbeitungen**, die im Rahmen der Aufgabenerfüllung erforderlich sind, insbesondere zur Recherche. Dazu zählen die Grundfunktionen der Unterstützung bei polizeilichen Ermittlungen (§ 13 Abs. 2 Nr. 1 BKAG), der Unterstützung bei der Ausschreibung von sowie Fahndungen nach Personen und Sachen (§ 13 Abs. 2 Nr. 2 BKAG), der Unterstützung bei der polizeilichen Informationsverdichtung durch Abklärung von Hinweisen und Spurenansätzen (§ 13 Abs. 2 Nr. 3 BKAG), der Durchführung von Abgleichen personenbezogener Daten (§ 13 Abs. 2 Nr. 4 BKAG) und der Unterstützung bei der Erstellung von strategischen Analysen und Statistiken (§ 13 Abs. 2 Nr. 5 BKAG). Diese Funktionen, die nicht abschließend sind,[36] haben teilweise direkten Bezug zu Datenverarbeitungsbefugnissen, wie zB dem Abgleichen von personenbezogenen Daten, und benennen die unterschiedlichen Zwecke der Datenverarbeitung im Informationssystem nach § 13 BKAG. Folglich

34 Albrecht/Jotzo, Das neue Datenschutzrecht der EU, 2017, S. 113; Kugelmann ZD 2020, 77; Peuker in Kugelmann/Lukanko (Hrsg.), Nationale Spielräume im Datenschutzrecht, 2022, S. 107 (110); Spiecker gen. Döhmann in Kröger/Pilniok (Hrsg.), Unabhängiges Verwalten in der Europäischen Union, 2016, S. 97 (104 f.).

35 Gola/Heckmann/Thiel, BDSG, 14. Aufl. 2022, § 69 Rn. 6.

36 BT-Drs. 18/11163, 9.

sind die Anknüpfungspunkte für die Aufsicht durch die oder den BfDI vielfältig und vielschichtig und lassen Spielräume zur Fokussierung und Präzisierung der Kontrolltätigkeit.

22 Das Informationssystem ist entsprechend der aufgeführten Zwecke und Funktionen für die **alleinige Nutzung durch das BKA** bestimmt und stellt in Abgrenzung zu dem Informationsverbund gem. § 29 BKAG keinen Verbund unterschiedlicher Teilnehmer des Bundes und der Länder dar.[37] Über dieses Informationssystem erfolgt jedoch technisch die eigene Teilnahme des BKA am Informationsverbund (§ 13 Abs. 3 BKAG) (→ § 13 Rn. 17).[38]

23 **4. Kontrolle der Datenverarbeitungen im Informationsverbund nach § 29 BKAG.** In Parallele zu der Festlegung betreffend das Informationssystem nach § 13 BKAG ordnet § 69 Abs. 1 S. 1 BKAG an, dass der oder die BfDI Kontrollen im Informationsverbund nach § 29 BKAG durchführt. Die ausdrückliche Vorgabe trägt der **besonderen Komplexität der Datenverarbeitungen** Rechnung. Damit wird der oder dem BfDI die Pflicht auferlegt, Datenverarbeitungen des BKA auch dann zu prüfen, wenn sie in rechtlicher und informationstechnischer Hinsicht in Zusammenarbeit mit anderen Behörden erfolgen.

24 Die umfassende Aufsicht und Kontrolle über die Datenverarbeitung im Informationsverbund nach § 29 BKAG erfordert die **Kooperation** der oder des BfDI mit den unabhängigen Datenschutzaufsichtsbehörden der Länder, denn die Aufsicht muss auch im Bundesstaat effektiv gewährleistet werden (→ Rn. 3).[39] Die Notwendigkeit der Kooperation in Bezug auf den Informationsverbund wird in § 31 Abs. 3 BKAG geregelt (→ § 31 Rn. 14 ff., 18). Damit werden der Teilnehmerkreis des § 29 Abs. 3 BKAG und die damit einhergehenden unterschiedlichen Verantwortlichkeiten für die Datenverarbeitungen im Informationsverbund gem. § 31 Abs. 1 und Abs. 2 BKAG aufsichtstechnisch abgebildet.

25 **5. Regelmäßige Kontrollen bezüglich besonders eingriffsintensiver Maßnahmen. a) Grundlegung.** Das Instrument der regelmäßig vorgesehenen datenschutzrechtlichen Kontrolle findet in der deutschen Sicherheitsgesetzgebung seinen Ursprung in der Aufsicht über das Antiterrordateigesetz (ATDG) und das Rechtsextremismus-Datei-Gesetz (RED-G). Das **Bundesverfassungsgericht** verlangt, dass bei heimlichen Informationseingriffen, die gerade auch mit Kooperationen unterschiedlicher Behörden verbunden sind, eine externe Kontrolle durch die Datenschutzaufsichtsbehörden erfolgen soll. Dies ist Teil des kompensatorischen Grundrechtsschutzes (→ Rn. 14). In seiner Entscheidung zum Antiterrordateigesetz (ATDG) hat das Gericht erstmals eine regelmäßige Prüfung für verfassungsrechtlich geboten erklärt, die alle zwei Jahre stattfinden soll.[40] Dies gilt parallel auch für Datenverarbeitungen nach dem Rechtsextremismus-Datei-Gesetz (RED-G). Das Bundesverfassungsgericht hat in seiner Entscheidung zum BKA-Gesetz die Notwendigkeit der Kontrolle durch Datenschutzaufsichtsbehörden auf weitere Maßnahmen der Sicherheitsbehörden erweitert.[41]

26 Der Gesetzgeber hat vor dem Hintergrund dieser Rechtsprechung angesichts der **besonderen Komplexität und Dynamik von Datenverarbeitungen** eine lediglich einmalige Prüfung für nicht ausreichend gehalten. In diesen Verbunddateien werden zudem personenbezogene Daten von großer Sensibilität verarbeitet. Darauf fußen die Regelungen des § 10 Abs. 2 ATDG und des § 11 Abs. 2 RED-G.

27 Auf **europäischer Ebene** wurden Prüfpflichten der Datenschutzaufsichtsbehörden bereits durch den Beschluss 2007/533/JI des Rates vom 12.6.2007 über die Einrichtung, den Betrieb und die Nutzung des Schengener Informationssystems der zweiten Generation (SIS II) errichtet. Nach Art. 60 Abs. 1 SIS II sollen unabhängige nationale Kontrollinstanzen eingerichtet werden, die gem. Art. 60 Abs. 2 SIS II alle vier Jahre Datenverarbeitungsvorgänge in ihrem nationalen SIS II nach internationalen Prüfungsstandards überprüfen sollen.[42] Seitdem sehen weitere Verordnungen zu unionsweiten Datenbanken, wie das Europäische VISA Informationssystem,[43] Kontrollpflichten der Datenschutzaufsichtsbehörden vor. In der Verordnung (EU) 2019/818 vom 20.5.2019 zur Errichtung eines Rahmens für die Interoperabilität zwischen EU-Informationssystemen (polizeiliche und justizielle Zusammenarbeit, Asyl und Migration) wurde festgelegt,[44] dass alle 4 Jahre Verarbeitungsvorgänge von personenbezogenen Daten für die Zwecke der Verordnung durch die zuständigen mitgliedsstaatlichen Aufsichtsbehörden nach den einschlägigen internationalen Prüfungsstandards überprüft werden sollen.[45]

37 Vgl. auch Schenke/Graulich/Ruthig/Graulich BKAG § 13 Rn. 6.
38 Vgl. auch Schenke/Graulich/Ruthig/Graulich BKAG § 13 Rn. 8.
39 Johannes/Weinhold, Das neue Datenschutzrecht bei Polizei und Justiz, 2018, § 1 Rn. 108.
40 BVerfG Urt. v. 24.4.2013 – 1 BvR 1215/07 –, BVerfGE 133, 277 (370 f., Rn. 217).
41 BVerfG Urt. v. 20.4.2016 – 1 BvR 966/09 ua –, BVerfGE 141, 220 (284 f., Rn. 141).
42 Art. 44 Abs. 2 VO 1987/2006/EG iVm Art. 60 Abs. 1 Beschluss 2007/533/JI-Rat.
43 Art. 41 Abs. 1 VO 767/2008/EG iVm Art. 8 Abs. 5 und 6 Beschluss 2008/633/JI-Rat iVm § 4 VISZG (VIS-Zugangsgesetz).
44 Dazu Böse/Kugelmann, EnzEuR XI, Europäisches Strafrecht, 2. Aufl. 2021, § 17 Rn. 90.
45 Art. 51 Abs. 4 Verordnung (EU) 2019/818.

28 Hintergrund der Prüfpflichten im Kontext der vorgenannten Dateien und Informationssysteme ist auch auf der Ebene der EU die Tatsache, dass aufgrund der Dateistruktur und der unterschiedlichen beteiligten und abrufberechtigten Akteure **die Datenverarbeitung für die betroffene Person schwer nachvollziehbar** ist und deshalb durch die festgelegten Prüf- bzw. Kontrollpflichten kompensatorisch eine Rechtmäßigkeitsüberprüfung erfolgen und Transparenz hergestellt werden soll.[46] Die Vorhaben der EU zur Herstellung von Interoperabilität werfen dennoch weitere Fragen der Kontrolle und des effektiven Grundrechtsschutzes auf.[47]

29 **b) Kontrollgegenstand.** Das Erfordernis regelmäßiger Kontrollen setzt bei der **besonderen Eingriffstiefe bestimmter Maßnahmen** an. Gegenstand der Kontrollen sind gem. § 69 Abs. 1 S. 1 BKAG solche Eingriffsbefugnisse, bei denen im Rahmen der verfassungsrechtlichen Überprüfung der Vorgängerregelungen ua die mangelnde Regelung einer wirksamen aufsichtlichen Kontrolle zur Annahme der Unverhältnismäßigkeit führte.[48] Es handelt sich um Maßnahmen nach Abschnitt 5 (Befugnisse zur Abwehr von Gefahren des internationalen Terrorismus), nach § 34 BKAG (Einsatz technischer Mittel zur Eigensicherung) oder nach § 64 BKAG (Besondere Mittel der Datenerhebung) und um Übermittlungen nach § 27 BKAG (Datenübermittlung im internationalen Bereich). Nach § 69 Abs. 1 S. 1 BKAG hat die oder der BfDI insoweit regelmäßig Kontrollen durchzuführen, mindestens aber alle zwei Jahre.

30 **c) Die pflichtige Bindung von Ressourcen.** Die zunehmende gesetzliche Regelung von Pflichtkontrollen der Datenschutzaufsichtsbehörden sowohl durch die nationale als auch die europäische Gesetzgebung im Bereich des Sicherheitsrechts birgt die Gefahr, dass eine Bindung des Einsatzes von Ressourcen und damit an anderer Stelle oder insgesamt eine **Schwächung der Kontrolltätigkeit** eintritt. Die regelmäßige Kontrolle durch die Datenschutzaufsichtsbehörden soll im Rahmen der Verhältnismäßigkeit die erhebliche Eingriffsintensität dieser eingriffsintensiven Informationssysteme, Dateien und Befugnisse kompensieren, indem der Intransparenz und der infolgedessen erschwerten individuellen Rechtsschutzmöglichkeiten der betroffenen Personen eine unabhängige Rechtmäßigkeitsüberprüfung entgegengestellt wird. Diese **Kompensationsfunktion** kann nur tragen, wenn ausreichende **Ressourcen und Ausstattung** bestehen, um eine annähernd gleichwertige Kontrolle zu gewährleisten.

31 Die Ressourcenfrage betrifft sowohl intern den Verantwortlichen als auch extern die Datenschutzaufsichtsbehörde. Angesichts dessen sollte die **Regelung weiterer Prüfpflichten** als verhältnismäßigkeitswahrende Verfahrensanforderungen seitens der Gesetzgeber **zurückhaltend** gehandhabt werden. Im Zusammenhang mit der politisch beabsichtigten strukturellen Verstetigung einer Evaluation der Sicherheitsgesetze und der dafür vorgesehenen neuen Freiheitskommission kann sich die Gesamtsystematik auch im Hinblick auf die unabhängige Kontrolle durch Datenschutzaufsichtsbehörden weiterentwickeln.[49]

32 **d) Spannungsverhältnis in Bezug auf die Unabhängigkeit der oder des BfDI.** Die Festlegung der Kontrollen gem. § 69 Abs. 1 S. 2 BKAG führt das vom Bundesverfassungsgericht vorgegebene Normprogramm aus. Allerdings ist seit dem Urteil zum BKA-Gesetz vom 20.4.2016 die DSRL-JI wirksam geworden, die in Art. 42 Abs. 1 die unabhängige Stellung der Datenschutzaufsichtsbehörden besonders hervorhebt und insoweit die vorherige Rechtsprechung in einen geänderten Rahmen stellt.[50] Eine **Verpflichtung** des oder der BfDI zu Kontrollen iSd § 69 Abs. 1 BKAG **kann mit der Unabhängigkeit unvereinbar sein.** Denn vor dem Hintergrund auch technisch komplexer Maßnahmen erfordern solche Kontrollen einen erheblichen Einsatz von Ressourcen, der nicht nur durch den Aufwand der Prüfungsvorbereitung, Prüfung und Prüfungsnachbereitung hervorgerufen wird, sondern auch materiell durch die komplexen Eingriffsbefugnisse und den umfassenden Prüfungsumfang.

33 Die „Anordnung"[51] des § 69 Abs. 1 S. 1 BKAG steht der Unabhängigkeit der oder des BfDI dann entgegen, wenn eine pflichtmäßige Kontrolle als eine Weisung aufzufassen wäre. Im Ergebnis können deswegen die

46 Bzgl. der ATD vgl. BVerfG Urt. v. 24.4.2013 – 1 BvR 1215/07 –, BVerfGE 133, 277 (366 ff., Rn. 207 ff.).

47 Buckler BayVBl. 2018, 77; ders. DÖV 2020, 749 (753).

48 BVerfG Urt. v. 20.4.2016 – 1 BvR 966/09 ua –, BVerfGE 141, 220 (284 ff., Rn. 140 ff.; 321, Rn. 266; 340 f., Rn. 322; 350 f., Rn. 354; 351 f., Rn. 357); kritisch Graulich KriPoZ 2017, 278 (285).

49 Laut dem Koalitionsvertrag 2021–2025 zwischen der Sozialdemokratischen Partei Deutschlands (SPD), BÜNDNIS 90/DIE GRÜNEN und den Freien Demokraten (FDP) möchte die Bundesregierung die Sicherheitsgesetze auf ihre tatsächlichen und rechtlichen Auswirkungen sowie auf ihre Effektivität hin evaluieren. Dafür soll im Rahmen einer sog. **Überwachungsgesamtrechnung** (s. auch → § 88 Rn. 2) bis Ende 2023 eine unabhängige wissenschaftliche Evaluation der Sicherheitsgesetze und ihrer Auswirkungen auf Freiheit und Demokratie im Lichte technischer Entwicklungen erfolgen, Koalitionsvertrag 2021–2025, S. 103, abrufbar unter https://www.bundesregierung.de/resource/blob/974430/1990812/04221173eef9a6720059cc353d759a2b/2021-12-10-koav2021-data.pdf?download=1; vgl. zur Überwachungsgesamtrechnung Friedewald/Roßnagel/Bile/Geminn/Hansen/Bieker/Karaboga DuD 2022, 572; Geminn DÖV 2022, 789; Lindner/Unterreitmeier JZ 2022, 915; Kugelmann in FS-Dörr, 2022, S. 81; Löffelmann, Überwachungsgesamtrechnung und Verhältnismäßigkeitsgrundsatz, 2022; zur Freiheitskommission Esser/Zöller/Büttner/Dietrich/Gerson/Kugelmann/Löffelmann/Mavany/Niedernhuber/Wiacek KriPoZ 2022, 326.

50 BeckOK-POR Hessen/Bäuerle HessSOG § 29a Rn. 8 (2022); BeckOK-POR NRW/Ogorek PolG NRW § 33c Rn. 2 (2022).

51 BT-Drs. 18/11163, 9.

Notwendigkeiten der Kontrolle als dem Grunde nach bestehende Soll-Verpflichtungen verstanden werden, deren **Erfüllung im Ermessen der oder des BfDI** steht und die im Rahmen des effektiven Einsatzes der Ressourcen zu berücksichtigen ist.[52] Im Einzelfall kommt daher auch eine Entscheidung gegen die Durchführung einer Kontrolle in Betracht.

6. Regelmäßige Kontrolle der Zugriffsberechtigungen nach § 15 Abs. 1 BKAG. Nach § 69 Abs. 1 S. 2 BKAG soll die oder der BfDI mindestens alle zwei Jahre kontrollieren, ob Zugriffe auf personenbezogene Daten **im Informationssystem und im polizeilichen Informationsverbund** innerhalb der Zugriffsberechtigungen nach § 15 Abs. 1 BKAG (→ § 15 Rn. 3 ff.) erfolgen. Diese Bestimmung findet über § 29 Abs. 4 BKAG auch auf die Verbundteilnehmer Anwendung. Die Kontrollbefugnis der oder des BfDI besteht sowohl im Hinblick auf das abstrakte Rollen- und Berechtigungskonzept als auch im Hinblick auf konkrete Zugriffe im Einzelfall. 34

Die Zugriffsberechtigungen nach § 15 Abs. 1 BKAG müssen in einem **Rollen- und Berechtigungskonzept des BKA** festgelegt sein. Ein aussagekräftiges Rollen- und Berechtigungskonzept stellt eine technisch-organisatorische Maßnahme im Rahmen des § 64 Abs. 3 Nr. 5 BDSG dar, mittels derer die Sicherheit der Verarbeitung – insbesondere die Zugriffskontrolle – gewährleistet wird. Nach § 15 Abs. 1 Nr. 2 BKAG muss bei der Erteilung der Zugriffsberechtigung sichergestellt werden, dass der Zugriff nur auf diejenigen personenbezogenen Daten und Erkenntnisse möglich ist, deren Kenntnis für die Erfüllung der jeweiligen dienstlichen Pflichten erforderlich ist. Diese Kenntnis richtet sich nach der jeweiligen Aufgabenzuschreibung und den Zwecken, zu denen im Rahmen dieser Aufgabe personenbezogene Daten üblicherweise verarbeitet werden. Die Zugriffsberechtigungen sollten die Organisation des Verantwortlichen und die Stellung der Berechtigten widerspiegeln. Diese Anforderungen im Rahmen einer externen unabhängigen Kontrolle zu überprüfen, ist eine komplexe Aufgabe und erfordert Einsicht in die Organisationsstruktur des Verantwortlichen. 35

Für eine Prüfung der Rechtmäßigkeit von Zugriffen im Einzelfall ist eine **umfassende und vollständige Protokollierung** erforderlich.[53] Aussagekräftige und auswertbare Protokolldaten ermöglichen der oder dem BfDI eine wirksame Kontrolle (→ § 81 Rn. 4). Die Protokollierung sollte auch die Abfragekriterien erkennen lassen.[54] Gerade im Hinblick auf die Prüfung, ob neben der formalen Zugriffsberechtigung (also der Rolle im technischen Sinn) auch im Einzelfall eine materielle Berechtigung zum Zugriff aufgrund der Erforderlichkeit zur Erfüllung der jeweiligen Dienstpflichten vorlag (das sog. *Need to know*-Prinzip, s. § 15 Abs. 1 Nr. 2 BKAG), reichen Protokolldatenauswertungen idR nicht aus, sondern der konkrete Abfrageanlass muss mittels interner Ermittlungen durch Akten- oder Vorgangsrückhalt belegt werden.[55] 36

Auch hier erfordert eine umfassende Kontrolle die **Kooperation mit den Aufsichtsbehörden der Länder.** Denn die oder der BfDI kann lediglich im Rahmen ihrer oder seiner Zuständigkeit kontrollieren. Für die Prüfungen der Länderbehörden greift die nach § 31 Abs. 2 und 3 bestehende geteilte datenschutzrechtliche (Kontroll-) Zuständigkeit.[56] 37

II. Befugnisse (Abs. 2)

1. Effektivierung der Datenschutzaufsicht durch Ausstattung mit wirksamen Abhilfebefugnissen. Die DSRL-JI fordert eindeutig, dass die zuständigen Aufsichtsbehörden über wirksame Befugnisse verfügen, um eine wirksame, zuverlässige und einheitliche Überwachung der Einhaltung und Durchsetzung der Richtlinie gewährleisten zu können.[57] Die Mitgliedstaaten müssen die Aufsichtsbehörden mit wirksamen Untersuchungsbefugnissen, wirksamen Abhilfebefugnissen und wirksamen Beratungsbefugnissen ausstatten (Art. 47 Abs. 1–3 DSRL-JI). Die beispielhaft genannten **wirksamen Abhilfebefugnisse** umfassen die Warnung (Art. 47 Abs. 2 lit. a DSRL-JI), die Anweisung, eine datenschutzkonforme Datenverarbeitung und gegebenenfalls Berichtigungen und Löschung anzuordnen (Art. 47 Abs. 2 lit. b DSRL-JI) sowie die Beschränkung der Verarbeitung einschließlich eines Verbots (Art. 47 Abs. 2 lit. c DSRL-JI). Hinter diesen Vorgaben bleibt der Bundesgesetzgeber im BDSG zurück.[58] Die Befugnisse des BfDI im Anwendungsbereich der DSRL-JI bestehen nach § 16 Abs. 2 BDSG im Kern aus der Beanstandung. Immerhin erweitert § 69 Abs. 2 BKAG für den Anwendungsbereich des BKAG die Befugnisse der oder des BfDI um die Anordnung. Dennoch bleiben Zweifel an der richtlinienkonformen Umsetzung des Art. 47 DSRL-JI (→ Rn. 45). 38

52 S. auch Schenke/Graulich/Ruthig/Ruthig, BKAG § 69 Rn. 9, der von einer Anregung spricht.
53 BVerfG Urt. v. 20.4.2016 – 1 BvR 966/09 ua –, BVerfGE 141, 220 (284 f., Rn. 141).
54 Kugelmann/Eiermann, LDSG Rheinland-Pfalz, 2020, § 64 Rn. 10.
55 Bei der Prüfung des Vorgangsbearbeitungssystems des BKA im Jahre 2019 hat der BfDI zu diesem Punkt und den zu weitreichenden Zugriffsberechtigungen jeweils im Nachgang seiner Prüfung eine Beanstandung ausgesprochen, vgl. 28. Tätigkeitsbericht zum Datenschutz 2019, S. 55.
56 BT-Drs. 18/11163, 130.
57 Vgl. ErwG 82.
58 Kritisch Bäcker in Hill/Kugelmann/Martini (Hrsg.), Perspektiven der digitalen Lebenswelt, 2017, S. 63 (84).

39 **2. Beanstandung.** Die Beanstandung nach § 16 Abs. 2 BDSG beinhaltet, dass der Verantwortliche unter Information der Fachaufsicht auf Datenschutzverstöße hingewiesen wird, um aufgrund dieses Tadels den datenschutzwidrigen Zustand zu beseitigen.[59] Die **Wirkung als Hinweis** zielt darauf ab, die öffentliche Stelle aufgrund ihrer Grundrechtsbindung nach Art. 1 Abs. 3 GG zur Herstellung eines rechtmäßigen Zustandes zu bewegen. Mangels Regelungswirkung ist die Beanstandung nicht als Verwaltungsakt verbindlich und durchsetzbar.[60] Zudem hat sie keine feststellende Wirkung,[61] wie sie der Verwarnung nach Art. 58 Abs. 2 lit. c DS-GVO beigemessen wird.[62]

40 Die Beschränkung auf die Befugnis der Beanstandung in § 16 Abs. 2 BDSG ist **mit der DSRL-JI unvereinbar.**[63] Die Beanstandung ist keine wirksame Abhilfebefugnis iSd Art. 47 Abs. 2 DSRL-JI (→ Rn. 5).[64] Bedenken bestehen auch aufgrund der Unabhängigkeit der oder des BfDI. Denn nach Art. 42 Abs. 2 DSRL-JI ist durch die Mitgliedstaaten vorzusehen, dass die Mitglieder der Aufsichtsbehörden bei der Erfüllung ihrer Aufgaben und der Ausübung ihrer Befugnisse weder direkter noch indirekter Beeinflussung von außen unterliegen und sie weder um Weisung ersuchen noch Weisungen entgegennehmen dürfen. Die Beanstandung erfüllt ihren abhelfenden Effekt jedoch nur mittelbar durch Selbstabhilfe des Verantwortlichen oder durch Abhilfeanordnung durch die Fachaufsicht, in Bezug auf das BKA also durch das BMI. Die Beanstandung würde damit nicht auf eine unmittelbare Beseitigung des Datenschutzverstoßes durch das BKA abzielen, sondern darauf, dass durch die Information der Fachaufsicht diese tätig wird, indem sie die nachgeordnete Behörde zur Beseitigung auffordert oder ähnliche Maßnahmen ergreift. Auch insoweit ist § 16 Abs. 2 BDSG europarechtswidrig. Die oder der BfDI muss vom Gesetzgeber in die Lage versetzt werden, im Fall von Verstößen gegen das Datenschutzrecht wirksame Abhilfe zu schaffen.

41 Der Beanstandung mangelt es an Effektivität, weil sie **weder durchsetzbar noch angreifbar** ist. Dies hat zur Folge, dass bei divergierenden Rechtsauffassungen des Verantwortlichen bzw. der zuständigen Fachaufsichtsbehörde und der Datenschutzaufsichtsbehörde keine Möglichkeit der Durchsetzung oder Einleitung einer gerichtlichen Prüfung besteht, um die Frage zu klären, ob die betreffende Verarbeitung rechtmäßig ist. Da es an einem Grundverwaltungsakt fehlt, ist die Beanstandung nicht im Wege der Vollstreckung zwangsweise durchsetzbar.[65]

42 Der mit der Beanstandung beabsichtigte **fachaufsichtliche Überprüfungs- und Einwirkungseffekt geht dann ins Leere**, wenn es die oberste Bundesbehörde selbst ist, die beanstandet wird und daher eine Beseitigung des datenschutzwidrigen Zustands durch die Aufsicht nicht zu erwarten ist. Das Mittel der Beanstandung ist demnach wirkungslos, wenn die Möglichkeit fehlt, eine der kontrollierten Stelle hierarchisch übergeordnete Instanz mit der Beanstandung zu adressieren. Dies wäre etwa bei einer Beanstandung des BMI durch die oder den BfDI der Fall.

43 **3. Anordnung geeigneter Maßnahmen.** Die Regelung des § 69 Abs. 2 BKAG geht über den § 16 Abs. 2 BDSG hinaus und räumt der oder dem BfDI die **Befugnis zu Anordnungen** ein, falls ein erheblicher Verstoß gegen datenschutzrechtliche Vorschriften vorliegt. Es können verbindliche Entscheidungen getroffen werden, die vom BKA als Adressaten befolgt werden müssen. Die Anordnung ist ein Verwaltungsakt. Fraglich ist, welchen Gegenstand eine Anordnung haben kann. Laut dem Wortlaut soll die Möglichkeit der Anordnung durch zwei Voraussetzungen bedingt sein: Es muss sich um einen erheblichen Verstoß handeln und diesem wurde im Nachgang einer erfolgten Beanstandung noch nicht abgeholfen.

44 a) **Gegenstand der Anordnungen.** § 69 Abs. 2 BKAG regelt nicht im Einzelnen, welche Anordnungen die oder der BfDI aussprechen kann. Sie sollen **geeignet** sein, um einem erheblichen Datenschutzverstoß abzuhelfen. Die Eignung liegt dann vor, wenn der Verstoß beendet wird und künftige Verstöße vermieden werden. Dies wird regelmäßig bei Abhilfe- bzw. Beseitigungsanordnungen der Fall sein.

45 Den möglichen **Regelungsinhalt** solcher Anordnungen nennt Art. 47 Abs. 2 DSRL-JI, der aber nicht abschließend ist. Wirksame Abhilfebefugnisse sind danach die Warnung hinsichtlich zukunftsgerichteter Datenverarbeitungen, die Anordnung der Anpassung von Datenverarbeitungsvorgängen, so dass sie im Einklang mit den datenschutzrechtlichen Regelungen stehen, die Anordnung der Berichtigung oder Löschung personenbezogener Daten, die Einschränkung der Verarbeitung und die temporäre oder finale Beschränkung der Verarbeitung sowie die Verhängung eines Verbots der Datenverarbeitung. Diese Regelungsinhalte,

59 Vgl. auch Schenke/Graulich/Ruthig/Ruthig BKAG § 69 Rn. 12.
60 BVerwG Beschl. v. 5.2.1992 – 7 B 15/92 –, NVwZ-RR 1992, 371.
61 Beispielhaft OVG Bautzen Urt. v. 21.6.2011 – 2 A 224/10 –, NVwZ-RR 2011, 980.
62 Schwartmann/Jaspers/Thüsing/Kugelmann/Kugelmann/Buchmann DS-GVO/BDSG, 2. Aufl. 2020, DS-GVO Art. 58 Rn. 83.
63 Einhellig Schenke/Graulich/Ruthig/Ruthig BKAG § 69 Rn. 12; Kühling/Buchner/Bange DS-GVO/BDSG, 3. Aufl. 2020, BDSG § 16 Rn. 29; Paal/Pauly/Körffer DS-GVO/BDSG, 3. Aufl. 2021, BDSG, § 16 Rn. 3.
64 Paal/Pauly/Körffer DS-GVO/BDSG, 3. Aufl. 2021, BDSG, § 16 Rn. 9; Gola/Heckmann/Thiel, BDSG, 14. Aufl. 2022, § 16 Rn. 9; aA BeckOK-Datenschutzrecht/Meltzian BDSG § 16 Rn. 10 (2022).
65 Zur fehlenden Möglichkeit der Durchsetzung von Anordnungen → Rn. 53.

die weitestgehend mit den Anordnungsbefugnissen gem. Art. 58 Abs. 2 DS-GVO übereinstimmen, sind im Wege der **richtlinienkonformen Auslegung** in die Vorschrift des § 69 Abs. 2 BKAG hineinzulesen.[66]

Laut der Gesetzesbegründung soll die **Anordnung der Löschung** nicht Gegenstand einer solchen Anordnung 46 sein.[67] Diese Überlegung hat allerdings keinen Eingang in den Gesetzeswortlaut gefunden und würde die oder den BfDI im Rahmen ihrer oder seiner Abhilfebefugnisse übermäßig einschränken. Zwar ist die Anordnung der Löschung von personenbezogenen Daten eine besonders intensiv wirkende Maßnahme, die weit reichende Auswirkungen auf die polizeiliche Aufgabenerfüllung haben kann. Im Rahmen der Ausübung des Auswahlermessens ist daher sorgsam abzuwägen, ob und inwieweit die Ausübung einer Löschungsanordnung verhältnismäßig ist. Jedoch ist die Maßnahme zur effektiven Durchsetzung des Datenschutzrechts unverzichtbar. Denn bestimmten Datenschutzverstößen kann nur durch Löschung abgeholfen werden. Dies ist insbesondere der Fall, wenn der Verstoß in unrechtmäßiger Speicherung besteht. Zu ihrer oder seiner effektiven Aufgabenerfüllung muss daher die oder der BfDI über die ***ultima ratio*** der Löschungsanordnung verfügen.[68] Dies entspricht der Zielrichtung des Art. 16 Abs. 2 DSRL-JI, der klarstellt, dass die Mitgliedstaaten vom Verantwortlichen die Löschung verlangen können und Ausnahmen hiervon durch eine Beschränkung der Verarbeitung nur in dem engen Rahmen des Art. 16 Abs. 3 DSRL-JI zulässt.[69]

b) Erheblichkeit des Datenschutzverstoßes. Eine Anordnung kommt nur im Fall eines **erheblichen Versto-** 47 **ßes** in Betracht. Diese Beschränkung findet sich in Art. 47 DSRL-JI nicht. Nach ErwG 82 soll jede Maßnahme der Aufsichtsbehörden im Hinblick auf die Gewährleistung der Einhaltung der DSRL-JI geeignet, erforderlich und verhältnismäßig sein. Mit der Beschränkung auf „erhebliche" Verstöße wird hinsichtlich des Verhältnismäßigkeitsprinzips, welches im Rahmen des Auswahlermessens zu beachten ist, bereits eine Vorwertung vorgenommen werden. Angesichts des Stellenwerts der Datenverarbeitung für die Aufgabenerfüllung und Funktionsfähigkeit des BKA dürfte damit jedoch in zulässiger Weise von den Spielräumen Gebrauch gemacht worden sein, die eine Richtlinie offenlässt.

Die Erheblichkeit eines Verstoßes kann nach unterschiedlichen Kriterien bestimmt werden. Dies können 48 **qualitative Kriterien** sein. Zum einen ist eine besondere Erheblichkeit anzunehmen, wenn der Verstoß die Verarbeitung besonders sensibler personenbezogener Daten betrifft, wie solche besonderer Kategorien, personenbezogene Daten von Opfern oder Kindern oder kernbereichsrelevante Daten. Mit deren Verarbeitung gehen hohe Risiken für die Rechte und Freiheiten betroffener Personen einher. Datenschutzverstöße sind auch dann erheblich, wenn Sie besonders eingriffsintensive Maßnahmen betreffen, also zB solche nach Abschnitt 5 des BKAG.

Die Bewertung der Erheblichkeit kann auch von **quantitativen Kriterien** beeinflusst werden. Datenschutz- 49 verstöße sind auch dann besonders schwerwiegend, wenn Sie eine Vielzahl von Personen betreffen. Dies kann angesichts der Tätigkeiten des BKA insbesondere im Kontext von Informationssystemen iSd § 13 BKAG oder § 29 BKAG der Fall sein. Rechtswidrige Datenverarbeitungen in Verbunddateien oder umfangreichen Dateisystemen können über eine erhebliche Streubreite verfügen.

c) Beanstandung als Verfahrensvoraussetzung. Vor dem Ergreifen einer anderen Abhilfemaßnahme ist nach 50 § 69 Abs. 2 BKAG zunächst eine Beanstandung auszusprechen. Dadurch soll sichergestellt werden, dass die oder der BfDI die Verstöße der jeweiligen Rechts- oder Fachaufsicht mitteilt und diese vor Ausübung der aufgezählten Abhilfebefugnisse[70] Gelegenheit zur Stellungnahme erhält. In der Folge soll die **Gefahr divergierender Anweisungen zwischen Datenschutzaufsicht und Rechts- oder Fachaufsicht verringert** werden.[71] Auch im Bereich der Anordnung von Abhilfemaßnahmen nach Art. 58 Abs. 2 DS-GVO ist die Beanstandung als Verfahrensvoraussetzung in § 16 Abs. 1 BDSG vorgesehen.[72]

66 Vgl. Schenke/Graulich/Ruthig/Ruthig BKAG § 69 Rn. 14.

67 BT-Drs. 18/11163, 130.

68 Der BfDI berichtet in seinem 30. Tätigkeitsbericht für das Jahr 2021 darüber, bzgl. der unrechtmäßigen Speicherung eines Petenten als Kontakt- und Begleitperson gem. § 69 Abs. 2 angeordnet zu haben, den Datensatz des Petenten zu sperren, ihm eine Auskunft zu erteilen und nach Abschluss seines Klageverfahrens die Daten zu löschen. Dagegen hat das BMI Klage erhoben, ua unter Verneinung einer Kompetenz zur Anordnung der Löschung personenbezogener Daten. Das Urteil steht noch aus. Vgl. BfDI, 30. Tätigkeitsbericht zum Datenschutz und der Informationsfreiheit, S. 90.

69 Daher halten Johannes/Weinhold, Das neue Datenschutzrecht bei Polizei und Justiz, 2018, § 1 Rn. 197, die umsetzende Regelung des § 58 Abs. 3 BDSG für richtlinienwidrig, weil sie weitere Ausnahmetatbestände enthält.

70 Art. 58 Abs. 1 lit. b (Verwarnung), lit. c (Anordnung Anträgen im Rahmen der Wahrnehmung von Betroffenenrechten zu entsprechen), lit. d (Anordnung der datenschutzkonformen Verarbeitung), lit. e (Anweisung einer Benachrichtigung), lit. f (Verhängung einer vorübergehenden oder endgültigen Beschränkung der Verarbeitung, einschließlich eines Verbots), lit. g (Anordnung der Berichtigung oder Löschung und Einschränkung der Verarbeitung personenbezogener Daten), lit. i (Verhängung einer Geldbuße) und lit. j (Anordnung der Aussetzung einer Übermittlung von Daten an einen Empfänger in Drittstaaten oder an eine internationale Organisation) DS-GVO.

71 BT-Drs. 18/11325, 88.

72 Kühling/Buchner/Bange DS-GVO/BDSG, 3. Aufl. 2020, BDSG § 16 Rn. 7; Taeger/Gabel/Grittmann DS-GVO/BDSG/TTDSG, 4. Aufl. 2022, BDSG § 16 Rn. 14.

51 Nach Art. 58 Abs. 6 DS-GVO kann der Mitgliedstaat **neben** den Befugnissen des DS-GVO den Aufsichtsbehörden zusätzliche Befugnisse zuweisen. Eine solche Regelung enthält Art. 47 DSRL-JI nicht. Die Garantie eines ordnungsgemäßen Verfahrens, die nach Art. 58 Abs. 4 DS-GVO dem Mitgliedstaat Handlungsspielräume eröffnet, betrifft rechtsstaatliche Sicherungen, aber keine verfahrensmäßigen Abschwächungen effektiven Handelns der Datenschutzaufsichtsbehörden.[73] Im Hinblick auf die DSRL-JI könnte das Einräumen weiterer Befugnisse im Spielraum der Umsetzung liegen, über den der Mitgliedstaat verfügt. Das Erfordernis einer Beanstandung als eine Verfahrensvoraussetzung der Anordnung nach § 69 Abs. 2 BKAG ist jedoch **mit Sinn und Zweck der DSRL-JI unvereinbar.** Die Datenschutzaufsichtsbehörde übt ihr Auswahlermessen nach Maßgabe des Prinzips der Verhältnismäßigkeit aus.[74] Sinn und Zweck der Anordnungsbefugnisse, die effektiv wirken sollen, sprechen für die Möglichkeit der unmittelbaren Verhängung einer Anordnung. Weitere Befugnisse sind neben den Abhilfemaßnahmen zulässig, aber nicht als eine Voraussetzung für deren Verhängung.

52 Gemäß ErwG 82 der DSRL-JI sollen die Befugnisse der Aufsichtsbehörden grundsätzlich in Übereinstimmung mit den geeigneten Verfahrensgarantien nach dem Unionsrecht und dem Recht der Mitgliedstaaten unparteiisch, gerecht und innerhalb einer angemessenen Frist ausgeübt werden. Eine geeignete Verfahrensgarantie ist die **Anhörung** vor Erlass eines den Verantwortlichen belastenden Verwaltungsaktes (§ 28 VwVfG). Diese ist im Vorfeld des Erlasses einer Anordnung durch die oder den BfDI vorzunehmen und gewährt dem Verantwortlichen rechtliches Gehör. Die Beanstandung ist vor diesem Hintergrund als Verfahrensvoraussetzung obsolet und führt zu Verfahrensverzögerungen, die zulasten der betroffenen Person gehen, da die Beseitigung des Datenschutzverstoßes verzögert wird. Das Ziel des Art. 47 Abs. 2 DSRL-JI, die Aufsichtsbehörden mit wirksamen Abhilfebefugnissen auszustatten, wird durch das Vorsehen der Beanstandung als Verfahrensvoraussetzung verfehlt; dadurch wird die Wirksamkeit der Abhilfemaßnahmen über das für die Gewährleistung rechtlichen Gehörs erforderliche Maß hinaus geschwächt.

53 **4. Rechtsdurchsetzung und Rechtsschutz. a) Durchsetzbarkeit von Anordnungen.** Auch wenn aufgrund des § 69 Abs. 2 BKAG die oder der BfDI gegenüber dem BKA Verwaltungsakte erlassen kann, sind diese **nicht mit Zwangsmitteln durchsetzbar.** Dies folgt aus § 17 VwVG (Bund).[75] Danach sind gegen Behörden und juristische Personen des öffentlichen Rechts Zwangsmittel unzulässig, soweit nicht etwas anderes bestimmt ist.[76] Von einer solchen Regelung hat der Bundesgesetzgeber jedoch sowohl für den Anwendungsbereich der DSRL-JI als auch der DS-GVO abgesehen. Zumindest das Verhängen von Zwangsgeldern wäre als Durchsetzungsmittel auch gegenüber dem BKA denkbar und im Hinblick auf die Wirksamkeit der Anordnungen *de lege ferenda* begrüßenswert.

54 **b) Rechtsschutz des BKA gegen verbindliche Entscheidungen des BfDI.** Das BKA verfügt über das Recht, gegen Maßnahmen der oder des BfDI vorzugehen. Gegen verbindliche Entscheidungen der oder des BfDI ist den Verantwortlichen und auch betroffenen Personen **gem. § 61 BDSG der Rechtsweg** eröffnet. Aufgrund der bestehenden Regelungen der VwGO, ist dieser Regelung lediglich deklaratorische Bedeutung beizumessen.[77] Der § 20 Abs. 1 BDSG regelt in Form der aufdrängenden Sonderzuweisung die Eröffnung des Verwaltungsrechtswegs für Streitigkeiten zwischen einer natürlichen oder juristischen Person und dem BfDI.[78]

55 Rechtsschutz gegen verbindliche Entscheidungen der oder des BfDI bieten die Anfechtungs- oder Verpflichtungsklage. **Verbindliche Entscheidungen** sind im Verhältnis zum Verantwortlichen die Ausübung von Untersuchungs-, Abhilfe- und Genehmigungsbefugnissen.[79] Stellungnahmen oder Empfehlungen sind gerichtlich insoweit nicht überprüfbar.[80] Die vom Gesetz vorgesehene Begrenzung der Befugnisse der oder des BfDI schlägt insoweit durch, als Gegenstand des Rechtsschutzes letztlich nur Anordnungen nach § 69 Abs. 2 BKAG sein können. Beanstandungen nach § 16 Abs. 2 BDSG sind keine Verwaltungsakte, andere Abhilfebefugnisse stehen nicht zur Verfügung.

56 **c) Rechtsschutz betroffener Personen.** Die betroffene Person kann die oder den BfDI gem. § 60 Abs. 1 BDSG anrufen und mittels einer **Beschwerde** die datenschutzrechtliche Überprüfung der Maßnahme des BKA initiieren. Da die Verfahrensbeendigung durch die oder den BfDI gegenüber dem Beschwerdeführer

73 Specht/Mantz/Bock, Handbuch Europäisches und deutsches Datenschutzrecht, 2019, § 20 Rn. 118 f.; Sydow/Marsch/Ziebarth DS-GVO/BDSG, 3. Aufl. 2022, BDSG § 16 Rn. 9 f.; darauf stützt sich aber der Gesetzgeber, vgl. BT-Drs. 18/11325, 88; ebenso Peuker in Kugelmann/Lukanko (Hrsg.), Nationale Spielräume im Datenschutzrecht, 2022, S. 107 (125).

74 Schwartmann/Jaspers/Thüsing/Kugelmann/Kugelmann/Buchmann DS-GVO/BDSG, 2. Aufl. 2020, DS-GVO Art. 58 Rn. 38.

75 AA Franck ZD 2021, 247 (250), der § 17 VwVG im Anwendungsbereich der DS-GVO nicht für einschlägig erachtet.

76 Eine solche spezielle Regelung stellt zB der § 17 Abs. 1 FinDAG dar.

77 Kühling/Buchner/Schwichtenberg DS-GVO/BDSG, 3. Aufl. 2020, BDSG § 61 Rn. 1.

78 Vgl. Kühling/Buchner/Schwichtenberg DS-GVO/BDSG, 3. Aufl. 2020, BDSG § 61 Rn. 2. Ausf. zur Systematik des Rechtsschutzes im Verhältnis BfDI und BKA Schenke/Graulich/Ruthig/Ruthig BKAG § 69 Rn. 16 ff.

79 ErwG 86 der DSRL-JI.

80 Gola/Heckmann/Thiel, BDSG, 14. Aufl. 2022, § 61 Rn. 4.

justiziabel und damit eine verbindliche Entscheidung iSd § 61 Abs. 1 BDSG ist, steht der betroffenen Person auch insoweit der Rechtsweg offen.

Die Entscheidung der oder des BfDI über die Beschwerde kann **gerichtlich angegriffen** werden. Denn die Ablehnung oder Abweisung von Beschwerden ist eine verbindliche Entscheidung iSd § 61 Abs. 1 BDSG, der Art. 53 DSRL-JI umsetzt.[81] Im Regelfall wird es sich um eine Verpflichtungsklage handeln mit der Behauptung, die oder der BfDI habe die Beschwerde zu Unrecht zurückgewiesen oder ihr nur teilweise stattgegeben.[82] 57

Für den Fall, dass sich die oder der BfDI nicht mit der Beschwerde befasst oder den Beschwerdeführer nicht über den Stand und das Ergebnis unterrichtet, ist die **Untätigkeitsklage** statthaft als Ausgestaltung der Verpflichtungsklage gem. § 75 Abs. 2 VwGO.[83] 58

Unterabschnitt 2
Datenschutzbeauftragte oder Datenschutzbeauftragter

§ 70 Benennung der oder des Datenschutzbeauftragten des Bundeskriminalamtes

[1]Unbeschadet des § 5 Absatz 1 des Bundesdatenschutzgesetzes benennt das Bundeskriminalamt im Einvernehmen mit dem Bundesministerium des Innern, für Bau und Heimat schriftlich eine oder einen Beauftragten für den Datenschutz (Datenschutzbeauftragte oder Datenschutzbeauftragter des Bundeskriminalamtes). [2]Die Abberufung kann nur in entsprechender Anwendung des § 626 des Bürgerlichen Gesetzbuchs erfolgen. [3]Über die Abberufung ist ferner das Einvernehmen mit dem Bundesministerium des Innern, für Bau und Heimat herzustellen.

A. Überblick und Normzweck

Die Vorschrift des § 70 BKAG regelt die **Pflicht des BKA zur Benennung** einer oder eines Datenschutzbeauftragten, das Verfahren der Berufung und das Verfahren der Abberufung. Damit wird § 5 BDSG ergänzt, der die Benennung vorschreibt, aber darüber hinaus zusätzliche Regelungen trifft. § 70 BKAG dient iVm § 5 BDSG der Umsetzung des Art. 32 DSRL-JI. 1

Die Regelungen zum Datenschutzbeauftragten in den §§ 5 ff. BDSG gleichen denen des Art. 37 ff. DS-GVO[1] und gehen über die Anforderungen der DSRL-JI teilweise hinaus.[2] Das BDSG harmonisiert die Regelungen zur Bestellung, zu den Aufgaben und zur Stellung der oder des Datenschutzbeauftragten. Folglich gelten für den Fall, dass der Verantwortliche personenbezogene Daten sowohl im Anwendungsbereich der DSRL-JI als auch im Anwendungsbereich der DS-GVO verarbeitet, für die oder den Datenschutzbeauftragte/n einheitliche Anforderungen und Rahmenbedingungen. Dies ist sinnvoll, da die oder der Datenschutzbeauftragte einer öffentlichen Stelle idR für **beide Rechtsregime** das Amt bekleidet und die Aufgaben erfüllt.[3] 2

Die Funktion der oder des Datenschutzbeauftragten leitet sich insbesondere von deren oder dessen Aufgaben und der Stellung ab. Sie oder er soll eine **interne Kontroll- und Beratungsinstanz** im Hinblick auf die Einhaltung datenschutzrechtlicher Vorgaben darstellen.[4] Bereits das Bundesverfassungsgericht hat im Rahmen des Volkszählungsurteils die Bedeutung einer internen Kontrollinstanz hervorgehoben.[5] Daher bestand die Bestellpflicht öffentlicher Stellen im § 4f BDSG aF schon vor der europäischen Datenschutzreform. 3

81 ErwG 86 der DSRL-JI.
82 Schenke/Graulich/Ruthig/Ruthig BKAG § 69 Rn. 26.
83 Kühling/Buchner/Schwichtenberg DS-GVO/BDSG, 3. Aufl. 2020, BDSG § 61 Rn. 4.
1 Ziel des Gesetzgebers ist das Vorsehen einheitlicher Anforderungen an die Bestellung von Datenschutzbeauftragten in der Bundesverwaltung, vgl. BT-Drs. 18/11325, 81.
2 Kühling/Buchner/Bergt/Schnebbe DS-GVO/BDSG, 3. Aufl. 2020, BDSG § 5 Rn. 3.
3 So ist sie oder er zB idR auch für den Bereich des Beschäftigungsdatenschutzes oder der Einhaltung der datenschutzrechtlichen Vorgaben im Bereich der Verwaltungstätigkeiten zuständig.
4 ErwG 63 aE.
5 BVerfG Urt. v. 15.12.1983 – 1 BvR 209/83 ua –, BVerfGE 65, 1 (45); vgl. Schenke/Graulich/Ruthig/Ruthig BKAG § 70 Rn. 1.

B. Kommentierung im Einzelnen

I. Benennung (S. 1)

4 Das BKA benennt eine Datenschutzbeauftragte oder einen Datenschutzbeauftragten. Das **Verfahren der Benennung** regelt § 70 Abs. 1 S. 1 BKAG. Sie erfolgt in schriftlicher Form. Als Behörde des Bundes nach § 1 Abs. 1 BKAG wird das BKA im Geschäftsbereich des Bundesministeriums des Innern und für Heimat (BMI) geführt. Die Benennung der oder des Datenschutzbeauftragten erfolgt im Einvernehmen des BKA mit dem BMI.

5 Die **Herstellung des Einvernehmens** ist Teil des Auswahl- und Benennungsverfahrens. Es soll „der Sicherstellung der fachaufsichtlichen Steuerung des Bundeskriminalamtes bei dieser datenschutzpolitisch und -praktisch wichtigen Position" dienen.[6] Die Einzelheiten sind nicht gesetzlich festgelegt. Damit kommen allgemeine Regeln zur Anwendung. Angesichts der auf Art. 33 Abs. 2 und 5 GG beruhenden beamtenrechtlichen Vorgaben des Bundesbeamtengesetzes sind Ansatzpunkte insbesondere zu Beginn und am Ende des Auswahlverfahrens gegeben.

6 Die Ausschreibung kann zwischen BKA und BMI abgestimmt werden. Allerdings ist der Spielraum durch das **Erfordernis der Qualifikation auf dem Gebiet des Datenschutzrechts** begrenzt (§ 5 Abs. 3 BDSG). Die Auswahlgrundlage für die Besetzung des Amtes ist nicht auf beim BKA beschäftigte Personen beschränkt.[7] Nach Durchführung des Verfahrens kann die Leitung des BKA einen Personalvorschlag unterbreiten, zu dem das BMI Stellung nimmt. Letztlich müssen BKA und BMI beide übereinstimmen. Das BMI kann also nicht entgegen dem Wunsch des BKA eine Person durchsetzen. Dies würde auch der in § 6 Abs. 3 BDSG sichergestellten unabhängigen Stellung der oder des Datenschutzbeauftragten widersprechen.[8]

7 Die Benennung wird unbeschadet des § 5 Abs. 1 BDSG durchgeführt (§ 70 Abs. 1 S. 1 BKAG). Da § 70 BKAG Verfahrensfragen betrifft, kommen die sonstigen Regelungen des § 5 BDSG zur Anwendung, der in den Abs. 2–5 weitere Anordnungen trifft. Der § 5 Abs. 2 BDSG, wonach mehrere öffentliche Stellen eine gemeinsame Person benennen können, dürfte für eine Behörde mit der Größe des BKA und der Art und dem Umfang der dort vorgenommenen Datenverarbeitung nicht relevant sein. Gleichwohl wird diese Regelung argumentativ dafür herangezogen, dass neben der oder dem Beauftragten für den Datenschutz auch eine **Stellvertreterin oder ein Stellvertreter** benannt werden kann.[9]

8 Wichtig sind die Bestimmungen über die **persönliche Qualifikation**. Nach § 5 Abs. 3 BDSG wird die oder der Datenschutzbeauftragte auf der Grundlage ihrer oder seiner beruflichen Qualifikation benannt. Dabei geht es um die Qualifikation im Hinblick auf das Datenschutzrecht und die Datenschutzpraxis, die zum Zeitpunkt der Benennung vorliegen muss.[10] Das Niveau der Fachexpertise richtet sich nach den von dem Verantwortlichen durchgeführten Verarbeitungstätigkeiten und dem Schutzbedarf der verarbeiteten Daten.[11] Daher sind hohe Anforderungen an die Qualifikation dahin gehend zu stellen, dass sie die fachlichen Kenntnisse über die rechtlich als auch technisch komplexen Datenverarbeitungsbefugnisse und Verbund- und Informationssysteme des BKA betreffen sollte. Diese Qualifikation ist besonders für die Wahrnehmung der Kontroll- und Beratungsaufgaben der oder des Datenschutzbeauftragten des BKA von erheblicher Bedeutung. Neben den Fachkenntnissen macht die persönliche Qualifikation zudem die Fähigkeit zur Rechtsumsetzung sowie die Integrität und ein „Berufsethos" im Hinblick auf die Schaffung der Voraussetzungen für die Einhaltung der Vorgaben des geltenden Datenschutzrechts aus.[12] Die Förderung und Durchsetzung der Ziele des Datenschutzes sollte zuvörderst das Ziel der Tätigkeit der oder des Datenschutzbeauftragten sein und nicht andere, dem entgegenstehende Ziele des Verantwortlichen.

9 Die oder der Datenschutzbeauftragte wird unmittelbar **beim BKA beschäftigt**. Die Möglichkeit des § 5 Abs. 4 BDSG, die Aufgaben auf der Grundlage eines Dienstleistungsvertrages zu erfüllen, dürfte angesichts der vertraulichen Informationen, mit denen die oder der Datenschutzbeauftragte umgeht, für das BKA keine große Relevanz besitzen. Dies gilt auf dem Gebiet des Sicherheitsrechts generell.[13] Da die DSRL-JI keine entsprechende Regelung trifft, steht die Entscheidung in der Organisationshoheit der Behörde.[14] Der Geheimnisschutz erfordert es, dass eine Beschäftigte oder ein Beschäftigter des BKA benannt wird. Die Kon-

6 BT-Drs. 18/11163, 130.
7 BT-Drs. 18/11163, 130.
8 ErwG 63 aE.
9 BT-Drs. 18/11163, 130.
10 S. Simitis/Hornung/Spiecker gen. Döhmann/Drewes, Datenschutzrecht DS-GVO, 2019, Art. 37 Rn. 46.
11 Vgl. der seinem Sinn nach hier auch zutreffende ErwG 97 DS-GVO; vgl. Simitis/Hornung/Spiecker gen. Döhmann/Drewes, Datenschutzrecht DS-GVO, 2019, Art. 37 Rn. 46.
12 So die Empfehlungen der Art. 29-Gruppe in der WP 243 „Leitlinie in Bezug auf Datenschutzbeauftragte („DSB")" v. 13.12.2016, die auch bzgl. der Ernennung von Datenschutzbeauftragten nach Art. 32 der Richtlinie (EU) 2016/690 gelten soll, Stand: 5.4.2017, S. 14.
13 Lisken/Denninger/Müller/Schwabenbauer, HdbPolR, G Rn. 1019.
14 Kühling/Buchner/Bergt/Schnebbe DS-GVO/BDSG, 3. Aufl. 2020, BDSG § 5 Rn. 6.

taktdaten der oder des Datenschutzbeauftragten sind zu veröffentlichen (§ 5 Abs. 5 BDSG). Dies kann unter einer Funktionsadresse erfolgen.

II. Abberufung (S. 2 und 3)

1. Voraussetzungen der Abberufung. Für die Abberufung gilt die hohe Hürde einer **außerordentlichen Kündigung** iSd § 626 BGB. Mit dem Verweis greift die Vorschrift den bis dahin in § 4f Abs. 3 S. 3 BDSG aF geregelten Inhalt auf, der sich nun in § 6 Abs. 4 BDSG niederschlägt. Die hohen Anforderungen an eine Abberufung sind in dem Benachteiligungsverbot gem. Art. 38 Abs. 3 DS-GVO und § 6 Abs. 3 BDSG begründet. Dieses soll sicherstellen, dass der oder dem Datenschutzbeauftragten aufgrund ihrer oder seiner Tätigkeit keine beruflichen Nachteile entstehen. Unter Nachteile sind nicht nur die Kündigung oder Abberufung zu fassen, die ausdrücklich benannt werden, sondern auch andere Nachteile, wie Umsetzungen gegen den Willen der Betroffenen oder keine Berücksichtigung bei Beförderungen.[15] 10

Würde die oder der Datenschutzbeauftragte befürchten müssen, **durch die selbstständige Wahrnehmung der Aufgaben beruflich benachteiligt** zu werden, könnte dies sie oder ihn von der pflichtgemäßen Aufgabenerfüllung abhalten.[16] Dieser Schutz vor Benachteiligung ist erforderlich, weil die Ausübung der Tätigkeit der oder des Datenschutzbeauftragten aufgrund von Unabhängigkeit und Weisungsfreiheit nicht zwangsläufig in jedem Fall im Einklang mit den Interessen des Verantwortlichen steht. Meinungsunterschiede können etwa hinsichtlich der Schwere einer Verletzung des Datenschutzes und den daraus zu ziehenden Konsequenzen bestehen. Im Zweifel obliegt es dem Verantwortlichen nachzuweisen, dass eine Benachteiligung nicht wegen der Erfüllung von Aufgaben des Datenschutzes erfolgte.[17] 11

Die Abberufung der oder des Datenschutzbeauftragten erfordert das Vorliegen der Verletzung wesentlicher Hauptpflichten oder schwerwiegender Nebenpflichten durch den oder die Datenschutzbeauftragte/n.[18] Allein die pflichtgemäße Erfüllung der Aufgaben nach § 71 BKAG kann eine Abberufung damit nicht rechtfertigen. Dadurch soll die **unabhängige Stellung** der oder des Datenschutzbeauftragten des BKA gestärkt werden. 12

Fraglich ist, ob die unzureichende Erfüllung der Aufgaben des § 7 BDSG zu einer Abberufung führen kann. Der Wortlaut des § 6 Abs. 3 S. 3 BDSG könnte dem entgegenstehen, da lediglich darauf abgestellt wird, dass die Erfüllung der Aufgaben nicht zu einer Abberufung oder sonstigen Nachteilen führen kann. Er lässt damit offen, ob unter Erfüllung ausschließlich die **pflichtgemäße Erfüllung** zu fassen ist oder auch eine Schlechterfüllung einer Abberufung entgegensteht. 13

Ob eine **Schlechterfüllung** tatsächlich allein auf den Unwillen oder die Unfähigkeit der oder des Datenschutzbeauftragten zurückzuführen ist, kann nur äußerst schwer nachgewiesen werden. Zum einen erfordert die effektive Aufgabenerfüllung nicht nur das Handeln der oder des Datenschutzbeauftragten, sondern auch die Mitwirkung des Verantwortlichen und seiner Beschäftigten sowie ausreichende Ressourcen, Ausstattung und Mittel zur Aufgabenerfüllung. Ist die Schlechterfüllung auf solche Defizite zurückzuführen, darf dies nicht zulasten der oder des Datenschutzbeauftragten gehen.[19] Teil der Unabhängigkeit und Weisungsfreiheit der oder des Datenschutzbeauftragten ist zudem, dass selbst bestimmt werden kann, welche Priorisierungen und Schwerpunkte den Aufgaben zugrunde gelegt werden. Dies wird anhand des mit der Datenverarbeitung zusammenhängenden Risikos bemessen und steht im Ermessen der oder des Datenschutzbeauftragten. Insofern ist die Überprüfbarkeit nur eingeschränkt möglich. 14

Dennoch sollten **Härtefälle**, in denen offenkundig die Aufgabenerfüllung der oder des Datenschutzbeauftragten vorsätzlich unterlassen und verweigert wird, obwohl ausreichende Ressourcen und anderweitige Unterstützung durch den Verantwortlichen gestellt werden, zu einer Abberufung führen können.[20] Solche Verstöße wären als Verletzung der Hauptpflicht zu qualifizieren. Die Nachweispflicht trifft den Verantwortlichen. 15

15 Simitis/Hornung/Spiecker gen. Döhmann/Drewes, Datenschutzrecht, 2019, DS-GVO Art. 38 Rn. 37; weitere Beispiele unter Art. 29-Datenschutzgruppe, „Leitlinien in Bezug auf Datenschutzbeauftragte („DSB")", WP 243 rev.01, Stand: 5.4.2017, S. 18.

16 Simitis/Hornung/Spiecker gen. Döhmann/Drewes, Datenschutzrecht, 2019, DS-GVO Art. 38 Rn. 35.

17 Schwartmann/Jaspers/Thüsing/Kugelmann/Jaspers/Reif DS-GVO/BDSG, 2. Aufl. 2020, DS-GVO Art. 38 Rn. 18.

18 Scheja führt als Beispiel die Verletzung der Kernaufgaben der Datenschutzbeauftragten oder etwa einen Geheimnisverrat oder Verstoß gegen die Verschwiegenheitspflichten an, vgl. Taeger/Gabel/Scheja DS-GVO/BDSG/TTDSG, 4. Aufl. 2022, BDSG § 6 Rn. 9; für weitere Beispiele für schwerwiegendes Fehlverhalten, Art. 29-Gruppe in der WP 243 „Leitlinie in Bezug auf Datenschutzbeauftragte („DSB")" v. 13.12.2016, die auch bzgl. der Ernennung von Datenschutzbeauftragten nach Art. 32 der Richtlinie (EU) 2016/690 gelten soll, Stand: 5.4.2017, S. 18.

19 Diese Bedenken teilt Kugelmann/Edinger, LDSG Rheinland-Pfalz, 2020, § 38 Rn. 19.

20 Simitis/Hornung/Spiecker gen. Döhmann/Drewes, Datenschutzrecht, 2019, DS-GVO Art. 38 Rn. 37; Kugelmann/Edinger, LDSG Rheinland-Pfalz, 2020, § 38 Rn. 19 aE, der gleichwohl empfiehlt, zunächst die Gründe zu eruieren, bevor ein Abberufungsverfahren anberaumt wird.

16 **2. Folge der Abberufung.** Nach der **Rechtsprechung des Europäischen Gerichtshofs** besteht das Ziel des grundsätzlichen Abberufungs- und Benachteiligungsverbotes darin, die oder den Datenschutzbeauftragten vor jeglicher Entscheidung, die mit der Beendigung ihres oder seines Amts oder einer Benachteiligung bzw. Sanktion zusammenhängt, zu schützen.[21] Das Benachteiligungsverbot hat keinen Eingang in die DSRL-JI gefunden. Angesichts der Relevanz für die unabhängige Stellung der oder des Beauftragten für den Datenschutz ist die an Art. 38 Abs. 3 DS-GVO angelehnte Regelung des § 6 Abs. 3 BDSG jedoch sinnvoll und stärkt den Datenschutz und die Ziele der DSRL-JI.

17 Die Abberufung der oder des Datenschutzbeauftragten betrifft grundsätzlich lediglich eben diese Position. Die sonstige statusrechtliche Stellung und die behördliche Verwendung der Beamtin oder des Beamten bleiben unberührt. Die Abberufung hat also **nicht notwendig beamtenrechtliche Konsequenzen.** Die Einleitung eines Disziplinarverfahrens ist eigenständig zu prüfen und hängt von der die Abberufung bedingenden Pflichtverletzung ab. Wenn es um ein schweres Fehlverhalten geht, dessen Gewicht eine außerordentliche Kündigung rechtfertigen würde, liegt es aber nahe, dass auch weitere Schritte eingeleitet werden. Für Tarifbeschäftigte gelten diese Grundsätze parallel.

18 **3. Verfahren.** Die beamtenrechtlichen Regeln werden durch § 70 S. 2 BKAG überlagert. Spiegelbildlich zur Benennung erfolgt **auch die Abberufung im Einvernehmen mit dem BMI.**

§ 71 Aufgaben der oder des Datenschutzbeauftragten des Bundeskriminalamtes

(1) [1]Unbeschadet seiner in § 7 des Bundesdatenschutzgesetzes genannten Aufgaben arbeitet die oder der Datenschutzbeauftragte des Bundeskriminalamtes mit den Datenschutzbeauftragten der Landeskriminalämter, der Bundespolizei und des Zollkriminalamts zusammen. [2]Diese Zusammenarbeit umfasst insbesondere den Informations- und Erfahrungsaustausch über Fragen zur Datenverarbeitung grundsätzlicher Art.

(2) Die Tätigkeit der oder des Datenschutzbeauftragten des Bundeskriminalamtes erstreckt sich auch auf personenbezogene Daten, die einem Berufs- oder besonderen Amtsgeheimnis, insbesondere dem Steuergeheimnis nach § 30 der Abgabenordnung, unterliegen.

A. Überblick und Genese

I. Systematik

1 Die **allgemeinen Aufgaben** der oder des behördlichen Datenschutzbeauftragten folgen aus Art. 39 DS-GVO und dem inhaltlich parallel geregelten § 7 BDSG. Ergänzende Regelungen in § 7 BDSG betreffen Modalitäten der Aufgabenerfüllung, wie etwa die risikobasierte Ausrichtung der Tätigkeit, und lediglich in geringem Umfang den Katalog der Aufgaben.[1] Dabei setzt § 7 BDSG bei der Aufzählung der Aufgaben nahezu wortlautgleich die Vorgaben des Art. 34 DSRL-JI um, die in ihrem Anwendungsbereich für die Datenschutzbeauftragten von Sicherheitsbehörden gelten. Dadurch werden unabhängig des Rechtsregimes in Bezug auf die zu erfüllenden Aufgaben einheitliche Rahmenbedingungen für alle Datenschutzbeauftragten öffentlicher Stellen des Bundes oder von Bundesbehörden geschaffen. Die Frage, ob im Einzelfall eine Aufgabe im Anwendungsbereich der DS-GVO oder im Anwendungsbereich der DSRL-JI angesiedelt ist, muss insoweit nicht beantwortet werden. Dies erleichtert die konkrete Tätigkeit der oder des Datenschutzbeauftragten.

2 § 71 Abs. 1 S. 1 BKAG ergänzt den Aufgabenkatalog um die **Zusammenarbeit** der oder des Datenschutzbeauftragten des BKA mit den Datenschutzbeauftragten der Landeskriminalämter, der Bundespolizei und des Zollkriminalamtes. Es handelt sich dabei nicht um eine ergänzende Aufgabe, sondern vielmehr um eine Nebenpflicht, die bei der Aufgabenerfüllung zu beachten und der Funktion des BKA geschuldet ist (→ Rn. 10 ff.). Im Dienste der effektiven Aufgabenerfüllung ist eine Kooperation verpflichtend.

21 EuGH Urt. v. 22.6.2022 – C-534/20 –, NZA 2022, 1111 (1111, Rn. 21).
1 Gola/Heckmann/Gola, BDSG, 14. Aufl. 2022, § 7 Rn. 1; von Lewinski/Rüpke/Eckhardt, Datenschutzrecht, 2. Aufl. 2022, § 21 Rn. 22.

II. Allgemeine Aufgaben der oder des Datenschutzbeauftragten des BKA

Der oder die Datenschutzbeauftragte ist **Ansprechperson nach innen und außen** in Angelegenheiten des Datenschutzes. Durch die europäische Datenschutzreform hat sich dabei die Funktion von der operativen Tätigkeit nach dem BDSG aF hin zu einer umfassenden Überwachungs- und Beratungsrolle gem. § 7 BDSG gewandelt.[2] Der oder die Datenschutzbeauftragte ist nach der Rechtsprechung des Europäischen Gerichtshofs gerade deshalb unabhängig, um ein hohes Datenschutzniveau zu gewährleisten und die Einhaltung der Vorschriften zu überwachen.[3] 3

Sie oder er nimmt die **Unterrichtung und Beratung** der Behördenleitung und Beschäftigten hinsichtlich der datenschutzrechtlichen Regelungen und Pflichten wahr, die nach dem BDSG und insbesondere nach dem bereichsspezifischen Fachrecht zu beachten sind (§ 7 Abs. 1 Nr. 1 BDSG). Die Beratung erfolgt dabei idR anlassbezogen und knüpft an einen konkreten Bedarf an.[4] Um diese Aufgabe vollumfänglich erfüllen zu können, ist die frühzeitige Einbindung in Datenverarbeitungsprozesse sicherzustellen (s. § 6 Abs. 1 BDSG) sowie die Einbindung in Projekte und Programme zur Fortentwicklung der Datenverarbeitungsprozesse und Datenverarbeitungssysteme beim BKA, wie zB das Programm „Polizei 2020" (→ § 2 Rn. 36).[5] 4

Die Beratung betrifft insbesondere die **datenschutzkonforme und datenschutzfreundliche Ausgestaltung von Informationssystemen und Dateien** (vgl. §§ 69, 71 BDSG). Adressaten der Beratung sind dabei nicht ausschließlich Leitungs- und strategische Ebene, sondern auch die Beschäftigten des BKA, die mit der Verarbeitung von personenbezogenen Daten befasst sind. Das dürfte entsprechend der Aufgaben des BKA nahezu das gesamte Amt betreffen. Die oder der Datenschutzbeauftragte sollte dabei eine spezifische, auf die konkreten Aufgaben und den konkreten Arbeitsplatz bezogene Begleitung in der Datenschutzpraxis durchführen.[6] 5

Die Beratungspflicht wird durch § 7 Abs. 1 Nr. 4 BDSG zudem in Bezug auf die Durchführung der **Datenschutz-Folgenabschätzung** konkretisiert. Dabei wird klargestellt, dass dieses Instrument anders als das Vorgängerinstrument der Vorabkontrolle nicht von der oder dem Datenschutzbeauftragten durchgeführt wird, sondern diese oder dieser lediglich zu Rate zu ziehen ist.[7] 6

Daneben obliegt der oder dem Datenschutzbeauftragten die **Überwachung – also Kontrolle – der Einhaltung der datenschutzrechtlichen Vorgaben** im Einzelfall und die Überwachung, dass Strategien zum Schutz personenbezogener Daten durch das BKA getroffen werden, die auch die Zuweisung von Zuständigkeiten und die Schulung der Beschäftigten betreffen (§ 7 Abs. 1 Nr. 2 BDSG). Regelmäßig werden solche Strategien in Form von intern wirkenden Dienstanweisungen, Organisationsverfügungen und Verfahrensregelungen gefasst.[8] Die Zuweisung von Zuständigkeiten betrifft insbesondere die Erstellung von Rollen- und Berechtigungskonzepten, die auf die Aufgabenwahrnehmung der Beschäftigten zugeschnittene Regelungen des Zugriffs auf personenbezogenen Daten in Informationssystemen und Dateien vorsehen. Die Kontrolle kann dabei sowohl allgemein als auch konkret in Form von Protokolldatenauswertungen erfolgen.[9] 7

Nach außen ist die oder der Datenschutzbeauftragte **die Anlaufstelle der oder des BfDI** für alle mit der Verarbeitung beim BKA zusammenhängenden Fragen des Datenschutzes. Auch die Konsultation gem. § 69 BDSG und die Zusammenarbeit mit der Aufsichtsbehörde zählen zu ihrem oder seinen Aufgabenkreis (§ 7 Abs. 1 Nr. 4 und Nr. 5 BDSG). In dem Sinne fungiert die oder der Datenschutzbeauftragte als Schnittstelle zwischen BfDI und BKA. Diese Funktion endet aber dann, wenn Befugnisse der oder des BfDI gem. § 69 BKAG oder § 16 BDSG ausgeübt werden, denn diesbezüglich ist das BKA als Verantwortlicher Adressat. Die Pflicht zur Kooperation wurde durch § 72 Abs. 2 BKAG ausgestaltet (→ § 72 Rn. 6 ff.). 8

Eine weitere und für die Gewährleistung des Datenschutzes bedeutsame Funktion nach außen, die nicht aus § 7 BDSG oder dieser Vorschrift hervorgeht, sondern in § 6 Abs. 5 BDSG geregelt ist, ist die Funktion der oder des Datenschutzbeauftragten als **Anlaufstelle für Beschwerden**, Anfragen und die Wahrnehmung von Betroffenenrechten von den **betroffenen Personen**. Diese ist nicht in der DSRL-JI explizit geregelt.[10] Die Pflicht zur Veröffentlichung der Kontaktdaten der oder des Datenschutzbeauftragten durch den Verant- 9

2 Wybitul/Ettig/Bausewein, Handbuch EU-Datenschutz-Grundverordnung, 2017, Art. 39 Rn. 29 f.; nach dem BDSG aF war die oder der Datenschutzbeauftragte für Teile des operativen Datenschutzmanagements verantwortlich, zB für die Vorabkontrolle (§ 4d Abs. 6 BDSG aF) und die Bearbeitung meldepflichtiger Vorgänge (§ 4g Abs. 2 BDSG aF).

3 EuGH Urt. v. 22.6.2022 – C-534/20 –, NZA 2022, 1111 (1112, Rn. 26).

4 Simitis/Hornung/Spiecker gen. Döhmann/Drewes, Datenschutzrecht, 2019, DS-GVO Art. 39 Rn. 11.

5 Für einen Überblick s. auch Lisken/Denninger/Arzt, HdbPolR, G Rn. 1130 ff.

6 Ehmann/Selmayr/Heberlein DS-GVO, 2. Aufl. 2018, Art. 39 Rn. 9.

7 Ehmann/Selmayr/Heberlein DS-GVO, 2. Aufl. 2018, Art. 39 Rn. 13.

8 Simitis/Hornung/Spiecker gen. Döhmann/Drewes, Datenschutzrecht, 2019, DS-GVO Art. 39 Rn. 23.

9 S. dazu spiegelbildlich die Prüfungspflicht des oder des BfDI in Bezug auf die Zugriffsberechtigungen nach § 15 Abs. 1 (§ 69 Abs. 1 S. 2) BKAG.

10 Kühling/Buchner/Bergt/Schnebbe DS-GVO/BDSG, 3. Aufl. 2020, BDSG § 6 Rn. 16.

wortlichen spricht jedoch dafür, dass diese oder dieser nach Außen und damit auch für die betroffenen Personen ansprechbar sein soll. Dies entspricht dem vorherigen Recht.[11] Die in § 6 Abs. 5 S. 2 BDSG geregelte Verschwiegenheitspflicht stellt sicher, dass die betroffenen Personen sich an die oder den Datenschutzbeauftragte/n in ihrer oder seiner Unabhängigkeit vertrauensvoll wenden können.

B. Kommentierung im Einzelnen

I. Horizontale Kooperation bei der Aufgabenerfüllung (Abs. 1)

10 Der § 71 Abs. 1 S. 1 BKAG betrifft die **Kooperation mit den Datenschutzbeauftragten anderer Sicherheitsbehörden** auf Bundesebene und auf Landesebene. Ein kohärenter Datenschutz erfordert die Zusammenarbeit der Datenschutzbeauftragten, die **spiegelbildlich zur Zentralstellenfunktion** und der damit verbundenen Datenverarbeitungstätigkeiten angezeigt ist. Darunter zu fassen ist insbesondere die gemeinsame Datenverarbeitung der Polizeien des Bundes und der Länder im polizeilichen Informationsverbund (§§ 29 f. BKAG). Diese erfordert eine Datenverarbeitung der Polizeibehörden des Bundes und der Länder in geteilter und gemeinsamer Verantwortlichkeit (→ § 31 Rn. 7 ff.) und in der Folge den Austausch über Datenschutzfragen, Verantwortlichkeiten und Verfahrensweisen.[12]

11 Die **horizontale Kooperation** kann infolge einer einzelnen Problemstellung oder eines einzelnen Verstoßes notwendig sein, aber auch infolge interner Datenschutzkontrollen. Sie kann daneben übergreifende Fragen bis hin zur Architektur von informationstechnischen Systemen betreffen. Das Kooperationsgebot trägt zur Effektivierung des Datenschutzes der betreffenden Behörden bei und steht deswegen im Einklang mit den Zielen der DSRL-JI, den Datenschutz im Bereich der polizeilichen und justiziellen Zusammenarbeit zu harmonisieren und dadurch zu stärken.[13] Eine vertikale Kooperation mit der oder dem BfDI, die § 72 BKAG regelt, bleibt unbenommen.

12 **Gegenstand der Zusammenarbeit** soll gem. Abs. 1 S. 2 insbesondere der Informations- und Erfahrungsaustausch über Fragen zur Datenverarbeitung grundsätzlicher Art sein, um eine kohärente Handhabung von Datenverarbeitungen durch die deutschen Sicherheitsbehörden zu erreichen. Zu diesem Zwecke können gemeinsame Leitlinien entwickelt werden.[14]

II. Tätigkeiten bei besonderen Datengeheimnissen (Abs. 2)

13 Die Verarbeitung des BKA betrifft auch Informationen und personenbezogene Daten, die besonders geheimhaltungsbedürftig sind. Eine effektive flächendeckende Aufgabenerfüllung der oder des Datenschutzbeauftragten ist nur möglich, wenn seine Tätigkeiten sich auch auf Daten erstrecken, die einem **Berufs- oder besonderen Amtsgeheimnis** unterliegen. Deswegen wurde die Regelung des § 4f Abs. 2 S. 3 Hs. 2 BDSG aF fortgeführt.[15] § 71 Abs. 2 BKAG nennt insbesondere das Steuergeheimnis des § 30 AO. Korrespondierend dazu steht die Verschwiegenheitspflicht nach § 6 Abs. 5 S. 2 BDSG, die sicherstellt, dass diese geheimhaltungsbedürftigen Daten auch im Rahmen der internen Datenschutzkontrolle entsprechend ihrer Schutzbedürftigkeit verarbeitet werden.[16]

14 Die oder der Datenschutzbeauftragte ist an der **Wahrnehmung umfassender Kontrollaufgaben** nicht gehindert, wenn die zu prüfenden Datenverarbeitungsvorgänge einem besonderen Geheimnisschutz unterliegen. Eine Beschränkung von Befugnissen der Datenschutzaufsichtsbehörden, wie sie § 29 Abs. 3 BDSG vorsieht, der Untersuchungsbefugnissen entgegensteht, wenn gegen die Geheimhaltungspflichten von Geheimnisträgern iSd § 203 StGB verstoßen würde, schließt § 71 Abs. 2 BKAG für die oder den Datenschutzbeauftragten des BKA aus.

11 Paal/Pauly/Körffer DS-GVO/BDSG, 3. Aufl. 2021, BDSG § 6 Rn. 4.
12 Vgl. BT-Drs. 18/11163, 130.
13 ErwG 1 und 4 DSRL-JI.
14 Vgl. BT-Drs. 18/11163, 130.
15 Vgl. BT-Drs. 18/11163, 130.
16 So auch Schenke/Graulich/Ruthig/Ruthig BKAG § 71 Rn. 5.

§ 72 Stellung der oder des Datenschutzbeauftragten des Bundeskriminalamtes und Zusammenarbeit mit der oder dem Bundesbeauftragten für den Datenschutz und die Informationsfreiheit

(1) Die oder der Datenschutzbeauftragte des Bundeskriminalamtes ist der Leitung des Bundeskriminalamtes unmittelbar zu unterstellen.

(2) Zur Erfüllung ihrer oder seiner Aufgabe kann sich die oder der Datenschutzbeauftragte des Bundeskriminalamtes in Zweifelsfällen an die Bundesbeauftragte oder den Bundesbeauftragten für den Datenschutz und die Informationsfreiheit wenden, nachdem sie oder er das Benehmen mit der Leitung des Bundeskriminalamtes hergestellt hat; bei Unstimmigkeiten zwischen der oder dem Datenschutzbeauftragten des Bundeskriminalamtes und der Leitung des Bundeskriminalamtes entscheidet das Bundesministerium des Innern, für Bau und Heimat.

I. Stellung (Abs. 1)

1 Der § 72 BKAG ist ***lex specialis* für die organisatorische Stellung** der oder des Datenschutzbeauftragten. Dies betrifft das Verhältnis zum BKA als Verantwortlichem, zur oder zum BfDI als zuständiger Aufsichtsbehörde und letztlich auch mittelbar zum Bundesministerium des Innern als zuständiger Fach- und Rechtsaufsicht des BKA. Im Übrigen gilt für die Stellung § 6 BDSG, der Regelungen zur frühzeitigen Einbindung der oder des Datenschutzbeauftragten, zur ausreichenden Ausstattung, zur Weisungsfreiheit, zur Abberufung, zur Anlaufstelle für betroffene Personen und über etwaige bestehende Zeugnisverweigerungsrechte der oder des Datenschutzbeauftragten trifft. Im Gegensatz zu § 71 BKAG, der auf § 7 BDSG Bezug nimmt, erwähnt § 72 BKAG die allgemeine Bestimmung des § 6 BDSG nicht. Aufgrund des Art. 33 DSRL-JI ist aber eine inhaltliche Regelung der Stellung zu treffen, die mit § 6 BDSG vorliegt und durch § 72 BKAG ergänzt wird.[1]

2 Die **Unmittelbarkeit der Unterstellung** gem. § 72 Abs. 1 BKAG sichert der oder dem Datenschutzbeauftragten den **direkten Zugang zur Leitung des BKA**. Diese organisatorische Festlegung spiegelt die Stellung der oder des Datenschutzbeauftragten wider, die außerhalb der allgemeinen Hierarchie steht und gewährleistet, dass sie oder er das Berichtsrecht gem. § 6 Abs. 3 S. 2 BDSG außerhalb eines etwaigen sonstigen Dienstweges unmittelbar ausüben kann.[2] Der Begriff der Unterstellung ist organisationsrechtlich zu verstehen, beeinträchtigt nicht die inhaltliche Rolle der oder des Datenschutzbeauftragten und drückt ebenso wenig eine Art Subordinationsverhältnis aus.

3 Die **Pflichten der Leitung des BKA** gegenüber der oder dem Datenschutzbeauftragten folgen aus § 6 BDSG. Sie umfassen das ordnungsgemäße und **frühzeitige Einbinden** in Fragen, die im Zusammenhang mit dem Schutz personenbezogener Daten stehen (§ 6 Abs. 1 BDSG). Datenschutz muss von Anfang an mitgedacht werden, wenn etwa Dateisysteme gestaltet werden und damit Gelegenheit besteht, Datenschutz durch Technikgestaltung und datenschutzfreundliche Voreinstellungen rechtzeitig zu etablieren.[3] Bei der Aufgabenerfüllung ist durch die Leitung **Unterstützung** zu gewähren (§ 6 Abs. 2 BDSG). Unterstützung meint dabei die strukturelle Sicherstellung der Aufgabenerfüllung. Die Leitung des BKA hat die erforderlichen Ressourcen zur Verfügung zu stellen und den Zugang zu personenbezogenen Daten und Verarbeitungsvorgängen zu ermöglichen (§ 6 Abs. 2 aE BDSG).[4] Diese Regelung setzt den Art. 33 DSRL-JI um.

4 Art. 33 DSRL-JI fordert **Unabhängigkeit** und Weisungsfreiheit im Gegensatz zu Art. 38 Abs. 3 DS-GVO nicht ausdrücklich.[5] Der ErwG 63 aE erläutert jedoch, dass die Verantwortlichen sicherstellen müssen, dass die Datenschutzbeauftragten in unabhängiger Weise ihren Auftrag und ihre Aufgaben ausüben können. In der Folge ist dies auch organisatorisch durch das BKA als Verantwortlichen sicherzustellen.

5 Die **Weisungsfreiheit** der oder des Datenschutzbeauftragten des BKA stellt bei der Erfüllung ihrer oder seiner Aufgaben § 6 Abs. 3 S. 1 BDSG sicher. Damit wird eine für alle öffentlichen Stellen des Bundes geltende einheitliche Regelung getroffen. Die unmittelbare Unterstellung unter die Leitung nach § 72 Abs. 1 BKAG

1 Schenke/Graulich/Ruthig/Ruthig BKAG § 72 Rn. 1.
2 Gola/Heckmann/Gola, BDSG, 14. Aufl. 2022, § 6 Rn. 15.
3 Ehmann/Selmayr/Heberlein DS-GVO, 2. Aufl. 2018, Art. 38 Rn. 8.
4 Näher Kühling/Buchner/Bergt DS-GVO/BDSG, 3. Aufl. 2020, DS-GVO Art. 38 Rn. 21.
5 Vgl. Paal/Pauly/Körffer DS-GVO/BDSG, 3. Aufl. 2021, BDSG § 6 Rn. 2.

entspricht der Regelung des § 6 Abs. 3 S. 2 BDSG, die den Bericht an die höchste Leitungsebene fordert, geht aber mit der verwaltungsorganisatorischen Festlegung darüber hinaus.[6] Eine Abberufung der oder des Datenschutzbeauftragten wegen ihrer oder seiner Aufgabenerfüllung ist nicht gestattet (§ 6 Abs. 3 S. 3 BDSG; näher → § 70 Rn. 10 ff.). Weisungsfreiheit verhindert nicht, dass die oder Datenschutzbeauftragte der Dienstaufsicht unterliegt.[7]

II. Kooperation mit dem BfDI (Abs. 2)

6 **1. Fachlicher Direktkontakt.** In **Zweifelsfällen** kann sich der oder die Datenschutzbeauftragte an den oder die BfDI wenden. Zweifel können insbesondere bezüglich einer bestimmten Auslegung einer Vorschrift bestehen, an der Zuordnung eines Falles zu einer Fallgruppe oder zu Rechtsfragen betreffend die Wahrnehmung von Betroffenenrechten, auf die die oder der Datenschutzbeauftragte im Rahmen eines entsprechenden Verfahrens gestoßen ist.

7 Die oder der Datenschutzbeauftragte kann sich formell oder informell an die oder den BfDI wenden. Damit wird ein **Direktkontakt zum Zweck fachlicher Kooperation** ermöglicht. Aufgrund der Aufgabe, als Anlaufstelle für die oder den BfDI zu fungieren, ist ein kontinuierlicher Gesprächskanal grundsätzlich empfehlenswert.

8 Die oder der Datenschutzbeauftragte des BKA ist allerdings kein verlängerter Arm der Datenschutzaufsichtsbehörde.[8] Die **Loyalität zum BKA** auf der Grundlage der beamtenrechtlichen Treuepflicht trägt. Erlangt sie oder er Kenntnis von Verletzungen des Datenschutzrechts, wird sie oder er zunächst intern auf Abhilfe dringen. Die Meldung von Verletzungen des Schutzes personenbezogener Daten an die oder den BfDI ist nach § 65 Abs. 1 BDSG Sache des Verantwortlichen. Im Fall schwerwiegender Verletzungen, die bewusst nicht abgestellt werden, könnte ein unmittelbarer Hinweis durch die oder den Datenschutzbeauftragte/n in Betracht kommen.[9] Jedoch dürfte eine Remonstration gegenüber der Leitung des BKA vorrangig sein. Zu beachten bleibt, dass die oder der Datenschutzbeauftragte mit der Sicherung der Unabhängigkeit zu der Wahrung eines hohen Datenschutzniveaus einen Beitrag leisten soll.[10]

9 **2. Benehmen mit der Amtsleitung.** Voraussetzung für die Kontaktaufnahme mit der oder dem BfDI ist nach § 72 Abs. 2 BKAG, dass zuvor das Benehmen mit der Leitung des BKA hergestellt wird. Unter **Benehmen** ist die Information mit Gelegenheit zur Stellungnahme mit dem Ziel der Verständigung zu verstehen. Benehmen ist kein Einvernehmen. Beim Einvernehmen ist eine Einigung herbeizuführen, während im Fall des Benehmens das Einverständnis keine zwingende Voraussetzung ist (→ § 29 Rn. 17). Die oder der Datenschutzbeauftragte kann also auch dann den Kontakt mit der oder dem BfDI aufnehmen, wenn die Leitung des BKA nicht einverstanden ist.

10 Die **Zulässigkeit einer solchen Voraussetzung** kann angesichts der Rolle und der Aufgaben der oder des behördlichen Datenschutzbeauftragten in Zweifel gezogen werden. Eine Information der Behördenleitung, dass ein Kontakt mit der oder dem BfDI beabsichtigt ist, kann zur Einflussnahme auf den oder die Datenschutzbeauftragte/n führen. Andererseits könnte sie bewirken, dass den Belangen der oder des Datenschutzbeauftragten Nachdruck verliehen wird und die Leitung des BKA den Bedenken der oder des Datenschutzbeauftragten bereits nach der Information, die oder den BfDI zu konsultieren, stärker Beachtung schenkt. Angesichts der starken fachlichen Verzahnung des Datenschutzrechtes mit den Aufgaben und Befugnissen des BKA ist die mit dem Benehmen eingehende in Kenntnis-Setzung der Behördenleitung hinnehmbar.[11]

11 **3. Zustimmungsvorbehalt des BMI zur Einschaltung der Datenschutzaufsicht.** Im Fall von Unstimmigkeiten zwischen der oder dem Datenschutzbeauftragten und der Leitung des BKA soll **das BMI entscheiden,** ob die oder der Datenschutzbeauftragte die oder den BfDI kontaktiert. Diese Regelung ist ein Relikt aus § 4g Abs. 3 S. 2 BDSG aF und begegnete dort bereits herber Kritik.[12] Das BMI als Rechtsaufsicht des BKA[13] soll das letzte Wort haben. Eine solche Entscheidung soll den oder die Datenschutzbeauftragte/n binden.

12 **Unstimmigkeiten** können unterschiedliche Auffassungen zu fachlichen Fragen oder auch ein Dissens über die Interpretation von Sachverhalten sein. Bloße persönliche Animositäten reichen zur Verhinderung des

6 Schenke/Graulich/Ruthig/Ruthig BKAG § 72 Rn. 3.
7 Gola/Heckmann/Gola, BDSG, 14. Aufl. 2022, § 6 Rn. 13.
8 So Kugelmann/Edinger, LDSG Rheinland-Pfalz, 2020, § 39 Rn. 14.
9 S. Schwartmann/Jaspers/Thüsing/Kugelmann/Jaspers/Reif DS-GVO/BDSG, 2. Aufl. 2020, DS-GVO Art. 39 Rn. 20 mit Blick auf private Verantwortliche.
10 EuGH Urt. v. 22.6.2022 – C-534/20 –, NZA 2022, 1111 (1112, Rn. 26).
11 Schenke/Graulich/Ruthig/Ruthig BKAG § 72 Rn. 4.
12 Simitis/Simitis, BDSG, 7. Aufl. 2011, § 4g BDSG (aF) Rn. 26 f.
13 Ebeling/Tellenbröker DVBl. 2012, 1545.

Kontaktes nicht aus. Es geht um sachlich begründbare Argumente, die der oder dem Datenschutzbeauftragten entgegengehalten werden.

Da die Zusammenarbeit mit der Datenschutzaufsichtsbehörde zum Aufgabenkatalog (Art. 34 Abs. 1 lit. d und e DSRL-JI sowie § 7 Abs. 1 Nrn. 4 und 5 BDSG) zählt und die oder der Datenschutzbeauftragte bei der Erfüllung dieser Aufgaben unabhängig sein soll,[14] steht diese Regelung den Vorgaben der DSRL-JI entgegen. Die Regelung des **§ 72 Abs. 2 3. Hs. BKAG ist unionsrechtswidrig.**[15] Der Datenschutzbeauftragte muss weisungsfrei über seine Aufgabenerfüllung entscheiden können, um seine zuvörderst dem Datenschutz dienende Funktion im BKA wahrnehmen zu können. Die Entscheidung des BMI hätte dagegen Weisungscharakter und steht der Rolle der oder des Datenschutzbeauftragten nach der europäischen Datenschutzreform entgegen. Eine bindende Vorgabe des BMI wäre mit Stellung und Aufgaben der oder des Datenschutzbeauftragten, wie sie das Unionsrecht fordert und § 6 BDSG festlegt, nicht zu vereinbaren. Der Kontakt mit der unabhängigen Datenschutzaufsichtsbehörde muss der oder dem Datenschutzbeauftragten offenstehen. Ein Verstoß gegen § 72 Abs. 2 BKAG kann daher nicht zu Sanktionen oder gar der Abberufung der oder des Datenschutzbeauftragten führen. 13

Unterabschnitt 3
Datenschutzrechtliche Verantwortung für die Tätigkeit der an deutsche Auslandsvertretungen abgeordneten Verbindungsbeamtinnen und Verbindungsbeamten des Bundeskriminalamtes

§ 73 Datenschutzrechtliche Verantwortung der Verbindungsbeamtinnen und Verbindungsbeamten des Bundeskriminalamtes

Die datenschutzrechtliche Verantwortung für die Tätigkeit der an deutsche Auslandsvertretungen abgeordneten Verbindungsbeamtinnen und Verbindungsbeamten des Bundeskriminalamtes verbleibt beim Bundeskriminalamt.

I. Verbindungsbeamte

1. Institution der Verbindungsbeamtinnen und Verbindungsbeamten des BKA. Die **Bindung an das Datenschutzrecht**, das für die Tätigkeiten des BKA insgesamt maßgeblich ist, erstreckt sich auf die Verbindungsbeamtinnen und Verbindungsbeamten, die an deutsche Auslandsvertretungen abgeordnet sind. Ihre Aufgaben sind nicht explizit geregelt,[1] sondern lehnen sich an die Aufgaben des BKA insbesondere nach § 3 BKAG (Internationale Zusammenarbeit) und den spezifischen Zweck ihres Einsatzes an. Die Verbindungsbeamtinnen und Verbindungsbeamten haben einen sowohl präventiven wie repressiven Auftrag. Sie sollen die sicherheitspolitischen Entwicklungen und die Kriminalitätslage im Empfangsstaat bzw. der Region, in die sie abgeordnet wurden, aus strategischer und taktischer Perspektive dahin gehend beobachten, welche möglichen Auswirkungen auf die deutschen Interessen und Verhältnisse bestehen. Neben dieser allgemeinen Aufgabe obliegen ihnen zudem fallbezogene Tätigkeiten, wie die Unterstützung deutscher Rechtshilfeersuchen vor Ort und die Unterstützung von Auslandsvertretungen bzgl. der Aufklärung von Straftaten zum Nachteil deutscher Staatsangehöriger im betreffenden Staat.[2] 1

14 Siehe ErwG 63 aE DSRL-JI.

15 So auch Schenke/Graulich/Ruthig/Ruthig BKAG § 72 Rn. 4.

1 Im Gegensatz zu den Aufgaben und Befugnissen der Verbindungsbeamten nach dem Schengener Durchführungsabkommen, die in Art. 47 SDÜ geregelt sind, sieht das BKAG keine entsprechende Regelung vor. Zu Geschichte und Philosophie des BKA-Verbindungsbeamtenwesens Dufner in FS-Herold, 1998, S. 259 (259 f.).

2 Zu den Aufgaben vgl. BT-Drs. 17/5354, 16. In der Beantwortung der Kleinen Anfrage wird von der Bundesregierung auf das BKAG, die „Dienstanweisung zur Entsendung von Verbindungsbeamten des BKA ins Ausland" und die „Ressortvereinbarung zwischen dem AA und dem BMI" als Rechtsgrundlagen für die Aufgabenzuweisung der Verbindungsbeamten bei deutschen Auslandsvertretungen abgestellt.

2 Die Übermittlung personenbezogener Daten durch deutsche Verbindungsbeamtinnen und Verbindungsbeamte an Verbindungsbeamtinnen und Verbindungsbeamte anderer Staaten stellt eine **Datenübermittlung ins Ausland** dar.[3] Dies gilt unabhängig davon, ob sich diese im Ausland oder in Deutschland befinden. Von den im Einsatz befindlichen Verbindungsbeamtinnen und Verbindungsbeamten sind deswegen insbesondere im Rahmen des Informationsaustauschs mit dem Empfangsstaat die Regelungen zur Datenübermittlung ins EU-Ausland bzw. in Drittstaaten zu beachten. Bei einem Einsatzort innerhalb der EU ist insoweit § 26 BKAG als Rechtsgrundlage für die Übermittlung personenbezogener Daten maßgeblich. Bei Einsatzorten außerhalb der EU gilt § 27 BKAG, der die Datenübermittlung des BKA im internationalen Bereich regelt[4] (→ § 27 Rn. 27). Der Datenaustausch muss zudem in Einklang mit den Anforderungen und Garantien nach Kapitel 5 des Bundesdatenschutzgesetzes stehen (§§ 78 ff. BDSG).

3 **2. Verbindungsbeamtinnen und Verbindungsbeamte nach der Europol-Verordnung und dem Schengener Durchführungsabkommen.** Die Vorschrift betrifft dem Wortlaut nach ausschließlich die Verbindungsbeamtinnen und Verbindungsbeamte des BKA, die an **deutsche Auslandsvertretungen** abgeordnet sind.[5] Die Verbindungsbeamtinnen und Verbindungsbeamten, die nach dem Schengener Durchführungsabkommen (Art. 47 SDÜ) oder nach Art. 8 der Europol-Verordnung eingesetzt werden, unterliegen datenschutzrechtlich den diesbezüglich geltenden Rechtsakten und gegebenenfalls bestehenden bilateralen Vereinbarungen (vgl. Art. 47 Abs. 4 SDÜ bzw. Art. 8 Europol-Verordnung).

II. Verantwortlichkeit

4 **1. Wahrnehmung der Verantwortung durch das BKA.** Die datenschutzrechtliche Verantwortlichkeit liegt **beim BKA**, weil es die Zwecke und Mittel der Datenverarbeitungen auch der Verbindungsbeamtinnen und Verbindungsbeamten bestimmt. Die Maßstäbe gibt § 46 Nr. 7 BDSG vor, der den Begriff des Verantwortlichen definiert. Insoweit ist die Vorschrift des § 73 BKAG klarstellender Natur.[6]

5 Den Verantwortlichen treffen die **Pflichten aus dem BDSG, das die datenschutzrechtlichen Pflichten des Verantwortlichen aus der DSRL-JI** umgesetzt hat. Dazu zählen die Gewährleistung von Betroffenenrechten (§§ 55 ff. BDSG), die Einhaltung der allgemeinen Grundsätze der Verarbeitung, insbesondere die Rechtmäßigkeit und Transparenz der Datenverarbeitung (§ 47 BDSG), die Sicherstellung der angemessenen Anforderungen an die Sicherheit der Verarbeitung (§ 64 BDSG), die Meldung von Datenschutzverletzungen (§ 65 BDSG) sowie die gegebenenfalls erforderliche Durchführung einer Datenschutz-Folgenabschätzung (§ 67 BDSG). Außerdem sind die Regelungen in Bezug auf die Datenübermittlungen in Drittstaaten gegebenenfalls zu beachten (→ Rn. 2).

6 Um als Beamtin oder Beamter die datenschutzrechtlichen Pflichten in der Tätigkeit an deutschen Auslandsvertretungen erfüllen zu können, sind durch das BKA als Verantwortlichem **organisatorische Maßnahmen und Vorkehrungen** zu treffen. Jedoch können die Pflichten nicht allein mit abstrakten Vorgaben verwirklicht werden. Daher kommt den Verbindungsbeamtinnen und Verbindungsbeamten eine beamtenrechtliche **Mitwirkungspflicht** gem. § 35 Abs. 1 S. 2 BeamtStG zu, damit das BKA seine Verantwortlichkeit wahrnehmen kann. Dies betrifft etwa die Meldung von Datenschutzverletzungen gem. § 65 BDSG, bei denen die Mitwirkung der Verbindungsbeamtinnen und Verbindungsbeamten zwingend erforderlich ist, soweit und sobald sie die betreffende Datenschutzverletzung verursacht haben. Ein weiteres Beispiel stellt das Zurverfügungstellen allgemeiner Informationen nach § 55 BDSG durch den Verantwortlichen dar, das eine Mitwirkung der Verbindungsbeamtinnen und Verbindungsbeamten, zB das Aushändigen von Informationsblättern oder die bilaterale Übermittlung von Informationen in elektronischer Form, erfordert.

7 Die **Verantwortung nach dem Datenschutzrecht** läuft insoweit parallel zur **Bindung an das Grundrecht auf Datenschutz**. Grundlage hierfür ist die extraterritoriale Wirkung der Grundrechte. Die Grundrechtsbindung staatlicher Gewalt nach Art. 1 Abs. 3 GG ist nicht territorial begrenzt und kann auch im Ausland bestehen.[7] Ausschlaggebend ist die Schutzwirkung des betreffenden Grundrechts.[8] Das Recht auf informationelle Selbstbestimmung gem. Art. 2 Abs. 1 iVm Art. 1 Abs. 1 GG kann angesichts seiner Schutzwirkung keinen territorialen Begrenzungen unterliegen. Datenverarbeitungen sind territorial nur schwer eingrenzbar. Aufgrund des freien Datenverkehrs in der EU und insbesondere der Datenverarbeitung im Internet, die den grenzüberschreitenden Austausch von Daten und die Vernetzung impliziert, ist ein Grundrechtsschutz über

3 Schenke/Graulich/Ruthig/Graulich BKAG § 27 Rn. 5 BKAG, unter Bezugnahme auf BT-Drs. 17/5354, 18.
4 Schenke/Graulich/Ruthig/Ruthig BKAG § 73 Rn. 2.
5 Schenke/Graulich/Ruthig/Ruthig BKAG § 73 Rn. 1.
6 BT-Drs. 18/11163, 131.
7 BVerfG Urt. v. 19.5.2020 – 1 BvR 2835/17 –, BVerfGE 154, 152 (215 ff., Rn. 88 ff.); dazu nur Schmahl NJW 2020, 2221.
8 Vgl. Dürig/Herzog/Scholz/Herdegen GG Art. 1 Abs. 3 (2021) Rn. 82.

die staatlichen Grenzen hinaus erforderlich. Ansonsten würde der abwehrrechtliche Grundrechtsgehalt des Rechts auf informationelle Selbstbestimmung vielfach ins Leere laufen.[9]

Der Einsatz von Bediensteten des BKA außerhalb der Staatsgrenzen Deutschlands hat keine Auswirkungen auf deren **originär bestehende gesetzliche Aufgaben** und die sachliche Zuständigkeit[10] und damit auch nicht auf die für sie geltenden datenschutz- und eingriffsrechtlichen Regelungen. Für Beamtinnen oder Beamte gelten die innerstaatlichen Regelungen weitgehend auch bei dienstlichen Aktivitäten im Ausland.[11] 8

2. Datenschutzrechtliche Aufsicht. Aufgrund der datenschutzrechtlichen Verantwortlichkeit des BKA für die Datenverarbeitung der Verbindungsbeamtinnen und Verbindungsbeamten, unterliegen deren Datenverarbeitungen der internen **Datenschutzkontrolle** durch die oder den behördlichen Datenschutzbeauftragten sowie der Aufsicht der oder des BfDI als zuständige unabhängige Datenschutzaufsichtsbehörde. 9

Das BKA als Verantwortlicher ist verpflichtet, die oder den **Datenschutzbeauftragte/n** in die Rahmenbedingungen der Datenverarbeitung der Verbindungsbeamtinnen und Verbindungsbeamten einzubinden, damit er auch fach- und bedarfsbezogen seine Aufgaben gem. § 7 BDSG und § 71 BKAG wahrnehmen kann. Insoweit ist seine Stellung gem. § 6 Abs. 1 BDSG zu wahren. 10

Die oder der BfDI entfaltet ihre oder seine **Aufsichtszuständigkeit** unbeschränkt gegenüber den Verbindungsbeamtinnen und Verbindungsbeamten des BKA unabhängig des **Einsatzortes.** Das BKA hat als Folge seiner Verantwortlichkeit ihr oder ihm sämtliche angeforderten Informationen und Daten zur Verfügung zu stellen und gegebenenfalls Zugang zu Diensträumen, einschließlich aller Datenverarbeitungsanlagen und -geräte sowie zu allen personenbezogenen Daten und Informationen, die zur Erfüllung ihrer oder seiner Aufgaben notwendig sind, zu gewähren (§ 16 Abs. 4 BDSG). Das Territorialprinzip steht dem insoweit nicht entgegen, als es um die Kontrolle deutscher Staatsgewalt geht. Die im Rahmen der Aufsichtszuständigkeit gegebenenfalls ausgeübten Untersuchungsbefugnisse richten sich gegen das BKA als Adressaten und nicht gegen eine außerhalb des Hoheitsgebietes der Bundesrepublik Deutschland ansässige Stelle. Das Diplomaten- und Konsularrecht schützt die deutschen Auslandsvertretungen vor Eingriffen von außen durch den Sitzstaat, nicht aber gegen Kontrolle von innen durch die zuständigen deutschen Stellen. 11

Unterabschnitt 4
Pflichten des Bundeskriminalamtes

§ 74 Benachrichtigung bei verdeckten und eingriffsintensiven Maßnahmen

(1) [1]Über eine Maßnahme nach den §§ 34, 45 bis 53 und 64 sind zu benachrichtigen im Falle

1. **des § 34, bei der Vorgänge außerhalb von Wohnungen erfasst wurden, des § 45 Absatz 2 Nummer 1 bis 3 (längerfristige Observation, Bildaufnahmen, Tonaufnahmen, technische Observationsmittel) und des § 64 Absatz 2 Nummer 1 und 2 (längerfristige Observation, Bildaufnahmen, Tonaufnahmen) die Zielperson sowie die erheblich mitbetroffenen Personen,**
2. **des § 34, bei der Vorgänge innerhalb von Wohnungen erfasst wurden, des § 45 Absatz 2 Nummer 4 und 5 (Einsatz Vertrauensperson und Verdeckter Ermittler) und des § 64 Absatz 2 Nummer 3 (Einsatz Vertrauensperson)**
   a) **die Zielperson,**
   b) **die erheblich mitbetroffenen Personen,**
   c) **die Personen, deren nicht allgemein zugängliche Wohnung die beauftragte Person, die Vertrauensperson oder der Verdeckte Ermittler betreten hat,**
3. **des § 46 (Wohnraumüberwachung)**
   a) **die Person, gegen die sich die Maßnahme richtete,**
   b) **sonstige überwachte Personen,**
   c) **Personen, die die überwachte Wohnung zur Zeit der Durchführung der Maßnahme innehatten oder bewohnten,**
4. **des § 47 (Ausschreibung) die Zielperson und die Personen, deren personenbezogene Daten gemeldet worden sind,**
5. **des § 48 (Rasterfahndung) die betroffenen Personen, gegen die nach Auswertung der Daten weitere Maßnahmen getroffen wurden,**

9 Vgl. Becker NVwZ 2015, 1335 (1339).
10 Vgl. Lisken/Denninger/Aden, HdbPolR, M Rn. 299.
11 Kugelmann Die Kriminalpolizei 2007, 8.

6. des § 49 (Verdeckter Eingriff in informationstechnische Systeme) die Zielperson sowie die mitbetroffenen Personen,
7. des § 50 (Postbeschlagnahme) der Absender und der Adressat der Postsendung,
8. des § 51 (Telekommunikationsüberwachung) die Beteiligten der überwachten Telekommunikation,
9. des § 52 Absatz 1 (Erhebung von Verkehrsdaten) die Beteiligten der betroffenen Telekommunikation,
10. des § 52 Absatz 2 (Erhebung von Nutzungsdaten) der Nutzer,
11. des § 53 (IMSI-Catcher) die Zielperson.

[2]Die Benachrichtigung unterbleibt, wenn ihr überwiegende schutzwürdige Belange einer betroffenen Person entgegenstehen. [3]Zudem kann die Benachrichtigung einer in Satz 1 Nummer 6 bis 9 bezeichneten Person, gegen die sich die Maßnahme nicht gerichtet hat, unterbleiben, wenn diese von der Maßnahme nur unerheblich betroffen ist und anzunehmen ist, dass sie kein Interesse an einer Benachrichtigung hat. [4]Nachforschungen zur Feststellung der Identität einer in Satz 1 bezeichneten Person sind nur vorzunehmen, wenn dies unter Berücksichtigung der Eingriffsintensität der Maßnahme gegenüber dieser Person, des Aufwands für die Feststellung ihrer Identität sowie der daraus für diese oder andere Personen folgenden Beeinträchtigungen geboten ist.

(2) [1]Die Benachrichtigung erfolgt, sobald dies ohne Gefährdung des Zwecks der Maßnahme, des Bestandes des Staates, von Leib, Leben oder Freiheit einer Person oder Sachen von bedeutendem Wert, deren Erhaltung im öffentlichen Interesse geboten ist, möglich ist. [2]Im Falle der §§ 34, 45 Absatz 2 Nummer 4 und 5 und des § 64 Absatz 2 Nummer 3 erfolgt die Benachrichtigung erst, sobald dies auch ohne Gefährdung der Möglichkeit der weiteren Verwendung des Verdeckten Ermittlers oder der Vertrauensperson möglich ist. [3]Wird wegen des zugrunde liegenden Sachverhaltes ein strafrechtliches Ermittlungsverfahren geführt, entscheidet die Strafverfolgungsbehörde entsprechend den Vorschriften des Strafverfahrensrechts, ob eine Benachrichtigung vorgenommen wird. [4]Die Benachrichtigung erfolgt durch das Bundeskriminalamt. [5]Wird die Benachrichtigung aus einem der vorgenannten Gründe zurückgestellt, ist dies zu dokumentieren.

(3) [1]Erfolgt die nach Absatz 2 zurückgestellte Benachrichtigung nicht binnen zwölf Monaten nach Beendigung der Maßnahme, bedarf die weitere Zurückstellung der gerichtlichen Zustimmung. [2]Im Falle der §§ 46 und 49 beträgt die Frist sechs Monate. [3]Das Gericht bestimmt die Dauer der weiteren Zurückstellung, im Falle der §§ 46 und 49 jedoch nicht länger als sechs Monate. [4]Verlängerungen der Zurückstellungsdauer sind zulässig. [5]Fünf Jahre nach Beendigung der Maßnahme kann mit gerichtlicher Zustimmung endgültig von der Benachrichtigung abgesehen werden, wenn die Voraussetzungen für die Benachrichtigung mit an Sicherheit grenzender Wahrscheinlichkeit auch in Zukunft nicht eintreten werden, eine weitere Verwendung der Daten gegen den Betroffenen ausgeschlossen ist und die Daten gelöscht wurden. [6]Sind mehrere Maßnahmen in einem engen zeitlichen Zusammenhang durchgeführt worden, beginnt die in Satz 1 genannte Frist mit der Beendigung der letzten Maßnahme.

A. Allgemeines

1 § 74 BKAG entspricht als **Benachrichtigungsvorschrift iSd § 56 Abs. 1 BDSG** weitgehend der Vorgängerregelung des § 20w BKAG aF. Aus systematischen Gründen wurde diese Benachrichtigungsvorschrift in den Datenschutzabschnitt überführt.[1] § 74 BKAG setzt die **Informationspflicht des Art. 13 DSRL-JI** in deutsches Recht um. Die Modalitäten der Informationserteilung nach Art. 12 DSRL-JI werden von § 74 BKAG nicht umfasst. Die Vorschrift regelt vielmehr zentral die **Fragen des Benachrichtigungszeitpunkts**, mögliche **Ausnahmen von der Benachrichtigungspflicht** und **spezielle Verfahrensvorgaben**. Die Benachrichtigungspflichten nach § 74 BKAG entsprechen schließlich weitgehend den Benachrichtigungspflichten nach § 101 StPO für diejenigen Eingriffsmaßnahmen, bei denen im Rahmen eines strafrechtlichen Ermittlungsverfah-

1 BT-Drs. 18/11163, 131.

rens nach §§ 98a, 99, 100a, 100b, 100c, 100f, 100h Abs. 1, 100i, 110a, 163d, 163e, 163f und 163g StPO verdeckt in entsprechender Weise in die jeweiligen hochrangigen Grundrechtspositionen eingegriffen wird.[2]

Die Frage des Zeitpunkts der Benachrichtigung entscheidet über die Möglichkeit betroffener Personen, Rechtsschutz gegen die sie betreffende Maßnahmen zu ersuchen, da ihre Kenntnis der Maßnahme Voraussetzung für individuelle Rechtsschutzmaßnahmen ist.[3] Vor der Benachrichtigung iSd § 74 Abs. 1 S. 1 BKAG dürften ihnen regelmäßig keine Erkenntnisse über die Maßnahmen vorliegen, denen sie unterworfen werden.[4] Eine unterbleibende Benachrichtigung schließt neben dem durch die Maßnahme erfolgten Eingriff in die informationelle Selbstbestimmung iSv Art. 2 Abs. 1 iVm Art. 1 Abs. 1 GG folglich die Wahrnehmung des **Grundrechts auf effektiven Rechtsschutz nach Art. 19 Abs. 4 GG** aus, weshalb an Einschränkungen der Benachrichtigungspflicht hohe Anforderungen zu stellen sind.[5] Eine Benachrichtigung zu einem späteren Zeitpunkt ist jedoch nicht per se ausgeschlossen.[6] 2

Das **Ziel einer möglichst frühzeitigen Information** und die **weite Interpretation der europarechtlich determinierten Informationspflicht** zeigen sich auch anhand der Systematik des europäischen Regelungssystems des Art. 13 DSRL-JI, der in Abs. 1 und 2 die grundsätzliche Informationspflicht und deren Inhalt regelt und erst daran anschließend in Abs. 3 die Möglichkeit einer zeitlich nachgelagerten Information adressiert.[7] 3

B. Kommentierung im Einzelnen

§ 74 Abs. 1 BKAG gibt einen Rahmen für die jeweils im Einzelfall durchzuführende Abwägung vor, indem er die grundsätzliche Verpflichtung zur Benachrichtigung (S. 1) und Regelfälle für deren Unterbleiben (S. 2–4) formuliert. § 74 Abs. 2 und 3 BKAG legen die zeitliche Dimension der Benachrichtigung und besondere Verfahrensvorgaben bezüglich einer zeitlichen Zurückstellung der Informationserteilung fest. 4

I. Einzelne Benachrichtigungspflichten (Abs. 1)

§ 74 Abs. 1 BKAG sieht eine Benachrichtigungspflicht bei **Maßnahmen nach §§ 34, 45–53 und 64 BKAG** vor. Bei der Norm handelt sich um eine von § 56 Abs. 1 BDSG vorausgesetzte Sonderregelung („Ist die Benachrichtigung betroffener Personen über die Verarbeitung sie betreffender personenbezogener Daten in speziellen Rechtsvorschriften, insbesondere bei verdeckten Maßnahmen, vorgesehen oder angeordnet […]"). § 74 Abs. 1 S. 1 BKAG benennt dabei bezüglich der einzelnen Eingriffsgrundlagen die jeweils zu benachrichtigenden Personen und legt durch diese Bestimmung des Adressatenkreises den Tatbestand der Benachrichtigungspflicht fest (→ Rn. 6 ff.). § 74 Abs. 1 S. 2 und 3 BKAG sehen Ausnahmen von der Benachrichtigungspflicht vor (→ Rn. 12 ff.). Daneben trifft § 74 Abs. 1 S. 4 BKAG Vorgaben für den notwendigen Erfüllungsaufwand (→ Rn. 16 ff.). Der konkrete **Inhalt der Benachrichtigung** folgt demgegenüber aus **§ 56 Abs. 1 BDSG**: Danach ist die betreffende Person über die in § 55 BDSG genannten allgemeinen Informationen zu Datenverarbeitungen (Verarbeitungszwecke, Rechte, Verantwortlichkeiten), die Rechtsgrundlage der Verarbeitung, die für die Daten geltende Speicherdauer oder, falls dies nicht möglich ist, die Kriterien für die Festlegung dieser Dauer, gegebenenfalls die Kategorien von Empfängern der personenbezogenen Daten sowie erforderlichenfalls weitere Informationen, insbesondere, wenn die personenbezogenen Daten ohne Wissen der betroffenen Person erhoben wurden, zu benachrichtigen. 5

1. Adressaten der Benachrichtigung (Abs. 1 S. 1). § 74 Abs. 1 S. 1 BKAG trifft differenzierte Vorgaben zu den jeweiligen Adressaten der Benachrichtigung und knüpft dabei an die tatsächlichen und rechtlichen Umstände in Bezug auf die in der Norm genannten Ermächtigungsgrundlagen der §§ 34, 45–53 und 64 BKAG an.[8] Differenziert nach den einzelnen Rechtsgrundlagen werden die jeweils zu benachrichtigenden Personengruppen festgelegt.[9] Diese Unterscheidung ist mit Blick auf die **unterschiedlichen Verarbeitungssituationen** nachvollziehbar. Die klassische Abgrenzung von Gefährdungssituationen bedarf jedoch angesichts mo- 6

2 Vgl. zur Vorgängerregelung auch Kugelmann BKAG § 20w Rn. 1.
3 S. BVerfG Urt. v. 3.3.2004 – 1 BvR 2378/98 ua –, BVerfGE 109, 279 (363 f.); Kugelmann BKAG § 20w Rn. 1.
4 Vgl. dazu ErwG 43 S. 4 DSRL-JI, der auch davon ausgeht, dass eine entsprechende Information erst dazu führt, dass sich die betroffene Person dieser Daten bewusst wird und dadurch die Überprüfung der Rechtskonformität ermöglicht. Erst mit diesem Wissen kann die betroffene Person anschließend ihre Rechte ausüben.
5 Vgl. BVerfG Urt. v. 3.3.2004 – 1 BvR 2378/98 ua –, BVerfGE 109, 279 (364).
6 Dazu bereits die grundsätzliche Wertung in ErwG 44 S. 1 DSRL-JI, nach dem die Mitgliedstaaten „Gesetzgebungsmaßnahmen erlassen [sollten], mit denen die Unterrichtung der betroffenen Person aufgeschoben, eingeschränkt oder unterlassen" wird.
7 Vgl. Schenke/Graulich/Ruthig/Ruthig BKAG § 74 Rn. 15.
8 Betrachtet man die tatsächlichen Umstände, so können heimliche und andere Maßnahmen unterschieden werden. IdS auch Schenke/Graulich/Ruthig/Ruthig BKAG § 74 Rn. 6.
9 Vgl. Singelnstein NStZ 2009, 481 (481 f.).

derner Sicherheitstechniken, die im öffentlichen Raum eingesetzt werden können und die die dort bestehende Risikolage erhöhen, der regelmäßigen gesetzgeberischen Überprüfung auf ihre Aktualität hin.[10]

7 Die grundsätzliche Unterscheidung der in § 74 Abs. 1 BKAG unterschiedenen Personengruppen der Adressaten der Benachrichtigungspflicht **entspricht weitgehend** der bereits in **§ 101 StPO** verwendeten Terminologie.[11]

8 Die Zuordnung zu den einzelnen Personengruppen kann aufgrund der Anknüpfung an tatsächliche Situationen **Anhaltspunkte für den Grad der Grundrechtsgefährdung** geben, wobei hieraus keine allgemeingültige Regel für alle Begrifflichkeiten abgeleitet werden kann.[12] So können vom Begriff der Zielperson (Nr. 1, Nr. 2 lit. a, Nrn. 4, 6 und 11) polizeirechtlich Verantwortliche oder andere Personen erfasst sein.[13] Bei der unmittelbar auf eine Person bezogenen Wohnraumüberwachung nach § 46 BKAG (Nr. 3) konkretisiert der Gesetzgeber die Begrifflichkeit noch weiter als „die Person, gegen die sich die Maßnahme richtet".

9 Daneben trifft die **Unterscheidung zwischen „erheblich mitbetroffenen"** (Nrn. 1 und 2) und nur **„mitbetroffenen"** (Nr. 6) **Personen** erste Aussagen über die Eingriffsintensität. So ist die Erheblichkeit dadurch bedingt, dass „für einige Dauer [...] deren Kommunikationsbeiträge in erheblichem Umfang mit erfasst werden", wobei ein „Vorbeispazieren" keine Erheblichkeit begründen soll.[14] Dementgegen trifft der Begriff der **„sonstigen mitüberwachten Personen"** (Nr. 3 lit. b) keine Aussagen über die Intensität von Grundrechteingriffen.

10 Bei sämtlichen Formen der aktiven oder passiven Teilnahme an Kommunikationsprozessen postalischer (Nr. 7), telekommunikativer (Nrn. 8 und 9) oder elektronischer Art (Nr. 10) werden zudem alle **„Beteiligten"** als zu benachrichtigend eingestuft. Der Begriff der „Beteiligten" kann sich mit anderen Kategorien, wie beispielsweise der Kategorie der „Zielperson", überschneiden.[15]

11 In § 74 Abs. 1 Nr. 3 lit. c BKAG wird zudem in Anknüpfung an die „Ausgestaltung der Privatsphäre durch den Wohnungsinhaber" zwischen dem Fall des **Wohnungsinhabers** und des **Bewohners** unterschieden.[16]

12 **2. Unterbleiben der Benachrichtigung (Abs. 1 S. 2 und 3).** Nach der Rechtsprechung des Bundesverfassungsgerichts[17] sind vorliegend aufgrund des **nicht abschließend unionsrechtlich determinierten Charakters** der Vorschriften die den deutschen Grundrechten entnommenen Abwägungsmaßstäbe bei der gerichtlichen Überprüfung der Entscheidung maßgeblich.[18]

13 Das Bundesverfassungsgericht geht von dem „Grundsatz der Offenheit der Erhebung und Nutzung von personenbezogenen Daten" aus.[19] Für Personen, die „nicht im Fokus behördlichen" Handelns stehen und „zufällig" von der Maßnahme betroffen sind, sieht das Bundesverfassungsgericht eine Benachrichtigung aber nicht als geboten an, wenn diese den nur geringen Eingriff im Einzelfall vertiefen sollte; es erkennt somit selbst Ausnahmen von der Benachrichtigungspflicht an.[20] Diese unterscheiden sich in ihren Anknüpfungspunkten jedoch von den nun geltenden europarechtlichen Vorgaben.[21]

14 Nach § 74 Abs. 1 S. 2 BKAG kann eine **Benachrichtigung aufgrund schutzwürdiger Belange einer (anderen) betroffenen Person** (zB der Zielperson, wenn deren Gespräche mit einem an der Straftat unbeteiligten Geschäftspartner erfasst wurden) **unterbleiben.** Dies erfordert eine Abwägung der widerstreitenden Interessen im Einzelfall, die einer weitergehenden gesetzlichen Regelung und Determinierung nicht zugänglich ist. Ein Absehen von einer Benachrichtigung der Zielperson wird dabei allerdings nur in besonderen Fällen in Betracht kommen.[22] Aufgrund der Tatsache, dass Art. 23 Abs. 1 lit. j DS-GVO den „Schutz der betroffenen Person" als zulässigen Einschränkungsgrund nennt, wohingegen Art. 13 Abs. 3 lit. e DSRL-JI nur „andere" Personen anführt, ist davon auszugehen, dass es sich um eine **bewusste Nichtregelung** in der DSRL-JI handelt und eine europarechtskonforme Auslegung geboten ist.[23] Im Fall des verdeckten Eingriffs in informationstechnische Systeme, der Postbeschlagnahme, der Überwachung der Telekommunikation und der Erhebung von Verkehrsdaten kann die Benachrichtigung einer Person, gegen die die Maßnahme nicht gerichtet

10 Vgl. etwa das Beispiel für die technischen Weiterentwicklungen in diesem Bereich bei Fährmann MMR 2021, 775 (776).
11 Schenke/Graulich/Ruthig/Ruthig BKAG § 74 Rn. 8.
12 S. aber die Unterscheidung des Gesetzgebers zwischen „erheblich mitbetroffenen Personen" in § 74 Abs. 1 S. 1 Nrn. 1 und 2 und lediglich „mitbetroffenen Personen" in § 74 Abs. 1 S. 1 Nr. 6 BKAG.
13 Schenke/Graulich/Ruthig/Ruthig BKAG § 74 Rn. 9.
14 BT-Drs. 16/9588, 35; ausführlich Schenke/Graulich/Ruthig/Ruthig BKAG § 74 Rn. 11 und 12.
15 Schenke/Graulich/Ruthig/Ruthig BKAG § 74 Rn. 14.
16 Unter Heranziehung der verfassungsgerichtlichen Rechtsprechung zur strafprozessualen akustischen Wohnraumüberwachung (BVerfG Urt. v. 3.3.2004 – 1 BvR 2378/98 ua –, BVerfGE 109, 279 ff.) Schenke/Graulich/Ruthig/Ruthig BKAG § 74 Rn. 13.
17 BVerfG Beschl. v. 6.11.2019 – 1 BvR 16/13 –, BVerfGE 152, 152 – Recht auf Vergessen I.
18 BVerfG Beschl. v. 6.11.2019 – 1 BvR 16/13 –, BVerfGE 152, 152 (169, Rn. 42).
19 BVerfG Urt. v. 2.3.2010 – 1 BvR 256/08 ua –, BVerfGE 125, 260 (335 f.).
20 BVerfG Urt. v. 2.3.2010 – 1 BvR 256/08 ua –, BVerfGE 125, 260 (336 f.).
21 IdS auch Schenke/Graulich/Ruthig/Ruthig BKAG § 74 Rn. 15.
22 BT-Drs. 16/10121, 38.
23 Schenke/Graulich/Ruthig/Ruthig BKAG § 74 Rn. 15.

war, dh eine andere Person als die Zielperson, unterbleiben, wenn diese von der Maßnahme nur unerheblich betroffen wurde und anzunehmen ist, dass diese kein Interesse an ihrer Benachrichtigung hat. Diese Regelung trägt nach der Intention des Normgebers dem Umstand Rechnung, dass von den in Bezug genommenen Maßnahmen zwar regelmäßig viele Personen in ihren Grundrechten nach Art. 10 Abs. 1 GG bzw. Art. 2 Abs. 1 iVm Art. 1 Abs. 1 GG betroffen werden, dies aber im Einzelfall in einer vergleichsweise so geringfügigen Weise, dass ein Interesse an einer Benachrichtigung oftmals nicht anzunehmen ist.[24] Soweit die zu benachrichtigende Person nicht bekannt ist, enthält § 74 Abs. 1 S. 4 BKAG Regelungen darüber, wann Nachforschungen zu ihrer Identität geboten sind (→ Rn. 16 ff.).

Daneben sieht § 74 Abs. 1 S. 3 BKAG vor, dass eine Benachrichtigung bei nur unerheblicher Betroffenheit 15
und fehlendem Interesse der betroffenen Person ausnahmsweise entfällt. Die **Ausnahmebestimmung** des § 74 Abs. 1 S. 3 BKAG kann jedoch nur für die Fälle des § 74 Abs. 1 S. 1 Nrn. 6 bis 9 BKAG herangezogen werden. In den anderen Fällen geht der Gesetzgeber folglich von einem durch den Eingriff begründeten Interesse der betroffenen Person an der Benachrichtigung aus.[25] Die Fallgruppen des Absehens von der Benachrichtigung im Fall der unerheblichen Betroffenheit und des fehlenden Interesses wurden vom Bundesverfassungsgericht im Zuge seiner Rechtsprechung entwickelt, als die DSRL-JI noch nicht erlassen und eine europarechtskonforme Auslegung insoweit nicht geboten war.[26] **Art. 13 Abs. 3 DSRL-JI** kennt den Fall der unerheblichen Betroffenheit oder des mangelnden Interesses der betroffenen Person des § 74 Abs. 1 S. 3 BKAG nicht.[27] Es steht zu bezweifeln, dass diese Ausnahmen gem. Art. 13 Abs. 3 lit. a DSRL-JI unter die „Gewährleistung, dass behördliche oder gerichtliche Untersuchungen, Ermittlungen oder Verfahren nicht behindert werden", zu fassen sind. Zudem wird es schwierig sein, ein mangelndes Interesse der betroffenen Person durch objektive Anhaltspunkte nachzuweisen. Letztere werden nur im Falle eines durch irgendeine objektiv erkennbare Handlung zum Ausdruck kommenden Verzichts möglich sein, der ohne Kenntnis und Informationen über die Maßnahme nicht möglich sein dürfte.[28]

3. Notwendiger Erfüllungsaufwand – Nachforschung zur Identitätsfeststellung (**Abs. 1 S. 4**). § 74 Abs. 1 16
S. 4 BKAG schränkt das Erfordernis der Nachforschung zur Identitätsfeststellung für den Fall ein, dass dies mit Blick auf die **Eingriffsintensität**, den **tatsächlichen Feststellungsaufwand** und die durch die Feststellung bedingte **Beeinträchtigung anderer Personen** geboten ist.

Das **europäische Recht** enthält keine expliziten Vorschriften, nach denen von der Informationspflicht aus 17
Gründen des Identitätsfeststellungsaufwandes abgesehen werden kann. Datenerhebungen zum Zweck der Identitätsfeststellung werden als möglich angesehen.[29] Art. 12 Abs. 5 DSRL-JI schafft jedoch lediglich bezüglich der Geltendmachung der Betroffenenrechte die Rechtsgrundlage zur Anforderung und Verarbeitung weiterer Informationen, die dem Zweck der Identitätsfeststellung dienen. Art. 13 Abs. 3 lit. a DSRL-JI sieht ebenfalls nur vor, dass die Informationen an die betroffene Person auch im Zuge der Gewährleistung von effizienten „Untersuchungen, Ermittlungen oder Verfahren" der Behörden oder Gerichte durch Gesetzgebungsakte beschränkt oder ausgeschlossen werden können. Hierbei ist der Grundsatz der Verhältnismäßigkeit zu wahren.[30]

§ 74 Abs. 1 S. 4 BKAG zählt die drei Kriterien der Eingriffsintensität, des Feststellungsaufwandes oder der 18
Beeinträchtigung von Personen **alternativ** auf. Mit Blick auf die Verhältnismäßigkeit des Unterlassens der Benachrichtigung und die Notwendigkeit einer europarechtskonformen Auslegung dürfte eine Nichtinformation auch aus unions- und verfassungsrechtlichen Gründen nur **verhältnismäßig** sein, wenn sie sich aus der Gesamtbetrachtung der genannten Kriterien unter Einbeziehung der Auswirkungen auf die betroffenen Schutzgüter ergibt.[31]

II. Zurückstellung der Benachrichtigung (Abs. 2)

§ 74 Abs. 2 S. 1 BKAG legt den Zeitpunkt der Benachrichtigung **in Abhängigkeit der Gefährdung anderer** 19
Schutzgüter fest. Eine Benachrichtigung soll nur erfolgen, insoweit eine Gefahr für den Zweck der Maßnahme, den Bestand des Staates, für Leib, Leben oder die Freiheit von Personen sowie „Sachen von bedeutendem Wert, deren Erhaltung im öffentlichen Interesse geboten ist", ausgeschlossen werden kann. Für die

24 BT-Drs. 16/10121, 38.
25 Insoweit kann aus der bestehenden Gesetzessystematik ein Umkehrschluss gezogen werden.
26 BVerfG Urt. v. 2.3.2010 – 1 BvR 256/08 ua –, BVerfGE 125, 260 (337); vgl. dazu auch Schenke/Graulich/Ruthig/Ruthig BKAG § 74 Rn. 15.
27 So auch Schenke/Graulich/Ruthig/Ruthig BKAG § 74 Rn. 15.
28 Vgl. dazu ErwG 43 S. 4 DSRL-JI.
29 ErwG 41 DSRL-JI.
30 S. den Wortlaut des Art. 13 Abs. 3 DSRL-JI.
31 So im Ergebnis auch Schenke/Graulich/Ruthig/Ruthig BKAG § 74 Rn. 17.

genannten Rechtsgüter geht der Gesetzgeber demnach von einem Überwiegen gegenüber der informationellen Selbstbestimmung und dem Recht auf effektiven Rechtsschutz des Einzelnen (→ Rn. 2) aus.[32]

20 § 74 Abs. 2 S. 2 BKAG legt für die Fälle der §§ 34, 45 Abs. 2 Nrn. 4 und 5 sowie des § 64 Abs. 2 Nr. 3 eine **Spezialregelung** fest, um eine **Gefährdung Verdeckter Ermittler oder von Vertrauenspersonen** zu vermeiden. Die Benachrichtigung erfolgt erst, sobald eine solche Gefährdung nicht mehr besteht, und wird insoweit hinausgezögert.[33] Die explizite Normierung dieses Falles zeigt den vom Gesetzgeber beigemessenen hohen Rang der Schutzgüter von Leib und Leben (Art. 2 Abs. 2 S. 1 GG) der durch diese Ausnahme geschützten Personengruppen. Die **Verfassungsmäßigkeit** des § 74 Abs. 2 S. 2 BKAG ist gleichwohl **umstritten,**[34] da der Schutz des Verdeckten Ermittlers oder der Vertrauensperson bereits durch § 74 Abs. 1 S. 2 BKAG gewährleistet wird und § 74 Abs. 2 S. 2 BKAG demnach der Wahrung der Verwendbarkeit von Verdeckten Ermittlern und Vertrauenspersonen über eine einzelne, idR eine Benachrichtigungspflicht auslösende Maßnahme hinaus dient. Solange der Verdeckte Ermittler oder die Vertrauensperson unerkannt geblieben sind, können sie jeweils weiter zur Aufklärung anderer Sachverhalte oder Milieus verwendet werden. Bei der **Weiterverwendungsmöglichkeit** handelt es sich allerdings zunächst um bloße rechtspraktische und polizeitaktische Erwägungen. Diese stehen jedoch unter dem Vorzeichen des staatlichen Interesses an der Effektivität der Gefahrenabwehr. Es ist nicht zu verkennen, dass die Ausbildung Verdeckter Ermittler, die Schaffung der erforderlichen Legende und das nicht ohne weiteres reproduzierbare Heranführen und Einschleusen eines Verdeckten Ermittlers in Kreise des internationalen Terrorismus mit ganz erheblichem zeitlichen, organisatorischen und finanziellen Aufwand verbunden sind.[35] Weil der Verdeckte Ermittler bzw. die Vertrauensperson dem von der Maßnahme betroffenen Personenkreis persönlich bekannt ist, würde eine Benachrichtigung deren sofortige oder durch Bekanntwerden weiterer Indikatoren erfolgende Enttarnung bedeuten. Bereits die Information über den bloßen, nicht näher zu bestimmenden Umstand eines Einsatzes eines Verdeckten Ermittlers oder einer Vertrauensperson im Einzelfall dürfte daher – jedenfalls im Regelfall – die Enttarnung bedeuten und ist nicht tragfähig.[36] In Abwägung mit der Effektivität der Gefahrenabwehr erscheint es noch hinnehmbar, dass das Informationsinteresse des Betroffenen hier zurücktritt. Der Zurückstellungsgrund ist nach § 74 Abs. 2 S. 5 BKAG zu dokumentieren. Hinzu tritt die gerichtliche Überprüfung nach § 74 Abs. 3 BKAG, die insoweit kompensatorisch an die Stelle eines möglichen Rechtsmittels des Betroffenen tritt (s. auch → § 45 Rn. 137). Diese verfahrensrechtlichen Vorkehrungen reichen letztlich aus, um die Verfassungsmäßigkeit der Regelung zu rechtfertigen.[37] Die Ausführungen des Bundesverfassungsgerichts im Urteil zur akustischen Wohnraumüberwachung („großer Lauschangriff") stehen dieser Lösung nicht entgegen: In der betreffenden Entscheidung hat das Gericht zwar ausgeführt, dass die „Gefährdung der weiteren Verwendung eines nicht offen ermittelnden Beamten [...] die Zurückstellung einer Benachrichtigung im Falle der akustischen Wohnraumüberwachung nicht zu rechtfertigen" vermag.[38] Bei § 74 Abs. 2 S. 2 BKAG geht es aber weder um die Zurückstellung der Benachrichtigung im Fall eines durch eine akustische Wohnraumüberwachung erfolgten Eingriffs in Art. 13 Abs. 1 GG noch um den Zurückstellungsgrund der Gefährdung der weiteren Verwendung eines nicht offen ermittelnden Polizeibeamten (noeP), sondern um die Zurückstellung der Benachrichtigung über den Einsatz eines Verdeckten Ermittlers und einer Vertrauensperson. Während die eine verdeckte Wohnraumüberwachung durchführenden Beamten idR nicht in einem und schon gar nicht in einem engen persönlichen Kontakt zu der überwachten Person stehen, entspricht es gerade dem Wesen des Einsatzes von Verdeckten Ermittlern und Vertrauenspersonen, dass diese einen engen Kontakt zu der zu observierenden Person oder dem zu observierenden Personenkreis aufbauen, um so unter Aufbauen von Vertrauensverhältnissen in die Organisation integriert zu werden.

21 Bei einem **laufenden strafrechtlichen Ermittlungsverfahren** entscheidet gem. § 74 Abs. 2 S. 3 BKAG die zuständige Strafverfolgungsbehörde über die Durchführung der Benachrichtigung, da sie als im strafrechtlichen Ermittlungsverfahren federführende Behörde, die direkt mit dem Sachverhalt arbeitet, am effizientesten eine Entscheidung über eine diesbezüglich bestehende Gefährdungslage treffen kann. Die Entscheidung erfolgt **„entsprechend den Vorschriften des Strafverfahrensrechts"**, dh nach § 101 Abs. 4–7 StPO.[39]

22 Die **Durchführung der Benachrichtigung** obliegt in sämtlichen Fällen, dh auch im Fall eines laufenden strafrechtlichen Ermittlungsverfahrens (→ Rn. 21), dem **BKA** (§ 74 Abs. 2 S. 4 BKAG).

32 BVerfG Urt. v. 2.3.2010 – 1 BvR 256/08 ua –, BVerfGE 125, 260 (336 f.).

33 Vgl. ausführlich mit Verweis auf die Gesetzesbegründung BT-Drs. 16/9588, 36 und das Eingreifen in Bezug auf Vertrauenspersonen kritisierend Schenke/Graulich/Ruthig/Ruthig BKAG § 74 Rn. 22.

34 Verneinend Bäcker, Terrorismusabwehr durch das Bundeskriminalamt, 2009, S. 97 f.; bejahend Kugelmann BKAG § 20w Rn. 7.

35 BT-Drs. 16/10121, 38.

36 So der Vorschlag von Bäcker, Terrorismusabwehr durch das Bundeskriminalamt, 2009, S. 98.

37 Kugelmann BKAG § 20w Rn. 7.

38 BVerfG Urt. v. 3.3.2004 – 1 BvR 2378/98 ua –, BVerfGE 109, 279 (366).

39 Kugelmann BKAG § 20w Rn. 8.

Die Zurückstellung von Benachrichtigungen ist zum Zweck der datenschutzrechtlichen Kontrolle und der 23
Überprüfbarkeit durch die Aufsichtsbehörde **zu dokumentieren** (§ 74 Abs. 2 S. 5 BKAG). Darüber hinaus fördert die Dokumentationspflicht auch präventiv eine ordnungsgemäße Beachtung der Benachrichtigungspflichten.[40]

III. Weitere Zurückstellung der Benachrichtigung (Abs. 3)

Gemäß § 74 Abs. 3 S. 1 BKAG bedarf es der **gerichtlichen Zustimmung** dafür, dass eine Benachrichtigung 24
über eine vor 12 Monaten durchgeführte Maßnahme noch weiter zurückgestellt wird. Dies entspricht auch den durch das Bundesverfassungsgericht im Zuge seiner Rechtsprechung und der mit Wahrung auf die berechtigten Interessen des Betroffenen bestehenden kompensatorischen Wirkung des Richters entwickelten Grundsätzen.[41]

Die **Dauer der weiteren Zurückstellung** wird gerichtlich festgelegt (§ 74 Abs. 3 S. 2 BKAG). In Fällen der 25
Wohnraumüberwachung (§ 46 BKAG) oder des verdeckten Eingriffs in informationstechnische Systeme (§ 49 BKAG) darf diese durch das Gericht festzulegende weitere Frist aufgrund der Eingriffsintensität der Maßnahmen die **maximale Dauer von sechs Monaten** nicht überschreiten.[42]

Grundsätzlich sind **weitere gerichtliche Fristverlängerungen** nach § 74 Abs. 3 S. 3 BKAG zulässig. Voraus- 26
setzung hierfür ist jedoch ebenfalls, dass die durch § 74 Abs. 3 S. 2 BKAG festgelegten Maximalfristen für die dort genannten Maßnahmen noch nicht ausgeschöpft wurden.[43]

§ 74 Abs. 3 S. 5 BKAG regelt den Fall des **endgültigen Absehens von einer Benachrichtigung**. Hierfür sieht 27
die Norm entsprechend des damit verbundenen endgültigen Ausschlusses individuellen Rechtsschutzes strenge gesetzliche Voraussetzungen vor. In **verfahrensrechtlicher Hinsicht** wird die gerichtliche Zustimmung gefordert. In **materiellrechtlicher Hinsicht** muss mit an Sicherheit grenzender Wahrscheinlichkeit ausgeschlossen sein, dass die Voraussetzungen der Benachrichtigungspflicht noch eintreten.[44] Daneben muss eine Verwertung der personenbezogenen Daten gegenüber der betroffenen Person durch eine endgültige Löschung der Daten ausgeschlossen sein.

Liegen **mehrere Maßnahmen** gegenüber einer betroffenen Person vor, so beginnt die Frist des § 74 Abs. 3 28
S. 1 BKAG erst mit der Beendigung der zeitlich gesehen zuletzt vorgenommenen Maßnahme, um deren Zweck nicht zu gefährden (§ 74 Abs. 3 S. 6 BKAG).[45]

§ 75 Benachrichtigung über die Speicherung personenbezogener Daten von Kindern

[1]Werden personenbezogene Daten von Kindern, die ohne Kenntnis der Sorgeberechtigten erhoben worden sind, gespeichert, sind die Sorgeberechtigten zu benachrichtigen, sobald die Aufgabenerfüllung hierdurch nicht mehr gefährdet wird. [2]Von der Benachrichtigung kann abgesehen werden, solange zu besorgen ist, dass die Benachrichtigung zu erheblichen Nachteilen für das Kind führt. [3]Im Rahmen des polizeilichen Informationsverbundes obliegt diese Verpflichtung der dateneingebenden Stelle.

A. Allgemeines

Korrespondierend mit anderen die **Entscheidungsfähigkeit von Minderjährigen** in den Blick nehmenden 1
Normen des Datenschutzregimes im europäischen Mehrebenensystem,[1] stellt § 75 BKAG sicher, dass die Sorgeberechtigten über die Verarbeitung personenbezogener Daten der Minderjährigen informiert werden. Auf diese Weise wird gewährleistet, dass dieser **besonders schutzbedürftige Personengruppe** nicht die

40 BT-Drs. 16/10121, 39. Vgl. auch den Wortlaut des Art. 30 Abs. 5 S. 2 DSRL-JI, der bezüglich der Meldung von Datenpannen den Zweck der Dokumentation ausführt.
41 BVerfG Beschl. v. 12.10.2011 – 2 BvR 236/08 ua –, BVerfGE 129, 208 (239 f.).
42 Schenke/Graulich/Ruthig/Ruthig BKAG § 74 Rn. 24.
43 Unter Heranziehung der Gesetzesbegründung in BT-Drs. 16/9588, 37 ausführlich Schenke/Graulich/Ruthig/Ruthig BKAG § 74 Rn. 26.
44 BVerfG Beschl. v. 12.10.2011 – 2 BvR 236/08 ua –, BVerfGE 129, 208 (239 f.).
45 Schenke/Graulich/Ruthig/Ruthig BKAG § 74 Rn. 26.
1 Vgl. idS etwa die Vorschrift des Art. 8 DS-GVO.

Rechtsschutzmöglichkeiten abgeschnitten werden.[2] Die Vorschrift geht auf § 31 BKAG in der Fassung des Gesetzes über das Bundeskriminalamt und die Zusammenarbeit des Bundes und der Länder in kriminalpolizeilichen Angelegenheiten vom 7.7.1997[3] zurück.

B. Kommentierung im Einzelnen

2 § 75 BKAG trifft **Sonderregelungen bezüglich der Benachrichtigungspflicht** im Fall von Kindern. Die durch die Norm aufgestellte Benachrichtigungspflicht gegenüber sorgeberechtigten Personen ergänzt insoweit die Grundnorm des § 74 BKAG (→ § 74 Rn. 4 ff.).

I. Modalitäten der Benachrichtigungspflicht (S. 1)

3 Die Vorschrift des § 75 S. 1 BKAG stellt eine grundsätzliche Benachrichtigungspflicht auf und räumt der informierenden Behörde insoweit keinen Ermessensspielraum ein. Der Vorschrift liegt die Annahme zugrunde, dass **individueller Rechtsschutz** vollumfänglich und wirksam **nur bei Information der sorgeberechtigten Personen** ausgeübt werden kann, da Kinder die Tragweite derartiger Entscheidung idR nicht abschätzen können.[4]

4 Aufgrund des polizeirechtlichen Charakters der Benachrichtigungspflicht und im Umkehrschluss zu § 77 Abs. 1 S. 2, Abs. 2 S. 1 BKAG, der von „Kindern" und „Jugendlichen" spricht, ist davon auszugehen, dass mit „Kindern" iSd § 75 BKAG ausschließlich **Personen unter 14 Jahren** gemeint sind.[5]

5 **Sorgeberechtigte** sind nach **§ 1626 Abs. 1 S. 1 BGB** die verheirateten Eltern. Im Falle unverheirateter Eltern trifft § 1626a BGB spezielle Regelungen. Darüber hinaus finden sich weitere Spezialvorschriften in den §§ 1754 Abs. 3, 1909 Abs. 1 S. 1, 1793 BGB.[6]

II. Absehen von der Benachrichtigung im Falle der Kindesbenachteiligung (S. 2)

6 In Übereinstimmung mit dem Schutzzweck des § 75 S. 1 BKAG kann von der Informationserteilung abgesehen werden, wenn die Sorge besteht, dass diese zu **erheblichen Nachteilen für das Kind** führt. Aufgrund der Bedeutung der Informationserteilung für die Gewährleistung effektiven Rechtsschutzes ist davon auszugehen, dass sich eine solche Annahme auf konkrete objektive Anhaltspunkte stützen muss, damit die Grundpflicht nach § 75 S. 1 BKAG nicht über die Rückausnahme des § 75 S. 2 BKAG ausgehöhlt wird und ins Leere läuft.[7] § 75 S. 2 BKAG stellt insoweit eine **spezielle Ausnahme des allgemein in § 74 Abs. 1 S. 2 BKAG verankerten Grundsatzes** dar, dass Benachrichtigungen zu unterbleiben haben, soweit überwiegende schutzwürdige Belange anderer Personen entgegenstehen.

III. Zuständigkeit zur Informationserteilung (S. 3)

7 Gem. § 75 S. 3 BKAG ist im Rahmen des polizeilichen Informationsverbundes (§§ 29 ff. BKAG) die **einspeichernde Stelle** zur Informationserteilung verpflichtet. Die Benachrichtigung obliegt somit bei Verbunddateien den Teilnehmern, die die Daten angeliefert haben. In den übrigen Fällen obliegt die Benachrichtigungspflicht dem BKA, das sich bei Anlieferung der Daten durch eine andere Stelle mit dieser über mögliche Hinderungsgründe abstimmt.[8] Dieses System folgt zwar grundsätzlich der Verantwortungsverteilung nach § 31 Abs. 2 BKAG zwischen den Verbundteilnehmern einerseits und dem BKA als Zentralstelle andererseits (→ § 31 Rn. 7 ff.). Zugleich handelt es sich bei § 75 S. 3 BKAG jedoch um eine Ausnahmeregelung im Verhältnis zur grundsätzlichen Auskunftspflicht des BKA nach § 84 Abs. 1 S. 1 BKAG.[9] Weitere Vorgaben werden bezüglich der die Benachrichtigung durchführenden Stelle nicht aufgestellt, sodass hierfür auf die allgemeinen Regelungen zurückzugreifen ist.[10]

2 Zur allgemeinen Schutzbedürftigkeit von Kindern im datenschutzrechtlichen Kontext s. ErwG 38 S. 1 DS-GVO.

3 BGBl. I 1997 S. 1650.

4 Vgl. mit Verweis auf das Erziehungsrecht aus Art. 14 Abs. 3 EuGRCh Kühling/Buchner/Buchner/Kühling DS-GVO/BDSG, 3. Aufl. 2020, DS-GVO Art. 8 Rn. 10, 19, die insoweit mit Art. 8 Abs. 1 UAbs. 1 S. 2 DS-GVO auf das Alter von 16 Jahren abstellen. Art. 8 Abs. 1 UAbs. 2 DS-GVO lässt aber auch für den Geltungsbereich der DS-GVO niedrigere Altersgrenzen zu.

5 Wie hier Ahlf/Daub/Lersch/Störzer/Störzer BKAG § 31 Rn. 4; Schenke/Graulich/Ruthig/Ruthig BKAG § 75 Rn. 3; aA Erbs/Kohlhaas/Papsthart BKAG § 31 (2007) Rn. 1: „alle noch nicht volljährigen Personen"; Kugelmann BKAG § 31 Rn. 1: „nicht nur Minderjährige im Alter bis zu 14 Jahren, sondern auch alle Jugendlichen bis zur Volljährigkeit".

6 Ausführlich Schenke/Graulich/Ruthig/Ruthig BKAG § 75 Rn. 4.

7 S. dagegen die Annahme der fehlenden praktischen Relevanz in Schenke/Graulich/Ruthig/Ruthig BKAG § 75 Rn. 6.

8 BT-Drs. 13/1550, 37.

9 Erbs/Kohlhaas/Papsthart BKAG § 31 (2007) Rn. 1.

10 So auch Schenke/Graulich/Ruthig/Ruthig BKAG § 75 Rn. 2.

§ 76 Nachträgliche Benachrichtigung über Ausschreibungen zur polizeilichen Beobachtung im Schengener Informationssystem

(1) Ist eine Ausschreibung zur polizeilichen Beobachtung nach Artikel 36 Absatz 1 der Verordnung (EU) 2018/1862 durch eine Bundes- oder Landesbehörde in das Schengener Informationssystem eingegeben worden, hat die Behörde, die die Ausschreibung veranlasst hat, die betroffene Person nach Beendigung der Ausschreibung über die Ausschreibung zu benachrichtigen.

(2) [1]Die Benachrichtigung unterbleibt, solange dadurch die Durchführung einer rechtmäßigen Aufgabe im Zusammenhang mit der Ausschreibung gefährdet würde. [2]Die Stelle, die die Ausschreibung veranlasst hat, unterrichtet das Bundeskriminalamt über die Löschung und darüber, ob die betroffene Person benachrichtigt wurde.

(3) [1]Erfolgt die nach Absatz 2 Satz 1 zurückgestellte Benachrichtigung nicht binnen zwölf Monaten nach Beendigung der Ausschreibung, bedürfen weitere Zurückstellungen auf Antrag der Stelle, die die Ausschreibung veranlasst hat, der gerichtlichen Zustimmung. [2]Das Gericht bestimmt die Dauer weiterer Zurückstellungen. [3]Fünf Jahre nach Beendigung der Ausschreibung kann es dem endgültigen Absehen von der Benachrichtigung zustimmen, wenn die Voraussetzungen für eine Benachrichtigung mit an Sicherheit grenzender Wahrscheinlichkeit auch in Zukunft nicht eintreten werden. [4]Die Zuständigkeit des Gerichts bestimmt sich nach dem jeweils für die Stelle, die die Ausschreibung veranlasst hat, geltenden Bundes- oder Landesrecht. [5]Ist insoweit keine Regelung getroffen, ist das Amtsgericht zuständig, in dessen Bezirk die Stelle, die die Ausschreibung veranlasst hat, ihren Sitz hat. [6]In diesem Fall gelten für das Verfahren die Bestimmungen des Gesetzes über das Verfahren in Familiensachen und in den Angelegenheiten der freiwilligen Gerichtsbarkeit entsprechend.

(4) Im Falle einer Ausschreibung nach § 17 Absatz 3 des Bundesverfassungsschutzgesetzes erfolgt die Benachrichtigung abweichend von Absatz 2 und 3 durch die Stelle, die die Ausschreibung veranlasst hat, nach Beendigung der Ausschreibung, sobald eine Gefährdung des Zwecks der Ausschreibung ausgeschlossen werden kann.

A. Allgemeines

1 § 76 BKAG betrifft die **Ausschreibung im Schengener Informationssystem (SIS)** und stellt sicher, dass auch von dieser Maßnahme betroffene Personen über diese spezielle Verarbeitung ihrer personenbezogenen Daten informiert werden. Die Vorschrift geht auf § 15a BKAG aF zurück, der im Jahr 2009 durch das Gesetz zum Schengener Informationssystem der zweiten Generation (**SIS-II-Gesetz**) eingeführt worden war.[1] Das SIS dient der operativen Zusammenarbeit zwischen nationalen Behörden, wie etwa des Grenzschutzes, der Polizei, der Zollbehörden, der Einwanderungsbehörden sowie weiterer „für die Verhütung, Aufdeckung, Ermittlung oder Verfolgung von Straftaten oder für die Strafvollstreckung zuständigen Behörden".[2] § 76 BKAG wurde durch Art. 3 des Gesetzes zur Durchführung der Verordnungen (EU) 2018/1860, 2018/1861 und 2018/1862 über die Einrichtung, den Betrieb und die Nutzung des Schengener Informationssystems der dritten Generation sowie zur Änderung des Aufstiegsfortbildungsförderungsgesetzes und des BDBOS-Gesetzes (**SIS-III-Gesetz**) vom 19.12.2022[3] an das Schengener Informationssystem der dritten Generation angepasst (allgemein → § 33a Rn. 1 f.).

2 Aufgrund des Umfangs des Schengener Informationssystems und der möglichen nachteiligen Auswirkungen der Verarbeitung der personenbezogenen Daten durch die betroffene Person ist auch in diesem Bereich die **Möglichkeit individuellen Rechtsschutzes** durch entsprechende Informationen einzuräumen.[4]

1 BGBl. I 2009 S. 1226; s. auch BT-Drs. 16/10816, 9.
2 So bereits der Wortlaut des ErwG 1 S. 1 der VO (EU) 2018/1862.
3 BGBl. I 2022 S. 2632.
4 Vgl. BVerfG Urt. v. 3.3.2004 – 1 BvR 2378/98 ua –, BVerfGE 109, 279 (363 f.).

B. Kommentierung im Einzelnen

3 In ihrer Ausgestaltung lehnt sich die Benachrichtigungspflicht nach § 76 BKAG an die **grundsätzlichen Bestimmungen des § 74 BKAG** an und schließt insoweit Schutzlücken. Daneben werden Besonderheiten der Ausgestaltung des SIS mit Blick auf die Zuständigkeiten berücksichtigt.[5] Art. 66 Abs. 2 VO (EU) 2018/1862 verweist auf die Geltung der DSRL-JI, die insbesondere die Informationspflicht des Art. 13 Abs. 1 und 2 DSRL-JI umfasst.

I. Benachrichtigungspflicht bei Ausschreibungen im Schengener Informationssystem (Abs. 1)

4 Anders als § 74 Abs. 2 S. 1 BKAG, der den Zeitpunkt der Benachrichtigung in Anbetracht der Gefährdungslage für bestimmte Schutzgüter ermittelt, legt § 76 Abs. 1 BKAG aufgrund der gleichartigen Verfahren der Ausschreibungen den Benachrichtigungszeitraum grundsätzlich auf den **Zeitpunkt der Beendigung der Ausschreibung** fest.

5 **Zuständig** für die Benachrichtigung ist **die Behörde, welche die Ausschreibung veranlasst hat.** Diese Regelung wurde durch das SIS-III-Gesetz (→ Rn. 1) eingeführt. In der Vorgängerfassung der Norm oblag die Benachrichtigung noch dem BKA im Einvernehmen mit der einspeichernden Stelle.[6] Der Grund für diese Änderung war, dass regelmäßig nur die ausschreibende Stelle bei der Beendigung einer Ausschreibung bewerten kann, ob möglicherweise Gründe gem. Abs. 2 BKAG (→ Rn. 6 f.) vorliegen, weshalb die Benachrichtigung zurückgestellt werden muss.[7] Auf die Regelung eines Einvernehmens der ausschreibenden Stelle mit dem BKA bei der Benachrichtigung wurde verzichtet.

II. Ausnahmen von der Benachrichtigungspflicht (Abs. 2)

6 Nach § 76 Abs. 2 BKAG unterbleibt die Benachrichtigung, solange dadurch die **Durchführung einer rechtmäßigen Aufgabe** im Zusammenhang mit der Ausschreibung gefährdet würde. Auf diese Weise wird der Tätigkeit der Verfolgungs- und Vollstreckungsbehörden Rechnung getragen. Die Durchführung ihrer Aufgaben muss jedoch mit der Ausschreibung **in einem objektiven bestimmbaren Zusammenhang** stehen.[8]

7 § 76 Abs. 2 S. 2 BKAG sieht eine **Mitteilungspflicht gegenüber dem BKA** für die **Vornahme** ebenso wie für ein **Unterlassen** der Benachrichtigung vor. Im Zuge der Zentralstellenfunktion ist dem BKA auch der **Vollzug der Löschung** des Vorgangs durch die veranlassende Stelle nach mitzuteilen.

III. Weitere Zurückstellungen von Benachrichtigungen (Abs. 3)

8 § 76 Abs. 3 S. 1 BKAG entspricht der allgemeineren Vorschrift des **§ 74 Abs. 3 S. 1 BKAG** (→ § 74 Rn. 24) und sieht bei Zurückstellungen über den Zeitraum von 12 Monaten nach Beendigung der Ausschreibung hinaus ebenfalls das **Erfordernis der gerichtlichen Zustimmung** vor.

9 Die gerichtliche Zustimmung über das **endgültige Absehen von der Benachrichtigung** kann bei an Sicherheit grenzender Wahrscheinlichkeit des Ausbleibens der Voraussetzungen einer Benachrichtigungspflicht ebenfalls nach 5 Jahren eingeholt werden (§ 76 Abs. 3 S. 2 BKAG).

10 Hinsichtlich der **Bestimmung der gerichtlichen Zuständigkeit** verweist § 76 Abs. 3 S. 3 BKAG grundsätzlich auf das jeweils geltende Bundes- bzw. Landesrecht. Greifen keine expliziten Zuständigkeitsregelungen, so hat das Amtsgericht mit Sitz im Bezirk der die Ausschreibung initiierenden Stelle nach § 76 Abs. 3 S. 4 BKAG eine **Auffangzuständigkeit.**[9] § 76 Abs. 3 S. 5 BKAG ordnet für diesen Fall die entsprechende Geltung der verfahrensrechtlichen Bestimmungen des **FamFG** an.

IV. Ausschreibungen nach § 17 Abs. 3 BVerfSchG (Abs. 4)

11 Aufgrund der **besonderen Gefährdungslage bei nachrichtendienstlichen Ausschreibungen** (→ § 33b Rn. 7 f.) kommt nach § 76 Abs. 4 BKAG bei Ausschreibungen nach § 17 Abs. 3 BVerfSchG eine Benachrichtigung nur ab dem Zeitpunkt des absoluten Ausschlusses jeglicher Gefährdung des Ausschreibungszweckes in Betracht. Die Benachrichtigung gem. § 76 Abs. 4 begegnet insofern im Vergleich zu § 76 Abs. 2 S. 1 BKAG erhöhten Anforderungen.[10]

5 Schenke/Graulich/Ruthig/Graulich BKAG § 76 Rn. 1.
6 Ausführlich zur alten Rechtslage Schenke/Graulich/Ruthig/Graulich BKAG § 76 Rn. 3.
7 BT-Drs. 20/3707, 58.
8 Dagegen keine Voraussetzungen für den Zusammenhang aufstellend Schenke/Graulich/Ruthig/Graulich BKAG § 76 Rn. 5.
9 Vgl. Schenke/Graulich/Ruthig/Graulich BKAG § 76 Rn. 13.
10 Vgl. Schenke/Graulich/Ruthig/Graulich BKAG § 76 Rn. 17.

§ 77 Aussonderungsprüffrist; Mitteilung von Löschungsverpflichtungen

(1) [1]Das Bundeskriminalamt prüft nach § 75 des Bundesdatenschutzgesetzes bei der Einzelfallbearbeitung und nach festgesetzten Fristen, ob gespeicherte personenbezogene Daten zu berichtigen oder zu löschen sind. [2]Die Aussonderungsprüffristen nach § 75 Absatz 4 des Bundesdatenschutzgesetzes dürfen bei im Informationssystem des Bundeskriminalamtes verarbeiteten personenbezogenen Daten bei Erwachsenen zehn Jahre, bei Jugendlichen fünf Jahre und bei Kindern zwei Jahre nicht überschreiten, wobei nach Zweck der Speicherung sowie Art und Schwere des Sachverhalts zu unterscheiden ist. [3]Die Beachtung der Aussonderungsprüffristen ist durch geeignete technische Maßnahmen zu gewährleisten.

(2) [1]In den Fällen von § 19 Absatz 1 dürfen die Aussonderungsprüffristen bei Erwachsenen fünf Jahre und bei Jugendlichen drei Jahre sowie bei der Verhütung und Verfolgung von Straftaten nach den §§ 6 bis 13 des Völkerstrafgesetzbuches bei Erwachsenen zehn Jahre und bei Jugendlichen fünf Jahre nicht überschreiten. [2]Personenbezogene Daten der in § 19 Absatz 1 Satz 1 Nummer 1 bis 4 bezeichneten Personen können ohne Zustimmung der betroffenen Person nur für die Dauer eines Jahres gespeichert werden. [3]Die Speicherung für jeweils ein weiteres Jahr ist zulässig, soweit die Voraussetzungen des § 19 Absatz 1 weiterhin vorliegen. [4]Die maßgeblichen Gründe für die Aufrechterhaltung der Speicherung nach Satz 3 sind aktenkundig zu machen. [5]Die Speicherung nach Satz 2 darf jedoch insgesamt drei Jahre, bei der Verhütung und Verfolgung von Straftaten nach § 129a, auch in Verbindung mit § 129b Absatz 1, des Strafgesetzbuchs fünf Jahre sowie bei der Verhütung und Verfolgung von Straftaten nach den §§ 6 bis 13 des Völkerstrafgesetzbuchs zehn Jahre nicht überschreiten.

(3) [1]Die Fristen beginnen mit dem Tag, an dem das letzte Ereignis eingetreten ist, das zur Speicherung der Daten geführt hat, jedoch nicht vor Entlassung der betroffenen Person aus einer Justizvollzugsanstalt oder Beendigung einer mit Freiheitsentziehung verbundenen Maßregel der Besserung und Sicherung. [2]Die Speicherung kann über die in Absatz 1 Satz 2 genannten Fristen hinaus auch allein für Zwecke der Vorgangsverwaltung aufrechterhalten werden, sofern dies erforderlich ist; in diesem Falle können die Daten nur noch für diesen Zweck oder zur Behebung einer bestehenden Beweisnot verwendet werden.

(4) [1]Bei der Übermittlung von personenbezogenen Daten an das Bundeskriminalamt als Zentralstelle außerhalb des polizeilichen Informationsverbundes teilt die anliefernde Stelle die nach ihrem Recht geltenden Löschungsverpflichtungen mit. [2]Das Bundeskriminalamt hat diese einzuhalten. [3]Die Löschung unterbleibt, wenn Anhaltspunkte dafür bestehen, dass die Daten für die Aufgabenerfüllung des Bundeskriminalamtes als Zentralstelle, namentlich bei Vorliegen weitergehender Erkenntnisse, erforderlich sind, es sei denn, auch das Bundeskriminalamt wäre zur Löschung verpflichtet.

(5) [1]Im Falle der Übermittlung nach Absatz 4 Satz 1 legt das Bundeskriminalamt bei Speicherung der personenbezogenen Daten im Informationssystem außerhalb des polizeilichen Informationsverbundes im Benehmen mit der übermittelnden Stelle die Aussonderungsprüffrist nach Absatz 1 oder Absatz 2 fest. [2]Die anliefernde Stelle hat das Bundeskriminalamt zu unterrichten, wenn sie feststellt, dass zu löschende oder in ihrer Verarbeitung einzuschränkende Daten übermittelt worden sind. [3]Entsprechendes gilt, wenn die anliefernde Stelle feststellt, dass unrichtige Daten übermittelt wurden und die Berichtigung zur Wahrung schutzwürdiger Interessen der betroffenen Person oder zur Erfüllung der Aufgaben der anliefernden Stelle oder des Bundeskriminalamtes erforderlich ist.

(6) [1]Bei im polizeilichen Informationsverbund gespeicherten personenbezogenen Daten obliegen die in § 75 des Bundesdatenschutzgesetzes und den Absätzen 1 bis 3 genannten Verpflichtungen der Stelle, die die datenschutzrechtliche Verantwortung nach § 31 Absatz 2 trägt. [2]Absatz 4 Satz 3 gilt für die zur Löschung verpflichtete Landesbehörde entsprechend. [3]In diesem Fall überlässt die Landesbehörde dem Bundeskriminalamt die entsprechenden schriftlichen Unterlagen.

A. Allgemeines

1 § 77 BKAG ist eine der nationalrechtlichen Ausformungen der datenschutzrechtlichen Grundsätze der **Datenminimierung** und **Speicherbegrenzung**, die auf europäischer Ebene durch Art. 4 Abs. 1 lit. c und d DSRL-JI aufgestellt werden.[1] Die unionsrechtliche Konkretisierung dieser Grundsätze findet sich in Art. 16 DSRL-JI, wobei die Berichtigungspflicht in Art. 16 Abs. 1 DSRL-JI und die Löschverpflichtung speziell in Art. 16 Abs. 2 DSRL-JI geregelt ist. Die Bedeutung dieser Rechtsinstitute wird bereits daraus deutlich, dass das Betroffenenrecht auf Berichtigung der personenbezogenen Daten explizit in Art. 8 Abs. 2 EuGRCh Erwähnung findet.[2]

2 Einem Eingriff in das Recht der informationellen Selbstbestimmung kann in vielen Fällen vollständig nur mit der **endgültigen Löschung der personenbezogenen Daten** abgeholfen werden. Laut der Rechtsprechung des Europäischen Gerichtshofs kann eine Löschung personenbezogener Daten sogar deren Zerstörung bedeuten.[3] In jedem Fall wird die Brauch- und Nutzbarkeit der Datensätze im Fall der Löschung ausgeschlossen.[4]

3 Die Relevanz des Grundsatzes der **Datenrichtigkeit** ergibt sich insbesondere im Bereich von Ermittlungen und Strafvollzug auch aufgrund des Bedürfnisses der verarbeitenden Stelle nach richtigen Datensätzen zur Gewährleistung der Aufgabenerfüllung in erhöhtem Maße.[5] Deshalb ist auch der Berichtigungspflicht in diesem Kontext eine hohe Bedeutung beizumessen, die zu einer grundsätzlich weiten Interpretation derselben führen muss.[6] Die Möglichkeit der Aufgabenerfüllung durch die zuständigen Behörden und die Verfolgung des Verfahrenszwecks kann so durch datenschutzkonforme Verarbeitungen sichergestellt werden.[7]

4 § 77 BKAG knüpft an die **Zentralstellenfunktion und Überwachungsverantwortung des BKA aus § 31 Abs. 1 BKAG** (→ § 31 Rn. 5 f.) an.[8] Würde die datenschutzrechtliche Verantwortung nicht normenklar durch § 31 BKAG anderweitig zugeordnet, käme man anhand der Analyse des gemeinsamen Systems zu einer mit einer gemeinsamen Verantwortung gem. Art. 21 DSRL-JI vergleichbaren Konstellation. Diese Diskrepanz führt dazu, dass dem BKA in quasi-Verantwortlichkeit faktische Prüfverpflichtungen zukommen, die die Behörde unabhängig von der datenschutzrechtlichen Verantwortung treffen (→ § 31 Rn. 5 f.). Durch eine engere Anlehnung an die Grundkonstellationen der datenschutzrechtlichen Verantwortung des europäischen Rechtsregimes hätte diese Hilfskonstruktion vermieden werden können.

B. Kommentierung im Einzelnen

5 § 77 BKAG sieht reguläre (Abs. 1, → Rn. 6 ff.) und spezielle (Abs. 2, → Rn. 16 ff.) Prüf- und Aussonderungsfristen vor. Darüber hinaus trifft die Norm Vorgaben über die Festlegung des Fristbeginns und die Verzögerung der Löschung (Abs. 3, → Rn. 22 f.). Sie stellt daneben sicher, dass auch für personenbezogene Daten aus externen Quellen angemessene Fristen festgelegt werden (Abs. 4, → Rn. 23 f.), legt Aussonderungsfristen fest (Abs. 5, → Rn. 25) und ordnet die datenschutzrechtliche Verantwortung grundsätzlich der die Verarbeitung unmittelbar initiierenden und durchführenden Stelle zu (Abs. 6, → Rn. 26 f.).

I. Reguläre Aussonderungsfristen (Abs. 1)

6 § 77 Abs. 1 BKAG legt reguläre Aussonderungs- bzw. Löschpflichten fest. Der Verweis auf die generelle Berichtigungs- und Löschpflicht des § 75 BDSG zeigt, dass **§ 77 BKAG** die **allgemeinen Regelungen des BDSG nicht verdrängt**, sondern lediglich als Fachrecht in dem normierten Spezialfall **ergänzt und konkretisiert.**[9]

1 Vgl. BeckOK-DatenschutzR/Burghardt/Reinbacher BDSG § 75 Rn. 1 (2022).
2 So auch Ehmann/Selmayr/Kamann/Braun DS-GVO Art. 16 Rn. 2.
3 EuGH Urt. v. 20.12.2017 – C-434/16 –, NJW 2018, 767 (769, Rn. 55) – Nowak/Data Protection Commissioner.
4 Paal/Pauly/Paal DS-GVO/BDSG, 3. Aufl. 2021, Art. 17 Rn. 30.
5 Vgl. zum Grundsatz der Datenrichtigkeit bereits die Ausführungen in ErwG 30 und 32 DSRL-JI.
6 Vgl. insoweit auch ErwG 32 S. 1 DSRL-JI.
7 Dies wird an der grundsätzlichen Wertung des Art. 16 Abs. 3 lit. b und Abs. 4 DSRL-JI deutlich; vgl. insoweit auch ErwG 26 S. 2.
8 Dies folgt mit Blick auf die Normgenese schon daraus, dass § 77 BKAG im Wesentlichen § 32 Abs. 3–9 BKAG aF entspricht, vgl. dazu BT-Drs. 18/11163, 131; Schenke/Graulich/Ruthig/Ruthig BKAG § 77 Rn. 28; zu der Vorgängerregelung Kugelmann BKAG § 32 Rn. 7 ff.
9 Vgl. BT-Drs. 18/11163, 131 sowie Sydow/Marsch/Johannes/Weinhold DS-GVO/BDSG, 3. Aufl. 2022, BDSG § 75 Rn. 24.

1. Pflicht zur anlassbezogenen und regelmäßigen Überprüfung der Datensätze (Abs. 1 S. 1). **§ 75 Abs. 2 BDSG** gibt allgemein **drei Fälle** vor, in denen personenbezogene Daten **unverzüglich zu löschen** sind: 1. die Löschung wegen Unzulässigkeit der Verarbeitung, 2. die Löschung zur Erfüllung rechtlicher Verpflichtungen sowie 3. die Löschung wegen mangelnder Erforderlichkeit der Kenntnis der personenbezogenen Daten für die Aufgabenerfüllung. Die ersten beiden Fälle erfassen bereits aus der rechtlichen Systematik folgende Gründe, wobei die Unzulässigkeit der Verarbeitung Fälle der fehlenden Rechtsgrundlage oder der entgegenstehenden rechtlichen Gründe umfasst, wohingegen die Erfüllung einer Rechtspflicht den Fall einer positiv normierten Löschverpflichtung zum Gegenstand hat.[10] Der letztgenannte Fall der fehlenden Erforderlichkeit der Kenntnis der personenbezogenen Daten für die Aufgabenerfüllung dürfte demgegenüber vorwiegend durch faktische Gründe, wie etwa Änderungen im Erkenntnisstand, einer Änderung des Fokus des jeweiligen Verfahrens oder durch den allgemeinen Zeitablauf bedingt eintreten. Jedenfalls dürfte die Relevanz für die Erfüllung der Aufgaben aus § 45 BDSG in derartigen Konstellationen nachträglich entfallen sein.[11] 7

Neben der Löschpflicht verweist § 77 Abs. 1 S. 1 BKAG auch auf die rechtliche Verpflichtung, **personenbezogene Daten zu berichtigten.** Die Unrichtigkeit der Datensätze ist dabei anhand objektiver Kriterien zu bestimmen. Sie ist anzunehmen, sofern die Inhalte der Datensätze von der Realität abweichen und sie zumindest als Tatsachengrundlage dienen und nicht reine Werturteile beinhalten.[12] Die tatsächliche Relevanz einzelner Datensätze für Ermittlungen, ein erst zeitlich verzögerter Eintritt der Unrichtigkeit, die konkrete Ursache der Unrichtigkeit oder ein Ausschluss eines Verschuldens der datenverarbeitenden Stelle lassen die Berichtigungspflicht unberührt.[13] 8

§ 77 Abs. 1 S. 1 BKAG sieht die Überprüfung der Datensätze auf das Bestehen einer Berichtigungs- oder einer Löschverpflichtung hin durch das BKA **nicht nur innerhalb von regelmäßigen Zeitabständen,** sondern **auch im Rahmen von Einzelfallprüfungen** vor.[14] 9

2. Konkrete reguläre Löschvorgaben (Abs. 1 S. 2). Grundsätzlich obliegt dem Verantwortlichen die Pflicht der Festlegung angemessener Löschpflichten iSv § 75 Abs. 4 BDSG. § 77 Abs. 1 S. 2 BKAG gibt jedoch **Maximalfristen bezüglich der Aussonderungsprüffristen der Informationssysteme des BKA** für personenbezogene Daten an. Bei Erwachsenen sollen diese höchstens 10 Jahre, im Fall von Jugendlichen maximal 5 Jahre und bei personenbezogenen Daten von Kindern 2 Jahre betragen. 10

Nach § 1 Abs. 2 JGG fallen unter den **Begriff des Jugendlichen** iSd Strafrechtsordnung Personen, die bei Tatbegehung zwischen 14 und 18 Jahren alt sind, sodass von Kindern bei Personen bis zur Vollendung des vierzehnten Lebensjahrs auszugehen ist (→ § 75 Rn. 4 mwN). 11

§ 77 Abs. 1 S. 2 aE BKAG stellt darüber hinaus die Wahrung des **Verhältnismäßigkeitsgrundsatzes** sicher,[15] indem festgestellt wird, dass bei der Festlegung der Speicherdauer stets der Speicherungszweck und „Art und Schwere des Sachverhalts" zu beachten sind. Die aufgrund dieser Grundsätze notwendige Konkretisierung stellt auch den Grund für die in § 77 Abs. 2 BKAG (→ Rn. 16 ff.) festgelegten besonderen Aussonderungsfristen dar. 12

3. Absicherung der Pflichtenerfüllung durch Technikgestaltung (Abs. 1 S. 3). § 77 Abs. 1 S. 3 BKAG ist eine spezielle Ausprägung des Grundsatzes „Datenschutz durch Technikgestaltung" (***privacy by design***), der allgemein in Art. 4 Abs. 1 lit. f, Art. 29 Abs. 1 DSRL-JI und §§ 47 Nr. 6, 71 BDSG normiert ist.[16] § 71 Abs. 1 S. 1 BDSG betont die Bedeutung dieses Ansatzes für den Grundsatz der Datensparsamkeit, indem dieser als datenschutzrechtlicher Grundsatz explizit und zu Anfang der Norm genannt wird. Auch die Speicherbegrenzung als solche wird von § 71 Abs. 2 S. 2 BDSG explizit genannt. Die Umsetzung des Grundsatzes der Datenminimierung wird in § 71 Abs. 1 S. 3 BDSG adressiert, der für die Gestaltung von Datenverarbeitungssystemen das Ziel vorgibt, „so wenig personenbezogene Daten wie möglich zu verarbeiten". 13

Diese besondere Bedeutung der Realisierung der datenschutzrechtlichen Grundsätze der Speicherbegrenzung und Datenminimierung durch Technikgestaltung im Bereich der Umsetzung der DSRL-JI greift auch § 77 Abs. 1 S. 3 BKAG auf,[17] nach dem die Beachtung der Aussonderungsfristen **durch „geeignete technische Maßnahmen"** gewährleistet werden soll. 14

10 Zu derartigen Verpflichtungen ausführlich Simitis/Hornung/Spiecker gen. Döhmann/Dix, Datenschutzrecht, DS-GVO Art. 17 Rn. 16.

11 Vgl. Sydow/Marsch/Johannes/Weinhold DS GVO/BDSG, 3. Aufl. 2022, BDSG § 75 Rn. 23.

12 Vgl. Kühling/Buchner/Herbst DS-GVO/BDSG, 3. Aufl. 2020, DS-GVO Art. 16 Rn. 8, 9 mwN.

13 Vgl. Kühling/Buchner/Herbst, DS-GVO/BDSG, 3. Aufl. 2020, DS-GVO Art. 16 Rn. 11, 12 und 14 mwN; Taeger/Gabel/Meents/Hinzpeter, DS-GVO/BDSG/TTDSG, 4. Aufl. 2022, DS-GVO Art. 16 Rn. 10, 11 mwN.

14 Ausführlich zu Einzelfallprüfungen Schenke/Graulich/Ruthig/Ruthig BKAG § 77 Rn. 16.

15 So fordert dies auch der Wortlaut des Art. 16 Abs. 3 DSRL-JI.

16 Vgl. insoweit den Wortlaut des Art. 20 Abs. 1 DSRL-JI.

17 Dies entspricht der gleichlaufenden besonderen Betonung des Grundsatzes der Datenminimierung in Art. 20 Abs. 1 a. DSRL-JI.

15 Gerade mit Blick auf den **erheblichen Datenschutzmanagementaufwand**, den die Umsetzung der Einhaltung der Aussonderungsfristen verursacht, ist deren automatisierte Umsetzung für eine operable Umsetzung datenschutzrechtlicher Löschfristen unerlässlich.[18] Dies hat auch die Datenschutzkonferenz bereits im Jahr 2010 in ihrem Eckpunktepapier herausgestellt und dabei die Notwendigkeit der technischen Implementierung der rechtlichen Vorgaben beim ersten Aufsetzen neuer Systeme betont.[19]

II. Besondere Aussonderungsfristen (Abs. 2)

16 Die Ausrichtung der BKAG-Normen am Grundsatz der Verhältnismäßigkeit, die bereits am Ende des § 77 Abs. 1 S. 2 BKAG hervorgehoben ist, wird auch anhand der Gesamtsystematik der Normen deutlich. So sieht § 77 Abs. 2 besondere Aussonderungsfristen für die Fälle des § 19 Abs. 1 vor (→ Rn. 2). Letzterer betrifft die Verarbeitung personenbezogener Daten von sog. **Randpersonen,**[20] also Personen, die nicht Verurteilte, Beschuldigte, Tatverdächtige und sonstigen Anlasspersonen iSv § 18 Abs. 1 Nrn. 1–4 sind und deren Daten nach dem Wortlaut des § 19 Abs. 1 S. 1 nur verarbeitet werden dürfen, sofern dies „zur Verhütung oder zur Vorsorge für die künftige Verfolgung einer Straftat mit erheblicher Bedeutung erforderlich ist“.

17 **1. Maximal zulässige Verarbeitungsdauer (Abs. 2 S. 1).** Entsprechend der besonderen Betroffenheit der Gruppe der Randpersonen bzw. „anderen Personen“[21] sind die von § 77 Abs. 2 S. 1 BKAG vorgesehenen maximalen **Aussonderungsfristen entsprechend verkürzt** ausgestaltet und betragen bei Erwachsenen idR fünf Jahre und bei Jugendlichen nur drei Jahre.

18 § 77 Abs. 2 S. 1 BKAG trifft jedoch eine **Ausnahme für Straftaten iSv §§ 6–13 VStGB**. Hierbei handelt es sich um Völkermord (§ 6 VStGB), Verbrechen gegen die Menschlichkeit (§ 7 VStGB), sämtliche Formen von Kriegsverbrechen (§§ 8–12 VStGB) und Verbrechen der Aggression (§ 13 VStGB), die beispielsweise Angriffskriege mitumfassen. Entsprechend der erheblichen Schwere dieser Taten und der durch den Verhältnismäßigkeitsgrundsatz gebotenen Einbeziehung (→ Rn. 16) des Schweregrades in die Festlegung der Aussonderungsfrist, wird diese entsprechend länger mit 10 Jahren für Erwachsene und fünf Jahren für Jugendliche vorgegeben.

19 **2. Verkürzte Frist bei fehlender Zustimmung (Abs. 2 S. 2).** Der Tatsache, dass es sich bei den betroffenen Personen nicht um Verurteilte, Beschuldigte, Tatverdächtige und sonstigen Anlasspersonen iSd § 18 Abs. 1 BKAG, sondern um Randpersonen (→ Rn. 16) handelt, trägt § 77 Abs. 2 S. 2 BKAG Rechnung. Die Norm ist angelehnt an § 24 Abs. 4 PolG NRW aF (jetzt: § 22 Abs. 5 PolG NRW).[22] Sie legt fest, dass die **Speicherdauer ohne Zustimmung der betroffenen Person nur ein Jahr** betragen darf. § 77 Abs. 2 S. 4 BKAG sieht aufgrund der Eingriffsintensität und der nicht oder nur bedingt bestehenden aktiven Beteiligung der betroffenen Person an den jeweiligen Straftaten eine absolute Obergrenze für Verlängerungen dieser Frist vor.[23]

20 **3. Verlängerung der Speicherdauer (Abs. 2 S. 3 und 4).** Liegen die Voraussetzungen nach § 19 Abs. 1 BKAG weiterhin vor, so kann die Speicherdauer gem. § 77 Abs. 2 S. 3 BKAG um ein weiteres Jahr verlängert werden. In verfahrensrechtlicher Hinsicht ist bei dieser einjährigen Verlängerung die **spezielle Begründungspflicht** des § 77 Abs. 2 S. 3 BKAG zu beachten. Diese beinhaltet die maßgeblichen Gründe für die Verlängerung der Speicherdauer und dient als **spezielle Ausformung des Grundsatzes der Rechenschaftspflicht aus Art. 4 Abs. 4 DSRL-JI** der Dokumentation der Nachprüfbarkeit von Entscheidungen im Rahmen der datenschutzrechtlichen Kontrolle.[24]

21 Für den Fall des **Fehlens einer Zustimmung einer betroffenen Person,** die unter die Personengruppe des § 19 Abs. 1 fällt, sieht § 77 Abs. 2 S. 4 BKAG grundsätzlich eine maximale Speicherdauer von zwei Jahren vor. Längere Fristen gelten hier nur für besonders schwere Straftaten wie die Bildung terroristischer Vereinigungen nach § 129a StGB, beziehungsweise die Bildung terroristischer Vereinigungen im Ausland gem. § 129b StGB mit fünf Jahren. Auch die bereits in § 77 Abs. 2 S. 1 aE BKAG hervorgehobenen Verarbeitungen personenbezogener Daten zur Bekämpfung von Straftaten nach den §§ 6–13 VStGB (→ Rn. 18) unterliegen selbst im Fall der Verlängerung der Speicherdauer der maximalen Speicherdauer von 10 Jahren.

18 In diese Richtung gehend bereits Hornung ZD 2011, 51 (52).

19 Datenschutzkonferenz „Ein modernes Datenschutzrecht für das 21. Jahrhundert“ v. 18.3.2010, S. 10; abrufbar unter: https://www.baden-wuerttemberg.datenschutz.de/wp-content/uploads/2013/03/Ein-modernes-Datenschutzrecht.pdf.

20 Schenke/Graulich/Ruthig/Ruthig BKAG § 77 Rn. 20.

21 Auch der Wortlaut der Gesetzesüberschrift spricht hier von „Daten zu anderen Personen“.

22 BT-Drs. 13/1550, 37.

23 Schenke/Graulich/Ruthig/Ruthig BKAG § 77 Rn. 21 f.

24 Vgl. zu der aus der Rechenschaftspflicht folgenden Nachweispflicht Kühling/Buchner/Herbst DS-GVO/BDSG, 3. Aufl. 2020, DS-GVO Art. 5 Rn. 79.

III. Festlegung des Fristbeginns und Verlängerung der Speicherdauer aus administrativen Gründen (Abs. 3)

22 Die Frist beginnt nach § 77 Abs. 3 S. 1 BKAG mit dem **Ereignis, das kausal für die Datenspeicherung ist.** Diese Regelung unterscheidet sich von den strafprozessualen Parallelregelungen in § 489 Abs. 6 und § 494 Abs. 2 StPO dadurch, dass nach den zuletzt genannten Bestimmungen ausdrücklich spätere Speicherungen berücksichtigt werden, indem sie die Löschung hinausschieben, bis für alle Eintragungen die Löschungsvoraussetzungen erfüllt sind.[25] Während das Strafprozessrecht mit Blick auch auf den Personenkreis der Beschuldigten mehr auf den Gesamtzusammenhang der Datenspeicherung abhebt, setzt die Datenschutzregelung des § 77 Abs. 3 BKAG dagegen an tatsächlichen Ereignissen an.[26] Der Fristbeginn verzögert sich jedoch auch bei § 77 Abs. 3 S. 1 BKAG bis zu dem Zeitpunkt der Entlassung oder dem Ende von Maßregeln der Besserung und Sicherung, die mit einer Freiheitsentziehung verbunden sind. *Ruthig* sieht als Grund für diese Verzögerung die fehlende Möglichkeit einer abschließenden Prognose über das Verhalten in Freiheit, solange diese nicht tatsächlich gegeben ist.[27] Die im ursprünglichen Gesetzesentwurf enthaltene Fassung, nach der die Fristenregelung „für alle zu einer Person gespeicherten Daten" einheitlich gelten und hierdurch verhindert werden sollte, „dass innerhalb der Frist zu einer Person hinzugespeicherte Daten aufgrund unterschiedlicher Fristabläufe ausgesondert werden müssen und so die polizeifachlich erforderliche Abbildung der Entwicklung einer betroffenen Person in kriminalistischer Hinsicht über aussagekräftige Zeiträume hinweg erschwert wird",[28] ist nicht Gesetz geworden.[29]

23 **Systematisch** wäre die Regelung des § 77 Abs. 3 S. 2 treffender im Rahmen von § 77 Abs. 1 BKAG anzusiedeln gewesen, sieht sie doch eine **weitere Ausnahme von der Fristenregelung** des § 77 Abs. 1 S. 2 BKAG vor. Soweit erforderlich können personenbezogene Daten demnach aus Gründen der „Vorgangsverwaltung" auch über die in § 77 Abs. 1 S. 2 BKAG genannten Fristen hinaus verarbeitet werden. § 77 Abs. 3 S. 4 BKAG begrenzt sämtliche anschließenden Verarbeitungen auf die Zwecke der Vorgangsverwaltung und der Behebung der Beweisnot. In Anbetracht der europäischen Vorgaben des Art. 16 DSRL-JI und der an den datenschutzrechtlichen Grundsätzen orientierten gebotenen Auslegung der Ausnahmevorschrift, dürfte diese nur äußerst restriktiv auszulegen sein. Eine nur durch administrative Gründe bedingte Weiterverarbeitung dürfte mit Blick auf den bestehenden Vorrang des Unionsrechtes nicht rechtmäßig umsetzbar sein.[30] Das Gleiche gilt für einen in der Praxis angenommenen **„Mitzieheffekt"** dergestalt, dass ein nach Landesrecht zu löschender Landesbestand auch nach Ablauf der Speicherfristen allein deshalb weiterzuführen wäre, weil die Polizei eines anderen INPOL-Verbundteilnehmers nach jeweils eigenem Recht zur Speicherung berechtigt wäre.[31] Der Bund ist indes kompetenzrechtlich nicht befugt, auf Länderdateien bezogene landesgesetzliche Speicherfristen durch abweichendes Bundesgesetz, namentlich § 77 Abs. 3 S. 2 BKAG, auszuhebeln. Vielmehr sind Speicherungen in INPOL, die durch die Polizeien der Länder veranlasst werden, nach dem „Besitzerprinzip" des § 31 Abs. 2 BKAG ausschließlich akzessorisch zu Speicherungen im Landesbestand (→ § 31 Rn. 8).

IV. Mitteilung von Löschverpflichtungen bei Übermittlungen personenbezogener Daten von außerhalb des polizeilichen Informationsverbundes (Abs. 4)

24 § 77 Abs. 4 BKAG stellt sicher, dass die datenschutzrechtlichen Löschverpflichtungen auch bei Übermittlung **von anderen Stellen als den Mitgliedern des polizeilichen Informationsverbundes** eingehalten werden.[32] Hierfür müssen die durch geltendes Recht bestimmten Löschverpflichtungen dem BKA mitgeteilt werden (§ 77 Abs. 4 S. 2 BKAG). Die korrespondierende Pflicht des BKA, die mitgeteilten Löschfristen einzuhalten, ist in § 77 Abs. 4 S. 3 BKAG festgelegt.

25 Aufgrund des Aufgabenzuschnitts des BKA und dessen Funktion als Zentralstelle[33] kann die Datenverarbeitung zur Aufgabenerfüllung für dieses **auch nach Ablauf der mitgeteilten Löschfristen noch erforderlich** sein. Hierfür bedarf es jedoch konkreter Anhaltspunkte und das BKA darf nicht selbst einer Löschverpflichtung unterliegen. Durch die gesetzliche Etablierung einer gemeinsamen Verantwortlichkeit wäre diese etwas umständlich anmutende gesetzliche Konstruktion eleganter regulierbar gewesen (→ Rn. 4).

25 BVerwG Urt. v. 22.10.2003 – 6 C 3/03 –, BeckRS 2004, 21308; Urt. v. 9.6.2010 – 6 C 5/09 –, BVerwGE 137, 113 (122, Rn. 31).
26 Kugelmann BKAG § 32 Rn. 8.
27 Schenke/Graulich/Ruthig/Ruthig BKAG § 77 Rn. 23.
28 BT-Drs. 18/11163, 132.
29 Vgl. die Empfehlung des Innenausschusses, BT-Drs. 18/12076, 8.
30 S. dazu die Forderung einer Erforderlichkeitsprognose bei Schenke/Graulich/Ruthig/Ruthig BKAG § 77 Rn. 7.
31 Zu den Hintergründen https://www.baden-wuerttemberg.datenschutz.de/gebrochene-zusage/.
32 Vgl. Schenke/Graulich/Ruthig/Ruthig BKAG § 77 Rn. 25.
33 Vgl. dazu Schenke/Graulich/Ruthig/Ruthig BKAG § 77 Rn. 28.

V. Festlegung der Aussonderungsfrist für Fälle des Abs. 4 S. 1 (Abs. 5)

26 Die Aussonderungsprüffristen sind für die Fälle des § 77 Abs. 4 S. 1 BKAG **im Benehmen** zwischen der übermittelnden Stelle und dem BKA festzulegen. Diese bloßen Aussonderungsprüffristen sind von den geltenden gesetzlichen Löschverpflichtungen zu unterscheiden, zu deren Einhaltung das BKA aus § 77 Abs. 4 S. 3 BKAG verpflichtet ist. Bereits gegenwärtig bestehende Löschverpflichtungen oder Einschränkungen der Verarbeitung sind dem BKA nach § 77 Abs. 5 S. 2 BKAG mitzuteilen. Auch wenn **§ 77 Abs. 5 S. 3 BKAG** für die Fälle der Berichtigung eine Abwägung der Schutzgüter vorsieht, wird diese Norm aufgrund der daraus resultierenden Unbestimmtheit in europarechtskonformer Auslegung **iS einer uneingeschränkten Sicherstellung der Berichtigungspflicht auszulegen** sein. Sind die personenbezogenen Daten gem. den gesetzlichen Bestimmungen verarbeitet, so sollte ihre Berichtigung auch idR zur Erfüllung der polizeilichen Aufgaben erforderlich sein.[34]

VI. Datenschutzrechtliche Verantwortung bezüglich der Löschverpflichtung (Abs. 6)

27 § 77 Abs. 6 S. 1 BKAG verweist bezüglich der Zuständigkeit für die Erfüllung der datenschutzrechtlichen Löschverpflichtung für personenbezogene Daten des polizeilichen Informationsverbunds auf die **generelle Regelung der datenschutzrechtlichen Verantwortung des § 31 Abs. 2 BKAG** (→ § 31 Rn. 7 ff.).

28 Aufgrund der Funktion des BKA als allgemein vorgesehene Zentralstelle iSd § 31 Abs. 1 (→ § 31 Rn. 5 f.)[35] ordnet § 77 Abs. 6 S. 2 auch für gegebenenfalls nach § 77 Abs. 6 S. 1 iVm § 31 Abs. 2 BKAG zuständige Landesbehörden das **Absehen von der Löschung** bedingt durch Gründe der Aufgabenerfüllung des BKA nach § 77 Abs. 4 S. 3 BKAG entsprechend an. Mit dem dadurch bedingten **Übergang aller Datenverarbeitungen in den Pflichtenkreis des BKA** sind diesem durch die Landesbehörde konsequenterweise auch gem. § 77 Abs. 6 S. 3 BKAG die schriftlichen Unterlagen zu übergeben.

§ 78 Berichtigung personenbezogener Daten sowie die Einschränkung der Verarbeitung in Akten sowie Vernichtung von Akten

(1) [1]Stellt das Bundeskriminalamt die Unrichtigkeit personenbezogener Daten in Akten fest, ist die in § 75 Absatz 1 des Bundesdatenschutzgesetzes genannte Berichtigungspflicht dadurch zu erfüllen, dass dies in der Akte vermerkt oder auf sonstige Weise festgehalten wird. [2]Bestreitet die betroffene Person die Richtigkeit sie betreffender personenbezogener Daten und lässt sich weder die Richtigkeit noch die Unrichtigkeit feststellen, sind die Daten entsprechend zu kennzeichnen, um eine Verarbeitungseinschränkung nach § 58 Absatz 1 Satz 2 des Bundesdatenschutzgesetzes zu ermöglichen.

(2) [1]Das Bundeskriminalamt hat die Verarbeitung personenbezogener Daten in Akten einzuschränken, wenn

1. die Verarbeitung unzulässig ist oder
2. aus Anlass einer Einzelfallbearbeitung festgestellt wird, dass die Kenntnis der Daten zur Erfüllung der dem Bundeskriminalamt obliegenden Aufgaben nicht mehr erforderlich ist oder eine Löschungsverpflichtung nach § 77 Absatz 3 bis 5 besteht.

[2]Die Akte ist zu vernichten, wenn sie insgesamt zur Erfüllung der Aufgaben des Bundeskriminalamtes nicht mehr erforderlich ist. [3]Die Vernichtung unterbleibt, wenn

1. Grund zu der Annahme besteht, dass andernfalls schutzwürdige Interessen der betroffenen Person beeinträchtigt würden oder
2. die personenbezogenen Daten für Zwecke eines gerichtlichen Verfahrens weiter aufbewahrt werden müssen.

[4]In diesen Fällen ist die Verarbeitung der Daten einzuschränken und sind die Unterlagen mit einem entsprechenden Einschränkungsvermerk zu versehen.

(3) In ihrer Verarbeitung eingeschränkte Daten dürfen nur für den Zweck verarbeitet werden, für den die Vernichtung der Akte unterblieben ist; sie dürfen auch verarbeitet werden, wenn dies zur Behebung einer bestehenden Beweisnot unerlässlich ist oder die betroffene Person einwilligt.

34 Vgl. insoweit den Wortlaut des § 77 Abs. 5 S. 3 aE BKAG.
35 Schenke/Graulich/Ruthig/Ruthig BKAG § 77 Rn. 28.

(4) Anstelle der Vernichtung nach Absatz 2 Satz 2 sind die Akten an das zuständige Archiv abzugeben, sofern diesen Unterlagen bleibender Wert im Sinne des § 1 Nummer 10 des Bundesarchivgesetzes zukommt.

(5) § 75 Absatz 4 des Bundesdatenschutzgesetzes sowie § 77 Absatz 4 und 5 gelten entsprechend.

A. Allgemeines

1 § 78 BKAG setzt die Vorgaben des Art. 16 DSRL-JI speziell für (Kriminal-)**Akten** um. Das europäische Rechtsregime kennt keine speziellen Vorschriften für die Verarbeitung personenbezogener Daten in Akten, sondern regelt die Berichtigungspflicht über allgemein und technikneutral formulierte Artikel.[1] Mit anderen Worten: „Der Datenschutz gilt unabhängig vom Medium oder Informationsträger, in dem die Daten gespeichert oder festgehalten werden".[2]

2 Zwar wird die Berichtigungsverpflichtung im nationalen Recht auch **allgemein in § 75 Abs. 1 BDSG** normiert. Aus dem redundanten Wortlaut, nach dem personenbezogene Daten im Fall der Unrichtigkeit zu berichtigen sind, gehen jedoch keine näheren Einzelheiten zu der bei Verfahrensakten teilweise notwendigen Einschränkung der Verarbeitung hervor.[3] Darüber hinaus werden nicht alle Akten in den polizeilichen Datenbanken und Verbundsystemen speicherbar sein, was den auch im Fall der elektronischen Veraktung theoretisch bestehenden Mehrwert des § 78 BKAG zeigt.[4]

B. Kommentierung im Einzelnen

3 § 78 BKAG trägt dem Umstand Rechnung, dass im nationalen Rechtssystem in Bezug auf Akten die **Grundsätze der Aktenklarheit und der Aktenrichtigkeit** greifen.[5] Auch wenn das Bundesverfassungsgericht das deutsche Recht im Bereich der unionsrechtlich nicht vollständig determinierten Richtlinienumsetzung am Maßstab nationaler Grundrechte prüft,[6] zeigt die explizite Nennung des Berichtigungsanspruchs betroffener Personen in Art. 8 Abs. 2 S. 2 EuGRCh die immense Bedeutung, die dieser Rechtsposition von der europäischen Rechtsordnung beigemessen wird.[7]

I. Pflichten im Fall der Unrichtigkeit von Daten (Abs. 1)

4 Im Fall der Unrichtigkeit, in dem der Akteninhalt nicht der Realität entspricht (zum Begriff der Unrichtigkeit → § 77 Rn. 2), sieht § 78 BKAG generell lediglich das Festhalten der Berichtigung in Form eines Aktenvermerks vor.[8] Ob diese Vorgehensweise den europarechtlichen **Vorgaben des Art. 16 Abs. 1 S. 1 DSRL-JI** gerecht wird, ist für diejenigen Fälle zu bezweifeln, in denen die unrichtigen Daten zusätzlich einer Löschpflicht unterfallen.[9] Der Vermerk nach § 78 Abs. 1 S. 1 BKAG kommt in seiner tatsächlichen Ausformung und Wirkung jedoch mehr einer Einschränkung der Verarbeitung gleich.[10] Nach Art. 16 Abs. 3 lit. a DSRL-JI kann diese im Fall eines Berichtigungsbegehrens der betroffenen Person nur durchgeführt werden,

1 Zum Begriff der Technologieneutralität s. bereits ErwG 18 DSRL-JI.
2 Zu der Vorgängerregelung Kugelmann BKAG § 33 Rn. 1.
3 Vgl. Spatscheck/Dovas/Feldle NStZ 2022, 705 (706).
4 Dagegen nimmt Ruthig eine geringe praktische Relevanz der Vorschrift an Schenke/Graulich/Ruthig/Ruthig BKAG § 78 Rn. 1.
5 So auch Schenke/Graulich/Ruthig/Ruthig BKAG § 78 Rn. 4.
6 BVerfG Beschl. v. 6.11.2019 – 1 BvR 16/13 –, BVerfGE 152, 152 (169, Rn. 42)
7 So auch Ehmann/Selmayr/Kamann/Braun DS-GVO Art. 16 Rn. 2.
8 Vgl. Kugelmann BKAG § 33 Rn. 2: Amtspflicht zur Berichtigung unrichtiger personenbezogener Daten in Akten, im Regelfall durch Aktenvermerk oder das Festhalten der Unrichtigkeit auf sonstige Weise.
9 Für den Polizeibereich ist jedoch zu beachten, dass eine Berichtigungspflicht nicht automatisch mit einer Löschverpflichtung einhergeht, s. dazu Paal/Pauly/Paal, DS-GVO/BDSG, 3. Aufl. 2021, BDSG § 58 Rn. 5.
10 S. dazu die Definition des Art. 3 Nr. 3 DSRL-JI, welche die Einschränkung der Verarbeitung als Markierung mit dem Ziel der Einschränkung der Verarbeitung bezeichnet.

sofern trotz Bestreitens der Richtigkeit die Unrichtigkeit nicht festgestellt werden kann. Der Wortlaut des § 78 Abs. 1 S. 1 BKAG ist entsprechend dieser Vorgaben auszulegen.[11]

5 Erst § 78 Abs. 1 S. 2 BKAG adressiert konkret den in Art. 16 Abs. 3 lit. a DSRL-JI geregelten Fall, dass trotz Bestreitens der Richtigkeit der personenbezogenen Daten durch die betroffene Person die **Richtigkeit der Daten nicht festgestellt werden kann**. Wie von Art. 16 Abs. 3 lit. a DSRL-JI vorgesehen, verweist § 78 Abs. 1 S. 2 auf die Einschränkung der Verarbeitung nach § 58 Abs. 1 BDSG. Auch wenn § 78 Abs. 1 S. 2 BKAG auf § 58 Abs. 1 S. 2 BDSG verweist, ist nach dem Sinn und Zweck der Vorschrift die in **§ 58 Abs. 1 S. 3 BDSG** ausgeführte Form der Einschränkung der Verarbeitung gemeint.[12] Insoweit ist der Gesetzeswortlaut **redaktionell anzupassen**.

II. Weitere Einschränkung der Verarbeitung und Aktenvernichtung (Abs. 2)

6 Weitere Fälle der Einschränkung der Verarbeitung personenbezogener Daten finden sich in § 78 Abs. 2 BKAG. Diese umfassen die **Unzulässigkeit der Verarbeitung** (S. 1 Nr. 1) und das **Bestehen einer Löschverpflichtung nach § 75 Abs. 3–5 BKAG** (S. 1 Nr. 2). Auch in dem erstgenannten Fall der Unzulässigkeit der Verarbeitung ist durch europarechtskonforme Auslegung sicherzustellen, dass die praktische Anwendung der Vorschrift den Vorgaben des Art. 16 Abs. 2 DSRL-JI, insbesondere mit Blick auf die dort genannten konkreten Löschpflichten, gerecht wird.[13]

7 Ist das Vorhalten der Daten zur Aufgabenerfüllung des BKA nicht mehr erforderlich, so ist die betreffende **Akte** nach § 78 Abs. 2 S. 2 BKAG **zu vernichten**, was zugleich in datenschutzrechtlicher Hinsicht die endgültige Löschung der personenbezogenen Daten bedeutet.[14]

8 § 78 Abs. 2 S. 3 BKAG sieht von dieser „Löschverpflichtung" im Falle eines entgegenstehenden schutzwürdigen Interesses der betroffenen Person (S. 3 Nr. 1) oder der Notwendigkeit der weiteren Vorhaltung für die Durchführung eines gerichtlichen Verfahrens (S. 3 Nr. 2) wiederum **Ausnahmen aufgrund überwiegender anderer Schutzgüter** vor. Konsequenterweise muss jedoch nach § 78 Abs. 2 S. 4 BKAG auch in diesen Fällen des Absehens von der Vernichtung bzw. Löschung eine Einschränkung der Verarbeitung, die nachfolgend auf die genannten Zwecke beschränkt ist, vermerkt werden.

III. Verarbeitung eingeschränkter Daten (Abs. 3)

9 § 78 Abs. 3 Hs. 1 BKAG stellt die **Einhaltung des Zweckbindungsgrundsatzes** sicher,[15] indem während des Eingreifens der Einschränkung die Verarbeitung nur zu den Zwecken erfolgen darf, aus denen ein Löschen nicht möglich war und so ein weitgehendes Verwertungsverbot aufgestellt wird.[16]

10 Anderes gilt nach Abs. 3 Hs. 2 nur in Fällen der **Beweisnot** (vgl. → § 77 Rn. 23) oder insofern die betroffene Person in die weitere Verarbeitung **eingewilligt** hat.

IV. Archivierung der Daten (Abs. 4)

11 In Ausnahme von der Vernichtungspflicht des Abs. 2 S. 2 sind die Akten zu Archivierung abzugeben, soweit ihnen ein **„bleibender Wert"** zukommt. Ein solcher ist gem. **§ 1 Nr. 11 lit. a BArchG** anzunehmen, wenn den Dokumenten eine besondere Bedeutung zukommt, die durch politische, rechtliche, wirtschaftliche, soziale oder kulturelle Erkenntnisse begründet sein kann. § 1 Nr. 11 lit. a BArchG verweist daneben auf einen Mehrwert mit Blick auf die historische Deutung, gesellschaftliche Interessen oder die staatlichen Gewalten. Auch rechtliche Vorgaben können einen bleibenden Wert begründen.[17] Der Normverweis in § 78 Abs. 4 BKAG bedarf aufgrund des bestehenden Verweises auf § 1 Nr. 10 BArchG aktuell der **redaktionellen Anpassung**.

12 Ob ein bedeutender Wert tatsächlich besteht, wird idR **durch das zuständige Archiv** im Benehmen mit der abgebenden Stelle festgelegt.[18]

11 Die bestehenden begrifflichen Diskrepanzen ergeben sich vermutlich aus der im Vergleich zur früheren Beschränkung des „Sperrens" mittlerweile bestehenden weitergehenden europarechtlichen Rechtspositionen. Zu diesem Phänomen im Geltungsbereich der DS-GVO Simitis/Hornung/Spiecker gen. Döhmann/Dix, Datenschutzrecht, DS-GVO Art. 18 Rn. 1.

12 S. zu dem Verhältnis der Normen auch Kühling/Buchner/Schwichtenberg, DS-GVO/BDSG, 3. Aufl. 2020, BDSG § 58 Rn. 5.

13 Vgl. BeckOK-DatenschutzR/Burghardt/Reinbacher BDSG § 75 Rn. 3 (2022).

14 Vgl. insoweit die Rechtsprechung des EuGH, der unter Löschen auch eine Zerstörung versteht: EuGH Urt. v. 20.12.2017 – C-434/16 –, NJW 2018, 767 (769, Rn. 55) – Nowak/Data Protection Commissioner.

15 Vgl. Gola/Heckmann/Braun, DS-GVO/BDSG, 3. Aufl. 2022, BDSG § 47 Rn. 13.

16 Vgl. dazu auch Schenke/Graulich/Ruthig/Ruthig BKAG § 78 Rn. 11.

17 S. dazu den Wortlaut des § 1 Nr. 11 lit. b BArchG.

18 So auch Ruthig mit Bezug auf § 3 BArchG in Schenke/Graulich/Ruthig/Ruthig BKAG § 78 Rn. 16.

V. Kontrolle und Schutz vor Datenschutzverletzungen (Abs. 5)

Entsprechend § 75 Abs. 4 BDSG muss die Notwendigkeit der Vorhaltung der personenbezogenen Daten 13
durch die verantwortliche Stelle innerhalb angemessener Fristen **überprüft** werden. Dabei müssen Organisationsprozesse aufgesetzt werden, die eine **Einhaltung der Fristen** sicherstellen.[19] Dies gilt auch für die Festlegung und Überprüfung der Notwendigkeit der Speicherung der von anderen Stellen übermittelten Daten nach § 77 Abs. 4 und 5 BKAG, der insoweit entsprechend gilt.

§ 79 Löschung von durch Maßnahmen zur Abwehr von Gefahren des internationalen Terrorismus oder vergleichbaren Maßnahmen erlangten personenbezogenen Daten

(1) [1]Sind die durch eine in Abschnitt 5 genannte Maßnahme oder durch Maßnahmen nach § 34 oder § 64 erlangten personenbezogenen Daten, die nicht dem Kernbereich privater Lebensgestaltung zuzuordnen sind, zur Erfüllung des der Maßnahme zugrunde liegenden Zwecks und für eine etwaige gerichtliche Überprüfung der Maßnahme nicht mehr erforderlich, sind sie unverzüglich zu löschen, soweit keine Weiterverarbeitung der Daten nach den Vorschriften des Abschnitts 2 Unterabschnitt 2 erfolgt. [2]Die Tatsache der Löschung ist zu dokumentieren. [3]Die Dokumentation darf ausschließlich für Zwecke der Datenschutzkontrolle verwendet werden. [4]Sie ist sechs Monate nach der Benachrichtigung nach § 74 oder sechs Monate nach Erteilung der gerichtlichen Zustimmung über das endgültige Absehen von der Benachrichtigung zu löschen. [5]Ist die Datenschutzkontrolle nach § 69 Absatz 1 noch nicht beendet, ist die Dokumentation bis zu ihrem Abschluss aufzubewahren.

(2) Absatz 1 gilt entsprechend für personenbezogene Daten, die
1. **dem Bundeskriminalamt übermittelt worden sind und**
2. **durch Maßnahmen erlangt wurden, die den Maßnahmen nach § 34, Abschnitt 5 oder § 64 entsprechen.**

§ 79 BKAG **konkretisiert die Pflicht zur Datenlöschung** für die Verarbeitung personenbezogener Daten in 1
den Fällen der Maßnahmen zur Abwehr von Gefahren des internationalen Terrorismus (Abschnitt 5), des Einsatzes von technischen Mitteln zur Eigensicherung (§ 34 BKAG) sowie der besonderen Mittel der Datenverarbeitung zum Schutz von Mitgliedern der Verfassungsorganen und der Leitung des BKA (§ 64 BKAG). Die systematische Stellung nach § 78 BKAG zeigt, dass auch hier Datensätze außerhalb der elektronischen Datenbanksysteme in den Blick genommen werden.

Die einzelnen in § 79 BKAG adressierten Ermächtigungsgrundlagen kennen teilweise selbst **spezielle Lösch-** 2
vorgaben. Diese umfassen Löschvorgaben, die personenbezogene Daten aus dem – von § 79 Abs. 1 S. 1 BKAG explizit ausgenommenen[1] – Kernbereich privater Lebensgestaltung,[2] die Erfüllung oder den anschließenden Wegfall des Verarbeitungszwecks[3] oder über den jeweiligen Zweck hinaus erhobene Daten betreffen.[4]

§ 79 Abs. 1 S. 1 BKAG kommt insoweit eine **Klarstellungs- und Auffangfunktion** hinsichtlich personenbe- 3
zogener Daten in dem von der Norm umfassten Bereich besonders eingriffsintensiver Maßnahmen zu, deren Verarbeitung zur Erreichung des Verarbeitungszwecks **nicht mehr erforderlich** ist, und ordnet insoweit grundsätzlich für diesen Spezialbereich die **unverzügliche Löschung** an.[5] § 79 Abs. 1 S. 1 Hs. 2 BKAG stellt insoweit klar, dass eine Weiterverarbeitung nach Abschnitt 2 Unterabschnitt 2, dh nach den allgemeinen Regelungen unter Berücksichtigung des Grundsatzes der hypothetischen Datenneuerhebung (§§ 12 ff. BKAG), auch in den von § 79 BKAG erfassten Fällen möglich ist. Eine darüber hinausgehende Weiterverarbeitung personenbezogener Daten aus Gefahrenabwehrvorgängen zu nur allgemein umschriebenen Zwe-

19 Dies ergibt sich bereits aus dem allgemeinen Grundsatz des Datenschutzes durch Technikgestaltung aus Art. 20 Abs. 1 DSRL-JI.
1 Vgl. insoweit auch BT-Drs. 18/11163, 132: „Der Ausschluss personenbezogener Daten, die dem Kernbereich privater Lebensgestaltung zuzuordnen sind, aus dem Anwendungsbereich erfolgt vor dem Hintergrund der insofern spezielleren Regelungen im Zusammenhang mit den konkreten Befugnisnormen“.
2 § 34 Abs. 2 S. 3, § 45 Abs. 7, § 46 Abs. 7, § 49 Abs. 7, § 51 Abs. 7 BKAG.
3 § 47 Abs. 5, § 48 Abs. 3, § 64 Abs. 5 BKAG.
4 § 53 Abs. 2, § 56 Abs. 2 S. 4 und 5, § 62 Abs. 1 S. 2 BKAG.
5 Schenke/Graulich/Ruthig/Ruthig BKAG § 79 Rn. 1–3: „Regelfall“.

cken, wie sie noch in § 20v Abs. 6 S. 5 BKAG aF vorgesehen war,[6] ist mit den verfassungsrechtlichen Anforderungen an die Datenweiterverarbeitung demgegenüber unvereinbar.[7]

4 Die **Dokumentationspflicht** bezüglich der Löschung nach § 79 Abs. 1 S. 1 BKAG zum Zwecke der datenschutzrechtlichen Kontrolle[8] ist in § 79 Abs. 1 S. 2 BKAG festgelegt. Auch bezüglich der Dokumentation ist die **Regellöschfrist von sechs Monaten** nach Benachrichtigung der betroffenen Person vorgegeben,[9] wobei diese entsprechend dem Schutzzweck der Norm bis zum Ende der mindestens alle zwei Jahre stattfindenden datenschutzrechtlichen Kontrolle durch die Aufsichtsbehörde ausgesetzt werden kann.[10] Die letztgenannte Ausnahme zur Gewährleistung der effektiven Kontrolle durch die Datenschutzaufsicht relativiert daher die grundsätzlich sechs Monate nach Benachrichtigung bestehende Löschfrist, was durch den Mehrwehrt und den erhöhten Schutz der betroffenen Person durch die aufsichtsbehördliche Kontrolle gerechtfertigt ist.

5 Um Schutzlücken zu vermeiden, erstreckt **§ 79 Abs. 2 BKAG** die Geltung des Abs. 1 auch auf dem BKA übermittelte Daten (Nr. 1) und den in § 79 Abs. 1 genannten Maßnahmen entsprechende Maßnahmen (Nr. 2).[11]

§ 80 Verzeichnis von Verarbeitungstätigkeiten

(1) Das Bundeskriminalamt nimmt in das Verzeichnis nach § 70 des Bundesdatenschutzgesetzes Angaben auf zu

1. **Kategorien von innerhalb seines Informationssystems durchgeführten Tätigkeiten der Datenverarbeitungen, einschließlich derer, die es im Rahmen seiner Teilnahme am polizeilichen Informationsverbund nach § 29 Absatz 3 durchführt,**
2. **Kategorien von Tätigkeiten der Datenverarbeitungen, die es in Erfüllung seiner Aufgabe nach § 2 Absatz 3 durchführt.**

(2) Die nach § 70 Absatz 1 Satz 2 Nummer 2 des Bundesdatenschutzgesetzes geforderte Darstellung der Zwecke der im Informationssystem des Bundeskriminalamtes und in Erfüllung der Aufgabe nach § 2 Absatz 3 durchgeführten Kategorien an Verarbeitungen richtet sich nach den in den §§ 2 bis 8 genannten Aufgaben des Bundeskriminalamtes.

(3) Die nach § 70 Absatz 1 Satz 2 Nummer 3 des Bundesdatenschutzgesetzes geforderte Darstellung der Kategorien von Empfängern enthält auch Angaben dazu, ob die Übermittlung im Wege eines nach § 25 Absatz 7 eingerichteten automatisierten Abrufverfahrens erfolgt.

(4) Die nach § 70 Absatz 1 Satz 2 Nummer 4 des Bundesdatenschutzgesetzes geforderte Beschreibung

1. **der Kategorien betroffener Personen richtet sich insbesondere nach den in den §§ 18 und 19 genannten Personen,**
2. **der Kategorien personenbezogener Daten richtet sich insbesondere nach den in der Rechtsverordnung nach § 20 aufgeführten Datenarten.**

(5) Die im Verzeichnis enthaltenen Angaben zu Kategorien von Datenverarbeitungen nach Absatz 1 Nummer 2 enthalten Aussagen zu den Kriterien nach § 30.

(6) Das Bundeskriminalamt stellt das Verzeichnis und dessen Aktualisierungen der oder dem Bundesbeauftragten für den Datenschutz und die Informationsfreiheit zur Verfügung.

6 „Eine Löschung unterbleibt, soweit die Daten zur Verfolgung von Straftaten oder […] zur Verhütung oder zur Vorsorge für die künftige Verfolgung einer Straftat mit erheblicher Bedeutung erforderlich sind“.

7 Dementsprechend wurde § 20v Abs. 6 S. 5 BKAG aF für verfassungswidrig erklärt (vgl. BVerfG Urt. v. 20.4.2016 – 1 BvR 966/09 ua –, BVerfGE 141, 220 [323, Rn. 274]; s. dazu auch Graulich KriPoZ 2016, 75 [79]) und vom Gesetzgeber von einer Nachfolgeregelung bewusst Abstand genommen (BT-Drs. 18/11163, 132).

8 So die enge Zweckbindung des § 79 Abs. 1 S. 3 BKAG.

9 S. § 79 Abs. 1 S. 4 BKAG.

10 Vgl. § 79 Abs. 1 S. 5 BKAG.

11 Insoweit ergänzt § 79 Abs. 2 die Regelung des § 77 Abs. 4 BKAG und stellt sicher, dass sämtliche Maßnahmen Löschpflichten unterfallen.

A. Allgemeines

Die Pflicht, datenschutzrechtliche Verarbeitungsverzeichnisse auch im Polizeibereich zu führen, ist **europarechtlich durch Art. 24 DSRL-JI determiniert.** Die Pflicht zur Führung eines Verarbeitungsverzeichnisses ist eine Konkretisierung der allgemeinen Rechenschaftspflicht, die in Art. 4 Abs. 4 aE DSRL-JI vorgegeben wird. Demnach ist der Verantwortliche zur Einhaltung der datenschutzrechtlichen Grundsätze (s. Art. 4 Abs. 1 DSRL-JI) verpflichtet.[1] 1

Durch die allgemeinere **Regelung des § 70 BDSG** werden die Vorgaben aus Art. 24 DSRL-JI nahezu wortlautgleich **in deutsches Recht umgesetzt.** § 80 BKAG verweist am Anfang auf § 70 BDSG und macht so den eigenen Charakter als spezialgesetzliche Konkretisierung deutlich.[2] Durch § 80 BKAG wird § 70 BDSG für die Verarbeitungen personenbezogener Daten durch das BKA ergänzt. § 80 BKAG dient dabei nicht nur der datenschutzrechtlichen Kontrolle durch die Aufsichtsbehörden, sondern auch der Selbstkontrolle der verantwortlichen Stelle.[3] 2

Die Frage, wie konkret die Angaben in datenschutzrechtlichen Verarbeitungsverzeichnissen sein müssen, ist **in der Praxis ein vieldiskutiertes Problem,** das Raum für Fehlinterpretationen lässt. § 80 BKAG schafft in diesem Zusammenhang für die Praxis **wertvolle Anwendungsvorgaben,** die im Zuständigkeitsbereich des BKA mehr Rechtssicherheit gewährleisten und eine einheitliche Ausführung ermöglichen. 3

B. Kommentierung im Einzelnen

I. Relevante Datenverarbeitungen (Abs. 1)

Abs. 1 hat weitgehend **deklaratorischen Charakter,**[4] indem er die Aufnahme von Kategorien zu internen Datenverarbeitungen auf den Informationssystemen des Bundeskriminalamtes und im Rahmen der Teilnahme am polizeilichen Informationsverbund (Ziffer 1) in das Verarbeitungsverzeichnis fordert. Daneben sollen auch Kategorien für Datenverarbeitungen in der Funktion als Zentralstelle des einheitlichen polizeilichen Informationsverbundes (Ziffer 2) aufgenommen werden. 4

II. Darstellung der Verarbeitungszwecke (Abs. 2)

Der Verweis in Abs. 2 auf die gesetzlich bestimmten Aufgaben des BKA in den §§ 2–8 BKAG entspricht der **ständigen Rechtsprechung des Bundesverfassungsgerichts,** nach der durch klar umgrenzte Befugnisnormen auch eine hinreichende Präzisierung des Verwendungszwecks der personenbezogenen Daten erreicht wird.[5] 5

III. Darstellung vollzugspolizeilicher Abrufverfahren (Abs. 3)

Nach Abs. 3 sollen automatisierte Abfragen, die „nur zur Erfüllung vollzugspolizeilicher Aufgaben" erfolgen, ebenfalls durch Darstellung einer entsprechenden Kategorie von Empfängern kenntlich gemacht werden, um deren **Rechtmäßigkeit überprüfbar** zu machen. 6

IV. Beschreibung von Datenkategorien (Abs. 4 und 5)

Abs. 4 gibt klarstellende Hinweise für die Erstellung von jeweils sinnvollen Datenkategorien, indem er auf **Differenzierungen innerhalb des BKAG selbst** hinweist und so eine rechtsklare Unterscheidung möglich macht. Mit Verweis auf die **Verbundrelevanz** in § 30 Abs. 1 BKAG (→ § 30 Rn. 4 ff.) stellt Abs. 5 sicher, dass die Datenverarbeitungen auf eine Zweckentfremdung hin überprüft werden können. 7

V. Zurverfügungstellung an die oder den Bundesbeauftragten für den Datenschutz (Abs. 6)

Die bereits durch Art. 24 Abs. 3 S. 2 DSRL-JI europarechtlich vorgezeichnete Pflicht zur proaktiven Zurverfügungstellung des Verzeichnisses und aller Aktualisierungen an die oder den Bundesbeauftragten schafft eine **höhere Verbindlichkeit** und trägt der **hohen Schutzbedürftigkeit** der verarbeiteten Informationen und das durch die automatisierte Verarbeitung und die Anzahl der teilnehmenden Stellen erhöhte Risiko bezüglich des Schutzes personenbezogener Daten Rechnung. Dagegen lässt die allgemeinere Norm des § 70 Abs. 4 BDSG eine Zurverfügungstellung „auf Anfrage" ausreichen.[6] 8

1 Vgl. dazu Gola/Klug, DS-GVO, 2. Aufl. 2018, Art. 30 Rn. 1.
2 BT-Drs. 18/11163, 133.
3 Dazu bereits ErwG 56 S. 3 DSRL-JI.
4 Vgl. auch BT-Drs. 18/11163, 133: „stellt klar".
5 Vgl. BVerfG Beschl. v. 27.5.2020 – 1 BvR 1873/13 ua –, BVerfGE 155, 119 (181, Rn. 133), mwN.
6 S. auch BT-Drs. 18/11163, 133 und Schenke/Graulich/Ruthig/Ruthig BKAG § 81 Rn. 3.

§ 81 Protokollierung

(1) Die Protokollierung nach § 76 des Bundesdatenschutzgesetzes erfolgt zu Verarbeitungsvorgängen im Informationssystem ergänzend zu den dort genannten Anforderungen in einer Weise, dass die Protokolle

1. der oder dem Datenschutzbeauftragten des Bundeskriminalamtes und der oder dem Bundesbeauftragten für den Datenschutz und die Informationsfreiheit in elektronisch auswertbarer Form für die Überprüfung der Rechtmäßigkeit der Datenverarbeitung zur Verfügung stehen und
2. eine Überprüfung ermöglichen, dass Zugriffe auf personenbezogene Daten im Informationssystem innerhalb der Zugriffsberechtigungen nach § 15 Absatz 1 und 2 erfolgen.

(2) [1]Absatz 1 gilt für Zugriffe der Teilnehmer am polizeilichen Informationsverbund entsprechend. [2]Das Bundeskriminalamt hat insbesondere den Zeitpunkt, die Angaben, die die Feststellung der aufgerufenen Datensätze ermöglichen, sowie die für den Zugriff verantwortliche Dienststelle zu protokollieren.

(3) Die nach § 76 des Bundesdatenschutzgesetzes und unter Beachtung der Absätze 1 und 2 generierten Protokolldaten sind nach zwölf Monaten zu löschen.

(4) [1]Bei eingehenden Ersuchen um Finanzinformationen oder Finanzanalysen nach Artikel 2 Nummer 5 und 11 der Richtlinie (EU) 2019/1153 werden protokolliert:

1. Der Name und die Kontaktdaten der Organisation und des Mitarbeiters, der die Informationen anfordert, sowie nach Möglichkeit des Empfängers der Ergebnisse der Abfrage oder Suche,
2. die Bezugnahme auf den nationalen Fall der ersuchenden zentralen Meldestelle, hinsichtlich dessen die Informationen angefordert werden
3. der Gegenstand der Ersuchen und
4. alle Maßnahmen, die getroffen wurden, um diesen Ersuchen nachzukommen.

[2]Abweichend von Absatz 3 sind die Protokolldaten nach fünf Jahren zu löschen. [3]Sie dürfen ausschließlich zur Überprüfung der Rechtmäßigkeit der Verarbeitung personenbezogener Daten verwendet werden und sind der oder dem Bundesbeauftragten für den Datenschutz und die Informationsfreiheit auf Anforderung zur Verfügung zu stellen. [4]Außerdem erhebt das Bundeskriminalamt die Dauer der Bearbeitung von Ersuchen im Sinne des Satzes 1 und übermittelt sie auf Anforderung an das Bundesministerium des Innern, für Bau und Heimat.

A. Allgemeines

1 § 81 BKAG stellt eine **Spezialregelung zu den allgemeinen Vorgaben des § 76 BDSG** dar. Beide Normen setzen Art. 25 DSRL-JI um.[1] Im Gegensatz zum Anwendungsbereich der DS-GVO, in der die Vorabinformation des Betroffenen über die Verarbeitung personenbezogener Daten der Regelfall ist,[2] liegt im polizeirechtlichen Bereich ein Schwerpunkt auf der **nachträglichen Überprüfbarkeit der Rechtmäßigkeit von Verarbeitungsprozessen.**[3] Das Protokoll ergänzt das Verarbeitungsverzeichnis iSv § 70 BDSG, § 80 BKAG (→ § 80 Rn. 1 ff.) und dient nach ErwG 56 S. 3 der DSRL-JI wie das Verarbeitungsverzeichnis selbst nicht nur dem Nachweis der Rechtmäßigkeit der eingetragenen Datenverarbeitungen, sondern auch der Eigenkontrolle, insbesondere zur Sicherstellung des technischen und organisatorischen Datenschutzes.

2 § 81 BKAG stellt das **Vorliegen eines operablen Protokolls** sicher, das auch effektiv zur Kontrolle der Rechtmäßigkeit der Verarbeitung personenbezogener Daten genutzt werden kann. Die Norm gewährleistet, dass Dokumentationen für alle Einsichtsberechtigten nachvollziehbar und auswertbar sind und ihren Sinn und Zweck erfüllen.[4]

1 So bereits Schenke/Graulich/Ruthig/Ruthig BKAG § 81 Rn. 1.
2 Vgl. Art. 13 DS-GVO.
3 Vgl. Kühling/Buchner/Schwichtenberg, DS-GVO/BDSG, 3. Aufl. 2020, BDSG § 76 Rn. 1.
4 BVerfG Urt. v. 20.4.2016 – 1 BvR 966/09 ua –, BVerfGE 141, 220 (285 f., Rn. 144).

B. Kommentierung im Einzelnen

I. Gewährleistung der Datenschutzaufsicht (Abs. 1 und 2)

§ 81 Abs. 1 BKAG enthält eine bereichsspezifische Ergänzung und Konkretisierung der allgemeinen Vorgaben des § 76 Abs. 2 BDSG.[5] Die Regelung in **Abs. 1 Nr. 1** stellt einerseits sicher, dass eine interne Kontrolle durch den **Datenschutzbeauftragten des BKA** überhaupt stattfinden kann. Auch der oder die Bundesbeauftragte für den Datenschutz soll die Protokolle in elektronisch auswertbarer Form erhalten. Nur so können aufsichtsbehördliche Maßnahmen sinnvoll vorbereitet und auch die interne sowie externe Beratung zu Risiken der Datenverarbeitungen und Prozesse sichergestellt werden. 3

Abs. 1 Nr. 2 stellt effektive Kontrolle der **Vorgaben aus § 15 Abs. 1 und 2 BKAG** sicher, der die Kernvoraussetzungen von rechtmäßigen Datenverarbeitungen umfasst und in § 15 Abs. 1 Nr. 1 BKAG selbst auf den die Zweckbindung sicherstellenden § 12 BKAG verweist. Die Vorgaben des Abs. 1 Nr. 2 gewährleisten damit eine Kontrolle der Einhaltung der Grundsätze der Datenverarbeitung aus § 47 BDSG.[6] 4

Abs. 2 erstreckt die Anwendbarkeit der vorgenannten Vorgaben auch auf die Zugriffe der **am polizeilichen Informationsverbund teilnehmenden Stellen** nach § 29 Abs. 3 BKAG. 5

II. Löschungspflicht (Abs. 3)

Abs. 3 sieht eine zwölfmonatige Löschfrist für Protokolldaten vor. Eine entsprechende Regelung enthielt zuvor lediglich § 11 Abs. 6 S. 4 BKAG aF für den Kontext des „Polizeilichen Informationssystems". Die **allgemeinere Vorschrift des § 76 Abs. 4 BDSG** normiert demgegenüber, die Protokolldaten am „Ende des auf die Generierung folgenden Jahres zu löschen". Die DSRL-JI macht hierzu **auf europarechtlicher Ebene keine klaren Vorgaben.**[7] Dennoch wird die kürzere Frist in § 81 Abs. 3 BKAG teilweise mit Blick auf die Kontrolle der Rechtmäßigkeit der Verarbeitung als unzureichend angesehen.[8] Mit Blick auf die nach einem Jahr auch bei nicht fristgebundenen Verfahren eintretende Verwirkung erscheint eine längere Speicherung der teilweise personenbezogenen Protokolldaten jedoch nicht gerechtfertigt.[9] 6

III. Ersuchen um Finanzinformationen (Abs. 4)

Für Abrufe von Finanzdaten, die einem spezielleren Rechtsregime unterliegen – namentlich der Richtlinie (EU) 2019/1153 des Europäischen Parlaments und des Rates vom 20.6.2019 zur Festlegung von Vorschriften zur Erleichterung der Nutzung von Finanz- und sonstigen Informationen für die Verhütung, Aufdeckung, Untersuchung oder Verfolgung bestimmter Straftaten und zur Aufhebung des Beschlusses 2000/642/JI des Rates[10] –, trifft Abs. 4 in Umsetzung des Art. 6 der betreffenden Richtlinie **spezielle Vorgaben**, um die umfassende Überprüfbarkeit auch dieser Vorgänge zu gewährleisten. Die verlängerte fünfjährige Löschfrist des § 81 Abs. 5 S. 1 BKAG für Protokolldaten aus diesem Bereich wird ebenfalls durch Art. 6 Abs. 3 S. 2 Richtlinie vorgegeben. 7

§ 82 Protokollierung bei verdeckten und eingriffsintensiven Maßnahmen

(1) Bei der Erhebung von Daten nach den §§ 34, 45 bis 53 und 64 sind zu protokollieren:

1. das zur Datenerhebung eingesetzte Mittel,
2. der Zeitpunkt des Einsatzes,
3. Angaben, die die Feststellung der erhobenen Daten ermöglichen, sowie
4. die Organisationseinheit, die die Maßnahme durchführt.

(2) Zu protokollieren sind auch

1. bei Maßnahmen nach § 34, bei denen Vorgänge außerhalb von Wohnungen erfasst wurden, nach § 45 Absatz 2 Nummer 1 bis 3 (längerfristige Observation, Bildaufnahmen, Tonaufnahmen, technische Observationsmittel) und nach § 64 Absatz 2 Nummer 1 und 2 (längerfristige Observation, Bildaufnahmen, Tonaufnahmen) die Zielperson sowie die erheblich mitbetroffenen Personen,

5 BT-Drs. 18/11163, 133.
6 Vgl. dazu auch das „Datenschutzregiment" erwähnend Schenke/Graulich/Ruthig/Graulich BKAG § 15 Rn. 1.
7 Art. 5 DSRL-JI spricht lediglich von „angemessenen Fristen".
8 Schenke/Graulich/Ruthig/Ruthig BKAG § 81 Rn. 3.
9 So auch Kühling/Buchner/Schwichtenberg, DS-GVO/BDSG, 3. Aufl. 2020, BDSG § 76 Rn. 6.
10 ABl. L 186 S. 122.

2. bei Maßnahmen nach § 34, bei denen Vorgänge innerhalb von Wohnungen erfasst wurden, nach § 45 Absatz 2 Nummer 4 und 5 (Einsatz einer Vertrauensperson und eines Verdeckten Ermittlers) und nach § 64 Absatz 2 Nummer 3 (Einsatz einer Vertrauensperson)
   a) die Zielperson,
   b) die erheblich mitbetroffenen Personen sowie
   c) die Personen, deren nicht allgemein zugängliche Wohnung die beauftragte Person, die Vertrauensperson oder der Verdeckte Ermittler betreten hat,
3. bei Maßnahmen nach § 46 (Wohnraumüberwachung)
   a) die Person, gegen die sich die Maßnahme richtete,
   b) sonstige überwachte Personen sowie
   c) Personen, die die überwachte Wohnung zur Zeit der Durchführung der Maßnahme innehatten oder bewohnten,
4. bei Maßnahmen nach § 47 (Ausschreibung) die Zielperson und die Personen, deren personenbezogene Daten gemeldet worden sind,
5. bei Maßnahmen nach § 48 (Rasterfahndung)
   a) die im Übermittlungsersuchen nach § 48 Absatz 2 enthaltenen Merkmale sowie
   b) die betroffenen Personen, gegen die nach Auswertung der Daten weitere Maßnahmen getroffen wurden,
6. bei Maßnahmen nach § 49 (Verdeckter Eingriff in informationstechnische Systeme)
   a) die Zielperson sowie die mitbetroffenen Personen sowie
   b) die Angaben zur Identifizierung des informationstechnischen Systems und die daran vorgenommenen nicht nur flüchtigen Veränderungen,
7. bei Maßnahmen nach § 50 (Postbeschlagnahme) der Absender und der Adressat der Postsendung sowie die Art und die Anzahl der beschlagnahmten Postsendungen,
8. bei Maßnahmen nach § 51 (Telekommunikationsüberwachung)
   a) die Beteiligten der überwachten Telekommunikation sowie
   b) im Falle, dass Überwachung mit einem Eingriff in von der betroffenen Person genutzte informationstechnische Systeme verbunden ist, die Angaben zur Identifizierung des informationstechnischen Systems und die daran vorgenommenen nicht nur flüchtigen Veränderungen,
9. bei Maßnahmen nach § 52 Absatz 1 (Erhebung von Verkehrsdaten) die Beteiligten der betroffenen Telekommunikation,
10. bei Maßnahmen nach § 52 Absatz 2 (Erhebung von Nutzungsdaten) der Nutzer,
11. bei Maßnahmen nach § 53 (IMSI-Catcher) die Zielperson.

(3) [1]Nachforschungen zur Feststellung der Identität einer in Absatz 2 bezeichneten Person sind nur vorzunehmen, wenn dies unter Berücksichtigung der Eingriffsintensität der Maßnahme gegenüber dieser Person, des Aufwands für die Feststellung ihrer Identität sowie der daraus für diese oder andere Personen folgenden Beeinträchtigungen geboten ist. [2]Die Zahl der Personen, deren Protokollierung unterblieben ist, ist im Protokoll anzugeben.

(4) [1]Die Protokolldaten dürfen nur verwendet werden für Zwecke der Benachrichtigung nach § 74 und um der betroffenen Person oder einer dazu befugten öffentlichen Stelle die Prüfung zu ermöglichen, ob die Maßnahmen rechtmäßig durchgeführt worden sind. [2]Sie sind bis zum Abschluss der Kontrolle nach § 69 Absatz 1 aufzubewahren und sodann automatisiert zu löschen, es sei denn, dass sie für den in Satz 1 genannten Zweck noch erforderlich sind.

A. Allgemeines

1 § 82 BKAG betrifft „verdeckte und eingriffsintensive Maßnahmen“ und setzt die vom Bundesverfassungsgericht zur Wahrung des Verhältnismäßigkeitsgrundsatzes aufgestellten Anforderungen an die Schaffung von **Transparenz**, die **Gewährleistung individuellen Rechtsschutzes** iSv Art. 19 Abs. 4 GG und die **Ermögli-**

chung der aufsichtsbehördlichen Kontrolle um.[1] § 82 BKAG schließt dabei eine normative Lücke: Das BKAG in der Fassung des Gesetzes zur Abwehr von Gefahren des internationalen Terrorismus durch das Bundeskriminalamt vom 25.12.2008[2] sah lediglich vereinzelt Protokollierungspflichten vor wie § 20k Abs. 3 BKAG aF für den Eingriff in informationstechnische Systeme oder § 20w Abs. 2 S. 3 BKAG aF für die Zurückstellung einer Benachrichtigung. Dieses punktuelle System hatte das Bundesverfassungsgericht unter Verhältnismäßigkeitsgesichtspunkten für unzureichend befunden und eine umfassende Protokollierungspflicht angemahnt, die es ermöglicht, die jeweiligen Überwachungsmaßnahmen sachhaltig zu prüfen.[3] Dem trägt § 82 BKAG sowohl inhaltlich als auch normsystematisch Rechnung: Die Norm führt die bereits nach altem Recht bestehende Protokollierungsvorschriften an einer Stelle zusammen[4] und setzt die verfassungsgerichtlichen Anforderungen an eine vollständige Protokollierung der Datenerhebungen um.[5]

B. Kommentierung im Einzelnen

Abs. 1 bezieht sich auf die mit der Erhebung unmittelbar zusammenhängenden Umstände der **eingriffsintensiven Maßnahmen der §§ 34, 45–53 und 64 BKAG.** Abs. 1 legt dabei die allgemeinen Anforderungen an die Protokollierung fest (→ Rn. 3 ff.). Abs. 2 trifft darüber hinaus zusätzliche Vorgaben, die auf die maßnahmenspezifischen zusätzlichen Gefährdungspotenziale für natürliche Personen bezogen sind (→ Rn. 7 f.). Abs. 3 gestattet ein Absehen von einer Identitätsbestimmung der involvierten Personen (→ Rn. 9). Abs. 4 legt schließlich die Zwecke der Verarbeitung der Protokolldaten gesetzlich fest (→ Rn. 10 f.). 2

I. Erweiterte Pflicht zur Protokollierung (Abs. 1)

Abs. 1 stellt bezüglich der grundrechtsintensiven Maßnahmen gem. §§ 34, 45–53 und 64 BKAG sicher, dass überhaupt die **Grundinformationen** nachgehalten werden, um den nachträglichen Rechtsschutz durch Erfüllung der Benachrichtigungspflicht des § 74 BKAG zu ermöglichen.[6] Neben der Gewährleistung eines effektiven Grundrechtsschutzes des Betroffenen dient die erweiterte Protokollierungspflicht aber auch einer Sicherung der Gerichtsfestigkeit der aufgefundenen Beweise. Insbesondere ermöglicht die Protokollierung den Nachweis, dass die Daten tatsächlich vom betroffenen IT-System stammen und weder absichtlich noch unabsichtlich verändert worden sind.[7] 3

Abs. 1 Nr. 1 nennt dabei zentral **das zur Datenverarbeitung genutzte Mittel,** das als einer der Hauptfaktoren maßgeblich für die Ermittlung des von der Datenverarbeitung ausgehenden Risikos für betroffene Personen ist. Die Vorschrift verlangt dabei keine detaillierte technische Beschreibung des eingesetzten Mittels, sondern lediglich allgemein verständliche Angaben zu seinem Funktionsumfang, die dem Betroffenen oder einem Gericht zB die Beurteilung ermöglichen, ob die in der Anordnung der Maßnahme bestimmten Vorgaben hinsichtlich der Art der Maßnahme beachtet worden sind.[8] 4

Dagegen dient die **Protokollierung des Zeitpunkts des Einsatzes** (Abs. 1 Nr. 2) der nachträglichen Zuordnung und Nachvollziehung des Geschehens. In diese Richtung geht auch die Pflicht, die **durchführende Organisationseinheit** (Abs. 1 Nr. 4) festzuhalten. 5

Die erhobenen Daten (Abs. 1 Nr. 3) lassen schließlich Rückschlüsse auf das Ausmaß der tatsächlichen Rechtsgutsverletzung und die damit zusammenhängenden weitergehenden Risiken zu. Vor diesem Hintergrund nimmt die Pflicht zur Protokollierung der entsprechenden Angaben unter den gem. Abs. 1 nachzuhaltenden Informationen eine **besonders bedeutsame Stellung** ein. Zu protokollieren sind dabei **nicht die erhobenen Daten selbst,** sondern lediglich Metadaten, die zuverlässige Rückschlüsse auf die erhobenen Daten erlauben. Solche Metadaten sind zB die in den Dokumenteneigenschaften enthaltenen Angaben (Name der Datei, Versionsnummer, Zeitpunkt der letzten Änderung, Größe der Datei).[9] 6

1 BVerfG Urt. v. 20.4.2016 – 1 BvR 966/09 ua –, BVerfGE 141, 220 (282, Rn. 134), mwN.
2 BGBl. I 2008 S. 3083.
3 BVerfG Urt. v. 20.4.2016 – 1 BvR 966/09 ua –, BVerfGE 141, 220 (321 f., Rn. 267), unter Verweis auf BVerfG Urt. v. 24.4.2013 – 1 BvR 1215/07 –, BVerfGE 133, 277 (370, Rn. 215); vgl. dazu auch Graulich KriPoZ 2016, 75 (79).
4 BT-Drs. 18/11163, 134.
5 BVerfG Urt. v. 20.4.2016 – 1 BvR 966/09 ua –, BVerfGE 141, 220 (284 f., Rn. 141).
6 S. hierzu § 82 Abs. 4 S. 1 BKAG, der diesen Hauptzweck der Protokollierung deutlich macht.
7 Zu der Vorgängerregelung des § 20k Abs. 3 BKAG aF vgl. BT-Drs. 16/10121, 29 f.
8 BT-Drs. 16/10121, 30.
9 BT-Drs. 16/10121, 30.

II. Protokollierung involvierter Personen (Abs. 2)

7 Die Abs. 2 und 3 stellen die **Erfüllbarkeit der Benachrichtigungspflicht aus § 74 BKAG** sicher.[10] Dies wird daraus deutlich, dass Protokolldaten über die jeweils von der eingriffsintensiven Maßnahme betroffenen und im Nachgang zu benachrichtigenden Personen erhoben werden. Dies sind idR die Zielperson, gegen die sich der Grundrechtseingriff richtet, sowie andere betroffene Personen (Nrn. 1–6 und 11). Die nach § 34 BKAG durchgeführten Maßnahmen (Nrn. 1 und 2) unterfallen den Eingriffsanforderungen des Art. 13 Abs. 5 GG (→ § 34 Rn. 18, 26 ff.);[11] aufgrund des begrenzten Verwendungszwecks der Norm wird bei anderen Personen als der Zielperson und des Wohnungsinhabers tatbestandlich zusätzlich eine **„erhebliche Mitbetroffenheit"** gefordert, um die Protokollierungspflicht auszulösen. Aus Abs. 3 S. 1 ergibt sich bereits die allgemeine Wertung, dass im Zweifel die vollständige Protokollierung von personenbezogenen Daten zu einem über die eigentliche Maßnahme hinausgehenden Eingriff führt, weswegen in diesen Fällen von der Protokollierungspflicht abzusehen sei. Dies entspricht auch den korrespondierenden Ausnahmen von der Benachrichtigungspflicht in § 74 Abs. 1 S. 2–4 BKAG. In Abs. 2 trägt die Anforderung der „Erheblichkeit" der daraus folgenden grundsätzlichen Wertung für die relevanten Fälle in Nr. 1 und Nr. 2 lit. b Rechnung.

8 Bei **Kommunikationsprozessen**, sei es per Post (Nr. 7) oder elektronischer Übermittlung (Nrn. 8 und 9), werden die direkten Kommunikationsteilnehmer erfasst und im Bereich der Telemedien (Nr. 10) die Nutzenden.

III. Absehen von einer Identitätsbestimmung der involvierten Personen (Abs. 3)

9 Korrespondierend zu § 74 Abs. 1 S. 4 BKAG sieht § 82 Abs. 3 S. 1 BKAG für die Fälle, in denen eine **Ausnahme von der Benachrichtigungspflicht** vorgesehen ist, auch keine Protokollierung vor. Diese Ausnahme kann sich nach dem Gesetzeswortlaut aus einer entsprechenden Eingriffsintensität oder einem unverhältnismäßig hohen Aufwand bezüglich der Identitätsfeststellung einer in Abs. 2 genannten Person ergeben, zu denen eine durch die Maßnahmen zur Identitätsfeststellung folgende unverhältnismäßige Beeinträchtigung der subjektiven Rechte der Person nach Abs. 2 oder anderer Personen kumulativ hinzukommt. Abs. 3 S. 2 sieht mit der Protokollierung der Anzahl der von dieser Ausnahmeregelung erfassten Personen einen **Mindeststandard für die nachvollziehende Kontrolle** auch dieser Abwägungen vor. Hiermit soll dem Erfordernis der umfassenden Protokollierung der in Rede stehenden Maßnahmen Genüge getan werden.[12] Zudem können diese Information sowie die daraus zu ziehenden Schlüsse für die Auskunftsfähigkeit des BKA im Rahmen seiner Berichtspflichten nach § 88 BKAG erforderlich sein (→ § 88 Rn. 3 ff.).

IV. Zweckbindung (Abs. 4)

10 Abs. 4 S. 1 bestätigt den nach § 47 Nr. 2 BDSG in Umsetzung von Art. 4 Abs. 1 lit. b DSRL-JI ohnehin geltenden Zweckbindungsgrundsatz und legt darüber hinaus die **Zwecke der Verarbeitung der Protokolldaten** gesetzlich fest. Eine Verarbeitung darf demnach nur zur Durchführung der Benachrichtigung gem. § 74 BKAG oder der aufsichtsbehördlichen Überprüfung erfolgen.

11 Die Protokolldaten sind nach Wegfall des Zwecks der Benachrichtigung gem. § 74 BKAG oder der mindestens alle zwei Jahre durchzuführenden aufsichtsbehördlichen Kontrolle durch die oder den BfDI zu löschen. Eine pauschale Annahme der Europarechtswidrigkeit dieser **Löschungspflicht**[13] verkennt, dass in Fällen der Ausnahme von der Benachrichtigungspflicht nach § 74 Abs. 1 S. 2 BKAG (Absehen von der Benachrichtigungspflicht aufgrund von überwiegenden schutzwürdigen Belangen einer betroffenen Person) die Wahrung der Grundrechte idR nur durch die aufsichtsbehördliche Kontrolle sichergestellt werden kann.[14] Mit Blick auf die zeitbezogene Vertiefung von Rechtsgutverletzungen und der Gefahr von Folgeschäden, sind die oder der BfDI in der Festlegung des Kontrollzeitraums auch nicht frei.[15] Dass die Verletzung von Individualrechtsgütern im Beschwerdebereich zu Fristvorgaben an die Aufsichtsbehörden führen kann, ist jedoch bereits in Art. 53 Abs. 3 DSRL-JI festgeschrieben, der drei Monate nach Einreichen einer Beschwerde die Möglichkeit einer Untätigkeitsklage eröffnet. Insoweit erscheint es nur konsequent, dass auch für die den

10 BT-Drs. 18/11163, 134.

11 S. auch Schenke/Graulich/Ruthig/Graulich BKAG § 34 Rn. 1.

12 BT-Drs. 18/11163, 134.

13 Dahingehend Schenke/Graulich/Ruthig/Ruthig BKAG § 82.

14 Das BVerfG geht insoweit davon aus, dass Eingriffe in die informationelle Selbstbestimmung unverhältnismäßig sein können, „wenn sie nicht durch ein hinreichend wirksames aufsichtsrechtliches Kontrollregime flankiert sind", vgl. BVerfG Urt. v. 24.4.2013 – 1 BvR 1215/07 –, BVerfGE 133, 277 (366 f., Rn. 207).

15 AA Schenke/Graulich/Ruthig/Ruthig BKAG § 69 Rn. 9, welcher die gesetzliche Frist aufgrund der Unabhängigkeit der oder des BfDI nur als Anregung versteht.

Individualrechtsschutz ersetzenden Kontrollen gesetzliche Fristen bestehen, wenngleich der Zeitraum von zwei Jahren äußerst großzügig bemessen scheint.

§ 83 Benachrichtigung der oder des Bundesbeauftragten für den Datenschutz und die Informationsfreiheit bei Verletzungen des Schutzes personenbezogener Daten

Bei einer Verletzung des Schutzes personenbezogener Daten sind die teilnehmenden Behörden im Rahmen des polizeilichen Informationsverbunds entsprechend § 65 Absatz 6 des Bundesdatenschutzgesetzes zu benachrichtigen, wenn von ihnen eingegebene Daten betroffen sind.

A. Allgemeines

Die Vorschrift des § 83 BKAG stellt sicher, dass der von der **Meldung von Datenschutzverletzungen** verfolgte Zweck nicht leerläuft, wenn Daten von anderen verantwortlichen Stellen als dem BKA in den polizeilichen Informationsverbund eingespeist werden. 1

B. Kommentierung im Einzelnen

Von der DSRL-JI wird eine Vorschrift nach dem Vorbild des § 83 BKAG nicht explizit gefordert. **Art. 30 Abs. 6 DSRL-JI** sieht lediglich wie **§ 65 Abs. 6 BDSG** vor, dass im Falle der Übermittlung von Daten durch Verantwortliche aus anderen Mitgliedstaaten der Inhalt der Meldung an die Aufsichtsbehörde auch diesen zur Verfügung gestellt wird. In der Literatur wird der Sinn der genannten Vorschrift überwiegend darin gesehen, dass die für die betroffene ausländische verantwortliche Stelle zuständige Aufsichtsbehörde ebenfalls über die Verletzung des Schutzes personenbezogener Daten informiert werden kann.[1] Neben der **Transparenz** und der durch die Meldung geschaffenen **Publizität**, die einen Anreiz zur zukünftigen Rechtsbefolgung sowie -durchsetzung setzt,[2] wird so auch in diesen Fällen die Möglichkeit geschaffen, dass Verletzungen des Persönlichkeitsrechts von betroffenen Personen durch Beratung und Eingreifen der Aufsichtsbehörden begrenzt werden.[3] 2

Im Falle des **polizeilichen Informationsverbundes** besteht eine mit § 65 Abs. 6 BDSG vergleichbare Situation, da die Daten eingebenden Behörden teilweise der Kontrolle der Aufsichtsbehörden der Länder und die beteiligten Verantwortlichen der Aufsicht verschiedener Behörden unterliegen.[4] 3

§ 83 BKAG ersetzt nicht die grundsätzliche Verpflichtung der Information nach **§ 65 Abs. 1 BDSG**, sondern **ergänzt** diese vielmehr.[5] Diesbezüglich erscheint die Überschrift des § 83 BKAG missverständlich, da sie von der „Benachrichtigung der oder des Bundesbeauftragten" spricht, aber eigentlich eine neben die Benachrichtigungspflicht tretende, zusätzliche Verpflichtung statuiert. 4

Unterabschnitt 5
Rechte der betroffenen Person

§ 84 Rechte der betroffenen Person

(1) ¹Über die in den §§ 57 und 58 des Bundesdatenschutzgesetzes enthaltenen Rechte der betroffenen Person hinaus gilt für die Verarbeitung im polizeilichen Informationsverbund die Besonderheit, dass bei Daten, die im polizeilichen Informationsverbund verarbeitet werden, das Bundeskriminalamt die Auskunft nach § 57 des Bundesdatenschutzgesetzes im Einvernehmen mit der Stelle, die die datenschutzrechtliche Verantwortung nach § 31 Absatz 2 trägt, erteilt. ²Erteilt ein Landeskriminalamt Auskunft aus seinem Landessystem, kann es hiermit einen Hinweis auf einen vom Land in den polizeilichen Informationsverbund eingegebenen Datensatz verbinden. ³Bei der Berichtigung, Löschung und Verarbeitungseinschränkung personenbe-

1 Gola/Heckmann/Gola, BDSG, 13. Aufl. 2019, § 65 Rn. 27; BeckOK-Datenschutzrecht/Schlösser-Rost/Brink/Jacobi BDSG § 65 Rn. 28 (2022).
2 Vgl. Simitis/Hornung/Spiecker gen. Döhmann/Dix, Datenschutzrecht, 2019, DS-GVO Art. 33 Rn. 1.
3 Vgl. ausführlich Gola/Reif, DS-GVO, 2. Aufl. 2018, Art. 33 Rn. 2.
4 Exemplarisch § 97 PolG BW.
5 BeckOK-Datenschutzrecht/Schlösser-Rost/Brink/Jacobi BDSG § 65 Rn. 28 (2022).

zogener Daten findet Satz 1 entsprechende Anwendung bei Daten, die im polizeilichen Informationsverbund verarbeitet werden.

(2) [1]Bei Ausschreibungen zur polizeilichen Beobachtung durch ausländische Stellen nach Artikel 36 Absatz 1 des Beschlusses 2007/533/JI des Rates vom 12. Juni 2007 über die Einrichtung, den Betrieb und die Nutzung des Schengener Informationssystems der zweiten Generation (SIS II) hat das Bundeskriminalamt eine Auskunft, die nach Artikel 58 Absatz 3 und 4 des Beschlusses 2007/533/JI unterblieben ist, nachträglich zu erteilen, wenn die der Auskunftserteilung entgegenstehenden Umstände entfallen sind. [2]Es hat dies im Zusammenwirken mit der Stelle, die die Ausschreibung veranlasst hat, spätestens zum vorgesehenen Zeitpunkt der Löschung im nationalen Teil des Schengener Informationssystems zu prüfen.

A. Allgemeines

1 § 84 BKAG enthält eine Sonderregelung der Betroffenenrechte für Datenverarbeitungen im polizeilichen Informationsverbund.[1] Die Norm stellt sicher, dass die von den Verarbeitungen personenbezogener Daten in polizeilichen Informationssystemen betroffenen Personen aufgrund der Zuordnung der Verantwortlichkeiten keine Nachteile bei der Ausübung ihrer subjektiven Rechte erleiden. Insbesondere die **Gewährleistung von Auskünften gem. § 57 BDSG** ist Ausfluss der auch in Art. 54 DSRL-JI festgeschriebenen Rechtsschutzgarantie.[2]

B. Kommentierung im Einzelnen

2 Mit der Regelung in § 84 Abs. 1 S. 1 BKAG, dass die Inhalte dieser Vorschrift über die §§ 56 und 57 BDSG hinaus gelten, wird **klargestellt**, dass die subjektiven Rechte auf Auskunft, Berichtigung, Löschung und Einschränkung der Verarbeitung durch die zusätzlichen Vorgaben in § 84 BKAG **nicht eingeschränkt** werden können.

I. Erteilung der Auskunft nach § 57 BDSG (Abs. 1)

3 § 84 Abs. 1 S. 1 BKAG verpflichtet das BKA trotz gesetzlich anderweitig zugewiesener datenschutzrechtlicher Verantwortlichkeiten zur **Beantwortung von Auskunftsersuchen**, dh auch in den Fällen, in denen die in den polizeilichen Informationsverbund eingebende Stelle eine Landesbehörde ist.[3] Zwar fungiert das BKA nach § 2 Abs. 3 BKAG als Zentralstelle und stellt das Verbundsystem nach § 29 Abs. 1 BKAG zur Verfügung; für die Datenverarbeitungen verantwortlich sind nach § 31 Abs. 2 BKAG aber die Stellen, durch die Daten unmittelbar in das System eingegeben werden (→ § 31 Rn. 7 f.). Art. 3 Nr. 8 Hs. 2 DSRL-JI lässt eine solche **Bestimmung der verantwortlichen Stelle** bei gesetzlicher Vorgabe der Verarbeitungsmittel und -zwecke auch zu.

4 Die Auskunftserteilung durch das BKA ist gem. § 84 Abs. 1 S. 1 BKAG unter die zusätzliche Voraussetzung des **Einvernehmens der verantwortlichen Stelle** gestellt. Legt man die Vorschrift im Lichte des Art. 14 DSRL-JI europarechtskonform aus, so wird klar, dass die Auskunftserteilung durch das BKA lediglich neben das Auskunftsrecht gegenüber der verantwortlichen Stelle tritt und dieses nicht ersetzen kann. Im Falle der Verweigerung des Einvernehmens hat die jeweilige Behörde das **Vorliegen der Verweigerungsgründe** nach § 56 Abs. 2 iVm § 57 Abs. 4 BDSG **plausibel und substanziiert darzulegen.**[4] Eine bloße Verweigerung der Auskunft ohne Nennung der das Einvernehmen verweigernden Behörde ist unzulässig, da hierdurch die gerichtliche Überprüfung und somit auch ein effektiver Rechtsschutz verhindert würden.[5]

5 Nach § 84 Abs. 1 S. 2 BKAG „können" Auskünfte von Landeskriminalämtern mit einem **Hinweis auf den Datensatz im INPOL-System** verbunden werden. Da die Vorgaben des § 57 Abs. 1 S. 2 BDSG idR nicht er-

1 BT-Drs. 18/11163, 134.
2 S. VG Wiesbaden Beschl. v. 30.7.2021 – 6 K 421/21.WI –, ZD 2022, 126 (126, Rn. 24).
3 VG Wiesbaden Beschl. v. 30.7.2021 – 6 K 421/21 –, BeckRS 2021, 21201, Rn. 1 (in ZD 2022, 126 nicht abgedruckt). Zu der Vorgängervorschrift des § 12 Abs. 5 BKAG aF vgl. auch BT-Drs. 13/1550, 30.
4 VG Wiesbaden Beschl. v. 30.7.2021 – 6 K 421/21.WI –, ZD 2022, 126 (127, Rn. 29).
5 S. VG Wiesbaden Beschl. v. 30.7.2021 – 6 K 421/21.WI –, ZD 2022, 126 (127, Rn. 26).

füllt werden können, ohne diesen Hinweis zu geben, dürfte das behördliche Ermessen hier idR auf Null reduziert sein.[6] Etwas anderes kann nur gelten, wenn eine der Ausnahmen des § 57 Abs. 2 BDSG eingreift.

§ 84 Abs. 1 S. 3 BKAG stellt klar, dass Satz 1 für die Erfüllung der Rechte auf Berichtigung, Löschung und 6
Einschränkung der Verarbeitung ebenfalls Anwendung findet. Auch hier dient das BKA demnach ebenfalls als „Sprachrohr“,[7] was die **Ermittlung des richtigen Ansprechpartners** für die betroffenen Personen erleichtert.

II. Nachträgliche Auskunft bei Ausschreibungen im Schengener Informationssystem (Abs. 2)

§ 84 Abs. 2 S. 1 BKAG betrifft Ausschreibungen zur polizeilichen Beobachtung durch ausländische Stellen 7
nach Art. 36 Abs. 1 der Verordnung (EU) 2018/1862 vom 28.11.2018 über die Einrichtung, den Betrieb und die Nutzung des Schengener Informationssystems (SIS) im Bereich der polizeilichen Zusammenarbeit und der justiziellen Zusammenarbeit in Strafsachen, zur Änderung und Aufhebung des Beschlusses 2007/533/JI des Rates und zur Aufhebung der Verordnung (EG) Nr. 1986/2006 des Europäischen Parlaments und des Rates und des Beschlusses 2010/261/EU der Kommission.[8] Das BKA ist im nationalen Bereich **für den Betrieb des SIS-III-Systems gem. § 3 Abs. 2 zuständig** (→ § 3 Rn. 18 ff.).[9] Es ist daher nur **folgerichtig**, dass das BKA für die Erteilung der nach Art. 67 Abs. 2 und 3 der Verordnung (EU) 2018/1862 unterbliebenen Auskünfte zuständig ist, sofern die Ausschlussgründe entfallen sind.[10]

§ 84 Abs. 2 S. 1 BKAG schreibt für die Überprüfung des Entfallens der die Auskunft hindernden Umstände 8
ein **„Zusammenwirken“ mit der ausschreibenden Stelle** vor. Dies zeigt, dass ein Entfallen der Hinderungsgründe nicht angenommen werden darf, ohne der betroffenen internationalen Behörde gem. Art. 67 Abs. 2 der Verordnung (EU) 2018/1862 eine **Gelegenheit zur Stellungnahme** zu geben.[11] Die informationelle Selbstbestimmung der betroffenen Personen und deren Rechtsschutz darf durch Verweigerung der Auskunft jedoch nur eingeschränkt werden, wenn tatsächlich Verweigerungsgründe nach Art. 58 Abs. 4 des Beschlusses 2007/533/JI vorliegen. Dies ist nach dem Beschlusswortlaut der Fall, wenn das Zurückhalten der Auskunft „zur Durchführung einer rechtmäßigen Aufgabe im Zusammenhang mit einer Ausschreibung oder zum Schutz der Rechte und Freiheiten Dritter unerlässlich ist“.

§ 85 Ausübung der Betroffenenrechte im polizeilichen Informationsverbund sowie bei projektbezogenen gemeinsamen Dateien

¹Sind die Daten der betroffenen Person beim Bundeskriminalamt automatisiert in der Weise gespeichert, dass mehrere Stellen speicherungsberechtigt sind, und ist die betroffene Person nicht in der Lage festzustellen, welche Stelle die Daten gespeichert hat, so kann sie sich zur Geltendmachung ihrer Rechte an jede dieser Stellen wenden. ²Diese ist verpflichtet, das Vorbringen der betroffenen Person an die Stelle, die die Daten gespeichert hat, weiterzuleiten. ³Die betroffene Person ist über die Weiterleitung und jene Stelle zu unterrichten. ⁴Das Bundeskriminalamt kann statt der betroffenen Person die oder den Bundesbeauftragten für den Datenschutz und die Informationsfreiheit unterrichten. ⁵Das weitere Verfahren richtet sich nach § 57 Absatz 7 Satz 3 und 6 des Bundesdatenschutzgesetzes.

6 In diese Richtung gehend bereits Schenke/Graulich/Ruthig/Graulich BKAG § 84 Rn. 4.
7 S. die Bezeichnung des BKA als „Sprachrohr“ bereits bei VG Wiesbaden Beschl. v. 30.7.2021 – 6 K 421/21.WI –, ZD 2022, 126 (127, Rn. 26).
8 ABl.EU L 312/56.
9 Dem entgegen auf die deutschen Begrifflichkeiten des „Benehmens“ wie des „Einvernehmens“ abstellend Schenke/Graulich/Ruthig/Graulich BKAG § 84 Rn. 7.
10 Vgl. auch BT-Drs. 16/10816, 9 zu der Vorgängerregelung des § 15a Abs. 3 BKAG aF.
11 In diese Richtung gehend bereits unter dem SIS-II-System Schenke/Graulich/Ruthig/Graulich BKAG § 84 Rn. 7 – bezogen auf die Vorgängerregelung des Art. 58 Abs. 3 des Beschlusses 2007/533/JI.

A. Allgemeines

1 § 85 BKAG erfasst in seiner Grundkonstellation **intransparente Verarbeitungssituationen**, in denen betroffene Personen den Adressaten der Ausübung ihrer Betroffenenrechte nicht sicher erkennen können. Allgemein wird diese Situation auf europäischer Ebene gem. Art. 21 DSRL-JI durch die **Rechtsfigur der gemeinsamen Verantwortung** erfasst. Diese greift immer dann ein, wenn sich die faktischen Einflussbereiche mehrerer Verantwortlicher bezüglich bestimmter Verarbeitungen personenbezogener Daten überschneiden und damit auch die datenschutzrechtlichen Verpflichtungen mehrere verantwortliche Stellen treffen können.[1]

2 Mit Blick auf die betroffenen Personen muss ausgeschlossen sein, dass sich die beteiligten verantwortlichen Stellen mit Verweis auf die jeweils andere Stelle entlasten.[2] Dieser Gedanke der **effektiven Durchsetzung der Betroffenenrechte** liegt auch § 85 BKAG zugrunde. Die Norm ordnet dabei keine datenschutzrechtlichen Verantwortlichkeiten zu, sondern benennt Ansprechstellen und konkretisiert zwischenbehördliche und auf die betroffenen Personen bezogene Kommunikationsprozesse.[3]

3 Über die genannte Pflichtenzuordnung hinaus stellen § 85 S. 4 und S. 5 BKAG durch Einbeziehung der Aufsichtsbehörde die **datenschutzrechtliche Kontrolle** in Situationen sicher, in denen eine Kontrolle und Rechtsverfolgung durch die betroffene Person selbst ausgeschlossen ist. Neben der über das Konstrukt der gemeinsamen Verantwortlichkeit gewährleisteten Überwindung der faktischen und systembezogenen Hindernisse für die Ausübung der Betroffenenrechte ermöglichen die § 85 S. 4 und 5 BKAG – wie von Art. 17 DSRL-JI europarechtlich determiniert – eine datenschutzrechtliche Kontrolle in Situationen, in denen dieselbe durch die betroffene Person selbst aufgrund entgegenstehender Rechtsgüter nicht ausgeübt werden kann.

B. Kommentierung im Einzelnen

4 Die Vorschrift schafft durch die Etablierung von Informationsvorschriften und Übermittlungsbefugnissen ein operatives System, über das die Durchsetzung des Betroffenenschutzes gewährleistet wird und das an das bisherige datenschutzrechtliche Normsystem anknüpft.[4]

I. Geltendmachung der Betroffenenrechte bei Verbunddateien (S. 1)

5 Sind mehrere Stellen zur Speicherung personenbezogener Daten berechtigt, die beim BKA gespeichert werden und kann die von dieser Speicherung betroffene Person die einspeichernde Stelle nicht erkennen, ermöglicht § 85 S. 1 BKAG dieser Person dennoch effektiven Rechtsschutz, indem diese sich **an jede der infrage kommenden Stellen** wenden kann. Ohne Erleichterung und Befähigung der betroffenen Person bestünde die Gefahr, dass deren Ansprüche ins Leere gingen und es aufgrund der intransparenten Situation zu ablehnenden Auskunftsbescheiden käme.

II. Weiterleitung des Ersuchens an die speichernde Stelle (S. 2)

6 § 85 S. 2 BKAG statuiert eine über eine reine Übermittlungsbefugnis hinausgehende **Übermittlungspflicht**. Demnach ist die Geltendmachung des jeweiligen Betroffenenrechts an die Stelle weiterzuleiten, welche die personenbezogenen Daten tatsächlich eingespeichert hat. Dies ist mit Blick auf eine effektive Erfüllung der Betroffenenrechte konsequent, da die einspeichernde Stelle verfahrensrechtliche Ausnahmeregelungen aufgrund der ihr bekannten Umstände der Einspeicherung am effizientesten prüfen kann. Hierbei unterliegt diese auch bereits bei der Einspeicherung der Pflicht, die diesbezügliche **Rechtsgrundlage zu prüfen** und das **Risiko für eine Verletzung des Schutzes personenbezogener Daten durch eine rechtmäßige Verarbeitung zu begrenzen.**

III. Unterrichtung der betroffenen Person (S. 3)

7 Die betroffene Person ist nicht nur über den **Umstand der Weiterleitung als solchen**, sondern auch über die **Stelle** zu unterrichten, an **welche die personenbezogenen Daten weitergeleitet wurden**. Letzteres ist für die Gewährleistung effizienten Rechtsschutzes unerlässlich. Andernfalls könnte die betroffene Person

1 Vgl. Europäischer Datenschutzausschuss, Leitlinien 07/2020 zu den Begriffen „Verantwortlicher" und „Auftragsverarbeiter" in der DS-GVO, Version 2.0 angenommen am 7.7.2021, Rn. 12, 31.

2 Europäischer Datenschutzausschuss, Leitlinien 07/2020 zu den Begriffen „Verantwortlicher" und „Auftragsverarbeiter" in der DS-GVO, Version 2.0 angenommen am 7.7.2021, Rn. 163.

3 So auch Schenke/Graulich/Ruthig/Graulich BKAG § 85 Rn. 1.

4 Zu der Anknüpfung an § 6 Abs. 2 BDSG aF vgl. BT-Drs. 18/11163, 135: „§ 85 überführt § 6 Absatz 2 BDSG in das BKAG"; ausführlich Schenke/Graulich/Ruthig/Graulich BKAG § 85 Rn. 1.

Ansprüche und Verletzungen ihrer Rechte nicht hinreichend substantiiert darlegen. Der **Mindestinhalt dieser Mitteilung** über die jeweilige einspeichernde Stelle dürfte den Namen und die Adresse derselben umfassen.[5]

IV. Alternative Unterrichtung des oder der BfDI (S. 4)

§ 85 S. 4 BKAG setzt **Art. 17 Abs. 1 DSRL-JI** in deutsches Recht um. Art. 17 Abs. 1 der DSRL-JI knüpft dabei an Situationen an, in denen die Gewährung der Betroffenenrechte nach den Vorgaben von Art. 13 Abs. 3, Art. 15 Abs. 3 iVm Abs. 1 und 2 sowie Art. 16 Abs. 4 DSRL-JI teilweise oder vollständig eingeschränkt werden kann. Diese **europarechtlichen Ausnahmetatbestände** beziehen sich jeweils auf Situationen, in denen die Maßnahme oder Einschränkung der Ausübung der Betroffenenrechte „in einer demokratischen Gesellschaft erforderlich und verhältnismäßig ist und den Grundrechten und den berechtigten Interessen der betroffenen natürlichen Person Rechnung getragen wird",[6] wobei die jeweils abschließend in den Ausnahmetatbeständen aufgelisteten Zwecke verfolgt werden müssen. 8

Ist eine der genannten Ausnahmesituationen gegeben, so kann das BKA gem. § 85 S. 4 BKAG **anstelle der betroffenen Person die oder den BfDI unterrichten**. In diesen Fällen wird die Gewährleistung individueller Rechtspositionen durch die Aufsichtsbehörde kontrolliert. In welchen Fällen dies möglich ist, wird von § 85 BKAG selbst nicht benannt. Aufschluss darüber geben die in den europäischen Ausnahmetatbeständen genannten Zwecke der Gewährleistung von Ermittlungen und auch der Verfahren von Behörden und Gerichten sowie der Gewährleistung der „Verhütung, Aufdeckung, Ermittlung oder Verfolgung von Straftaten" wie auch der Strafvollstreckung. Daneben werden der Schutz der öffentlichen oder nationalen Sicherheit und der „Schutz der Rechte und Freiheiten anderer" als zulässige Rechtfertigungsgründe genannt.[7] Art. 13 Abs. 3, Art. 15 Abs. 1 und Art. 16 Abs. 4 DSRL-JI stellen für derartige Einschränkungen jedoch das Erfordernis einer „Gesetzgebungsmaßnahme" auf. 9

Der Versuch, die bezüglich der Voraussetzungen für das Eingreifen von § 85 S. 4 BKAG bestehende Regelungslücke durch eine **analoge Anwendung von § 34 BDSG** zu schließen,[8] vermag bereits deshalb **nicht zu überzeugen,** da einer analogen Anwendung dieser Vorschrift der Bestimmtheitsgrundsatz entgegenstehen dürfte. Jedenfalls stellt eine solche analoge Heranziehung nicht die europarechtlich geforderte gesetzliche Maßnahme dar. § 85 S. 4 BKAG kann bei isolierter Betrachtung daher nicht als Umsetzung von Art. 17 DSRL-JI gesehen werden. 10

V. Unterrichtung unter Heranziehung der oder des BfDI (S. 5)

§ 85 S. 5 BKAG verweist bezüglich der weiteren Verfahrensweise auf § 57 Abs. 7 S. 3 und 6 BDSG. Dies ist leicht missverständlich, da § 57 BDSG die datenschutzrechtliche Auskunftserteilung betrifft. § 85 BKAG umfasst dementgegen die Geltendmachung sämtlicher Betroffenenrechte. Aufgrund der systematischen Stellung nach § 85 S. 4 BKAG, der von „unterrichten" spricht, und der Überschrift, die auf die „Ausübung" der Betroffenenrechte verweist, wird jedoch deutlich, dass die Vorschrift allgemein an die Unterrichtungspflicht in § 85 S. 3 BKAG anknüpft und lediglich **weitere Verfahrensmodalitäten** regelt.[9] 11

§ 57 Abs. 7 S. 3 BDSG sieht vor, dass die zuständige oberste Bundesbehörde im Fall der Feststellung der Gefährdung der „Sicherheit des Bundes oder eines Landes" im Einzelfall von der Auskunft, beziehungsweise von der Erfüllung des Ersuchens der betroffenen Person in Form der Auskunft an die oder den BfDI absehen kann. Die Beschränkung der Ausnahme auf den Einzelfall zeigt, dass hierfür jeweils eine **individuelle Prüfung** der Situation und Rechtslage erfolgen muss. 12

Die **Möglichkeit, von der Auskunft an die Aufsichtsbehörde vollständig abzusehen,** ist **auf europäischer Ebene nicht vorgesehen.** Art. 17 Abs. 1 DSRL-JI sieht vor, dass die Betroffenenrechte in jedem Fall durch die Aufsichtsbehörde ausgeübt werden können. Die Mindestinformation an die betroffene Person wird hierbei durch Art. 17 Abs. 3 S. 1 DSRL-JI vorgegeben, dessen Inhalt in § 57 Abs. 7 S. 4 BDSG aufgegriffen wird. Dieser sieht die Bestätigung der Vornahme erforderlicher Prüfungen oder der aufsichtsbehördlichen Überprüfung vor. Daneben ist in Art. 17 Abs. 3 S. 2 DSRL-JI die Unterrichtung über das „Recht auf einen gerichtlichen Rechtsbehelf" obligatorisch. Letztere ist essenziell, um dem Recht auf effektiven Rechtsschutz gerecht zu werden, das andernfalls komplett ausgeschlossen wird. Ein isolierter Verweis auf § 57 Abs. 7 S. 3 13

5 In diese Richtung gehend auch Schenke/Graulich/Ruthig/Graulich BKAG § 85 Rn. 7.
6 So jeweils der Wortlaut der Art. 13 Abs. 3, Art. 15 Abs. 1 sowie Art. 16 Abs. 4 DSRL-JI.
7 S. dazu den Wortlaut der Art. 13 Abs. 3, Art. 15 Abs. 3 iVm Abs. 1 und 2 sowie Art. 16 Abs. 4 DSRL-JI.
8 Dagegen Schenke/Graulich/Ruthig/Graulich BKAG § 85 Rn. 8.
9 Restriktiver auf das Auskunftsrecht bezogen Schenke/Graulich/Ruthig/Graulich BKAG § 85 Rn. 9.

BDSG ist aus diesen Gründen **europarechtswidrig.**[10] Der Ausschluss individuellen Rechtsschutzes wirkt umso schwerer, als europarechtliche Dokumentationspflichten ebenfalls nicht vollständig umgesetzt wurden.[11] Bezüglich § 57 Abs. 7 S. 3 BDSG und auch hinsichtlich des Verweises auf diese Norm in § 85 S. 5 BKAG greift insoweit der Vorrang des Unionsrechts.

14 **§ 57 Abs. 7 S. 6 BDSG** stellt sicher, dass **Strafverfolgung und -vollstreckung** gewährleistet bleiben, indem der jeweilige Erkenntnisstand von den Informationen an die betroffene Person ausgenommen bleibt. Eine Rückausnahme von dieser Beschränkung besteht nur für den Fall der Zustimmung des Verantwortlichen zu einer „weitergehenden Auskunft". Diese Zustimmung kann nur im Falle einer Einschränkung nach § 57 Abs. 4 BDSG versagt werden.[12]

Unterabschnitt 6
Schadensersatz

§ 86 Schadensersatz im polizeilichen Informationsverbund

(1) [1]Bei der Datenverarbeitung im polizeilichen Informationsverbund gilt das Bundeskriminalamt gegenüber einer betroffenen Person als allein Verantwortlicher im Sinne von § 83 Absatz 1 des Bundesdatenschutzgesetzes. [2]§ 83 Absatz 3 des Bundesdatenschutzgesetzes ist nicht anzuwenden.

(2) In den Fällen des Absatzes 1 ist der Schaden im Innenverhältnis auszugleichen, soweit er der datenschutzrechtlichen Verantwortung einer anderen Stelle zuzurechnen ist.

A. Allgemeines

1 § 86 BKAG ergänzt den speziellen datenschutzdeliktischen Schadensersatzanspruch nach § 83 BDSG und setzt auf diese Weise die Vorgaben aus **Art. 56 DSRL-JI** um, nach denen betroffenen Personen ein Recht auf Schadensersatz gegenüber der verantwortlichen oder einer durch nationales Recht bestimmten Stelle zusteht.[1] § 86 BKAG trifft dabei eine **Sonderregelung für den Bereich des polizeilichen Informationsverbundes** (§§ 29 ff. BKAG);[2] in den anderen Bereichen gilt § 83 BDSG dagegen unmittelbar.

B. Kommentierung im Einzelnen

2 Die Verwendung des **Begriffes des „Verantwortlichen"** in § 86 Abs. 1 S. 1 BKAG ist mit Blick auf die Verteilung der datenschutzrechtlichen Verantwortlichkeiten in § 31 Abs. 2 BKAG (→ § 31 Rn. 7 ff.) missverständlich. Diese sollen durch die Vorschrift des § 86 Abs. 1 S. 1 BKAG nicht unterlaufen werden. § 86 Abs. 1 S. 1 BKAG betrifft – wie der Wortlaut der Überschrift „Schadensersatz im polizeilichen Informationsverbund" sowie der **Bezug zu § 83 BDSG** deutlich machen – vielmehr ausschließlich die **haftungsrechtliche Zuordnung.**

I. Haftung im Außenverhältnis (Abs. 1)

3 Art. 56 DSRL-JI ist in der Gewährleistung der Haftung nicht gleich stark ausgeprägt wie Art. 82 Abs. 4 DS-GVO, der irgendeine Beteiligung an der Verarbeitung zur Auslösung einer gesamtschuldnerischen Haftung ausreichen lässt. Art. 56 DSRL-JI verlangt gerade keine gesamtschuldnerische Ausgestaltung des Haftungsregimes, sondern nur das **Vorhandensein eines Anspruchsgegners.**

10 So auch Kühling/Buchner/Schwichtenberg, DS-GVO/BDSG, 3. Aufl. 2020, BDSG § 57 Rn. 12; s. auch Paal/Pauly/Paal, DS-GVO/BDSG, 3. Aufl. 2021, BDSG § 57 Rn. 13 mwN; eine einschränkende Auslegung vertretend Gola/Heckmann/Werkmeister, DS-GVO/BDSG, 3. Aufl. 2022, BDSG § 57 Rn. 30.
11 Ausführlich Kühling/Buchner/Schwichtenberg, DS-GVO/BDSG, 3. Aufl. 2020, BDSG § 57 Rn. 12.
12 Gola/Heckmann/Werkmeister, DS-GVO/BDSG, 3. Aufl. 2022, BDSG § 57 Rn. 32.
1 S. auch BT-Drs. 18/11163, 135.
2 Zu der Vorgängerregelung des § 12 Abs. 4 BKAG aF, die dies auch mit Blick auf ihre systematische Stellung im Kontext der Regelungen über die datenschutzrechtliche Verantwortung im polizeilichen Informationssystem deutlich zum Ausdruck brachte, s. BT-Drs. 13/1550, 29.

Als passivlegitimiert für **Ansprüche nach § 83 Abs. 1 BDSG** bezüglich der Verarbeitung personenbezogener Daten im polizeilichen Informationsverbund benennt § 86 Abs. 1 S. 1 BKAG das BKA. Dies soll gem. § 86 Abs. 1 S. 2 BKAG (Ausschluss der gesamtschuldnerischen Haftung nach § 83 Abs. 3 BDSG, → Rn. 6) auch im Falle von Unsicherheiten bei der Identifizierung des Verursachers gelten.[3] Die alleinige Haftung des BKA im Außenverhältnis ist der haftungsrechtliche Umkehrschluss aus seiner Zentralstellung im polizeilichen Informationsverbund.[4] Soweit es sich bei den Datenverarbeitungsprozessen im Verbundsystem um automatisierte Verarbeitungen handelt, haftet das BKA im Außenverhältnis verschuldensunabhängig; im Übrigen wird das Verschulden vermutet (vgl. § 83 Abs. 1 S. 2 BDSG).[5] 4

Die Regelung des § 86 Abs. 1 BKAG schafft Rechtssicherheit, indem sie die **Alleinverantwortlichkeit des BKA** iSv § 83 Abs. 1 BDSG festschreibt. Der Bürger soll seinen Schaden ersetzt erhalten, ohne die datenschutzrechtliche Verantwortung im Zusammenspiel mehrerer Behörden nachweisen zu müssen.[6] Dem Betroffenen wird jedoch aufgebürdet, das BKA als passivlegitimiert zu identifizieren. Um dessen subjektive Ansprüche nicht unverhältnismäßig einzuschränken, ist im Falle einer falschen Inanspruchnahme von einer **Hinweispflicht anderer Stellen** auf das BKA als richtigen Anspruchsgegner auszugehen. 5

Der **Ausschluss des § 83 Abs. 3 BDSG** in § 86 Abs. 1 S. 2 BKAG unterstreicht die **Durchbrechung der gesamtschuldnerischen Haftung** und der Festlegung des BKA als der im Außenverhältnis zuständigen Stelle. 6

II. Regressansprüche im Innenverhältnis (Abs. 2)

Hat die nach § 31 Abs. 2 BKAG datenschutzrechtlich verantwortliche Stelle einen Fehler begangen, haftet zunächst das BKA im Außenverhältnis gegenüber dem Bürger (→ Rn. 3 ff.). Gem. § 86 Abs. 2 BKAG erhält das BKA im Innenverhältnis aber einen Ausgleichsanspruch, soweit der Schaden der datenschutzrechtlichen Verantwortung einer anderen öffentlichen Stelle unterfällt (zB fehlerhafte Eingabe in den polizeilichen Informationsverbund). Dies wiederum setzt voraus, dass der **Schaden nicht dem Pflichten- und Wirkkreis des BKA** (zB Programmfehler der Zentralstelle) **zuzurechnen** ist.[7] 7

Abschnitt 10
Schlussvorschriften

§ 87 Strafvorschriften

(1) Mit Freiheitsstrafe bis zu drei Jahren oder mit Geldstrafe wird bestraft, wer

1. **einer vollstreckbaren gerichtlichen Anordnung nach § 55 Absatz 3 Satz 1 oder einer vollziehbaren Anordnung nach § 55 Absatz 3 Satz 2 zuwiderhandelt und dadurch den Zweck der Anordnung gefährdet oder**
2. **einer vollstreckbaren gerichtlichen Anordnung nach § 56 Absatz 5 Satz 1 oder einer vollziehbaren Anordnung nach § 56 Absatz 5 Satz 2 zuwiderhandelt und dadurch die kontinuierliche Feststellung seines Aufenthaltsortes durch das Bundeskriminalamt verhindert.**

(2) Die Tat wird nur auf Antrag des Bundeskriminalamtes verfolgt.

3 S. auch Schenke/Graulich/Ruthig/Graulich BKAG § 86 Rn. 2.
4 Kugelmann BKAG § 12 Rn. 10.
5 Statt vieler BeckOK-Datenschutzrecht/Quaas BDSG § 83 Rn. 47 ff. (2022).
6 Kugelmann BKAG § 12 Rn. 11.
7 BT-Drs. 13/1550, 29 f.

A. Überblick und Genese

I. Vorläufer- und Parallelregelungen

1 § 87 BKAG wurde als **Ergänzung** der ihrerseits neu geschaffenen Anordnungsbefugnisse des **§ 55 Abs. 1 und 2** sowie des **§ 56 Abs. 1 BKAG** neu in das BKAG aufgenommen. Ebenso wie diese hat er daher keine unmittelbaren gefahrenabwehrrechtlichen Vorbildregelungen auf Bundes- oder Landesebene.

2 Allerdings verweist die Gesetzesbegründung auf die **Vorbildnorm des § 145a StGB, die Verstöße gegen Weisungen im Rahmen der Führungsaufsicht** mit bis zu drei Jahren Freiheitsstrafe oder Geldstrafe **sanktioniert.**[1] Entgegen dem durch die Gesetzesbegründung erweckten Anschein beschränken sich entsprechende Parallelen jedoch auf § 55 Abs. 1 und 2 iVm § 87 Abs. 1 Nr. 1 BKAG, der ebenso wie § 145a S. 1 iVm § 68b Abs. 1 S. 1 Nrn. 1–3 StGB Verstöße gegen angeordnete Aufenthaltsvorgaben und Kontaktverbote sanktioniert und als konkretes Gefährdungsdelikt konstruiert ist.[2]

3 Für die an Maßnahmen der elektronischen Aufenthaltsüberwachung nach § 56 Abs. 1 BKAG anknüpfende **Strafnorm des § 87 Abs. 1 Nr. 2 BKAG,** die – anders als § 87 Abs. 1 Nr. 1 BKAG – als Erfolgsdelikt ausgestaltet ist (→ Rn. 66), **fehlt es demgegenüber an unmittelbar vergleichbaren bundes- oder landesrechtlichen Vorbildnormen,**[3] da § 145a S. 1 StGB auch im Hinblick auf Verstöße gegen Weisungen nach § 68b Abs. 1 S. 1 Nr. 12 ein Gefährdungsdelikt normiert.

4 Auch wenn die **Durchsetzung verwaltungsrechtlicher Pflichten mit Mitteln des Strafrechts** durchaus zu den etablierten Instrumenten des modernen Verwaltungsrechts gezählt werden kann (**verwaltungsakzessorisches Strafrecht**), hat der Gesetzgeber mit der **Aufnahme der § 87 BKAG zugrundeliegenden Pönalisierungslösung**[4] **in das klassische Polizeirecht weitgehend Neuland betreten,** wie dessen Charakter als (weiterhin) einzige Strafnorm des BKAG unterstreicht.[5] Zwar finden sich im Kernstrafrecht einzelne Normen, die zB den Widerstand gegen Vollstreckungsbeamte und diesen gleichgestellte Personen (§§ 113 ff. StGB), die Gefangenenmeuterei (§ 121 StGB) oder den Verstrickungs- und Siegelbruch (§ 136 StGB) sanktionieren; mit der Bestrafung der bloßen Missachtung gefahrenabwehrrechtlicher Verhaltensgebote bzw. des Entziehens gegenüber staatlichen Überwachungsmaßnahmen betritt der Gesetzgeber aber dennoch weitgehend unerschlossenes Terrain.

5 In Ansehung der kaum hinreichend beantworteten **rechtspolitischen Kritik an der sanktionenrechtlichen Vorbildnorm des § 145a StGB** (→ Rn. 104) und der Anknüpfung der §§ 55 f. BKAG an die **verfassungsrechtlich jedenfalls nicht unproblematische, in wesentlichen Teilen sogar ungeeignete Eingriffsschwelle der lediglich drohenden Gefahr** (→ § 55 Rn. 137 ff.; → § 56 Rn. 161 ff.) erscheint die Entscheidung des Gesetzgebers dabei jedoch als **Missgriff,** der korrigiert werden sollte (→ Rn. 105 ff.).

6 Dessen ungeachtet hat der Bundesgesetzgeber mit § 95 Abs. 2 Nr. 1a AufenthG[6] schon kurz nach Inkrafttreten des § 87 als § 39 BKAG aF am 9.6.2017[7] eine **aufenthaltsrechtliche Parallelnorm** zu § 87 Abs. 1 Nr. 2

1 BT-Drs. 18/11163, 135.
2 Vgl. BeckOK-PolR Baden-Württemberg/Reinhardt PolG BW § 134 Rn. 1 (2022); BeckOK-POR NRW/Barczak PolG NRW § 34d Rn. 12 (2022).
3 Vgl. BeckOK-PolR Baden-Württemberg/Reinhardt PolG BW § 134 Rn. 1 (2022).
4 Zur begrifflichen Einordnung ausführlich BeckOK-POR NRW/Barczak PolG NRW § 34d Rn. 2 (2022).
5 Vgl. BeckOK-POR NRW/Barczak PolG NRW § 34d Rn. 4 (2022): „Fremdkörper im Recht der präventiv-polizeilichen Gefahrenabwehr".
6 Vgl. Art. 1 Nr. 11 lit. a, bb des (Ersten) Gesetzes zur besseren Durchsetzung der Ausreisepflicht v. 20.7.2017 (BGBl. I S. 2780).
7 Vgl. Art. 2 Nr. 4, Art. 13 Abs. 2 des Gesetzes über die Neustrukturierung des Bundeskriminalamtgesetzes v. 1.6.2017 (BGBl. I S. 1354).

BKAG geschaffen, die Verstöße gegen Anordnungen der elektronischen Aufenthaltsüberwachung nach § 56a AufenthG sanktioniert. Die wenigen formalen Unterschiede beider Strafnormen sind entweder redaktioneller Natur[8] oder Folge der unterschiedlichen Detailausgestaltung der jeweiligen Anknüpfungsnormen.[9]

Auch die **Landesgesetzgeber** haben parallel zur Einführung der jeweiligen landesrechtlichen Parallelbestimmungen zu § 55 (→ § 55 Rn. 4 ff.) und § 56 (→ § 56 Rn. 5 ff.) zum Teil strafrechtliche Parallelnormen zu § 87 BKAG in das jeweilige Landespolizeirecht integriert. Die Regelungen in **Baden-Württemberg** (§ 134 PolG BW), **Brandenburg** (§ 28e BbgPolG),[10] **Nordrhein-Westfalen** (§ 34d PolG NRW), **Sachsen** (§ 106 SächsPVDG) und **Schleswig-Holstein** (§ 201 Abs. 9 LVwG SH)[11] entsprechen dabei – unter Beachtung der Vorgaben des Art. 3 EGStGB über zulässige Rechtsfolgen bei Straftaten nach Landesrecht – nahezu vollständig der bundesrechtlichen Vorbildregelung (zum Charakter des BKAG als faktisches „Musterpolizeigesetz" → § 1 Rn. 4). Der **niedersächsische Gesetzgeber** hat demgegenüber die Strafdrohung auf Zuwiderhandlungen gegen gerichtliche Anordnungen beschränkt, die Regelungstechnik des Bundesgesetzgebers aber im Übrigen übernommen (§ 49a Abs. 2 und 3 NdsPOG).[12] 7

Die sehr ähnlichen Bestimmungen in **Hessen** (§ 43b HessSOG) und **Mecklenburg-Vorpommern** (§ 67d SOG MV)[13] sind auch im Hinblick auf Verstöße gegen die Anordnung der elektronischen Aufenthaltsüberwachung als **Gefährdungsdelikte** ausgestaltet und entsprechen daher der in § 87 Abs. 1 Nr. 1 BKAG gewählten Regelungstechnik; § 67d Abs. 3 S. 2 SOG MV enthält darüber hinaus eine **Regelung zum Entfall der Strafbarkeit bei Verstößen gegen behördliche Anordnungen,** wenn diese nicht innerhalb der gesetzlichen Frist bestätigt werden. 8

Einen eigenständigeren Weg hat **Sachsen-Anhalt** eingeschlagen: Während das (**aktive**) **Beeinträchtigen der Funktionsfähigkeit eines technischen Mittels zur elektronischen Aufenthaltsermittlung** (gegebenenfalls auch durch Dritte)[14] nach § 106 Abs. 1 SOG LSA bestraft wird, wenn die Absicht der Verhinderung der kontinuierlichen Aufenthaltsfeststellung besteht (Erfolgsdelikt mit überschießender Innentendenz), werden **Verletzungen der dem Betroffenen obliegenden Instandhaltungspflichten** nach § 106 Abs. 2 SOG LSA als echte Unterlassungsdelikte sanktioniert. **Verstöße gegen Aufenthaltsvorgaben und Kontaktverbote** sind in Sachsen-Anhalt demgegenüber **nur als Ordnungswidrigkeit ausgestaltet** (§ 107 Abs. 1 Nr. 3 SOG LSA). 9

Demgegenüber haben die Gesetzgeber **Bayerns** und des **Saarlands** bewusst auf eine Normdurchsetzung (auch) mithilfe des Strafrechts (**Pönalisierungslösung**)[15] verzichtet. Bayern setzt dabei in erster Linie auf eine Normdurchsetzung durch Erweiterung der Möglichkeiten der Ingewahrsamnahme bei Missachtung von Aufenthaltsvorgaben, Kontaktverboten und Maßnahmen der elektronischen Aufenthaltsüberwachung (**Präventionslösung**),[16] die aufgrund ihrer (mittelbaren) Verknüpfung lediglich drohender Gefahren mit schwerwiegenden operativen Grundrechtseingriffen eigenständige verfassungsrechtliche Zweifelsfragen aufwirft (→ § 55 Rn. 207). Demgegenüber werden etwa in **Nordrhein-Westfalen** Pönalisierungs- und Präventionsansatz parallel verfolgt, um eine effektive Normdurchsetzung zu gewährleisten.[17] 10

II. Gesetzgebungsverfahren

§ 87 BKAG entspricht dem **ursprünglichen Regierungsentwurf.**[18] 11

III. Normänderungen

§ 87 BKAG trat zunächst als § 39 BKAG aF schon vor den übrigen Normen der Neufassung des BKAG vom 1.6.2017[19] **zum 9.6.2017 in Kraft.** Er wurde mit deren Inkrafttreten am 25.5.2018 in § 87 BKAG nF überführt und seither nicht geändert. 12

8 Während § 95 Abs. 2 Nr. 1a AufenthG in den bestehenden Strafnormkatalog des § 95 AufenthG integriert wurde, handelt es sich bei § 87 BKAG um die erste und (bislang) einzige Strafnorm innerhalb des BKAG.

9 Da § 56a AufenthG eine behördliche Anordnung im Eilfall nicht vorsieht (→ § 56 Rn. 2), sanktioniert § 95 Abs. 2 Nr. 1a AufenthG nur Verstöße gegen gerichtliche Anordnungen.

10 Die Norm enthält lediglich eine Entsprechung zu § 87 Abs. 1 Nr. 1 iVm § 55 BKAG, da Brandenburg keine Parallelbestimmung zu § 56 BKAG geschaffen hat (→ § 56 Rn. 4 ff.).

11 Nur parallel zu § 87 Abs. 1 Nr. 2 BKAG (elektronische Aufenthaltsüberwachung).

12 Vgl. BeckOK-POR Niedersachsen/Waechter NdsPOG § 49a Rn. 6, 8 (2022).

13 Mangels landesrechtlicher Regelungen zur Anordnung von Kontaktverboten (→ § 55 Rn. 4) besteht hier auch keine entsprechende Strafnorm.

14 Vgl. zur Ausgestaltung des § 87 BKAG als Sonderdelikt → Rn. 16.

15 Vgl. BeckOK-POR NRW/Barczak PolG NRW § 34d Rn. 2 (2022).

16 Vgl. BeckOK-POR NRW/Barczak PolG NRW § 34d Rn. 2 (2022).

17 Zustimmend v. Coelln/Pernice-Warnke/Pützer/Reisch NWVBl. 2019, 89 (95). Zurecht kritisch(er) dagegen BeckOK-POR NRW/Barczak PolG NRW § 34d Rn. 3 f. (2022).

18 BT-Drs. 18/11163, 67.

19 BGBl. I S. 1354.

IV. Normsystematische Einordnung

13 § 87 BKAG dient der Durchsetzung sowie vor allem der Effektivierung von Maßnahmen nach § 55 Abs. 1 (Aufenthaltsvorgaben), § 55 Abs. 2 (Kontaktverbote) und § 56 Abs. 1 (Maßnahmen der elektronischen Aufenthaltsüberwachung) mit Mitteln des Strafrechts (Pönalisierungslösung; → Rn. 4). Er tritt damit **neben die Möglichkeit der Vollstreckung gerichtlicher Anordnungen nach Maßgabe der Zivilprozessordnung**[20] sowie die **Durchsetzung nach Maßgabe des allgemeinen Verwaltungsvollstreckungsrechts.**[21]

14 Bei Schaffung des § 87 BKAG ging der Gesetzgeber (vertretbar) davon aus, dass die in § 55 Abs. 1 und 2 bzw. § 56 Abs. 1 BKAG normierten Handlungs- und Unterlassungspflichten hinreichend bestimmt sind, um als Anknüpfungspunkt für strafrechtliche Sanktionen auch dem **strafrechtlichen Bestimmtheitsgebot** (Art. 103 Abs. 2 GG, § 1 StGB) zu genügen.[22] Die Verknüpfung mit unmittelbaren strafrechtlichen Sanktionen hat jedoch **Rückwirkungen auf die Auslegung der diesen zugrundeliegenden gefahrenabwehrrechtlichen Ge- und Verbote,** so dass eine (etwa an Erwägungen der effektiven Gefahrenabwehr orientierte) weitere Auslegung der vom Gesetzgeber gewählten Begriffe ausscheidet (exemplarisch → § 55 Rn. 24 ff., 29, 39, 88, 182). Darüber hinaus sind anordnende Behörden und Gerichte verpflichtet, dem strafrechtlichen Bestimmtheitsgebot auch bei Abfassung der jeweiligen Anordnungen Rechnung zu tragen.

15 Aufgrund des gesetzlichen Strafmaßes von bis zu drei Jahren oder Geldstrafe sind Verstöße gegen § 87 Abs. 1 BKAG **Vergehen** iSd § 12 Abs. 2 StGB, die dem **strafprozessualen Opportunitätsprinzip** unterliegen.[23]

16 Sowohl § 87 Abs. 1 Nr. 1 als auch Nr. 2 begründen dabei **eigenhändige Sonderdelikte,**[24] die ausschließlich von nach Maßgabe von Anordnungen nach § 55 Abs. 3 S. 1 und 2 bzw. § 56 Abs. 5 S. 1 und 2 BKAG verpflichteten Personen begangen werden können. Weder die Kontaktaufnahme mit dem Adressaten eines Kontaktverbots nach § 55 Abs. 2 BKAG noch die Beeinträchtigung der Funktionsfähigkeit technischer Überwachungsmittel durch Dritte ist daher nach Maßgabe des § 87 Abs. 1 BKAG strafbar, soweit keine Anstiftung oder Beihilfe zu einer rechtswidrigen Haupttat des durch Verwaltungsakt Verpflichteten vorliegt (→ Rn. 88 f.). Gegebenenfalls kann jedoch eine **eigene Strafbarkeit** zB nach § 303 StGB (Sachbeschädigung), § 303a StGB (Datenveränderung) oder § 303b Abs. 1 StGB (Computersabotage) vorliegen.

17 § 87 Abs. 1 Nr. 1 BKAG ist dabei zugleich **sowohl Handlungs- als auch konkretes Gefährdungsdelikt,**[25] das neben der Zuwiderhandlung gegen vollstreck- bzw. vollziehbare Anordnungen (Handlungselement) auch einen Gefährdungserfolg in Gestalt einer Gefährdung des Zwecks der Anordnung voraussetzt (→ Rn. 60 ff.). Da auch die in § 55 Abs. 1 Alt. 1 BKAG normierten Aufenthaltsgebote rechtstechnisch als Verlassensverbote ausgestaltet sind (→ § 55 Rn. 20 ff.), ist § 87 Abs. 1 Nr. 1 BKAG auch insoweit **Handlungs- und nicht echtes Unterlassungsdelikt.**

18 Demgegenüber verlangt **§ 87 Abs. 1 Nr. 2 BKAG** neben dem Handlungselement der Zuwiderhandlung gegen vollstreck- bzw. vollziehbare Anordnungen einen tatbestandlichen Erfolg in Gestalt der Verhinderung der kontinuierlichen Feststellung des Aufenthaltsorts des Verpflichteten durch das BKA (**Handlungs- und Erfolgsdelikt**). Soweit § 56 Abs. 1 BKAG dem Betroffenen neben einem Beeinträchtigungsverbot auch eine aktive Mitführungspflicht sowie (auf die regelmäßige Aufladung begrenzte) Instandhaltungspflichten auferlegt (→ § 56 Rn. 36), ist es zugleich **echtes Unterlassungsdelikt.**

19 Das (absolute) **Antragserfordernis** des § 87 Abs. 2 BKAG hat alleine verfahrensrechtliche Bedeutung. Die Absicht des Gesetzgebers, die Strafbarkeit auf bedeutsame Zuwiderhandlungen zu beschränken,[26] wird hierdurch daher allenfalls unzureichend erreicht (→ Rn. 94 ff.).

B. Kommentierung im Einzelnen

I. Tatbestandsvoraussetzungen

20 § 87 Abs. 1 Nr. 1 BKAG ist sowohl Handlungs- (bzw. echtes Unterlassungs-) als auch Gefährdungsdelikt (→ Rn. 29 ff., → Rn. 60 ff.). Demgegenüber hat der Gesetzgeber die Strafnorm des § 87 Abs. 1 Nr. 2 BKAG als Handlungs- (bzw. echtes Unterlassungs-) und Erfolgsdelikt ausgestaltet (→ Rn. 69 ff., → Rn. 76 ff.).

20 Vgl. § 90 Abs. 2 S. 2 BKAG iVm § 95 Abs. 1 Nr. 4 FamFG. Zu deren Anwendbarkeit aber → § 55 Rn. 203 ff., → § 56 Rn. 278 ff.
21 → § 55 Rn. 207 ff. sowie → § 56 Rn. 281 ff. auch zur Möglichkeit der Vollstreckung im Rahmen polizeilicher Standardmaßnahmen.
22 BT-Drs. 18/11163, 135.
23 §§ 153 ff. StPO. Vgl. → Rn. 102 f.
24 Vgl. BeckOK-PolR Baden-Württemberg/Reinhardt PolG BW § 134 Rn. 1 (2022); BeckOK-POR NRW/Barczak PolG NRW § 34d Rn. 12 (2022).
25 Vgl. Schenke/Graulich/Ruthig/Graulich BKAG § 87 Rn. 2; Vgl. auch BeckOK-PolR Baden-Württemberg/Reinhardt PolG BW § 134 Rn. 1 (2022); BeckOK-POR NRW/Barczak PolG NRW § 34d Rn. 12 (2022); aA zur hessischen Parallelnorm BeckOK-POR Hessen/Leggereit HessSOG § 43b Rn. 5 (2022): abstraktes Gefährdungsdelikt.
26 BT-Drs. 18/11163, 135.

1. Aufenthaltsvorgaben und Kontaktverbote (Abs. 1 Nr. 1). Die Strafbarkeit nach § 87 Abs. 1 Nr. 1 BKAG tritt ein, wenn der Betroffene einer **vollstreckbaren gerichtlichen Anordnung** nach § 55 Abs. 3 S. 1 BKAG **oder einer vollziehbaren Anordnung** nach § 55 Abs. 3 S. 2 BKAG **zuwiderhandelt** (→ Rn. 23 ff.) und dadurch den **Zweck der Anordnung gefährdet** (→ Rn. 55 ff.). Auf die **Rechtmäßigkeit der Anordnung** kommt es hierbei nicht an, soweit diese nicht im Rahmen eines gerichtlichen Verfahrens rückwirkend aufgehoben wird (→ Rn. 36 ff.). 21

a) Tatbestandliches Verhalten. Die Strafbarkeit nach § 87 Abs. 1 Nr. 1 BKAG setzt zunächst voraus, dass eine (**wirksame**; → Rn. 42) **behördliche oder gerichtliche Anordnung nach Maßgabe des § 55 Abs. 3 S. 1 oder 2** ergangen ist. Die bloße Anordnungsbefugnis des BKA nach § 55 Abs. 1 oder 2 BKAG kann eine Strafbarkeit daher ebenso wenig begründen wie zB die Stellung eines Antrags nach § 55 Abs. 3 S. 1, Abs. 4 BKAG. 22

aa) Verstoß gegen Entfernungsverbote/Aufenthaltsgebote (§ 55 Abs. 1 Alt. 1). Eine auf § 55 Abs. 1 Alt. 1 BKAG gestützte Anordnung kann **durch aktives Tun** verletzt werden, wenn der Betroffene sich entgegen eines behördlichen oder gerichtlichen Aufenthaltsgebots (bzw. richtiger: Verlassensverbots) ohne Erlaubnis des BKA (→ Rn. 51 ff.; → § 55 Rn. 178 ff.) **aus den in der jeweiligen Anordnung bestimmten Bereichen** (→ § 55 Rn. 21 ff.) **entfernt.** 23

Die **Normverletzung** (und damit gegebenenfalls die Strafbarkeit) tritt dabei bereits **in dem Moment** ein, in dem der Betroffene die **räumlichen Grenzen des ihm zugewiesenen Aufenthaltsbereichs auch nur punktuell überschreitet;** sie setzt insbesondere nicht voraus, dass der Betroffene sich für einen erheblichen Zeitraum außerhalb des zugewiesenen Bereiches befindet oder dort einen Aufenthalt begründet (→ § 55 Rn. 27 f.). 24

Insbesondere hat die Absicht des Gesetzgebers, **die Strafbarkeit auf „bedeutsame" Zuwiderhandlungen zu begrenzen,**[27] auch im Hinblick auf Verstöße gegen Anordnungen nach § 55 Abs. 1 Alt. 1 BKAG keinen unmittelbaren Eingang in die Strafnorm des § 87 Abs. 1 Nr. 1 BKAG gefunden (ausführlich → Rn. 71, 74, 94 ff.). Insoweit kann das **weitere Tatbestandsmerkmal der Gefährdung des Zwecks der Anordnung** jedoch **als Korrektiv wirken,** das bei quantitativ oder qualitativ nur geringfügigen Überschreitungen der Grenzen eines verbotenen Aufenthaltsbereichs oft nicht erfüllt sein wird.[28] Verfahrensrechtlich dürfte es in nicht bedeutsamen Fällen zudem naheliegen, auf die Stellung eines Strafantrags zu verzichten (→ Rn. 93 ff.). Darüber hinaus unterliegen Vergehen nach § 87 BKAG dem **strafprozessualen Opportunitätsprinzip,** so dass (insbesondere) in Fällen von Bagatellverstößen gegebenenfalls eine Verfahrenseinstellung in Betracht kommt (→ Rn. 102 f.). 25

bb) Verstoß gegen Aufenthaltsverbote (§ 55 Abs. 1 Alt. 2). Eine auf § 55 Abs. 1 Alt. 2 BKAG gestützte Anordnung kann **durch aktives Tun** verletzt werden, wenn der Betroffene sich entgegen einem behördlichen oder gerichtlichen Aufenthaltsverbot **an einem in der Anordnung bezeichneten Ort aufhält.** Das bloße **Betreten einer solche Örtlichkeit** ist nach dem eindeutigen Wortlaut des § 55 Abs. 1 nicht tatbestandsmäßig (→ § 55 Rn. 29). 26

Eine **zeitliche (oder qualitative) Schwelle, ab der die Strafbarkeit des unerlaubten Aufenthalts eintritt,** hat der Gesetzgeber nicht ausdrücklich normiert. Zwar ergibt sich aus der Gesetzesbegründung, dass der Gesetzgeber nur „bedeutsame" Zuwiderhandlungen strafrechtlich sanktionieren wollte;[29] die (rechtstechnisch verfehlte; → Rn. 94 ff.) gesetzliche Umsetzung als absolutes Antragsdelikt (vgl. § 87 Abs. 2 BKAG) bleibt für die Bestimmung des Umfangs der materiellen Strafbarkeit jedoch ohne Auswirkungen. Da eine teleologische Reduktion des Tatbestands auf „bedeutsame" Verfehlungen ihrerseits kaum dem strafrechtlichen Bestimmtheitsgrundsatz genügte, muss davon ausgegangen werden, dass gegebenenfalls schon eine **geringfügige Überschreitung** der Grenzen des dem Betroffenen verbotenen Aufenthaltsbereichs um einzelne Meter bzw. schon ein äußerst geringfügiger Aufenthalt[30] die Strafbarkeit begründen kann.[31] 27

Auch insoweit kann neben dem **Tatbestandsmerkmal der Gefährdung des Zwecks der Anordnung**[32] jedoch auch das **strafprozessuale Opportunitätsprinzip** korrigierend wirken (→ Rn. 25, → Rn. 56, → Rn. 102 f.). 28

cc) Verstoß gegen Kontaktverbote (§ 55 Abs. 3 S. 1 oder 2 iVm § 55 Abs. 2). Eine Zuwiderhandlung gegen Anordnungen nach § 55 Abs. 3 S. 1 oder 2 iVm § 55 Abs. 2 BKAG (Kontaktverbot) liegt dann vor, wenn 29

27 BT-Drs. 18/11163, 135.
28 So auch BeckOK-PolR Baden-Württemberg/Reinhardt PolG BW § 134 Rn. 4 (2022); BeckOK-POR Hessen/Leggereit HessSOG § 43b Rn. 5 (2022); BeckOK-POR NRW/Barczak PolG NRW § 34d Rn. 17 (2022).
29 BT-Drs. 18/11163, 135.
30 Vgl. zur Abgrenzung zum bloßen – nicht tatbestandlichen – Betreten aber → § 55 Rn. 29.
31 So auch BeckOK-PolR Baden-Württemberg/Reinhardt PolG BW § 134 Rn. 4 (2022); BeckOK-POR NRW/Barczak PolG NRW § 34d Rn. 17 (2022).
32 Vgl. BeckOK-PolR Baden-Württemberg/Reinhardt PolG BW § 134 Rn. 4 (2022); BeckOK-POR Hessen/Leggereit HessSOG § 43b Rn. 5 (2022); BeckOK-POR NRW/Barczak PolG NRW § 34d Rn. 17 (2022).

der Betroffene **ohne Erlaubnis des BKA** (→ Rn. 51, → § 55 Rn. 179) den Kontakt mit in der Anordnung bestimmten Personen oder Personengruppen aufnimmt.

30 Hinsichtlich des **Kontaktbegriffs** kann auf die einschlägige Kommentierung verwiesen werden (→ § 55 Rn. 36 ff.). Das Verhalten des Betroffenen ist nur tatbestandsmäßig, wenn es den in der **ihm gegenüber ergangenen Anordnung konkret enthaltenen Verboten widerspricht.** Dies kann etwa dann nicht der Fall sein, wenn die Verbotsverfügung aus Gründen der Verhältnismäßigkeit auf einzelne Kontaktformen beschränkt wurde (→ § 55 Rn. 38).

31 Auch insoweit ist die vom Gesetzgeber gewollte Beschränkung auf „bedeutsame" Zuwiderhandlungen nicht Gesetz geworden (→ Rn. 25); sie kann aber gegebenenfalls durch Auslegung des Tatbestandsmerkmals der **Zweckgefährdung** (→ Rn. 25, → Rn. 65) oder durch Anwendung des **strafprozessualen Opportunitätsprinzips** (→ Rn. 25, → Rn. 102 f.) verwirklicht werden.

32 **b) Anforderungen an die zugrundeliegende Anordnung. aa) Vollstreckbarkeit bzw. Vollziehbarkeit der Anordnung.** Darüber hinaus setzt die Strafbarkeit nach § 87 Abs. 1 Nr. 1 BKAG voraus, dass **die zugrundeliegende Anordnung vollstreck- bzw. vollziehbar** ist.

33 Eine gerichtliche Anordnung iSd § 55 Abs. 3 S. 1 ist nach § 90 Abs. 2 S. 2 BKAG iVm § 86 Abs. 1 Nr. 1, Abs. 2 und § 40 Abs. 1 FamFG bereits **im Zeitpunkt ihrer Bekanntgabe an den Adressaten vollstreckbar.**[33] Dies gilt auch im Fall einer Anfechtung im Wege der Beschwerde, da diese nur dann aufschiebende Wirkung entfaltet, wenn das Beschwerdegericht die Vollziehung der Anordnung durch einstweilige Anordnung aussetzt.[34] Sie wird jedoch unwirksam, wenn der behördliche Antrag vor Eintritt der formellen Rechtskraft zurückgenommen wird.[35]

34 Demgegenüber können **behördliche Anordnungen** iSd § 55 Abs. 3 S. 2 BKAG nach § 6 Abs. 1 VwVG nur dann vollzogen werden, wenn sie unanfechtbar sind, ihr sofortiger Vollzug angeordnet wurde oder ein Rechtsmittel keine aufschiebende Wirkung entfaltet. Da der Bundesgesetzgeber den Entfall der aufschiebenden Wirkung – anders als zB in Nordrhein-Westfalen – nicht gesetzlich angeordnet hat (→ § 55 Rn. 211) und behördliche Anordnungen nach Ablauf der Dreitagesfrist des § 55 Abs. 3 S. 4 BKAG – auch im Fall ihrer gerichtlichen Bestätigung (→ § 55 Rn. 130) – wirkungslos werden (→ § 55 Rn. 132 ff.), kann deren **Vollziehbarkeit nur dann eintreten, wenn das BKA die sofortige Vollziehung nach Maßgabe des § 80 Abs. 3 S. 1 Nr. 4, Abs. 3 VwGO anordnet.** Dementsprechend tritt auch die Strafbarkeit nach § 87 Abs. 1 Nr. 1 BKAG frühestens mit Bekanntgabe der Entscheidung über die Anordnung der sofortigen Vollziehung ein.

35 Auf die **Rechtmäßigkeit der behördlichen Anordnung der sofortigen Vollziehung** kommt es demgegenüber nach dem Wortlaut des § 87 Abs. 1 Nr. 1 BKAG nicht an (→ Rn. 37); allerdings entfällt die Strafbarkeit im Fall einer verwaltungsgerichtlichen Wiederherstellung der aufschiebenden Wirkung rückwirkend.[36] Zudem müssen Anordnungen nach § 55 Abs. 3 S. 1 oder 2 BKAG (bzw. § 56 Abs. 5 S. 1 oder 2 BKAG) den Anforderungen des strafrechtlichen Bestimmtheitsgebots genügen, um vollstreckbar bzw. vollziehbar zu sein (→ Rn. 43 ff.).

36 **bb) Inzidentprüfung der Rechtmäßigkeit der Anordnung?** Im Hinblick auf die **Parallelvorschrift des § 145a StGB,** die die Missachtung von im Rahmen der Führungsaufsicht erteilten Weisungen sanktioniert, ist anerkannt, dass die Strafbarkeit nach dieser Bestimmung nur dann eintritt, wenn die dem Verstoß **zugrundeliegende Weisung rechtsfehlerfrei ergangen** ist.[37] Ein Weisungsverstoß ist daher etwa dann nicht tatbestandsmäßig, wenn die Weisung dem (strafrechtlichen) Bestimmtheitsgebot[38] oder dem Verhältnismäßigkeitsgrundsatz[39] nicht genügt oder in sonstiger Weise nicht von der Rechtsgrundlage des § 68b Abs. 1 StGB gedeckt ist.[40]

33 Vgl. BeckOK-POR Niedersachsen/Waechter NdsPOG § 49a Rn. 33 (2022).

34 § 90 Abs. 2 S. 2 BKAG iVm § 64 Abs. 3 FamFG.

35 § 90 Abs. 2 S. 2 BKAG iVm § 22 Abs. 2 S. 1 FamFG.

36 Zur Parallelproblematik des Rechtswidrigkeitszusammenhangs im Hinblick auf die Grundverfügung → Rn. 36 ff., → Rn. 43 ff. Zur *ex tunc*-Wirkung verwaltungsgerichtlicher Entscheidungen nach § 80 Abs. 5 S. 1 VwGO BVerwG Urt. v. 20.1.2016 – 9 C 1.15 –, BVerwGE 154, 68 (71 f., Rn. 14), mwN.

37 Vgl. stellvertretend BGH Beschl. v. 19.6.2018 – 4 StR 25/18 –, NStZ-RR 2018, 309 sowie Groß/Anstötz in MüKoStGB, 4. Aufl. 2021, § 145a Rn. 10, mwN.

38 Vgl. BGH Urt. v. 7.2.2013 – 3 StR 486/12 –, NJW 2013, 1894 (1895).

39 Vgl. BGH Beschl. v. 19.6.2018 – 4 StR 25/18 –, NStZ-RR 2018, 309.

40 Vgl. BGH Urt. v. 16.1.2014 – 4 StR 496/13 –, NStZ 2014, 203 (205); Groß/Anstötz in MüKoStGB, 4. Aufl. 2021, § 145a Rn. 10, mwN.

Schon **nach dem Wortlaut des § 87 Abs. 1 BKAG spricht indes wenig dafür, dieses Normverständnis auf § 87 StGB zu übertragen.**[41] Zwar streiten allgemeine rechtsstaatliche Erwägungen zunächst dafür, strafrechtliche Sanktionen nicht zur Durchsetzung rechtswidrigen Staatshandelns einzusetzen.[42] Während § 145a StGB – abgesehen vom Erfordernis „bestimmter" Weisungen gerade nach § 68b Abs. 1 StGB[43] – zu den Anforderungen an die Rechtmäßigkeit oder Vollziehbarkeit der Weisung jedoch keine Aussage enthält, fordert § 87 Abs. 1 BKAG ausdrücklich nur die „Vollstreckbarkeit" bzw. „Vollziehbarkeit" gerichtlicher bzw. behördlicher Anordnungen, nicht aber deren Rechtmäßigkeit.[44] 37

Dies harmoniert auch mit den Prinzipien der **Tatbestandswirkung vollziehbarer Verwaltungsakte**[45] bzw. der **Rechtskraftwirkung gerichtlicher Entscheidungen.**[46] Insoweit ist anerkannt, dass die Vollstreckung behördlicher Verwaltungsakte lediglich deren Wirksamkeit und Vollziehbarkeit, nicht aber deren Rechtmäßigkeit voraussetzt.[47] Da der Gesetzgeber diese Rechtansicht mit der Formulierung des § 87 Abs. 1 Nr. 1 Alt. 1, Nr. 2 Alt. 1 BKAG aufgegriffen hat,[48] muss entsprechendes für die Strafbarkeit von Verstößen gegen behördliche Anordnungen nach § 55 Abs. 3 S. 2 BKAG (und korrespondierend § 56 Abs. 5 S. 2) gelten. 38

Insoweit wäre es jedoch **widersprüchlich,** den zur rechtsstaatlichen Absicherung von Maßnahmen nach § 55 Abs. 1 und 2 BKAG (bzw. § 56 Abs. 1) durch Richtervorbehalt eingeführten **gerichtlichen Entscheidungen nach § 55 Abs. 3 S. 1 (und § 56 Abs. 5 S. 1) eine geringere Bindungswirkung zuzuweisen als behördlichen Anordnungen.** Auch Verstöße gegen gerichtliche Anordnungen nach § 55 Abs. 3 S. 1 BKAG (und § 56 Abs. 6 S. 1) sind daher bereits dann strafbewehrt, wenn diese – unabhängig von ihrer Rechtmäßigkeit – im Zeitpunkt des Verstoßes wirksam und vollstreckbar waren bzw. sind. 39

Diese **Abweichung von § 145a StGB** kommt im **Wortlaut des § 87 Abs. 1 BKAG** mit noch hinreichender Deutlichkeit zum Ausdruck, so dass – auch in Ansehung der in der Gesetzesbegründung nur sehr unspezifisch postulierten Anlehnung an diesen[49] – davon ausgegangen werden kann, dass § 87 Abs. 1 BKAG eine (vollständige) **Inzidentprüfung** der Rechtmäßigkeit einer missachteten Anordnung **nicht erfordert.**[50] Die Strafbarkeit tritt daher grundsätzlich schon dann ein, wenn die gerichtliche oder behördliche Anordnung wirksam sowie vollstreck- bzw. vollziehbar war (→ Rn. 32 ff.). 40

Zu beachten ist allerdings, dass auch die verwaltungsverfahrensrechtliche Vollziehbarkeit bestandskräftiger bzw. sofort vollziehbarer behördlicher Anordnung deren **hinreichende Bestimmtheit** (§ 37 Abs. 1 VwVfG) voraussetzt.[51] Gleiches gilt für die **Vollstreckbarkeit gerichtlicher Entscheidungen** sowie anderer Vollstreckungstitel.[52] Insoweit muss auch für die Strafbarkeit nach § 87 Abs. 1 BKAG gelten, dass die Bestimmtheit gefahrenabwehrrechtlicher Anordnungen nach § 55 Abs. 3 S. 1 und 2 BKAG (bzw. § 56 Abs. 5 S. 1 und 2) **am strafrechtlichen Bestimmtheitsgebot des Art. 103 Abs. 2 GG, § 1 StGB zu messen** ist, da das nach der Blankettnorm des § 87 Abs. 1 BKAG strafbare Verhalten im Wesentlichen durch den Inhalt der Anordnung festgelegt wird.[53] 41

Weiter zu beachten ist, dass besonders schwerwiegende, offensichtliche Rechtsfehler gegebenenfalls die **Nichtigkeit einer behördlichen Anordnung** begründen können.[54] Auch gerichtliche Entscheidungen können in extremen Ausnahmefällen unwirksam sein, wenn sie an besonders schwerwiegenden Mängeln leiden.[55] 42

41 Ähnlich Schenke/Graulich/Ruthig/Graulich BKAG § 87 Rn. 3 ohne nähere Erörterung. Ausführlicher BeckOK-POR NRW/Barczak PolG NRW § 34d Rn. 15 (2022) zur Parallelbestimmung des § 34d PolG NRW; aA aber zB BeckOK-PolR Baden-Württemberg/Reinhardt PolG BW § 134 Rn. 3 sowie § 133 Rn. 3 (2022). Vgl. auch BeckOK-POR Niedersachsen/Waechter NdsPOG § 49a Rn. 35 (2022) zur Regelung des niedersächsischen Landesgesetzgebers, der sich – mit identischem Normwortlaut – bewusst gegen ein Rechtmäßigkeitserfordernis entschieden hat.

42 So etwa BeckOK-PolR Baden-Württemberg/Reinhardt PolG BW § 134 Rn. 3, sowie § 133 Rn. 3 (2022).

43 Vgl. zur Problematik der Abgrenzung zu sonstigen, nicht strafbewehrten Weisungen nach § 68b Abs. 2 StGB BGH Beschl. v. 19.8.2015 – 5 StR 275/15 – StV 2017, 36.

44 Vgl. BeckOK-POR Niedersachsen/Waechter NdsPOG § 49a Rn. 35 (2022).

45 Vgl. BeckOK-POR NRW/Barczak PolG NRW § 34d Rn. 16 (2022) sowie ausführlich Schröder VVDStRL 50 (1991), 196 (222 ff.). Vgl. allgemein zur Frage des Rechtswidrigkeitszusammenhangs im Verwaltungsvollstreckungsrecht VGH Mannheim Urt. v. 3.5.2021 – 1 S 512/19 –, juris, Rn. 34 ff., mwN.

46 Zur Frage der materiellen Rechtskraftfähigkeit von Entscheidungen nach dem FamFG aber BVerwG Urt. v. 10.12.2014 – 1 C 11.14 –, NVwZ 2015, 830 (832).

47 VGH Mannheim Urt. v. 3.5.2021 – 1 S 512/19 –, juris, Rn. 34 ff., mwN.

48 Vgl. zu dieser Absicht des niedersächsischen Gesetzgebers (bei identischer Formulierung) LT-Drs. 18/3723, 73.

49 BT-Drs. 18/11163, 135.

50 Vgl. BeckOK-POR NRW/Barczak PolG NRW § 34d Rn. 16 (2022).

51 Vgl. VGH Mannheim Urt. v. 10.1.2013 – 8 S 2919/11 –, juris, Rn. 22 f., mwN.

52 Vgl. BGH Urt. v. 27.2.2013 – IV ZR 42/11 –, juris, Rn. 17 f.; OLG Hamm Beschl. v. 30.4.2010 – 25 W 74/10 –, juris, Rn. 12.

53 Vgl. BGH Beschl. v. 19.8.2015 – 5 StR 275/15 –, StV 2017, 36 sowie BGH Urt. v. 7.2.2013 – 3 StR 486/12 –, NJW 2013, 1894 (1895) jeweils zu § 145a StGB. Ähnlich BeckOK-POR Niedersachsen/Waechter NdsPOG § 49a Rn. 37 (2022).

54 § 44 Abs. 1 VwVfG.

55 Vgl. BeckOK-POR Niedersachsen/Waechter NdsPOG § 49a Rn. 34 (2022) sowie allgemein BGH Urt. v. 4.4.2014 – V ZR 110/13 –, NJW-RR 2014, 903 (904), mwN.

Ein solcher Fall dürfte etwa dann gegeben sein, wenn eine gerichtliche Anordnung nach § 55 Abs. 3 S. 1 BKAG (oder § 56 Abs. 5 S. 1) ohne den nach § 55 Abs. 4 BKAG (bzw. § 56 Abs. 6) erforderlichen Antrag des BKA ergeht.[56]

43 **cc) Folgen einer nachträglichen Aufhebung der Anordnung.** Von der Frage der Inzidentprüfung der Rechtmäßigkeit der jeweiligen Anordnung zu unterscheiden ist die Frage, ob die nachträgliche Aufhebung einer im Zeitpunkt der Zuwiderhandlung vollstreck- bzw. vollziehbaren Anordnung die **Strafbarkeit entfallen** lässt.

44 Festzuhalten ist dabei zunächst, dass die **verwaltungsgerichtliche Aufhebung** einer behördlichen Anordnung im Rahmen der (kassatorischen) Anfechtungsklage grundsätzlich **auf den Erlasszeitpunkt zurückwirkt** und damit zugleich die Voraussetzungen für die Vollstreckung eines Verwaltungsakts **rückwirkend entfallen** lässt.[57] Nichts anderes dürfte für die Beschwerdeentscheidung gegen gerichtliche Anordnungen nach § 55 Abs. 3 S. 1 BKAG (bzw. § 56 Abs. 6 S. 1) gelten, die in vergleichbarer Weise kassatorische Wirkung entfalten.[58]

45 In seiner bisherigen Rechtsprechung hat der **Bundesgerichtshof** der **Aufhebung belastender Verwaltungsakte** indes für die strafrechtliche Bewertung bereits begangener Verstöße auch dann **keine Bedeutung beigemessen,** wenn diese nach dem einschlägigen Fachrecht ausdrücklich auf den Erlasszeitpunkt zurückwirkt.[59] Indes ist fragwürdig, ob diese offenkundige **Durchbrechung der Einheit der Rechtsordnung** alleine unter Verweis auf die Strafwürdigkeit des „Ungehorsams gegen eine vollziehbare Verwaltungsentscheidung" gerechtfertigt werden kann. Insbesondere unterscheiden sich Fälle der Missachtung rechtswidriger Anordnungen nach § 55 Abs. 3 S. 1 oder 2 BKAG (bzw. § 56 Abs. 5 S. 1 oder 2), die alleine an die vermeintliche Gefährlichkeit des Adressaten anknüpfen, erheblich von dem in der Rechtsprechung entschiedenen Grundfall eines Verstoßes gegen straßenverkehrsrechtliche Anordnungen, auf deren Einhaltung eine Vielzahl Verkehrsteilnehmer ganz unabhängig von ihrer Rechtmäßigkeit vertrauen.[60]

46 Die **spezialpräventive Wirkung der gesetzlichen Strafdrohung** wird demgegenüber auch bei Annahme einer strafbefreienden Wirkung der späteren Aufhebung einer Anordnung erreicht, da **der Betroffene keine Gewissheit über die spätere Aufhebung der Entscheidung hat und das Risiko einer rechtlichen Fehleinschätzung trägt.** Insbesondere dürfte die bloße Erwartung, dass die zunächst wirksame und vollziehbare Anordnung (möglicherweise) demnächst mit Wirkung *ex tunc* aufgehoben werden wird, keinen die Vorsatzstrafbarkeit ausschließenden Tatumstandsirrtum begründen.[61]

47 So zeigt auch schon die weitaus großzügigere Rechtsprechung zu § 145a StGB (→ Rn. 36), dass ein **Verzicht auf die Bestrafung des bloßen Ungehorsams die Wirksamkeit behördlicher oder gerichtlicher Verhaltensge- und -verbote nicht merklich schmälert.**[62] Darüber hinaus erscheint es spezifisch im Hinblick auf § 87 Abs. 1 kaum zu rechtfertigen, die gesetzliche Wandlung bloßen Ungehorsams gegenüber auf gegebenenfalls nur ambivalente Verdachtsmomente gestützten, die alltägliche Lebensführung aber erheblich beeinträchtigenden Gefahrenabwehrmaßnahmen in kriminelles Unrecht (→ Rn. 97, → Rn. 105) durch Festhalten an der Strafbarkeit selbst bei nachträglicher Aufhebung der missachteten Anordnung zu verfestigen.

48 Nach der hier vertretenen Auffassung **entfällt die objektive Tatbestandsmäßigkeit** von Verstößen gegen vollzieh- bzw. vollstreckbare Anordnungen nach § 55 Abs. 3 S. 1 oder 2 BKAG (bzw. § 56 Abs. 5 S. 1 oder 2) daher dann, **wenn die Wirksamkeit entsprechender Anordnungen mit Rückwirkung auf den Tatzeitpunkt entfällt.** Für die Annahme eines ungeschriebenen objektiven Strafaufhebungsgrundes besteht daher keine Notwendigkeit.[63] Bei Übertragung der zu § 145a StGB ergangenen Rechtsprechung wäre die Tatbestandsmäßigkeit demgegenüber schon dann zu verneinen, wenn sich die Rechtswidrigkeit der Anordnung im Rahmen einer Inzidentprüfung ergibt (→ Rn. 36).

56 Hierzu → § 55 Rn. 74; → 56 Rn. 100.

57 Vgl. VGH Mannheim Urt. v. 3.5.2021 – 1 S 512/19 –, juris, Rn. 56 ff., mwN.

58 Vgl. allgemein Keidel/Sternal FamFG, 20. Aufl. 2020, § 69 Rn. 9 f.

59 Vgl. BGH Beschl. v. 23.7.1969 – 4 StR 371/68 –, BGHSt 23, 86 (zur Aufhebung eines Verkehrszeichens) sowie BGH Beschl. v. 8.10.1981 – 3 StR 449/80 –, juris, Rn. 17 (zur möglichen Aufhebung eines öffentlich-rechtlichen Hausverbots). Vgl. zur Rechtmäßigkeit als ungeschriebenes Tatbestandsmerkmal des § 145a StGB → Rn. 36.

60 Vgl. zu Normen des Umweltstrafrechts Schönke/Schröder/Heine/Schittenhelm, StGB, 30. Aufl. 2019, Vor §§ 324 ff. Rn. 21. Ähnlich Schröder VVDStRL 50 (1991), 196 (224).

61 Entsprechendes gälte, wenn man die nachträgliche Aufhebung der verletzten Anordnung als objektiven Strafaufhebungsgrund fassen wollte, auf den der Vorsatz sich nicht beziehen muss.

62 Dies mag allerdings auch eine generell eher geringe ausgeprägte Wirkung der Strafdrohung nach § 145a StGB indizieren, vgl. → Rn. 104.

63 Vgl. demgegenüber allgemein Schönke/Schröder/Heine/Schittenhelm, StGB, 30. Aufl. 2019, Vor §§ 324 ff. Rn. 21 f., die zwischen verschiedenen Aufhebungsgründen differenzieren und einen Strafaufhebungsgrund nur dann annehmen, wenn die Rechtswidrigkeit der behördlichen Anordnung auf unbehebbaren Mängeln (fehlendes Tatbestandsmerkmal, Ermessensreduzierung auf Null, etc.) beruht. Der im Interesse der Einheit der Rechtsordnung anzustrebende Einklang von Verwaltungs- und Strafrecht wird hiermit jedoch wiederum aufgehoben.

Darüber hinaus erscheint es erwägenswert, die Strafbarkeit von Verstößen gegen behördliche Anordnungen nach § 55 Abs. 3 S. 2 BKAG (bzw. § 56 Abs. 5 S. 2) weiterhin **dann entfallen zu lassen, wenn diese nicht innerhalb der gesetzlichen Frist des § 55 Abs. 3 S. 4 BKAG gerichtlich bestätigt werden.** Allerdings fehlt es insoweit an einer mit § 67d Abs. 3 Hs. 2 SOG MV vergleichbaren ausdrücklichen gesetzlichen Regelung. Sie ist zudem rechtlich kaum konsequent, weil Gegenstand der gerichtlichen Prüfung im Verfahren nach § 55 Abs. 3 S. 3 BKAG (bzw. § 56 Abs. 5 S. 3) nicht die Rechtmäßigkeit der behördlichen Anordnung in der Vergangenheit, sondern die Zulässigkeit einer gerichtlichen Anordnung für die weitere Zukunft ist (→ § 55 Rn. 100, → § 55 Rn. 198). 49

Nicht ohne **Auswirkungen** bleibt die hier vertretene Auffassung indes **auf den Primärrechtsschutz des Betroffenen.** Während nach herkömmlichem Verständnis von einer Erledigung behördlicher Anordnungen nach Ablauf der gesetzlichen Dreitagesfrist[64] sowie einer Erledigung gerichtlicher Anordnung nach Ablauf ihrer Geltungsdauer auszugehen wäre, muss eine **Aufhebung mit Rückwirkung auf den Erlasszeitpunkt auch dann möglich sein,** wenn die Anordnungen **zwar keine gegenwärtige Regelungswirkung mehr entfalten,** die strafrechtliche Bewertung vergangenen Verhaltens ihres Adressaten aber **von deren Wirksamkeit in der Vergangenheit abhängt.**[65] Ausgehend hiervon müssen Anfechtungsklagen (§ 42 Abs. 1 Alt. 1 VwGO) gegen behördliche Anordnungen und Beschwerden (§ 58 Abs. 1 FamFG) gegen gerichtliche Anordnungen nach § 55 Abs. 3 S. 1 oder 2 BKAG (bzw. § 56 Abs. 5 S. 1 oder 2) auch nach Ablauf ihrer jeweiligen Geltungsdauern als statthaft angesehen werden, wenn eine Strafbarkeit nach § 87 Abs. 1 BKAG ernstlich im Raum steht (→ § 55 Rn. 131). 50

c) **Ohne Erlaubnis.** Keine Zuwiderhandlung gegen Anordnungen nach § 55 Abs. 3 S. 1 BKAG liegt nach dem Wortlaut des § 55 Abs. 1 BKAG vor, wenn der Betroffene die Grenzen des ihm zugewiesenen oder verbotenen Aufenthaltsbereichs mit Erlaubnis des BKA überschreitet (**tatbestandsausschließende Wirkung**).[66] Aufgrund des systematischen Zusammenhangs zwischen § 55 Abs. 1 und 2 BKAG muss dasselbe gelten, wenn der Betroffene mit Erlaubnis des BKA den Kontakt mit ihm nach § 55 Abs. 2 BKAG an sich verbotenen Personen oder Gruppen aufnimmt (→ § 55 Rn. 179). In beiden Fällen entfällt daher schon die objektive Tatbestandsmäßigkeit des an sich untersagten Verhaltens. 51

Aufgrund der **Tatbestandswirkung** entsprechender Erlaubnisse als Verwaltungsakte entfällt die Tatbestandsmäßigkeit unabhängig davon, ob die entsprechende Erlaubnis rechtmäßig ist, soweit die Grenzen der Nichtigkeit nicht erreicht sind.[67] 52

Ein bloßer **Anspruch auf Erteilung einer entsprechenden Erlaubnis** kann einer tatsächlich erteilten Erlaubnis dabei **nicht gleichgesetzt** werden.[68] Denn insoweit begründen Anordnungen nach § 55 Abs. 3 S. 1 oder 2 BKAG repressive Verbote mit Befreiungsvorbehalt, die nur nach Maßgabe behördlicher Einzelfallentscheidungen suspendiert werden sollen.[69] Auch die Einheit der Rechtsordnung bzw. der Grundsatz der Verwaltungsakzessorietät des Strafrechts streitet hier nicht für eine Berücksichtigung möglicher Ansprüche, weil auch deren gerichtliche Durchsetzung idR nicht zu einer rückwirkenden Erteilung führt.[70] Insofern bietet nur das **Verfahren nach § 123 VwGO** die Möglichkeit, ein rechtssicheres und straffreies Überschreiten der Grenzen des dem Betroffenen zugewiesenen bzw. versagten Aufenthaltsbereiche gegebenenfalls auch kurzfristig zu ermöglichen. 53

Auch wenn eine **Erlaubnis im Verfahren des einstweiligen Rechtsschutzes** regelmäßig nur als vorläufige Erlaubnis erstritten werden kann, muss deren Erteilung für den Ausschluss der Strafbarkeit genügen, auch wenn ein Hauptsacheverfahren nicht durchgeführt wird bzw. aus anderen Gründen nicht zum Erfolg führt. 54

d) **Zweckgefährdung.** Auch im Fall einer Zuwiderhandlung gegen vollstreckbare gerichtliche Anordnungen nach § 55 Abs. 3 S. 1 BKAG oder vollziehbare Anordnungen nach § 55 Abs. 3 S. 2 BKAG tritt die Strafbarkeit nach § 87 Abs. 1 Nr. 1 BKAG nur ein, wenn **durch die Zuwiderhandlung der Zweck der Anordnung gefährdet wird.** 55

aa) **Zweck der Anordnung.** Zweck von Maßnahmen nach § 55 Abs. 1 BKAG ist die Abwehr von Gefahren bzw. die Verhütung von Straftaten nach § 5 Abs. 1 S. 2 BKAG. Gemeint sind daher die **in § 129a Abs. 1 und 2 StGB einzeln bezeichneten Straftaten,** soweit diese dazu bestimmt sind, die Bevölkerung auf erhebliche Weise einzuschüchtern (§ 5 Abs. 1 S. 2 Hs. 1 Nr. 1), eine Behörde oder eine internationale Organisation 56

64 Vgl. § 55 Abs. 3 S. 4, § 56 Abs. 5 S. 4 BKAG sowie → § 55 Rn. 132 ff.; → § 56 Rn. 157 ff.

65 Vgl. zur Titelfunktion des (vermeintlich erledigten) Verwaltungsakts im Hinblick auf die nachträgliche Erhebung von Vollstreckungskosten VGH Mannheim Urt. v. 3.5.2021 – 1 S 512/19 –, juris, Rn. 56 ff., mwN.

66 Vgl. BeckOK-PolR Baden-Württemberg/Reinhardt PolG BW § 134 Rn. 7 (2022); BeckOK-POR NRW/Barczak PolG NRW § 34d Rn. 18, 21 (2022).

67 Vgl. BeckOK-POR NRW/Barczak PolG NRW § 34d Rn. 18 (2022) sowie § 42 Abs. 2, § 44 Abs. 1 und 2 VwVfG.

68 AA wohl BeckOK-POR Niedersachsen/Waechter NdsPOG § 49a Rn. 35 (2022).

69 Vgl. BT-Drs. 11163, 121.

70 Vgl. (allerdings argumentativ überschießend) BGH Urt. v. 27.2.2020 – 3 StR 327/19 –, juris, Rn. 19.

rechtswidrig mit Gewalt oder durch Drohung mit Gewalt zu nötigen (§ 5 Abs. 1 S. 2 Hs. 1 Nr. 2) oder die politischen, verfassungsrechtlichen, wirtschaftlichen oder sozialen Grundstrukturen eines Staates oder einer internationalen Organisation zu beseitigen oder erheblich zu beeinträchtigen (§ 5 Abs. 1 S. 2 Hs. 1 Nr. 3).

57 Hinzuzukommen muss weiterhin, dass die entsprechenden Straftaten das **Potential** in sich tragen, einen Staat oder eine internationale Organisation durch die Art ihrer Begehung oder ihre Auswirkungen erheblich **zu schädigen** (§ 5 Abs. 1 S. 2 Hs. 2).

58 Weiter eingeschränkt wird die Strafbarkeit nach § 87 Abs. 1 Nr. 1 BKAG durch den Umstand, dass die Befugnisse nach § 55 Abs. 1 **auf den in § 5 Abs. 1 S. 1 BKAG bezeichneten Aufgabenbereich beschränkt** sind (→ § 55 Rn. 46, → § 55 Rn. 67 f.). Dies kann bei Bestimmung des Zwecks der Maßnahme iSd § 87 Abs. 1 Nr. 1 iVm § 55 Abs. 1 BKAG nicht unberücksichtigt bleiben, auch wenn Letzterer ausdrücklich nur auf § 55 Abs. 1 S. 2 BKAG verweist.[71]

59 Soweit in der Literatur zu landesrechtlichen Parallelregelung die Auffassung vertreten wird, dass – ungeachtet der bewussten Entscheidung des Gesetzgebers für den Verzicht auf die Rechtmäßigkeit der Anordnung als ungeschriebenes Tatbestandsmerkmal – **eine Gefährdung des Zwecks der Anordnung im Falle rechtswidriger Anordnungen** ausgeschlossen sei,[72] wäre dem allenfalls dann zu folgen, wenn die Rechtswidrigkeit auf der Verfolgung eines nicht gesetzmäßigen Zwecks beruht oder die Maßnahme zur Zweckerreichung nicht geeignet erscheint. Fragen zB der Erforderlichkeit oder Verhältnismäßigkeit sind demgegenüber alleine in dem dafür vorgesehen gerichtlichen Verfahren zu prüfen (→ Rn. 37 ff.).

60 **bb) Gefährdungserfolg.** Nach der Rechtsprechung zur Parallelnorm des § 145a StGB kann von einer Gefährdung des Zwecks der Anordnung nur dann ausgegangen werden, wenn sich die Gefahr (weiterer) Straftaten gerade durch die Verstöße erhöht, dh sich die Gefahr durch den Weisungsverstoß vergrößert oder die Aussicht ihrer Abwendung verschlechtert hat.[73] Insoweit ist daher auch § 87 Abs. 1 Nr. 1 BKAG als **konkretes Gefährdungsdelikt** anzusehen, das den **Nachweis eines (kausalen) Gefährdungserfolgs** voraussetzt.[74]

61 Ein solcher Gefährdungserfolg kann demnach nicht bereits aus dem Umstand hergeleitet werden, dass der Betroffene eine dem Zweck der Gefahrenabwehr im oben genannten Sinne dienende Anordnung missachtet hat.[75] Vielmehr bedarf es **eines am Einzelfall orientierten Wahrscheinlichkeitsurteils,** das neben dem sonstigen Verhalten des Betroffenen auch die konkrete spezialpräventive Zielsetzung der verletzten Anordnung in den Blick nimmt.[76]

62 Ein kausaler Gefährdungserfolg ist jedenfalls dann eingetreten, wenn sich die **Gefahr der Begehung entsprechender Straftaten durch strafbare Vorbereitungs- oder Tathandlungen verwirklicht** hat. In diesem Fall fällt die (geringe) Strafdrohung des § 87 Abs. 1 Nr. 1 BKAG neben der bereits eingetretenen Strafbarkeit wegen terroristischer Straftaten jedoch kaum praktisch ins Gewicht. Eine Gefährdung des Zwecks der Anordnung muss daher bereits im Vorfeld sich realisierender Verfahren angenommen werden können, um die Strafnorm nicht jedweden Anwendungsbereichs zu berauben.

63 Da der Zweck von Verlassensverboten iSd § 55 Abs. 1 Alt. 1 BKAG sowohl in der **erleichterten Kontrolle durch das BKA** als auch der **Vermeidung einer kriminellen Gefährdung,** der der Betroffene außerhalb seines Wohn- oder Aufenthaltsbereichs ausgesetzt ist, dienen kann,[77] kann eine Zweckgefährdung etwa dann angenommen werden, wenn der Betroffene sich durch den Verstoß (**erfolgreich**) **einer bestehenden Überwachung durch das BKA entzieht** oder **sich an Orte begibt, die eine weitere Radikalisierung begünstigen** oder **die Vorbereitung spezifischer Taten aus dem in § 5 Abs. 1 S. 2 BKAG in Bezug genommenen Straftatenkatalog ermöglichen.** Vergleichbares dürfte für Verstöße gegen Aufenthaltsverbote nach § 55 Abs. 1 Alt. 2 oder Kontaktverbote nach § 55 Abs. 2 BKAG gelten.[78]

64 Zur Bestimmung des Eintritts eines konkreten Gefährdungserfolgs ist dabei **maßgeblich auf die Gefahrenprognose Bezug zu nehmen, die der jeweiligen Anordnung zugrundeliegt.**[79] Dies erweist sich insbesondere in Fällen als problematisch, in denen diese lediglich auf eine drohende Gefahr iSd § 55 Abs. 1 Nr. 2 BKAG gestützt wird, die eine zumindest ihrer Art nach konkretisierte Straftat gerade nicht voraussetzt. Mit dem

71 Vgl. zur Parallelproblematik im Rahmen des § 55 BKAG → § 55 Rn. 44.

72 So BeckOK-POR Niedersachsen/Waechter NdsPOG § 49a Rn. 35 (2022).

73 Vgl. BGH Beschl. v. 9.10.2017 – 2 StR 31/17 –, juris, Rn. 2, mwN zu § 145a StGB.

74 Vgl. Schenke/Graulich/Ruthig/Graulich BKAG § 87 Rn. 2; Vgl. auch BeckOK-PolR Baden-Württemberg/Reinhardt PolG BW § 134 Rn. 1 (2022); BeckOK-POR NRW/Barczak PolG NRW § 34d Rn. 12 (2022); aA zur hessischen Parallelnorm BeckOK-POR Hessen/Leggereit HessSOG § 43b Rn. 5 (2022): abstraktes Gefährdungsdelikt.

75 (Jedenfalls) missverständlich Schenke/Graulich/Ruthig/Graulich BKAG § 87 Rn. 3.

76 Vgl. BGH Beschl. v. 19.6.2018 – 4 StR 25/18 –, juris, Rn. 3 zu § 145a StGB. Vgl. zur Einzelfallwürdigung auch BeckOK-PolR Baden-Württemberg/Reinhardt PolG BW § 134 Rn. 5 (2022); BeckOK-POR NRW/Barczak PolG NRW § 34d Rn. 19 (2022).

77 Vgl. BGH Urt. v. 16.1.2014 – 4 StR 496/13 –, Rn. 13 zu § 145a StGB.

78 Strenger BeckOK-PolR Baden-Württemberg/Reinhardt PolG BW § 134 Rn. 4 (2022); BeckOK-POR NRW/Barczak PolG NRW § 34d Rn. 19 (2022).

79 § 55 Abs. 1 iVm Abs. 4 Nr. 4, Abs. 5 Nr. 3 BKAG.

strafrechtlichen Bestimmtheitsgebots des Art. 103 Abs. 2 GG, § 1 StGB erscheint die Strafnorm des § 87 Abs. 1 Nr. 1 BKAG daher kaum zu vereinbaren.[80]

Bei der Auslegung und Anwendung des Tatbestandsmerkmals der Zweckgefährdung ist weiterhin zu berücksichtigen, dass **der Gesetzgeber das tatbestandsmäßige Verhalten auf „bedeutsame" Zuwiderhandlungen beschränken** wollte (→ Rn. 25 ff., → Rn. 31). Eine Zweckgefährdung scheidet daher insbesondere dann aus, wenn sich das Verhalten des Betroffenen als bloßer Ungehorsam darstellt. 65

2. Elektronische Aufenthaltsüberwachung (Abs. 1 Nr. 2). Die Strafbarkeit nach § 87 Abs. 1 Nr. 2 BKAG tritt ein, wenn der Betroffene einer **vollstreckbaren gerichtlichen Anordnung** nach § 56 Abs. 5 S. 1 BKAG **oder einer vollziehbaren Anordnung** nach § 56 Abs. 5 S. 2 BKAG **zuwiderhandelt** (→ Rn. 68 ff.) und dadurch die kontinuierliche Feststellung seines Aufenthaltsortes durch das BKA verhindert (→ Rn. 76 ff.). Anders als § 87 Abs. 1 Nr. 1 ist § 87 Abs. 1 Nr. 2 BKAG daher nicht als Gefährdungs- sondern als Erfolgsdelikt ausgestaltet, das die Beeinträchtigung der Fähigkeit des BKA zur Feststellung des Aufenthaltsorts des Betroffenen voraussetzt.[81] 66

Auf die **Rechtmäßigkeit der Anordnung** kommt es auch insoweit nicht an, soweit diese nicht im Rahmen eines gerichtlichen Verfahrens rückwirkend aufgehoben wird (→ Rn. 36 ff., → Rn. 43 ff.). 67

a) Tatbestandliches Verhalten. Auch die Strafbarkeit nach § 87 Abs. 1 Nr. 2 BKAG setzt voraus, dass eine **(wirksame) behördliche oder gerichtliche Anordnung** nach Maßgabe des § 56 Abs. 5 S. 1 oder 2 ergangen ist; die bloße Anordnungsbefugnis des BKA nach § 56 Abs. 1 BKAG genügt nicht (→ Rn. 22). 68

aa) Verletzung der Pflicht zum Beisichführen eines technischen Mittels in betriebsbereitem Zustand (§ 56 Abs. 1 Alt. 1). Eine auf § 56 Abs. 1 BKAG gestützte Anordnung kann **durch Unterlassen verletzt werden,** wenn der nach § 56 Abs. 1 BKAG Verpflichtete ein technisches Überwachungsmittel iSd Vorschrift nicht ständig in betriebsbereitem Zustand am Körper bei sich führt. Insoweit ist § 87 Abs. 1 Nr. 2 BKAG ein **echtes Unterlassungsdelikt.** 69

Im Hinblick auf den **Umfang der jeweiligen Handlungspflichten** kann auf die einschlägige Kommentierung verwiesen werden (→ § 56 Rn. 32 ff.). Sie umfassen insbesondere die Pflicht, das technische Überwachungsmittel **stetig eingeschaltet und in aufgeladenem Zustand unmittelbar am Körper bei sich zu führen** (→ § 56 Rn. 35 f.). Sie sind insbesondere im Fall technischer Defekte auf die Duldung von Reparaturmaßnahmen begrenzt und umfassen – auch im Fall einer Vollstreckung nach Maßgabe des Verwaltungsvollstreckungsrechts (→ § 56 Rn. 287)[82] – keine strafbewehrte Verpflichtung, eine nicht ohne Weiteres auflösbare Fixierung des Überwachungsmittels am Körper des Betroffenen zu dulden (→ § 56 Rn. 34). 70

In Ansehung des **ausdrücklichen Gebots, das Überwachungsmittel „ständig" betriebsbereit „am Körper" bei sich zu führen,** kann die vom Gesetzgeber gewollte Beschränkung der Strafbarkeit auf „bedeutsame Zuwiderhandlungen" (→ Rn. 25)[83] nicht durch restriktive Auslegung des Tatbestandsmerkmals der „Zuwiderhandlung" umgesetzt werden. Diese Aufgabe kommt daher dem **absoluten Strafantragserfordernis des § 87 Abs. 2 BKAG** (→ Rn. 93 ff.) sowie dem **strafprozessualen Opportunitätsprinzip** (→ Rn. 102) zu. 71

bb) Beeinträchtigung der Funktionsfähigkeit des technischen Überwachungsmittels. Durch **aktives Tun** kann die Strafnorm des § 87 Abs. 1 Nr. 2 BKAG verletzt werden, wenn der Betroffene die Funktionsfähigkeit des technischen Überwachungsmittels beeinträchtigt. 72

Dem Betroffenen ist es dabei untersagt, die Sende-, Empfangs- und Datenverarbeitungsfähigkeit des Überwachungsmittels durch **unmittelbare Einwirkung auf dessen technische Funktionsfähigkeit** – etwa durch digitale Manipulation, physische Krafteinwirkung oder zB aktive Störmaßnahmen – herabzusetzen bzw. aufzuheben. Der Betroffene ist aber zB **nicht dazu verpflichtet, sich nur an Orten aufzuhalten, in dem die Sende- oder Empfangsfähigkeit des technischen Überwachungsmittels gewährleistet ist** (vgl. im Einzelnen → § 56 Rn. 37 f.). 73

Einer Berücksichtigung des Willens des Gesetzgebers, die Strafbarkeit auf bedeutsame Zuwiderhandlungen zu begrenzen,[84] bedarf es im Hinblick auf das Beeinträchtigungsverbot des § 56 Abs. 1 BKAG nicht, da im Grundsatz **jede aktive Beeinträchtigung der Integrität des Überwachungsmittel als „bedeutsam" iSd Bestimmung anzusehen ist.** Das weitere Tatbestandsmerkmal der Verhinderung der kontinuierlichen Aufenthaltsüberwachung ist dennoch stets gesondert zu prüfen und festzustellen (→ Rn. 76). 74

80 Vgl. zur Verfassungswidrigkeit der gesetzlichen Gefahrenschwelle als Grundlage nicht lediglich geringfügiger operativer Grundrechtseingriffe bereits → § 55 Rn. 137 ff.

81 Zutreffend BeckOK-PolR Baden-Württemberg/Reinhardt PolG BW § 134 Rn. 1 (2022); BeckOK-POR NRW/Barczak PolG NRW § 34d Rn. 12, 24 (2022). Ohne Differenzierung insoweit Schenke/Graulich/Ruthig/Graulich BKAG § 87 Rn. 2: Jeweils konkrete Gefährdungsdelikte.

82 Im Fall der Vollstreckung ist der Betroffene zwar nach Maßgabe des Vollstreckungsrechts zur Duldung verpflichtet; hieran knüpft die Strafdrohung des § 87 Abs. 1 Nr. 2 BKAG aber nicht an.

83 BT-Drs. 18/11163, 135.

84 BT-Drs. 11163, 135.

75 **b) Anforderungen an die zugrundeliegende Anordnung.** Hinsichtlich der Anforderungen an die zugrundeliegende Anordnung geltend die oben genannten Ausführungen zu **§ 87 Abs. 1 Nr. 1 BKAG entsprechend,** auf die daher verwiesen werden kann (→ Rn. 32 ff.).

76 **c) Verhinderung der kontinuierlichen Aufenthaltsüberwachung. Kumulativ** zur Tathandlung im oben genannten Sinne muss die Zuwiderhandlung gegen Anordnungen nach § 56 Abs. 3 S. 1 oder 2 BKAG zur Folge haben, dass die kontinuierliche Feststellung des Aufenthaltsortes durch das BKA verhindert wird. Insoweit ist § 87 Abs. 1 Nr. 2 BKAG – anders als § 87 Abs. 1 Nr. 1 BKAG – rechtstechnisch ein **Erfolgsdelikt,**[85] auch wenn der tatbestandliche Erfolg regelmäßig schon weit im Vorfeld einer Zweckgefährdung iSd § 87 Abs. 1 Nr. 1 BKAG eintreten wird.[86]

77 **aa) Tatbestandlicher Erfolg.** Der tatbestandliche Erfolg tritt dann ein, **wenn eine technische Maßnahme zur Feststellung des Aufenthaltsorts des Betroffenen scheitert.** Da die Datenverarbeitung nach § 56 Abs. 3 S. 1, S. 4 Hs. 2 BKAG grundsätzlich im Wege der automatisierten Datenverarbeitung erfolgt (→ § 56 Rn. 50 ff., → Rn. 222), muss es sich hierbei nicht um einen Erhebungsakt handeln, dem ein Erkenntnisinteresse eines Amtswalters des BKA zugrundeliegt; ausreichend ist es, **wenn der Aufenthaltsort** des Betroffenen durch einen (tatsächlich versuchten) Datenabruf bzw. Verarbeitungsakt im Rahmen der automatisierten Datenverarbeitung nicht festgestellt werden kann.

78 Nicht festgestellt werden kann der Aufenthaltsort zunächst dann, wenn das technische Überwachungsgerät **den Aufenthaltsort des Betroffenen aufgrund einer Funktionsbeeinträchtigung nicht (zutreffend) ermitteln bzw. übermitteln kann.** Nicht tatbestandsmäßig ist eine bloße Störung der Erhebung von Daten über etwaige Beeinträchtigungen der Datenerhebung (§ 56 Abs. 2 S. 1 Alt. 2 BKAG), solange die Aufenthaltsermittlung tatsächlich möglich bleibt.

79 Nicht festgestellt werden kann der Aufenthaltsort des Betroffenen weiterhin dann, wenn er das (technisch gegebenenfalls funktionsfähige) Überwachungsmittel **nicht unmittelbar am Körper bei sich führt** (→ § 56 Rn. 32 ff.). Denn auch wenn der Betroffene sich tatsächlich mit dem technischen Überwachungsmittel in einem Raum befindet, kann das BKA diesen Umstand nicht unter Rückgriff auf die übermittelten Aufenthaltsdaten feststellen, da diese sich lediglich auf den Standort des Gerätes beziehen. Ebenfalls tatbestandsmäßig dürfte es weiter sein, wenn das BKA zB aufgrund einer Lösung der Verbindung des Überwachungsmittels mit dem Körper des Betroffenen (→ Rn. 35) nicht mehr feststellen kann, ob dieser das Überwachungsmittel tatsächlich bei sich trägt.

80 Eine **Störung der Aufenthaltsermittlung** ist daher auch dann gegeben, wenn der Betroffene das Überwachungsmittel **innerhalb seiner Wohnung nicht am Körper trägt.** Denn auch wenn die Datenerhebung nach § 56 Abs. 3 S. 2 BKAG auf den Umstand der Anwesenheit begrenzt ist, kann in einem solchen Fall lediglich festgestellt werden, dass sich das technische Überwachungsmittel (und nicht notwendigerweise der Betroffene) in der Wohnung befindet.

81 Das Tatbestandsmerkmal der **„kontinuierlichen Feststellung“** darf dabei nicht dahin gehend missverstanden werden, dass die Störung selbst kontinuierlich erfolgen muss; es genügt vielmehr eine gegebenenfalls auch nur punktuelle Unterbrechung der kontinuierlichen Aufenthaltsfeststellung.[87] Da der Gesetzgeber auch insoweit keine Spielräume für die Ausscheidung unerheblicher Zuwiderhandlungen lässt (→ Rn. 71), muss eine Lösung gegebenenfalls durch Verzicht auf die Stellung des nach § 87 Abs. 2 BKAG erforderlichen Strafantrags (→ Rn. 93 ff.)[88] bzw. durch Anwendung des strafprozessualen Opportunitätsprinzips gesucht werden (→ Rn. 102 ff.).

82 **bb) Kausalitätserfordernis.** Die Strafbarkeit tritt nur dann ein, wenn die kontinuierliche Feststellung des Aufenthaltsortes durch das BKA **gerade an der Verletzung von Handlungspflichten oder Unterlassungsgeboten** nach § 56 Abs. 1 BKAG scheitert („dadurch“; echtes Kausalitätserfordernis).

83 An der erforderlichen Kausalität fehlt es zunächst dann, wenn die Aufenthaltsfeststellung im Zeitpunkt der Störung **auch aus anderen, nicht auf entsprechende Pflichtverletzungen des Betroffenen zurückzuführenden Gründen** scheitern müsste. Dies kann im Fall einer technischen **Störung der Datenverarbeitung auf Seiten des BKA** ebenso der Fall sein wie bei einer **Störung des Mobilfunk- oder GPS-Netzes.** Es kann weiterhin der Fall sein, wenn der Betroffene sich im fraglichen Zeitraum an Orten befindet, die eine Aufenthaltsfeststellung – zB in der U-Bahn (→ § 56 Rn. 38) – auch bei Funktionsfähigkeit des technischen Überwachungsmittels ausschließen.

85 Vgl. BeckOK-PolR Baden-Württemberg/Reinhardt PolG BW § 134 Rn. 1, 10 f. (2022); BeckOK-POR NRW/Barczak PolG NRW § 34d Rn. 12 (2022); aA wohl Schenke/Graulich/Ruthig/Graulich BKAG § 87 Rn. 2 (konkretes Gefährdungsdelikt).

86 Vgl. Nieders. Landtag, LT-Drs. 18/3723, 73.

87 Vgl. BeckOK-PolR Baden-Württemberg/Reinhardt PolG BW § 134 Rn. 10 (2022); BeckOK-POR NRW/Barczak PolG NRW § 34d Rn. 24 (2022).

88 Vgl. BeckOK-PolR Baden-Württemberg/Reinhardt PolG BW § 134 Rn. 10 (2022); BeckOK-POR NRW/Barczak PolG NRW § 34d Rn. 24 (2022).

An der erforderlichen Kausalität fehlt es weiterhin in Zeiträumen, in denen eine **kontinuierliche Überwachung des Aufenthaltsorts des Betroffenen auf andere Weise** – zB im Rahmen einer längerfristigen Observation (§ 45 Abs. 2 Nr. 1 BKAG) – **gewährleistet ist.** Zwar hat der Betroffene keinen Anspruch darauf, dass eine entsprechende Maßnahme dauerhaft aufrechterhalten wird; eine Strafbarkeit nach § 87 Abs. 1 Nr. 2 BKAG scheidet jedoch aus, solange Aufenthaltsort und Ortsveränderungen des Betroffenen kontinuierlich zur Kenntnis des BKA gelangen. Die bloße Möglichkeit, sich des mutmaßlichen Aufenthaltsorts zB durch ein persönliches Aufsuchen des Betroffenen zu vergewissern, genügt insoweit jedoch nicht. 84

II. Subjektiver Tatbestand

Hinsichtlich des subjektiven Tatbestands bestehen keine Besonderheiten. Der erforderliche **Vorsatz** (vgl. § 15 StGB) muss sich daher sowohl auf das **tatbestandliche Verhalten** (→ Rn. 68 ff.), die **Vollstreck- bzw. Vollziehbarkeit der Anordnung** (→ Rn. 32 ff., 75), das **Fehlen einer behördlichen Erlaubnis** (→ Rn. 51 ff.) als auch den **Eintritt einer konkreten Gefährdung** (→ Rn. 55 ff.)[89] bzw. des **tatbestandlichen Erfolgs** (→ Rn. 76 ff.) beziehen.[90] Auch die jeweils erforderliche Kausalität (→ Rn. 60, → Rn. 82 ff.) muss vom (gegebenenfalls bedingten) Vorsatz umfasst sein. Eine Fahrlässigkeitsstrafbarkeit ist nicht, wie von § 15 StGB vorausgesetzt, gesondert geregelt.[91] 85

Bei **fehlerhaft angenommener Rechtswidrigkeit der behördlichen bzw. gerichtlichen Anordnung** besteht nach der hier vertretenen Auffassung regelmäßig keine Irrtumsprivilegierung, da die Rechtmäßigkeit nicht zu den objektiven Tatbestandsmerkmalen gehört und ein Vertrauen auf die spätere Aufhebung einer (gegebenenfalls) rechtswidrigen Anordnung (→ Rn. 36 ff., 43 ff.) kaum jemals bestehen wird. Bei Annahme eines ungeschriebenen Tatbestandsmerkmals der Rechtmäßigkeit der Anordnung unterläge diese demgegenüber den allgemeinen Irrtumsregeln.[92] 86

III. Täterschaft und Teilnahme; Versuchsstrafbarkeit

§ 87 Abs. 1 Nrn. 1 und 2 sind jeweils **eigenhändige Sonderdelikte**, die täterschaftlich nur von Adressaten behördlicher oder gerichtlicher Anordnungen nach § 55 Abs. 3 S. 1 oder 2 bzw. § 56 Abs. 5 S. 1 oder 2 BKAG begangen werden können.[93] Mittäterschaft (§ 25 Abs. 2 StGB) und mittelbare Täterschaft (§ 25 Abs. 1 Alt. 2 StGB) hiervon nicht betroffener Personen sind daher jeweils ausgeschlossen.[94] Eine **Begehung in mittelbarer Täterschaft durch den Verpflichteten** ist allenfalls dann möglich, wenn der Verpflichtete einen Dritten zB zur unmittelbaren Einwirkung auf die Sende-, Empfangs- oder Datenverarbeitungstätigkeit eines technischen Überwachungsmittels veranlasst (→ § 56 Rn. 37). 87

Anstiftung und Beihilfe zu Delikten nach § 87 Abs. 1 BKAG sind nach allgemeinen Grundsätzen möglich (§§ 26, 27 Abs. 1 StGB). Allerdings ist die Strafe nach Maßgabe des § 28 Abs. 1 StGB zu mildern, da die Teilnehmer das **besondere persönliche Merkmal** der Verpflichtung nach § 55 Abs. 3 S. 1 oder 2 bzw. § 56 Abs. 5 S. 1 oder 2 BKAG nicht aufweisen.[95] Dies gilt auch dann, wenn sie ihrerseits entsprechenden Verpflichtungen unterliegen, da diese keine Verpflichtungen mehrerer Adressaten untereinander begründen. 88

Nicht als Beihilfehandlung strafbar sein kann es, wenn in einem Kontaktverbot nach § 55 Abs. 2 BKAG bezeichnete Personen eine **verbotswidrige Kontaktaufnahme** durch den Verpflichteten **nicht zurückweisen.** Denn bei einer strengeren Normauslegung wirkte ein Kontaktverbot für den dort Bezeichneten als eigenständiges, von den Voraussetzungen des § 55 Abs. 2 BKAG unabhängiges Kontaktverbot, gegen das er zudem idR schon mangels Bekanntgabe kaum wirksamen Rechtsschutz erlangen könnte. Insoweit ist das BKA gehalten, bei Vorliegen der gesetzlichen Voraussetzungen gegebenenfalls wechselseitige Kontaktverbote auszusprechen. Anderes dürfte indes für die **Anstiftung zur Zuwiderhandlung gegen Kontaktverbote** gelten, da diese auch nicht den in der Verfügung bezeichneten Personen verboten ist und eine Anstiftungshandlung den Betroffenen in strafbares Unrecht verstrickt. 89

Die **versuchte Begehung** von Taten nach § 87 Abs. 1 Nr. 1 oder 2 BKAG ist **nicht strafbar,** weil es sich hierbei um Vergehen iSd § 12 Abs. 2 StGB handelt und eine Strafbarkeit nicht ausdrücklich bestimmt ist (§ 23 90

89 Vgl. BeckOK-PolR Baden-Württemberg/Reinhardt PolG BW § 134 Rn. 6 (2022); BeckOK-POR Niedersachsen/Waechter NdsPOG § 49a Rn. 41 (2022); BeckOK-POR NRW/Barczak PolG NRW § 34d Rn. 20 (2022).

90 BeckOK-POR NRW/Barczak PolG NRW § 34d Rn. 25 (2022).

91 Vgl. BeckOK-PolR Baden-Württemberg/Reinhardt PolG BW § 134 Rn. 6 (2022); BeckOK-POR NRW/Barczak PolG NRW § 34d Rn. 20 (2022).

92 Vgl. § 16 Abs. 1 S. 1 StGB (Tatumstandsirrtum).

93 Vgl. BeckOK-PolR Baden-Württemberg/Reinhardt PolG BW § 134 Rn. 1 (2022); BeckOK-POR NRW/Barczak PolG NRW § 34d Rn. 12 (2022).

94 Vgl. BeckOK-PolR Baden-Württemberg/Reinhardt PolG BW § 134 Rn. 1 (2022); BeckOK-POR NRW/Barczak PolG NRW § 34d Rn. 12 (2022).

95 Vgl. BeckOK-POR NRW/Barczak PolG NRW § 34d Rn. 12 (2022).

Abs. 1 StGB).[96] Dies ist vor allem dann von Bedeutung, wenn der erforderliche (Gefährdungs-)Erfolg nicht eintritt (→ Rn. 55 ff., 76 ff.) oder die Kausalität zwischen Handlung und Erfolg nicht nachweisbar ist (→ Rn. 55, 82 ff.).

IV. Rechtsfolgen

91 Nach § 87 Abs. 1 BKAG beträgt die Sanktion für Verstöße gegen vollstreckbare gerichtliche Anordnungen nach § 55 Abs. 3 S. 1, § 56 Abs. 6 S. 1 bzw. vollziehbare behördliche Anordnungen nach § 55 Abs. 3 S. 2, § 56 Abs. 5 S. 2 BKAG **Freiheitsstrafe bis zu drei Jahren oder Geldstrafe.** Für die Bemessung der Freiheitsstrafe gelten § 38 Abs. 2, § 39 und §§ 46 ff. StGB, für die Bemessung der Geldstrafe §§ 40 ff., 46 ff. StGB.

92 Für **Teilnehmer** (§§ 26 f. StGB) **ist die Strafe nach § 38 Abs. 1 StGB zu mildern,** da sie ein strafbegründendes **besonderes persönliches Merkmal** nicht aufweisen (→ Rn. 16).

V. Verfahrensrechtliches

93 **1. Strafantragserfordernis (Abs. 2).** Nach § 87 Abs. 2 werden Taten nach § 87 Abs. 1 BKAG nur auf Antrag des BKA verfolgt. Es handelt sich daher jeweils um **absolute Antragsdelikte,** bei denen das Fehlen eines Strafantrags auch durch ein besonderes öffentliches Interesse nicht überspielt werden kann (§ 77b Abs. 1 S. 1 StGB).

94 a) **Funktion und Kritik.** Mit der Ausgestaltung als absolutes Antragsdelikt beabsichtigte der Gesetzgeber, die ausdrücklich als geboten erachtete **Einschränkung der Strafbarkeit auf bedeutsame Zuwiderhandlungen** zu verwirklichen.[97]

95 Hierbei handelt es sich **in doppelter Hinsicht** um einen **Missgriff des Gesetzgebers:** Zum einen kann die für notwendig erachtete Beschränkung der materiellen Reichweite der Strafnorm durch die Ausgestaltung als Antragsdelikt, die ausschließlich auf verfahrensrechtlicher Ebene wirkt,[98] nicht erreicht werden. Zum anderen fehlt es an jedweden überprüfbaren Kriterien für die Ausübung des Strafantragsrechts, zumal eine aus sachwidrigen Gründen erfolgte Strafantragstellung im staatsanwaltlichen oder gerichtlichen Verfahren ebenso wenig hinterfragt werden kann wie eine aus sachwidrigen Gründen unterlassene Antragstellung.[99]

96 In der Sache hat der Gesetzgeber daher keine den Anordnungsverpflichteten entlastende Bagatellklausel, sondern einen **potenziellen Hebel des BKA geschaffen, der einseitig zulasten des Betroffenen wirken kann:** So eröffnet das – vom Vorliegen eines Bagatellfalls völlig unabhängige – Strafantragsrecht dem BKA Verhandlungsspielräume, die es etwa im Ringen um geeignete Informanten als Druckmittel einsetzen kann, um kooperatives Verhalten zu erzwingen. Hierfür sind insbesondere nicht vorbestrafte Anordnungsverpflichtete, denen die erstmalige Verfolgung im Rahmen eines Strafverfahrens droht, und minderschwer vorbestrafte Anordnungsverpflichtete, bei denen gegebenenfalls ein Bewährungswiderruf in Aussicht steht, in besonderer Weise vulnerabel, während sich gerade ideologisch gefestigte sowie erheblich vorbestrafte Gefährder angesichts der vergleichsweise mäßigen Strafdrohung des § 87 Abs. 1 unempfindlich zeigen dürften.

97 Dies erweist sich **vor dem Hintergrund der auch verfassungsrechtlich zweifelhaften Anknüpfung an die Gefahrschwelle der lediglich drohenden Gefahr** (→ § 55 Rn. 137 ff.; → § 56 Rn. 161 ff.) **als besonders bedenklich,** da Maßnahmen nach § 55 Abs. 1 und 2 bzw. § 56 Abs. 1 BKAG ohnehin an gegebenenfalls nur ambivalente Verdachtsmomente anknüpfen, deren Missachtung nach § 87 Abs. 1 BKAG aber zur Verwirklichung strafbaren Unrechts führt. Vor diesem Hintergrund erweist der Gesetzgeber insbesondere Personen mit lediglich vermutetem Gefährderstatus, die den Schutz des formellen Rechtsstaats ebenso verdienen wie nachgewiesene Gefährder, mit der Schaffung des § 87 Abs. 2 BKAG einen handfesten Bärendienst.

98 b) **Inhaltliches.** Nach dem Willen des Gesetzgebers soll von der Stellung eines Strafantrags abgesehen werden, wenn sich der **Verstoß im Einzelfall nicht als bedeutsam** darstellt.[100]

99 Das Fehlen eines fristgerechten Strafantrags hat keine materielle Beschränkung der Strafbarkeit zur Folge,[101] begründet aber **ein absolutes Verfahrenshindernis,**[102] das in jeder Lage des Verfahrens von Amts wegen zu berücksichtigen ist.

100 Die nicht verlängerbare **Antragsfrist von drei Monaten** beginnt mit Ablauf des Tages, an dem das BKA von der Tat und der Person des Täters Kenntnis erlangt (§ 77b Abs. 1 S. 1, Abs. 2 S. 1 StGB).

96 Vgl. BeckOK-PolR Baden-Württemberg/Reinhardt PolG BW § 134 Rn. 1 (2022); BeckOK-POR NRW/Barczak PolG NRW § 34d Rn. 12 (2022).
97 BT-Drs. 18/11136, 135.
98 Vgl. Schenke/Graulich/Ruthig/Graulich BKAG § 87 Rn. 5.
99 Vgl. BeckOK-POR Niedersachsen/Waechter NdsPOG § 49a Rn. 50 ff. (2022).
100 BT-Drs. 18/11136, 135.
101 BeckOK-POR NRW/Barczak PolG NRW § 34d Rn. 27 (2022).
102 § 77b Abs. 1 S. 1 StGB.

101 Die notwendige **Form** des Strafantrags ergibt sich aus § 158 Abs. 2 StPO.

102 **2. Opportunitätsprinzip.** Als bloßes Vergehen unterliegen Straftaten nach § 87 Abs. 1 BKAG dem **strafprozessualen Opportunitätsprinzip,** so dass gegebenenfalls eine Verfahrenseinstellung nach §§ 153 ff. StPO in Betracht kommt.

103 Eine derartige Verfahrenseinstellung etwa wegen **geringer Schwere der Schuld** (§ 153 StPO) kommt insbesondere dann in Betracht, wenn sich die **Zuwiderhandlung** des Betroffenen in der Gesamtbetrachtung als **nicht bedeutsam** erweist. Denn insoweit ergibt sich aus der Gesetzesbegründung, dass der Gesetzgeber die **Einschränkung der materiellen Strafbarkeit auf bedeutsame Fälle** als geboten erachtete,[103] auch wenn er dies in Gestalt des § 87 Abs. 2 BKAG nur äußerst unzureichend umgesetzt hat (→ Rn. 94 ff.). Soweit das BKA entsprechende Fälle nicht schon durch Verzicht auf die Strafantragstellung ausfiltert, kann dies durch Anwendung der §§ 153, 153b ff. StPO korrigiert werden.

C. Rechtspolitische Bewertung

104 Bereits die vom Gesetzgeber ausdrücklich als Vorbild herangezogene **sanktionenrechtliche Parallelnorm des § 145a StGB ist ua deswegen rechtspolitisch umstritten,** weil eine präventive Wirkung in Ansehung des in Betracht kommenden Täterfeldes zweifelhaft erscheint.[104] Im Vordergrund steht dabei jedoch zumeist der handgreifliche Konflikt zwischen der Bestrafung der Missachtung von Weisungen als kriminelles Unrecht, die doch jedenfalls auch der Resozialisierung zu dienen bestimmt sind.[105] Die – durchaus beachtliche – Kritik an der Strafnorm des § 145a StGB ist daher **nur zum Teil auf § 87 Abs. 1 BKAG übertragbar,** da dieser – ebenso wie die Maßnahmen nach § 55 Abs. 1 und 2 sowie § 56 Abs. 1 – ausschließlich der Effektivierung von Maßnahmen der Gefahrenabwehr dient und keine Resozialisierung der betroffenen Gefährder bezweckt.

105 **Rechtspolitisch muss dessen ungeachtet auch die Vorschrift des § 87 Abs. 1 erheblichen Zweifeln begegnen.**[106] So dürfte auch im Bereich der Gefahrenabwehr zweifelhaft sein, ob insbesondere ideologisch gefestigte „Gefährder" durch Maßnahmen wie in der Praxis nur schwer überwachbare (und vor allem kaum zeitnah durchsetzbare) gesetzliche Verbote wie § 55 Abs. 1 und 2 BKAG und offene Überwachungsmaßnahmen wie § 56 Abs. 1 BKAG sowie deren Durchsetzung mit einer Strafdrohung von im Höchstmaß drei Jahren von der Begehung terroristischer Straftaten abgehalten werden können, deren Vorbereitung idR bereits mit weit höheren Strafen bedroht ist.[107] Demnach wenden sich Maßnahmen nach § 56 Abs. 1 und 2 bzw. § 56 Abs. 1 BKAG **vorrangig an Adressaten,** die aufgrund einer **gegebenenfalls** auch nur ambivalenten Verdachtslage **gegebenenfalls** über Jahre als potenzielle Gefährder geführt werden, obwohl **gegebenenfalls** selbst Art und Weise der zu befürchtenden Straftaten in keiner Weise feststehen (§ 56 Abs. 1 Nr. 2 BKAG).

106 In dieser Situation ist eine Sanktionsnorm wie § 87 Abs. 1 BKAG geeignet, den **bloßen Ungehorsam gegen die tägliche Lebensführung erheblich belastende Verdachtsmaßnahmen,** die gegebenenfalls auf lange zurückliegendem Verhalten beruhen,[108] **in hartes strafrechtlich relevantes Fehlverhalten umzuwandeln,** das dem Betroffenen gegebenenfalls noch Jahre nach Wegfall – oder Widerlegung – der „drohenden Gefahr" erheblich nachhängen kann. Dies erscheint insbesondere bei der Anknüpfung an Maßnahmen wie Anordnungen nach §§ 55 f. BKAG, die – anders als Weisungen im Rahmen der Führungsaufsicht – keinerlei strafrechtlich bedeutsames Vorverhalten voraussetzen, nur schwer zu rechtfertigen.

107 Auch die Ausgestaltung des seitens des Gesetzgebers intendierten Bagatellvorbehalts als – nicht vom Vorliegen eines Bagatellfalls abhängiges – rein verfahrensrechtliches Antragserfordernis, dass **den in Gefährderstrukturen verstrickten, selbst aber nicht notwendigerweise zum „harten" Gefährderkern zählenden Betroffenen** potenziell weiterem Druck aussetzt, erscheint vor diesem Hintergrund besonders unglücklich (→ Rn. 96 f.).

103 BT-Drs. 18/11136, 135.

104 Vgl. Dölling/Duttge/Rössner/Heinrich, Gesamtes Strafrecht, 5. Aufl. 2022, StGB § 145a Rn. 2; Schönke/Schröder/Sternberg-Lieben, StGB, 30. Aufl. 2019, § 145a Rn. 2.

105 Vgl. NK-StGB/Kretschmer, 5. Aufl. 2017, § 145a Rn. 7 f., mwN.

106 Zurecht kritisch BeckOK-POR NRW/Barczak PolG NRW § 34d Rn. 3 f. (2022).

107 Vgl. BeckOK-POR NRW/Barczak PolG NRW § 34d Rn. 4 (2022).

108 Vgl. den bei BGH Beschl. v. 22.2.2022 – 3 ZB 3/21 –, juris, Rn. 2 ff., 38 ff. geschilderten (und für ausreichend gehaltenen!) Sachverhalt.

§ 88 Berichtspflicht gegenüber dem Deutschen Bundestag

[1]Das Bundeskriminalamt berichtet dem Bundesministerium des Innern, für Bau und Heimat alle zwei Jahre, erstmals bis zum 1. Oktober 2019, über die Ausübung seiner in Abschnitt 5 und in den §§ 34 und 64 genannten Befugnisse sowie über Übermittlungen nach § 27. [2]In dieser Unterrichtung wird insbesondere dargestellt, in welchem Umfang von welchen Befugnissen aus Anlass welcher Art von Verdachtslagen Gebrauch gemacht wurde und inwieweit die betroffenen Personen hierüber benachrichtigt wurden. [3]Das Bundesministerium des Innern, für Bau und Heimat leitet diese Unterrichtung der Bundesregierung und dem Deutschen Bundestag innerhalb von zwei Monaten zu. [4]Der Deutsche Bundestag macht die Unterrichtung öffentlich zugänglich.

A. Zweck und Bedeutung

1 Mit der durch das Gesetz zur Neustrukturierung des Bundeskriminalamtes vom 1.6.2017[1] eingeführten Berichtspflicht hat der Normgeber eine **Vorgabe des Bundesverfassungsgerichts** umgesetzt.[2] Dieses hatte in seinem Urteil aus dem Jahr 2016 regelmäßige Berichte des BKA gegenüber dem Parlament als Kompensation für die mangelnde Wahrnehmbarkeit der Durchführung von **heimlichen Überwachungsmaßnahmen** durch den Betroffenen wie auch seitens der Öffentlichkeit gefordert.[3]

2 Die Berichtspflicht nach § 88 S. 1 BKAG dient der **parlamentarischen Kontrolle einer vorwiegend verdeckt operierenden Exekutive.**[4] Mit ihr wird das notwendige Maß an Transparenz bei grundrechtssensiblen Eingriffen hergestellt sowie ein korrigierendes und modifizierendes Nachsteuern durch Gesetzgebung und schlichte Parlamentsbeschlüsse ermöglicht.[5] Eine Berichtspflicht ist gesetzlich zu verankern und hat sicherzustellen, dass die Berichte des BKA hinreichend gehaltvoll sind, um eine öffentliche Diskussion über Art und Ausmaß der auf diese Befugnisse gestützten Datenerhebung, einschließlich der Handhabung der Benachrichtigungspflichten und Löschungspflichten, zu ermöglichen und diese einer demokratischen Kontrolle und Überprüfung zu unterwerfen.[6] Darüber hinaus hat das Bundesverfassungsgericht das Erfordernis der Berichtspflicht auf die Datenübermittlung in das nichteuropäische Ausland (Drittstaaten) erstreckt.[7] **Berichtspflichten,** namentlich über Anlass und Häufigkeit verdeckter Überwachungsmaßnahmen, finden sich **im Bereich des Polizei- und Sicherheitsrechts** bislang nur fragmentarisch normativ niedergelegt. Eine Ausnahme bilden Art. 13 Abs. 6 GG sowie § 101b Abs. 1 S. 3 StPO, § 80 ZFdG und § 65 Abs. 1 S. 1 BNDG. Wenngleich § 88 BKAG im Gegensatz zu § 101b StPO nicht dezidiert auch der statistischen Erfassung dient, können die betreffenden Berichte – aktuell im Rahmen der Verhältnismäßigkeitsprüfung, perspektivisch zudem als verselbstständigtes politisches Kontrollinstrument der Sicherheitsgesetzgebung – in eine

1 BGBl. I 2017 S. 1354.
2 BT-Drs. 18/11163, 135; s. auch Graulich KriPoZ 2017, 278 (285). Kritik an den kleinteiligen Vorgaben des Senats findet sich – auch mit Blick auf die Berichtspflicht – im Sondervotum Schluckebier, BVerfG Urt. v. 20.4.2016 – 1 BvR 966/09 ua –, BVerfGE 141, 220 (363 f., Rn. 3): „Mit den im Einzelnen geforderten zusätzlichen flankierenden verfahrensrechtlichen Maßnahmen, namentlich einer gesteigerten Datenschutzkontrolle und Pflichtkontrollen innerhalb eines bestimmten Zeitraumes sowie Berichtspflichten gegenüber Parlament und Öffentlichkeit und der Einforderung wirksamer Sanktionen bei Rechtsverletzungen werden gesetzesgestaltende Details verlangt, die den Gesetzgeber als Repräsentanten des Souveräns in zu kleinteiliger Weise einschränken".
3 BVerfG Urt. v. 20.4.2016 – 1 BvR 966/09 ua –, BVerfGE 141, 220 (285, Rn. 143; 322, Rn. 268); zuvor bereits BVerfG Urt. v. 24.4.2013 – 1 BvR 1215/07 –, BVerfGE 133, 277 (372, Rn. 222).
4 Zur parlamentarischen Kontrolle des BKA aus politikwissenschaftlicher Perspektive Siefken, Parlamentarische Kontrolle im Wandel, 2018, S. 293 ff.; zur Bedeutung der Berichtspflicht im Gefüge der parlamentarischen Kontrolle Meinel, Selbstorganisation des parlamentarischen Regierungssystems, 2019, S. 266 f.
5 Ehlers/Fehling/Pünder BVwR III/Würtenberger § 69 Rn. 43 (3. Aufl. 2013; in Folgeaufl. nicht mehr enthalten).
6 Vgl. auch Schwabenbauer, Heimliche Grundrechtseingriffe, 2013, S. 362, der ein „bestimmtes Mindestinformationsniveau" verlangt.
7 BVerfG Urt. v. 20.4.2016 – 1 BvR 966/09 ua –, BVerfGE 141, 220 (346, Rn. 340; 350, Rn. 354).

sog. **Überwachungsgesamtrechnung**[8] einfließen (zu dieser auch → § 69 Rn. 31). Diese könnte langfristig einen evidenzbasierten Unterbau für die rechtspolitische Debatte um bestehende staatliche Überwachungsbefugnisse und mögliche Änderungen oder Erweiterungen ebenso wie für deren Bewertung durch die Rechtsprechung schaffen.[9]

B. Kommentierung im Einzelnen

I. Berichtspflichtige Maßnahmen (S. 1)

Nach § 88 S. 1 BKAG berichtet das Amt dem Bundesministerium des Innern, für Bau und Heimat alle zwei 3 Jahre über die Ausübung seiner in Abschnitt 5 (Befugnisse zur Abwehr von Gefahren des internationalen Terrorismus) und in den §§ 34 und 64 genannten Befugnisse sowie über Übermittlungen nach § 27 BKAG. Dem Wortlaut der Norm nach erfasst werden somit sämtliche Befugnisse des BKA zur präventiven Terrorismusbekämpfung (**§§ 38–62 BKAG**), der Einsatz technischer Mittel zur Eigensicherung im Rahmen der Strafverfolgung durch das Amt (**§ 34 BKAG**), die besonderen Mittel der Datenerhebung im Kontext der Befugnisse zum Schutz von Mitgliedern der Verfassungsorgane und der Leitung des Bundeskriminalamtes (**§ 64 BKAG**) sowie die Datenübermittlung im internationalen Bereich (**§ 27 BKAG**). Berichtspflichtig sind danach nur Maßnahmen, die auf der Grundlage des BKAG erfolgen und im originären Verantwortungsbereich des BKA liegen; in Amtshilfe durchgeführte Maßnahmen, deren Zulässigkeit sich nach dem für die ersuchende Behörde geltenden Recht richtet (vgl. §§ 4, 7 Abs. 1 VwVfG), werden somit von der Berichtspflicht nicht erfasst.[10]

Gemessen an den verfassungsgerichtlichen Vorgaben und dem Sinn und Zweck der Berichtspflicht ist die 4 gesetzliche Regelung in § 88 S. 1 BKAG allerdings **einerseits zu weit, andererseits zu eng gefasst.**[11] Soweit sich § 88 S. 1 BKAG auf den Abschnitt 5 bezieht, unterwirft er unterschiedslos sämtliche Maßnahmen zur präventiven Terrorismusabwehr der Pflicht zur Berichterstattung, unabhängig davon, ob es sich um offene oder verdeckte, aktionelle oder informationelle Maßnahmen handelt (zu den unterschiedlichen Maßnahmekategorien → § 38 Rn. 3 ff.). Auch ein Platzverweis nach § 54 BKAG, bei dem es sich um eine klassische Befugnis zur hergebrachten polizeilichen Gefahrenabwehr handelt, ist hiernach grundsätzlich von der Berichtspflicht erfasst. Es erscheint zweifelhaft, ob dies sinnhaft und vom Gesetzgeber gewollt ist, der sich ausweislich der Gesetzesbegründung eng an den verfassungsgerichtlichen Maßgaben orientieren wollte.[12] § 88 S. 1 BKAG ist insofern **teleologisch zu reduzieren**: Soweit er auf den Abschnitt 5 verweist, wird von der Berichtspflicht ausschließlich die Durchführung von heimlichen Überwachungsmaßnahmen erfasst. Dies betrifft namentlich die verdeckten und eingriffsintensiven Maßnahmen nach **§§ 45–53 BKAG**. Offene Maßnahmen oder solche mit niedrigschwelliger Eingriffstiefe werden nach Sinn und Zweck der Zielrichtung der in § 88 S. 1 BKAG normierten Berichtspflicht nicht erfasst. Dies entspricht auch der praktischen Handhabung der Berichtspflicht seit ihrer erstmaligen Wahrnehmung.[13]

Eine **einschränkende Auslegung** des § 88 S. 1 BKAG ist auch mit Blick auf die Datenübermittlung an Dritt- 5 staaten gem. **§ 27 BKAG** geboten. Insoweit bezieht sich § 88 S. 1 BKAG ausschließlich auf die Auslandsübermittlung solcher personenbezogener Daten, die im Rahmen und während einer Gefahrenlage durch eine der genannten verdeckten, eingriffsintensiven Befugnisnormen (vgl. §§ 45–53, 34, 64, 65, 66 iVm 64

8 Vgl. zu diesem in der Rechtswissenschaft entworfenen, bislang noch nicht institutionalisierten Konzept nur Löffelmann, Überwachungsgesamtrechnung und Verhältnismäßigkeitsgrundsatz, 2022; Roßnagel NJW 2010, 1238 ff.; Braun/Albrecht VR 2017, 151 ff.; Geminn DÖV 2022, 789 ff.; Esser/Zöller/Büttner et al. KriPoZ 2022, 326 ff.; Gerson KriPoZ 2022, 404 ff.; Lindner JZ 2022, 915 ff.; Schmidt AnwBl. 2022, 374. Im Koalitionsvertrag 2021–2025 der Bundesregierung wird eine rechtspolitische Institutionalisierung avisiert, vgl. https://www.spd.de/fileadmin/Dokumente/Koalitionsvertrag/Koalitionsvertrag_2021-2025.pdf, S. 86: „Die Eingriffe des Staates in die bürgerlichen Freiheitsrechte müssen stets gut begründet und in ihrer Gesamtwirkung betrachtet werden. Die Sicherheitsgesetze wollen wir auf ihre tatsächlichen und rechtlichen Auswirkungen sowie auf ihre Effektivität hin evaluieren. Deshalb erstellen wir eine Überwachungsgesamtrechnung und bis spätestens Ende 2023 eine unabhängige wissenschaftliche Evaluation der Sicherheitsgesetze und ihrer Auswirkungen auf Freiheit und Demokratie im Lichte technischer Entwicklungen. Jede zukünftige Gesetzgebung muss diesen Grundsätzen genügen. Dafür schaffen wir ein unabhängiges Expertengremium (Freiheitskommission), das bei zukünftigen Sicherheitsgesetzgebungsvorhaben berät und Freiheitseinschränkungen evaluiert".

9 So unter Bezugnahme auf § 88 BKAG Poscher/Kilchling/Landerer GSZ 2021, 225 (228); vgl. auch Poscher/Kilchling, Zwei Jahrzehnte nach 9/11 – Höchste Zeit für ein empirisch basiertes Monitoring staatlicher Überwachungsmaßnahmen, VerfBlog, 2022/1/29.

10 BT-Drs. 19/15570, 2.

11 Von einer zu weiten Fassung ebenfalls ausgehend, ohne dies jedoch näher zu spezifizieren Schenke/Graulich/Ruthig/Ruthig BKAG § 88 Rn. 3: „gesetzgeberisches Versehen".

12 BT-Drs. 18/11163, 135.

13 Vgl. BT-Drs. 19/15570, 1: Unterrichtung des Deutschen Bundestags durch die Bundesregierung (Bericht über die Anwendung verdeckter Überwachungsmaßnahmen im Rahmen der Gefahrenabwehr). Kritisch zur Handhabung der Berichtspflicht aber Coenen, Bundesrechtliche Terrorismusabwehrmaßnahmen im Schnittbereich von Prävention und Repression, 2022, S. 239 f.

BKAG) gewonnen wurden. Nach Telos und Funktion der Norm soll über § 88 S. 1 BKAG nicht der gesamte internationale Dienstverkehr des BKA vollständig statistisch abgebildet werden.[14]

6 Schließlich greift § 88 S. 1 BKAG seinem Wortlaut nach insoweit zu kurz, als er Maßnahmen aus bestimmten Verwendungskontexten ausdrücklich anführt, ihnen entsprechende Befugnisse aus anderen Aufgabenbereichen jedoch nicht. Insofern ist § 88 S. 1 BKAG unter den Gesichtspunkten der Belastungsgleichheit und normativen Kohärenz **teleologisch zu erweitern.** Bezogen auf § 64 BKAG (Besondere Mittel der Datenerhebung im Bereich der Sicherungsgruppe) ist der Wortlaut des § 88 S. 1 BKAG dabei zunächst dahin gehend zu erweitern, dass nicht nur über die Ausübung dieser Befugnis im Rahmen der Befugnisse zum Schutz von Mitgliedern der Verfassungsorgane und der Leitung des Bundeskriminalamtes (Abschnitt 6), sondern aufgrund des Verweises in **§ 66 Abs. 1 S. 3 BKAG** auf § 64 BKAG auch über die Ausübung dieser Befugnis im Rahmen von Zeugenschutzmaßnahmen (Abschnitt 7) berichtet wird. Darüber hinaus bedarf es einer teleologischen Erweiterung auch um den in § 88 S. 1 BKAG nicht explizit genannten **§ 65 BKAG** (Ausschreibung zur polizeilichen Beobachtung und gezielten Kontrolle). Dieser ermächtigt ebenfalls zu einer verdeckten und eingriffsintensiven Maßnahme, die dem – berichtspflichtigen – § 47 BKAG nachgebildet ist und in weiten Teilen auf diesen verweist (vgl. § 65 Abs. 2 BKAG). Um Wertungswidersprüche zu vermeiden, werden danach auch Maßnahmen nach § 65 BKAG schon jetzt statistisch erfasst und bei vorliegenden Anlassfällen entsprechend berichtet.[15]

II. Inhalt des Berichts (S. 2)

7 Nach § 88 S. 2 BKAG wird in der Unterrichtung insbesondere dargestellt, in welchem Umfang von welchen Befugnissen aus Anlass welcher Art von Verdachtslagen Gebrauch gemacht und inwieweit die betroffenen Personen hierüber benachrichtigt wurden. Die Kriterien sind **nicht abschließend** formuliert („insbesondere“) und wörtlich dem BKAG-Urteil des Bundesverfassungsgerichts entnommen.[16] Sie sind mit Blick auf den Zweck der Berichtspflicht zu präzisieren und gegebenenfalls zu ergänzen. Eine **Orientierungshilfe** bieten die deutlich umfassenderen Kriterienkataloge des § 101b Abs. 2–5 StPO.[17]

8 Nach dem Wortlaut des § 88 S. 2 BKAG („Gebrauch gemacht wurde und […] benachrichtigt wurden“) erfolgt eine Unterrichtung nur zu **bereits beendeten Maßnahmen** aus dem Berichtszeitraum, denn erst nach Ende der Gefahrenlage stehen die geforderten Berichtsinhalte abschließend fest.[18] Zu den Berichtsinhalten zählen eine möglichst genaue Kennzeichnung der Befugnisse (nach Paragraf, Absatz, Satz, Nummer, Variante, etc.) und die Angabe, wie häufig von der jeweiligen Befugnis im Berichtszeitraum Gebrauch gemacht wurde; wurde von einer Maßnahme in diesem Zeitraum kein Gebrauch gemacht, wurden zB keine personenbezogenen Daten in Fahndungssystemen zur polizeilichen Beobachtung oder gezielten Kontrolle nach § 47 BKAG gespeichert, ist dies ebenfalls anzugeben (Negativmitteilung), denn auch hierauf bezieht sich das Erkenntnisinteresse im Rahmen der parlamentarischen Kontrolle (→ Rn. 2).

9 Darüber hinaus sind in dem Bericht die Art der Verdachtslagen, dh die **genauen Eingriffsanlässe** anzugeben. Die bloße Zuordnung einer bestimmten Maßnahme zu der hinter ihm stehenden Aufgabe des BKA (zB „Gefahrenabwehrvorgang“, „Personenschutzvorgang“, „Zeugenschutzvorgang“) reicht danach nicht aus. Vielmehr muss sich dem Bericht insbesondere entnehmen lassen, ob eine Maßnahme zur Gefahrenabwehr oder zur Gefahrenvorsorge erfolgt ist.[19]

10 Schließlich muss anhand des Berichts nachzuvollziehen sein, inwieweit die betroffenen Personen von den betreffenden Maßnahmen **benachrichtigt** wurden und das BKA damit seiner **Pflicht nach § 74 BKAG** nachgekommen ist. Im Rahmen des Berichts ist den differenzierten Benachrichtigungsregelungen in § 74 BKAG Rechnung zu tragen und somit auch anzugeben, ob und wenn ja aus welchem Grund eine Benachrichtigung nach § 74 Abs. 1 S. 2 und 3 BKAG unterblieben ist oder nach § 74 Abs. 2 BKAG zurückgestellt wurde.[20]

III. Berichtsverfahren (S. 3)

11 An die Pflicht des BKA zur Berichterstattung gegenüber dem Bundesministerium des Innern nach § 88 S. 1 BKAG schließt S. 3 eine Pflicht des Bundesministeriums des Innern zur Weiterleitung an die Bundesregierung und den Deutschen Bundestag an. Dies entspricht der fachaufsichtlichen Rolle des Ministeriums.[21]

14 BT-Drs. 19/15570, 1.
15 BT-Drs. 19/15570, 1.
16 Vgl. BVerfG Urt. v. 20.4.2016 – 1 BvR 966/09 ua –, BVerfGE 141, 220 (322, Rn. 268).
17 Schenke/Graulich/Ruthig/Ruthig BKAG § 88 Rn. 4.
18 BT-Drs. 19/15570, 2.
19 Uneinheitlich gehandhabt in BT-Drs. 19/15570, 3 ff.
20 Vgl. auch Coenen, Bundesrechtliche Terrorismusabwehrmaßnahmen im Schnittbereich von Prävention und Repression, 2022, S. 240.
21 BT-Drs. 18/11163, 135.

Aus dem Wortlaut der Norm („diese Unterrichtung") geht unzweifelhaft hervor, dass das Ministerium nicht eigenständig Bericht erstattet, sondern den BKA-Bericht lediglich weiterleitet. Die Frist hierfür beträgt zwei Monate; im Zweifel ist der Bericht den Verfassungsorganen Bundesregierung und Bundestag **zeitgleich zuzuleiten**.

IV. Veröffentlichungspflicht (S. 4)

Nach § 88 S. 4 BKAG hat der Deutsche Bundestag die Unterrichtung öffentlich zugänglich zu machen. Darin kommt das (Fern-)Ziel der Berichterstattungspflicht zum Ausdruck, Öffentlichkeit und damit **Transparenz in grundrechtssensiblen Fragen** herzustellen (→ Rn. 2). Vorgaben zu Inhalt und Zeitpunkt der Veröffentlichung macht das Gesetz nicht. Nach § 75 Abs. 1 GO-BT handelt es sich bei Berichten und Materialien zur Unterrichtung des Bundestages (sog. Unterrichtungen) jedoch um selbstständige Vorlagen, die im Zweifel **als Bundestags-Drucksache zu veröffentlichen** sind.[22] Eine zeitliche Obergrenze für den Zeitpunkt der Veröffentlichung der Unterrichtung wird man im Umkehrschluss zu § 88 S. 1 BKAG herleiten können: Danach ist der Bericht nach S. 4 spätestens vor Ablauf des nächstens Berichtzeitraums öffentlich zu machen. Gründe, länger zuzuwarten, wird es in der Praxis jedoch kaum geben. 12

§ 89 Einschränkung von Grundrechten

Die Grundrechte der körperlichen Unversehrtheit (Artikel 2 Absatz 2 Satz 1 des Grundgesetzes), der Freiheit der Person (Artikel 2 Absatz 2 Satz 2 des Grundgesetzes), des Brief-, Post- und Fernmeldegeheimnisses (Artikel 10 des Grundgesetzes), der Freizügigkeit (Artikel 11 Absatz 1 des Grundgesetzes) und der Unverletzlichkeit der Wohnung (Artikel 13 des Grundgesetzes) werden nach Maßgabe dieses Gesetzes eingeschränkt.

A. Zweck und Bedeutung

Durch § 89 BKAG wird dem verfassungsrechtlichen **Zitiergebot aus Art. 19 Abs. 1 S. 2 GG** Rechnung getragen. Die Vorschrift entspricht – weitgehend (→ Rn. 3) – dem vormaligen § 38 BKAG in der Fassung des Gesetzes über das Bundeskriminalamt und die Zusammenarbeit des Bundes und der Länder in kriminalpolizeilichen Angelegenheiten vom 7.7.1997.[1] Das Gesetz zur Neustrukturierung des Bundeskriminalamtgesetzes vom 8.6.2017[2] hat lediglich zu einer Standortverschiebung der Norm geführt. 1

Das Zitiergebot besitzt eine **Warn- und Besinnungsfunktion**: Indem Art. 19 Abs. 1 S. 2 GG den Gesetzgeber zwingt, die betreffenden Grundrechtseinschränkungen im Gesetzeswortlaut auszuweisen, will es sicherstellen, dass nur wirklich gewollte Eingriffe erfolgen; auch soll sich der Gesetzgeber über die Auswirkungen seiner Regelungen für die betroffenen Grundrechte Rechenschaft geben.[3] Die Warn- und Besinnungsfunktion betrifft zwar nicht nur die erstmalige Grundrechtseinschränkung, sondern wird **bei jeder erheblichen Veränderung der Eingriffsvoraussetzungen** bedeutsam, die zu neuen Grundrechtseinschränkungen führt. Damit muss der Gesetzgeber bei Gesetzen, die neue Eingriffsmöglichkeiten vorsehen, das Zitiergebot im Änderungsgesetz selbst dann berücksichtigen, wenn im Stammgesetz bereits auf die Möglichkeit einer Grundrechtseinschränkung hingewiesen wird;[4] dies war zuletzt bei dem Gesetz zur Abwehr von Gefahren des internationalen Terrorismus durch das Bundeskriminalamt vom 25.12.2008[5] der Fall. Bei Gesetzen, die lediglich bereits geltende **Grundrechtseinschränkungen unverändert oder mit geringen Abweichungen** wiederholen, findet das Zitiergebot hingegen keine Anwendung; vor diesem Hintergrund bedurfte etwa das Gesetz zur Neustrukturierung des Bundeskriminalamtgesetzes vom 8.6.2017 keiner erneuten Beachtung des Zitiergebots.[6] 2

22 Entsprechend wurde der erste Bericht des BKA nach § 88 S. 1 und 4 BKAG am 21.11.2019 als BT-Drs. 19/15570 veröffentlicht.
1 BGBl. I 1997 S. 1650.
2 BGBl. I 2017 S. 1354.
3 Grundlegend BVerfG Beschl. v. 4.5.1983 – 1 BvL 46/80 ua –, BVerfGE 64, 72 (79 f.).
4 Singer DÖV 2007, 496 (501).
5 BGBl. I S. 3083 (Art. 5).
6 Vgl. BVerfG Beschl. v. 27.5.2020 – 1 BvR 1873/13 ua –, BVerfGE 155, 119 (176, Rn. 121).

B. Kommentierung im Einzelnen

3 § 89 BKAG bündelt die einschränkbaren Grundrechte pauschal in einer Norm („Sammelbestimmung"), ohne sie einzelnen Eingriffsermächtigungen zuzuordnen.[7] Diese **Regelungstechnik** ist nicht zuletzt im Polizei- und Sicherheitsrecht weit verbreitet und verfassungsrechtlich zulässig, wenngleich die konkrete Bezugnahme in der Ermächtigungsnorm der Ratio des Zitiergebots am besten entsprechen dürfte.[8] Die als einschränkbar aufgeführten Grundrechte der körperlichen Unversehrtheit (Art. 2 Abs. 2 S. 1 GG), der Freiheit der Person (Art. 2 Abs. 2 S. 2 GG), des Brief-, Post- und Fernmeldegeheimnisses (Art. 10 GG), der Freizügigkeit (Art. 11 GG) sowie der Unverletzlichkeit der Wohnung (Art. 13 GG) tragen den sich aus Art. 19 Abs. 1 S. 2 GG ergebenden Anforderungen – zum überwiegenden Teil (→ Rn. 5) – Rechnung.

4 Das Zitiergebot des Art. 19 Abs. 1 S. 2 GG ist einschränkend auszulegen und findet grundsätzlich nur auf diejenigen Grundrechte Anwendung, die aufgrund eines speziellen, vom Grundgesetz vorgesehenen Gesetzesvorbehalts über die im Grundrecht selbst angelegten Grenzen hinaus eingeschränkt werden können;[9] die auch im Kontext der Eingriffsbefugnisse nach dem BKAG bedeutsamen Art. 2 Abs. 1 (allgemeine Handlungsfreiheit), Art. 12 Abs. 1 (Berufsfreiheit) und Art. 14 Abs. 1 S. 1 GG (Eigentumsfreiheit) sind danach **nicht zitierpflichtig** und es ist somit unschädlich, dass sie in § 89 BKAG nicht angeführt werden. Umgekehrt können auf der Grundlage des BKAG keine gezielten Eingriffe in das – zitierpflichtige – Grundrecht der Versammlungsfreiheit (Art. 8 Abs. 1 GG) vorgenommen werden; indem § 89 BKAG auf eine Nennung des Art. 8 Abs. 1 GG verzichtet, bekräftig das BKAG[10] den Grundsatz der **Polizeirechtsfestigkeit des Versammlungsrechts.**[11]

5 Während bei den zuletzt genannten Grundrechten die Geltung des Zitiergebots in der Tat in den allermeisten Fällen reine Förmelei wäre, kann Art. 19 Abs. 1 S. 2 GG mit Blick auf seine spezifische Schutzfunktion (→ Rn. 2) bei sachhaltigeren Grundrechtspositionen durchaus sinnvoll zur Anwendung kommen. Dies gilt etwa für das **Recht auf informationelle Selbstbestimmung** (Art. 2 Abs. 1 iVm Art. 1 Abs. 1 GG), einschließlich des Rechts auf Gewährleistung der Vertraulichkeit und Integrität informationstechnischer Systeme.[12] Die These, dass das Zitiergebot auf solche „richterrechtlichen Konstrukte" schon deshalb keine Anwendung finden könne, weil für den Gesetzgeber ihre „Entdeckung" nicht vorhersehbar gewesen sei und sich ihre Einschlägigkeit nicht vorhersehen lasse,[13] darf mittlerweile wohl als überholt gelten. Die mangelnde Nennung des Rechts auf informationelle Selbstbestimmung in § 89 BKAG mutet im Gegenteil paradox an, wenn man sich die zahlreichen verdeckten Ermittlungs- und Überwachungsbefugnisse der §§ 45–54 BKAG vor Augen führt, die tief in das Grundrecht aus Art. 2 Abs. 1 iVm Art. 1 Abs. 1 GG eingreifen. Vor diesem Hintergrund würde eine entsprechende Ergänzung des § 89 BKAG – unabhängig von der Reichweite des Art. 19 Abs. 1 S. 2 GG – dem Anliegen rechtsstaatlicher Transparenz und Normenklarheit Rechnung tragen.[14]

§ 90 Gerichtliche Zuständigkeit, Verfahren

(1) Für Maßnahmen nach den §§ 10, 33, 34, Abschnitt 5 und § 64 sowie für gerichtliche Entscheidungen nach § 74 gelten, soweit nichts anderes bestimmt ist, die nachstehenden Regelungen.

(2) [1]Für gerichtliche Entscheidungen ist das Amtsgericht zuständig, in dessen Bezirk das Bundeskriminalamt seinen Sitz hat. [2]Für das Verfahren gelten die Bestimmungen des Gesetzes über das Verfahren in Familiensachen und in den Angelegenheiten der freiwilligen Gerichtsbarkeit entsprechend.

(3) [1]Bei Entscheidungen über die Verwertbarkeit oder Löschung von Erkenntnissen, die bei Maßnahmen nach den §§ 34, 45, 46, 49, 51 und 64 erhoben worden sind, kann das Gericht sachkundige Bedienstete des Bundeskriminalamtes zur Berücksichtigung von ermittlungsspezifischem Fachverstand anhören. [2]Bei der Sichtung der erhobenen Daten kann sich das Gericht der technischen Unterstützung des Bundeskriminal-

7 Anders noch § 38 S. 2 BKAG 1997: „Das Grundrecht der Unverletzlichkeit der Wohnung (Artikel 13 des Grundgesetzes) wird durch die §§ 16, 21 und 26 eingeschränkt".
8 BVerfG Beschl. v. 27.5.2020 – 1 BvR 1873/13 ua –, BVerfGE 155, 119 (176, Rn. 120), mwN; diese Praxis als „zumindest unbefriedigend" kennzeichnend auch Sachs Verfassungsrecht II, 3. Aufl. 2017, 10. Kap. Rn. 14.
9 Statt aller Jarass/Pieroth/Jarass GG Art. 19 Rn. 4 f.
10 Vgl. insoweit auch § 55 Abs. 7 BKAG: „Die Vorschriften des Versammlungsrechts bleiben unberührt".
11 Näher hierzu Ridder/Breitbach/Deiseroth/Wittmann, Versammlungsrecht, 2. Aufl. 2020, VersG § 15 Rn. 15 ff.
12 Sachs/Sachs GG Art. 19 Rn. 29; Barczak KritV 104 (2021), 91 (124); ausdrücklich offenlassend BVerfG Urt. v. 27.2.2008 – 1 BvR 370/07 ua –, BVerfGE 120, 274 (340).
13 So BeckOK-PolSiR Bayern/Unterreitmeier BayVSG Art. 29 Rn. 8.3 (2022).
14 Vorbildhaft insoweit § 32 S. 1 VSG NRW.

amtes bedienen. [3]Die Bediensteten des Bundeskriminalamtes sind zur Verschwiegenheit über ihnen bekannt werdende Erkenntnisse, deren Löschung das Gericht anordnet, verpflichtet.

A. Zweck und Bedeutung

1 Die Vorschrift § 90 BKAG ist auf das gerichtliche Rechtsschutzverfahren im Gefüge des BKAG zugeschnitten. Es handelt sich um eine **bereichsspezifische Rechtswegzuweisung an die ordentlichen Gerichte**, die in mehrfacher Hinsicht zu präzisieren und interpretatorisch zu korrigieren ist: Ihr Anwendungsbereich bezieht sich nach § 90 Abs. 1 BKAG ausschließlich auf Maßnahmen, die einem Richtervorbehalt unterliegen; für Maßnahmen, die nicht der richterlichen Anordnung vorbehalten sind, sondern von der Behörde selbst angeordnet werden dürfen, sieht § 90 Abs. 1 BKAG demgegenüber keine Rechtswegzuweisung an die ordentlichen Gerichte vor (→ Rn. 3). Für das richterliche Anordnungsverfahren gelten nach § 90 Abs. 2 S. 2 BKAG die Bestimmungen des FamFG entsprechend; dieser undifferenzierte Verweis auf das Verfahren in Familiensachen und in den Angelegenheiten der freiwilligen Gerichtsbarkeit trägt den Besonderheiten richterlicher Anordnungen im präventivpolizeilichen Bereich nicht ausreichend Rechnung und ist einschränkend auszulegen (→ Rn. 7 f.). Beide Aspekte, der begrenzte Anwendungsbereich des § 90 Abs. 1 ebenso wie der undifferenzierte Verweis in § 90 Abs. 2 S. 2 BKAG, tragen die **Gefahr von Rechtswegspaltungen** in sich. Aus diesem Grund richtet sich der nachträgliche gerichtliche Rechtsschutz einheitlich, dh unabhängig von der Geltung eines Richtervorbehalts und somit ohne Rücksicht auf den Anwendungsbereich des § 90 Abs. 1 BKAG, gem. § 40 Abs. 1 S. 1 VwGO nach Verwaltungsprozessrecht (→ Rn. 13 ff.).

B. Kommentierung im Einzelnen

I. Anwendungsbereich (Abs. 1)

2 § 90 BKAG nimmt die im ehemaligen § 20v BKAG aF enthaltenen Regelungen zur gerichtlichen Zuständigkeit und zum anzuwendenden Verfahren auf.[1] Während sich die Vorgängernorm ausschließlich auf gerichtliche Entscheidungen im Zusammenhang mit der präventiven Terrorismusabwehr durch das BKA beschränkte (jetzt Abschnitt 5 des BKAG),[2] erweitert § 90 Abs. 1 BKAG den Anwendungsbereich auf gerichtliche Anordnungen und Feststellungen nach § 10 Abs. 4 (Bestandsdatenauskunft, → § 10 Rn. 40 f.), § 33 Abs. 5 (Ausschreibungen bei der Zusammenarbeit im internationalen Bereich, → § 33 Rn. 26 ff.), § 34 Abs. 4 S. 2 (Zulässigkeit der Verwertung aus Wohnungen erhobener personenbezogener Daten bei einem Einsatz technischer Mittel zur Eigensicherung, → § 34 Rn. 30), § 64 Abs. 3 (Besondere Mittel der Datenerhebung, → § 64 Rn. 29 ff.) sowie gerichtliche Entscheidungen nach § 74 Abs. 3 BKAG[3] (Weitere Zurückstellung der Benachrichtigung bei verdeckten und eingriffsintensiven Maßnahmen, → § 74 Rn. 24 ff.). Vor diesem Hintergrund ist die Regelung der gerichtlichen Zuständigkeit aus dem engeren Kontext der präventiven Terrorismusabwehr herausgelöst und mit der Normierung in den für alle Aufgabenbereiche des BKA gültigen Schlussvorschriften **systematisch „vor die Klammer gezogen"** worden.

3 Der Anwendungsbereich der Norm ist **„richtervorbehaltsakzessorisch"**, dh er ist nach § 90 Abs. 1 BKAG auf Maßnahmen beschränkt, die unter einem Richtervorbehalt stehen. Nicht vom Anwendungsbereich erfasst werden somit etwa die – praktisch bedeutsamen – gerichtlichen **Rechtsschutzanträge auf Löschung, Berichtigung oder Einschränkung der Verarbeitung personenbezogener Daten** im polizeilichen Informationsverbund. Für diese ist der Verwaltungsrechtsweg nach § 40 Abs. 1 S. 1 VwGO eröffnet; die Rechtsschutzanträge sind regelmäßig nicht gegen das als Zentralstelle fungierende BKA, sondern gem. § 31 Abs. 2 BKAG iVm § 78 Abs. 1 Nr. 1 VwGO gegen die eingebende Polizeibehörde (idR die Polizeibehörde des Lan-

1 BT-Drs. 18/11163, 136.
2 Dazu noch Kugelmann BKAG § 20v Rn. 1.
3 Der Richtervorbehalt des § 74 Abs. 3 BKAG war in der Entwurfsfassung des § 90 Abs. 1 BKAG noch nicht enthalten (vgl. BT-Drs. 18/11163, 67) und wurde erst auf entsprechendes Anraten des Bundesrates aufgenommen, vgl. BR-Drs. 109/17 (Beschluss), 13.

des) als „Herrin des Datums" zu richten (→ § 31 Rn. 7, 9).[4] Statthafte Klageart in der Hauptsache ist die **Verpflichtungsklage** (§ 42 Abs. 1 Var. 2 VwGO);[5] bei der Entscheidung über die Auskunft, Berichtigung, Löschung und Verarbeitungseinschränkung personenbezogener Daten handelt es sich nach § 84 Abs. 1 S. 1 und 3 BKAG um einen mehrstufigen, mitwirkungsbedürftigen Verwaltungsakt (→ § 29 Rn. 25).

4 § 90 Abs. 1 BKAG unterstellt die adressierten gerichtlichen Entscheidungen den Regelungen der Abs. 2 und 3 nur **vorbehaltlich anderweitiger Bestimmung.** Auf diese Weise ermöglicht das Gesetz verfahrens- und kontextbezogene Sonderregelungen in Fällen, in denen insbesondere die entsprechende Geltung der Bestimmungen des Gesetzes über das Verfahren in Familiensachen und in den Angelegenheiten der freiwilligen Gerichtsbarkeit (FamFG) nach § 90 Abs. 2 S. 2 BKAG nicht sachgerecht erscheint.

II. Zuständigkeitszuweisung und Verfahrensregelung (Abs. 2)

5 **1. Sachliche und örtliche Zuständigkeit (S. 1).** Nach § 90 Abs. 2 S. 1 BKAG ist das Amtsgericht Wiesbaden (Dienstsitz des BKA) sachlich und örtlich zuständig für die Anordnung. Sachlich wie örtlich handelt es sich jeweils um eine **ausschließliche Zuständigkeit.**[6] Da die betreffenden, von § 90 Abs. 1 BKAG in Bezug genommenen präventivpolizeilichen Maßnahmen ein hoheitliches Rechtsverhältnis begründen und eine gerichtliche Kontrolle demnach eine öffentlich-rechtliche Streitigkeit betrifft, handelt es sich bei § 90 Abs. 2 S. 1 BKAG um eine vom an sich gegebenen Verwaltungsrechtsweg **abdrängende Sonderzuweisung** iSd **§ 40 Abs. 1 S. 1 2. Hs. VwGO** („soweit die Streitigkeiten nicht durch Bundesgesetz einem anderen Gericht ausdrücklich zugewiesen sind").

6 Die ausschließlich sachliche und örtliche Zuständigkeit des Amtsgerichts Wiesbaden in den Fällen des § 90 Abs. 1 BKAG ist „[r]echtlich unbedenklich, aber **rechtspolitisch zweifelhaft**".[7] Die Gesetzesmaterialien schweigen sich über die Motivation des Gesetzgebers aus. Der praktische Hintergrund für die Zuweisung an das Amtsgericht dürfte indes in der Annahme liegen, dass bei der ordentlichen Gerichtsbarkeit aufgrund der ermittlungsgerichtlichen Zuständigkeiten nach der StPO ohnehin viel Erfahrung mit vergleichbaren Entscheidungskonstellationen besteht.[8] Näher hätte es hier freilich gelegen, den **Ermittlungsrichter des Bundesgerichtshofs,** der regelmäßig für strafprozessuale Anträge des Generalbundesanwalts im Bereich des internationalen Terrorismus zuständig ist,[9] auch im Rahmen der präventiven Aufgaben des BKA mit den richterlichen Entscheidungen zu betrauen.[10]

7 **2. Verfahren (S. 2). a) Notwendige Modifikationen.** Für das gerichtliche Verfahren gelten gem. § 90 Abs. 2 S. 2 BKAG die **Bestimmungen des FamFG entsprechend.** Der Verweis ist sachlich unbegrenzt; er nimmt somit das gesamte Gesetz über das Verfahren in Familiensachen und in den Angelegenheiten der freiwilligen Gerichtsbarkeit und nicht etwas nur das Verfahren in Freiheitsentziehungssachen (§§ 415–432 FamFG) in Bezug. Ob es sich dabei um eine statische oder dynamische Verweisung handelt, wird weder aus dem Normtext noch aus den Gesetzgebungsmaterialien deutlich. Man wird wohl von einer **dynamischen Verweisung** ausgehen dürfen,[11] zumal § 90 Abs. 1 BKAG der Dynamik mit dem Vorbehalt anderweitiger gesetzlicher Bestimmung zumindest gewisse Grenzen setzt.

8 Die **undifferenzierte Bezugnahme** auf das FamFG in § 90 Abs. 2 S. 2 BKAG ist **teleologisch zu reduzieren;** dass Verfahrensregelungen, die insbesondere spezifisch auf Familien-, Betreuungs-, Unterbringungs-, Nachlass-, Teilungs-, Register- und Aufgebotssachen zugeschnitten sind, im Rahmen des BKAG keine – auch keine entsprechende – Anwendung finden können, versteht sich im Grunde von selbst. Im Kern werden somit über § 90 Abs. 2 S. 2 BKAG allein die **Bücher 1 und 7 des FamFG** („Allgemeiner Teil"; „Verfahren in Freiheitsentziehungssachen") in Bezug genommen.[12] Doch auch bei einer solchen engführenden Auslegung

4 BVerwG Urt. v. 9.6.2010 – 6 C 5/09 –, BVerwGE 137, 113 (115 f., Rn. 17 ff.); Urt. v. 22.10.2003 – 6 C 3/03 –, juris, Rn. 20; VGH München Urt. v. 20.7.2020 – 10 B 20.459 –, BeckRS 2020, 20623, Rn. 23 f.; vgl. auch Erbs/Kohlhaas/Papsthart BKAG Vor §§ 7 ff. (2007) Rn. 3.

5 BVerwG Urt. v. 22.10.2003 – 6 C 3/03 –, juris, Rn. 2 ff.; Urt. v. 9.6.2010 – 6 C 5/09 –, BVerwGE 137, 113 (115, Rn. 15); Lisken/Denninger/Buchberger, HdbPolR, K Rn. 96, mwN; der Sache nach – wenngleich irreführend unter dem Titel „Durchsetzung von Sekundäransprüchen" (um solche geht es gerade nicht) – auch Schenke/Graulich/Ruthig/Ruthig BKAG § 90 Rn. 8; aA Kugelmann BKAG § 11 Rn. 8: allgemeine Leistungsklage.

6 Vgl. auch F. Graulich, Die Zusammenarbeit von Generalbundesanwalt und Bundeskriminalamt bei dem Vorgehen gegen den internationalen Terrorismus, 2013, S. 514 f. („Zuständigkeitskonzentration"). Auf die erheblichen personellen und organisatorischen Belastungen, die sich aus dieser ausschließlichen Zuständigkeit für das Amtsgericht Wiesbaden ergeben, wurde bereits früh hingewiesen, vgl. Poscher, Ausschussdrucks. 16(4)460 J, 11.

7 Bäcker, Terrorismusabwehr durch das Bundeskriminalamt, 2009, S. 95 – Hervorhebungen nur hier.

8 BeckOK-PolSiR Bayern/Löffelmann BayPAG Art. 96 Rn. 9.1 (2022) – zu der entsprechenden Regelung im bayerischen Polizeirecht.

9 Vgl. § 169 Abs. 1 S. 2 StPO iVm §§ 120 Abs. 1 Nr. 6, 142a Abs. 1 S. 1 GVG.

10 Bäcker, Terrorismusabwehr durch das Bundeskriminalamt, 2009, S. 95.

11 Mit einem „dynamischen" Verständnis des Verweises auch BGH Beschl. v. 26.1.2017 – StB 26/14 ua –, BGHSt 62, 22 (30, Rn. 18).

12 Ebenso explizit wie sachgerecht insoweit Art. 96 Abs. 1 BayPAG.

muss der Verweis auf das FamFG Zweifel aufwerfen. Zwar mag man das Verfahren in Familiensachen und in den Angelegenheiten der freiwilligen Gerichtsbarkeit aufgrund seiner Kernmerkmale (Amtsermittlungsgrundsatz, Anhörungspflicht und Sicherungen für grundrechtsrelevante Maßnahmen) auch im Kontext der richterlichen Anordnung präventivpolizeilicher Maßnahmen grundsätzlich für sachangemessen halten.[13] Diesen justizstaatlichen Zentralanliegen wird allerdings auch das verwaltungsgerichtliche Verfahren ohne Abstriche gerecht. Demgegenüber steht im FamFG an vielen Stellen der Gedanke der Freiwilligkeit („freiwillige Gerichtsbarkeit") der Mitwirkung der Verfahrensbeteiligten im Vordergrund. Auf die anspruchsvollen verfassungsrechtlichen Anforderungen an eine wirksame Gewährleistung der gerichtlichen Entscheidung passt das nur bedingt, weshalb die Geeignetheit des FamFG zur prozessualen Einhegung polizeirechtlicher Fallkonstellationen im Rahmen des BKAG insgesamt kritisch zu hinterfragen ist.[14] Letztlich dominieren hier Traditionspflege und Praktikabilitätserfordernisse (→ Rn. 6).

b) Verfahrenserfordernisse im Einzelnen. Demnach gelten insbesondere die Vorschriften über das Verfahren im ersten Rechtszug (§§ 23 ff.), über die Entscheidung im Beschlusswege (§§ 38 ff.) sowie über die einstweilige Anordnung (§§ 49 ff. FamFG) entsprechend. Es ist ein **verfahrenseinleitender Antrag** auf richterliche Entscheidung erforderlich, der nach § 23 Abs. 1 FamFG entsprechend zu **begründen** ist. Notwendige Inhalte des Antrags werden bei den jeweiligen Eingriffsermächtigungen näher geregelt;[15] das Gleiche gilt für notwendige Inhalte der gerichtlichen Anordnung, für die regelmäßig schriftliche Form und eine Befristung auf drei Monate gesetzlich vorgesehen sind.[16] Die **Antragsberechtigung** richtet sich ebenfalls nach dem BKAG und ist nicht selten dem Präsidenten des BKA als Behördenleiter[17] oder der zuständigen Abteilungsleitung des BKA[18] vorbehalten. 9

Dass die in § 90 Abs. 2 S. 2 BKAG normierte „entsprechende" Anwendung des FamFG nur bedingt auf die in § 90 Abs. 1 BKAG genannten Maßnahmen passt und notwendige Modifikationen impliziert (→ Rn. 8), zeigt sich zunächst mit Blick auf den **Amtsermittlungsgrundsatz** nach § 26 FamFG. Danach hätte das Amtsgericht Wiesbaden im Rahmen der in § 90 Abs. 1 BKAG genannten Verfahren von Amts wegen die zur Feststellung der entscheidungserheblichen Tatsachen erforderlichen Ermittlungen durchzuführen, insbesondere die erforderlichen Beweise zu erheben (§ 29 Abs. 1 S. 1 FamFG). Das **entspricht den Situationen der gerichtlichen Anordnungskompetenzen** im präventivpolizeilichen Bereich **ersichtlich nicht.**[19] Das Gericht kann hier seiner Entscheidung im Regelfall lediglich die Tatsachen zugrunde legen, die von der zuständigen Abteilung des antragstellenden BKA mitgeteilt werden. Das Gericht verfügt zudem über keine eigenen Ermittlungsbefugnisse, sondern ihm stehen im Rahmen der Beweisaufnahme nur die Instrumente des zivilprozessualen Frei- und Strengbeweisverfahrens zur Verfügung (vgl. § 29 Abs. 1, § 30 Abs. 1 FamFG). Der Amtsermittlungsgrundsatz des § 26 FamFG ist hier folglich dahin zu verstehen, dass das Amtsgericht Wiesbaden im Rahmen seiner Pflichten nach § 28 Abs. 1 und 2 FamFG **beim BKA darauf hinwirken** muss, alle für die jeweilige Entscheidung erforderlichen Tatsachen mitzuteilen. Kommt das Amt dem nicht nach, muss das Gericht die beantragte Anordnung versagen bzw. die Unzulässigkeit der jeweiligen Maßnahme feststellen.[20] 10

Besonders deutlich wird die mangelnde Passgenauigkeit des FamFG-Verfahrens bei einem Blick auf § 23 Abs. 2 und § 37 Abs. 2 FamFG. Nach diesen Vorschriften soll das anordnende Gericht den Antrag an die übrigen Beteiligten übermitteln und eine Entscheidung, die die Rechte eines Beteiligten beeinträchtigt, nur auf Tatsachen und Beweisergebnisse stützen, zu denen dieser Beteiligte sich äußern konnte. § 34 FamFG schreibt weiter vor, dass das Gericht einen Beteiligten persönlich anzuhören hat, wenn dies insbesondere zur **Gewährleistung des rechtlichen Gehörs** des Beteiligten erforderlich ist. Diese Regelungen sind ersichtlich auf Verfahren zugeschnitten, an denen die betroffenen Personen unmittelbar beteiligt sind. Für die Mehrzahl der gerichtlichen Entscheidungen nach § 90 Abs. 1 BKAG ist das nicht der Fall, weil es sich gerade um verdeckte Ermittlungs- und Überwachungsbefugnisse handelt, bei denen eine Benachrichtigung des von der Maßnahme Betroffenen grundsätzlich erst erfolgt, sobald dies ohne Gefährdung des Zwecks der Maßnahme, des Bestandes des Staates, von Leib, Leben oder Freiheit einer Person oder Sachen von bedeutendem Wert, deren Erhaltung im öffentlichen Interesse geboten ist, möglich ist (§ 74 Abs. 2 S. 1 BKAG). Im Strafverfahrensrecht wird demgegenüber die Problematik der grundsätzlich gebotenen Gewährung 11

13 So explizit der bayerische Gesetzgeber mit Blick auf Art. 96 Abs. 1 BayPAG, vgl. LT-Drs. 17/20425, 91. Der Bundesgesetzgeber schweigt zu seinen Motiven.
14 Wie hier mit Blick auf die vergleichbare Rechtslage in Bayern BeckOK-PolSiR Bayern/Löffelmann BayPAG Art. 96 Rn. 9 (2022).
15 Vgl. etwa §§ 46 Abs. 4, 49 Abs. 5, 50 Abs. 4, 51 Abs. 4, 55 Abs. 4, 56 Abs. 6 BKAG.
16 Vgl. etwa §§ 46 Abs. 5, 49 Abs. 6, 50 Abs. 5, 51 Abs. 5 BKAG.
17 Vgl. zB §§ 10 Abs. 4 S. 1, 46 Abs. 3 S. 1, 48 Abs. 4, 51 Abs. 3 BKAG.
18 Vgl. zB §§ 45 Abs. 3 S. 1, 52 Abs. 3, 55 Abs. 3 S. 1, 56 Abs. 5 S. 1, 64 Abs. 3 S. 1 BKAG.
19 Keine Probleme sieht dagegen Schenke/Graulich/Ruthig/Ruthig BKAG § 90 Rn. 3.
20 Mit Blick auf Bayern BeckOK-PolSiR Bayern/Löffelmann BayPAG Art. 96 Rn. 15.1 (2022).

rechtlichen Gehörs durch § 33 Abs. 4 StPO gelöst, wonach die **vorherige Anhörung unterbleiben** kann, wenn sie den **Zweck der Maßnahme gefährden** würde. Das FamFG kennt keine vergleichbare Regelung. Dennoch scheidet auch hier eine vorherige Anhörung nach § 90 Abs. 2 S. 2 BKAG iVm §§ 34, 37 Abs. 2 FamFG aus, denn der Zweck der gerichtlichen Entscheidung liegt gerade darin, ein „kompensatorisches Verfahren" für die fehlende Einbindung der betroffenen Person in das Verwaltungsverfahren aufgrund der Zurückstellung der Benachrichtigung nach § 74 Abs. 2 BKAG bereitzustellen.[21]

12 **3. Rechtsschutz. a) Vor Erledigung der Maßnahme.** Über den Verweis in § 90 Abs. 2 S. 2 BKAG werden auch die Rechtsschutzmöglichkeiten des FamFG, namentlich das Beschwerdeverfahren nach **§§ 58 ff. FamFG** in Bezug genommen. Die Beschwerde besitzt jedoch nur einen sehr eingeschränkten Anwendungsbereich, da die betreffenden Maßnahmen überwiegend verdeckt erfolgen und sich kurzfristig erledigen können, ohne dass die betroffene Person hiervon etwas erfährt (→ Rn. 11). Die Beschwerde nach den §§ 58 ff. FamFG kommt als statthaftes Rechtsmittel im Ergebnis nur in Betracht, wenn das Amtsgericht die Anordnung einer Maßnahme nach § 90 Abs. 1 BKAG ablehnt (Beschwerdeberechtigung des BKA) oder sich der von der polizeilichen Maßnahme Betroffene vor Eintritt der Erledigung gegen deren – weitere oder erstmalige – Vollziehung wendet.[22] Sobald die Maßnahme erledigt ist (vgl. § 43 Abs. 2 VwVfG), scheidet das Beschwerdeverfahren nach §§ 58 ff. FamFG aus und ist der Verwaltungsrechtsweg eröffnet (→ Rn. 13).

13 **b) Nach Erledigung der Maßnahme.** Die nach Art. 19 Abs. 4 GG geforderte Eröffnung nachträglichen subjektiven Rechtsschutzes im Fall von Maßnahmen iSd § 90 Abs. 1 BKAG, insbesondere der verdeckten Ermittlungs- und Überwachungsbefugnisse zur präventiven Terrorismusbekämpfung nach §§ 45–53 BKAG, richtet sich nicht über § 90 Abs. 2 S. 2 BKAG nach dem FamFG. Für den Rechtsschutz in diesen Fällen ist vielmehr der **Verwaltungsrechtsweg eröffnet**. Die Rechtsstreitigkeiten in solchen Fällen sind öffentlich-rechtlicher Natur, nichtverfassungsrechtlicher Art und auch keinem anderen Gericht ausdrücklich zugewiesen (vgl. **§ 40 Abs. 1 S. 1 VwGO**).[23]

14 Eine **abdrängende Sonderzuweisung** an die ordentlichen Gerichte folgt dabei weder aus § 23 Abs. 1 S. 1 EGVG,[24] noch aus § 62 FamFG[25] oder § 101 Abs. 7 S. 2 StPO.[26] Die beiden letztgenannten Vorschriften ermöglichen zwar nachträglichen gerichtlichen Rechtsschutz und wären somit grundsätzlich geeignet, den Rechtsstreit auf bundesgesetzlicher Grundlage einem anderen Gericht – im Fall des § 62 FamFG dem Beschwerdegericht, im Fall des § 101 Abs. 7 S. 2 StPO das für die Anordnung der Maßnahme zuständige Gericht – ausdrücklich zuzuweisen. Die strafverfahrensrechtliche Regelung des § 101 Abs. 7 S. 2 StPO findet im Kontext der präventivpolizeilichen Regelungen des BKAG jedoch weder direkte noch analoge Anwendung.[27] An einer Regelungslücke mangelt es schon deshalb, weil § 90 Abs. 2 S. 2 BKAG mit dem Verweis auf das FamFG grundsätzlich auch nachträglichen Rechtsschutz nach **§ 62 FamFG** ermöglicht. Auch dieser Vorschrift ist indes keine abdrängende Sonderzuweisung zu entnehmen: Nach den Regelungen des FamFG wäre der gebotene nachträgliche Rechtsschutz für die von den polizeilichen Maßnahmen betroffenen Personen nur unzureichend umgesetzt, weil sich hieraus **Rechtswegspaltungen** ergeben, die sich mit den Anforderungen an einen effektiven Rechtsschutz (**Art. 19 Abs. 4 GG**) nicht in Einklang bringen lassen.[28] Diese Rechtswegspaltungen können im Einzelfall schwer zu durchschauen sein, bergen jedenfalls die Gefahr widersprüchlicher Entscheidungen in sich und widersprechen den Anforderungen an einen effektiven Rechtsschutz.[29] Das gilt mit Blick auf den Anwendungsbereich des BKAG umso mehr, als die Überwachungsmaßnahmen gem. §§ 45–53 BKAG der Abwehr von Gefahren des internationalen Terrorismus dienen (§ 5 BKAG). Angesichts der in diesen Fällen häufig zu verzeichnenden Zusammenarbeit mehrerer Personen und deren Einbindung in terroristische Vereinigungen sind die Überwachungsmaßnahmen regelmäßig Teil eines umfangreichen Ermittlungskomplexes und ergänzen sich gegenseitig. In derartigen Konstellationen ist es nicht ungewöhnlich, dass die Verdächtigen von einigen Überwachungsmaßnahmen unmittelbar, von ande-

21 Wie hier BeckOK-PolSiR Bayern/Löffelmann BayPAG Art. 96 Rn. 16 (2022); unklar Schenke/Graulich/Ruthig/Ruthig BKAG § 90 Rn. 3.

22 BGH Beschl. v. 26.1.2017 – StB 26/14 ua –, BGHSt 62, 22 (33, Rn. 23), m. Anm. Löffelmann JR 2018, 60 ff.

23 BGH Beschl. v. 26.1.2017 – StB 26/14 ua –, BGHSt 62, 22 (26, Rn. 10).

24 BGH Beschl. v. 26.1.2017 – StB 26/14 ua –, BGHSt 62, 22 (33 f., Rn. 25): Bei den aufgrund des BKAG vollzogenen präventivpolizeilichen Maßnahmen iSd § 90 Abs. 1 BKAG handelt es sich – unproblematisch – nicht um Maßnahmen der Justizbehörden auf dem Gebiet der Strafrechtspflege.

25 Schenke/Graulich/Ruthig/Ruthig BKAG § 90 Rn. 7.

26 BGH Beschl. v. 26.1.2017 – StB 26/14 ua –, BGHSt 62, 22 (26 ff., Rn. 11 ff.).

27 BGH Beschl. v. 26.1.2017 – StB 26/14 ua –, BGHSt 62, 22 (26 f., Rn. 12 f.).

28 BGH Beschl. v. 26.1.2017 – StB 26/14 ua –, BGHSt 62, 22 (31 ff., Rn. 19 ff.).

29 Vgl. auch die Grundsatzkritik in der Entscheidungsanmerkung von Löffelmann JR 2018, 60 (63): „Es ist kein Zeichen vorbildlicher Rechtsstaatlichkeit, wenn sich der Rechtsschutz gegen Überwachungsmaßnahmen derart komplex und zerfasert darstellt, dass schon die Klärung des Rechtswegs erst vor dem obersten Fachgericht mit beträchtlichem Aufwand gelingt. Die Liste allein der prozessualen Defizite in den deutschen Sicherheitsgesetzen – das deutet sich in den offen gelassenen Fragen nur an – ist lang, das Sicherheitsrecht insgesamt viel zu unübersichtlich, um eine effiziente und effektive Rechtsanwendung zu gewährleisten".

ren hingegen nur mittelbar betroffen sind.[30] Während die von den polizeilichen Maßnahmen betroffene Zielperson die richterliche Anordnung bei einem solchen Verständnis ebenfalls nach den §§ 58 ff. FamFG überprüfen lassen könnte (zur Situation vor Erledigung → Rn. 12), wäre sie hinsichtlich der keinem Richtervorbehalt unterliegenden Eingriffe auf den Verwaltungsrechtsweg verwiesen. Die Beschwerde wäre daneben auch für diejenigen in § 74 Abs. 1 S. 1 BKAG genannten Personen nicht eröffnet, deren Betroffenheit sich erst aus dem Vollzug der Maßnahme ergibt, so etwa die im Rahmen einer längerfristigen Observation aufgrund ihres Kontakts mit der Zielperson mitüberwachte Person (§ 74 Abs. 1 S. 1 Nr. 1 BKAG) oder der Gesprächspartner der Zielperson im Rahmen einer Telekommunikationsüberwachung (vgl. § 74 Abs. 1 S. 1 Nr. 8 BKAG). Dies folgt aus § 59 Abs. 1 FamFG, wonach beschwerdeberechtigt nur ist, wessen Recht im Zeitpunkt der Entscheidung durch die Verfügung des Gerichts unmittelbar nachteilig beeinträchtigt worden ist. Für die von den heimlichen Überwachungsmaßnahmen nur mittelbar betroffenen Personen, deren Rechtsschutzbedürfnis der Gesetzgeber durch ihre Benennung im Katalog des § 74 Abs. 1 S. 1 BKAG zum Ausdruck gebracht hat, ist daher von vornherein nur der Verwaltungsrechtsweg nach § 40 Abs. 1 S. 1 VwGO eröffnet, um sich gegen unberechtigte Grundrechtseingriffe nachträglich zur Wehr zu setzen.[31]

Der verwaltungsgerichtliche Rechtsschutz wird entweder – im Falle eines erledigten Realaktes – über die **allgemeine Feststellungsklage** (§ 43 Abs. 1 VwGO) oder – im Falle eines erledigten Verwaltungsaktes (§§ 35, 43 Abs. 2 VwVfG) – über die **Fortsetzungsfeststellungsklage** (§ 113 Abs. 1 S. 4 VwGO) realisiert, für die in solchen Fällen jeweils idR ein qualifiziertes Feststellungsinteresse in Gestalt eines besonders schweren Grundrechtseingriffs in Art. 2 Abs. 1 iVm Art. 1 Abs. 1 GG, Art. 10 Abs. 1 GG oder Art. 13 Abs. 1 GG anzuerkennen ist.[32] 15

III. Anhörung sachkundiger Bediensteter des BKA und technische Unterstützung im Verfahren (Abs. 3)

Nach § 90 Abs. 3 BKAG kann sich das Gericht bei der Entscheidung über die Verwertbarkeit oder Löschung von Erkenntnissen, die bei verdeckten Überwachungsmaßnahmen erhoben worden sind, der Anhörung sachkundiger Bediensteter des BKA zur Berücksichtigung von ermittlungsspezifischem Fachverstand (S. 1) und der technischen Unterstützung durch das Amt (S. 2) bedienen. Hiermit wird der verfassungsrechtlich gebotene Kernbereichsschutz verfahrensrechtlich ausgestaltet. Der sog. **nachgelagerte Kernbereichsschutz in der Phase der Auswertung der Daten** verlangt, dass heimlich erhobene, personenbezogene Daten von einer unabhängigen Stelle auf ihre Verwertbarkeit geprüft werden müssen.[33] Er dient maßgeblich dem Ziel, kernbereichsrelevante Daten so frühzeitig herauszufiltern, dass sie den Sicherheitsbehörden nach Möglichkeit gar nicht offenbar werden.[34] 16

Die Sichtung der kernbereichsrelevanten Daten darf nach verfassungsgerichtlicher Rechtsprechung grundsätzlich nicht den Bediensteten des BKA allein überlassen bleiben.[35] Vielmehr muss die Kontrolle im Wesentlichen von externen, nicht mit Sicherheitsaufgaben betrauten Personen wahrgenommen werden. Die von § 90 Abs. 3 S. 1 BKAG in Bezug genommenen Vorschriften sehen daher eine **richterliche Entscheidung über die Verwertbarkeit oder Löschung potenziell kernbereichsrelevanter Daten** vor.[36] Eine Hinzuziehung auch von Bediensteten des BKA zur Gewährleistung von ermittlungsspezifischem Fachverstand im gerichtlichen Verfahren wird hierdurch nicht ausgeschlossen; sie muss jedoch durch gesonderte Verschwiegenheitspflichten abgesichert werden.[37] Diesem Erfordernis trägt § 90 Abs. 3 S. 1 iVm S. 3 BKAG – die verfassungsgerichtlichen Vorgaben nahezu wörtlich rezipierend – Rechnung. Darüber hinaus kann – wie in § 90 Abs. 3 S. 2 BKAG normiert – für die Sichtung auf technische Unterstützung durch das BKA zurückgegriffen werden (zB zur Sprachmittlung). Die tatsächliche Durchführung und Entscheidungsverantwortung muss jedoch stets maßgeblich in den Händen von dem BKA gegenüber unabhängigen Personen verbleiben.[38] 17

30 BGH Beschl. v. 26.1.2017 – StB 26/14 ua –, BGHSt 62, 22 (32, Rn. 21).
31 BGH Beschl. v. 26.1.2017 – StB 26/14 ua –, BGHSt 62, 22 (31 f., Rn. 20).
32 BVerfG Urt. v. 20.4.2016 – 1 BvR 966/09 ua –, BVerfGE 141, 220 (321, Rn. 265); BGH Beschl. v. 26.1.2017 – StB 26/14 ua –, BGHSt 62, 22 (32 f., Rn. 22); vgl. auch Schenke/Graulich/Ruthig/Ruthig BKAG § 90 Rn. 6 f.
33 Schenke/Graulich/Ruthig/Ruthig BKAG § 90 Rn. 9.
34 BVerfG Urt. v. 20.4.2016 – 1 BvR 966/09 ua –, BVerfGE 141, 220 (309, Rn. 224).
35 BVerfG Urt. v. 20.4.2016 – 1 BvR 966/09 ua –, BVerfGE 141, 220 (309, Rn. 225).
36 Vgl. §§ 34 Abs. 4 S. 2, 45 Abs. 7 S. 6, 46 Abs. 7 S. 2, 49 Abs. 7 S. 4, 51 Abs. 7 S. 5, 64 Abs. 4 BKAG.
37 BVerfG Urt. v. 20.4.2016 – 1 BvR 966/09 ua –, BVerfGE 141, 220 (309, Rn. 224).
38 BVerfG Urt. v. 20.4.2016 – 1 BvR 966/09 ua –, BVerfGE 141, 220 (309, Rn. 224).

§ 91 Übergangsvorschrift

Abweichend von § 14 Absatz 2 ist eine Weiterverarbeitung oder Übermittlung personenbezogener Daten auch zulässig nach den Bestimmungen der für die Daten am 24. Mai 2018 jeweils geltenden Errichtungsanordnung nach § 34 des Bundeskriminalamtgesetzes in der bis zum 24. Mai 2018 geltenden Fassung.

1 Die Übergangsvorschrift des § 91 BKAG war in dem Regierungsentwurf eines Gesetzes zur Neustrukturierung des Bundeskriminalamtes vom 1.6.2017 noch nicht enthalten.[1] Sie ist erst nachträglich auf eine entsprechende Beschlussempfehlung des Innenausschusses aufgenommen worden[2] und nur vor dem **Hintergrund** der **Umstellung der IT-Architektur des BKA** von vertikalen, „logisch" getrennten Dateien auf eine horizontal-integrierte Informationsordnung (→ § 2 Rn. 35 f.) zu verstehen.

2 Nach § 91 BKAG soll eine Weiterverarbeitung und Übermittlung von Daten auch möglich sein, wenn die Daten nicht nach § 14 Abs. 1 BKAG gekennzeichnet sind und somit gem. § 14 Abs. 2 BKAG grundsätzlich einem Weiterverarbeitungsverbot unterliegen. In diesem Fall ist für die Weiterverarbeitung und Übermittlung die Errichtungsanordnung nach § 34 BKAG aF maßgeblich, die für das jeweilige personenbezogene Datum am Tag vor dem Inkrafttreten des novellierten BKAG (24.5.2018) galt. Im Ergebnis intendiert und bewirkt die Vorschrift in erster Linie – wenngleich nicht ausschließlich – eine **Fortgeltung der bisherigen Errichtungsanordnungen** für die „Altdatenbestände" (→ Rn. 3).[3] Bei den Errichtungsanordnungen auf der Grundlage des § 34 BKAG aF handelt es sich indes um Verwaltungsvorschriften ohne außenwirksamen Gesetzescharakter (→ § 14 Rn. 3). Auch bei einer gesetzlichen Verweisung auf die betreffenden Errichtungsanordnungen könnten damit keine informationellen Grundrechtseingriffe gerechtfertigt werden. Dies gilt erst recht für Errichtungsanordnungen, die als Verschlusssachen deklariert und nicht öffentlich sind, was bei sicherheitsbehördlichen Errichtungsanordnungen eher die Regel als die Ausnahme ist. Zudem fehlt den in § 91 BKAG erwähnten Errichtungsanordnungen inhaltlich genau das, was die Weiternutzung der polizeilichen Daten verfassungsverträglich macht: eine hinreichend umfassende und dadurch wirksame Kennzeichnungspflicht.[4] Auf diese Weise wird durch die Übergangsvorschrift des § 91 BKAG eine **verfassungswidrige Rechtslage auf unbestimmte Zeit fortgeschrieben.**

3 § 91 BKAG bezieht sich zunächst auf polizeiliche Datenbestände, die bereits vor Inkrafttreten des Gesetzes zur Neustrukturierung des Bundeskriminalamtes vom 1.6.2017,[5] dh vor dem 25.5.2018 nach den für sie jeweils geltenden Rechtsvorschriften angelegt worden sind (**„Altdatenbestände"**). Diese Datenbestände unterliegen der regulären Aussonderungsprüfung und Löschung, so dass sich ihr Bestand – und damit auch der Anwendungsbereich des § 91 BKAG – sukzessive reduzieren wird; im Übrigen lässt § 91 BKAG die Möglichkeit unberührt, „Altdaten" durch eine nachträgliche Kennzeichnung entsprechend den Vorgaben von § 14 Abs. 1 BKAG (→ § 14 Rn. 2) vollständig in das neue Datenschutzregime zu überführen.

4 Da eine vollständige technische Umsetzung von § 14 Abs. 1 BKAG in den polizeilichen Systemen nur sukzessive erfolgen kann und sich über einen längeren Zeitraum erstrecken wird,[6] bezieht sich § 91 BKAG aber auch auf nach dem Inkrafttreten zu erhebende Datenbestände, bei denen im Zeitpunkt der Erhebung eine Kennzeichnung aus technischen Gründen nicht möglich ist (**„Neudatenbestände"**).[7] Durch die Übergangsvorschrift soll eine ressourcenaufwändige Nachkennzeichnung der Altdatenbestände vermieden werden. Der Wortlaut des § 91 BKAG schließt die Einbeziehung der „Neudatenbestände" nicht aus,[8] wodurch auf unbestimmte Zeit die Koexistenz zweier paralleler Informationsordnungen (vertikal und horizontal) ermöglicht wird. In der Schlussnorm des BKAG liegt dann letztlich auch – wenngleich versteckt – das Eingeständ-

1 Vgl. BT-Drs. 18/11163, 136.
2 BT-Drs. 18/12076, 8.
3 BT-Drs. 18/12141, 6.
4 Weichert NVwZ 2022, 844 (849).
5 BGBl. I 2017 S. 1354.
6 Vgl. dazu die Antwort der Bundesregierung, BT-Drs. 19/25651, 2: „[D]ie Erwartung, dass das Programm Polizei 2020 bereits nach drei Jahren abgeschlossen sein würde, [ist] verfehlt. Das Jahr 2020 ist vielmehr als der gemeinsame Ausgangspunkt und eigentliche Start des Programms Polizei 2020 zu sehen"; s. auch BfDI, 28. Tätigkeitsbericht zum Datenschutz 2019, BT-Drs. 19/19900, 48: „Zeitrahmen von mehr als 10 Jahren"; Lisken/Denninger/Arzt, HdbPolR, G Rn. 1140: „Entgegen der Bezeichnung des Programms wäre daher eine Bezeichnung des Projekts mit ‚Polizei 2030' nicht unrealistisch"; Weichert NVwZ 2022, 844 (846): „Umsetzung nicht absehbar".
7 BT-Drs. 18/12141, 6.
8 AA Lisken/Denninger/Arzt, HdbPolR, G Rn. 1201; uneindeutig Schenke/Graulich/Ruthig/Ruthig BKAG § 91 Rn. 5.

nis des Normgebers, dass eine **tragfähige und verfassungskonforme rechtliche Fundierung** der neuen polizeilichen Informationsordnung auf absehbare Zeit **nicht ersichtlich** ist.[9]

9 So auch das Fazit von Bäcker, Stellungnahme im Rahmen der öffentlichen Anhörung des Innenausschusses des Deutschen Bundestages zum Entwurf eines Gesetzes zur Neustrukturierung des Bundeskriminalamtgesetzes (BT-Drs. 18/11163) v. 16.3.2017, Ausschuss-Drs. 18(4)806 D, 3 ff., 10 und Weichert NVwZ 2022, 844 (851): „Ein derartiges Ignorieren von europarechtlichen und verfassungsrechtlichen Vorgaben durch die Polizei sollte und darf nicht hingenommen werden. [...] Die Verfassungsrechtsprechung adressiert vorrangig die Politik und die Polizeien. Nötig ist ein Konzept, wie kurz- und mittelfristig das rechtlich Geforderte umgesetzt werden kann, um dann umgehend mit der Umsetzung anzusetzen. Zur Umsetzung muss es gehören, bisher nicht gekennzeichnete Datensätze zumindest dann nachträglich zu kennzeichnen, wenn sie in einem neuen Kontext zum Einsatz kommen. Unabhängig davon ist es nötig, zumindest mittelfristig eine Strategie zu entwickeln, mit der sämtliche relevanten Datensätze europarechts- und verfassungskonform auswertbar gemacht werden"; in der Sache auch Steinmayer, Der neue Informationsbestand des BKA, 2021, S. 227 ff., 237 ff.

Stichwortverzeichnis

Fette Zahlen bezeichnen die Paragrafen, magere die Randnummern.

- verfahrensinterne 2 24 f.